建築関係法令集

告示編

令和6年版

2024

総合資格学院 編

総合資格学院

編集にあたって

●方針
この告示編は、当社「建築関係法令集（法令編）」と併用することによって、実務上の使用に幅広く対応できるよう編集した。

●特色
1　建築基準法、建築基準法施行令を始め、高齢者・障害者等移動等円滑化促進法、建築士法、建設業法など、その他の建築関係法令に基づく主要な告示を幅広く収録した。
2　収録に当たっては、法律、政令、省令の別に該当する各条文の順序に従った。また検索の為、巻末には告示の公布年次順のリストを別途収録した。
3　条文は探しやすい横書きとし、条文の配置、文字揃え等に配慮し読みやすいものとした。
4　当社「建築関係法令集（法令編）」には、関連する告示に関して本書の該当ページを表記し、本書と併用する際の利便に配慮した。

●数字及び項番号等の取扱い
告示中の数字は算用数字とし、第1項の「1」は略し、第2項の「2」から表記した。ただし、号の数字については漢数字とした。

●指示用語等の表記
例）「右の～」→「上の～」　　「左の～」→「次の～」
　　「上欄～」→「左欄～」　　「下欄～」→「右欄～」

●記号・単位等の取扱い
各種記号、単位はカタカナにより表示、若しくは下記の例のように適宜記号を用いた。

ミリメートル	mm	センチメートル	cm	メートル	m	キロメートル	km
平方ミリメートル	㎟	平方センチメートル	㎠	平方メートル	㎡	ヘクタール	ha
ミリグラム	mg	グラム	g	キログラム	kg	トン	t
立法メートル	㎥	リットル	ℓ	水銀柱ミリメートル	mmHg	ケルビン	K
ワット	W	キロワット	kW	メガワット	MW	ボルト	V
ニュートン	N	キロニュートン	kN	キロジュール	kJ	メガジュール	MJ
キロパスカル	kPa	メガパスカル	MPa	デシベル	dB	ギガジュール	GJ
ルーメン	lm	ルクス	lx	パーセント	%		
一平方ミリメートルにつきニュートン				N/㎟			
一平方メートルにつきニュートン				N/㎡			
一平方メートルにつきセンチメートル				cm/㎡			
一秒につきメートル				m/s			
一時間につき立方メートル				㎥/時間			
一分間につき立方メートル（毎分立方メートル）				㎥/分 など			

※この告示編（令和6年版）の内容は、令和5年8月31日までに公布された告示のうち、令和6年1月1日までに施行される告示によっています。なお、本書に関する改正告示や正誤などの最新情報は当社ホームページ（https：//www.shikaku.co.jp/）及び当社出版サイト（https://www.shikaku-books.jp/）にて適宜ご案内致します。

建築関係法令集〔告示編〕目次

1. 建築基準法関係主要告示

1　法第１章（総則）関係

法2条六号ロ	令2国交告197	建築物の周囲において発生する通常の火災時における火熱により燃焼するおそれのない部分を定める件	26
法2条七号	平12建告1399	耐火構造の構造方法を定める件	27
法2条七号の二	平12建告1358	準耐火構造の構造方法を定める件	32
法2条八号	平12建告1359	防火構造の構造方法を定める件	38
法2条九号	平12建告1400	不燃材料を定める件	40
法2条九号の二ロ	平12建告1360	防火設備の構造方法を定める件	40
法7条の6 1項二号、規則4条の16 2項・3項			
	平27国交告247	建築基準法第7条の6第1項第二号の国土交通大臣が定める基準等を定める件	45
法7条の6 1項二号	平27国交告248	建築基準法第7条の6第1項第二号に規定する国土交通大臣が定める基準に従って認定を行ったことを証する書類として国土交通大臣が定める様式を定める件	48
法8条2項	昭60建告606	建築物の維持保全に関する準則又は計画の作成に関し必要な指針を定める件	48
法12条の2 1項一号、12条の3 3項一号			
	平28国交告483	建築基準法第12条の2第1項第一号に掲げる者と同等以上の専門的知識及び能力を有する者等を定める件	50
法18条の3 1項	平19国交告835	確認審査等に関する指針	51

2　法第２章（建築物の敷地、構造及び建築設備）関係

法20条1項二号イ・三号イ			
	平19国交告592	建築物の構造方法が安全性を有することを確かめるための構造計算の方法を定める件	80
法21条1項	令元国交告193	建築基準法第 21 条第 1 項に規定する建築物の主要構造部の構造方法を定める件	80
法22条1項	平12建告1361	特定行政庁が防火地域及び準防火地域以外の市街地について指定する区域内における屋根の構造方法を定める件	100
法23条	平12建告1362	木造建築物等の外壁の延焼のおそれのある部分の構造方法を定める件	100
法26条三号	平6建告1716	防火壁又は防火床の設置を要しない畜舎等の基準を定める件	101
法27条1項、令110条の2二号			
	平27国交告255	建築基準法第27条第1項に規定する特殊建築物の主要構造部の構造方法等を定める件	101
法28条の2二号	平18国交告1172	石綿等をあらかじめ添加した建築材料で石綿等を飛散又は発散させるおそれがないものを定める件	120
法30条	昭45建告1827	遮音性能を有する長屋又は共同住宅の界壁及び天井の構造方法を定める件	120
法31条2項、令35条1項			
	昭55建告1292	屎尿浄化槽及び合併処理浄化槽の構造方法を定める件	121
法37条	平12建告1446	建築物の基礎、主要構造部等に使用する建築材料並びにこれらの建築材料が適合すべき日本産業規格又は日本農林規格及び品質に関する技術的基準を定める件	144

3　法第３章（都市計画区域等における建築物の敷地、構造、建築設備及び用途）関係

法60条2項	令4国交告741	建築基準法第60条第2項の歩廊の柱その他これに類するものを指定する件	210
法62条	平12建告1365	防火地域又は準防火地域内の建築物の屋根の構造方法を定める件	210
法88条1項	令4国交告412	遊戯施設の維持保全に関する準則又は計画の作成に関し必要な指針	211

2. 建築基準法施行令関係主要告示

1　令第１章（総則）関係

令1条五号　平12建告1401　準不燃材料を定める件 …… 212
令1条六号　平12建告1402　難燃材料を定める件 …… 212
令2条1項二号　平5建告1437　国土交通大臣が高い開放性を有すると認めて指定する構造 …… 213
令2条1項二号　令5国交告143　安全上、防火上及び衛生上支障がない軒等を定める等の件 …… 213
令2条1項五号　昭50建告644　工作物の築造面積の算定方法を定める件 …… 213
令2条の3三号　平11建告1314　建築基準法第77条の18第1項の確認検査の業務と同等以上の知識及び能力を要する業務の指定 …… 214
令8条の4三号　平27国交告179　構造計算適合性判定の業務と同等以上の知識及び能力を要する業務の指定 …… 214
令10条三号ロ・四号ロ
平19国交告1119　建築基準法施行令第10条第三号ロ及び第四号ロの国土交通大臣の指定する基準を定める件 …… 215
令14条三号　平13国交告361　建築基準法施行令第14条第一号又は第二号に該当する者と同等以上の建築行政に関する知識及び能力を有すると認めたもの …… 215
令16条1項・3項一号・二号
平28国交告240　定期報告を要しない通常の火災時において避難上著しい支障が生ずるおそれの少ない建築物等を定める件 …… 216

2　令第２章（一般構造）関係

令19条3項ただし書　昭55建告1800　照明設備の設置、有効な採光方法の確保その他これらに準ずる措置の基準等を定める件 …… 217
令20条1項ただし書　平15国交告303　建築物の開口部で採光に有効な部分の面積の算定方法で別に定めるものを定める件 …… 218
令20条の2一号イ(3)・ロ(3)、20条の3 2項一号イ(3)・(4)・(6)・(7)・三号
昭45建告1826　換気設備の構造方法を定める件 …… 218
令20条の6二号　平14国交告1112　クロルピリホスを発散させるおそれがない建築材料を定める件 …… 222
令20条の7 1項一号　平14国交告1113　第一種ホルムアルデヒド発散建築材料を定める件 …… 222
令20条の7 1項二号　平14国交告1114　第二種ホルムアルデヒド発散建築材料を定める件 …… 226
令20条の7 1項二号　平14国交告1115　第三種ホルムアルデヒド発散建築材料を定める件 …… 228
令20条の7 1項二号、20条の8 2項
平15国交告273　ホルムアルデヒドの発散による衛生上の支障がないようにするために必要な換気を確保することができる居室の構造方法を定める件 …… 230
令20条の8 1項一号イ(3)・ロ(3)・ハ
平15国交告274　ホルムアルデヒドの発散による衛生上の支障がないようにするために必要な換気を確保することができる換気設備の構造方法を定める件 …… 232
令22条の2一号イ・二号イ(1)
平12建告1430　地階における住宅等の居室に設ける開口部及び防水層の設置方法を定める件 …… 233
令23条4項　平26国交告709　建築基準法施行令第23条第1項の規定に適合する階段と同等以上に昇降を安全に行うことができる階段の構造方法を定める件 …… 234
令29条、30条1項、31条三号
平12建告1386　くみ取便所並びに特殊建築物及び特定区域の便所の構造方法並びに改良便槽内の汚水の温度の低下を防止するための措置の基準を定める件 …… 234
令32条1項表　昭44建告3184　処理対象人員の算定方法を定める件 …… 235
日本産業規格　JIS A3302　建築物の用途別による屎尿浄化槽の処理対象人員算定基準 …… 236

3　令第３章（構造強度）関係

令36条の2五号　平19国交告593　建築基準法施行令第36条の2第五号の国土交通大臣が指定する建築物を定める件 …… 240
令38条3項・4項　平12建告1347　建築物の基礎の構造方法及び構造計算の基準を定める件 …… 244

令39条2項　昭46建告109　屋根ふき材、外装材及び屋外に面する帳壁の構造方法…… 245
令39条3項　平25国交告771　特定天井及び特定天井の構造耐力上安全な構造方法を定める件 …… 247
令42条1項　昭62建告1897　建築基準法施行令の規定に基づき地盤が軟弱な区域として特定行政庁が区域を指定する基準 …… 251
令42条1項三号　平28国交告690　柱と基礎とを接合する構造方法等を定める件 …… 251
令43条1項ただし書・2項ただし書
平12建告1349　木造の柱の構造耐力上の安全性を確かめるための構造計算の基準を定める件 … 252
令46条2項一号イ　昭62建告1898　構造耐力上主要な部分である柱及び横架材に使用する集成材その他の木材の品質の強度及び耐久性に関する基準を定める件 …… 252
令46条2項一号ハ・3項、48条1項二号ただし書、69条
昭62建告1899　木造若しくは鉄骨造の建築物又は建築物の構造部分の構造耐力上安全であることを確かめるための構造計算の基準を定める件 …… 253
令46条3項　平28国交告691　床組及び小屋ばり組に木板その他これに類するものを打ち付ける基準を定める件 …… 253
令46条4項　平12建告1351　木造の建築物に物置等を設ける場合に階の床面積に加える面積を定める件 … 256
令46条4項　平12建告1352　木造建築物の軸組の設置の基準を定める件 …… 256
令46条4項表1(8)　昭56建告1100　建築基準法施行令第46条第4項表1(1)項から(7)項までに掲げる軸組と同等以上の耐力を有する軸組及び当該軸組に係る倍率の数値を定める件 …… 257
令47条1項　平12建告1460　木造の継手及び仕口の構造方法を定める件 …… 265
令48条2項二号　平12建告1453　学校の木造の校舎の日本産業規格を指定する件 …… 268
令51条1項ただし書　平12建告1353　補強された組積造の建築物の部分等の構造耐力上の安全性を確かめるための構造計算の基準を定める件 …… 268
令59条の2　平12建告1354　組積造の建築物等を補強する構造方法を定める件 …… 268
令62条の8ただし書　平12建告1355　補強コンクリートブロック造の塀の構造耐力上の安全性を確かめるための構造計算の基準を定める件 …… 269
令66条　平12建告1456　鉄骨造の柱の脚部を基礎に緊結する構造方法の基準を定める件 …… 270
令67条2項　平12建告1464　鉄骨造の継手又は仕口の構造方法を定める件 …… 271
令70条　平12建告1356　鉄骨造の建築物について1の柱のみの火熱による耐力の低下によって建築物全体が容易に倒壊するおそれがある場合等を定める件 …… 273
令73条2項ただし書　平12建告1463　鉄筋の継手の構造方法を定める件 …… 273
令73条3項ただし書　平23国交告432　鉄筋コンクリート造の柱に取り付けるはりの構造耐力上の安全性を確かめるための構造計算の基準を定める件 …… 274
令74条1項二号・2項　昭56建告1102　設計基準強度との関係において安全上必要なコンクリート強度の基準を定める等の件 …… 275
令76条2項　昭46建告110　現場打コンクリートの型わく及び支柱の取りはずしに関する基準 …… 276
令77条四号　昭56建告1106　鉄筋コンクリート造の柱の帯筋比を算出する方法を定める件 …… 279
令77条五号　平23国交告433　鉄筋コンクリート造の柱の構造耐力上の安全性を確かめるための構造計算の基準を定める件 …… 279
令79条2項、79条の3 2項
平13国交告1372　建築基準法施行令第79条第1項の規定を適用しない鉄筋コンクリート造の部材及び同令第79条の3第1項の規定を適用しない鉄骨鉄筋コンクリート造の部材の構造方法を定める件 …… 280
令80条の2一号、36条1項・2項一号、81条2項一号イ、94条、99条
平13国交告1540　枠組壁工法又は木質プレハブ工法を用いた建築物又は建築物の構造部分の構造方法に関する安全上必要な技術的基準を定める件 …… 282
令80条の2一号、36条1項・2項一号、81条2項一号イ・二号イ・3項
平28国交告611　CLTパネル工法を用いた建築物又は建築物の構造部分の構造方法に関する安全上必要な技術的基準を定める等の件…… 294

令80条の2一号、36条1項
平14国交告411 丸太組構法を用いた建築物又は建築物の構造部分の構造方法に関する安全上必要な技術的基準を定める件 …… 302
令80条の2一号、36条1項
平19国交告599 構造耐力上主要な部分である床版又は屋根版に軽量気泡コンクリートパネルを用いる場合における当該床版又は屋根版の構造方法に関する安全上必要な技術的基準を定める件 …… 306
令80条の2一号、36条1項・2項一号、81条2項一号イ・ロ・3項
平13国交告1641 薄板軽量形鋼造の建築物又は建築物の構造部分の構造方法に関する安全上必要な技術的基準を定める等の件 …… 307
令80条の2一号、36条1項・2項一号
平14国交告464 コンクリート充填鋼管造の建築物又は建築物の構造部分の構造方法に関する安全上必要な技術的基準を定める件 …… 317
令80条の2一号、36条1項、81条2項一号イ
平13国交告1025 壁式ラーメン鉄筋コンクリート造の建築物又は建築物の構造部分の構造方法に関する安全上必要な技術的基準を定める等の件 …… 320
令80条の2一号、36条1項・2項一号
平13国交告1026 壁式鉄筋コンクリート造の建築物又は建築物の構造部分の構造方法に関する安全上必要な技術的基準を定める件 …… 324
令80条の2一号、36条1項・2項一号、81条2項一号イ・二号イ
平15国交告463 鉄筋コンクリート組積造の建築物又は建築物の構造部分の構造方法に関する安全上必要な技術的基準を定める件 …… 327
令80条の2一号、36条1項・2項一号
平14国交告326 構造耐力上主要な部分である床版又は屋根版にデッキプレート版を用いる場合における当該床版又は屋根版の構造方法に関する安全上必要な技術的基準を定める件 …… 332
令80条の2一号・二号、36条1項・2項一号
平14国交告463 構造耐力上主要な部分にシステムトラスを用いる場合における当該構造耐力上主要な部分の構造方法に関する安全上必要な技術的基準を定める件 …… 334
令80条の2一号、38条4項、81条3項
平14国交告474 特定畜舎等建築物の構造方法に関する安全上必要な技術的基準を定める等の件 … 337
令80条の2二号、36条1項、38条3項、81条2項一号ロ
平12建告2009 免震建築物の構造方法に関する安全上必要な技術的基準を定める等の件 …… 340
令80条の2二号、36条1項・2項一号、81条2項一号イ・ロ・二号イ・3項
昭58建告1320 プレストレストコンクリート造の建築物又は建築物の構造部分の構造方法に関する安全上必要な技術的基準 …… 349
令80条の2二号、36条1項・2項一号
平14国交告410 アルミニウム合金造の建築物又は建築物の構造部分の構造方法に関する安全上必要な技術的基準を定める件 …… 357
令80条の2二号、36条1項、81条2項一号イ・二号イ・3項
平14国交告666 膜構造の建築物又は建築物の構造部分の構造方法に関する安全上必要な技術的基準を定める等の件 …… 361
令80条の2二号、36条1項、38条4項、81条3項
平14国交告667 テント倉庫建築物の構造方法に関する安全上必要な技術的基準を定める等の件 … 371
令80条の3 平13国交告383 土砂災害特別警戒区域内における居室を有する建築物の外壁等の構造方法並びに当該構造方法を用いる外壁等と同等以上の耐力を有する門又は塀の構造方法を定める件 …… 376
令81条1項四号 平12建告1461 超高層建築物の構造耐力上の安全性を確かめるための構造計算の基準を定める件 …… 387

令81条2項一号イ	平27国交告189	建築物の張り間方向又は桁行方向の規模又は構造に基づく保有水平耐力計算と同等以上に安全性を確かめることができる構造計算の基準を定める件 ……	389
令81条2項一号ロ	平17国交告631	エネルギーの釣合いに基づく耐震計算等の構造計算を定める件 ………………	390
令81条2項二号イ	平19国交告1274	許容応力度等計算と同等以上に安全性を確かめることができる構造計算の基準を定める件 ………………………………………………………………	398
令81条3項	平19国交告832	建築基準法施行令第82条各号及び同令第82条の4に定めるところによる構造計算と同等以上に安全性を確かめることができる構造計算の基準を定める件 ……	399
令82条一号、82条の2、82条の3一号、82条の6二号ロ	平19国交告594	保有水平耐力計算及び許容応力度等計算の方法を定める件 ……………………	399
令82条四号	平12建告1459	建築物の使用上の支障が起こらないことを確かめる必要がある場合及びその確認方法を定める件 ………………………………………………………	407
令82条の3二号	昭55建告1792	Ds及びFesを算出する方法を定める件 ……………………………………	408
令82条の4	平12建告1458	屋根ふき材及び屋外に面する帳壁の風圧に対する構造耐力上の安全性を確かめるための構造計算の基準を定める件 ……………………………………	417
令82条の5三号イ～ニ・五号・七号・八号	平12建告1457	損傷限界変位、Td、Bdi、層間変位、安全限界変位、Ts、Bsi、Fh及びGsを計算する方法並びに屋根ふき材等及び外壁等の構造耐力上の安全を確かめるための構造計算の基準を定める件 ……………………………………………………	422
令82条の6三号	昭55建告1791	建築物の地震に対する安全性を確かめるために必要な構造計算の基準を定める件 ………………………………………………………………………	433
令86条2項ただし書・3項	平12建告1455	多雪区域を指定する基準及び垂直積雪量を定める基準を定める件 ……………	437
令87条2項・4項	平12建告1454	Eの数値を算出する方法並びにVo及び風力係数の数値を定める件 ……………	442
令88条1項・2項・4項	昭55建告1793	Zの数値、Rt及びAiを算出する方法並びに地盤が著しく軟弱な区域として特定行政庁が指定する基準を定める件 ………………………………………	452
令89条1項	平12建告1452	木材の基準強度Fc、Ft、Fb及びFsを定める件………………………………	454
令90条、96条	平12建告1451	炭素鋼のボルトのせん断に対する許容応力度及び材料強度を定める件 …………	460
令90条、92条、96条、98条	平12建告2464	鋼材等及び溶接部の許容応力度並びに材料強度の基準強度を定める件 …………	460
令91条、97条	平12建告1450	コンクリートの付着、引張り及びせん断に対する許容応力度及び材料強度を定める件 ………………………………………………………………………	467
令92条の2、94条、96条	平12建告2466	高力ボルトの基準張力、引張接合部の引張りの許容応力度及び材料強度の基準強度を定める件 …………………………………………………………	468
令93条、94条	平13国交告1113	地盤の許容応力度及び基礎ぐいの許容支持力を求めるための地盤調査の方法並びにその結果に基づき地盤の許容応力度及び基礎ぐいの許容支持力を定める方法等を定める件 ……………………………………………………………	469
令94条、99条	平13国交告1024	特殊な許容応力度及び特殊な材料強度を定める件 ………………………………	476

4　令第4章（耐火構造・準耐火構造・防火構造・防火区画等）関係

令107条二号	平12建告1432	可燃物燃焼温度を定める件 …………………………………………………	514
令108条の3 1項一号イ(2)・ロ(2)	平28国交告692	内装の仕上げを不燃材料ですることその他これに準ずる措置の基準等を定める件…	514
令108条の3 2項一号～三号・5項二号	平12建告1433	耐火性能検証法に関する算出方法等を定める件 …………………………………	514
令109条の3一号、113条1項三号	平12建告1367	準耐火建築物と同等の性能を有する建築物等の屋根の構造方法を定める件 …	534
令109条の3二号ハ、115条の2 1項四号	平12建告1368	床又はその直下の天井の構造方法を定める件 …………………………………	534

令109条の7	平27国交告250	壁等の構造方法を定める件	535
令109条の7二号	平27国交告249	壁等の加熱面以外の面で防火上支障がないものを定める件	539
令109条の8、136条の2の2	平28国交告693	不燃性の物品を保管する倉庫に類する用途等を定める件	540
令110条の5	令元国交告198	警報設備の構造方法及び設置方法を定める件	541
令111条1項	令2国交告249	主要構造部を耐火構造等とすることを要しない避難上支障がない居室の基準を定める件	542
令112条1項	平12建告1369	特定防火設備の構造方法を定める件	543
令112条2項	令元国交告195	1時間準耐火基準に適合する主要構造部の構造方法を定める件	544
令112条3項	令2国交告522	通常の火災時において相互に火熱による防火上有害な影響を及ぼさない建築物の2以上の部分の構造方法を定める件	549
令112条4項、114条2項	平26国交告860	間仕切壁を準耐火構造としないこと等に関して防火上支障がない部分を定める件	555
令112条4項一号	平28国交告694	強化天井の構造方法を定める件	555
令112条12項ただし書	令2国交告198	10分間防火設備の構造方法を定める件	556
令112条18項ただし書	令2国交告250	警報設備を設けることその他これに準ずる措置の基準を定める件	557
令112条19項一号、129条の13の2三号、136条の2一号	昭48建告2563	防火区画に用いる防火設備等の構造方法を定める件	558
令112条19項二号、126条の2 2項、145条1項二号	昭48建告2564	防火区画に用いる遮煙性能を有する防火設備等の構造方法を定める件	561
令112条21項	昭48建告2565	防火区画を貫通する風道に設ける防火設備の構造方法を定める件	562
令112条21項	昭49建告1579	風道の耐火構造等の防火区画を貫通する部分等にダンパーを設けないことにつき防火上支障がないと認める場合を指定する件	563
令112条21項	平12建告1376	防火区画を貫通する風道に防火設備を設ける方法を定める件	564
令113条1項二号・三号	令元国交告197	防火壁及び防火床の構造方法を定める件	564
令114条3項三号	平6建告1882	建築基準法施行令第114条第3項第三号の規定に基づき国土交通大臣が定める基準	565
令114条5項	平12建告1377	建築物の界壁、間仕切壁又は隔壁を貫通する風道に設ける防火設備の構造方法を定める件	566
令115条1項三号イ(1)	平16国交告1168	煙突の上又は周囲にたまるほこりを煙突内の廃ガスその他の生成物の熱により燃焼させない煙突の小屋裏、天井裏、床裏等にある部分の構造方法を定める件	566
令115条1項七号	昭56建告1112	ボイラーの燃料消費量、煙道接続口の中心から頂部までの高さの基準等	566
令115条2項	昭56建告1098	建築基準法施行令第115条第1項第一号から第三号までの規定を適用しないことにつき防火上支障がない煙突の基準を定める件	568
令115条の2 1項六号	昭62建告1900	耐火構造の床又は壁を貫通する給水管、配電管その他の管の部分及びその周囲の部分の構造方法を定める件	569
令115条の2 1項八号	昭62建告1901	通常の火災時の加熱に対して耐力の低下を有効に防止することができる主要構造部である柱又ははりを接合する継手又は仕口の構造方法を定める件	569
令115条の2 1項九号	昭62建告1902	通常の火災により建築物全体が容易に倒壊するおそれのない構造であることを確かめるための構造計算の基準	570

5　令第5章（避難施設等）関係

令117条2項二号	平28国交告695	通常の火災時において相互に火熱又は煙若しくはガスによる防火上有害な影響を及ぼさない構造方法を定める件	570
令120条1項	令5国交告208	直通階段の一に至る歩行距離に関し建築基準法施行令第116条の2第1項第一号に該当する窓その他の開口部を有する居室と同等の規制を受けるものとして避難上支障がない居室の基準を定める件	572
令123条3項二号	平28国交告696	特別避難階段の階段室又は付室の構造方法を定める件	573

令126条の2 1項五号　平12建告1436　排煙設備の設置を要しない火災が発生した場合に避難上支障のある高さまで煙又はガスの降下が生じない建築物の部分を定める件 …………………… 576
令126条の2 2項二号　令2国交告663　通常の火災時において相互に煙又はガスによる避難上有害な影響を及ぼさない建築物の2以上の部分の構造方法を定める件…………………… 577
令126条の3 1項十二号
昭45建告1829　火災時に生ずる煙を有効に排出することができる排煙設備の構造方法を定める件… 580
令126条の3 2項　平12建告1437　通常の火災時に生ずる煙を有効に排出することができる特殊な構造の排煙設備の構造方法を定める件 …………………… 581
令126条の4四号　平12建告1411　非常用の照明装置を設けることを要しない避難階又は避難階の直上階若しくは直下階の居室で避難上支障がないものその他これらに類するものを定める件… 582
令126条の5一号ロ・ニ
昭45建告1830　非常用の照明装置の構造方法を定める件 …………………… 583
令126条の6　平12建告1438　屋外からの進入を防止する必要がある特別の理由を定める件 …………… 585
令126条の6三号　平28国交告786　一定の規模以上の空間及び高い開放性を有する通路その他の部分の構造方法を定める件 …………………… 585
令126条の7七号　昭45建告1831　非常用の進入口の機能を確保するために必要な構造の基準を定める件………… 586
令128条の3 1項一号　昭44建告1729　地下街の各構えの接する地下道の壁等の耐火性能 …………… 586
令128条の3 1項六号　昭44建告1730　地下街の各構えの接する地下道に設ける非常用の照明設備、排煙設備及び排水設備の構造方法を定める件 …………………… 587

6　令第5章の2（特殊建築物等の内装）関係

令128条の5 1項一号ロ・4項二号
平12建告1439　難燃材料でした内装の仕上げに準ずる仕上げを定める件 …………………… 588
令128条の5 1項二号ロ
平21国交告225　準不燃材料でした内装の仕上げに準ずる仕上げを定める件 …………………… 589
令128条の5 7項　令2国交告251　壁及び天井の室内に面する部分の仕上げを防火上支障がないようにすることを要しない火災が発生した場合に避難上支障のある高さまで煙又はガスの降下が生じない建築物の部分を定める件 …………………… 592

7　令第5章の3（避難上の安全の検証）関係

令128条の6 3項一号イ・ニ・二号イ〜ニ
令3国交告474　火災により生じた煙又はガスの高さに基づく区画避難安全検証法に関する算出方法等を定める件 …………………… 594
令128条の6 3項一号イ・ロ・ニ・ホ
令2国交告509　区画部分からの避難に要する時間に基づく区画避難安全検証法に関する算出方法等を定める件 …………………… 616
令128条の6 2項　平12建告1440　火災の発生のおそれの少ない室を定める件 …………………… 630
令129条3項一号イ・ニ・二号イ〜ニ
令3国交告475　火災により生じた煙又はガスの高さに基づく階避難安全検証法に関する算出方法等を定める件 …………………… 631
令129条3項一号イ・ロ・ニ・ホ
令2国交告510　階からの避難に要する時間に基づく階避難安全検証法に関する算出方法等を定める件 …………………… 656
令129条の2 4項一号ロ・二号ロ・ハ
令3国交告476　火災により生じた煙又はガスの高さに基づく全館避難安全検証法に関する算出方法等を定める件 …………………… 673
令129条の2 4項一号ロ・ハ
令2国交告511　建築物からの避難に要する時間に基づく全館避難安全検証法に関する算出方法等を定める件 …………………… 697

8　令第５章の４（建築設備等）関係

令129条の2の3二号　**平12建告1388**　建築設備の構造耐力上安全な構造方法を定める件 …… 704
令129条の2の3三号　**平12建告1389**　屋上から突出する水槽、煙突等の構造計算の基準を定める件 …… 708
令129条の2の4 1項三号ただし書
平17国交告570　昇降機の昇降路内に設けることができる配管設備の構造方法を定める件 …… 709
令129条の2の4 1項六号
平12建告1412　建築物に設ける換気、暖房又は冷房の設備の風道及びダストシュート、メールシュート、リネンシュートその他これらに類するものの設置に関して防火上支障がない部分を定める件 …… 710
令129条の2の4 1項七号ロ
平12建告1422　準耐火構造の防火区画等を貫通する給水管、配電管その他の管の外径を定める件 … 711
令129条の2の4 1項八号
昭56建告1099　3階以上の階を共同住宅の用途に供する建築物の住戸に設けるガスの配管設備の基準 …… 712
令129条の2の4 2項三号
平12建告1390　建築物に設ける飲料水の配管設備の構造方法を定める件 …… 713
令129条の2の4 2項六号・3項五号
昭50建告1597　建築物に設ける飲料水の配管設備及び排水のための配管設備の構造方法を定める件 …… 714
令129条の2の5 3項　**昭45建告1832**　中央管理方式の空気調和設備の構造方法を定める件 …… 716
令129条の2の6　**昭40建告3411**　地階を除く階数が11以上である建築物の屋上に設ける冷却塔設備の防火上支障のない構造方法、建築物の他の部分までの距離及び建築物の他の部分の温度を定める件 …… 717
令129条の3 2項一号・二号
平12建告1413　特殊な構造又は使用形態のエレベーター及びエスカレーターの構造方法を定める件 …… 718
令129条の4 1項二号・2項・3項七号
平12建告1414　エレベーター強度検証法の対象となるエレベーター、エレベーター強度検証法及び屋外に設けるエレベーターに関する構造計算の基準を定める件 …… 724
令129条の4 1項二号・2項
平12建告1418　エスカレーター強度検証法の対象となるエスカレーター及びエスカレーターの強度検証法を定める件 …… 727
令129条の4 3項三号　**平20国交告1494**　滑節構造とした接合部が地震その他の震動によって外れるおそれがない構造方法を定める件 …… 728
令129条の4 3項三号　**平21国交告541**　滑節構造とした接合部が地震その他の震動によって外れるおそれがない構造方法を定める件 …… 728
令129条の4 3項三号　**平21国交告621**　滑節構造とした接合部が地震その他の震動によって外れるおそれがない構造方法を定める件 …… 729
令129条の4 3項四号　**平20国交告1498**　滑車を使用してかごを吊るエレベーターが地震その他の震動によって索が滑車から外れるおそれがない構造方法を定める件 …… 729
令129条の4 3項四号　**平21国交告622**　滑車を使用して客席部分を吊る遊戯施設が地震その他の震動によって索が滑車から外れるおそれがない構造方法を定める件 …… 730
令129条の4 3項五号　**平25国交告1048**　地震その他の震動によってエレベーターの釣合おもりが脱落するおそれがない構造方法を定める件 …… 730
令129条の4 3項五号　**平25国交告1049**　地震その他の震動によって遊戯施設の釣合おもりが脱落するおそれがない構造方法を定める件 …… 731
令129条の4 3項六号　**平25国交告1047**　エレベーターの地震その他の震動に対する構造耐力上の安全性を確かめるための構造計算の基準を定める件 …… 732
令129条の5 2項　**平12建告1415**　用途が特殊なエレベーター及び当該エレベーターのかごの積載荷重を定める件 … 733

令129条の6 1項一号・三号
平20国交告1455 かご内の人又は物による衝撃に対して安全なかごの各部の構造方法及びかご内の人又は物がかご外の物に触れるおそれのないかごの壁又は囲い及び出入口の戸の基準を定める件 …… 734
令129条の6二号、129条の7二号、129条の13二号
平12建告1416 防火上支障のないエレベーターのかご及び昇降路並びに小荷物専用昇降機の昇降路を定める件 …… 735
令129条の7一号 平20国交告1454 昇降路外の人又は物がかご又は釣合おもりに触れるおそれのない壁又は囲い及び出入口の戸の基準を定める件 …… 736
令129条の7三号 平20国交告1447 昇降路外の人又は物が昇降路内に落下するおそれのない昇降路の出入口の戸の施錠装置の基準を定める件 …… 737
令129条の7五号イ(2)
平20国交告1495 建築基準法施行令第129条の7第五号イ(2)の国土交通大臣が定める措置を定める件 … 738
令129条の8 1項 平21国交告703 エレベーターの駆動装置及び制御器が地震その他の震動によって転倒し又は移動するおそれがない方法を定める件 …… 738
令129条の8 2項 平12建告1429 エレベーターの制御器の構造方法を定める件 …… 739
令129条の10 2項 平12建告1423 エレベーターの制動装置の構造方法を定める件 …… 740
令129条の10 3項二号・4項
平20国交告1536 地震その他の衝撃により生じた国土交通大臣が定める加速度並びに当該加速度を検知し、自動的に、かごを昇降路の出入口の戸の位置に停止させ、かつ、当該かごの出入口の戸及び昇降路の出入口の戸を開き、又はかご内の人がこれらの戸を開くことができることとする装置の構造方法を定める件 …… 743
令129条の11 平25国交告1050 乗用エレベーター及び寝台用エレベーター以外のエレベーターの昇降路について安全上支障がない構造方法を定める件 …… 744
令129条の11 平25国交告1051 乗用エレベーター及び寝台用エレベーター以外のエレベーターの制御器について安全上支障がない構造方法を定める件 …… 745
令129条の11 平25国交告1052 乗用エレベーター及び寝台用エレベーター以外のエレベーターの安全装置について安全上支障がない構造方法を定める件 …… 745
令129条の12 1項一号・五号
平12建告1417 通常の使用状態において人又は物が挟まれ、又は障害物に衝突することがないようにしたエスカレーターの構造及びエスカレーターの勾配に応じた踏段の定格速度を定める件 …… 746
令129条の12 1項六号
平25国交告1046 地震その他の震動によってエスカレーターが脱落するおそれがない構造方法を定める件 …… 746
令129条の12 5項 平12建告1424 エスカレーターの制動装置の構造方法を定める件 …… 750
令129条の13一号 平20国交告1446 小荷物専用昇降機の昇降路外の人又は物がかご又は釣合おもりに触れるおそれのない壁又は囲い及び出し入れ口の戸の基準を定める件 …… 751
令129条の13の3 6項 昭46建告112 非常用エレベーターのかご及びその出入口の寸法並びにかごの積載荷重の数値を定める日本工業規格を指定する件 …… 752
令129条の13の3 12項 平12建告1428 非常用エレベーターの機能を確保するために必要な構造方法を定める件 …… 752
令129条の13の3 13項 平28国交告697 非常用エレベーターの昇降路又は乗降ロビーの構造方法を定める件 …… 752
令129条の15一号 平12建告1425 雷撃によって生ずる電流を建築物に被害を及ぼすことなく安全に地中に流すことができる避雷設備の構造方法を定める件 …… 753
日本産業規格 JIS A4201 建築物等の雷保護(抄) …… 754

9 令第6章(建築物の用途)関係
令130条の4五号 昭45建告1836 建築基準法施行令の規定により国土交通大臣が指定する建築物 …… 763
令130条の5の4二号 平5建告1451 建築基準法施行令第130条の5の4第二号の規定に基づき建築物を指定 …… 763

令130条の7の2二号　**平5建告1436**　建築基準法施行令第130条の7の2第二号の規定により国土交通大臣が指定する建築物 …… 764
令130条の8の3　**平5建告1438**　建築基準法施行令の規定により国土交通大臣が指定する特殊の方法 …… 764
令130条の9 1項　**平5建告1439**　建築基準法施行令の規定により屋内貯蔵所のうち位置、構造及び設備について国土交通大臣が定める基準 …… 764
令130条の9 1項　**平26国交告1203**　圧縮ガス又は液化ガスを燃料電池又は内燃機関の燃料として用いる自動車にこれらのガスを充填するための設備の基準を定める件 …… 764
令130条の9の3　**平30国交告236**　農産物の処理に供する建築物を指定する件 …… 765
令130条の9の7二号ロ
平17国交告359　建築基準法施行令第130条の9の7第二号ロの規定により国土交通大臣が定める基準 …… 765
令130条の9の7三号　**平5建告1440**　建築基準法施行令の規定により国土交通大臣が定める合成繊維の製造 …… 766
令130条の9の7五号　**平5建告1441**　建築基準法施行令の規定により国土交通大臣が石綿の粉じんの飛散の防止上有効であると認めて定める方法 …… 766

10　令第7章の2（防火地域又は準防火地域内の建築物）関係
令136条の2　**令元国交告194**　防火地域又は準防火地域内の建築物の部分及び防火設備の構造方法を定める件 …… 766

11　令第7章の5（型式適合認定等）関係
令136条の2の11一号イ(2)・ロ(2)・二号表、144条の2表
平12建告1467　建築基準法施行令第136条の2の11第一号イ(2)等の国土交通大臣の指定する構造方法を定める件 …… 773

12　令第7章の8（工事現場の危害の防止）関係
令136条の3 5項三号イただし書
昭56建告1105　腹起しに用いる木材の許容応力度 …… 773
令136条の5 2項　**昭39建告91**　建築工事現場における落下物による危害を防止するための措置の基準 …… 774

13　令第7章の9（簡易な構造の建築物に対する制限の緩和）関係
令136条の9　**平5建告1426**　準耐火構造の壁を貫通する給水管、配電管その他の管の部分及びその周囲の部分の構造方法を定める件 …… 774
令136条の9一号　**平5建告1427**　高い開放性を有する構造の建築物又は建築物の部分 …… 775
令136条の10二号・三号イ
平12建告1443　防火上支障のない外壁及び屋根の構造を定める件 …… 775
令136条の10三号ロ　**平5建告1434**　通常の火災時における炎及び火熱を遮る上で有効と認める塀その他これに類するものの基準 …… 777
令136条の10三号ハ　**平5建告1435**　屋内側からの通常の火災時における炎及び火熱を遮る上で有効と認める屋根の基準 …… 777

14　令第8章（既存の建築物に対する制限の緩和等）関係
令137条の2一号イ(3)・ロ(3)・二号イ・ロ
平17国交告566　建築物の倒壊及び崩落、屋根ふき材、特定天井、外装材及び屋外に面する帳壁の脱落並びにエレベーターの籠の落下及びエスカレーターの脱落のおそれがない建築物の構造方法に関する基準並びに建築物の基礎の補強に関する基準を定める件 …… 777
令137条の4の3三号　**平18国交告1173**　建築材料から石綿を飛散させるおそれがないものとして石綿が添加された建築材料を被覆し又は添加された石綿を建築材料に固着する措置について国土交通大臣が定める基準を定める件 …… 780
令137条の10四号　**令元国交告196**　20分間防火設備の構造方法を定める件 …… 781

15　令第９章（工作物）関係

令138条1項　平23国交告1002　建築基準法及びこれに基づく命令の規定による規制と同等の規制を受けるものとして国土交通大臣が指定する工作物を定める件 …… 781

令139条1項四号イ・三号、142条1項五号
平12建告1449　煙突、鉄筋コンクリート造の柱等、広告塔又は高架水槽等及び擁壁並びに乗用エレベーター又はエスカレーターの構造計算の基準を定める件 …… 782

令144条1項一号イ～ハ・六号・2項、129条の4 1項二号・2項
平12建告1419　遊戯施設の構造耐力上安全な構造方法及び構造計算、遊戯施設強度検証法の対象となる遊戯施設、遊戯施設強度検証法並びに遊戯施設の周囲の人の安全を確保することができる構造方法を定める件 …… 784

令144条1項三号イ　平29国交告247　走行又は回転時の衝撃及び非常止め装置の作動時の衝撃が加えられた場合に客席にいる人を落下させない遊戯施設の客席部分の構造方法を定める件 …… 789

令144条1項三号ロ　令2国交告252　客席にいる人が他の構造部分に触れることにより危害を受けるおそれのない遊戯施設の客席部分の構造方法を定める件 …… 792

令144条1項五号　平12建告1427　遊戯施設の非常止め装置の構造方法を定める件 …… 792

16　令第10章（雑則）関係

令144条の3四号～六号
平12建告1444　安全上又は防火上重要である建築物の部分等を定める件 …… 793

令144条の4 1項一号ハ
昭45建告1837　建築基準法施行令の規定により国土交通大臣が定める自動車の転回広場に関する基準 …… 794

令146条1項二号　平28国交告239　確認等を要しない人が危害を受けるおそれのある事故が発生するおそれの少ない小荷物専用昇降機を定める件 …… 794

令147条4項　令4国交告1024　構造及び周囲の状況に関し安全上支障がない鉄筋コンクリート造の柱等の基準を定める件 …… 794

3. 建築基準法施行規則関係主要告示

規則1条の3 1項一号ロ(2)(ii)
平19国交告823　建築基準法施行令第81条第2項第一号イ若しくはロ、同項第二号イ又は同条第3項に規定する国土交通大臣が定める基準に従った構造計算によりプレストレストコンクリート造の建築物等の安全性を確かめた場合の構造計算書を定める件 …… 796

規則1条の3 1項一号ロ(2)(ii)
平19国交告824　建築基準法施行令第81条第2項第一号ロに規定する国土交通大臣が定める基準に従った構造計算により免震建築物の安全性を確かめた場合の構造計算書を定める件 …… 805

規則1条の3 1項一号ロ(2)(ii)
平19国交告825　建築基準法施行令第81条第2項第一号イに規定する国土交通大臣が定める基準に従った構造計算により壁式ラーメン鉄筋コンクリート造の建築物又は建築物の構造部分の安全性を確かめた場合の構造計算書を定める件 …… 808

規則1条の3 1項一号ロ(2)(ii)
平19国交告826　建築基準法施行令第81条第2項第一号イに規定する国土交通大臣が定める基準に従った構造計算により枠組壁工法又は木質プレハブ工法を用いた建築物又は建築物の構造部分の安全性を確かめた場合の構造計算書を定める件 …… 811

規則1条の3 1項一号ロ(2)(ii)
平19国交告827　建築基準法施行令第81条第3項に規定する国土交通大臣が定める基準に従った構造計算により特定畜舎等建築物の安全性を確かめた場合の構造計算書を定める件 …… 813

規則1条の3 1項一号ロ(2)(ii)
平19国交告828　建築基準法施行令第81条第2項第一号イ又は同条第2項第二号イに規定する国土交通大臣が定める基準に従った構造計算により膜構造の建築物又は建築物の構造部分の安全性を確かめた場合の構造計算書を定める件 ………… 815
規則1条の3 1項一号ロ(2)(ii)
平19国交告829　建築基準法施行令第81条第3項に規定する国土交通大臣が定める基準に従った構造計算によりテント倉庫建築物の安全性を確かめた場合の構造計算書を定める件 ………… 820
規則1条の3 1項一号ロ(2)(ii)
平19国交告830　建築基準法施行令第81条第2項第一号イ又は同条第2項第二号イに規定する国土交通大臣が定める基準に従った構造計算により鉄筋コンクリート組積造の建築物又は建築物の構造部分の安全性を確かめた場合の構造計算書を定める件 ………… 822
規則1条の3 1項一号ロ(2)(ii)
平19国交告831　建築基準法施行令第81条第2項第一号ロの規定に基づきエネルギーの釣合いに基づく耐震計算等の構造計算によって建築物の安全性を確かめた場合の構造計算書を定める件 ………… 827
規則1条の3 1項一号ロ(2)(ii)
平28国交告612　建築基準法施行令第81条第2項第一号イ、同項第二号イ又は同条第3項に規定する国土交通大臣が定める基準に従った構造計算によりCLTパネル工法を用いた建築物又は建築物の構造部分の安全性を確かめた場合の構造計算書を定める件 … 831
規則1条の3 1項表3　平19国交告817　応力図、基礎反力図及び断面検定比図の様式を定める件 ………… 838
規則1条の3 5項一号　平28国交告698　申請に係る建築物が認定型式に適合する建築物の部分を有するものであることを確認するために必要な図書及び書類を定める件 ………… 838
規則1条の3 10項　平27国交告180　構造計算基準に適合する部分の計画を定める件 ………… 839
規則3条の2 1項十六号
平28国交告1438　安全上、防火上及び避難上の危険の度並びに衛生上及び市街地の環境の保全上の有害の度に著しい変更を及ぼさない変更を定める件 ………… 839
規則3条の5 3項二号、4条の7 3項二号、4条の14 3項二号
平19国交告885　確認審査等に関する指針に従って確認審査等を行ったことを証する書類の様式を定める件 ………… 840
規則3条の13 1項四号
平27国交告178　建築基準法施行規則第3条の13第1項第四号の規定に基づき国土交通大臣が定める者を定める件 ………… 840
規則3条の18四号　平27国交告1009　登録特定建築基準適合判定資格者講習に用いる教材の内容として国土交通大臣が定める事項を定める件 ………… 841
規則5条2項・3項、5条の2 1項
平20国交告282　建築物の定期調査報告における調査及び定期点検における点検の項目、方法及び結果の判定基準並びに調査結果表を定める件 ………… 841
規則6条1項〜3項、6条の2 1項・2項
平20国交告285　建築設備(昇降機を除く。)の定期検査報告における検査及び定期点検における点検の項目、事項、方法及び結果の判定基準並びに検査結果表を定める件…… 860
規則6条2項・3項、6条の2 1項、6条の2の2 2項・3項、6条の2の3 1項
平20国交告283　昇降機の定期検査報告における検査及び定期点検における点検の項目、事項、方法及び結果の判定基準並びに検査結果表を定める件 ………… 881
規則6条の2の2 2項・3項、6条の2の3 1項
平20国交告284　遊戯施設の定期検査報告における検査及び定期点検における点検の項目、事項、方法及び結果の判定基準並びに検査結果表を定める件 ………… 943

規則6条2項・3項、6条の2 1項
平28国交告723 防火設備の定期検査報告における検査及び定期点検における点検の項目、事項、方法及び結果の判定基準並びに検査結果表を定める件 …… 972
規則6条の6 表(2) 平28国交告699 建築設備についての検査等と併せて検査等を一体的に行うことが合理的である防火設備を定める件 …… 982
規則6条の9一号 平28国交告700 建築基準法施行規則の規定により建築に関する知識及び経験を有する者として国土交通大臣が定める者を指定する件 …… 982
規則6条の9五号 平28国交告701 登録特定建築物調査員講習、登録建築設備検査員講習、登録防火設備検査員講習及び登録昇降機等検査員講習に用いる教材の内容として国土交通大臣が定める事項を定める件 …… 984
規則6条の12、6条の14、6条の16、6条の9九号
平28国交告702 建築基準法施行規則の規定により講義を受講した者と同等以上の知識を有する者として国土交通大臣が定める者及び国土交通大臣が定める科目を定める件 …… 986
規則8条の3 平13国交告1541 構造耐力上主要な部分である壁及び床版に、枠組壁工法により設けられるものを用いる場合における技術的基準に適合する当該壁及び床版の構造方法を定める件 …… 987
規則10条の4の3 1項一号ヌ
令元国交告189 建築基準法施行規則第10条の4の3第1項第一号ヌの国土交通大臣が定める方法を定める件 …… 999
規則10条の4の3 1項二号リ・三号カ
令元国交告190 建築基準法施行規則第10条の4の3第1項第二号リ及び第三号カの国土交通大臣が定める措置を定める件 …… 999
規則10条の4の3 1項三号ヨ
令元国交告191 建築基準法施行規則第10条の4の3第1項第三号ヨの国土交通大臣が定める措置を定める件 …… 1000
規則10条の4の4 令5国交告209 建築基準法施行規則第10条の4の4の国土交通大臣が定める給湯設備を定める件 1000

4. 高齢者、障害者等の移動等の円滑化の促進に関する法律に基づく主要な告示

法3条1項 令2公安・総務・文科・国交告1
移動等円滑化の促進に関する基本方針(抄) …… 1002
法24条 平18国交告1481 高齢者、障害者等の移動等の円滑化の促進に関する法律第24条の規定に基づく国土交通大臣が高齢者、障害者等の円滑な利用を確保する上で有効と認めて定める基準 …… 1011
令11条二号ただし書、12条五号ただし書、13条四号ただし書、21条1項ただし書・2項二号ロ
平18国交告1497 高齢者、障害者等の移動等の円滑化の促進に関する法律施行令の規定により視覚障害者の利用上支障がない廊下等の部分等を定める件 …… 1012
令14条1項一号 平18国交告1496 高齢者、障害者等の移動等の円滑化の促進に関する法律施行令の規定により車いす使用者用便房の構造を定める件 …… 1013
令15条2項二号イ 平18国交告1495 高齢者、障害者等の移動等の円滑化の促進に関する法律施行令の規定により車いす使用者用浴室等の構造を定める件 …… 1014
令18条2項五号リただし書
平18国交告1494 高齢者、障害者等の移動等の円滑化の促進に関する法律施行令の規定により視覚障害者の利用上支障がないエレベーター及び乗降ロビーを定める件 …… 1014
令18条2項五号リ(2) 平18国交告1493 高齢者、障害者等の移動等の円滑化の促進に関する法律施行令の規定によりエレベーターのかご内及び乗降ロビーに設ける制御装置を視覚障害者が円滑に操作することができる構造とする方法を定める件 …… 1014
令18条2項六号 平18国交告1492 高齢者、障害者等の移動等の円滑化の促進に関する法律施行令の規定により特殊な構造又は使用形態のエレベーターその他の昇降機等を定める件 …… 1015

令20条2項　**平18国交告1491**　高齢者、障害者等の移動等の円滑化の促進に関する法律施行令の規定により移動等円滑化の措置がとられたエレベーターその他の昇降機又は便所の配置を視覚障害者に示す方法を定める件 …… 1015
令26条　**平18国交告1490**　高齢者、障害者等の移動等の円滑化の促進に関する法律施行令の規定により、認定特定建築物等の建築物特定施設の床面積のうち、通常の建築物の建築物特定施設の床面積を超えることとなるものを定める件 …… 1016
規則12条1項三号　**平18国交告1482**　高齢者、障害者等の移動等の円滑化の促進に関する法律施行規則の規定により認定特定建築物が特定建築物の建築等及び維持保全の計画の認定を受けている旨の表示を付することができるものを定める件 …… 1017
省令3条1項三号ただし書、4条八号ただし書、6条1項七号ただし書、16条ただし書
平18国交告1489　高齢者、障害者等が円滑に利用できるようにするために誘導すべき建築物特定施設の構造及び配置に関する基準を定める省令の規定により視覚障害者の利用上支障がない廊下等の部分等を定める件 …… 1018
省令3条2項、5条ただし書、6条2項、11条3項
平18国交告1488　高齢者、障害者等が円滑に利用できるようにするために誘導すべき建築物特定施設の構造及び配置に関する基準を定める省令の規定により車いす使用者の利用上支障がない廊下等の部分等を定める件 …… 1018
省令7条6項ただし書　**平18国交告1486**　高齢者、障害者等が円滑に利用できるようにするために誘導すべき建築物特定施設の構造及び配置に関する基準を定める省令の規定により視覚障害者の利用上支障がないエレベーター及び乗降ロビーを定める件 …… 1019
省令7条6項二号　**平18国交告1487**　高齢者、障害者等が円滑に利用できるようにするために誘導すべき建築物特定施設の構造及び配置に関する基準を定める省令の規定によりエレベーターのかご内及び乗降ロビーに設ける制御装置を視覚障害者が円滑に操作することができる構造とする方法を定める件 …… 1020
省令8条　**平18国交告1485**　高齢者、障害者等が円滑に利用できるようにするために誘導すべき建築物特定施設の構造及び配置に関する基準を定める省令の規定により特殊な構造又は使用形態のエレベーターその他の昇降機等を定める件 …… 1020
省令10条2項三号イ　**平18国交告1484**　高齢者、障害者等が円滑に利用できるようにするために誘導すべき建築物特定施設の構造及び配置に関する基準を定める省令の規定により車いす使用者用浴室等の構造を定める件 …… 1021
省令15条2項　**平18国交告1483**　高齢者、障害者等が円滑に利用できるようにするために誘導すべき建築物特定施設の構造及び配置に関する基準を定める省令の規定により移動等円滑化の措置がとられたエレベーターその他の昇降機又は便所の配置を視覚障害者に示す方法を定める件 …… 1021

5. 建築物の耐震改修の促進に関する法律に基づく主要な告示

法4条1項　**平18国交告184**　建築物の耐震診断及び耐震改修の促進を図るための基本的な方針 …… 1022
法17条3項一号　**平18国交告185**　建築物の耐震改修の促進に関する法律第17条第3項第一号の規定に基づき地震に対する安全上耐震関係規定に準ずるものとして定める基準 …… 1041
法22条2項、25条2項　**平25国交告1062**　建築物の耐震改修の促進に関する法律第22条第2項及び第25条第2項の規定に基づき地震に対する安全上耐震関係規定に準ずるものとして定める基準 …… 1042
令附則2条1項一号　**平25国交告1066**　建築物の耐震改修の促進に関する法律施行令附則第2条第1項第一号の規定に基づき国土交通大臣が定める危険物及び国土交通大臣が定める距離を定める件 …… 1042
規則5条1項一号　**平25国交告1056**　建築物の耐震改修の促進に関する法律施行規則第5条第1項第一号(同規則附則第3条において準用する場合を含む。)の規定に基づき国土交通大臣が定める要件 …… 1043

規則5条1項二号　**平25国交告1057**　建築物の耐震改修の促進に関する法律施行規則第5条第1項第二号（同規則附則第3条において準用する場合を含む。）の規定に基づき国土交通大臣が定める者を定める件……1044

規則10条四号　**平25国交告1058**　建築物の耐震改修の促進に関する法律施行規則第10条第四号の規定に基づき登録資格者講習に用いる教材の内容として国土交通大臣が定める事項を定める件……1044

規則10条七号　**平25国交告1130**　建築物の耐震改修の促進に関する法律施行規則第10条第七号の国土交通大臣が定める者及び国土交通大臣が定める科目を定める件……1046

規則22条二号　**平25国交告1059**　建築物の耐震改修の促進に関する法律施行規則第22第二号（附則第3条において準用する場合を含む。）の規定に基づき国土交通大臣が定める事項を定める件……1046

規則23条1項・2項　**平25国交告1060**　建築物の耐震改修の促進に関する法律施行規則第23条第1項及び第2項の規定に基づき国土交通大臣が定める額を定める件……1047

規則33条1項二号・2項二号

平25国交告1064　建築物の耐震改修の促進に関する法律施行規則第33条第1項第二号及び第2項第二号の規定に基づき国土交通大臣が定める書類を定める件……1047

規則35条1項三号　**平25国交告1063**　建築物の耐震改修の促進に関する法律施行規則第35条第1項第三号の規定に基づき国土交通大臣が定めるものを定める件……1048

6. 建築物省エネ法などに基づく主要な告示

1　建築物のエネルギー消費性能の向上に関する法律関係

法3条1項　**令元国交告793**　建築物のエネルギー消費性能の向上に関する基本的な方針……1050

法7条　**平28国交告489**　建築物のエネルギー消費性能の表示に関する指針……1059

令3条三号　**平28国交告1376**　建築物のエネルギー消費性能の向上に関する法律施行令第3条第三号の規定に基づき、居住者以外の者が主として利用していると認められるものを定める件……1062

令6条1項二号　**平28国交告1377**　建築物のエネルギー消費性能の向上に関する法律施行令第7条第1項第二号の規定に基づき、壁を有しないことその他の高い開放性を有するものを定める件……1062

令11条1項　**平28国交告272**　建築物のエネルギー消費性能の向上に関する法律施行令の規定により、認定建築物エネルギー消費性能向上計画に係る建築物の床面積のうち通常の建築物の床面積を超えることとなるものを定める件……1062

規則32条1項三号　**平28国交告267**　建築物のエネルギー消費性能の向上に関する法律施行規則第32条第1項第三号の規定に基づき国土交通大臣が定めるものを定める件……1063

規則40条二号　**平28国交告431**　建築物のエネルギー消費性能の向上に関する法律施行規則第40条第二号の規定に基づき、国土交通大臣が定める者を定める件……1063

規則45条四号　**平28国交告432**　建築物のエネルギー消費性能の向上に関する法律施行規則の規定に基づき、登録適合性判定員講習の講義に用いる教材の内容として国土交通大臣が定める事項を定める件……1064

規則56条二号　**平28国交告433**　建築物のエネルギー消費性能の向上に関する法律施行規則の規定に基づき、判定の業務の公正な実施に支障を及ぼすおそれがあるものとして国土交通大臣が定める場合を定める件……1064

規則71条二号　**平28国交告434**　建築物のエネルギー消費性能の向上に関する法律施行規則の規定に基づき、評価の業務の公正な実施に支障を及ぼすおそれがあるものとして国土交通大臣が定める場合を定める件……1065

省令1条1項二号イ(1)、2条2項、3条2項、4条2項、5条2項、10条一号イ(1)(2)

平28国交告265　建築物エネルギー消費性能基準等を定める省令における算出方法等に係る事項……1066

省令1条1項二号イ(3)・ロ(3)

平28国交告266　住宅部分の外壁、窓等を通しての熱の損失の防止に関する基準及び一次エネルギー消費量に関する基準……1097

9. 建設業法に基づく主要な告示

10. その他の建築関係法令に基づく主要な告示

1　津波防災地域づくりに関する法律関係

2　宅地建物取引業法関係

規則15条の8 1項二号	平29国交告244	宅地建物取引業法施行規則第15条の8第1項第二号の国土交通大臣が定める講習を定める件	1250
	平29国交告81	既存住宅状況調査技術者講習登録規程	1250
	平29国交告82	既存住宅状況調査方法基準	1256

11. 建築関係法主要廃止告示一覧 ………… 1266

12. 建築関係法主要告示年次順索引 ………… 1269

建築基準法関係主要告示

建築基準法関係

建築基準法施行令関係

建築基準法施行規則関係

建築物の周囲において発生する通常の火災時における火熱により燃焼するおそれのない部分を定める件

制定：令和2年2月27日　国土交通省告示第197号

建築基準法（昭和25年法律第201号）第2条第六号ロの規定に基づき、建築物の周囲において発生する通常の火災時における火熱により燃焼するおそれのない部分を次のように定める。

建築基準法（以下「法」という。）第2条第六号ロに規定する建築物の周囲において発生する通常の火災時における火熱により燃焼するおそれのない部分は、次の各号に掲げる場合の区分に応じ、それぞれ当該各号に定める建築物の部分以外の部分とする。

一　隣地境界線等（法第2条第六号に規定する隣地境界線等をいう。以下同じ。）が同一敷地内の2以上の建築物（延べ面積の合計が500㎡以内の建築物は、一の建築物とみなす。）相互の外壁間の中心線であって、かつ、当該隣地境界線等に面する他の建築物（以下単に「他の建築物」という。）が主要構造部が建築基準法施行令（昭和25年政令第338号）第107条各号、同令第107条の2各号、同令第108条の3第1項第一号イ及びロ若しくは同令第109条の3第一号若しくは第二号に掲げる基準に適合する建築物又は同令第136条の2第一号ロ若しくは第二号ロに掲げる基準に適合する建築物である場合　次のいずれにも該当する建築物の部分

イ　隣地境界線等から、建築物の階の区分ごとに次の式によって計算した隣地境界線等からの距離以下の距離にある当該建築物の部分

$$d = \max\{D, A(1-0.000068\theta^2)\}$$

この式において、d、D、A及びθは、それぞれ次の数値を表すものとする。

d　隣地境界線等からの距離（単位　m）

D　次の表の左欄に掲げる建築物の階の区分に応じ、それぞれ同表右欄に掲げる数値（単位　m）

1階	2.5
2階以上	4

A　次の表の左欄に掲げる建築物の階の区分に応じ、それぞれ同表右欄に掲げる数値（単位　m）

1階	3
2階以上	5

θ　建築物の外壁面（隣地境界線等に面するものに限る。）と当該隣地境界線等とのなす角度のうち最小のもの（当該外壁面が当該隣地境界線等に平行である場合にあっては、0とする。）（単位　度）

ロ　他の建築物の地盤面から、次の式によって計算した他の建築物の地盤面からの高さ以下にある建築物の部分

$$h = h_{low} + H + 5\sqrt{\{1-(S/d_{floor})^2\}}$$

この式において、h、h_{low}、H、S及びd_{floor}は、それぞれ次の数値を表すものとする。

h　他の建築物の地盤面からの高さ（単位　m）

h_{low} 他の建築物の高さ（単位　m）

H　次の表の左欄に掲げる他の建築物の高さの区分に応じ、それぞれ同表右欄に掲げる数値（単位　m）

5m未満	5
5m以上	10

S　建築物から隣地境界線等までの距離のうち最小のもの（単位　m）

d_{floor} イに規定する隣地境界線等からの距離のうち最大のもの（単位　m）

二　前号に掲げる場合以外の場合　隣地境界線等から、建築物の階の区分ごとに前号イに掲げる式によって計算した隣地境界線等からの距離以下の距離にある建築物の部分

耐火構造の構造方法を定める件

制定：平成12年5月30日　建設省告示第1399号
改正：令和　5年3月20日　国土交通省告示第207号

建築基準法（昭和25年法律第201号）第2条第七号の規定に基づき、耐火構造の構造方法を次のように定める。

第1

壁の構造方法は、次に定めるもの（第二号ロ、第三号ト及び第七号ハに定める構造方法にあっては、防火被覆の取合いの部分、目地の部分その他これらに類する部分（以下「取合い等の部分」という。）を、当該取合い等の部分の裏面に当て木を設ける等当該建築物の内部への炎の侵入を有効に防止することができる構造とするものに限る。）とする。この場合において、かぶり厚さ又は厚さは、それぞれモルタル、プラスターその他これらに類する仕上材料の厚さを含むものとする。

一　建築基準法施行令（昭和25年政令第338号。以下「令」という。）第107条第一号及び第二号に掲げる技術的基準（第一号にあっては、通常の火災による火熱が2時間加えられた場合のものに限る。）に適合する耐力壁である間仕切壁の構造方法にあっては、次のイからチまでのいずれかに該当する構造とすることとする。

　イ　鉄筋コンクリート造（鉄筋に対するコンクリートのかぶり厚さが平成13年国土交通省告示第1372号第2項の基準によるものにあっては、防火上支障のないものに限る。第5及び第6を除き、以下同じ。）、鉄骨鉄筋コンクリート造（鉄筋又は鉄骨に対するコンクリートのかぶり厚さが平成13年国土交通省告示第1372号第2項の基準によるものにあっては、防火上支障のないものに限る。第5及び第6を除き、以下同じ。）又は鉄骨コンクリート造（鉄骨に対するコンクリートのかぶり厚さが3cm未満のものを除く。）で厚さが10cm以上のもの

　ロ　軸組を鉄骨造とし、その両面を塗厚さが4cm以上の鉄網モルタルで覆ったもの（塗下地が不燃材料で造られていないものを除く。）

　ハ　軸組を鉄骨造とし、その両面を厚さが5cm以上のコンクリートブロック、れんが又は石で覆ったもの

　ニ　鉄材によって補強されたコンクリートブロック造、れんが造又は石造で、肉厚及び仕上材料の厚さの合計が8cm以上であり、かつ、鉄材に対するコンクリートブロック、れんが又は石のかぶり厚さが5cm以上のもの

　ホ　軸組を鉄骨造とし、その両面を塗厚さが3.5cm以上の鉄網パーライトモルタルで覆ったもの（塗下地が不燃材料で造られていないものを除く。）

　ヘ　木片セメント板の両面に厚さ1cm以上モルタルを塗ったものでその厚さの合計が8cm以上のもの

　ト　軽量気泡コンクリートパネルで厚さが7.5cm以上のもの

　チ　中空鉄筋コンクリート製パネルで中空部分にパーライト又は気泡コンクリートを充填（てん）したもので、厚さが12cm以上であり、かつ、肉厚が5cm以上のもの

二　令第107条第一号及び第二号に掲げる技術的基準（第一号にあっては、通常の火災による火熱が1.5時間加えられた場合のものに限る。）に適合する耐力壁である間仕切壁の構造方法にあっては、次のイ又はロのいずれかに該当する構造とすることとする。

　イ　前号に定める構造

　ロ　間柱及び下地を木材又は鉄材で造り、かつ、その両面に、防火被覆（強化せっこうボード（ボード用原紙を除いた部分のせっこうの含有率を95%以上、ガラス繊維の含有率を0.4%以上とし、かつ、ひる石の含有率を2.5%以上としたものに限る。以下同じ。）を3枚以上張ったもので、その厚さの合計が63mm以上のものに限る。）が設けられたもの

三　令第107条第一号及び第二号に掲げる技術的基準（第一号にあっては、通常の火災による火熱が1

時間加えられた場合のものに限る。）に適合する耐力壁である間仕切壁の構造方法にあっては、次のイからトまでのいずれかに該当する構造とすることとする。

イ　前号に定める構造

ロ　鉄筋コンクリート造、鉄骨鉄筋コンクリート造又は鉄骨コンクリート造で厚さが7cm以上のもの

ハ　軸組を鉄骨造とし、その両面を塗厚さが3cm以上の鉄網モルタルで覆ったもの（塗下地が不燃材料で造られていないものを除く。）

ニ　軸組を鉄骨造とし、その両面を厚さが4cm以上のコンクリートブロック、れんが又は石で覆ったもの

ホ　鉄材によって補強されたコンクリートブロック造、れんが造又は石造で、肉厚が5cm以上であり、かつ、鉄材に対するコンクリートブロック、れんが又は石のかぶり厚さが4cm以上のもの

ヘ　コンクリートブロック造、無筋コンクリート造、れんが造又は石造で肉厚及び仕上材料の厚さの合計が7cm以上のもの

ト　間柱及び下地を木材又は鉄材で造り、かつ、その両側にそれぞれ次の(1)から(3)までのいずれかに該当する防火被覆が設けられたもの

(1)　強化せっこうボードを２枚以上張ったもので、その厚さの合計が42mm以上のもの

(2)　強化せっこうボードを２枚以上張ったもので、その厚さの合計が36mm以上のものの上に厚さが8mm以上の繊維強化セメント板（けい酸カルシウム板に限る。）を張ったもの

(3)　厚さが15mm以上の強化せっこうボードの上に厚さが50mm以上の軽量気泡コンクリートパネルを張ったもの

四　令第107条第二号に掲げる技術的基準に適合する非耐力壁である間仕切壁の構造方法にあっては、前号に定める構造とすることとする。

五　令第107条に掲げる技術的基準（第一号にあっては、通常の火災による火熱が２時間加えられた場合のものに限る。）に適合する耐力壁である外壁の構造方法にあっては、第一号に定める構造とすることとする。

六　令第107条に掲げる技術的基準（第一号にあっては、通常の火災による火熱が1.5時間加えられた場合のものに限る。）に適合する耐力壁である外壁の構造方法にあっては、第二号又は前号に定める構造とすることとする。

七　令第107条に掲げる技術的基準（第一号にあっては、通常の火災による火熱が１時間加えられた場合のものに限る。）に適合する耐力壁である外壁の構造方法にあっては、次のイからハまでのいずれかに該当する構造とすることとする。

イ　前号に定める構造

ロ　第三号イからホまでのいずれかに該当する構造

ハ　間柱及び下地を木材又は鉄材で造り、かつ、その両側にそれぞれ第三号ト(1)から(3)までのいずれかに該当する防火被覆（屋外側の防火被覆が(1)又は(2)に該当するものにあっては、当該防火被覆の上に金属板、軽量気泡コンクリートパネル若しくは窯業系サイディングを張った場合又はモルタル若しくはしっくいを塗った場合に限る。）が設けられたもの

八　令第107条第二号及び第三号に掲げる技術的基準に適合する非耐力壁である外壁の延焼のおそれのある部分の構造方法にあっては、次のイ又はロのいずれかに該当する構造とすることとする。

イ　前号に定める構造

ロ　気泡コンクリート又は繊維強化セメント板（けい酸カルシウム板に限る。）の両面に厚さが3mm以上の繊維強化セメント板（スレート波板及びスレートボードに限る。）又は厚さが6mm以上の繊維混入ケイ酸カルシウム板を張ったもので、その厚さの合計が3.5cm以上のもの

九　令第107条第二号及び第三号に掲げる技術的基準に適合する非耐力壁である外壁の延焼のおそれのある部分以外の部分の構造方法にあっては、前号に定める構造とすることとする。

第２

柱の構造方法は、次に定めるもの（第二号ハ、第三号ロ並びに第四号ニ及びヘに定める構造方法にあっては、防火被覆の取合い等の部分を、当該取合い等の部分の裏面に当て木を設ける等当該建築物の内部への炎の侵入を有効に防止することができる構造とするものに限る。）とする。この場合において、か

ぶり厚さ又は厚さは、それぞれモルタル、プラスターその他これらに類する仕上材料の厚さを含むものとする。

一　令第 107 条第一号に掲げる技術的基準（通常の火災による火熱が 3 時間加えられた場合のものに限る。）に適合する柱の構造方法は、小径を 40cm以上とし、かつ、次のイ又はロのいずれかに該当する構造とすることとする。
　イ　鉄筋コンクリート造、鉄骨鉄筋コンクリート造又は鉄骨コンクリート造（鉄骨に対するコンクリートのかぶり厚さが 6cm未満のものを除く。）
　ロ　鉄骨を塗厚さが 8cm（軽量骨材を用いたものについては 7cm）以上の鉄網モルタル、厚さが 9cm（軽量骨材を用いたものについては 8cm）以上のコンクリートブロック又は厚さが 9cm以上のれんが若しくは石で覆ったもの

二　令第 107 条第一号に掲げる技術的基準（通常の火災による火熱が 2 時間加えられた場合のものに限る。）に適合する柱の構造方法は、次のイからハまでのいずれかに該当する構造とすることとする。
　イ　前号に定める構造
　ロ　小径を 25cm以上とし、かつ、次の(1)から(3)までのいずれかに該当する構造とすること。
　　(1)　鉄筋コンクリート造、鉄骨鉄筋コンクリート造又は鉄骨コンクリート造（鉄骨に対するコンクリートのかぶり厚さが 5cm未満のものを除く。）
　　(2)　鉄骨を塗厚さが 6cm（軽量骨材を用いたものについては 5cm）以上の鉄網モルタル、厚さが 7cm（軽量骨材を用いたものについては 6cm）以上のコンクリートブロック又は厚さが 7cm以上のれんが若しくは石で覆ったもの
　　(3)　鉄骨を塗厚さが 4cm以上の鉄網パーライトモルタルで覆ったもの
　ハ　鉄骨（断面積（mm²で表した面積とする。以下同じ。）を加熱周長（mmで表した長さとする。以下同じ。）で除した数値が 6.7 以上のH形鋼並びに鋼材の厚さが 9mm以上の角形鋼管及び円形鋼管に限る。）に次の(1)又は(2)に該当する防火被覆が設けられたもの
　　(1)　厚さが 50mm以上の繊維強化セメント板（けい酸カルシウム板（かさ比重が 0.35 以上のものに限る。）に限る。）
　　(2)　厚さが 55mm以上の繊維強化セメント板（けい酸カルシウム板（かさ比重が 0.15 以上のものに限る。）に限る。）

三　令第 107 条第一号に掲げる技術的基準（通常の火災による火熱が 1.5 時間加えられた場合のものに限る。）に適合する柱の構造方法は、次のイ又はロのいずれかに該当する構造とすることとする。
　イ　前号に定める構造
　ロ　木材又は鉄材に防火被覆（強化せっこうボードを 3 枚以上張ったもので、その厚さの合計が 63mm以上のものに限る。）が設けられたもの

四　令第 107 条第一号に掲げる技術的基準（通常の火災による火熱が 1 時間加えられた場合のものに限る。）に適合する柱の構造方法は、次のイからヘまでのいずれかに該当する構造とすることとする。
　イ　前号に定める構造
　ロ　鉄筋コンクリート造、鉄骨鉄筋コンクリート造又は鉄骨コンクリート造
　ハ　鉄骨を塗厚さが 4cm（軽量骨材を用いたものについては 3cm）以上の鉄網モルタル、厚さが 5cm（軽量骨材を用いたものについては 4cm）以上のコンクリートブロック又は厚さが 5cm以上のれんが若しくは石で覆ったもの
　ニ　鉄骨（断面積を加熱周長で除した数値が 6.7 以上のH形鋼並びに鋼材の厚さが 9mm以上の角形鋼管及び円形鋼管に限る。）に次の(1)から(4)までのいずれかに該当する防火被覆が設けられたもの
　　(1)　吹付け厚さが 35mm以上の吹付けロックウール（かさ比重が 0.3 以上のものに限る。）
　　(2)　厚さが 20mm以上の繊維強化セメント板（けい酸カルシウム板（かさ比重が 0.35 以上のものに限る。）に限る。）
　　(3)　厚さが 27mm以上の繊維強化セメント板（けい酸カルシウム板（かさ比重が 0.15 以上のものに限る。）に限る。）
　　(4)　厚さが 35mm以上の軽量気泡コンクリートパネル
　ホ　鉄材によって補強されたコンクリートブロック造、れんが造又は石造で鉄材に対するコンクリートブロック、れんが又は石のかぶり厚さが 5cm 以上のもの

ヘ　木材又は鉄材に防火被覆（強化せっこうボードを２枚以上張ったもので、その厚さの合計が46㎜以上のものに限る。）が設けられたもの

第3

床の構造方法は、次に定めるもの（第二号ロ及び第三号ホに定める構造方法にあっては、防火被覆の取合い等の部分を、当該取合い等の部分の裏面に当て木を設ける等当該建築物の内部への炎の侵入を有効に防止することができる構造とするものに限る。）とする。この場合において、かぶり厚さ又は厚さは、それぞれモルタル、プラスターその他これらに類する仕上材料の厚さを含むものとする。

一　令第107条第一号及び第二号に掲げる技術的基準（第一号にあっては、通常の火災による火熱が2時間加えられた場合のものに限る。）に適合する床の構造方法は、次のイからハまでのいずれかに該当する構造とすることとする。

イ　鉄筋コンクリート造又は鉄骨鉄筋コンクリート造で厚さが10㎝以上のもの

ロ　鉄材によって補強されたコンクリートブロック造、れんが造又は石造で、肉厚及び仕上材料の厚さの合計が8㎝以上であり、かつ、鉄材に対するコンクリートブロック、れんが又は石のかぶり厚さが5㎝以上のもの

ハ　鉄材の両面を塗厚さが5㎝以上の鉄網モルタル又はコンクリートで覆ったもの（塗下地が不燃材料で造られていないものを除く。）

二　令第107条第一号及び第二号に掲げる技術的基準（第一号にあっては、通常の火災による火熱が1.5時間加えられた場合のものに限る。）に適合する床の構造方法は、次のイ又はロのいずれかに該当する構造とすることとする。

イ　前号に定める構造

ロ　根太及び下地を木材又は鉄材で造り、かつ、その表側の部分及びその裏側の部分又は直下の天井に防火被覆（強化せっこうボードを3枚以上張ったもので、その厚さの合計が63㎜以上のものに限る。）が設けられたもの

三　令第107条第一号及び第二号に掲げる技術的基準（第一号にあっては、通常の火災による火熱が1時間加えられた場合のものに限る。）に適合する床の構造方法は、次のイからホまでのいずれかに該当する構造とすることとする。

イ　鉄筋コンクリート造又は鉄骨鉄筋コンクリート造で厚さが7㎝以上のもの

ロ　鉄材によって補強されたコンクリートブロック造、れんが造又は石造で、肉厚が5㎝以上であり、かつ、鉄材に対するコンクリートブロック、れんが又は石のかぶり厚さが4㎝以上のもの

ハ　鉄材の両面を塗厚さが4㎝以上の鉄網モルタル又はコンクリートで覆ったもの（塗下地が不燃材料で造られていないものを除く。）

ニ　厚さが100㎜以上の軽量気泡コンクリートパネル

ホ　根太及び下地を木材又は鉄材で造り、その表側の部分に防火被覆（強化せっこうボードを2枚以上張ったもので、その厚さの合計が42㎜以上のものに限る。）が設けられ、かつ、その裏側の部分又は直下の天井に防火被覆（強化せっこうボードを2枚以上張ったもので、その厚さの合計が46㎜以上のものに限る。）が設けられたもの

第4

はりの構造方法は、次に定めるもの（第二号ニ、第三号ロ及び第四号ニに定める構造方法にあっては、防火被覆の取合い等の部分を、当該取合い等の部分の裏面に当て木を設ける等当該建築物の内部への炎の侵入を有効に防止することができる構造とするものに限る。）とする。この場合において、かぶり厚さ又は厚さは、それぞれモルタル、プラスターその他これらに類する仕上材料の厚さを含むものとする。

一　令第107条第一号に掲げる技術的基準（通常の火災による火熱が3時間加えられた場合のものに限る。）に適合するはりの構造方法は、次のイからハまでのいずれかに該当する構造とすることとする。

イ　鉄筋コンクリート造、鉄骨鉄筋コンクリート造又は鉄骨コンクリート造（鉄骨に対するコンクリートのかぶり厚さが6㎝未満のものを除く。）

ロ　鉄骨を塗厚さが8㎝（軽量骨材を用いたものについては7㎝）以上の鉄網モルタル、厚さが9㎝（軽量骨材を用いたものについては8㎝）以上のコンクリートブロック又は厚さが9㎝以上のれんが若しくは石で覆ったもの

ハ　鉄骨を塗厚さが5cm以上の鉄網パーライトモルタルで覆ったもの

二　令第107条第一号に掲げる技術的基準（通常の火災による火熱が2時間加えられた場合のものに限る。）に適合するはりの構造方法は、次のイからニまでのいずれかに該当する構造とすることとする。

イ　鉄筋コンクリート造、鉄骨鉄筋コンクリート造又は鉄骨コンクリート造（鉄骨に対するコンクリートのかぶり厚さが5cm未満のものを除く。）

ロ　鉄骨を塗厚さが6cm（軽量骨材を用いたものについては5cm）以上の鉄網モルタル、厚さが7cm（軽量骨材を用いたものについては6cm）以上のコンクリートブロック又は厚さが7cm以上のれんが若しくは石で覆ったもの

ハ　鉄骨を塗厚さが4cm以上の鉄網パーライトモルタルで覆ったもの

ニ　鉄骨（断面積を加熱周長で除した数値が、上フランジが床スラブに密着した構造で3面から加熱されるものにあっては6.1以上、その他のものにあっては6.7以上のH形鋼に限る。）に次の⑴又は⑵に該当する防火被覆が設けられたもの

⑴　厚さが45mm以上の繊維強化セメント板（けい酸カルシウム板（かさ比重が0.35以上のものに限る。）に限る。）

⑵　厚さが47mm以上の繊維強化セメント板（けい酸カルシウム板（かさ比重が0.15以上のものに限る。）に限る。）

三　令第107条第一号に掲げる技術的基準（通常の火災による火熱が1.5時間加えられた場合のものに限る。）に適合するはりの構造方法は、次のイ又はロのいずれかに該当する構造とすることとする。

イ　前号に定める構造

ロ　木材又は鉄材に防火被覆（強化せっこうボードを3枚以上張ったもので、その厚さの合計が63mm以上のものに限る。）が設けられたもの

四　令第107条第一号に掲げる技術的基準（通常の火災による火熱が1時間加えられた場合のものに限る。）に適合するはりの構造方法は、次のイからヘまでのいずれかに該当する構造とすることとする。

イ　前号に定める構造

ロ　鉄筋コンクリート造、鉄骨鉄筋コンクリート造又は鉄骨コンクリート造

ハ　鉄骨を塗厚さが4cm（軽量骨材を用いたものについては3cm）以上の鉄網モルタル、厚さが5cm（軽量骨材を用いたものについては4cm）以上のコンクリートブロック又は厚さが5cm以上のれんが若しくは石で覆ったもの

ニ　鉄骨（断面積を加熱周長で除した数値が、上フランジが床スラブに密着した構造で3面から加熱されるものにあっては6.1以上、その他のものにあっては6.7以上のH形鋼に限る。）に次の⑴又は⑵に該当する防火被覆が設けられたもの

⑴　第2第四号ニ⑴又は⑵に該当するもの

⑵　厚さが25mm以上の繊維強化セメント板（けい酸カルシウム板（かさ比重が0.15以上のものに限る。）に限る。）

ホ　第2第四号ヘに定める構造

ヘ　床面からはりの下端までの高さが4m以上の鉄骨造の小屋組で、その直下に天井がないもの又は直下に不燃材料又は準不燃材料で造られた天井があるもの

第5

令第107条第一号及び第三号に掲げる技術的基準に適合する屋根の構造方法は、次の各号のいずれかに該当する構造（第二号及び第七号に定める構造方法にあっては、防火被覆の取合い等の部分を、当該取合い等の部分の裏面に当て木を設ける等当該建築物の内部への炎の侵入を有効に防止することができる構造とするものに限る。）とすることとする。

一　鉄筋コンクリート造又は鉄骨鉄筋コンクリート造

二　たるきを断面の幅及び高さが、それぞれ、50mm以上及び100mm以上の鉄骨（断面積を加熱周長で除した数値が2.3以上のH形鋼及び溝形鋼並びに鋼材の厚さが2.3mm以上のリップ溝形鋼及び角形鋼管に限る。）で造り、これに次の⑴又は⑵のいずれかに該当する防火被覆を設け、かつ、野地板に厚さが25mm以上の硬質木毛セメント板又は厚さが18mm以上の硬質木片セメント板を使用し、厚さが0.35mm以上の鉄板又は鋼板でふいたもの

⑴　吹付け厚さが25mm以上の吹付けロックウール（かさ比重が0.28以上のものに限る。）

(2) 厚さが25㎜以上の繊維強化セメント板（けい酸カルシウム板（かさ比重が0.35以上のものに限る。）に限る。）

三 鉄材によって補強されたコンクリートブロック造、れんが造又は石造

四 鉄網コンクリート若しくは鉄網モルタルでふいたもの又は鉄網コンクリート、鉄網モルタル、鉄材で補強されたガラスブロック若しくは網入ガラスで造られたもの

五 鉄筋コンクリート製パネルで厚さ4cm以上のもの

六 軽量気泡コンクリートパネル

七 下地を木材又は鉄材で造り、かつ、その屋内側の部分又は直下の天井に防火被覆（強化せっこうボードを２枚以上張ったもので、その厚さの合計が27㎜以上のものに限る。）が設けられたもの

第６

令第107条第一号に掲げる技術的基準に適合する階段の構造方法は、次の各号のいずれかに該当する構造（第五号に定める構造方法にあっては、防火被覆の取合い等の部分を、当該取合い等の部分の裏面に当て木を設ける等当該建築物の内部への炎の侵入を有効に防止することができる構造とするものに限る。）とすることとする。

一 鉄筋コンクリート造又は鉄骨鉄筋コンクリート造

二 無筋コンクリート造、れんが造、石造又はコンクリートブロック造

三 鉄材によって補強されたれんが造、石造又はコンクリートブロック造

四 鉄造

五 けた及び下地を木材で造り、かつ、その表側の部分及び裏側の部分に防火被覆（強化せっこうボードを２枚以上張ったもので、その厚さの合計が27㎜以上のものに限る。）が設けられたもの

附則（抄）

1 （略）

2 昭和39年建設省告示第1675号は、廃止する。

3 この告示の施行の際現に存する建築物の部分で、この告示による改正前の昭和39年建設省告示第1675号に適合しているものについては、この告示の施行後も、なお耐火構造であるものとみなす。

準耐火構造の構造方法を定める件

制定：平成12年5月24日　建設省告示第1358号
改正：令和 3年6月 7日　国土交通省告示第514号

建築基準法（昭和25年法律第201号）第２条第七号の二の規定に基づき、準耐火構造の構造方法を次のように定める。

第１

壁の構造方法は、次に定めるもの（第一号ハ、第三号ハ及びニ並びに第五号ニ及びホに定める構造方法にあっては、防火被覆の取合いの部分、目地の部分その他これらに類する部分（以下「取合い等の部分」という。）を、当該取合い等の部分の裏面に当て木を設ける等当該建築物の内部への炎の侵入を有効に防止することができる構造とするものに限る。）とする。

一 建築基準法施行令（以下「令」という。）第107条の２第一号及び第二号に掲げる技術的基準に適合する耐力壁である間仕切壁の構造方法にあっては、次に定めるものとする。

イ １時間準耐火基準に適合する構造とすること。

ロ 建築基準法（以下「法」という。）第21条第１項の規定による認定を受けた主要構造部の構造又は法第27条第１項の規定による認定を受けた主要構造部の構造とすること。

ハ 次の(1)から(4)までのいずれかに該当するもの

(1) 間柱及び下地を木材で造り、かつ、その両側にそれぞれ次の(i)から(v)までのいずれかに該当する防火被覆が設けられたものとすること。

(i)令和元年国土交通省告示第 195 号（以下「1 時間準耐火構造告示」という。）第 1 第一号ハ(1)、(3)又は(7)のいずれかに該当するもの
(ii)厚さが 15㎜以上のせっこうボード（強化せっこうボードを含む。以下同じ。）
(iii)厚さが 12㎜以上のせっこうボードの上に厚さが 9㎜以上のせっこうボード又は難燃合板を張ったもの
(iv)厚さが 9㎜以上のせっこうボード又は難燃合板の上に厚さが 12㎜以上のせっこうボードを張ったもの
(v)厚さが 7㎜以上のせっこうラスボードの上に厚さ 8㎜以上せっこうプラスターを塗ったもの

(2) 間柱及び下地を木材又は鉄材で造り、かつ、その両側にそれぞれ次の(i)又は(ii)に該当する防火被覆が設けられた構造（間柱及び下地を木材のみで造ったものを除く。）とすること。
(i) 1 時間準耐火構造告示第 1 第一号ハ(1)又は(3)に該当するもの
(ii) (1)(ii)から(v)までのいずれかに該当するもの

(3) 間柱及び下地を不燃材料で造り、かつ、その両側にそれぞれ次の(i)から(iii)までのいずれかに該当する防火被覆が設けられた構造とすること。
(i)塗厚さが 15㎜以上の鉄網モルタル
(ii)木毛セメント板又はせっこうボードの上に厚さ 10㎜以上モルタル又はしっくいを塗ったもの
(iii)木毛セメント板の上にモルタル又はしっくいを塗り、その上に金属板を張ったもの

(4) 間柱若しくは下地を不燃材料以外の材料で造り、かつ、その両側にそれぞれ次の(i)から(viii)までのいずれかに該当する防火被覆が設けられた構造とすること。
(i)塗厚さが 20㎜以上の鉄網モルタル又は木ずりしっくい
(ii)木毛セメント板又はせっこうボードの上に厚さ 15㎜以上モルタル又はしっくいを塗ったもの
(iii)モルタルの上にタイルを張ったものでその厚さの合計が 25㎜以上のもの
(iv)セメント板又は瓦の上にモルタルを塗ったものでその厚さの合計が 25㎜以上のもの
(v)土蔵造
(vi)土塗真壁造で裏返塗りをしたもの
(vii)厚さが 12㎜以上のせっこうボードの上に亜鉛鉄板を張ったもの
(viii)厚さが 25㎜以上のロックウール保温板の上に亜鉛鉄板を張ったもの

ニ 1 時間準耐火構造告示第 1 第一号ホに定める構造とすること。この場合において、同号ホ(1)(i)(一)中「4.5cm」とあるのは「3.5cm」と、同号ホ(1)(i)(二)中「6cm」とあるのは「4.5cm」と読み替えるものとする。第三号ホにおいて同じ。

二 令第 107 条の 2 第二号に掲げる技術的基準に適合する非耐力壁である間仕切壁の構造方法にあっては、次に定めるものとする。
イ 1 時間準耐火基準に適合する構造とすること。
ロ 法第 21 条第 1 項の規定による認定を受けた主要構造部の構造又は法第 27 条第 1 項の規定による認定を受けた主要構造部の構造とすること。
ハ 前号ハに定める構造とすること。
ニ 1 時間準耐火構造告示第 1 第二号ニに定める構造とすること。この場合において、同号ニ(1)(i)中「4.5cm」とあるのは「3.5cm」と、「7.5cm」とあるのは「6.5cm」と、同号ニ(1)(ii)中「6cm」とあるのは「4.5cm」と、「9cm」とあるのは「7.5cm」と読み替えるものとする。第四号ニ及び第五号へにおいて同じ。

三 令第 107 条の 2 に掲げる技術的基準に適合する耐力壁である外壁の構造方法にあっては、次に定めるものとする。
イ 1 時間準耐火基準に適合する構造とすること。
ロ 法第 21 条第 1 項の規定による認定を受けた主要構造部の構造又は法第 27 条第 1 項の規定による認定を受けた主要構造部の構造とすること。
ハ 間柱及び下地を木材で造り、かつ、次に掲げる基準のいずれかに適合する構造とすること。
(1) 屋外側の部分に次の(i)から(vi)までのいずれかに該当する防火被覆が設けられ、かつ、屋内側

の部分に第一号ハ(1)(i)から(v)までのいずれかに該当する防火被覆が設けられていること。
(i)1時間準耐火構造告示第1第三号ハ(1)から(6)までのいずれかに該当するもの
(ii)厚さが12㎜以上のせっこうボードの上に金属板を張ったもの
(iii)木毛セメント板又はせっこうボードの上に厚さ15㎜以上モルタル又はしっくいを塗ったもの
(iv)モルタルの上にタイルを張ったものでその厚さの合計が25㎜以上のもの
(v)セメント板又は瓦の上にモルタルを塗ったものでその厚さの合計が25㎜以上のもの
(vi)厚さが25㎜以上のロックウール保温板の上に金属板を張ったもの
(2) 屋外側の部分に次の(i)に該当する防火被覆が設けられ、かつ、屋内側の部分に次の(ii)に該当する防火被覆が設けられていること。
(i)塗厚さが15㎜以上の鉄網軽量モルタル（モルタル部分に含まれる有機物の量が当該部分の重量の8%以下のものに限る。）
(ii)厚さが50㎜以上のロックウール（かさ比重が0.024以上のものに限る。以下同じ。）又はグラスウール（かさ比重が0.01以上のものに限る。）を充填した上に、せっこうボードを2枚以上張ったものでその厚さの合計が24㎜以上のもの又は厚さが21㎜以上の強化せっこうボード（ボード用原紙を除いた部分のせっこうの含有率を95%以上、ガラス繊維の含有率を0.4%以上とし、かつ、ひる石の含有率を2.5%以上としたものに限る。）を張ったもの
ニ 間柱及び下地を木材又は鉄材で造り、その屋外側の部分に次の(1)又は(2)に該当する防火被覆が設けられ、かつ、その屋内側の部分に第一号ハ(2)(i)又は(ii)に該当する防火被覆が設けられた構造（間柱及び下地を木材のみで造ったものを除く。）とすること。
(1) 1時間準耐火構造告示第1第三号ハ(1)から(3)までのいずれかに該当するもの
(2) ハ(1)(ii)から(vi)までのいずれかに該当するもの
ホ 1時間準耐火構造告示第1第一号ホに定める構造とすること。

四 令第107条の2第二号及び第三号に掲げる技術的基準に適合する非耐力壁である外壁の延焼のおそれのある部分の構造方法にあっては、次に定めるものとする。
イ 1時間準耐火基準に適合する構造とすること。
ロ 法第21条第1項の規定による認定を受けた主要構造部の構造又は法第27条第1項の規定による認定を受けた主要構造部の構造とすること。
ハ 前号ハ又はニに定める構造とすること。
ニ 1時間準耐火構造告示第1第二号ニに定める構造とすること。

五 令第107条の2第二号及び第三号に掲げる技術的基準に適合する非耐力壁である外壁の延焼のおそれのある部分以外の部分の構造方法にあっては、次に定めるものとする。
イ 耐火構造とすること。
ロ 法第21条第1項の規定による認定を受けた主要構造部の構造又は法第27条第1項の規定による認定を受けた主要構造部の構造とすること。
ハ 第三号ハ又はニに定める構造とすること。
ニ 間柱及び下地を木材で造り、その屋外側の部分に第三号ハ(1)(i)から(vi)までのいずれかに該当する防火被覆が設けられ、かつ、その屋内側の部分に次の(1)又は(2)に該当する防火被覆が設けられた構造とすること。
(1) 厚さが8㎜以上のスラグせっこう系セメント板
(2) 厚さが12㎜以上のせっこうボード
ホ 間柱及び下地を木材又は鉄材で造り、その屋外側の部分に第三号ニ(1)又は(2)に該当する防火被覆が設けられ、かつ、その屋内側の部分にニ(1)又は(2)に該当する防火被覆が設けられた構造（間柱及び下地を木材のみで造ったものを除く。）とすること。
ヘ 1時間準耐火構造告示第1第二号ニに定める構造とすること。

第2

令第107条の2第一号に掲げる技術的基準に適合する柱の構造方法は、次に定めるものとする。
一 1時間準耐火基準に適合する構造とすること。

二　法第 21 条第 1 項の規定による認定を受けた主要構造部の構造又は法第 27 条第 1 項の規定による認定を受けた主要構造部の構造とすること。
三　第 1 第一号ハ(1)(ii)から(v)までのいずれかに該当する防火被覆を設けるか、又は次に掲げる基準に適合する構造とすること。
　イ　令第 46 条第 2 項第一号イ及びロに掲げる基準に適合していること。
　ロ　当該柱を接合する継手又は仕口が、昭和 62 年建設省告示第 1901 号に定める基準に従って、通常の火災時の加熱に対して耐力の低下を有効に防止することができる構造であること。この場合において、同告示第一号イ中「2.5cm」とあるのは「3.5cm」と、同号ロ中「3cm」とあるのは「4.5cm」と読み替えるものとする。第 4 第三号ロにおいて同じ。
　ハ　当該柱を有する建築物全体が、昭和 62 年建設省告示第 1902 号に定める基準に従った構造計算によって通常の火災により容易に倒壊するおそれのないことが確かめられた構造であること。この場合において、同告示第二号イ中「2.5cm」とあるのは「3.5cm」と、同号ロ中「3cm」とあるのは「4.5cm」と読み替えるものとする。第 4 第三号ハにおいて同じ。
　ニ　防火被覆の取合い等の部分を、当該取合い等の部分の裏面に当て木が設けられている等当該建築物の内部への炎の侵入を有効に防止することができる構造とすること。

第 3

令第 107 条の 2 第一号及び第二号に掲げる技術的基準に適合する床の構造方法は、次に定めるもの（第三号に定める構造方法にあっては、防火被覆の取合い等の部分を、当該取合い等の部分の裏面に当て木を設ける等当該建築物の内部への炎の侵入を有効に防止することができる構造とするものに限る。）とする。
一　1 時間準耐火基準に適合する構造とすること。
二　法第 21 条第 1 項の規定による認定を受けた主要構造部の構造又は法第 27 条第 1 項の規定による認定を受けた主要構造部の構造とすること。
三　根太及び下地を木材又は鉄材で造り、かつ、次に掲げる基準に適合する構造とすること。
　イ　表側の部分に次の(1)から(4)までのいずれかに該当する防火被覆が設けられていること。
　　(1)　厚さが 12mm以上の構造用合板、構造用パネル、パーティクルボード、デッキプレートその他これらに類するもの（以下この号において「合板等」という。）の上に厚さが 9mm以上のせっこうボード若しくは軽量気泡コンクリートパネル又は厚さが 8mm以上の硬質木片セメント板を張ったもの
　　(2)　厚さが 12mm以上の合板等の上に厚さ 9mm以上モルタル、コンクリート（軽量コンクリート及びシンダーコンクリートを含む。以下同じ。）又はせっこうを塗ったもの
　　(3)　厚さが 30mm以上の木材
　　(4)　畳（ポリスチレンフォームの畳床を用いたものを除く。）
　ロ　裏側の部分又は直下の天井に次の(1)から(3)までのいずれかに該当する防火被覆が設けられていること。
　　(1)　1 時間準耐火構造告示第 3 第三号ロ(1)、(2)又は(4)のいずれかに該当するもの
　　(2)　厚さが 15mm以上の強化せっこうボード
　　(3)　厚さが 12mm以上の強化せっこうボード（その裏側に厚さが 50mm以上のロックウール又はグラスウール（かさ比重が 0.024 以上のものに限る。以下同じ。）を設けたものに限る。）
四　1 時間準耐火構造告示第 3 第四号に定める構造とすること。この場合において、同号イ(1)(i)中「4.5cm」とあるのは「3.5cm」と、同号イ(1)(ii)中「6cm」とあるのは「4.5cm」と読み替えるものとする。

第 4

令第 107 条の 2 第一号に掲げる技術的基準に適合するはりの構造方法は、次に定めるものとする。
一　1 時間準耐火基準に適合する構造とすること。
二　法第 21 条第 1 項の規定による認定を受けた主要構造部の構造又は法第 27 条第 1 項の規定による認定を受けた主要構造部の構造とすること。
三　第 3 第三号ロ(2)又は(3)に該当する防火被覆を設けるか、又は次に掲げる基準に適合する構造とすること。

イ　令第46条第2項第一号イ及びロに掲げる基準に適合していること。
ロ　当該はりを接合する継手又は仕口が、昭和62年建設省告示第1901号に定める基準に従って、通常の火災時の加熱に対して耐力の低下を有効に防止することができる構造であること。
ハ　当該はりを有する建築物全体が、昭和62年建設省告示第1902号に定める基準に従った構造計算によって、通常の火災により容易に倒壊するおそれのないことが確かめられた構造であること。
ニ　防火被覆の取合い等の部分が、当該取合い等の部分の裏面に当て木が設けられている等当該建築物の内部への炎の侵入を有効に防止することができる構造とすること。

第5

屋根の構造方法は、次に定めるもの（第一号ハからホまで及び第二号ハに定める構造方法にあっては、防火被覆の取合い等の部分を、当該取合い等の部分の裏面に当て木を設ける等当該建築物の内部への炎の侵入を有効に防止することができる構造とするものに限る。）とする。

一　令第107条の2第一号及び第三号に掲げる技術的基準に適合する屋根（軒裏を除く。）の構造方法にあっては、次に定めるものとする。
　イ　耐火構造とすること。
　ロ　法第21条第1項の規定による認定を受けた主要構造部の構造又は法第27条第1項の規定による認定を受けた主要構造部の構造とすること。
　ハ　次に定める構造とすること。
　　(1)　不燃材料で造るか、又はふいたもの
　　(2)　屋内側の部分又は直下の天井に次の(i)から(vii)までのいずれかに該当する防火被覆が設けられたもの
　　　(i)厚さが12mm以上の強化せっこうボード
　　　(ii)厚さが9mm以上のせっこうボードを2枚以上張ったもの
　　　(iii)厚さが12mm以上のせっこうボード（その裏側に厚さが50mm以上のロックウール又はグラスウールを設けたものに限る。）
　　　(iv)厚さが12mm以上の硬質木片セメント板
　　　(v)第1第三号ハ(1)(ii)から(vi)までのいずれかに該当するもの
　　　(vi)塗厚さが20mm以上の鉄網モルタル
　　　(vii)繊維強化セメント板（けい酸カルシウム板に限る。）を2枚以上張ったもので、その厚さの合計が16mm以上のもの
　ニ　野地板に構造用合板、構造用パネル、パーティクルボード、硬質木片セメント板その他これらに類するもので厚さが9mm以上のものを使用し、かつ、その屋内側の部分又は直下の天井にハ(2)(i)に該当する防火被覆が設けられた構造とすること。
　ホ　屋内側の部分又は直下の天井に次の(1)から(3)までのいずれかに該当する防火被覆が設けられた構造とすること。
　　(1)　第3第三号ロ(2)又は(3)に該当するもの
　　(2)　せっこうボードを2枚以上張ったもので、その厚さの合計が21mm以上のもの
　　(3)　厚さが12mm以上のせっこうボードの上に厚さが9mm以上のロックウール吸音板を張ったもの
　ヘ　構造用集成材、構造用単板積層材又は直交集成板（それぞれ集成材の日本農林規格（平成19年農林水産省告示第1152号）第2条、単板積層材の日本農林規格（平成20年農林水産省告示第701号）第1部箇条3又は直交集成板の日本農林規格（平成25年農林水産省告示第3079号）箇条3に規定する使用環境A又はBの表示をしてあるものに限る。以下同じ。）を使用し、かつ、次に掲げる基準に適合する構造とすること。
　　(1)　当該屋根の接合部の構造方法が、次に定める基準に従って、通常の火災時の加熱に対して耐力の低下を有効に防止することができる構造であること。
　　　(i)接合部のうち木材で造られた部分の表面（木材その他の材料で防火上有効に被覆された部分を除く。）から内側に、次の(一)又は(二)に掲げる場合に応じて、それぞれ当該(一)又は(二)に掲げる値の部分が除かれたときの残りの部分が、当該接合部の存在応力を伝えるこ

とができる構造であること。

(一)構造用集成材、構造用単板積層材又は直交集成板に使用する接着剤（(二)において単に「接着剤」という。）として、フェノール樹脂、レゾルシノール樹脂又はレゾルシノール・フェノール樹脂を使用する場合（構造用集成材又は直交集成板を使用する場合にあっては、ラミナの厚さが 12㎜以上の場合に限る。） 2.5cm

(二)接着剤として、(一)に掲げるもの以外のものを使用する場合（構造用集成材又は直交集成板を使用する場合にあっては、ラミナの厚さが 21㎜以上の場合に限る。） 3cm

(ii)接合部にボルト、ドリフトピン、釘、木ねじその他これらに類するものを用いる場合においては、これらが木材その他の材料で防火上有効に被覆されていること。

(iii)接合部に鋼材の添え板その他これに類するものを用いる場合においては、これらが埋め込まれ、又は挟み込まれていること。ただし、木材その他の材料で防火上有効に被覆されている場合においては、この限りでない。

(2) 当該屋根を有する建築物全体が、次に定める基準に従った構造計算によって通常の火災により容易に倒壊するおそれのないことが確かめられた構造であること。

(i)主要構造部である屋根のうち木材で造られた部分の表面（木材その他の材料で防火上有効に被覆された部分を除く。）から内側に、(1)(i)(一)又は(二)に掲げる場合に応じて、それぞれ当該(一)又は(二)に掲げる値の部分が除かれたときの残りの断面（(ii)において「残存断面」という。）について、令第 82 条第二号の表に掲げる長期の組合せによる各応力の合計により、長期応力度を計算すること。

(ii)(i)によって計算した長期応力度が、残存断面について令第 94 条の規定に基づき計算した短期の許容応力度を超えないことを確かめること。

(3) 取合い等の部分を、当該取合い等の部分の裏面に当て木が設けられている等当該建築物の内部への炎の侵入を有効に防止することができる構造とすること。

二 令第 107 条の 2 第二号及び第三号に掲げる技術的基準に適合する軒裏（外壁によって小屋裏又は天井裏と防火上有効に遮られているものを除く。）の構造方法にあっては、次に定めるものとする。

イ 1 時間準耐火基準に適合する構造とすること。

ロ 法第 21 条第 1 項の規定による認定を受けた主要構造部の構造又は法第 27 条第 1 項の規定による認定を受けた主要構造部の構造とすること。

ハ 前号ハ(2)(iv)又は(v)に該当する防火被覆が設けられた構造とすること。

ニ 野地板（厚さが 30㎜以上のものに限る。）及びたるきを木材で造り、これらと外壁（軒桁を含む。）とのすき間に厚さが 45㎜以上の木材の面戸板を設け、かつ、たるきと軒桁との取合い等の部分を、当該取合い等の部分にたるき欠きを設ける等当該建築物の内部への炎の侵入を有効に防止することができる構造とすること。

第 6

令第 107 条の 2 第一号に掲げる技術的基準に適合する階段の構造方法は、次に定めるものとする。

一 耐火構造とすること。

二 法第 21 条第 1 項の規定による認定を受けた主要構造部の構造又は法第 27 条第 1 項の規定による認定を受けた主要構造部の構造とすること。

三 段板及び段板を支えるけたが木材で造られたもので、当該木材の厚さが 6cm以上のもの又は次のイ若しくはロのいずれかに該当する構造とすること。

イ 当該木材の厚さが 3.5cm以上のもので、段板の裏面に第 5 第一号ハ(2)(i)から(v)までのいずれかに該当する防火被覆が施され、かつ、けたの外側の部分に第 1 第五号ニ(1)又は(2)（屋外側にあっては、第 1 第三号ハ(1)(ii)から(vi)までのいずれか）に該当する防火被覆が設けられたもの

ロ 段板の裏面に第 3 第三号ロ(1)から(3)までのいずれかに該当する防火被覆が設けられ、かつ、けたの外側の部分に第 1 第一号ハ(1)(ii)から(v)までのいずれか（屋外側にあっては、第 1 第三号ハ(1)(ii)から(vi)までのいずれか）に該当する防火被覆が設けられたもの

附則

平成 5 年建設省告示第 1453 号は、廃止する。

防火構造の構造方法を定める件

制定：平成12年5月24日　建設省告示第1359号
改正：令和 3年6月 7日　国土交通省告示第513号

建築基準法（昭和25年法律第201号）第2条第八号の規定に基づき、防火構造の構造方法を次のように定める。

第1

外壁の構造方法は、次に定めるものとする。

一　建築基準法施行令（昭和25年政令第338号。以下「令」という。）第108条に掲げる技術的基準に適合する耐力壁である外壁の構造方法にあっては、次のいずれかに該当するもの（ハに定める構造方法にあっては、屋内側の防火被覆の取合いの部分、目地の部分その他これらに類する部分（以下この号において「取合い等の部分」という。）を、当該取合い等の部分の裏面に当て木を設ける等当該建築物の内部への炎の侵入を有効に防止することができる構造とし、かつ、屋外側の防火被覆の取合い等の部分の裏面に厚さが12㎜以上の合板、構造用パネル、パーティクルボード、硬質木片セメント板その他これらに類するものを設け、又は当該取合い等の部分を相じゃくりとするものに限り、ホ(3)(i)(ハ)及び(ii)(ホ)に掲げる構造方法を組み合わせた場合にあっては、土塗壁と間柱及び桁との取合いの部分を、当該取合いの部分にちりじゃくりを設ける等当該建築物の内部への炎の侵入を有効に防止することができる構造とするものに限る。）とする。

イ　準耐火構造（耐力壁である外壁に係るものに限る。）とすること。

ロ　間柱及び下地を木材で造り、かつ、次に掲げる基準のいずれかに適合する構造（イに掲げる構造を除く。）とすること。

(1)　屋内側の部分に次の(i)に該当する防火被覆が設けられ、かつ、屋外側の部分に次の(ii)に該当する防火被覆が設けられていること。

(i)厚さが50㎜以上のグラスウール（かさ比重が0.01以上のものに限る。(2)(i)において同じ。）又はロックウール（かさ比重が0.024以上のものに限る。）を充填した上に厚さが12㎜以上のせっこうボード（強化せっこうボードを含む。以下同じ。）を張ったもの

(ii)塗厚さが15㎜以上の鉄網軽量モルタル（モルタル部分に含まれる有機物の量が当該部分の重量の8%以下のものに限る。）

(2)　屋内側の部分に次の(i)に該当する防火被覆が設けられ、かつ、屋外側の部分に次の(ii)に該当する防火被覆が設けられていること。

(i)厚さが50㎜以上のグラスウール又は厚さが55㎜以上のロックウール（かさ比重が0.03以上のものに限る。）を充填した上に厚さが9㎜以上のせっこうボードを張ったもの

(ii)厚さが15㎜以上の窯業系サイディング（中空部を有する場合にあっては、厚さが18㎜以上で、かつ、中空部を除く厚さが7㎜以上のものに限る。）を張ったもの

ハ　間柱及び下地を木材又は鉄材で造り、かつ、ロ(2)に掲げる基準に適合する構造（イに掲げる構造並びに間柱及び下地を木材のみで造ったものを除く。）とすること。

ニ　間柱及び下地を不燃材料で造り、かつ、次に定める防火被覆が設けられた構造（イに掲げる構造を除く。）とすること。

(1)　屋内側にあっては、次のいずれかに該当するもの

(i)平成12年建設省告示第1358号第1第一号ハ(1)(iii)から(v)まで又は(2)(i)のいずれかに該当するもの

(ii)厚さが9.5㎜以上のせっこうボードを張ったもの

(iii)厚さが75㎜以上のグラスウール又はロックウールを充填した上に厚さが4㎜以上の合板、構造用パネル、パーティクルボード又は木材を張ったもの

(2)　屋外側にあっては、次のいずれかに該当するもの

(i)令和元年国土交通省告示第195号第1第三号ハ(1)又は(2)に該当するもの

(ii)塗厚さが15㎜以上の鉄網モルタル

(iii)木毛セメント板又はせっこうボードの上に厚さ10㎜以上モルタル又はしっくいを塗ったもの

⒤木毛セメント板の上にモルタル又はしっくいを塗り、その上に金属板を張ったもの
(v)モルタルの上にタイルを張ったもので、その厚さの合計が25㎜以上のもの
(vi)セメント板又は瓦の上にモルタルを塗ったもので、その厚さの合計が25㎜以上のもの
(vii)厚さが12㎜以上のせっこうボードの上に金属板を張ったもの
(viii)厚さが25㎜以上のロックウール保温板の上に金属板を張ったもの

ホ　間柱又は下地を不燃材料以外の材料で造り、かつ、次のいずれかに該当する構造（イに掲げる構造を除く。）とすること。

(1)　土蔵造

(2)　土塗真壁造で、塗厚さが40㎜以上のもの（裏返塗りをしないものにあっては、間柱の屋外側の部分と土壁とのちりが15㎜以下であるもの又は間柱の屋外側の部分に厚さが15㎜以上の木材を張ったものに限る。）

(3)　次に定める防火被覆が設けられた構造とすること。ただし、真壁造とする場合の柱及びはりの部分については、この限りではない。

(i)屋内側にあっては、次のいずれかに該当するもの
(イ)平成12年建設省告示第1358号第1第一号ハ(1)(i)又は(iii)から(v)までのいずれかに該当するもの
(ロ)ニ(1)(ii)又は(iii)に該当するもの
(ハ)土塗壁で塗厚さが30㎜以上のもの

(ii)屋外側にあっては、次のいずれかに該当するもの
(イ)令和元年国土交通省告示第195号第1第三号ハ(1)又は(4)から(6)までのいずれかに該当するもの
(ロ)塗厚さが20㎜以上の鉄網モルタル又は木ずりしっくい
(ハ)木毛セメント板又はせっこうボードの上に厚さ15㎜以上モルタル又はしっくいを塗ったもの
(ニ)土塗壁で塗厚さが20㎜以上のもの（下見板を張ったものを含む。）
(ホ)厚さが12㎜以上の下見板（屋内側が(i)(ハ)に該当する場合に限る。）
(ヘ)厚さが12㎜以上の硬質木片セメント板を張ったもの
(ト)ロ(2)(ii)又はニ(2)(v)から(viii)までのいずれかに該当するもの

二　令第108条第二号に掲げる技術的基準に適合する非耐力壁の外壁の構造方法にあっては、次のいずれかに該当するものとする。

イ　準耐火構造とすること。

ロ　前号ロからホまでのいずれかに該当する構造（イに掲げる構造を除く。）とすること。

第2

令第108条第二号に掲げる技術的基準に適合する軒裏（外壁によって小屋裏又は天井裏と防火上有効に遮られているものを除く。）の構造方法にあっては、次の各号のいずれかに該当するものとする。

一　準耐火構造とすること。

二　土蔵造（前号に掲げる構造を除く。）

三　第1第一号ニ(2)(v)から(viii)まで又はホ(3)(ii)(ロ)から(ニ)までのいずれかに該当する防火被覆が設けられた構造（前2号に掲げる構造を除く。）とすること。

附則

昭和34年建設省告示第2545号は、廃止する。

不燃材料を定める件

制定：平成12年5月30日　建設省告示第1400号
改正：令和 4年5月31日　国土交通省告示第599号

建築基準法（昭和25年法律第201号）第2条第九号の規定に基づき、不燃材料を次のように定める。

建築基準法施行令（昭和25年政令第338号）第108条の2各号（建築物の外部の仕上げに用いるものにあっては、同条第一号及び第二号）に掲げる要件を満たしている建築材料は、次に定めるものとする。

一　コンクリート
二　れんが
三　瓦
四　陶磁器質タイル
五　繊維強化セメント板
六　厚さが3mm以上のガラス繊維混入セメント板
七　厚さが5mm以上の繊維混入ケイ酸カルシウム板
八　鉄鋼
九　アルミニウム
十　金属板
十一　ガラス
十二　モルタル
十三　しっくい
十四　厚さが10mm以上の壁土
十五　石
十六　厚さが12mm以上のせっこうボード（ボード用原紙の厚さが0.6mm以下のものに限る。）
十七　ロックウール
十八　グラスウール板

附則

昭和45年建設省告示第1828号は、廃止する。

防火設備の構造方法を定める件

制定：平成12年5月24日　建設省告示第1360号
改正：令和 5年3月24日　国土交通省告示第225号

建築基準法（昭和25年法律第201号）第2条第九号の二ロの規定に基づき、防火設備の構造方法を次のように定める。

第1

建築基準法施行令（昭和25年政令第338号）第109条の2に定める技術的基準に適合する防火設備の構造方法は、次に定めるものとすることとする。

一　令和元年国土交通省告示第194号第2第4項に規定する30分間防火設備
二　通常の火災による火熱が加えられた場合に、加熱開始後20分間加熱面以外の面に火炎を出さないものとして、建築基準法第61条の規定による国土交通大臣の認定を受けたもの
三　鉄材又は鋼材で造られたもので、鉄板又は鋼板の厚さが0.8mm以上のもの（網入りガラス（網入りガラスを用いた複層ガラスを含む。第六号において同じ。）を用いたものを含む。）
四　鉄骨コンクリート又は鉄筋コンクリートで造られたもの
五　土蔵造のもの

六　枠を鉄材又は鋼材で造り、かつ、次のイ又はロのいずれかに該当する構造としたもの
　イ　網入りガラスを用いたもの
　ロ　次に掲げる基準に適合するもの
　　(1)　はめごろし戸であること。
　　(2)　次のいずれかに該当するガラスが用いられたものであること。
　　　(i)耐熱強化ガラス（厚さが6.5㎜以上であり、かつ、エッジ強度が250MPa以上であるものに限る。以下同じ。）
　　　(ii)耐熱結晶化ガラス（主たる構成物質が二酸化けい素、酸化アルミニウム及び酸化リチウムであるガラスをいい、厚さが5㎜以上であり、かつ、線膨張係数が摂氏30度から摂氏750度までの範囲において、1度につき0±0.0000005であるものに限る。以下同じ。）
　　　(iii)複層ガラス（耐熱強化ガラス、耐熱結晶化ガラス又は積層ガラス（厚さが6.6㎜以上であり、かつ、フロート板ガラス（厚さが2.6㎜以上であるものに限る。）及び中間層（主たる構成物質が二酸化けい素、酸化ナトリウム及び水であり、かつ、厚さが1.4㎜以上であるものに限る。）により構成されるものに限る。以下同じ。）及び低放射ガラス（厚さが5㎜以上であり、かつ、垂直放射率が0.03以上0.07以下であるものに限る。以下同じ。）により構成されるものに限る。以下この号において同じ。）
　　(3)　次に掲げるガラスの種類（複層ガラスにあっては、これを構成するガラスのうち一の種類）に応じてそれぞれ次に定める開口部に取り付けられたものであること。
　　　(i)耐熱強化ガラス　幅が700㎜以上1,200㎜以下で高さが850㎜以上2,400㎜以下であるもの
　　　(ii)耐熱結晶化ガラス　幅が1,000㎜以上1,200㎜以下で高さが1,600㎜以上2.400㎜以下であるもの
　　　(iii)積層ガラス　幅が200㎜以上700㎜以下で高さが200㎜以上700㎜以下であるもの
　　(4)　火災時においてガラスが脱落しないよう、次に掲げる方法によりガラスが枠に取り付けられたものであること。
　　　(i)ガラスを鉄材又は鋼材で造られた厚さが3㎜以上の取付部材（ガラスを枠に取り付けるために設置される部材をいう。以下この号において同じ。）により枠に堅固に取り付けること。
　　　(ii)取付部材を鋼材で造られたねじ、ボルト、リベットその他これらに類するものにより枠に250㎜以下の間隔で固定すること。
　　　(iii)ガラスの下にセッティングブロック（鋼材又はけい酸カルシウム板で造られたものに限る。以下同じ。）を設置すること。
　　　(iv)ガラスの取付部分に含まれる部分の長さ（以下「かかり代長さ」という。）を次に掲げるガラスの種類に応じてそれぞれ次に定める数値以上とすること。
　　　　(一)耐熱強化ガラス又は耐熱結晶化ガラス　7㎜
　　　　(二)複層ガラス　13㎜
　　(5)　火災時においてガラスの取付部分に隙間が生じないよう、取付部分に次に掲げる部材をガラスの全周にわたって設置すること。
　　　(i)シーリング材又はグレイジングガスケットで、難燃性を有するもの（シリコーン製であるものに限る。）
　　　(ii)加熱により膨張する部材（黒鉛を含有するエポキシ樹脂で造られたものに限る。以下「加熱膨張材」という。）
七　枠及び框の屋外側の部分をアルミニウム合金材で、屋内側の部分をアルミニウム合金材又は樹脂（無可塑ポリ塩化ビニルに限る。以下この号及び次号において同じ。）で造り、かつ、次に掲げる基準に適合するもの
　イ　次のいずれかに該当する戸であること。
　　(1)　はめごろし戸
　　(2)　縦すべり出し戸（枠及び框の屋外側の部分を厚さ0.8㎜以上のアルミニウム合金材（JISH4100に適合するものに限る。(3)において同じ。）で、これらの屋内側の部分を樹脂で造るものに限る。以下この号において同じ。）

(3) 横すべり出し戸（枠及び框の屋外側の部分を厚さ0.8㎜以上のアルミニウム合金材で、これらの屋内側の部分を樹脂で造るものに限る。以下この号において同じ。）

ロ 次に掲げる戸の種類に応じてそれぞれ次に定めるガラスが用いられたものであること。

(1) はめごろし戸　網入りガラス、耐熱結晶化ガラス又は複層ガラス（網入りガラス又は耐熱結晶化ガラス及び低放射ガラスにより構成されるものに限る。）

(2) 縦すべり出し戸　複層ガラス（網入りガラス及び低放射ガラスにより構成されるものに限る。）

(3) 横すべり出し戸　複層ガラス（耐熱結晶化ガラス及び低放射ガラスにより構成されるものに限る。）

ハ 次に掲げる戸及びガラスの種類（複層ガラス（ロ(1)から(3)までに規定するものをいう。以下この号において同じ。）にあっては、これを構成するガラスのうち一の種類）に応じてそれぞれ次に定める開口部に取り付けられたものであること。

(1) はめごろし戸

(i)網入りガラス　幅が800㎜以下で高さが2,250㎜以下であるもの

(ii)耐熱結晶化ガラス　幅が780㎜以上920㎜以下で高さが1,100㎜以上1,890㎜以下であるもの

(2) 縦すべり出し戸　幅が640㎜以下で高さが1,370㎜以下であるもの

(3) 横すべり出し戸　幅が640㎜以上780㎜以下で高さが370㎜以上970㎜以下であるもの

ニ 火災時においてガラスが脱落しないよう、次に掲げる方法によりガラスが枠及び框に取り付けられたものであること。

(1) ガラスをアルミニウム合金材又は鋼材で造られた厚さが1㎜以上の取付部材（ガラスを枠及び框に取り付けるために設置される部材をいう。以下同じ。）により枠及び框に堅固に取り付けること。

(2) 取付部材が鋼材で造られたものである場合にあっては、取付部材を鋼材で造られたねじ、ボルト、リベットその他これらに類するものによりアルミニウム合金材で造られた縦枠（縦すべり出し戸又は横すべり出し戸にあっては、縦框）に350㎜以下の間隔で1,100㎜につき3箇所以上固定すること。

(3) ガラスの下にセッティングブロックを設置すること。

(4) かかり代長さを、取付部材がアルミニウム合金材で造られたものである場合にあっては次に掲げるガラスの種類に応じてそれぞれ次に定める数値以上、鋼材で造られたものである場合にあっては2㎜以上とすること。

(i)網入りガラス又は耐熱結晶化ガラス　7㎜

(ii)複層ガラス　12㎜

ホ 火災時においてガラスの取付部分に隙間が生じないよう、取付部分に次に掲げる部材をガラスの全周にわたって設置すること。

(1) シーリング材（取付部材がアルミニウム合金材で造られたものである場合に限る。）又はグレイジングガスケットで、難燃性を有するもの（塩化ビニル製又はシリコーン製（横すべり出し戸にあっては、シリコーン製）であるものに限る。）

(2) 加熱膨張材

ヘ 縦すべり出し戸又は横すべり出し戸にあっては、火災時において枠と框との間に隙間が生じないよう、次に掲げる基準に適合すること。

(1) 加熱膨張材を枠と框の全周にわたって設置すること。

(2) 拘束金具及び支持金具を鋼材で造り、枠及び框に堅固に取り付けること。

八 枠及び框を樹脂で造り、かつ、次に掲げる基準に適合するもの

イ 次のいずれかに該当する戸であること。

(1) はめごろし戸

(2) 縦すべり出し戸

(3) 横すべり出し戸

ロ 次に掲げる戸の種類に応じてそれぞれ次に定めるガラスが用いられたものであること。

(1) はめごろし戸　複層ガラス（網入りガラス及び低放射ガラスにより構成されるものに限

る。）

(2) 縦すべり出し戸　複層ガラス（網入りガラス及び低放射ガラスにより構成されるものに限る。）

(3) 横すべり出し戸　複層ガラス（網入りガラス、耐熱強化ガラス又は耐熱結晶化ガラス及び低放射ガラスにより構成されるものに限る。）

ハ 次に掲げる戸及びガラスの種類（複層ガラス（ロ(1)から(3)までに規定されるものをいう。以下この号において同じ。）にあっては、これを構成するガラスのうち一の種類）に応じてそれぞれ次に定める開口部に取り付けられたものであること。

(1) はめごろし戸　幅が 800mm以下で高さが 1,400mm以下であるもの

(2) 縦すべり出し戸　幅が 780mm以下で高さが 1,370mm以下であるもの

(3) 横すべり出し戸

(i)網入りガラス　幅が 780mm以下で高さが 900mm以下であるもの

(ii)耐熱強化ガラス又は耐熱結晶化ガラス　幅が 400mm以上 780mm以下で高さが 544mm以上 900mm以下であるもの

ニ 次に掲げる戸の種類に応じてそれぞれ次に定める基準に従い、枠及び框の内部に補強材（鉄材又は鋼材で造られたものに限る。以下この号において同じ。）を設置すること。

(1) はめごろし戸

(i)補強材の厚さを 1.6mm以上とすること。

(ii)枠及び補強材を開口部に固定すること。

(2) 縦すべり出し戸又は横すべり出し戸

(i)補強材の厚さを 2.3mm以上とすること。

(ii)枠及び補強材（枠に設置するものに限る。）を開口部に固定すること。

(iii)框の各辺に補強材を設置し、かつ、当該補強材を相互に連結するよう、框の隅角部に補強材を設置すること。

ホ 火災時においてガラスが脱落しないよう、次に掲げる方法によりガラスが枠及び框に取り付けられたものであること。

(1) ガラスを鋼材で造られた厚さが 1mm以上の取付部材により枠及び框の内部の補強材に堅固に取り付けること。

(2) 取付部材を樹脂で造られた通し材で覆うこと。

(3) 取付部材を鋼材で造られたねじ、ボルト、リベットその他これらに類するものにより枠及び框の内部の補強材に 200mm以下の間隔で固定すること。

(4) ガラスの下にセッティングブロックを設置すること。

(5) かかり代長さを次に掲げる戸の種類に応じてそれぞれ次に定める数値以上とすること。

(i)はめごろし戸　11mm

(ii)縦すべり出し戸又は横すべり出し戸　7mm

ヘ 火災時においてガラスの取付部分に隙間が生じないよう、次に掲げる基準に適合すること。

(1) 取付部分に次に掲げる部材をガラスの全周にわたって設置すること。

(i)グレイジングガスケットで難燃性を有するもの（塩化ビニル製又はシリコーン製であるものに限る。）

(ii)加熱膨張材

(2) 樹脂で造られた部分の火災による溶融により貫通のおそれがある部分には、鋼材を設置すること。

ト 縦すべり出し戸又は横すべり出し戸にあっては、火災時において枠と框との間に隙間が生じないよう、次に掲げる基準に適合すること。

(1) 加熱膨張材を枠及び框の全周にわたって設置すること。

(2) 拘束金具及び支持金具を鋼材で造り、枠及び框に堅固に取り付けること。

九 枠及び框を木材（気乾比重が 0.45 以上であるものに限る。以下この号において同じ。）で造り、かつ、次に掲げる基準に適合するもの

イ 次のいずれかに該当する戸であること。

(1) はめごろし戸（枠の見付寸法が 40mm以上であって、見込寸法が 70mm以上であるものに限る。

以下この号において同じ。)

(2) 縦すべり出し戸(枠の見付寸法が40mm以上であって、見込寸法が101mm以上であり、かつ、框の見付寸法が40mm以上であって、見込寸法が70mm以上であるものに限る。以下この号において同じ。)

(3) 横すべり出し戸(枠の見付寸法が40mm以上であって、見込寸法が101mm以上であり、かつ、框の見付寸法が40mm以上であって、見込寸法が70mm以上であるものに限る。以下この号において同じ。)

ロ 次に掲げる戸の種類に応じてそれぞれ次に定めるガラスが用いられたものであること。

(1) はめごろし戸　複層ガラス(網入りガラス及び低放射ガラスにより構成されるものに限る。)

(2) 縦すべり出し戸又は横すべり出し戸　複層ガラス(網入りガラス及び低放射ガラスにより構成されるものに限る。)

ハ 次に掲げる戸の種類に応じてそれぞれ次に定める開口部に取り付けられたものであること。

(1) はめごろし戸　幅が1,050mm以下で高さが1,550mm以下であるもの

(2) 縦すべり出し戸　幅が800mm以下で高さが1,350mm以下であるもの

(3) 横すべり出し戸　幅が800mm以下で高さが1,200mm以下であるもの

ニ 火災時においてガラスが脱落しないよう、次に掲げる方法によりガラスが枠及び框に取り付けられたものであること。

(1) ガラスを鋼材で造られた厚さが1mm以上の取付部材により枠及び框に堅固に取り付けること。

(2) 取付部材を木材で造られた通し材で覆うこと。

(3) 取付部材を鋼材で造られた埋込長さが32mm以上のねじにより枠及び框に150mm以下の間隔で固定すること。

(4) ガラスの下にセッティングブロックを設置すること。

(5) かかり代長さを次に掲げる戸の種類に応じてそれぞれ次に定める数値以上とすること。

(i)はめごろし戸　13mm

(ii)縦すべり出し戸又は横すべり出し戸　9mm

ホ 火災時においてガラスの取付部分に隙間が生じないよう、次に掲げる基準に適合すること。

(1) 取付部分に次に掲げる部材をガラスの全周にわたって設置すること。

(i)グレイジングガスケットで難燃性を有するもの(塩化ビニル製又はシリコーン製であるものに限る。)

(ii)加熱膨張材

(2) 縦すべり出し戸又は横すべり出し戸にあっては、ガラスの框に含まれる部分の長さを13mm以上とすること。

ヘ 縦すべり出し戸又は横すべり出し戸にあっては、火災時において枠と框との間に隙間が生じないよう、次に掲げる基準に適合すること。

(1) 加熱膨張材を枠及び框の全周にわたって設置すること。

(2) 拘束金具及び支持金具を鋼材で造り、枠及び框に堅固に取り付けること。

十 骨組を防火塗料を塗布した木材で造り、かつ、屋内面に厚さが1.2cm以上の木毛セメント板又は厚さが0.9cm以上のせっこうボードを張り、屋外面に亜鉛鉄板を張ったもの

十一 開口面積が0.5㎡以内の開口部に設ける戸で、防火塗料を塗布した木材及び網入りガラスで造られたもの

第2

第1第三号、第六号又は第七号(枠及び框の屋内側の部分をアルミニウム合金材で造ったものに限る。)のいずれかに該当する防火設備は、周囲の部分(当該防火設備から屋内側に15cm以内の間に設けられた建具がある場合には、当該建具を含む。)が不燃材料で造られた開口部に取り付けなければならない。

第3

防火戸、縦すべり出し戸及び横すべり出し戸が枠又は他の防火設備と接する部分は、相じゃくりとし、

又は定規縁若しくは戸当りを設ける等閉鎖した際に隙間が生じない構造とし、かつ、防火設備の取付金物は、当該防火設備が閉鎖した際に露出しないように取り付けなければならない。

建築基準法第7条の6第1項第二号の国土交通大臣が定める基準等を定める件

制定：平成 27 年 2 月 23 日　国土交通省告示第 247 号
改正：令和　2 年 4 月　1 日　国土交通省告示第 508 号

建築基準法（昭和 25 年法律第 201 号）第 7 条の 6 第 1 項第二号の規定に基づき、安全上、防火上及び避難上支障がないものとして国土交通大臣が定める基準を第 1 に定め、建築基準法施行規則（昭和 25 年建設省令第 40 号）第 4 条の 16 第 2 項の規定に基づき、仮使用の認定をするために必要な図書として国土交通大臣が定めるものを第 2 に定め、同条第 3 項の規定に基づき、国土交通大臣が定める工事を第 3 に定める。

第 1

建築基準法（以下「法」という。）第 7 条の 6 第 1 項第二号の国土交通大臣が定める基準は、次の各項に定めるところによるものとする。

2　次の各号に掲げる場合においては、当該申請に係る建築物及びその敷地が建築基準関係規定に適合するものであること。

一　建築基準法施行規則第 4 条の 16 第 3 項に規定する増築等に関する工事について、法第 7 条第 1 項の規定による申請が受理された後又は指定確認検査機関が法第 7 条の 2 第 1 項の規定による検査の引受けを行った後に仮使用の認定の申請が行われた場合

二　新築の工事又は第 3 に定める工事が完了した場合において仮使用の認定の申請が行われた場合

3　新築の工事又は第 3 に定める工事が完了していない場合において仮使用の認定の申請が行われた場合においては、次の各号に掲げる区分に応じ、当該申請に係る建築物及びその敷地がそれぞれ当該各号に定める基準に適合するものであること。

一　当該敷地のみに係る工事以外の工事が完了している場合　次に掲げる基準に適合すること。

イ　当該建築物が建築基準関係規定（建築基準法施行令（昭和 25 年政令第 338 号。以下「令」という。）第 127 条から令第 128 条の 2 まで及び仮使用の部分を使用する者の安全上、防火上及び避難上支障がないもの（建築物の敷地のみに係る部分に限る。）を除く。第二号ハにおいて同じ。）に適合すること。

ロ　当該敷地が令第 127 条から令第 128 条の 2 までの規定に適合すること。この場合において、これらの規定中「通路」とあるのは、「通路（仮使用の部分を使用する者の用に供するものに限る。）」と読み替えるものとする。

ハ　仮使用の部分の各室から当該建築物の敷地外に通ずる通路と、仮使用の部分以外の部分から当該建築物の敷地外に通ずる通路又は当該建築物の敷地のうち工事関係者が継続的に使用する部分とが重複しないこと。

ニ　仮使用をする期間が 3 年を超えない範囲内であること。

二　前号に掲げる場合以外の場合　次に掲げる基準に適合すること。

イ　仮使用の部分と仮使用の部分以外の部分とを 1 時間準耐火基準に適合する準耐火構造の床若しくは壁又は特定防火設備（常時閉鎖をした状態にあるものに限る。）で区画すること。

ロ　令第 112 条第 7 項、第 11 項（ただし書を除く。）から第 17 項まで及び第 19 項から第 21 項までの規定は、仮使用の認定の申請に係る建築物について準用する。この場合において、次の表の左欄に掲げる規定中同表の中欄に掲げる字句は、それぞれ同表の右欄に掲げる字句に読み替えるものとする。

令第 112 条第 7 項	は、第 1 項	（以下「高層部分」という。）を仮使用する場合にあっては、平成 27 年国土交通省告示第 247 号第 1 第 3 項第二号イ

	床面積の合計100㎡以内ごとに	高層部分にある仮使用の部分と高層部分にある仮使用の部分以外の部分とを
令第112条第11項	主要構造部	工事完了後において主要構造部
	の竪穴部分	となるものの竪穴部分
	については、当該竪穴部分以外の部分（直接外気に開放されている廊下、バルコニーその他これらに類する部分を除く。）	を仮使用する場合にあっては、平成27年国土交通省告示第247号第1第3項第二号イの規定にかかわらず、当該竪穴部分にある仮使用の部分については、当該竪穴部分にある仮使用の部分以外の部分
	しなければならない	すれば足りる
令第112条第12項及び第13項	の竪穴部分については、当該竪穴部分以外の部分	となるものの竪穴部分を仮使用する場合にあっては、平成27年国土交通省告示第247号第1第3項第二号イの規定にかかわらず、当該竪穴部分にある仮使用の部分については、当該竪穴部分にある仮使用の部分以外の部分
	しなければならない	すれば足りる。
令第112条第19項	若しくは作動をした状態にあるか、又は随時閉鎖若しくは作動をできるもので	をした状態に

ハ　仮使用の部分（仮使用の部分以外の部分から当該建築物の敷地外に通ずる通路に該当する部分を除く。以下ハにおいて同じ。）が建築基準関係規定に適合すること。ただし、令第5章第2節及び第3節並びに令第129条の13の3第2項の規定については、仮使用の部分を1の建築物とみなした場合において、これらの規定に適合しなければならない。

ニ　前号ロからニまでに掲げる基準に適合すること。

ホ　建築物の建替え（現に存する1以上の建築物（以下「従前の建築物」という。）の同一敷地内に新たに建築物を建設し、当該建設の開始後において従前の建築物を1以上除却することをいう。）により新たに建設された建築物又は建築物の部分を仮使用する場合において、当該建築物又は建築物の部分について法第2条第九号の二若しくは第九号の三、法第23条、法第25条、法第28条（居室の採光に有効な部分の面積に係る部分に限る。）、法第3章若しくは令第120条第1項若しくは令第126条の4（これらの規定中令第116条の2第1項第一号に該当する窓その他の開口部を有しない居室に係る部分に限る。）の規定又はこれらに基づく命令若しくは条例の規定に適合しないことがやむを得ないと認められる場合においては、従前の建築物の除却を完了するまでの間これらの規定に適合することを要しない。

4　第3第一号及び第三号に掲げる建築物に対する前2項の規定の適用については、次の表の左欄に掲げる規定中同表の中欄に掲げる字句は、それぞれ同表の右欄に掲げる字句とする。

第2項	建築物	建築物の増築又は改築に係る部分（以下「増改築部分」という。）
	その敷地	建築物の敷地
第3項各号列記以外の部分	建築物	増改築部分
	その敷地	建築物の敷地
第3項第一号イ及びロ	当該建築物	当該増改築部分
	仮使用の部分	仮使用の部分及び増改築部分以外の部分
第3項第一号ハ	仮使用の部分の各室	仮使用の部分及び増改築部分以外の部分の各室
	、仮使用の部分以外の部分	、これらの部分以外の部分
第3項第二号ハ	仮使用の部分以外の部分	仮使用の部分以外の部分（増改築部分以外の部分を除く。）

第 2

建築基準法施行規則第 4 条の 16 第 2 項の国土交通大臣が定める図書は、次の表のとおりとする。

図書の種類	明示すべき事項
各階平面図	縮尺、方位、間取、各室の用途、新築又は避難施設等に関する工事に係る建築物又は建築物の部分及び仮使用の部分
	仮使用の部分の各室から建築物の敷地外に通ずる通路
	仮使用の部分以外の部分の各室から建築物の敷地外に通ずる通路
	第 1 第 3 項第二号イ又はロの規定による区画（以下「仮使用区画」という。）の位置及び面積
	仮使用区画に用いる壁の構造
	仮使用区画に設ける防火設備の位置及び種別
	仮使用区画を貫通する風道の配置
	仮使用区画を貫通する風道に設ける防火設備の位置及び種別
	給水管、配電管その他の管と仮使用区画との隙間を埋める材料の種別
2 面以上の断面図	仮使用区画に用いる床の構造
	令第 112 条第 10 項に規定する外壁の位置及び構造
	仮使用区画を貫通する風道に設ける防火設備の位置及び種別
	給水管、配電管その他の管と仮使用区画との隙間を埋める材料の種別
耐火構造等の構造詳細図	仮使用区画に用いる床及び壁の断面の構造、材料の種別及び寸法
	仮使用区画に設ける防火設備の構造、材料の種別及び寸法
配置図	縮尺、方位、工作物の位置及び仮使用の部分
	敷地境界線及び敷地内における建築物の位置
	敷地の接する道路の位置及び幅員
	仮使用の部分の各室から建築物の敷地外に通ずる通路
	仮使用の部分以外の部分の各室から建築物の敷地外に通ずる通路
	建築物の敷地のうち工事関係者が継続的に使用する部分
安全計画書	工事中において安全上、防火上又は避難上講ずる措置の概要
その他法第 7 条の 6 第 1 項第二号の国土交通大臣が定める基準に適合することの確認に必要な図書	法第 7 条の 6 第 1 項第二号の国土交通大臣が定める基準に適合することの確認に必要な事項

第 3

建築基準法施行規則第 4 条の 16 第 3 項の国土交通大臣が定める工事は、次の各号に掲げるものとする。

一　増築の工事であって、次に掲げる要件に該当するもの

　イ　仮使用の認定の申請前に避難施設等に関する工事（仮使用の部分に係るものに限る。）を完了していること。

　ロ　増築に係る部分以外の部分に係る避難施設等に関する工事を含まないこと。

二　建築物の改築（一部の改築を除く。）の工事

三　建築物が開口部のない自立した構造の壁で区画されている場合における当該区画された部分の改築（一部の改築を除く。）の工事

建築基準法第７条の６第１項第二号に規定する国土交通大臣が定める基準に従って認定を行ったことを証する書類として国土交通大臣が定める様式を定める件

制定：平成 27 年 2 月 23 日　国土交通省告示第 248 号

建築基準法施行規則(昭和25年建設省令第40号)第4条の16の2第3項第二号の規定に基づき、建築基準法(昭和 25 年法律第 201 号）第 7 条の 6 第 1 項第二号に規定する国土交通大臣が定める基準に従って認定を行ったことを証する書類として国土交通大臣が定める様式を次のように定める。

建築基準法施行規則第 4 条の 16 の 2 第 3 項第二号の規定に基づき、建築基準法第 7 条の 6 第 1 項第二号に規定する国土交通大臣が定める基準に従って認定を行ったことを証する書類として国土交通大臣が定める様式は、次の各号に掲げる規定による同項第二号の規定による仮使用の認定のための審査の区分に応じ、それぞれ当該各号に定める様式とする。

一　平成 27 年国土交通省告示第 247 号第 1 第 2 項　別記第 1 号様式
二　平成 27 年国土交通省告示第 247 号第 1 第 3 項第一号　別記第 2 号様式
三　平成 27 年国土交通省告示第 247 号第 1 第 3 項第二号　別記第 3 号様式

別記様式（略）

建築物の維持保全に関する準則又は計画の作成に関し必要な指針を定める件

制定：昭和 60 年 3 月 19 日　建設省告示第 606 号
改正：令和　4 年 1 月 18 日　国土交通省告示第 109 号

建築基準法（昭和 25 年法律第 201 号）第 8 条第 2 項の規定に基づき、同法第 12 条第 1 項に規定する建築物の維持保全に関する準則又は計画の作成に関し必要な指針を次のように定め、公布の日から施行する。

第１　総則

1　建築基準法（以下「法」という。）第 8 条第 2 項第一号及び第二号に規定する建築物（以下単に「建築物」という。）の維持保全に関する準則（以下「準則」という。）又は建築物の維持保全に関する計画（以下「計画」という。）は、建築物の敷地、構造及び建築設備を常時適法な状態に維持するため、この指針に従つて作成するものとする。

2　準則は、建築物について計画を作成する権限を有する者が複数ある場合において、計画相互の整合性を確保する必要があると認められるときに、それらの者の合意により当該建築物について作成するものとする。ただし、複数の建築物が一団地を形成している場合は、当該一団地について作成することができる。

3　計画は、建築物の維持保全を行う上で採るべき措置を定める必要があると認められる場合において、当該建築物の所有者又は管理者が当該建築物又はその部分について作成するものとする。ただし、複数の建築物が一団地を形成している場合は、当該一団地について作成することができる。

第２　準則に定めるべき事項

準則には、第 3 第 1 項各号に掲げる事項のうち計画相互の整合性を確保する上で必要であると認められる事項を定めるものとする。

第３　計画に定めるべき事項

計画には、おおむね次の各号に掲げる項目につき、それぞれ当該各号に掲げる事項を定めるものとする。

一　建築物の利用計画　建築物又はその部分の用途等、将来の増改築の予定等に関する事項
二　維持保全の実施体制　維持保全を行うための組織、維持保全業務の委託、建築士その他専門技術者の関与等に関する事項
三　維持保全の責任範囲　計画作成者の維持保全の責任範囲に関する事項

四　占有者に対する指導等　建築物の破損時等における通報、使用制限の遵守等に関する事項
五　点検　点検箇所、点検時期、点検者、点検に当たつての判断基準、結果の報告等に関する事項
六　修繕　修繕計画の作成、修繕工事の実施等に関する事項
七　図書の作成、保管等　維持保全計画書、確認通知書、竣工図、設備仕様書等の作成、保管、廃棄等に関する事項
八　資金計画　点検、修繕等の資金の確保、保険等に関する事項
九　計画の変更　計画の変更の手続等に関する事項
十　その他　前各号に掲げるもののほか、維持保全を行うため必要な事項

2　少なくとも、建築基準法施行令（昭和 25 年政令第 338 号。以下「令」という。）第 13 条の 3 第 1 項第一号に規定する特殊建築物のうち、3 階を同号に規定する用途に供するもので、延べ面積が 200㎡未満のもの（法第 27 条第 1 項の規定に適合するものを除く。）についての計画の作成に当たつては、次に掲げる事項に留意するものとする。

一　前項第二号に規定する維持保全を行うための組織に関する事項として、当該特殊建築物の点検に関する責任者を定めること。
二　前項第五号に規定する点検時期に関する事項として、次号イ及びロに掲げる点検項目に係る点検は、原則として毎日実施することを定めること。
三　前項第五号に規定する点検に当たつての判断基準に関する事項として、次のイ又はロに掲げる点検項目の区分に応じ、それぞれ当該イ又はロに定める基準を定めること。
　イ　廊下及び階段における物品の放置の状況　避難に支障となる物品が放置されていること。
　ロ　常時閉鎖若しくは作動をした状態にある防火設備又は常時閉鎖した状態にある戸の固定の状況　開放状態に固定されていること。
四　前項第五号に規定する結果の報告等に関する事項として、点検結果を適切に記録し、第一号に規定する責任者に報告することを定めること。
五　前項第七号に規定する維持保全計画書、確認通知書、竣工図、設備仕様書等の作成、保管、廃棄等に関する事項として、点検結果を記録した図書その他維持保全に必要な図書の保管期限を明確に定めること。

3　少なくとも、令第 13 条の 3 第 1 項第二号に規定する特殊建築物のうち、倉庫の用途に供するものについての計画の作成に当たつては、次に掲げる事項に留意するものとする。

一　第 1 項第二号に規定する維持保全を行うための組織に関する事項として、次に掲げる事項を定めること。
　イ　防火シャッターの点検及びコンベヤーその他の固定された設備（以下「コンベヤー等」という。）の点検に関する責任者
　ロ　コンベヤー等の新設又は防火上若しくは避難上支障を生じるおそれがある変更（以下「新設等」という。）を行う場合に、その旨をイに規定する責任者に報告する体制
二　第 1 項第三号に規定する計画作成者の維持保全の責任範囲に関する事項として、計画の対象とする建築物又はその部分を明確に定めること。
三　第 1 項第五号に規定する点検時期に関する事項は、点検項目に応じて定めること。ただし、コンベヤー等の新設等を行つたときは、点検を行うものとする。
四　第 1 項第五号に規定する点検に当たつての判断基準に関する事項として、次のイからニまでに掲げる点検項目の区分に応じ、それぞれ当該イからニまでに定める基準を定めること。
　イ　防火シャッターの閉鎖の支障となる物品の放置の状況　防火シャッターの閉鎖の支障となる物品が放置されていること。
　ロ　煙感知器、熱感知器及び熱煙複合式感知器の感知の状況　火災による煙若しくは火熱を感知せず、又は適切な信号を発信しないこと。
　ハ　防火シャッターの閉鎖の状況　煙感知器、熱感知器又は熱煙複合式感知器と連動して床面まで降下しないこと。
　ニ　防火シャッターの閉鎖に支障が生じることを防止するためにコンベヤー等に設けられる装置の作動の状況　正常に作動しないこと。
五　第 1 項第五号に規定する結果の報告等に関する事項として、点検結果を適切に記録し、第一号イに規定する責任者に報告することを定めること。

六　第１項第七号に規定する維持保全計画書、確認通知書、竣工図、設備仕様書等の作成、保管、廃棄等に関する事項として、点検結果を記録した図書その他維持保全に必要な図書の保管期限を明確に定めること。

七　第１項第十号に規定する維持保全を行うため必要な事項として、コンベヤー等の新設等を行う場合には、当該新設等後の建築物が法第６条第１項の建築基準関係規定に適合するかどうかを一級建築士が確認することを定めること。

4　少なくとも、令第13条の３に規定する建築物のうち、令第121条の２の規定の適用を受ける直通階段で屋外に設けるもの（木造とするものに限る。以下「屋外階段」という。）があるものについての計画の作成に当たつては、次に掲げる事項に留意するものとする。

一　第１項第二号に規定する維持保全を行うための組織に関する事項として、当該建築物の点検に関する責任者を定めること。

二　第１項第五号に規定する点検時期に関する事項は、次に掲げる屋外階段の点検の区分に応じて定めること。

イ　管理者等による日常の点検

ロ　木材の腐朽、損傷及び虫害に関する知識及び経験を有する者による定期的な点検

三　第１項第五号に規定する点検に当たつての判断基準に関する事項として、屋外階段各部の木材に腐朽、損傷又は虫害があること、防水層に損傷があることその他屋外階段各部に劣化又は損傷があることを定めること。

四　第１項第五号に規定する結果の報告等に関する事項として、点検結果を適切に記録し、第一号に規定する責任者に報告することを定めること。

五　第１項第六号に規定する修繕工事の実施等に関する事項として、同項第五号に規定する点検に当たつての判断基準に該当するときは、必要に応じ、修繕、防腐措置その他の適切な措置を講ずることを定めること。

六　第１項第七号に規定する維持保全計画書、確認通知書、竣工図、設備仕様書等の作成、保管、廃棄等に関する事項として、点検結果を記録した図書その他維持保全に必要な図書の保管期限を明確に定めること。

七　第１項第十号に規定する維持保全を行うため必要な事項として、同項第五号に規定する点検に当たつての判断基準に該当するときは、屋外階段各部の劣化及び損傷の状況並びに必要な使用制限について当該建築物の利用者に周知することを定めること。

5　特定行政庁は、第１項に規定する計画に定めるべき事項について、規則で、必要な事項を付加することができる。

建築基準法第12条の２第１項第一号に掲げる者と同等以上の専門的知識及び能力を有する者等を定める件

制定：平成28年３月９日　国土交通省告示第483号

建築基準法の一部を改正する法律（平成26年法律第54号）附則第２条第１項の規定に基づき、建築基準法（昭和25年法律第201号）第12条の２第１項第一号に掲げる者と同等以上の専門的知識及び能力を有する者及び同法第12条の３第３項第一号（同法第88条第１項において準用する場合を含む。）に掲げる者と同等以上の専門的知識及び能力を有する者を次のように定める。

第１

建築基準法（以下「法」という。）第12条の２第１項第一号に掲げる者と同等以上の専門的知識及び能力を有する者は、次のとおりとする。

一　建築基準適合判定資格者

二　建築基準法施行規則等の一部を改正する省令（平成28年国土交通省令第10号）による改正前の建築基準法施行規則（昭和25年建設省令第40号。以下「旧施行規則」という。）第４条の20第１項第二号の登録を受けた講習を修了した者

第 2

法第 12 条第 2 項の点検について法第 12 条の 2 第 1 項第一号に掲げる者と同等以上の専門的知識及び能力を有する者は、国、都道府県又は建築主事を置く市町村（以下「国等」という。）の建築物の維持保全に関して 2 年以上の実務の経験を有する者とする。

第 3

法第 12 条の 3 第 3 項第一号（法第 88 条第 1 項において準用する場合を含む。）に掲げる者と同等以上の専門的知識及び能力を有する者は、次のとおりとする。

一　建築基準適合判定資格者

二　旧施行規則第 4 条の 20 第 2 項第二号又は同条第 3 項第二号の登録を受けた講習を修了した者

三　一般財団法人日本建築防災協会が行う防火設備検査員に関する講習の課程を修了した者（平成 28 年 2 月 9 日までに実施された修了考査に合格した者に限る。）

第 4

法第 12 条第 4 項の点検について法第 12 条の 3 第 3 項第一号に掲げる者と同等以上の専門的知識及び能力を有する者は、国等の建築物の昇降機、昇降機以外の建築設備又は防火設備の維持保全に関して 2 年以上の実務の経験を有する者とする。

確認審査等に関する指針

制定：平成 19 年 6 月 20 日　国土交通省告示第 835 号
改正：令和　3 年 6 月 30 日　国土交通省告示第 757 号

建築基準法（昭和 25 年法律第 201 号）第 18 条の 3 第 1 項の規定に基づき、同項に規定する確認審査等に関する指針を次のように定める。

第 1　確認審査に関する指針

建築基準法（以下「法」という。）第 6 条第 4 項及び法第 18 条第 3 項（これらの規定を法第 87 条第 1 項、法第 87 条の 4 並びに法第 88 条第 1 項及び第 2 項において準用する場合を含む。以下同じ。）に規定する審査並びに法第 6 条の 2 第 1 項（法第 87 条第 1 項、法第 87 条の 4 並びに法第 88 条第 1 項及び第 2 項において準用する場合を含む。以下同じ。）の規定による確認のための審査（以下「確認審査」という。）は、次の各項に定めるところにより行うものとする。

2　法第 6 条第 1 項（法第 87 条第 1 項、法第 87 条の 4 又は法第 88 条第 1 項若しくは第 2 項において準用する場合を含む。以下同じ。）若しくは法第 6 条の 2 第 1 項の規定による確認の申請書の提出又は法第 18 条第 2 項（法第 87 条第 1 項、法第 87 条の 4 又は法第 88 条第 1 項若しくは第 2 項において準用する場合を含む。）の規定による通知を受けたときの審査は、次の各号に定めるところによるものとする。

一　建築基準法施行規則（昭和 25 年建設省令第 40 号。以下「施行規則」という。）第 1 条の 3、第 2 条の 2 又は第 3 条（これらの規定を施行規則第 3 条の 3 第 1 項から第 3 項まで又は施行規則第 8 条の 2 第 1 項、第 6 項若しくは第 7 項において準用する場合を含む。以下同じ。）に規定する申請書又は通知書の正本 1 通及び副本 1 通並びにこれらに添えた図書及び書類（第 4 項第三号及び第 5 項第三号において「申請書等」という。）の記載事項が相互に整合していることを確かめること。

二　申請又は通知に係る建築物が、建築士法（昭和 25 年法律第 202 号）第 3 条第 1 項（同条第 2 項の規定により適用される場合を含む。以下同じ。）、第 3 条の 2 第 1 項（同条第 2 項において準用する同法第 3 条第 2 項の規定により適用される場合を含む。以下同じ。）若しくは第 3 条の 3 第 1 項（同条第 2 項において準用する同法第 3 条第 2 項の規定により適用される場合を含む。以下同じ。）に規定する建築物又は同法第 3 条の 2 第 3 項（同法第 3 条の 3 第 2 項において読み替えて準用する場合を含む。以下同じ。）の規定に基づく条例に規定する建築物である場合にあっては、施行規則別記第 2 号様式による申請書の第 2 面及び施行規則別記第 3 号様式による建築計画概要書の第 1 面又は施行規則別記第 42 号様式による通知書の第 2 面に記載された設計者及び工事監理者が、それぞれ同法第３条第１項、第３条の２第１項若しくは第３条の３第１項に規定する建築士又は同法第３条の２第３項の規定に基づく条例に規定する建築士であることを次に掲げる方法のいずれかにより確かめること。

イ　建築士法第５条第１項に規定する一級建築士名簿、二級建築士名簿又は木造建築士名簿（以下「建築士名簿」という。）により確かめる方法

ロ　当該建築物の計画に係る申請者又は通知をした国の機関の長等（以下この項において「申請者等」という。）に対し建築士法第５条第２項に規定する一級建築士免許証、二級建築士免許証若しくは木造建築士免許証又は同法第10条の19第１項に規定する一級建築士免許証明書若しくは同法第10条の21第１項に規定する二級建築士免許証明書若しくは木造建築士免許証明書（以下「建築士免許証等」という。）の提示を求め、当該建築士免許証等により確かめる方法

二の二　申請又は通知に係る建築物が建築士法第20条の２の規定の適用を受ける場合にあっては、施行規則別記第２号様式による申請書の第２面及び施行規則別記第３号様式による建築計画概要書の第１面又は施行規則別記第42号様式による通知書の第２面に記載された構造設計一級建築士である旨の表示をした者が、建築士法第10条の２の２第４項に規定する構造設計一級建築士であることを次に掲げる方法のいずれかにより確かめること。

イ　一級建築士名簿により確かめる方法

ロ　申請者等に対し建築士法第10条の２の２第１項に規定する構造設計一級建築士証（同法第10条の４第１項の規定により中央指定登録機関が交付するものを含む。）の提示を求め、当該構造設計一級建築士証により確かめる方法

二の三　申請又は通知に係る建築物が建築士法第20条の３の規定の適用を受ける場合にあっては、施行規則別記第２号様式による申請書の第２面及び施行規則別記第３号様式による建築計画概要書の第１面又は施行規則別記第42号様式による通知書の第２面に記載された設備設計一級建築士である旨の表示をした者が、建築士法第10条の２の２第４項に規定する設備設計一級建築士であることを次に掲げる方法のいずれかにより確かめること。

イ　一級建築士名簿により確かめる方法

ロ　申請者等に対し建築士法第10条の２の２第１項に規定する設備設計一級建築士証（同法第10条の４第１項の規定により中央指定登録機関が交付するものを含む。）の提示を求め、当該設備設計一級建築士証により確かめる方法

三　申請書又は通知書の正本に添えられた図書に当該図書の設計者の氏名が記載されていることを確かめること。

四　申請又は通知に係る建築物、建築設備又は工作物（以下第１において「申請等に係る建築物等」という。）が、次のイ又はロに掲げる建築物、建築設備又は工作物である場合にあっては、それぞれ当該イ又はロに掲げる書類が添えられていることを確かめること。

イ　法第68条の10第１項(法第88条第１項において準用する場合を含む。)の認定を受けた型式(以下「認定型式」という。）に適合する部分を有するものとする建築物、建築設備又は工作物　認定型式の認定書の写し(その認定型式が建築基準法施行令(昭和25年政令第338号。以下「令」という。）第136条の２の11第一号イに掲げる規定に適合するものであることの認定を受けたものである場合にあっては、認定型式の認定書の写し並びに施行規則第１条の３第５項第一号に規定する国土交通大臣が定める図書及び書類。以下「認定型式の認定書の写し等」という。)

ロ　法第68条の20第１項（法第88条第１項において準用する場合を含む。）に規定する認証型式部材等（以下単に「認証型式部材等」という。）を有するものとする建築物、建築設備又は工作物　認証型式部材等に係る認証書の写し

五　申請又は通知に係る建築物が建築士により構造計算によってその安全性を確かめられたものである場合（建築士法第20条の２の規定の適用を受ける場合を除く。）にあっては、次に定めるところによること。

イ　建築士法第20条第２項に規定する証明書（構造計算書を除く。以下単に「証明書」という。）の写しが添えられていることを確かめること。

ロ　証明書の写し及び施行規則第１条の３第１項第一号の表３の各項（施行規則第３条の３第１項又は施行規則第８条の２第１項において準用する場合を含む。）に規定する構造計算書（以下単に「構造計算書」という。）に構造計算の種類が記載されていることを確かめ、当該建築物

の計画が構造計算適合性判定を要するものであるかどうかを判断すること。

六　申請又は通知に係る建築物が建築士法第20条の2の規定の適用を受ける場合にあっては、構造計算書に構造計算の種類が記載されていることを確かめ、当該建築物の計画が構造計算適合性判定を要するものであるかどうかを判断すること。

3　申請等に係る建築物等の計画が、法第6条第1項（法第6条の4第1項の規定により読み替えて適用される場合を含む。）に規定する建築基準関係規定（以下単に「建築基準関係規定」という。）に適合するかどうかの審査（法第20条第1項第一号に定める基準（同号の政令で定める基準に従った構造計算によって安全性が確かめられたものとして国土交通大臣の認定を受けたものであることに係る部分に限る。）又は令第81条第2項又は第3項に規定する基準に適合するかどうかの審査（次項において「構造計算の確認審査」という。）を除く。）は、次の各号に定めるところによるものとする。

一　施行規則第1条の3第1項の表1及び表2、同条第4項の表1、第2条の2第1項の表並びに第3条第1項の表1及び表2の各項の(ろ)欄（これらの規定を施行規則第3条の3第1項又は施行規則第8条の2第1項において準用する場合を含む。）に掲げる図書に記載されたこれらの欄に掲げる明示すべき事項に基づき、建築基準関係規定に適合しているかどうかを審査すること。ただし、施行規則第1条の3第5項各号、第2条の2第2項各号又は第3条第4項各号（これらの規定を施行規則第3条の3第1項から第4項まで又は施行規則第8条の2第1項、第6項若しくは第7項において準用する場合を含む。）の規定により添えることを要しないとされた図書及び明示することを要しないとされた事項については、この限りでない。

二　申請又は通知に係る建築物が施行規則第1条の3第10項の規定の適用を受ける場合にあっては、次に定めるところによること。

イ　検査済証の写しが添えられていることを確かめること。

ロ　施行規則第1条の3第10項（施行規則第3条の3第1項及び第8条の2第1項において準用する場合を含む。）に規定する直前の確認に要した図書及び書類並びに申請書等により申請又は通知に係る建築物が施行規則第1条の3第10項の規定の適用を受けることができるものであることを確かめること。この場合において、直前の確認に要した図書及び書類により令第81条第2項又は第3項に規定する基準に適合するかどうかを審査をすることを要しない。

三　認定型式の認定書の写し等が添えられたものにあっては、当該認定に係る建築物の部分又は工作物の部分の計画が認定型式に適合していることを確かめること。

四　認証型式部材等に係る認証書の写しが添えられたものにあっては、申請等に係る建築物等が有する認証型式部材等が当該認証型式部材等製造者により製造されるものであることを確かめること。

五　法第68条の25第1項（法第88条第1項において準用する場合を含む。以下同じ。）に規定する構造方法等の認定に係る認定書の写しが添えられているものにあっては、申請又は通知に係る建築物若しくはその部分、建築設備又は工作物若しくはその部分の計画が当該認定を受けた構造方法等によるものであることを確かめること。

六　法第38条（法第66条、法第67条の2及び法第88条第1項において準用する場合を含む。）の規定による認定に係る認定書の写しが添えられているものにあっては、申請又は通知に係る建築物若しくはその部分又は工作物若しくはその部分の計画が当該認定を受けた構造方法又は建築材料によるものであることを確かめること。

七　申請等に係る建築物等が、法第86条の7各項（これらの規定を法第87条第4項並びに法第88条第1項及び第2項において準用する場合を含む。この号において同じ。）の規定によりそれぞれ当該各項に規定する増築等をする建築物若しくは工作物又は移転をする建築物である場合にあっては、当該各項に規定する規定が適用されない旨が明示された図書により、申請等に係る建築物等が法第86条の7各項に規定する規定の適用を受けないものであることを確かめること。

八　法第86条の8第1項又は法第87条の2第1項に規定する認定に係る認定書及び添付図書の写しが添えられている場合にあっては、申請等に係る建築物等の計画が認定を受けた全体計画と同一のものであることを確かめること。

九　法第93条第4項に規定する場合以外の場合にあっては、同条第1項本文の規定により申請に係る建築物の工事施工地又は所在地を管轄する消防長（消防本部を置かない市町村にあっては、市町村長。）又は消防署長の同意を得ること。

十　申請等に係る建築物等が、法第39条第2項、第40条（法第88条第1項において準用する場合を含む。)、第43条第3項、第49条から第50条まで又は第68条の2第1項（法第88条第2項において準用する場合を含む。）若しくは第68条の9第1項の規定に基づく条例（法第87条第2項又は第3項においてこれらの規定に基づく条例の規定を準用する場合を含む。）又は第68条の9第2項の規定に基づく条例の規定の適用を受ける建築物、建築設備又は工作物である場合にあっては、第一号の規定によるほか、施行規則第1条の3第7項、第2条の2第4項又は第3条第6項（これらの規定を施行規則第8条の2第1項、第5項又は第6項において準用する場合を含む。）の規定に基づき特定行政庁が申請書に添えるべき図書として規則で定める図書に記載すべきものとされる事項が記載された図書により当該条例の規定に適合しているかどうかを審査すること。

4　構造計算の確認審査は、次の各号に定めるところによるものとする。

一　申請又は通知に係る建築物の安全性を確かめるために行った構造計算の種類が、当該建築物の構造又は規模に照らして法第20条第1項の規定又は令第137条の2各号に掲げる範囲に応じ、それぞれ当該各号に定める基準に適合していることを確かめること。

二　申請又は通知に係る建築物の安全性を確かめるために行った構造計算の種類が、証明書の写しの記載事項と整合していることを確かめること。ただし、当該建築物が建築士法第20条の2の規定の適用を受ける場合にあっては、この限りでない。

三　次のイからニまでに掲げる構造計算の区分に応じ、それぞれ当該イからニまでに定めるところにより審査を行うこと。

イ　法第20条第1項第一号の規定に基づき令第81条第1項に規定する基準に従った構造計算　申請又は通知に係る建築物の計画が、同号の規定に基づく国土交通大臣の認定に係る認定書の写しにより、当該認定を受けた構造方法によるものであることを確かめ、かつ、構造図その他の申請書又は通知書に添えられた図書及び書類の記載事項と整合していることを確かめること。

ロ　令第81条第2項に規定する基準に従った構造計算で国土交通大臣が定めた方法によるもの　次に定めるところにより行うこと。

(1)　法第6条の3第7項に規定する適合判定通知書又はその写し並びに施行規則第3条の12に規定する図書及び書類（以下「適合判定通知書等」という。）の提出を受ける前においては、次に定めるところによること。

(i)申請書等により、別表(い)欄に掲げる建築物の区分に応じ、同表(ろ)欄に掲げる図書に基づき、同表(は)欄に掲げる審査すべき事項について審査すること。ただし、施行規則第1条の3第1項第一号ロ(2)（施行規則第3条の3第1項又は施行規則第8条の2第1項において準用する場合を含む。）の規定に基づく国土交通大臣の認定に係る認定書の写しが添えられたものにあっては、申請又は通知に係る建築物又はその部分の計画が当該認定を受けた建築物又はその部分に適合することを確かめるとともに、当該認定の際に国土交通大臣が指定した構造計算の計算書により審査すること。

(ii)都道府県知事又は指定構造計算適合性判定機関（以下「都道府県知事等」という。）から施行規則第3条の8（施行規則第3条の10又は第8条の2第8項において準用する場合を含む。(2)(iii)において同じ。）の規定により留意すべき事項が通知された場合にあっては、当該事項の内容を確かめ、これに留意して審査し、及び当該通知をした都道府県知事等に対して、遅滞なく、当該事項に対する回答をすること。

(iii)申請又は通知に係る建築物の計画について都道府県知事等が別表(に)欄に掲げる判定すべき事項の審査を行うに当たって留意すべき事項があると認めるときは、施行規則第1条の4（施行規則第3条の3第1項又は第8条の2第2項において準用する場合を含む。）の規定により、当該計画について構造計算適合性判定の申請を受けた都道府県知事等に対し、当該事項の内容を通知すること。

(iv)都道府県知事等から第2第2項第七号の規定による照会があった場合においては、当該照会をした都道府県知事等に対して、当該照会に対する回答をすること。

(2)　適合判定通知書等の提出を受けた後においては、次に定めるところによること。

(i)申請書等と適合判定通知書等の記載事項が相互に整合していることを確かめること。

(ii)申請書等並びに第2第4項第二号に規定する意見に関する記録及び同項第五号ロに規定する追加説明書により、別表(い)欄に掲げる建築物の区分に応じ、同表(ろ)欄に掲げる図書に基づき、同表(は)欄に掲げる審査すべき事項について審査すること。

(iii)都道府県知事等から施行規則第3条の8の規定により留意すべき事項が通知された場合にあっては、当該事項の内容を確かめ、これに留意して審査すること。

(iv)申請又は通知に係る建築物の確認審査の公正かつ適確な実施を確保するため必要があると認めるときは、適合判定通知書を交付した都道府県知事等に照会すること。

ハ　令第81条第2項又は第3項に規定する基準に従った構造計算で国土交通大臣の認定を受けたプログラムによるもの　ロに定めるところにより行うこと。この場合において、国土交通大臣の認定を受けたプログラムの当該認定に係る認定書の写しの内容を確かめるとともに、申請又は通知の際に施行規則第1条の3第1項第一号ロ(2)ただし書（施行規則第3条の3第1項又は施行規則第8条の2第1項において準用する場合を含む。）に規定する磁気ディスク等（第2第3項第三号ロにおいて単に「磁気ディスク等」という。）の提出があったときは、別表(は)欄に掲げる審査すべき事項のうち、国土交通大臣によるプログラムの認定に当たり国土交通大臣が指定した図書以外の図書に係る審査すべき事項については、その審査を省略することができるものとする。

ニ　令第81条第3項に規定する基準に従った構造計算で国土交通大臣が定めた方法によるもの　ロ(1)(i)に定めるところによること。

5　前3項の規定によるほか、確認審査の公正かつ適確な実施を確保するため、次の各号に定める措置を行うものとする。

一　前3項の審査において、申請等に係る建築物等の計画が建築基準関係規定に適合することを確認したときは、当該計画に係る申請者又は通知をした国の機関の長等（以下この項において「申請者等」という。）に法第6条第4項、法第6条の2第1項又は法第18条第3項に規定する確認済証を交付すること。

二　前3項の審査において、申請等に係る建築物等の計画が建築基準関係規定に適合しないことを認めたときは、法第6条第7項、法第6条の2第4項又は法第18条第14項（これらの規定を法第87条第1項、法第87条の4又は法第88条第1項若しくは第2項において準用する場合を含む。次号において同じ。）の規定に基づき、当該計画に係る申請者等に当該計画が建築基準関係規定に適合しない旨及びその理由を記載した通知書を交付すること。

三　前3項の審査において、申請等に係る建築物等の計画が建築基準関係規定に適合するかどうかを決定することができない場合であって、次のイ又はロのいずれかに掲げるときは、それぞれイ又はロに定めるところによることとし、法第6条第7項、法第6条の2第4項又は法第18条第14項に規定する正当な理由があるときは、これらの項の規定に基づき、当該計画に係る申請者等に当該計画が建築基準関係規定に適合するかどうかを決定することができない旨及びその理由を記載した通知書を交付すること。

イ　申請書等に不備（申請者等が記載しようとした事項が合理的に推測されるものに限る。）がある場合　申請者等に対して相当の期限を定めて申請書等の補正を書面又は電磁的方法（電子情報処理組織を使用する方法その他の情報通信の技術を利用する方法をいう。以下同じ。）により求めること。この場合において、補正が行われたときは、補正された申請書等について前3項の規定による審査を行うこと。

ロ　申請書等の記載事項に不明確な点がある場合　申請者等に対して相当の期限を定めて当該不明確な点を説明するための書類（以下この号において「追加説明書」という。）の提出を書面又は電磁的方法により求めること。この場合において、追加説明書が提出されたときは、当該追加説明書を申請書等の一部として前3項の規定による審査を行うこと。

四　確認審査を行っている期間中において申請者等が申請等に係る建築物等の計画を変更しようとするときは、当該確認審査に係る申請書等の差替え又は訂正は認めないこと。

第2　構造計算適合性判定に関する指針

構造計算適合性判定は、次の各項に定めるところにより行うものとする。

2　法第6条の3第1項（法第18条の2第4項の規定により読み替えて適用される場合を含む。）の規定による構造計算適合性判定の申請書の提出又は法第18条第4項（法第18条の2第4項の規定により読み替えて適用される場合を含む。）の規定による通知を受けたときの審査は、次の各号に定めるところによるものとする。

一　施行規則第3条の7（施行規則第3条の10又は施行規則第8条の2第7項において準用する場合を含む。以下同じ。）に規定する申請書又は通知書の正本1通及び副本1通並びにこれらに添えた図書及び書類（第4項において「申請書等」という。）の記載事項が相互に整合していることを確かめること。

二　申請又は通知に係る建築物が、建築士法第3条第1項、第3条の2第1項若しくは第3条の3第1項に規定する建築物又は同法第3条の2第3項の規定に基づく条例に規定する建築物である場合にあっては、施行規則別記第18号の2様式による申請書の第2面及び施行規則別記第3号様式による建築計画概要書の第1面又は施行規則別記第42号の12の2様式による通知書の第2面に記載された設計者が同法第3条第1項、第3条の2第1項若しくは第3条の3第1項に規定する建築士又は同法第3条の2第3項の規定に基づく条例に規定する建築士であることを次に掲げる方法のいずれかにより確かめること。

イ　建築士名簿により確かめる方法

ロ　当該計画に係る申請者又は通知をした国の機関の長等（以下この項及び第4項において「申請者等」という。）に対し、建築士免許証等の提示を求め、当該建築士免許証等により確かめる方法

三　申請又は通知に係る建築物が建築士法第20条の2の規定の適用を受ける場合にあっては、施行規則別記第18号の2様式による申請書の第2面及び施行規則別記第3号様式による建築計画概要書の第1面又は施行規則別記第42号の12の2様式による通知書の第2面に記載された構造設計一級建築士である旨の表示をした者が、建築士法第10条の2の2第4項に規定する構造設計一級建築士であることを次に掲げる方法のいずれかにより確かめること。

イ　一級建築士名簿により確かめる方法

ロ　申請者等に対し建築士法第10条の2の2第1項に規定する構造設計一級建築士証（同法第10条の4第1項の規定により中央指定登録機関が交付するものを含む。）の提示を求め、当該構造設計一級建築士証により確かめる方法

四　申請書又は通知書の正本に添えられた図書に当該図書の設計者の氏名が記載されていることを確かめること。

五　申請又は通知に係る建築物が建築士により構造計算によってその安全性を確かめられたものである場合（建築士法第20条の2の規定の適用を受ける場合を除く。）にあっては、次に定めるところによること。

イ　証明書の写しが添えられていることを確かめること。

ロ　証明書の写し及び構造計算書に構造計算の種類が記載されていることを確かめ、当該建築物の計画が構造計算適合性判定を要するものであるかどうかを判断すること。

六　申請又は通知に係る建築物が建築士法第20条の2の規定の適用を受ける場合にあっては、構造計算書に構造計算の種類が記載されていることを確かめ、当該建築物の計画が構造計算適合性判定を要するものであるかどうかを判断すること。

七　前2号の審査において、当該建築物の計画が構造計算適合性判定を要するものであるかどうかを判断することができないときは、当該建築物について法第6条第4項又は法第18条第3項に規定する審査をする権限を有する建築主事に照会すること。

3　構造計算適合性判定のための審査は、次の各号に定めるところによるものとする。

一　申請又は通知に係る建築物の安全性を確かめるために行った構造計算の種類が、当該建築物の構造又は規模に照らして建築基準法第20条第1項の規定又は令第137条の2各号に掲げる範囲に応じ、それぞれ当該各号に定める基準に適合していることを確かめること。

二　申請又は通知に係る建築物の安全性を確かめるために行った構造計算の種類が、証明書の写しの記載事項と整合していることを確かめること。ただし、当該建築物が建築士法第20条の2の規定の適用を受ける場合にあっては、この限りではない。

三　次に掲げる構造計算の区分に応じ、それぞれ次に定めるところにより審査を行うこと。

イ　令第81条第2項に規定する基準に従った構造計算で国土交通大臣が定めた方法によるもの　次に定めるところにより行うこと。

(1)　申請書等により、別表(い)欄に掲げる建築物の区分に応じ、同表(ろ)欄に掲げる図書に基づき、同表(に)欄に掲げる判定すべき事項について審査すること。

(2) 建築主事又は指定確認検査機関（以下「建築主事等」という。）から施行規則第 1 条の 4（施行規則第 3 条の 3 又は施行規則第 8 条の 2 第 2 項において準用する場合を含む。）の規定により留意すべき事項が通知された場合にあっては、当該事項の内容を確かめ、これに留意して審査し、及び当該通知をした建築主事等に対して、遅滞なく、当該事項に対する回答をすること。

(3) 申請又は通知に係る建築物の計画について建築主事等が別表(は)欄に掲げる審査すべき事項の審査を行うに当たって留意すべき事項があると認めるときは、施行規則第 3 条の 8（施行規則第 3 条の 10 又は施行規則第 8 条の 2 第 8 項において準用する場合を含む。）の規定により、当該計画について確認の申請を受けた建築主事等に対し、当該事項の内容を通知すること。

ロ 令第 81 条第 2 項又は第 3 項に規定する基準に従った構造計算で国土交通大臣の認定を受けたプログラムによるもの　イ及び次に定めるところにより行うこと。この場合において、国土交通大臣の認定を受けたプログラムの当該認定に係る認定書の写しの内容を確かめるとともに、申請又は通知の際に磁気ディスク等の提出があったときは、別表(に)欄に掲げる判定すべき事項のうち、国土交通大臣によるプログラムの認定に当たり国土交通大臣が指定した図書以外の図書に係る判定すべき事項については、その審査を省略できるものとする。

(1) 構造計算適合性判定に係る建築物の構造の種別、規模その他の条件が国土交通大臣の認定を受けたプログラムの使用条件に適合することを確かめること。

(2) 構造計算適合性判定に係る建築物の設計者が用いた国土交通大臣の認定を受けたプログラムと同一のものを用いて磁気ディスク等に記録された構造設計の条件に係る情報により構造計算を行い、当該構造計算の結果が申請書又は通知書に添えられた構造計算書に記載された構造計算の結果と一致することを確かめること。

(3) 申請書又は通知書に添えられた構造計算書に国土交通大臣の認定を受けたプログラムによる構造計算の過程について注意を喚起する表示がある場合にあっては、当該注意を喚起する表示に対する検証が適切に行われていることを確かめること。

4 前 2 項の規定によるほか、構造計算適合性判定の公正かつ適確な実施を確保するため、次の各号に定める措置を行うものとする。

一 前 2 項の審査において、都道府県知事にあっては構造計算適合性判定のための審査を行う委員会の設置その他の適切な実施体制によって、指定構造計算適合性判定機関にあっては原則として 2 名以上の構造計算適合性判定員（法第 77 条の 35 の 9 第 1 項の構造計算適合性判定員をいう。）によって、審査を行うこと。

二 前 2 項の審査において、法第 6 条の 3 第 3 項又は法第 18 条第 6 項（これらの規定を法第 18 条の 2 第 4 項の規定により読み替えて適用する場合を含む。）の規定により意見を聴いたときは、当該意見に関する記録を施行規則第 3 条の 7 第 1 項第一号ロ(1)及び(2)に定める図書及び書類の一部として前 2 項の規定による審査を行うこと。

三 前 2 項の審査において、申請又は通知に係る建築物の計画が特定構造計算基準又は特定増改築構造計算基準に適合するものであると判定したときは、法第 6 条の 3 第 4 項又は法第 18 条第 7 項（これらの規定を法第 18 条の 2 第 4 項の規定により読み替えて適用する場合を含む。次号において同じ。）の規定に基づき、申請者等に適合判定通知書を交付すること。

四 前 2 項の審査において、申請又は通知に係る建築物の計画が特定構造計算基準又は特定増改築構造計算基準に適合しないものであると判定したときは、法第 6 条の 3 第 4 項又は法第 18 条第 7 項の規定に基づき、当該計画に係る申請者等に当該計画が特定構造計算基準又は特定増改築構造計算基準に適合しない旨及びその理由を記載した通知書を交付すること。

五 前 2 項の審査において、申請又は通知に係る建築物の計画が特定構造計算基準又は特定増改築構造計算基準に適合するかどうかを決定することができない場合であって、次のイ又はロのいずれかに掲げるときは、それぞれイ又はロに定めるところによることとし、法第 6 条の 3 第 6 項又は法第 18 条第 9 項（これらの規定を法第 18 条の 2 第 4 項の規定により読み替えて適用する場合を含む。）に規定する正当な理由があるときは、これらの項の規定に基づき、当該計画に係る申請者等に当該計画が特定構造計算基準又は特定増改築構造計算基準に適合するかどうかを決定することができない旨及びその理由を記載した通知書を交付すること。

イ　申請書等に不備（申請者等が記載しようとした事項が合理的に推測されるものに限る。）がある場合　申請者等に対して相当の期限を定めて申請書等の補正を書面又は電磁的方法により求めること。この場合において、補正が行われたときは、補正された申請書等について前２項の規定による審査を行うこと。

ロ　申請書等の記載事項に不明確な点がある場合　申請者等に対して相当の期限を定めて当該不明確な点を説明するための書類（以下この号において「追加説明書」という。）の提出を書面又は電磁的方法により求めること。この場合において、追加説明書が提出されたときは、当該追加説明書を施行規則第３条の７第１項第一号ロ⑴及び⑵に定める図書及び書類の一部として前２項の規定による審査を行うこと。

六　構造計算適合性判定を行っている期間中において申請者等が構造計算適合性判定の申請又は通知に係る建築物の計画を変更しようとするときは、当該構造計算適合性判定に係る申請書等の差替え又は訂正は認めないこと。

七　建築主事等から第１第４項第三号ロ⑵(iv)の規定による照会があったときは、当該照会をした建築主事等に対して、遅滞なく、当該照会に対する回答をすること。

第３　完了検査に関する指針

法第７条第４項、法第７条の２第１項及び法第18条第17項（これらの規定を法第87条の４並びに法第88条第１項及び第２項において準用する場合を含む。以下同じ。）の規定による検査（以下「完了検査」という。）は、次の各項に定めるところにより行うものとする。

2　法第７条第１項（法第87条の４又は法第88条第１項若しくは第２項において準用する場合を含む。）若しくは法第７条の２第１項の規定による完了検査の申請書の提出又は法第18条第16項（法第87条の４又は法第88条第１項若しくは第２項において準用する場合を含む。）の規定による通知を受けたときの審査は、次の各号に定めるところによるものとする。

一　施行規則第４条第１項（施行規則第４条の４の２又は施行規則第８条の２第13項において準用する場合を含む。）に規定する申請書又は通知書並びにこれに添えた図書及び書類の記載事項が相互に整合していることを確かめること。

二　申請又は通知に係る建築物が、建築士法第３条第１項、第３条の２第１項若しくは第３条の３第１項に規定する建築物又は同法第３条の２第３項の規定に基づく条例に規定する建築物である場合で直前の確認又は中間検査の申請の日以降に設計者又は工事監理者に変更があったときは、施行規則別記第19号様式による申請書の第２面又は施行規則別記第42号の13様式による通知書の第２面に記載された設計者及び工事監理者が、それぞれ同法第３条第１項、第３条の２第１項若しくは第３条の３第１項に規定する建築士又は同法第３条の２第３項の規定に基づく条例に規定する建築士であることを次に掲げる方法のいずれかにより確かめること。

イ　建築士名簿により確かめる方法

ロ　当該建築物に係る申請者又は通知をした国の機関の長等に対し建築士免許証等の提示を求め、当該建築士免許証等により確かめる方法

三　施行規則別記第19号様式による申請書の第３面又は施行規則別記第42号の13様式による通知書の第３面に確認以降の軽微な変更の概要が記載されている場合にあっては、施行規則第４条第１項第五号（施行規則第４条の４の２又は施行規則第８条の２第13項において準用する場合を含む。）に規定する書類（以下第３において「軽微な変更説明書」という。）が添えられていることを確かめること。

3　申請又は通知に係る建築物、建築設備又は工作物（以下第３において「申請等に係る建築物等」という。）が、建築基準関係規定に適合しているかどうかの検査は、次の各号に定めるところによるものとする。

一　軽微な変更説明書が添えられている場合にあっては、当該書類の内容が施行規則第３条の２に規定する軽微な変更（以下単に「軽微な変更」という。）に該当するかどうかを確かめること。

二　施行規則別記第19号様式による申請書の第４面又は施行規則別記第42号の13様式による通知書の第４面に記載された工事監理の状況、施行規則第４条第１項第二号（施行規則第４条の４の２又は施行規則第８条の２第13項において準用する場合を含む。）に規定する写真及び施行規則第４条第１項第六号（施行規則第４条の４の２又は施行規則第８条の２第13項において準用する場合を含む。）の書類による検査並びに目視、簡易な計測機器等による測定又は建築物の部分の動作確認

その他の方法により、申請等に係る建築物等の工事が、施行規則第4条第1項第一号（施行規則第4条の4の2又は施行規則第8条の2第13項において準用する場合を含む。）及び施行規則第4条第1項第四号（施行規則第4条の4の2又は施行規則第8条の2第13項において準用する場合を含む。）に規定する図書及び書類（次項第三号において「確認等に要した図書及び書類」という。）のとおり実施されたものであるかどうかを確かめること。

4　前2項の規定によるほか、完了検査の公正かつ適確な実施を確保するため、次の各号に定める措置を行うものとする。

一　第2項の審査及び前項の検査において、申請等に係る建築物等が建築基準関係規定に適合することを認めたときは、当該建築物等に係る申請者又は通知をした国の機関の長等（以下この項において「申請者等」という。）に法第7条第5項、法第7条の2第5項又は法第18条第18項（これらの規定を法第87条の4又は法第88条第1項若しくは第2項において準用する場合を含む。）に規定する検査済証を交付すること。

二　第2項の審査及び前項の検査において、申請等に係る建築物等が建築基準関係規定に適合しないことを認めたときは、施行規則第4条の3の2（施行規則第8条の2第15項において準用する場合を含む。次号において同じ。）又は施行規則第4条の5の2の規定に基づき、申請者等に検査済証を交付できない旨及びその理由を記載した通知書（次号において「検査済証を交付できない旨の通知書」という。）を交付すること。

三　第2項の審査及び前項の検査において、軽微な変更説明書の内容が軽微な変更に該当しないとき、申請等に係る建築物等の工事が確認等に要した図書及び書類のとおりに実施されたものであるかどうかを確かめることができないときその他申請等に係る建築物等が建築基準関係規定に適合するかどうかを認めることができないときは、施行規則第4条の3の2又は施行規則第4条の5の2の規定に基づき、申請者等に検査済証を交付できない旨の通知書を交付し、検査済証を交付できない旨の通知書の備考欄に次に掲げる事項を記載するとともに、申請者等に対して相当の期限を定めて申請等に係る建築物等が建築基準関係規定に適合することを説明するための書類（以下この号において「追加説明書」という。）の提出を求めること。この場合において、追加説明書が提出されたときは、当該追加説明書を申請書等の一部として第2項の規定による審査又は前項の規定による検査を行うこと。

イ　追加説明書の提出を求める旨

ロ　追加説明書の提出期限

第4　中間検査に関する指針

法第7条の3第4項、法第7条の4第1項及び法第18条第20項（これらの規定を法第87条の4及び法第88条第1項において準用する場合を含む。以下同じ。）の規定による検査（以下「中間検査」という。）は、次の各項に定めるところにより行うものとする。

2　法第7条の3第1項（法第87条の4又は法第88条第1項において準用する場合を含む。）若しくは法第7条の4第1項の規定による中間検査の申請書の提出又は法第18条第19項（法第87条の4又は法第88条第1項において準用する場合を含む。）の規定による通知を受けたときの審査は、次の各号に定めるところによるものとする。

一　施行規則第4条の8第1項（施行規則第4条の11の2又は施行規則第8条の2第17項において準用する場合を含む。）に規定する申請書又は通知書並びにこれに添えた図書及び書類の記載事項が相互に整合していることを確かめること。

二　申請又は通知に係る建築物が、建築士法第3条第1項、第3条の2第1項若しくは第3条の3第1項に規定する建築物又は同法第3条の2第3項の規定に基づく条例に規定する建築物である場合で直前の確認又は中間検査の申請の日以降に設計者又は工事監理者に変更があったときは、施行規則別記第26号様式による申請書の第2面又は施行規則別記第42号の17様式による通知書の第2面に記載された設計者及び工事監理者が、それぞれ同法第3条第1項、第3条の2第1項若しくは第3条の3第1項に規定する建築士又は同法第3条の2第3項の規定に基づく条例に規定する建築士であることを次に掲げる方法のいずれかにより確かめること。

イ　建築士名簿により確かめる方法

ロ　当該建築物に係る申請者又は通知をした国の機関の長等に対し建築士免許証等の提示を求め、

当該建築士免許証等により確かめる方法

三　施行規則別記第26号様式による申請書の第3面又は施行規則別記第42号の17様式による通知書の第3面の確認以降の軽微な変更の概要が記載されている場合にあっては、施行規則第4条の8第1項第三号（施行規則第4条の11の2又は施行規則第8条の2第17項において準用する場合を含む。）に規定する書類（以下第4において「軽微な変更説明書」という。）が添えられていることを確かめること。

3　申請又は通知に係る建築物、建築設備又は工作物（以下第4において「申請等に係る建築物等」という。）について、検査前に施工された工事に係る建築物の部分、建築設備又は工作物の部分及びその敷地（第二号及び第4項第三号において「検査前に施工された工事に係る建築物の部分等」という。）が、建築基準関係規定に適合しているかどうかの検査は、次の各号に定めるところによるものとする。

一　軽微な変更説明書が添えられている場合にあっては、当該書類の内容が施行規則第3条の2に規定する軽微な変更に該当するかどうかを確かめること。

二　施行規則別記第26号様式による申請書の第4面又は施行規則別記第42号の17様式による通知書の第4面に記載された工事監理の状況、施行規則第4条の8第1項第二号（施行規則第4条の11の2又は施行規則第8条の2第17項において準用する場合を含む。）に規定する写真及び施行規則第4条の8第1項第四号（施行規則第4条の11の2又は施行規則第8条の2第17項において準用する場合を含む。）の書類による検査並びに目視、簡易な計測機器等による測定又は建築物の部分の動作確認その他の方法により、検査前に施工された工事に係る建築物の部分等の工事が、施行規則第4条の8第1項第一号（施行規則第4条の11の2又は施行規則第8条の2第17項において準用する場合を含む。）に規定する図書及び書類（次項第三号において「確認に要した図書及び書類」という。）のとおり実施されたものであるかどうかを確かめること。

4　前2項の規定によるほか、中間検査の公正かつ適確な実施を確保するため、次の各号に定める措置を行うものとする。

一　第2項の審査及び前項の検査において、申請等に係る建築物等が建築基準関係規定に適合することを認めた場合は、当該建築物等に係る申請者又は通知をした国の機関の長等（以下この項において「申請者等」という。）に法第7条の3第5項、法第7条の4第3項又は法第18条第22項（これらの規定を法第87条の4又は法第88条第1項において準用する場合を含む。）に規定する中間検査合格証を交付すること。

二　第2項の審査及び前項の検査において、申請等に係る建築物等が建築基準関係規定に適合しないことを認めたときは、施行規則第4条の9（施行規則第8条の2第18項において準用する場合を含む。次号において同じ。）又は施行規則第4条の12の2の規定に基づき、申請者等に中間検査合格証を交付できない旨及びその理由を記載した通知書（次号において「中間検査合格証を交付できない旨の通知書」という。）を交付すること。

三　第2項の審査及び前項の検査において、軽微な変更説明書の内容が軽微な変更に該当しないとき、検査前に施工された工事に係る建築物の部分等の工事が確認に要した図書及び書類のとおりに実施されたものであるかどうかを確かめることができないときその他当該申請等に係る建築物等が建築基準関係規定に適合するかどうかを認めることができないときは、施行規則第4条の9又は施行規則第4条の12の2の規定に基づき、申請者等に中間検査合格証を交付できない旨の通知書を交付すること。この場合において、中間検査合格証を交付できない旨の通知書の備考欄に、申請等に係る建築物等の計画を変更し、法第6条第1項、法第6条の2第1項又は法第18条第3項の規定による確認を受ける必要があると認められる場合にあっては、その旨を記載すること。

別表

	(い)		(ろ)	(は)	(に)
	区分		図書の種類	審査すべき事項	判定すべき事項
(1)	令第81条第2項第一号イに規定する保有水平耐力計算により安全性を確かめた建築物	共通事項	各階平面図、2面以上の立面図、2面以上の断面図、基礎伏図、各階床伏図、小屋伏図、2面以上の軸組図及び構造詳細図	構造耐力上主要な部分である部材（接合部を含む。）の位置、形状、寸法及び材料の種別並びに開口部の位置、形状及び寸法が明記されており、それらが記載された図書相互において整合していること。	
				構造計算においてその影響を考慮した非構造部材の位置、形状、寸法及び材料の種別が明記されており、それらが記載された図書相互において整合していること。	
			構造計算チェックリスト	プログラムによる構造計算を行う場合において、申請に係る建築物が、当該プログラムによる構造計算によって安全性を確かめることのできる建築物の構造の種別、規模その他のプログラムの使用条件に適合するかどうかを照合するための事項が明記されており、それらがプログラムの使用条件に適合していること。	プログラムによる構造計算を行う場合において、申請に係る建築物が、当該プログラムによる構造計算によって安全性を確かめることのできる建築物の構造の種別、規模その他のプログラムの使用条件に適合するかどうかを照合するための事項が明記されており、それらがプログラムの使用条件に適合していること。
			使用構造材料一覧表	構造耐力上主要な部分である部材（接合部を含む。）に使用されるすべての材料の種別（規格がある場合にあっては当該規格）及び使用部位が明記されており、それらが記載された構造詳細図その他の図書と整合していること。	
				使用する材料の許容応力度、許容耐力及び材料強度の数値及びそれらの算出方法が明記されており、それらが建築基準法令の規定に適合していること。	
				使用する指定建築材料が法第37条の規定に基づく国土交通大臣の認定を受けたものである場合にあっては、その使用位置、形状及び寸法、当該構造計算において用いた許容応力度及び材料強度の数値並びに認定番号が明記されており、当該認定において指定された条件に適合していること。	
			特別な調査又は研究の結果等説明書	法第68条の25の規定に基づく国土交通大臣の認定を受けた構造方法等その他特殊な構造方法等が使用されている場合にあっては、その認定番号、使用条件及び内容が明記されており、それらが適切であること。	法第68条の25の規定に基づく国土交通大臣の認定を受けた構造方法等その他特殊な構造方法等が使用されている場合にあっては、その認定番号、使用条件及び内容が明記されており、それらが適切であること。
				特別な調査又は研究の結果に基づき構造計算が行われている場合にあっては、その検討内容が明記されており、それらが適切であること。	特別な調査又は研究の結果に基づき構造計算が行われている場合にあっては、その検討内容が明記されており、それらが適切であること。

				構造計算の仮定及び計算結果の適切性に関する検討内容が明記されており、それらが適切であること。	構造計算の仮定及び計算結果の適切性に関する検討内容が明記されており、それらが適切であること。
				平成25年国土交通省告示第771号第3第4項第二号に定める構造方法が使用されている場合にあっては、その検討内容が明記されており、それらが適切であること。	平成25年国土交通省告示第771号第3第4項第二号に定める構造方法が使用されている場合にあっては、その検討内容が明記されており、それらが適切であること。
		令第82条各号関係	基礎・地盤説明書(施行規則第1条の3第1項の表3の(1)項の規定に基づき国土交通大臣があらかじめ適切であると認定した算出方法により基礎ぐいの許容支持力を算出する場合で当該認定に係る認定書の写しを添えた場合にあっては、当該算出方法に係る図書のうち国土交通大臣の指定したものを除く。)	地盤調査方法及びその結果が明記されていること。	地盤調査方法及びその結果が明記されていること。
				地層構成、支持地盤及び建築物（地下部分を含む。）の位置が明記されていること。	地層構成、支持地盤及び建築物（地下部分を含む。）の位置が明記されていること。
				地下水位が明記されていること（地階を有しない建築物に直接基礎を用いた場合を除く。）。	地下水位が明記されていること。（地階を有しない建築物に直接基礎を用いた場合を除く。）
				基礎の工法（地盤改良を含む。）の種別、位置、形状、寸法及び材料の種別が明記されており、それらが建築基準法令の規定に適合していること。	基礎の工法（地盤改良を含む。）の種別、位置、形状、寸法及び材料の種別が明記されており、それらが建築基準法令の規定に適合していること。
				構造計算において用いた支持層の位置、層の構成及び地盤調査の結果により設定した地盤の特性値が明記されており、それらが適切であること。	構造計算において用いた支持層の位置、層の構成及び地盤調査の結果により設定した地盤の特性値が明記されており、それらが適切であること。
				地盤の許容応力度並びに基礎及び基礎ぐいの許容支持力の数値及びそれらの算出方法が明記されており、それらが建築基準法令の規定に適合していること。	地盤の許容応力度並びに基礎及び基礎ぐいの許容支持力の数値及びそれらの算出方法が明記されており、それらが建築基準法令の規定に適合していること。
			略伏図	各階の構造耐力上主要な部分である部材の種別、配置及び寸法並びに開口部の位置が、基礎伏図、床伏図又は小屋伏図の記載事項と整合していること。	各階の構造耐力上主要な部分である部材の種別、配置及び寸法並びに開口部の位置が、基礎伏図、床伏図又は小屋伏図の記載事項と整合していること。
			略軸組図	すべての通りの構造耐力上主要な部分である部材の種別、配置及び寸法並びに開口部の位置が、軸組図の記載事項と整合していること。	すべての通りの構造耐力上主要な部分である部材の種別、配置及び寸法並びに開口部の位置が、軸組図の記載事項と整合していること。
			部材断面表	各階及びすべての通りの構造耐力上主要な部分である部材の断面の形状、寸法及び仕様が明記されていること。	
			荷重・外力計算書	固定荷重の数値及びその算出方法が明記されており、それらが建築基準法令の規定に適合していること。	固定荷重の数値及びその算出方法が明記されており、それらが建築基準法令の規定に適合していること。
				各階又は各部分の用途ごとに積載荷重の数値及びその算出方法が明記されており、それらが建築基準法令の規定に適合していること。	各階又は各部分の用途ごとに積載荷重の数値及びその算出方法が明記されており、それらが建築基準法令の規定に適合していること。

	各階又は各部分の用途ごとに大規模な設備、塔屋その他の特殊な荷重（以下この表において「特殊な荷重」という。）の数値及びその算出方法が明記されており、それらが適切に設定されていること。	各階又は各部分の用途ごとに特殊な荷重の数値及びその算出方法が明記されており、それらが適切に設定されていること。
	積雪荷重の数値及びその算出方法が明記されており、それらが建築基準法令の規定に適合していること。	積雪荷重の数値及びその算出方法が明記されており、それらが建築基準法令の規定に適合していること。
	風圧力の数値及びその算出方法が明記されており、それらが建築基準法令の規定に適合していること。	風圧力の数値及びその算出方法が明記されており、それらが建築基準法令の規定に適合していること。
	地震力の数値及びその算出方法が明記されており、それらが建築基準法令の規定に適合していること。	地震力の数値及びその算出方法が明記されており、それらが建築基準法令の規定に適合していること。
	土圧、水圧その他考慮すべき荷重及び外力の数値及びそれらの算出方法が明記されており、それらが建築基準法令の規定に適合していること。	土圧、水圧その他考慮すべき荷重及び外力の数値及びそれらの算出方法が明記されており、それらが建築基準法令の規定に適合していること。
	略伏図上に記載した特殊な荷重の分布が明記されており、異常値がないこと。	略伏図上に記載した特殊な荷重の分布が明記されており、異常値がないこと。
応力計算書（応力図及び基礎反力図を含む。）	構造耐力上主要な部分である部材に生ずる力の数値及びその算出方法が明記されており、それらが適切であること。	構造耐力上主要な部分である部材に生ずる力の数値及びその算出方法が明記されており、それらが適切であること。
	地震時（風圧力によって生ずる力が地震力によって生ずる力を上回る場合にあつては、暴風時）における柱が負担するせん断力及びその分担率並びに耐力壁又は筋かいが負担するせん断力及びその分担率が明記されており、それらが適切であること。	地震時（風圧力によって生ずる力が地震力によって生ずる力を上回る場合にあつては、暴風時）における柱が負担するせん断力及びその分担率並びに耐力壁又は筋かいが負担するせん断力及びその分担率が明記されており、それらが適切であること。
	平成 19 年国土交通省告示第 817 号別記第 3 号様式に定める応力図（以下この表において単に「応力図」という。）が明示されており、それらが適切であること。	応力図が明示されており、それらが適切であること。
	平成 19 年国土交通省告示第 817 号別記第 4 号様式に定める基礎反力図（以下この表において単に「基礎反力図」という。）が明示されており、それらが適切であること。	基礎反力図が明示されており、それらが適切であること。
断面計算書（断面検定比図を含む。）	断面計算書に記載されている応力と応力計算書に記載されている数値とが整合していること。	断面計算書に記載されている応力と応力計算書に記載されている数値とが整合していること。
	応力度が材料の許容応力度を超えていないこと。	応力度が材料の許容応力度を超えていないこと。
	断面計算書に記載されている構造耐力上主要な部分である部材の断面の形状、寸法及び鉄筋の配置と部材断面表の内容とが整合していること。	

				平成19年国土交通省告示第817号別記第5号様式に定める断面検定比図（以下この表において単に「断面検定比図」という。）が明示されており、それらが適切であること。	断面検定比図が明示されており、それらが適切であること。
			基礎ぐい等計算書	基礎ぐい、床版、小ばりその他の構造耐力上主要な部分である部材に関する構造計算が建築基準法令の規定に適合していること。	基礎ぐい、床版、小ばりその他の構造耐力上主要な部分である部材に関する構造計算が建築基準法令の規定に適合していること。
				基礎ぐい、床版、小ばりその他の構造耐力上主要な部分である部材に生ずる力が応力計算書において適切に反映されていること。	基礎ぐい、床版、小ばりその他の構造耐力上主要な部分である部材に生ずる力が応力計算書において適切に反映されていること。
			使用上の支障に関する計算書	はり又は床版に生ずるたわみが令第82条第四号の規定に適合していること。	
		令第82条の2関係	層間変形角計算書	層間変位の計算に用いる地震力と荷重・外力計算書で算出した地震力とが整合していること。	層間変位の計算に用いる地震力と荷重・外力計算書で算出した地震力とが整合していること。
				地震力によって各階に生ずる水平方向の層間変位の算出方法が明記されており、それらが適切であること。	地震力によって各階に生ずる水平方向の層間変位の算出方法が明記されており、それらが適切であること。
				各階及び各方向の層間変形角の算出方法が明記されており、それらが適切であること。	各階及び各方向の層間変形角の算出方法が明記されており、それらが適切であること。
			層間変形角計算結果一覧表	各階及び各方向の層間変形角が$\frac{1}{200}$以内であること。	各階及び各方向の層間変形角が$\frac{1}{200}$以内であること。
				損傷が生ずるおそれのないことについての検証内容が適切であること（層間変形角が$\frac{1}{200}$を超え$\frac{1}{120}$以内である場合に限る。）。	損傷が生ずるおそれのないことについての検証内容が適切であること（層間変形角が$\frac{1}{200}$を超え$\frac{1}{120}$以内である場合に限る。）。
		令第82条の3関係	保有水平耐力計算書	保有水平耐力計算に用いる地震力と荷重・外力計算書で算出した地震力とが整合していること。	保有水平耐力計算に用いる地震力と荷重・外力計算書で算出した地震力とが整合していること。
				各階及び各方向の保有水平耐力の算出方法が明記されており、それらが適切であること。	各階及び各方向の保有水平耐力の算出方法が明記されており、それらが適切であること。
				令第82条の3第二号に規定する各階の構造特性を表すDs（以下この表において「Ds」という。）の算出方法が明記されており、それらが適切であること。	各階のDsの算出方法が明記されており、それらが適切であること。
				令第82条の3第二号に規定する各階の形状特性を表すFes(以下この表において「Fes」という。）の算出方法が明記されており、それらが適切であること。	各階のFesの算出方法が明記されており、それらが適切であること。
				各階及び各方向の必要保有水平耐力の算出方法が明記されており、それらが適切であること。	各階及び各方向の必要保有水平耐力の算出方法が明記されており、それらが適切であること。

		構造耐力上主要な部分である柱、はり若しくは壁又はこれらの接合部について、局部座屈、せん断破壊等による構造耐力上支障のある急激な耐力の低下が生ずるおそれのないことについての検証内容が適切であること。	構造耐力上主要な部分である柱、はり若しくは壁又はこれらの接合部について、局部座屈、せん断破壊等による構造耐力上支障のある急激な耐力の低下が生ずるおそれのないことについての検証内容が適切であること。
	保有水平耐力計算結果一覧表	各階の保有水平耐力を増分解析により計算する場合における外力分布が明記されており、それらが適切であること。	各階の保有水平耐力を増分解析により計算する場合における外力分布が明記されており、それらが適切であること。
		架構の崩壊形が明記されており、それらが適切であること。	架構の崩壊形が明記されており、それらが適切であること。
		保有水平耐力、Ds、Fes 及び必要保有水平耐力の数値が明記されており、それらが建築基準法令の規定に適合していること。	保有水平耐力、Ds、Fes 及び必要保有水平耐力の数値が明記されており、それらが建築基準法令の規定に適合していること。
		各階及び各方向の Ds の算定時における構造耐力上主要な部分である部材に生ずる力の分布及び塑性ヒンジの発生状況が明記されており、それらが適切であること。	各階及び各方向の Ds の算定時における構造耐力上主要な部分である部材に生ずる力の分布及び塑性ヒンジの発生状況が明記されており、それらが適切であること。
		各階及び各方向の構造耐力上主要な部分である部材の部材群としての部材種別が明記されており、それらが適切であること。	各階及び各方向の構造耐力上主要な部分である部材の部材群としての部材種別が明記されており、それらが適切であること。
		各階及び各方向の保有水平耐力時における構造耐力上主要な部分である部材に生ずる力の分布及び塑性ヒンジの発生状況が明記されており、それらが適切であること。	各階及び各方向の保有水平耐力時における構造耐力上主要な部分である部材に生ずる力の分布及び塑性ヒンジの発生状況が明記されており、それらが適切であること。
		各階の保有水平耐力を増分解析により計算する場合において、建築物の各方向それぞれにおけるせん断力と層間変形角の関係が明記されており、それらが適切であること。	各階の保有水平耐力を増分解析により計算する場合において、建築物の各方向それぞれにおけるせん断力と層間変形角の関係が明記されており、それらが適切であること。
		保有水平耐力が必要保有水平耐力以上であること。	保有水平耐力が必要保有水平耐力以上であること。
令第82条の4関係	各階平面図、2以上の立面図、2以上の断面図及び小屋伏図	屋根ふき材、外装材及び屋外に面する帳壁の位置、形状及び寸法が明記されていること。	
	使用構造材料一覧表	屋根ふき材、外装材及び屋外に面する帳壁に使用されるすべての材料の種別（規格がある場合にあっては、当該規格）及び使用部位が明記されており、それらが記載された構造詳細図その他の図書と整合していること。	
		使用する材料の許容応力度、許容耐力及び材料強度の数値及びそれらの算出方法が明記されており、それらが建築基準法令の規定に適合していること。	

				使用する指定建築材料が法第37条の規定に基づく国土交通大臣の認定を受けたものである場合にあっては、その使用位置、形状及び寸法、当該構造計算において用いた許容応力度及び材料強度の数値並びに認定番号が明記されており、当該認定において指定された条件に適合していること。	
			荷重・外力計算書	風圧力の数値及びその算出方法が明記されており、それが建築基準法令の規定に適合していること。	風圧力の数値及びその算出方法が明記されており、それが建築基準法令の規定に適合していること。
			応力計算書	屋根ふき材及び屋外に面する帳壁に生ずる力の数値及びその算出方法が明記されており、それらが適切であること。	屋根ふき材及び屋外に面する帳壁に生ずる力の数値及びその算出方法が明記されており、それらが適切であること。
			屋根ふき材等計算書	屋根ふき材及び屋外に面する帳壁が令第82条の4の規定に適合していること。	屋根ふき材及び屋外に面する帳壁が令第82条の4の規定に適合していること。
(2)	令第81条第2項第一号ロに規定する限界耐力計算により安全性を確かめた建築物		各階平面図、2面以上の立面図、2面以上の断面図、基礎伏図、各階床伏図、小屋伏図、2面以上の軸組図及び構造詳細図	構造耐力上主要な部分である部材（接合部を含む。）の位置、形状、寸法及び材料の種別並びに開口部の位置、形状及び寸法が明記されており、それらが記載された図書相互において整合していること。	
				構造計算においてその影響を考慮した非構造部材の位置、形状、寸法及び材料の種別が明記されており、それらが記載された図書相互において整合していること。	
			構造計算チェックリスト	プログラムによる構造計算を行う場合において、申請に係る建築物が、当該プログラムによる構造計算によって安全性を確かめることのできる建築物の構造の種別、規模その他のプログラムの使用条件に適合するかどうかを照合するための事項が明記されており、それらがプログラムの使用条件に適合していること。	プログラムによる構造計算を行う場合において、申請に係る建築物が、当該プログラムによる構造計算によって安全性を確かめることのできる建築物の構造の種別、規模その他のプログラムの使用条件に適合するかどうかを照合するための事項が明記されており、それらがプログラムの使用条件に適合していること。
			使用構造材料一覧表	構造耐力上主要な部分である部材（接合部を含む。）に使用されるすべての材料の種別（規格がある場合にあっては当該規格）及び使用部位が明記されており、それらが記載された構造詳細図その他の図書と整合していること。	
				使用する材料の許容応力度、許容耐力及び材料強度の数値及びそれらの算出方法が明記されており、それらが建築基準法令の規定に適合していること。	
				使用する指定建築材料が法第37条の規定に基づく国土交通大臣の認定を受けたものである場合にあっては、その使用位置、形状及び寸法、当該構造計算	

	において用いた許容応力度及び材料強度の数値並びに認定番号が明記されており、当該認定において指定された条件に適合していること。	
特別な調査又は研究の結果等説明書	法第68条の25の規定に基づく国土交通大臣の認定を受けた構造方法等その他特殊な構造方法等が使用されている場合にあっては、その認定番号、使用条件及び内容が明記されており、それらが適切であること。	法第68条の25の規定に基づく国土交通大臣の認定を受けた構造方法等その他特殊な構造方法等が使用されている場合にあっては、その認定番号、使用条件及び内容が明記されており、それらが適切であること。
	特別な調査又は研究の結果に基づき構造計算が行われている場合にあっては、その検討内容が明記されており、それらが適切であること。	特別な調査又は研究の結果に基づき構造計算が行われている場合にあっては、その検討内容が明記されており、それらが適切であること。
	構造計算の仮定及び計算結果の適切性に関する検討内容が明記されており、それらが適切であること。	構造計算の仮定及び計算結果の適切性に関する検討内容が明記されており、それらが適切であること。
基礎・地盤説明書(施行規則第1条の3第1項の表3の(2)項の規定に基づき国土交通大臣があらかじめ適切であると認定した算出方法により基礎ぐいの許容支持力を算出する場合で当該認定に係る認定書の写しを添えた場合にあっては、当該算出方法に係る図書のうち国土交通大臣の指定したものを除く。)	地盤調査方法及びその結果が明記されていること。	地盤調査方法及びその結果が明記されていること。
	地層構成、支持地盤及び建築物（地下部分を含む。）の位置が明記されていること。	地層構成、支持地盤及び建築物（地下部分を含む。）の位置が明記されていること。
	地下水位が明記されていること（地階を有しない建築物に直接基礎を用いた場合を除く。)。	地下水位が明記されていること。(地階を有しない建築物に直接基礎を用いた場合を除く。)
	基礎の工法(地盤改良を含む。)の種別、位置、形状、寸法及び材料の種別が明記されており、それらが建築基準法令の規定に適合していること。	基礎の工法(地盤改良を含む。)の種別、位置、形状、寸法及び材料の種別が明記されており、それらが建築基準法令の規定に適合していること。
	構造計算において用いた支持層の位置、層の構成及び地盤調査の結果により設定した地盤の特性値が明記されており、それらが適切であること。	構造計算において用いた支持層の位置、層の構成及び地盤調査の結果により設定した地盤の特性値が明記されており、それらが適切であること。
	地盤の許容応力度並びに基礎及び基礎ぐいの許容支持力の数値及びそれらの算出方法が明記されており、それらが建築基準法令の規定に適合していること。	地盤の許容応力度並びに基礎及び基礎ぐいの許容支持力の数値及びそれらの算出方法が明記されており、それらが建築基準法令の規定に適合していること。
略伏図	各階の構造耐力上主要な部分である部材の種別、配置及び寸法並びに開口部の位置が、基礎伏図、床伏図又は小屋伏図の記載事項と整合していること。	各階の構造耐力上主要な部分である部材の種別、配置及び寸法並びに開口部の位置が、基礎伏図、床伏図又は小屋伏図の記載事項と整合していること。
略軸組図	すべての通りの構造耐力上主要な部分である部材の種別、配置及び寸法並びに開口部の位置が、軸組図の記載事項と整合していること。	すべての通りの構造耐力上主要な部分である部材の種別、配置及び寸法並びに開口部の位置が、軸組図の記載事項と整合していること。

		部材断面表	各階及びすべての通りの構造耐力上主要な部分である部材の断面の形状、寸法及び仕様が明記されていること。	
		荷重・外力計算書	固定荷重の数値及びその算出方法が明記されており、それらが建築基準法令の規定に適合していること。	固定荷重の数値及びその算出方法が明記されており、それらが建築基準法令の規定に適合していること。
			各階又は各部分の用途ごとに積載荷重の数値及びその算出方法が明記されており、それらが建築基準法令の規定に適合していること。	各階又は各部分の用途ごとに積載荷重の数値及びその算出方法が明記されており、それらが建築基準法令の規定に適合していること。
			各階又は各部分の用途ごとに特殊な荷重の数値及びその算出方法が明記されており、それらが適切に設定されていること。	各階又は各部分の用途ごとに特殊な荷重の数値及びその算出方法が明記されており、それらが適切に設定されていること。
			積雪荷重の数値及びその算出方法が明記されており、それらが建築基準法令の規定に適合していること。	積雪荷重の数値及びその算出方法が明記されており、それらが建築基準法令の規定に適合していること。
			風圧力の数値及びその算出方法が明記されており、それらが建築基準法令の規定に適合していること。	風圧力の数値及びその算出方法が明記されており、それらが建築基準法令の規定に適合していること。
			地震力（令第82条の5第三号ハに係る部分）の数値及びその算出方法が明記されており、それらが建築基準法令の規定に適合していること。	地震力（令第82条の5第三号ハに係る部分）の数値及びその算出方法が明記されており、それらが建築基準法令の規定に適合していること。
			地震力（令第82条の5第五号ハに係る部分）の数値及びその算出方法が明記されており、それらが建築基準法令の規定に適合していること。	地震力（令第82条の5第五号ハに係る部分）の数値及びその算出方法が明記されており、それらが建築基準法令の規定に適合していること。
			土圧、水圧その他考慮すべき荷重及び外力の数値及びそれらの算出方法が明記されており、それらが建築基準法令の規定に適合していること。	土圧、水圧その他考慮すべき荷重及び外力の数値及びそれらの算出方法が明記されており、それらが建築基準法令の規定に適合していること。
			略伏図上に記載した特殊な荷重の分布が明記されており、異常値がないこと。	略伏図上に記載した特殊な荷重の分布が明記されており、異常値がないこと。
		応力計算書（応力図及び基礎反力図を含む。）（地下部分の計算を含む。）	構造耐力上主要な部分である部材に生ずる力の数値及びその算出方法が明記されており、それらが適切であること。	構造耐力上主要な部分である部材に生ずる力の数値及びその算出方法が明記されており、それらが適切であること。
			地震時（風圧力によって生ずる力が地震力によって生ずる力を上回る場合にあつては、暴風時）における柱が負担するせん断力及びその分担率並びに耐力壁又は筋かいが負担するせん断力及びその分担率が明記されており、それらが適切であること。	地震時（風圧力によって生ずる力が地震力によって生ずる力を上回る場合にあつては、暴風時）における柱が負担するせん断力及びその分担率並びに耐力壁又は筋かいが負担するせん断力及びその分担率が明記されており、それらが適切であること。
			応力図が明示されており、それらが適切であること。	応力図が明示されており、それらが適切であること。
			基礎反力図が明示されており、それらが適切であること。	基礎反力図が明示されており、それらが適切であること。
		断面計算書（断面検定比図を含む。）	断面計算書に記載されている応力と応力計算書に記載されている数値とが整合していること。	断面計算書に記載されている応力と応力計算書に記載されている数値とが整合していること。

			応力度が材料の許容応力度を超えていないこと。	応力度が材料の許容応力度を超えていないこと。
			断面計算書に記載されている構造耐力上主要な部分である部材の断面の形状、寸法及び鉄筋の配置と部材断面表の内容とが整合していること。	
			断面検定比図が明示されており、それらが適切であること。	断面検定比図が明示されており、それらが適切であること。
		積雪・暴風時耐力計算書	構造耐力上主要な部分である部材（接合部を含む。）に生ずる力の数値及びその算出方法が明記されており、それらが適切であること。	構造耐力上主要な部分である部材（接合部を含む。）に生ずる力の数値及びその算出方法が明記されており、それらが適切であること。
			構造耐力上主要な部分である部材（接合部を含む。）の耐力の数値及びその算出方法が明記されており、それらが適切であること。	構造耐力上主要な部分である部材（接合部を含む。）の耐力の数値及びその算出方法が明記されており、それらが適切であること。
		積雪・暴風時耐力計算結果一覧表	構造耐力上主要な部分である部材（接合部を含む。）に生ずる力及び耐力並びにその比率が明記されており、それらが適切であること。	構造耐力上主要な部分である部材（接合部を含む。）に生ずる力及び耐力並びにその比率が明記されており、それらが適切であること。
		損傷限界に関する計算書	各階及び各方向の損傷限界変位の数値及びその算出方法が明記されており、それらが適切であること。	各階及び各方向の損傷限界変位の数値及びその算出方法が明記されており、それらが適切であること。
			建築物の損傷限界固有周期の数値及びその算出方法が明記されており、それらが適切であること。	建築物の損傷限界固有周期の数値及びその算出方法が明記されており、それらが適切であること。
			建築物の損傷限界固有周期に応じて求めた地震時に作用する地震力の数値及びその算出方法が明記されており、それらが建築基準法令の規定に適合していること。	建築物の損傷限界固有周期に応じて求めた地震時に作用する地震力の数値及びその算出方法が明記されており、それらが建築基準法令の規定に適合していること。
			地震時に各階に生ずる層間変位の数値及びその算出方法が明記されており、それらが適切であること。	地震時に各階に生ずる層間変位の数値及びその算出方法が明記されており、それらが適切であること。
			表層地盤による加速度の増幅率 Gs の数値及びその算出方法が明記されており、それらが適切であること。	表層地盤による加速度の増幅率 Gs の数値及びその算出方法が明記されており、それらが適切であること。
			各階及び各方向の損傷限界耐力の数値及びその算出方法が明記されており、それらが適切であること。	各階及び各方向の損傷限界耐力の数値及びその算出方法が明記されており、それらが適切であること。
			各階の損傷限界変位の当該各階の高さに対する割合及びその算出方法が明記されており、それらが適切であること。	各階の損傷限界変位の当該各階の高さに対する割合及びその算出方法が明記されており、それらが適切であること。
		損傷限界に関する計算結果一覧表	令第 82 条の 5 第三号ハに規定する地震力が損傷限界耐力を超えていないこと。	令第 82 条の 5 第三号ハに規定する地震力が損傷限界耐力を超えていないこと。
			損傷限界変位の当該各階の高さに対する割合が $\frac{1}{200}$ 以内であること。	損傷限界変位の当該各階の高さに対する割合が $\frac{1}{200}$ 以内であること。
			損傷が生ずるおそれのないことについての検証内容が適切であること（損傷限界変位の当該各階の高さに対する割	損傷が生ずるおそれのないことについての検証内容が適切であること（損傷限界変位の当該各階の高さに対する割

			合が$\frac{1}{200}$を超え$\frac{1}{120}$以内である場合に限る。)。	合が$\frac{1}{200}$を超え$\frac{1}{120}$以内である場合に限る。)。
		安全限界に関する計算書	各階及び各方向の安全限界変位の数値及びその算出方法が明記されており、それらが適切であること。	各階及び各方向の安全限界変位の数値及びその算出方法が明記されており、それらが適切であること。
			建築物の安全限界固有周期の数値及びその算出方法が明記されており、それらが適切であること。	建築物の安全限界固有周期の数値及びその算出方法が明記されており、それらが適切であること。
			建築物の安全限界固有周期に応じて求めた地震時に作用する地震力の数値及びその算出方法が明記されており、それらが適切であること。	建築物の安全限界固有周期に応じて求めた地震時に作用する地震力の数値及びその算出方法が明記されており、それらが適切であること。
			各階の安全限界変位の当該各階の高さに対する割合及びその算出方法が明記されており、それらが適切であること。	各階の安全限界変位の当該各階の高さに対する割合及びその算出方法が明記されており、それらが適切であること。
			表層地盤による加速度の増幅率Gsの数値及びその算出方法が明記されており、それらが適切であること。	表層地盤による加速度の増幅率Gsの数値及びその算出方法が明記されており、それらが適切であること。
			各階及び各方向の保有水平耐力の数値及びその算出方法が明記されており、それらが適切であること。	各階及び各方向の保有水平耐力の数値及びその算出方法が明記されており、それらが適切であること。
			構造耐力上主要な部分である柱、はり若しくは壁又はこれらの接合部について、局部座屈、せん断破壊等による構造耐力上支障のある急激な耐力の低下が生ずるおそれのないことについての検証内容が適切であること。	構造耐力上主要な部分である柱、はり若しくは壁又はこれらの接合部について、局部座屈、せん断破壊等による構造耐力上支障のある急激な耐力の低下が生ずるおそれのないことについての検証内容が適切であること。
		安全限界に関する計算結果一覧表	各階の保有水平耐力を増分解析により計算する場合における外力分布が明記されており、それらが適切であること。	各階の保有水平耐力を増分解析により計算する場合における外力分布が明記されており、それらが適切であること。
			各階の安全限界変位の当該各階の高さに対する割合が明記されており、それらが適切であること。	各階の安全限界変位の当該各階の高さに対する割合が明記されており、それらが適切であること。
			各階の安全限界変位の当該各階の高さに対する割合が$\frac{1}{75}$（木造である階にあっては、$\frac{1}{30}$）を超える場合にあっては、建築物の各階が荷重及び外力に耐えることができることについての検証内容が適切であること。	各階の安全限界変位の当該各階の高さに対する割合が$\frac{1}{75}$（木造である階にあっては、$\frac{1}{30}$）を超える場合にあっては、建築物の各階が荷重及び外力に耐えることができることについての検証内容が適切であること。
			表層地盤による加速度の増幅率Gsの数値を精算法で算出する場合にあっては、工学的基盤の条件が建築基準法令の規定に適合していること。	表層地盤による加速度の増幅率Gsの数値を精算法で算出する場合にあっては、工学的基盤の条件が建築基準法令の規定に適合していること。
			令第82条の5第五号ハに規定する地震力が保有水平耐力を超えていないこと。	令第82条の5第五号ハに規定する地震力が保有水平耐力を超えていないこと。
			各階及び各方向の安全限界変形時における構造耐力上主要な部分である部材に生ずる力の分布が明記されており、それらが適切であること。	各階及び各方向の安全限界変形時における構造耐力上主要な部分である部材に生ずる力の分布が明記されており、それらが適切であること。
			各階及び各方向の安全限界変形時における構造耐力上主要な部分である部材	各階及び各方向の安全限界変形時における構造耐力上主要な部分である部材

				に生ずる塑性ヒンジ及び変形の発生状況が明記されており、それらが適切であること。	に生ずる塑性ヒンジ及び変形の発生状況が明記されており、それらが適切であること。
				各階及び各方向の保有水平耐力時における構造耐力上主要な部分である部材に生ずる塑性ヒンジ及び変形の発生状況が明記されており、それらが適切であること。	各階及び各方向の保有水平耐力時における構造耐力上主要な部分である部材に生ずる塑性ヒンジ及び変形の発生状況が明記されており、それらが適切であること。
				各階の保有水平耐力を増分解析により計算する場合において、建築物の各方向それぞれにおけるせん断力と層間変形角の関係が明記されており、それらが適切であること。	各階の保有水平耐力を増分解析により計算する場合において、建築物の各方向それぞれにおけるせん断力と層間変形角の関係が明記されており、それらが適切であること。
			基礎ぐい等計算書	基礎ぐい、床版、小ばりその他の構造耐力上主要な部分である部材に関する構造計算が建築基準法令の規定に適合していること。	基礎ぐい、床版、小ばりその他の構造耐力上主要な部分である部材に関する構造計算が建築基準法令の規定に適合していること。
				基礎ぐい、床版、小ばりその他の構造耐力上主要な部分である部材に生ずる力が応力計算書において適切に反映されていること。	基礎ぐい、床版、小ばりその他の構造耐力上主要な部分である部材に生ずる力が応力計算書において適切に反映されていること。
			使用上の支障に関する計算書	はり又は床版に生ずるたわみが令第 82 条第四号の規定に適合していること。	
			屋根ふき材等計算書	屋根ふき材、特定天井及び屋外に面する帳壁が令第 82 条の 5 第七号の規定に適合していること。	屋根ふき材、特定天井及び屋外に面する帳壁が令第 82 条の 5 第七号の規定に適合していること。
			土砂災害特別警戒区域内破壊防止計算書	居室を有する建築物の外壁等が令第 82 条の 5 第八号の規定に適合していること。	居室を有する建築物の外壁等が令第 82 条の 5 第八号の規定に適合していること。
(3)	令第81条第2項第二号イに規定する許容応力度等計算に	共通事項	各階平面図、2面以上の立面図、2面以上の断面図、基礎伏図、各階床伏図、小屋伏図、2面以上の軸組図及び構造詳細図	構造耐力上主要な部分である部材（接合部を含む。）の位置、形状、寸法及び材料の種別並びに開口部の位置、形状及び寸法が明記されており、それらが記載された図書相互において整合していること。	
				構造計算においてその影響を考慮した非構造部材の位置、形状、寸法及び材料の種別が明記されており、それらが記載された図書相互において整合していること。	
			構造計算チェックリスト	プログラムによる構造計算を行う場合において、申請に係る建築物が、当該プログラムによる構造計算によって安全性を確かめることのできる建築物の構造の種別、規模その他のプログラムの使用条件に適合するかどうかを照合するための事項が明記されており、それらがプログラムの使用条件に適合していること。	プログラムによる構造計算を行う場合において、申請に係る建築物が、当該プログラムによる構造計算によって安全性を確かめることのできる建築物の構造の種別、規模その他のプログラムの使用条件に適合するかどうかを照合するための事項が明記されており、それらがプログラムの使用条件に適合していること。

より安全性を確かめた建築物		使用構造材料一覧表	構造耐力上主要な部分である部材（接合部を含む。）に使用されるすべての材料の種別（規格がある場合にあっては当該規格）及び使用部位が明記されており、それらが記載された構造詳細図その他の図書と整合していること。	
			使用する材料の許容応力度、許容耐力及び材料強度の数値及びそれらの算出方法が明記されており、それらが建築基準法令の規定に適合していること。	
			使用する指定建築材料が法第37条の規定に基づく国土交通大臣の認定を受けたものである場合にあっては、その使用位置、形状及び寸法、当該構造計算において用いた許容応力度及び材料強度の数値並びに認定番号が明記されており、当該認定において指定された条件に適合していること。	
		特別な調査又は研究の結果等説明書	法第68条の25の規定に基づく国土交通大臣の認定を受けた構造方法等その他特殊な構造方法等が使用されている場合にあっては、その認定番号、使用条件及び内容が明記されており、それらが適切であること。	法第68条の25の規定に基づく国土交通大臣の認定を受けた構造方法等その他特殊な構造方法等が使用されている場合にあっては、その認定番号、使用条件及び内容が明記されており、それらが適切であること。
			特別な調査又は研究の結果に基づき構造計算が行われている場合にあっては、その検討内容が明記されており、それらが適切であること。	特別な調査又は研究の結果に基づき構造計算が行われている場合にあっては、その検討内容が明記されており、それらが適切であること。
			構造計算の仮定及び計算結果の適切性に関する検討内容が明記されており、それらが適切であること。	構造計算の仮定及び計算結果の適切性に関する検討内容が明記されており、それらが適切であること。
			平成25年国土交通省告示第771号第3第4項第二号に定める構造方法が使用されている場合にあっては、その検討内容が明記されており、それらが適切であること。	平成25年国土交通省告示第771号第3第4項第二号に定める構造方法が使用されている場合にあっては、その検討内容が明記されており、それらが適切であること。
	令第82条各号関係	基礎・地盤説明書（施行規則第1条の3第1項の表3の(3)項の規定に基づき国土交通大臣があらかじめ適切であると認定した算出方法により基礎ぐいの許容支持力を算出する場合で当該認定に係る	地盤調査方法及びその結果が明記されていること。	地盤調査方法及びその結果が明記されていること。
			地層構成、支持地盤及び建築物（地下部分を含む。）の位置が明記されていること。	地層構成、支持地盤及び建築物（地下部分を含む。）の位置が明記されていること。
			地下水位が明記されていること（地階を有しない建築物に直接基礎を用いた場合を除く。）。	地下水位が明記されていること。（地階を有しない建築物に直接基礎を用いた場合を除く。）
			基礎の工法（地盤改良を含む。）の種別、位置、形状、寸法及び材料の種別が明記されており、それらが建築基準法令の規定に適合していること。	基礎の工法（地盤改良を含む。）の種別、位置、形状、寸法及び材料の種別が明記されており、それらが建築基準法令の規定に適合していること。
			構造計算において用いた支持層の位置、層の構成及び地盤調査の結果により設定した地盤の特性値が明記されており、それらが適切であること。	構造計算において用いた支持層の位置、層の構成及び地盤調査の結果により設定した地盤の特性値が明記されており、それらが適切であること。

			認定書の写しを添えた場合にあっては、当該算出方法に係る図書のうち国土交通大臣の指定したものを除く。）	地盤の許容応力度並びに基礎及び基礎ぐいの許容支持力の数値及びそれらの算出方法が明記されており、それらが建築基準法令の規定に適合していること。	地盤の許容応力度並びに基礎及び基礎ぐいの許容支持力の数値及びそれらの算出方法が明記されており、それらが建築基準法令の規定に適合していること。
			略伏図	各階の構造耐力上主要な部分である部材の種別、配置及び寸法並びに開口部の位置が、基礎伏図、床伏図又は小屋伏図の記載事項と整合していること。	各階の構造耐力上主要な部分である部材の種別、配置及び寸法並びに開口部の位置が、基礎伏図、床伏図又は小屋伏図の記載事項と整合していること。
			略軸組図	すべての通りの構造耐力上主要な部分である部材の種別、配置及び寸法並びに開口部の位置が、軸組図の記載事項と整合していること。	すべての通りの構造耐力上主要な部分である部材の種別、配置及び寸法並びに開口部の位置が、軸組図の記載事項と整合していること。
			部材断面表	各階及びすべての通りの構造耐力上主要な部分である部材の断面の形状、寸法及び仕様が明記されていること。	
			荷重・外力計算書	固定荷重の数値及びその算出方法が明記されており、それらが建築基準法令の規定に適合していること。	固定荷重の数値及びその算出方法が明記されており、それらが建築基準法令の規定に適合していること。
				各階又は各部分の用途ごとに積載荷重の数値及びその算出方法が明記されており、それらが建築基準法令の規定に適合していること。	各階又は各部分の用途ごとに積載荷重の数値及びその算出方法が明記されており、それらが建築基準法令の規定に適合していること。
				各階又は各部分の用途ごとに特殊な荷重の数値及びその算出方法が明記されており、それらが適切に設定されていること。	各階又は各部分の用途ごとに特殊な荷重の数値及びその算出方法が明記されており、それらが適切に設定されていること。
				積雪荷重の数値及びその算出方法が明記されており、それらが建築基準法令の規定に適合していること。	積雪荷重の数値及びその算出方法が明記されており、それらが建築基準法令の規定に適合していること。
				風圧力の数値及びその算出方法が明記されており、それらが建築基準法令の規定に適合していること。	風圧力の数値及びその算出方法が明記されており、それらが建築基準法令の規定に適合していること。
				地震力（令第 82 条の 5 第三号ハに係る部分）の数値及びその算出方法が明記されており、それらが建築基準法令の規定に適合していること。	地震力（令第 82 条の 5 第三号ハに係る部分）の数値及びその算出方法が明記されており、それらが建築基準法令の規定に適合していること。
				地震力（令第 82 条の 5 第五号ハに係る部分）の数値及びその算出方法が明記されており、それらが建築基準法令の規定に適合していること。	地震力（令第 82 条の 5 第五号ハに係る部分）の数値及びその算出方法が明記されており、それらが建築基準法令の規定に適合していること。
				土圧、水圧その他考慮すべき荷重及び外力の数値及びそれらの算出方法が明記されており、それらが建築基準法令の規定に適合していること。	土圧、水圧その他考慮すべき荷重及び外力の数値及びそれらの算出方法が明記されており、それらが建築基準法令の規定に適合していること。
				略伏図上に記載した特殊な荷重の分布が明記されており、異常値がないこと。	略伏図上に記載した特殊な荷重の分布が明記されており、異常値がないこと。

	応力計算書（応力図及び基礎反力図を含む。）	構造耐力上主要な部分である部材に生ずる力の数値及びその算出方法が明記されており、それらが適切であること。	構造耐力上主要な部分である部材に生ずる力の数値及びその算出方法が明記されており、それらが適切であること。
		地震時（風圧力によって生ずる力が地震力によって生ずる力を上回る場合にあつては、暴風時）における柱が負担するせん断力及びその分担率並びに耐力壁又は筋かいが負担するせん断力及びその分担率が明記されており、それらが適切であること。	地震時（風圧力によって生ずる力が地震力によって生ずる力を上回る場合にあつては、暴風時）における柱が負担するせん断力及びその分担率並びに耐力壁又は筋かいが負担するせん断力及びその分担率が明記されており、それらが適切であること。
		応力図が明示されており、それらが適切であること。	応力図が明示されており、それらが適切であること。
		基礎反力図が明示されており、それらが適切であること。	基礎反力図が明示されており、それらが適切であること。
	断面計算書（断面検定比図を含む。）	断面計算書に記載されている応力と応力計算書に記載されている数値とが整合していること。	断面計算書に記載されている応力と応力計算書に記載されている数値とが整合していること。
		応力度が材料の許容応力度を超えていないこと。	応力度が材料の許容応力度を超えていないこと。
		断面計算書に記載されている構造耐力上主要な部分である部材の断面の形状、寸法及び鉄筋の配置と部材断面表の内容とが整合していること。	
		断面検定比図が明示されており、それらが適切であること。	断面検定比図が明示されており、それらが適切であること。
	基礎ぐい等計算書	基礎ぐい、床版、小ばりその他の構造耐力上主要な部分である部材に関する構造計算が建築基準法令の規定に適合していること。	基礎ぐい、床版、小ばりその他の構造耐力上主要な部分である部材に関する構造計算が建築基準法令の規定に適合していること。
		基礎ぐい、床版、小ばりその他の構造耐力上主要な部分である部分に生ずる力が応力計算書において適切に反映されていること。	基礎ぐい、床版、小ばりその他の構造耐力上主要な部分である部分に生ずる力が応力計算書において適切に反映されていること。
	使用上の支障に関する計算書	はり又は床版に生ずるたわみが令第82条第四号の規定に適合していること。	
令第82条の2関係	層間変形角計算書	層間変位の計算に用いる地震力と荷重・外力計算書で算出した地震力とが整合していること。	層間変位の計算に用いる地震力と荷重・外力計算書で算出した地震力とが整合していること。
		地震力によって各階に生ずる水平方向の層間変位の算出方法が明記されており、それらが適切であること。	地震力によって各階に生ずる水平方向の層間変位の算出方法が明記されており、それらが適切であること。
		各階及び各方向の層間変形角の算出方法が明記されており、それらが適切であること。	各階及び各方向の層間変形角の算出方法が明記されており、それらが適切であること。
	層間変形角計算結果一覧表	各階及び各方向の層間変形角が$\frac{1}{200}$以内であること。	各階及び各方向の層間変形角が$\frac{1}{200}$以内であること。
		損傷が生ずるおそれのないことについての検証内容が適切であること（層間変形角が$\frac{1}{200}$を超え$\frac{1}{120}$以内である場合	損傷が生ずるおそれのないことについての検証内容が適切であること（層間変形角が$\frac{1}{200}$を超え$\frac{1}{120}$以内である場合

			に限る。）。	に限る。）。
令第82条の4関係	各階平面図、2以上の立面図、2以上の断面図及び小屋伏図	屋根ふき材、外装材及び屋外に面する帳壁の位置、形状及び寸法が明記されていること。		
	使用構造材料一覧表	屋根ふき材、外装材及び屋外に面する帳壁に使用されるすべての材料の種別（規格がある場合にあっては、当該規格）及び使用部位が明記されており、それらが記載された構造詳細図その他の図書と整合していること。		
		使用する材料の許容応力度、許容耐力及び材料強度の数値及びそれらの算出方法が明記されており、それらが建築基準法令の規定に適合していること。		
		使用する指定建築材料が法第37条の規定に基づく国土交通大臣の認定を受けたものである場合にあっては、その使用位置、形状及び寸法、当該構造計算において用いた許容応力度及び材料強度の数値並びに認定番号が明記されており、当該認定において指定された条件に適合していること。		
	荷重・外力計算書	風圧力の数値及びその算出方法が明記されており、それらが建築基準法令の規定に適合していること。	風圧力の数値及びその算出方法が明記されており、それらが建築基準法令の規定に適合していること。	
	応力計算書	屋根ふき材及び屋外に面する帳壁に生ずる力の数値及びその算出方法が明記されており、それらが適切であること。	屋根ふき材及び屋外に面する帳壁に生ずる力の数値及びその算出方法が明記されており、それらが適切であること。	
	屋根ふき材等計算書	屋根ふき材及び屋外に面する帳壁が令第82条の4の規定に適合していること。	屋根ふき材及び屋外に面する帳壁が令第82条の4の規定に適合していること。	
令第82条の6関係	剛性率・偏心率等計算書	各階及び各方向の剛性率を計算する場合における層間変形角の算定に用いる層間変位の算出方法が明記されており、それらが適切であること。	各階及び各方向の剛性率を計算する場合における層間変形角の算定に用いる層間変位の算出方法が明記されており、それらが適切であること。	
		各階及び各方向の剛性率の算出方法が明記されており、それらが適切であること。	各階及び各方向の剛性率の算出方法が明記されており、それらが適切であること。	
		各階の剛心周りのねじり剛性の算出方法が明記されており、それらが適切であること。	各階の剛心周りのねじり剛性の算出方法が明記されており、それらが適切であること。	
		各階及び各方向の偏心率の算出方法が明記されており、それらが適切であること。	各階及び各方向の偏心率の算出方法が明記されており、それらが適切であること。	
		令第82条の6第三号の規定に基づき国土交通大臣が定める基準による計算の根拠が明記されており、それらが適切であること。	令第82条の6第三号の規定に基づき国土交通大臣が定める基準による計算の根拠が明記されており、それらが適切であること。	

			剛性率・偏心率等計算結果一覧表	各階の剛性率が$\frac{6}{10}$以上、各階の偏心率が$\frac{15}{100}$以下であること。	各階の剛性率が$\frac{6}{10}$以上、各階の偏心率が$\frac{15}{100}$以下であること。
				令第82条の6第三号の規定に基づき国土交通大臣が定める基準に適合していること。	令第82条の6第三号の規定に基づき国土交通大臣が定める基準に適合していること。
(4)	令第81条第3項に規定する令第82条各号及び令第82条の4に定めるところによる構造計算により安全性を確かめた建築物	共通事項	各階平面図、2面以上の立面図、2面以上の断面図、基礎伏図、各階床伏図、小屋伏図、2面以上の軸組図及び構造詳細図	構造耐力上主要な部分である部材（接合部を含む。）の位置、形状、寸法及び材料の種別並びに開口部の位置、形状及び寸法が明記されており、それらが記載された図書相互において整合していること。	
				構造計算においてその影響を考慮した非構造部材の位置、形状、寸法及び材料の種別が明記されており、それらが記載された図書相互において整合していること。	
			構造計算チェックリスト	プログラムによる構造計算を行う場合において、申請に係る建築物が、当該プログラムによる構造計算によって安全性を確かめることのできる建築物の構造の種別、規模その他のプログラムの使用条件に適合するかどうかを照合するための事項が明記されており、それらがプログラムの使用条件に適合していること。	
			使用構造材料一覧表	構造耐力上主要な部分である部材（接合部を含む。）に使用されるすべての材料の種別（規格がある場合にあっては、当該規格）及び使用部位が明記されており、それらが記載された構造詳細図その他の図書と整合していること。	
				使用する材料の許容応力度、許容耐力及び材料強度の数値及びそれらの算出方法が明記されており、それらが建築基準法令の規定に適合していること。	
				使用する指定建築材料が法第37条の規定に基づく国土交通大臣の認定を受けたものである場合にあっては、その使用位置、形状及び寸法、当該構造計算において用いた許容応力度及び材料強度の数値並びに認定番号が明記されており、当該認定において指定された条件に適合していること。	
			特別な調査又は研究の結果等説明書	法第68条の25の規定に基づく国土交通大臣の認定を受けた構造方法等その他特殊な構造方法等が使用されている場合にあっては、その認定番号、使用条件及び内容が明記されており、それらが適切であること。	
				特別な調査又は研究の結果に基づき構造計算が行われている場合にあっては、その検討内容が明記されており、	

				それらが適切であること。	
				構造計算の仮定及び計算結果の適切性に関する検討内容が明記されており、それらが適切であること。	
		令第82条各号関係	基礎・地盤説明書（施行規則第1条の3第1項の表3の⑷項の規定に基づき国土交通大臣があらかじめ適切であると認定した算出方法により基礎ぐいの許容支持力を算出する場合で当該認定に係る認定書の写しを添えた場合にあっては、当該算出方法に係る図書のうち国土交通大臣の指定したものを除く。）	地盤調査方法及びその結果が明記されていること。	
				地層構成、支持地盤及び建築物（地下部分を含む。）の位置が明記されていること。	
				地下水位が明記されていること（地階を有しない建築物に直接基礎を用いた場合を除く。）。	
				基礎の工法（地盤改良を含む。）の種別、位置、形状、寸法及び材料の種別が明記されており、それらが建築基準法令の規定に適合していること。	
				構造計算において用いた支持層の位置、層の構成及び地盤調査の結果により設定した地盤の特性値が明記されており、それらが適切であること。	
				地盤の許容応力度並びに基礎及び基礎ぐいの許容支持力の数値及びそれらの算出方法が明記されており、それらが建築基準法令の規定に適合していること。	
			略伏図	各階の構造耐力上主要な部分である部材の種別、配置及び寸法並びに開口部の位置が基礎伏図、床伏図又は小屋伏図の記載事項と整合していること。	
			略軸組図	すべての通りの構造耐力上主要な部分である部材の種別、配置及び寸法並びに開口部の位置が軸組図の記載事項と整合していること。	
			部材断面表	各階及びすべての通りの構造耐力上主要な部分である部材の断面の形状、寸法及び仕様が明記されていること。	
			荷重・外力計算書	固定荷重の数値及びその算出方法が明記されており、それらが建築基準法令の規定に適合していること。	
				各階又は各部分の用途ごとに積載荷重の数値及びその算出方法が明記されており、それらが建築基準法令の規定に適合していること。	

				各階又は各部分の用途ごとに特殊な荷重の数値及びその算出方法が明記されており、それらが適切に設定されていること。	
				積雪荷重の数値及びその算出方法が明記されており、それらが建築基準法令の規定に適合していること。	
				風圧力の数値及びその算出方法が明記されており、それらが建築基準法令の規定に適合していること。	
				地震力（令第82条の5第三号ハに係る部分）の数値及びその算出方法が明記されており、それらが建築基準法令の規定に適合していること。	
				地震力（令第82条の5第五号ハに係る部分）の数値及びその算出方法が明記されており、それらが建築基準法令の規定に適合していること。	
				土圧、水圧その他考慮すべき荷重及び外力の数値及びそれらの算出方法が明記されており、それらが建築基準法令の規定に適合していること。	
				略伏図上に記載した特殊な荷重の分布が明記されており、異常値がないこと。	
			応力計算書（応力図及び基礎反力図を含む。）	構造耐力上主要な部分である部材に生ずる力の数値及びその算出方法が明記されており、それらが適切であること。	
				地震時（風圧力によって生ずる力が地震力によって生ずる力を上回る場合にあつては、暴風時）における柱が負担するせん断力及びその分担率並びに耐力壁又は筋かいが負担するせん断力及びその分担率が明記されており、それらが適切であること。	
				応力図が明示されており、それらが適切であること。	
				基礎反力図が明示されており、それらが適切であること。	
			断面計算書（断面検定比図を含む。）	断面計算書に記載されている応力と応力計算書に記載されている数値とが整合していること。	
				応力度が材料の許容応力度を超えていないこと。	
				断面計算書に記載されている構造耐力上主要な部分である部材の断面の形状、寸法及び鉄筋の配置と部材断面表の内容とが整合していること。	
				断面検定比図が明示されており、それらが適切であること。	

			基礎ぐい等計算書	基礎ぐい、床版、小ばりその他の構造耐力上主要な部分である部材に関する構造計算が建築基準法令の規定に適合していること。	
				基礎ぐい、床版、小ばりその他の構造耐力上主要な部分である部分に生ずる力が応力計算書において適切に反映されていること。	
			使用上の支障に関する計算書	はり又は床版に生ずるたわみが令第82条第四号の規定に適合していること。	
		令第82条の4関係	各階平面図、2以上の立面図、2以上の断面図及び小屋伏図	屋根ふき材、外装材及び屋外に面する帳壁の位置、形状及び寸法が明記されていること。	
			使用構造材料一覧表	屋根ふき材、外装材及び屋外に面する帳壁に使用されるすべての材料の種別（規格がある場合にあっては、当該規格）及び使用部位が明記されており、それらが記載された構造詳細図その他の図書と整合していること。	
				使用する材料の許容応力度、許容耐力及び材料強度の数値及びそれらの算出方法が明記されており、それらが建築基準法令の規定に適合していること。	
				使用する指定建築材料が法第37条の規定に基づく国土交通大臣の認定を受けたものである場合にあっては、その使用位置、形状及び寸法、当該構造計算において用いた許容応力度及び材料強度の数値並びに認定番号が明記されており、当該認定において指定された条件に適合していること。	
			荷重・外力計算書	風圧力の数値及びその算出方法が明記されており、それらが建築基準法令の規定に適合していること。	
			応力計算書	屋根ふき材及び屋外に面する帳壁に生ずる力の数値及びその算出方法が明記されており、それらが適切であること。	
			屋根ふき材等計算書	屋根ふき材及び屋外に面する帳壁が令第82条の4の規定に適合していること。	

（備考）令第81条第2項第一号イ若しくはロ又は同項第二号イ又は同条第3項に規定する国土交通大臣が定める基準に従った構造計算により安全性を確かめた建築物については、施行規則第1条の3第1項第一号ロ(2)(ii)の規定により提出された構造計算書等に基づき、それぞれこの表の各項に準じて審査するものとする。

建築物の構造方法が安全性を有することを確かめるための構造計算の方法を定める件

制定：平成19年5月18日　国土交通省告示第592号
改正：平成27年1月29日　国土交通省告示第184号

建築基準法（昭和25年法律第201号）第20条第1項第二号イ及び第三号イの規定に基づき、建築物の構造方法が安全性を有することを確かめるための構造計算の方法を次のように定める。

一　建築基準法施行令（昭和25年政令第338号。以下「令」という。）第3章第8節に規定する基準に従った構造計算は、次のイからハまでに定めるところによるものとする。

イ　令第82条各号、令第82条の2、令第82条の4、令第82条の5（第二号、第三号、第五号及び第八号を除く。）及び第82条の6の規定による構造計算又はこれと同等以上に安全性を確かめることができるものとして国土交通大臣が定める基準に従った構造計算を行う場合にあっては、固定モーメント法、たわみ角法その他の解析法のうち荷重及び外力によって建築物の構造耐力上主要な部分その他の部分に生ずる力及び変形を当該建築物の性状に応じて適切に計算できる方法を用いること。

ロ　令第82条の3並びに令第82条の5第二号及び第八号の規定による構造計算又はこれと同等以上に安全性を確かめることができるものとして国土交通大臣が定める基準に従った構造計算を行う場合にあっては、増分解析若しくは極限解析による方法又は節点振分け法その他の解析法のうち荷重及び外力によって建築物の構造耐力上主要な部分に生ずる力及び各階の保有水平耐力その他の耐力を当該建築物の性状に応じて適切に計算できる方法を用いること。

ハ　令第82条の5第三号及び第五号の規定による構造計算を行う場合にあっては、増分解析による方法を用いるものとし、これと同等以上に安全性を確かめることができるものとして国土交通大臣が定める基準に従った構造計算を行う場合にあっては、増分解析法その他の解析法のうち荷重及び外力によって建築物の構造耐力上主要な部分に生ずる力及び変形並びに各階の保有水平耐力その他の耐力を当該建築物の性状に応じて適切に計算できる方法を用いること。

二　前号に定める構造計算を行うに当たって、実験その他の特別な調査又は研究の結果に基づく部材又は架構その他の建築物の部分の耐力算定式又は構造計算上必要となる数値を用いる場合にあっては、当該耐力算定式又は数値が建築物の性状に応じて適切であることを確かめるものとする。

建築基準法第21条第1項に規定する建築物の主要構造部の構造方法を定める件

制定：令和元年　6月21日　国土交通省告示第193号
改正：令和2年12月28日　国土交通省告示第1593号

建築基準法（昭和25年法律第201号）第21条第1項の規定に基づき、建築基準法第21条第1項に規定する建築物の主要構造部の構造方法を定める件を次のとおり制定する。

第1

建築基準法施行令（昭和25年政令第338号。以下「令」という。）第109条の5第一号に掲げる基準に適合する建築基準法（以下「法」という。）第21条第1項に規定する建築物の主要構造部の構造方法は、次の各号に掲げる建築物の区分に応じ、それぞれ当該各号に定めるもの（次の各号のうち2以上の号に掲げる建築物に該当するときは、当該2以上の号に定める構造方法のうちいずれかの構造方法）とする。

一　次に掲げる基準に適合する建築物　準耐火構造（主要構造部である壁、柱、床、はり及び屋根の軒裏にあっては、火災時倒壊防止構造）とすること。

イ　当該建築物（階段室及び付室を除く。）が、床面積の合計100㎡以内ごとに火災時倒壊防止構造の床若しくは壁又は通常火災終了時間防火設備で令第112条第19項第一号に規定する構造であるもので区画されていること。ただし、次の表の左欄に掲げる建築物の部分については、それぞれ同表右欄に定める床面積の合計以内ごとに区画されていれば足りる。

建築物の部分	床面積の合計（単位　㎡）
スプリンクラー設備（水源として、水道の用に供する水管を連結したものを除く。）、水噴霧消火設備、泡消火設備その他これらに類するもので自動式のもの（以下「スプリンクラー設備等」という。）を設け、天井（天井のない場合においては、屋根。以下同じ。）の室内に面する部分（回り縁、窓台その他これらに類する部分を除く。以下このイ、次号ト及び第四号ロにおいて同じ。）の仕上げを準不燃材料でした部分	200
スプリンクラー設備等を設け、天井の室内に面する部分の仕上げを準不燃材料でした部分（当該部分に設けられた通常火災終了時間防火設備が常時閉鎖又は作動をした状態にあるものである場合に限る。）	500
スプリンクラー設備等を設け、壁及び天井の室内に面する部分の仕上げを準不燃材料でした部分（当該部分に設けられた通常火災終了時間防火設備が常時閉鎖又は作動をした状態にあるものである場合に限る。）	600

ロ　給水管、配電管その他の管（以下「給水管等」という。）が、イに規定する火災時倒壊防止構造の床又は壁（以下このロ及びハにおいて「防火区画」という。）を貫通する場合においては、次に掲げる基準に適合するものであること。

(1)　次の(i)から(iv)までに掲げる固有通常火災終了時間の区分に応じ、それぞれ当該(i)から(iv)までに定める基準に適合する防火被覆を防火区画の貫通孔の内側に面する部分に設けていること。

(i) 75 分以下である場合　強化せっこうボード（ボード用原紙を除いた部分のせっこうの含有率を 95% 以上、ガラス繊維の含有率を 0.4% 以上とし、かつ、ひる石の含有率を 2.5% 以上としたものに限る。以下同じ。）を 2 枚以上張ったもので、その厚さの合計が 42㎜以上であるもの

(ii) 75 分を超え、90 分以下である場合　強化せっこうボードを 2 枚以上張ったもので、その厚さの合計が 50㎜以上であるもの

(iii) 90 分を超え、105 分以下である場合　強化せっこうボードを 2 枚以上張ったもので、その厚さの合計が 55㎜以上であるもの

(iv) 105 分を超え、120 分以下である場合　強化せっこうボードを 3 枚以上張ったもので、その厚さの合計が 61㎜以上であるもの

(2)　給水管等と防火区画との隙間がモルタルその他の不燃材料で埋められており、かつ、当該不燃材料で埋められた部分及び(1)に規定する防火被覆の外面に次の(i)から(iv)までに掲げる固有通常火災終了時間の区分に応じ、それぞれ当該(i)から(iv)までに定める基準に適合する防火被覆を設けていること。

(i) 75 分以下である場合　強化せっこうボードを張ったもので、その厚さの合計が 21㎜以上であるもの

(ii) 75 分を超え、90 分以下である場合　強化せっこうボードを張ったもので、その厚さの合計が 25㎜以上であるもの

(iii) 90 分を超え、105 分以下である場合　強化せっこうボードを張ったもので、その厚さの合計が 28㎜以上であるもの

(iv) 105 分を超え、120 分以下である場合　強化せっこうボードを張ったもので、その厚さの合計が 31㎜以上であるもの

(3)　給水管等の構造が次のいずれかに適合するものであること。

(i)鉄管又は鋼管であること。

(ii)給水管等が防火区画を貫通する部分及び当該貫通する部分から両側に 1m 以内の距離にある部分が不燃材料で造られていること。

(iii)給水管等の外径が、給水管等の用途、覆いの有無、材質、肉厚及び固有通常火災終了時間に応じ、それぞれ次の表に定める数値未満であり、かつ、その内部に電線等を挿入し

ていない予備配管にあっては、当該予備配管の先端を密閉したものであること。

給水管等の用途	覆いの有無	材質	肉厚（単位　mm）	給水管等の外径（単位　mm）	
				固有通常火災終了時間	
				60分以下である場合	60分を超え、120分以下である場合
給水管		難燃材料又は硬質塩化ビニル	5.5以上6.6未満	90	90
			6.6以上	115	90
配電管		難燃材料又は硬質塩化ビニル	5.5以上	90	90
排水管及び排水管に附属する通気管	厚さ0.5mm以上の鉄板又は鋼板で覆われている場合	難燃材料又は硬質塩化ビニル	5.5以上6.6未満	90	90
			6.6以上	115	90
	その他の場合	難燃材料又は硬質塩化ビニル	4.1以上5.5未満	61	61
			5.5以上	90	61

ハ　換気、暖房又は冷房の設備の風道（以下「換気等設備の風道」という。）が防火区画を貫通する場合においては、当該風道の当該防火区画を貫通する部分又はこれに近接する部分に、昭和48年建設省告示第2565号第三号に定める構造方法を用いる通常火災終了時間防火設備を次に掲げる方法により設けなければならない。

(1)　主要構造部に堅固に取り付けること。

(2)　換気等設備の風道の防火区画を貫通する部分に近接する部分に防火設備を設ける場合にあっては、当該防火設備と当該防火区画との間の風道は、次の(i)から(iii)までに掲げる固有通常火災終了時間の区分に応じ、それぞれ当該(i)から(iii)までに定める厚さ以上の鉄板又は鋼板で造ること。

(i) 60分以下である場合　1.5mm

(ii) 60分を超え、75分以下である場合　1.6mm

(iii) 75分を超え、90分以下である場合　1.8mm

(3)　天井、壁等に一辺の長さが45cm以上の保守点検が容易に行える点検口並びに防火設備の開閉及び作動状態を確認できる検査口を設けること。

ニ　2階以上の階に居室を有するものにあっては、次に掲げる基準に適合する直通階段（傾斜路を含む。）が設けられていること。

(1)　令第123条第3項各号（同項第三号、第四号、第十号及び第十二号を除く。）に掲げる基準に適合していること。

(2)　階段室、バルコニー及び付室は、令第123条第3項第六号の開口部、同項第八号の窓又は(4)の出入口の部分（令第129条の13の3第3項に規定する非常用エレベーターの乗降ロビーの用に供するバルコニー又は付室にあっては、当該エレベーターの昇降路の出入口の部分を含む。）を除き、次の(i)又は(ii)のいずれかに掲げる壁（防火被覆が設けられていないものを除く。）で囲むこと。

(i) 次の(一)から(三)までに掲げる固有通常火災終了時間に1.6を乗じた時間の区分に応じ、それぞれ当該(一)から(三)までに定める構造の壁（その全部又は一部に木材を用いた壁に限る。）

(一) 90分を超える場合　通常火災終了時間が固有通常火災終了時間に1.6を乗じた時間

以上である建築物の壁（非耐力壁である外壁にあっては、延焼のおそれのある部分に限る。以下この㈠、(ii)㈠及び次号チ(2)(i)において同じ。）（法第21条第1項に規定する構造方法を用いるもの又は同項の規定による認定を受けたものに限る。）又は特定避難時間が固有通常火災終了時間に1.6を乗じた時間以上である建築物の壁（法第27条第1項に規定する構造方法を用いるもの又は同項の規定による認定を受けたものに限る。）の構造方法を用いる構造

㈡75分を超え、90分以下である場合　次の(イ)又は(ロ)のいずれかに掲げるもの

(イ)㈠に定める構造

(ロ)令和元年国土交通省告示第194号第2第3項第一号イ又はロのいずれかに該当する構造

㈢75分以下である場合　次の(イ)又は(ロ)のいずれかに掲げるもの

(イ)㈡に定める構造

(ロ)75分間準耐火構造

(ii)次の㈠から㈣までに掲げる固有通常火災終了時間に1.2を乗じた時間の区分に応じ、それぞれ当該㈠から㈣までに定める構造の壁（その全部又は一部に木材を用いた壁以外の壁に限る。）

㈠90分を超える場合　通常火災終了時間が固有通常火災終了時間に1.2を乗じた時間以上である建築物の壁（法第21条第1項に規定する構造方法を用いるもの又は同項の規定による認定を受けたものに限る。）又は特定避難時間が固有通常火災終了時間に1.2を乗じた時間以上である建築物の壁（法第27条第1項に規定する構造方法を用いるもの又は同項の規定による認定を受けたものに限る。）の構造方法を用いる構造

㈡75分を超え、90分以下である場合　次の(イ)又は(ロ)のいずれかに掲げるもの

(イ)㈠に定める構造

(ロ)令和元年国土交通省告示第194号第2第3項第一号イ又はロのいずれかに該当する構造

㈢60分を超え、75分以下である場合　次の(イ)又は(ロ)のいずれかに掲げるもの

(イ)㈡に定める構造

(ロ)75分間準耐火構造

㈣60分以下である場合　次の(イ)又は(ロ)のいずれかに掲げるもの

(イ)㈢に定める構造

(ロ)令和元年国土交通省告示第195号第1第一号イ若しくはニ又は第三号イ若しくはニのいずれかに定める構造方法を用いる構造

(3)　階段室及び付室の壁及び天井の室内に面する部分の仕上げを不燃材料でしたものであること。

(4)　屋内からバルコニー又は付室に通ずる出入口には通常火災終了時間防火設備で令第112条第19項第二号に規定する構造であるものを、バルコニー又は付室から階段室に通ずる出入口には法第2条第九号の二ロに規定する防火設備で令第112条第19項第二号に規定する構造であるものを設けていること。

(5)　バルコニー又は付室の床面積（バルコニーで床面積がないものにあっては、床部分の面積。以下この(5)において同じ。）は10㎡以上とし、各階におけるバルコニー又は付室の床面積の合計は、当該階に設ける各居室の床面積に、$\frac{3}{100}$を乗じたものの合計以上とすること。

ホ　外壁の開口部（次の(1)から(4)までのいずれにも該当しないものに限る。以下「他の外壁の開口部」という。）の下端の中心点を水平方向に、それぞれ平成27年国土交通省告示第255号第1第一号ロ表1に掲げる式によって計算した水平移動距離又は最大水平移動距離のいずれか短い距離だけ移動したときにできる軌跡上の各点を、垂直上方に同号ロ表2に掲げる式によって計算した垂直移動距離又は最大垂直移動距離のいずれか短い距離だけ移動した時にできる軌跡の範囲内の部分（イの規定により区画された各部分のうち他の外壁の開口部が設けられた部分を除く。）である外壁に設けられた開口部に上階延焼抑制防火設備が設けられていること。

(1)　昇降機その他の建築設備の機械室、不燃性の物品を保管する室、便所その他これらに類す

る室で、壁及び天井の室内に面する部分の仕上げを準不燃材料でしたものに設けられたもの

(2) (1)に規定する室のみに隣接する通路その他防火上支障のない通路に設けられたもの

(3) 開口部の高さが0.3m以下のもの

(4) 開口面積が0.2㎡以内のもの

ヘ 居室に避難上支障がないよう自動火災報知設備が設けられていること。

ト 周囲（開口部（居室に設けられたものに限る。）がある外壁に面する部分に限り、道に接する部分を除く。）に幅員が3m以上の通路（敷地の接する道まで達するものに限る。第三号ロにおいて同じ。）が設けられていること。

チ 用途地域が定められていない土地の区域内にある建築物にあっては、当該建築物の各部分（昇降機その他の建築設備の機械室その他これに類する室及び便所その他これに類する室を除く。）にスプリンクラー設備等が設けられていること。

二 次に掲げる基準に適合する建築物　準耐火構造（主要構造部である壁、柱、床、はり及び屋根の軒裏にあっては、75分間準耐火構造）とすること。

イ 地階を除く階数が4以下であること。

ロ 法別表第1(い)欄(5)項又は(6)項に掲げる用途に供するものでないこと。

ハ 当該建築物（階段室及び付室の部分を除く。）が、床面積の合計200㎡以内ごとに75分間準耐火構造の床若しくは壁又は75分間防火設備で令第112条第19項第一号に規定する構造であるもので区画されていること。ただし、当該防火設備が常時閉鎖又は作動をした状態にあるものである場合にあっては、床面積の合計500㎡以内ごとに区画されていれば足りる。

ニ ハの規定により区画された部分ごとにスプリンクラー設備等が設けられていること。

ホ 給水管等がハに規定する75分間準耐火構造の床又は壁（以下このホ及びヘにおいて「防火区画」という。）を貫通する場合においては、次に掲げる基準に適合するものであること。

(1) 前号ロ(1)(i)に定める基準に適合する防火被覆を防火区画の貫通孔の内側に面する部分に設けていること。

(2) 給水管等と防火区画との隙間がモルタルその他の不燃材料で埋められており、かつ、当該不燃材料で埋められた部分及び(1)に規定する防火被覆の外面に前号ロ(2)(i)に定める基準に適合する防火被覆を設けていること。

(3) 給水管等の構造が次のいずれかに適合するものであること。

(i)鉄管又は鋼管であること。

(ii)給水管等が防火区画を貫通する部分及び当該貫通する部分から両側に1m以内の距離にある部分が不燃材料で造られていること。

(iii)給水管等の外径が、給水管等の用途、覆いの有無、材質及び肉厚に応じ、次の表に定める数値未満であり、かつ、その内部に電線等を挿入していない予備配管にあっては、当該予備配管の先端を密閉したものであること。

給水管等の用途	覆いの有無	材質	肉厚（単位　mm）	給水管等の外径（単位　mm）
給水管		難燃材料又は硬質塩化ビニル	5.5以上	90
配電管		難燃材料又は硬質塩化ビニル	5.5以上	90
排水管及び排水管に附属する通気管	厚さ0.5mm以上の鉄板又は鋼板で覆われている場合	難燃材料又は硬質塩化ビニル	5.5以上	90
	その他の場合	難燃材料又は硬質塩化ビニル	4.1以上	61

ヘ 換気等設備の風道が防火区画を貫通する場合においては、当該風道の当該防火区画を貫通する部分又はこれに近接する部分に、昭和48年建設省告示第2565号第三号に定める構造方法を用

いる 75 分間防火設備を次に掲げる方法により設けなければならない。

(1) 主要構造部に堅固に取り付けること。

(2) 換気等設備の風道の防火区画を貫通する部分に近接する部分に防火設備を設ける場合にあっては、当該防火設備と当該防火区画との間の風道は、厚さ 1.6㎜以上の鉄板又は鋼板で造ること。

(3) 天井、壁等に一辺の長さが 45㎝以上の保守点検が容易に行える点検口並びに防火設備の開閉及び作動状態を確認できる検査口を設けること。

ト 天井の室内に面する部分の仕上げが準不燃材料でされていること。

チ 2 階以上の階に居室を有するものにあっては、次に掲げる基準に適合する直通階段（傾斜路を含む。）が設けられていること。

(1) 前号ニ(1)、(3)及び(5)に掲げる基準に適合していること。

(2) 階段室、バルコニー及び付室は、令第 123 条第 3 項第六号の開口部、同項第八号の窓又は(3)の出入口の部分(令第129条の13の3第3項に規定する非常用エレベーターの乗降ロビーの用に供するバルコニー又は付室にあっては、当該エレベーターの昇降路の出入口の部分を含む。）を除き、次の(i)又は(ii)のいずれかに掲げる壁（防火被覆が設けられていないものを除く。）で囲むこと。

(i)その全部又は一部に木材を用いた壁で通常火災終了時間が 2 時間以上である建築物の壁（法第 21 条第 1 項に規定する構造方法を用いるもの又は同項の規定による認定を受けたものに限る。）又は特定避難時間が 2 時間以上である建築物の壁（法第 27 条第 1 項に規定する構造方法を用いるもの又は同項の規定による認定を受けたものに限る。）の構造方法を用いるもの

(ii)令和元年国土交通省告示第 194 号第 2 第 3 項第一号イ又はロのいずれかに該当する構造の壁（その全部又は一部に木材を用いたものを除く。）

(3) 屋内からバルコニー又は付室に通ずる出入口には 75 分間防火設備で令第 112 条第 19 項第二号に規定する構造であるものを、バルコニー又は付室から階段室に通ずる出入口には法第 2 条第九号の二ロに規定する防火設備で令第 112 条第 19 項第二号に規定する構造であるものを設けること。

リ 他の外壁の開口部の下端の中心点を水平方向に、それぞれ平成 27 年国土交通省告示第 255 号第 1 第一号ロ表 1 に掲げる式により計算した水平移動距離又は最大水平移動距離のいずれか短い距離だけ移動したときにできる軌跡上の各点を、垂直上方に同号ロ表 2 に掲げる式により計算した垂直移動距離又は最大垂直移動距離のいずれか短い距離だけ移動したときにできる軌跡の範囲内の部分（ハの規定により区画された各部分のうち他の外壁の開口部が設けられた部分を除く。）である外壁に設けられた開口部に法第 2 条第九号の二ロに規定する防火設備が設けられていること。

ヌ 前号ヘ及びトに掲げる基準に適合していること。

ル 廊下その他の避難の用に供する部分に令第 126 条の 3 第 1 項に掲げる基準に適合する排煙設備が設けられ、又は当該部分が外気に有効に開放されていること。

ヲ 用途地域が定められている土地の区域内にある建築物であること。

三 次に掲げる基準に適合する建築物（倉庫又は自動車車庫の用途に供するものを除く。） 準耐火構造（主要構造部である壁、柱、床、はり及び屋根の軒裏にあっては、1 時間準耐火基準に適合する準耐火構造）とすること。

イ 地階を除く階数が 3 以下であること。

ロ 周囲（道に接する部分を除く。）に幅員が 3m 以上の通路が設けられていること。ただし、次に掲げる基準に適合する建築物については、この限りでない。

(1) 延べ面積が 200㎡を超えるものにあっては、床面積の合計 200㎡以内ごとに 1 時間準耐火基準に適合する準耐火構造の床若しくは壁又は法第 2 条第九号の二ロに規定する防火設備で区画されていること。

(2) 外壁の開口部から当該開口部のある階の上階の開口部へ延焼するおそれがある場合においては、当該外壁の開口部の上部にひさしその他これに類するもので、次の(i)から(iv)までのいずれかに掲げる構造方法を用いるものが、防火上有効に設けられていること。

(i)準耐火構造の床又は壁に用いる構造とすること。
(ii)防火構造の外壁に用いる構造とすること。
(iii)令第109条の3第二号ハに規定する3階以上の階における床に用いる構造又は令第115条の2第1項第四号に規定する1階の床（直下に地階がある部分に限る。）及び2階の床（通路等の床を除く。）に用いる構造とすること。
(iv)不燃材料で造ること。

四 次に掲げる基準に適合する建築物（倉庫又は自動車車庫の用途に供するものを除く。） 令第115条の2第1項第四号から第六号まで、第八号及び第九号の規定に適合する構造とすること。
イ 地階を除く階数が2以下であること。
ロ 建築物の各室及び各通路について、壁（床面からの高さが1.2m以下の部分を除く。）及び天井の室内に面する部分の仕上げが難燃材料でされ、又はスプリンクラー設備、水噴霧消火設備、泡消火設備その他これらに類するもので自動式のもの及び令第126条の3の規定に適合する排煙設備が設けられていること。
ハ 令第46条第2項第一号イ及びロに掲げる基準に適合していること。

2 前項及び第7項の「火災時倒壊防止構造」は、次の各号に掲げる建築物の部分の区分に応じ、それぞれ当該各号に定める基準に適合する構造をいう。
一 耐力壁 次に掲げる基準
イ 自重又は積載荷重（令第86条第2項ただし書の規定によって特定行政庁が指定する多雪区域における建築物にあっては、自重、積載荷重又は積雪荷重）を支える部分の全部又は一部に木材を用いた建築物（以下この項及び第8項において「木造建築物」という。）の耐力壁（その全部又は一部に木材を用いたものでその全部又は一部に防火被覆を設けていないものに限る。）にあっては、次の(1)又は(2)のいずれかに掲げる基準に適合していること。
(1) 構造用集成材、構造用単板積層材又は直交集成板（それぞれ集成材の日本農林規格（平成19年農林水産省告示第1152号）第2条、単板積層材の日本農林規格（平成20年農林水産省告示第701号）第1部箇条3又は直交集成板の日本農林規格（平成25年農林水産省告示第3079号）箇条3に規定する使用環境A又はBの表示をしてあるものに限る。以下この項及び第8項において同じ。）を使用するものであり、かつ、次に掲げる基準に適合する構造であるほか、取合いの部分、目地の部分その他これらに類する部分（以下この項及び第8項において「取合い等の部分」という。）が、当該取合い等の部分の裏面に当て木を設ける等当該建築物の内部への炎の侵入を有効に防止することができる構造（以下この項及び第8項において「炎侵入防止構造」という。）であること。
(i)当該耐力壁の接合部の構造方法が、次に定める基準に従って、通常の火災時の加熱に対して耐力の低下を有効に防止することができる構造であること。
(一)接合部のうち木材で造られた部分の片側（当該耐力壁が面する室内において発生する火災による火熱が当該耐力壁の両側に同時に加えられるおそれがある場合にあっては、両側。第8項において同じ。）の表面（木材その他の材料で防火上有効に被覆された部分を除く。）から内側に、次の(イ)又は(ロ)に掲げる場合の区分に応じ、それぞれ当該(イ)又は(ロ)に定める値の部分が除かれたときの残りの部分が、当該接合部の存在応力を伝えることができる構造であること。
(イ)構造用集成材、構造用単板積層材又は直交集成板に使用する接着剤（以下単に「接着剤」という。）として、フェノール樹脂、レゾルシノール樹脂又はレゾルシノール・フェノール樹脂（以下「フェノール樹脂等」という。）を使用する場合（構造用集成材又は直交集成板を使用する場合にあっては、ラミナの厚さが12㎜以上である場合に限る。） 次に掲げる式によって計算した値

$$D_1 = 8.25 \times 10^{-2} t_{ff(nc)}$$

この式において、D_1及び$t_{ff(nc)}$は、それぞれ次の数値を表すものとする。
D_1 燃えしろ深さ（単位 cm）
$t_{ff(nc)}$ 補正固有通常火災終了時間（単位 分）

(ロ)接着剤として、フェノール樹脂等以外のものを使用する場合（構造用集成材又は直

交集成板を使用する場合にあっては、ラミナの厚さが21㎜以上である場合に限る。）
　次に掲げる式によって計算した値

$$D_2 = 7.5 \times 10^{-2} k_c \, t_{ff(nc)}$$

この式において、D_2、k_c 及び $t_{ff(nc)}$ は、それぞれ次の数値を表すものとする。
D_2　燃えしろ深さ（単位　cm）
k_c　次の表の左欄に掲げる補正固有通常火災終了時間の区分に応じ、それぞれ同表の右欄に定める炭化速度係数

75分以下である場合	1.45
75分を超え、90分以下である場合	1.6
90分を超え、120分以下である場合	1.8
120分を超え、180分以下である場合	2.0

$t_{ff(nc)}$　補正固有通常火災終了時間（単位　分）

㈡接合部にボルト、ドリフトピン、釘、木ねじその他これらに類するものを用いる場合においては、これらが木材その他の材料で防火上有効に被覆されていること。
㈢接合部に鉄材又は鋼材の添え板その他これに類するものを用いる場合においては、これらが埋め込まれ、又は挟み込まれていること。ただし、木材その他の材料で防火上有効に被覆されている場合においては、この限りでない。
(ii)当該耐力壁を有する建築物全体が、次に定める基準に従った構造計算によって通常の火災により容易に倒壊するおそれのないことが確かめられた構造であること。
㈠主要構造部である耐力壁のうち木材で造られた部分の表面（木材その他の材料で防火上有効に被覆された部分を除く。）から内側に、(i)㈠(イ)又は(ロ)に掲げる場合の区分に応じ、それぞれ当該(イ)又は(ロ)に定める値の部分が除かれたときの残りの断面（㈡及び(iii)において「残存断面」という。）について、令第82条第二号の表に掲げる長期の組合せによる各応力の合計により、長期応力度を計算すること。
㈡㈠によって計算した長期応力度が、残存断面について令第94条の規定に基づき計算した短期の許容応力度を超えないことを確かめること。
(iii)残存断面の厚さが20㎝以上であること。
(2)　次の(i)から(iii)までに掲げる補正固有通常火災終了時間の区分に応じ、それぞれ当該(i)から(iii)までに定める構造とするほか、取合い等の部分が炎侵入防止構造であること。
(i)75分を超える場合　通常火災終了時間が補正固有通常火災終了時間以上である建築物の耐力壁（法第21条第1項に規定する構造方法を用いるもの又は同項の規定による認定を受けたものに限る。）又は特定避難時間が補正固有通常火災終了時間以上である建築物の耐力壁（法第27条第1項に規定する構造方法を用いるもの又は同項の規定による認定を受けたものに限る。）の構造方法を用いる構造
(ii)60分を超え、75分以下である場合　次の㈠又は㈡のいずれかに掲げる構造
㈠(i)に定める構造
㈡75分間準耐火構造
(iii)60分以下である場合　次の㈠又は㈡のいずれかに掲げる構造
㈠(ii)㈠又は㈡のいずれかに掲げる構造
㈡令和元年国土交通省告示第195号第1第一号ホに定める構造方法を用いる構造
ロ　木造建築物の耐力壁（イに規定するものを除く。）にあっては、次の(1)から(4)までに掲げる固有通常火災終了時間の区分に応じ、それぞれ当該(1)から(4)までに定める構造とするほか、取合い等の部分が炎侵入防止構造であること。
(1)　90分を超える場合　通常火災終了時間が固有通常火災終了時間以上である建築物の耐力壁（法第21条第1項に規定する構造方法を用いるもの又は同項の規定による認定を受けたものに限る。）又は特定避難時間が固有通常火災終了時間以上である建築物の耐力壁（法第27条第1項に規定する構造方法を用いるもの又は同項の規定による認定を受けたものに限る。）の構造方法を用いる構造

(2) 75分を超え、90分以下である場合　次の(i)又は(ii)のいずれかに掲げる構造
(i)(1)に定める構造
(ii)令和元年国土交通省告示第194号第2第3項第一号イ又はロのいずれかに該当する構造
(3) 60分を超え、75分以下である場合　次の(i)又は(ii)のいずれかに掲げる構造
(i)(2)(i)又は(ii)のいずれかに掲げる構造
(ii)75分間準耐火構造
(4) 60分以下である場合　次の(i)又は(ii)のいずれかに掲げる構造
(i)(3)(i)又は(ii)のいずれかに掲げる構造
(ii)令和元年国土交通省告示第195号第1第一号イ、ハ若しくはニ又は第三号イ、ハ若しくはニのいずれかに定める構造方法を用いる構造

二　非耐力壁　次に掲げる基準

イ　木造建築物の非耐力壁（その全部又は一部に木材を用いたものでその全部又は一部に防火被覆を設けていないものに限る。）にあっては、次の(1)又は(2)のいずれかに掲げる基準に適合していること。

(1) 構造用集成材、構造用単板積層材又は直交集成板を使用するものであり、かつ、当該非耐力壁の厚さが次の(i)又は(ii)に掲げる場合の区分に応じ、それぞれ当該(i)又は(ii)に定める値以上であるほか、取合い等の部分が炎侵入防止構造であること。

(i)接着剤として、フェノール樹脂等を使用する場合（構造用集成材を使用する場合にあってはラミナの厚さが12㎜以上の場合に限り、直交集成板を使用する場合にあってはラミナの厚さが12㎜以上で、かつ、加熱面の表面から前号イ(1)(i)(一)(イ)に定める値の部分が除かれたときに、互いに接着された平行層と直交層が存在する場合に限る。）　次に掲げる式によって計算した値

$$D_{t1} = 8.25 \times 10^{-2}\, t_{ff(nc)} + 3$$

この式において、D_{t1} 及び $t_{ff(nc)}$ は、それぞれ次の数値を表すものとする。
D_{t1}　厚さ（単位　cm）
$t_{ff(nc)}$　補正固有通常火災終了時間（単位　分）

(ii)接着剤として、フェノール樹脂等以外のものを使用する場合（構造用集成材を使用する場合にあってはラミナの厚さが21㎜以上の場合に限り、直交集成板を使用する場合にあってはラミナの厚さが21㎜以上で、かつ、加熱面の表面から前号イ(1)(i)(一)(ロ)に定める値の部分が除かれたときに、互いに接着された平行層と直交層が存在する場合に限る。）　次に掲げる式によって計算した値

$$D_{t2} = 7.5 \times 10^{-2} k_c\, t_{ff(nc)} + 3$$

この式において、D_{t2}、k_c 及び $t_{ff(nc)}$ は、それぞれ次の数値を表すものとする。
D_{t2}　厚さ（単位　cm）
k_c　前号イ(1)(i)(一)(ロ)に規定する炭化速度係数
$t_{ff(nc)}$　補正固有通常火災終了時間（単位　分）

(2) 次の(i)から(iii)までに掲げる補正固有通常火災終了時間の区分に応じ、それぞれ当該(i)から(iii)までに定める構造とするほか、取合い等の部分が炎侵入防止構造であること。
(i)75分を超える場合　通常火災終了時間が補正固有通常火災終了時間以上である建築物の非耐力壁（外壁にあっては、延焼のおそれのある部分に限る。以下この(i)、ロ(1)及び第8項第二号イ(2)において同じ。）（法第21条第1項に規定する構造方法を用いるもの又は同項の規定による認定を受けたものに限る。）又は特定避難時間が補正固有通常火災終了時間以上である建築物の非耐力壁（法第27条第1項に規定する構造方法を用いるもの又は同項の規定による認定を受けたものに限る。）の構造方法を用いる構造
(ii)60分を超え、75分以下である場合　次の(一)又は(二)のいずれかに掲げる構造
(一)(i)に定める構造
(二)75分間準耐火構造
(iii)60分以下である場合　次の(一)又は(二)のいずれかに掲げる構造

㈠(ii)㈠又は㈡のいずれかに掲げる構造
㈡令和元年国土交通省告示第 195 号第 1 第二号ニに定める構造方法を用いる構造

ロ 木造建築物の非耐力壁（イに規定するものを除く。）にあっては、次の(1)から(4)までに掲げる固有通常火災終了時間の区分に応じ、それぞれ当該(1)から(4)までに定める構造とするほか、取合い等の部分が炎侵入防止構造であること。

(1) 90 分を超える場合　通常火災終了時間が固有通常火災終了時間以上である建築物の非耐力壁（法第 21 条第 1 項に規定する構造方法を用いるもの又は同項の規定による認定を受けたものに限る。）又は特定避難時間が固有通常火災終了時間以上である建築物の非耐力壁（法第 27 条第 1 項に規定する構造方法を用いるもの又は同項の規定による認定を受けたものに限る。）の構造方法を用いる構造

(2) 75 分を超え、90 分以下である場合　次の(i)又は(ii)のいずれかに掲げる構造
(i)(1)に定める構造
(ii)令和元年国土交通省告示第 194 号第 2 第 3 項第一号イ又はロのいずれかに該当する構造

(3) 60 分を超え、75 分以下である場合　次の(i)又は(ii)のいずれかに掲げる構造
(i)(2)(i)又は(ii)のいずれかに掲げる構造
(ii) 75 分間準耐火構造

(4) 60 分以下である場合　次の(i)又は(ii)のいずれかに掲げる構造
(i)(3)(i)又は(ii)のいずれかに掲げる構造
(ii)令和元年国土交通省告示第 195 号第 1 第二号イ若しくはハ又は第四号イ若しくはハのいずれかに定める構造方法を用いる構造

三 柱　次に掲げる基準

イ 木造建築物の柱（その全部又は一部に木材を用いたものでその全部又は一部に防火被覆を設けていないものに限る。）にあっては、次の(1)又は(2)のいずれかに掲げる基準に適合していること。

(1) 構造用集成材又は構造用単板積層材を使用するものであり、かつ、次に掲げる基準に適合する構造であるほか、取合い等の部分が炎侵入防止構造であること。
(i)令第 46 条第 2 項第一号イ及びロに掲げる基準に適合していること。
(ii)当該柱を接合する継手又は仕口が、昭和 62 年建設省告示第 1901 号に定める基準に従って、通常の火災時の加熱に対して耐力の低下を有効に防止することができる構造であること。この場合において、同告示第一号イ中「2.5cm」とあるのは「令和元年国土交通省告示第 193 号第 1 第 2 項第一号イ(1)(i)㈠(イ)又は(ロ)に掲げる場合の区分に応じ、それぞれ当該(イ)又は(ロ)に定める値」と読み替えるものとする。
(iii)当該柱を有する建築物全体が、昭和 62 年建設省告示第 1902 号に定める基準に従った構造計算によって通常の火災により容易に倒壊するおそれのないことが確かめられた構造であること。この場合において、同告示第二号イ中「2.5cm」とあるのは「令和元年国土交通省告示第 193 号第 1 第 2 項第一号イ(1)(i)㈠(イ)又は(ロ)に掲げる場合の区分に応じ、それぞれ当該(イ)又は(ロ)に定める値」と読み替えるものとする。
(iv)主要構造部である柱のうち木材で造られた部分の表面（木材その他の材料で防火上有効に被覆された部分を除く。）から内側に、第一号イ(1)(i)㈠(イ)又は(ロ)に掲げる場合の区分に応じ、それぞれ当該(イ)又は(ロ)に定める値の部分が除かれたときの残りの断面の小径が、20cm以上であること。

(2) 次の(i)から(iii)までに掲げる補正固有通常火災終了時間の区分に応じ、それぞれ当該(i)から(iii)までに定める構造とするほか、取合い等の部分が炎侵入防止構造であること。
(i) 75 分を超える場合　通常火災終了時間が補正固有通常火災終了時間以上である建築物の柱（法第 21 条第 1 項に規定する構造方法を用いるもの又は同項の規定による認定を受けたものに限る。）又は特定避難時間が補正固有通常火災終了時間以上である建築物の柱（法第 27 条第 1 項に規定する構造方法を用いるもの又は同項の規定による認定を受けたものに限る。）の構造方法を用いる構造
(ii) 60 分を超え、75 分以下である場合　次の㈠又は㈡のいずれかに掲げる構造
㈠(i)に定める構造
㈡ 75 分間準耐火構造

(iii)60分以下である場合　次の(一)又は(二)のいずれかに掲げる構造
(一)(ii)(一)又は(二)のいずれかに掲げる構造
(二)令和元年国土交通省告示第195号第2第三号イからニまでに掲げる基準に適合する構造

ロ　木造建築物の柱（イに規定するものを除く。）にあっては、次の(1)から(5)までに掲げる固有通常火災終了時間の区分に応じ、それぞれ当該(1)から(5)までに定める構造とするほか、取合い等の部分が炎侵入防止構造であること。

(1)　180分を超える場合　通常火災終了時間が固有通常火災終了時間以上である建築物の柱（法第21条第1項に規定する構造方法を用いるもの又は同項の規定による認定を受けたものに限る。）又は特定避難時間が固有通常火災終了時間以上である建築物の柱（法第27条第1項に規定する構造方法を用いるもの又は同項の規定による認定を受けたものに限る。）の構造方法を用いる構造

(2)　120分を超え、180分以下である場合　次の(i)又は(ii)のいずれかに掲げる構造
(i)(1)に定める構造
(ii)耐火構造（3時間通常の火災による火熱が加えられた場合に、構造耐力上支障のある変形、溶融、破壊その他の損傷を生じないものに限る。）

(3)　75分を超え、120分以下である場合　次の(i)又は(ii)のいずれかに掲げる構造
(i)(2)(i)又は(ii)のいずれかに掲げる構造
(ii)耐火構造（2時間通常の火災による火熱が加えられた場合に、構造耐力上支障のある変形、溶融、破壊その他の損傷を生じないものに限る。）

(4)　60分を超え、75分以下である場合　次の(i)又は(ii)のいずれかに掲げる構造
(i)(3)(i)又は(ii)のいずれかに掲げる構造
(ii)75分間準耐火構造

(5)　60分以下である場合　次の(i)又は(ii)のいずれかに掲げる構造
(i)(4)(i)又は(ii)のいずれかに掲げる構造
(ii)令和元年国土交通省告示第195号第2第一号又は第三号のいずれかに定める構造方法（第三号イからニまでに掲げる基準に適合する構造とすることを除く。）を用いる構造

四　床　次に掲げる基準

イ　木造建築物の床（その全部又は一部に木材を用いたものでその全部又は一部に防火被覆を設けていないものに限る。）にあっては、次の(1)又は(2)のいずれかに掲げる基準に適合していること。

(1)　構造用集成材、構造用単板積層材又は直交集成板を使用するものであり、かつ、次に掲げる基準に適合する構造であるほか、取合い等の部分が炎侵入防止構造であること。
(i)当該床の接合部の構造方法が、次に定める基準に従って、通常の火災時の加熱に対して耐力の低下を有効に防止することができる構造であること。
(一)接合部のうち木材で造られた部分の表面（木材その他の材料で防火上有効に被覆された部分を除く。）から内側に、第一号イ(1)(i)(一)(イ)又は(ロ)に掲げる場合の区分に応じ、それぞれ当該(イ)又は(ロ)に定める値の部分が除かれたときの残りの部分が、当該接合部の存在応力を伝えることができる構造であること。
(二)第一号イ(1)(i)(二)及び(三)に定める基準。
(ii)当該床を有する建築物全体が、次に定める基準に従った構造計算によって通常の火災により容易に倒壊するおそれのないことが確かめられた構造であること。
(一)主要構造部である床のうち木材で造られた部分の表面（木材その他の材料で防火上有効に被覆された部分を除く。）から内側に、第一号イ(1)(i)(一)(イ)又は(ロ)に掲げる場合の区分に応じ、それぞれ当該(イ)又は(ロ)に定める値の部分が除かれたときの残りの断面((二)及び(iii)において「残存断面」という。）について、令第82条第二号の表に掲げる長期の組合せによる各応力の合計により、長期応力度を計算すること。
(二)(一)によって計算した長期応力度が、残存断面について令第94条の規定に基づき計算した短期の許容応力度を超えないことを確かめること。
(iii)残存断面の厚さが20㎝以上であること。
(iv)床の上面に次の(一)から(四)までに掲げる固有通常火災終了時間の区分に応じ、それぞれ当

該㈠から㈣までに定める基準に適合する防火被覆を設けていること。

㈠ 105 分を超え、120 分以下である場合　強化せっこうボードを 3 枚以上張ったもので、その厚さの合計が 61㎜以上であるもの

㈡ 90 分を超え、105 分以下である場合　強化せっこうボードを 2 枚以上張ったもので、その厚さの合計が 55㎜以上であるもの

㈢ 75 分を超え、90 分以下である場合　強化せっこうボードを 2 枚以上張ったもので、その厚さの合計が 50㎜以上であるもの

㈣ 75 分以下である場合　強化せっこうボードを 2 枚以上張ったもので、その厚さの合計が 42㎜以上であるもの

(2) 次の(i)から(iii)までに掲げる補正固有通常火災終了時間の区分に応じ、それぞれ当該(i)から(iii)までに定める構造とするほか、取合い等の部分が炎侵入防止構造であること。

(i) 75 分を超える場合　通常火災終了時間が補正固有通常火災終了時間以上である建築物の床（法第 21 条第 1 項に規定する構造方法を用いるもの又は同項の規定による認定を受けたものに限る。）又は特定避難時間が補正固有通常火災終了時間以上である建築物の床（法第 27 条第 1 項に規定する構造方法を用いるもの又は同項の規定による認定を受けたものに限る。）の構造方法を用いる構造

(ii) 60 分を超え、75 分以下である場合　次の㈠又は㈡のいずれかに掲げる構造

㈠(i)に定める構造

㈡ 75 分間準耐火構造

(iii) 60 分以下である場合　次の㈠又は㈡のいずれかに掲げる構造

㈠(ii)㈠又は㈡のいずれかに掲げる構造

㈡令和元年国土交通省告示第 195 号第 3 第四号に定める構造方法を用いる構造

ロ 木造建築物の床（イに規定するものを除く。）にあっては、次の(1)から(4)までに掲げる固有通常火災終了時間の区分に応じ、それぞれ当該(1)から(4)までに定める構造とするほか、取合い等の部分が炎侵入防止構造であること。

(1) 90 分を超える場合　通常火災終了時間が固有通常火災終了時間以上である建築物の床（法第 21 条第 1 項に規定する構造方法を用いるもの又は同項の規定による認定を受けたものに限る。）又は特定避難時間が固有通常火災終了時間以上である建築物の床（法第 27 条第 1 項に規定する構造方法を用いるもの又は同項の規定による認定を受けたものに限る。）の構造方法を用いる構造

(2) 75 分を超え、90 分以下である場合　次の(i)又は(ii)のいずれかに掲げる構造

(i)(1)に定める構造

(ii)平成 27 年国土交通省告示第 250 号第 2 第一号イ(1)から(5)までのいずれかに掲げる構造

(3) 60 分を超え、75 分以下である場合　次の(i)又は(ii)のいずれかに掲げる構造

(i)(2)(i)又は(ii)のいずれかに該当する構造

(ii) 75 分間準耐火構造

(4) 60 分以下である場合　次の(i)又は(ii)のいずれかに掲げる構造

(i)(3)(i)又は(ii)のいずれかに掲げる構造

(ii)令和元年国土交通省告示第 195 号第 3 第一号又は第三号のいずれかに定める構造方法を用いる構造

五　はり　次に掲げる基準

イ 木造建築物のはり（その全部又は一部に木材を用いたものでその全部又は一部に防火被覆を設けていないものに限る。）にあっては、次の(1)又は(2)のいずれかに掲げる基準に適合していること。

(1) 構造用集成材又は構造用単板積層材を使用するものであり、かつ、次に掲げる基準に適合する構造であるほか、取合い等の部分が炎侵入防止構造であること。

(i)令第 46 条第 2 項第一号イ及びロに掲げる基準に適合していること。

(ii)当該はりを接合する継手又は仕口が、昭和62年建設省告示第1901号に定める基準に従って、通常の火災時の加熱に対して耐力の低下を有効に防止することができる構造であること。この場合において、同告示第一号イ中「2.5㎝」とあるのは「令和元年国土交通

省告示第193号第1第2項第一号イ(1)(i)(一)(イ)又は(ロ)に掲げる場合の区分に応じ、それぞれ当該(イ)又は(ロ)に定める値」と読み替えるものとする。

(iii)当該はりを有する建築物全体が、昭和62年建設省告示第1902号に定める基準に従った構造計算によって、通常の火災により容易に倒壊するおそれのないことが確かめられた構造であること。この場合において、同告示第二号イ中「2.5cm」とあるのは「令和元年国土交通省告示第193号第1第2項第一号イ(1)(i)(一)(イ)又は(ロ)に掲げる場合の区分に応じ、それぞれ当該(イ)又は(ロ)に定める値」と読み替えるものとする。

(iv)主要構造部であるはりのうち木材で造られた部分の表面（木材その他の材料で防火上有効に被覆された部分を除く。）から内側に、第一号イ(1)(i)(一)(イ)又は(ロ)に掲げる場合の区分に応じ、それぞれ当該(イ)又は(ロ)に定める値の部分が除かれたときの残りの断面の小径が、20cm以上であること。

(2) 次の(i)から(iii)までに掲げる補正固有通常火災終了時間の区分に応じ、それぞれ当該(i)から(iii)までに定める構造とするほか、取合い等の部分が炎侵入防止構造であること。

(i)75分を超える場合　通常火災終了時間が補正固有通常火災終了時間以上である建築物のはり（法第21条第1項に規定する構造方法を用いるもの又は同項の規定による認定を受けたものに限る。）又は特定避難時間が補正固有通常火災終了時間以上である建築物のはり（法第27条第1項に規定する構造方法を用いるもの又は同項の規定による認定を受けたものに限る。）の構造方法を用いる構造

(ii)60分を超え、75分以下である場合　次の(一)又は(二)のいずれかに掲げる構造

(一)(i)に定める構造

(二)75分間準耐火構造

(iii)60分以下である場合　次の(一)又は(二)のいずれかに掲げる構造

(一)(ii)(一)又は(二)のいずれかに掲げる構造

(二)令和元年国土交通省告示第195号第4第三号イからニまでに掲げる基準に適合する構造

ロ　木造建築物のはり（イに規定するものを除く。）にあっては、次の(1)から(5)までに掲げる固有通常火災終了時間の区分に応じ、それぞれ当該(1)から(5)までに定める構造とするほか、取合い等の部分が炎侵入防止構造であること。

(1) 180分を超える場合　通常火災終了時間が固有通常火災終了時間以上である建築物のはり（法第21条第1項に規定する構造方法を用いるもの又は同項の規定による認定を受けたものに限る。）又は特定避難時間が固有通常火災終了時間以上である建築物のはり（法第27条第1項に規定する構造方法を用いるもの又は同項の規定による認定を受けたものに限る。）の構造方法を用いる構造

(2) 120分を超え、180分以下である場合　次の(i)又は(ii)のいずれかに掲げる構造

(i)(1)に定める構造

(ii)耐火構造（3時間通常の火災による火熱が加えられた場合に、構造耐力上支障のある変形、溶融、破壊その他の損傷を生じないものに限る。）

(3) 75分を超え、120分以下である場合　次の(i)又は(ii)のいずれかに掲げる構造

(i)(2)(i)又は(ii)のいずれかに掲げる構造

(ii)耐火構造（2時間通常の火災による火熱が加えられた場合に、構造耐力上支障のある変形、溶融、破壊その他の損傷を生じないものに限る。）

(4) 60分を超え、75分以下である場合　次の(i)又は(ii)のいずれかに掲げる構造

(i)(3)(i)又は(ii)のいずれかに掲げる構造

(ii)75分間準耐火構造

(5) 60分以下である場合　次の(i)又は(ii)のいずれかに掲げる構造

(i)(4)(i)又は(ii)のいずれかに掲げる構造

(ii)令和元年国土交通省告示第195号第4第一号又は第三号のいずれかに定める構造方法（第三号イからニまでに掲げる基準に適合する構造とすることを除く。）を用いる構造

六　軒裏　次に掲げる基準

イ　木造建築物の軒裏（その全部又は一部に木材を用いたものでその全部又は一部に防火被覆を設

けていないものに限る。）にあっては、次の(1)又は(2)のいずれかに掲げる基準に適合していること。

(1) 構造用集成材、構造用単板積層材又は直交集成板を使用するものであり、かつ、当該軒裏の厚さが第二号イ(1)(i)又は(ii)に掲げる場合の区分に応じ、それぞれ当該(i)又は(ii)に定める値以上であるほか、取合い等の部分が炎侵入防止構造であること。

(2) 次の(i)は(ii)に掲げる補正固有通常火災終了時間の区分に応じ、それぞれ当該(i)又は(ii)に定める構造とするほか、取合い等の部分が炎侵入防止構造であること。

(i) 75分を超える場合　通常火災終了時間が補正固有通常火災終了時間以上である建築物の軒裏（延焼のおそれがある部分に限る。以下この(i)、ロ(1)及び第8項第六号イ(2)において同じ。）（法第21条第1項に規定する構造方法を用いるもの又は同項の規定による認定を受けたものに限る。）又は特定避難時間が補正固有通常火災終了時間以上である建築物の軒裏（法第27条第1項に規定する構造方法を用いるもの又は同項の規定による認定を受けたものに限る。）の構造方法を用いる構造

(ii) 75分以下である場合　次の(一)又は(二)のいずれかに掲げる構造

(一)(i)に定める構造

(二) 75分間準耐火構造

ロ　木造建築物の軒裏（イに規定するものを除く。）にあっては、次の(1)から(4)までに掲げる固有通常火災終了時間の区分に応じ、それぞれ当該(1)から(4)までに定める構造とするほか、取合い等の部分が炎侵入防止構造であること。

(1) 90分を超える場合　通常火災終了時間が固有通常火災終了時間以上である建築物の軒裏（法第21条第1項に規定する構造方法を用いるもの又は同項の規定による認定を受けたものに限る。）又は特定避難時間が固有通常火災終了時間以上である建築物の軒裏（法第27条第1項に規定する構造方法を用いるもの又は同項の規定による認定を受けたものに限る。）の構造方法を用いる構造

(2) 75分を超え、90分以下である場合　次の(i)又は(ii)のいずれかに掲げる構造

(i)(1)に定める構造

(ii)令和元年国土交通省告示第194号第2第3項第二号イ又はロのいずれかに該当する構造

(3) 60分を超え、75分以下である場合　次の(i)又は(ii)のいずれかに掲げる構造

(i)(2)(i)又は(ii)のいずれかに掲げる構造

(ii) 75分間準耐火構造

(4) 60分以下である場合　次の(i)又は(ii)のいずれかに掲げる構造

(i)(3)(i)又は(ii)のいずれかに掲げる構造

(ii)令和元年国土交通省告示第195号第5第二号又は第三号のいずれかに定める構造方法を用いる構造

3　第1項の「通常火災終了時間防火設備」は、次の各号に掲げる当該建築物の固有通常火災終了時間の区分に応じ、それぞれ当該各号に定める防火設備（周囲の部分（防火設備から内側に15cm以内の間に設けられた建具がある場合においては、その建具を含む。）が不燃材料で造られた開口部に取り付けられたものであって、枠若しくは他の防火設備と接する部分を相じゃくりとし、又は定規縁若しくは戸当たりを設ける等閉鎖した際に隙間が生じない構造とし、かつ、取付金物が当該防火設備が閉鎖した際に露出しないように取り付けられたものに限る。第9項において同じ。）をいう。

一　90分を超える場合　通常の火災による火熱が加えられた場合に、加熱開始後固有通常火災終了時間当該加熱面以外の面に火炎を出さないものとして、法第61条の規定による国土交通大臣の認定を受けた防火設備

二　75分を超え、90分以下である場合　次のイからホまでのいずれかに該当する防火設備

イ　前号に定める防火設備

ロ　平成27年国土交通省告示第250号第2第一号ロに適合する構造方法を用いる防火設備

ハ　骨組を鉄材又は鋼材とし、両面にそれぞれ厚さが1mm以上の鉄板又は鋼板を張った防火設備

ニ　鉄材又は鋼材で造られたもので鉄板又は鋼板の厚さが1.8mm以上の防火設備

ホ　厚さ30mm以上の繊維強化セメント板で造られた防火設備

三　60分を超え、75分以下である場合　次のイ又はロのいずれかに該当する防火設備

イ　前号に定める防火設備
ロ　75分間防火設備
四　45分を超え、60分以下である場合　次のイ又はロのいずれかに該当する防火設備
イ　前号に定める防火設備
ロ　特定防火設備
五　45分である場合　次のイ又はロのいずれかに該当する防火設備
イ　前号に定める防火設備
ロ　令第114条第5項において読み替えて準用する令第112条第21項に規定する構造方法を用いる防火設備又は同項の規定による国土交通大臣の認定を受けた防火設備

4　前各項の「固有通常火災終了時間」は、次の式によって計算した値とする。

$$t_{ff(c)} = 1.3\left(\frac{\alpha}{460}\right)^{3/2}\left[max\ (t_{escape}, t_{region})\ + t_{travel,f} + max\ \{15(N-3), 0\}\right]$$

この式において、$t_{ff(c)}$、α、t_{escape}、t_{region}、$t_{travel,f}$及びNは、それぞれ次の数値を表すものとする。
$t_{ff(c)}$　固有通常火災終了時間（単位　分）
α　平成27年国土交通省告示第255号第1第4項に規定する当該建築物の各室における火災温度上昇係数のうち最大のもの
t_{escape}　平成27年国土交通省告示第255号第1第4項に規定する在館者避難時間（単位　分）
t_{region}　平成27年国土交通省告示第255号第1第4項に規定する常備消防機関の現地到着時間（単位　分）
$t_{travel,f}$　次の式によって計算した当該建築物の各室（以下「火災室」という。）で火災が発生した場合における地上から当該火災室までの移動時間のうち最大のもの（単位　分）

$$t_{travel,fi} = t_{travel,i}$$

この式において、$t_{travel,fi}$及び$t_{travel,i}$は、それぞれ次の数値を表すものとする。
$t_{travel,fi}$　火災室で火災が発生した場合における地上から当該火災室までの移動時間（単位　分）
$t_{travel,i}$　平成27年国土交通省告示第255号第1第7項に規定する火災室で火災が発生した場合における地上から当該火災室までの移動時間（単位　分）

N　当該建築物の階数

5　第2項の「補正固有通常火災終了時間」は、次の式によって計算した値とする。

$$t_{ff(nc)} = \frac{CR_1\left[max\ (t_{escape}, t_{region}) + t_{travel,f} + max\ \{15(N-3),\ 0\}\right] + 12}{0.75}$$

この式において、$t_{ff(nc)}$、CR_1、t_{escape}、t_{region}、$t_{travel,f}$及びNは、それぞれ次の数値を表すものとする。
$t_{ff(nc)}$　補正固有通常火災終了時間（単位　分）
CR_1　次の式によって計算した放水開始以前の炭化速度（単位　㎜／分）

$$CR_1 = min\ (1.3, 0.0022\ \alpha - 0.262)$$

この式において、CR_1及びαは、それぞれ次の数値を表すものとする。
CR_1　放水開始以前の炭化速度（単位　㎜／分）
α　平成27年国土交通省告示第255号第1第4項に規定する当該建築物の各室における火災温度上昇係数のうち最大のもの

t_{escape}　平成27年国土交通省告示第255号第1第4項に規定する在館者避難時間（単位　分）
t_{region}　平成27年国土交通省告示第255号第1第4項に規定する常備消防機関の現地到着時間（単位　分）
$t_{travel,f}$　前項に規定する火災室で火災が発生した場合における地上から当該火災室までの移動時間のうち最大のもの（単位　分）
N　当該建築物の階数

6　第1項の「上階延焼抑制防火設備」は、次の各号に掲げる当該外壁の開口部の必要遮炎時間の区分に応じ、それぞれ当該各号に定める防火設備をいう。
一　60分を超える場合　通常の火災による火熱が加えられた場合に、加熱開始後必要遮炎時間加熱面以外の面に火炎を出さないものとして、法第61条の規定による国土交通大臣の認定を受けた防火設備
二　45分を超え、60分以下である場合　次のイ又はロのいずれかに掲げる防火設備
　イ　前号に定める防火設備
　ロ　特定防火設備
三　30分を超え、45分以下である場合　次のイ又はロのいずれかに掲げる防火設備
　イ　前号に定める防火設備
　ロ　令第114条第5項において読み替えて準用する令第112条第21項に規定する構造方法を用いる防火設備又は同項の規定による国土交通大臣の認定を受けた防火設備
四　20分を超え、30分以下である場合　次のイ又はロのいずれかに掲げる防火設備
　イ　前号に定める防火設備
　ロ　令和元年国土交通省告示第194号第2第4項に規定する30分間防火設備
五　20分以下である場合　次のイ又はロのいずれかに掲げる防火設備
　イ　前号に定める防火設備
　ロ　法第2条第九号の二ロに規定する防火設備
7　前項の「必要遮炎時間」は、次の式によって計算した値とする。

$$t_{intg} = \left(\frac{\alpha}{460}\right)^{3/2} \frac{t_{spread} - t_{ceiling}}{1 + \mu}$$

この式において、t_{intg}、α、t_{spread}、$t_{ceiling}$及びμは、それぞれ次の数値を表すものとする。

t_{intg}　必要遮炎時間（単位　分）

α　平成27年国土交通省告示第255号第1第4項に規定する当該建築物の各室における火災温度上昇係数のうち最大のもの

t_{spread}　次の式によって計算した上階延焼抑制時間（単位　分）

$$t_{spread} = max\ (t_{escape}, t_{region}) + t_{travel,f} + max\ \{15\ (N - 3),\ 0\}$$

この式において、t_{spread}、t_{escape}、t_{region}、$t_{travel,f}$及びNは、それぞれ次の数値を表すものとする。

t_{spread}　上階延焼抑制時間（単位　分）

t_{escape}　平成27年国土交通省告示第255号第1第4項に規定する在館者避難時間（単位　分）

t_{region}　平成27年国土交通省告示第255号第1第4項に規定する常備消防機関の現地到着時間（単位　分）

$t_{travel,f}$　第4項に規定する火災室で火災が発生した場合における地上から当該火災室までの移動時間のうち最大のもの（単位　分）

N　当該建築物の階数

$t_{ceiling}$　平成27年国土交通省告示第255号第1第7項に規定する天井燃焼抑制時間（単位　分）

μ　次の表の左欄に掲げる当該他の外壁の開口部に防火上有効に設けられているひさしその他これに類するもの（火災時倒壊防止構造の床の構造方法を用いるものに限る。）の長さに応じ、それぞれ同表右欄に定める数値

ひさしその他これに類するものの長さ（単位　m）	数値
0.9未満	1
0.9以上1.5未満	1.25
1.5以上2.0未満	1.6
2.0以上	2

8　第１項及び第２項の「75分間準耐火構造」は、次の各号に掲げる建築物の部分の区分に応じ、それぞれ当該各号に定める基準に適合する構造をいう。

一　耐力壁　次に掲げる基準

イ　木造建築物の耐力壁（その全部又は一部に木材を用いたものでその全部又は一部に防火被覆を設けていないものに限る。）にあっては、次の(1)又は(2)のいずれかに掲げる基準に適合すること。

(1)　構造用集成材、構造用単板積層材又は直交集成板を使用するものであり、かつ、次に掲げる基準に適合する構造であるほか、取合い等の部分が炎侵入防止構造であること。

(i)当該耐力壁の接合部の構造方法が、次に定める基準に従って、通常の火災時の加熱に対して耐力の低下を有効に防止することができる構造であること。

㈠接合部のうち木材で造られた部分の片側の表面（木材その他の材料で防火上有効に被覆された部分を除く。）から内側に、次の(イ)又は(ロ)に掲げる場合の区分に応じ、それぞれ当該(イ)又は(ロ)に定める値の部分が除かれたときの残りの部分が、当該接合部の存在応力を伝えることができる構造であること。

(イ)接着剤として、フェノール樹脂等を使用する場合（構造用集成材又は直交集成板を使用する場合にあっては、ラミナの厚さが12㎜以上の場合に限る。）　6.5㎝

(ロ)接着剤として、フェノール樹脂等以外のものを使用する場合（構造用集成材又は直交集成板を使用する場合にあっては、ラミナの厚さが21㎜以上の場合に限る。）　8.5㎝

㈡第２項第一号イ(1)(i)㈡及び㈢に定める基準。

(ii)当該耐力壁を有する建築物全体が、次に定める基準に従った構造計算によって通常の火災により容易に倒壊するおそれのないことが確かめられた構造であること。

㈠主要構造部である耐力壁のうち木材で造られた部分の表面（木材その他の材料で防火上有効に被覆された部分を除く。）から内側に、(1)(i)㈠(イ)又は(ロ)に掲げる場合の区分に応じ、それぞれ当該(イ)又は(ロ)に定める値の部分が除かれたときの残りの断面（㈡及び(iii)において「残存断面」という。）について、令第82条第二号の表に掲げる長期の組合せによる各応力の合計により、長期応力度を計算すること。

㈡㈠によって計算した長期応力度が、残存断面について令第94条の規定に基づき計算した短期の許容応力度を超えないことを確かめること。

(iii)残存断面の厚さが20㎝以上であること。

(2)　通常火災終了時間が75分間以上である建築物の耐力壁（法第21条第１項に規定する構造方法を用いるもの又は同項の規定による認定を受けたものに限る。）又は特定避難時間が75分間以上である建築物の耐力壁（法第27条第１項に規定する構造方法を用いるもの又は同項の規定による認定を受けたものに限る。）の構造方法を用いる構造であること。

ロ　木造建築物の耐力壁（イに規定するものを除く。）にあっては、次の(1)から(3)までのいずれかに該当するものであるほか、取合い等の部分が炎侵入防止構造であること。

(1)　平成27年国土交通省告示第250号第２第一号イ(1)から(5)までのいずれかに該当する構造であるもの

(2)　間柱及び下地を木材、鉄材又は鋼材で造り、かつ、その両側に防火被覆（強化せっこうボードを２枚以上張ったもので、その厚さの合計が42㎜以上のものに限る。）を設け、かつ、当該壁が外壁である場合にあっては、屋外側の防火被覆の上に金属板、軽量気泡コンクリートパネル若しくは窯業系サイディングを張ったもの又はモルタル若しくはしっくいを塗ったもの

(3)　イ(2)に掲げる基準に適合するもの

二　非耐力壁　次に掲げる基準

イ　木造建築物の非耐力壁（その全部又は一部に木材を用いたものでその全部又は一部に防火被覆を設けていないものに限る。）にあっては、次の(1)又は(2)のいずれかに掲げる基準に適合すること。

(1)　構造用集成材、構造用単板積層材又は直交集成板を使用するものであり、かつ、当該非耐力壁の厚さが次の(i)又は(ii)に掲げる場合の区分に応じ、それぞれ当該(i)又は(ii)に定める値

以上であるほか、取合い等の部分が炎侵入防止構造であること。

(i)接着剤として、フェノール樹脂等を使用する場合（構造用集成材を使用する場合にあってはラミナの厚さが12mm以上の場合に限り、直交集成板を使用する場合にあってはラミナの厚さが12mm以上で、かつ、加熱面の表面から6.5cmの部分が除かれたときに、互いに接着された平行層と直交層が存在する場合に限る。） 9.5cm

(ii)接着剤として、フェノール樹脂等以外のものを使用する場合（構造用集成材を使用する場合にあってはラミナの厚さが21mm以上の場合に限り、直交集成板を使用する場合にあってはラミナの厚さが21mm以上で、かつ、加熱面の表面から8.5cmの部分が除かれたときに、互いに接着された平行層と直交層が存在する場合に限る。） 11.5cm

(2) 通常火災終了時間が75分間以上である建築物の非耐力壁（法第21条第1項に規定する構造方法を用いるもの又は同項の規定による認定を受けたものに限る。）又は特定避難時間が75分間以上である建築物の非耐力壁（法第27条第1項に規定する構造方法を用いるもの又は同項の規定による認定を受けたものに限る。）の構造方法を用いる構造であること。

ロ 木造建築物の非耐力壁（イに規定するものを除く。）にあっては、次の(1)から(3)までのいずれかに該当するものであるほか、取合い等の部分が炎侵入防止構造であること。

(1) 平成27年国土交通省告示第250号第2第一号イ(1)から(5)までのいずれかに該当する構造であるもの

(2) 前号ロ(2)に該当する構造であるもの

(3) イ(2)に掲げる基準に適合するもの

三 柱 次に掲げる基準

イ 木造建築物の柱（その全部又は一部に木材を用いたものでその全部又は一部に防火被覆を設けていないものに限る。）にあっては、次の(1)又は(2)のいずれかに掲げる基準に適合すること。

(1) 構造用集成材又は構造用単板積層材を使用するものであり、かつ、次に掲げる基準に適合する構造であるほか、取合い等の部分が炎侵入防止構造であること。

(i)令第46条第2項第一号イ及びロに掲げる基準に適合していること。

(ii)当該柱を接合する継手又は仕口が、昭和62年建設省告示第1901号に定める基準に従って、通常の火災時の加熱に対して耐力の低下を有効に防止することができる構造であること。この場合において、同告示第一号イ中「2.5cm」とあるのは「令和元年国土交通省告示第193号第1第8項第一号イ(1)(i)(一)(イ)又は(ロ)に掲げる場合の区分に応じ、それぞれ当該(イ)又は(ロ)に定める値」と読み替えるものとする。

(iii)当該柱を有する建築物全体が、昭和62年建設省告示第1902号に定める基準に従った構造計算によって通常の火災により容易に倒壊するおそれのないことが確かめられた構造であること。この場合において、同告示第二号イ中「2.5cm」とあるのは「令和元年国土交通省告示第193号第1第8項第一号イ(1)(i)(一)(イ)又は(ロ)に掲げる場合の区分に応じ、それぞれ当該(イ)又は(ロ)に定める値」と読み替えるものとする。

(iv)主要構造部である柱のうち木材で造られた部分の表面（木材その他の材料で防火上有効に被覆された部分を除く。）から内側に、第一号イ(1)(i)(一)(イ)又は(ロ)に掲げる場合の区分に応じ、それぞれ当該(イ)又は(ロ)に定める値の部分が除かれたときの残りの断面の小径が、20cm以上であること。

(2) 次の(i)又は(ii)のいずれかに掲げる構造であること。

(i)耐火構造（2時間通常の火災による火熱が加えられた場合に、構造耐力上支障のある変形、溶融、破壊その他の損傷を生じないものに限る。第五号イ(2)(i)において同じ。）

(ii)通常火災終了時間が75分間以上である建築物の柱（法第21条第1項に規定する構造方法を用いるもの又は同項の規定による認定を受けたものに限る。）又は特定避難時間が75分間以上である建築物の柱（法第27条第1項に規定する構造方法を用いるもの又は同項の規定による認定を受けたものに限る。）の構造方法を用いる構造

ロ 木造建築物の柱（イに規定するものを除く。）にあっては、次の(1)又は(2)のいずれかに該当するものであるほか、取合い等の部分が炎侵入防止構造であること。

(1) イ(2)(i)又は(ii)のいずれかに掲げる構造であるもの

(2) 防火被覆（強化せっこうボードを2枚以上張ったもので、その厚さの合計が46mm以上の

ものに限る。）を設けたもの

四　床　次に掲げる基準

イ　木造建築物の床（その全部又は一部に木材を用いたものでその全部又は一部に防火被覆を設けていないものに限る。）にあっては、次の(1)又は(2)のいずれかに掲げる基準に適合すること。

(1)　構造用集成材、構造用単板積層材又は直交集成板を使用するものであり、かつ、次に掲げる基準に適合する構造であるほか、取合い等の部分が炎侵入防止構造であること。

(i)当該床の接合部の構造方法が、次に定める基準に従って、通常の火災時の加熱に対して耐力の低下を有効に防止することができる構造であること。

(一)接合部のうち木材で造られた部分の表面（木材その他の材料で防火上有効に被覆された部分を除く。）から内側に、第一号イ(1)(i)(一)(イ)又は(ロ)に掲げる場合の区分に応じ、それぞれ当該(イ)又は(ロ)に定める値の部分が除かれたときの残りの部分が、当該接合部の存在応力を伝えることができる構造であること。

(二)第２項第一号イ(1)(i)(二)及び(三)に定める基準。

(ii)当該床を有する建築物全体が、次に定める基準に従った構造計算によって通常の火災により容易に倒壊するおそれのないことが確かめられた構造であるほか、取合い等の部分が炎侵入防止構造であること。

(一)主要構造部である床のうち木材で造られた部分の表面（木材その他の材料で防火上有効に被覆された部分を除く。）から内側に、第一号(1)(i)(一)(イ)又は(ロ)に掲げる場合の区分に応じ、それぞれ当該(イ)又は(ロ)に定める値の部分が除かれたときの残りの断面（(二)及び(iii)において「残存断面」という。）について、令第82条第二号の表に掲げる長期の組合せによる各応力の合計により、長期応力度を計算すること。

(二)(一)によって計算した長期応力度が、残存断面について令第94条の規定に基づき計算した短期の許容応力度を超えないことを確かめること。

(iii)残存断面の厚さが20㎝以上であること。

(iv)床の上面に防火被覆（強化せっこうボードを２枚以上張ったもので、その厚さの合計が46㎜以上のものに限る。）を設けること。

(2)　通常火災終了時間が75分間以上である建築物の床（法第21条第１項に規定する構造方法を用いるもの又は同項の規定による認定を受けたものに限る。）又は特定避難時間が75分間以上である建築物の床（法第27条第１項に規定する構造方法を用いるもの又は同項の規定による認定を受けたものに限る。）の構造方法を用いる構造であること。

ロ　木造建築物の床（イに規定するものを除く。）にあっては、次の(1)から(3)までのいずれかに該当するものであるほか、取合い等の部分が炎侵入防止構造であること。

(1)　平成27年国土交通省告示第250号第２第一号イ(1)から(5)までのいずれかに該当する構造であるもの

(2)　根太及び下地を木材、鉄材又は鋼材で造り、かつ、その表側の部分に防火被覆（強化せっこうボードを２枚以上張ったもので、その厚さの合計が42㎜以上のものに限る。）を設け、かつ、その裏側の部分又は直下の天井に防火被覆（強化せっこうボードを２枚以上張ったもので、その厚さの合計が46㎜以上のものに限る。）を設けたもの

(3)　イ(2)に掲げる基準に適合するもの

五　はり　次に掲げる基準

イ　木造建築物のはり（その全部又は一部に木材を用いたものでその全部又は一部に防火被覆を設けていないものに限る。）にあっては、次の(1)又は(2)のいずれかに掲げる基準に適合すること。

(1)　構造用集成材又は構造用単板積層材を使用し、かつ、次に掲げる基準に適合する構造であるほか、取合い等の部分が炎侵入防止構造であること。

(i)令第46条第２項第一号イ及びロに掲げる基準に適合していること。

(ii)当該はりを接合する継手又は仕口が、昭和62年建設省告示第1901号に定める基準に従って、通常の火災時の加熱に対して耐力の低下を有効に防止することができる構造であること。この場合において、同告示第一号イ中「2.5㎝」とあるのは「令和元年国土交通省告示第193号第１第８項第一号イ(1)(i)(一)(イ)又は(ロ)に掲げる場合の区分に応じ、それぞれ当該(イ)又は(ロ)に定める値」と読み替えるものとする。

(iii)当該はりを有する建築物全体が、昭和 62 年建設省告示第 1902 号に定める基準に従った構造計算によって通常の火災により容易に倒壊するおそれのないことが確かめられた構造であること。この場合において、同告示第二号イ中「2.5cm」とあるのは「令和元年国土交通省告示第 193 号第 1 第 8 項第一号イ(1)(i)(一)(イ)又は(ロ)に掲げる場合の区分に応じ、それぞれ当該(イ)又は(ロ)に定める値」と読み替えるものとする。

(iv)主要構造部であるはりのうち木材で造られた部分の表面（木材その他の材料で防火上有効に被覆された部分を除く。）から内側に、第一号イ(1)(i)(一)(イ)又は(ロ)に掲げる場合の区分に応じ、それぞれ当該(イ)又は(ロ)に掲げる値の部分が除かれたときの残りの断面の小径が、20cm以上であること。

(2) 次の(i)又は(ii)のいずれかに掲げる構造であること。

(i)耐火構造

(ii)通常火災終了時間が 75 分間以上である建築物のはり（法第 21 条第 1 項に規定する構造方法を用いるもの又は同項の規定による認定を受けたものに限る。）又は特定避難時間が 75 分間以上である建築物のはり（法第 27 条第 1 項に規定する構造方法を用いるもの又は同項の規定による認定を受けたものに限る。）の構造方法を用いる構造

ロ 木造建築物のはり（イに規定するものを除く。）にあっては、次の(1)又は(2)のいずれかに該当するものであるほか、取合い等の部分が炎侵入防止構造であること。

(1) イ(2)(i)又は(ii)のいずれかに掲げる構造であるもの

(2) 第三号ロ(2)に該当するもの

六 軒裏 次に掲げる基準

イ 木造建築物の軒裏（その全部又は一部に木材を用いたものでその全部又は一部に防火被覆を設けていないものに限る。）にあっては、次の(1)又は(2)のいずれかに掲げる基準に適合すること。

(1) 構造用集成材、構造用単板積層材又は直交集成板を使用するものであり、かつ、当該軒裏の厚さが第二号イ(1)(i)又は(ii)に掲げる場合の区分に応じ、それぞれ当該(i)又は(ii)に定める値以上であるほか、取合い等の部分が炎侵入防止構造であること。

(2) 通常火災終了時間が 75 分間以上である建築物の軒裏（法第 21 条第 1 項に規定する構造方法を用いるもの又は同項の規定による認定を受けたものに限る。）又は特定避難時間が 75 分間以上である建築物の軒裏（法第 27 条第 1 項に規定する構造方法を用いるもの又は同項の規定による認定を受けたものに限る。）の構造方法を用いる構造であること。

ロ 木造建築物の軒裏（イに規定するものを除く。）にあっては、次の(1)から(3)までのいずれかに該当するものであるほか、取合い等の部分が炎侵入防止構造であること。

(1) 平成 27 年国土交通省告示第 250 号第 2 第一号イ(1)から(3)まで又は(5)のいずれかに該当する構造であるもの

(2) イ(2)に掲げる基準に適合するもの

(3) 第三号ロ(2)に該当するもの

9 第 1 項及び第 3 項の「75 分間防火設備」は、次の各号のいずれかに掲げる防火設備をいう。

一 通常の火災による火熱が加えられた場合に、加熱開始後 75 分間当該加熱面以外の面に火炎を出さないものとして、法第 61 条の規定による国土交通大臣の認定を受けた防火設備

二 骨組を鉄材又は鋼材とし、両面にそれぞれ厚さが 0.8mm以上の鉄板又は鋼板を張った防火設備

三 鉄材又は鋼材で造られたもので鉄板又は鋼板の厚さが 1.6mm以上の防火設備

四 厚さ 28mm以上の繊維強化セメント板で造られた防火設備

第 2

令第 109 条の 5 第二号に掲げる基準に適合する法第 21 条第 1 項に規定する建築物の主要構造部の構造方法は、耐火構造又は令第 108 条の 3 第 1 項第一号若しくは第二号に該当する構造とすることとする。

附則

1 （略）

2 ひさしその他これに類するものの構造方法を定める件（平成27年国土交通省告示第254号）は、廃止する。

特定行政庁が防火地域及び準防火地域以外の市街地について指定する区域内における屋根の構造方法を定める件

制定：平成12年5月24日　建設省告示第1361号
改正：令和元年　6月21日　国土交通省告示第200号

建築基準法（昭和25年法律第201号）第22条第1項の規定に基づき、特定行政庁が防火地域及び準防火地域以外の市街地について指定する区域内における屋根の構造方法を次のように定める。

第1

建築基準法施行令（昭和25年政令第338号。以下「令」という。）第109条の8各号に掲げる技術的基準に適合する屋根の構造方法は、建築基準法第62条に規定する屋根の構造（令第136条の2の2各号に掲げる技術的基準に適合するものに限る。）とすることとする。

第2

令第109条の8第一号に掲げる技術的基準に適合する屋根の構造方法は、建築基準法第62条に規定する屋根の構造とすることとする。

木造建築物等の外壁の延焼のおそれのある部分の構造方法を定める件

制定：平成12年5月24日　建設省告示第1362号
改正：令和元年　6月21日　国土交通省告示第200号

建築基準法（昭和25年法律第201号）第23条の規定に基づき、木造建築物等の外壁の延焼のおそれのある部分の構造方法を次のように定める。

第1

建築基準法施行令（昭和25年政令第338号。以下「令」という。）第109条の9に掲げる技術的基準に適合する耐力壁である外壁の構造方法は、次の各号のいずれかに該当するものとする。

一　防火構造（耐力壁である外壁に係るものに限る。）とすること。

二　土塗真壁造で塗厚さが30㎜以上のもので、かつ、土塗壁と間柱及び桁との取合いの部分を、当該取合いの部分にちりじゃくりを設ける等当該建築物の内部への炎の侵入を有効に防止することができる構造（前号に掲げる構造を除く。）とすること。

三　次に定める防火被覆が設けられた構造（第一号に掲げる構造を除く。）とすること。ただし、真壁造とする場合の柱及びはりの部分については、この限りでない。

　イ　屋内側にあっては、厚さ9.5㎜以上のせっこうボードを張るか、又は厚さ75㎜以上のグラスウール若しくはロックウールを充填した上に厚さ4㎜以上の合板、構造用パネル、パーティクルボード若しくは木材を張ったもの

　ロ　屋外側にあっては、次のいずれかに該当するもの

　　(1)　土塗壁（裏返塗りをしないもの及び下見板を張ったものを含む。）

　　(2)　下地を準不燃材料で造り、表面に亜鉛鉄板を張ったもの

　　(3)　せっこうボード又は木毛セメント板（準不燃材料であるもので、表面を防水処理したものに限る。）を表面に張ったもの

　　(4)　アルミニウム板張りペーパーハニカム芯（パネルハブ）パネル

第2

令第109条の9第二号に掲げる技術的基準に適合する非耐力壁である外壁の構造方法は、次に定めるものとする。

一　防火構造とすること。

二　第1第二号及び第三号に定める構造（前号に掲げる構造を除く。）とすること。

防火壁又は防火床の設置を要しない畜舎等の基準を定める件

制定：平成　6年7月28日　建設省告示第1716号
改正：令和元年　6月21日　国土交通省告示第200号

建築基準法（昭和25年法律第201号）第26条第三号の規定に基づき、国土交通大臣が定める基準を次のように定める。

第1　構造

畜舎、堆肥舎並びに水産物の増殖場及び養殖場の上家の用途に供する建築物（以下「畜舎等」という。）は、次に掲げる構造のものであること。

一　畜舎等の外壁に避難上有効な開口部が2以上設けられており、畜舎等の各部分から当該各開口部に至る歩行経路が確保されているものであること。

二　畜舎等を間仕切壁により区画する場合にあっては、当該間仕切壁に開口部を設ける等により畜舎等において作業に従事する者が火災の発生を容易に覚知できるものであること。

第2　用途

畜舎等の各部分が、次に掲げる用途に供されるものでないこと。

一　売場、集会室その他の不特定又は多数の者の利用に供する用途

二　寝室、宿直室その他の人の就寝の用に供する用途

三　調理室、浴室その他の火を使用する設備又は器具を設けて利用する用途

第3　周囲の状況

畜舎等の周囲の状況が、次のいずれかに適合するものであること。

一　次のイ及びロに適合する畜舎等にあっては、6m以内に建築物又は工作物（当該畜舎等に附属する不燃性を有する建築材料で造られたものを除く。次号において同じ。）が存しないこと。

　イ　階数が1であるもの

　ロ　都市計画法（昭和43年法律第100号）第7条第1項に規定する市街化区域以外の区域内にあるもの

二　前号に掲げるもの以外の畜舎等にあっては、20m以内に建築物又は工作物が存しないこと。

建築基準法第27条第1項に規定する特殊建築物の主要構造部の構造方法等を定める件

制定：平成27年2月23日　国土交通省告示第255号
改正：令和　3年5月28日　国土交通省告示第476号

建築基準法（昭和25年法律第201号）第27条第1項の規定に基づき、同項に規定する特殊建築物の主要構造部の構造方法を第1に、同項に規定する特殊建築物の延焼するおそれがある外壁の開口部に設ける防火設備の構造方法を第2に定め、及び建築基準法施行令（昭和25年政令第338号）第110条の2第二号の規定に基づき、他の外壁の開口部から通常の火災時における火炎が到達するおそれがあるものを第3に定める。

第1

建築基準法施行令（以下「令」という。）第110条第一号に掲げる基準に適合する建築基準法（以下「法」という。）第27条第1項に規定する特殊建築物の主要構造部の構造方法は、次の各号に掲げる建築物の区分に応じ、それぞれ当該各号に定めるもの（次の各号のうち2以上の号に掲げる建築物に該当すると

きは、当該２以上の号に定める構造方法のうちいずれかの構造方法）とする。

一　次に掲げる基準に適合する建築物　準耐火構造（主要構造部である壁、柱、床、はり及び屋根の軒裏にあっては、避難時倒壊防止構造）とすること。

イ　２階以上の階に居室を有するものにあっては、次に掲げる基準に適合する直通階段（傾斜路を含む。）が設けられていること。

⑴　令第123条第３項各号（同項第三号、第四号、第十号及び第十二号を除く。）に掲げる基準に適合していること。

⑵　階段室、バルコニー及び付室は、令第123条第３項第六号の開口部、同項第八号の窓又は⑷の出入口の部分（令第129条の13の３第３項に規定する非常用エレベーターの乗降ロビーの用に供するバルコニー又は付室にあっては、当該エレベーターの昇降路の出入口の部分を含む。）を除き、次の(i)又は(ii)のいずれかに掲げる壁（防火被覆が設けられていないものを除く。）で囲むこと。

(i)次の㈠から㈢までに掲げる固有特定避難時間に1.6を乗じた時間の区分に応じ、それぞれ当該㈠から㈢までに定める構造の壁（その全部又は一部に木材を用いた壁に限る。）

㈠90分を超える場合　通常火災終了時間が固有特定避難時間に1.6を乗じた時間以上である建築物の壁（非耐力壁である外壁にあっては、延焼のおそれのある部分に限る。以下この㈠及び(ii)㈠において同じ。）（法第21条第１項に規定する構造方法を用いるもの又は同項の規定による認定を受けたものに限る。）又は特定避難時間が固有特定避難時間に1.6を乗じた時間以上である建築物の壁（法第27条第１項に規定する構造方法を用いるもの又は同項の規定による認定を受けたものに限る。）の構造方法を用いる構造

㈡75分を超え、90分以下である場合　次の(イ)又は(ロ)のいずれかに掲げるもの

(イ)㈠に定める構造

(ロ)令和元年国土交通省告示第194号第２第３項第一号イ又はロのいずれかに該当する構造

㈢75分以下である場合　次の(イ)又は(ロ)のいずれかに掲げるもの

(イ)㈡に定める構造

(ロ)75分間準耐火構造（令和元年国土交通省告示第193号第１第８項に規定する75分間準耐火構造をいう。以下同じ。）

(ii)次の㈠から㈣までに掲げる固有特定避難時間に1.2を乗じた時間の区分に応じ、それぞれ当該㈠から㈣までに定める構造の壁（その全部又は一部に木材を用いた壁以外の壁に限る。）

㈠90分を超える場合　通常火災終了時間が固有特定避難時間に1.2を乗じた時間以上である建築物の壁（法第21条第１項に規定する構造方法を用いるもの又は同項の規定による認定を受けたものに限る。）又は特定避難時間が固有特定避難時間に1.2を乗じた時間以上である建築物の壁（法第27条第１項に規定する構造方法を用いるもの又は同項の規定による認定を受けたものに限る。）の構造方法を用いる構造

㈡75分を超え、90分以下である場合　次の(イ)又は(ロ)のいずれかに掲げるもの

(イ)㈠に定める構造

(ロ)令和元年国土交通省告示第194号第２第３項第一号イ又はロのいずれかに該当する構造

㈢60分を超え、75分以下である場合　次の(イ)又は(ロ)のいずれかに掲げるもの

(イ)㈡に定める構造

(ロ)75分間準耐火構造

㈣60分以下である場合　次の(イ)又は(ロ)のいずれかに掲げるもの

(イ)㈢に定める構造

(ロ)令和元年国土交通省告示第195号第１第一号イ若しくはニ又は第三号イ若しくはニのいずれかに定める構造方法を用いる構造

⑶　階段室及び付室の壁及び天井（天井がない場合にあっては、屋根。以下同じ。）の室内に面する部分の仕上げを不燃材料でしたものであること。

(4) 屋内からバルコニー又は付室に通ずる出入口には特定避難時間防火設備で令第 112 条第 19 項第二号に規定する構造であるものを、バルコニー又は付室から階段室に通ずる出入口には法第 2 条第九号の二ロに規定する防火設備で令第 112 条第 19 項第二号に規定する構造であるものを設けていること。

(5) バルコニー又は付室の床面積（バルコニーで床面積がないものにあっては、床部分の面積。以下この(5)において同じ。）は 10㎡以上とし、各階におけるバルコニー又は付室の床面積の合計は、当該階に設ける各居室の床面積に、$\frac{3}{100}$を乗じたものの合計以上とすること。

ロ 外壁の開口部（次の(1)から(4)までのいずれにも該当しないものに限る。以下この項及び第 7 項において「他の外壁の開口部」という。）の下端の中心点を水平方向に、それぞれ表 1 に掲げる式によって計算した水平移動距離又は最大水平移動距離のいずれか短い距離だけ移動したときにできる軌跡上の各点を、垂直上方に表 2 に掲げる式によって計算した垂直移動距離又は最大垂直移動距離のいずれか短い距離だけ移動した時にできる軌跡の範囲内の部分（当該建築物が令第 112 条第 1 項、第 4 項又は第 5 項の規定により区画された建築物である場合にあっては、当該規定により区画された各部分のうち他の外壁の開口部が設けられた部分を除く。）である外壁に設けられた開口部に上階延焼抑制防火設備が設けられていること。

(1) 昇降機その他の建築設備の機械室、不燃性の物品を保管する室、便所その他これらに類する室で、壁及び天井の室内に面する部分の仕上げを準不燃材料でしたものに設けられたもの

(2) (1)に規定する室のみに隣接する通路その他防火上支障のない通路に設けられたもの

(3) 開口部の高さが 0.3m 以下のもの

(4) 開口面積が 0.2㎡以内のもの

表 1

水平移動距離（単位　m）	$\frac{2}{3}Y(1-0.5L)+\frac{1}{2}B$
最大水平移動距離（単位　m）	$3+\frac{1}{2}B$

一　この表において、Y、L 及び B は、それぞれ次の数値を表すものとする。
　Y　表 2 に掲げる式により計算した垂直移動距離又は最大垂直移動距離のいずれか短い距離（単位　m）
　L　他の外壁の開口部の側部に袖壁等が防火上有効に設けられている場合における当該袖壁等が外壁面から突出している距離（単位　m）
　B　他の外壁の開口部の幅（単位　m）
二　他の外壁の開口部の周囲の外壁面の仕上げを木材その他の可燃材料による仕上げとした場合においては、当該外壁面の部分の幅を当該開口部の幅に含めるものとする。

表 2

垂直移動距離（単位　m）	$\frac{B}{H}<2$	$(H+1.1B)(1-0.5L)+H$
	$\frac{B}{H}\geqq 2$	$3.2H(1-0.5L)+H$
最大垂直移動距離（単位　m）	$6.2+H$	

一　この表において、B、H 及び L は、それぞれ次の数値を表すものとする。
　B　他の外壁の開口部の幅（単位　m）
　H　他の外壁の開口部の高さ（単位　m）
　L　他の外壁の開口部の上部にひさし等（ひさし、袖壁その他これらに類するもので、次のイからニまでのいずれかに掲げる構造方法を用いるものをいう。以下同じ。）が防火上有効に設けられている場合における当該ひさし等が外壁面から突出している距離（単位　m）
　　イ　準耐火構造の床又は壁に用いる構造とすること。
　　ロ　防火構造の外壁に用いる構造とすること。
　　ハ　令第 109 条の 3 第二号ハに規定する 3 階以上の階における床に用いる構造又は令第 115 条の 2 第 1 項第四号に規定する 1 階の床（直下に地階がある場合に限る。）及び 2 階の床（通路等の床を除く。）に用いる構造とすること。
　　ニ　不燃材料で造ること。

二　他の外壁の開口部の周囲の外壁面の仕上げを木材その他の可燃材料による仕上げとした場合においては、当該外壁面の部分の幅及び高さを当該開口部の幅及び高さに含めるものとする。

ハ　居室に避難上支障がないよう自動火災報知設備が設けられていること。
ニ　周囲（開口部（居室に設けられたものに限る。）がある外壁に面する部分に限り、道に接する部分を除く。第三号ロにおいて同じ。）に幅員が3m以上の通路（敷地の接する道まで達するものに限る。第三号ロにおいて同じ。）が設けられていること。
ホ　用途地域が定められていない土地の区域内にある建築物にあっては、当該建築物の各部分（昇降機その他の建築設備の機械室その他これに類する室及び便所その他これに類する室を除く。）にスプリンクラー設備（水源として、水道の用に供する水管を当該スプリンクラー設備に連結したものを除く。）、水噴霧消火設備、泡消火設備その他これらに類するもので自動式のもの（以下「スプリンクラー設備等」という。）が設けられていること。

二　法第27条第1項第二号に該当する建築物（同項各号（同項第二号にあっては、法別表第1⑴項に係る部分に限る。）に該当するものを除く。）　準耐火構造又は令第109条の3各号に掲げる基準に適合する構造とすること。

三　地階を除く階数が3で、3階を下宿、共同住宅又は寄宿舎の用途に供するもの（3階の一部を法別表第1㈠欄に掲げる用途（下宿、共同住宅及び寄宿舎を除く。）に供するもの及び法第27条第1項第二号（同表⑵項から⑷項までに係る部分を除く。）から第四号までに該当するものを除く。）のうち防火地域以外の区域内にあるものであって、次のイからハまでに掲げる基準（防火地域及び準防火地域以外の区域内にあるものにあっては、イ及びロに掲げる基準）に適合するもの　1時間準耐火基準に適合する準耐火構造とすること。

イ　下宿の各宿泊室、共同住宅の各住戸又は寄宿舎の各寝室（以下「各宿泊室等」という。）に避難上有効なバルコニーその他これに類するものが設けられていること。ただし、各宿泊室等から地上に通ずる主たる廊下、階段その他の通路が直接外気に開放されたものであり、かつ、各宿泊室等の当該通路に面する開口部に法第2条第九号の二ロに規定する防火設備が設けられている場合においては、この限りでない。
ロ　建築物の周囲に幅員が3m以上の通路が設けられていること。ただし、次に掲げる基準に適合しているものについては、この限りでない。
⑴　各宿泊室等に避難上有効なバルコニーその他これに類するものが設けられていること。
⑵　各宿泊室等から地上に通ずる主たる廊下、階段その他の通路が、直接外気に開放されたものであり、かつ、各宿泊室等の当該通路に面する開口部に法第2条第九号の二ロに規定する防火設備が設けられていること。
⑶　外壁の開口部から当該開口部のある階の上階の開口部へ延焼するおそれがある場合においては、当該外壁の開口部の上部にひさし等が防火上有効に設けられていること。
ハ　3階の各宿泊室等（各宿泊室等の階数が2以上であるものにあっては2階以下の階の部分を含む。）の外壁の開口部及び当該各宿泊室等以外の部分に面する開口部（外壁の開口部又は直接外気に開放された廊下、階段その他の通路に面する開口部にあっては、当該開口部から90cm未満の部分に当該各宿泊室等以外の部分の開口部がないもの又は当該各宿泊室等以外の部分の開口部と50cm以上突出したひさし等で防火上有効に遮られているものを除く。）に法第2条第九号の二ロに規定する防火設備が設けられていること。

四　地階を除く階数が3で、3階を法別表第1㈠欄⑶項に掲げる用途に供するもの（3階の一部を法別表第1㈠欄に掲げる用途（同欄⑶項に掲げるものを除く。）に供するもの及び法第27条第1項第二号（同表⑵項から⑷項までに係る部分を除く。）から第四号までに該当するものを除く。）であって、前号ロ（ただし書を除く。）に掲げる基準に適合するもの　1時間準耐火基準に適合する準耐火構造とすること。

2　前項及び第7項の「避難時倒壊防止構造」は、次の各号に掲げる建築物の部分の区分に応じ、それぞれ当該各号に定める基準に適合する構造をいう。
一　耐力壁　次に掲げる基準
イ　自重又は積載荷重（令第86条第2項ただし書の規定によって特定行政庁が指定する多雪区域

における建築物にあっては、自重、積載荷重又は積雪荷重）を支える部分の全部又は一部に木材を用いた建築物（以下この項において「木造建築物」という。）の耐力壁（その全部又は一部に木材を用いたものでその全部又は一部に防火被覆を設けていないものに限る。）にあっては、次の(1)又は(2)のいずれかに掲げる基準に適合していること。

(1) 構造用集成材、構造用単板積層材又は直交集成板（それぞれ集成材の日本農林規格（平成19年農林水産省告示第1152号）第2条、単板積層材の日本農林規格（平成20年農林水産省告示第701号）第1部箇条3又は直交集成板の日本農林規格（平成25年農林水産省告示第3079号）箇条3に規定する使用環境A又はBの表示をしてあるものに限る。以下この項において同じ。）を使用するものであり、かつ、次に掲げる基準に適合する構造であるほか、取合いの部分、目地の部分その他これらに類する部分（以下この項において「取合い等の部分」という。）が、当該取合い等の部分の裏面に当て木を設ける等当該建築物の内部への炎の侵入を有効に防止することができる構造（以下この項において「炎侵入防止構造」という。）であること。

(i)当該耐力壁の接合部の構造方法が、次に定める基準に従って、通常の火災時の加熱に対して耐力の低下を有効に防止することができる構造であること。

(一)接合部のうち木材で造られた部分の片側（当該耐力壁が面する室内において発生する火災による火熱が当該耐力壁の両側に同時に加えられるおそれがある場合にあっては、両側。）の表面（木材その他の材料で防火上有効に被覆された部分を除く。）から内側に、次の(イ)又は(ロ)に掲げる場合の区分に応じ、それぞれ当該(イ)又は(ロ)に定める値の部分が除かれたときの残りの部分が、当該接合部の存在応力を伝えることができる構造であること。

(イ)構造用集成材、構造用単板積層材又は直交集成板に使用する接着剤（以下単に「接着剤」という。）として、フェノール樹脂、レゾルシノール樹脂又はレゾルシノール・フェノール樹脂（以下「フェノール樹脂等」という。）を使用する場合（構造用集成材又は直交集成板を使用する場合にあっては、ラミナの厚さが12㎜以上である場合に限る。） 次に掲げる式によって計算した値

$$D_1 = 8.25 \times 10^{-2}\, t_{r,eq(nc)}$$

（この式において、D_1 及び $t_{r,eq(nc)}$ は、それぞれ次の数値を表すものとする。
D_1　燃えしろ深さ（単位　cm）
$t_{r,eq(nc)}$　補正固有特定避難時間（単位　分)）

(ロ)接着剤として、フェノール樹脂等以外のものを使用する場合（構造用集成材又は直交集成板を使用する場合にあっては、ラミナの厚さが21㎜以上である場合に限る。） 次に掲げる式によって計算した値

$$D_2 = 7.5 \times 10^{-2} k_c\, t_{r,eq(nc)}$$

（この式において、D_2、k_c 及び $t_{ff(nc)}$ は、それぞれ次の数値を表すものとする。
D_2　燃えしろ深さ（単位　cm）
k_c　次の表の左欄に掲げる補正固有特定避難時間の区分に応じ、それぞれ同表の右欄に定める炭化速度係数

75分以下である場合	1.45
75分を超え、90分以下である場合	1.6
90分を超え、120分以下である場合	1.8
120分を超え、180分以下である場合	2.0

$t_{r,eq(nc)}$　補正固有特定避難時間（単位　分)）

(二)接合部にボルト、ドリフトピン、釘、木ねじその他これらに類するものを用いる場合においては、これらが木材その他の材料で防火上有効に被覆されていること。

(三)接合部に鉄材又は鋼材の添え板その他これに類するものを用いる場合においては、これらが埋め込まれ、又は挟み込まれていること。ただし、木材その他の材料で防火上

有効に被覆されている場合においては、この限りでない。

(ii)当該耐力壁を有する建築物全体が、次に定める基準に従った構造計算によって通常の火災により容易に倒壊するおそれのないことが確かめられた構造であること。

(一)主要構造部である耐力壁のうち木材で造られた部分の表面（木材その他の材料で防火上有効に被覆された部分を除く。）から内側に、(i)(一)(イ)又は(ロ)に掲げる場合の区分に応じ、それぞれ当該(イ)又は(ロ)に定める値の部分が除かれたときの残りの断面（(二)及び(iii)において「残存断面」という。）について、令第82条第二号の表に掲げる長期の組合せによる各応力の合計により、長期応力度を計算すること。

(二)(一)によって計算した長期応力度が、残存断面について令第94条の規定に基づき計算した短期の許容応力度を超えないことを確かめること。

(iii)残存断面の厚さが20cm以上であること。

(2) 次の(i)から(iii)までに掲げる補正固有特定避難時間の区分に応じ、それぞれ当該(i)から(iii)までに定める構造とするほか、取合い等の部分が炎侵入防止構造であること。

(i) 75分を超える場合　通常火災終了時間が補正固有特定避難時間以上である建築物の耐力壁（法第21条第1項に規定する構造方法を用いるもの又は同項の規定による認定を受けたものに限る。）又は特定避難時間が補正固有特定避難時間以上である建築物の耐力壁（法第27条第1項に規定する構造方法を用いるもの又は同項の規定による認定を受けたものに限る。）の構造方法を用いる構造

(ii) 60分を超え、75分以下である場合　次の(一)又は(二)のいずれかに掲げる構造

(一)(i)に定める構造

(二) 75分間準耐火構造

(iii) 60分以下である場合　次の(一)又は(二)のいずれかに掲げる構造

(一)(ii)(一)又は(二)のいずれかに掲げる構造

(二)令和元年国土交通省告示第195号第1第一号ホに定める構造方法を用いる構造

ロ　木造建築物の耐力壁（イに規定するものを除く。）又は組積造、鉄骨造、鉄筋コンクリート造若しくは鉄骨鉄筋コンクリート造の建築物（以下「組積造の建築物等」という。）の耐力壁にあっては、次の(1)から(4)までに掲げる固有特定避難時間の区分に応じ、それぞれ当該(1)から(4)までに定める構造とするほか、取合い等の部分が炎侵入防止構造であること。

(1) 90分を超える場合　通常火災終了時間が固有特定避難時間以上である建築物の耐力壁（法第21条第1項に規定する構造方法を用いるもの又は同項の規定による認定を受けたものに限る。）又は特定避難時間が固有特定避難時間以上である建築物の耐力壁（法第27条第1項に規定する構造方法を用いるもの又は同項の規定による認定を受けたものに限る。）の構造方法を用いる構造

(2) 75分を超え、90分以下である場合　次の(i)又は(ii)のいずれかに掲げる構造

(i)(1)に定める構造

(ii)令和元年国土交通省告示第194号第2第3項第一号イ又はロのいずれかに該当する構造

(3) 60分を超え、75分以下である場合　次の(i)又は(ii)のいずれかに掲げる構造

(i)(2)(i)又は(ii)のいずれかに掲げる構造

(ii) 75分間準耐火構造

(4) 60分以下である場合　次の(i)又は(ii)のいずれかに掲げる構造

(i)(3)(i)又は(ii)のいずれかに掲げる構造

(ii)令和元年国土交通省告示第195号第1第一号イ、ハ若しくはニ又は第三号イ、ハ若しくはニのいずれかに定める構造方法を用いる構造

二　非耐力壁　次に掲げる基準

イ　木造建築物の非耐力壁（その全部又は一部に木材を用いたものでその全部又は一部に防火被覆を設けていないものに限る。）にあっては、次の(1)又は(2)のいずれかに掲げる基準に適合していること。

(1) 構造用集成材、構造用単板積層材又は直交集成板を使用するものであり、かつ、当該非耐力壁の厚さが次の(i)又は(ii)に掲げる場合の区分に応じ、それぞれ当該(i)又は(ii)に定める値以上であるほか、取合い等の部分が炎侵入防止構造であること。

(i)接着剤として、フェノール樹脂等を使用する場合（構造用集成材を使用する場合にあってはラミナの厚さが12㎜以上の場合に限り、直交集成板を使用する場合にあってはラミナの厚さが12㎜以上で、かつ、加熱面の表面から前号イ(1)(i)(一)(イ)に定める値の部分が除かれたときに、互いに接着された平行層と直交層が存在する場合に限る。） 次に掲げる式によって計算した値

$$D_{t1} = 8.25 \times 10^{-2} t_{r,eq(nc)} + 3$$

この式において、D_{t1}及び$t_{r,eq(nc)}$は、それぞれ次の数値を表すものとする。
D_{t1} 厚さ（単位 cm）
$t_{r,eq(nc)}$ 補正固有特定避難時間（単位 分）

(ii)接着剤として、フェノール樹脂等以外のものを使用する場合（構造用集成材を使用する場合にあってはラミナの厚さが21㎜以上の場合に限り、直交集成板を使用する場合にあってはラミナの厚さが21㎜以上で、かつ、加熱面の表面から前号イ(1)(i)(一)(ロ)に定める値の部分が除かれたときに、互いに接着された平行層と直交層が存在する場合に限る。） 次に掲げる式によって計算した値

$$D_{t2} = 7.5 \times 10^{-2} k_c t_{r,eq(nc)} + 3$$

この式において、D_{t2}、k_c及び$t_{r,eq(nc)}$は、それぞれ次の数値を表すものとする。
D_{t2} 厚さ（単位 cm）
k_c 前号イ(1)(i)(一)(ロ)に規定する炭化速度係数
$t_{r,eq(nc)}$ 補正固有特定避難時間（単位 分）

(2) 次の(i)から(iii)までに掲げる補正固有特定避難時間の区分に応じ、それぞれ当該(i)から(iii)までに定める構造とするほか、取合い等の部分が炎侵入防止構造であること。

(i) 75分を超える場合 通常火災終了時間が補正固有特定避難時間以上である建築物の非耐力壁（外壁にあっては、延焼のおそれのある部分に限る。以下この(i)及びロ(1)において同じ。）（法第21条第1項に規定する構造方法を用いるもの又は同項の規定による認定を受けたものに限る。）又は特定避難時間が補正固有特定避難時間以上である建築物の非耐力壁（法第27条第1項に規定する構造方法を用いるもの又は同項の規定による認定を受けたものに限る。）の構造方法を用いる構造

(ii) 60分を超え、75分以下である場合 次の(一)又は(二)のいずれかに掲げる構造
(一)(i)に定める構造
(二) 75分間準耐火構造

(iii) 60分以下である場合 次の(一)又は(二)のいずれかに掲げる構造
(一)(ii)(一)又は(二)のいずれかに掲げる構造
(二)令和元年国土交通省告示第195号第1第二号ニに定める構造方法を用いる構造

ロ 木造建築物の非耐力壁（イに規定するものを除く。）又は組積造の建築物等の非耐力壁にあっては、次の(1)から(4)までに掲げる固有特定避難時間の区分に応じ、それぞれ当該(1)から(4)までに定める構造とするほか、取合い等の部分が炎侵入防止構造であること。

(1) 90分を超える場合 通常火災終了時間が固有特定避難時間以上である建築物の非耐力壁（法第21条第1項に規定する構造方法を用いるもの又は同項の規定による認定を受けたものに限る。）又は特定避難時間が固有特定避難時間以上である建築物の非耐力壁（法第27条第1項に規定する構造方法を用いるもの又は同項の規定による認定を受けたものに限る。）の構造方法を用いる構造

(2) 75分を超え、90分以下である場合 次の(i)又は(ii)のいずれかに掲げる構造
(i)(1)に定める構造
(ii)令和元年国土交通省告示第194号第2第3項第一号イ又はロのいずれかに該当する構造

(3) 60分を超え、75分以下である場合 次の(i)又は(ii)のいずれかに掲げる構造
(i)(2)(i)又は(ii)のいずれかに掲げる構造
(ii) 75分間準耐火構造

(4) 60分以下である場合 次の(i)又は(ii)のいずれかに掲げる構造

(i)(3)(i)又は(ii)のいずれかに掲げる構造
(ii)令和元年国土交通省告示第195号第1第二号イ若しくはハ又は第四号イ若しくはハのいずれかに定める構造方法を用いる構造

三 柱 次に掲げる基準

イ 木造建築物の柱（その全部又は一部に木材を用いたものでその全部又は一部に防火被覆を設けていないものに限る。）にあっては、次の(1)又は(2)のいずれかに掲げる基準に適合していること。

(1) 構造用集成材又は構造用単板積層材を使用するものであり、かつ、次に掲げる基準に適合する構造であるほか、取合い等の部分が炎侵入防止構造であること。

(i)令第46条第2項第一号イ及びロに掲げる基準に適合していること。
(ii)当該柱を接合する継手又は仕口が、昭和62年建設省告示第1901号に定める基準に従って、通常の火災時の加熱に対して耐力の低下を有効に防止することができる構造であること。この場合において、同告示第一号イ中「2.5㎝」とあるのは「平成27年国土交通省告示第255号第1第2項第一号イ(1)(i)(一)(イ)又は(ロ)に掲げる場合の区分に応じ、それぞれ当該(イ)又は(ロ)に定める値」と読み替えるものとする。
(iii)当該柱を有する建築物全体が、昭和62年建設省告示第1902号に定める基準に従った構造計算によって通常の火災により容易に倒壊するおそれのないことが確かめられた構造であること。この場合において、同告示第二号イ中「2.5㎝」とあるのは「平成27年国土交通省告示第255号第1第2項第一号イ(1)(i)(一)(イ)又は(ロ)に掲げる場合の区分に応じ、それぞれ当該(イ)又は(ロ)に定める値」と読み替えるものとする。
(iv)主要構造部である柱のうち木材で造られた部分の表面（木材その他の材料で防火上有効に被覆された部分を除く。）から内側に、第一号イ(1)(i)(一)(イ)又は(ロ)に掲げる場合の区分に応じ、それぞれ当該(イ)又は(ロ)に定める値の部分が除かれたときの残りの断面の小径が、20㎝以上であること。

(2) 次の(i)から(iii)までに掲げる補正固有特定避難時間の区分に応じ、それぞれ当該(i)から(iii)までに定める構造とするほか、取合い等の部分が炎侵入防止構造であること。

(i)75分を超える場合　通常火災終了時間が補正固有特定避難時間以上である建築物の柱（法第21条第1項に規定する構造方法を用いるもの又は同項の規定による認定を受けたものに限る。）又は特定避難時間が補正固有特定避難時間以上である建築物の柱（法第27条第1項に規定する構造方法を用いるもの又は同項の規定による認定を受けたものに限る。）の構造方法を用いる構造
(ii)60分を超え、75分以下である場合　次の(一)又は(二)のいずれかに掲げる構造
(一)(i)に定める構造
(二)75分間準耐火構造
(iii)60分以下である場合　次の(一)又は(二)のいずれかに掲げる構造
(一)(ii)(一)又は(二)のいずれかに掲げる構造
(二)令和元年国土交通省告示第195号第2第三号イからニまでに掲げる基準に適合する構造

ロ 木造建築物の柱（イに規定するものを除く。）又は組積造の建築物等の柱にあっては、次の(1)から(5)までに掲げる固有特定避難時間の区分に応じ、それぞれ当該(1)から(5)までに定める構造とするほか、取合い等の部分が炎侵入防止構造であること。

(1) 180分を超える場合　通常火災終了時間が固有特定避難時間以上である建築物の柱（法第21条第1項に規定する構造方法を用いるもの又は同項の規定による認定を受けたものに限る。）又は特定避難時間が固有特定避難時間以上である建築物の柱（法第27条第1項に規定する構造方法を用いるもの又は同項の規定による認定を受けたものに限る。）の構造方法を用いる構造

(2) 120分を超え、180分以下である場合　次の(i)又は(ii)のいずれかに掲げる構造
(i)(1)に定める構造
(ii)耐火構造（3時間通常の火災による火熱が加えられた場合に、構造耐力上支障のある変形、溶融、破壊その他の損傷を生じないものに限る。）

(3) 75分を超え、120分以下である場合　次の(i)又は(ii)のいずれかに掲げる構造

(i)(2)(i)又は(ii)のいずれかに掲げる構造
(ii)耐火構造（2時間通常の火災による火熱が加えられた場合に、構造耐力上支障のある変形、溶融、破壊その他の損傷を生じないものに限る。）
(4) 60分を超え、75分以下である場合　次の(i)又は(ii)のいずれかに掲げる構造
(i)(3)(i)又は(ii)のいずれかに掲げる構造
(ii)75分間準耐火構造
(5) 60分以下である場合　次の(i)又は(ii)のいずれかに掲げる構造
(i)(4)(i)又は(ii)のいずれかに掲げる構造
(ii)令和元年国土交通省告示第195号第2第一号又は第三号のいずれかに定める構造方法（第三号イからニまでに掲げる基準に適合する構造とすることを除く。）を用いる構造

四　床　次に掲げる基準
イ　木造建築物の床（その全部又は一部に木材を用いたものでその全部又は一部に防火被覆を設けていないものに限る。）にあっては、次の(1)又は(2)のいずれかに掲げる基準に適合していること。
(1) 構造用集成材、構造用単板積層材又は直交集成板を使用するものであり、かつ、次に掲げる基準に適合する構造であるほか、取合い等の部分が炎侵入防止構造であること。
(i)当該床の接合部の構造方法が、次に定める基準に従って、通常の火災時の加熱に対して耐力の低下を有効に防止することができる構造であること。
(一)接合部のうち木材で造られた部分の表面（木材その他の材料で防火上有効に被覆された部分を除く。）から内側に、第一号イ(1)(i)(一)(イ)又は(ロ)に掲げる場合の区分に応じ、それぞれ当該(イ)又は(ロ)に定める値の部分が除かれたときの残りの部分が、当該接合部の存在応力を伝えることができる構造であること。
(二)第一号イ(1)(i)(二)及び(三)に定める基準に適合していること。
(ii)当該床を有する建築物全体が、次に定める基準に従った構造計算によって通常の火災により容易に倒壊するおそれのないことが確かめられた構造であること。
(一)主要構造部である床のうち木材で造られた部分の表面（木材その他の材料で防火上有効に被覆された部分を除く。）から内側に、第一号イ(1)(i)(一)(イ)又は(ロ)に掲げる場合の区分に応じ、それぞれ当該(イ)又は(ロ)に定める値の部分が除かれたときの残りの断面（(二)及び(iii)において「残存断面」という。）について、令第82条第二号の表に掲げる長期の組合せによる各応力の合計により、長期応力度を計算すること。
(二)(一)によって計算した長期応力度が、残存断面について令第94条の規定に基づき計算した短期の許容応力度を超えないことを確かめること。
(iii)残存断面の厚さが20㎝以上であること。
(2) 次の(i)から(iii)までに掲げる補正固有特定避難時間の区分に応じ、それぞれ当該(i)から(iii)までに定める構造とするほか、取合い等の部分が炎侵入防止構造であること。
(i)75分を超える場合　通常火災終了時間が補正固有特定避難時間以上である建築物の床（法第21条第1項に規定する構造方法を用いるもの又は同項の規定による認定を受けたものに限る。）又は特定避難時間が補正固有特定避難時間以上である建築物の床（法第27条第1項に規定する構造方法を用いるもの又は同項の規定による認定を受けたものに限る。）の構造方法を用いる構造
(ii)60分を超え、75分以下である場合　次の(一)又は(二)のいずれかに掲げる構造
(一)(i)に定める構造
(二)75分間準耐火構造
(iii)60分以下である場合　次の(一)又は(二)のいずれかに掲げる構造
(一)(ii)(一)又は(二)のいずれかに掲げる構造
(二)令和元年国土交通省告示第195号第3第四号に定める構造方法を用いる構造

ロ　木造建築物の床（イに規定するものを除く。）又は組積造の建築物等の床にあっては、次の(1)から(4)までに掲げる固有特定避難時間の区分に応じ、それぞれ当該(1)から(4)までに定める構造とするほか、取合い等の部分が炎侵入防止構造であること。
(1) 90分を超える場合　通常火災終了時間が固有特定避難時間以上である建築物の床（法第21条第1項に規定する構造方法を用いるもの又は同項の規定による認定を受けたものに

限る。）又は特定避難時間が固有特定避難時間以上である建築物の床（法第27条第1項に規定する構造方法を用いるもの又は同項の規定による認定を受けたものに限る。）の構造方法を用いる構造

(2) 75分を超え、90分以下である場合　次の(i)又は(ii)のいずれかに掲げる構造

(i)(1)に定める構造

(ii)平成27年国土交通省告示第250号第2第一号イ(1)から(5)までのいずれかに該当する構造

(3) 60分を超え、75分以下である場合　次の(i)又は(ii)のいずれかに掲げる構造

(i)(2)(i)又は(ii)のいずれかに掲げる構造

(ii)75分間準耐火構造

(4) 60分以下である場合　次の(i)又は(ii)のいずれかに掲げる構造

(i)(3)(i)又は(ii)のいずれかに掲げる構造

(ii)令和元年国土交通省告示第195号第3第一号又は第三号のいずれかに定める構造方法を用いる構造

五　はり　次に掲げる基準

イ　木造建築物のはり（その全部又は一部に木材を用いたものでその全部又は一部に防火被覆を設けていないものに限る。）にあっては、次の(1)又は(2)のいずれかに掲げる基準に適合していること。

(1) 構造用集成材又は構造用単板積層材を使用するものであり、かつ、次に掲げる基準に適合する構造であるほか、取合い等の部分が炎侵入防止構造であること。

(i)令第46条第2項第一号イ及びロに掲げる基準に適合していること。

(ii)当該はりを接合する継手又は仕口が、昭和62年建設省告示第1901号に定める基準に従って、通常の火災時の加熱に対して耐力の低下を有効に防止することができる構造であること。この場合において、同告示第一号イ中「2.5cm」とあるのは「平成27年国土交通省告示第255号第1第2項第一号イ(1)(i)(一)(イ)又は(ロ)に掲げる場合の区分に応じ、それぞれ当該(イ)又は(ロ)に定める値」と読み替えるものとする。

(iii)当該はりを有する建築物全体が、昭和62年建設省告示第1902号に定める基準に従った構造計算によって、通常の火災により容易に倒壊するおそれのないことが確かめられた構造であること。この場合において、同告示第二号イ中「2.5cm」とあるのは「平成27年国土交通省告示第255号第1第2項第一号イ(1)(i)(一)(イ)又は(ロ)に掲げる場合の区分に応じ、それぞれ当該(イ)又は(ロ)に定める値」と読み替えるものとする。

(iv)主要構造部であるはりのうち木材で造られた部分の表面（木材その他の材料で防火上有効に被覆された部分を除く。）から内側に、第一号イ(1)(i)(一)(イ)又は(ロ)に掲げる場合の区分に応じ、それぞれ当該(イ)又は(ロ)に定める値の部分が除かれたときの残りの断面の小径が、20cm以上であること。

(2) 次の(i)から(iii)までに掲げる補正固有特定避難時間の区分に応じ、それぞれ当該(i)から(iii)までに定める構造とするほか、取合い等の部分が炎侵入防止構造であること。

(i)75分を超える場合　通常火災終了時間が補正固有特定避難時間以上である建築物のはり（法第21条第1項に規定する構造方法を用いるもの又は同項の規定による認定を受けたものに限る。）又は特定避難時間が補正固有特定避難時間以上である建築物のはり（法第27条第1項に規定する構造方法を用いるもの又は同項の規定による認定を受けたものに限る。）の構造方法を用いる構造

(ii)60分を超え、75分以下である場合　次の(一)又は(二)のいずれかに掲げる構造

(一)(i)に定める構造

(二)75分間準耐火構造

(iii)60分以下である場合　次の(一)又は(二)のいずれかに掲げる構造

(一)(ii)(一)又は(二)のいずれかに掲げる構造

(二)令和元年国土交通省告示第195号第4第三号イからニまでに掲げる基準に適合する構造

ロ　木造建築物のはり（イに規定するものを除く。）又は組積造の建築物等のはりにあっては、次

の⑴から⑸までに掲げる固有特定避難時間の区分に応じ、それぞれ当該⑴から⑸までに定める構造とするほか、取合い等の部分が炎侵入防止構造であること。

⑴ 180分を超える場合　通常火災終了時間が固有特定避難時間以上である建築物のはり（法第21条第1項に規定する構造方法を用いるもの又は同項の規定による認定を受けたものに限る。）又は特定避難時間が固有特定避難時間以上である建築物のはり（法第27条第1項に規定する構造方法を用いるもの又は同項の規定による認定を受けたものに限る。）の構造方法を用いる構造

⑵ 120分を超え、180分以下である場合　次の(i)又は(ii)のいずれかに掲げる構造

(i)⑴に定める構造

(ii)耐火構造（3時間通常の火災による火熱が加えられた場合に、構造耐力上支障のある変形、溶融、破壊その他の損傷を生じないものに限る。）

⑶ 75分を超え、120分以下である場合　次の(i)又は(ii)のいずれかに掲げる構造

(i)⑵(i)又は(ii)のいずれかに掲げる構造

(ii)耐火構造（2時間通常の火災による火熱が加えられた場合に、構造耐力上支障のある変形、溶融、破壊その他の損傷を生じないものに限る。）

⑷ 60分を超え、75分以下である場合　次の(i)又は(ii)のいずれかに掲げる構造

(i)⑶(i)又は(ii)のいずれかに掲げる構造

(ii)75分間準耐火構造

⑸ 60分以下である場合　次の(i)又は(ii)のいずれかに掲げる構造

(i)⑷(i)又は(ii)のいずれかに掲げる構造

(ii)令和元年国土交通省告示第195号第4第一号又は第三号のいずれかに定める構造方法（第三号イからニまでに掲げる基準に適合する構造とすることを除く。）を用いる構造

六　軒裏　次に掲げる基準

イ　木造建築物の軒裏（その全部又は一部に木材を用いたものでその全部又は一部に防火被覆を設けていないものに限る。）にあっては、次の⑴又は⑵のいずれかに掲げる基準に適合していること。

⑴ 構造用集成材、構造用単板積層材又は直交集成板を使用するものであり、かつ、当該軒裏の厚さが第二号イ⑴(i)又は(ii)に掲げる場合の区分に応じ、それぞれ当該(i)又は(ii)に定める値以上であるほか、取合い等の部分が炎侵入防止構造であること。

⑵ 次の(i)又は(ii)に掲げる補正固有特定避難時間の区分に応じ、それぞれ当該(i)又は(ii)に定める構造とするほか、取合い等の部分が炎侵入防止構造であること。

(i)75分を超える場合　通常火災終了時間が補正固有特定避難時間以上である建築物の軒裏（延焼のおそれがある部分に限る。以下この(i)及びロ⑴において同じ。）（法第21条第1項に規定する構造方法を用いるもの又は同項の規定による認定を受けたものに限る。）又は特定避難時間が補正固有特定避難時間以上である建築物の軒裏（法第27条第1項に規定する構造方法を用いるもの又は同項の規定による認定を受けたものに限る。）の構造方法を用いる構造

(ii)75分以下である場合　次の㈠又は㈡のいずれかに掲げる構造

㈠(i)に定める構造

㈡75分間準耐火構造

ロ　木造建築物の軒裏（イに規定するものを除く。）又は組積造の建築物等の軒裏にあっては、次の⑴から⑷までに掲げる固有特定避難時間の区分に応じ、それぞれ当該⑴から⑷までに定める構造とするほか、取合い等の部分が炎侵入防止構造であること。

⑴ 90分を超える場合　通常火災終了時間が固有特定避難時間以上である建築物の軒裏（法第21条第1項に規定する構造方法を用いるもの又は同項の規定による認定を受けたものに限る。）又は特定避難時間が固有特定避難時間以上である建築物の軒裏（法第27条第1項に規定する構造方法を用いるもの又は同項の規定による認定を受けたものに限る。）の構造方法を用いる構造

⑵ 75分を超え、90分以下である場合　次の(i)又は(ii)のいずれかに掲げる構造

(i)⑴に定める構造

(ⅱ)令和元年国土交通省告示第194号第2第3項第二号イ又はロのいずれかに該当する構造
(3) 60分を超え、75分以下である場合　次の(ⅰ)又は(ⅱ)のいずれかに掲げる構造
(ⅰ)(2)(ⅰ)又は(ⅱ)のいずれかに掲げる構造
(ⅱ)75分間準耐火構造
(4) 60分以下である場合　次の(ⅰ)又は(ⅱ)のいずれかに掲げる構造
(ⅰ)(3)(ⅰ)又は(ⅱ)のいずれかに掲げる構造
(ⅱ)令和元年国土交通省告示第195号第5第二号又は第三号のいずれかに定める構造方法を用いる構造

3　第1項の「特定避難時間防火設備」は、次の各号に掲げる当該建築物の固有特定避難時間の区分に応じ、それぞれ当該各号に定める防火設備（周囲の部分（防火設備から内側に15cm以内の間に設けられた建具がある場合においては、その建具を含む。）が不燃材料で造られた開口部に取り付けられたものであって、枠若しくは他の防火設備と接する部分を相じゃくりとし、又は定規縁若しくは戸当たりを設ける等閉鎖した際に隙間が生じない構造とし、かつ、取付金物が当該防火設備が閉鎖した際に露出しないように取り付けられたものに限る。）をいう。

一　90分を超える場合　通常の火災による火熱が加えられた場合に、加熱開始後固有特定避難時間当該加熱面以外の面に火炎を出さないものとして、法第61条の規定による国土交通大臣の認定を受けた防火設備
二　75分を超え、90分以下である場合　次のイからホまでのいずれかに該当する防火設備
イ　前号に定める防火設備
ロ　平成27年国土交通省告示第250号第2第一号ロに適合する構造方法を用いる防火設備
ハ　骨組を鉄材又は鋼材とし、両面にそれぞれ厚さが1mm以上の鉄板又は鋼板を張った防火設備
ニ　鉄材又は鋼材で造られたもので鉄板又は鋼板の厚さが1.8mm以上の防火設備
ホ　厚さ30mm以上の繊維強化セメント板で造られた防火設備
三　60分を超え、75分以下である場合　次のイ又はロのいずれかに該当する防火設備
イ　前号に定める防火設備
ロ　75分間防火設備（令和元年国土交通省告示第193号第1第9項に規定する75分間防火設備をいう。）
四　45分を超え、60分以下である場合　次のイ又はロのいずれかに該当する防火設備
イ　前号に定める防火設備
ロ　特定防火設備
五　45分である場合　次のイ又はロのいずれかに該当する防火設備
イ　前号に定める防火設備
ロ　令第114条第5項において読み替えて準用する令第112条第21項に規定する構造方法を用いる防火設備又は同項の規定による国土交通大臣の認定を受けた防火設備

4　前各項の「固有特定避難時間」は、次の式によって計算した値とする。

$$t_{r,eq(c)} = \left(\frac{\alpha}{460}\right)^{3/2} t_r$$

この式において、$t_{r,eq(c)}$、α及びt_rは、それぞれ次の数値を表すものとする。

$t_{r,eq(c)}$　固有特定避難時間（単位　分）

α　次の式によって計算した当該建築物の各室における火災温度上昇係数のうち最大のもの

$$\alpha_i = max\left\{1280\left(\frac{q_b}{\sqrt{\Sigma (A_i I_i)}\sqrt{f_{op}}}\right)^{2/3}, 460\right\}$$

この式において、α_i、q_b、A_i、I_i及びf_{op}は、それぞれ次の数値を表すものとする。

α_i　当該建築物の各室における火災温度上昇係数

q_b　平成12年建設省告示第1433号第2に規定する当該室内の可燃物の1秒間当たりの発熱量（単位　MW）

A_i　当該室の壁、床及び天井の各部分の表面積（単位　㎡）

I_i　次の式によって計算した当該室の壁、床及び天井の各部分の熱慣性

（単位　kW・秒$^{1/2}$／（㎡・K））

$I_i = \sqrt{k\rho c}$

この式において、I_i、k、ρ 及び c は、それぞれ次の数値を表すものとする。

I_i　当該室の壁、床及び天井の各部分の熱慣性（単位　kW・秒$^{1/2}$／（㎡・K））

k　当該室の壁、床及び天井の各部分の熱伝導率（単位　kW／（m・K））

ρ　当該室の壁、床及び天井の各部分の密度（単位　kg/㎥）

c　当該室の壁、床及び天井の各部分の比熱（単位　kJ／（kg・K））

f_{op}　平成 12 年建設省告示第 1433 号第 3 第一号イ(2)に規定する有効開口因子（単位　m$^{5/2}$）

t_r　次の式によって計算した実特定避難時間（単位　分）

$$t_r = max\ (t_{escape},\ t_{region}) + t_{search} + t_{retreat}$$

この式において、t_r、t_{escape}、t_{region}、t_{search} 及び $t_{retreat}$ は、それぞれ次の数値を表すものとする。

t_r　実特定避難時間（単位　分）

t_{escape}　次の式によって計算した在館者避難時間（単位　分）

$$t_{escape} = t_{escape(w)} + t_{escape(c)}$$

この式において、t_{escape}、$t_{escape(w)}$ 及び $t_{escape(c)}$ は、それぞれ次の数値を表すものとする。

t_{escape}　在館者避難時間（単位　分）

$t_{escape(w)}$　次の式によって計算した当該建築物の各部分から地上までの避難を終了するまでに要する歩行時間のうち最大のもの（単位　分）

$$t_{escape(wi)} = \frac{L}{v}$$

この式において、$t_{escape(wi)}$、L 及び v は、それぞれ次の数値を表すものとする。

$t_{escape(wi)}$　当該建築物の各部分から地上までの避難を終了するまでに要する歩行時間（単位　分）

L　当該部分から地上への出口の一に至る歩行距離（単位　m）

v　当該部分の用途、建築物の部分の種類及び避難の方向に応じ、次の表に定める歩行速度（単位　m／分）

当該部分の用途		建築物の部分の種類	避難の方向	歩行速度
劇場、映画館、演芸場、観覧場、公会堂、集会場その他これらに類する用途		階段	上り	9
			下り	12
		その他の部分	－	30
児童福祉施設等（令第 115 条の 3 第一号に規定する児童福祉施設等をいう。以下同じ。）（通所のみにより利用されるものに限	乳児又は満 2 歳に満たない幼児を保育する場合（当該用途に供する階が 3 階以下の階である場合に限る。）	階段	下り	2.5
		保育室	－	12
		廊下	－	8
		その他の部分	－	30

る。）その他これに類する用途	乳児又は満2歳に満たない幼児を保育する場合以外の場合（当該用途に供する階が5階以下の階である場合に限る。）	階段	上り	4.5
			下り	6
		その他の部分	－	15
百貨店、展示場その他これらに類する用途又は共同住宅、ホテルその他これらに類する用途（病院、診療所及び児童福祉施設等を除く。）		階段	上り	9
			下り	12
		その他の部分	－	30
学校（幼保連携型認定こども園を除く。）、事務所その他これらに類する用途		階段	上り	12
			下り	16
		その他の部分	－	39

$t_{escape(c)}$ 次の式によって計算した当該建築物の各部分から地上までの避難を終了するまでに要する各階段における滞留時間のうち最大のもの（単位　分）

$$t_{escape(ci)} = \frac{P}{R}$$

この式において、$t_{escape(ci)}$、P 及び R は、それぞれ次の数値を表すものとする。

$t_{escape(ci)}$ 当該建築物の各部分から地上までの避難を終了するまでに要する各階段における滞留時間（単位　分）

P 次の式によって計算した当該階段を経由して避難する者（以下「避難者」という。）の数（単位　人）

$$P = \Sigma\, pA_{area}$$

この式において、P、p 及び A_{area} は、それぞれ次の数値を表すものとする。

P 在室者の数（単位　人）

p 次の表の左欄に掲げる避難者の存する居室の種類に応じ、それぞれ同表右欄に定める在館者密度（単位　人/㎡）

住宅の居室		0.06
住宅以外の建築物における寝室	固定ベッドの場合	ベッド数を床面積で除した数値
	その他の場合	0.16
事務室、会議室その他これらに類するもの		0.125
教室		0.7
百貨店又は物品販売業を営む店舗	売場の部分	0.5
	売場に附属する通路の部分	0.25
飲食店		0.7

劇場、映画館、演芸場、観覧場、公会堂、集会場その他これらに類する用途に供する居室	固定席の場合	座席数を床面積で除した数値
	その他の場合	1.5
展示室その他これに類するもの		0.5
保育所又は幼保連携型認定こども園の用途に供する居室	乳児又は満2歳に満たない幼児を保育する用途に供する場合	0.6
	その他の場合	0.5
児童福祉施設等（保育所及び幼保連携型認定こども園を除き、通所のみにより利用されるものに限る。）の用途に供する居室		0.33

A_{area}　避難者の存する居室の床面積（単位　㎡）

R　次の式によって計算した当該階段における流動量（単位　人／分）

$R = min\,(90D_{co}, R_d, R_{st})$

この式において、R、D_{co}、R_d 及び R_{st} は、それぞれ次の数値を表すものとする。

R　当該階段における流動量（単位　人／分）

D_{co}　当該階段から地上に通ずる廊下の幅のうち最小のもの（単位　m）

R_d　次の式によって計算した当該階段から地上に通ずる各出口の有効流動量のうち最小のもの（単位　人／分）

$R_{di} = B_d N_d$

この式において、R_{di}、B_d 及び N_d は、それぞれ次の数値を表すものとする。

R_{di}　当該階段から地上に通ずる各出口の有効流動量（単位　人／分）

B_d　当該出口の幅（単位　m）

N_d　次の表の左欄に掲げる当該出口の区分に応じ、それぞれ同表の右欄に定める当該出口の流動係数（単位　人／分・m）

階段及び居室に設けられた出口	90
階段及び居室以外の部分に設けられた出口	$min\,\{max\,(150 - 60B_d / D_{co}, 90), 120\}$
この表において、B_d 及び D_{co} は、それぞれ次の数値を表すものとする。 B_d　当該出口の幅（単位　m） D_{co}　当該階段から地上に通ずる廊下の幅のうち最小のもの（単位　m）	

R_{st}　次の式によって計算した当該階段の有効流動量（単位　人／分）

$$R_{st} = D_{st}N_{st}$$

この式において、R_{st}、D_{st} 及び N_{st} は、それぞれ次の数値を表すものとする。

R_{st}　当該階段における有効流動量（単位　人／分）

D_{st}　当該階段の幅（単位　m）

N_{st}　次の表の左欄及び中欄に掲げる場合の区分に応じ、それぞれ同表の右欄に定める当該階段の流動係数（単位　人／分・m）

下り	$D_{landing} < D_{st}$	$\min\{72 - 48(1 - D_{landing} / D_{st}),\ 90D_{landing} / D_{st}\}$
	$D_{landing} \geq D_{st}$	72
上り	$D_{landing} < D_{st}$	$\min\{60 - 36(1 - D_{landing} / D_{st}),\ 90D_{landing} / D_{st}\}$
	$D_{landing} \geq D_{st}$	60
この表において、$D_{landing}$ 及び D_{st} は、それぞれ次の数値を表すものとする。 $D_{landing}$　当該階段の踊り場の幅（単位　m） D_{st}　当該階段の幅（単位　m）		

t_{region}　次の表の左欄に掲げる建築物が立地する土地の区域の区分に応じ、それぞれ同表の右欄に定める常備消防機関の現地到着時間（単位　分）

用途地域が定められている土地の区域	20
用途地域が定められていない土地の区域のうち特定行政庁が指定する区域	30 以上であって特定行政庁が定める時間

t_{search}　次の式によって計算した当該建築物の各室（以下「火災室」という。）で火災が発生した場合における当該建築物の捜索時間のうち最大のもの（単位　分）

$$t_{search,i} = \frac{L_1}{60} + \frac{L_2}{v_{fb}} + \frac{A_1}{V_1} + \frac{A_2}{V_2} + \frac{A_3}{50}$$

この式において、$t_{search,i}$、L_1、L_2、v_{fb}、A_1、V_1、A_2、V_2 及び A_3 は、それぞれ次の数値を表すものとする。

$t_{search,i}$　火災室で火災が発生した場合における当該建築物の捜索時間（単位　分）

L_1　地上から当該建築物へ通ずる出入口から避難階の階段室（火災室で火災が発生した場合における当該火災室のある階（以下「出火階」という。）に通ずるものに限る。以下この項において同じ。）までの歩行距離（単位　m）

L_2　避難階の階段室から出火階の階段室までの歩行距離（単位　m）

v_{fb}　次の表の左欄に掲げる建築物の部分の種類に応じ、同表の右欄に定める避難階の階段室から出火階の階段室までの移動速度（単位　m/ 分）

建築物の部分の種類	移動速度

非常用の昇降機が設けられている部分	60
連結送水管が設けられている部分	15
その他の部分	10.8

A_1　出火階の床面積（単位　㎡）
V_1　次の表の左欄に掲げる建築物の部分の種類に応じ、同表の右欄に定める出火階における捜索速度（単位　㎡／分）

建築物の部分の種類	捜索速度
スプリンクラー設備等及び令第 126 条の 3 の規定に適合する排煙設備が設けられている部分（当該建築物が令第 112 条第 1 項、第 4 項又は第 5 項の規定により区画された建築物である場合にあっては、当該区画された各部分のうち火災室が存する部分が 2 以上の階にわたる場合を除く。）	50
令第 126 条の 3 の規定に適合する排煙設備が設けられている部分	25
その他の部分	5

A_2　出火階の直上階の床面積（単位　㎡）
V_2　次の表の左欄に掲げる建築物の部分の種類に応じ、同表の右欄に定める出火階の直上階における捜索速度（単位　㎡／分）

建築物の部分の種類	捜索速度
令第 126 条の 3 第 1 項に掲げる基準に適合する排煙設備が設けられている部分	50
その他の部分	25

A_3　出火階及び出火階の直上階以外の階の床面積（単位　㎡）

$t_{retreat}$　次の式によって計算した退避時間（単位　分）

$$t_{retreat} = \frac{L_1}{60} + \frac{L_2}{25}$$

この式において、$t_{retreat}$、L_1 及び L_2 は、それぞれ次の数値を表すものとする。
$t_{retreat}$　退避時間（単位　分）
L_1　地上から当該建築物へ通ずる出入口から避難階の階段室までの歩行距離（単位　m）
L_2　避難階の階段室から出火階の階段室までの歩行距離（単位　m）

5　第 2 項の「補正固有特定避難時間」は、次の式によって計算した値とする。

$$t_{r,eq(nc)} = \frac{CR_1}{0.75} t_r$$

この式において、$t_{r,eq(nc)}$、CR_1 及び t_r は、それぞれ次の数値を表すものとする。
$t_{r,eq(nc)}$　補正固有特定避難時間（単位　分）
CR_1　次の式によって計算した炭化速度（単位　㎜／分）

$$CR_1 = min\ (1.3,\ 0.0022\ \alpha - 0.262)$$

この式において、CR_1 及び α は、それぞれ次の数値を表すものとする。
CR_1　炭化速度（単位　㎜／分）
α　前項に規定する当該建築物の各室における火災温度上昇係数のうち最大のもの

t_r　前項に規定する実特定避難時間（単位　分）

6　第 1 項の「上階延焼抑制防火設備」は、次の各号に掲げる当該外壁の開口部の必要遮炎時間の区分に応じ、それぞれ当該各号に定める防火設備をいう。
一　60 分を超える場合　通常の火災による火熱が加えられた場合に、加熱開始後必要遮炎時間加熱面

以外の面に火炎を出さないものとして、法第61条の規定による国土交通大臣の認定を受けた防火設備

二　45分を超え、60分以下である場合　次のイ又はロのいずれかに掲げる防火設備

　イ　前号に定める防火設備

　ロ　特定防火設備

三　30分を超え、45分以下である場合　次のイ又はロのいずれかに掲げる防火設備

　イ　前号に定める防火設備

　ロ　令第114条第5項において読み替えて準用する令第112条第21項に規定する構造方法を用いる防火設備又は同項の規定による国土交通大臣の認定を受けた防火設備

四　20分を超え、30分以下である場合　次のイ又はロのいずれかに掲げる防火設備

　イ　前号に定める防火設備

　ロ　令和元年国土交通省告示第194号第2第4項に規定する30分間防火設備

五　20分以下である場合　次のイ又はロのいずれかに掲げる防火設備

　イ　前号に定める防火設備

　ロ　法第2条第九号の二ロに規定する防火設備

7　前項の「必要遮炎時間」は、次の式によって計算した値とする。

$$t_{intg} = \left(\frac{\alpha}{460}\right)^{3/2} \frac{t_{spread} - t_{ceiling}}{1 + \mu}$$

この式において、t_{intg}、α、t_{spread}、$t_{ceiling}$及びμは、それぞれ次の数値を表すものとする。

t_{intg}　必要遮炎時間（単位　分）

α　第4項に規定する当該建築物の各室における火災温度上昇係数のうち最大のもの

t_{spread}　次の式によって計算した上階延焼抑制時間（単位　分）

$$t_{spread} = max\,(t_{escape}, t_{region}) + t_{travel} + max\,\{15\,(N - 3), 0\}$$

この式において、t_{spread}、t_{escape}、t_{region}、t_{travel}及びNは、それぞれ次の数値を表すものとする。

t_{spread}　上階延焼抑制時間（単位　分）

t_{escape}　第4項に規定する在館者避難時間（単位　分）

t_{region}　第4項に規定する常備消防機関の現地到着時間（単位　分）

t_{travel}　次の式によって計算した火災室で火災が発生した場合における地上から当該火災室までの移動時間のうち最大のもの（単位　分）

$$t_{travel,i} = \sum\left(\frac{L_1}{60} + \frac{L_2}{v_{fb}}\right) + \frac{L_1 + L_2}{40} + \frac{L_f}{v_f} + 6$$

この式において、$t_{travel,i}$、L_1、L_2、v_{fb}、L_f及びv_fは、それぞれ次の数値を表すものとする。

$t_{travel,i}$　火災室で火災が発生した場合における地上から当該火災室までの移動時間（単位　分）

L_1　地上から当該建築物へ通ずる出入口から避難階の階段室までの歩行距離（単位　m）

L_2　避難階の階段室から出火階の階段室までの歩行距離（単位　m）

v_{fb}　第4項に規定する避難階の階段室から出火階の階段室までの歩行速度（単位　m/分）

L_f　出火階の階段のバルコニー又は付室から火災室までの歩行距離（単位　m）

v_f　次の表の左欄に掲げる場合の区分に応じ、それぞれ同表の右欄に定める出火階における歩行速度（単位　m/分）

出火階の階段のバルコニー若しくは付室から火災室までの廊下その他の避難の用に供する部分に令第126条の3第1項に掲げる基準に	15

適合する排煙設備が設けられ、又は当該部分が外気に有効に開放されている場合	
その他の場合	3

N　当該建築物の階数

$t_{ceiling}$　次の表の左欄及び中欄に掲げる当該他の外壁の開口部が設けられた室の区分に応じ、それぞれ同表の右欄に定める天井燃焼抑制時間（単位　分）

スプリンクラー設備等が設けられている場合	天井の室内に面する部分（回り縁、窓台その他これらに類する部分を除く。以下この表において同じ。）の仕上げが準不燃材料でされている場合	22
	壁及び天井の室内に面する部分の仕上げが準不燃材料でされている場合	24
	その他の場合	0
その他の場合	天井の室内に面する部分の仕上げが準不燃材料でされている場合	2
	壁及び天井の室内に面する部分の仕上げが準不燃材料でされている場合	4
	その他の場合	0

μ　次の表の左欄に掲げる当該他の外壁の開口部に防火上有効に設けられているひさしその他これに類するもの（避難時倒壊防止構造の床の構造方法を用いるものに限る。）の長さに応じ、それぞれ同表右欄に定める数値

ひさしその他これに類するものの長さ（単位　m）	数値
0.9 未満	1
0.9 以上 1.5 未満	1.25
1.5 以上 2.0 未満	1.6
2.0 以上	2

8　令第 110 条第二号に掲げる基準に適合する法第 27 条第 1 項に規定する特殊建築物の主要構造部の構造方法は、耐火構造又は令第 108 条の 3 第 1 項第一号若しくは第二号に該当する構造とすることとする。

第 2

令第 110 条の 3 に規定する技術的基準に適合する法第 27 条第 1 項の特殊建築物の延焼するおそれがある外壁の開口部に設ける防火設備の構造方法は、令第 137 条の 10 第四号に規定する 20 分間防火設備とすることとする。

第 3

令第 110 条の 2 第二号に規定する他の外壁の開口部から通常の火災時における火炎が到達するおそれがあるものは、第 1 第 1 項第四号に掲げる建築物（1 時間準耐火基準に適合する準耐火構造（耐火構造を除く。）としたものに限る。）及び法第 27 条第 1 項第一号に該当する特殊建築物で令第 110 条第一号に掲げる基準に適合するものとして同項の規定による認定を受けたものの外壁の開口部（次の各号のいずれにも該当しないものに限る。以下「他の外壁の開口部」という。）の下端の中心点を水平方向に、それぞれ第 1 第一号ロ表 1 に掲げる式により計算した水平移動距離又は最大水平移動距離のいずれか短い距離だけ移動したときにできる軌跡上の各点を、垂直上方に第 1 第一号ロ表 2 に掲げる式により計算した垂直移動距離又は最大垂直移動距離のいずれか短い距離だけ移動したときにできる軌跡の範囲内の部分である外壁の開口部（令第 110 条の 2 第一号に掲げるもの及び他の外壁の開口部が設けられた防火区画内に設けられたものを除く。）とする。

一　スプリンクラー設備、水噴霧消火設備、泡消火設備その他これらに類するもので自動式のものを設けた室（通路に該当する室を除く。以下同じ。）に設けられたもの

二　天井の室内に面する部分の仕上げを準不燃材料による仕上げとした室（床面積が40㎡以下であるものを除く。）に設けられたもの
三　昇降機その他の建築設備の機械室、不燃性の物品を保管する室、便所その他これらに類する室で、壁及び天井の室内に面する部分の仕上げを準不燃材料でしたものに設けられたもの
四　第一号から前号までに規定する室のみに隣接する通路その他防火上支障のない通路に設けられたもの
五　法第2条第九号の二ロに規定する防火設備を設けたもの
六　開口部の高さが0.3m以下のもの
七　開口面積が0.2㎡以内のもの

石綿等をあらかじめ添加した建築材料で石綿等を飛散又は発散させるおそれがないものを定める件

制定：平成18年9月29日　国土交通省告示第1172号

建築基準法（昭和25年法律第201号）第28条の2第二号に規定する石綿等を飛散又は発散させるおそれがないものとして国土交通大臣が定める石綿等をあらかじめ添加した建築材料は、次に掲げるもの以外の石綿をあらかじめ添加した建築材料とする。
一　吹付け石綿
二　吹付けロックウールでその含有する石綿の重量が当該建築材料の重量の0.1%を超えるもの

遮音性能を有する長屋又は共同住宅の界壁及び天井の構造方法を定める件

制定：昭和45年12月28日　建設省告示第1827号
改正：令和 2年 2月27日　国土交通省告示第200号

建築基準法（昭和25年法律第201号）第30条の規定に基づき、遮音性能を有する長屋又は共同住宅の界壁の構造方法を次のように定める。

第1　下地等を有しない界壁の構造方法

建築基準法施行令（昭和25年政令第338号。以下「令」という。）第22条の3第1項に規定する技術的基準に適合する間柱及び胴縁その他の下地（堅固な構造としたものに限る。以下「下地等」という。）を有しない界壁の構造方法は、次の各号のいずれかに該当するものとする。
一　鉄筋コンクリート造、鉄骨鉄筋コンクリート造又は鉄骨コンクリート造で厚さが10cm以上のもの
二　コンクリートブロック造、無筋コンクリート造、れんが造又は石造で肉厚及び仕上げ材料の厚さの合計が10cm以上のもの
三　土蔵造で厚さが15cm以上のもの
四　厚さが10cm以上の気泡コンクリートの両面に厚さが1.5cm以上のモルタル、プラスター又はしつくいを塗つたもの
五　肉厚が5cm以上の軽量コンクリートブロックの両面に厚さが1.5cm以上のモルタル、プラスター又はしつくいを塗つたもの
六　厚さが8cm以上の木片セメント板（かさ比重が0.6以上のものに限る。）の両面に厚さが1.5cm以上のモルタル、プラスター又はしつくいを塗つたもの
七　鉄筋コンクリート製パネルで厚さが4cm以上のもの（1㎡当たりの質量が110kg以上のものに限る。）の両面に木製パネル（1㎡当たりの質量が5kg以上のものに限る。）を堅固に取り付けたもの
八　厚さが7cm以上の土塗真壁造（真壁の四周に空隙のないものに限る。）

第2　下地等を有する界壁の構造方法

令第22条の3第1項に規定する技術的基準に適合する下地等を有する界壁の構造方法は、次の各号のいずれかに該当するものとする。

一　下地等の両面を次のイからニまでのいずれかに該当する仕上げとした厚さが13cm以上の大壁造であるもの

イ　鉄網モルタル塗又は木ずりしつくい塗で塗厚さが2cm以上のもの

ロ　木毛セメント板張又はせつこうボード張の上に厚さ1.5cm以上のモルタル又はしつくいを塗つたもの

ハ　モルタル塗の上にタイルを張つたものでその厚さの合計が2.5cm以上のもの

ニ　セメント板張又は瓦張の上にモルタルを塗つたものでその厚さの合計が2.5cm以上のもの

二　次のイ及びロに該当するもの

イ　界壁の厚さ（仕上材料の厚さを含まないものとする。）が10cm以上であり、その内部に厚さが2.5cm以上のグラスウール（かさ比重が0.02以上のものに限る。）又はロックウール（かさ比重が0.04以上のものに限る。）を張つたもの

ロ　界壁の両面を次の(1)又は(2)のいずれかに該当する仕上材料で覆つたもの

(1)　厚さが1.2cm以上のせつこうボード、厚さが2.5cm以上の岩綿保温板又は厚さが1.8cm以上の木毛セメント板の上に厚さが0.09cm以上の亜鉛めつき鋼板を張つたもの

(2)　厚さが1.2cm以上のせつこうボードを2枚以上張つたもの

第3　天井の構造方法

令第22条の3第2項に規定する技術的基準に適合する天井の構造方法は、次の各号のいずれかに該当するものとする。

一　厚さが0.95cm以上のせつこうボード（その裏側に厚さが10cm以上のグラスウール（かさ比重が0.016以上のものに限る。）又はロックウール（かさ比重が0.03以上のものに限る。）を設けたものに限る。）とすること

二　平成28年国土交通省告示第694号に定める構造方法（開口部を設ける場合にあつては、当該開口部が遮音上有効な構造であるものに限る。）

屎(し)尿浄化槽及び合併処理浄化槽の構造方法を定める件

制定：昭和55年7月14日　建設省告示第1292号
改正：平成18年1月17日　国土交通省告示第154号

建築基準法（昭和25年法律第201号）第31条第2項の規定に基づき、屎(し)尿浄化槽の構造方法を第4及び第5に、建築基準法施行令（昭和25年政令第338号）第35条第1項の規定に基づき、合併処理浄化槽の構造方法を第1から第3まで及び第6から第12までに定める。

第1

環境省関係浄化槽法施行規則（昭和59年厚生省令第17号）第1条の2に規定する放流水の水質の技術上の基準に適合する合併処理浄化槽の構造は、第一号から第三号まで、第6第一号から第五号まで、第7第一号若しくは第二号、第8第一号若しくは第二号、第9第一号若しくは第二号、第10第一号若しくは第二号又は第11第一号若しくは第二号に該当し、かつ、第四号に定める構造としたものとする。

一　分離接触ばつ気方式

㈠から㈣までに定める構造の沈殿分離槽、接触ばつ気槽、沈殿槽及び消毒槽をこの順序に組み合わせた構造で処理対象人員が50人以下であるもの。

㈠　沈殿分離槽

(イ)　2室に区分し、直列に接続すること。

(ロ)　有効容量は、処理対象人員に応じて、次の表の式によつて計算した数値以上とすること。

n ≦ 5	V ＝ 2.5
6 ≦ n ≦ 10	V ＝ 2.5 ＋ 0.5（n － 5）
11 ≦ n ≦ 50	V ＝ 5 ＋ 0.25（n － 10）
この表において、n 及び V は、それぞれ次の数値を表すものとする。 n　処理対象人員（単位　人） V　有効容量（単位　㎥）	

(ハ) 第１室の有効容量は、沈殿分離槽の有効容量のおおむね $\frac{2}{3}$ とすること。

(ニ) 各室の有効水深は、1.2m（処理対象人員が 10 人を超える場合においては、1.5m）以上とすること。

(ホ) 第１室においては、流入管の開口部の位置を水面から有効水深のおおむね $\frac{1}{3}$ から $\frac{1}{4}$ までの深さとし、沈殿汚泥を撹乱しない構造とすること。

(ヘ) 各室においては、流出管又はバッフルの下端の開口部の位置を水面から有効水深のおおむね $\frac{1}{2}$ から $\frac{1}{3}$ までの深さとし、浮上物の流出し難い構造とすること。

(ト) ポンプにより沈殿分離槽へ汚水を移送する場合においては、当該ポンプは、次の(1)から(3)までに定めるところによること。

(1) 2 台以上備え、閉塞を生じ難い構造とすること。

(2) 1 日当たりの送水容量は、1 台ごとに、日平均汚水量のおおむね 2.5 倍に相当する容量とすること。

(3)ポンプ升の有効容量は、1 台のポンプで移送した場合に、汚水があふれ出ない容量とすること。

(二) 接触ばつ気槽

(イ) 有効容量が 5.2㎥を超える場合においては、2 室に区分し、直列に接続すること。

(ロ) 有効容量は、処理対象人員に応じて、次の表の式によつて計算した数値以上とすること。

n ≦ 5	V ＝ 1
6 ≦ n ≦ 10	V ＝ 1 ＋ 0.2（n － 5）
11 ≦ n ≦ 50	V ＝ 2 ＋ 0.16（n － 10）
この表において、n 及び V は、それぞれ次の数値を表すものとする。 n　処理対象人員（単位　人） V　有効容量（単位　㎥）	

(ハ) 2 室に区分する場合においては、第 1 室の有効容量は、接触ばつ気槽の有効容量のおおむね $\frac{3}{5}$ とすること。

(ニ) 有効水深（接触ばつ気槽を 2 室に区分する場合においては、第 1 室の有効水深）は、1.2m（処理対象人員が 10 人を超える場合においては、1.5 m）以上とすること。

(ホ) 汚水が長時間接触材に接触する構造とすること。

(ヘ) 接触材は、次の(1)から(3)までに定めるところによること。

(1)接触ばつ気槽の底部との距離を適切に保持する等当該槽内の循環流を妨げず、かつ、当該槽内の水流が短絡しないように充填すること。

(2)有効容量に対する充填率は、おおむね 55% とすること。

(3)生物膜による閉塞が生じ難い形状とし、生物膜が付着しやすく、十分な物理的強度を有する構造とすること。

(ト) ばつ気装置は、次の(1)から(3)までに定めるところによること。

(1)室内の汚水を均等に撹拌することができる構造とすること。

(2) 1 時間当たりに送気できる空気量は、処理対象人員に応じて、次の表の式によつて計算した数値以上とすること。

n ≦ 5	Q ＝ 2
6 ≦ n ≦ 10	Q ＝ 2 ＋ 0.4（n － 5）

11 ≦ n ≦ 50	Q ＝ 4 ＋ 0.25（n － 10）
この表において、n及びQは、それぞれ次の数値を表すものとする。 n　処理対象人員（単位　人） Q　1時間当たりに送気できる空気量（単位　㎥／時間）	

⑶空気量を調節できる構造とすること。

(チ) 生物膜を効率よく逆洗し、はく離することができる機能を有し、かつ、はく離汚泥その他の浮遊汚泥を沈殿分離槽へ移送することができる構造とすること。ただし、2室に区分する場合においては、各室は、はく離汚泥その他の浮遊汚泥を引き抜くことにより、沈殿分離槽へ移送することができる構造とすること。なお、ポンプ等により強制的に移送する場合においては、移送量を調整することができる構造とすること。

(リ) 有効容量が5.2㎥を超える場合においては、消泡装置を設けること。

(三) 沈殿槽

(イ) 有効容量は、処理対象人員に応じて、次の表の式によつて計算した数値以上とすること。

n ≦5	V ＝ 0.3
6 ≦ n ≦ 10	V ＝ 0.3 ＋ 0.08（n － 5）
11 ≦ n ≦ 50	V ＝ 0.7 ＋ 0.04（n － 10）
この表において、n及びVは、それぞれ次の数値を表すものとする。 n　処理対象人員（単位　人） V　有効容量（単位　㎥）	

(ロ) 有効容量が1.5㎥以下の場合においては、沈殿槽の底部にスロットを設け、汚泥を重力により接触ばつ気槽へ速やかに移送することができる構造とし、有効容量が1.5㎥を超える場合においては、当該槽の底部をホッパー型とし、汚泥を有効に集積し、かつ、自動的に引き抜くことにより、沈殿分離槽へ移送することができる構造とすること。

(ハ) 沈殿槽の底部がホッパー型の場合においては、当該槽の水面の面積は、水面の面積1㎡当たりの日平均汚水量（以下「水面積負荷」という。）が8㎥以下となるようにすること。

(ニ) 越流せきを設けて汚水が沈殿槽から消毒槽へ越流する構造とし、当該越流せきの長さは、越流せきの長さ1m当たりの日平均汚水量（以下「越流負荷」という。）が20㎥以下となるようにすること。

(ホ) 有効水深は、1m以上とすること。ただし、沈殿槽の底部がホッパー型の場合においては、ホッパー部の高さの$\frac{1}{2}$に相当する長さを当該有効水深に含めないものとする。

(ヘ) 沈殿槽の底部がホッパー型の場合においては、当該槽の平面の形状を円形又は正多角形（正三角形を除く。）とすること。

(ト) ホッパーは、勾(こう)配を水平面に対し60度以上とし、底部を汚泥の有効な引き抜きをすることができる構造とすること。

(チ) 浮上物の流出を防止することができる構造とすること。

(四) 消毒槽

消毒槽は、汚水の塩素接触による消毒作用を有効に継続して行うことができる構造とすること。

二　嫌気濾(ろ)床接触ばつ気方式

(一)から(四)までに定める構造の嫌気濾(ろ)床槽、接触ばつ気槽、沈殿槽及び消毒槽をこの順序に組み合わせた構造で処理対象人員が50人以下であるもの。

(一) 嫌気濾(ろ)床槽

(イ) 2室以上に区分し、直列に接続すること。

(ロ) 有効容量は、処理対象人員に応じて、次の表の式によつて計算した数値以上とすること。

n ≦5	V ＝ 1.5
6 ≦ n ≦ 10	V ＝ 1.5 ＋ 0.4（n － 5）
11 ≦ n ≦ 50	V ＝ 3.5 ＋ 0.2（n － 10）

この表において、n及びVは、それぞれ次の数値を表すものとする。 n　処理対象人員（単位　人） V　有効容量（単位　㎥）

(ハ) 第1室の有効容量は、嫌気濾床槽の有効容量のおおむね$\frac{1}{2}$からおおむね$\frac{2}{3}$までとすること。

(ニ) 各室の有効水深は、1.2m（処理対象人員が10人を超える場合においては、1.5m）以上とすること。

(ホ) 各室の有効容量に対する濾材の充填率は、第1室にあつてはおおむね40%とし、その他の室にあつてはおおむね60%とすること。

(ヘ) 濾材は、汚泥を捕捉しやすく、かつ、嫌気濾床槽内の水流が短絡し難い形状とし、当該槽の底部との距離を適切に保持する等当該槽内に閉塞が生じ難い構造とすること。

(ト) 濾材に汚泥清掃孔（直径15cm以上の円が内接するものに限る。）を設けるほか、各室の浮上物及び汚泥の有効な引き抜きができる構造とすること。

(チ) ポンプにより嫌気濾床槽へ汚水を移送する場合においては、当該ポンプは、次の(1)から(3)までに定めるところによること。

(1) 2台以上備え、閉塞を生じ難い構造とすること。

(2) 1日当たりの送水容量は、1台ごとに、日平均汚水量のおおむね2.5倍に相当する容量とすること。

(3) ポンプ升の有効容量は、1台のポンプで移送した場合に、汚水があふれ出ない容量とすること。

(二) 接触ばつ気槽

前号(二)に定める構造に準ずるものとすること。この場合において、同号(二)(チ)中「沈殿分離槽」を「嫌気濾床槽」と、「なお、ポンプ等により強制的に移送する場合においては、移送量を調整することができる構造とすること。」を「ただし、ポンプ等により強制的に移送し、かつ、移送量を調整することができる構造に限る。」と読み替えるものとする。

(三) 沈殿槽

前号(三)に定める構造に準ずるものとすること。この場合において、同号(三)(ロ)中「沈殿分離槽」を「嫌気濾床槽」と読み替えるものとする。

(四) 消毒槽

第一号(四)に定める構造とすること。

三　脱窒濾床接触ばつ気方式

(一)から(四)までに定める構造の脱窒濾床槽、接触ばつ気槽、沈殿槽及び消毒槽をこの順序に組み合わせた構造で処理対象人員が50人以下であるもの。

(一) 脱窒濾床槽

(イ) 2室以上に区分し、直列に接続すること。

(ロ) 有効容量は、処理対象人員に応じて、次の表の式によつて計算した数値以上とすること。

n ≦ 5	V ＝ 2.5
6 ≦ n ≦ 10	V ＝ 2.5 ＋ 0.5（n － 5）
11 ≦ n ≦ 50	V ＝ 5 ＋ 0.3（n － 10）
この表において、n及びVは、それぞれ次の数値を表すものとする。 n　処理対象人員（単位　人） V　有効容量（単位　㎥）	

(ハ) 第1室の有効容量は、脱窒濾床槽の有効容量のおおむね$\frac{1}{2}$から$\frac{2}{3}$までとすること。

(ニ) 各室の有効水深は、1.4m（処理対象人員が10人を超える場合においては、1.5m）以上とすること。

(ホ) 各室の有効容量に対する濾材の充填率は、第1室にあつてはおおむね40%とし、その他の室にあつてはおおむね60%とすること。

(ヘ) 濾材は、汚泥を捕捉しやすく、かつ、脱窒濾床槽内の水流が短絡し難い形状とし、当該槽の底部との距離を適切に保持する等当該槽内に閉塞が生じ難い構造とすること。

(ト) 濾材に汚泥清掃孔（直径15cm以上の円が内接するものに限る。）を設けるほか、各室の浮上物及び汚泥の有効な引き抜きができる構造とすること。

(チ) ポンプにより脱窒濾床槽へ汚水を移送する場合においては、当該ポンプは、次の(1)から(3)までに定めるところによること。

(1) 2台以上備え、閉塞を生じ難い構造とすること。

(2) 1日当たりの送水容量は、1台ごとに、日平均汚水量のおおむね2.5倍に相当する容量とすること。

(3)ポンプ升の有効容量は、1台のポンプで移送した場合に、汚水があふれ出ない容量とすること。

(二) 接触ばつ気槽

(イ) 処理対象人員が18人を超える場合においては、2室に区分し、直列に接続すること。

(ロ) 有効容量は、処理対象人員に応じて、次の表の式によつて計算した数値以上とすること。

n ≦ 5	V = 1.5
6 ≦ n ≦ 10	V = 1.5 + 0.3（n − 5）
11 ≦ n ≦ 50	V = 3 + 0.26（n − 10）
この表において、n及びVは、それぞれ次の数値を表すものとする。 n　処理対象人員（単位　人） V　有効容量（単位　㎥）	

(ハ) 2室に区分する場合においては、第1室の有効容量は、接触ばつ気槽の有効容量のおおむね$\frac{3}{5}$とすること。

(ニ) 有効水深（接触ばつ気槽を2室に区分する場合においては、第1室の有効水深）は、1.4m（処理対象人員が10人を超える場合においては、1.5m）以上とすること。

(ホ) 汚水が長時間接触材に接触する構造とすること。

(ヘ) 接触材は、次の(1)から(3)までに定めるところによること。

(1)接触ばつ気槽の底部との距離を適切に保持する等当該槽内の循環流を妨げず、かつ、当該槽内の水流が短絡しないように充填すること。

(2)有効容量に対する充填率は、おおむね55%とすること。

(3)生物膜による閉塞が生じ難い形状とし、生物膜が付着しやすく、十分な物理的強度を有する構造とすること。

(ト) ばつ気装置は、次の(1)から(3)までに定めるところによること。

(1)室内の汚水を均等に撹拌することができる構造とすること。

(2) 1時間当たりに送気できる空気量は、処理対象人員に応じて、次の表の式によつて計算した数値以上とすること。

n ≦ 5	Q = 5
6 ≦ n ≦ 10	Q = 5 + 0.9（n − 5）
11 ≦ n ≦ 50	Q = 9.5 + 0.67（n − 10）
この表において、n及びQは、それぞれ次の数値を表すものとする。 n　処理対象人員（単位　人） Q　1時間当たりに送気できる空気量（単位　㎥／時間）	

(3)空気量を調節できる構造とすること。

(チ) 生物膜を効率よく逆洗し、はく離することができる機能を有し、はく離汚泥その他の浮遊汚泥を引き抜くことにより、脱窒濾床槽第1室へ強制的に移送することができ、かつ、当該移送量を容易に調整することができる構造とすること。

(リ) 循環装置を有し、接触ばつ気槽（当該槽を2室に区分する場合においては、第2室）から脱窒濾床槽第1室の流入管の開口部付近へ汚水を安定して移送することができ、かつ、当該移送量を容易に調整し、及び計量することができる構造とすること。

(ヌ) 処理対象人員が18人を超える場合においては、消泡装置を設けること。

㈢　沈殿槽

第一号㈢に定める構造に準ずるものとすること。この場合において、同号㈢(ロ)中「沈殿分離槽」を「脱窒濾床槽」と読み替えるものとする。

㈣　消毒槽

第一号㈣に定める構造とすること。

四　一般構造

イ　槽の底、周壁及び隔壁は、耐水材料で造り、漏水しない構造とすること。

ロ　槽は、土圧、水圧、自重及びその他の荷重に対して安全な構造とすること。

ハ　腐食、変形等のおそれのある部分には、腐食、変形等のし難い材料又は有効な防腐、補強等の措置をした材料を使用すること。

ニ　槽の天井がふたを兼ねる場合を除き、天井にはマンホール（径45cm（処理対象人員が51人以上の場合においては、60cm）以上の円が内接するものに限る。）を設け、かつ、密閉することができる耐水材料又は鋳鉄で造られたふたを設けること。

ホ　通気及び排気のための開口部は、雨水、土砂等の流入を防止することができる構造とするほか、昆虫類が発生するおそれのある部分に設けるものには、防虫網を設けること。

ヘ　悪臭を生ずるおそれのある部分は、密閉するか、又は臭突その他の防臭装置を設けること。

ト　機器類は、長時間の連続運転に対して故障が生じ難い堅牢な構造とするほか、振動及び騒音を防止することができる構造とすること。

チ　流入水量、負荷量等の著しい変動に対して機能上支障がない構造とすること。

リ　合併処理浄化槽に接続する配管は、閉塞、逆流及び漏水を生じない構造とすること。

ヌ　槽の点検、保守、汚泥の管理及び清掃を容易かつ安全にすることができる構造とし、必要に応じて換気のための措置を講ずること。

ル　汚水の温度低下により処理機能に支障が生じない構造とすること。

ヲ　調整及び計量が、適切に行われる構造とすること。

ワ　イからヲまでに定める構造とするほか、合併処理浄化槽として衛生上支障がない構造とすること。

第2及び第3　削除

第4

生物化学的酸素要求量（以下「BOD」という。）の除去率が55％以上及び屎尿浄化槽からの放流水のBODが1ℓにつき120㎎以下である性能を有し、かつ、衛生上支障がないものの構造は、次に定める構造の腐敗室及び消毒室をこの順序に組み合わせた構造で屎尿を単独に処理するものとし、かつ、第1第四号に定める構造としたものとする。この場合において、第1第四号中「合併処理浄化槽」とあるのは「屎尿浄化槽」と読み替えるものとする。

一　腐敗室

腐敗室は、汚水の沈殿分離作用及び消化作用を行う機能を有するものとし、次の㈠又は㈡によること。

㈠　多室型

(イ)　2室以上4室以下の室に区分し、直列に接続すること。

(ロ)　有効容量は、1.5㎥以上とし、処理対象人員が5人を超える場合においては、5人を超える部分1人当たり0.1㎥以上をこれに加算すること。

(ハ)　第1室の有効容量は、2室型の場合にあつては腐敗室の有効容量のおおむね$\frac{2}{3}$、3室型又は4室型の場合にあつては腐敗室の有効容量のおおむね$\frac{1}{2}$とすること。

(ニ)　最終の室に予備濾過装置を設け、当該装置の下方より汚水を通ずる構造とすること。この場合において、当該装置の砕石層又はこれに準ずるものの体積は、有効容量の$\frac{1}{10}$を限度として当該有効容量に算入することができるものとする。

(ホ)　各室の有効水深は、1ｍ以上3ｍ以下とすること。

(ヘ)　第1室においては、流入管の開口部の位置を水面から有効水深のおおむね$\frac{1}{3}$の深さとすること。

(ト) 各室においては、流出管又はバッフルの下端の開口部の位置を水面から有効水深のおおむね$\frac{1}{2}$の深さとし、浮上物の流出し難い構造とすること。

(二) 変形多室型

(イ) 沈殿室の下方に消化室を設け、汚水が消化室を経由して沈殿室に流入する構造とすること。

(ロ) 有効容量は、(一)(ロ)に定める数値とすること。

(ハ) 消化室の有効容量は、腐敗室の有効容量のおおむね$\frac{3}{4}$とすること。

(ニ) 沈殿室から浮上物の流出を防止することができる構造とすること。

(ホ) 沈殿室のホッパーのスロットの位置は、水面から有効水深のおおむね$\frac{1}{2}$の深さとすること。

(ヘ) 沈殿室のホッパーは、勾(こう)配を水平面に対し50度以上、スロットの幅を3cm以上10cm以下、オーバーラップを水平距離でスロットの幅以上とし、閉塞(そく)を来さない滑らかな構造とすること。

二 消毒室

第1第一号(四)に定める構造とすること。

第5

一次処理装置による浮遊物質量の除去率が55%以上、一次処理装置からの流出水に含まれる浮遊物質量が1ℓにつき250mg以下及び一次処理装置からの流出水が滞留しない程度の地下浸透能力を有し、かつ、衛生上支障がない屎(し)尿浄化槽の構造は、次の各号に定める構造としたものとする。

一 第4第一号に定める構造で、かつ、第1第四号に定める構造とした一次処理装置とこれからの流出水を土壌に均等に散水して浸透処理する地下浸透部分とを組み合わせた構造とすること。この場合において、第1第四号中「合併処理浄化槽」とあるのは「屎(し)尿浄化槽」と読み替えるものとする。

二 地下浸透部分は、地下水位が地表面（地質が不浸透性の場合においては、トレンチの底面）から1.5m以上深い地域に、かつ、井戸その他の水源からの水平距離が30m以上の位置に設けること。

三 処理対象人員1人当たりの地下浸透部分の面積は、次の表に掲げる数値以上とすること。ただし、土壌の浸透時間は、次号に定める試験方法により測定するものとする。

土壌の浸透時間（単位　分）	1	2	3	4	5	10	15	30	45	60
1人当たりの浸透面積（単位　㎡）	1.5	2.0	2.5	3.0	3.5	7.0	9.0	11.0	15.0	16.5

四 土壌の浸透時間試験方法は、次の(一)から(三)までに定める方法によること。

(一) 3箇所ないし5箇所に設置した試験孔においてそれぞれ測定した浸透時間の平均値を浸透処理予定地の浸透時間とすること。

(二) 試験孔は、浸透処理予定地又はその近接地において、径を30cm、深さを散水管の深さにおおむね15cmを加算したもの（地盤面より40cm未満の場合においては、40cm）とした円筒形の下底に厚さがおおむね5cmの砂利を敷いたものとすること。

(三) 浸透速度の測定は、降雨時を避けて次の順序に従い行うものとすること。

(イ) 砂利上25cmの深さになるよう清水を注水し、水深が10cm下つた時は砂利上おおむね25cmの深さにもどるまで注水し、水深の変動と時間とをフックゲージにより測定し、浸透水量が一定化するまで繰り返すこと。

(ロ) 浸透水量が一定化してから20分経過後水位を砂利上25cmにもどし、土質が粘質の場合にあつては10mm、その他の場合にあつては30mm水が降下するに要する時間を測定し、1分当たりの浸透水深（単位　mm）で25mmを除した数値を浸透時間とすること。

五 トレンチは、均等に散水することができる構造とし、幅を50cm以上70cm以下、深さを散水管の深さに15cm以上を加算したものとし、砂利又は砂で埋めること。

六 トレンチは、長さを20m以下とし、散水管相互の間隔を2m以上とすること。

七 トレンチは、泥、ごみ、雨水等の浸入を防ぐため地表面を厚さおおむね15cm突き固めた土で覆うこと。

第6

水質汚濁防止法（昭和45年法律第138号）第3条第1項又は第3項の規定により、同法第2条第1項に規定する公共用水域に放流水を排出する合併処理浄化槽に関して、合併処理浄化槽からの放流水のBOD（以下「放流水のBOD」という。）を1ℓにつき20㎎以下とする排水基準が定められている場合においては、当該合併処理浄化槽の構造は、第一号から第五号までのいずれかに該当し、かつ、第1第四号に定める構造としたものとする。ただし、屎尿と雑排水とを合併して処理する方法による場合に限る。

一　回転板接触方式

㈠及び㈤から㈦までに定める構造の沈殿分離槽、回転板接触槽、沈殿槽及び消毒槽をこの順序に組み合わせた構造で処理対象人員が51人以上500人以下であるもの又は㈡及び㈢に定める構造のスクリーン及び沈砂槽に、㈣から㈦までに定める構造の流量調整槽、回転板接触槽、沈殿槽及び消毒槽をこの順序に組み合わせ、㈧に定める構造の汚泥濃縮貯留槽（処理対象人員が501人以上の場合においては、㈨及び㈩に定める構造の汚泥濃縮設備及び汚泥貯留槽）を備えた構造で処理対象人員が101人以上であるもの。

㈠　沈殿分離槽

(イ)　2室又は3室に区分し、直列に接続すること。

(ロ)　有効容量は、処理対象人員に応じて、次の表の式によつて計算した数値以上とすること。

$n \leqq 100$	$V = 1.65qn$
$101 \leqq n \leqq 200$	$V = 165q + 1.1q(n - 100)$
$n \geqq 201$	$V = 275q + 0.55q(n - 200)$
この表において、n、V及びqは、それぞれ次の数値を表すものとする。 n　処理対象人員（単位　人） V　有効容量（単位　㎥） q　1人当たりの日平均汚水量（単位　㎥）	

(ハ)　第1室の有効容量は、2室に区分する場合においては、沈殿分離槽の有効容量のおおむね$\frac{2}{3}$とし、3室に区分する場合においては、おおむね$\frac{1}{2}$とすること。

(ニ)　各室の有効水深は、1.8ｍ以上5ｍ以下とすること。

(ホ)　第1室においては、流入管の開口部の位置を水面から有効水深のおおむね$\frac{1}{3}$から$\frac{1}{4}$までの深さとし、沈殿汚泥を撹乱しない構造とすること。

(ヘ)　各室においては、流出管又はバッフルの下端の開口部の位置を水面から有効水深のおおむね$\frac{1}{2}$から$\frac{1}{3}$までの深さとし、浮上物の流出し難い構造とすること。

(ト)　ポンプにより沈殿分離槽へ汚水を移送する場合においては、当該ポンプの1日当たりの送水容量を日平均汚水量のおおむね2.5倍に相当する容量とし、ポンプ升の有効容量は、当該ポンプで移送した場合に、汚水があふれ出ない容量とすること。

(チ)　流入水の流量変動が大きい場合においては、流量を調整することができる構造とすること。

㈡　スクリーン

(イ)　荒目スクリーン（処理対象人員が500人以下の場合においては、荒目スクリーン及び沈砂槽に代えて、ばつ気型スクリーンを設けることができる。）及び微細目スクリーンをこの順序に組み合わせた構造とすること。ただし、微細目スクリーンは、流量調整槽の次に設けることができる。

(ロ)　荒目スクリーンは、目幅の有効間隔をおおむね50㎜とし、スクリーンに付着した汚物等を除去することができる装置を設け、スクリーンから除去した汚物等を貯留し、容易に掃除することができる構造とすること。

(ハ)　ばつ気型スクリーンは、目幅の有効間隔を30㎜から50㎜程度とし、下部に散気装置を設け、スクリーンに付着した汚物等を除去することができる構造とするほか、除去した汚物等及び砂等を貯留することができる構造とすること。

(ニ)　微細目スクリーンは、目幅の有効間隔を1㎜から2.5㎜程度とし、スクリーンに付着した汚物等を自動的に除去することができる装置を設け、スクリーンから除去した汚物等を貯留し、容易に掃除することができる構造とするとともに、目幅の有効間隔が5㎜以下のスクリーンを備えた副水路を設けること。

(ホ) 微細目スクリーンを流量調整槽の前に設ける場合は、破砕装置と組み合わせること。ただし、処理対象人員が500人以下の場合においては、この限りでない。

(ヘ) 破砕装置は、汚物等を有効に破砕することができる構造とし、目幅の有効間隔がおおむね20㎜のスクリーンを備えた副水路を設けること。

(三) 沈砂槽

(イ) 有効容量は、1時間当たりの最大汚水量の$\frac{1}{60}$に相当する容量以上とすること。ただし、ばつ気装置を設ける場合においては、1時間当たりの最大汚水量の$\frac{3}{60}$に相当する容量以上とし、かつ、消泡装置を設けるものとする。

(ロ) 槽の底部は、ホッパー型とし、排砂装置を設けること。

(ハ) 槽の底部から排砂装置により排出された砂等を貯留する排砂槽を設けること。

(四) 流量調整槽

(イ) 流量調整槽から移送する1時間当たりの汚水量は、当該槽に流入する日平均汚水量の$\frac{1}{24}$の1倍以下となる構造とすること。

(ロ) 汚水を撹拌（かくはん）することができる装置を設けること。

(ハ) 有効水深は、1m（処理対象人員が501人以上の場合においては、1.5m）以上とすること。ただし、槽の底部及び上端から50㎝までの部分を当該有効水深に含めないものとする。

(ニ) 当該槽において、異常に水位が上昇した場合に、次の槽に有効に汚水を移送することができる構造とすること。

(ホ) ポンプにより汚水を移送する場合においては、2台以上のポンプを設けること。

(ヘ) 当該槽に流入する1日当たりの汚水量を計量し、及び記録することができる装置を設けること。

(ト) 当該槽から移送する1時間当たりの汚水量を容易に調整し、及び計量することができる装置を設けること。

(五) 回転板接触槽

(イ) 3室以上に区分し、汚水が長時間回転板に接触する構造とすること。

(ロ) 有効容量は、流量調整槽を設けない場合にあつては日平均汚水量の$\frac{1}{4}$に相当する容量以上、流量調整槽を設ける場合にあつては日平均汚水量の$\frac{1}{6}$に相当する容量以上とすること。

(ハ) 回転板の表面積は、回転板の表面積1㎡に対する1日当たりの平均の流入水のBOD（以下「日平均流入水BOD」という。）が5g以下となるようにすること。

(ニ) 回転板は、その表面積のおおむね40%が汚水に接触すること。

(ホ) 回転板は、回転板相互の間隔を20㎜以上とし、生物膜が付着しやすい構造とすること。

(ヘ) 回転板の円周速度は、1分間につき20m以下とすること。

(ト) 槽の壁及び底部は、回転板との間隔を回転板の径のおおむね10%とする等汚泥の堆（たい）積が生じ難く、かつ、汚水が回転板に有効に接触する構造とすること。

(チ) 槽には上家等を設け、かつ、通気を十分に行うことができる構造とすること。

(六) 沈殿槽

(イ) 有効容量は、流量調整槽を設けない場合にあつては日平均汚水量の$\frac{1}{6}$に相当する容量以上、流量調整槽を設ける場合にあつては日平均汚水量の$\frac{1}{8}$に相当する容量以上とすること。ただし、処理対象人員が90人以下の場合にあつては、次の表の計算式によつて計算した容量以上とすること。

$V = 2.3 + (15q - 2.3)(n - 50)/40$
この表において、n、V及びqは、それぞれ次の数値を表すものとする。 n　処理対象人員（単位　人） V　有効容量（単位　㎥） q　1人当たりの日平均汚水量（単位　㎥）

(ロ) 槽の水面の面積は、水面積負荷が流量調整槽を設けない場合にあつては8㎥以下、流量調整槽を設ける場合にあつては12㎥（処理対象人員が500人を超える部分については、15㎥）

以下となるようにすること。

(ハ) 越流せきを設けて沈殿槽から汚水が越流する構造とし、越流せきの長さは、越流負荷が流量調整槽を設けない場合にあつては30㎥以下、流量調整槽を設ける場合にあつては45㎥（処理対象人員が500人を超える部分については、50㎥）以下となるようにすること。

(ニ) 有効水深は、処理対象人員が100人以下の場合にあつては1m以上、101人以上500人以下の場合にあつては1.5m以上、501人以上の場合にあつては2m以上とすること。ただし、槽の底部がホッパー型の場合においては、ホッパー部の高さの$\frac{1}{2}$に相当する長さを当該有効水深に含めないものとする。

(ホ) 槽の底部がホッパー型の場合においては、当該槽の平面の形状を円形又は正多角形（正三角形を除く。）とすること。

(ヘ) ホッパーは、勾(こう)配を水平面に対し60度以上とし、底部を汚泥の有効な引抜きをすることができる構造とすること。

(ト) 汚泥を有効に集積し、かつ、自動的に引き抜くことにより、沈殿分離槽、汚泥濃縮貯留槽又は汚泥濃縮設備へ移送することができる構造とすること。

(チ) 浮上物が生ずるおそれのあるものにあつては、浮上物を除去することができる装置を設けること。

(七) 消毒槽

第1第一号(四)に定める構造とすること。

(八) 汚泥濃縮貯留槽

(イ) 汚泥の濃縮により生じた脱離液を流量調整槽へ移送することができる構造とすること。

(ロ) 有効容量は、流入汚泥量及び濃縮汚泥の搬出計画に見合う容量とし、有効水深は、1.5m以上5m以下とすること。

(ハ) 流入管の開口部及び流出管又はバッフルの下端の開口部は、汚泥の固液分離を妨げない構造とすること。

(ニ) 汚泥の搬出を容易に行うことができる構造とすること。

(ホ) 槽内を撹拌(かくはん)することができる装置を設けること。

(九) 汚泥濃縮設備

汚泥濃縮設備は、汚泥を濃縮し、脱離液を流量調整槽へ、濃縮汚泥を汚泥貯留槽へそれぞれ移送することができる構造とし、(イ)又は(ロ)によること。

(イ) 汚泥濃縮槽

(1)有効容量は、濃縮汚泥の引抜計画に見合う容量とし、有効水深は、2m以上5m以下とすること。

(2)流入管の開口部及び流出管又はバッフルの下端の開口部は、汚泥の固液分離を妨げない構造とすること。

(3)汚泥かきよせ装置を設ける場合にあつては底部の勾(こう)配は$\frac{5}{100}$以上とし、当該装置を設けない場合にあつては底部をホッパー型とし、ホッパーの勾(こう)配を水平面に対し45度以上とすること。

(ロ) 汚泥濃縮装置

(1)汚泥を脱離液と濃縮汚泥とに有効に分離することができる構造とすること。

(2)濃縮汚泥中の固形物の濃度をおおむね4%に濃縮できる構造とすること。

(十) 汚泥貯留槽

(イ) 有効容量は、汚泥の搬出計画に見合う容量とすること。

(ロ) 汚泥の搬出を容易に行うことができる構造とすること。

(ハ) 槽内を撹拌(かくはん)することができる装置を設けること。

二 接触ばつ気方式

前号に定める合併処理浄化槽の構造で同号(五)の回転板接触槽を(一)から(九)までに定める構造の接触ばつ気槽に置き換えた構造としたもの。

(一) 2室以上に区分し、汚水が長時間接触材に接触する構造とすること。

(二) 有効容量は、有効容量1㎥に対する日平均流入水BODが0.3kg以下となるようにし、かつ、日平均汚水量の$\frac{2}{3}$に相当する容量以上とすること。

㈢　第１室の有効容量は、第１室の有効容量1㎥に対する日平均流入水BODが0.5kg以下となるようにし、かつ、接触ばつ気槽の有効容量の$\frac{3}{5}$に相当する容量以上とすること。
㈣　有効水深は、1.5m以上5m以下とすること。
㈤　有効容量に対する接触材の充填率は、55%以上とし、接触ばつ気槽の底部との距離を適切に保持する等、当該槽内の循環流を妨げず、かつ、当該槽内の水流が短絡しないように充填すること。
㈥　接触材は、生物膜による閉塞が生じ難い形状とし、生物膜が付着しやすく、十分な物理的強度を有する構造とすること。
㈦　ばつ気装置を有し、室内の汚水を均等に撹拌し、溶存酸素を１ℓにつき1㎎以上に保持し、かつ、空気量を容易に調整することができる構造とすること。
㈧　各室は、生物膜を効率よく逆洗し、はく離することができる機能を有し、かつ、はく離汚泥その他の浮遊汚泥を引き抜き、沈殿分離槽、沈殿槽、汚泥濃縮貯留槽又は汚泥濃縮設備へ移送することができる構造とすること。なお、ポンプ等により強制的に移送する場合においては、移送量を調整することができる構造とすること。
㈨　消泡装置を設けること。

三　散水濾床方式

㈠及び㈡に定める構造のスクリーン及び沈砂槽に、㈢から㈥までに定める構造の流量調整槽、散水濾床、沈殿槽及び消毒槽をこの順序に組み合わせ、㈦及び㈧に定める構造の汚泥濃縮設備及び汚泥貯留槽を備えた構造で処理対象人員が501人以上であるもの。

㈠　スクリーン
(イ)　荒目スクリーン及び微細目スクリーンをこの順序に組み合わせた構造とすること。ただし、微細目スクリーンは、流量調整槽の次に設けることができる。
(ロ)　荒目スクリーンは、目幅の有効間隔をおおむね50㎜とし、スクリーンに付着した汚物等を除去することができる装置を設け、スクリーンから除去した汚物等を貯留し、容易に掃除することができる構造とすること。
(ハ)　微細目スクリーンは、目幅の有効間隔を1㎜から2.5㎜程度とし、スクリーンに付着した汚物等を自動的に除去することができる装置を設け、スクリーンから除去した汚物等を貯留し、容易に掃除することができる構造とするとともに、目幅の有効間隔が5㎜以下のスクリーンを備えた副水路を設けること。
(ニ)　微細目スクリーンを流量調整槽の前に設ける場合は、破砕装置と組み合わせること。
(ホ)　破砕装置は、汚物等を有効に破砕することができる構造とし、目幅の有効間隔がおおむね20㎜のスクリーンを備えた副水路を設けること。

㈡　沈砂槽
第一号㈢に定める構造とすること。

㈢　流量調整槽
第一号㈣に定める構造とすること。

㈣　散水濾床
(イ)　濾材の部分の有効容量は、砕石を用いる場合にあつては濾材1㎥に対する日平均流入水BODが0.1kg以下、砕石以外のものを用いる場合にあつては濾材の表面積1㎡に対する日平均流入水BODが3g以下となるようにすること。
(ロ)　濾材の部分の深さは、砕石を用いる場合にあつては1.2m以上、砕石以外のものを用いる場合にあつては2.5m以上とすること。
(ハ)　散水量は、砕石を用いる場合にあつては濾床の表面積1㎡に対して１日当たり10㎥以下、砕石以外のものを用いる場合にあつては濾材の表面積1㎡に対して１日当たり0.6㎥以上とすること。
(ニ)　固定ノズル又は回転散水機（回転散水機の散水口と濾床の表面との間隔を15㎝以上としたものに限る。）によつて濾床の表面に均等に散水することができる構造とすること。
(ホ)　濾材受けの下面と槽の底部との間隔は、30㎝以上とし、かつ、槽の底部の勾配は、$\frac{1}{50}$以上とすること。
(ヘ)　送気及び排気のための通気設備を設けること。

(ト) 濾材には、径が5cm以上7.5cm以下の硬質の砕石又はこれと同等以上に好気性生物膜を生成しやすく、1㎡当たりの表面積が80㎡以上、かつ、空隙率が90%以上であるものを用いること。

(チ) ポンプ升を有し、当該ポンプ升には、浮遊物によつて閉塞しない構造で、かつ、十分な処理能力を有する散水用ポンプを2台以上設けること。

(リ) 分水装置を有し、当該装置は、砕石を用いる場合にあつては日平均汚水量の100%に相当する容量以上、砕石以外のものを用いる場合にあつては濾材の部分の深さが2.5mのときに日平均汚水量の200%以上に相当する容量（濾材の部分の深さが異なる場合においては、当該深さに応じた容量）以上の散水濾床からの流出水をポンプ升へ1日に移送することができる構造とすること。

(五) 沈殿槽

第一号(六)に定める構造とすること。

(六) 消毒槽

第1第一号(四)に定める構造とすること。

(七) 汚泥濃縮設備

第一号(九)に定める構造とすること。

(八) 汚泥貯留槽

第一号(十)に定める構造とすること。

四 長時間ばつ気方式

(一)及び(二)に定める構造のスクリーン及び沈砂槽に、(三)から(六)までに定める構造の流量調整槽、ばつ気槽、沈殿槽及び消毒槽をこの順序に組み合わせ、(七)に定める構造の汚泥濃縮貯留槽（処理対象人員が501人以上の場合においては、(八)及び(九)に定める構造の汚泥濃縮設備及び汚泥貯留槽）を備えた構造で処理対象人員が101人以上であるもの。

(一) スクリーン

(イ) 荒目スクリーンに細目スクリーン、破砕装置又は微細目スクリーンのいずれかをこの順序に組み合わせた構造とすること。ただし、微細目スクリーンにあつては、流量調整槽の次に設けることができる。

(ロ) 荒目スクリーンは、目幅の有効間隔をおおむね50㎜とし、スクリーンに付着した汚物等を除去することができる装置を設け、スクリーンから除去した汚物等を貯留し、容易に掃除することができる構造とすること。

(ハ) 細目スクリーンは、目幅の有効間隔をおおむね20㎜とし、スクリーンに付着した汚物等を除去することができる装置を設け、スクリーンから除去した汚物等を貯留し、容易に掃除することができる構造とすること。

(ニ) 破砕装置は、汚物等を有効に破砕することができる構造とし、目幅の有効間隔がおおむね20㎜のスクリーンを備えた副水路を設けること。

(ホ) 微細目スクリーンは、目幅の有効間隔を1㎜から2.5㎜程度とし、スクリーンに付着した汚物等を自動的に除去することができる装置を設け、スクリーンから除去した汚物等を貯留し、容易に掃除することができる構造とするとともに、目幅の有効間隔がおおむね20㎜のスクリーンを備えた副水路を設けること。

(ヘ) 微細目スクリーンを流量調整槽の前に設ける場合は、破砕装置と組み合わせること。

(ト) 処理対象人員が500人以下の場合においては、(イ)から(ヘ)までにかかわらず、第一号(二)によることができる。

(二) 沈砂槽

第一号(三)に定める構造とすること。

(三) 流量調整槽

第一号(四)に定める構造とすること。

(四) ばつ気槽

(イ) 有効容量は、有効容量1㎥に対する日平均流入水BODが0.2kg（処理対象人員が500人を超える部分については、0.3kg）以下となるようにし、かつ、日平均汚水量の$\frac{2}{3}$に相当する容量以上とすること。

(ロ) 有効水深は、1.5m（処理対象人員が501人以上の場合においては、2m）以上5m以下とすること。ただし、特殊な装置を設けた場合においては、5mを超えることができる。
(ハ) ばつ気装置を有し、室内の汚水を均等に撹拌し、溶存酸素をおおむね1ℓにつき1mg以上に保持し、かつ、空気量を容易に調整することができる構造とすること。
(ニ) 沈殿槽からの汚泥返送量を容易に調整し、及び計量することができる装置を設けること。
(ホ) 消泡装置を設けること。

(五) 沈殿槽
(イ) 有効容量は、日平均汚水量の$\frac{1}{6}$に相当する容量以上とすること。
(ロ) 槽の水面の面積は、水面積負荷が8㎥（処理対象人員が500人を超える部分については、15㎥）以下となるようにすること。
(ハ) 越流せきを設けて沈殿槽から汚水が越流する構造とし、越流せきの長さは、越流負荷が30㎥（処理対象人員が500人を超える部分については、50㎥）以下となるようにすること。
(ニ) 有効水深は、1.5m（処理対象人員が501人以上の場合においては、2m）以上とすること。ただし、槽の底部がホッパー型の場合においては、ホッパー部の高さの$\frac{1}{2}$に相当する長さを当該有効水深に含めないものとする。
(ホ) 槽の底部がホッパー型の場合においては、当該槽の平面の形状を円形又は正多角形（正三角形を除く。）とすること。
(ヘ) ホッパーは、勾配を水平面に対し60度以上とし、底部を汚泥の有効な引抜きをすることができる構造とすること。
(ト) 汚泥を有効に集積し、かつ、自動的に引き抜くことにより、汚泥濃縮貯留槽又は汚泥濃縮設備へ移送するとともに、ばつ気槽へ日平均汚水量の200%以上に相当する汚泥を1日に移送することができる構造とすること。
(チ) 浮上物が生ずるおそれのあるものにあつては、浮上物を除去することができる装置を設けること。

(六) 消毒槽
第1第一号(四)に定める構造とすること。

(七) 汚泥濃縮貯留槽
第一号(八)に定める構造に準ずるものとすること。この場合において、同号(八)(イ)中「流量調整槽」を「流量調整槽又はばつ気槽」と読み替えるものとする。

(八) 汚泥濃縮設備
第一号(九)に定める構造に準ずるものとすること。この場合において、同号(九)中「流量調整槽」を「流量調整槽又はばつ気槽」と読み替えるものとする。

(九) 汚泥貯留槽
第一号(十)に定める構造とすること。

五 標準活性汚泥方式

(一)及び(二)に定める構造のスクリーン及び沈砂槽に、(三)から(六)までに定める構造の流量調整槽、ばつ気槽、沈殿槽及び消毒槽をこの順序に組み合わせ、(七)及び(八)に定める構造の汚泥濃縮設備及び汚泥貯留槽を備えた構造で処理対象人員が5,001人以上であるもの。

(一) スクリーン
前号(一)に定める構造とすること。

(二) 沈砂槽
第一号(三)に定める構造とすること。

(三) 流量調整槽
第一号(四)に定める構造とすること。

(四) ばつ気槽
前号(四)に定める構造に準ずるものとすること。この場合において、同号(四)(イ)中「0.2kg（処理対象人員が500人を超える部分については、0.3kg）」を「0.6kg」と、「$\frac{2}{3}$」を「$\frac{1}{3}$」と、同号(四)(ロ)中「1.5m（処理対象人員が501人以上の場合においては、2m）」を「3m」と読み替えるものとする。

(五) 沈殿槽

前号㈤に定める構造に準ずるものとすること。この場合において、同号㈤(イ)中「$\frac{1}{6}$」を「$\frac{1}{8}$」と、同号㈤(ロ)中「8㎥（処理対象人員が500人を超える部分については、15㎥）」を「18㎥」と、同号㈤(ト)中「200%」を「100%」と読み替えるものとする。

㈥ 消毒槽

第1第一号㈣に定める構造とすること。

㈦ 汚泥濃縮設備

第一号㈨に定める構造に準ずるものとすること。この場合において、同号㈨中「流量調整槽」を「流量調整槽又はばっ気槽」と読み替えるものとする。

㈧ 汚泥貯留槽

第一号㈩に定める構造とすること。

第7

水質汚濁防止法第3条第1項又は第3項の規定により、同法第2条第1項に規定する公共用水域に放流水を排出する合併処理浄化槽に関して、放流水のBODを1ℓにつき10㎎以下とする排水基準が定められている場合においては、当該合併処理浄化槽の構造は、第一号又は第二号に該当し、かつ、第1第四号に定める構造としたものとする。ただし、屎尿と雑排水とを合併して処理する方法による場合に限る。

一 接触ばっ気・濾過方式

㈠から㈥までに定める構造の接触ばっ気槽、沈殿槽、濾過原水槽、濾過装置、濾過処理水槽及び消毒槽をこの順序に組み合わせ、第6の各号に定める合併処理浄化槽の構造から消毒槽を除いたものの後に設けた構造としたもの。ただし、流量調整槽を備えた構造に限る。

㈠ 接触ばっ気槽

(イ) 汚水が長時間接触材に接触する構造とすること。

(ロ) 有効容量は、日平均汚水量に濾過装置の1日の逆洗水量を加えた水量（以下本号において「移流計画汚水量」という。）の$\frac{1}{6}$に相当する容量以上とすること。

(ハ) 有効水深は、1.5m以上5m以下とすること。

(ニ) 有効容量に対する接触材の充填率は、55%以上とし、接触ばっ気槽の底部との距離を適切に保持する等、当該槽内の循環流を妨げず、かつ、当該槽内の水流が短絡しないように充填すること。

(ホ) 接触材は、生物膜による閉塞が生じ難い形状とし、生物膜が付着しやすく、十分な物理的強度を有する構造とすること。

(ヘ) ばっ気装置を有し、室内の汚水を均等に攪拌し、溶存酸素を1ℓにつき1㎎以上に保持し、かつ、空気量を容易に調整することができる構造とすること。

(ト) 生物膜を効率よく逆洗し、はく離することができる機能を有し、かつ、はく離汚泥その他の浮遊汚泥を引き抜き、沈殿槽、汚泥濃縮貯留槽又は汚泥濃縮設備へ移送することができる構造とすること。なお、ポンプ等により強制的に移送する場合においては、移送量を調整することができる構造とすること。

(チ) 消泡装置を設けること。

㈡ 沈殿槽

(イ) 有効容量は、移流計画汚水量の$\frac{1}{8}$に相当する容量以上とすること。

(ロ) 槽の水面の面積は、水面積負荷が30㎥以下となるようにすること。

(ハ) 越流せきを設けて沈殿槽から汚水が越流する構造とし、越流せきの長さは、越流負荷が50㎥以下となるようにすること。

(ニ) 有効水深は、1.5m（処理対象人員が501人以上の場合においては、2m）以上とすること。ただし、槽の底部がホッパー型の場合においては、ホッパー部の高さの$\frac{1}{2}$に相当する長さを当該有効水深に含めないものとする。

(ホ) 槽の底部がホッパー型の場合においては、当該槽の平面の形状を円形又は正多角形（正三角形を除く。）とすること。

(ヘ) ホッパーは、勾配を水平面に対し60度以上とし、底部を汚泥の有効な引き抜きをすることができる構造とすること。

(ト) 汚泥を有効に集積し、かつ、自動的に引き抜くことにより、汚泥濃縮貯留槽又は汚泥濃縮設備へ移送することができる構造とすること。

(チ) 浮上物が生ずるおそれのあるものにあつては、浮上物を除去することができる装置を設けること。

(三) 濾過原水槽

(イ) 有効容量は、移流計画汚水量の$\frac{1}{144}$に相当する容量以上とすること。

(ロ) 汚水を濾過装置に移送するためのポンプを2台以上設け、当該ポンプは閉塞を生じ難い構造とすること。

(四) 濾過装置

(イ) 濾過装置は2台以上設け、目詰まりを生じ難い構造とすること。

(ロ) 濾材部分の深さ及び充填方法並びに濾材の大きさは、汚水を濾過し、汚水中の浮遊物質を有効に除去することができる深さ、充填方法及び大きさとすること。

(ハ) 濾材を洗浄し、濾材に付着した浮遊物質を有効に除去することができる機能を有し、かつ、除去された浮遊物質を流量調整槽へ移送することができる構造とすること。

(ニ) 濾過された汚水を集水することができる機能を有し、かつ、集水された汚水を濾過処理水槽へ移送することができる構造とするほか、汚水の集水により濾材が流出し難く、かつ、閉塞を生じ難い構造とすること。

(五) 濾過処理水槽

有効容量は、濾過装置の1回当たりの逆洗水量の1.5倍に相当する容量以上とすること。

(六) 消毒槽

第1第一号(四)に定める構造とすること。

二 凝集分離方式

(一)から(四)までに定める構造の中間流量調整槽、凝集槽、凝集沈殿槽及び消毒槽をこの順序に組み合わせ、第6の各号に定める合併処理浄化槽の構造から消毒槽を除いたものの後に設けた構造としたもの。

(一) 中間流量調整槽

(イ) 1時間当たり一定の汚水量を移送することができる構造とし、当該汚水量を容易に調整し、及び計量することができる装置を設けること。

(ロ) 有効容量は、日平均汚水量の$\frac{5}{24}$（処理対象人員が500人を超える部分については、$\frac{1}{12}$）に相当する容量以上とすること。ただし、流量調整槽を備えた構造の場合においては、日平均汚水量の$\frac{1}{12}$（処理対象人員が500人を超える部分については、$\frac{1}{48}$）に相当する容量以上とすることができる。

(ハ) 汚水を撹拌することができる装置を設けること。

(ニ) 有効水深は、1m以上とすること。ただし、槽の底部及び上端から50cmまでの部分を当該有効水深に含めないものとする。

(ホ) ポンプにより汚水を移送する場合においては、2台以上のポンプを設けること。

(ヘ) 当該槽に流入する1日当たりの汚水量を計量し、及び記録することができる装置を設けること。ただし、流量調整槽を設ける場合においては、この限りでない。

(二) 凝集槽

(イ) 有効容量は、日平均汚水量のおおむね$\frac{1}{48}$（処理対象人員が500人を超える部分については、$\frac{1}{72}$）に相当する容量とすること。

(ロ) 2室に区分し、第1室の有効容量は、凝集槽の有効容量の$\frac{1}{3}$以上$\frac{1}{2}$以下とし、第1室に急速撹拌装置を、第2室に緩速撹拌装置をそれぞれ設けること。

(ハ) 各室の平面の形状は、正方形又は長方形とすること。ただし、水流を迂回させる板等を設け、当該室内に乱流が発生する構造とした場合においては、円形とすることができる。

(ニ) 凝集剤その他の薬品の注入装置を2台以上設け、当該装置は、薬品の注入量を調整することができる構造とすること。

(ホ) 凝集剤その他の薬品を10日分以上貯蔵することができる構造とすること。

(ヘ) 槽内の水素イオン濃度（水素指数）を自動的に調整することができる構造とすること。

(ト) (イ)から(ヘ)までに定める構造とするほか、凝集機能に支障を生じない構造とすること。

㈢　凝集沈殿槽

(イ)　有効容量は、日平均汚水量の$\frac{1}{8}$に相当する容量以上とすること。

(ロ)　槽の水面の面積は、水面積負荷が30㎥以下となるようにすること。

(ハ)　越流せきを設けて凝集沈殿槽から汚水が越流する構造とし、越流せきの長さは、越流負荷が50㎥以下となるようにすること。

(ニ)　有効水深は、処理対象人員が100人以下の場合にあつては1m以上、101人以上500人以下の場合にあつては1.5m以上、501人以上の場合にあつては2m以上とすること。ただし、槽の底部がホッパー型の場合においては、ホッパー部の高さの$\frac{1}{2}$に相当する長さを当該有効水深に含めないものとする。

(ホ)　槽の底部がホッパー型の場合においては、当該槽の平面の形状を円形又は正多角形（正三角形を除く。）とすること。

(ヘ)　ホッパーは、勾配を水平面に対し60度以上とし、底部を汚泥の有効な引き抜きをすることができる構造とすること。

(ト)　汚泥を有効に集積し、かつ、自動的に引き抜くことにより、沈殿分離槽、汚泥濃縮貯留槽又は汚泥濃縮設備へ移送することができる構造とすること。

(チ)　浮上物が生ずるおそれのあるものにあつては、浮上物を有効に除去することができる装置を設けること。

㈣　消毒槽

第1第一号㈣に定める構造とすること。

第8

水質汚濁防止法第3条第1項又は第3項の規定により、同法第2条第1項に規定する公共用水域に放流水を排出する合併処理浄化槽に関して、放流水のBODを1ℓにつき10㎎以下又は放流水の化学的酸素要求量を1ℓにつき10㎎以下とする排水基準が定められている場合においては、当該合併処理浄化槽の構造は、第一号又は第二号に該当し、かつ、第1第四号に定める構造としたものとする。ただし、屎尿と雑排水とを合併して処理する方法による場合に限る。

一　接触ばつ気・活性炭吸着方式

㈠から㈧までに定める構造の接触ばつ気槽、沈殿槽、濾過原水槽、濾過装置、活性炭吸着原水槽、活性炭吸着装置、活性炭吸着処理水槽及び消毒槽をこの順序に組み合わせ、第6の各号に定める合併処理浄化槽の構造から消毒槽を除いたものの後に設けた構造としたもの。ただし、流量調整槽を備えた構造に限る。

㈠　接触ばつ気槽

(イ)　汚水が長時間接触材に接触する構造とすること。

(ロ)　有効容量は、日平均汚水量に濾過装置及び活性炭吸着装置の1日の逆洗水量を加えた水量（以下本号において「移流計画汚水量」という。）の$\frac{1}{6}$に相当する容量以上とすること。

(ハ)　有効水深は、1.5m以上5m以下とすること。

(ニ)　有効容量に対する接触材の充填率は、55%以上とし、接触ばつ気槽の底部との距離を適切に保持する等、当該槽内の循環流を妨げず、かつ、当該槽内の水流が短絡しないように充填すること。

(ホ)　接触材は、生物膜による閉塞が生じ難い形状とし、生物膜が付着しやすく、十分な物理的強度を有する構造とすること。

(ヘ)　ばつ気装置を有し、室内の汚水を均等に撹拌し、溶存酸素を1ℓにつき1㎎以上に保持し、かつ、空気量を容易に調整することができる構造とすること。

(ト)　生物膜を効率よく逆洗し、はく離することができる機能を有し、かつ、はく離汚泥その他の浮遊汚泥を引き抜き、沈殿槽、汚泥濃縮貯留槽又は汚泥濃縮設備へ移送することができる構造とすること。なお、ポンプ等により強制的に移送する場合においては、移送量を調整することができる構造とすること。

(チ)　消泡装置を設けること。

㈡　沈殿槽

(イ)　有効容量は、移流計画汚水量の$\frac{1}{8}$に相当する容量以上とすること。

(ロ) 槽の水面の面積は、水面積負荷が30㎥以下となるようにすること。

(ハ) 越流せきを設けて沈殿槽から汚水が越流する構造とし、越流せきの長さは、越流負荷が50㎥以下となるようにすること。

(ニ) 有効水深は、1.5m（処理対象人員が501人以上の場合においては、2m）以上とすること。ただし、槽の底部がホッパー型の場合においては、ホッパー部の高さの$\frac{1}{2}$に相当する長さを当該有効水深に含めないものとする。

(ホ) 槽の底部がホッパー型の場合においては、当該槽の平面の形状を円形又は正多角形（正三角形を除く。）とすること。

(ヘ) ホッパーは、勾配を水平面に対し60度以上とし、底部を汚泥の有効な引き抜きをすることができる構造とすること。

(ト) 汚泥を有効に集積し、かつ、自動的に引き抜くことにより、汚泥濃縮貯留槽又は汚泥濃縮設備へ移送することができる構造とすること。

(チ) 浮上物が生ずるおそれのあるものにあつては、浮上物を除去することができる装置を設けること。

(三) 濾過原水槽

(イ) 有効容量は、移流計画汚水量の$\frac{1}{144}$に相当する容量以上とすること。

(ロ) 汚水を濾過装置に移送するためのポンプを2台以上設け、当該ポンプは閉塞を生じ難い構造とすること。

(四) 濾過装置

(イ) 濾過装置は2台以上設け、目詰まりを生じ難い構造とすること。

(ロ) 濾材部分の深さ及び充填方法並びに濾材の大きさは、汚水を濾過し、汚水中の浮遊物質を有効に除去することができる深さ、充填方法及び大きさとすること。

(ハ) 濾材を洗浄し、濾材に付着した浮遊物質を有効に除去することができる機能を有し、かつ、除去された浮遊物質を流量調整槽へ移送することができる構造とすること。

(ニ) 濾過された汚水を集水することができる機能を有し、かつ、集水された汚水を活性炭吸着原水槽へ移送することができる構造とするほか、汚水の集水により濾材が流出し難く、かつ、閉塞を生じ難い構造とすること。

(五) 活性炭吸着原水槽

(イ) 有効容量は、移流計画汚水量の$\frac{1}{144}$に相当する容量以上とし、かつ、濾過装置の1回当たりの逆洗水量の1.5倍に相当する容量以上とすること。

(ロ) 汚水を活性炭吸着装置に移送するためのポンプを2台以上設け、当該ポンプは閉塞を生じ難い構造とすること。

(六) 活性炭吸着装置

(イ) 活性炭吸着装置は2台以上設け、目詰まりを生じ難い構造とすること。

(ロ) 活性炭部分の深さ及び充填方法並びに活性炭の大きさは、汚水を濾過し、汚水中の浮遊物質及び有機物質を有効に除去することができる深さ、充填方法及び大きさとすること。

(ハ) 活性炭を洗浄し、活性炭に付着した浮遊物質を有効に除去することができる機能を有し、かつ、除去された浮遊物質を流量調整槽へ移送することができる構造とすること。

(ニ) 濾過された汚水を集水することができる機能を有し、かつ、集水された汚水を活性炭吸着処理水槽へ移送することができる構造とするほか、汚水の集水により活性炭が流出し難く、かつ、閉塞が生じ難い構造とすること。

(七) 活性炭吸着処理水槽

有効容量は、活性炭吸着装置の1回当たりの逆洗水量の1.5倍に相当する容量以上とすること。

(八) 消毒槽

第1第一号(四)に定める構造とすること。

二 凝集分離・活性炭吸着方式

(一)から(七)までに定める構造の中間流量調整槽、凝集槽、凝集沈殿槽、活性炭吸着原水槽、活性炭吸着装置、活性炭吸着処理水槽及び消毒槽をこの順序に組み合わせ、第6の各号に定める合併処理浄化槽の構造から消毒槽を除いたものの後に設けた構造としたもの。

(一) 中間流量調整槽

(イ) 1時間当たり一定の汚水量を移送することができる構造とし、当該汚水量を容易に調整し、及び計量することができる装置を設けること。

(ロ) 有効容量は、日平均汚水量に活性炭吸着装置の1日当たりの逆洗水量を加えた水量（以下本号において「移流計画汚水量」という。）の$\frac{5}{24}$（処理対象人員が500人を超える部分については、$\frac{1}{12}$）に相当する容量以上とすること。ただし、流量調整槽を備えた構造の場合においては、移流計画汚水量の$\frac{1}{12}$（処理対象人員が500人を超える部分については、$\frac{1}{48}$）に相当する容量以上とすることができる。

(ハ) 汚水を撹拌（かくはん）することができる装置を設けること。

(ニ) 有効水深は、1m以上とすること。ただし、槽の底部及び上端から50cmまでの部分を当該有効水深に含めないものとする。

(ホ) ポンプにより汚水を移送する場合においては、2台以上のポンプを設けること。

(二) 凝集槽

(イ) 有効容量は、移流計画汚水量のおおむね$\frac{1}{48}$（処理対象人員が500人を超える部分については、$\frac{1}{72}$）に相当する容量とすること。

(ロ) 2室に区分し、第1室の有効容量は、凝集槽の有効容量の$\frac{1}{3}$以上$\frac{1}{2}$以下とし、第1室に急速撹拌（かくはん）装置を、第2室に緩速撹拌（かくはん）装置をそれぞれ設けること。

(ハ) 各室の平面の形状は、正方形又は長方形とすること。ただし、水流を迂回させる板等を設け、当該室内に乱流が発生する構造とした場合においては、円形とすることができる。

(ニ) 凝集剤その他の薬品の注入装置を2台以上設け、当該装置は、薬品の注入量を調整することができる構造とすること。

(ホ) 凝集剤その他の薬品を10日分以上貯蔵することができる構造とすること。

(ヘ) 槽内の水素イオン濃度（水素指数）を自動的に調整することができる構造とすること。

(ト) (イ)から(ヘ)までに定める構造とするほか、凝集機能に支障を生じない構造とすること。

(三) 凝集沈殿槽

(イ) 有効容量は、移流計画汚水量の$\frac{1}{8}$に相当する容量以上とすること。

(ロ) 槽の水面の面積は、水面積負荷が30㎥以下となるようにすること。

(ハ) 越流せきを設けて凝集沈殿槽から汚水が越流する構造とし、越流せきの長さは、越流負荷が50㎥以下となるようにすること。

(ニ) 有効水深は、処理対象人員が100人以下の場合にあつては1m以上、101人以上500人以下の場合にあつては1.5m以上、501人以上の場合にあつては2m以上とすること。ただし、槽の底部がホッパー型の場合においては、ホッパー部の高さの$\frac{1}{2}$に相当する長さを当該有効水深に含めないものとする。

(ホ) 槽の底部がホッパー型の場合においては、当該槽の平面の形状を円形又は正多角形（正三角形を除く。）とすること。

(ヘ) ホッパーは、勾（こう）配を水平面に対し60度以上とし、底部を汚泥の有効な引き抜きをすることができる構造とすること。

(ト) 汚泥を有効に集積し、かつ、自動的に引き抜くことにより、沈殿分離槽、汚泥濃縮貯留槽又は汚泥濃縮設備へ移送することができる構造とすること。

(チ) 浮上物が生ずるおそれのあるものにあつては、浮上物を有効に除去することができる装置を設けること。

(四) 活性炭吸着原水槽

(イ) 有効容量は、移流計画汚水量の$\frac{1}{144}$に相当する容量以上とすること。

(ロ) 汚水を活性炭吸着装置に移送するためのポンプを2台以上設け、当該ポンプは閉塞（そく）を生じ難い構造とすること。

(五) 活性炭吸着装置

(イ) 活性炭吸着装置は2台以上設け、目詰まりを生じ難い構造とすること。

(ロ) 活性炭部分の深さ及び充填（てん）方法並びに活性炭の大きさは、汚水を濾（ろ）過し、汚水中の浮遊物質及び有機物質を有効に除去することができる深さ、充填（てん）方法及び大きさとすること。

(ハ) 活性炭を洗浄し、活性炭に付着した浮遊物質を有効に除去することができる機能を有し、かつ、流量調整槽を備えた構造の場合にあつては、除去された浮遊物質を流量調整槽へ移送することができる構造とし、流量調整槽を備えていない構造の場合にあつては、除去された浮遊物質を中間流量調整槽へ移送することができる構造とすること。

(ニ) 濾過された汚水を集水することができる機能を有し、かつ、集水された汚水を活性炭吸着処理水槽へ移送することができる構造とするほか、汚水の集水により活性炭が流出し難く、かつ、閉塞が生じ難い構造とすること。

(六) 活性炭吸着処理水槽

有効容量は、活性炭吸着装置の1回当たりの逆洗水量の1.5倍に相当する容量以上とすること。

(七) 消毒槽

第1第一号(四)に定める構造とすること。

第 9

水質汚濁防止法第3条第1項又は第3項の規定により、同法第2条第1項に規定する公共用水域に放流水を排出する合併処理浄化槽に関して、放流水のBODを1ℓにつき10㎎以下、放流水の窒素含有量を1ℓにつき20㎎以下又は放流水の燐含有量を1ℓにつき1㎎以下とする排水基準が定められている場合においては、当該合併処理浄化槽の構造は、第一号又は第二号に該当し、かつ、第1第四号に定める構造としたものとする。ただし、屎尿と雑排水とを合併して処理する方法による場合に限る。

一 硝化液循環活性汚泥方式

(一)及び(二)に定める構造のスクリーン及び沈砂槽に、(三)から(九)までに定める構造の流量調整槽、生物反応槽、沈殿槽、中間流量調整槽、凝集槽、凝集沈殿槽及び消毒槽をこの順序に組み合わせ、(十)に定める構造の汚泥濃縮貯留槽（処理対象人員が501人以上の場合においては、(十一)及び(十二)に定める構造の汚泥濃縮設備及び汚泥貯留槽）を備えた構造で、処理対象人員が51人以上であり、かつ、日平均汚水量が10㎥以上であるもの。

(一) スクリーン

(イ) 荒目スクリーン（処理対象人員が500人以下の場合においては、荒目スクリーン及び沈砂槽に代えて、ばつ気型スクリーンを設けることができる。）に細目スクリーン又は破砕装置のいずれか及び微細目スクリーンをこの順序に組み合わせた構造とすること。ただし、微細目スクリーンは、流量調整槽の次に設けることができる。

(ロ) 荒目スクリーンは、目幅の有効間隔をおおむね50㎜とし、スクリーンに付着した汚物等を除去することができる装置を設け、スクリーンから除去した汚物等を貯留し、容易に掃除することができる構造とすること。

(ハ) ばつ気型スクリーンは、目幅の有効間隔を30㎜から50㎜程度とし、下部に散気装置を設け、スクリーンに付着した汚物等を除去することができる構造とするほか、除去した汚物等及び砂等を貯留することができる構造とすること。

(ニ) 細目スクリーンは、目幅の有効間隔をおおむね20㎜とし、スクリーンに付着した汚物等を自動的に除去することができる装置を設け、スクリーンから除去した汚物等を貯留し、容易に掃除することができる構造とすること。

(ホ) 破砕装置は、汚物等を有効に破砕することができる構造とし、目幅の有効間隔がおおむね20㎜のスクリーンを備えた副水路を設けること。

(ヘ) 微細目スクリーンは、目幅の有効間隔を1㎜から2.5㎜程度とし、2台以上設け、運転中のスクリーンに故障等が生じた場合は、自動的に予備のスクリーンに切り替えられる構造とすること。また、スクリーンに付着した汚物等を自動的に除去することができる装置を設け、スクリーンから除去した汚物等を貯留し、容易に掃除することができる構造とすること。

(ト) 微細目スクリーンを流量調整槽の前に設ける場合は、破砕装置と組み合わせること。ただし、処理対象人員が500人以下の場合においては、この限りでない。

(二) 沈砂槽

第6第一号(三)に定める構造とすること。

(三) 流量調整槽

第6第一号(四)に定める構造とすること。

(四) 生物反応槽

生物反応槽は、(イ)及び(ロ)に定める脱窒槽及び硝化槽をこの順序に組み合わせた構造とし、有効容量は、有効容量1㎥に対する日平均流入水BODが0.15kg以下となるようにすること。

(イ) 脱窒槽

(1)2室以上に区分し、かつ、槽内の水流が短絡し難い構造とすること。

(2)有効容量は、有効容量1㎥に対する1日当たりの平均の流入水の総窒素量（以下「日平均流入水T－N」という。）が0.12kg以下となるようにし、かつ、日平均汚水量の$\frac{5}{12}$に相当する容量以上とすること。

(3)有効水深は、1.5m（処理対象人員が501人以上の場合においては、2m）以上5m以下とすること。ただし、特殊な装置を設けた場合においては、5mを超えることができる。

(4)室内の汚水を均等に攪拌することができる装置を設け、溶存酸素をおおむね1ℓにつき0mgに保持することができる構造とすること。

(5)沈殿槽からの汚泥の返送量を容易に調整し、及び計量することができる装置を設けること。

(6)(1)から(5)までに定める構造とするほか、脱窒機能に支障が生じない構造とすること。

(ロ) 硝化槽

(1)2室以上に区分し、かつ、槽内の水流が短絡し難い構造とすること。

(2)有効容量は、有効容量1㎥に対する日平均流入水T－Nが0.055kg以下となるようにし、かつ、日平均汚水量の$\frac{11}{12}$に相当する容量以上とすること。

(3)有効水深は、1.5m（処理対象人員が501人以上の場合においては、2m）以上5m以下とすること。ただし、特殊な装置を設けた場合においては、5mを超えることができる。

(4)ばつ気装置を有し、室内の汚水を均等に攪拌し、溶存酸素をおおむね1ℓにつき1mg以上に保持し、かつ、空気量を容易に調整することができる構造とすること。

(5)消泡装置を設けること。

(6)1日に日平均汚水量の3倍以上に相当する汚水を脱窒槽に返送することができる装置を設け、かつ、当該返送量を容易に調整し、及び計量することができる構造とすること。

(7)槽内の水素イオン濃度（水素指数）を自動的に調整することができる構造とすること。

(8)槽内の溶存酸素濃度を計測し、及び記録することができる構造とすること。

(9)(1)から(8)までに定める構造とするほか、硝化機能に支障が生じない構造とすること。

(五) 沈殿槽

第6第四号(五)に定める構造に準ずるものとすること。この場合において、同号(五)(ト)中「ばつ気槽」を「脱窒槽」と読み替えるものとする。

(六) 中間流量調整槽

(イ) 1時間当たり一定の汚水量を移送することができる構造とし、当該汚水量を容易に調整し、及び計量することができる装置を設けること。

(ロ) 有効容量は、日平均汚水量の$\frac{1}{12}$（処理対象人員が500人を超える部分については、$\frac{1}{48}$）に相当する容量以上とすること。

(ハ) 汚水を攪拌することができる装置を設けること。

(ニ) 有効水深は、1m以上とすること。ただし、槽の底部及び上端から50cmまでの部分を当該有効水深に含めないものとする。

(ホ) ポンプにより汚水を移送する場合においては、2台以上のポンプを設けること。

(七) 凝集槽

第7第二号(二)に定める構造とすること。

(八) 凝集沈殿槽

(イ) 有効容量は、日平均汚水量の$\frac{1}{6}$に相当する容量以上とすること。

(ロ) 槽の水面の面積は、水面積負荷が8㎥（処理対象人員が500人を超える部分については、15㎥）以下となるようにすること。

(ハ) 越流せきを設けて凝集沈殿槽から汚水が越流する構造とし、越流せきの長さは、越流負荷が30㎥（処理対象人員が500人を超える部分については、50㎥）以下となるようにすること。

(ニ) 有効水深は、処理対象人員が100人以下の場合にあつては1m以上、101人以上500人以下の場合にあつては1.5m以上、501人以上の場合にあつては2m以上とすること。ただし、槽の底部がホッパー型の場合においては、ホッパー部の高さの$\frac{1}{2}$に相当する長さを当該有効水深に含めないものとする。

(ホ) 槽の底部がホッパー型の場合においては、当該槽の平面の形状を円形又は正多角形（正三角形を除く。）とすること。

(ヘ) ホッパーは、勾(こう)配を水平面に対し60度以上とし、底部を汚泥の有効な引き抜きをすることができる構造とすること。

(ト) 汚泥を有効に集積し、かつ、自動的に引き抜くことにより、汚泥濃縮貯留槽又は汚泥濃縮設備へ移送することができる構造とすること。

(チ) 浮上物が生ずるおそれのあるものにあつては、浮上物を有効に除去することができる装置を設けること。

(九) 消毒槽

第1第一号(四)に定める構造とすること。

(十) 汚泥濃縮貯留槽

第6第一号(八)に定める構造に準ずるものとすること。この場合において、同号(八)(イ)中「流量調整槽」を「流量調整槽又は脱窒槽」と読み替えるものとする。

(土) 汚泥濃縮設備

第6第一号(九)に定める構造に準ずるものとすること。この場合において、同号(九)中「流量調整槽」を「流量調整槽又は脱窒槽」と読み替えるものとする。

(圭) 汚泥貯留槽

第6第一号(十)に定める構造とすること。

二 三次処理脱窒・脱燐(りん)方式

(一)から(七)までに定める構造の中間流量調整槽、硝化用接触槽、脱窒用接触槽、再ばつ気槽、凝集槽、凝集沈殿槽及び消毒槽をこの順序に組み合わせ、第6の各号に定める合併処理浄化槽の構造から消毒槽を除いたものの後に設けた構造としたもの。

(一) 中間流量調整槽

(イ) 1時間当たり一定の汚水量を移送することができる構造とし、当該汚水量を容易に調整し、及び計量することができる装置を設けること。

(ロ) 有効容量は、日平均汚水量の$\frac{5}{24}$（処理対象人員が500人を超える部分については、$\frac{1}{12}$）に相当する容量以上とすること。ただし、流量調整槽を備えた構造の場合においては、日平均汚水量の$\frac{1}{12}$（処理対象人員が500人を超える部分については、$\frac{1}{48}$）に相当する容量以上とすることができる。

(ハ) 汚水を攪拌(かくはん)することができる装置を設けること。

(ニ) 有効水深は、1m以上とすること。ただし、槽の底部及び上端から50cmまでの部分を当該有効水深に含めないものとする。

(ホ) ポンプにより汚水を移送する場合においては、2台以上のポンプを設けること。

(ヘ) 当該槽に流入する1日当たりの汚水量を計量し、及び記録することができる装置を設けること。ただし、流量調整槽を設ける場合においては、この限りでない。

(二) 硝化用接触槽

(イ) 2室以上に区分し、汚水が長時間接触材に接触する構造とすること。

(ロ) 有効容量は、有効容量1m³に対する日平均流入水T—Nが0.08kg以下となるようにし、かつ、日平均汚水量の$\frac{1}{2}$に相当する容量以上とすること。

(ハ) 第1室の有効容量は、硝化用接触槽の有効容量のおおむね$\frac{1}{2}$とすること。

(ニ) 有効水深は、1.5m（処理対象人員が500人を超える場合においては、2m）以上5m以下とすること。

(ホ) 有効容量に対する接触材の充填(てん)率は、55%以上とし、硝化用接触槽の底部との距離を適切に保持する等、当該槽内の循環流を妨げず、かつ、当該槽内の水流が短絡しないように充填(てん)すること。

(ヘ) 接触材は、生物膜による閉塞(そく)が生じ難い形状とし、生物膜が付着しやすく、十分な物理的強度を有する構造とすること。

(ト) ばつ気装置を有し、室内の汚水を均等に攪拌(かくはん)し、溶存酸素をおおむね1ℓにつき1mg以上に保持し、かつ、空気量を容易に調整することができる構造とすること。

(チ) 各室は、生物膜を効率よく逆洗し、はく離することができる機能を有し、かつ、はく離汚泥その他の浮遊汚泥を引き抜き、沈殿分離槽、沈殿槽、汚泥濃縮貯留槽又は汚泥濃縮設備へ移送することができる構造とすること。

(リ) 各室の水素イオン濃度（水素指数）を自動的に調整することができる構造とすること。

(ヌ) 消泡装置を設けること。

(ル) (イ)から(ヌ)までに定める構造とするほか、硝化機能に支障が生じない構造とすること。

(三) 脱窒用接触槽

(イ) 2室以上に区分し、汚水が長時間接触材に接触する構造とすること。

(ロ) 有効容量は、有効容量1㎥に対する日平均流入水T—Nが0.13kg以下となるようにし、かつ、日平均汚水量の$\frac{7}{24}$に相当する容量以上とすること。

(ハ) 第1室の有効容量は、脱窒用接触槽の有効容量のおおむね$\frac{1}{2}$とすること。

(ニ) 有効水深は、1.5m（処理対象人員が500人を超える場合においては、2m）以上5m以下とすること。

(ホ) 有効容量に対する接触材の充填率は、60%以上とし、脱窒用接触槽の底部との距離を適切に保持する等、当該槽内の循環流を妨げず、かつ、当該槽内の水流が短絡しないように充填すること。

(ヘ) 接触材は、生物膜による閉塞が生じ難い形状とし、生物膜が付着しやすく、十分な物理的強度を有する構造とすること。

(ト) 室内の汚水を均等に撹拌することができる装置を設け、溶存酸素をおおむね1ℓにつき0mgに保持することができる構造とすること。

(チ) 各室は、生物膜を効率よく逆洗し、はく離することができる機能を有し、かつ、はく離汚泥その他の浮遊汚泥を引き抜き、沈殿分離槽、沈殿槽、汚泥濃縮貯留槽又は汚泥濃縮設備へ移送することができる構造とすること。

(リ) 適正量の水素供与体を自動的に供給することができる構造とすること。

(ヌ) (イ)から(リ)までに定める構造とするほか、脱窒機能に支障が生じない構造とすること。

(四) 再ばつ気槽

(イ) 有効容量は、日平均汚水量の$\frac{1}{12}$に相当する容量以上とすること。

(ロ) 有効水深は、1.5m（処理対象人員が500人を超える場合においては、2m）以上5m以下とすること。

(ハ) 有効容量に対する接触材の充填率は、おおむね55%とし、再ばつ気槽の底部との距離を適切に保持する等、当該槽内の循環流を妨げず、かつ、当該槽内の水流が短絡しないように充填すること。

(ニ) 接触材は、生物膜による閉塞が生じ難い形状とし、生物膜が付着しやすく、十分な物理的強度を有する構造とすること。

(ホ) ばつ気装置を有し、室内の汚水を均等に撹拌し、溶存酸素をおおむね1ℓにつき1mg以上に保持し、かつ、空気量を容易に調整することができる構造とすること。

(ヘ) 生物膜を効率よく逆洗し、はく離することができる機能を有し、かつ、はく離汚泥その他の浮遊汚泥を引き抜き、沈殿分離槽、沈殿槽、汚泥濃縮貯留槽又は汚泥濃縮設備へ移送することができる構造とすること。

(ト) 消泡装置を設けること。

(五) 凝集槽

第7第二号(二)に定める構造とすること。

(六) 凝集沈殿槽

第一号(八)に定める構造に準ずるものとすること。この場合において、同号(八)(ト)中「汚泥濃縮貯留槽又は汚泥濃縮設備」を「沈殿分離槽、汚泥濃縮貯留槽又は汚泥濃縮設備」と読み替えるものとする。

(七) 消毒槽

第1第一号(四)に定める構造とすること。

第10

水質汚濁防止法第3条第1項又は第3項の規定により、同法第2条第1項に規定する公共用水域に放流水を排出する合併処理浄化槽に関して、放流水のBODを1ℓにつき10mg以下、放流水の窒素含有量を1ℓにつき15mg以下又は放流水の燐含有量を1ℓにつき1mg以下とする排水基準が定められている場合においては、当該合併処理浄化槽の構造は、第一号又は第二号に該当し、かつ、第1第四号に定める構造としたものとする。ただし、屎尿と雑排水とを合併して処理する方法による場合に限る。

一　硝化液循環活性汚泥方式

㈠及び㈡に定める構造のスクリーン及び沈砂槽に㈢から㈩までに定める構造の流量調整槽、生物反応槽、沈殿槽、中間流量調整槽、脱窒用接触槽、再ばつ気槽、凝集槽、凝集沈殿槽及び消毒槽をこの順序に組み合わせ、㈪に定める構造の汚泥濃縮貯留槽（処理対象人員が501人以上の場合においては、㈫及び㈬に定める構造の汚泥濃縮設備及び汚泥貯留槽）を備えた構造で、処理対象人員が51人以上であり、かつ、日平均汚水量が10㎥以上であるもの。

㈠　スクリーン

第9第一号㈠に定める構造とすること。

㈡　沈砂槽

第6第一号㈢に定める構造とすること。

㈢　流量調整槽

第9第一号㈢に定める構造とすること。

㈣　生物反応槽

第9第一号㈣に定める構造とすること。

㈤　沈殿槽

第9第一号㈤に定める構造とすること。

㈥　中間流量調整槽

第9第一号㈥に定める構造とすること。

㈦　脱窒用接触槽

第9第二号㈢に定める構造に準ずるものとすること。この場合において、同号㈢㈺中「0.13kg」を「0.12kg」と、「$\frac{7}{24}$」を「$\frac{1}{6}$」と読み替え、同号㈢㈼中「、沈殿分離槽」を削除するものとする。

㈧　再ばつ気槽

第9第二号㈣に定める構造に準ずるものとすること。この場合において、同号㈣㈸中「、沈殿分離槽」を削除するものとする。

㈨　凝集槽

第7第二号㈡に定める構造とすること。

㈩　凝集沈殿槽

第9第一号㈧に定める構造とすること。

㈩㈠　消毒槽

第1第一号㈣に定める構造とすること。

㈪　汚泥濃縮貯留槽

第9第一号㈩に定める構造とすること。

㈫　汚泥濃縮設備

第9第一号㈩㈠に定める構造とすること。

㈬　汚泥貯留槽

第6第一号㈩に定める構造とすること。

二　三次処理脱窒・脱燐方式

第9第二号に定める合併処理浄化槽の構造に準ずるもの。この場合において、同号㈡㈺中「0.08kg」を「0.07kg」と、「$\frac{1}{2}$」を「$\frac{7}{12}$」と、同号㈢㈺中「0.13kg」を「0.1kg」と、「$\frac{7}{24}$」を「$\frac{9}{24}$」と読み替えるものとする。

第11

水質汚濁防止法第3条第1項又は第3項の規定により、同法第2条第1項に規定する公共用水域に放流水を排出する合併処理浄化槽に関して、放流水のBODを1ℓにつき10mg以下、放流水の窒素含有量を1ℓにつき10mg以下又は放流水の燐含有量を1ℓにつき1mg以下とする排水基準が定められている場合においては、当該合併処理浄化槽の構造は、第一号又は第二号に該当し、かつ、第1第四号に定める構造としたものとする。ただし、屎尿と雑排水とを合併して処理する方法による場合に限る。

一　硝化液循環活性汚泥方式

第10第一号に定める合併処理浄化槽の構造に準ずるもの。この場合において、同号(七)中「0.12kg」を「0.1kg」と、「$\frac{1}{6}$」を「$\frac{5}{24}$」と読み替えるものとする。

二　三次処理脱窒・脱燐方式

第9第二号に定める合併処理浄化槽の構造に準ずるもの。この場合において、同号(二)(ロ)中「0.08kg」を「0.06kg」と、「$\frac{1}{2}$」を「$\frac{2}{3}$」と、同号(三)(ロ)中「0.13kg」を「0.09kg」と、「$\frac{7}{24}$」を「$\frac{5}{12}$」と読み替えるものとする。

第12

水質汚濁防止法第3条第1項又は第3項の規定により、同法第2条第1項に規定する公共用水域に放流水を排出する合併処理浄化槽に関して、化学的酸素要求量、浮遊物質量、ノルマルヘキサン抽出物質含有量（動植物油脂類含有量）、水素イオン濃度（水素指数）又は大腸菌群数についての排水基準が次の表の(い)欄に掲げるように定められている場合においては、当該合併処理浄化槽の構造は、同表(ろ)欄に掲げる構造としたものとする。

(い)					(ろ)
化学的酸素要求量（単位 mg／ℓ）	浮遊物質量（単位 mg／ℓ）	ノルマルヘキサン抽出物質含有量（動植物油脂類含有量）（単位 mg／ℓ）	水素イオン濃度（水素指数）	大腸菌群数（単位　個／cm³）	構造
60以下	70以下	20以下	5.8以上 8.6以下	3,000以下	第6から第11までのいずれかに定める構造
45以下	60以下	20以下	5.8以上 8.6以下	3,000以下	第6から第11までのいずれかに定める構造
30以下	50以下	20以下	5.8以上 8.6以下	3,000以下	第6から第11までのいずれかに定める構造
15以下	15以下	20以下	5.8以上 8.6以下	3,000以下	第7から第11までのいずれかに定める構造
10以下	15以下	20以下	5.8以上 8.6以下	3,000以下	第8に定める構造

附則

昭和44年建設省告示第1726号は、廃止する。

建築物の基礎、主要構造部等に使用する建築材料並びにこれらの建築材料が適合すべき日本産業規格又は日本農林規格及び品質に関する技術的基準を定める件

制定：平成12年5月31日　建設省告示第1446号
改正：令和　2年8月28日　国土交通省告示第821号

建築基準法（昭和25年法律第201号）第37条の規定に基づき、建築物の基礎、主要構造部等に使用する建

築材料並びにこれらの建築材料が適合すべき日本工業規格〔現行＝日本産業規格〕又は日本農林規格及び品質に関する技術的基準を次のように定める。

第1

建築基準法（以下「法」という。）第37条の建築物の基礎、主要構造部その他安全上、防火上又は衛生上重要である部分に使用する建築材料で同条第一号又は第二号のいずれかに該当すべきものは、次に掲げるものとする。ただし、法第20条第1項第一号の規定による国土交通大臣の認定を受けた構造方法を用いる建築物に使用される建築材料で平成12年建設省告示第1461号第九号ハの規定に適合するもの、現に存する建築物又は建築物の部分（法第37条の規定又は法第40条の規定に基づく条例の建築材料の品質に関する制限を定めた規定に違反した建築物又は建築物の部分を除く。）に使用されている建築材料及び建築基準法施行令（昭和25年政令第338号。以下「令」という。）第138条第1項に規定する工作物でその存続期間が2年以内のものに使用される建築材料にあっては、この限りでない。

一　構造用鋼材及び鋳鋼
二　高力ボルト及びボルト
三　構造用ケーブル
四　鉄筋
五　溶接材料（炭素鋼、ステンレス鋼及びアルミニウム合金材の溶接）
六　ターンバックル
七　コンクリート
八　コンクリートブロック
九　免震材料（平成12年建設省告示第2009号第1第一号に規定する免震材料その他これに類するものをいう。以下同じ。）
十　木質接着成形軸材料（木材の単板を積層接着又は木材の小片を集成接着した軸材をいう。以下同じ。）
十一　木質複合軸材料（製材、集成材、木質接着成形軸材料その他の木材を接着剤によりI形、角形その他所要の断面形状に複合構成した軸材をいう。以下同じ。）
十二　木質断熱複合パネル（平板状の有機発泡剤の両面に構造用合板その他これに類するものを接着剤により複合構成したパネルのうち、枠組がないものをいう。以下同じ。）
十三　木質接着複合パネル（製材、集成材、木質接着成形軸材料その他の木材を使用した枠組に構造用合板その他これに類するものを接着剤により複合構成したパネルをいう。以下同じ。）
十四　タッピンねじその他これに類するもの（構造用鋼材にめねじを形成し又は構造用鋼材を切削して貫入するものに限る。）
十五　打込み鋲（構造用鋼材に打込み定着するものをいう。以下同じ。）
十六　アルミニウム合金材
十七　トラス用機械式継手
十八　膜材料、テント倉庫用膜材料及び膜構造用フィルム
十九　セラミックメーソンリーユニット
二十　石綿飛散防止剤
二十一　緊張材
二十二　軽量気泡コンクリートパネル
二十三　直交集成板（ひき板又は小角材（これらをその繊維方向を互いにほぼ平行にして長さ方向に接合接着して調整したものを含む。）をその繊維方向を互いにほぼ平行にして幅方向に並べ又は接着したものを、主として繊維方向を互いにほぼ直角にして積層接着し3層以上の構造を持たせたものをいう。以下同じ。）

第2

法第37条第一号の日本産業規格又は日本農林規格は、別表第1(い)欄に掲げる建築材料の区分に応じ、それぞれ同表(ろ)欄に掲げるものとする。

第3

法第37条第二号の品質に関する技術的基準は、次のとおりとする。

一　別表第2(い)欄に掲げる建築材料の区分に応じ、それぞれ同表(は)欄に掲げる測定方法等により確認された同表(ろ)欄に掲げる品質基準に適合するものであること。

二　別表第3(い)欄に掲げる建築材料の区分に応じ、それぞれ同表(ろ)欄に掲げる検査項目について、同表(は)欄に掲げる検査方法により検査が行われていること。

三　別表第2の(ろ)欄に掲げる品質基準に適合するよう、適切な方法により、製造、運搬及び保管がなされていること。

四　検査設備が検査を行うために必要な精度及び性能を有していること。

五　次に掲げる方法により品質管理が行われていること。

イ　社内規格が次のとおり適切に整備されていること。

(1)　次に掲げる事項について社内規格が具体的かつ体系的に整備されていること。

(i)製品の品質、検査及び保管に関する事項

(ii)資材の品質、検査及び保管に関する事項

(iii)工程ごとの管理項目及びその管理方法、品質特性及びその検査方法並びに作業方法に関する事項

(iv)製造設備及び検査設備の管理に関する事項

(v)外注管理（製造若しくは検査又は設備の管理の一部を外部に行わせている場合における当該発注に係る管理をいう。以下同じ。）に関する事項

(vi)苦情処理に関する事項

(2)　製品の検査方法その他の製品が所定の品質であることを確認するために必要な事項（免震材料（出荷時において性能検査により個々の製品の性能を確認しているものに限る。以下ト及びチにおいて同じ。）にあっては、発注者又は発注者が指定する第三者が、製品について、所定の性能を満たしていることを確認するために必要な事項を含む。）が社内規格に定められていること。

(3)　社内規格が適切に見直されており、かつ、就業者に十分周知されていること。

ロ　製品及び資材の検査及び保管が社内規格に基づいて適切に行われていること。

ハ　工程の管理が次のとおり適切に行われていること。

(1)　製造及び検査が工程ごとに社内規格に基づいて適切に行われているとともに、作業記録、検査記録又は管理図を用いる等必要な方法によりこれらの工程が適切に管理されていること。

(2)　工程において発生した不良品又は不合格ロットの処置、工程に生じた異常に対する処置及び再発防止対策が適切に行われていること。

(3)　作業の条件及び環境が適切に維持されていること。

ニ　製造設備及び検査設備について、点検、検査、校正、保守等が社内規格に基づいて適切に行われており、これらの設備の精度及び性能が適正に維持されていること。

ホ　外注管理が社内規格に基づいて適切に行われていること。

ヘ　苦情処理が社内規格に基づいて適切に行われているとともに、苦情の要因となった事項の改善が図られていること。

ト　製品の管理（製品の品質及び検査結果に関する事項（免震材料にあっては、検査結果の信頼性及び正確性を確認するために必要な事項を含む。）を含む。）、資材の管理、工程の管理、設備の管理、外注管理、苦情処理等に関する記録が必要な期間保存されており、かつ、品質管理の推進に有効に活用されていること。

チ　免震材料については、製品の検査結果について改ざん防止のための措置が講じられていること。

六　その他品質保持に必要な技術的生産条件を次のとおり満たしていること。

イ　次に掲げる方法により品質管理の組織的な運営が図られていること。

(1)　品質管理の推進が工場その他の事業場（以下「工場等」という。）の経営方針として確立されており、品質管理が計画的に実施されていること。

(2)　工場等における品質管理を適切に行うため、各組織の責任及び権限が明確に定められているとともに、品質管理推進責任者を中心として各組織間の有機的な連携がとられており、

かつ、品質管理を推進する上での問題点が把握され、その解決のために適切な措置がとられていること。

(3) 工場等における品質管理を推進するために必要な教育訓練が就業者に対して計画的に行われており、また、工程の一部を外部の者に行わせている場合においては、その者に対し品質管理の推進に係る技術的指導が適切に行われていること。

ロ 次に定めるところにより、品質管理推進責任者が配置されていること。

(1) 工場等において、製造部門とは独立した権限を有する品質管理推進責任者を選任し、次に掲げる職務を行わせていること。

(i)品質管理に関する計画の立案及び推進
(ii)社内規格の制定、改正等についての統括
(iii)製品の品質水準の評価
(iv)各工程における品質管理の実施に関する指導及び助言並び部門間の調整
(v)工程に生じた異常、苦情等に関する処置及びその対策に関する指導及び助言
(vi)就業者に対する品質管理に関する教育訓練の推進
(vii)外注管理に関する指導及び助言
(viii)製品の品質基準への適合性の承認
(ix)製品の出荷の承認

(2) 品質管理推進責任者は、製品の製造に必要な技術に関する知識を有し、かつ、これに関する実務の経験を有する者であって、学校教育法（昭和22年法律第26号）に基づく大学、短期大学若しくは工業に関する高等専門学校、旧大学令（大正7年勅令第388号）に基づく大学、旧専門学校令（明治36年勅令第61号）に基づく専門学校若しくは外国におけるこれらの学校に相当する学校の工学若しくはこれに相当する課程において品質管理に関する科目を修めて卒業し（当該科目を修めて同法による専門職大学の前期課程を修了する場合を含む。）、又はこれに準ずる品質管理に関する科目の講習会の課程を修了することにより品質管理に関する知見を有すると認められるものであること。

2 前項の規定にかかわらず、製品の品質保証の確保及び国際取引の円滑化に資すると認められる場合は、次に定める基準によることができる。

一 製造設備、検査設備、検査方法、品質管理方法その他品質保持に必要な技術的生産条件が、日本産業規格Q9001（品質マネジメントシステム—要求事項）-2000の規定に適合していること。

二 前項第一号から第四号まで、第五号イ(2)及び第六号ロの基準に適合していること。

三 製造をする建築材料の規格等に従って社内規格が具体的かつ体系的に整備されており、かつ、製品について規格等に適合することの検査及び保管が、社内規格に基づいて適切に行われていること。

別表第1（法第37条第一号の日本産業規格又は日本農林規格）

(い)	(ろ)
第1第一号に掲げる建築材料	日本産業規格（以下「JIS」という。）A5525（鋼管ぐい）-1994、JIS A5526（H形鋼ぐい）-1994、JIS E1101（普通レール及び分岐器類用特殊レール）-2001、JIS E1103（軽レール）-1993、JIS G3101（一般構造用圧延鋼材）-1995、JIS G3106（溶接構造用圧延鋼材）-1999、JIS G3114（溶接構造用耐候性熱間圧延鋼材）-1998、JIS G3136（建築構造用圧延鋼材）-1994、JIS G3138（建築構造用圧延棒鋼）-1996、JIS G3201（炭素鋼鍛鋼品）-1988、JIS G3302（溶融亜鉛めっき鋼板及び鋼帯）-1998、JIS G3312（塗装溶融亜鉛めっき鋼板及び鋼帯）-1994、JIS G3321（溶融55%アルミニウム—亜鉛合金めっき鋼板及び鋼帯）-1998、JIS G3322（塗装溶融55%アルミニウム—亜鉛合金めっき鋼板及び鋼帯）-1998、JIS G3350（一般構造用軽量形鋼）-1987、JIS G3352（デッキプレート）-2003、JIS G3353（一般構造用溶接軽量H形鋼）-1990、JIS G3444（一般構造用炭素鋼管）-1994、JIS G3466（一般構造用角形鋼管）-1988、JIS G3475（建築構造用炭素鋼管）-1996、JIS G4051（機械構造用炭素鋼鋼材）-1979、JIS G4053（機械構造用合金鋼鋼材）-2003、JIS G4321（建築構造用ステンレス鋼材）-2000、JIS G5101（炭素鋼鋳鋼品）-1991、JIS G5102（溶接構造用鋳鋼品）-1991、JIS G5111（構造用高張力炭素鋼及び低合金鋳鋼品）-1991又はJIS G5201（溶接構造用遠心力鋳鋼管）-1991

第1第二号に掲げる建築材料	JIS B1051（炭素鋼及び合金鋼製締結用部品の機械的性質―第1部：ボルト、ねじ及び植込みボルト）-2000、JIS B1054-1（耐食ステンレス鋼製締結用部品の機械的性質―第1部：ボルト、ねじ及び植込みボルト）-2001、JIS B1054-2（耐食ステンレス鋼製締結用部品の機械的性質―第2部：ナット）-2001、JIS B1180（六角ボルト）-1994、JIS B1181（六角ナット）-1993、JIS B1186（摩擦接合用高力六角ボルト・六角ナット・平座金のセット）-1995、JIS B1256（平座金）-1998又はJIS B1057（非鉄金属製ねじ部品の機械的性質）-2001
第1第三号に掲げる建築材料	JIS G3525（ワイヤロープ）-1998、JIS G3546（異形線ロープ）-2000、JIS G3549（構造用ワイヤロープ）-2000又はJIS G3550（構造用ステンレス鋼ワイヤロープ）-2003
第1第四号に掲げる建築材料	JIS G3112（鉄筋コンクリート用棒鋼）-1987又はJIS G3117（鉄筋コンクリート用再生棒鋼）-1987
第1第五号に掲げる建築材料	JIS Z3183（炭素鋼及び低合金鋼用サブマージアーク溶着金属の品質区分及び試験方法）-1993、JIS Z3211（軟鋼用被覆アーク溶接棒）-1991、JIS Z3212（高張力鋼用被覆アーク溶接棒）-1990、JIS Z3214（耐候性鋼用被覆アーク溶接棒）-1999、JIS Z3221（ステンレス鋼被覆アーク溶接棒）-2003、JIS Z3312（軟鋼及び高張力鋼用マグ溶接ソリッドワイヤ）-1999、JIS Z3313（軟鋼、高張力鋼及び低温用鋼用アーク溶接フラックス入りワイヤ）-1999、JIS Z3315（耐候性鋼用炭酸ガスアーク溶接ソリッドワイヤ）-1999、JIS Z3320（耐候性鋼用炭酸ガスアーク溶接フラックス入りワイヤ）-1999、JIS Z3323（ステンレス鋼アーク溶接フラックス入りワイヤ）-2003、JIS Z3324（ステンレス鋼サブマージアーク溶接ソリッドワイヤ及びフラックス）-1999、JIS Z3353（軟鋼及び高張力鋼用エレクトロスラグ溶接ソリッドワイヤ並びにフラックス）-1999又はJIS Z3232（アルミニウム及びアルミニウム合金溶加棒並びに溶接ワイヤ）-2000
第1第六号に掲げる建築材料	JIS A5540（建築用ターンバックル）-2003、JIS A5541（建築用ターンバックル胴）-2003又はJIS A5542（建築用ターンバックルボルト）-2003
第1第七号に掲げる建築材料	JIS A5308（レディーミクストコンクリート）-2019
第1第八号に掲げる建築材料	JIS A5406（建築用コンクリートブロック）-1994
第1第十号に掲げる建築材料	単板積層材の日本農林規格（平成20年農林水産省告示第701号）に規定する構造用単板積層材の規格
第1第十四号に掲げる建築材料	JIS B1055（タッピンねじ―機械的性質）-1995又はJIS B1059（タッピンねじのねじ山をもつドリルねじ機械的性質及び性能）-2001
第1第十六号に掲げる建築材料	JIS H4000（アルミニウム及びアルミニウム合金の板及び条）-1999、JIS H4040（アルミニウム及びアルミニウム合金の棒及び線）-1999、JIS H4100（アルミニウム及びアルミニウム合金の押出形材）-1999、JIS H4140（アルミニウム及びアルミニウム合金鍛造品）-1988、JIS H5202（アルミニウム合金鋳物）-1999又はJIS Z3263（アルミニウム合金ろう及びブレージングシート）-1992（ブレージングシートに限る。）
第1第十九号に掲げる建築材料	JIS A5210（建築用セラミックメーソンリーユニット）-1994
第1第二十一号に掲げる建築材料	JIS G3536（PC鋼線及びPC鋼より線）-1999、JIS G3109（PC鋼棒）-1994又はJIS G3137（細径異形PC鋼棒）-1994
第1第二十二号に掲げる建築材料	JIS A5416（軽量気泡コンクリートパネル）-1997
第1第二十三号に掲げる建築材料	直交集成板の日本農林規格（平成25年農林水産省告示第3079号。以下「直交集成板規格」という。）に規定する直交集成板の規格

別表第2（品質基準及びその測定方法等）

(い)	(ろ)	(は)
建築材料の区分	品質基準	測定方法等

第1第一号に掲げる建築材料	一　降伏点又は0.2%耐力（ステンレス鋼にあっては、0.1%耐力）の上下限、降伏比、引張強さ及び伸びの基準値が定められていること。ただし、令第3章第8節に規定する構造計算を行わない建築物に用いられるものの強度は、次の数値を満たすこと。 イ　炭素鋼の場合 (1)　降伏点又は0.2%耐力が1㎟につき235N以上 (2)　引張強さが1㎟につき400N以上 ロ　ステンレス鋼の場合 (1)　降伏点又は0.1%耐力が1㎟につき235N以上 (2)　引張強さが1㎟につき520N以上	一　次に掲げる方法によるか又はこれと同等以上に降伏点若しくは0.2%耐力（ステンレス鋼にあっては、0.1%耐力）の上下限、降伏比、引張強さ及び伸びを測定できる方法によること。 イ　引張試験片は、JIS G0404（鋼材の一般受渡し条件）-1999に従い、JIS Z2201（金属材料引張試験片）-1998に基づき、鋼材の該当する形状の引張試験片を用いること。 ロ　引張試験方法及び各特性値の算定方法は、JIS Z2241（金属材料引張試験方法）-1998によること。
	二　炭素鋼の場合は、炭素含有量は1.7%以下（地震力等による塑性変形が生じない部分に用いるもので、伸びの基準値が10%以上のものについては、4.5%以下）の範囲で、C、Si、Mn、P及びSの化学成分の含有量の基準値が定められていること。ステンレス鋼の場合は、C、Si、Mn、P、S及びCrの化学成分の含有量の基準値が定められていること。これらの化学成分のほか、固有の性能を確保する上で必要となる化学成分の含有量の基準値が定められていること。	二　次に掲げる方法によるか又はこれと同等以上に化学成分の含有量を測定できる方法によること。 イ　分析試験の一般事項及び分析試料の採取法は、JIS G0417（鉄及び鋼—化学成分定量用試料の採取及び調整）-1999によること。 ロ　各成分の分析は、次に掲げる定量方法及び分析方法のいずれかによること。 (1)　JIS G0321（鋼材の製品分析方法及びその許容変動値）-1966 (2)　JIS G1211（鉄及び鋼－炭素定量方法）-1995 (3)　JIS G1212（鉄及び鋼－けい素定量方法）-1997 (4)　JIS G1213（鉄及び鋼－マンガン定量方法）-2001 (5)　JIS G1214（鉄及び鋼－りん定量方法）-1998 (6)　JIS G1215（鉄及び鋼－硫黄定量方法）-1994 (7)　JIS G1216（鉄及び鋼－ニッケル定量方法）-1997 (8)　JIS G1217（鉄及び鋼中のクロム定量方法）-1992 (9)　JIS G1218（鉄及び鋼－モリブデン定量方法）-1994 (10)　JIS G1219（鉄及び鋼－銅定量方法）-1997 (11)　JIS G1221（鉄及び鋼－バナジウム定量方法）-1998 (12)　JIS G1223（鉄及び鋼－チタン定量方法）-1997 (13)　JIS G1224（鉄及び鋼－アルミニウム定量方法）-2001 (14)　JIS G1227（鉄及び鋼－ほう素定量方法）-1999

		⒂ JIS G1228（鉄及び鋼－窒素定量方法）-1997 ⒃ JIS G1232（鋼中のジルコニウム定量方法）-1980 ⒄ JIS G1237（鉄及び鋼－ニオブ定量方法）-1997 ⒅ JIS G1253（鉄及び鋼－スパーク放電発光分光分析方法）-2002 ⒆ JIS G1256（鉄及び鋼－蛍光X線分析方法）-1997 ⒇ JIS G1257（鉄及び鋼－原子吸光分析方法）-1994 (21) JIS G1258（鉄及び鋼－誘導結合プラズマ発光分光分析方法）-1999
	三　溶接を行う炭素鋼については、炭素当量（C_{eq}）又は溶接割れ感受性組成（P_{CM}）及びシャルピー吸収エネルギーの基準値が定められていること。	三　次に掲げる方法によるか又はこれと同等以上に炭素当量（C_{eq}）若しくは溶接割れ感受性組成（P_{CM}）及びシャルピー吸収エネルギーを測定できる方法によること。 イ　炭素当量（C_{eq}）又は溶接割れ感受性組成（P_{CM}）は、成分分析結果に基づき、次の式によって計算すること。 $C_{eq}=C+\frac{Mn}{6}+\frac{Si}{24}+\frac{Ni}{40}+\frac{Cr}{5}+\frac{Mo}{4}+\frac{V}{14}$ （この式において、C_{eq}、C、Mn、Si、Ni、Cr、Mo及びVは、それぞれ次の数値を表す。 C_{eq}　炭素当量（単位　%） C　炭素分析値（単位　%） Mn　マンガン分析値（単位　%） Si　けい素分析値（単位　%） Ni　ニッケル分析値（単位　%） Cr　クロム分析値（単位　%） Mo　モリブデン分析値（単位　%） V　バナジウム分析値（単位　%）） $P_{CM}=C+\frac{Mn}{20}+\frac{Si}{30}+\frac{Cu}{20}+\frac{Ni}{60}+\frac{Cr}{20}+\frac{Mo}{15}+\frac{V}{10}+5B$ （この式において、P_{CM}、C、Mn、Si、Cu、Ni、Cr、Mo、V及びBは、それぞれ次の数値を表す。 P_{CM}　溶接割れ感受性組成（単位　%） C　炭素分析値（単位　%） Mn　マンガン分析値（単位　%） Si　けい素分析値（単位　%） Cu　銅分析値（単位　%） Ni　ニッケル分析値（単位　%） Cr　クロム分析値（単位　%） Mo　モリブデン分析値（単位　%） V　バナジウム分析値（単位　%） B　ほう素分析値（単位　%）） ロ　シャルピー吸収エネルギーの測定は、JIS Z2202（金属材料衝撃試験片）-1998を用いて、JIS Z2242（金属材料衝撃試験方法）

		-1998 によって行うこと。
	四　鋼材の形状、寸法及び単位質量の基準値が定められていること。	四　次に掲げる方法によるか又はこれと同等以上に鋼材の形状、寸法及び単位質量を測定できる方法によること。 イ　鋼材の形状及び寸法の測定は、任意の位置において、規定されている各寸法を、適切な測定精度を有する計測機器を用いて測定すること。 ロ　単位質量の測定は、次のいずれかの方法によること。 (1)　鋼材の断面積に対して、密度を乗じて求めること。 (2)　製品 10 本以上又は 1 トン以上の供試材をまとめて計量した実測質量を全供試材の長さの総和で除した値を単位質量とすること。
	五　構造耐力上有害な欠け、割れ、錆及び付着物がないこと。	五　JIS G0404（鋼材の一般受渡し条件）-1999 によるか又はこれと同等以上に構造耐力上有害な欠け、割れ、錆及び付着物がないことを確認できる方法によること。
	六　鋼材に表面処理等が施されている場合は、表面仕上げの組成及び付着量の基準値が定められていること。	六　めっき厚の測定は、JIS G3302（溶融亜鉛めっき鋼板及び鋼帯）-1998 の 16.1 めっき付着量試験によるか又はこれと同等以上に表面仕上げの組成及び付着量が測定できる方法によること。
	七　前各号に掲げるもののほか、必要に応じて鋼材のクリープ、疲労特性、耐久性、高温特性及び低温特性等の基準値が定められていること。	七　次に掲げる方法によるか又はこれと同等以上に鋼材のクリープ、疲労特性、耐久性、高温特性及び低温特性等を測定できる方法によること。 イ　クリープ特性の測定は、JIS Z2271（金属材料のクリープ及びクリープ破断試験方法）-1999 によること。 ロ　疲労特性の測定は、JIS Z2273（金属材料の疲れ試験方法通則）-1978 によること。 ハ　耐久性の腐食試験は、JIS Z2371（塩水噴霧試験方法）-2000 によること。 ニ　高温特性の測定は、JIS G0567（鉄鋼材料及び耐熱合金の高温引張試験方法）-1998 によること。 ホ　低温特性の測定は、所定の温度における機械的性質を、第一号に準じて測定すること。
第 1 第二号に掲げる建築材料	一　ボルトセットの構成が定められていること。	
	二　ボルトセットの構成材の降伏点又は 0.2％耐力、引張強さ、伸び、絞り、硬さ及びシャルピー吸収エネルギーの基準値が定められていること。ただし、衝撃特性等を必要としない場合においては、シャルピー吸収エネルギー等を規定しなくてもよい。また、引張試験片の採取が困難な場合は、硬さの基準値が定められて	二　次に掲げる方法によるか又はこれと同等以上に(ろ)欄の基準値を測定できる方法によること。 イ　各構成材から採取した試験片の、耐力、引張強さ、伸び及び絞りの測定は、次に掲げる方法によること。 (1)　JIS Z2201（金属材料引張試験片）-1998 に規定する試験片に基づき、該当する形状の引張試験片を用いること。 (2)　引張試験方法及び各特性値の算定方

いること。 製品試験でボルトセットが最小荷重未満で破壊することなく、また更に荷重を増加した時に想定した破壊箇所以外で破壊しないこと及び保証荷重作用下で想定した破壊箇所以外に異常や永久変形が生じないこと。	法は、JIS Z2241（金属材料引張試験方法）-1998 によること。 ロ　衝撃特性の測定は、JIS Z2202（金属材料衝撃試験片）-1998 に定める試験片を用いて、JIS Z2242（金属材料衝撃試験方法）-1998 により測定すること。 ハ　各構成材の硬さ試験は、JIS Z2243（ブリネル硬さ試験—試験法）-1998、JIS Z2244（ビッカース硬さ試験—試験法）-1998 又は JIS Z2245（ロックウェル硬さ試験—試験方法）-1998 に規定する方法によること。 ニ　製品試験は、JIS B1186（摩擦接合用高力六角ボルト・六角ナット・平座金のセット）-1995 の 11.1 の機械的性質試験、JIS B1051（炭素鋼及び合金鋼製締結用部品の機械的性質－第 1 部：ボルト、ねじ及び植込みボルト）-2000 の 8. の試験方法によること。
三　各構成材の主成分と固有の性能を発揮する化学成分の含有量の基準値が定められていること。	三　第 1 第一号に掲げる建築材料の項(は)欄第二号に掲げる方法によること。
四　ボルトセットの構成材の形状・寸法の基準値が定められていること。	四　限界ゲージ又はこれと同等以上の測定器具を用いて行うこと。
五　ボルトセットの構成材は、焼割れ及び構造耐力上有害な傷、かえり、錆、ねじ山のいたみ及び著しい湾曲等の欠点がないこと。また、必要に応じて表面粗さが規定されていること。	五　次に掲げる方法によるか又はこれと同等以上に欠陥の有無及び外観の状況を測定できる方法によること。 イ　外観の状況の測定は、ボルトセットの構成材について、JIS B0659-1（製品の幾何特性仕様（GPS）—表面性状：輪郭曲線方式；測定標準—第 1 部：標準片）-2002 に規定される表面粗さ標準片又は JIS B0651（製品の幾何特性仕様（GPS）—表面性状：輪郭曲線方式—触針式表面粗さ測定機の特性）-2001 に規定される表面粗さ測定機並びに目視によって行うこと。 ロ　表面欠陥試験は、JIS Z2343-1（非破壊試験—浸透探傷試験—第 1 部：一般通則：浸透探傷試験方法及び浸透指示模様の分類）-2001 に規定される浸透探傷試験方法、JIS G0565（鉄鋼材料の磁粉探傷試験方法及び磁粉模様の分類）-1992 に規定される磁粉探傷試験方法によること。 ハ　ねじがある場合のねじの外観の状況の測定は、ねじ用限界ゲージを用いて行うこと。
六　ボルトセットにめっきを施す場合は、組成及び付着量の基準値が定められていること。	六　めっき付着量の測定は、JIS H0401（溶融亜鉛めっき試験方法）-1999 の 4. の付着量試験方法によるか又はこれと同等以上に表面仕上げの組成及び付着量を測定できる方法によること。
七　前各号に掲げるもののほか、必要に応じて耐久性、疲労特性、	七　次に掲げる方法によるか又はこれと同等以上に(ろ)欄の基準値を測定できる方法によること。

	高温特性、軸力を導入する場合のボルトセットのトルク係数値及びリラクセーション特性等の基準値が定められていること。	イ　耐久性の測定は、JIS Z2371（塩水噴霧試験方法）-2000に、疲労特性の測定は、JIS Z2273（金属材料の疲れ試験方法通則）-1978に、高温特性の測定は、JIS G0567（鉄鋼材料及び耐熱合金の高温引張試験方法）-1998によること。 ロ　軸力を導入する場合のセットのトルク係数値試験は、JIS B1186（摩擦接合用高力六角ボルト・六角ナット・平座金のセット）-1995の11.2のセットのトルク係数値試験によること。 ハ　リラクセーション特性の測定は、JIS Z2271（金属材料のクリープ及びクリープ破断試験方法）-1999、JIS Z2276（金属材料の引張リラクセーション試験方法）-2000の試験方法によること。
第1第三号に掲げる建築材料	一　降伏点又は0.2％耐力、引張強さ及び伸びの基準値が定められていること。また、必要に応じて、鋼素線の曲げねじり特性（ねじり、巻付け及び巻戻し特性）、鋼より線のリラクセーション特性などの基準値が規定されていること。	一　次に掲げる方法によるか又はこれと同等以上に(ろ)欄の基準値を測定できる方法によること。 イ　鋼素線から採取した試験片の降伏点又は0.2％耐力、引張強さ及び伸びの測定は、JIS Z2201（金属材料引張試験片）-1998に規定する試験片において該当する形状の引張試験片を用いて、JIS Z2241（金属材料引張試験方法）-1998に規定する引張試験の方法及び各特性値の算定方法によって行うこと。鋼より線もこれに準じること。 ロ　鋼素線のねじり試験は、試験片の両端を線径の100倍のつかみ間隔で固くつかみ、たわまない程度に緊張しながらその一方を同一方向に破断するまで回転し、そのときのねじり回数、破断面の状況及びねじれの状況を調べることによって行うこと。巻付け試験は、線径を半径とする円弧に沿い、曲げ角度90度に曲げ、破断の有無及びきず発生の状況を調べることによって行うこと。また、巻戻し試験は、試験片をこれと同一径の心金の周囲に5回密着して巻き付け、さらにこれを巻き戻した後、試験片の折損の有無を調べることによって行うこと。 ハ　鋼より線のリラクセーション試験は、常温で試験片を適当な間隔でつかみ、載荷速度を1分間に1㎟につき200 ± 50 Nの割合で、基準値として規定する引張強さの最小値の70％に相当する荷重（載荷荷重）をかけ、その荷重を120 ± 2秒維持した後、1,000時間つかみ間隔をそのまま保持して荷重の減少を測定し、元の荷重に対するその減少した荷重の百分率をリラクセーション値とすることによって行うこと。
	二　組成として化学成分の含有量の基準値が定められたものであること。	二　第1第一号に掲げる建築材料の項(は)欄第二号に掲げる方法によること。

	三　鋼素線の径及び偏径差の基準値が定められていること。単層又は多層の鋼より線を構成する鋼素線数、よりの長さ、より方向及びより線の外形寸法の基準値が定められていること。 多層の鋼より線の断面寸法、それを構成する各単層の鋼より線の作るらせんのピッチの基準値が定められていること。	三　次に掲げる方法によるか又はこれと同等以上に(ろ)欄の基準値を測定できる方法によること。 イ　径の測定は、鋼素線ではマイクロメータで同一断面において２方向以上を測定し、その平均値をもって径とすること。 ロ　偏径差の測定は、同種線径の各試験片について、最大のものと最小のものとの差を求め、その値をもって偏径差とすること。 ハ　鋼より線の断面寸法の測定は、ノギスで同一断面において２方向以上を測定し、その平均値をもって断面寸法とすること。 ニ　よりの長さ等の測定は、ノギスにより行うこと。
	四　全長を通じて、つぶれ、きずなどの構造耐力上有害な欠陥や錆等の欠点がないこと。	四　目視によって行うこと。
	五　前各号に掲げるもののほか、必要に応じて、鋼素線及び鋼より線の定着装置の引張耐力及び限界耐力が規定されていること。	五　定着装置に鋼素線又は鋼より線を取り付けた試験片について引張試験を実施する方法又はこれと同等以上に引張耐力及び有害な変形を生じない限界耐力を測定できる方法によること。
第１第四号に掲げる建築材料	一　降伏点又は0.2％耐力、引張強さ、伸び、曲げ性能及び降伏比の基準値が定められていること。ただし、せん断補強筋に用いる棒鋼類の伸び及び降伏比については、この限りでない。 令第３章第８節に規定する構造計算を行わない建築物に用いられるものの降伏点又は0.2％耐力は、1㎟につき235 N以上とすること。	一　次に掲げる方法によるか又はこれと同等以上に(ろ)欄の基準値を測定できる方法によること。 イ　降伏点又は0.2％耐力、引張強さ、伸び及び降伏比の測定は、次に示す引張試験によること。 (1)　引張試験片は、JIS Z2201（金属材料引張試験片）-1998の２号又は３号試験片とすること。異形棒鋼の標点距離及び平行部の長さの決定は公称直径によること。試験片はいずれも製品のままとし、機械仕上げを行わないこと。（ただし、コイルの場合は常温で矯正してから採取すること。） (2)　引張試験はJIS Z2241（金属材料引張試験方法）-1998によること。異形棒鋼の降伏点又は0.2％耐力及び引張強さを求める場合の断面積は公称直径より算定すること。 (3)　降伏比は、降伏点又は0.2％耐力を引張強さで除して求めること。 ロ　曲げ性能の測定は、次に示す曲げ試験によること。 (1)　曲げ試験片は、JIS Z2204（金属材料曲げ試験片）-1996の２号試験片とすること。試験片はいずれも製品のままとし、機械仕上げを行わないこと。（ただし、コイルの場合は常温で矯正してから採取すること。） (2)　曲げ試験は、JIS Z2248（金属材料曲げ試験方法）-1996によること。
	二　主成分は鉄とし、その他の組成として、C、Si、Mn、P及びSのほか、固有の化学成分の含有量の	二　次に掲げる方法によるか又はこれと同等以上に(ろ)欄の基準値を測定できる方法によること。 イ　分析試験の一般事項及び分析試料の採取

	基準値が定められていること。	法は、JIS G0417（鉄及び鋼―化学成分定量用試料の採取及び調製）-1999によること。 ロ　各成分の分析は次の定量方法及び分析方法のいずれかによること。 (1)　JIS G1211（鉄及び鋼―炭素定量方法）-1995 (2)　JIS G1212（鉄及び鋼―けい素定量方法）-1997 (3)　JIS G1213（鉄及び鋼―マンガン定量方法）-2001 (4)　JIS GI214（鉄及び鋼―りん定量方法）-1998 (5)　JIS G1215（鉄及び鋼―硫黄定量方法）-1994 (6)　JIS G1253（鉄及び鋼―スパーク放電発光分光分析方法）-2002 (7)　JIS G1256（鉄及び鋼―蛍光X線分析方法）-1997 (8)　JIS G1257（鉄及び鋼―原子吸光分析方法）-1994
	三　丸鋼にあっては直径及び単位質量の基準値が、異形棒鋼にあっては公称直径、単位質量、節の間隔、節の高さ、節の幅及び節と軸線との角度の基準値が定められていること。	三　次に掲げる方法によるか又はこれと同等以上に(ろ)欄の基準値を測定できる方法によること。 イ　丸鋼の直径及び単位質量の測定における供試材の採取法は、JIS G3191（熱間圧延棒鋼とバーインコイルの形状、寸法及び重量並びにその許容差）-1966によること。 ロ　異形棒鋼の公称直径、単位質量、節の間隔、節の高さ、節の幅及び節と軸線との角度の測定における供試材の採取法及び測定方法は、次によること。 (1)　供試材の長さは0.5 m以上とすること。コイルの場合は常温で矯正してから採取すること。 (2)　単位質量は、10本以上又は1トン以上の供試材をまとめて計量した実測質量を、全供試材の長さの総和で除した値とすること。 (3)　節の平均間隔は、連続する10個の節間隔を節の中央線上で測定した値、又はこれに相当する長さを軸線方向の他の線上で測定した値のいずれかを$\frac{1}{10}$にした値とすること。 (4)　節の高さは、その節の4等分点で測定した3つの高さの平均値とすること。 (5)　節の幅は、10個の節について測定した値の平均値とすること。 (6)　節と軸線との角度は、異形棒鋼の表面の展開図で測定すること。
	四　構造耐力上有害な欠け、割れ、錆、付着物等がないこと。	四　目視により、必要な場合にはノギス等で測定すること。
第1第五号に掲げる建築材料	一　炭素鋼の溶接における溶着金属又は溶接金属の引張強さ、降伏点又は0.2％耐力、伸び及びシャルピー吸収エネルギーの基準値が	一　次に掲げる方法によるか又はこれと同等以上に(ろ)欄の基準値を測定できる方法によること。 イ　溶着金属の引張強さ、降伏点又は0.2％耐力及び伸びの測定は、次に示す引張試験に

	定められていること。 ステンレス鋼の溶接における溶着金属又は溶接金属の引張強さ及び伸びの基準値が定められていること。 アルミニウム合金材の溶接における溶着金属又は溶接金属の引張強さの基準値が定められていること。	よること。 (1) 引張試験は、JIS Z3111（溶着金属の引張及び衝撃試験方法）-1986によること。 (2) 引張試験片は、JIS Z2201（金属材料引張試験片）-1998によること。 ロ 溶接金属の引張強さ、降伏点又は0,2%耐力及び伸びの測定は、次に示す引張試験によること。 (1) 試験方法全般は、JIS Z3040（溶接施工方法の確認試験方法）-1995によること。 (2) 引張試験方法は、JIS Z3121（突合せ溶接継手の引張試験方法）-1993によること。 ハ 溶着金属のシャルピー吸収エネルギーの測定は、次に示す衝撃試験によること。 (1) 衝撃試験は、JIS Z3111（溶着金属の引張及び衝撃試験方法）-1986によること。 (2) 衝撃試験片は、JIS Z2202（金属材料衝撃試験片）-1998によること。 ニ 溶接金属のシャルピー吸収エネルギーの測定は、次に示す衝撃試験によること。 (1) 試験方法全般は、JIS Z3040（溶接施工方法の確認試験方法）-1995によること。 (2) 衝撃試験方法は、JIS Z3128（溶接継手の衝撃試験方法）-1996によること。
	二 炭素鋼のソリッドワイヤ、溶着金属又は溶接金属のC、Si、Mn、P及びSのほか、固有の化学成分の含有量の基準値が定められており、めっきが有る場合には、その成分の基準値が定められていること。また、必要に応じて溶着金属の水素量の基準値が定められていること。 ステンレス鋼の溶着金属又は溶接金属のC、Si、Mn、P、S、Ni、Cr及びMoのほか、固有の化学成分の含有量の基準値が定められていること。 アルミニウム合金材の溶接における溶着金属又は溶接金属のSi、Fe、Cu、Mn、Zn、Mg、Cr及びTiのほか、固有の化学成分の含有量の基準値が定められていること。	二 次に掲げる方法によるか又はこれと同等以上に(ろ)欄の基準値を測定できる方法によること。 イ 溶着金属の水素量以外の測定は、第1第一号に掲げる建築材料の項(は)欄第二号に掲げる方法によること。 ロ 溶着金属の水素量の測定は、JIS Z3118（鋼溶接部の水素量測定方法）-1992によること。
	三 溶接材料の径、長さ等の寸法及び質量の基準値が定められていること。	三 JIS Z3200（溶接材料—寸法、許容差、製品の状態、表示及び包装）-1999によるか又はこれと同等以上に(ろ)欄の基準値を測定できる方法によること。
第1第六号に掲げる建築材料	一 ターンバックルの構成（ターンバックル胴、ターンバックルボル	

	ト等）が定められていること。	
	二　ターンバックルの構成材の引張強度、保証荷重及びこの荷重時の永久変形等の基準値が定められていること。	二　次に掲げる方法によるか又はこれと同等以上に(ろ)欄の基準値を測定できる方法によること。 イ　胴の引張強度の測定は、それに適合する片ネジボルトを十分はめ込み、このボルトを通して胴の軸方向に規定する引張荷重を加え、破断の有無を調べることによって行うこと。 ロ　胴の永久変形の測定は、保証荷重を 15 秒間与えた後に除荷し、胴の長さを測定して行うこと。 ハ　ボルトの引張強度の測定は、ボルトが使用される状態に準じた状態を作ることができる適当なジグを用い、ボルトのねじ部には完全ねじ山がボルトの円筒部側に 3 山以上残るようにジグ又はナットをはめ合わせ、羽子板ボルト、アイボルトのボルト頭部のボルト穴には取付ボルトを通し、両ねじボルトのボルト頭部には取付ナットをはめ合わせ、軸方向に規定された引張荷重を加え、破断の有無を調べることによって行うこと。 ニ　ボルトの永久変形の測定は、保証荷重を 15 秒間与えた後に除荷し、構造耐力上有害な変形の有無を調べることによって行うこと。
	三　各構成材の主成分と固有の性能を発揮する化学成分の含有量の基準値が定められたものであること。	三　第 1 第一号に掲げる建築材料の項(は)欄第二号に掲げる方法によること。
	四　各構成材の形状及び寸法の基準値が定められていること。	四　次に掲げる方法によるか又はこれと同等以上に(ろ)欄の基準値を測定できる方法によること。 イ　形状及び寸法の測定は、ノギス又は限界ゲージを用いて行うこと。 ロ　ねじの精度の測定は、限界ゲージを用いて行うこと。
	五　胴は、構造耐力上有害なひび・割れ・きずがないこと。また、軸心は通りよく、偏心・曲がりがないこと。	五　目視によって行うこと。
第 1 第七号に掲げる建築材料	一　コンクリートに使用するセメントは、密度、比表面積、凝結（始発時間及び終結時間）、安定性、圧縮強さ及び水和熱の基準値及び組成が定められたものであること。ただし、水和熱にあっては、コンクリートの材料特性値に影響しない場合においては、この限りでない。	一　密度、凝結、安定性及び圧縮強さの測定は、JIS R5201（セメントの物理試験方法）-1997、水和熱の測定は、JIS R5203（セメントの水和熱測定方法（溶解熱方法））-1995、組成の測定は、JIS R5202（ポルトランドセメントの化学分析方法）-1999 又は JIS R5204（セメントの蛍光 X 線分析方法）-2002 によること。
	二　コンクリートに使用する骨材は、次に掲げる基準に適合するものであること。 イ　絶乾密度、吸水率及び粒度の基準値が定められたもので	二　次に掲げる方法によること。 イ　絶乾密度及び吸水率の測定は、細骨材にあっては、JIS A1109（細骨材の密度及び吸水率試験方法）-1999、粗骨材にあっては、JIS A1110（粗骨材の密度及び吸水率

	あること。 ロ　アルカリシリカ反応性が無害であるものであること。ただし、コンクリートのアルカリ骨材反応の抑制について有効な措置を行う場合にあっては、この限りでない。	試験方法）-1999によること。粒度の測定は、JIS A1102（骨材のふるい分け試験方法）-1999による。 ロ　アルカリシリカ反応性は、JIS A1145（骨材のアルカリシリカ反応性試験方法（化学法））-2001又はJIS A1146（骨材のアルカリシリカ反応性試験方法（モルタルバー法））-2001によるか、又はこれらと同等以上にアルカリシリカ反応性を判定できる方法によること。
	三　圧縮強度の基準値が定められていること。	三　昭和56年建設省告示第1102号によること。
	四　スランプ又はスランプフローの基準値が定められていること。ただし、固まらないときのコンクリートの変形性状、流動性状及び材料分離に対する抵抗性についてスランプ又はスランプフローによる場合と同等以上に評価できる特性値にあっては、当該特性値とすることができる。	四　スランプにあっては、JIS A1101（コンクリートのスランプ試験方法）-1998に、スランプフローにあっては、JIS A1150（コンクリートのスランプフロー試験方法）-2001によること。ただし、スランプ又はスランプフロー以外の特性値とする場合にあっては、当該特性値について固まらない時のコンクリートの変形性状、流動性及び材料分離に対する抵抗性を、スランプによる場合又はスランプフローと同等以上に測定できる試験方法によること。
	五　空気量の基準値が、3%から6%（軽量コンクリートにあっては、3.5%から6.5%）の間で定められていること。ただし、凍結融解作用に対する抵抗性についてこれと同等以上であるコンクリート又は凍結融解作用を受けるおそれのないコンクリートにあっては、空気量をこれと異なる値とすることができる。	五　JIS A1128（フレッシュコンクリートの空気量の圧力による試験方法—空気室圧力方法）-1999、A1118（フレッシュコンクリートの空気量の容積による試験方法（容積方法））-1997、A1116（フレッシュコンクリートの単位容積質量試験方法及び空気量の質量による試験方法（質量方法））-1998によること。
	六　塩化物含有量の基準値が、塩化物イオン量として1㎥につき0.3kg以下に定められていること。ただし、防錆剤の使用その他鉄筋の防錆について有効な措置を行う場合においては、これと異なる値とすることができる。	六　JIS A1144（フレッシュコンクリート中の水の塩化物イオン濃度試験方法）-2001又はこれと同等以上に塩化物含有量を測定できる方法によること。
第1第八号に掲げる建築材料	一　容積空洞率（コンクリートブロックの空洞部全体の容積をコンクリートブロックの外部形状容積（ただし化粧を有するコンクリートブロックにあっては、その化粧部分の容積を除く。）で除して得た数値を百分率で表したものをいう。）の基準値が定められていること。	一　各部の寸法を実測して行うこと。
	二　各部の形状、寸法及び寸法精度の基準値が定められていること。	二　各部の寸法及び寸法精度の測定は、JIS A5406（建築用コンクリートブロック）-1994によるか又はこれと同等以上に寸法及び寸法精度を測定できる方法によること。

	三　圧縮強さの基準値が定められていること。ただし、令第3章第8節に規定する構造計算を行わない建築物に用いられるものの圧縮強さは、1㎟につき8N以上であること。	三　JIS A5406（建築用コンクリートブロック）-1994の圧縮試験方法によるか又はこれと同等以上に圧縮強さを測定できる方法によること。
	四　吸水率の基準値が定められていること。ただし、圧縮強さが1㎟につき15 N以下の場合においては、気乾かさ比重によることができる。	四　JIS A5406（建築用コンクリートブロック）-1994の吸水率の試験方法によるか又はこれと同等以上に吸水率を測定できる方法によること。
	五　透水性の基準値が定められていること。ただし、防水性を要求しない場合においては、この限りでない。	五　JIS A5406（建築用コンクリートブロック）-1994の透水性の試験方法によるか又はこれと同等以上に透水性を測定できる方法によること。
	六　前各号に掲げるもののほか、第1第七号に掲げる建築材料の項(ろ)欄各号の品質基準の基準値が定められていること。	六　第1第七号に掲げる建築材料の項(は)欄各号の方法によること。
第1第九号に掲げる建築材料	一　免震材料の構成が定められていること。	
	二　各部の形状、寸法及び寸法精度の基準値が定められていること。	二　各部の形状及び寸法の測定は、任意の位置において、規定されている各寸法を、適切な測定精度を有する計測機器を用いて測定すること。
	三　水平方向の限界ひずみ又は限界変形の基準値及び当該ひずみ又は変形に至るまでの水平方向の荷重の履歴が定められていること。 また、流体系の減衰材にあっては、限界速度の基準値が定められていること。	三　限界ひずみ及び限界変形の測定は、実大モデル（当該免震材料の品質を代表できる類似の形状を含む。以下同じ。）又は性能を代表できる縮小モデルによる試験体について、次に掲げる方法又はこれらと同等以上の精度を有する方法によること。 イ　支承材にあっては、試験体にかかる鉛直方向及び水平方向の力を同時に載荷することができる二軸せん断試験装置を用い、次に掲げる方法によること。 (1)　弾性系の支承材にあっては、水平方向へ一方向に載荷し、破断した時のひずみ又は変形の値をそれぞれ限界ひずみ又は限界変形とすること。 (2)　すべり系及び転がり系の支承材にあっては、支承材の脱落その他の障害を生ずることなく水平方向に安定した特性を保持する限界の変形の値を限界変形とすること。 ロ　減衰材にあっては、試験体にかかる外力を載荷することができる一軸又は二軸の載荷試験装置を用い、次に掲げる方法によること。 (1)　弾塑性系の減衰材にあっては、定変位繰り返し載荷試験により破断に至る繰り返し載荷回数を求め、当該回数が5回以上となる変形の値を限界変形とすること。ただし、鉛材その他の疲労損傷蓄積の少ない材料を用いた減衰材にあっては、一方向載荷による

		最大荷重時の変形の値を限界変形とすることができる。 (2) 流体系及び摩擦系の減衰材にあっては、可動範囲の$\frac{1}{2}$の変形の値を限界変形とすること。 (3) 粘弾性系の減衰材にあっては、静的な一方向載荷を加えた場合に破断した時のひずみ又は変形をそれぞれ限界ひずみ又は限界変形とすること。 (4) 流体系の減衰材（作動油を用いたものに限る。）にあっては、抵抗力―速度関係を用いて、抵抗力を安定して発揮できる速度の最大値を限界速度とすること。 (5) 流体系の減衰材（作動油を用いたものを除く。）にあっては、せん断ひずみ速度の上限値から限界速度を求めること。
	四 支承材にあっては、次に掲げる基準値が定められていること。 イ 圧縮限界強度、鉛直剛性及び引張限界強度の基準値 ロ 水平方向の一次剛性、二次剛性、荷重軸との交点の荷重（以下「切片荷重」という。）又は降伏荷重、等価剛性及び等価粘性減衰定数のうち必要な基準値（減衰材としての機能を有する支承材であって、減衰材としての性能を分離して評価することができるものについては、それぞれの基準値） ハ すべり系又は転がり系の支承材にあっては、すべり摩擦係数又は転がり摩擦係数の基準値 ニ ロ及びハに掲げる基準値に対するばらつきの基準値	四 各基準値の測定は、(は)欄第三号イに掲げる試験装置を用い、実大モデル又は性能を代表できる縮小モデルによる試験体について、次に掲げる方法又はこれらと同等以上の精度を有する方法によること。 イ 圧縮限界強度、鉛直剛性及び引張限界強度にあっては、次に掲げる方法によること。 (1) 圧縮限界強度の基準値は、水平方向の変形に応じて支承材が座屈し、又は破断することなく安全に支持できる鉛直荷重を免震材料の水平有効断面積で除した数値とすること。 (2) 鉛直剛性の基準値は、水平方向の変形が0の時の圧縮限界強度の10%以上30%以下に相当する面圧（以下「基準面圧」という。）にその数値の30%の数値を加え、及び減じたそれぞれの面圧で鉛直方向への繰り返し載荷を行うことにより得られた前履歴の特性に比して変化が十分小さな履歴（以下「定常履歴」という。）における荷重―変形関係を用いて求めること。 (3) 引張限界強度の基準値は、規定ひずみ又は規定変形（当該支承材の限界ひずみ又は限界変形の基準値の20%以上70%以下の数値をいう。以下同じ。）を生じさせることとなる力で水平方向への載荷を行うことにより得られた振幅（水平方向の変形により当該支承材にせん断ひずみ又はせん断変形が発生しない場合は、0とする。）を与えた状態で鉛直方向の引張荷重を漸増して加え、支承材が降伏した時の引張力を当該免震材料の水平有効断面積で除した数値とすること。 ロ 水平方向の一次剛性、二次剛性、切片荷重又は降伏荷重、等価剛性及び等価粘性

		減衰定数の基準値は、基準面圧を与えた状態で、正負の規定ひずみ（すべり系及び転がり系の支承材にあっては、正負の規定変形）を生じさせることとなる力で水平方向への繰り返し載荷を行うことにより得られた定常履歴における荷重—変形関係を用いて求めること。 ハ　すべり摩擦係数及び転がり摩擦係数の基準値は、基準面圧を与えた状態で、正負の規定変形を生じさせることとなる力で水平方向への繰り返し載荷を行うことにより得られた定常履歴における荷重—変形関係を用いて正方向及び負方向の切片荷重と基準面圧に相当する荷重より求めること。
	五　減衰材にあっては、次に掲げる基準値が定められていること。 イ　弾塑性系及び摩擦系の減衰材にあっては、一次剛性、二次剛性、降伏荷重及び等価粘性減衰定数の基準値 ロ　流体系の減衰材にあっては、抵抗力、降伏速度及び等価粘性減衰係数の基準値 ハ　粘弾性系の減衰材にあっては、弾性剛性及び等価粘性減衰係数の基準値	五　各基準値の測定は、(は)欄第三号ロに掲げる試験装置を用い、実大モデル又は性能を代表できる縮小デルによる試験体について、次に掲げる方法又はこれと同等以上の精度を有する方法によること。 イ　弾塑性系及び摩擦系の減衰材の各基準値は、次に掲げる方法によること。 (1)　弾塑性系の減衰材のうち鋼材その他これに類する材料を用いたもので、速度による変化率が性能上無視できる減衰材にあっては、弾性変形限界以下の静的漸増載荷により一次剛性を求めたのち、正負の規定変形を生じさせることとなる力で一定の正負変形間隔で静的繰り返し載荷を行うことにより得られた荷重—変形関係を用いて求めるか、又は(2)に掲げる方法によること。 (2)　弾塑性系の減衰材のうち鉛材その他これに類する材料を用いたもの及び摩擦系の減衰材にあっては、基準周期（免震材料の特性を損なわない加振周期の範囲における代表的な周期をいい、2秒以上とする。）を用いた正負の規定変形を生じさせることとなる力で正弦波加振（以下「規定載荷」という。）を行うことにより得られた定常履歴における荷重—変形関係を用いて求めること。 ロ　流体系の減衰材の各基準値は、規定載荷を行うことにより得られた抵抗力—速度関係を用いて求めること。 ハ　粘弾性系の減衰材の各基準値は、規定載荷を行うことにより得られた定常履歴における荷重—変形関係を用いて求めること。
	六　支承材及び減衰材にあっては、温度変化及び経年変化による水平剛性及び減衰性能の変化率その他使用環境条件に応じて必要となる各種性能の変化率の基準値	六　各要因による各基準値の変化率の測定は、実大モデル又は性能を代表できる縮小モデルによる試験体について、次に掲げる方法又はこれらと同等以上の精度を有する方法によること。 イ　支承材にあっては、(は)欄第三号イに掲げる

	が定められていること。ただし、当該要因による性能の変化が無視できるほど小さい場合においては、この限りでない。	試験機及び老化試験機（温度変化による水平剛性、減衰性能その他の性能の変化率を測定する場合にあっては、温度管理をする場合を除き、恒温槽付きとする。）を用い、次に掲げる方法によること。ただし、弾性系の支承材にあっては、せん断試験片を用い、恒温槽付き一軸試験機により試験することができる。 (1) 弾性系の支承材の温度変化による各基準値の変化率は、正負の規定ひずみを与えた状態で、摂氏0度から40度までの温度範囲又は零下10度から30度までの温度範囲のそれぞれについて、10度刻みの任意の3点以上の温度（以下「規定温度」という。）で(は)欄第四号に掲げる方法により求めた基準値の摂氏20度における基準値に対する比率として求めること。 (2) 弾性系の支承材の経年変化による各基準値の変化率は、アレニウス則に基づき活性化エネルギーを算出し、老化条件を定めて、JIS K6257（加硫ゴムの老化試験方法）-1993に準じた自動温度調節器を備える老化試験機を用い、加熱促進老化を行った後、(は)欄第四号に掲げる方法により求めた基準値の(ろ)欄第四号の該当する基準値に対する比率として求めること。 (3) クリープひずみの変化率は、鉛直方向の荷重を長期間安定して試験体に載荷することができ、かつ、試験体の鉛直方向の変形の測定ができる錘荷重方式又は油圧荷重方式の試験機を用い、常温下又は加熱促進により、時間とクリープひずみの関係が適切に評価できる測定時間（1,000時間を下限とする。）の試験に基づき求めること。ただし、温度換算式が明らかな場合にあっては、加熱促進試験により求めることができる。 (4) 弾性系の支承材のせん断ひずみによる各基準値の変化率は、3以上の段階のせん断ひずみで定常履歴により性能を求め、規定ひずみにおける値に対する比率として求めること。 (5) すべり系及び転がり系の支承材の摩擦係数の面圧による変化率は、(は)欄第四号ハに掲げる方法により基準面圧の0.5倍から2.0倍までの3以上の段階の面圧時の摩擦係数を測定し、基準面圧時の摩擦係数に対する比率として求めること (6) すべり系及び転がり系の支承材の摩擦係数の速度による変化率は、(は)欄第四号ハに掲げる方法により低速から高速までの定常履歴を用いて摩擦係

数を測定し、(ろ)欄第四号ハに掲げる基準値に対する比率として求めること。ただし、試験方法は JIS　K7218（プラスチックの滑り摩耗試験方法）-1986 に準じた方法とすることができる。
(7) すべり系及び転がり系の支承材の摩擦係数の繰り返し回数による変化率は、基準面圧及び規定変形において 40 回以上の水平方向の載荷を行い、3 履歴目の摩擦係数に対する摩擦係数の比率として求めること。

ロ　減衰材にあっては、(は)欄第三号ロに掲げる試験装置及び老化試験機を用い、次に掲げる方法によること。
(1) 弾塑性系及び摩擦系の減衰材の温度変化による減衰性能の変化率は、規定温度における規定載荷を行うことにより得られた定常履歴における荷重—変形関係を用いて履歴吸収エネルギー量を求め、同一方法により求めた摂氏 20 度における履歴吸収エネルギー量に対する比率として求めること。
(2) 流体系の減衰材（作動油を用いたものに限る。）の温度変化による減衰性能の変化率は、規定温度における規定載荷を行うことにより得られた定常履歴における荷重—変形関係を用いて等価粘性減衰係数を求め、同一方法により求めた摂氏 20 度における等価粘性減衰係数に対する比率として求めること。
(3) 流体系の減衰材（作動油を用いたものを除く。）の温度変化による減衰性能の変化率は、規定温度において JIS K7117-1（プラスチック—液状、乳濁状又は分散状の樹脂—ブルックフィールド形回転粘度計による見掛け粘度の測定方法）-1999 又は JIS K7117-2（プラスチック—液状、乳濁状又は分散状の樹脂—回転粘度計による定せん断速度での粘度の測定方法）-1999 により粘度を測定し、同一方法により測定した摂氏 20 度における粘度に対する比率として求めること。
(4) 粘弾性系の減衰材の温度変化による減衰性能の変化率は、規定温度における規定載荷を行うことにより得られた定常履歴における各性能の値を求め、摂氏 20 度における当該性能の値に対する比率として求めること。
(5) 粘弾性系の減衰材の経年変化による減衰性能の変化率は、アレニウス則に基づき活性化エネルギーを算出し、老化条件を定め、JIS K6257（加硫ゴムの老化試験方法）-1993 に準じた自

		動温度調節器を備える老化試験機を用い、加熱促進老化を行った後、(は)欄第五号に掲げる方法により求めた基準値の(ろ)欄第五号の該当する基準値に対する比率として求めること。 (6) 弾塑性系及び摩擦系の減衰材の周期による減衰の性能の変化率は、3以上の段階（ただし、1秒以上とする。）における周期を用いて、(は)欄第五号イ(2)に掲げる方法により求めた基準値の(ろ)欄第五号の該当する基準値に対する比率として求めること。
	七 復元材にあっては、第四号から前号までに掲げる支承材及び減衰材に係る品質基準のうち関連するものの例によること。	七 復元材の基準値は、復元材にかかる外力を載荷することができる一軸又は二軸の載荷試験装置を用い、実大モデル又は性能を代表できる縮小モデルによる試験体について、支承材及び減衰材のうち関連する測定方法を準用して行うこと。
	八 防錆その他各種性能を維持させるのに必要となる措置等の基準が定められていること。	八 免震材料に規定されている防錆処理その他の措置等について方法を確認するとともに、測定する部位については適切な測定精度を有する計測機器を用いて行うこと。
	九 令第3章第8節に規定する構造計算を行わない建築物に用いられるものにあっては、材料の組合せ並びに当該組合せにおける降伏荷重、限界変形、等価粘性減衰定数及び設計限界変形が定められていること。	
第1第十号に掲げる建築材料	一 寸法及び曲がりの基準値が定められていること。ただし、湾曲部を有する形状に成形した木質接着成形軸材料の曲がりの基準値については、この限りでない。	一 寸法及び曲がりの測定は、次に掲げる方法又はこれと同等以上の精度を有する測定方法によること。 イ 試験体は、次に掲げる方法により採取すること。 (1) 標本は、生産の段階で同定可能な母集団から、当該母集団の材料特性を適切に表すものとなるように採取すること。 (2) 同一の標本から採取する試験体の数は、母集団の特性値を適切に推定できる数とすること。 ロ 試験体は、温度摂氏20度±2度、相対湿度65%±5%の環境下で平衡状態になるまで静置すること。 ハ 寸法の測定は、ノギス、マイクロメータ又はこれらと同等以上の測定精度を有する測定器具を用いて行うこと。 ニ 曲がりの測定は、製材の日本農林規格（平成19年農林水産省告示第1083号）第1部箇条6に規定する測定方法によって行うこと。
	二 曲げ強さ及び曲げ弾性係数の基準値が定められていること。	二 曲げ強さ及び曲げ弾性係数の測定は、次に掲げる方法又はこれと同等以上に曲げ強さ及び曲げ弾性係数を測定できる方法によること。

		イ　試験体は、(は)欄第一号イに掲げる方法により採取すること。 ロ　試験体は、(は)欄第一号ロに掲げる方法により静置すること。 ハ　試験を行う環境は、ロで試験体を静置した環境と同一とすること。 ニ　単板積層材の日本農林規格第2部4.9に掲げる方法によること。この場合において、「曲げヤング係数」とあるのは、「曲げ弾性係数」と読み替えるものとする。
	三　せん断強さ及びせん断弾性係数の基準値が定められていること。	三　せん断強さ及びせん断弾性係数の測定は、次に掲げる方法又はこれと同等以上にせん断強さ及びせん断弾性係数を測定できる方法によること。 イ　試験体は、(は)欄第一号イに掲げる方法により採取すること。 ロ　試験体は、(は)欄第一号ロに掲げる方法により静置すること。 ハ　試験を行う環境は、ロで試験体を静置した環境と同一とすること。 ニ　せん断強さは、単板積層材の日本農林規格第2部4.5に掲げる方法によること。この場合において、「水平せん断強さ」とあるのは、「せん断強さ」と読み替えるものとする。 ホ　せん断弾性係数は、ハに規定する方法により得られた荷重―変形関係を用いて求めること。
	四　めりこみの応力の生ずる部分に用いる場合にあっては、めりこみ強さの基準値が定められていること。	四　めりこみ強さの測定は、次に掲げる方法又はこれと同等以上にめりこみ強さを測定できる方法によること。 イ　試験体は、(は)欄第一号イに掲げる方法により採取すること。 ロ　試験体は、(は)欄第一号ロに掲げる方法により静置すること。 ハ　試験を行う環境は、ロで試験体を静置した環境と同一とすること。 ニ　試験体の形状は、1辺が2cm以上の正方形の断面であり、当該辺の長さの3倍の数値の長さを有するものとすること。 ホ　試験は、次に掲げる方法によること。 (1)　試験体の長さ方向の直角方向を荷重方向とし、試験体は底面による全面支持とすること。 (2)　荷重は、試験体の幅と等しい幅及び当該幅より大きな長さを有する鋼製ブロックを試験体の上面におき、当該鋼製ブロックの上から試験体の中央に加えること。この場合において、試験体の長さ方向の直角方向を鋼製ブロックの長さ方向としなければならない。 (3)　試験体に作用する荷重及び収縮量を適切な精度を有する方法で測定すること。

		へ　めりこみ強さの基準値は、ホに規定する試験による試験体の収縮量が試験体の厚さの5%に達したときの荷重を試験体の受圧面積で除して得た各試験体ごとのめりこみ強さの信頼水準75%の95%下側許容限界値とすること。
	五　含水率の基準値が定められていること。	五　含水率の測定は、JIS Z2101（木材の試験方法）-1994の3.2の含水率の測定方法又はこれと同等以上に含水率を測定できる方法によること。
	六　湿潤状態となるおそれのある部分に用いる場合にあっては、第二号に規定する曲げ強さ及び曲げ弾性係数、第三号に規定するせん断強さ及びせん断弾性係数並びに第四号に規定するめりこみ強さに対する含水率の調整係数が定められていること。ただし、せん断強さ若しくはめりこみ強さ又はせん断弾性係数に対する含水率の調整係数は、合理的な方法により曲げ強さ又は曲げ弾性係数に対する含水率の調整係数と同等以上であることが確かめられた場合にあっては、曲げ強さ又は曲げ弾性係数に対する含水率の調整係数により代替することができる。	六　曲げ強さ、曲げ弾性係数、せん断強さ、せん断弾性係数及びめりこみ強さ（以下この号において「各力学特性値」という。）に対する含水率の調整係数の測定は、次に掲げる方法又はこれと同等以上に含水率の調整係数を測定できる方法によること。 イ　試験体は、(は)欄第一号イによるほか、次に掲げる方法により採取すること。 (1)　標本の数は、10以上とすること。 (2)　各標本より採取する調整係数用本試験体の数は、1とすること。 (3)　(2)の調整係数用本試験体に隣接する位置又は材料特性の差が最も小さくなる位置から採取するサイドマッチング用試験体の数は、2とすること。 ロ　サイドマッチング用試験体は、(は)欄第一号ロに規定する方法により静置し、当該環境下で(は)欄第二号から第四号まで（試験及び試験体ごとの各力学特性値の測定に係る部分に限る。）に規定する方法により各力学特性値を求めること。 ハ　調整係数用本試験体は、次に掲げる使用環境に応じて、(1)又は(2)のいずれかに定める環境下で平衡状態となるまで静置し、当該環境下で(は)欄第二号から第四号まで（試験及び試験体ごとの各力学特性値の測定に係る部分に限る。）に規定する方法により各力学特性値を求めること。 (1)　常時湿潤状態となるおそれのある環境（以下「常時湿潤環境」という。）気温摂氏20度±2度及び相対湿度95%±5% (2)　屋外に面する部分（防水紙その他これに類するもので有効に防水されている部分を除く。）における環境又は湿潤状態となるおそれのある環境（常時湿潤状態となるおそれのある環境を除く。）（以下「断続湿潤環境」という。）気温摂氏20度±2度及び相対湿度85%±5% ニ　各力学特性値に対する含水率の調整係数は、ハで得られた調整係数用本試験体ごとの各力学特性値のロで得られた対応するサイドマッチング用試験体の各力学特性値の平均値に対する比率を各標本ごとに求め、それらの数値を平均して得た数値

		(1.0 を超える場合は 1.0 とする。) とすること。
	七　第二号に規定する曲げ強さ、第三号に規定するせん断強さ及び第四号に規定するめりこみ強さに対する荷重継続時間の調整係数が定められていること。ただし、せん断強さ又はめりこみ強さに対する荷重継続時間の調整係数は、合理的な方法により曲げ強さに対する荷重継続時間の調整係数と同等以上であることが確かめられた場合にあっては、曲げ強さに対する荷重継続時間の調整係数により代替することができる。	七　曲げ強さ、せん断強さ及びめりこみ強さ (以下この号において「各力学特性値」という。) に対する荷重継続時間の調整係数の測定は、次に定める方法又はこれと同等以上に荷重継続時間の調整係数を測定できる方法によること。 イ　試験体は、(は)欄第六号イに掲げる方法により採取すること。 ロ　試験体は、(は)欄第一号ロに掲げる方法により静置すること。 ハ　試験を行う環境は、ロで試験体を静置した環境と同一とすること。 ニ　サイドマッチング用試験体について、(は)欄第二号から第四号まで (試験及び試験体ごとの各力学特性値の測定に係る部分に限る。) に規定する方法により各力学特性値を求めること。 ホ　1 を超えない範囲内の数値 (以下「応力レベル」という。) を 3 以上選択し、これを各調整係数用本試験体に対応するサイドマッチング用試験体の各力学特性値の平均値に乗じた応力に対応する荷重を調整係数用本試験体に加え、当該試験体が破壊するまでの時間 (以下「破壊荷重継続時間」という。) を測定すること。この場合において、少なくとも 1 以上の応力レベルにつき、すべての試験体の半数以上の破壊荷重継続時間を 6 ケ月以上としなければならない。 ヘ　各力学特性値に対する荷重継続時間の調整係数は、ホの規定により測定した各調整係数用本試験体の応力レベルごとの破壊荷重継続時間の常用対数と応力レベルとの関係について回帰直線を求め、回帰直線上において破壊継続時間が 50 年に相当する応力レベルの数値 (1.0 を超える場合は、1.0 とする。) とすること。
	八　第二号に規定する曲げ弾性係数及び第三号に規定するせん断弾性係数に対するクリープの調整係数が定められていること。ただし、せん断弾性係数に対するクリープの調整係数は、合理的な方法により曲げ弾性係数に対するクリープの調整係数と同等以上であることが確かめられた場合にあっては、曲げ弾性係数に対するクリープの調整係数により代替することができる。	八　曲げ弾性係数及びせん断弾性係数 (以下この号において「各力学特性値」という。) に対するクリープの調整係数の測定は、次に定める方法又はこれと同等以上にクリープの調整係数を測定できる方法によること。 イ　試験体は、(は)欄第六号イに掲げる方法により採取すること。 ロ　試験体は、(は)欄第一号ロに掲げる方法により静置すること。 ハ　試験を行う環境は、ロで試験体を静置した環境と同一とすること。 ニ　サイドマッチング用試験体について、(は)欄第二号及び第三号 (試験及び試験体ごとの各力学特性値の測定に係る部分に限る。) に規定する方法により各力学特性値を求めること。

		ホ　調整係数用本試験体について、対応するサイドマッチング用試験体のニで求めた各力学特性値の平均値に(ろ)欄第六号に規定する含水率の調整係数、(ろ)欄第七号に規定する荷重継続時間の調整係数及び$\frac{2}{3}$を乗じて得られる応力に相当する荷重を加え、各力学特性値を測定する際に用いた部分に相当する部分の変形を、荷重を加え始めてから、1分、5分、10分、100分及び500分後並びにその後24時間ごとに5週間以上測定すること。 ヘ　ホの調整係数用本試験体それぞれについて、各時間ごとに測定された変形に対する荷重を加え始めて1分後に測定された変形の比（以下「クリープ変形比」という。）を計算すること。 ト　へにより計算した各調整係数用本試験体のそれぞれの時間に対応したクリープ変形比（1分及び5分に対応するものを除く。）の常用対数と、時間の常用対数との関係について、回帰直線を求めること。 チ　各力学特性値に対するクリープの調整係数は、トで得られた回帰直線上の、時間が50年に相当するクリープ変形比の数値（1.0を超える場合は1.0とする。）とすること。
	九　第二号に規定する曲げ強さ及び曲げ弾性係数、第三号に規定するせん断強さ及びせん断弾性係数並びに第四号に規定するめりこみ強さに対する事故的な水掛りを考慮した調整係数が定められていること。ただし、せん断強さ若しくはめりこみ強さ又はせん断弾性係数に対する事故的な水掛りを考慮した調整係数は、合理的な方法により曲げ強さ又は曲げ弾性係数に対する事故的な水掛りを考慮した調整係数と同等以上であることが確かめられた場合にあっては、曲げ強さ又は曲げ弾性係数に対する事故的な水掛りを考慮した調整係数により代替することができる。	九　曲げ強さ、曲げ弾性係数、せん断強さ、せん断弾性係数及びめりこみ強さ（以下この号において「各力学特性値」という。）に対する事故的な水掛りを考慮した調整係数の測定は、次に定める方法又はこれと同等以上に事故的な水掛りを考慮した調整係数を測定できる方法によること。 イ　試験体は、(は)欄第六号イに掲げる方法により採取すること。 ロ　試験体は、(は)欄第一号ロに掲げる方法により静置すること。 ハ　試験を行う環境は、ロで試験体を静置した環境と同一とすること。 ニ　サイドマッチング用試験体について、(は)欄第二号から第四号まで（試験及び試験体ごとの各力学特性値の測定に係る部分に限る。）に規定する方法により各力学特性値を求めること。 ホ　調整係数用本試験体は、採取後に試験体の片面に均一に散水できる装置により72時間散水した後、自然乾燥、熱風による乾燥その他これらに類する方法で当該試験体の質量がロに規定する方法により静置された当該試験体の質量を下回るまで乾燥させること。 ヘ　ホの処理後の調整係数用本試験体について、(は)欄第二号から第四号まで（試験及び試験体ごとの各力学特性値の測定に係る部分に限る。）に規定する方法により各力

		学特性値を求めること。 ト　各力学特性値に対する事故的な水掛りを考慮した調整係数は、へで得られた調整係数用本試験体ごとの力学特性値のニで得られた対応するサイドマッチング試験体の各力学特性値の平均値に対する比率を各標本ごとに求め、それらの数値を平均して得た数値（1.0 を超える場合は、1.0 とする。）とすること。
	十　接着耐久性に関する強さの残存率が、それぞれ 0.5 以上として定められていること。	十　接着耐久性に関する強さの残存率の測定は、次に定める方法又はこれと同等以上に接着耐久性に関する強さの残存率を測定できる方法によること。 イ　試験体は、(は)欄第六号イに掲げる方法により採取すること。 ロ　サイドマッチング用試験体について、(は)欄第二号（試験及び試験体ごとの曲げ強さの測定に係る部分に限る。）に規定する方法により(ろ)欄第二号に規定する曲げ強さを求めること。 ハ　調整係数用本試験体について、ホに規定する劣化処理を行うこと。 ニ　ハの劣化処理後の試験体について、(は)欄第二号（試験及び試験体ごとの曲げ強さの測定に係る部分に限る。）に規定する方法により(ろ)欄第二号に規定する曲げ強さを求めること。 ホ　劣化処理は、次の分類に応じ、(1)から(3)までに掲げる方法とすること。 (1)　加熱冷却法　次の(i)から(vi)までの処理を順に行う方法 (i)摂氏 49 度 ± 2 度の水中に 1 時間浸せきする。 (ii)摂氏 93 度 ± 3 度の水蒸気中に 3 時間静置する。 (iii)摂氏 − 12 度 ± 3 度の空気中に 20 時間静置する。 (iv)摂氏 99 度 ± 2 度の乾燥空気中に 3 時間静置する。 (v)摂氏 93 度 ± 3 度の水蒸気中に 3 時間静置する。 (vi)摂氏 99 度 ± 2 度の乾燥空気中に 18 時間静置する。 (2)　煮沸法　次の(i)から(iii)までの処理を順に行う方法 (i)沸騰水中に 4 時間以上浸せきする。 (ii)常温水中に 1 時間以上浸せきする。 (iii)摂氏 70 度 ± 3 度に設定した恒温乾燥器中で当該試験体の質量がロに規定する方法により静置されたサイドマッチング用試験体の質量を下回るまで乾燥する。 (3)　減圧加圧法　次の(i)から(iii)までの処理を順に行う方法

		(i)635水銀柱㎜に減圧した常温水中に5分間以上浸せきする。 (ii)1㎠あたり51±2.9Nに加圧した常温水中に1時間以上浸せきする。 (iii)摂氏70度±3度に設定した恒温乾燥器中で当該試験体の質量がロに規定する方法により静置されたサイドマッチング用試験体の質量を下回るまで乾燥する。 ヘ　接着耐久性に関する強さの残存率は、ニで得られた調整係数用本試験体ごとの曲げ強さのロで得られた対応するサイドマッチング試験体の曲げ強さの平均値に対する比率を各標本ごとに求め、それらの数値を平均して得た数値のうち、使用する環境に応じて、それぞれ次の(1)から(3)までの条件を満たす数値とすること。 (1)　常時湿潤環境　加熱冷却法を6回繰り返し行った調整係数用本試験体を用いて得られた数値 (2)　断続湿潤環境　煮沸法を2回繰り返し行った調整係数用本試験体を用いて得られた数値及び減圧加圧法を2回繰り返し行った調整係数用本試験体を用いて得られた数値のうちいずれか小さい数値 (3)　乾燥環境（(1)又は(2)以外の環境をいう。以下同じ。）　煮沸法を行った調整係数用本試験体を用いて得られた数値及び減圧加圧法を行った調整係数用本試験体を用いて得られた数値のうちいずれか小さい数値
	十一　防腐処理（インサイジングを含む。以下同じ。）による力学特性値の低下率の基準値が定められ、かつ、防腐処理に用いる木材防腐剤の名称が明らかにされていること。この場合において、注入処理による場合にあっては、当該木材防腐剤の有効成分の含有量の基準値が定められていること。	十一　防腐処理による力学特性値の低下率の測定及び木材防腐剤の有効成分の含有量の測定は、次に掲げる方法又はこれと同等以上に防腐処理による力学特性値の低下率及び木材防腐剤の有効成分の含有量を測定できる方法によること。 イ　防腐処理による各力学特性値の低下率は、防腐処理を施したものについての(ろ)欄第二号から第四号までの各基準値の防腐処理を施さないものについての当該基準値に対する比率とすること。 ロ　注入処理に用いる木材防腐剤の種類及びその有効成分の含有量の測定は、JIS K1570（木材防腐剤）-1998の7.試験方法によること。
第1第十一号に掲げる建築材料	一　各部の寸法及び曲がりの基準値が定められていること。ただし、湾曲部を有する形状に成形した木質複合軸材料の曲がりの基準値については、この限りでない。	一　第1第十号に掲げる建築材料の項(は)欄第一号に掲げる方法によること。

二　各部の曲げ強さ及びせん断強さの基準値、曲げ弾性係数及びせん断弾性係数の基準値並びにめりこみ強さの基準値（めりこみの応力が生ずる部分に用いる場合に限る。）が定められていること。	二　各部の曲げ強さ、せん断強さ及びめりこみ強さの基準値並びに曲げ弾性係数及びせん断弾性係数の基準値は、各部の受入時に、納品書、検査証明書又は試験証明書等の書類によること。
三　各部相互の接着に用いる接着剤について、接着の性能を維持させるのに必要となる次に掲げる事項が定められていること。 イ　接着剤の名称（一般的名称があるものにあっては、その一般的名称） ロ　pH（接着剤フィルムの場合は、2.5 以上とする。） ハ　調合及び貯蔵の過程 ニ　必要最小限度の塗布量 ホ　必要最小限度の圧締圧 ヘ　被着材の条件 ト　被着材の含水率の許容最大値及び許容最小値 チ　可使時間（使用環境温度及び被着材の含水率に応じて、当該接着剤を塗布した面が空気にさらされて溶剤が蒸発し得る状態で放置されている時間及び当該接着剤を塗布した面が空気にさらされない状態で圧縮されるまで放置されている時間をいう。） リ　接着時の最低温度及び最低養生時間 ヌ　せん断強さ（含水率が 12% のベイマツ（比重 0.43 以上の無欠点材とする。）を被着材とした圧縮せん断試験によるものとし、当該試験により得られるせん断強さが 1㎟につき 7.38 N 以上の数値を満たすこと。ただし、被着材の種類に応じて、含水率が 12% のベイマツを被着材とした圧縮せん断試験により得られるせん断強さと同等以上のせん断強さを有する接着となることを確かめた場合にあっては、この限りでない。） ル　促進劣化試験の方法と当該試験による強さの残存率 ヲ　促進劣化試験後のはく離試験による木部破断率	三　接着の性能を維持させるのに必要となる事項は、接着剤の受入時に、納品書、検査証明書又は試験証明書等の書類によること。
四　最大曲げモーメント及び曲げ剛性の基準値が定められていること。	四　最大曲げモーメント及び曲げ剛性の測定は、各部の曲げ強さ及び曲げ弾性係数並びに各部間

の接着強さ及び接着剛性に基づいて統計的に合理性を有する方法で計算し、当該計算により得られた数値が、基準値の種類に応じて、次の表に掲げる条件式を満たすことを確かめる方法又はこれと同等以上に最大曲げモーメント及び曲げ剛性を測定できる方法によること。ただし、次に掲げる方法により試験を行った場合における数値とすることができる。

イ　試験体の数は、ロに規定する試験を行う試験体の厚さごとにそれぞれ10以上とすること。ただし、当該厚さを3以下とする場合にあっては、試験体の合計を53以上としなければならない。

ロ　試験は、次に掲げる方法によること。

(1)　支点間距離は、試験体の厚さの17倍以上21倍以下とすること。

(2)　載荷点は、(1)の支点間距離を3等分する位置に2点設け、局部的な損傷が生ずるおそれのある場合にあってはクロスヘッド（載荷点及び支点に用いる十分な曲率を有する鋼材をいう。以下同じ。）の使用その他の有効な損傷防止措置を講ずること。この場合において、載荷点における荷重が分散しないものとすること。

(3)　(2)の2点の載荷点にはそれぞれ等しい荷重を、試験体が破壊するまで漸増して加えること。この場合において、荷重を加え始めてから試験体が破壊するまでの時間は、1分以上としなければならない。

ハ　最大曲げモーメントの基準値は、ロに規定する試験により得られた最大荷重から、試験体ごとの最大曲げモーメントの信頼水準75%の95%下側許容限界値とすること。

ニ　曲げ剛性は、ロに規定する試験により得られた荷重—変形関係から、試験体ごとの平均値として求めること。

表

基準値の種類	条件式
最大曲げモーメント	$T_1<E_1$
曲げ剛性	$\frac{T_2}{E_2}<1.0+\frac{\sigma\left(\frac{T_2}{E_2}\right)}{\sqrt{n}}$

この表において、T_1、E_1、T_2、E_2、$\sigma\left(\frac{T_2}{E_2}\right)$及びnは、それぞれ次の数値を表すものとする。

T_1　計算により得られた最大曲げモーメント（単位　N・m）

E_1　3以上の試験体についてイからハまでに規定する試験により得られた最

		大曲げモーメント（単位　N・m） T_2　計算により得られた曲げ剛性（単位　N・㎜²） E_2　3以上の試験体についてイ、ロ及びニに規定する試験により確認された曲げ剛性（単位　N・㎜²） $\sigma\left(\frac{T_2}{E_2}\right)$　$\frac{T_2}{E_2}$の標準偏差 n　イに規定する試験体の数
	五　せん断強さ及びせん断弾性係数の基準値が定められていること。	五　せん断強さ及びせん断弾性係数の測定は、次に掲げる方法又はこれと同等以上にせん断強さ及びせん断弾性係数を測定できる方法によること。 イ　試験体の数は、ロに規定する試験を行う試験体の厚さごとにそれぞれ10以上とすること。ただし、当該厚さを3以下とする場合にあっては、試験体の合計を53以上としなければならない。 ロ　試験は、次に掲げる方法によること。 (1)　載荷点は、試験体の中央に1点又は中央から等しい距離だけ離した2点とすること。 (2)　支点は、(1)の載荷点から試験体の端部側にそれぞれ試験体の厚さの1.5倍以上の距離だけ離して設けること。 (3)　荷重（載荷点を2点とした場合は、それぞれ等しい荷重とする。）は、(1)の載荷点の上面にクロスヘッドを置き、当該クロスヘッドの上から試験体が破壊するまで漸増して加えること。この場合において、荷重を加え始めてから試験体が破壊するまでの時間は、1分以上としなければならない。 (4)　(3)のクロスヘッドの形状は、試験体に局部的な損傷が生ずるおそれのないものとすること。 (5)　I形の断面形状に複合構成された建築材料であって、ウェブが継手を設けている場合にあっては、これを(2)の載荷点と支点による応力集中がない部分に位置しなければならない。 ハ　せん断強さの基準値は、ロに規定する試験により得られた荷重―変形関係から、回帰分析により各試験体ごとのせん断強さの信頼水準75%の95%下側許容限界値とすること。 ニ　せん断弾性係数は、ロに規定する試験により得られた各試験体の最大荷重から、各試験体ごとのせん断弾性係数の平均値とすること。
	六　めりこみの応力が生ずる部分に用いる場合にあっては、めりこみ強さの基準値が定められている	六　めりこみ強さの測定は、第1第十号に掲げる建築材料の項(は)欄第四号に掲げる方法（この場合において、試験体の寸法は、長さを試験体の

	こと。		幅の３倍とするものとする。）又はこれと同等以上にめりこみ強さを測定できる方法によること。ただし、各部の組合せに対するめりこみの応力の影響を考慮し、めりこみの応力の生ずる各部のめりこみ強さの基準値を用いて計算する場合は、当該数値とすることができる。
七	含水率の基準値が定められていること。ただし、各部ごとに含水率の基準値が定められている場合は、この限りでない。	七	第１第十号に掲げる建築材料の項(は)欄第五号に掲げる方法によること。
八	湿潤状態となるおそれのある部分に用いる場合にあっては、第四号に規定する最大曲げモーメント及び曲げ剛性、第五号に規定するせん断強さ及びせん断弾性係数並びに第六号に規定するめりこみ強さに対する含水率の調整係数が定められていること。ただし、せん断強さ若しくはめりこみ強さ又はせん断弾性係数に対する含水率の調整係数は、合理的な方法により最大曲げモーメント又は曲げ剛性に対する含水率の調整係数と同等以上であることが確かめられた場合にあっては、最大曲げモーメント又は曲げ剛性に対する含水率の調整係数により代替することができる。	八	第１第十号に掲げる建築材料の項(は)欄第六号に掲げる方法によること。この場合において、同号中「曲げ強さ、曲げ弾性係数、せん断強さ、せん断弾性係数及びめりこみ強さ」とあるのは、「最大曲げモーメント、曲げ剛性、せん断強さ、せん断弾性係数及びめりこみ強さ」と、「(は)欄第二号から第四号まで」とあるのは、「第１第十一号に掲げる建築材料の項(は)欄第四号から第六号まで」とそれぞれ読み替えるものとする。ただし、各部の組合せに対する含水率の影響を考慮し、各部の含水率の調整係数を用いて計算した場合は、当該数値とすることができる。
九	第四号に規定する最大曲げモーメント、第五号に規定するせん断強さ及び第六号に規定するめりこみ強さに対する荷重継続時間の調整係数が定められていること。ただし、せん断強さ及びめりこみ強さに対する荷重継続時間の調整係数は、合理的な方法により最大曲げモーメントに対する荷重継続時間の調整係数と同等以上であることが確かめられた場合にあっては、最大曲げモーメントに対する荷重継続時間の調整係数により代替することができる。	九	第１第十号に掲げる建築材料の項(は)欄第七号に掲げる方法によること。この場合において、同号中「曲げ強さ、せん断強さ及びめりこみ強さ」とあるのは、「最大曲げモーメント、せん断強さ及びめりこみ強さ」と、「(は)欄第二号から第四号まで」とあるのは、「第１第十一号に掲げる建築材料の項(は)欄第四号から第六号まで」とそれぞれ読み替えるものとする。ただし、各部の組合せに対する荷重継続時間の影響を考慮し、各部の荷重継続時間の調整係数を用いて計算した場合は、当該数値とすることができる。
十	第四号に規定する曲げ剛性及び第五号に規定するせん断弾性係数に対するクリープの調整係数が定められていること。ただし、せん断弾性係数に対するクリープの調整係数は、合理的な方法により曲げ剛性に対するクリープの調整係数と同等以上であることが確かめられた場合にあっては、曲げ剛性に対するクリープの	十	第１第十号に掲げる建築材料の項(は)欄第八号に掲げる方法によること。この場合において、同号中「曲げ弾性係数及びせん断弾性係数」とあるのは、「曲げ剛性及びせん断弾性係数」と、「(は)欄第二号及び第三号」とあるのは、「第１第十一号に掲げる建築材料の項(は)欄第四号及び第五号」とそれぞれ読み替えるものとする。ただし、各部の組合せに対するクリープの影響を考慮し、各部のクリープの調整係数を用いて計算した場合は、当該数値とすることができ

	調整係数により代替することができる。	る。
	十一　第四号に規定する最大曲げモーメント及び曲げ剛性、第五号に規定するせん断強さ及びせん断弾性係数並びに第六号に規定するめりこみ強さに対する事故的な水掛りを考慮した調整係数が定められていること。ただし、せん断強さ若しくはめりこみ強さ又はせん断弾性係数に対する事故的な水掛りを考慮した調整係数は、合理的な方法により最大曲げモーメント又は曲げ剛性に対する事故的な水掛りを考慮した調整係数と同等以上であることが確かめられた場合にあっては、最大曲げモーメント又は曲げ剛性に対する事故的な水掛りを考慮した調整係数により代替することができる。	十一　第1第十号に掲げる建築材料の項(は)欄第九号に掲げる方法によること。この場合において、同号中「曲げ強さ、曲げ弾性係数、せん断強さ、せん断弾性係数及びめりこみ強さ」とあるのは、「最大曲げモーメント、曲げ剛性、せん断強さ、せん断弾性係数及びめりこみ強さ」と、「(は)欄第二号から第四号まで」とあるのは、「第1第十一号に掲げる建築材料の項(は)欄第四号から第六号まで」とそれぞれ読み替えるものとする。ただし、各部の組合せに対する事故的な水掛りの影響を考慮し、各部の事故的な水掛りを考慮した調整係数を用いて計算した場合は、当該数値とすることができる。
	十二　接着耐久性に関する強さの残存率が、それぞれ 0.5 以上として定められていること。ただし、第三号に掲げる接着剤の品質が確認され、かつ、促進劣化試験による強さの残存率が接着の性能を維持するために必要な数値である場合にあっては、この限りでない。	十二　第1第十号に掲げる建築材料の項(は)欄第十号に掲げる方法によること。この場合において、「(は)欄第二号（試験及び試験体ごとの曲げ強さの測定に係る部分に限る。）に規定する方法により(ろ)欄第二号に規定する曲げ強さ」とあるのは、「第1第十一号に掲げる建築材料の項(は)欄第四号（試験及び試験体ごとの最大曲げモーメントの測定に係る部分に限る。）に規定する方法により第1第十一号に掲げる建築材料の項(ろ)欄第四号に規定する最大曲げモーメント」と読み替えるものとする。ただし、各部の組合せに対する接着の影響を考慮し、各部及び接着剤の強さの残存率を用いて計算した場合は、当該数値とすることができる。
	十三　防腐処理による力学特性値の低下率の基準値が定められ、かつ、防腐処理に用いる木材防腐剤の名称が明らかにされていること。この場合において、注入処理による場合にあっては、当該木材防腐剤の有効成分の含有量の基準値が定められていること。	十三　第1第十号に掲げる建築材料の項(は)欄第十一号に掲げる方法によること。この場合において、同号中「(ろ)欄第二号から第四号まで」とあるのは、「第1第十一号に掲げる建築材料の項(ろ)欄第四号から第六号まで」と読み替えるものとする。
第1第十二号に掲げる建築材料	一　寸法の基準値が定められていること。	一　寸法の測定は、ノギス、マイクロメータ又はこれらと同等以上の精度を有する測定器具を用いて行うこと。
	二　各部の品質が定められていること。	二　各部の受入時に、納品書、検査証明書又は試験証明書等の書類によること。
	三　面内圧縮の応力が生ずる部分に用いる場合にあっては、面内圧縮強さの基準値が定められていること。	三　面内圧縮強さの測定は、JIS A1414-2（建築用パネルの性能試験方法－第2部：力学特性に関する試験）-2010 の 5.1 の面内圧縮試験又はこれと同等以上に面内圧縮強さを測定できる方法によること。

	四　面外曲げ強さ及び曲げ弾性係数の基準値が定められていること。	四　面外曲げ強さ及び曲げ弾性係数の測定は、JIS A1414-2（建築用パネルの性能試験方法－第2部：力学特性に関する試験）-2010の5.3の曲げ試験又はこれと同等以上に面外曲げ強さ及び曲げ弾性係数を測定できる方法によること。ただし、試験体に加える荷重については、エアバッグ等を用いた等分布荷重とすることができる。
	五　めりこみの応力が生ずる部分に用いる場合にあっては、めりこみ強さの基準値が定められていること。	五　めりこみ強さの測定は、JIS A1414-2（建築用パネルの性能試験方法－第2部：力学特性に関する試験）-2010の5.2の局部圧縮試験又はこれと同等以上にめりこみ強さを測定できる方法によること。
	六　せん断の応力が生ずる部分に用いる場合にあっては、せん断耐力及びせん断剛性の基準値が定められていること。	六　せん断耐力及びせん断剛性の測定は、次に掲げる方法又はこれと同等以上にせん断耐力及びせん断剛性を測定できる方法によること。 イ　試験体の幅は、同一の仕様ごとに910㎜、1,000㎜、1,820㎜及び2,000㎜とすること。 ロ　試験体の数は、イに規定する試験体の幅の区分ごとにそれぞれ3以上とすること。 ハ　試験体の各部の含水率が、それぞれ20%以下となるまで静置すること。 ニ　試験は、次に掲げる方法により行うこと。 (1)　試験体は、下部の3以上の箇所において試験台に固定し、ストッパーの設置その他の有効な拘束措置を講ずること。 (2)　試験体の頂部における一方の端部を、正負両方向への繰り返し載荷を行うことが可能な油圧ジャッキで加力すること。この場合において、当該試験体が回転することにより耐力が低減するおそれのある場合は、当該試験体の端部を次の(i)若しくは(ii)のいずれか又はこれらと同等以上に当該試験体が回転することを防止する方法により拘束しなければならない。 (i)両端部付近のタイロッドによる締付け (ii)頂部への1mあたり2kNの載荷 (3)　ローラーの設置その他の試験体の面外方向への変形を拘束するための措置を行うこと。 (4)　加力は、回転の拘束の方法に応じて、それぞれ次の表に掲げる式により計算したせん断変形角を$\frac{1}{600}$ラジアン、$\frac{1}{450}$ラジアン、$\frac{1}{300}$ラジアン、$\frac{1}{200}$ラジアン、$\frac{1}{150}$ラジアン、$\frac{1}{100}$ラジアン、$\frac{1}{75}$ラジアン及び$\frac{1}{50}$ラジアンの順に生じさせることとなる力で正負両方向への繰り返し載荷をそれぞれ3回以上行うことにより得られる荷重―変形関係を適切な精度を有する方法で測定すること。

	回転の拘束の方法	せん断変形角（単位　ラジアン）
(1)	ニ(2)(i)に掲げる方法	$\frac{d_1-d_2}{H}-\frac{d_3-d_4}{V}$
(2)	(1)以外の方法	$\frac{d_1-d_2}{H}$
この表において、d_1、d_2、H、d_3、d_4及びVは、それぞれ次の数値を表すものとする。 d_1　試験体の頂部の水平方向の変位（単位　mm） d_2　試験体の脚部の水平方向の変位（単位　mm） H　水平方向の変位を測定する計測機器相互間の鉛直距離（単位　mm） d_3　加力点から遠いほうの脚部の鉛直変位（単位　mm） d_4　加力点から近いほうの脚部の鉛直変位（単位　mm） V　鉛直方向の変位を測定する計測機器相互間の水平距離（単位　mm）		

(5)　(4)に掲げる方法により荷重―変形関係を測定した後、荷重を漸増して加え、最大荷重が測定された後に測定される最大荷重の80%に相当する荷重又はせん断変形角が$\frac{1}{15}$ラジアンに達するまでの荷重―変形関係を適切な精度を有する方法で測定すること。

ホ　当該試験体の仕様ごとに、ニに規定する試験により求めたそれぞれの試験体の荷重―変形関係のうち、ニ(5)に掲げる方法により測定された最大荷重の80%に相当する荷重又は$\frac{1}{15}$ラジアンとなるせん断変形角を有する荷重の軸と変形の軸により囲まれる荷重―変形関係から得た包絡線（以下この号において「耐力曲線」という。）を用い、次に定めるところにより、当該試験体の最大耐力、降伏耐力、降伏変位、終局耐力及び塑性率の数値を計算すること。

(1)　最大耐力は、耐力曲線上における最大荷重とする。

(2)　降伏耐力及び降伏変位は、次による。

(i)耐力曲線上における(1)の最大荷重が測定される前に測定された荷重のうち、(1)の最大荷重のそれぞれ0.1倍及び0.4倍となる荷重に対応する2点を通る直線を第Ⅰ直線とする。

(ii)耐力曲線上における(1)の最大荷重が測定される前に測定された荷重のうち、(1)の最大荷重のそれぞれ0.4倍及び0.9倍となる荷重に対応する2点を通る直線を第Ⅱ直線とする。

(iii)耐力曲線上における接線のうち、第Ⅱ直線に平行となる直線を第Ⅲ直線とする。

(iv)降伏耐力は、第Ⅰ直線と第Ⅲ直線との交点における荷重とする。

(v)降伏変位は、降伏耐力を表す直線を第Ⅳ直線とし、第Ⅳ直線と耐力曲線との交点における変位（複数の交点が得られる場合にあっては、最小となる変位）とする。

(3) 終局耐力は、次による。

(i)ニ(5)に掲げる方法による加力の終了時の変位を終局変位とする。

(ii)耐力曲線、終局変位を表す直線及び変形の軸により囲まれる部分の面積を計算する。

(iii)原点と(2)(v)で得た降伏変位となる点を通る直線を第Ⅴ直線とする。

(iv)終局耐力は、当該終局耐力を表す直線、変形の軸、第Ⅴ直線及び終局変位を表す直線で囲まれる台形の部分の面積が(ii)で計算した面積と等しくなる場合の耐力とする。

(4) 塑性率は、(2)(v)の第Ⅳ直線と(3)(iii)の第Ⅴ直線との交点における変位を求め、当該変位の数値で(3)(i)で得た終局変位の数値を除して得た数値とする。

へ せん断耐力の基準値は、当該試験体の仕様ごとに、ホに規定するそれぞれの数値を用いて次の表の(1)項から(4)項までの式によって計算した数値の信頼水準75%の50%下側許容限界値のうちいずれか小さい数値とすること。

(1)	$P = Py$
(2)	$P = 0.2Pu\sqrt{2\mu - 1}$
(3)	$P = \frac{2}{3} P_{max}$
(4)	$P = P'$

この表において、P、Py、Pu、μ、P_{max}及びP'は、それぞれ次の数値を表すものとする。

P せん断耐力の計算に用いる数値（単位 kN）

Py ホ(2)に規定する降伏耐力（単位 kN）

Pu ホ(3)に規定する終局耐力（単位 kN）

μ ホ(4)に規定する塑性率

P_{max} ホ(1)に規定する最大耐力（単位 kN）

P' 耐力曲線上におけるニ(4)に規定するせん断変形角が$\frac{1}{150}$（回転の拘束の方法をニ(2)(i)に掲げる方法以外

		の方法とした場合にあっては$\frac{1}{120}$）ラジアンとなる変形に対応した耐力（単位　kN） ト　せん断剛性は、当該試験体の仕様ごとに、ホ(3)(iii)に規定する第Ｖ直線の傾きの数値を求め、それらの平均値とすること。
	七　温度による著しい変形のおそれがある部分に用いる場合にあっては、耐熱性能の基準値が定められていること。	七　耐熱性能の測定は、JIS A1414-3（建築用パネルの性能試験方法－第３部：温湿度・水分に対する試験）-2010 の 5.1 の温度に対する性能試験又はこれと同等以上に耐熱性能を測定できる方法によること。
	八　湿潤状態となるおそれのある部分に使用する場合にあっては、第四号に規定する面外曲げ強さ及び曲げ弾性係数に対する含水率の調整係数が定められていること。	八　面外曲げ強さ及び曲げ弾性係数（以下この号において「各力学特性値」という。）に対する含水率の調整係数は、次に定める方法又はこれと同等以上に含水率の調整係数を測定できる方法によること。ただし、各部の組合せに対する含水率の影響を考慮し、有機発泡剤及び当該建築材料の表層面に用いる構造用合板その他これに類するものに対する含水率の調整係数から計算した場合は、当該数値とすることができる。 イ　試験体は、次に掲げる方法により採取すること。 (1)　標本は、生産の段階で同定可能な母集団から、当該母集団の材料特性を適切に表すものとなるように 10 以上を採取すること。 (2)　各標本より採取する調整係数用本試験体の数は、１とすること。 (3)　(2)の調整係数用本試験体に隣接する位置又は材料特性の差が最も小さくなる位置から採取するサイドマッチング用試験体の数は、２とすること。 (4)　試験体の形状及び寸法はすべて同一とし、次に掲げるものによること。 (i)試験体の厚さは、当該建築材料の厚さと同じとすること。 (ii)試験体の幅は、当該建築材料の厚さの２倍以上とすること。 (iii)試験体の長さは、ロ及びハに規定する試験における支点間距離（試験体の厚さの 12 倍以上とする。）に 5㎝又は試験体の厚さの$\frac{1}{2}$を加えた長さとすること。ただし、支点間距離及び当該建築材料の厚さが試験に与えるせん断の影響を適切に考慮してこれと同等以上の精度で試験の結果が得られる長さであることが確かめられた場合にあっては、この限りでない。 ロ　サイドマッチング用試験体は、温度摂氏 20 度 ± ２度、相対湿度 65% ± 5% の環境下で平衡状態となるまで静置し、当該環境下で(は)欄第四号（試験及び試験体ごとの各

		力学特性値の測定に係る部分に限る。）に規定する方法により各力学特性値を求めること。 ハ　調整係数用本試験体は、次に掲げる使用環境に応じて⑴又は⑵のいずれかに定める環境下で静置し、当該環境下で㈲欄第四号（試験及び試験体ごとの各力学特性値の測定に係る部分に限る。）に規定する方法により各力学特性値を求めること。 ⑴　常時湿潤環境　気温摂氏20度±2度及び相対湿度95%±5% ⑵　断続湿潤環境　気温摂氏20度±2度及び相対湿度85%±5% ニ　各力学特性値に対する含水率の調整係数は、ハで得られた調整係数用本試験体ごとの各力学特性値のロで得られた対応するサイドマッチング試験体の各力学特性値の平均値に対する比率を各標本ごとに求め、それらの数値を平均して得た数値（1.0を超える場合は1.0とする。）とすること。
	九　第三号に規定する面内圧縮強さ、第四号に規定する面外曲げ強さ及び第五号に規定するめりこみ強さに対する荷重継続時間の調整係数が定められていること。	九　面内圧縮強さ、面外曲げ強さ及びめりこみ強さ（以下この号において「各力学特性値」という。）に対する荷重継続時間の調整係数の測定は、次に定める方法又はこれと同等以上に荷重継続時間の調整係数を測定できる方法によること。ただし、各部の組合せに対する荷重継続時間の影響を考慮し、有機発泡剤及び当該建築材料の表層面に用いる構造用合板その他これに類するものに対する荷重継続時間の調整係数から計算した場合は、当該数値とすることができる。 イ　試験体は、㈲欄第八号イに掲げる方法により採取すること。 ロ　試験体は、温度摂氏20度±2度、相対湿度65%±5%の環境下で平衡状態となるまで静置すること。 ハ　試験を行う環境は、ロで試験体を静置した環境と同一とすること。 ニ　サイドマッチング用試験体について、㈲欄第三号から第五号まで（試験及び試験体ごとの各力学特性値の測定に係る部分に限る。）に規定する方法により各力学特性値を求めること。 ホ　1を超えない範囲内の数値（以下「応力レベル」という。）を3以上選択し、これを各調整係数用本試験体に対応するサイドマッチング用試験体の各力学特性値の平均値に乗じた応力に対応する荷重をそれぞれ10体以上の調整係数用本試験体に加え、破壊荷重継続時間を測定すること。この場合において、少なくとも1以上の応力レベルにつき、すべての試験体の半数以上の破壊荷重継続時間を6ケ月以上としなければならない。

		へ　各力学特性値に対する荷重継続時間の調整係数は、ホの規定により測定した各調整係数用本試験体の応力レベルごとの破壊荷重継続時間の常用対数と応力レベルとの関係について回帰直線を求め、回帰直線上において破壊荷重継続時間が50年に相当する応力レベルの数値（1.0を超える場合は、1.0とする。）とすること。
	十　第四号に規定する曲げ弾性係数に対するクリープの調整係数が定められていること。	十　曲げ弾性係数に対するクリープの調整係数の測定は、次に掲げる方法又はこれと同等以上にクリープの調整係数を測定できる方法によること。ただし、各部の組合せに対するクリープの影響を考慮し、有機発泡剤及び当該建築材料の表層面に用いる構造用合板その他これに類するものに対するクリープの調整係数から計算した場合は、当該数値とすることができる。 イ　試験体は、(は)欄第八号イに掲げる方法により採取すること。 ロ　試験体は、温度摂氏20度±2度、相対湿度65%±5%の環境下で平衡状態となるまで静置すること。 ハ　試験を行う環境は、ロで試験体を静置した環境と同一とすること。 ニ　サイドマッチング用試験体について、(は)欄第四号（試験及び試験体ごとの曲げ弾性係数の測定に係る部分に限る。）に規定する方法により曲げ弾性係数を求めること。 ホ　調整係数用本試験体について、対応するサイドマッチング用試験体のニで求めた曲げ弾性係数の平均値に(ろ)欄第八号に規定する含水率の調整係数、(ろ)欄第九号に規定する荷重継続時間の調整係数及び$\frac{2}{3}$を乗じて得られる応力に相当する荷重を加え、曲げ弾性係数を測定する際に用いた部分に相当する部分の変形を、荷重を加え始めてから1分、5分、10分、100分及び500分後並びにその後24時間ごとに5週間以上測定すること。 へ　ホの調整係数用本試験体それぞれについて、クリープ変形比を計算すること。 ト　へにより計算した各調整係数用本試験体のそれぞれの時間に対応したクリープ変形比（1分及び5分に対応するものを除く。）の常用対数と、時間の常用対数との関係について、回帰直線を求めること。 チ　曲げ弾性係数に対するクリープの調整係数は、トで得られた回帰直線上の、時間が50年に相当するクリープ変形比の数値（1.0を超える場合は1.0とする。）とすること。
	十一　第三号に規定する面内圧縮強さ、第四号に規定する面外曲げ強さ及び曲げ弾性係数並びに第五号に規定するめりこみ強さに対する事故的な水掛りを考慮した調	十一　面内圧縮強さ、面外曲げ強さ、曲げ弾性係数及びめりこみ強さ（以下この号において「各力学特性値」という。）に対する事故的な水掛りを考慮した調整係数の測定は、次に定める方法又はこれと同等以上に事故的な水掛りを考慮し

	整係数が定められていること。	た調整係数を測定できる方法によること。ただし、各部の組合せに対する事故的な水掛りの影響を考慮し、有機発泡剤及び当該建築材料の表層面に用いる構造用合板その他これに類するものに対する事故的な水掛りを考慮した調整係数から計算した場合は、当該数値とすることができる。 イ　試験体は、(は)欄第八号イに掲げる方法により採取すること。 ロ　試験体は、温度摂氏20度±2度、相対湿度65%±5%の環境下で平衡状態となるまで静置すること。 ハ　試験を行う環境は、ロで試験体を静置した環境と同一とすること。 ニ　サイドマッチング用試験体について、(は)欄第三号から第五号まで（試験及び試験体ごとの各力学特性値の測定に係る部分に限る。）に規定する方法により各力学特性値を求めること。 ホ　調整係数用本試験体は、採取後に試験体の片面に均一に散水できる装置により72時間散水した後、自然乾燥、熱風による乾燥その他これらに類する方法で当該試験体の質量がロに規定する方法により静置された当該試験体の質量を下回るまで乾燥させること。 ヘ　ホの処理後の調整係数用本試験体について、(は)欄第三号から第五号まで（試験及び試験体ごとの各力学特性値の測定に係る部分に限る。）に規定する方法により各力学特性値を求めること。 ト　各力学特性値に対する事故的な水掛りを考慮した調整係数は、へで得られた調整係数用本試験体ごとの各力学特性値のニで得られた対応するサイドマッチング試験体の各力学特性値の平均値に対する比率を各標本ごとに求め、それらの数値を平均して得た数値（1.0を超える場合は1.0とする。）とすること。
	十二　接着耐久性に関する強さの残存率が、それぞれ0.5以上として定められていること。	十二　接着耐久性に関する強さの残存率の測定は、次に定める方法又はこれと同等以上に接着耐久性に関する強さの残存率を測定できる方法によること。ただし、各部の組合せに対する接着の影響を考慮し、有機発泡剤及び当該建築材料の表層面に用いる構造用合板その他これに類するもの並びに接着剤の強さの残存率から計算した場合は、当該数値とすることができる。 イ　試験体は、(は)欄第八号イに掲げる方法により採取すること。ただし、試験体の形状及び寸法については、次に掲げるところによること。 (1)　試験体の厚さは、当該建築材料の厚さと同じとすること。 (2)　試験体の上面及び底面は矩形とし、辺

の長さは 25mm以上とすること。

ロ　サイドマッチング用試験体について、次に掲げる方法によりはく離強さを求めること。

(1)　試験体は、温度摂氏 20 度 ± 2 度、相対湿度 65% ± 5% の環境下で平衡状態となるまで静置すること。

(2)　試験は、次に掲げる方法によること。

(i)試験体の底面を試験台に、上面を荷重ブロックに接着すること。

(ii)(i)の荷重ブロックの上から、当該試験体の厚さ方向に引張荷重を漸増して加えること。

(iii)試験は、当該試験体が破壊するまで行い、当該試験体に加える荷重を適切な精度を有する計測機器で測定すること。

(3)　サイドマッチング用試験体のはく離強さは、(2)の試験で当該試験体に加えた最大の荷重を受圧面積で除した数値とすること。

ハ　調整係数用本試験体について、ホに規定する劣化処理を行うこと。

ニ　ハの劣化処理後の試験体について、ロ（試験及び試験体ごとのはく離強さの測定に係る部分に限る。）に規定する方法によりはく離強さを求めること。

ホ　劣化処理は、次の分類に応じ、(1)から(3)までに掲げる方法によること。

(1)　加熱冷却法　次の(i)から(vi)までの処理を順に行う方法

(i)摂氏 49 度 ± 2 度の水中に 1 時間浸せきする。

(ii)摂氏 93 度 ± 3 度の水蒸気中に 3 時間静置する。

(iii)摂氏 −12 度 ± 3 度の空気中に 20 時間静置する。

(iv)摂氏 99 度 ± 2 度の乾燥空気中に 3 時間静置する。

(v)摂氏 93 度 ± 3 度の水蒸気中に 3 時間静置する。

(vi)摂氏 99 度 ± 2 度の乾燥空気中に 18 時間静置する。

(2)　煮沸法　次の(i)から(iii)までの処理を順に行う方法

(i)沸騰水中に 4 時間以上浸せきする。

(ii)常温水中に 1 時間以上浸せきする。

(iii)摂氏 70 度 ± 3 度に設定した恒温乾燥器中で当該試験体の質量がロ(1)に規定する方法により静置されたサイドマッチング用試験体の質量を下回るまで乾燥する。

(3)　減圧法　次の(i)から(iii)までの処理を順に行う方法

		(i) 635水銀柱㎜に減圧した常温水中に30分間以上浸せきするか又は635水銀柱㎜に減圧した後温度摂氏65度の水中に1時間以上浸せきする。 (ii) 常温水中に30分以上浸せきする。 (iii) 摂氏70度±3度に設定した恒温乾燥器中で6時間以上(偶数サイクル及び最終サイクルは15時間以上とする。)当該試験体の質量がロ(1)に規定する方法により静置されたサイドマッチング用試験体の質量を下回るまで乾燥する。 ヘ　接着耐久性に関する強さの残存率は、ニで得られた調整係数用本試験体ごとのはく離強さのロで得られた対応するサイドマッチング試験体のはく離強さの平均値に対する比率を各標本ごとに求め、それらの数値を平均して得た数値のうち、使用する環境に応じて、それぞれ次の(1)から(3)までの条件を満たす数値とすること。 (1)　常時湿潤環境　加熱冷却法を6回繰り返し行った調整係数用本試験体を用いて得られた数値 (2)　断続湿潤環境　煮沸法を行った調整係数用本試験体を用いて得られた数値及び減圧法を6回繰り返し行った調整係数用本試験体を用いて得られた数値のうちいずれか小さい数値(接着剤の品質がJIS K6806(水性高分子—イソシアネート系木材接着剤)-1995に規定する一種一号に適合する場合にあっては、減圧法を6回繰り返し行った調整係数用本試験体を用いて得られた数値) (3)　乾燥環境　減圧法を行った調整係数用本試験体を用いて得られた数値
	十二　防腐処理による力学特性値の低下率の基準値が定められ、かつ、防腐処理に用いる木材防腐剤の名称が明らかにされていること。この場合において、注入処理による場合にあっては、当該木材防腐剤の有効成分の含有量の基準値が定められていること。	十二　防腐処理による力学特性値の低下率の測定及び木材防腐剤の有効成分の含有量の測定は、次に掲げる方法又はこれと同等以上に防腐処理による力学特性値の低下率及び木材防腐剤の有効成分の含有量を測定できる方法によること。 イ　防腐処理による各力学特性値の低下率は、防腐処理を施したものについての(ろ)欄第三号から第六号までの各基準値の防腐処理を施さないものについての当該基準値に対する比率とすること。 ロ　注入処理に用いる木材防腐剤の種類及びその有効成分の含有量の測定は、JIS K1570(木材防腐剤)-1998の7.試験方法によること。

第1第十三号に掲げる建築材料	一　寸法の基準値が定められていること。	一　第1第十二号に掲げる建築材料の項(は)欄第一号に掲げる方法によること。
	二　各部の品質が定められていること。各部相互を接着する接着剤について、その品質がJIS K6806（水性高分子—イソシアネート系木材接着剤）-1995に規定する一種一号に適合する接着剤と同等以上に接着の性能を維持させることができるものを用いていること。	二　第1第十二号に掲げる建築材料の項(は)欄第二号に掲げる方法によること。
	三　面内圧縮の応力が生ずる部分に用いる場合にあっては、面内圧縮強さの基準値が定められていること。	三　第1第十二号に掲げる建築材料の項(は)欄第三号に掲げる方法によること。
	四　面外曲げ強さ及び曲げ弾性係数の基準値が定められていること。	四　第1第十二号に掲げる建築材料の項(は)欄第四号に掲げる方法によること。
	五　せん断の応力が生ずる部分に用いる場合にあっては、せん断耐力及びせん断剛性の基準値が定められていること。	五　第1第十二号に掲げる建築材料の項(は)欄第六号に掲げる方法によること。
	六　湿潤状態となるおそれのある部分に用いる場合にあっては、第四号に規定する面外曲げ強さ及び曲げ弾性係数に対する含水率の調整係数が定められていること。	六　第1第十二号に掲げる建築材料の項(は)欄第八号に掲げる方法によること。この場合において、同号中「有機発泡剤及び当該建築材料の表層面に用いる構造用合板その他これに類するもの」とあるのは、「当該建築材料の表層面に用いる構造用合板その他これに類するもの及び枠組材」と、「(は)欄第四号」とあるのは、「第1第十三号に掲げる建築材料の項(は)欄第四号」とそれぞれ読み替えるものとする。
	七　第三号に規定する面内圧縮強さ及び第四号に掲げる面外曲げ強さに対する荷重継続時間の調整係数が定められていること。	七　第1第十二号に掲げる建築材料の項(は)欄第九号に掲げる方法によること。この場合において、同号中「面内圧縮強さ、面外曲げ強さ及びめりこみ強さ」とあるのは、「面内圧縮強さ及び面外曲げ強さ」と、「有機発泡剤及び当該建築材料の表層面に用いる構造用合板その他これに類するもの」とあるのは、「当該建築材料の表層面に用いる構造用合板その他これに類するもの及び枠組材」と、「(は)欄第八号イ」とあるのは、「第1第十三号に掲げる建築材料の項(は)欄第六号イ」と、「(は)欄第三号から第五号まで」とあるのは、「第1第十三号に掲げる建築材料の項(は)欄第三号及び第四号」とそれぞれ読み替えるものとする。
	八　第四号に規定する曲げ弾性係数に対するクリープの調整係数が定められていること。	八　第1第十二号に掲げる建築材料の項(は)欄第十号に掲げる方法によること。この場合において、同号中「有機発泡剤及び当該建築材料の表層面に用いる構造用合板その他これに類するもの」とあるのは、「当該建築材料の表層面に用いる構造用合板その他これに類するもの及び枠組材」と、「(は)欄第八号イ」とあるのは、「第1第十三号に掲げる建築材料の項(は)欄第六号イ」と、「(は)欄第四号」とあるのは、「第1第

		十三号に掲げる建築材料の項(は)欄第四号」と、「(ろ)欄第八号」とあるのは、「第１第十三号に掲げる建築材料の項(ろ)欄第六号」と、「(ろ)欄第九号」とあるのは、「第１第十三号に掲げる建築材料の項(ろ)欄第七号」とそれぞれ読み替えるものとする。
	九　第三号に規定する面内圧縮強さ、第四号に規定する面外曲げ強さ及び曲げ弾性係数に対する事故的な水掛りを考慮した調整係数が定められていること。	九　第１第十二号に掲げる建築材料の項(は)欄第十一号に掲げる方法によること。この場合において、同号中「面内圧縮強さ、面外曲げ強さ、曲げ弾性係数及びめりこみ強さ」とあるのは、「面内圧縮強さ、面外曲げ強さ及び曲げ弾性係数」と、「有機発泡剤及び当該建築材料の表層面に用いる構造用合板その他これに類するもの」とあるのは、「当該建築材料の表層面に用いる構造用合板その他これに類するもの及び枠組材」と、「(は)欄第八号イ」とあるのは、「第１第十三号に掲げる建築材料の項(は)欄第六号イ」と、「(は)欄第三号から第五号まで」とあるのは、「第１第十三号に掲げる建築材料の項(は)欄第三号及び第四号」とそれぞれ読み替えるものとする。
	十　防腐処理による力学特性値の低下率の基準値が定められ、かつ、防腐処理に用いる木材防腐剤の名称が明らかにされていること。この場合において、注入処理による場合にあっては、当該木材防腐剤の有効成分の含有量の基準値が定められていること。	十　第１第十二号に掲げる建築材料の項(は)欄第十三号に掲げる方法によること。この場合において、同号中「(ろ)欄第三号から第六号まで」とあるのは、「第１第十三号に掲げる建築材料の項(ろ)欄第三号から第五号まで」と読み替えるものとする。
第１第十四号に掲げる建築材料	一　表面硬さ、硬化層深さ、心部硬さ及びねじり強さの基準値が定められていること。	一　次に掲げる方法によるか又はこれらと同等以上に表面硬さ、硬化層深さ、心部硬さ及びねじり強さを測定できる方法によること。 イ　表面硬さの測定は、JIS B1055（タッピンねじ―機械的性質）-1995 の 6.1.1 の表面硬さ試験によること。 ロ　硬化層深さの測定は、JIS B1055（タッピンねじ―機械的性質）-1995 の 6.1.2 の表面硬さ試験によること。 ハ　心部硬さの測定は、JIS B1055（タッピンねじ―機械的性質）-1995 の 6.1.3 の心部硬さ試験によること。 ニ　ねじり強さの測定は、JIS B1055（タッピンねじ―機械的性質）-1995 の 6.2.2 のねじり強さ試験によること。
	二　ねじ部を有するものにあっては、鋼板にねじ込んだとき、ねじ山が変形することなく、めねじを鋼板に成形できるものであること。	二　次に掲げる材料の種類に応じ、それぞれイ及びロ又はこれらと同等以上にねじ込み性能を測定できる方法によること。 イ　タッピンねじ　JIS B1055（タッピンねじ―機械的性質）-1995 の 6.2.1 のねじ込み試験によること。 ロ　ドリリングタッピンねじ　JIS B1125（ドリリングタッピンねじ）-1995 の 10.4 のねじ込み試験によること。

	三　主成分と固有の性能を発揮する化学成分の含有量の基準値が定められていること。	三　第1第一号に掲げる建築材料の項(は)欄第二号に掲げる方法によること。
	四　形状・寸法の基準値が定められていること。	四　JIS B1071（ねじ部品の精度測定方法）-1985によるか又はこれと同等以上の精度を有する測定方法によること。
	五　構造耐力上有害な傷、かえり、錆、ねじ山のいたみ及び著しい湾曲等の欠点がないこと。	五　ねじ用限界ゲージ若しくはこれと同等以上のねじ測定器具によるか又は目視によって行うこと。
	六　めっきを施す場合は、組成及び付着量の基準値が定められていること。	六　めっきの付着量の測定は、JIS H0401（溶融亜鉛めっき試験方法）-1999の4.の付着量の試験によるか又はこれと同等以上に表面仕上げの組成及び付着量を測定できる方法によること。
第1第十五号に掲げる建築材料	一　表面硬さ及び心部硬さの基準値が定められていること。	一　次に掲げる方法によるか又はこれらと同等以上に表面硬さ及び心部硬さを測定できる方法によること。 イ　表面硬さの測定は、第1第十四号に掲げる建築材料の項(は)欄第一号イに掲げる方法によること。 ロ　心部硬さの測定は、第1第十四号に掲げる建築材料の項(は)欄第一号ハに掲げる方法によること。
	二　鋼材に打込んだとき、折れ、曲がりその他の耐力上の欠点がなく、当該鋼材内部において十分に定着されるものであること。	二　次に掲げる方法によるか又はこれらと同等以上に打込み性能を測定できる方法によること。 イ　試験を行う鋼材は、打込み鋲の品質及び種類並びに使用条件ごとに適切なものを用いること。 ロ　試験を行う打込み鋲の数は、3体以上とすること。 ハ　試験は、イの鋼材に供試材を打込み、適当なジグを介して一方向加力の可能な載荷装置を用いて行うほか、次に定めるところによること。 (1)　荷重は性能に応じた方向に漸増するものとすること。 (2)　供試材に作用する荷重及び変形量を適切な精度を有する方法で測定すること。 ニ　次に定めるところにより引抜き性能を測定すること。 (1)　荷重は、供試材の抜け出しに至るまで加えること。 (2)　(1)の載荷の終了時に供試材の降伏又は破断その他の有害な耐力の低下等の起こらないことを確かめること。 ホ　次に定めるところによりせん断性能を測定すること。 (1)　供試材にせん断力を作用させるための鋼板を設け、当該鋼板の破断に至るまで荷重を加えること。ただし、鋼板の降伏が明確に把握できる場合にあっては、この限りでない。

		(2) (1)の載荷の終了時に供試材の破断又は降伏若しくは抜け出しその他の有害な耐力の低下等の起こらないことを確かめること。 ヘ　折れ、曲がり等の測定は、ニ及びホの試験における供試材の打込み時の状態について、目視又はゲージ等を用いて行うこと。
	三　最大引抜き耐力、最大せん断耐力及び降伏せん断耐力の基準値が定められていること。	三　次に掲げる方法によるか又はこれらと同等以上に最大引抜き耐力、降伏せん断耐力及び最大せん断耐力を測定できる方法によること。 イ　最大引抜き耐力は、前号ニ(1)の試験で得られたそれぞれの供試材の最大荷重の平均値として求めること。 ロ　最大せん断耐力は、前号ホ(1)の試験で得られたそれぞれの供試材の最大荷重の平均値として求めること。 ハ　降伏せん断耐力は、次による。 (1)　前号ホ(1)の試験で測定された初期の荷重—変形関係に相当する直線を第Ⅰ直線とする。 (2)　(1)の試験で測定された荷重—変形関係のうち、第Ⅰ直線以降その曲率が最大となる点（最大荷重に相当する変形以前の点に限る。）における接線を第Ⅱ直線とする。 (3)　第Ⅰ直線と第Ⅱ直線との交点に相当する荷重を、降伏荷重とする。 (4)　降伏せん断耐力は、前号ホ(1)の試験で得られたそれぞれの供試材の降伏荷重の平均値とすること。
	四　主成分と固有の性能を発揮する化学成分の含有量の基準値が定められていること。	四　第1第一号に掲げる建築材料の項(は)欄第二号に掲げる方法によること。
	五　形状・寸法の基準値が定められていること。	五　ノギス、マイクロメータ又はこれらと同等以上の測定器具を用いて行うこと。
	六　構造耐力上有害な傷、錆及び著しい湾曲等の欠点がないこと。	六　目視によって行うこと。
	七　めっきを施す場合は、組成及び付着量の基準値が定められていること。	七　第1第十四号に掲げる建築材料の項(は)欄第六号に掲げる方法によること。
第1第十六号に掲げる建築材料	一　降伏点又は0.2%耐力の上下限（地震力等による塑性変形を生じない部分に用いるアルミニウム合金材にあっては、下限のみとする。）、降伏比、引張強さ及び伸びの基準値が定められていること。	一　次に掲げる方法によるか又はこれと同等以上に降伏点若しくは0.2%耐力の上下限、降伏比、引張強さ及び伸びを測定できる方法によること。 イ　引張試験片は、JIS H0321（非鉄金属材料の検査通則）-1973に従い、JIS Z2201（金属材料引張試験片）-1998に基づき、アルミニウム合金材の該当する形状の引張試験片を用いること。 ロ　引張試験方法及び各特性値の算定方法は、JIS Z2241（金属材料引張試験方法）-1998によること。

二　Si、Fe、Cu、Mn、Zn、Mg、Cr 及び Ti の化学成分の含有量の基準値が定められていること。これらの化学成分のほか、固有の性能を確保する上で必要とする化学成分の含有量の基準値が定められていること。	二　次に掲げる方法によるか又はこれと同等以上に化学成分の含有量を測定できる方法によること。 イ　分析試験の一般事項及び分析試料の採取法は、JIS H0321（非鉄金属材料の検査通則）-1973 の 5 によること。 ロ　各成分の分析は、次に掲げる定量方法及び分析方法のいずれかによること。 (1)　JIS H1305（アルミニウム及びアルミニウム合金の光電測光法による発光分光分析方法）-1976 (2)　JIS H1306（アルミニウム及びアルミニウム合金の原子吸光分析方法）-1999 (3)　JIS H1352（アルミニウム及びアルミニウム合金中のけい素定量方法）-1997 (4)　JIS H1353（アルミニウム及びアルミニウム合金中の鉄定量方法）-1999 (5)　JIS H1354（アルミニウム及びアルミニウム合金中の銅定量方法）-1999 (6)　JIS H1355（アルミニウム及びアルミニウム合金中のマンガン定量方法）-1999 (7)　JIS H1356（アルミニウム及びアルミニウム合金中の亜鉛定量方法）-1999 (8)　JIS H1357（アルミニウム及びアルミニウム合金中のマグネシウム定量方法）-1999 (9)　JIS H1358（アルミニウム及びアルミニウム合金中のクロム定量方法）-1998 (10)　JIS H1359（アルミニウム及びアルミニウム合金中のチタン定量方法）-1998 (11)　JIS H1362（アルミニウム及びアルミニウム合金中のバナジウム定量方法）-1994 (12)　JIS H1363（アルミニウム合金中のジルコニウム定量方法）-1971
三　アルミニウム合金材の形状、寸法及び単位質量の基準値が定められていること。	三　第1第一号に掲げる建築材料の項(は)欄第四号に掲げる方法によること。
四　構造耐力上有害な欠け、割れ及び付着物がないこと。	四　JIS H0321（非鉄金属材料の検査通則）-1973 の 3 によるか又はこれと同等以上に構造耐力上有害な欠け、割れ及び付着物がないことを確認できる方法によること。
五　表面処理等が施されている場合は、表面仕上げの組成及び厚さ等の基準値が定められていること。	五　JIS H8680（アルミニウム及びアルミニウム合金の陽極酸化皮膜厚さ試験方法）-1998 によるか又はこれと同等以上に表面仕上げの組成及び厚さ等を測定できる方法によること。
六　前各号に掲げるもののほか、必要に応じてクリープ、疲労特性、耐久性、高温特性、低温特性及び加	六　次に掲げる方法によるか又はこれと同等以上にクリープ、疲労特性、耐久性、高温特性、低温特性及び加熱の影響による機械的性質の低

	熱の影響による機械的性質の低下の基準値が定められていること。	下の基準値を測定できる方法によること。 イ　クリープ、疲労特性、耐久性、高温特性及び低温特性の測定は、第1第一号に掲げる建築材料の項(は)欄第七号によること。 ロ　加熱の影響による機械的性質の低下の測定は、加熱を行った後の機械的性質を、第一号に準じて測定すること。
第1第十七号に掲げる建築材料	一　材料の構成及び組み合わせの条件並びに力の伝達機構が定められていること。	
	二　構成材（前号(ろ)欄において力の伝達に寄与しないとしたものを除く。）の降伏点又は0.2% オフセット耐力（ステンレス鋼にあっては、0.1% オフセット耐力）、引張強度、伸び及び絞りのうち各構成材の使用上必要な基準値が定められていること。また、引張試験片の採取が困難な場合は、硬さの基準値が定められていること。ただし、構成材として第1第一号から第五号まで及び第1第十六号に該当する建築材料を用いる場合にあっては、当該材料の項(ろ)欄のうちそれぞれの基準値とすることができる。	二　実大又は当該トラス用機械式継手の品質を代表できる類似の形状による試験体（以下第六号までにおいて単に「試験体」という。）について、次に掲げる方法又はこれらと同等以上に(ろ)欄の基準値を測定できる方法によること。この場合において、試験体の数は、当該品質を精度よく測定するために必要な数とすること。 イ　降伏点又は0.2% オフセット耐力（ステンレス鋼にあっては、0.1% オフセット耐力）、引張強度、伸び及び絞りは、第1第二号に掲げる建築材料の項(は)欄第二号イに定める方法によること。 ロ　硬さは、第1第二号に掲げる建築材料の項(は)欄第二号ハに定める方法によること。
	三　各構成材の主成分と固有の性能を発揮する化学成分の含有量の基準値が定められていること。ただし、構成材として第1第一号から第五号まで及び第1第十六号に該当する建築材料を用いる場合は、当該材料の項(ろ)欄のうちそれぞれの基準値とすることができる。	三　次に掲げる各構成材の材料に応じ、それぞれイからハまでに定める方法又はこれらと同等以上に成分を測定できる方法によること。 イ　鋼材　第1第一号に掲げる建築材料の項(は)欄第二号に定める方法によること。 ロ　アルミニウム合金材　第1第十六号に掲げる建築材料の項(は)欄第二号に定める方法によること。 ハ　イ及びロ以外の材料　当該構成材の性質及び化学成分を考慮し、必要な測定方法によること。
	四　構成材の形状及び寸法の基準値が定められていること。	四　次に掲げる方法によるか又はこれと同等以上に構成材の形状及び寸法を測定できる方法によること。 イ　形状及び寸法の測定は、ノギス又はマイクロメータを用いて行うこと。 ロ　ねじの精度の測定は、限界ゲージを用いて行うこと。
	五　必要に応じて、構成材（熱処理を行うものに限る。）の硬さ及び硬さの分布の基準値が定められていること。	五　構成材に熱処理を行ったのち、次に掲げる方法又はこれと同等以上に(ろ)欄の基準値を測定できる方法によること。この場合において、試験体の数は、当該品質を精度よく測定するために必要な数とする。 イ　硬さの測定は、第1第二号に掲げる建築材料の項(は)欄第二号ハに定める方法によること。

	ロ　硬さの分布は、イに掲げる試験（硬さに関するものに限る。）を行い、構成材の種類に応じてそれぞれ次の(1)又は(2)のいずれかに掲げる位置について求めること。 (1)　ボルト　断面方向（当該ボルトの径が大きく断面の入熱の状況が均一にならないおそれのある場合に限る。）又は軸方向に適切な間隔で定めた部位 (2)　ボルト以外の構成材　当該構成材の使用法及び性質を考慮して定めた部位
六　圧縮及び引張りの許容耐力及び終局耐力が定められていること。また、必要に応じて曲げの許容耐力及び終局耐力が定められていること。	六　試験体について、次に掲げる方法又はこれらと同等以上に(ろ)欄の基準値を測定できる方法によること。ただし、許容耐力について、構成材の降伏等により構造耐力上支障のある剛性の低下を生じないことが確かめられた場合は、各構成材及びそれら相互の接合の力学的特性を用い当該数値を計算により求めることができる。この場合において、終局耐力の数値は、当該計算をしたそれぞれの許容耐力の数値の 1.1 倍の数値とするものとする。 イ　必要に応じて、試験体に加力用の支持材を接合すること。 ロ　圧縮試験及び引張試験は、次に掲げる方法によること。 (1)　荷重は、適切なジグを介し支持材の軸方向に漸増して加えること。必要な場合においては、座屈止めの設置その他の試験体の加力方向以外の方向への変形を拘束するための措置を行わなければならない。 (2)　試験体に作用する荷重及び変形を適切な精度を有する方法で測定すること。 ハ　曲げ試験は、次に掲げる方法によること。 (1)　支持材を試験体の両側に軸心が一致するように接合し、支点間距離を当該支持材の小径の 10 倍以上とすること。 (2)　試験体は支点の中央部に位置するように配置すること。 (3)　荷重は、試験体の中央部に適切なジグを介し漸増して加えること。 (4)　試験体に作用する荷重及び試験体の中央におけるたわみ量を適切な精度を有する方法で測定すること。 ニ　許容耐力は、ロ及びハの試験で確認された最大の荷重のそれぞれ 70% 以下の値とする。 ホ　終局耐力は、ロ及びハの試験で確認された最大の荷重のそれぞれ 90% 以下の数値とする。 ヘ　ロ及びハの試験において許容耐力時までに構造耐力上有害な変形が生じないことを確かめること。

	七　(は)欄第六号イの接合の方法及び条件が定められていること。	七　材料及び接合の方法に応じ、イ又はロのいずれかに定める方法によること。 イ　鋼材の溶接接合　JIS G0553（鋼のマクロ組織試験方法）-1996、JIS G0565（鉄鋼材料の磁粉探傷試験方法及び磁粉模様の分類）-1992、JIS Z2343-1（非破壊試験—浸透探傷試験—第1部：一般通則：浸透探傷試験方法及び浸透指示模様の分類）-2001、JIS Z2344（金属材料のパルス反射法による超音波探傷試験方法通則）-1993に規定する方法又はこれらと同等以上に接合の健全性を確認できる方法によること。 ロ　イ以外の接合　イによる場合と同等以上に接合部位の健全性が確認できる部位及び試験方法によること。
	八　つぶれ、きず、焼割れ等の構造耐力上有害な欠陥や錆等の欠点がないこと。	八　目視によって行うこと。
	九　前各号に掲げるほか、必要に応じて耐久性、疲労特性、高温特性、軸力を導入する場合のトルク係数値及びリラクセーション特性等の基準値が定められていること。	九　次の方法又はこれらと同等以上に(ろ)欄の基準値を測定できる方法によること。 イ　耐久性の測定は、JIS Z2371（塩水噴霧試験方法）-2000に、疲労特性の測定は、JISZ2273（金属材料の疲れ試験方法通則）-1978に、高温特性の測定は、JIS G0567（鉄鋼材料及び耐熱合金の高温引張試験方法）-1998によること。 ロ　軸力を導入する場合のトルク係数値試験は、JIS B1186（摩擦接合用高力六角ボルト・六角ナット・平座金のセット）-1995の11.2のセットのトルク係数値試験によること。 ハ　リラクセーション特性の測定は、JIS Z2271（金属材料のクリープ及びクリープ破断試験方法）-1999、JIS Z2276（金属材料の引張リラクセーション試験方法）-2000の試験方法によること。
第1第十八号に掲げる建築材料	一　膜材料、テント倉庫用膜材料及び膜構造用フィルム（以下「膜材料等」という。）の基布（繊維糸による織布又は網目状織物をいう。以下同じ。）、コーティング材（基布に塗布し又は貼り合わせたものをいう。以下同じ。）その他の膜材料等の構成材が定められているとともに、単位質量並びに織糸密度及び織糸密度のばらつきの基準値が定められていること。	一　次に掲げる方法によること。 イ　各構成材の品質は、各構成材の受入時に、納品書、検査証明書又は試験証明書等の書類によること。 ロ　単位質量の基準値は、次に掲げる方法によること。 (1)　膜材料等の単位質量の基準値は、100㎜四方の試験片を膜材料等全体から偏らないように5枚（テント倉庫用膜材料にあっては、3枚）以上採取し、0.01gまで測定し、それらの平均値とすること。 (2)　膜材料及びテント倉庫用膜材料の基布の単位質量の基準値は、基布の製造時に100㎜四方の基布試験片を偏らないように5枚（テント倉庫用膜材料にあっては、3枚）以上採取し、0.01g

		まで測定して求めるか又は50㎜四方の試験片について、コーティング材を溶剤で溶解し又は燃焼させて除去し、基布の質量を0.01gまで測定し、それらの平均値とすること。 (3) 膜材料及びテント倉庫用膜材料のコーティング材の単位質量の基準値は、当該膜材料等の質量の基準値から基布の質量の基準値を差し引いた数値とすること。 ハ 膜材料の織糸密度及び織糸密度のばらつきの基準値は、次に掲げる方法によること。 (1) 織糸密度の基準値は、JIS L1096（一般織物試験方法）-1999によるか又はこれと同等以上に織糸密度を測定できる方法により当該膜材料等の異なる5箇所以上についてたて糸及びよこ糸それぞれの単位幅当たりの本数を測定し、それらの平均値とすること。 (2) 織糸密度のばらつきの基準値は、(1)で測定した織糸密度から求めること。
	二 厚さの基準値が定められていること。	二 厚さの測定は、次に掲げる膜材料等の種類に応じ、それぞれイ若しくはロに定める方法によるか又は膜材料等の品質に応じてこれらと同等以上に厚さを測定できる方法によること。 イ 膜材料及びテント倉庫用膜材料　厚さ測定器を用いて、膜材料及びテント倉庫用膜材料の75㎜以上間隔をおいた5箇所以上について測定した値の平均値とすること。 ロ 膜構造用フィルム　JIS K7130（プラスチック－フィルム及びシート－厚さ測定方法）-1999によること。
	三 膜材料にあっては、布目曲がりの基準値が定められていること。	三 布目曲がりの測定は、JIS L1096（一般織物試験方法）-1999により当該膜材料の300㎜以上の間隔をおいた5箇所以上について測定するか又は膜材料の品質に応じてこれと同等以上に布目曲がりを測定できる方法によること。
	四 たて糸方向及びよこ糸方向（膜構造用フィルムにあっては、ロール方向及びロール直交方向。以下同じ。）の引張強さ及び伸び率並びに伸び率2.5%時の応力及び伸び率10%時の応力の基準値が定められていること。	四 たて糸方向及びよこ糸方向の引張強さ及び伸び率並びに伸び率2.5%時の応力及び伸び率10%時の応力の測定は、次に掲げる方法によるか又は膜材料等の品質に応じてこれと同等以上に引張強さ及び伸び率並びに伸び率2.5%時の応力及び伸び率10%時の応力を測定できる方法によること。 イ 試験片はたて糸方向及びよこ糸方向それぞれについて5枚（テント倉庫用膜材料にあっては3枚）以上とすること。 ロ 載荷は、次に掲げる膜材料等の種類に応じ、それぞれ次の(1)又は(2)に定める方法により行うこと。

		(1) 膜材料及びテント倉庫用膜材料　JIS L1096（一般織物試験方法）-1999の定速伸長形引張試験機を用いたストリップ法（試験片の幅は30㎜又は50㎜に限る。）によること。 (2) 膜構造用フィルム　JIS K7127（プラスチック－引張特性の試験方法－第3部：フィルム及びシートの試験条件）-1999によること。 ハ　引張強さの基準値は、ロに定める試験による破断時の荷重を各試験片ごとに求め、それらの平均値とすること。 ニ　伸び率の基準値は、ロに定める試験による破断時の伸び率を各試験片ごとに求め、それらの平均値とすること。 ホ　膜構造用フィルムの伸び率2.5%時の応力及び伸び率10%時の応力の基準値は、ロ(2)に定める試験による伸び率2.5%時の荷重及び伸び率10%時の荷重を各試験片ごとに求め、それらの平均値とすること。
	五　たて糸方向及びよこ糸方向の引裂強さの基準値が定められていること。	五　たて糸方向及びよこ糸方向の引裂強さの測定は、次に掲げる方法によるか又は膜材料等の品質に応じてこれと同等以上に引裂強さを測定できる方法によること。 イ　試験片はたて糸方向及びよこ糸方向それぞれについて5枚（テント倉庫用膜材料にあっては3枚）以上とすること。 ロ　載荷は、次に掲げる膜材料等の種類に応じ、それぞれ次の(1)から(3)までに定める方法により行うこと。 (1) 膜材料　JIS L1096（一般織物試験方法）-1999のトラペゾイド法によること。 (2) テント倉庫用膜材料　JIS L1096（一般織物試験方法）-1999のシングルタング法によること。 (3) 膜構造用フィルム　JIS K7128-3（プラスチック－フィルム及びシートの引裂き強さ試験方法－第3部：直角形引裂法）-1998によること。 ハ　引裂強さの基準値は、ロに定める試験による最大荷重を各試験片ごとに求め、それらの平均値とすること。
	六　膜材料にあっては、たて糸方向及びよこ糸方向のコーティング層の密着強さの基準値が定められていること。	六　たて糸方向及びよこ糸方向のコーティング層の密着強さの測定は、次に掲げる方法によるか又は膜材料等の品質に応じてこれと同等以上にコーティング層の密着強さを測定できる方法によること。 イ　試験片はたて糸方向及びよこ糸方向それぞれについて5枚以上とし、試験片の幅は30㎜又は50㎜とすること。 ロ　JIS K6404-5（ゴム引布・プラスチック引布試験方法―第5部：接着試験）-1999の試験方法Bによりコーティング層を剥離させること。

	ハ ロに定める試験から荷重―剥離長さ関係を求め、極大点となる荷重のうち、大きい方から5つの荷重を選択し、それらの平均値を剥離荷重とすること。 ニ 密着強さの基準値は、ハで求めた各試験片の剥離荷重の平均値とすること。
七 膜材料及び膜構造用フィルムにあっては、たて糸方向及びよこ糸方向の引張クリープによる伸び率の基準値が定められていること。	七 次に掲げる方法によるか又は膜材料等の品質に応じてこれと同等以上に引張クリープによる伸び率を測定できる方法によること。 イ 試験片はたて糸方向及びよこ糸方向それぞれについて5枚以上とすること。 ロ 載荷は、次に掲げる膜材料等の種類に応じ、それぞれ次の(1)又は(2)に定める方法により行うこと。 (1) 膜材料　JIS K6859（接着剤のクリープ破壊試験方法）-1994 の試験方法（試験片の幅は、30㎜又は 50㎜に限る。）又は JIS K7115（プラスチック－クリープ特性の試験方法－第1部:引張クリープ）-1999 の試験方法（試験片の幅は、30㎜又は 50㎜に限る。）によること。 (2) 膜構造用フィルム　JIS K7115（プラスチック－クリープ特性の試験方法－第1部:引張クリープ）-1999 の試験方法（当該試験方法に定めるもののほか、幅 25㎜の短冊型の試験片を含む。）によること。 ハ 載荷は、ロに定める試験方法により、次の(1)及び(2)に掲げる載荷をそれぞれ行うこと。 (1) 室温においてたて糸方向及びよこ糸方向の引張強さの基準値の$\frac{1}{4}$以上（膜構造用フィルムにあっては、伸び率 10% 時の応力の基準値の$\frac{1}{2}$以上）の荷重で 24 時間の載荷を行うこと。 (2) 温度 60℃（基布にガラス繊維を用い、かつ、コーティング材に四ふっ化エチレン樹脂、四ふっ化エチレンパーフルオロアルキルビニルエーテル共重合樹脂又は四ふっ化エチレン－六ふっ化プロピレン共重合樹脂を用いた膜材料及び膜構造用フィルムにあっては、150℃）雰囲気内でたて糸方向及びよこ糸方向の引張強さ（膜構造用フィルムにあっては、伸び率 10% 時の応力）の基準値の$\frac{1}{10}$以上の荷重で6時間の載荷を行うこと。 ニ ロ及びハに定める載荷を行い、試験片が破断しないこと。 ホ ロ及びハに定める載荷を行った各試験片について伸び率を測定し、それらの平均値を引張クリープによる伸び率の基準値とすること。

	八　繰り返し荷重を受ける場合の引張強さの基準値が定められていること。ただし、膜材料等の構成材及び使用環境条件等に応じて当該基準値を要求しない場合においては、この限りでない。	八　繰り返し荷重を受ける場合の引張強さの測定は、次に掲げる方法によるか又は膜材料等の品質に応じてこれと同等以上に繰り返し荷重を受ける場合の引張強さの基準値を測定できる方法によること。 イ　引張りの繰り返し荷重を受ける場合の引張強さの測定は、次に掲げる方法によること。 (1)　試験片はたて糸方向及びよこ糸方向それぞれについて５枚以上とすること。 (2)　最大荷重をたて糸方向及びよこ糸方向の引張強さの基準値の$\frac{1}{5}$以上（膜構造用フィルムにあっては、伸び率10%時の応力の基準値の$\frac{4}{5}$以上)、最小荷重を1㎝につき20 N以下（膜構造用フィルムにあっては、1㎟につき2N以下）とした繰り返し引張疲労試験を、たて糸方向及びよこ糸方向それぞれについて30万回行うこと。 (3)　(2)の載荷を行った試験片について(は)欄第四号に規定する引張試験を行い破断時の荷重を測定すること。 (4)　たて糸方向及びよこ糸方向について(3)の破断時の荷重の平均値を引張りの繰り返し荷重を受ける場合の引張強さの基準値とすること。 ロ　折曲げの繰り返し荷重を受ける場合の引張強さの測定は、次に掲げる方法によること。 (1)　試験片はたて糸方向及びよこ糸方向それぞれについて５枚以上とし、その幅を15㎜（膜構造用フィルムにあっては、6㎜又は15㎜）とすること。 (2)　載荷はJIS P8115（紙及び板紙—耐折強さ試験方法— MIT 試験機法)-2001に定める方法（折り曲げ面は、3㎜（膜構造用フィルムにあっては、1㎜）の曲率半径とする。）により行い、試験片を1,000回往復して折曲げること。 (3)　(2)の載荷を行った試験片について(は)欄第四号に規定する引張試験を行い破断時の荷重を測定すること。 (4)　たて糸方向及びよこ糸方向について(3)の破断時の荷重の平均値を折曲げの繰り返し荷重を受ける場合の引張強さの基準値とすること。
	九　膜材料及びテント倉庫用膜材料にあっては、もみ摩擦により、コーティング材その他の構成材のはがれ、ひび割れがないこと。	九　次に掲げる方法によること。 イ　試験片はたて糸方向及びよこ糸方向それぞれについて５枚（テント倉庫用膜材料にあっては３枚）以上とすること。 ロ　JIS K6404-6（ゴム引布・プラスチック引布試験方法—第６部：もみ試験)-1999により、つかみ具の移動距離を50㎜とし、か

		つ、押圧を 10 N として 1,000 回のもみ操作を行うこと。 ハ　ロの載荷を行った試験片について目視によりコーティング材その他の構成材のはがれ、ひび割れがないことを確かめること。
	十　傷、コーティング材のはがれ、ひび割れ、破れ及びしわ等の耐力上の欠点がないこと。	十　目視により行うこと。
	土　前各号に掲げるもののほか、膜材料等の構成材及び使用環境条件等に応じて必要となる品質の基準値が定められていること。	
第 1 第十九号に掲げる建築材料	一　容積空洞率（セラミックメーソンリーユニットの空洞部全体の容積をセラミックメーソンリーユニットの外部形状容積で除して得た数値を百分率で表したものをいう。）の基準値が定められていること。	一　各部の寸法を実測して行うこと。
	二　各部の形状、寸法及び寸法精度の基準値が定められていること。	二　各部の寸法及び寸法精度の測定は、JIS A5210（建築用セラミックメーソンリーユニット）-1994 によるか又はこれと同等以上に寸法及び寸法精度を測定できる方法によること。
	三　圧縮強さの基準値が定められていること。ただし、令第 3 章第 8 節に規定する構造計算を行わない建築物に用いられるものの圧縮強さは、1㎟につき 8 N 以上であること。	三　JIS A5210（建築用セラミックメーソンリーユニット）-1994 の圧縮試験方法によるか又はこれと同等以上に圧縮強さを測定できる方法によること。
	四　吸水率の基準値が定められていること。	四　JIS A5210（建築用セラミックメーソンリーユニット）-1994 の吸水率の試験方法によるか又はこれと同等以上に吸水率を測定できる方法によること。
第 1 第二十号に掲げる建築材料	一　密度及び粘度の基準値が定められていること。	一　石綿飛散防止剤の密度及び粘度の測定は、次に掲げる方法又はこれと同等以上に石綿飛散防止剤の密度及び粘度を測定できる方法によること。 イ　密度の測定は、JIS K5600・2・4（塗料一般試験方法—第 2 部：塗料の性状・安定性—第 4 節：密度）-1999 によること。 ロ　粘度については、JIS K5600・2・2（塗料一般試験方法—第 2 部：塗料の性状・安定性—第 2 節：粘度）-1999 によること。
	二　塗布量の下限の基準値及び塗布方法が定められていること。	二　石綿飛散防止剤の塗布量の測定は、次に掲げる方法によること。 イ　試験体は、厚さ 12㎜の日本農林規格に定める合板（コンクリート型枠用合板一類）の底板と 40 × 30 × 470㎜の木材を釘打ちした木枠で構成された型枠に、JIS A9504-2004 のロックウール 35 質量パーセント、JIS R5210-2003 のポルトランドセメント

		15質量パーセント及び水50質量パーセントで、厚さ40㎜になるように、吹き付けたものとすること。 ロ　イの試験体に石綿飛散防止剤をエアレススプレーその他の均一な塗布が確保される方法を用いて塗布すること。 ハ　塗布量は、ロの塗布前後の薬剤量を適切な測定精度を有する測定機器を用いて測定する。
	三　石綿飛散防止剤を塗布した建築材料に空調機器等による風圧を加えた際に、当該建築材料からの繊維の飛散が認められないこと。	三　石綿飛散防止剤を塗布した建築材料に空調機器等による風圧を加えた際の当該建築材料からの繊維の飛散本数の測定は、次に掲げる方法又はこれと同等以上に繊維の飛散本数を測定できる方法によること。 イ　試験体は、(は)欄前号イの試験体に石綿飛散防止剤を塗布したものについて、それぞれ、次の(1)及び(2)に該当するものとすること。 (1)　摂氏60度±3度、相対湿度95%±5%の環境下に16時間放置し、その後直ちに摂氏60度±3度の環境下で乾燥を8時間行う過程を10回繰り返したもの (2)　(1)の過程を経ていないもの ロ　比較用の試験体は、清浄な塗装鉄板、プラスチック板等の繊維の発生しないことが明らかであるものとすること。 ハ　空気の吹き出し装置は、外径9.5㎜から11.5㎜、内径1.7㎜、長さ25㎜から35㎜、拡散角度90度のノズルを有するものとすること。 ニ　繊維の飛散の測定は、装置内を清浄にした後に、試験体を設置し、ハの装置のノズルから圧力差98kPaの空気を吹き出し、当該空気を約15㎝離れた位置からイの試験体に均一に当て、装置内の空気を径25㎜のメンブランフィルターで、毎分1.5リットルずつ、60分間以上採取し、採取された空気中の繊維の本数を位相差顕微鏡を用いてJIS K3850-1空気中の繊維状粒子測定方法—第1部：位相差顕微鏡法及び走査電子顕微鏡法-2000の測定方法により測定すること。ただし、同規格における6.1.3a)の規定は適用せず、繊維全てを計数し、計数視野数は100以上とする。 ホ　ニの測定をロの比較用の試験体及びイの試験体について行い、測定値を比較すること。
	四　石綿飛散防止剤を塗布した建築材料に固形物が衝突した際に、その衝撃によって生じる飛散防止層（石綿飛散防止剤により被覆又は固着された当該建築材料の部分）のくぼみの深さが石綿飛散防止剤を塗布しない場合と比較し	四　石綿飛散防止剤を塗布した建築材料に固形物が衝突した際の飛散防止層のくぼみの深さの測定及び当該部分からの脱落の発生の有無の確認は、次に掲げる方法又はこれと同等以上に飛散防止層のくぼみの深さを測定し、当該部分からの脱落の発生の有無を確認できる方法によること。

	て大きくなく、その衝撃による飛散防止層の脱落の発生がないこと。	イ　試験体は、(は)欄第二号イの試験体に石綿飛散防止剤を塗布したものと塗布しないものとすること。 ロ　衝撃を与える装置は、磁石等によって試験体の上面から1m上の高さからJIS B1501玉軸受け用鋼球-1988に規定する呼び二並級の鋼球（直径50.8㎜、質量約530g）を回転しないように自由落下させる機構を持つ装置とすること。 ハ　衝撃は、気乾状態のセメント強度用標準砂（厚さ約10㎝）上に表面を上にして平らに置いたイの試験体に、ロの装置を使用して試験体の中央部に1mの高さから鋼球を落下させることによって与えること。 ニ　衝撃による飛散防止層のくぼみの深さは、60㎝離れたところから目視して表面に生じていると認められるくぼみについて、ノギスにより1㎜単位まで測定すること。 ホ　衝撃による飛散防止層からの脱落の発生の有無は、ニによる観察を終えた試験体を表面が下になるようにつり上げ、目視により確認すること。
	五　石綿飛散防止剤を塗布した建築材料に引張力が作用した際に、飛散防止層に脱落又は損傷を発生させる付着強度の低下が認められないこと。	五　石綿飛散防止剤を塗布した建築材料に引張力が作用した際の飛散防止層の付着強度の測定は、次に掲げる方法又はこれと同等以上に飛散防止層の付着強度を測定できる方法によること。 イ　試験体は、(は)欄第二号イの試験体に石綿飛散防止剤を塗布したものと塗布しないものとする。 ロ　引張試験の試験片は、イの試験体の中央付近に10㎝四方の鋼板を無溶剤型の2液形エポキシ接着剤で接着させ、質量約1kgのおもりを載せて24時間静置したものとすること。 ハ　付着強度の測定は、ロの試験片の鋼板の周辺に沿ってカッターで20㎜まで切り込みを入れたものを、試験面の鉛直方向に毎分1㎜の速度で引張力を破断するまで加えることにより行うこと。 ニ　石綿飛散防止剤を塗布したものと塗布しないものについて、ハで測定された付着強度を比較すること。
第1第二十一号に掲げる建築材料	一　耐力又は0.2%永久伸びに対する荷重、引張強さ又は引張荷重、伸び及びリラクセーションの基準値が定められていること。	一　引張試験方法及び各特性値の算定方法は、JIS G3536（PC鋼線及びPC鋼より線）-1999、JIS G3109（PC鋼棒）-1994若しくはJIS G3137（細径異形PC鋼棒）-1994に定める方法によるか又はこれらと同等以上に耐力又は0.2%永久伸びに対する荷重、引張強さ又は引張荷重、伸び及びリラクセーションを測定できる方法によること。
	二　棒鋼の場合は、P、S及びCuの化学成分の含有量の基準値が、単一鋼線又は鋼より線の場合は、これらを構成する素線についてC、	二　次に掲げる方法によるか又はこれと同等以上に化学成分の含有量を測定できる方法によること。 イ　分析試験の一般事項及び分析試料の採取

	Si、Mn、P、S及びCuの化学成分の含有量の基準値が定められていること。 これらの化学成分のほか、固有の性能を確保する上で必要とする化学成分の含有量の基準値が定められていること。	法は、JIS G0303（鋼材の検査通則）-2000によること。 ロ　各成分の分析は、次に掲げる定量方法及び分析方法のいずれかによること。 ⑴　JIS G1211（鉄及び鋼―炭素定量方法）-1995 ⑵　JIS G1212（鉄及び鋼―けい素定量方法）-1997 ⑶　JIS G1213（鉄及び鋼中のマンガン定量方法）-1981 ⑷　JIS G1214（鉄及び鋼―りん定量方法）-1998 ⑸　JIS G1215（鉄及び鋼―硫黄定量方法）-1994 ⑹　JIS G1219（鉄及び鋼―銅定量方法）-1997 ⑺　JIS G1253（鉄及び鋼―スパーク放電発光分光分析方法）-1995 ⑻　JIS Gl256（鉄及び鋼―蛍光X線分析方法）-1997 ⑼　JIS G1257（鉄及び鋼―原子吸光分析方法）-1994
	三　緊張材の形状、寸法及び公称断面積の基準値（単一鋼線又は鋼より線にあってはこれらに加え単位質量）が定められていること。	三　次に掲げる方法によるか又はこれらと同等以上に緊張材の形状、寸法、公称断面積及び単位質量を測定できる方法によること。 イ　形状及び寸法の測定は次に掲げる方法によること。 ⑴　棒鋼及び単一鋼線の測定は、任意の箇所の同一断面における最大径と最小径を測定すること。 ⑵　鋼より線の測定は、任意の箇所の外接円の最大径と最小径を測定すること。 ロ　断面積はイで測定した形状及び寸法（鋼より線にあっては、更に素線の断面積）より算定すること。 ハ　単位質量の測定は、次のいずれかの方法によること。 ⑴　断面積に対して、密度を乗じて求めること。 ⑵　1トン以上の供試材をまとめて計量した実測質量を全供試材の長さの総和で除した値を単位質量とすること。
	四　構造耐力上有害な欠け、割れ、錆及び付着物がないこと。	四　目視によって行うこと。
第1第二十二号に掲げる建築材料	一　軽量気泡コンクリートの原料、補強材、防錆材その他の使用材料が定められていること。	
	二　各部の形状、寸法及び寸法精度の基準値が定められていること。	二　各部の寸法及び寸法精度の測定は、JIS A5416（軽量気泡コンクリートパネル）-1997によるか又はこれと同等以上に(ろ)欄の基準値を測定できる方法によること。
	三　圧縮強度及び密度の基準値が定められていること。	三　JIS A5416（軽量気泡コンクリートパネル）-1997の圧縮強度及び密度の試験方法によるか

		又はこれと同等以上に(ろ)欄の基準値を測定できる方法によること。
	四　乾燥収縮率の基準値が定められていること。	四　JIS A5416（軽量気泡コンクリートパネル）-1997の乾燥収縮率の試験方法によるか又はこれと同等以上に(ろ)欄の基準値を測定できる方法によること。
	五　曲げひび割れ荷重の下限値を加えたときのたわみの基準値が定められていること。	五　JIS A5416（軽量気泡コンクリートパネル）-1997の曲げ強さの試験方法によるか又はこれと同等以上に(ろ)欄の基準値を測定できる方法によること。
	六　構造耐力上有害な亀裂、気泡のむら、欠け、反りその他の欠陥がないこと。	六　目視によって行うこと。
第1第二十三号に掲げる建築材料	一　寸法の基準値が定められていること。	一　第1第十二号に掲げる建築材料の項(は)欄第一号に掲げる方法によること。
	二　面内圧縮の応力が生ずる部分に用いる場合にあっては、面内圧縮強さ及び面内圧縮の弾性係数の基準値が定められていること。	二　面内圧縮強さ及び面内圧縮の弾性係数の測定は、次に掲げる方法又はこれと同等以上に面内圧縮強さ及び面内圧縮の弾性係数を測定できる方法によること。 イ　面内圧縮強さは、第1第十二号に掲げる建築材料の項(は)欄第三号に掲げる方法によること。 ロ　面内圧縮の弾性係数は、イに掲げる方法により得られた荷重－変形関係を用いて求めること。
	三　面外曲げ強さ及び面外曲げ弾性係数の基準値が定められていること。面内曲げの応力が生ずる部分に用いる場合にあっては、面内曲げ強さ及び面内曲げ弾性係数の基準値が定められていること。	三　面外曲げ強さ、面外曲げ弾性係数、面内曲げ強さ及び面内曲げ弾性係数の測定は、次のいずれかに掲げる方法又はこれらと同等以上に面外曲げ強さ、面外曲げ弾性係数、面内曲げ強さ及び面内曲げ弾性係数を測定できる方法によること。 イ　JIS A1414-2（建築用パネルの性能試験方法－第2部：力学特性に関する試験）-2010の5.3の曲げ試験によること。ただし、試験体に加える荷重については、エアバッグ等を用いた等分布荷重とすることができる。 ロ　直交集成板規格6.6に掲げる方法によること。この場合において、「曲げヤング係数」とあるのは、「曲げ弾性係数」と読み替えるものとする。
	四　めりこみの応力が生ずる部分に用いる場合にあっては、めりこみ強さの基準値が定められていること。	四　第1第十号に掲げる建築材料の項(は)欄第四号に掲げる方法によること。
	五　面外せん断の応力が生ずる部分に用いる場合にあっては、面外せん断強さ及び面外せん断弾性係数の基準値が定められていること。面内せん断の応力が生ずる部分に用いる場合にあっては、面内せん断強さ及び面内せん断弾性係数の基準値が定められている	五　面外せん断強さ、面外せん断弾性係数、面内せん断強さ及び面内せん断弾性係数の測定は、次に掲げる方法又はこれと同等以上に面外せん断強さ、面外せん断弾性係数、面内せん断強さ及び面内せん断弾性係数を測定できる方法によること。 イ　面外せん断強さは、直交集成板規格6.8に掲げる方法によること。

	こと。	ロ　面外せん断弾性係数は、イに掲げる方法により得られた荷重－変形関係を用いて求めること。 ハ　面内せん断強さ及び面内せん断弾性係数は、次に定める方法によること。 (1)　試験体は、次に掲げる方法により採取すること。 (i)標本は、生産の段階で同定可能な母集団から、当該母集団の材料特性を適切に表すものとなるように採取すること。 (ii)同一の標本から採取する試験体の数は、母集団の特性値を適切に推定できる数とすること。 (2)　試験体は、温度摂氏20度±2度、相対湿度65%±5%の環境下で平衡状態となるまで静置すること。 (3)　試験を行う環境は、(2)で試験体を静置した環境と同一とすること。 (4)　試験体の形状及び寸法は、次によること。 (i)試験体の短辺は、400㎜程度とすること。 (ii)試験体の長辺は、600㎜±1㎜とすること。 (iii)幅100㎜程度で長さ600㎜以上の鋼板を試験体の両長辺に接着その他の方法により緊結し、試験体の短辺（鋼板が接していない部分に限る。）を200㎜±0.5㎜以上とすること。この場合において、(5)の試験により、鋼板及び緊結部分が当該試験体よりも先に塑性化しないものとすること。 (5)　試験は、次の方法によること。 (i)試験体の両長辺に緊結した鋼板をそれぞれ平行に、かつ逆方向に引くこと。 (ii)試験体に作用する荷重及びせん断ひずみを適切な精度を有する方法で測定すること。 (6)　面内せん断強さの基準値は、(5)に掲げる試験による最大荷重を試験体のせん断面積で除して得た各試験体ごとのせん断強さの信頼水準75%の95%下側許容限界値とすること。 (7)　面内せん断弾性係数は、(5)に掲げる試験により得られた荷重－変形関係を用いて求めること。
	六　含水率の基準値が定められていること。	六　第1第十号に掲げる建築材料の項(は)欄第五号に掲げる方法によること。
	七　湿潤状態となるおそれのある部分に用いる場合にあっては、第二号に規定する面内圧縮強さ及び	七　第1第十号に掲げる建築材料の項(は)欄第六号に掲げる方法によること。この場合において、同号中「曲げ強さ、曲げ弾性係数、せん断強

	面内圧縮の弾性係数、第三号に規定する面外曲げ強さ、面外曲げ弾性係数、面内曲げ強さ及び面内曲げ弾性係数、第四号に規定するめりこみ強さ並びに第五号に規定する面外せん断強さ、面外せん断弾性係数、面内せん断強さ及び面内せん断弾性係数に対する含水率の調整係数が定められていること。ただし、面内圧縮強さ、面内曲げ強さ、めりこみ強さ、面外せん断強さ若しくは面内せん断強さ又は面内圧縮の弾性係数、面内曲げ弾性係数、面外せん断弾性係数若しくは面内せん断弾性係数に対する含水率の調整係数は、合理的な方法により面外曲げ強さ又は面外曲げ弾性係数に対する含水率の調整係数と同等以上であることが確かめられた場合にあっては、面外曲げ強さ又は面外曲げ弾性係数に対する含水率の調整係数により代替することができる。	さ、せん断弾性係数及びめりこみ強さ」とあるのは「面内圧縮強さ、面内圧縮の弾性係数、面外曲げ強さ、面外曲げ弾性係数、面内曲げ強さ、面内曲げ弾性係数、めりこみ強さ、面外せん断強さ、面外せん断弾性係数、面内せん断強さ及び面内せん断弾性係数」と、「(は)欄第二号から第四号まで」とあるのは「第１第二十三号に掲げる建築材料の項(は)欄第二号から第五号まで」と読み替えるものとする。ただし、各部の組合せに対する含水率の影響を考慮し、各部の含水率の調整係数を用いて計算した場合は、当該数値とすることができる。
	八　長期に生ずる力を受ける部分に用いる場合にあっては、第二号に規定する面内圧縮強さ、第三号に規定する面外曲げ強さ及び面内曲げ強さ、第四号に規定するめりこみ強さ並びに第五号に規定する面外せん断強さ及び面内せん断強さに対する荷重継続時間の調整係数が定められていること。ただし、面内圧縮強さ、面内曲げ強さ、めりこみ強さ、面外せん断強さ又は面内せん断強さに対する荷重継続時間の調整係数は、合理的な方法により面外曲げ強さに対する荷重継続時間の調整係数と同等以上であることが確かめられた場合にあっては、面外曲げ強さに対する荷重継続時間の調整係数により代替することができる。	八　第１第十号に掲げる建築材料の項(は)欄第七号に掲げる方法によること。この場合において、同号中「曲げ強さ、せん断強さ及びめりこみ強さ」とあるのは「面内圧縮強さ、面外曲げ強さ、面内曲げ強さ、めりこみ強さ、面外せん断強さ及び面内せん断強さ」と、「(は)欄第二号から第四号まで」とあるのは「第１第二十三号に掲げる建築材料の項(は)欄第二号から第五号まで」と読み替えるものとする。ただし、各部の組合せに対する荷重継続時間の影響を考慮し、各部の荷重継続時間の調整係数を用いて計算した場合は、当該数値とすることができる。
	九　長期に生ずる力を受ける部分に用いる場合にあっては、第二号に規定する面内圧縮の弾性係数、第三号に規定する面外曲げ弾性係数及び面内曲げ弾性係数並びに第五号に規定する面外せん断弾性係数及び面内せん断弾性係数に対するクリープの調整係数が定められていること。ただし、面	九　第１第十号に掲げる建築材料の項(は)欄第八号に掲げる方法によること。この場合において、同号中「曲げ弾性係数及びせん断弾性係数」とあるのは「面内圧縮の弾性係数、面外曲げ弾性係数、面内曲げ弾性係数、面外せん断弾性係数及び面内せん断弾性係数」と、「(は)欄第二号及び第三号」とあるのは「第１第二十三号に掲げる建築材料の項(は)欄第三号及び第五号」と、「(ろ)欄第六号」とあるのは「第１第二十三号に

		内圧縮の弾性係数、面内曲げ弾性係数、面外せん断弾性係数又は面内せん断弾性係数に対するクリープの調整係数は、合理的な方法により面外曲げ弾性係数に対するクリープの調整係数と同等以上であることが確かめられた場合にあっては、面外曲げ弾性係数に対するクリープの調整係数により代替することができる。		掲げる建築材料の項(ろ)欄第七号」と、「(ろ)欄第七号」とあるのは「同欄第八号」と読み替えるものとする。ただし、各部の組合せに対するクリープの影響を考慮し、各部のクリープの調整係数を用いて計算した場合は、当該数値とすることができる。
	十	第二号に規定する面内圧縮強さ及び面内圧縮の弾性係数、第三号に規定する面外曲げ強さ、面外曲げ弾性係数、面内曲げ強さ及び面内曲げ弾性係数、第四号に規定するめりこみ強さ並びに第五号に規定する面外せん断強さ、面外せん断弾性係数、面内せん断強さ及び面内せん断弾性係数に対する事故的な水掛りを考慮した調整係数が定められていること。ただし、面内圧縮強さ、面内曲げ強さ、めりこみ強さ、面外せん断強さ若しくは面内せん断強さ又は面内圧縮の弾性係数、面内曲げ弾性係数、面外せん断弾性係数若しくは面内せん断弾性係数に対する事故的な水掛りを考慮した調整係数は、合理的な方法により面外曲げ強さ又は面外曲げ弾性係数に対する事故的な水掛りを考慮した調整係数と同等以上であることが確かめられた場合にあっては、面外曲げ強さ又は面外曲げ弾性係数に対する事故的な水掛りを考慮した調整係数により代替することができる。	十	第1第十号に掲げる建築材料の項(は)欄第九号に掲げる方法によること。この場合において、同号中「曲げ強さ、曲げ弾性係数、せん断強さ、せん断弾性係数及びめりこみ」とあるのは「面内圧縮強さ、面内圧縮の弾性係数、面外曲げ強さ、面外曲げ弾性係数、面内曲げ強さ、面内曲げ弾性係数、めり込み強さ、面外せん断強さ、面外せん断弾性係数、面内せん断強さ及び面内せん断弾性係数」と、「(は)欄第二号から第四号まで」とあるのは「第1第二十三号に掲げる建築材料の項(は)欄第二号から第五号まで」と読み替えるものとする。ただし、各部の組合せに対する事故的な水掛りの影響を考慮し、各部の事故的な水掛りを考慮した調整係数を用いて計算した場合は、当該数値とすることができる。
	十一	接着耐久性に関する強さの残存率が、それぞれ0.5として定められていること。ただし、直交集成板規格箇条4に規定する品質のうち、接着の程度の基準に適合する場合にあっては、この限りでない。	十一	接着耐久性に関する強さの測定は、第1第十号に掲げる建築材料の項(は)欄第十号に掲げる方法によること。この場合において、同号中「(は)欄第二号」とあるのは「第1第二十三号に掲げる建築材料の項(は)欄第三号」と、「(ろ)欄第二号」とあるのは「同項(ろ)欄第三号」と読み替えるものとする。
	十二	防腐処理による力学特性値の低下率の基準値が定められ、かつ、防腐処理に用いる木材防腐剤の名称が明らかにされていること。この場合において、注入処理による場合にあっては、当該木材処理剤の有効成分の含有量の基準値が定められていること。	十二	第1第十号に掲げる建築材料の項(は)欄第十一号に掲げる方法によること。この場合において、同号中「(は)欄第二号から第四号まで」とあるのは、「第1第二十三号に掲げる建築材料の項(は)欄第二号から第五号まで」と読み替えるものとする。

別表第 3（検査項目及び検査方法）

(い)	(ろ)	(は)
建築材料の区分	検査項目	検査方法
第1第一号に掲げる建築材料	別表第2(ろ)欄に規定する品質基準のすべて	一　別表第2(は)欄に規定する測定方法等によって行う。ただし、組成の検査は資材の受入時に、資料の納品書、検査証明書又は試験証明書等の書類によって行ってもよい。 二　引張試験に関する試験片の数は、同一溶鋼に属し、最大厚さが最小厚さの2倍以内のものを一括して1組とし、引張試験片を1個採取する。ただし、1組の質量が50トンを超えるときは、引張試験片を2個採取する。この場合、製品1個で50トンを超える場合は、引張試験片の数は、製品1個につき1個とする。 三　形状・寸法の検査は、同一形状・寸法のもの1ロールごとに1個以上について行う。ただし、鋳鋼にあっては、各製品ごとに行うものとする。 四　その他検査に関わる一般事項は、JIS G0404（鋼材の一般受渡し条件）-1999による。
第1第二号に掲げる建築材料	別表第2(ろ)欄に規定する品質基準のうち第二号から第七号まで	一　別表第2(は)欄に規定する測定方法等によって行う（組成の検査を除く。）。 二　組成の検査は、資材の受入時に、資材の納品書、検査証明書又は試験証明書等の書類によって行う。 三　機械的性質を調べる試験の抜取検査方式は、JIS Z9003（計量規準型1回抜取検査（標準偏差既知でロットの平均値を保証する場合及び標準偏差既知でロットの不良率を保証する場合））-1979に規定する計量抜取検査方式による。
第1第三号に掲げる建築材料	別表第2(ろ)欄に規定する品質基準のすべて	一　別表第2(は)欄に規定する測定方法等によって行う（組成の検査を除く。）。 二　組成の検査は、資材の受入時に、資材の納品書、検査証明書又は試験証明書等の書類によって行う。 三　鋼素線の検査（外観検査を除く。）は、同一溶鋼の材料を用いた同一線径の素線で、同一条件によって連続して製造されたものが3コイル以上の場合は任意の3コイルの両端から1本ずつ、3コイルに満たない場合は各コイルの両端から1本ずつ試験体を採取して行う。ただし、外観検査は、全コイルについて行う。なお、1コイルとは、製造直後に巻き取られた単位をいう。 四　鋼より線の検査は、1条ごとに行う。同一の鋼素線を用い、同一の機械によって連続して製造された複数の鋼より線の場合は、そのうちの任意の1条を選んでもよい。
第1第四号に掲げる建築材料	別表第2(ろ)欄に規定する品質基準のすべて	一　別表第2(は)欄に規定する測定方法等によって行う（組成の検査を除く。）。 二　組成の検査は、資材の受入時に、資材の納品書、検査証明書又は試験証明書等の書類によって行う。

		三　引張試験及び曲げ試験に関する試験片の数は、同一溶鋼に属し、径又は公称直径の差10㎜未満のものを一括してそれぞれ1個以上とする。ただし、50トンを超えるときは、それぞれ2個以上とする。 四　形状・寸法に関する供試材は、同一形状・寸法のもの1ロールごとに1個以上を採取する。 五　単位質量に関する供試材は、同一形状・寸法のもの1ロールごとに10本以上又は1トン以上を採取する。
第1第五号に掲げる建築材料	別表第2(ろ)欄に規定する品質基準のすべて	一　別表第2(は)欄に規定する測定方法等によって行う。ただし、組成の検査は資材の受入時に資材の納品書、検査証明書又は試験証明書等の書類によって行ってもよい。
第1第六号に掲げる建築材料	別表第2(ろ)欄に規定する品質基準のうち第二号から第五号まで	一　別表第2(は)欄に規定する測定方法等によって行う（組成の検査を除く。）。 二　組成の検査は、資材の受入時に、資材の納品書、検査証明書又は試験証明書等の書類によって行う。 三　機械的性質の検査は、3体以上の試験体について行う。
第1第七号に掲げる建築材料	別表第2(ろ)欄に規定する品質基準のすべて	一　別表第2(は)欄に規定する測定方法等によって行う（セメント及び骨材の検査を除く。）。 二　セメント及び骨材の検査は、それらの受入時に、それらの納品書、検査証明書又は試験証明書等の書類によって行う。 三　コンクリートの検査は、150㎥につき1回の割合で行う。 四　コンクリートの種類に応じて、これによる場合と同等以上に品質を確保することができる場合にあっては、前各号の規定によらないことができる。
第1第八号に掲げる建築材料	別表第2(ろ)欄に規定する品質基準のすべて	一　別表第2(は)欄に規定する測定方法等によって行う。
第1第九号に掲げる建築材料	別表第2(ろ)欄に規定する品質基準のすべて	一　支承材の検査は、別表第2(ろ)欄のうち第一号、第二号及び第八号に規定する品質基準並びに第四号ロ及びハのうち当該支承の特性を代表する品質基準について、別表第2(は)欄に規定する測定方法により、JIS Z9015-0（計数値検査に対する抜取検査手順―第0部 JIS Z9015 抜取検査システム序論）-1999及びJIS Z9015-1（計数値検査に対する抜取検査手順―第1部ロットごとの検査に対するAQL指標型抜取検査方式）-1999に規定するロットごとの抜取率に従い、各製品ごとに行う。 二　減衰材の検査は、別表第2(ろ)欄のうち第一号、第二号及び第八号に規定する品質基準について、前号に規定する測定方法により、前号に規定するロットごとの抜取率に従い、各製品ごとに行う。 三　復元材の検査は、支承材及び減衰材の品質基準

		のうち関連する品質基準について、第一号に規定する測定方法により、第一号に規定するロットごとの抜取率に従い、各製品ごとに行う。 四　前各号に掲げる品質基準以外の品質基準に係る検査は、前各号に規定する検査によるほか、同一の条件下で生産された同種の製品（当該免震材料の品質を代表し得る類似の形状のものを含む。）の検査成績証又は製品の性能を表現できる縮小モデルによることができる。
第１第十号に掲げる建築材料	別表第2(ろ)欄に規定する品質基準のすべて	一　各部の種類、接着剤の種類又は生産方法の条件が異なるごとに別表第2(は)欄に規定する測定方法等によって行う。ただし、当該建築材料ごとの曲げ強さ、曲げ弾性係数、せん断強さ、せん断弾性係数及びめりこみ強さ（以下この号において「各力学特性値」という。）並びに調整係数による各力学特性値の低減の度合を考慮して、代表的な品質基準に係る測定方法等により当該建築材料の品質を確保することができる場合においては、この限りでない。 二　形状・寸法の検査は、資材の受入時に、資材の納品書、検査成績書又は試験証明書等の書類によって行う。
第１第十一号に掲げる建築材料	別表第2(ろ)欄に規定する品質基準のすべて	一　各部の種類、接着剤の種類又は生産方法の条件が異なるごとに別表第2(は)欄に規定する測定方法等によって行う。ただし、当該建築材料ごとの最大曲げモーメント、曲げ剛性、せん断強さ、せん断弾性係数及びめりこみ強さ（以下この号において「各力学特性値」という。）並びに調整係数による各力学特性値の低減の度合を考慮して、代表的な品質基準に係る測定方法等により当該建築材料の品質を確保することができる場合においては、この限りでない。 二　形状・寸法の検査は、資材の受入時に、資材の納品書、検査成績書又は試験証明書等の書類によって行う。
第１第十二号に掲げる建築材料	別表第2(ろ)欄に規定する品質基準のすべて	一　各部の種類、接着剤の種類又は生産方法の条件が異なるごとに別表第2(は)欄に規定する測定方法等によって行う。ただし、当該建築材料ごとの面内圧縮強さ、面外曲げ強さ、曲げ弾性係数、めりこみ強さ、せん断耐力及びせん断剛性（以下この号において「各力学特性値」という。）並びに調整係数による各力学特性値の低減の度合を考慮して、代表的な品質基準に係る測定方法等により当該建築材料の品質を確保することができる場合においては、この限りでない。 二　形状・寸法の検査は、資材の受入時に、資材の納品書、検査成績書又は試験証明書等の書類によって行う。
第１第十三号に掲げる建築材料	別表第2(ろ)欄に規定する品質基準のすべて	一　各部の種類、接着剤の種類又は生産方法の条件が異なるごとに別表第2(は)欄に規定する測定方法等によって行う。ただし、当該建築材料ごとの面内圧縮強さ、面外曲げ強さ、曲げ弾性係数、せん断耐力及びせん断剛性（以下この号において「各力学特性値」という。）並びに調整係数

		による各力学特性値の低減の度合を考慮して、代表的な品質基準に係る測定方法等により当該建築材料の品質を確保することができる場合においては、この限りでない。 二　形状・寸法の検査は、資材の受入時に、資材の納品書、検査成績書又は試験証明書等の書類によって行う。
第1第十四号に掲げる建築材料	別表第2(ろ)欄に規定する品質基準のすべて	一　別表第2(は)欄に規定する測定方法等によって行う（組成及びねじ込み性能の検査を除く。）。 二　組成の検査は、資材の受入時に、資材の納品書、検査証明書又は試験証明書等の書類によって行う。 三　第一号に掲げる検査を行う試験体の数は、同一素線及び同一形状・寸法（熱処理等を施す場合にあっては、更に同一の処理条件）のものを1組とし、それぞれ1体以上とする。ただし、次に掲げる検査における試験体の数は、それぞれイ及びロに定めるところによらなければならない。 イ　外観の検査　10体以上 ロ　表面硬さの検査　3体以上
第1第十五号に掲げる建築材料	別表第2(ろ)欄に規定する品質基準のうち第一号、第二号及び第四号から第七号まで	一　別表第2(は)欄に規定する測定方法等によって行う（組成の検査、表面硬さの検査及び打込み性能の検査のうち引抜きに係る部分を除く。）。この場合において、打込み鋲のせん断性能の検査のうち別表第2(は)欄第二号ホ(1)の試験に用いる荷重の最大値は15kNとするものとする。 二　組成の検査は、資材の受入時に、資材の納品書、検査証明書又は試験証明書等の書類によって行う。 三　第一号に掲げる検査を行う試験体の数は、同一素線及び同一形状・寸法（熱処理等を施す場合にあっては、更に同一の処理条件）のものを1組とし、それぞれ1体以上とする。ただし、次に掲げる検査の種類についての試験体の数は、それぞれイ及びロに定めるところによらなければならない。 イ　外観の検査　10体以上 ロ　打込みの検査　10体以上
第1第十六号に掲げる建築材料	別表第2(ろ)欄に規定する品質基準のすべて	一　別表第2(は)欄に規定する測定方法等によって行う。ただし、組成の検査は資材の受入時に、資料の納品書、検査証明書又は試験証明書等の書類によって行ってもよい。 二　引張試験に関する試験片の数は、同一溶解組に属し、種類、質別及び厚さの同じものにつき、厚さ6㎜以下のものは原則として1,000kg又はその端数を1組として、厚さ6㎜を超えるものは2,000kg又はその端数を1組として、各組から任意に1個採取する。ただし、製品1個で2,000kgを超える場合は、引張試験片の数は、製品1個につき1個とする。 三　形状・寸法の検査は、同一形状・寸法のもの1ロールごとに1個以上について行う。 四　その他検査に関わる一般事項は、JIS H0321（非鉄金属材料の検査通則）-1973による。

第1第十七号に掲げる建築材料	別表第2(ろ)欄に規定する品質基準のうち第二号から第四号まで、第八号及び第九号	一　別表第2(は)欄に規定する測定方法等によって行う（組成及び機械的性質の検査を除く。）。 二　組成の検査は、資材の受け入れ時に、資材の納品書、検査証明書又は試験証明書等の書類によって行う。 三　機械的性質の検査は、各構成材ごとに同一形状・寸法（熱処理を施す場合にあっては、更に同一の処理条件）のものを1組とし、それぞれ1体以上を採取した試験片について、別表第2(は)欄第二号に規定する測定方法等によって行う。ただし、別表第2(ろ)欄第二号ただし書の適用を受けた場合にあっては、資材の受け入れ時に、資材の納品書、検査証明書又は試験証明書等の種類によって行ってもよい。 四　別表第2(ろ)欄第一号において力の伝達に寄与しないものとした構成材にあっては、必要に応じて、組成及び機械的性質の検査を、資材の受け入れ時に、資材の納品書、検査証明書又は試験証明書等の書類によって行う。
第1第十八号に掲げる建築材料	別表第2(ろ)欄に規定する品質基準のすべて	一　同一の機械によって連続して製造された基布を使用し、同一の機械によって同時期に製造された膜材料等の製品（膜構造用フィルムにあっては、同一の機械によって連続して製造された膜構造用フィルムの製品）ごとに別表第2(は)欄に規定する測定方法等によって行う。ただし、代表的な品質基準に係る測定方法等により当該建築材料の品質を確保できる場合においては、この限りでない。 二　膜材料及びテント倉庫用膜材料の基布の質量の検査は、基布の受入時に、基布の検査成績書等の書類によって行ってもよい。
第1第十九号に掲げる建築材料	別表第2(ろ)欄に規定する品質基準のすべて	一　別表第2(は)欄に規定する測定方法等によって行う。
第1第二十号に掲げる建築材料	別表第2(ろ)欄に規定する品質基準のうち、第一号及び第二号	一　資材の受入時に、資材の納品書、検査証明書又は試験証明書等の書類によって行う。
第1第二十一号に掲げる建築材料	別表第2(ろ)欄に規定する品質基準のすべて	一　別表第2(は)欄に規定する測定方法等によって行う。ただし、組成の検査は、資材の受け入れ時に、資材の納品書、検査証明書又は試験証明書等の書類によって行ってもよい。
第1第二十二号に掲げる建築材料	別表第2(ろ)欄に規定する品質基準のすべて	一　別表第2(は)欄に規定する測定方法等によって行う。
第1第二十三号に掲げる建築材料	別表第2(ろ)欄に規定する品質基準の全て	一　各部の種類、接着剤の種類又は生産方法の条件が異なるごとに別表第2(は)欄に規定する測定方法等によって行う。ただし、当該建築材料ごとの面内圧縮強さ、面内圧縮の弾性係数、面外曲げ強さ、面外曲げ弾性係数、面内曲げ強さ、面内曲げ弾性係数、めりこみ強さ、面外せん断強さ、面外せん断弾性係数、面内せん断強さ及び面内せん断弾性係数（以下この号において「各力学特性値」という。）並びに調整係数による各力学特性値の低減の度合いを考慮して、代表的な品質基準に係る測定方法等により当該建

		築材料の品質を確保することができる場合においては、この限りでない。 二　形状・寸法の検査は、資材の受入時に、資材の納品書、検査成績書又は試験証明書等の書類によって行う。

建築基準法第60条第2項の歩廊の柱その他これに類するものを指定する件

制定：令和4年7月6日　国土交通省告示第741号

建築基準法（昭和25年法律第201号）第60条第2項の規定に基づき、国土交通大臣が指定する歩廊の柱その他これに類するものを次のように定める。

建築基準法第60条第2項に規定する国土交通大臣が指定する歩廊の柱その他これに類するものは、次に掲げるものとする。

一　平成5年建設省告示第1437号各号に掲げる構造の歩廊の柱

二　建築物の耐震改修の促進に関する法律（平成7年法律第123号）第17条第3項の規定による認定を受けた建築物の耐震改修の計画に基づき設ける壁又はこれに代わる柱で、次に掲げる基準に従い特定行政庁が規則で定める基準に適合するもの

イ　当該壁又はこれに代わる柱が、地震に対する安全性の向上を図るために必要なものであり、かつ、特定街区に関する都市計画において定められた壁面の位置の制限に反することがやむを得ないものであること。

ロ　当該壁又はこれに代わる柱を設けることとしても当該認定に係る建築物が市街地の環境を害するおそれがないものであること。

防火地域又は準防火地域内の建築物の屋根の構造方法を定める件

制定：平成12年5月25日　建設省告示第1365号

建築基準法（昭和25年法律第201号）第63条〔現行＝第62条＝平成30年6月27日法律第67号により改正〕の規定に基づき、防火地域又は準防火地域内の建築物の屋根の構造方法を次のように定める。

第1

建築基準法施行令（昭和25年政令第338号。以下「令」という。）第136条の2の2各号に掲げる技術的基準に適合する屋根の構造方法は、次に定めるものとする。

一　不燃材料で造るか、又はふくこと。

二　屋根を準耐火構造（屋外に面する部分を準不燃材料で造ったものに限る。）とすること。

三　屋根を耐火構造（屋外に面する部分を準不燃材料で造ったもので、かつ、その勾（こう）配が水平面から30度以内のものに限る。）の屋外面に断熱材（ポリエチレンフォーム、ポリスチレンフォーム、硬質ポリウレタンフォームその他これらに類する材料を用いたもので、その厚さの合計が50㎜以下のものに限る。）及び防水材（アスファルト防水工法、改質アスファルトシート防水工法、塩化ビニル樹脂系シート防水工法、ゴム系シート防水工法又は塗膜防水工法を用いたものに限る。）を張ったものとすること。

第2

令第136条の2の2第一号に掲げる技術的基準に適合する屋根の構造方法は、第1に定めるもののほか、難燃材料で造るか、又はふくこととする。

遊戯施設の維持保全に関する準則又は計画の作成に関し必要な指針

制定：令和4年3月31日　国土交通省告示第412号

建築基準法（昭和25年法律第201号）第88条第1項において準用する同法第8条第3項の規定に基づき、遊戯施設の維持保全に関する準則又は計画の作成に関し必要な指針を次のように定める。

第1　総則

1　建築基準法（以下「法」という。）第88条第1項において準用する法第8条第2項第一号の政令で定める昇降機等のうち、建築基準法施行令（昭和25年政令第338号）第138条第2項第二号又は第三号に掲げる遊戯施設（以下単に「遊戯施設」という。）の維持保全に関する準則（以下「準則」という。）又は遊戯施設の維持保全に関する計画（以下「計画」という。）は、遊戯施設の構造及び設備を常時適法な状態に維持するため、この指針に従って作成するものとする。

2　準則は、遊戯施設について計画を作成する権限を有する者が複数ある場合において、計画相互の整合性を確保する必要があると認められるときに、それらの者の合意により当該遊戯施設又はその部分について作成するものとする。

3　計画は、遊戯施設の維持保全を行う上で採るべき措置を定める必要があると認められる場合において、当該遊戯施設の所有者又は管理者が当該遊戯施設又はその部分について作成するものとする。

第2　準則に定めるべき事項

準則には、第3各号に掲げる事項のうち計画相互の整合性を確保する上で必要であると認められる事項を定めるものとする。

第3　計画に定めるべき事項

1　計画には、次の各号に掲げる事項を定めるものとする。

一　遊戯施設の名称及び維持保全関係者（遊戯施設の所有者、管理者、維持保全管理者（維持保全業務を管理する者をいう。）及び維持保全技術者（維持保全業務を行う技術者をいう。）をいう。次号において同じ。）の氏名（法人にあっては、その名称）又は役職等に関する事項

二　維持保全の実施体制及び維持保全関係者の責任範囲に関する事項

三　点検及び定期検査（法第88条第1項において準用する法第12条第3項に規定する検査をいう。）の項目、時期、実施者、判断基準、結果の報告等に関する事項

四　修繕工事及び部品交換の実施に関する事項

五　不具合発生時の報告、原因究明、再発防止等に関する事項

六　維持保全計画書、確認済証、竣工図、仕様書等の作成、保管等に関する事項

七　遊戯施設の運行管理に関する事項

八　前各号に掲げるもののほか、維持保全を行うため必要な事項

2　特定行政庁は、前項に規定する計画に定めるべき事項について、規則で、必要な事項を付加することができる。

準不燃材料を定める件

制定：平成 12 年 5 月 30 日　建設省告示第 1401 号

建築基準法施行令（昭和 25 年政令第 338 号）第 1 条第五号の規定に基づき、準不燃材料を次のように定める。

第 1

通常の火災による火熱が加えられた場合に、加熱開始後 10 分間建築基準法施行令（以下「令」という。）第 108 条の 2 各号に掲げる要件を満たしている建築材料は、次に定めるものとする。

一　不燃材料のうち通常の火災による火熱が加えられた場合に、加熱開始後 20 分間令第 108 条の 2 各号に掲げる要件を満たしているもの

二　厚さが 9㎜以上のせっこうボード（ボード用原紙の厚さが 0.6㎜以下のものに限る。）

三　厚さが 15㎜以上の木毛セメント板

四　厚さが 9㎜以上の硬質木片セメント板（かさ比重が 0.9 以上のものに限る。）

五　厚さが 30㎜以上の木片セメント板（かさ比重が 0.5 以上のものに限る。）

六　厚さが 6㎜以上のパルプセメント板

第 2

通常の火災による火熱が加えられた場合に、加熱開始後 10 分間令第 108 条の 2 第一号及び第二号に掲げる要件を満たしている建築材料は、次に定めるものとする。

一　不燃材料

二　第 1 第二号から第六号までに定めるもの

附則

昭和 51 年建設省告示第 1231 号は、廃止する。

難燃材料を定める件

制定：平成 12 年 5 月 30 日　建設省告示第 1402 号

建築基準法施行令（昭和 25 年政令第 338 号）第 1 条第六号の規定に基づき、難燃材料を次のように定める。

第 1

通常の火災による火熱が加えられた場合に、加熱開始後 5 分間建築基準法施行令（以下「令」という。）第 108 条の 2 各号に掲げる要件を満たしている建築材料は、次に定めるものとする。

一　準不燃材料のうち通常の火災による火熱が加えられた場合に、加熱開始後 10 分間令第 108 条の 2 各号に掲げる要件を満たしているもの

二　難燃合板で厚さが 5.5㎜以上のもの

三　厚さが 7㎜以上のせっこうボード（ボード用原紙の厚さが 0.5㎜以下のものに限る。）

第 2

通常の火災による火熱が加えられた場合に、加熱開始後 5 分間令第 108 条の 2 第一号及び第二号に掲げる要件を満たしている建築材料は、次に定めるものとする。

一　準不燃材料

二　第 1 第二号及び第三号に定めるもの

国土交通大臣が高い開放性を有すると認めて指定する構造

制定：平成　5 年　6 月 24 日　建設省告示第 1437 号
改正：平成 12 年 12 月 26 日　建設省告示第 2465 号

建築基準法施行令（昭和 25 年政令第 338 号）第 2 条第 1 項第二号の規定に基づき、国土交通大臣が高い開放性を有すると認めて指定する構造は、次に掲げるものとする。

一　外壁を有しない部分が連続して 4m以上であること
二　柱の間隔が 2m以上であること
三　天井の高さが 2.1m以上であること
四　地階を除く階数が 1 であること

安全上、防火上及び衛生上支障がない軒等を定める等の件

制定：令和 5 年 2 月 28 日　国土交通省告示第 143 号

建築基準法施行令（昭和 25 年政令第 338 号。以下「令」という。）第 2 条第 1 項第二号の規定に基づき、安全上、防火上及び衛生上支障がない軒等及び軒等の端からの後退距離を次のように定める。

第 1

令第 2 条第 1 項第二号に規定する安全上、防火上及び衛生上支障がない軒等は、次の各号に掲げる基準に適合する軒等の全部又はその一部とする。

一　軒等の全部の端からその突き出た方向の敷地境界線までの水平距離のうち最小のものが 5m 以上であること。
二　軒等の全部の各部分の高さは、当該部分から当該軒等が突き出た方向の敷地境界線までの水平距離に相当する距離以下とすること。
三　軒等の全部が不燃材料で造られていること。
四　軒等の全部の上部に上階を設けないこと。ただし、令第 126 条の 6 の非常用の進入口に係る部分及び空気調和設備の室外機その他これらに類するものを設ける部分については、この限りでない。
五　第一号から第四号に掲げる基準に適合する軒等の全部又はその一部について、次のイ又はロに掲げる軒等の区分に応じ、それぞれ当該イ又はロに定める面積の合計は、敷地面積（建築基準法（昭和 25 年法律第 201 号）第 53 条の規定により建蔽率の最高限度が定められている場合においては、敷地面積に当該最高限度を乗じて得た面積）に $\frac{1}{10}$ を乗じて得た面積以下とすること。
　イ　建築物の外壁又はこれに代わる柱の中心線から突き出た距離が水平距離 1m 以上 5m 未満の軒等　その端と当該中心線の間の部分の水平投影面積
　ロ　建築物の外壁又はこれに代わる柱の中心線から水平距離 5m 以上突き出た軒等　その端とその端から第 2 に定める距離後退した線の間の部分の水平投影面積

第 2

令第 2 条第 1 項第二号に規定する軒等の端からの後退距離は、水平距離 5m とする。

工作物の築造面積の算定方法を定める件

制定：昭和 50 年 4 月 1 日　建設省告示第 644 号

建築基準法施行令（昭和 25 年政令第 338 号）第 2 条第 1 項第五号の規定に基づき、工作物の築造面積の算

定方法を次のように定める。

建築基準法施行令第138条第3項第二号に掲げる自動車車庫の用途に供する工作物で機械式駐車装置を用いるものの築造面積は、15㎡に当該工作物に収容することができる自動車の台数を乗じて算定するものとする。

建築基準法第77条の18第1項の確認検査の業務と同等以上の知識及び能力を要する業務の指定

制定：平成11年 6月 3日　建設省告示第1314号
改正：平成27年 1月29日　国土交通省告示第183号

建築基準法施行令（昭和25年政令第338号）第2条の2第三号〔現行＝第2条の3第三号＝平成19年3月政令第49号により改正〕の規定に基づき、建築基準法（昭和25年法律第201号）第77条の18第1項の確認検査の業務と同等以上の知識及び能力を要する業務を、次のとおり定める。

一　住宅の品質確保の促進等に関する法律（平成11年法律第81号）第13条の評価員に同法第5条第1項の登録住宅性能評価機関が実施させる同法第7条第1項の評価の業務
二　旧財団法人住宅保証機構が行っていた住宅性能保証制度における検査員として行う審査業務
三　平成20年国土交通省告示第383号第1条第三号の現場検査員として行う同告示第1条第二号の現場検査の業務
四　独立行政法人住宅金融支援機構法（平成17年法律第82号）附則第10条の規定による廃止前の住宅金融公庫法（昭和25年法律第156号）第23条第1項第四号イに掲げる業務（貸付金に係る住宅、幼稚園等、関連利便施設、災害復興住宅、地すべり等関連住宅又は合理的土地利用耐火建築物等の工事の審査に限る。）及び同号ロに掲げる業務並びに住宅金融公庫法等の一部を改正する法律（平成12年法律第42号）による改正前の住宅金融公庫法第23条第1項第二号イに掲げる業務（中高層耐火建築物等の工事の審査に限る。）
五　独立行政法人住宅金融支援機構法施行令（平成19年政令第30号）第7条第1項第三号イに掲げる業務（貸付金に係る建築物若しくは建築物の部分の工事の審査に限る。）及び同号ロに掲げる業務
六　建築基準法の一部を改正する法律（平成26年法律第54号）による改正前の建築基準法第77条の35の7第1項の構造計算適合性判定員として行っていた同法の規定による構造計算適合性判定の業務
七　建築基準法第77条の66第1項の登録を受けた者として行う同法の規定による構造計算適合性判定の業務
八　その他国土交通大臣が建築基準法第77条の18第1項の確認検査の業務と同等以上の知識及び能力を要すると認めた業務

構造計算適合性判定の業務と同等以上の知識及び能力を要する業務の指定

制定：平成27年1月29日　国土交通省告示第179号

建築基準法施行令（昭和25年政令第338号）第8条の4第三号の規定に基づき、この告示を制定する。

建築基準法施行令（昭和25年政令第338号）第8条の4第三号の規定に基づき、建築基準法（昭和25年法律第201号）第6条の3第1項の構造計算適合性判定の業務と同等以上の知識及び能力を要する業務を、次のとおり定める。
一　住宅の品質確保の促進等に関する法律（平成11年法律第81号）第13条の評価員に同法第5条第1項の登録住宅性能評価機関が実施させる同法第7条第1項の評価の業務（評価方法基準（平成13

年国土交通省告示第 1347 号）第 5 の 1－1(3)及び(4)、1－2(3)及び(4)、1－3(3)及び(4)、1－4(3)及び(4)、1－5(3)及び(4)、1－6(3)及び(4)並びに 1－7(3)及び(4)に定める評価基準に従って行う評価の業務を含むものに限る。）

二　その他国土交通大臣が建築基準法第 6 条の 3 第 1 項の構造計算適合性判定の業務と同等以上の知識及び能力を要すると認めた業務

建築基準法施行令第 10 条第三号ロ及び第四号ロの国土交通大臣の指定する基準を定める件

制定：平成 19 年 8 月 22 日　国土交通省告示第 1119 号
改正：令和　3 年 6 月 30 日　国土交通省告示第　749 号

建築基準法施行令（昭和 25 年政令第 338 号）第 10 条第三号ロ及び第四号ロの国土交通大臣の指定する基準は、次に掲げるものとする。

一　昭和 58 年建設省告示第 1320 号第 1 から第 12 まで
二　平成 13 年国土交通省告示第 1026 号第 1 から第 8 まで
三　平成 13 年国土交通省告示第 1540 号第 1 から第 8 まで
四　平成 14 年国土交通省告示第 410 号第 1 から第 8 まで

建築基準法施行令第 14 条第一号又は第二号に該当する者と同等以上の建築行政に関する知識及び能力を有すると認めたもの

制定：平成 13 年 3 月 29 日　国土交通省告示第 361 号

建築基準法施行令（昭和 25 年政令第 338 号）第 14 条第三号の規定による建築の実務に関し技術上の責任のある地位にあつた建築士で国土交通大臣が同条第一号又は第二号に該当する者と同等以上の建築行政に関する知識及び能力を有すると認めたものは、次に掲げる者とする。

平成 13 年度以降において国土交通省組織令（平成 12 年政令第 255 号）第 199 条に規定する国土交通大学校が行う建築指導科研修（専門課程）の課程を修了した者

附則（抄）

1　（略）
2　昭和 46 年建設省告示第 1016 号及び昭和 47 年建設省告示第 1295 号は、廃止する。
3　この告示の施行前に中央省庁等改革に伴い関係政令等を廃止する政令（平成 12 年政令第 314 号）第四十号の規定による改正前の建設省組織令（昭和 27 年政令第 394 号）第 78 条に規定する建設大学校の行つた建築指導科研修の課程を修了した者は、建築基準法施行令第 14 条第三号の規定による建築の実務に関し技術上の責任のある地位にあつた建築士で国土交通大臣が同条第一号又は第二号に該当する者と同等以上の建築行政に関する知識及び能力を有すると認めたものとみなす。
4　この告示の施行前に財団法人全国建設研修センターが行つた建築指導科研修の課程を修了した者は、建築基準法施行令第 14 条第三号の規定による建築の実務に関し技術上の責任のある地位にあつた建築士で国土交通大臣が同条第一号又は第二号に該当する者と同等以上の建築行政に関する知識及び能力を有すると認めたものとみなす。

定期報告を要しない通常の火災時において避難上著しい支障が生ずるおそれの少ない建築物等を定める件

制定：平成28年1月21日　国土交通省告示第240号
改正：令和元年　6月21日　国土交通省告示第200号

建築基準法施行令（昭和25年政令第338号）第16条第1項の規定に基づき、定期報告を要しない通常の火災時において避難上著しい支障が生ずるおそれの少ない建築物を第1に、同条第3項第一号の規定に基づき、定期報告を要しない人が危害を受けるおそれのある事故が発生するおそれの少ない昇降機を第2に、及び同項第二号の規定に基づき、定期報告を要しない通常の火災時において避難上著しい支障が生ずるおそれの少ない防火設備を第3に定める。

第1

建築基準法施行令（以下「令」という。）第16条第1項に規定する通常の火災時において避難上著しい支障が生ずるおそれの少ない建築物は、次に掲げるもの（避難階以外の階を建築基準法（昭和25年法律第201号。以下「法」という。）別表第1(い)欄(1)項から(4)項までに掲げる用途に供しないものを除く。）以外のものとする。

一　地階又は3階以上の階を法別表第1(い)欄(1)項に掲げる用途（屋外観覧場を除く。）に供する建築物（地階及び3階以上の階における当該用途に供する部分の床面積の合計がそれぞれ100㎡以下のもの（以下「特定規模建築物」という。）を除く。）及び当該用途に供する部分（客席の部分に限る。）の床面積の合計が200㎡以上の建築物

二　劇場、映画館又は演芸場の用途に供する建築物で、主階が1階にないもの

三　地階又は3階以上の階を病院、診療所（患者の収容施設があるものに限る。第3第二号において同じ。）、ホテル又は旅館の用途に供する建築物（特定規模建築物を除く。）及び当該用途に供する2階の部分（病院又は診療所にあっては、その部分に患者の収容施設がある場合に限る。）の床面積の合計が300㎡以上の建築物

四　地階又は3階以上の階を次項に規定する高齢者、障害者等の就寝の用に供する用途に供する建築物（特定規模建築物を除く。）及び当該用途に供する2階の部分の床面積の合計が300㎡以上の建築物

五　3階以上の階を法別表第1(い)欄(3)項に掲げる用途（学校又は学校に附属する体育館その他これに類する用途を除く。）に供する建築物（特定規模建築物を除く。）及び当該用途に供する部分の床面積の合計が2,000㎡以上の建築物

六　地階又は3階以上の階を法別表第1(い)欄(4)項に掲げる用途に供する建築物（特定規模建築物を除く。）、当該用途に供する部分の床面積の合計が3,000㎡以上の建築物及び当該用途に供する2階の部分の床面積の合計が500㎡以上の建築物

2　高齢者、障害者等の就寝の用に供する用途は、次に掲げるものとする。

一　共同住宅及び寄宿舎（サービス付き高齢者向け住宅又は老人福祉法（昭和38年法律第133号）第5条の2第6項に規定する認知症対応型老人共同生活援助事業若しくは障害者の日常生活及び社会生活を総合的に支援するための法律（平成17年法律第123号）第5条第17項に規定する共同生活援助を行う事業の用に供するものに限る。）

二　助産施設、乳児院及び障害児入所施設

三　助産所

四　盲導犬訓練施設

五　救護施設及び更生施設

六　老人短期入所施設その他これに類するもの

七　養護老人ホーム、特別養護老人ホーム及び軽費老人ホーム並びに有料老人ホーム

八　母子保健施設

九　障害者支援施設、福祉ホーム及び障害福祉サービス事業（自立訓練又は就労移行支援を行う事業に限る。）の用に供する施設（利用者の就寝の用に供するものに限る。）

第 2

令第 16 条第 3 項第一号に規定する人が危害を受けるおそれのある事故が発生するおそれの少ない昇降機は、次に掲げるものとする。

一　籠が住戸内のみを昇降するもの

二　労働安全衛生法施行令（昭和 47 年政令第 318 号）第 12 条第 1 項第六号に規定するエレベーター

三　小荷物専用昇降機で、昇降路の全ての出し入れ口の下端が当該出し入れ口が設けられる室の床面よりも 50cm 以上高いもの

第 3

令第 16 条第 3 項第二号に規定する通常の火災時において避難上著しい支障が生ずるおそれの少ない防火設備は、次に掲げる建築物に設ける随時閉鎖又は作動をできるもの（防火ダンパーを除く。）以外のものとする。

一　第 1 第 1 項各号に掲げる建築物（避難階以外の階を法別表第 1 (い)欄(1)項から(4)項までに掲げる用途に供しないものを除く。）

二　病院、診療所又は第 1 第 2 項に規定する高齢者、障害者等の就寝の用に供する用途に供する部分の床面積の合計が 200㎡を超える建築物

照明設備の設置、有効な採光方法の確保その他これらに準ずる措置の基準等を定める件

制定：昭和 55 年 12 月 1 日　建設省告示第 1800 号
改正：令和　5 年　2 月 7 日　国土交通省告示第 86 号

建築基準法施行令（昭和 25 年政令第 338 号）第 19 条第 3 項ただし書の規定に基づき、照明設備の設置、有効な採光方法の確保その他これらに準ずる措置の基準及び居室の窓その他の開口部で採光に有効な部分の面積のその床面積に対する割合で別に定めるものを次のように定める。

第 1　照明設備の設置、有効な採光方法の確保その他これらに準ずる措置の基準

一　幼稚園の教室、幼保連携型認定こども園の教室若しくは保育室又は保育所の保育室にあつては、床面において 200lx 以上の照度を確保することができるよう照明設備を設置すること。

二　小学校、中学校、義務教育学校、高等学校又は中等教育学校の教室にあつては、次のイ及びロに定めるものとする。

イ　床面からの高さが 50cmの水平面において 200lx 以上の照度を確保することができるよう照明設備を設置すること。

ロ　窓その他の開口部で採光に有効な部分のうち床面からの高さが 50cm以上の部分の面積が、当該教室の床面積の$\frac{1}{7}$以上であること。

三　小学校、中学校、義務教育学校、高等学校又は中等教育学校の音楽教室又は視聴覚教室で建築基準法施行令第 20 条の 2 に規定する技術的基準に適合する換気設備が設けられたものにあつては、前号イに定めるものとする。

四　住宅の居住のための居室にあつては、床面において 50lx 以上の照度を確保することができるよう照明設備を設置すること。

第 2　窓その他の開口部で採光に有効な部分の面積のその床面積に対する割合で国土交通大臣が別に定めるもの

一　第 1 第一号又は第二号に定める措置が講じられている居室にあつては、$\frac{1}{7}$とする。

二　第 1 第三号又は第四号に定める措置が講じられている居室にあつては、$\frac{1}{10}$とする。

建築物の開口部で採光に有効な部分の面積の算定方法で別に定めるものを定める件

制定：平成15年3月28日　国土交通省告示第303号
改正：平成30年3月22日　国土交通省告示第474号

建築基準法施行令（昭和25年政令第338号。以下「令」という）第20条第1項ただし書の規定に基づき、建築物の開口部で採光に有効な部分の面積の算定方法で別に定めるものを次のように定める。ただし、令第111条第1項第一号又は令第116条の2第1項第一号に規定する採光に有効な部分の面積を計算する場合においては、第二号の規定は、適用しない。

一　特定行政庁が土地利用の現況その他の地域の状況を考慮して規則で指定する区域内の建築物の居室（長屋又は共同住宅にあっては、同一の住戸内の居室に限る。）の窓その他の開口部（以下「開口部」という。）ごとの面積に、それぞれ令第20条第2項各号のうちから特定行政庁が当該規則で指定する号に掲げるところにより計算した数値（天窓にあっては当該数値に3.0を乗じて得た数値、その外側に幅90㎝以上の縁側（ぬれ縁を除く。）その他これに類するものがある開口部にあっては当該数値に0.7を乗じて得た数値とする。ただし、3.0を超える場合にあっては、3.0とする。）を乗じて得た面積を合計して算定するものとする。

二　2以上の居室（2以上の居室が、一体的な利用に供され、かつ、衛生上の支障がないものとして特定行政庁の規則で定める基準に適合すると特定行政庁が認めるものに限る。）の開口部ごとの面積にそれぞれ令第20条第1項の採光補正係数（前号に掲げる居室にあっては、前号に掲げる数値）を乗じて得た面積を合計して算定した面積の当該2以上の居室の床面積の合計に対する割合が、建築基準法（昭和25年法律第201号）第28条第1項に定める割合以上である場合は、当該2以上の居室の各居室については、採光に有効な部分の面積は、それぞれその居室の床面積に対する当該割合以上のものとみなす。

三　近隣商業地域又は商業地域内の住宅の居室（長屋又は共同住宅にあっては、同一の住戸内の居室に限る。）で開口部を有する壁によって区画された2の居室について、いずれか1の居室の開口部ごとの面積に、それぞれ令第20条第1項の採光補正係数を乗じて得た面積を合計して算定した採光に有効な部分の面積が、当該2の居室の床面積の合計の$\frac{1}{7}$以上である場合は、その他の居室については、当該壁の開口部で採光に有効な部分の面積は、当該開口部の面積とする。

換気設備の構造方法を定める件

制定：昭和45年12月28日　建設省告示第1826号
改正：令和　5年　3月20日　国土交通省告示第207号

建築基準法施行令（昭和25年政令第338号）第20条の2第一号イ⑶及びロ⑶並びに第20条の3第2項第一号イ⑶、⑷、⑹及び⑺並びに第三号の規定に基づき、換気設備の衛生上有効な換気を確保するための構造方法を次のように定める。

第1　居室に設ける自然換気設備

建築基準法施行令（以下「令」という。）第20条の2第一号イ⑶の規定に基づき定める衛生上有効な換気を確保するための自然換気設備の構造方法は、次の各号に適合するものとする。

一　令第20条の2第一号イ⑴に規定する排気筒の必要有効断面積の計算式によつて算出されたAvが0.00785未満のときは、0.00785とすること。

二　排気筒の断面の形状及び排気口の形状は、矩形、だ円形、円形その他これらに類するものとし、かつ、短辺又は短径の長辺又は長径に対する割合を$\frac{1}{2}$以上とすること。

三　排気筒の頂部が排気シャフトその他これに類するもの（以下「排気シャフト」という。）に開放されている場合においては、当該排気シャフト内にある立上り部分は、当該排気筒に排気上有効な逆流防止のための措置を講ずる場合を除き、2m以上のものとすること。この場合において、当該排気筒は、直接外気に開放されているものとみなす。

四　給気口及び排気口の位置及び構造は、室内に取り入れられた空気の分布を均等にするとともに、著しく局部的な空気の流れが生じないようにすること。

第2　居室に設ける機械換気設備

令第20条の2第一号ロ(3)の規定に基づき定める衛生上有効な換気を確保するための機械換気設備の構造方法は、次の各号に適合するものとする。

一　給気機又は排気機の構造は、換気経路の全圧力損失（直管部損失、局部損失、諸機器その他における圧力損失の合計をいう。）を考慮して計算により確かめられた給気又は排気能力を有するものとすること。ただし、居室の規模若しくは構造又は換気経路その他換気設備の構造により衛生上有効な換気を確保できることが明らかな場合においては、この限りでない。

二　給気口及び排気口の位置及び構造は、室内に取り入れられた空気の分布を均等にするとともに、著しく局部的な空気の流れが生じないようにすること。

第3　調理室等に設ける換気設備

一　令第20条の3第2項第一号イ(3)の規定により給気口の有効開口面積又は給気筒の有効断面積について国土交通大臣が定める数値は、次のイからホまでに掲げる場合に応じ、それぞれ次のイからホまでに定める数値（排気口、排気筒（排気フードを有するものを含む。）若しくは煙突又は給気口若しくは給気筒に換気上有効な換気扇その他これに類するもの（以下「換気扇等」という。）を設けた場合には、適当な数値）とすること。

イ　ロからホまでに掲げる場合以外の場合　第二号ロの式によつて計算した数値

ロ　火を使用する設備又は器具に煙突（令第115条第1項第七号の規定が適用される煙突を除く。ハにおいて同じ。）を設ける場合であつて、常時外気又は通気性の良い玄関等に開放された給気口又は給気筒（以下この号において「常時開放型給気口等」という。）を設けるとき　第三号ロの式によつて計算した数値

ハ　火を使用する設備又は器具に煙突を設ける場合であつて、常時開放型給気口等以外の給気口又は給気筒を設けるとき　第二号ロの式（この場合においてn、l及びhの数値は、それぞれ第三号ロの式のn、l及びhの数値を用いるものとする。）によつて計算した数値

ニ　火を使用する設備又は器具の近くに排気フードを有する排気筒を設ける場合であつて、常時開放型給気口等を設けるとき　第四号ロの式によつて計算した数値

ホ　火を使用する設備又は器具の近くに排気フードを有する排気筒を設ける場合であつて、常時開放型給気口等以外の給気口又は給気筒を設けるとき　第二号ロの式（この場合においてn、l及びhの数値は、それぞれ第四号ロの式のn、l及びhの数値を用いるものとする。）によつて計算した数値

二　令第20条の3第2項第一号イ(4)の規定により国土交通大臣が定める数値は、次のイ又はロに掲げる場合に応じ、それぞれイ又はロに定める数値とすること。

イ　排気口又は排気筒に換気扇等を設ける場合　次の式によつて計算した換気扇等の必要有効換気量の数値

$$V = 40KQ$$

（この式において、V、K及びQは、それぞれ次の数値を表すものとする。

V　換気扇等の必要有効換気量（単位　㎥／時）

K　燃料の単位燃焼量当たりの理論廃ガス量（別表(い)欄に掲げる燃料の種類については、同表(ろ)欄に掲げる数値によることができる。以下同じ。）（単位　㎥）

Q　火を使用する設備又は器具の実況に応じた燃料消費量（単位　kW又はkg／時））

ロ　排気口又は排気筒に換気扇等を設けない場合　次の式によつて計算した排気口の必要有効開口面積又は排気筒の必要有効断面積の数値

$$Av = \frac{40KQ}{3600}\sqrt{\frac{3+5n+0.2l}{h}}$$

この式において、Av、K、Q、n、l及びhは、それぞれ次の数値を表すものとする。
Av　排気口の必要有効開口面積又は排気筒の必要有効断面積（単位　㎡）
K　イに定めるKの量（単位　㎥）
Q　イに定めるQの量（単位　kW又はkg／時）
n　排気筒の曲りの数
l　排気口の中心から排気筒の頂部の外気に開放された部分の中心までの長さ（単位　m）
h　排気口の中心から排気筒の頂部の外気に開放された部分の中心までの高さ（単位　m）

三　令第20条の3第2項第一号イ(6)の規定により国土交通大臣が定める数値は、次のイ又はロに掲げる場合に応じ、それぞれイ又はロに定める数値とすること。
イ　煙突に換気扇等を設ける場合　次の式によつて計算した換気扇等の必要有効換気量の数値（火を使用する設備又は器具が煙突に直結しており、かつ、正常な燃焼を確保するための給気機等が設けられている場合には、適当な数値）

$$V = 2KQ$$

この式において、V、K及びQは、それぞれ次の数値を表すものとする。
V　換気扇等の必要有効換気量（単位　㎥／時）
K　燃料の単位燃焼量当たりの理論廃ガス量（単位　㎥）
Q　火を使用する設備又は器具の実況に応じた燃料消費量（単位　kW又はkg／時）

ロ　煙突に換気扇等を設けない場合　次の式によつて計算した煙突の必要有効断面積の数値

$$Av = \frac{2KQ}{3600}\sqrt{\frac{0.5+0.4n+0.1l}{h}}$$

この式において、Av、K、Q、n、l及びhは、それぞれ次の数値を表すものとする。
Av　煙突の必要有効断面積（単位　㎡）
K　イに定めるKの量（単位　㎥）
Q　イに定めるQの量（単位　kW又はkg／時）
n　煙突の曲りの数
l　火源（煙突又は火を使用する設備若しくは器具にバフラー等の開口部を排気上有効に設けた場合にあつては当該開口部の中心。以下この号において同じ。）から煙突の頂部の外気に開放された部分の中心までの長さ（単位　m）
h　火源から煙突の頂部の外気に開放された部分の中心（lが8を超える場合にあつては火源からの長さが8mの部分の中心）までの高さ（単位　m）

四　令第20条の3第2項第一号イ(7)の規定により国土交通大臣が定める数値は、次のイ又はロに掲げる場合に応じ、それぞれイ又はロに定める数値とすること。
イ　排気フードを有する排気筒に換気扇等を設ける場合　次の式によつて計算した換気扇等の必要有効換気量の数値

$$V = NKQ$$

この式において、V、N、K及びQは、それぞれ次の数値を表すものとする。
V　換気扇等の必要有効換気量（単位　㎥／時）
N　(イ)に定める構造の排気フードを有する排気筒にあつては30と、ロに定める構造の排気フードを有する排気筒にあつては20とする。
(イ)　次の(i)から(iii)までにより設けられた排気フード又は廃ガスの捕集についてこれと同等以上の効力を有するように設けられた排気フードとすること。

(i)排気フードの高さ（火源又は火を使用する設備若しくは器具に設けられた排気のための開口部の中心から排気フードの下端までの高さをいう。以下同じ。）は、1m以下とすること。

(ii)排気フードは、火源又は火を使用する設備若しくは器具に設けられた排気のための開口部（以下「火源等」という。）を覆うことができるものとすること。ただし、火源等に面して下地及び仕上げを不燃材料とした壁その他これに類するものがある場合には、当該部分についてはこの限りでない。

(iii)排気フードの集気部分は、廃ガスを一様に捕集できる形状を有するものとすること。

(ロ) 次の(i)から(iii)までにより設けられた排気フード又は廃ガスの捕集についてこれと同等以上の効力を有するように設けられた排気フードとすること。

(i)排気フードの高さは、1m以下とすること。

(ii)排気フードは、火源等及びその周囲（火源等から排気フードの高さの$\frac{1}{2}$以内の水平距離にある部分をいう。）を覆うことができるものとすること。ただし、火源等に面して下地及び仕上げを不燃材料とした壁その他これに類するものがある場合には、当該部分についてはこの限りでない。

(iii)排気フードは、その下部に5cm以上の垂下り部分を有し、かつ、その集気部分は、水平面に対し10度以上の傾斜を有するものとすること。

K　燃料の単位燃焼量当たりの理論廃ガス量（単位　m³）

Q　火を使用する設備又は器具の実況に応じた燃料消費量（単位　kW又はkg/時）

ロ　排気フードを有する排気筒に換気扇等を設けない場合　次の式によつて計算した排気筒の必要有効断面積

$$Av = \frac{NKQ}{3600}\sqrt{\frac{2+4n+0.2l}{h}}$$

この式において、Av、N、K、Q、n、l及びhは、それぞれ次の数値を表すものとする。

Av　排気筒の必要有効断面積（単位　m²）

N　イに定めるNの値

K　イに定めるKの量（単位　m³）

Q　イに定めるQの量（単位　kW又はkg/時）

n　排気筒の曲りの数

l　排気フードの下端から排気筒の頂部の外気に開放された部分の中心までの長さ（単位　m）

h　排気フードの下端から排気筒の頂部の外気に開放された部分の中心までの高さ（単位　m）

第4

令第20条の3第2項第三号の規定に基づき定める居室に廃ガスその他の生成物を逆流させず、かつ、他の室に廃ガスその他の生成物を漏らさない排気口及びこれに接続する排気筒並びに煙突の構造方法は、次に定めるものとする。

一　排気筒又は煙突の頂部が排気シャフトに開放されている場合においては、当該排気シャフト内にある立上り部分は、逆流防止ダンパーを設ける等当該排気筒又は煙突に排気上有効な逆流防止のための措置を講ずること。この場合において、当該排気筒又は煙突は、直接外気に開放されているものとみなす。

二　煙突には、防火ダンパーその他温度の上昇により排気を妨げるおそれのあるものを設けないこと。

三　火を使用する設備又は器具を設けた室の排気筒又は煙突は、他の換気設備の排気筒、風道その他これらに類するものに連結しないこと。

四　防火ダンパーその他温度の上昇により排気を妨げるおそれのあるものを設けた排気筒に煙突を連結する場合にあつては、次に掲げる基準に適合すること。

イ　排気筒に換気上有効な換気扇等が設けられており、かつ、排気筒は換気上有効に直接外気に開放されていること。

ロ　煙突内の廃ガスの温度は、排気筒に連結する部分において65度以下とすること。

ハ　煙突に連結する設備又は器具は、半密閉式瞬間湯沸器又は半密閉式の常圧貯蔵湯沸器若しくは貯湯湯沸器とし、かつ、故障等により煙突内の廃ガスの温度が排気筒に連結する部分において65度を超えた場合に自動的に作動を停止する装置が設けられていること。

別表

(い)燃料の種類			(ろ)理論廃ガス量
燃料の名称		発熱量	
(1)	都市ガス		0.93㎥ / kW 時
(2)	LP ガス（プロパン主体）	50.2 MJ /kg	0.93㎥ / kW 時
(3)	灯油	43.1 MJ /kg	12.1㎥ /kg

クロルピリホスを発散させるおそれがない建築材料を定める件

制定：平成14年12月26日　国土交通省告示第1112号
改正：平成18年　9月29日　国土交通省告示第1169号

建築基準法施行令（昭和25年政令第338号）第20条の5第1項第二号〔現行＝第20条の6第二号＝平成18年9月22日政令第308号により改正〕の規定に基づき、クロルピリホスを発散させるおそれがないものとして国土交通大臣が定める建築材料を次のように定める。

クロルピリホスを発散させるおそれがないものとして国土交通大臣が定める建築材料は、クロルピリホスをあらかじめ添加した建築材料のうち、建築物に用いられた状態でその添加から5年以上経過しているものとする。

第一種ホルムアルデヒド発散建築材料を定める件

制定：平成14年12月26日　国土交通省告示第1113号
改正：令和元年　6月25日　国土交通省告示第203号

建築基準法施行令（昭和25年政令第338号）第20条の7第1項第一号の規定に基づき、第一種ホルムアルデヒド発散建築材料を次のように定める。

建築基準法施行令第20条の7第1項第一号に規定する夏季においてその表面積1㎡につき毎時0.12㎎を超える量のホルムアルデヒドを発散させるものとして国土交通大臣が定める建築材料は、次に定めるもののうち、建築物に用いられた状態で5年以上経過しているものを除くものとする。

一　次に掲げる建築材料

イ　合板(合板の日本農林規格(平成15年農林水産省告示第233号)に規定する普通合板、コンクリート型枠用合板、構造用合板、化粧ばり構造用合板、天然木化粧合板又は特殊加工化粧合板の規格に適合するもののうち、そのホルムアルデヒド放散量がＦ☆☆☆☆、Ｆ☆☆☆及びＦ☆☆の規格に適合するもの並びに登録認証機関又は登録外国認証機関がホルムアルデヒドを含む接着剤を使用していないこと、ホルムアルデヒドを含む接着剤及びホルムアルデヒドを放散する塗料等を使用していないこと並びにホルムアルデヒドを含む接着剤及びホルムアルデヒドを放散する材料を使用していないことを認めたものを除く。)

ロ　木質系フローリング（1 枚のひき板（これを縦継ぎしたものを含む。）を基材とした構成層が 1 のもの並びにフローリングの日本農林規格（昭和 49 年農林省告示第 1073 号）に規定するフローリングの規格に適合するもののうち、そのホルムアルデヒド放散量がＦ☆☆☆☆、Ｆ☆☆☆及びＦ☆☆の規格に適合するもの並びに接着剤及び塗料等を使用していないもの並びに登録認証機関又は登録外国認証機関がホルムアルデヒドを含む接着剤を使用していないこと、ホルムアルデヒドを放散する塗料等を使用していないこと並びにホルムアルデヒドを含む接着剤及びホルムアルデヒドを放散する塗料等を使用していないことを認めたものを除く。）

ハ　構造用パネル（構造用パネルの日本農林規格（昭和 62 年農林水産省告示第 360 号）に規定する構造用パネルの規格に適合するもののうち、そのホルムアルデヒド放散量がＦ☆☆☆☆、Ｆ☆☆☆及びＦ☆☆の規格に適合するもの並びに登録認証機関又は登録外国認証機関がホルムアルデヒドを含む接着剤を使用していないことを認めたものを除く。）

ニ　集成材（集成材の日本農林規格（平成 19 年農林水産省告示第 1152 号）に規定する造作用集成材、化粧ばり造作用集成材、構造用集成材又は化粧ばり構造用集成柱の規格に適合するもののうち、そのホルムアルデヒド放散量がＦ☆☆☆☆、Ｆ☆☆☆及びＦ☆☆の規格に適合するもの並びに登録認証機関又は登録外国認証機関がホルムアルデヒドを含む接着剤を使用していないことを認めたものを除く。）

ホ　単板積層材（次の(1)及び(2)に掲げるものを除く。）

(1)　単板積層材の日本農林規格（平成 20 年農林水産省告示第 701 号）に規定する造作用単板積層材の規格に適合するもののうち、そのホルムアルデヒド放散量がＦ☆☆☆☆、Ｆ☆☆☆及びＦ☆☆の規格に適合するもの並びに登録認証機関又は登録外国認証機関がホルムアルデヒドを含む接着剤を使用していないこと並びにホルムアルデヒドを含む接着剤及びホルムアルデヒドを放散する塗料を使用していないことを認めたもの

(2)　単板積層材の日本農林規格に規定する構造用単板積層材の規格に適合するもののうち、そのホルムアルデヒド放散量がＦ☆☆☆☆、Ｆ☆☆☆及びＦ☆☆の規格に適合するもの並びに登録認証機関又は登録外国認証機関がホルムアルデヒドを含む接着剤を使用していないことを認めたもの

ヘ　ミディアムデンシティファイバーボード（日本産業規格（以下「JIS」という。）A5905（繊維板）に規定するミディアムデンシティファイバーボードの規格に適合するもののうち、そのホルムアルデヒド放散量がＦ☆☆☆☆等級、Ｆ☆☆☆等級及びＦ☆☆等級の規格に適合するものを除く。）

ト　パーティクルボード（JIS A5908（パーティクルボード）に規定するパーティクルボードの規格に適合するもののうち、そのホルムアルデヒド放散量がＦ☆☆☆☆等級、Ｆ☆☆☆等級及びＦ☆☆等級の規格に適合するものを除く。）

チ　木材のひき板、単板又は小片その他これらに類するものをユリア樹脂、メラミン樹脂、フェノール樹脂、レゾルシノール樹脂又はホルムアルデヒド系防腐剤を使用した接着剤により面的に接着し、板状に成型したもの（イからトまでに掲げる建築材料（括弧内に掲げるものを含む。）並びに直交集成板の日本農林規格（平成 25 年農林水産省告示第 3079 号）に規定する直交集成板の規格に適合するもののうち、そのホルムアルデヒド放散量がＦ☆☆☆☆及びＦ☆☆☆の規格に適合するもの又は登録認証機関若しくは登録外国認証機関がホルムアルデヒドを含む接着剤を使用していないこと若しくはホルムアルデヒドを含む接着剤及びホルムアルデヒドを放散する塗料を使用していないことを認めたものを除く。）

リ　ユリア樹脂板

ヌ　壁紙（JIS A6921（壁紙）に規定する壁紙の規格に適合するもののうち、そのホルムアルデヒド放散量がＦ☆☆☆☆等級の規格に適合するものを除く。）

ル　次に掲げる接着剤（イからトまで、ヌ、ヲ(1)及び(2)、カ(1)から(3)まで、次号イ(1)から(11)まで並びにハの括弧内に掲げる建築材料に含有されるものを除く。）

(1)　壁紙施工用でん粉系接着剤（JIS A6922（壁紙施工用及び建具用でん粉系接着剤）に規定する壁紙施工用でん粉系接着剤の規格に適合するもののうち、そのホルムアルデヒド放散量がＦ☆☆☆☆等級の規格に適合するものを除く。）

(2)　ホルムアルデヒド水溶液を用いた建具用でん粉系接着剤

(3) ユリア樹脂、メラミン樹脂、フェノール樹脂、レゾルシノール樹脂又はホルムアルデヒド系防腐剤を使用した接着剤（(2)に掲げるものを除く。）

ヲ 次に掲げる保温材

(1) ロックウール保温板、ロックウールフェルト、ロックウール保温帯及びロックウール保温筒（JIS A9504（人造鉱物繊維保温材）に規定するロックウール保温板、ロックウールフェルト、ロックウール保温帯又はロックウール保温筒の規格に適合するもののうち、そのホルムアルデヒド放散がF☆☆☆☆等級、F☆☆☆等級及びF☆☆等級の規格に適合するものを除く。）

(2) グラスウール保温板、グラスウール波形保温板、グラスウール保温帯及びグラスウール保温筒（JIS A9504（人造鉱物繊維保温材）に規定するグラスウール保温板、グラスウール波形保温板、グラスウール保温帯又はグラスウール保温筒の規格に適合するもののうち、そのホルムアルデヒド放散がF☆☆☆☆等級、F☆☆☆等級及びF☆☆等級の規格に適合するものを除く。）

(3) フェノール樹脂を使用した保温材（JIS A9511（発泡プラスチック保温材）に規定するフェノールフォーム保温板又はフェノールフォーム保温筒の規格に適合するもののうち、そのホルムアルデヒド放散がF☆☆☆☆等級及びF☆☆☆等級の規格に適合するものを除く。）

ワ 次に掲げる緩衝材

(1) 浮き床用ロックウール緩衝材（ヲ(1)に掲げる建築材料を除く。）

(2) 浮き床用グラスウール緩衝材（ヲ(2)に掲げる建築材料を除く。）

カ 次に掲げる断熱材

(1) ロックウール断熱材（JIS A9521（建築用断熱材）に規定するロックウール断熱材の規格に適合するもののうち、そのホルムアルデヒド放散がF☆☆☆☆等級及びF☆☆☆等級の規格に適合するものを除く。）

(2) グラスウール断熱材（JIS A9521（建築用断熱材）に規定するグラスウール断熱材の規格に適合するもののうち、そのホルムアルデヒド放散がF☆☆☆☆等級及びF☆☆☆等級の規格に適合するものを除く。）

(3) インシュレーションファイバー断熱材（JIS A9521（建築用断熱材）に規定するインシュレーションファイバー断熱材の規格に適合するもののうち、そのホルムアルデヒド放散がF☆☆☆☆等級の規格に適合するものを除く。）

(4) フェノールフォーム断熱材（JIS A9521（建築用断熱材）に規定するフェノールフォーム断熱材の規格に適合するもののうち、そのホルムアルデヒド放散がF☆☆☆☆等級及びF☆☆☆等級の規格に適合するものを除く。）

(5) 吹込み用グラスウール断熱材（JIS A9523（吹込み用繊維質断熱材）に規定する吹込み用グラスウール断熱材の規格に適合するもののうち、そのホルムアルデヒド放散がF☆☆☆☆等級及びF☆☆☆等級の規格に適合するものを除く。）

(6) ユリア樹脂又はメラミン樹脂を使用した断熱材

二 次に掲げる建築材料（施工時に塗布される場合に限る。）

イ 次に掲げる塗料（ユリア樹脂、メラミン樹脂、フェノール樹脂、レゾルシノール樹脂又はホルムアルデヒド系防腐剤を使用したものに限る。）

(1) アルミニウムペイント（JIS K5492（アルミニウムペイント）に規定するアルミニウムペイントの規格に適合するもののうち、そのホルムアルデヒド放散等級がF☆☆☆☆、F☆☆☆及びF☆☆の規格に適合するものを除く。）

(2) 油性調合ペイント（JIS K5511（油性調合ペイント）に規定する油性調合ペイントの規格に適合するもののうち、そのホルムアルデヒド放散等級がF☆☆☆☆、F☆☆☆及びF☆☆の規格に適合するものを除く。）

(3) 合成樹脂調合ペイント（JIS K5516（合成樹脂調合ペイント）に規定する合成樹脂調合ペイントの規格に適合するもののうち、そのホルムアルデヒド放散等級がF☆☆☆☆、F☆☆☆及びF☆☆の規格に適合するものを除く。）

(4) フタル酸樹脂ワニス（JIS K5562（フタル酸樹脂ワニス）に規定するフタル酸樹脂ワニスの規格に適合するもののうち、そのホルムアルデヒド放散等級がF☆☆☆☆、F☆☆☆

及びＦ☆☆の規格に適合するものを除く。）

⑸　フタル酸樹脂エナメル（JIS K5572（フタル酸樹脂エナメル）に規定するフタル酸樹脂エナメルの規格に適合するもののうち、そのホルムアルデヒド放散等級がＦ☆☆☆☆、Ｆ☆☆☆及びＦ☆☆の規格に適合するものを除く。）

⑹　油性系下地塗料（JIS K5591（油性系下地塗料）に規定する油性系下地塗料の規格に適合するもののうち、そのホルムアルデヒド放散等級がＦ☆☆☆☆、Ｆ☆☆☆及びＦ☆☆の規格に適合するものを除く。）

⑺　一般用さび止めペイント（JIS K5621（一般用さび止めペイント）に規定する一般用さび止めペイントの規格に適合するもののうち、そのホルムアルデヒド放散等級がＦ☆☆☆☆、Ｆ☆☆☆及びＦ☆☆の規格に適合するものを除く。）

⑻　多彩模様塗料（JIS K5667（多彩模様塗料）に規定する多彩模様塗料の規格に適合するもののうち、そのホルムアルデヒド放散等級がＦ☆☆☆☆、Ｆ☆☆☆及びＦ☆☆の規格に適合するものを除く。）

⑼　鉛・クロムフリーさび止めペイント（JIS K5674（鉛・クロムフリーさび止めペイント）に規定する鉛・クロムフリーさび止めペイントの規格に適合するもののうち、そのホルムアルデヒド放散等級がＦ☆☆☆☆、Ｆ☆☆☆及びＦ☆☆の規格に適合するものを除く。）

⑽　家庭用屋内木床塗料（JIS K5961（家庭用屋内木床塗料）に規定する家庭用屋内木床塗料の規格に適合するもののうち、そのホルムアルデヒド放散等級がＦ☆☆☆☆、Ｆ☆☆☆及びＦ☆☆の規格に適合するものを除く。）

⑾　家庭用木部金属部塗料（JIS K5962（家庭用木部金属部塗料）に規定する家庭用木部金属部塗料の規格に適合するもののうち、そのホルムアルデヒド放散等級がＦ☆☆☆☆、Ｆ☆☆☆及びＦ☆☆の規格に適合するものを除く。）

⑿　建物用床塗料（JIS K5970（建物用床塗料）に規定する建物用床塗料の規格に適合するもののうち、そのホルムアルデヒド放散等級がＦ☆☆☆☆、Ｆ☆☆☆及びＦ☆☆の規格に適合するものを除く。）

ロ　次に掲げる仕上塗材（ユリア樹脂、メラミン樹脂、フェノール樹脂、レゾルシノール樹脂又はホルムアルデヒド系防腐剤を使用したものに限る。）

⑴　内装合成樹脂エマルション系薄付け仕上塗材

⑵　内装合成樹脂エマルション系厚付け仕上塗材

⑶　軽量骨材仕上塗材

⑷　合成樹脂エマルション系複層仕上塗材

⑸　防水形合成樹脂エマルション系複層仕上塗材

ハ　次に掲げる接着剤（ユリア樹脂、メラミン樹脂、フェノール樹脂、レゾルシノール樹脂又はホルムアルデヒド系防腐剤を使用したものに限る。）

⑴　酢酸ビニル樹脂系溶剤形接着剤（JIS A5536（床仕上げ材用接着剤）、JIS A5537（木れんが用接着剤）、JIS A5538（壁・天井ボード用接着剤）、JIS A5547（発泡プラスチック保温板用接着剤）又はJIS A5549（造作用接着剤）に規定する酢酸ビニル樹脂系溶剤形接着剤の規格に適合するもののうち、そのホルムアルデヒド放散がＦ☆☆☆☆等級、Ｆ☆☆☆等級及びＦ☆☆等級の規格に適合するものを除く。）

⑵　ゴム系溶剤形接着剤（JIS A5536（床仕上げ材用接着剤）、JIS A5538（壁・天井ボード用接着剤）、JIS A5547（発泡プラスチック保温板用接着剤）、JIS A5549（造作用接着剤）又はJIS A5550（床根太用接着剤）に規定するゴム系溶剤形接着剤の規格に適合するもののうち、そのホルムアルデヒド放散がＦ☆☆☆☆等級、Ｆ☆☆☆等級及びＦ☆☆等級の規格に適合するものを除く。）

⑶　ビニル共重合樹脂系溶剤形接着剤（JIS A5536（床仕上げ材用接着剤）又はJIS A5549（造作用接着剤）に規定するビニル共重合樹脂系溶剤形接着剤の規格に適合するもののうち、そのホルムアルデヒド放散がＦ☆☆☆☆等級、Ｆ☆☆☆等級及びＦ☆☆等級の規格に適合するものを除く。）

⑷　再生ゴム系溶剤形接着剤（JIS A5547（発泡プラスチック保温板用接着剤）又はJIS A5549（造作用接着剤）に規定する再生ゴム系溶剤形接着剤の規格に適合するもののうち、

そのホルムアルデヒド放散がＦ☆☆☆☆等級、Ｆ☆☆☆等級及びＦ☆☆等級の規格に適合するものを除く。）

第二種ホルムアルデヒド発散建築材料を定める件

制定：平成14年12月26日　国土交通省告示第1114号
改正：令和元年　6月25日　国土交通省告示第203号

建築基準法施行令（昭和25年政令第338号）第20条の7第1項第二号の規定に基づき、第二種ホルムアルデヒド発散建築材料を次のように定める。

建築基準法施行令第20条の7第1項第二号に規定する夏季においてその表面積1㎡につき毎時0.02㎎を超え0.12㎎以下の量のホルムアルデヒドを発散させるものとして国土交通大臣が定める建築材料は、次に定めるもののうち、建築物に用いられた状態で5年以上経過しているものを除くものとする。

一　次に掲げる建築材料

イ　合板の日本農林規格（平成15年農林水産省告示第233号）に規定する普通合板、コンクリート型枠用合板、構造用合板、化粧ばり構造用合板、天然木化粧合板又は特殊加工化粧合板の規格に適合するもののうち、そのホルムアルデヒド放散量がＦ☆☆の規格に適合する合板

ロ　フローリングの日本農林規格（昭和49年農林省告示第1073号）に規定するフローリングの規格に適合するもののうち、そのホルムアルデヒド放散量がＦ☆☆の規格に適合するフローリング

ハ　構造用パネルの日本農林規格（昭和62年農林水産省告示第360号）に規定する構造用パネルの規格に適合するもののうち、そのホルムアルデヒド放散量がＦ☆☆の規格に適合する構造用パネル

ニ　集成材の日本農林規格（平成19年農林水産省告示第1152号）に規定する造作用集成材、化粧ばり造作用集成材、構造用集成材又は化粧ばり構造用集成柱の規格に適合するもののうち、そのホルムアルデヒド放散量がＦ☆☆の規格に適合する集成材

ホ　単板積層材の日本農林規格（平成20年農林水産省告示第701号）に規定する造作用単板積層材又は構造用単板積層材の規格に適合するもののうち、そのホルムアルデヒド放散量がＦ☆☆の規格に適合する単板積層材

ヘ　日本産業規格（以下「JIS」という。）A5905（繊維板）に規定するミディアムデンシティファイバーボードの規格に適合するもののうち、そのホルムアルデヒド放散量がＦ☆☆等級の規格に適合するミディアムデンシティファイバーボード

ト　JIS A5908（パーティクルボード）に規定するパーティクルボードの規格に適合するもののうち、そのホルムアルデヒド放散量がＦ☆☆等級の規格に適合するパーティクルボード

チ　次に掲げる保温材

(1)　JIS A9504（人造鉱物繊維保温材）に規定するロックウール保温板、ロックウールフェルト、ロックウール保温帯又はロックウール保温筒の規格に適合するもののうち、そのホルムアルデヒド放散がＦ☆☆等級の規格に適合するロックウール保温板、ロックウールフェルト、ロックウール保温帯及びロックウール保温筒

(2)　JIS A9504（人造鉱物繊維保温材）に規定するグラスウール保温板、グラスウール波形保温板、グラスウール保温帯又はグラスウール保温筒の規格に適合するもののうち、ホルムアルデヒド放散がＦ☆☆等級の規格に適合するグラスウール保温板、グラスウール波形保温板、グラスウール保温帯及びグラスウール保温筒

二　次に掲げる建築材料（施工時に塗布される場合に限る。）

イ　次に掲げる塗料（ユリア樹脂、メラミン樹脂、フェノール樹脂、レゾルシノール樹脂又はホルムアルデヒド系防腐剤を使用したものに限る。）

(1)　JIS K5492（アルミニウムペイント）に規定するアルミニウムペイントの規格に適合するもののうち、そのホルムアルデヒド放散等級がＦ☆☆の規格に適合するアルミニウムペ

イント

⑵ JIS K5511（油性調合ペイント）に規定する油性調合ペイントの規格に適合するもののうち、そのホルムアルデヒド放散等級がＦ☆☆の規格に適合する油性調合ペイント

⑶ JIS K5516（合成樹脂調合ペイント）に規定する合成樹脂調合ペイントの規格に適合するもののうち、そのホルムアルデヒド放散等級がＦ☆☆の規格に適合する合成樹脂調合ペイント

⑷ JIS K5562（フタル酸樹脂ワニス）に規定するフタル酸樹脂ワニスの規格に適合するもののうち、そのホルムアルデヒド放散等級がＦ☆☆の規格に適合するフタル酸樹脂ワニス

⑸ JIS K5572（フタル酸樹脂エナメル）に規定するフタル酸樹脂エナメルの規格に適合するもののうち、そのホルムアルデヒド放散等級がＦ☆☆の規格に適合するフタル酸樹脂エナメル

⑹ JIS K5591（油性系下地塗料）に規定する油性系下地塗料の規格に適合するもののうち、そのホルムアルデヒド放散等級がＦ☆☆の規格に適合する油性系下地塗料

⑺ JIS K5621（一般用さび止めペイント）に規定する一般用さび止めペイントの規格に適合するもののうち、そのホルムアルデヒド放散等級がＦ☆☆の規格に適合する一般用さび止めペイント

⑻ JIS K5667（多彩模様塗料）に規定する多彩模様塗料の規格に適合するもののうち、そのホルムアルデヒド放散等級がＦ☆☆の規格に適合する多彩模様塗料

⑼ JIS K5674（鉛・クロムフリーさび止めペイント）に規定する鉛・クロムフリーさび止めペイントの規格に適合するもののうち、そのホルムアルデヒド放散等級がＦ☆☆の規格に適合する鉛・クロムフリーさび止めペイント

⑽ JIS K5961（家庭用屋内木床塗料）に規定する家庭用屋内木床塗料の規格に適合するもののうち、そのホルムアルデヒド放散等級がＦ☆☆の規格に適合する家庭用屋内木床塗料

⑾ JIS K5962（家庭用木部金属部塗料）に規定する家庭用木部金属部塗料の規格に適合するもののうち、そのホルムアルデヒド放散等級がＦ☆☆の規格に適合する家庭用木部金属部塗料

⑿ JIS K5970（建物用床塗料）に規定する建物用床塗料の規格に適合するもののうち、そのホルムアルデヒド放散等級がＦ☆☆の規格に適合する建物用床塗料

ロ 次に掲げる接着剤（ユリア樹脂、メラミン樹脂、フェノール樹脂、レゾルシノール樹脂又はホルムアルデヒド系防腐剤を使用したものに限る。）

⑴ JIS A5536（床仕上げ材用接着剤）、JIS A5537（木れんが用接着剤）、JIS A5538（壁・天井ボード用接着剤）、JIS A5547（発泡プラスチック保温板用接着剤）又はJIS A5549（造作用接着剤）に規定する酢酸ビニル樹脂系溶剤形接着剤の規格に適合するもののうち、そのホルムアルデヒド放散がＦ☆☆等級の規格に適合する酢酸ビニル樹脂系溶剤形接着剤

⑵ JIS A5536（床仕上げ材用接着剤）、JIS A5538（壁・天井ボード用接着剤）、JIS A5547（発泡プラスチック保温板用接着剤）、JIS A5549（造作用接着剤）又はJIS A5550（床根太用接着剤）に規定するゴム系溶剤形接着剤の規格に適合するもののうち、そのホルムアルデヒド放散がＦ☆☆等級の規格に適合するゴム系溶剤形接着剤

⑶ JIS A5536（床仕上げ材用接着剤）又はJIS A5549（造作用接着剤）に規定するビニル共重合樹脂系溶剤形接着剤の規格に適合するもののうち、そのホルムアルデヒド放散がＦ☆☆等級の規格に適合するビニル共重合樹脂系溶剤形接着剤

⑷ JIS A5547（発泡プラスチック保温板用接着剤）又はJIS A5549（造作用接着剤）に規定する再生ゴム系溶剤形接着剤の規格に適合するもののうち、そのホルムアルデヒド放散がＦ☆☆等級の規格に適合する再生ゴム系溶剤形接着剤

第三種ホルムアルデヒド発散建築材料を定める件

制定：平成14年12月26日　国土交通省告示第1115号
改正：令和元年　6月25日　国土交通省告示第203号

建築基準法施行令（昭和25年政令第338号）第20条の7第1項第二号の規定に基づき、第三種ホルムアルデヒド発散建築材料を次のように定める。

建築基準法施行令第20条の7第1項第二号に規定する夏季においてその表面積1㎡につき毎時0.005㎎を超え0.02㎎以下の量のホルムアルデヒドを発散させるものとして国土交通大臣が定める建築材料は、次に定めるもののうち、建築物に用いられた状態で5年以上経過しているものを除くものとする。

一　次に掲げる建築材料

イ　合板の日本農林規格（平成15年農林水産省告示第233号）に規定する普通合板、コンクリート型枠用合板、構造用合板、化粧ばり構造用合板、天然木化粧合板又は特殊加工化粧合板の規格に適合するもののうち、そのホルムアルデヒド放散量がＦ☆☆☆の規格に適合する合板

ロ　フローリングの日本農林規格（昭和49年農林省告示第1073号）に規定するフローリングの規格に適合するもののうち、そのホルムアルデヒド放散量がＦ☆☆☆の規格に適合するフローリング

ハ　構造用パネルの日本農林規格（昭和62年農林水産省告示第360号）に規定する構造用パネルの規格に適合するもののうち、そのホルムアルデヒド放散量がＦ☆☆☆の規格に適合する構造用パネル

ニ　集成材の日本農林規格（平成19年農林水産省告示第1152号）に規定する造作用集成材、化粧ばり造作用集成材、構造用集成材又は化粧ばり構造用集成柱の規格に適合するもののうち、そのホルムアルデヒド放散量がＦ☆☆☆の規格に適合する集成材

ホ　単板積層材の日本農林規格（平成20年農林水産省告示第701号）に規定する造作用単板積層材又は構造用単板積層材の規格に適合するもののうち、そのホルムアルデヒド放散量がＦ☆☆☆の規格に適合する単板積層材

ヘ　日本産業規格（以下「JIS」という。）A5905（繊維板）に規定するミディアムデンシティファイバーボードの規格に適合するもののうち、そのホルムアルデヒド放散量がＦ☆☆☆等級の規格に適合するミディアムデンシティファイバーボード

ト　JIS A5908（パーティクルボード）に規定するパーティクルボードの規格に適合するもののうち、そのホルムアルデヒド放散量がＦ☆☆☆等級の規格に適合するパーティクルボード

チ　直交集成板の日本農林規格（平成25年農林水産省告示第3079号）に規定する直交集成板の規格に適合するもののうち、そのホルムアルデヒド放散量がＦ☆☆☆の規格に適合するもの

リ　次に掲げる保温材

⑴　JIS A9504（人造鉱物繊維保温材）に規定するロックウール保温板、ロックウールフェルト、ロックウール保温帯又はロックウール保温筒の規格に適合するもののうち、そのホルムアルデヒド放散がＦ☆☆☆等級の規格に適合するロックウール保温板、ロックウールフェルト、ロックウール保温帯及びロックウール保温筒

⑵　JIS A9504（人造鉱物繊維保温材）に規定するグラスウール保温板、グラスウール波形保温板、グラスウール保温帯又はグラスウール保温筒の規格に適合するもののうち、ホルムアルデヒド放散がＦ☆☆☆等級の規格に適合するグラスウール保温板、グラスウール波形保温板、グラスウール保温帯及びグラスウール保温筒

⑶　JIS A9511（発泡プラスチック保温材）に規定するフェノールフォーム保温板又はフェノールフォーム保温筒の規格に適合するもののうち、そのホルムアルデヒド放散がＦ☆☆☆等級の規格に適合するフェノールフォーム保温板及びフェノールフォーム保温筒

ヌ　次に掲げる断熱材

⑴　JIS A9521（建築用断熱材）に規定するロックウール断熱材の規格に適合するもののうち、そのホルムアルデヒド放散がＦ☆☆☆等級の規格に適合するロックウール断熱材

⑵　JIS A9521（建築用断熱材）に規定するグラスウール断熱材の規格に適合するもののうち、

そのホルムアルデヒド放散がF☆☆☆等級の規格に適合するグラスウール断熱材

(3) JIS A9521（建築用断熱材）に規定するフェノールフォーム断熱材の規格に適合するもののうち、そのホルムアルデヒド放散がF☆☆☆等級の規格に適合するフェノールフォーム断熱材

(4) JIS A9523（吹込み用繊維質断熱材）に規定する吹込み用グラスウール断熱材の規格に適合するもののうち、そのホルムアルデヒド放散がF☆☆☆等級の規格に適合する吹込み用グラスウール断熱材

二 次に掲げる建築材料（施工時に塗布される場合に限る。）

イ 次に掲げる塗料（ユリア樹脂、メラミン樹脂、フェノール樹脂、レゾルシノール樹脂又はホルムアルデヒド系防腐剤を使用したものに限る。）

(1) JIS K5492（アルミニウムペイント）に規定するアルミニウムペイントの規格に適合するもののうち、そのホルムアルデヒド放散等級がF☆☆☆の規格に適合するアルミニウムペイント

(2) JIS K5511（油性調合ペイント）に規定する油性調合ペイントの規格に適合するもののうち、そのホルムアルデヒド放散等級がF☆☆☆の規格に適合する油性調合ペイント

(3) JIS K5516（合成樹脂調合ペイント）に規定する合成樹脂調合ペイントの規格に適合するもののうち、そのホルムアルデヒド放散等級がF☆☆☆の規格に適合する合成樹脂調合ペイント

(4) JIS K5562（フタル酸樹脂ワニス）に規定するフタル酸樹脂ワニスの規格に適合するもののうち、そのホルムアルデヒド放散等級がF☆☆☆の規格に適合するフタル酸樹脂ワニス

(5) JIS K5572（フタル酸樹脂エナメル）に規定するフタル酸樹脂エナメルの規格に適合するもののうち、そのホルムアルデヒド放散等級がF☆☆☆の規格に適合するフタル酸樹脂エナメル

(6) JIS K5591（油性系下地塗料）に規定する油性系下地塗料の規格に適合するもののうち、そのホルムアルデヒド放散等級がF☆☆☆の規格に適合する油性系下地塗料

(7) JIS K5621（一般用さび止めペイント）に規定する一般用さび止めペイントの規格に適合するもののうち、そのホルムアルデヒド放散等級がF☆☆☆の規格に適合する一般用さび止めペイント

(8) JIS K5667（多彩模様塗料）に規定する多彩模様塗料の規格に適合するもののうち、そのホルムアルデヒド放散等級がF☆☆☆の規格に適合する多彩模様塗料

(9) JIS K5674（鉛・クロムフリーさび止めペイント）に規定する鉛・クロムフリーさび止めペイントの規格に適合するもののうち、そのホルムアルデヒド放散等級がF☆☆☆の規格に適合する鉛・クロムフリーさび止めペイント

(10) JIS K5961（家庭用屋内木床塗料）に規定する家庭用屋内木床塗料の規格に適合するもののうち、そのホルムアルデヒド放散等級がF☆☆☆の規格に適合する家庭用屋内木床塗料

(11) JIS K5962（家庭用木部金属部塗料）に規定する家庭用木部金属部塗料の規格に適合するもののうち、そのホルムアルデヒド放散等級がF☆☆☆の規格に適合する家庭用木部金属部塗料

(12) JIS K5970（建物用床塗料）に規定する建物用床塗料の規格に適合するもののうち、そのホルムアルデヒド放散等級がF☆☆☆の規格に適合する建物用床塗料

ロ 次に掲げる接着剤（ユリア樹脂、メラミン樹脂、フェノール樹脂、レゾルシノール樹脂又はホルムアルデヒド系防腐剤を使用したものに限る。）

(1) JIS A5536（床仕上げ材用接着剤）、JIS A5537（木れんが用接着剤）、JIS A5538（壁・天井ボード用接着剤）、JIS A5547（発泡プラスチック保温板用接着剤）又はJIS A5549（造作用接着剤）に規定する酢酸ビニル樹脂系溶剤形接着剤の規格に適合するもののうち、そのホルムアルデヒド放散がF☆☆☆等級の規格に適合する酢酸ビニル樹脂系溶剤形接着剤

(2) JIS A5536（床仕上げ材用接着剤）、JIS A5538（壁・天井ボード用接着剤）、JIS A5547（発泡プラスチック保温板用接着剤）、JIS A5549（造作用接着剤）又はJIS A5550（床根太用

接着剤）に規定するゴム系溶剤形接着剤の規格に適合するもののうち、そのホルムアルデヒド放散がＦ☆☆☆等級の規格に適合するゴム系溶剤形接着剤

(3) JIS A5536（床仕上げ材用接着剤）又はJIS A5549（造作用接着剤）に規定するビニル共重合樹脂系溶剤形接着剤の規格に適合するもののうち、そのホルムアルデヒド放散がＦ☆☆☆等級の規格に適合するビニル共重合樹脂系溶剤形接着剤

(4) JIS A5547（発泡プラスチック保温板用接着剤）又はJIS A5549（造作用接着剤）に規定する再生ゴム系溶剤形接着剤の規格に適合するもののうち、そのホルムアルデヒド放散がＦ☆☆☆等級の規格に適合する再生ゴム系溶剤形接着剤

ホルムアルデヒドの発散による衛生上の支障がないようにするために必要な換気を確保することができる居室の構造方法を定める件

制定：平成15年3月27日　国土交通省告示第273号
改正：令和元年　6月21日　国土交通省告示第200号

建築基準法施行令（昭和25年政令第338号）第20条の7第1項第二号の表及び第20条の8第2項の規定に基づき、ホルムアルデヒドの発散による衛生上の支障がないようにするために必要な換気を確保することができる居室の構造方法を次のように定める。

第1　換気回数が0.7以上の機械換気設備を設けるものに相当する換気が確保される居室

建築基準法施行令（以下「令」という。）第20条の7第1項第二号の表に規定する換気回数が0.7以上の機械換気設備を設けるものに相当する換気が確保される居室の構造方法は、天井の高さを2.7m以上とし、かつ、次の各号に適合する機械換気設備を設けるものとする。

一　有効換気量（立方メートル毎時で表した量とする。以下同じ。）又は有効換気換算量（立方メートル毎時で表した量とする。以下同じ。）が次の式によって計算した必要有効換気量以上とすること。

$$Vr = nAh$$

この式において、Vr、n、A及びhは、それぞれ次の数値を表すものとする。

Vr　必要有効換気量（単位　㎥／時）

n　居室の天井の高さの区分に応じて次の表に掲げる数値

3.3m未満	0.6
3.3m以上4.1m未満	0.5
4.1m以上5.4m未満	0.4
5.4m以上8.1m未満	0.3
8.1m以上16.1m未満	0.2
16.1m以上	0.1

A　居室の床面積（単位　㎡）

h　居室の天井の高さ（単位　m）

二　令第129条の2の5第2項のほか、令第20条の8第1項第一号イ(2)及び(3)又はロ(2)及び(3)並びに同項第二号に適合するものとすること。

第2　換気回数が0.5以上0.7未満の機械換気設備を設けるものに相当する換気が確保される住宅等の居室以外の居室

令第20条の7第1項第二号の表に規定する換気回数が0.5以上0.7未満の機械換気設備を設けるものに相当する換気が確保される住宅等の居室以外の居室（第1に適合するものを除く。）の構造方法は、次の各号のいずれかに適合するものとする。

一　天井の高さを2.9m以上とし、かつ、次のイ及びロに適合する機械換気設備（第1の各号に適合するものを除く。）を設けるものとすること。
　イ　有効換気量又は有効換気換算量が次の式によって計算した必要有効換気量以上とすること。

$$Vr = nAh$$

この式において、Vr、n、A及びhは、それぞれ次の数値を表すものとする。
Vr　必要有効換気量（単位　m³/時）
n　居室の天井の高さの区分に応じて次の表に掲げる数値

3.9m未満	0.4
3.9m以上5.8m未満	0.3
5.8m以上11.5m未満	0.2
11.5m以上	0.1

A　居室の床面積（単位　m²）
h　居室の天井の高さ（単位　m）

　ロ　令第129条の2の5第2項のほか、令第20条の8第1項第一号イ⑵及び⑶又はロ⑵及び⑶並びに同項第二号に適合するものとすること。
二　外気に常時開放された開口部等の換気上有効な面積の合計が、床面積に対して、$\frac{15}{10000}$以上とすること。
三　ホテル又は旅館の宿泊室その他これらに類する居室以外の居室（常時開放された開口部を通じてこれと相互に通気が確保される廊下その他の建築物の部分を含む。）で、使用時に外気に開放される開口部等の換気上有効な面積の合計が、床面積に対して、$\frac{15}{10000}$以上とすること。
四　真壁造の建築物（外壁に合板その他これに類する板状に成型した建築材料を用いないものに限る。）の居室で、天井及び床に合板その他これに類する板状に成型した建築材料を用いないもの又は外壁の開口部に設ける建具（通気が確保できる空隙（げき）のあるものに限る。）に木製枠を用いるものとすること。

第3　ホルムアルデヒドの発散による衛生上の支障がないようにするために必要な換気を確保することができる住宅等の居室

令第20条の8第2項に規定する同条第1項に規定する基準に適合する換気設備を設ける住宅等の居室と同等以上にホルムアルデヒドの発散による衛生上の支障がないようにするために必要な換気を確保することができる住宅等の居室の構造方法は、次の各号のいずれかに適合するものとする。
一　第1に適合するものとすること。
二　第2の各号のいずれかに適合するものとすること。ただし、第2第三号中「ホテル又は旅館の宿泊室その他これらに類する居室以外の居室」とあるのは「家具その他これに類する物品の販売業を営む店舗の売場」と読み替えて適用するものとする。

第4　ホルムアルデヒドの発散による衛生上の支障がないようにするために必要な換気を確保することができる住宅等の居室以外の居室

令第20条の8第2項に規定する同条第1項に規定する基準に適合する換気設備を設ける住宅等の居室以外の居室と同等以上にホルムアルデヒドの発散による衛生上の支障がないようにするために必要な換気を確保することができる住宅等の居室以外の居室の構造方法は、次の各号のいずれかに適合するものとする。
一　第1に適合するものとすること。
二　第2の各号のいずれかに適合するものとすること。
三　天井の高さを3.5m以上とし、かつ、次のイ及びロに適合する機械換気設備を設けるものとすること。
　イ　有効換気量又は有効換気換算量が次の式によって計算した必要有効換気量以上とすること。

$Vr = nAh$

この式において、Vr、n、A 及び h は、それぞれ次の数値を表すものとする。

Vr　必要有効換気量（単位　㎥／時）

n　居室の天井の高さの区分に応じて次の表に掲げる数値

6.9m未満	0.2
6.9m以上13.8m未満	0.1
13.8m以上	0.05

A　居室の床面積（単位　㎡）

h　居室の天井の高さ（単位　m）

ロ　令第129条の2の5第2項のほか、令第20条の8第1項第一号イ(2)及び(3)又はロ(2)及び(3)並びに同項第二号に適合するものとすること。

ホルムアルデヒドの発散による衛生上の支障がないようにするために必要な換気を確保することができる換気設備の構造方法を定める件

制定：平成15年3月27日　国土交通省告示第274号
改正：平成18年9月29日　国土交通省告示第1169号

建築基準法施行令（昭和25年政令第338号）第20条の8第1項第一号イ(3)、ロ(3)及びハの規定に基づき、ホルムアルデヒドの発散による衛生上の支障がないようにするために必要な換気を確保することができる換気設備の構造方法を次のように定める。

第1　機械換気設備

建築基準法施行令（以下「令」という。）第20条の8第1項第一号イ(3)及びロ(3)に規定するホルムアルデヒドの発散による衛生上の支障がないようにするために必要な換気を確保することができる機械換気設備の構造方法は、次の各号に適合するものとする。

一　給気機又は排気機の構造は、換気経路の全圧力損失（直管部損失、局部損失、諸機器その他における圧力損失の合計をいう。）を考慮して計算により確かめられた給気能力又は排気能力を有するものとすること。ただし、居室の規模若しくは構造又は換気経路その他機械換気設備の構造によりホルムアルデヒドの発散による衛生上の支障がないようにするために必要な換気を確保できることが明らかな場合においては、この限りでない。

二　機械換気設備を継続して作動させる場合において、その給気口及び排気口並びに給気機及び排気機の位置及び構造は、気流、温度、騒音等により居室の使用に支障が生じないものとすること。

三　居室の空気圧が、当該居室に係る天井裏、小屋裏、床裏、壁、物置その他これらに類する建築物の部分（次のイ又はロに該当するものを除く。）の空気圧以上とすること。

イ　平成11年建設省告示第998号3(3)イ(イ)に掲げる材料その他これらと同等以上に気密性を有する材料を用いて連続した気密層又は通気止めを設けることにより当該居室と区画されたもの

ロ　下地材、断熱材その他これらに類する面材に令第20条の7第1項第一号に規定する第一種ホルムアルデヒド発散建築材料、同項第二号に規定する第二種ホルムアルデヒド発散建築材料及び同条第2項の規定により国土交通大臣の認定を受けたもの以外の建築材料のみを用いるもの

第2　中央管理方式の空気調和設備

令第20条の8第1項第一号ハに規定するホルムアルデヒドの発散による衛生上の支障がないようにするために必要な換気を確保することができる中央管理方式の空気調和設備の構造方法は、次の各号に適合するものとする。

一　居室における有効換気量（㎥／時で表した量とする。以下この号において同じ。）が、次の式によっ

て計算した必要有効換気量以上とすること。ただし、令第 20 条の 7 第 1 項第二号の規定に適合する居室に設けるものにあっては、当該居室における有効換気量が令第 20 条の 8 第 1 項第一号イ(1)の式によって計算した必要有効換気量以上とすること。

$$Vr = 10 \ (E + 0.02nA)$$

この式において、Vr、E、n 及び A は、それぞれ次の数値を表すものとする。

Vr　必要有効換気量（単位　㎥／時）

E　居室の壁、床及び天井（天井のない場合においては、屋根）並びにこれらの開口部に設ける戸その他の建具の室内に面する部分（回り縁、窓台その他これらに類する部分を除く。）の仕上げに用いる建築材料から発散するホルムアルデヒドの量（単位　mg／（㎡・時））

n　令第 20 条の 7 第 1 項第二号の表備考一の号に規定する住宅等の居室にあっては 3、その他の居室にあっては 1

A　居室の床面積（単位　㎡）

二　第 1 第三号に適合するものとすること。

地階における住宅等の居室に設ける開口部及び防水層の設置方法を定める件

制定：平成 12 年 5 月 31 日　建設省告示第 1430 号

建築基準法施行令（昭和 25 年政令第 338 号）第 22 条の 2 第一号イ及び第二号イ(1)の規定に基づき、地階における住宅等の居室に設ける開口部及び防水層の設置方法を次のように定める。

第 1

住宅等の居室の開口部は、次に定めるところにより設けられていることとする。

一　次のイ又はロのいずれかに掲げる場所に面すること。

イ　居室が面する土地の部分を掘り下げて設けるからぼり（底面が当該開口部より低い位置にあり、かつ、雨水を排水するための設備が設けられているものに限る。）の次に掲げる基準に適合する部分

(1)　上部が外気に開放されていること。

(2)　当該居室の外壁からその壁の面するからぼりの周壁までの水平距離が 1m 以上であり、かつ、開口部の下端からからぼりの上端までの垂直距離（以下「開口部からの高さ」という。）の $\frac{4}{10}$ 以上であること。

(3)　(2)の基準に適合する部分の当該居室の壁に沿った水平方向の長さが 2m 以上であり、かつ、開口部からの高さ以上であること。

ロ　当該開口部の前面に、当該住宅等の敷地内で当該開口部の下端よりも高い位置に地面がない場所

二　その換気に有効な部分の面積が、当該居室の床面積に対して、$\frac{1}{20}$ 以上であること。

第 2

住宅等の居室の外壁等には、次に掲げる方法により防水層を設けることとする。

一　埋戻しその他工事中に防水層が損傷を受けるおそれがある場合において、き裂、破断その他の損傷を防止する保護層を設けること。

二　下地の種類、土圧、水圧の状況等に応じ、割れ、すき間等が生じることのないよう、継ぎ目等に十分な重ね合わせをする等の措置を講じること。

建築基準法施行令第23条第1項の規定に適合する階段と同等以上に昇降を安全に行うことができる階段の構造方法を定める件

制定：平成26年6月27日　国土交通省告示第709号
改正：令和元年　6月24日　国土交通省告示第202号

建築基準法施行令（昭和25年政令第338号）第23条第4項の規定に基づき、同条第1項の規定に適合する階段と同等以上に昇降を安全に行うことができる階段の構造方法を次のように定める。

第1

建築基準法施行令（以下「令」という。）第23条第4項に規定する同条第1項の規定に適合する階段と同等以上に昇降を安全に行うことができる階段の構造方法は、次に掲げる基準に適合するものとする。

一　階段及びその踊場の幅並びに階段の蹴上げ及び踏面の寸法が、次の表の各項に掲げる階段の種別の区分に応じ、それぞれ当該各項に定める寸法（次の表の各項のうち2以上の項に掲げる階段の種別に該当するときは、当該2以上の項に定める寸法のうちいずれかの寸法）であること。
ただし、屋外階段の幅は、令第120条又は令第121条の規定による直通階段にあっては90cm以上、その他のものにあっては60cm以上とすることができる。

	階段の種別	階段及びその踊り場の幅（単位　cm）	蹴上げの寸法（単位　cm）	踏面の寸法（単位　cm）
(1)	令第23条第1項の表の(1)に掲げるもの	140以上	18以下	26以上
(2)	令第23条第1項の表の(2)に掲げるもの	140以上	20以下	24以上
(3)	令第23条第1項の表の(4)に掲げるもの	75以上	23以下	19以上
(4)	階数が2以下で延べ面積が200㎡未満の建築物におけるもの	75以上	23以下	15以上

二　階段の両側に、手すりを設けたものであること。

三　階段の踏面の表面を、粗面とし、又は滑りにくい材料で仕上げたものであること。

四　第一号の表(4)の項に掲げる階段の種別に該当する階段で同項に定める寸法に適合するもの（同表(1)から(3)までの各項のいずれかに掲げる階段の種別に該当する階段でそれぞれ当該各項に定める寸法に適合するものを除く。）にあっては、当該階段又はその近くに、見やすい方法で、十分に注意して昇降を行う必要がある旨を表示したものであること。

第2

令第23条第2項の規定は第1第一号の踏面の寸法について、同条第3項の規定は同号の階段及びその踊場の幅について準用する。

くみ取便所並びに特殊建築物及び特定区域の便所の構造方法並びに改良便槽内の汚水の温度の低下を防止するための措置の基準を定める件

制定：平成12年5月29日　建設省告示第1386号

建築基準法施行令（昭和25年政令第338号）第29条及び第30条第1項並びに第31条第三号の規定に基づき、くみ取便所並びに特殊建築物及び特定区域の便所の構造方法並びに改良便槽内の汚水の温度の低下を防止するための措置の基準を次のように定める。

第1

くみ取便所の構造方法は、次に定める構造とすることとする。

一　便器から便槽まで連絡する管及び便槽（便槽の上部が開放されている場合においては、その上口の周囲を含む。）は、耐水材料で造り、浸透質の耐水材料で造る場合においては、防水モルタル塗その他これに類する有効な防水の措置を講じて漏水しない構造とすること。
二　便所の床下は、耐水材料で他の部分と区画すること。ただし、便器から便槽まで連絡する管及び便槽に開口部（便器の開口部並びに便槽のくみ取口及び点検口を除く。）がない場合にあっては、この限りでない。
三　くみ取口は、次のイ又はロのいずれかに定める構造とすること。
イ　くみ取口の下端を地盤面上 10cm以上とし、かつ、これに密閉することができるふたを取り付けること。
ロ　密閉することができる耐水材料で造られたふたを取り付けること。

第 2

特殊建築物及び特定区域の便所の構造方法は、次に定める構造とすることとする。
一　不浸透質の便器を設けること。
二　小便器から便槽まで不浸透質の汚水管で連絡すること。
三　水洗便所以外の大便所の窓その他換気のための開口部には、はえを防ぐための網を張ること。

第 3

改良便槽内の汚水の温度の低下を防止するための措置の基準は、次の各号のいずれかに定めるものとする。
一　槽の周りを断熱材で覆うこと。
二　槽に保温のための装置を設けること。

処理対象人員の算定方法を定める件

制定：昭和 44 年 7 月　3 日　建設省告示第 3184 号
改正：令和元年　6 月 25 日　国土交通省告示第 203 号

建築基準法施行令（昭和 25 年政令第 338 号）第 32 条第 1 項表中の規定に基づき、処理対象人員の算定方法を次のように定める。

処理対象人員の算定方式は、日本産業規格「建築物の用途別による屎（し）尿浄化槽（そう）の処理対象人員算定基準（JIS A3302）」に定めるところによるものとする。

附則

昭和 44 年建設省告示第 1727 号は、廃止する。

【日本産業規格 JIS A3302】

建築物の用途別による屎尿浄化槽の処理対象人員算定基準

制定：1960
改正：2000

❶ **適用範囲** この規格は、建築物の用途別による屎尿浄化槽の処理対象人員算定基準について規定する。

❷ **建築用途別処理対象人員算定基準** 建築物の用途別による屎尿浄化槽の処理対象人員算定基準は、表のとおりとする。ただし、建築物の使用状況により、類似施設の使用水量その他の資料から表が明らかに実情に添わないと考えられる場合は、当該資料などを基にしてこの算定人員を増減することができる。

❸ **特殊の建築用途の適用**

3.1 特殊の建築用途の建築物又は定員未定の建築物については、表に準じて算定する。

3.2 同一建築物が2以上の異なった建築用途に供される場合は、それぞれの建築用途の項を適用加算して処理対象人員を算定する。

3.3 2以上の建築物が共同で屎尿浄化槽を設ける場合は、それぞれの建築用途の項を適用加算して処理対象人員を算定する。

3.4 学校その他で、特定の収容される人だけが移動することによって、2以上の異なった建築用途に使用する場合には、3.2及び3.3の適用加算又は建築物ごとの建築用途別処理対象人員を軽減することができる。

表

類似用途別番号	建築用途				処理対象人員 算定式	処理対象人員 算定単位
1	集会場施設関係	イ	公会堂・集会場・劇場・映画館・演芸場		$n = 0.08A$	n：人員（人） A：延べ面積（㎡）
		ロ	競輪場・競馬場・競艇場		$n = 16C$	n：人員（人） C([1])：総便器数（個）
		ハ	観覧場・体育館		$n = 0.065A$	n：人員（人） A：延べ面積（㎡）
2	住宅施設関係	イ	住　宅	$A \leqq 130$([2])の場合	$n = 5$	n：人員（人） A：延べ面積（㎡）
				130([2])$< A$の場合	$n = 7$	
		ロ	共同住宅		$n = 0.05A$	n：人員（人） ただし、1戸当たりのnが、3.5人以下の場合は、1戸当たりのnを3.5人又は2人〔1戸が1居室([3])だけで構成されている場合に限る。〕とし、1戸当たりのnが6人以上の場合は、1戸当たりのnを6人とする。 A：延べ面積（㎡）
		ハ	下宿・寄宿舎		$n = 0.07A$	n：人員（人） A：延べ面積（㎡）
		ニ	学校寄宿舎・自衛隊キャンプ宿舎・老人ホーム・養護施設		$n = P$	n：人員（人） P：定員（人）
3	宿泊	イ	ホテル・旅館	結婚式場又は宴会場をもつ場合	$n = 0.15A$	n：人員（人） A：延べ面積（㎡）

	施設関係			結婚式場又は宴会場をもたない場合		$n = 0.075\,A$	
		ロ	モーテル			$n = 5\,R$	n：人員（人） R：客室数
		ハ	簡易宿泊所・合宿所・ユースホステル・青年の家			$n = P$	n：人員（人） P：定員（人）
4	医療施設関係	イ	病院・療養所・伝染病院	業務用厨房設備又は洗濯設備を設ける場合	300床未満の場合	$n = 8\,B$	n：人員（人） B：ベッド数（床）
					300床以上の場合	$n = 11.43\,(B - 300) + 2{,}400$	
				業務用厨房設備又は洗濯設備を設けない場合	300床未満の場合	$n = 5\,B$	
					300床以上の場合	$n = 7.14\,(B - 300) + 1{,}500$	
		ロ	診療所・医院			$n = 0.19\,A$	n：人員（人） A：延べ面積（m²）
5	店舗関係	イ	店舗・マーケット			$n = 0.075\,A$	n：人員（人） A：延べ面積（m²）
		ロ	百貨店			$n = 0.15\,A$	
		ハ	飲食店	一般の場合		$n = 0.72\,A$	
				汚濁負荷の高い場合		$n = 2.94\,A$	
				汚濁負荷の低い場合		$n = 0.55\,A$	
		ニ	喫茶店			$n = 0.80\,A$	
6	娯楽施設関係	イ	玉突場・卓球場			$n = 0.075\,A$	n：人員（人） A：延べ面積（m²）
		ロ	パチンコ店			$n = 0.11\,A$	
		ハ	囲碁クラブ・マージャンクラブ			$n = 0.15\,A$	
		ニ	ディスコ			$n = 0.50\,A$	
		ホ	ゴルフ練習場			$n = 0.25\,S$	n：人員（人） S：打席数（席）
		ヘ	ボーリング場			$n = 2.50\,L$	n：人員（人） L：レーン数（レーン）
		ト	バッティング場			$n = 0.20\,S$	n：人員（人） S：打席数（席）
		チ	テニス場	ナイター設備を設ける場合		$n = 3\,S$	n：人員（人） S：コート面数（面）
				ナイター設備を設けない場合		$n = 2\,S$	
		リ	遊園地・海水浴場			$n = 16\,C$	n：人員（人） C [1]：総便器数（個）
		ヌ	プール・スケート場			$n = \frac{20C + 120U}{8} \times t$	n：人員（人） C：大便器数（個） U[4]：小便器数（個） t：単位便器当たり1日平均使用時間（時間） $t = 1.0 \sim 2.0$
		ル	キャンプ場			$n = 0.56\,P$	n：人員（人） P：収容人員（人）
		ヲ	ゴルフ場			$n = 21\,H$	n：人員（人）

							H: ホール数（ホール）
7	駐車場関係	イ	サービスエリア	便所	一般部	$n = 3.60\ P$	n：人員（人） P：駐車ます数（ます）
					観光部	$n = 3.83\ P$	
					売店なしPA	$n = 2.55\ P$	
				売店	一般部	$n = 2.66\ P$	
					観光部	$n = 2.81\ P$	
		ロ	駐車場・自動車車庫			$n = \dfrac{20C + 120U}{8} \times t$	n：人員（人） C：大便器数（個） U [4]：小便器数（個） t：単位便器当たり1日平均使用時間（時間） $t = 0.4 \sim 2.0$
		ハ	ガソリンスタンド			$n = 20$	n：人員（人） 1営業所当たり
8	学校施設関係	イ	保育所・幼稚園・小学校・中学校			$n = 0.20\ P$	n：人員（人） P：定員（人）
		ロ	高等学校・大学・各種学校			$n = 0.25\ P$	
		ハ	図書館			$n = 0.08\ A$	n：人員（人） A：延べ面積（㎡）
9	事務所関係	イ	事務所	業務用厨房設備を設ける場合		$n = 0.075\ A$	n：人員（人） A：延べ面積（㎡）
				業務用厨房設備を設けない場合		$n = 0.06\ A$	
10	作業場関係	イ	工場・作業所・研究所・試験所	業務用厨房設備を設ける場合		$n = 0.75\ P$	n：人員（人） P：定員（人）
				業務用厨房設備を設けない場合		$n = 0.30\ P$	
11	1〜10の用途に属さない施設	イ	市場			$n = 0.02\ A$	n：人員（人） A：延べ面積（㎡）
		ロ	公衆浴場			$n = 0.17\ A$	
		ハ	公衆便所			$n = 16\ C$	n：人員（人） C [1]：総便器数（個）
		ニ	駅・バスターミナル	$P < 100{,}000$ の場合		$n = 0.008\ P$	n：人員（人） P：乗降客数（人／日）
				$100{,}000 \leqq P < 200{,}000$ の場合		$n = 0.010\ P$	
				$200{,}000 \leqq P$ の場合		$n = 0.013\ P$	

注 [1] 大便器数、小便器数及び両用便器数を合計した便器数。

[2] この値は、当該地域における住宅の1戸当たりの平均的な延べ面積に応じて、増減できるものとする。

[3] 居室とは、建築基準法による用語の定義でいう居室であって、居住、執務、作業、集会、娯楽その他これらに類する目的のために継続的に使用する室をいう。ただし、共同住宅における台所及び食事室を除く。

[4] 女子専用便所にあっては、便器数のおおむね $\frac{1}{2}$ を小便器とみなす。

建築基準法施行令第36条の2第五号の国土交通大臣が指定する建築物を定める件

制定：平成19年5月18日　国土交通省告示第593号（全文改正）
改正：令和元年　6月25日　国土交通省告示第203号

建築基準法施行令（昭和25年政令第338号。以下「令」という。）第36条の2第五号の規定に基づき、その安全性を確かめるために地震力によって地上部分の各階に生ずる水平方向の変形を把握することが必要であるものとして、構造又は規模を限って国土交通大臣が指定する建築物は、次に掲げる建築物（平成14年国土交通省告示第474号に規定する特定畜舎等建築物を除く。）とする。

一　地階を除く階数が3以下、高さが13m以下及び軒の高さが9m以下である鉄骨造の建築物であって、次のイからハまでのいずれか（薄板軽量形鋼造の建築物及び屋上を自動車の駐車その他これに類する積載荷重の大きな用途に供する建築物にあっては、イ又はハ）に該当するもの以外のもの

イ　次の(1)から(5)までに該当するもの

(1)　架構を構成する柱の相互の間隔が6m以下であるもの

(2)　延べ面積が500㎡以内であるもの

(3)　令第88条第1項に規定する地震力について標準せん断力係数を0.3以上とする計算をして令第82条第一号から第三号までに規定する構造計算をした場合に安全であることが確かめられたもの。この場合において、構造耐力上主要な部分のうち冷間成形により加工した角形鋼管（厚さ6㎜以上のものに限る。）の柱にあっては、令第88条第1項に規定する地震力によって当該柱に生ずる力の大きさの値にその鋼材の種別並びに柱及びはりの接合部の構造方法に応じて次の表に掲げる数値以上の係数を乗じて得た数値を当該柱に生ずる力の大きさの値としなければならない。ただし、特別な調査又は研究の結果に基づき、角形鋼管に構造耐力上支障のある急激な耐力の低下を生ずるおそれのないことが確かめられた場合にあっては、この限りでない。

鋼材の種別		柱及びはりの接合部の構造方法	
		(い)	(ろ)
		内ダイアフラム形式（ダイアフラムを落とし込む形式としたものを除く。）	(い)欄に掲げる形式以外の形式
(1)	日本産業規格G3466（一般構造用角形鋼管）-2006に適合する角形鋼管	1.3	1.4
(2)	(1)に掲げる角形鋼管以外の角形鋼管のうち、ロール成形その他断面のすべてを冷間成形により加工したもの	1.2	1.3
(3)	(1)に掲げる角形鋼管以外の角形鋼管のうち、プレス成形その他断面の一部を冷間成形により加工したもの	1.1	1.2

(4)　水平力を負担する筋かいの軸部が降伏する場合において、当該筋かいの端部及び接合部が破断しないことが確かめられたもの

(5)　特定天井が平成25年国土交通省告示第771号第3第2項若しくは第3項に定める基準に適合するもの、令第39条第3項の規定に基づく国土交通大臣の認定を受けたもの又は同告示第3第4項第一号に定める構造計算によって構造耐力上安全であることが確かめられたもの

ロ　次の(1)から(7)までに該当するもの

(1)　地階を除く階数が2以下であるもの

(2)　架構を構成する柱の相互の間隔が12m以下であるもの

(3)　延べ面積が500㎡以内（平家建てのものにあっては、3,000㎡以内）であるもの

(4) イ(3)及び(4)の規定に適合するもの
(5) 令第82条の6第二号ロの規定に適合するもの
(6) 構造耐力上主要な部分である柱若しくははり又はこれらの接合部が局部座屈、破断等によって、又は構造耐力上主要な部分である柱の脚部と基礎との接合部がアンカーボルトの破断、基礎の破壊等によって、それぞれ構造耐力上支障のある急激な耐力の低下を生ずるおそれのないことが確かめられたもの
(7) イ(5)の規定に適合するもの

ハ 建築基準法施行規則（昭和25年建設省令第40号。以下「施行規則」という。）第1条の3第1項第一号ロ(2)の規定に基づき、国土交通大臣があらかじめ安全であると認定した構造の建築物又はその部分

二 高さが20m以下である鉄筋コンクリート造（壁式ラーメン鉄筋コンクリート造、壁式鉄筋コンクリート造及び鉄筋コンクリート組積造を除く。）若しくは鉄骨鉄筋コンクリート造の建築物又はこれらの構造を併用する建築物であって、次のイ又はロに該当するもの以外のもの

イ 次の(1)から(3)までに該当するもの
(1) 地上部分の各階の耐力壁（平成19年国土交通省告示第594号第1第三号イ(1)に規定する開口周比が0.4以下であるものに限る。以下この号において同じ。）並びに構造耐力上主要な部分である柱及び耐力壁以外の鉄筋コンクリート造又は鉄骨鉄筋コンクリート造の壁（上端及び下端が構造耐力上主要な部分に緊結されたものに限る。）の水平断面積が次の式に適合するもの。ただし、鉄骨鉄筋コンクリート造の柱にあっては、同式中「0.7」とあるのは「1.0」とする。

$$\Sigma 2.5 \alpha A_w + \Sigma 0.7 \alpha A_c \geqq ZWA_i$$

この式において、α、A_w、A_c、Z、W及びA_iは、それぞれ次の数値を表すものとする。

α　コンクリートの設計基準強度による割り増し係数として、設計基準強度が1㎟につき18N未満の場合にあっては1.0、1㎟につき18N以上の場合にあっては使用するコンクリートの設計基準強度（単位　N/㎟）を18で除した数値の平方根の数値（当該数値が2の平方根の数値を超えるときは、2の平方根の数値）

A_w　当該階の耐力壁のうち計算しようとする方向に設けたものの水平断面積（単位　㎟）

A_c　当該階の構造耐力上主要な部分である柱の水平断面積及び耐力壁以外の鉄筋コンクリート造又は鉄骨鉄筋コンクリート造の壁（上端及び下端が構造耐力上主要な部分に緊結されたものに限る。）のうち計算しようとする方向に設けたものの水平断面積（単位　㎟）

Z　令第88条第1項に規定するZの数値

W　令第88条第1項の規定により地震力を計算する場合における当該階が支える部分の固定荷重と積載荷重との和（令第86条第2項ただし書の規定により特定行政庁が指定する多雪区域においては、更に積雪荷重を加えるものとする。）（単位　N）

A_i　令第88条第1項に規定する当該階に係るA_iの数値

(2) 構造耐力上主要な部分が、地震力によって当該部分に生ずるせん断力として次の式によって計算した設計用せん断力に対して、せん断破壊等によって構造耐力上支障のある急激な耐力の低下を生ずるおそれのないことが確かめられたものであること。

$$Q_D = \min \{Q_L + nQ_E,\ Q_O + Q_y\}$$

この式において、Q_D、Q_L、n、Q_E、Q_O及びQ_yは、それぞれ次の数値を表すものとする。

Q_D　設計用せん断力（単位　N）

Q_L　固定荷重と積載荷重との和（令第86条第2項ただし書の規定により特定行政庁が指定する多雪区域においては、更に積雪荷重を加えるものとする。以下この号において「常時荷重」という。）によって生ずるせん断力。ただし、柱の

場合には0とすることができる。（単位　N）

n　鉄筋コンクリート造にあっては1.5（耐力壁にあっては2.0）、鉄骨鉄筋コンクリート造にあっては1.0以上の数値

Q_E　令第88条第1項の規定により地震力を計算する場合における当該地震力によって生ずるせん断力（単位　N）

Q_0　柱又ははりにおいて、部材の支持条件を単純支持とした場合に常時荷重によって生ずるせん断力。ただし、柱の場合には0とすることができる。（単位　N）

Q_y　柱又ははりにおいて、部材の両端に曲げ降伏が生じた時のせん断力。ただし、柱の場合には柱頭に接続するはりの曲げ降伏を考慮した数値とすることができる。（単位　N）

(3)　前号イ(5)の規定に適合するもの

ロ　施行規則第1条の3第1項第一号ロ(2)の規定に基づき、国土交通大臣があらかじめ安全であると認定した構造の建築物又はその部分

三　木造、組積造、補強コンクリートブロック造及び鉄骨造のうち2以上の構造を併用する建築物又はこれらの構造のうち1以上の構造と鉄筋コンクリート造若しくは鉄骨鉄筋コンクリート造とを併用する建築物であって、次のイからヘまでに該当するもの以外のもの（次号イ又はロに該当するものを除く。）

イ　地階を除く階数が3以下であるもの

ロ　高さが13m以下で、かつ、軒の高さが9m以下であるもの

ハ　延べ面積が500㎡以内であるもの

ニ　鉄骨造の構造部分を有する階が第一号イ(1)、(3)及び(4)に適合するもの

ホ　鉄筋コンクリート造及び鉄骨鉄筋コンクリート造の構造部分を有する階が前号イ(1)及び(2)に適合するもの

ヘ　第一号イ(5)の規定に適合するもの

四　木造と鉄筋コンクリート造の構造を併用する建築物であって、次のイ又はロに該当するもの以外のもの（前号イからヘまでに該当するものを除く。）

イ　次の(1)から(11)までに該当するもの

(1)　次の(i)又は(ii)に該当するもの

(i)地階を除く階数が2又は3であり、かつ、1階部分を鉄筋コンクリート造とし、2階以上の部分を木造としたもの

(ii)地階を除く階数が3であり、かつ、1階及び2階部分を鉄筋コンクリート造とし、3階部分を木造としたもの

(2)　高さが13m以下で、かつ、軒の高さが9m以下であるもの

(3)　延べ面積が500㎡以内であるもの

(4)　地上部分について、令第82条の2に適合することが確かめられたもの

(5)　(1)(i)に該当するもののうち地階を除く階数が3であるものにあっては、2階及び3階部分について、令第82条の6第二号イに適合することが確かめられたもの。この場合において、同号イ中「当該建築物」とあるのは、「2階及び3階部分」と読み替えるものとする。

(6)　(1)(ii)に該当するものにあっては、1階及び2階部分について、令第82条の6第二号イに適合することが確かめられたもの。この場合において、同号イ中「当該建築物」とあるのは、「1階及び2階部分」と読み替えるものとする。

(7)　地上部分について、各階の偏心率が令第82条の6第二号ロに適合することが確かめられたもの

(8)　鉄筋コンクリート造の構造部分について、昭和55年建設省告示第1791号第3第一号に定める構造計算を行ったもの

(9)　木造の構造部分について、昭和55年建設省告示第1791号第1に定める構造計算を行ったもの

(10)　CLTパネル工法を用いた建築物の構造部分について、平成28年国土交通省告示第611号第9第二号に定める構造計算を行ったもの

(11)　第一号イ(5)の規定に適合するもの

ロ　次の(1)から(5)までに該当するもの

(1)　地階を除く階数が2であり、かつ、1階部分を鉄筋コンクリート造とし、2階部分を木造としたもの

(2)　イ(2)、(4)及び(7)から(10)までに該当するもの

(3)　延べ面積が3,000㎡以内であるもの

(4)　2階部分の令第88条第1項に規定する地震力について、標準せん断力係数を0.3以上（同項ただし書の区域内における木造のもの（令第46条第2項第一号に掲げる基準に適合するものを除く。）にあっては、0.45以上）とする計算をし、当該地震力によって令第82条第一号から第三号までに規定する構造計算をした場合に安全であることが確かめられたもの又は特別な調査若しくは研究の結果に基づき当該建築物の振動特性を適切に考慮し、安全上支障のないことが確かめられたもの

(5)　第一号イ(5)の規定に適合するもの

五　構造耐力上主要な部分である床版又は屋根版にデッキプレート版を用いた建築物であって、デッキプレート版を用いた部分以外の部分（建築物の高さ及び軒の高さについては当該屋根版を含む。以下同じ。）が次のイからヘまでのいずれか及びトに該当するもの以外のもの

イ　高さが13m以下で、かつ、軒の高さが9m以下である木造のもの

ロ　地階を除く階数が3以下である組積造又は補強コンクリートブロック造のもの

ハ　地階を除く階数が3以下、高さが13m以下及び軒の高さが9m以下である鉄骨造のものであって、第一号イ又はロ（薄板軽量形鋼造のもの及び屋上を自動車の駐車その他これに類する積載荷重の大きな用途に供するものにあっては、イ）に該当するもの

ニ　高さが20m以下である鉄筋コンクリート造（壁式ラーメン鉄筋コンクリート造、壁式鉄筋コンクリート造及び鉄筋コンクリート組積造を除く。）若しくは鉄骨鉄筋コンクリート造のもの又はこれらの構造を併用するものであって、第二号イに該当するもの

ホ　木造、組積造、補強コンクリートブロック造及び鉄骨造のうち2以上の構造を併用するもの又はこれらの構造のうち1以上の構造と鉄筋コンクリート造若しくは鉄骨鉄筋コンクリート造とを併用するものであって、第三号イ(1)から(5)までに該当するもの

ヘ　木造と鉄筋コンクリート造の構造を併用するものであって、前号イ(1)から(10)まで又は前号ロ(1)から(4)までに該当するもの

ト　第一号イ(5)の規定に適合するもの

六　構造耐力上主要な部分である床版又は屋根版に軽量気泡コンクリートパネルを用いた建築物であって、軽量気泡コンクリートパネルを用いた部分以外の部分（建築物の高さ及び軒の高さについては当該屋根版を含む。以下同じ。）が前号イ若しくはハ又はホ（木造と鉄骨造の構造を併用するものに限る。）及びトに該当するもの以外のもの

七　屋根版にシステムトラスを用いた建築物であって、屋根版以外の部分（建築物の高さ及び軒の高さについては当該屋根版を含む。以下同じ。）が第五号イからヘまでのいずれか及びトに該当するもの以外のもの

八　平成14年国土交通省告示第666号に規定する骨組膜構造の建築物であって、次のイ又はロに該当するもの以外のもの

イ　次の(1)及び(2)に該当するもの

(1)　平成14年国土交通省告示第666号第1第2項第一号ロ(1)から(3)までに規定する構造方法に該当するもの

(2)　骨組の構造が第五号イからヘまでのいずれかに該当し、天井がトに該当するもの

ロ　次の(1)及び(2)に該当するもの

(1)　平成14年国土交通省告示第666号第5第1項各号及び第2項から第6項まで（第4項を除く。）に規定する構造計算によって構造耐力上安全であることが確かめられたもの

(2)　第一号イ(5)の規定に適合するもの

附則（抄）

1　（略）

2　昭和55年建設省告示第1790号は、廃止する。

建築物の基礎の構造方法及び構造計算の基準を定める件

制定：平成 12 年 5 月 23 日　建設省告示第 1347 号
改正：令和　4 年 5 月 27 日　国土交通省告示第 592 号

建築基準法施行令（昭和 25 年政令第 338 号）第 38 条第 3 項及び第 4 項の規定に基づき、建築物の基礎の構造方法及び構造計算の基準を次のように定める。

第 1

建築基準法施行令（以下「令」という。）第 38 条第 3 項に規定する建築物の基礎の構造は、次の各号のいずれかに該当する場合を除き、地盤の長期に生ずる力に対する許容応力度（改良された地盤にあっては、改良後の許容応力度とする。以下同じ。）が 1㎡につき 20 kN 未満の場合にあっては基礎ぐいを用いた構造と、1㎡につき 20 kN 以上 30 kN 未満の場合にあっては基礎ぐいを用いた構造又はべた基礎と、1㎡につき 30 kN 以上の場合にあっては基礎ぐいを用いた構造、べた基礎又は布基礎としなければならない。

一　次のイ又はロに掲げる建築物に用いる基礎である場合
　イ　木造の建築物のうち、茶室、あずまやその他これらに類するもの
　ロ　延べ面積が 10㎡以内の物置、納屋その他これらに類するもの
二　地盤の長期に生ずる力に対する許容応力度が 1㎡につき 70kN 以上の場合であって、木造建築物又は木造と組積造その他の構造とを併用する建築物の木造の構造部分のうち、令第 42 条第 1 項ただし書の規定により土台を設けないものに用いる基礎である場合
三　門、塀その他これらに類するものの基礎である場合
四　建築基準法（昭和 25 年法律第 201 号）第 85 条第 2 項、第 6 項又は第 7 項に規定する仮設建築物（同法第 6 条第 1 項第二号及び第三号に掲げる建築物を除く。）に用いる基礎である場合

2　建築物の基礎を基礎ぐいを用いた構造とする場合にあっては、次に定めるところによらなければならない。
一　基礎ぐいは、構造耐力上安全に基礎ぐいの上部を支えるよう配置すること。
二　木造の建築物若しくは木造と組積造その他の構造とを併用する建築物の木造の構造部分（平家建ての建築物で延べ面積が 50㎡以下のものを除く。）の土台の下又は組積造の壁若しくは補強コンクリートブロック造の耐力壁の下にあっては、一体の鉄筋コンクリート造（2 以上の部材を組み合わせたもので、部材相互を緊結したものを含む。以下同じ。）の基礎ばりを設けること。
三　基礎ぐいの構造は、次に定めるところによるか、又はこれらと同等以上の支持力を有するものとすること。
　イ　場所打ちコンクリートぐいとする場合にあっては、次に定める構造とすること。
　　(1)　主筋として異形鉄筋を 6 本以上用い、かつ、帯筋と緊結したもの
　　(2)　主筋の断面積の合計のくい断面積に対する割合を 0.4% 以上としたもの
　ロ　高強度プレストレストコンクリートぐいとする場合にあっては、日本産業規格 A5337（プレテンション方式遠心力高強度プレストレストコンクリートくい）-1995 に適合するものとすること。
　ハ　遠心力鉄筋コンクリートぐいとする場合にあっては、日本産業規格 A5310（遠心力鉄筋コンクリートくい）-1995 に適合するものとすること。
　ニ　鋼管ぐいとする場合にあっては、くいの肉厚は 6㎜以上とし、かつ、くいの直径の$\frac{1}{100}$以上とすること。

3　建築物の基礎をべた基礎とする場合にあっては、次に定めるところによらなければならない。
一　一体の鉄筋コンクリート造とすること。ただし、地盤の長期に生ずる力に対する許容応力度が 1㎡につき 70 kN 以上であって、かつ、密実な砂質地盤その他著しい不同沈下等の生ずるおそれのない地盤にあり、基礎に損傷を生ずるおそれのない場合にあっては、無筋コンクリート造とすることができる。
二　木造の建築物若しくは木造と組積造その他の構造とを併用する建築物の木造の土台の下又は組積造の壁若しくは補強コンクリートブロック造の耐力壁の下にあっては、連続した立上り部分を設ける

ものとすること。

三　立上り部分の高さは地上部分で 30cm以上と、立上り部分の厚さは 12cm以上と、基礎の底盤の厚さは 12cm以上とすること。

四　根入れの深さは、基礎の底部を雨水等の影響を受けるおそれのない密実で良好な地盤に達したものとした場合を除き、12cm以上とし、かつ、凍結深度よりも深いものとすることその他凍上を防止するための有効な措置を講ずること。

五　鉄筋コンクリート造とする場合には、次に掲げる基準に適合したものであること。

イ　立上り部分の主筋として径 12mm以上の異形鉄筋を、立上り部分の上端及び立上り部分の下部の底盤にそれぞれ１本以上配置し、かつ、補強筋と緊結したものとすること。

ロ　立上り部分の補強筋として径 9mm以上の鉄筋を 30cm以下の間隔で縦に配置したものとすること。

ハ　底盤の補強筋として径 9mm以上の鉄筋を縦横に 30cm以下の間隔で配置したものとすること。

ニ　換気口を設ける場合は、その周辺に径 9mm以上の補強筋を配置すること。

4　建築物の基礎を布基礎とする場合にあっては、次に定めるところによらなければならない。

一　前項各号（第五号ハを除く。）の規定によること。ただし、根入れの深さにあっては 24cm以上と、底盤の厚さにあっては 15cm以上としなければならない。

二　底盤の幅は、地盤の長期に生ずる力に対する許容応力度及び建築物の種類に応じて、次の表に定める数値以上の数値とすること。ただし、基礎ぐいを用いた構造とする場合にあっては、この限りでない。

底盤の幅（単位　cm）／地盤の長期に生ずる力に対する許容応力度（単位　kN/㎡）	建築物の種類		
	木造又は鉄骨造その他これに類する重量の小さな建築物		その他の建築物
	平家建て	2 階建て	
30 以上 50 未満の場合	30	45	60
50 以上 70 未満の場合	24	36	45
70 以上の場合	18	24	30

三　鉄筋コンクリート造とする場合にあって、前号の規定による底盤の幅が 24cmを超えるものとした場合には、底盤に補強筋として径 9mm以上の鉄筋を 30cm以下の間隔で配置し、底盤の両端部に配置した径 9mm以上の鉄筋と緊結すること。

第 2

令第 38 条第 4 項に規定する建築物の基礎の構造計算の基準は、次のとおりとする。

一　建築物、敷地、地盤その他の基礎に影響を与えるものの実況に応じて、土圧、水圧その他の荷重及び外力を採用し、令第 82 条第一号から第三号までに定める構造計算を行うこと。

二　前号の構造計算を行うに当たり、自重による沈下その他の地盤の変形等を考慮して建築物又は建築物の部分に有害な損傷、変形及び沈下が生じないことを確かめること。

屋根ふき材、外装材及び屋外に面する帳壁の構造方法

制定：昭和 46 年　1 月 29 日　建設省告示第 109 号
改正：令和　2 年 12 月　7 日　国土交通省告示第 1435 号

建築基準法施行令（昭和 25 年政令第 338 号）第 39 条第 2 項の規定に基づき、屋根ふき材、外装材及び屋外に面する帳壁の構造方法を次のように定める。

第 1

屋根ふき材は、次に定めるところによらなければならない。

一　屋根ふき材は、荷重又は外力により、脱落又は浮き上がりを起さないように、たるき、梁、けた、野地板その他これらに類する構造部材に取り付けるものとすること。
二　屋根ふき材及び緊結金物その他これらに類するものが、腐食又は腐朽するおそれがある場合には、有効なさび止め又は防腐のための措置をすること。
三　屋根瓦は、次のイからニまでに掲げる屋根の部分の区分に応じ、それぞれ当該イからニまでに定める方法でふき、又はこれと同等以上の耐力を有するようにふくこと。ただし、平成12年建設省告示第1458号に定める基準に従つた構造計算によつて構造耐力上安全であることが確かめられた場合においては、この限りでない。
イ　軒　J形（日本産業規格（以下「JIS」という。）A5208（粘土がわら）-1996に規定するJ形をいう。）の軒瓦（JIS A5208（粘土がわら）-1996に適合するもの又はこれと同等以上の性能を有するものに限る。）又はS形（JIS A5208（粘土がわら）-1996に規定するS形をいう。）若しくはF形（JIS A5208（粘土がわら）-1996に規定するF形をいう。以下同じ。）の桟瓦（JIS A5208（粘土がわら）-1996に適合するもの又はこれと同等以上の性能を有するものに限る。以下同じ。）を3本以上のくぎ（容易に抜け出ないように加工されたものに限る。）又はねじ（以下「くぎ等」という。）で下地に緊結する方法
ロ　けらば　袖瓦（JIS A5208（粘土がわら）-1996に適合するもの又はこれと同等以上の性能を有するものに限る。）を3本以上のくぎ等で下地に緊結する方法
ハ　むね　下地に緊結した金物に芯材を取り付け、冠瓦（JIS A5208（粘土がわら）-1996に適合するもの又はこれと同等以上の性能を有するものに限る。）をねじで当該芯材に緊結する方法
ニ　イからハまでに掲げる屋根の部分以外の屋根の部分　桟瓦をくぎ等で下地に緊結し、かつ、次の(1)又は(2)のいずれかに該当する場合においては、隣接する桟瓦をフックその他これに類する部分によつて構造耐力上有効に組み合わせる方法
(1)　V_0（建築基準法施行令第87条第2項に規定するV_0をいう。以下同じ。）が38m/秒以上の区域である場合
(2)　V_0が32m/秒以上の区域においてF形の桟瓦を使用する場合（当該桟瓦を2本以上のくぎ等で下地に緊結する場合を除く。）

第2

外装材は、次の各号に定めるところによらなければならない。
一　建築物の屋外に面する部分に取り付ける飾石、張り石その他これらに類するものは、ボルト、かすがい、銅線その他の金物で軸組、壁、柱又は構造耐力上主要な部分に緊結すること。
二　建築物の屋外に面する部分に取り付けるタイルその他これらに類するものは、銅線、くぎその他の金物又はモルタルその他の接着剤で下地に緊結すること。

第3

地階を除く階数が3以上である建築物の屋外に面する帳壁は、次に定めるところによらなければならない。
一　帳壁及びその支持構造部分は、荷重又は外力により脱落することがないように構造耐力上主要な部分に取り付けること。
二　プレキャストコンクリート板を使用する帳壁は、その上部又は下部の支持構造部分において可動すること。ただし、構造計算又は実験によつてプレキャストコンクリート板を使用する帳壁及びその支持構造部分に著しい変形が生じないことを確かめた場合にあつては、この限りでない。
三　鉄網モルタル塗の帳壁に使用するラスシート、ワイヤラス又はメタルラスは、JIS A5524（ラスシート（角波亜鉛鉄板ラス））-1994、JIS A5504（ワイヤラス）-1994又はJIS A5505（メタルラス）-1995にそれぞれ適合するか、又はこれらと同等以上の性能を有することとし、かつ、間柱又は胴縁その他の下地材に緊結すること。
四　帳壁として窓にガラス入りのはめごろし戸（網入ガラス入りのものを除く。）を設ける場合にあつては、硬化性のシーリング材を使用しないこと。ただし、ガラスの落下による危害を防止するための措置が講じられている場合にあつては、この限りでない。
五　高さ31mを超える建築物（高さ31m以下の部分で高さ31mを超える部分の構造耐力上の影響を受

けない部分を除く。）の屋外に面する帳壁は、その高さの$\frac{1}{150}$の層間変位に対して脱落しないこと。ただし、構造計算によつて帳壁が脱落しないことを確かめた場合においては、この限りでない。

特定天井及び特定天井の構造耐力上安全な構造方法を定める件

制定：平成25年8月 5日 国土交通省告示第771号
改正：令和元年 6月25日 国土交通省告示第203号

建築基準法施行令（昭和25年政令第338号）第39条第3項の規定に基づき、特定天井及び特定天井の構造耐力上安全な構造方法を次のように定める。

建築基準法施行令（昭和25年政令第338号）第39条第3項の規定に基づき、特定天井を第2に、特定天井の構造方法を第3に定める。

第1

この告示において次の各号に掲げる用語の意義は、それぞれ当該各号に定めるところによる。

一 吊り天井 天井のうち、構造耐力上主要な部分又は支持構造部（以下「構造耐力上主要な部分等」という。）から天井面構成部材を吊り材により吊り下げる構造の天井をいう。

二 天井材 天井面構成部材、吊り材、斜め部材その他の天井を構成する材料をいう。

三 天井面構成部材 天井面を構成する天井板、天井下地材及びこれに附属する金物をいう。

四 天井面構成部材等 天井面構成部材並びに照明設備その他の建築物の部分又は建築物に取り付けるもの（天井材以外の部分のみで自重を支えるものを除く。）であって、天井面構成部材に地震その他の震動及び衝撃により生ずる力を負担させるものをいう。

五 吊り材 吊りボルト、ハンガーその他の構造耐力上主要な部分等から天井面構成部材を吊るための部材をいう。

六 斜め部材 地震の震動により天井に生ずる力を構造耐力上主要な部分等に伝達するために天井面に対して斜めに設ける部材をいう。

七 吊り長さ 構造耐力上主要な部分（支持構造部から吊り下げる天井で、支持構造部が十分な剛性及び強度を有する場合にあっては、支持構造部）で吊り材が取り付けられた部分から天井面の下面までの鉛直方向の長さをいう。

第2 特定天井

特定天井は、吊り天井であって、次の各号のいずれにも該当するものとする。

一 居室、廊下その他の人が日常立ち入る場所に設けられるもの

二 高さが6mを超える天井の部分で、その水平投影面積が200㎡を超えるものを含むもの

三 天井面構成部材等の単位面積質量（天井面の面積の1㎡当たりの質量をいう。以下同じ。）が2kgを超えるもの

第3 特定天井の構造方法

特定天井の構造方法は、次の各項のいずれかに定めるものとする。

2 次の各号に掲げる基準に適合する構造とすること。

一 天井面構成部材等の単位面積質量は、20kg以下とすること。

二 天井材（グラスウール、ロックウールその他の軟質な繊維状の材料から成る単位面積質量が4kg以下の天井板で、他の天井面構成部材に適切に取り付けられているものを除く。）は、ボルト接合、ねじ接合その他これらに類する接合方法により相互に緊結すること。

三 支持構造部は十分な剛性及び強度を有するものとし、建築物の構造耐力上主要な部分に緊結すること。

四 吊り材には日本産業規格(以下「JIS」という。) A6517(建築用鋼製下地(壁・天井)) －2010に定めるつりボルトの規定に適合するもの又はこれと同等以上の引張強度を有するものを用いること。

五 吊り材及び斜め部材（天井材に緊結するものを除く。）は、埋込みインサートを用いた接合、ボル

ト接合その他これらに類する接合方法により構造耐力上主要な部分等に緊結すること。

六　吊り材は、天井面構成部材を鉛直方向に支持し、かつ、天井面の面積が1㎡当たりの平均本数を1本（天井面構成部材等の単位面積質量が6kg以下のものにあっては、0.5本）以上とし、釣合い良く配置しなければならない。

七　天井面構成部材に天井面の段差その他の地震時に有害な応力集中が生ずるおそれのある部分を設けないこと。

八　吊り長さは、3m以下とし、おおむね均一とすること。

九　斜め部材（JIS G3302（溶融亜鉛めっき鋼板及び鋼帯）－2010、JIS G3321（溶融55%アルミニウム－亜鉛合金めっき鋼板及び鋼帯）－2010又はこれと同等以上の品質を有する材料を使用したものに限る。）は、2本の斜め部材の下端を近接してV字状に配置したものを一組とし、次の表に掲げる式により算定した組数以上を張り間方向及びけた行方向に釣合い良く配置しなければならない。ただし、水平方向に同等以上の耐力を有することが確かめられ、かつ、地震その他の震動及び衝撃により天井に生ずる力を伝達するために設ける部材が釣合い良く配置されている場合にあっては、この限りでない。

式	$n = \frac{kW}{3\alpha B} \cdot \gamma \cdot L_b^3$

この式において、n、k、W、α、B、γ及びL_bは、それぞれ次の数値を表すものとする。

n　2本の斜め部材から構成される組数

k　天井を設ける階に応じて次の表に掲げる水平震度

	天井を設ける階	水平震度
(1)	0.3（2N+1）を超えない整数に1を加えた階から最上階までの階	2.2r
(2)	(1)及び(3)以外の階	1.3r
(3)	0.11（2N+1）を超えない整数の階から最下階までの階	0.5

この表において、N及びrは、それぞれ次の数値を表すものとする。

N　地上部分の階数

r　次に定める式によって計算した数値

$$r = \min\left[\frac{1+0.125(N-1)}{1.5}, 1.0\right]$$

W　天井面構成部材及び天井面構成部材に地震その他の震動及び衝撃により生ずる力を負担させるものの総重量（単位　kN）

α　斜め部材の断面形状及び寸法に応じて次の表に掲げる数値

	断面形状	寸法（単位　mm）			α
		高さ	幅	板厚	
(1)	溝形	38	12	1.2	0.785
(2)		38	12	1.6	1.000
(3)		40	20	1.6	4.361
(4)	その他の断面形状又は寸法				I/1080

この表において、Iは次の数値を表すものとする。

I　当該断面形状及び寸法の斜め部材の弱軸周りの断面二次モーメント（単位　mm^4）

B　斜め部材の水平投影長さ（単位　m）

γ　斜め部材の細長比に応じて次の表に掲げる割増係数

細長比	割増係数
$\lambda < 130$の場合	$\left\{\frac{18}{65\left(\frac{\lambda}{130}\right)^2}\right\}\left\{\frac{\frac{3}{2}+\frac{2}{3}\left(\frac{\lambda}{130}\right)^2}{1-\frac{2}{5}\left(\frac{\lambda}{130}\right)^2}\right\}$

$\lambda \geqq 130$の場合	1
この表において、λは斜め部材の細長比を表す。	

L_b　斜め部材の長さ（単位　m）

十　天井面構成部材と壁、柱その他の建築物の部分又は建築物に取り付けるもの（構造耐力上主要な部分以外の部分であって、天井面構成部材に地震その他の震動及び衝撃により生ずる力を負担させるものを除く。以下「壁等」という。）との間に、6cm以上の隙間（当該隙間の全部又は一部に相互に応力を伝えない部分を設ける場合にあっては、当該部分は隙間とみなす。以下同じ。）を設けること。ただし、特別な調査又は研究の結果に基づいて、地震時に天井面構成部材が壁等と衝突しないよう天井面構成部材と壁等との隙間を算出する場合においては、当該算出によることができるものとする。

十一　建築物の屋外に面する天井は、風圧により脱落することがないように取り付けること。

3　次の各号に掲げる基準に適合する構造とすること。

一　前項第一号から第四号まで及び第七号に掲げる基準に適合すること。

二　天井板にはせっこうボード（JIS A6901（せっこうボード製品）-2014に規定するせっこうボードをいう。）のうち厚さ9.5㎜以上のもの又はこれと同等以上の剛性及び強度を有するものを用いること。

三　天井面構成部材（天井板を除く。）にはJIS A6517（建築用鋼製下地（壁・天井））-2010に定める天井下地材の規定に適合するもの又はこれと同等以上の剛性及び強度を有するものを用いること。

四　吊り材は、埋込みインサートを用いた接合、ボルト接合その他これらに類する接合方法により構造耐力上主要な部分等に緊結すること。

五　吊り材は、天井面構成部材を鉛直方向に支持し、かつ、天井面の面積が1㎡当たりの平均本数を1本以上とし、釣合い良く配置しなければならない。

六　天井面は水平とすること。

七　吊り長さは、1.5m（吊り材の共振を有効に防止する補剛材等を設けた場合にあっては、3m）以下とすること。

八　天井面の長さは、張り間方向及び桁行方向それぞれについて、次の式によって計算した数値（当該計算した数値が20m以上となる場合にあっては、20m）以下とすること。

式　$Lmax = Pa / (k \cdot w)$

この式において、$Lmax$、Pa、k及びwは、それぞれ次の数値を表すものとする。

$Lmax$　天井面の長さ（単位　m）

Pa　次に定める式によって計算した天井面の幅1m当たりの許容耐力

$Pa = Pcr \cdot R_{HL} \cdot Ro / 1.5$

この式において、Pcr、R_{HL}及びRoは、それぞれ次の数値を表すものとする。

Pcr　加力試験により求めた天井面の幅1m当たりの損傷耐力

R_{HL}　試験体の吊り長さを設計吊り長さで除した値を2乗した値（1.0を超える場合にあっては、1.0）

Ro　幅開口率（天井に設ける開口部（天井下地材を切り欠いたものに限る。）を加力方向に水平投影した長さの合計のその天井の幅に対する割合をいう。以下同じ。）に応じて次の表に掲げる低減率

幅開口率	低減率
20%未満	1.0
20%以上50%未満	$(100 - Wo) / 80$
50%以上	0
この表において、Woは幅開口率（単位　%）を表すものとする。	

k　天井を設ける階に応じて次の表に掲げる水平震度

	天井を設ける階	水平震度
(1)	0.3（$2N+1$）を超えない整数に1を加えた階から最上階までの階	$3.0r$
(2)	(1)及び(3)以外の階	$1.7r$

(3)	0.11（2N+1）を超えない整数の階から最下階までの階	0.7

この表において、N 及び r は、それぞれ次の数値を表すものとする。
N　地上部分の階数
r　次に定める式によって計算した数

$$r=\min\left[\frac{1+0.125\ (N-1)}{1.5},1.0\right]$$

w　天井面構成部材並びに天井面構成部材に地震その他の震動及び衝撃により生ずる力を負担させるものの単位面積重量（単位　kN/㎡）

九　天井面の周囲には、壁等を天井面の端部との間に隙間が生じないように設けること。この場合において、天井面構成部材並びに天井面構成部材に地震その他の震動及び衝撃により生ずる力を負担させるものの単位面積重量に、天井を設ける階に応じて前号の表に掲げる水平震度以上の数値を乗じて得られた水平方向の地震力を壁等に加えた場合に、構造耐力上支障のある変形及び損傷が生じないことを確かめること。

十　天井面を貫通して地震時に天井面と一体的に振動しないおそれのある部分が設けられている場合にあっては、天井面と当該部分との間に、5cm（当該部分が柱である場合にあっては、2.5cm）以上の隙間を設けること。

十一　斜め部材を設けないこと。

十二　屋外に面しないものとすること。

4　次の各号のいずれかに定める構造計算によって構造耐力上安全であることが確かめられた構造とすること。

一　次のイからニまでに定めるところによること。この場合において、吊り材、斜め部材その他の天井材は釣合い良く配置することとし、吊り材を支持構造部に取り付ける場合にあっては、支持構造部は十分な剛性及び強度を有するものとしなければならない。

イ　天井面構成部材の各部分が、地震の震動により生ずる力を構造耐力上有効に当該天井面構成部材の他の部分に伝えることができる剛性及び強度を有することを確かめること。

ロ　天井面構成部材及び天井面構成部材に地震その他の震動及び衝撃により生ずる力を負担させるものの総重量に、天井を設ける階に応じて次の表に掲げる水平震度以上の数値を乗じて得られた水平方向の地震力（計算しようとする方向の柱の相互の間隔が15mを超える場合にあっては、当該水平方向の地震力に加えて、天井面構成部材及び天井面構成部材に地震その他の震動及び衝撃により生ずる力を負担させるものの総重量に数値が一以上の鉛直震度を乗じて得られた鉛直方向の地震力）により天井に生ずる力が当該天井の許容耐力（繰り返し載荷試験その他の試験又は計算によって確認した損傷耐力（天井材の損傷又は接合部分の滑り若しくは外れが生ずる力に対する耐力をいう。）に $\frac{2}{3}$ 以下の数値を乗じた値をいう。）を超えないことを確かめること。

	天井を設ける階	水平震度
(1)	0.3（2N+1）を超えない整数に1を加えた階から最上階までの階	2.2rZ
(2)	(1)及び(3)以外の階	1.3rZ
(3)	0.11（2N+1）を超えない整数の階から最下階までの階	0.5

この表において、N、r 及び Z は、それぞれ次の数値を表すものとする。
N　地上部分の階数
r　次に定める式によって計算した数値

$$r=\min\left[\frac{1+0.125\ (N-1)}{1.5},1.0\right]$$

Z　建築基準法施行令（昭和25年政令第338号）第88条第1項に規定するZの数値

ハ　天井面構成部材と壁等との隙間が、6cmに吊り長さが3mを超える部分の長さに $\frac{1.5}{200}$ を乗じた値を加えた数値以上であることを確かめること。ただし、特別な調査又は研究の結果に基づいて、地震時に天井面構成部材が壁等と衝突しないよう天井面構成部材と壁等との隙間を算出する場合においては、当該算出によることができるものとする。

ニ　イからハまでの構造計算を行うに当たり、風圧並びに地震以外の震動及び衝撃を適切に考慮すること。

二　平成 12 年建設省告示第 1457 号第 11 第二号イからニまでに定めるところによること。

建築基準法施行令の規定に基づき地盤が軟弱な区域として特定行政庁が区域を指定する基準

制定：昭和 62 年 11 月 10 日　建設省告示第 1897 号

建築基準法施行令（昭和 25 年政令第 338 号）第 42 条第 1 項の規定に基づき、地盤が軟弱な区域として特定行政庁が区域を指定する基準を次のように定める。

地盤が軟弱な区域は、次の各号の一に該当する区域であるものとする。

一　地耐力度が小さく不同沈下のおそれがある区域

二　地震時に液状化するおそれがある砂質土地盤区域

三　地盤が昭和 55 年建設省告示第 1793 号第 2 の表中 Tc に関する表に掲げる第三種地盤に該当する区域

柱と基礎とを接合する構造方法等を定める件

制定：平成 28 年 4 月 22 日　国土交通省告示第 690 号

建築基準法施行令（昭和 25 年政令第 338 号）第 42 条第 1 項第三号の規定に基づき、柱と基礎とを接合する構造方法及び当該柱に構造耐力上支障のある引張応力が生じないことを確かめる方法を次のように定める。

第 1

建築基準法施行令（以下「令」という。）第 42 条第 1 項第三号に規定する柱と基礎を接合する構造方法は、次に掲げる基準に適合するものとする。

一　直径 11㎜の鋼材のだぼ（JIS G3101（一般構造用圧延鋼材）-1995 に規定する SS400 に適合するものに限る。）を基礎に緊結し、当該だぼを小径 105㎜以上の柱（構造耐力上主要な部分である柱で最下階の部分に使用するものをいう。以下同じ。）に長さ 90㎜以上埋込む方法又はこれと同等以上の耐力を有するだぼ継ぎによって、構造耐力上有効に接合すること。

二　腐食のおそれのある部分又は常時湿潤状態となるおそれのある部分に用いる場合には、有効なさび止めその他の劣化防止のための措置を講ずること。

第 2

令第 42 条第 1 項第三号に規定する柱に構造耐力上支障のある引張応力が生じないことを確かめる方法は、次のいずれかに定めるものとする。

一　全ての柱（基礎に緊結した柱を除く。）において、柱の周囲の軸組の種類及び配置を考慮して、当該柱に引張応力が生じないこと並びに 45㎜の柱の浮き上がりに対してだぼが外れるおそれがないことを確かめること。

二　令第 46 条第 4 項の規定による各階における張り間方向及び桁行方向の軸組の長さの合計に、軸組の種類に応じた倍率の各階における最大値に応じた次の表に掲げる低減係数を乗じて得た数値が、同項の規定による各階の床面積に同項の表 2 の数値（特定行政庁が令第 88 条第 2 項の規定によって指定した区域内における場合においては、同表の数値のそれぞれ 1.5 倍とした数値）を乗じて得た数値以上であること並びに 120㎜の柱の浮き上がりに対してだぼが外れるおそれがないことを確かめること。

軸組の種類に応じた倍率の各階における最大値	低減係数		
	階数が1の建築物	階数が2の建築物の1階	階数が2の建築物の2階
1.0以下の場合	1.0	1.0	1.0
1.0を超え、1.5以下の場合	1.0	1.0	0.9
1.5を超え、3.0以下の場合	0.6	0.9	0.5

木造の柱の構造耐力上の安全性を確かめるための構造計算の基準を定める件

制定：平成12年5月23日　建設省告示第1349号
改正：平成13年6月12日　国土交通省告示第1024号

建築基準法施行令（昭和25年政令第338号）第43条第1項ただし書及び第2項ただし書の規定に基づき、木造の柱の構造耐力上の安全性を確かめるための構造計算の基準を次のように定める。

建築基準法施行令（以下「令」という。）第43条第1項ただし書及び第2項ただし書に規定する木造の柱の構造耐力上の安全性を確かめるための構造計算の基準は、次のとおりとする。

一　令第3章第8節第2款に規定する荷重及び外力によって当該柱に生ずる力を計算すること。

二　前号の当該柱の断面に生ずる長期及び短期の圧縮の各応力度を令第82条第二号の表に掲げる式によって計算すること。

三　前号の規定によって計算した長期及び短期の圧縮の各応力度が、平成13年国土交通省告示第1024号第1第一号ロに定める基準に従って計算した長期に生ずる力又は短期に生ずる力に対する圧縮材の座屈の各許容応力度を超えないことを確かめること。

構造耐力上主要な部分である柱及び横架材に使用する集成材その他の木材の品質の強度及び耐久性に関する基準を定める件

制定：昭和62年11月10日　建設省告示第1898号
改正：令和 2年 8月28日　国土交通省告示第821号

建築基準法施行令（昭和25年政令第338号）第46条第2項第一号イの規定に基づき、構造耐力上主要な部分である柱及び横架材（間柱、小ばりその他これらに類するものを除く。）に使用する集成材その他の木材の品質の強度及び耐久性に関する基準を次のように定める。

構造耐力上主要な部分である柱及び横架材（間柱、小ばりその他これらに類するものを除く。）に使用する集成材その他の木材は、次のいずれかに適合すること。

一　集成材の日本農林規格（平成19年農林水産省告示第1152号）第5条に規定する構造用集成材の規格及び第6条に規定する化粧ばり構造用集成柱の規格

二　単板積層材の日本農林規格（平成20年農林水産省告示第701号）第1部4.2に規定する構造用単板積層材の規格

三　平成13年国土交通省告示第1024号第3第三号の規定に基づき、国土交通大臣が基準強度の数値を指定した集成材

四　建築基準法（昭和25年法律第201号）第37条第二号の規定による国土交通大臣の認定を受け、かつ、平成13年国土交通省告示第1540号第2第三号の規定に基づき、国土交通大臣がその許容応力度及び材料強度の数値を指定した木質接着成形軸材料又は木質複合軸材料

五　製材の日本農林規格（平成19年農林水産省告示第1083号）第3部に規定する目視等級区分構造用

製材の規格又は同告示第4部に規定する機械等級区分構造用製材の規格のうち、含水率の基準が15% 以下（次のイ又はロに掲げる接合とした場合にあっては、当該接合の種類に応じてそれぞれ次のイ又はロに定める数値以下）のもの

イ　径24㎜の込み栓を用いた接合又はこれと同等以上に乾燥割れにより耐力が低下するおそれの少ない構造の接合　30%

ロ　乾燥割れにより耐力が低下するおそれの少ない構造の接合（イに掲げる接合を除く。）20%

六　平成12年建設省告示第1452号第六号の規定に基づき、国土交通大臣が基準強度の数値を指定した木材のうち、含水率の基準が15% 以下（前号イ又はロに掲げる接合とした場合にあっては、当該接合の種類に応じてそれぞれ同号イ又はロに定める数値以下）のもの

木造若しくは鉄骨造の建築物又は建築物の構造部分の構造耐力上安全であることを確かめるための構造計算の基準を定める件

制定：昭和62年11月10日　建設省告示第1899号
改正：平成19年 5月18日　国土交通省告示第617号

建築基準法施行令（昭和25年政令第338号）第46条第2項第一号ハ及び第3項、第48条第1項第二号ただし書並びに第69条の規定に基づき、木造若しくは鉄骨造の建築物又は建築物の構造部分が構造耐力上安全であることを確かめるための構造計算の基準を次のように定める。

建築基準法施行令（以下「令」という。）第46条第2項第一号ハ及び第3項、第48条第1項第二号ただし書並びに第69条の規定に基づき、木造若しくは鉄骨造の建築物又は建築物の構造部分が構造耐力上安全であることを確かめるための構造計算の基準は、次のとおりとする。

一　令第82条各号に定めるところによること。

二　令第82条の2に定めるところによること。ただし、令第88条第1項に規定する標準せん断力係数を0.3以上とした地震力によって構造耐力上主要な部分に生ずる力を計算して令第82条第一号から第三号までに規定する構造計算を行って安全性が確かめられた場合にあっては、この限りでない。

三　木造の建築物にあっては、令第82条の6第二号ロに定めるところにより張り間方向及びけた行方向の偏心率を計算し、それぞれ0.15を超えないことを確かめること。ただし、偏心率が0.15を超える方向について、次のいずれかに該当する場合にあっては、この限りでない。

イ　偏心率が0.3以下であり、かつ、令第88条第1項に規定する地震力について標準層せん断力係数を0.2に昭和55年建設省告示第1792号第7の表2の式によって計算したFeの数値を乗じて得た数値以上とする計算をして令第82条第一号から第三号までに規定する構造計算を行って安全性が確かめられた場合

ロ　偏心率が0.3以下であり、かつ、令第88条第1項に規定する地震力が作用する場合における各階の構造耐力上主要な部分の当該階の剛心からの距離に応じたねじれの大きさを考慮して当該構造耐力上主要な部分に生ずる力を計算して令第82条第一号から第三号までに規定する構造計算を行って安全性が確かめられた場合

ハ　令第82条の3の規定に適合する場合

床組及び小屋ばり組に木板その他これに類するものを打ち付ける基準を定める件

制定：平成28年4月22日　国土交通省告示第691号
改正：令和 5年3月28日　国土交通省告示第229号

建築基準法施行令（昭和25年政令第338号）第46条第3項の規定に基づき、床組及び小屋ばり組に木板その他これに類するものを打ち付ける基準を次のように定める。

建築基準法施行令（以下「令」という。）第46条第3項に規定する床組及び小屋ばり組に木板その他これに類するものを打ち付ける基準は、次のいずれかとする。

一　床組及び小屋ばり組の隅角に火打ち材を使用すること。

二　床組及び小屋ばり組（次に掲げる基準に適合するものに限る。）の根太又ははり（以下「根太等」といい、根太等の相互の間隔が500mm以下の場合に限る。）に対して、厚さ30mm以上、幅180mm以上の板材をJIS A5508（くぎ）-2005に規定するN90を用いて60mm以下の間隔で打ち付けること又はこれと同等以上の耐力を有するようにすること。

イ　床組及び小屋ばり組を設ける建築物の階数が2以下であること。

ロ　横架材の上端と根太等の上端の高さを同一に納めること。

ハ　各階の張り間方向及び桁行方向において、耐力壁線（次の(i)又は(ii)に該当するものをいう。以下同じ。）の相互の間隔が、耐力壁線の配置に応じて、次の表に定める数値以下であること。この場合において、耐力壁線から直交する方向に1m以内の耐力壁（令第46条第4項の表1の軸組の種類の欄に掲げるものをいう。以下同じ。）は同一直線上にあるものとみなすことができる。

(i)　各階の張り間方向及び桁行方向において、外壁線の最外周を通る平面上の線（(ii)に該当するものを除く。）

(ii)　各階の張り間方向及び桁行方向において、床の長さの$\frac{6}{10}$の長さ以上で、かつ、4m以上の有効壁長（耐力壁の長さに当該壁の倍率（令第46条第4項の表1の倍率の欄に掲げる数値をいう。）を乗じた値をいう。）を有する平面上の線

耐力壁線の配置	耐力壁線の相互の間隔（単位　m）			
	階数が1の建築物	階数が2の建築物の1階		階数が2の建築物の2階
		2階の耐力壁線が1階の耐力壁線の直上にのみある場合	左欄に掲げる場合以外の場合	
床組及び小屋ばり組が接する当該階の耐力壁線のいずれもが(ii)に該当する場合	10	8.6	4.3	6.6
上に掲げる場合以外の場合	5	2.2 （1階の耐力壁線の(i)に該当するものの直上の2階の耐力壁線が(i)に該当するものである場合にあっては、4.4）	2.2	3.3

ニ　耐力壁線の長さに対する当該耐力壁線の相互の間隔の比（以下「アスペクト比」という。）が、耐力壁線の配置に応じて、次の表に定める数値以下であること。この場合において、耐力壁線から直交する方向に1m以内の耐力壁は同一直線上にあるものとみなすことができる。

耐力壁線の配置	アスペクト比			
	階数が1の建築物	階数が2の建築物の1階		階数が2の建築物の2階
		2階の耐力壁線が1階の耐力壁線の直上にのみある場合	左欄に掲げる場合以外の場合	
床組及び小屋ばり組が接する当該階の耐力壁線のいずれもがハ(ii)に該当する場合	1.4	1.4	0.7	1.4
上に掲げる場合以外の場合	0.7	0.4 （1階の耐力壁線のハ(i)に該当するものの直上の2階の	0.4	0.7

		耐力壁線がハ(i)に該当するものである場合にあっては、0.8)		

三　床組が前２号に掲げる基準のいずれかに適合し、かつ、小屋ばり組（次に掲げる基準に適合するものに限る。）の軒桁に対して、たるき（JIS A5508（くぎ）-2005 に規定する N50 を 135mm 以上の間隔で２本ずつ用いて、野地板（厚さ 15mm、幅 180mm 以上のものに限る。）を打ち付けるものに限る。以下同じ。）を、その両側面から JIS A5508（くぎ）-2005 に規定する N75 を用いて打ち付けるとともに、当該小屋ばり組の小屋ばりに対して、小屋束を、短ほぞ差し及びかすがい両面打ちにより緊結すること又はこれと同等以上の耐力を有するようにすること。

イ　小屋ばり組を設ける建築物の階数が２以下であること。

ロ　小屋ばりの長さが 8m 以下であること。

ハ　小屋ばりと軒桁とは、かぶとあり掛け及び羽子板ボルト締めにより緊結すること。

ニ　小屋ばり組に係る屋根の形式は切妻屋根（小屋組に切妻壁又は梁行筋かいを設けたものに限る。）とすること。

ホ　小屋ばり組に係る小屋束に対して、棟木及びもやを、長ほぞ差し及びかすがい両面打ちにより緊結すること。ただし、当該小屋束に接する横架材の相互間の垂直距離が 600mm を超える場合にあっては、小屋組の桁行方向に、厚さ 27mm 以上、幅 105mm 以上の小屋貫又は厚さ 15mm、幅 90mm 以上の桁行筋かい（端部を JIS A5508（くぎ）-2005 に規定する N50 を２本以上用いて小屋束に打ち付けるものに限る。）を設けること。

ヘ　小屋ばり組に緊結するたるきを、棟木及びもやに対して、その両側面から JIS A5508（くぎ）-2005 に規定する N75 を用いて打ち付けること。

ト　小屋ばり組が接する階の桁行方向の壁率比（平成 12 年建設省告示第 1352 号第二号に規定する壁率比をいう。以下同じ。）が 0.5 以上であること。

チ　小屋ばり組が接する階の、張り間方向の両端からそれぞれ$\frac{1}{4}$の部分（以下「側端部分」という。）を除いた部分について、存在壁量（その階の桁行方向に配置する壁を設け又は筋かいを入れた軸組について、令第 46 条第４項の表１の軸組の種類の欄に掲げる区分に応じて当該軸組の長さに同表の倍率の欄に掲げる数値を乗じて得た長さの合計をいう。以下同じ。）が、必要壁量（その階の床面積（その階の小屋裏、天井裏その他これらに類する部分に物置等を設ける場合にあっては、平成 12 年建設省告示第 1351 号に規定する面積をその階の床面積に加えた面積）に同項の表２に掲げる数値を乗じた数値をいう。以下同じ。）に次の表に掲げる数値を乗じて得た数値以上となること。

小屋ばりの長さ	建築物の桁行方向の側端部分を除いた部分に必要な壁量の割合					
	階数が１の建築物			階数が２の建築物		
	桁行方向の壁率比が 0.9 以上の場合	桁行方向の壁率比が 0.7 以上 0.9 未満の場合	桁行方向の壁率比が 0.5 以上 0.7 未満の場合	桁行方向の壁率比が 0.9 以上の場合	桁行方向の壁率比が 0.7 以上 0.9 未満の場合	桁行方向の壁率比が 0.5 以上 0.7 未満の場合
4m 以下	0	0	0.05	0	0.1	0.2
6m 以下	0.05	0.15	0.25	0.15	0.25	0.35
8m 以下	0.15	0.25	0.35	0.25	0.35	0.4

リ　小屋ばり組が接する階の、桁行方向の各側端部分のそれぞれについて、存在壁量が、必要壁量に 0.25 を乗じて得た数値以上となること。

木造の建築物に物置等を設ける場合に階の床面積に加える面積を定める件

制定：平成12年5月23日　建設省告示第1351号

建築基準法施行令（昭和25年政令第338号）第46条第4項の規定に基づき、木造の建築物に物置等を設ける場合に階の床面積に加える面積を次のように定める。

建築基準法施行令（以下「令」という。）第46条第4項に規定する木造の建築物に物置等を設ける場合に階の床面積に加える面積は、次の式によって計算した値とする。ただし、当該物置等の水平投影面積がその存する階の床面積の$\frac{1}{8}$以下である場合は、0とすることができる。

$$a=\frac{h}{2.1}A$$

この式において、a、h及びAは、それぞれ次の数値を表すものとする。

a　階の床面積に加える面積（単位　㎡）

h　当該物置等の内法高さの平均の値（ただし、同一階に物置等を複数個設ける場合にあっては、それぞれのhのうち最大の値をとるものとする。）（単位　m）

A　当該物置等の水平投影面積（単位　㎡）

木造建築物の軸組の設置の基準を定める件

制定：平成12年5月23日　建設省告示第1352号
改正：平成19年9月27日　国土交通省告示第1227号

建築基準法施行令（昭和25年政令第338号）第46条第4項の規定に基づき、木造建築物の軸組の設置の基準を次のように定める。

建築基準法施行令（以下「令」という。）第46条第4項に規定する木造建築物においては、次に定める基準に従って軸組を設置しなければならない。ただし、令第82条の6第二号ロに定めるところにより構造計算を行い、各階につき、張り間方向及びけた行方向の偏心率が0.3以下であることを確認した場合においては、この限りでない。

一　各階につき、建築物の張り間方向にあってはけた行方向の、けた行方向にあっては張り間方向の両端からそれぞれ$\frac{1}{4}$の部分（以下「側端部分」という。）について、令第46条第4項の表1の数値に側端部分の軸組の長さを乗じた数値の和（以下「存在壁量」という。）及び同項の表2の数値に側端部分の床面積（その階又は上の階の小屋裏、天井裏その他これらに類する部分に物置等を設ける場合においては、平成12年建設省告示第1351号に規定する数値を加えた数値とする。）を乗じた数値（以下「必要壁量」という。）を求めること。この場合において、階数については、建築物全体の階数にかかわらず、側端部分ごとに独立して計算するものとする。

二　各側端部分のそれぞれについて、存在壁量を必要壁量で除した数値（以下「壁量充足率」という。）を求め、建築物の各階における張り間方向及びけた行方向双方ごとに、壁量充足率の小さい方を壁量充足率の大きい方で除した数値（次号において「壁率比」という。）を求めること。

三　前号の壁率比がいずれも0.5以上であることを確かめること。ただし、前号の規定により算出した側端部分の壁量充足率がいずれも1を超える場合においては、この限りでない。

建築基準法施行令第 46 条第 4 項表 1 ⑴項から⑺項までに掲げる軸組と同等以上の耐力を有する軸組及び当該軸組に係る倍率の数値を定める件

制定：昭和 56 年 6 月　1 日　建設省告示第 1100 号
改正：令和元年　6 月 25 日　国土交通省告示第 203 号

建築基準法施行令（昭和 25 年政令第 338 号）第 46 条第 4 項表 1 ⑻項の規定に基づき、同表⑴項から⑺項までに掲げる軸組と同等以上の耐力を有する軸組及び当該軸組に係る倍率の数値をそれぞれ次のように定める。

第 1

建築基準法施行令（以下「令」という。）第 46 条第 4 項表 1 ⑴項から⑺項までに掲げる軸組と同等以上の耐力を有する軸組は、次の各号に定めるものとする。

一　別表第 1 ㈠欄に掲げる材料を、同表㈢欄に掲げる方法によつて柱及び間柱並びにはり、けた、土台その他の横架材の片面に打ち付けた壁を設けた軸組（材料を継ぎ合わせて打ち付ける場合には、その継手を構造耐力上支障が生じないように柱、間柱、はり、けた若しくは胴差又は当該継手を補強するために設けた胴つなぎその他これらに類するものの部分に設けたものに限る。）

二　厚さ 1.5cm以上で幅 4.5cm以上の木材を 31cm以下の間隔で柱及び間柱並びにはり、けた、土台その他の横架材にくぎ（日本産業規格（以下「JIS」という。）A5508-1975（鉄丸くぎ）に定める N50 又はこれと同等以上の品質を有するものに限る。）で打ち付けた胴縁に、別表第 1 ㈠欄に掲げる材料をくぎ（JIS A5508-1975（鉄丸くぎ）に定める N32 又はこれと同等以上の品質を有するものに限る。）で打ち付けた壁（くぎの間隔が 15cm以下のものに限る。）を設けた軸組

三　厚さ 3cm以上で幅 4cm以上の木材を用いて柱及びはり、けた、土台その他の横架材にくぎ（JIS A5508-1975（鉄丸くぎ）に定める N75 又はこれと同等以上の品質を有するものに限る。）で打ち付けた受け材（床下地材の上から打ち付けたものを含む。）（くぎの間隔は、別表第 2 ⑴項に掲げる軸組にあつては 12cm以下、同表⑵項及び⑶項に掲げる軸組にあつては 20cm以下、その他の軸組にあつては 30cm以下に限る。）並びに間柱及び胴つなぎその他これらに類するものに、同表㈠欄に掲げる材料を同表㈢欄に掲げる方法によつて打ち付けた壁を設けた軸組（材料を継ぎ合わせて打ち付ける場合にあつては、その継手を構造耐力上支障が生じないように間柱又は胴つなぎその他これらに類するものの部分に設けたものに限り、同表⑺項に掲げる材料を用いる場合にあつては、その上にせつこうプラスター（JIS A6904-1976（せつこうプラスター）に定めるせつこうプラスター又はこれと同等以上の品質を有するものに限る。次号において同じ。）を厚さ 15㎜以上塗つたものに限る。）

四　厚さ 1.5cm以上で幅 9cm以上の木材を用いて 61cm以下の間隔で 5 本以上設けた貫（継手を設ける場合には、その継手を構造耐力上支障が生じないように柱の部分に設けたものに限る。）に、別表第 2 ㈠欄に掲げる材料を同表㈢欄に掲げる方法によつて打ち付けた壁を設けた軸組（材料を継ぎ合わせて打ち付ける場合にあつては、その継手を構造耐力上支障が生じないように貫の部分に設けたものに限り、同表⑺項に掲げる材料を用いる場合にあつては、その上にせつこうプラスターを厚さ 15㎜以上塗つたものに限る。）

五　厚さ 3cm以上で幅 4cm以上（別表第 3 ⑴項から⑶項までに掲げる軸組にあつては、6cm以上）の木材を用いて、床下地材の上からはり、土台その他の横架材にくぎ（JIS A5508-2005（くぎ）に定める N75 又はこれと同等以上の品質を有するものに限る。）で打ち付けた受け材（くぎの間隔は、同表⑴項から⑶項までに掲げる軸組にあつては 12cm以下、同表⑷項及び⑸項に掲げる軸組にあつては 20cm以下、その他の軸組にあつては 30cm以下に限る。）並びに柱及び間柱並びにはり、けたその他の横架材の片面に、同表㈠欄に掲げる材料を同表㈢欄に掲げる方法によつて打ち付けた壁を設けた軸組

六　厚さ 1.5cm以上で幅 10cm以上の木材を用いて 91cm以下の間隔で、柱との仕口にくさびを設けた貫（当該貫に継手を設ける場合には、その継手を構造耐力上支障が生じないように柱の部分に設けたものに限る。）を 3 本以上設け、幅 2cm以上の割竹又は小径 1.2cm以上の丸竹を用いた間渡し竹を柱及びはり、けた、土台その他の横架材に差し込み、かつ、当該貫にくぎ（JIS A5508-2005（くぎ）に定める SFN25 又はこれと同等以上の品質を有するものに限る。）で打ち付け、幅 2cm以上の割竹を 4.5

cm以下の間隔とした小舞竹（柱及びはり、けた、土台その他の横架材との間に著しい隙間がない長さとしたものに限る。以下同じ。）又はこれと同等以上の耐力を有する小舞竹（土と一体の壁を構成する上で支障のないものに限る。）を当該間渡し竹にシュロ縄、パーム縄、わら縄その他これらに類するもので締め付け、荒壁土（100リットルの荒木田土、荒土、京土その他これらに類する粘性のある砂質粘土に対して0.4kg以上0.6kg以下のわらすさを混合したもの又はこれと同等以上の強度を有するものに限る。）を両面から全面に塗り、かつ、中塗り土（100リットルの荒木田土、荒土、京土その他これらに類する粘性のある砂質粘土に対して60リットル以上150リットル以下の砂及び0.4kg以上0.8kgのもみすさを混合したもの又はこれと同等以上の強度を有するものに限る。）を別表第4(い)欄に掲げる方法で全面に塗り、土塗壁の塗り厚（柱の外側にある部分の厚さを除く。）を同表(ろ)欄に掲げる数値とした土塗壁を設けた軸組

七 次に定めるところにより、土塗りの垂れ壁（当該垂れ壁の上下の横架材の中心間距離が0.75m以上であるものに限る。次号において同じ。）を設けた軸組

イ 当該軸組の両端の柱の小径（当該小径が異なる場合にあつては、当該小径のうちいずれか小さいもの。次号において同じ。）を別表第5(い)欄に掲げる数値と、中心間距離を同表(ろ)欄に掲げる数値とすること。

ロ 当該垂れ壁を別表第5(は)欄に掲げる倍率の数値に応じた軸組に設けられる土塗壁とすること。

ハ 当該軸組の両端の柱と当該垂れ壁の下の横架材をほぞ差し込み栓打ち又はこれと同等以上の強度を有する接合方法により接合すること。

八 次に定めるところにより、土塗りの垂れ壁及び高さ0.8m以上の腰壁を設けた軸組

イ 当該軸組の両端の柱の小径を別表第6(い)欄に掲げる数値と、中心間距離を同表(ろ)欄に掲げる数値とすること。

ロ 土塗りの垂れ壁及び腰壁を別表第6(は)欄に掲げる倍率の数値（当該数値が異なる場合にあつては、当該数値のうちいずれか小さいもの）に応じた軸組に設けられる土塗壁とすること。

ハ 当該軸組の両端の柱と当該垂れ壁の下の横架材及び当該腰壁の上の横架材をほぞ差し込み栓打ち又はこれと同等以上の強度を有する接合方法により接合すること。

九 別表第7(い)欄に掲げる木材（含水率が15%以下のものに限る。）を、同表(ろ)欄に掲げる間隔で互いに相欠き仕口により縦横に組んだ格子壁（継手のないものに限り、大入れ、短ほぞ差し又はこれらと同等以上の耐力を有する接合方法によって柱及びはり、けた、土台その他の横架材に緊結したものに限る。）を設けた軸組

十 厚さ2.7cm以上で別表第8(い)欄に掲げる幅の木材（継手のないものに限り、含水率が15%以下のものに限る。以下「落とし込み板」という。）と当該落とし込み板に相接する落とし込み板を同表(ろ)欄に掲げるだぼ又は吸付き桟を用いて同表(は)欄に掲げる接合方法により接合し、落とし込み板が互いに接する部分の厚さを2.7cm以上として、落とし込み板を同表(に)欄に掲げる方法によつて周囲の柱及び上下の横架材に設けた溝（構造耐力上支障がなく、かつ、落とし込み板との間に著しい隙間がないものに限る。以下同欄において同じ。）に入れて、はり、けた、土台その他の横架材相互間全面に、水平に積み上げた壁を設けた軸組（柱相互の間隔を同表(ほ)欄に掲げる間隔としたものに限る。）

十一 別表第9(い)欄及び(ろ)欄に掲げる壁又は筋かいを併用した軸組

十二 別表第10(い)欄、(ろ)欄及び(は)欄に掲げる壁又は筋かいを併用した軸組

十三 別表第11(い)欄、(ろ)欄、(は)欄及び(に)欄に掲げる壁又は筋かいを併用した軸組

十四 前各号に掲げるもののほか、国土交通大臣がこれらと同等以上の耐力を有すると認める軸組

第2

倍率の数値は、次の各号に定めるものとする。

一 第1第一号に定める軸組にあつては、当該軸組について別表第1(は)欄に掲げる数値

二 第1第二号に定める軸組にあつては、0.5

三 第1第三号に定める軸組にあつては、当該軸組について別表第2(は)欄に掲げる数値

四 第1第四号に定める軸組にあつては、当該軸組について別表第2(に)欄に掲げる数値

五 第1第五号に定める軸組にあつては、当該軸組について別表第3(は)欄に掲げる数値

六 第1第六号に定める軸組にあつては、当該軸組について別表第4(は)欄に掲げる数値

七　第1第七号に定める軸組にあつては、当該軸組について別表第5(に)欄に掲げる数値
八　第1第八号に定める軸組にあつては、当該軸組について別表第6(に)欄に掲げる数値
九　第1第九号に定める軸組にあつては、当該軸組について別表第7(は)欄に掲げる数値
十　第1第十号に定める軸組にあつては、当該軸組について別表第8(へ)欄に掲げる数値
十一　第1第十一号から第十三号までに定める軸組にあつては、併用する壁又は筋かいを設け又は入れた軸組の第一号から第十号まで又は令第46条第4項表1の倍率の欄に掲げるそれぞれの数値の和（当該数値の和が5を超える場合は5）
十二　第1第十四号に定める軸組にあつては、当該軸組について国土交通大臣が定めた数値

附則

昭和47年建設省告示第163号は、廃止する。

別表第1

	(い)	(ろ)		(は)
	材料	くぎ打の方法		倍率
		くぎの種類	くぎの間隔	
(1)	構造用パーティクルボード（JIS A5908-2015（パーティクルボード）に規定する構造用パーティクルボードに限る。）又は構造用MDF（JIS A5905-2014（繊維板）に規定する構造用MDFに限る。）	N50	1枚の壁材につき外周部分は7.5cm以下、その他の部分は15cm以下	4.3
(2)	構造用合板又は化粧ばり構造用合板（合板の日本農林規格（平成15年農林水産省告示第233号）に規定するもの（屋外に面する壁又は常時湿潤の状態となるおそれのある壁（以下「屋外壁等」という。）に用いる場合は特類に限る。）で、厚さが9mm以上のものに限る。）	CN50		3.7
(3)	構造用パネル（構造用パネルの日本農林規格（昭和62年農林水産省告示第360号）に規定するもので、厚さが9mm以上のものに限る。）	N50		
(4)	構造用合板又は化粧ばり構造用合板（合板の日本農林規格に規定するもの（屋外壁等に用いる場合は特類に限る。）で、厚さが5mm（屋外壁等においては、表面単板をフェノール樹脂加工した場合又はこれと同等以上の安全上必要な耐候措置を講じた場合を除き、7.5mm）以上のものに限る。）	N50	15cm以下	2.5
(5)	パーティクルボード（JIS A5908-1994（パーティクルボード）に適合するもの（曲げ強さによる区分が8タイプであるものを除く。）で厚さが12mm以上のものに限る。）、構造用パーティクルボード（JIS A5908-2015（パーティクルボード）に規定する構造用パーティクルボードに限る。）、構造用MDF（JIS A5905-2014（繊維板）に規定する構造用MDFに限る。）又は構造用パネル（構造用パネルの日本農林規格に規定するものに限る。）			
(6)	ハードボード（JIS A5907-1977（硬質繊維板）に定める450又は350で厚さが5mm以上のものに限る。）			2
(7)	硬質木片セメント板（JIS A5417-1985（木片セメント板）に定める0.9Cで厚さが12mm以上のものに限る。）			
(8)	炭酸マグネシウム板（JIS A6701-1983（炭酸マグネシウム板）に適合するもので厚さ12mm以上のものに限る。）	GNF40又はGNC40		
(9)	パルプセメント板（JIS A5414-1988（パルプセメント板）に適合するもので厚さが8mm以上のものに限る。）			1.5

⑽	構造用せつこうボードA種（JIS A6901-2005（せつこうボード製品）に定める構造用せつこうボードA種で厚さが12㎜以上のものに限る。）（屋外壁等以外に用いる場合に限る。）			1.7
⑾	構造用せつこうボードB種（JIS A6901-2005（せつこうボード製品）に定める構造用せつこうボードB種で厚さが12㎜以上のものに限る。）（屋外壁等以外に用いる場合に限る。）			1.2
⑿	せつこうボード（JIS A6901-2005（せつこうボード製品）に定めるせつこうボードで厚さが12㎜以上のものに限る。）（屋外壁等以外に用いる場合に限る。）又は強化せつこうボード（JIS A6901-2005（せつこうボード製品）に定める強化せつこうボードで厚さが12㎜以上のものに限る。）（屋外壁等以外に用いる場合に限る。）			0.9
⒀	シージングボード（JIS A5905-1979（軟質繊維板）に定めるシージングインシュレーションボードで厚さが12㎜以上のものに限る。）	SN40	1枚の壁材につき外周部分は10㎝以下、その他の部分は20㎝以下	1
⒁	ラスシート（JIS A5524-1977（ラスシート（角波亜鉛鉄板ラス））に定めるもののうち角波亜鉛鉄板の厚さが0.4㎜以上、メタルラスの厚さが0.6㎜以上のものに限る。）	N38	15㎝以下	

1　この表において、N38、N50、CN50、GNF40、GNC40及びSN40は、それぞれJIS A5508-2005（くぎ）に定めるN38、N50、CN50、GNF40、GNC40及びSN40又はこれらと同等以上の品質を有するくぎをいう。
2　表中㈠欄に掲げる材料（⑽項から⑿項までに掲げるものを除く。）を地面から1m以内の部分に用いる場合には、必要に応じて防腐措置及びしろありその他の虫による害を防ぐための措置を講ずるものとする。
3　2以上の項に該当する場合は、これらのうち㈩欄に掲げる数値が最も大きいものである項に該当するものとする。

別表第2

	㈠	㈣		㈩	㈡
	材料	くぎ打の方法		第1第三号に定める軸組に係る倍率	第1第四号に定める軸組に係る倍率
		くぎの種類	くぎの間隔		
(1)	構造用パーティクルボード（JIS A5908-2015（パーティクルボード）に規定する構造用パーティクルボードに限る。）又は構造用MDF（JIS A5905-2014（繊維板）に規定する構造用MDFに限る。）	N50	1枚の壁材につき外周部分は7.5㎝以下、その他の部分は15㎝以下	4.0	−
(2)	構造用合板又は化粧ばり構造用合板（合板の日本農林規格に規定するもの（屋外壁等に用いる場合は特類に限る。）で、厚さが9㎜以上のものに限る。）	CN50		3.3	−
(3)	構造用パネル（構造用パネルの日本農林規格に規定するもので、厚さが9㎜以上のものに限る。）	N50			−
(4)	構造用合板又は化粧ばり構造用合板（合板の日本農林規格に適合するもの（屋外壁等に用いる場合は特類に限る。）で、厚さが7.5㎜以上のものに限る。）	N50	15㎝以下	2.5	1.5

(5)	パーティクルボード（JIS A5908-1994（パーティクルボード）に適合するもの（曲げ強さによる区分が8タイプであるものを除く。）で厚さが12mm以上のものに限る。）又は構造用パネル（構造用パネルの日本農林規格に規定するものに限る。）				
(6)	構造用パーティクルボード（JIS A5908-2015（パーティクルボード）に規定する構造用パーティクルボードに限る。）又は構造用 MDF（JIS A5905-2014（繊維板）に規定する構造用 MDF に限る。）				–
(7)	せつこうラスボード（JIS A6906-1983（せつこうラスボード）に適合するもので厚さが9mm以上のものに限る。）	GNF32又はGNC32		1.5	1.0
(8)	構造用せつこうボード A 種（JIS A6901-2005（せつこうボード製品）に定める構造用せつこうボード A 種で厚さが12mm以上のものに限る。）（屋外壁等以外に用いる場合に限る。）	第1第三号による場合はGNF40又はGNC40、第1第四号による場合はGNF32又はGNC32		1.5	0.8
(9)	構造用せつこうボード B 種（JIS A6901-2005（せつこうボード製品）に定める構造用せつこうボード B 種で厚さが12mm以上のものに限る。）（屋外壁等以外に用いる場合に限る。）			1.3	0.7
(10)	せつこうボード（JIS A6901-2005（せつこうボード製品）に定めるせつこうボードで厚さが12mm以上のものに限る。）（屋外壁等以外に用いる場合に限る。）又は強化せつこうボード（JIS A6901-2005（せつこうボード製品）に定める強化せつこうボードで厚さが12mm以上のものに限る。）（屋外壁等以外に用いる場合に限る。）			1.0	0.5

1 この表において、N50、CN50、GNF32、GNC32、GNF40 及び GNC40 は、それぞれ JIS A5508-2005（くぎ）に定める N50、CN50、GNF32、GNC32、GNF40 及び GNC40 又はこれらと同等以上の品質を有するくぎをいう。
2 表中(い)欄に掲げる材料（(7)項から(10)項までに掲げるものを除く。）を地面から 1m 以内の部分に用いる場合には、必要に応じて防腐措置及びしろありその他の虫による害を防ぐための措置を講ずるものとする。
3 2 以上の項に該当する場合は、これらのうち、第 1 第三号に定める軸組にあつては(は)欄に掲げる数値、第 1 第四号に定める軸組にあつては(に)欄に掲げる数値が、それぞれ最も大きいものである項に該当するものとする。

別表第 3

	(い)	(ろ)		(は)
	材料	くぎ打の方法		倍率
		くぎの種類	くぎの間隔	
(1)	構造用パーティクルボード（JIS A5908-2015（パーティクルボード）に規定する構造用パーティクルボードに限る。）又は構造用 MDF（JIS A5905-2014（繊維板）に規定する構造用 MDF に限る。）	N50	1枚の壁材につき外周部分は7.5cm以下、その他の部分は15cm以下	4.3
(2)	構造用合板又は化粧ばり構造用合板（合板の日本農林規格に規定するもの（屋外壁等に用いる場合は特類に限る。）で、厚さが9mm以上のものに限る。）	CN50		3.7
(3)	構造用パネル（構造用パネルの日本農林規格に規定するもので、厚さが9mm以上のものに限る。）	N50		
(4)	構造用合板又は化粧ばり構造用合板（合板の日本農林規格に		15cm以下	2.5

	規定するもの（屋外壁等に用いる場合は特類に限る。）で、厚さが5㎜（屋外壁等においては、表面単板をフェノール樹脂加工した場合又はこれと同等以上の安全上必要な耐候措置を講じた場合を除き、7.5㎜）以上のものに限る。）			
(5)	パーティクルボード（JIS A5908-1994（パーティクルボード）に適合するもの（曲げ強さによる区分が8タイプであるものを除く。）で厚さが12㎜以上のものに限る。）、構造用パーティクルボード（JIS A5908-2015（パーティクルボード）に規定する構造用パーティクルボードに限る。）、構造用MDF（JIS A5905-2014（繊維板）に規定する構造用MDFに限る。）又は構造用パネル（構造用パネルの日本農林規格に規定するものに限る。）			
(6)	構造用せつこうボードA種（JIS A6901-2005（せつこうボード製品）に定める構造用せつこうボードA種で厚さが12㎜以上のものに限る。）（屋外壁等以外に用いる場合に限る。）	GNF40又はGNC40	15㎝以下	1.6
(7)	構造用せつこうボードB種（JIS A6901-2005（せつこうボード製品）に定める構造用せつこうボードB種で厚さが12㎜以上のものに限る。）（屋外壁等以外に用いる場合に限る。）			1.0
(8)	せつこうボード（JIS A6901-2005（せつこうボード製品）に定めるせつこうボードで厚さが12㎜以上のものに限る。）（屋外壁等以外に用いる場合に限る。）又は強化せつこうボード（JIS A6901-2005（せつこうボード製品）に定める強化せつこうボードで厚さが12㎜以上のものに限る。）（屋外壁等以外に用いる場合に限る。）			0.9

1　この表において、N50、CN50、GNF40及びGNC40は、それぞれJIS A5508-2005（くぎ）に定めるN50、CN50、GNF40及びGNC40又はこれらと同等以上の品質を有するくぎをいう。

2　表中(い)欄に掲げる材料（(6)項から(8)項までに掲げるものを除く。）を地面から1m以内の部分に用いる場合には、必要に応じて防腐措置及びしろありその他の虫による害を防ぐための措置を講ずるものとする。

3　2以上の項に該当する場合は、これらのうち(は)欄に掲げる数値が最も大きいものである項に該当するものとする。

別表第4

	(い)	(ろ)	(は)
	中塗り土の塗り方	土塗壁の塗り厚	倍率
(1)	両面塗り	7㎝以上	1.5
(2)		5.5㎝以上	1.0
(3)	片面塗り		1.0

別表第5

	(い)	(ろ)	(は)	(に)
	軸組の両端の柱		土塗壁の倍率	倍率
	小径	中心間距離		
(1)	0.15m未満	0.45m以上1.5m未満	0.5以上1.0未満	0.1を軸組の両端の柱の中心間距離で除した数値
(2)			1.0以上1.5未満	0.2を軸組の両端の柱の中心間距離で除した数値
(3)			1.5以上2.0未満	0.3を軸組の両端の柱の中心間距離で除した数値

(4)		1.5m 以上	0.5 以上 2.0 未満	0.1 を軸組の両端の柱の中心間距離で除した数値
(5)	0.15m 以上	0.45m 以上	0.5 以上 1.0 未満	0.1 を軸組の両端の柱の中心間距離で除した数値
(6)			1.0 以上 1.5 未満	0.2 を軸組の両端の柱の中心間距離で除した数値
(7)			1.5 以上 2.0 未満	0.3 を軸組の両端の柱の中心間距離で除した数値

別表第6

	(い)	(ろ)	(は)	(に)
	軸組の両端の柱		土塗壁の倍率	倍率
	小径	中心間距離		
(1)	0.13m 以上 0.15m 未満	0.45m 以上 1.5m 未満	0.5 以上 1.0 未満	0.2 を軸組の両端の柱の中心間距離で除した数値
(2)			1.0 以上 1.5 未満	0.5 を軸組の両端の柱の中心間距離で除した数値
(3)			1.5 以上 2.0 未満	0.8 を軸組の両端の柱の中心間距離で除した数値
(4)	0.15m 以上	0.45m 以上	0.5 以上 1.0 未満	0.2 を軸組の両端の柱の中心間距離で除した数値
(5)			1.0 以上 1.5 未満	0.5 を軸組の両端の柱の中心間距離で除した数値
(6)			1.5 以上 2.0 未満	0.8 を軸組の両端の柱の中心間距離で除した数値

別表第7

	(い)		(ろ)	(は)
	木材		格子の間隔	倍率
	見付け幅	厚　さ		
(1)	4.5cm以上	9.0cm以上	9cm以上 16cm以下	0.9
(2)	9.0cm以上		18cm以上 31cm以下	0.6
(3)	10.5cm以上	10.5cm以上		1.0

別表第8

	(い)	(ろ)	(は)	(に)	(ほ)	(へ)
	落とし込み板の幅	だぼ又は吸付き桟	接合方法	柱及び上下の横架材との固定方法	柱相互の間隔	倍率
(1)	13cm以上	相接する落とし込み板に十分に水平力を伝達できる長さを有する小径が1.5cm以上の木材のだぼ（なら、けやき又はこれらと同等以上の強度を有する樹種で、節等の耐力上の欠点のないものに限る。）又	落とし込み板が互いに接する部分に62cm以下の間隔で3箇所以上の穴（(ろ)欄に掲げるだぼと同寸法のものに限る。以下同じ。）を設け、当該穴の双方に隙間なく当該だぼを設けること。	柱に設けた溝に落とし込み板を入れること。	180cm以上230cm以下	0.6

(2)	20cm以上	は直径9mm以上の鋼材のだぼ（JIS G3112-1987（鉄筋コンクリート用棒鋼）に規定するSR235若しくはSD295Aに適合するもの又はこれらと同等以上の強度を有するものに限る。）	落とし込み板が互いに接する部分に50cm以下の間隔で90cmにつき2箇所以上の穴を設け、当該穴の双方にだぼの径の3倍以上の長さずつ隙間なく当該だぼを設けること。	周囲の柱及び上下の横架材に設けた溝に落とし込み板を入れ、落とし込み板1枚ごとに柱に対して15cm以下の間隔で2本以上、上下の横架材に対して15cm以下の間隔で、それぞれくぎ（JIS A5508-1975（鉄丸くぎ）に定めるCN75又はこれと同等以上の品質を有するものに限る。）を打ち付けること。	90cm以上230cm以下	2.5
(3)		相接する落とし込み板に十分に水平力を伝達できる長さを有する小径が2.4cm以上の木材の吸付き桟（なら、けやき又はこれらと同等以上の強度を有する樹種で、節等の耐力上の欠点のないものに限る。）	落とし込み板の片面に30cm以下の間隔で90cmにつき3箇所以上の深さ15mm以上の溝を設け、当該溝の双方に(ろ)欄に掲げる吸付き桟の小径の3倍以上の長さずつ隙間なく当該吸付き桟を設け、外れないよう固定すること。			3.0

別表第9

	(い)	(ろ)
(1)	第1第一号から第五号までに掲げる壁のうち1	第1第一号から第五号まで若しくは第十号に掲げる壁若しくは令第46条第4項表1(1)項に掲げる壁又は(2)項から(6)項までに掲げる筋かいのうち1
(2)	第1第一号若しくは第二号に掲げる壁、令第46条第4項表1(1)項に掲げる壁（土塗壁を除く。）又は(2)項に掲げる壁のうち1	第1第六号又は第九号に掲げる壁のうち1
(3)	第1第十号に掲げる壁	令第46条第4項表1(1)項に掲げる壁又は(2)項から(4)項まで若しくは(6)項（同表(4)項に掲げる筋かいをたすき掛けに入れた軸組を除く。）に掲げる壁又は筋かいのうち1

別表第10

	(い)	(ろ)	(は)
(1)	第1第一号から第五号までに掲げる壁のうち1	令第46条第4項表1(1)項に掲げる壁	令第46条第4項表1(2)項から(6)項までに掲げる筋かいのうち1
(2)	第1第一号又は第二号に掲げる壁のうち1	令第46条第4項表1(1)項に掲げる壁（土塗壁を除く。）	第1第十号に掲げる壁
(3)	第1第一号から第五号までに掲げる壁のうち1	第1第一号から第五号までに掲げる壁のうち1	第1第十号に掲げる壁又は令第46条第4項表1(2)項から(6)項までに掲げる筋かいのうち1
(4)	第1第一号又は第二号に掲げる壁のうち1	第1第一号若しくは第二号に掲げる壁又は令第46条第4項表1(1)項に掲げる壁（土塗壁を除く。）のうち1	第1第六号又は第九号に掲げる壁のうち1
(5)	第1第一号若しくは第二号に掲げる壁、令第46条第4項表1(1)	第1第十号に掲げる壁	令第46条第4項表1(1)項に掲げる土塗壁又は(2)項から(4)項まで若し

	項に掲げる壁（土塗壁を除く。）又は⑵項に掲げる壁のうち1		くは⑹項（同表⑷項に掲げる筋かいをたすき掛けに入れた軸組を除く。）に掲げる筋かいのうち1

別表第 11

(い)	(ろ)	(は)	(に)
第1第一号又は第二号に掲げる壁のうち1	第1第六号又は第九号に掲げる壁のうち1	第1第十号に掲げる壁	令第46条第4項表1⑴項に掲げる土塗壁又は⑵項から⑷項まで若しくは⑹項（同表⑷項に掲げる筋かいをたすき掛けに入れた軸組を除く。）に掲げる筋かいのうち1

木造の継手及び仕口の構造方法を定める件

制定：平成12年5月31日　建設省告示第1460号
改正：令和元年　6月25日　国土交通省告示第203号

建築基準法施行令（昭和25年政令第338号）第47条第1項の規定に基づき、木造の継手及び仕口の構造方法を次のように定める。

建築基準法施行令（以下「令」という。）第47条に規定する木造の継手及び仕口の構造方法は、次に定めるところによらなければならない。ただし、令第82条第一号から第三号までに定める構造計算によって構造耐力上安全であることが確かめられた場合においては、この限りでない。

一　筋かいの端部における仕口にあっては、次に掲げる筋かいの種類に応じ、それぞれイからホまでに定める接合方法又はこれらと同等以上の引張耐力を有する接合方法によらなければならない。

イ　径9㎜以上の鉄筋　柱又は横架材を貫通した鉄筋を三角座金を介してナット締めとしたもの又は当該鉄筋に止め付けた鋼板添え板に柱及び横架材に対して長さ9㎝の太め鉄丸くぎ（日本産業規格（以下「JIS」という。）A5508（くぎ）-1992のうち太め鉄丸くぎに適合するもの又はこれと同等以上の品質を有するものをいう。以下同じ。）を8本打ち付けたもの

ロ　厚さ1.5㎝以上で幅9㎝以上の木材　柱及び横架材を欠き込み、柱及び横架材に対してそれぞれ長さ6.5㎝の鉄丸くぎ（JIS A5508（くぎ）-1992のうち鉄丸くぎに適合するもの又はこれと同等以上の品質を有するものをいう。以下同じ。）を5本平打ちしたもの

ハ　厚さ3㎝以上で幅9㎝以上の木材　厚さ1.6㎜の鋼板添え板を、筋かいに対して径12㎜のボルト（JIS B1180（六角ボルト）-1994のうち強度区分4.6に適合するもの又はこれと同等以上の品質を有するものをいう。以下同じ。）締め及び長さ6.5㎝の太め鉄丸くぎを3本平打ち、柱に対して長さ6.5㎝の太め鉄丸くぎを3本平打ち、横架材に対して長さ6.5㎝の太め鉄丸くぎを4本平打ちとしたもの

ニ　厚さ4.5㎝以上で幅9㎝以上の木材　厚さ2.3㎜以上の鋼板添え板を、筋かいに対して径12㎜のボルト締め及び長さ50㎜、径4.5㎜のスクリューくぎ7本の平打ち、柱及び横架材に対してそれぞれ長さ50㎜、径4.5㎜のスクリューくぎ5本の平打ちとしたもの

ホ　厚さ9㎝以上で幅9㎝以上の木材　柱又は横架材に径12㎜のボルトを用いた一面せん断接合としたもの

二　壁を設け又は筋かいを入れた軸組の柱の柱脚及び柱頭の仕口にあっては、軸組の種類と柱の配置に応じて、平家部分又は最上階の柱にあっては次の表1に、その他の柱にあっては次の表2に、それぞれ掲げる表3(い)から(ぬ)までに定めるところによらなければならない。ただし、次のイ又はロに該当する場合においては、この限りでない。

イ　当該仕口の周囲の軸組の種類及び配置を考慮して、柱頭又は柱脚に必要とされる引張力が、当該部分の引張耐力を超えないことが確かめられた場合

ロ　次のいずれにも該当する場合

⑴　当該仕口（平家部分又は階数が2の建築物の1階の柱の柱脚のものに限る。）の構造方法が、次の表3(い)から(ぬ)までのいずれかに定めるところによるもの（120㎜の柱の浮き上がりに

対してほぞが外れるおそれがないことを確かめられるものに限る。）であること。

(2) 令第46条第4項の規定による各階における張り間方向及び桁行方向の軸組の長さの合計に、軸組の種類に応じた倍率の各階における最大値に応じた次の表4に掲げる低減係数を乗じて得た数値が、同項の規定による各階の床面積に同項の表2の数値（特定行政庁が令第88条第2項の規定によって指定した区域内における場合においては、同表の数値のそれぞれ1.5倍とした数値）を乗じて得た数値以上であることが確かめられること。

表1

<table>
<tr><th colspan="2">軸組の種類</th><th>出隅の柱</th><th>その他の軸組端部の柱</th></tr>
<tr><td colspan="2">木ずりその他これに類するものを柱及び間柱の片面又は両面に打ち付けた壁を設けた軸組</td><td>表3(い)</td><td>表3(い)</td></tr>
<tr><td colspan="2">厚さ1.5cm以上幅9cm以上の木材の筋かい又は径9mm以上の鉄筋の筋かいを入れた軸組</td><td>表3(ろ)</td><td>表3(い)</td></tr>
<tr><td rowspan="2">厚さ3cm以上幅9cm以上の木材の筋かいを入れた軸組</td><td>筋かいの下部が取り付く柱</td><td>表3(ろ)</td><td>表3(い)</td></tr>
<tr><td>その他の柱</td><td>表3(に)</td><td>表3(ろ)</td></tr>
<tr><td colspan="2">厚さ1.5cm以上幅9cm以上の木材の筋かいをたすき掛けに入れた軸組又は径9mm以上の鉄筋の筋かいをたすき掛けに入れた軸組</td><td>表3(に)</td><td>表3(ろ)</td></tr>
<tr><td rowspan="2">厚さ4.5cm以上幅9cm以上の木材の筋かいを入れた軸組</td><td>筋かいの下部が取り付く柱</td><td>表3(は)</td><td rowspan="2">表3(ろ)</td></tr>
<tr><td>その他の柱</td><td>表3(ほ)</td></tr>
<tr><td colspan="2">構造用合板等を昭和56年建設省告示第1100号別表第1(4)項又は(5)項に定める方法で打ち付けた壁を設けた軸組</td><td>表3(ほ)</td><td>表3(ろ)</td></tr>
<tr><td colspan="2">厚さ3cm以上幅9cm以上の木材の筋かいをたすき掛けに入れた軸組</td><td>表3(と)</td><td>表3(は)</td></tr>
<tr><td colspan="2">厚さ4.5cm以上幅9cm以上の木材の筋かいをたすき掛けに入れた軸組</td><td>表3(と)</td><td>表3(に)</td></tr>
</table>

表2

軸組の種類	上階及び当該階の柱が共に出隅の柱の場合	上階の柱が出隅の柱であり、当該階の柱が出隅の柱でない場合	上階及び当該階の柱が共に出隅の柱でない場合
木ずりその他これに類するものを柱及び間柱の片面又は両面に打ち付けた壁を設けた軸組	表3(い)	表3(い)	表3(い)
厚さ1.5cm以上幅9cm以上の木材の筋かい又は径9mm以上の鉄筋の筋かいを入れた軸組	表3(ろ)	表3(い)	表3(い)
厚さ3cm以上幅9cm以上の木材の筋かいを入れた軸組	表3(に)	表3(ろ)	表3(い)
厚さ1.5cm以上幅9cm以上の木材の筋かいをたすき掛けに入れた軸組又は径9mm以上の鉄筋の筋かいをたすき掛けに入れた軸組	表3(と)	表3(は)	表3(ろ)
厚さ4.5cm以上幅9cm以上の木材の筋かいを入れた軸組	表3(と)	表3(は)	表3(ろ)
構造用合板等を昭和56年建設省告示第1100号別表第1(4)項又は(5)項に定める方法で打ち付けた壁を設けた軸組	表3(ち)	表3(へ)	表3(は)
厚さ3cm以上幅9cm以上の木材の筋かいをたすき掛けに入れた軸組	表3(り)	表3(と)	表3(に)
厚さ4.5cm以上幅9cm以上の木材の筋かいをたすき掛けに入れた軸組	表3(ぬ)	表3(ち)	表3(と)

表 3

(い)	短ほぞ差し、かすがい打ち又はこれらと同等以上の接合方法としたもの
(ろ)	長ほぞ差し込み栓打ち若しくは厚さ 2.3㎜のＬ字型の鋼板添え板を、柱及び横架材に対してそれぞれ長さ 6.5㎝の太め鉄丸くぎを５本平打ちとしたもの又はこれらと同等以上の接合方法としたもの
(は)	厚さ 2.3㎜のＴ字型の鋼板添え板を用い、柱及び横架材にそれぞれ長さ 6.5㎝の太め鉄丸くぎを５本平打ちしたもの若しくは厚さ 2.3㎜のＶ字型の鋼板添え板を用い、柱及び横架材にそれぞれ長さ 9㎝の太め鉄丸くぎを４本平打ちとしたもの又はこれらと同等以上の接合方法としたもの
(に)	厚さ 3.2㎜の鋼板添え板に径 12㎜のボルトを溶接した金物を用い、柱に対して径 12㎜のボルト締め、横架材に対して厚さ 4.5㎜、40㎜角の角座金を介してナット締めをしたもの若しくは厚さ 3.2㎜の鋼板添え板を用い、上下階の連続する柱に対してそれぞれ径 12㎜のボルト締めとしたもの又はこれらと同等以上の接合方法としたもの
(ほ)	厚さ 3.2㎜の鋼板添え板に径 12㎜のボルトを溶接した金物を用い、柱に対して径 12㎜のボルト締め及び長さ 50㎜、径 4.5㎜のスクリュー釘打ち、横架材に対して厚さ 4.5㎜、40㎜角の角座金を介してナット締めしたもの又は厚さ 3.2㎜の鋼板添え板を用い、上下階の連続する柱に対してそれぞれ径 12㎜のボルト締め及び長さ 50㎜、径 4.5㎜のスクリュー釘打ちとしたもの又はこれらと同等以上の接合方法としたもの
(へ)	厚さ 3.2㎜の鋼板添え板を用い、柱に対して径 12㎜のボルト２本、横架材、布基礎若しくは上下階の連続する柱に対して当該鋼板添え板に止め付けた径 16㎜のボルトを介して緊結したもの又はこれと同等以上の接合方法としたもの
(と)	厚さ 3.2㎜の鋼板添え板を用い、柱に対して径 12㎜のボルト３本、横架材（土台を除く。）、布基礎若しくは上下階の連続する柱に対して当該鋼板添え板に止め付けた径 16㎜のボルトを介して緊結したもの又はこれと同等以上の接合方法としたもの
(ち)	厚さ 3.2㎜の鋼板添え板を用い、柱に対して径 12㎜のボルト４本、横架材（土台を除く。）、布基礎若しくは上下階の連続する柱に対して当該鋼板添え板に止め付けた径 16㎜のボルトを介して緊結したもの又はこれと同等以上の接合方法としたもの
(り)	厚さ 3.2㎜の鋼板添え板を用い、柱に対して径 12㎜のボルト５本、横架材（土台を除く。）、布基礎若しくは上下階の連続する柱に対して当該鋼板添え板に止め付けた径 16㎜のボルトを介して緊結したもの又はこれと同等以上の接合方法としたもの
(ぬ)	(と)に掲げる仕口を２組用いたもの

表 4

軸組の種類に応じた倍率の各階における最大値	低減係数		
	階数が１の建築物	階数が２の建築物の１階	階数が２の建築物の２階
1.0 以下の場合	1.0	1.0	1.0
1.0 を超え 1.5 以下の場合	1.0	1.0	0.9
1.5 を超え 3.0 以下の場合	0.6	0.9	0.5

三　前２号に掲げるもののほか、その他の構造耐力上主要な部分の継手又は仕口にあっては、ボルト締、かすがい打、込み栓打その他の構造方法によりその部分の存在応力を伝えるように緊結したものでなくてはならない。

学校の木造の校舎の日本産業規格を指定する件

制定：平成12年5月31日　建設省告示第1453号
改正：令和元年　6月25日　国土交通省告示第203号

建築基準法施行令（昭和25年政令第338号）第48条第2項第二号の規定に基づき、学校の木造の校舎の日本工業規格〔現行＝日本産業規格〕を次のように指定する。

建築基準法施行令第48条第2項第二号に規定する学校の木造の校舎の日本産業規格は、日本産業規格A3301（木造校舎の構造設計標準）-2015とする。

附則

1　昭和56年建設省告示第1108号は、廃止する。

2　改正後の平成12年建設省告示第1453号の規定の適用については、日本産業規格A3301（木造校舎の構造設計基準）-1993は、日本産業規格A3301（木造校舎の構造設計標準）-2015とみなす。

補強された組積造の建築物の部分等の構造耐力上の安全性を確かめるための構造計算の基準を定める件

制定：平成12年5月23日　建設省告示第1353号
改正：平成19年9月27日　国土交通省告示第1228号

建築基準法施行令（昭和25年政令第338号）第51条第1項ただし書の規定に基づき、補強された組積造の建築物の部分等の構造耐力上の安全性を確かめるための構造計算の基準を次のように定める。

建築基準法施行令（以下「令」という。）第51条第1項ただし書に規定する鉄筋、鉄骨又は鉄筋コンクリートで補強された組積造の建築物の部分等の構造耐力上の安全性を確かめるための構造計算の基準は、令第82条各号及び令第82条の4に定めるところによる構造計算を行うこととする。

組積造の建築物等を補強する構造方法を定める件

制定：平成12年5月23日　建設省告示第1354号

建築基準法施行令（昭和25年政令第338号）第59条の2の規定に基づき、組積造の建築物等を補強する構造方法を次のように定める。

建築基準法施行令（以下「令」という。）第59条の2に規定する組積造の建築物等を補強する構造方法は、次のとおりとする。

一　組積造を鉄筋によって補強する場合にあっては、次に定めるところによらなければならない。

イ　鉄筋で補強する組積造の耐力壁は、その端部及び隅角部に径12㎜以上の鉄筋を縦に配置するほか、径9㎜以上の鉄筋を縦横に80㎝以下の間隔で配置したもの又は鉄筋を縦横に配置してこれと同等以上の耐力を有するものとすること。

ロ　鉄筋で補強する組積造の耐力壁は、イの規定による縦筋の末端をかぎ状に折り曲げてその縦筋の径の40倍以上基礎又は基礎ばり及び臥梁（がりょう）又は屋根版に定着する等の方法により、これらと互いにその存在応力を伝えることができる構造とすること。

ハ　イの規定による横筋は、次に定めるところによるものとすること。

⑴　末端は、かぎ状に折り曲げること。ただし、鉄筋で補強する組積造の耐力壁の端部以外の部分における異形鉄筋の末端にあっては、この限りでない。

(2) 継手の重ね長さは、溶接する場合を除き、径の 25 倍以上とすること。
(3) 鉄筋で補強する組積造の耐力壁の端部が他の耐力壁又は構造耐力上主要な部分である柱に接着する場合には、横筋の末端をこれらに定着するものとし、鉄筋に溶接する場合を除き、定着される部分の長さを径の 25 倍以上とすること。

ニ 組積材は、その目地塗面の全部にモルタルが行きわたるように組積し、鉄筋を入れた空洞部及び縦目地に接する空洞部は、モルタル又はコンクリートで埋めなければならない。

ホ 組積材の耐力壁、門又は塀の縦筋は、組積材の空洞部内で継いではならない。ただし、溶接接合その他これと同等以上の強度を有する接合方法による場合においては、この限りでない。

二 組積造を鉄骨によって補強する場合にあっては、補強する組積造の壁の組積造の部分は、鉄骨造の軸組にボルト、かすがいその他の金物で緊結したものとしなければならない。

三 組積造を鉄筋コンクリートによって補強する場合にあっては、補強する組積造の壁の組積造の部分は、鉄筋コンクリート造の軸組又は耐力壁にシアキー（接合部分に相互に設けた嵌（かん）合部をいう。）、鉄筋による接着その他これらに類する方法で緊結したものとしなければならない。

補強コンクリートブロック造の塀の構造耐力上の安全性を確かめるための構造計算の基準を定める件

制定：平成 12 年 5 月 23 日　建設省告示第 1355 号

建築基準法施行令（昭和 25 年政令第 338 号）第 62 条の 8 ただし書の規定に基づき、補強コンクリートブロック造の塀の構造耐力上の安全性を確かめるための構造計算の基準を次のように定める。

建築基準法施行令（以下「令」という。）第 62 条の 8 ただし書に規定する補強コンクリートブロック造の塀の安全性を確かめるための構造計算の基準は、次のとおりとする。

一 補強コンクリートブロック造の塀の風圧力に関する構造計算は、次に定めるところによること。

イ 令第 87 条第 2 項の規定に準じて計算した速度圧に、同条第 4 項の規定に準じて定めた風力係数を乗じて得た風圧力に対して構造耐力上安全であることを確かめること。

ロ 必要に応じ、風向と直角方向に作用する風圧力に対して構造耐力上安全であることを確かめること。

二 補強コンクリートブロック造の塀の地震力に関する構造計算は、次に定めるところによること。

イ 補強コンクリートブロック造の塀の地上部分の各部分の高さに応じて次の表に掲げる式によって計算した地震力により生ずる曲げモーメント及びせん断力に対して構造耐力上安全であることを確かめること。

曲げモーメント（単位　N・m）	0.4hCsiW
せん断力（単位　N）	CsiW

この表において、h、Csi 及び W は、それぞれ次の数値を表すものとする。
h　補強コンクリートブロック造の塀の地盤面からの高さ（単位　m）
Csi　補強コンクリートブロック造の塀の地上部分の高さ方向の力の分布を表す係数で、計算しようとする当該補強コンクリートブロック造の塀の部分の高さに応じて次の式に適合する数値

$$Csi \geqq 0.3Z\left(1-\frac{hi}{h}\right)$$

（この式において、Z 及び hi は、それぞれ次の数値を表すものとする。
Z　令第 88 条第 1 項に規定する Z の数値
hi　補強コンクリートブロック造の塀の地上部分の各部分の地盤面からの高さ（単位　m)）

W　補強コンクリートブロック造の塀の固定荷重と積載荷重との和（単位　N）

ロ 補強コンクリートブロック造の塀の地下部分は、地下部分に作用する地震力により生ずる力及

び地上部分から伝えられる地震力により生ずる力に対して構造耐力上安全であることを確かめること。この場合において、地下部分に作用する地震力は、補強コンクリートブロック造の塀の地下部分の固定荷重と積載荷重との和に次の式に適合する水平震度を乗じて計算するものとする。

$$k \geqq 0.1\left(1-\frac{H}{40}\right)Z$$

この式において、k、H及びZは、それぞれ次の数値を表すものとする。
k　水平震度
H　補強コンクリートブロック造の塀の地下部分の各部分の地盤面からの深さ（20を超えるときは、20とする。）（単位　m）
Z　令第88条第1項に規定するZの数値

鉄骨造の柱の脚部を基礎に緊結する構造方法の基準を定める件

制定：平成12年5月31日　建設省告示第1456号
改正：令和　4年5月27日　国土交通省告示第592号

建築基準法施行令（昭和25年政令第338号）第66条の規定に基づき、鉄骨造の柱の脚部を基礎に緊結する構造方法の基準を次のように定める。

建築基準法施行令（以下「令」という。）第66条に規定する鉄骨造の柱の脚部は、建築基準法（昭和25年法律第201号）第85条第2項、第6項又は第7項に規定する仮設建築物（同法第6条第1項第二号及び第三号に掲げる建築物を除く。）のものを除き、次の各号のいずれかに定める構造方法により基礎に緊結しなければならない。ただし、第一号（ロ及びハを除く。）、第二号（ハを除く。）及び第三号の規定は、令第82条第一号から第三号までに規定する構造計算を行った場合においては、適用しない。

一　露出形式柱脚にあっては、次に適合するものであること。

イ　アンカーボルトが、当該柱の中心に対して均等に配置されていること。

ロ　アンカーボルトには座金を用い、ナット部分の溶接、ナットの二重使用その他これらと同等以上の効力を有する戻り止めを施したものであること。

ハ　アンカーボルトの基礎に対する定着長さがアンカーボルトの径の20倍以上であり、かつ、その先端をかぎ状に折り曲げるか又は定着金物を設けたものであること。ただし、アンカーボルトの付着力を考慮してアンカーボルトの抜け出し及びコンクリートの破壊が生じないことが確かめられた場合においては、この限りでない。

ニ　柱の最下端の断面積に対するアンカーボルトの全断面積の割合が20%以上であること。

ホ　鉄骨柱のベースプレートの厚さをアンカーボルトの径の1.3倍以上としたものであること。

ヘ　アンカーボルト孔の径を当該アンカーボルトの径に5㎜を加えた数値以下の数値とし、かつ、縁端距離（当該アンカーボルトの中心軸からベースプレートの縁端部までの距離のうち最短のものをいう。以下同じ。）を次の表に掲げるアンカーボルトの径及びベースプレートの縁端部の種類に応じてそれぞれ次の表に定める数値以上の数値としたものであること。

アンカーボルトの径（単位　㎜）	縁端距離（単位　㎜）	
	せん断縁又は手動ガス切断縁	圧延縁、自動ガス切断縁、のこ引き縁又は機械仕上げ縁等
10以下の場合	18	16
10を超え12以下の場合	22	18
12を超え16以下の場合	28	22

16 を超え 20 以下の場合	34	26
20 を超え 22 以下の場合	38	28
22 を超え 24 以下の場合	44	32
24 を超え 27 以下の場合	49	36
27 を超え 30 以下の場合	54	40
30 を超える場合	$\frac{9d}{5}$	$\frac{4d}{3}$
この表において、d は、アンカーボルトの径（単位　mm）を表すものとする。		

二　根巻き形式柱脚にあっては、次に適合するものであること。

イ　根巻き部分（鉄骨の柱の脚部において鉄筋コンクリートで覆われた部分をいう。以下同じ。）の高さは、柱幅（張り間方向及びけた行方向の柱の見付け幅のうち大きい方をいう。第三号イ及びハにおいて同じ。）の 2.5 倍以上であること。

ロ　根巻き部分の鉄筋コンクリートの主筋（以下「立上り主筋」という。）は 4 本以上とし、その頂部をかぎ状に折り曲げたものであること。この場合において、立上り主筋の定着長さは、定着位置と鉄筋の種類に応じて次の表に掲げる数値を鉄筋の径に乗じて得た数値以上の数値としなければならない。ただし、その付着力を考慮してこれと同等以上の定着効果を有することが確かめられた場合においては、この限りでない。

定着位置	鉄筋の種類	
	異形鉄筋	丸鋼
根巻き部分	25	35
基礎	40	50

ハ　根巻き部分に令第 77 条第二号及び第三号に規定する帯筋を配置したものであること。ただし、令第 3 章第 8 節第 1 款の 2 に規定する保有水平耐力計算を行った場合においては、この限りでない。

三　埋込み形式柱脚にあっては、次に適合するものであること。

イ　コンクリートへの柱の埋込み部分の深さが柱幅の 2 倍以上であること。

ロ　側柱又は隅柱の柱脚にあっては、径 9mm以上の U 字形の補強筋その他これに類するものにより補強されていること。

ハ　埋込み部分の鉄骨に対するコンクリートのかぶり厚さが鉄骨の柱幅以上であること。

鉄骨造の継手又は仕口の構造方法を定める件

制定：平成 12 年 5 月 31 日　建設省告示第 1464 号

建築基準法施行令（昭和 25 年政令第 338 号）第 67 条第 2 項の規定に基づき、鉄骨造の継手又は仕口の構造方法を次のように定める。

建築基準法施行令（以下「令」という。）第 67 条第 2 項に規定する鉄骨造の継手又は仕口の構造は、次の各号に掲げる接合方法の区分に応じ、それぞれ当該各号に定める構造方法を用いるものとしなければならない。

一　高力ボルト、ボルト又はリベット（以下「ボルト等」という。）による場合　次に定めるところによる。

イ　ボルト等の縁端距離（当該ボルト等の中心軸から接合する鋼材の縁端部までの距離のうち最短のものをいう。以下同じ。）は、ボルト等の径及び接合する鋼材の縁端部の種類に応じ、それぞれ次の表に定める数値以上の数値としなければならない。ただし、令第 82 条第一号から第三号までに定める構造計算を行った場合においては、この限りでない。

ボルト等の径（単位　mm）	縁端距離（単位　mm）	
	せん断縁又は手動ガス切断縁	圧延縁、自動ガス切断縁、のこ引き縁又は機械仕上げ縁等
10 以下の場合	18	16
10 を超え 12 以下の場合	22	18
12 を超え 16 以下の場合	28	22
16 を超え 20 以下の場合	34	26
20 を超え 22 以下の場合	38	28
22 を超え 24 以下の場合	44	32
24 を超え 27 以下の場合	49	36
27 を超え 30 以下の場合	54	40
30 を超える場合	$\frac{9d}{5}$	$\frac{4d}{3}$
この表において、d は、ボルト等の径（単位　mm）を表すものとする。		

ロ　高力ボルト摩擦接合部の摩擦面は、次に掲げる鋼材の種類に応じ、それぞれ次の(1)又は(2)に定める状態としなければならない。ただし、令第 92 条の 2 に規定する許容せん断応力度をすべり係数に応じて低減させて構造計算を行う場合においては、当該摩擦面に溶融亜鉛メッキ等を施すことができる。

(1)　炭素鋼　黒皮等を除去した後に自然放置して表面に赤さびが発生した状態又はショットブラスト、グリッドブラスト等の方法によってこれと同等以上のすべり係数を有する状態

(2)　ステンレス鋼　無機ステンレス粉末入塗料塗装処理、ステンレス粉末プラズマ溶射処理等の方法によって(1)と同等以上のすべり係数を有する状態

二　溶接による場合　次に定めるところによる。

イ　溶接部は、割れ、内部欠陥等の構造耐力上支障のある欠陥がないものとし、かつ、次に定めるところによらなければならない。

(1)　柱とはりの仕口のダイアフラムとフランジのずれにおいては、ダイアフラムとフランジの間に配置する鋼材の厚さが、フランジの厚さよりも大きい場合にあっては当該フランジの厚さの$\frac{1}{4}$の値以下かつ 5㎜以下とし、当該フランジの厚さ以下の場合にあっては当該フランジの厚さの$\frac{1}{5}$の値以下かつ 4㎜以下としなければならない。ただし、仕口部の鋼材の長期に生ずる力及び短期に生ずる力に対する各許容応力度に基づき求めた当該部分の耐力以上の耐力を有するように適切な補強を行った場合においては、この限りでない。

(2)　突合せ継手の食い違いは、鋼材の厚さが 15㎜以下の場合にあっては 1.5㎜以下とし、厚さが 15㎜を超える場合にあっては厚さの$\frac{1}{10}$の値以下かつ 3㎜以下でなければならない。この場合において、通しダイアフラム（柱の断面を横断するダイアフラムをいう。以下同じ。）とはりフランジの溶接部にあっては、はりフランジは通しダイアフラムを構成する鋼板の厚みの内部で溶接しなければならない。ただし、継手部の鋼材の長期に生ずる力及び短期に生ずる力に対する各許容応力度に基づき求めた当該部分の耐力以上の耐力を有するように適切な補強を行った場合においては、この限りでない。

(3)　0.3㎜を超えるアンダーカットは、存在してはならない。ただし、アンダーカット部分の長さの総和が溶接部分全体の長さの 10% 以下であり、かつ、その断面が鋭角的でない場合にあっては、アンダーカットの深さを 1㎜以下とすることができる。

ロ　鋼材を溶接する場合にあっては、溶接される鋼材の種類に応じ、それぞれ次の表に定める溶着金属としての性能を有する溶接材料を使用しなければならない。

溶接される鋼材の種類	溶着金属としての性能	
400N 級炭素鋼	降伏点又は 0.2% 耐力	235N/㎟以上
	引張強さ	400N/㎟以上
490N 級炭素鋼	降伏点又は 0.2% 耐力	325N/㎟以上

	引張強さ	490N/㎟以上
520N級炭素鋼	降伏点又は0.2%耐力	355N/㎟以上
	引張強さ	520N/㎟以上
235N級ステンレス鋼	引張強さ	520N/㎟以上
325N級ステンレス鋼	引張強さ	690N/㎟以上

鉄骨造の建築物について1の柱のみの火熱による耐力の低下によって建築物全体が容易に倒壊するおそれがある場合等を定める件

制定：平成12年5月23日　建設省告示第1356号

建築基準法施行令（昭和25年政令第338号）第70条の規定に基づき、鉄骨造の建築物について1の柱のみの火熱による耐力の低下によって建築物全体が容易に倒壊するおそれがある場合等を次のように定める。

第1

建築基準法施行令（以下「令」という。）第70条に規定する1の柱のみの火熱による耐力の低下によって建築物全体が容易に倒壊するおそれがある場合は、1の柱を除いたと仮定した建築物の構造耐力上主要な部分に、当該建築物に常時作用している荷重（固定荷重と積載荷重との和（令第86条第2項ただし書の規定によって特定行政庁が指定する多雪区域においては、更に積雪荷重を加えたものとする。））によって生ずる応力度が、建築物の構造耐力上主要な部分の各断面のいずれかにおいて短期に生ずる力に対する許容応力度を超える場合とする。

第2

通常の火災による火熱が加えられた場合に、加熱開始後30分間構造耐力上支障のある変形、溶融、破壊その他の損傷を生じない柱の構造方法は次の各号のいずれかに該当するものとする。

一　厚さが12㎜以上の石膏ボードで覆ったもの
二　厚さが12㎜以上の窯業系サイディングで覆ったもの
三　厚さが12㎜以上の繊維強化セメント板で覆ったもの
四　厚さが9㎜以上の石膏ボードに厚さが9㎜以上の石膏ボード又は難燃合板を重ねて覆ったもの
五　厚さが15㎜以上の鉄網モルタル塗りで覆ったもの

鉄筋の継手の構造方法を定める件

制定：平成12年5月31日　建設省告示第1463号

建築基準法施行令（昭和25年政令第338号）第73条第2項ただし書（第79条の4において準用する場合を含む。）の規定に基づき、鉄筋の継手の構造方法を次のように定める。

1　建築基準法施行令（以下「令」という。）第73条第2項本文（第79条の4において準用する場合を含む。）の規定を適用しない鉄筋の継手は、構造部材における引張力の最も小さい部分に設ける圧接継手、溶接継手及び機械式継手で、それぞれ次項から第4項までの規定による構造方法を用いるものとする。ただし、一方向及び繰り返し加力実験によって耐力、靱（じん）性及び付着に関する性能が継手を行う鉄筋と同等以上であることが確認された場合においては、次項から第4項までの規定による構造方法によらないことができる。

2　圧接継手にあっては、次に定めるところによらなければならない。

一　圧接部の膨らみの直径は主筋等の径の1.4倍以上とし、かつ、その長さを主筋等の径の1.1倍以上とすること。

二　圧接部の膨らみにおける圧接面のずれは主筋等の径の$\frac{1}{4}$以下とし、かつ、鉄筋中心軸の偏心量は、主筋等の径の$\frac{1}{5}$以下とすること。

三　圧接部は、強度に影響を及ぼす折れ曲がり、焼き割れ、へこみ、垂れ下がり及び内部欠陥がないものとすること。

3　溶接継手にあっては、次に定めるところによらなければならない。

一　溶接継手は突合せ溶接とし、裏当て材として鋼材又は鋼管等を用いた溶接とすること。ただし、径が25㎜以下の主筋等の場合にあっては、重ねアーク溶接継手とすることができる。

二　溶接継手の溶接部は、割れ、内部欠陥等の構造耐力上支障のある欠陥がないものとすること。

三　主筋等を溶接する場合にあっては、溶接される棒鋼の降伏点及び引張強さの性能以上の性能を有する溶接材料を使用すること。

4　機械式継手にあっては、次に定めるところによらなければならない。

一　カップラー等の接合部分は、構造耐力上支障のある滑りを生じないように固定したものとし、継手を設ける主筋等の降伏点に基づき求めた耐力以上の耐力を有するものとすること。ただし、引張力の最も小さな位置に設けられない場合にあっては、当該耐力の1.35倍以上の耐力又は主筋等の引張強さに基づき求めた耐力以上の耐力を有するものとしなければならない。

二　モルタル、グラウト材その他これに類するものを用いて接合部分を固定する場合にあっては、当該材料の強度を1㎟につき50N以上とすること。

三　ナットを用いたトルクの導入によって接合部分を固定する場合にあっては、次の式によって計算した数値以上のトルクの数値とすること。この場合において、単位面積当たりの導入軸力は、1㎟につき30Nを下回ってはならない。

$$T = \frac{0.2a\phi\sigma_s}{1000}$$

この式において、T、a、ϕ及びσ_sは、それぞれ次の数値を表すものとする。
T　固定部分の最低トルク値（単位　N・m）
a　主筋等の断面積（単位　㎟）
ϕ　主筋等の径（単位　㎜）
σ_s　単位面積当たりの導入軸力（単位　N/㎟）

四　圧着によって接合部分を固定する場合にあっては、カップラー等の接合部分を鉄筋に密着させるものとすること。

鉄筋コンクリート造の柱に取り付けるはりの構造耐力上の安全性を確かめるための構造計算の基準を定める件

制定：平成23年4月27日　国土交通省告示第432号

建築基準法施行令（昭和25年政令第338号）第73条第3項ただし書の規定に基づき、鉄筋コンクリート造の柱に取り付けるはりの構造耐力上の安全性を確かめるための構造計算の基準を次のように定める。

第1

建築基準法施行令（以下「令」という。）第73条第3項ただし書に規定する鉄筋コンクリート造の柱に取り付けるはりの安全性を確かめるための構造計算の基準は、柱に取り付けるはりの引張り鉄筋が建築基準法（昭和25年法律第201号）第37条第一号に該当する異形鉄筋である場合においては、次のとおりとする。

一　令第3章第8節第2款に規定する荷重及び外力によって当該柱に取り付けるはりに生ずる力を平成19年国土交通省告示第594号第2の規定に従って計算すること。

二　当該柱に取り付けるはりの、はりが柱に取りつく部分の鉄筋の断面に生ずる短期の応力度を令第82条第二号の表に掲げる式によって計算すること。

三　当該応力度が次の式に適合することを確かめること。

$$l \geqq \frac{k\sigma d}{F/4+9}$$

この式において、l、k、F、σ 及び d は、それぞれ次の数値を表すものとする。

l　柱に取り付けるはりの引張り鉄筋の、柱に定着される部分の水平投影の長さ（単位　㎜）
k　1.57（軽量骨材を使用する鉄筋コンクリート造については、1.96）
F　令第 74 条第 1 項第二号に定める設計基準強度（単位　N/㎟）
σ　第二号の規定によって計算した短期の応力度（当該応力度の数値が令第 90 条に定める短期に生ずる力に対する許容応力度の数値未満の場合にあっては、当該許容応力度の数値とする。）（単位　N/㎟）
d　柱に取り付けるはりの引張り鉄筋の径（単位　㎜）

第 2

特別な調査又は研究の結果に基づき当該柱に取り付けるはりの引張り鉄筋の付着力を考慮して当該鉄筋の抜け出し及びコンクリートの破壊が生じないことが確かめられた場合においては、第 1 に定める基準によらないことができる。

設計基準強度との関係において安全上必要なコンクリート強度の基準を定める等の件

制定：昭和 56 年 6 月　1 日　建設省告示第 1102 号
改正：令和元年　6 月 25 日　国土交通省告示第 203 号

建築基準法施行令（昭和 25 年政令第 338 号）第 74 条第 1 項第二号の規定に基づき、設計基準強度との関係において安全上必要なコンクリートの強度の基準を次の第 1 のように定め、同条第 2 項の規定に基づき、コンクリートの強度試験を次の第 2 のように指定する。

第 1

コンクリートの強度は、設計基準強度との関係において次の各号のいずれかに適合するものでなければならない。ただし、特別な調査又は研究の結果に基づき構造耐力上支障がないと認められる場合は、この限りでない。

一　コンクリートの圧縮強度試験に用いる供試体で現場水中養生又はこれに類する養生を行つたものについて強度試験を行つた場合に、材齢が 28 日の供試体の圧縮強度の平均値が設計基準強度の数値以上であること。

二　コンクリートから切り取つたコア供試体又はこれに類する強度に関する特性を有する供試体について強度試験を行つた場合に、材齢が 28 日の供試体の圧縮強度の平均値が設計基準強度の数値に $\frac{7}{10}$ を乗じた数値以上であり、かつ、材齢が 91 日の供試体の圧縮強度の平均値が設計基準強度の数値以上であること。

三　コンクリートの圧縮強度試験に用いる供試体で標準養生（水中又は飽和蒸気中で行うものに限る。）を行つたものについて強度試験を行つた場合に、材齢が 28 日の供試体の圧縮強度の平均値が、設計基準強度の数値にセメントの種類及び養生期間中の平均気温に応じて次の表に掲げる構造体強度補正値を加えて得た数値以上であること。

セメントの種類		養生期間中の平均気温	構造体強度補正値
普通ポルトランドセメント	Fc ≦ 36 の場合	25 ≦ θ の場合	6
		10 ≦ θ ＜ 25 の場合	3
		θ ＜ 10 の場合	6
	36 ＜ Fc ≦ 48 の場合	15 ≦ θ の場合	9
		θ ＜ 15 の場合	6

	48 < Fc ≦ 60 の場合	25 ≦ θ の場合	12
		θ < 25 の場合	9
	60 < Fc ≦ 80 の場合	25 ≦ θ の場合	15
		15 ≦ θ < 25 の場合	12
		θ < 15 の場合	9
早強ポルトランドセメント	Fc ≦ 36 の場合	5 ≦ θ の場合	3
		θ < 5 の場合	6
中庸熱ポルトランドセメント	Fc ≦ 36 の場合	10 ≦ θ の場合	3
		θ < 10 の場合	6
	36 < Fc ≦ 60 の場合	−	3
	60 < Fc ≦ 80 の場合	−	6
低熱ポルトランドセメント	Fc ≦ 36 の場合	15 ≦ θ の場合	3
		θ < 15 の場合	6
	36 < Fc ≦ 60 の場合	5 ≦ θ の場合	0
		θ < 5 の場合	3
	60 < Fc ≦ 80 の場合	−	3
高炉セメントＢ種	Fc ≦ 36 の場合	25 ≦ θ の場合	6
		15 ≦ θ < 25 の場合	3
		θ < 15 の場合	6
フライアッシュセメントＢ種	Fc ≦ 36 の場合	25 ≦ θ の場合	6
		10 ≦ θ < 25 の場合	3
		θ < 10 の場合	6
この表において、Fc及びθは、それぞれ次の数値を表すものとする。 Fc　設計基準強度（単位　N/㎟） θ　養生期間中の平均気温（単位　℃）			

第２

コンクリートの強度を求める強度試験は、次の各号に掲げるものとする。

一　日本産業規格A1108（コンクリートの圧縮強度試験方法）-2012

二　日本産業規格A1107（コンクリートからのコア及びはりの切取り方法及び強度試験方法）-2012のうちコアの強度試験方法

現場打コンクリートの型わく及び支柱の取りはずしに関する基準

制定：昭和46年1月29日　建設省告示第110号
改正：令和元年　6月25日　国土交通省告示第203号

建築基準法施行令（昭和25年政令第338号）第76条第2項の規定に基づき、現場打コンクリートの型わく及び支柱の取りはずしに関する基準を次のように定める。

第１

せき板及び支柱の存置期間は、建築物の部分、セメントの種類及び荷重の状態並びに気温又は養生温度に応じて、次の各号に定めるところによらなければならない。ただし、特別な調査又は研究の結果に基づき、せき板及び支柱の存置期間を定めることができる場合は、当該存置期間によることができる。

一　せき板は、別表(ろ)欄に掲げる存置日数以上経過するまで又は次のイ若しくはロに掲げる方法により求めたコンクリートの強度が同表(は)欄に掲げるコンクリートの圧縮強度以上になるまで取り外さないこと。

イ　日本産業規格（以下「JIS」という。）A1108（コンクリートの圧縮強度試験方法）-2012 によること（コンクリートの圧縮強度試験に用いる供試体が現場水中養生、現場封かん養生又はこれらに類する養生を行つたものである場合に限る。）。

ロ　次の式によつて計算すること。

$$fc_{te}=exp\left\{s\left[1-\left(\frac{28}{(te-0.5)\ /t_0}\right)^{1/2}\right]\right\}\cdot fc_{28}$$

この式において、fc_{te}、s、te、t_0 及び fc_{28} はそれぞれ次の数値を表すものとする。

fc_{te}　コンクリートの圧縮強度（単位　N/㎟）

s　セメントの種類に応じて次の表に掲げる数値

セメントの種類	数値
普通ポルトランドセメント	0.31
早強ポルトランドセメント	0.21
中庸熱ポルトランドセメント	0.60
低熱ポルトランドセメント	1.06
高炉セメントＢ種及び高炉セメントＣ種	0.54
フライアッシュセメントＢ種及びフライアッシュセメントＣ種	0.58

te　次の式によつて計算したコンクリートの有効材齢（単位　日）

$$te=\frac{1}{24}\sum \Delta ti\cdot exp\ [13.65-\frac{4000}{273+T_i/T_0}]$$

この式において、Δti、T_i 及び T_0 はそれぞれ次の数値を表すものとする。

Δti　(i−1) 回目のコンクリートの温度の測定（以下単に「測定」という。）から i 回目の測定までの期間（単位　時間）

T_i　i 回目の測定により得られたコンクリートの温度（単位　℃）

T_0　1（単位　℃）

t_0　1（単位　日）

fc_{28}　JIS A5308（レディーミクストコンクリート）-2019 に規定する呼び強度の強度値（建築基準法（昭和 25 年法律第 201 号）第 37 条第二号の国土交通大臣の認定を受けたコンクリートにあつては、設計基準強度に当該認定において指定された構造体強度補正値を加えた値）（単位　N/㎟）

二　支柱は、別表(ろ)欄に掲げる存置日数以上経過するまで取り外さないこと。ただし、次のイ又はロに掲げる方法により求めたコンクリートの強度が、同表(は)欄に掲げるコンクリートの圧縮強度以上又は 12N/㎟（軽量骨材を使用する場合においては、9N）以上であり、かつ、施工中の荷重及び外力によつて著しい変形又は亀裂が生じないことが構造計算により確かめられた場合においては、この限りでない。

イ　前号イに掲げる方法によること（コンクリートの圧縮強度試験に用いる供試体が現場水中養生、現場封かん養生又はこれらに類する養生を行つたものである場合に限る。）。

ロ　JIS A1107（コンクリートからのコアの採取方法及び圧縮強度試験方法）-2012 の圧縮強度試験によること（コンクリートの圧縮強度試験に用いる供試体が、コンクリートから切り取つたコア供試体又はこれに類する強度に関する特性を有する供試体である場合に限る。）。

第 2

支柱の盛りかえは、次の各号に定めるところによらなければならない。

一　大ばりの支柱の盛りかえは行なわないこと。

二　直上階に著しく大きい積載荷重がある場合においては、支柱（大ばりの支柱を除く。以下同じ。）

の盛りかえは、行なわないこと。
三　支柱の盛りかえは、養生中のコンクリートに有害な影響をもたらすおそれのある振動又は衝撃を与えないように行なうこと。
四　支柱の盛りかえは、逐次行なうものとし、同時に多数の支柱について行なわないこと。
五　盛りかえ後の支柱の頂部には、十分な厚さ及び大きさを有する受板、角材その他これらに類するものを配置すること。

別表

(い)			(ろ)			(は)
せき板又は支柱の区分	建築物の部分	セメントの種類	存置日数 存置期間中の平均気温 摂氏15度以上	摂氏15度未満摂氏5度以上	摂氏5度未満	コンクリートの圧縮強度
せき板	基礎、はり側、柱及び壁	早強ポルトランドセメント	2	3	5	5N/㎟
		普通ポルトランドセメント、高炉セメントA種、フライアッシュセメントA種及びシリカセメントA種	3	5	8	
		高炉セメントB種、フライアッシュセメントB種及びシリカセメントB種	5	7	10	
		中庸熱ポルトランドセメント、低熱ポルトランドセメント、高炉セメントC種、フライアッシュセメントC種及びシリカセメントC種	6	8	12	
	版下及びはり下	早強ポルトランドセメント	4	6	10	コンクリートの設計基準強度の50%
		普通ポルトランドセメント、高炉セメントA種、フライアツシユセメントA種及びシリカセメントA種	6	10	16	
		中庸熱ポルトランドセメント、高炉セメントB種、高炉セメントC種、フライアッシュセメントB種、フライアッシュセメントC種、シリカセメントB種及びシリカセメントC種	8	12	18	
		低熱ポルトランドセメント	10	15	21	
支柱	版下	早強ポルトランドセメント	8	12	15	コンクリートの設計基準強度の85%
		普通ポルトランドセメント、高炉セメントA種、フライアツシユセメントA種及びシリカセメントA種	17	25	28	
		中庸熱ポルトランドセメント、低熱ポルトランドセメ	28			

		ント、高炉セメントＢ種、高炉セメントＣ種、フライアッシュセメントＢ種、フライアッシュセメントＣ種、シリカセメントＢ種及びシリカセメントＣ種		
	はり下	普通ポルトランドセメント、早強ポルトランドセメント、中庸熱ポルトランドセメント、低熱ポルトランドセメント、高炉セメント、フライアッシュセメント及びシリカセメント	28	コンクリートの設計基準強度の 100%

鉄筋コンクリート造の柱の帯筋比を算出する方法を定める件

制定：昭和 56 年 6 月 1 日　建設省告示第 1106 号

建築基準法施行令（昭和 25 年政令第 338 号）第 77 条第三号〔現行 = 第四号 = 平成 14 年 12 月政令第 393 号により改正〕の規定に基づき、鉄筋コンクリート造の柱の帯筋比を算出する方法を次のように定める。

鉄筋コンクリート造の柱の帯筋比は、柱の軸を含む断面における１組の帯筋の断面の中心を通る直線と、相隣り合う１組の帯筋の断面の中心を通る直線とではさまれた部分のコンクリートの面積に対する帯筋の面積の割合として算出するものとする。

附則

昭和 46 年建設省告示第 2056 号は、廃止する。

鉄筋コンクリート造の柱の構造耐力上の安全性を確かめるための構造計算の基準を定める件

制定：平成 23 年 4 月 27 日　国土交通省告示第 433 号

建築基準法施行令（昭和 25 年政令第 338 号）第 77 条第五号の規定に基づき、鉄筋コンクリート造の柱の構造耐力上の安全性を確かめるための構造計算の基準を次のように定める。

建築基準法施行令（以下「令」という。）第 77 条第五号ただし書に規定する鉄筋コンクリート造の柱の構造耐力上の安全性を確かめるための構造計算の基準は、次のとおりとする。ただし、特別な調査又は研究の結果に基づき当該鉄筋コンクリート造の柱が座屈しないことが確かめられた場合にあっては、これによらないことができる。

一　令第３章第８節第２款に規定する荷重及び外力によって当該柱に生ずる力を平成 19 年国土交通省告示第 594 号第２の規定に従って計算すること。

二　当該柱の断面に生ずる長期及び短期の圧縮及び引張りの各応力度を令第 82 条第二号の表に掲げる式によって計算すること。

三　次の表の柱の小径をその構造耐力上主要な支点間の距離で除した数値の欄に掲げる区分に応じて、前号の規定によって計算した長期及び短期の圧縮及び引張りの各応力度に同表の割増係数の欄に掲げる数値を乗じて、長期及び短期の圧縮及び引張りの各設計用応力度を計算すること。

柱の小径をその構造耐力上主要な支点間の距離で除した数値	割増係数
$\frac{1}{15}$	1.0
$\frac{1}{20}$	1.25
$\frac{1}{25}$	1.75
この表に掲げる柱の小径をその構造耐力上主要な支点間の距離で除した数値以外の柱の小径をその構造耐力上主要な支点間の距離で除した数値に応じた割増係数は、表に掲げる数値をそれぞれ直線的に補間した数値とする。	

四　前号の規定によって計算した長期及び短期の圧縮及び引張りの各設計用応力度が、それぞれ令第3章第8節第3款の規定による長期に生ずる力又は短期に生ずる力に対する圧縮及び引張りの各許容応力度を超えないことを確かめること。

建築基準法施行令第79条第1項の規定を適用しない鉄筋コンクリート造の部材及び同令第79条の3第1項の規定を適用しない鉄骨鉄筋コンクリート造の部材の構造方法を定める件

制定：平成13年8月21日　国土交通省告示第1372号
改正：令和元年　6月25日　国土交通省告示第203号

建築基準法施行令（昭和25年政令第338号）第79条第2項及び第79条の3第2項の規定に基づき、平成13年国土交通省告示第1372号の一部を次のように改正する。

建築基準法施行令（以下「令」という。）第79条第1項の規定（令第139条から令第142条までの規定において準用する場合を含む。）を適用しない鉄筋コンクリート造の部材及び令第79条の3第1項の規定（令第139条から令第141条までの規定において準用する場合を含む。）を適用しない鉄骨鉄筋コンクリート造の部材の構造方法は、次に定めるところによるものとする。

1　令第79条第1項の規定を適用しないプレキャスト鉄筋コンクリートで造られた部材及び令第79条の3第1項の規定を適用しないプレキャスト鉄骨鉄筋コンクリートで造られた部材は、次に掲げるものとする。

一　プレキャスト鉄筋コンクリート又はプレキャスト鉄骨鉄筋コンクリートで造られた部材で、地階を除く階数が3以下の建築物の基礎ぐい以外の部分又は擁壁に用いられるものであり、その構造が次のイからニまでに定める基準に適合しているもの又は当該基準と同等以上の耐久性を確保するために必要なタイル貼り、モルタル塗りその他の措置が講じられており、鉄筋に対するコンクリートの付着割裂についてニ(2)(i)から(iii)までに定めるいずれかの構造計算によって安全であることが確かめられたもの

イ　コンクリートの設計基準強度が1㎟につき30N以上であること。

ロ　コンクリートに使用するセメントの品質が日本産業規格（以下「JIS」という。）R5210（ポルトランドセメント）-2003に適合するものとし、単位セメント量が1㎥につき300kg以上であること。

ハ　耐久性上支障のあるひび割れその他の損傷がないものであること。

ニ　かぶり厚さが次に定める基準に適合していること。

(1)　耐力壁以外の間仕切壁の鉄筋に対するかぶり厚さにあっては、1㎝以上であること。

(2)　耐力壁以外の間仕切壁以外の部材にあっては、令第79条第1項に定めるかぶり厚さの数値（鉄骨鉄筋コンクリート造の鉄骨に対するかぶり厚さにあっては、令第79条の3第1項に定める数値）であること。ただし、鉄筋に対するコンクリートの付着割裂について(i)から(iii)までに定めるいずれかの構造計算によって安全であることが確かめられた場合においては、プレキャスト鉄筋コンクリート造で造られた部材の鉄筋に対するかぶり厚さは耐力壁、柱又ははりにあっては2㎝以上、直接土に接する壁、柱、床若しくははり又は布基

礎の立上り部分にあっては3㎝以上、基礎（布基礎の立上り部分を除く。）にあっては捨コンクリートの部分を除いて4㎝以上、プレキャスト鉄骨鉄筋コンクリート造で造られた部材の鉄骨に対するかぶり厚さは4㎝以上とすることができる。

(i)次に定める構造計算を行い安全であることが確かめられた場合

(一)令第82条第一号から第三号までに規定する構造計算を行うこと。

(二)鉄筋のコンクリートに対する付着部分に生ずる力を次の表に掲げる式によって計算し、当該部分に生ずる力が、それぞれ令第3章第8節第4款の規定による材料強度によって計算した当該部分の耐力を超えないことを確かめること。

荷重及び外力について想定する状態	一般の場合	令第86条第2項ただし書の規定によって特定行政庁が指定する多雪区域における場合	備考
積雪時	G + P + 1.4S	G + P + 1.4S	
暴風時	G + P + 1.6W	G + P + 1.6W	建築物の転倒、柱の引抜き等を検討する場合においては、Pについては、建築物の実況に応じて積載荷重を減らした数値によるものとする。
		G + P + 0.35S + 1.6W	
地震時	G + P + K	G + P + 0.35S + K	

この表において、G、P、S、W及びKは、それぞれ次の力（軸方向力、曲げモーメント、せん断力等をいう。）を表すものとする。
G　令第84条に規定する固定荷重によって生ずる力
P　令第85条に規定する積載荷重によって生ずる力
S　令第86条に規定する積雪荷重によって生ずる力
W　令第87条に規定する風圧力によって生ずる力
K　令第88条に規定する地震力によって生ずる力（標準せん断力係数を1.0以上とする。ただし、当該建築物の振動に関する減衰性及び当該部材を含む階の靱性を適切に評価して計算をすることができる場合においては、標準せん断力係数を当該計算により得られた数値（当該数値が0.3未満のときは0.3）とすることができる。）

(ii)令第81条第2項第一号ロに規定する構造計算を行った場合

(iii)建築基準法第20条第1項第一号の規定により国土交通大臣の認定を受けた場合

二　プレキャスト鉄筋コンクリートで造られた基礎ぐいで、その構造が次のいずれかに該当するもの

イ　JIS A5372（プレキャスト鉄筋コンクリート製品）-2004　附属書6　鉄筋コンクリートくい

ロ　JIS A5373（プレキャストプレストレストコンクリート製品）-2004　附属書5　プレストレストコンクリートくい

ハ　イ又はロと同等以上の品質を有するもの

三　令第138条第1項第二号に掲げるもので、その構造がJIS A5373（プレキャストプレストレストコンクリート製品）-2004　附属書1　ポール類に適合するもの（鉄筋に対するコンクリートのかぶり厚さを15㎜以上としたものに限る。）

2　コンクリートに加えてコンクリート以外の材料を使用する部材の構造方法は、次に掲げる基準に適合するものとする。

一　コンクリート以外の材料にあっては、次に掲げる基準に適合するポリマーセメントモルタル又はこれと同等以上の品質を有するエポキシ樹脂モルタル（ただし、ロ(1)の曲げ強さにあっては、1㎟につき10N以上とする。）を用いること。

イ　JIS A6203（セメント混和用ポリマーディスパージョン及び再乳化形粉末樹脂）-2000に適合するセメント混和用ポリマー又はこれと同等以上の品質（不揮発分及び揮発分に係る品質を除

く。）を有するものであること。

ロ　JIS A1171（ポリマーセメントモルタルの試験方法）-2000に規定する試験によって、次に掲げる試験の種類ごとに、それぞれ(1)から(4)までに掲げる強さの数値以上であることが確かめられたものであること。

(1)　曲げ強さ　6N/㎟

(2)　圧縮強さ　20N/㎟

(3)　接着強さ　1N/㎟

(4)　接着耐久性　1N/㎟

二　鉄筋に対するかぶり厚さ（前号に規定する材料の部分の厚さを含む。以下この号において同じ。）が令第79条第1項に規定するかぶり厚さの数値以上であり、鉄骨に対するかぶり厚さが令第79条の3第1項に規定する数値以上であること。

三　第一号に規定する材料の付着及び充てんに際し、コンクリート、鉄筋及び鉄骨の表面に汚れ、さび等がないものとし、水、空気、酸又は塩により腐食するおそれのある部分には、有効なさび止め又は防腐のための措置を講ずるものとすること。

四　耐久性上支障のあるひび割れその他の損傷のないものとすること。

五　第一号に規定する材料の部分を除いた部材又は架構の構造耐力が、令第79条第1項（令第139条から令第142条までの規定において準用する場合を含む。）又は令第79条の3第1項（令第139条から令第141条までの規定において準用する場合を含む。）に規定するコンクリートのかぶり厚さによる場合よりも著しく低下しないものであること。

枠組壁工法又は木質プレハブ工法を用いた建築物又は建築物の構造部分の構造方法に関する安全上必要な技術的基準を定める件

制定：平成13年10月15日　国土交通省告示第1540号（全文改正）
改正：令和2年　8月28日　国土交通省告示第821号

建築基準法施行令（昭和25年政令第338号）第80条の2第一号の規定に基づき、構造耐力上主要な部分に枠組壁工法（木材を使用した枠組に構造用合板その他これに類するものを打ち付けることにより、壁及び床版を設ける工法をいう。以下同じ。）又は木質プレハブ工法（木材を使用した枠組に構造用合板その他これに類するものをあらかじめ工場で接着することにより、壁及び床版を設ける工法をいう。）を用いた建築物又は建築物の構造部分（以下「建築物等」という。）の構造方法に関する安全上必要な技術的基準を第1から第10までに、同令第94条及び第99条の規定に基づき、木質接着成形軸材料（平成12年建設省告示第1446号第1第十号に規定する木質接着成形軸材料をいう。以下同じ。）、木質複合軸材料（平成12年建設省告示第1446号第1第十一号に規定する木質複合軸材料をいう。以下同じ。）、木質断熱複合パネル（平成12年建設省告示第1446号第1第十二号に規定する木質断熱複合パネルをいう。以下同じ。）及び木質接着複合パネル（平成12年建設省告示第1446号第1第十三号に規定する木質接着複合パネルをいう。以下同じ。）並びに第2第一号及び第二号に掲げるもの以外の木材の許容応力度及び材料強度を第2第三号に定め、同令第36条第1項の規定に基づき、建築物等の構造方法に関する安全上必要な技術的基準のうち耐久性等関係規定を第11に、同条第2項第一号の規定に基づき、同令第81条第2項第一号イに規定する保有水平耐力計算によって安全性を確かめる場合に適用を除外することができる技術的基準を第12にそれぞれ指定し、並びに同号イの規定に基づき、枠組壁工法又は木質プレハブ工法を用いた建築物等の構造計算が、第9に適合する場合においては、当該構造計算は、同号イに規定する保有水平耐力計算と同等以上に安全性を確かめることができるものと認める。

第1　階数

地階を除く階数は3以下としなければならない。

第2　材料

一　構造耐力上主要な部分に使用する枠組材の品質は、構造部材の種類に応じ、次の表に掲げる規格に適合するものとしなければならない。

	構造部材の種類	規格
(1)	土台、端根太、側根太、まぐさ、たるき及びむなぎ	枠組壁工法構造用製材及び枠組壁工法構造用たて継ぎ材の日本農林規格（昭和 49 年農林省告示第 600 号。以下「枠組壁工法構造用製材等規格」という。）に規定する甲種枠組材の特級、一級若しくは二級若しくは甲種たて継ぎ材の特級、一級若しくは二級、枠組壁工法構造用製材等規格第 1 部 4.4 に規定する MSR 枠組材の規格若しくは第 1 部 4.8 に規定する MSR たて継ぎ材の規格、単板積層材の日本農林規格（平成 20 年農林水産省告示第 701 号）に規定する構造用単板積層材の特級、一級若しくは二級、又は集成材の日本農林規格（平成 19 年農林水産省告示第 1152 号。以下「集成材規格」という。）第 5 条に規定する構造用集成材の規格若しくは第 6 条に規定する化粧ばり構造用集成柱の規格
(2)	床根太及び天井根太	(1)に掲げる規格、日本産業規格（以下「JIS」という。）G3302（溶融亜鉛めっき鋼板及び鋼帯）-1998 に規定する鋼板及び鋼帯の規格、JIS G3312（塗装溶融亜鉛めっき鋼板及び鋼帯）-1994 に規定する鋼板及び鋼帯の規格、JIS G3321（溶融 55% アルミニウム―亜鉛合金めっき鋼板及び鋼帯）-1998 に規定する鋼板及び鋼帯の規格、JIS G3322（塗装溶融 55% アルミニウム―亜鉛合金めっき鋼板及び鋼帯）-1998 に規定する鋼板及び鋼帯の規格又は JIS　G3353（一般構造用溶接軽量 H 形鋼）-1990 に規定する形鋼の規格（鋼材の厚さが 2.3㎜以上 6㎜以下に係る部分に限る。以下「軽量 H 形鋼規格」という。）
(3)	壁の上枠及び頭つなぎ	(2)に掲げる規格（軽量H形鋼規格を除く。耐力壁に使用する場合にあっては、(1)に掲げる規格に限る。）又は枠組壁工法構造用製材等規格に規定する甲種枠組材の三級若しくは乙種枠組材のコンストラクション若しくはスタンダード、甲種たて継ぎ材の三級若しくは乙種たて継ぎ材のコンストラクション若しくはスタンダード
(4)	壁のたて枠	(3)に掲げる規格（集成材規格第 5 条に規定する非対称異等級構成集成材に係るものを除く。）又は枠組壁工法構造用等規格に規定するたて枠用たて継ぎ材の規格
(5)	壁の下枠	(3)に掲げる規格又は枠組壁工法構造用製材等規格に規定する乙種枠組材のユティリティ若しくは乙種たて継ぎ材のユティリティ
(6)	筋かい	(3)に掲げる規格（(2)に掲げる規格（(1)に掲げる規格を除く。）及び集成材規格第 5 条に規定する非対称異等級構成集成材に係るものを除く。）又は製材の日本農林規格（平成 19 年農林水産省告示第 1083 号）に規定する下地用製材の板類の一級

二　構造耐力上主要な部分に使用する床材、壁材又は屋根下地材の品質は、構造部材及び材料の種類に応じ、次の表に掲げる規格（構造耐力に係る規定に限る。）に適合するものとしなければならない。

	構造部材の種類	材料の種類	規格
(1)	屋外に面する部分（防水紙その他これに類するもので有効に防水されている部分を除く。）に用いる壁材又は湿潤状態となるおそれのある部分（常時湿潤状態となるおそれのある	構造用合板	合板の日本農林規格（平成 15 年農林水産省告示第 233 号。以下「合板規格」という。）に規定する特類
		化粧ばり構造用合板	合板規格に規定する特類
		構造用パネル	構造用パネルの日本農林規格（昭和 62 年農林水産省告示第 360 号。以下「構造用パネル規格」という。）に規定する一級、二級、三級又は四級
		パーティクルボード	JIS A5908（パーティクルボード）-1994 に規定する 18 タイプ、13 タイプ、24-10 タイプ、17.5-10.5 タイプ又は 30-15 タイプ
		ハードボード	JIS A5905（繊維板）-1994 に規定するハードファイ

	部分を除く。）に用いる壁材		バーボードの35タイプ又は45タイプ
		硬質木片セメント板	JIS A5404（木質系セメント板）-2001に規定する硬質木片セメント板
		フレキシブル板	JIS A5430（繊維強化セメント板）-2001に規定するフレキシブル板
		パルプセメント板	JIS A5414（パルプセメント板）-1993に規定する1.0板
		製材	製材の日本農林規格（平成19年農林水産省告示第1083号）に規定する下地用製材の板類の一級
		シージングボード	JIS A5905（繊維板）-1994に規定するシージングボード
		ミディアムデンシティファイバーボード	JIS A5905（繊維板）-1994に規定するミディアムデンシティファイバーボード30タイプ（Mタイプ、Pタイプ）
		火山性ガラス質複層板	JIS A5440（火山性ガラス質複層板（VSボード））-2000に規定するHⅢ
		ラスシート	JIS A5524（ラスシート）-1994
(2)	常時湿潤状態となるおそれのある部分及び(1)に掲げる部分以外の部分に用いる壁材	(1)に掲げる材料	(1)に掲げるそれぞれの規格（構造用合板及び化粧ばり構造用合板については、合板規格に規定する一類を含む。）
		せっこうボード	JIS A6901（せっこうボード製品）-2005に規定するせっこうボード、構造用せっこうボードA種及びB種並びに強化せっこうボード
(3)	床材又は屋根下地材	構造用合板	合板規格に規定する特類又は一類
		化粧ばり構造用合板	合板規格に規定する特類又は一類
		構造用パネル	構造用パネル規格に規定する一級、二級、三級又は四級
		パーティクルボード	JIS A5908（パーティクルボード）-1994に規定する18タイプ、13タイプ、24-10タイプ、17.5-10.5タイプ又は30-15タイプ
		硬質木片セメント板	JIS A5417（木片セメント板）-1992に規定する硬質木片セメント板
		ミディアムデンシティファイバーボード	JIS A5905（繊維板）-1994に規定するミディアムデンシティファイバーボード30タイプ（Mタイプ、Pタイプ）
		火山性ガラス質複層板	JIS A5440（火山性ガラス質複層板（VSボード））-2000に規定するHⅢ

三　次のいずれかに該当するもののうち、建築基準法（昭和25年法律第201号。以下「法」という。）第37条第一号の規定に適合するもの（トに該当するものに限る。）若しくは同条第二号の国土交通大臣の認定を受けたもの（ハからへまでのいずれかに該当するものにあっては、国土交通大臣がその許容応力度及び材料強度の数値を指定したものに限る。）、建築基準法施行規則（昭和25年建設省令第40号）第8条の3の国土交通大臣の認定を受けた耐力壁に使用するもの又は前2号に掲げるもの以外の木材で国土交通大臣がその樹種、区分及び等級等に応じてそれぞれ許容応力度及び材料強度の数値を指定したものについては、前2号の規定にかかわらず、当該材料を構造耐力上主要な部分に使用する材料とすることができる。

イ　構造用鋼材のうち厚さ2.3㎜未満の鋼板又は鋼帯としたもの（床根太、天井根太、耐力壁以外の壁の上枠、頭つなぎ、耐力壁以外の壁のたて枠及び耐力壁以外の壁の下枠に用いる場合に限る。)
ロ　構造用鋼材のうち鋼材の厚さを2.3㎜以上6㎜以下としたもの(床根太及び天井根太に用いる場合に限る。)
ハ　木質接着成形軸材料
ニ　木質複合軸材料
ホ　木質断熱複合パネル
ヘ　木質接着複合パネル
ト　直交集成板(平成12年建設省告示第1446号第1第二十三号に規定する直交集成板をいう。以下同じ。)(床版又は屋根版に用いる場合に限る。)

四　第一号及び第三号の場合において、厚さ2.3㎜未満の鋼板又は鋼帯を床根太、天井根太、耐力壁以外の壁の上枠、頭つなぎ、耐力壁以外の壁のたて枠及び耐力壁以外の壁の下枠に用いる場合は、当該鋼板又は鋼帯の厚さを0.4㎜以上のものとし、かつ、冷間成形による曲げ部分(当該曲げ部分の内法の寸法を当該鋼板又は鋼帯の厚さの数値以上とする。)又はかしめ部分を有するもの(以下「薄板軽量形鋼」という。)としなければならない。

第3　土台

一　1階の耐力壁の下部には、土台を設けなければならない。ただし、地階を設ける等の場合であって、当該耐力壁の直下の床根太等を構造耐力上有効に補強したときは、この限りでない。

二　土台は、次に定めるところにより、基礎に径12㎜以上で長さ35㎝以上のアンカーボルト又はこれと同等以上の引張耐力を有するアンカーボルトで緊結しなければならない。
イ　アンカーボルトは、その間隔を2m以下として、かつ、隅角部及び土台の継ぎ手の部分に配置すること。
ロ　地階を除く階数が3の建築物のアンカーボルトは、イに定める部分のほか、1階の床に達する開口部の両端のたて枠から15㎝以内の部分に配置すること。

三　土台の寸法は、枠組壁工法構造用製材等規格に規定する寸法型式204、205、206、208、304、306、404、406若しくは408に適合するもの又は厚さ38㎜以上で幅89㎜以上のものであって、かつ、土台と基礎若しくは床根太、端根太若しくは側根太との緊結に支障がないものとしなければならない。

第4　床版

一　床根太、端根太及び側根太の寸法は、枠組壁工法構造用製材等規格に規定する寸法型式206、208、210、212若しくは306に適合するもの又は厚さ38㎜以上で幅140㎜以上のものであって、かつ、床根太、端根太若しくは側根太と土台、頭つなぎ若しくは床材との緊結に支障がないものとしなければならない。

二　床根太の支点間の距離は、8m以下としなければならない。この場合において、床根太に枠組壁工法構造用製材等規格に規定する寸法型式212に適合するもの又は辺長比(当該床根太に使用する製材の厚さに対する幅の比をいう。)が286を38で除した数値より大きい数値の製材を使用する場合(当該床根太を2以上緊結して用いる場合又は床根太の支点間の距離を4.5m未満とする場合を除く。)にあっては、3m以下ごとに転び止を設けなければならない。

三　床根太相互及び床根太と側根太との間隔(以下「床根太間隔」という。)は、65㎝以下としなければならない。

四　床版に設ける開口部は、これを構成する床根太と同寸法以上の断面を有する床根太で補強しなければならない。

五　2階又は3階の耐力壁の直下に耐力壁を設けない場合においては、当該耐力壁の直下の床根太は、構造耐力上有効に補強しなければならない。

六　床材は、厚さ15㎜以上の構造用合板若しくは化粧ばり構造用合板(以下「構造用合板等」という。)、厚さ18㎜以上のパーティクルボード又は構造用パネル(構造用パネル規格に規定する一級のものに限る。)としなければならない。ただし、床根太間隔を50㎝以下とする場合においては、厚さ12㎜以上の構造用合板等、厚さ15㎜以上のパーティクルボード又は構造用パネル(構造用パネル規格に規定する一級、二級又は三級(床根太相互又は床根太と側根太との間隔が31㎝を超える場合においては、同規格に規定する一級又は二級)のものに限る。)と、床根太間隔を31㎝以下とする場合においては、厚さ18㎜以上の硬質木片セメント板と、それぞれすることができる。

七　床版の各部材相互及び床版の枠組材（床根太、端根太又は側根太をいう。以下同じ。）と土台又は頭つなぎ（第5第十一号ただし書の規定により耐力壁の上枠と床版の枠組材とを緊結する場合にあっては、当該上枠。以下この号において同じ。）とは、次の表の緊結する部分の欄に掲げる区分に応じ、それぞれ同表の緊結の方法の欄に掲げるとおり緊結しなければならない。ただし、接合部の短期に生ずる力に対する許容せん断耐力が、同表の緊結する部分の欄に掲げる区分に応じ、それぞれ同表の許容せん断耐力の欄に掲げる数値以上であることが確かめられた場合においては、この限りでない。

<table>
<tr><th rowspan="2"></th><th rowspan="2" colspan="2">緊結する部分</th><th colspan="3">緊結の方法</th><th rowspan="2">許容せん断耐力</th></tr>
<tr><th>くぎの種類</th><th>くぎの本数</th><th>くぎの間隔</th></tr>
<tr><td rowspan="3">(1)</td><td rowspan="3" colspan="2">床根太と土台又は頭つなぎ</td><td>CN75
CNZ75</td><td>2本</td><td rowspan="3">—</td><td rowspan="3">1箇所当たり
1,100 N</td></tr>
<tr><td>CN65
CNZ65
BN75</td><td>3本</td></tr>
<tr><td>BN65</td><td>4本</td></tr>
<tr><td rowspan="4">(2)</td><td rowspan="4">端根太又は側根太と土台又は頭つなぎ</td><td rowspan="2">地階を除く階数が3の建築物の1階</td><td>CN75
CNZ75</td><td>—</td><td>25cm以下</td><td rowspan="2">2,200 N/m</td></tr>
<tr><td>BN75</td><td>—</td><td>18cm以下</td></tr>
<tr><td rowspan="2">その他の階</td><td>CN75
CNZ75</td><td>—</td><td>50cm以下</td><td rowspan="2">1,100 N/m</td></tr>
<tr><td>BN75</td><td>—</td><td>36cm以下</td></tr>
<tr><td rowspan="4">(3)</td><td rowspan="4">床版の枠組材と床材</td><td rowspan="2">床材の外周部分</td><td>CN50
CNZ50</td><td>—</td><td>15cm以下</td><td rowspan="2">2,800 N/m</td></tr>
<tr><td>BN50</td><td>—</td><td>10cm以下</td></tr>
<tr><td rowspan="2">その他の階</td><td>CN50
CNZ50</td><td>—</td><td>20cm以下</td><td rowspan="2">2,100 N/m</td></tr>
<tr><td>BN50</td><td>—</td><td>15cm以下</td></tr>
<tr><td colspan="7">この表において、くぎの種類の欄に掲げる記号は、JIS A5508（くぎ）-2005に規定する規格を表すものとする。以下第5第十五号及び第7第九号の表において同様とする。</td></tr>
</table>

八　次に掲げる場合において、建築基準法施行令（以下「令」という。）第82条第一号から第三号までに定める構造計算及び建築物等の地上部分について行う令第82条の6第二号に定める構造計算により、構造耐力上安全であることを確かめられたものについては、前各号の規定は、適用しない。

イ　2階以上の階の床版を鉄筋コンクリート造とする場合

ロ　2階以上の階の床版に直交集成板を使用する場合

ハ　2階以上の階の床根太に軽量H形鋼規格に規定する形鋼又は第2第三号ロに規定する構造用鋼材（以下これらを総称して「軽量H形鋼」という。）を使用する場合

九　前号に掲げるもののほか、次に掲げる場合において、令第82条第一号から第三号までに定める構造計算により、構造耐力上安全であることを確かめられたものについては、第一号から第七号までの規定は、適用しない。この場合において、同条各号中「構造耐力上主要な部分」とあるのは、「床版」と読み替えて計算を行うものとする。

イ　1階の床版を鉄筋コンクリート造とする場合

ロ　床ばり又はトラスを用いる場合

ハ　床版に木質断熱複合パネルを使用する場合

ニ　床版に木質接着複合パネルを使用する場合

ホ　1階の床版に直交集成板を使用する場合

ヘ　床根太、端根太又は側根太に木質接着成形軸材料又は木質複合軸材料を使用する場合
ト　床根太に薄板軽量形鋼を使用する場合
チ　1階の床根太に軽量H形鋼を使用する場合

十　前2号に掲げるもののほか、大引き又は床つかを用いる場合において、当該大引き又は床つか及びそれらの支持する床版に常時作用している荷重（固定荷重と積載荷重との和（令第86条第2項ただし書の規定によって特定行政庁が指定する多雪区域においては、更に積雪荷重を加えたものとする。））によって生ずる応力度が、当該大引き又は床つか及びそれらの支持する床版の各断面の長期に生ずる力に対する許容応力度を超えないことを確かめられたものについては、第一号から第七号までの規定は適用しない。

第5　壁等

一　耐力壁は、外壁又は間仕切壁のそれぞれについて、木質接着複合パネルを使用するものとこれ以外の工法によるものとを併用してはならない。

二　耐力壁は、建築物に作用する水平力及び鉛直力に対して安全であるように、釣合い良く配置しなければならない。この場合において、耐力壁の負担する鉛直力を負担する柱又は耐力壁以外の壁（常時作用している荷重（固定荷重と積載荷重との和（令第86条第2項ただし書の規定によって特定行政庁が指定する多雪区域においては、更に積雪荷重を加えたものとする。））によって生ずる応力度が、当該柱又は耐力壁以外の壁の各断面の長期に生ずる力に対する許容応力度を超えないことが確かめられたものに限る。）を設ける場合においては、当該耐力壁にかえて当該柱又は耐力壁以外の壁を配置することができる。

三　2階部分又は3階部分に耐力壁を設けず当該部分を小屋裏とする場合においては、直下階の構造耐力上主要な部分が当該小屋裏の荷重を直接負担する構造としなければならない。

四　耐力壁の下枠、たて枠及び上枠の寸法は、枠組壁工法構造用製材等規格に規定する寸法型式204、205、206、208、304、306、404、405、406、408若しくは204Wに適合するもの又は厚さ38㎜以上で幅89㎜以上のものであって、かつ、下枠、たて枠若しくは上枠と床版の枠組材、頭つなぎ、まぐさ受け若しくは筋かいの両端部との緊結及び下枠若しくは上枠とたて枠との緊結に支障がないものとしなければならない。

五　各階の張り間方向及びけた行方向に配置する耐力壁は、それぞれの方向につき、当該耐力壁の水平力に対する長さ1m当たりの耐力を令第46条第4項表1⑵項に掲げる軸組の種類の水平力に対する長さ1m当たりの耐力で除して得た数値に当該耐力壁の長さを乗じて得た長さの合計を、その階の床面積（その階又は上の階の小屋裏、天井裏その他これらに類する部分に物置等を設ける場合にあっては、平成12年建設省告示第1351号に定める面積をその階の床面積に加えた面積）に次の表1に掲げる数値（特定行政庁が令第88条第2項の規定によって指定した区域内における場合においては、次の表1に掲げる数値のそれぞれ1.5倍とした数値）を乗じて得た数値以上で、かつ、その階（その階より上の階がある場合においては、当該上の階を含む。）の見付面積（張り間方向又はけた行方向の鉛直投影面積をいう。以下同じ。）からその階の床面からの高さが1.35m以下の部分の見付面積を減じたものに次の表2に掲げる数値を乗じて得た数値以上としなければならない。

表1

		階の床面積に乗ずる数値（単位　cm／㎡）			
	建築物	地階を除く階数が1の建築物（以下「平屋建ての建築物」という。）	地階を除く階数が2の建築物（以下「2階建ての建築物」という。）	地階を除く階数が3の建築物で、3階部分に耐力壁を設けず当該部分を小屋裏とし、かつ、3階の床面積が2階の床面積の$\frac{1}{2}$以下の建築物（以下「3階建ての	地階を除く階数が3の建築物で、左欄に掲げる建築物以外のもの（以下「3階建ての建築物」という。）

						小屋裏利用建築物」という。）				
				1階	2階	1階	2階	1階	2階	3階
(1)	令第86条第2項ただし書の規定によって特定行政庁が指定する多雪区域（以下単に「多雪区域」という。）以外の区域における建築物	屋根を金属板、石板、木板その他これらに類する軽い材料でふいたもの	11	29	15	38	25	46	34	18
		屋根をその他の材料でふいたもの	15	33	21	42	30	50	39	24
(2)	多雪区域における建築物	令第86条第1項に規定する垂直積雪量（以下単に「垂直積雪量」という。）が1mの区域におけるもの	25	43	33	52	42	60	51	35
		垂直積雪量が1mを超え2m未満の区域におけるもの	25と39とを直線的に補間した数値	43と57とを直線的に補間した数値	33と51とを直線的に補間した数値	52と66とを直線的に補間した数値	42と60とを直線的に補間した数値	60と74とを直線的に補間した数値	51と68とを直線的に補間した数値	35と55とを直線的に補間した数値
		垂直積雪量が2mの区域におけるもの	39	57	51	66	60	74	68	55

この表において、屋根に雪止めがなく、かつ、その勾（こう）配が30度を超える建築物又は雪下ろしを行う慣習のある地方における建築物については、垂直積雪量をそれぞれ次のイ又はロに定める数値とみなして(2)を適用した場合における数値とすることができる。この場合において、垂直積雪量が1m未満の区域における建築物とみなされるものについては、平屋建て建築物にあっては25と39とを、2階建ての建築物の1階にあっては43と57とを、2階建ての建築物の2階にあっては33と51とを、3階建ての小屋裏利用建築物の1階にあっては52と66とを、3階建ての小屋裏利用建築物の2階にあっては42と60とを、3階建ての建築物の1階にあっては60と74とを、3階建ての建築物の2階にあっては51と68とを、3階建ての建築物の3階にあっては35と55とをそれぞれ直線的に延長した数値とする。

イ　令第86条第4項に規定する屋根形状係数を垂直積雪量に乗じた数値（屋根の勾（こう）配が60度を超える場合は、0）

ロ　令第86条第6項の規定により積雪荷重の計算に用いられる垂直積雪量の数値

表 2

	区域	見付面積に乗ずる数値（単位　cm/㎡）
(1)	特定行政庁がその地方における過去の風の記録を考慮してしばしば強い風が吹くと認めて規則で指定した区域	50 を超え、75 以下の範囲において特定行政庁がその地方における風の状況に応じて規則で定めた数値
(2)	(1)に掲げる区域以外の区域	50

六　耐力壁線相互の距離は 12m以下とし、かつ、耐力壁線により囲まれた部分の水平投影面積は 40㎡以下としなければならない。ただし、床版の枠組材と床材とを緊結する部分を構造耐力上有効に補強した場合にあっては、当該水平投影面積を 60㎡（耐力壁線により囲まれた部分の長辺の長さに対する短辺の長さの比が$\frac{1}{2}$を超える場合にあっては 72㎡）以下とすることができることとする。

七　外壁の耐力壁線相互の交さする部分（以下この号及び第 10 第一号において「交さ部」という。）には、長さ 90cm以上の耐力壁を 1 以上設けなければならない。ただし、交さ部を構造耐力上有効に補強した場合において、交さ部に接する開口部又は交さ部からの距離が 90cm未満の開口部で、幅（交さ部から開口部までの距離を含み、外壁の双方に開口部を設ける場合は、それらの幅の合計とする。）が 4m以下のものを設けるときは、この限りでない。

八　耐力壁のたて枠相互の間隔は、次の表に掲げる数値以下（たて枠に枠組壁工法構造用製材等規格に規定する寸法型式 206、306 若しくは 406 に適合する製材又は厚さ 38mm以上で幅 140mm以上の製材を使用する耐力壁については、50cm（当該耐力壁を 3 階建ての建築物の 3 階、2 階建ての建築物の 2 階又は平屋建ての建築物に用いる場合については、65cm）以下、たて枠に枠組壁工法構造用製材等規格に規定する寸法型式 208 若しくは 408 に適合する製材又は厚さ 38mm以上で幅 184mm以上の製材を使用する耐力壁については 65cm以下）としなければならない。ただし、令第 82 条第一号から第三号までに定める構造計算によって構造耐力上安全であることが確かめられた場合においては、たて枠相互の間隔は、当該計算に用いた数値（当該耐力壁に木質断熱複合パネルを用いる場合を除き、当該数値が 65cmを超えるときは、65cm）とすることができる。この場合において、同条各号中「構造耐力上主要な部分」とあるのは、「耐力壁」と読み替えて計算を行うものとする。

	建築物		3 階建ての建築物の 3 階、2 階建ての建築物の 2 階又は平屋建ての建築物（単位　cm）	3 階建ての建築物の 2 階、3 階建ての小屋裏利用建築物の 2 階又は 2 階建ての建築物の 1 階（単位　cm）	3 階建ての小屋裏利用建築物の 1 階（単位　cm）
(1)	多雪区域以外の区域における建築物		65	50	45
(2)	多雪区域における建築物	垂直積雪量が 1mの区域におけるもの	50	45	35
		垂直積雪量が 1mを超え 1.5m以下の区域におけるもの	50	35	31
		垂直積雪量が 1.5mを超え 2m以下の区域におけるもの	45	35	31

この表において、屋根に雪止めがなく、かつ、その勾配が 30 度を超える建築物又は雪下ろしを行う慣習のある地方における建築物については、垂直積雪量がそれぞれ第五号の表 1 のイ又はロに定める数値の区域における建築物とみなして、この表の(2)を適用した場合における数値とすることができる。この場合において、垂直積雪量が 1m未満の区域における建築物とみなされるものについては、次の表のとおりとする。

建築物	3階建ての建築物の3階、2階建ての建築物の2階又は平屋建ての建築物（単位　cm）	3階建ての建築物の2階、3階建ての小屋裏利用建築物の2階又は2階建ての建築物の1階（単位　cm）	3階建ての小屋裏利用建築物の1階（単位　cm）
垂直積雪量が50cm以下の区域における建築物とみなされるもの	50	50	45
垂直積雪量が50cmを超え1m未満の区域における建築物とみなされるもの	50	45	41

九　各耐力壁の隅角部及び交さ部には次に定めるところによりたて枠を用いるものとし、当該たて枠は相互に構造耐力上有効に緊結しなければならない。

イ　耐力壁のたて枠に枠組壁工法構造用製材等規格に規定する寸法型式204、205、304、405又は204Wに適合する製材のみを使用し、かつ、当該たて枠相互の間隔を前号の表に掲げる数値以下とする場合にあっては、当該耐力壁により構成される隅角部及び交さ部に同規格に規定する寸法型式204、205又は304に適合する製材を3本以上使用すること。ただし、同規格に規定する寸法型式204Wに適合する製材を1本使用したときは、同規格に規定する寸法型式204に適合する製材を2本使用したものとみなし、同規格に規定する寸法型式405に適合する製材を1本使用したときは、同規格に規定する寸法型式204に適合する製材を3本使用したものとみなす。

ロ　耐力壁のたて枠に枠組壁工法構造用製材等規格に規定する寸法型式206、208、306、404、406又は408に適合する製材を使用し、かつ、当該たて枠相互の間隔を前号の表に掲げる数値以下とする場合にあっては、当該耐力壁により構成される隅角部及び交さ部に同規格に規定する寸法型式206、208、306、404、406又は408に適合する製材を2本以上使用すること。

ハ　イ及びロ以外の場合にあっては、次に定めるところによる。

(1)　耐力壁のたて枠に枠組壁工法構造用製材等規格に規定する寸法型式206に適合する製材又は厚さが38mmを超え、幅が140mmを超える製材を使用し、かつ、当該たて枠相互の間隔を50cm以下（3階建ての建築物の3階、2階建ての建築物の2階又は平屋建ての建築物の耐力壁のたて枠にあっては65cm以下）とする場合にあっては、当該耐力壁により構成される隅角部及び交さ部に同規格に規定する寸法型式206に適合する製材を3本以上又は厚さが38mmを超え、幅が140mmを超える製材を2本以上使用すること。

(2)　耐力壁のたて枠に枠組壁工法構造用製材等規格に規定する寸法型式208に適合する製材又は厚さが38mmを超え、幅が184mmを超える製材を使用し、かつ、当該たて枠相互の間隔を65cm以下とする場合にあっては、当該耐力壁により構成される隅角部及び交さ部に同規格に規定する寸法型式208に適合する製材を3本以上（3階建ての建築物の3階、2階建ての建築物の2階又は平屋建ての建築物にあっては2本以上）又は厚さが38mmを超え、幅が184mmを超える製材を2本以上使用すること。

十　屋外に面する部分で、かつ、隅角部又は開口部の両端の部分にある耐力壁のたて枠は、直下の床の枠組に金物（くぎを除く。以下同じ。）又は壁材で構造耐力上有効に緊結しなければならない。

十一　耐力壁の上部には、当該耐力壁の上枠と同寸法の断面を有する頭つなぎを設け、耐力壁相互を構造耐力上有効に緊結しなければならない。ただし、当該耐力壁の上枠と同寸法以上の断面を有する床版の枠組材又は小屋組の部材（たるき、天井根太又はトラスをいう。以下同じ。）を当該上枠に緊結し、耐力壁相互を構造耐力上有効に緊結する場合においては、この限りでない。

十二　耐力壁線に設ける開口部の幅は4m以下とし、かつ、その幅の合計は当該耐力壁線の長さの$\frac{3}{4}$以下としなければならない。

十三　幅90cm以上の開口部の上部には、開口部を構成するたて枠と同寸法以上の断面を有するまぐさ受けによってささえられたまぐさを構造耐力上有効に設けなければならない。ただし、構造耐力上有効な補強を行った場合においては、この限りでない。

十四　筋かいには、欠込みをしてはならない。

十五　壁の各部材相互及び壁の各部材と床版、頭つなぎ（第十一号ただし書の規定により耐力壁の上枠と床版の枠組材又は小屋組の部材とを緊結する場合にあっては、当該床版の枠組材又は小屋組の部材。以下この号において同じ。）又はまぐさ受けとは、次の表の緊結する部分の欄に掲げる区分に応じ、それぞれ同表の緊結の方法の欄に掲げるとおり緊結しなければならない。ただし、接合部の短期に生ずる力に対する許容せん断耐力が、同表の緊結する部分の欄に掲げる区分に応じ、それぞれ同表の許容せん断耐力の欄に掲げる数値以上であることが確かめられた場合においては、この限りでない。

	緊結する部分		緊結の方法			許容せん断耐力
			くぎの種類	くぎの本数	くぎの間隔	
(1)	たて枠と上枠又は下枠		CN90 CNZ90	2 本	—	1 箇所当たり 1,000 N
			CN75 CNZ75 BN90 CN65 CNZ65 BN75	3 本		
			BN65	4 本		
(2)	下枠と床版の枠組材	3 階建ての建築物の 1 階	CN90 CNZ90	—	25cm以下	3,200 N/m
			BN90	—	17cm以下	
		その他の階	CN90 CNZ90	—	50cm以下	1,600 N/m
			BN90	—	34cm以下	
(3)	上枠と頭つなぎ		CN90 CNZ90	—	50cm以下	1,600 N/m
			BN90	—	34cm以下	
(4)	たて枠とたて枠又はまぐさ受け		CN75 CNZ75	—	30cm以下	2,200 N/m
			BN75	—	20cm以下	

十六　地階の壁は、一体の鉄筋コンクリート造（2 以上の部材を組み合わせたもので、部材相互を緊結したものを含む。）としなければならない。ただし、直接土に接する部分及び地面から 30cm以内の外周の部分以外の壁は、これに作用する荷重及び外力に対して、第二号及び第四号から前号までの規定に準じ、構造耐力上安全なものとした枠組壁工法による壁とすることができる。

第 6　根太等の横架材

床根太、天井根太その他の横架材には、その中央部付近の下側に構造耐力上支障のある欠込みをしてはならない。

第 7　小屋組等

一　たるき及び天井根太の寸法は、枠組壁工法構造用製材等規格に規定する寸法型式 204、205、206、208、210、212、304 若しくは 306 に適合するもの又は厚さ 38mm以上で幅 89mm以上のものであって、かつ、たるき若しくは天井根太とむなぎ、頭つなぎ若しくは屋根下地材との緊結に支障がないものとしなければならない。

二　たるき相互の間隔は、65cm以下としなければならない。

三　たるきには、たるきつなぎを構造耐力上有効に設けなければならない。

四　トラスは、これに作用する荷重及び外力に対して構造耐力上安全なものとしなければならない。

五　たるき又はトラスは、頭つなぎ及び上枠に金物で構造耐力上有効に緊結しなければならない。ただし、たるき又はトラスと次に掲げる部材のいずれかとを金物で構造耐力上有効に緊結する場合においては、この限りでない。

イ　上枠（第5第十一号ただし書の規定により耐力壁の上枠とたるき又はトラスとを緊結する場合に限る。）

ロ　上枠及び天井根太（第5第十一号ただし書の規定により耐力壁の上枠と天井根太とを緊結する場合に限る。）

六　小屋組は、振れ止めを設ける等水平力に対して安全なものとしなければならない。

七　屋根版は、風圧力その他外力に対して安全なものとしなければならない。

八　屋根版に使用する屋根下地材は、厚さ12㎜以上の構造用合板等、厚さ15㎜以上のパーティクルボード又は構造用パネル（構造用パネル規格に規定する一級若しくは二級のものに限る。）としなければならない。ただし、たるき相互の間隔を50㎝以下とする場合においては、厚さ9㎜以上の構造用合板等、厚さ12㎜以上のパーティクルボード、構造用パネル（たるき相互の間隔が31㎝を超える場合においては、構造用パネル規格に規定する一級、二級若しくは三級のものに限る。）又は厚さ15㎜以上の硬質木片セメント板（たるき相互の間隔が31㎝を超える場合においては、厚さ18㎜以上のものに限る。）とすることができる。

九　小屋組の各部材相互及び小屋組の部材と頭つなぎ（第5第十一号ただし書の規定により耐力壁の上枠と小屋組の部材とを緊結する場合にあっては、当該上枠。以下この号において同じ。）又は屋根下地材とは、次の表の緊結する部分の欄に掲げる区分に応じ、それぞれ同表の緊結の方法の欄に掲げるとおり緊結しなければならない。ただし、接合部の短期に生ずる力に対する許容せん断耐力が、同表の緊結する部分の欄に掲げる区分に応じ、それぞれ同表の許容せん断耐力の欄に掲げる数値以上であることが確かめられた場合においては、この限りでない。

	緊結する部分		緊結の方法			許容せん断耐力
			くぎの種類	くぎの本数	くぎの間隔	
(1)	たるきと天井根太		CN90 CNZ90	3本	—	1箇所当たり 2,400 N
			CN75 CNZ75	4本		
			BN90 BN75	5本		
(2)	たるきとむなぎ		CN75 CNZ75	3本	—	1箇所当り 1,700 N
			BN75	4本	—	
(3)	たるき、天井根太又はトラスと頭つなぎ		CN75 CNZ75	2本	—	1箇所当たり 1,100 N
			CN65 CNZ65 BN75 BN65	3本		
(4)	たるき又はトラスと屋根下地材	屋根下地材の外周部分	CN50 CNZ50	—	15㎝以下	2,600 N/m
			BN50	—	10㎝以下	
		その他の部分	CN50 CNZ50	—	30㎝以下	1,300 N/m
			BN50	—	20㎝以下	

十　令第82条第一号から第三号に定める構造計算によって構造耐力上安全であることが確かめられた場合（この場合において、同条各号中「構造耐力上主要な部分」とあるのは、「小屋組又は屋根版」

と読み替えるものとする。）を除き、小屋の屋根又は外壁（以下「屋根等」という。）に設ける開口部の幅は2m以下とし、かつ、その幅の合計は当該屋根等の下端の幅の$\frac{1}{2}$以下としなければならない。ただし、構造耐力上有効な補強を行った開口部であって次のイからハまでに該当するものは、その幅を3m以下とすることができる。

イ　小屋の屋根に設けられるものであること。

ロ　屋根の端部からの距離が90cm以上であること。

ハ　他の開口部からの距離が180cm以上であること。

十一　屋根等に設ける幅90cm以上の開口部の上部には、開口部を構成する部材と同寸法以上の断面を有するまぐさ受けによって支持されるまぐさを構造耐力上有効に設けなければならない。ただし、これと同等以上の構造耐力上有効な補強を行った場合においては、この限りでない。

十二　母屋及び小屋つかを用いた小屋組とする場合又は木質断熱複合パネル若しくは木質接着複合パネルを用いた屋根版とする場合においては、令第82条第一号から第三号までに定める構造計算により、構造耐力上安全であることを確かめなければならない。この場合において、同条各号中「構造耐力上主要な部分」とあるのは、「小屋組又は屋根版」と読み替えて計算を行うものとする。

十三　前号に掲げるもののほか、屋根版に直交集成板を使用する場合においては、令第82条第一号から第三号までに定める構造計算及び建築物等の地上部分について行う令第82条の6第二号に定める構造計算により、構造耐力上安全であることを確かめなければならない。

十四　前2号に掲げるもののほか、天井根太に軽量H形鋼を使用する場合において、令第82条第一号から第三号までに定める構造計算及び建築物等の地上部分について行う令第82条の6第二号に定める構造計算により、構造耐力上安全であることを確かめられたものについては、第一号の規定は、適用しない。

第8　防腐措置等

一　土台が基礎と接する面及び鉄網モルタル塗その他の壁の枠組材が腐りやすい構造である部分の下地には、防水紙その他これに類するものを使用しなければならない。

二　土台には、枠組壁工法構造用製材等規格に規定する防腐処理その他これに類する防腐処理を施した旨の表示がしてあるものを用いなければならない。ただし、同規格に規定する寸法型式404、406又は408に適合するものを用いる場合においては、防腐剤塗布、浸せきその他これに類する防腐措置を施したものを用いることができる。

三　地面から1m以内の構造耐力上主要な部分（床根太及び床材を除く。）に使用する木材には、有効な防腐措置を講ずるとともに、必要に応じて、しろありその他の虫による害を防ぐための措置を講じなければならない。

四　構造耐力上主要な部分のうち、直接土に接する部分及び地面から30cm以内の外周の部分、鉄筋コンクリート造、鉄骨造その他腐朽及びしろありその他の虫による害を防ぐための措置を講じなければならない。

五　腐食のおそれのある部分及び常時湿潤状態となるおそれのある部分の部材を緊結するための金物には、有効なさび止めのための措置を講じなければならない。

六　構造耐力上主要な部分に薄板軽量形鋼又は軽量H形鋼を用いる場合にあっては、当該薄板軽量形鋼又は軽量H形鋼の表面仕上げはJIS G3302（溶融亜鉛めっき鋼板及び鋼帯）-1998に規定するめっきの付着量表示記号Z27その他これに類する有効なさび止め及び摩損防止のための措置を講じたものとしなければならない。ただし、次に掲げる場合にあっては、この限りでない。

イ　薄板軽量形鋼又は軽量H形鋼を屋外に面する部分（防水紙その他これに類するもので有効に防水されている部分を除く。）及び湿潤状態となるおそれのある部分以外の部分に使用する場合

ロ　薄板軽量形鋼又は軽量H形鋼に床材、壁材又は屋根下地材等による被覆その他これに類する有効な摩損防止のための措置を講じた場合

第9　保有水平耐力計算と同等以上に安全性を確かめることができる構造計算

令第81条第2項第一号イに規定する保有水平耐力計算と同等以上に安全性を確かめることができる構造計算を次の各号に定める。

一　令第82条各号に定めるところによること。
二　構造耐力上主要な部分に使用する構造部材相互の接合部がその部分の存在応力を伝えることができるものであることを確かめること。
三　建築物等の地上部分について、令第87条第1項に規定する風圧力（以下「風圧力」という。）によって各階に生ずる水平方向の層間変位の当該各階の高さに対する割合が$\frac{1}{200}$（風圧力による構造耐力上主要な部分の変形によって建築物等の部分に著しい損傷が生ずるおそれのない場合にあっては、$\frac{1}{120}$）以内であることを確かめること。
四　建築物等の地上部分について、令第88条第1項に規定する地震力（以下「地震力」という。）によって各階に生じる水平方向の層間変位の当該各階の高さに対する割合が$\frac{1}{200}$（地震力による構造耐力上主要な部分の変形によって建築物等の部分に著しい損傷が生ずるおそれのない場合にあっては、$\frac{1}{120}$）以内であることを確かめること。
五　建築物等の地上部分について、令第82条の3各号に定めるところによること。この場合において、耐力壁に木質接着複合パネルを用いる場合にあっては、同条第二号中「各階の構造特性を表すものとして、建築物の構造耐力上主要な部分の構造方法に応じた減衰性及び各階の靱(じん)性を考慮して国土交通大臣が定める数値」とあるのは、「0.55以上の数値。ただし、当該建築物の振動に関する減衰性及び当該階の靱(じん)性を適切に評価して算出することができる場合においては、当該算出した数値によることができる。」と読み替えるものとする。

第10　構造計算によって構造耐力上安全であることが確かめられた建築物等

一　次のイ及びロに定めるところにより行う構造計算によって構造耐力上安全であることが確かめられた建築物等については、第4第二号（床根太の支点間の距離に係る部分に限る。）及び第七号、第5第五号、第六号、第七号（交さ部に設けた外壁の耐力壁の長さの合計が90cm以上である場合に限る。）、第十二号及び第十五号並びに第7第九号の規定は適用しない。
　イ　第9第一号及び第二号に定めるところによること。
　ロ　建築物等の地上部分について、令第82条の6第二号ロに定めるところによること。
二　第9第一号及び第二号に定めるところにより行う構造計算によって構造耐力上安全であることが確かめられた建築物等については、第3第二号、第4第三号（床根太相互の間隔を1m以下とする場合に限る。）及び第七号、第5第五号、第九号、第十一号及び第十五号並びに第7第二号（たるき相互の間隔を1m以下とする場合に限る。）及び第九号の規定は適用しない。

第11　耐久性等関係規定の指定

令第36条第1項に規定する耐久性等関係規定として、第8に定める安全上必要な技術的基準を指定する。

第12　令第36条第2項第一号の規定に基づく技術的基準の指定

令第36条第2項第一号の規定に基づき、第9に規定する構造計算を行った場合に適用を除外することができる技術的基準として、第1及び第3から第7までの規定（第5第一号の規定を除く。）に定める技術的基準を指定する。

CLTパネル工法を用いた建築物又は建築物の構造部分の構造方法に関する安全上必要な技術的基準を定める等の件

制定：平成28年　4月1日　国土交通省告示第611号
改正：令和　4年11月8日　国土交通省告示第1115号

建築基準法施行令（昭和25年政令第338号）第80条の2第一号の規定に基づき、構造耐力上主要な部分にＣＬＴパネル工法（直交集成板を用いたパネルを水平力及び鉛直力を負担する壁として設ける工法をいう。以下同じ。）を用いた建築物又は建築物の構造部分（以下「建築物等」という。）の構造方法に関する安全上必要な技術的基準を第2から第7までに定め、同令第36条第1項の規定に基づき、建築物等の構造方法に関する安全上必要な技術的基準のうち耐久性等関係規定を第11に、同条第2項第一号の規定に基づき、同令第 81 条第 2 項第一号イに規定する保有水平耐力計算によって安全性を確かめる場合に適用を除外することができる技術的基準を第 12 にそれぞれ指定し、同号イの規定に基づき、CLT パネル工法を用いた建築物等の構造計算が、第 8 に適合する場合においては、当該構造計算は、同号イに規定する保有水平耐力計算と同等以上に安全性を確かめることができるものと認め、同項第二号イの規定に基づき、CLT パネル工法を用いた建築物等の構造計算が、第 9 に適合する場合においては、当該構造計算は、同号イに規定する許容応力度等計算と同等以上に安全性を確かめることができるものと認め、同条第 3 項の規定に基づき、CLT パネル工法を用いた建築物等の構造計算が、第 10 に適合する場合においては、当該構造計算は、同項に規定する同令第 82 条各号及び同令第 82 条の 4 に定めるところによる構造計算と同等以上に安全性を確かめることができるものと認める。

第 1　適用の範囲

CLT パネル工法を用いた建築物等の構造方法は、次の各号に掲げる建築物の区分に応じ、当該各号に定める基準に適合するものでなければならない。

一　高さが 60m を超える建築物　第 11 に指定する耐久性等関係規定（以下単に「耐久性等関係規定」という。）に適合し、かつ、建築基準法（昭和 25 年法律第 201 号。以下「法」という。）第 20 条第 1 項第一号後段に規定する構造計算によって安全性が確かめられたものであること。

二　高さが 31m を超え、又は地階を除く階数が 7 以上（耐力壁の構造が第 5 第三号ハに掲げる基準に適合する場合にあっては、4 以上）の建築物（前号に掲げるものを除く。）　次のいずれかに適合するものであること。

イ　第 2 から第 7 までに規定する技術的基準（第 12 に指定するものを除く。）に適合し、かつ、第 8 に規定する構造計算によって安全性が確かめられたものであること。

ロ　耐久性等関係規定に適合し、かつ、建築基準法施行令（以下「令」という。）第 81 条第 2 項第一号ロに規定する構造計算によって安全性が確かめられたものであること。

ハ　前号に定める基準に適合するものであること。

三　高さが 31m 以下及び地階を除く階数が 6 以下（耐力壁の構造が第 5 第三号ハに掲げる基準に適合する場合にあっては、3 以下）の建築物（次号に掲げる建築物を除く。）　次のいずれかに適合するものであること。

イ　第 2 から第 7 までに規定する技術的基準に適合し、かつ、第 9 に規定する構造計算によって安全性が確かめられたものであること。

ロ　前 2 号に定める基準のいずれかに適合するものであること。

四　高さが 13m 以下、軒の高さが 9m 以下及び地階を除く階数が 3 以下の建築物　次のいずれかに適合するものであること。

イ　第 2 から第 7 までに規定する技術的基準に適合し、かつ、第 10 に規定する構造計算によって安全性が確かめられたものであること。

ロ　前 3 号に定める基準のいずれかに適合するものであること。

第 2　材料

一　構造耐力上主要な部分（間柱、小ばりその他これらに類するものを除く。）に使用する直交集成板は、直交集成板の日本農林規格（平成 25 年農林水産省告示第 3079 号。以下「直交集成板規格」という。）に規定する直交集成板又は法第 37 条第二号の規定による国土交通大臣の認定を受け、かつ、平成 13 年国土交通省告示第 1024 号第 1 第十九号ニ及び第 2 第十八号ニの規定に基づき、国土交通大臣がその許容応力度及び材料強度の数値を指定した直交集成板（これらの直交集成板の各ラミナの厚さが 24㎜以上 36㎜以下である場合に限る。ただし、特別な調査又は研究の結果に基づき、直交集成板の材料特性を適切に考慮し、安全上支障のないことが確かめられた場合にあっては、この限りでない。）とすること。

二　構造耐力上主要な部分である柱及び横架材（間柱、小ばりその他これらに類するものを除く。）に使用する集成材その他の木材は、昭和 62 年建設省告示第 1898 号第一号から第六号までに掲げる基準のいずれかに適合すること。

三　接合部に使用する材料は、その種類に応じて構造耐力上必要な品質を有するものとすること。

第３　土台

一　構造耐力上主要な部分である土台を設ける場合にあっては、当該土台は基礎に緊結しなければならない。

二　構造耐力上主要な部分である土台を設ける場合にあっては、当該土台の幅は当該土台の上部に設ける耐力壁の厚さと同寸法以上にしなければならない。

第４　床版

一　床版は、水平力によって生ずる力を構造耐力上有効に耐力壁（最下階に床版を設ける場合にあっては、土台又は基礎）に伝えることができる剛性及び耐力を有する構造としなければならない。ただし、建築物に作用する水平力を負担しない部分については、この限りでない。

二　床版に１の直交集成板で次のイからハまでのいずれかに該当するものを使用する場合にあっては、当該直交集成板の外層ラミナの方向は、当該直交集成板の長辺方向又は短辺方向と平行でなければならない。

イ　形状が矩形であり、かつ、構造耐力上支障のある開口部又は欠き込み（以下「開口部等」という。）を設けないもの

ロ　形状が矩形であるものに開口部等を設けたもので、かつ、開口部等を設けない場合と同等以上の剛性及び耐力を有するように当該開口部等の周囲が補強されているもの

ハ　形状が矩形であるものに開口部等を設けたもので、かつ、当該直交集成板の剛性及び耐力の低減について特別な調査又は研究の結果に基づき算出した上で構造耐力上主要な部分として構造計算を行い構造耐力上安全であることが確かめられたもの

三　床版に床パネル（１の直交集成板で、前号イからハまでのいずれかに該当するもの又はその形状が四角形であり、かつ、その剛性及び耐力の低減について特別な調査若しくは研究の結果に基づき算出した上で構造耐力上主要な部分として構造計算を行い構造耐力上安全であることが確かめられたものをいう。以下同じ。）を使用する場合にあっては、床パネルを、平行する２つの壁又ははりによって、構造耐力上有効に支持しなければならない。ただし、特別な調査又は研究の結果に基づき、安全上及び使用上支障のないことが確かめられた場合にあっては、この限りでない。

四　床版に床パネルを使用する場合にあっては、床パネル相互は、構造耐力上有効に緊結しなければならない。この場合において、床パネル相互が接する線と耐力壁線が交さする部分は、当該部分に生ずる引張応力を伝えるように緊結しなければならない。

五　吹抜きその他床版を設けない部分で外壁に接する部分は、はりを設けることその他の方法により風圧力その他の外力に対して構造耐力上有効に補強しなければならない。

第５　壁等

一　耐力壁は、壁パネル（次に掲げるものをいう。以下同じ。）を使用したものとし、建築物に作用する水平力及び鉛直力に対して安全であるように釣合いよく配置するとともに、CLT パネル工法を用いる建築物等の最下階の壁パネルを除き、床版（２以上の階に連続して一の耐力壁を設ける場合であって、当該耐力壁の構造が第三号イ又はロに掲げる基準に適合するときは、当該耐力壁の脚部にある階の床版）の上部に配置しなければならない。この場合において、耐力壁の負担する鉛直力を負担する柱又は耐力壁以外の壁を設ける場合においては、当該耐力壁に代えて当該柱又は耐力壁以外の壁を配置することができる。

イ　無開口壁パネル（１の直交集成板で第４第二号イからハまでのいずれかに該当するものをいう。以下同じ。）

ロ　有開口壁パネル（開口部等を有する１の直交集成板でイに規定する無開口壁パネルに該当しないものをいう。以下同じ。）であって、垂れ壁部分（当該開口部等の直上の部分をいう。以下同じ。）、腰壁部分（当該開口部等の直下の部分をいう。以下同じ。）及び袖壁部分（腰壁部分及び垂れ壁部分以外の部分をいう。以下同じ。）がそれぞれ第４第二号イからハまでのいずれかに該当するもの

二　壁パネルとして使用する直交集成板の外層ラミナの方向は、当該壁パネルの長辺方向又は短辺方向と平行でなければならない。

三　耐力壁の構造は、次のイからハまでのいずれかに適合しなければならない。

イ　次の(1)から(3)までに掲げる基準に適合すること
(1)　無開口壁パネルを使用し、かつ、有開口壁パネルを使用しないこと。
(2)　垂れ壁パネル（無開口壁パネルを垂れ壁として使用する場合における当該無開口壁パネルをいう。以下同じ。）を設ける場合にあっては当該垂れ壁パネルの両側、腰壁パネル（無開口壁パネルを腰壁として使用する場合における当該無開口壁パネルをいう。以下同じ。）を設ける場合にあっては当該腰壁パネルの両側に、袖壁パネル（無開口壁パネルを袖壁として使用する場合における当該無開口壁パネルをいう。以下同じ。）（ロに適合する耐力壁の構造と同一の方向（張り間方向及び桁行方向をいう。以下同じ。）で併用する場合にあっては、袖壁パネル及び有開口壁パネルの袖壁部分）を設け、構造耐力上有効に緊結しなければならない。
(3)　無開口壁パネルは、構造耐力上主要な部分である床版その他の部分と構造耐力上有効に緊結しなければならない。この場合において、無開口壁パネル（垂れ壁パネル及び腰壁パネルを除く。）の上下四隅は、次に掲げる基準に適合しなければならない。
(i)次に掲げる部分を緊結すること。
(イ)CLT パネル工法を用いる建築物等の最下階の壁パネルと基礎又はこれに類する部分
(ロ)上下階の壁パネル相互又は壁パネルと床版、小屋組若しくは屋根版
(ii)接合部は、当該接合部に生ずる引張応力を伝えるように緊結すること。

ロ　次の(1)から(3)までに掲げる基準に適合すること
(1)　有開口壁パネル又は有開口壁パネル及び無開口壁パネル（垂れ壁パネル、腰壁パネル及び袖壁パネルを除く。以下「独立無開口壁パネル」という。）を使用すること。
(2)　有開口壁パネルの端に袖壁部分を設けない場合にあっては、当該有開口壁パネルの垂れ壁部分又は腰壁部分（袖壁を設けていない部分に限る。）は、当該有開口壁パネルと同一方向に設けた独立無開口壁パネル（イに適合する耐力壁の構造と同一の方向で併用する場合にあっては、無開口壁パネル（垂れ壁パネル及び腰壁パネルを除く。））又は他の有開口壁パネルの袖壁部分と構造耐力上有効に緊結しなければならない。
(3)　独立無開口壁パネル及び有開口壁パネルは、構造耐力上主要な部分である床版その他の部分と構造耐力上有効に緊結しなければならない。この場合において、独立無開口壁パネル及び有開口壁パネルの袖壁部分の上下四隅は、イ(3)(i)及び(ii)に掲げる基準に適合しなければならない。

ハ　次の(1)及び(2)に掲げる基準に適合すること
(1)　ロ(1)及び(2)に掲げる基準に適合すること。
(2)　独立無開口壁パネル及び有開口壁パネルは、構造耐力上主要な部分である床版その他の部分と構造耐力上有効に緊結しなければならない。この場合において、独立無開口壁パネル及び有開口壁パネルの上下四隅（有開口壁パネルの端に袖壁部分を設けない場合にあっては、当該有開口壁パネルの垂れ壁部分又は腰壁部分（袖壁を設けていない部分に限る。）の隅部を除く。）は、イ(3)(i)及び(ii)に掲げる基準に適合しなければならない。

四　地階の壁は、鉄筋コンクリート造としなければならない。ただし、直接土に接する部分及び地面から 30cm 以内の外周の部分以外の壁は、構造耐力上安全なものとした壁パネルを使用することができる。

第 6　小屋組等

第 4 第一号から第五号までに掲げる基準に適合する構造としなければならない。この場合において、これらの規定（第 4 第一号を除く。）中「床版」とあるのは「小屋組又は屋根版」と、「床パネル」とあるのは「屋根パネル」と、同号中「床版は」とあるのは「小屋組又は屋根版は」と、「耐力壁（最下階に床版を設ける場合にあっては、土台又は基礎）」とあるのは「耐力壁」と読み替えるものとする。

第 7　防腐措置等

一　土台及び耐力壁が基礎と接する面の下地には、防水紙その他これに類するものを使用しなければならない。

二　地面から 1m 以内の構造耐力上主要な部分（床版の屋外に面しない部分を除く。）に使用する木材

には、有効な防腐措置を講ずるとともに、必要に応じて、しろありその他の虫による害を防ぐための措置を講じなければならない。

三　構造耐力上主要な部分のうち、直接土に接する部分及び地面から30cm以内の外周の部分は、鉄筋コンクリート造若しくは鉄骨造とするか、又は腐朽及びしろありその他の虫による害を防ぐための措置を講じなければならない。

四　腐食のおそれのある部分及び常時湿潤状態となるおそれのある部分の部材を緊結するための金物には、有効なさび止めのための措置を講じなければならない。

第8　保有水平耐力計算と同等以上に安全性を確かめることができる構造計算

令第81条第2項第一号イに規定する保有水平耐力計算と同等以上に安全性を確かめることができる構造計算は、次に定める基準に従った構造計算とする。

一　令第3章第8節第1款の2に定めるところによること。この場合において、令第82条の3第二号中「各階の構造特性を表すものとして、建築物の構造耐力上主要な部分の構造方法に応じた減衰性及び各階の靱性を考慮して国土交通大臣が定める数値」とあるのは、「平成28年国土交通省告示第611号第8第二号に定める数値」と読み替えるものとする。

二　建築物の各階のDsは、次のイからトまでに定める基準に適合する場合にあっては次の表の左欄に掲げる耐力壁の構造に応じてそれぞれ同表の右欄に掲げる数値以上の数値とし、当該基準に適合しない場合にあっては0.75以上の数値とする。ただし、特別な調査又は研究の結果に基づき、当該建築物の振動に関する減衰性及び当該階の靱性を適切に評価して算出することができる場合においては、当該算出によることができる。

イ　耐力壁の構造が、次のいずれかに適合するものであること。

(1)　第5第二号及び第三号イ（(2)を除く。）又はロ（(2)を除く。）に掲げる基準に適合すること。

(2)　第5第二号及び第三号ハ（(1)（同号ロ(2)に係る部分に限る。）を除く。）に掲げる基準に適合すること。

ロ　無開口壁パネル（垂れ壁パネル及び腰壁パネルを除く。）及び有開口壁パネルの袖壁部分（以下「無開口壁パネル等」という。）の長さが90cm以上であること。

ハ　垂れ壁パネル及び有開口壁パネルの垂れ壁部分（以下「垂れ壁パネル等」という。）並びに腰壁パネル及び有開口壁パネルの腰壁部分（以下「腰壁パネル等」という。）の長さが70cm以上4m以下であること。

ニ　次に掲げる引張応力を負担する接合部（以下「引張接合部」という。）が、それぞれ次に定める基準に適合すること。

(1)　CLTパネル工法を用いる建築物等の最下階の壁パネルと基礎又はこれに類する部分との接合部　当該接合部の引張応力に対して有効な部分の終局引張耐力時の変形量が4cm以上で、伸び率（当該接合部の引張応力に対して有効な部分の長さに対する当該部分の終局引張耐力時の変形量の割合をいう。以下同じ。）が10%以上であること。

(2)　上下階の壁パネル相互の接合部又は壁パネルと床版との接合部　当該接合部の引張応力に対して有効な部分の終局耐力時の変形量が2cm以上で、伸び率が10%以上であること。

ホ　垂れ壁パネル等を設ける場合にあっては、次に掲げる措置又はこれと同等以上に有効な垂れ壁パネル等の脱落防止措置を講じていること。

(1)　垂れ壁パネルを設ける場合にあっては、袖壁パネルに幅が45㎜以上の欠き込みを設け、又は厚さが当該垂れ壁パネルと同寸法以上で幅が45㎜以上の受け材を設置すること。

(2)　有開口壁パネルに垂れ壁部分を設ける場合にあっては、厚さが当該垂れ壁部分と同寸法以上で幅が45㎜以上の受け材を設置すること。

ヘ　耐力壁線上に壁パネルを設けない部分を有する場合にあっては、当該部分の上部に設けられたはり、床版又は屋根版が脱落しないための措置を講じていること。

ト　第5第三号イ(3)(i)(イ)に掲げる部分の接合部が降伏する場合において、当該接合部以外のCLTパネル工法を用いる建築物等の部分が降伏しないことが確かめられたものであること。

耐力壁の構造	数値
イ(1)に適合するもの	0.4

イ(2)に適合するもの	0.55
この表において、*Ds* を計算する階における耐力壁の構造について、異なる区分のものが混在する場合は、0.55 を当該階の数値とする。	

第 9　許容応力度等計算と同等以上に安全性を確かめることができる構造計算

令第 81 条第 2 項第二号イに規定する許容応力度等計算と同等以上に安全性を確かめることができる構造計算は、次に定める基準に従った構造計算とする。

一　令第 82 条の 6 に定めるところによること。

二　令第 82 条第一号の規定により計算した当該階の構造耐力上主要な部分に生ずる令第 88 条第 1 項の規定による地震力による応力の数値に、次に掲げる構造耐力上主要な部分の種類に応じてそれぞれ次に定める応力割増し係数を乗じて得た数値を当該応力の数値として令第 82 条第二号及び第三号に規定する構造計算を行うこと。

イ　引張接合部（上下階の壁パネル相互の接合部又は壁パネルと床版との接合部に限る。）及びせん断応力を負担する接合部（以下「せん断接合部」という。）　次の表の左欄に掲げる耐力壁の構造に応じてそれぞれ同表の右欄に掲げる数値以上の数値

耐力壁の構造	数値
第 5 第三号イ又はロに掲げる基準に適合するもの	2.0
第 5 第三号ハに掲げる基準に適合するもの	2.5
この表において、応力割増し係数を計算する階における耐力壁の構造について、異なる区分のものが混在する場合は、2.5 を当該階の数値とする。	

ロ　壁パネルと小屋組又は屋根版との引張接合部及びイに掲げる構造耐力上主要な部分以外の構造耐力上主要な部分　次に掲げる基準に適合する場合にあっては次の表の左欄に掲げる耐力壁の構造に応じてそれぞれ同表の右欄に掲げる数値以上の数値とし、当該基準に適合しない場合にあっては 2.5 以上の数値

(1)　第 8 第二号ロからトまでに掲げる基準に適合すること。

(2)　耐力壁の構造が、次のいずれかに適合するものであること。

(i)第 5 第三号イ又はロに掲げる基準に適合すること。

(ii)第 5 第三号ハに掲げる基準に適合すること。

耐力壁の構造	数値
ロ(2)(i)に適合するもの	1.0
ロ(2)(ii)に適合するもの	1.8
この表において、応力割増し係数を計算する階における耐力壁の構造について、異なる区分のものが混在する場合は、1.8 を当該階の数値とする。	

2　前項に定める基準に従った構造計算は、次の各号に掲げる引張接合部が、当該各号に定める基準に適合する場合に適用する。

一　CLT パネル工法を用いる建築物等の最下階の壁パネルと基礎又はこれに類する部分との接合部　当該接合部の引張応力に対して有効な部分の終局引張耐力時の変形量が 4cm 以上で、伸び率が 10% 以上であること。

二　上下階の壁パネル相互の接合部又は壁パネルと床版との接合部　当該接合部の引張応力に対して有効な部分の終局耐力時の変形量が 2cm 以上で、伸び率が 10% 以上であること。

第 10　令第 82 条各号及び令第 82 条の 4 に定めるところによる構造計算と同等以上に安全性を確かめることができる構造計算

令第 81 条第 3 項に規定する令第 82 条各号及び令第 82 条の 4 に定めるところによる構造計算と同等以上に安全性を確かめることができる構造計算は、次の各号に定める基準のいずれかに従った構造計算とする。

一　次に定めるところによること。

イ　令第 82 条各号及び令第 82 条の 4 に定めるところによること。

ロ　令第88条第1項に規定する標準層せん断力係数を0.3以上として計算した地震力によって構造耐力上主要な部分（耐力壁を除く。）に生ずる力を計算して令第82条第一号から第三号までに規定する構造計算を行うこと。

ハ　令第82条の6第二号ロに定めるところにより張り間方向及び桁行方向の偏心率を計算し、それぞれ0.15を超えないことを確かめること。ただし、偏心率が0.15を超える方向について、次のいずれかに該当する場合にあっては、この限りでない。

(1)　偏心率が0.3以下であり、かつ、令第88条第1項に規定する地震力について標準層せん断力係数を0.2に昭和55年建設省告示第1792号第7の表2に掲げるFeの数値を乗じて得た数値以上とする計算をして令第82条第一号から第三号までに規定する構造計算を行って安全性が確かめられた場合

(2)　偏心率が0.3以下であり、かつ、令第88条第1項に規定する地震力が作用する場合における各階の構造耐力上主要な部分の当該階の剛心からの距離に応じたねじれの大きさを考慮して当該構造耐力上主要な部分に生ずる力を計算して令第82条第一号から第三号までに規定する構造計算を行って安全性が確かめられた場合

二　前号イに定めるところによること。

2　前項第一号に定める基準に従った構造計算は、次の各号に定める基準に適合する場合に適用し、同項第二号に定める基準に従った構造計算は、建築物が平成19年国土交通省告示第593号第四号イ又はロに該当する場合に適用する。

一　耐力壁の構造が、第5第三号イ又はロに掲げる基準に適合するものであること。

二　耐力壁として設ける無開口壁パネル又は有開口壁パネルの垂れ壁部分、腰壁部分若しくは袖壁部分（以下この号において「垂れ壁部分等」という。）であって、第4第二号ハに該当するものにあっては、無開口壁パネル又は有開口壁パネルの垂れ壁部分等に設けた開口部等の寸法は25cm角以下とするとともに、無開口壁パネル又は有開口壁パネルの垂れ壁部分等が構造耐力上安全であるよう当該開口部等を適当な位置に設けること。

三　耐力壁として設ける無開口壁パネル等の下階に、次に掲げる基準に適合する無開口壁パネル等を耐力壁として設けること。

イ　上階の無開口壁パネル等と同じ長さ、かつ、同寸法以上の厚さであること。

ロ　接合部（第5第三号イ(3)(i)(イ)に掲げる部分の接合部を除く。）は、上階の無開口壁パネル等の接合部と同等の耐力及び変形性能を有するものであること。

四　各階の耐力壁として設ける無開口壁パネル等の長さは、次の式に適合するものとすること。ただし、特別な調査又は研究の結果に基づき、当該耐力壁の脚部における曲げモーメントを適切に評価して算出することができる場合においては、当該算出によることができる。

$$\Sigma Q_a L \geqq P$$

この式において、Q_a、L及びPは、それぞれ次の数値を表すものとする。

Q_a　当該階の耐力壁として設ける無開口壁パネル等（長さが90cm以上2m以下であるものに限る。）のうち計算しようとする方向に設けたものの許容せん断耐力で、次の式によって計算した数値（単位　kN/ m）

$$Q_a = \frac{3}{H}(Q_0 + 1.5n)$$

この式において、H、Q_0及びnはそれぞれ次の数値を表すものとする。

H　当該階の階高（当該階高が3m以下である場合は、3とする。）（単位　m）

Q_0　地階を除く階数が2以下の場合にあっては15、3の場合にあっては10（単位　kN/ m）

n　耐力壁の構造が第5第三号イに掲げる基準に適合する場合にあっては、当該独立無開口壁パネル及び袖壁パネル（その上下階の独立無開口壁パネル及び袖壁パネルを含む。）に緊結された垂れ壁パネル及び腰壁パネル（長さが90cm以上4m以下で、高さが50cm以上のものに限る。）を合計した数値、耐力壁の構造が同号ロに掲げる基準に適合する場合にあっては、当該独立無

開口壁パネル及び有開口壁パネルの袖壁部分（その上下階の独立無開口壁パネル及び有開口壁パネルの袖壁部分を含む。）に接する垂れ壁部分及び腰壁部分（次に掲げる基準に適合するものに限る。）を合計した数値
(イ)長さが 90cm 以上 4m 以下であること。
(ロ)高さが 50cm 以上であること。
(ハ)高さが、当該垂れ壁部分又は腰壁部分に接する独立無開口壁パネル又は有開口壁パネルの袖壁部分の長さに 1.67（当該独立無開口壁パネル又は有開口壁パネルの袖壁部分が 2 の垂れ壁部分又は腰壁部分に接する場合にあっては、0.83）を乗じて得た数値以下であること。ただし、当該垂れ壁部分又は腰壁部分に接する独立無開口壁パネル又は有開口壁パネルの袖壁部分が曲げ破壊又はせん断破壊する時の力が、当該独立無開口壁パネル又は有開口壁パネルの袖壁部分の Q_a に 3.75 を乗じて得た数値以上であることが確かめられた場合にあっては、この限りでない。

L　当該階の耐力壁として設ける無開口壁パネル等（長さが 90cm 以上 2m 以下であるものに限る。）のうち計算しようとする方向に設けたものの長さ（単位　m）
P　各階に生ずる外力として、前項第一号イにより計算した令第 88 条第 1 項の規定による地震力（単位　kN）

五　第 8 第二号ホ及びヘに掲げる基準に適合すること。
六　耐力壁として設ける壁パネルには、直交集成板規格箇条 4 に規定する強度等級 S60-3-3 若しくは Mx60-5-5 に該当する直交集成板でラミナの厚さが 24㎜以上 36㎜以下のもの又はこれと同等以上の耐力を有するものを使用すること。
七　次に掲げる引張接合部が、それぞれ次に掲げるものであること。
　イ　CLT パネル工法を用いる建築物等の最下階の壁パネルと基礎又はこれに類する部分との接合部　次のいずれかに適合するもの
　　(1)　U 形の鋼材その他これに類するものに JIS B1220（構造用転造両ねじアンカーボルトセット）-2010 のうち ABR490 に適合するもの（以下単に「ABR490」という。）でねじの呼びが M16 のボルトを有効長さ 40cm 以上を確保して接合した金物を、直交集成板に終局引張耐力が 86kN 以上となるように緊結したもの
　　(2)　ABR490 でねじの呼びが M16 のボルトを有効長さ 40cm 以上を確保して、直交集成板に鋼板を介して終局引張耐力が 86kN 以上となるように緊結したもの
　ロ　上下階の壁パネル相互の接合部又は壁パネルと床版との接合部　次のいずれかに適合するもの
　　(1)　U 形の鋼材その他これに類するものに ABR490 でねじの呼びが M20 以上のボルトを有効長さ 20cm 以上を確保して接合した金物を、直交集成板に終局引張耐力が 135kN 以上となるように緊結したもの
　　(2)　ABR490 でねじの呼びが M20 以上のボルトを有効長さ 20cm 以上を確保して、直交集成板に鋼板を介して終局引張耐力が 135kN 以上となるように緊結したもの
　　(3)　第 8 第二号ニ(2)に定める基準に適合し、かつ、135kN 以上の終局引張耐力を有するもの
　ハ　壁パネルと小屋組又は屋根版との接合部　25kN 以上の終局引張耐力を有するもの
八　壁パネル相互を緊結する場合にあっては接合部の短期に生ずる力に対する許容せん断耐力が一箇所当たり 52kN 以上、床パネル相互又は耐力壁線上に設けるはりその他の横架材相互を緊結する場合にあっては接合部（床パネル相互を緊結する場合にあっては、床パネル相互が接する線と耐力壁線が交さする部分に限る。）の短期に生ずる力に対する許容引張耐力が 1 箇所当たり 52kN 以上となるようにすること。
九　耐力壁である壁パネルと次に掲げる部分を緊結する場合にあっては、金物その他これに類するものの間隔を 1m 以下として当該壁パネルの部分に配置するとともに、当該接合部の短期に生ずる力に対する許容せん断耐力が次に掲げる部分に応じて、それぞれ次に掲げる数値以上となるようにすること。
　イ　基礎又は土台　1 箇所当たり 47kN
　ロ　床版、小屋組又は屋根版　1 箇所当たり 54kN

第 11　耐久性等関係規定の指定

令第 36 条第 1 項に規定する耐久性等関係規定として、第 7 に定める安全上必要な技術的基準を指定する。

第 12　令第 36 条第 2 項第一号の規定に基づく技術的基準の指定

令第 36 条第 2 項第一号の規定に基づき、第 8 に規定する構造計算を行った場合に適用を除外することができる技術的基準として、第 3 第二号、第 4、第 5（第三号イ(3)前段、ロ(3)前段及びハ(2)前段を除く。）及び第 6 に定める技術的基準を指定する。

丸太組構法を用いた建築物又は建築物の構造部分の構造方法に関する安全上必要な技術的基準を定める件

制定：平成 14 年 5 月 15 日　国土交通省告示第 411 号
改正：令和　2 年 8 月 28 日　国土交通省告示第 821 号

建築基準法施行令（昭和 25 年政令第 338 号）第 80 条の 2 第一号の規定に基づき、構造耐力上主要な部分に丸太組構法（丸太、製材その他これに類する木材（以下「丸太材等」という。）を水平に積み上げることにより壁を設ける工法をいう。）を用いた建築物又は建築物の構造部分の構造方法に関する安全上必要な技術的基準を第 1 から第 8 までに定め、同令第 36 条第 1 項の規定に基づき、構造耐力上主要な部分に丸太組構法を用いた建築物又は建築物の構造部分の構造方法に関する安全上必要な技術的基準のうち耐久性等関係規定を第 9 に指定する。

第 1　適用の範囲

一　地階を除く階数は 2 以下としなければならない。

二　地階を除く階数が 2 の建築物は、1 階部分の構造耐力上主要な部分を丸太組構法を用いたものとし、2 階部分の構造耐力上主要な部分を木造（建築基準法施行令（以下「令」という。）第 46 条第 2 項による場合、丸太組構法及び平成 13 年国土交通省告示第 1540 号に規定する枠組壁工法（以下単に「枠組壁工法」という。）を除く。以下この号において同じ。）としたもの又は丸太組構法若しくは枠組壁工法を用いたもののいずれかとし、他の構造を併用してはならない。ただし、建築物の 1 階部分から 2 階部分までの外壁を連続した丸太組構法を用いたものとした場合においては、2 階部分は、丸太組構法を用いたものと木造としたもの又は枠組壁工法を用いたものとを併用することができる。

三　第一号の規定にかかわらず、1 階部分の構造耐力上主要な部分を鉄筋コンクリート造（2 以上の部材を組み合わせたもので、部材相互を緊結したものを含む。）又は鉄骨造（平成 13 年国土交通省告示第 1651 号に規定する薄板軽量形鋼造を除く。）（以下「鉄筋コンクリート造等」という。）とし、2 階以上の部分の構造耐力上主要な部分を丸太組構法を用いたものとした建築物（以下「鉄筋コンクリート造等併用建築物」という。）とし、最上階部分に耐力壁を設けず当該部分を小屋裏とした場合においては、地階を除く階数を 3 以下とすることができる。この場合において、第 3 中「基礎」とあるのは「1 階部分の構造耐力上主要な部分又は 2 階部分の床版についても鉄筋コンクリート造等とした建築物の 2 階部分の床版」と、第 3 第一号及び第 4 第二号中「1 階部分」とあるのは「2 階部分」と、第 4 第二号中「小屋裏利用 2 階建て建築物」とあるのは「鉄筋コンクリート造等併用建築物」と、第 4 第四号中「地階を除く階数が 1 の建築物又は小屋裏利用 2 階建て建築物の耐力壁の高さは土台等の上端から耐力壁と屋根版が接する部分のうち最も高い部分における耐力壁の上端までとし、地階を除く階数が 2 の建築物（小屋裏利用 2 階建ての建築物を除く。以下この号において同じ。）の 1 階部分の耐力壁の高さは土台等の上端から 2 階部分の床版の上面までとし、2 階部分の耐力壁の高さは 2 階部分の床版の上面から耐力壁と屋根版が接する部分のうち最も高い部分における耐力壁の上端までとする。」とあるのは「鉄筋コンクリート造等併用建築物の耐力壁の高さは土台等の上端から耐力壁と屋根版が接する部分のうち最も高い部分における耐力壁の上端までとする。」と読み替えるものとし、第 2 第三号、第 4 第三号及び第十一号並びに第 5 の規定は適用しない。

2　次に掲げる建築物は、令第 82 条第一号から第三号までに定める構造計算（以下「許容応力度計算」という。）により構造耐力上安全であることを確かめなければならない。

一　延べ面積が 300㎡を超える建築物

二　高さが 8.5m を超える建築物

三　地階を除く階数が 2 以上の建築物（2 階部分に耐力壁を設けず当該部分を小屋裏とした建築物（以下「小屋裏利用 2 階建て建築物」という。）を除く。）

第 2　材料

一　構造耐力上主要な部分に使用する丸太材等の樹種は、枠組壁工法構造用製材及び枠組壁工法構造用たて継ぎ材の日本農林規格（昭和 49 年農林省告示第 600 号）表 D.1 の樹種又は集成材の日本農林規格（平成 19 年農林水産省告示第 1152 号）第 5 条表 12 の樹種としなければならない。

二　構造耐力上主要な部分に使用する木材の品質は、腐れ、著しい曲がり等による耐力上の欠点がないものでなければならない。

三　2 階部分に丸太組構法を用いた建築物の構造耐力上主要な部分に使用する丸太材等の含水率は、20% 以下としなければならない。ただし、小屋裏利用 2 階建て建築物にあっては、この限りでない。

第 3　土台等

一　1 階部分の耐力壁の下部には、基礎に存在応力を伝えることのできる形状とした丸太材等又は土台（以下「土台等」という。）を設けなければならない。

二　土台等は、次に定めるところにより、径 13㎜以上のアンカーボルト又はこれと同等以上の引張耐力を有するアンカーボルトで、基礎に緊結しなければならない。ただし、次に定める接合と同等以上に存在応力を伝えることができるものとした場合においては、この限りでない。

イ　アンカーボルトの基礎に定着される部分の長さがその径の 25 倍以上であること。

ロ　アンカーボルトは、土台等の両端部及び継手の部分に配置すること。

ハ　ロに定める部分のほか、土台等の長さが 2m を超える場合においては、アンカーボルトの間隔を 2m 以下として土台等の部分に配置すること。

第 4　耐力壁等

一　耐力壁は、建築物に作用する水平力及び鉛直力に対して安全であるように、釣合い良く配置しなければならない。

二　小屋裏利用 2 階建て建築物においては、1 階部分の構造耐力上主要な部分が当該建築物の小屋裏の荷重を直接負担する構造としなければならない。

三　耐力壁を構成する丸太材等は、これらに接する部材に円滑に存在応力を伝えることのできる形状とするほか、次に定めるところによらなければならない。

イ　2 階部分に丸太組構法を用いた建築物（小屋裏利用 2 階建て建築物を除く。）の丸太材等の断面積（壁相互の交さ部、耐力壁の最下部等で欠き取ることが必要とされる部分を除く。以下同じ。）は、150㎠以上で、かつ、丸太材等相互の上下に接する部分の幅は、9㎝以上としなければならない。ただし、丸太材等相互の接触の実況その他の当該耐力壁の実況に応じた許容応力度計算又は加力実験により、構造耐力上支障のあるめり込み及び耐力壁の座屈を生じないことが確かめられた場合にあっては、丸太材等の断面積を 120㎠以上で、かつ、丸太材等相互の上下に接する部分の幅を 7㎝以上とすることができる。

ロ　イに掲げる建築物以外の建築物の丸太材等の断面積は、105㎠以上 1,400㎠以下としなければならない。ただし、許容応力度計算によって構造耐力上安全であることが確かめられた場合においては、この限りでない。

四　耐力壁の高さ（地階を除く階数が 1 の建築物又は小屋裏利用 2 階建て建築物の耐力壁の高さは土台等の上端から耐力壁と屋根版が接する部分のうち最も高い部分における耐力壁の上端までとし、地階を除く階数が 2 の建築物（小屋裏利用 2 階建ての建築物を除く。以下この号において同じ。）の 1 階部分の耐力壁の高さは土台等の上端から 2 階部分の床版の上面までとし、2 階部分の耐力壁の高さは 2 階部分の床版の上面から耐力壁と屋根版が接する部分のうち最も高い部分における耐力壁の上端までとする。）は 4m 以下とし、かつ、幅は当該耐力壁の高さに 0.3 を乗じて得た数値以上としなければならない。この場合において、地階を除く階数が2の建築物で1階部分と2階部分の耐力壁に丸太組構法を用いる場合にあっては、1階部分と2階部分の耐力壁の高さの和は、6m以下としなければならない。

五 各階の耐力壁線相互の距離は6m以下とし、かつ、耐力壁線により囲まれた部分の水平投影面積は30㎡以下としなければならない。ただし、許容応力度計算によって構造耐力上安全であることが確かめられた場合においては、この限りでない。この場合において、各階の耐力壁線相互の距離が10mを超える場合又は耐力壁線により囲まれた部分の水平投影面積が60㎡を超える場合にあっては、令第82条の6第二号ロに定める構造計算を行い、当該階につき、張り間方向及びけた行方向の偏心率が0.15以下であることを確認しなければならない。

六 耐力壁線相互の交さ部においては、張り間方向及びけた行方向に耐力壁を設け、かつ、丸太材等を構造耐力上有効に組み、壁面から端部を20㎝以上突出させなければならない。ただし、当該交さ部に対して構造耐力上有効な補強を行った場合においては、壁面からの丸太材等の突出を20㎝以下とすることができる。

七 外壁の耐力壁相互の交さ部においては、耐力壁の最上部から土台等までを貫く直径13㎜以上の通しボルトを設けなければならない。ただし、許容応力度計算によって構造耐力上安全であることが確かめられた場合においては、この限りでない。

八 耐力壁線に設ける開口部の上部には、丸太材等により構成される壁を構造耐力上有効に設けなければならない。ただし、これと同等以上の構造耐力上有効な補強を行った場合においては、この限りでない。

九 耐力壁の端部及び開口部周囲は、通しボルト等により構造耐力上有効に補強しなければならない。

十 丸太材等には、継手を設けてはならない。ただし、構造耐力上有効な補強を行った場合においては、この限りでない。

十一 2階部分の耐力壁線の直下には、1階部分の耐力壁線を設けなければならない。

十二 耐力壁内には、次に定めるところにより、構造耐力上有効にだぼを設けなければならない。ただし、許容応力度計算によって構造耐力上安全であることが確かめられ、かつ、ホに定めるところによる場合は、この限りでない。

イ だぼの材料は、日本産業規格（以下「JIS」という。）G3112（鉄筋コンクリート用棒鋼）-1987に規定するSR235若しくはSD295Aに適合する直径9㎜以上の鋼材若しくはこれと同等以上の耐力を有する鋼材又は小径が25㎜以上の木材で第2第一号に規定する樹種とし、かつ、節等の耐力上の欠点がないものとすること。

ロ だぼの長さは、相接する丸太材等に十分に水平力を伝えることのできる長さとすること。

ハ 張り間方向及びけた行方向に配置するだぼの本数は、それぞれの方向につき、丸太材等の各段ごとに、次の(1)の式によって得られる数値又は次の(2)の式によって得られる数値のいずれか多い数値以上としなければならない。この場合において、だぼの本数は、だぼ相互の間隔が45㎝以上のものについて算定する。

(1) $nw = \frac{Sw}{Sf}$

(2) $nk = \frac{Sk}{Sf}$

(1)の式及び(2)の式において、nw、nk、Sw、Sk及びSfはそれぞれ次の数値を表すものとする。

nw及びnk だぼの本数

Sw 令第87条に規定する風圧力によるせん断力（単位 N）

Sk 令第88条に規定する地震力によるせん断力（単位 N）

Sf だぼの種類に応じて、それぞれ次の表のせん断強度の欄に掲げる数値

だぼの種類		せん断強度（単位 N）
鋼材のだぼ		$3.9\{2\sqrt{1+20(d/D)^2}-1\}dD$、$42d^2$又は$7.9dD$のうち最も小さい数値
木材のだぼ	断面形状が長方形その他これに類するもの	$0.94\{2\sqrt{1+15(d/D)^2}-1\}dD$、$8.9d^2$又は$1.9dD$のうち最も小さい数値

	断面形状が円形のもの	$0.94\{2\sqrt{1+10(d/D)^2}-1\}dD$、$7.2d^2$ 又は $1.9dD$ のうち最も小さい数値
この表において、dはだぼの小径（鋼材のだぼにあっては16を超える場合においては16、木材のだぼにあっては30を超える場合においては30）（単位　mm）を、Dは各段の丸太材等の見付け高さ（単位　mm）を表すものとする。		

ニ　イに掲げる耐力及びロに掲げる長さを有するアンカーボルト、通しボルトその他これらに類するボルトについては、ハの規定によるだぼの本数の算定に当たってだぼとみなすことができる。

ホ　耐力壁内に設けるだぼは、建築物に作用する水平力に対して安全であるように、次に定めるところにより釣合い良く配置しなければならない。ただし、令第82条の6第二号ロに定める構造計算を行い、各階につき、張り間方向及びけた行方向の偏心率が0.3以下であることを確認した場合においては、この限りでない。

(1)　各階につき、建築物の張り間方向にあってはけた行方向の、けた行方向にあっては張り間方向の両端からそれぞれ$\frac{1}{4}$の部分（以下「側端部分」という。）について、それぞれ張り間方向又はけた行方向の耐力壁のだぼの本数（以下「存在だぼ量」という。）及びハ(2)に定めるだぼの本数（以下「必要だぼ量」という。）を求めること。この場合において、必要だぼ量は、側端部分ごとに独立して計算するものとする。

(2)　各側端部分のそれぞれについて、存在だぼ量を必要だぼ量で除した数値（以下この号において「だぼ量充足率」という。）を求め、建築物の各階における張り間方向及びけた行方向双方ごとに、だぼ量充足率の小さい方をだぼ量充足率の大きい方で除した数値（(3)において「だぼ率比」という。）を求めること。

(3)　(2)のだぼ率比がいずれも0.5以上であることを確かめること。ただし、(2)の規定により算出した側端部分のだぼ量充足率がいずれも1を超える場合においては、この限りでない。

十二　地階の壁は、一体の鉄筋コンクリート造（2以上の部材を組み合わせたもので、部材相互を緊結したものを含む。）としなければならない。

第5　床版

1階部分及び2階部分の構造耐力上主要な部分に丸太組構法を用いた建築物の2階部分の床版は、次に定めるところによらなければならない。ただし、小屋裏利用2階建て建築物にあっては、この限りでない。

一　2階部分の床材は、厚さ12㎜の構造用合板若しくは化粧ばり構造用合板（合板の日本農林規格（平成15年農林水産省告示第233号）に規定する二級をいう。）、構造用パネル（構造用パネルの日本農林規格（昭和62年農林水産省告示第360号）に規定する一級又は二級をいう。）又はこれらと同等以上の剛性及び耐力を有するものとしなければならない。

二　床材と床ばり又は根太とは、くぎ（JIS A5508（くぎ）-1992に規定するN50に適合するものをいう。）を15㎝以下の間隔で打ち付ける接合方法又はこれと同等以上のせん断耐力を有する接合部となる接合方法により、緊結しなければならない。

第6　根太等の横架材

床根太、天井根太その他の横架材には、その中央部付近の下側に構造耐力上支障のある欠込みをしてはならない。

第7　小屋組等

一　屋根版は、風圧力その他の外力に対して安全なものとしなければならない。

二　小屋組は、風圧力に対して安全であるように、構造耐力上主要な部分と緊結しなければならない。

第8　防腐措置等

一　地面から1m以内の構造耐力上主要な部分（床根太及び床材を除く。）、基礎の上端から30㎝以内の高さの丸太材等及び木製のだぼで常時湿潤状態となるおそれのある部分に用いられるものには、有効な防腐措置を講ずるとともに、必要に応じて、しろありその他の虫による害を防ぐための措置を講じなければならない。

二　常時湿潤状態となるおそれのある部分の部材を緊結するための金物には、有効なさび止めのための措置を講じなければならない。

第9　耐久性等関係規定の指定

令第36条第1項に規定する耐久性等関係規定として、第2第二号及び第8に定める安全上必要な技術的基準を指定する。

附則

昭和61年建設省告示第859号は、廃止する。

構造耐力上主要な部分である床版又は屋根版に軽量気泡コンクリートパネルを用いる場合における当該床版又は屋根版の構造方法に関する安全上必要な技術的基準を定める件

制定：平成19年5月18日　国土交通省告示第599号
改正：令和元年　6月25日　国土交通省告示第203号

建築基準法施行令（昭和25年政令第338号）第80条の2第一号の規定に基づき、木造又は鉄骨造の建築物又は建築物の構造部分として、特殊の構造方法によるものとして、構造耐力上主要な部分である床版又は屋根版に軽量気泡コンクリートパネル（石灰質原料及びけい酸質原料を主原料とし、オートクレーブ養生した軽量気泡コンクリートによる製品のうち、鉄筋その他の補強材で補強したパネルをいう。以下同じ。）を用いた構造方法に関する安全上必要な技術的基準を第1から第3までに定め、及び同令第36条第1項の規定に基づき、安全上必要な技術的基準のうち耐久性等関係規定を第4に指定する。

第1　材料

構造耐力上主要な部分である床版又は屋根版に用いる軽量気泡コンクリートパネルの材料は、次に定めるところによらなければならない。

一　軽量気泡コンクリートの密度及び圧縮強度は、それぞれ次に定めるところによること。
　イ　密度　450kg/㎥以上550kg/㎥未満
　ロ　圧縮強度　3N/㎟以上

二　軽量気泡コンクリートは、構造耐力上有害な亀裂、気泡のむら、欠け、反りその他の欠陥がないものとすること。

第2　床版又は屋根版

構造耐力上主要な部分である床版又は屋根版に用いる軽量気泡コンクリートパネルは、次に定めるところによらなければならない。

一　軽量気泡コンクリートパネルは、斜材の併用その他の措置を講ずることにより建築物に作用する水平力を負担しない構造方法としなければならない。

二　床版又は屋根版に用いる軽量気泡コンクリートパネルの厚さは、次の表に掲げる数値以上の数値としなければならない。

建築物の部分	厚さ（単位　cm）
床版	$\frac{l}{25}$
屋根版	$\frac{l}{30}$
この表において、lは、支点間の距離（単位　cm）を表すものとする。	

三　軽量気泡コンクリートパネルに用いる補強材は鉄筋とし、軽量気泡コンクリートパネルの主筋（支点間の距離の方向に配置する鉄筋をいう。以下同じ。）は、床版にあってはパネルの幅61cmにつき

圧縮側に2本以上及び引張り側に3本以上を、屋根版にあってはパネルの幅61㎝につき3本以上を、それぞれ釣合い良く配置するものとし、横筋（主筋と直交方向に配置する鉄筋をいう。以下同じ。）と溶接により接合しなければならない。ただし、日本産業規格A5416（軽量気泡コンクリートパネル）-1997に規定された曲げ試験によって、軽量気泡コンクリートパネルの曲げに対する性能が当該主筋及び横筋を配置した場合と同等以上であることが確かめられた場合にあっては、この限りでない。

四　床版又は屋根版に用いる軽量気泡コンクリートパネルは、金物、モルタル等で構造耐力上有効に周囲の構造耐力上主要な部分に取り付けなければならない。

2　前項第一号に規定する構造方法とした場合又は建築基準法施行令第82条第一号から第三号までに規定する構造計算によって構造耐力上安全であることが確かめられた場合を除き、建築物の構造耐力上主要な部分である床版又は屋根版に軽量気泡コンクリートを用いた建築物は、次に定めるものとしなければならない。

一　地階を除く階数を5以下とし、かつ、平面形状及び立面形状を長方形その他これらに類する形状とすること。

二　最下階の床版にあって一体の鉄筋コンクリート造（2以上の部材を組み合わせたもので、部材相互を緊結したものを除く。）の基礎ばり（べた基礎及び布基礎の立上り部分を含む。）に緊結する場合を除き、床版又は屋根版に用いる軽量気泡コンクリートパネルを並べて配置する場合は、当該軽量気泡コンクリートパネル相互の接合部をコッター又は金物によって構造耐力上有効に接合すること。

第3　防食措置等

一　吸水、吸湿又は変質その他使用環境によって性能に支障を生じるおそれのある部分に使用する軽量気泡コンクリートパネルにあっては、防水、防湿又は変質その他使用環境によって性能に支障を生じることを防止するための措置を講じなければならない。

二　鉄筋その他の補強材は、耐久性上支障のないよう防錆（せい）又は防食に関する措置を講じなければならない。

第4　耐久性等関係規定の指定

令第36条第1項に規定する耐久性等関係規定として、第1及び第3に定める安全上必要な技術的基準を指定する。

薄板軽量形鋼造の建築物又は建築物の構造部分の構造方法に関する安全上必要な技術的基準を定める等の件

制定：平成13年11月15日　国土交通省告示第1641号
改正：令和元年　6月25日　国土交通省告示第　203号

建築基準法施行令（昭和25年政令第338号）第80条の2第一号の規定に基づき、薄板軽量形鋼造（薄板の構造用鋼材で、冷間成形による曲げ部分（当該曲げ部分の内法の寸法を当該薄板の構造用鋼材の厚さの数値以上とする。）又はかしめ部分を有するもの（以下「薄板軽量形鋼」という。）を使用した枠組を構造耐力上主要な部分に用いる構造をいう。以下同じ。）の建築物又は建築物の構造部分（以下「建築物等」という。）の構造方法に関する安全上必要な技術的基準を第1から第9までに定め、同令第36条第1項の規定に基づき、建築物等の構造方法に関する安全上必要な技術的基準のうち耐久性等関係規定を第10に、同条第2項第一号の規定に基づき、同令第81条第2項第一号イに規定する保有水平耐力計算によって安全性を確かめる場合に適用を除外することができる技術的基準を第11にそれぞれ指定し、並びに同号イの規定に基づき、建築物等の構造計算が、第12第一号イに適合する場合においては、当該構造計算は、同令第81条第2項第一号イに規定する保有水平耐力計算と同等以上に安全性を確かめることができるものと認め、同号ロの規定に基づき、建築物等の構造計算が第12第一号ロに適合する場合においては、当該構造計算は、同令第81条第2項第一号ロに規定する限界耐力計算と同等以上に安全性を確かめることができるものと認め、同令第81条第3項の規定に基づき、建築物等の構造計算が第12第一号ハに適合する場合においては、当該構造計算は、同令第82条各号及び同令第82条の4に定めるところによる構造計算と同等以上に安全性を確かめることができるものと認める。

第1　階数

薄板軽量形鋼造の建築物又は薄板軽量形鋼造と鉄骨造（薄板軽量形鋼造を除く。以下同じ。）、鉄筋コンクリート造その他の構造とを併用する建築物の地階を除く階数は3以下としなければならない。

第2　材料

一　建築物の構造耐力上主要な部分に使用する枠組材は、厚さが0.4㎜以上2.3㎜未満の薄板軽量形鋼とし、折れ、ゆがみ、欠け等による耐力上の欠点のないものでなければならない。

二　前号に掲げる薄板軽量形鋼の断面形状は、次の表の⑴項から⑸項までのいずれかによるものとし、それぞれ当該右欄に掲げる寸法以上とすること。ただし、当該枠組材の実況に応じた加力実験によって構造耐力上支障のある断面形状のゆがみ等が生じないことが確かめられた場合は、この限りでない。

断面形状		寸法　（単位　㎜）		
		高さ	幅	リップ長さ
⑴	軽角形鋼	89	44.5	—
⑵	軽溝形鋼	91	30	—
⑶	軽Z形鋼	89	40	—
⑷	リップ溝形鋼	80	30	12
⑸	リップZ形鋼	89	40	12
この表において、軽角形鋼は、角形の断面形状を、軽溝形鋼、軽Z形鋼、リップ溝形鋼及びリップZ形鋼は、日本産業規格（以下「JIS」という。）G3350（一般構造用軽量形鋼）-1987の表1-2に定める軽溝形鋼、軽Z形鋼、リップ溝形鋼及びリップZ形鋼を表すものとする。				

第3　土台

一　1階の耐力壁の下部には、土台を設けなければならない。ただし、地階を設ける等の場合であって当該耐力壁の直下の床根太等を構造耐力上有効に補強したとき又は当該耐力壁の下枠として設けた枠組材を基礎に緊結した場合若しくは当該耐力壁の直下の床版を基礎に緊結し、当該床版を介して耐力壁と存在応力を相互に伝えることができる場合は、この限りでない。

二　土台は、次に定めるところにより、基礎に緊結しなければならない。ただし、第12第一号ハに定める構造計算（建築基準法施行令（以下「令」という。）第82条第一号から第三号までに規定する構造計算に限る。）を行った場合は、この限りでない。

イ　径12㎜以上で長さ25㎝以上のアンカーボルト又はこれと同等以上の付着強度を有するアンカーボルトにより緊結すること。

ロ　アンカーボルトは、その間隔を2m以下とし、かつ、隅角部及び土台の継ぎ手の部分に配置すること。

三　土台の寸法は、丈38㎜以上で幅89㎜以上のものであって、かつ、土台と基礎若しくは床根太、端根太若しくは側根太との緊結に支障がないものとしなければならない。

第4　床版

構造耐力上主要な部分である床版は、床材に構造用合板、構造用パネルその他これらに類する材料（以下「構造用合板等」という。）を使用するものとし、かつ、水平力によって生ずる力を構造耐力上有効に耐力壁、柱及び横架材（最下階の床版にあっては、基礎）に伝えることができる剛性及び耐力をもった構造としなければならない。

第5　壁

一　耐力壁は、建築物に作用する水平力及び鉛直力に対して安全であるように、釣合い良く配置しなければならない。

二　耐力壁は、次に定める構造としなければならない。ただし、一方向及び繰り返し加力実験によって確認された耐力壁の剛性及び耐力を考慮して、第12第一号ハに定める構造計算（令第82条第一号から第三号までに規定する構造計算に限る。）を行った場合は、この限りでない。

イ　薄板軽量形鋼を使用した枠組材と構造用合板等を使用した壁材とを緊結し、存在応力を相互に伝えることができるものとすること。

ロ　長さは、45cm以上とすること。

ハ　耐力壁のたて枠相互の間隔は、50cm以内とすること。

ニ　構造耐力上支障のある開口部を設けないものとすること。

ホ　端部のたて枠（連続する耐力壁相互の接合部となるたて枠を除く。）を、厚さ3.2mmの鋼板添え板を用い、当該たて枠に対してドリリングタッピンねじ6本、横架材、基礎又は土台に対して当該鋼板添え板に止め付けた径12mmのボルトを介して緊結したもの又はこれと同等以上の接合方法とすること。

ヘ　壁材の種類及び周囲の枠組材との接合は、次の表に定めるところによること。

壁材の種類		周囲の枠組材との接合の方法	
		接合材	間　隔
(1)	厚さ9mm以上の構造用合板、化粧ばり構造用合板、構造用パネル及びパーティクルボード又は厚さ7mm以上のミディアムデンシティファイバーボード	ドリリングタッピンねじ	壁材の外周部分は22.5cm以下、その他の部分は45cm以下
		スクリューくぎ	壁材の外周部分は7.5cm以下、その他の部分は15cm以下
(2)	厚さ12.5mm以上のせっこうボード（枠組材の両面にねじ込んだものに限る。）	ドリリングタッピンねじ	壁材の外周部分は15cm以下、その他の部分は30cm以下

三　耐力壁線相互の距離は12m以下とし、かつ、耐力壁線により囲まれた部分の水平投影面積は72㎡以下とすること。

四　耐力壁の上部には、当該耐力壁の上枠と同寸法以上の幅を有する頭つなぎを設け、耐力壁相互を構造耐力上有効に緊結すること。ただし、床版又は小屋組を耐力壁の上部に緊結し、存在応力を相互に伝えることができる場合は、この限りでない。

第6　柱等

構造耐力上主要な部分である柱、横架材及び斜材は、次に定めるところによらなければならない。

一　厚さ0.8mm以上の薄板軽量形鋼を用いること。

二　圧縮材（圧縮力を負担する部材をいう。）の有効細長比を、柱にあっては200以下、柱以外のものにあっては250以下とすること。

三　柱の脚部は、基礎に緊結すること。

四　2以上の薄板軽量形鋼を組み合わせるものとし、周囲の部材との接合及び当該部材による座屈拘束等の実況を考慮して、これらの薄板軽量形鋼相互を次に定めるところにより緊結すること。ただし、当該接合部分の実況に応じた加力実験によって次に定める接合と同等以上に存在応力を伝えることができるものであることが確認された場合においては、この限りでない。

イ　径4mm以上のドリリングタッピンねじを用いること。

ロ　フランジ部分の接合にあっては、ドリリングタッピンねじを30cm以下の間隔で配置すること。

ハ　ウェブ部分の接合にあっては、ドリリングタッピンねじを30cm以下の間隔で2列に配置すること。

第7　小屋組等

一　構造耐力上主要な部分である屋根版には屋根下地材に構造用合板等を使用するものとし、かつ、水平力によって生ずる力を構造耐力上有効に耐力壁、柱及び横架材に伝えることができる剛性及び耐力をもった構造としなければならない。

二　たるきには、たるきつなぎを構造耐力上有効に設けなければならない。

三　トラスは、厚さ0.8㎜以上の薄板軽量形鋼を用いなければならない。ただし、第12第一号イに定める構造計算によって構造耐力上安全であることが確かめられた場合は、厚さ0.6㎜以上の薄板軽量形鋼とすることができる。

四　トラスは、これに作用する荷重及び外力に対して構造耐力上安全なものとしなければならない。

五　たるき又はトラスは、頭つなぎ及び上枠に金物で構造耐力上有効に緊結しなければならない。

六　小屋組（木材の小屋組を含む。）は、振れ止めを設ける等水平力に対して安全なものとしなければならない。

七　屋根版は、風圧力その他の外力に対して安全なものとしなければならない。

第8　接合

構造耐力上主要な部分に使用する薄板軽量形鋼の接合は、次のいずれかによらなければならない。

一　ドリリングタッピンねじ又はスクリューくぎ（以下「ドリリングタッピンねじ等」という。）を用い、薄板軽量形鋼を垂直に打ち抜くことによって部材相互を構造耐力上有効に緊結するものとするほか、接合の種類に応じてそれぞれ次に定めるところによること。ただし、当該接合部分の実況に応じた加力実験によって次に定める接合と同等以上に存在応力を伝えることができるものであることが確認された場合においては、この限りでない。

イ　第6に規定する柱、横架材又は斜材相互の継手又は仕口の接合　次に掲げる方法とする。

(1)　径4㎜以上のドリリングタッピンねじを用いること。

(2)　ドリリングタッピンねじを3本以上用い、釣合い良く配置すること。

(3)　ガセットプレート等を介した接合とする場合、接合する横架材等の丈が大きい場合その他これらに類する構造耐力上支障のある局部応力が生ずるおそれのある場合にあっては、当該部分を鋼板添え板等によって補強すること。

ロ　耐力壁の枠組材と床版等の構造用合板等並びに土台又は頭つなぎの材軸方向の接合　次に掲げる方法とする。

(1)　径4㎜以上のドリリングタッピンねじを用いること。

(2)　ドリリングタッピンねじを1m当たり5本(鋼材の頭つなぎを用いる場合にあっては,4本)以上用いること。

ハ　イ及びロに掲げる以外の継手又は仕口の接合　その部分の存在応力を伝えるように緊結したものとする。

ニ　ドリリングタッピンねじ相互の距離及び縁端距離（当該ドリリングタッピンねじの中心軸から接合する薄板軽量形鋼の縁端部までの距離のうち最短のものをいう。）は、当該ドリリングタッピンねじの径の3倍（端抜けのおそれのない場合は、1.5倍）以上の数値とすること。

二　令第67条に規定する溶接接合、リベット接合（添え板リベット接合の適用に関する部分を除く。）又はボルト接合とすること。

三　前2号に掲げるもののほか、かしめによる接合であって、当該接合部分の成形後の形状及び接触の実況に応じた一方向又は繰り返し加力実験によって、耐力に関する性能が前2号の規定に適合する接合と同等以上であることが確認された場合においては、当該かしめによる接合とすることができる。

第9　防腐措置等

一　構造耐力上主要な部分に木材を使用する場合には、次によらなければならない。

イ　土台が基礎と接する面には、防水紙その他これに類するものを使用しなければならない。

ロ　土台には、枠組壁工法構造用製材及び枠組壁工法構造用たて継ぎ材の日本農林規格（昭和49年農林省告示第600号）に規定する防腐処理その他これに類する防腐処理を施した旨の表示がしてあるものを用いなければならない。ただし、同規格に規定する寸法型式404、406又は

408 に適合するものを用いる場合においては、防腐剤塗布、浸せきその他これに類する防腐措置を施したものを用いることができる。

ハ　地面から 1m 以内の構造耐力上主要な部分（床根太及び床材を除く。）に使用する木材には、有効な防腐措置を講ずるとともに、必要に応じて、しろありその他の虫による害を防ぐための措置を講じなければならない。

ニ　腐食のおそれのある部分及び常時湿潤状態となるおそれのある部分の部材を緊結するための金物（くぎを除く。）には、有効なさび止めのための措置を講じなければならない。

二　構造耐力上主要な部分に使用する薄板軽量形鋼の表面仕上げは、JIS G3302（溶融亜鉛めっき鋼板及び鋼帯）-1998 に規定するめっきの付着量表示記号 Z27 その他これに類する有効なさび止め及び摩損防止のための措置を講じたものとしなければならない。ただし、次に掲げる場合にあっては、この限りでない。

イ　薄板軽量形鋼を屋外に面する部分（防水紙その他これに類するもので有効に防水されている部分を除く。）及び湿潤状態となるおそれのある部分以外の部分に使用する場合

ロ　薄板軽量形鋼に床材、壁材又は屋根下地材等による被覆その他これに類する有効な摩損防止のための措置を講じた場合

三　構造耐力上主要な部分に使用する薄板軽量形鋼のうち木材防腐剤による防腐処理を施した木材その他の薄板軽量形鋼以外の材料との接触により薄板軽量形鋼の表面仕上げ面が構造耐力上支障のある腐食を生じやすい場合には、薄板軽量形鋼と薄板軽量形鋼以外の材料との間にゴムシートを使用した絶縁その他これに類する有効な防食措置を講じなければならない。

四　構造耐力上主要な部分に使用する薄板軽量形鋼の接合に使用するドリリングタッピンねじ等にあっては、薄板軽量形鋼の防錆上支障のないものとしなければならない。

第 10　耐久性等関係規定の指定

令第 36 条第 1 項に規定する耐久性等関係規定として、第 2 第一号及び第 9 に定める安全上必要な技術的基準を指定する。

第 11　令第 36 条第 2 項第一号の規定に基づく技術的基準の指定

令第 36 条第 2 項第一号の規定に基づき、令第 81 条第 2 項第一号イに規定する保有水平耐力計算によって安全性を確かめる場合に適用を除外することができる技術的基準として、第 1（次の各号のいずれかに掲げる建築物に限る。）、第 2 第二号、第 4、第 5（第四号の規定を除く。）、第 6 第四号、第 7 第一号、第二号及び第五号並びに第 8 第一号に定める技術的基準を指定する。

一　地階を除く階数が 4 である建築物

二　最上階から数えた階数が 4 以内の階（以下「上層階」という。）を薄板軽量形鋼造とし、かつ、上層階以外の階を鉄骨造、鉄筋コンクリート造その他の構造とする建築物

三　上層階を薄板軽量形鋼造と鉄骨造、鉄筋コンクリート造その他の構造とを併用し、かつ、上層階以外の階を鉄骨造、鉄筋コンクリート造その他の構造とする建築物

四　薄板軽量形鋼造と鉄骨造、鉄筋コンクリート造その他の構造とを併用する建築物であって、上層階以外の階における薄板軽量形鋼造の建築物の構造部分が、建築物の自重、積載荷重、積雪荷重その他の鉛直方向の荷重を支えないもの又は上層階以外の階における構造耐力上主要な部分である柱、横架材及び斜材並びに耐力壁を薄板軽量形鋼造としないもの

第 12　構造計算

一　薄板軽量形鋼造の建築物の構造計算は、次のいずれかに掲げる構造計算によらなければならない。この場合において、構造耐力上主要な部分に使用する薄板軽量形鋼に生ずる圧縮の応力度を計算する場合にあっては、有効断面（薄板軽量形鋼の断面形状及び座屈の種類に応じて、当該薄板軽量形鋼の断面を形作っているフランジ、ウェブその他の平板状の要素（以下「板要素」という。）のうち構造耐力上有効に圧縮の応力度を負担する部分の断面をいう。以下同じ。）を当該薄板軽量形鋼の断面として計算するものとする。

イ　令第 81 条第 2 項第一号イに規定する保有水平耐力計算

ロ　令第 81 条第 2 項第一号ロに規定する限界耐力計算

ハ　令第81条第3項に規定する令第82条各号及び令第82条の4に定めるところによる構造計算

二　前号に規定する有効断面の面積は、薄板軽量形鋼の板要素ごとに次に掲げる式によって計算しなければならない。

$$A_e = \min\left[b,\ 0.86\frac{b}{{}_p\lambda}\right]\cdot t$$

この式において、A_e、b、${}_p\lambda$ 及び t は、それぞれ次の数値を表すものとする。

A_e　板要素の有効断面の面積（単位　㎟）
b　板要素の幅（単位　㎜）
${}_p\lambda$　次の式によって計算した数値

$${}_p\lambda = \sqrt{\frac{F}{\sigma_p}}$$

この式において、${}_p\lambda$、F 及び σ_p は、それぞれ次の数値を表すものとする。

${}_p\lambda$　板要素の一般化幅厚比
F　平成12年建設省告示第2464号第1に規定する基準強度（単位　N/㎟）
σ_p　第五号イに規定する板要素の弾性座屈強度（単位　N/㎟）

t　板要素の厚さ（単位　㎜）

三　第一号に規定する構造計算を行う場合に用いる薄板軽量形鋼の許容応力度は、令第3章第8節第3款の規定によるほか、次に掲げるものとする。

イ　圧縮材の座屈の許容応力度は、次の表の数値によらなければならない。ただし、長期に生ずる力に対する圧縮材の座屈の許容応力度について、軽角形鋼を使用した場合以外、薄板軽量形鋼として対をなす2面を構造用合板等にそれぞれ緊結し、座屈に対して有効に補強された場合以外及び第五号の規定に基づき当該圧縮材の弾性座屈強度を固有値解析等の手法によって計算した場合以外の場合にあって、令第90条に規定する長期に生ずる力に対する圧縮の許容応力度の数値の0.45倍の数値を超える場合においては、当該数値を長期に生ずる力に対する圧縮材の座屈の許容応力度の数値としなければならない。

<table>
<tr><th>圧縮材の一般化有効細長比</th><th>長期に生ずる力に対する圧縮材の座屈の許容応力度
（単位　N/㎟）</th><th>短期に生ずる力に対する圧縮材の座屈の許容応力度
（単位　N/㎟）</th></tr>
<tr><td>${}_c\lambda \leqq 1.3$ の場合</td><td>$F\left\{\frac{1-0.24\,{}_c\lambda^2}{\frac{3}{2}+\frac{2}{3}\left(\frac{{}_c\lambda}{1.3}\right)^2}\right\}$　又は
令第90条に規定する長期に生ずる力に対する圧縮の許容応力度の数値のうちいずれか小さい数値</td><td rowspan="2">長期に生ずる力に対する圧縮材の座屈の許容応力度の数値の1.5倍とする。</td></tr>
<tr><td>${}_c\lambda > 1.3$ の場合</td><td>$\frac{6}{13}\cdot\frac{F}{{}_c\lambda^2}$ 又は令第90条に規定する長期に生ずる力に対する圧縮の許容応力度の数値のうちいずれか小さい数値</td></tr>
<tr><td colspan="3">この表において、F 及び ${}_c\lambda$ は、それぞれ次の数値を表すものとする。
F　平成12年建設省告示第2464号第1に規定する基準強度（単位　N/㎟）
${}_c\lambda$　次の式によって計算した軸方向力に係る一般化有効細長比
$${}_c\lambda = \sqrt{\frac{F}{\sigma_c}}$$</td></tr>
</table>

（この式において、σ_c は、第五号ロに規定する圧縮材の弾性座屈強度を表すものとする。）

ロ　曲げ材（軽角形鋼を使用した場合及び曲げを受ける薄板軽量形鋼の圧縮側の板要素を構造用合板等に緊結し、横座屈に対して有効に補強された場合を除く。以下ロ及び次号ロにおいて同じ。）の座屈の許容応力度は、次の表の数値によらなければならない。ただし、長期に生ずる力に対する曲げ材の座屈の許容応力度について、第五号の規定に基づき、当該曲げ材の弾性座屈強度を固有値解析等の手法によって計算した場合以外の場合にあって、令第 90 条に規定する長期に生ずる力に対する曲げの許容応力度の数値の 0.45 倍の数値を超える場合においては、当該数値を長期に生ずる力に対する曲げ材の座屈の許容応力度の数値としなければならない。

曲げ材の一般化有効細長比	長期に生ずる力に対する曲げ材の座屈の許容応力度（単位　N/㎟）	短期に生ずる力に対する曲げ材の座屈の許容応力度（単位　N/㎟）
${}_b\lambda \leqq 1.3$ の場合	$(1-0.24{}_b\lambda^2)\dfrac{F}{1.5}$ 又は令第 90 条に規定する長期に生ずる力に対する曲げの許容応力度の数値のうちいずれか小さい数値	長期に生ずる力に対する曲げ材の座屈の許容応力度の数値の 1.5 倍とする。
${}_b\lambda > 1.3$ の場合	$\dfrac{1}{{}_b\lambda^2}\cdot\dfrac{F}{1.5}$ 又は令第 90 条に規定する長期に生ずる力に対する曲げの許容応力度の数値のうちいずれか小さい数値	

この表において、F 及び ${}_b\lambda$ は、それぞれ次の数値を表すものとする。
F　平成 12 年建設省告示第 2464 号第 1 に規定する基準強度（単位　N/㎟）
${}_b\lambda$　次の式によって計算した曲げモーメントに係る一般化有効細長比

$${}_b\lambda=\sqrt{\frac{F}{\sigma_b}}$$

（この式において、σ_b は、第五号ハに規定する曲げ材の弾性座屈強度を表すものとする。）

ハ　曲げ材のウェブのせん断に対する座屈の許容応力度は、次の表の数値によらなければならない。

曲げ材のウェブの一般化幅厚比	長期に生ずる力に対する曲げ材のウェブのせん断に対する座屈の許容応力度（単位　N/㎟）	短期に生ずる力に対する曲げ材のウェブのせん断に対する座屈の許容応力度（単位　N/㎟）
${}_w\lambda \leqq 1.4$ の場合	$\dfrac{0.83}{{}_w\lambda}\cdot\dfrac{F}{1.5\sqrt{3}}$ 又は令第 90 条に規定する長期に生ずる力に対するせん断の許容応力度の数値のうちいずれか小さい数値	長期に生ずる力に対する曲げ材のウェブのせん断に対する座屈の許容応力度の数値の 1.5 倍とする。
${}_w\lambda > 1.4$ の場合	$\dfrac{1.16}{{}_w\lambda^2}\cdot\dfrac{F}{1.5\sqrt{3}}$ 又は令第 90 条に規定する長期に生ずる力に対するせん断の許容応力度の数値のうちいずれか小さい数値	

この表において、F 及び ${}_w\lambda$ は、それぞれ次の数値を表すものとする。
F　平成 12 年建設省告示第 2464 号第 1 に規定する基準強度（単位　N/㎟）
${}_w\lambda$　次の式によって計算した一般化幅厚比

$$ {}_{w}\lambda=\sqrt{\frac{F}{\sqrt{3}\sigma_s}} $$

（この式において、σ_sは、第五号ニに規定する曲げ材のウェブの弾性座屈強度を表すものとする。）

ニ　薄板軽量形鋼の支圧の許容応力度は、次の表の数値（(2)項において異種の薄板軽量形鋼が接合する場合においては、小さい値となる数値）によらなければならない。

支圧の形式		長期に生ずる力に対する支圧の許容応力度（単位　N/㎟）	短期に生ずる力に対する支圧の許容応力度（単位　N/㎟）
(1)	ボルト又はリベットによって接合される薄板軽量形鋼のボルトの軸部分に接触する面に支圧が生ずる場合その他これに類する場合	1.05F	長期に生ずる力に対する支圧の許容応力度の数値の1.5倍とする。
(2)	(1)に掲げる場合以外の場合	$\frac{F}{1.3}$	
この表において、Fは、平成12年建設省告示第2464号第1に規定する基準強度の数値（単位　N/㎟）を表すものとする。			

ホ　ドリリングタッピンねじを用いた接合部におけるドリリングタッピンねじの軸断面に対する引張り及びせん断の許容応力度は、次の表の数値によらなければならない。

長期に生ずる力に対する許容応力度（単位　N/㎟）		短期に生ずる力に対する許容応力度（単位　N/㎟）	
引張り	せん断	引張り	せん断
$0.51(\frac{t_2}{d})F$	$2.2\eta^{0.5}\left(\frac{t_2}{d}\right)^{1.5}F$、$0.43\{0.6+12\left(\frac{t_2}{d}\right)\}\cdot\left(\frac{t_1}{d}\right)F$又は$0.43\{1.5+6.7\left(\frac{t_1}{d}\right)\}\cdot\left(\frac{t_2}{d}\right)F$のうちいずれか小さい値	長期に生ずる力に対する引張り又はせん断の許容応力度のそれぞれの数値の1.5倍とする。	
この表において、F、η、d、t_1及びt_2は、それぞれ次の数値を表すものとする。 F　平成12年建設省告示第2464号第1に規定する基準強度（単位　N/㎟） η　接合する薄板軽量形鋼の厚さの比率に係る影響係数で、次に定める式によって計算した数値 $\eta=3.1-5.6\left(\frac{t_1}{t_2}\right)+3.5\left(\frac{t_1}{t_2}\right)^2$ d　ドリリングタッピンねじの呼び径（単位　mm） t_1　ねじ頭側の薄板軽量形鋼の厚さ（単位　mm） t_2　ねじ先側の薄板軽量形鋼の厚さ（単位　mm）			

四　第一号に規定する構造計算を行う場合に用いる薄板軽量形鋼の材料強度は、令第3章第8節第4款の規定によるほか、次に掲げるものとする。

イ　圧縮材の座屈の材料強度は、次の表の数値によらなければならない。ただし、軽角形鋼を使用した場合以外、薄板軽量形鋼として対をなす2面を構造用合板等にそれぞれ緊結し、座屈に対して有効に補強された場合以外及び第五号の規定に基づき当該圧縮材の弾性座屈強度を固有値解析等の手法によって計算した場合以外の場合にあって、令第96条に規定する圧縮の材料強度の数値の0.45倍の数値を超える場合においては、当該数値を圧縮材の座屈の材料強度の数値としなければならない。

圧縮材の一般化有効細長比	圧縮材の座屈の材料強度（単位　N/㎟）

${}_{c}\lambda \leqq 1.3$ の場合	$(1 - 0.24{}_{c}\lambda^{2})$ F
${}_{c}\lambda > 1.3$ の場合	$\frac{1}{{}_{c}\lambda^{2}}$F
この表において、F及び${}_{c}\lambda$は、それぞれ次の数値を表すものとする。 F　平成12年建設省告示第2464号第3に規定する基準強度（単位　N/mm²） ${}_{c}\lambda$　次の式によって計算した軸方向力に係る一般化有効細長比 $${}_{c}\lambda = \sqrt{\frac{F}{\sigma_c}}$$ （この式において、σ_cは、第五号ロに規定する圧縮材の弾性座屈強度を表すものとする。）	

ロ　曲げ材の座屈の材料強度は、前号ロに規定する短期に生ずる力に対する曲げ材の座屈の許容応力度の数値としなければならない。

ハ　曲げ材のウェブのせん断に対する座屈の材料強度は、前号ハに規定する短期に生ずる力に対する曲げ材のウェブの座屈の許容応力度の数値としなければならない。

ニ　薄板軽量形鋼の支圧の材料強度は、前号ニに規定する短期に生ずる力に対する支圧の許容応力度の数値としなければならない。

ホ　ドリリングタッピンねじを用いた接合部におけるドリリングタッピンねじの軸断面に対する引張り及びせん断の材料強度は、それぞれ前号ホに規定する長期に生ずる力に対する許容応力度の3倍の数値としなければならない。

五　第二号に規定する有効断面の面積、第三号に規定する許容応力度及び前号に規定する材料強度の計算に用いる弾性座屈強度は、当該薄板軽量形鋼の断面形状及び周囲の部材との接合並びに座屈又は横座屈に対して補強された状況等に基づき、固有値解析等の手法によって計算するものとする。ただし、第2第二号の表に規定する断面形状その他これらに類する断面形状の薄板軽量形鋼の弾性座屈強度にあっては、次のイからニまでに定めるところによることができる。

イ　第二号に規定する有効断面の面積の計算に用いる板要素の弾性座屈強度は、次に掲げる式によって計算した数値とする。

$$\sigma_p = k\pi^2 E \frac{\left(\frac{t}{b}\right)^2}{12(1-\nu^2)}$$

（この式において、k、E、t、b及びνは、それぞれ次の数値を表すものとする。

k　　次の表に掲げる板要素の位置に応じた座屈係数

板要素の位置	座屈係数
圧縮を受ける軽角形鋼、リップ溝形鋼及びリップZ形鋼のフランジ及びウェブ	4.0
圧縮を受ける軽溝形鋼のフランジ並びに圧縮を受けるリップ溝形鋼及びリップZ形鋼のリップ	0.425
曲げを受けるウェブ	8.98

E　　ヤング係数（単位　N/mm²）

t　　板要素の厚さ（単位　mm）

b　　板要素の幅（単位　mm）

ν　　ポアソン比）

ロ　第三号イに規定する圧縮材の座屈の許容応力度の計算に用いる圧縮材の弾性座屈強度は、次の表に掲げる数値によるものとする。

断面形状		圧縮材の弾性座屈強度（単位　N/㎟）
(1)	軽角形鋼その他これに類する閉鎖形断面（板要素を構造用合板等に緊結し、ねじりに対して有効に補強された場合における(2)又は(3)のいずれかに該当する断面を含む。）	σ_f
(2)	二軸対称断面（(1)項に該当するものを除く。）及び軽Z形鋼その他これに類する点対称断面	min ［σ_f, σ_t］
(3)	軽溝形鋼その他これに類する一軸対称断面	min ［σ_f, σ_{ft}］

この表において、σ_f、σ_t及びσ_{ft}は、座屈の種類に応じてそれぞれ次の表の(1)項、(2)項及び(3)項に規定する圧縮材の弾性座屈強度の数値を表すものとする。

座屈の種類		圧縮材の弾性座屈強度（単位　N/㎟）
(1)	弾性曲げ座屈	$\dfrac{\pi^2 E}{(l_k／i)^2}$
(2)	弾性ねじり座屈	$\dfrac{GJ+\pi^2 EC_w／l_t^2}{Ar_o^2}$
(3)	弾性曲げねじり座屈	$\dfrac{\dfrac{\pi^2 E}{(l_{kx}／i_x)^2}\cdot\dfrac{GJ+\pi^2 EC_w／l_t^2}{Ar_o^2}}{\dfrac{\pi^2 E}{(l_{kx}／i_x)^2}+\dfrac{GJ+\pi^2 EC_w／l_t^2}{Ar_o^2}}$

この表において、E、l_k、i、G、J、C_w、l_t、A、r_o及びl_{kx}は、それぞれ次の数値を表すものとする。

E　ヤング係数（単位　N/㎟）
l_k　弾性曲げ座屈に対する有効座屈長さ（単位　mm）
i　弾性曲げ座屈が生ずる軸に対する断面二次半径（単位　mm）
G　圧縮材のせん断弾性係数（単位　N/㎟）
J　圧縮材のサンブナンねじり定数（単位　mm^4）
C_w　圧縮材の曲げねじり定数（単位　mm^6）
l_t　弾性ねじり座屈に対する有効座屈長さ（単位　mm）
A　圧縮材の断面積（単位　㎟）
r_o　次に定める式によって計算した数値（単位　mm）

$$r_o=\sqrt{i_x^2+i_y^2+x_o^2}$$

（この式において、i_x、i_y及びx_oは、それぞれ次の数値を表すものとする。
i_x　強軸周りの断面二次半径（単位　mm）
i_y　弱軸周りの断面二次半径（単位　mm）
x_o　圧縮材の断面における重心とせん断中心間の距離（単位　mm））

l_{kx}　強軸周りの弾性曲げ座屈に対する有効座屈長さ（単位　mm）

ハ　第三号ロに規定する曲げ材の座屈の許容応力度の計算に用いる曲げ材の弾性座屈強度は、次の表の(1)項及び(2)項に掲げる当該曲げ材の断面形状に応じて得られた数値とする。

断面形状		曲げ材の弾性座屈強度（単位　N/㎟）
(1)	軽角形鋼その他これに類する二軸対称断面及び軽溝形鋼その他これに類する一軸対称断面	$\dfrac{Cr_l A}{Z_m}\sqrt{\dfrac{\pi^2 E}{(l_{kn}／i_n)^2}\cdot\dfrac{GJ+\pi^2 EC_w／l_t^2}{Ar_o^2}}$
(2)	軽Z形鋼その他これに類する点対称断面	(1)項に掲げる曲げ材の弾性座屈強度を2で除した数値

この表において、C、rl、A、Zm、E、lkn、in、G、J、Cw、lt及びroは、それぞれ次の数値を表すものとする。

C　次の式によって計算した修正係数（2.3を超える場合には2.3とし、補剛区間内の曲げモーメントがM1より大きい場合には1とする。）

$$C = 1.75 + 1.05\left(\frac{M_2}{M_1}\right) + 0.3\left(\frac{M_2}{M_1}\right)^2$$

（この式において、M_2 及び M_1 は、それぞれ座屈区間端部における小さい方及び大きい方の強軸周りの曲げモーメントを表すものとし、M_2／M_1 は、当該曲げモーメントが複曲率となる場合には正と、単曲率となる場合には負とするものとする。）

r_l　次に定める式によって計算した数値

$$r_l = \sqrt{i_m{}^2 + i_n{}^2 + x_l{}^2}$$

（この式において、i_m、i_n 及び x_l は、それぞれ次の数値を表すものとする。
i_m　曲げ材の曲げを受ける軸に対する断面二次半径（単位　mm）
i_n　曲げ材の曲げを受ける軸に直交する軸に対する断面二次半径（単位　mm）
x_l　曲げ材の曲げを受ける軸上における断面の重心とせん断中心との間の距離（単位　mm））

A　薄板軽量形鋼の断面積（単位　mm²）
Z_m　曲げを受ける軸に対する断面係数（単位　mm³）
E　ヤング係数（単位　N/mm²）
l_{kn}　横座屈補剛間隔（構造用合板等が有効な横補剛として圧縮側となる断面に接合する場合にあっては、当該接合に用いる材料の種類及び接合方法の実況による数値）（単位　mm）
i_n　曲げ材の曲げを受ける軸に直交する軸に対する断面二次半径（単位　mm）
G　曲げ材のせん断弾性係数（単位　N/mm²）
J　曲げ材のサンブナンねじり定数（単位　mm⁴）
C_w　曲げ材の曲げねじり定数（単位　mm⁶）
l_t　ねじれに対する有効座屈長さ（単位　mm）
r_o　ロの表に規定する r_o（単位　mm）

ニ　第三号ハに規定する曲げ材のウェブのせん断に対する座屈の許容応力度の計算に用いる曲げ材のウェブの弾性座屈強度は、次の式によって計算した数値とする。

$$\sigma_s = 5.34\pi^2 E\,\frac{\left(\frac{t}{h}\right)^2}{12\,(1-\nu_2)}$$

（この式において、σ_s、E、t、h 及び ν は、それぞれ次の数値を表すものとする。
σ_s　曲げ材のウェブの弾性座屈強度（単位　N/mm²）
E　ヤング係数（単位　N/mm²）
t　曲げ材のウェブの厚さ（単位　mm）
h　曲げ材のウェブの幅（単位　mm）
ν　ポアソン比）

コンクリート充填鋼管造の建築物又は建築物の構造部分の構造方法に関する安全上必要な技術的基準を定める件

制定：平成14年5月27日　国土交通省告示第464号
改正：平成19年5月18日　国土交通省告示第610号

建築基準法施行令（昭和25年政令第338号）第80条の2第一号の規定に基づき、コンクリート充填鋼管造の建築物又は建築物の構造部分の構造方法に関する安全上必要な技術的基準を第1から第9までに定め、及び同令第36条第1項の規定に基づき、コンクリート充填鋼管造の建築物又は建築物の構造部分の構造方法に関する安全上必要な技術的基準のうち耐久性等関係規定を第10に、同条第2項第一号の規定に基づき、同令第81条第2項第一号イに規定する保有水平耐力計算によって安全性を確かめる場合に適用を除外することができる技術的基準を第11にそれぞれ指定する。

第1　適用の範囲

コンクリート充填鋼管造の建築物又は建築物の構造部分の構造方法は、建築基準法施行令（以下「令」という。）第3章第5節の規定（令第65条（柱に係る規定に限る。）を除く。）によらなければならない。

第2　材料

鋼管に充填するコンクリートの材料は、次に定めるところによらなければならない。

一　骨材、水及び混和材料は、鋼材及び鉄筋をさびさせ、又はコンクリートの凝結及び硬化を妨げるような酸、塩、有機物又は泥土を含まないこと。

二　骨材は、鉄筋相互間及び鉄筋と鋼管との間を容易に通る大きさであること。

三　骨材は、適切な粒度及び粒形のもので、かつ、当該コンクリートに必要な強度、耐久性及び耐火性が得られるものであること。

2　コンクリートを充填する鋼管は、コンクリートの充填により著しい変形、損傷その他の耐力上の欠点が生じないものとしなければならない。

第3　鋼管に充填するコンクリートの強度

鋼管に充填するコンクリートの強度は、設計基準強度（設計に際し採用する圧縮強度をいう。以下同じ。）との関係において昭和56年建設省告示第1102号第1の規定に適合するものとしなければならない。

2　前項に規定する設計基準強度は、1㎟につき24N以上としなければならない。

3　第1項に規定するコンクリートの強度を求める場合においては、昭和56年建設省告示第1102号第2各号に掲げる強度試験によらなければならない。

4　鋼管に充填するコンクリートは、打上りが均質で密実になり、かつ、必要な強度が得られるようにその調合及び充填方法を定めなければならない。

第4　コンクリートの充填

コンクリートの充填と打継ぎは、次に定めるところによらなければならない。

一　コンクリートは、一度に高さ8mを超えて充填しないこと。ただし、実況に応じた試験によって、鋼管にコンクリートが密実に、かつ、すき間なく充填されること及び鋼管に充填するコンクリートが必要な強度となることが確認された場合は、この限りでない。

二　コンクリートの打継ぎをする部分は、柱とはりの仕口から30㎝以上の間隔をあけた部分とし、当該打継ぎ部分に径10㎜以上20㎜以下の水抜き孔を設置すること。ただし、鋼管に充填するコンクリートへの高い流動性を有するコンクリートの使用その他の有効な打継ぎ部分に空隙等の構造耐力上支障となる欠陥が生じないための措置を講ずる場合は、この限りでない。

第5　鋼管に充填するコンクリートの養生

鋼管に充填するコンクリートの養生は、次に定めるところによらなければならない。

一　コンクリートの打込み中及び打込み後5日間は、コンクリートの温度が2度を下らないようにし、かつ、乾燥、震動等によってコンクリートの凝結及び硬化が妨げられないように養生すること。ただし、コンクリートの凝結及び硬化を促進するための特別の措置を講ずる場合は、この限りでない。

二　コンクリートを充填する鋼管のうち既にコンクリートが充填されている部分と周囲の部材とを溶接接合する場合においては、溶接することによる加熱の影響によりコンクリートが必要な強度となることが妨げられないようにすること。

2　加熱養生を行う場合は、コンクリートの最高温度を70度以下とし、急激な温度の上昇及び下降を行わないようにしなければならない。ただし、実況に応じた強度試験によって、加熱養生をしたコンクリートが必要な強度となることが確認された場合は、この限りでない。

第6　コンクリートを充填する鋼管の接合

コンクリートを充填する鋼管相互又は当該鋼管と周囲の部材との接合は、当該鋼管のうち既にコンクリートが充填されている部分（あらかじめ遠心成形（遠心力を利用し、充填するコンクリートが中空断面となるように成形する方法をいう。）によりコンクリートが充填されている鋼管の部分を除く。）以外の部分で行わなければならない。この場合において、コンクリートを充填する鋼管相互又は当該鋼管と周囲の部材とを溶接接合する場合は、当該鋼管のうち既にコンクリートが充填されている部分から 30 cm以上離れた部分又は溶接することによる加熱の影響により当該鋼管に著しい変形、損傷その他の耐力上の欠点が生じない部分で行わなければならない。

第 7　柱の構造

構造耐力上主要な部分である柱の小径に対する座屈長さの比は 12 以下としなければならない。

2　コンクリートを充填する鋼管は、厚さ 12㎜以上とし、鋼管の断面形状に応じて次に定めるところによらなければならない。

一　円形断面　鋼管に使用する鋼材の厚さに対する鋼管の径の比が 50 以下であること。

二　角形断面　鋼管に使用する鋼材の厚さに対する幅の比が 34 以下であること。

3　柱に用いる鋼管の内部に鉄筋を使用する場合は、令第 73 条の規定によらなければならない。

4　柱に用いる鋼管は、次に定めるところにより蒸気抜き孔を設けなければならない。ただし、コンクリートの発熱を抑えるための措置を講ずる場合又は次に定めるところと同等以上に有効な鋼管内の蒸気を抜くための措置を講ずる場合は、この限りでない。

一　径 10㎜以上 20㎜以下の蒸気抜き孔を柱頭及び柱脚の部分に、かつ、同じ高さに柱の中心に対して均等に 2 箇所設置すること。

二　蒸気抜き孔を垂直方向の距離で 5 m以下の間隔で設置すること。

第 8　はりの構造

構造耐力上主要な部分であるはりは、鉄骨造又は鉄骨鉄筋コンクリート造としなければならない。

第 9　柱とはりの仕口の構造

コンクリート充填鋼管造の柱とはりの仕口は、次に定めるところによらなければならない。

一　柱に用いる鋼管には、ダイアフラムの設置その他これに類する有効な柱とはりとの存在応力を伝達するための補強を行うこと。

二　ダイアフラムを柱に用いる鋼管の内側に設ける場合その他コンクリートが密実に、かつ、すき間なく柱に用いる鋼管に充填されないおそれがある場合にあっては、次に定めるところによること。ただし、次に定めるところと同等以上に有効なコンクリートが密実に、かつ、すき間なく充填されるための措置を講ずる場合は、この限りでない。

イ　鋼管に充填するコンクリートに高い流動性を有するコンクリートを使用すること。

ロ　ダイアフラムに鋼管内の空気を抜くための孔を設置すること。

第 10　耐久性等関係規定の指定

令第 36 条第 1 項に規定する耐久性等関係規定として、第 2 第 1 項、第 3、第 4 並びに第 5 第 1 項第一号及び第 2 項に定める安全上必要な技術的基準を指定する。

第 11　令第 36 条第 2 項第一号の規定に基づく技術的基準の指定

令第 36 条第 2 項第一号の規定に基づき、令第 81 条第 2 項第一号イに規定する保有水平耐力計算によって安全性を確かめる場合に適用を除外することができる技術的基準として、第 7 第 1 項及び第 2 項（鋼管の実況を考慮し鋼管に充填されたコンクリートに対する鋼管の拘束効果を低減した構造計算によって安全性が確かめられた場合に限る。）並びに第 8 に定める技術的基準を指定する。

壁式ラーメン鉄筋コンクリート造の建築物又は建築物の構造部分の構造方法に関する安全上必要な技術的基準を定める等の件

制定：平成13年6月12日　国土交通省告示第1025号
改正：平成19年5月18日　国土交通省告示第602号

建築基準法施行令(昭和25年政令第338号)第80条の2第一号の規定に基づき、壁式ラーメン鉄筋コンクリート造の建築物又は建築物の構造部分の構造方法に関する安全上必要な技術的基準を第1から第12までに定め、同令第36条第1項の規定に基づき、壁式ラーメン鉄筋コンクリート造の建築物又は建築物の構造部分の構造方法に関する安全上必要な技術的基準のうち耐久性等関係規定を第13に指定し、並びに同令第81条第2項第一号イの規定に基づき、壁式ラーメン鉄筋コンクリート造の建築物又は建築物の構造部分の構造計算が、第8から第12までに適合する場合においては、当該構造計算は、同条第2項第一号イに規定する保有水平耐力計算と同等以上に安全性を確かめることができるものと認める。

第1　適用の範囲等

壁式ラーメン鉄筋コンクリート造の建築物又は建築物の構造部分の構造方法は、建築基準法施行令（以下「令」という。）第3章第6節に定めるところによるほか、次に定めるところによる。

一　地階を除く階数が15以下で、かつ、軒の高さが45m以下とすること。

二　けた行方向のそれぞれの架構が剛節架構であること。

三　張り間方向のそれぞれの架構が最下階から最上階まで連続している耐力壁（以下「連層耐力壁」という。）による壁式構造又は剛節架構のいずれかのみであること。ただし、張り間方向の架構が剛節架構の場合にあっては、1階の外壁となる場合を除き、地上2階及びそれ以上の階に連続して耐力壁を設けたものとすることができる。

四　張り間方向の耐力壁線の数は4以上、かつ、剛節架構線の数は耐力壁線の数未満とすること。

五　耐力壁線の間にある剛節架構線の数は2以下とすること。

六　建築物の平面形状及び立面形状は、長方形その他これらに類する形状とすること。

七　構造耐力上主要な部分を、プレキャスト鉄筋コンクリートで造られた部分を含む構造とする場合にあっては、プレキャスト鉄筋コンクリートで造られた部材相互又はプレキャスト鉄筋コンクリートで造られた部材と現場打ち鉄筋コンクリートで造られた部材の接合部は、その部分の存在応力を伝えるとともに、必要な剛性及び靭性を有するよう緊結すること。

第2　コンクリート及びモルタルの強度

一　コンクリート及びモルタルの設計基準強度は、これらを構造耐力上主要な部分に使用する場合にあっては、1㎟につき21N以上としなければならない。

二　モルタルの強度は、令第74条（第1項第一号を除く。）及び昭和56年建設省告示第1102号の規定を準用する。

第3　鉄筋の種類

構造耐力上主要な部分に使用する鉄筋のうち、柱の主筋及び帯筋、はりの主筋及びあばら筋並びに耐力壁の鉄筋にあっては、丸鋼を用いてはならない。

第4　けた行方向の構造

一　構造耐力上主要な部分である柱は、次のイからニまで（張り間方向の剛節架構を構成する柱にあっては、イからハまでを除く。）に定める構造としなければならない。

イ　張り間方向の小径は、30㎝以上とし、かつ、けた行方向の小径は、3m以下とすること。

ロ　すみ柱及び外壁である連層耐力壁に接着する柱を除き、けた行方向の小径は、張り間方向の小径の2倍以上かつ5倍以下（地上部分の最下階を除く柱においては2倍以上かつ8倍以下）とすること。

ハ　各階の柱の小径をその上に接する柱の小径より小さくしないこと。

ニ　地上部分の各階の柱の水平断面積の和は、最下階のものについては次の(1)の式に、それ以外の階のものについては次の(2)の式に、それぞれ適合すること。

(1)　$\Sigma A_c \geqq 25\alpha_c ZNS_i\beta$

(2)　$\Sigma A_c \geqq 18\alpha_c ZNS_i\beta$

この式において、A_c、α_c、Z、N、S_i及びβは、それぞれ次の数値を表すものとする。

A_c　当該階の柱の水平断面積（単位　㎠）

α_c　張り間方向の耐力壁線の数に応じた次の数値

耐力壁線の数が4の場合　1.125

耐力壁線の数が5以上の場合　1.0

Z　令第88条第1項に規定するZの数値

N　当該建築物の地上部分の階数

S_i　当該階の床面積（単位　㎡）

β　コンクリートの設計基準強度による低減係数として、21を使用するコンクリートの設計基準強度（単位　N/㎟）で除した数値の平方根の数値（当該数値が21を36で除した数値の平方根の数値未満のときは、21を36で除した数値の平方根の数値）

二　構造耐力上主要な部分であるはりは、次のイ及びロに定める構造としなければならない。

イ　幅は、30㎝以上とすること。

ロ　丈は、50㎝以上とし、かつ、はりの長さ（はりに相隣って接着する2つの柱がそのはりに接着する部分間の距離をいう。）の$\frac{1}{2}$以下とすること。

三　柱の張り間方向の小径は、その柱に接着するけた行方向のはりの幅以上としなければならない。

第5　張り間方向の構造

一　耐力壁は、次のイからハまでに定める構造としなければならない。

イ　厚さは、15㎝以上とすること。

ロ　両端を柱に緊結して設けること。

ハ　地上部分の各階の耐力壁の水平断面積は、最下階のものについては次の(1)の式に、それ以外の階のものについては、次の(2)の式にそれぞれ適合すること。

(1)　$\Sigma A_w \geqq 20ZNS_i\beta$

(2)　$\Sigma A_w \geqq 15ZNS_i\beta$

この式において、A_w、Z、N、S_i、及びβは、それぞれ次の数値を表すものとする。

A_w　当該階の耐力壁の水平断面積（単位　㎠）

Z　第4第一号ニに定めるZの数値

N　第4第一号ニに定めるNの数値

S_i　第4第一号ニに定めるS_iの数値

β　第4第一号ニに定めるβの数値

二　1つの耐力壁線が複数の連層耐力壁によりなる場合にあっては、連層耐力壁間相互は、耐力壁の厚さ以上の幅を有するはりにより連結するとともに、当該はりに相隣って接着する2つの柱のけた行方向の小径は、当該耐力壁の厚さ以上としなければならない。

三　剛節架構を構成する構造耐力上主要な部分である柱及びはりは、次のイからハまでに定める構造としなければならない。

イ　柱は、第4第一号イ及びハの規定を満たすこと。

ロ　はりは、第4第二号の規定を満たすこと。

ハ　柱のけた行方向の小径は、その柱に接着する張り間方向のはりの幅以上とすること。

第6　床版及び屋根版の構造

構造耐力上主要な部分である床版及び屋根版は、次の各号に定める構造としなければならない。

一　鉄筋コンクリート造とすること。

二　水平力によって生ずる力を構造耐力上有効に柱、はり及び耐力壁（最下階の床版にあっては、布基礎又は基礎ばり）に伝えることができる剛性及び耐力を有する構造とすること。

三　厚さは、13㎝以上とすること。

第7　基礎ばり

基礎ばり（べた基礎及び布基礎の立上り部分を含む。以下同じ。）は、一体の鉄筋コンクリート造（2以上の部材を組み合わせたもので、部材相互を緊結したものを含む。）としなければならない。

第8　層間変形角

壁式ラーメン鉄筋コンクリート造の建築物又は建築物の構造部分の構造計算をするに当たっては、壁式ラーメン鉄筋コンクリート造の建築物又は建築物の構造部分の地上部分について、令第88条第1項に規定する地震力（以下「地震力」という。）によって各階に生ずる水平方向の層間変位の当該各階の高さに対する割合が$\frac{1}{200}$以内であることを確かめなければならない。

第9　剛性率及び偏心率

壁式ラーメン鉄筋コンクリート造の建築物又は建築物の構造部分の構造計算をするに当たっては、第8の規定によるほか、壁式ラーメン鉄筋コンクリート造の建築物又は建築物の構造部分の地上部分について、令第82条の6第二号イ及びロに定めるところによる各階（最上階を除く。）の剛性率及び偏心率の計算を行わなければならない。この場合において、同条第二号ロ中「$\frac{15}{100}$」とあるのは、「$\frac{45}{100}$」と読み替えて計算を行うものとする。

第10　保有水平耐力

壁式ラーメン鉄筋コンクリート造の建築物又は建築物の構造部分の構造計算をするに当たっては、第8及び第9の規定によるほか、壁式ラーメン鉄筋コンクリート造の建築物又は建築物の構造部分の地上部分について、次のイからホまでに定めるところによらなければならない。

イ　令第3章第8節第4款に規定する材料強度によって各階の水平力に対する耐力（以下「保有水平耐力」という。）を計算すること。

ロ　地震力に対する各階の必要保有水平耐力を次の式によって計算すること。

Qun = DsFeQud

この式において、Qun、Ds、Fe及びQudはそれぞれ、次の数値を表すものとする。
Qun　各階の必要保有水平耐力
Ds　各階の構造特性を表すものとして、建築物の構造耐力上主要な部分の構造方法に応じた減衰性及び各階の靱性を考慮してニに定めるところにより算出した数値
Fe　各階の形状特性を表すものとして、各階の偏心率に応じて、ホに定める方法により算出した数値
Qud　令第88条第1項及び第3項に規定する地震力によって各階に生ずる水平力

ハ　イの規定によって計算した保有水平耐力が、ロの規定によって計算した必要保有水平耐力以上であることを確かめること。

ニ　ロに定める建築物の各階のDsは、次の表1及び表2に掲げる数値以上の数値を用いるものとする。ただし、当該建築物の構造耐力上主要な部分の構造方法に応じた減衰性及び当該階の靱性を適切に評価して算出できる場合においては当該算出によることができる。

表1（張り間方向）

	架構の性状	張り間方向のDs
(1)	架構を構成する部材に生ずる力に対してせん断破壊その他の耐力が急激に低下する破壊が著しく生じ難いこと等のため、塑性変形の度が特に高いもの	0.4
(2)	(1)に掲げるもの以外のもので、架構を構成する部材に生ずる力に対して、せん断破壊その他の耐力が急激に低下する破壊が生じ難いこと等	0.45

	のため、塑性変形の度が高いもの	
(3)	(1)及び(2)に掲げるもの以外のもので、架構を構成する部材に生ずる力に対して、当該部材にせん断破壊が生じないこと等のため、耐力が急激に低下しないもの	0.5
(4)	(1)、(2)及び(3)に掲げる以外のもの	0.6

表 2（けた行方向）

	架構の性状	地上階数	けた行方向の Ds
(1)	架構を構成する部材に生ずる力に対してせん断破壊その他の耐力が急激に低下する破壊が著しく生じ難いこと等のため、塑性変形の度が特に高いもの	5 まで	0.4
		6 から 8 まで	0.35
		9	0.34
		10	0.33
		11	0.32
		12 から 15 まで	0.3
(2)	(1)に掲げるもの以外のもので、架構を構成する部材に生ずる力に対して、せん断破壊その他の耐力が急激に低下する破壊が生じ難いこと等のため、塑性変形の度が高いもの	5 まで	(1)の数値にそれぞれ 0.05 を加えた数値
		6 から 8 まで	
		9	
		10	
		11	
		12 から 15 まで	
(3)	(1)及び(2)に掲げるもの以外のもので、架構を構成する部材に生ずる力に対して当該部材に、せん断破壊が生じないこと等のため、耐力が急激に低下しないもの	5 まで	(1)の数値にそれぞれ 0.1 を加えた数値
		6 から 8 まで	
		9	
		10	
		11	
		12 から 15 まで	

ホ　ロに定める建築物の各階の Fe は、当該階について、第 9 の規定による偏心率に応じた次の表に掲げる数値以上の数値を用いるものとする。

	偏心率	Fe の数値
(1)	0.15 以下の場合	1.0
(2)	0.15 を超えて 0.45 未満の場合	(1)と(3)とに掲げる数値を直線的に補間した数値
(3)	0.45 以上の場合	2.0

第 11　靱性の確保

けた行方向の架構については、構造計算によって、第 10 イに定める保有水平耐力を計算するに当たっての各部に生ずる力に対して、特定の階の層間変位が急激に増加するおそれがないことを確かめなければならない。

第 12　その他の計算

令第 82 条及び第 82 条の 4 に定める計算を行うこと。

第 13　耐久性等関係規定の指定

令第 36 条第 1 項に規定する耐久性等関係規定として、第 2 第一号及び第 3 に定める安全上必要な技術的基準を指定する。

附則（抄）

1　（略）

2　昭和62年建設省告示第1598号は、廃止する。

壁式鉄筋コンクリート造の建築物又は建築物の構造部分の構造方法に関する安全上必要な技術的基準を定める件

制定：平成13年6月12日　国土交通省告示第1026号
改正：令和元年　6月25日　国土交通省告示第　203号

建築基準法施行令（昭和25年政令第338号）第80条の2第一号の規定に基づき、壁式鉄筋コンクリート造の建築物又は建築物の構造部分の構造方法に関する安全上必要な技術的基準を第1から第8までに定め、第36条第1項の規定に基づき、壁式鉄筋コンクリート造の建築物又は建築物の構造部分の構造方法に関する安全上必要な技術的基準のうち耐久性等関係規定を第9に、同条第2項第一号の規定に基づき、同令第81条第2項第一号イに規定する保有水平耐力計算によって安全性を確かめる場合に適用を除外することができる技術的基準を第10に、それぞれ指定する。

第1　適用の範囲等

壁式鉄筋コンクリート造の建築物又は建築物の構造部分の構造方法は、建築基準法施行令（以下「令」という。）第3章第6節に定めるところによるほか、次に定めるところによる。

一　地階を除く階数が5以下で、かつ、軒の高さは20m以下とすること。

二　壁式鉄筋コンクリート造の建築物の構造部分を有する階の階高（床版の上面からその直上階の床版の上面（最上階又は階数が1の建築物にあっては、構造耐力上主要な壁と屋根版が接して設けられる部分のうち最も低い部分における屋根版の上面）までの高さをいう。）は3.5m以下とすること。

三　平成19年国土交通省告示第593号第二号イを満たすものであること。

四　構造耐力上主要な部分を、プレキャスト鉄筋コンクリートで造られた部分を含む構造とする場合にあっては、プレキャスト鉄筋コンクリートで造られた部材相互又はプレキャスト鉄筋コンクリートで造られた部材と現場打ち鉄筋コンクリートで造られた部材の接合部（以下「接合部」という。）は、その部分の存在応力を伝えることができるものとすること。

第2　コンクリート及びモルタルの強度

一　コンクリート及びモルタルの設計基準強度は、これらを構造耐力上主要な部分に使用する場合にあっては1㎟につき18N以上としなければならない。

二　モルタルの強度は、令第74条（第1項第一号を除く。）及び昭和56年建設省告示第1102号の規定を準用する。

第3　接合部に使用する構造用鋼材の品質

接合部に使用する構造用鋼材は、日本産業規格（以下「JIS」という。）G3101（一般構造用圧延鋼材）-2004、JIS G3106（溶接構造用圧延鋼材）-2004若しくはJIS G3136（建築構造用圧延鋼材）-1994に適合するもの又はこれらと同等以上の品質を有するものとしなければならない。

第4　基礎ばり

基礎ばり（べた基礎及び布基礎の立上り部分を含む。以下第5において同じ。）は、一体の鉄筋コンクリート造（2以上の部材を組み合わせたもので、部材相互を緊結したものを含む。）としなければならない。

第5　床版及び屋根版の構造

構造耐力上主要な部分である床版及び屋根版は、鉄筋コンクリート造とし、かつ、水平力によって生ずる力を構造耐力上有効に耐力壁及び壁ばり（最下階の床版にあっては、基礎ばり）に伝えることができる剛性及び耐力をもった構造としなければならない。

第 6　耐力壁

一　耐力壁は、釣り合い良く配置しなければならない。

二　各階の張り間方向及びけた行方向に配置する耐力壁の長さの合計を、それぞれの方向につき、その階の床面積で除した数値（以下「壁量」という。）は、次の表 1（壁式プレキャスト鉄筋コンクリート造の建築物又は建築物の構造部分にあっては表 2）に掲げる数値以上としなければならない。

表 1

階		数値（単位　cm／m²）
地上階	最上階から数えた階数が 4 及び 5 の階	15
	その他の階	12
地階		20

表 2

階		数値（単位　cm／m²）
地上階	地階を除く階数が 4 及び 5 の建築物の各階	15
	地階を除く階数が 1 から 3 までの建築物の各階	12
地階		20

三　次のイからハまでに該当する場合にあっては、前号表 1（壁式プレキャスト鉄筋コンクリート造の建築物又は建築物の構造部分にあっては表 2）に掲げる数値から 5 を減じた数値を限度として、イからハまでのそれぞれに掲げる数値を前号表 1（壁式プレキャスト鉄筋コンクリート造の建築物又は建築物の構造部分にあっては表 2）に乗じた数値とすることができる。

　イ　耐力壁の厚さが第五号イの表 1（壁式プレキャスト鉄筋コンクリート造の建築物又は建築物の構造部分にあっては表 2）に掲げる数値を超える場合　第五号イの表 1（壁式プレキャスト鉄筋コンクリート造の建築物又は建築物の構造部分にあっては表 2）の数値に耐力壁の長さの合計を乗じた数値を、耐力壁の厚さに当該耐力壁の長さの合計を乗じた数値の和で除した数値

　ロ　令第 88 条第 1 項に規定する Z の数値（以下「Z の数値」という。）が 1 未満の地域の場合　Z の数値

　ハ　耐力壁に使用するコンクリートの設計基準強度が 1mm²につき 18N を超える場合　18 を使用するコンクリートの設計基準強度（単位　N/mm²）で除した数値の平方根の数値（当該数値が $\frac{1}{2}$ の平方根の数値未満のときは、$\frac{1}{2}$ の平方根の数値）

四　壁式プレキャスト鉄筋コンクリート造の建築物又は建築物の構造部分の耐力壁の中心線により囲まれた部分の水平投影面積は、60m²以下としなければならない。ただし、令第 82 条第一号から第三号までに定める構造計算によって構造耐力上安全であることが確かめられた場合においては、この限りでない。

五　耐力壁は、次のイからハまでに定める構造としなければならない。

　イ　耐力壁の厚さは、次の表 1（壁式プレキャスト鉄筋コンクリート造の建築物又は建築物の構造部分にあっては表 2）に掲げる数値以上とすること。ただし、令第 82 条第一号から第三号までに定める構造計算によって構造耐力上安全であることが確かめられた場合においては、当該計算に基づく数値（当該数値が 12cm未満のときは、12cm）とすることができる。

表 1

階			耐力壁の厚さ（単位　cm）
地上階	地階を除く階数が 1 の建築物		12
	地階を除く階数が 2 の建築物		15
	地階を除く階数が 3 以上の建築物	最上階	15
		その他の階	18

地階	18

表 2

階		耐力壁の厚さ（単位　cm）
地上階	最上階及び最上階から数えた階数が2の階	12
	その他の階	15
地階		18

ロ　縦筋及び横筋の鉄筋比（耐力壁の壁面と直交する断面（縦筋にあっては水平断面、横筋にあっては鉛直断面）におけるコンクリートの断面積に対する鉄筋の断面積の和の割合をいう。以下この号において同じ。）は、それぞれ次の表1（壁式プレキャスト鉄筋コンクリート造の建築物又は建築物の構造部分にあっては表2）に掲げる数値以上とすること。ただし、令第82条第一号から第三号までに定める構造計算によって構造耐力上安全であることが確かめられた場合においては、当該計算に基づく数値（当該数値が0.15%（壁式プレキャスト鉄筋コンクリート造の建築物又は建築物の構造部分にあっては0.2%）未満のときは、0.15%（壁式プレキャスト鉄筋コンクリート造の建築物又は建築物の構造部分にあっては0.2%））とすることができる。

表 1

階			鉄筋比（単位　%）
地上階	地階を除く階数が1の建築物		0.15
	地階を除く階数が2以上の建築物	最上階	0.15
		最上階から数えた階数が2の階	0.2
		その他の階	0.25
地階			0.25

表 2

階			鉄筋比（単位　%）
地上階	地階を除く階数が2以下の建築物の各階		0.2
	地階を除く階数が3以上の建築物	最上階	0.2
		最上階から数えた階数が2及び3の階	0.25
		その他の階	0.3
地階			0.3

ハ　プレキャスト鉄筋コンクリートで造られた耐力壁にあっては、その頂部及び脚部に径12mm以上の鉄筋を配置すること。

第7　壁ばりの構造

壁ばりは、次に定める構造としなければならない。

一　丈は45cm以上とすること。ただし、壁式鉄筋コンクリート造の建築物又は建築物の構造部分の地上部分について、令第82条第一号から第三号までに定める構造計算によって構造耐力上安全であることが確かめられた場合においては、この限りでない。

二　複筋ばりとすること。

三　主筋は、径12mm以上とすること。

四　あばら筋比（はりの軸を含む水平断面における1組のあばら筋の断面の中心を通る直線と、相隣り合う1組のあばら筋の断面の中心を通る直線とではさまれた部分のコンクリートの面積に対するあばら筋の断面積の和の割合をいう。）は、0.15%（壁式プレキャスト鉄筋コンクリート造の建築物又は建築物の構造部分にあっては0.2%）以上とすること。

第8　接合部の構造

接合部は、次に定める構造としなければならない。ただし、令第82条第一号から第三号までに定める構造計算によって構造耐力上安全であることが確かめられた場合においては、第一号の規定は適用しない。

一　耐力壁相互の鉛直方向の接合部は、ウェットジョイントによるものとし、径9㎜以上のコッター筋によって構造耐力上有効に接合することができるものとすること。

二　床版、屋根版、壁ばり及び耐力壁の水平方向の接合部は、その部分の存在応力を伝えることができるものとすること。

三　接合部に使用する鉄筋、金物等は、防錆上及び耐火上有効に被覆すること。

第9　耐久性等関係規定の指定

令第36条第1項に規定する耐久性等関係規定として、第2第一号及び第3に定める安全上必要な技術的基準を指定する。

第10　令第36条第2項第一号の規定に基づく技術的基準の指定

令第36条第2項第一号の規定に基づき、令第81条第2項第一号イに掲げる保有水平耐力計算によって安全性を確かめる場合に適用を除外することができる技術的基準として、第1第二号及び第三号（令第82条の2に規定する層間変形角が$\frac{1}{2000}$以内である場合に限る。）、第2第一号（軽量骨材を使用する場合であって、令第82条の2に規定する層間変形角が$\frac{1}{2000}$以内である場合に限る。）、第5、第6第二号（令第82条の2に規定する層間変形角が$\frac{1}{2000}$以内である場合に限る。）並びに第7第二号及び第三号に定める技術的基準を指定する。

附則（抄）

1　（略）

2　昭和58年建設省告示第1319号は、廃止する。

鉄筋コンクリート組積造の建築物又は建築物の構造部分の構造方法に関する安全上必要な技術的基準を定める件

制定：平成15年4月28日　国土交通省告示第463号
改正：令和元年　6月25日　国土交通省告示第203号

建築基準法施行令（昭和25年政令第338号）第80条の2第一号の規定に基づき、鉄筋コンクリート造の建築物又は建築物の構造部分で、特殊の構造方法によるものとして、鉄筋コンクリート組積造（組積ユニット（コンクリートブロック又はセラミックメーソンリーユニットで型わく状のものをいう。以下同じ。）を組積し、それらの空洞部に縦横に鉄筋を配置し、コンクリートを充塡（てん）して一体化した構造をいう。以下同じ。）の建築物又は建築物の構造部分（以下「鉄筋コンクリート組積造の建築物等」という。）の構造方法に関する安全上必要な技術的基準を第1から第11までに定め、同令第36条第1項の規定に基づき、耐久性等関係規定を第12に、同条第2項第一号の規定に基づき、同令第81条第2項第一号イに規定する保有水平耐力計算によって安全性を確かめる場合に適用を除外することができる技術的基準を第13にそれぞれ指定し、同号イの規定に基づき、鉄筋コンクリート組積造の建築物等の構造計算が、第11第一号イ及びロ、第三号並びに第四号に適合する場合においては、当該構造計算は、同項第一号イに規定する保有水平耐力計算と同等以上に安全性を確かめることができるものと認め、同令第81条第2項第二号イの規定に基づき、鉄筋コンクリート組積造の建築物等の構造計算が、第11第一号及び第四号に適合する場合においては、当該構造計算は、同項第二号イに規定する許容応力度等計算と同等以上に安全性を確かめることができるものと認める。

第1　適用の範囲

鉄筋コンクリート組積造の建築物又は建築物の構造部分の構造方法は、建築基準法施行令（以下「令」という。）第3章第6節（第76条、第77条、第78条、第78条の2第1項第三号及び第79条の規定を除く。）に定めるところによるほか、第2から第11までに定めるところによる。

第2　階数等

一　地階を除く階数は、3以下としなければならない。
二　軒の高さは、12m以下としなければならない。
三　鉄筋コンクリート組積造の建築物の構造部分を有する階の階高（床版の上面からその直上階の床版の上面（最上階又は階数が1の建築物にあっては、構造耐力上主要な壁と屋根版が接して設けられる部分のうち最も低い部分における屋根版の上面）までの高さをいう。）は、3.5m以下としなければならない。

第3　構造耐力上主要な部分に使用する充填コンクリートの設計基準強度及び構造耐力上主要な部分に使用する鉄筋の種類

一　充填コンクリートは、1㎟につき18N以上の設計基準強度のものとしなければならない。
二　鉄筋は、径9㎜以上の異形鉄筋としなければならない。

第4　構造耐力上主要な部分に使用する組積ユニットの品質

一　ひび割れ、きず、ひずみ等による耐力上の欠点がないものでなければならない。
二　基本形組積ユニットにあっては、その形状は、次のイからへまでに定めるものとしなければならない。
　イ　容積空洞率（組積ユニットの空洞部全体の容積を組積ユニットの外部形状容積（化粧を有するコンクリートブロックにあっては、その化粧の部分の容積を除く。）で除して得た数値を百分率で表したものをいう。）は、50%以上70%以下であること。
　ロ　フェイスシェル（充填コンクリートの型わくとなる部分をいう。以下同じ。）の最小厚さは、25㎜以上であること。
　ハ　ウェブ（フェイスシェルを連結する部分をいう。以下同じ。）の形状は、組積した場合にコンクリートの充填に支障のないものであること。
　ニ　ウェブの鉛直断面積の合計は、モデュール寸法（呼称寸法に目地厚さを加えたものをいう。以下同じ。）によるフェイスシェルの鉛直断面積の8%以上であること。
　ホ　ウェブの中央部の高さは、モデュール寸法による組積ユニットの高さの65%以下であること。
　へ　打込み目地組積ユニットにあっては、そのフェイスシェルの内端部の開先（隣接する組積ユニットにより形成される凹部をいう。以下同じ。）の幅は、8㎜以上12㎜以下、隣接する打込み目地組積ユニットのフェイスシェルの接触面の内端から内側に3㎜の位置における開先の幅は3㎜以上、奥行長さは10㎜以上であること。ただし、高い流動性を有するコンクリートの使用その他の目地部にコンクリートを密実に充填するための有効な措置を講ずる場合は、この限りでない。
三　前号（イ、ニ及びホを除く。）の規定は、異形組積ユニットについて準用する。
四　圧縮強度は、コンクリートブロックにあっては1㎟につき20N以上、セラミックメーソンリーユニットにあっては1㎟につき40N以上としなければならない。
五　体積吸水率（表乾重量から絶乾重量を引いた数値を表乾重量から水中重量を引いた数値で除して得たものを百分率で表したものをいう。以下この号において同じ。）は、組積ユニットの種類に応じて、次の表に掲げる式によって計算した数値以下の数値としなければならない。

組積ユニットの種類	体積吸水率（単位　%）
コンクリートブロック	$20-(\frac{2\sigma}{5}-8)$
セラミックメーソンリーユニット	$20-(\frac{2\sigma}{5}-16)$
この表において、σは、圧縮強度（単位　N/㎟）を表すものとする。	

六　フェイスシェルの吸水層（24時間以上浸したときに水が浸透する部分をいう。以下同じ。）の厚さは、当該フェイスシェルの厚さの$\frac{2}{3}$以下としなければならない。ただし、鉄筋と組積ユニットとの適

当な間隔の保持その他の鉄筋のさび止めのための有効な措置を講ずる場合は、この限りでない。

七　外壁に用いるものにあっては、日本産業規格A5406（建築用コンクリートブロック）-1994の透水性試験により測定された透水性は、1㎡につき毎時200ミリリットル以下としなければならない。ただし、防水剤の塗布その他の建築物の内部に生ずる漏水を防止するための有効な措置を講ずる場合は、この限りでない。

第5　構造耐力上主要な部分に使用する鉄筋コンクリート組積体の設計基準強度

鉄筋コンクリート組積体は、1㎟につき18N以上の設計基準強度（打込み目地鉄筋コンクリート組積体（打込み目地組積ユニットを組積し、それらの空洞部にコンクリートを充填（てん）し、打込み目地部を形成して一体化したものをいう。以下同じ。）にあっては、等価設計基準強度（設計基準強度に打込み目地組積ユニットの厚さに対するその打込み目地部を含む水平断面における充填（てん）コンクリートの最大厚さの比を乗じて得た数値をいう。以下同じ。））のものとしなければならない。

第6　構造耐力上主要な部分に使用する鉄筋コンクリート組積体の構造

一　組積ユニットの空洞部は、コンクリートで密実に充填（てん）しなければならない。

二　組積ユニットは、その目地塗面の全部（打込み目地組積ユニットにあっては、床版、土台その他これらに類するものに接する部分に限る。）にモルタルが行きわたるように組積しなければならない。

三　異形組積ユニットを使用する場合は、基本形組積ユニットと組み合わせて使用しなければならない。

四　各空洞部に配置する鉄筋は、一方向につき2本以下としなければならない。ただし、鉄筋の実況に応じた引抜きに関する実験によって、これと同等以上に鉄筋に対する充填（てん）コンクリートの付着割裂が生じるおそれのないことが確かめられた場合にあっては、この限りでない。

五　継手及び定着に使用する部分にあっては、前号の規定にかかわらず、鉄筋を一方向につき3本以上とすることができる。

第7　構造耐力上主要な部分である基礎ばりの構造

基礎ばり（べた基礎及び布基礎の立上り部分を含む。第8において同じ。）は、一体の鉄筋コンクリート造（2以上の部材を組み合わせたもので、これらの部材相互を緊結したものを含む。第8及び第9第八号において同じ。）としなければならない。ただし、鉄筋コンクリート組積造にあっては、フェイスシェルの吸水層の厚さが当該フェイスシェルの厚さの$\frac{2}{3}$以下であるコンクリートブロックを用いたもので、かつ、令第82条第一号から第三号までに定める構造計算を行い、構造耐力上安全であることが確かめられたものでなければならない。

第8　構造耐力上主要な部分である床版及び屋根版の構造

一　鉄筋コンクリート造としなければならない。

二　水平力によって生ずる力を構造耐力上有効に耐力壁及び壁ばり（建築物の最下階の床版にあっては、基礎ばり）に伝えることができる剛性及び耐力を有する構造としなければならない。

第9　耐力壁の構造

一　各地上階の耐力壁のうち計算しようとする方向に設けたものの水平断面積の和は、それぞれ次の式に適合するものとしなければならない。

$$\Sigma A_w \geqq ZWA_i\beta$$

この式において、A_w、Z、W、A_i及びβは、次の数値を表すものとする。

A_w　当該階の耐力壁のうち計算しようとする方向に設けたものの水平断面積（単位　㎟）

Z　令第88条第1項に規定するZの数値

W　令第88条第1項の規定により地震力を計算する場合における当該階が支える部分の固定荷重と積載荷重との和（令第86条第2項ただし書の規定により特定行政庁が指定する多雪区域においては、更に積雪荷重を加えるものとする。）（単位　N）

A_i　令第88条第1項に規定する当該階に係るA_iの数値

β　鉄筋コンクリート組積体の設計基準強度（打込み目地鉄筋コンクリート組積体にあって

（ は、等価設計基準強度）（単位　N/㎟）で 18 を除した数値の平方根（$\frac{1}{2}$の平方根未満のときは、$\frac{1}{2}$の平方根） ）

二　耐力壁は、釣合い良く配置しなければならない。

三　耐力壁の中心線により囲まれた部分の水平投影面積は、60㎡以下としなければならない。ただし、令第 82 条第一号から第三号までに定める構造計算によって構造耐力上安全であることが確かめられた場合にあっては、この限りでない。

四　耐力壁の長さは、両端部の縦筋及び 1 以上の中間縦筋（両端部の縦筋以外の縦筋をいう。）を配置できる長さ（590㎜を超えるときは 590㎜）以上としなければならない。

五　耐力壁の厚さは、鉛直方向の力に対する構造耐力上主要な支点間の鉛直距離を 22 で除して得た数値以上で、かつ、190㎜以上としなければならない。ただし、令第 82 条第一号から第三号までに定める構造計算によって構造耐力上安全であることが確かめられた場合にあっては、120㎜以上とすることができる。

六　耐力壁に用いる縦筋は、次のイからハまでに定めるものとしなければならない。

イ　縦筋の鉄筋比（耐力壁の水平断面における鉄筋コンクリート組積体の断面積に対する縦筋の断面積の和の割合をいう。）は、0.2% 以上とすること。ただし、令第 82 条第一号から第三号までに定める構造計算によって構造耐力上安全であることが確かめられた場合にあっては、0.15% 以上とすることができる。

ロ　縦筋の間隔は、モデュール寸法による組積ユニットの長さ以下で、かつ、400㎜以下とすること。

ハ　両端部の縦筋の径は、階の区分に応じて次の表に掲げる数値以上とすること。ただし、令第 82 条第一号から第三号までに定める構造計算によって構造耐力上安全であることが確かめられた場合にあっては、12㎜以上とすることができる。

階		端部の縦筋の径（単位　㎜）
地上階	最上階から数えた階数が 3 以内の階	12
	最上階から数えた階数が 4 以上の階	15
地階		

七　耐力壁に用いる横筋については、その鉄筋比（耐力壁の壁面と直交する鉛直断面における鉄筋コンクリート組積体の断面積に対する横筋の断面積の和の割合をいう。以下この号において同じ。）及び横筋の間隔は、階の区分に応じてそれぞれ次の表によらなければならない。ただし、横筋の鉄筋比を 0.15% 以上とし、かつ、令第 82 条第一号から第三号までに定める構造計算によって構造耐力上安全であることが確かめられた場合にあっては、この限りでない。

階		横筋の鉄筋比（単位　%）	横筋の間隔
地上階	最上階から数えた階数が 3 以内の階	0.2 以上	モデュール寸法による組積ユニットの高さ又は 300㎜のうちいずれか大きい数値以下
	最上階から数えた階数が 4 以上の階	0.25 以上	モデュール寸法による組積ユニットの高さ又は 200㎜のうちいずれか大きい数値以下
地階			

八　地階の耐力壁は、一体の鉄筋コンクリート造としなければならない。ただし、鉄筋コンクリート組積造にあっては、フェイスシェルの吸水層の厚さが当該フェイスシェルの厚さの$\frac{2}{3}$以下であるコンクリートブロックを用いたもので、かつ、令第 82 条第一号から第三号までに定める構造計算を行い、構造耐力上安全であることが確かめられたものでなければならない。

第 10　構造耐力上主要な部分である壁ばりの構造

一　丈は、450㎜以上としなければならない。ただし、令第 82 条第一号から第三号までに定める構造計算によって構造耐力上安全であることが確かめられた場合にあっては、この限りでない。

二　複筋ばりとしなければならない。

三　壁ばりに用いる鉄筋は、次のイからニまでに定めるものとしなければならない。

イ　壁ばりの長さ方向に配置される鉄筋相互間の間隔は、それぞれ 400mm以下とすること。

ロ　上端筋及び下端筋（壁ばりの長さ方向に配置される鉄筋のうちそれぞれ上端及び下端に配置されるものをいう。以下この号において同じ。）は、径 12mm以上とし、上端筋の断面積の合計及び下端筋の断面積の合計がそれぞれ次の式に適合するように配置すること。

$$a_t \geqq 0.002bd$$

（この式において、a_t、b 及び d は、それぞれ次の値を表すものとする。
a_t　上端筋の断面積の合計又は下端筋の断面積の合計（単位　mm²）
b　壁ばりの厚さ（単位　mm）
d　壁ばりの有効丈（引張側端部の鉄筋と圧縮縁との重心間の距離をいう。）（単位　mm)）

ハ　あばら筋相互間の間隔は、200mm以下とすること。

ニ　あばら筋比（はりの軸を含む水平断面における一組のあばら筋の断面の中心を通る直線と、隣り合う一組のあばら筋の断面の中心を通る直線とではさまれた部分の鉄筋コンクリート組積体の断面積に対するあばら筋の断面積の和の割合をいう。）は 0.25%（壁ばりの内法長さを丈で除して得た数値が 1.5 未満の場合にあっては、0.3%）以上とすること。

第 11　構造計算によって構造耐力上安全であることが確かめられた建築物又は建築物の構造部分

一　次のイからハまでに定めるところにより行う構造計算によって構造耐力上安全が確かめられた建築物又は建築物の構造部分については、第 2 第一号中「3 以下」とあるのは「5 以下」と、第 2 第二号中「12m以下」とあるのは「20m以下」と読み替えて適用する。

イ　令第 82 条各号に定めるところによること。

ロ　令第 82 条の 2 に規定する層間変形角が、鉄筋コンクリート組積造の構造部分を有する階にあっては、$\frac{1}{2000}$以内であり、かつ、その他の階にあっては$\frac{1}{200}$（地震力による構造耐力上主要な部分の変形によって建築物の部分に著しい損傷が生ずるおそれのない場合にあっては、$\frac{1}{120}$）以内であることを確かめること。

ハ　令第 82 条の 6 第二号に定めるところによること。

ニ　各地上階の耐力壁のうち計算しようとする方向に設けたものの水平断面積の和が次の式に適合することを確かめること。

$$\Sigma 2A_w \geqq ZWA_i\beta$$

（この式において、A_w、Z、W、A_i 及び β は、それぞれ第 9 第一号に定める数値を表すものとする。）

二　前号に掲げる建築物又は建築物の構造部分については、第 9 第一号の規定は適用しない。

三　第一号イ及びロに定めるところにより行う構造計算によって構造耐力上安全であることが確かめられ、かつ、令第 82 条の 3 第一号の規定によって計算した各地上階の水平力に対する耐力が同条第二号の規定によって計算した必要保有水平耐力以上であることが確かめられた建築物又は建築物の構造部分については、第 2 第一号中「3 以下」とあるのは「5 以下」と、第 2 第二号中「12m以下」とあるのは「20m以下」と、第 10 第三号ニ中「0.25%」とあるのは「0.15%」と読み替えて適用する。

四　令第 82 条の 4 に定めるところによること。

第 12　耐久性等関係規定の指定

令第 36 条第 1 項に規定する耐久性等関係規定として、第 3 第一号、第 4（第二号イ及び同号ニからヘまで並びに第三号（第二号ヘを準用する部分に限る。）を除く。）、第 5 及び第 6 第一号に定める安全上必要な技術的基準を指定する。

第 13　令第 36 条第 2 項第一号の規定に基づく技術的基準の指定

令第 36 条第 2 項第一号の規定に基づき、第 11 第一号イ及びロ、第三号並びに第四号に規定する構造計算を行った場合に適用を除外することができる技術的基準として、第 2 第三号、第 8 第一号、第 9 第一号及び第10第三号ロに定める技術的基準を指定する。

構造耐力上主要な部分である床版又は屋根版にデッキプレート版を用いる場合における当該床版又は屋根版の構造方法に関する安全上必要な技術的基準を定める件

制定：平成14年4月16日　国土交通省告示第326号
改正：令和元年　6月25日　国土交通省告示第203号

建築基準法施行令（昭和25年政令第338号）第80条の2第一号の規定に基づき、建築物の構造耐力上主要な部分である床版又は屋根版にデッキプレート版（平板状若しくは波板状の鋼板その他これに類する成形を行ったもの又は当該鋼板にコンクリートを打込んで鋼板とコンクリートが一体化した板状のもの（有効なコンクリートの定着のための措置を行ったものに限る。）以下同じ。）を用いた構造方法に関する安全上必要な技術的基準を第1から第3までに定め、及び同令第36条第1項の規定に基づき、安全上必要な技術的基準のうち耐久性等関係規定を第4に、同条第2項第一号の規定に基づき、同令第81条第2項第一号イに掲げる保有水平耐力計算によって安全性を確かめる場合に適用を除外することができる技術的基準を第5にそれぞれ指定する。

第1　床版又は屋根版

構造耐力上主要な部分である床版又は屋根版に用いるデッキプレート版は、次に定めるところによらなければならない。ただし、建築基準法施行令（以下「令」という。）第82条各号に定めるところによる構造計算によって安全性が確かめられた場合は、第二号ロ及びホ並びに第三号（イ及びハ(1)を除く。）の規定を除き適用しない。

一　デッキプレート版に用いる鋼板（以下単に「鋼板」という。）にコンクリートを打込み、当該鋼板とコンクリートとを一体化すること。

二　鋼板は、次に定めるところによること。

イ　構造用鋼材を用いること。

ロ　折れ、ゆがみ、欠け等による耐力上の欠点のないものとすること。

ハ　鋼板の形状及び寸法が次に定めるところによること。

(1)　日本産業規格（以下「JIS」という。）G3352（デッキプレート）-2003に適合する形状とすること。

(2)　厚さは、1.2㎜以上とすること。

(3)　高さは、50㎜以上とすること。

(4)　みぞ下寸法は、38㎜以上とすること。

(5)　みぞ上寸法は、58㎜以上とすること。

(6)　単位幅は、205㎜以下とすること。

(7)　みぞの方向の有効長さは、1.8m以下とすること。

ニ　鋼板の上フランジに、径6㎜以上の鉄筋をみぞの方向と垂直に溶接すること。この場合において、鉄筋相互の間隔を30㎝以下とすること。ただし、鋼板の立体的な加工、頭付きスタッドの設置その他これに類する有効なコンクリートの定着のための措置を行った場合は、この限りでない。

ホ　鋼板を並べて配置する場合は、溶接その他の方法により鋼板相互を緊結すること、又は鋼板相互が構造耐力上支障となるずれ等の生ずるおそれのない嵌合若しくはかしめその他の接合方法により接合すること。ただし、鋼板に打込むコンクリート及びコンクリート内部の鉄筋若しくは溶接金網又は頭付きスタッド等を介して存在応力を相互に伝えることができる場合は、この限りでない。

三　鋼板に打込むコンクリートは、令第72条及び令第74条から令第76条までの規定を準用するほか、次に定めるところによること。この場合において、令第72条第二号の規定中「鉄筋相互間及び鉄筋とせき板」とあるのは、「鉄筋、溶接金網又は頭付きスタッド等（以下この号において「鉄筋等」

という。）相互間並びに鉄筋等とせき板及び鋼板」と読み替えるものとする。

イ　コンクリートの厚さ（コンクリートの表面から鋼板の上面までの距離をいう。）は、5cm以上とすること。

ロ　はり等の横架材を介してデッキプレート版を連続して設けることにより鋼板に打込んだコンクリートにひび割れを生じさせる引張り応力が生ずる場合その他のこれに類する構造耐力上の支障となるコンクリートのひび割れを生ずるおそれのある場合にあっては、溶接金網の設置その他これらに類する有効なひび割れ防止のための措置を講ずること。

ハ　コンクリートの内部に鉄筋を設ける場合にあっては、次に定めるところによること。

(1)　構造耐力上主要な鉄筋の継手及び定着については、令第 73 条の規定を準用すること。

(2)　鋼板に接する部分以外の部分のコンクリートの鉄筋に対するかぶり厚さについては、令第 79 条の規定を準用すること。

第 2　接合

構造耐力上主要な部分に使用するデッキプレート版の接合は、周囲のはり等に存在応力を伝えることができるものとするほか、当該デッキプレート版と接合する部材の種類に応じてそれぞれ次に定めるところによること。

一　鉄骨その他の鋼材との接合　次に定めるところによらなければならない。

イ　鋼板の端部において接合すること。ただし、令第 82 条各号に定めるところによる構造計算によって安全性が確かめられた場合は、この限りでない。

ロ　鋼板に設けたみぞの方向に垂直な方向の端部において接合する場合にあっては、当該鋼板の各みぞの下フランジにおいて接合しなければならない。

ハ　次の(1)から(5)までに掲げるいずれかに定めるところによること。

(1)　ボルト接合又は高力ボルト接合で、その相互間の中心間距離を 60cm以下とし、令第 68 条の規定を準用すること。

(2)　溶接接合で、溶接部の長さを 5cm以上としたもの、鋼板に設けた各みぞの下フランジをみぞの方向に垂直な方向の全長にわたり溶接したもの又は鋼板に設けた各みぞの下フランジをみぞの方向に垂直な方向の両端から均等に溶接して、その合計した長さを 5cm以上としたもので、断続的に溶接する場合は、間隔を 60cm以下とすること。

(3)　径 3.7mm以上の打込み鋲による接合で、次に該当すること。

(i)鋼板の厚さを 1.6mm以下とすること。

(ii)鋼板を垂直に、かつ、打込み鋲の先端が十分に鉄骨その他の鋼材の部分に埋まるように打抜くことによって部材相互を緊結すること。

(iii)打込み鋲相互間の中心距離を当該打込み鋲の径の 3 倍かつ 15mm以上とし、60cm以下とすること。

(iv)打込み鋲の縁端距離（当該打込み鋲の中心軸から接合する鋼材等の縁端部までの距離のうち最短のものをいう。）を次に掲げる鋼材の部位に応じ、それぞれイ及びロに定める長さの数値とすること（端抜けのおそれのない部分に用いるものを除く。）。

(イ)デッキプレート版のうち鋼板の部分　25mm以上

(ロ)鉄骨その他の鋼材の部分　15mm以上

(4)　焼抜き栓溶接による接合で、次に該当すること。

(i)鋼板の厚さを 1.6mm以下とすること。

(ii)溶接部に割れ、内部欠陥等の構造耐力上支障のある欠陥のないこと。

(iii)溶接部周辺における鋼板と鉄骨その他の鋼材との隙間を 2mm以下とすること。

(iv)溶接部の直径を 18mm以上とすること。

(v)溶接部相互間の中心距離を 60cm以下とすること。

(vi)溶接部（端抜けのおそれのない部分を除く。）の縁端距離（当該溶接部の中心から接合する鋼材等の縁端部までの距離のうち最短のものをいう。）を 20mm以上とすること。

(vii)焼き切れ及び余盛不足のないものとすること。

(5)　鋼板に打込むコンクリート及び鉄骨その他の鋼材の部分に溶接した頭付きスタッド等を介して、(1)から(4)に定めるところによる接合と同等以上に存在応力を相互に伝えることができるものとすること。

二　鋼板に打込んだコンクリート以外のコンクリートとの接合　埋込み長さが3cm（鋼板のみぞの方向に平行な方向の端部にあっては、1cm）以上の鋼板の埋込みによる接合としなければならない。ただし、鋼板に打込むコンクリート及びコンクリートの内部の鉄筋若しくは溶接金網又は頭付きスタッド等を介して存在応力を相互に伝えることができる場合は、この限りでない。

第3　防錆措置等

一　構造耐力上主要な部分に用いるデッキプレート版の鋼板（厚さ2.3mm未満のものに限る。）の表面仕上げは、JIS G3302（溶融亜鉛めっき鋼板及び鋼帯）-1998に規定するめっきの付着量表示記号Z27その他これに類する有効なさび止めのための措置を講じたものとすること。ただし、次に掲げる場合にあっては、この限りでない。

イ　鋼板をJIS G3125（高耐候性圧延鋼材）-1987に適合する鋼帯その他これに類する腐食に耐える性質を有するものとする場合

ロ　鋼板を屋外に面する部分及び湿潤状態となるおそれのある部分以外の部分に使用する場合

二　構造耐力上主要な部分に使用する鋼板のうち当該鋼板以外の材料との接触により鋼板が構造耐力上支障のある腐食を生じやすい場合には、鋼板と鋼板以外の材料との間にゴムシートを使用した絶縁その他これに類する有効な防食措置を講じなければならない。

三　構造耐力上主要な部分に使用する鋼板の接合に使用するボルト等の材料にあっては、鋼板の防錆上支障のないものとしなければならない。

第4　耐久性等関係規定の指定

令第36条第1項に規定する耐久性等関係規定として、第1第二号ロ及び第三号（イ及びハ(1)を除く。）並びに第3に定める安全上必要な技術的基準を指定する。

第5　令第36条第2項第一号の規定に基づく技術的基準の指定

令第36条第2項第一号の規定に基づき、令第81条第2項第一号イに規定する保有水平耐力計算によって安全性を確かめる場合に適用を除外することができる技術的基準として、第1第一号、第二号イ、ハ及びニ並びに第三号イ及びハ(1)並びに第2第一号イ及びハ(1)（令第68条第4項の規定の準用に係る部分に限る。）に定める技術的基準を指定する。

構造耐力上主要な部分にシステムトラスを用いる場合における当該構造耐力上主要な部分の構造方法に関する安全上必要な技術的基準を定める件

制定：平成14年5月27日　国土交通省告示第463号
改正：令和元年　6月25日　国土交通省告示第203号

建築基準法施行令（昭和25年政令第338号）第80条の2第一号及び第二号の規定に基づき、建築物の構造耐力上主要な部分にシステムトラス（トラス用機械式継手を使用し、鋼管、形鋼、棒鋼その他これらに類する形状の鋼材若しくはアルミニウム合金材（以下「主部材」という。）又は主部材に代わるロッド若しくはケーブルその他これらに類する引張り力を負担する部材（以下「ロッド等」という。）を相互に連結し構成されたトラスをいう。）を用いた構造方法に関する安全上必要な技術的基準を第1から第3までに定め、同令第36条第1項の規定に基づき、安全上必要な技術的基準のうち耐久性等関係規定を第4に、同条第2項第一号の規定に基づき、同令第81条第2項第一号イに規定する保有水平耐力計算によって安全性を確かめる場合に適用を除外することができる技術的基準を第5にそれぞれ指定する。

第1　適用の範囲

構造耐力上主要な部分に用いるシステムトラスの構造方法は、次に定めるところによらなければならない。

一　システムトラスに使用する主部材は、次に定めるところによらなければならない。

イ　折れ、ゆがみ、欠け等による耐力上の欠点のないものとすること。
ロ　鋼管又は管状のアルミニウム合金材とすること。
ハ　長さは、1.8m以下とすること。
ニ　厚さは、1.6㎜（アルミニウム合金材にあっては1㎜）以上とすること。
ホ　径は、34㎜（アルミニウム合金材にあっては25㎜）以上とすること。
ヘ　圧縮材（圧縮力を負担する部材をいう。）の有効細長比は、160（アルミニウム合金材にあっては110）以下とすること。

二　システムトラスに用いる主部材は、トラス用機械式継手を使用して相互に接合するものとし、主部材と接合部材（トラス用機械式継手のうち、複数の主部材を相互に構造耐力上安全に接合できるよう加工した球状又は円筒状の部分をいう。以下同じ。）との接合は、接合部の実況に応じた加力試験によって接合部の剛性及び耐力に関する性能が確認された次のいずれかの接合方法によらなければならない。
イ　次に定めるところによるボルトによる接合方法
(1)　主部材の端部に端部金物（ボルトを取り付けられるように加工した金物で、主部材の存在応力をボルト、接合部材その他のトラス用機械式継手の部分に伝達するために設ける金物をいう。以下同じ。）を緊結すること。
(2)　径12㎜以上のボルトを主部材の方向と平行に用いて、当該ボルト及び主部材の軸心が接合部材の中心を通るように、(1)の規定により主部材に緊結した端部金物及び接合部材を接合すること。
(3)　接合部材及び端部金物の種類に応じて、接合部の実況に応じた加力試験によって確認された所定の性能を発揮するために必要なボルトのはめあい長さを有すること。
(4)　戻り止めの設置、ボルトへの張力の導入その他これらと同等以上の効力を有するボルトに緩みが生じないための措置を講ずること。
ロ　次に定めるところによる嵌合
(1)　主部材及び接合部材にアルミニウム合金材を用いること。
(2)　主部材の端部を接合部材と接合すること。
(3)　建築基準法施行令（以下「令」という。）第82条第一号から第三号までに定める構造計算によって接合部分に抜け出し、折れその他の構造耐力上支障のある変形及び損傷が生じないことを確かめること。この場合において、同条各号中「構造耐力上主要な部分」とあるのは、「システムトラスを用いた構造耐力上主要な部分」と読み替えるものとする。

三　システムトラスに使用する主部材に代わるロッド等は、当該ロッド等と同等以上の耐力を有する接合部材と接合しなければならない。この場合において、当該ロッド等と当該接合部材は、直接接合すること又は接合具を用いて接合することとする。

2　前項の規定によるほか、構造耐力上主要な部分である屋根版に用いるシステムトラスは、次に定めるところによらなければならない。
一　主部材を格子状に組み合わせ平面状又は曲面状としたものを2層に配置した立体的な架構とすること。
二　屋根版の水平投影面積及び鉛直投影面積は、それぞれ100㎡以下とすること。
三　屋根版の最も低い部分から最も高い部分までの鉛直距離を3m以下とすること。
四　屋根版の端からの水平距離が3m以内の屋根版の部分に9m以下の間隔で釣り合い良く配置された柱、はり又は壁により屋根版が構造耐力上安全に支えられること。

3　第1項の規定によるほか、構造耐力上主要な部分（屋根版を除く。）に用いるシステムトラスは、令第82条各号及び令第82条の4に定めるところによる構造計算によって安全性が確かめられた構造方法としなければならない。

第2　接合

構造耐力上主要な部分に使用するシステムトラスと周囲の構造耐力上主要な部分（システムトラスを用いた部分を除く。）との接合は、次のいずれかに定めるところによらなければならない。ただし、当該接合部が滑節構造であり、かつ、周囲の構造耐力上主要な部分（システムトラスを用いた部分を除く。）に存在応力を伝えることができるものとした場合においては、この限りでない。

一　ベースプレートと一体となった接合部材を周囲の構造耐力上主要な部分（システムトラスを用いた部分を除く。）に接合し、かつ、接合する部材の種類に応じてそれぞれ次に定めるところによること。
イ　鋼材又はアルミニウム合金材との接合　溶接接合、ボルト接合又は高力ボルト接合とすること。この場合において、ボルト接合又は高力ボルト接合とした場合にあっては、令第68条（アルミニウム合金材と接合する場合にあっては、平成14年国土交通省告示第410号第5第2項第一号）の規定を準用すること。
ロ　コンクリートとの接合　アンカーボルトにより接合し、次に定めるところによること。
(1)　アンカーボルトが、接合部の中心に対して均等に配置されていること。ただし、令第82条第一号から第三号までに定める構造計算によって安全性が確かめられた場合は、この限りでない。
(2)　アンカーボルトには座金を用い、ナット部分の溶接、ナットの二重使用その他これらと同等以上の効力を有する戻り止めを施したものであること。
(3)　アンカーボルトの構造耐力上主要な部分に対する定着長さが当該アンカーボルトの径の20倍以上であり、かつ、当該アンカーボルトの先端をかぎ状に折り曲げたもの又は当該アンカーボルトに定着金物を設けたものとすること。ただし、アンカーボルトの付着力に応じてアンカーボルトの抜け出し及びコンクリートの破壊が生じないことが確かめられた場合においては、この限りでない。
(4)　接合部のベースプレートに接する部分の断面積に対するアンカーボルトの全断面積の割合が20%以上あること。ただし、令第82条第一号から第三号までに定める構造計算によって安全性が確かめられた場合は、この限りでない。
(5)　接合部材と一体としたベースプレートの厚さをアンカーボルトの径の1.3倍（当該ベースプレートがアルミニウム合金材である場合は、2.0倍）以上としたものであること。
(6)　アンカーボルト孔の径を当該アンカーボルトの径に5㎜を加えた数値以下の数値とし、かつ、縁端距離（当該アンカーボルトの中心軸からベースプレートの縁端部までの距離のうち最短のものをいう。）を平成12年建設省告示第1456号第一号への表に掲げるアンカーボルトの径及びベースプレートの縁端部の種類に応じてそれぞれ同表に定める数値（当該ベースプレートがアルミニウム合金材である場合は、当該アンカーボルトの径の1.5倍の数値に5㎜を加えて得た数値）以上の数値としたものであること。ただし、令第82条第一号から第三号までに定める構造計算によって安全性が確かめられた場合は、この限りでない。
二　接合部材を周囲の構造耐力上主要な部分（システムトラスを用いた部分を除く。）と溶接接合すること。ただし、令第81条第2項第一号イに規定する保有水平耐力計算によって安全性が確かめられた場合には、主部材を周囲の構造耐力上主要な部分（システムトラスを用いた部分を除く。）と溶接接合することができる。
三　接合部材を周囲の構造耐力上主要な部分（システムトラスを用いた部分を除く。）に用いる部材（鋼管、形鋼、棒鋼その他これらに類する形状の鋼材又はアルミニウム合金材に限る。）と第1第1項第二号に定める接合方法により接合すること。この場合において、同号中「システムトラスに用いる主部材は、トラス用機械式継手を使用して相互に接合する」とあるのは「周囲の構造耐力上主要な部分（システムトラスを用いた部分を除く。）に用いる部材は、トラス用機械式継手を使用して接合する」と、「主部材」とあるのは「周囲の構造耐力上主要な部分（システムトラスを用いた部分を除く。）に用いる部材」と読み替えるものとする。

第3　防錆措置等

一　構造耐力上主要な部分に用いるシステムトラスの主部材及び接合部材に厚さが2.3㎜未満の鋼材（ステンレス鋼を除く。）を使用する場合の当該主部材及び接合部材の表面仕上げは、日本産業規格G3302（溶融亜鉛めっき鋼板及び鋼帯）-1998に規定するめっきの付着量表示記号Z27その他これに類する有効なさび止めのための措置を講じたものとすること。ただし、主部材及び接合部材を屋外に面する部分及び湿潤状態となるおそれのある部分以外の部分に使用する場合にあっては、この限りでない。
二　構造耐力上主要な部分に用いるシステムトラスに使用するアルミニウム合金材のうち当該アルミニ

ウム合金材以外の材料との接触によりアルミニウム合金材が構造耐力上支障のある腐食を生じやすい場合には、アルミニウム合金材に合成樹脂塗料の塗布その他これに類する有効な防食措置を講じなければならない。

三　構造耐力上主要な部分に用いるシステムトラスの鋼材を使用した主部材及び接合部材の接合に使用する端部金物、ボルトその他のトラス用機械式継手を構成する部材にあっては、主部材及び接合部材の防錆上支障のないものとしなければならない。

第 4　耐久性等関係規定の指定

令第 36 条第 1 項に規定する耐久性等関係規定として、第 1 第 1 項第一号イ及び同項第二号イ(4)並びに第 3 の規定で定める安全上必要な技術的基準を指定する。

第 5　令第 36 条第 2 項第一号の規定に基づく技術的基準の指定

令第 36 条第 2 項第一号の規定に基づき、令第 81 条第 2 項第一号イに規定する保有水平耐力計算によって安全性を確かめる場合に適用を除外することができる技術的基準として、第 1 第 1 項（第一号イ、ニ及びヘ並びに第二号を除く。）及び第 2 項並びに第 2 第一号イ（令第 68 条（アルミニウム合金材と接合する場合にあっては、平成 14 年国土交通省告示第 410 号第 5 第 2 項第一号）の規定の準用に係る部分に限る。）及びロに定める技術的基準を指定する。

特定畜舎等建築物の構造方法に関する安全上必要な技術的基準を定める等の件

制定：平成 14 年 5 月 29 日　国土交通省告示第 474 号
改正：令和元年　6 月 25 日　国土交通省告示第 203 号

建築基準法施行令(昭和25年政令第338号)第80条の2第一号の規定に基づき、木造、補強コンクリートブロック造、鉄骨造又は鉄筋コンクリート造の建築物のうち畜舎又は堆(たい)肥舎の用途に供する建築物（以下「特定畜舎等建築物」という。）の構造方法に関する安全上必要な技術的基準を第 1 に、同令第 38 条第 4 項の規定に基づき、特定畜舎等建築物の基礎の構造計算を第 2 に定め、及び同令第 81 条第 3 項の規定に基づき、特定畜舎等建築物の構造計算が第 3 に適合する場合においては、当該構造計算は、同令第 82 条各号及び同令第 82 条の 4 に定めるところによる構造計算と同等以上に安全性を確かめることができるものと認める。

第 1　適用の範囲

特定畜舎等建築物の構造方法は、建築基準法施行令（以下「令」という。）第 3 章第 3 節、第 4 節の 2、第 5 節及び第 6 節に定めるところによるほか、次に定めるところによらなければならない。この場合において、木造の建築物について第 3 第 1 項第一号から第三号までに定める構造計算によって構造耐力上安全であることが確かめられた場合には、令第 43 条第 1 項及び第 46 条の規定によらないことができる。

一　木造、補強コンクリートブロック造、鉄骨造若しくは鉄筋コンクリート造の建築物又はこれらの構造のうち 2 以上の構造を併用する建築物であること。

二　階数が 1 であること。

三　高さが 13m以下で、かつ、軒の高さが 9m以下であること。

四　架構を構成する柱の相互の間隔が 15m以下であること。

五　都市計画法（昭和 43 年法律第 100 号）第 7 条第 1 項に定める市街化区域以外の区域に建設し、かつ、居室を設けないこと。

第 2　特定畜舎等建築物の基礎について定める構造計算

令第 38 条第 4 項に規定する特定畜舎等建築物の基礎の構造計算は、次に定める基準に従った構造計算とする。

一　特定畜舎等建築物、敷地、地盤その他の基礎に影響を与えるものの実況に応じて、土圧、水圧その他の荷重及び外力を採用し、第 3 第 1 項第一号から第三号までに定める構造計算を行うこと。

二　前号の構造計算を行うに当たり、自重による沈下その他の地盤の変形等を考慮して特定畜舎等建築物に有害な損傷、変形及び沈下が生じないことを確かめること。

第3　特定畜舎等建築物の安全性を確かめることができる構造計算

令第81条第3項に規定する令第82条各号及び令第82条の4に定めるところによる構造計算と同等以上に特定畜舎等建築物の安全性を確かめることができる構造計算は、次に定める基準に従った構造計算とする。

一　令第3章第8節第2款並びに次項及び第3項に規定する荷重及び外力によって特定畜舎等建築物の構造耐力上主要な部分に生ずる力を計算すること。

二　前号の構造耐力上主要な部分の断面に生ずる長期及び短期の各応力度を次の表に掲げる式によって計算すること。

力の種類	荷重及び外力について想定する状態	一般の場合	令第86条第2項ただし書の規定によって特定行政庁が指定する多雪区域（以下単に「多雪区域」という。）における場合		備考
			次項第二号に規定する積雪荷重の低減を行う場合以外の場合	次項第二号に規定する積雪荷重の低減を行う場合	
長期に生ずる力	常時	G + P	G + P	G + P	
	積雪時		G + P + 0.7S	G + P + S	
短期に生ずる力	積雪時	G + P + S	G + P + S	G + P + S	
	暴風時	G + P + W	G + P + W	G + P + W	特定畜舎等建築物の転倒、柱の引抜き等を検討する場合においては、Pについては、特定畜舎等建築物の実況に応じて積載荷重を減らした数値によるものとする。
			G + P + 0.35S + W	G + P + S + W	
	地震時	G + P + K	G + P + 0.35S + K	G + P + S + K	

この表において、G、P、S、W及びKは、それぞれ次の力（軸方向力、曲げモーメント、せん断力等をいう。）を表すものとする。
G　令第84条に規定する固定荷重によって生ずる力
P　令第85条に規定する積載荷重によって生ずる力
S　次項に規定する積雪荷重によって生ずる力
W　第3項に規定する風圧力によって生ずる力
K　令第88条に規定する地震力によって生ずる力

三　第一号の構造耐力上主要な部分ごとに、前号の規定によって計算した長期及び短期の各応力度が、それぞれ令第3章第8節第3款の規定による長期に生ずる力又は短期に生ずる力に対する各許容応力度を超えないことを確かめること。

四　平成12年建設省告示第1459号第1に定める場合においては、構造耐力上主要な部分である構造部材の変形又は振動によって特定畜舎等建築物の使用上の支障が起こらないことを同告示第2に定める方法によって確かめること。

五　鉄骨造の特定畜舎等建築物にあっては、前各号の規定によるほか、昭和55年建設省告示第1791号第2に定める構造計算を行うこと。

2　積雪荷重は、令第86条の規定によること。この場合において、屋根ふき材に日本産業規格A5701（ガラス繊維強化ポリエステル波板）-1995に定める波板を使用する等屋根面の断熱性が低く、滑雪の妨げのない構造とし、かつ、屋根の勾配が11度以上ある場合にあっては、次に定めるところによることができる。

一　次に掲げる式によって屋根の積雪荷重を計算すること。

$$S=\gamma \cdot d \cdot R_s \cdot \mu_b$$

この式において、S、γ、d、R_s 及び μ_b はそれぞれ次の数値を表すものとする。

S　屋根の積雪荷重（単位　N/㎡）

γ　積雪の単位荷重（多雪区域にあっては 23、多雪区域以外の区域にあっては 20 とする。）（単位　積雪量 1㎝ごとに N/㎡）

d　垂直積雪量として市町村の区域に応じた別表に掲げる数値以上の数値（単位　㎝）

R_s　特定畜舎等建築物の種類及び前項第二号に規定する荷重及び外力について想定する状態に応じた次の表に掲げる数値以上の数値

特定畜舎等建築物の種類	前項第二号に規定する荷重及び外力について想定する状態	数値	
		d ≧ 70 の場合	d ＜ 70 の場合
堆（たい）肥舎	常時又は積雪時	0.84	0.78
	暴風時又は地震時	1.00	1.00
豚舎、鶏舎その他これらに類する家畜の飼養施設（以下「飼養施設」という。）	常時又は積雪時	0.87	0.82
	暴風時又は地震時	1.00	1.00
搾乳施設、集乳施設その他これらに類する生乳の生産のための施設（以下「搾乳施設等」という。）	常時又は積雪時	0.93	0.90
	暴風時又は地震時	1.00	1.00

μ_b　特定畜舎等建築物が建築される区域における 1 月と 2 月の 2 ヶ月間の平均風速に応じた次の表に掲げる数値

当該区域における 1 月と 2 月の 2 ヶ月間の平均風速　V（単位　m ／秒）	μ_b
2.0 以下	0.9
3.0	0.8
4.0	0.7
4.5 以上	0.6
この表に掲げる V の数値以外の V に応じた μ_b は、表に掲げる数値をそれぞれ直線的に補間した数値とする。	

二　堆（たい）肥舎の屋根勾（こう）配が 11 度以上ある場合は、屋根の積雪荷重を 1㎡につき 600N まで減らして計算することができる。

三　前 2 号の規定により屋根の積雪荷重を減らして計算した特定畜舎等建築物については、その出入口又はその他の見やすい場所に、その軽減の実況その他必要な事項を表示しなければならない。

3　風圧力は、次の各号に定めるところによること。

一　令第 87 条の規定によること。この場合において、同条第 2 項に規定する Vo は、平成 12 年建設省告示第 1454 号第 2 に規定する数値に特定畜舎等建築物の種類に応じて次の表に掲げる数値以上の数値を乗じて得た数値とすることができる。

特定畜舎等建築物の種類	数値
堆（たい）肥舎	0.85
飼養施設	0.90
搾乳施設等	0.95

二　令第 87 条第 2 項に規定する E を算出する場合においては、平成 12 年建設省告示第 1454 号第 1 第 2 項に規定する Zb を 3m とすることができる。

三　前 2 号の規定により風圧力を減らして計算した特定畜舎等建築物については、その出入口又はその他の見やすい場所に、その軽減の実況その他必要な事項を表示しなければならない。

別表（略）

免震建築物の構造方法に関する安全上必要な技術的基準を定める等の件

制定：平成12年10月17日　建設省告示第2009号
改正：平成28年 5月31日　国土交通省告示第791号

建築基準法施行令（昭和25年政令第338号）第38条第3項の規定に基づき、免震建築物の基礎の構造方法を第3に、及び同令第80条の2第二号の規定に基づき、免震建築物の構造方法に関する安全上必要な技術的基準を第4に定め、同令第36条第1項の規定に基づき、免震建築物の耐久性等関係規定を第5に指定し、並びに同令第81条第2項第一号ロの規定に基づき、限界耐力計算と同等以上に免震建築物の安全性を確かめることができる構造計算を第6のように定める。

第1

この告示において次の各号に掲げる用語の意義は、それぞれ当該各号に定めるところによる。

一　免震材料　建築材料のうち、建築物に作用する地震力を低減する機能を有するものとして次に掲げる支承材、減衰材又は復元材に該当するものをいう。

イ　支承材　水平に設置され、主として建築物に作用する鉛直荷重を支持し、建築物の水平方向の変形性能を確保するもので、次の表に掲げる種類に応じてそれぞれ同表に掲げる材料を用いたもの

種類	材料
弾性系	積層ゴムその他これに類する弾性体
すべり系	四フッ化エチレンその他これに類するすべり材
転がり系	鋼球その他これに類する転がり材

ロ　減衰材　速度及び変形の程度に応じた減衰の作用により上部構造の振動のエネルギーを吸収するもので、次の表に掲げる種類に応じてそれぞれ同表に掲げる材料を用いたもの

種類	材料
弾塑性系	鉛材、鋼材その他これらに類する材料
流体系	作動油その他これに類する粘性体

ハ　復元材　変形の程度に応じた復元の作用により建築物の周期を調整するもの

二　免震層　免震材料を緊結した床版又はこれに類するものにより挟まれた建築物の部分をいう。

三　免震建築物　免震層を配置した建築物をいう。

四　上部構造　免震建築物のうち、免震層より上に位置する建築物の部分をいう。

五　下部構造　免震建築物のうち、免震層より下に位置する建築物の部分（基礎の立上り部分を含む。）をいう。

第2

免震建築物（高さが60mを超える建築物を除く。）の構造方法は次の各号（建築基準法（昭和25年法律第201号。以下「法」という。）第20条第1項第二号及び第三号に掲げる建築物にあっては、第二号又は第三号）のいずれかに、高さが60mを超える免震建築物の構造方法は第三号に該当するものとしなければならない。

一　建築基準法施行令（以下「令」という。）第3章第1節及び第2節並びに第3及び第4に定めるところによる構造方法

二　令第36条第1項に規定する耐久性等関係規定（以下単に「耐久性等関係規定」という。）に適合し、かつ、第6に規定する構造計算によって安全性が確認された構造方法

三　耐久性等関係規定に適合し、かつ、法第 20 条第 1 項第一号の規定により国土交通大臣の認定を受けた構造方法

2　前項第一号に該当する構造方法を用いた免震建築物は、地盤の長期に生ずる力に対する許容応力度（改良された地盤にあっては、改良後の許容応力度）が 1㎡につき 50kN 以上である地盤に建築されなければならない。

第 3

免震建築物の基礎の構造は、次に掲げる基準に適合するものとしなければならない。

一　基礎ぐいを用いた構造又は一体の鉄筋コンクリート造（2 以上の部材を組み合わせたもので、これらの部材相互を緊結したものを含む。以下同じ。）のべた基礎とすること。

二　基礎の底部を、昭和 55 年建設省告示第 1793 号第 2 の表中 Tc に関する表に掲げる第一種地盤又は第二種地盤（地震時に液状化するおそれのないものに限る。）に達するものとすること。

三　基礎ぐいを用いた構造とする場合にあっては、次に定めるところによること。

　イ　基礎ぐいは、構造耐力上安全に基礎ぐいの上部を支えるよう配置すること。

　ロ　基礎ぐいの構造は、平成 12 年建設省告示第 1347 号第 1 第 2 項第三号に定めるところによること。

四　べた基礎とする場合にあっては、次に定めるところによること。

　イ　基礎の底盤の厚さは、25cm 以上とすること。

　ロ　根入れの深さは、基礎の底部を雨水等の影響を受けるおそれのない密実で良好な地盤に達したものとした場合を除き、15cm 以上とし、かつ、凍結深度よりも深いものとすることその他凍上を防止するための有効な措置を講ずること。

　ハ　立上り部分の主筋として径 12mm 以上の異形鉄筋を、立上り部分の上端に 1 本以上、かつ、立上り部分の下部の底盤に 2 本以上配置し、それぞれニ及びホの補強筋と緊結したものとすること。

　ニ　立上り部分の補強筋として径 9mm 以上の鉄筋を 30cm 以下の間隔で縦に配置したものとすること。

　ホ　底盤の補強筋として径 12mm 以上の鉄筋を縦横に 20cm 以下の間隔で複配筋として配置したものとすること。

第 4

令第 80 条の 2 第二号に掲げる建築物である免震建築物の構造方法に関する安全上必要な技術的基準は、次に掲げるものとする。

一　免震層にあっては、次に掲げる基準に適合するものとすること。

　イ　免震層の上下の床版又はこれに類するものの間隔が、免震材料及び配管その他の建築設備の点検上支障のないものとすること。

　ロ　上部構造に作用する荷重及び外力を、免震材料のみによって安全に下部構造に伝える構造とすること。ただし、地震に対して安全上支障のないことを確かめた場合にあっては、暴風により生ずる免震層の著しい変位を防止するための措置に必要な部材を設けることができる。

　ハ　免震材料が、次に掲げる基準に適合すること。

　　(1)　検査及び点検を容易に行うことができる位置に設けること。

　　(2)　上部構造の構造耐力上主要な柱及び耐力壁に対し釣合いよく配置すること。

　　(3)　次号トに規定する床版その他これに類する上部構造の構造耐力上主要な部分及び第 3 第四号イに定める基礎の底盤又は第三号ロに規定する床版その他これらに類する下部構造の構造耐力上主要な部分に緊結すること。

　ニ　第 6 第 2 項第四号に規定する免震層の設計限界変位（以下単に「免震層の設計限界変位」という。）が 35cm 以上であること。

　ホ　上部構造の建築面積を支承材の総数で除した数値が 15㎡以下であること。

　ヘ　次の表に掲げる建築物の種類に応じて、それぞれ次に定めるところによること。

　　(1)　免震層の降伏時に各免震材料に生ずる水平力（単位　kN）の合計を建築面積で除した数値を、(1)の欄に掲げる数値以上(2)の欄に掲げる数値以下とすること。

　　(2)　免震層において、免震層の設計限界変位に相当する変位が生じている時（以下「免震層の

設計限界変位時」という。）に各免震材料に生ずる水平力（単位　kN）の合計を建築面積で除した数値を、(3)の欄に掲げる数値以上(4)の欄に掲げる数値以下とすること。

建築物の種類		(1)	(2)	(3)	(4)
木造、鉄骨造その他これらに類する重量の小さな建築物	平家建て	0.22	0.36	0.72	1.09
	2階建て	0.29	0.49	0.98	1.47
その他の建築物		0.34	0.58	1.17	1.75

ト　免震層の設計限界変位時の等価粘性減衰定数が20％以上であること。

二　上部構造にあっては、次に掲げる基準に適合するものとすること。

イ　令第3章第3節から第7節の2までの規定（令第42条第1項本文及び第2項、第57条第5項（基礎に関する部分に限る。）、第62条の4第5項（基礎及び基礎ばりに関する部分に限る。）、第66条及び第78条の2第2項第三号（基礎及び基礎ばりに関する部分に限り、令第79条の4及び昭和58年建設省告示第1320号第11第2項において準用する場合を含む。）、平成13年国土交通省告示第1025号第6第二号（基礎及び基礎ばりに関する部分に限る。）、平成13年国土交通省告示第1026号第5（基礎及び基礎ばりに関する部分に限る。）、平成13年国土交通省告示第1540号第3第二号、平成13年国土交通省告示第1641号第3第二号、平成14年国土交通省告示第410号第4、平成14年国土交通省告示第411号第3第二号（基礎に関する部分に限る。）、平成14年国土交通省告示第667号第3第1項、平成15年国土交通省告示第463号第8第二号（基礎及び基礎ばりに関する部分に限る。）並びに平成28年国土交通省告示第611号第3第一号を除く。）に適合すること。

ロ　上部構造の最下階の構造耐力上主要な部分である柱及び耐力壁の脚部並びに土台（丸太組構法におけるこれに代わる丸太材等を含む。）は、トに定める床版その他これに類する部分に存在応力を伝えるよう緊結すること。

ハ　平面形状が長方形その他これに類する整形な形状であり、張り間方向及びけた行方向の長さの数値の大きい方の数値を小さい方の数値で除した数値が4以下であること。

ニ　立面形状が長方形その他これに類する安定した形状であること。

ホ　倉庫その他これに類する積載荷重の変動の大きな用途に供するものでないこと。

ヘ　上部構造と当該建築物の下部構造及び周囲の構造物その他の物件との水平距離が、上部構造の部分ごとに、次の表に掲げる当該部分の周囲の使用状況に応じた距離以上であること。

	周囲の使用状況	距離（単位　m）
(1)	人の通行がある場合	0.5
(2)	(1)に掲げる場合以外の場合	0.4

ト　上部構造の最下階の床版は、厚さ18㎝以上の一体の鉄筋コンクリート造とし、かつ、径12㎜以上の異形鉄筋を縦横に20㎝以下の間隔で複配筋として配置すること。

三　下部構造（基礎を除く。）にあっては、次に掲げる基準に適合するものとすること。

イ　一体の鉄筋コンクリート造とすること。

ロ　下部構造の上端に鉄筋コンクリート造の床版を設け、第一号ハ(3)の規定により免震材料と緊結する場合にあっては、当該床版の厚さは18㎝以上とし、径12㎜以上の異形鉄筋を縦横に20㎝以下の間隔で複配筋として配置し、その周囲の構造耐力上主要な部分に存在応力を伝えるよう緊結すること。

ハ　階を設ける場合にあっては、土圧がその全周にわたり一様に作用していること。

四　免震建築物の周囲に安全上支障のある空隙を生じさせないものとすること。

五　出入口その他の見やすい場所に、免震建築物であることその他必要な事項を表示すること。

六　暴風により生ずる免震層の著しい変位を防止するための措置を講じた場合にあっては、構造耐力上安全であることを確かめること。

七　必要がある場合においては、積雪時に免震建築物の変位を妨げないような措置を講ずること。

八　必要に応じて免震材料の交換を行うことのできる構造とすること。

九　免震層に浸水するおそれのある場合にあっては、基礎の底盤に排水口を設ける等免震材料の冠水を防止するための措置を講ずること。

第 5

令第 36 条第 1 項に規定する耐久性等関係規定として、第 4 第一号イ、ロ及びハ(1)、第四号、第五号並びに第七号から第九号まで（第 6 に規定する構造計算を行う場合にあっては、更に第 3 第二号並びに第 4 第一号ハ(3)及び第三号ハの規定を含むものとする。）に定める安全上必要な技術的基準を指定する。

第 6

令第 81 条第 2 項第一号ロに規定する限界耐力計算と同等以上に免震建築物の安全性を確かめることができる構造計算は、次項から第 5 項までに定める基準に従った構造計算とする。

2　免震層について、次に定めるところにより構造計算を行うこと。

一　地震時及び暴風時を除き、令第 82 条第一号から第三号まで（地震及び暴風に係る部分を除く。）に定めるところによること。この場合において、免震材料の許容応力度は、第 6 項に定めるところによるものとする。

二　暴風時を除き、令第 82 条の 5 第二号（暴風に係る部分を除く。）に定めるところによること。この場合において、免震材料の材料強度は、第 7 項に定めるところによるものとする。

三　令第 82 条の 6 第二号ロの規定の例により計算した免震層の偏心率が$\frac{3}{100}$以内であることを確かめること。ただし、免震建築物のねじれによる変形の割増を考慮して安全上支障のないことが確かめられた場合においては、この限りでない。

四　免震層の設計限界変位を、当該免震層に設置した免震材料のうち 1 の材料がその種類に応じて次の式によって計算したそれぞれの設計限界変形に達した場合の層間変位以下の変位として求めること。

$$_{m}\delta d = \beta \delta u$$

この式において、$_{m}\delta d$、β 及び δu は、それぞれ次の数値を表すものとする。

$_{m}\delta d$　各免震材料の設計限界変形（単位　m）

β　各免震材料の荷重の支持条件に関する係数で、免震材料の種類に応じて次の表に定める数値。ただし、免震材料に作用する荷重に関する変形の特性を適切に考慮し、安全上支障のないことが確認された場合においては、この限りでない。

免震材料の種類		βの数値
支承材	弾性系	0.8
	すべり系及び転がり系	0.9
減衰材		1.0
復元材		1.0

δu　第 9 項に定める免震材料の水平基準変形（単位　m）

五　地震により免震層に生ずる水平方向の最大の層間変位（以下「免震層の地震応答変位」という。）を、次に定めるところによって計算し、当該地震応答変位が、免震層の設計限界変位を超えないことを確かめること。

イ　免震層の設計限界変位時の建築物の固有周期（以下「設計限界固有周期」という。）を、次の式によって計算すること。ただし、免震層の剛性及び減衰性に基づき固有値解析等の手法によって当該建築物の周期を計算することができる場合においては、当該計算によることができる。

$$Ts = 2\pi\sqrt{\frac{M}{K}}$$

この式において、Ts、M 及び K は、それぞれ次の数値を表すものとする。

Ts　設計限界固有周期（単位　秒）

M　上部構造の総質量（上部構造の固定荷重と積載荷重との和（令第 86 条第 2 項ただし書の規定によって特定行政庁が指定する多雪区域においては、更に積雪荷重を加えたものとする。）を重力加速度で除した数値をいう。以下同じ。）（単位　トン）

K　免震層の等価剛性（免震層の設計限界変位時に各免震材料に生ずる水平力の合計を免震層の設計限界変位で除した数値をいう。以下同じ。）（単位　kN/m）

ロ　地震により免震層に作用する地震力を、次に定めるところによって計算すること。

(1)　支承材及び弾塑性系の減衰材（以下「履歴免震材料」という。）による免震層の等価粘性減衰定数を、次の式によって計算すること。

$$h_d = \frac{0.8}{4\pi} \cdot \frac{\Sigma \Delta Wi}{\Sigma Wi}$$

この式において、h_d、ΔWi 及び Wi は、それぞれ次の数値を表すものとする。

h_d　履歴免震材料による免震層の等価粘性減衰定数

ΔWi　免震層の設計限界変位時に各履歴免震材料に生ずる変形が最大となる場合における当該履歴免震材料の履歴特性を表す曲線により囲まれた面積（単位　kN・m）

Wi　免震層の設計限界変位時に各履歴免震材料に生ずる変形にその際の当該材料の耐力を乗じて2で除した数値（単位　kN・m）

(2)　流体系の減衰材による免震層の等価粘性減衰定数を、次の式によって計算すること。

$$h_v = \frac{1}{4\pi} \cdot \frac{T_s \Sigma C_{vi}}{M}$$

この式において、h_v、T_s、C_{vi} 及び M は、それぞれ次の数値を表すものとする。

h_v　流体系の減衰材による免震層の等価粘性減衰定数

T_s　設計限界固有周期（単位　秒）

C_{Vi}　流体系の減衰材の減衰係数で、免震層に次の式によって計算した等価速度が生じている時に各流体系の減衰材に生ずる減衰力を当該等価速度で除した数値

$$Veq = 2\pi \frac{\delta_s}{T_s}$$

この式において、Veq 及び δ_s は、それぞれ次の数値を表すものとする。

Veq　免震層の等価速度（単位　m／秒）

δ_s　免震層の設計限界変位（単位　m）

M　上部構造の総質量（単位　トン）

(3)　設計限界固有周期における免震層の震動の減衰による加速度の低減率を、次の式によって計算すること。ただし、免震層の剛性及び減衰性の影響を考慮した計算手法によって加速度の低減率を算出することができる場合においては、当該計算によることができる。

$$Fh = \frac{1.5}{1 + 10(h_d + h_v)}$$

この式において、Fh、h_d 及び h_v は、それぞれ次の数値を表すものとする。

Fh　免震層の振動の減衰による加速度の低減率（0.4を下回る場合にあっては、0.4とする。）

h_d　(1)に規定する履歴免震材料による免震層の等価粘性減衰定数

h_v　(2)に規定する流体系の減衰材による免震層の等価粘性減衰定数

(4)　地震によって免震層に作用する地震力を、設計限界固有周期に応じて次の表に掲げる式によって計算すること。

$T_s < 0.16$ の場合	$Q = (3.2 + 30T_s)\ MFhZG_s$
$0.16 \leqq T_s < 0.64$ の場合	$Q = 8MFhZG_s$

0.64 ≦ T_s の場合	$Q=\frac{5.12MFhZG_s}{T_s}$
この表において、T_s、Q、M、Fh、Z 及び G_s は、それぞれ次の数値を表すものとする。 T_s　設計限界固有周期（単位　秒） Q　地震によって免震層に作用する地震力（単位　kN） M　上部構造の総質量（単位　トン） Fh　(3)に規定する加速度の低減率 Z　令第 88 条第 1 項に規定する Z の数値 G_s　令第 82 条の 5 第五号の表に規定する G_s の数値	

ハ　免震層の地震応答変位を、次の式によって計算すること。

$$\delta r = 1.1\ \delta r'$$

この式において、δr 及び δr' は、それぞれ次の数値を表すものとする。

δr　免震層の地震応答変位（単位　m）

δr'　次に定めるところによって計算した免震層の代表変位（各免震材料の特性の変動を考慮して免震層の代表変位の最大値を求めることができる場合においては、当該計算によることができる。）（単位　m）

$$\delta r' = \alpha\ \delta$$

この式において、α 及び δ は、それぞれ次の数値を表すものとする。

α　免震材料のばらつき、環境及び経年変化に関する係数（1.2 を下回る場合は、1.2 とする。）

δ　ロ(4)に定めるところにより計算した地震によって免震層に作用する地震力を免震層の等価剛性で除して得た数値（以下「免震層の基準変位」という。）（単位　m）

六　暴風により免震層に作用する力を次に定めるところによって計算し、当該力が作用しているときに免震層に生ずる変位（以下「免震層の風応答変位」という。）が免震層の設計限界変位（支承材にあっては、第四号の表中に規定する β の数値を、1.0 とする。）を超えないことを確かめること。この場合において、第 4 第一号ロただし書きの規定に基づき講じた措置によって免震層の風応答変位の最大値が別に定まる場合にあっては、当該最大値を免震層の風応答変位とすることができる。

イ　暴風時に建築物に作用する風圧力を、令第 87 条の規定によって計算した風圧力の 1.6 倍の数値として計算すること。

ロ　暴風により免震層に作用する力を、建築物にイに規定する風圧力並びに令第 3 章第 8 節第 2 款に規定する荷重及び外力（令第 87 条に規定する風圧力を除き、暴風時に建築物に作用するものに限る。）が作用するものとして計算すること。

七　免震層が次の式によって計算した応答速度に達する場合に各流体系の減衰材に生ずる速度が、当該減衰材の平成 12 年建設省告示第 1446 号別表第 2 第 1 第九号に掲げる建築材料の項(ろ)欄第三号に規定する限界速度を超えないことを確かめること。ただし、各免震材料の特性の変動を考慮して応答速度を求めることができる場合においては、この限りでない。

$$Vr = 2.0\sqrt{\frac{(Qh + Qe)\delta r}{M}}$$

この式において、Vr、Qh、Qe、δr 及び M は、それぞれ次の数値を表すものとする。

Vr　免震層の応答速度（単位　m/ 秒）

Qh　免震層において免震層の基準変位に相当する変位が生じている時に弾塑性系の減衰材及びこれと同等の減衰特性を有する支承材又は支承材の部分が負担する水平力の合計（単位　kN）

Qe　免震層において免震層の基準変位に相当する変位が生じている時に支承材（弾塑性系の減衰材と同等の減衰の特性を有する部分を除く。）及び復元材が負担する水平力の合計

（単位　kN）
δr　第五号ハに規定する免震層の地震応答変位（単位　m）
M　上部構造の総質量（単位　トン）

八　地震によって免震層に作用する力のうち減衰材（これと同等の減衰特性を有する支承材を含む。）の負担する割合として次の式によって計算した減衰材の負担せん断力係数が、0.03 以上となることを確かめること。

$$\mu=\frac{\sqrt{(Qh+Qe)^2+2\varepsilon(Qh+Qe)Qv+Qv^2}}{M\cdot g}\cdot\frac{Qh+Qv}{Qh+Qv+Qe}$$

この式において、μ、Qh、Qe、ε、Qv 及び M は、それぞれ次の数値を表すものとする。
μ　減衰材の負担せん断力係数
Qh、Qe　前号に規定する Qh 及び Qe の数値（単位　kN）
ε　流体系の減衰材の特性に応じて次の表に掲げる数値

Vr' ≦ Vy の場合	0
Vr' ＞ Vy の場合	0.5
この表において、Vr' 及び Vy は、それぞれ次の数値を表すものとする。 Vr'　前号に規定する免震層の応答速度 Vr の式のうち、δr を第五号ハに規定する免震層の基準変位で読み替えた数値（単位　m／秒） Vy　流体系の各減衰材の降伏速度の最小値（単位　m／秒）	

Qv　免震層において ε の表に規定する Vr' に相当する速度が生じている時に各流体系の減衰材に生ずる速度に、それぞれ当該速度における各流体系の減衰材の減衰係数を乗じて得た数値の合計（単位　kN）
M　上部構造の総質量（単位　トン）

九　免震建築物の接線周期を次の式によって計算し、当該接線周期が、2.5 秒（建築物の高さが 13 m以下であり、かつ、軒の高さが 9 m以下である場合にあっては、2 秒）以上となることを確かめること。

$$Tt=2\pi\sqrt{\frac{M}{Kt}}$$

この式において、Tt、M 及び Kt は、それぞれ次の数値を表すものとする。
Tt　免震建築物の接線周期（単位　秒）
M　上部構造の総質量（単位　トン）
Kt　各免震材料の応答変形（免震層において免震層の基準変位に相当する変位を生じている時の各免震材料の変形をいう。）における接線剛性（当該変形における免震材料の荷重の変化量の変形の変化量に対する割合をいう。）の合計（単位　kN/m）

十　免震材料（鉛直荷重を支持するものに限る。）について、次に定めるところにより構造計算を行うこと。
イ　上部構造の総質量の 1.3 倍に相当する荷重と次項第一号の規定によって計算した上部構造の地震力による圧縮力との和により各免震材料に生ずる圧縮の応力度が当該免震材料の材料強度を超えないことを確かめること。
ロ　上部構造の総質量（積雪荷重を除く。）の 0.7 倍に相当する荷重と次項第一号の規定によって計算した上部構造の地震力による引張力との和により各免震材料に生ずる圧縮の応力度が 0 未満とならないことを確かめること。

3　上部構造について、次に定めるところにより構造計算を行うこと。ただし、法第 20 条第 1 項第四号に掲げる建築物である免震建築物において、上部構造が第 4 第二号イ及びロの規定に適合し、かつ、第一号の規定の式によって計算した上部構造の最下階における地震層せん断力係数が 0.2 以下の数値となる場合にあっては、第一号から第三号まで、第六号及び第七号の規定については、適用しない。
一　令第 82 条第一号から第三号までに定めるところによること。この場合において、令第 88 条に定めるところにより地震力を計算するに当たっては、同条第１項中「建築物の地上部分」とあるのは、「免震建築物のうち下部構造を除いた部分」と読み替えるものとし、地震層せん断力係数は、次の式によって計算するものとする。

$$Cri = \gamma \frac{\sqrt{(Qh+Qe)^2 + 2\varepsilon(Qh+Qe)Qv + Qv^2}}{M \cdot g} \cdot \frac{Ai(Qh+Qv)+Qe}{Qh+Qv+Qe}$$

この式において、Cri、γ、Qh、Qe、Qv、ε、M 及び Ai は、それぞれ次の数値を表すものとする。

Cri　免震建築物のうち下部構造を除いた部分の一定の高さにおける地震層せん断力係数
γ　免震材料のばらつき、環境及び経年変化に関する係数で、1.3 を下回る場合には、1.3 とする。ただし、免震材料のばらつき、環境及び経年変化の影響を考慮して当該係数を求めることができる場合においては、この限りでない。
Qh、Qe　前項第七号に規定する Qh 及び Qe の数値（単位　kN）
Qv　前項第八号に規定する Qv の数値（単位　kN）
ε　前項第八号に規定する ε の数値
M　上部構造の総質量（単位　トン）
Ai　令第 88 条第１項に規定する Ai の数値

二　令第 82 条の５第二号に定めるところによること。ただし、上部構造が第４第二号イ及びロの規定に適合する場合にあっては、この限りでない。

三　上部構造の各階の層間変形角（第一号の地震力によって各階に生ずる層間変位の当該各階の高さに対する割合をいう。）が $\frac{1}{300}$（上部構造の高さが 13m以下であり、かつ、軒の高さが 9m以下である場合にあっては、$\frac{1}{200}$）以内であることを確かめること。

四　上部構造の最下階の床版又はこれに類するものが、水平力によって生ずる力を構造耐力上有効に免震層に伝えることができる剛性及び強度を有することを確かめること。

五　上部構造と当該建築物の下部構造及び周囲の構造物その他の物件との水平距離が、上部構造の部分ごとに、それぞれ免震層の地震応答変位に次の表に掲げる当該部分の周囲の使用状況に応じた距離を加えた数値以上であること及び免震層の風応答変位以上であることを確かめること。

	周囲の使用状況	距離（単位　m）
(1)	通行の用に供する場合	0.8
(2)	(1)に掲げる場合以外の人の通行がある場合	0.2
(3)	(1)及び(2)に掲げる場合以外の場合	0.1

六　令第 82 条第四号の規定によること。

七　令第 82 条の４の規定によること。

八　特定天井について、次に定めるところによること。ただし、平成 25 年国土交通省告示第 771 号第３第２項に定める基準（この場合において、同項第九号の表中の k は、天井を設ける階にかかわらず、0.5 以上とすることができる。）に適合するもの、同告示第３第３項に定める基準（この場合において、同項第八号の表中の k は、天井を設ける階にかかわらず、0.7 以上とすることができる。）に適合するもの又は令第 39 条第３項の規定に基づく国土交通大臣の認定を受けたものにあっては、この限りでない。

イ　天井面構成部材（天井面を構成する天井板、天井下地材及びこれに附属する金物をいう。以下同じ。）の各部分が、地震の震動により生ずる力を構造耐力上有効に当該天井面構成部材の他の部分に伝えることができる剛性及び強度を有することを確かめること。

ロ　天井面構成部材及び天井面構成部材に地震その他の震動及び衝撃により生ずる力を負担させるものの総重量に水平震度 0.5 以上の数値を乗じて得られた水平方向の地震力（計算しようとする方向の柱の相互の間隔が 15m を超える場合にあっては、当該水平方向の地震力に加えて、天井面構成部材及び天井面構成部材に地震その他の震動及び衝撃により生ずる力を負担させるものの総重量に数値が１以上の鉛直震度を乗じて得られた鉛直方向の地震力）により天井に生ずる力が当該天井の許容耐力（繰り返し載荷試験その他の試験又は計算によって確認した損傷耐力（天井材の損傷又は接合部分の滑り若しくは外れが生ずる力に対する耐力をいう。）に $\frac{2}{3}$

以下の数値を乗じた値をいう。）を超えないことを確かめること。ただし、特別な調査又は研究の結果に基づいて地震力により天井に生ずる力を算出する場合においては、当該算出によることができるものとする。

ハ　天井面構成部材と壁、柱その他の建築物の部分又は建築物に取り付けるもの（構造耐力上主要な部分以外の部分であって、天井面構成部材に地震その他の震動及び衝撃により生ずる力を負担させるものを除く。以下「壁等」という。）との隙間（当該隙間の全部又は一部に相互に応力を伝えない部分を設ける場合にあっては、当該部分は隙間とみなす。以下同じ。）が、6cm に 吊り長さが 3m を超える部分の長さに $\frac{1.5}{200}$ を乗じた値を加えた数値以上であることを確かめること。ただし、特別な調査又は研究の結果に基づいて、地震時に天井面構成部材が壁等と衝突しないよう天井面構成部材と壁等との隙間を算出する場合においては、当該算出によることができるものとする。

ニ　イからハまでの構造計算を行うに当たり、風圧並びに地震以外の震動及び衝撃を適切に考慮すること。

4　下部構造について、次に定めるところにより構造計算を行うこと。

一　地震時を除き、令第 82 条第一号から第三号まで（地震に係る部分を除く。）に定めるところによること。

二　令第 82 条の 5 第二号に定めるところによること。ただし、下部構造が第 3 及び第 4 第三号の規定に適合している場合にあっては、この限りでない。

三　令第 88 条第 4 項に規定する地震力の 2 倍の地震力及び次の式によって計算した免震層に作用する地震力により下部構造の構造耐力上主要な部分の断面に生ずる短期の応力度を令第 82 条第一号及び第二号の規定によって計算し、当該応力度が令第 3 章第 8 節第 3 款の規定による短期に生ずる力に対する許容応力度を超えないことを確かめること。

$$Qiso = \gamma \sqrt{(Qh + Qe)^2 + 2\varepsilon (Qh + Qe) Qv + Qv^2}$$

この式において、Qiso、γ、Qh、Qe、Qv 及び ε は、それぞれ次の数値を表すものとする。
Qiso　免震層に作用する地震力（単位　kN）
γ　前項第一号に規定する γ の数値
Qh、Qe　第 2 項第七号に規定する Qh 及び Qe の数値（単位　kN）
Qv　第 2 項第八号に規定する Qv の数値（単位　kN）
ε　第 2 項第八号に規定する ε の数値

四　令第 82 条第四号の規定によること。

5　土砂災害警戒区域等における土砂災害防止対策の推進に関する法律（平成 12 年法律第 57 号）第 8 条第 1 項に規定する土砂災害特別警戒区域内における居室を有する建築物にあっては、令第 80 条の 3 ただし書の場合を除き、土砂災害の発生原因となる自然現象の種類に応じ、それぞれ平成 13 年国土交通省告示第 383 号第 2 第二号イからハまで、第 3 第二号イ及びロ又は第 4 第二号イ及びロの規定によること。

6　免震材料の許容応力度は、免震材料の種類に応じて、次の表に掲げる数値とする。

許容応力度 / 種類	長期に生ずる力に対する許容応力度（単位　N/㎟）		短期に生ずる力に対する許容応力度（単位　N/㎟）	
	圧縮	せん断	圧縮	せん断
支承材	$\frac{Fc}{3}$	Fs_1	$\frac{2Fc}{3}$	Fs_2
減衰材	—	Fs_1	—	Fs_2
復元材	—	Fs_1	—	Fs_2

この表において、Fc、Fs_1 及び Fs_2 は、それぞれ次の数値を表すものとする。
Fc　支承材の鉛直基準強度（単位　N/㎟）
Fs_1　免震材料に当該免震材料の水平基準変形の $\frac{1}{3}$ の変形を与えた時の水平方向の応力度又は当該免震材料の水平基準変形を与えた時の水平方向の応力度を 3 で除した数値のうちいずれか大きい数値（単位　N/㎟）

Fs_2	免震材料に当該免震材料の水平基準変形の$\frac{2}{3}$の変形を与えた時の水平方向の応力度又は当該免震材料の水平基準変形を与えた時の水平方向の応力度を1.5で除した数値のうちいずれか大きい数値（単位　N/㎟）

7　免震材料の材料強度は、免震材料の種類に応じて、次の表に掲げる数値とする。

種類	材料強度（単位　N/㎟）	
	圧縮	せん断
支承材	Fc	Fs
減衰材	—	Fs
復元材	—	Fs
この表において、Fc及びFsは、それぞれ次の数値を表すものとする。 Fc　支承材の鉛直基準強度（単位　N/㎟） Fs　免震材料に当該免震材料の水平基準変形を与えた時の水平方向の応力度（単位　N/㎟）		

8　第6項及び前項の「支承材の鉛直基準強度」とは、当該支承材の平成12年建設省告示第1446号別表第2第1第九号に掲げる建築材料の項(ろ)欄第四号に規定する圧縮限界強度に0.9を乗じた数値以下の数値（単位　N/㎟）とする。

9　第6項及び第7項の「免震材料の水平基準変形」とは、当該免震材料の種類に応じてそれぞれ次に定めるところによる。

一　支承材にあっては、前項に規定する支承材の鉛直基準強度（変形を生じていない場合の値とする。）の$\frac{1}{3}$に相当する荷重における当該免震材料の水平方向の限界の変形（単位　m）とする。

二　減衰材及び復元材にあっては、平成12年建設省告示第1446号別表第2第1第九号に掲げる建築材料の項(ろ)欄第三号に規定する限界変形（単位　m）とする。

プレストレストコンクリート造の建築物又は建築物の構造部分の構造方法に関する安全上必要な技術的基準

制定：昭和58年7月25日　建設省告示第1320号
改正：平成28年5月31日　国土交通省告示第791号

建築基準法施行令（昭和25年政令第338号）第80条の2第二号の規定に基づき、プレストレストコンクリート造の建築物又は建築物の構造部分（以下「プレストレストコンクリート造の建築物等」という。）の構造方法に関する安全上必要な技術的基準を第1から第12までに定め、同令第36条第1項の規定に基づき、プレストレストコンクリート造の建築物等の構造方法に関する安全上必要な技術的基準のうち耐久性等関係規定を第19に、同条第2項第一号の規定に基づき、同令第81条第2項第一号イに規定する保有水平耐力計算によつて安全性を確かめる場合に適用を除外することができる技術的基準を第20にそれぞれ指定し、並びに同条第3項の規定に基づき、プレストレストコンクリート造の建築物等の構造計算が、第13及び第17に適合する場合においては、当該構造計算は、同令第82条各号及び同令第82条の4に定めるところによる構造計算と同等以上に安全性を確かめることができるものと認め、同令第81条第2項第二号イの規定に基づき、プレストレストコンクリート造の建築物等の構造計算が、第13、第14、第15第一号及び第17に適合する場合においては、当該構造計算は、同項第二号イに規定する許容応力度等計算と同等以上に安全性を確かめることができるものと認め、同項第一号イの規定に基づき、プレストレストコンクリート造の建築物等の構造計算が、第13、第14、第15第二号及び第17に適合する場合、又は第13、第14、第16及び第17に適合する場合においては、当該構造計算は、同項第一号イに規定する保有水平耐力計算と同等以上に安全性を確かめることができるものと認め、同号ロの規定に基づき、プレストレストコンクリート造の建築物等の構造計算が、第18に適合する場合においては、当該構造計算は、同号ロに規定する限界耐力計算と同等以上に安全性を確かめることができるものと認める。

第１　コンクリートの材料

プレストレストコンクリート造に使用するコンクリートの材料については、建築基準法施行令(以下「令」という。）第 72 条の規定を準用する。この場合において、同条第二号中「鉄筋相互間及び鉄筋とせき板」とあるのは、「緊張材及び鉄筋の間並びにこれらとせき板」と読み替えるものとする。

第２　緊張材の定着及び接合並びに鉄筋の定着及び継手

一　緊張材の端部は、定着装置によつて固定し、緊張材の引張り力を有効に保持しなければならない。ただし、次のいずれかに該当する場合にあつては、定着装置の設置を省略することができる。

イ　緊張材をコンクリート又はグラウトとの付着によつて定着する場合

ロ　緊張材の端部をループエンド形状とし、当該端部を剛強な支持物によつて支承する場合

ハ　プレテンション法による場合で、載荷試験等の結果により安全であることが確かめられた場合

二　緊張材の接合は、接合具によつて行い、当該緊張材の引張り力を有効に保持しなければならない。

三　鉄筋の定着及び継手については、令第 73 条の規定を準用する。

第３　グラウト

ポストテンション法による場合に次のいずれかに該当する場合を除き、緊張材と緊張材配置孔との間に、緊張材と緊張材配置孔との付着が良好なグラウトで充填されなければならない。この場合において、当該グラウトは、緊張材の防錆に有効であり、かつ、高温下においても付着力の著しい低下のないものとしなければならない。

一　耐力壁以外の壁、床又は小ばりをプレストレストコンクリート造とする場合で、あらかじめ有効な防錆材で被覆された緊張材を配置し、コンクリートを打ち込む場合

二　柱、はり又は耐力壁にあらかじめ有効な防錆材で被覆された付着のない緊張材を配置する場合（付着が良好な鉄筋又は緊張材との併用その他当該緊張材が破断した場合に柱、はり又は耐力壁の崩壊を防止するための有効な措置が講じられ、かつ、第 18 に定める構造計算によつて構造耐力上安全であることが確かめられた場合に限る。）

第４　コンクリートの強度

一　プレストレストコンクリート造に使用するコンクリートの強度は、設計基準強度との関係において昭和 56 年建設省告示第 1102 号第１の規定に適合するものでなければならない。この場合において、設計基準強度は、プレテンション法によるときにあつては１㎟につき 35N 以上、ポストテンション法によるときにあつては１㎟につき 30N（プレストレスト鉄筋コンクリート造（緊張材及び鉄筋を併用したプレストレストコンクリート造をいう。）にあつては１㎟につき 21N）以上としなければならない。

二　前号に規定するコンクリートの強度を求める場合においては、昭和 56 年建設省告示第 1102 号第２各号に掲げる JIS による強度試験によらなければならない。

三　コンクリートは、打上りが均質で密実になり、かつ、必要な強度が得られるようにその調合を定めなければならない。

第５　コンクリートの養生

一　コンクリートの打込み中及び打込み後５日間は、コンクリートの温度が２度を下らないようにし、かつ、乾燥、震動等によつてコンクリートの凝結及び硬化が妨げられないように養生しなければならない。ただし、コンクリートの凝結及び硬化を促進するための特別の措置を講ずる場合においては、この限りでない。

二　加熱養生を行う場合にあつては、コンクリートの最高温度を 70 度以下とし、急激な温度の上昇又は下降を行わないようにしなければならない。

第６　プレストレスの導入

プレストレスの導入は、プレストレスを受ける部分のコンクリートの強度が、次の各号に規定する強度に達するまで行つてはならない。この場合において、当該コンクリートの強度を求めるときは、昭和 56 年建設省告示第 1102 号第２第一号に掲げる強度試験によるものとする。

一　プレストレス導入直後の最大圧縮応力度の1.7倍
二　プレテンション法にあつては1㎟につき30N、ポストテンション法にあつては1㎟につき20N

第7　型わく及び支柱の除去

一　構造耐力上主要な部分に係る型わくの取りはずしについては、令第76条及び昭和46年建設省告示第110号の規定を準用する。ただし、構造耐力上必要なプレストレスの導入が完了した後においては、この限りでない。
二　構造耐力上主要な部分であるはり、床版及び屋根版の型わくの支柱は、構造耐力上必要なプレストレスの導入が完了するまで取りはずしてはならない。

第8　柱の構造

構造耐力上主要な部分である柱は、次の各号に定める構造としなければならない。
一　主筋は、4本以上とすること。
二　主筋は、帯筋と緊結すること。
三　帯筋の径は、6㎜以上とし、その間隔は、15㎝（柱に接著する壁、はりその他の横架材から上方又は下方に柱の小径の2倍以内の距離にある部分においては、10㎝）以下、かつ、最も細い主筋の径の15倍以下とすること。
四　帯筋比（柱の軸を含むコンクリートの断面の面積に対する帯筋の断面積の和の割合として昭和56年建設省告示第1106号に定める方法により算出した数値をいう。）は、0.2%以上とすること。
五　柱の小径は、その構造耐力上主要な支点間の距離の$\frac{1}{15}$以上とすること。
六　緊張材は、主筋と帯筋によつて囲まれた部分に有効に配置すること。
七　主筋の断面積の和は、コンクリートの断面積の0.8%以上とすること。この場合において、緊張材の断面積は、その応力分担の実況に応じて、主筋の断面積として算入することができるものとする。

第9　床版の構造

構造耐力上主要な部分である床版は、次に定める構造としなければならない。ただし、第13第二号ニ及び第三号に定める構造計算によつて変形又は振動による使用上の支障が起こらないことが確かめられた場合にあつては、この限りでない。
一　厚さは、8㎝以上とし、かつ、短辺方向における有効張り間長さの$\frac{1}{40}$以上とすること。
二　最大曲げモーメントを受ける部分における引張鉄筋の間隔は、短辺方向において20㎝以下、長辺方向において30㎝以下で、かつ、床版の厚さの3倍以下とすること。
2　前項の床版のうちプレキャストプレストレストコンクリートで造られた床版は、同項の規定によるほか、次に定める構造としなければならない。
一　周囲のはり等との接合部は、その部分の存在応力を伝えることができるものとすること。
二　2以上の部材を組み合わせるものにあつては、これらの部材相互を緊結すること。

第10　はりの構造

構造耐力上主要な部分であるはりは、複筋ばりとし、これにあばら筋をはりの丈の$\frac{3}{4}$以下、かつ、45㎝以下の間隔で配置しなければならない。

第11　耐力壁

耐力壁は、次に定める構造としなければならない。
一　厚さは、12㎝以上とすること。
二　開口部周囲に径12㎜以上の補強筋を配置すること。
三　次に掲げる建築物の区分に応じ、それぞれ次のイ又はロに定める間隔により径9㎜以上の鉄筋を縦横に配置すること。
　イ　地階を除く階数が1の建築物　35㎝（複配筋として配置する場合においては、50㎝）以下の間隔
　ロ　イ以外の建築物　30㎝（複配筋として配置する場合においては、45㎝）以下の間隔
四　周囲の柱及びはりとの接合部は、その部分の存在応力を伝えることができるものとすること。

2　壁式構造の耐力壁については、令第78条の2第2項の規定を準用する。

第12　緊張材及び鉄筋のかぶり厚さ

一　緊張材に対するコンクリートのかぶり厚さは、耐力壁以外の壁又は床にあつては3.5cm以上、耐力壁、柱又ははりにあつては5cm以上、直接土に接する壁、柱、床若しくははり又は布基礎の立上り部分にあつては6cm以上、基礎（布基礎の立上り部分を除く。）にあつては捨コンクリートの部分を除いて8cm以上としなければならない。ただし、次のいずれかに定める基準のいずれかに適合する場合にあつては、この限りでない。

イ　交換可能な部材で、単一鋼線、2本より線その他これらに類する緊張材を多数分散配置する場合で当該かぶり厚さを2cm以上とした場合

ロ　プレキャストコンクリートで造られた部材に緊張材を配置する構造で次に掲げる基準に適合している場合。ただし、次の(1)から(3)までの規定は、当該基準と同等以上の耐久性を確保するために必要なタイル貼り、モルタル塗りその他の措置が講じられた場合にあつては、この限りでない。

(1)　プレキャストコンクリートに用いるコンクリートの設計基準強度が、プレテンション法によるときにあつては1㎟につき35N以上、ポストテンション法によるときにあつては1㎟につき30N以上であること。

(2)　プレキャストコンクリートに用いるコンクリートに使用するセメントの品質をJIS R5210（ポルトランドセメント）-2003に適合するものとし、単位セメント量が1㎥につき300kg以上であること。

(3)　耐久性上支障のあるひび割れその他の損傷がないものであること。

(4)　緊張材に対するかぶり厚さが次に定める基準に適合していること。

(i)耐力壁以外の壁又は床にあつては、2.5cm以上であること。

(ii)緊張材に対するコンクリートの付着割裂について次に定めるいずれかの構造計算によつて安全であることが確かめられた場合においては、耐力壁、柱又ははりにあつては3cm以上、直接土に接する壁、柱、床若しくははり又は布基礎の立上り部分にあつては5cm以上、基礎（布基礎の立上り部分を除く。）にあつては捨コンクリートの部分を除いて6cm以上とすることができる。

㈠第13第二号及び第15第二号又は第16に定める構造計算

㈡第18に定める構造計算

㈢法第20条第1項第一号の規定により国土交通大臣の認定を受けた構造方法

ハ　平成13年国土交通省告示第1372号第2項の規定を準用してコンクリート以外の材料を用いて緊張材に対するかぶり厚さを確保した場合。この場合において、同項第五号中「令第79条第1項（令第139条から令第142条までの規定において準用する場合を含む。）又は令第79条の3第1項（令第139条から令第141条までの規定において準用する場合を含む。）」とあるのは、「昭和58年建設省告示第1320号第12第一号本文」と読み替えるものとする。

二　鉄筋に対するコンクリートのかぶり厚さについては、令第79条の規定を準用する。

第13　応力度等

一　令第3章第8節第2款に規定する荷重及び外力並びにプレストレスによつて建築物の構造耐力上主要な部分に生ずる力を平成19年国土交通省告示第594号第2の規定に従つて計算しなければならない。

二　プレストレストコンクリート造の建築物又は建築物の構造部分については、次に定める構造計算を行わなければならない。

イ　令第82条第二号の表に掲げる長期に生ずる力とプレストレスにより生ずる力とを組み合わせた長期に生ずる力によつて部材の断面に生ずる長期の応力度が、令第3章第8節第3款の規定による長期に生ずる力に対する許容応力度を超えないことを確かめること。

ロ　プレストレス導入時に部材の断面に生ずる力に対して安全上支障がないことを確かめること。

ハ　破壊に対する断面耐力の数値が、次の表に掲げる組合せによる各力の合計の数値以上であることを確かめること。

荷重及び外力について想定する状態	一般の場合	令第86条第2項ただし書の規定によつて特定行政庁が指定する多雪区域における場合
常時	1.2G + 2P	1.2G + 2P + 0.7S
	1.7（G + P）	1.7（G + P） + 0.7S
積雪時	G + P + 1.4S	G + P + 1.4S
暴風時	G + P + 1.6W	G + P + 1.6W
		G + P + 0.35S + 1.6W
地震時	G + P + 1.5K	G + P + 0.35S + 1.5K
この表において、G、P、S、W及びKは、それぞれ令第82条第二号の表に掲げる力を表すものとする。		

二　建築物の部分に応じて次の表に掲げる条件式を満たす場合以外の場合においては、構造耐力上主要な部分である構造部材の変形又は振動によつて建築物の使用上の支障が起こらないことを平成12年建設省告示第1459号第2に定める構造計算によつて確かめること。この場合において、同告示第2第二号に規定する変形増大係数は次表に掲げるものを用いるものとし、固定荷重及び積載荷重からプレストレスによる吊(つり)上げ荷重分を引いて計算するものとする。

建築物の部分	条件式	変形増大係数
はり	$\frac{D}{l} > \frac{1}{18-8\sqrt{1-\lambda}}$	$8-4\lambda^2$
床版（片持ち以外の場合）	$\frac{t}{l_x} > \frac{1}{40-10\sqrt{1-\lambda}}$	$16-8\lambda^2$
床版（片持ちの場合）	$\frac{t}{l_x} > \frac{1}{15-5\sqrt{1-\lambda}}$	

この表において、D、l、t、l_x及びλは、それぞれ次の数値を表すものとする。

D　はりのせい（単位　mm）

l　はりの有効長さ（単位　mm）

t　床版の厚さ（単位　mm）

l_x　床版の短辺方向の有効長さ（単位　mm）

λ　部材の曲げ強度に及ぼすPC鋼材の寄与率として次の式により計算した数値

$$\lambda = \frac{Mp}{Mp+Mr}$$

（この式において、Mp及びMrは、それぞれ次の数値を表すものとする。

Mp　令第3章第8節第4款に定める材料強度に基づく緊張材による曲げ強度

Mr　令第3章第8節第4款に定める材料強度に基づく鉄筋による曲げ強度）

三　プレストレストコンクリート造以外の構造部分については、令第82条各号に定める構造計算を行わなければならない。

第14　層間変形角

次の各号に掲げる建築物以外の建築物の構造計算をするに当たつては、第13の規定によるほか、建築物の地上部分について、令第88条第1項に規定する地震力（以下「地震力」という。）によつて各階に生ずる水平方向の層間変位を平成19年国土交通省告示第594号第3の規定に従つて計算し、当該各階の高さに対する割合が$\frac{1}{200}$（地震力による構造耐力上主要な部分の変形によつて建築物の部分に著しい損傷が生ずるおそれのない場合にあつては、$\frac{1}{120}$）以内であることを確かめなければならない。

一　プレストレストコンクリート造の建築物又はプレストレストコンクリート造と鉄筋コンクリート造若しくは鉄骨鉄筋コンクリート造とを併用する建築物で次のイ及びロに該当するもの

イ　高さが20m以下であるもの

ロ　地上部分の各階の耐力壁（平成19年国土交通省告示第594号第1第三号イ(1)に規定する開口

周比が0.4以下であるものに限る。以下この号において同じ。）並びに構造耐力上主要な部分である柱及び耐力壁以外のプレストレストコンクリート造、鉄筋コンクリート造又は鉄骨鉄筋コンクリート造の壁（上端及び下端が構造耐力上主要な部分に緊結されたものに限る。）の水平断面積が次の式に適合するもの。ただし、鉄骨鉄筋コンクリート造の柱にあつては、同式中「0.7」とあるのは「1.0」とする。

$$\Sigma 2.5 \alpha Aw + \Sigma 0.7 \alpha Ac \geqq ZWAi$$

この式において、α、Aw、Ac、Z、W及びAiは、それぞれ次の数値を表すものとする。

α　コンクリートの設計基準強度による割り増し係数として、設計基準強度が1㎟につき18N未満の場合にあつては1.0、1㎟につき18N以上の場合にあつては使用するコンクリートの設計基準強度（単位　N/㎟）を18で除した数値の平方根の数値（当該数値が2の平方根の数値を超えるときは、2の平方根の数値）

Aw　当該階の耐力壁のうち計算しようとする方向に設けたものの水平断面積（単位　㎟）

Ac　当該階の構造耐力上主要な部分である柱の水平断面積及び耐力壁以外のプレストレストコンクリート造、鉄筋コンクリート造又は鉄骨鉄筋コンクリート造の壁（上端及び下端が構造耐力上主要な部分に緊結されたものに限る。）のうち計算しようとする方向に設けたものの水平断面積（単位　㎟）

Z　令第88条第1項に規定するZの数値

W　令第88条第1項の規定により地震力を計算する場合における当該階が支える部分の固定荷重と積載荷重との和（令第86条第2項ただし書の規定により特定行政庁が指定する多雪区域においては、さらに積雪荷重を加えるものとする。）（単位　N）

Ai　令第88条第1項に規定する当該階に係るAiの数値

二　プレストレストコンクリート造と木造、組積造、補強コンクリートブロック造、鉄骨造、鉄筋コンクリート造及び鉄骨鉄筋コンクリート造のうち1以上とを併用する建築物（前号に掲げる建築物を除く。）で、次のイ及びロに該当するもの

イ　平成19年国土交通省告示第593号第三号イからニまでに該当するもの

ロ　プレストレストコンクリート造、鉄筋コンクリート造及び鉄骨鉄筋コンクリート造の構造部分を有する階が前号ロに適合するもの

第15　剛性率、偏心率等

一　第14各号に掲げる建築物以外の建築物で高さが31m以下のものの構造計算をするに当たつては、第13及び第14の規定によるほか、建築物の地上部分について、次のイ及びロに定めるところによらなければならない。

イ　各階の剛性率及び偏心率について、令第82条の6第二号イ及びロに定める構造計算を行うこと。

ロ　昭和55年建設省告示第1791号第3各号に定める構造計算に準じた構造計算のうちいずれかを行うこと。この場合において、同告示第3各号中「鉄筋コンクリート造又は鉄骨鉄筋コンクリート造」とあるのは、「プレストレストコンクリート造、鉄筋コンクリート造又は鉄骨鉄筋コンクリート造」と読み替えるものとする。ただし、実験によつて耐力壁並びに構造耐力上主要な部分である柱及びはりが地震に対して十分な強度を有し若しくは十分な靱(じん)性をもつことが確かめられた場合又はプレストレストコンクリート造と鉄骨造とを併用する建築物について昭和55年建設省告示第1791号第2各号に定める構造計算を行つた場合においては、この限りでない。

二　前号の規定は、建築物の地上部分について第16に定める構造計算を行つた場合又は耐力壁若しくは構造耐力上主要な部分である柱若しくははりにプレストレストコンクリート造の構造部分を有する建築物の地上部分について次のイ及びロに定める構造計算を行つた場合においては、適用しない。

イ　構造耐力上主要な部分における破壊に対する断面耐力の数値が次の表に掲げる組合せによる各力の合計の数値以上であることを確かめること。

一般の場合	令第86条第2項ただし書の規定によつて特定行政庁が指定する多雪区域における場合
G + P + 1.5FesK	G + P + 0.35S + 1.5FesK
この表において、G、P、K及びSはそれぞれ令第82条第二号の表に掲げる力を、Fesは令第82条の3第二号に掲げる数値(軸方向力を計算する場合にあつては、1.0)を表すものとする。	

ロ　構造耐力上主要な部分に生じうるものとして計算した最大の力に対してせん断破壊が生ずるおそれのないことを確かめること。

第16　保有水平耐力

第14各号に掲げる建築物以外の建築物で高さが31mを超えるものの構造計算をするに当たつては、第13及び第14の規定によるほか、建築物の地上部分について、令第82条の3に規定する構造計算を行わなければならない。

第17　屋根ふき材等の構造計算

屋根ふき材、外装材及び屋外に面する帳壁については、平成12年建設省告示第1458号に定める構造計算によつて風圧に対して構造耐力上安全であることを確かめること。

第18　限界耐力計算と同等以上に安全性を確かめることができる構造計算

一　地震時を除き、第13（地震に係る部分及び第二号ハを除く。）に定めるところによるとともに、令第82条第二号の表（地震に係る部分を除く。）に掲げる短期に生ずる力とプレストレスにより生ずる力とを組み合わせた短期に生ずる力によつて部材の断面に生ずる短期の応力度が、令第3章第8節第3款の規定による短期に生ずる力に対する許容応力度を超えないことを確かめること。

二　積雪時又は暴風時に、建築物の構造耐力上主要な部分に生ずる力を第13第二号ハの表に掲げる式によつて計算し、当該構造耐力上主要な部分に生ずる力が、それぞれ令第3章第8節第4款の規定による材料強度によつて計算した当該構造耐力上主要な部分の耐力を超えないことを確かめること。

三　地震による加速度によつて建築物の地上部分の各階に作用する地震力及び各階に生ずる層間変位を次に定めるところによつて計算し、当該地震力が、損傷限界耐力（建築物の各階の構造耐力上主要な部分の断面に生ずる応力度が令第3章第8節第3款の規定による短期に生ずる力に対する許容応力度に達する場合の建築物の各階の水平力に対する耐力をいう。以下この号において同じ。）を超えないことを確かめるとともに、層間変位の当該各階の高さに対する割合が$\frac{1}{200}$（地震力による構造耐力上主要な部分の変形によつて建築物の部分に著しい損傷が生ずるおそれのない場合にあつては、$\frac{1}{120}$）を超えないことを確かめること。

イ　各階が、損傷限界耐力に相当する水平力その他のこれに作用する力に耐えている時に当該階に生ずる水平方向の層間変位（以下この号において「損傷限界変位」という。）を平成12年建設省告示第1457号第2に定める方法により計算すること。

ロ　建築物のいずれかの階において、イによつて計算した損傷限界変位に相当する変位が生じている時の建築物の固有周期（以下この号及び第六号において「損傷限界固有周期」という。）を平成12年建設省告示第1457号第3に定める方法により計算すること。

ハ　地震により建築物の各階に作用する地震力を、損傷限界固有周期に応じて令第82条の5第三号ハの表に掲げる式によつて計算した当該階以上の各階に水平方向に生ずる力の総和として計算すること。

ニ　各階が、ハによつて計算した地震力その他のこれに作用する力に耐えている時に当該階に生ずる水平方向の層間変位を平成12年建設省告示第1457号第5に定める方法により計算すること。

四　令第88条第4項に規定する地震力により建築物の地下部分の構造耐力上主要な部分の断面に生ずる応力度を令第82条第一号及び第二号の規定によつて計算し、それぞれ令第3章第8節第3款の規定による短期に生ずる力に対する許容応力度を超えないことを確かめること。

五　地震による加速度によつて建築物の各階に作用する地震力を次に定めるところによつて計算し、当該地震力が保有水平耐力を超えないことを確かめること。

イ　各階が、保有水平耐力に相当する水平力その他のこれに作用する力に耐えている時に当該階に生ずる水平方向の最大の層間変位（以下この号において「安全限界変位」という。）を平成12年建設省告示第1457号第6に定める方法により計算すること。

ロ　建築物のいずれかの階において、イによつて計算した安全限界変位に相当する変位が生じている時の建築物の周期（以下この号において「安全限界固有周期」という。）を平成12年建設省告示第1457号第7に定める方法により計算すること。

ハ　地震により建築物の各階に作用する地震力を、安全限界固有周期に応じて令第82条の5第五号ハの表に掲げる式（Bsiは、平成12年建設省告示第1457号第8に定める方法により算出したものとする。この場合において、部材の構造形式に応じた減衰特性を表す係数は、次の式によるものとする。）によつて計算した当該階以上の各階に水平方向に生ずる力の総和として計算すること。

$$\gamma_1 = 0.06 + 0.19\sqrt{1-\lambda}$$

（この式において、λは第13第二号ニの表に規定するλの数値を表すものとする。）

六　屋根ふき材、特定天井、外装材及び屋外に面する帳壁については、次のイ及びロに定めるところによる。

イ　屋根ふき材、外装材及び屋外に面する帳壁が、第三号の地震力を考慮して、平成12年建設省告示第1457号第11第一号に定める構造計算により風圧並びに地震その他の震動及び衝撃に対して構造耐力上安全であることを確かめること。

ロ　特定天井が、平成12年建設省告示第1457号第11第二号の規定に基づく構造計算によつて荷重及び外力に対し構造耐力上安全であることを確かめること。ただし、平成25年国土交通省告示第771号第3第2項若しくは第3項に定める基準に適合するもの、令第39条第3項の規定に基づく国土交通大臣の認定を受けたもの又は同告示第3第4項第一号に定める構造計算によつて構造耐力上安全であることが確かめられた場合においては、この限りでない。

2　前項第三号及び第五号に規定する構造計算を行うに当たつては、増分解析に基づき行うものとし、かつ、安全限界変位に達するまでに各階における耐力の低下がないことを確かめなければならない。

第19　耐久性等関係規定の指定

令第36条第1項に規定する耐久性等関係規定として、第1、第3から第7まで及び第12に定める安全上必要な技術的基準を指定する。

第20　令第36条第2項第一号の規定に基づく技術的基準の指定

令第36条第2項第一号の規定に基づき、第13、第14、第15第二号及び第17に定める構造計算を行つた場合又は第13、第14、第16及び第17に定める構造計算を行つた場合に適用を除外することができる技術的基準として、次に定める技術的基準を指定する。

一　第8、第9第2項及び第10（プレキャストプレストレストコンクリートで造られたはりで、2以上の部材を組み合わせるものの接合部に限る。）並びに第11第1項第三号

二　前号に規定するほか、2以上のプレキャストコンクリート部材をプレストレスによつて圧着接合し一体の柱、はり若しくは耐力壁とした場合又は柱及びはりの接合部を剛接合とした場合にあつては、次のイからハまでに定める技術的基準

イ　柱にあつては第8第一号、第二号、第六号及び第七号

ロ　はりにあつては第10（複筋ばりの部分に限る。）

ハ　耐力壁にあつては第11第1項第三号及び第四号

附則

昭和48年建設省告示第949号は、廃止する。

アルミニウム合金造の建築物又は建築物の構造部分の構造方法に関する安全上必要な技術的基準を定める件

制定：平成 14 年 5 月 14 日　国土交通省告示第 410 号
改正：令和 3 年　6 月 30 日　国土交通省告示第 750 号

建築基準法施行令（昭和 25 年政令第 338 号）第 80 条の 2 第二号の規定に基づき、アルミニウム合金造の建築物又は建築物の構造部分の構造方法に関する安全上必要な技術的基準を第 1 から第 8 までに定め、及び同令第 36 条第 1 項の規定に基づき、アルミニウム合金造の建築物又は建築物の構造部分の構造方法に関する安全上必要な技術的基準のうち耐久性等関係規定を第 9 に、同条第 2 項第一号の規定に基づき、同令第 81 条第 2 項第一号イに規定する保有水平耐力計算によって安全性を確かめる場合に適用を除外することができる技術的基準を第 10 にそれぞれ指定する。

第 1　適用の範囲

アルミニウム合金造の建築物は、延べ面積を 200㎡以下としなければならない。ただし、アルミニウム合金造の建築物又は建築物の構造部分について次のいずれかに該当する構造方法とした場合は、この限りでない。

一　木造、鉄骨造その他の構造の建築物のうち、一部に設けた床面積 30㎡以下のアルミニウム合金造の建築物の構造部分であって、当該構造部分以外の部分の自重及び積載荷重を負担しない架構とした構造方法

二　建築基準法施行令（以下「令」という。）第 82 条各号及び第 82 条の 4 に定めるところによる構造計算によって安全性が確かめられた構造方法で、かつ、次のイからへまでに該当するもの
　イ　地階を除く階数が 3 以下であるもの
　ロ　高さが 13m 以下で、かつ、軒の高さが 9m 以下であるもの
　ハ　架構を構成する柱の相互の間隔が 6m 以下であるもの
　ニ　延べ面積が 500㎡以内であるもの
　ホ　令第 88 条第 1 項に規定する地震力について標準せん断力係数を 0.3 以上とする計算をして令第 82 条第一号から第三号までに規定する構造計算をした場合に安全であることが確かめられるもの
　へ　水平力を負担する筋かいの軸部が降伏する場合において、当該筋かいの端部及び接合部が破断しないことが確かめられるもの

三　令第 81 条第 2 項第二号イに規定する構造計算によって安全性が確かめられた構造方法で、かつ、次のイからへまでに該当するもの
　イ　高さが 31m 以下であるもの
　ロ　建築物の地上部分の塔状比（計算しようとする方向における架構の幅に対する高さの比をいう。）が 4 以下であるもの
　ハ　令第 82 条の 6 第二号イ及びロの規定を満たすもの
　ニ　昭和 55 年建設省告示 1791 号第 2 第一号及び第二号の規定を満たすもの
　ホ　次の表の(い)欄に掲げる柱及びはりの区分に応じ、幅厚比（円形鋼管にあっては、径厚比とする。）が同表の(ろ)欄に掲げる数値以下の数値となることを確かめられたもの

(い)			(ろ)
柱及びはりの区分			数値
部材	断面形状	部位	
柱	H 形断面	フランジ	$0.27\sqrt{E/F}$
		ウェブ	$0.83\sqrt{E/F}$
	角形断面	—	$1.2\sqrt{E/F}$

	円形断面	—	0.097（E／F）
はり	H 形断面	フランジ	$0.27\sqrt{E/F}$
		ウェブ	$1.2\sqrt{E/F}$
この表において、E はアルミニウム合金材のヤング係数（単位　N/㎟）を、F は平成 13 年国土交通省告示第 1024 号第 3 第七号の表に規定するアルミニウム合金材の基準強度（溶接による接合とする部材にあっては、同表に規定する溶接部の基準強度）（単位　N/㎟）を、それぞれ表すものとする。			

ヘ　イからホまでに掲げるもののほか、構造耐力上主要な部分である柱若しくははり又はこれらの接合部が局部座屈、破断等によって、又は構造耐力上主要な部分である柱の脚部の基礎との接合部がアンカーボルトの破断、基礎の破壊等によって、それぞれ構造耐力上支障のある急激な耐力の低下を生ずるおそれのないもの

第 2　材料

アルミニウム合金造の建築物又は建築物の構造部分の構造耐力上主要な部分の材料は、厚さ 1㎜以上のアルミニウム合金材としなければならない。

第 3　圧縮材の有効細長比

構造耐力上主要な部分であるアルミニウム合金材の圧縮材（圧縮力を負担する部材をいう。以下同じ。）の有効細長比は、柱にあっては 140 以下、柱以外のものにあっては 180 以下としなければならない。

第 4　柱の脚部

構造耐力上主要な部分である柱の脚部は、次に定めるところにより基礎に緊結しなければならない。ただし、滑節構造である場合においては、この限りでない。

一　露出形式柱脚にあっては、次に適合するものであること。ただし、イ及びニからヘまでの規定は、令第 82 条第一号から第三号までに規定する構造計算によって安全性が確かめられた場合には、適用しない。

イ　鋼材のアンカーボルトが、当該柱の中心に対して均等に配置されていること。

ロ　アンカーボルトには座金を用い、かつ、ナット部分の溶接、ナットの二重使用その他これと同等以上の効力を有する戻り止めを施したものであること。

ハ　アンカーボルトの基礎に対する定着長さがアンカーボルトの径の 20 倍以上であり、かつ、当該アンカーボルトの先端をかぎ状に折り曲げたもの又は定着金物を設けたものであること。ただし、アンカーボルトの付着力に応じてアンカーボルトの抜け出し及びコンクリートの破壊が生じないことが確かめられた場合においては、この限りでない。

ニ　柱の最下端の断面積に対するアンカーボルトの全断面積の割合が 20% 以上であること。

ホ　柱のベースプレートの厚さをアンカーボルトの径の 2 倍以上としたものであること。

ヘ　アンカーボルト孔の径を当該アンカーボルトの径に 5㎜を加えた数値以下の数値とし、かつ、縁端距離（当該アンカーボルトの中心軸からベースプレートの縁端部までの距離のうち最短のものをいう。）を、当該アンカーボルトの径の 1.5 倍の数値に 5㎜を加えて得た数値以上の数値としたものであること。

二　根巻き形式柱脚にあっては、次に適合するものであること。

イ　根巻き部分（アルミニウム合金部材（アルミニウム合金材を使用した部材をいう。以下同じ。）の柱の脚部において鉄筋コンクリートで覆われた部分をいう。以下同じ。）の高さは、柱幅（張り間方向及びけた行方向の柱の見付け幅のうち大きい方をいう。第三号イ及びハにおいて同じ。）の 2.5 倍以上であること。

ロ　根巻き部分の鉄筋コンクリートの主筋（以下「立上り主筋」という。）は 4 本以上とし、その頂部をかぎ状に折り曲げたものであること。この場合において、立上り主筋の定着長さは、定着位置と鉄筋の種類に応じて次の表に掲げる数値を鉄筋の径に乗じて得た数値以上の数値としなけれならない。ただし、当該コンクリートの付着力を考慮してこれと同等以上の定着効果を

有することが確かめられた場合においては、この限りでない。

定着位置	鉄筋の種類	
	異形鉄筋	丸鋼
根巻き部分	25	35
基礎	40	50

ハ　根巻き部分に令第 77 条第二号及び第三号に規定する帯筋を配置したものであること。

三　埋込み形式柱脚にあっては、次に適合するものであること。ただし、令第 82 条第一号から第三号までに規定する構造計算によって安全性が確かめられた場合においては、この限りでない。

イ　コンクリートへの柱の埋込み部分の深さが柱幅の 2 倍以上であること。

ロ　側柱又は隅柱の柱脚にあっては、径 9㎜以上の U 字形の補強筋その他これに類するものにより補強されていること。

ハ　埋込み部分のアルミニウム合金部材に対するコンクリートのかぶり厚さがアルミニウム合金材の柱幅以上であること。

第 5　接合

構造耐力上主要な部分であるアルミニウム合金材の接合は、高力ボルト接合（溶融亜鉛めっき高力ボルトを用いたものに限る。以下同じ。）又はリベット接合（構造耐力上主要な部分である継手又は仕口に係るリベット接合にあっては、添板リベット接合）によらなければならない。ただし、次の各号に掲げる建築物に該当する場合にあっては、それぞれ当該各号に定める接合によることができる。

一　接合部からの距離が 25㎜以内のアルミニウム合金材の部分又は接合部の実況に応じた試験によって加熱の影響により強度及び剛性の低下が生じるアルミニウム合金材の部分について、令第 81 条第 2 項第一号イに規定する保有水平耐力計算によって安全性が確かめられた建築物又は第 1 第二号若しくは第三号に該当する建築物（平成 13 年国土交通省告示第 1024 号第 3 第七号に定める溶接部の基準強度を用いた場合に限る。）　溶接、摩擦圧接又は摩擦攪拌による接合（摩擦圧接又は摩擦攪拌による接合とする場合は、接合部分の実況に応じた一方向又は繰り返し加力実験によって高力ボルト又はリベット接合と同等以上に存在応力を伝えることができるものであることが確認されたものに限る。）

二　軒の高さが 9m 以下で、かつ、架構を構成する柱相互の間隔が 6m 以下の建築物（延べ面積が 200㎡を超えるものを除く。）　ボルト接合（ボルトが緩まないようにコンクリートで埋め込んだもの、ナット部分を溶接したもの又はナットを二重に使用したものその他これらと同等以上の効力を有する戻り止めをしたものに限る。）又はタッピンねじ接合

2　構造耐力上主要な部分である継手又は仕口の構造は、その部分の存在応力を伝えることができるものとして、次の各号に掲げる接合方法の区分に応じ、それぞれ当該各号に定める構造方法を用いるものとしなければならない。

一　高力ボルト、ボルト又はリベット（以下のこの項において「ボルト等」という。）による場合　次に定めるところによる。

イ　高力ボルト、ボルト又はリベットの相互間の中心距離は、その径の 2.5 倍以上としなければならない。

ロ　高力ボルト孔の径は、高力ボルトの径より 2㎜を超えて大きくしてはならない。ただし、2 面せん断接合とした場合においては、添え板以外のアルミニウム合金部材に設ける孔の径を高力ボルトの径の 1.25 倍まで大きくすることができる。

ハ　ボルト孔の径は、ボルトの径より 0.5㎜を超えて大きくしてはならない。

ニ　リベットは、リベット孔に充分埋まるように打たなければならない。

ホ　ボルト等の縁端距離（当該ボルト等の中心軸から接合するアルミニウム合金部材の縁端部までの距離のうち最短のものをいう。）は、ボルトの径の 1.5 倍の数値以上の数値としなければならない。ただし、令第 82 条第一号から第三号までに規定する構造計算によって安全性が確かめられた場合においては、この限りでない。

ヘ　高力ボルト摩擦接合部の摩擦面は、日本産業規格（以下「JIS」という。）R6001（研削といし用研磨材の粒度）-1998 の表 1 に定める粒度の種類 F30 から F150 に適合する研磨材を用いた

アルミナグリッドブラスト処理を施した摩擦面又はこれと同等以上のすべり係数を有する摩擦面としなければならない。ただし、摩擦面の実況に応じた令第82条第一号から第三号までに規定する構造計算によって安全性が確かめられた場合においては、この限りでない。

二　溶接による場合　次に定めるところによる。

イ　溶接部は、割れ、内部欠陥等の構造耐力上支障のある欠陥がないものとし、かつ、次に定めるところによらなければならない。

(1)　柱とはりの仕口のダイアフラムとフランジのずれにおいては、ダイアフラムとフランジの間に配置するアルミニウム合金材の厚さが、フランジの厚さよりも大きい場合にあっては当該フランジの厚さの$\frac{1}{4}$の値以下かつ5mm以下とし、当該フランジの厚さ以下の場合にあっては当該フランジの厚さの$\frac{1}{5}$の値以下かつ4mm以下としなければならない。ただし、仕口部のアルミニウム合金材の長期に生ずる力及び短期に生ずる力に対する各許容応力度に基づき求めた当該部分の耐力以上の耐力を有するように適切な補強を行った場合においては、この限りでない。

(2)　突合せ継手の食い違いは、アルミニウム合金材の厚さの$\frac{15}{100}$の値に0.5mmを加えた値以下かつ3mm以下でなければならない。この場合において、通しダイアフラム（柱の断面を横断するダイアフラムをいう。以下同じ。）とはりフランジの溶接部にあっては、はりフランジは通しダイアフラムを構成するアルミニウム合金材の厚みの内部で溶接しなければならない。ただし、継手部のアルミニウム合金材の長期に生ずる力及び短期に生ずる力に対する各許容応力度に基づき求めた当該部分の耐力以上の耐力を有するように適切な補強を行った場合においては、この限りでない。

(3)　0.3mmを超えるアンダーカットは、存在してはならない。ただし、アンダーカット部分の長さの総和が溶接部分100mmにつき25%以下（当該溶接部分全体の長さが100mm未満の場合にあっては、当該溶接部分全体の長さの25%以下）であり、かつ、その断面が鋭角的でない場合にあっては、アンダーカットの深さを0.5mm以下とすることができる。

ロ　アルミニウム合金材を溶接する場合にあっては、溶接されるアルミニウム合金材の種類及び質別に応じ、それぞれ平成13年国土交通省告示第1024号第3第七号に定める溶接部の基準強度以上の引張強さを有する溶接材料を使用しなければならない。

三　タッピンねじによる場合　次に定めるところによる。ただし、当該接合部分の実況に応じた一方向又は繰り返し加力実験によって次に定める接合と同等以上に存在応力を伝えることができるものであることが確認された場合においては、この限りでない。

イ　アルミニウム合金材を垂直に打ち抜くことによって部材相互を構造耐力上有効に緊結するものとすること。

ロ　接合されるアルミニウム合金材の厚さを1mm以上4mm以下とすること。

ハ　径3mm以上6mm以下のタッピンねじを用いること。

ニ　ねじ部の種類は、JIS B1007（タッピンねじのねじ部の形状・寸法）-1987に規定するタッピンねじの2種、3種又は4種のいずれかとすること。

ホ　タッピンねじ孔の径を、当該タッピンねじの径より0.5mmを超えて大きくしないこと。

ヘ　接合されるアルミニウム合金材のうち、ねじ先側にあるものに設けるタッピンねじ孔の径は、タッピンねじの種類及び径並びに当該アルミニウム合金材の厚さに応じ次の表に掲げる数値以下の数値とすること。

タッピンねじの種類	タッピンねじの径（単位　mm）	アルミニウム合金材の厚さ（単位　mm）					
		1.0以上1.2未満	1.2以上1.6未満	1.6以上2.0未満	2.0以上2.6未満	2.6以上3.2未満	3.2以上4.0以下
2種及び4種	3.0	2.5	2.6	2.6	2.7	–	–
	3.5	2.8	2.9	2.9	3.0	3.2	–
	4.0	3.1	3.2	3.3	3.4	3.6	3.7
	4.5	3.6	3.7	3.8	3.9	4.0	4.1
	5.0	4.0	4.1	4.2	4.3	4.4	4.5

	6.0	4.8	4.9	5.0	5.1	5.3	5.5
3 種	3.0	2.5	2.5	2.5	2.6	2.7	2.7
	3.5	2.9	3.0	3.0	3.1	3.1	3.2
	4.0	3.3	3.4	3.5	3.5	3.6	3.6
	4.5	3.8	3.9	3.9	4.0	4.0	4.1
	5.0	4.3	4.3	4.4	4.5	4.6	4.6
	6.0	5.3	5.4	5.4	5.5	5.5	5.5
この表において、2 種、3 種及び 4 種は、それぞれ JIS B1007（タッピンねじのねじ部の形状・寸法）-1987 に規定するねじ部の種類をいう。							

四　ドリリングタッピンねじによる場合　前号イからハまでの規定によること。この場合において、前号ハの規定中「タッピンねじ」とあるのは、「ドリリングタッピンねじ」と読み替えるものとする。ただし、接合部分の実況に応じた一方向又は繰り返し加力実験によって、前号イからハまでの規定による接合と同等以上に存在応力を伝えることができるものであることが確認された場合においては、この限りでない。

3　前 2 項の規定は、接合部の実況に応じた一方向又は繰り返し加力実験によって前 2 項に定める接合と同等以上に存在応力を伝えることができるものであることが確認された場合においては、適用しない。

第 6　斜材、壁等の配置

軸組、床組及び小屋ばり組には、すべての方向の水平力に対して安全であるように、アルミニウム合金部材の斜材又は鉄筋コンクリート造の壁、屋根版若しくは床版を釣合いよく配置しなければならない。ただし、第 1 第二号又は第三号の規定を満たす場合にあっては、この限りでない。

第 7　柱の防火被覆

柱の防火被覆については、令第 70 条の規定を準用する。

第 8　防食措置

構造耐力上主要な部分に使用するアルミニウム合金材のうち、アルミニウム合金材以外の材料との接触により、構造耐力上の支障のある腐食を生じやすい場合には、アルミニウム合金材に合成樹脂塗料の塗布その他これに類する有効な防食措置を講じなければならない。

第 9　耐久性等関係規定の指定

令第 36 条第 1 項に規定する耐久性等関係規定として、第 7 及び第 8 に定める安全上必要な技術的基準を指定する。

第 10　令第 36 条第 2 項第一号の規定に基づく技術的基準の指定

令第 36 条第 2 項第一号の規定に基づき、令第 81 条第 2 項第一号イに掲げる保有水平耐力計算によって安全性を確かめる場合に適用を除外することができる技術的基準として、第 1、第 2 のうち厚さ、第 4 及び第 6 に定める技術的基準を指定する。

膜構造の建築物又は建築物の構造部分の構造方法に関する安全上必要な技術的基準を定める等の件

制定：平成 14 年 7 月 23 日　国土交通省告示第 666 号
改正：令和　4 年 5 月 27 日　国土交通省告示第 592 号

建築基準法施行令（昭和 25 年政令第 338 号）第 80 条の 2 第二号の規定に基づき、膜構造の建築物又は建築物の構造部分の構造方法に関する安全上必要な技術的基準を第 1 から第 3 までに定め、同令第 36 条第 1 項の規定に基づき、膜構造の建築物又は建築物の構造部分の構造方法に関する安全上必要な技術的基準のうち耐久性等関係規定を第4に指定し、同令第81条第2項第一号イの規定に基づき、膜構造の建築物又は膜構造とその他の構造とを併用する建築物の構造計算が、第5第1項各号及び第2項から第5項まで（第4項第二号を除く。）に適合する場合においては、当該構造計算は、同条第2項第一号イに規定する保有水平耐力計算と同等以上に安全性を確かめることができるものと認め、同令第81条第2項第二号イの規定に基づき、膜構造の建築物又は膜構造とその他の構造とを併用する建築物の構造計算が、第5第1項各号及び第2項から第5項まで（第4項第三号を除く。）に適合する場合においては、当該構造計算は、同条第2項第二号イに規定する許容応力度等計算と同等以上に安全性を確かめることができるものと認め、同令第81条第3項の規定に基づき、膜構造の建築物の構造計算が、第5第1項各号及び第2項から第6項まで（第4項を除く。）に適合する場合においては、当該構造計算は、同令第82条各号及び同令第82条の4に定めるところによる構造計算と同等以上に安全性を確かめることができるものと認める。

第1　適用の範囲等

この告示において次の各号に掲げる用語の意義は、それぞれ当該各号に定めるところによる。

一　骨組膜構造　鉄骨造その他の構造の骨組に膜材料又は膜構造用フィルム（以下「膜材料等」という。）を張り、当該骨組及び当該膜材料等を一体とし、膜材料等に張力を導入して荷重及び外力を常時負担することのできる平面又は曲面とすることにより、構造耐力上主要な部分である屋根版又は壁を設ける構造をいう。

二　サスペンション膜構造　構造用ケーブルに膜材料等を張り、膜材料等に張力を導入して荷重及び外力を常時負担することのできる平面又は曲面とすることにより、構造耐力上主要な部分である屋根版又は壁を設ける構造をいう。

2　膜構造の建築物又は建築物の構造部分の構造方法は、次に掲げる膜構造の種類に応じてそれぞれ当該各号に定めるところによる。

一　骨組膜構造　次のイからホまでに定めるところによること。

イ　建築物の高さは、13m以下とすること。ただし、第5に定める構造計算によって構造耐力上安全であることが確かめられた場合にあっては、この限りでない。

ロ　構造耐力上主要な部分に用いる膜面（張力を導入した膜材料等及び当該膜材料等と一体となる骨組又は構造用ケーブルにより荷重及び外力を負担するものをいう。以下同じ。）の水平投影面積又は鉛直投影面積のうち最も大きい面積（以下「膜面の投影面積」という。）の建築物全体における合計は、1,000㎡以下とすること。ただし、第5に定める構造計算によって構造耐力上安全であることが確かめられた建築基準法（昭和25年法律第201号）第85条第2項、第6項若しくは第7項に規定する仮設建築物（以下単に「仮設建築物」という。）であって強風時において当該仮設建築物を撤去することを条件として特定行政庁の許可を受けた場合又は次に定める構造方法とした場合にあっては、この限りでない。

(1)　膜面のうち骨組を構成する部材その他の剛性を有する部材（以下「骨組等」という。）で囲まれる膜面の部分の水平投影面積又は鉛直投影面積のうち最も大きい面積を、300㎡以下とすること。この場合において、周囲の骨組等が膜材料等に生ずる力を直接負担する構造とすること。

(2)　膜面における支点間距離（骨組等又は構造用ケーブルと膜材料等との定着部又は接触部（荷重及び外力に応じて膜材料等を支持するものに限る。）の相互間の距離をいう。以下同じ。）は、4m以下とすること。

(3)　膜面を用いた屋根の形式は、切妻屋根面、片流れ屋根面又は円弧屋根面とすること。

ハ　構造耐力上主要な部分に用いる膜面に使用する膜材料等は、鉄骨造その他の構造の骨組に2m（建築基準法施行令（以下「令」という。）第86条第2項ただし書の規定により特定行政庁が指定する多雪区域にあっては、1m）以下の間隔で定着させること。ただし、第5に定める構造計算によって構造耐力上安全であることが確かめられた場合にあっては、この限りでない。

ニ　構造耐力上主要な部分に用いる膜面に使用する鉄骨造その他の構造の骨組は、令第3章第3節から第7節の2までの規定に適合すること。

ホ　膜面に使用する骨組を構成する鉛直部材の脚部をけた行方向のみに移動する滑節構造とし、屋根版及び壁に用いる膜面を折りたたむことにより伸縮する構造とする当該屋根版及び壁の部分にあっては、次に定めるところによること。

(1) 可動式膜面の部分の直下にある土台に用いる鋼材は、日本産業規格（以下「JIS」という。）E1101（普通レール及び分岐器類用特殊レール）-2001 若しくは JIS E1103（軽レール）-1993 又はこれらと同等以上の品質を有するものとすること。

(2) 可動式膜面の部分の骨組を構成する鉛直部材の脚部の可動部分（当該鉛直部材の脚部をけた行方向に移動させるための車輪及びこれを支持する部分をいう。）は、荷重及び外力によって生ずる力を構造耐力上有効に当該鉛直部材の脚部の直下にある土台に伝えることができる剛性及び耐力を有する構造とすること。

(3) 可動式膜面の部分の骨組を構成する鉛直部材の浮き上がり及び当該鉛直部材の脚部の可動部分の脱輪を防止するために必要な措置を講じ、かつ、端部における鉛直部材の脚部の可動部分を固定するための装置を設けること。

二 サスペンション膜構造　次のイ及びロに定めるところによること。

イ　構造耐力上主要な部分に用いる膜面の投影面積の建築物全体における合計は、1,000㎡以下とすること。ただし、仮設建築物であって強風時において当該仮設建築物を撤去することを条件として特定行政庁の許可を受けた場合にあっては、この限りでない。

ロ　第５に定める構造計算によって構造耐力上安全であることが確かめられた構造方法とすること。

第２　膜面の構造

構造耐力上主要な部分に用いる膜面は、当該膜面に使用する膜材料等に張力を導入して平面又は曲面の形状を保持することができるもの（袋状にした膜構造用フィルムの内部の空気圧を高めることにより、当該膜構造用フィルムに張力を導入して平面又は曲面の形状を保持することができるものを含む。）とし、当該膜面に変形が生じた場合であっても、当該膜面を定着させる部分以外の部分と接触させてはならない。ただし、接触に対して有効な膜面の摩損防止のための措置を施した場合にあっては、当該膜面を定着させる部分以外の部分を膜面に接触させることができる。

2　構造耐力上主要な部分に用いる膜面に使用する膜材料は、次の各号に掲げる基準に適合しなければならない。

一　きず、はがれ、摩損その他の耐力上の欠点のないものとすること。

二　膜材料は次の表の基布（繊維糸を使用した織布又は網目状織物をいう。以下同じ。）に使用する繊維糸の種類に応じて、コーティング材（基布の摩損防止等のために基布に塗布し又は張り合わせた樹脂又はゴムをいう。以下同じ。）を塗布し又は張り合わせたものとすること。ただし、仮設建築物にあっては、この限りでない。

	基布に使用する繊維糸	コーティング材
(1)	JIS R3413（ガラス糸）-1999 に適合する単繊維（繊維径 3.30 μm から 4.05 μm までの 3(B)に限る。）を使用したガラス繊維糸	四ふっ化エチレン樹脂、四ふっ化エチレンパーフルオロアルキルビニルエーテル共重合樹脂又は四ふっ化エチレン―六ふっ化プロピレン共重合樹脂
(2)	JIS R3413（ガラス糸）-1999 に適合する単繊維を使用したガラス繊維糸	塩化ビニル樹脂、ポリウレタン樹脂、ふっ素系樹脂（四ふっ化エチレン樹脂、四ふっ化エチレンパーフルオロアルキルビニルエーテル共重合樹脂及び四ふっ化エチレン―六ふっ化プロピレン共重合樹脂を除く。）、クロロプレンゴム、クロロスルフォン化ポリエチレンゴム又はオレフィン系樹脂
(3)	ポリアミド系、ポリアラミド系、ポリエステル系、ポリビニルアルコール系又はオレフィン系樹脂の合成繊維糸（ケナフ植物繊維と混織されるものを含む。）	

三　厚さの基準値は、0.5㎜以上とすること。

四　単位質量の基準値は、1㎡につき 550g（合成繊維糸による基布とした膜材料にあっては、500g）以上であること。

五　織糸密度は、一様であること。

六　布目曲がり（膜材料のたて糸と平行な端部に直交する２直線によって膜材料のよこ糸を挟みこんだときの当該２直線の距離を膜材料の幅で除した数値をいう。）の基準値は、10％以内であること。

七　コーティング材の密着強さの基準値は、膜材料の引張強さの1％以上、かつ、幅1㎝につき10N以上であること。
八　引張強さの基準値は、幅1㎝につき200N以上であること。
九　伸び率の基準値は、35％以下であること。
十　引裂強さの基準値は、100N以上、かつ、引張強さに1㎝を乗じて得た数値の15％以上であること。
十一　引張クリープによる伸び率の基準値は、15％（合成繊維糸による基布とした膜材料にあっては、25％）以下であること。
十二　構造耐力上主要な部分で特に変質又は摩損のおそれのあるものについては、変質若しくは摩損しにくい膜材料又は変質若しくは摩損防止のための措置をした膜材料とすること。
3　構造耐力上主要な部分に用いる膜面に使用する膜構造用フィルムは、次の各号に掲げる基準に適合しなければならない。
一　きず、はがれ、摩損その他の耐力上の欠点のないものとすること。
二　膜構造用フィルムは、エチレン－4ふっ化エチレン共重合樹脂フィルムとすること。
三　厚さの基準値は、0.1㎜以上とすること。
四　単位質量の基準値は、175g/㎡以上であること。
五　引張強さの基準値は、40N/㎟以上であること。
六　伸び率の基準値は、300％以上であること。
七　引裂強さの基準値は、厚さ1㎜につき160N以上、かつ、引張強さに10㎜を乗じて得た数値の15％以上であること。
八　引張クリープによる伸び率の基準値は、15％以下であること。
九　構造耐力上主要な部分で特に変質又は摩損のおそれのあるものについては、変質若しくは摩損しにくい膜構造用フィルム又は変質若しくは摩損防止のための措置をした膜構造用フィルムとすること。
4　構造耐力上主要な部分に用いる膜面に使用する構造用ケーブルは、次に掲げる基準に適合しなければならない。
一　ねじれ、折れ曲がりその他の耐力上の欠点のないものとすること。
二　構造用ケーブルの端部の定着部は、次のいずれかの構造方法とし、存在応力の伝達に支障のないものとすること。ただし、仮設建築物にあっては、構造用ケーブルの端部の定着部が存在応力の伝達に支障のないイ、ロ及びハ以外の構造方法とすることができる。
イ　ソケット止め（茶せん状にばらした構造用ケーブルの端部に亜鉛―銅合金等を鋳込んだ金具を用い、ケーブル張力を円滑かつ確実に支持構造へ伝達するための構造方法をいう。）
ロ　圧縮止め（構造用ケーブルの端部に圧着した金具を用い、ケーブル張力を円滑かつ確実に支持構造へ伝達するための構造方法をいう。）
ハ　アイ圧縮止め（構造用ケーブルの端部を折り返して当該端部と重なる構造用ケーブルの部分とを筒状の金具により圧着して形成したループを用い、ケーブル張力を円滑かつ確実に支持構造へ伝達するための構造方法をいう。）
三　構造用ケーブルの交差部は、交点金具による緊結、被覆ケーブルの使用その他の構造用ケーブルの摩擦による損傷が生じないための措置を講ずること。
四　構造用ケーブルの端部以外の部分を他の構造用ケーブル又は柱その他の周囲の構造耐力上主要な部分で支える場合にあっては、当該部分に当該構造用ケーブルの直径の8倍（当該構造用ケーブルの応力状態の実況に応じて第5に規定する構造計算によって構造耐力上安全であることが確かめられた場合は、4倍）以上の曲率半径を有する支持具を設けること。ただし、仮設建築物にあっては、この限りでない。
5　構造耐力上主要な部分に用いる膜面に使用する膜材料等相互の接合は、膜材料等が相互に存在応力を伝えることができるものとして、次の各号のいずれか（膜構造用フィルムにあっては、第一号ニ）に定める接合方法としなければならない。ただし、次の各号に掲げる接合方法と同等以上に膜材料等が相互に存在応力を伝えることができるものとする場合においては、この限りでない。
一　次の表に定める膜材料等の種類に応じた次に定める接合方法
イ　縫製接合（接合する膜材料の重ね合わせた部分を端部と平行に縫製する接合方法をいう。以下同じ。）次に定めるところによること。

(1) 縫製部は、縫い糸切れ、目飛び、ずれその他の耐力上の欠点がないものとすること。
(2) 実況に応じた暴露試験その他の耐候性に関する試験によって耐久性上支障のないことが確認されたものとすること。
(3) 接合する膜材料を重ね合わせた部分を端部と平行に4列以上縫製し、かつ、膜材料相互の重ね幅を40㎜以上とすること。ただし、膜面における支点間距離を3m以下、膜面の投影面積を200㎡以下とし、かつ、第5に定める構造計算によって構造耐力上安全であることが確かめられた場合は、膜材料の端部と平行に2列以上縫製し、かつ、重ね幅を20㎜以上とすることができる。
(4) 接合部の引張強さは、使用する膜材料の引張強さに0.7を乗じて得た数値以上とすること。ただし、第5に定める構造計算によって構造耐力上安全であることが確かめられた場合は、使用する膜材料の引張強さに0.6を乗じて得た数値以上とすることができる。
(5) 縫製部には、有効な縫い糸の劣化防止及び防水のための措置を施すこと。ただし、仮設建築物にあっては、この限りでない。

ロ 熱風溶着接合（熱風により、接合する膜材料の重ね合わせた部分のコーティング材を溶融し、当該接合する膜材料を圧着する接合方法をいう。以下同じ。） 次に定めるところによること。
(1) 溶着部は、はがれ、ずれ、ひび割れ、破れ、しわその他の耐力上の欠点がないものとすること。
(2) 実況に応じた暴露試験その他の耐候性に関する試験によって耐久性上支障のないことが確認されたものとすること。
(3) 溶着幅を40㎜以上とすること。ただし、膜面における支点間距離を3m以下、膜面の投影面積を200㎡以下とし、かつ、第5に定める構造計算によって構造耐力上安全であることが確かめられた場合は、溶着幅を20㎜以上とすることができる。
(4) 接合部の引張強さは、使用する膜材料の引張強さに0.8を乗じて得た数値以上とすること。ただし、第5に定める構造計算によって構造耐力上安全であることが確かめられた場合は、使用する膜材料の引張強さに0.7を乗じて得た数値以上とすることができる。

ハ 高周波溶着接合（高周波電界を与えることにより、接合する膜材料の重ね合わせた部分のコーティング材を溶融し、当該接合する膜材料を圧着する接合方法をいう。以下同じ。） 次に定めるところによること。
(1) 溶着部は、ロ(1)及び(2)に定めるところによること。
(2) 溶着幅及び接合部の引張強さは、ロ(3)及び(4)に定めるところによること。

ニ 熱板溶着接合（熱板を押し当てることにより、接合する膜材料の重ね合わせた部分のコーティング材若しくは当該部分に挿入した溶着フィルム又は接合する膜構造用フィルムの重ね合わせた部分を溶融し、当該接合する膜材料等を圧着する接合方法をいう。以下同じ。） 次に定めるところによること。
(1) 溶着部は、ロ(1)及び(2)に定めるところによること。
(2) 膜材料等の種類に応じて次に定めるところによること。
(i)第2項第二号の表の(1)に掲げる膜材料　厚さ0.12㎜以上の溶着フィルムを使用し、溶着幅を75㎜（膜面における支点間距離を3m以下、膜面の投影面積を200㎡以下とし、かつ、第5に定める構造計算によって構造耐力上安全であることが確かめられた場合は、37.5㎜）以上とすること。
(ii)第2項第二号の表の(2)又は(3)に掲げる膜材料　溶着幅を40㎜（膜面における支点間距離を3m以下、膜面の投影面積を200㎡以下とし、かつ、第5に定める構造計算によって構造耐力上安全であることが確かめられた場合は、20㎜）以上とすること。
(iii)第3項第二号に掲げる膜構造用フィルム　溶着幅を8㎜以上とすること。
(3) 接合部の引張強さは、膜材料等の種類に応じて次に定めるところによること。
(i)第2項第二号に掲げる膜材料　ロ(4)に定めるところによること。
(ii)第3項第二号に掲げる膜構造用フィルム　使用する膜構造用フィルムの伸び率10%時の応力に1.2を乗じて得た数値以上とすること。ただし、第5に定める構造計算によって構造耐力上安全であることが確かめられた場合は、使用する膜構造用フィルムの伸び率10%時の応力に1.1を乗じて得た数値以上とすることができる。

	膜材料等の種類	接合方法
(1)	第2項第二号の表の(1)に掲げる膜材料又は第3項第二号に掲げる膜構造用フィルム	熱板溶着接合
(2)	第2項第二号の表の(2)又は(3)に掲げる膜材料	縫製接合、熱風溶着接合、高周波溶着接合又は熱板溶着接合
(3)	(1)及び(2)に掲げる膜材料等以外の膜材料	膜材料の品質及び使用環境その他の実況に応じた実験により(1)又は(2)と同等以上に存在応力を伝達できることが確かめられた接合

二　次に定める合成繊維ロープを用いた接合方法

イ　端部を二重にすることその他膜材料の摩損防止のための措置を講ずること。

ロ　接合部の耐力は、接合する膜材料と同等以上の耐力を有するものとすること。ただし、当該接合部の耐力を引張試験によって確認し、第5に定める構造計算によって構造耐力上安全であることが確認された場合は、この限りでない。

ハ　合成繊維ロープは、JIS L2703（ビニロンロープ）-1992、JIS L2704（ナイロンロープ）-1992、JIS L2705（ポリエチレンロープ）-1992、JIS L2706（ポリプロピレンロープ）-1992若しくはJIS L2707（ポリエステルロープ）-1992のいずれかに適合するものとすること。

ニ　接合する膜材料の端部と平行にハトメ（膜材料に合成繊維ロープを通すために設ける孔に取り付ける膜材料の摩損防止のための金具をいう。以下同じ。）を設けた孔を当該接合する膜材料の相互に均等に設け、合成繊維ロープを交互に当該接合する膜材料のハトメを設けた孔に通して編み合せることにより接合すること。

三　次に定める金物を用いたボルトによる接合方法

イ　プレートその他の金物を介してボルトにより接合すること。

ロ　接合する膜材料の端部を重ね合わせること。

ハ　端部を二重にすることその他膜材料の摩損防止のための措置を講ずること。

ニ　接合部の耐力は、接合する膜材料と同等以上の耐力を有するものとすること。ただし、当該接合部の耐力を引張試験によって確認し、第5に定める構造計算によって構造耐力上安全であることが確認された場合は、この限りでない。

ホ　膜材料の端部に補強用の合成繊維ロープの設置その他の有効な端抜け防止のための措置を講ずること。

四　次に定める構造用ケーブルを用いた接合方法

イ　端部を二重にすることその他膜材料の摩損防止のための措置を講ずること。

ロ　接合部の耐力は、接合する膜材料と同等以上の耐力を有するものとすること。ただし、当該接合部の耐力を引張試験によって確認し、第5に定める構造計算によって構造耐力上安全であることが確認された場合は、この限りでない。

ハ　膜材料を折り返して当該膜材料の端部と当該端部と重なる部分を第一号に定める接合方法により接合し、膜材料の端部に構造用ケーブルを通すことのできる袋を設けること。

ニ　ハに定めるところにより袋状に加工された膜材料の端部に一定の長さで切り込みを入れ、接合する膜材料の端部における切り込みを互い違いに組み合わせ、当該接合する膜材料の端部を組み合わせた部分における接合する膜材料の端部に設けた袋に相互に構造用ケーブルを通すことにより接合すること。

6　構造耐力上主要な部分に用いる膜面に使用する膜材料等を骨組又は構造用ケーブルに定着させる場合においては、次に定めるところによらなければならない。

一　次のいずれか（膜構造用フィルムにあっては、イ）に定める定着方法によるか又はこれらと同等以上に存在応力を伝達できる定着方法により当該膜材料等を骨組又は構造用ケーブルに定着させること。

イ　膜材料等の端部をプレートその他の金物により補強し、金具を介して骨組又は構造用ケーブルに定着させること。

ロ　次に掲げる方法によること。

(1) 前項第二号イからハまでに定めるところによること。
(2) 定着させる膜材料の端部と平行にハトメを設けた孔を当該定着させる膜材料に設け、合成繊維ロープを当該定着させる膜材料のハトメを設けた孔に通して編み合せることにより骨組又は構造用ケーブルに定着させること。

ハ ハトメ布又は抱き込み掛り布（膜面に使用する膜材料を骨組、構造用ケーブルその他の部分に定着させるために当該膜材料に接合したハトメを有する膜材料をいう。）を膜材料に接合し、合成繊維ロープを当該ハトメ布又は抱き込み掛り布のハトメを設けた孔に通して編み合せることにより骨組又は構造用ケーブルに定着させること。

二 定着部の耐力は、定着させる膜面に使用する膜材料等と同等以上の耐力を有するものとすること。ただし、当該定着部の耐力を引張試験によって確認し、第5に定める構造計算によって構造耐力上安全であることが確認された場合は、この限りでない。

三 定着部は、膜材料等の折れ曲がり、局部応力等により膜材料等が損傷しないよう補強又は養生を行うこと。

7 膜面の応力が集中するおそれのある開口部分の周囲、隅角部分その他の部分にあっては、実況に応じて膜材料等の二重使用、構造用ケーブル又は金属プレートの取付けその他の有効な補強を行わなければならない。

8 構造耐力上主要な部分に用いる膜面が雨水、滑雪、融雪水その他の滞留により膜面の変形が進行することのないようにしなければならない。

9 構造耐力上主要な部分に用いる膜面に積雪、風圧並びに地震その他の震動及び衝撃による構造耐力上の支障となる破損が生じないようにしなければならない。

第3 膜面の定着

構造耐力上主要な部分に用いる膜面に使用する膜材料等と周囲の構造耐力上主要な部分（膜面の部分を除く。）との定着部は、その部分の存在応力を伝えることができるものとして、次に掲げる基準に適合するものとしなければならない。ただし、次の各号に掲げる定着と同等以上にその部分の存在応力を伝えることができるものとする場合においては、この限りでない。

一 膜材料等の種類に応じて次のいずれかに適合する定着方法とすること。

イ 第2第2項第二号に掲げる膜材料　次のいずれかに定める定着方法とすること。

(1) 第2第5項第三号（ロを除く。）に定める定着方法とすること。
(2) 次に定める定着方法によること。
(i) 定着させる膜材料は第2第2項第一号の表の(2)又は(3)に掲げる膜材料とすること。
(ii) 第2第5項第二号イからハまでに定めるところによること。
(iii) 定着させる膜材料の端部にハトメを設けた孔を当該定着させる膜材料に設け、合成繊維ロープを当該定着させる膜材料のハトメを設けた孔に通して、周囲の構造耐力上主要な部分に定着させること。

ロ 第2第3項第二号に掲げる膜構造用フィルム　第2第6項第一号イに定める定着方法とすること。

二 定着部の耐力は、定着させる膜面に使用する膜材料等と同等以上の耐力を有するものとすること。ただし、当該定着部の耐力を引張試験によって確認し、第5に定める構造計算によって構造耐力上安全であることが確認された場合は、この限りでない。

三 定着部は、膜材料等の折れ曲がり、局部応力等により膜材料等が損傷しないよう補強又は養生を行うこと。

2 膜面に使用する膜材料等に膜材料等以外の部材又は金物を常時接触状態とする場合にあっては、次に定めるところによらなければならない。

一 構造耐力上主要な部分に用いる膜面に使用する膜材料等に接触する部材に応じて、次に定めるところにより膜面に使用する膜材料等の摩損その他の損傷のおそれのないものとすること。

イ 構造用ケーブル　接触する部分の膜材料等を二重にし、かつ、構造用ケーブルに被覆材を取り付けること。ただし、仮設建築物にあっては、この限りでない。

ロ 構造用ケーブル以外の部材又は金物　部材の角部分を削り落とす等の措置を行い膜面に使用する膜材料等への接触面を平滑にし、実況に応じて膜材料等の二重使用、ゴム等を膜面に使用する膜材料等と部材又は金物との間に挟み込む等の措置を併せて行うこと。

二　合成繊維糸による基布とした膜材料以外の膜材料を使用する場合にあっては、第5第1項第二号に定める構造計算（暴風時に限る。更に、令第82条第二号の表に定めるWについては令第87条に規定する風圧力の$\frac{1}{2}$に相当する風圧力によって生ずる力とする。）を行い接触部分の$\frac{2}{3}$以上の部分が遊離しないことを確かめること。ただし、仮設建築物にあっては、この限りでない。

第4　耐久性等関係規定の指定

令第36条第1項に規定する耐久性等関係規定として、第2第1項、第2項第一号及び第八号から第十二号まで、第3項第一号、第五号、第八号及び第九号、第4項第一号から第三号まで、第5項第一号イ(1)、(2)及び(5)、ロ(1)及び(2)、ハ(1)及びニ(1)及び同号の表並びに第3第1項第三号及び第2項に定める安全上必要な技術的基準を指定する。

第5　保有水平耐力計算、許容応力度等計算又は令第82条各号及び令第82条の4に定めるところによる構造計算と同等以上に安全性を確かめることができる構造計算

令第81条第2項第一号イに規定する保有水平耐力計算と同等以上に膜構造の建築物及び膜構造とその他の構造とを併用する建築物の安全性を確かめることができる構造計算を次の各号及び次項から第5項まで（第4項第二号を除く。）に定め、令第81条第2項第二号イに規定する許容応力度等計算と同等以上に膜構造の建築物及び膜構造とその他の構造とを併用する建築物の安全性を確かめることができる構造計算を次の各号及び次項から第5項まで（第4項第三号を除く。）に定め、令第81条第3項に規定する令第82条各号及び令第82条の4に定めるところによる構造計算と同等以上に膜構造の建築物の安全性を確かめることができる構造計算を次の各号及び次項から第6項まで（第4項を除く。）に定める。

一　令第3章第8節第2款に規定する荷重及び外力並びに膜面の張力によって建築物の構造耐力上主要な部分に生ずる力を計算すること。

二　前号の構造耐力上主要な部分の断面に生ずる長期及び短期の各応力度を令第82条第二号の表に掲げる式に膜面の張力によって生ずる力を加えることによって計算すること。

三　第一号の構造耐力上主要な部分ごとに、前号の規定によって計算した長期及び短期の各応力度が、それぞれ第6の規定による長期に生ずる力又は短期に生ずる力に対する各許容応力度を超えないことを確かめること。

四　平成12年建設省告示第1459号第1に定める場合においては、構造耐力上主要な部分である構造部材の変形又は振動によって建築物の使用上の支障が起こらないことを同告示第2に定める方法によって確かめること。

2　暴風時に、屋外に面する膜面における支点（骨組等又は構造用ケーブルのうち荷重及び外力に応じて膜材料等を支持するものをいう。）及び当該支点の周囲の膜材料等の部分について、平成12年建設省告示第1458号第1項第一号に規定する風圧力に対して安全上支障がないことを確かめること。

3　令第82条第二号の表の荷重及び外力について想定する状態において、次に定める膜面の部分の構造方法に応じ、それぞれ当該各号に定める構造計算を行うこと。

一　膜面における支点間距離が4m以下である膜面の部分　令第82条第二号の表の短期に生ずる力について、積雪時及び暴風時（同表に定めるWについては令第87条に規定する風圧力の$\frac{1}{2}$に相当する風圧力によって当該部分に生ずる力とする。）における膜材料等の部分の常時の状態からの相対変形量を計算し、当該変形量が当該膜面における支点間距離のそれぞれ$\frac{1}{15}$及び$\frac{1}{20}$（その膜材料の部分の周囲の一部を構造用ケーブルに定着させた場合又は当該部分に膜構造用フィルムを使用する場合にあっては、いずれも$\frac{1}{10}$）以下であることを確かめること。

二　膜面における支点間距離が4mを超える膜面の部分　令第82条第二号の表の短期に生ずる力について、積雪時及び暴風時における膜材料等の部分の常時の状態からの相対変形量を計算し、当該変形量が当該膜面における支点間距離の$\frac{1}{15}$（その膜材料の部分の周囲の一部を構造用ケーブルに定着させた場合又は当該部分に膜構造用フィルムを使用する場合にあっては、$\frac{1}{10}$）以下であることを確かめること。

4　前各項の規定によるほか、次に定める構造計算を行うこと。

一　地上部分の層間変形角については、令第82条の2の規定を準用する。

二　高さが31m以下のものの地上部分の剛性率及び偏心率等については、令第82条の6第二号の規定

を準用する。

三　高さが 31m を超えるものの地上部分の保有水平耐力については、令第 82 条の 3 の規定を準用する。この場合において、同条中「第 4 款に規定する材料強度」とあるのは、「第 7 に規定する材料強度」と読み替えるものとする。

5　令第 82 条の 4 の規定によること。

6　令第 82 条第二号の表に掲げる式により、地震時の短期に生ずる力が積雪時又は暴風時の短期に生ずる力に比べ小さいことを確かめること。

第 6　許容応力度

膜材料等の引張りの許容応力度は、次に掲げるものとする。

一　膜材料の引張りの許容応力度は、接合等の状況に応じ、それぞれ次の表の数値によらなければならない。

	接合等の状況		長期に生ずる力に対する引張りの許容応力度（単位　N/mm²）	短期に生ずる力に対する引張りの許容応力度（単位　N/mm²）
(1)	接合部のない場合又は接合幅若しくは溶着幅が 40 mm（第 2 第 2 項第二号の表の(1)に掲げる膜材料にあっては、75mm）以上の場合	折りたたみを行わない場合	$\frac{Fm}{80t}$	$\frac{Fm}{40t}$
		折りたたみを行う場合	$\frac{Fm}{80t}$	$\frac{Fm}{50t}$
(2)	(1)項に掲げる場合以外の場合		$\frac{Fm}{100t}$	$\frac{Fm}{50t}$

この表において、Fm 及び t は、それぞれ次の数値を表すものとする。
Fm　第 8 に規定する膜材料の各糸方向の基準強度（単位　N/cm）
t　膜材料の厚さ（単位　mm）

二　膜構造用フィルムの引張りの許容応力度は、次の表の数値によらなければならない。

		長期に生ずる力に対する引張りの許容応力度（単位　N/mm²）	短期に生ずる力に対する引張りの許容応力度（単位　N/mm²）
積雪時以外	折りたたみを行わない場合	$\frac{F_1}{2}$	F_1
	折りたたみを行う場合	$\frac{F_1}{2}$	$\frac{4F_1}{5}$
積雪時	折りたたみを行わない場合	$\frac{1.4F_1}{2}$	$\frac{4.5F_1}{5}$
	折りたたみを行う場合	$\frac{1.4F_1}{2}$	$\frac{3.6F_1}{5}$

この表において、F_1 は、第 8 に規定する膜構造用フィルムのロール方向及びロール直交方向の第 1 基準強度（単位　N/mm²）を表すものとする。

三　膜面を袋状にした膜構造用フィルムの内部の空気圧を高めることにより当該膜構造用フィルムに張力を導入するものとする場合において、暴風時の構造計算をするに当たっては、短期に生ずる力に対する引張りの許容応力度は、次の表に掲げる数値とすることができる。

短期に生ずる力に対する引張りの許容応力度（単位　N/mm²）
$\frac{6F_1}{5}$

この表において、F_1 は、前号の表に規定する膜構造用フィルムのロール方向及びロール直交方向の第 1 基準強度（単位　N/mm²）を表すものとする。

2　膜面の定着部の引張りの許容応力度は、次に掲げるものとする。

一　膜面の定着部の引張りの許容応力度は、次の表に掲げる許容耐力を膜面の定着部の種類及び形状に応じて求めた有効断面積で除した数値（膜構造用フィルムを使用する場合において、構造計算をするに当たっては、当該数値又は前項第二号の規定による引張りの許容応力度の数値のうちいずれか小さい数値）によらなければならない。

		長期に生ずる力に対する引張りの許容耐力（単位　N）	短期に生ずる力に対する引張りの許容耐力（単位　N）
膜材料		$\frac{Fj}{6}$	$\frac{Fj}{3}$
膜構造用フィルム	積雪時以外	$\frac{Ffj}{3}$	$\frac{2Ffj}{3}$
	積雪時	$\frac{1.4Ffj}{3}$	$\frac{1.8Ffj}{3}$
この表において、Fj 及び Ffj は、それぞれ次の数値を表すものとする。 Fj　膜材料の膜面の定着部の実況に応じた引張試験によって求めた引張強さ（単位　N） Ffj　膜構造用フィルムの膜面の定着部の実況に応じた引張試験によって求めた引張強さ（単位　N）			

二　膜面を袋状にした膜構造用フィルムの内部の空気圧を高めることにより当該膜構造用フィルムに張力を導入するものとする場合において、暴風時の構造計算をするに当たっては、短期に生ずる力に対する定着部の引張りの許容応力度は次の表に掲げる許容耐力を膜面の定着部の種類及び形状に応じて求めた有効断面積で除した数値とすることができる。

短期に生ずる力に対する引張りの許容耐力（単位　N）
$\frac{2.4Ffj}{3}$
この表において、Ffj は、前号の表に規定する膜構造用フィルムの膜面の定着部の実況に応じた引張試験によって求めた引張強さ（単位　N）を表すものとする。

3　前2項に掲げる膜材料等及び膜面の定着部以外の材料の許容応力度は、令第3章第8節第3款の規定によらなければならない。

第7　材料強度

一　膜材料等の引張りの材料強度は、次の表の数値によらなければならない。

		引張りの材料強度（単位　N/㎟）
膜材料		$\frac{Fm}{40t}$
膜構造用フィルム	積雪時以外	F_2
	積雪時	$\frac{6F_1}{5}$
この表において、Fm、t、F_1、及び F_2 はそれぞれ次の数値を表すものとする。 Fm　第6第1項第一号の表に規定する膜材料の各糸方向の基準強度（単位　N/cm） t　膜材料の厚さ（単位　mm） F_1　第6第1項第二号の表に規定する膜構造用フィルムのロール方向及びロール直交方向の第1基準強度（単位　N/㎟） F_2　第8に規定する膜構造用フィルムのロール方向及びロール直交方向の第2基準強度（単位　N/㎟）		

二　膜面の定着部の引張りの材料強度は、次の表に掲げる終局耐力を膜面の定着部の種類及び形状に応じて求めた有効断面積で除した数値（膜構造用フィルムを使用する場合において、構造計算をするに当たっては、当該数値又は前号の規定による引張りの材料強度のうちいずれか小さい数値）としなければならない。

	引張りの終局耐力（単位　N）
膜材料	$\frac{Fj}{3}$

膜構造用フィルム	$\frac{2.5Ffj}{3}$
この表において、Fj及びFfjは、それぞれ次の数値を表すものとする。 Fj　第6第2項第一号の表に規定する膜材料を用いた膜面の定着部の引張強さ（単位　N） Ffj　第6第2項第一号の表に規定する膜構造用フィルムの膜面の定着部の実況に応じた引張試験によって求めた引張強さ（単位　N）	

三　前各号に掲げる膜材料等及び膜面の定着部以外の材料の材料強度は、令第3章第8節第4款の規定によらなければならない。

第8　基準強度

第6第1項第一号の表に規定する膜材料の各糸方向の基準強度、同項第二号の表に規定する膜構造用フィルムのロール方向及びロール直交方向の第1基準強度及び第7第一号の表に規定する膜構造用フィルムのロール方向及びロール直交方向の第2基準強度は、その品質に応じて国土交通大臣が指定した数値とする。

テント倉庫建築物の構造方法に関する安全上必要な技術的基準を定める等の件

制定：平成14年7月23日　国土交通省告示第667号
改正：令和元年　6月25日　国土交通省告示第203号

建築基準法施行令（昭和25年政令第338号）第80条の2第二号の規定に基づき、膜構造の建築物のうち倉庫の用途に供する建築物（以下「テント倉庫建築物」という。）の構造方法に関する安全上必要な技術的基準を第1から第3までに定め、同令第36条第1項の規定に基づき、テント倉庫建築物の構造方法に関する安全上必要な技術的基準のうち耐久性等関係規定を第4に指定し、同令第38条第4項の規定に基づき、テント倉庫建築物の基礎の構造計算を第5に定め、同令第81条第3項の規定に基づき、テント倉庫建築物の構造計算が、第6に適合する場合においては、当該構造計算は、同令第82条各号及び同令第82条の4に定めるところによる構造計算と同等以上に安全性を確かめることができるものと認める。

第1　適用の範囲等

テント倉庫建築物の構造方法は、次に定めるところによらなければならない。

一　膜構造の建築物とし、鉄骨造の骨組に膜材料、テント倉庫用膜材料又は膜構造用フィルム（以下「膜材料等」という。）を張り、当該骨組及び当該膜材料等を一体とし、膜材料等に張力を導入して荷重及び外力を負担することのできる安定した平面又は曲面とすることにより、構造耐力上主要な部分である屋根版及び壁を設けること。

二　階数が1であること。

三　延べ面積が1,000㎡以下であること。

四　軒の高さが5m以下であること。

五　膜面（張力を導入した膜材料等及び当該膜材料等と一体となる骨組又は構造用ケーブルにより荷重及び外力を負担するものをいう。以下同じ。）を用いた屋根の形式は、切妻屋根面、片流れ屋根面又は円弧屋根面とすること。

六　構造耐力上主要な部分に用いる膜面に使用する膜材料等は、けた行方向に1.5m以下の間隔で鉄骨造の骨組に定着させること。ただし、第6第1項第一号から第三号までに定める構造計算によって構造耐力上安全であることが確かめられた場合には、3m以下の間隔で定着させることができる。

第2　膜面の構造

構造耐力上主要な部分に用いる膜面は、当該膜面に使用する膜材料等に張力を導入して有効に平面又は曲面の形状を保持することができるもの（袋状にした膜構造用フィルムの内部の空気圧を高めることにより、当該膜構造用フィルムに張力を導入して平面又は曲面の形状を保持することができるものを含む。）とし、当該膜面に変形が生じた場合であっても、膜面を定着させる部分以外の部分と接触させてはならない。

2　構造耐力上主要な部分に用いる膜面に使用する膜材料及びテント倉庫用膜材料は、次の各号に掲げる基準に適合しなければならない。この場合において、膜面に使用する骨組を構成する鉛直部材の脚部をけた行方向のみに移動する滑節構造とし、屋根版及び壁に用いる膜面を折りたたむことにより伸縮する構造とする当該屋根版及び壁の部分（以下「可動式膜面の部分」という。）に使用する膜材料及びテント倉庫用膜材料には、ガラス繊維糸を使用してはならない。

一　厚さの基準値は0.45㎜以上とし、かつ、単位質量の基準値は1㎡につき400g以上であること。

二　引張強さの基準値は、幅1㎝につき400N以上であること。

三　伸び率の基準値は、40%以下であること。

四　引裂強さの基準値は、78N以上であること。

五　構造耐力上主要な部分で特に変質又は摩損のおそれのあるものについては、変質若しくは摩損しにくい膜材料及びテント倉庫用膜材料又は変質若しくは摩損防止のための措置をした膜材料及びテント倉庫用膜材料とすること。

3　構造耐力上主要な部分に用いる膜面に使用する膜構造用フィルムは、次の各号に掲げる基準に適合しなければならない。

一　膜構造用フィルムは、エチレン－4ふっ化エチレン共重合樹脂フィルムとすること。

二　厚さの基準値は0.1㎜以上とし、かつ、単位質量の基準値は175g/㎡以上であること。

三　引張強さの基準値は、40N/㎟以上であること。

四　伸び率の基準値は、300%以上であること。

五　引裂強さの基準値は、厚さ1㎜につき160N以上であること。

六　構造耐力上主要な部分で特に変質又は摩損のおそれのあるものについては、変質若しくは摩損しにくい膜構造用フィルム又は変質若しくは摩損防止のための措置をした膜構造用フィルムとすること。

4　構造耐力上主要な部分に用いる膜面に使用する骨組は、次に定めるところによらなければならない。

一　骨組に用いる鋼材は、日本産業規格（以下「JIS」という。）G3101（一般構造用圧延鋼材）-1995、JIS G3106（溶接構造用圧延鋼材）-1999、JIS G3114（溶接構造用耐候性熱間圧延鋼材）-1998、JIS G3136（建築構造用圧延鋼材）-1994、JIS G3350（一般構造用軽量形鋼）-1987、JIS G3444（一般構造用炭素鋼管）-1994、JIS G3466（一般構造用角形鋼管）-1988、JIS G3112（鉄筋コンクリート用棒鋼）-1987若しくはJIS G3117（鉄筋コンクリート用再生棒鋼）-1987のいずれかの規格に適合するもの又はこれらと同等以上の品質を有するものとしなければならない。

二　骨組を構成する部材（間柱、小ばりその他これらに類するものを除く。）相互の接合は、次に定めるところによらなければならない。

イ　高力ボルト接合又は溶接接合によること。ただし、張り間が13m以下のテント倉庫建築物について、ボルトが緩まないようにコンクリートで埋め込む場合、ナットの部分を溶接し、又はナットを二重に使用する場合その他これらと同等以上の効力を有する戻り止めをする場合においては、ボルト接合によることができる。

ロ　イにおいて、高力ボルト接合又はボルト接合とした場合にあっては、建築基準法施行令（以下「令」という。）第68条の規定を準用すること。

三　骨組の継手又は仕口の構造は、その部分の存在応力を伝えることができるものとして、平成12年建設省告示第1464号に定める構造方法を用いるものとしなければならない。この場合において、同告示第一号中「令第82条第一号から第三号までに定める構造計算」とあるのは「第6第1項第一号から第三号までに定める構造計算」と読み替えるものとする。

四　骨組は、適切に水平力を負担する筋かいを設ける等水平力に対して安全なものとしなければならない。

五　骨組を構成する鉛直部材のけた行方向の間隔は、3m以下としなければならない。ただし、第6第1項第一号から第三号までに定める構造計算によって構造耐力上安全であることが確かめられた場合は、この限りでない。

六　骨組を構成する鉛直部材の張り間方向の間隔は、8m以下としなければならない。ただし、第6第1項第一号から第三号までに定める構造計算によって構造耐力上安全であることが確かめられた場合は、当該張り間方向の間隔を30m以下とすることができる。

七　骨組を構成する水平部材（けた行方向の端部に設置するものに限る。）の相互の間隔は、2m以下としなければならない。ただし、第6第1項第一号から第三号までに定める構造計算によって構造耐力上安全であることが確かめられた場合は、この限りでない。

八　前7号に定めるところによるほか、可動式膜面の部分の骨組は、次に定めるところによらなければならない。

イ　可動式膜面の部分の骨組は、可動式膜面の部分をけた行方向に伸縮させる時に風圧力その他の外力に対して著しい揺れ又はねじれを生じないものとすること。

ロ　可動式膜面の部分に構造用ケーブルを用いる場合にあっては、膜面を閉じた状態において当該構造用ケーブルにたるみが生じないために必要な措置を講ずること。

ハ　可動式膜面の部分の骨組を構成する鉛直部材のけた行方向の相互の間隔は、1.5m以下とすること。

ニ　可動式膜面の部分の骨組のうち鉛直部材の張り間方向の間隔は、8m以下とすること。ただし、第6第1項第一号から第三号までに定める構造計算によって構造耐力上安全であることが確かめられた場合は、当該張り間方向の間隔を20m以下とすることができる。

5　構造耐力上主要な部分に用いる膜面に使用する構造用ケーブルは、ねじれ、折れ曲がりその他の耐力上の欠点のないものとしなければならない。

6　構造耐力上主要な部分に用いる膜面に使用する膜材料等相互の接合は、膜材料等の存在応力を伝えることができるものとして、次の各号に掲げる膜材料等の種類に応じ、それぞれ当該各号に定める接合としなければならない。

一　膜材料　平成14年国土交通省告示第666号第2第5項に定める接合方法によること。この場合において、同項中「40㎜以上」とあるのは、「20㎜以上」とする。

二　テント倉庫用膜材料　縫製接合（接合する膜材料等の重ね合わせた部分を端部と平行に縫製する接合方法をいう。以下同じ。）、熱風溶着接合（熱風により、接合する膜材料等の重ね合わせた部分のコーティング材を溶融し、当該接合する膜材料等を圧着する接合方法をいう。以下同じ。）、高周波溶着接合（高周波電界を与えることにより、接合する膜材料等の重ね合わせた部分のコーティング材を溶融し、当該接合する膜材料等を圧着する接合方法をいう。以下同じ。）又は熱板溶着接合（熱板を押し当てることにより、接合する膜材料等の重ね合わせた部分のコーティング材又は当該部分に挿入した溶着フィルムを溶融し、当該接合する膜材料等を圧着する接合方法をいう。以下同じ。）のいずれかとし、次に定めるところによること。

イ　テント倉庫用膜材料相互の接合幅又は溶着幅は20㎜以上とすること。

ロ　接合部の引張強さは使用するテント倉庫用膜材料の引張強さの数値に0.7を乗じて得た数値以上とすること。

ハ　縫製接合とする場合にあっては、縫製部は、縫い糸切れ、目飛び、ずれその他の耐力上の欠点がないものとすること。この場合において、縫製部には、有効な縫い糸の劣化防止及び防水のための措置を施すこと。

ニ　熱風溶着接合、高周波溶着接合又は熱板溶着接合とする場合にあっては、溶着部は、はがれ、ずれ、ひび割れ、破れ、しわその他の耐力上の欠点のないものとすること。

三　膜構造用フィルム　平成14年国土交通省告示第666号第2第5項第一号ニに定める接合方法によること。

7　構造耐力上主要な部分に用いる膜面に使用する膜材料等を骨組又は構造用ケーブルに定着させる場合においては、平成14年国土交通省告示第666号第2第6項の規定によらなければならない。

8　構造耐力上主要な部分に用いる膜面に雨水、滑雪、融雪水等の滞留が生じないようにしなければならない。

第3　膜面と基礎又は土台との接合

構造耐力上主要な部分に用いる膜面は、骨組に使用する鉛直部材の脚部において、平成12年建設省告示第1456号の規定に従ったアンカーボルトによる緊結その他の構造方法により基礎に緊結しなければならない。ただし、第6第1項第一号から第三号までに定める構造計算によって構造耐力上安全であることが確かめられた場合は、この限りでない。

2　可動式膜面の部分にあっては、前項の規定にかかわらず、次に定めるところによらなければならない。

一　可動式膜面の部分の直下にある土台に用いる鋼材は、JIS E1101（普通レール及び分岐器類用特殊レール）-2001 若しくは JIS E1103（軽レール）-1993 又はこれらと同等以上の品質を有するものとすること。

二　可動式膜面の部分の骨組を構成する鉛直部材の脚部の可動部分（当該鉛直部材の脚部をけた行方向に移動させるための車輪及びこれを支持する部分をいう。以下次号において同じ。）は、荷重及び外力によって生ずる力を構造耐力上有効に当該鉛直部材の脚部の直下にある土台に伝えることができる剛性及び耐力を有する構造とすること。

三　可動式膜面の部分の骨組を構成する鉛直部材の浮き上がり及び当該鉛直部材の脚部の可動部分の脱輪を防止するために必要な措置を講じ、かつ、端部における鉛直部材の脚部の可動部分を固定するための装置を設けること。

第４　耐久性等関係規定の指定

令第 36 条第１項に規定する耐久性等関係規定として、第２第１項、第２項第二号から第五号まで、第３項第三号及び第六号、第４項第一号及び第八号イ及びロ、第５項及び第６項第二号ハ及びニ並びに第３第２項第一号及び第三号に定める安全上必要な技術的基準を指定する。

第５　テント倉庫建築物の基礎について定める構造計算

令第 38 条第４項に規定するテント倉庫建築物の基礎の構造計算は、次に定める基準に従った構造計算とする。

一　テント倉庫建築物、敷地、地盤その他の基礎に影響を与えるものの実況に応じて、土圧、水圧その他の荷重及び外力を採用し、第６第１項第一号から第三号までに定める構造計算を行うこと。

二　前号の構造計算を行うに当たり、自重による沈下その他の地盤の変形等を考慮してテント倉庫建築物に有害な損傷、変形及び沈下が生じないことを確かめること。

第６　テント倉庫建築物の安全性を確かめることができる構造計算

令第 81 条第３項に規定する令第 82 条各号及び令第 82 条の４に定めるところによる構造計算と同等以上にテント倉庫建築物の安全性を確かめることができる構造計算を次に定める。

一　令第３章第８節第２款及び次項に規定する荷重及び外力によってテント倉庫建築物の構造耐力上主要な部分に生ずる力を計算すること。

二　前号の構造耐力上主要な部分の断面に生ずる長期及び短期の各応力度を令第 82 条第二号の表に掲げる式によって計算すること。この場合において、同表中「令第 87 条に規定する風圧力によって生ずる力」とあるのは、「次項に規定する風圧力によって生ずる力」と読み替えるものとする。

三　第一号の構造耐力上主要な部分ごとに、前号の規定によって計算した長期及び短期の各応力度が、それぞれ第３項から第６項までの規定による長期に生ずる力又は短期に生ずる力に対する各許容応力度を超えないことを確かめること。

四　平成 12 年建設省告示第 1459 号第１に定める場合においては、構造耐力上主要な部分である構造部材の変形又は振動によってテント倉庫建築物の使用上の支障が起こらないことを同告示第２に定める方法によって確かめること。

2　前項第二号の風圧力は、次の各号によらなければならない。

一　令第 87 条の規定によること。この場合において、同条第２項に規定する Vo は、平成 12 年建設省告示第 1454 号第２に規定する数値に 0.8 以上の数値を乗じて得た数値（当該数値が 28 未満のときは、28）とすることができる。

二　前号の規定により速度圧を減らして風圧力を計算したテント倉庫建築物については、その出入口又はその他の見やすい場所に、その軽減の実況その他必要な事項を表示すること。

3　第１項第三号の長期に生ずる力又は短期に生ずる力に対する各許容応力度のうち、膜材料等の引張りの許容応力度は、次に掲げるものとする。

一　膜材料及びテント倉庫用膜材料の引張りの許容応力度は、次の表の数値によらなければならない。

長期に生ずる力に対する引張りの許容応力度（単位　N/㎟）	短期に生ずる力に対する引張りの許容応力度（単位　N/㎟）

$\frac{Fm}{60t}$	$\frac{Fm}{30t}$
この表において、Fm 及び t は、それぞれ次の数値を表すものとする。 Fm 第 7 項第一号及び第二号に規定する膜材料等の各糸方向の基準強度（単位 N/cm） t 膜材料等の厚さ（単位 mm）	

二 膜構造用フィルムの引張りの許容応力度は、次の表の数値によらなければならない。

	長期に生ずる力に対する引張りの許容応力度（単位 N/mm²）	短期に生ずる力に対する引張りの許容応力度（単位 N/mm²）
積雪時以外	$\frac{F_1}{2}$	F_1
積雪時	$\frac{1.4F_1}{2}$	$\frac{4.5F_1}{5}$
この表において、F_1 は、第 7 項第二号に規定する膜構造用フィルムのロール方向及びロール直交方向の第 1 基準強度（単位 N/mm²）を表すものとする。		

三 膜面を袋状にした膜構造用フィルムの内部の空気圧を高めることにより当該膜構造用フィルムに張力を導入するものとする場合において、暴風時の構造計算をするに当たっては、短期に生ずる力に対する引張りの許容応力度は、次の表に掲げる数値とすることができる。

短期に生ずる力に対する引張りの許容応力度（単位 N/mm²）
$\frac{6F_1}{5}$
この表において、F_1 は、前号の表に規定する膜構造用フィルムのロール方向及びロール直交方向の第 1 基準強度（単位 N/mm²）を表すものとする。

4 第 1 項第三号の長期に生ずる力又は短期に生ずる力に対する各許容応力度のうち、膜面の定着部の引張りの許容応力度は、次に掲げるものとする。

一 膜面の定着部の引張りの許容応力度は、次の表に掲げる許容耐力を膜面の定着部の種類及び形状に応じて求めた有効断面積で除した数値（膜構造用フィルムを使用する場合において、構造計算をするに当たっては、当該数値又は前項第二号の規定による引張りの許容応力度の数値のうちいずれか小さい数値）によらなければならない。

		長期に生ずる力に対する引張りの許容耐力（単位 N）	短期に生ずる力に対する引張りの許容耐力（単位 N）
膜材料及びテント倉庫用膜材料		$\frac{Fj}{4}$	$\frac{Fj}{2}$
膜構造用フィルム	積雪時以外	$\frac{Ffj}{3}$	$\frac{2Ffj}{3}$
	積雪時	$\frac{1.4Ffj}{3}$	$\frac{1.8Ffj}{3}$
この表において、Fj 及び Ffj は、それぞれ次の数値を表すものとする。 Fj 膜材料及びテント倉庫用膜材料の膜面の定着部の実況に応じた引張試験によって求めた引張強さ（単位 N） Ffj 膜構造用フィルムの膜面の定着部の実況に応じた引張試験によって求めた引張強さ（単位 N）			

二 膜面を袋状にした膜構造用フィルムの内部の空気圧を高めることにより当該膜構造用フィルムに張力を導入するものとする場合において、暴風時の構造計算をするに当たっては、短期に生ずる力に対する定着部の引張りの許容応力度は次の表に掲げる許容耐力を膜面の定着部の種類及び形状に応じて求めた有効断面積で除した数値とすることができる。

短期に生ずる力に対する引張りの許容耐力（単位 N）

$\frac{2.4Ffj}{3}$
この表において、Ffjは、前号の表に規定する膜構造用フィルムの膜面の定着部の実況に応じた引張試験によって求めた引張強さ（単位　N）を表すものとする。

5　第1項第三号の長期に生ずる力又は短期に生ずる力に対する各許容応力度のうち、可動式膜面の部分の直下にある土台に用いるレールの支圧の許容応力度は、次の表の数値によらなければならない。

長期に生ずる力に対する支圧の許容応力度（単位　N/㎟）	短期に生ずる力に対する支圧の許容応力度（単位　N/㎟）
$\frac{10HBW}{\nu}$	$\frac{15HBW}{\nu}$
この表において、HBW及びνは、それぞれ次の数値を表すものとする。 HBW　JIS Z2243（ブリネル硬さ試験—試験方法）-1998に定めるブリネル硬さ試験方法により求めたブリネル硬さ ν　次の式によって計算した数値 $\nu=2\left(\frac{HBW^2}{900000}+1\right)$	

6　第1項第三号の長期に生ずる力又は短期に生ずる力に対する各許容応力度のうち、第3項から前項までに掲げる膜材料等、膜面の定着部及びレール以外の材料の許容応力度は、令第3章第8節第3款の規定によらなければならない。

7　テント倉庫建築物の構造耐力上主要な部分に使用する膜材料等の許容応力度の基準強度は、次に定めるところによらなければならない。

一　第3項第一号に規定するテント倉庫用膜材料の各糸方向の基準強度は、その品質に応じて国土交通大臣が指定した数値とする。

二　第3項第一号に規定する膜材料の各糸方向の基準強度及び同項第二号に規定する膜構造用フィルムのロール方向及びロール直交方向の第1基準強度は、平成14年国土交通省告示第666号第8によることとする。

土砂災害特別警戒区域内における居室を有する建築物の外壁等の構造方法並びに当該構造方法を用いる外壁等と同等以上の耐力を有する門又は塀の構造方法を定める件

制定：平成13年3月30日　国土交通省告示第383号
改正：平成19年5月18日　国土交通省告示第624号

建築基準法施行令（昭和25年政令第338号。以下「令」という。）第80条の3の規定に基づき、土砂災害特別警戒区域内における居室を有する建築物の外壁等の構造方法及び当該構造方法を用いる外壁等と同等以上の耐力を有する門又は塀の構造方法を次のように定める。

第1

この告示において次の各号に掲げる用語の意義は、それぞれ当該各号に定めるところによる。

一　急傾斜地の崩壊に伴う土石等の移動による最大の力の大きさ　土砂災害特別警戒区域の指定において都道府県知事が定めた急傾斜地の崩壊に伴う土石等の移動により建築物の地盤面に接する部分に作用すると想定される力の大きさのうち最大のもの

二　急傾斜地の崩壊に伴い移動する土石等の高さ　土砂災害特別警戒区域の指定において都道府県知事が定めた急傾斜地の崩壊に伴う土石等の移動による最大の力が建築物に作用する場合の土石等の高さ

三　急傾斜地の崩壊に伴う土石等の堆積による最大の力の大きさ　土砂災害特別警戒区域の指定におい

て都道府県知事が定めた急傾斜地の崩壊に伴う土石等の堆積により建築物の地盤面に接する部分に作用すると想定される力の大きさのうち最大のもの（当該力が建築物に作用する場合の堆積する土石等の高さが外壁等の高さを超える場合にあっては、土石等の堆積による最大の力の大きさに当該外壁等の高さ等を乗じ当該土石等の高さで除したもの）

四　急傾斜地の崩壊に伴い堆積する土石等の高さ　土砂災害特別警戒区域の指定において都道府県知事が定めた急傾斜地の崩壊に伴う土石等の堆積による最大の力が建築物に作用する場合の土石等の高さ（当該高さが外壁等の高さを超える場合にあっては外壁等の高さ）

五　土石流による最大の力の大きさ　土砂災害特別警戒区域の指定において都道府県知事が定めた土石流により建築物の地盤面に接する部分に作用すると想定される力の大きさのうち最大のもの

六　土石流の高さ　土砂災害特別警戒区域の指定において都道府県知事が定めた土石流による最大の力が建築物に作用する場合の土石流の高さ（当該高さが外壁等の高さを超える場合にあっては外壁等の高さ）

七　地滑り地塊の滑りに伴って生じた土石等の堆積による力の大きさ　土砂災害特別警戒区域の指定において都道府県知事が定めた地滑り地塊の滑りに伴って生じた土石等の移動により建築物の地盤面に接する部分に作用すると想定される力の大きさ

八　地滑り地塊の滑りに伴って生じた土石等の高さ　土砂災害特別警戒区域の指定において都道府県知事が定めた地滑り地塊の滑りに伴って生じた土石等の堆積による力が建築物に作用する場合の土石等の高さ（当該高さが外壁等の高さを超える場合にあっては外壁等の高さ）

第2

令第 80 条の 3 に規定する外壁等の構造方法は、自然現象の種類が急傾斜地の崩壊である場合にあっては、次の第一号又は第二号（急傾斜地の崩壊に伴う土石等の移動による最大の力の大きさが 1㎡につき 100kN を超える場合、急傾斜地の崩壊に伴う土石等の移動による最大の力の大きさが 1㎡につき 50kN を超え、かつ、急傾斜地の崩壊に伴い移動する土石等の高さが 1.0m を超える場合、急傾斜地の崩壊に伴い移動する土石等の高さが 2.0m を超える場合又は急傾斜地の崩壊に伴い堆積する土石等の高さが 5.0m を超える場合には、第二号）に該当するものとしなければならない。

一　次のイからハまでのいずれかに該当する構造方法

イ　外壁、当該外壁に接着する控壁及び基礎を設ける構造とし、当該外壁、控壁及び基礎をそれぞれ次に掲げる構造方法とするもの

(1)　外壁の構造方法

(i)鉄筋コンクリート造とし、当該鉄筋コンクリート造に使用するコンクリートの設計基準強度は 1㎟につき 18N 以上であること。

(ii)開口部（開口面積が 100㎠以内で、その周囲に径 12㎜以上の補強筋を配置した給気口又は排気口を除く。）を設けないこと。ただし、急傾斜地の崩壊に伴う土石等の移動又は堆積による力が作用すると想定される建築物の部分が存する階に居室を有しない場合又は当該力が作用すると想定される外壁の屋内側に居室を有せず、かつ、居室以外の室と居室との間に壁（第一号イ(1)(i)及び(iii)から(v)までの規定に適合し、かつ、開口部を有しないものに限る。）が設けられている場合にあっては、この限りでない。

(iii)厚さは、15㎝以上とすること。

(iv)長さ 1m 当たりの縦筋の断面積の和は、次の表 1 の数値以上とすること。

表 1

急傾斜地の崩壊に伴い移動する土石等の高さ（単位　m）	急傾斜地の崩壊に伴い堆積する土石等の高さ（単位　m）	縦筋の断面積の和（単位　㎟/m）
1.0 以下の場合	1.0 以下の場合	18.3p 又は 7.9w のうちいずれか大きい値
	1.0 を超え 2.0 以下の場合	11.2p 又は 11.9w のうちいずれか大きい値

	2.0を超え3.0以下の場合	8.3p又は15.1wのうちいずれか大きい値
	3.0を超え4.0以下の場合	7.1p又は17.1wのうちいずれか大きい値
	4.0を超え5.0以下の場合	6.0p又は18.5wのうちいずれか大きい値
1.0を超える場合	1.0を超え2.0以下の場合	26.8p又は11.9wのうちいずれか大きい値
	2.0を超え3.0以下の場合	20.4p又は15.1wのうちいずれか大きい値
	3.0を超え4.0以下の場合	16.3p又は17.1wのうちいずれか大きい値
	4.0を超え5.0以下の場合	13.7p又は18.5wのうちいずれか大きい値
この表において、p及びwは、それぞれ次の数値を表すものとする。 p　急傾斜地の崩壊に伴う土石等の移動による最大の力の大きさの値（単位　kN/㎡） w　急傾斜地の崩壊に伴う土石等の堆積による最大の力の大きさの値（単位　kN/㎡）		

(v)補強筋として径9㎜以上の鉄筋を30㎝以下の間隔で横に配置すること。

(2)　控壁の構造方法

(i)鉄筋コンクリート造とし、当該鉄筋コンクリート造に使用するコンクリートの設計基準強度は1㎟につき18N以上であること。

(ii)開口部（開口面積が100㎠以内で、その周囲に径12㎜以上の補強筋を配置した給気口又は排気口を除く。）を設けないこと。

(iii)厚さは、15㎝以上とすること。

(iv)外壁と接する端部及び隅角部に縦筋を配置し、その縦筋の断面積の和を、次の表2の数値以上とすること。

表2

急傾斜地の崩壊に伴い移動する土石等の高さ（単位　m）	急傾斜地の崩壊に伴い堆積する土石等の高さ（単位　m）	縦筋の断面積の和（単位　㎟）
1.0以下の場合	1.0以下の場合	$\frac{3.4p}{d}$又は$\frac{w}{d}$のうちいずれか大きい値
	1.0を超え2.0以下の場合	$\frac{3.4p}{d}$又は$\frac{7.1w}{d}$のうちいずれか大きい値
	2.0を超え3.0以下の場合	$\frac{3.4p}{d}$又は$\frac{18.9w}{d}$のうちいずれか大きい値
	3.0を超え4.0以下の場合	$\frac{3.4p}{d}$又は$\frac{36.0w}{d}$のうちいずれか大きい値
	4.0を超え5.0以下の場合	$\frac{3.4p}{d}$又は$\frac{60.1w}{d}$のうちいずれか大きい値
1.0を超える場合	1.0を超え2.0以下の場合	$\frac{25.2p}{d}$又は$\frac{7.1w}{d}$のうちいずれか大きい値
	2.0を超え3.0以下の場合	$\frac{25.2p}{d}$又は$\frac{18.9w}{d}$のうちいずれか大きい値
	3.0を超え4.0以下の場合	$\frac{25.2p}{d}$又は$\frac{36.0w}{d}$のうちいずれか大きい値

	4.0 を超え 5.0 以下の場合	$\frac{25.2p}{d}$ 又は $\frac{60.1w}{d}$ のうちいずれか大きい値
この表において、p、w 及び d は、それぞれ次の数値を表すものとする。 p　急傾斜地の崩壊に伴う土石等の移動による最大の力の大きさの値（単位　kN/㎡） w　急傾斜地の崩壊に伴う土石等の堆積による最大の力の大きさの値（単位　kN/㎡） d　控壁の突出した長さ（単位　m）		

(v)(iv)に定めるもののほか、補強筋として径 9㎜以上の鉄筋を 30㎝以下の間隔で縦横に配置すること。

(vi)(1)の構造方法を用いる外壁の屋内側に当該外壁に対し垂直に設けるものとし、高さは(1)の構造方法を用いる外壁の高さ以上とすること。

(vii)控壁が外壁に接着する部分間の中心距離は、4 m以下とすること。

(3)　基礎の構造方法

(i)鉄筋コンクリート造とし、当該鉄筋コンクリート造に使用するコンクリートの設計基準強度は 1㎟につき 18N 以上であること。

(ii)開口部（令第 22 条に規定する換気孔で、その周囲に径 12㎜以上の補強筋を配置したものを除く。）を設けないこと。

(iii)立上り部分の厚さは 20㎝以上と、底盤の厚さは 30㎝以上とすること。

(iv)根入れの深さは、60㎝以上とすること。

(v)立上り部分の補強筋として、径 12㎜以上の鉄筋を 20㎝以下の間隔で配置すること。

(vi)底盤の補強筋として径 12㎜以上の鉄筋を縦横に 15㎝以下の間隔で配置すること。

(vii)布基礎とする場合にあっては、底盤の幅を 60㎝以上とし、底盤に補強筋として径 12㎜以上の鉄筋を配置すること。この場合において、底盤の長さ 1m当たりの鉄筋の断面積の和は、次の表 3 の数値以上とすること。

表 3

急傾斜地の崩壊に伴い移動する土石等の高さ（単位　m）	急傾斜地の崩壊に伴い堆積する土石等の高さ（単位　m）	鉄筋の断面積の和（単位　㎟/m）
1.0 以下の場合	1.0 以下の場合	5.2p 又は 1.3w のうちいずれか大きい値
	1.0 を超え 2.0 以下の場合	5.2p 又は 8.4w のうちいずれか大きい値
	2.0 を超え 3.0 以下の場合	5.2p 又は 22.6w のうちいずれか大きい値
	3.0 を超え 4.0 以下の場合	5.2p 又は 43.5w のうちいずれか大きい値
	4.0 を超え 5.0 以下の場合	5.2p 又は 70.1w のうちいずれか大きい値
1.0 を超える場合	1.0 を超え 2.0 以下の場合	31.5p 又は 8.4w のうちいずれか大きい値
	2.0 を超え 3.0 以下の場合	31.5p 又は 22.6w のうちいずれか大きい値
	3.0 を超え 4.0 以下の場合	31.5p 又は 43.5w のうちいずれか大きい値
	4.0 を超え 5.0 以下の場合	31.5p 又は 70.1w のうちいずれか大きい値
この表において、p 及び w は、それぞれ次の数値を表すものとする。 p　急傾斜地の崩壊に伴う土石等の移動による最大の力の大きさの値(単位　kN/㎡) w　急傾斜地の崩壊に伴う土石等の堆積による最大の力の大きさの値(単位　kN/㎡)		

ロ　各階の高さを３ｍ以下とし、かつ、外壁、当該外壁に接着する柱及びはり並びに基礎を設ける構造（急傾斜地の崩壊に伴う土石等の移動又は堆積による力が作用すると想定される建築物の部分に居室を有しない場合にあっては、外壁、当該外壁に接着する柱及びはり並びに基礎又は柱、はり及び基礎を設ける構造）とし、当該外壁（当該力が作用すると想定される外壁の屋内側に居室を有する場合の当該外壁に限る。）、柱、はり及び基礎をそれぞれ次に掲げる構造方法とするもの

(1)　外壁の構造方法

第一号イ(1)に定める構造方法とすること。

(2)　柱の構造方法

(i)鉄筋コンクリート造とし、当該鉄筋コンクリート造に使用するコンクリートの設計基準強度は1㎟につき18N以上であること。

(ii)柱の小径及び柱の引張鉄筋比（柱の軸と垂直な断面において、当該断面の面積に対する柱に外力が加わった場合に主筋のうち引張力を負担する鉄筋の断面積の和の割合をいう。以下同じ。）は、それぞれ次の表４の数値以上で、かつ、次の表５の数値以上とすること。

表４

急傾斜地の崩壊に伴う土石等の移動による最大の力の大きさ（単位　kN/㎡）	急傾斜地の崩壊に伴い移動する土石等の高さ（単位　m）	柱の小径（単位　cm）	柱の引張鉄筋比（単位　%）
50以下の場合	1.0以下の場合	30	0.44
	1.0を超え2.0以下の場合	35	0.44
50を超え100以下の場合	1.0以下の場合	35	0.49

表５

急傾斜地の崩壊に伴い堆積する土石等の高さ（単位　m）	柱の小径（単位　cm）	柱の引張鉄筋比（単位　%）
3.0以下の場合	30	0.44
3.0を超え4.0以下の場合	35	0.65
4.0を超え5.0以下の場合	35	0.93

(iii)柱が外壁に接着する部分間の中心距離は、４ｍ以下とすること。

(3)　はりの構造方法

(i)鉄筋コンクリート造とし、当該鉄筋コンクリート造に使用するコンクリートの設計基準強度は1㎟につき18N以上であること。

(ii)あばら筋比（はりの軸を含む水平断面における１組のあばら筋の断面の中心を通る直線と、相隣り合う１組のあばら筋の断面の中心を通る直線とではさまれた部分のコンクリートの面積に対するあばら筋の断面積の和の割合をいう。以下同じ。）は0.2%以上とすること。

(iii)はりの丈は35cm以上とすること。

(iv)はりの引張鉄筋比（はりの軸と垂直な断面において、はりに外力が加わった場合に鉄筋のうち引張力を負担するもののそれぞれの中心を通る直線と、当該断面の圧縮側最外縁とではさまれた部分のコンクリートの断面積に対する当該引張力を負担する鉄筋の断面積の和の割合をいう。以下同じ。）は、0.76%以上とすること。

(4)　基礎の構造方法

(i)鉄筋コンクリート造とし、当該鉄筋コンクリート造に使用するコンクリートの設計基準強度は1㎟につき18N以上であること。

(ii)開口部（令第22条に規定する換気孔で、その周囲に径12㎜以上の補強筋を配置したものを除く。）を設けないこと。

(iii)立上り部分の厚さは20cm以上と、底盤の厚さは20cm以上とすること。
(iv)根入れの深さは、50cm以上とすること。
(v)基礎ばりの丈は80cm以上と、引張鉄筋比は0.4%以上と、あばら筋比は0.2%以上とすること。
(vi)底盤の補強筋として径12mm以上の鉄筋を縦横に15cm以下の間隔で配置すること。
(vii)布基礎とする場合にあっては、底盤の幅を110cm以上とし、底盤に補強筋として径12mm以上の鉄筋を25cm以下の間隔で配置し、底盤の両端部に配置した径12mm以上の鉄筋と緊結すること。

ハ　各階の高さを3m以下とし、かつ、平成13年国土交通省告示第1026号に定める壁式鉄筋コンクリート造の建築物又は建築物の構造部分の構造方法を用いる構造とし、急傾斜地の崩壊に伴う土石等の移動又は堆積による力が作用すると想定される外壁、耐力壁及び基礎をそれぞれ次に掲げる構造方法とするもの

(1)　外壁の構造方法
第一号イ(1)に定める構造方法とすること。

(2)　耐力壁の構造方法
(i)鉄筋コンクリート造とし、当該鉄筋コンクリート造に使用するコンクリートの設計基準強度は1㎟につき18N以上であること。
(ii)厚さは、15cm以上とすること。
(iii)縦筋及び横筋の鉄筋比（耐力壁の壁面と直交する断面（縦筋にあっては水平断面、横筋にあっては鉛直断面）におけるコンクリートの断面積に対する鉄筋の断面積の和の割合をいう。以下同じ。）は、それぞれ0.32%以上とすること。
(iv)長さは、次の表6の数値以上で、かつ、次の表7の数値以上とすること。

表6

急傾斜地の崩壊に伴う土石等の移動による最大の力の大きさ（単位　kN/㎡）	急傾斜地の崩壊に伴い移動する土石等の高さ（単位　m）	長さ（単位　cm）
50以下の場合	1.0以下の場合	60
	1.0を超え2.0以下の場合	75
50を超え100以下の場合	1.0以下の場合	75

表7

急傾斜地の崩壊に伴い堆積する土石等の高さ（単位　m）	長さ（単位　cm）
2.0以下の場合	45
2.0を超え3.0以下の場合	60
3.0を超え4.0以下の場合	75
4.0を超え5.0以下の場合	90

(v)耐力壁が外壁に接着する部分間の中心距離は、4m以下とすること。
(vi)壁ばりの丈は60cm以上とすること。
(vii)主筋は、径12mm以上とし、あばら筋は、0.2%以上とすること。

(3)　基礎の構造方法
第一号ロ(4)に定める構造方法とすること。

二　次のイからハまでに定めるところにより急傾斜地の崩壊により想定される衝撃が作用した場合においても破壊を生じないことが確かめられた構造方法

イ　土石等の移動による衝撃の作用時又は土石等の堆積による土圧の作用時に、建築物の外壁等に生ずる力を次の表8に掲げる式によって計算し、当該外壁等に生ずる力が、それぞれ令第3章第8節第4款の規定による材料強度によって計算した当該外壁等（当該外壁の開口部に設けられた戸その他の設備を含む。）の耐力を超えないことを確かめること。

表8

荷重及び外力について想定する状態	一般の場合	令第86条第2項ただし書の規定によって特定行政庁が指定する多雪区域における場合
土石等の移動による衝撃の作用時	G + P + Sm	G + P + 0.35S + Sm
土石等の堆積による土圧の作用時	G + P + Sa	G + P + 0.35S + Sa
この表において、G、P、S、Sm及びSaは、それぞれ次の力（軸方向力、曲げモーメント、せん断力等をいう。）を表すものとする。 G　令第84条に規定する固定荷重によって生ずる力 P　令第85条に規定する積載荷重によって生ずる力 S　令第86条に規定する積雪荷重によって生ずる力 Sm　第二号ロに規定する土石等の移動による衝撃力によって生ずる力 Sa　第二号ハに規定する土石等の堆積による土圧力によって生ずる力		

ロ　土石等の移動による衝撃力は、急傾斜地の崩壊に伴い移動する土石等の高さ以下の部分に作用する力とし、急傾斜地の崩壊に伴う土石等の移動による最大の力の大きさの値とすること。

ハ　土石等の堆積による土圧力は、急傾斜地の崩壊に伴い堆積する土石等の高さ以下の部分に作用する力とし、急傾斜地の崩壊に伴う土石等の堆積による最大の力の大きさにイの建築物の各部分の高さにおける次の式によって計算した土圧分布係数を乗じた数値とする。

$$a = \frac{Hs\text{-}h}{Hs}$$

（この式において、a、Hs及びhは、それぞれ次の数値を表すものとする。
a　土圧分布係数
Hs　急傾斜地の崩壊に伴い堆積する土石等の高さ（単位　m）
h　建築物の各部分の高さ（単位　m)）

第3

令第80条の3に規定する外壁等の構造方法は、自然現象の種類が土石流である場合にあっては、次の第一号又は第二号（土石流による最大の力の大きさが1㎡につき100kNを超える場合、土石流による最大の力の大きさが1㎡につき50kNを超え、かつ、土石流の高さが1.0mを超える場合又は土石流の高さが2.0mを超える場合には、第二号）に該当するものとしなければならない。

一　次のイからハまでのいずれかに該当する構造方法

イ　外壁、当該外壁に接着する控壁及び基礎を設ける構造とし、当該外壁、控壁及び基礎をそれぞれ次に掲げる構造方法とするもの

(1)　外壁の構造方法

(i)第2第一号イ(1)（(iv)を除く。）に定める構造方法とする。この場合において、第2第一号イ(1)(ii)中「急傾斜地の崩壊に伴う土石等の移動又は堆積による力」とあるのは、「土石流による力」とする。

(ii)長さ1m当たりの縦筋の断面積の和は、次の表9の数値以上とすること。

表9

土石流の高さ（単位　m）	縦筋の断面積の和（単位　㎟/m）
1.0以下	18.3p
1.0を超え2.0以下	26.8p
この表において、pは、土石流による最大の力の大きさの値（単位　kN/㎡）を表すものとする。	

(2)　控壁の構造方法

(i)第2第一号イ(2)（(iv)及び(vi)を除く。）に定める構造方法とすること。

(ii)外壁と接する端部及び隅角部に縦筋を配置し、その縦筋の断面積の和を、次の表10の数値以上とすること。

表10

土石流の高さ（単位　m）	縦筋の断面積の和（単位　㎟）
1.0以下	$\frac{3.4p}{d}$
1.0を超え2.0以下	$\frac{25.2p}{d}$
この表において、p及びdは、それぞれ次の数値を表すものとする。 p　土石流による最大の力の大きさの値（単位　kN/㎡） d　控壁の突出した長さ（単位　m）	

(iii)(1)の構造方法を用いる外壁の屋内側に当該外壁に対し垂直に設けるものとし、高さは(1)の構造方法を用いる外壁の高さ以上とすること。

(3)　基礎の構造方法

(i)第2第一号イ(3)（(vii)を除く。）に定める構造方法とすること。

(ii)布基礎とする場合にあっては、底盤の幅を60cm以上とし、底盤に補強筋として径12mm以上の鉄筋を配置すること。この場合において、底盤の長さ1m当たりの鉄筋の断面積の和は、次の表11の数値以上とすること。

表11

土石流の高さ（単位　m）	鉄筋の断面積の和（単位　㎟/m）
1.0以下	5.2p
1.0を超え2.0以下	31.5p
この表において、pは、土石流による最大の力の大きさの値（単位　kN/㎡）を表すものとする。	

ロ　各階の高さを3m以下とし、かつ、外壁、当該外壁に接着する柱及びはり並びに基礎を設ける構造（土石流による力が作用すると想定される建築物の部分に居室を有しない場合にあっては、外壁、当該外壁に接着する柱及びはり並びに基礎又は柱、はり及び基礎を設ける構造）とし、当該外壁（当該力が作用すると想定される外壁の屋内側に居室を有する場合の当該外壁に限る。）、柱、はり及び基礎をそれぞれ次に掲げる構造方法とするもの

(1)　外壁の構造方法

第一号イ(1)に定める構造方法とすること。

(2)　柱の構造方法

(i)第2第一号ロ(2)（(ii)を除く。）に定める構造方法とすること。

(ii)柱の小径及び柱の引張鉄筋比は、それぞれ次の表12の数値以上とすること。

表12

土石流による最大の力の大きさ（単位　kN/㎡）	土石流の高さ（単位　m）	柱の小径（単位　cm）	柱の引張鉄筋比（単位　%）
50以下の場合	1.0以下の場合	30	0.44
	1.0を超え2.0以下の場合	35	0.49
50を超え100以下の場合	1.0以下の場合	35	0.49

(3)　はりの構造方法

第2第一号ロ(3)に定める構造方法とすること。

(4)　基礎の構造方法

第2第一号ロ(4)に定める構造方法とすること。

ハ　各階の高さを3m以下とし、かつ、平成13年国土交通省告示第1026号に定める壁式鉄筋コンクリート造の建築物又は建築物の構造部分の構造方法を用いる構造とし、土石流による力が作用すると想定される外壁、耐力壁及び基礎をそれぞれ次に掲げる構造方法とするもの

(1)　外壁の構造方法

第一号イ(1)に定める構造方法とすること。

(2)　耐力壁の構造方法

(i)第2第一号ハ(2)((iv)を除く。)に定める構造方法とすること。
(ii)長さは、次の表13の数値以上とすること。

表13

土石流による最大の力の大きさ(単位　kN/㎡)	土石流の高さ(単位　m)	長さ(単位　cm)
50以下の場合	1.0以下の場合	60
	1.0を超え2.0以下の場合	75
50を超え100以下の場合	1.0以下の場合	75

(3)　基礎の構造方法
第2第一号ロ(4)に定める構造方法とすること。

二　次のイ及びロに定めるところにより土石流により想定される衝撃が作用した場合においても破壊を生じないことが確かめられた構造方法

イ　土石流による衝撃の作用時に、建築物の外壁等に生ずる力を次の表14に掲げる式によって計算し、当該外壁等に生ずる力が、それぞれ令第3章第8節第4款の規定による材料強度によって計算した当該外壁等(当該外壁の開口部に設けられた戸その他の設備を含む。)の耐力を超えないことを確かめること。

表14

荷重及び外力について想定する状態	一般の場合	令第86条第2項ただし書の規定によって特定行政庁が指定する多雪区域における場合
土石流による衝撃の作用時	G + P + D	G + P + 0.35S + D
この表において、G、P、S及びDは、それぞれ次の力(軸方向力、曲げモーメント、せん断力等をいう。)を表すものとする。 G　令第84条に規定する固定荷重によって生ずる力 P　令第85条に規定する積載荷重によって生ずる力 S　令第86条に規定する積雪荷重によって生ずる力 D　第二号ロに規定する土石流による衝撃力によって生ずる力		

ロ　土石流による衝撃力は、土石流の高さ以下の部分に作用する力とし、土石流による最大の力の大きさの値とすること。

第4

令第80条の3に規定する外壁等の構造方法は、自然現象の種類が地滑りである場合にあっては、次の第一号又は第二号(地滑り地塊の滑りに伴って生じた土石等の高さが1.1mを超える場合には、第二号)に該当するものとしなければならない。

一　次のイからハまでのいずれかに該当する構造方法

イ　外壁、当該外壁に接着する控壁及び基礎を設ける構造とし、当該外壁、控壁及び基礎をそれぞれ次に掲げる構造方法とするもの

(1)　外壁の構造方法
(i)第2第一号イ(1)((iv)を除く。)に定める構造方法とする。この場合において、第2第一号イ(1)(ii)中「急傾斜地の崩壊に伴う土石等の移動又は堆積による力」とあるのは、「地滑り地塊の滑りに伴って生じた土石等の堆積による力」とする。
(ii)長さ1m当たりの縦筋の断面積の和は、次の表15の数値以上とすること。

表15

地滑り地塊の滑りに伴って生じた土石等の高さ(単位　m)	縦筋の断面積の和(単位　㎟/m)
1.0以下の場合	7.9w
1.0を超え1.1以下の場合	11.2w
この表において、wは、地滑り地塊の滑りに伴って生じた土石等の堆積による力の大	

きさの値（単位　kN/㎡）を表すものとする。

⑵　控壁の構造方法

(i)第 2 第一号イ⑵（(iv)及び(vi)を除く。）に定める構造方法とすること。

(ii)外壁と接する端部及び隅角部に縦筋を配置し、その縦筋の断面積の和を、次の表 16 の数値以上とすること。

表 16

地滑り地塊の滑りに伴って生じた土石等の高さ（単位　m）	縦筋の断面積の和（単位　㎟）
1.0 以下の場合	$\frac{w}{d}$
1.0 を超え 1.1 以下の場合	$\frac{1.5w}{d}$
この表において、w 及び d は、それぞれ次の数値を表すものとする。 w　地滑り地塊の滑りに伴って生じた土石等の堆積による力の大きさの値（単位　kN/㎡） d　控壁の突出した長さ（単位　m）	

(iii)⑴の構造方法を用いる外壁め屋内側に当該外壁に対し垂直に設けるものとし、高さは⑴の構造方法を用いる外壁の高さ以上とすること。

⑶　基礎の構造方法

(i)第 2 第一号イ⑶（(vii)を除く。）に定める構造方法とすること。

(ii)布基礎とする場合にあっては、底盤の幅を 60㎝以上とし、底盤に補強筋として径 12㎜以上の鉄筋を配置すること。この場合において、底盤の長さ 1m当たりの鉄筋の断面積の和は、次の表 17 の数値以上とすること。

表 17

地滑り地塊の滑りに伴って生じた土石等の高さ（単位　m）	鉄筋の断面積の和（単位　㎟/m）
1.0 以下の場合	w
1.0 を超え 1.1 以下の場合	1.5w
この表において、w は、地滑り地塊の滑りに伴って生じた土石等の堆積による力の大きさの値（単位　kN/㎡）を表すものとする。	

ロ　各階の高さを 3m以下とし、かつ、外壁、当該外壁に接着する柱及びはり並びに基礎を設ける構造（地滑り地塊の滑りに伴って生じた土石等の堆積による力が作用すると想定される建築物の部分に居室を有しない場合にあっては、外壁、当該外壁に接着する柱及びはり並びに基礎又は柱、はり及び基礎を設ける構造）とし、当該外壁（当該力が作用すると想定される外壁の屋内側に居室を有する場合の当該外壁に限る。）、柱、はり及び基礎をそれぞれ次に掲げる構造方法とするもの

⑴　外壁の構造方法

第一号イ⑴に定める構造方法とすること。

⑵　柱の構造方法

(i)第 2 第一号ロ⑵（(ii)を除く。）に定める構造方法とすること。

(ii)柱の小径及び柱の引張鉄筋比は、それぞれ次の表 18 の数値以上とすること。

表 18

地滑り地塊の滑りに伴って生じた土石等の高さ（単位　m）	柱の小径（単位　㎝）	柱の引張鉄筋比（単位　%）
1.0 以下の場合	30	0.44
1.0 を超え 1.1 以下の場合	30	0.46

⑶　はりの構造方法

第 2 第一号ロ⑶に定める構造方法とすること。

⑷　基礎の構造方法
第２第一号ロ⑷に定める構造方法とすること。

ハ　各階の高さを3m以下とし、かつ、平成13年国土交通省告示第1026号に定める壁式鉄筋コンクリート造の建築物又は建築物の構造部分の構造方法を用いる構造とし、地滑り地塊の滑りに伴って生じた土石等の堆積による力が作用すると想定される外壁、耐力壁及び基礎をそれぞれ次に掲げる構造方法とするもの

⑴　外壁の構造方法
第２第一号イ⑴に定める構造方法とすること。

⑵　耐力壁の構造方法
(i)第２第一号ハ⑵（(iv)を除く。）に定める構造方法とすること。
(ii)長さは、次の表19の数値以上とすること。

表19

地滑り地塊の滑りに伴って生じた土石等の高さ（単位　m）	長さ（単位　cm）
1.0以下の場合	45
1.0を超え1.1以下の場合	60

⑶　基礎の構造方法
第２第一号ロ⑷に定める構造方法とすること。

二　次のイ及びロに定めるところにより地滑りにより想定される衝撃が作用した場合においても破壊を生じないことが確かめられた構造方法

イ　地滑りによる土圧の作用時に、建築物の外壁等に生ずる力を次の表20に掲げる式によって計算し、当該外壁等に生ずる力が、それぞれ令第3章第8節第4款の規定による材料強度によって計算した当該外壁等（当該外壁の開口部に設けられた戸その他の設備を含む。）の耐力を超えないことを確かめること。

表20

荷重及び外力について想定する状態	一般の場合	令第86条第２項ただし書の規定によって特定行政庁が指定する多雪区域における場合
地滑りによる土圧の作用時	G + P + L	G + P + 0.35S + L
この表において、G、P、S及びLは、それぞれ次の力（軸方向力、曲げモーメント、せん断力等をいう。）を表すものとする。 G　令第84条に規定する固定荷重によって生ずる力 P　令第85条に規定する積載荷重によって生ずる力 S　令第86条に規定する積雪荷重によって生ずる力 L　第二号ロに規定する土石等の堆積よる土圧力によって生ずる力		

ロ　土石等の堆積による土圧力は、地滑り地塊の滑りに伴って生じた土石等の高さ以下の部分に作用する力とし、地滑り地塊の滑りに伴って生じた土石等の堆積による力の大きさにイの建築物の各部分の高さにおける次の式によって計算した土圧分布係数を乗じた数値とする。

$$a = \frac{Hs - h}{Hs}$$

この式において、a、Hs及びhは、それぞれ次の数値を表すものとする。
a　　土圧分布係数
Hs　　地滑り地塊の滑りに伴って生じた土石等の高さ（単位　m）
h　　建築物の各部分の高さ（単位　m）

第５

令第80条の３ただし書に規定する土石等の高さ等以上の高さの門又は塀の構造方法は、最大の力の大きさ又は力の大きさ及び土石等の高さ等に応じ、それぞれ次の構造方法とすること。

一　自然現象が急傾斜地の崩壊である場合には、第２第一号イ又は第二号に定める構造方法とすること。この場合において、第２第一号イ（⑴(ii)を除く。）及び第二号中「外壁等」とあり、及び「外壁」

とあるのは、「門又は塀」とし、第 2 第一号イ(2)(vi)中「屋内側」とあるのは、「急傾斜地の崩壊に伴う土石等の移動又は堆積による力が作用すると想定される面の裏面」とする。

二　自然現象が土石流である場合には、第 3 第一号イ又は第二号に定める構造方法とすること。この場合において、第 3 第一号イ ((1)(i)中第 2 第一号イ(1) ((iv)を除く。) に定める構造方法とする場合においては、第 2 第一号イ(1)(ii)を除く。) 及び第二号中「外壁等」とあり、及び「外壁」とあるのは、「門又は塀」とし、第 3 第一号イ(2)(iii)中「屋内側」とあるのは、「土石流による力が作用すると想定される面の裏面」とする。

三　自然現象が地滑りである場合には、第 4 第一号イ又は第二号に定める構造方法とすること。この場合において、第 4 第一号イ ((1)(i)中第 2 第一号イ(1) ((iv)を除く。) に定める構造方法とする場合においては、第 2 第一号イ(1)(ii)を除く。) 及び第二号中「外壁等」とあり、及び「外壁」とあるのは、「門又は塀」とし、第 4 第一号イ(2)(iii)中「屋内側」とあるのは、「地滑り地塊の滑りに伴って生じた土石等の堆積による力が作用すると想定される面の裏面」とする。

超高層建築物の構造耐力上の安全性を確かめるための構造計算の基準を定める件

制定：平成 12 年 5 月 31 日　建設省告示第 1461 号
改正：平成 28 年 6 月　1 日　国土交通省告示第 794 号

建築基準法施行令（昭和 25 年政令第 338 号）第 81 条第 1 項第四号の規定に基づき、超高層建築物の構造耐力上の安全性を確かめるための構造計算の基準を次のように定める。

建築基準法施行令（以下「令」という。）第 81 条第 1 項第四号に規定する超高層建築物の構造耐力上の安全性を確かめるための構造計算の基準は、次のとおりとする。

一　建築物の各部分の固定荷重及び積載荷重その他の実況に応じた荷重及び外力（令第 86 条第 2 項ただし書の規定によって特定行政庁が指定する多雪区域における積雪荷重を含む。）により建築物の構造耐力上主要な部分に損傷を生じないことを確かめること。

二　建築物に作用する積雪荷重について次に定める方法による構造計算を行うこと。

イ　令第 86 条に規定する方法によって建築物に作用する積雪荷重を計算すること。ただし、特別な調査又は研究により当該建築物の存する区域における 50 年再現期待値（年超過確率が 2% に相当する値をいう。）を求めた場合においては、当該値とすることができる。

ロ　イの規定によって計算した積雪荷重によって、建築物の構造耐力上主要な部分に損傷を生じないことを確かめること。

ハ　イの規定によって計算した積雪荷重の 1.4 倍に相当する積雪荷重によって、建築物が倒壊、崩壊等しないことを確かめること。

ニ　イからハまでに規定する構造計算は、融雪装置その他積雪荷重を軽減するための措置を講じた場合には、その効果を考慮して積雪荷重を低減して行うことができる。この場合において、その出入口又はその他の見やすい場所に、その軽減の実況その他必要な事項を表示すること。

三　建築物に作用する風圧力について次に定める方法による構造計算を行うこと。この場合において、水平面内での風向と直交する方向及びねじれ方向の建築物の振動並びに屋根面においては鉛直方向の振動を適切に考慮すること。

イ　地上 10 m における平均風速が令第 87 条第 2 項の規定に従って地表面粗度区分を考慮して求めた数値以上である暴風によって、建築物の構造耐力上主要な部分（建築物の運動エネルギーを吸収するために設けられた部材であって、疲労、履歴及び減衰に関する特性が明らかであり、ロに規定する暴風及び第四号ハに規定する地震動に対して所定の性能を発揮することが確かめられたもの（以下「制振部材」という。）を除く。）に損傷を生じないことを確かめること。

ロ　地上 10 m における平均風速がイに規定する風速の 1.25 倍に相当する暴風によって、建築物が倒壊、崩壊等しないことを確かめること。

四　建築物に作用する地震力について次に定める方法による構造計算を行うこと。ただし、地震の作用による建築物への影響が暴風、積雪その他の地震以外の荷重及び外力の作用による影響に比べ小さいことが確かめられた場合にあっては、この限りでない。この場合において、建築物の規模及び形態に応じた上下方向の地震動、当該地震動に直交する方向の水平動、地震動の位相差及び鉛直方向の荷重に対する水平方向の変形の影響等を適切に考慮すること。

イ　建築物に水平方向に作用する地震動は、次に定めるところによること。ただし、敷地の周辺における断層、震源からの距離その他地震動に対する影響及び建築物への効果を適切に考慮して定める場合においては、この限りでない。

(1)　解放工学的基盤（表層地盤による影響を受けないものとした工学的基盤（地下深所にあって十分な層厚と剛性を有し、せん断波速度が約400m毎秒以上の地盤をいう。））における加速度応答スペクトル（地震時に建築物に生ずる加速度の周期ごとの特性を表す曲線をいい、減衰定数5%に対するものとする。）を次の表に定める数値に適合するものとし、表層地盤による増幅を適切に考慮すること。

<table>
<tr><th rowspan="2">周期（秒）</th><th colspan="2">加速度応答スペクトル（単位　m/秒²）</th></tr>
<tr><th>稀に発生する地震動</th><th>極めて稀に発生する地震動</th></tr>
<tr><td>T ＜ 0.16</td><td>（0.64 ＋ 6T）Z</td><td rowspan="3">稀に発生する地震動に対する加速度応答スペクトルの5倍の数値とする。</td></tr>
<tr><td>0.16 ≦ T ＜ 0.64</td><td>1.6Z</td></tr>
<tr><td>0.64 ≦ T</td><td>（1.024/T）Z</td></tr>
<tr><td colspan="3">この表において、T及びZは、それぞれ建築物の周期（単位　秒）及び令第88条第1項に規定するZの数値を表す。</td></tr>
</table>

(2)　開始から終了までの継続時間を60秒以上とすること。

(3)　適切な時間の間隔で地震動の数値（加速度、速度若しくは変位又はこれらの組み合わせ）が明らかにされていること。

(4)　建築物が地震動に対して構造耐力上安全であることを検証するために必要な個数以上であること。

ロ　イに規定する稀に発生する地震動によって建築物の構造耐力上主要な部分が損傷しないことを、運動方程式に基づき確かめること。ただし、制振部材にあっては、この限りでない。

ハ　イに規定する極めて稀に発生する地震動によって建築物が倒壊、崩壊等しないことを、運動方程式に基づき確かめること。

ニ　イからハまでの規定は、建築物が次に掲げる基準に該当する場合にあっては、適用しない。

(1)　地震が応答の性状に与える影響が小さいものであること。

(2)　イに規定する稀に発生する地震動と同等以上の効力を有する地震力によって建築物が損傷しないことを確かめたものであること。

(3)　イに規定する極めて稀に発生する地震動と同等以上の効力を有する地震力によって建築物が倒壊、崩壊等しないことを確かめたものであること。

五　第二号から第四号までに規定する構造計算を行うにあたり、第一号に規定する荷重及び外力を適切に考慮すること。

六　第一号に規定する実況に応じた荷重及び外力に対して、構造耐力上主要な部分である構造部材の変形又は振動によって建築物の使用上の支障が起こらないことを確かめること。

七　屋根ふき材、特定天井、外装材及び屋外に面する帳壁が、風圧並びに地震その他の震動及び衝撃に対して構造耐力上安全であることを確かめること。

八　土砂災害警戒区域等における土砂災害防止対策の推進に関する法律（平成12年法律第57号）第8条第1項に規定する土砂災害特別警戒区域内における居室を有する建築物にあっては、令第80条の3ただし書の場合を除き、土砂災害の発生原因となる自然現象の種類に応じ、それぞれ平成13年国土交通省告示第383号第2第二号、第3第二号又は第4第二号に定める外力によって外壁等（令第80条の3に規定する外壁等をいう。）が破壊を生じないものであることを確かめること。この場合において第一号に規定する荷重及び外力を適切に考慮すること。

九　前各号の構造計算が、次に掲げる基準に適合していることを確かめること。

イ　建築物のうち令第3章第3節から第7節の2までの規定に該当しない構造方法とした部分（当該部分が複数存在する場合にあっては、それぞれの部分）について、当該部分の耐力及び靱(じん)性その他の建築物の構造特性に影響する力学特性値が明らかであること。

ロ　イの力学特性値を確かめる方法は、次のいずれかに定めるところによること。
(1)　当該部分及びその周囲の接合の実況に応じた加力試験
(2)　当該部分を構成するそれぞれの要素の剛性、靱(じん)性その他の力学特性値及び要素相互の接合の実況に応じた力及び変形の釣合いに基づく構造計算
ハ　特殊な建築材料（平成 12 年建設省告示第 1446 号第 1 各号に掲げる建築材料で建築基準法（昭和 25 年法律第 201 号）第 37 条各号に該当しないものをいう。）を使用する部分（当該部分が複数存在する場合にあっては、それぞれの部分）について、当該建築材料の品質が同告示第 3 第 1 項第一号に掲げる基準に適合すること。
ニ　構造計算を行うに当たり、構造耐力に影響する材料の品質が適切に考慮されていること。

建築物の張り間方向又は桁行方向の規模又は構造に基づく保有水平耐力計算と同等以上に安全性を確かめることができる構造計算の基準を定める件

制定：平成 27 年 1 月 29 日　国土交通省告示第 189 号
改正：令和　3 年 6 月 30 日　国土交通省告示第 758 号

建築基準法施行令（昭和 25 年政令第 338 号）第 81 条第 2 項第一号イに基づき、この告示を制定する。

建築基準法施行令(昭和 25 年政令第 338 号。以下「令」という。)第 81 条第 2 項第一号イの規定に基づき、保有水平耐力計算と同等以上に安全性を確かめることができる構造計算の基準は、次の各号に定める基準とする。
一　建築基準法（昭和 25 年法律第 201 号。以下「法」という 。）第 20 条第 1 項第二号に掲げる建築物（高さが 31m 以下のものに限る。）が令第 3 章第 1 節から第 7 節の 2 までの規定に適合する場合（次号から第四号までに掲げる場合を除く。）にあっては、次のイ及びロに該当するものであること。
イ　建築物の張り間方向又は桁行方向のいずれかの方向について、令第 3 章第 8 節第 1 款の 4 に規定する許容応力度等計算によって構造耐力上安全であることが確かめられたもの
ロ　イの規定により構造耐力上安全であることが確かめられた方向以外の方向について、令第 3 章第 8 節第 1 款の 2 に規定する保有水平耐力計算によって構造耐力上安全であることが確かめられたもの
二　地階を除く階数が 3 以下、高さが 13 m以下及び軒の高さが 9 m以下である鉄骨造の建築物が令第 3 章第 1 節から第 7 節の 2 までの規定に適合し、かつ、当該建築物の張り間方向又は桁行方向のいずれかの方向が平成 19 年国土交通省告示第 593 号第一号イの規定を満たす場合にあっては、次のイ又はロのいずれかに該当するものであること。
イ　前号イ及びロに定める基準に該当するもの
ロ　次の(1)及び(2)に該当するもの
(1)　建築物の張り間方向又は桁行方向のうち平成 19 年国土交通省告示第 593 号第一号イの規定を満たす方向について、令第 82 条各号及び令第 82 条の 4 に定めるところによる構造計算によって構造耐力上安全であることが確かめられたもの
(2)　(1)の規定により構造耐力上安全であることが確かめられた方向以外の方向について、次の(i)及び(ii)に該当するもの
(i)令第 3 章第 8 節第 1 款の 2 に規定する保有水平耐力計算によって構造耐力上安全であることが確かめられたもの
(ii)平成 19 年国土交通省告示第 593 号第一号イ(1)の規定を満たすもの
三　地階を除く階数が 2 以下、高さが 13 m以下及び軒の高さが 9 m以下である鉄骨造の建築物が令第 3 章第 1 節から第 7 節の 2 までの規定に適合し、かつ、当該建築物の張り間方向又は桁行方向のいずれかの方向が平成 19 年国土交通省告示第 593 号第一号ロの規定を満たす場合にあっては、次のイ又はロのいずれかに該当するものであること。
イ　第一号イ及びロに定める基準に該当するもの
ロ　次の(1)及び(2)に該当するもの

(1) 建築物の張り間方向又は桁行方向のうち平成19年国土交通省告示第593号第一号ロの規定を満たす方向について、令第82条各号及び令第82条の4に定めるところによる構造計算によって構造耐力上安全であることが確かめられたもの

(2) (1)の規定により構造耐力上安全であることが確かめられた方向以外の方向について、次の(i)及び(ii)に該当するもの

(i)令第3章第8節第1款の2に規定する保有水平耐力計算によって構造耐力上安全であることが確かめられたもの

(ii)平成19年国土交通省告示第593号第一号ロ(2)の規定を満たすもの

四 高さが20m以下である鉄筋コンクリート造（壁式ラーメン鉄筋コンクリート造、壁式鉄筋コンクリート造及び鉄筋コンクリート組積造を除く。）又は鉄骨鉄筋コンクリート造の建築物が令第3章第1節から第7節の2までの規定に適合し、かつ、当該建築物の張り間方向又は桁行方向のいずれかの方向が平成19年国土交通省告示第593号第二号イの規定を満たす場合にあっては、次のイ又はロのいずれかに該当するものであること。

イ 第一号イ及びロに定める基準に該当するもの

ロ 次の(1)及び(2)に該当するもの

(1) 建築物の張り間方向又は桁行方向のうち平成19年国土交通省告示第593号第二号イの規定を満たす方向について、令第82条各号及び令第82条の4に定めるところによる構造計算によって構造耐力上安全であることが確かめられたもの

(2) (1)の規定により構造耐力上安全であることが確かめられた方向以外の方向について、令第3章第8節第1款の2に規定する保有水平耐力計算によって構造耐力上安全であることが確かめられたもの

五 法第20条第1項第三号に掲げる建築物が令第3章第1節から第7節の2までの規定に適合する場合にあっては、次のイ又はロのいずれかに該当するものであること。

イ 第一号イ及びロに定める基準に該当するもの

ロ 次の(1)及び(2)に該当するもの

(1) 建築物の張り間方向又は桁行方向のいずれかの方向について、令第82条各号及び令第82条の4に定めるところによる構造計算によって構造耐力上安全であることが確かめられたもの

(2) (1)の規定により構造耐力上安全であることが確かめられた方向以外の方向について、令第3章第8節第1款の2に規定する保有水平耐力計算によって構造耐力上安全であることが確かめられたもの

エネルギーの釣合いに基づく耐震計算等の構造計算を定める件

制定：平成17年6月28日　国土交通省告示第631号
改正：平成28年5月31日　国土交通省告示第791号

建築基準法施行令（昭和25年政令第338号）第81条第2項第一号ロの規定に基づき、限界耐力計算と同等以上に建築物の安全性を確かめることのできる構造計算を次のように定める。

第1

この告示において次の各号に掲げる用語の意義は、それぞれ当該各号に掲げるところによる。

一 ダンパー部分　建築物の構造耐力上主要な部分のうちエネルギー吸収部材（地震によって建築物に作用するエネルギーを吸収するために設けられた弾塑性系の部材その他これに類する履歴特性を有するものをいう。以下同じ。）を用いて構成される部分（エネルギー吸収部材を相互に又は周囲のはり等に接合するために設けた十分な剛性及び耐力を有する部材を含む。）で、地震による繰り返し変形を受けた後に剛性及び耐力が低下せず、かつ、建築物の自重、積載荷重、積雪その他の鉛直方向の荷重を支えないものをいう。

二 主架構　建築物の構造耐力上主要な部分のうち、ダンパー部分を除いた部分をいう。

第 2

地震時を除き、建築基準法施行令（以下「令」という。）第 82 条第一号から第三号まで（地震に係る部分を除く。）に定めるところによること。

第 3

令第 82 条の 5 第二号に定めるところによること。

第 4

建築物の地上部分について、次に定めるところにより構造計算を行うこと。

一　建築物が損傷限界に達する時（1 階（建築物の地上部分の最下階をいう。以下同じ。）の地震層せん断力係数（地震により生じる層せん断力を各階の構造耐力上主要な部分が支える固定荷重と積載荷重との和（令第 86 条第 2 項ただし書の規定によって特定行政庁が指定する多雪区域においては、更に積雪荷重を加えたものとする。）によって除した数値をいう。以下同じ。）に対する各階の地震層せん断力係数の比を昭和 55 年建設省告示第 1793 号第 3 を準用して A_i の数値として求め（同告示第 $3A_i$ の式の T の定義中「第 2 に定める T の数値」とあるのは「平成 17 年国土交通省告示第 631 号第 4 第二号に規定する Td の数値」と読み替えるものとする。）、当該 A_i により算定した層せん断力その他の各階に作用する力によって、主架構の断面に生ずる応力度が令第 3 章第 8 節第 3 款の規定による当該主架構の断面の短期に生ずる力に対する許容応力度に達する時をいう。以下同じ。）までに吸収することができるエネルギー量を、次の式によって計算すること。

$$W_e = \Sigma \{W_{fi} + (W_{dei} + W_{dpi})\}$$

この式において W_e、W_{fi}、W_{dei} 及び W_{dpi} は、それぞれ次の数値を表すものとする。

W_e　建築物が損傷限界に達する時までに吸収することができるエネルギー量（単位　kN･m）

W_{fi}　各階の主架構に弾性ひずみエネルギーとして吸収されるエネルギー量で、次の式によって計算した数値（単位　kN・m）

$$W_{fi} = \frac{1}{2} Q_{fi} \cdot \delta_i$$

この式において、Q_{fi} 及び δ_i は、それぞれ次の数値を表すものとする。

Q_{fi}　建築物が損傷限界に達する時に各階の主架構に生ずる層せん断力（単位　kN）

δ_i　Q_{fi} の数値を各階の主架構の水平方向の剛性で除して得た各階の層間変位（以下「損傷限界時層間変位」という。）（単位　m）

W_{dei}　各階のダンパー部分に弾性ひずみエネルギーとして吸収されるエネルギー量で、次の式によって計算した数値（単位　kN・m）

$$W_{dei} = \frac{1}{2} Q^*_{dui} \cdot \delta^*_{dui}$$

この式において、Q^*_{dui} 及び δ^*_{dui} は、それぞれ次の数値を表すものとする。

Q^*_{dui}　各階のダンパー部分の保有水平耐力（各階の保有水平耐力（令第 3 章第 8 節第 4 款に規定する材料強度によって計算した各階の水平力に対する耐力をいう。以下同じ。）のうちダンパー部分に係る耐力）（単位　kN）
ただし、建築物が損傷限界に達する時に各階のダンパー部分に生じる層せん断力がダンパー部分の保有水平耐力を下回る場合にあっては、当該層せん断力とする。

δ^*_{dui}　Q^*_{dui} の数値を、当該階のダンパー部分の水平方向の剛性で除して得た各階のダンパー部分の層間変位（単位　m）

W_{dpi}　各階のダンパー部分に塑性ひずみエネルギーとして吸収されるエネルギー量で、次の式によって計算した数値（単位　kN・m）

$W_{dpi} = 2(\delta_i - \delta_{dui}) Q_{dui} \cdot n_i$

この式において、δ_i、δ_{dui}、Q_{dui}及びn_iは、それぞれ次の数値を表すものとする。

δ_i　各階の損傷限界時層間変位（単位　m）

δ_{dui}　Q_{dui}の値を、各階のダンパー部分の水平方向の剛性で除して得た各階のダンパー部分の層間変位（δ_iがδ_{dui}を下回る場合は、δ_iとする。）（単位　m）

Q_{dui}　各階のダンパー部分の保有水平耐力（単位　kN）

n_i　各階のダンパー部分の塑性変形の累積の程度を表す数値で、2（架構の形式その他の各階の地震応答に影響を与えるものの実況に応じて当該数値を別に計算することができる場合は、当該計算によることができる。）

二　地震により建築物に作用するエネルギー量を次の式によって計算すること。

$Ed = \frac{1}{2} M \cdot Vd^2$

この式において、Ed、M及びVdは、それぞれ次の数値を表すものとする。

Ed　地震により建築物に作用するエネルギー量（単位　kN・m）

M　建築物の地上部分の全質量（固定荷重と積載荷重との和（令第86条第2項ただし書の規定によって特定行政庁が指定する多雪区域においては、更に積雪荷重を加えたものとする。）を重力加速度で除したものをいう。以下同じ。）（単位　トン）

Vd　次の表1に掲げる式によって計算した地震により建築物に作用するエネルギー量の速度換算値（単位　m/秒）（建築物の減衰等を考慮して地震により建築物に作用するエネルギー量の速度換算値を別に計算することができる場合は、当該速度換算値とすることができる。）

ただし、地盤の種別を確かめた場合においては、更に表2に掲げるrを乗じて得た数値とすることができる。

1

$Td < 0.16$の場合	$Vd = \frac{Td}{2\pi}(0.64 + 6Td) Z \cdot Gs$
$0.16 \leq Td < 0.64$の場合	$Vd = \frac{Td}{2\pi} 1.6Z \cdot Gs$
$0.64 \leq Td$の場合	$Vd = \frac{1}{2\pi} 1.024Z \cdot Gs$

この表において、Td、Z及びGsは、それぞれ次の数値を表すものとする。

Td　建築物の各部分の質量及び剛性に基づき固有値解析等の手法によって計算した、当該建築物が損傷限界に達する時の建築物の固有周期（建築物と地盤との相互作用に応じて当該周期を別に計算することができる場合は、当該計算によることができる。）（単位　秒）

Z　令第88条第1項に規定するZの数値

Gs　平成12年建設省告示第1457号第10を準用して求めたGsの数値（同告示第10中「損傷限界固有周期」及び「第3第1項に規定する建築物の損傷限界固有周期」とあるのは「平成17年国土交通省告示第631号第4第二号に規定するTd」と、「安全限界固有周期」とあるのは「平成17年国土交通省告示第631号第6第一号ロ⑴に規定するTs」と、「建築物の損傷限界時」とあるのは「平成17年国土交通省告示第631号第4に規定する構造計算を行うとき」と、「安全限界時の」とあるのは「平成17年国土交通省告示第631号第6に規定する構造計算を行うとき」と、「建築物の安全限界時」とあるのは「平成17年国土交通省告示第631号第6に規定する構造計算を行うとき」と、「第3第2項に規定する周期調整係数」とあるのは「第3第2項に規定する周期調整係数（「前項に規定する建築物の損傷限界固有周期」とあるのは「平成17年国土交通省告示第631号第4第二号に規定するTd」と読み替えて算出した数値とする。）」と、それぞれ読み替えるものとする。）

2

Td	r
$Td < 0.16$ の場合	$1.00 - \frac{0.10}{0.16} Td$
$0.16 \leq Td < Ta$ の場合	0.90
$Ta \leq Td < Tb$ の場合	$0.90 - 0.10 \cdot \frac{Td - Ta}{Tb - Ta}$

この表において、Td、Ta 及び Tb は、それぞれ次の数値を表すものとする。
Td　表1に掲げる Td の数値
Ta 及び Tb　昭和 55 年建設省告示第 1793 号第 2 の表中 Tc に関する表に掲げる地盤の種別に応じて、次の表に掲げる数値（単位　秒）

地盤の種別	Ta	Tb
第一種地盤	0.576	0.640
第二種地盤	0.864	0.960
第三種地盤	1.152	1.280

三　前号の規定によって計算した地震により建築物に作用するエネルギー量が、第一号の規定によって計算した建築物が損傷限界に達する時までに吸収することができるエネルギー量を超えないことを確かめること。

四　建築物の各階に作用する層せん断力を次の式によって計算し、当該層せん断力その他の各階に作用する力による層間変位の当該各階の高さに対する割合が $\frac{1}{200}$（層せん断力その他の各階に作用する力による構造耐力上主要な部分の変形によって建築物の部分に著しい損傷が生ずるおそれのない場合にあっては、$\frac{1}{120}$）を超えないことを確かめること。

$$Q_i = C_1 \cdot A_i \Sigma_{j=i}^{N} m_j \cdot g$$

この式において、Q_i、C_1、A_i 及び m_i は、それぞれ次の数値を表すものとする。
Q_i　各階に作用する層せん断力（単位　kN）
C_1　1 階の地震層せん断力係数（各階に層せん断力が作用する場合の各階の層間変位に対して第一号の規定を準用して計算した各階のひずみエネルギー量の総和が、第二号の規定によって計算した地震により建築物に作用するエネルギー量以上となる数値）
A_i　第 4 第一号に規定する地震層せん断力係数の比
N　建築物の地上部分の階数
m_i　各階の質量（各階の固定荷重及び積載荷重との和（第 86 条第 2 項ただし書きの規定によって特定行政庁が指定する多雪区域においては、更に積雪荷重を加えたものとする。）を重力加速度で除したもの）（単位　トン）

五　ダンパー部分を有する場合にあっては、層間変位、主架構及びダンパー部分の剛性及び耐力その他の実況を考慮して、第二号の規定によって計算した地震により建築物に作用するエネルギーが作用した後に生ずる残留層間変位その他の残留変形によって、当該建築物に構造耐力上の支障が生じないものであることを確かめること。

第 5

令第 82 条の 5 第四号の規定によること。

第 6

建築物の地上部分について、次に定めるところにより構造計算を行うこと。

一　イの規定によって計算した各階の主架構の吸収できるエネルギー量（以下「保有エネルギー吸収量」という。）が、ロの規定によって計算した各階の主架構の必要エネルギー吸収量以上であることを確かめること。ただし、ロの規定によって計算した各階の主架構の必要エネルギー吸収量を当該階の主架構が吸収できることを別に確認した場合又はロ(1)に規定するEsの数値が負となる場合においては、この限りでない。

イ　建築物の各階の主架構の保有エネルギー吸収量を、当該階の主架構のいずれかの部分又は部材（以下「部材等」という。）が当該部材等の保有塑性ひずみエネルギー量（部材等に繰り返し変形を加える場合において、当該部材等が破断その他の耐力の急激な低下を生ずるまでに吸収することができる塑性ひずみエネルギー量をいう。以下同じ。）に達する時の当該階の主架構のエネルギー吸収量（保有塑性ひずみエネルギー量に達した部材等を取り除いたと仮定した架構がなお倒壊、崩壊等に至っていないことが確認された場合においては、当該架構に基づき求められた当該階の主架構の保有エネルギー吸収量の増加分を含む。）以下の数値として求めること。

ロ　建築物の各階の主架構の必要エネルギー吸収量を次に定めるところによって計算すること。

(1)　地震によって建築物に作用するエネルギー量のうち建築物の必要エネルギー吸収量を、次の式によって計算すること。

$$Es=\frac{1}{2}M\cdot Vs^{2}-We$$

この式において、Es、M、Vs及びWeは、それぞれ次の数値を表すものとする。

Es　建築物の必要エネルギー吸収量（単位　kN・m）

M　建築物の地上部分の全質量（単位　トン）

Vs　次の表に掲げる式によって計算した地震により建築物に作用するエネルギー量の速度換算値（建築物の減衰等を考慮して地震により建築物に作用するエネルギー量の速度換算値を別に定めることができる場合は、当該速度換算値とすることができる。）（単位　m／秒）

ただし、地盤の種別を確かめた場合においては、更に第4第二号の表2に規定するrを乗じて得た数値（同表中「Td」とあるのは「次の表に掲げるTs」と読み替えるものとする。）とすることができる。

$Ts<0.16$の場合	$V_S=\frac{Ts}{2\pi}(3.2+30Ts)Z\cdot Gs$
$0.16\leq Ts<0.64$の場合	$V_S=\frac{Ts}{2\pi}8Z\cdot Gs$
$0.64\leq Ts$の場合	$V_S=\frac{1}{2\pi}5.12Z\cdot Gs$

この表において、Ts、Z及びGsは、それぞれ次の数値を表すものとする。

Ts　第4第二号に規定するTdの数値から構造形式等に応じて次の表に掲げる倍率を当該Tdに乗じて得た数値までの間において最大のV_Sを算出することができる数値（建築物と地盤との相互作用、架構の形式その他の建築物の地震応答に影響を与えるものの実況に応じて建築物の有効周期を別に計算することができる場合は、当該計算によることができる。）（単位　秒）

	構造形式等	倍率
(1)	鉄骨造で水平力を負担する筋かいのない剛節架構その他の地震による塑性変形を受けた後に剛性及び耐力が低下しない復元力特性を有するもの	1.2
(2)	(1)に掲げるもの以外のもの	1.4

Z　令第88条第1項に規定するZの数値

Gs　平成12年建設省告示第1457号第10を準用して求めたGsの数値（同告示第10中「損傷限界固有周期」及び「第3第1項に規定する建築物の損傷限界固有周期」とあるのは「平成17年国土交通省告示第631号第4第二号に規定するTd」と、「安全限界固有周期」とあるのは「平成17年国土交通省告示第631号第6第一号ロ(1)に規定するTs」と、「建築物の損傷限界時」とあるのは「平成17年国土交通省告示第631号第4に規定する構造計算を行うとき」と、「安全限界時の」とあるのは「平成17年国土交通省告示第631号第6に規定する構造計算を行うとき」と、「建築物の安全限界時」とあるのは「平成17年国土交通省告示第631号第6に規定する構造計算を行うとき」と、「第3第2項に規定する周期調整係数」とあるのは「第3第2項に規定する周期調整係数（「前項に規定する建築物の損傷限界固有周期」とあるのは「平成17年国土交通省告示第631号第4第二号に規定する Td」と読み替えて算出した数値とする。）」と、それぞれ読み替えるものとする。）

We　第4第一号の規定を準用して計算した建築物が損傷限界に達する時までに吸収することができるエネルギー量（この場合において、同号の ni の定義中「2」とあるのは「5」と読み替えるものとする。）（単位　kN・m）
ただし、建築物が損傷限界に達する時に各階に生ずる層せん断力と令第82条の3に規定する当該各階の保有水平耐力との比に応じて当該建築物に弾性ひずみエネルギーとして吸収されるエネルギー量を別に計算できる場合においては、当該計算によることができる。

(2) 建築物の各階の必要エネルギー吸収量を、次の式によって計算すること。ただし、建築物と地盤との相互作用、架構の形式その他の建築物の地震応答に影響を与えるものの実況に応じて各階の必要エネルギー吸収量を別に計算できる場合においては、当該計算によることができる。

$$Es_i = \frac{s_i(p_i \cdot p_{ti})^{-n}}{\sum_{j=1}^{N} s_j(p_j \cdot p_{tj})^{-n}} \cdot Es$$

この式において、Es_i、s_i、p_i、p_{ti}、n、N 及び Es は、それぞれ次の数値を表すものとする。

Es_i　各階の必要エネルギー吸収量（単位　kN・m）

s_i　次の式によって計算した1階の必要エネルギー吸収量に対する各階の必要エネルギー吸収量の比を表す基準値

$$s_i = \left(\sum_{j=i}^{N} \frac{m_j}{M}\right)^2 A_i^2 \frac{Q_{u1} \cdot \delta_{fui}}{Q_{ui} \cdot \delta_{fu1}}$$

この式において、m_i、M、A_i、Q_{ui} 及び δ_{fui} は、それぞれ次の数値を表すものとする。

m_i　各階の質量（単位　トン）
M　建築物の地上部分の全質量（単位　トン）
A_i　第4第一号に規定する地震層せん断力係数の比
Q_{ui}　保有水平耐力（単位　kN）
δ_{fui}　主架構の保有水平耐力を当該主架構の水平方向の剛性で除して得た各階の層間変位（単位　m）

p_i　1階の保有水平層せん断力係数に対する各階の保有水平層せん断力係数の比と A_i の数値との比を表すものとして次の式により計算した数値

$$p_i = \frac{\alpha_i}{\alpha_1 \cdot A_i}$$

この式において、α_i 及び A_i は、それぞれ次の数値を表すものとする。

α_i　各階の保有水平層せん断力係数
A_i　第4第一号に規定する地震層せん断力係数の比

p_{ti}　各階の必要エネルギー吸収量に係る当該階の偏心による割増に等価な保有水平層せん断力係数の低減係数で、令第82条の6第二号ロの規定によって計算した各階の偏心率に応じた次の表に掲げる数値（各階の構造耐力上主要な部分の水平力に対する剛性、耐力及びそれらの配置の状況を考慮して各階の必要エネルギー吸収量に与える偏心の影響に基づいて計算する場合においては、当該計算によることができる。)

偏心率		p_{ti} の数値
(1)	$Re \leq 0.15$ の場合	1.0
(2)	$0.15 < Re < 0.3$ の場合	(1)と(3)に掲げる数値を直線的に補間した数値
(3)	$0.3 \leq Re$ の場合	0.85
この表において、Re は、各階の偏心率を表すものとする。		

n　建築物の必要エネルギー吸収量を各階の剛性及び耐力に応じて各階に分配する程度を表す数値で、架構の性状等に応じて次の表に掲げる数値（架構の形式その他の建築物の地震応答に影響を与えるものの実況に応じて、当該程度を表す数値を別に計算することができる場合は、当該計算によることができる。)

架構の性状等		n の数値
(1)	建築物の地上部分の全ての柱とはりとの接合部（最上階の柱頭部分及び1階の柱脚部分を除く。）において柱の耐力和がはりの耐力和より十分に大きな剛節架構その他の建築物に塑性ひずみエネルギーとして吸収されるエネルギーが特定の層に集中し難い架構	4
(2)	(1)に掲げる架構以外の架構	8

N　建築物の地上部分の階数

Es　建築物の必要エネルギー吸収量（単位　kN・m）

(3)　建築物の各階の主架構の必要エネルギー吸収量を、次の式によって計算すること。

$$Es_{fi} = Es_i \frac{Q_{fui}}{Q_{ui}}$$

この式において、Es_{fi}、Es_i、Q_{fui} 及び Q_{ui} は、それぞれ次の数値を表すものとする。

Es_{fi}　各階の主架構の必要エネルギー吸収量（単位　kN・m）

Es_i　各階の必要エネルギー吸収量（単位　kN・m）

Q_{fui}　主架構の保有水平耐力（単位　kN）

Q_{ui}　保有水平耐力（単位　kN）

二　ダンパー部分を有する場合にあっては、イの規定によって計算した各階のダンパー部分の保有エネルギー吸収量が、ロの規定によって計算した各階のダンパー部分の必要エネルギー吸収量以上であることを確かめること。

イ　建築物の各階のダンパー部分の保有エネルギー吸収量を、前号イの規定を準用して計算すること。この場合において、「主架構」とあるのは「ダンパー部分」と読み替えるものとする。

ロ　建築物の各階のダンパー部分の必要エネルギー吸収量を次の式によって計算すること。

$$Es_{di} = Es_i \frac{Q_{dui}}{Q_{ui}} + Es_{dpi} + \beta \cdot Ed_{dpi}$$

この式において Es_{di}、Es_i、Q_{dui}、Q_{ui}、Es_{dpi}、β 及び Ed_{dpi} は、それぞれ次の数値を表すものとする。

Es_{di}　各階のダンパー部分の必要エネルギー吸収量（単位　kN・m）

Es_i　前号ロ(2)の規定によって計算した各階の必要エネルギー吸収量（前号ロ(1)に規定する Es の数値が負となる場合にあっては、0とする。)（単位　kN・m）

Q_{dui}　ダンパー部分の保有水平耐力（単位　kN）

Q_{ui}　保有水平耐力（単位　kN）

Es_{dpi}　次の式によって計算した前号ロ(1)に規定する地震に対してダンパー部分のみが塑性変形している時に当該ダンパー部分に塑性ひずみエネルギーとして吸収されるエネルギー量（単位　kN・m）

$$Es_{dpi} = 2(\delta_i - \delta_{dui})\ Q_{dui} \cdot ns_i$$

この式において、δ_i、δ_{dui}、Q_{dui} 及び ns_i は、それぞれ次の数値を表すものとする。

δ_i　建築物に前号ロ(1)に規定する W_e が作用する時の各階の層間変位として第4第四号の規定を準用して計算した数値（第4第四号の C_1 の定義中「第二号の規定によって計算した地震により建築物に作用するエネルギー量」とあるのは「第6第一号ロ(1)に規定する W_e の数値」と、第4第一号の n_i の定義中「2」とあるのは「5」と読み替えるものとする。）（単位　m）

ただし、前号ロ(1)に規定する Es の値が負となる場合にあっては、第4第四号の規定を準用して求めた各階の層間変位とする。この場合において、同号の C_1 の定義中「第二号の規定によって計算した地震により建築物に作用するエネルギー量」とあるのは「第6第一号ロ(1)に規定する Es と W_e の和」と、第4第一号の n_i の定義中「2」とあるのは「5」と読み替えるものとする。

δ_{dui}　Q_{dui} の値を、各階のダンパー部分の水平方向の剛性で除して得た各階のダンパー部分の層間変位（δ_i が δ_{dui} を下回る場合は、δ_i とする。）（単位　m）

Q_{dui}　ダンパー部分の保有水平耐力（単位　kN）

ns_i　各階のダンパー部分の塑性変形の累積の程度を表す数値で、20（架構の形式その他の各階の地震応答に影響を与えるものの実況に応じてダンパー部分の塑性変形の累積の程度を別に計算することができる場合は、当該計算によることができる。）

β　第4第二号に規定する地震による必要エネルギー吸収量の割増係数で、5（地震の発生頻度等に応じて当該係数を別に計算できる場合は、当該計算によることができる。）

Ed_{dpi}　次の式によって計算した第4第二号に規定する地震によって作用するエネルギーのうちダンパー部分に塑性ひずみエネルギーとして吸収されるエネルギー量（単位　kN・m）

$$Ed_{dpi} = 2(\delta_i - \delta_{dui})\ Q_{dui} \cdot nd_i$$

この式において、δ_i、δ_{dui}、Q_{dui} 及び nd_i は、それぞれ次の数値を表す。

δ_i　第4第四号の規定によって計算した各階の層間変位（単位　m）

δ_{dui}　第4第一号に規定する各階のダンパー部分の層間変位（単位　m）

Q_{dui}　ダンパー部分の保有水平耐力（単位　kN）

nd_i　各階のダンパー部分の塑性変形の累積の程度を表す数値で、10（架構の形式その他の各階の地震応答に影響を与えるものの実況に応じて当該数値を別に計算することができる場合は、当該計算によることができる。

第7

令第82条第四号の規定によること。

第8

屋根ふき材、特定天井、外装材及び屋外に面する帳壁については、次の各号に定めるところによる。

一　屋根ふき材、外装材及び屋外に面する帳壁が、第4第四号の地震力を考慮して平成12年建設省告示第1457号第11第一号に定める構造計算を準用して風圧並びに地震その他の震動及び衝撃に対して構造耐力上安全であることを確かめること。この場合において、同告示第11第一号ロ中「令第82条の5第三号の規定」とあるのは「第4第四号の規定」と、同号ロ(1)及び(2)中「令第82条の5第三号の地震力を考慮して、」とあるのは「第4第二号に規定する地震によるエネルギーが建築物に作用する時に」と、同号ロ(3)中「令第82条の5第三号の地震力を考慮して、」とあるのは「第4第四号の規定によって」と読み替えるものとする。

二　特定天井が、平成12年建設省告示第1457号第11第二号の規定に基づく構造計算によって荷重及び外力に対し構造耐力上安全であることを確かめること。この場合において、同号ロ中「令第82条の5第三号の地震力を考慮して」とあるのは「第4第二号に規定する地震によるエネルギーが建築物に作用する時に」と読み替えるものとする。ただし、平成25年国土交通省告示第771号第3第2項若しくは第3項に定める基準に適合するもの、令第39条第3項の規定に基づく国土交通大臣の認定を受けたもの又は同告示第3第4項第一号に定める構造計算によって構造耐力上安全であることが確かめられた場合においては、この限りでない。

第9

令第82条の5第八号の規定によること。

許容応力度等計算と同等以上に安全性を確かめることができる構造計算の基準を定める件

制定：平成19年10月 5日　国土交通省告示第1274号
改正：令和 3年 6月30日　国土交通省告示第755号

建築基準法施行令（昭和25年政令第338号。以下「令」という。）第81条第2項第二号イの規定に基づき、許容応力度等計算と同等以上に安全性を確かめることができる構造計算の基準は、次の各号に定める基準とする。

一　地階を除く階数が3以下、高さが13m以下及び軒の高さが9m以下である鉄骨造の建築物の張り間方向又は桁行方向のいずれかの方向が平成19年国土交通省告示第593号第一号イの規定を満たす場合にあっては、次のイ及びロに該当するものであること。

イ　建築物の張り間方向又は桁行方向のうち平成19年国土交通省告示第593号第一号イの規定を満たす方向について、令第82条各号及び令第82条の4に定めるところによる構造計算によって構造耐力上安全であることが確かめられたもの

ロ　イの規定により構造耐力上安全であることが確かめられた方向以外の方向について、次の(1)及び(2)に該当するもの

(1)　令第3章第8節第1款の4に規定する許容応力度等計算によって構造耐力上安全であることが確かめられたもの

(2)　平成19年国土交通省告示第593号第一号イ(1)の規定を満たすもの

二　地階を除く階数が2以下、高さが13m以下及び軒の高さが9m以下である鉄骨造の建築物の張り間方向又は桁行方向のいずれかの方向が平成19年国土交通省告示第593号第一号ロの規定を満たす場合にあっては、次のイ及びロに該当するものであること。

イ　建築物の張り間方向又は桁行方向のうち平成19年国土交通省告示第593号第一号ロの規定を満たす方向について、令第82条各号及び令第82条の4に定めるところによる構造計算によって構造耐力上安全であることが確かめられたもの

ロ　イの規定により構造耐力上安全であることが確かめられた方向以外の方向について、次の(1)及び(2)に該当するもの

(1)　令第3章第8節第1款の4に規定する許容応力度等計算によって構造耐力上安全であることが確かめられたもの

(2)　平成19年国土交通省告示第593号第一号ロ(2)の規定を満たすもの

三　高さが20m以下である鉄筋コンクリート造（壁式ラーメン鉄筋コンクリート造、壁式鉄筋コンクリート造及び鉄筋コンクリート組積造を除く。）又は鉄骨鉄筋コンクリート造の建築物の張り間方向又は桁行方向のいずれかの方向が平成19年国土交通省告示第593号第二号イの規定を満たす場合にあっては、次のイ及びロに該当するものであること。

イ　建築物の張り間方向又は桁行方向のうち平成 19 年国土交通省告示第 593 号第二号イの規定を満たす方向について、令第 82 条各号及び令第 82 条の 4 に定めるところによる構造計算によって構造耐力上安全であることが確かめられたもの

ロ　イの規定により構造耐力上安全であることが確かめられた方向以外の方向について、令第 3 章第 8 節第 1 款の 4 に規定する許容応力度等計算によって構造耐力上安全であることが確かめられたもの

四　建築基準法（昭和 25 年法律第 201 号）第 20 条第 1 項第三号に掲げる建築物にあっては、次のイ及びロに該当するものであること。

イ　建築物の張り間方向又は桁行方向のいずれかの方向について、令第 82 条各号及び令第 82 条の 4 に定めるところによる構造計算によって構造耐力上安全であることが確かめられたもの

ロ　イの規定により構造耐力上安全であることが確かめられた方向以外の方向について、令第 3 章第 8 節第 1 款の 4 に規定する許容応力度等計算によって構造耐力上安全であることが確かめられたもの

五　建築基準法施行規則（昭和 25 年建設省令第 40 号）第 1 条の 3 第 1 項第一号ロ⑵の規定により国土交通大臣があらかじめ安全であると認定した構造の建築物又はその部分にあっては、当該構造であることを確かめることができるものとして国土交通大臣が指定した構造計算の基準（許容応力度等計算と同等以上に安全性を確かめることができるものとして国土交通大臣が指定したものに限る。）

建築基準法施行令第 82 条各号及び同令第 82 条の 4 に定めるところによる構造計算と同等以上に安全性を確かめることができる構造計算の基準を定める件

制定：平成 19 年 6 月 19 日　国土交通省告示第 832 号
改正：令和　3 年 6 月 30 日　国土交通省告示第 756 号

建築基準法施行令（昭和 25 年政令第 338 号。以下「令」という。）第 81 条第 3 項の規定に基づき、同令第 82 条各号及び同令第 82 条の 4 に定めるところによる構造計算と同等以上に安全性を確かめることができる構造計算の基準は、建築基準法施行規則（昭和 25 年建設省令第 40 号）第 1 条の 3 第 1 項第一号ロ⑵の規定により国土交通大臣があらかじめ安全であると認定した構造の建築物又はその部分について当該構造であることを確かめることができるものとして国土交通大臣が指定した構造計算の基準（令第 82 条各号及び令第 82 条の 4 に定めるところによる構造計算と同等以上に安全性を確かめることができるものとして国土交通大臣が指定したものに限る。）とする。

保有水平耐力計算及び許容応力度等計算の方法を定める件

制定：平成 19 年 5 月 18 日　国土交通省告示第 594 号
改正：令和元年　6 月 25 日　国土交通省告示第 203 号

建築基準法施行令（昭和 25 年政令第 338 号）第 82 条第一号、第 82 条の 2、第 82 条の 3 第一号及び第 82 条の 6 第二号ロの規定に基づき、保有水平耐力計算及び許容応力度等計算の方法を次のように定める。

第 1　構造計算に用いる数値の設定方法

一　建築物の架構の寸法、耐力、剛性、剛域その他の構造計算に用いる数値については、当該建築物の実況に応じて適切に設定しなければならない。

二　前号の数値の設定を行う場合においては、接合部の構造方法その他当該建築物の実況に応じて適切な設定の組み合わせが複数存在するときは、それらすべての仮定に基づき構造計算をして当該建築物の安全性を確かめなければならない。

三　壁に開口部を設ける場合にあっては、開口部を設けない場合と同等以上の剛性及び耐力を有するように当該開口部の周囲が補強されている場合を除き、次のイ又はロの区分に応じ、それぞれ当該各

号に定める方法により当該壁の剛性及び耐力を低減した上で耐力壁として構造計算を行うか、当該壁を非構造部材（構造耐力上主要な部分以外の部分をいう。以下同じ。）として取り扱った上で第2第二号の規定によることとする。この場合において、開口部の上端を当該階のはりに、かつ、開口部の下端を当該階の床版にそれぞれ接するものとした場合にあっては、当該壁を1の壁として取り扱ってはならないものとする。

イ　鉄筋コンクリート造とした耐力壁（周囲の構造耐力上主要な部分である柱及びはりに緊結されたものとした場合に限る。）に開口部を設ける場合であって、当該開口部が(1)に適合することを確かめた場合　当該開口部を有する耐力壁のせん断剛性の数値に(2)によって計算した低減率を乗じるとともに、当該開口部を有する耐力壁のせん断耐力の数値に(3)によって計算した低減率を乗じて構造計算を行うこと。

(1)　次の式によって計算した開口周比が0.4以下であること。

$$r_0 = \sqrt{(h_0 \cdot l_0) / (h \cdot l)}$$

この式において、r_0、h_0、l_0、h及びlは、それぞれ次の数値を表すものとする。
r_0　開口周比
h_0　開口部の高さ（単位　m）
l_0　開口部の長さ（単位　m）
h　開口部を有する耐力壁の上下のはりの中心間距離（単位　m）
l　開口部を有する耐力壁の両端の柱の中心間距離（単位　m）

(2)　当該開口部を有する耐力壁のせん断剛性の低減率を次の式によって計算すること。

$$r_1 = 1 - 1.25r_0$$

この式において、r_1はせん断剛性の低減率を表すものとし、r_0は(1)に規定するr_0の数値を表すものとする。

(3)　当該開口部を有する耐力壁のせん断耐力の低減率を次の式によって計算すること。

$$r_2 = 1 - \max\{r_0,\ l_0/l,\ h_0/h\}$$

この式において、r_2はせん断耐力の低減率を表すものとし、r_0、l_0、l、h_0及びhは、それぞれ(1)に規定するr_0、l_0、l、h_0及びhを表すものとする。

ロ　開口部を有する耐力壁の剛性及び耐力の低減について特別な調査又は研究が行われている場合　当該開口部を有する耐力壁の剛性及び耐力を当該特別な調査又は研究の結果に基づき低減して構造計算を行うこと。

四　壁以外の部材に開口部を設ける場合にあっては、開口部を設けない場合と同等以上の剛性及び耐力を有するように当該開口部の周囲が補強されている場合を除き、当該部材の剛性及び耐力の低減について特別な調査又は研究の結果に基づき算出した上で構造耐力上主要な部分として構造計算を行うか、当該部材を非構造部材として取り扱った上で第2第二号の規定によることとする。

第2　荷重及び外力によって建築物の構造耐力上主要な部分に生ずる力の計算方法

一　建築基準法施行令（以下「令」という。）第82条第一号の規定に従って構造耐力上主要な部分に生ずる力を計算するに当たっては、次のイ及びロに掲げる基準に適合するものとしなければならない。

イ　構造耐力上主要な部分に生ずる力は、当該構造耐力上主要な部分が弾性状態にあるものとして計算すること。

ロ　基礎又は基礎ぐいの変形を考慮する場合にあっては、平成13年国土交通省告示第1113号第1に規定する地盤調査の結果に基づき、当該基礎又は基礎ぐいの接する地盤が弾性状態にあることを確かめること。

二　前号の計算に当たっては、非構造部材から伝達される力の影響を考慮して構造耐力上主要な部分に生ずる力を計算しなければならない。ただし、特別な調査又は研究の結果に基づき非構造部材から伝達される力の影響がないものとしても構造耐力上安全であることが確かめられた場合にあっては、この限りでない。

三　前 2 号の規定によって構造耐力上主要な部分に生ずる力を計算するほか、次のイからホまでに掲げる場合に応じてそれぞれ当該イからホまでに定める方法によって計算を行わなければならない。ただし、特別な調査又は研究の結果に基づき、イからホまでに定める方法による計算と同等以上に建築物又は建築物の部分が構造耐力上安全であることを確かめることができる計算をそれぞれ行う場合にあっては、この限りでない。

イ　建築物の地上部分の剛節架構の一部に鉄筋コンクリート造又は鉄骨鉄筋コンクリート造である耐力壁を配置する架構とし、かつ、地震時に当該架構を設けた階における耐力壁（その端部の柱を含む。）が負担するせん断力の和が当該階に作用する地震力の$\frac{1}{2}$を超える場合　当該架構の柱（耐力壁の端部となる柱を除く。）について、当該柱が支える部分の固定荷重と積載荷重との和（令第 86 条第 2 項ただし書の規定により特定行政庁が指定する多雪区域においては、更に積雪荷重を加えるものとする。以下「常時荷重」という。）に令第 88 条第 1 項に規定する地震層せん断力係数を乗じた数値の 0.25 倍以上となるせん断力が作用するものとし、これと常時荷重によって生ずる力を組み合わせて計算した当該柱の断面に生ずる応力度が令第 3 章第 8 節第 3 款の規定による短期に生ずる力に対する許容応力度を超えないことを確かめること。

ロ　地階を除く階数が 4 以上である建築物又は高さが 20m を超える建築物のいずれかの階において、当該階が支える部分の常時荷重の 20% 以上の荷重を支持する柱を架構の端部に設ける場合　建築物の張り間方向及びけた行方向以外の方向に水平力が作用するものとして令第 82 条第一号から第三号までに規定する構造計算を行い安全であることを確かめること。

ハ　地階を除く階数が 4 以上である建築物又は高さが 20m を超える建築物であって、昇降機塔その他これに類する建築物の屋上から突出する部分（当該突出する部分の高さが 2m を超えるものに限る。）又は屋外階段その他これに類する建築物の外壁から突出する部分を設ける場合　作用する荷重及び外力（地震力にあっては、当該部分が突出する方向と直交する方向の水平震度（令第 88 条第 1 項に規定する Z の数値に 1.0 以上の数値を乗じて得た数値又は特別な調査若しくは研究に基づき当該部分の高さに応じて地震動の増幅を考慮して定めた数値を乗じて得た数値とする。）に基づき計算した数値とする。）に対して、当該部分及び当該部分が接続される構造耐力上主要な部分に生ずる力を計算して令第 82 条第一号から第三号までに規定する構造計算を行い安全であることを確かめること。

ニ　片持ちのバルコニーその他これに類する建築物の外壁から突出する部分（建築物の外壁から突出する部分の長さが 2 m以下のものを除く。）を設ける場合　作用する荷重及び外力（地震力にあっては、当該部分の鉛直震度（令第 88 条第 1 項に規定する Z の数値に 1.0 以上の数値を乗じて得た数値とする。）に基づき計算した数値とする。）に対して、当該部分及び当該部分が接続される構造耐力上主要な部分に生ずる力を計算して令第 82 条第一号から第三号までに規定する構造計算を行い安全であることを確かめること。

ホ　令第 86 条第 2 項ただし書の規定により特定行政庁が指定する多雪区域以外の区域（同条第 1 項に規定する垂直積雪量が 0.15m 以上である区域に限る。）内にある建築物（屋根版を鉄筋コンクリート造又は鉄骨鉄筋コンクリート造としたものを除く。）が特定緩勾配屋根部分（屋根勾配が 15 度以下で、かつ、最上端から最下端までの水平投影の長さが 10m 以上の屋根の部分をいう。以下同じ。）を有する場合　特定緩勾配屋根部分に作用する荷重及び外力（積雪荷重にあっては、同条に規定する方法によって計算した積雪荷重に次の式によって計算した割り増し係数を乗じて得た数値（屋根面における雨水が滞留するおそれのある場合にあっては、当該数値にその影響を考慮した数値）とする。）に対して、特定緩勾配屋根部分及び特定緩勾配屋根部分が接続される構造耐力上主要な部分に生ずる力を計算して令第 82 条第一号から第三号までに規定する構造計算を行い安全であることを確かめること。

$$\alpha = 0.7+\sqrt{\frac{dr}{\mu b d}}$$

この式において、α、dr、μb 及び d は、それぞれ次の数値を表すものとする。
α　割り増し係数（当該数値が 1.0 未満の場合には、1.0）

dr　特定緩勾配屋根部分の最上端から最下端までの水平投影の長さ及び屋根勾配に応じて、次の表に掲げる数値（単位　m）

最上端から最下端までの水平投影の長さ（単位　m）	屋根勾配（単位　度）	drの数値
10	2以下	0.05
	15	0.01
50以上	2以下	0.14
	15	0.03
この表に掲げる最上端から最下端までの水平投影の長さ及び屋根勾配の数値以外の当該数値に応じたdrは、表に掲げる数値をそれぞれ直線的に補間した数値とする。		

μb　令第86条第4項に規定する屋根形状係数
d　令第86条第1項に規定する垂直積雪量（単位　m）

第3　地震力によって各階に生ずる水平方向の層間変位の計算方法

一　令第82条の2に規定する層間変位は、地震力が作用する場合における各階の上下の床版と壁又は柱とが接する部分の水平方向の変位の差の計算しようとする方向の成分として計算するものとする。この場合において、同条に規定する層間変形角（当該層間変位の当該各階の高さに対する割合をいう。）については、上下の床版に接する壁及び柱のすべてについて確かめなければならない。

二　前号の規定にかかわらず、令第82条の6第二号イの規定に従って剛性率を計算する場合における層間変形角の算定に用いる層間変位は、各階において当該階が計算しようとする方向のせん断力に対して一様に変形するものとして計算した水平剛性の数値に基づき計算するものとする。ただし、特別な調査又は研究によって建築物の層間変位を計算した場合にあっては、この限りでない。

第4　保有水平耐力の計算方法

一　令第82条の3第一号に規定する保有水平耐力は、建築物の地上部分の各階ごとに、架構が次に定める崩壊形に達する時における当該各階の構造耐力上主要な部分に生じる水平力の和のうち最も小さい数値以下の数値として計算するものとする。

イ　全体崩壊形（建築物のすべてのはり（最上階のはり及び1階の床版に接するはりを除く。）の端部並びに最上階の柱頭及び1階の柱脚に塑性ヒンジが生じること、1階の耐力壁の脚部に塑性ヒンジが生じることその他の要因によって建築物の全体が水平力に対して耐えられなくなる状態をいう。以下同じ。）

ロ　部分崩壊形（全体崩壊形以外の状態であって、建築物の特定の階においてすべての柱頭及び柱脚に塑性ヒンジが生じること、耐力壁がせん断破壊することその他の要因によって建築物の特定の階が水平力に対して耐えられなくなる状態をいう。以下同じ。）

ハ　局部崩壊形（建築物の構造耐力上主要な部分のいずれかが破壊し、架構が水平力に対しては引き続き耐えられる状態であっても、常時荷重に対して架構の一部が耐えられなくなる状態をいう。以下同じ。）

二　各階の保有水平耐力を増分解析により計算する場合にあっては、建築物の地上部分の各階について標準せん断力係数（令第88条に規定する地震力の計算時に用いる係数をいう。）の数値を漸増させ、これに応じた地震層せん断力係数に当該各階が支える部分の常時荷重を乗じた数値を水平力として作用させるものとする。この場合において、当該地震層せん断力係数を計算する場合に用いるAiは、令第88条第1項に規定するAi（以下単に「Ai」という。）を用いなければならない。ただし、次のイからハまでのいずれかに該当する場合にあっては、Aiに同項に規定するDs（以下単に「Ds」という。）及びFes（以下単に「Fes」という。）を乗じた数値をAiに替えて用いることができる。

イ　Aiを用いて増分解析を行い、架構の崩壊状態が全体崩壊形となることが確かめられた場合

ロ　Aiを用いて増分解析を行い、架構の崩壊状態が部分崩壊形又は局部崩壊形となることが確かめられ、かつ、崩壊する階（部分崩壊形にあっては水平力に対して不安定になる階を、局部崩壊形にあっては局部的な崩壊が生じる階をいう。）以外の階である建築物の部分（崩壊する階

が架構の中間である場合にあっては、当該階の上方及び下方のそれぞれの建築物の部分）について、すべてのはり（当該建築物の部分の最上階のはり及び最下階の床版に接するはりを除く。）の端部並びに最上階の柱頭及び最下階の柱脚に塑性ヒンジが生じることその他の要因によって当該建築物の部分の全体が水平力に対して耐えられなくなる状態となることが確かめられた場合

ハ　建築物の振動特性に関する特別な調査又は研究によって地震力に耐えている建築物の各階の層せん断力の高さ方向の分布について Ds 及び Fes を考慮して計算した数値とすることができることが確かめられた場合

三　構造耐力上主要な部分である柱、はり若しくは壁又はこれらの接合部について、第一号における架構の崩壊状態の確認に当たっては、局部座屈、せん断破壊等による構造耐力上支障のある急激な耐力の低下が生ずるおそれのないことを、次のイからニまでに掲げる方法その他特別な調査又は研究の結果に基づき適切であることが確かめられた方法によるものとする。

イ　木造の架構にあっては、構造耐力上主要な部分である柱若しくははり又はこれらの接合部がその部分の存在応力を伝えることができるものであること。

ロ　鉄骨造の架構において冷間成形により加工した角形鋼管（厚さ 6㎜以上のものに限る。以下ロにおいて単に「角形鋼管」という。）を構造耐力上主要な部分である柱に用いる場合にあっては、次に定める構造計算を行うこと。ただし、特別な調査又は研究の結果に基づき、角形鋼管に構造耐力上支障のある急激な耐力の低下を生ずるおそれのないことが確かめられた場合にあっては、この限りでない。

(1)　構造耐力上主要な部分である角形鋼管を用いた柱が日本産業規格（以下「JIS」という。）G3466（一般構造用角形鋼管）-2006 に適合する場合にあっては、構造耐力上主要な部分である柱及びはりの接合部（最上階の柱の柱頭部及び 1 階の柱の脚部である接合部を除く。）について、昭和 55 年建設省告示第 1791 号第 2 第三号イに適合することを確かめるほか、当該柱が 1 階の柱である場合にあっては、地震時に柱の脚部に生ずる力に 1.4（柱及びはりの接合部の構造方法を内ダイアフラム形式（ダイアフラムを落とし込む形式としたものを除く。）とした場合は 1.3）以上の数値を乗じて令第 82 条第一号から第三号までに規定する構造計算をして当該建築物が安全であることを確かめること。

(2)　構造耐力上主要な部分である角形鋼管を用いた柱が JIS G3466（一般構造用角形鋼管）-2006 に適合する角形鋼管以外の角形鋼管である場合にあっては、当該柱の存する階ごとに、柱及びはりの接合部（最上階の柱頭部及び 1 階の柱脚部を除く。）について次の式に適合することを確かめること。ただし、次の式に適合しない階に設けた角形鋼管の柱の材端（はりその他の横架材に接着する部分をいう。以下(2)において同じ。）、最上階の角形鋼管の柱頭部及び 1 階の角形鋼管の柱脚部の耐力を、鋼材の種別並びに柱及びはりの接合部の構造方法に応じて次の表に掲げる係数を乗じて低減し、かつ、当該耐力を低減した柱に接着するはりの材端（柱に接着する部分をいう。以下(2)において同じ。）において塑性ヒンジを生じないものとして令第 82 条の 3 に規定する構造計算を行い安全であることを確かめた場合にあっては、この限りでない。

$$\Sigma M_{pc} \geqq \Sigma \min\{1.5M_{pb},\ 1.3M_{pp}\}$$

この式において、M_{pc}、M_{pb} 及び M_{pp} は、それぞれ次の数値を表すものとする。

M_{pc}　各階の柱及びはりの接合部において柱の材端に生じうるものとした最大の曲げモーメント（単位　N・m）

M_{pb}　各階の柱及びはりの接合部においてはりの材端に生じうるものとした最大の曲げモーメント（単位　N・m）

M_{pp}　各階の柱及びはりの接合部に生じうるものとした最大の曲げモーメント（単位　N・m）

鋼材の種別	柱及びはりの接合部の構造方法	
	(い)	(ろ)

	内ダイアフラム形式（ダイアフラムを落とし込む形式としたものを除く。）	(い)欄に掲げる形式以外の形式
ロール成形その他断面のすべてを冷間成形により加工したもの	0.80	0.75
プレス成形その他断面の一部を冷間成形により加工したもの	0.85	0.80

ハ　鉄筋コンクリート造の架構にあっては、使用する部分及び第一号の計算を行う場合における部材（せん断破壊を生じないものとした部材に限る。）の状態に応じ、次の表の式によって構造耐力上主要な部分にせん断破壊を生じないことを確かめること。ただし、特別な調査又は研究の結果に基づき、構造耐力上主要な部分にせん断破壊を生じないことが確かめられた場合にあっては、この限りでない。

使用する部分	第一号の計算を行う場合における部材の状態	
	(い)	(ろ)
	部材の両端にヒンジが生ずる状態	(い)欄に掲げる状態以外の状態
はり	$Q_b \geqq Q_0 + 1.1Q_M$	$Q_b \geqq Q_0 + 1.2Q_M$
柱	$Q_c \geqq 1.1Q_M$	$Q_c \geqq 1.25Q_M$
耐力壁	−	$Q_w \geqq 1.25Q_M$

この表において、Q_b、Q_c、Q_w、Q_0及びQ_Mは、それぞれ次の数値を表すものとする。

Q_b　次の式によって計算したはりのせん断耐力（単位　N）

$$Q_b = \left\{ \frac{0.068 p_t^{0.23} \cdot (F_c + 18)}{M/(Q \cdot d) + 0.12} + 0.85\sqrt{p_w \cdot \sigma_{wy}} \right\} \cdot b \cdot j$$

この式において、p_t、F_c、M/Q、d、p_w、σ_{wy}、b及びjは、それぞれ次の数値を表すものとする。

- p_t　引張鉄筋比（単位　%）
- F_c　コンクリートの設計基準強度（設計に際し採用する圧縮強度をいう。以下同じ。）（単位　N/mm²）
- M/Q　はりのシアスパン（はりの有効長さ内における当該はりに作用する最大の曲げモーメントMと最大のせん断力Qの比とし、M/Qの数値がd未満となる場合にあってはdとし、dに3を乗じて得た数値を超える場合にあってはdに3を乗じて得た数値とする。）（単位　mm）
- d　はりの有効せい（単位　mm）
- p_w　せん断補強筋比（小数とする。）
- σ_{wy}　せん断補強筋の材料強度（単位　N/mm²）
- b　はりの幅（単位　mm）
- j　応力中心距離（はりの有効せいに$\frac{7}{8}$を乗じて計算した数値とする。）（単位　mm）

Q_c　次の式によって計算した柱のせん断耐力（単位　N）

$$Q_c = Q_b + 0.1\,\sigma_0 \cdot b \cdot j$$

この式において、Q_b、σ_0、b及びjは、それぞれ次の数値を表すものとする。

- Q_b　当該柱をはりとみなして計算した場合における部材のせん断耐力（単位　N）
- σ_0　平均軸応力度（Fcに0.4を乗じた数値を超える場合は、Fcに0.4を乗じた数値とする。）（単位　N/mm²）
- b　柱の幅（単位　mm）
- j　応力中心距離（柱の有効せいに$\frac{7}{8}$を乗じて計算した数値とする。）（単位　mm）

Q_w　次の式によって計算した耐力壁のせん断耐力（単位　N）

$$Q_w = \left\{ \frac{0.068 p_{te}^{0.23} \cdot (F_c + 18)}{\sqrt{M/(Q \cdot D) + 0.12}} + 0.85\sqrt{p_{wh} \cdot \sigma_{wh}} + 0.1\sigma_0 \right\} \cdot t_e \cdot j$$

この式において、p_{te}、a_t、t_e、F_c、M/Q、D、p_{wh}、σ_{wh}、σ_0 及び j は、それぞれ次の数値を表すものとする。

p_{te}　等価引張鉄筋比（$100a_t/(t_e \cdot d)$）によって計算した数値とする。この場合において、d は耐力壁の有効長さとして、周囲の柱及びはりと緊結された耐力壁で水平方向の断面がⅠ形とみなせる場合（以下「Ⅰ形断面の場合」という。）にあってはD－D_c/2（D_c は圧縮側柱のせい）、耐力壁の水平方向の断面が長方形の場合（以下「長方形断面の場合」という。）にあっては 0.95D とする。（単位　%）

a_t　Ⅰ形断面の場合は引張側柱内の主筋断面積、耐力壁の水平方向の断面が長方形の場合は端部の曲げ補強筋の断面積（単位　㎟）

t_e　耐力壁の厚さ（Ⅰ形断面の場合にあっては、端部の柱を含む水平方向の断面の形状に関して長さと断面積とがそれぞれ等しくなるように長方形の断面に置き換えたときの幅の数値とし、耐力壁の厚さの 1.5 倍を超える場合にあっては、耐力壁の厚さの 1.5 倍の数値とする。）（単位　mm）

F_c　コンクリートの設計基準強度（単位　N/㎟）

M/Q　耐力壁のシアスパン（当該耐力壁の高さの内における最大の曲げモーメントMと最大のせん断力Qの比とし、M/Q の数値がD未満となる場合にあってはDとし、Dに 3 を乗じて得た数値を超える場合にあってはDに 3 を乗じて得た数値とする。）（単位　mm）

D　耐力壁の全長（Ⅰ形断面の場合にあっては端部の柱のせいを加えた数値とする。）（単位　mm）

p_{wh}　t_e を厚さと考えた場合の耐力壁のせん断補強筋比（小数とする。）

σ_{wh}　せん断補強筋の材料強度（単位　N/㎟）

σ_0　耐力壁の全断面積に対する平均軸方向応力度（単位　N/㎟）

j　応力中心距離（耐力壁の有効長さに $\frac{7}{8}$ を乗じて計算した数値とする。）（単位　mm）

Q_0　第一号の計算において部材に作用するものとした力のうち長期に生ずるせん断力（単位　N）

Q_M　第一号の計算において部材に作用するものとした力のうち地震力によって生ずるせん断力（単位　N）

ニ　平成 19 年国土交通省告示第 593 号第二号イ⑵の規定によること。この場合において、式中「n　1.5（耐力壁にあっては 2.0）以上の数値」とあるのは、「n　1.5（耐力壁にあっては 1.0）以上の数値」と読み替えるものとする。ただし、特別な調査又は研究の結果に基づき鉄筋コンクリート造である構造耐力上主要な部分に損傷を生じないことを別に確かめることができる場合にあっては、この限りでない。

四　鉄筋コンクリート造又は鉄骨鉄筋コンクリート造である建築物の構造部分であって、令第 73 条、第 77 条第二号から第六号までのいずれか、第 77 条の 2 第 2 項、第 78 条又は第 78 条の 2 第 1 項第三号の規定に適合しないものについては、当該構造部分に生ずる力を次の表に掲げる式によって計算し、当該構造部分に生ずる力が、それぞれ令第 3 章第 8 節第 4 款の規定による材料強度によって計算した当該構造部分の耐力を超えないことを確かめるものとする。ただし、当該構造部分の実況に応じた加力実験によって耐力、靭(じん)性及び付着に関する性能が当該構造部分に関する規定に適合する部材と同等以上であることが確認された場合にあっては、この限りでない。

荷重及び外力について想定する状態	一般の場合	令第 86 条第 2 項ただし書の規定により特定行政庁が指定する多雪区域における場合	備考
積雪時	G ＋ P ＋ 1.4S	G ＋ P ＋ 1.4S	
暴風時	G ＋ P ＋ 1.6W	G ＋ P ＋ 1.6W	建築物の転倒、柱の引抜き等

		G + P + 0.35S + 1.6W	を検討する場合においては、Pについては、建築物の実況に応じて積載荷重を減らした数値によるものとする。
地震時	G + P + K	G + P + 0.35S + K	
この表において、G、P、S、W及びKは、それぞれ次の力（軸方向力、曲げモーメント、せん断力等をいう。）を表すものとする。 G　令第84条に規定する固定荷重によって生ずる力 P　令第85条に規定する積載荷重によって生ずる力 S　令第86条に規定する積雪荷重によって生ずる力 W　令第87条に規定する風圧力によって生ずる力 K　令第88条に規定する地震力によって生ずる力（標準せん断力係数を1.0以上とする。ただし、当該建築物の振動に関する減衰性及び当該部材を含む階の靱性を適切に評価して計算をすることができる場合においては、標準せん断力係数を当該計算により得られた数値（当該数値が0.3未満のときは0.3）とすることができる。）			

五　建築物の地上部分の塔状比（計算しようとする方向における架構の幅に対する高さの比をいう。）が4を超える場合にあっては、次のイ又はロに掲げる層せん断力のいずれかが作用するものとした場合に建築物の地盤、基礎ぐい及び地盤アンカーに生ずる力を計算し、当該力が地盤にあっては平成13年国土交通省告示第1113号第1に規定する方法による地盤調査（以下この号において単に「地盤調査」という。）によって求めた極限応力度に基づき計算した極限支持力の数値を、基礎ぐい及び地盤アンカーにあっては令第3章第8節第4款の規定による材料強度に基づき計算した当該基礎ぐい及び地盤アンカーの耐力並びに地盤調査によって求めた圧縮方向及び引抜き方向の極限支持力の数値をそれぞれ超えないことを確かめるものとする。ただし、特別な調査又は研究によって地震力が作用する建築物の全体の転倒が生じないことを確かめた場合にあっては、この限りでない。

イ　令第88条第1項に規定する地震力について標準せん断力係数を0.3以上として計算した層せん断力

ロ　第一号の規定によって計算した保有水平耐力に相当する層せん断力が生ずる場合に各階に作用するものとした層せん断力

第5　各階の剛心周りのねじり剛性の計算方法

令第82条の6第二号ロの各階の剛心周りのねじり剛性は、当該階が計算しようとする方向のせん断力に対して一様に変形するものとして計算した水平剛性の数値に基づき、次の式によって計算した数値とする。ただし、特別な調査又は研究の結果に基づき各階の剛心周りのねじり剛性を計算した場合にあっては、この限りでない。

$$K_R = \Sigma(k_x \cdot \overline{Y}^2) + \Sigma(k_y \cdot \overline{X}^2)$$

この式において、K_R、k_x、$\overline{Y}$、k_y及び$\overline{X}$は、それぞれ次の数値を表すものとする。

K_R　剛心周りのねじり剛性（単位　N・m）

k_x　令第82条の2に規定する構造計算を行う場合における各部材の張り間方向の剛性（単位　N/m）

$\overline{Y}$　剛心と各部材をそれぞれ同一水平面上に投影させて結ぶ線をけた行方向の平面に投影させた線の長さ（単位　m）

k_y　令第82条の2に規定する構造計算を行う場合における各部材のけた行方向の剛性（単位　N/m）

$\overline{X}$　剛心と各部材をそれぞれ同一水平面上に投影させて結ぶ線を張り間方向の平面に投影させた線の長さ（単位　m）

附則（抄）

1　（略）

2　平成13年国土交通省告示第1371号及び平成15年国土交通省告示第995号は、廃止する。

図406

建築物の使用上の支障が起こらないことを確かめる必要がある場合及びその確認方法を定める件

制定：平成 12 年 5 月 31 日　建設省告示第 1459 号
改正：平成 19 年 5 月 18 日　国土交通省告示第 621 号

建築基準法施行令（昭和 25 年政令第 338 号）第 82 条第四号の規定に基づき、建築物の使用上の支障が起こらないことを確かめる必要がある場合及びその確認方法を次のように定める。

第 1

建築基準法施行令（以下「令」という。）第 82 条第四号に規定する使用上の支障が起こらないことを検証することが必要な場合は、建築物の部分に応じて次の表に掲げる条件式を満たす場合以外の場合とする。

建築物の部分		条件式
木造	はり（床面に用いるものに限る。以下この表において同じ。）	$\frac{D}{l} > \frac{1}{12}$
鉄骨造	デッキプレート版（床版としたもののうち平成 14 年国土交通省告示第 326 号の規定に適合するものに限る。以下同じ。）	$\frac{t}{lx} > \frac{1}{25}$
	はり	$\frac{D}{l} > \frac{1}{15}$
鉄筋コンクリート造	床版（片持ち以外の場合）	$\frac{t}{lx} > \frac{1}{30}$
	床版（片持ちの場合）	$\frac{t}{lx} > \frac{1}{10}$
	はり	$\frac{D}{l} > \frac{1}{10}$
鉄骨鉄筋コンクリート造	はり	$\frac{D}{l} > \frac{1}{12}$
アルミニウム合金造	はり	$\frac{D}{l} > \frac{1}{10}$
軽量気泡コンクリートパネルを用いた構造	床版	$\frac{t}{lx} > \frac{1}{25}$
この表において、t、lx、D 及び l は、それぞれ以下の数値を表すものとする。 t　床版の厚さ（単位　mm） lx　床版の短辺方向の有効長さ（デッキプレート版又は軽量気泡コンクリートパネルにあっては、支点間距離）（単位　mm） D　はりのせい（単位　mm） l　はりの有効長さ（単位　mm）		

第 2

令第 82 条第四号に規定する建築物の使用上の支障が起こらないことを確認する方法は、次のとおりとする。

一　当該建築物の実況に応じた固定荷重及び積載荷重によってはり又は床版に生ずるたわみの最大値を計算すること。ただし、令第 85 条の表に掲げる室の床の積載荷重については、同表(は)欄に定める数値によって計算することができる。

二　前号で求めたたわみの最大値に、構造の形式に応じて次の表に掲げる長期間の荷重により変形が増大することの調整係数（以下「変形増大係数」という。）を乗じ、更に当該部材の有効長さで除して得た値が $\frac{1}{250}$ 以下であることを確認すること。ただし、変形増大係数を載荷実験により求めた場合においては、当該数値を用いることができる。

構造の形式	変形増大係数
木造	2
鉄骨造	1（デッキプレート版

		にあっては、1.5)
鉄筋コンクリート造	床版	16
	はり	8
鉄骨鉄筋コンクリート造		4
アルミニウム合金造		1
軽量気泡コンクリートパネルを用いた構造		1.6

Ds 及び Fes を算出する方法を定める件

制定：昭和 55 年 11 月 27 日　建設省告示第 1792 号
改正：平成 19 年　5 月 18 日　国土交通省告示第 596 号

建築基準法施行令（昭和 25 年政令第 338 号）第 82 条の 3 第二号の規定に基づき、Ds 及び Fes を算出する方法を次のように定める。

第 1　Ds を算出する方法

建築物の各階の Ds は、柱及びはりの大部分が木造である階にあつては第 2 に、柱及びはりの大部分が鉄骨造である階にあっては第 3 に、柱及びはりの大部分が鉄筋コンクリート造である階にあっては第 4 に、柱及びはりの大部分が鉄骨鉄筋コンクリートである階にあっては第 5 に、その他の階にあっては第 6 に、それぞれ定める方法によるものとする。ただし、特別な調査又は研究の結果に基づき当該建築物の振動に関する減衰性及び当該階の靱(じん)性を適切に評価して算出することができる場合においては、当該算出によることができる。

第 2　柱及びはりの大部分が木造である階について Ds を算出する方法

柱及びはりの大部分が木造である階のうち、建築基準法施行令（以下「令」という。）第 46 条第 2 項第一号イ及びロに掲げる基準に適合するもの（柱及びはりの小径が 15cm以上で、かつ、木材の繊維方向と直行する断面の面積が 300cm²以上である部材を用いるものに限る。）にあっては、次の各号に定める方法により Ds を算出するものとする。

一　柱及びはりの種別は、建築物の架構が崩壊形（当該階の柱及びはりの接合部の破壊、はりの曲げ破壊その他の要因によって当該階が水平力に対して耐えられなくなる状態をいう。第 2 において同じ。）に達する時に当該部材に生ずる力が令第 3 章第 8 節第 4 款に規定する材料強度によって計算した当該部材の耐力の $\frac{2}{3}$ 以下である場合にあってはFA とし、それ以外の場合にあってはFC とすること。

二　接合部の種別を、次の表に掲げる接合部の構造方法に応じて定めること。

	接合部の構造方法	接合部の種別
(1)	木材のめりこみにより破壊する接合部（接合部に木材のめりこみの材料強度に相当する応力が作用する場合において、当該接合部に割裂き、せん断等による破壊が生じないものに限る。）	SA
(2)	(1)に掲げるもの以外のもので、接合する木材の厚さが当該接合に用いるボルトその他これに類する接合具（以下この表において「ボルト等」という。）の径の 12 倍以上である接合部（ボルト等の降伏時に木材部分に割裂き、せん断等による損傷が生じないものに限る。）	SB
(3)	(1)及び(2)に掲げるもの以外のもので、接合する木材の厚さが当該接合に用いるボルト等の径の 8 倍以上である接合部(ボルト等の降伏時に木材部分に割裂き、せん断等による損傷が生じないものに限る。)	SC
(4)	(1)から(3)までに掲げるもの以外の接合部	SD

三　Ds を計算する階における柱及びはり並びに接合部について、異なる種別が混在する場合の部材群としての種別は、次のイ及びロによって定めること。

イ　FA 及び FC の種別の柱及びはりが存在する場合にあっては FC とする。

ロ　接合部にあっては、次に定めるところによること。

(1)　SC 及び SD の種別が存在しない場合にあっては SB とする。

(2)　SD の種別が存在せず、SC の種別が存在する場合にあっては SC とする。

(3)　SD の種別が存在する場合にあっては SD とする。

四　各階の Ds は、次の表の（い）欄に掲げる部材群としての種別及び同表の(ろ)欄から(に)欄までに掲げる架構の形式に応じ、次の表に従って定めた数値以上の数値とする。

	(い)		(ろ)	(は)	(に)
	部材群としての種別		架構の形式		
	柱及びはりの部材群としての種別	接合部の部材群としての種別	剛節架構又はアーチ架構で筋かいを設けない構造とした場合	(ろ)欄及び(に)欄に掲げる架構以外の架構の場合	$\beta u \geqq 0.7$ の場合
(1)	FA	SA	0.25	0.3	0.35
(2)		SB	0.3	0.35	0.4
(3)		SC	0.35	0.4	0.45
(4)	柱及びはりの部材群としての種別が FC である場合又は接合部の部材群としての種別が SD である場合		0.4	0.45	0.5
この表において、βu は、筋かいの水平耐力の和を保有水平耐力の数値で除した数値を表すものとする。					

2　柱及びはりの大部分が木造である階のうち、前項に規定する以外の階にあっては、当該階の Ds は、0.55 以上の数値とする。ただし、第 1 ただし書の規定による場合にあっては、架構の性状及び架構の形式に応じ、次の表に掲げる数値以上の数値とすることができる。

	架構の形式 ／ 架構の性状	(い)	(ろ)
		(ろ)欄に掲げる架構以外の架構	各階に生ずる水平力の大部分を当該階の筋かいによって負担する形式の架構
(1)	架構を構成する部材に生ずる応力に対して割裂き、せん断破壊等の耐力が急激に低下する破壊が著しく生じ難いこと等のため、塑性変形の度が特に高いもの	0.3	0.35
(2)	(1)に掲げるもの以外のもので架構を構城する部材に生ずる応力に対して割裂き、せん断破壊等の耐力が急激に低下する破壊が生じ難いこと等のため、塑性変形の度が高いもの	0.35	0.4
(3)	(1)及び(2)に掲げるもの以外のもので架構を構城する部材に塑性変形を生じさせる応力に対して当該部材に割裂き、せん断破壊等が生じないこと等のため、耐力が急激に低下しないもの	0.4	0.45
(4)	(1)から(3)までに掲げるもの以外のもの	0.45	0.5

第 3　柱及びはりの大部分が鉄骨造である階について Ds を算出する方法

柱及びはりの大部分が鉄骨造である階にあっては、次に定める方法により Ds を算出するものとする。

一　筋かいの種別を、次の表に従い、有効細長比（断面の最小二次率半径に対する座屈長さの比をいう。以下同じ。）の数値に応じて定めること。

	有効細長比	筋かいの種別
(1)	$\lambda \leqq 495/\sqrt{F}$	BA
(2)	$495/\sqrt{F} < \lambda \leqq 890/\sqrt{F}$ 又は $1980/\sqrt{F} \leqq \lambda$	BB
(3)	$890/\sqrt{F} < \lambda < 1980/\sqrt{F}$	BC
この表において、λ及びFは、それぞれ次の数値を表すものとする。 λ　筋かいの有効細長比 F　平成12年建設省告示第2464号第1に規定する基準強度（単位　N/㎟）		

二　柱及びはりの種別を、次のイからハまでに掲げるところによって定めること。

イ　炭素鋼（平成12年建設省告示第2464号第1に規定する基準強度が1㎟につき205N以上で、かつ、1㎟につき375N以下であるものに限る。）の場合にあっては、柱及びはりの種別は、次の表に従い、柱及びはりの区分に応じて幅厚比（円形鋼管にあつては、径厚比とする。）の数値が、同表に掲げる式によつて計算した数値以下の数値となる種別として定めること。

柱及びはりの区分							柱及びはりの種別
部材	柱				はり		
断面形状	H形鋼		角形鋼管	円形鋼管	H形鋼		
部位	フランジ	ウェブ	−	−	フランジ	ウェブ	
幅厚比又は径厚比	$9.5\sqrt{235/F}$	$43\sqrt{235/F}$	$33\sqrt{235/F}$	50（235/F）	$9\sqrt{235/F}$	$60\sqrt{235/F}$	FA
	$12\sqrt{235/F}$	$45\sqrt{235/F}$	$37\sqrt{235/F}$	70（235/F）	$11\sqrt{235/F}$	$65\sqrt{235/F}$	FB
	$15.5\sqrt{235/F}$	$48\sqrt{235/F}$	$48\sqrt{235/F}$	100（235/F）	$15.5\sqrt{235/F}$	$71\sqrt{235/F}$	FC
	FA、FB及びFCのいずれにも該当しない場合						FD
この表において、Fは平成12年建設省告示第2464号第1に規定する基準強度（単位　N/㎟）を表すものとする。							

ロ　ステンレス鋼の場合にあっては、柱及びはりの種別は、次の表に従い、柱及びはりの区分に応じてH形鋼の幅厚比にあつては、同表に掲げる式によつて計算した数値が1以下となる種別として、角形鋼管の幅厚比及び円形鋼管の径厚比にあつては、それぞれ同表に掲げる数値以下の数値となる種別として定めること。

部材	柱						はり						柱及びはりの種別
断面形状	H形鋼		角形鋼管		円形鋼管		H形鋼		角形鋼管		円形鋼管		
鋼種	235N級鋼	325N級鋼	235N級鋼	325N級鋼	235N級鋼	325N級鋼	235N級鋼	325N級鋼	235N級鋼	325N級鋼	235N級鋼	325N級鋼	
幅厚比又は径厚比	$\left(\frac{b/t_f}{11}\right)^2 + \left(\frac{d/t_w}{43}\right)^2$	$\left(\frac{b/t_f}{11}\right)^2 + \left(\frac{d/t_w}{31}\right)^2$	25	25	72	44	$\left(\frac{b/t_f}{13}\right)^2 + \left(\frac{d/t_w}{67}\right)^2$ 及び $(d/t_w)/65$	$\left(\frac{b/t_f}{9}\right)^2 + \left(\frac{d/t_w}{47}\right)^2$ 及び $(d/t_w)/58$	32	32	72	44	FA

	$(\frac{b/t_f}{13})^2$ + $(\frac{d/t_w}{51})^2$ 及び $(d/t_w)/47$	$(\frac{b/t_f}{13})^2$ + $(\frac{d/t_w}{38})^2$	28	28	83	51	$(\frac{b/t_f}{12})^2$ + $(\frac{d/t_w}{90})^2$ 及び $(d/t_w)/68$	$(\frac{b/t_f}{12})^2$ + $(\frac{d/t_w}{66})^2$ 及び $(d/t_w)/58$	38	38	88	53	FB
	$(\frac{b/t_f}{18})^2$ + $(\frac{d/t_w}{67})^2$ 及び $(d/t_w)/48$	$(\frac{b/t_f}{18})^2$ + $(\frac{d/t_w}{51})^2$ 及び $(d/t_w)/41$	34	34	112	68	$(\frac{b/t_f}{18})^2$ + $(\frac{d/t_w}{153})^2$ 及び $(d/t_w)/71$	$\frac{b/t_f}{18})^2$ + $(\frac{d/t_w}{101})^2$ 及び $(d/t_w)/61$	51	51	132	80	FC
	FA、FB 及び FC のいずれにも該当しない場合												FD

この表において、b、d、t_f 及び t_w は、それぞれ次の数値を表すものとする。
b　フランジの半幅（フランジの半分の幅をいう。）（単位　mm）
d　ウェブのせい（単位　mm）
t_f　フランジの厚さ（単位　mm）
t_w　ウェブの厚さ（単位　mm）

ハ　イ及びロに定めるほか、崩壊形に達する場合に塑性ヒンジを生じないことが明らかな柱の種別は、はりの種別によることとし、種別の異なる柱及びはりが接合されている場合における柱の種別（崩壊形に達する場合に塑性ヒンジを生じないことが明らかな柱の種別を含む。）は、当該柱及びはりの接合部において接合される部材（崩壊形（当該階の柱に接着するすべてのはりの端部に塑性ヒンジが生じることその他の要因によって当該階が水平力に対して耐えられなくなる状態をいう。以下同じ。）が明確な場合にあっては、崩壊形に達する場合に塑性ヒンジが生じる部材に限る。）の種別に応じ、次に定めるところによること。

(1)　FC 及び FD の種別が存在しない場合にあっては FB とする。

(2)　FD の種別が存在せず、FC の種別が存在する場合にあっては FC とする。

(3)　FD の種別が存在する場合にあっては FD とする。

三　Ds を計算する階における筋かい並びに柱及びはりの部材群としての種別は、次のイ及びロによって定めること。

イ　次の(1)から(3)までに掲げる場合に該当する場合にあっては、当該階の部材の耐力の割合の数値に応じ、次の表に従って定めること。

(1)　筋かい端部の接合部が昭和 55 年建設省告示第 1791 号第 2 第二号に適合する場合

(2)　柱及びはりの接合部が昭和 55 年建設省告示第 1791 号第 2 第七号に適合する場合

(3)　はりの横補剛が十分であって急激な耐力の低下のおそれがない場合

	部材の耐力の割合	部材群としての種別
(1)	$\gamma_A \geqq 0.5$ かつ $\gamma_C \leqq 0.2$	A
(2)	$\gamma_C < 0.5$（部材群としての種別が A の場合を除く。）	B
(3)	$\gamma_C \geqq 0.5$	C

この表において、γ_A 及び γ_C は、それぞれ次の数値を表すものとする。
γ_A　筋かいの部材群としての種別を定める場合にあっては種別 BA である筋かいの耐力の和をすべての筋かいの水平耐力の和で除した数値、柱及びはりの部材群としての種別を定める場合にあっては種別 FA である柱の耐力の和を種別 FD である柱を除くすべての柱の水平耐力の和で除した数値

γ_C	筋かいの部材群としての種別を定める場合にあっては種別BCである筋かいの耐力の和をすべての筋かいの水平耐力の和で除した数値、柱及びはりの部材群としての種別を定める場合にあっては種別FCである柱の耐力の和を種別FDである柱を除くすべての柱の水平耐力の和で除した数値

ロ　イの(1)から(3)までに掲げる場合に該当しない場合又は部材の種別がFDである柱及びはりについて当該部材を取り除いた建築物の架構に局部崩壊が生ずる場合にあっては、柱及びはりの部材群としての種別はDとしなければならない。

四　各階のDsは、前号の規定に従って求めた当該階の筋かい並びに柱及びはりの部材群としての種別に応じ、次の表に掲げる数値以上の数値とすること。

			柱及びはりの部材群としての種別			
			A	B	C	D
筋かいの部材群としての種別	A又は$\beta u = 0$の場合		0.25	0.3	0.35	0.4
	B	$0 < \beta u \leqq 0.3$の場合	0.25	0.3	0.35	0.4
		$0.3 < \beta u \leqq 0.7$の場合	0.3	0.3	0.35	0.45
		$\beta u > 0.7$の場合	0.35	0.35	0.4	0.5
	C	$0 < \beta u \leqq 0.3$の場合	0.3	0.3	0.35	0.4
		$0.3 < \beta u \leqq 0.5$の場合	0.35	0.35	0.4	0.45
		$\beta u > 0.5$の場合	0.4	0.4	0.45	0.5
この表において、βuは、筋かい（耐力壁を含む。）の水平耐力の和を保有水平耐力の数値で除した数値を表すものとする。						

第4　柱及びはりの大部分が鉄筋コンクリート造である階についてDsを算出する方法

柱及びはりの大部分が鉄筋コンクリート造である階にあっては、次に定める方法によりDsを算出するものとする。

一　柱及びはりの種別を、次の表に従い、柱及びはりの区分に応じて定めること。ただし、崩壊形に達する場合に塑性ヒンジを生じないことが明らかな柱の種別は、表によらずはりの種別によることとし、種別の異なる柱及びはりが接合されている場合における柱の種別（崩壊形に達する場合に塑性ヒンジを生じないことが明らかな柱の種別を含む。）は、当該柱及びはりの接合部において接合される部材（崩壊形に達する場合に塑性ヒンジが生じる部材に限る。）の種別に応じ、次に定めるところによること。

(1)　FC及びFDの種別が存在しない場合にあってはFBとする。

(2)　FDの種別が存在せず、FCの種別が存在する場合にあってはFCとする。

(3)　FDの種別が存在する場合にあってはFDとする。

柱及びはりの区分							柱及びはりの種別
部材	柱及びはり	柱				はり	
条件	破壊の形式	h_0／Dの数値	σ_0／F_cの数値	p_tの数値	τ_u／Fcの数値	τ_u／Fcの数値	
	せん断破壊、付着割裂破壊及び圧縮破壊その他の構造耐力上支障のある急激な耐力の低下のおそれのある破壊を生じないこと。	2.5以上	0.35以下	0.8以下	0.1以下	0.15以下	FA
		2.0以上	0.45以下	1.0以下	0.125以下	0.2以下	FB
		−	0.55以下	−	0.15以下	−	FC
	FA、FB又はFCのいずれにも該当しない場合						FD
一　この表において、h_0、D、σ_0、F_c、p_t及びτ_uは、それぞれ次の数値を表すものとする。 h_0　柱の内のり高さ（単位　cm）							

D　柱の幅（単位　cm）
σ_0　Ds を算定しようとする階が崩壊形に達する場合の柱の断面に生ずる軸方向応力度（単位　N/mm²）
p_t　引張り鉄筋比（単位　%）
F_c　コンクリートの設計基準強度（単位　N/mm²）
τ_u　Ds を算定しようとする階が崩壊形に達する場合の柱又ははりの断面に生ずる平均せん断応力度（単位　N/mm²）
二　柱の上端又は下端に接着するはりについて、崩壊形に達する場合に塑性ヒンジが生ずることが明らかな場合にあっては、表中の h_0 ／ D に替えて 2M ／（Q・D）を用いることができるものとする。この場合において、M は崩壊形に達する場合の当該柱の最大曲げモーメントを、Q は崩壊形に達する場合の当該柱の最大せん断力を表すものとする。

二　耐力壁の種別を、次の表に従い、耐力壁の区分に応じて定めること。

<table>
<tr><td colspan="4">耐力壁の区分</td><td rowspan="3">耐力壁の種別</td></tr>
<tr><td rowspan="2">部材</td><td>耐力壁</td><td>壁式構造以外の構造の耐力壁</td><td>壁式構造の耐力壁</td></tr>
<tr><td>破壊の形式</td><td>τ_u ／ Fc の数値</td><td>τ_u ／ Fc の数値</td></tr>
<tr><td rowspan="4">条件</td><td rowspan="3">せん断破壊その他の構造耐力上支障のある急激な耐力の低下のおそれのある破壊を生じないこと。</td><td>0.2 以下</td><td>0.1 以下</td><td>WA</td></tr>
<tr><td>0.25 以下</td><td>0.125 以下</td><td>WB</td></tr>
<tr><td>－</td><td>0.15 以下</td><td>WC</td></tr>
<tr><td colspan="3">WA、WB 又は WC のいずれにも該当しない場合</td><td>WD</td></tr>
<tr><td colspan="5">この表において、τ_u 及び Fc は、それぞれ前号の表に規定する τ_u 及び Fc の数値を表すものとする。</td></tr>
</table>

三　Ds を計算する階における柱及びはり並びに耐力壁の部材群としての種別を、次の表に従い、当該階の部材の耐力の割合の数値に応じて定めること。ただし、部材の種別が FD である柱及びはり並びに部材の種別が WD である耐力壁について当該部材を取り除いた建築物の架構に局部崩壊が生ずる場合にあっては、部材群としての種別はそれぞれ D としなければならない。

<table>
<tr><td></td><td>部材の耐力の割合</td><td>部材群としての種別</td></tr>
<tr><td>(1)</td><td>$\gamma_A \geqq 0.5$ かつ $\gamma_C \leqq 0.2$</td><td>A</td></tr>
<tr><td>(2)</td><td>$\gamma_C < 0.5$（部材群としての種別が A の場合を除く。）</td><td>B</td></tr>
<tr><td>(3)</td><td>$\gamma_C \geqq 0.5$</td><td>C</td></tr>
<tr><td colspan="3">この表において、γ_A 及び γ_C は、それぞれ次の数値を表すものとする。
γ_A　柱及びはりの部材群としての種別を定める場合にあっては種別 FA である柱の耐力の和を種別 FD である柱を除くすべての柱の水平耐力の和で除した数値、耐力壁の部材群としての種別を定める場合にあっては種別 WA である耐力壁の耐力の和を種別 WD である耐力壁を除くすべての耐力壁の水平耐力の和で除した数値
γ_C　柱及びはりの部材群としての種別を定める場合にあっては種別 FC である柱の耐力の和を種別 FD である柱を除くすべての柱の水平耐力の和で除した数値、耐力壁の部材群としての種別を定める場合にあっては種別 WC である耐力壁の耐力の和を種別 WD である耐力壁を除くすべての耐力壁の水平耐力の和で除した数値</td></tr>
</table>

四　各階の Ds は、次のイからハまでのいずれかによって定める数値とすること。
イ　耐力壁を設けない剛節架構とした場合にあっては、前号の規定により定めた当該階の柱及びはりの部材群としての種別に応じ、次の表に掲げる数値以上の数値とする。

柱及びはりの部材群としての種別	Ds の数値
A	0.3
B	0.35
C	0.4

D	0.45

ロ　壁式構造とした場合にあっては、前号の規定により定めた当該階の耐力壁の部材群としての種別に応じ、次の表に掲げる数値以上の数値とする。

耐力壁の部材群としての種別	Dsの数値
A	0.45
B	0.5
C	0.55
D	0.55

ハ　剛節架構と耐力壁を併用した場合にあっては、前号の規定により定めた当該階の柱及びはり並びに筋かいの部材群としての種別に応じ、次の表に掲げる数値以上の数値とする。

			柱及びはりの部材群としての種別			
			A	B	C	D
耐力壁の部材群としての種別	A	$0 < \beta u \leqq 0.3$ の場合	0.3	0.35	0.4	0.45
		$0.3 < \beta u \leqq 0.7$ の場合	0.35	0.4	0.45	0.5
		$\beta u > 0.7$ の場合	0.4	0.45	0.45	0.55
	B	$0 < \beta u \leqq 0.3$ の場合	0.35	0.35	0.4	0.45
		$0.3 < \beta u \leqq 0.7$ の場合	0.4	0.4	0.45	0.5
		$\beta u > 0.7$ の場合	0.45	0.45	0.5	0.55
	C	$0 < \beta u \leqq 0.3$ の場合	0.35	0.35	0.4	0.45
		$0.3 < \beta u \leqq 0.7$ の場合	0.4	0.45	0.45	0.5
		$\beta u > 0.7$ の場合	0.5	0.5	0.5	0.55
	D	$0 < \beta u \leqq 0.3$ の場合	0.4	0.4	0.45	0.45
		$0.3 < \beta u \leqq 0.7$ の場合	0.45	0.5	0.5	0.5
		$\beta u > 0.7$ の場合	0.55	0.55	0.55	0.55
この表において、βuは、耐力壁（筋かいを含む。）の水平耐力の和を保有水平耐力の数値で除した数値を表すものとする。						

五　第一号の計算において各階の崩壊形を増分解析を用いて確認する場合にあっては、地上部分の各階について標準せん断力係数（令第88条に規定する地震力の計算に用いる係数をいう）の数値を漸増させ、これに応じた地震層せん断力係数に当該各階が支える部分の固定荷重と積載荷重との和（令第86条第2項ただし書の規定により特定行政庁が指定する多雪区域においては、更に積雪荷重を加えるものとする。）を乗じた数値を水平力として作用させるものとすること。この場合において、当該地震層せん断力係数を計算する場合に用いるAiは、令第88条第1項に規定するAiを用いなければならない。

第5　柱及びはりの大部分が鉄骨鉄筋コンクリート造である階についてDsを算出する方法

柱及びはりの大部分が鉄骨鉄筋コンクリート造である階にあっては、次に定める方法によりDsを算出するものとする。

一　柱の種別を、次の表に従い、崩壊形に達する時に柱に生ずる力の条件及び部材の破壊の状況に応じて定めること。

崩壊形に達する時に柱に生ずる力の条件		部材の破壊の状況	
		曲げ破壊	せん断破壊
$N/N_0 \leqq 0.3$ の場合	$sM_0/M_0 \geqq 0.4$ の場合	FA	FB
	$sM_0/M_0 < 0.4$ の場合	FB	FC

$0.3 < N/N_0 \leqq 0.4$ の場合	$sM_0/M_0 \geqq 0.4$ の場合	FB	FC
	$sM_0/M_0 < 0.4$ の場合	FC	FD
$N/N_0 > 0.4$ の場合		FD	FD

この表において、N、N_0、sM_0 及び M_0 は、それぞれ次の数値を表すものとする。
N　崩壊形に達する時に柱に生ずる圧縮力（単位　kN）
N_0　令第3章第8節第4款に規定する材料強度によって計算した柱の圧縮耐力（単位　kN）
sM_0　令第3章第8節第4款に規定する材料強度によって計算した柱の鉄骨部分の曲げ耐力（単位　kN・m）
M_0　令第3章第8節第4款に規定する材料強度によって計算した柱の曲げ耐力（単位　kN・m）

二　耐力壁の種別は、崩壊形に達する時の当該耐力壁の破壊の状況がせん断破壊である場合にあってはWCとし、せん断破壊以外の破壊である場合にあってはWAとすること。

三　Dsを計算する階における柱及び耐力壁の部材群としての種別を、次の表に従い、当該階の部材の耐力の割合の数値に応じて定めること。ただし、部材の種別がFDである柱について当該部材を取り除いた建築物の架構に局部崩壊が生ずる場合にあっては、部材群としての種別はDとしなければならない。

	部材の耐力の割合	部材群としての種別
(1)	$\gamma_A \geqq 0.5$ かつ $\gamma_C \leqq 0.2$	A
(2)	$\gamma_C < 0.5$（部材群としての種別がAの場合を除く。）	B
(3)	$\gamma_C \geqq 0.5$	C

この表において、γ_A 及び γ_C は、それぞれ次の数値を表すものとする。
γ_A　柱の部材群としての種別を定める場合にあっては種別FAである柱の耐力の和を種別FDである柱を除くすべての柱の水平耐力の和で除した数値、耐力壁の部材群としての種別を定める場合にあっては種別WAである耐力壁の耐力の和をすべての耐力壁の水平耐力の和で除した数値
γ_C　柱の部材群としての種別を定める場合にあっては種別FCである柱の耐力の和を種別FDである柱を除くすべての柱の水平耐力の和で除した数値、耐力壁の部材群としての種別を定める場合にあっては種別WCである耐力壁の耐力の和をすべての耐力壁の水平耐力の和で除した数値

四　各階のDsは、次のイからハまでのいずれかによって定める数値とすること。
イ　耐力壁を設けない剛節架構とした場合にあっては、前号の規定により定めた当該階の柱及びはりの部材群としての種別に応じ、次の表に掲げる数値以上の数値とする。

柱及びはりの部材群としての種別	Dsの数値
A	0.25
B	0.3
C	0.35
D	0.4

ロ　壁式構造とした場合にあっては、前号の規定により定めた当該階の耐力壁の部材群としての種別に応じ、次の表に掲げる数値以上の数値とする。

耐力壁の部材群としての種別	Dsの数値
A	0.4
B	0.45
C	0.5
D	0.5

ハ　剛節架構と耐力壁を併用した場合にあっては、前号の規定により定めた当該階の柱及びはり並びに筋かいの部材群としての種別に応じ、次の表に掲げる数値以上の数値とする。

			柱及びはりの部材群としての種別			
			A	B	C	D
耐力壁の部材群としての種別	A	$0<\beta u \leqq 0.3$ の場合	0.25	0.3	0.35	0.4
		$0.3<\beta u \leqq 0.7$ の場合	0.3	0.35	0.4	0.45
		$\beta u>0.7$ の場合	0.35	0.4	0.4	0.5
	B	$0<\beta u \leqq 0.3$ の場合	0.3	0.3	0.35	0.4
		$0.3<\beta u \leqq 0.7$ の場合	0.35	0.35	0.4	0.45
		$\beta u>0.7$ の場合	0.4	0.4	0.45	0.5
	C	$0<\beta u \leqq 0.3$ の場合	0.3	0.3	0.35	0.4
		$0.3<\beta u \leqq 0.7$ の場合	0.35	0.4	0.4	0.45
		$\beta u>0.7$ の場合	0.45	0.45	0.45	0.5
	D	$0<\beta u \leqq 0.3$ の場合	0.35	0.35	0.4	0.4
		$0.3<\beta u \leqq 0.7$ の場合	0.4	0.45	0.45	0.45
		$\beta u>0.7$ の場合	0.5	0.5	0.5	0.5
この表において、βuは、耐力壁（筋かいを含む。）の水平耐力の和を保有水平耐力の数値で除した数値を表すものとする。						

五　第4第五号の規定によること。

第6　その他の階について Ds を算出する方法

第2から第5までに掲げる階以外の階にあっては、次の表の数値以上の数値を用いるものとする。

架構の形式／架構の性状		(い)	(ろ)	(は)
		剛節架構又はこれに類する形式の架構	(い)欄及び(は)欄に掲げるもの以外のもの	各階に生ずる水平力の大部分を当該階の耐力壁又は筋かいによって負担する形式の架構
(1)	架構を構成する部材に生ずる応力に対してせん断破壊等耐力が急激に低下する破壊が著しく生じ難いこと等のため、塑性変形の度が特に高いもの	0.3	0.35	0.4
(2)	(1)に掲げるもの以外のもので架構を構成する部材に生ずる応力に対してせん断破壊等耐力が急激に低下する破壊が生じ難いこと等のため、塑性変形の度が高いもの	0.35	0.4	0.45
(3)	(1)及び(2)に掲げるもの以外のもので架構を構成する部材に塑性変形を生じさせる応力に対して当該部材にせん断破壊等が生じないこと等のため、耐力が急激に低下しないもの	0.4	0.45	0.5
(4)	(1)から(3)までに掲げるもの以外のもの	0.45	0.5	0.55

第7　Fes を算出する方法

建築物の各階の Fes は、当該階について、令第82条の6第二号イの規定による剛性率に応じた次の表1に掲げる Fs の数値に同号ロの規定による偏心率に応じた次の表2に掲げる Fe の数値を乗じて算出するものとする。ただし、当該階の剛性率及び偏心率と形状特性との関係を適切に評価して算出することができる場合においては、当該算出によることができる。

1

剛性率		Fsの数値
(1)	Rs ≧ 0.6 の場合	1.0
(2)	Rs ＜ 0.6 の場合	$2.0 - \frac{Rs}{0.6}$
この表において、Rsは、各階の剛性率を表すものとする。		

2

偏心率		Feの数値
(1)	Re ≦ 0.15 の場合	1.0
(2)	0.15 ＜ Re ＜ 0.3 の場合	(1)と(3)とに掲げる数値を直線的に補間した数値
(3)	Re ≧ 0.3 の場合	1.5
この表において、Reは、各階の偏心率を表すものとする。		

屋根ふき材及び屋外に面する帳壁の風圧に対する構造耐力上の安全性を確かめるための構造計算の基準を定める件

制定：平成 12 年 5 月 31 日　建設省告示第 1458 号
改正：平成 19 年 9 月 27 日　国土交通省告示第 1231 号

建築基準法施行令（昭和 25 年政令第 338 号）第 82 条の 4 の規定に基づき、屋根ふき材及び屋外に面する帳壁の風圧に対する構造耐力上の安全性を確かめるための構造計算の基準を次のように定める。

1　建築基準法施行令（以下「令」という。）第 82 条の 4 に規定する屋根ふき材及び屋外に面する帳壁（高さ 13 mを超える建築物（高さ 13 m以下の部分で高さ 13 mを超える部分の構造耐力上の影響を受けない部分及び 1 階の部分又はこれに類する屋外からの出入口（専ら避難に供するものを除く。）を有する階の部分を除く。）の帳壁に限る。）の風圧に対する構造耐力上の安全性を確かめるための構造計算の基準は、次のとおりとする。

一　次の式によって計算した風圧力に対して安全上支障のないこと。

$$W = \bar{q}\hat{C}_f$$

この式において、W、$\bar{q}$ 及び $\hat{C}_f$ は、それぞれ次の数値を表すものとする。

W　風圧力（単位　N/㎡）

$\bar{q}$　次の式によって計算した平均速度圧（単位　N/㎡）

$$\bar{q} = 0.6E_r^2V_0^2$$

この式において、E_r 及び V_0 は、それぞれ次の数値を表すものとする。

E_r　平成 12 年建設省告示第 1454 号第 1 第 2 項に規定する E_r の数値。ただし、地表面粗度区分がⅣの場合においては、地表面粗度区分がⅢの場合における数値を用いるものとする。

V_0　平成 12 年建設省告示第 1454 号第 2 に規定する基準風速の数値

$\hat{C}_f$　屋根ふき材又は屋外に面する帳壁に対するピーク風力係数で、風洞試験によって定める場合のほか、次項又は第 3 項に規定する数値

二　帳壁にガラスを使用する場合には、第一号の規定により計算した風圧力が、当該ガラスの種類、構成、板厚及び見付面積に応じて次の表により計算した許容耐力を超えないことを確かめること。

単板ガラス及び合わせガラス	$P = \frac{300k_1k_2}{A}\left(t + \frac{t^2}{4}\right)$

複層ガラス	構成するそれぞれのガラスごとに上に掲げる式を適用して計算した値のうち、いずれか小さい数値

この式において、P、k_1、k_2、A及びtは、それぞれ次の数値を表すものとする。

P　ガラスの許容耐力（単位　N/㎡）

k_1　ガラスの種類に応じて次の表に掲げる数値（合わせガラスの場合においては、構成するそれぞれのガラスの合計の厚さに対応した単板ガラスの数値又は構成するそれぞれのガラスの厚さに対応したk_1の数値のうち、いずれか小さな数値とする。）

普通板ガラス			1.0
磨き板ガラス			0.8
フロート板ガラス	厚さ	8㎜以下	1.0
		8㎜を超え、12㎜以下	0.9
		12㎜を超え、20㎜以下	0.8
		20㎜超	0.75
倍強度ガラス			2.0
強化ガラス			3.5
網入、線入磨き板ガラス			0.8
網入、線入型板ガラス			0.6
型板ガラス			0.6
色焼付ガラス			2.0

k_2　ガラスの構成に応じて次の表に掲げる数値

単板ガラス	1.0
合わせガラス	0.75
複層ガラス	$0.75（1 + r^3）$
この表において、rは、Pを計算しようとする複層ガラスのそれぞれのガラスの厚さに対する対向ガラス（複層ガラスとして対をなすガラスをいう。）の厚さの割合の数値（2を超える場合は、2とする。）を表すものとする。	

A　ガラスの見付面積（単位　㎡）

t　ガラスの厚さ（合わせガラスにあっては中間膜を除いたそれぞれのガラスの厚さの合計の厚さとし、複層ガラスにあってはこれを構成するそれぞれのガラスの厚さとする。）（単位　㎜）

2　屋根ふき材に対するピーク風力係数は、次の各号に掲げる屋根の形式に応じ、それぞれ当該各号に定めるところにより計算した数値とする。

一　**切妻屋根面、片流れ屋根面及びのこぎり屋根面**　イに規定するピーク外圧係数（屋外から当該部分を垂直に押す方向を正とする。以下同じ。）からロに規定するピーク内圧係数（屋内から当該部分を垂直に押す方向を正とする。以下同じ。）を減じた値とする。

イ　ピーク外圧係数は、正の場合にあっては次の表1に規定するCpeに次の表2に規定するGpeを乗じて得た数値とし、負の場合にあっては次の表3に規定する数値とする。

ロ　ピーク内圧係数は、次の表6に規定する数値とする。

二　**円弧屋根面**　イに規定するピーク外圧係数からロに規定するピーク内圧係数を減じた値とする。

イ　ピーク外圧係数は、正の場合にあっては次の表4に規定するCpeに次の表2に規定するGpeを乗じて得た数値とし、負の場合にあっては次の表5に規定する数値とする。

ロ　ピーク内圧係数は、次の表6に規定する数値とする。

三　**独立上家**　平成12年建設省告示第1454号第3に規定する風力係数に、当該風力係数が0以上の場合にあっては次の表2に、0未満の場合にあっては次の表7にそれぞれ規定するGpeを乗じて得た数値とすること。

表 1　切妻屋根面、片流れ屋根面及びのこぎり屋根面の正の Cpe

θ	10 度	30 度	45 度	90 度
Cpe	0	0.2	0.4	0.8
この表において、θは、表 3 の図中に掲げるθとする。また、この表に掲げるθの値以外のθに応じたCpeは、表に掲げる数値をそれぞれ直線的に補間した数値とし、θが10度未満の場合にあっては当該係数を用いた計算は省略することができる。				

表 2　屋根面の正圧部の Gpe

地表面粗度区分 ＼ H	(1)	(2)	(3)
	5 以下の場合	5 を超え、40 未満の場合	40 以上の場合
Ⅰ	2.2	(1)と(3)とに掲げる数値を直線的に補間した数値	1.9
Ⅱ	2.6		2.1
Ⅲ及びⅣ	3.1		2.3
この表において、H は、建築物の高さと軒の高さとの平均（単位　m）を表すものとする。			

表 3　切妻屋根面、片流れ屋根面及びのこぎり屋根面の負のピーク外圧係数

部位 ＼ θ	10 度以下の場合	20 度	30 度以上の場合
の部位	− 2.5	− 2.5	− 2.5
の部位	− 3.2	− 3.2	− 3.2
の部位	− 4.3	− 3.2	− 3.2
の部位	− 3.2	− 5.4	− 3.2

この表において、部位の位置は、次図に定めるものとする。また、表に掲げるθの値以外のθに応じたピーク外圧係数は、表に掲げる数値をそれぞれ直線的に補間した数値とし、θが 10 度以下の切妻屋根面については、当該θの値における片流れ屋根面の数値を用いるものとする。

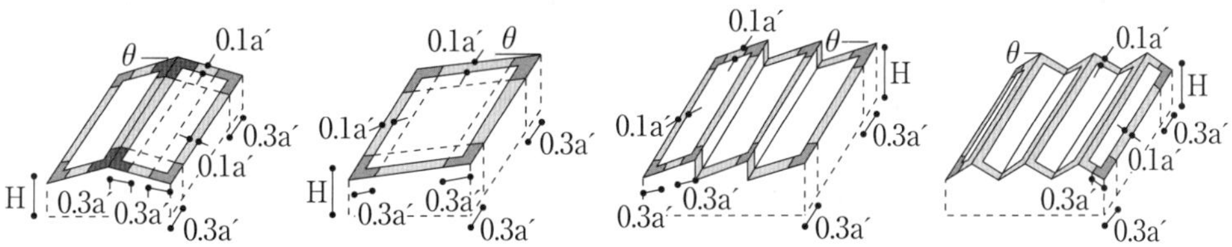

この図において、H、θ及び a′ は、それぞれ次の数値を表すものとする。
H　建築物の高さと軒の高さとの平均（単位　m）
θ　屋根面が水平面となす角度（単位　度）
a′　平面の短辺長さと H の 2 倍の数値のうちいずれか小さな数値(30 を超えるときは、30 とする。)（単位　m）

表 4　円弧屋根面の正の Cpe

$\frac{h}{d}$ ＼ $\frac{f}{d}$	0.05	0.2	0.3	0.5 以上
0	0.1	0.2	0.3	0.6
0.5 以上	0	0	0.2	0.6

この表において、f、d及びhは、表5中の図に規定するf、d及びhとする。また、表に掲げる$\frac{f}{d}$及び$\frac{h}{d}$以外の当該比率に対応するCpeは、表に掲げる数値をそれぞれ直線的に補間した数値とし、$\frac{f}{d}$が0.05未満の場合にあっては、当該係数を用いた計算は省略することができる。

表5　円弧屋根面の負のピーク外圧係数

□の部位	− 2.5
■の部位	− 3.2

この表において、部位の位置は、次図に定めるものとする。

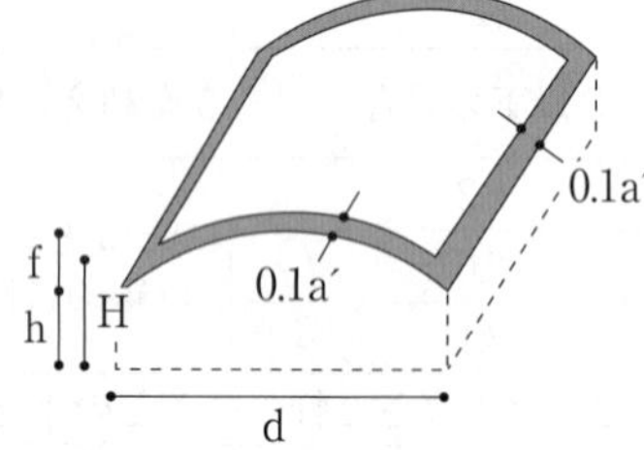

この図において、H、d、h、f及びa′は、それぞれ次の数値を表すものとする。
H　建築物の高さと軒の高さとの平均（単位　m）
d　円弧屋根面の張り間方向の長さ（単位　m）
h　建築物の軒の高さ（単位　m）
f　建築物の高さと軒の高さとの差（単位　m）
a′　平面の短辺の長さとHの2倍の数値のうちいずれか小さな数値（30を超えるときは、30とする。）（単位　m）

表6　屋根面のピーク内圧係数

閉鎖型の建築物	ピーク外圧係数が0以上の場合	− 0.5
	ピーク外圧係数が0未満の場合	0
開放型の建築物	風上開放の場合	1.5
	風下開放の場合	− 1.2

表7　独立上家のGpe（平成12年建設省告示第1454号第3に規定する風力係数が0未満である場合）

□の部位	3.0
■の部位	4.0

この表において、部位の位置は、次図に定めるものとする。

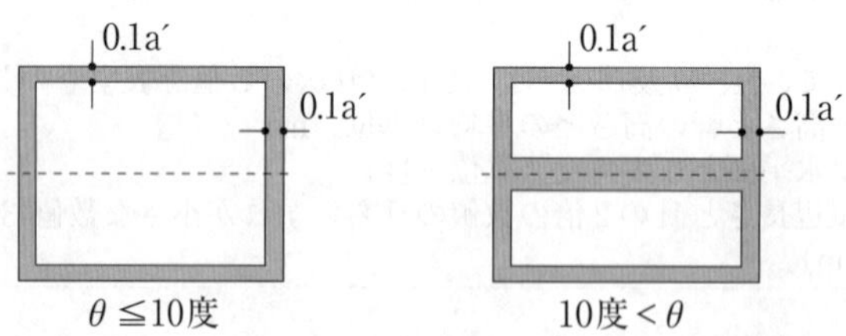

θ≦10度　　10度＜θ

この図において、θ及びa′は、それぞれ次の数値を表すものとする。
θ　屋根面が水平面となす角度（単位　度）
a′　平面の短辺の長さとHの2倍の数値のうちいずれか小さな数値（30を超えるときは、30とする。）（単位　m）

3　屋外に面する帳壁に対するピーク風力係数は、第一号に規定するピーク外圧係数から第二号に規定するピーク内圧係数を減じた値とする。

一　ピーク外圧係数は、正の場合にあっては次の表8に規定するCpeに次の表9に規定するGpeを乗じて得た数値とし、負の場合にあっては次の表10に規定する数値とすること。

二　ピーク内圧係数は、表 11 に規定する数値とすること。

表 8　帳壁の正の Cpe

H が 5 以下の場合		1.0
H が 5 を超える場合	Z が 5 以下の場合	$\left(\frac{5}{H}\right)^{2\alpha}$
	Z が 5 を超える場合	$\left(\frac{Z}{H}\right)^{2\alpha}$

この表において、H、Z 及び α は、それぞれ次の数値を表すものとする。
H　建築物の高さと軒の高さとの平均（単位　m）
Z　帳壁の部分の地盤面からの高さ（単位　m）
α　平成 12 年建設省告示第 1454 号第 1 第 3 項に規定する数値（地表面粗度区分がⅣの場合にあっては、地表面粗度区分がⅢの場合における数値を用いるものとする。）

表 9　帳壁の正圧部の Gpe

Z／地表面粗度区分	(1) 5 以下の場合	(2) 5 を超え、40 未満の場合	(3) 40 以上の場合
Ⅰ	2.2	(1)と(3)とに掲げる数値を直線的に補間した数値	1.9
Ⅱ	2.6		2.1
Ⅲ及びⅣ	3.1		2.3

この表において、Z は、帳壁の部分の地盤面からの高さ（単位　m）を表すものとする。

表 10　帳壁の負のピーク外圧係数

H／部位	(1) 45 以下の場合	(2) 45 を超え、60 未満の場合	(3) 60 以上の場合
□の部位	− 1.8	(1)と(3)とに掲げる数値を直線的に補間した数値	− 2.4
■の部位	− 2.2		− 3.0

この表において、部位の位置は、次図に定めるものとする。

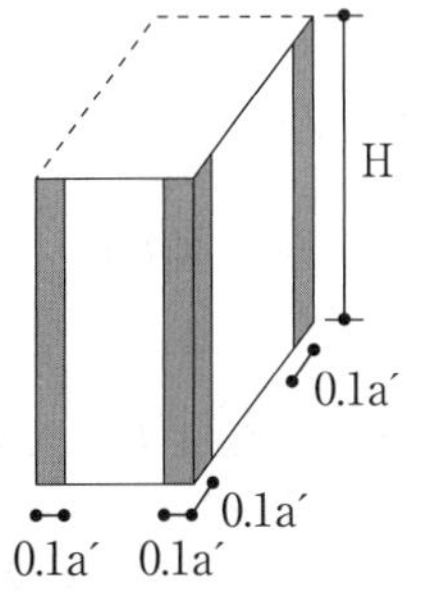

この図において、H 及び a′は、それぞれ次の数値を表すものとする。
H　建築物の高さと軒の高さとの平均（単位　m）
a′　平面の短辺の長さと H の 2 倍の数値のうちいずれか小さな数値（単位　m）

表 11　帳壁のピーク内圧係数

閉鎖型の建築物	ピーク外圧係数が 0 以上の場合	− 0.5
	ピーク外圧係数が 0 未満の場合	0
開放型の建築物	風上開放の場合	1.5
	風下開放の場合	− 1.2

損傷限界変位、Td、Bdi、層間変位、安全限界変位、Ts、Bsi、Fh 及び Gs を計算する方法並びに屋根ふき材等及び外壁等の構造耐力上の安全を確かめるための構造計算の基準を定める件

制定：平成 12 年 5 月 31 日　建設省告示第 1457 号
改正：平成 28 年 5 月 31 日　国土交通省告示第 791 号

建築基準法施行令（昭和 25 年政令第 338 号）第 82 条の 5 第三号イからニまで、第五号、第七号並びに第八号の規定に基づき、損傷限界変位、Td、Bdi、層間変位、安全限界変位、Ts、Bsi、Fh 及び Gs を計算する方法並びに屋根ふき材等の構造耐力上の安全を確かめるための構造計算の基準を次のように定める。

第 1

建築基準法施行令（以下「令」という。）第 82 条の 5 に規定する限界耐力計算（第三号及び第五号に係る部分に限る。）は、増分解析に基づき行うものとし、かつ、各階が第 6 の規定によって計算した安全限界変位に達するまでに当該各階における有害な耐力の低下がないことを確かめなければならない。

第 2

令第 82 条の 5 第三号イに規定する建築物の各階の損傷限界変位は、平成 19 年国土交通省告示第 594 号第 1 の規定に従って架構を定め、各階の架構がそれぞれ当該階の損傷限界耐力に相当する水平力その他のこれに作用する力（平成 19 年国土交通省告示第 594 号第 2 第三号の規定を準用して計算する力を含む。）に耐えている場合における当該力に対する架構の水平方向の変位として計算しなければならない。

第 3

令第 82 条の 5 第三号ロに規定する建築物の損傷限界固有周期 Td は、次の式によって計算するものとする。ただし、平成 13 年国土交通省告示第 1113 号第 1 に規定する方法による地盤調査（以下「地盤調査」という。）により地盤の特性を求めた場合においては更に次項の規定によって計算した周期調整係数を乗じることができるものとし、建築物の各部分の質量及び剛性に基づき固有値解析その他の方法によって当該周期を計算できる場合においては、当該計算によることができるものとする。

$$Td = 2\pi\sqrt{Mu_d \frac{\Delta d}{Qd}}$$

この式において、Td、Mu_d、Δd 及び Qd は、それぞれ次の数値を表すものとする。

Td　建築物の損傷限界固有周期（単位　秒）

Mu_d　次の式によって計算した建築物の有効質量（単位　トン）

$$Mu_d = \frac{(\Sigma\, m_i \delta d_i)^2}{\Sigma\, m_i \delta d_i^2}$$

この式において、m_i 及び δd_i は、それぞれ次の数値を表すものとする。

m_i　第 i 階の質量（単位　トン）

δd_i　第 i 階に次の式によって計算した建築物の損傷限界耐力に相当する水平力 Pd_i（単位　kN）が作用しているとき（以下「建築物の損傷限界時」という。）に生ずる第 i 階の基礎からの変位（単位　m）

$$Pd_i = \frac{Bd_i m_i}{\Sigma_{j=1}^{N} Bd_j m_j} \cdot Qd$$

この式において、Bd_i 及び Qd は、それぞれ次の数値を表すものとする。

Bd_i　第 2 の規定による第 i 階における加速度の分布係数

Qd　建築物の損傷限界耐力（単位　kN）

Qd　次に定めるところにより計算した建築物の損傷限界耐力（単位　kN）

各階について次の式によって計算した損傷限界耐力の 1 階層せん断力係数換算値 qd_i のうち

最小の値に、建築物の全重量を乗じた値として計算すること。

$$qd_i = \frac{Qd_i}{\dfrac{\sum_{j=i}^{N} Bd_j \cdot m_j}{\sum_{j=1}^{N} Bd_j \cdot m_j} \cdot \sum_{j=1}^{N} m_j \cdot g}$$

この式において、qd_i、Qd_i、Bd_i 及び m_i は、それぞれ次の数値を表すものとする。
qd_i　第 i 階の損傷限界耐力の 1 階層せん断力係数換算値
Qd_i　第 i 階の損傷限界耐力（単位　kN）
Bd_i　第 2 の規定による第 i 階における加速度の分布係数
m_i　第 i 階の質量（単位　トン）

Δd　次の式によって計算した建築物の代表変位（単位　m）

$$\Delta d = \frac{\sum m_i \delta d_i^2}{\sum m_i \delta d_i}$$

この式において、m_i 及び δd_i は、それぞれ次の数値を表すものとする。
m_i　第 i 階の質量（単位　トン）
δd_i　Mud の計算式に規定する第 i 階の基礎からの変位（単位　m）

2　周期調整係数は、次の式によって計算するものとする。

$$r = \sqrt{1 + \left(\frac{Tsw}{Td}\right)^2 + \left(\frac{Tro}{Td}\right)^2}$$

この式において、r、Tsw、Td 及び Tro は、それぞれ次の数値を表すものとする。
r　周期調整係数
Tsw　次の式によって計算したスウェイ固有周期（単位　秒）

$$Tsw = 2\pi\sqrt{\frac{Mu_d}{K_h}}$$

この式において、Mu_d 及び K_h は、それぞれ次の数値を表すものとする。
Mu_d　前項に規定する建築物の有効質量（単位　トン）
K_h　地盤調査の結果による地震時の表層地盤のせん断ひずみに応じた水平地盤ばね定数（単位　kN/m）

Td　前項に規定する建築物の損傷限界固有周期（単位　秒）
Tro　次の式によって計算したロッキング固有周期（単位　秒）

$$Tro = 2\pi\sqrt{\frac{Mu_d}{K_r}} \cdot H$$

この式において、Mu_d、K_r 及び H は、それぞれ次の数値を表すものとする。
Mu_d　前項に規定する建築物の有効質量（単位　トン）
K_r　地盤調査の結果による地震時の表層地盤のせん断ひずみに応じた回転地盤ばね定数（単位　kN・m/ ラジアン）
H　前項の規定による建築物の代表変位と建築物の基礎からの変位が同一となる地上部分の高さ（以下「代表高さ」という。）に基礎底面までの地下部分の深さを加えた値（単位　m）

3　令第 82 条の 5 第四号に規定する建築物の地下部分の計算に当たっては、当該建築物の損傷限界時に地下部分に生ずる力を用いて計算しなければならない。ただし、第 5 ただし書の規定によって建築物の各階の層間変位を計算した場合にあっては、建築物の各階の変位が当該層間変位に達する場合に地下部分に生ずる力を用いて計算することができる。

第4

令第82条の5第三号ハの表に規定する建築物の各階に生ずる加速度の分布係数Bdiは、建築物の損傷限界時の各階の変形の分布に基づき、損傷限界固有周期に応じた刺激関数によって計算し、次の表に掲げるp及びqを乗じて得た数値とする。ただし、建築物が地階を除く階数が5以下である場合においては、階の区分に応じて次の表の(1)項又は(2)項に掲げる式によって各階につき計算したbd_iを用いて、次の表の(3)項に掲げる式により計算することができる。

(1)	最上階のbd_i	$bd_i = 1 + (\sqrt{\alpha_i} - \alpha_i^2) \cdot \frac{2h(0.02+0.01\lambda)}{1+3h(0.02+0.1\lambda)} \cdot \frac{\Sigma m_i}{m_N}$
(2)	最上階以外の階のbd_i	$bd_i = 1 + (\sqrt{\alpha_i} - \sqrt{\alpha_{i+1}} - \alpha_i^2 + \alpha_{i+1}^2) \cdot \frac{2h(0.02+0.01\lambda)}{1+3h(0.02+0.01\lambda)} \cdot \frac{\Sigma m_i}{m_i}$
(3)	加速度の分布係数Bd_i	$Bd_i = pq\frac{Mu_d}{\Sigma_{j=1}^{N} m_j} \cdot bd_i$

この式において、α_i、h、λ、m_i、p、q及びMu_dは、それぞれ次の数値を表す。

α_i　建築物のbdiを計算しようとする高さの部分が支える部分の固定荷重と積載荷重との和（令第86条第2項ただし書の規定によって特定行政庁が指定する多雪区域においては、更に積雪荷重を加えるものとする。以下同じ。）を当該建築物の地上部分の固定荷重と積載荷重との和で除した数値

h　建築物の高さ（単位　m）

λ　建築物のうち柱及びはりの大部分が木造又は鉄骨造である階（地階を除く。）の高さの合計のhに対する比

m_i　第i階の質量（単位　トン）

p　建築物の階数及び損傷限界固有周期に応じて次の表に掲げる式によって計算した数値

階数＼損傷限界固有周期	0.16秒以下の場合	0.16秒を超える場合
1	$1.00 - \frac{0.20}{0.16}Td$	0.80
2	$1.00 - \frac{0.15}{0.16}Td$	0.85
3	$1.00 - \frac{0.10}{0.16}Td$	0.90
4	$1.00 - \frac{0.05}{0.16}Td$	0.95
5以上	1.00	1.00
この表において、Tdは、建築物の損傷限界固有周期（単位　秒）を表すものとする。		

q　建築物の全質量に対する有効質量の比率（以下「有効質量比」という。）に応じて次の表に掲げる式によって計算した数値

有効質量比	0.75未満	$0.75\frac{\Sigma m_i}{Mu_d}$
	0.75以上	1.0

Mu_d 前項に規定する建築物の有効質量（単位　トン）

第5

令第82条の5第三号ニに規定する各階に生ずる水平方向の層間変位は、第3第1項に規定する建築物の損傷限界時における各階に生ずる水平方向の層間変位とする。ただし、建築物に生ずる水平力と変位の関係に基づき、建築物の各部分の質量及び剛性に基づく固有値解析その他の方法によって第3第1項に規定する損傷限界固有周期Tdを計算した場合にあっては、当該損傷限界固有周期Tdにおける各階の変位を層間変位とすることができる。

第6

令第82条の5第五号イに規定する各階の安全限界変位は、建築物の各階が保有水平耐力に相当する水平力その他これに作用する力に対して耐えているときに、当該階の1の部材が次の式によって計算した部材の限界変形角に達した場合の層間変位以下の変位とする。ただし、限界変形角に達した部材を取り除いたと仮定した架構がなお倒壊、崩壊等に至っていないことが確認された場合においては、当該架構に基づき各階の安全限界変位を求めることができるものとする。

$$Ru = Rb + Rs + Rx$$

この式において、Ru、Rb、Rs及びRxは、それぞれ次の数値を表すものとする。

Ru　部材の限界変形角（単位　ラジアン）

Rb　次の式によって計算した曲げに対する部材の変形角（単位　ラジアン）

$$Rb=\frac{\phi_y a}{3}+(\phi_u-\phi_y)l_p\left[1-\frac{l_p}{2a}\right]$$

この式において、ϕ_y、ϕ_u、l_p及びaは、それぞれ次の数値を表すものとする。

ϕ_y　損傷限界時における部材の曲率（単位　ラジアン/m）

ϕ_u　部材の最大耐力時のヒンジ領域での曲率（単位　ラジアン/m）
ただし、建築物の安全限界耐力時に当該部材に作用する力に対し部材の耐力が低下していない場合にあっては、そのときの曲率とすることができる。

l_p　ヒンジ領域の長さ（単位　m）

a　部材のせん断スパン長さ（せん断力を受ける部分の長さをいう。）で、部材の内法（のり）長さに0.5を乗じた数値（単位　m）

Rs　安全限界耐力時に当該部材に作用する力により生ずる部材のせん断変形角（単位　ラジアン）

Rx　隣接する他の部材との接合部分における変形、その他構造形式に応じて実況により求まる部材の変形角（単位　ラジアン）

2　前項の規定により建築物の各階について定める安全限界変位の当該各階の高さに対する割合は、それぞれ$\frac{1}{75}$（木造である階にあっては、$\frac{1}{30}$）を超えないものとしなければならない。ただし、特別な調査又は研究の結果に基づき安全限界変位に相当する変位が生ずる建築物の各階が当該建築物に作用する荷重及び外力に耐えることができることが確かめられた場合にあっては、この限りでない。

第7

令第82条の5第五号ロに規定する建築物の安全限界固有周期Tsは、次の式によって計算するものとする。ただし、地盤調査によって地盤の特性を求めた場合においては、更に次項の規定によって計算した周期調整係数を乗じることができるものとし、建築物の各部分の質量及び剛性に基づき固有値解析等の手法によって当該周期を計算できる場合においては、当該計算によることができるものとする。

$$Ts=2\pi\sqrt{Mu_s\frac{\Delta s}{Qs}}$$

この式において、Ts、Mu_s、Δs及びQsは、それぞれ次の数値を表すものとする。

Ts　建築物の安全限界固有周期（単位　秒）

Mu_s　次の式によって計算した建築物の有効質量（単位　トン）

$$Mu_s=\frac{(\Sigma m_i \delta s_i)^2}{\Sigma m_i \delta s_i^2}$$

この式において、m_i及びδs_iは、それぞれ次の数値を表すものとする。

m_i　第i階の質量（単位　トン）

δs_i　第i階に次の式によって計算した建築物の安全限界耐力に相当する水平力Psi（単位　kN）が作用しているとき（以下「建築物の安全限界時」という。）に生ずる第i階の基礎からの変位（単位　m）

$$Psi = \frac{Bs_i m_i}{\Sigma_{j=1}^{N} Bs_j \cdot m_j} \cdot Qs$$

この式において、Bs_i 及び Qs は、それぞれ次の数値を表すものとする。
Bs_i　第８の規定による第ｉ階各階における加速度の分布係数
Qs　建築物の安全限界耐力（単位　kN）

Qs　次に定めるところにより計算した建築物の安全限界耐力（単位　kN）
各階について次の式によって計算した安全限界耐力の１階層せん断力係数換算値 qsi のうち最小の値に、建築物の全重量を乗じた値として計算すること。

$$qsi = \frac{Qui}{Fe_i \frac{\Sigma_{j=i}^{N} Bs_j \cdot m_j}{\Sigma_{j=1}^{N} Bs_j \cdot m_j} \cdot \Sigma_{j=1}^{N} m_j \cdot g}$$

この式において、qsi、Qui、Fe_i、Bs_i 及び m_i は、それぞれ次の数値を表すものとする。
qsi　第ｉ階の保有水平耐力の１階層せん断力係数換算値
Qui　第ｉ階の保有水平耐力（単位　kN）
Fe_i　昭和55年建設省告示第1792号に定める基準の第７表２に掲げる建築物の第ｉ階における Fe の数値。ただし、構造耐力上主要な部分の水平力に対する剛性、耐力及びそれらの配置の状況を考慮して保有水平耐力に与える偏心の影響に基づいて計算する場合においては、当該計算によることができるものとする。
B_{Si}　第８の規定による第ｉ階に生ずる加速度の分布係数
m_i　第ｉ階の質量（単位　トン）

Δs　次の式によって計算した建築物の代表変位（単位　m）

$$\Delta s = \frac{\Sigma m_i \delta s_i^2}{\Sigma m_i \delta s_i}$$

この式において、m_i 及び δs_i は、それぞれ次の数値を表すものとする。
m_i　第ｉ階の質量（単位　トン）
δs_i　Mu_s の計算式に規定する第ｉ階の基礎からの変位（単位　m）

2　周期調整係数ｒは、第３第２項の式によって計算するものとする。この場合において、Td 及び Mu_d は、それぞれ Ts 及び Mu_s と読み替えるものとする。

3　建築物の安全限界時において、構造部材である柱、はり若しくは壁又はこれらの接合部が、せん断破壊その他これに類する構造耐力上主要な部分の脆性的な破壊等によって構造耐力上支障のある急激な耐力の低下が生ずるおそれがないことを次に定めるところによって確かめること。

一　建築物の安全限界時において塑性ヒンジを生ずる構造耐力上主要な部分（以下この項において「塑性ヒンジ部材」という。）にあっては、第１項に規定するΔｓの数値を1.5倍した場合における各階の層間変位を計算し、当該層間変位における各塑性ヒンジ部材の変形角が、第６第１項の規定によって計算した限界変形角を、それぞれ超えないことを確かめること。

二　塑性ヒンジ部材以外の構造耐力上主要な部分にあっては、平成19年国土交通省告示第594号第4第三号の規定に準じた構造計算を行うこと。

4　建築物の地上部分の塔状比（計算しようとする方向における架構の幅に対する高さの比をいう。）が4を超える場合にあっては、次の各号に掲げる層せん断力のいずれかが作用するものとした場合に建築物の地盤、基礎ぐい又は地盤アンカーに生ずる力を計算し、当該力が地盤にあっては地盤調査によって求めた極限応力度に基づき計算した極限支持力の数値を、基礎ぐい及び地盤アンカーにあっては令第３章第８節第４款に規定する材料強度によって計算した当該基礎ぐい及び地盤アンカーの耐力並びに地盤調査によって求めた圧縮方向及び引抜き方向の極限支持力の数値を、それぞれ超えないことを確かめるものとする。ただし、特別な調査又は研究によって地震力が作用する建築物の全体の転倒が生じないことを確かめた場合にあっては、この限りでない。

一　令第88条第１項に規定する地震力について標準せん断力係数を0.3以上として計算した層せん断力

二　建築物の安全限界時に各階に作用するものとした層せん断力

第8

令第 82 条の 5 第五号ハに規定する建築物の各階に生ずる加速度の分布係数 B_{Si} は、第 4 の規定によって計算するものとする。この場合において、第三号ハの表損傷限界、Td、Mu_d 及び bd_i は、それぞれ第五号ハの表、安全限界、Ts、Mu_s 及び b_{Si} と読み替えるものとする。

第9

令第 82 条の 5 第五号ハに規定する振動の減衰による加速度の低減率 Fh は、次の式によって計算するものとする。ただし、建築物の地震応答に対する部材又は建築物の減衰性の影響を考慮した計算手法によって Fh を算出できる場合においては、当該計算によることができる。

$$Fh = \frac{1.5}{1+10h}$$

2　前項の式において、h は、次の各号（鉄筋コンクリート造その他これに類する架構において弾性状態における剛性の低下が生ずるおそれのある構造方法とする場合にあっては、第二号を除く。）のいずれかにより求めた建築物の減衰を表す数値とする。ただし、部材又は建築物の減衰性を、これらを弾性とみなした場合の粘性減衰定数によって表すことができる場合においては、当該数値とすることができる。

一　建築物の減衰を表す数値 h を個々の部材の減衰特性から求める場合は、次の式によって計算するものとする。

$$h = \frac{\sum_{i=1}^{N} {}_mhe_i \cdot {}_mW_i}{\sum_{i=1}^{N} {}_mW_i} + 0.05$$

この式において、h、${}_mhe_i$ 及び ${}_mW_i$ は、それぞれ次の数値を表すものとする。

h　建築物の減衰性を表す数値

${}_mhe_i$　建築物の安全限界時の各部材の減衰特性を表す数値で、木造、鉄骨造及び鉄筋コンクリート造にあっては、イの規定によることとし、木造、鉄骨造及び鉄筋コンクリート造以外の構造又は部材の耐力に応じた変形の特性に基づく場合には、ロの規定によることとする。

${}_mW_i$　建築物の安全限界変形時の各部材の変形にその時の各部材の耐力を乗じて 2 で除した値（単位　kN・m）

イ　木造、鉄骨造及び鉄筋コンクリート造の部材における ${}_mhe_i$ は、次の式によって計算するものとする。

$${}_mhe_i = \gamma_1 (1-1/\sqrt{{}_mDf_i})$$

この式において、γ_1 及び ${}_mDf_i$ は、それぞれ次の数値を表すものとする。

γ_1　部材の構造形式に応じた減衰特性を表す係数で、次の表に掲げる数値

構造形式	γ_1
部材を構成する材料及び隣接する部材との接合部が緊結された部材	0.25
その他の部材又は地震力が作用するときに座屈による耐力低下を生ずる圧縮力を負担する筋かい部材	0.2

${}_mDf_i$　各部材の塑性の程度を表すものとして次の式により計算した数値（1 を下回る場合には、1 とする。）

$${}_mDf_i = \frac{{}_m\delta s_i}{{}_m\delta d_i}$$

この式において、${}_m\delta s_i$ 及び ${}_m\delta d_i$ は、それぞれ次の数値を表すものとする。

$_{m}\delta s_i$　建築物の安全限界変位時に各部材に生ずる変形（単位　m）
$_{m}\delta d_i$　各部材の損傷限界変形（単位　m）

ロ　木造、鉄骨造及び鉄筋コンクリート造以外の構造又は部材の耐力に応じた変形の特性に基づく場合の $_{m}he_i$ は、γ_1 を 0.25 としてイの規定を準用することで計算した数値を上限として、次の式によって計算した建築物の安全限界時における当該部材の等価粘性減衰定数に 0.8 を乗じた数値以下の数値とすることができる。

$$_{m}he_i = \frac{1}{4\pi} \frac{\Delta W_i}{_{m}W_i}$$

この式において、ΔW_i 及び $_{m}W_i$ は、それぞれ次の数値を表すものとする。
ΔW_i　建築物の安全限界時に各部材に生ずる変形を最大点とする履歴特性曲線で囲まれる面積（単位　kN・m）
$_{m}W_i$　建築物の安全限界時に各部材に生ずる変形にその際の各部材の耐力を乗じて2で除した数値（単位　kN・m）

二　前号イに規定する建築物の塑性の程度を表す数値 $_{m}Df_i$ が1以上である部材について、イに規定する γ_1 がすべて等しい場合には、建築物の減衰性を表す数値 h は、次の式によって計算することができる。

$$h = \gamma_1 (1 - 1 / \sqrt{Df}) + 0.05$$

この式において、γ_1 及び Df は、それぞれ次の数値を表すものとする。
γ_1　その構成する部材の構造形式に応じた建築物の減衰特性を表す係数で、前号イに規定する γ_1 の表に掲げる数値
Df　建築物の塑性の程度を表すものとして次の式によって計算した数値（ただし、1を下回る場合には、1とする）

$$Df = \frac{\Delta s Qd}{\Delta d Qs}$$

この式において、Δs、Qd、Δd 及び Qs は、それぞれ次の数値を表すものとする。
Δs　第7第1項に規定する建築物の安全限界時における代表変位（単位　m）
Qd　第3第1項に規定する建築物の損傷限界耐力（単位　kN）
Δd　第3第1項に規定する建築物の損傷限界時における代表変位（単位　m）
Qs　第7第1項に規定する建築物の安全限界耐力（単位　kN）

三　建築物の減衰を表す数値 h を建築物に生ずる水平力と当該水平力により建築物に生ずる変位の関係から求める場合は、次の式によって計算するものとする。

$$h = \gamma_1 (1 - 1 / \sqrt{Df}) + 0.05$$

この式において、γ_1 及び Df は、それぞれ次の数値を表すものとする。
γ_1　第一号に規定する部材の構造形式に応じた建築物の減衰特性を表す係数
Df　建築物の塑性の程度を表すものとして次の式によって計算した数値（ただし、1を下回る場合には1とする。）

$$Df = \Delta s / \Delta y$$

この式において、Δs 及び Δy は、それぞれ次の数値を表すものとする。
Δs　第7第1項に規定する建築物の安全限界時における代表変位（単位　m）
Δy　次の図の点 X_2 における建築物に生ずる変位（単位　m）

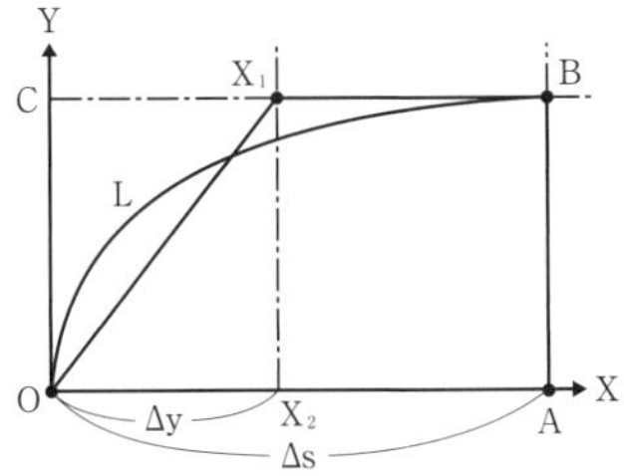

（この図において、X 軸、Y 軸、点 O、曲線 L、点 A、点 B、点 C、点 X_1 及び点 X_2 はそれぞれ次に定めるものを表すものとし、X 軸と Y 軸は互いに直角に交わるものとする。
X 軸　建築物に生ずる変位（単位　m）
Y 軸　建築物に作用する水平力（単位　kN）
点 O　X 軸と Y 軸の交点
曲線 L 建築物に作用する水平力と当該水平力により建築物に生ずる変位の関係を示した曲線（以下この号において「特性曲線」という。）
点 A　建築物に生ずる変位が Δs のときの X 軸上の点
点 B　点 A を通り X 軸と直角に交わる直線と曲線 L の交点
点 C　建築物に作用する水平力が第 7 第 1 項に規定する建築物の安全限界耐力の Y 軸上の点
点 X_1　点 C と点 B を結ぶ直線上の点で、その点、点 B、点 A 及び点 O を頂点とする四角形の面積が曲線 L、点 B と点 A を結ぶ直線及び点 A と点 O を結ぶ直線により囲まれる図形の面積と等しくなるときの点。ただし、令第 82 条の 5 第三号ハの表に規定する地震力による建築物の各階の水平方向の変位を特性曲線を用いて計算し、当該変位を安全限界変位とする場合にあっては、点 C と点 B を結ぶ直線に替えて、特性曲線の安全限界変位における接線を用いることができるものとする。
点 X_2　点 X_1 を通り X 軸と直角に交わる直線と X 軸の交点）

四　地盤調査によって地盤の特性を求めた場合には、建築物の減衰性を表す数値 h は、次の式によって計算することができる。

$$h = \frac{1}{r^3}\left\{hsw\left(\frac{Tsw}{Ts}\right)^3 + hro\left(\frac{Tro}{Ts}\right)^3 + hb\right\}$$

（この式において、r、hsw、Tsw、Ts、hro、Tro 及び hb は、それぞれ次の数値を表すものとする。
r　第 7 第 2 項に規定する安全限界時の周期調整係数
hsw　地盤調査の結果による地震時の表層地盤のせん断ひずみに応じた水平地盤粘性減衰定数（hsw に $\frac{Tsw}{r \cdot Ts}$ を乗じて得た数値が 0.3 を超える場合には、0.3 を $\frac{Tsw}{r \cdot Ts}$ で除した数値とする。）
Tsw　第 7 第 2 項に規定する安全限界時のスウェイ固有周期（単位　秒）
Ts　第 7 第 1 項に規定する安全限界固有周期（単位　秒）
hro　地盤調査の結果による地震時の表層地盤のせん断ひずみに応じた回転地盤粘性減衰定数（hro に $\frac{Tro}{r \cdot Ts}$ を乗じて得た数値が 0.15 を超える場合には、0.15 を $\frac{Tro}{r \cdot Ts}$ で除した数値とする。）
Tro　第 7 第 2 項に規定する安全限界時のロッキング固有周期（単位　秒）
hb　前 3 号のいずれかにより求めた建築物の減衰性を表す数値 h を、当該建築物の地上部分の減衰性を表す数値 h を表すものとして読み替えた数値）

第 10

令第 82 条の 5 第三号の表に規定する表層地盤（次項第一号に規定する工学的基盤上面以浅の地盤をいう。以下同じ。）による加速度の増幅率を表す数値 Gs は、地盤が昭和 55 年建設省告示第 1793 号第 2 の表中 Tc に関する表に掲げる第一種地盤に該当する区域にあっては次の表一に掲げる式により、第二種地盤又は第三種地盤に該当する区域にあっては次の表二に掲げる式により計算すること。

一

$T < 0.576$	$Gs = 1.5$
$0.576 \leqq T < 0.64$	$Gs = \frac{0.864}{T}$
$0.64 < T$	$Gs = 1.35$
この表において、T は、建築物の固有周期（単位　秒）を表すものとする。	

二

<table>
<tr><td>$T < 0.64$</td><td>$Gs = 1.5$</td></tr>
<tr><td>$0.64 \leqq T < Tu$</td><td>$Gs = 1.5\left(\frac{T}{0.64}\right)$</td></tr>
<tr><td>$Tu < T$</td><td>$Gs = gv$</td></tr>
<tr><td colspan="2">この表において、T、Tu 及び gv は、それぞれ次の数値を表すものとする。
T　建築物の固有周期（単位　秒）
Tu　次の式によって計算した数値（単位　秒）
$T=0.64\left(\frac{gv}{1.5}\right)$
gv　地盤種別に応じて次の表に掲げる数値
<table>
<tr><td>第二種地盤</td><td>2.025</td></tr>
<tr><td>第三種地盤</td><td>2.7</td></tr>
</table></td></tr>
</table>

2　前項の規定にかかわらず、令第 82 条の 5 第五号ハの表に規定する Gs の数値は、地盤の液状化による表層地盤の変形による影響が Gs の計算に支障を生じるおそれのない場合で、かつ、建築物の敷地は、がけ地その他これらに類する傾斜した地盤又はその近傍にない場合（特別な調査又は研究の結果に基づき傾斜した地盤における工学的基盤からの増幅と同等以上の増幅を計算できる場合を除く。）においては、第一号から第三号までに定めるところにより計算することができるものとする。

一　地盤調査によって地下深所に至る十分な層厚と剛性を有し、かつ、次のイからハまでに掲げる基準に適合する工学的基盤を有することを確かめること。

イ　地盤のせん断波速度が約 400 m毎秒以上であること。

ロ　地盤の厚さが 5 m以上であること。

ハ　建築物の直下を中心とし、表層地盤の厚さの 5 倍程度の範囲において地盤の深さが一様なものとして 5 度以下の傾斜であること。ただし、特別な調査又は研究の結果に基づき傾斜する工学的基盤からの地震動の増幅と同等以上の増幅を計算できる場合にあっては、この限りでない。

二　Gs は、次の表の(い)欄に掲げる建築物の安全限界固有周期に応じて、イによって計算した地盤の卓越周期及びロによって計算した表層地盤の増幅率を用いて、次の表の(ろ)欄に掲げる式によって計算すること。この場合において、建築物の安全限界時の Gs が 1.23 を下回るときは 1.23 とするものとし、更に、建築物と表層地盤との相互作用を考慮してハによって計算される相互作用に関する係数 β を乗じることができるものとする。

	(い)	(ろ)
(1)	$T \leqq 0.8T_2$	$Gs=Gs_2\frac{T}{0.8T_2}$
(2)	$0.8T_2 < T \leqq 0.8T_1$	$Gs=\frac{Gs_1-Gs_2}{0.8(T_1-T_2)}T+Gs_2-0.8\frac{Gs_1-Gs_2}{0.8(T_1-T_2)}T_2$
(3)	$0.8T_1 < T \leqq 1.2T_1$	$Gs = Gs_1$
(4)	$1.2T_1 < T$	$Gs=\frac{Gs_1-1}{\frac{1}{1.2T_1}-0.1}\cdot\frac{1}{T}+Gs_1-\frac{Gs_1-1}{\frac{1}{1.2T_1}-0.1}\cdot\frac{1}{1.2T_1}$

この表において、T、T_1、T_2、Gs_1及びGs_2は、それぞれ次の数値を表すものとする。
T　建築物の損傷限界固有周期又は安全限界固有周期（単位　秒）
T_1　表層地盤の一次卓越周期（単位　秒）
T_2　表層地盤の二次卓越周期（単位　秒）
Gs_1　表層地盤の一次卓越周期に対する増幅率
Gs_2　表層地盤の二次卓越周期に対する増幅率

イ　表層地盤の一次卓越周期及び二次卓越周期は、それぞれ次に掲げる式によって計算する。

(1)　$$T_1 = \frac{4(\Sigma H_i)^2}{\Sigma \sqrt{\dfrac{G_i}{\rho_i}} H_i}$$

(2)　$$T_2 = \frac{T_1}{3}$$

これらの式において、T_1、T_2、H_i、G_i及びρ_iは、それぞれ次の値を表すものとする。
T_1　表層地盤の一次卓越周期（単位　秒）
T_2　表層地盤の二次卓越周期（単位　秒）
H_i　地盤調査によって求められた地盤の各層の層厚（単位　m）
G_i　地盤調査の結果による地盤の各層のせん断剛性で、地震時に生ずる地盤のせん断ひずみに応じて計算した数値
ρ_i　地盤調査によって求められた地盤の各層の密度（単位　トン/㎥）

ロ　表層地盤の一次卓越周期に対する増幅率Gs_1及び二次卓越周期に対する増幅率Gs_2は、それぞれ次に掲げる式によって計算するものとする。

(1)　$$Gs_1 = \frac{1}{1.57h + \alpha}$$

(2)　$$Gs_2 = \frac{1}{4.71h + \alpha}$$

これらの式において、α及びhは、それぞれ次の数値を表すものとする。
α　次の式によって計算した波動インピーダンス比

$$\alpha = \frac{\Sigma \sqrt{\dfrac{G_i}{\rho_i}} H_i \cdot \Sigma \rho_i H_i}{(\Sigma H_i)^2} \cdot \frac{1}{\rho_B V_B}$$

この式において、ρ_B及びV_Bは、それぞれ次の数値を表すものとする。
ρ_B　地盤調査によって求められた工学的基盤の密度（単位　トン/㎥）
V_B　地盤調査によって求められた工学的基盤のせん断波速度（単位　m/秒）

h　地震時の表層地盤によるエネルギー吸収の程度を表すものとして次の式によって計算した数値（0.05未満となる場合には、0.05とする。）

$$h = \frac{\Sigma h_i w_i}{\Sigma w_i}$$

この式において、h_i及びw_iは、それぞれ次の数値を表すものとする。
h_i　地盤調査の結果による表層地盤の各層の減衰定数で、地震時に生ずる表層地盤のせん断ひずみに応じて計算した数値
w_i　地震時における表層地盤の各層の最大弾性ひずみエネルギーを表すものとして次の式によって計算した数値

$$w_i = \frac{G_i}{2H_i} (u_i - u_{i-1})^2$$

この式において、u_iは、地震時における地盤の各層における最上部の工学的基盤からの相対変位（単位　m）を表すものとする。

ハ　建築物と表層地盤との相互作用に関する係数βは、次の式によって計算するものとする。ただし、βが0.75を下回る場合にあっては、0.75とする。

$$\beta = \frac{K_{hb}\left\{1-\left(1-\frac{1}{Gs}\right)\frac{D_e}{\Sigma H_i}\right\}+K_{he}}{K_{hb}+K_{he}}$$

この式において、K_{hb}、Gs、D_e、H_i及びK_{he}は、それぞれ次の数値を表すものとする。

K_{hb}　地盤調査によって求められた建築物の地下部分の底面における水平地盤ばね定数（単位　kN/m）

Gs　第二号に規定するGsの数値

D_e　地表面から基礎底面までの深さ（単位　m）

H_i　イに規定する地盤の各層の層厚（単位　m）

K_{he}　地盤調査によって求められた建築物の地下部分の側面における水平地盤ばね定数（単位　kN/m）

三　敷地内の表層地盤の各層について、当該層の上層においてせん断波速度に地盤密度を乗じて得た数値が2倍程度変化する場合にあっては、当該層を工学的基盤とみなして前号の規定によりGsを計算し、当該数値と前号の規定による数値のいずれか大きな数値を当該地盤のGsとすること。

第11

令第82条の5第七号に規定する屋根ふき材、特定天井、外装材及び屋外に面する帳壁の構造計算の基準は、次のとおりとする。

一　屋根ふき材、外装材及び屋外に面する帳壁の構造計算の基準は、次のとおりとする。

イ　風圧力に対して、平成12年建設省告示第1458号に規定する構造計算を行うこと。

ロ　地震力に対して、次に定める方法により構造計算を行うこと。ただし、令第39条の規定に適合し、かつ、令第82条の5第三号の規定により求めた建築物の層間変位の各階の高さに対する割合が$\frac{1}{200}$以下であることが確かめられた場合においては、この限りでない。

(1)　屋根ふき材について、令第82条の5第三号の地震力を考慮して、屋根ふき材が取り付く階に生ずる加速度によって当該屋根ふき材の面内及び面外に作用する力を求め、当該力により緊結部分に生ずる応力度が短期に生ずる力に対する許容応力度を超えないことを確かめること。

(2)　外装材及び屋外に面する帳壁（以下「外装材等」という。）について、令第82条の5第三号の地震力を考慮して、外装材等が取り付く部分の上下の部分に生ずる加速度によって当該帳壁等の面内及び面外に作用する力を求め、当該力により緊結部分に生ずる応力度が短期に生ずる力に対する許容応力度を超えないことを確かめること。

(3)　外装材等について、令第82条の5第三号の地震力を考慮して、外装材等が取り付く階に生ずる層間変位を求め、当該変位により緊結部分に生ずる応力度が短期に生ずる力に対する許容応力度を超えないことを確かめること。ただし、当該部分の脱落防止その他有効な手法を用いて、地震に対する安全性が同等以上であることが確かめられた場合においては、この限りでない。

ハ　イ及びロの構造計算を行うに当たり、地震以外の震動及び衝撃を適切に考慮すること。

二　特定天井の構造計算の基準は、次のとおりとする。ただし、平成25年国土交通省告示第771号第3第2項若しくは第3項に定める基準に適合するもの、令第39条第3項の規定に基づく国土交通大臣の認定を受けたもの又は同告示第3第4項第一号に定める構造計算によって構造耐力上安全であることが確かめられた場合においては、この限りでない。

イ　天井面構成部材（天井面を構成する天井板、天井下地材及びこれに附属する金物をいう。以下同じ。）の各部分が、地震の震動により生ずる力を構造耐力上有効に当該天井面構成部材の他の部分に伝えることができる剛性及び強度を有することを確かめること。

ロ　令第82条の5第三号の地震力を考慮して、天井が取り付く部分に生ずる水平方向の加速度（計算しようとする方向の柱の相互の間隔が15mを超える場合にあっては、水平方向及び鉛直方向の加速度）によって天井面に作用する力を求め、当該力により天井に生ずる力が当該天井の許容耐力（繰り返し載荷試験その他の試験又は計算によって確認した損傷耐力（天井材の損傷又は接合部分の滑り若しくは外れが生ずる力に対する耐力をいう。）に$\frac{2}{3}$以下の数値を乗じた値をいう。）を超えないことを確かめること。ただし、特別な調査又は研究の結果に基づいて天井面に作用する力を算出する場合においては、当該算出によることができるものとする。

ハ　天井面構成部材と壁、柱その他の建築物の部分又は建築物に取り付けるもの（構造耐力上主要な部分以外の部分であって、天井面構成部材に地震その他の震動及び衝撃により生ずる力を負担させるものを除く。以下「壁等」という。）との隙間（当該隙間の全部又は一部に相互に応力を伝えない部分を設ける場合にあっては、当該部分は隙間とみなす。以下同じ。）が、天井面に作用する力及び天井を設ける階に生ずる層間変位を考慮して次に定める式によって算定した値以上であることを確かめること。ただし、特別な調査又は研究の結果に基づいて、地震時に天井面構成部材が壁等と衝突しないよう天井面構成部材と壁等との隙間を算出する場合においては、当該算出によることができるものとする。

$$d_{cl}=\frac{3}{2}\left(\frac{T_{cl}}{2\pi}\right)^2 a_{cl}+\frac{3}{2}L_{cl}\cdot R$$

この式において、d_{cl}、T_{cl}、a_{cl}、L_{cl}及びRは、それぞれ次の数値を表すものとする。

d_{cl}　天井面構成部材と壁等との隙間（単位　cm）

T_{cl}　天井の水平方向の固有周期（単位　秒）

a_{cl}　ロの水平方向の加速度により天井面に生ずる加速度（単位　cm/s^2）

L_{cl}　衝突が生じないことを確かめる位置での 吊り長さ（単位　cm）

R　令第82条の5第三号の規定により求めた建築物の層間変位の各階の高さに対する割合

ニ　イからハまでの構造計算を行うに当たり、風圧並びに地震以外の震動及び衝撃を適切に考慮すること。

第12

土砂災害警戒区域等における土砂災害防止対策の推進に関する法律（平成12年法律第57号）第8条第1項に規定する土砂災害特別警戒区域内における居室を有する建築物にあっては、令第80条の3ただし書の場合を除き、土砂災害の発生原因となる自然現象の種類に応じ、それぞれ平成13年国土交通省告示第383号第2第二号イからハまで、第3第二号イ及びロ又は第4第二号イ及びロの規定によること。

建築物の地震に対する安全性を確かめるために必要な構造計算の基準を定める件

制定：昭和55年11月27日　建設省告示第1791号
改正：令和元年　6月25日　国土交通省告示第203号

建築基準法施行令（昭和25年政令第338号）第82条の6第三号の規定に基づき、建築物の地震に対する安全性を確かめるために必要な構造計算の基準を次のように定める。

第1　木造の建築物等に関する基準

木造の建築物又は木造とその他の構造とを併用する建築物については、次の各号に定める構造計算を行うこと。

一　水平力を負担する筋かいを設けた階（地階を除く。）を含む建築物にあつては、建築基準法施行令（以下「令」という。）第82条第一号の規定により計算した当該階の構造耐力上主要な部分に生ずる令第88条第1項の規定による地震力による応力の数値に次の表の数値以上の数値又は特別な調査若しくは研究に基づき当該階の筋かいを入れた軸組の減衰性及び靱性を考慮して定めた数値を乗じて得た数値を当該応力の数値として令第82条第二号及び第三号に規定する構造計算を行うこと。

$\beta \leqq \frac{5}{7}$の場合	$1+0.7\beta$

$\beta > \frac{5}{7}$の場合	1.5
この表において、βは、令第88条第1項に規定する地震力により建築物の各階に生ずる水平力に対する当該階の筋かいが負担する水平力の比を表すものとする。	

二　水平力を負担する筋かいで木材を使用したものについては、当該筋かいの端部又は接合部に木材のめりこみの材料強度に相当する応力が作用する場合において、当該筋かいに割裂き、せん断破壊等が生じないことを確かめること。

三　水平力を負担する筋かいでその軸部に専ら木材以外の材料を使用したものについては、当該筋かいの軸部が降伏する場合において、当該筋かいの端部及び接合部が破断しないことを確かめること。

四　建築物の地上部分の塔状比（計算しようとする方向における架構の幅に対する高さの比をいう。）が4を超えないことを確かめること。

五　前各号に掲げるもののほか、必要がある場合においては、構造耐力上主要な部分である柱若しくははり又はこれらの接合部が、割裂き、せん断破壊等によつて構造耐力上支障のある急激な耐力の低下を生ずるおそれのないことを確かめること。

第2　鉄骨造の建築物等に関する基準

鉄骨造の建築物又は鉄骨造とその他の構造とを併用する建築物については、次の各号に定める構造計算を行うこと。

一　水平力を負担する筋かいを設けた階（地階を除く。）を含む建築物にあつては、令第82条第一号の規定により計算した当該階の構造耐力上主要な部分に生ずる令第88条第1項の規定による地震力による応力の数値に次の表の数値以上の数値を乗じて得た数値を当該応力の数値として令第82条第二号及び第三号に規定する構造計算を行うこと。

$\beta \leqq \frac{5}{7}$の場合	$1 + 0.7\beta$
$\beta > \frac{5}{7}$の場合	1.5
この表において、βは、令第88条第1項に規定する地震力により建築物の各階に生ずる水平力に対する当該階の筋かいが負担する水平力の比を表すものとする。	

二　水平力を負担する筋かいの軸部が降伏する場合において、当該筋かいの端部及び接合部が破断しないことを確かめること。

三　冷間成形により加工した角形鋼管(厚さ6㎜以上のものに限る。以下この号において単に「角形鋼管」という。）を構造耐力上主要な部分である柱に用いる場合にあつては、次に定める構造計算を行うこと。ただし、特別な調査又は研究の結果に基づき、角形鋼管に構造耐力上支障のある急激な耐力の低下を生ずるおそれのないことが確かめられた場合にあつては、この限りでない。

イ　構造耐力上主要な部分である柱及びはりの接合部（最上階の柱の柱頭部及び1階の柱の脚部である接合部を除く。）について、次の式に適合することを確かめること。

$$\Sigma \mathrm{Mpc} \geqq 1.5\ \Sigma \mathrm{Mpb}$$

この式において、Mpc及びMpbは、それぞれ次の数値を表すものとする。
Mpc　当該接合部における柱の材端（はりその他の横架材に接着する部分をいう。）に生じうるものとして計算した最大の曲げモーメント（単位　N・m）
Mpb　当該接合部におけるはりの材端（柱に接着する部分をいう。）に生じうるものとして計算した最大の曲げモーメント（単位　N・m）

ロ　構造耐力上主要な部分である角形鋼管を用いた柱が1階の柱であり、かつ、日本産業規格G3466（一般構造用角形鋼管）-2006に適合する場合にあつては、イに掲げるほか、地震時に当該柱の脚部に生ずる力に1.4（柱及びはりの接合部の構造方法を内ダイアフラム形式（ダイアフラムを落とし込む形式としたものを除く。）とした場合は1.3）以上の数値を乗じて令第82条第一号から第三号までに規定する構造計算をした場合に当該建築物が安全であることを確かめること。

四　柱及びはりに炭素鋼（平成12年建設省告示第2464号第1に規定する基準強度が1㎟につき205N以上375N以下であるものに限る。）を用いる場合にあつては、次の表の(い)欄に掲げる柱及びはりの区分に応じ、幅厚比（円形鋼管にあつては、径厚比とする。）が同表の(ろ)欄に掲げる数値以下の数値となることを確かめること。ただし、特別な調査又は研究の結果に基づき、鋼材の断面に構造耐力上支障のある局部座屈を生じないことが確かめられた場合にあつては、この限りでない。

(い)			(ろ)
柱及びはりの区分			数値
部材	断面形状	部位	
柱	H形鋼	フランジ	$9.5\sqrt{235/F}$
		ウェブ	$43\sqrt{235/F}$
	角形鋼管	—	$33\sqrt{235/F}$
	円形鋼管	—	50（235／F）
はり	H形鋼	フランジ	$9\sqrt{235/F}$
		ウェブ	$60\sqrt{235/F}$
この表において、Fは平成12年建設省告示第2464号第1に規定する基準強度（単位　N/㎟）を表すものとする。			

五　柱及びはりにステンレス鋼を用いる場合にあつては、次の表の(い)欄に掲げる柱及びはりの区分に応じ、H形鋼にあつては同表の(ろ)欄に掲げる式によつて計算した数値が1以下になることを、角形鋼管の幅厚比及び円形鋼管の径厚比にあつてはそれぞれ同欄に掲げる数値以下の数値となることを、それぞれ確かめること。ただし、特別な調査又は研究の結果に基づき、鋼材の断面に構造耐力上支障のある局部座屈を生じないことが確かめられた場合にあつては、この限りでない。

(い)			(ろ)
柱及びはりの区分			数値
部材	断面形状	鋼種	
柱	H形鋼	235N級鋼	$\left(\frac{b/tf}{11}\right)^2+\left(\frac{d/tw}{43}\right)^2$
		325N級鋼	$\left(\frac{b/tf}{11}\right)^2+\left(\frac{d/tw}{31}\right)^2$
	角形鋼管	235N級鋼	25
		325N級鋼	25
	円形鋼管	235N級鋼	72
		325N級鋼	44
はり	H形鋼	235N級鋼	$\left(\frac{b/tf}{9}\right)^2+\left(\frac{d/tw}{67}\right)^2$ 及び（d／tw）／65
		325N級鋼	$\left(\frac{b/tf}{9}\right)^2+\left(\frac{d/tw}{47}\right)^2$
	角形鋼管	235N級鋼	32
		325N級鋼	32
	円形鋼管	235N級鋼	72
		325N級鋼	44
この表において、b、d、tf及びtwは、それぞれ次の数値を表すものとする。 b　フランジの半幅（フランジの半分の幅をいう。）（単位　mm） d　ウェブのせい（単位　mm） tf　フランジの厚さ（単位　mm）			

tw　ウェブの厚さ（単位　mm）

六　第１第四号の規定によること。

七　前各号に掲げるもののほか、構造耐力上主要な部分である柱若しくははり又はこれらの接合部が局部座屈、破断等によつて、又は構造耐力上主要な部分である柱の脚部の基礎との接合部がアンカーボルトの破断、基礎の破壊等によつて、それぞれ構造耐力上支障のある急激な耐力の低下を生ずるおそれのないことを確かめること。

第３　鉄筋コンクリート造又は鉄骨鉄筋コンクリート造の建築物等に関する基準

鉄筋コンクリート造の建築物若しくは鉄筋コンクリート造とその他の構造とを併用する建築物又は鉄骨鉄筋コンクリート造の建築物若しくは鉄骨鉄筋コンクリート造とその他の構造とを併用する建築物については、次の各号に定める構造計算のうちいずれかを行うこと。ただし、第一号ハ及び第二号ロ（第一号ロの規定の適用に係る部分を除く。）の規定以外の規定にあつては、実験によつて耐力壁並びに構造耐力上主要な部分である柱及びはりが地震に対して十分な強度を有し、又は十分な靱(じん)性をもつことが確かめられる場合においては、この限りでない。

一　次のイからハまでに掲げる基準に適合することを確かめること。

イ　各階の鉄筋コンクリート造又は鉄骨鉄筋コンクリート造の耐力壁（平成19年国土交通省告示第594号第１第三号イ(1)に規定する開口周比が0.4以下であるものに限る。以下同じ。）、構造耐力上主要な部分である柱及び耐力壁以外の壁（上端及び下端が構造耐力上主要な部分に緊結されたものに限る。）の水平断面積が次の式に適合すること。ただし、鉄骨鉄筋コンクリート造の柱にあつては、同式中「0.7」とあるのは「1.0」とする。

$$\Sigma 2.5\alpha Aw + \Sigma 0.7\alpha Ac \geqq 0.75ZWAi$$

この式において、α、Aw、Ac、Z、W及びAiは、それぞれ次の数値を表すものとする。

α　コンクリートの設計基準強度による割り増し係数として、設計基準強度が1㎟につき18N未満の場合にあつては1.0、1㎟につき18N以上の場合にあつては使用するコンクリートの設計基準強度（単位　N/㎟）を18で除した数値の平方根の数値（当該数値が２の平方根の数値を超えるときは、２の平方根の数値）

Aw　当該階の耐力壁のうち計算しようとする方向に設けたものの水平断面積（単位　㎟）

Ac　当該階の構造耐力上主要な部分である柱の水平断面積及び耐力壁以外の壁（上端及び下端が構造耐力上主要な部分に緊結されたものに限る。）のうち計算しようとする方向に設けたものの水平断面積（単位　㎟）

Z　令第88条第１項に規定するZの数値

W　令第88条第１項の規定により地震力を計算する場合における当該階が支える部分の固定荷重と積載荷重との和（令第86条第２項ただし書の規定により特定行政庁が指定する多雪区域においては、更に積雪荷重を加えるものとする。）（単位　N）

Ai　令第88条第１項に規定する当該階に係るAiの数値

ロ　構造耐力上主要な部分が、地震力によつて当該部分に生ずるせん断力として次の式によつて計算した設計用せん断力に対して、せん断破壊等によつて構造耐力上支障のある急激な耐力の低下を生ずるおそれのないこと。

$$Q_D = \min\{Q_L + nQ_E\ ,\ Q_O + Q_Y\}$$

この式において、Q_D、Q_L、n、Q_E、Q_O及びQ_Yは、それぞれ次の数値を表すものとする。

Q_D　設計用せん断力（単位　N）

Q_L　固定荷重と積載荷重との和（令第86条第２項ただし書の規定により特定行政庁が指定する多雪区域においては、更に積雪荷重を加えるものとする。以下この号及び第五号において「常時荷重」という。）によつて生ずるせん断力。ただし、柱の場合には０とすることができる。（単位　N）

n　2.0（構造耐力上主要な部分でない腰壁又は垂れ壁が取り付く柱にあつては、2.0と

階高を開口部の高さで除した数値のうちいずれか大きい数値）以上の数値
Q_E　令第88条第1項の規定により地震力を計算する場合における当該地震力によつて生ずるせん断力（単位　N）
Q_O　単純支持とした時の常時荷重によつて生ずるせん断力。ただし、柱の場合には0とすることができる。（単位　N）
Q_Y　柱又ははりの両端が曲げ耐力に達した時のせん断力。ただし、柱において柱頭に接続するはりの曲げ耐力の和の$\frac{1}{2}$（最上階の柱頭にあつては、曲げ耐力の和）の数値が当該柱頭部の曲げ耐力を超えない場合にあつては、当該数値を柱頭部の曲げ耐力の数値とすることができる。（単位　N）

ハ　第1第四号の規定によること。
二　次のイ及びロに掲げる基準に適合することを確かめること。
イ　各階の鉄筋コンクリート造又は鉄骨鉄筋コンクリート造の耐力壁及び構造耐力上主要な部分である柱の水平断面積が次の式に適合すること。ただし、鉄骨鉄筋コンクリート造の柱及びこれに緊結された耐力壁にあつては、「1.8」とあるのは「2.0」とする。

$$\Sigma 1.8 \alpha Aw + \Sigma 1.8 \alpha Ac \geqq ZWAi$$

この式において、α、Aw、Ac、Z、W及びAiは、それぞれ次の数値を表すものとする。
α、Aw、Z、W及びAi　前号イに定めるα、Aw、Z、W及びAiの数値
Ac　当該階の構造耐力上主要な部分である柱の水平断面積（単位　㎟）

ロ　前号ロ及びハの規定によること。

多雪区域を指定する基準及び垂直積雪量を定める基準を定める件

制定：平成12年5月31日　建設省告示第1455号

建築基準法施行令（昭和25年政令第338号）第86条第2項ただし書及び第3項の規定に基づき、多雪区域を指定する基準及び垂直積雪量を定める基準を次のように定める。

第1

建築基準法施行令（以下「令」という。）第86条第2項ただし書に規定する多雪区域を指定する基準は、次の各号のいずれかとする。
一　第2の規定による垂直積雪量が1m以上の区域
二　積雪の初終間日数（当該区域中の積雪部分の割合が$\frac{1}{2}$を超える状態が継続する期間の日数をいう。）の平年値が30日以上の区域

第2

令第86条第3項に規定する垂直積雪量を定める基準は、市町村の区域（当該区域内に積雪の状況の異なる複数の区域がある場合には、それぞれの区域）について、次に掲げる式によって計算した垂直積雪量に、当該区域における局所的地形要因による影響等を考慮したものとする。ただし、当該区域又はその近傍の区域の気象観測地点における地上積雪深の観測資料に基づき統計処理を行う等の手法によって当該区域における50年再現期待値（年超過確率が2%に相当する値をいう。）を求めることができる場合には、当該手法によることができる。

$$d = \alpha \cdot ls + \beta \cdot rs + \gamma$$

この式において、d、ls、rs、α、β及びγはそれぞれ次の数値を表すものとする。
d　垂直積雪量（単位　m）
α、β、γ　区域に応じて別表の当該各欄に掲げる数値

ls　区域の標準的な標高（単位　m）
rs　区域の標準的な海率（区域に応じて別表のRの欄に掲げる半径（単位　km）の円の面積に対する当該円内の海その他これに類するものの面積の割合をいう。）

附則

昭和27年建設省告示第1074号は、廃止する。

別表

	区域	α	β	γ	R
(1)	北海道のうち 稚内市　天塩郡のうち天塩町、幌延町及び豊富町　宗谷郡　枝幸郡のうち浜頓別町及び中頓別町　礼文郡　利尻郡	0.0957	2.84	− 0.80	40
(2)	北海道のうち 中川郡のうち美深町、音威子府村及び中川町　苫前郡のうち羽幌町及び初山別村　天塩郡のうち遠別町　枝幸郡のうち枝幸町及び歌登町	0.0194	− 0.56	2.18	20
(3)	北海道のうち 旭川市　夕張市　芦別市　士別市　名寄市　千歳市　富良野市　虻田郡のうち真狩村及び留寿都村　夕張郡のうち由仁町及び栗山町　上川郡のうち鷹栖町、東神楽町、当麻町、比布町、愛別町、上川町、東川町、美瑛町、和寒町、剣淵町、朝日町、風連町、下川町及び新得町　空知郡のうち上富良野町、中富良野町及び南富良野町　勇払郡のうち占冠村、追分町及び穂別町　沙流郡のうち日高町及び平取町　有珠郡のうち大滝村	0.0027	8.51	1.20	20
(4)	北海道のうち 札幌市　小樽市　岩見沢市　留萌市　美唄市　江別市　赤平市　三笠市　滝川市　砂川市　歌志内市　深川市　恵庭市　北広島市　石狩市　石狩郡　厚田郡　浜益郡　虻田郡のうち喜茂別町、京極町及び倶知安町　岩内郡のうち共和町　古宇郡　積丹郡　古平郡　余市郡　空知郡のうち北村、栗沢町、南幌町、奈井江町及び上砂川町　夕張郡のうち長沼町　樺戸郡　雨竜郡　増毛郡　留萌郡　苫前郡のうち苫前町	0.0095	0.37	1.40	40
(5)	北海道のうち 松前郡　上磯郡のうち知内町及び木古内町　桧山郡　爾志郡　久遠郡　奥尻郡　瀬棚郡　島牧郡　寿都郡　磯谷郡　虻田郡のうちニセコ町　岩内郡のうち岩内町	− 0.0041	− 1.92	2.34	20
(6)	北海道のうち 紋別市　常呂郡のうち佐呂間町　紋別郡のうち遠軽町、上湧別町、湧別町、滝上町、興部町、西興部村及び雄武町	− 0.0071	− 3.42	2.98	40
(7)	北海道のうち 釧路市　根室市　釧路郡　厚岸郡　川上郡のうち標茶町　阿寒郡　白糠郡のうち白糠町　野付郡　標津郡	0.0100	− 1.05	1.37	20
(8)	北海道のうち 帯広市　河東郡のうち音更町、士幌町及び鹿追町　上川郡のうち清水町　河西郡　広尾郡　中川郡のうち幕別町、池田町及び豊頃町　十勝郡　白糠郡のうち音別町	0.0108	0.95	1.08	20
(9)	北海道のうち 函館市　室蘭市　苫小牧市　登別市　伊達市　上磯郡のうち上磯町　亀田郡　茅部郡　山越郡　虻田郡のうち豊	0.0009	− 0.94	1.23	20

	浦町、虻田町及び洞爺村　有珠郡のうち壮瞥町　白老 勇払郡のうち早来町、厚真町及び鵡川町　沙流郡のうち 門別町　新冠郡　静内郡　三石郡　浦河郡　様似郡　幌 泉郡				
⑽	北海道（⑴から⑼までに掲げる区域を除く）	0.0019	0.15	0.80	20
⑾	青森県のうち 青森市　むつ市　東津軽郡のうち平内町、蟹田町、今別町、 蓬田村及び平舘村　上北郡のうち横浜町　下北郡	0.0005	－1.05	1.97	20
⑿	青森県のうち 弘前市　黒石市　五所川原市　東津軽郡のうち三厩村 西津軽郡のうち鯵ヶ沢町、木造町、深浦町、森田村、柏村、 稲垣村及び車力村　中津軽郡のうち岩木町　南津軽郡の うち藤崎町、尾上町、浪岡町、常盤村及び田舎館村　北 津軽郡	－0.0285	1.17	2.19	20
⒀	青森県のうち 八戸市　十和田市　三沢市　上北郡のうち野辺地町、七 戸町、百石町、十和田湖町、六戸町、上北町、東北町、 天間林村、下田町及び六ヶ所村　三戸郡	0.0140	0.55	0.33	40
⒁	青森県（⑾から⒀までに掲げる区域を除く） 秋田県のうち 能代市　大館市　鹿角市　鹿角郡　北秋田郡　山本郡の うち二ツ井町、八森町、藤里町及び峰浜村	0.0047	0.58	1.01	40
⒂	秋田県のうち 秋田市　本荘市　男鹿市　山本郡のうち琴丘町、山本町 及び八竜町　南秋田郡　河辺郡のうち雄和町　由利郡の うち仁賀保町、金浦町、象潟町、岩城町、由利町、西目 町及び大内町 山形県のうち 鶴岡市　酒田市　東田川郡　西田川郡　飽海郡	0.0308	－1.88	1.58	20
⒃	岩手県のうち 和賀郡のうち湯田町及び沢内村 秋田県（⒁及び⒂に掲げる区域を除く） 山形県のうち 新庄市　村山市　尾花沢市　西村山郡のうち西川町、朝 日町及び大江町　北村山郡　最上郡	0.0050	1.01	1.67	40
⒄	岩手県のうち 宮古市　久慈市　釜石市　気仙郡のうち三陸町　上閉伊 郡のうち大槌町　下閉伊郡のうち田老町、山田町、田野 畑村及び普代村　九戸郡のうち種市町及び野田村	－0.0130	5.24	－0.77	20
⒅	岩手県のうち 大船渡市　遠野市　陸前高田市　岩手郡のうち葛巻町 気仙郡のうち住田町　下閉伊郡のうち岩泉町、新里村及 び川井村　九戸郡のうち軽米町、山形村、大野村及び九 戸村 宮城県のうち 石巻市　気仙沼市　桃生郡のうち河北町、雄勝町及び北 上町　牡鹿郡　本吉郡	0.0037	1.04	－0.10	40
⒆	岩手県（⒃から⒅までに掲げる区域を除く） 宮城県のうち 古川市　加美郡　玉造郡　遠田郡　栗原郡　登米郡　桃 生郡のうち桃生町	0.0020	0.00	0.59	0
⒇	宮城県（⒅及び⒆に掲げる区域を除く）	0.0019	0.15	0.17	40

	福島県のうち 福島市　郡山市　いわき市　白河市　原町市　須賀川市　相馬市　二本松市　伊達郡　安達郡　岩瀬郡　西白河郡　東白川郡　石川郡　田村郡　双葉郡　相馬郡 茨城県のうち 日立市　常陸太田市　高萩市　北茨城市　東茨城郡のうち御前山村　那珂郡のうち大宮町、山方町、美和村及び緒川村　久慈郡　多賀郡				
⑵1	山形県のうち 山形市　米沢市　寒河江市　上山市　長井市　天童市　東根市　南陽市　東村山郡　西村山郡のうち河北町　東置賜郡　西置賜郡のうち白鷹町	0.0099	0.00	− 0.37	0
⑵2	山形県（⑮、⑯及び⑵1に掲げる区域を除く） 福島県のうち 南会津郡のうち只見町　耶麻郡のうち熱塩加納村、山都町、西会津町及び高郷村　大沼郡のうち三島町及び金山町 新潟県のうち 東蒲原郡のうち津川町、鹿瀬町及び上川村	0.0028	− 4.77	2.52	20
⑵3	福島県（⑳及び⑵2に掲げる区域を除く）	0.0026	23.0	0.34	40
⑵4	茨城県（⑳に掲げる区域を除く） 栃木県 群馬県（⑵5及び⑵6に掲げる区域を除く） 埼玉県 千葉県 東京都 神奈川県 静岡県 愛知県 岐阜県のうち 多治見市　関市　中津川市　瑞浪市　羽島市　恵那市　美濃加茂市　土岐市　各務原市　可児市　羽島郡　海津郡　安八郡のうち輪之内町、安八町及び墨俣町　加茂郡のうち坂祝町、富加町、川辺町、七宗町及び八百津町　可児郡　土岐郡　恵那郡のうち岩村町、山岡町、明智町、串原村及び上矢作町	0.0005	− 0.06	0.28	40
⑵5	群馬県のうち 利根郡のうち水上町 長野県のうち 大町市　飯山市　北安曇郡のうち美麻村、白馬村及び小谷村　下高井郡のうち木島平村及び野沢温泉村　上水内郡のうち豊野町、信濃町、牟礼村、三水村、戸隠村、鬼無里村、小川村及び中条村　下水内郡 岐阜県のうち 岐阜市　大垣市　美濃市　養老郡　不破郡　安八郡のうち神戸町　揖斐郡　本巣郡　山県郡　武儀郡のうち洞戸村、板取村及び武芸川町　郡上郡　大野郡のうち清見村、荘川村及び宮村　吉城郡 滋賀県のうち 大津市　彦根市　長浜市　近江八幡市　八日市市　草津市　守山市　滋賀郡　栗太郡　野洲郡　蒲生郡のうち安土町及び竜王町　神崎郡のうち五個荘町及び能登川町　愛知郡　犬上郡　坂田郡　東浅井郡　伊香郡　高島郡 京都府のうち	0.0052	2.97	0.29	40

	福知山市　綾部市　北桑田郡のうち美山町　船井郡のうち和知町　天田郡のうち夜久野町　加佐郡 兵庫県のうち 朝来郡のうち和田山町及び山東町				
㉖	群馬県のうち 沼田市　吾妻郡のうち中之条町、草津町、六合村及び高山村　利根郡のうち白沢村、利根村、片品村、川場村、月夜野町、新治村及び昭和村 長野県のうち 長野市　中野市　更埴市　木曽郡　東筑摩郡　南安曇郡　北安曇郡のうち池田町、松川村及び八坂村　更級郡　埴科郡　上高井郡　下高井郡のうち山ノ内町　上水内郡のうち信州新町 岐阜県のうち 高山市　武儀郡のうち武儀町及び上之保村　加茂郡のうち白川町及び東白川村　恵那郡のうち坂下町、川上村、加子母村、付知町、福岡町及び蛭川村　益田郡　大野郡のうち丹生川村、久々野町、朝日村及び高根村	0.0019	0.00	− 0.16	0
㉗	山梨県 長野県（㉕及び㉖に掲げる区域を除く）	0.0005	6.26	0.12	40
㉘	岐阜県（㉔から㉖までに掲げる区域を除く） 新潟県のうち 糸魚川市　西頚城郡のうち能生町及び青海町 富山県 福井県 石川県	0.0035	− 2.33	2.72	40
㉙	新潟県のうち 三条市　新発田市　小千谷市　加茂市　十日町市　見附市　栃尾市　五泉市　北蒲原郡のうち安田町、笹神村、豊浦町及び黒川村　中蒲原郡のうち村松町　南蒲原郡のうち田上町、下田村及び栄町　東蒲原郡のうち三川村　古志郡　北魚沼郡　南魚沼郡　中魚沼郡　岩船郡のうち関川村	0.0100	− 1.20	2.28	40
㉚	新潟県（㉒、㉘及び㉙に掲げる区域を除く）	0.0052	− 3.22	2.65	20
㉛	京都府のうち 舞鶴市　宮津市　与謝郡　中郡　竹野郡　熊野郡 兵庫県のうち 豊岡市　城崎郡　出石郡　美方郡　養父郡	0.0076	1.51	0.62	40
㉜	三重県 大阪府 奈良県 和歌山県 滋賀県（㉕に掲げる区域を除く） 京都府（㉕及び㉛に掲げる区域を除く） 兵庫県（㉕及び㉛に掲げる区域を除く）	0.0009	0.00	0.21	0
㉝	鳥取県 島根県 岡山県のうち 阿哲郡のうち大佐町、神郷町及び哲西町　真庭郡　苫田郡 広島県のうち 三次市　庄原市　佐伯郡のうち吉和村　山県郡　高田郡　双三郡のうち君田村、布野村、作木村及び三良坂町	0.0036	0.69	0.26	40

	比婆郡 山口県のうち 萩市　長門市　豊浦郡のうち豊北町　美祢郡　大津郡　阿武郡				
(34)	岡山県（(33)に掲げる区域を除く） 広島県（(33)に掲げる区域を除く） 山口県（(33)に掲げる区域を除く）	0.0004	− 0.21	0.33	40
(35)	徳島県 香川県 愛媛県のうち 今治市　新居浜市　西条市　川之江市　伊予三島市　東予市　宇摩郡　周桑郡　越智郡　上浮穴郡のうち面河村	0.0011	− 0.42	0.41	20
(36)	高知県（(37)に掲げる区域を除く）	0.0004	− 0.65	0.28	40
(37)	愛媛県（(35)に掲げる区域を除く） 高知県のうち 中村市　宿毛市　土佐清水市　吾川郡のうち吾川村　高岡郡のうち中土佐町、窪川町、梼原町、大野見村、東津野村、葉山村及び仁淀村　幡多郡	0.0014	− 0.69	0.49	20
(38)	福岡県 佐賀県 長崎県 熊本県 大分県のうち 中津市　日田市　豊後高田市　宇佐市　西国東郡のうち真玉町及び香々地町　日田郡　下毛郡	0.0006	− 0.09	0.21	20
(39)	大分県（(38)に掲げる区域を除く） 宮崎県	0.0003	− 0.05	0.10	20
(40)	鹿児島県	− 0.0001	− 0.32	0.46	20

Eの数値を算出する方法並びにV_0及び風力係数の数値を定める件

制定：平成 12 年　5 月 31 日　建設省告示第 1454 号
改正：令和　2 年 12 月　7 日　国土交通省告示第 1437 号

建築基準法施行令（昭和 25 年政令第 338 号）第 87 条第 2 項及び第 4 項の規定に基づき、E の数値を算出する方法並びにV_0及び風力係数の数値を次のように定める。

第 1

建築基準法施行令（以下「令」という。）第 87 条第 2 項に規定する E の数値は、次の式によって算出するものとする。

$$E = Er^2Gf$$

この式において、Er 及び Gf は、それぞれ次の数値を表すものとする。
Er　　次項の規定によって算出した平均風速の高さ方向の分布を表す係数
Gf　　第 3 項の規定によって算出したガスト影響係数

2　前項の式の Er は、次の表に掲げる式によって算出するものとする。ただし、局地的な地形や地物の影響により平均風速が割り増されるおそれのある場合においては、その影響を考慮しなければならない。

H が Zb 以下の場合	$Er=1.7\left(\frac{Zb}{Z_G}\right)^{\alpha}$
H が Zb を超える場合	$Er=1.7\left(\frac{H}{Z_G}\right)^{\alpha}$

この表において、Er、Zb、Z_G、α 及び H は、それぞれ次の数値を表すものとする。
Er　平均風速の高さ方向の分布を表す係数
Zb、Z_G 及び α　　地表面粗度区分に応じて次の表に掲げる数値

地表面粗度区分		Zb（単位　m）	Z_G（単位　m）	α
Ⅰ	極めて平坦で障害物がないものとして特定行政庁が規則で定める区域	5	250	0.10
Ⅱ	地表面粗度区分Ⅰ若しくはⅣの区域以外の区域のうち、海岸線若しくは湖岸線（対岸までの距離が 1,500 m以上のものに限る。以下同じ。）までの距離が 500 m以内の地域（建築物の高さが 13 m以下である場合又は当該海岸線若しくは湖岸線からの距離が 200 mを超え、かつ、建築物の高さが 31 m以下である場合を除く。）又は当該地域以外の地域のうち、極めて平坦で障害物が散在しているものとして特定行政庁が規則で定める区域	5	350	0.15
Ⅲ	地表面粗度区分Ⅰ、Ⅱ又はⅣの区域以外の区域	5	450	0.20
Ⅳ	都市化が極めて著しいものとして特定行政庁が規則で定める区域	10	550	0.27

H　建築物の高さと軒の高さとの平均（単位　m）

3　第 1 項の式の Gf は、前項の表の地表面粗度区分及び H に応じて次の表に掲げる数値とする。ただし、当該建築物の規模又は構造特性及び風圧力の変動特性について、風洞試験又は実測の結果に基づき算出する場合にあっては、当該算出によることができる。

H ＼ 地表面粗度区分	(1) 10 以下の場合	(2) 10 を超え 40 未満の場合	(3) 40 以上の場合
Ⅰ	2.0	(1)と(3)とに掲げる数値を直線的に補間した数値	1.8
Ⅱ	2.2		2.0
Ⅲ	2.5		2.1
Ⅳ	3.1		2.3

第 2

令第 87 条第 2 項に規定する V_0 は、地方の区分に応じて次の表に掲げる数値とする。

(1)	(2)から(9)までに掲げる地方以外の地方	30
(2)	北海道のうち 札幌市　小樽市　網走市　留萌市　稚内市　江別市　紋別市　名寄市　千歳市　恵庭市　北広島市　石狩市　石狩郡　厚田郡　浜益郡　空知郡のうち南幌町　夕張郡のうち由仁町及び長沼町　上川郡のうち風連町及び下川町　中川郡のうち美深町、音威子府村及び中川町　増毛郡　留萌郡　苫前郡　天塩郡　宗谷郡　枝幸郡　礼文郡　利尻郡　網走郡のうち東藻琴村、女満別町及び美幌町　斜里郡のうち清里町及び小清水町　常呂郡のうち端野町、佐呂間町及び常呂町　紋別郡のうち上湧別町、湧別町、興部町、西興部村及び雄武町　勇払郡のうち追分町及び穂別町　沙流郡のうち平取町　新冠郡　静内郡　三石郡　浦河郡　様似郡　幌泉郡　厚岸郡のうち厚岸町　川上郡 岩手県のうち 久慈市　岩手郡のうち葛巻町　下閉伊郡のうち田野畑村及び普代村　九戸郡のうち野田	32

村及び山形村　二戸郡
秋田県のうち
秋田市　大館市　本荘市　鹿角市　鹿角郡　北秋田郡のうち鷹巣町、比内町、合川町及び上小阿仁村　南秋田郡のうち五城目町、昭和町、八郎潟町、飯田川町、天王町及び井川町　由利郡のうち仁賀保町、金浦町、象潟町、岩城町及び西目町
山形県のうち
鶴岡市　酒田市　西田川郡　飽海郡のうち遊佐町
茨城県のうち
水戸市　下妻市　ひたちなか市　東茨城郡のうち内原町　西茨城郡のうち友部町及び岩間町　新治郡のうち八郷町　真壁郡のうち明野町及び真壁町　結城郡　猿島郡のうち五霞町、猿島町及び境町
埼玉県のうち
川越市　大宮市　所沢市　狭山市　上尾市　与野市　入間市　桶川市　久喜市　富士見市　上福岡市　蓮田市　幸手市　北足立郡のうち伊奈町　入間郡のうち大井町及び三芳町　南埼玉郡　北葛飾郡のうち栗橋町、鷲宮町及び杉戸町
東京都のうち
八王子市　立川市　昭島市　日野市　東村山市　福生市　東大和市　武蔵村山市　羽村市　あきる野市　西多摩郡のうち瑞穂町
神奈川県のうち
足柄上郡のうち山北町　津久井郡のうち津久井町、相模湖町及び藤野町
新潟県のうち
両津市　佐渡郡　岩船郡のうち山北町及び粟島浦村
福井県のうち
敦賀市　小浜市　三方郡　遠敷郡　大飯郡
山梨県のうち
富士吉田市　南巨摩郡のうち南部町及び富沢町　南都留郡のうち秋山村、道志村、忍野村、山中湖村及び鳴沢村
岐阜県のうち
多治見市　関市　美濃市　美濃加茂市　各務原市　可児市　揖斐郡のうち藤橋村及び坂内村　本巣郡のうち根尾村　山県郡　武儀郡のうち洞戸村及び武芸川町　加茂郡のうち坂祝町及び富加町
静岡県のうち
静岡市　浜松市　清水市　富士宮市　島田市　磐田市　焼津市　掛川市　藤枝市　袋井市　湖西市　富士郡　庵原郡　志太郡　榛原郡のうち御前崎町、相良町、榛原町、吉田町及び金谷町　小笠郡　磐田郡のうち浅羽町、福田町、竜洋町及び豊田町　浜名郡　引佐郡のうち細江町及び三ヶ日町
愛知県のうち
豊橋市　瀬戸市　春日井市　豊川市　豊田市　小牧市　犬山市　尾張旭市　日進市　愛知郡　丹羽郡　額田郡のうち額田町　宝飯郡　西加茂郡のうち三好町
滋賀県のうち
大津市　草津市　守山市　滋賀郡　栗太郡　伊香郡　高島郡
京都府
大阪府のうち
高槻市　枚方市　八尾市　寝屋川市　大東市　柏原市　東大阪市　四條畷市　交野市　三島郡　南河内郡のうち太子町、河南町及び千早赤阪村
兵庫県のうち
姫路市　相生市　豊岡市　龍野市　赤穂市　西脇市　加西市　篠山市　多可郡　飾磨郡　神崎郡　揖保郡　赤穂郡　宍粟郡　城崎郡　出石郡　美方郡　養父郡　朝来郡　氷上郡
奈良県のうち
奈良市　大和高田市　大和郡山市　天理市　橿原市　桜井市　御所市　生駒市　香芝市　添上郡　山辺郡　生駒郡　磯城郡　宇陀郡のうち大宇陀町、菟田野町、榛原町及び室生村　高市郡　北葛城郡
鳥取県のうち
鳥取市　岩美郡　八頭郡のうち郡家町、船岡町、八東町及び若桜町
島根県のうち
益田市　美濃郡のうち匹見町　鹿足郡のうち日原町　隠岐郡

	岡山県のうち 岡山市　倉敷市　玉野市　笠岡市　備前市　和気郡のうち日生町　邑久郡　児島郡　都窪郡　浅口郡 広島県のうち 広島市　竹原市　三原市　尾道市　福山市　東広島市　安芸郡のうち府中町　佐伯郡のうち湯来町及び吉和村　山県郡のうち筒賀村　賀茂郡のうち河内町　豊田郡のうち本郷町　御調郡のうち向島町　沼隈郡 福岡県のうち 山田市　甘木市　八女市　豊前市　小郡市　嘉穂郡のうち桂川町、稲築町、碓井町及び嘉穂町　朝倉郡　浮羽郡　三井郡　八女郡　田川郡のうち添田町、川崎町、大任町及び赤村　京都郡のうち犀川町　築上郡 熊本県のうち 山鹿市　菊池市　玉名郡のうち菊水町、三加和町及び南関町　鹿本郡　菊池郡　阿蘇郡のうち一の宮町、阿蘇町、産山村、波野村、蘇陽町、高森町、白水村、久木野村、長陽村及び西原村 熊本県のうち 山鹿市　菊池市　玉名郡のうち菊水町、三加和町及び南関町　鹿本郡　菊池郡　阿蘇郡のうち一の宮町、阿蘇町、産山村、波野村、蘇陽町、高森町、白水村、久木野村、長陽村及び西原村 大分県のうち 大分市　別府市　中津市　日田市　佐伯市　臼杵市　津久見市　竹田市　豊後高田市　杵築市　宇佐市　西国東郡　東国東郡　速見郡　大分郡のうち野津原町、挾間町及び庄内町　北海部郡　南海部郡　大野郡　直入郡　下毛郡　宇佐郡 宮崎県のうち 西臼杵郡のうち高千穂町及び日之影町　東臼杵郡のうち北川町	
(3)	北海道のうち 函館市　室蘭市　苫小牧市　根室市　登別市　伊達市　松前郡　上磯郡　亀田郡　茅部郡　斜里郡のうち斜里町　虻田郡　岩内郡のうち共和町　積丹郡　古平郡　余市郡　有珠郡　白老郡　勇払郡のうち早来町、厚真町及び鵡川町　沙流郡のうち門別町　厚岸郡のうち浜中町　野付郡　標津郡　目梨郡 青森県 岩手県のうち 二戸市　九戸郡のうち軽米町、種市町、大野村及び九戸村 秋田県のうち 能代市　男鹿市　北秋田郡のうち田代町　山本郡　南秋田郡のうち若美町及び大潟村 茨城県のうち 土浦市　石岡市　龍ヶ崎市　水海道市　取手市　岩井市　牛久市　つくば市　東茨城郡のうち茨城町、小川町、美野里町及び大洗町　鹿島郡のうち旭村、鉾田町及び大洋村　行方郡のうち麻生町、北浦町及び玉造町　稲敷郡　新治郡のうち霞ヶ浦町、玉里村、千代田町及び新治村　筑波郡　北相馬郡 埼玉県のうち 川口市　浦和市　岩槻市　春日部市　草加市　越谷市　蕨市　戸田市　鳩ヶ谷市　朝霞市　志木市　和光市　新座市　八潮市　三郷市　吉川市　北葛飾郡のうち松伏町及び庄和町 千葉県のうち 市川市　船橋市　松戸市　野田市　柏市　流山市　八千代市　我孫子市　鎌ヶ谷市　浦安市　印西市　東葛飾郡　印旛郡のうち白井町 東京都のうち 23 区　武蔵野市　三鷹市　府中市　調布市　町田市　小金井市　小平市　国分寺市　国立市　田無市　保谷市　狛江市　清瀬市　東久留米市　多摩市　稲城市 神奈川県のうち 横浜市　川崎市　平塚市　鎌倉市　藤沢市　小田原市　茅ヶ崎市　相模原市　秦野市　厚木市　大和市　伊勢原市　海老名市　座間市　南足柄市　綾瀬市　高座郡　中郡　足柄上郡のうち中井町、大井町、松田町及び開成町　足柄下郡　愛甲郡　津久井郡のうち	34

城山町
岐阜県のうち
岐阜市　大垣市　羽島市　羽島郡　海津郡　養老郡　不破郡　安八郡　揖斐郡のうち揖斐川町、谷汲村、大野町、池田町、春日村及び久瀬村　本巣郡のうち北方町、本巣町、穂積町、巣南町、真正町及び糸貫町
静岡県のうち
沼津市　熱海市　三島市　富士市　御殿場市　裾野市　賀茂郡のうち松崎町、西伊豆町及び賀茂村　田方郡　駿東郡
愛知県のうち
名古屋市　岡崎市　一宮市　半田市　津島市　碧南市　刈谷市　安城市　西尾市　蒲郡市　常滑市　江南市　尾西市　稲沢市　東海市　大府市　知多市　知立市　高浜市　岩倉市　豊明市　西春日井郡　葉栗郡　中島郡　海部郡　知多郡　幡豆郡　額田郡のうち幸田町　渥美郡
三重県
滋賀県のうち
彦根市　長浜市　近江八幡市　八日市市　野洲郡　甲賀郡　蒲生郡　神崎郡　愛知郡　犬上郡　坂田郡　東浅井郡
大阪府のうち
大阪市　堺市　岸和田市　豊中市　池田市　吹田市　泉大津市　貝塚市　守口市　茨木市　泉佐野市　富田林市　河内長野市　松原市　和泉市　箕面市　羽曳野市　門真市　摂津市　高石市　藤井寺市　泉南市　大阪狭山市　阪南市　豊能郡　泉北郡　泉南郡　南河内郡のうち美原町
兵庫県のうち
神戸市　尼崎市　明石市　西宮市　洲本市　芦屋市　伊丹市　加古川市　宝塚市　三木市　高砂市　川西市　小野市　三田市　川辺郡　美嚢郡　加東郡　加古郡　津名郡　三原郡
奈良県のうち
五條市　吉野郡　宇陀郡のうち曽爾村及び御杖村
和歌山県
島根県のうち
鹿足郡のうち津和野町、柿木村及び六日市町
広島県のうち
呉市　因島市　大竹市　廿日市市　安芸郡のうち海田町、熊野町、坂町、江田島町、音戸町、倉橋町、下蒲刈町及び蒲刈町　佐伯郡のうち大野町、佐伯町、宮島町、能美町、沖美町及び大柿町賀茂郡のうち黒瀬町　豊田郡のうち安芸津町、安浦町、川尻町、豊浜町、豊町、大崎町、東野町、木江町及び瀬戸田町
山口県
徳島県のうち
三好郡のうち三野町、三好町、池田町及び山城町
香川県
愛媛県
高知県のうち
土佐郡のうち大川村及び本川村　吾川郡のうち池川町
福岡県のうち
北九州市　福岡市　大牟田市　久留米市　直方市　飯塚市　田川市　柳川市　筑後市　大川市　行橋市　中間市　筑紫野市　春日市　大野城市　宗像市　太宰府市　前原市　古賀市　筑紫郡　糟屋郡　宗像郡　遠賀郡　鞍手郡　嘉穂郡のうち筑穂町、穂波町、庄内町及び頴田町　糸島郡　三潴郡　山門郡　三池郡　田川郡のうち香春町、金田町、糸田町、赤池町及び方城町　京都郡のうち苅田町、勝山町及び豊津町
佐賀県
長崎県のうち
長崎市　佐世保市　島原市　諫早市　大村市　平戸市　松浦市　西彼杵郡　東彼杵郡　北高来郡　南高来郡　北松浦郡　南松浦郡のうち若松町、上五島町、新魚目町、有川町及び奈良尾町　壱岐郡　下県郡　上県郡
熊本県のうち
熊本市　八代市　人吉市　荒尾市　水俣市　玉名市　本渡市　牛深市　宇土市　宇土郡

	下益城郡　玉名郡のうち岱明町、横島町、天水町、玉東町及び長洲町　上益城郡　八代郡　葦北郡　球磨郡　天草郡 宮崎県のうち 延岡市　日向市　西都市　西諸県郡のうち須木村　児湯郡　東臼杵郡のうち門川町、東郷町、南郷村、西郷村、北郷村、北方町、北浦町、諸塚村及び椎葉村　西臼杵郡のうち五ヶ瀬町	
(4)	北海道のうち 山越郡　桧山郡　爾志郡　久遠郡　奥尻郡　瀬棚郡　島牧郡　寿都郡　岩内郡のうち岩内町　磯谷郡　古宇郡 茨城県のうち 鹿嶋市　鹿島郡のうち神栖町及び波崎町　行方郡のうち牛堀町及び潮来町 千葉県のうち 千葉市　佐原市　成田市　佐倉市　習志野市　四街道市　八街市　印旛郡のうち酒々井町、富里町、印旛村、本埜村及び栄町　香取郡　山武郡のうち山武町及び芝山町 神奈川県のうち 横須賀市　逗子市　三浦市　三浦郡 静岡県のうち 伊東市　下田市　賀茂郡のうち東伊豆町、河津町及び南伊豆町 徳島県のうち 徳島市　鳴門市　小松島市　阿南市　勝浦郡　名東郡　名西郡　那賀郡のうち那賀川町及び羽ノ浦町　板野郡　阿波郡　麻植郡　美馬郡　三好郡のうち井川町、三加茂町、東祖谷山村及び西祖谷山村 高知県のうち 宿毛市　長岡郡　土佐郡のうち鏡村、土佐山村及び土佐町　吾川郡のうち伊野町、吾川村及び吾北村　高岡郡のうち佐川町、越知町、梼原町、大野見村、東津野村、葉山村、仁淀村及び日高村幡多郡のうち大正町、大月町、十和村、西土佐村及び三原村 長崎県のうち 福江市　南松浦郡のうち富江町、玉之浦町、三井楽町、岐宿町及び奈留町 宮崎県のうち 宮崎市　都城市　日南市　小林市　串間市　えびの市　宮崎郡　南那珂郡　北諸県郡　西諸県郡のうち高原町及び野尻町　東諸県郡 鹿児島県のうち 川内市　阿久根市　出水市　大口市　国分市　鹿児島郡のうち吉田町　薩摩郡のうち樋脇町、入来町、東郷町、宮之城町、鶴田町、薩摩町及び祁答院町　出水郡　伊佐郡　始良郡　曽於郡	36
(5)	千葉県のうち 銚子市　館山市　木更津市　茂原市　東金市　八日市場市　旭市　勝浦市　市原市　鴨川市　君津市　富津市　袖ヶ浦市　海上郡　匝瑳郡　山武郡のうち大網白里町、九十九里町、成東町、蓮沼村、松尾町及び横芝町　長生郡　夷隅郡　安房郡 東京都のうち 大島町　利島村　新島村　神津島村　三宅村　御蔵島村 徳島県のうち 那賀郡のうち鷲敷町、相生町、上那賀町、木沢村及び木頭村　海部郡 高知県のうち 高知市　安芸市　南国市　土佐市　須崎市　中村市　土佐清水市　安芸郡のうち馬路村及び芸西村　香美郡　吾川郡のうち春野町　高岡郡のうち中土佐町及び窪川町　幡多郡のうち佐賀町及び大方町 鹿児島県のうち 鹿児島市　鹿屋市　串木野市　垂水市　鹿児島郡のうち桜島町　肝属郡のうち串良町、東串良町、高山町、吾平町、内之浦町及び大根占町　日置郡のうち市来町、東市来町、伊集院町、松元町、郡山町、日吉町及び吹上町	38
(6)	高知県のうち 室戸市　安芸郡のうち東洋町、奈半利町、田野町、安田町及び北川村 鹿児島県のうち	40

	枕崎市　指宿市　加世田市　西之表市　揖宿郡　川辺郡　日置郡のうち金峰町　薩摩郡のうち里村、上甑村、下甑村及び鹿島村　肝属郡のうち根占町、田代町及び佐多町	
(7)	東京都のうち 八丈町　青ヶ島村　小笠原村 鹿児島県のうち 熊毛郡のうち中種子町及び南種子町	42
(8)	鹿児島県のうち 鹿児島郡のうち三島村　熊毛郡のうち上屋久町及び屋久町	44
(9)	鹿児島県のうち 名瀬市　鹿児島郡のうち十島村　大島郡 沖縄県	46

第3

令第87条第1項の風力係数の数値は、次の図1から図7までに掲げる形状の建築物又は工作物にあってはそれぞれ当該形状に応じて表1から表9までに掲げる数値を用いて次の式により算出するものとし、その他の形状のものにあってはそれぞれ類似の形状のものの数値に準じて定めるものとする。ただし、風洞試験の結果に基づき算出する場合においては、当該数値によることができる。

Cf = Cpe − Cpi

この式において、Cf、Cpe及びCpiは、それぞれ次の数値を表すものとする。

Cf　風力係数

Cpe　閉鎖型及び開放型の建築物の外圧係数で、次の表1から表4までに掲げる数値（屋外から当該部分を垂直に押す方向を正とする。）

Cpi　閉鎖型及び開放型の建築物の内圧係数で、次の表5に掲げる数値（室内から当該部分を垂直に押す方向を正とする。）
ただし、独立上家、ラチス構造物、金網その他の網状の構造物及び煙突その他の円筒形の構造物にあっては、次の表6から表9までに掲げる数値（図中の→の方向を正とする。）をCfとするものとする。

図1　閉鎖型の建築物（張り間方向に風を受ける場合。表1から表5までを用いるものとする。）

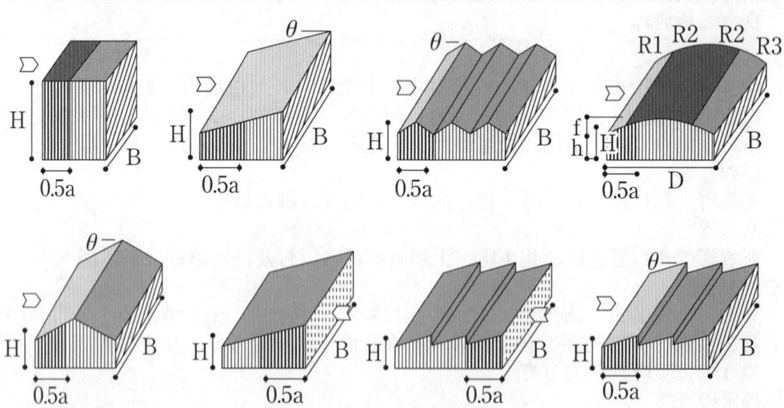

図 2　閉鎖型の建築物（けた行方向に風を受ける場合。表 1、表 2 及び表 5 を用いるものとする。）

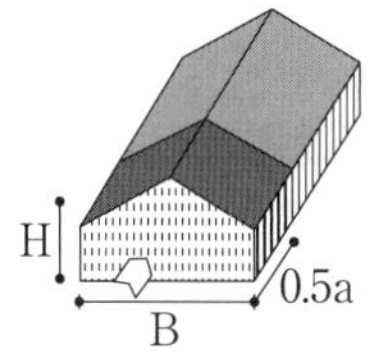

注　屋根面については、張り間方向に風を受ける陸屋根と同じ扱いとする。

図 3　開放型の建築物（表 1、表 3 及び表 5 を用いるものとする。）

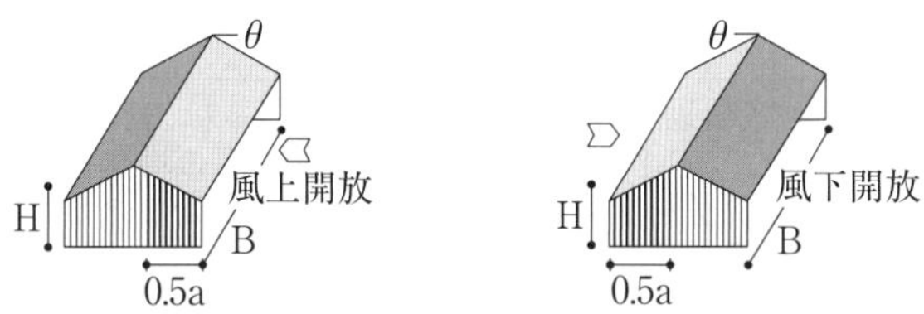

表 1　壁面の Cpe

部位	風上壁面	側壁面		風下壁面
		風上端部より 0.5a の領域	左に掲げる領域以外の領域	
Cpe	0.8kz	− 0.7	− 0.4	− 0.4

表 2　陸屋根面の Cpe

部位	風上端部より 0.5a の領域	左に掲げる領域以外の領域
Cpe	− 1.0	− 0.5

表 3　切妻屋根面、片流れ屋根面及びのこぎり屋根面の Cpe

θ ＼ 部位	風上面		風下面
	正の係数	負の係数	
10 度未満	—	− 1.0	− 0.5
10 度	0	− 1.0	
30 度	0.2	− 0.3	
45 度	0.4	0	
90 度	0.8	—	

この表に掲げる θ の数値以外の θ に応じた Cpe は、表に掲げる数値をそれぞれ直線的に補間した数値とする。ただし、θ が 10 度未満の場合にあっては正の係数を、θ が 45 度を超える場合にあっては負の係数を用いた計算は省略することができる。

表 4 円弧屋根面の Cpe

f/D ＼ 部位	R1 部				R2 部	R3 部
	$\frac{h}{D}$が 0 の場合		$\frac{h}{D}$が 0.5 以上の場合			
	正の係数	負の係数	正の係数	負の係数		
0.05 未満	—	0	—	− 1.0	− 0.8	− 0.5
0.05	0.1	0	0	− 1.0		
0.2	0.2	0	0	− 1.0		
0.3	0.3	0	0.2	− 0.4		
0.5 以上	0.6	—	0.6	—		

この表に掲げる$\frac{h}{D}$及び$\frac{f}{D}$の数値以外の当該比率に応じた Cpe は、表に掲げる数値をそれぞれ直線的に補間した数値とする。ただし、R1 部において、$\frac{f}{D}$が 0.05 未満の場合にあっては正の係数を、$\frac{f}{D}$が 0.3 を超える場合にあっては負の係数を用いた計算を省略することができる。
また、図 1 における円弧屋根面の境界線は、弧の 4 分点とする。

表 5 閉鎖型及び開放型の建築物の Cpi

型式	閉鎖型	開放型	
		風上開放	風下開放
Cpi	0 及び − 0.2	0.6	− 0.4

図 4 独立上家（表 6 を用いるものとする。）

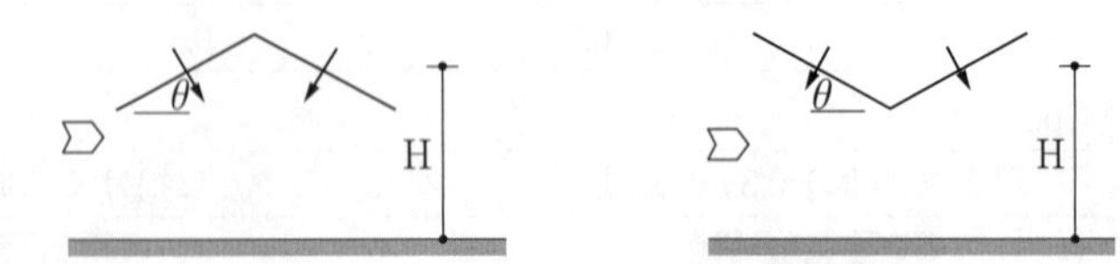

表 6 独立上家の Cf

θ ＼ 部位		切妻屋根				翼型屋根			
		風上屋根		風下屋根		風上屋根		風下屋根	
		正	負	正	負	正	負	正	負
(1)	10 度以下の場合	0.6	− 1.0	0.2	− 0.8	0.6	− 1.0	0.2	− 0.8
(2)	10 度を超え、30 度未満の場合	(1)と(3)とに掲げる数値を直線的に補間した数値							
(3)	30 度	0.9	− 0.5	0	− 1.5	0.4	− 1.2	0.8	− 0.3

けた行方向に風を受ける場合にあっては、10 度以下の場合の数値を用いるものとし、風上から H 相当の範囲は風上屋根の数値を、それ以降の範囲は風下屋根の数値を用いるものとする。

図 5 ラチス構造物（表 7 を用いるものとする。）

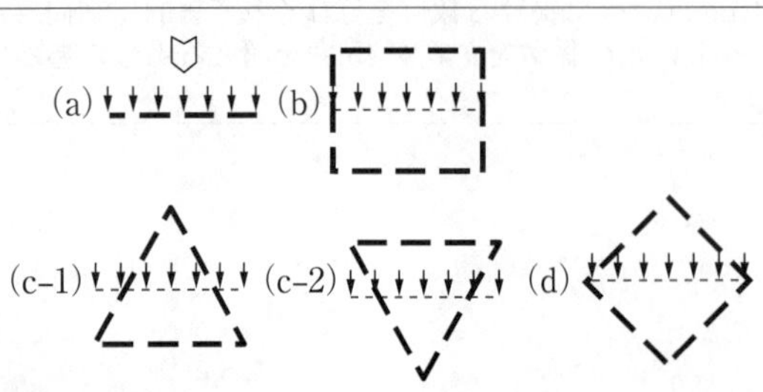

注1 左図はラチスばり及びラチス柱の断面を表す。
注2 風圧作用面積としては、⊃の作用する方向から見たラチス構面の見付面積とする。

表7　ラチス構造物のCf

種類 ＼ φ		(1)	(2)	(3)
		0.1以下	0.1を超え0.6未満	0.6
鋼管	(a)	1.4kz	(1)と(3)とに掲げる数値を直線的に補間した数値	1.4kz
	(b)	2.2kz		1.5kz
	(c-1、2)	1.8kz		1.4kz
	(d)	1.7kz		1.3kz
形鋼	(a)	2.0kz		1.6kz
	(b)	3.6kz		2.0kz
	(c-1、2)	3.2kz		1.8kz
	(d)	2.8kz		1.7kz

図6　金網その他の網状の構造物（表8を用いるものとする。）

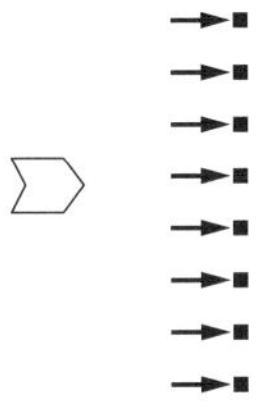

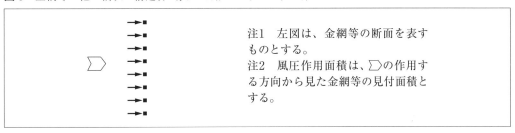

注1　左図は、金網等の断面を表すものとする。
注2　風圧作用面積は、▷の作用する方向から見た金網等の見付面積とする。

表8　金網その他の網状の構造物のCf

Cf	1.4kz

図7　煙突その他の円筒形の構造物（表9を用いるものとする。）

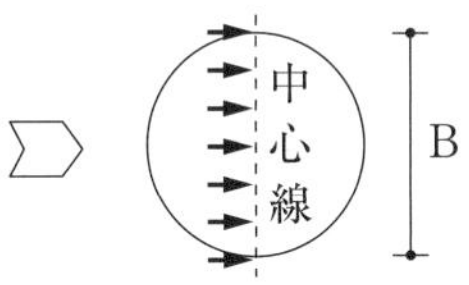

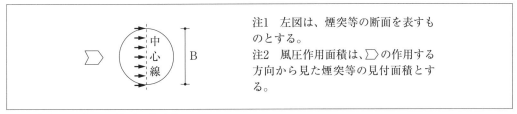

注1　左図は、煙突等の断面を表すものとする。
注2　風圧作用面積は、▷の作用する方向から見た煙突等の見付面積とする。

表9　煙突その他の円筒形の構造物のCf

$\frac{H}{B}$	(1)	(2)	(3)
	1以下の場合	1を超え8未満の場合	8以上の場合
Cf	0.7kz	(1)と(3)とに掲げる数値を直線的に補間した数値	0.9kz

2　前項の図表において、H、Z、B、D、kz、a、h、f、θ及びφはそれぞれ次の数値を、▷は風向を表すものとする。

H　建築物の高さと軒の高さとの平均（単位　m）
Z　当該部分の地盤面からの高さ（単位　m）
B　風向に対する見付幅（単位　m）
D　風向に対する奥行（単位　m）
kz　次に掲げる表によって計算した数値

HがZb以下の場合	1.0

HがZbを超える場合	ZがZb以下の場合	$\left(\frac{Zb}{H}\right)^{2\alpha}$
	ZがZbを超える場合	$\left(\frac{Z}{H}\right)^{2\alpha}$
この表において、Zb及びαは、それぞれ次の数値を表すものとする。 Zb　第1第2項の表に規定するZbの数値 α　第1第2項の表に規定するαの数値		

a　BとHの2倍の数値のうちいずれか小さな数値（単位　m）
h　建築物の軒の高さ（単位　m）
f　建築物の高さと軒の高さとの差（単位　m）
θ　屋根面が水平面となす角度（単位　度）
ϕ　充実率（風を受ける部分の最外縁により囲まれる面積に対する見付面積の割合）

Zの数値、Rt及びAiを算出する方法並びに地盤が著しく軟弱な区域として特定行政庁が指定する基準を定める件

制定：昭和55年11月27日　建設省告示第1793号
改正：平成19年　5月18日　国土交通省告示第597号

建築基準法施行令（昭和25年政令第338号）第88条第1項、第2項及び第4項の規定に基づき、Zの数値、Rt及びAiを算出する方法並びに地盤が著しく軟弱な区域として特定行政庁が指定する基準をそれぞれ次のように定める。

第1　Zの数値

Zは、次の表の左欄に掲げる地方の区分に応じ、同表右欄に掲げる数値とする。

	地方	数値
(1)	(2)から(4)までに掲げる地方以外の地方	1.0
(2)	北海道のうち 札幌市　函館市　小樽市　室蘭市　北見市　夕張市　岩見沢市　網走市　苫小牧市　美唄市　芦別市　江別市　赤平市　三笠市　千歳市　滝川市　砂川市　歌志内市　深川市　富良野市　登別市　恵庭市　伊達市　札幌郡　石狩郡　厚田郡　浜益郡　松前郡　上磯郡　亀田郡　茅部郡　山越郡　檜山郡　爾志郡　久遠郡　奥尻郡　瀬棚郡　島牧郡　寿都郡　磯谷郡　虻田郡　岩内郡　古宇郡　積丹郡　古平郡　余市郡　空知郡　夕張郡　樺戸郡　雨竜郡　上川郡　（上川支庁）のうち東神楽町、上川町、東川町及び美瑛町　勇払郡　網走郡　斜里郡　常呂郡　有珠郡　白老郡 青森県のうち 青森市　弘前市　黒石市　五所川原市　むつ市　東津軽郡　西津軽郡　中津軽郡　南津軽郡　北津軽郡　下北郡 秋田県 山形県 福島県のうち 会津若松市　郡山市　白河市　須賀川市　喜多方市　岩瀬郡　南会津郡　北会津郡　耶麻郡　河沼郡　大沼郡　西白河郡 新潟県 富山県のうち 魚津市　滑川市　黒部市　下新川郡 石川県のうち 輪島市　珠洲市　鳳至郡　珠洲郡 鳥取県のうち 米子市　倉吉市　境港市　東伯郡　西伯郡　日野郡	0.9

	島根県 岡山県 広島県 徳島県のうち 　　美馬郡　三好郡 香川県のうち 　　高松市　丸亀市　坂出市　善通寺市　観音寺市　小豆郡　香川郡　綾歌郡　仲多度郡　三豊郡 愛媛県 高知県 熊本県（(3)に掲げる市及び郡を除く。）大分県（(3)に掲げる市及び郡を除く。） 宮崎県	
(3)	北海道のうち 　　旭川市　留萌市　稚内市　紋別市　士別市　名寄市　上川郡（上川支庁）のうち鷹栖町、当麻町、比布町、愛別町、和寒町、剣淵町、朝日町、風連町及び下川町　中川郡（上川支庁）増毛郡　留萌郡　苫前郡　天塩郡　宗谷郡　枝幸郡　礼文郡　利尻郡　紋別郡 山口県 福岡県 佐賀県 長崎県 熊本県のうち 　　八代市　荒尾市　水俣市　玉名市　本渡市　山鹿市　牛深市　宇土市　飽託郡　宇土郡　玉名郡　鹿本郡　葦北郡　天草郡 大分県のうち 　　中津市　日田市　豊後高田市　杵築市　宇佐市　西国東郡　東国東郡　速見郡　下毛郡　宇佐郡 鹿児島県（名瀬市及び大島郡を除く。）	0.8
(4)	沖縄県	0.7

第 2　Rt を算出する方法

Rt は、次の表の式によつて算出するものとする。ただし、特別の調査又は研究の結果に基づき、地震時における基礎及び基礎ぐいの変形が生じないものとして構造耐力上主要な部分の初期剛性を用いて算出した建築物の振動特性を表す数値が同表の式によつて算出した数値を下回ることが確かめられた場合においては、当該調査又は研究の結果に基づく数値（この数値が同表の式によつて算出した数値に $\frac{3}{4}$ を乗じた数値に満たないときは、当該数値）まで減じたものとすることができる。

$T < T_c$ の場合	$R_t = 1$
$T_c \leqq T < 2T_c$ の場合	$R_t = 1 - 0.2\left(\frac{T}{T_c} - 1\right)^2$
$2T_c \leqq T$ の場合	$R_t = \frac{1.6T_c}{T}$

この表において、T 及び Tc は、それぞれ次の数値を表すものとする。

T　次の式によつて計算した建築物の設計用一次固有周期（単位　秒）

$$T = h\,(0.02 + 0.01\alpha)$$

この式において、h 及び α は、それぞれ次の数値を表すものとする。
h　当該建築物の高さ（単位　m）
α　当該建築物のうち柱及びはりの大部分が木造又は鉄骨造である階（地階を除く。）の高さの合計の h に対する比

Tc　建築物の基礎の底部（剛強な支持ぐいを使用する場合にあつては、当該支持ぐいの先端）の直下の地盤の種別に応じて、次の表に掲げる数値（単位　秒）

第一種地盤	岩盤、硬質砂れき層その他主として第三紀以前の地層によつて構成されているもの又は地盤周期等についての調査若しくは研究の結果に基づき、これと同程度の地盤周期を有すると認められるもの	0.4
第二種地盤	第一種地盤及び第三種地盤以外のもの	0.6
第三種地盤	腐植土、泥土その他これらに類するもので大部分が構成されている沖積層（盛土がある場合においてはこれを含む。）で、その深さがおおむね30 m以上のもの、沼沢、泥海等を埋め立てた地盤の深さがおおむね3 m以上であり、かつ、これらで埋め立てられてからおおむね30年経過していないもの又は地盤周期等についての調査若しくは研究の結果に基づき、これらと同程度の地盤周期を有すると認められるもの	0.8

第3　Aiを算出する方法

Aiは、次の式によつて算出するものとする。ただし、地震時における基礎及び基礎ぐいの変形が生じないものとして構造耐力上主要な部分の初期剛性を用いて算出した建築物の振動特性についての特別な調査又は研究の結果に基づいて算出する場合においては、当該算出によることができるものとする。

$$Ai=1+\left(\frac{1}{\sqrt{\alpha_i}}-\alpha_i\right)\frac{2T}{1+3T}$$

この式において、α_i及びTは、それぞれ次の数値を表すものとする。

α_i　建築物のAiを算出しようとする高さの部分が支える部分の固定荷重と積載荷重との和（建築基準法施行令第86条第2項ただし書の規定により特定行政庁が指定する多雪区域においては、更に積雪荷重を加えるものとする。以下同じ。）を当該建築物の地上部分の固定荷重と積載荷重との和で除した数値

T　第2に定めるTの数値

第4　地盤が著しく軟弱な区域を定める基準

地盤が著しく軟弱な区域を定める基準は、地盤が第2の表中Tcに関する表に掲げる第三種地盤に該当する区域であるものとする。

木材の基準強度Fc、Ft、Fb及びFsを定める件

制定：平成12年5月31日　建設省告示第1452号
改正：令和　2年8月28日　国土交通省告示第821号

建築基準法施行令（昭和25年政令第338号）第89条第1項の規定に基づき、木材の基準強度Fc、Ft、Fb及びFsを次のように定める。

建築基準法施行令第89条第1項に規定する木材の基準強度Fc、Ft、Fb及びFsは、次の各号に掲げる木材の種類及び品質に応じて、それぞれ当該各号に掲げるところによるものとする。

一　製材の日本農林規格（平成19年農林水産省告示第1083号）に適合する構造用製材（ただし、円柱類にあってはすぎ、からまつ及びひのきに限る。）の目視等級区分によるもの　その樹種、区分及び等級に応じてそれぞれ次の表の数値とする。ただし、たる木、根太その他荷重を分散して負担する目的で並列して設けた部材（以下「並列材」という。）にあっては、曲げに対する基準強度Fbの数値について、当該部材群に構造用合板又はこれと同等以上の面材をはる場合には1.25を、その他の場合には1.15を乗じた数値とすることができる。

樹種	区分	等級	基準強度（単位　N/㎟）			
			Fc	Ft	Fb	Fs

あかまつ	甲種構造材	一級	27.0	20.4	33.6	2.4
		二級	16.8	12.6	20.4	
		三級	11.4	9.0	14.4	
	乙種構造材	一級	27.0	16.2	26.4	
		二級	16.8	10.2	16.8	
		三級	11.4	7.2	11.4	
べいまつ	甲種構造材	一級	27.0	20.4	34.2	2.4
		二級	18.0	13.8	22.8	
		三級	13.8	10.8	17.4	
	乙種構造材	一級	27.0	16.2	27.0	
		二級	18.0	10.8	18.0	
		三級	13.8	8.4	13.8	
からまつ	甲種構造材	一級	23.4	18.0	29.4	2.1
		二級	20.4	15.6	25.8	
		三級	18.6	13.8	23.4	
	乙種構造材	一級	23.4	14.4	23.4	
		二級	20.4	12.6	20.4	
		三級	18.6	10.8	17.4	
ダフリカからまつ	甲種構造材	一級	28.8	21.6	36.0	2.1
		二級	25.2	18.6	31.2	
		三級	22.2	16.8	27.6	
	乙種構造材	一級	28.8	17.4	28.8	
		二級	25.2	15.0	25.2	
		三級	22.2	13.2	22.2	
ひば	甲種構造材	一級	28.2	21.0	34.8	2.1
		二級	27.6	21.0	34.8	
		三級	23.4	18.0	29.4	
	乙種構造材	一級	28.2	16.8	28.2	
		二級	27.6	16.8	27.6	
		三級	23.4	12.6	20.4	
ひのき	甲種構造材	一級	30.6	22.8	38.4	2.1
		二級	27.0	20.4	34.2	
		三級	23.4	17.4	28.8	
	乙種構造材	一級	30.6	18.6	30.6	
		二級	27.0	16.2	27.0	
		三級	23.4	13.8	23.4	
べいつが	甲種構造材	一級	21.0	15.6	26.4	2.1
		二級	21.0	15.6	26.4	
		三級	17.4	13.2	21.6	
	乙種構造材	一級	21.0	12.6	21.0	
		二級	21.0	12.6	21.0	
		三級	17.4	10.2	17.4	

えぞまつ及びとどまつ	甲種構造材	一級	27.0	20.4	34.2	1.8
		二級	22.8	17.4	28.2	
		三級	13.8	10.8	17.4	
	乙種構造材	一級	27.0	16.2	27.0	
		二級	22.8	13.8	22.8	
		三級	13.8	5.4	9.0	
すぎ	甲種構造材	一級	21.6	16.2	27.0	1.8
		二級	20.4	15.6	25.8	
		三級	18.0	13.8	22.2	
	乙種構造材	一級	21.6	13.2	21.6	
		二級	20.4	12.6	20.4	
		三級	18.0	10.8	18.0	

二　製材の日本農林規格に適合する構造用製材（ただし、円柱類にあってはすぎ、からまつ及びひのきに限る。）の機械等級区分によるもの　その樹種及び等級に応じてそれぞれ次の表の数値とする。ただし、並列材にあっては、曲げに対する基準強度Fbの数値について、当該部材群に構造用合板又はこれと同等以上の面材をはる場合には1.15を乗じた数値とすることができる。

樹種	等級	基準強度（単位　N/㎟）			
		Fc	Ft	Fb	Fs
あかまつ、べいまつ、ダフリカからまつ、べいつが、えぞまつ及びとどまつ	E70	9.6	7.2	12.0	樹種に応じ、前号の表の基準強度による。
	E90	16.8	12.6	21.0	
	E110	24.6	18.6	30.6	
	E130	31.8	24.0	39.6	
	E150	39.0	29.4	48.6	
からまつ、ひのき及びひば	E50	11.4	8.4	13.8	
	E70	18.0	13.2	22.2	
	E90	24.6	18.6	30.6	
	E110	31.2	23.4	38.4	
	E130	37.8	28.2	46.8	
	E150	44.4	33.0	55.2	
すぎ	E50	19.2	14.4	24.0	
	E70	23.4	17.4	29.4	
	E90	28.2	21.0	34.8	
	E110	32.4	24.6	40.8	
	E130	37.2	27.6	46.2	
	E150	41.4	31.2	51.6	

三　枠組壁工法構造用製材及び枠組壁工法構造用たて継ぎ材の日本農林規格（昭和49年農林省告示第600号。以下「枠組壁工法構造用製材等規格」という。）に適合する枠組壁工法構造用製材のうち、寸法型式が104、203、204、304、404若しくは204Wのもの又は枠組壁工法構造用たて継ぎ材のうち、寸法型式が203、204、304、404若しくは204Wのもの　その樹種群、区分及び等級に応じてそれぞれ次の表1に掲げる数値とする。この場合において、当該寸法型式以外の寸法型式の枠組壁工法構造用製材については、同表に掲げる数値に次の表2に掲げる数値を乗じた数値とする。更に、並列材にあっては、曲げに対する基準強度Fbの数値について、当該部材群に構造用合板又はこれと

同等以上の面材を張る場合には 1.25 を、その他の場合には 1.15 を乗じた数値とすることができる。

表 1

樹種群	区分	等級	強度（単位 N/㎟）			
			Fc	Ft	Fb	Fs
DFir — L	甲種	特級	25.8	24.0	36.0	2.4
		一級	22.2	16.2	24.6	
		二級	19.2	15.0	21.6	
		三級	11.4	8.4	12.6	
	乙種	コンストラクション	21.6	11.4	16.2	
		スタンダード	17.4	6.6	9.6	
		ユーティリティ	11.4	3.0	4.2	
	たて枠用たて継ぎ材		17.4	6.6	9.6	
Hem — Tam	甲種	特級	18.0	13.8	29.4	2.1
		一級	15.0	8.4	18.0	
		二級	12.6	6.6	13.8	
		三級	7.2	3.6	8.4	
	乙種	コンストラクション	14.4	4.8	10.2	
		スタンダード	11.4	3.0	5.4	
		ユーティリティ	7.2	1.2	3.0	
	たて枠用たて継ぎ材		11.4	3.0	5.4	
Hem — Fir	甲種	特級	24.0	22.2	34.2	2.1
		一級	20.4	15.0	23.4	
		二級	18.6	12.6	20.4	
		三級	10.8	7.2	12.0	
	乙種	コンストラクション	19.8	9.6	15.6	
		スタンダード	16.8	5.4	9.0	
		ユーティリティ	10.8	2.4	4.2	
	たて枠用たて継ぎ材		16.8	5.4	9.0	
S — P — F 又は Spruce — Pine — Fir	甲種	特級	20.4	16.8	30.0	1.8
		一級	18.0	12.0	22.2	
		二級	17.4	11.4	21.6	
		三級	10.2	6.6	12.6	
	乙種	コンストラクション	18.6	8.4	16.2	
		スタンダード	15.6	4.8	9.0	
		ユーティリティ	10.2	2.4	4.2	
	たて枠用たて継ぎ材		15.6	4.8	9.0	
W Cedar	甲種	特級	15.0	14.4	23.4	1.8
		一級	12.6	10.2	16.8	
		二級	10.2	10.2	16.2	
		三級	6.0	6.0	9.6	
	乙種	コンストラクション	11.4	7.2	12.0	
		スタンダード	9.0	4.2	6.6	

		ユーティリティ	6.0	1.8	3.6	
	たて枠用たて継ぎ材		9.0	4.2	6.6	
SYP	甲種	特級	24.1	26.2	39.0	2.4
		一級	20.7	16.1	24.4	
		二級	18.7	11.9	18.5	
		三級	10.7	6.8	10.6	
	乙種	コンストラクション	19.9	8.9	13.9	
		スタンダード	16.5	5.0	7.8	
		ユーティリティ	10.7	2.3	3.7	
	たて枠用たて継ぎ材		16.5	5.0	7.8	
JSI	甲種	特級	24.9	20.6	33.6	2.1
		一級	21.1	14.1	23.7	
		二級	18.2	12.5	22.2	
		三級	10.6	7.3	12.9	
	乙種	コンストラクション	19.8	9.5	16.9	
		スタンダード	16.0	5.3	9.3	
		ユーティリティ	10.6	2.5	4.4	
	たて枠用たて継ぎ材		16.0	5.3	9.3	
JSII	甲種	特級	15.7	16.0	28.4	1.8
		一級	15.7	12.2	20.4	
		二級	15.7	12.2	19.5	
		三級	9.1	7.1	11.3	
	乙種	コンストラクション	15.7	9.3	14.8	
		スタンダード	13.8	5.1	8.2	
		ユーティリティ	9.1	2.4	3.9	
	たて枠用たて継ぎ材		13.8	5.1	8.2	
JSIII	甲種	特級	20.9	16.9	22.5	2.1
		一級	18.3	11.3	16.1	
		二級	17.0	9.7	15.5	
		三級	9.8	5.7	9.0	
	乙種	コンストラクション	17.9	7.4	11.8	
		スタンダード	14.9	4.1	6.5	
		ユーティリティ	9.8	1.9	3.1	
	たて枠用たて継ぎ材		14.9	4.1	6.5	

表 2

応力の種類 / 寸法型式	圧縮	引張り	曲げ	せん断
106　205　206　306　405　406	0.96	0.84	0.84	1.00
208　408	0.93	0.75	0.75	
210	0.91	0.68	0.68	
212	0.89	0.63	0.63	

四　枠組壁工法構造用製材等規格に適合するMSR枠組材及びMSRたて継ぎ材　その MSR 等級に応

じてそれぞれ次の表に掲げる数値とする。ただし、並列材にあっては、曲げに対する基準強度 Fb の数値について、当該部材群に構造用合板又はこれと同等以上の面材を張る場合には 1.15 を乗じた数値とすることができる。

MSR 等級	基準強度（単位　N/mm²）			
	Fc	Ft	Fb	Fs
900Fb — 0.6E 900Fb — 1.0E 900Fb — 1.2E	9.6	5.4	13.2	樹種群に応じ、枠組壁工法構造用製材及び枠組壁工法構造用たて継ぎ材の基準強度による。
1200Fb — 0.7E 1200Fb — 0.8E 1200Fb — 1.2E 1200Fb — 1.5E	12.6	9.0	17.4	
1350Fb — 1.2E 1350Fb — 1.3E 1350Fb — 1.8E	13.8	11.4	19.8	
1450Fb — 1.2E 1450Fb — 1.3E	15.0	12.0	21.0	
1500Fb — 1.2E 1500Fb — 1.3E 1500Fb — 1.4E 1500Fb — 1.8E	15.6	13.2	22.2	
1650Fb — 1.3E 1650Fb — 1.4E 1650Fb — 1.5E 1650Fb — 1.8E	16.8	15.0	24.0	
1800Fb — 1.6E 1800Fb — 2.1E	18.6	17.4	26.4	
1950Fb — 1.5E 1950Fb — 1.7E	19.8	20.4	28.8	
2100Fb — 1.8E	21.6	23.4	30.6	
2250Fb — 1.6E 2250Fb — 1.9E	22.8	25.8	33.0	
2400Fb — 1.7E 2400Fb — 2.0E	24.6	28.2	34.8	
2550Fb — 2.1E	26.4	30.0	37.2	
2700Fb — 2.2E	27.6	31.2	39.6	
2850Fb — 2.3E	29.4	33.6	41.4	
3000Fb — 2.4E	30.6	34.8	43.8	
3150Fb — 2.5E	32.4	36.6	45.6	
3300Fb — 2.6E	35.4	38.4	48.0	

五　無等級材（日本農林規格に定められていない木材をいう。）　その樹種に応じてそれぞれ次の表に掲げる数値とする。ただし、並列材にあっては、曲げに対する基準強度 Fb の数値について、当該部材群に構造用合板又はこれと同等以上の面材を張る場合には 1.25 を、その他の場合には 1.15 を乗じた数値とすることができる。

樹種		基準強度（単位　N/mm²）			
		Fc	Ft	Fb	Fs
針葉樹	あかまつ、くろまつ及びべいまつ	22.2	17.7	28.2	2.4

	からまつ、ひば、ひのき、べいひ及びべいひば	20.7	16.2	26.7	2.1
	つが及びべいつが	19.2	14.7	25.2	2.1
	もみ、えぞまつ、とどまつ、べにまつ、すぎ、べいすぎ及びスプルース	17.7	13.5	22.2	1.8
広葉樹	かし	27.0	24.0	38.4	4.2
	くり、なら、ぶな、けやき	21.0	18.0	29.4	3.0

六　前各号に掲げる木材以外で、国土交通大臣が指定したもの　その樹種、区分及び等級等に応じてそれぞれ国土交通大臣が指定した数値とする。

炭素鋼のボルトのせん断に対する許容応力度及び材料強度を定める件

制定：平成 12 年 5 月 31 日　建設省告示第 1451 号

建築基準法施行令（昭和 25 年政令第 338 号）第 90 条及び第 96 条の規定に基づき、炭素鋼のボルトのせん断に対する許容応力度及び材料強度を次のように定める。

第 1

建築基準法施行令（以下「令」という。）第 90 条に規定する基準強度が 1㎟につき 240 N を超える炭素鋼のボルトの長期に生ずる力に対するせん断の許容応力度は、基準強度に応じて次の表に掲げる数値とする。

基準強度（単位　N/㎟）	長期に生ずる力に対するせん断の許容応力度（単位　N/㎟）
240 を超え $180\sqrt{3}$ 以下の場合	120
$180\sqrt{3}$ を超える場合	$\frac{F}{1.5\sqrt{3}}$
この表において、F は、令第 90 条に規定する鋼材の基準強度（単位　N/㎟）を表すものとする。	

第 2

令第 96 条に規定する基準強度が 1㎟につき 240 N を超える炭素鋼のボルトのせん断に対する材料強度は、第 1 に規定する長期に生ずる力に対するせん断の許容応力度の数値の 1.5 倍の数値とする。

鋼材等及び溶接部の許容応力度並びに材料強度の基準強度を定める件

制定：平成 12 年 12 月 26 日　建設省告示第 2464 号
改正：令和 元年　6 月 25 日　国土交通省告示第 203 号

建築基準法施行令（昭和 25 年政令第 338 号）第 90 条、第 92 条、第 96 条及び第 98 条の規定に基づき、鋼材等及び溶接部の許容応力度並びに鋼材等及び溶接部の材料強度の基準強度を次のように定める。

第 1　鋼材等の許容応力度の基準強度

一　鋼材等の許容応力度の基準強度は、次号に定めるもののほか、次の表の数値とする。

鋼材等の種類及び品質				基準強度（単位　N/㎟）
炭素鋼	構造用鋼材	SKK400 SHK400 SHK400M	鋼材の厚さが 40㎜以下のもの	235

		SS400 SM400A SM400B SM400C SMA400AW SMA400AP SMA400BW SMA400BP SMA400CW SMA400CP SN400A SN400B SN400C SNR400A SNR400B SSC400 SWH400 SWH400L STK400 STKR400 STKN400W STKN400B		
			鋼材の厚さが 40㎜を超え 100㎜以下のもの	215
		SGH400 SGC400 CGC400 SGLH400 SGLC400 CGLC400		280
		SHK490M	鋼材の厚さが 40㎜以下のもの	315
		SS490	鋼材の厚さが 40㎜以下のもの	275
			鋼材の厚さが 40㎜を超え 100㎜以下のもの	255
		SKK490 SM490A SM490B SM490C SM490YA SM490YB SMA490AW SMA490AP SMA490BW SMA490BP SMA490CW SMA490CP SN490B SN490C SNR490B STK490 STKR490 STKN490B	鋼材の厚さが 40㎜以下のもの	325
			鋼材の厚さが 40㎜を超え 100㎜以下のもの	295
		SGH490 SGC490		345

	CGC490 SGLH490 SGLC490 CGLC490			
	SM520B SM520C		鋼材の厚さが40㎜以下のもの	355
			鋼材の厚さが40㎜を超え75㎜以下のもの	335
			鋼材の厚さが75㎜を超え100㎜以下のもの	325
	SS540		鋼材の厚さが40㎜以下のもの	375
	SDP1T SDP1TG		鋼材の厚さが40㎜以下のもの	205
	SDP2 SDP2G SDP3		鋼材の厚さが40㎜以下のもの	235
ボルト	黒　皮			185
	仕上げ	強度区分	4.6 4.8	240
			5.6 5.8	300
			6.8	420
構造用ケーブル				構造用ケーブルの種類に応じて、次のいずれかの数値とすること。 一　日本産業規格（以下「JIS」という。）G3525（ワイヤロープ）-1998の付表1から付表10までの区分に応じてそれぞれの表に掲げる破断荷重（単位　kN）に$\frac{1000}{2}$を乗じた数値を構造用ケーブルの種類及び形状に応じて求めた有効断面積（単位　㎟）で除した数値 二　JIS G3546（異形線ロープ）-2000の付表1から付表6までの区分に応じてそれぞれの表に掲げる破断荷重（単位　kN）に$\frac{1000}{2}$を乗じた数値を構造用ケーブルの種類及び形状に応じて求めた有効断面積（単位　㎟）で除した数値 三　JIS G3549（構造用ワイヤロープ）-2000の付表1から付表16までの区分に応じてそれぞれの表に掲げる破断荷重（単位　kN）に$\frac{1000}{2}$を乗じた数値を構造用ケーブルの種類及び形状に応じて求めた有効断面積（単位

			㎟）で除した数値
	リベット鋼		235
	鋳鋼	SC480 SCW410 SCW410CF	235
		SCW480 SCW480CF	275
		SCW490CF	315
ステンレス鋼	構造用鋼材	SUS304A SUS316A SDP4 SDP5	235
		SUS304N2A SDP6	325
	ボルト	A2-50 A4-50	210
	構造用ケーブル		JIS G3550（構造用ステンレス鋼ワイヤロープ）-2003 の付表の区分に応じてそれぞれの表に掲げる破断荷重（単位　kN）に $\frac{1000}{2}$ を乗じた数値を構造用ケーブルの種類及び形状に応じて求めた有効断面積（単位　㎟）で除した数値
	鋳　鋼	SCS13AA-CF	235
鋳鉄			150
丸鋼	SR235 SRR235		235
	SR295		295
異形鉄筋	SDR235		235
	SD295A SD295B		295
	SD345		345
	SD390		390
鉄線の径が 4㎜以上の溶接金網			295
SN400A、SN400B、SM400C、SN490B 及び SN490C は、JIS G3136（建築構造用圧延鋼材）-1994 に定める SN400A、SN400B、SN400C、SN490B 及び SN490C を、SNR400A、SNR400B 及び SNR490B は、JIS G3138（建築構造用圧延棒鋼）-1996 に定める SNR400A、SNR400B 及び SNR490B を、この表において、SKK400 及び SKK490 は、JIS A5525（鋼管ぐい）-1994 に定める SKK400 及び SKK490 を、SHK400、SHK400M 及び SHK490M は、JIS A5526（H 形鋼ぐい）-1994 に定める SHK400、SHK400M 及び SHK490M を、SS400、SS490 及び SS540 は、JIS G3101（一般構造用圧延鋼材）-1995 に定める SS400、SS490 及び SS540 を、SM400A、SM400B、SM400C、SM490A、SM490B、SM490C、SM490YA、SM490YB、SM520B 及び SM520C は、JIS G3106（溶接構造用圧延鋼材）-1999 に定める SM400A、SM400B、SM400C、SM490A、SM490B、SM490C、SM490YA、SM490YB、SM520B 及び SM520C を、SMA400AW、SMA400AP、SMA400BW、SMA400BP、SMA400CW、SMA400CP、SMA490AW、SMA490AP、SMA490BW、SMA490BP、SMA490CW 及び SMA490CP は、JIS G3114（溶接構造用耐候性熱間圧延鋼材）-1998 に定める SMA400AW、SMA400AP、SMA400BW、SMA400BP、SMA400CW、SMA400CP、SMA490AW、SMA490AP、SMA490BW、SMA490BP、SMA490CW 及び SMA490CP を、SGH400、SGC400、SGH490 及び SGC490 は、JIS G3302（溶融亜鉛めっき鋼板及び鋼帯）-1998			

に定めるSGH400、SGC400、SGH490及びSGC490を、CGC400及びCGC490は、JIS G3312（塗装溶融亜鉛めっき鋼板及び鋼帯）-1994に定めるCGC400及びCGC490を、SGLH400、SGLC400、SGLH490及びSGLC490は、JIS G3321（溶融55%アルミニウム—亜鉛合金めっき鋼板及び鋼帯）-1998に定めるSGLH400、SGLC400、SGLH490及びSGLC490を、CGLC400及びCGLC490は、JIS G3322（塗装溶融55%アルミニウム—亜鉛合金めっき鋼板及び鋼帯）-1998に定めるCGLC400及びCGLC490を、SSC400は、JIS G3350（一般構造用軽量形鋼）-1987に定めるSSC400を、SDP1T、SDP1TG、SDP2、SDP2G、SDP3、SDP4、SDP5及びSDP6は、JIS G3352（デッキプレート）-2003に定めるSDP1T、SDP1TG、SDP2、SDP2G、SDP3、SDP4、SDP5及びSDP6を、SWH400及びSWH400Lは、JIS G3353（一般構造用溶接軽量H形鋼）-1990に定めるSWH400及びSWH400Lを、STK400及びSTK490は、JIS G3444（一般構造用炭素鋼管）-1994に定めるSTK400及びSTK490を、STKR400及びSTKR490は、JIS G3466（一般構造用角形鋼管）-1988に定めるSTKR400及びSTKR490を、STKN400W、STKN400B及びSTKN490BはJIS G3475（建築構造用炭素鋼管）-1996に定めるSTKN400W、STKN400B及びSTKN490Bを、4.6、4.8、5.6、5.8及び6.8は、JIS B1051（炭素鋼及び合金鋼製締結用部品の機械的性質—第1部：ボルト、ねじ及び植込みボルト）-2000に定める強度区分である4.6、4.8、5.6、5.8及び6.8を、SC480は、JIS G5101（炭素鋼鋳鋼品）-1991に定めるSC480を、SCW410及びSCW480は、JIS G5102（溶接構造用鋳鋼品）-1991に定めるSCW410及びSCW480を、SCW410CF、SCW480CF及びSCW490CFは、JIS G5201（溶接構造用遠心力鋳鋼管）-1991に定めるSCW410CF、SCW480CF及びSCW490CFを、SUS304A、SUS316A、SUS304N2A及びSCS13AA-CFは、JIS G4321（建築構造用ステンレス鋼材）-2000に定めるSUS304A、SUS316A、SUS304N2A及びSCS13AA-CFを、A2-50及びA4-50は、JIS B1054-1（耐食ステンレス鋼製締結用部品の機械的性質—第1部：ボルト、ねじ及び植込みボルト）-2001に定めるA2-50及びA4-50を、SR235、SR295、SD295A、SD295B、SD345及びSD390は、JIS G3112（鉄筋コンクリート用棒鋼）-1987に定めるSR235、SR295、SD295A、SD295B、SD345及びSD390を、SRR235及びSDR235は、JIS G3117（鉄筋コンクリート用再生棒鋼）-1987に定めるSRR235及びSDR235を、それぞれ表すものとする。以下第2の表において同様とする。

二　建築基準法（昭和25年法律第201号。以下「法」という。）第37条第一号の国土交通大臣の指定するJISに適合するもののうち前号の表に掲げる種類以外の鋼材等及び同条第二号の国土交通大臣の認定を受けた鋼材等の許容応力度の基準強度は、その種類及び品質に応じてそれぞれ国土交通大臣が指定した数値とする。

三　前2号の場合において、鋼材等を加工する場合には、加工後の当該鋼材等の機械的性質、化学成分その他の品質が加工前の当該鋼材等の機械的性質、化学成分その他の品質と同等以上であることを確かめなければならない。ただし、次のイからハまでのいずれかに該当する場合は、この限りでない。

イ　切断、溶接、局部的な加熱、鉄筋の曲げ加工その他の構造耐力上支障がない加工を行うとき。

ロ　摂氏500度以下の加熱を行うとき。

ハ　鋼材等（鋳鉄及び鉄筋を除く。以下ハにおいて同じ。）の曲げ加工（厚さが6㎜以上の鋼材等の曲げ加工にあっては、外側曲げ半径が当該鋼材等の厚さの10倍以上となるものに限る。）を行うとき。

第2　溶接部の許容応力度の基準強度

一　溶接部の許容応力度の基準強度は、次号に定めるもののほか、次の表の数値（異なる種類又は品質の鋼材を溶接する場合においては、接合される鋼材の基準強度のうち小さい値となる数値。次号並びに第4第一号本文及び第二号において同じ。）とする。

鋼材の種類及び品質				基準強度（単位　N/㎟）
炭素鋼	構造用鋼材	SKK400 SHK400M SS400 SM400A SM400B SM400C SMA400AW SMA400AP	鋼材の厚さが40㎜以下のもの	235

		SMA400BW SMA400BP SMA400CW SMA400CP SN400A SN400B SN400C SNR400B SSC400 SWH400 SWH400L STK400 STKR400 STKN400W STKN400B		
			鋼材の厚さが 40㎜を超え 100㎜以下のもの	215
		SGH400 SGC400 CGC400 SGLH400 SGLC400 CGLC400		280
		SHK490M	鋼材の厚さが 40㎜以下のもの	315
		SKK490 SM490A SM490B SM490C SM490YA SM490YB SMA490AW SMA490AP SMA490BW SMA490BP SMA490CW SMA490CP SN490B SN490C SNR490B STK490 STKR490 STKN490B	鋼材の厚さが 40㎜以下のもの	325
			鋼材の厚さが 40㎜を超え 100㎜以下のもの	295
		SGH490 SGC490 CGC490 SGLH490 SGLC490 CGLC490		345
		SM520B SM520C	鋼材の厚さが 40㎜以下のもの	355
			鋼材の厚さが 40㎜を超え 75㎜以下のもの	335
			鋼材の厚さが 75㎜を超え 100㎜以下のもの	325

		SDP1T SDP1TG	鋼材の厚さが40㎜以下のもの	205
		SDP2 SDP2G SDP3	鋼材の厚さが40㎜以下のもの	235
	鋳鋼	SCW410 SCW410CF		235
		SCW480 SCW480CF		275
		SCW490CF		315
ステンレス鋼	構造用鋼材	SUS304A SUS316A SDP4 SDP5		235
		SUS304N2A SDP6		325
	鋳鋼	SCS13AA-CF		235
丸鋼		SR235 SRR235		235
		SR295		295
異形鉄筋		SDR235		235
		SD295A SD295B		295
		SD345		345
		SD390		390

二　法第37条第一号の国土交通大臣の指定するJISに適合するもののうち前号の表に掲げる種類以外の鋼材等及び同条第二号の国土交通大臣の認定を受けた鋼材に係る溶接部の許容応力度の基準強度は、その種類及び品質に応じてそれぞれ国土交通大臣が指定した数値とする。

第3　鋼材等の材料強度の基準強度

一　鋼材等の材料強度の基準強度は、次号に定めるもののほか、第1の表の数値とする。ただし、炭素鋼の構造用鋼材、丸鋼及び異形鉄筋のうち、同表に掲げるJISに定めるものについては、同表の数値のそれぞれ1.1倍以下の数値とすることができる。

二　法第37条第一号の国土交通大臣の指定するJISに適合するもののうち第1の表に掲げる種類以外の鋼材等及び同条第二号の国土交通大臣の認定を受けた鋼材等の材料強度の基準強度は、その種類及び品質に応じてそれぞれ国土交通大臣が指定した数値とする。

三　第1第三号の規定は、前2号の場合に準用する。

第4　溶接部の材料強度の基準強度

一　溶接部の材料強度の基準強度は、次号に定めるもののほか、第2の表の数値とする。ただし、炭素鋼の構造用鋼材、丸鋼及び異形鉄筋のうち、同表に掲げるJISに定めるものについては、同表の数値のそれぞれ1.1倍以下の数値とすることができる。

二　法第37条第一号の国土交通大臣の指定するJISに適合するもののうち第2の表に掲げる種類以外の鋼材等及び同条第二号の国土交通大臣の認定を受けた鋼材に係る溶接部の材料強度の基準強度は、その種類及び品質に応じてそれぞれ国土交通大臣が指定した数値とする。

附則（抄）

1　昭和55年建設省告示第1794号は、廃止する。

2、3 （略）

コンクリートの付着、引張り及びせん断に対する許容応力度及び材料強度を定める件

制定：平成 12 年 5 月 31 日　建設省告示第 1450 号

建築基準法施行令（昭和 25 年政令第 338 号）第 91 条及び第 97 条の規定に基づき、コンクリートの付着、引張り及びせん断に対する許容応力度及び材料強度を次のように定める。

第 1

建築基準法施行令（以下「令」という。）第 91 条第 1 項に規定する異形鉄筋として異形棒鋼又は再生棒鋼を用いる場合のコンクリートの付着に対する長期に生ずる力に対する許容応力度及び短期に生ずる力に対する許容応力度は、次のとおりとする。

一　長期に生ずる力に対する付着の許容応力度は、鉄筋の使用位置及び令第 74 条第 1 項第二号に規定するコンクリートの設計基準強度（以下「設計基準強度」という。）に応じ、それぞれ次の表に掲げる式によって計算した数値とする。ただし、コンクリート中に設置した異形鉄筋の引抜きに関する実験によって付着強度を確認した場合においては、当該付着強度の$\frac{1}{3}$の数値とすることができる。

鉄筋の使用位置		設計基準強度（単位　N/㎟）	
		22.5 以下の場合	22.5 を超える場合
(1)	はりの上端	$\frac{1}{15}$ F	$0.9 + \frac{2}{75}$ F
(2)	(1)に示す位置以外の位置	$\frac{1}{10}$ F	$1.35 + \frac{1}{25}$ F
この表において、F は、設計基準強度を表すものとする。			

二　短期に生ずる力に対する付着の許容応力度は、前号に定める数値の 2 倍の数値とする。

第 2

令第 91 条第 1 項に規定する設計基準強度が 1㎟につき 21 N を超えるコンクリートの長期に生ずる力に対する引張り及びせん断の各許容応力度は、設計基準強度に応じて次の式により算出した数値とする。ただし、実験によってコンクリートの引張又はせん断強度を確認した場合においては、当該強度にそれぞれ$\frac{1}{3}$を乗じた数値とすることができる。

$$Fs = 0.49 + \frac{F}{100}$$

（この式において、Fs 及び F は、それぞれ次の数値を表すものとする。
Fs　コンクリートの長期に生ずる力に対する許容応力度（単位　N/㎟）
F　設計基準強度（単位　N/㎟））

第 3

令第 97 条に規定する異形鉄筋を用いた場合のコンクリートの付着に対する材料強度は、第 1 第一号に定める数値の 3 倍の数値とする。

2　令第 97 条に規定する設計基準強度が 1㎟につき 21 N を超えるコンクリートの引張り及びせん断に対する材料強度は、第 2 に定める数値の 3 倍の数値とする。

高力ボルトの基準張力、引張接合部の引張りの許容応力度及び材料強度の基準強度を定める件

制定：平成12年12月26日　建設省告示第2466号
改正：令和元年　6月25日　国土交通省告示第203号

建築基準施行令（昭和25年政令第338号）第92条の2、第94条及び第96条の規定に基づき、高力ボルトの基準張力、高力ボルト引張接合部の引張りの許容応力度及び高力ボルトの材料強度の基準強度をそれぞれ次のように定める。

第1　高力ボルトの基準張力

一　高力ボルトの基準張力は、次号に定めるもののほか、次の表の数値とする。

<table>
<tr><th rowspan="2"></th><th colspan="2">高力ボルトの品質</th><th rowspan="2">高力ボルトの基準張力（単位　N/㎟）</th></tr>
<tr><th>高力ボルトの種類</th><th>高力ボルトの締付ボルト張力（単位　N/㎟）</th></tr>
<tr><td>(1)</td><td>1種</td><td>400以上</td><td>400</td></tr>
<tr><td>(2)</td><td>2種</td><td>500以上</td><td>500</td></tr>
<tr><td>(3)</td><td>3種</td><td>535以上</td><td>535</td></tr>
<tr><td colspan="4">この表において、1種、2種及び3種は、日本産業規格（以下「JIS」という。）B1186（摩擦接合用高力六角ボルト・六角ナット・平座金のセット）-1995に定める1種、2種及び3種の摩擦接合用高力ボルト、ナット及び座金の組合せを表すものとする。</td></tr>
</table>

二　建築基準法（昭和25年法律第201号。以下「法」という。）第37条第二号の国土交通大臣の認定を受けた高力ボルトの基準張力は、その品質に応じてそれぞれ国土交通大臣が指定した数値とする。

第2　高力ボルト引張接合部の引張りの許容応力度

一　高力ボルト引張接合部の高力ボルトの軸断面に対する引張りの許容応力度は、次号に定めるもののほか、次の表の数値とする。

高力ボルトの品質	長期に生ずる力に対する引張りの許容応力度（単位　N/㎟）	短期に生ずる力に対する引張りの許容応力度（単位　N/㎟）
第1の表中(1)項に掲げるもの	250	長期に生ずる力に対する引張りの許容応力度の数値の1.5倍とする
第1の表中(2)項に掲げるもの	310	
第1の表中(3)項に掲げるもの	330	

二　法第37条第二号の国土交通大臣の認定を受けた高力ボルト引張接合部の引張りの許容応力度は、その品質に応じてそれぞれ国土交通大臣が指定した数値とする。

第3　高力ボルトの材料強度の基準強度

一　高力ボルトの材料強度の基準強度は、次号に定めるもののほか、次の表の数値とする。

高力ボルトの品質	基準強度（単位　N/㎟）
F8T	640
F10T	900
F11T	950
この表において、F8T、F10T及びF11Tは、JIS B1186（摩擦接合用高力六角ボルト・六角ナット・平座金のセット）-1995に定めるF8T、F10T及びF11Tの高力ボルトを表すものとする。	

二　法第37条第二号の国土交通大臣の認定を受けた高力ボルトの材料強度の基準強度は、その品質に応じてそれぞれ国土交通大臣が指定した数値とする。

附則

昭和 55 年建設省告示第 1795 号は、廃止する。

地盤の許容応力度及び基礎ぐいの許容支持力を求めるための地盤調査の方法並びにその結果に基づき地盤の許容応力度及び基礎ぐいの許容支持力を定める方法等を定める件

制定：平成 13 年 7 月　2 日　国土交通省告示第 1113 号
改正：令和元年　6 月 25 日　国土交通省告示第 203 号

建築基準法施行令（昭和 25 年政令第 338 号）第 93 条の規定に基づき、地盤の許容応力度及び基礎ぐいの許容支持力を求めるための地盤調査の方法を第 1 に、その結果に基づき地盤の許容応力度及び基礎ぐいの許容支持力を定める方法を第 2 から第 6 に定め、並びに同令第 94 条の規定に基づき、地盤アンカーの引抜き方向の許容応力度を第 7 に、くい体又は地盤アンカー体に用いる材料の許容応力度を第 8 に定める。

第 1

地盤の許容応力度及び基礎ぐいの許容支持力を求めるための地盤調査の方法は、次の各号に掲げるものとする。

一　ボーリング調査
二　標準貫入試験
三　静的貫入試験
四　ベーン試験
五　土質試験
六　物理探査
七　平板載荷試験
八　載荷試験
九　くい打ち試験
十　引抜き試験

第 2

地盤の許容応力度を定める方法は、次の表の(1)項、(2)項又は(3)項に掲げる式によるものとする。ただし、地震時に液状化するおそれのある地盤の場合又は(3)項に掲げる式を用いる場合において、基礎の底部から下方 2 m以内の距離にある地盤にスウェーデン式サウンディングの荷重が 1 kN 以下で自沈する層が存在する場合若しくは基礎の底部から下方 2 mを超え 5 m以内の距離にある地盤にスウェーデン式サウンディングの荷重が 500 N 以下で自沈する層が存在する場合にあっては、建築物の自重による沈下その他の地盤の変形等を考慮して建築物又は建築物の部分に有害な損傷、変形及び沈下が生じないことを確かめなければならない。

	長期に生ずる力に対する地盤の許容応力度を定める場合	短期に生ずる力に対する地盤の許容応力度を定める場合
(1)	$qa = \frac{1}{3}(i_c \alpha CNc + i_\gamma \beta \gamma_1 BN\gamma + i_q \gamma_2 D_f Nq)$	$qa = \frac{2}{3}(i_c \alpha CNc + i_\gamma \beta \gamma_1 BN\gamma + i_q \gamma_2 D_f Nq)$
(2)	$qa = qt + \frac{1}{3} N' \gamma_2 Df$	$qa = 2qt + \frac{1}{3} N' \gamma_2 Df$
(3)	$qa = 30 + 0.6\overline{Nsw}$	$qa = 60 + 1.2\overline{Nsw}$

この表において、qa、i_c、i_γ、i_q、α、β、C、B、Nc、$N\gamma$、Nq、γ_1、γ_2、D_f、qt、N′ 及び $\overline{Nsw}$ は、それぞれ次の数値を表すものとする。
qa　地盤の許容応力度（単位　kN/㎡）
i_c、i_γ 及び i_q　基礎に作用する荷重の鉛直方向に対する傾斜角に応じて次の式によって計算した数値
$$i_c = i_q = (1 - \theta/90)^2$$

$i_\gamma = (1 - \theta/\phi)^2$

これらの式において、θ 及び ϕ は、それぞれ次の数値を表すものとする。
θ　基礎に作用する荷重の鉛直方向に対する傾斜角（θ が ϕ を超える場合は、ϕ とする。）（単位　度）
ϕ　地盤の特性によって求めた内部摩擦角（単位　度）

α 及び β　基礎荷重面の形状に応じて次の表に掲げる係数

係数＼基礎荷重面の形状	円　形	円形以外の形状
α	1.2	$1.0 + 0.2\frac{B}{L}$
β	0.3	$0.5 - 0.2\frac{B}{L}$
この表において、B 及び L は、それぞれの基礎荷重面の短辺又は短径及び長辺又は長径の長さ（単位　m）を表すものとする。		

C　基礎荷重面下にある地盤の粘着力（単位　kN/㎡）
B　基礎荷重面の短辺又は短径（単位　m）
Nc、Nγ 及び Nq　地盤内部の摩擦角に応じて次の表に掲げる支持力係数

支持力係数＼内部摩擦角	0度	5度	10度	15度	20度	25度	28度	32度	36度	40度以上
Nc	5.1	6.5	8.3	11.0	14.8	20.7	25.8	35,5	50.6	75.3
Nγ	0	0.1	0.4	1.1	2.9	6.8	11.2	22.0	44.4	93.7
Nq	1.0	1.6	2.5	3.9	6.4	10.7	14.7	23.2	37.8	64.2
この表に掲げる内部摩擦角以外の内部摩擦角に応じた Nc、Nγ 及び Nq は、表に掲げる数値をそれぞれ直線的に補間した数値とする。										

γ_1　基礎荷重面下にある地盤の単位体積重量又は水中単位体積重量（単位　kN/㎥）
γ_2　基礎荷重面より上方にある地盤の平均単位体積重量又は水中単位体積重量（単位　kN/㎥）
D_f　基礎に近接した最低地盤面から基礎荷重面までの深さ（単位　m）
qt　平板載荷試験による降伏荷重度の $\frac{1}{2}$ の数値又は極限応力度の $\frac{1}{3}$ の数値のうちいずれか小さい数値（単位　kN/㎡）
N′　基礎荷重面下の地盤の種類に応じて次の表に掲げる係数

係数＼地盤の種類	密実な砂質地盤	砂質地盤（密実なものを除く。）	粘土質地盤
N′	12	6	3

$\overline{Nsw}$ 基礎の底部から下方 2m 以内の距離にある地盤のスウェーデン式サウンディングにおける 1m あたりの半回転数（150 を超える場合は 150 とする。）の平均値（単位　回）

第３

セメント系固化材を用いて改良された地盤の改良体（セメント系固化材を改良前の地盤と混合し固結したものをいう。以下同じ。）の許容応力度を定める方法は、次の表に掲げる改良体の許容応力度によるものとする。この場合において、改良体の設計基準強度（設計に際し採用する圧縮強度をいう。以下第3において同じ。）は、改良体から切り取ったコア供試体若しくはこれに類する強度に関する特性を有する供試体について行う強度試験により得られた材齢が 28 日の供試体の圧縮強度の数値又はこれと同程度に構造耐力上支障がないと認められる圧縮強度の数値以下とするものとする。

長期に生ずる力に対する改良体の許容応力度（単位　kN/㎡）	短期に生ずる力に対する改良体の許容応力度（単位　kN/㎡）
$\frac{1}{3}$ F	$\frac{2}{3}$ F

この表において、F は、改良体の設計基準強度（単位　kN/㎡）を表すものとする。

第 4

第 2 及び第 3 の規定にかかわらず、地盤の許容応力度を定める方法は、適用する改良の方法、改良の範囲及び地盤の種類ごとに、基礎の構造形式、敷地、地盤その他の基礎に影響を与えるものの実況に応じた平板載荷試験又は載荷試験の結果に基づいて、次の表に掲げる式によることができるものとする。

長期に生ずる力に対する改良された地盤の許容応力度を定める場合	短期に生ずる力に対する改良された地盤の許容応力度を定める場合
$qa = \frac{1}{3} q_b$	$qa = \frac{2}{3} q_b$
この表において、qa 及び q_b は、それぞれ次の数値を表すものとする。 qa　改良された地盤の許容応力度（単位　kN/㎡） q_b　平板載荷試験又は載荷試験による極限応力度（単位　kN/㎡）	

第 5

基礎ぐいの許容支持力を定める方法は、基礎ぐいの種類に応じて、次の各号に定めるところによるものとする。

一　支持ぐいの許容支持力は、打込みぐい、セメントミルク工法による埋込みぐい又はアースドリル工法、リバースサーキュレーション工法若しくはオールケーシング工法による場所打ちコンクリートぐい（以下「アースドリル工法等による場所打ちぐい」という。）の場合にあっては、次の表の(1)項又は(2)項の式（基礎ぐいの周囲の地盤に軟弱な粘土質地盤、軟弱な粘土質地盤の上部にある砂質地盤又は地震時に液状化するおそれのある地盤が含まれる場合にあっては(2)項の式）、その他の基礎ぐいの場合にあっては、次の表の(1)項の式（基礎ぐいの周囲の地盤に軟弱な粘土質地盤、軟弱な粘土質地盤の上部にある砂質地盤又は地震時に液状化するおそれのある地盤が含まれない場合に限る。）によりそれぞれ計算した地盤の許容支持力又はくい体の許容耐力のうちいずれか小さい数値とすること。ただし、同表の(1)項の長期に生ずる力に対する地盤の許容支持力は、同表の(1)項の短期に生ずる力に対する地盤の許容支持力の数値未満の数値で、かつ、限界沈下量（載荷試験からくい頭荷重の載荷によって生ずるくい頭沈下量を求め、くい体及び建築物又は建築物の部分に有害な損傷、変形及び沈下が生じないと認められる場合におけるくい頭沈下量をいう。以下同じ。）に対応したくい頭荷重の数値とすることができる。

	長期に生ずる力に対する地盤の許容支持力	短期に生ずる力に対する地盤の許容支持力
(1)	$Ra = \frac{1}{3} Ru$	$Ra = \frac{2}{3} Ru$
(2)	$Ra = q_p A_p + \frac{1}{3} R_F$	$Ra = 2q_p A_p + \frac{2}{3} R_F$

この表において、Ra、Ru、q_p、A_p 及び R_F は、それぞれ次の数値を表すものとする。
Ra　地盤の許容支持力（単位　kN）
Ru　載荷試験による極限支持力（単位　kN）
q_p　基礎ぐいの先端の地盤の許容応力度（次の表の左欄に掲げる基礎ぐいにあっては右欄の当該各項に掲げる式により計算した数値とする。）（単位　kN/㎡）

基礎ぐいの種類	基礎ぐいの先端の地盤の許容応力度
打込みぐい	$q_p = \frac{300}{3} \overline{N}$
セメントミルク工法による埋込みぐい	$q_p = \frac{200}{3} \overline{N}$
アースドリル工法等による場所打ちぐい	$q_p = \frac{150}{3} \overline{N}$
この表において、$\overline{N}$ は、基礎ぐいの先端付近の地盤の標準貫入試験による打撃回数の平均値（60 を超えるときは 60 とする。）（単位　回）を表すものとする。	

A_p　基礎ぐいの先端の有効断面積（単位　㎡）
R_F　次の式により計算した基礎ぐいとその周囲の地盤（地震時に液状化するおそれのある地盤を除き、軟弱な粘土質地盤又は軟弱な粘土質地盤の上部にある砂質地盤にあっては、建築物の自重による沈下その他の地盤の変形等を考慮して建築物又は建築物の部分に有害な損傷、変形及び沈下が生じないことを確かめたものに限る。以下この表において同じ。）との摩擦力（単位　kN）

$$R_F = \left(\frac{10}{3}\overline{N_S}L_S + \frac{1}{2}\overline{q_u}L_C\right)\psi$$

この式において、$\overline{N_S}$、L_S、$\overline{q_u}$、L_C 及び ψ は、それぞれ次の数値を表すものとする。
$\overline{N_S}$　基礎ぐいの周囲の地盤のうち砂質地盤の標準貫入試験による打撃回数（30を超えるときは30とする。）の平均値（単位　回）
L_S　基礎ぐいがその周囲の地盤のうち砂質地盤に接する長さの合計（単位　m）
$\overline{q_u}$　基礎ぐいの周囲の地盤のうち粘土質地盤の一軸圧縮強度（200を超えるときは200とする。）の平均値（単位　kN/㎡）
L_C　基礎ぐいがその周囲の地盤のうち粘土質地盤に接する長さの合計（単位　m）
ψ　基礎ぐいの周囲の長さ（単位　m）

二　摩擦ぐいの許容支持力は、打込みぐい、セメントミルク工法による埋込みぐい又はアースドリル工法等による場所打ちぐいの場合にあっては、次の表の(1)項又は(2)項の式（基礎ぐいの周囲の地盤に軟弱な粘土質地盤、軟弱な粘土質地盤の上部にある砂質地盤又は地震時に液状化するおそれのある地盤が含まれる場合にあっては(2)項の式）、その他の基礎ぐいの場合にあっては、次の表の(1)項の式（基礎ぐいの周囲の地盤に軟弱な粘土質地盤、軟弱な粘土質地盤の上部にある砂質地盤又は地震時に液状化するおそれのある地盤が含まれない場合に限る。）によりそれぞれ計算した基礎ぐいとその周囲の地盤との摩擦力又はくい体の許容耐力のうちいずれか小さい数値とすること。ただし、同表の(1)項の長期に生ずる力に対する基礎ぐいとその周囲の地盤との摩擦力は、同表の(1)項の短期に生ずる力に対する基礎ぐいとその周囲の地盤との摩擦力の数値未満の数値で、かつ、限界沈下量に対応したくい頭荷重の数値とすることができる。

	長期に生ずる力に対する基礎ぐいとその周囲の地盤との摩擦力	短期に生ずる力に対する基礎ぐいとその周囲の地盤との摩擦力
(1)	$Ra = \frac{1}{3} Ru$	$Ra = \frac{2}{3} Ru$
(2)	$Ra = \frac{1}{3} R_F$	$Ra = \frac{2}{3} R_F$
この表において、Raは、基礎ぐいとその周囲の地盤との摩擦力（単位　kN）を、Ru及びR_Fは、それぞれ前号に掲げる数値を表すものとする。		

三　基礎ぐいの引抜き方向の許容支持力は、打込みぐい、セメントミルク工法による埋込みぐい又はアースドリル工法等による場所打ちぐいの場合にあっては、次の表の(1)項又は(2)項の式（基礎ぐいの周囲の地盤に軟弱な粘土質地盤、軟弱な粘土質地盤の上部にある砂質地盤又は地震時に液状化するおそれのある地盤が含まれる場合にあっては(2)項の式）、その他の基礎ぐいの場合にあっては、次の表の(1)項の式（基礎ぐいの周囲の地盤に軟弱な粘土質地盤、軟弱な粘土質地盤の上部にある砂質地盤又は地震時に液状化するおそれのある地盤が含まれない場合に限る。）によりそれぞれ計算した地盤の引抜き方向の許容支持力又はくい体の許容耐力のうちいずれか小さい数値とすること。

	長期に生ずる力に対する地盤の引抜き方向の許容支持力	短期に生ずる力に対する地盤の引抜き方向の許容支持力
(1)	${}_tRa = \frac{1}{3}\,{}_tRu + w_p$	${}_tRa = \frac{2}{3}\,{}_tRu + w_p$
(2)	${}_tRa = \frac{4}{15} R_F + w_p$	${}_tRa = \frac{8}{15} R_F + w_p$
この表において、${}_tRa$、${}_tRu$、R_F 及び w_p は、それぞれ次の数値を表すものとする。 ${}_tRa$　地盤の引抜き方向の許容支持力（単位　kN）		

${}_{t}Ru$	引抜き試験により求めた極限引抜き抵抗力（単位　kN）
R_F	第一号に掲げる R_F（単位　kN）
w_p	基礎ぐいの有効自重（基礎ぐいの自重より実況によって求めた浮力を減じた数値をいう。）（単位　kN）

第6

第5の規定にかかわらず、基礎ぐいの許容支持力又は基礎ぐいの引抜き方向の許容支持力を定める方法は、基礎の構造形式、敷地、地盤その他の基礎に影響を与えるものの実況に応じて次に定めるところにより求めた数値によることができるものとする。

一　基礎ぐいの許容支持力は、次の表に掲げる式により計算した地盤の許容支持力又は基礎ぐいの許容耐力のうちいずれか小さい数値とすること。ただし、地盤の許容支持力は、適用する地盤の種類及び基礎ぐいの構造方法ごとに、それぞれ基礎ぐいを用いた載荷試験の結果に基づき求めたものとする。

長期に生ずる力に対する地盤の許容支持力	短期に生ずる力に対する地盤の許容支持力
$Ra = \frac{1}{3}\{\alpha \overline{N} A_p + (\beta \overline{N_s} L_s + \gamma \overline{q_u} L_c)\ \psi\}$	$Ra = \frac{2}{3}\{\alpha \overline{N} A_p + (\beta \overline{N_s} L_s + \gamma \overline{q_u} L_c)\ \psi\}$

この表において、Ra、$\overline{N}$、A_p、$\overline{N_s}$、L_s、$\overline{q_u}$、L_c、ψ、α、β 及び γ は、それぞれ次の数値を表すものとする。

Ra	地盤の許容支持力（単位　kN）
$\overline{N}$	基礎ぐいの先端付近の地盤の標準貫入試験による打撃回数の平均値（60を超えるときは60とする。）（単位　回）
A_p	基礎ぐいの先端の有効断面積（単位　㎡）
$\overline{N_s}$	基礎ぐいの周囲の地盤のうち砂質地盤の標準貫入試験による打撃回数の平均値（単位　回）
L_s	基礎ぐいがその周囲の地盤のうち砂質地盤に接する長さの合計（単位　m）
$\overline{q_u}$	基礎ぐいの周囲の地盤のうち粘土質地盤の一軸圧縮強度の平均値（単位　kN/㎡）
L_c	基礎ぐいがその周囲の地盤のうち粘土質地盤に接する長さの合計（単位　m）
ψ	基礎ぐいの周囲の長さ（単位　m）
α、β 及び γ	基礎ぐいの先端付近の地盤又は基礎ぐいの周囲の地盤（地震時に液状化するおそれのある地盤を除き、軟弱な粘土質地盤又は軟弱な粘土質地盤の上部にある砂質地盤にあっては、建築物の自重による沈下その他の地盤の変形等を考慮して建築物又は建築物の部分に有害な損傷、変形及び沈下が生じないことを確かめたものに限る。）の実況に応じた載荷試験により求めた数値

二　基礎ぐいの引抜き方向の許容支持力は、次の表に掲げる式により計算した地盤の引抜き方向の許容支持力又は基礎ぐいの許容耐力のうちいずれか小さい数値とすること。ただし、地盤の引抜き方向の許容支持力は、適用する地盤の種類及び基礎ぐいの構造方法ごとに、それぞれ基礎ぐいを用いた引抜き試験の結果に基づき求めたものとする。

長期に生ずる力に対する地盤の引抜き方向の許容支持力	短期に生ずる力に対する地盤の引抜き方向の許容支持力
${}_{t}Ra = \frac{1}{3}\{\kappa \overline{N} A_p + (\lambda \overline{N_s} L_s + \mu \overline{q_u} L_c)\ \psi\} + w_p$	${}_{t}Ra = \frac{2}{3}\{\kappa \overline{N} A_p + (\lambda \overline{N_s} L_s + \mu \overline{q_u} L_c)\ \psi\} + w_p$

この表において、${}_{t}Ra$、$\overline{N}$、A_p、$\overline{N_s}$、L_s、$\overline{q_u}$、L_c、ψ、w_p、κ、λ 及び μ は、それぞれ次の数値を表すものとする。

${}_{t}Ra$	地盤の引抜き方向の許容支持力（単位　kN）
$\overline{N}$	基礎ぐいの先端付近の地盤の標準貫入試験による打撃回数の平均値（60を超えるときは60とする。）（単位　回）
A_p	基礎ぐいの先端の有効断面積（単位　㎡）
$\overline{N_s}$	基礎ぐいの周囲の地盤のうち砂質地盤の標準貫入試験による打撃回数の平均値（単位　回）
L_s	基礎ぐいがその周囲の地盤のうち砂質地盤に接する長さの合計（単位　m）
$\overline{q_u}$	基礎ぐいの周囲の地盤のうち粘土質地盤の一軸圧縮強度の平均値（単位　kN/㎡）
L_c	基礎ぐいがその周囲の地盤のうち粘土質地盤に接する長さの合計（単位　m）
ψ	基礎ぐいの周囲の長さ（単位　m）

w_p 基礎ぐいの有効自重（基礎ぐいの自重より実況によって求めた浮力を減じた数値をいう。）（単位　kN）
κ、λ及びμ　基礎ぐいの先端付近の地盤又は基礎ぐいの周囲の地盤（地震時に液状化するおそれのある地盤を除き、軟弱な粘土質地盤又は軟弱な粘土質地盤の上部にある砂質地盤にあっては、建築物の自重による沈下その他の地盤の変形等を考慮して建築物又は建築物の部分に有害な損傷、変形及び沈下が生じないことを確かめたものに限る。）の実況に応じた引抜き試験により求めた数値

第7

地盤アンカーの引抜き方向の許容応力度は、鉛直方向に用いる場合に限り、次の表に掲げる式により計算した地盤の引抜き方向の許容支持力又は地盤アンカー体の許容耐力のうちいずれか小さな数値を地盤アンカー体の種類及び形状により求まる有効面積で除した数値によらなければならない。

長期に生ずる力に対する地盤の引抜き方向の許容支持力	短期に生ずる力に対する地盤の引抜き方向の許容支持力
${}_tRa = \frac{1}{3}\,{}_tRu$	${}_tRa = \frac{2}{3}\,{}_tRu$
この表において、${}_tRa$及び${}_tRu$は、それぞれ次の数値を表すものとする。 ${}_tRa$ 地盤の引抜き方向の許容支持力（単位　kN） ${}_tRu$ 第1に定める引抜き試験により求めた極限引抜き抵抗力（単位　kN）	

第8

くい体又は地盤アンカー体に用いる材料の許容応力度は、次に掲げるところによる。

一　場所打ちコンクリートぐいに用いるコンクリートの許容応力度は、くい体の打設の方法に応じて次の表の数値によらなければならない。この場合において、建築基準法施行令（以下「令」という。）第74条第1項第二号に規定する設計基準強度（以下第8において単に「設計基準強度」という。）は1㎟につき18 N以上としなければならない。

<table>
<tr><th colspan="2" rowspan="2">くい体の打設の方法</th><th colspan="3">長期に生ずる力に対する許容応力度（単位　N/㎟）</th><th colspan="3">短期に生ずる力に対する許容応力度（単位　N/㎟）</th></tr>
<tr><th>圧縮</th><th>せん断</th><th>付着</th><th>圧縮</th><th>せん断</th><th>付着</th></tr>
<tr><td>(1)</td><td>掘削時に水若しくは泥水を使用しない方法によって打設する場合又は強度、寸法及び形状をくい体の打設の状況を考慮した強度試験により確認できる場合</td><td>$\frac{F}{4}$</td><td>$\frac{F}{40}$又は$\frac{3}{4}(0.49+\frac{F}{100})$のうちのいずれか小さい数値</td><td>$\frac{3}{40}$ F又は$\frac{3}{4}(1.35+\frac{F}{25})$のうちのいずれか小さい数値</td><td rowspan="2">長期に生ずる力に対する圧縮の許容応力度の数値の2倍とする。</td><td colspan="2" rowspan="2">長期に生ずる力に対するせん断又は付着の許容応力度のそれぞれの数値の1.5倍とする。</td></tr>
<tr><td>(2)</td><td>(1)以外の場合</td><td>$\frac{F}{4.5}$又は6のうちいずれか小さい数値</td><td>$\frac{F}{45}$又は$\frac{3}{4}(0.49+\frac{F}{100})$のうちのいずれか小さい数値</td><td>$\frac{F}{15}$又は$\frac{3}{4}(1.35+\frac{F}{25})$のうちのいずれか小さい数値</td></tr>
<tr><td colspan="8">この表において、Fは、設計基準強度（単位　N/㎟）を表すものとする。</td></tr>
</table>

二　遠心力鉄筋コンクリートくい及び振動詰め鉄筋コンクリートくいに用いるコンクリートの許容応力度は、次の表の数値によらなければならない。この場合において、設計基準強度は1㎟につき 40N以上としなければならない。

長期に生ずる力に対する許容応力度（単位　N/㎟）			短期に生ずる力に対する許容応力度（単位　N/㎟）		
圧縮	せん断	付着	圧縮	せん断	付着
$\frac{F}{4}$ 又は 11 のうちいずれか小さい数値	$\frac{3}{4}(0.49+\frac{F}{100})$ 又は 0.7 のうちいずれか小さい数値	$\frac{3}{4}(1.35+\frac{F}{25})$ 又は 2.3 のうちいずれか小さい数値	長期に生ずる力に対する圧縮の許容応力度の数値の 2 倍とする。	長期に生ずる力に対するせん断又は付着の許容応力度のそれぞれの数値の 1.5 倍とする。	
この表において、F は、設計基準強度（単位　N/㎟）を表すものとする。					

三　外殻鋼管付きコンクリートくいに用いるコンクリートの圧縮の許容応力度は、次の表の数値によらなければならない。この場合において、設計基準強度は1㎟につき 80 N以上としなければならない。

長期に生ずる力に対する圧縮の許容応力度（単位　N/㎟）	短期に生ずる力に対する圧縮の許容応力度（単位　N/㎟）
$\frac{F}{3.5}$	長期に生ずる力に対する圧縮の許容応力度の数値の 2 倍とする。
この表において、F は、設計基準強度（単位　N/㎟）を表すものとする。	

四　プレストレストコンクリートくいに用いるコンクリートの許容応力度は、次の表の数値によらなければならない。この場合において、設計基準強度は1㎟につき 50 N以上としなければならない。

長期に生ずる力に対する許容応力度（単位　N/㎟）			短期に生ずる力に対する許容応力度（単位　N/㎟）		
圧縮	曲げ引張り	斜め引張り	圧縮	曲げ引張り	斜め引張り
$\frac{F}{4}$ 又は 15 のうちいずれか小さい数値	$\frac{\sigma_e}{4}$ 又は 2 のうちいずれか小さい数値	$\frac{0.07}{4}$ F 又は 0.9 のうちいずれか小さい数値	長期に生ずる力に対する圧縮又は曲げ引張りの許容応力度のそれぞれの数値の 2 倍とする。		長期に生ずる力に対する斜め引張りの許容応力度の数値の 1.5 倍とする。
この表において、F 及び σ_e は、それぞれ次の数値を表すものとする。 F　設計基準強度（単位　N/㎟） σ_e　有効プレストレス量（単位　N/㎟）					

五　遠心力高強度プレストレストコンクリートくい（日本産業規格（以下「JIS」という。）A5373（プレキャストプレストレストコンクリート製品）-2004 附属書 5 プレストレストコンクリートくいに適合するものをいう。）に用いるコンクリートの許容応力度は、次の表の数値によらなければならない。この場合において、設計基準強度は1㎟につき 80 N以上としなければならない。

長期に生ずる力に対する許容応力度（単位　N/㎟）			短期に生ずる力に対する許容応力度（単位　N/㎟）		
圧縮	曲げ引張り	斜め引張り	圧縮	曲げ引張り	斜め引張り
$\frac{F}{3.5}$	$\frac{\sigma_e}{4}$ 又は 2.5 のうちいずれか小さい数値	1.2	長期に生ずる力に対する圧縮又は曲げ引張りの許容応力度のそれぞれの数値の 2 倍とする。		長期に生ずる力に対する斜め引張りの許容応力度の数値の 1.5 倍とする。
この表において、F 及び σ_e は、それぞれ次の数値を表すものとする。 F　設計基準強度（単位　N/㎟） σ_e　有効プレストレス量（単位　N/㎟）					

六　前各号の規定にかかわらず、くい体の構造方法及び施工方法並びに当該くい体に用いるコンクリートの許容応力度の種類ごとに応じて行われたくい体を用いた試験により構造耐力上支障がないと認められる場合にあっては、当該くい体のコンクリートの許容応力度の数値を当該試験結果により求めた許容応力度の数値とすることができる。

七　くい体又は地盤アンカー体に用いる緊張材の許容応力度は、平成13年国土交通省告示第1024号第1第十七号の規定を準用しなければならない。

八　くい体又は地盤アンカー体に用いる鋼材等の許容応力度は、令第90条に定めるところによらなければならない。ただし、鋼管ぐいにあっては、腐食しろを除いたくい体の肉厚をくい体の半径で除した数値が0.08以下の場合においては、圧縮及び曲げに対する許容応力度に対して、次に掲げる式によって計算した低減係数を乗じるものとする。

$$Rc = 0.80 + 2.5\frac{t-c}{r}$$

この式において、Rc、t、c及びrは、それぞれ次の数値を表すものとする。
Rc　低減係数
t　くい体の肉厚（単位　mm）
c　腐食しろ（有効な防食措置を行なう場合を除き、1以上とする。）（単位　mm）
r　くい体の半径（単位　mm）

2　くい体に継手を設ける場合にあっては、くい体に用いる材料の長期に生ずる力に対する圧縮の許容応力度は、継手部分の耐力、剛性及び靱性に応じて低減させなければならない。ただし、溶接継手（鋼管ぐいとする場合にあっては、JIS A5525（鋼管ぐい）-1994に適合するものに限る。）又はこれと同等以上の耐力、剛性及び靱性を有する継手を用いる場合にあっては、この限りでない。

附則（抄）

1　（略）

2　昭和46年建設省告示第111号は、廃止する。

特殊な許容応力度及び特殊な材料強度を定める件

制定：平成13年6月12日　国土交通省告示第1024号
改正：令和 4年3月31日　国土交通省告示第 413号

建築基準法施行令（昭和25年政令第338号）第94条の規定に基づき、木材のめりこみ及び木材の圧縮材の座屈の許容応力度、集成材及び構造用単板積層材（以下「集成材等」という。）の繊維方向、集成材等のめりこみ及び集成材等の圧縮材の座屈の許容応力度、鋼材等の支圧、鋼材等の圧縮材の座屈及び鋼材等の曲げ材の座屈の許容応力度、溶融亜鉛メッキ等を施した高力ボルト摩擦接合部の高力ボルトの軸断面に対する許容せん断応力度、ターンバックルの引張りの許容応力度、高強度鉄筋の許容応力度、タッピンねじその他これに類するもの（以下「タッピンねじ等」という。）の許容応力度、アルミニウム合金材、アルミニウム合金材の溶接継目ののど断面、アルミニウム合金材の支圧、アルミニウム合金材の圧縮材の座屈、アルミニウム合金材の曲げ材の座屈、アルミニウム合金材の高力ボルト摩擦接合部及びタッピンねじ又はドリリングタッピンねじを用いたアルミニウム合金材の接合部の許容応力度、トラス用機械式継手の許容応力度、コンクリート充填鋼管造の鋼管の内部に充填されたコンクリートの圧縮、せん断及び付着の許容応力度、組積体（鉄筋コンクリート組積体を含む。以下同じ。）の圧縮及びせん断並びに鉄筋コンクリート組積体の付着の許容応力度、鉄線の引張りの許容応力度、同令第67条第1項の国土交通大臣の認定を受けた鋼材の接合、同条第2項の国土交通大臣の認定を受けた継手又は仕口及び同令第68条第3項の国土交通大臣の認定を受けた高力ボルト接合の許容応力度、あと施工アンカーの接合部の引張り及びせん断の許容応力度、丸鋼とコンクリートの付着の許容応力度、炭素繊維、アラミド繊維その他これらに類する材料の引張りの許容応力度、緊張材の引張りの許容応力度、軽量気泡コンクリートパネルに使用する軽量気泡コンクリートの圧縮及びせん断の許容応力度並びに直交集成板の繊維方向、直交集成板のめりこみ及び直交集成板の圧縮材の座屈の許容応力度（以下「特殊な許容応力度」という。）並びに同令第99条の規定に基づき、木材のめりこみ及び木材の圧縮材の座屈の材料強度、集成材等の繊維方向、集成材等のめりこみ及び集成材等の圧縮材の座屈の材料強度、鋼材等の支圧及び鋼材等の圧縮材の座屈の材料強度、ターンバックルの引張りの材料強度、高強度鉄筋の材料強度、タッピンねじ等の材料強度、アルミニウム合金材、アルミニウム合金材の溶接継目ののど断面、アルミニウム合金材の支圧、アルミニウム合金材の圧縮材の座屈及びタッピンねじ又はドリリングタッピンねじを用いたアルミニウム合金材の接合部の材料強度、トラス用機械式継手の材料強度、コンクリート充填鋼管造の鋼管の内部に充填されたコンクリートの圧縮、せん断及び付着の材料強度、鉄筋コンクリート組積体の圧縮の材料強度、鉄線の引張りの材料強度、同令第67条第1項の国土交通大臣の認定を受けた接合、同条第2項の国土交通大臣の認定を受けた継手又は仕口及び同令第68条第3項の国土交通大臣の認定を受けた高力ボルト接合の材料強度、あと施工アンカーの接合部の引張り及びせん断の材料強度、丸鋼とコンクリートの付着の材料強度、炭素繊維、アラミド繊維その他これらに類する材料の引張りの材料強度、緊張材の引張りの材料強度、軽量気泡コンクリートパネルに使用する軽量気泡コンクリートの圧縮及びせん断の材料強度並びに直交集成板の繊維方向、直交集成板のめりこみ及び直交集成板の圧縮材の座屈の材料強度（以下「特殊な材料強度」という。）をそれぞれ次のように定める。

第1　特殊な許容応力度

一　木材のめりこみ及び木材の圧縮材（以下この号において単に「圧縮材」という。）の座屈の許容応力度は、次に掲げるものとする。

イ　木材のめりこみの許容応力度は、その繊維方向と加力方向とのなす角度に応じて次に掲げる数値（基礎ぐい、水槽、浴室その他これらに類する常時湿潤状態にある部分に使用する場合においては、当該数値の70%に相当する数値）によらなければならない。

(1)　10度以下の場合　建築基準法施行令（以下「令」という。）第89条第1項の表に掲げる圧縮の許容応力度の数値

(2)　10度を超え、70度未満の場合　(1)と(3)とに掲げる数値を直線的に補間した数値

(3)　70度以上90度以下の場合　次の表に掲げる数値

建築物の部分		長期に生ずる力に対するめりこみの許容応力度（単位　N/㎟）		短期に生ずる力に対するめりこみの許容応力度（単位　N/㎟）	
		積雪時	積雪時以外	積雪時	積雪時以外
(1)	土台その他これに類する横架材（当該部材のめりこみによって他の部材の応力に変化が生じない場合に限る。）	$\frac{1.5Fcv}{3}$	$\frac{1.5Fcv}{3}$	$\frac{2Fcv}{3}$	$\frac{2Fcv}{3}$
(2)	(1)項に掲げる場合以外の場合	$\frac{1.43Fcv}{3}$	$\frac{1.1Fcv}{3}$	$\frac{1.6Fcv}{3}$	$\frac{2Fcv}{3}$
この表において、Fcvは、木材の種類及び品質に応じて第3第一号に規定するめりこみに対する基準強度（単位　N/㎟）を表すものとする。					

ロ　圧縮材の座屈の許容応力度は、その有効細長比（断面の最小二次率半径に対する座屈長さの比をいう。以下同じ。）に応じて、次の表の各式によって計算した数値（基礎ぐい、水槽、浴室その他これらに類する常時湿潤状態にある部分に使用する場合においては、当該数値の70%に相当する数値）によらなければならない。ただし、令第82条第一号から第三号までの規定によって積雪時の構造計算をするに当たっては、長期に生ずる力に対する許容応力度は同表の数値に1.3を乗じて得た数値と、短期に生ずる力に対する許容応力度は同表の数値に0.8を乗じて得た数値としなければならない。

有効細長比	長期に生ずる力に対する座屈の許容応力度（単位　N/㎟）	短期に生ずる力に対する座屈の許容応力度（単位　N/㎟）
$\lambda \leqq 30$の場合	$\frac{1.1}{3}$ Fc	$\frac{2}{3}$ Fc
$30 < \lambda \leqq 100$の場合	$\frac{1.1}{3}(1.3 - 0.01\lambda)$ Fc	$\frac{2}{3}(1.3 - 0.01\lambda)$ Fc

$\lambda > 100$ の場合	$\frac{1.1}{3} \cdot \frac{3000}{\lambda^2} Fc$	$\frac{2}{3} \cdot \frac{3000}{\lambda^2} Fc$
この表において、λ 及び Fc は、それぞれ次の数値を表すものとする。 λ　有効細長比 Fc　令第89条第1項の表に掲げる圧縮に対する基準強度（単位　N/㎟）		

二　集成材等の繊維方向、集成材等のめりこみ及び集成材等の圧縮材（以下この号において単に「圧縮材」という。）の座屈の許容応力度は、次に掲げるものとする。

イ　集成材等の繊維方向の許容応力度は、次の表の数値（基礎ぐい、水槽、浴室その他これらに類する常時湿潤状態にある部分に使用する場合においては、当該数値の70%に相当する数値）によらなければならない。ただし、令第82条第一号から第三号までの規定によって積雪時の構造計算をするに当たっては、長期に生ずる力に対する許容応力度は同表の数値に1.3を乗じて得た数値と、短期に生ずる力に対する許容応力度は同表の数値に0.8を乗じて得た数値としなければならない。

長期に生ずる力に対する許容応力度（単位　N/㎟）				短期に生ずる力に対する許容応力度（単位　N/㎟）			
圧縮	引張り	曲げ	せん断	圧縮	引張り	曲げ	せん断
$\frac{1.1Fc}{3}$	$\frac{1.1Ft}{3}$	$\frac{1.1Fb}{3}$	$\frac{1.1Fs}{3}$	$\frac{2Fc}{3}$	$\frac{2Ft}{3}$	$\frac{2Fb}{3}$	$\frac{2Fs}{3}$
この表において、Fc、Ft、Fb 及び Fs は、それぞれ集成材等の種類及び品質に応じて第3第二号イに規定する圧縮、引張り、曲げ及びせん断に対する基準強度（単位　N/㎟）を表すものとする。							

ロ　集成材等のめりこみの許容応力度は、その繊維方向と加力方向とのなす角度に応じて次に掲げる数値（基礎ぐい、水槽、浴室その他これらに類する常時湿潤状態にある部分に使用する場合においては、当該数値の70%に相当する数値）によらなければならない。

(1)　10度以下の場合　イの表に掲げる圧縮の許容応力度の数値

(2)　10度を超え、70度未満の場合　(1)と(3)とに掲げる数値を直線的に補間した数値

(3)　70度以上90度以下の場合　次の表に掲げる数値

建築物の部分		長期に生ずる力に対するめりこみの許容応力度（単位　N/㎟）		短期に生ずる力に対するめりこみの許容応力度（単位　N/㎟）	
		積雪時	積雪時以外	積雪時	積雪時以外
(1)	土台その他これに類する横架材（当該部材のめりこみによって他の部材の応力に変化が生じない場合に限る。）	$\frac{1.5Fcv}{3}$	$\frac{1.5Fcv}{3}$	$\frac{2Fcv}{3}$	$\frac{2Fcv}{3}$
(2)	(1)項に掲げる場合以外の場合	$\frac{1.43Fcv}{3}$	$\frac{1.1Fcv}{3}$	$\frac{1.6Fcv}{3}$	$\frac{2Fcv}{3}$
この表において、Fcv は、集成材等の種類及び品質に応じて第3第二号ロに規定するめりこみに対する基準強度（単位　N/㎟）を表すものとする。					

ハ　圧縮材の座屈の許容応力度は、その有効細長比に応じて、次の表の各式によって計算した数値（基礎ぐい、水槽、浴室その他これらに類する常時湿潤状態にある部分に使用する場合においては、当該数値の70%に相当する数値）によらなければならない。ただし、令第82条第一号から第三号までの規定によって積雪時の構造計算をするに当たっては、長期に生ずる力に対する許容応力度は同表の数値に1.3を乗じて得た数値と、短期に生ずる力に対する許容応力度は同表の数値に0.8を乗じて得た数値としなければならない。

有効細長比	長期に生ずる力に対する座屈の許容応力度（単位　N/㎟）	短期に生ずる力に対する座屈の許容応力度（単位　N/㎟）

$\lambda \leqq 30$ の場合	$\frac{1.1}{3}$ Fc	$\frac{2}{3}$ Fc
$30 < \lambda \leqq 100$ の場合	$\frac{1.1}{3}(1.3 - 0.01\lambda)$ Fc	$\frac{2}{3}(1.3 - 0.01\lambda)$ Fc
$\lambda > 100$ の場合	$\frac{1.1}{3} \cdot \frac{3000}{\lambda^2}$ Fc	$\frac{2}{3} \cdot \frac{3000}{\lambda^2}$ Fc
この表において、λ及びFcは、それぞれ次の数値を表すものとする。 λ　有効細長比 Fc　令第 89 条第 1 項の表に掲げる圧縮に対する基準強度（単位　N/㎟）		

三　鋼材等の支圧、鋼材等の圧縮材（以下この号において単に「圧縮材」という。）の座屈及び鋼材等の曲げ材（以下この号において単に「曲げ材」という。）の座屈の許容応力度は、次に掲げるものとする。

イ　鋼材等の支圧の許容応力度は、次の表の数値（(1)項及び(3)項において異種の鋼材等が接合する場合においては、小さい値となる数値）によらなければならない。

支圧の形式		長期に生ずる力に対する支圧の許容応力度（単位　N/㎟）	短期に生ずる力に対する支圧の許容応力度（単位　N/㎟）
(1)	すべり支承又はローラー支承の支承部に支圧が生ずる場合その他これに類する場合	1.9F	長期に生ずる力に対する支圧の許容応力度の数値の 1.5 倍とする。
(2)	ボルト又はリベットによって接合される鋼材等のボルト又はリベットの軸部分に接触する面に支圧が生ずる場合その他これに類する場合	1.25F	
(3)	(1)及び(2)に掲げる場合以外の場合	$\frac{F}{1.1}$	
この表において、Fは、平成 12 年建設省告示第 2464 号第 1 に規定する基準強度の数値（単位　N/㎟）を表すものとする。			

ロ　圧縮材の座屈の許容応力度は、炭素鋼及び鋳鉄にあっては次の表 1、ステンレス鋼にあっては次の表 2 の数値によらなければならない。

表 1

圧縮材の有効細長比と限界細長比との関係	長期に生ずる力に対する圧縮材の座屈の許容応力度（単位　N/㎟）	短期に生ずる力に対する圧縮材の座屈の許容応力度（単位　N/㎟）
$\lambda \leqq \Lambda$ の場合	$F\left\{\dfrac{1-\frac{2}{5}\left(\frac{\lambda}{\Lambda}\right)^2}{\frac{3}{2}+\frac{2}{3}\left(\frac{\lambda}{\Lambda}\right)^2}\right\}$	長期に生ずる力に対する圧縮材の座屈の許容応力度の数値の 1.5 倍とする。
$\lambda > \Lambda$ の場合	$\dfrac{\frac{18}{65}F}{\left(\frac{\lambda}{\Lambda}\right)^2}$	
この表において、F、λ及びΛは、それぞれ次の数値を表すものとする。 F　平成 12 年建設省告示第 2464 号第 1 に規定する基準強度（単位　N/㎟） λ　有効細長比 Λ　次の式によって計算した限界細長比 $\Lambda = \dfrac{1,500}{\sqrt{\dfrac{F}{1.5}}}$		

表2

圧縮材の一般化有効細長比	長期に生ずる力に対する圧縮材の座屈の許容応力度（単位　N/㎟）	短期に生ずる力に対する圧縮材の座屈の許容応力度（単位　N/㎟）
${}_c\lambda \leqq 0.2$ の場合	$\dfrac{F}{1.5}$	長期に生ずる力に対する圧縮材の座屈の許容応力度の数値の1.5倍とする
$0.2 < {}_c\lambda \leqq 1.5$ の場合	$\dfrac{(1.12 - 0.6{}_c\lambda)F}{1.5}$	
$1.5 < {}_c\lambda$ の場合	$\dfrac{1}{3} \cdot \dfrac{F}{{}_c\lambda^2}$	

この表において、${}_c\lambda$ 及びFは、それぞれ次の数値を表すものとする。
${}_c\lambda$　次の式によって計算した軸方向力に係る一般化有効細長比

$${}_c\lambda = \left(\frac{l_k}{i}\right)\sqrt{\frac{F}{\pi^2 E}}$$

（この式において、l_k、i、F及びEは、それぞれ次の数値を表すものとする。
l_k　有効座屈長さ（単位　mm）
i　最小断面二次半径（単位　mm）
F　平成12年建設省告示第2464号第1に規定する基準強度（単位　N/㎟）
E　ヤング係数（単位　N/㎟））
F　平成12年建設省告示第2464号第1に規定する基準強度（単位　N/㎟）

ハ　曲げ材の座屈の許容応力度は、炭素鋼にあっては次の表1、ステンレス鋼にあっては次の表2の数値によらなければならない。ただし、令第90条に規定する曲げの許容応力度の数値を超える場合においては、当該数値を曲げ材の座屈の許容応力度の数値としなければならない。

表1

	曲げ材の種類及び曲げの形式	長期に生ずる力に対する曲げ材の座屈の許容応力度（単位　N/㎟）	短期に生ずる力に対する曲げ材の座屈の許容応力度（単位　N/㎟）
(1)	荷重面内に対称軸を有する圧延形鋼及びプレートガーダーその他これに類する組立材で、強軸周りに曲げを受ける場合	$F\left\{\dfrac{2}{3} - \dfrac{4}{15} \cdot \dfrac{(l_b/i)^2}{C\Lambda^2}\right\}$ 又は $\dfrac{89000}{\left(\dfrac{l_b h}{A_f}\right)}$ のうち大きい数値	長期に生ずる力に対する曲げ材の座屈の許容応力度の数値の1.5倍とする。
(2)	鋼管及び箱形断面材の場合、(1)に掲げる曲げ材で弱軸周りに曲げを受ける場合並びにガセットプレートで面内に曲げを受ける場合	$\dfrac{F}{1.5}$	
(3)	みぞ形断面材及び荷重面内に対称軸を有しない材の場合	$\dfrac{89000}{\left(\dfrac{l_b h}{A_f}\right)}$	

この表において、F、l_b、i、C、Λ、h及びA_fは、それぞれ次の数値を表すものとする。
F　平成12年建設省告示第2464号第1に規定する基準強度（単位　N/㎟）
l_b　圧縮フランジの支点間距離（単位　mm）
i　圧縮フランジと曲げ材のせいの$\frac{1}{6}$とからなるT形断面のウェッブ軸周りの断面二次半径（単位　mm）
C　次の式によって計算した修正係数（2.3を超える場合は2.3とし、補剛区間内の曲げモーメントがM_1より大きい場合には1とする。）

$$C = 1.75 + 1.05\left(\frac{M_2}{M_1}\right) + 0.3\left(\frac{M_2}{M_1}\right)^2$$

（この式において、M_2 及び M_1 は、それぞれ座屈区間端部における小さい方及び大きい方の強軸周りの曲げモーメントを表すものとし、$\frac{M_2}{M_1}$ は、当該曲げモーメントが複曲率となる場合には正と、単曲率となる場合には負とするものとする。）

Λ　ロの表１に規定する限界細長比
h　曲げ材のせい（単位　mm）
A_f　圧縮フランジの断面積（単位　mm²）

表２

曲げ材の種類及び曲げの形式				長期に生ずる力に対する曲げ材の座屈の許容応力度（単位　N/mm²）	短期に生ずる力に対する曲げ材の座屈の許容応力度（単位　N/mm²）
(1)	荷重面内に対称軸を有する圧延形鋼及びプレートガーダーその他これに類する組立材で、強軸周りに曲げを受ける場合	$-0.5 \leqq M_r \leqq 1.0$ の場合	${}_b\lambda \leqq {}_b\lambda_y$ の場合	$\frac{F}{1.5}$	長期に生ずる力に対する曲げ材の座屈の許容応力度の数値の1.5倍とする。
			${}_b\lambda_y < {}_b\lambda \leqq 1.3$ の場合	$\frac{1-0.4\frac{{}_b\lambda-{}_b\lambda_y}{1.3-{}_b\lambda_y}}{1.5+0.7\frac{{}_b\lambda-{}_b\lambda_y}{1.3-{}_b\lambda_y}}F$	
			$1.3 < {}_b\lambda$ の場合	$\frac{F}{2.2\,{}_b\lambda^2}$	
		$-1.0 \leqq M_r < -0.5$ の場合	${}_b\lambda \leqq \frac{0.46}{\sqrt{C}}$ の場合	$\frac{F}{1.5}$	
			$\frac{0.46}{\sqrt{C}} < {}_b\lambda \leqq \frac{1.3}{\sqrt{C}}$ の場合	$\frac{0.693}{\sqrt{\sqrt{C}\,{}_b\lambda}+0.015}\cdot\frac{F}{1.12+0.83\,{}_b\lambda\sqrt{C}}$	
			$\frac{1.3}{\sqrt{C}} < {}_b\lambda$ の場合	$\frac{F}{2.2C\,{}_b\lambda^2}$	
(2)	鋼管及び箱形断面材の場合、(1)に掲げる曲げ材で弱軸周りに曲げを受ける場合並びにガセットプレートで面内に曲げを受ける場合			$\frac{F}{1.5}$	
(3)	みぞ形断面材及び荷重面内に対称軸を有しない材の場合		${}_b\lambda \leqq {}_b\lambda_y$ の場合	$\frac{F}{1.5}$	

この表において、M_r、${}_b\lambda$、C、F 及び ${}_b\lambda_y$ は、それぞれ次の数値を表すものとする。
M_r　M_2（表１に規定する M_2 をいう。以下同じ。）を M_1（表１に規定する M_1 をいう。以下同じ。）で除して得た数値
${}_b\lambda$　次の式によって計算した曲げモーメントに係る一般化有効細長比

$$ {}_b\lambda = \sqrt{\frac{M_y}{M_e}} $$

（この式において、M_y 及び M_e は、それぞれ次の数値を表すものとする。
M_y　降伏曲げモーメント（単位　N・mm）
M_e　次の式によって計算した弾性横座屈曲げモーメント（単位　N・mm）

$$ M_e = C\cdot\sqrt{\frac{\pi^4\cdot E^2\cdot I_y\cdot I_w}{(k_b\cdot l_b)^4}+\frac{\pi^2\cdot E\cdot I_y\cdot G\cdot J}{l_b^{\,2}}} $$

この式において、C、E、I_y、I_w、l_b、k_b、G及びJは、それぞれ次の数値を表すものとする。

C　表1に規定する修正係数

E　ヤング係数（単位　N/㎟）

I_y　曲げ材の弱軸周りの断面二次モーメント（単位　mm^4）

I_w　曲げ材の曲げねじり定数（単位　mm^6）

l_b　横座屈補剛間隔（単位　mm）

k_b　有効横座屈長さ係数として、曲げ材の一方の材端が剛接合されている場合には0.55とし、スパン中間で補剛されている場合には0.75とする。ただし、計算によって当該係数を算出できる場合においては、当該計算によることができる。

G　曲げ材のせん断弾性係数（単位　N/㎟）

J　曲げ材のサンブナンねじり定数（単位　mm^4）

C　表1に規定する修正係数

F　平成12年建設省告示第2464号第1に規定する基準強度（単位　N/㎟）

${}_b\lambda_y$　次の式によって計算した一般化降伏限界細長比

$${}_b\lambda_y = 0.7 + 0.17\left(\frac{M_2}{M_1}\right) - 0.07\left(\frac{M_2}{M_1}\right)^2$$

四　溶融亜鉛メッキ等を施した高力ボルト摩擦接合部の高力ボルトの軸断面に対する許容せん断応力度は、次の表の数値によらなければならない。

種類＼許容せん断応力度	長期に生ずる力に対する許容せん断応力度（単位　N/㎟）	短期に生ずる力に対する許容せん断応力度（単位　N/㎟）
1面せん断	$\frac{\mu T_0}{1.5}$	長期に生ずる力に対する許容せん断応力度の数値の1.5倍とする
2面せん断	$\frac{2\mu T_0}{1.5}$	

この表において、μ及びT_0は、それぞれ次の数値を表すものとする。

μ　高力ボルト摩擦接合部のすべり係数

T_0　平成12年建設省告示第2466号第1に規定する基準張力（単位　N/㎟）

五　ターンバックルの引張りの許容応力度は、次の表の数値によらなければならない。

長期に生ずる力に対する引張りの許容応力度（単位　N/㎟）	短期に生ずる力に対する引張りの許容応力度（単位　N/㎟）
$\frac{F}{1.5}$	長期に生ずる力に対する引張りの許容応力度の数値の1.5倍とする。

この表において、Fは、ターンバックルの種類及び品質に応じて第3第四号に規定する基準強度（単位　N/㎟）を表すものとする。

六　高強度鉄筋の許容応力度は、次の表の数値によらなければならない。

種類＼許容応力度	長期に生ずる力に対する許容応力度（単位　N/㎟）			短期に生ずる力に対する許容応力度（単位　N/㎟）		
	圧縮	引張り		圧縮	引張り	
		せん断補強以外に用いる場合	せん断補強に用いる場合		せん断補強以外に用いる場合	せん断補強に用いる場合
径28mm以下のもの	$\frac{F}{1.5}$（当該数値が215を超	$\frac{F}{1.5}$（当該数値が215を超	$\frac{F}{1.5}$（当該数値が195を超	F	F	F（当該数値が490を超える場合

	える場合（建築基準法（以下「法」という。）第37条第二号の国土交通大臣の認定を受けた場合を除く。）には、215）	える場合（法第37条第二号の国土交通大臣の認定を受けた場合を除く。）には、215）	える場合（法第37条第二号の国土交通大臣の認定を受けた場合を除く。）には、195）			（法第37条第二号の国土交通大臣の認定を受けた場合を除く。）には、490）
径28mmを超えるもの	$\frac{F}{1.5}$（当該数値が195を超える場合（法第37条第二号の国土交通大臣の認定を受けた場合を除く。）には、195）	$\frac{F}{1.5}$（当該数値が195を超える場合（法第37条第二号の国土交通大臣の認定を受けた場合を除く。）には、195）	$\frac{F}{1.5}$（当該数値が195を超える場合（法第37条第二号の国土交通大臣の認定を受けた場合を除く。）には、195）	F	F	F（当該数値が490を超える場合（法第37条第二号の国土交通大臣の認定を受けた場合を除く。）には、490）
この表において、Fは、高強度鉄筋の種類に応じて第3第五号に規定する基準強度（単位　N/mm²）を表すものとする。						

七　タッピンねじ等の許容応力度は、次の表の数値によらなければならない。

長期に生ずる力に対する許容応力度（単位　N/mm²）		短期に生ずる力に対する許容応力度（単位　N/mm²）	
引張り	せん断	引張り	せん断
$\frac{F}{1.5}$	$\frac{F}{1.5\sqrt{3}}$	長期に生ずる力に対する引張り又はせん断の許容応力度のそれぞれの数値の1.5倍とする。	
この表において、Fは、タッピンねじ等の種類に応じて第3第六号に規定する基準強度（単位　N/mm²）を表すものとする。			

八　アルミニウム合金材、アルミニウム合金材の溶接継目ののど断面、アルミニウム合金材の支圧、アルミニウム合金材の圧縮材の座屈、アルミニウム合金材の曲げ材の座屈、アルミニウム合金材の高力ボルト摩擦接合部及びタッピンねじ又はドリリングタッピンねじを用いたアルミニウム合金材の接合部の許容応力度は、次に掲げるものとする。

イ　アルミニウム合金材の許容応力度は、次の表に掲げる数値によらなければならない。

		長期に生ずる力に対する許容応力度（単位　N/mm²）				短期に生ずる力に対する許容応力度（単位　N/mm²）			
		圧縮	引張り	曲げ	せん断	圧縮	引張り	曲げ	せん断
アルミニウム合金材	軟化域以外	$\frac{F}{1.5}$	$\frac{F}{1.5}$	$\frac{F}{1.5}$	$\frac{F}{1.5\sqrt{3}}$	長期に生ずる力に対する圧縮、引張り、曲げ又はせん断の許容応力度のそれぞれの数値の1.5倍とする。			
	軟化域	$\frac{Fw}{1.5}$	$\frac{Fw}{1.5}$	$\frac{Fw}{1.5}$	$\frac{Fw}{1.5\sqrt{3}}$				
ボルト		—	$\frac{F}{1.5}$	—	$\frac{F}{1.5\sqrt{3}}$				
リベット		—	$\frac{F}{1.5}$	—	$\frac{F}{1.5\sqrt{3}}$				

この表において、F 及び Fw は、それぞれアルミニウム合金材の種類及び質別に応じて第3第七号に規定する基準強度及び溶接部の基準強度(単位　N/㎟)を表すものとする。また、軟化域は、加熱の影響により強度及び剛性の低下が生じるアルミニウム合金材の部分をいう。

ロ　アルミニウム合金材の溶接継目ののど断面に対する許容応力度は、次の表の数値によらなければならない。

	長期に生ずる力に対する許容応力度（単位　N/㎟）				短期に生ずる力に対する許容応力度（単位　N/㎟）			
	圧縮	引張り	曲げ	せん断	圧縮	引張り	曲げ	せん断
突合せ	$\frac{Fw}{1.5}$			$\frac{Fw}{1.5\sqrt{3}}$	長期に生ずる力に対する圧縮、引張り、曲げ又はせん断の許容応力度のそれぞれの数値の1.5倍とする。			
突合せ以外のもの	$\frac{Fw}{1.5\sqrt{3}}$			$\frac{Fw}{1.5\sqrt{3}}$				
この表において、Fw は、溶接されるアルミニウム合金材の種類及び質別に応じてイの表に定める溶接部の基準強度（単位　N/㎟）を表すものとする。								

ハ　アルミニウム合金材の支圧の許容応力度は、次の表の数値（(1)項及び(3)項において、異種のアルミニウム合金材が接触する場合においては、小さい値となる数値）によらなければならない。

支圧の形式		長期に生ずる力に対する支圧の許容応力度（単位　N/㎟）	短期に生ずる力に対する支圧の許容応力度（単位　N/㎟）
(1)	すべり支承又はローラー支承の支承部に支圧が生ずる場合その他これに類する場合	$1.65F$	長期に生ずる力に対する支圧の許容応力度のそれぞれの数値の1.5倍とする。
(2)	ボルト又はリベットによって接合されるアルミニウム合金材のボルト又はリベットの軸部分に接触する面に支圧が生ずる場合（ボルト又はリベットの径の板厚に対する比が4以上で座金を用いない場合を除く。）その他これに類する場合	$1.1F$	
(3)	(1)項及び(2)項に掲げる場合以外の場合	$\frac{F}{1.25}$	
この表において、F は、アルミニウム合金材の種類及び質別に応じてイの表に定める基準強度（単位　N/㎟）を表すものとする。			

ニ　アルミニウム合金部材の圧縮材の座屈の許容応力度は、次の表の数値によらなければならない。

圧縮材の曲げ座屈細長比と限界細長比との関係	長期に生ずる力に対する圧縮材の座屈の許容応力度（単位　N/㎟）	短期に生ずる力に対する圧縮材の座屈の許容応力度（単位　N/㎟）
${}_c\lambda \leqq {}_c\lambda_p$ の場合	$\frac{F}{\nu}$	材の座屈の許容応力度の数値の1.5倍とする。長期に生ずる力に対する圧縮
${}_c\lambda_p < {}_c\lambda \leqq {}_c\lambda_e$ の場合	$\left(1.0 - 0.5\frac{{}_c\lambda - {}_c\lambda_p}{{}_c\lambda_e - {}_c\lambda_p}\right)\frac{F}{\nu}$	
${}_c\lambda_e < {}_c\lambda$ の場合	$\frac{1}{{}_c\lambda^2} \cdot \frac{F}{\nu}$	

この表において、${}_c\lambda$、${}_c\lambda_p$、${}_c\lambda_e$、F 及び ν は、それぞれ次の数値を表すものとする。

${}_c\lambda$　次の式によって計算した軸方向力に係る一般化有効細長比

$$ {}_c\lambda = \left(\frac{l_k}{i}\right)\sqrt{\frac{F}{\pi^2 E}} $$

この式において、l_k、i、F 及び E は、それぞれ次の数値を表すものとする。

l_k　有効座屈長さ（単位　mm）

i 最小断面二次半径（単位　mm）
F 　アルミニウム合金部材の種類及び質別に応じてイの表に定める基準強度（単位　N/mm²）
E 　ヤング係数（単位　N/mm²）

${}_c\lambda_p$ 塑性限界細長比（0.2 とする。）
${}_c\lambda_e$ 弾性限界細長比（$\frac{1}{\sqrt{0.5}}$とする。）
F 　アルミニウム合金部材の種類及び質別に応じてイの表に定める基準強度（単位　N/mm²）
ν 　次の式によって計算した数値（2.17 を超える場合は、2.17 とする。）

$$\nu = \frac{3}{2} + \frac{2}{3} \cdot \left(\frac{{}_c\lambda}{{}_c\lambda_e}\right)^2$$

ホ　アルミニウム合金部材の曲げ材（荷重面に対称軸を持ち、かつ、弱軸回りに曲げモーメントを受けるH形断面材又は角形断面材その他これらに類する横座屈の生ずるおそれのないものを除く。）の座屈の許容応力度は、次の表の数値によらなければならない。

曲げ材の横座屈細長比と限界細長比との関係	長期に生ずる力に対する曲げ材の座屈の許容応力度（単位　N/mm²）	短期に生ずる力に対する曲げ材の座屈の許容応力度（単位　N/mm²）
${}_b\lambda \leqq {}_b\lambda_p$ の場合	$\frac{F}{\nu}$	長期に生ずる力に対する曲げ材の座屈の許容応力度の数値の 1.5 倍とする。
${}_b\lambda_p < {}_b\lambda \leqq {}_b\lambda_e$ の場合	$\left(1.0 - 0.5\frac{{}_b\lambda - {}_b\lambda_p}{{}_b\lambda_e - {}_b\lambda_p}\right)\frac{F}{\nu}$	
${}_b\lambda_e < {}_b\lambda$ の場合	$\frac{1}{{}_b\lambda^2} \cdot \frac{F}{\nu}$	

この表において、${}_b\lambda$、${}_b\lambda_p$、${}_b\lambda_e$、F 及び ν は、それぞれ次の数値を表すものとする。
${}_b\lambda$ 　次の式によって計算した曲げモーメントに係る一般化有効細長比

$${}_b\lambda = \sqrt{\frac{M_y}{M_e}}$$

この式において、M_y 及び M_e は、それぞれ次の数値を表すものとする。
M_y 　降伏曲げモーメント（単位　N・mm）
M_e 　次の式によって計算した弾性横座屈曲げモーメント（単位　N・mm）

$$M_e = C \cdot \sqrt{\frac{\pi^4 E^2 I_y I_w}{(k_b l_b)^4} + \frac{\pi^2 E I_y G J}{l_b^2}}$$

（断面の形状が角形、溝形、Z 形又は荷重面に対称軸を持たない一軸対称断面に該当する場合は、$C \cdot \sqrt{\frac{\pi^2 E I_y G J}{l_b^2}}$ とする。）

この式において、C、E、I_y、I_w、l_b、k_b、G 及び J は、それぞれ次の数値を表すものとする。
C 　次の式によって計算した修正係数（2.3 を超える場合は、2.3 とする。）。ただし、次の表に掲げる荷重の状況及び部材の支持条件等に該当する場合にあっては、それぞれ当該右欄に掲げる数値とすることができる。

$$C = 1.75 + 1.05\left(\frac{M_2}{M_1}\right) + 0.3\left(\frac{M_2}{M_1}\right)^2$$

この式において、M_2 及び M_1 は、それぞれ座屈区間端部における小さい方及び大きい方の強軸回りの曲げモーメントを表すものとし、$\left(\frac{M_2}{M_1}\right)$ は、当該曲げモーメントが複曲率となる場合には正と、単曲率となる場合には負とするものとする。以下同じ。

荷重の状況及び部材の支持条件等	C の数値
補剛区間内の曲げモーメントが M_1 より大きい場合	1.0
中間に横補剛支点を持たない単純ばりにおいて等分布荷重	1.13

が作用する場合	
中間に横補剛支点を持たない単純ばりにおいて中間集中荷重が作用する場合	1.36

E　ヤング係数（単位　N/㎟）
I_y　曲げ材の弱軸周りの断面二次モーメント（単位　㎜⁴）
I_w　曲げ材の曲げねじり定数（単位　㎜⁶）
l_b　横座屈補剛間隔（単位　㎜）
k_b　有効座屈長さ係数として、曲げ材の一方の材端が剛接合されている場合には0.55とし、スパン中間で補剛されている場合には0.75とする。ただし、計算によって当該係数を計算できる場合においては、当該計算によることができる。
G　曲げ材のせん断弾性係数（単位　N/㎟）
J　曲げ材のサンブナンねじり定数（単位　㎜⁴）

${}_b\lambda_p$　次の式によって計算した塑性限界細長比（補剛区間内の曲げモーメントがM_1より大きい場合には0.3とする。）

$${}_b\lambda_p = 0.6 + 0.3\left(\frac{M_2}{M_1}\right)$$

${}_b\lambda_e$　弾性限界細長比（$\frac{1}{\sqrt{0.5}}$とする。）
F　イの表に定める基準強度（単位　N/㎟）
ν　次の式によって計算した数値（2.17を超える場合は、2.17とする。）

$$\nu = \frac{3}{2} + \frac{2}{3}\cdot\left(\frac{{}_b\lambda}{{}_b\lambda_e}\right)^2$$

へ　アルミニウム合金材の高力ボルト摩擦接合部の高力ボルトの軸断面に対する許容せん断応力度については、第1第四号の規定を準用する。

ト　タッピンねじ又はドリリングタッピンねじを用いたアルミニウム合金材の接合部の許容応力度は、次の表の数値としなければならない。

長期に生ずる力に対する許容応力度（単位　N/㎟）		短期に生ずる力に対する許容応力度（単位　N/㎟）	
引張り	せん断	引張り	せん断
$2.1\beta\left(\frac{d^2-d_1^2}{pd^4}\right)^{0.5}t^{1.2}F_T$	$2.1\left(\frac{t}{d}\right)^{1.5}F_T$	長期に生ずる力に対する引張り又はせん断の許容応力度のそれぞれの数値の1.5倍とする。	

この表において、β、d、d_1、p、t及びF_Tは、それぞれ次の数値を表すものとする。
β　被接合材の面外変形のある場合には0.6、面外変形のない場合には1.0とした数値
d　タッピンねじ又はドリリングタッピンねじの径（単位　㎜）
d_1　タッピンねじの先端側の被接合材に設けた孔の径（ドリリングタッピンねじにあっては、当該ドリリングタッピンねじの径の数値に0.75を乗じて得た数値とする。）（単位　㎜）
p　タッピンねじ又はドリリングタッピンねじのねじ山相互の間隔（単位　㎜）
t　タッピンねじ又はドリリングタッピンねじの先端側の被接合材の厚さ（単位　㎜）
F_T　第3第七号に定めるタッピンねじを用いた接合部の基準強度（単位　N/㎟）

九　トラス用機械式継手の許容応力度は、次の表に掲げる許容耐力をトラス用機械式継手の種類及び形状並びに力の種類に応じて求めた有効面積（曲げにあっては有効断面係数）で除した数値によらなければならない。

長期に生ずる力に対する許容耐力			短期に生ずる力に対する許容耐力		
圧縮	引張り	曲げ	圧縮	引張り	曲げ
$\frac{2Fc}{3}$	$\frac{2Ft}{3}$	$\frac{2Fb}{3}$	長期に生ずる力に対する圧縮、引張り及び曲げの許容耐力のそれぞれの数値の1.5倍の数値とする。		

この表において、Fc、Ft及びFbは、それぞれトラス用機械式継手の実況及び力の種類に応じた加力試験により求めた次の数値を表すものとする。
Fc　圧縮の最大耐力の70%以下の数値で、かつ、圧縮の降伏耐力（トラス用機械式継手が降伏する耐力をいう。以下同じ。）以下の数値（単位　N）
Ft　引張りの最大耐力の70%以下の数値で、かつ、引張りの降伏耐力以下の数値（単位　N）
Fb　曲げの最大耐力の70%以下の数値で、かつ、曲げの降伏耐力以下の数値（単位　N・m）

十　コンクリート充填鋼管造の鋼管の内部に充填されたコンクリートの圧縮、せん断及び付着の許容応力度は、次に掲げるものとする。

イ　コンクリート充填鋼管造の鋼管の内部に充填されたコンクリートの圧縮及びせん断の許容応力度は次のコンクリートの鋼管への充填方法に応じて、次の表の数値によらなければならない。ただし、実験によってコンクリートのせん断強度を確認した場合においては、長期に生ずる力に対するせん断の許容応力度は、当該せん断強度に$\frac{1}{3}$を乗じた数値とすることができる。

コンクリートの鋼管への充填方法		長期に生ずる力に対する許容応力度（単位　N/㎟）		短期に生ずる力に対する許容応力度（単位　N/㎟）	
		圧縮	せん断	圧縮	せん断
(1)	充填されたコンクリート強度を鋼管への充填の状況を考慮した強度試験により確認する場合	$\frac{F}{3}$	$\frac{F}{30}$又は$(0.49+\frac{F}{100})$のうちいずれか小さい数値	$\frac{2(F+\alpha)}{3}$又はFのうちいずれか小さい数値	長期に生ずる力に対する許容応力度の1.5倍
(2)	(1)によらず、次に定める落し込み充填工法又は圧入工法によった場合 一　落し込み充填工法にあっては次に定めるところによること。 イ　トレミー管、フレキシブルホースその他鋼管内に密実に、かつ、すき間なくコンクリートを打設できる方法を用いること。 ロ　コンクリートの自由落下高さを1m以内にすること。 ハ　鋼管の内部からのコンクリートの締固めその他密実に、かつ、すき間なくコンクリートを充填する措置を講ずること。 二　圧入工法にあっては次に定めるところによること。 イ　圧入口は、鋼管のシーム部（鋼管を形成する鋼板の継ぎ目部分をいう。）並びに鋼管の柱の床面及びはり下からそれぞれ1m又は柱幅のいずれか大きい方の数値以下の位置に設けないとともに、開口部の補強を行うこと。ただし、平成13年国土交通省告示第1371号第	$\frac{F}{3}$	$\frac{F}{30}$又は$(0.49+\frac{F}{100})$のうちいずれか小さい数値	$\frac{2F}{3}$	長期に生ずる力に対する許容応力度の1.5倍

		2に定める構造計算を行い、鋼管について構造耐力上安全であることが確かめられた場合は、これと異なる位置に設けることができる。 ロ　圧入1回当たりのコンクリート圧入量を確保して圧入を開始する方法によること。			
この表において、F及びαは次の数値を表すものとする。 F　設計基準強度（単位　N/mm²） α　鋼管とコンクリートの相互拘束効果によるコンクリート強度の割り増しについて実況に応じた強度試験により求めた数値（単位　N/mm²）					

ロ　鋼管の内部に充填（てん）されたコンクリートと鋼管の内部との付着の許容応力度は、次に掲げる数値によらなければならない。

(1)　コンクリートと鋼管（炭素鋼に限る。）の内部との長期に生ずる力に対する許容付着応力度は、1mm²につき円形断面にあっては0.15N、角形断面にあっては0.1 Nとすること。

(2)　コンクリートと鋼管の内部との付着に関する実験によって、コンクリートの種類、鋼管の種類、鋼管内部の加工状態その他の実況に応じた付着強度を確認した場合においては、長期に生ずる力に対する許容付着応力度は、(1)の規定によらず当該付着強度の$\frac{1}{3}$の数値とすることができる。

(3)　コンクリートと鋼管の内部との短期に生ずる力に対する許容付着応力度は、長期に生ずる力に対する許容付着応力度の数値の1.5倍の数値とすること。

十一　組積体の圧縮及びせん断並びに鉄筋コンクリート組積体の付着の許容応力度は次に掲げるものとする。

イ　組積体の圧縮及びせん断の許容応力度は、次の表に掲げる数値によらなければならない。

許容応力度 種類	長期に生ずる力に対する許容応力度（単位　N/mm²）		短期に生ずる力に対する許容応力度（単位　N/mm²）	
	圧縮	せん断	圧縮	せん断
組積体（打込み目地鉄筋コンクリート組積体を除く。）	$\frac{F}{3}$	$\frac{\sqrt{0.1F}}{3}$	$\frac{2F}{3}$	$\frac{\sqrt{0.1F}}{2}$
打込み目地鉄筋コンクリート組積体	$\frac{F}{3}$	$\frac{\sqrt{0.1\alpha F}}{3}$	$\frac{2F}{3}$	$\frac{\sqrt{0.1\alpha F}}{2}$
一　この表において、打込み目地鉄筋コンクリート組積体は、打込み目地組積ユニットを組積し、それらの空洞部にコンクリートを充填（てん）し、打込み目地部を形成して一体化したものをいう。 二　この表において、F及びαは、それぞれ次の数値を表すものとする。 F　設計基準強度（実況に応じた圧縮強度試験により求めた材齢が28日の供試体の圧縮強度の平均値以下のものに限る。以下ロにおいて同じ。）（単位　N/mm²） α　打込み目地組積ユニットの厚さに対するその打込み目地部を含む水平断面における充填（てん）コンクリートの最大厚さの比				

ロ　鉄筋コンクリート組積体における充填（てん）コンクリートの鉄筋との付着の許容応力度は、平成12年建設省告示第1450号第1各号の規定を準用するものとする。この場合において、第1第一号中「令第74条第1項第二号に規定するコンクリートの設計基準強度」とあるのは「鉄筋コンクリート組積体の設計基準強度（充填（てん）コンクリートの設計基準強度が鉄筋コンクリート組積体の設計基準強度を下回る場合にあっては、その設計基準強度）」と、同号ただし書中「コンクリート」とあるのは「鉄筋コンクリート組積体」と読み替えるものとする。

十二　鉄線の引張りの許容応力度は次の表の数値によらなければならない。

長期に生ずる力に対する引張りの許容応力度（単位　N/㎟）	短期に生ずる力に対する引張りの許容応力度（単位　N/㎟）
$\frac{F}{1.5}$	F
この表において、F は、鉄線の種類及び品質に応じて第 3 第八号に規定する基準強度（単位　N/㎟）を表すものとする。	

十三　令第 67 条第 1 項の国土交通大臣の認定を受けた鋼材の接合、同条第 2 項の国土交通大臣の認定を受けた継手又は仕口及び令第 68 条第 3 項の国土交通大臣の認定を受けた高力ボルト接合の許容応力度は、令第 89 条から第 92 条まで、第 1 第一号から前号まで及び平成 13 年国土交通省告示第 1540 号第 2 第三号に定める数値によらなければならない。ただし、国土交通大臣が別に数値を定める場合においては、この限りでない。

十四　鉄筋コンクリート造等の部材と構造耐力上主要な部分である部材との接合に用いるあと施工アンカーの接合部の引張り及びせん断の許容応力度は、その品質に応じてそれぞれ国土交通大臣が指定した数値とする。

十五　丸鋼とコンクリートの付着の許容応力度は、丸鋼の使用位置及び令第 74 条第 1 項第二号に規定するコンクリートの設計基準強度（以下「設計基準強度」という。）に応じ、それぞれ次の表に掲げる式によって計算した数値としなければならない。ただし、コンクリート中に設置した丸鋼の引抜きに関する実験によって付着強度を確認した場合においては、長期に生ずる力に対する付着の許容応力度について当該付着強度の $\frac{1}{3}$ の数値とすることができる。

	丸鋼の使用位置	長期に生ずる力に対する付着の許容応力度（単位　N/㎟）	短期に生ずる力に対する付着の許容応力度（単位　N/㎟）
(1)	はりの上端	$\frac{4F}{100}$ 又は 0.9 のうちいずれか小さい数値	長期に生ずる力に対する付着の許容応力度の数値の 2 倍とする。
(2)	(1)に示す位置以外の位置	$\frac{6F}{100}$ 又は 1.35 のうちいずれか小さい数値	
この表において、F は、設計基準強度（単位　N/㎟）を表すものとする。			

十六　既存の鉄筋コンクリート造等の柱、はり等を補強するために用いる炭素繊維、アラミド繊維その他これらに類する材料の引張りの許容応力度は、その品質に応じてそれぞれ国土交通大臣が指定した数値とする。

十七　緊張材の許容応力度は、次の表の数値によらなければならない。

緊張材の種類	長期に生ずる力に対する引張りの許容応力度（単位　N/㎟）	短期に生ずる力に対する引張りの許容応力度（単位 N/㎟）
径が 13㎜以下のねじ切り鋼棒	0.65Fu 又は 0.75Fy のうちいずれか小さい数値	0.9Fy
その他の緊張材	0.7Fu 又は 0.8Fy のうちいずれか小さい数値	
この表において、Fu 及び Fy は、それぞれ次の表に掲げる引張強さ及び耐力を表すものとする。ただし、法第 37 条第二号の国土交通大臣の認定を受けた緊張材の引張強さ及び耐力は、その種類及び品質に応じてそれぞれ国土交通大臣が指定した数値とする。		

緊張材の種類及び品質				引張強さ（単位　N/㎟）	耐力（単位　N/㎟）
単一鋼線	丸線及び異形線	SWPR1AN、SWPR1AL、SWPD1N、SWPD1L	径が 5㎜のもの	1,620	1,420
			径が 7㎜のもの	1,515	1,325
			径が 8㎜のもの	1,470	1,275
			径が 9㎜のもの	1,420	1,225

		SWPR1BN、SWPR1BL	径が5mmのもの	1,720	1,520
			径が7mmのもの	1,615	1,425
			径が8mmのもの	1,570	1,375
	2本より線	SWPR2N、SWPR2L	2.9mm 2本より	1,930	1,710
	3本より線	SWPD3N、SWPD3L	2.9mm 3本より	1,925	1,705
	7本より線	SWPR7AN、SWPR7AL	9.3mm 7本より	1,720	1,460
			10.8mm 7本より	1,720	1,460
			12.4mm 7本より	1,720	1,460
			15.2mm 7本より	1,730	1,470
		SWPR7BN、SWPR7BL	9.5mm 7本より	1,860	1,580
			11.1mm 7本より	1,860	1,590
			12.7mm 7本より	1,850	1,580
			15.2mm 7本より	1,880	1,600
	19本より線	SWPR19N、SWPR19L	17.8mm 19本より	1,855	1,580
			19.3mm 19本より	1,850	1,585
			20.3mm 19本より	1,825	1,555
			21.8mm 19本より	1,830	1,580
			28.6mm 19本より	1,780	1,515
棒鋼	PC鋼棒	SBPR785/1030	径が40mm以下のもの	1,030	785
		SBPR930/1080		1,080	930
		SBPR930/1180		1,180	930
		SBPR1080/1230		1,230	1,080
	細径異形PC鋼棒	SBPDN（L）930/1080	径が13mm以下のもの	1,080	930
		SBPDN（L）1080/1230		1,230	1,080
		SBPDN（L）1275/1420		1,420	1,275
この表において、単一鋼線、鋼より線で示される緊張材の種類は、それぞれ日本産業規格（以下「JIS」という。）G3536（PC鋼線及びPC鋼より線）-1999に定める緊張材の種類を、PC鋼棒で示される緊張材の種類は、JIS G3109（PC鋼棒）-1994に定める緊張材の種類を、細径異形PC鋼棒で示される緊張材の種類は、JIS G3137（細径異形PC鋼棒）-1994に定める緊張材の種類をそれぞれ表すものとする。					

六　軽量気泡コンクリートパネルに使用する軽量気泡コンクリートの圧縮及びせん断の許容応力度は、次の表の数値によらなければならない。ただし、法第37条第二号の国土交通大臣の認定を受けた軽量気泡コンクリートパネルに使用する軽量気泡コンクリートの圧縮及びせん断の許容応力度にあっては、その品質に応じてそれぞれ国土交通大臣が指定した数値とする。

長期に生ずる力に対する許容応力度（単位　N/mm²）		短期に生ずる力に対する許容応力度（単位　N/mm²）	
圧縮	せん断	圧縮	せん断
1.3	0.08	2.0	0.12

七　直交集成板の繊維方向（強軸方向及び弱軸方向をいう。以下この号、第2第十八号及び第3第九号において同じ。）、直交集成板のめりこみ及び直交集成板の圧縮材の座屈の許容応力度は、次に掲げるものとする。

イ　次に掲げる基準に適合する直交集成板（ニ及び第2第十八号ニを除き、以下単に「直交集成板」という。）の繊維方向の許容応力度は、次の表の数値（基礎ぐい、水槽、浴室その他これらに類する常時湿潤状態にある部分に使用する場合においては、当該数値の 70% に相当する数値）によらなければならない。ただし、令第 82 条第一号から第三号までの規定によって積雪時の構造計算をするに当たっては、長期に生ずる力に対する許容応力度は同表の数値に 1.3 を乗じて得た数値と、短期に生ずる力に対する許容応力度は同表の数値に 0.8 を乗じて得た数値としなければならない。

(1) 直交集成板の日本農林規格（平成 25 年農林水産省告示第 3079 号）に適合すること。

(2) 次に掲げる基準に適合すること。ただし、特別な調査又は研究の結果に基づき、直交集成板の強度が当該基準に適合するものと同等以上であることが確かめられた場合にあっては、この限りでない。

(i)小角材をその繊維方向を互いにほぼ平行にして幅方向に接着したものが、ラミナとして使用されていないこと。

(ii)各ラミナの厚さが、12㎜以上 36㎜以下であること。

(iii)直交集成板の幅及び長さが、36cm 以上であること。

長期に生ずる力に対する許容応力度（単位 N/㎟）				短期に生ずる力に対する許容応力度（単位 N/㎟）			
圧縮	引張り	曲げ	せん断	圧縮	引張り	曲げ	せん断
$\frac{1.1Fc}{3}$	$\frac{1.1Ft}{3}$	$\frac{1.1Fb}{3}$	$\frac{1.1Fs}{3}$	$\frac{2Fc}{3}$	$\frac{2Ft}{3}$	$\frac{2Fb}{3}$	$\frac{2Fs}{3}$
この表において、Fc、Ft、Fb 及び Fs は、それぞれ直交集成板の種類及び品質に応じて第 3 第九号イからニまでに規定する圧縮、引張り、曲げ及びせん断に対する基準強度（単位 N/㎟）を表すものとする。							

ロ 直交集成板のめりこみの許容応力度は、その表面と加力方向のなす角度に応じて次に掲げる数値（基礎ぐい、水槽、浴室その他これらに類する常時湿潤状態にある部分に使用する場合においては、当該数値の 70% に相当する数値）によらなければならない。

(1) 10 度以下の場合　イの表に掲げる圧縮の許容応力度の数値

(2) 10 度を超え、70 度未満の場合　(1)と(3)とに掲げる数値を直線的に補間した数値

(3) 70 度以上 90 度以下の場合　次の表に掲げる数値

建築物の部分		長期に生ずる力に対するめりこみの許容応力度（単位 N/㎟）		短期に生ずる力に対するめりこみの許容応力度（単位 N/㎟）	
		積雪時	積雪時以外	積雪時	積雪時以外
(1)	土台その他これに類する横架材（当該部材のめりこみによって他の部材の応力に変化が生じない場合に限る。）	$\frac{1.5Fcv}{3}$	$\frac{1.5Fcv}{3}$	$\frac{2Fcv}{3}$	$\frac{2Fcv}{3}$
(2)	(1)項に掲げる場合以外の場合	$\frac{1.43Fcv}{3}$	$\frac{1.1Fcv}{3}$	$\frac{1.6Fcv}{3}$	$\frac{2Fcv}{3}$
この表において、F_{cv} は、直交集成板の種類に応じて第 3 第九号ホに規定するめりこみに対する基準強度（単位 N/㎟）を表すものとする。					

ハ 直交集成板の圧縮材（以下ハ及び第 2 第十八号ハにおいて単に「圧縮材」という。）の許容応力度は、その有効細長比に応じて、次の表の各式によって計算した数値（基礎ぐい、水槽、浴室その他これらに類する常時湿潤状態にある部分に使用する場合においては、当該数値の 70% に相当する数値）によらなければならない。ただし、令第 82 条第一号から第三号までの規定によって積雪時の構造計算をするに当たっては、長期に生ずる力に対する許容応力度は同表の数値に 1.3 を乗じて得た数値と、短期に生ずる力に対する許容応力度は同表の数値に 0.8 を乗じて得た数値としなければならない。

有効細長比	長期に生ずる力に対する座屈の許容応力度（単位 N/㎟）	短期に生ずる力に対する座屈の許容応力度（単位 N/㎟）

(1)	$\lambda \leqq 30$ の場合	$\frac{1.1}{3}$ Fc	$\frac{2}{3}$ Fc
(2)	$30 < \lambda \leqq 100$ の場合	$\frac{1.1}{3}(1.3 - 0.01\lambda)$ Fc	$\frac{2}{3}(1.3 - 0.01\lambda)$ Fc
(3)	$100 < \lambda$ の場合	$\frac{1.1}{3} \cdot \frac{3000}{\lambda^2}$ Fc	$\frac{2}{3} \cdot \frac{3000}{\lambda^2}$ Fc

この表において、λ及びFcは、それぞれ次の数値を表すものとする。

λ　次の式によって計算した有効細長比

$$\lambda = l\sqrt{\frac{A}{I}}$$

この式において、l、A及びIは、それぞれ次の数値を表すものとする。

l　座屈長さ（単位　mm）

A　圧縮材の強軸方向の許容応力度を計算する場合にあっては圧縮材の断面積、圧縮材の弱軸方向の許容応力度を計算する場合にあっては圧縮材のうち外層を除いた部分の断面積（単位　mm^2）

I　圧縮材の強軸方向の許容応力度を計算する場合にあっては圧縮材の断面二次モーメント、圧縮材の弱軸方向の許容応力度を計算する場合にあっては圧縮材のうち外層を除いた部分の断面二次モーメント（単位　mm^4）

Fc　第3第九号イに規定する圧縮に対する基準強度（単位　N/mm^2）

ニ　法第37条第二号の国土交通大臣の認定を受けた直交集成板（以下ニ及び第2第十八号ニにおいて「認定直交集成板」という。）の繊維方向、認定直交集成板のめりこみ及び認定直交集成板の圧縮材の座屈の許容応力度は、その品質に応じてそれぞれ国土交通大臣が指定した数値とする。

第2　特殊な材料強度

一　木材のめりこみ及び木材の圧縮材（以下この号において単に「圧縮材」という。）の座屈の材料強度は、次に掲げるとおりとする。

イ　木材のめりこみの材料強度は、その繊維方向と加力方向とのなす角度に応じて次に掲げる数値（基礎ぐい、水槽、浴室その他これらに類する常時湿潤状態にある部分に使用する場合においては、当該数値の70%に相当する数値）によらなければならない。ただし、土台その他これに類する横架材（当該部材のめりこみによって他の部材の応力に変化が生じない場合に限る。）以外について、令第82条の5第二号の規定によって積雪時の構造計算をするに当たっては、当該数値に0.8を乗じて得た数値としなければならない。

(1)　10度以下の場合　令第95条第1項の表に掲げる圧縮の材料強度の数値

(2)　10度を超え、70度未満の場合　(1)と(3)とに掲げる数値を直線的に補間した数値

(3)　70度以上90度以下の場合　木材の種類及び品質に応じて第3第一号の表に掲げるめりこみに対する基準強度の数値

ロ　圧縮材の座屈の材料強度は、その有効細長比に応じて、次の表の各式によって計算した数値（基礎ぐい、水槽、浴室その他これらに類する常時湿潤状態にある部分に使用する場合においては、当該数値の70%に相当する数値）によらなければならない。ただし、土台その他これに類する横架材（当該部材のめりこみによって他の部材の応力に変化が生じない場合に限る。）以外について、令第82条の5第二号の規定によって積雪時の構造計算をするに当たっては、同表の数値に0.8を乗じて得た数値としなければならない。

有効細長比	圧縮材の座屈の材料強度（単位　N/mm^2）
$\lambda \leqq 30$ の場合	Fc
$30 < \lambda \leqq 100$ の場合	$(1.3 - 0.01\lambda)$Fc
$\lambda > 100$ の場合	$\frac{3000}{\lambda^2}$ Fc

この表において、λ及びFcは、それぞれ次の数値を表すものとする。 λ　有効細長比 Fc　令第89条第1項の表に掲げる圧縮の基準強度（単位　N/mm²）

二　集成材等の繊維方向、集成材等のめりこみ及び集成材等の圧縮材（以下この号において単に「圧縮材」という。）の座屈の材料強度は、次に掲げるものとする。

イ　集成材等の繊維方向の材料強度は、次の表の数値（基礎ぐい、水槽、浴室その他これらに類する常時湿潤状態にある部分に使用する場合においては、当該数値の70%に相当する数値）によらなければならない。ただし、土台その他これに類する横架材（当該部材のめりこみによって他の部材の応力に変化が生じない場合に限る。）以外について、令第82条の5第二号の規定によって積雪時の構造計算をするに当たっては、同表の数値に0.8を乗じて得た数値としなければならない。

材料強度（単位　N/mm²）			
圧縮	引張り	曲げ	せん断
Fc	Ft	Fb	Fs
この表において、Fc、Ft、Fb及びFsは、それぞれ第1第二号イの表に規定する基準強度を表すものとする。			

ロ　集成材等のめりこみの材料強度は、その繊維方向と加力方向とのなす角度に応じて次に掲げる数値（基礎ぐい、水槽、浴室その他これらに類する常時湿潤状態にある部分に使用する場合においては、当該数値の70%に相当する数値）によらなければならない。ただし、土台その他これに類する横架材（当該部材のめりこみによって他の部材の応力に変化が生じない場合に限る。）以外について、令第82条の5第二号の規定によって積雪時の構造計算をするに当たっては、当該数値に0.8を乗じて得た数値としなければならない。

(1)　10度以下の場合　イの表に掲げる圧縮の材料強度の数値

(2)　10度を超え、70度未満の場合　(1)と(3)とに掲げる数値を直線的に補間した数値

(3)　70度以上90度以下の場合　集成材等の種類及び品質に応じて第3第二号ロの表1に掲げるめりこみに対する基準強度の数値

ハ　圧縮材の座屈の材料強度は、その有効細長比に応じて、次の表の各式によって計算した数値（基礎ぐい、水槽、浴室その他これらに類する常時湿潤状態にある部分に使用する場合においては、当該数値の70%に相当する数値）によらなければならない。ただし、土台その他これに類する横架材（当該部材のめりこみによって他の部材の応力に変化が生じない場合に限る。）以外について、令第82条の5第二号の規定によって積雪時の構造計算をするに当たっては、同表の数値に0.8を乗じて得た数値としなければならない。

有効細長比	圧縮材の座屈の材料強度（単位　N/mm²）
$\lambda \leqq 30$ の場合	Fc
$30 < \lambda \leqq 100$ の場合	$(1.3 - 0.01\lambda)$ Fc
$\lambda > 100$ の場合	$\frac{3000}{\lambda^2}$ Fc
この表において、λ及びFcは、それぞれ次の数値を表すものとする。 λ　有効細長比 Fc　第1第二号イの表に掲げる圧縮に対する基準強度（単位　N/mm²）	

三　鋼材等の支圧及び鋼材等の圧縮材（以下この号において単に「圧縮材」という。）の座屈の材料強度は、次に掲げるとおりとする。

イ　鋼材等の支圧の材料強度は、次の表の数値（(1)項及び(3)項において異種の鋼材等が接合する場合においては、小さい値となる数値）によらなければならない。

支圧の形式		支圧の材料強度（単位　N/mm²）
(1)	すべり支承又はローラー支承の支承部に支圧が生ずる	2.9F

	場合その他これに類する場合	
(2)	ボルト又はリベットによって接合される鋼材等のボルト又はリベットの軸部分に接触する面に支圧が生ずる場合その他これに類する場合	1.9F
(3)	(1)及び(2)に掲げる場合以外の場合	1.4F
この表において、Fは、平成12年建設省告示第2464号第3に規定する基準強度の数値（単位　N/㎟）を表すものとする。		

ロ　圧縮材の座屈の材料強度は、炭素鋼及び鋳鉄にあっては次の表1、ステンレス鋼にあっては次の表2の数値によらなければならない。

表1

圧縮材の有効細長比と限界細長比との関係	圧縮材の座屈の材料強度（単位　N/㎟）
$\lambda \leqq \Lambda$の場合	$F\left\{1-\frac{2}{5}\left(\frac{\lambda}{\Lambda}\right)^2\right\}$
$\lambda > \Lambda$の場合	$\dfrac{\frac{3}{5}F}{\left(\frac{\lambda}{\Lambda}\right)^2}$
この表において、F、λ及びΛは、それぞれ次の数値を表すものとする。 F　平成12年建設省告示第2464号第3に規定する基準強度（単位　N/㎟） λ　有効細長比 Λ　次の式によって計算した限界細長比 $\Lambda=\dfrac{1500}{\sqrt{\dfrac{F}{1.5}}}$	

表2

圧縮材の一般化有効細長比	圧縮材の座屈の材料強度（単位　N/㎟）
${}_c\lambda \leqq 0.2$の場合	F
$0.2 < {}_c\lambda \leqq 1.5$の場合	$(1.12-0.6{}_c\lambda)F$
$1.5 < {}_c\lambda$の場合	$\frac{1}{2}\cdot\frac{F}{{}_c\lambda^2}$
この表において、${}_c\lambda$及びFは、それぞれ次の数値を表すものとする。 ${}_c\lambda$　次の式によって計算した軸方向力に係る一般化有効細長比 ${}_c\lambda=\left(\frac{l_k}{i}\right)\sqrt{\frac{F}{\pi^2 E}}$ （この式において、l_k、i、F及びEは、それぞれ次の数値を表すものとする。 l_k　有効座屈長さ（単位　mm） i　最小断面二次半径（単位　mm） F　平成12年建設省告示2464号第3に規定する基準強度（単位　N/㎟） E　ヤング係数（単位　N/㎟）） F　平成12年建設省告示2464号第3に規定する基準強度（単位　N/㎟）	

四　ターンバックルの引張りの材料強度は、ターンバックルの種類及び品質に応じて第3第四号に規定する基準強度の数値としなければならない。

五　高強度鉄筋の材料強度は、次の表の数値によらなければならない。

材料強度（単位　N/㎟）		
圧縮	引張り	
	せん断補強以外に用いる場合	せん断補強に用いる場合
F	F	F （当該数値が490を超える場合（法第37条第二号の国土交通大臣の認定を受けた場合を除く。）には、490）
この表において、Fは、第1第六号の表に規定する基準強度を表すものとする。		

六　タッピンねじ等の材料強度は、次の表の数値によらなければならない。

材料強度（単位　N/㎟）	
引張り	せん断
F	$\frac{F}{\sqrt{3}}$
この表において、Fは、第1第七号の表に規定する基準強度を表すものとする。	

七　アルミニウム合金材、アルミニウム合金材の溶接継目ののど断面、アルミニウム合金材の支圧、アルミニウム合金材の圧縮材の座屈及びタッピンねじ又はドリリングタッピンねじを用いたアルミニウム合金材の接合部の材料強度は、次に掲げるものとする。

イ　アルミニウム合金材の材料強度は、次の表によらなければならない。

		材料強度（単位　N/㎟）			
		圧縮	引張り	曲げ	せん断
アルミニウム合金材	軟化域以外	F	F	F	$\frac{F}{\sqrt{3}}$
	軟化域	Fw	Fw	Fw	$\frac{Fw}{\sqrt{3}}$
ボルト		—	F	—	$\frac{F}{\sqrt{3}}$
リベット		—	F	—	$\frac{F}{\sqrt{3}}$
この表において、F及びFwは、それぞれ第1第八号イの表に規定するF及びFw（単位　N/㎟）を表すものとする。また、軟化域は、加熱の影響により強度及び剛性の低下が生じるアルミニウム合金材の部分をいう。					

ロ　アルミニウム合金材の溶接継目ののど断面に対する材料強度は、次の表の数値によらなければならない。

継目の形式	材料強度（単位　N/㎟）			
	圧縮	引張り	曲げ	せん断
突合せ	Fw			$\frac{Fw}{\sqrt{3}}$
突合せ以外のもの	$\frac{Fw}{\sqrt{3}}$			$\frac{Fw}{\sqrt{3}}$
この表において、Fwは、第1第八号ロの表に定めるFw（単位　N/㎟）を表すものとする。				

ハ　アルミニウム合金材の支圧の材料強度は、第1第八号ハに規定する短期に生ずる力に対する許容応力度の数値としなければならない。

ニ　アルミニウム合金部材の圧縮材の座屈の材料強度は、次の表の数値によらなければならない。

圧縮材の曲げ座屈細長比と限界細長比との関係	圧縮材の座屈の材料強度（単位　N/mm²）
${}_c\lambda \leqq {}_c\lambda_p$ の場合	F
${}_c\lambda_p < {}_c\lambda \leqq {}_c\lambda_e$ の場合	$\left(1.0-0.5\dfrac{{}_c\lambda-{}_c\lambda_p}{{}_c\lambda_e-{}_c\lambda_p}\right)F$
${}_c\lambda_e < {}_c\lambda$ の場合	$\dfrac{F}{{}_c\lambda^2}$

この表において、${}_c\lambda$、${}_c\lambda_p$、${}_c\lambda_e$ 及び F は、それぞれ次の数値を表すものとする。

${}_c\lambda$　次の式によって計算した軸方向力に係る一般化有効細長比

$${}_c\lambda=\left(\frac{l_k}{i}\right)\sqrt{\frac{F}{\pi^2 E}}$$

（この式において、l_k、i、F 及び E は、それぞれ次の数値を表すものとする。
l_k　有効座屈長さ（単位　mm）
i　最小断面二次半径（単位　mm）
F　アルミニウム合金部材の種類及び質別に応じて第1第八号イの表に定める基準強度（単位　N/mm²）
E　ヤング係数（単位　N/mm²））

${}_c\lambda_p$　塑性限界細長比（0.2とする。）

${}_c\lambda_e$　弾性限界細長比（$\dfrac{1}{\sqrt{0.5}}$とする。）

F　アルミニウム合金部材の種類及び質別に応じて第1第八号イの表に定める基準強度（単位　N/mm²）

ホ　タッピンねじ又はドリリングタッピンねじを用いたアルミニウム合金材の接合部の材料強度は、第1第八号トに規定する短期に生ずる力に対する許容応力度の数値としなければならない。

八　トラス用機械式継手の材料強度は、次の表に掲げる終局耐力をトラス用機械式継手の種類及び形状並びに力の種類に応じて求めた有効面積（曲げにあっては有効断面係数）で除した数値によらなければならない。

終局耐力		
圧縮	引張り	曲げ
Fcu	Ftu	Fbu

この表において、Fcu、Ftu及びFbuは、それぞれトラス用機械式継手の実況及び力の種類に応じた加力試験により求めた次の数値を表すものとする。
Fcu　圧縮の最大耐力の90%以下の数値（単位　N）
Ftu　引張りの最大耐力の90%以下の数値（単位　N）
Fbu　曲げの最大耐力の90%以下の数値（単位　N・m）

九　コンクリート充塡鋼管造の鋼管の内部に充塡されたコンクリートの圧縮、せん断及び付着の材料強度は、次に掲げるものとする。

イ　鋼管の内部に充塡されたコンクリートの圧縮及びせん断の材料強度は、圧縮にあっては第1第十号イの表に定める短期に生ずる力に対する圧縮の許容応力度の数値の1.5倍、せん断にあっては同表に定める長期に生ずる力に対するせん断の許容応力度の3倍の数値としなければならない。

ロ　鋼管の内部とコンクリートとの付着の材料強度は、第1第十号ロ(1)又は(2)の長期に生ずる力に対する許容付着応力度の数値の3倍の数値としなければならない。

十　鉄筋コンクリート組積体の圧縮の材料強度は、種類に応じて第1第十一号イの表に規定する長期に生ずる力に対する圧縮の許容応力度の数値の3倍としなければならない。

十一　鉄線の引張りの材料強度は、第1第十二号の表に規定する短期に生ずる力に対する引張りの許容応力度の数値によらなければならない。

十二　令第67条第1項の国土交通大臣の認定を受けた鋼材の接合、同条第2項の国土交通大臣の認定を受けた継手又は仕口及び令第68条第3項の国土交通大臣の認定を受けた高力ボルト接合の材料強度は、令第95条から第98条まで、第2第一号から前号まで及び平成13年国土交通省告示第1540号第2第三号に定める数値によらなければならない。ただし、国土交通大臣が別に数値を定める場合においては、この限りでない。

十三　鉄筋コンクリート造等の部材と構造耐力上主要な部分である部材との接合に用いるあと施工アンカーの接合部の引張り及びせん断の材料強度は、その品質に応じてそれぞれ国土交通大臣が指定した数値とする。

十四　丸鋼とコンクリートの付着の材料強度は、第1第十五号の表に規定する長期に生ずる力に対する付着の許容応力度の数値の3倍の数値としなければならない。

十五　既存の鉄筋コンクリート造等の柱、はり等を補強するために用いる炭素繊維、アラミド繊維その他これらに類する材料の引張りの材料強度は、その品質に応じてそれぞれ国土交通大臣が指定した数値とする。

十六　緊張材の材料強度は、第1第十七号の表に規定する耐力の数値によらなければならない。

十七　軽量気泡コンクリートパネルに使用する軽量気泡コンクリートの圧縮及びせん断の材料強度は、第1第十八号の表に規定する短期に生ずる力に対する圧縮の許容応力度の数値の1.5倍としなければならない。

十八　直交集成板の繊維方向、直交集成板のめりこみ及び直交集成板の圧縮材の座屈の材料強度は、次に掲げるものとする。

イ　直交集成板の繊維方向の材料強度は、次の表の数値（基礎ぐい、水槽、浴室その他これらに類する常時湿潤状態にある部分に使用する場合においては、当該数値の70%に相当する数値）によらなければならない。ただし、土台その他これに類する横架材（当該部材のめりこみによって他の部材の応力に変化が生じない場合に限る。）以外について、令第82条の5第二号の規定によって積雪時の構造計算をするに当たっては、同表の数値に0.8を乗じて得た数値としなければならない。

材料強度（単位　N/㎟）			
圧縮	引張り	曲げ	せん断
F_c	F_t	F_b	F_s
この表において、F_c、F_t、F_b及びF_sは、それぞれ直交集成板の種類及び品質に応じて第3第九号イからニまでに規定する圧縮、引張り、曲げ及びせん断に対する基準強度（単位　N/㎟）を表すものとする。			

ロ　直交集成板のめりこみの材料強度は、その表面と加力方向のなす角度に応じて次に掲げる数値（基礎ぐい、水槽、浴室その他これらに類する常時湿潤状態にある部分に使用する場合においては、当該数値の70%に相当する数値）によらなければならない。ただし、土台その他これに類する横架材（当該部材のめりこみによって他の部材の応力に変化が生じない場合に限る。）以外について、令第82条の5第二号の規定によって積雪時の構造計算をするに当たっては、同表の数値に0.8を乗じて得た数値としなければならない。

(1)　10度以下の場合　イの表に掲げる圧縮の材料強度の数値

(2)　10度を超え、70度未満の場合　(1)と(3)とに掲げる数値を直線的に補間した数値

(3)　70度以上90度以下の場合　直交集成板の種類及び品質に応じて第3第九号ホに規定するめりこみに対する基準強度の数値

ハ　圧縮材の座屈の材料強度は、その有効細長比に応じて、次の表の各式によって計算した数値（基礎ぐい、水槽、浴室その他これらに類する常時湿潤状態にある部分に使用する場合においては、当該数値の70%に相当する数値）によらなければならない。ただし、土台その他これに類する横架材（当該部材のめりこみによって他の部材の応力に変化が生じない場合に限る。）以外について、令第82条の5第二号の規定によって積雪時の構造計算をするに当たっては、同表の数値に0.8を乗じて得た数値としなければならない。

有効細長比	圧縮材の座屈の材料強度（単位　N/㎟）

(1)	$\lambda \leqq 30$ の場合	Fc
(2)	$30 < \lambda \leqq 100$ の場合	$(1.3 - 0.01\lambda)$ Fc
(3)	$100 < \lambda$ の場合	$\frac{3000}{\lambda^2}$ Fc
この表において、λ及びFcは、それぞれ次の数値を表すものとする。 λ　第1第十九号ハの表に規定する有効細長比 Fc　第3第九号イに規定する圧縮に対する基準強度（単位　N/㎟）		

ニ　認定直交集成板の繊維方向、認定直交集成板のめりこみ及び認定直交集成板の圧縮材の座屈の材料強度は、その品質に応じてそれぞれ国土交通大臣が指定した数値とする。

第3　基準強度

一　第1第一号イ(3)に規定する木材のめりこみに対する基準強度Fcvは、次に掲げる木材の種類に応じて、それぞれ次に掲げるものとする。

イ　製材の日本農林規格（平成19年農林水産省告示第1083号）に適合する構造用製材（ただし、円柱類にあってはすぎ、からまつ及びひのきに限る。）の目視等級区分若しくは機械等級区分によるもの又は無等級材（日本農林規格に定められていない木材をいう。）　その樹種に応じてそれぞれ次の表1に掲げる数値

ロ　枠組壁工法構造用製材及び枠組壁工法構造用たて継ぎ材の日本農林規格（昭和49年農林省告示第600号）に適合する枠組壁工法構造用製材及び枠組壁工法構造用たて継ぎ材　その樹種群に応じてそれぞれ次の表2に掲げる数値

表1

樹種		基準強度（単位　N/㎟）
針葉樹	あかまつ、くろまつ及びべいまつ	9.0
	からまつ、ひば、ひのき、べいひ及びべいひば	7.8
	つが、べいつが、もみ、えぞまつ、とどまつ、べにまつ、すぎ、べいすぎ及びスプルース	6.0
広葉樹	かし	12.0
	くり、なら、ぶな及びけやき	10.8

表2

樹種群	基準強度（単位　N/㎟）
DFir－L	9.0
Hem－Tam	7.8
Hem－Fir	6.0
S－P－F又はSpruce－Pine－Fir	6.0
W Cedar	6.0
SYP	9.0
JSI	7.8
JSII	6.0
JSIII	7.8

二　第1第二号イに規定する集成材等の繊維方向の基準強度Fc、Ft、Fb及びFs並びに同号ロ(3)に規定する集成材等のめりこみに対する基準強度Fcvは、それぞれ次に掲げるものとする。

イ　第1第二号イに規定する集成材等の繊維方向の基準強度は、圧縮、引張り及び曲げの基準強度については集成材の日本農林規格（平成19年農林水産省告示第1152号。以下「集成材規格」という。）第5条に規定する構造用集成材の規格に適合する対称異等級構成集成材、特定対称異等級構成集成材、非対称異等級構成集成材、同一等級構成集成材及び同規格第6条に規定する化粧ばり構造用集成柱の規格に適合する化粧ばり構造用集成柱並びに単板積層材の日本農林

規格（平成 20 年農林水産省告示第 701 号。以下「単板積層材規格」という。）第 1 部 4.2 に規定する構造用単板積層材の規格に適合する A 種構造用単板積層材及び B 種構造用単板積層材の区分に応じて次の表 1 から表 7 までに掲げる数値と、せん断の基準強度については次の表 8 から表 10 までに掲げる数値とする。

表 1　対称異等級構成集成材（特定対称異等級構成集成材を除く。）の圧縮、引張り及び曲げの基準強度

強度等級	基準強度（単位　N/㎟）			
	Fc	*Ft*	*Fb*	
			積層方向（それぞれの数値に、集成材の厚さ方向の辺長（単位　mm）が対応する集成材規格第 5 条表 18（等級が異なるひき板で構成された内層特殊構成集成材にあっては表 32）の左欄の区分に応じて、同表右欄に掲げる数値を乗じたものとする。）	幅方向
E170－F495	38.4	33.5	49.5	35.4
E150－F435	33.4	29.2	43.5	30.6
E135－F375	29.7	25.9	37.5	27.6
E120－F330	25.9	22.4	33.0	24.0
E105－F300	23.2	20.2	30.0	21.6
E95－F270	21.7	18.9	27.0	20.4
E85－F255	19.5	17.0	25.5	18.0
E75－F240	17.6	15.3	24.0	15.6
E65－F225	16.7	14.6	22.5	15.0
E65－F220	15.3	13.4	22.0	12.6
E55－F200	13.3	11.6	20.0	10.2
この表において、強度等級は、集成材規格第 5 条表 17（等級が異なるひき板で構成された内層特殊構成集成材にあっては表 30）に規定する強度等級を表すものとする。				

表 2　特定対称異等級構成集成材の圧縮、引張り及び曲げの基準強度

強度等級	基準強度（単位　N/㎟）			
	Fc	*Ft*	*Fb*	
			積層方向（それぞれの数値に、集成材の厚さ方向の辺長（単位 mm）が対応する集成材規格第 5 条表 18 の左欄の区分に応じて、同表右欄に掲げる数値を乗じたものとする。）	幅方向
ME120－F330	20.2	17.6	33.0	12.7
ME105－F300	17.9	15.6	30.0	11.7
ME95－F270	16.6	14.5	27.0	11.1
ME85－F255	15.9	13.9	25.5	11.0
この表において、強度等級は、集成材規格第 5 条表 17 に規定する強度等級を表すものとする。以下表 3 において同じ。				

表３　非対称異等級構成集成材の圧縮、引張り及び曲げの基準強度

強度等級	基準強度（単位　N/㎟）				
	Fc	*Ft*	*Fb*		
			積層方向（それぞれの数値に、集成材の厚さ方向の辺長（単位 mm）が対応する集成材規格第５条表 18 の左欄の区分に応じて、同表右欄に掲げる数値を乗じたものとする。）		幅方向
			正の曲げ	負の曲げ	
E160－F480	36.5	31.8	48.0	34.5	31.8
E140－F420	31.7	27.7	42.0	28.5	27.0
E125－F360	28.2	24.6	36.0	25.5	24.0
E110－F315	24.5	21.3	31.5	24.0	21.6
E100－F285	22.1	19.3	28.5	22.5	19.2
E90－F255	20.7	18.1	25.5	21.0	18.0
E80－F240	18.5	16.2	24.0	19.5	15.0
E70－F225	16.6	14.5	22.5	18.0	13.8
E60－F210	15.7	13.7	21.0	16.5	13.2
E60－F205	14.3	12.5	20.5	16.0	10.8
E50－F170	12.2	10.6	17.0	14.0	8.4
この表において、正の曲げは、引張り側最外層用ひき板が接着されている側（以下「引張り側」という。）において引張りの力が生じる場合の曲げを、負の曲げは、引張り側において圧縮の力が生じる場合の曲げを、それぞれ表すものとする。					

表４　同一等級構成集成材の圧縮、引張り及び曲げの基準強度

ひき板の積層数	強度等級	基準強度（単位　N/㎟）		
		Fc	*Ft*	*Fb* （それぞれの数値に、集成材の厚さ方向の辺長（単位 mm）が対応する集成材規格第５条表 26（等級が同じひき板で構成された内層特殊構成集成材にあっては表 33）の左欄の区分に応じて、同表右欄に掲げる数値を乗じたものとする。）
４層以上（等級が同じひき板で構成された内層特殊構成集成材にあっては３層以上）	E190－F615	50.3	43.9	61.5
	E170－F540	44.6	38.9	54.0
	E150－F465	39.2	34.2	46.5
	E135－F405	33.4	29.2	40.5
	E120－F375	30.1	26.3	37.5
	E105－F345	28.1	24.5	34.5
	E95－F315	26.0	22.7	31.5
	E85－F300	24.3	21.2	30.0
	E75－F270	22.3	19.4	27.0
	E65－F255	20.6	18.0	25.5
	E55－F225	18.6	16.2	22.5

3 層	E190－F555	45.8	40.3	55.5
	E170－F495	40.5	35.6	49.5
	E150－F435	35.6	31.4	43.5
	E135－F375	30.4	26.7	37.5
	E120－F330	27.4	24.1	33.0
	E105－F300	25.5	22.4	30.0
	E95－F285	23.6	20.8	28.5
	E85－F270	22.1	19.5	27.0
	E75－F255	20.3	17.8	25.5
	E65－F240	18.8	16.5	24.0
	E55－F225	16.9	14.9	22.5
2 層	E190－F510	45.8	36.6	51.0
	E170－F450	40.5	32.4	45.0
	E150－F390	35.6	28.5	39.0
	E135－F345	30.4	24.3	34.5
	E120－F300	27.4	21.9	30.0
	E105－F285	25.5	20.4	28.5
	E95－F270	23.6	18.9	27.0
	E85－F255	22.1	17.7	25.5
	E75－F240	20.3	16.2	24.0
	E65－F225	18.8	15.0	22.5
	E55－F200	16.9	13.5	20.0
この表において、強度等級は、集成材規格第 5 条表 25（等級が同じひき板で構成された内層特殊構成集成材にあっては表 31）に規定する強度等級を表すものとする。				

表 5　化粧ばり構造用集成柱の圧縮、引張り及び曲げの基準強度

樹種	基準強度（単位 N/㎟）		
	Fc	*Ft*	*Fb*
アピトン	36.6	32.4	45.6
いたやかえで、かば、ぶな、みずなら、けやき、ダフリカからまつ、サザンパイン、べいまつ及びウエスタンラーチ	31.8	28.2	40.2
ひのき、ひば、からまつ、あかまつ、くろまつ及びべいひ	29.4	25.8	37.2
つが、たも、しおじ、にれ、アラスカイエローシダー、ラジアタパイン及びべいつが	27.6	24.0	34.2
もみ、とどまつ、えぞまつ、べいもみ、スプルース、ロッジポールパイン、べにまつ、ポンデローサパイン、おうしゅうあかまつ、ジャックパイン及びラワン	25.2	22.2	31.2
すぎ、べいすぎ及びホワイトサイプレスパイン	24.0	21.0	29.4

表 6　A 種構造用単板積層材の圧縮、引張り及び曲げの基準強度

曲げヤング係数区分	等級	曲げ性能の表示	基準強度（単位　N/㎟）			
			Fc	*Ft*	*Fb*	
					平使い	縦使い

180E	特級	180E-675F_{HV}	46.8	34.8	58.2	
	一級	180E-580F_{H}-675F_{V}	45.0	30.0	49.8	58.2
		180E-580F_{HV}	45.0	30.0	49.8	
	二級	180E-485F_{H}-675F_{V}	42.0	25.2	42.0	58.2
		180E-485F_{H}-580F_{V}	42.0	25.2	42.0	49.8
		180E-485F_{HV}	42.0	25.2	42.0	
160E	特級	160E-600F_{HV}	41.4	31.2	51.6	
	一級	160E-515F_{H}-600F_{V}	40.2	27.0	44.4	51.6
		160E-515F_{HV}	40.2	27.0	44.4	
	二級	160E-430F_{H}-600F_{V}	37.2	22.2	37.2	51.6
		160E-430F_{H}-515F_{V}	37.2	22.2	37.2	44.4
		160E-430F_{HV}	37.2	22.2	37.2	
140E	特級	140E-525F_{HV}	36.0	27.0	45.0	
	一級	140E-450F_{H}-525F_{V}	34.8	23.4	39.0	45.0
		140E-450F_{HV}	34.8	23.4	39.0	
	二級	140E-375F_{H}-525F_{V}	32.4	19.8	32.4	45.0
		140E-375F_{H}-450F_{V}	32.4	19.8	32.4	39.0
		140E-375F_{HV}	32.4	19.8	32.4	
120E	特級	120E-450F_{HV}	31.2	23.4	39.0	
	一級	120E-385F_{H}-450F_{V}	30.0	19.8	33.0	39.0
		120E-385F_{HV}	30.0	19.8	33.0	
	二級	120E-320F_{H}-450F_{V}	27.6	16.8	27.6	39.0
		120E-320F_{H}-385F_{V}	27.6	16.8	27.6	33.0
		120E-320F_{HV}	27.6	16.8	27.6	
110E	特級	110E-410F_{HV}	28.2	21.6	35.4	
	一級	110E-350F_{H}-410F_{V}	27.0	18.0	30.0	35.4
		110E-350F_{HV}	27.0	18.0	30.0	
	二級	110E-295F_{H}-410F_{V}	25.8	15.6	25.8	35.4
		110E-295F_{H}-350F_{V}	25.8	15.6	25.8	30.0
		110E-295F_{HV}	25.8	15.6	25.8	
100E	特級	100E-375F_{HV}	25.8	19.8	32.4	
	一級	100E-320F_{H}-375F_{V}	25.2	16.8	27.6	32.4
		100E-320F_{HV}	25.2	16.8	27.6	
	二級	100E-270F_{H}-375F_{V}	23.4	14.4	23.4	32.4
		100E-270F_{H}-320F_{V}	23.4	14.4	23.4	27.6
		100E-270F_{HV}	23.4	14.4	23.4	
90E	特級	90E-335F_{HV}	23.4	17.4	28.8	
	一級	90E-290F_{H}-335F_{V}	22.8	15.0	25.2	28.8
		90E-290F_{HV}	22.8	15.0	25.2	
	二級	90E-240F_{H}-335F_{V}	21.0	12.6	21.0	28.8
		90E-240F_{H}-290F_{V}	21.0	12.6	21.0	25.2
		90E-240F_{HV}	21.0	12.6	21.0	

80E	特級	80E-300F_{HV}	21.0	15.6	25.8	
	一級	80E-255F_{H}-300F_{V}	19.8	13.2	22.2	25.8
		80E-255F_{HV}	19.8	13.2	22.2	
	二級	80E-215F_{H}-300F_{V}	18.6	11.4	18.6	25.8
		80E-215F_{H}-255F_{V}	18.6	11.4	18.6	22.2
		80E-215F_{HV}	18.6	11.4	18.6	
70E	特級	70E-260F_{HV}	18.0	13.8	22.8	
	一級	70E-225F_{H}-260F_{V}	17.4	12.0	19.8	22.8
		70E-225F_{HV}	17.4	12.0	19.8	
	二級	70E-185F_{H}-260F_{V}	16.2	9.6	16.2	22.8
		70E-185F_{H}-225F_{V}	16.2	9.6	16.2	19.8
		70E-185F_{HV}	16.2	9.6	16.2	
60E	特級	60E-225F_{HV}	15.6	12.0	19.8	
	一級	60E-190F_{H}-225F_{V}	15.0	10.2	16.8	19.8
		60E-190F_{HV}	15.0	10.2	16.8	
	二級	60E-160F_{H}-225F_{V}	13.8	8.4	13.8	19.8
		60E-160F_{H}-190F_{V}	13.8	8.4	13.8	16.8
		60E-160F_{HV}	13.8	8.4	13.8	
50E	特級	50E-185F_{HV}	12.7	9.5	15.9	
	一級	50E-160F_{H}-185F_{V}	12.3	8.2	13.7	15.9
		50E-160F_{HV}	12.3	8.2	13.7	
	二級	50E-130F_{H}-185F_{V}	11.1	6.7	11.1	15.9
		50E-130F_{H}-160F_{V}	11.1	6.7	11.1	13.7
		50E-130F_{HV}	11.1	6.7	11.1	
この表において、曲げヤング係数区分は単板積層材規格第1部の表17に掲げる曲げヤング係数区分を、曲げ性能の表示は同表に掲げる曲げヤング係数区分及び等級ごとの表示を表すものとする。						

表7　B種構造用単板積層材の圧縮、引張り及び曲げの基準強度

曲げヤング係数区分	基準強度（単位　N/㎟）					
	Fc		*Ft*		*Fb*	
	強軸	弱軸	強軸	弱軸	強軸	弱軸
140E	21.9	4.3	18.3	2.9	32.2	5.8
120E	18.7	3.7	15.6	2.5	27.5	4.9
110E	17.2	3.4	14.4	2.3	25.3	4.5
100E	15.7	3.1	13.2	2.1	23.2	4.1
90E	14.0	2.8	11.7	1.8	20.6	3.7
80E	12.5	2.5	10.5	1.6	18.4	3.3
70E	10.8	2.1	9.0	1.4	15.9	2.8
60E	9.3	1.8	7.8	1.2	13.7	2.4
50E	7.6	1.5	6.3	1.0	11.1	2.0
40E	6.1	1.2	5.1	0.8	9.0	1.6

30E	4.6	0.9	3.9	0.6	6.8	1.2
この表において、曲げヤング係数区分は、単板積層材規格第１部の表９に掲げる曲げヤング係数区分を表すものとする。						

表８　集成材のせん断の基準強度

樹種	基準強度（単位　N/㎟）	
	積層方向	幅方向
いたやかえで、かば、ぶな、みずなら、けやき及びアピトン	4.8	4.2
たも、しおじ及びにれ	4.2	3.6
ひのき、ひば、からまつ、あかまつ、くろまつ、べいひ、ダフリカからまつ、サザンパイン、べいまつ、ホワイトサイプレスパイン及びウエスタンラーチ	3.6	3.0
つが、アラスカイエローシダー、べにまつ、ラジアタパイン及びべいつが	3.3	2.7
もみ、とどまつ、えぞまつ、べいもみ、スプルース、ロッジポールパイン、ポンデローサパイン、おうしゅうあかまつ、ジャックパイン及びラワン	3.0	2.4
すぎ及びべいすぎ	2.7	2.1
ただし、せん断面に幅はぎ未評価ラミナを含む構造用集成材にあつては、表中の数値に0.6を乗じた数値とする。		

表９　A種構造用単板積層材のせん断の基準強度

水平せん断区分	基準強度（単位　N/㎟）
65V－55H	4.2
60V－51H	3.6
55V－47H	3.6
50V－43H	3.0
45V－38H	3.0
40V－34H	2.4
35V－30H	2.4
この表において、水平せん断区分は、単板積層材規格第１部の表４に掲げる水平せん断区分を表すものとする。	

表10　B種構造用単板積層材のせん断の基準強度

水平せん断区分	基準強度（単位　N/㎟）	
	縦使い方向	平使い方向
65V－43H	4.3	2.8
60V－40H	4.0	2.6
55V－36H	3.6	2.4
50V－33H	3.3	2.2
45V－30H	3.0	2.0
40V－26H	2.6	1.7
35V－23H	2.3	1.5
30V－20H	2.0	1.3
25V－16H	1.6	1.0

この表において、水平せん断区分は、単板積層材規格第１部の表５に掲げる水平せん断区分を表すものとする。

ロ　第１第二号ロ(3)に規定する集成材等のめりこみに対する基準強度 Fcv は、その樹種に応じてそれぞれ次の表１の数値とする。ただし、A 種構造用単板積層材のめり込みに対する基準強度 Fcv にあっては、そのめりこみ性能の表示の区分に応じてそれぞれ次の表２の数値とすることができる。

表１　集成材等のめり込みに対する基準強度

樹種	基準強度（単位　N/㎟）
いたやかえで、かば、ぶな、みずなら、けやき、アピトン、たも、しおじ及びにれ	10.8
あかまつ、くろまつ、ダフリカからまつ、サザンパイン、べいまつ、ホワイトサイプレスパイン、ラワン及びウエスタンラーチ	9.0
ひのき、ひば、からまつ及びべいひ	7.8
つが、アラスカイエローシダー、べにまつ、ラジアタパィン、べいつが、もみ、とどまつ、えぞまつ、べいもみ、スプルース、ロッジポールパイン、ポンデローサパイン、おうしゅうあかまつ、すぎ、べいすぎ及びジャックパイン	6.0

表２　A 種構造用単板積層材のめり込みに対する基準強度

めりこみ性能の表示の区分	基準強度（単位　N/㎟）
180B	18.0
160B	16.0
135B	13.5
90B	9.0
この表において、めりこみ性能の表示の区分は、単板積層材規格第１部の表 10 に掲げる表示の区分を表すものとする。	

三　前各号に掲げる木材及び集成材等以外の基準強度は、その樹種、区分及び等級に応じてそれぞれ国土交通大臣が指定した数値とする。

四　第１第五号に規定するターンバックルの基準強度は、次の表の数値とする。ただし、法第 37 条第二号の国土交通大臣の認定を受けたターンバックルの基準強度にあっては、その品質に応じてそれぞれ国土交通大臣が指定した数値とする。

品質	基準強度（単位　N/㎟）
ターンバックル	235
この表において、ターンバックルは、JIS A5540(建築用ターンバックル)-2003、JIS A5541(建築用ターンバックル胴) -2003 及び JIS A5542 (建築用ターンバックルボルト) -2003 に規定するターンバックルを表すものとする。	

五　第１第六号に規定する高強度鉄筋の基準強度は、次の表の数値とする。ただし、法第 37 条第二号の国土交通大臣の認定を受けた高強度鉄筋の基準強度にあっては、その品質に応じてそれぞれ国土交通大臣が指定した数値とする。

品質	基準強度（単位　N/㎟）
SD490	490
この表において、SD490 は、JIS G3112(鉄筋コンクリート用棒鋼)-1987 に規定する SD490 を表すものとする。	

六　第１第七号に規定するタッピンねじ等の基準強度は、次の表の数値とする。ただし、法第 37 条第一号の国土交通大臣の指定する JIS に適合するもののうち次の表に掲げる品質以外のタッピンねじ

等及び同条第二号の国土交通大臣の認定を受けたタッピンねじ等の基準強度にあっては、その品質に応じてそれぞれ国土交通大臣が指定した数値とする。

品質	基準強度（単位　N/㎟）
ドリリングタッピンねじ	570
この表において、ドリリングタッピンねじは、JIS B1055（タッピンねじ—機械的性質）-1995 又は JIS B1059（タッピンねじのねじ山をもつドリルねじ—機械的性質及び性能）-2001 に適合するドリリングタッピンねじを表すものとする。	

七　第1第八号イに規定するアルミニウム合金材の基準強度及び溶接部の基準強度並びに第1第八号トに規定するタッピンねじを用いた接合部の基準強度は、次の表の数値とする。ただし、法第37条第一号の国土交通大臣の指定するJISに適合するもののうち次の表に掲げる種類及び質別以外のアルミニウム合金材及び同条第二号の国土交通大臣の認定を受けたアルミニウム合金材の基準強度、溶接部の基準強度及びタッピンねじを用いた接合部の基準強度にあっては、その種類及び質別に応じてそれぞれ国土交通大臣が指定した数値とする。

アルミニウム合金材の種類及び質別		基準強度（単位　N/㎟）	溶接部の基準強度（単位　N/㎟）	タッピンねじを用いた接合部の基準強度（単位　N/㎟）
板材	A3004-H32	145	60	95
	A3005-H24	130	45	80
	A5052-H112	110	65	95
	A5052-H34	175	65	110
	A5083-H112 A5083-O	110	110	110
	A5083-H32	210	110	130
押出材	A5052-H112	110	65	95
	A5083-H112 A5083-O	110	110	110
	A6061-T6	210	110	130
	A6063-T5	110	50	70
	A6063-T6	165	50	100
	KA6082-T6	240	110	155
	A6N01-T5	175	100	110
	A6N01-T6	210	100	130
	A7003-T5	210	155	130
鍛造品	A6061-T6	210	110	130
鋳物	AC4CH-T6	120	—	75
	AC7A-F	70	—	45
ボルト	AL3	210	—	—
	AL4	260	—	—
リベット	A2117-T4	170	—	—
	A5052-O	115	—	—
	A5N02-O	145	—	—
	A6061-T6	190	—	—
この表において、板材の項に掲げるA3004-H32、A3005-H24、A5052-H112、A5052-H34、A5083-H112、A5083-O及びA5083-H32は、JIS H4000（アルミニウム及びアルミニウム合金の				

板及び条)-1999に定めるA3004-H32、A3005-H24、A5052-H112、A5052-H34、A5083-H112、A5083-O及びA5083-H32を、押出材の項に掲げるA5052-H112、A5083-H112、A5083-O、A6061-T6、A6063-T5、A6063-T6、KA6082-T6、A6N01-T5、A6N01-T6及びA7003-T5は、JIS H4040(アルミニウム及びアルミニウム合金の棒及び線)-1976、JIS H4080(アルミニウム及びアルミニウム合金の継目無管)-1999又はJIS H4100(アルミニウム及びアルミニウム合金押出形材)-1999に定めるA5052-H112、A5083-H112、A5083-O、A6061-T6、A6063-T5、A6063-T6、KA6082-T6、A6N01-T5、A6N01-T6及びA7003-T5を、鍛造品の項に掲げるA6061-T6は、JIS H4140(アルミニウム及びアルミニウム合金鍛造品)-1988に定めるA6061-T6を、鋳物の項に掲げるAC4CH-T6及びAC7A-Fは、JIS H5202(アルミニウム合金鋳物)-1999に定めるAC4CH-T6及びAC7A-Fを、ボルトの項に掲げるAL3及びAL4は、JIS B1057(非鉄金属製ねじ部品の機械的性質)-1994に定めるAL3及びAL4を、リベットの項に掲げるA2117-T4、A5052-O、A5N02-O及びA6061-T6は、JIS H4040(アルミニウム合金及びアルミニウム合金の棒及び線)-1999に定めるA2117-T4、A5052-O、A5N02-O及びA6061-T6を、それぞれ表すものとする。

八　第1第十二号に規定する鉄線の基準強度は、次の表の数値とする。

種類及び品質			基準強度（単位　N/㎟）
普通鉄線	SWM-B	径が9㎜以下のもの	235
コンクリート用鉄線	SWM-P		
この表において、SWM-B及びSWM-PはJIS G3533(鉄線)-2000に規定するSWM-B及びSWM-Pをそれぞれ表すものとする。			

九　第1第十九号イに規定する直交集成板の繊維方向の基準強度Fc、Ft、Fb及びFs並びに同号ロ(3)に規定する直交集成板のめりこみに対する基準強度Fcvは、次のイからホまでに掲げるものとする。

イ　第1第十九号イに規定する直交集成板の圧縮の基準強度Fcは、次に掲げる式によって計算した数値とする。

$$Fc = 0.75\sigma_{c\_oml}\frac{A_A}{A_0}$$

この式において、σ_{c_oml}、A_A及びA_0は、それぞれ次の数値を表すものとする。

σ_{c_oml}　強軸方向の基準強度を計算する場合にあっては外層に使用するラミナの圧縮強度、弱軸方向の基準強度を計算する場合にあっては内層の最も外側の層に使用するラミナの圧縮強度（単位　N/㎟）

この場合において、ラミナの圧縮強度は、MSR区分又は機械等級区分によるものにあっては次の表1に掲げる数値と、目視等級区分によるものにあっては次の表2に掲げる数値とする。

表1

等級区分機による等級	圧縮強度（単位　N/㎟）
M120A又はM120B	33.6
M90A又はM90B	27.6
M60A又はM60B	21.6
M30A又はM30B	15.6

表2

樹種	等級	圧縮強度（単位　N/㎟）
ダフリカからまつ、サザンパイン、べいまつ及びウエスタンラーチ	一等	36.0
	二等	26.4
ひのき、ひば、からまつ、あかまつ、くろまつ及	一等	33.6

びべいひ	二等	24.0
つが、アラスカイエローシダー、ラジアタパイン及びべいつが	一等	31.2
	二等	21.6
もみ、とどまつ、えぞまつ、べいもみ、スプルース、ロッジポールパイン、べにまつ、ポンデローサパイン、おうしゅうあかまつ及びジャックパイン	一等	28.8
	二等	19.2
すぎ、べいすぎ及びホワイトサイプレスパイン	一等	26.4
	二等	16.8

A_A　次の式によって計算した直交集成板の等価断面の断面積（単位　㎟）

$$A_A = \frac{\Sigma E_i A_i}{E_0}$$

この式において、E_i、A_i 及び E_0 は、それぞれ次の数値を表すものとする。

E_i　一方の外層から数えてｉ番目の層（以下単に「ｉ番目の層」という。）に使用するラミナの曲げヤング係数（単位　N/㎟）
この場合において、強軸方向の基準強度を計算する場合における直交層に使用するラミナの曲げヤング係数及び弱軸方向の基準強度を計算する場合における平行層に使用するラミナの曲げヤング係数は０とする。

A_i　ｉ番目の層の断面積（単位　㎟）

E_0　強軸方向の基準強度を計算する場合にあっては外層に使用するラミナの曲げヤング係数、弱軸方向の基準強度を計算する場合にあっては内層の最も外側に使用するラミナの曲げヤング係数（単位　N/㎟）

A_0　直交集成板の断面積（単位　㎟）

ロ　第１第十九号イに規定する直交集成板の引張りの基準強度 Ft は、次に掲げる式によって計算した数値とする。

$$Ft = 0.75\sigma_{t\_oml}\frac{A_A}{A_0}$$

この式において、σ_{t_oml}、A_A 及び A_0 は、それぞれ次の数値を表すものとする。

σ_{t_oml}　強軸方向の基準強度を計算する場合にあっては外層に使用するラミナの引張り強度、弱軸方向の基準強度を計算する場合にあっては内層の最も外側の層に使用するラミナの引張り強度（単位　N/㎟）
この場合において、ラミナの引張り強度はＭＳＲ区分又は機械等級区分によるものにあっては次の表１に掲げる数値と、目視等級区分によるものにあっては次の表２に掲げる数値とする。

表１

等級区分機による等級	引張り強度（単位　N/㎟）
M120A 又は M120B	25.0
M90A 又は M90B	20.5
M60A 又は M60B	16.0
M30A 又は M30B	11.5

表２

樹種	等級	引張り強度（単位　N/㎟）
ダフリカからまつ、サザンパイン、べいまつ及びウエスタンラーチ	一等	26.5
	二等	20.0
ひのき、ひば、からまつ、あかまつ、くろまつ	一等	24.5

及びべいひ	二等	18.0
つが、アラスカイエローシダー、ラジアタパイン及びべいつが	一等	23.5
	二等	16.5
もみ、とどまつ、えぞまつ、べいもみ、スプルース、ロッジポールパイン、べにまつ、ポンデローサパイン、おうしゅうあかまつ及びジャックパイン	一等	21.5
	二等	14.5
すぎ、べいすぎ及びホワイトサイプレスパイン	一等	20.0
	二等	12.5

A_A　イに規定する直交集成板の等価断面の断面積（単位　㎟）
A_0　直交集成板の断面積（単位　㎟）

ハ　第1第十九号イに規定する直交集成板（積層方向でかつ強軸方向の長期に生ずる力に対する許容応力度を計算する場合にあっては、構成の方法が3層3プライ、3層4プライ、5層5プライ、5層7プライ又は7層7プライであるものに限り、積層方向でかつ弱軸方向の長期に生ずる力に対する許容応力度を計算する場合にあっては、3層3プライ、3層4プライ、5層5プライ、5層7プライ、7層7プライ又は9層9プライであるものに限る。）の曲げの基準強度Fbは、その方向に応じて、次の表に掲げる式によって計算した数値とする。

(1)	積層方向	$Fb = 0.4875\sigma_{b\_oml}\frac{I_A}{I_0}$
(2)	幅方向	$Fb = 0.6\sigma_{b\_oml}\frac{A_A}{A_0}$

この表において、σ_{b_oml}、I_A、I_0、A_A及びA_0は、それぞれ次の数値を表すものとする。

σ_{b_oml}　強軸方向の基準強度を計算する場合にあっては外層に使用するラミナの曲げ強度、弱軸方向の基準強度を計算する場合にあっては内層の最も外側の層に使用するラミナの曲げ強度（単位　N/㎟）

この場合において、ラミナの曲げ強度はＭＳＲ区分又は機械等級区分によるものにあっては次の表1に掲げる数値と、目視等級区分によるものにあっては次の表2に掲げる数値とする。

表1

等級区分機による等級	曲げ強度（単位　N/㎟）
M120A 又は M120B	42.0
M90A 又は M90B	34.5
M60A 又は M60B	27.0
M30A 又は M30B	19.5

表2

樹種	等級	曲げ強度（単位　N/㎟）
ダフリカからまつ、サザンパイン、べいまつ及びウエスタンラーチ	一等	45.0
	二等	33.0
ひのき、ひば、からまつ、あかまつ、くろまつ及びべいひ	一等	42.0
	二等	30.0
つが、アラスカイエローシダー、ラジアタパイン及びべいつが	一等	39.0
	二等	27.0
もみ、とどまつ、えぞまつ、べいもみ、スプルース、ロッジポールパイン、べにまつ、ポンデローサパイン、おうしゅうあかまつ及びジャックパイン	一等	36.0
	二等	24.0

すぎ、べいすぎ及びホワイトサイプレスパイン	一等	33.0
	二等	21.0

I_A　次の式によって計算した直交集成板の等価断面の断面二次モーメント（単位　mm^4）

$$I_A = \frac{\Sigma\ (E_iI_i + E_iA_iz_i^2)}{E_0}$$

この式において、E_i、I_i、A_i、z_i 及び E_0 は、それぞれ次の数値を表すものとする。

E_i　i番目の層に使用するラミナの曲げヤング係数（単位　N/㎟）
この場合において、強軸方向の基準強度を計算する場合における直交層に使用するラミナの曲げヤング係数及び弱軸方向の基準強度を計算する場合における平行層に使用するラミナの曲げヤング係数は0とする。

I_i　i番目の層の断面二次モーメント（単位　mm^4）

A_i　i番目の層の断面積（単位　㎟）

z_i　直交集成板の中立軸とi番目の層のラミナの重心との距離（単位　mm）

E_0　強軸方向の基準強度を計算する場合にあっては外層に使用するラミナの曲げヤング係数、弱軸方向の基準強度を計算する場合にあっては内層の最も外側に使用するラミナの曲げヤング係数（単位　N/㎟）

I_0　直交集成板の断面二次モーメント（単位　mm^4）

A_A　イに規定する直交集成板の等価断面の断面積（単位　㎟）

A_0　直交集成板の断面積（単位　㎟）

ニ　第1第十九号イに規定する直交集成板（積層方向でかつ強軸方向の長期に生ずる力に対する許容応力度を計算する場合にあっては、構成の方法が3層3プライ、3層4プライ、5層5プライ、5層7プライ又は7層7プライであるものに限り、積層方向でかつ弱軸方向の長期に生ずる力に対する許容応力度を計算する場合にあっては、3層3プライ、3層4プライ、5層5プライ、5層7プライ、7層7プライ又は9層9プライであるものに限る。）のせん断の基準強度Fsは、その方向に応じて、それぞれ次の表の数値（複数の樹種を使用した直交集成板のせん断の基準強度にあっては、それぞれの樹種に応じた数値のうちいずれか小さい数値）とする。

(1)	積層方向	ひのき、ひば、からまつ、あかまつ、くろまつ、べいひ、ダフリカからまつ、サザンパイン、べいまつ、ホワイトサイプレスパイン及びウエスタンラーチ	1.2
		つが、アラスカイエローシダー、べにまつ、ラジアタパイン及びべいつが	1.1
		もみ、とどまつ、えぞまつ、べいもみ、スプルース、ロッジポールパイン、ポンデローサパイン、おうしゅうあかまつ及びジャックパイン	1.0
		すぎ及びべいすぎ	0.9
(2)	幅方向	$Fs=min\left\{f_{v\_lam\_0},\ f_{v\_lam\_90}\frac{t_{net}}{t_{gross}},\ \frac{3bn_{ca}}{8t_{gross}}\cdot\frac{1}{\frac{1}{f_{v\_tor}}\left(1-\frac{1}{m^2}\right)+\frac{2}{f_R}\left(\frac{1}{m}-\frac{1}{m^2}\right)}\right\}$	

この表において、$f_{v\_lam\_0}$、$f_{v\_lam\_90}$、t_{net}、t_{gross}、b、n_{ca}、f_{v_tor}、f_R 及び m は、それぞれ次の数値を表すものとする。

$f_{v\_lam\_0}$　ラミナの繊維方向のせん断強度（単位　N/㎟）
この場合において、ラミナの繊維方向のせん断強度は、次の表の数値とする。

樹種	ラミナの繊維方向のせん断強度（単位　N/㎟）
ひのき、ひば、からまつ、あかまつ、くろまつ、べいひ、ダフリカからまつ、サザンパイン、べいまつ、ホワイトサイプレスパイン及びウエスタンラーチ	3.6

つが、アラスカイエローシダー、べにまつ、ラジアタパイン及びべいつが	3.3
もみ、とどまつ、えぞまつ、べいもみ、スプルース、ロッジポールパイン、ポンデローサパイン、おうしゅうあかまつ及びジャックパイン	3.0
すぎ及びべいすぎ	2.7

$f_{v\_lam\_90}$　ラミナの繊維方向と直交する方向のせん断強度（単位　N/㎟）
この場合において、ラミナの繊維方向と直交する方向のせん断強度は、次の表の数値とする。

樹種	ラミナの繊維方向と直交する方向のせん断強度（単位　N/㎟）
ひのき、ひば、からまつ、あかまつ、くろまつ、べいひ、ダフリカからまつ、サザンパイン、べいまつ、ホワイトサイプレスパイン及びウエスタンラーチ	10.8
つが、アラスカイエローシダー、べにまつ、ラジアタパイン及びべいつが	9.9
もみ、とどまつ、えぞまつ、べいもみ、スプルース、ロッジポールパイン、ポンデローサパイン、おうしゅうあかまつ及びジャックパイン	9.0
すぎ及びべいすぎ	8.1

t_{net}　直交層の厚さの合計（単位　㎜）
t_{gross}　直交集成板の厚さ（単位　㎜）
b　ラミナの幅（単位　㎜）
n_{ca}　直交集成板の直交接着層の数
f_{v_tor}　接着された直交する2つのラミナの交差面のねじりせん断強度（単位　N/㎟）
この場合において、接着された直交する2つのラミナの交差面のねじりせん断強度は、次の表の数値（特別な調査又は研究の結果に基づき直交集成板の材料特性を適切に評価して数値を定めた場合は、その数値）とする。

樹種	接着された直交する2つのラミナの交差面のねじりせん断強度（単位　N/㎟）
ひのき、ひば、からまつ、あかまつ、くろまつ、べいひ、ダフリカからまつ、サザンパイン、べいまつ、ホワイトサイプレスパイン及びウエスタンラーチ	4.7
つが、アラスカイエローシダー、べにまつ、ラジアタパイン、べいつが、もみ、とどまつ、えぞまつ、べいもみ、スプルース、ロッジポールパイン、ポンデローサパイン、おうしゅうあかまつ、ジャックパイン、すぎ及びべいすぎ	3.0

f_R　ローリングシア強度（単位　N/㎟）
この場合において、ローリングシア強度は、次の表の数値とする。

樹種	ローリングシア強度（単位　N/㎟）

	ひのき、ひば、からまつ、あかまつ、くろまつ、べいひ、ダフリカからまつ、サザンパイン、べいまつ、ホワイトサイプレスパイン及びウエスタンラーチ	2.0
	つが、アラスカイエローシダー、べにまつ、ラジアタパイン及びべいつが	1.8
	もみ、とどまつ、えぞまつ、べいもみ、スプルース、ロッジポールパイン、ポンデローサパイン、おうしゅうあかまつ及びジャックパイン	1.6
	すぎ及びべいすぎ	1.5
m	各層のラミナの幅方向の数のうち最小の値	

ホ　第1第十九号ロに規定する直交集成板のめりこみの基準強度Fcvは、外層に使用するラミナの樹種に応じて、それぞれ次の表の数値とする。

樹種	基準強度（単位　N/㎟）
あかまつ、くろまつ、ダフリカからまつ、サザンパイン、べいまつ、ホワイトサイプレスパイン及びウエスタンラーチ	9.0
ひのき、ひば、からまつ及びべいひ	7.8
つが、アラスカイエローシダー、べにまつ、ラジアタパイン、べいつが、もみ、とどまつ、えぞまつ、べいもみ、スプルース、ロッジポールパイン、ポンデローサパイン、おうしゅうあかまつ、すぎ、べいすぎ及びジャックパイン	6.0

附則（抄）

1　（略）

2　昭和55年建設省告示第1799号は、廃止する。

3　（略）

可燃物燃焼温度を定める件

制定：平成 12 年 5 月 31 日　建設省告示第 1432 号

建築基準法施行令（昭和 25 年政令第 338 号）第 107 条第二号の規定に基づき、可燃物燃焼温度を次のとおり定める。

建築基準法施行令第 107 条第二号に規定する可燃物燃焼温度は、次の各号に掲げる区分に応じ、それぞれ当該各号に定める温度のいずれか高い方の温度とする。

一　加熱面以外の面のうち最も温度が高い部分の温度　摂氏 200 度

二　加熱面以外の面の全体について平均した場合の温度　摂氏 160 度

内装の仕上げを不燃材料ですることその他これに準ずる措置の基準等を定める件

制定：平成 28 年 4 月 22 日　国土交通省告示第 692 号

建築基準法施行令（昭和 25 年政令第 338 号）第 108 条の 3 第 1 項第一号イ⑵及びロ⑵の規定に基づき、内装の仕上げを不燃材料ですることその他これに準ずる措置の基準及び別に定める温度を次のように定める。

第 1

建築基準法施行令第 108 条の 3 第 1 項第一号イ⑵及びロ⑵に規定する内装の仕上げを不燃材料ですることその他これに準ずる措置の基準は、室内の可燃物の位置、内装の仕上げその他の事項について、防火上支障がないようにするための措置を講ずることとする。

第 2

建築基準法施行令第 108 条 3 第 1 項第一号イ⑵及びロ⑵に規定する別に定める温度は、同項第二号の規定による国土交通大臣の認定において、第 1 の措置の内容に応じて認める温度とする。

耐火性能検証法に関する算出方法等を定める件

制定：平成 12 年 5 月 31 日　建設省告示第 1433 号
改正：平成 27 年 2 月 23 日　国土交通省告示第 258 号

建築基準法施行令（昭和 25 年政令第 338 号）第 108 条の 3 第 2 項第一号から第三号まで及び第 5 項第二号の規定に基づき、耐火性能検証法に関する算出方法等を次のように定める。

第 1

建築基準法施行令（以下「令」という。）第 108 条の 3 第 2 項第一号に規定する当該室内の可燃物の発熱量は、次の式によって算出するものとする。

$$Q_r = q_l A_r + \Sigma\ (q_f A_f d_f)\ + \Sigma f_a \{q_{la} A_{ra} + \Sigma\ (q_{fa} A_{fa} d_{fa})\}$$

この式において、Q_r、q_l、A_r、q_f、A_f、d_f、f_a、q_{la}、A_{ra}、q_{fa}、A_{fa}、及び d_{fa} は、それぞれ次の数値を表すものとする。

Q_r　当該室内の可燃物の発熱量（単位　MJ）

q_l　当該室内の収納可燃物の床面積 1㎡当たりの発熱量（単位　MJ/㎡）

A_r　当該室の床面積（単位　㎡）

q_f　当該室の壁、床及び天井（天井のない場合においては、屋根。以下同じ。）の室内に面する部分の仕上げに用いる建築材料（以下「内装用建築材料」という。以下同じ。）の表面積 1

㎡厚さ1㎜当たりの発熱量（単位　MJ/（㎡・㎜））

A_f　当該室の内装用建築材料の種類ごとの各部分の表面積（単位　㎡）

d_f　当該室の内装用建築材料の厚さ（単位　㎜）

f_a　当該室と隣接室の間の壁又は床の種類及び壁又は床の開口部の種類に応じて次の表の熱侵入係数の欄に掲げる数値

壁又は床	壁又は床の開口部	熱侵入係数
耐火構造（令第108条の3第3項の規定により耐火構造とみなされるものを含む。以下この表において同じ。）であるもの	特定防火設備（令第108条の3第4項の規定により特定防火設備とみなされるものを含む。以下この表において同じ。）が設けられたもの	0.0
	法第2条第九号の二ロに規定する防火設備が設けられたもの	0.07
1時間準耐火基準に適合する準耐火構造（耐火構造を除く。以下この表において同じ。）であるもの	特定防火設備が設けられたもの	0.01
	法第2条第九号の二ロに規定する防火設備が設けられたもの	0.08
準耐火構造（耐火構造及び1時間準耐火基準に適合する準耐火構造を除く。）であるもの	特定防火設備が設けられたもの	0.05
	法第2条第九号の二ロに規定する防火設備が設けられたもの	0.09
その他のもの		0.15

q_{la}　当該室の隣接室の収納可燃物の床面積1㎡当たりの発熱量（単位　MJ/㎡）

A_{ra}　当該室の隣接室の床面積（単位　㎡）

q_{fa}　当該室の隣接室の内装用建築材料の表面積1㎡厚さ1㎜当たりの発熱量(単位　MJ/(㎡・㎜))

A_{fa}　当該室の隣接室の内装用建築材料の種類ごとの各部分の表面積（単位　㎡）

d_{fa}　当該室の隣接室の内装用建築材料の厚さ（単位　㎜）

2　前項の室内の収納可燃物の床面積1㎡当たりの発熱量は、当該室の種類に応じて次の表に定める数値とする。

室の種類				発熱量（単位　MJ/㎡）
(1)	住宅の居室			720
	住宅以外の建築物における寝室又は病室			240
(2)	事務室その他これに類するもの			560
	会議室その他これに類するもの			160
(3)	教室			400
	体育館のアリーナその他これに類するもの			80
	博物館又は美術館の展示室その他これらに類するもの			240
(4)	百貨店の売場又は物品販売業を営む店舗その他これらに類するもの	家具又は書籍の売場その他これらに類するもの		960
		その他の部分		480
	飲食店その他の飲食室	簡易な食堂		240
		その他の飲食室		480
(5)	劇場、映画館、演芸場、観覧場、公会堂、集会室その他これらに類する用途に供する室	客席部分	固定席の場合	400
			その他の場合	480
		舞台部分		240

(6)	自動車車庫又は自動車修理工場	車室その他これに類する部分	240
		車路その他これに類する部分	32
(7)	廊下、階段その他の通路		32
	玄関ホール、ロビーその他これらに類するもの	劇場、映画館、演芸場、観覧場、公会堂若しくは集会場その他これらに類する用途又は百貨店若しくは物品販売業を営む店舗その他これらに類する用途に供する建築物におけるもの	160
		その他のもの	80
(8)	昇降機その他の設備の機械室		160
(9)	屋上広場又はバルコニー		80
(10)	倉庫その他の物品の保管の用に供する室		2,000

3　第１項の内装用建築材料の表面積１㎡厚さ１㎜当たりの発熱量は、内装用建築材料の種類に応じて次の表に定める数値とする。

内装用建築材料	発熱量（単位　MJ/（㎡・㎜））
不燃材料	0.8
準不燃材料（不燃材料を除く。）	1.6
難燃材料（準不燃材料を除く。）	3.2
木材その他これに類するもの（難燃材料を除く。）	8.0

第２

令第108条の３第２項第一号に規定する当該室内の可燃物の１秒間当たりの発熱量は、当該室の燃焼型支配因子に応じて次の表の１秒間当たりの発熱量の欄に掲げる式によって算出するものとする。

燃焼型支配因子	１秒間当たりの発熱量（単位　MW）
$\chi \leqq 0.081$ の場合	$q_b = 1.6 \times \chi \times A_{fuel}$
$0.081 < \chi \leqq 0.1$ の場合	$q_b = 0.13 \times A_{fuel}$
$\chi > 0.1$ の場合	$q_b = (2.5 \times \chi \times \exp(-11 \times \chi) + 0.048) \times A_{fuel}$

この表において χ、q_b 及び A_{fuel} は、それぞれ次の数値を表すものとする。

χ　次の式によって計算した燃焼型支配因子

$$\chi = \max\left[\frac{\Sigma(A_{op}\sqrt{H_{op}})}{A_{fuel}},\ \frac{A_r\sqrt{H_r}}{70A_{fuel}}\right]$$

この式において A_{op}、H_{op}、A_{fuel}、A_r 及び H_r は、それぞれ次の数値を表すものとする。

A_{op}　各開口部の面積（単位　㎡）

H_{op}　各開口部の上端から下端までの垂直距離（単位　m）

A_r　当該室の床面積（単位　㎡）

H_r　当該室の床面から天井までの平均高さ（単位　m）

A_{fuel}　次の式によって計算した可燃物表面積（単位　㎡）

$$A_{fuel} = 0.26 \times q_l^{1/3} \times A_r + \Sigma\phi \times A_f$$

この式において、q_l、A_r、A_f 及び ϕ は、それぞれ次の数値を表すものとする。

q_l　当該室内の収納可燃物の床面積１㎡当たりの発熱量（単位　MJ/㎡）

A_r　当該室の床面積（単位　㎡）

A_f　当該室の壁、床及び天井の室内に面する部分の仕上げに用いる建築材料の種類ごとの各部分の表面積（単位　㎡）

ϕ　建築材料の種類に応じて次の表の酸素消費係数の欄に掲げる数値

建築材料の種類	酸素消費係数
不燃材料	0.1
準不燃材料（不燃材料であるものを除く。）	0.2
難燃材料（準不燃材料であるものを除く。）	0.4
木材その他これに類するもの（難燃材料を除く。）	1.0

q_b　当該室内の可燃物の１秒間当たりの発熱量（単位　MW）
A_{fuel}　可燃物表面積（単位　㎡）

第３

令第 108 条の３第２項第二号に規定する屋内火災保有耐火時間を求める方法は、次の各号に掲げる建築物の部分に応じ、それぞれ当該各号に定めるところによるものとする。

一　壁（耐力壁に限る。）　当該構造の構造方法の区分に応じ、それぞれ次に定めるところにより屋内火災保有耐火時間を求めること。

イ　鉄筋コンクリート造（コンクリートの設計基準強度が１㎟につき 60 N 以下のものに限る。第４第一号イにおいて同じ。）で、鉄筋に対するコンクリートのかぶり厚さが３cm以上のもの　次に定めるところにより屋内火災保有耐火時間を求めること。

(1)　屋内火災保有耐火時間を次の式によって計算すること。

$$t_{fr}=\min\left[\max\left\{\frac{16772(cd)^2}{\alpha^{3/2}\left(\log_e\dfrac{0.673}{(cd)^{1/3}}\right)^2},\ \left(\frac{480}{\alpha}\right)^6\right\},\ \frac{118.4c_D D^2}{\alpha^{3/2}}\right]$$

この式において、t_{fr}、c、d、α、c_D 及び D は、次の数値を表すものとする。

t_{fr}　屋内火災保有耐火時間（単位　分）
c　次の表に掲げる熱特性係数

コンクリートの区分	熱特性係数
普通コンクリート（設計基準強度が１㎟につき 60 N 以下のものに限る。以下同じ。）	0.21
一種軽量コンクリート（粗骨材が軽量骨材であり、かつ、細骨材が砂であるものをいう。以下同じ。）	0.23

d　次の式によって計算した熱劣化深さ（単位　mm）

$$d=\min\left\{D-\frac{3P}{2F_c},\ 2d_s\right\}$$

この式において、d、D、P、F_c 及び d_s は、次の数値を表すものとする。

d　熱劣化深さ（単位　mm）
D　壁の厚さ（単位　mm）
P　壁に作用する壁の長さ１mm当たりの荷重（単位　N/mm）
F_c　コンクリートの常温時の設計基準強度（単位　N/㎟）
d_s　加熱を受ける部分の鉄筋に対するかぶり厚さの最小値（単位　mm）

α　火災温度上昇係数
c_D　次の表に掲げる遮熱特性係数

コンクリートの区分	遮熱特性係数
普通コンクリート	1.0
一種軽量コンクリート	1.2

D　壁の厚さ（単位　mm）

(2) (1)の火災温度上昇係数は、次の式によって計算するものとする（ロ、第二号から第七号まで及び第5各号において同じ。）。

$$\alpha = 1280\left(\frac{q_b}{\sqrt{\Sigma(A_C I_h)}\ \sqrt{f_{op}}}\right)^{\frac{2}{3}}$$

この式において、α、q_b、A_C、I_h及びf_{op}は、それぞれ次の数値を表すものとする。

α　火災温度上昇係数

q_b　令第108条の3第2項第一号に規定する当該室内の可燃物の1秒間当たりの発熱量（単位　MW）

A_C　当該室の壁、床及び天井の部分ごとの表面積（単位　㎡）

I_h　次の表に掲げる式によって計算した数値（単位　kW・秒$^{1/2}$/（㎡・K））

構造	熱慣性
鉄筋コンクリート、コンクリートブロックその他これらに類する材料で造られたもの	1.75
軽微な間仕切り壁その他これに類するもの	0.3
金属板屋根、膜構造その他これらに類するもの	2.8
その他のもの	$I_h = \sqrt{k\rho c}$

この表において、I_h、k、ρ及びcは、次の数値を表すものとする。
I_h　当該室の壁、床及び天井の部分ごとの熱慣性（単位　kW・秒$^{1/2}$/（㎡・K））
k　当該室の壁、床及び天井の部分ごとの熱伝導率（単位　kW/（m・K））
ρ　当該室の壁、床及び天井の部分ごとの密度（単位　kg/㎥）
c　当該室の壁、床及び天井の部分ごとの比熱（単位　kJ/（kg・K））

f_{op}　次の式によって計算した有効開口因子（単位　m$^{5/2}$）

$$f_{op} = \max\left\{\Sigma(A_{op}\sqrt{H_{op}},\ \frac{A_r\sqrt{H_r}}{70}\right\}$$

この式において、f_{op}、A_{op}、H_{op}、A_r及びH_rは、次の数値を表すものとする。

f_{op}　有効開口因子（単位　m$^{5/2}$）

A_{op}　当該室の壁、床及び天井に設けられた各開口部の面積（単位　㎡）

H_{op}　当該室の壁、床及び天井に設けられた各開口部の上端から下端までの垂直距離（単位　m）

A_r　当該室の床面積（単位　㎡）

H_r　当該室の床面から天井までの平均高さ（単位　m）

ロ　イに掲げるもの以外の耐火構造である構造方法　次の式によって屋内火災保有耐火時間を計算すること。

$$t_{fr} = t_A\left(\frac{460}{\alpha}\right)^{3/2}$$

この式において、t_{fr}、t_A及びαは、次の数値を表すものとする。

t_{fr}　屋内火災保有耐火時間（単位　分）

t_A　耐火構造として通常の火災による火熱に対して耐えるべき時間として定められ又は認定を受けた時間（令第107条各号に掲げる時間のうち、最も短いものをいい、以下「耐火時間」という。）（単位　分）

α　火災温度上昇係数

二　壁（非耐力壁に限る。）　当該構造の構造方法の区分に応じ、それぞれ次に定めるところにより屋内火災保有耐火時間を求めること。

イ　鉄筋コンクリート造　屋内火災保有耐火時間を次の式によって計算すること。

$$t_{fr} = \frac{118.4 c_D D^2}{\alpha^{3/2}}$$

この式において、t_{fr}、c_D、D及びαは、次の数値を表すものとする。

t_{fr}　屋内火災保有耐火時間（単位分）

c_D　次の表に掲げる遮熱特性係数

コンクリートの区分	遮熱特性係数
普通コンクリート	1.0
一種軽量コンクリート	1.2

D　壁の厚さ（単位　㎜）

α　火災温度上昇係数

ロ　イに掲げるもの以外の耐火構造である構造方法　屋内火災保有耐火時間を次の式によって計算すること。

$$t_{fr} = t_A \left(\frac{460}{\alpha}\right)^{3/2}$$

この式において、t_{fr}、t_A及びαは、次の数値を表すものとする。

t_{fr}　屋内火災保有耐火時間（単位　分）

t_A　耐火時間（単位　分）

α　火災温度上昇係数

三　柱　当該構造の構造方法の区分に応じ、それぞれ次のイからホまでに定めるところにより屋内火災保有耐火時間を求めること。

イ　鉄骨造（防火被覆したものを除く。）　次に定めるところにより屋内火災保有耐火時間を求めること。

(1)　屋内火災保有耐火時間を、次の式によって計算すること。

$$t_{fr} = \max\{t_{fr1},\ t_{fr2}\}$$

この式において、t_{fr}、t_{fr1}及びt_{fr2}は、次の数値を表すものとする。

t_{fr}　屋内火災保有耐火時間（単位　分）

t_{fr1}　次の表に掲げる式によって計算した数値

$\frac{987}{h}\left\{\frac{1}{\log_e\{h^{1/6}(T_{cr}-20)/1250\}}\right\}^2 \geqq \alpha_l^{3/2}$ の場合	$t_{fr1} = \frac{19732}{\alpha^{3/2}h}\left\{\frac{1}{\log_e\{h^{1/6}(T_{cr}-20)/1250\}}\right\}^2$
$\frac{987}{h}\left\{\frac{1}{\log_e\{h^{1/6}(T_{cr}-20)/1250\}}\right\}^2 < \alpha_l^{3/2}$ の場合	$t_{fr1}=0$
この表において、α、α_l、h及びT_{cr}は、次の数値を表すものとする。 α　火災温度上昇係数 α_l　部材近傍火災温度上昇係数 h　部材温度上昇係数 T_{cr}　限界部材温度（単位　度）	

t_{fr2}　次の式によって計算した数値（単位　分）

$$t_{fr2} = \left(\frac{T_{cr}-20}{\max\{\alpha,\ \alpha_l\}}\right)^6$$

この式において、α、α_l及びT_{cr}は、次の数値を表すものとする。

α　火災温度上昇係数
α_l　部材近傍火災温度上昇係数
T_{cr}　限界部材温度（単位　度）

(2)　(1)の部材近傍火災温度上昇係数は、床面からの高さに応じて次の表に掲げる式によって計算するものとする（ニ並びに第五号イ(1)及びニにおいて同じ。）。

$z \leqq 2$ の場合	$\alpha_l = 500$
$2 < z \leqq 7$ の場合	$\alpha_l = 500 - 100\ (z - 2)$
$z > 7$ の場合	$\alpha_l = 0$
この表において、z 及び α_l は、次の数値を表すものとする。 z　当該部材の床面からの高さ（単位　m） α_l　部材近傍火災温度上昇係数	

(3)　(1)の部材温度上昇係数は、次の表に掲げる式によって計算するものとする。

構造	部材温度上昇係数
H 型鋼柱	$h = 0.00089\ (H_s/A_s)$
角型鋼管又は円形鋼管柱	$h = 0.00116\ (H_s/A_s)$
この表において、h、H_s 及び A_s は、次の数値を表すものとする。 h　部材温度上昇係数 H_s　部材の加熱周長（単位　m） A_s　部材の断面積（単位　㎡）	

(4)　(1)の限界部材温度は、次の式によって計算するものとする（ロ(1)において同じ。）。

$$T_{cr} = \min\ \{T_B,\ T_{LB},\ T_{DP},\ 550\}$$

この式において、T_{cr}、T_B、T_{LB} 及び T_{DP} は、それぞれ次の数値を表すものとする。
T_{cr}　限界部材温度（単位　度）
T_B　次の表に掲げる式によって計算した柱の全体座屈に対する上限温度（単位　度）

無次元化有効細長比	柱の全体座屈に対する上限温度
$\lambda < 0.1$ の場合	$T_B = 700 - 375p$
$0.1 \leqq \lambda \leqq 1$ の場合	$T_B = \max\left\{700 - 375p - 55.8(p + 30p^2)(\lambda - 0.1),\ 500\sqrt{1 - \frac{p(1 + 0.267\lambda^2)}{1 - 0.24\lambda^2}}\right\}$

この表において、λ、T_B 及び p は、次の数値を表すものとする。
λ　次の式によって計算した無次元化有効細長比

$$\lambda = \frac{l_e/i}{3.14\sqrt{E/F}}$$

この式において、l_e、i、E 及び F は、次の数値を表すものとする。
l_e　柱の長さ（単位　㎜）
i　柱の断面の最小二次率半径（単位　㎜）
E　鋼材の常温時の弾性係数（単位　N/㎟）
F　鋼材の常温時の基準強度（単位　N/㎟）

T_B　柱の全体座屈に対する上限温度（単位　度）
p　次の式によって計算した柱の常温時における軸力比

$$p = \frac{P}{FA_c}$$

（この式において、p、P、F 及び A_c は、次の数値を表すものとする。
p　柱の常温時における軸力比
P　当該柱が負担する圧縮力（単位　N）
F　鋼材の常温時の基準強度（単位　N/㎟）
A_c 当該柱の断面積（単位　㎟））

T_{LB}　次の式によって計算した柱の局部座屈に対する上限温度（単位　度）

$$T_{LB} = 700 - \frac{375p}{\min(R_{LBO},\ 0.75)}$$

（この式において、T_{LB}、p 及び R_{LBO} は、それぞれ次の数値を表すものとする。
T_{LB}　柱の局部座屈に対する上限温度（単位　度）
p　常温時における軸力比
R_{LBO}　次の表に掲げる式によって計算した数値

断面の形状	R_{LBO}
H 形断面	$R_{LBO} = \min\left\{\dfrac{7}{0.72\dfrac{B_f}{t_f} + 0.11\dfrac{B_w}{t_w}},\ 21\dfrac{t_w}{B_w}\right\}$
正方形中空断面（熱間成形又は溶接集成部材であるものに限る。）	$R_{LBO} = 21\dfrac{t}{B}$
正方形中空断面（冷間成形部材に限る。）	$R_{LBO} = 17\dfrac{t}{B}$
円形中空断面	$R_{LBO} = \dfrac{35.6}{D/t_{cy} + 10.6}$
この表において、B_f、B_w、t_f、t_w、B、t、D 及び t_{cy} は、次の数値を表すものとする。 B_f　鋼材のフランジ幅に 0.5 を乗じたもの（単位　㎜） B_w　鋼材のウェブ幅（単位　㎜） t_f　鋼材のフランジ厚（単位　㎜） t_w　鋼材のウェブ厚（単位　㎜） B　鋼材の断面の小径（単位　㎜） t　鋼材の板厚（単位　㎜） D　鋼材の断面の外径（単位　㎜） t_{cy}　鋼材の管厚（単位　㎜）	

）

T_{DP}　次の式によって計算した数値（単位　度）

$$T_{DP} = 20 + \frac{18000}{\sqrt{S}}$$

（この式において、T_{DP} 及び S は、それぞれ次の数値を表すものとする。
T_{DP}　柱の熱変形に対する上限温度（単位　度）
S　当該柱が面する室の床面積（単位　㎡））

ロ　鉄骨造で、吹付け厚さが 25㎜以上の吹付けロックウール（比重が 0.28 以上で、かつ、ロックウールのセメントに対する重量比が 1.5 以上のものに限る。以下同じ。）又は厚さが 20㎜以上の繊維混入ケイ酸カルシウム板（比重が 0.35 以上であるものに限る。以下同じ。）で被覆したもの
　次に定めるところにより屋内火災保有耐火時間を求めること。
(1)　屋内火災保有耐火時間を次の式によって計算すること。

$$t_{fr}=\max\left[\frac{9866}{\alpha^{3/2}}\left\{\frac{2}{h}\left\{\frac{1}{\log_e\{h^{1/6}(T_{cr}-20)/1250\}}\right\}^2+\frac{a_w}{(H_i/A_i)^2}\right\},\ \left(\frac{T_{cr}-20}{\alpha}\right)^6\right]$$

この式において、t_{fr}、α、h、a_w、H_i、A_i及びT_{cr}は、次の数値を表すものとする。

t_{fr}　屋内火災保有耐火時間（単位　分）

α　火災温度上昇係数

h　部材温度上昇係数

a_w　次の表に掲げる温度上昇遅延時間係数

防火被覆の区分	鋼材の区分	温度上昇遅延時間係数
吹付けロックウール（H型鋼にあっては、ラス吹き工法のものを除く。）	H型鋼	22,000
	角型鋼管又は円形鋼管	19,600
繊維混入ケイ酸カルシウム板（箱貼り工法のものに限る。）	H型鋼	28,300
	角型鋼管又は円形鋼管	32,000

H_i　被覆材の加熱周長（単位　m）

A_i　被覆材の断面積（単位　㎡）

T_{cr}　限界部材温度（単位　度）

(2)　部材温度上昇係数は、次の式によって計算するものとする。

$$h=\frac{\phi K_0(H_s/A_s)}{\left\{1+\frac{\phi R}{H_i/A_i}\right\}\left\{1+\frac{\phi C(H_s/A_s)}{2(H_i/A_i)}\right\}}$$

この式において、h、ϕ、K_0、H_s、A_s、R、H_i、A_i及びCは、次の数値を表すものとする。

h　部材温度上昇係数

ϕ　次の式によって計算した加熱周長比

$$\phi=\frac{H_i}{H_s}$$

この式において、ϕ、H_i及びH_sは、次の数値を表すものとする。

ϕ　加熱周長比

H_i　被覆材の加熱周長（単位　m）

H_s　部材の加熱周長（単位　m）

K_0　次の表に掲げる基本温度上昇速度（単位　m/分）

鋼材の区分	基本温度上昇速度
H型鋼	0.00089
角型鋼管又は円形鋼管	0.00116

H_s　部材の加熱周長（単位　m）

A_s　部材の断面積（単位　㎡）

R　次の表に掲げる熱抵抗係数

防火被覆の区分	鋼材の区分	熱抵抗係数
吹付けロックウール（H型鋼にあっては、ラス吹き工法のものを除く。）	H型鋼	310
	角型鋼管又は円形鋼管	390
繊維混入ケイ酸カルシウム板（箱貼り工法	H型鋼	815

のものに限る。）	角型鋼管又は円形鋼管	700

H_i　被覆材の加熱周長（単位　m）
A_i　被覆材の断面積（単位　㎡）
C　次の表に掲げる熱容量比

防火被覆の区分	熱容量比
吹付けロックウール	0.081
繊維混入ケイ酸カルシウム板	0.136

ハ　小径と長さの比が 10 以下の鉄筋コンクリート造（コンクリートの設計基準強度が 1㎟につき 60 N 以下のものに限る。）で、鉄筋に対するコンクリートのかぶり厚さが 3㎝以上のもの　屋内火災保有耐火時間を次の式によって計算すること。

$$t_{fr}=\max\left\{\frac{16772(cd)^2}{\alpha^{3/2}\left(\log_e\dfrac{0.673}{(cd)^{1/3}}\right)^2},\ \left(\frac{480}{\alpha}\right)^6\right\}$$

この式において、t_{fr}、α、c 及び d は、次の数値を表すものとする。
t_{fr}　屋内火災保有耐火時間（単位　分）
α　火災温度上昇係数
c　次の表に掲げる熱特性係数

コンクリートの区分	熱特性係数
普通コンクリート	0.21
一種軽量コンクリート	0.23

d　次の式によって計算した熱劣化深さ（単位　㎜）

$$d=\min\left\{\frac{A_c-\dfrac{3P}{2F_c}}{H_c},\ 2d_s\right\}$$

この式において、d、A_c、P、F_c、H_c 及び d_s は、次の数値を表すものとする。
d　熱劣化深さ（単位　㎜）
A_c　柱の断面積（単位　㎟）
P　当該柱が負担する圧縮力（単位　N）
F_c　コンクリートの常温時の設計基準強度（単位　N/㎟）
H_c　柱の断面の加熱を受ける部分の周長（単位　㎜）
d_s　加熱を受ける部分の鉄筋に対するかぶり厚さの最小値（単位　㎜）

ニ　小径が 20㎝以上の木造　屋内火災保有耐火時間を次の式によって計算すること。

$$t_{fr}=\left(\frac{240}{\max(\alpha,\ \alpha_l)}\right)^6$$

この式において、t_{fr}、α 及び α_l は、次の数値を表すものとする。
t_{fr}　屋内火災保有耐火時間（単位　分）
α　火災温度上昇係数
α_l　部材近傍火災温度上昇係数

ホ　イからニまでに掲げるもの以外の耐火構造である構造方法　屋内火災保有耐火時間を次の式によって計算すること。

$$t_{fr} = t_A \left(\frac{460}{\alpha} \right)^{3/2}$$

この式において、t_{fr}、t_A 及び α は、次の数値を表すものとする。

t_{fr}　屋内火災保有耐火時間（単位　分）

t_A　耐火時間（単位　分）

α　火災温度上昇係数

四　床　当該構造の構造方法の区分に応じ、それぞれ次のイ及びロに定めるところにより屋内火災保有耐火時間を求めること。

イ　釣合い鉄筋比以下の鉄筋比の鉄筋コンクリート造で、鉄筋に対するコンクリートのかぶり厚さが2cm以上のもの（床の断面が長方形のものであって、水平各方向について等断面形状のものに限る。）　屋内火災保有耐火時間を次の式によって計算すること。

$$t_{fr} = \min \left[\max \left\{ \frac{16772(cd)^2}{\alpha^{3/2}\left(\log_e \dfrac{0.673}{(cd)^{1/3}}\right)^2},\ \left(\frac{480}{\alpha}\right)^6 \right\},\ \frac{118.4 c_D D^2}{\alpha^{3/2}} \right]$$

この式において、t_{fr}、α、c、d、c_D 及び D は、次の数値を表すものとする。

t_{fr}　屋内火災保有耐火時間（単位　分）

α　火災温度上昇係数

c　次の表に掲げる熱特性係数

コンクリートの区分	熱特性係数
普通コンクリート	0.21
一種軽量コンクリート	0.23

d　次の式によって計算した熱劣化深さ（単位　mm）

$$d = \min \left\{ \frac{(M_{xp1} + M_{xp2} + 2M_{xp3}) + (M_{yp1} + M_{yp2} + 2M_{yp3})\left(\dfrac{l_x}{l_y}\right)^2 - 250 w l_x^2}{\left(\dfrac{M_{xp1}}{D_{x1}} + \dfrac{M_{xp2}}{D_{x2}} + \dfrac{M_{xp3}}{d_{x3}}\right) + \left(\dfrac{M_{yp1}}{D_{y1}} + \dfrac{M_{yp2}}{D_{y2}} + \dfrac{M_{yp3}}{d_{y3}}\right)\left(\dfrac{l_x}{l_y}\right)^2},\ 2d_{x3},\ 2d_{y3} \right\}$$

この式において、d、M_{xp1}、M_{xp2}、M_{xp3}、M_{yp1}、M_{yp2}、M_{yp3}、l_x、l_y、w、D_{x1}、D_{x2}、d_{x3}、D_{y1}、D_{y2} 及び d_{y3} は、次の数値を表すものとする。

d　熱劣化深さ（単位　mm）

M_{xp1}、M_{xp2}　床の短辺方向の材端部の拘束条件に応じ、それぞれ次の表に掲げる式によって計算した数値

当該材端部が隣接する部材に剛接合されている場合	$M_{xpi} = 0.9F_{xi}A_{xi}D_{xi}$ （$i = 1,2$）
その他の場合	$M_{xpi} = 0$ （$i = 1,2$）

この表において、M_{xpi}、F_{xi}、A_{xi} 及び D_{xi} は、次の数値を表すものとする。

M_{xpi}　床の短辺方向の材端部における床の長辺方向の長さ１m当たりの曲げモーメント（単位　N・mm／m）

F_{xi}　床の材端部において短辺方向に配する主筋のうち引張り力を負担するものの基準強度（単位　N/mm²）

A_{xi}　床の材端部において短辺方向に配する主筋のうち引張り力を負担するものの床の長辺方向の長さ１m当たりの断面積の合計（単位　mm²／m）

D_{xi}　床の材端部において短辺方向に配する主筋のうち引張り力を負担するものの重心から当該断面の圧縮側最外縁までの長さの最小値（単位　mm）

M_{xp3}　次の式によって計算した数値

$$M_{xp3} = 0.9F_{x3}A_{x3}D_{x3}$$

この式において、M_{xp3}、F_{x3}、A_{x3} 及び D_{x3} は、次の数値を表すものとする。

M_{xp3} 床の中央部における床の長辺方向の長さ 1 m当たりの短辺方向の曲げモーメント（単位　N・mm /m）

F_{x3}　床の中央部において床の短辺方向に配する主筋のうち引張り力を負担するものの基準強度（単位　N/mm²）

A_{x3}　床の中央部において床の短辺方向に配する主筋のうち引張り力を負担するものの床の長辺方向の長さ 1 m当たりの断面積の合計（単位　mm² /m）

D_{x3}　床の中央部において床の短辺方向に配する主筋のうち引張り力を負担するものの重心から当該断面の圧縮側最外縁までの長さの最小値（単位　mm）

M_{yp1}、M_{yp2}　長辺方向の材端部の拘束条件に応じ、それぞれ次の表に掲げる式によって計算した数値

当該材端部が隣接する部材に剛接合されている場合	$M_{ypi} = 0.9F_{yi}A_{yi}D_{yi}$ $(i = 1,2)$
その他の場合	$M_{ypi} = 0$ $(i = 1,2)$

この表において、M_{ypi}、F_{yi}、A_{yi} 及び D_{yi} は、次の数値を表すものとする。

M_{ypi} 床の長辺方向の材端部における床の短辺方向の長さ 1m 当たりの曲げモーメント（単位　N・mm /m）

F_{yi}　床の材端部において長辺方向に配する主筋のうち引張り力を負担するものの基準強度（単位　N/mm²）

A_{yi}　床の材端部において長辺方向に配する主筋のうち引張り力を負担するものの床の短辺方向の長さ 1m当たりの断面積の合計（単位　mm² /m）

D_{yi}　床の材端部において床の長辺方向に配する主筋のうち引張り力を負担するものの重心から当該断面の圧縮側最外縁までの長さの最小値（単位　mm）

M_{yp3}　次の式によって計算した数値

$$M_{yp3} = 0.9F_{y3}A_{y3}D_{y3}$$

この式において、M_{yp3}、F_{y3}、A_{y3} 及び D_{y3} は、次の数値を表すものとする。

M_{yp3} 床の中央部における床の短辺方向の長さ 1m当たりの辺方向の曲げモーメント（単位　N・mm /m）

F_{y3}　床の中央部において床の短辺方向に配する主筋のうち引張り力を負担するものの基準強度（単位　N/mm²）

A_{y3}　床の中央部において床の短辺方向に配する主筋のうち引張り力を負担するものの床の長辺方向の長さ 1m当たりの断面積の合計（単位　mm² /m）

D_{y3}　床の中央部において床の短辺方向に配する主筋のうち引張り力を負担するものの重心から当該断面の圧縮側最外縁までの長さの最小値（単位　mm）

l_x　床の短辺方向の長さ（単位　m）
l_y　床の長辺方向の長さ（単位　m）
w　床に作用する等分布床荷重（単位　N/㎡）
D_{x1}、D_{x2}　床の短辺方向に配する主筋のうち材端部において引張り力を負担するものの重心から当該断面の圧縮側最外縁までの長さ（単位　㎜）
d_{x3}　床の短辺方向に配する主筋のうち床中央部で引張り力を負担するものに対するコンクリートのかぶり厚さの最小値（単位　㎜）
D_{y1}、D_{y2}　床の長辺方向に配する主筋のうち材端部において引張り力を負担するものの重心から当該断面の圧縮側最外縁までの長さ（単位　㎜）
d_{y3}　床の長辺方向に配する主筋のうち床中央部で引張り力を負担するものに対するコンクリートのかぶり厚さの最小値（単位　㎜）

c_D　次の表に掲げる遮熱特性係数

コンクリートの区分	遮熱特性係数
普通コンクリート	1.0
一種軽量コンクリート	1.2

D　床の厚さ（単位　㎜）

ロ　イに掲げるもの以外の耐火構造である構造方法　屋内火災保有耐火時間を次の式によって計算すること。

$$t_{fr}=t_A\left(\frac{460}{\alpha}\right)^{3/2}$$

この式において、t_{fr}、t_A 及び α は、次の数値を表すものとする。
t_{fr}　屋内火災保有耐火時間（単位　分）
t_A　耐火時間（単位　分）
α　火災温度上昇係数

五　はり　当該構造の構造方法の区分に応じ、それぞれ次のイからホまでに定めるところにより屋内火災保有耐火時間を求めること。

イ　鉄骨造（はりの長さ方向について等断面形状のものに限り、防火被覆したものを除く。）にあっては、次に定めるところにより屋内火災保有耐火時間を求めること。

(1)　屋内火災保有耐火時間を、次の式によって計算すること。

$$t_{fr}=\max\{t_{fr1},\ t_{fr2}\}$$

この式において、t_{fr}、t_{fr1} 及び t_{fr2} は、次の数値を表すものとする。
t_{fr}　屋内火災保有耐火時間（単位　分）
t_{fr1}　次の表に掲げる式によって計算した数値

$\frac{987}{h}\left\{\frac{1}{\log_e\{h^{1/6}(T_{cr}-20)/1250\}}\right\}^2 \geqq \alpha_l^{3/2}$ の場合	$t_{fr1}=\frac{19732}{\alpha^{3/2}h}\left\{\frac{1}{\log_e\{h^{1/6}(T_{cr}-20)/1250\}}\right\}^2$
$\frac{987}{h}\left\{\frac{1}{\log_e\{h^{1/6}(T_{cr}-20)/1250\}}\right\}^2 < \alpha_l^{3/2}$ の場合	$t_{fr1}=0$
この表において、α、α_l、h 及び T_{cr} は、次の数値を表すものとする。 α　火災温度上昇係数 α_l　部材近傍火災温度上昇係数 h　部材温度上昇係数	

T_{cr} 限界部材温度（単位　度）

t_{fr2}　次の式によって計算した数値（単位　分）

$$t_{fr2}=\left(\frac{T_{cr}-20}{\max\{\alpha,\alpha_l\}}\right)^6$$

この式において、α、α_l 及び T_{cr} は、次の数値を表すものとする。

α　火災温度上昇係数

α_l　部材近傍火災温度上昇係数

T_{cr}　限界部材温度（単位　度）

(2)　(1)の部材温度上昇係数は、次の表に掲げる式によって計算するものとする。

構造	部材温度上昇係数
上フランジが床スラブに密着した構造のH型鋼はりで、3面から加熱されるもの	$h=0.00067\ (H_s/A_s)$
その他のH型鋼はり	$h=0.00089\ (H_s/A_s)$
この表において、h、H_s 及び A_s は、次の数値を表すものとする。 h　部材温度上昇係数 H_s　部材の加熱周長（単位　m） A_s　部材の断面積（単位　㎡）	

(3)　(1)の限界部材温度は、次の式によって計算するものとする。（ロ(1)において同じ。）

$$T_{cr}=\min(T_{Bcr},\ T_{DP},\ 550)$$

この式において、T_{cr}、T_{Bcr} 及び T_{DP} は、それぞれ次の数値を表すものとする。

T_{cr}　限界部材温度（単位　度）

T_{Bcr}　次の式によって計算したはりの高温耐力によって定まる上限温度（単位　度）

$$T_{Bcr}=700-\frac{750l^2(w_1+w_2)}{M_{pB}(\sqrt{R_{B1}+R_{B3}}+\sqrt{R_{B2}+R_{B3}})^2}$$

この式において、T_{Bcr}、w_1、w_2、l、M_{pB}、R_{B1}、R_{B2} 及び R_{B3} は、それぞれ次の数値を表すものとする。

T_{Bcr}　はりの高温耐力によって定まる上限温度（単位　度）

w_1　当該はりに作用している分布荷重と同等の効果を与えるはりの長さ1m当たりの荷重（単位　N/m）

w_2　次の式によって計算した数値

$$w_2=a\sum_{i=1}^{n}\frac{Q_i}{2l}$$

この式において、w_2、a、Q_i、l 及び n は、それぞれ次の数値を表すものとする。

w_2　当該はりに作用している集中荷重と同等の効果を与えるはりの長さ1m当たりの荷重（単位　N/m）

a　当該はりに作用している集中荷重の加力点の数に応じて次の表に掲げる数値

n＝1の場合	2.0
n＝2の場合	1.5
n≧3の場合	1.2
この表において、n は、当該はりに作用している集中荷	

重の加力点の数を表すものとする。

Q_i　当該はりに作用している集中荷重（単位　N）
l　当該はりの長さに0.5を乗じた数値（単位　m）
n　当該はりに作用している集中荷重の加力点の数

l　当該はりの長さに0.5を乗じた数値（単位　m）
M_{pB}　次の式によって計算した常温時の全塑性モーメント（単位　N・m）

$$M_{pB}=\frac{FZ_{pBx}}{1000}$$

この式において、M_{pB}、F及びZ_{pBx}は、それぞれ次の数値を表すものとする。
M_{pB}　常温時の全塑性モーメント（単位　N・m）
F　鋼材の基準強度（単位　N/㎟）
Z_{pBx}　当該はりの断面の強軸周りの塑性断面係数（単位　㎣）

R_{B1}、R_{B2}　当該はりの各材端部の支持状態に応じ、それぞれ次の表に掲げる式によって計算した数値

当該材端部が隣接する部材に剛接合されている場合	$R_{Bi}=1\ (i=1,\ 2)$
その他の場合	$R_{Bi}=0\ (i=1,\ 2)$

R_{B3}　はり上端の拘束条件に応じて、次の表に掲げる式によって計算した数値

はり上端が床スラブに緊結されている場合	$R_{B3}=1$
その他の場合	$R_{B3}=\frac{Z_{pBy}}{Z_{pBx}}$
この表において、Z_{pBx}及びZ_{pBy}は、次の数値を表すものとする。 Z_{pBx} 部材の断面の強軸周りの塑性断面係数（単位　㎣） Z_{pBy} 部材の断面の弱軸周りの塑性断面係数（単位　㎣）	

T_{DP}　次の式によって計算したはりの熱変形に対する上限温度（単位　度）

$$T_{DP}=20+\frac{18000}{\sqrt{S}}$$

この式において、T_{DP}及びSは、それぞれ次の数値を表すものとする。
T_{DP}　はりの熱変形に対する上限温度（単位　度）
S　当該はりが面する室の床面積（単位　㎡）

ロ　鉄骨造で、吹付け厚さが25㎜以上のロックウール又は厚さが20㎜以上の繊維混入ケイ酸カルシウム板で被覆したもの　次に定めるところにより屋内火災保有耐火時間を求めること。
(1)　屋内火災保有耐火時間を、次の式によって計算すること。

$$t_{fr}=\max\left[\frac{9866}{\alpha^{3/2}}\left\{\frac{2}{h}\left\{\frac{1}{\log_e\{h^{1/6}(T_{cr}-20)/1250\}}\right\}^2+\frac{a_w}{(H_i/A_i)^2}\right\},\ \left(\frac{T_{cr}-20}{\alpha}\right)^6\right]$$

この式において、t_{fr}、α、h、a_w、H_i、A_i及びT_{cr}は、次の数値を表すものとする。
t_{fr}　屋内火災保有耐火時間（単位　分）
α　火災温度上昇係数
h　部材温度上昇係数
a_w　次の表に掲げる温度上昇遅延時間係数

防火被覆の区分	鋼材の区分	温度上昇遅延時間係数
吹付けロックウール（ラス吹き工法のものを除く。）	上フランジが床スラブに密着した構造のH型鋼はりで、3面から加熱されるもの	26,000
	その他のH型鋼はり	22,000
繊維混入ケイ酸カルシウム板（箱貼り工法のものに限る。）	上フランジが床スラブに密着した構造のH型鋼はりで、3面から加熱されるもの	20,300
	その他のH型鋼はり	28,300

H_i　被覆材の加熱周長（単位　m）
A_i　被覆材の断面積（単位　㎡）
T_{cr}　限界部材温度（単位　度）

⑵　⑴の部材温度上昇係数は、次の式によって計算するものとする。

$$h=\frac{\phi K_0(H_s/A_s)}{\left\{1+\frac{\phi R}{(H_i/A_i)}\right\}\left\{1+\frac{\phi C(H_s/A_s)}{2(H_i/A_i)}\right\}}$$

この式において、h、ϕ、K_0、H_s、A_s、R、H_i、A_i 及び C は、次の数値を表すものとする。
h　部材温度上昇係数
ϕ　次の式によって計算した加熱周長比

$$\phi=\frac{H_i}{H_s}$$

この式において、ϕ、H_i 及び H_s は、次の数値を表すものとする。
ϕ　加熱周長比
H_i　被覆材の加熱周長（単位　m）
H_s　部材の加熱周長（単位　m）

K_0　次の表に掲げる基本温度上昇速度（単位　m/分）

鋼材の区分	基本温度上昇速度
上フランジが床スラブに密着した構造のH型鋼はりで、3面から加熱されるもの	0.00067
その他のH型鋼はり	0.00089

H_s　部材の加熱周長（単位　m）
A_s　部材の断面積（単位　㎡）
R　次の表に掲げる熱抵抗係数

防火被覆の区分	鋼材の区分	熱抵抗係数
吹付けロックウール（ラス吹き工法のものを除く。）	上フランジが床スラブに密着した構造のH型鋼はりで、3面から加熱されるもの	235
	その他のH型鋼はり	310
繊維混入ケイ酸カルシウム板（箱貼り工法のものに限	上フランジが床スラブに密着した構造のH型鋼はりで、3面から加熱さ	365

る。)	れるもの	
	その他のH型鋼はり	815

H_i　被覆材の加熱周長（単位　m）
A_i　被覆材の断面積（単位　㎡）
C　次の表に掲げる熱容量比

防火被覆の区分	熱容量比
吹付けロックウール	0.081
繊維混入ケイ酸カルシウム板	0.136

ハ　釣合い鉄筋比以下の鉄筋比の鉄筋コンクリート造で、鉄筋に対するコンクリートのかぶり厚さが3㎝以上のもの（はりの材軸の直行方向の断面が長方形のもので、かつ、長さ方向について等断面形状のものに限る。）　屋内火災保有耐火時間を次の式によって計算すること。

$$t_{fr}=\max\left\{\frac{16772(cd)^2}{\alpha^{3/2}\left(\log_e\frac{0.673}{(cd)^{1/3}}\right)^2},\ \left(\frac{480}{\alpha}\right)^6\right\}$$

この式において、t_{fr}、α、c及びdは、次の数値を表すものとする。
t_{fr}　屋内火災保有耐火時間（単位　分）
α　火災温度上昇係数
c　次の表に掲げる熱特性係数

コンクリートの区分	熱特性係数
普通コンクリート	0.21
一種軽量コンクリート	0.23

d　次の式によって計算した熱劣化深さ（単位　㎜）

$$d=\min\left\{\frac{M_{p1}+M_{p2}+2M_{p3}-1000(w_1+w_2)l^2}{\frac{M_{p1}}{D_1}+\frac{M_{p2}}{D_2}+\frac{M_{p3}}{d_3}},2d_3\right\}$$

この式において、d、M_{p1}、M_{p2}、M_{p3}、w_1、w_2、l、D_1、D_2及びd_3は、次の数値を表すものとする。
d　熱劣化深さ（単位　㎜）
M_{p1}、M_{p2}　当該はりの各材端部の支持状態に応じ、それぞれ次の表に掲げる式によって計算した数値

隣接する部材に剛接合されている場合	$M_{pi}=0.9F_{ri}A_{ri}D_i$，$(i=1,\ 2)$
その他の場合	$M_{pi}=0$，$(i=1,\ 2)$

この表において、M_{pi}、F_{ri}、A_{ri}及びD_iは、次の数値を表すものとする。
M_{pi}　当該はりの材端部における曲げモーメント（単位　N・㎜）
F_{ri}　当該はりの材端部における引張り側の主筋の基準強度（単位　N/㎡）
A_{ri}　当該はりの材端部における引張り側の主筋の断面積の合計（単位　㎡）
D_i　当該はりの材端部における、引張り側の主筋の重心から当該断面の圧縮側最外縁までの長さの最小値（単位　㎜）

M_{p3}　次の式によって計算した当該はりの中央部における曲げモーメントの値

$M_{p3} = 0.9F_{r3}A_{r3}D_3$

（この式において、M_{p3}、F_{r3}、A_{r3} 及び D_3 は、次の数値を表すものとする。
M_{p3}　当該はりの中央部における曲げモーメントの値（単位　N・mm）
F_{r3}　当該はりの中央部における引張り側の主筋の基準強度（単位　N/mm²）
A_{r3}　当該はりの中央部における引張り側の主筋の断面積の合計（単位　mm²）
D_3　当該はりの中央部における、引張り側の主筋の重心から当該断面の圧縮側最外縁までの長さ（単位　mm））

w_1　当該はりに作用している分布荷重と同等の効果を与えるはりの長さ1m当たりの荷重（単位　N/m）
w_2　次の式によって計算した数値

$$w_2 = a\sum_{i=1}^{n}\frac{Q_i}{2l}$$

（この式において、w_2、a、Q_i、l 及び n は、それぞれ次の数値を表すものとする。
w_2　当該はりに作用している集中荷重と同等の効果を与えるはりの長さ1m当たりの荷重（単位　N/m）
a　当該はりに作用している集中荷重の加力点の数に応じて次の表に掲げる数値

n = 1 の場合	2.0
n = 2 の場合	1.5
n ≧ 3 の場合	1.2
この表において、n は、当該はりに作用している集中荷重の加力点の数を表すものとする。	

Q_i　当該はりに作用している集中荷重（単位　N）
l　当該はりの長さに0.5を乗じた数値（単位　m）
n　当該はりに作用している集中荷重の加力点の数）

l　当該はりの長さに0.5を乗じた数値（単位　m）
D_i　当該はりの材端部における主筋のうち引張り力を負担するものの重心から当該断面の圧縮側最外縁までの長さの最小値（単位　mm）
d_3　当該はりの材端部以外の部分における主筋のうち引張り力を負担するものに対するかぶり厚さの最小値（単位　mm））

ニ　小径が20cm以上の木造　屋内火災保有耐火時間を次の式によって計算すること。

$$t_{fr} = \left(\frac{240}{\max(\alpha, \alpha_l)}\right)^6$$

（この式において、t_{fr}、α 及び α_l は、次の数値を表すものとする。
t_{fr}　屋内火災保有耐火時間（単位　分）
α　火災温度上昇係数
α_l　部材近傍火災温度上昇係数）

ホ　イからニまでに掲げるもの以外の耐火構造である構造方法　屋内火災保有耐火時間を次の式によって計算すること。

$$t_{fr} = t_A \left(\frac{460}{\alpha}\right)^{3/2}$$

この式において、t_{fr}、t_A 及び α は、次の数値を表すものとする。
t_{fr}　屋内火災保有耐火時間（単位　分）
t_A　耐火時間（単位　分）
α　火災温度上昇係数

六　屋根のうち耐火構造であるもの　屋内火災保有耐火時間を次の式によって計算すること。

$$t_{fr} = t_A \left(\frac{460}{\alpha}\right)^{3/2}$$

この式において、t_{fr}、t_A 及び α は、次の数値を表すものとする。
t_{fr}　屋内火災保有耐火時間（単位　分）
t_A　耐火時間（単位　分）
α　火災温度上昇係数

七　階段のうち耐火構造であるもの　屋内火災保有耐火時間を次の式によって計算すること。

$$t_{fr} = t_A \left(\frac{460}{\alpha}\right)^{3/2}$$

この式において、t_{fr}、t_A 及び α は、次の数値を表すものとする。
t_{fr}　屋内火災保有耐火時間（単位　分）
t_A　耐火時間（単位　分）
α　火災温度上昇係数

2　前項各号において主要構造部に作用している力を計算する場合にあっては、当該建築物の自重及び積載荷重（令第86条第2項ただし書の規定により特定行政庁が指定する多雪区域における建築物の主要構造部にあっては、自重、積載荷重及び積雪荷重。）の合計により計算するものとする。

第4

令第108条の3第2項第三号に規定する屋外火災保有耐火時間を求める方法は、次の各号に掲げる建築物の部分に応じ、それぞれ当該各号に定めるところによるものとする。

一　外壁（耐力壁に限る。）　当該構造の構造方法の区分に応じ、それぞれ次のイ及びロに定めるところにより屋外火災保有耐火時間を求めること。

イ　鉄筋コンクリート造で、鉄筋に対するコンクリートのかぶり厚さが3㎝以上のもの　屋外火災保有耐火時間を次の式によって計算すること。

$$t_{fr} = \min\left[\max\left\{\frac{1.7\,(cd)^2}{\left(\log_e \dfrac{0.673}{(cd)^{1/3}}\right)^2},\ 1.29\right\},\ 0.012c_D D^2\right]$$

この式において、t_{fr}、c、d、c_D 及び D は、次の数値を表すものとする。
t_{fr}　屋外火災保有耐火時間（単位　分）
c　次の表に掲げる熱特性係数

コンクリートの区分	熱特性係数
普通コンクリート	0.21
一種軽量コンクリート	0.23

d　次の式によって計算した熱劣化深さ（単位　㎜）

$$d = \min\left\{D - \frac{3P}{2F_c},\ 2d_s\right\}$$

（この式において、d、D、P、F_c 及び d_s は、次の数値を表すものとする。
d　熱劣化深さ（単位　mm）
D　壁の厚さ（単位　mm）
P　壁に作用する壁の長さ1mm当たりの荷重（単位　N/mm）
F_c　コンクリートの常温時の設計基準強度（単位　N/mm²）
d_s　鉄筋に対するかぶり厚さの最小値（単位　mm））

c_D　次の表に掲げる遮熱特性係数

コンクリートの区分	遮熱特性係数
普通コンクリート	1.0
一種軽量コンクリート	1.2

D　壁の厚さ（単位　mm）

ロ　イに掲げるもの以外の耐火構造である構造方法　屋外火災保有耐火時間を次の式によって計算すること。

$$t_{fr} = t_A$$

（この式において、t_{fr} 及び t_A は、次の数値を表すものとする。
t_{fr}　屋外火災保有耐火時間（単位　分）
t_A　耐火時間（単位　分））

二　外壁（非耐力壁に限る。）当該構造の構造方法の区分に応じ、それぞれ次のイ及びロに定めるところにより屋外火災保有耐火時間を算出すること。

イ　鉄筋コンクリート造 屋外火災保有耐火時間を次の式によって計算すること。

$$t_{fr} = 0.012c_D D^2$$

（この式において、t_{fr}、c_D 及び D は、次の数値を表すものとする。
t_{fr}　屋外火災保有耐火時間（単位　分）
c_D　次の表に掲げる遮熱特性係数

コンクリートの区分	遮熱特性係数
普通コンクリート	1.0
一種軽量コンクリート	1.2

D　壁の厚さ（単位　mm））

ロ　イに掲げるもの以外の耐火構造である構造方法　屋外火災保有耐火時間を次の式によって計算すること。

$$t_{fr} = t_A$$

（この式において、t_{fr} 及び t_A は、次の数値を表すものとする。
t_{fr}　屋外火災保有耐火時間（単位　分）
t_A　耐火時間（単位　分））

2　第3第2項の規定は、前項各号において主要構造部に作用している力を計算する場合について準用する。

第5

令第108条の3第5項第二号に規定する保有遮炎時間を求める方法は、次の各号に掲げる構造方法の区分に応じ、それぞれ当該各号に定めるところによるものとする。

一　法第2条第九号の二ロに規定する防火設備（防火戸に限る。）であるもの　保有遮炎時間を次の式によって計算すること。

$$t_{fs}=20\left(\frac{460}{\alpha}\right)^{3/2}$$

（この式において、t_{fs}及びαは、次の数値を表すものとする。
t_{fs}　保有遮炎時間（単位　分）
α　火災温度上昇係数）

二　特定防火設備（防火戸に限る。）であるもの　保有遮炎時間を次の式によって計算すること。

$$t_{fs}=60\left(\frac{460}{\alpha}\right)^{3/2}$$

（この式において、t_{fs}及びαは、次の数値を表すものとする。
t_{fs}　保有遮炎時間（単位　分）
α　火炎温度上昇係数）

準耐火建築物と同等の性能を有する建築物等の屋根の構造方法を定める件

制定：平成12年5月25日　建設省告示第1367号
改正：平成17年6月 1日　国土交通省告示第568号

建築基準法施行令（昭和25年政令第338号）第109条の3第一号及び第113条第1項第三号の規定に基づき、準耐火建築物と同等の性能を有する建築物等の屋根の構造方法を次のように定める。

第1

屋内において発生する通常の火災による火熱が加えられた場合に、加熱開始後20分間屋外に火炎を出す原因となるき裂その他の損傷を生じない屋根の構造方法は、次に定めるものとする。

一　準耐火構造とすること。

二　次のイからハまでのいずれかに該当する構造とすること。ただし、イ及びロに掲げるものにあっては、野地板及びたるきが準不燃材料で造られている場合又は軒裏が防火構造である場合に限り、ハに掲げるものにあっては、金属板に接するたるき（たるきがない場合においては、もや）が不燃材料で造られている場合に限る。

イ　瓦又は厚さが4㎜以上の繊維強化版（スレート波板及びスレートボードに限る。）でふいたもの

ロ　木毛セメント板の上に金属板をふいたもの

ハ　金属板でふいたもの

床又はその直下の天井の構造方法を定める件

制定：平成12年5月25日　建設省告示第1368号
改正：平成16年9月29日　国土交通省告示第1176号

建築基準法施行令（昭和25年政令第338号）第109条の3第二号ハ及び第115条の2第1項第四号の規定

に基づき、床又はその直下の天井の構造方法を次のように定める。

第1

屋内において発生する通常の火災による火熱が加えられた場合に、加熱開始後30分間構造耐力上支障のある変形、溶融、き裂その他の損傷を生じず、かつ、加熱面以外の面（屋内に面するものに限る。）の温度が可燃物燃焼温度以上に上昇しない床又はその直下の天井の構造方法は、次に定めるものとする。

一　準耐火構造とすること。

二　根太及び下地を不燃材料で造った床又はつり木、受け木その他これらに類するものを不燃材料で造った天井にあっては、次のイからハまでのいずれかに該当する構造とすること。

イ　鉄網モルタル塗で塗厚さが1.5cm以上のもの

ロ　木毛セメント板張又はせっこうボード張の上に厚さ1cm以上モルタル又はしっくいを塗ったもの

ハ　木毛セメント板の上にモルタル又はしっくいを塗り、その上に金属板を張ったもの

三　根太若しくは下地を不燃材料以外の材料で造った床にあっては、次のイからチまでのいずれかに該当するもの

イ　鉄網モルタル塗又は木ずりしっくい塗で塗厚さが2cm以上のもの

ロ　木毛セメント板張又はせっこうボード張の上に厚さ1.5cm以上モルタル又はしっくいを塗ったもの

ハ　モルタル塗の上にタイルを張ったものでその厚さの合計が2.5cm以上のもの

ニ　セメント板張又は瓦張の上にモルタルを塗ったものでその厚さの合計が2.5cm以上のもの

ホ　土蔵造

ヘ　土塗真壁造で裏返塗りをしたもの

ト　厚さが1.2cm以上のせっこうボード張の上に亜鉛鉄板を張ったもの

チ　厚さが2.5cm以上の岩綿保温板張の上に亜鉛鉄板を張ったもの

壁等の構造方法を定める件

制定：平成27年2月23日　国土交通省告示第250号
改正：令和　2年4月　1日　国土交通省告示第508号

建築基準法（昭和25年法律第201号）第21条第2項第二号の規定に基づき、壁等の構造方法を次のように定める。

建築基準法施行令（昭和25年政令第338号。以下「令」という。）第109条の7に規定する技術的基準に適合する壁等の構造方法は、次に定めるものとする。

第1

この告示は、3階建て以下の建築物（倉庫その他の物品（不燃性の物品を除く。）を保管する用途に供する建築物を除く。）で、屋根の仕上げを不燃材料でしたものについて適用する。

第2

壁等を構成する建築物の部分及び防火設備の構造方法は、次の各号に掲げる区分に応じ、当該各号に定めるものとすること。

一　耐力壁である間仕切壁及び防火設備により区画する場合　次のイ及びロに適合するものであること。

イ　耐力壁である間仕切壁は、次の(1)から(5)までのいずれかに該当する構造であること。この場合において、かぶり厚さ又は厚さは、それぞれモルタル、プラスターその他これらに類する仕上材料の厚さを含むものとする。

(1)　鉄筋コンクリート造（鉄筋に対するコンクリートのかぶり厚さが平成13年国土交通省告

示第1372号第2項の基準によるものにあっては、防火上支障のないものに限る。)、鉄骨鉄筋コンクリート造(鉄筋又は鉄骨に対するコンクリートのかぶり厚さが同項の基準によるものにあっては、防火上支障のないものに限る。)又は鉄骨コンクリート造(鉄骨に対するコンクリートのかぶり厚さが30㎜未満のものを除く。)で厚さが85㎜以上のもの

(2) 軸組を鉄骨造とし、その両面を塗厚さが4cm以上の鉄網モルタルで覆ったもの(塗下地が不燃材料で造られていないものを除く。)

(3) 軸組を鉄骨造とし、その両面を塗厚さが3.5cm以上の鉄網パーライトモルタルで覆ったもの(塗下地が不燃材料で造られていないものを除く。)

(4) 軸組を鉄骨造とし、その両面を厚さが5cm以上のコンクリートブロック、れんが又は石で覆ったもの

(5) 間柱及び下地を木材又は鉄材で造り、かつ、その両面を、強化せっこうボード(ボード用原紙を除いた部分のせっこうの含有率を95%以上、ガラス繊維の含有率を0.4%以上とし、かつ、ひる石の含有率を2.5%以上としたものに限る。)を3枚以上張ったもので、その厚さの合計が63㎜以上のもので覆ったもの

ロ 防火設備は、次の(1)又は(2)に掲げる区分に応じ、当該(1)又は(2)に定めるものとすること。

(1) 平成27年国土交通省告示第249号第一号ロ(2)の防火設備からの水平距離を火災継続予測時間が90分間以下の場合の数値とした場合において、防火設備の両面が同号ロ(2)に該当する場合　次の(i)から(iii)までに適合するものであること。

(i)平成27年国土交通省告示第249号第一号イ(2)に規定する特定防火設備又は骨組を鉄製とし、両面にそれぞれ厚さが1㎜以上の鉄板及び厚さが30㎜以上のケイ酸カルシウム板を張った防火戸(次の(一)及び(二)に適合するものに限る。)であること。

(一)周囲の部分(防火設備から内側に15cm以内の間に設けられた建具がある場合においては、その建具を含む。)が不燃材料で造られた開口部に取り付けられていること。

(二)防火設備が枠と接する部分は、相じゃくりとし、又は定規縁若しくは戸当りを設ける等閉鎖した際に隙間が生じない構造とし、かつ、防火設備の取付金物は、取付部分が閉鎖した際に露出しないように取り付けられていること。

(ii)令第112条第19項第一号イからハまでに掲げる要件を満たし、かつ、防火上支障のない遮煙性能を有するとともに、常時閉鎖をした状態にあるもの以外のものにあっては、火災により煙が発生した場合に自動的に閉鎖をするものであること。

(iii)ラッチその他の開放防止機構を設けること。ただし、ドアクローザーの閉鎖力が、次の式によって計算した数値以上である場合には、この限りではない。

$$F=\frac{\Delta P Hd Bd}{2}$$

この式において、F、ΔP、Hd及びBdは、それぞれ次の数値を表すものとする。

F　ドアクローザーの閉鎖力(単位　N)

ΔP　通常の火災時において防火設備に加わる平均圧力として建築物の階に応じて次の表に定める数値(単位　N/㎡)

	1階	2階	3階
地階を除く階数が3の建築物	30	25	50
地階を除く階数が2の建築物	20	25	-

Hd　床から防火設備の上端までの高さ(単位　m)

Bd　防火設備の幅(単位　m)

(2) (1)に掲げる場合以外の場合　次の(i)及び(ii)に適合するものであること。

(i)骨組を鉄製とし、両面にそれぞれ厚さが1㎜以上の鉄板及び厚さが30㎜以上のケイ酸カルシウム板を張った防火戸((1)(i)の(一)及び(二)に適合するものに限る。)であること。

(ii)(1)の(ii)及び(iii)に適合するものであること。

二 間仕切壁、柱及びはり並びに防火設備により区画する場合　次のイからニまでに適合するものであること。

イ 間仕切壁は、次の(1)から(3)までのいずれか(耐力壁にあっては(1)に限る。)に該当する構造で

あること。
(1) 前号イに定める構造
(2) 間柱及び下地を鉄材で造り、かつ、その両面を、ケイ酸カルシウム板を2枚以上張ったもので、その厚さの合計が30㎜以上のもので覆ったもの
(3) 軽量気泡コンクリートパネルで、厚さが75㎜以上のもの
ロ 柱は、耐火構造（令第107条第一号に掲げる技術的基準（通常の火災による火熱が2時間又は3時間加えられた場合のものに限る。）に適合するものに限る。）であること。
ハ はりは、耐火構造（令第107条第一号に掲げる技術的基準（通常の火災による火熱が2時間又は3時間加えられた場合のものに限る。）に適合するものに限る。）であること。
ニ 防火設備は、前号ロに適合するものであること。
三 令第129条第2項に規定する火災の発生のおそれの少ない室（開口部（床の開口部を除く。）に防火設備を設けたものに限る。）を構成する壁等により区画する場合　次のイからヌまでに適合し、かつ、壁等を構成する建築物の部分の接合部を防火上支障がない構造とすること。
イ 耐力壁である間仕切壁は、第一号イに定める構造であること。
ロ 非耐力壁である間仕切壁は、耐火構造であること。
ハ 外壁は、第一号イに定める構造であること。
ニ 柱は、前号ロに定める構造であること。
ホ 床(最下階の床を除く。)は、第一号イに定める構造(間仕切壁によって壁等で区画された部分(壁等により構成される室の部分を除く。第3において同じ。）と防火上有効に遮られている床にあっては、耐火構造）であること。
ヘ 最下階の床は、不燃材料（平成12年建設省告示第1400号に定めるものに限る。第3において同じ。）で造られたもの又は耐火構造であること。
ト はりは、前号ハに定める構造であること。
チ 屋根は、耐火構造であること。
リ 間仕切壁の開口部に設ける防火設備は、次の(1)又は(2)に掲げる区分に応じ、当該(1)又は(2)に定めるものとすること。
(1) 平成27年国土交通省告示第249号第二号ロ(2)に該当する場合　次の(i)及び(ii)に適合するものであること。
(i)特定防火設備であること。
(ii)第一号ロ(1)の(ii)及び(iii)に適合するものであること。
(2) (1)に掲げる場合以外の場合　次の(i)及び(ii)に適合するものであること。
(i)次の(一)又は(二)に適合するものであること。
(一)骨組を鉄製とし、両面にそれぞれ厚さが24㎜以上のケイ酸カルシウム板を張ったもの（第一号ロ(1)(i)の(一)及び(二)に適合するものに限る。）であること。
(二)第一号ロ(2)(i)に適合するものであること。
(ii)第一号ロ(1)の(ii)及び(iii)に適合するものであること。
ヌ 外壁の開口部に設ける防火設備は、特定防火設備であること。

第3

第2第三号に掲げる場合には、壁等で区画された部分の一方と壁等により構成される室の部分の床面積の合計がそれぞれ3,000㎡を超えず、かつ、壁等の室内の建築物の部分（壁等を構成する建築物の部分を除く。第4において同じ。）（延焼防止上支障のない建築設備を除く。）が不燃材料で造られたもの又は耐火構造（被覆材に可燃性の材料を含まないものに限る。以下第3において同じ。）（構造耐力上主要な部分である壁、柱及びはりにあっては耐火構造）であること。

第4

壁等が、壁等以外の建築物の部分（第2第三号に掲げる場合には、壁等の室内の建築物の部分を除く。）とエキスパンションジョイントその他の相互に応力を伝えない構造方法（延焼防止上支障がないものに限る。）のみで接するものであること。

第5

次の各号に掲げる区分に応じ、当該各号に定める基準に適合するものであること。

一　第2第一号又は第二号に掲げる場合　壁等の両端及び上端は、建築物の外壁面及び屋根面から2m以上突出させること。ただし、壁等を設けた部分の外壁又は屋根が、壁等を含み、耐火構造（壁等の部分と接する外壁の一方のみを耐火構造とする場合その他延焼防止上支障がある場合には、第2第一号イに定める構造。以下「耐火構造等」という。）又は防火構造の別に応じて次の表に掲げる式によって計算した幅にわたってこれらの構造（防火構造の場合最下階を除く。）である場合（次のイ及びロに該当する場合に限る。）においては、その部分については、この限りでない。

イ　外壁にあっては、屋外側の仕上げが不燃材料（防火構造の部分にあっては準不燃材料）でされ、開口部に特定防火設備（防火構造の部分にあっては建築基準法（以下「法」という。）第2条第九号の二ロに規定する防火設備）が設けられていること。

ロ　耐火構造等の部分に接して軒裏、ひさしその他これらに類するものが設けられていないこと。

耐火構造等又は防火構造の別	幅（単位　m）
耐火構造等	4.6（1 − L） （3を超える場合3）
防火構造	10（1 − 0.5L） （6.5を超える場合6.5）
この表において、Lは壁等の両端又は上端を建築物の外壁面又は屋根面から突出させる幅（単位　m）を表すものとする。	

二　第2第三号に掲げる場合　次のイからニまでに適合するものであること。

イ　外壁が、壁等を構成する外壁の全てを含み幅3m以上にわたって耐火構造であること。

ロ　外壁（最下階を除く。）及び屋根が、壁等を構成する外壁及び屋根の全てを含みそれぞれ幅6.5m以上にわたって防火構造であること。

ハ　外壁（イ及びロに適合する耐火構造又は防火構造の部分に限る。）の屋外側の仕上げが不燃材料（防火構造の部分にあっては準不燃材料）でされ、開口部に特定防火設備（防火構造の部分にあっては法第2条第九号の二ロに規定する防火設備）が設けられていること。

ニ　イに適合する耐火構造の部分に接して軒裏、ひさしその他これらに類するものが設けられていないこと。

第6

壁等で区画された部分の外壁面が壁等で区画された他の部分の外壁面となす角度が90度以上であること。この場合において、135度以内の角度をなす外壁面が交差する部分からそれぞれ幅10m以内のこれらの外壁面に、壁等で区画された部分と壁等で区画された他の部分の外壁面（第2第三号に掲げる場合には、壁等を構成する外壁面を除く。）がある場合においては、次の各号に適合するものであること。

一　当該135度以内の角度をなす外壁面を有する外壁のうち、耐火構造である部分（屋外側の仕上げが不燃材料でされ、当該部分の外壁の開口部に特定防火設備が設けられている部分に限る。）以外の部分相互の水平距離が5m以上であること。

二　当該135度以内の角度をなす外壁面を有する外壁のうち、防火構造である部分（屋外側の仕上げが準不燃材料でされ、当該部分の外壁の開口部に法第2条第九号の二ロに規定する防火設備が設けられている部分に限る。）以外の部分相互の水平距離が10m以上であること。

第7

建築物に高さが異なる部分がある場合において、壁等を建築物の低い部分（以下「低い部分」という。）に設ける場合においては、当該壁等からの水平距離が5m以内で、かつ、低い部分の屋根面からの垂直距離が7m以下である建築物の高い部分（以下「高い部分」という。）の外壁（低い部分に面する部分に限る。）が耐火構造であり、かつ、屋外側の仕上げが不燃材料でされ、当該部分の外壁の開口部に特定防火設備が設けられていること。ただし、低い部分（当該壁等で区画された部分のうち高い部分を含まない部分に限る。）の屋根で、高い部分からの水平距離が5m以下である部分が耐火構造であり、かつ、この部分に開口部がない場合においては、この限りでない。

第 8

令第 112 条第 20 項の規定は給水管、配電管その他の管が壁等を貫通する場合に、同条第 21 項の規定は換気、暖房又は冷房の設備の風道が壁等を貫通する場合に準用する。

壁等の加熱面以外の面で防火上支障がないものを定める件

制定：平成 27 年 2 月 23 日　国土交通省告示第 249 号
改正：令和元年　6 月 21 日　国土交通省告示第 200 号

建築基準法施行令（昭和 25 年政令第 338 号）第 109 条の 5 第二号〔現行 = 第 109 条の 7 第二号 = 令和元年 6 月政令第 30 号により改正〕の規定に基づき、壁等の加熱面以外の面で防火上支障がないものを次のように定める。

建築基準法施行令（以下「令」という。）第 109 条の 7 第二号に規定する壁等の加熱面以外の面で防火上支障がないものは、次の各号に掲げる区分に応じ、当該各号に定めるものとする。

一　耐力壁である間仕切壁及び防火設備により区画する場合又は間仕切壁、柱及びはり並びに防火設備により区画する場合　壁等を構成する防火設備の面で、次のイ及びロに該当するもの

イ　防火設備が次の⑴又は⑵に該当するものであること。

⑴　通常の火災による火熱が加えられた場合に、加熱開始後火災継続予測時間当該加熱面以外の面に火炎を出さないものであること。

⑵　特定防火設備（平成 12 年建設省告示第 1369 号に定めるものに限る。）のうち、骨組を鉄材若しくは鋼材で造り、両面にそれぞれ厚さが 1㎜以上の鉄板若しくは鋼板を張ったもの又は鉄材若しくは鋼材で造られたもので、鉄板若しくは鋼板の厚さが 1.8㎜以上のものであること（火災継続予測時間が 90 分間以下である場合に限る。）。

ロ　次の⑴又は⑵に該当するものであること。

⑴　防火設備に通常の火災による火熱が火災継続予測時間加えられた場合に、防火設備の加熱面以外の面が面する室内の建築物の部分（壁等の部分を除く。）及び収納可燃物の温度が当該建築物の部分及び収納可燃物が燃焼する温度以上に上昇しないこと。

⑵　防火設備の加熱面以外の面が令第 129 条第 2 項に規定する火災の発生のおそれの少ない室（以下⑵において「室」という。）に面するものであり、かつ、当該室内の建築物の部分（壁等の部分を除く。）の室内に面する部分（防火設備からの水平距離が火災継続予測時間に応じて次の表 1 に掲げる式により計算した数値以下である部分に限る。）の仕上げが準不燃材料でされ、かつその下地が準不燃材料で造られたもの又は仕上げに厚さ 2.5cm 以上のせっこう若しくは厚さ 4.5cm 以上のモルタルを塗ったものであること。ただし、天井又は室の区画を構成する壁については、防火設備の上端から天井までの垂直距離又は防火設備の両端から当該壁までの水平距離が次の表 2 に掲げる式により計算した数値以上である場合には、この限りでない。

表 1

防火設備からの水平距離（単位　m）	
火災継続予測時間が 1 時間以下	火災継続予測時間が 90 分間以下
$\sqrt{A}$	$1.2\sqrt{A}$
この表において、A は防火設備の面積（単位　㎡）を表すものとする。	

表 2

防火設備の上端から天井までの垂直距離又は防火設備の両端から室の区画を構成する壁までの水平距離（単位　m）	
火災継続予測時間が 1 時間以下	火災継続予測時間が 90 分間以下

$\frac{A}{25}+0.28$ （0.38a を超える場合は 0.38a）	$\frac{A}{20}+0.36$ （0.54a を超える場合は 0.54a）
この表において、A 及び a は、それぞれ次の数値を表すものとする。 A　防火設備の面積（単位　㎡） a　防火設備の高さ（単位　m）	

二　令第 129 条第 2 項に規定する火災の発生のおそれの少ない室（開口部（床の開口部を除く。）に防火設備を設けたものに限る。）を構成する壁等により区画する場合　壁等の室内に面する面（次のイ及びロに該当する場合には、壁等の加熱面以外の防火設備の面（屋内に面するものに限り、かつ、壁等の室内に面するものを除く。）を含む。）

イ　壁等の加熱面以外の面（屋内に面するものに限り、かつ、壁等の室内に面するものを除く。）が面する室に面する防火設備が次の⑴又は⑵に該当するものであること。

⑴　壁等に通常の火災による火熱が加えられた場合に、加熱開始後火災継続予測時間当該加熱面以外の面に火炎を出さないものであること。

⑵　特定防火設備であること（火災継続予測時間が 90 分間以下である場合に限る。）。

ロ　次の⑴又は⑵に該当するものであること。

⑴　壁等に通常の火災による火熱が火災継続予測時間加えられた場合に、壁等の加熱面以外の面（屋内に面するものに限り、かつ、壁等の室内に面するものを除く。）が面する室内の建築物の部分（壁等の部分を除く。）及び収納可燃物の温度が当該建築物の部分及び収納可燃物が燃焼する温度以上に上昇しないこと。

⑵　第一号ロ⑵に該当すること（火災継続予測時間が 90 分間以下である場合に限る。）。この場合において、同号ロ⑵中、「防火設備の加熱面以外の面」とあるのは「壁等の加熱面以外の防火設備の面（屋内に面するものに限り、かつ、壁等の室内に面するものを除く。）」と読み替え、同号ロ⑵の防火設備からの水平距離は、火災継続予測時間が 1 時間以下の場合の数値とする。

不燃性の物品を保管する倉庫に類する用途等を定める件

制定：平成 28 年 4 月 22 日　国土交通省告示第 693 号
改正：令和元年　6 月 21 日　国土交通省告示第 200 号

建築基準法施行令（昭和 25 年政令第 338 号）第 109 条の 6〔現行 = 第 109 条の 8= 令和元年 6 月政令第 30 号により改正〕及び第 136 条の 2 の 2 の規定に基づき、不燃性の物品を保管する倉庫に類する用途及び通常の火災による火の粉が屋内に到達した場合に建築物の火災が発生するおそれのない構造方法を次のように定める。

第 1

建築基準法施行令（以下「令」という。）第 109 条の 8 及び令第 136 条の 2 の 2 に規定する不燃性の物品を保管する倉庫に類する用途は、次に掲げるものとする。

一　スケート場、水泳場、スポーツの練習場その他これらに類する運動施設
二　不燃性の物品を取り扱う荷捌き場その他これと同等以上に火災の発生のおそれの少ない用途
三　畜舎、堆肥舎並びに水産物の増殖場及び養殖場
四　劇場、映画館、演芸場、観覧場、公会堂及び集会場
五　アトリウムその他の大規模な空間を通行の用に供する用途

第 2

令第 109 条の 8 及び令第 136 条の 2 の 2 に規定する通常の火災による火の粉が屋内に到達した場合に建築物の火災が発生するおそれのない構造方法は、次の各号に掲げる用途の区分に応じ、それぞれ当該各

号に定めるものとする。

一　第1第一号から第三号までに掲げる用途　屋根以外の主要構造部が準不燃材料で造られたものとすること。

二　第1第四号に掲げる用途　次に掲げる基準に適合するものとすること。

イ　屋根以外の主要構造部を準不燃材料で造られたものとすること。

ロ　次に掲げる室以外の室の屋根が、令第109条の8各号又は令第136条の2の2各号に掲げる技術的基準に適合するものであること。

(1)　次に掲げる基準に適合する室

(i)屋内の客席が固定席その他これに類するものであり、かつ、当該客席及び天井が難燃材料で造られたものその他の通常の火災又は市街地の火災を想定した火の粉による屋根の損傷によって屋内に到達した火の粉（以下「火の粉」という。）により建築物の火災が発生するおそれがない構造のものであること。

(ii)特定屋根部分（建築基準法（昭和25年法律第201号）第22条第1項の市街地の区域内にある建築物にあっては令第109条の8第二号、防火地域又は準防火地域内にある建築物にあっては令第136条の2の2第二号に掲げる基準に適合しない屋根の部分をいう。以下同じ。）が面する居室の壁（主要構造部を除く。）及び屋根（特定屋根部分を除く。）の当該室内に面する部分の仕上げを難燃材料でしたものであること。ただし、床、壁その他の建築物の部分で防火上有効に遮られている部分その他当該居室の構造又は特定屋根部分からの距離により火の粉が到達しないことが明らかな部分は、この限りでない。

(2)　次のいずれかに該当する室で、壁及び天井（天井がない場合にあっては、屋根（特定屋根部分を除く。））の室内に面する部分の仕上げを令128条の5第1項第二号に掲げる仕上げとしたもの

(i)昇降機その他の建築設備の機械室、不燃性の物品を保管する室その他これらに類するもの

(ii)廊下、階段その他の通路、便所その他これらに類するもの

三　第1第五号に掲げる用途　前号イ及びロ(1)(ii)に掲げる基準に適合するものとすること。

附則（抄）

1　（略）

2　平成12年建設省告示第1434号は、廃止する。

警報設備の構造方法及び設置方法を定める件

制定：令和元年6月21日　国土交通省告示第198号

建築基準法施行令（昭和25年政令第338号）第110条の5の規定に基づき、警報設備の構造方法及び設置方法を定める件を次のように定める。

第1

建築基準法施行令（第2において「令」という。）第110条の5に規定する警報設備の構造方法は、次の各号に掲げる警報設備の種類の区分に応じ、それぞれ当該各号に定める規定に適合するものとする。

一　自動火災報知設備　次に掲げる規定

イ　消防法施行令（昭和36年政令第37号）第21条第2項第一号、第二号及び第四号の規定

ロ　消防法施行規則（昭和36年自治省令第6号）第23条第4項第二号、第四号イ、ニ及びホ、第四号の二ハ及びニ、第四号の三ハ及びニ、第七号の六並びに第九号、第5項、第6項、第7項（構造方法に係る部分に限る。）並びに第9項第一号、第24条第一号、第一号の二ロ、第二号（ニを除く。）、第三号、第四号（ロ及びハにあっては、構造方法に係る部分に限る。）、第五号（ニを除く。）、第五号の二（構造方法に係る部分に限る。）、第六号から第八号まで、第八号の二ニ

及びホ並びに第九号（構造方法に係る部分に限る。）並びに第24条の2の規定

二　特定小規模施設用自動火災報知設備（特定小規模施設における必要とされる防火安全性能を有する消防の用に供する設備等に関する省令（平成20年総務省令第156号）第2条第二号に規定する特定小規模施設用自動火災報知設備をいう。第2第二号において同じ。）　次に掲げる規定

　イ　特定小規模施設における必要とされる防火安全性能を有する消防の用に供する設備等に関する省令第3条第2項第一号及び第三号の規定

　ロ　特定小規模施設用自動火災報知設備の設置及び維持に関する技術上の基準（平成20年消防庁告示第25号）第2第一号（消防法施行規則第23条第4項第一号ヘに係る部分を除き、構造方法に係る部分に限る。）及び第二号から第十二号まで（第二号、第四号、第五号及び第七号から第九号までにあっては、構造方法に係る部分に限る。）の規定

第2

令第110条の5に規定する警報設備は、次の各号に掲げる警報設備の種類の区分に応じ、それぞれ当該各号に定める規定に適合するように設けるものとする。

一　自動火災報知設備　次に掲げる規定

　イ　消防法施行令第21条第2項第三号の規定

　ロ　消防法施行規則第23条第4項第一号（ヘを除く。）、第三号、第四号ロ及びハ、第四号の二イ及びロ、第四号の三イ及びロ、第五号から第七号の四まで並びに第八号、第7項（構造方法に係る部分を除く。）並びに第9項第二号並びに第24条第一号の二イ、第二号ニ、第四号ロ及びハ（いずれも構造方法に係る部分を除く。）、第五号ニ、第五号の二（構造方法に係る部分を除く。）、第八号の二イからハまで並びに第九号（構造方法に係る部分を除く。）の規定

二　特定小規模施設用自動火災報知設備　次に掲げる規定

　イ　特定小規模施設における必要とされる防火安全性能を有する消防の用に供する設備等に関する省令第3条第2項第二号の規定

　ロ　特定小規模施設用自動火災報知設備の設置及び維持に関する技術上の基準第2第一号（消防法施行規則第23条第4項第一号ヘに係る部分及び構造方法に係る部分を除く。）並びに第二号、第四号、第五号及び第七号から第九号まで（いずれも構造方法に係る部分を除く。）の規定

主要構造部を耐火構造等とすることを要しない避難上支障がない居室の基準を定める件

制定：令和2年3月　6日　国土交通省告示第249号
制定：令和5年3月20日　国土交通省告示第207号

建築基準法施行令（昭和25年政令第338号）第111条第1項の規定に基づき、主要構造部を耐火構造等とすることを要しない避難上支障がない居室の基準を次のように定める。

建築基準法施行令（以下「令」という。）第111条第1項に規定する避難上支障がない居室の基準は、次の各号のいずれかに掲げるものとする。

一　次のイからハまでのいずれか及び第二号へに該当すること。

　イ　床面積が30㎡以内の居室（寝室、宿直室その他の人の就寝の用に供するものを除く。以下この号において同じ。）であること。

　ロ　避難階の居室で、当該居室の各部分から当該階における屋外への出口の一に至る歩行距離が30m以下のものであること。

　ハ　避難階の直上階又は直下階の居室で、当該居室の各部分から避難階における屋外への出口又は令第123条第2項に規定する屋外に設ける避難階段に通ずる出入口の一に至る歩行距離が20m以下のものであること。

二　次のいずれにも該当するものであること。

　イ　次の⑴又は⑵のいずれかに該当すること。

(1) 居室（寝室、宿直室その他の人の就寝の用に供するもの、病院、診療所（患者の収容施設があるものに限る。）若しくは児童福祉施設等（令第115条の3第一号に規定する児童福祉施設等をいい、通所のみにより利用されるものを除く。）の用に供するもの及び地階に存するものを除く。以下同じ。）から令第120条の規定による直通階段（以下単に「直通階段」という。）に通ずる廊下等（廊下その他の避難の用に供する建築物の部分をいう。以下同じ。）が、不燃材料で造り、又は覆われた壁又は戸（ふすま、障子その他これらに類するものを除く。以下同じ。）で令第112条第19項第二号に規定する構造であるもので区画されたものであること。

(2) 当該居室から直通階段に通ずる廊下等が、スプリンクラー設備（水源として、水道の用に供する水管を当該スプリンクラー設備に連結したものを除く。）、水噴霧消火設備、泡消火設備その他これらに類するもので自動式のもの（以下「スプリンクラー設備等」という。）を設けた室以外の室（令第128条の6第2項に規定する火災の発生のおそれの少ない室（以下単に「火災の発生のおそれの少ない室」という。）を除く。）に面しないものであり、かつ、火災の発生のおそれの少ない室に該当する場合を除き、スプリンクラー設備等を設けたものであること。

ロ 直通階段が、次のいずれかに該当すること。

(1) 直通階段の階段室が、その他の部分と準耐火構造の床若しくは壁又は建築基準法（昭和25年法律第201号。以下「法」という。）第2条第九号の二ロに規定する防火設備で令第112条第19項第二号に規定する構造であるもので区画されたものであること。

(2) 直通階段が屋外に設けられ、かつ、屋内から当該直通階段に通ずる出入口に(1)に規定する防火設備を設けたものであること。

ハ 避難階における階段から屋外への出口に通ずる廊下等（火災の発生のおそれの少ない室に該当するものに限る。ただし、当該廊下等にスプリンクラー設備等を設けた場合においては、この限りでない。）が、準耐火構造の床若しくは壁又は法第2条第九号の二ロに規定する防火設備で令第112条第19項第二号に規定する構造であるもので区画されたものであること。

ニ 居室から直通階段に通ずる廊下等が、火災の発生のおそれの少ない室に該当すること。ただし、不燃材料で造り、又は覆われた壁又は戸で令第112条第19項第二号に規定する構造であるもので区画された居室に該当する場合において、次の(1)から(3)までに定めるところにより、当該居室で火災が発生した場合においても当該居室からの避難が安全に行われることを火災により生じた煙又はガスの高さに基づき検証する方法により確かめられたときは、この限りでない。

(1) 当該居室に存する者（当該居室を通らなければ避難することができない者を含む。）の全てが当該居室において火災が発生してから当該居室からの避難を終了するまでの時間を、令和3年国土交通省告示第475号第一号イ及びロに掲げる式に基づき計算した時間を合計することにより計算すること。

(2) (1)の規定によって計算した時間が経過したときにおける当該居室において発生した火災により生じた煙又はガスの高さを、令和3年国土交通省告示第475号第二号に掲げる式に基づき計算すること。

(3) (2)の規定によって計算した高さが、1.8mを下回らないことを確かめること。

ホ 居室及び当該居室から地上に通ずる廊下等（採光上有効に直接外気に開放された部分を除く。）が、令第126条の5に規定する構造の非常用の照明装置を設けたものであること。

ヘ 令第110条の5に規定する基準に従って警報設備（自動火災報知設備に限る。）を設けた建築物の居室であること。

特定防火設備の構造方法を定める件

制定：平成12年5月25日　建設省告示第1369号
改正：令和　2年2月27日　国土交通省告示第198号

建築基準法施行令（昭和25年政令第338号）第112条第1項の規定に基づき、特定防火設備の構造方法を次のように定める。

第1

通常の火災による火熱が加えられた場合に、加熱開始後1時間加熱面以外の面に火炎を出さない防火設備の構造方法は、次に定めるものとすることとする。

一 令和元年国土交通省告示第193号第1第9項に規定する75分間防火設備

二 建築基準法（昭和25年法律第201号）第21条第2項第二号に規定する構造方法を用いるもの又は同号の規定による認定を受けたもの（建築基準法施行令第109条の7第一号に規定する火災継続予測時間が1時間以上である場合に限り、同条第二号の国土交通大臣が定める面を有するものを除く。）

三 通常の火災による火熱が加えられた場合に、加熱開始後1時間加熱面以外の面に火炎を出さないものとして、法第61条の規定による国土交通大臣の認定を受けたもの

四 平成27年国土交通省告示第250号第2第三号リ⑵(i)(一)に規定する構造としたもの

五 骨組を鉄材又は鋼材で造り、両面にそれぞれ厚さが0.5㎜以上の鉄板又は鋼板を張ったもの

六 鉄材又は鋼材で造られたもので、鉄板又は鋼板の厚さが1.5㎜以上のもの

七 鉄骨コンクリート又は鉄筋コンクリートで造られたもので、厚さが3.5㎝以上のもの

八 土蔵造で厚さが15㎝以上のもの

九 建築基準法施行令第109条第2項の規定により同条第1項の防火設備とみなされる外壁、袖壁、塀その他これらに類するもので、防火構造としたもの

十 開口面積が100㎠以内の換気孔に設ける鉄板、モルタル板その他これらに類する材料で造られた防火覆い又は地面からの高さが1m以下の換気孔に設ける網目2㎜以下の金網

第2

第1第五号又は第六号のいずれかに該当する防火設備は、周囲の部分（当該防火設備から屋内側に15㎝以内の間に設けられた建具がある場合には、当該建具を含む。）が不燃材料で造られた開口部に取り付けなければならない。

第3

防火戸（第1第九号又は第十号のいずれかに該当するものを除く。）が枠又は他の防火設備と接する部分は、相じゃくりとし、又は定規縁若しくは戸当りを設ける等閉鎖した際に隙間が生じない構造とし、かつ、防火設備の取付金物は、当該防火設備が閉鎖した際に露出しないように取り付けなければならない。

附則

平成2年建設省告示第1125号は、廃止する。

1時間準耐火基準に適合する主要構造部の構造方法を定める件

制定：令和元年6月21日　国土交通省告示第195号
制定：令和5年3月20日　国土交通省告示第207号

建築基準法施行令（昭和25年政令第338号）第112条第2項の規定に基づき、1時間準耐火基準に適合する主要構造部の構造方法を定める件を次のように定める。

建築基準法施行令（以下「令」という。）第112条第2項に規定する1時間準耐火基準に適合する主要構造部の構造方法は次のとおりとする。

第1

壁の構造方法は、次に定めるもの（第一号ハ及びニ並びに第三号ハ及びニに定める構造方法にあっては、

取合いの部分、目地の部分その他これらに類する部分（以下「取合い等の部分」という。）を、当該取合い等の部分の裏面に当て木を設けることその他の当該建築物の内部への炎の侵入を有効に防止することができる構造とするものに限る。）とする。

一　令第112条第2項第一号及び第二号に定める基準に適合する耐力壁である間仕切壁の構造方法にあっては、次に定めるものとする。

イ　耐火構造とすること。

ロ　特定準耐火構造（通常火災終了時間が1時間以上である建築物の主要構造部（建築基準法（昭和25年法律第201号。以下「法」という。）第21条第1項に規定する構造方法を用いるもの又は同項の規定による認定を受けたものに限る。）又は特定避難時間が1時間以上である建築物の主要構造部（法第27条第1項に規定する構造方法を用いるもの又は同項の規定による認定を受けたものに限る。）の構造方法をいう。以下同じ。）とすること。

ハ　間柱及び下地を木材で造り、かつ、その両側にそれぞれ次の(1)から(7)までのいずれかに該当する防火被覆が設けられたものとすること。

(1)　平成12年建設省告示第1399号第1第三号へ(1)から(3)までのいずれかに該当するもの

(2)　厚さが12㎜以上のせっこうボード（強化せっこうボードを含む。以下同じ。）を2枚以上張ったもの

(3)　厚さが8㎜以上のスラグせっこう系セメント板の上に厚さが12㎜以上のせっこうボードを張ったもの

(4)　厚さが16㎜以上の強化せっこうボード

(5)　厚さが12㎜以上の強化せっこうボードの上に厚さが9㎜以上のせっこうボード又は難燃合板を張ったもの

(6)　厚さが9㎜以上のせっこうボード又は難燃合板の上に厚さが12㎜以上の強化せっこうボードを張ったもの

(7)　厚さが35㎜以上の軽量気泡コンクリートパネル

ニ　間柱及び下地を木材又は鉄材で造り、かつ、その両側にハ(1)から(6)までのいずれかに該当する防火被覆が設けられた構造（間柱及び下地を木材のみで造ったものを除く。）とすること。

ホ　構造用集成材、構造用単板積層材又は直交集成板（それぞれ集成材の日本農林規格（平成19年農林水産省告示第1152号）第2条、単板積層材の日本農林規格（平成20年農林水産省告示第701号）第1部箇条3又は直交集成板の日本農林規格（平成25年農林水産省告示第3079号）箇条3に規定する使用環境A又はBの表示をしてあるものに限る。以下同じ。）を使用し、かつ、次に掲げる基準に適合する構造とすること。

(1)　当該壁の接合部の構造方法が、次に定める基準に従って、通常の火災時の加熱に対して耐力の低下を有効に防止することができる構造であること。

(i)接合部のうち木材で造られた部分の片側（当該壁が面する室内において発生する火災による火熱が当該壁の両側に同時に加えられるおそれがある場合にあっては、両側。以下同じ。）の表面（木材その他の材料で防火上有効に被覆された部分を除く。）から内側に、次の(一)又は(二)に掲げる場合の区分に応じ、それぞれ当該(一)又は(二)に定める値の部分が除かれたときの残りの部分が、当該接合部の存在応力を伝えることができる構造であること。

(一)構造用集成材、構造用単板積層材又は直交集成板に使用する接着剤（以下単に「接着剤」という。）として、フェノール樹脂、レゾルシノール樹脂又はレゾルシノール・フェノール樹脂（以下「フェノール樹脂等」という。）を使用する場合（構造用集成材又は直交集成板を使用する場合にあっては、ラミナの厚さが12㎜以上の場合に限る。）　4.5㎝

(二)接着剤として、フェノール樹脂等以外のものを使用する場合（構造用集成材又は直交集成板を使用する場合にあっては、ラミナの厚さが21㎜以上の場合に限る。）　6㎝

(ii)接合部にボルト、ドリフトピン、釘、木ねじその他これらに類するものを用いる場合においては、これらが木材その他の材料で防火上有効に被覆されていること。

(iii)接合部に鋼材の添え板その他これに類するものを用いる場合においては、これらが埋め込まれ、又は挟み込まれていること。ただし、木材その他の材料で防火上有効に被覆さ

れている場合においては、この限りでない。

(2) 当該壁を有する建築物全体が、次に定める基準に従った構造計算によって通常の火災により容易に倒壊するおそれのないことが確かめられた構造であること。

(i)主要構造部である壁のうち木材で造られた部分の表面（木材その他の材料で防火上有効に被覆された部分を除く。）から内側に、(1)(i)(一)又は(二)に掲げる場合の区分に応じ、それぞれ当該(一)又は(二)に定める値の部分が除かれたときの残りの断面（(ii)において「残存断面」という。）について、令第82条第二号の表に掲げる長期の組合せによる各応力の合計により、長期応力度を計算すること。

(ii)(i)によって計算した長期応力度が、残存断面について令第94条の規定に基づき計算した短期の許容応力度を超えないことを確かめること。

(3) 取合い等の部分を、当該取合い等の部分の裏面に当て木を設けることその他の当該建築物の内部への炎の侵入を有効に防止することができる構造とすること。

二 令第112条第2項第二号に定める基準に適合する非耐力壁である間仕切壁の構造方法にあっては、次に定めるものとする。

イ 耐火構造とすること。

ロ 特定準耐火構造とすること。

ハ 前号ハ又はニに定める構造とすること。

ニ 構造用集成材、構造用単板積層材又は直交集成板を使用し、かつ、次に掲げる基準に適合する構造とすること。

(1) 壁の厚さが、次の(i)又は(ii)に掲げる場合の区分に応じ、それぞれ当該(i)又は(ii)に定める値以上であること。

(i)接着剤として、フェノール樹脂等を使用する場合（構造用集成材を使用する場合にあってはラミナの厚さが12㎜以上の場合に限り、直交集成板を使用する場合にあってはラミナの厚さが12㎜以上で、かつ、加熱面の表面から4.5㎝の部分が除かれたときに、互いに接着された平行層と直交層が存在する場合に限る。） 7.5㎝

(ii)接着剤として、フェノール樹脂等以外のものを使用する場合（構造用集成材を使用する場合にあってはラミナの厚さが21㎜以上の場合に限り、直交集成板を使用する場合にあってはラミナの厚さが21㎜以上で、かつ、加熱面の表面から6㎝の部分が除かれたときに、互いに接着された平行層と直交層が存在する場合に限る。） 9㎝

(2) 取合い等の部分を、当該取合い等の部分の裏面に当て木を設けることその他の当該建築物の内部への炎の侵入を有効に防止することができる構造とすること。

三 令第112条第2項に定める基準に適合する耐力壁である外壁の構造方法にあっては、次に定めるものとする。

イ 耐火構造とすること。

ロ 特定準耐火構造とすること。

ハ 間柱及び下地を木材で造り、その屋外側の部分に次の(1)から(6)までのいずれかに該当する防火被覆が設けられ、かつ、その屋内側の部分に第一号ハ(1)から(7)までのいずれかに該当する防火被覆が設けられた構造とすること。

(1) 平成12年建設省告示第1399号第1第三号へ(1)から(3)までのいずれかに該当する防火被覆（同号へ(1)又は(2)に該当するものにあっては、当該防火被覆の上に金属板、軽量気泡コンクリートパネル若しくは窯業系サイディングを張ったもの又はモルタル若しくはしっくいを塗ったものに限る。）

(2) 厚さが18㎜以上の硬質木片セメント板

(3) 塗厚さが20㎜以上の鉄網モルタル

(4) 塗厚さが20㎜以上の鉄網軽量モルタル（モルタル部分に含まれる有機物の量が当該部分の重量の8%以下のものに限る。以下同じ。）

(5) 第一号ハ(7)に該当するもの

(6) 厚さが12㎜以上の硬質木片セメント板の上に厚さが10㎜以上の鉄網軽量モルタルを塗ったもの

ニ 間柱及び下地を木材又は鉄材で造り、その屋外側の部分にハ(1)から(3)までのいずれかに該当する防火被覆が設けられ、かつ、その屋内側の部分に第一号ハ(1)から(6)までのいずれかに該当する防火被覆が設けられた構造（間柱及び下地を木材のみで造ったものを除く。）とすること。

ホ　第一号ホに定める構造とすること。

四　令第112条第2項第二号及び第三号に定める基準に適合する非耐力壁である外壁の延焼のおそれのある部分の構造方法にあっては、次に定めるものとする。

イ　耐火構造とすること。

ロ　特定準耐火構造とすること。

ハ　前号ハ又はニに定める構造とすること。

ニ　第二号ニに定める構造とすること。

第2

令第112条第2項第一号に定める基準に適合する柱の構造方法は、次に定めるものとする。

一　耐火構造とすること。

二　特定準耐火構造とすること。

三　第1第一号ハ(2)から(6)までのいずれかに該当する防火被覆を設け、又は次に掲げる基準に適合する構造とすること。

イ　令第46条第2項第一号イ及びロに掲げる基準に適合していること。

ロ　当該柱を接合する継手又は仕口が、昭和62年建設省告示第1901号に定める基準に従って、通常の火災時の加熱に対して耐力の低下を有効に防止することができる構造であること。この場合において、同告示第一号イ中「2.5㎝」とあるのは「4.5㎝」と、同号ロ中「3㎝」とあるのは「6㎝」と読み替えるものとする。第4第三号ロにおいて同じ。

ハ　当該柱を有する建築物全体が、昭和62年建設省告示第1902号に定める基準に従った構造計算によって通常の火災により容易に倒壊するおそれのないことが確かめられた構造であること。この場合において、同告示第二号イ中「2.5㎝」とあるのは「4.5㎝」と、同号ロ中「3㎝」とあるのは「6㎝」と読み替えるものとする。第4第三号ハにおいて同じ。

ニ　取合い等の部分を、当該取合い等の部分の裏面に当て木を設けることその他の当該建築物の内部への炎の侵入を有効に防止することができる構造とすること。

第3

令第112条第2項第一号及び第二号に定める基準に適合する床の構造方法は、次に定めるもの（第三号に定める構造方法にあっては、取合い等の部分を、当該取合い等の部分の裏面に当て木を設けることその他の当該建築物の内部への炎の侵入を有効に防止することができる構造とするものに限る。）とする。

一　耐火構造とすること。

二　特定準耐火構造とすること。

三　根太及び下地を木材又は鉄材で造り、かつ、次に掲げる基準に適合する構造とすること。

イ　表側の部分に次の(1)から(4)までのいずれかに該当する防火被覆が設けられていること。

(1)　厚さが12㎜以上の構造用合板、構造用パネル、パーティクルボード、デッキプレートその他これらに類するもの（以下「合板等」という。）の上に厚さが12㎜以上のせっこうボード、硬質木片セメント板又は軽量気泡コンクリートパネルを張ったもの

(2)　厚さが12㎜以上の合板等の上に厚さ12㎜以上モルタル、コンクリート（軽量コンクリート及びシンダーコンクリートを含む。以下同じ。）又はせっこうを塗ったもの

(3)　厚さ40㎜以上の木材

(4)　畳（ポリスチレンフォームの畳床を用いたものを除く。）

ロ　裏側の部分又は直下の天井に次の(1)から(4)までのいずれかに該当する防火被覆が設けられていること。

(1)　厚さが12㎜以上のせっこうボードを2枚以上張ったもの（その裏側に厚さが50㎜以上のロックウール（かさ比重が0.024以上のものに限る。以下同じ。）又はグラスウール（かさ比重が0.024以上のものに限る。以下同じ。）を設けたものに限る。）

(2)　厚さが12㎜以上の強化せっこうボードを2枚以上張ったもの

(3)　厚さが15㎜以上の強化せっこうボード（その裏側に厚さが50㎜以上のロックウール又は

グラスウールを設けたものに限る。）

⑷　厚さが12mm以上の強化せっこうボードの上に厚さが9mm以上のロックウール吸音板を張ったもの

四　構造用集成材、構造用単板積層材又は直交集成板を使用し、かつ、次に掲げる基準に適合する構造とすること。

イ　当該床の接合部の構造方法が、次に定める基準に従って、通常の火災時の加熱に対して耐力の低下を有効に防止することができる構造であること。

⑴　接合部のうち木材で造られた部分の表面（木材その他の材料で防火上有効に被覆された部分を除く。）から内側に、次の(i)又は(ii)に掲げる場合の区分に応じ、それぞれ当該(i)又は(ii)に定める値の部分が除かれたときの残りの部分が、当該接合部の存在応力を伝えることができる構造であること。

(i)接着剤として、フェノール樹脂等を使用する場合（構造用集成材又は直交集成板を使用する場合にあっては、ラミナの厚さが12mm以上の場合に限る。）　4.5cm

(ii)接着剤として、フェノール樹脂等以外のものを使用する場合（構造用集成材又は直交集成板を使用する場合にあっては、ラミナの厚さが21mm以上の場合に限る。）　6cm

⑵　接合部にボルト、ドリフトピン、釘、木ねじその他これらに類するものを用いる場合においては、これらが木材その他の材料で防火上有効に被覆されていること。

⑶　接合部に鋼材の添え板その他これに類するものを用いる場合においては、これらが埋め込まれ、又は挟み込まれていること。ただし、木材その他の材料で防火上有効に被覆されている場合においては、この限りでない。

ロ　当該床を有する建築物全体が、次に定める基準に従った構造計算によって通常の火災により容易に倒壊するおそれのないことが確かめられた構造であること。

⑴　主要構造部である床のうち木材で造られた部分の表面（木材その他の材料で防火上有効に被覆された部分を除く。）から内側に、イ⑴(i)又は(ii)に掲げる場合の区分に応じ、それぞれ当該(i)又は(ii)に定める値の部分が除かれたときの残りの断面（⑵において「残存断面」という。）について、令第82条第二号の表に掲げる長期の組合せによる各応力の合計により、長期応力度を計算すること。

⑵　⑴によって計算した長期応力度が、残存断面について令第94条の規定に基づき計算した短期の許容応力度を超えないことを確かめること。

ハ　取合い等の部分を、当該取合い等の部分の裏面に当て木を設けることその他の当該建築物の内部への炎の侵入を有効に防止することができる構造とすること。

第4

令第112条第2項第一号に定める基準に適合するはりの構造方法は、次に定めるものとする。

一　耐火構造とすること。

二　特定準耐火構造とすること。

三　第3第三号ロ⑴から⑷までのいずれかに該当する防火被覆を設け、又は次に掲げる基準に適合する構造とすること。

イ　令第46条第2項第一号イ及びロに掲げる基準に適合していること。

ロ　当該はりを接合する継手又は仕口が、昭和62年建設省告示第1901号に定める基準に従って、通常の火災時の加熱に対して耐力の低下を有効に防止することができる構造であること。

ハ　当該はりを有する建築物全体が、昭和62年建設省告示第1902号に定める基準に従った構造計算によって、通常の火災により容易に倒壊するおそれのないことが確かめられた構造であること。

ニ　取合い等の部分を、当該取合い等の部分の裏面に当て木を設けることその他の当該建築物の内部への炎の侵入を有効に防止することができる構造とすること。

第5

令第112条第2項第二号に定める基準に適合する軒裏の構造方法は、次に定めるもの（第二号に定める構造方法にあっては、取合い等の部分を、当該取合い等の部分の裏面に当て木を設けることその他の当該建築物の内部への炎の侵入を有効に防止することができる構造とするものに限る。）とする。
一　特定準耐火構造とすること。
二　次のいずれかに該当する防火被覆が設けられた構造とすること。
　イ　厚さが15㎜の強化せっこうボードの上に金属板を張ったもの
　ロ　繊維強化セメント板（けい酸カルシウム板に限る。）を2枚以上張ったもので、その厚さの合計が16㎜以上のもの
　ハ　第1第三号ハ⑵から⑷まで又は⑹のいずれかに該当するもの
三　野地板（厚さが30㎜以上のものに限る。）及びたるきを木材で造り、これらと外壁（軒桁を含む。）との隙間に次のいずれかに該当する防火被覆を設け、かつ、たるきと軒桁との取合い等の部分を、当該取合い等の部分にたるき欠きを設けることその他の当該建築物の内部への炎の侵入を有効に防止することができる構造とすること。
　イ　厚さが12㎜以上の木材の面戸板の屋内側に厚さが40㎜以上のしっくい、土又はモルタル（ロにおいて「しっくい等」という。）を塗ったもの
　ロ　厚さが30㎜以上の木材の面戸板の屋内側又は屋外側に厚さが20㎜以上のしっくい等を塗ったもの（屋内側にしっくい等を塗ったものにあっては、火災により当該面戸板が除かれた場合に当該しっくい等が自立する構造であるものに限る。）

附則（抄）

1　（略）

2　主要構造部を木造とすることができる大規模の建築物の主要構造部の構造方法を定める件（平成27年国土交通省告示第253号）は、廃止する。

通常の火災時において相互に火熱による防火上有害な影響を及ぼさない建築物の2以上の部分の構造方法を定める件

制定：令和2年4月1日　国土交通省告示第522号

建築基準法施行令（昭和25年政令第338号）第112条第3項の規定に基づき、通常の火災時において相互に火熱による防火上有害な影響を及ぼさない建築物の2以上の部分の構造方法を次のように定める。

建築基準法施行令（以下「令」という。）第112条第3項に規定する通常の火災時において相互に火熱による防火上有害な影響を及ぼさない建築物の2以上の部分の構造方法は、次に定めるものとする。
一　当該2以上の部分を、次に掲げる基準に適合する特定空間部分（令第112条第3項に規定する空間部分をいい、当該部分に階段（令第120条又は第121条の規定による直通階段（令第123条第1項又は第2項の規定による避難階段及び同条第3項の規定による特別避難階段を除く。）を除く。）の部分（当該部分からのみ人が出入りすることのできる便所、公衆電話所その他これらに類するものを含む。）又は昇降機の昇降路の部分（当該昇降機の乗降のためのロビーの部分を含む。）がある場合においては、これらの部分を含む。以下同じ。）に接する部分（特定空間部分と床で区画されたものを除く。）とすること。
　イ　居室（玄関ホール、ロビーその他これらに類するものを除く。）を有しないこと。
　ロ　高さが6m以上の吹抜きとなっている部分であること。
　ハ　各階における水平断面が直径6m以上の円が内接することができるものであること。
　ニ　壁及び天井（天井のない場合においては、屋根。以下同じ。）の室内に面する部分（回り縁、窓台その他これらに類する部分を除く。）の仕上げを準不燃材料でしたものであること。
　ホ　特定空間部分に接する部分（特定空間部分と耐火構造の床若しくは壁又は特定防火設備で区画されたものを除く。トにおいて同じ。）が、廊下その他の通路であって、壁及び天井の室内に面する部分の仕上げを準不燃材料でしたもの（以下「廊下等」という。）であること。
　ヘ　特定空間部分に接する部分（特定空間部分と床で区画されたものを除く。チ⑸(ⅱ)及び次号において同じ。）の最下階の特定廊下等（特定空間部分に接する廊下等をいい、特定空間部分と

耐火構造の床若しくは壁又は特定防火設備で区画されたものを除く。以下同じ。）の幅が4.6m以上であること。

ト　特定空間部分と特定空間部分に接する部分とが特定防火設備で区画されているものとみなして令第112条第1項の規定を適用した場合において、特定空間部分がいずれの階においても2以上のみなし防火区画部分（同項の規定により耐火構造の床若しくは壁又は特定防火設備で区画された部分であって、特定空間部分と特定防火設備で区画されているものとみなされたものをいう。以下このトにおいて同じ。）に接しないこと。ただし、みなし防火区画部分が当該部分の存する階において他のみなし防火区画部分に接しない場合（当該みなし防火区画部分と特定空間部分との接点と当該他のみなし防火区画部分と特定空間部分との接点とを結んだ線の長さの最小値が6m以上である場合に限る。）にあっては、この限りではない。

チ　次に定める構造とした排煙設備を設けたものであること。

(1)　令第126条の3第1項第二号、第七号及び第十号から第十二号までの規定に適合すること。

(2)　排煙口は、特定空間部分の天井の高さの$\frac{1}{2}$以上の高さの位置に設け、直接外気に接する場合を除き、排煙風道に直結すること。

(3)　排煙口には、常時外気に開放された構造である場合を除き、手動開放装置（令第126条の3第1項第五号に定める構造であるものに限る。以下この(3)において同じ。）又は遠隔操作方式による開放装置及び手動開放装置又は煙感知器と連動する自動開放装置を設けること。

(4)　排煙口には、常時外気に開放された構造である場合を除き、(3)の手動開放装置若しくは煙感知器と連動する自動開放装置又は遠隔操作方式による開放装置により開放された場合を除き閉鎖状態を保持し、かつ、開放時に排煙に伴い生ずる気流により閉鎖されるおそれのない構造の戸その他これに類するものを設けること。

(5)　排煙口が直接外気に接する場合を除き、次に定める構造とした排煙機を設けること。

(i)一の排煙口の開放に伴い自動的に作動するものとすること。

(ii)次の式によって計算した排煙風量以上の空気を排出する能力を有するものとすること。

$$v = 1.23m$$

この式において、v及びmは、それぞれ次の数値を表すものとする。

v　排煙風量（単位　㎥／秒）

m　次に掲げる式によって計算した各火災部分（各特定部分（特定廊下等に接する特定空間部分以外の部分（当該特定廊下等と耐火構造の床若しくは壁又は特定防火設備で区画された部分を除く。）であって、特定廊下等以外の部分と耐火構造の床若しくは壁又は特定防火設備で区画された部分をいう。以下同じ。）又は特定空間部分をいう。以下同じ。）で火災が発生した場合の特定空間部分における熱気流の質量流量のうち最大のもの（単位　kg/秒）

$$m_i = max\left[\frac{Q}{140} - 0.015\{A_c + L_w\ (H_c - 1.8)\}, 0.08Q^{1/3}\ (0.4H_{op(max)} + z_0 + 1.8)^{5/3}\right]$$

この式において、m_i、Q、A_c、L_w、H_c、$H_{op(max)}$及びz_0は、それぞれ次の数値を表すものとする。

m_i　各火災部分で火災が発生した場合の特定空間部分における熱気流の質量流量（単位　kg/秒）

Q　当該火災部分の種類に応じ、それぞれ次の表に掲げる式によって計算した特定空間部分における1秒間当たりの発熱量（単位　kW）

当該火災部分の種類	特定空間部分における1秒間当たりの発熱量
特定部分	$Q = Q_d + max\ (1000q_b - q_v, 0)$
特定空間部分	$Q = 3000$

この表において、Q、Q_d、q_b及びq_vは、それぞれ次の数値を表すものとする。

Q　特定空間部分における１秒間当たりの発熱量（単位　kW）
Q_d　次の式によって計算した当該火災部分からの噴出熱気流の運搬熱量（単位　kW）

$$Q_d = m_d (T_f - 20)$$

この式において、Q_d、m_d 及び T_f は、それぞれ次の数値を表すものとする。
Q_d　当該火災部分からの噴出熱気流の運搬熱量（単位　kW）
m_d　次の式によって計算した当該火災部分からの噴出熱気流の質量流量（単位　kg/ 秒）

$$m_d = 0.5 H_{op(max)}{}^{1/2} A_{op}'$$

この式において、m_d、$H_{op(max)}$ 及び A_{op}' は、それぞれ次の数値を表すものとする。
m_d　当該火災部分からの噴出熱気流の質量流量（単位　kg/ 秒）
$H_{op(max)}$　当該火災部分の特定廊下等に面する壁に設けた各開口部の下端のうち最も低い位置から当該各開口部の上端のうち最も高い位置までの高さ（単位　m）
A_{op}'　当該火災部分の特定廊下等に面する壁に設けた開口部の開口面積の合計（単位　㎡）

T_f　次の式によって計算した当該火災部分の温度（単位　度）

$$T_f = \alpha\ t_f{}^{1/6} + 20$$

この式において、T_f、α 及び t_f は、それぞれ次の数値を表すものとする。
T_f　当該火災部分の温度（単位　度）
α　平成 12 年建設省告示第 1433 号（以下この(ii)において「耐火性能検証法告示」という。）第３第一号イ(2)に掲げる式によって計算した当該火災部分における火災温度上昇係数
t_f　次の式によって計算した当該火災部分における火災継続時間（単位　分）

$$t_f = \frac{Q_r}{60 q_b}$$

この式において、t_f、Q_r 及び q_b は、それぞれ次の数値を表すものとする。
t_f　当該火災部分における火災継続時間（単位　分）
Q_r　耐火性能検証法告示第１第１項に掲げる式によって計算した当該火災部分内の可燃物の発熱量（単位　MJ）
q_b　耐火性能検証法告示第２に掲げる式によって計算した当該火災部分内の可燃物の１秒間当たりの発熱量（単位　MW）

q_b　耐火性能検証法告示第２に掲げる式によって計算した当該火

災部分内の可燃物の１秒間当たりの発熱量（単位　MW）

q_v　次の式によって計算した噴出火炎の１秒間当たりの発生限界発熱量（単位　kW）

$$q_v = 150 A_T^{2/5} f_{op}^{3/5}$$

この式において、q_v、A_T 及び f_{op} は、それぞれ次の数値を表すものとする。

q_v　噴出火炎の１秒間当たりの発生限界発熱量（単位　kW）

A_T　当該火災部分の壁、床及び天井の室内に面する部分の表面積（単位　㎡）

f_{op}　次の式によって計算した当該火災部分の壁に設けた各開口部（特定廊下等に面する壁に設けたもの又は直接外気に接するものに限る。以下この(ii)において同じ。）の開口因子の合計（単位　$m^{5/2}$）

$$f_{op} = \sum (A_{op} \sqrt{H_{op}})$$

この式において、f_{op}、A_{op} 及び H_{op} は、それぞれ次の数値を表すものとする。

f_{op}　当該火災部分の壁に設けた各開口部の開口因子の合計（単位　$m^{5/2}$）

A_{op}　当該開口部の面積（単位　㎡）

H_{op}　当該開口部の高さ（単位　m）

A_c　特定空間部分の天井の室内に面する部分の表面積（単位　㎡）

L_w　当該火災部分の存する階（当該火災部分が特定空間部分である場合にあっては、特定空間部分に接する部分の最下階。以下この(ii)において「出火階」という。）の直上階以上の各階における特定空間部分の周長の平均（単位　m）

H_c　当該火災部分の種類に応じ、それぞれ次の表に定める高さ（単位　m）

当該火災部分の種類	高さ
特定部分	当該火災部分の特定廊下等に面する壁に設けた開口部の上端のうち最も高い位置から特定空間部分に接する部分の最上階に存する特定廊下等の天井までの高さ
特定空間部分	当該火災部分の床面の最も高い位置から当該火災部分に接する部分の最上階に存する特定廊下等の天井までの高さ

$H_{op(max)}$　当該火災部分の特定廊下等に面する壁に設けた各開口部の下端のうち最も低い位置から当該各開口部の上端のうち最も高い位置までの高さ（当該火災部分が特定空間部分である場合にあっては、0）（単位　m）

z_0　当該火災部分の種類に応じ、それぞれ次の表に掲げる式によって計算した距離（単位　m）

当該火災部分の種類	距離
特定部分	$z_0 = \dfrac{4.55\, m_d^{3/5}}{Q_d^{1/5}}$

特定空間部分	$z_0 = 0$
この表において、z_0、m_d 及び Q_d は、それぞれ次の数値を表すものとする。 z_0　距離（単位　m） m_d　当該火災部分からの噴出熱気流の質量流量（単位　kg/秒） Q_d　当該火災部分からの噴出熱気流の運搬熱量（単位　kW）	

(6) 排煙口が直接外気に接する場合にあっては、給気口（特定空間部分又は特定廊下等の特定空間部分の床面からの高さが1.8m以下の部分に設けたものであって、排煙口の開放に連動して自動的に開放され又は常時開放状態にあるものに限る。以下この(6)において同じ。）を設け、かつ、排煙口の開口面積は次の式によって計算した開口面積以上とすること。

$$A_e = \frac{1.22m}{\sqrt{max\left\{4.5(H_e - 1.8) - \left(\frac{m}{A_d}\right)^2, 0.01\right\}}}$$

この式において、A_e、m、H_e 及び A_d は、それぞれ次の数値を表すものとする。

A_e　開口面積（単位　㎡）

m　(5)(ii)に規定する各火災部分で火災が発生した場合の特定空間部分における熱気流の質量流量のうち最大のもの（単位　kg/秒）

H_e　特定空間部分における熱気流の質量流量が最大となる火災部分の種類に応じ、それぞれ次の表に定める高さ（単位　m）

特定空間部分における熱気流の質量流量が最大となる火災部分の種類	高さ
特定部分	当該火災部分の特定廊下等に面する壁に設けた開口部の上端のうち最も高い位置から排煙口の中心までの高さ
特定空間部分	当該火災部分の床面の最も高い位置から排煙口の中心までの高さ

A_d　特定空間部分及び特定廊下等に設けた給気口の開口面積の合計（単位　㎡）

二　当該2以上の部分を、次に掲げる方法によって、火炎の放射熱が、特定空間部分を通じて当該2以上の部分（火災が発生した部分を除く。）に防火上有害な影響を及ぼさないことが確かめられた構造とすること。

イ　各特定部分（特定空間部分に接する部分の最下階に存するものを除く。）について、次の式によって計算した特定空間部分で火災が発生した場合における火炎による各特定部分に対する放射熱が8kW/㎡以下であることを確かめること。

$$I_1 = 81F_1$$

この式において、I_1 及び F_1 は、それぞれ次の数値を表すものとする。

I_1　火炎による各特定部分に対する放射熱（単位　kW/㎡）

F_1　特定空間部分の床面から当該特定部分の床面（当該特定部分に接する特定廊下等に腰壁（耐火構造の壁に用いる構造方法を用いるものに限る。以下この号において同じ。）がある場合にあっては、当該腰壁の上端。以下このイにおいて同じ。）までの高さに応じ、それぞれ次の表に掲げる式によって計算した火炎の放射面から当該特定部分への形態係数

特定空間部分の床面から当該特定部分の床面までの高さ	火炎の放射面から当該特定部分への形態係数

5.2m 以上である場合	$F_1 = 0$
5.2m 未満である場合	$F_1 = \dfrac{1.5\ (5.2 - H_h)}{W_{1c}{}^2 \pi \sqrt{\left\{1 + \dfrac{(5.2 - H_h)^2}{W_{1c}{}^2 \pi}\right\}\left(1 + \dfrac{2.25}{W_{1c}{}^2 \pi}\right)}}$
この表において、F_1、H_h 及び W_{1c} は、それぞれ次の数値を表すものとする。 F_1　火炎の放射面から当該特定部分への形態係数 H_h　特定空間部分の床面から当該特定部分の床面までの高さ（単位　m） W_{1c} 当該特定部分に接する特定廊下等の幅（単位　m）	

ロ　各特定部分について、次の式によって計算した各特定部分で火災が発生した場合における火炎による当該特定部分の存する階の直上階の特定部分に対する放射熱が8kW/㎡以下であることを確かめること。

$$I_2 = 81F_2$$

この式において、I_2 及び F_2 は、それぞれ次の数値を表すものとする。

I_2　火炎による当該特定部分の存する階の直上階の特定部分に対する放射熱（単位　kW/㎡）

F_2　次の式によって計算した火炎の放射面から当該特定部分の存する階の直上階の特定部分への形態係数

$$F_2 = \frac{L_f B_{op}}{W_{2c}{}^2 \pi \sqrt{\left(1 + \dfrac{L_f{}^2}{W_{2c}{}^2 \pi}\right)\left(1 + \dfrac{B_{op}{}^2}{W_{2c}{}^2 \pi}\right)}}$$

この式において、F_2、L_f、B_{op} 及び W_{2c} は、それぞれ次の数値を表すものとする。

F_2　火炎の放射面から当該特定部分の存する階の直上階の特定部分への形態係数

L_f　次の式によって計算した当該特定部分の存する階の直上階の床面（当該階に存する特定廊下等（当該特定部分と床で区画された特定部分に接するものに限る。）に腰壁がある場合にあっては、当該腰壁の上端。以下このロにおいて同じ。）から火炎の上端までの高さ（単位　m）

$$L_f = max\ (0.024Q'^{\ 2/3} B_{op}{}^{-2/3} - L_h, 0)$$

この式において、L_f、Q'、B_{op} 及び L_h は、それぞれ次の数値を表すものとする。

L_f　当該特定部分の存する階の直上階の床面から火炎の上端までの高さ（単位　m）

Q'　前号(5)(ii)に掲げる式によって計算した当該特定部分が火災部分である場合の特定空間部分における１秒間当たりの発熱量（単位　kW）

B_{op}　当該特定部分の特定廊下等に面する壁に設けた開口部の幅の合計（単位　m）

L_h　当該特定部分の特定廊下等に面する壁に設けた開口部の上端のうち最も高い位置から当該特定部分の存する階の直上階の床面までの鉛直距離及び当該開口部から特定空間部分までの水平距離の合計（単位　m）

B_{op}　当該特定部分の特定廊下等に面する壁に設けた開口部の幅の合計（単位　m）

W_{2c}　当該特定部分の存する階の直上階に存する特定廊下等（当該特定部分と床で区画された特定部分に接するものに限る。）の幅（単位　m）

間仕切壁を準耐火構造としないこと等に関して防火上支障がない部分を定める件

制定：平成 26 年 8 月 22 日　国土交通省告示第 860 号
改正：令和　2 年 4 月　1 日　国土交通省告示第 508 号

建築基準法施行令（昭和 25 年政令第 338 号）第 112 条第 2 項〔現行＝第 112 条第 4 項＝令和元年 12 月政令第 181 号により改正〕及び第 114 条第 2 項の規定に基づき、間仕切壁を準耐火構造としないこと等に関して防火上支障がない部分を次のように定める。

建築基準法施行令第 112 条第 4 項及び第 114 条第 2 項に規定する防火上支障がない部分は、居室の床面積が 100㎡以下の階又は居室の床面積 100㎡以内ごとに準耐火構造の壁若しくは建築基準法（昭和 25 年法律第 201 号）第 2 条第九号の二ロに規定する防火設備で区画されている部分（これらの階又は部分の各居室（以下「各居室」という。）に消防法施行令（昭和 36 年政令第 37 号）第 5 条の 6 第二号に規定する住宅用防災報知設備若しくは同令第 7 条第 3 項第一号に規定する自動火災報知設備又は住宅用防災警報器及び住宅用防災報知設備に係る技術上の規格を定める省令（平成 17 年総務省令第 11 号）第 2 条第四号の三に規定する連動型住宅用防災警報器（いずれも火災の発生を煙により感知するものに限る。）を設けたものに限る。）で、次の各号のいずれかに該当するものとする。

一　各居室から直接屋外への出口等（屋外への出口若しくは避難上有効なバルコニーで、道若しくは道に通ずる幅員 50cm 以上の通路その他の空地に面する部分又は準耐火構造の壁若しくは建築基準法第 2 条第九号の二ロに規定する防火設備で区画されている他の部分をいう。以下同じ。）へ避難することができること。

二　各居室の出口（各居室から屋外への出口等に通ずる主たる廊下その他の通路（以下「通路」という。）に通ずる出口に限る。）から屋外への出口等の一に至る歩行距離が 8m（各居室及び通路の壁（各居室の壁にあっては、床面からの高さが 1.2m 以下の部分を除く。）及び天井（天井のない場合においては、屋根）の室内に面する部分（回り縁、窓台その他これらに類する部分を除く。）の仕上げを難燃材料でした場合又は建築基準法施行令第 128 条の 5 第 1 項第一号ロに掲げる仕上げとした場合は、16m）以下であって、各居室と通路とが間仕切壁及び戸（ふすま、障子その他これらに類するものを除き、常時閉鎖した状態にあるか、又は火災により煙が発生した場合に自動的に閉鎖するものに限る。）で区画されていること。

強化天井の構造方法を定める件

制定：平成 28 年 4 月 22 日　国土交通省告示第 694 号
改正：令和　2 年 4 月　1 日　国土交通省告示第 508 号

建築基準法施行令（昭和 25 年政令第 338 号）第 112 条第 2 項第一号〔現行＝第 112 条第 4 項第一号＝令和元年 12 月政令第 181 号により改正〕の規定に基づき、強化天井の構造方法を次のように定める。

建築基準法施行令（以下「令」という。）第 112 条第 4 項第一号に規定する強化天井の構造方法は、次に掲げる基準に適合するものとする。

一　強化せっこうボード（ボード用原紙を除いた部分のせっこうの含有率を 95% 以上、ガラス繊維の含有率を 0.4% 以上とし、かつ、ひる石の含有率を 2.5% 以上としたものに限る。）を 2 枚以上張ったもので、その厚さの合計が 36㎜以上のものが設けられていること。

二　給水管、配電管その他の管が強化天井を貫通する場合においては、当該管と強化天井との隙間をロックウールその他の不燃材料で埋めるとともに、当該管の構造を令第 129 条の 2 の 4 第 1 項第七号イからハまでのいずれかに適合するものとすること。この場合において、同号ハ中「20 分間（第 112 条第 1 項若しくは第 4 項から第 6 項まで、同条第 7 項（同条第 8 項の規定により床面積の合計 200㎡以内ごとに区画する場合又は同条第 9 項の規定により床面積の合計 500㎡以内ごとに区画する場合に限る。）、同条第 10 項（同条第 8 項の規定により床面積の合計 200㎡以内ごとに区画する場合又は同条第9項の規定により床面積の合計500㎡以内ごとに区画する場合に限る。）若しくは同条第18項の規定による準耐火構造の床若しくは壁又は第113条第1項の防火壁若しくは防火床にあつては1時間、第114条第1項の界壁、同条第2項の間仕切壁又は同条第3項若しくは第4項の隔壁にあつては45分間）」とあるのは、「1時間」と読み替えるものとする。ただし、1時間準耐火基準に適合する準耐火構造の床若しくは壁又は特定防火設備で建築物の他の部分と区画されたパイプシャフト、パイプダクトその他これらに類するものの中にある部分については、この限りでない。

三　換気、暖房又は冷房の設備の風道が強化天井を貫通する場合においては、当該風道の強化天井を貫通する部分又はこれに近接する部分に令第112条第21項に規定する構造の特定防火設備を設けていること。

四　防火被覆の取合いの部分、目地の部分その他これらに類する部分が、当該部分の裏面に当て木が設けられている等天井裏への炎の侵入を有効に防止することができる構造であること。

10分間防火設備の構造方法を定める件

制定：令和2年2月27日　国土交通省告示第198号
改正：令和2年4月　1日　国土交通省告示第508号

建築基準法施行令（昭和25年政令第338号）第112条第11項ただし書〔現行＝第112条第12項ただし書＝令和元年12月政令第181号により改正〕の規定に基づき、10分間防火設備の構造方法を次のように定める。

第1

建築基準法施行令第112条第12項ただし書に規定する10分間防火設備の構造方法は、次に定めるものとする。

一　建築基準法（昭和25年法律第201号。以下「法」という。）第2条第九号の二ロに規定する防火設備とすること。

二　通常の火災による火熱が加えられた場合に、加熱開始後10分間当該加熱面以外の面に火炎を出さないものとして、法第61条の規定による国土交通大臣の認定を受けた防火設備とすること。

三　次に掲げる基準に適合するものとすること。

イ　補強材（鉄材又は鋼材で造られたものに限る。）の両面にそれぞれ厚さが0.5㎜以上の鉄板又は鋼板（ハにおいて「表面材」という。）が堅固に取り付けられたものであること。

ロ　充填材を用いる場合にあっては、防火上支障のない性能を有するものが用いられたものであること。

ハ　ガラスを用いる場合にあっては、次に掲げる場合の区分に応じ、それぞれ次に定める基準に適合するものであること。

(1)　枠に鉄材若しくは鋼材を用いる場合又は枠を設けない場合　次の(i)又は(ii)のいずれかに該当する構造であること。

(i)網入りガラス（網入りガラスを用いた複層ガラスを含む。）を用いたもの

(ii)次に掲げる基準に適合するもの

(一)はめごろし戸であること。

(二)次のいずれかに該当するガラスが用いられたものであること。

(イ)強化ガラス（厚さが5㎜以上であり、かつ、表面圧縮応力が140MPa以上であるものに限る。(2)において同じ。）

(ロ)耐熱強化ガラス（厚さが5㎜以上であり、かつ、エッジ強度が250MPa以上であるものに限る。(2)において同じ。）

(ハ)耐熱結晶化ガラス（主たる構成物質が二酸化けい素、酸化アルミニウム及び酸化リチウムであるガラスをいい、厚さが5㎜以上であり、かつ、線膨張係数が摂氏30度から摂氏750度までの範囲において、1度につき0 ± 0.0000005であるものに限る。(2)において同じ。）

(三)幅が700㎜以下で高さが2,100㎜以下の開口部に取り付けられたものであること。

㈣火災時においてガラスが脱落しないよう、次に掲げる方法によりガラスが枠（枠を設けない場合にあっては、表面材。㈠において同じ。）に取り付けられたものであること。
㈠ガラスを鉄材、鋼材又はアルミニウム合金材で造られた厚さが1㎜以上の取付部材（ガラスを枠に取り付けるために設置される部材をいう。⑵において同じ。）により枠に堅固に取り付けること。
㈡ガラスの下にセッティングブロックを設けること。
㈢ガラスの取付部分に含まれる部分の長さを6㎜以上とすること。
㈤火災時においてガラスの取付部分に隙間が生じないよう、取付部分にシーリング材又はグレイジングガスケットで、難燃性を有するもの（シリコーン製であるものに限る。⑵において同じ。）がガラスの全周にわたって設置されたものであること。
㈥枠に鉄材又は鋼材を用いる場合にあっては、表面材の枠に含まれる部分の長さが2㎜以上であること。
⑵　枠にアルミニウム合金材を用いる場合　次に掲げる基準に適合するものであること。
(i)はめごろし戸であること。
(ii)次のいずれかに該当するガラスが用いられたものであること。
㈠網入りガラス
㈡強化ガラス
㈢耐熱強化ガラス
㈣耐熱結晶化ガラス
(iii)幅が700㎜以下で高さが2,100㎜以下の開口部に取り付けられたものであること。
(iv)火災時においてガラスが脱落しないよう、次に掲げる方法によりガラスが枠に取り付けられたものであること。
㈠ガラスを鉄材、鋼材又はアルミニウム合金材で造られた厚さが1㎜以上の取付部材により枠に堅固に取り付けること。
㈡ガラスの下にセッティングブロックを設けること。
㈢ガラスの取付部分に含まれる部分の長さを6㎜以上とすること。
(v)火災時においてガラスの取付部分に隙間が生じないよう、取付部分にシーリング材又はグレイジングガスケットで、難燃性を有するものがガラスの全周にわたって設置されたものであること。
(vi)表面材の枠に含まれる部分の長さが2㎜以上であること。

第２

第１第三号に該当する防火設備は、周囲の部分（当該防火設備から屋内側に15㎝以内の間に設けられた建具がある場合には、当該建具を含む。）が準不燃材料で造られた開口部に取り付けなければならない。

第３

防火戸が枠又は他の防火設備と接する部分は、相じゃくりとし、又は定規縁若しくは戸当りを設ける等閉鎖した際に隙間が生じない構造とし、かつ、防火設備の取付金物は、当該防火設備が閉鎖した際に露出しないように取り付けなければならない。

警報設備を設けることその他これに準ずる措置の基準を定める件

制定：令和２年３月６日　国土交通省告示第250号

建築基準法施行令（昭和25年政令第338号）第112条第18項ただし書の規定に基づき、警報設備を設けることその他これに準ずる措置の基準を次のように定める。

第１

この告示は、建築基準法（昭和25年法律第201号。以下「法」という。）第27条第１項各号、第２項各号又は第３項各号のいずれかに該当する建築物の部分（以下「特定用途部分」という。）を次に掲げる用途に供する場合であって、特定用途部分と特定用途部分に接する部分（特定用途部分の存する階にあるものを除く。）とを１時間準耐火基準に適合する準耐火構造とした床若しくは壁又は特定防火設備で区画し、かつ、特定用途部分に接する部分（特定用途部分の存する階にあるものに限る。第２において同じ。）を法別表第１(い)欄(1)項に掲げる用途又は病院、診療所（患者の収容施設があるものに限る。）若しくは児童福祉施設等（建築基準法施行令（以下「令」という。）第115条の３第一号に規定するものをいう。以下同じ。）（通所のみにより利用されるものを除く。）の用途に供しない場合について適用する。

一　ホテル

二　旅館

三　児童福祉施設等（通所のみにより利用されるものに限る。）

四　飲食店

五　物品販売業を営む店舗

第２

令第112条第18項ただし書に規定する警報設備を設けることその他これに準ずる措置の基準は、特定用途部分及び特定用途部分に接する部分に令第110条の５に規定する構造方法を用いる警報設備（自動火災報知設備に限る。）を同条に規定する設置方法により設けることとする。

防火区画に用いる防火設備等の構造方法を定める件

制定：昭和48年12月28日　建設省告示第2563号
改正：令和２年４月１日　国土交通省告示第508号

建築基準法施行令（昭和25年政令第338号）第112条第13項第一号〔現行＝第112条第19項第一号＝令和元年12月政令第181号により改正〕、第129条の13の２〔現行＝第129条の13の２第三号＝平成12年４月政令第211号により改正〕及び第136条の２第一号の規定に基づき、防火区画に用いる防火設備等の構造方法を次のように定める。

第１

建築基準法施行令（以下「令」という。）第112条第19項第一号に規定する同号イからニまでに掲げる要件（ニに掲げる要件にあつては、火災により煙が発生した場合に、自動的に閉鎖又は作動をするものであることに限る。）を満たす防火設備の構造方法は、次の各号のいずれかに定めるものとする。

一　次に掲げる基準に適合する常時閉鎖状態を保持する構造の防火設備とすること。

　イ　次の(1)又は(2)のいずれかに適合するものであること。

　　(1)　面積が３㎡以内の防火戸で、直接手で開くことができ、かつ、自動的に閉鎖するもの（以下「常時閉鎖式防火戸」という。）であること。

　　(2)　面積が３㎡以内の防火戸で、昇降路の出入口に設けられ、かつ、人の出入りの後20秒以内に閉鎖するものであること。

　ロ　当該防火設備が開いた後に再び閉鎖するに際して、次に掲げる基準に適合するものであること。ただし、人の通行の用に供する部分以外の部分に設ける防火設備にあつては、この限りでない。

　　(1)　当該防火設備の質量（単位　kg）に当該防火設備の閉鎖時の速度（単位　m/秒）の２乗を乗じて得た値が20以下となるものであること。

　　(2)　当該防火設備の質量が15kg以下であること。ただし、水平方向に閉鎖をするものであつてその閉鎖する力が150 N以下であるもの又は周囲の人と接触することにより停止するもの（人との接触を検知してから停止するまでの移動距離が５cm以下であり、かつ、接触した人が当該防火設備から離れた後に再び閉鎖又は作動をする構造であるものに限る。）にあつては、この限りでない。

二　次に掲げる基準に適合する随時閉鎖することができる構造の防火設備とすること。

イ　当該防火設備が閉鎖するに際して、前号ロ⑴及び⑵に掲げる基準に適合するものであること。ただし、人の通行の用に供する部分以外の部分に設ける防火設備にあつては、この限りでない。
ロ　居室から地上に通ずる主たる廊下、階段その他の通路に設けるものにあつては、当該防火設備に近接して当該通路に常時閉鎖式防火戸が設けられている場合を除き、直接手で開くことができ、かつ、自動的に閉鎖する部分を有し、その部分の幅、高さ及び下端の床面からの高さが、それぞれ、75cm以上、1.8m以上及び15cm以下である構造の防火設備とすること。
ハ　煙感知器又は熱煙複合式感知器、連動制御器、自動閉鎖装置及び予備電源を備えたものであること。
ニ　煙感知器又は熱煙複合式感知器は、次に掲げる基準に適合するものであること。
⑴　消防法（昭和 23 年法律第 186 号）第 21 条の 2 第 1 項の規定による検定に合格したものであること。
⑵　次に掲げる場所に設けるものであること。
(i)防火設備からの水平距離が 10m以内で、かつ、防火設備と煙感知器又は熱煙複合式感知器との間に間仕切壁等がない場所
(ii)壁（天井から 50cm以上下方に突出したたれ壁等を含む。）から 60cm以上離れた天井等の室内に面する部分（廊下等狭い場所であるために 60cm以上離すことができない場合にあつては、当該廊下等の天井等の室内に面する部分の中央の部分）
(iii)次に掲げる場所以外の場所
(イ)換気口等の空気吹出口に近接する場所
(ロ)じんあい、微粉又は水蒸気が多量に滞留する場所
(ハ)腐食性ガスの発生するおそれのある場所
(ニ)厨（ちゅう）房等正常時において煙等が滞留する場所
(ホ)排気ガスが多量に滞留する場所
(ヘ)煙が多量に流入するおそれのある場所
(ト)結露が発生する場所
⑶　倉庫の用途に供する建築物で、その用途に供する部分の床面積の合計が 50,000㎡以上のものの当該用途に供する部分に設ける火災情報信号（火災によつて生ずる熱又は煙の程度その他火災の程度に係る信号をいう。）を発信する煙感知器又は熱煙複合式感知器（スプリンクラー設備、水噴霧消火設備、泡消火設備その他これらに類するもので自動式のものを設けた部分に設けるものを除く。）にあつては、煙感知器又は熱煙複合式感知器に用いる電気配線が、次の(i)又は(ii)のいずれかに定めるものであること。
(i)煙感知器又は熱煙複合式感知器に接続する部分に、耐熱性を有する材料で被覆することその他の短絡を有効に防止する措置を講じたもの
(ii)短絡した場合にあつても、その影響が準耐火構造の床若しくは壁又は建築基準法（昭和 25 年法律第 201 号）第 2 条第九号の二ロに規定する防火設備で区画された建築物の部分でその床面積が 3,000㎡以内のもの以外の部分に及ばないように断路器その他これに類するものを設けたもの

ホ　連動制御器は、次に定めるものであること。
⑴　煙感知器又は熱煙複合式感知器から信号を受けた場合に自動閉鎖装置に起動指示を与えるもので、随時、制御の監視ができるもの
⑵　火災による熱により機能に支障をきたすおそれがなく、かつ、維持管理が容易に行えるもの
⑶　連動制御器に用いる電気配線及び電線が、次に定めるものであるもの
(i)昭和 45 年建設省告示第 1829 号第二号及び第三号に定める基準によるもの
(ii)常用の電源の電気配線は、他の電気回路（電源に接続する部分及び消防法施行令（昭和 36 年政令第 37 号）第 7 条第 3 項第一号に規定する自動火災報知設備の中継器又は受信機に接続する部分を除く。）に接続しないもので、かつ、配電盤又は分電盤の階別主開閉器の電源側で分岐しているもの
ヘ　自動閉鎖装置は、次に定めるものであること。

(1) 連動制御器から起動指示を受けた場合に防火設備を自動的に閉鎖させるもの
(2) 自動閉鎖装置に用いる電気配線及び電線が、ホの(3)に定めるものであるもの

ト 予備電源は、昭和45年建設省告示第1829号第四号に定める基準によるものであること。

第2

令第112条第19項第一号に規定する同号イからニまでに掲げる要件（ニに掲げる要件にあつては、火災により温度が急激に上昇した場合に、自動的に閉鎖又は作動をするものであることに限る。）を満たす防火設備の構造方法は、次の各号のいずれかに定めるものとする。

一 第1第一号に定める構造の防火設備とすること。

二 次に掲げる基準に適合する随時閉鎖することができる構造の防火設備とすること。

イ 第1第二号イ及びロに掲げる基準に適合すること。

ロ 熱感知器又は熱煙複合式感知器と連動して自動的に閉鎖する構造のものにあつては、次に掲げる基準に適合すること。

(1) 熱感知器又は熱煙複合式感知器、連動制御器、自動閉鎖装置及び予備電源を備えたものであること。

(2) 熱感知器は、次に定めるものであること。

(i)消防法第21条の2第1項の規定による検定に合格した熱複合式若しくは定温式のもので特種の公称作動温度（補償式（熱複合式のもののうち多信号機能を有しないものをいう。）のものにあつては公称定温点、以下同じ。）が60度から70度までのもの（ボイラー室、厨(ちゅう)房等最高周囲温度が50度を超える場所にあつては、当該最高周囲温度より20度高い公称作動温度のもの）

(ii)第1第二号ニ(2)(i)及び(ii)に掲げる場所に設けるもの

(iii)第1第二号ニ(3)に定めるもの

(3) 熱煙複合式感知器は、次に定めるものであること。

(i)消防法第21条の2第1項の規定による検定に合格したもののうち、定温式の性能を有するもので特種の公称作動温度が60度から70度までのもの（ボイラー室等最高周囲温度が50度を超える場所にあつては、当該最高周囲温度より20度高い公称作動温度のもの）

(ii)第1第二号ニ(2)に掲げる場所に設けられたもの

(iii)第1第二号ニ(3)に定めるもの

(4) 連動制御器、自動閉鎖装置及び予備電源は、第1第二号ホからトまでに定めるものであること。

ハ 温度ヒューズと連動して自動的に閉鎖する構造のものにあつては、次に掲げる基準に適合すること。

(1) 温度ヒューズ、連動閉鎖装置及びこれらの取付部分を備えたもので、別記に規定する試験に合格したものであること。

(2) 温度ヒューズが、天井の室内に面する部分又は防火戸若しくは防火戸の枠の上部で熱を有効に感知できる場所において、断熱性を有する不燃材料に露出して堅固に取り付けられたものであること。

(3) 連動閉鎖装置の可動部部材が、腐食しにくい材料を用いたものであること。

第3

令第129条の13の2第三号に規定する令第112条第19項第一号イ、ロ及びニに掲げる要件（ニに掲げる要件にあつては、火災により煙が発生した場合に、自動的に閉鎖又は作動をするものであることに限る。）を満たす防火設備の構造方法は、次の各号のいずれかに定めるものとする。

一 第1第一号に定める構造の防火設備とすること。

二 第1第二号イ及びハからトまでに掲げる基準に適合する随時閉鎖することができる構造の防火設備とすること。

第 4

令第 129 条の 13 の 2 第三号に規定する令第 112 条第 19 項第一号イ、ロ及びニに掲げる要件（ニに掲げる要件にあつては、火災により温度が急激に上昇した場合に、自動的に閉鎖又は作動をするものであることに限る。）を満たす防火設備の構造方法は、次の各号のいずれかに定めるものとする。

一　第 1 第一号に定める構造の防火設備とすること。

二　第 1 第二号イ並びに第 2 第二号ロ及びハに掲げる基準に適合する随時閉鎖することができる構造の防火設備とすること。

別記（略）
別図（略）

防火区画に用いる遮煙性能を有する防火設備等の構造方法を定める件

制定：昭和 48 年 12 月 28 日　建設省告示第 2564 号
改正：令和　2 年　4 月　1 日　国土交通省告示第 508 号

建築基準法施行令（昭和 25 年政令第 338 号）第 112 条第 13 項第二号〔現行＝第 112 条第 19 項第二号＝令和元年 12 月政令第 181 号により改正〕、第 126 条の 2 第 2 項及び第 145 条第 1 項第二号の規定に基づき、防火区画に用いる遮煙性能を有する防火設備の構造方法を次のように定める。

一　建築基準法施行令（以下「令」という。）第 112 条第 19 項第二号に規定する同号イ及びロに掲げる要件を満たす防火設備又は令第 145 条第 1 項第二号に規定する同号イ及びロに掲げる要件を満たす防火設備の構造方法は、次に定めるものとする。

イ　昭和 48 年建設省告示第 2563 号第 1 第一号又は第二号に定める構造とすること。

ロ　防火戸が枠又は他の防火設備と接する部分が相じやくり、又は定規縁若しくは戸当りを設けたもの等閉鎖した際に隙間が生じない構造とし、かつ、防火設備の取付金物を当該防火設備が閉鎖した際に露出しないように取り付けられたもの（シャッターにあつては、内のり幅が 5 m以下で、別記に規定する遮煙性能試験に合格したもの又はシャッターに近接する位置に網入りガラスその他建築基準法（昭和 25 年法律第 201 号）第 2 条第九号の二ロに規定する防火設備を固定して併設したもので、内のり幅が 8 m以下のものに限る。）とすること。

二　令第 112 条第 19 項第二号に規定する同号イ及びロに掲げる要件を満たす戸の構造方法は、次に定めるものとする。

イ　昭和 48 年建設省告示第 2563 号第 1 第一号又は第二号に定める構造とすること。この場合において、同告示第 1 第一号又は第二号中「防火設備」及び「防火戸」とあるのは、「戸」と読み替えることとする。

ロ　戸の開閉する部分が当該戸の枠又は他の戸と接する部分を相じやくり、又は定規縁若しくは戸当りを設けたもの等閉鎖した際に隙間が生じない構造とし、かつ、戸の取付金物を当該戸が閉鎖した際に露出しないように取り付けられたものとすること。

三　令第 126 条の 2 第 2 項第一号に規定する令第 112 条第 19 項第一号イ及びロ並びに第二号ロに掲げる要件を満たす防火設備の構造方法は、次に定めるものとする。

イ　昭和 48 年建設省告示第 2563 号第 3 第一号又は第二号に定める構造とすること。

ロ　第一号ロに定める構造とすること。

別記（略）
別図（略）

防火区画を貫通する風道に設ける防火設備の構造方法を定める件

制定：昭和48年12月28日　建設省告示第2565号
改正：令和　2年　4月　1日　国土交通省告示第508号

建築基準法施行令（昭和25年政令第338号）第112条第15項〔現行＝第112条第21項＝令和元年12月政令第181号により改正〕の規定に基づき、防火区画を貫通する風道に設ける防火設備の構造方法を次のように定める。

建築基準法施行令第112条第21項に掲げる要件を満たす防火設備の構造方法は、次の各号に定める場合に応じ、それぞれ当該各号に定めるものとする。

一　風道が、建築基準法施行令第112条第1項第二号、第6項、第10項から第13項まで又は第18項の規定による防火区画を貫通する場合（2以上の階にわたり煙が流出するおそれのない場合その他避難上及び防火上支障がないと認められる場合を除く。）次に掲げる基準に適合し、かつ、別記に規定する漏煙試験に合格した構造の防火ダンパーとすること。

イ　鉄製であること。

ロ　昭和48年建設省告示第2563号第1第二号ハ、同号ニ(1)及び同号ホからトまでに掲げる基準に適合すること。この場合において、同号ヘ(1)中「防火戸」とあるのは、「防火ダンパー」と読み替えるものとする。

ハ　煙感知器は、次に掲げる場所に設けるものであること。

(1)　間仕切壁等で区画された場所で、当該防火ダンパーに係る風道の換気口等がある場所

(2)　昭和48年建設省告示第2563号第1第二号ニ(2)(ii)及び(iii)に掲げる場所

二　主要構造部を準耐火構造とし、かつ、地階又は3階以上の階に居室を有する建築物において、2以上の階に換気口等（空気吹出口又は空気吹込口をいう。以下同じ。）を有する同一系統の風道が、換気口等を有する階の直上の耐火構造等の防火区画である床を貫通する場合（2以上の階にわたり煙が流出するおそれのない場合その他避難上及び防火上支障がないと認められる場合を除く。）前号に定める構造方法

三　前2号以外の場合　次のいずれかに定める構造の防火ダンパーとすること。

イ　鉄製で、昭和48年建設省告示第2563号第1第二号ハからトまでに掲げる基準（同号ニ(2)(i)及びヘ(1)に掲げる基準にあつては、「防火戸」とあるのは、「防火ダンパー」と読み替えるものとする。）に適合する構造で、かつ、別記に規定する漏煙試験に合格したもの

ロ　次のいずれかに該当する構造で、かつ、別記に規定する漏煙試験に合格したもの

(1)　鉄製で、昭和48年建設省告示第2563号第2第二号ロに掲げる基準に適合するもの

(2)　鉄製で、昭和48年建設省告示第2563号第2第三号ハ(1)及び(3)に掲げる基準に適合する構造であり、かつ、温度ヒューズが、当該温度ヒューズに連動して閉鎖するダンパーに近接した場所で風道の内部に設けられたもの

附則（平成12年5月25日建設省告示第1372号）

昭和56年建設省告示第1097号は、廃止する。

別記（略）

別図（略）

風道の耐火構造等の防火区画を貫通する部分等にダンパーを設けないことにつき防火上支障がないと認める場合を指定する件

制定：昭和 49 年 12 月 28 日　建設省告示第 1579 号
改正：令和　2 年　4 月　1 日　国土交通省告示第 508 号

建築基準法施行令（昭和 25 年政令第 338 号。以下「令」という。）第 112 条第 15 項〔現行＝第 112 条第 21 項＝令和元年 12 月政令第 181 号により改正〕の規定に基づき、風道の耐火構造等の防火区画を貫通する部分等にダンパーを設けないことにつき防火上支障がないと認める場合を次のように指定し、昭和 50 年 1 月 1 日から施行する。

第 1

令第 20 条の 4 第 1 項第一号に規定する設備又は器具（以下「密閉式燃焼設備等」という。）の換気の設備の風道がダクトスペースに貫通し、かつ、当該風道及びダクトスペースが次に該当するものである場合

一　風道は、次に定めるものであること。
　イ　鉄製で鉄板の厚さが 0.6mm 以上のもの又は建設大臣がこれと同等以上の耐火性能を有すると認めるものであること。
　ロ　主要構造部に堅固に取り付けるものであること。
　ハ　当該貫通する部分と耐火構造等の防火区画とのすき間をモルタルその他の不燃材料で埋めるものであること。
二　ダクトスペースは、次に定めるものであること。
　イ　密閉式燃焼設備等の換気以外の用に供しないものであること。
　ロ　頂部を直接外気に開放するものであること。

第 2

密閉式燃焼設備等の換気の設備の風道以外の換気の設備の風道がダクトスペースに貫通し、かつ、当該風道及びダクトスペースが次に該当するものである場合

一　風道は、次に定めるものであること。
　イ　鉄製で鉄板の厚さが 0.8mm 以上のもの又は建設大臣がこれと同等以上の耐火性能を有すると認めるものであること。
　ロ　第 1 の一のロ及びハに定めるものであること。
　ハ　ダクトスペース内において 2 m 以上の立上り部分を有し、かつ、当該立上り部分と耐火構造等の防火区画に堅固に取り付けるものであること。ただし、有効な煙の逆流防止のための措置を講ずる場合は、この限りでない。
　ニ　他の設備の風道に連結しないものであること。
　ホ　当該貫通する部分の断面積が 250cm² 以下のものであること。
二　ダクトスペースは、次に定めるものであること。
　イ　換気（密閉式燃焼設備等の換気を除く。）以外の用に供しないものであること。
　ロ　第 1 の二のロに定めるものであること。ただし、頂部に換気上有効な排気機を設ける場合は、この限りでない。

第 3

密閉式燃焼設備等の換気の設備の風道が令第 112 条第 16 項本文の規定による耐火構造又は準耐火構造の外壁（以下「耐火構造等の外壁」という。）を貫通し、かつ、当該風道が次に定めるものである場合

イ　第 1 の一のイからハまでに定めるものであること。
ロ　当該貫通する部分の断面積が 1,500cm² 以下のものであること。

第 4

密閉式燃焼設備等の換気の設備の風道以外の換気の設備の風道が耐火構造等の外壁を貫通し、かつ、当

該風道が次に定めるものである場合
イ　第2の一のイ、ロ及びホに定めるものであること。
ロ　直接外気に開放された開口部に第2の一のイに規定する構造を有し、かつ、随時閉鎖することができる設備を設けるものであること。

防火区画を貫通する風道に防火設備を設ける方法を定める件

制定：平成12年5月26日　建設省告示第1376号
改正：令和 2年4月 1日　国土交通省告示第508号

建築基準法施行令（昭和25年政令第338号）第112条第15項〔現行＝第112条第21項＝令和元年12月政令第181号により改正〕の規定に基づき、防火区画を貫通する風道に防火設備を設ける方法を次のように定める。

第1

主要構造部に堅固に取り付けること。

第2

換気、暖房又は冷房の設備の風道が建築基準法施行令第112条第20項に規定する準耐火構造の防火区画を貫通する部分に近接する部分に防火設備を設ける場合にあっては、当該防火設備と当該防火区画との間の風道は、厚さ1.5㎜以上の鉄板で造り、又は鉄網モルタル塗その他の不燃材料で被覆すること。

第3

天井、壁等に一辺の長さが45㎝以上の保守点検が容易に行える点検口並びに防火設備の開閉及び作動状態を確認できる検査口を設けること。

防火壁及び防火床の構造方法を定める件

制定：令和元年6月21日　国土交通省告示第197号
改正：令和2年4月 1日　国土交通省告示第508号

建築基準法施行令（昭和25年政令第338号）第113条第1項第二号及び第三号の規定に基づき、防火壁及び防火床の構造方法を次のように定める。

第1

建築基準法施行令（以下「令」という。）第113条第1項第二号に規定する通常の火災による防火壁又は防火床以外の建築物の部分の倒壊によって生ずる応力が伝えられた場合に倒壊しない防火壁及び防火床の構造方法は、次に定めるものとする。
一　木造の建築物においては、無筋コンクリート造又は組積造としないこと。
二　防火壁にあっては、自立する構造とすること。
三　防火床にあっては、これを支持する壁（耐力壁に限る。）、柱及びはりを耐火構造とすること。

第2

令第113条第1項第三号に規定する通常の火災時において防火壁又は防火床で区画された部分から屋外に出た火炎による当該防火壁又は防火床で区画された他の部分への延焼を有効に防止できる防火壁及び防火床の構造方法は、次に定めるものとする。
一　防火壁にあっては、その両端及び上端を、建築物の外壁面及び屋根面から50㎝（防火壁の中心線から水平距離1.8m以内の部分において、外壁が防火構造であり、かつ、屋根の構造が平成12年建設省告示第 1367 号の規定に適合するもの又は令第 109 条の 3 第一号の規定による認定を受けたものである場合において、これらの部分に開口部がないときにあっては、10cm）以上突出させること。ただし、防火壁を設けた部分の外壁又は屋根が防火壁を含み桁行方向に幅 3.6m 以上にわたって耐火構造であり、かつ、これらの部分に開口部がない場合又は開口部があって、これに建築基準法（昭和 25 年法律第 201 号。以下「法」という。）第 2 条第九号の二ロに規定する防火設備が設けられている場合においては、その部分については、この限りでない。

二　防火床にあっては、次に掲げる基準に適合する構造とすること。

イ　次に掲げる基準のいずれかに適合するものであること。

(1)　防火床（屋外にある部分の裏側の部分の仕上げを不燃材料でしたものに限る。）が建築物の外壁面から 1.5m 以上突出したものであるほか、防火床の上方で、防火床の中心線から垂直距離 5m 以内の部分において、外壁及び軒裏が防火構造であり、かつ、外壁及び軒裏の屋外側の部分の仕上げが準不燃材料でされ、外壁の開口部に法第 2 条第九号の二ロに規定する防火設備が設けられていること。

(2)　防火床の下方で、防火床の中心線から垂直距離 5m 以内の部分において、外壁が耐火構造であり、かつ、外壁の屋外側の部分の仕上げが不燃材料でされ、外壁の開口部に法第 2 条第九号の二ロに規定する防火設備が設けられていること。

(3)　防火床の上方及び下方で、防火床の中心線から垂直距離 5m 以内の部分において、外壁及び軒裏が準耐火構造であり、かつ、外壁及び軒裏の屋外側の部分の仕上げが準不燃材料でされ、外壁の開口部に法第 2 条第九号の二ロに規定する防火設備が設けられていること。

ロ　防火床を貫通する竪（たて）穴部分（令第 112 条第 11 項に規定する竪（たて）穴部分をいう。以下同じ。）と当該竪（たて）穴部分以外の部分とが耐火構造の床若しくは壁又は特定防火設備で同条第 19 項第一号に規定する構造であるもので区画されていること。

建築基準法施行令第 114 条第 3 項第三号の規定に基づき国土交通大臣が定める基準

制定：平成　6 年 8 月 26 日　建設省告示第 1882 号
改正：平成 16 年 5 月　6 日　国土交通省告示第 512 号

建築基準法施行令（昭和 25 年政令第 338 号）第 114 条第 3 項第二号〔現行＝第三号＝平成 12 年 4 月政令第 211 号により改正〕の規定に基づき、国土交通大臣が定める基準を次のように定める。

第 1　構造

畜舎、堆（たい）肥舎並びに水産物の増殖場及び養殖場の上家の用途に供する建築物（以下「畜舎等」という。）は、次に掲げる構造のものであること。

一　畜舎等の外壁に避難上有効な開口部が 2 以上設けられており、畜舎等の各部分から当該各開口部に至る歩行経路が確保されているものであること。

二　畜舎等を間仕切壁により区画する場合にあっては、当該間仕切壁に開口部を設ける等により畜舎等において作業に従事する者が火災の発生を容易に覚知できるものであること。

第 2　用途

畜舎等の各部分が、次に掲げる用途に供されるものでないこと。

一　売場、集会室その他の不特定又は多数の者の利用に供する用途

二　寝室、宿直室その他の人の就寝の用に供する用途

三　調理室、浴室その他の火を使用する設備又は器具を設けて利用する用途

第 3　周囲の状況

畜舎等の周囲の状況が、次のいずれかに適合するものであること。

一　次のイ及びロに適合する畜舎等にあっては、6 m以内に建築物又は工作物（当該畜舎等に附属する

不燃性を有する建築材料で造られたものを除く。次号において同じ。）が存しないこと。
イ　階数が１であるもの
ロ　都市計画法（昭和43年法律第100号）第７条第１項に規定する市街化区域以外の区域内にあるもの
二　前号に掲げるもの以外の畜舎等にあっては、15 m以内に建築物又は工作物が存しないこと。

建築物の界壁、間仕切壁又は隔壁を貫通する風道に設ける防火設備の構造方法を定める件

制定：平成12年５月26日　建設省告示第1377号
改正：令和　２年４月　１日　国土交通省告示第508号

建築基準法施行令（昭和25年政令第338号）第114条第５項において準用する同令第112条第15項〔現行＝第112条第21項＝令和元年12月政令第181号により改正〕の規定に基づき、建築物の界壁、間仕切壁又は隔壁を貫通する風道に設ける防火設備の構造方法を次のように定める。

建築基準法施行令第114条第５項において読み替えて準用する同令第112条第21項に規定する通常の火災による火熱が加えられた場合に、加熱開始後45分間加熱面以外の面に火炎を出さない防火設備の構造方法は、特定防火設備とすることとする。

煙突の上又は周囲にたまるほこりを煙突内の廃ガスその他の生成物の熱により燃焼させない煙突の小屋裏、天井裏、床裏等にある部分の構造方法を定める件

制定：平成16年９月29日　国土交通省告示第1168号

建築基準法施行令（昭和25年政令第338号）第115条第１項第三号イ(1)の規定に基づき、煙突の上又は周囲にたまるほこりを煙突内の廃ガスその他の生成物の熱により燃焼させない煙突の小屋裏、天井裏、床裏等にある部分の構造方法を次のように定める。

建築基準法施行令第115条第１項第三号イ(1)に規定する煙突の上又は周囲にたまるほこりを煙突内の廃ガスその他の生成物の熱により燃焼させない煙突の小屋裏、天井裏、床裏等にある部分の構造方法は、次の各号のいずれかに適合するものとする。
一　不燃材料で造り、かつ、有効に断熱された構造とすること。
二　金属その他の断熱性を有しない不燃材料で造った部分（前号に掲げる基準に適合するものを除く。）にあっては、次のイ又はロに掲げる基準に適合していること。
イ　煙道の外側に筒を設け、その筒の先端から煙道との間の空洞部に屋外の空気が有効に取り入れられる構造で防火上支障がないものとすること。
ロ　断熱性を有する不燃材料で覆い、有効に断熱された構造とすること。

ボイラーの燃料消費量、煙道接続口の中心から頂部までの高さの基準等

制定：昭和56年６月　１日　建設省告示第1112号
改正：平成12年５月29日　建設省告示第1387号

建築基準法施行令（昭和25年政令第338号）第115条第１項第七号の規定に基づき、ボイラーの燃料消費量並びにボイラーの煙突の煙道接続口の中心から頂部までの高さの基準及び防火上必要な構造方法を次のように定める。

第１　ボイラーの燃料消費量

ボイラーの燃料消費量の数値は、ボイラーの定格出力を当該ボイラーに使用する燃料の低発熱量と当該ボイラーの効率との積で除して得たものとする。

第２　ボイラーの煙突の煙道接続口の中心から頂部までの高さの基準

ボイラーの煙突の煙道接続口の中心から頂部までの高さは、ボイラーの燃料消費量に応じ、次の式に適合するものとすること。ただし、特別な調査又は研究の結果に基づいて算出する場合においては、当該算出によることができるものとする。

$$h \geqq \frac{1}{A_V^2}\left(\frac{VQ}{3600}\right)^2\left(\frac{0.02\,l}{\sqrt{A_V}}+0.3n+0.6\right)+0.2(P_b-Z_f)$$

この式において、h、A_V、V、Q、l、n、P_b 及び Z_f は、それぞれ次の数値を表すものとする。

h	ボイラーの煙突の煙道接続口の中心から頂部までの高さ（単位　m）
A_V	煙突の有効断面積（単位　㎡）
V	燃料の単位消費量当たりの廃ガス量（別表(い)欄に掲げる燃料の種類については、同表(ろ)欄に掲げる数値によることができる。）（単位　㎥）
Q	第１に定めるところにより計算した燃料消費量（単位　㎥／時間又はkg／時間）
l	ボイラーの煙突の煙道接続口の中心から頂部までの長さ（単位　m）
n	煙突の曲りの数
P_b	ボイラー内部の通風抵抗（単位　Pa）
Z_f	ボイラーの送風機の通風力（単位　Pa）

第３　ボイラーの煙突の防火上必要な構造の基準

ボイラーの煙突の地盤面からの高さは、15 m以上（重油、軽油、灯油、コークス又はガスを使用するボイラーにあつては、9 m以上）とすること。ただし、ストーカー、ガス発生器等特殊の装置の設置、地形その他の周囲の状況等により、防火上支障のない場合においては、この限りでない。

別表

	(い)		(ろ)
	燃料の種類		廃ガス量
	燃料の名称	低発熱量	
(1)	A 重油	42.7MJ/kg	15.0㎥/kg
(2)	B 重油	41.4MJ/kg	14.4㎥/kg
(3)	C 重油	40.8MJ/kg	14.1㎥/kg
(4)	軽油	43.1MJ/kg	15.2㎥/kg
(5)	灯油	43.5MJ/kg	15.3㎥/kg
(6)	石炭	23.0MJ/kg	9.7㎥/kg （ストーカーだきの場合に限る。）
(7)	都市ガス	16.7MJ/㎥	6.2㎥/㎥
(8)	都市ガス	18.8MJ/㎥	6.9㎥/㎥
(9)	都市ガス	41.9MJ/㎥	14.7㎥/㎥
(10)	LP ガス（プロパン主体）	96.3MJ/㎥	33.3㎥/㎥

附則

昭和 31 年建設省告示第 1037 号は、廃止する。

建築基準法施行令第115条第1項第一号から第三号までの規定を適用しないことにつき防火上支障がない煙突の基準を定める件

制定：昭和56年6月 1日　建設省告示第1098号
改正：平成12年5月30日　建設省告示第1404号

建築基準法施行令（昭和25年政令第338号）第115条第2項の規定に基づき、同条第1項第一号から第三号までの規定を適用しないことにつき防火上支障がない基準を次のように定める。

第1

建築基準法施行令（以下「令」という。）第115条第1項第一号又は第二号の規定を適用しないことにつき防火上支障がないものとして定める基準は、次に掲げるものとする。

一　煙突（ボイラーに設ける煙突を除く。以下同じ。）が、次のイからハまでの一に該当するものであること。

イ　換気上有効な換気扇その他これに類するもの（以下「換気扇等」という。）を有する火を使用する設備又は器具に設けるものであること。

ロ　換気扇等を有するものであること。

ハ　直接屋外から空気を取り入れ、かつ、廃ガスその他の生成物（以下「廃ガス等」という。）を直接屋外に排出することができる火を使用する設備又は器具に設けるものであること。

二　廃ガス等が、火粉を含まず、かつ、廃ガス等の温度（煙道接続口（火を使用する設備又は器具がバフラーを有する場合においては、その直上部）における温度をいう。以下同じ。）が、260度以下であること。

三　木材その他の可燃材料（以下「木材等」という。）が、次に掲げる位置にないこと。

イ　先端を下向きにした煙突にあつては、その排気のための開口部の各点からの水平距離が15cm以内で、かつ、垂直距離が上方30cm、下方60cm以内の位置

ロ　防風板等を設けて廃ガス等が煙突の全周にわたつて吹き出すものとした構造で、かつ、廃ガス等の吹き出し方向が水平平面内にある煙突にあつては、その排気のための開口部の各点からの水平距離が30cm以内で、かつ、垂直距離が上方30cm、下方15cm以内の位置

ハ　防風板等を設けて廃ガス等が煙突の全周にわたつて吹き出すものとした構造で、かつ、廃ガス等の吹き出し方向が鉛直平面内にある煙突にあつては、その排気のための開口部の各点からの水平距離が15cm以内で、かつ、垂直距離が上方60cm、下方15cm以内の位置

第2

令第115条第1項第三号の規定を適用しないことにつき防火上支障がないものとして定める基準は、次に掲げるものとする。

一　廃ガス等の温度が、260度以下であること。

二　次のイからニまでの一に該当すること。

イ　煙突が、木材等から当該煙突の半径以上離して設けられること。

ロ　煙道の外側に筒を設け、その筒の先端から煙道との間の空洞部に屋外の空気が有効に取り入れられるものとした構造の煙突で防火上支障がないものであること。

ハ　厚さが2cm以上の金属以外の不燃材料で有効に断熱された煙突の部分であること。

ニ　煙突の外壁等の貫通部で不燃材料で造られためがね石等を防火上支障がないように設けた部分であること。

三　煙突の小屋裏、天井裏、床裏等にある部分は、金属以外の不燃材料で覆うこと。

第3

令第115条第1項第一号から第三号までの規定を適用しないことにつき防火上支障がないものとして定める基準は、次に掲げるものとする。

一　第1第一号に適合するものであること。

二　廃ガス等が、火粉を含まず、かつ、廃ガス等の温度が、100度以下であること。

三　煙突が延焼のおそれのある外壁を貫通する場合にあつては、煙突は不燃材料で造ること。ただし、外壁の開口面積が100㎠以内で、かつ、外壁の開口部に鉄板、モルタル板その他これらに類する材料で造られた防火覆いを設ける場合又は地面からの高さが1ｍ以下の開口部に網目2㎜以下の金網を設ける場合にあつては、この限りでない。

耐火構造の床又は壁を貫通する給水管、配電管その他の管の部分及びその周囲の部分の構造方法を定める件

制定：昭和62年11月10日　建設省告示第1900号
改正：令和 2年 4月 1日　国土交通省告示第508号

建築基準法施行令（昭和25年政令第338号）第115条の2第1項第六号の規定に基づき、耐火構造の床又は壁を貫通する給水管、配電管その他の管の部分及びその周囲の部分の構造方法を次のように定める。

耐火構造の床又は壁を貫通する給水管、配電管その他の管の部分及びその周囲の部分の構造方法は、次の各号に定めるものとする。

一　給水管、配電管その他の管と耐火構造の床又は壁とのすき間がモルタルその他の不燃材料で埋められていること。

二　給水管、配電管その他の管の構造を建築基準法施行令第129条の2の4第1項第七号イからハまでのいずれかに適合するものとすること。ただし、耐火構造の床若しくは壁又は特定防火設備で建築物の他の部分と区画されたパイプシャフト、パイプダクトその他これらに類するものの中にある部分については、この限りでない。

三　換気、暖房又は冷房の設備の風道の耐火構造の床又は壁を貫通する部分又はこれに近接する部分に令第112条第21項に規定する構造の特定防火設備が同項に規定する防火設備を設ける方法により設けられていること。

通常の火災時の加熱に対して耐力の低下を有効に防止することができる主要構造部である柱又ははりを接合する継手又は仕口の構造方法を定める件

制定：昭和62年11月10日　建設省告示第1901号
改正：平成19年12月21日　国土交通省告示第1666号

建築基準法施行令（昭和25年政令第338号）第115条の2第1項第八号の規定に基づき、通常の火災時の加熱に対して耐力の低下を有効に防止することができる主要構造部である柱又ははりを接合する継手又は仕口の構造方法を次のように定める。

主要構造部である柱又ははりを接合する継手又は仕口（床下の部分にあるものを除く。）の構造方法は、次の各号に定めるものとする。

一　継手又は仕口のうち木材で造られた部分の表面（木材その他の材料で防火上有効に被覆された部分を除く。）から内側に、次に掲げる集成材その他の木材の区分に応じ、それぞれイ、ロ又はハに掲げる値の部分を除く部分が、当該継手又は仕口の存在応力を伝えることができる構造であること。

イ　昭和62年建設省告示第1898号第一号から第二号までに規定する規格に適合するもの　2.5㎝

ロ　昭和62年建設省告示第1898号第五号に規定する規格に適合するもの　3㎝

ハ　イ及びロに掲げる木材以外の木材で国土交通大臣が指定したもの（建築基準法（昭和25年法律第201号）第37条第二号の規定による国土交通大臣の認定を受けたものに限る。）　国土交通大臣が指定した数値

二　継手又は仕口にボルト、ドリフトピン、釘、木ねじその他これらに類するものを用いる場合においては、これらが木材その他の材料で防火上有効に被覆されていること。

三　継手又は仕口に鋼材の添え板を用いる場合においては、当該添え板が埋め込まれ、又は挟み込まれていること。ただし、木材その他の材料で防火上有効に被覆されている場合又は当該継手又は仕口に生ずる応力が圧縮応力のみである場合においては、この限りでない。

四　継手又は仕口に鋼材で造られたピンジョイントを用いる場合においては、当該鋼材の厚さが9㎜以上であること。

通常の火災により建築物全体が容易に倒壊するおそれのない構造であることを確かめるための構造計算の基準

制定：昭和62年11月10日　建設省告示第1902号
改正：平成19年12月21日　国土交通省告示第1667号

建築基準法施行令（昭和25年政令第338号。以下「令」という。）第115条の2第1項第九号の規定に基づき、通常の火災により建築物全体が容易に倒壊するおそれのない構造であることを確かめるための構造計算の基準を次のように定める。

通常の火災により建築物全体が容易に倒壊するおそれのない構造であることを確かめるための構造計算は、次の各号に定めるものであること。

一　令第3章第8節第2款に規定する荷重及び外力によつて主要構造部である柱又ははりに生ずる応力を計算すること。

二　前号の主要構造部である柱又ははりのうち木材で造られた部分については、その表面（木材その他の材料で防火上有効に被覆された部分を除く。）から内側に、次に掲げる集成材その他の木材の区分に応じ、それぞれイ、ロ又はハに掲げる値の部分が除かれるものとして、令第82条第二号の表に掲げる長期の組合せによる各応力の合計により、残りの断面に生ずる長期応力度を計算すること。

イ　昭和62年建設省告示第1898号第一号から第二号までに規定する規格に適合するもの　2.5㎝

ロ　昭和62年建設省告示第1898号第五号に規定する規格に適合するもの　3㎝

ハ　イ及びロに掲げる木材以外の木材で国土交通大臣が指定したもの（建築基準法（昭和25年法律第201号）第37条第二号の規定による国土交通大臣の認定を受けたものに限る。）　国土交通大臣が指定した数値

三　前号によつて計算した長期応力度が、令第3章第8節第3款の規定による短期の許容応力度を超えないことを確かめること。

四　第一号の主要構造部である柱又ははりのうち鋼材で造られた部分（耐火構造とした部分を除く。）については、令第82条第二号の表に掲げる長期の組合せによる応力が圧縮応力のみであり、かつ、火災時に座屈により急激な耐力の低下を生ずるおそれがないことを確かめること。

通常の火災時において相互に火熱又は煙若しくはガスによる防火上有害な影響を及ぼさない構造方法を定める件

制定：平成28年　4月22日　国土交通省告示第　695号
改正：令和　2年12月28日　国土交通省告示第1593号

建築基準法施行令（昭和25年政令第338号）第117条第2項第二号の規定に基づき、通常の火災時において相互に火熱又は煙若しくはガスによる防火上有害な影響を及ぼさない構造方法を次のように定める。

建築基準法施行令（以下「令」という。）第117条第2項第二号に規定する通常の火災時において相互に火熱又は煙若しくはガスによる防火上有害な影響を及ぼさない構造方法は、建築物の2以上の部分（以下「被区画部分」という。）を連絡する室として、次の各号に掲げる基準に適合する渡り廊下のみを設けたものとすることとする。

一　通行の用にのみ供する室で、壁及び天井（天井がない場合にあっては、屋根）の室内に面する部分の仕上げを準不燃材料でしたものであること。
二　一の被区画部分から他の被区画部分への避難の用に供しないこと。
三　一の渡り廊下の同一階における一の被区画部分に連絡する渡り廊下の開口部（屋外に面する部分に設けるものを除く。以下「区画開口部」という。）と他の被区画部分に連絡する区画開口部との距離は、区画開口部の幅（一の被区画部分に連絡する区画開口部が複数ある場合にあっては、その合計）又は高さ（一の被区画部分に連絡する区画開口部が複数ある場合にあっては、その高さのうち最も大きいもの）の数値のうち、いずれか大きい数値に2.5を乗じて得た数値以上であること。ただし、避難上支障がない場合においては、この限りでない。
四　主要構造部が耐火構造であること。
五　渡り廊下の区画開口部以外の開口部に、建築基準法（昭和25年法律第201号）第27条第1項に規定する防火設備を設けていること。ただし、当該開口部と被区画部分との水平距離が90cm以上である場合又は当該開口部が外壁面から50cm以上突出した準耐火構造の袖壁その他これに類するもので防火上有効に遮られている場合においては、この限りでない。
六　区画開口部に、次に掲げる基準に適合する特定防火設備を設けていること。
　イ　令第112条第19項第二号イ及びロに掲げる構造とすること。ただし、渡り廊下に令第126条の3第1項に適合する排煙設備を設けた場合にあっては、令第112条第19項第二号ロの規定については、この限りでない。
　ロ　直接手で開くことができ、かつ、自動的に閉鎖する戸又は戸の部分は、渡り廊下から避難の方向に開くことができるものとすること。
七　渡り廊下の室内に面する部分（防火設備からの垂直距離及び水平距離が防火設備の面積の数値の平方根以下である部分に限る。）が次のイ又はロに適合するものであること。ただし、天井又は渡り廊下の区画を構成する壁については、防火設備の上端から天井までの垂直距離又は防火設備の両端から当該壁までの水平距離が次に掲げる式により計算した数値以上である場合には、この限りでない。

$\frac{A}{25}+0.28$（0.38aを超える場合は0.38a）

（この式において、A及びaは、それぞれ次の数値を表すものとする。
A　防火設備の面積（単位　㎡）
a　防火設備の高さ（単位　m)）

　イ　下地が準不燃材料で造られたものであること。
　ロ　仕上げが塗厚さ25㎜以上のせっこう又は塗厚さ45㎜以上のモルタルを塗ったものであること。
八　給水管、配電管その他の管が渡り廊下の壁（屋外に面するものを除く。）を貫通する場合においては、当該管と当該壁との隙間をモルタルその他の不燃材料で埋めるとともに、当該管の構造を令第129条の2の4第1項第七号イからハまでのいずれかに適合するものとすること。ただし、1時間準耐火基準に適合する準耐火構造の床若しくは壁又は特定防火設備で建築物の他の部分と区画されたパイプシャフト、パイプダクトその他これらに類するものの中にある部分については、この限りでない。この場合において、同号ハ中「20分間（第112条第1項若しくは第4項から第6項まで、同条第7項（同条第8項の規定により床面積の合計200㎡以内ごとに区画する場合又は同条第9項の規定により床面積の合計500㎡以内ごとに区画する場合に限る。）、同条第10項（同条第8項の規定により床面積の合計200㎡以内ごとに区画する場合又は同条第9項の規定により床面積の合計500㎡以内ごとに区画する場合に限る。）若しくは同条第18項の規定による準耐火構造の床若しくは壁又は第113条第1項の防火壁若しくは防火床にあつては1時間、第114条第1項の界壁、同条第2項の間仕切壁又は同条第3項若しくは第4項の隔壁にあつては45分間）」とあるのは、「1時間」と読み替えるものとする。
九　換気、暖房又は冷房の設備の風道が渡り廊下の壁（屋外に面するものを除く。）を貫通する場合においては、当該風道の当該壁を貫通する部分又はこれに近接する部分に令第112条第21項に規定する構造の特定防火設備を設けていること。
十　区画開口部と居室から直通階段の出入口に通ずる通路との距離が当該区画開口部の幅又は高さのう

ちいずれか大きい数値に1.5を乗じて得た数値以上となるように区画開口部を設けること。ただし、避難上支障がない場合においては、この限りでない。

直通階段の一に至る歩行距離に関し建築基準法施行令第116条の2第1項第一号に該当する窓その他の開口部を有する居室と同等の規制を受けるものとして避難上支障がない居室の基準を定める件

制定：令和5年3月20日　国土交通省告示第208号

建築基準法施行令（昭和25年政令第338号）第120条第1項の表の(1)の項の規定に基づき、直通階段の一に至る歩行距離に関し建築基準法施行令第116条の2第1項第一号に該当する窓その他の開口部を有する居室と同等の規制を受けるものとして避難上支障がない居室の基準を次のように定める。

建築基準法施行令（以下「令」という。）第120条第1項の表の(1)の項に規定する避難上支障がない居室の基準は、次に掲げるものとする。

一　次のイ又はロのいずれかに該当すること。

イ　床面積が30㎡以内の居室（病院、診療所（患者の収容施設があるものに限る。）又は児童福祉施設等（令第115条の3第一号に規定する児童福祉施設等をいい、通所のみにより利用されるものを除く。）の用に供するもの及び地階に存するものを除く。以下同じ。）であること。

ロ　居室及び当該居室から地上に通ずる廊下等（廊下その他の避難の用に供する建築物の部分をいう。以下同じ。）（採光上有効に直接外気に開放された部分を除く。）が、令第126条の5に規定する構造の非常用の照明装置を設けたものであること。

二　次のイ又はロのいずれかに該当すること。

イ　居室から令第120条の規定による直通階段（以下単に「直通階段」という。）に通ずる廊下等が、不燃材料で造り、又は覆われた壁又は戸（ふすま、障子その他これらに類するものを除く。以下同じ。）で令第112条第19項第二号に規定する構造であるもので区画されたものであること。

ロ　居室から直通階段に通ずる廊下等が、スプリンクラー設備（水源として、水道の用に供する水管を当該スプリンクラー設備に連結したものを除く。）、水噴霧消火設備、泡消火設備その他これらに類するもので自動式のもの（以下「スプリンクラー設備等」という。）を設けた室以外の室（令第128条の6第2項に規定する火災の発生のおそれの少ない室（以下単に「火災の発生のおそれの少ない室」という。）を除く。）に面しないものであり、かつ、火災の発生のおそれの少ない室に該当する場合を除き、スプリンクラー設備等を設けたものであること。

三　直通階段が次のイ又はロのいずれかに該当すること。

イ　直通階段の階段室が、その他の部分と準耐火構造の床若しくは壁又は建築基準法（昭和25年法律第201号）第2条第九号の二ロに規定する防火設備で令第112条第19項第二号に規定する構造であるもので区画されたものであること。

ロ　直通階段が屋外に設けられ、かつ、屋内から当該直通階段に通ずる出入口にイに規定する防火設備を設けたものであること。

四　居室から直通階段に通ずる廊下等が、火災の発生のおそれの少ない室に該当すること。ただし、不燃材料で造り、又は覆われた壁又は戸で令第112条第19項第二号に規定する構造であるもので区画された居室に該当する場合において、次のイからハまでに定めるところにより、当該居室で火災が発生した場合においても当該居室からの避難が安全に行われることを火災により生じた煙又はガスの高さに基づき検証する方法により確かめられたときは、この限りでない。

イ　当該居室に存する者（当該居室を通らなければ避難することができない者を含む。）の全てが当該居室において火災が発生してから当該居室からの避難を終了するまでの時間を、令和3年国土交通省告示第475号第一号イ及びロに掲げる式に基づき計算した時間を合計することにより計算すること。

ロ　イの規定によって計算した時間が経過したときにおける当該居室において発生した火災により生じた煙又はガスの高さを、令和3年国土交通省告示第475号第二号に掲げる式に基づき計算することと。
ハ　ロの規定によって計算した高さが、1.8mを下回らないことを確かめること。
五　令第110条の5に規定する基準に従って警報設備（自動火災報知設備に限る。）を設けた建築物の居室であること。

特別避難階段の階段室又は付室の構造方法を定める件

制定：平成28年4月22日　国土交通省告示第696号
改正：令和 4年5月31日　国土交通省告示第599号

建築基準法施行令（昭和25年政令第338号）第123条第3項第二号の規定に基づき、特別避難階段の階段室又は付室の構造方法を次のように定める。

建築基準法施行令（以下「令」という。）第123条第3項第二号に規定する特別避難階段の付室の構造方法は、次の各号に定めるものとする。
一　通常の火災時に生ずる煙を付室から有効に排出できるものとして、外気に向かって開くことのできる窓（常時開放されている部分を含む。以下同じ。）（次に掲げる基準に適合するものに限る。）を設けたものであること。
イ　排煙時に煙に接する部分は、不燃材料で造ること。
ロ　付室の天井（天井のない場合においては、屋根。以下同じ。）又は壁の上部（床面からの高さが天井の高さの$\frac{1}{2}$以上の部分をいう。）に設けること。
ハ　開口面積は、2㎡（付室を令第129条の13の3第3項に規定する非常用エレベーターの乗降ロビーの用に供する場合（以下「兼用する場合」という。）にあっては、3㎡）以上とすること。
ニ　常時閉鎖されている部分の開放は、手動開放装置により行なうものとすること。
ホ　ニの手動開放装置のうち手で操作する部分は、付室内の壁面の床面から0.8m以上1.5m以下の高さの位置に設け、かつ、見やすい方法でその使用方法を示す標識を設けること。
二　通常の火災時に生ずる煙を付室から有効に排出できるものとして、最上部を直接外気に開放する排煙風道による排煙設備（次に掲げる基準に適合するものに限る。）を設けたものであること。
イ　排煙設備の排煙口、排煙風道、給気口、給気風道その他排煙時に煙に接する排煙設備の部分は、不燃材料で造ること。
ロ　排煙口は、開口面積を4㎡（兼用する場合にあっては、6㎡）以上とし、前号ロの例により設け、かつ、排煙風道に直結すること。
ハ　排煙口には、前号ホの例により手動開放装置を設けること。
ニ　排煙口は、ハの手動開放装置、煙感知器と連動する自動開放装置又は遠隔操作方式による開放装置により開放された場合を除き、閉鎖状態を保持し、かつ、開放時に排煙に伴い生ずる気流により閉鎖されるおそれのない構造の戸その他これに類するものを有すること。
ホ　排煙風道は、内部の断面積を6㎡（兼用する場合にあっては、9㎡）以上とし、鉛直に設けること。
ヘ　給気口は、開口面積を1㎡（兼用する場合にあっては、1.5㎡）以上とし、付室の床又は壁の下部（床面からの高さが天井の高さの$\frac{1}{2}$未満の部分をいう。）に設け、かつ、内部の断面積が2㎡（兼用する場合にあっては、3㎡）以上で直接外気に通ずる給気風道に直結すること。
ト　電源を必要とする排煙設備には、予備電源を設けること。
チ　電源、電気配線及び電線については、昭和45年建設省告示第1829号の規定に適合するものであること。
三　通常の火災時に生ずる煙を付室から有効に排出できるものとして、排煙機による排煙設備（次に掲げる基準に適合するものに限る。）を設けたものであること。
イ　排煙口は、第一号ロの例により設け、かつ、排煙風道に直結すること。
ロ　排煙機は、1秒間につき4㎥（兼用する場合にあっては、6㎥）以上の空気を排出する能力を有し、かつ、排煙口の1の開放に伴い、自動的に作動するものとすること。
ハ　前号イ、ハ、ニ及びヘからチまでに掲げる基準に適合すること。

四　通常の火災時に生ずる煙を付室から有効に排出できるものとして、令第126条の3第2項に規定する送風機を設けた排煙設備その他の特殊な構造の排煙設備（平成12年建設省告示第1437号第一号又は第二号に掲げる基準に適合するものに限る。）を設けたものであること。

五　通常の火災時に生ずる煙が付室に流入することを有効に防止することができるものとして、加圧防排煙設備（次に掲げる基準に適合するものに限る。）を設けたものであること。

イ　付室に設ける給気口その他の排煙設備の部分にあつては、次に掲げる基準に適合する構造であること。

(1)　給気口その他の排煙設備の煙に接する部分は、不燃材料で造ること。

(2)　給気口は、次に掲げる基準に適合する構造であること。

(i)第一号ホの例により手動開放装置を設けること。

(ii)給気風道に直結すること。

(iii)開放時に給気に伴い生ずる気流により閉鎖されるおそれのない構造の戸その他これに類するものを有するものであること。

(3)　給気風道は、煙を屋内に取り込まない構造であること。

(4)　(2)の給気口には、送風機が設けられていること。

(5)　送風機の構造は、給気口の開放に伴い、自動的に作動するものであること。

ロ　付室は、次の(1)から(5)までに該当する空気逃し口を設けている隣接室（付室と連絡する室のうち階段室以外の室をいう。以下同じ。）又は当該空気逃し口を設けている一般室（隣接室と連絡する室のうち付室以外の室をいう。以下同じ。）と連絡する隣接室と連絡しているものであること。

(1)　イ(2)の給気口の開放に伴つて開放されるものであること。

(2)　次の(i)又は(ii)のいずれかに該当するものであること。

(i)直接外気に接するものであること。

(ii)厚さが0.15cm以上の鉄板及び厚さが2.5cm以上の金属以外の不燃材料で造られており、かつ、常時開放されている排煙風道と直結するものであること。

(3)　次の(i)及び(ii)に該当する構造の戸その他これに類するものを設けること。

(i)(1)の規定により開放された場合を除き、閉鎖状態を保持すること。ただし、当該空気逃し口に直結する排煙風道が、他の排煙口その他これに類するものに直結する風道と接続しない場合は、この限りでない。

(ii)開放時に生ずる気流により閉鎖されるおそれのない構造であること。

(4)　不燃材料で造られていること。

(5)　開口面積（㎡で表した面積とする。ハ(2)(i)(ロ)において同じ。）が、次の式で定める必要開口面積以上であること。ただし、必要開口面積の値が0以下となる場合は、この限りでない。

$$A_p = \frac{(VH - V_e)}{7}$$

この式において、A_p、V、H及びV_eは、それぞれ次の数値を表すものとする。

A_p　必要開口面積（単位　㎡）

V　付室と隣接室を連絡する開口部（以下「遮煙開口部」という。）を通過する排出風速（単位　m/秒）

H　遮煙開口部の開口高さ（単位　m）

V_e　当該隣接室又は一般室において当該空気逃し口からの水平距離が30m以下となるように設けられた排煙口のうち、令第126条の3第1項第七号の規定に適合する排煙風道で、かつ、開放されているものに直結する排煙口（不燃材料で造られ、かつ、付室の給気口の開放に伴い自動的に開放されるものに限る。）の排煙機（当該排煙口の開放に伴い自動的に作動するものに限る。）による排出能力（単位　㎥/秒）

ハ　遮煙開口部にあっては、次の(1)及び(2)に定める基準に適合する構造であること。

(1)　遮煙開口部における排出風速（m/秒で表した数値とする。）が、当該遮煙開口部の開口幅を40cmとしたときに、次の(i)から(iii)までに掲げる場合に応じ、それぞれ(i)から(iii)までの式によって計算した必要排出風速以上であること。

(i)隣接室が、1 時間準耐火基準に適合する準耐火構造の壁（小屋裏又は天井裏に達したもので、かつ、給水管、配電管その他の管が当該壁を貫通する場合においては、当該管と当該壁との隙間をモルタルその他の不燃材料で埋めたものに限る。）又は特定防火設備（当該特定防火設備を設ける開口部の幅の総和を当該壁の長さの$\frac{1}{4}$以下とする場合に限る。）で区画され、かつ、令第 129 条第 2 項に規定する火災の発生のおそれの少ない室（以下単に「火災の発生のおそれの少ない室」という。）である場合

$$V=2.7\sqrt{H}$$

(ii)隣接室が、平成 12 年建設省告示第 1400 号第十六号に規定する不燃材料の壁（小屋裏又は天井裏に達したもので、かつ、給水管、配電管その他の管が当該壁を貫通する場合においては、当該管と当該壁との隙間をモルタルその他の不燃材料で埋めたものに限る。）又は建築基準法（昭和 25 年法律第 201 号。以下「法」という。）第 2 条第九号の二ロに規定する防火設備で区画され、かつ、火災の発生のおそれの少ない室である場合

$$V=3.3\sqrt{H}$$

(iii)(i)又は(ii)に掲げる場合以外の場合

$$V=3.8\sqrt{H}$$

［(i)から(iii)までの式において、V 及び H は、それぞれ次の数値を表すものとする。
V　必要排出風速（単位　m/ 秒）
H　遮煙開口部の開口高さ（単位　m）］

(2) 次に掲げる基準のいずれかに適合するものであること。

(i) 次の(イ)及び(ロ)に適合するものであること。

(イ)遮煙開口部に設けられている戸の部分のうち、天井から 80cm を超える距離にある部分にガラリその他の圧力調整装置が設けられていること。ただし、遮煙開口部に近接する部分（当該遮煙開口部が設けられている壁の部分のうち、天井から 80cm を超える距離にある部分に限る。）に(ロ)に規定する必要開口面積以上の開口面積を有する圧力調整ダンパーその他これに類するものが設けられている場合においては、この限りでない。

(ロ)(イ)の圧力調整装置の開口部の開口面積が、次の式で定める必要開口面積以上であること。

$$A_{dmp} = 0.04VH$$

［この式において、A_{dmp}、V 及び H は、それぞれ次の数値を表すものとする。
A_{dmp}　必要開口面積（単位　㎡）
V　遮煙開口部を通過する排出風速（単位　m/ 秒）
H　遮煙開口部の開口高さ（単位　m）］

(ii)遮煙開口部に設けられた戸が、イ(4)の送風機を作動させた状態で、100N 以下の力で開放することができるものであること。

ニ　第二号ト及びチに掲げる基準に適合すること。

ホ　法第 34 条第 2 項に規定する建築物に設ける加圧防排煙設備の制御及び作動状態の監視は、中央管理室において行うことができるものとすること。

排煙設備の設置を要しない火災が発生した場合に避難上支障のある高さまで煙又はガスの降下が生じない建築物の部分を定める件

制定：平成12年5月31日　建設省告示第1436号
改正：令和　2年4月　1日　国土交通省告示第508号

建築基準法施行令（昭和25年政令第338号）第126条の2第1項第五号の規定に基づき、火災が発生した場合に避難上支障のある高さまで煙又はガスの降下が生じない建築物の部分を次のように定める。

建築基準法施行令（以下「令」という。）第126条の2第1項第五号に規定する火災が発生した場合に避難上支障のある高さまで煙又はガスの降下が生じない建築物の部分は、次に掲げるものとする。

一　次に掲げる基準に適合する排煙設備を設けた建築物の部分
　イ　令第126条の3第1項第一号から第三号まで、第七号から第十号まで及び第十二号に定める基準
　ロ　当該排煙設備は、一の防煙区画部分（令第126条の3第1項第三号に規定する防煙区画部分をいう。以下同じ。）にのみ設置されるものであること。
　ハ　排煙口は、常時開放状態を保持する構造のものであること。
　ニ　排煙機を用いた排煙設備にあっては、手動始動装置を設け、当該装置のうち手で操作する部分は、壁に設ける場合においては床面から80cm以上1.5m以下の高さの位置に、天井からつり下げて設ける場合においては床面からおおむね1.8mの高さの位置に設け、かつ、見やすい方法でその使用する方法を表示すること。

二　令第112条第1項第一号に掲げる建築物の部分（令第126条の2第1項第二号及び第四号に該当するものを除く。）で、次に掲げる基準に適合するもの
　イ　令第126条の3第1項第二号から第八号まで及び第十号から第十二号までに掲げる基準
　ロ　防煙壁（令第126条の2第1項に規定する防煙壁をいう。以下同じ。）によって区画されていること。
　ハ　天井（天井のない場合においては、屋根。以下同じ。）の高さが3m以上であること。
　ニ　壁及び天井の室内に面する部分の仕上げを準不燃材料でしてあること。
　ホ　排煙機を設けた排煙設備にあっては、当該排煙機は、1分間に500㎡以上で、かつ、防煙区画部分の床面積（2以上の防煙区画部分に係る場合にあっては、それらの床面積の合計）1㎡につき1㎡以上の空気を排出する能力を有するものであること。

三　次に掲げる基準に適合する排煙設備を設けた建築物の部分（天井の高さが3m以上のものに限る。）
　イ　令第126条の3第1項各号（第三号中排煙口の壁における位置に関する規定を除く。）に掲げる基準
　ロ　排煙口が、床面からの高さが、2.1m以上で、かつ、天井（天井のない場合においては、屋根）の高さの$\frac{1}{2}$以上の壁の部分に設けられていること。
　ハ　排煙口が、当該排煙口に係る防煙区画部分に設けられた防煙壁の下端より上方に設けられていること。
　ニ　排煙口が、排煙上、有効な構造のものであること。

四　次のイからホまでのいずれかに該当する建築物の部分
　イ　階数が2以下で、延べ面積が200㎡以下の住宅又は床面積の合計が200㎡以下の長屋の住戸の居室で、当該居室の床面積の$\frac{1}{20}$以上の換気上有効な窓その他の開口部を有するもの
　ロ　避難階又は避難階の直上階で、次に掲げる基準に適合する部分（当該基準に適合する当該階の部分（以下「適合部分」という。）以外の建築物の部分の全てが令第126条の2第1項第一号から第三号までのいずれか、前各号に掲げるもののいずれか若しくはイ及びハからホまでのいずれかに該当する場合又は適合部分と適合部分以外の建築物の部分とが準耐火構造の床若しくは壁若しくは同条第2項に規定する防火設備で区画されている場合に限る。）
　　(1)　建築基準法（昭和25年法律第201号。以下「法」という。）別表第1(い)欄に掲げる用途以外の用途又は児童福祉施設等（令第115条の3第1項第一号に規定する児童福祉施設等をいい、入所する者の使用するものを除く。）、博物館、美術館若しくは図書館の用途に供す

るものであること。

(2) (1)に規定する用途に供する部分における主たる用途に供する各居室に屋外への出口等（屋外への出口、バルコニー又は屋外への出口に近接した出口をいう。以下同じ。）（当該各居室の各部分から当該屋外への出口等まで及び当該屋外への出口等から道までの避難上支障がないものに限る。）その他当該各居室に存する者が容易に道に避難することができる出口が設けられていること。

ハ 法第 27 条第 3 項第二号の危険物の貯蔵場又は処理場、自動車車庫、通信機械室、繊維工場その他これらに類する建築物の部分で、法令の規定に基づき、不燃性ガス消火設備又は粉末消火設備を設けたもの

ニ 高さ 31m以下の建築物の部分（法別表第 1(い)欄に掲げる用途に供する特殊建築物の主たる用途に供する部分で、地階に存するものを除く。）で、室（居室を除く。）にあっては(1)又は(2)に、居室にあって(3)又は(4)に該当するもの

(1) 壁及び天井の室内に面する部分の仕上げを準不燃材料でし、かつ、屋外に面する開口部以外の開口部のうち、居室又は避難の用に供する部分に面するものに法第 2 条第九号の二ロに規定する防火設備で令第 112 条第 19 項第一号に規定する構造であるものを、それ以外のものに戸又は扉を、それぞれ設けたもの

(2) 床面積が 100㎡以下で、令第 126 条の 2 第 1 項に掲げる防煙壁により区画されたもの

(3) 床面積 100㎡以内ごとに準耐火構造の床若しくは壁又は法第 2 条第九号の二ロに規定する防火設備で令第 112 条第 19 項第一号に規定する構造であるものによって区画され、かつ、壁及び天井の室内に面する部分の仕上げを準不燃材料でしたもの

(4) 床面積が 100㎡以下で、壁及び天井の室内に面する部分の仕上げを不燃材料でし、かつ、その下地を不燃材料で造ったもの

ホ 高さ 31mを超える建築物の床面積 100㎡以下の室で、耐火構造の床若しくは壁又は法第 2 条第九号の二に規定する防火設備で令第 112 条第 19 項第一号に規定する構造であるもので区画され、かつ、壁及び天井の室内に面する部分の仕上げを準不燃材料でしたもの

附則

昭和 47 年建設省告示第 30 号、建設省告示第 31 号、建設省告示第 32 号及び建設省告示第 33 号は、廃止する。

通常の火災時において相互に煙又はガスによる避難上有害な影響を及ぼさない建築物の 2 以上の部分の構造方法を定める件

制定：令和 2 年 6 月 10 日　国土交通省告示第 663 号

建築基準法施行令（昭和 25 年政令第 338 号）第 126 条の 2 第 2 項第二号の規定に基づき、通常の火災時において相互に煙又はガスによる避難上有害な影響を及ぼさない建築物の 2 以上の部分の構造方法を次のように定める。

建築基準法施行令（以下「令」という。）第 126 条の 2 第 2 項第二号に規定する通常の火災時において相互に煙又はガス（以下「煙等」という。）による避難上有害な影響を及ぼさない建築物の 2 以上の部分の構造方法は、次に定めるものとする。

一 当該 2 以上の部分を、令和 2 年国土交通省告示第 522 号第一号及び第二号に定める構造方法を用いる構造とすること。

二 当該 2 以上の部分と特定空間部分（令和 2 年国土交通省告示第 522 号第一号に規定する特定空間部分をいう。以下同じ。）とを、通常の火災時に生じた煙等が特定空間部分を通じて当該 2 以上の部分（火災が発生した部分を除く。）に流入することを有効に防止できるものであることについて、次に掲げる方法により確かめられた防煙壁で区画すること。

イ 各火災部分（令和 2 年国土交通省告示第 522 号第一号チ(5)(ii)に規定する火災部分をいう。以下

同じ。）ごとに、当該火災部分において発生した火災により生じた煙等の下端の位置が防煙壁の下端のうち最も高い位置（以下「防煙壁の下端」という。）にある時における特定空間部分の煙等発生量を次の式によって計算すること。

$$V_{s,i}=\frac{4.8Q^{1/3}\,(0.4H_{op(max)}+z_0+H_{sw})^{5/3}}{\rho_s}$$

この式において、$V_{s,i}$、Q、$H_{op(max)}$、z_0、H_{sw} 及び ρ_s は、それぞれ次の数値を表すものとする。

$V_{s,i}$　特定空間部分の煙等発生量（単位　㎥／分）

Q　当該火災部分の種類に応じ、それぞれ令和２年国土交通省告示第522号第一号チ⑸(ii)の表に掲げる式によって計算した特定空間部分における１秒間当たりの発熱量（単位　kW）

$H_{op(max)}$　当該火災部分の特定廊下等（令和２年国土交通省告示第522号第一号ヘに規定する特定廊下等をいう。以下同じ。）に面する壁に設けた各開口部の下端のうち最も低い位置から当該各開口部の上端のうち最も高い位置までの高さ（当該火災部分が特定空間部分である場合にあっては、0。以下同じ。）（単位　m）

z_0　当該火災部分の種類に応じ、それぞれ令和２年国土交通省告示第522号第一号チ⑸(ii)の表に掲げる式によって計算した距離（以下「仮想点熱源距離」という。）（単位　m）

H_{sw}　当該火災部分の種類に応じ、それぞれ次の表に定める高さ（以下「防煙壁下端高さ」という。）（単位　m）

当該火災部分の種類	高さ
特定部分（令和２年国土交通省告示第522号第一号チ⑸(ii)に規定する特定部分をいう。以下同じ。）	当該火災部分の特定廊下等に面する壁に設けた開口部の上端のうち最も低い位置から防煙壁の下端までの高さ
特定空間部分	当該火災部分の床面の最も低い位置から防煙壁の下端までの高さ

ρ_s　次の式によって計算した特定空間部分の煙層密度（単位　kg/㎥）

$$\rho_s=\frac{353}{\Delta T_s+293}$$

この式において、ρ_s 及び ΔT_s は、それぞれ次の数値を表すものとする。

ρ_s　特定空間部分の煙層密度（単位　kg/㎥）

ΔT_s　次の式によって計算した特定空間部分の煙層上昇温度（単位　度）

$$\Delta T_s=min\left(\frac{Q}{0.08Q^{1/3}\,(0.4H_{op(max)}+z_0+H_{sw})^{5/3}+0.015\,(A_c+A_w)}\ ,925\right)$$

この式において、ΔT_s、Q、$H_{op(max)}$、z_0、H_{sw}、A_c 及び A_w は、それぞれ次の数値を表すものとする。

ΔT_s　特定空間部分の煙層上昇温度（単位　度）

Q　特定空間部分における１秒間当たりの発熱量（単位　kW）

$H_{op(max)}$　当該火災部分の特定廊下等に面する壁に設けた各開口部の下端のうち最も低い位置から当該各開口部の上端のうち最も高い位置までの高さ（単位　m）

z_0　仮想点熱源距離（単位　m）

H_{sw}　防煙壁下端高さ（単位　m）

A_c　特定空間部分の天井（天井のない場合においては、屋根。以下同じ。）の室内に面する部分の表面積（単位　㎡）

A_w　防煙壁の特定空間部分に面する部分の表面積（単位　㎡）

ロ　各火災部分ごとに、当該火災部分において発生した火災により生じた煙等の下端の位置が防煙壁の下端にある時における特定空間部分に設けられた各有効開口部（壁又は天井に設けられた開口部の床面からの高さが防煙壁の下端の床面からの高さ以上の部分をいう。以下同じ。）及び当該有効開口部の開放に伴い開放される特定空間部分に設けられた他の有効開口部のうち当該有効開口部からの距離が 30m 以内であるもの（以下「他の有効開口部」という。）の排煙量の合計を、特定空間部分に設けられた有効開口部の種類に応じ、それぞれ次の表に掲げる式によって計算した当該有効開口部及び他の有効開口部の排煙量を合計することにより計算すること。

特定空間部分に設けられた有効開口部の種類	有効開口部の排煙量（単位　㎥／分）
有効開口部を排煙口とした場合に、特定空間部分に設けられた排煙設備が令第126条の３第１項第二号、第三号（排煙口の壁における位置に係る部分を除く。）、第四号から第六号まで及び第十号から第十二号までの規定（以下「自然排煙関係規定」という。）に適合し、かつ、特定空間部分又は特定廊下等の特定空間部分の床面からの高さが防煙壁の下端の特定空間部分の床面からの高さ以下の部分に排煙口の開放に連動して自動的に開放され又は常時開放状態にある給気口が設けられたもの（特定空間部分に設けられた当該排煙設備以外の排煙設備が同項第二号、第三号（排煙口の壁における位置に係る部分を除く。）、第四号から第七号まで、第八号（排煙口の開口面積に係る部分を除く。）、第九号（空気を排出する能力に係る部分を除く。）及び第十号から第十二号までの規定（以下「機械排煙関係規定」という。）に適合する場合を除く。）	$V_{e,i}=186\left(\frac{1.2-\rho_s}{\rho_s}\right)^{1/2}\times max\left[\frac{A_s\sqrt{h_s}}{4},\frac{A_s\sqrt{H_c-H_{sw}}}{\sqrt{1+\left(\frac{A_s'}{A_a}\right)^2}}\right]$
有効開口部を排煙口とした場合に、特定空間部分に設けられた排煙設備が機械排煙関係規定に適合し、かつ、特定空間部分又は特定廊下等の特定空間部分の床面からの高さが防煙壁の下端の特定空間部分の床面からの高さ以下の部分に排煙口の開放に連動して自動的に開放され又は常時開放状態にある給気口が設けられたもの（イに規定する特定空間部分の煙層上昇温度が 260 度以上である場合にあっては、排煙口が、厚さ 1.5㎜以上の鉄板又は鋼板で造り、かつ、厚さ 25㎜以上のロックウールで覆われた風道に直結するものに限る。）（特定空間部分に設けられた当該排煙設備以外の排煙設備が自然排煙関係規定に適合する場合を除く。）	$V_{e,i} = w$
その他の有効開口部	$V_{e,i} = 0$

この表において、$V_{e,i}$、ρ_s、A_s、h_s、H_c、H_{sw}、A_s'、A_a 及び w は、それぞれ次の数値を表すものとする。

$V_{e,i}$　特定空間部分に設けられた各有効開口部の排煙量（単位　㎥／分）

ρ_s　イに規定する特定空間部分の煙層密度（単位　kg/㎥）

A_s　当該有効開口部の開口面積（単位　㎡）
h_s　当該有効開口部の上端と下端の垂直距離（単位　m）
H_c　当該火災部分の種類に応じ、それぞれ次の表に定める高さ（単位　m）

当該火災部分の種類	高さ
特定部分	当該火災部分の特定廊下等に面する壁に設けた開口部の上端のうち最も低い位置から当該有効開口部の中心までの高さ
特定空間部分	当該火災部分の床面のうち最も低い位置から当該有効開口部の中心までの高さ

H_{sw}　防煙壁下端高さ（単位　m）
A_s'　当該有効開口部及び他の有効開口部の開口面積の合計（単位　㎡）
A_a　特定空間部分及び特定廊下等に設けられた給気口（当該有効開口部の開放に伴い開放され又は常時開放状態にある給気口に限る。）の開口面積の合計（単位　㎡）
w　当該有効開口部の排煙機の空気を排出することができる能力（単位　㎥／分）

ハ　各火災部分についてイの規定によって計算した特定空間部分の煙等発生量が、ロの規定によって計算した特定空間部分に設けられた各有効開口部及び他の有効開口部の排煙量の合計のうち最小のものを超えないことを確かめること。

火災時に生ずる煙を有効に排出することができる排煙設備の構造方法を定める件

制定：昭和45年12月28日　建設省告示第1829号
改正：平成12年　5月26日　建設省告示第1382号

建築基準法施行令（昭和25年政令第338号）第126条の3第十二号〔現行＝第1項第十二号＝平成12年4月政令第211号により改正〕の規定に基づき、火災時に生ずる煙を有効に排出することができる排煙設備の構造方法を次のように定める。

一　排煙設備の電気配線は、他の電気回路（電源に接続する部分を除く。）に接続しないものとし、かつ、その途中に一般の者が容易に電源を遮（しゃ）断することのできる開閉器を設けないこと。
二　排煙設備の電気配線は、耐火構造の主要構造部に埋設した配線、次のイからニまでの1に該当する配線又はこれらと同等以上の防火措置を講じたものとすること。
イ　下地を不燃材料で造り、かつ、仕上げを不燃材料でした天井の裏面に鋼製電線管を用いて行う配線
ロ　準耐火構造の床若しくは壁又は建築基準法（昭和25年法律第201号）第2条第九号の二ロに規定する防火設備で区画されたダクトスペースその他これに類する部分に行う配線
ハ　裸導体バスダクト又は耐火バスダクトを用いて行う配線
ニ　ＭＩケーブルを用いて行う配線
三　排煙設備に用いる電線は、600V二種ビニル絶縁電線又はこれと同等以上の耐熱性を有するものとすること。
四　電源を必要とする排煙設備の予備電源は、自動充電装置又は時限充電装置を有する蓄電池（充電を行なうことなく30分間継続して排煙設備を作動させることができる容量以上で、かつ、開放型の蓄電池にあつては、減液警報装置を有するものに限る。）、自家用発電装置その他これらに類するもので、かつ、常用の電源が断たれた場合に自動的に切り替えられて接続されるものとすること。

通常の火災時に生ずる煙を有効に排出することができる特殊な構造の排煙設備の構造方法を定める件

制定：平成12年5月31日　建設省告示第1437号
改正：令和 2年4月 1日　国土交通省告示第508号

建築基準法施行令（昭和25年政令第338号）第126条の3第2項の規定に基づき、通常の火災時に生ずる煙を有効に排出することができる特殊な構造の排煙設備の構造方法を次のように定める。

建築基準法施行令（以下「令」という。）第126条の3第2項に規定する通常の火災時に生ずる煙を有効に排出することができる特殊な構造の排煙設備の構造方法は、次のとおりとする。

一　各室において給気及び排煙を行う排煙設備の構造方法にあっては、次に定めるものとする。
　イ　当該排煙設備は、次に定める基準に適合する建築物の部分に設けられるものであること。
　　(1)　床面積が1,500㎡以内の室（準耐火構造の壁若しくは床又は建築基準法（昭和25年法律第201号。以下「法」という。）第2条第九号の二ロに規定する防火設備で令第112条第19項第二号に規定する構造のものでその他の部分と区画されたものに限る。）であること。
　　(2)　当該排煙設備を設ける室以外の建築物の部分が令第126条の2及び令第126条の3第1項の規定に適合していること。
　ロ　次に定める基準に適合する構造の排煙口を設けること。
　　(1)　当該室の各部分から排煙口の1に至る水平距離が30m以下となること。
　　(2)　天井又は壁の上部(天井から80cm以内の距離にある部分をいう。以下同じ。)に設けること。
　　(3)　直接外気に接すること。
　　(4)　開口面積が、当該室の床面積の数値を550で除した数値以上で、かつ、当該室の床面積の数値を60で除した数値以下であること。
　ハ　次に定める基準に適合する構造の給気口を設けること。
　　(1)　当該室の壁の下部（床面からの高さが天井の高さの$\frac{1}{2}$未満の部分をいう。以下同じ。）に設けること。
　　(2)　次に定める基準に適合する構造の風道に直結すること。
　　　(i)屋内に面する部分を不燃材料で造ること。
　　　(ii)風道が令第126条の2第1項に規定する防煙壁（以下単に「防煙壁」という。）を貫通する場合には、当該風道と防煙壁との隙間をモルタルその他の不燃材料で埋めること。
　　(3)　次に定める基準に適合する構造の送風機が風道を通じて設けられていること。
　　　(i)1の排煙口の開放に伴い自動的に作動すること。
　　　(ii)1分間に、当該室の床面積1㎡につき1㎥以上で、かつ、排煙口の開口面積の合計値に550を乗じた数値（単位　㎥/分）以下の空気を排出することができる能力を有するものであること。
　ニ　令第126条の3第1項第二号、第四号から第六号まで及び第十号から第十二号までの規定に適合する構造とすること。

二　複数の室を統合した給気及び各室ごとに排煙を行う排煙設備の構造方法にあっては、次に定めるものとする。
　イ　当該排煙設備は、次に定める基準に適合する建築物の部分に設けられるものであること。
　　(1)　準耐火構造の壁若しくは床又は法第2条第九号の二ロに規定する防火設備で令第112条第19項第二号に規定する構造のものでその他の部分と区画されていること。
　　(2)　当該排煙設備を設ける建築物の部分には、準耐火構造の壁若しくは床又は法第2条第九号の二ロに規定する防火設備で令第112条第19項第二号に規定する構造のもの（ハ(2)(iii)(ロ)の規定によりガラリその他の圧力調整装置を設けた場合にあっては、法第2条第九号の二ロに規定する防火設備）で区画され、ハ(1)に定める給気口を設けた付室（以下「給気室」という。）を設け、当該給気室を通じて直通階段に通じていること。
　　(3)　床面積500㎡以内ごとに防煙壁（間仕切壁であるものに限る。）が設けられていること。
　　(4)　当該排煙設備を設ける建築物の部分以外の部分が令第126条の2及び第126条の3第1項

の規定に適合していること。

ロ　次に定める基準に適合する構造の排煙口を設けること。

(1)　イ(2)又は(3)の規定により区画された部分(以下「防煙区画室」という。)のそれぞれについて、当該防煙区画室の各部分から排煙口の1に至る水平距離が30 m以下となること。

(2)　天井又は壁の上部に設けること。

(3)　直接外気に接すること。

(4)　開口面積が、当該排煙口に係る防煙区画室の床面積の数値を550で除した数値以上で、かつ、当該防煙区画室の床面積の数値を60で除した数値以下であること。

(5)　煙感知器と連動する自動開放装置又は遠隔操作方式による開放装置により開放された場合を除き、閉鎖状態を保持し、開放時に排煙に伴い生ずる気流により閉鎖されるおそれのない構造の戸その他これに類するものが設けられていること。

ハ　次の(1)又は(2)に掲げる防煙区画室の区分に応じ、それぞれ当該(1)又は(2)に定める構造の給気口を設けること。

(1)　給気室　次に定める基準に適合する構造

(i)前号ハ(1)及び(2)に掲げる基準

(ii)次に定める基準に適合する構造の送風機が風道を通じて設けられていること。

(イ)1の排煙口の開放に伴い自動的に作動すること。

(ロ)1分間に、防煙区画室のうち床面積が最大のものについて、その床面積1㎡につき1㎥以上の空気を排出することができ、かつ、防煙区画室（給気室を除く。）のうち排煙口の開口面積の合計が最小のものの当該排煙口の開口面積の合計値に550を乗じた数値（単位　㎥／分）以下の空気を排出することができる能力を有するものであること。

(2)　給気室以外の室　次に定める基準に適合する構造

(i)当該室の壁の下部（排煙口の高さ未満の部分に限る。）に設けられていること。

(ii)当該給気口から給気室に通ずる建築物の部分（以下「連絡経路」という。）が次に定める基準に適合すること。

(イ)吹抜きの部分でないこと。

(ロ)吹抜きとなっている部分、昇降機の昇降路の部分その他これらに類する部分に面する開口部（法第2条第九号の二ロに規定する防火設備で令第112条第19項第二号に規定する構造のものが設けられたものを除く。）が設けられていないこと。

(iii)連絡経路に開口部（排煙口を除く。）を設ける場合には、次に定める基準に適合する構造の戸を設けること。

(イ)常時閉鎖状態を保持し、直接手で開くことができ、かつ、自動的に閉鎖する構造又は煙感知器と連動する自動閉鎖装置を設けた随時閉鎖することができる構造であること。

(ロ)給気室に通ずる開口部である場合は、ガラリその他の圧力調整装置を有すること。ただし、当該防火設備に近接する部分に圧力調整ダンパーその他これに類するものが設けられている場合においては、この限りでない。

(iv)開口面積が、給気室の開口部（当該給気口に通ずるものに限る。）の開口面積以上であること。

ニ　令第126条の3第1項第二号及び第十号から第十二号までの規定に適合する構造とすること。

非常用の照明装置を設けることを要しない避難階又は避難階の直上階若しくは直下階の居室で避難上支障がないものその他これらに類するものを定める件

制定：平成12年5月31日　建設省告示第1411号
改正：平成30年3月29日　国土交通省告示第516号

建築基準法施行令（昭和25年政令第338号）第126条の4第四号の規定に基づき、非常用の照明装置を設けることを要しない避難階又は避難階の直上階若しくは直下階の居室で避難上支障がないものその他これらに類するものを次のように定める。

建築基準法施行令（以下「令」という。）第 126 条の 4 第四号に規定する避難階又は避難階の直上階若しくは直下階の居室で避難上支障がないものその他これらに類するものは、次の各号のいずれかに該当するものとする。

一　令第 116 条の 2 第 1 項第一号に該当する窓その他の開口部を有する居室及びこれに類する建築物の部分（以下「居室等」という。）で、次のイ又はロのいずれかに該当するもの

イ　避難階に存する居室等にあっては、当該居室等の各部分から屋外への出口の一に至る歩行距離が 30m 以下であり、かつ、避難上支障がないもの

ロ　避難階の直下階又は直上階に存する居室等にあっては、当該居室等から避難階における屋外への出口又は令第 123 条第 2 項に規定する屋外に設ける避難階段に通ずる出入口に至る歩行距離が 20m 以下であり、かつ、避難上支障がないもの

二　床面積が 30㎡以下の居室（ふすま、障子その他随時開放することができるもので仕切られた 2 室は、1 室とみなす。）で、地上への出口を有するもの又は当該居室から地上に通ずる建築物の部分が次のイ又はロに該当するもの

イ　令第 126 条の 5 に規定する構造の非常用の照明装置を設けた部分

ロ　採光上有効に直接外気に開放された部分

附則

昭和 47 年建設省告示第 34 号は、廃止する。

非常用の照明装置の構造方法を定める件

制定：昭和 45 年 12 月 28 日　建設省告示第 1830 号
改正：令和元年　6 月 25 日　国土交通省告示第 203 号

建築基準法施行令（昭和 25 年政令第 338 号）第 126 条の 5 第一号ロ及びニの規定に基づき、非常用の照明器具及び非常用の照明装置の構造方法を次のように定める。

第 1　照明器具

一　照明器具は、耐熱性及び即時点灯性を有するものとして、次のイからハまでのいずれかに掲げるものとしなければならない。

イ　白熱灯（そのソケットの材料がセラミックス、フェノール樹脂、不飽和ポリエステル樹脂、芳香族ポリエステル樹脂、ポリフェニレンサルファイド樹脂又はポリブチレンテレフタレート樹脂であるものに限る。）

ロ　蛍光灯（即時点灯性回路に接続していないスターター型蛍光ランプを除き、そのソケットの材料がフェノール樹脂、ポリアミド樹脂、ポリカーボネート樹脂、ポリフェニレンサルファイド樹脂、ポリブチレンテレフタレート樹脂、ポリプロピレン樹脂、メラミン樹脂、メラミンフェノール樹脂又はユリア樹脂であるものに限る。）

ハ　LED ランプ（次の⑴又は⑵に掲げるものに限る。）

⑴　日本産業規格 C8159 - 1（一般照明用 GX16t - 5 口金付直管 LED ランプ - 第 1 部：安全仕様）- 2013 に規定する GX16t - 5 口金付直管 LED ランプを用いるもの（そのソケットの材料がフェノール樹脂、ポリアミド樹脂、ポリカーボネート樹脂、ポリフェニレンサルファイド樹脂、ポリブチレンテレフタレート樹脂、ポリプロピレン樹脂、メラミン樹脂、メラミンフェノール樹脂又はユリア樹脂であるものに限る。）

⑵　日本産業規格 C8154（一般照明用 LED モジュール - 安全仕様）- 2015 に規定する LED モジュールで難燃材料で覆われたものを用い、かつ、口金を有しないもの（その接続端子部（当該 LED モジュールの受け口をいう。第三号ロにおいて同じ。）の材料がセラミックス、

銅、銅合金、フェノール樹脂、不飽和ポリエステル樹脂、芳香族ポリエステル樹脂、ポリアミド樹脂、ポリカーボネート樹脂、ポリフェニレンサルファイド樹脂、ポリフタルアミド樹脂、ポリブチレンテレフタレート樹脂、ポリプロピレン樹脂、メラミン樹脂、メラミンフェノール樹脂又はユリア樹脂であるものに限る。）

二　照明器具内の電線（次号ロに掲げる電線を除く。）は、二種ビニル絶縁電線、架橋ポリエチレン絶縁電線、けい素ゴム絶縁電線又はふっ素樹脂絶縁電線としなければならない。

三　照明器具内に予備電源を有し、かつ、差込みプラグにより常用の電源に接続するもの（ハにおいて「予備電源内蔵コンセント型照明器具」という。）である場合は、次のイからハまでに掲げるものとしなければならない。

イ　差込みプラグを壁等に固定されたコンセントに直接接続し、かつ、コンセントから容易に抜けない措置を講じること。

ロ　ソケット（第一号ハ⑵に掲げるLEDランプにあつては、接続端子部）から差込みプラグまでの電線は、前号に規定する電線その他これらと同等以上の耐熱性を有するものとすること。

ハ　予備電源内蔵コンセント型照明器具である旨を表示すること。

四　照明器具（照明カバーその他照明器具に付属するものを含む。）のうち主要な部分は、難燃材料で造り、又は覆うこと。

第２　電気配線

一　電気配線は、他の電気回路（電源又は消防法施行令（昭和36年政令第37号）第７条第４項第二号に規定する誘導灯に接続する部分を除く。）に接続しないものとし、かつ、その途中に一般の者が、容易に電源を遮断することのできる開閉器を設けてはならない。

二　照明器具の口出線と電気配線は、直接接続するものとし、その途中にコンセント、スイッチその他これらに類するものを設けてはならない。

三　電気配線は、耐火構造の主要構造部に埋設した配線、次のイからニまでのいずれかに該当する配線又はこれらと同等以上の防火措置を講じたものとしなければならない。

イ　下地を不燃材料で造り、かつ、仕上げを不燃材料でした天井の裏面に鋼製電線管を用いて行う配線

ロ　準耐火構造の床若しくは壁又は建築基準法（昭和25年法律第201号）第２条第九号の二ロに規定する防火設備で区画されたダクトスペースその他これに類する部分に行う配線

ハ　裸導体バスダクト又は耐火バスダクトを用いて行う配線

ニ　ＭＩケーブルを用いて行う配線

四　電線は、600 V二種ビニル絶縁電線その他これと同等以上の耐熱性を有するものとしなければならない。

五　照明器具内に予備電源を有する場合は、電気配線の途中にスイッチを設けてはならない。この場合において、前各号の規定は適用しない。

第３　電源

一　常用の電源は、蓄電池又は交流低圧屋内幹線によるものとし、その開閉器には非常用の照明装置用である旨を表示しなければならない。ただし、照明器具内に予備電源を有する場合は、この限りでない。

二　予備電源は、常用の電源が断たれた場合に自動的に切り替えられて接続され、かつ、常用の電源が復旧した場合に自動的に切り替えられて復帰するものとしなければならない。

三　予備電源は、自動充電装置又は時限充電装置を有する蓄電池（開放型のものにあつては、予備電源室その他これに類する場所に定置されたもので、かつ、減液警報装置を有するものに限る。以下この号において同じ。）又は蓄電池と自家用発電装置を組み合わせたもの（常用の電源が断たれた場合に直ちに蓄電池により非常用の照明装置を点灯させるものに限る。）で充電を行うことなく30分間継続して非常用の照明装置を点灯させることができるものその他これに類するものによるものとし、その開閉器には非常用の照明装置用である旨を表示しなければならない。

第 4　その他

一　非常用の照明装置は、常温下で床面において水平面照度で 1lx（蛍光灯又は LED ランプを用いる場合にあつては、2lx）以上を確保することができるものとしなければならない。

二　前号の水平面照度は、十分に補正された低照度測定用照度計を用いた物理測定方法によつて測定されたものとする。

屋外からの進入を防止する必要がある特別の理由を定める件

制定：平成 12 年 5 月 31 日　建設省告示第 1438 号

建築基準法施行令（昭和 25 年政令第 338 号）第 126 条の 6 の規定に基づき、屋外からの進入を防止する必要がある特別な理由を次のように定める。

建築基準法施行令（以下「令」という。）第 126 条の 6 の屋外からの進入を防止する必要がある特別の理由は、次に掲げるものとする。

一　次のいずれかに該当する建築物について、当該階に進入口を設けることにより周囲に著しい危害を及ぼすおそれがあること。

イ　放射性物質、有害ガスその他の有害物質を取り扱う建築物

ロ　細菌、病原菌その他これらに類するものを取り扱う建築物

ハ　爆発物を取り扱う建築物

ニ　変電所

二　次に掲げる用途に供する階（階の一部を当該用途に供するものにあっては、当該用途に供する部分以外の部分を 1 の階とみなした場合に令第 126 条の 6 及び第 126 条の 7 の規定に適合するものに限る。）に進入口を設けることによりその目的の実現が図られないこと。

イ　冷蔵倉庫

ロ　留置所、拘置所その他人を拘禁することを目的とする用途

ハ　美術品収蔵庫、金庫室その他これらに類する用途

ニ　無響室、電磁しゃへい室、無菌室その他これらに類する用途

一定の規模以上の空間及び高い開放性を有する通路その他の部分の構造方法を定める件

制定：平成 28 年 5 月 30 日　国土交通省告示第 786 号

建築基準法施行令（昭和 25 年政令第 338 号）第 126 条の 6 第三号の規定に基づき、一定の規模以上の空間及び高い開放性を有する通路その他の部分の構造方法を次のように定める。

第 1

建築基準法施行令第 126 条の 6 第三号に規定する一定の規模以上の空間（以下単に「空間」という。）は、吹抜きとなっている部分で、避難上及び消火上支障がないものとして次に掲げる基準に適合するものとする。

一　吹抜きとなっている部分が屋根まで達するか、又は当該部分の頂部が直接外気に開放したものであること。

二　吹抜きとなっている部分の床又は地面は、直径 40m 以上の円が内接することのできるものであること。

三　次に掲げる基準に適合する通路に通ずるものであること。ただし、避難上及び消火上支障がない場合にあっては、この限りでない。

イ　幅員及び天井までの高さが 4m 以上であること。

ロ　通路の壁及び天井の室内に面する部分の仕上げが準不燃材料でされたものであること。
ハ　道（都市計画区域又は準都市計画区域内においては、建築基準法（昭和25年法律第201号）第42条に規定する道路をいう。以下同じ。）又は道に通ずる幅員4m以上の通路その他の空地に通ずること。

第2

建築基準法施行令第126条の6第三号に規定する高い開放性を有する通路その他の部分の構造方法は、次に掲げる基準に適合する構造（観覧場の用途に供するものに設けたものに限る。）とする。

一　次のいずれかに該当するものであること。
　イ　空間との間に壁を有しないこと。
　ロ　空間から開放し又は破壊して進入できる構造であること。
二　空間に長さ40m以下の間隔で設けたものであること。
三　空間の高さ31m以下の部分にあること。

非常用の進入口の機能を確保するために必要な構造の基準を定める件

制定：昭和45年12月28日　建設省告示第1831号

建築基準法施行令（昭和25年政令第338号）第126条の7第七号の規定に基づき、非常用の進入口の機能を確保するために必要な構造の基準を次のとおり定める。

第1

非常用の進入口又はその近くに掲示する赤色燈は、次の各号に適合しなければならない。

一　常時点燈（フリツカー状態を含む。以下同じ。）している構造とし、かつ、一般の者が容易に電源を遮(しゃ)断することができる開閉器を設けないこと。
二　自動充電装置又は時限充電装置を有する蓄電池（充電を行なうことなく30分間継続して点燈させることができる容量以上のものに限る。）その他これに類するものを用い、かつ、常用の電源が断たれた場合に自動的に切り替えられて接続される予備電源を設けること。
三　赤色燈の明るさ及び取り付け位置は、非常用の進入口の前面の道又は通路その他の空地の幅員の中心から点燈していることが夜間において明らかに識別できるものとすること。
四　赤色燈の大きさは、直径10cm以上の半球が内接する大きさとすること。

第2

非常用の進入口である旨の表示は、赤色反射塗料による一辺が20cmの正三角形によらなければならない。

地下街の各構えの接する地下道の壁等の耐火性能

制定：昭和44年5月 1日　建設省告示第1729号
改正：平成 5年6月25日　建設省告示第1444号

建築基準法施行令（昭和25年政令第338号）第128条の3第1項第一号の規定に基づき、地下街の各構えの接する地下道の壁、柱、床、はり及び床版の耐火性能を次のように定める。

地下街の各構えの接する地下道の壁、柱、床、はり及び床版の耐火性能は、通常の火災時の加熱に1時間以上耐える性能（鉄筋コンクリート造、れんが造等の構造が有する性能に限る。）とする。

地下街の各構えの接する地下道に設ける非常用の照明設備、排煙設備及び排水設備の構造方法を定める件

制定：昭和44年　5月　1日　建設省告示第1730号
改正：平成12年12月26日　建設省告示第2465号

建築基準法施行令（昭和25年政令第338号）第128条の3第1項第六号の規定に基づき、地下街の各構えの接する地下道に設ける非常用の照明設備、排煙設備及び排水設備の構造方法を次のように定める。ただし、国土交通大臣がこの基準の一部又は全部と同等以上の効力を有すると認めるものについては、当該部分の規定によらないことができる。

第1　非常用の照明設備の構造方法

一　地下道の床面において10 lx以上の照度を確保しうるものとすること。

二　照明設備には、常用の電源が断たれた場合に自動的に切り替えられて接続される予備電源（自動充電装置又は時限充電装置を有する蓄電池（充電を行なうことなく30分間継続して照明設備を作動させることのできる容量を有し、かつ、開放型の蓄電池にあつては、減液警報装置を有するものに限る。）、自家用発電装置その他これらに類するもの）を設けること。

三　照明器具（照明カバーその他照明器具に附属するものを含む。）は、絶縁材料で軽微なものを除き、不燃材料で造り、又はおおい、かつ、その光源（光の拡散のためのカバーその他これに類するものがある場合には、当該部分）の最下部は、天井（天井のない場合においては、床版。以下同じ。）面から50cm以上下方の位置に設けること。

四　照明設備の電気配線は、他の電気回路（電源に接続する部分を除く。）に接続しないものとし、かつ、その途中に地下道の一般歩行者が、容易に電線を遮断することのできる開閉器を設けないこと。

五　照明設備に用いる電線は、600 V二種ビニル絶縁電線又はこれと同等以上の耐熱性を有するものを用い、かつ、地下道の耐火構造の主要構造部に埋設した配線、次のイからニまでの1に該当する配線又はこれらと同等以上の防火措置を講じたものとすること。

イ　下地を不燃材料で造り、かつ、仕上げを不燃材料でした天井の裏面に鋼製電線管を用いて行なう配線

ロ　耐火構造の床若しくは壁又は建築基準法（昭和25年法律第201号）第2条第九号の二ロに規定する防火設備で区画されたダクトスペースその他これに類する部分に行なう配線

ハ　裸導体バスダクト又は耐火バスダクトを用いて行なう配線

ニ　ＭＩケーブルを用いて行なう配線

六　前各号に定めるほか、非常用の照明設備として有効な構造のものとすること。

第2　非常用の排煙設備の構造方法

一　地下道は、その床面積300㎡以内ごとに、天井面から80cm以上下方に突出した垂れ壁その他これと同等以上の煙の流動を防げる効力のあるもので、不燃材料で造り、又はおおわれたもので区画すること。

二　排煙設備の排煙口、排煙風道その他排煙時に煙に接する排煙設備の部分は、不燃材料で造ること。

三　排煙口は、第一号により区画された部分（以下「防煙区画部分」という。）のそれぞれに1以上を、天井又は「壁の上部」（天井から80cm以内の距離にある部分をいう。）に設け、かつ、排煙風道に直結すること。

四　排煙口には、手動開放装置を設けること。

五　前号の手動開放装置のうち手で操作する部分は、壁面に設ける場合においては、床面から0.8 m以上1.5 m以下の高さの位置に、天井から吊り下げて設ける場合においては床面からおおむね1.8 mの高さの位置に、それぞれ設け、かつ、見やすい方法でその使用方法を示す標識を設けること。

六　排煙口は、第四号の手動開放装置、煙感知器と連動する自動開放装置又は遠隔操作方法による開放装置により開放された場合を除き、閉鎖状態を保持し、かつ、開放時に排煙に伴い生ずる気流により閉鎖されるおそれのない構造の戸その他これに類するものを有すること。

七　排煙風道が防煙区画部分を区画する壁等を貫通する場合においては、当該風道と防煙区画部分を区

画する壁等とのすき間をモルタルその他の不燃材料で埋めること。

八　排煙は、排煙口の1の開放に伴い、自動的に作動を開始する構造を有し、かつ、1秒間に5㎡（1の排煙機が2以上の防煙区画部分に係る場合にあつては10㎡）以上の室内空気を排出する能力を有する排煙機により行なうこと。ただし、排煙口が当該排煙口の設けられた防煙区画部分の床面積の$\frac{1}{50}$以上の開口面積を有し、かつ、直接外気に接する場合においては、この限りでない。

九　電源を必要とする排煙設備には、第1第二号の例により予備電源を設けること。

十　排煙設備の電気配線は、第1第四号の例によること。

十一　排煙設備に用いる電線には、第1第五号の例により防火措置を講ずること。

十二　排煙設備は、前各号に定めるほか、火災時に生ずる煙を地下道内から地上に有効に排出することができるものとすること。

第3　非常用の排水設備の構造方法

一　排水設備の下水管、下水溝、ためますその他汚水に接する部分は、耐水材料でかつ、不燃材料であるもので造ること。

二　排水設備の下水管、下水溝等の末端は、公共下水道、都市下水路その他これらに類する施設に、排水上有効に連結すること。

三　排水設備（排水ポンプを含む。以下同じ。）の処理能力は、当該排水設備に係る地下道及びこれに接する地下街の各構えの汚水排出量の合計（地下水の湧出又は地表水の浸出がある場合においては、これを含む。）の2倍の水量を排出し得るものとすること。

四　電源を必要とする排水設備には、第1第二号の例により予備電源を設けること。

五　排水設備の電気配線は、第1第四号の例によること。

六　排水設備に用いる電線には、第1第五号の例により防火措置を講ずること。

七　排水設備は、前各号に定めるほか、非常用の排水設備として有効な構造とすること。

難燃材料でした内装の仕上げに準ずる仕上げを定める件

制定：平成12年5月31日　建設省告示第1439号
改正：平成28年4月25日　国土交通省告示第707号

建築基準法施行令（昭和25年政令第338号）第128条の5第1項第一号ロ及び同条第4項第二号の規定に基づき、難燃材料でした内装の仕上げに準ずる仕上げを次のように定める。

第1

建築基準法施行令第128条の5第1項第一号ロ及び同条第4項第二号に規定する難燃材料でした内装の仕上げに準ずる材料の組合せは、次に定めるものとする。

一　天井（天井のない場合においては、屋根）の室内に面する部分（回り縁、窓台その他これらに類する部分を除く。）の仕上げにあっては、準不燃材料ですること。

二　壁の室内に面する部分（回り縁、窓台その他これらに類する部分を除く。）の仕上げにあっては、木材、合板、構造用パネル、パーティクルボード若しくは繊維版（これらの表面に不燃性を有する壁張り下地用のパテを下塗りする等防火上支障がないように措置した上で壁紙を張ったものを含む。以下「木材等」という。）又は木材等及び難燃材料ですること。

第2

建築基準法施行令第128条の5第1項第一号ロ及び同条第4項第二号に規定する難燃材料でした内装の仕上げに準ずる仕上げの方法は、第1第二号の木材等に係る仕上げの部分を次に定めるところによりすることとする。ただし、実験によって防火上支障がないことが確かめられた場合においては、この限りでない。

一　木材等の表面に、火炎伝搬を著しく助長するような溝を設けないこと。

二　木材等の取付方法は、次のイ又はロのいずれかとすること。ただし、木材等の厚さが25㎜以上である場合においては、この限りでない。

イ　木材等の厚さが 10㎜以上の場合にあっては、壁の内部での火炎伝搬を有効に防止することができるよう配置された柱、間柱その他の垂直部材及びはり、胴縁その他の横架材（それぞれ相互の間隔が１ｍ以内に配置されたものに限る。）に取り付け、又は難燃材料の壁に直接取り付けること。

ロ　木材等の厚さが 10㎜未満の場合にあっては、難燃材料の壁に直接取り付けること。

附則

平成４年建設省告示第 548 号は、廃止する。

準不燃材料でした内装の仕上げに準ずる仕上げを定める件

制定：平成 21 年２月 27 日　国土交通省告示第 225 号
改正：令和　４年５月 31 日　国土交通省告示第 599 号

建築基準法施行令（昭和 25 年政令第 338 号）第 128 条の５第１項第二号ロの規定に基づき、準不燃材料でした内装の仕上げに準ずる仕上げを次のように定める。

第１

建築基準法施行令（以下「令」という。）第 128 条の５第１項第二号ロに規定する準不燃材料でした内装の仕上げに準ずる材料の組合せは、令第 128 条の４第４項に規定する内装の制限を受ける調理室等（令第 128 条の５第１項から第５項までの規定によってその壁及び天井（天井のない場合においては、屋根。以下同じ。）の室内に面する部分（回り縁、窓台その他これらに類する部分を除く。）の仕上げを同条第１項第二号に掲げる仕上げとしなければならない室及びホテル、旅館、飲食店等の厨房その他これらに類する室を除く。）にあっては、次の各号に掲げる当該室の種類に応じ、それぞれ当該各号に定めるものとする。

一　こんろ（専ら調理のために用いるものであって、一口における１秒間当たりの発熱量が 4.2 kW 以下のものに限る。以下同じ。）を設けた室（こんろの加熱部の中心点を水平方向に 25㎝移動したときにできる軌跡上の各点を、垂直上方に 80㎝移動したときにできる軌跡の範囲内の部分（回り縁、窓台その他これらに類する部分を含む場合にあっては、当該部分の仕上げを不燃材料（平成 12 年建設省告示第 1400 号第一号から第八号まで、第十号、第十二号、第十三号及び第十五号から第十八号までに規定する建築材料に限る。以下「特定不燃材料」という。）でしたものに限る。）に壁又は天井が含まれる場合にあっては、当該壁又は天井の間柱及び下地を特定不燃材料としたものに限る。）　次に定める材料の組合せであること。

イ　こんろの加熱部の中心点から天井までの垂直距離（以下この号において「こんろ垂直距離」という。）が 235㎝以上の場合にあっては、当該中心点を水平方向に 80㎝移動したときにできる軌跡上の各点を、垂直上方に 235㎝移動したときにできる軌跡の範囲内の部分（回り縁、窓台その他これらに類する部分を含む場合にあっては、当該部分の仕上げを特定不燃材料でしたものに限る。以下「こんろ可燃物燃焼部分」という。）の壁及び天井の室内に面する部分の仕上げを、次の⑴又は⑵に掲げる場合の区分に応じ、それぞれ当該⑴又は⑵に定めるところによりするものとする。

⑴　こんろ可燃物燃焼部分の間柱及び下地を特定不燃材料とした場合　特定不燃材料ですること。

⑵　⑴に規定する場合以外の場合　次の(i)から(iii)までのいずれかに該当するものですること。

(i)厚さが 12.5㎜以上のせっこうボードを張ったもの

(ii)厚さが 5.6㎜以上の繊維混入ケイ酸カルシウム板又は繊維強化セメント板を２枚以上張ったもの

(iii)厚さが 12㎜以上のモルタルを塗ったもの

ロ　こんろ垂直距離が 235㎝未満の場合にあっては、こんろの加熱部の中心点を水平方向に 80㎝移動したときにできる軌跡上の各点を、垂直上方にこんろ垂直距離だけ移動したときにできる軌跡の範囲内の部分及び当該中心点の垂直上方にある天井部の点を235㎝からこんろ垂直距離を減じた距離だけ移動したときにできる軌跡の範囲内の部分（回り縁、窓台その他これらに類する部分を含む場合にあっては、当該部分の仕上げを特定不燃材料でしたものに限る。）の壁及び天井の室内に面する部分の仕上げを、イ⑴又は⑵に掲げる場合の区分に応じ、それぞれ当該⑴又は⑵に定めるところによりするものとする。

ハ　イ又はロの規定にかかわらず、こんろの加熱部の中心点を水平方向に25㎝移動したときにできる軌跡上の各点を、垂直上方に80㎝移動したときにできる軌跡の範囲内の部分の壁及び天井の室内に面する部分の仕上げを特定不燃材料でするものとする。

ニ　イ又はロに規定する部分以外の部分の壁及び天井の室内に面する部分の仕上げを難燃材料又は平成12年建設省告示第1439号第1第二号に規定する木材等（以下「難燃材料等」という。）でするものとする。

二　ストーブその他これに類するもの（飛び火による火災を防止する構造その他の防火上支障のない構造であって、1秒間当たりの発熱量が18 kW 以下のものに限る。以下この号において「ストーブ等」という。）を設けた室　次のイ又はロに掲げる場合の区分に応じ、それぞれ当該イ又はロに定める材料の組合せであること。

イ　ストーブ等の水平投影外周線の各点（当該水平投影外周線が頂点を有する場合にあっては、当該頂点を除く。）における法線に垂直な平面であって当該各点からの最短距離が次の表に掲げる式によって計算したストーブ等可燃物燃焼水平距離である点を含むもので囲まれた部分のうち、当該ストーブ等の表面の各点について、当該各点を垂直上方に次の⑴の規定により計算したストーブ等可燃物燃焼垂直距離だけ移動したときにできる軌跡上の各点（以下この号において単に「軌跡上の各点」という。）を、水平方向に次の⑵の規定により計算したストーブ等可燃物燃焼基準距離だけ移動したときにできる軌跡の範囲内の部分（回り縁、窓台その他これらに類する部分を含む場合にあっては、当該部分の仕上げを特定不燃材料でしたものに限る。以下この号において「ストーブ等可燃物燃焼部分」という。）の間柱及び下地を特定不燃材料とした場合（ロの場合を除く。）　次の⑶及び⑷に掲げる材料の組合せであること。

ストーブ等の室内に面する開口部（以下この号において「ストーブ等開口部」という。）がある面	ストーブ等開口部がガラス等の材料によって適切に覆われている場合	$L_{Sop} = 2.40\sqrt{A_v}$
	ストーブ等開口部がガラス等の材料によって適切に覆われている場合以外の場合	$L_{Sop} = 3.16\sqrt{A_v}$
ストーブ等開口部がある面以外の面		$L_{Ssl} = 1.59\sqrt{A_v}$
この表において、L_{Sop}、A_V 及び L_{Ssl} は、それぞれ次の数値を表すものとする。 L_{Sop} ストーブ等開口部がある面からのストーブ等可燃物燃焼水平距離（単位　cm） A_V ストーブ等の鉛直投影面積（単位　㎠） L_{Ssl} ストーブ等開口部がある面以外の面からのストーブ等可燃物燃焼水平距離（単位　cm）		

⑴　ストーブ等可燃物燃焼垂直距離は、次の式によって計算すること。

$$H_S = 0.0106\left(1 + \frac{10000}{A_H + 800}\right)A_H$$

（この式において、H_S 及び A_H は、それぞれ次の数値を表すものとする。
H_S　ストーブ等可燃物燃焼垂直距離（単位　cm）
A_H　ストーブ等の水平投影面積（単位　㎠））

⑵　ストーブ等可燃物燃焼基準距離は、次の式によって計算すること。

$$D_S = \left(\frac{H_S - h}{H_S}\right)L_S$$

（この式において、D_S、H_S、h 及び L_S は、それぞれ次の数値を表すものとする。

D_S　ストーブ等可燃物燃焼基準距離（単位　cm）
H_S　(1)に定める H_S の数値
h　ストーブ等の表面の各点から軌跡上の各点までの垂直距離（単位　cm）
L_S　ストーブ等可燃物燃焼水平距離（単位　cm）

(3) ストーブ等可燃物燃焼部分の壁及び天井の室内に面する部分の仕上げにあっては、特定不燃材料ですること。

(4) (3)に掲げる部分以外の部分の壁及び天井の室内に面する部分の仕上げにあっては、難燃材料等ですること。

ロ　次の(1)から(3)までに定める方法により、ストーブ等可燃物燃焼部分の壁及び天井の室内に面する部分に対する火熱の影響が有効に遮断されている場合　壁及び天井の室内に面する部分の仕上げを難燃材料等ですること。

(1) 次の(i)及び(ii)に定めるところにより、ストーブ等とストーブ等可燃物燃焼部分の壁及び天井の室内に面する部分との間に特定不燃材料の板等であって、火熱の影響が有効に遮断されるもの（以下「遮熱板等」という。）を設けること。

(i)ストーブ等とストーブ等可燃物燃焼部分の壁との間にあっては、ストーブ等との距離は27.5cm以上、ストーブ等可燃物燃焼部分の壁との距離は2.5cm以上とすること。

(ii)ストーブ等とストーブ等可燃物燃焼部分の天井との間にあっては、ストーブ等との距離は42.5cm以上、ストーブ等可燃物燃焼部分の天井との距離は2.5cm以上とすること。

(2) ストーブ等と壁の室内に面する部分との距離は、ストーブ等可燃物燃焼水平距離の $\frac{1}{3}$ 以上とすること。ただし、ストーブ等可燃物燃焼水平距離の $\frac{1}{3}$ が30cm未満の場合は、30cm以上とすること。

(3) ストーブ等と天井の室内に面する部分との距離は、ストーブ等可燃物燃焼垂直距離の $\frac{1}{2}$ 以上とすること。ただし、ストーブ等可燃物燃焼垂直距離の $\frac{1}{2}$ が45cm未満の場合は、45cm以上とすること。

三　壁付暖炉（壁付暖炉が設けられている壁に火熱の影響を与えない構造であって、壁付暖炉の室内に面する開口部（以下この号において「暖炉開口部」という。）の幅及び高さが、それぞれ、100cm以内及び75cm以内のものに限る。）を設けた室　次のイ又はロに掲げる場合の区分に応じ、それぞれ当該イ又はロに定める材料の組合せであること。

イ　暖炉開口部の各点から当該各点を含む平面に対し垂直方向に次の表に掲げる式によって計算した壁付暖炉可燃物燃焼基準距離だけ離れた各点を、壁付暖炉可燃物燃焼基準距離だけ移動したときにできる軌跡の範囲内の部分（回り縁、窓台その他これらに類する部分を含む場合にあっては、当該部分の仕上げを特定不燃材料でしたものに限る。以下この号において「壁付暖炉可燃物燃焼部分」という。）の間柱及び下地を特定不燃材料とした場合（ロの場合を除く。）　次の(1)及び(2)に掲げる材料の組合せであること。

暖炉開口部がガラス等の材料によって適切に覆われている場合	$L_F = 1.20\sqrt{A_{op}}$
暖炉開口部がガラス等の材料によって適切に覆われている場合以外の場合	$L_F = 1.58\sqrt{A_{op}}$
この表において、L_F 及び A_{op} は、それぞれ次の数値を表すものとする。 L_F　壁付暖炉可燃物燃焼基準距離（単位　cm） A_{op}　暖炉開口部の面積（単位　㎠）	

(1) 壁付暖炉可燃物燃焼部分の壁及び天井の室内に面する部分の仕上げにあっては、特定不燃材料ですること。

(2) (1)に掲げる部分以外の部分の壁及び天井の室内に面する部分の仕上げにあっては、難燃材料等ですること。

ロ　次の(1)から(3)までに定める方法により、壁付暖炉可燃物燃焼部分の壁及び天井の室内に面する部分に対する火熱の影響が有効に遮断されている場合　壁及び天井の室内に面する部分の仕上げを難燃材料等ですること。

(1) 次の(i)及び(ii)に定めるところにより、暖炉開口部と壁付暖炉可燃物燃焼部分の壁及び天井の室内に面する部分との間に遮熱板等を設けること。

(i)暖炉開口部と壁付暖炉可燃物燃焼部分の壁との間にあっては、暖炉開口部との距離は

27.5㎝以上、壁付暖炉可燃物燃焼部分の壁との距離は2.5㎝以上とすること。

(ii)暖炉開口部と壁付暖炉可燃物燃焼部分の天井との間にあっては、暖炉開口部との距離は42.5㎝以上、壁付暖炉可燃物燃焼部分の天井との距離は2.5㎝以上とすること。

(2) 暖炉開口部と壁の室内に面する部分との距離は、壁付暖炉可燃物燃焼基準距離の$\frac{2}{3}$以上とすること。ただし、壁付暖炉可燃物燃焼基準距離の$\frac{2}{3}$が30㎝未満の場合は、30㎝以上とすること。

(3) 暖炉開口部と天井の室内に面する部分との距離は、壁付暖炉可燃物燃焼基準距離の$\frac{1}{2}$以上とすること。ただし、壁付暖炉可燃物燃焼基準距離の$\frac{1}{2}$が45㎝未満の場合は、45㎝以上とすること。

四 いろり（長幅が90㎝以下のものに限る。）を設けた室（いろりの端の各点を水平方向に95㎝移動したときにできる軌跡上の各点を、垂直上方に130㎝移動したときにできる軌跡の範囲内の部分（回り縁、窓台その他これらに類する部分を含む場合にあっては、当該部分の仕上げを特定不燃材料でしたものに限る。以下この号において「いろり可燃物燃焼部分」という。）に壁又は天井が含まれる場合にあっては、当該壁又は天井の間柱及び下地を特定不燃材料としたものに限る。） 次に定める材料の組合せであること。

イ いろり可燃物燃焼部分の壁及び天井の室内に面する部分の仕上げを特定不燃材料ですること。

ロ いろり可燃物燃焼部分以外の部分（いろりの端の各点を水平方向に150㎝移動したときにできる軌跡上の各点を、垂直上方に420㎝移動したときにできる軌跡の範囲内の部分に限る。）の壁及び天井の室内に面する部分の仕上げを難燃材料等ですること。

第2

令第128条の5第1項第二号ロに規定する準不燃材料でした内装の仕上げに準ずる仕上げの方法は、次に定めるものとする。

一 第1第一号に掲げる室にあっては、こんろ可燃物燃焼部分の壁及び天井の室内に面する部分の仕上げの材料の表面に、火炎伝搬を著しく助長するような溝を設けないこと。

二 第1第一号イ(2)若しくはロ、第1第二号ロ又は第1第三号ロの場合にあっては、壁及び天井の室内に面する部分について、必要に応じて、当該部分への着火を防止するための措置を講じること。

壁及び天井の室内に面する部分の仕上げを防火上支障がないようにすることを要しない火災が発生した場合に避難上支障のある高さまで煙又はガスの降下が生じない建築物の部分を定める件

制定：令和2年3月6日　国土交通省告示第251号

建築基準法施行令（昭和25年政令第338号）第128条の5第7項の規定に基づき、壁及び天井の室内に面する部分の仕上げを防火上支障がないようにすることを要しない火災が発生した場合に避難上支障のある高さまで煙又はガスの降下が生じない建築物の部分を次のように定める。

建築基準法施行令（以下「令」という。）第128条の5第7項に規定する火災が発生した場合に避難上支障のある高さまで煙又はガスの降下が生じない建築物の部分は、次の各号のいずれかに該当するもの（第一号又は第二号に該当するものにあっては、建築基準法（昭和25年法律第201号。以下「法」という。）別表第1(い)欄(1)項に掲げる用途又は病院、診療所（患者の収容施設があるものに限る。）若しくは児童福祉施設等（令第115条の3第一号に規定する児童福祉施設等をいい、通所のみにより利用されるものを除く。）の用途に供するもの並びに令第128条の3の2に規定する居室、令第128条の4第1項第二号又は第三号に掲げる特殊建築物の部分及び同条第4項に規定する内装の制限を受ける調理室等を除く。）とする。

一 次のイ及びロに掲げる基準に適合する居室（当該居室以外の部分と間仕切壁又は法第2条第九号の二ロに規定する防火設備（当該居室にスプリンクラー設備その他これに類するものを設けた場合にあっては、令第112条第12項に規定する10分間防火設備）で同条第19項第二号に規定する構造であるもので区画されているものに限る。）
イ　床面積が100㎡以内であること。
ロ　天井（天井のない場合においては、屋根。以下同じ。）の高さが3m以上であること。

二　次のイ及びロに掲げる基準に適合する建築物の部分（避難階又は避難階の直上階にある部分であって、令第110条の5に規定する基準に従って警報設備（自動火災報知設備に限る。）を設けた建築物の部分であり、かつ、屋外への出口等（屋外への出口、バルコニー又は屋外への出口に近接した出口をいい、当該部分の各部分から当該屋外への出口等まで及び当該屋外への出口等から道までの避難上支障がないものに限る。）その他当該部分に存する者が容易に道に避難することができる出口を設けたものに限る。）
イ　延べ面積が500㎡以内の建築物の部分であること。
ロ　スプリンクラー設備、水噴霧消火設備、泡消火設備その他これらに類するもので自動式のもの（以下「スプリンクラー設備等」という。）を設けていること。

三　スプリンクラー設備等を設けた建築物の部分（天井の室内に面する部分（回り縁、窓台その他これらに類する部分を除く。）の仕上げを準不燃材料でしたものに限り、令第128条の3の2に規定する居室、令第128条の4第1項第二号又は第三号に掲げる特殊建築物の部分及び同条第4項に規定する内装の制限を受ける調理室等を除く。）

四　スプリンクラー設備等及び令第126条の3の規定に適合する排煙設備を設けた建築物の部分

火災により生じた煙又はガスの高さに基づく区画避難安全検証法に関する算出方法等を定める件

制定：令和３年５月28日　国土交通省告示第474号

建築基準法施行令（昭和25年政令第338号）第128条の６第３項第一号イ及びニ並びに第二号イからニまでの規定に基づき、火災により生じた煙又はガスの高さに基づく区画避難安全検証法に関する算出方法等を次のように定める。

一　建築基準法施行令（以下「令」という。）第128条の６第３項第二号に規定する方法を用いる場合における同項第一号イに規定する当該居室に存する者（当該居室を通らなければ避難することができない者を含む。以下「在室者」という。）の全てが当該居室において火災が発生してから当該居室からの避難を終了するまでに要する時間（以下「居室避難完了時間」という。）は、次に掲げる時間を合計して計算するものとする。

イ　当該居室の種類に応じ、それぞれ次の表に掲げる式によって計算した火災が発生してから在室者が避難を開始するまでに要する時間（以下「居室避難開始時間」という。）（単位　分）

当該居室の種類	居室避難開始時間
当該居室を通らなければ避難することができない部分がない場合又は当該居室を通らなければ避難することができない全ての部分が当該居室への出口（幅が60cm未満であるものを除く。）を有する場合	$t_{start(room)} = \min\left(5 \times 10^{-3} L_{wall(room)}{}^{6/5}, \dfrac{2 \times 10^{-3} L_{wall(room)}{}^{6/5}}{\alpha_{room}{}^{1/5}} + t_{0(room)}\right)$
その他の場合	$t_{start(room)} = \min\left(5 \times 10^{-3} L_{wall(room)}{}^{6/5}, \dfrac{2 \times 10^{-3} L_{wall(room)}{}^{6/5}}{\alpha_{room}{}^{1/5}} + t_{0(room)}\right) + 3$

この表において、$t_{start(room)}$、$L_{wall(room)}$、α_{room} 及び $t_{0(room)}$ は、それぞれ次の数値を表すものとする。

$t_{start(room)}$　居室避難開始時間（単位　分）

$L_{wall(room)}$　当該居室の周長（単位　m）

α_{room}　次の式によって計算した当該居室又は当該居室に隣接する室（当該居室と準耐火構造の壁若しくは準不燃材料で造り、若しくは覆われた壁又は令第112条第12項に規定する10分間防火設備（以下単に「10分間防火設備」という。）で区画されたものを除く。以下同じ。）の火災成長率のうち最大のもの（以下「居室火災成長率」という。）

$$\alpha_{room,i} = \max\ (1.51 \times 10^{-4} q_l, 0.0125) \times k_m$$

この式において、$\alpha_{room,i}$、q_l 及び k_m は、それぞれ次の数値を表すものとする。

$\alpha_{room,i}$　当該居室又は当該居室に隣接する室の火災成長率

q_l　当該室の種類に応じ、それぞれ次の表に定める積載可燃物の1㎡当たりの発熱量（単位　MJ/㎡）

当該室の種類	積載可燃物の1㎡当たりの発熱量
住宅の居室	720
住宅以外の建築物における寝室	240
事務室その他これに類するもの	560
会議室その他これに類するもの	160
教室	400
体育館のアリーナその他これに類するもの	80
博物館又は美術館の展示室その他これらに類するもの	240

百貨店又は物品販売業を営む店舗その他これらに類するもの	家具又は書籍の売場その他これらに類するもの		960
	その他の部分		480
飲食店その他の飲食室	簡易な食堂		240
	その他の飲食室		480
劇場、映画館、演芸場、観覧場、公会堂、集会室その他これらに類する用途に供する室	客席部分	固定席の場合	400
		その他の場合	480
	舞台部分		240
自動車車庫又は自動車修理工場	車室その他これに類する部分		240
	車路その他これに類する部分		32
廊下、階段その他の通路			32
玄関ホール、ロビーその他これらに類するもの	劇場、映画館、演芸場、観覧場、公会堂若しくは集会場その他これらに類する用途又は百貨店若しくは物品販売業を営む店舗その他これらに類する用途に供する建築物の玄関ホール、ロビーその他これらに類するもの		160
	その他のもの		80
昇降機その他の建築設備の機械室			160
屋上広場又はバルコニー			80
倉庫その他の物品の保管の用に供する室			2,000
診療所（患者の収容施設を有しないものに限る。）の診察室又は待合室			240
保育所又は幼保連携型認定こども園の用途に供する室			240
児童福祉施設等（令第115条の3第一号に規定する児童福祉施設等をいう。以下同じ。）（保育所及び幼保連携型認定こども園を除き、通所のみにより利用されるものに限る。）の用途に供する室			400

k_m　内装燃焼係数（令和3年国土交通省告示第475号第一号イに規定する内装燃焼係数をいう。以下同じ。）

$t_{0(room)}$　次の式によって計算した当該居室の燃焼拡大補正時間（単位　分）

$$t_{0(room)} = \frac{100 - \left(\dfrac{100}{\alpha_{room}}\right)^{1/2}}{60}$$

この式において、$t_{0(room)}$ 及び α_{room} は、それぞれ次の数値を表すものとする。
$t_{0(room)}$　当該居室の燃焼拡大補正時間（単位　分）
α_{room}　居室火災成長率

ロ　当該居室及び当該居室を通らなければ避難することができない建築物の部分（以下「当該居室等」という。）の各部分から当該居室の出口（幅が60㎝未満であるものを除き、当該居室から当該区画部分以外の部分等（令第128条の6第2項に規定する当該区画部分以外の部分等をいう。以下同じ。）に通ずる主たる廊下その他の通路に通ずる出口に限る。以下同じ。）を経由して直通階段（避難階又は地上に通ずるものに限る。以下同じ。）（当該居室が避難階に存する場合にあっては地上）に至る各経路（避難の用に供するものであって、当該経路上にある各出口の幅が60㎝以上であるものに限る。以下このロにおいて「避難経路」という。）ごとに、当該居室等の種類及び居室出口滞留時間に応じ、それぞれ次の表に掲げる式によって計算した在室者が当該居室等の各部分から当該居室の出口の一に達し、当該出口を通過するために要する時間（以下「居室出口通過時間」という。）のうち最大のもの（単位　分）

当該居室等の種類	居室出口滞留時間	居室出口通過時間
準耐火構造の壁若しくは準不燃材料で造り、若しくは覆われた壁又は10分間防火設備で区画されたもの	$t_{crowd(room)} \leqq 3$ である場合	$t_{pass(room),i} = \max\left(\sum \frac{l_{room}}{v_{crowd}},\ t_{crowd(room)}\right)$
	$t_{crowd(room)} > 3$ である場合	$t_{pass(room),i} = \max\left(\sum \frac{l_{room}}{v_{crowd}},\ t_{crowd(room)}\right)+3$
その他のもの	$t_{crowd(room)} \leqq 1.5$ である場合	$t_{pass(room),i} = \max\left(\sum \frac{l_{room}}{v_{crowd}},\ t_{crowd(room)}\right)$
	$t_{crowd(room)} > 1.5$ である場合	$t_{pass(room),i} = \max\left(\sum \frac{l_{room}}{v_{crowd}},\ t_{crowd(room)}\right)+4.5$

この表において、$t_{crowd(room)}$、$t_{pass(room),i}$、l_{room} 及び v_{crowd} は、それぞれ次の数値を表すものとする。

$t_{crowd(room)}$　当該居室等の用途及び当該避難経路上にある当該居室の出口の幅の合計に応じ、それぞれ次の表に掲げる式によって計算した居室出口滞留時間（単位　分）

当該居室等の用途	当該避難経路上にある当該居室の出口の幅の合計	居室出口滞留時間
児童福祉施設等（通所のみにより利用されるものに限る。）	$90B_{room} \leqq R_{neck(room)}$ である場合	$t_{crowd(room)} = \frac{P_{room}}{45B_{room}}$
	$90B_{room} > R_{neck(room)}$ である場合	$t_{crowd(room)} = \frac{min\left(P_{room}, \Sigma \frac{k_{co}A_{co}}{a_n}\right)}{45B_{room}} + \frac{max\left(P_{room} - \Sigma \frac{k_{co}A_{co}}{a_n}, 0\right)}{0.5R_{neck(room)}}$
その他の用途（病院、診療所（患者の収容施設があるものに限る。）及び児童福祉施設等を除く。）	$90B_{room} \leqq R_{neck(room)}$ である場合	$t_{crowd(room)} = \frac{P_{room}}{90B_{room}}$
	$90B_{room} > R_{neck(room)}$ である場合	$t_{crowd(room)} = \frac{min\left(P_{room}, \Sigma \frac{k_{co}A_{co}}{a_n}\right)}{90B_{room}} + \frac{max\left(P_{room} - \Sigma \frac{k_{co}A_{co}}{a_n}, 0\right)}{R_{neck(room)}}$

この表において、B_{room}、$R_{neck(room)}$、$t_{crowd(room)}$、P_{room}、k_{co}、A_{co} 及び a_n は、それぞれ次の数値を表すものとする。

B_{room}　当該避難経路上にある当該居室の出口の幅の合計（単位　m）

$R_{neck(room)}$　次の式によって計算した当該避難経路の流動量（単位　人／分）

$$R_{neck(room)} = \min\left(90D_{co(room)},\ R_{d(room)},\ R_{st(room)}\right)$$

この式において、$R_{neck(room)}$、$D_{co(room)}$、$R_{d(room)}$ 及び $R_{st(room)}$ は、それぞれ次の数値を表すものとする。

$R_{neck(room)}$　当該避難経路の流動量（単位　人／分）

$D_{co(room)}$　当該避難経路上の各廊下（当該居室等に設けられた廊下を除く。以下このロにおいて同じ。）の幅のうち最小のもの（単位　m）

$R_{d(room)}$　次の式によって計算した当該避難経路上にある各出口（当該居室等に設けられた出口を除く。以下このロにおいて同じ。）の有効流動量のうち最小のもの（単位　人／分）

$$R_{d(room),i} = B_{d(room)}N_{d(room)}$$

この式において、$R_{d(room),i}$、$B_{d(room)}$ 及び $N_{d(room)}$ は、それぞれ次の数値を表すものとする。

$R_{d(room),i}$　当該避難経路上にある各出口の有効流動量（単位　人／分）

$B_{d(room)}$　当該出口の幅（単位　m）

$N_{d(room)}$　当該出口の種類に応じ、それぞれ次の表に掲げる式によって計算した当該出口の流動係数（単位　人／分・m）

当該出口の種類	当該出口の流動係数
階段又は居室に設けられた出口	$N_{d(room)} = 90$
その他の出口	$N_{d(room)} = min\left\{max\left(150 - \frac{60B_{d(room)}}{D_{co(room)}},90\right),120\right\}$
この表において、$N_{d(room)}$、$B_{d(room)}$ 及び $D_{co(room)}$ は、それぞれ次の数値を表すものとする。 $N_{d(room)}$　当該出口の流動係数（単位　人／分・m） $B_{d(room}$　当該出口の幅（単位　m） $D_{co(room)}$　当該避難経路上の各廊下の幅のうち最小のもの（単位　m）	

$R_{st(room)}$　次の式によって計算した当該避難経路上の各階段（当該居室等に設けられた階段を除く。以下このロにおいて同じ。）又は直通階段の有効流動量のうち最小のもの（単位　人／分）

$$R_{st(room),i} = D_{st(room)}N_{st(room)}$$

この式において、$R_{st(room),i}$、$D_{st(room)}$ 及び $N_{st(room)}$ は、それぞれ次の数値を表すものとする。

$R_{st(room),i}$　当該避難経路上の各階段又は直通階段の有効流動量（単位　人／分）

$D_{st(room)}$　当該階段の幅（単位　m）

$N_{st(room)}$　当該階段の種類、避難の方向及び当該階段の幅に応じ、それぞれ次の表に掲げる式によって計算した当該階段の流動係数（単位　人／分・m）

当該階段の種類	避難の方向	当該階段の幅	当該階段の流動係数
屋内と階段室とが付室を通じて連絡しており、かつ、屋内と付室とが準耐火構造の壁若しくは不燃材料で造り、若しくは覆われた壁若しくは建築基準法（昭和25年法律第201号。以下「法」という。）第2条第九号の二ロに規定する防火設備で令第112条第19項第二号に規定する構造であるもので区画された直通階段又は	下り	$D_{landing(room)} < D_{st(room)}$ である場合	$N_{st(room)} = min\left\{72 - 48\left(1 - \frac{D_{landing(room)}}{D_{st(room)}}\right),90\frac{D_{landing(room)}}{D_{st(room)}}\right\}$
		$D_{landing(room)} \geqq D_{st(room)}$ である場合	$N_{st(room)} = 72$
	上り	$D_{landing(room)} < D_{st(room)}$ である場合	$N_{st(room)} = min\left\{60 - 36\left(1 - \frac{D_{landing(room)}}{D_{st(room)}}\right),90\frac{D_{landing(room)}}{D_{st(room)}}\right\}$

直通階段以外の階段		$D_{landing(room)} \geqq D_{st(room)}$ である場合	$N_{st(room)} = 60$
その他の直通階段	下り	$D_{landing(room)} < D_{st(room)}$ である場合	$N_{st(room)} = min\left\{72 - 48\left(1 - \frac{D_{landing(room)}}{D_{st(room)}}\right), 90\frac{D_{landing(room)}}{D_{st(room)}}\right\} \times 0.5^{max(N' - 2.0)}$
		$D_{landing(room)} \geqq D_{st(room)}$ である場合	$N_{st(room)} = 72 \times 0.5^{max\ (N' - 2.0)}$
	上り	$D_{landing(room)} < D_{st(room)}$ である場合	$N_{st(room)} = min\left\{60 - 36\left(1 - \frac{D_{landing(room)}}{D_{st(room)}}\right), 90\frac{D_{landing(room)}}{D_{st(room)}}\right\} \times 0.5^{max(N' - 2.0)}$
		$D_{landing(room)} \geqq D_{st(room)}$ である場合	$N_{st(room)} = 60 \times 0.5^{max\ (N' - 2.0)}$
この表において、$D_{landing(room)}$、$D_{st(room)}$、$N_{st(room)}$ 及び N' は、それぞれ次の数値を表すものとする。 $D_{landing(room)}$　当該階段の踊り場の幅（単位　m） $D_{st(room)}$　当該階段の幅（単位　m） $N_{st(room)}$　当該階段の流動係数（単位　人／分・m） N'　当該建築物の階数			

$t_{crowd(room)}$　居室出口滞留時間（単位　分）

P_{room}　次の式によって計算した在室者のうち当該避難経路上にある当該居室の出口を通って避難する者の数（単位　人）

$$P_{room} = \sum p\ A_{area(room)} \times \left(\frac{B_{room}}{B_{load(room)}} \right)$$

この式において、P_{room}、p、$A_{area(room)}$、B_{room} 及び $B_{load(room)}$ は、それぞれ次の数値を表すものとする。

P_{room}　在室者のうち当該避難経路上にある当該居室の出口を通って避難する者の数（単位　人）

p　建築物の部分の種類に応じ、それぞれ次の表に定める在館者密度（単位　人／㎡）

建築物の部分の種類		在館者密度
住宅の居室		0.06
住宅以外の建築物における寝室	固定ベッドの場合	ベッド数を床面積で除した数値
	その他の場合	0.16
事務室、会議室その他これらに類するもの		0.125

教室		0.7
百貨店又は物品販売業を営む店舗その他これらに類するもの	売場の部分	0.5
	売場に附属する通路の部分	0.25
飲食室		0.7
劇場、映画館、演芸場、観覧場、公会堂、集会場その他これらに類する用途に供する居室	固定席の場合	座席数を床面積で除した数値
	その他の場合	1.5
展示室その他これに類するもの		0.5
診療所（患者の収容施設を有しないものに限る。以下この表において同じ。）の診察室		0.16
診療所の待合室		0.5
保育所又は幼保連携型認定こども園の用途に供する居室	乳児又は満２歳に満たない幼児を保育する用途に供する場合	0.6
	その他の場合	0.5
児童福祉施設等（保育所及び幼保連携型認定こども園を除き、通所のみにより利用されるものに限る。）の用途に供する居室		0.33

$A_{area(room)}$ 当該居室等の各部分の床面積（単位　㎡）
B_{room} 当該避難経路上にある当該居室の出口の幅の合計（単位　m）
$B_{load(room)}$ 当該居室の出口の幅の合計（単位　m）

k_{co} 有効滞留面積率（令和３年国土交通省告示第 475 号第一号ロに規定する有効滞留面積率をいう。）
A_{co} 当該避難経路上にある当該居室の出口に面する部分（以下「居室避難経路等の部分」という。）の各部分（当該部分が階段室である場合にあっては、当該居室の存する階からその直下階までの階段室（当該居室の存する階が地階である場合にあっては当該居室の存する階からその直上階までの階段室、当該居室の存する階が避難階である場合にあっては当該居室の存する階の階段室）に限る。）の床面積（単位　㎡）
a_n 居室避難経路等の部分の各部分の用途及び種類に応じ、それぞれ次の表に定める必要滞留面積（単位　㎡／人）

居室避難経路等の部分の各部分の用途	居室避難経路等の部分の各部分の種類	必要滞留面積
児童福祉施設等（通所のみにより利用されるものに限る。）	－	1.0
その他の用途（病院、診療所（患者の収容施設があるものに限る。）及び児童福祉施設等を除く。）	居室、廊下その他の通路又は玄関ホール、ロビーその他これらに類するもの	0.3
	階段室	0.25
	階段の付室又はバルコニー	0.2

$t_{pass(room),i}$ 居室出口通過時間（単位　分）
l_{room} 当該居室等の各部分から当該避難経路上にある当該居室の出口の一に至る歩行距離（単位　m）
v_{crowd} 建築物の部分の用途及び種類並びに避難の方向に応じ、それぞれ次の表に定める滞留時歩行速度（単位　m/分）

建築物の部分の用途	建築物の部分の種類	避難の方向	滞留時歩行速度

劇場、映画館、演芸場、観覧場、公会堂、集会場その他これらに類する用途		階段	上り	9
			下り	12
		その他の部分	−	30
診療所（患者の収容施設を有しないものに限る。）		階段	上り	9
			下り	12
		その他の部分	−	30
児童福祉施設等（通所のみにより利用されるものに限る。）その他これに類する用途	乳児又は満２歳に満たない幼児を保育する場合（当該用途に供する階が３階以下の階である場合に限る。）	階段	下り	2.5
		保育室	−	12
		廊下	−	8
		その他の部分	−	30
	乳児又は満２歳に満たない幼児を保育する場合以外の場合（当該用途に供する階が５階以下の階である場合に限る。）	階段	上り	4.5
			下り	6
		その他の部分	−	15
百貨店、展示場その他これらに類する用途又は共同住宅、ホテルその他これらに類する用途（病院、診療所及び児童福祉施設等を除く。）		階段	上り	9
			下り	12
		その他の部分	−	30
学校（幼保連携型認定こども園を除く。）、事務所その他これらに類する用途		階段	上り	12
			下り	16
		その他の部分	−	39

二　令第128条の６第３項第二号イに規定する同項第一号イの規定によって計算した居室避難完了時間が経過した時における当該居室において発生した火災により生じた煙又はガス（以下「煙等」という。）の高さ（当該居室の基準点（床面の最も高い位置をいう。以下同じ。）から煙等の下端の位置までの高さとする。以下「居室煙層下端高さ」という。）は、居室避難完了時間が経過した時における当該居室の煙層上昇温度（以下単に「当該居室の煙層上昇温度」という。）及び居室避難完了時間に応じ、それぞれ次の表に掲げる式によって計算するものとする。

当該居室の煙層上昇温度		居室避難完了時間	居室煙層下端高さ
$\Delta T_{r,room} > 180$ である場合		−	$Z_{room} = 0$
$\Delta T_{r,room} \leqq 180$ である場合	$\Delta T_{r,room} \leqq \sqrt{\frac{500}{3t_{pass(room)}}}$ である場合	−	$Z_{room} = 1.8$
	$\Delta T_{r,room} > \sqrt{\frac{500}{3t_{pass(room)}}}$ である場合	$t_{escape(room)} \leqq \frac{5}{3}$ である場合	$Z_{room}=max\left[\left\{\frac{11t_{escape(room)}^{5/3}}{\rho_{r,room}A_{room}}+\frac{1}{(H_{room}+h_{room})^{2/3}}\right\}^{-3/2}-h_{room},0\right]$
		$t_{escape(room)} > \frac{5}{3}$ である場合	$Z_{room}=max\left[Z_{phase1(room)}-\frac{max(V_{s(r,room)}-V_{e(r,room)},0.01)\times\left(t_{escape(room)}-\frac{5}{3}\right)}{A_{room}},0\right]$

この表において、$\Delta T_{r,room}$、Z_{room}、$t_{pass(room)}$、$t_{escape(room)}$、$\rho_{r,room}$、A_{room}、H_{room}、h_{room}、$Z_{phase1(room)}$、$V_{s(r,room)}$及び$V_{e(r,room)}$は、それぞれ次の数値を表すものとする。

$\Delta T_{r,room}$　居室避難完了時間に応じ、それぞれ次の表に掲げる式によって計算した当該居室の煙層上昇温度（単位　度）

居室避難完了時間	当該居室の煙層上昇温度
$t_{escape(room)} \leqq t_{m(room)}$ である場合	$\Delta T_{r,room} = min\left\{\frac{Q_{r,room}}{0.37Q_{r,room}^{1/3} + 0.015A_{w(room)}}, \Delta T_{room(max)}\right\}$
$t_{escape(room)} > t_{m(room)}$ である場合	$\Delta T_{r,room} = \Delta T_{room(max)}$

この表において、$t_{escape(room)}$、$t_{m(room)}$、$\Delta T_{r,room}$、$Q_{r,room}$、$A_{w(room)}$ 及び $\Delta T_{room(max)}$ は、それぞれ次の数値を表すものとする。

$t_{escape(room)}$ 前号に規定する居室避難完了時間（単位　分）

$t_{m(room)}$ 当該居室又は当該居室に隣接する室の内装仕上げの種類に応じ、それぞれ次の表に掲げる式によって計算した当該居室又は当該居室に隣接する室の燃焼抑制時間のうち最小のもの（単位　分）

	当該居室又は当該居室に隣接する室の内装仕上げの種類	当該居室又は当該居室に隣接する室の燃焼抑制時間
(1)	壁（床面からの高さが1.2m以下の部分を除く。以下この表において同じ。）及び天井（天井のない場合においては、屋根。以下同じ。）の室内に面する部分（回り縁、窓台その他これらに類する部分を除く。以下この表において同じ。）の仕上げを不燃材料でしたもの	$t_{m(room),i} = 20$
(2)	壁及び天井の室内に面する部分の仕上げを準不燃材料でしたもの（(1)に掲げるものを除く。）	$t_{m(room),i} = 10$
(3)	壁及び天井の室内に面する部分の仕上げを難燃材料でしたもの又は壁の室内に面する部分の仕上げを木材等（平成12年建設省告示第1439号第1第二号に規定する木材等をいう。以下同じ。）でし、かつ、天井の室内に面する部分の仕上げを準不燃材料でしたもの（(1)及び(2)に掲げるものを除く。）	$t_{m(room),i} = 5$
(4)	壁及び天井の室内に面する部分の仕上げを木材等でしたもの（(1)から(3)までに掲げるものを除く。）	$t_{m(room),i} = \min\left\{t_{0(room)} + \frac{1}{60}\left(\frac{18H_{room(min)}^{5/2}}{\alpha_{room,i}}\right)^{1/2}, 2\right\}$

この表において、$t_{m(room),i}$、$t_{0(room)}$、$H_{room(min)}$ 及び $\alpha_{room,i}$ は、それぞれ次の数値を表すものとする。

$t_{m(room),i}$ 当該居室又は当該居室に隣接する室の燃焼抑制時間（単位　分）

$t_{0(room)}$ 前号イに規定する当該居室の燃焼拡大補正時間（単位　分）

$H_{room(min)}$ 当該室の基準点から天井の最も低い位置までの高さ（単位　m）

$\alpha_{room,i}$ 前号イに規定する当該居室又は当該居室に隣接する室の火災成長率

$\Delta T_{r,room}$ 当該居室の煙層上昇温度（単位　度）

$Q_{r,room}$ 居室避難完了時間に応じ、それぞれ次の表に掲げる式によって計算した当該居室における1秒間当たりの発熱量（単位　kW）

居室避難完了時間	当該居室における1秒間当たりの発熱量
$t_{escape(room)} \leqq \frac{5}{3}$ である場合	$Q_{r,room} = 0.01\ (60t_{escape(room)})^2$
$t_{escape(room)} > \frac{5}{3}$ である場合	$Q_{r,room} = \alpha_{room}\ (60t_{escape(room)} - 60t_{0(room)})^2$

この表において、$t_{escape(room)}$、$Q_{r,room}$、α_{room} 及び $t_{0(room)}$ は、それぞれ次の数値を表すものとする。

$t_{escape(room)}$ 前号に規定する居室避難完了時間（単位　分）

$Q_{r,room}$ 当該居室における1秒間当たりの発熱量（単位　kW）

α_{room} 前号イに規定する居室火災成長率

$t_{0(room)}$ 前号イに規定する当該居室の燃焼拡大補正時間（単位　分）

$A_{w(room)}$ 当該居室の壁（基準点からの高さが1.8m以下の部分を除く。）及び天井の室内に面する部分の表面積（単位　m²）

$\Delta T_{room(max)}$ 最大煙層上昇温度（令和3年国土交通省告示第475号第二号に規定する最大煙層上昇温度

をいう。以下同じ。）（単位　度）

Z_{room}　居室煙層下端高さ（単位　m）
$t_{pass(room)}$　前号ロに規定する居室出口通過時間のうち最大のもの（単位　分）
$t_{escape(room)}$　前号に規定する居室避難完了時間（単位　分）
$\rho_{r,room}$　次の式によって計算した居室避難完了時間が経過した時における当該居室の煙層密度（以下単に「当該居室の煙層密度」という。）（単位　kg/㎥）

$$\rho_{r,room}=\frac{353}{\Delta T_{r,room}+293}$$

（この式において、$\rho_{r,room}$及び$\Delta T_{r,room}$は、それぞれ次の数値を表すものとする。
$\rho_{r,room}$　当該居室の煙層密度（単位　kg/㎥）
$\Delta T_{r,room}$　当該居室の煙層上昇温度（単位　度））

A_{room}　当該居室の床面積（単位　㎡）
H_{room}　当該居室の基準点から天井までの高さの平均（単位　m）
h_{room}　当該居室の床面の最も低い位置から基準点までの高さ（単位　m）
$Z_{phaze1(room)}$　次の式によって計算した火災発生後100秒間が経過した時における居室煙層下端高さ（単位　m）

$$Z_{phase1(room)}=max\left[\left\{\frac{26}{\rho_{r,room}A_{room}}+\frac{1}{(H_{room}+h_{room})^{2/3}}\right\}^{-3/2}-h_{room},0\right]$$

（この式において、$Z_{phaze1(room)}$、$\rho_{r,room}$、A_{room}、H_{room}及びh_{room}は、それぞれ次の数値を表すものとする。
$Z_{phaze1(room)}$　火災発生後100秒間が経過した時における居室煙層下端高さ（単位　m）
$\rho_{r,room}$　当該居室の煙層密度（単位　kg/㎥）
A_{room}　当該居室の床面積（単位　㎡）
H_{room}　当該居室の基準点から天井までの高さの平均（単位　m）
h_{room}　当該居室の床面の最も低い位置から基準点までの高さ（単位　m））

$V_{s(r,room)}$　次の式によって計算した当該居室の煙等発生量（単位　㎥／分）

$$V_{s(r,room)}=\frac{4.2\left(\frac{Q_{r,room}}{3}\right)^{1/3}\left\{(Z_{phase1(room)}+h_{room})^{5/3}+(h_{room}+1.8)^{5/3}\right\}}{\rho_{r,room}}$$

（この式において、$V_{s(r,room)}$、$Q_{r,room}$、$Z_{phaze1(room)}$、h_{room}及び$\rho_{r,room}$は、それぞれ次の数値を表すものとする。
$V_{s(r,room)}$　当該居室の煙等発生量（単位　㎥／分）
$Q_{r,room}$　当該居室における1秒間当たりの発熱量（単位　kW）
$Z_{phaze1(room)}$　火災発生後100秒間が経過した時における居室煙層下端高さ（単位　m）
h_{room}　当該居室の床面の最も低い位置から基準点までの高さ（単位　m）
$\rho_{r,room}$　当該居室の煙層密度（単位　kg/㎥））

$V_{e(r,room)}$　次の式によって計算した当該居室の有効排煙量（単位　㎥／分）

$$V_{e(r,room)}=min(1.5A_{room}{}^{-0.15},0.8)\times\left(\frac{\overline{H}_{st(room)}-1.8}{H_{top(room)}-1.8}\right)E_{r,room}$$

（この式において、$V_{e(r,room)}$、A_{room}、$\overline{H}_{st(room)}$、$H_{top(room)}$及び$E_{r,room}$は、それぞれ次の数値を表すものとする。
$V_{e(r,room)}$　当該居室の有効排煙量（単位　㎥／分）
A_{room}　当該居室の床面積（単位　㎡）
$\overline{H}_{st(room)}$　当該居室の基準点から当該居室に設けられた各有効開口部（壁又は天井に設けられた開口部の床面からの高さが1.8m以上の部分をいう。以下同じ。）の上端までの高さの平均（単位　m）
$H_{top(room)}$　当該居室の基準点から天井までの高さのうち最大のもの（単位　m）
$E_{r,room}$　当該居室に設けられた有効開口部の種類に応じ、それぞれ次の表に掲げる式によって計算した当該居室に設けられた各有効開口部及び当該有効開口部の開放に伴い開放される当該居室に設けられた他の有効開口部のうち当該有効開口部からの距離が30m以内であるもの（以下この号において「他の有効開口部」という。）の排煙量の合計のうち最小のもの（当該居室に設けられた有効開口部の種類が同表(2)に掲げるものである場合にあっては、当該居室に設けられた各有効開口部及び他の有効開口部の排煙量の合計のうち最小のもの又は当該居室に設けられた給気口（当該居室に設けられた有効開口部の開放に伴い開放され又は常時開放状態にある給気口に限る。）の開口面積の合計に550を乗じたもののうち、いずれか小さい数値）（単位　㎥／分）

	当該居室に設けられた有効開口部の種類	当該居室に設けられた各有効開口部の排煙量
(1)	有効開口部を排煙口とした場合に、当該居室に設けられた排煙設備が令第126条の3第1項第二号、第三号（排煙口の壁における位置に係る部分を除く。）、第四号から第六号まで及び第十号から第十二号までの規定（以下「自然排煙関係規定」という。）に適合し、かつ、当該居室の壁の床面からの高さが1.8m以下の部分に排煙口の開放に連動して自動的に開放され又は常時開放状態にある給気口が設けられたもの（当該居室に設けられた当該排煙設備以外の排煙設備が同項第二号、第三号（排煙口の壁における位置に係る部分を除く。）、第四号から第七号まで、第八号（排煙口の開口面積に係る部分を除く。）、第九号（空気を排出する能力に係る部分を除く。）及び第十号から第十二号までの規定（以下「機械排煙関係規定」という。）に適合する場合を除く。）	$e_{r,room}=186\left(\frac{1.205-\rho_{r,room}}{\rho_{r,room}}\right)^{1/2}\times max\left\{\frac{A_{s(room)}\sqrt{h_{s(room)}}}{4},\frac{A_{s(room)}\sqrt{H_{c(room)}-1.8}}{\sqrt{1+\left(\frac{A'_{s(room)}}{A_{a(room)}}\right)^2}}\right\}$
(2)	有効開口部を排煙口とした場合に、当該居室に設けられた排煙設備が機械排煙関係規定に適合し、かつ、当該居室の壁の床面からの高さが1.8m以下の部分に排煙口の開放に連動して自動的に開放され又は常時開放状態にある給気口が設けられたもの（当該居室に設けられた当該排煙設備以外の排煙設備が自然排煙関係規定に適合する場合を除く。）	$e_{r,room}=min\left\{w_{room},3.7\times10^4\frac{\Delta T_{r,room}}{\rho_{r,room}(\Delta T_{r,room}+293)^2}(H_{c(room)}-1.8)w_{room}{}^{3/5}\right\}$
(3)	その他の有効開口部	$e_{r,room}=0$

この表において、$e_{r,room}$、$\rho_{r,room}$、$A_{s(room)}$、$h_{s(room)}$、$H_{c(room)}$、$A'_{s(room)}$、$A_{a(room)}$、w_{room}及び$\Delta T_{r,room}$は、それぞれ次の数値を表すものとする。

$e_{r,room}$　当該居室に設けられた各有効開口部の排煙量（単位　㎥／分）
$\rho_{r,room}$　当該居室の煙層密度（単位　kg/㎥）
$A_{s(room)}$　当該有効開口部の開口面積（単位　㎡）
$h_{s(room)}$　当該有効開口部の上端と下端の垂直距離（単位　m）
$H_{c(room)}$　当該居室の基準点から当該有効開口部の中心までの高さ（単位　m）
$A'_{s(room)}$　当該有効開口部及び他の有効開口部の開口面積の合計（単位　㎡）
$A_{a(room)}$　当該居室に設けられた給気口（当該有効開口部の開放に伴い開放され又は常時開放状態にある給気口に限る。）の開口面積の合計（単位　㎡）
w_{room}　当該有効開口部の排煙機の空気を排出することができる能力（単位　㎥／分）
$\Delta T_{r,room}$　当該居室の煙層上昇温度（単位　度）

三　令第128条の6第3項第二号ロに規定する避難上支障のある高さは、1.8mとする。

四　令第128条の6第3項第二号に規定する方法を用いる場合における同項第一号ニに規定する区画部分に存する者の全てが当該火災室で火災が発生してから当該区画部分からの避難を終了するまでに要する時間（以下「区画避難完了時間」という。）は、次に掲げる時間を合計して計算するものとする。

イ　当該区画部分（当該区画部分以外の部分に当該区画部分を通らなければ避難することができない建築物の部分がないものに限り、竪穴部分（令第112条第11項に規定する竪穴部分をいう。）に面する場合にあっては、出入口の部分を除き、当該区画部分と当該竪穴部分とが準耐火構造の壁又は法第2条第九号の二ロに規定する防火設備で令第112条第19項第二号に規定する構造であるものであって、はめごろし戸であるもので区画されているものに限る。以下同じ。）の用途に応じ、それぞれ次の表に掲げる式によって計算した火災が発生してから区画部分に存する者が避難を開始するまでに要する時間（以下「区画避難開始時間」という。）（単位　分）

当該区画部分の用途	区画避難開始時間
共同住宅、ホテルその他これらに類する用途（病院、診療所及び児童福祉施設等を除く。）	$t_{start(comp)} = min\left(5\times10^{-3}L_{wall(comp)}{}^{6/5}, \dfrac{2\times10^{-3}L_{wall(comp)}{}^{6/5}}{\alpha_{comp}{}^{1/5}} + t_{0(comp)}\right) + 5$
その他の用途（病院、診療所（患者の収容施設があるものに限る。）及び児童福祉施設等（通所のみに利用されるものを除く。）を除く。）	$t_{start(comp)} = min\left(5\times10^{-3}L_{wall(comp)}{}^{6/5}, \dfrac{2\times10^{-3}L_{wall(comp)}{}^{6/5}}{\alpha_{comp}{}^{1/5}} + t_{0(comp)}\right) + 3$

この表において、$t_{start(comp)}$、$L_{wall(comp)}$、α_{comp} 及び $t_{0(comp)}$ は、それぞれ次の数値を表すものとする。

$t_{start(comp)}$　区画避難開始時間（単位　分）

$L_{wall(comp)}$　当該火災室の周長（単位　m）

α_{comp}　次の式によって計算した当該火災室又は当該火災室に隣接する室（当該火災室と準耐火構造の壁若しくは準不燃材料で造り、若しくは覆われた壁又は10分間防火設備で区画されたものを除く。以下同じ。）の火災成長率のうち最大のもの（以下「火災室火災成長率」という。）

$$\alpha_{comp,i} = \max\{5.8\times10^{-4}\ (0.26q_l{}^{1/3} - \phi_{sp})\ q_l{}^{2/3},\ 0.0125\} \times k_m$$

（この式において、$\alpha_{comp,i}$、q_l、ϕ_{sp} 及び k_m は、それぞれ次の数値を表すものとする。

$\alpha_{comp,i}$　当該火災室又は当該火災室に隣接する室の火災成長率

q_l　第一号イに規定する積載可燃物の1㎡当たりの発熱量（単位　MJ/㎡）

ϕ_{sp}　燃焼表面積低減率（令和3年国土交通省告示第475号第四号イに規定する燃焼表面積低減率をいう。）

k_m　内装燃焼係数）

$t_{0(comp)}$　次の式によって計算した当該火災室の燃焼拡大補正時間（単位　分）

$$t_{0(comp)} = \frac{100 - \left(\dfrac{100}{\alpha_{comp}}\right)^{1/2}}{60}$$

（この式において、$t_{0(comp)}$ 及び α_{comp} は、それぞれ次の数値を表すものとする。

$t_{0(comp)}$　当該火災室の燃焼拡大補正時間（単位　分）

α_{comp}　火災室火災成長率）

ロ　当該区画部分の各室の各部分から、当該区画部分から当該区画部分以外の部分等への出口（幅が60㎝未満であるものを除き、当該区画部分から直通階段（当該区画部分が避難階に存する場合にあっては地上）に通ずる主たる廊下その他の通路に通ずる出口に限る。以下同じ。）を経由して直通階段（当該区画部分が避難階に存する場合にあっては地上）に至る各経路（避難の用に供するものであって当該経路上にある各出口の幅が60㎝以上であるものに限り、当該室が当該火災室又は当該火災室（居室であるものに限る。）を通らなければ避難することができない部分である場合以外の場合にあっては、当該火災室を経由するものを除く。以下このロにおいて「避難経路」という。）ごとに、区画出口滞留時間に応じ、それぞれ次の表に掲げる式によって計算した区画部分に存する者が当該区画部分の各室の各部分から当該区画部分から当該区画部分以外の部分等への出口の一に達し、当該出口を通過するために要する時間（以下「区画出口通過時間」という。）のうち最大のもの（単位　分）

区画出口滞留時間	区画出口通過時間
$t_{crowd(comp)} \leqq 3$ である場合	$t_{pass(comp),i} = max\left(\sum \frac{l_{comp}}{v_{crowd}},\ t_{crowd(comp)}\right)$
$t_{crowd(comp)} > 3$ である場合	$t_{pass(comp),i} = max\left(\sum \frac{l_{comp}}{v_{crowd}},\ t_{crowd(comp)}\right) + 3 \times max(1,\ N'-2)$

この表において、$t_{crowd(comp)}$、$t_{pass(comp),i}$、l_{comp}、v_{crowd} 及び N′は、それぞれ次の数値を表すものとする。

$t_{crowd(comp)}$　当該区画部分の用途及び当該避難経路上にある当該区画部分から当該区画部分以外の部分等への出口の幅の合計に応じ、それぞれ次の表に掲げる式によって計算した区画出口滞留時間（単位　分）

当該区画部分の用途	当該避難経路上にある当該区画部分から当該区画部分以外の部分等への出口の幅の合計	区画出口滞留時間
児童福祉施設等（通所のみにより利用されるものに限る。）	$90B_{comp} \leqq R_{neck(comp)}$ である場合	$t_{crowd(comp)} = \frac{P_{comp}}{45B_{comp}}$
	$90B_{comp} > R_{neck(comp)}$ である場合	$t_{crowd(comp)} = \frac{P_{comp}}{0.5R_{neck(comp)}}$
その他の用途（病院、診療所（患者の収容施設があるものに限る。）及び児童福祉施設等を除く。）	$90B_{comp} \leqq R_{neck(comp)}$ である場合	$t_{crowd(comp)} = \frac{P_{comp}}{90B_{comp}}$
	$90B_{comp} > R_{neck(comp)}$ である場合	$t_{crowd(comp)} = \frac{P_{comp}}{R_{neck(comp)}}$

この表において、B_{comp}、$R_{neck(comp)}$、$t_{crowd(comp)}$ 及び P_{comp} は、それぞれ次の数値を表すものとする。

B_{comp}　当該避難経路上にある当該区画部分から当該区画部分以外の部分等への出口の幅の合計（単位　m）

$R_{neck(comp)}$　次の式によって計算した当該避難経路の流動量（単位　人／分）

$$R_{neck(comp)} = min\,(90D_{co(comp)},\ R_{d(comp)},\ R_{st(comp)})$$

この式において、$R_{neck(comp)}$、$D_{co(comp)}$、$R_{d(comp)}$ 及び $R_{st(comp)}$ は、それぞれ次の数値を表すものとする。

$R_{neck(comp)}$　当該避難経路の流動量(単位　人／分)

$D_{co(comp))}$　当該避難経路上の各廊下(当該区画部分に設けられた廊下を除く。以下このロにおいて同じ。)の幅のうち最小のもの(単位　m)

$R_{d(comp)}$　次の式によって計算した当該避難経路上にある各出口(当該区画部分に設けられた出口を除く。以下このロにおいて同じ。)の有効流動量のうち最小のもの(単位　人／分)

$$R_{d(comp),i} = B_{d(comp)}N_{d(comp)}$$

この式において、$R_{d(comp),i}$、$B_{d(comp)}$ 及び $N_{d(comp)}$ は、それぞれ次の数値を表すものとする。

$R_{d(comp),i}$　当該避難経路上にある各出口の有効流動量（単位　人／分）

$B_{d(comp)}$　当該出口の幅(単位　m)

$N_{d(comp)}$　当該出口の種類に応じ、それぞれ次の表に掲げる式によって計算した当該出口の流動係数（単位　人／分・m）

当該出口の種類	当該出口の流動係数
階段又は居室に設けられた出口	$N_{d(comp)} = 90$

その他の出口	$N_{d(comp)} = min\left\{max\left(150 - \frac{60B_{d(comp)}}{D_{co(comp)}}, 90\right), 120\right\}$

この表において、$N_{d(comp)}$、$B_{d(comp)}$ 及び $D_{co(comp)}$ は、それぞれ次の数値を表すものとする。

$N_{d(comp)}$　当該出口の流動係数（単位　人 / 分・m）
$B_{d(comp)}$　当該出口の幅（単位　m）
$D_{co(comp)}$　当該避難経路上の各廊下の幅のうち最小のもの（単位　m）

$R_{st(comp)}$　次の式によって計算した当該避難経路上の各階段（当該区画部分に設けられた階段を除く。以下このロにおいて同じ。）又は直通階段の有効流動量のうち最小のもの（単位　人 / 分）

$$R_{st(comp),i} = D_{st(comp)}N_{st(comp)}$$

この式において、$R_{st(comp),i}$、$D_{st(comp)}$ 及び $N_{st(comp)}$ は、それぞれ次の数値を表すものとする。

$R_{st(comp),i}$　当該避難経路上の各階段又は直通階段の有効流動量（単位　人 / 分）
$D_{st(comp)}$　当該階段の幅（単位　m）
$N_{st(comp)}$　当該階段の種類、避難の方向及び当該階段の幅に応じ、それぞれ次の表に掲げる式によって計算した当該階段の流動係数（単位　人 / 分・m）

当該階段の種類	避難の方向	当該階段の幅	当該階段の流動係数
屋内と階段室とが付室を通じて連絡しており、かつ、屋内と付室とが準耐火構造の壁若しくは不燃材料で造り、若しくは覆われた壁若しくは法第2条第九号の二ロに規定する防火設備で令第112条第19項第二号に規定する構造であるもので区画された直通階段又は直通階段以外の階段	下り	$D_{landing(comp)} < D_{st(comp)}$ である場合	$N_{st(comp)} = min\left\{72 - 48\left(1 - \frac{D_{landing(comp)}}{D_{st(comp)}}\right), 90\frac{D_{landing(comp)}}{D_{st(comp)}}\right\}$
		$D_{landing(comp)} \geqq D_{st(comp)}$ である場合	$N_{st(comp)} = 72$
	上り	$D_{landing(comp)} < D_{st(comp)}$ である場合	$N_{st(comp)} = min\left\{60 - 36\left(1 - \frac{D_{landing(comp)}}{D_{st(comp)}}\right), 90\frac{D_{landing(comp)}}{D_{st(comp)}}\right\}$
		$D_{landing(comp)} \geqq D_{st(comp)}$ である場合	$N_{st(comp)} = 60$
その他の直通階段	下り	$D_{landing(comp)} < D_{st(comp)}$ である場合	$N_{st(comp)} = min\left\{72 - 48\left(1 - \frac{D_{landing(comp)}}{D_{st(comp)}}\right), 90\frac{D_{landing(comp)}}{D_{st(comp)}}\right\} \times 0.5^{max(N' - 2, 0)}$

	$D_{landing(comp)} \geqq D_{st(comp)}$ である場合	$N_{st(comp)} = 72 \times 0.5^{max(N'-2.0)}$
上り	$D_{landing(comp)} < D_{st(comp)}$ である場合	$N_{st(comp)} = min\left\{60 - 36\left(1 - \frac{D_{landing(comp)}}{D_{st(comp)}}\right), 90\frac{D_{landing(comp)}}{D_{st(comp)}}\right\} \times 0.5^{max(N'-2.0)}$
	$D_{landing(comp)} \geqq D_{st(comp)}$ である場合	$N_{st(comp)} = 60 \times 0.5^{max(N'-2.0)}$

この表において、$D_{landing(comp)}$、$D_{st(comp)}$、$N_{st(comp)}$ 及び N' は、それぞれ次の数値を表すものとする。

$D_{landing(comp)}$　当該階段の踊り場の幅（単位　m）
$D_{st(comp)}$　当該階段の幅（単位　m）
$N_{st(comp)}$　当該階段の流動係数（単位　人／分・m）
N′　当該建築物の階数

$t_{crowd(comp)}$　区画出口滞留時間（単位　分）
P_{comp}　次の式によって計算した当該区画部分に存する者のうち当該避難経路上にある当該区画部分から当該区画部分以外の部分等への出口を通って避難する者の数（単位　人）

$$P_{comp} = \sum p\, A_{area(comp)} \times \left(\frac{B_{comp}}{B_{load(comp)}} \right)$$

この式において、P_{comp}、p、$A_{area(comp)}$、B_{comp} 及び $B_{load(comp)}$ は、それぞれ次の数値を表すものとする。

P_{comp}　当該区画部分に存する者のうち当該避難経路上にある当該区画部分から当該区画部分以外の部分等への出口を通って避難する者の数（単位　人）
p　第一号ロに規定する在館者密度（単位　人／㎡）
$A_{area(comp)}$　当該区画部分の各部分の床面積（単位　㎡）
B_{comp}　当該避難経路上にある当該区画部分から当該区画部分以外の部分等への出口の幅の合計（単位　m）
$B_{load(comp)}$　当該区画部分から当該区画部分以外の部分等への出口の幅の合計（単位　m）

$t_{pass(comp),i}$　区画出口通過時間（単位　分）
l_{comp}　当該区画部分の各室の各部分から当該避難経路上にある当該区画部分から当該区画部分以外の部分等への出口の一に至る歩行距離（単位　m）
v_{crowd}　第一号ロに規定する滞留時歩行速度（単位　m/分）
N'　当該建築物の階数

五　令第128条の6第3項第二号ハに規定する同項第一号ニの規定によって計算した区画避難完了時間が経過した時における当該火災室において発生した火災により生じた煙等の当該区画部分の各居室（当該火災室を除く。以下この号において同じ。）及び当該居室から当該区画部分以外の部分等に通ずる主たる廊下その他の建築物の部分における高さ（当該室の基準点から煙等の下端の位置までの高さとする。）は、次のイからハまでに掲げる建築物の部分の区分に応じ、それぞれ当該イからハまでに定める数値とする。

イ　当該火災室に面する部分（当該火災室（居室であるものに限る。）を通らなければ避難することができない部分及びハに掲げる部分を除く。以下「火災室隣接部分」という。）　区画避難完了時間、区画避難完了時間が経過した時における当該火災室隣接部分の煙層上昇温度（以下単に「火災室隣接部分の煙層上昇温度」という。）及び当該火災室における漏煙開始時間に応じ、それぞれ次の表に掲げる式によって計算した数値（以下「火災室隣接部分の煙層下端高さ」という。）（単位　m）

区画避難完了時間	火災室隣接部分の煙層上昇温度		当該火災室における漏煙開始時間	火災室隣接部分の煙層下端高さ
$t_{escape(comp)} > 10$ である場合	−			$Z_{comp} = 0$
$t_{escape(comp)} \leqq 10$ である場合	$\Delta T_{c,comp} > 180$ である場合		−	$Z_{comp} = 0$
	$\Delta T_{c,comp} \leqq 180$ である場合	$\Delta T_{c,comp} \leqq \sqrt{\dfrac{500}{3t_{pass(comp)}}}$ である場合	−	$Z_{comp} = 1.8$
		$\Delta T_{c,comp} > \sqrt{\dfrac{500}{3t_{pass(comp)}}}$ である場合	$t_{escape(comp)} \leqq t_{d(room)}$ である場合	$Z_{comp} = H_{comp}$
			$t_{escape(comp)} > t_{d(room)}$ である場合	$Z_{comp}=max\left[H_{comp} - \dfrac{max(V_{s(c,comp)} - V_{e(c,comp)}, 0.01) \times (t_{escape(comp)} - t_{d(room)})}{A_{comp}}, 0\right]$

この表において、$t_{escape(comp)}$、Z_{comp}、$\Delta T_{c,comp}$、$t_{pass(comp)}$、$t_{d(room)}$、H_{comp}、$V_{s(c,comp)}$、$V_{e(c,comp)}$ 及び A_{comp} は、それぞれ次の数値を表すものとする。

$t_{escape(comp)}$　前号に規定する区画避難完了時間（単位　分）

Z_{comp}　火災室隣接部分の煙層下端高さ（単位　m）

$\Delta T_{c,comp}$　次の式によって計算した火災室隣接部分の煙層上昇温度（単位　度）

$$\Delta T_{c,comp} = \frac{Q_{c,comp}}{0.37 Q_{c,comp}^{1/3} + 0.015 A_{w(comp)}}$$

この式において、$\Delta T_{c,comp}$、$Q_{c,comp}$ 及び $A_{w(comp)}$ は、それぞれ次の数値を表すものとする。

$\Delta T_{c,comp}$　火災室隣接部分の煙層上昇温度（単位　度）

$Q_{c,comp}$　次の式によって計算した当該火災室からの噴出熱気流の運搬熱量（単位　kW）

$$Q_{c,comp} = max\left\{m_d - \frac{0.005\rho_{c,room} E_{c,room} \times min(\Sigma C_d A_d, A_{\alpha(comp,r)})}{min(\Sigma C_d A_d, A_{\alpha(comp,r)}) + A_{\alpha(c,room)}}, 0\right\} \times \Delta T_{c,room}$$

この式において、$Q_{c,comp}$、m_d、$\rho_{c,room}$、$E_{c,room}$、C_d、A_d、$A_{\alpha(comp,r)}$、$A_{\alpha(c,room)}$ 及び $\Delta T_{c,room}$ は、それぞれ次の数値を表すものとする。

$Q_{c,comp}$　当該火災室からの噴出熱気流の運搬熱量（単位　kW）

m_d　次に掲げる式によって計算した当該火災室からの噴出熱気流の質量流量（単位　kg/ 秒）

$$m_d = 0.5 H_{d(max)}^{1/2} \Sigma C_d A_d + 0.5 \Sigma C_w B_w H_w^{3/2}$$

この式において、m_d、$H_{d(max)}$、C_d、A_d、C_w、B_w 及び H_w は、それぞれ次の数値を表すものとする。

m_d　当該火災室からの噴出熱気流の質量流量（単位　kg/ 秒）

$H_{d(max)}$　当該火災室の当該火災室隣接部分に面する壁に設けられた各開口部の下端のうち最も低い位置から当該各開口部の上端のうち最も高い位置までの高さ（単位　m）

C_d　当該火災室の当該火災室隣接部分に面する壁に設けられた開口部の種類に応じ、それぞれ次の表に定める当該火災室の当該火災室隣接部分に面する壁に設けられた開口部の開口率

当該火災室の当該火災室隣接部分に面する壁に設けられた開口部の種類		当該火災室の当該火災室隣接部分に面する壁に設けられた開口部の開口率
法第2条第九号の二ロに規定する防火設備が設けられたもの	令第112条第19項第一号に規定する構造である防火設備（同項第二号に規定する構造であるものを除く。）が設けられたもの	0.01
	令第112条第19項第二号に規定する構造である防火設備が設けられたもの	0.001
10分間防火設備（法第2条第九号の二ロに規定する防火設備を除き、令第112条第19項第二号に規定する構造であるものに限る。）が設けられたもの（当該火災室の壁（床面からの高さが1.2m以下の部分を除く。）及び天井の室内に面する部分（回り縁、窓台その他これらに類する部分を除く。）の仕上げを木材等でしたものにあっては、当該火災室にスプリンクラー設備（水源として、水道の用に供する水管を当該スプリンクラー設備に連結したものを除く。以下同じ。）、水噴霧消火設備、泡消火設備その他これらに類するもので自動式のもの（以下「スプリンクラー設備等」という。）が設けられている場合に限る。）	昭和48年建設省告示第2564号第一号ロに定める構造方法を用いる構造である防火設備（同告示別記に規定する遮煙性能試験に合格したものに限る。）が設けられたもの	0.001
	その他のもの	0.01
その他のもの		1.0

A_d　当該火災室の当該火災室隣接部分に面する壁に設けられた開口部の開口面積（単位　㎡）

C_w　当該火災室の内装仕上げの種類及び当該火災室隣接部分に面する壁の種類に応じ、それぞれ次の表に定める当該火災室の当該火災室隣接部分に面する壁の開口率

当該火災室の内装仕上げの種類	当該火災室の当該火災室隣接部分に面する壁の種類	当該火災室の当該火災室隣接部分に面する壁の開口率
壁（床面からの高さが1.2m以下の部分を除く。）及び天井の室内に面する部分（回り縁、窓台の他これらに類す	準耐火構造の壁又は不燃材料で造り、若しくは覆われた壁（以下この表において「準耐火構造の壁等」という。）	0

る部分を除く。）の仕上げを木材等でしたもの	その他の壁		1.0
その他のもの	準耐火構造の壁等		0
	準不燃材料で造り、又は覆われた壁（準耐火構造の壁等を除く。）		0
	難燃材料（準不燃材料を除く。）で造り、又は覆われた壁（準耐火構造の壁等を除く。）	$t_{escape(comp)} \leqq 5$ である場合	0
		$t_{escape(comp)} > 5$ である場合	1.0
	その他の壁		1.0
この表において、$t_{escape(comp)}$ は前号に規定する区画避難完了時間（単位　分）を表すものとする。			

B_w　当該火災室の当該火災室隣接部分に面する壁の幅（単位　m）
H_w　当該火災室の当該火災室隣接部分に面する壁の高さ（単位　m）

$\rho_{c,room}$　次の式によって計算した区画避難完了時間が経過した時における当該火災室の煙層密度（以下単に「当該火災室の煙層密度」という。）（単位　kg/㎥）

$$\rho_{c,room} = \frac{353}{\Delta T_{c,room} + 293}$$

この式において、$\rho_{c,room}$ 及び $\Delta T_{c,room}$ は、それぞれ次の数値を表すものとする。
$\rho_{c,room}$　当該火災室の煙層密度（単位　kg/㎥）
$\Delta T_{c,room}$　区画避難完了時間に応じ、それぞれ次の表に掲げる式によって計算した区画避難完了時間が経過した時における当該火災室の煙層上昇温度（以下単に「当該火災室の煙層上昇温度」という。）（単位　度）

区画避難完了時間	当該火災室の煙層上昇温度
$t_{escape(comp)} \leqq t_{m(comp)}$ である場合	$\Delta T_{c,room} = min\left[\frac{Q_{c,room}}{0.04Q_{c,room}^{1/3}H_{room}^{5/3} + 0.015A_{w(c,room)} + 0.34m_{sp}H_{room}}, \Delta T_{room(max)}\right]$
$t_{escape(comp)} > t_{m(comp)}$ である場合	$\Delta T_{c,room} = \Delta T_{room(max)}$
この表において、$t_{escape(comp)}$、$t_{m(comp)}$、$\Delta T_{c,room}$、$Q_{c,room}$、H_{room}、$A_{w(c,room)}$、m_{sp} 及び $\Delta T_{room(max)}$ は、それぞれ次の数値を表すものとする。	

$t_{escape(comp)}$　前号に規定する区画避難完了時間（単位　分）
$t_{m(comp)}$　当該火災室又は当該火災室に隣接する室の内装仕上げの種類に応じ、それぞれ次の表に掲げる式によって計算した当該火災室又は当該火災室に隣接する室の燃焼抑制時間のうち最小のもの（以下「火災室燃焼抑制時間」という。）（単位　分）

	当該火災室又は当該火災室に隣接する室の内装仕上げの種類	当該火災室又は当該火災室に隣接する室の燃焼抑制時間
(1)	壁（床面からの高さが1.2m以下の部分を除く。以下この表において同じ。）及び天井の室内に面する部分（回り縁、窓台その他これらに類する部分を除く。以下この表において同じ。）の仕上げを不燃材料でしたもの	$t_{m(comp),i} = 20$
(2)	壁及び天井の室内に面する部分の仕上	$t_{m(comp),i} = 10$

	げを準不燃材料でしたもの（(1)に掲げるものを除く。）	
(3)	壁及び天井の室内に面する部分の仕上げを難燃材料でしたもの又は壁の室内に面する部分の仕上げを木材等でし、かつ、天井の室内に面する部分の仕上げを準不燃材料でしたもの（(1)及び(2)に掲げるものを除く。）	$t_{m(comp),i} = 5$
(4)	壁及び天井の室内に面する部分の仕上げを木材等でしたもの（(1)から(3)までに掲げるものを除く。）	$t_{m(comp),i} = min\left\{t_{0(comp)} + \frac{1}{60}\left(\frac{18H_{comp(min)}{}^{5/2}}{\alpha_{comp,i}}\right)^{1/2}, 2\right\}$

この表において、$t_{m(comp),i}$、$t_{0(comp)}$、$H_{comp(min)}$及び$\alpha_{comp,i}$は、それぞれ次の数値を表すものとする。

$t_{m(comp),i}$　当該火災室又は当該火災室に隣接する室の燃焼抑制時間（単位　分）

$t_{0(comp)}$　前号イに規定する当該火災室の燃焼拡大補正時間（単位　分）

$H_{comp(min)}$　当該室の基準点から天井の最も低い位置までの高さ（単位　m）

$\alpha_{comp,i}$　前号イに規定する当該火災室又は当該火災室に隣接する室の火災成長率

$\Delta T_{c,room}$　当該火災室の煙層上昇温度（単位　度）

$Q_{c,room}$　区画避難完了時間に応じ、それぞれ次の表に掲げる式によって計算した当該火災室における１秒間当たりの発熱量（単位　kW）

区画避難完了時間	当該火災室における１秒間当たりの発熱量
$t_{escape(comp)} \leqq \frac{5}{3}$である場合	$Q_{c,room} = 0.01\ (60t_{escape(room)})^2$
$t_{escape(comp)} > \frac{5}{3}$である場合	$Q_{c,room} = \alpha_{comp}\ (60t_{escape(comp)} - 60t_{0(comp)})^2$

この表において、$t_{escape(comp)}$、$Q_{c,room}$、α_{comp}及び$t_{0(comp)}$は、それぞれ次の数値を表すものとする。

$t_{escape(comp)}$　前号に規定する区画避難完了時間（単位　分）

$Q_{c,room}$　当該火災室における１秒間当たりの発熱量（単位　kW）

α_{comp}　前号イに規定する火災室火災成長率

$t_{0(comp)}$　前号イに規定する当該火災室の燃焼拡大補正時間（単位　分）

H_{room}　当該火災室の基準点から天井までの高さの平均（単位　m）

$A_{w(c,room)}$　当該火災室の壁(基準点からの高さが天井の高さの$\frac{1}{2}$以下の部分を除く。）及び天井の室内に面する部分の表面積（単位　㎡）

m_{sp}　スプリンクラー設備等の１秒間当たりの有効散水量（令和３年国土交通省告示第475号第五号イに規定するスプリンクラー設備等の１秒間当たりの有効散水量をいう。）（単位　kg/秒）

$\Delta T_{room(max)}$　最大煙層上昇温度（単位　度）

$E_{c,room}$　当該火災室に設けられた限界煙層高さ有効開口部（壁又は天井に設けられた開口部の床面からの高さが限界煙層高さ（令和２年国土交通省告示第509号第四号に規定する限界煙層高さをいう。以下同じ。）以上の部分をいう。以下同じ。）の種類に応じ、それぞれ次の表に掲げる式によって計算した当該火災室に設けられた各限界煙層高さ有効開口部及び当該限界煙層高さ有効開口部の開放に伴い開放される当該火災室に設けられた他の限界煙層高さ有効開口部のうち当該限界煙層高さ有効開口部からの距離が30m以内であるもの（以下「他の限界煙層高さ有効開口部」という。）の排煙量の合計のうち最小のもの（当該火災室に設けられた限界煙層高さ有効開口部の種類が同表(2)に掲げるものである場合にあっては、当該火災室に設けられた各限界煙層高さ有効開口部及び他の限界煙層高さ有効開口部の排煙量

の合計のうち最小のもの又は当該火災室に設けられた給気口（当該火災室に設けられた限界煙層高さ有効開口部の開放に伴い開放され又は常時開放状態にある給気口に限る。）の開口面積の合計に550を乗じたもののうち、いずれか小さい数値。以下「当該火災室の排煙量」という。）（単位　㎥／分）

	当該火災室に設けられた限界煙層高さ有効開口部の種類	当該火災室に設けられた各限界煙層高さ有効開口部の排煙量
(1)	限界煙層高さ有効開口部を排煙口とした場合に、当該火災室に設けられた排煙設備が自然排煙関係規定に適合し、かつ、当該火災室の壁の床面からの高さが限界煙層高さ以下の部分に排煙口の開放に連動して自動的に開放され又は常時開放状態にある給気口が設けられたもの（当該火災室に設けられた当該排煙設備以外の排煙設備が機械排煙関係規定に適合する場合を除く。）	$e_{c,room}=186\left(\frac{1.205-\rho_{c,room}}{\rho_{c,room}}\right)^{1/2}\times max\left\{\frac{A_{s(c,room)}\sqrt{h_{s(c,room)}}}{4}, \frac{A_{s(c,room)}\sqrt{H_{c(c,room)}-H_{lim}}}{\sqrt{1+\left(\frac{A_{s}'_{(c,room)}}{A_{a(c,room)}'}\right)^2}}\right\}$
(2)	限界煙層高さ有効開口部を排煙口とした場合に、当該火災室に設けられた排煙設備が機械排煙関係規定に適合し、かつ、当該火災室の壁の床面からの高さが限界煙層高さ以下の部分に排煙口の開放に連動して自動的に開放され又は常時開放状態にある給気口が設けられたもの（当該火災室の煙層上昇温度が260度以上である場合にあっては、排煙口が、厚さが1.5㎜以上の鉄板又は鋼板で造り、かつ、厚さが25㎜以上のロックウールで覆われた風道に直結するものに限る。）（当該火災室に設けられた当該排煙設備以外の排煙設備が自然排煙関係規定に適合する場合を除く。）	$e_{c,room}=min\left\{w_{c,room}, 3.7\times10^4\frac{\Delta T_{c,room}}{\rho_{c,room}(\Delta T_{c,room}+293)^2}(H_{c(c,room)}-H_{lim})w_{c,room}^{3/5}\right\}$
(3)	その他の限界煙層高さ有効開口部	$e_{c,room}=0$

この表において、$e_{c,room}$、$\rho_{c,room}$、$A_{s(c,room)}$、$h_{s(c,room)}$、$H_{c(c,room)}$、H_{lim}、$A'_{s(c,room)}$、$A_{\alpha(c,room)}'$、$w_{c,room}$及び$\Delta T_{c,room}$は、それぞれ次の数値を表すものとする。

$e_{c,room}$　当該火災室に設けられた各限界煙層高さ有効開口部の排煙量（単位　㎥／分）

$\rho_{c,room}$　当該火災室の煙層密度（単位　kg/㎥）

$A_{s(c,room)}$　当該限界煙層高さ有効開口部の開口面積（単位　㎡）

$h_{s(c,room)}$　当該限界煙層高さ有効開口部の上端と下端の垂直距離（単位　m）

$H_{c(c,room)}$　当該火災室の基準点から当該限界煙層高さ有効開口部の中心までの高さ（単位　m）

H_{lim}　限界煙層高さ（単位　m）

$A'_{s(c,room)}$　当該限界煙層高さ有効開口部及び他の限界煙層高さ有効開口部の開口面積の合計（単位　㎡）

$A_{\alpha(c,room)}'$　当該火災室に設けられた給気口（当該限界煙層高さ有効開口部の開放に伴い開放され又は常時開放状態にある給気口に限る。）の開口面積の合計（単位　㎡）

$w_{c,room}$　当該限界煙層高さ有効開口部の排煙機の空気を排出することができる能力（単位　㎥／分）

$\Delta T_{c,room}$　当該火災室の煙層上昇温度（単位　度）

C_d　当該火災室の当該火災室隣接部分に面する壁に設けられた開口部の開口率

A_d　当該火災室の当該火災室隣接部分に面する壁に設けられた開口部の開口面積（単位　㎡）

$A_{\alpha(comp,r)}$　当該火災室隣接部分に設けられた給気口（当該火災室に設けられた限界煙層高さ有効開口部の開放に伴い開放され又は常時開放状態にあるものに限る。）の開口面積の合計（単位　㎡）

$A_{\alpha(c,room)}$　当該火災室に設けられた給気口（当該火災室に設けられた限界煙層高さ有効開口部の開放に伴い開放され又は常時開放状態にあるものに限る。）の開口面積の合計（単位　㎡）

$\Delta T_{c,room}$　当該火災室の煙層上昇温度（単位　度）

$A_{w(comp)}$　当該火災室隣接部分の壁（基準点からの高さが 1.8m 以下の部分を除く。）及び天井の室内に面する部分の表面積（単位　㎡）

$t_{pass(comp)}$　前号ロに規定する区画出口通過時間のうち最大のもの（単位　分）

$t_{d(room)}$　次の式によって計算した当該火災室における漏煙開始時間（単位　分）

$$t_{d(room)}=min\left[\frac{A_{room}(Z_{phase1(comp)}-H_{lim})}{max(V_{s(c,room)}-V_{e(c,room)},0.01)}+\frac{5}{3},t_{m(comp)}\right]$$

この式において、$t_{d(room)}$、A_{room}、$Z_{phase1(comp)}$、H_{lim}、$V_{s(c,room)}$、$V_{e(c,room)}$ 及び $t_{m(comp)}$ は、それぞれ次の数値を表すものとする。

$t_{d(room)}$　当該火災室における漏煙開始時間（単位　分）

A_{room}　当該火災室の床面積（単位　㎡）

$Z_{phase1(comp)}$　次の式によって計算した火災発生後 100 秒間が経過した時における当該火災室の基準点から煙等の下端の位置までの高さ（以下「火災室煙層下端高さ」という。）（単位　m）

$$Z_{phase1(comp)}=max\left[\left\{\frac{26}{\rho_{c,room}A_{room}}+\frac{1}{(H_{room}+h_{room})^{2/3}}\right\}^{-3/2}-h_{room},H_{lim}\right]$$

この式において、$Z_{phase1(comp)}$、$\rho_{c,room}$、A_{room}、H_{room}、h_{room} 及び H_{lim} は、それぞれ次の数値を表すものとする。

$Z_{phase1(comp)}$　火災発生後 100 秒間が経過した時における火災室煙層下端高さ（単位　m）

$\rho_{c,room}$　当該火災室の煙層密度（単位　kg/㎥）

A_{room}　当該火災室の床面積（単位　㎡）

H_{room}　当該火災室の基準点から天井までの高さの平均（単位　m）

h_{room}　当該火災室の床面の最も低い位置から基準点までの高さ（単位　m）

H_{lim}　限界煙層高さ（単位　m）

H_{lim}　限界煙層高さ（単位　m）

$V_{s(c,room)}$　次の式によって計算した当該火災室の煙等発生量（単位　㎥／分）

$$V_{s(c,room)}=\frac{4.2\left(\frac{Q_{c,room}}{3}\right)^{1/3}\{(Z_{phase1(comp)}+h_{room})^{5/3}+(H_{lim}+h_{room})^{5/3}\}}{\rho_{c,room}}$$

この式において、$V_{s(c,room)}$、$Q_{c,room}$、$Z_{phase1(comp)}$、h_{room}、H_{lim} 及び $\rho_{c,room}$ は、それぞれ次の数値を表すものとする。

$V_{s(c,room)}$　当該火災室の煙等発生量（単位　㎥／分）

$Q_{c,room}$　当該火災室における１秒間当たりの発熱量（単位　kW）

$Z_{phase1(comp)}$　火災発生後 100 秒間が経過した時における火災室煙層下端高さ（単位　m）

h_{room}　当該火災室の床面の最も低い位置から基準点までの高さ（単位　m）

H_{lim}　限界煙層高さ（単位　m）

$\rho_{c,room}$　当該火災室の煙層密度（単位　kg/㎥）

$V_{e(c,room)}$　次の式によって計算した当該火災室の有効排煙量（単位　㎥／分）

$$V_{e(c,room)} = min(1.5A_{room}{}^{-0.15},0.8)\times\left(\frac{\overline{H}_{st(room)}-H_{lim}}{H_{top(room)}-H_{lim}}\right)E_{c,room}$$

この式において、$V_{e(c,room)}$、A_{room}、$\overline{H}_{st(room)}$、H_{lim}、$H_{top(room)}$ 及び $E_{c,room}$ は、それぞれ次の数値を表すものとする。

$V_{e(c,room)}$　当該火災室の有効排煙量（単位　㎥／分）

A_{room}　当該火災室の床面積（単位　㎡）

$\overline{H}_{st(room)}$　当該火災室の基準点から当該火災室に設けられた各限界煙層高さ有効開口部の上端までの高さの平均（単位　m）

H_{lim}　限界煙層高さ（単位　m）

$H_{top(room)}$　当該火災室の基準点から天井までの高さのうち最大のもの（単位　m）

$E_{c,room}$　当該火災室の排煙量（単位　㎥／分）

$t_{m(comp)}$ 火災室燃焼抑制時間（単位　分）

H_{comp} 当該火災室隣接部分の基準点から天井までの高さの平均（単位　m）

$V_{s(c,comp)}$ 次の式によって計算した当該火災室隣接部分の煙等発生量（単位　㎥／分）

$$V_{s(c,comp)} = \frac{4.2Q_{c,comp}^{1/3}\ \{(H_{comp} + h_{comp})^{5/3} + (1.8 + h_{comp})^{5/3}\}}{\rho_{c,comp}}$$

この式において、$V_{s(c,comp)}$、$Q_{c,comp}$、H_{comp}、h_{comp} 及び $\rho_{c,comp}$ は、それぞれ次の数値を表すものとする。

$V_{s(c,comp)}$ 当該火災室隣接部分の煙等発生量（単位　㎥／分）

$Q_{c,comp}$ 当該火災室からの噴出熱気流の運搬熱量（単位　kW）

H_{comp} 当該火災室隣接部分の基準点から天井までの高さの平均（単位　m）

h_{comp} 当該火災室隣接部分の床面の最も低い位置から基準点までの高さ（単位　m）

$\rho_{c,comp}$ 次の式によって計算した区画避難完了時間が経過した時における当該火災室隣接部分の煙層密度（以下単に「火災室隣接部分の煙層密度」という。）（単位　kg/㎥）

$$\rho_{c,comp} = \frac{353}{\Delta T_{c,comp} + 293}$$

この式において、$\rho_{c,comp}$ 及び $\Delta T_{c,comp}$ は、それぞれ次の数値を表すものとする。

$\rho_{c,comp}$ 火災室隣接部分の煙層密度（単位　kg/㎥）

$\Delta T_{c,comp}$ 火災室隣接部分の煙層上昇温度（単位　度）

$V_{e(c,comp)}$ 次の式によって計算した当該火災室隣接部分の有効排煙量（単位　㎥／分）

$$V_{e(c,omp)} = min(1.5A_{comp}^{-0.15}, 0.8) \times \left(\frac{\overline{H}_{st(comp)} - 1.8}{H_{top(comp)} - 1.8}\right) E_{c,comp}$$

この式において、$V_{e(c,comp)}$、A_{comp}、$\overline{H}_{st(comp)}$、$H_{top(comp)}$ 及び $E_{c,comp}$ は、それぞれ次の数値を表すものとする。

$V_{e(c,comp)}$ 当該火災室隣接部分の有効排煙量（単位　㎥／分）

A_{comp} 当該火災室隣接部分の床面積（単位　㎡）

$\overline{H}_{st(comp)}$ 当該火災室隣接部分の基準点から当該火災室隣接部分に設けられた各有効開口部の上端までの高さの平均（単位　m）

$H_{top(comp)}$ 当該火災室隣接部分の基準点から天井までの高さのうち最大のもの（単位　m）

$E_{c,comp}$ 当該火災室隣接部分に設けられた有効開口部の種類に応じ、それぞれ次の表に掲げる式によって計算した当該火災室隣接部分に設けられた各有効開口部及び当該有効開口部の開放に伴い開放される当該火災室隣接部分に設けられた他の有効開口部のうち当該有効開口部からの距離が30m以内であるもの（以下「他の有効開口部」という。）の排煙量の合計のうち最小のもの（当該火災室隣接部分に設けられた有効開口部の種類が同表(2)に掲げるものである場合にあっては、当該火災室隣接部分に設けられた各有効開口部及び他の有効開口部の排煙量の合計のうち最小のもの又は当該火災室隣接部分に設けられた給気口（当該火災室隣接部分に設けられた有効開口部の開放に伴い開放され又は常時開放状態にある給気口に限る。）の開口面積の合計に550を乗じたもののうち、いずれか小さい数値）（単位　㎥／分）

	当該火災室隣接部分に設けられた有効開口部の種類	当該火災室隣接部分に設けられた各有効開口部の排煙量
(1)	有効開口部を排煙口とした場合に、当該火災室隣接部分に設けられた排煙設備が自然排煙関係規定に適合し、かつ、当該火災室隣接部分の壁の床面からの高さが1.8m以下の部分に排煙口の開放に連動して自動的に開放され又は常時開放状態にある給気口が設けられたもの（当該火災室隣接部分に設けられた当該排煙設備以外の排煙設備が機械排煙関係規定に適合する場合を除く。）	$e_{c,comp}=186\left(\frac{1.205-\rho_{c,comp}}{\rho_{c,comp}}\right)^{1/2} \times max\left\{\frac{A_{s(c,comp)}\sqrt{h_{s(c,comp)}}}{4}, \frac{A_{s(c,comp)}\sqrt{H_{c(c,comp)}-1.8}}{\sqrt{1+\left(\frac{A_s'{}_{(c,comp)}}{A_{a(c,comp)}}\right)^2}}\right\}$

(2)	有効開口部を排煙口とした場合に、当該火災室隣接部分に設けられた排煙設備が機械排煙関係規定に適合し、かつ、当該火災室隣接部分の壁の床面からの高さが1.8m以下の部分に排煙口の開放に連動して自動的に開放され又は常時開放状態にある給気口が設けられたもの（当該火災室隣接部分に設けられた当該排煙設備以外の排煙設備が自然排煙関係規定に適合する場合を除く。）	$e_{c,comp}=min\left\{w_{c,comp},\ 3.7\times10^{4}\dfrac{\Delta T_{c,comp}}{\rho_{c,comp}(\Delta T_{c,comp}+293)^{2}}(H_{c(c,comp)}-1.8)w_{c,comp}{}^{3/5}\right\}$
(3)	その他の有効開口部	$e_{c,comp}=0$

この表において、$e_{c,comp}$、$\rho_{c,comp}$、$A_{s(c,comp)}$、$h_{s(c,comp)}$、$H_{c(c,comp)}$、$A'_{s(c,comp)}$、$A_{a(c,comp)}$、$w_{c,comp}$及び$\Delta T_{c,comp}$は、それぞれ次の数値を表すものとする。

$e_{c,comp}$　当該火災室隣接部分に設けられた各有効開口部の排煙量（単位　㎥／分）
$\rho_{c,comp}$　火災室隣接部分の煙層密度（単位　kg/㎥）
$A_{s(c,comp)}$　当該有効開口部の開口面積（単位　㎡）
$h_{s(c,comp)}$　当該有効開口部の上端と下端の垂直距離（単位　m）
$H_{c(c,comp)}$　当該火災室隣接部分の基準点から当該有効開口部の中心までの高さ（単位　m）
$A'_{s(c,comp)}$　当該有効開口部及び他の有効開口部の開口面積の合計（単位　㎡）
$A_{a(c,comp)}$　当該火災室隣接部分に設けられた給気口（当該有効開口部の開放に伴い開放され又は常時開放状態にある給気口に限る。）の開口面積の合計（単位　㎡）
$w_{c,comp}$　当該有効開口部の排煙機の空気を排出することができる能力（単位　㎥／分）
$\Delta T_{c,comp}$　火災室隣接部分の煙層上昇温度（単位　度）

A_{comp}　当該火災室隣接部分の床面積（単位　㎡）

ロ　火災室隣接部分以外の部分（ハに掲げる部分を除く。）　イの規定によって計算した各火災室隣接部分の煙層下端高さのうち最小のものに応じ、それぞれ次の表に定める数値（以下「火災室隣接部分以外の部分の煙層下端高さ」という。）（単位　m）

各火災室隣接部分の煙層下端高さのうち最小のもの	火災室隣接部分以外の部分の煙層下端高さ
1.8m 以上である場合	1.8
1.8m 未満である場合	0

ハ　直通階段の付室（当該直通階段の階段室又は当該付室の構造が平成28年国土交通省告示第696号に定める構造方法（同告示第四号に定める構造方法にあっては、送風機が１分間につき90㎥以上の空気を排出することができる能力を有するものに限る。）を用いる構造であるものに限る。）　1.8m

六　令第128条の6第3項第二号ニに規定する避難上支障のある高さは、1.8mとする。

区画部分からの避難に要する時間に基づく区画避難安全検証法に関する算出方法等を定める件

制定：令和２年４月　１日　国土交通省告示第509号
改正：令和３年５月28日　国土交通省告示第474号

建築基準法施行令（昭和25年政令第338号）第128条の６第３項第一号イ、ロ、ニ及びホの規定に基づき、区画部分からの避難に要する時間に基づく区画避難安全検証法に関する算出方法等を次のように定める。

一　建築基準法施行令（以下「令」という。）第128条の６第３項第一号に規定する方法を用いる場合における同号イに規定する当該居室に存する者（当該居室を通らなければ避難することができない者を含む。以下「在室者」という。）の全てが当該居室において火災が発生してから当該居室からの避難を終了するまでに要する時間は、次に掲げる時間を合計して計算するものとする。

イ　次の式によって計算した火災が発生してから在室者が避難を開始するまでに要する時間（以下「居室避難開始時間」という。）（単位　分）

$$t_{start(room)} = \frac{\sqrt{\Sigma A_{area}}}{30}$$

（この式において、$t_{start(room)}$ 及び A_{area} は、それぞれ次の数値を表すものとする。
$t_{start(room)}$　居室避難開始時間（単位　分）
A_{area}　当該居室及び当該居室を通らなければ避難することができない建築物の部分（以下「当該居室等」という。）の各部分の床面積（単位　㎡））

ロ　次の式によって計算した在室者が当該居室等の各部分から当該居室の出口（当該居室から当該区画部分以外の部分等（令第128条の６第２項に規定する当該区画部分以外の部分等をいう。以下同じ。）に通ずる主たる廊下その他の通路に通ずる出口に限る。以下同じ。）の一に達するまでに要する歩行時間のうち最大のもの（単位　分）

$$t_{travel(room),i} = \sum \frac{l_{room}}{v}$$

（この式において、$t_{travel(room),i}$、l_{room} 及び v は、それぞれ次の数値を表すものとする。
$t_{travel(room),i}$　在室者が当該居室等の各部分から当該居室の出口の一に達するまでに要する歩行時間（単位　分）
l_{room}　当該居室等の各部分から当該居室の出口の一に至る歩行距離（単位　m）
v　歩行速度（令和２年国土交通省告示第510号第一号ロに規定するものをいう。以下同じ。）（単位　m／分））

ハ　次の式によって計算した在室者が当該居室の出口を通過するために要する時間（以下「居室出口通過時間」という。）（単位　分）

$$t_{queue(room)} = \frac{\Sigma\, pA_{area}}{\Sigma N_{eff(room)} B_{eff(room)}}$$

（この式において、$t_{queue(room)}$、p、A_{area}、$N_{eff(room)}$ 及び $B_{eff(room)}$ は、それぞれ次の数値を表すものとする。
$t_{queue(room)}$　居室出口通過時間（単位　分）
p　在館者密度（令和２年国土交通省告示第510号第一号ハに規定するものをいう。以下同じ。）（単位　人／㎡）
A_{area}　当該居室等の各部分の床面積（単位　㎡）
$N_{eff(room)}$　当該居室の各出口の幅、当該居室の種類及び当該居室の各出口に面する部分（以下「居室避難経路等の部分」という。）の収容可能人数に応じ、それぞれ次の表に掲げる式によって計算した当該居室の各出口の有効流動係数（単位　人／分・m）

当該居室の各出口の幅	当該居室の種類	居室避難経路等の部分の収容可能人数	当該居室の各出口の有効流動係数

60cm 未満である場合	–		$N_{eff(room)}=0$
その他の場合	地上への出口を有する場合	–	$N_{eff(room)}=90$
	その他の場合	$\sum \frac{A_{co}}{a_{n(room)}} \geqq \sum pA_{load(room)}$ である場合	$N_{eff(room)}=90$
		$\sum \frac{A_{co}}{a_{n(room)}} < \sum pA_{load(room)}$ である場合	$N_{eff(room)}=max\left(\frac{80B_{neck(room)}\Sigma\frac{A_{co}}{a_{n(room)}}}{B_{room}\Sigma pA_{load(room)}}, \frac{80B_{neck(room)}}{B_{load(room)}}\right)$

この表において、$N_{eff(room)}$、A_{co}、$a_{n(room)}$、p、$A_{load(room)}$、$B_{neck(room)}$、B_{room} 及び $B_{load(room)}$ は、それぞれ次の数値を表すものとする。

$N_{eff(room)}$ 当該居室の各出口の有効流動係数（単位　人／分・m）

A_{co} 当該居室避難経路等の部分の各部分（当該部分が階段室である場合にあっては、当該居室の存する階からその直下階までの階段室（当該居室の存する階が地階である場合にあっては当該居室の存する階からその直上階までの階段室、当該居室の存する階が避難階である場合にあっては当該居室の存する階の階段室）に限る。）の床面積（単位　㎡）

$a_{n(room)}$ 令和 2 年国土交通省告示第 510 号第一号ハに規定する必要滞留面積（単位　㎡／人）

p 在館者密度（単位　人／㎡）

$A_{load(room)}$ 当該居室避難経路等の部分を通らなければ避難することができない建築物の各部分（当該居室の存する階にあるものに限る。）の床面積（単位　㎡）

$B_{neck(room)}$ 当該出口の幅又は当該出口の通ずる当該居室避難経路等の部分の出口（当該区画部分以外の部分等に通ずるものに限る。）の幅のうち最小のもの（単位　m）

B_{room} 当該出口の幅（単位　m）

$B_{load(room)}$ 当該出口の通ずる当該居室避難経路等の部分を通らなければ避難することができない建築物の部分（当該居室の存する階にあるものに限る。）の当該出口の通ずる当該居室避難経路等の部分に面する出口の幅の合計（単位　m）

$B_{eff(room)}$ 当該居室の各出口の幅及び火災が発生してから在室者が当該居室の出口の一に達するまでに要する時間に応じ、それぞれ次の表に掲げる式によって計算した当該居室の各出口の有効出口幅（単位　m）

当該居室の各出口の幅	火災が発生してから在室者が当該居室の出口の一に達するまでに要する時間	当該居室の各出口の有効出口幅
当該出口の幅が当該居室の出口の幅のうち最大のものである場合	$t_{reach(room)} \leqq \frac{0.14}{\sqrt{\alpha_f+\alpha_m}}$ である場合	$B_{eff(room)}=B_{room}$
	$t_{reach(room)} > \frac{0.14}{\sqrt{\alpha_f+\alpha_m}}$ である場合	$B_{eff(room)}=max\left(B_{room}-7.2\sqrt{\alpha_f+\alpha_m}\,t_{reach(room)}+1, 0\right)$
その他の場合		$B_{eff(room)}=B_{room}$

この表において、$t_{reach(room)}$、α_f、α_m、$B_{eff(room)}$ 及び B_{room} は、それぞれ次の数値を表すものとする。

$t_{reach(room)}$　次の式によって計算した火災が発生してから在室者が当該居室の出口の一に達するまでに要する時間（単位　分）

$$t_{reach(room)} = t_{start(room)} + t_{travel(room)}$$

この式において、$t_{reach(room)}$、$t_{start(room)}$ 及び $t_{travel(room)}$ は、それぞれ次の数値を表すものとする。

$t_{reach(room)}$ 火災が発生してから在室者が当該居室の出口の一に達するまでに要する時間（単位　分）

$t_{start(room)}$ イに規定する居室避難開始時間（単位　分）

$t_{travel(room)}$ ロに規定する在室者が当該居室等の各部分から当該居室の出口の一に達するまでに要する歩行時間のうち最大のもの（単位　分）

α_f　積載可燃物の火災成長率（令和2年国土交通省告示第510号第一号ハに規定するものをいう。以下同じ。）

α_m　内装材料の火災成長率（令和2年国土交通省告示第510号第一号ハに規定するものをいう。以下同じ。）

$B_{eff(room)}$　当該居室の各出口の有効出口幅（単位　m）

B_{room}　当該出口の幅（単位　m）

二　令第128条の6第3項第一号ロに規定する当該居室において発生した火災により生じた煙又はガス（以下「煙等」という。）が避難上支障のある高さまで降下するために要する時間（以下「居室煙降下時間」という。）は、次の式によって計算するものとする。

$$t_{s(room)} = \frac{A_{room}\,(H_{room} - 1.8)}{max\,(V_{s(room)} - V_{e(room)},\ 0.01)}$$

この式において、$t_{s(room)}$、A_{room}、H_{room}、$V_{s(room)}$ 及び $V_{e(room)}$ は、それぞれ次の数値を表すものとする。

$t_{s(room)}$　居室煙降下時間（単位　分）

A_{room}　当該居室の床面積（単位　㎡）

H_{room}　当該居室の基準点（床面の最も高い位置をいう。以下同じ。）から天井（天井がない場合にあっては屋根。以下同じ。）までの高さの平均（単位　m）

$V_{s(room)}$ 次の式によって計算した当該居室の煙等発生量（単位　㎥／分）

$$V_{s(room)} = 9\{(\alpha_f + \alpha_m)\ A_{room}\}^{1/3}\{H_{low}^{5/3} + (H_{low} - H_{room} + 1.8)^{5/3}\}$$

この式において、$V_{s(room)}$、α_f、α_m、A_{room}、H_{low} 及び H_{room} は、それぞれ次の数値を表すものとする。

$V_{s(room)}$ 当該居室の煙等発生量（単位　㎥／分）

α_f　積載可燃物の火災成長率

α_m　内装材料の火災成長率

A_{room}　当該居室の床面積（単位　㎡）

H_{low}　当該居室の床面の最も低い位置から天井までの高さの平均（単位　m）

H_{room}　当該居室の基準点から天井までの高さの平均（単位　m）

$V_{e(room)}$ 次のイ又はロに掲げる当該居室の区分に応じ、それぞれ当該イ又はロに定める当該居室の有効排煙量（単位　㎥／分）

イ　床面積1,500㎡以内ごとに、天井面から30㎝以上下方に突出した垂れ壁その他これと同等以上に煙の流動を妨げる効力のあるもので、不燃材料で造り、又は覆われたもの（以下「防煙垂れ壁」という。）によって区画された居室（床面から防煙垂れ壁の下端までの高さが1.8m以上である場合に限る。）　次の式によって計算した各防煙区画（防煙垂れ壁で区画された部分をいう。以下この号において同じ。）の有効排煙量のうち最小のもの（単位　㎥／分）

$$V_{e(room),i} = A^*_{(room)}E_{(sc)}$$

この式において、$V_{e(room),i}$、$A^*_{(room)}$ 及び $E_{(sc)}$ は、それぞれ次の数値を表すものとする。

$V_{e(room),i}$ 各防煙区画の有効排煙量（単位　㎥／分）

$A^*_{(room)}$ 当該防煙区画の壁又は天井に設けられた開口部の床面からの高さが1.8m以上の部分（以下「有効開口部」という。）の有無及びその上端の位置に応じ、それぞれ次の表に掲げる式によって計算した当該防煙区画の排煙効果係数

<table>
<tr><th>有効開口部の有無</th><th>有効開口部の上端の位置</th><th>当該防煙区画の排煙効果係数</th></tr>
<tr><td>有効開口部がない場合</td><td>－</td><td>$A^*_{(room)} = 0$</td></tr>
<tr><td rowspan="2">有効開口部がある場合</td><td>$\overline{H_{st(room)}} < H_{w(room)}$ である場合</td><td>$A^*_{(room)} = 0.4\left(\frac{\overline{H_{st(room)}} - 1.8}{H_{top(room)} - 1.8}\right)$</td></tr>
<tr><td>$\overline{H_{st(room)}} \geqq H_{w(room)}$ である場合</td><td>$A^*_{(room)} = 0.4\left(\frac{\overline{H_{st(room)}} - 1.8}{H_{top(room)} - 1.8}\right) + 0.6\left(1 - \frac{A_{sc}}{A_{room}}\right)\left(\frac{\overline{H_{st(room)}} - H_{w(room)}}{\overline{H_{st(room)}} - 1.8}\right)^2$</td></tr>
<tr><td colspan="3">この表において、$A^*_{(room)}$、$\overline{H_{st(room)}}$、$H_{w(room)}$、$H_{top(room)}$、A_{sc} 及び A_{room} は、それぞれ次の数値を表すものとする。
$A^*_{(room)}$ 当該防煙区画の排煙効果係数
$\overline{H_{st(room)}}$ 当該居室の基準点から当該防煙区画に設けられた各有効開口部の上端までの高さの平均（単位　m）
$H_{w(room)}$ 当該居室の基準点から当該防煙区画における防煙垂れ壁の下端までの高さのうち最大のもの（単位　m）
$H_{top(room)}$ 当該居室の基準点から当該防煙区画の天井までの高さのうち最大のもの（単位　m）
A_{sc} 当該防煙区画の床面積（単位　㎡）
A_{room} 当該居室の床面積（単位　㎡）</td></tr>
</table>

$E_{(sc)}$ 当該防煙区画に設けられた有効開口部の種類に応じ、それぞれ次の表に掲げる式によって計算した当該防煙区画に設けられた各有効開口部の排煙量（当該防煙区画に設けられた有効開口部の種類が同表㈠又は㈡に掲げるものである場合にあっては、当該防煙区画に設けられた各有効開口部及び当該有効開口部の開放に伴い開放される当該防煙区画に設けられた他の有効開口部のうち当該有効開口部からの距離が30m以内であるもの（以下このイにおいて「他の有効開口部」という。）の排煙量の合計）のうち最小のもの
（単位　㎥／分）

	当該防煙区画に設けられた有効開口部の種類	当該防煙区画に設けられた各有効開口部の排煙量
㈠	有効開口部を排煙口とした場合に、当該防煙区画に設けられた排煙設備が令第126条の3第1項第二号、第三号（排煙口の壁における位置に係る部分を除く。）、第四号から第六号まで及び第十号から第十二号までの規定（以下「自然排煙関係規定」という。）に適合し、かつ、当該居室の壁の床面からの高さが1.8m以下の部分	$e_{(sc)} = max\left\{19A_{s(sc)}\sqrt{h_{s(sc)}},\ \frac{76A_{s(sc)}\sqrt{H_{c(sc)} - 1.8}}{\sqrt{1 + \left(\frac{A'_{s(sc)}}{A_a}\right)^2}}\right\}$

	に排煙口の開放に連動して自動的に開放され又は常時開放状態にある給気口が設けられたもの（当該居室に設けられた当該排煙設備以外の排煙設備が同項第二号、第三号（排煙口の壁における位置に係る部分を除く。）、第四号から第七号まで、第八号（排煙口の開口面積に係る部分を除く。）、第九号（空気を排出する能力に係る部分を除く。）及び第十号から第十二号までの規定（以下「機械排煙関係規定」という。）に適合する場合を除く。）	
(二)	有効開口部を排煙口とした場合に、当該防煙区画に設けられた排煙設備が機械排煙関係規定に適合し、かつ、当該居室の壁の床面からの高さが1.8m以下の部分に排煙口の開放に連動して自動的に開放され又は常時開放状態にある給気口が設けられたもの（当該居室に設けられた当該排煙設備以外の排煙設備が自然排煙関係規定に適合する場合を除く。）	$e_{(sc)} = min\{w_{(sc)}, 3.9(H_{c(sc)} - 1.8)w_{(sc)}{}^{2/3}\}$
(三)	有効開口部を排煙口とした場合に、当該防煙区画に設けられた排煙設備が平成12年建設省告示第1437号第一号イ、ロ(1)及び(3)、ハ(1)、(2)及び(3)(i)並びにニ又は第二号イ、ロ(1)、(3)及び(5)、ハ(1)(i)、(ii)(イ)及び(2)並びにニの規定に適合するもの	$e_{(sc)} = min\ (s_{(sc)}, 550A_{s(sc)})$
(四)	その他の有効開口部	$e_{(sc)} = 0$

この表において、$e_{(sc)}$、$A_{s(sc)}$、$h_{s(sc)}$、$H_{c(sc)}$、$A'_{s(sc)}$、A_a、$w_{(sc)}$及び$s_{(sc)}$は、それぞれ次の数値を表すものとする。

$e_{(sc)}$ 当該防煙区画に設けられた各有効開口部の排煙量（単位　㎥／分）
$A_{s(sc)}$ 当該有効開口部の開口面積（単位　㎡）
$h_{s(sc)}$ 当該有効開口部の上端と下端の垂直距離（単位　m）
$H_{c(sc)}$ 当該居室の基準点から当該有効開口部の中心までの高さ（単位　m）
$A'_{s(sc)}$ 当該有効開口部及び他の有効開口部の開口面積の合計（単位　㎡）
A_a 当該居室に設けられた給気口（当該有効開口部の開放に伴い開放され又は常時開放状態にある給気口に限る。）の開口面積の合計（単位　㎡）

$w_{(sc)}$　当該有効開口部の排煙機の空気を排出することができる能力（単位　㎥／分）
$s_{(sc)}$　当該防煙区画に係る送風機の当該防煙区画に設けられた有効開口部から空気を排出することができる能力（単位　㎥／分）

ロ　イに掲げる居室以外の居室で床面積が1,500㎡以下のもの　次の式によって計算した当該居室の有効排煙量（単位　㎥／分）

$$V_{e(room)} = 0.4\left(\frac{\overline{H_{st(room)}} - 1.8}{H_{top(room)} - 1.8}\right)E$$

この式において、$V_{e(room)}$、$\overline{H_{st(room)}}$、$H_{top(room)}$及びEは、それぞれ次の数値を表すものとする。

$V_{e(room)}$　当該居室の有効排煙量（単位　㎥／分）
$\overline{H_{st(room)}}$　当該居室の基準点から当該居室に設けられた各有効開口部の上端までの高さの平均（単位　m）
$H_{top(room)}$　当該居室の基準点から天井までの高さのうち最大のもの（単位　m）
E　当該居室に設けられた有効開口部の種類に応じ、それぞれ次の表に掲げる式によって計算した当該居室に設けられた各有効開口部の排煙量（当該居室に設けられた有効開口部の種類が同表(一)又は(二)に掲げるものである場合にあっては、当該居室に設けられた各有効開口部及び当該有効開口部の開放に伴い開放される当該居室に設けられた他の有効開口部のうち当該有効開口部からの距離が30m以内であるもの（以下このロにおいて「他の有効開口部」という。）の排煙量の合計）のうち最小のもの（単位　㎥／分）

	当該居室に設けられた有効開口部の種類	当該居室に設けられた各有効開口部の排煙量
(一)	有効開口部を排煙口とした場合に、当該居室に設けられた排煙設備が自然排煙関係規定に適合し、かつ、当該居室の壁の床面からの高さが1.8m以下の部分に排煙口の開放に連動して自動的に開放され又は常時開放状態にある給気口が設けられたもの（当該居室に設けられた当該排煙設備以外の排煙設備が機械排煙関係規定に適合する場合を除く。）	$e = max\left\{19A_s\sqrt{h_s}, \dfrac{76A_s\sqrt{H_c - 1.8}}{\sqrt{1 + \left(\dfrac{A'_s}{A_a}\right)^2}}\right\}$
(二)	有効開口部を排煙口とした場合に、当該居室に設けられた排煙設備が機械排煙関係規定に適合し、かつ、当該居室の壁の床面からの高さが1.8m以下の部分に排煙口の開放に連動して自動的に開放され又は常時開放状態にある給気口が設けられたもの（当該居室に設けられた当該排煙設備以外の排煙設備が自然排煙関係規定に適合する場合を除く。）	$e = min\{w, 3.9(H_c - 1.8)w^{2/3}\}$
(三)	有効開口部を排煙口とした場合に、当該居室に設けられた排煙設備が平成12年建設省告示第1437号第一号イ、ロ(1)及び(3)、ハ(1)、(2)及び(3)(i)並びにニ又は第二号イ、ロ(1)、(3)及び(5)、ハ(1)(i)、(ii)(イ)及び(2)並びにニの規定に適	$e = min\ (s, 550A_s)$

	合するもの	
(四)	その他の有効開口部	$e = 0$

この表において、e、A_s、h_s、H_c、A'_s、A_a、w 及び s は、それぞれ次の数値を表すものとする。

e　当該居室に設けられた各有効開口部の排煙量（単位　㎥／分）
A_s　当該有効開口部の開口面積（単位　㎡）
h_s　当該有効開口部の上端と下端の垂直距離（単位　m）
H_c　当該居室の基準点から当該有効開口部の中心までの高さ（単位　m）
A'_s　当該有効開口部及び他の有効開口部の開口面積の合計（単位　㎡）
A_a　当該居室に設けられた給気口（当該有効開口部の開放に伴い開放され又は常時開放状態にある給気口に限る。）の開口面積の合計（単位　㎡）
w　当該有効開口部の排煙機の空気を排出することができる能力（単位　㎥／分）
s　当該居室に係る送風機の当該居室に設けられた有効開口部から空気を排出することができる能力（単位　㎥／分）

三　令第128条の6第3項第一号ニに規定する区画部分に存する者の全てが当該火災室で火災が発生してから当該区画部分からの避難を終了するまでに要する時間（以下「区画避難完了時間」という。）は、次に掲げる時間を合計して計算するものとする。

イ　当該区画部分（当該区画部分以外の部分に当該区画部分を通らなければ避難することができない建築物の部分がないものに限り、竪穴部分（令第112条第11項に規定する竪穴部分をいう。）に面する場合にあっては、出入口の部分を除き、当該区画部分と当該竪穴部分とが準耐火構造の壁又は建築基準法（昭和25年法律第201号）第2条第九号の二ロに規定する防火設備で令第112条第19項第二号に規定する構造であるものであって、はめごろし戸であるもので区画されているものに限る。以下同じ。）の用途に応じ、それぞれ次の表に掲げる式によって計算した火災が発生してから区画部分に存する者が避難を開始するまでに要する時間（以下「区画避難開始時間」という。）（単位　分）

当該区画部分の用途	区画避難開始時間
共同住宅、ホテルその他これらに類する用途（病院、診療所及び児童福祉施設等（令第115条の3第一号に規定する児童福祉施設等をいう。以下同じ。）を除く。）	$t_{start(comp)} = \dfrac{\sqrt{\sum A_{area(comp)}}}{30} + 5$
その他の用途（病院、診療所及び児童福祉施設等を除く。）	$t_{start(comp)} = \dfrac{\sqrt{\sum A_{area(comp)}}}{30} + 3$

この表において、$t_{start(comp)}$ 及び $A_{area(comp)}$ は、それぞれ次の数値を表すものとする。
$t_{start(comp)}$　区画避難開始時間（単位　分）
$A_{area(comp)}$　当該区画部分の各部分の床面積（単位　㎡）

ロ　次の式によって計算した区画部分に存する者が当該区画部分の各室の各部分から当該区画部分以外の部分等の一に達するまでに要する歩行時間のうち最大のもの（単位　分）

$$t_{travel(comp),i} = \sum \frac{l_{comp}}{v}$$

この式において、$t_{travel(comp),i}$、l_{comp} 及び v は、それぞれ次の数値を表すものとする。
$t_{travel(comp),i}$　区画部分に存する者が当該区画部分の各室の各部分から当該区画部分以外の部分等の一に達するまでに要する歩行時間（単位　分）
l_{comp}　当該区画部分の各室の各部分から当該区画部分以外の部分等への出口（当該火災室が当該区画部分以外の部分等への出口を有する場合においては、当該火災室の当該区画部分以外の部分等への出口のうち、その幅が最大のものを除く。）の一に至る歩行距離（単位　m）
v　歩行速度（単位　m/分）

ハ　次の式によって計算した区画部分に存する者が当該区画部分から当該区画部分以外の部分等への出

口を通過するために要する時間（単位　分）

$$t_{queue(comp)} = \frac{\Sigma\, pA_{area(comp)}}{\Sigma\, N_{eff(comp)}B_{comp}}$$

この式において、$t_{queue(comp)}$、p、$A_{area(comp)}$、$N_{eff(comp)}$ 及び B_{comp} は、それぞれ次の数値を表すものとする。

$t_{queue(comp)}$　区画部分に存する者が当該区画部分から当該区画部分以外の部分等への出口を通過するために要する時間（単位　分）

p　在館者密度（単位　人／㎡）

$A_{area(comp)}$　当該区画部分の各部分の床面積（単位　㎡）

$N_{eff(comp)}$　当該区画部分から当該区画部分以外の部分等への各出口（当該火災室が当該区画部分以外の部分等への出口を有する場合においては、当該火災室の当該区画部分以外の部分等への出口のうち、その幅が最大のものを除く。以下このハにおいて同じ。）の幅、当該区画部分の種類、当該区画部分から当該区画部分以外の部分等への各出口の種類及び当該区画部分から当該区画部分以外の部分等への各出口の通ずる直通階段の階段室の床面積に応じ、それぞれ次の表に掲げる式によって計算した当該区画部分から当該区画部分以外の部分等への各出口の有効流動係数（単位　人／分・m）

<table>
<tr><th>当該区画部分から当該区画部分以外の部分等への各出口の幅</th><th>当該区画部分の種類</th><th>当該区画部分から当該区画部分以外の部分等への各出口の種類</th><th>当該区画部分から当該区画部分以外の部分等への各出口の通ずる直通階段の階段室の床面積</th><th>当該区画部分から当該区画部分以外の部分等への各出口の有効流動係数</th></tr>
<tr><td>60cm 未満である場合</td><td colspan="3">－</td><td>$N_{eff(comp)} = 0$</td></tr>
<tr><td rowspan="4">その他の場合</td><td rowspan="2">避難階に存する場合</td><td>地上への出口である場合</td><td>－</td><td>$N_{eff(comp)} = 90$</td></tr>
<tr><td>その他の場合</td><td>－</td><td>$N_{eff(comp)} = \frac{90B_{neck(comp)}}{B_{comp}}$</td></tr>
<tr><td colspan="2" rowspan="2">その他の場合</td><td>$\Sigma A_{st} \geqq 0.25\,\Sigma\, pA_{area(comp)}$ である場合</td><td>$N_{eff(room)} = 90$</td></tr>
<tr><td>$\Sigma A_{st} < 0.25\,\Sigma\, pA_{area(comp)}$ である場合</td><td>$N_{eff(comp)} = \frac{320B_{neck(comp)}\,\Sigma A_{st}}{B_{comp}\,\Sigma\, pA_{area(comp)}}$</td></tr>
<tr><td colspan="5">この表において、$N_{eff(comp)}$、$B_{neck(comp)}$、B_{comp}、A_{st}、p 及び $A_{area(comp)}$ は、それぞれ次の数値を表すものとする。
$N_{eff(comp)}$　当該区画部分から当該区画部分以外の部分等への各出口の有効流動係数（単位　人／分・m）
$B_{neck(comp)}$　当該出口の幅、当該出口の通ずる直通階段への出口の幅、当該直通階段の幅又は当該直通階段から地上若しくは避難階への出口の幅（当該区画部分が避難階に存する場合にあっては、当該出口の幅又は当該出口の通ずる地上への出口の幅）のうち最小のもの（単位　m）
B_{comp}　当該出口の幅（単位　m）
A_{st}　当該区画部分から当該区画部分以外の部分等への各出口の通ずる直通階段の当該区画部分の存する階からその直下階（当該区画部分の存する階が地階である場合にあっては、その直上階）までの階段室の床面積（単位　㎡）
p　在館者密度（単位　人／㎡）
$A_{area(comp)}$　当該区画部分の各部分の床面積（単位　㎡）</td></tr>
</table>

B_{comp}　当該出口の幅（単位　m）

四　令第 128 条の 6 第 3 項第一号ホに規定する当該火災室において発生した火災により生じた煙等が、当該区画部分の各居室（当該火災室を除く。）及び当該居室から当該区画部分以外の部分等に通ずる主たる廊下その他の建築物の部分において避難上支障のある高さまで降下するために要する時間は、当該火災室から当該区画部分以外の部分等への出口を有する室に通ずる各経路上にある各室について次の式によって計算した時間（以下「室煙降下時間」という。）の合計のうち最小のものとする。

$$t_{s(comp)} = \frac{A_{room(comp)} \ (H_{room(comp)} - H_{lim})}{max \ (V_{s(comp)} - V_{e(comp)}, 0.01)}$$

この式において、$t_{s(comp)}$、$A_{room(comp)}$、$H_{room(comp)}$、H_{lim}、$V_{s(comp)}$ 及び $V_{e(comp)}$ は、それぞれ次の数値を表すものとする。

$t_{s(comp)}$　室煙降下時間（単位　分）
$A_{room(comp)}$　当該室の床面積（単位　㎡）
$H_{room(comp)}$　当該室の基準点から天井までの高さの平均（単位　m）
H_{lim}　当該室の種類及び当該室の開口部に設けられた防火設備の構造に応じ、それぞれ次の表に定める数値（以下「限界煙層高さ」という。）（単位　m）

当該室の種類	当該室の開口部に設けられた防火設備の構造	限界煙層高さ
当該区画部分以外の部分等への出口を有する室	−	1.8
その他の室	常時閉鎖式の防火設備（建築基準法第2条第九号の二ロに規定する防火設備に限る。以下同じ。）又は随時閉鎖することができ、かつ、煙感知器と連動する自動閉鎖装置を設けた防火設備	当該室の床面から各開口部の上端までの高さのうち最大のものの$\frac{1}{2}$の高さ
	その他の構造	当該室の床面から各開口部の上端までの高さのうち最大のもの

$V_{s(comp)}$　次のイ又はロに掲げる当該室の区分に応じ、それぞれ当該イ又はロに定める当該室の煙等発生量（単位　㎥／分）

イ　火災室　次の式によって計算した当該室の煙等発生量（単位　㎥／分）

$$V_{s(comp)} = 9 \ \{(\alpha_f + \alpha_m) A_{room(comp)}\}^{1/3} \ \{H_{low(comp)}{}^{5/3} + (H_{low(comp)} - H_{room(comp)} + H_{lim})^{5/3}\}$$

この式において、$V_{s(comp)}$、α_f、α_m、$A_{room(comp)}$、$H_{low(comp)}$、$H_{room(comp)}$ 及び H_{lim} は、それぞれ次の数値を表すものとする。

$V_{s(comp)}$　当該室の煙等発生量（単位　㎥／分）
α_f　積載可燃物の火災成長率
α_m　内装材料の火災成長率
$A_{room(comp)}$　当該室の床面積（単位　㎡）
$H_{low(comp)}$　当該室の床面の最も低い位置から天井までの高さの平均（単位　m）
$H_{room(comp)}$　当該室の基準点から天井までの高さの平均（単位　m）
H_{lim}　限界煙層高さ（単位　m）

ロ　火災室以外の室　当該火災室と当該室とを区画する壁（当該室が当該火災室に隣接していない場合にあっては、当該経路（当該火災室から当該室に至る部分に限る。以下このロにおいて同じ。）上にある室の壁（当該経路上にある他の室に面するものであって、開口部が設けられたものに限る。）のうちいずれかの壁。以下このロにおいて同じ。）及び当該壁の開口部の構造に応じ、それぞれ次の表に掲げる式によって計算した当該室の煙等発生量（単位　㎥／分）

当該火災室と当該室とを区画する壁及び当該壁の開口部の構造	当該室の煙等発生量

準耐火構造の壁又は不燃材料で覆われた壁の開口部に令第 112 条第 19 項第二号に規定する構造である防火設備が設けられている場合	$V_{s(comp)} = 0.2A_{op}$
準耐火構造の壁又は不燃材料で覆われた壁の開口部に令第 112 条第 19 項第一号に規定する構造である防火設備が設けられている場合	$V_{s(comp)} = 2A_{op}$
その他の場合	$V_{s(comp)} = max\ (V_{s0} - V_{e(comp),f},\ 0)$

この表において、$V_{s(comp)}$、A_{op}、V_{s0} 及び $V_{e(comp),f}$ は、それぞれ次の数値を表すものとする。

$V_{s(comp)}$　当該室の煙等発生量（単位　㎥ / 分）

A_{op}　当該火災室と当該室とを区画する壁の開口部の面積の合計（単位　㎡）

V_{s0}　イに掲げる式によって計算した当該火災室の煙等発生量（単位　㎥ / 分）

$V_{e(comp),f}$　次の(1)又は(2)に掲げる当該火災室の区分に応じ、それぞれ当該(1)又は(2)に定める当該火災室の有効排煙量（自然排煙関係規定に適合した排煙設備を設け、かつ、当該火災室の壁の床面からの高さが 1.8m 以下の部分に排煙口の開放に連動して自動的に開放され又は常時開放状態にある給気口を設けた場合以外の場合には、0 とする。）（単位　㎥ / 分）

(1)　床面積 1,500㎡以内ごとに、防煙垂れ壁によって区画された火災室（床面から防煙垂れ壁の下端までの高さが限界煙層高さ以上である場合に限る。）　次の式によって計算した各防煙区画（防煙垂れ壁で区画された部分をいう。以下この号において同じ。）の有効排煙量のうち最小のもの（以下「防煙区画有効排煙量」という。）（単位　㎥ / 分）

$$V_{e(comp),i} = A^*_{(comp)} E_{(comp,sc)}$$

この式において、$V_{e(comp),i}$、$A^*_{(comp)}$ 及び $E_{(comp,sc)}$ は、それぞれ次の数値を表すものとする。

$V_{e(comp),i}$　各防煙区画の有効排煙量（単位　㎥ / 分）

$A^*_{(comp)}$　当該防煙区画の壁又は天井に設けられた開口部の床面からの高さが限界煙層高さ以上の部分（以下「限界煙層高さ有効開口部」という。）の有無及びその上端の位置に応じ、それぞれ次の表に掲げる式によって計算した当該防煙区画の排煙効果係数

限界煙層高さ有効開口部の有無	限界煙層高さ有効開口部の上端の位置	当該防煙区画の排煙効果係数
限界煙層高さ有効開口部がない場合	−	$A^*_{(comp)} = 0$
限界煙層高さ有効開口部がある場合	$\overline{H_{st(comp)}} < H_{w(comp)}$ である場合	$A^*_{(comp)} = 0.4\left(\dfrac{\overline{H_{st(comp)}} - H_{lim}}{H_{top(comp)} - H_{lim}}\right)$
	$\overline{H_{st(comp)}} \geqq H_{w(comp)}$ である場合	$A^*_{(comp)} = 0.4\left(\dfrac{\overline{H_{st(comp)}} - H_{lim}}{H_{top(comp)} - H_{lim}}\right) + 0.6\left(1 - \dfrac{A_{sc}}{A_{room(comp)}}\right)\left(\dfrac{\overline{H_{st(comp)}} - H_{w(comp)}}{\overline{H_{st(comp)}} - H_{lim}}\right)^2$

この表において、$A^{*}_{(comp)}$、$\overline{H_{st(comp)}}$、$H_{w(comp)}$、H_{lim}、$H_{top(comp)}$、A_{sc} 及び $A_{room(comp)}$ は、それぞれ次の数値を表すものとする。

$A^{*}_{(comp)}$	当該防煙区画の排煙効果係数
$\overline{H_{st(comp)}}$	当該室の基準点から当該防煙区画に設けられた各限界煙層高さ有効開口部の上端までの高さの平均（単位　m）
$H_{w(comp)}$	当該室の基準点から当該防煙区画における防煙垂れ壁の下端までの高さのうち最大のもの（単位　m）
H_{lim}	限界煙層高さ（単位　m）
$H_{top(comp)}$	当該室の基準点から当該防煙区画の天井までの高さのうち最大のもの（単位　m）
A_{sc}	当該防煙区画の床面積（単位　㎡）
$A_{room(comp)}$	当該室の床面積（単位　㎡）

$E_{(comp,sc)}$　当該防煙区画に設けられた限界煙層高さ有効開口部の種類に応じ、それぞれ次の表に掲げる式によって計算した当該防煙区画に設けられた各限界煙層高さ有効開口部の排煙量（当該防煙区画に設けられた限界煙層高さ有効開口部の種類が同表㈠又は㈡に掲げるものである場合にあっては、当該防煙区画に設けられた各限界煙層高さ有効開口部及び当該限界煙層高さ有効開口部の開放に伴い開放される当該防煙区画に設けられた他の限界煙層高さ有効開口部のうち当該限界煙層高さ有効開口部からの距離が30m以内であるもの（以下この(1)において「他の限界煙層高さ有効開口部」という。）の排煙量の合計）のうち最小のもの（単位　㎥/分）

	当該防煙区画に設けられた限界煙層高さ有効開口部の種類	当該防煙区画に設けられた各限界煙層高さ有効開口部の排煙量
㈠	限界煙層高さ有効開口部を排煙口とした場合に、当該防煙区画に設けられた排煙設備が自然排煙関係規定に適合し、かつ、当該室の壁の床面からの高さが1.8m以下の部分に排煙口の開放に連動して自動的に開放され又は常時開放状態にある給気口が設けられたもの（当該室に設けられた当該排煙設備以外の排煙設備が機械排煙関係規定に適合する場合を除く。）	$e_{(comp,sc)}=max\left\{19A_{s(comp,sc)}\sqrt{h_{s(comp,sc)}},\ \dfrac{76A_{s(comp,sc)}\sqrt{H_{c(comp,sc)}-H_{lim}}}{\sqrt{1+\left(\dfrac{A'_{s(comp,sc)}}{A_{a(comp)}}\right)^{2}}}\right\}$

(二)	限界煙層高さ有効開口部を排煙口とした場合に、当該防煙区画に設けられた排煙設備が機械排煙関係規定に適合し、かつ、当該室の壁の床面からの高さが1.8m 以下の部分に排煙口の開放に連動して自動的に開放され又は常時開放状態にある給気口が設けられたもの（当該室に設けられた当該排煙設備以外の排煙設備が自然排煙関係規定に適合する場合を除く。）	$e_{(comp,sc)} = min\{w_{(comp,sc)}, 3.9(H_{c(comp,sc)} - H_{lim})\, w_{(comp,sc)}{}^{2/3}\}$
(三)	限界煙層高さ有効開口部を排煙口とした場合に、当該防煙区画に設けられた排煙設備が平成12 年建設省告示第 1437 号第一号イ、ロ(1)及び(3)、ハ(1)、(2)及び(3)(i)並びにニ又は第二号イ、ロ(1)、(3)及び(5)、ハ(1)(i)、(ii)(イ)及び(2)並びにニの規定に適合するもの	$e_{(comp,sc)} = min(s_{(comp,sc)}, 550A_{s(comp,sc)})$
(四)	その他の限界煙層高さ有効開口部	$e_{(comp,sc)} = 0$

この表において、$e_{(comp,sc)}$、$A_{s(comp,sc)}$、$h_{s(comp,sc)}$、$H_{c(comp,sc)}$、H_{lim}、$A'_{s(comp,sc)}$、$A_{a(comp)}$、$w_{(comp,sc)}$ 及び $s_{(comp,sc)}$ は、それぞれ次の数値を表すものとする。

$e_{(comp,sc)}$　当該防煙区画に設けられた各限界煙層高さ有効開口部の排煙量（単位　㎥／分）

$A_{s(comp,sc)}$　当該限界煙層高さ有効開口部の開口面積（単位　㎡）

$h_{s(comp,sc)}$　当該限界煙層高さ有効開口部の上端と下端の垂直距離（単位　m）

$H_{c(comp,sc)}$　当該室の基準点から当該限界煙層高さ有効

開口部の中心までの高さ（単位　m）

H_{lim}　限界煙層高さ（単位　m）

$A'_{s(comp,sc)}$　当該限界煙層高さ有効開口部及び他の限界煙層高さ有効開口部の開口面積の合計（単位　㎡）

$A_{a(comp)}$　当該室に設けられた給気口（当該限界煙層高さ有効開口部の開放に伴い開放され又は常時開放状態にある給気口に限る。）の開口面積の合計（単位　㎡）

$w_{(comp,sc)}$　当該限界煙層高さ有効開口部の排煙機の空気を排出することができる能力（単位　㎥／分）

$s_{(comp,sc)}$　当該防煙区画に係る送風機の当該防煙区画に設けられた限界煙層高さ有効開口部から空気を排出することができる能力（単位　㎥／分）

(2)　(1)に掲げる火災室以外の火災室で床面積が1,500㎡以下のもの　次の式によって計算した当該室の有効排煙量（以下「室有効排煙量」という。）（単位　㎥／分）

$$V_{e(comp)} = 0.4\left(\frac{\overline{H_{st(comp)}} - H_{lim}}{H_{top(comp)} - H_{lim}}\right)E_{(comp)}$$

この式において、$V_{e(comp)}$、$\overline{H_{st(comp)}}$、H_{lim}、$H_{top(comp)}$及び$E_{(comp)}$は、それぞれ次の数値を表すものとする。

$V_{e(comp)}$　当該室の有効排煙量（単位　㎥／分）

$\overline{H_{st(comp)}}$　当該室の基準点から当該室に設けられた各限界煙層高さ有効開口部の上端までの高さの平均（単位　m）

H_{lim}　限界煙層高さ（単位　m）

$H_{top(comp)}$　当該室の基準点から天井までの高さのうち最大のもの（単位　m）

$E_{(comp)}$　当該室に設けられた限界煙層高さ有効開口部の種類に応じ、それぞれ次の表に掲げる式によって計算した当該室に設けられた各限界煙層高さ有効開口部の排煙量（当該室に設けられた限界煙層高さ有効開口部の種類が同表(一)又は(二)に掲げるものである場合にあっては、当該室に設けられた各限界煙層高さ有効開口部及び当該限界煙層高さ有効開口部の開放に伴い開放される当該室に設けられた他の限界煙層高さ有効開口部のうち当該限界煙層高さ有効開口部からの距離が30m以内であるもの（以下この(2)において「他の限界煙層高さ有効開口部」という。）の排煙量の合計）のうち最小のもの（単位　㎥／分）

	当該室に設けられた限界煙層高さ有効開口部の種類	当該室に設けられた各限界煙層高さ有効開口部の排煙量
(一)	限界煙層高さ有効開口部を排煙口とした場合に、当該室に設けられた排煙設備が自然排煙関係規定に適合し、かつ、当該室の壁の床面か	$e_{(comp)} = max\left\{19A_{s(comp)}\sqrt{h_{s(comp)}},\ \dfrac{76A_{s(comp)}\sqrt{H_{c(comp)} - H_{lim}}}{\sqrt{1 + \left(\dfrac{A'_{s(comp)}}{A_{a(comp)}}\right)^2}}\right\}$

				らの高さが1.8m以下の部分に排煙口の開放に連動して自動的に開放され又は常時開放状態にある給気口が設けられたもの（当該室に設けられた当該排煙設備以外の排煙設備が機械排煙関係規定に適合する場合を除く。）				
			(二)	限界煙層高さ有効開口部を排煙口とした場合に、当該室に設けられた排煙設備が機械排煙関係規定に適合し、かつ、当該室の壁の床面からの高さが1.8m以下の部分に排煙口の開放に連動して自動的に開放され又は常時開放状態にある給気口が設けられたもの（当該室に設けられた当該排煙設備以外の排煙設備が自然排煙関係規定に適合する場合を除く。）	$e_{(comp)} = min\{w_{(comp)}, 3.9(H_{c(comp)} - H_{lim})\ w_{(comp)}^{2/3}\}$			
			(三)	限界煙層高さ有効開口部を排煙口とした場合に、当該室に設けられた排煙設備が平成12年建設省告示第1437号第一号イ、ロ(1)及び(3)、ハ(1)、(2)及び(3)(i)並びにニ又は第二号イ、ロ(1)、(3)及び(5)、ハ(1)(i)、(ii)(イ)及び(2)並びにニの規定に適合するもの	$e_{(comp)} = min(s_{(comp)}, 550A_{s(comp)})$			

(四)	その他の限界煙層高さ有効開口部	$e_{(comp)} = 0$

この表において、$e_{(comp)}$、$A_{s(comp)}$、$h_{s(comp)}$、$H_{c(comp)}$、H_{lim}、$A'_{s(comp)}$、$A_{a(comp)}$、$w_{(comp)}$ 及び $s_{(comp)}$ は、それぞれ次の数値を表すものとする。

$e_{(comp)}$　当該室に設けられた各限界煙層高さ有効開口部の排煙量（単位　㎥／分）

$A_{s(comp)}$　当該限界煙層高さ有効開口部の開口面積（単位　㎡）

$h_{s(comp)}$　当該限界煙層高さ有効開口部の上端と下端の垂直距離（単位　m）

$H_{c(comp)}$　当該室の基準点から当該限界煙層高さ有効開口部の中心までの高さ（単位　m）

H_{lim}　限界煙層高さ（単位　m）

$A'_{s(comp)}$　当該限界煙層高さ有効開口部及び他の限界煙層高さ有効開口部の開口面積の合計（単位　㎡）

$A_{a(comp)}$　当該室に設けられた給気口（当該限界煙層高さ有効開口部の開放に伴い開放され又は常時開放状態にある給気口に限る。）の開口面積の合計（単位　㎡）

$w_{(comp)}$　当該限界煙層高さ有効開口部の排煙機の空気を排出することができる能力（単位　㎥／分）

$s_{(comp)}$　当該室に係る送風機の当該室に設けられた限界煙層高さ有効開口部から空気を排出することができる能力（単位　㎥／分）

$V_{e(comp)}$ 次のイ又はロに掲げる当該室の区分に応じ、それぞれ当該イ又はロに定める当該室の有効排煙量（単位　㎥／分）

イ　床面積1,500㎡以内ごとに、防煙垂れ壁によって区画された室（床面から防煙垂れ壁の下端までの高さが限界煙層高さ以上である場合に限る。）　防煙区画有効排煙量（単位　㎥／分）

ロ　イに掲げる室以外の室で床面積が1,500㎡以下のもの　室有効排煙量（単位　㎥／分）

火災の発生のおそれの少ない室を定める件

制定：平成12年　5月31日　建設省告示第1440号
改正：令和　2年12月28日　国土交通省告示第1593号

建築基準法施行令（昭和25年政令第338号）第129条第2項〔現行＝第128条の6第2項＝令和元年12月政令第181号により改正〕の規定に基づき、火災の発生のおそれの少ない室を次のように定める。

建築基準法施行令第128条の6第2項に規定する火災の発生のおそれの少ない室は、次の各号のいずれかに該当するもので、壁及び天井（天井がない場合にあっては、屋根）の室内に面する部分の仕上げを準不燃材料でしたものとする。

一　昇降機その他の建築設備の機械室、不燃性の物品を保管する室その他これらに類するもの

二　廊下、階段その他の通路、便所その他これらに類するもの

火災により生じた煙又はガスの高さに基づく階避難安全検証法に関する算出方法等を定める件

制定：令和3年5月28日　国土交通省告示第475号
改正：令和4年5月31日　国土交通省告示第599号

建築基準法施行令（昭和25年政令第338号）第129条第3項第一号イ及びニ並びに第二号イからニまでの規定に基づき、火災により生じた煙又はガスの高さに基づく階避難安全検証法に関する算出方法等を次のように定める。

一　建築基準法施行令（以下「令」という。）第129条第3項第二号に規定する方法を用いる場合における同項第一号イに規定する当該居室に存する者（当該居室を通らなければ避難することができない者を含む。以下「在室者」という。）の全てが当該居室において火災が発生してから当該居室からの避難を終了するまでに要する時間（以下「居室避難完了時間」という。）は、次に掲げる時間を合計して計算するものとする。

イ　当該居室の種類に応じ、それぞれ次の表に掲げる式によって計算した火災が発生してから在室者が避難を開始するまでに要する時間（以下「居室避難開始時間」という。）（単位　分）

	当該居室の種類	居室避難開始時間
(1)	当該居室及び当該居室を通らなければ避難することができない建築物の部分（以下「当該居室等」という。）が病院、診療所（患者の収容施設があるものに限る。）又は児童福祉施設等（令第115条の3第一号に規定する児童福祉施設等をいう。以下同じ。）（通所のみにより利用されるものを除く。）の用途に供するものである場合	$t_{start(room)} = min\left(5\times10^{-3}L_{wall(room)}{}^{6/5}, \dfrac{2\times10^{-3}L_{wall(room)}{}^{6/5}}{\alpha_{room}{}^{1/5}} + t_{0(room)}\right)$
(2)	当該居室を通らなければ避難することができない部分がない場合又は当該居室を通らなければ避難することができない全ての部分が当該居室への出口（幅が60㎝未満であるものを除く。）を有する場合（(1)に掲げるものを除く。）	$t_{start(room)} = min\left(5\times10^{-3}L_{wall(room)}{}^{6/5}, \dfrac{2\times10^{-3}L_{wall(room)}{}^{6/5}}{\alpha_{room}{}^{1/5}} + t_{0(room)}\right)$
(3)	その他の場合	$t_{start(room)} = min\left(5\times10^{-3}L_{wall(room)}{}^{6/5}, \dfrac{2\times10^{-3}L_{wall(room)}{}^{6/5}}{\alpha_{room}{}^{1/5}} + t_{0(room)}\right)+3$

この表において、$t_{start(room)}$、$L_{wall(room)}$、α_{room}及び$t_{0(room)}$は、それぞれ次の数値を表すものとする。

$t_{start(room)}$　居室避難開始時間（単位　分）

$L_{wall(room)}$　当該居室の周長（単位　m）

α_{room}　次の式によって計算した当該居室又は当該居室に隣接する室（当該居室と準耐火構造の壁若しくは準不燃材料で造り、若しくは覆われた壁又は令第112条第12項に規定する10分間防火設備（以下単に「10分間防火設備」という。）で区画されたものを除く。以下同じ。）の火災成長率のうち最大のもの（以下「居室火災成長率」という。）

$$\alpha_{room,i} = \max\ (1.51 \times 10^{-4} q_l,\ 0.0125) \times k_m$$

この式において、$\alpha_{room,i}$、q_l及びk_mは、それぞれ次の数値を表すものとする。

$\alpha_{room,i}$　当該居室又は当該居室に隣接する室の火災成長率

q_l　当該室の種類に応じ、それぞれ次の表に定める積載可燃物の1㎡当たりの発熱量（単位　MJ/㎡）

当該室の種類	積載可燃物の1㎡当たりの発熱量
住宅の居室	720

住宅以外の建築物における寝室（児童福祉施設等の用途に供するものを除く。）又は病室			240
事務室その他これに類するもの			560
会議室その他これに類するもの			160
教室			400
体育館のアリーナその他これに類するもの			80
博物館又は美術館の展示室その他これらに類するもの			240
百貨店又は物品販売業を営む店舗その他これらに類するもの	家具又は書籍の売場その他これらに類するもの		960
	その他の部分		480
飲食店その他の飲食室	簡易な食堂		240
	その他の飲食室		480
劇場、映画館、演芸場、観覧場、公会堂、集会室その他これらに類する用途に供する室	客席部分	固定席の場合	400
		その他の場合	480
	舞台部分		240
自動車車庫又は自動車修理工場	車室その他これに類する部分		240
	車路その他これに類する部分		32
廊下、階段その他の通路			32
玄関ホール、ロビーその他これらに類するもの	劇場、映画館、演芸場、観覧場、公会堂若しくは集会場その他これらに類する用途又は百貨店若しくは物品販売業を営む店舗その他これらに類する用途に供する建築物の玄関ホール、ロビーその他これらに類するもの		160
	その他のもの		80
昇降機その他の建築設備の機械室			160
屋上広場又はバルコニー			80
倉庫その他の物品の保管の用に供する室			2,000
病院又は診療所の診察室又は待合室			240
保育所又は幼保連携型認定こども園の用途に供する室			240
児童福祉施設等（保育所及び幼保連携型認定こども園を除く。）の用途に供する室			400

k_m　当該室の内装仕上げの種類に応じ、それぞれ次の表に定める内装燃焼係数

	当該室の内装仕上げの種類	内装燃焼係数
(1)	壁（床面からの高さが1.2m以下の部分を除く。以下この表において同じ。）及び天井（天井のない場合においては、屋根。以下同じ。）の室内に面する部分（回り縁、窓台その他これらに類する部分を除く。以下この表において同じ。）の仕上げを平成21年国土交通省告示第225号第1第一号に規定する特定不燃材料（平成12年建設省告示第1400号第十六号に規定する建築材料を除く。）でしたもの	1.0

(2)	壁及び天井の室内に面する部分の仕上げを不燃材料でしたもの（(1)に掲げるものを除く。）	1.1
(3)	壁及び天井の室内に面する部分の仕上げを準不燃材料でしたもの（(1)及び(2)に掲げるものを除く。）	1.2
(4)	壁及び天井の室内に面する部分の仕上げを難燃材料でしたもの（(1)から(3)までに掲げるものを除く。）	1.5
(5)	壁の室内に面する部分の仕上げを木材等（平成12年建設省告示第1439号第１第二号に規定する木材等をいう。以下同じ。）でし、かつ、天井の室内に面する部分の仕上げを準不燃材料でしたもの（(1)から(4)までに掲げるものを除く。）	2.0
(6)	壁及び天井の室内に面する部分の仕上げを木材等でしたもの（(1)から(5)までに掲げるものを除く。）	2.2

$t_{0(room)}$　次の式によって計算した当該居室の燃焼拡大補正時間（単位　分）

$$t_{0(room)} = \frac{100 - \left(\dfrac{100}{\alpha_{room}}\right)^{1/2}}{60}$$

この式において、$t_{0(room)}$及びα_{room}は、それぞれ次の数値を表すものとする。
$t_{0(room)}$　当該居室の燃焼拡大補正時間（単位　分）
α_{room}　居室火災成長率

ロ　当該居室等の各部分から当該居室の出口（幅が60cm未満であるものを除き、当該居室から直通階段（避難階又は地上に通ずるものに限り、当該直通階段が令第123条第３項に規定する特別避難階段である場合にあっては、当該直通階段への出口を有する室を同項第二号並びに第三号、第四号、第六号及び第九号（これらの規定中バルコニー又は付室に係る部分に限る。）並びに第十号（バルコニー又は付室から階段室に通ずる出入口に係る部分に限る。）に定める構造としたものに限る。以下同じ。）（当該居室が避難階に存する場合にあっては地上）に通ずる主たる廊下その他の通路に通ずる出口に限る。以下同じ。）を経由して直通階段（当該居室が避難階に存する場合にあっては地上）に至る各経路（避難の用に供するものであって、当該経路上にある各出口の幅が60cm以上であるものに限る。以下このロにおいて「避難経路」という。）ごとに、当該居室等の種類、当該避難経路上にある当該居室の出口に面する部分（以下「居室避難経路等の部分」という。）の収容可能人数及び居室出口滞留時間に応じ、それぞれ次の表に掲げる式によって計算した在室者が当該居室等の各部分から当該居室の出口の一に達し、当該出口を通過するために要する時間（以下「居室出口通過時間」という。）のうち最大のもの（単位　分）

当該居室等の種類		居室避難経路等の部分の収容可能人数	居室出口滞留時間	居室出口通過時間
病院、診療所（患者の収容施設があるものに限る。）又は児童福祉施設等（通所のみにより利用されるものを除く。）の用途に供するもの		$P_{co} \geqq P_{room}$である場合	－	$t_{pass(room),i} = \sum \frac{l_{room}}{v_{crowd}}$
その他のもの	準耐火構造の壁若しくは準不燃材料で造り、若しくは覆われた壁又は10分間防火設備で区画されたもの	－	$t_{crowd(room)} \leqq 3$である場合	$t_{pass(room),i} = max\left(\sum \frac{l_{room}}{v_{crowd}},\ t_{crowd(room)}\right)$
		－	$t_{crowd(room)} > 3$である場合	$t_{pass(room),i} = max\left(\sum \frac{l_{room}}{v_{crowd}},\ t_{crowd(room)}\right)+3$

	その他のもの	–	$t_{crowd(room)} \leqq 1.5$ である場合	$t_{pass(room),i} = max\left(\sum \frac{l_{room}}{v_{crowd}},\ t_{crowd(room)}\right)$
		–	$t_{crowd(room)} > 1.5$ である場合	$t_{pass(room),i} = max\left(\sum \frac{l_{room}}{v_{crowd}},\ t_{crowd(room)}\right)+4.5$

この表において、P_{co}、P_{room}、$t_{pass(room),i}$、l_{room}、v_{crowd} 及び $t_{crowd(room)}$ は、それぞれ次の数値を表すものとする。

P_{co}　次の式によって計算した居室避難経路等の部分の収容可能人数（単位　人）

$$P_{co} = \sum \frac{k_{co}A_{co}}{a_n}$$

この式において、P_{co}、k_{co}、A_{co} 及び a_n は、それぞれ次の数値を表すものとする。

P_{co}　居室避難経路等の部分の収容可能人数（単位　人）

k_{co}　居室避難経路等の部分の各部分の種類に応じ、それぞれ次の表に定める有効滞留面積率

居室避難経路等の部分の各部分の種類	有効滞留面積率
居室	0.5
玄関ホール、ロビーその他これらに類するもの	0.7
廊下その他の通路、階段室又は階段の付室（令第123条第3項第二号から第四号まで、第六号、第九号及び第十号に定める構造であるものに限る。）若しくはバルコニー（同項第三号、第六号、第九号及び第十号に定める構造であるものに限る。）	1.0

A_{co}　居室避難経路等の部分の各部分（当該部分が階段室である場合にあっては、当該居室の存する階からその直下階までの階段室（当該居室の存する階が地階である場合にあっては当該居室の存する階からその直上階までの階段室、当該居室の存する階が避難階である場合にあっては当該居室の存する階の階段室）に限る。）の床面積（単位　㎡）

a_n　居室避難経路等の部分の各部分の用途及び種類に応じ、それぞれ次の表に定める必要滞留面積（単位　㎡／人）

居室避難経路等の部分の各部分の用途	居室避難経路等の部分の各部分の種類	必要滞留面積
病院、診療所（患者の収容施設を有するものに限る。）又は児童福祉施設等（通所のみにより利用されるものを除く。）	–	4.0
児童福祉施設等（通所のみにより利用されるものに限る。）	–	1.0
その他の用途	居室、廊下その他の通路又は玄関ホール、ロビーその他これらに類するもの	0.3
	階段室	0.25
	階段の付室又はバルコニー	0.2

P_{room}　次の式によって計算した在室者のうち当該避難経路上にある当該居室の出口を通って避難する者の数（単位　人）

$$P_{room} = \sum pA_{area(room)} \times \left(\frac{B_{room}}{B_{load(room)}}\right)$$

この式において、P_{room}、p、$A_{area(room)}$、B_{room} 及び $B_{load(room)}$ は、それぞれ次の数値を表すものとする。

P_{room}　在室者のうち当該避難経路上にある当該居室の出口を通って避難する者の数（単位　人）

p　建築物の部分の種類に応じ、それぞれ次の表に定める在館者密度（単位　人／㎡）

建築物の部分の種類		在館者密度
住宅の居室		0.06
住宅以外の建築物における寝室又は病室	固定ベッドの場合	ベッド数を床面積で除した数値
	その他の場合	0.16
事務室、会議室その他これらに類するもの		0.125
教室		0.7
百貨店又は物品販売業を営む店舗その他これらに類するもの	売場の部分	0.5
	売場に附属する通路の部分	0.25
飲食室		0.7
劇場、映画館、演芸場、観覧場、公会堂、集会場その他これらに類する用途に供する居室	固定席の場合	座席数を床面積で除した数値
	その他の場合	1.5
展示室その他これに類するもの		0.5
病院又は診療所の診察室		0.16
病院又は診療所の待合室		0.5
保育所又は幼保連携型認定こども園の用途に供する居室	乳児又は満2歳に満たない幼児を保育する用途に供する場合	0.6
	その他の場合	0.5
児童福祉施設等（保育所及び幼保連携型認定こども園を除く。）の用途に供する居室（寝室を除く。）		0.33

$A_{area(room)}$　当該居室等の各部分の床面積（単位　㎡）
B_{room}　当該避難経路上にある当該居室の出口の幅の合計（単位　m）
$B_{load(room)}$　当該居室の出口の幅の合計（単位　m）

$t_{pass(room),i}$　居室出口通過時間（単位　分）
l_{room}　当該居室等の各部分から当該避難経路上にある当該居室の出口の一に至る歩行距離（単位　m）
v_{crowd}　建築物の部分の用途及び種類並びに避難の方向に応じ、それぞれ次の表に定める滞留時歩行速度（単位　m／分）

建築物の部分の用途	建築物の部分の種類	避難の方向	滞留時歩行速度
劇場、映画館、演芸場、観覧場、公会堂、集会場その他これらに類する用途	階段	上り	9
		下り	12
	その他の部分	－	30
病院、診療所（患者の収容施設があるものに限る。）又は児童福祉施設等（通所のみにより利用されるものを除く。）	寝室（入所する者の使用するものに限る。）又は病室	－	15
	廊下	－	3
	その他の部分（階段を除く。）	－	30
診療所（患者の収容施設を有しないものに	階段	上り	9

限る。）			下り	12
		その他の部分	－	30
児童福祉施設等（通所のみにより利用されるものに限る。）その他これに類する用途	乳児又は満2歳に満たない幼児を保育する場合（当該用途に供する階が3階以下の階である場合に限る。）	階段	下り	2.5
		保育室	－	12
		廊下	－	8
		その他の部分	－	30
	乳児又は満2歳に満たない幼児を保育する場合以外の場合（当該用途に供する階が5階以下の階である場合に限る。）	階段	上り	4.5
			下り	6
		その他の部分	－	15
百貨店、展示場その他これらに類する用途又は共同住宅、ホテルその他これらに類する用途（病院、診療所及び児童福祉施設等を除く。）		階段	上り	9
			下り	12
		その他の部分	－	30
学校（幼保連携型認定こども園を除く。）、事務所その他これらに類する用途		階段	上り	12
			下り	16
		その他の部分	－	39

$t_{crowd(room)}$　当該居室等の用途及び当該避難経路上にある当該居室の出口の幅の合計に応じ、それぞれ次の表に掲げる式によって計算した居室出口滞留時間（単位　分）

当該居室等の用途	当該避難経路上にある当該居室の出口の幅の合計	居室出口滞留時間
児童福祉施設等（通所のみにより利用されるものに限る。）	$90B_{room} \leqq R_{neck(room)}$ である場合	$t_{crowd(room)} = \dfrac{P_{room}}{45B_{room}}$
	$90B_{room} > R_{neck(room)}$ である場合	$t_{crowd(room)} = \dfrac{min(P_{room}, P_{co})}{45B_{room}} + \dfrac{max(P_{room} - P_{co}, 0)}{0.5R_{neck(room)}}$
その他の用途	$90B_{room} \leqq R_{neck(room)}$ である場合	$t_{crowd(room)} = \dfrac{P_{room}}{90B_{room}}$
	$90B_{room} > R_{neck(room)}$ である場合	$t_{crowd(room)} = \dfrac{min(P_{room}, P_{co})}{90B_{room}} + \dfrac{max(P_{room} - P_{co}, 0)}{R_{neck(room)}}$

この表において、B_{room}、$R_{neck(room)}$、$t_{crowd(room)}$、P_{room} 及び P_{co} は、それぞれ次の数値を表すものとする。

B_{room}　当該避難経路上にある当該居室の出口の幅の合計（単位　m）

$R_{neck(room)}$　次の式によって計算した当該避難経路の流動量（単位　人／分）

$$R_{neck(room)} = min\ (90D_{co(room)},\ R_{d(room)},\ R_{st(room)})$$

（この式において、$R_{neck(room)}$、$D_{co(room)}$、$R_{d(room)}$ 及び $R_{st(room)}$ は、それぞれ次の数値を表すものとする。

$R_{neck(room)}$　当該避難経路の流動量（単位　人／分）

$D_{co(room)}$　当該避難経路上の各廊下（当該居室等に設けられた廊下を除く。以下このロにおいて同じ。）の幅のうち最小のもの（単位　m）

$R_{d(room)}$　次の式によって計算した当該避難経路上にある各出口（当該居室等に設けられた出口を除く。以下このロにおいて同じ。）の有効流動量のうち最小のもの（単位　人／分）

$$R_{d(room),i} = B_{d(room)}N_{d(room)}$$

この式において、$R_{d(room),i}$、$B_{d(room)}$ 及び $N_{d(room)}$ は、それぞれ次の数値を表すものとする。

$R_{d(room),i}$　当該避難経路上にある各出口の有効流動量（単位　人／分）
$B_{d(room)}$　当該出口の幅（単位　m）
$N_{d(room)}$　当該出口の種類に応じ、それぞれ次の表に掲げる式によって計算した当該出口の流動係数（単位　人／分・m）

当該出口の種類	当該出口の流動係数
階段又は居室に設けられた出口	$N_{d(room)} = 90$
その他の出口	$N_{d(room)} = min\left\{max\left(150 - \frac{60B_{d(room)}}{D_{co(room)}}, 90\right), 120\right\}$
この表において、$N_{d(room)}$、$B_{d(room)}$ 及び $D_{co(room)}$ は、それぞれ次の数値を表すものとする。 $N_{d(room)}$　当該出口の流動係数（単位　人／分・m） $B_{d(room}$　当該出口の幅（単位　m） $D_{co(room)}$　当該避難経路上の各廊下の幅のうち最小のもの（単位　m）	

$R_{st(room)}$　次の式によって計算した当該避難経路上の各階段（当該居室等に設けられた階段を除く。以下このロにおいて同じ。）又は直通階段の有効流動量のうち最小のもの（単位　人／分）

$$R_{st(room),i} = D_{st(room)}N_{st(room)}$$

この式において、$R_{st(room),i}$、$D_{st(room)}$ 及び $N_{st(room)}$ は、それぞれ次の数値を表すものとする。

$R_{st(room),i}$　当該避難経路上の各階段又は直通階段の有効流動量（単位　人／分）
$D_{st(room)}$　当該階段の幅（単位　m）
$N_{st(room)}$　当該階段の種類、避難の方向及び当該階段の幅に応じ、それぞれ次の表に掲げる式によって計算した当該階段の流動係数（単位　人／分・m）

当該階段の種類	避難の方向	当該階段の幅	当該階段の流動係数
屋内と階段室とが付室を通じて連絡しており、かつ、屋内と付室とが準耐火構造の壁若しくは不燃材料で造り、若しくは覆われた壁若しくは建築基準法（昭和25年法律第201号。以下「法」という。）第2条第九号の二ロに規定する防火設備で令第112条第19項第二号に規定する構造であるもので区画された直通階段又は直通階段以外の階段	下り	$D_{landing(room)} < D_{st(room)}$ である場合	$N_{st(room)} = min\left\{72 - 48\left(1 - \frac{D_{landing(room)}}{D_{st(room)}}\right), 90\frac{D_{landing(room)}}{D_{st(room)}}\right\}$
		$D_{landing(room)} \geqq D_{st(room)}$ である場合	$N_{st(room)} = 72$
	上り	$D_{landing(room)} < D_{st(room)}$ である場合	$N_{st(room)} = min\left\{60 - 36\left(1 - \frac{D_{landing(room)}}{D_{st(room)}}\right), 90\frac{D_{landing(room)}}{D_{st(room)}}\right\}$

		$D_{landing(room)} \geqq D_{st(room)}$ である場合	$N_{st(room)} = 60$
その他の直通階段	下り	$D_{landing(room)} < D_{st(room)}$ である場合	$N_{st(room)} = min\left\{72 - 48\left(1 - \frac{D_{landing(room)}}{D_{st(room)}}\right), 90\frac{D_{landing(room)}}{D_{st(room)}}\right\} \times 0.5^{max(N'-2.0)}$
		$D_{landing(room)} \geqq D_{st(room)}$ である場合	$N_{st(room)} = 72 \times 0.5^{max\ (N'-2.0)}$
	上り	$D_{landing(room)} < D_{st(room)}$ である場合	$N_{st(room)} = min\left\{60 - 36\left(1 - \frac{D_{landing(room)}}{D_{st(room)}}\right), 90\frac{D_{landing(room)}}{D_{st(room)}}\right\} \times 0.5^{max(N'-2.0)}$
		$D_{landing(room)} \geqq D_{st(room)}$ である場合	$N_{st(room)} = 60 \times 0.5^{max\ (N'-2.0)}$

この表において、$D_{landing(room)}$、$D_{st(room)}$、$N_{st(room)}$ 及び N' は、それぞれ次の数値を表すものとする。

$D_{landing(room)}$　当該階段の踊り場の幅（単位　m）
$D_{st(room)}$　当該階段の幅（単位　m）
$N_{st(room)}$　当該階段の流動係数（単位　人 / 分・m）
N'　当該建築物の階数

$t_{crowd(room)}$　居室出口滞留時間（単位　分）
P_{room}　在室者のうち当該避難経路上にある当該居室の出口を通って避難する者の数（単位　人）
P_{co}　居室避難経路等の部分の収容可能人数（単位　人）

二　令第129条第3項第二号イに規定する同項第一号イの規定によって計算した居室避難完了時間が経過した時における当該居室において発生した火災により生じた煙又はガス（以下「煙等」という。）の高さ（当該居室の基準点（床面の最も高い位置をいう。以下同じ。）から煙等の下端の位置までの高さとする。以下「居室煙層下端高さ」という。）は、居室避難完了時間が経過した時における当該居室の煙層上昇温度（以下単に「当該居室の煙層上昇温度」という。）及び居室避難完了時間に応じ、それぞれ次の表に掲げる式によって計算するものとする。

当該居室の煙層上昇温度		居室避難完了時間	居室煙層下端高さ
$\Delta T_{r,room} > 180$ である場合		−	$Z_{room} = 0$
$\Delta T_{r,room} \leqq 180$ である場合	$\Delta T_{r,room} \leqq \sqrt{\frac{500}{3t_{pass(room)}}}$ である場合	−	$Z_{room} = 1.8$

$\Delta T_{r,room} > \sqrt{\dfrac{500}{3t_{pass(room)}}}$ である場合	$t_{escape(room)} \leqq \dfrac{5}{3}$ である場合	$Z_{room} = max\left[\left\{\dfrac{11t_{escape(room)}{}^{5/3}}{\rho_{r,room}A_{room}} + \dfrac{1}{(H_{room}+h_{room})^{2/3}}\right\}^{-3/2} - h_{room}, 0\right]$
	$t_{escape(room)} > \dfrac{5}{3}$ である場合	$Z_{room} = max\left[Z_{phase1(room)} - \dfrac{max(V_{s(r,room)} - V_{e(r,room)}, 0.01) \times \left(t_{escape(room)} - \dfrac{5}{3}\right)}{A_{room}}, 0\right]$

この表において、$\Delta T_{r,room}$、Z_{room}、$t_{pass(room)}$、$t_{escape(room)}$、$\rho_{r,room}$、A_{room}、H_{room}、h_{room}、$Z_{phaze1(room)}$、$V_{s(r,room)}$及び$V_{e(r,room)}$は、それぞれ次の数値を表すものとする。

$\Delta T_{r,room}$　居室避難完了時間に応じ、それぞれ次の表に掲げる式によって計算した当該居室の煙層上昇温度（単位　度）

居室避難完了時間	当該居室の煙層上昇温度
$t_{escape(room)} \leqq t_{m(room)}$ である場合	$\Delta T_{r,room} = min\left\{\dfrac{Q_{r,room}}{0.37Q_{r,room}{}^{1/3} + 0.015A_{w(room)}}, \Delta T_{room(max)}\right\}$
$t_{escape(room)} > t_{m(room)}$ である場合	$\Delta T_{r,room} = \Delta T_{room(max)}$

この表において、$t_{escape(room)}$、$t_{m(room)}$、$\Delta T_{r,room}$、$Q_{r,room}$、$A_{w(room)}$及び$\Delta T_{room(max)}$は、それぞれ次の数値を表すものとする。

$t_{escape(room)}$　前号に規定する居室避難完了時間（単位　分）

$t_{m(room)}$　当該居室又は当該居室に隣接する室の内装仕上げの種類に応じ、それぞれ次の表に掲げる式によって計算した当該居室又は当該居室に隣接する室の燃焼抑制時間のうち最小のもの（単位　分）

	当該居室又は当該居室に隣接する室の内装仕上げの種類	当該居室又は当該居室に隣接する室の燃焼抑制時間
(1)	壁（床面からの高さが1.2m以下の部分を除く。以下この表において同じ。）及び天井の室内に面する部分（回り縁、窓台その他これらに類する部分を除く。以下この表において同じ。）の仕上げを不燃材料でしたもの	$t_{m(room),i} = 20$
(2)	壁及び天井の室内に面する部分の仕上げを準不燃材料でしたもの（(1)に掲げるものを除く。）	$t_{m(room),i} = 10$
(3)	壁及び天井の室内に面する部分の仕上げを難燃材料でしたもの又は壁の室内に面する部分の仕上げを木材等でし、かつ、天井の室内に面する部分の仕上げを準不燃材料でしたもの（(1)及び(2)に掲げるものを除く。）	$t_{m(room),i} = 5$
(4)	壁及び天井の室内に面する部分の仕上げを木材等でしたもの（(1)から(3)までに掲げるものを除く。）	$t_{m(room),i} = \min\left\{t_{0(room)} + \dfrac{1}{60}\left(\dfrac{18H_{room(min)}{}^{5/2}}{\alpha_{room,i}}\right)^{1/2}, 2\right\}$

この表において、$t_{m(room),i}$、$t_{0(room)}$、$H_{room(min)}$及び$\alpha_{room,i}$は、それぞれ次の数値を表すものとする。

$t_{m(room),i}$　当該居室又は当該居室に隣接する室の燃焼抑制時間（単位　分）

$t_{0(room)}$　前号イに規定する当該居室の燃焼拡大補正時間（単位　分）

$H_{room(min)}$　当該室の基準点から天井の最も低い位置までの高さ（単位　m）

$\alpha_{room,i}$　前号イに規定する当該居室又は当該居室に隣接する室の火災成長率

$\Delta T_{r,room}$　当該居室の煙層上昇温度（単位　度）

$Q_{r,room}$　居室避難完了時間に応じ、それぞれ次の表に掲げる式によって計算した当該居室における１秒間当たりの発熱量（単位　kW）

居室避難完了時間	当該居室における１秒間当たりの発熱量
$t_{escape(room)} \leqq \frac{5}{3}$である場合	$Q_{r,room} = 0.01 \ (60t_{escape(room)})^2$
$t_{escape(room)} > \frac{5}{3}$である場合	$Q_{r,room} = \alpha_{room} \ (60t_{escape(room)} - 60t_{0(room)})^2$

この表において、$t_{escape(room)}$、$Q_{r,room}$、α_{room} 及び $t_{0(room)}$ は、それぞれ次の数値を表すものとする。

$t_{escape(room)}$　前号に規定する居室避難完了時間（単位　分）
$Q_{r,room}$　当該居室における１秒間当たりの発熱量（単位　kW）
α_{room}　前号イに規定する居室火災成長率
$t_{0(room)}$　前号イに規定する当該居室の燃焼拡大補正時間（単位　分）

$A_{w(room)}$　当該居室の壁（基準点からの高さが1.8m以下の部分を除く。）及び天井の室内に面する部分の表面積（単位　㎡）
$\Delta T_{room(max)}$　当該室の内装仕上げの種類に応じ、それぞれ次の表に定める最大煙層上昇温度（単位　度）

	当該室の内装仕上げの種類	最大煙層上昇温度
(1)	壁（床面からの高さが1.2m以下の部分を除く。以下この表において同じ。）及び天井の室内に面する部分（回り縁、窓台その他これらに類する部分を除く。以下この表において同じ。）の仕上げを難燃材料でしたもの又は壁の室内に面する部分の仕上げを木材等でし、かつ、天井の室内に面する部分の仕上げを準不燃材料でしたもの	630
(2)	壁及び天井の室内に面する部分の仕上げを木材等でしたもの（(1)に掲げるものを除く。）	945

Z_{room}　居室煙層下端高さ（単位　m）
$t_{pass(room)}$　前号ロに規定する居室出口通過時間のうち最大のもの（単位　分）
$t_{escape(room)}$　前号に規定する居室避難完了時間（単位　分）
$\rho_{r,room}$　次の式によって計算した居室避難完了時間が経過した時における当該居室の煙層密度（以下単に「当該居室の煙層密度」という。）（単位　kg/㎥）

$$\rho_{r,room} = \frac{353}{\Delta T_{r,room} + 293}$$

この式において、$\rho_{r,room}$ 及び $\Delta T_{r,room}$ は、それぞれ次の数値を表すものとする。
$\rho_{r,room}$　当該居室の煙層密度（単位　kg/㎥）
$\Delta T_{r,room}$　当該居室の煙層上昇温度（単位　度）

A_{room}　当該居室の床面積（単位　㎡）
H_{room}　当該居室の基準点から天井までの高さの平均（単位　m）
h_{room}　当該居室の床面の最も低い位置から基準点までの高さ（単位　m）
$Z_{phaze1(room)}$　次の式によって計算した火災発生後100秒間が経過した時における居室煙層下端高さ（単位　m）

$$Z_{phase1(room)} = max\left[\left\{\frac{26}{\rho_{r,room}A_{room}} + \frac{1}{(H_{room}+h_{room})^{2/3}}\right\}^{-3/2} - h_{room}, 0\right]$$

この式において、$Z_{phaze1(room)}$、$\rho_{r,room}$、A_{room}、H_{room} 及び h_{room} は、それぞれ次の数値を表すものとする。
$Z_{phaze1(room)}$　火災発生後100秒間が経過した時における居室煙層下端高さ（単位　m）
$\rho_{r,room}$　当該居室の煙層密度（単位　kg/㎥）
A_{room}　当該居室の床面積（単位　㎡）
H_{room}　当該居室の基準点から天井までの高さの平均（単位　m）
h_{room}　当該居室の床面の最も低い位置から基準点までの高さ（単位　m）

$V_{s(r,room)}$　次の式によって計算した当該居室の煙等発生量（単位　㎥／分）

$$V_{s(r,room)}=\frac{4.2\left(\frac{Q_{r,room}}{3}\right)^{1/3}\{(Z_{phase1(room)}+h_{room})^{5/3}+(h_{room}+1.8)^{5/3}\}}{\rho_{r,room}}$$

この式において、$V_{s(r,room)}$、$Q_{r,room}$、$Z_{phase1(room)}$、h_{room} 及び $\rho_{r,room}$ は、それぞれ次の数値を表すものとする。

$V_{s(r,room)}$　当該居室の煙等発生量（単位　㎥／分）
$Q_{r,room}$　当該居室における１秒間当たりの発熱量（単位　kW）
$Z_{phase1(room)}$　火災発生後 100 秒間が経過した時における居室煙層下端高さ（単位　m）
h_{room}　当該居室の床面の最も低い位置から基準点までの高さ（単位　m）
$\rho_{r,room}$　当該居室の煙層密度（単位　kg/㎥）

$V_{e(r,room)}$　次の式によって計算した当該居室の有効排煙量（単位　㎥／分）

$$V_{e(r,room)}=min(1.5A_{room}^{-0.15},0.8)\times\left(\frac{\overline{H}_{st(room)}-1.8}{H_{top(room)}-1.8}\right)E_{r,room}$$

この式において、$V_{e(r,room)}$、A_{room}、$\overline{H}_{st(room)}$、$H_{top(room)}$ 及び $E_{r,room}$ は、それぞれ次の数値を表すものとする。

$V_{e(r,room)}$　当該居室の有効排煙量（単位　㎥／分）
A_{room}　当該居室の床面積（単位　㎡）
$\overline{H}_{st(room)}$　当該居室の基準点から当該居室に設けられた各有効開口部（壁又は天井に設けられた開口部の床面からの高さが 1.8m 以上の部分をいう。以下同じ。）の上端までの高さの平均（単位　m）
$H_{top(room)}$　当該居室の基準点から天井までの高さのうち最大のもの（単位　m）
$E_{r,room}$　当該居室に設けられた有効開口部の種類に応じ、それぞれ次の表に掲げる式によって計算した当該居室に設けられた各有効開口部及び当該有効開口部の開放に伴い開放される当該居室に設けられた他の有効開口部のうち当該有効開口部からの距離が 30m 以内であるもの（以下この号において「他の有効開口部」という。）の排煙量の合計のうち最小のもの（当該居室に設けられた有効開口部の種類が同表(2)に掲げるものである場合にあっては、当該居室に設けられた各有効開口部及び他の有効開口部の排煙量の合計のうち最小のもの又は当該居室に設けられた給気口（当該居室に設けられた有効開口部の開放に伴い開放され又は常時開放状態にある給気口に限る。）の開口面積の合計に 550 を乗じたもののうち、いずれか小さい数値）（単位　㎥／分）

	当該居室に設けられた有効開口部の種類	当該居室に設けられた各有効開口部の排煙量
(1)	有効開口部を排煙口とした場合に、当該居室に設けられた排煙設備が令第 126 条の３第１項第二号、第三号（排煙口の壁における位置に係る部分を除く。）、第四号から第六号まで及び第十号から第十二号までの規定（以下「自然排煙関係規定」という。）に適合し、かつ、当該居室の壁の床面からの高さが 1.8m 以下の部分に排煙口の開放に連動して自動的に開放され又は常時開放状態にある給気口が設けられたもの（当該居室に設けられた当該排煙設備以外の排煙設備が同項第二号、第三号（排煙口の壁における位置に係る部分を除く。）、第四号から第七号まで、第八号（排煙口の開口面積に係る部分を除く。）、第九号（空気を排出する能力に係る部分を除く。）及び第十号から第十二号までの規定（以下	$e_{r,room}=186\left(\frac{1.205-\rho_{r,room}}{\rho_{r,room}}\right)^{1/2}\times max\left\{\frac{A_{s(room)}\sqrt{h_{s(room)}}}{4},\frac{A_{s(room)}\sqrt{H_{c(room)}-1.8}}{\sqrt{1+\left(\frac{A_{s}'_{(room)}}{A_{a(room)}}\right)^{2}}}\right\}$

	「機械排煙関係規定」という。）に適合する場合を除く。）	
(2)	有効開口部を排煙口とした場合に、当該居室に設けられた排煙設備が機械排煙関係規定に適合し、かつ、当該居室の壁の床面からの高さが1.8m以下の部分に排煙口の開放に連動して自動的に開放され又は常時開放状態にある給気口が設けられたもの（当該居室に設けられた当該排煙設備以外の排煙設備が自然排煙関係規定に適合する場合を除く。）	$e_{r,room}=min\left\{w_{room}, 3.7\times10^4 \frac{\Delta T_{r,room}}{\rho_{r,room}(\Delta T_{r,room}+293)^2}(H_{c(room)}-1.8)w_{room}{}^{3/5}\right\}$
(3)	その他の有効開口部	$e_{r,room}=0$

この表において、$e_{r,room}$、$\rho_{r,room}$、$A_{s(room)}$、$h_{s(room)}$、$H_{c(room)}$、$A'_{s(room)}$、$A_{\alpha(room)}$、w_{room} 及び $\Delta T_{r,room}$ は、それぞれ次の数値を表すものとする。

$e_{r,room}$　当該居室に設けられた各有効開口部の排煙量（単位　㎥／分）
$\rho_{r,room}$　当該居室の煙層密度（単位　kg/㎥）
$A_{s(room)}$　当該有効開口部の開口面積（単位　㎡）
$h_{s(room)}$　当該有効開口部の上端と下端の垂直距離（単位　m）
$H_{c(room)}$　当該居室の基準点から当該有効開口部の中心までの高さ（単位　m）
$A'_{s(room)}$　当該有効開口部及び他の有効開口部の開口面積の合計（単位　㎡）
$A_{\alpha(room)}$　当該居室に設けられた給気口（当該有効開口部の開放に伴い開放され又は常時開放状態にある給気口に限る。）の開口面積の合計（単位　㎡）
w_{room}　当該有効開口部の排煙機の空気を排出することができる能力（単位　㎥／分）
$\Delta T_{r,room}$　当該居室の煙層上昇温度（単位　度）

三　令第129条第3項第二号ロに規定する避難上支障のある高さは、1.8mとする。

四　令第129条第3項第二号に規定する方法を用いる場合における同項第一号ニに規定する階に存する者の全てが当該火災室で火災が発生してから当該階からの避難を終了するまでに要する時間（以下「階避難完了時間」という。）は、次に掲げる時間を合計して計算するものとする。

イ　当該階の各室及び当該階を通らなければ避難することができない建築物の部分（以下「当該階の各室等」という。）の用途に応じ、それぞれ次の表に掲げる式によって計算した火災が発生してから階に存する者が避難を開始するまでに要する時間（以下「階避難開始時間」という。）（単位　分）

当該階の各室等の用途	階避難開始時間
病院、診療所（患者の収容施設があるものに限る。）又は児童福祉施設等（通所のみにより利用されるものを除く。）	$t_{start(floor)}=min\left(5\times10^{-3}L_{wall(floor)}{}^{6/5}, \frac{2\times10^{-3}L_{wall(floor)}{}^{6/5}}{\alpha_{floor}{}^{1/5}}+t_{0(floor)}\right)$
共同住宅、ホテルその他これらに類する用途（病院、診療所及び児童福祉施設等を除く。）	$t_{start(floor)}=min\left(5\times10^{-3}L_{wall(floor)}{}^{6/5}, \frac{2\times10^{-3}L_{wall(floor)}{}^{6/5}}{\alpha_{floor}{}^{1/5}}+t_{0(floor)}\right)+5$
その他の用途	$t_{start(floor)}=min\left(5\times10^{-3}L_{wall(floor)}{}^{6/5}, \frac{2\times10^{-3}L_{wall(floor)}{}^{6/5}}{\alpha_{floor}{}^{1/5}}+t_{0(floor)}\right)+3$

この表において、$t_{start(floor)}$、$L_{wall(floor)}$、α_{floor} 及び $t_{0(floor)}$ は、それぞれ次の数値を表すものとする。

$t_{start(floor)}$　階避難開始時間（単位　分）
$L_{wall(floor)}$　当該火災室の周長（単位　m）
α_{floor}　次の式によって計算した当該火災室又は当該火災室に隣接する室（当該火災室と準耐火構造の壁若しくは準不燃材料で造り、若しくは覆われた壁又は10分間防火設備で区画されたものを除く。以下同じ。）の火災成長率のうち最大のもの（以下「火災室火災成長率」という。）

$$\alpha_{floor,i} = max\{5.8\times10^{-4}\ (0.26q_l^{1/3} - \phi_{sp})\ q_l^{2/3},\ 0.0125\} \times k_m$$

この式において、$\alpha_{floor,i}$、q_l、ϕ_{sp}及びk_mは、それぞれ次の数値を表すものとする。

$\alpha_{floor,i}$　当該火災室又は当該火災室に隣接する室の火災成長率

q_l　第一号イに規定する積載可燃物の1㎡当たりの発熱量（単位　MJ/㎡）

ϕ_{sp}　当該室の種類に応じ、それぞれ次の表に定める燃焼表面積低減率

当該室の種類	燃焼表面積低減率
天井の高さが3.5m以下であり、かつ、天井の室内に面する部分（回り縁、窓台その他これらに類する部分を除く。）の仕上げを準不燃材料でした室（スプリンクラー設備（水源として、水道の用に供する水管を当該スプリンクラー設備に連結したものを除く。以下同じ。）、水噴霧消火設備、泡消火設備その他これらに類するもので自動式のもの（以下「スプリンクラー設備等」という。）が設けられたものに限る。）	0.5
その他の室	0

k_m　第一号イに規定する内装燃焼係数

$t_{0(floor)}$　次の式によって計算した当該火災室の燃焼拡大補正時間（単位　分）

$$t_{0(floor)} = \frac{100 - \left(\dfrac{100}{\alpha_{floor}}\right)^{1/2}}{60}$$

この式において、$t_{0(floor)}$及びα_{floor}は、それぞれ次の数値を表すものとする。

$t_{0(floor)}$　当該火災室の燃焼拡大補正時間（単位　分）

α_{floor}　火災室火災成長率

ロ　当該階の各室等の各部分から直通階段（当該階が避難階以外の階で病院、診療所（患者の収容施設を有するものに限る。）又は児童福祉施設等（通所のみにより利用されるものを除く。）の用途に供するものである場合にあっては、令第123条第３項第一号から第十一号までに定める構造とした直通階段に限り、当該階が避難階である場合にあっては地上とする。以下このロにおいて同じ。）に至る各経路（避難の用に供するものであって、当該経路上にある各出口の幅が60㎝以上であるものに限り、当該室が当該火災室又は当該火災室（居室であるものに限る。）を通らなければ避難することができない部分である場合以外の場合にあっては、当該火災室を経由するものを除く。以下このロにおいて「避難経路」という。）ごとに、当該階の各室等の用途、当該階の種類、当該直通階段の種類及び階出口滞留時間に応じ、それぞれ次の表に掲げる式によって計算した階に存する者が当該階の各室等の各部分から当該階から直通階段への出口（幅が60㎝未満であるものを除く。以下同じ。）の一に達し、当該出口を通過するために要する時間（以下「階出口通過時間」という。）のうち最大のもの（単位　分）

当該階の各室等の用途	当該階の種類	当該直通階段の種類	階出口滞留時間	階出口通過時間
病院、診療所（患者の収容施設があるものに限る。）又は児童福祉施設等（通所のみにより利用されるものを除	避難階	−	−	$t_{pass(floor),i} = \sum \frac{l_{floor}}{v_{crowd}}$
	避難階以外の階（当該階に設けられた直通階段の階段室と屋内とを連絡するバルコニー又	−	−	$t_{pass(floor),i} = \sum \frac{l_{floor}}{v_{crowd}}$

く。）	は付室の床面積（バルコニーで床面積がないものにあっては、床部分の面積）の合計が当該階にあるベッドの数に4を乗じた数値以上であるものに限る。）			
その他の用途	避難階	−	$t_{crowd(floor)} \leqq 3$ である場合	$t_{pass(floor),i} = max\left(\sum \frac{l_{floor}}{v_{crowd}},\ t_{crowd(floor)}\right)$
			$t_{crowd(floor)} > 3$ である場合	$t_{pass(floor),i} = max\left(\sum \frac{l_{floor}}{v_{crowd}},\ t_{crowd(floor)}\right)$ $+ 3 \times max\ (1, N'-2)$
	避難階以外の階	屋内と階段室とが付室を通じて連絡しており、かつ、屋内と付室とが準耐火構造の壁又は法第2条第九号の二ロに規定する防火設備（令第112条第十九項第二号に規定する構造であるものに限る。）で区画された直通階段	$t_{crowd(floor)} \leqq 6$ である場合	$t_{pass(floor),i} = max\left(\sum \frac{l_{floor}}{v_{crowd}},\ t_{crowd(floor)}\right)$
			$t_{crowd(floor)} > 6$ である場合	$t_{pass(floor),i} = max\left(\sum \frac{l_{floor}}{v_{crowd}},\ t_{crowd(floor)}\right)$ $+ 3 \times max\ (1, N'-2)$
		その他の直通階段	$t_{crowd(floor)} \leqq 3$ である場合	$t_{pass(floor),i} = max\left(\sum \frac{l_{floor}}{v_{crowd}},\ t_{crowd(floor)}\right)$
			$t_{crowd(floor)} > 3$ である場合	$t_{pass(floor),i} = max\left(\sum \frac{l_{floor}}{v_{crowd}},\ t_{crowd(floor)}\right)$ $+ 3 \times max\ (1, N'-2)$

この表において、$t_{pass(floor),t}$、l_{floor}、v_{crowd}、$t_{crowd(floor)}$ 及び N' は、それぞれ次の数値を表すものとする。

$t_{pass(floor),t}$　階出口通過時間（単位　分）

l_{floor}　当該階の各室等の各部分から当該避難経路上にある当該階から直通階段への出口の一に至る歩行距離（単位　m）

v_{crowd}　第一号ロに規定する滞留時歩行速度（単位　m/ 分）

$t_{crowd(floor)}$　当該階の各室等の用途及び当該避難経路上にある当該階から直通階段への出口の幅の合計に応じ、それぞれ次の表に掲げる式によって計算した階出口滞留時間（単位　分）

当該階の各室等の用途	当該避難経路上にある当該階から直通階段への出口の幅の合計	階出口滞留時間
児童福祉施設等（通所のみにより利用されるものに限る。）	$90B_{floor} \leqq R_{st(floor)}$ である場合	$t_{crowd(floor)} = \frac{P_{floor}}{45B_{floor}}$
	$90B_{floor} > R_{st(floor)}$ である場合	$t_{crowd(floor)} = \frac{P_{floor}}{0.5R_{st(floor)}}$
その他の用途	$90B_{floor} \leqq R_{st(floor)}$ である場合	$t_{crowd(floor)} = \frac{P_{floor}}{90B_{floor}}$
	$90B_{floor} > R_{st(floor)}$ である場合	$t_{crowd(floor)} = \frac{P_{floor}}{R_{st(floor)}}$

この表において、B_{floor}、$R_{st(floor)}$、$t_{crowd(floor)}$ 及び P_{floor} は、それぞれ次の数値を表すものとする。

B_{floor}　当該避難経路上にある当該階から直通階段への出口の幅の合計（単位　m）

$R_{st(floor)}$　次の式によって計算した当該避難経路上の直通階段の有効流動量（単位　人／分）

$$R_{st(floor)} = D_{st(floor)}N_{st(floor)}$$

この式において、$R_{st(floor)}$、$D_{st(floor)}$ 及び $N_{st(floor)}$ は、それぞれ次の数値を表すものとする。

$R_{st(floor)}$　当該避難経路上の直通階段の有効流動量（単位　人／分）

$D_{st(floor)}$　当該直通階段の幅（単位　m）

$N_{st(floor)}$　当該直通階段の種類、避難の方向及び当該直通階段の幅に応じ、それぞれ次の表に掲げる式によって計算した当該直通階段の流動係数（単位　人／分・m）

当該直通階段の種類	避難の方向	当該直通階段の幅	当該直通階段の流動係数
屋内と階段室とが付室を通じて連絡しており、かつ、屋内と付室とが準耐火構造の壁若しくは不燃材料で造り、若しくは覆われた壁又は法第２条第九号の二ロに規定する防火設備で令第112条第19項第二号に規定する構造であるもので区画された直通階段	下り	$D_{landing(floor)} < D_{st(floor)}$ である場合	$N_{st(floor)} = min\left\{72 - 48\left(1 - \frac{D_{landing(floor)}}{D_{st(floor)}}\right), 90\frac{D_{landing(floor)}}{D_{st(floor)}}\right\}$
		$D_{landing(floor)} \geqq D_{st(floor)}$ である場合	$N_{st(floor)} = 72$
	上り	$D_{landing(floor)} < D_{st(floor)}$ である場合	$N_{st(floor)} = min\left\{60 - 36\left(1 - \frac{D_{landing(floor)}}{D_{st(floor)}}\right), 90\frac{D_{landing(floor)}}{D_{st(floor)}}\right\}$
		$D_{landing(floor)} \geqq D_{st(floor)}$ である場合	$N_{st(floor)} = 60$
その他の直通階段	下り	$D_{landing(floor)} < D_{st(floor)}$ である場合	$N_{st(floor)} = min\left\{72 - 48\left(1 - \frac{D_{landing(floor)}}{D_{st(floor)}}\right), 90\frac{D_{landing(floor)}}{D_{st(floor)}}\right\} \times 0.5^{max(N' - 2.0)}$
		$D_{landing(floor)} \geqq D_{st(floor)}$ である場合	$N_{st(floor)} = 72 \times 0.5^{max(N' - 2.0)}$

上り	$D_{landing(floor)} < D_{st(floor)}$ である場合	$N_{st(floor)} = min\left\{60 - 36\left(1 - \frac{D_{landing(floor)}}{D_{st(floor)}}\right), 90\frac{D_{landing(floor)}}{D_{st(floor)}}\right\} \times 0.5^{max(N'-2.0)}$
	$D_{landing(floor)} \geqq D_{st(floor)}$ である場合	$N_{st(floor)} = 60 \times 0.5^{max\ (N'-2.0)}$

この表において、$D_{landing(floor)}$、$D_{st(floor)}$、$N_{st(floor)}$ 及び N' は、それぞれ次の数値を表すものとする。

$D_{landing(floor)}$ 当該直通階段の踊り場の幅（単位　m）
$D_{st(floor)}$ 当該直通階段の幅（単位　m）
$N_{st(floor)}$ 当該直通階段の流動係数（単位　人／分・m）
N' 当該建築物の階数

$t_{crowd(floor)}$ 階出口滞留時間（単位　分）
P_{floor} 次の式によって計算した当該階に存する者のうち当該避難経路上にある当該階から直通階段への出口を通って避難する者の数（単位　人）

$$P_{floor} = \Sigma\ pA_{area(floor)} \times \left(\frac{B_{floor}}{B_{load(floor)}}\right)$$

この式において、P_{floor}、p、$A_{area(floor)}$、B_{floor} 及び $B_{load(floor)}$ は、それぞれ次の数値を表すものとする。

P_{floor} 当該階に存する者のうち当該避難経路上にある当該階から直通階段への出口を通って避難する者の数（単位　人）
p 第一号ロに規定する在館者密度（単位　人／㎡）
$A_{area(floor)}$ 当該階の各室等の各部分の床面積（単位　㎡）
B_{floor} 当該避難経路上にある当該階から直通階段への出口の幅の合計（単位　m）
$B_{load(floor)}$ 当該階から直通階段への出口の幅の合計（単位　m）

N' 当該建築物の階数

五　令第129条第3項第二号ハに規定する同項第一号ニの規定によって計算した階避難完了時間が経過した時における当該火災室において発生した火災により生じた煙等の当該階の各居室（当該火災室を除く。以下この号において同じ。）及び当該居室から直通階段（当該居室が避難階に存する場合にあっては地上）に通ずる主たる廊下その他の建築物の部分における高さ（当該室の基準点から煙等の下端の位置までの高さとする。）は、次のイからハまでに掲げる建築物の部分の区分に応じ、それぞれ当該イからハまでに定める数値とする。

イ　当該火災室に面する部分（当該火災室（居室であるものに限る。）を通らなければ避難することができない部分及びハに掲げる部分を除く。以下「火災室隣接部分」という。）　階避難完了時間、階避難完了時間が経過した時における当該火災室隣接部分の煙層上昇温度（以下単に「火災室隣接部分の煙層上昇温度」という。）及び当該火災室における漏煙開始時間に応じ、それぞれ次の表に掲げる式によって計算した数値（以下「火災室隣接部分の煙層下端高さ」という。）（単位　m）

階避難完了時間	火災室隣接部分の煙層上昇温度	当該火災室における漏煙開始時間	火災室隣接部分の煙層下端高さ
$t_{escape(floor)} > 10$ である場合	−		$Z_{floor} = 0$
$t_{escape(floor)} \leqq 10$ である場合	$\Delta T_{f,floor} > 180$ である場合	−	$Z_{floor} = 0$

	$\Delta T_{f,floor} \leqq 180$ である場合	$\Delta T_{f,floor} \leqq \sqrt{\frac{500}{3t_{pass(floor)}}}$ である場合	－	$Z_{floor} = 1.8$
		$\Delta T_{f,floor} > \sqrt{\frac{500}{3t_{pass(floor)}}}$ である場合	$t_{escape(floor)} \leqq t_{d(room)}$ である場合	$Z_{floor} = H_{floor}$
			$t_{escape(floor)} > t_{d(room)}$ である場合	$Z_{floor}=max\left[H_{floor}-\frac{max(V_{s(f,floor)}-V_{e(f,floor)},0.01)\times\left(t_{escape(floor)}-t_{d(room)}\right)}{A_{floor}},0\right]$

この表において、$t_{escape(floor)}$、Z_{floor}、$\Delta T_{f,floor}$、$t_{pass(floor)}$、$t_{d(room)}$、H_{floor}、$V_{s(f,floor)}$、$V_{e(f,floor)}$ 及び A_{floor} は、それぞれ次の数値を表すものとする。

$t_{escape(floor)}$ 前号に規定する階避難完了時間（単位　分）

Z_{floor} 火災室隣接部分の煙層下端高さ（単位　m）

$\Delta T_{f,floor}$ 次の式によって計算した火災室隣接部分の煙層上昇温度（単位　度）

$$\Delta T_{f,floor} = \frac{Q_{f,floor}}{0.37Q_{f,floor}{}^{1/3}+0.015A_{w(floor)}}$$

この式において、$\Delta T_{f,floor}$、$Q_{f,floor}$ 及び $A_{w(floor)}$ は、それぞれ次の数値を表すものとする。

$\Delta T_{f,floor}$ 火災室隣接部分の煙層上昇温度（単位　度）

$Q_{f,floor}$ 次の式によって計算した当該火災室からの噴出熱気流の運搬熱量（単位　kW）

$$Q_{f,floor} = max\left\{m_d - \frac{0.005\rho_{f,room}E_{f,room}\times min(\Sigma C_dA_d, A_{\alpha(floor,r)})}{min(\Sigma C_dA_d, A_{\alpha(floor,r)})+A_{\alpha(f,room)}}, 0\right\}\times\Delta T_{f,room}$$

この式において、$Q_{f,floor}$、m_d、$\rho_{f,room}$、$E_{f,room}$、C_d、A_d、$A_{\alpha(floor,r)}$、$A_{\alpha(f,room)}$ 及び $\Delta T_{f,room}$ は、それぞれ次の数値を表すものとする。

$Q_{f,floor}$ 当該火災室からの噴出熱気流の運搬熱量（単位　kW）

m_d 次に掲げる式によって計算した当該火災室からの噴出熱気流の質量流量（単位　kg/ 秒）

$$m_d = 0.5H_{d(max)}{}^{1/2}\ \Sigma\ C_dA_d + 0.5\ \Sigma\ C_wB_wH_w{}^{3/2}$$

この式において、m_d、$H_{d(max)}$、C_d、A_d、C_w、B_w 及び H_w は、それぞれ次の数値を表すものとする。

m_d 当該火災室からの噴出熱気流の質量流量（単位　kg/ 秒）

$H_{d(max)}$ 当該火災室の当該火災室隣接部分に面する壁に設けられた各開口部の下端のうち最も低い位置から当該各開口部の上端のうち最も高い位置までの高さ（単位　m）

C_d 当該火災室の当該火災室隣接部分に面する壁に設けられた開口部の種類に応じ、それぞれ次の表に定める当該火災室の当該火災室隣接部分に面する壁に設けられた開口部の開口率

当該火災室の当該火災室隣接部分に面する壁に設けられた開口部の種類		当該火災室の当該火災室隣接部分に面する壁に設けられた開口部の開口率
法第２条第九号の二ロに規定する防火設備が設けられたもの	令第112条第19項第一号に規定する構造である防火設備（同項第二号に規定する構造であるものを除く。）が設けられたもの	0.01

	令第112条第19項第二号に規定する構造である防火設備が設けられたもの	0.001
10分間防火設備（法第2条第九号の二ロに規定する防火設備を除き、令第112条第19項第二号に規定する構造であるものに限る。）が設けられたもの（当該火災室の壁（床面からの高さが1.2m以下の部分を除く。）及び天井の室内に面する部分（回り縁、窓台その他これらに類する部分を除く。）の仕上げを木材等でしたものにあっては、当該火災室にスプリンクラー設備等が設けられている場合に限る。）	昭和48年建設省告示第2564号第一号ロに定める構造方法を用いる構造である防火設備（同告示別記に規定する遮煙性能試験に合格したものに限る。）が設けられたもの	0.001
	その他のもの	0.01
その他のもの		1.0

A_d　当該火災室の当該火災室隣接部分に面する壁に設けられた開口部の開口面積（単位　㎡）

C_w　当該火災室の内装仕上げの種類及び当該火災室隣接部分に面する壁の種類に応じ、それぞれ次の表に定める当該火災室の当該火災室隣接部分に面する壁の開口率

当該火災室の内装仕上げの種類	当該火災室の当該火災室隣接部分に面する壁の種類	当該火災室の当該火災室隣接部分に面する壁の開口率
壁（床面からの高さが1.2m以下の部分を除く。）及び天井の室内に面する部分（回り縁、窓台その他これらに類する部分を除く。）の仕上げを木材等でしたもの	準耐火構造の壁又は不燃材料で造り、若しくは覆われた壁（以下この表において「準耐火構造の壁等」という。）	0
	その他の壁	1.0
その他のもの	準耐火構造の壁等	0
	準不燃材料で造り、又は覆われた壁（準耐火構造の壁等を除く。）	0

	難燃材料（準不燃材料を除く。）で造り、又は覆われた壁（準耐火構造の壁等を除く。）	$t_{escape(floor)} \leqq 5$ である場合	0
		$t_{escape(floor)} > 5$ である場合	1.0
	その他の壁		1.0
この表において、$t_{escape(floor)}$ は前号に規定する階避難完了時間（単位　分）を表すものとする。			

B_w　当該火災室の当該火災室隣接部分に面する壁の幅（単位　m）
H_w　当該火災室の当該火災室隣接部分に面する壁の高さ（単位　m）

$\rho_{f,room}$　次の式によって計算した階避難完了時間が経過した時における当該火災室の煙層密度（以下単に「当該火災室の煙層密度」という。）（単位　kg/㎥）

$$\rho_{f,room} = \frac{353}{\Delta T_{f,room} + 293}$$

この式において、$\rho_{f,room}$ 及び $\Delta T_{f,room}$ は、それぞれ次の数値を表すものとする。
$\rho_{f,room}$　当該火災室の煙層密度（単位　kg/㎥）
$\Delta T_{f,room}$　階避難完了時間に応じ、それぞれ次の表に掲げる式によって計算した階避難完了時間が経過した時における当該火災室の煙層上昇温度（以下単に「当該火災室の煙層上昇温度」という。）（単位　度）

階避難完了時間	当該火災室の煙層上昇温度
$t_{escape(floor)} \leqq t_{m(floor)}$ である場合	$\Delta T_{f,room} = min\left[\frac{Q_{f,room}}{0.04 Q_{f,room}^{1/3} H_{room}^{5/3} + 0.015 A_{w(f,room)} + 0.34 m_{sp} H_{room}}, \Delta T_{room(max)}\right]$
$t_{escape(floor)} > t_{m(floor)}$ である場合	$\Delta T_{f,room} = \Delta T_{room(max)}$
この表において、$t_{escape(floor)}$、$t_{m(floor)}$、$\Delta T_{f,room}$、$Q_{f,room}$、H_{room}、$A_{w(f,room)}$、m_{sp} 及び $\Delta T_{room(max)}$ は、それぞれ次の数値を表すものとする。	

$t_{escape(floor)}$　前号に規定する階避難完了時間（単位　分）
$t_{m(floor)}$　当該火災室又は当該火災室に隣接する室の内装仕上げの種類に応じ、それぞれ次の表に掲げる式によって計算した当該火災室又は当該火災室に隣接する室の燃焼抑制時間のうち最小のもの（以下「火災室燃焼抑制時間」という。）（単位　分）

	当該火災室又は当該火災室に隣接する室の内装仕上げの種類	当該火災室又は当該火災室に隣接する室の燃焼抑制時間
(1)	壁（床面からの高さが1.2m以下の部分を除く。以下この表において同じ。）及び天井の室内に面する部分（回り縁、窓台その他これらに類する部分を除く。以下この表において同じ。）の仕上げを不燃材料でしたもの	$t_{m(floor),i} = 20$
(2)	壁及び天井の室内に面する部分の仕上げを準不燃材料でしたもの（(1)に掲げるものを除く。）	$t_{m(floor),i} = 10$

(3)	壁及び天井の室内に面する部分の仕上げを難燃材料でしたもの又は壁の室内に面する部分の仕上げを木材等でし、かつ、天井の室内に面する部分の仕上げを準不燃材料でしたもの（(1)及び(2)に掲げるものを除く。）	$t_{m(floor),i} = 5$
(4)	壁及び天井の室内に面する部分の仕上げを木材等でしたもの（(1)から(3)までに掲げるものを除く。）	$t_{m(floor),i} = min\left\{t_{0(floor)} + \frac{1}{60}\left(\frac{18H_{floor(min)}{}^{5/2}}{\alpha_{floor,i}}\right)^{1/2}, 2\right\}$

この表において、$t_{m(floor),i}$、$t_{0(floor)}$、$H_{floor(min)}$ 及び $\alpha_{floor,i}$ は、それぞれ次の数値を表すものとする。

$t_{m(floor),i}$　当該火災室又は当該火災室に隣接する室の燃焼抑制時間（単位　分）

$t_{0(floor)}$　前号イに規定する当該火災室の燃焼拡大補正時間（単位　分）

$H_{floor(min)}$　当該室の基準点から天井の最も低い位置までの高さ（単位　m）

$\alpha_{floor,i}$　前号イに規定する当該火災室又は当該火災室に隣接する室の火災成長率

$\Delta T_{f,room}$　当該火災室の煙層上昇温度（単位　度）

$Q_{f,room}$　階避難完了時間に応じ、それぞれ次の表に掲げる式によって計算した当該火災室における１秒間当たりの発熱量（単位　kW）

階避難完了時間	当該火災室における１秒間当たりの発熱量
$t_{escape(floor)} \leqq \frac{5}{3}$である場合	$Q_{f,room} = 0.01\ (60t_{escape(floor)})^2$
$t_{escape(floor)} > \frac{5}{3}$である場合	$Q_{f,room} = \alpha_{floor}\ (60t_{escape(floor)} - 60t_{0(floor)})^2$

この表において、$t_{escape(floor)}$、$Q_{f,room}$、α_{floor} 及び $t_{0(floor)}$ は、それぞれ次の数値を表すものとする。

$t_{escape(floor)}$　前号に規定する階避難完了時間（単位　分）

$Q_{f,room}$　当該火災室における１秒間当たりの発熱量（単位　kW）

α_{floor}　前号イに規定する火災室火災成長率

$t_{0(floor)}$　前号イに規定する当該火災室の燃焼拡大補正時間（単位　分）

H_{room}　当該火災室の基準点から天井までの高さの平均（単位　m）

$A_{w(f,room)}$　当該火災室の壁(基準点からの高さが天井の高さの$\frac{1}{2}$以下の部分をく。）及び天井の室内に面する部分の表面積（単位　㎡）

m_{sp}　当該火災室のスプリンクラー設備等（スプリンクラー設備又は水噴霧消火設備で自動式のものに限る。以下このイにおいて同じ。）の設置の状況に応じ、それぞれ次の表に定めるスプリンクラー設備等の１秒間当たりの有効散水量（単位　kg/ 秒）

当該火災室のスプリンクラー設備等の設置の状況	スプリンクラー設備等の１秒間当たりの有効散水量
スプリンクラー設備等が設けられている場合	2.7
その他の場合	0

$\Delta T_{room(max)}$ 第二号に規定する最大煙層上昇温度（単位　度）

$E_{f,room}$　当該火災室に設けられた限界煙層高さ有効開口部（壁又は天井に設けられた開口部の床面からの高さが限界煙層高さ（令和２年国土交通省告示第510号第四号に規定する限界煙層高さをいう。以下同じ。）以上の部分をいう。以下同じ。）の種類に応じ、それぞれ次の表に掲げる式によって計算した当該火災室に設けられた各限界煙層高さ有効開口部及び当該限界煙層高さ有効開口部の開放に伴い開放される当該火災室に設けられた他の限界煙層高さ有効開口部のうち当該限界煙層高さ有効開口部からの距離が30m以内であるもの（以下「他の限界煙層高さ有効開口部」という。）の排煙量の合計のうち最小のもの（当該火災室に設けられた限界煙層高さ有効開口部の種類が同表(2)に掲げるものである場合にあっては、当該火災室に設けられた各限界煙層高さ有効開口部及び他の限界煙層高さ有効開口部の排煙量の合計のうち最小のもの又は当該火災室に設けられた給気口（当該火災室に設けられた限界煙層高さ有効開口部の開放に伴い開放され又は常時開放状態にある給気口に限る。）の開口面積の合計に550を乗じたもののうち、いずれか小さい数値。以下「当該火災室の排煙量」という。）（単位　㎥／分）

	当該火災室に設けられた限界煙層高さ有効開口部の種類	当該火災室に設けられた各限界煙層高さ有効開口部の排煙量
(1)	限界煙層高さ有効開口部を排煙口とした場合に、当該火災室に設けられた排煙設備が自然排煙関係規定に適合し、かつ、当該火災室の壁の床面からの高さが限界煙層高さ以下の部分に排煙口の開放に連動して自動的に開放され又は常時開放状態にある給気口が設けられたもの（当該火災室に設けられた当該排煙設備以外の排煙設備が機械排煙関係規定に適合する場合を除く。）	$e_{f,room}=186\left(\frac{1.205-\rho_{f,room}}{\rho_{f,room}}\right)^{1/2}\times max\left\{\frac{A_{s(f,room)}\sqrt{h_{s(f,room)}}}{4}, \frac{A_{s(f,room)}\sqrt{H_{c(f,room)}-H_{lim}}}{\sqrt{1+\left(\frac{A_{s}'_{(f,room)}}{A_{\alpha(f,room)}'}\right)^2}}\right\}$
(2)	限界煙層高さ有効開口部を排煙口とした場合に、当該火災室に設けられた排煙設備が機械排煙関係規定に適合し、かつ、当該火災室の壁の床面からの高さが限界煙層高さ以下の部分に排煙口の開放に連動して自動的に開放され又は常時開放状態にある給気口が設けられたもの（当該火災室の煙層上昇温度が260度以上である場合にあっては、排煙口が、厚さが1.5㎜以上の鉄板又は鋼板で造り、かつ、厚さが25㎜以上のロックウールで覆われた風道に直結するものに限る。）（当該火災室に設けられた当該排煙設備以外の排煙設備が自然排煙関係規定に適合する場合を除く。）	$e_{f,room}=min\left\{w_{f,room}, 3.7\times10^4\frac{\Delta T_{f,room}}{\rho_{f,room}(\Delta T_{f,room}+293)^2}(H_{c(f,room)}-H_{lim})w_{f,room}^{3/5}\right\}$
(3)	その他の限界煙層高さ有効開口部	$e_{f,room}=0$

この表において、$e_{f,room}$、$\rho_{f,room}$、$A_{s(f,room)}$、$h_{s(f,room)}$、$H_{c(f,room)}$、H_{lim}、$A'_{s(f,room)}$、$A_{\alpha(f,room)}'$、$w_{f,room}$ 及び $\Delta T_{f,room}$ は、それぞれ次の数値を表すものとする。

$e_{f,room}$　当該火災室に設けられた各限界煙層高さ有効開口部の排煙量（単位　㎥／分）

$\rho_{f,room}$　当該火災室の煙層密度（単位　kg/㎥）

$A_{s(f,room)}$　当該限界煙層高さ有効開口部の開口面積（単位　㎡）

$h_{s(f,room)}$　当該限界煙層高さ有効開口部の上端と下端の垂直距離（単位　m）

$H_{c(f,room)}$　当該火災室の基準点から当該限界煙層高さ有効開口部の中心までの高さ

（単位　m）

H_{lim}　限界煙層高さ（単位　m）

$A'_{s(f,room)}$　当該限界煙層高さ有効開口部及び他の限界煙層高さ有効開口部の開口面積の合計（単位　㎡）

$A_{\alpha(f,room)}{}'$　当該火災室に設けられた給気口（当該限界煙層高さ有効開口部の開放に伴い開放され又は常時開放状態にある給気口に限る。）の開口面積の合計（単位　㎡）

$w_{f,room}$　当該限界煙層高さ有効開口部の排煙機の空気を排出することができる能力（単位　㎥／分）

$\Delta T_{f,room}$　当該火災室の煙層上昇温度（単位　度）

C_d　当該火災室の当該火災室隣接部分に面する壁に設けられた開口部の開口率

A_d　当該火災室の当該火災室隣接部分に面する壁に設けられた開口部の開口面積（単位　㎡）

$A_{\alpha(floor,r)}$　当該火災室隣接部分に設けられた給気口（当該火災室に設けられた限界煙層高さ有効開口部の開放に伴い開放され又は常時開放状態にあるものに限る。）の開口面積の合計（単位　㎡）

$A_{\alpha(f,room)}$　当該火災室に設けられた給気口（当該火災室に設けられた限界煙層高さ有効開口部の開放に伴い開放され又は常時開放状態にあるものに限る。）の開口面積の合計（単位　㎡）

$\Delta T_{f,room}$　当該火災室の煙層上昇温度（単位　度）

$A_{w,(floor)}$　当該火災室隣接部分の壁（基準点からの高さが1.8m以下の部分を除く。）及び天井の室内に面する部分の表面積（単位　㎡）

$t_{pass(floor)}$　前号ロに規定する階出口通過時間のうち最大のもの（単位　分）

$t_{d(room)}$　次の式によって計算した当該火災室における漏煙開始時間（単位　分）

$$t_{d(room)}=min\left[\frac{A_{room}(Z_{phase1(floor)}-H_{lim})}{max(V_{s(f,room)}-V_{e(f,room)},0.01)}+\frac{5}{3},t_{m(floor)}\right]$$

この式において、$t_{d(room)}$、A_{room}、$Z_{phase1(floor)}$、H_{lim}、$V_{s(f,room)}$、$V_{e(f,room)}$及び$t_{m(floor)}$は、それぞれ次の数値を表すものとする。

$t_{d(room)}$　当該火災室における漏煙開始時間（単位　分）

A_{room}　当該火災室の床面積（単位　㎡）

$Z_{phase1(floor)}$　次の式によって計算した火災発生後100秒間が経過した時における当該火災室の基準点から煙等の下端の位置までの高さ（以下「火災室煙層下端高さ」という。）（単位　m）

$$Z_{phase1(floor)}=max\left[\left\{\frac{26}{\rho_{f,room}A_{room}}+\frac{1}{(H_{room}+h_{room})^{2/3}}\right\}^{-3/2}-h_{room},H_{lim}\right]$$

この式において、$Z_{phase1(floor)}$、$\rho_{f,room}$、A_{room}、H_{room}、h_{room}及びH_{lim}は、それぞれ次の数値を表すものとする。

$Z_{phase1(floor)}$　火災発生後100秒間が経過した時における火災室煙層下端高さ（単位　m）

$\rho_{f,room}$　当該火災室の煙層密度（単位　kg/㎥）

A_{room}　当該火災室の床面積（単位　㎡）

H_{room}　当該火災室の基準点から天井までの高さの平均（単位　m）

h_{room}　当該火災室の床面の最も低い位置から基準点までの高さ（単位　m）

H_{lim}　限界煙層高さ（単位　m）

H_{lim}　限界煙層高さ（単位　m）

$V_{s(f,room)}$　次の式によって計算した当該火災室の煙等発生量（単位　㎥／分）

$$V_{s(f,room)}=\frac{4.2\left(\frac{Q_{f,room}}{3}\right)^{1/3}\{(Z_{phase1(floor)}+h_{room})^{5/3}+(H_{lim}+h_{room})^{5/3}\}}{\rho_{f,room}}$$

この式において、$V_{s(f,room)}$、$Q_{f,room}$、$Z_{phase1(floor)}$、h_{room}、H_{lim} 及び $\rho_{f,room}$ は、それぞれ次の数値を表すものとする。

$V_{s(f,room)}$　当該火災室の煙等発生量（単位　㎥／分）
$Q_{f,room}$　当該火災室における１秒間当たりの発熱量（単位　kW）
$Z_{phase1(floor)}$　火災発生後 100 秒間が経過した時における火災室煙層下端高さ（単位　m）
h_{room}　当該火災室の床面の最も低い位置から基準点までの高さ（単位　m）
H_{lim}　限界煙層高さ（単位　m）
$\rho_{f,room}$　当該火災室の煙層密度（単位　kg/㎥）

$V_{e(f,room)}$　次の式によって計算した当該火災室の有効排煙量（単位　㎥／分）

$$V_{e(f,room)} = min(1.5A_{room}^{-0.15}, 0.8) \times \left(\frac{\overline{H}_{st(room)} - H_{lim}}{H_{top(room)} - H_{lim}}\right) E_{f,room}$$

この式において、$V_{e(f,room)}$、A_{room}、$\overline{H}_{st(room)}$、H_{lim}、$H_{top(room)}$ 及び $E_{f,room}$ は、それぞれ次の数値を表すものとする。

$V_{e(f,room)}$　当該火災室の有効排煙量（単位　㎥／分）
A_{room}　当該火災室の床面積（単位　㎡）
$\overline{H}_{st(room)}$　当該火災室の基準点から当該火災室に設けられた各限界煙層高さ有効開口部の上端までの高さの平均（単位　m）
H_{lim}　限界煙層高さ（単位　m）
$H_{top(room)}$　当該火災室の基準点から天井までの高さのうち最大のもの（単位　m）
$E_{f,room}$　当該火災室の排煙量（単位　㎥／分）

$t_{m(floor)}$　火災室燃焼抑制時間（単位　分）

H_{floor}　当該火災室隣接部分の基準点から天井までの高さの平均（単位　m）
$V_{s(f,floor)}$　次の式によって計算した当該火災室隣接部分の煙等発生量（単位　㎥／分）

$$V_{s(f,floor)} = \frac{4.2Q_{f,floor}^{1/3}\ \{(H_{floor} + h_{floor})^{5/3} + (1.8 + h_{floor})^{5/3}\}}{\rho_{f,floor}}$$

この式において、$V_{s(f,floor)}$、$Q_{f,floor}$、H_{floor}、h_{floor} 及び $\rho_{f,floor}$ は、それぞれ次の数値を表すものとする。

$V_{s(f,floor)}$　当該火災室隣接部分の煙等発生量（単位　㎥／分）
$Q_{f,floor}$　当該火災室からの噴出熱気流の運搬熱量（単位　kW）
H_{floor}　当該火災室隣接部分の基準点から天井までの高さの平均（単位　m）
h_{floor}　当該火災室隣接部分の床面の最も低い位置から基準点までの高さ（単位　m）
$\rho_{f,floor}$　次の式によって計算した階避難完了時間が経過した時における当該火災室隣接部分の煙層密度（以下単に「火災室隣接部分の煙層密度」という。）（単位　kg/㎥）

$$\rho_{f,floor} = \frac{353}{\Delta T_{f,floor} + 293}$$

この式において、$\rho_{f,floor}$ 及び $\Delta T_{f,floor}$ は、それぞれ次の数値を表すものとする。

$\rho_{f,floor}$　火災室隣接部分の煙層密度（単位　kg/㎥）
$\Delta T_{f,floor}$　火災室隣接部分の煙層上昇温度（単位　度）

$V_{e(f,floor)}$　次の式によって計算した当該火災室隣接部分の有効排煙量（単位　㎥／分）

$$V_{e(f,floor)} = min(1.5A_{floor}^{-0.15}, 0.8) \times \left(\frac{\overline{H}_{st(floor)} - 1.8}{H_{top(floor)} - 1.8}\right) E_{f,floor}$$

この式において、$V_{e(f,floor)}$、A_{floor}、$\overline{H}_{st(floor)}$、$H_{top(floor)}$ 及び $E_{f,floor}$ は、それぞれ次の数値を表すものとする。

$V_{e(f,floor)}$　当該火災室隣接部分の有効排煙量（単位　㎥／分）
A_{floor}　当該火災室隣接部分の床面積（単位　㎡）
$\overline{H}_{st(floor)}$　当該火災室隣接部分の基準点から当該火災室隣接部分に設けられた各有効開口部の上端までの高さの平均（単位　m）
$H_{top(floor)}$　当該火災室隣接部分の基準点から天井までの高さのうち最大のもの（単位　m）
$E_{f,floor}$　当該火災室隣接部分に設けられた有効開口部の種類に応じ、それぞれ次の表に掲げる式によって計算した当該火災室隣接部分に設けられた各有効開口部及び当該有効開口部の開放に伴い開放される当該火災室隣接部分に設けられた他の有効開口部のうち当該有効開口部からの距離が 30m 以内であるもの

（以下「他の有効開口部」という。）の排煙量の合計のうち最小のもの（当該火災室隣接部分に設けられた有効開口部の種類が同表(2)に掲げるものである場合にあっては、当該火災室隣接部分に設けられた各有効開口部及び他の有効開口部の排煙量の合計のうち最小のもの又は当該火災室隣接部分に設けられた給気口（当該火災室隣接部分に設けられた有効開口部の開放に伴い開放され又は常時開放状態にある給気口に限る。）の開口面積の合計に550を乗じたもののうち、いずれか小さい数値）（単位　㎥／分）

	当該火災室隣接部分に設けられた有効開口部の種類	当該火災室隣接部分に設けられた各有効開口部の排煙量
(1)	有効開口部を排煙口とした場合に、当該火災室隣接部分に設けられた排煙設備が自然排煙関係規定に適合し、かつ、当該火災室隣接部分の壁の床面からの高さが1.8m以下の部分に排煙口の開放に連動して自動的に開放され又は常時開放状態にある給気口が設けられたもの（当該火災室隣接部分に設けられた当該排煙設備以外の排煙設備が機械排煙関係規定に適合する場合を除く。）	$e_{f.floor}=186\left(\frac{1.205-\rho_{f.floor}}{\rho_{f.floor}}\right)^{1/2}\times max\left\{\frac{A_{s(f.floor)}\sqrt{h_{s(f.floor)}}}{4}, \frac{A_{s(f.floor)}\sqrt{H_{c(f.floor)}-1.8}}{\sqrt{1+\left(\frac{A_s'{}_{(f.floor)}}{A_{a(f.floor)}}\right)^2}}\right\}$
(2)	有効開口部を排煙口とした場合に、当該火災室隣接部分に設けられた排煙設備が機械排煙関係規定に適合し、かつ、当該火災室隣接部分の壁の床面からの高さが1.8m以下の部分に排煙口の開放に連動して自動的に開放され又は常時開放状態にある給気口が設けられたもの（当該火災室隣接部分に設けられた当該排煙設備以外の排煙設備が自然排煙関係規定に適合する場合を除く。）	$e_{f.floor}=min\left\{w_{f.floor}, 3.7\times10^4 \frac{\Delta T_{f.floor}}{\rho_{f.floor}(\Delta T_{f.floor}+293)^2}(H_{c(f.floor)}-1.8)w_{f.floor}{}^{3/5}\right\}$
(3)	その他の有効開口部	$e_{f.floor}=0$

この表において、$e_{f.floor}$、$\rho_{f.floor}$、$A_{s(f.floor)}$、$h_{s(f.floor)}$、$H_{c(f.floor)}$、$A'_{s(f.floor)}$、$A_{a(f.floor)}$、$w_{f.floor}$及び$\Delta T_{f.floor}$は、それぞれ次の数値を表すものとする。

- $e_{f.floor}$　当該火災室隣接部分に設けられた各有効開口部の排煙量（単位　㎥／分）
- $\rho_{f.floor}$　火災室隣接部分の煙層密度（単位　kg/㎥）
- $A_{s(f.floor)}$　当該有効開口部の開口面積（単位　㎡）
- $h_{s(f.floor)}$　当該有効開口部の上端と下端の垂直距離（単位　m）
- $H_{c(f.floor)}$　当該火災室隣接部分の基準点から当該有効開口部の中心までの高さ（単位　m）
- $A'_{s(f.floor)}$　当該有効開口部及び他の有効開口部の開口面積の合計（単位　㎡）
- $A_{a(f.floor)}$　当該火災室隣接部分に設けられた給気口（当該有効開口部の開放に伴い開放され又は常時開放状態にある給気口に限る。）の開口面積の合計（単位　㎡）
- $w_{f.floor}$　当該有効開口部の排煙機の空気を排出することができる能力（単位　㎥／分）
- $\Delta T_{f.floor}$　火災室隣接部分の煙層上昇温度（単位　度）

A_{floor}　当該火災室隣接部分の床面積（単位　㎡）

ロ　火災室隣接部分以外の部分（ハに掲げる部分を除く。）　イの規定によって計算した各火災室隣接部分の煙層下端高さのうち最小のものに応じ、それぞれ次の表に定める数値（以下「火災室隣接部分以外の部分の煙層下端高さ」という。）（単位　m）

各火災室隣接部分の煙層下端高さのうち最小のもの	火災室隣接部分以外の部分の煙層下端高さ
1.8m以上である場合	1.8

1.8m 未満である場合	0

ハ　直通階段の付室（当該直通階段の階段室又は当該付室の構造が平成28年国土交通省告示第696号に定める構造方法（同告示第四号に定める構造方法にあっては、送風機が1分間につき90㎥以上の空気を排出することができる能力を有するものに限る。）を用いる構造であるものに限る。）
1.8m

六　令第129条第3項第二号ニに規定する避難上支障のある高さは、1.8mとする。

階からの避難に要する時間に基づく階避難安全検証法に関する算出方法等を定める件

制定：令和２年　４月１日　国土交通省告示第510号
改正：令和３年５月28日　国土交通省告示第475号

建築基準法施行令（昭和25年政令第338号）第129条第３項第一号イ、ロ、ニ及びホの規定に基づき、階避難安全検証法に関する算出方法等を定める件（平成12年建設省告示第1441号）の全部を改正する告示を次のように定める。

建築基準法施行令（昭和25年政令第338号。以下「令」という。）第129条第３項第一号イ、ロ、ニ及びホの規定に基づき、階からの避難に要する時間に基づく階避難安全検証法に関する算出方法等を次のように定める。

一　令第129条第３項第一号に規定する方法を用いる場合における同号イに規定する当該居室に存する者（当該居室を通らなければ避難することができない者を含む。以下「在室者」という。）の全てが当該居室において火災が発生してから当該居室からの避難を終了するまでに要する時間は、次に掲げる時間を合計して計算するものとする。

イ　次の式によって計算した火災が発生してから在室者が避難を開始するまでに要する時間（以下「居室避難開始時間」という。）（単位　分）

$$t_{start(room)} = \frac{\sqrt{\Sigma A_{area}}}{30}$$

この式において、$t_{start(room)}$ 及び A_{area} は、それぞれ次の数値を表すものとする。

$t_{start(room)}$　居室避難開始時間（単位　分）

A_{area}　当該居室及び当該居室を通らなければ避難することができない建築物の部分（以下「当該居室等」という。）の各部分の床面積（単位　㎡）

ロ　次の式によって計算した在室者が当該居室等の各部分から当該居室の出口（当該居室から直通階段（避難階又は地上に通ずるものに限り、避難階にあっては地上。以下同じ。）（当該直通階段が令第123条第３項に規定する特別避難階段である場合にあっては、当該直通階段への出口を有する室を同項第三号、第四号、第六号及び第九号（これらの規定中バルコニー又は付室に係る部分に限る。）並びに第十号（バルコニー又は付室から階段室に通ずる出入口に係る部分に限る。）に定める構造としたものに限る。以下同じ。）に通ずる主たる廊下その他の通路に通ずる出口に限る。以下同じ。）の一に達するまでに要する歩行時間のうち最大のもの（単位　分）

$$t_{travel(room),i} = \sum \frac{l_{room}}{v}$$

この式において、$t_{travel(room),i}$、l_{room} 及び v は、それぞれ次の数値を表すものとする。

$t_{travel(room),i}$　在室者が当該居室等の各部分から当該居室の出口の一に達するまでに要する歩行時間（単位　分）

l_{room}　当該居室等の各部分から当該居室の出口の一に至る歩行距離（単位　m）

v　建築物の部分の用途及び種類並びに避難の方向に応じ、それぞれ次の表に定める歩行速度（単位　m／分）

建築物の部分の用途	建築物の部分の種類	避難の方向	歩行速度
劇場、映画館、演芸場、観覧場、公会堂、集会場その他これらに類する用途	階段	上り	27
		下り	36
	客席部分	－	30
	その他の部分	－	60

百貨店、展示場その他これらに類する用途又は共同住宅、ホテルその他これらに類する用途（病院、診療所及び児童福祉施設等（令第115条の３第一号に規定する児童福祉施設等をいう。以下同じ。）を除く。）	階段	上り	27
		下り	36
	その他の部分	－	60
学校（幼保連携型認定こども園を除く。）、事務所その他これらに類する用途	階段	上り	35
		下り	47
	その他の部分	－	78

ハ　次の式によって計算した在室者が当該居室の出口を通過するために要する時間（以下「居室出口通過時間」という。）（単位　分）

$$t_{queue(room)} = \frac{\Sigma\, pA_{area}}{\Sigma\, N_{eff(room)} B_{eff(room)}}$$

この式において、$t_{queue(room)}$、p、A_{area}、$N_{eff(room)}$ 及び $B_{eff(room)}$ は、それぞれ次の数値を表すものとする。

$t_{queue(room)}$　居室出口通過時間（単位　分）

p　建築物の部分の種類に応じ、それぞれ次の表に定める在館者密度（単位　人／㎡）

建築物の部分の種類		在館者密度
住宅の居室		0.06
住宅以外の建築物における寝室	固定ベッドの場合	ベッド数を床面積で除した数値
	その他の場合	0.16
事務室、会議室その他これらに類するもの		0.125
教室		0.7
百貨店又は物品販売業を営む店舗その他これらに類するもの	売場の部分	0.5
	売場に附属する通路の部分	0.25
飲食室		0.7
劇場、映画館、演芸場、観覧場、公会堂、集会場その他これらに類する用途に供する居室	固定席の場合	座席数を床面積で除した数値
	その他の場合	1.5
展示室その他これに類するもの		0.5

A_{area}　当該居室等の各部分の床面積（単位　㎡）

$N_{eff(room)}$　当該居室の各出口の幅、当該居室の種類及び当該居室の各出口に面する部分（以下「居室避難経路等の部分」という。）の収容可能人数に応じ、それぞれ次の表に掲げる式によって計算した当該居室の各出口の有効流動係数（単位　人／分・m）

当該居室の各出口の幅	当該居室の種類	居室避難経路等の部分の収容可能人数	当該居室の各出口の有効流動係数

60cm 未満である場合	–		$N_{eff(room)} = 0$
その他の場合	地上への出口を有する場合	–	$N_{eff(room)} = 90$
	その他の場合	$\sum \frac{A_{co}}{a_{n(room)}} \geqq \sum pA_{load(room)}$ である場合	$N_{eff(room)} = 90$
		$\sum \frac{A_{co}}{a_{n(room)}} < \sum pA_{load(room)}$ である場合	$N_{eff(room)} = max\left(\frac{80B_{neck(room)} \sum \frac{A_{co}}{a_{n(room)}}}{B_{room} \sum pA_{load(room)}}, \frac{80B_{neck(room)}}{B_{load(room)}}\right)$

この表において、$N_{eff(room)}$、A_{co}、$a_{n(room)}$、p、$A_{load(room)}$、$B_{neck(room)}$、B_{room} 及び $B_{load(room)}$ は、それぞれ次の数値を表すものとする。

$N_{eff(room)}$　当該居室の各出口の有効流動係数（単位　人／分・m）

A_{co}　当該居室避難経路等の部分の各部分（当該部分が階段室である場合にあっては、当該居室の存する階からその直下階までの階段室（当該居室の存する階が地階である場合にあっては当該居室の存する階からその直上階までの階段室、当該居室の存する階が避難階である場合にあっては当該居室の存する階の階段室）に限る。）の床面積（単位　㎡）

$a_{n(room)}$　当該居室避難経路等の部分の各部分の種類に応じ、それぞれ次の表に定める必要滞留面積（単位　㎡／人）

当該居室避難経路等の部分の各部分の種類	必要滞留面積
階段の付室又はバルコニー	0.2
階段室	0.25
居室又は廊下その他の通路	0.3

p　在館者密度（単位　人／㎡）

$A_{load(room)}$　当該居室避難経路等の部分を通らなければ避難することができない建築物の各部分（当該居室の存する階にあるものに限る。）の床面積（単位　㎡）

$B_{neck(room)}$　当該出口の幅又は当該出口の通ずる当該居室避難経路等の部分の出口（直通階段に通ずるものに限る。）の幅のうち最小のもの（単位　m）

B_{room}　当該出口の幅（単位　m）

$B_{load(room)}$　当該出口の通ずる当該居室避難経路等の部分を通らなければ避難することができない建築物の部分（当該居室の存する階にあるものに限る。）の当該出口の通ずる当該居室避難経路等の部分に面する出口の幅の合計（単位　m）

$B_{eff(room)}$　当該居室の各出口の幅及び火災が発生してから在室者が当該居室の出口の一に達するまでに要する時間に応じ、それぞれ次の表に掲げる式によって計算した当該居室の各出口の有効出口幅（単位　m）

当該居室の各出口の幅	火災が発生してから在室者が当該居室の出口の一に達するまでに要する時間	当該居室の各出口の有効出口幅
当該出口の幅が当該居室の出口の幅のうち最大のものである場合	$t_{reach(room)} \leqq \frac{0.14}{\sqrt{\alpha_f + \alpha_m}}$ である場合	$B_{eff(room)} = B_{room}$
	$t_{reach(room)} > \frac{0.14}{\sqrt{\alpha_f + \alpha_m}}$ である場合	$B_{eff(room)} = max(B_{room} - 7.2\sqrt{\alpha_f + \alpha_m}\, t_{reach(room)} + 1, 0)$

その他の場合	$B_{eff(room)} = B_{room}$

この表において、$t_{reach(room)}$、α_f、α_m、$B_{eff(room)}$及びB_{room}は、それぞれ次の数値を表すものとする。

$t_{reach(room)}$　次の式によって計算した火災が発生してから在室者が当該居室の出口の一に達するまでに要する時間（単位　分）

$$t_{reach(room)} = t_{start(room)} + t_{travel(room)}$$

この式において、$t_{reach(room)}$、$t_{start(room)}$及び$t_{travel(room)}$は、それぞれ次の数値を表すものとする。

$t_{reach(room)}$　火災が発生してから在室者が当該居室の出口の一に達するまでに要する時間（単位　分）

$t_{start(room)}$　イに規定する居室避難開始時間（単位　分）

$t_{travel(room)}$　ロに規定する在室者が当該居室等の各部分から当該居室の出口の一に達するまでに要する歩行時間のうち最大のもの（単位　分）

α_f　当該室の積載可燃物の1㎡当たりの発熱量に応じ、それぞれ次の表に掲げる式によって計算した積載可燃物の火災成長率

当該室の積載可燃物の1㎡当たりの発熱量	積載可燃物の火災成長率
$q_l \leqq 170$ である場合	$\alpha_f = 0.0125$
$q_l > 170$ である場合	$\alpha_f = 2.6 \times 10^{-6} q_l^{5/3}$

この表において、q_l及びα_fは、それぞれ次の数値を表すものとする。

q_l　当該室の種類に応じ、それぞれ次の表に定める当該室の積載可燃物の1㎡当たりの発熱量（単位　MJ/㎡）

当該室の種類			当該室の積載可燃物の1㎡当たりの発熱量
住宅の居室			720
住宅以外の建築物における寝室			240
事務室その他これに類するもの			560
会議室その他これに類するもの			160
教室			400
体育館のアリーナその他これに類するもの			80
博物館又は美術館の展示室その他これらに類するもの			240
百貨店又は物品販売業を営む店舗その他これらに類するもの	家具又は書籍の売場その他これらに類するもの		960
	その他の部分		480
飲食店その他の飲食室	簡易な食堂		240
	その他の飲食室		480
劇場、映画館、演芸場、観覧場、公会堂、集会室その他これらに類する用途に供する室	客席部分	固定席の場合	400
		その他の場合	480
	舞台部分		240

自動車車庫又は自動車修理工場	車室その他これに類する部分	240
	車路その他これに類する部分	32
廊下、階段その他の通路		32
玄関ホール、ロビーその他これらに類するもの	劇場、映画館、演芸場、観覧場、公会堂若しくは集会場その他これらに類する用途又は百貨店若しくは物品販売業を営む店舗その他これらに類する用途に供する建築物の玄関ホール、ロビーその他これらに類するもの	160
	その他のもの	80
昇降機その他の建築設備の機械室		160
屋上広場又はバルコニー		80
倉庫その他の物品の保管の用に供する室		2,000

α_f 積載可燃物の火災成長率

α_m 当該室の内装仕上げの種類に応じ、それぞれ次の表に定める内装材料の火災成長率

	当該室の内装仕上げの種類	内装材料の火災成長率
(一)	壁（床面からの高さが 1.2m 以下の部分を除く。以下この表において同じ。）及び天井（天井がない場合にあっては屋根。以下同じ。）の室内に面する部分（回り縁、窓台その他これらに類する部分を除く。以下この表において同じ。）の仕上げを不燃材料でしたもの	0.0035
(二)	壁及び天井の室内に面する部分の仕上げを準不燃材料でしたもの（(一)に掲げるものを除く。）	0.014
(三)	壁及び天井の室内に面する部分の仕上げを令第 128 条の 5 第 1 項第一号に掲げる仕上げとしたもの（(一)及び(二)に掲げるものを除く。）	0.056
(四)	壁及び天井の室内に面する部分の仕上げを木材その他これに類する材料でしたもの（(一)から(三)までに掲げるものを除く。）	0.35

$B_{eff(room)}$ 当該居室の各出口の有効出口幅（単位 m）
B_{room} 当該出口の幅（単位 m）

二 令第 129 条第 3 項第一号ロに規定する当該居室において発生した火災により生じた煙又はガス（以下「煙等」という。）が避難上支障のある高さまで降下するために要する時間（以下「居室煙降下時間」という。）は、次の式によって計算するものとする。

$$t_{s(room)} = \frac{A_{room}\,(H_{room} - 1.8)}{max\,(V_{s(room)} - V_{e(room)},\ 0.01)}$$

この式において、$t_{s(room)}$、A_{room}、H_{room}、$V_{s(room)}$ 及び $V_{e(room)}$ は、それぞれ次の数値を表すものとする。
$t_{s(room)}$ 居室煙降下時間（単位 分）
A_{room} 当該居室の床面積（単位 ㎡）

H_{room}　当該居室の基準点（床面の最も高い位置をいう。以下同じ。）から天井までの高さの平均（単位　m）

$V_{s(room)}$　次の式によって計算した当該居室の煙等発生量（単位　㎥／分）

$$V_{s(room)} = 9\{(\alpha_f + \alpha_m) A_{room}\}^{1/3}\{H_{low}^{5/3} + (H_{low} - H_{room} + 1.8)^{5/3}\}$$

この式において、$V_{s(room)}$、α_f、α_m、A_{room}、H_{low} 及び H_{room} は、それぞれ次の数値を表すものとする。

$V_{s(room)}$　当該居室の煙等発生量（単位　㎥／分）

α_f　前号ハに規定する積載可燃物の火災成長率

α_m　前号ハに規定する内装材料の火災成長率

A_{room}　当該居室の床面積（単位　㎡）

H_{low}　当該居室の床面の最も低い位置から天井までの高さの平均（単位　m）

H_{room}　当該居室の基準点から天井までの高さの平均（単位　m）

$V_{e(room)}$ 次のイ又はロに掲げる当該居室の区分に応じ、それぞれ当該イ又はロに定める当該居室の有効排煙量（単位　㎥／分）

イ　床面積 1,500㎡以内ごとに、天井面から 30㎝以上下方に突出した垂れ壁その他これと同等以上に煙の流動を妨げる効力のあるもので、不燃材料で造り、又は覆われたもの（以下「防煙垂れ壁」という。）によって区画された居室（床面から防煙垂れ壁の下端までの高さが 1.8m 以上である場合に限る。）　次の式によって計算した各防煙区画（防煙垂れ壁で区画された部分をいう。以下この号において同じ。）の有効排煙量のうち最小のもの（単位　㎥／分）

$$V_{e(room),i} = A^*_{(room)} E_{(sc)}$$

この式において、$V_{e(room),i}$、$A^*_{(room)}$ 及び $E_{(sc)}$ は、それぞれ次の数値を表すものとする。

$V_{e(room),i}$ 各防煙区画の有効排煙量（単位　㎥／分）

$A^*_{(room)}$ 当該防煙区画の壁又は天井に設けられた開口部の床面からの高さが 1.8m 以上の部分（以下「有効開口部」という。）の有無及びその上端の位置に応じ、それぞれ次の表に掲げる式によって計算した当該防煙区画の排煙効果係数

有効開口部の有無	有効開口部の上端の位置	当該防煙区画の排煙効果係数
有効開口部がない場合	－	$A^*_{(room)} = 0$
有効開口部がある場合	$\overline{H_{st(room)}} < H_{w(room)}$ である場合	$A^*_{(room)} = 0.4\left(\dfrac{\overline{H_{st(room)}} - 1.8}{H_{top(room)} - 1.8}\right)$
	$\overline{H_{st(room)}} \geqq H_{w(room)}$ である場合	$A^*_{(room)} = 0.4\left(\dfrac{\overline{H_{st(room)}} - 1.8}{H_{top(room)} - 1.8}\right) + 0.6\left(1 - \dfrac{A_{sc}}{A_{room}}\right)\left(\dfrac{\overline{H_{st(room)}} - H_{w(room)}}{\overline{H_{st(room)}} - 1.8}\right)^2$

この表において、$A^*_{(room)}$、$\overline{H_{st(room)}}$、$H_{w(room)}$、$H_{top(room)}$、A_{sc} 及び A_{room} は、それぞれ次の数値を表すものとする。

$A^*_{(room)}$　当該防煙区画の排煙効果係数

$\overline{H_{st(room)}}$　当該居室の基準点から当該防煙区画に設けられた各有効開口部の上端までの高さの平均（単位　m）

$H_{w(room)}$　当該居室の基準点から当該防煙区画における防煙垂れ壁の下端までの高さのうち最大のもの（単位　m）

$H_{top(room)}$　当該居室の基準点から当該防煙区画の天井までの高さのうち最大のもの（単位　m）

A_{sc}　当該防煙区画の床面積（単位　㎡）

A_{room}　当該居室の床面積（単位　㎡）

$E_{(sc)}$ 当該防煙区画に設けられた有効開口部の種類に応じ、それぞれ次の表に掲げる式によって計算した当該防煙区画に設けられた各有効開口部の排煙量（当該防煙区画に設けられた有効開口部の種類が同表(一)又は(二)に掲げるものである場合にあっては、当該防煙区画に設けられた各有効開口部及び当該有効開口部の開放に伴い開放される当該防煙区画に設けられた他の有効開口部のうち当該有効開口部からの距離が30m以内であるもの（以下このイにおいて「他の有効開口部」という。）の排煙量の合計）のうち最小のもの
（単位　㎡／分）

	当該防煙区画に設けられた有効開口部の種類	当該防煙区画に設けられた各有効開口部の排煙量
(一)	有効開口部を排煙口とした場合に、当該防煙区画に設けられた排煙設備が令第126条の3第1項第二号、第三号（排煙口の壁における位置に係る部分を除く。）、第四号から第六号まで及び第十号から第十二号までの規定（以下「自然排煙関係規定」という。）に適合し、かつ、当該居室の壁の床面からの高さが1.8m以下の部分に排煙口の開放に連動して自動的に開放され又は常時開放状態にある給気口が設けられたもの（当該居室に設けられた当該排煙設備以外の排煙設備が同項第二号、第三号（排煙口の壁における位置に係る部分を除く。）、第四号から第七号まで、第八号（排煙口の開口面積に係る部分を除く。）、第九号（空気を排出する能力に係る部分を除く。）及び第十号から第十二号までの規定（以下「機械排煙関係規定」という。）に適合する場合を除く。）	$e_{(sc)} = max\left\{19A_{s(sc)}\sqrt{h_{s(sc)}},\ \dfrac{76A_{s(sc)}\sqrt{H_{c(sc)}-1.8}}{\sqrt{1+\left(\dfrac{A'_{s(sc)}}{A_a}\right)^2}}\right\}$
(二)	有効開口部を排煙口とした場合に、当該防煙区画に設けられた排煙設備が機械排煙関係規定に適合し、かつ、当該居室の壁の床面からの高さが1.8m以下の部分に排煙口の開放に連動して自動的に開放され又は常時開放状態にある給気口が設けられたもの（当該居室に設けられた当該排煙設備以外の排煙設備が自然排煙関係規定に適合する場合を除く。）	$e_{(sc)} = min\{w_{(sc)}, 3.9(H_{c(sc)} - 1.8)w_{(sc)}{}^{2/3}\}$

(三)	有効開口部を排煙口とした場合に、当該防煙区画に設けられた排煙設備が平成12年建設省告示第1437号第一号イ、ロ(1)及び(3)、ハ(1)、(2)及び(3)(i)並びにニ又は第二号イ、ロ(1)、(3)及び(5)、ハ(1)(i)、(ii)(イ)及び(2)並びにニの規定に適合するもの	$e_{(sc)} = min\ (s_{(sc)}, 550A_{s(sc)})$
(四)	その他の有効開口部	$e_{(sc)} = 0$

この表において、$e_{(sc)}$、$A_{s(sc)}$、$h_{s(sc)}$、$H_{c(sc)}$、$A'_{s(sc)}$、A_a、$w_{(sc)}$及び$s_{(sc)}$は、それぞれ次の数値を表すものとする。
$e_{(sc)}$ 当該防煙区画に設けられた各有効開口部の排煙量（単位　㎥／分）
$A_{s(sc)}$ 当該有効開口部の開口面積（単位　㎡）
$h_{s(sc)}$ 当該有効開口部の上端と下端の垂直距離（単位　m）
$H_{c(sc)}$ 当該居室の基準点から当該有効開口部の中心までの高さ（単位　m）
$A'_{s(sc)}$ 当該有効開口部及び他の有効開口部の開口面積の合計（単位　㎡）
A_a 当該居室に設けられた給気口（当該有効開口部の開放に伴い開放され又は常時開放状態にある給気口に限る。）の開口面積の合計（単位　㎡）
$w_{(sc)}$ 当該有効開口部の排煙機の空気を排出することができる能力（単位　㎥／分）
$s_{(sc)}$ 当該防煙区画に係る送風機の当該防煙区画に設けられた有効開口部から空気を排出することができる能力（単位　㎥／分）

ロ　イに掲げる居室以外の居室で床面積が1,500㎡以下のもの　次の式によって計算した当該居室の有効排煙量（単位　㎥／分）

$$V_{e(room)} = 0.4\left(\frac{\overline{H_{st(room)}} - 1.8}{H_{top(room)} - 1.8}\right)E$$

この式において、$V_{e(room)}$、$\overline{H_{st(room)}}$、$H_{top(room)}$及びEは、それぞれ次の数値を表すものとする。
$V_{e(room)}$ 当該居室の有効排煙量（単位　㎥／分）
$\overline{H_{st(room)}}$ 当該居室の基準点から当該居室に設けられた各有効開口部の上端までの高さの平均（単位　m）
$H_{top(room)}$ 当該居室の基準点から天井までの高さのうち最大のもの（単位　m）
E 当該居室に設けられた有効開口部の種類に応じ、それぞれ次の表に掲げる式によって計算した当該居室に設けられた各有効開口部の排煙量（当該居室に設けられた有効開口部の種類が同表(一)又は(二)に掲げるものである場合にあっては、当該居室に設けられた各有効開口部及び当該有効開口部の開放に伴い開放される当該居室に設けられた他の有効開口部のうち当該有効開口部からの距離が30m以内であるもの（以下このロにおいて「他の有効開口部」という。）の排煙量の合計）のうち最小のもの（単位　㎥／分）

	当該居室に設けられた有効開口部の種類	当該居室に設けられた各有効開口部の排煙量
(一)	有効開口部を排煙口とした場合に、当該居室に設けられた排煙設備が自然排煙関係規定に適合し、かつ、当該居室の壁の床面からの高さが1.8m以下の部分に排煙口の開放に連動して自動的に開放され又は常時開放状態にある給気口が設けられたもの（当該居室に設	$e = max\left\{19A_s\sqrt{h_s},\ \frac{76A_s\sqrt{H_c - 1.8}}{\sqrt{1 + \left(\frac{A'_s}{A_a}\right)^2}}\right\}$

	けられた当該排煙設備以外の排煙設備が機械排煙関係規定に適合する場合を除く。)	
(二)	有効開口部を排煙口とした場合に、当該居室に設けられた排煙設備が機械排煙関係規定に適合し、かつ、当該居室の壁の床面からの高さが1.8m以下の部分に排煙口の開放に連動して自動的に開放され又は常時開放状態にある給気口が設けられたもの（当該居室に設けられた当該排煙設備以外の排煙設備が自然排煙関係規定に適合する場合を除く。)	$e = min\{w, 3.9(H_c - 1.8)w^{2/3}\}$
(三)	有効開口部を排煙口とした場合に、当該居室に設けられた排煙設備が平成12年建設省告示第1437号第一号イ、ロ(1)及び(3)、ハ(1)、(2)及び(3)(i)並びにニ又は第二号イ、ロ(1)、(3)及び(5)、ハ(1)(i)、(ii)(イ)及び(2)並びにニの規定に適合するもの	$e = min\ (s, 550A_s)$
(四)	その他の有効開口部	$e = 0$
この表において、e、A_s、h_s、H_c、A'_s、A_a、w及びsは、それぞれ次の数値を表すものとする。 e　当該居室に設けられた各有効開口部の排煙量（単位　㎥／分） A_s　当該有効開口部の開口面積（単位　㎡） h_s　当該有効開口部の上端と下端の垂直距離（単位　m） H_c　当該居室の基準点から当該有効開口部の中心までの高さ（単位　m） A'_s　当該有効開口部及び他の有効開口部の開口面積の合計（単位　㎡） A_a　当該居室に設けられた給気口（当該有効開口部の開放に伴い開放され又は常時開放状態にある給気口に限る。）の開口面積の合計（単位　㎡） w　当該有効開口部の排煙機の空気を排出することができる能力（単位　㎥／分） s　当該居室に係る送風機の当該居室に設けられた有効開口部から空気を排出することができる能力（単位　㎥／分）		

三　令第129条第3項第一号ニに規定する当該階に存する者（当該階を通らなければ避難することができない者を含む。以下「階に存する者」という。）の全てが当該火災室で火災が発生してから当該階からの避難を終了するまでに要する時間（以下「階避難完了時間」という。）は、次に掲げる時間を合計して計算するものとする。

イ　当該階の各室及び当該階を通らなければ避難することができない建築物の部分（以下「当該階の各室等」という。）の用途に応じ、それぞれ次の表に掲げる式によって計算した火災が発生してから階に存する者が避難を開始するまでに要する時間（以下「階避難開始時間」という。）（単位　分）

当該階の各室等の用途	階避難開始時間
共同住宅、ホテルその他これらに類する用途（病院、診療所及び児童福祉施設等を除く。）	$t_{start(floor)} = \frac{\sqrt{\Sigma A_{area(floor)}}}{30} + 5$
その他の用途（病院、診療所及び児童福祉施設等を除く。）	$t_{start(floor)} = \frac{\sqrt{\Sigma A_{area(floor)}}}{30} + 3$
この表において、$t_{start(floor)}$及び$A_{area(floor)}$は、それぞれ次の数値を表すものとする。 $t_{start(floor)}$　階避難開始時間（単位　分） $A_{area(floor)}$　当該階の各室等の各部分の床面積（単位　㎡）	

ロ　次の式によって計算した階に存する者が当該階の各室等の各部分から直通階段の一に達するまでに要する歩行時間のうち最大のもの（単位　分）

$$t_{travel(floor),i} = \sum \frac{l_{floor}}{v}$$

この式において、$t_{travel(floor),i}$、l_{floor} 及び v は、それぞれ次の数値を表すものとする。

$t_{travel(floor),i}$　階に存する者が当該階の各室等の各部分から直通階段の一に達するまでに要する歩行時間（単位　分）

l_{floor}　当該階の各室等の各部分から直通階段への出口（当該火災室が直通階段への出口を有する場合においては、当該火災室の直通階段への出口のうち、その幅が最大のものを除く。）の一に至る歩行距離（単位　m）

v　第一号ロに規定する歩行速度（単位　m/ 分）

ハ　次の式によって計算した階に存する者が当該階から直通階段への出口を通過するために要する時間（単位　分）

$$t_{queue(floor)} = \frac{\Sigma\, pA_{area(floor)}}{\Sigma N_{eff(floor)} B_{st}}$$

この式において、$t_{queue(floor)}$、p、$A_{area(floor)}$、$N_{eff(floor)}$ 及び B_{st} は、それぞれ次の数値を表すものとする。

$t_{queue(floor)}$　階に存する者が当該階から直通階段への出口を通過するために要する時間（単位　分）

p　第一号ハに規定する在館者密度（単位　人 /㎡）

$A_{area(floor)}$　当該階の各室等の各部分の床面積（単位　㎡）

$N_{eff(floor)}$　当該階から直通階段への各出口（当該火災室が直通階段への出口を有する場合においては、当該火災室の直通階段への出口のうち、その幅が最大のものを除く。以下このハにおいて同じ。）の幅及び種類並びに当該階から直通階段への各出口の通ずる直通階段の階段室の床面積に応じ、それぞれ次の表に掲げる式によって計算した当該階から直通階段への各出口の有効流動係数（単位　人 / 分・m）

当該階から直通階段への各出口の幅	当該階から直通階段への各出口の種類	当該階から直通階段への各出口の通ずる直通階段の階段室の床面積	当該階から直通階段への各出口の有効流動係数
60cm 未満である場合	−		$N_{eff(floor)} = 0$
その他の場合	地上への出口である場合	−	$N_{eff(floor)} = 90$
	その他の場合	$\Sigma A_{st} \geqq 0.25\,\Sigma pA_{load(floor)}$ である場合	$N_{eff(floor)} = 90$
		$\Sigma A_{st} < 0.25\,\Sigma pA_{load(floor)}$ である場合	$N_{eff(floor)} = \frac{320 B_{neck(floor)} \Sigma A_{st}}{B_{st} \Sigma pA_{load(floor)}}$

この表において、$N_{eff(floor)}$、A_{st}、p、$A_{load(floor)}$、$B_{neck(floor)}$ 及び B_{st} は、それぞれ次の数値を表すものとする。

$N_{eff(floor)}$　当該階から直通階段への各出口の有効流動係数（単位　人 / 分・m）

A_{st}　当該階から直通階段への各出口の通ずる直通階段の当該階からその直下階（当該階が地階である場合にあっては、その直上階）までの階段室の床面積（単位　㎡）

p　第一号ロに規定する在館者密度（単位　人 /㎡）

$A_{load(floor)}$　当該階から直通階段への各出口を通らなければ避難することができない建築物の各部分の床面積（単位　㎡）

$B_{neck(floor)}$ 当該出口の幅、当該出口の通ずる直通階段の幅又は当該直通階段から地上若しくは避難階への出口の幅のうち最小のもの（単位　m）
B_{st} 当該出口の幅（単位　m）

B_{st} 当該出口の幅（単位　m）

四　令第129条第3項第一号ホに規定する当該火災室において発生した火災により生じた煙等が、当該階の各居室（当該火災室を除く。）及び当該居室から直通階段に通ずる主たる廊下その他の建築物の部分において避難上支障のある高さまで降下するために要する時間は、当該火災室から直通階段への出口を有する室に通ずる各経路上にある各室について次の式によって計算した時間（以下「室煙降下時間」という。）の合計のうち最小のものとする。

$$t_{s(floor)} = \frac{A_{room(floor)} \left(H_{room(floor)} - H_{lim}\right)}{max\left(V_{s(floor)} - V_{e(floor)}, 0.01\right)}$$

この式において、$t_{s(floor)}$、$A_{room(floor)}$、$H_{room(floor)}$、H_{lim}、$V_{s(floor)}$ 及び $V_{e(floor)}$ は、それぞれ次の数値を表すものとする。

$t_{s(floor)}$ 室煙降下時間（単位　分）
$A_{room(floor)}$ 当該室の床面積（単位　㎡）
$H_{room(floor)}$ 当該室の基準点から天井までの高さの平均（単位　m）
H_{lim} 当該室の種類及び当該室の開口部に設けられた防火設備の構造に応じ、それぞれ次の表に定める数値（以下「限界煙層高さ」という。）（単位　m）

当該室の種類	当該室の開口部に設けられた防火設備の構造	限界煙層高さ
直通階段への出口を有する室	–	1.8
その他の室	常時閉鎖式の防火設備（建築基準法（昭和25年法律第201号）第2条第九号の二ロに規定する防火設備に限る。以下同じ。）又は随時閉鎖することができ、かつ、煙感知器と連動する自動閉鎖装置を設けた防火設備	当該室の床面から各開口部の上端までの高さのうち最大のものの$\frac{1}{2}$の高さ
	その他の構造	当該室の床面から各開口部の上端までの高さのうち最大のもの

$V_{s(floor)}$ 次のイ又はロに掲げる当該室の区分に応じ、それぞれ当該イ又はロに定める当該室の煙等発生量（単位　㎥／分）

イ　火災室　次の式によって計算した当該室の煙等発生量（単位　㎥／分）

$$V_{s(floor)} = 9 \quad \{(\alpha_f + \alpha_m) A_{room(floor)}\}^{1/3} \quad \{H_{low(floor)}^{5/3} + (H_{low(floor)} - H_{room(floor)} + H_{lim})^{5/3}\}$$

この式において、$V_{s(floor)}$、α_f、α_m、$A_{room(floor)}$、$H_{low(floor)}$、$H_{room(floor)}$ 及び H_{lim} は、それぞれ次の数値を表すものとする。

$V_{s(floor)}$ 当該室の煙等発生量（単位　㎥／分）
α_f 第一号ハに規定する積載可燃物の火災成長率
α_m 第一号ハに規定する内装材料の火災成長率
$A_{room(floor)}$ 当該室の床面積（単位　㎡）
$H_{low(floor)}$ 当該室の床面の最も低い位置から天井までの高さの平均（単位　m）
$H_{room(floor)}$ 当該室の基準点から天井までの高さの平均（単位　m）

H_{lim}　限界煙層高さ（単位　m）

ロ　火災室以外の室　当該火災室と当該室とを区画する壁（当該室が当該火災室に隣接していない場合にあっては、当該経路（当該火災室から当該室に至る部分に限る。以下このロにおいて同じ。）上にある室の壁（当該経路上にある他の室に面するものであって、開口部が設けられたものに限る。）のうちいずれかの壁。以下このロにおいて同じ。）及び当該壁の開口部の構造に応じ、それぞれ次の表に掲げる式によって計算した当該室の煙等発生量（単位　㎥／分）

当該火災室と当該室とを区画する壁及び当該壁の開口部の構造	当該室の煙等発生量
準耐火構造の壁又は不燃材料で覆われた壁の開口部に令第112条第19項第二号に規定する構造である防火設備が設けられている場合	$V_{s(floor)} = 0.2A_{op}$
準耐火構造の壁又は不燃材料で覆われた壁の開口部に令第112条第19項第一号に規定する構造である防火設備が設けられている場合	$V_{s(floor)} = 2A_{op}$
その他の場合	$V_{s(floor)} = max\ (V_{s0} - V_{e(floor),f},\ 0)$

この表において、$V_{s(floor)}$、A_{op}、V_{s0} 及び $V_{e(floor),f}$ は、それぞれ次の数値を表すものとする。

$V_{s(floor)}$　当該室の煙等発生量（単位　㎥／分）

A_{op}　当該火災室と当該室とを区画する壁の開口部の面積の合計（単位　㎡）

V_{s0}　イに掲げる式によって計算した当該火災室の煙等発生量（単位　㎥／分）

$V_{e(floor),f}$　次の(1)又は(2)に掲げる当該火災室の区分に応じ、それぞれ当該(1)又は(2)に定める当該火災室の有効排煙量（自然排煙関係規定に適合した排煙設備を設け、かつ、当該火災室の壁の床面からの高さが1.8m以下の部分に排煙口の開放に連動して自動的に開放され又は常時開放状態にある給気口を設けた場合以外の場合には、0とする。）（単位　㎥／分）

(1)　床面積1,500㎡以内ごとに、防煙垂れ壁によって区画された火災室（床面から防煙垂れ壁の下端までの高さが限界煙層高さ以上である場合に限る。）　次の式によって計算した各防煙区画（防煙垂れ壁で区画された部分をいう。以下この号において同じ。）の有効排煙量のうち最小のもの（以下「防煙区画有効排煙量」という。）（単位　㎥／分）

$$V_{e(floor),i} = A^*_{(floor)}E_{(floor,sc)}$$

この式において、$V_{e(floor),i}$、$A^*_{(floor)}$ 及び $E_{(floor,sc)}$ は、それぞれ次の数値を表すものとする。

$V_{e(floor),i}$　各防煙区画の有効排煙量（単位　㎥／分）

$A^*_{(floor)}$　当該防煙区画の壁又は天井に設けられた開口部の床面からの高さが限界煙層高さ以上の部分（以下「限界煙層高さ有効開口部」という。）の有無及びその上端の位置に応じ、それぞれ次の表に掲げる式によって計算した当該防煙区画の排煙効果係数

限界煙層高さ有効開口部の有無	限界煙層高さ有効開口部の上端の位置	当該防煙区画の排煙効果係数
限界煙層高さ有効開口部がない場合	－	$A^*_{(floor)} = 0$

限界煙層高さ有効開口部がある場合	$\overline{H_{st(floor)}} < H_{w(floor)}$ である場合	$A^{*}_{(floor)} = 0.4 \left(\frac{\overline{H_{st(floor)}} - H_{lim}}{H_{top(floor)} - H_{lim}} \right)$
	$\overline{H_{st(floor)}} \geqq H_{w(floor)}$ である場合	$A^{*}_{(floor)} = 0.4 \left(\frac{\overline{H_{st(floor)}} - H_{lim}}{H_{top(floor)} - H_{lim}} \right) +$ $0.6 \left(1 - \frac{A_{sc}}{A_{room(floor)}} \right) \left(\frac{\overline{H_{st(floor)}} - H_{w(floor)}}{\overline{H_{st(floor)}} - H_{lim}} \right)^2$
この表において、$A^{*}_{(floor)}$、$\overline{H_{st(floor)}}$、$H_{w(floor)}$、H_{lim}、$H_{top(floor)}$、A_{sc} 及び $A_{room(floor)}$ は、それぞれ次の数値を表すものとする。 $A^{*}_{(floor)}$　当該防煙区画の排煙効果係数 $\overline{H_{st(floor)}}$　当該室の基準点から当該防煙区画に設けられた各限界煙層高さ有効開口部の上端までの高さの平均（単位　m） $H_{w(floor)}$　当該室の基準点から当該防煙区画における防煙垂れ壁の下端までの高さのうち最大のもの（単位　m） H_{lim}　限界煙層高さ（単位　m） $H_{top(floor)}$　当該室の基準点から当該防煙区画の天井までの高さのうち最大のもの（単位　m） A_{sc}　当該防煙区画の床面積（単位　㎡） $A_{room(floor)}$　当該室の床面積（単位　㎡）		

$E_{(floor,sc)}$　当該防煙区画に設けられた限界煙層高さ有効開口部の種類に応じ、それぞれ次の表に掲げる式によって計算した当該防煙区画に設けられた各限界煙層高さ有効開口部の排煙量（当該防煙区画に設けられた限界煙層高さ有効開口部の種類が同表㈠又は㈡に掲げるものである場合にあっては、当該防煙区画に設けられた各限界煙層高さ有効開口部及び当該限界煙層高さ有効開口部の開放に伴い開放される当該防煙区画に設けられた他の限界煙層高さ有効開口部のうち当該限界煙層高さ有効開口部からの距離が30m以内であるもの（以下この⑴において「他の限界煙層高さ有効開口部」という。）の排煙量の合計）のうち最小のもの（単位　㎥／分）

	当該防煙区画に設けられた限界煙層高さ有効開口部の種類	当該防煙区画に設けられた各限界煙層高さ有効開口部の排煙量
㈠	限界煙層高さ有効開口部を排煙口とした場合に、当該防煙区画に設けられた排煙設備が自然排煙関係規定に適合し、かつ、当該室の壁の床面からの高さが1.8m以下の部分に排煙口の開放に連動して自動的に開放され	$e_{(floor,sc)} = max \left\{ 19 A_{s(sc)} \sqrt{h_{s(sc)}},\ \frac{76 A_{s(sc)} \sqrt{H_{c(sc)} - H_{lim}}}{\sqrt{1 + \left(\frac{A'_{s(sc)}}{A_{a(floor)}} \right)^2}} \right\}$

	又は常時開放状態にある給気口が設けられたもの（当該室に設けられた当該排煙設備以外の排煙設備が機械排煙関係規定に適合する場合を除く。）	
(二)	限界煙層高さ有効開口部を排煙口とした場合に、当該防煙区画に設けられた排煙設備が機械排煙関係規定に適合し、かつ、当該室の壁の床面からの高さが1.8m以下の部分に排煙口の開放に連動して自動的に開放され又は常時開放状態にある給気口が設けられたもの（当該室に設けられた当該排煙設備以外の排煙設備が自然排煙関係規定に適合する場合を除く。）	$e_{(floor,sc)} = min\{w_{(sc)}, 3.9(H_{c(sc)} - H_{lim})w_{(sc)}^{2/3}\}$
(三)	限界煙層高さ有効開口部を排煙口とした場合に、当該防煙区画に設けられた排煙設備が平成12年建設省告示第1437号第一号イ、ロ(1)及び(3)、ハ(1)、(2)及び(3)(i)並びにニ又は第二号イ、ロ(1)、(3)及び(5)、ハ(1)(i)、(ii)(イ)及び(2)並びにニの規定に適合するもの	$e_{(floor,sc)} = min(s_{(sc)}, 550A_{s(sc)})$
(四)	その他の限界煙層高さ有効開口部	$e_{(floor,sc)} = 0$

この表において、$e_{(floor,sc)}$、$A_{s(sc)}$、$h_{s(sc)}$、$H_{c(sc)}$、H_{lim}、$A'_{s(sc)}$、$A_{a(floor)}$、$w_{(sc)}$及び$s_{(sc)}$は、それぞれ次の数値を表すものとする。

$e_{(floor,sc)}$　当該防煙区画に設けられた各限界煙層高さ有効開口部の排煙量（単位　㎥／分）

$A_{s(sc)}$　当該限界煙層高さ有効開口部の開口面積（単位　㎡）

$h_{s(sc)}$　当該限界煙層高さ有効開口部の上端と下端の垂直距離（単位　m）

$H_{c(sc)}$　当該室の基準点から当該限界煙層高さ有効開口部の中心までの高さ（単位　m）

H_{lim}　限界煙層高さ（単位　m）

$A'_{s(sc)}$　当該限界煙層高さ有効開口部及び他の限界煙層高さ有効開口部の開口面積の合計（単位　㎡）

$A_{a(floor)}$　当該室に設けられた給気口（当該限界煙層高さ有効開口部の開放に伴い開放され又は常時開放状態にある給気口に限る。）の開口面積の合計（単位　㎡）

$w_{(sc)}$　当該限界煙層高さ有効開口部の排煙機の空気を排出することができる能力（単位　㎥／分）

$s_{(sc)}$　当該防煙区画に係る送風機の当該防煙区画に設けられた限界煙層高さ有効開口部から空気を排出することができる能力（単位　㎥／分）

(2)　(1)に掲げる火災室以外の火災室で床面積が1,500㎡以下のもの　次の式によって計算した当該室の有効排煙量（以下「室有効排煙量」という。）（単位　㎥／分）

$$V_{e(floor)} = 0.4\left(\frac{\overline{H_{st(floor)}} - H_{lim}}{H_{top(floor)} - H_{lim}}\right)E_{(floor)}$$

この式において、$V_{e(floor)}$、$\overline{H_{st(floor)}}$、H_{lim}、$H_{top(floor)}$及び$E_{(floor)}$は、それぞれ次の数値を表すものとする。

$V_{e(floor)}$　当該室の有効排煙量（単位　㎥／分）

$\overline{H_{st(floor)}}$　当該室の基準点から当該室に設けられた各限界煙層高さ有効開口部の上端までの高さの平均（単位　m）

H_{lim}　限界煙層高さ（単位　m）

$H_{top(floor)}$　当該室の基準点から天井までの高さのうち最大のもの（単位　m）

$E_{(floor)}$　当該室に設けられた限界煙層高さ有効開口部の種類に応じ、それぞれ次の表に掲げる式によって計算した当該室に設けられた各限界煙層高さ有効開口部の排煙量（当該室に設けられた限界煙層高さ有効開口部の種類が同表㈠又は㈡に掲げるものである場合にあっては、当該室に設けられた各限界煙層高さ有効開口部及び当該限界煙層高さ有効開口部の開放に伴い開放される当該室に設けられた他の限界煙層高さ有効開口部のうち当該限界煙層高さ有効開口部からの距離が30m以内であるもの（以下この(2)において「他の限界煙層高さ有効開口部」という。）の排煙量の合計）のうち最小のもの（単位　㎥／分）

	当該室に設けられた限界煙層高さ有効開口部の種類	当該室に設けられた各限界煙層高さ有効開口部の排煙量
(一)	限界煙層高さ有効開口部を排煙口とした場合に、当該室に設けられた排煙設備が自然排煙関係規定に適合し、かつ、当該室の壁の床面からの高さが1.8m以下の部分に排煙口の開放に連動して自動的に開放され又は常時開放状態にある給気口が設けられたもの（当該室に設けられた当該排煙設備以外の排煙設備が機械排煙関係規定に適合する場合を除く。）	$e_{(floor)} = max\left\{19A_{s(floor)}\sqrt{h_{s(floor)}},\ \dfrac{76A_{s(floor)}\sqrt{H_{c(floor)} - H_{lim}}}{\sqrt{1 + \left(\dfrac{A'_{s(floor)}}{A_{a(floor)}}\right)^2}}\right\}$
(二)	限界煙層高さ有効開口部を排煙口とした場合に、当該室に設けられた排煙設備が機械排煙関係規定に適合し、かつ、当該室の壁の床面からの高さが1.8m以下の部分に排煙口の開放に連動して自動的に開放され又は常時開放状態にある給気口が設けられたもの（当該室に設けられた当該排煙設備以外の排煙設備が自然排煙関係規定に適合する場合を除く。）	$e_{(floor)} = min\ \{w_{(floor)},\ 3.9\ (H_{c(floor)} - H_{lim})\ w_{(floor)}{}^{2/3}\}$
(三)	限界煙層高さ有効開口部を排煙口とした場合に、当該室に設けられた排煙設備が平成12年建設省告示第1437号第一号イ、ロ(1)及び(3)、ハ(1)、(2)及び(3)(i)並びにニ又は第二号イ、	$e_{(floor)} = min(s_{(floor)}, 550A_{s(floor)})$

	ロ(1)、(3)及び(5)、ハ(1)(i)、(ii)(イ)及び(2)並びにニの規定に適合するもの	
(四)	その他の限界煙層高さ有効開口部	$e_{(floor)} = 0$

この表において、$e_{(floor)}$、$A_{s(floor)}$、$h_{s(floor)}$、$H_{c(floor)}$、H_{lim}、$A'_{s(floor)}$、$A_{a(floor)}$、$w_{(floor)}$ 及び $s_{(floor)}$ は、それぞれ次の数値を表すものとする。

$e_{(floor)}$　当該室に設けられた各限界煙層高さ有効開口部の排煙量（単位　㎥／分）

$A_{s(floor)}$　当該限界煙層高さ有効開口部の開口面積（単位　㎡）

$h_{s(floor)}$　当該限界煙層高さ有効開口部の上端と下端の垂直距離（単位　m）

$H_{c(floor)}$　当該室の基準点から当該限界煙層高さ有効開口部の中心までの高さ（単位　m）

H_{lim}　限界煙層高さ（単位　m）

$A'_{s(floor)}$　当該限界煙層高さ有効開口部及び他の限界煙層高さ有効開口部の開口面積の合計（単位　㎡）

$A_{a(floor)}$　当該室に設けられた給気口（当該限界煙層高さ有効開口部の開放に伴い開放され又は常時開放状態にある給気口に限る。）の開口面積の合計（単位　㎡）

$w_{(floor)}$　当該限界煙層高さ有効開口部の排煙機の空気を排出することができる能力（単位　㎥／分）

$s_{(floor)}$　当該室に係る送風機の当該室に設けられた限界煙層高さ有効開口部から空気を排出することができる能力（単位　㎥／分）

$V_{e(floor)}$　次のイ又はロに掲げる当該室の区分に応じ、それぞれ当該イ又はロに定める当該室の有効排煙量（単位　㎥／分）

イ　床面積1,500㎡以内ごとに、防煙垂れ壁によって区画された室（床面から防煙垂れ壁の下端までの高さが限界煙層高さ以上である場合に限る。）　防煙区画有効排煙量（単位　㎥／分）

ロ　イに掲げる室以外の室で床面積が1,500㎡以下のもの　室有効排煙量（単位　㎥／分）

火災により生じた煙又はガスの高さに基づく全館避難安全検証法に関する算出方法等を定める件

制定：令和3年5月28日　国土交通省告示第476号

建築基準法施行令（昭和25年政令第338号）第129条の2第4項第一号ロ並びに第二号ロ及びハの規定に基づき、火災により生じた煙又はガスの高さに基づく全館避難安全検証法に関する算出方法等を次のように定める。

一　この告示は、次に掲げる基準に適合する建築物について適用する。

イ　直通階段（避難階又は地上に通ずるものに限る。以下同じ。）の階段室と屋内とを連絡するバルコニー又は付室の床面積（バルコニーで床面積がないものにあっては、床部分の面積。以下このイにおいて「付室面積」という。）がそれぞれ10㎡以上であり、かつ、避難階以外の各階における付室面積の合計が、次の式によって計算した必要付室面積以上であること。

$$A_{att} = \quad \Sigma\, k_r p A_{floor}$$

この式において、A_{att}、k_r、p 及び A_{floor} は、それぞれ次の数値を表すものとする。

A_{att}　必要付室面積（単位　㎡）

k_r　当該階の各室及び当該階を通らなければ避難することができない建築物の部分（以下このイにおいて「当該階の各室等」という。）の用途に応じ、それぞれ次の表に定める自力避難困難者混在率

当該階の各室等の用途	自力避難困難者混在率
児童福祉施設等（建築基準法施行令（以下「令」という。）第115条の3第一号に規定する児童福祉施設等をいう。以下同じ。）（通所のみにより利用されるものに限る。）	1.0
その他の用途（病院、診療所（患者の収容施設があるものに限る。）及び児童福祉施設等を除く。）	0.02

p　令和3年国土交通省告示第474号第一号ロに規定する在館者密度（単位　人/㎡）

A_{floor}　当該階の各室等の各部分の床面積（単位　㎡）

ロ　令第123条第3項に規定する特別避難階段への出口を有する室が同項第二号並びに第四号、第六号及び第九号の規定（これらの規定中バルコニー又は付室に係る部分に限る。）に定める構造であること。

ハ　竪穴部分（令第112条第11項に規定する竪穴部分をいい、直通階段の部分を除く。以下同じ。）の壁及び天井（天井のない場合においては、屋根。以下同じ。）の室内に面する部分の仕上げを準不燃材料でしたものであること。

二　令第129条の2第4項第二号に規定する方法を用いる場合における同項第一号ロに規定する当該建築物に存する者（以下「在館者」という。）の全てが、当該火災室で火災が発生してから当該建築物からの避難を終了するまでに要する時間（以下「避難完了時間」という。）は、次に掲げる時間を合計して計算するものとする。

イ　当該建築物の用途に応じ、それぞれ次の表に掲げる式によって計算した火災が発生してから在館者が避難を開始するまでに要する時間（以下「避難開始時間」という。）（単位　分）

当該建築物の用途	避難開始時間
共同住宅、ホテルその他これらに類する用途（病院、診療所及び児童福祉施設等を除く。）	$t_{start} = \min\left(5\times10^{-3}L_{wall}{}^{6/5},\ \dfrac{2\times10^{-3}L_{wall}{}^{6/5}}{\alpha^{1/5}}+t_0\right)+8$
その他の用途（病院、診療所（患者の収容施設があるものに限る。）及び児童福祉施設等（通所のみに利用されるものを除く。）を除く。）	$t_{start} = \min\left(5\times10^{-3}L_{wall}{}^{6/5},\ \dfrac{2\times10^{-3}L_{wall}{}^{6/5}}{\alpha^{1/5}}+t_0\right)+6$

この表において、t_{start}、L_{wall}、α 及び t_0 は、それぞれ次の数値を表すものとする。

t_{start}　避難開始時間（単位　分）

L_{wall}　準耐火構造であるか、若しくは不燃材料で造り、若しくは覆われた床若しくは壁又は建築基準法（昭和 25 年法律第 201 号。以下「法」という。）第 2 条第九号の二ロに規定する防火設備で区画された部分で当該火災室を含むもの（当該火災室が準耐火構造であるか、若しくは不燃材料で造り、若しくは覆われた床若しくは壁又は法第 2 条第九号の二ロに規定する防火設備で区画された部分である場合にあっては、当該火災室。以下「火災部分」という。）の周長（単位　m）

α　次の式によって計算した火災部分の各室の火災成長率のうち最大のもの（以下「火災部分火災成長率」という。）

$$\alpha_i = max\{5.8\times10^{-4}\ (0.26q_l^{1/3} - \phi_{sp})\ q_l^{2/3},\ 0.0125\} \times k_m$$

（この式において、α_i、q_l、ϕ_{sp} 及び k_m は、それぞれ次の数値を表すものとする。

α_i　火災部分の各室の火災成長率

q_l　積載可燃物の1㎡当たりの発熱量（令和3年国土交通省告示第474号第一号イに規定する積載可燃物の1㎡当たりの発熱量をいう。以下同じ。）（単位　MJ/㎡）

ϕ_{sp}　令和3年国土交通省告示第475号第四号イに規定する燃焼表面積低減率

k_m　令和3年国土交通省告示第475号第一号イに規定する内装燃焼係数）

t_0　次の式によって計算した火災部分の燃焼拡大補正時間（単位　分）

$$t_0 = \frac{100 - \left(\frac{100}{\alpha}\right)^{1/2}}{60}$$

（この式において、t_0 及び α は、それぞれ次の数値を表すものとする。

t_0　火災部分の燃焼拡大補正時間（単位　分）

α　火災部分火災成長率）

ロ　次の式によって計算した在館者が当該建築物の各室の各部分から地上への出口（幅が 60㎝未満であるものを除く。）の一に達し、かつ、当該出口を通過するために要する時間（以下「出口通過時間」という。）（単位　分）

$$t_{pass} = t_{escape(w)} + t_{escape(c)}$$

（この式において、t_{pass}、$t_{escape(w)}$ 及び $t_{escape(c)}$ は、それぞれ次の数値を表すものとする。

t_{pass}　出口通過時間（単位　分）

$t_{escape(w)}$　平成 27 年国土交通省告示第 255 号第 1 第 4 項に規定する当該建築物の各部分から地上までの避難を終了するまでに要する歩行時間のうち最大のもの（単位　分）

$t_{escape(c)}$　平成 27 年国土交通省告示第 255 号第 1 第 4 項に規定する当該建築物の各部分から地上までの避難を終了するまでに要する各階段における滞留時間のうち最大のもの（単位　分））

三　令第 129 条の 2 第 4 項第二号ロに規定する同項第一号ロの規定によって計算した避難完了時間が経過した時における当該火災室において発生した火災により生じた煙又はガス（以下「煙等」という。）の階段の部分及び当該火災室の存する階（以下「出火階」という。）の直上階以上の各階の各部分における高さ（当該各部分の基準点（床面の最も高い位置をいう。以下同じ。）から煙等の下端の位置までの高さとする。）は、次のイ又はロに掲げる建築物の部分の区分に応じ、それぞれ当該イ又はロに定める数値とする。

イ　直通階段の部分　出火階の種類、当該直通階段に隣接する各室（出火階にあるものに限る。以下「階段隣接室」という。）における煙等の高さ（当該各室の基準点から煙等の下端の位置までの高さとする。以下「階段隣接室の煙層下端高さ」という。）のうち最小のもの及び当該直通階段から地上に至る経路上にある各室（以下「階段避難経路の部分」という。）における煙等の高さ（当該各室の基準点から煙等の下端の位置までの高さとする。以下「階段避難経路の部分の煙層下端高さ」という。）のうち最小のものに応じ、それぞれ次の表に掲げる式によって計算した数値（以下「直通階段の部分の煙層下端高さ」という。）（単位　m）

出火階の種類	階段隣接室の煙層下端高さのうち最小のもの	階段避難経路の部分の煙層下端高さのうち最小のもの	直通階段の部分の煙層下端高さ

避難階	$Z_{room(st)} \geqq H_{lim}$ である場合	$Z_{room(ev)} \geqq 1.8$ である場合	$Z_{dst} = H_{dst}$
		$Z_{room(ev)} < 1.8$ である場合	$Z_{dst} = 0$
	$Z_{room(st)} < H_{lim}$ である場合	−	$Z_{dst} = 0$
避難階以外の階	$Z_{room(st)} \geqq H_{lim}$ である場合	−	$Z_{dst} = H_{dst}$
	$Z_{room(st)} < H_{lim}$ である場合	−	$Z_{dst} = 0$

この表において、$Z_{room(st)}$、H_{lim}、$Z_{room(ev)}$、Z_{dst} 及び H_{dst} は、それぞれ次の数値を表すものとする。

$Z_{room(st)}$　避難完了時間、当該階段隣接室の種類、避難完了時間が経過した時における当該階段隣接室の煙層上昇温度（以下単に「階段隣接室の煙層上昇温度」という。）及び火災部分から当該階段隣接室への噴出熱気流の運搬熱量に応じ、それぞれ次の表に掲げる式によって計算した階段隣接室の煙層下端高さのうち最小のもの（単位　m）

避難完了時間	当該階段隣接室の種類	階段隣接室の煙層上昇温度		火災部分から当該階段隣接室への噴出熱気流の運搬熱量	階段隣接室の煙層下端高さ
$t_{escape} > t_{fr(room)}$ である場合	−	−		−	$Z_{room(st),i} = 0$
$t_{escape} \leqq t_{fr(room)}$ である場合	直通階段の付室（火災部分又は火災部分の一部であるものを除き、当該直通階段の階段室又は当該付室の構造が平成28年国土交通省告示第696号に定める構造方法（同告示第四号に定める構造方法にあっては、送風機が90㎥／分以上の空気を排出することができる能力を有するものに限る。）を用いる構造であるものに限る。以下同じ。）	−		−	$Z_{room(st),i} = H_{lim}$
	その他のもの	$\Delta T_{room(st)} > 180$ である場合	−	−	$Z_{room(st),i} = 0$
		$\Delta T_{room(st)} \leqq 180$ である場合	$\Delta T_{room(st)} \leqq \sqrt{\dfrac{500}{3t_{pass}}}$ である場合	−	$Z_{room(st),i} = H_{lim}$
			$\Delta T_{room(st)} > \sqrt{\dfrac{500}{3t_{pass}}}$ である場合	$Q_{room(st)} \leqq \left(\dfrac{\rho_{room(st)} E_{room(st)}}{8.4 H_{lim}^{5/3}}\right)^3$ である場合	$Z_{room(st),i} = H_{lim}$

					$Q_{room(st)} > \left(\frac{\rho_{room(st)} E_{room(st)}}{8.4 H_{lim}^{5/3}}\right)^3$ である場合	$Z_{room(st),i} = max\left[H_{room(st)} - \frac{max(V_{s(room(st))} - V_{e(room(st))}, 0.01)}{A_{room(st)}} \times \left(t_{escape} - \frac{5}{3}\right), 0\right]$

この表において、t_{escape}、$t_{fr(room)}$、$Z_{room(st),i}$、H_{lim}、$\Delta T_{room(st)}$、t_{pass}、$Q_{room(st)}$、$\rho_{room(st)}$、$E_{room(st)}$、$H_{room(st)}$、$V_{s(room(st))}$、$V_{e(room(st))}$ 及び $A_{room(st)}$ は、それぞれ次の数値を表すものとする。

t_{escape}　前号に規定する避難完了時間（単位　分）

$t_{fr(room)}$　火災部分を区画する床又は壁の構造に応じ、それぞれ次の表に定める時間（火災部分にスプリンクラー設備（水源として、水道の用に供する水管を当該スプリンクラー設備に連結したものを除く。）、水噴霧消火設備、泡消火設備その他これらに類するもので自動式のもの（以下「スプリンクラー設備等」という。）が設けられている場合にあっては、同表に定める時間に2を乗じた数値）のうち最小のもの（以下「火災部分保有遮炎時間」という。）（単位　分）

	火災部分を区画する床又は壁の構造		時間
(1)	通常火災終了時間が90分以上である建築物の床又は壁（法第21条第1項に規定する構造方法を用いるもの又は同項の規定による認定を受けたものに限る。）の構造方法を用いる構造		当該建築物の通常火災終了時間
(2)	特定避難時間が90分以上である建築物の床又は壁（法第27条第1項に規定する構造方法を用いるもの又は同項の規定による認定を受けたものに限る。）の構造方法を用いる構造		当該建築物の特定避難時間
(3)	平成27年国土交通省告示第250号第2第一号イ(1)から(5)までのいずれかに該当する構造（(1)及び(2)に掲げるものを除く。）		90
(4)	令和元年国土交通省告示第193号第1第8項に規定する75分間準耐火構造（(1)から(3)までに掲げるものを除く。）		75
(5)	耐火構造（(1)から(4)までに掲げるものを除く。）		60
(6)	準耐火構造（(1)から(5)までに掲げるものを除く。）	1時間準耐火基準に適合するもの	60
		その他のもの	45
(7)	不燃材料で造り、又は覆われたもの（(1)から(6)までに掲げるものを除く。）		20

$Z_{room(st),i}$　階段隣接室の煙層下端高さ（単位　m）

H_{lim}　限界煙層高さ（令和2年国土交通省告示第511号第二号に規定する限界煙層高さをいう。以下同じ。）（単位　m）

$\Delta T_{room(st)}$　当該階段隣接室の種類に応じ、それぞれ次の表に掲げる式によって計算した階段隣接室の煙層上昇温度（単位　度）

当該階段隣接室の種類	階段隣接室の煙層上昇温度
火災部分に隣接する部分	$\Delta T_{room(st)} = min\left(\frac{Q_{room(st)}}{0.14 Q_{room(st)}^{1/3} H_{lim}^{5/3} + 0.015 A_{w(room(st))}}, \Delta T_{room(f)}\right)$
その他のもの（火災部分又は火災部分の一部であるものを除く。）	$\Delta T_{room(st)} = min\left(\frac{Q_{room(st)}}{0.14 Q_{room(st)}^{1/3} H_{lim}^{5/3} + 0.015 A_{w(room(st))}}, \Delta T_{room(m(st))}\right)$

この表において、$\Delta T_{room(st)}$、$Q_{room(st)}$、H_{lim}、$A_{w(room(st))}$、$\Delta T_{room(f)}$ 及び $\Delta T_{room(m(st))}$ は、それぞれ次の数値を表すものとする。

$\Delta T_{room(st)}$　階段隣接室の煙層上昇温度（単位　度）

$Q_{room(st)}$　当該階段隣接室の種類に応じ、それぞれ次の表に掲げる式によって計算した火災部分から当該階段隣接室への噴出熱気流の運搬熱量（単位　kW）

当該階段隣接室の種類	火災部分から当該階段隣接室への噴出熱気流の運搬熱量
火災部分に隣接する部分	$Q_{room(st)} = max\left\{m_{d(f,st)} - \frac{0.005\rho_{room(f)}E_{room(f)} \times min(\sum C_{d(f,st)}A_{d(f,st)}, A_{\alpha(room(st),f)})}{min(\sum C_{d(f,st)}A_{d(f,st)}, A_{\alpha(room(st),f)}) + A_{\alpha(room(f))}}, 0\right\} \times \Delta T_{(room(f))}$
その他のもの（火災部分又は火災部分の一部であるものを除く。）	$Q_{room(st)} = min\ \{max(Q_{room(m(st))} - 0.015A_{w(room(m(st)))}, 0), m_{d(m(st),st)}\Delta T_{room(m(st))}\}$

この表において、$Q_{room(st)}$、$m_{d(f,st)}$、$\rho_{room(f)}$、$E_{room(f)}$、$C_{d(f,st)}$、$A_{d(f,st)}$、$A_{\alpha(room(st),f)}$、$A_{\alpha(room(f))}$、$\Delta T_{room(f)}$、$Q_{room(m(st))}$、$A_{w(room(m(st)))}$、$m_{d(m(st),st)}$及び$\Delta T_{room(m(st))}$は、それぞれ次の数値を表すものとする。

$Q_{room(st)}$　火災部分から当該階段隣接室への噴出熱気流の運搬熱量　（kW）

$m_{d(f,st)}$　次の式によって計算した火災部分から当該階段隣接室への噴出熱気流の質量流量（単位　kg/秒）

$$m_{d(f,st)} = 0.5H_{d(f,st)(max)}^{1/2}\sum C_{d(f,st)}A_{d(f,st)} + 0.5\sum C_{w(f,st)}B_{w(f,st)}H_{w(f,st)}^{3/2}$$

この式において、$m_{d(f,st)}$、$H_{d(f,st)(max)}$、$C_{d(f,st)}$、$A_{d(f,st)}$、$C_{w(f,st)}$、$B_{w(f,st)}$及び$H_{w(f,st)}$は、それぞれ次の数値を表すものとする。

$m_{d(f,st)}$　火災部分から当該階段隣接室への噴出熱気流の質量流量（単位　kg/秒）

$H_{d(f,st)(max)}$　火災部分の当該階段隣接室に面する壁に設けられた各開口部の下端のうち最も低い位置から当該各開口部の上端のうち最も高い位置までの高さ（単位　m）

$C_{d(f,st)}$　避難完了時間及び火災部分の当該階段隣接室に面する壁に設けられた開口部の種類に応じ、それぞれ次の表に定める火災部分の当該階段隣接室に面する壁に設けられた開口部の開口率

避難完了時間	火災部分の当該階段隣接室に面する壁に設けられた開口部の種類	火災部分の当該階段隣接室に面する壁に設けられた開口部の開口率
$t_{escape} \leqq t_{fr(d)}$である場合	令第112条第19項第一号に規定する構造である防火設備（同項第二号に規定する構造であるものを除く。）が設けられたもの	0.01
	令第112条第19項第二号に規定する構造である防火設備が設けられたもの	0.001
	その他のもの	1.0
$t_{escape} > t_{fr(d)}$である場合	−	1.0

この表において、t_{escape}及び$t_{fr(d)}$は、それぞれ次の数値を表すものとする。

t_{escape}　前号に規定する避難完了時間（単位　分）

$t_{fr(d)}$　当該開口部に設けられた防火設備の種類に応じ、それぞれ次の表に定める時間（火災部分にスプリンクラー設備等が設けられている場合にあっては、同表に定める時間に2を乗じた数値。以下「防火設備保有遮炎時間」という。）（単位　分）

	当該開口部に設けられた防火設備の種類	時間
(1)	法第61条の規定による国土交通大臣の認定を受けた防火設備	通常の火災による火熱が加えられた場合に、当該加熱面以外の面に火炎を出さないものと

		して国土交通大臣の認定を受けた時間
(2)	令和元年国土交通省告示第193号第1第3項第二号に規定する防火設備（(1)に掲げるものを除く。）	90
(3)	令和元年国土交通省告示第193号第1第9項に規定する75分間防火設備（(1)及び(2)に掲げるものを除く。）	75
(4)	特定防火設備（(1)から(3)までに掲げるものを除く。）	60
(5)	令第114条第5項において読み替えて準用する令第112条第21項に規定する構造方法を用いる防火設備又は同項の規定による国土交通大臣の認定を受けた防火設備（(1)から(4)までに掲げるものを除く。）	45
(6)	令和元年国土交通省告示第194号第2第4項に規定する30分間防火設備（(1)から(5)までに掲げるものを除く。）	30
(7)	法第2条第九号の二ロに規定する防火設備（(1)から(6)までに掲げるものを除く。）	20
(8)	その他のもの	0

$A_{d(f,st)}$　火災部分の当該階段隣接室に面する壁に設けられた開口部の開口面積（単位　㎡）

$C_{w(f,st)}$　避難完了時間に応じ、それぞれ次の表に定める火災部分の当該階段隣接室に面する壁の開口率

避難完了時間	火災部分の当該階段隣接室に面する壁の開口率
$t_{escape} \leqq t_{fr(w)}$ である場合	0
$t_{escape} > t_{fr(w)}$ である場合	1.0

この表において、t_{escape} 及び $t_{fr(w)}$ は、それぞれ次の数値を表すものとする。

t_{escape}　前号に規定する避難完了時間（単位　分）

$t_{fr(w)}$　当該壁の構造に応じ、それぞれ次の表に定める時間（火災部分にスプリンクラー設備等が設けられている場合にあっては、同表に定める時間に2を乗じた数値。以下「壁保有遮炎時間」という。）（単位　分）

	当該壁の構造	時間
(1)	通常火災終了時間が90分以上である建築物の壁（法第21条第1項に規定する構造方法を用いるもの又は同項の規定による認定を受けたものに限る。）の構造方法を用いる構造	当該建築物の通常火災終了時間
(2)	特定避難時間が90分以上である建築物の壁（法第27条第1項に規定する構造方法を用いるもの又は同項の規定による認定を受けたものに限る。）の構造方法を用いる構造	当該建築物の特定避難時間
(3)	平成27年国土交通省告示第250号第2第一号イ(1)から(5)までのいずれかに該当する構造（(1)及び(2)に掲げるものを除く。）	90
(4)	令和元年国土交通省告示第193号第1第8項に規定する75分間準耐火構造（(1)から(3)までに掲げるものを除く。）	75

(5)	耐火構造（(1)から(4)までに掲げるものを除く。）		60
(6)	準耐火構造（(1)から(5)までに掲げるものを除く。）	1時間準耐火基準に適合するもの	60
		その他のもの	45
(7)	不燃材料で造り、又は覆われたもの（(1)から(6)までに掲げるものを除く。）		20
(8)	その他のもの		0

$B_{w(f,st)}$　火災部分の当該階段隣接室に面する壁の幅（単位　m）
$H_{w(f,st)}$　火災部分の当該階段隣接室に面する壁の高さ（単位　m）

$\rho_{room(f)}$　次の式によって計算した避難完了時間が経過した時における火災部分の煙層密度（以下単に「火災部分の煙層密度」という。）（単位　kg/m³）

$$\rho_{room(f)} = \frac{353}{\Delta T_{room(f)} + 293}$$

この式において、$\rho_{room(f)}$ 及び $\Delta T_{room(f)}$ は、それぞれ次の数値を表すものとする。
$\rho_{room(f)}$　火災部分の煙層密度（単位　kg/m³）
$\Delta T_{room(f)}$　火災部分の内装仕上げの種類に応じ、それぞれ次の表に定める避難完了時間が経過した時における火災部分の煙層上昇温度（以下単に「火災部分の煙層上昇温度」という。）（単位　度）

	火災部分の内装仕上げの種類	火災部分の煙層上昇温度
(1)	壁（床面からの高さが1.2m以下の部分を除く。以下この表において同じ。）及び天井の室内に面する部分（回り縁、窓台その他これらに類する部分を除く。以下この表において同じ。）の仕上げを不燃材料でしたもの	860
(2)	壁及び天井の室内に面する部分の仕上げを準不燃材料でしたもの（(1)に掲げるものを除く。）	895
(3)	壁及び天井の室内に面する部分の仕上げを難燃材料でしたもの又は壁の室内に面する部分の仕上げを木材等（平成12年建設省告示第1439号第1第二号に規定する木材等をいう。(4)において同じ。）でし、かつ、天井の室内に面する部分の仕上げを準不燃材料でしたもの（(1)及び(2)に掲げるものを除く。）	910
(4)	壁及び天井の室内に面する部分の仕上げを木材等でした場合（(1)から(3)までに掲げるものを除く。）	1,300

$E_{room(f)}$　火災部分に設けられた限界煙層高さ有効開口部（壁又は天井に設けられた開口部の床面からの高さが限界煙層高さ以上の部分をいう。以下同じ。）の種類に応じ、それぞれ次の表に掲げる式によって計算した火災部分に設けられた各限界煙層高さ有効開口部及び当該限界煙層高さ有効開口部の開放に伴い開放される火災部分に設けられた他の限界煙層高さ有効開口部のうち当該限界煙層高さ有効開口部からの距離が30m以内であるもの（以下「他の限界煙層高さ有効開口部」という。）の排煙量の合計のうち最小のもの（火災部分に設けられた限界煙層高さ有効開口部の種類が同表(2)に掲げるものである場合にあっては、火災部分に設けられた各限界煙層高さ有効開口部及び他の限界煙層高さ有効開口部の排煙量の合計のうち最小のもの又は火災部分に設けられた給気口（火災部分に設けられた限界煙層高さ有効開口部の開放に伴い開放され又は常時開放状態にある給気口に限る。）の開口面積の合計に550を乗じたもののうち、いずれか小さい数値。以下「火災部分の排煙量」という。）（単位　m³／分）

	火災部分に設けられた限界煙層高さ 有効開口部の種類	火災部分に設けられた 各限界煙層高さ有効開口部の排煙量
(1)	限界煙層高さ有効開口部を排煙口とした場合に、火災部分に設けられた排煙設備が令第126条の3第1項第二号、第三号（排煙口の壁における位置に係る部分を除く。）、第四号から第六号まで及び第十号から第十二号までの規定（以下「自然排煙関係規定」という。）に適合し、かつ、火災部分の壁の床面からの高さが限界煙層高さ以下の部分に排煙口の開放に連動して自動的に開放され又は常時開放状態にある給気口が設けられたもの（火災部分に設けられた当該排煙設備以外の排煙設備が同項第二号、第三号（排煙口の壁における位置に係る部分を除く。）、第四号から第七号まで、第八号（排煙口の開口面積に係る部分を除く。）、第九号（空気を排出する能力に係る部分を除く。）及び第十号から第十二号までの規定（以下「機械排煙関係規定」という。）に適合する場合を除く。）	$e_{room(f)}=186\left(\frac{1.205-\rho_{room(f)}}{\rho_{room(f)}}\right)^{1/2}\times max\left\{\frac{A_{s(room(f))}\sqrt{h_{s(room(f))}}}{4},\ \frac{A_{s(room(f))}\sqrt{H_{c(room(f))}-H_{lim}}}{\sqrt{1+\left(\frac{A_{s}'_{(room(f))}}{A_{\alpha(room(f))}}\right)^2}}\right\}$
(2)	限界煙層高さ有効開口部を排煙口とした場合に、火災部分に設けられた排煙設備が機械排煙関係規定に適合し、かつ、火災部分の壁の床面からの高さが限界煙層高さ以下の部分に排煙口の開放に連動して自動的に開放され又は常時開放状態にある給気口が設けられたもの（排煙口が、厚さが1.5㎜以上の鉄板又は鋼板で造り、かつ、厚さが25㎜以上のロックウールで覆われた風道に直結するものに限る。）（火災部分に設けられた当該排煙設備以外の排煙設備が自然排煙関係規定に適合する場合を除く。）	$e_{room(f)}=min\left(w_{room(f)},\ 3.7\times10^4\frac{\Delta T_{room(f)}}{\rho_{room(f)}(\Delta T_{room(f)}+293)^2}(H_{c(room(f))}-H_{lim})w_{room(f)}^{3/5}\right)$
(3)	その他の限界煙層高さ有効開口部	$e_{room(f)}=0$

この表において、$e_{room(f)}$、$\rho_{room(f)}$、$A_{s(room(f))}$、$h_{s(room(f))}$、$H_{c(room(f))}$、H_{lim}、$A'_{s(room(f))}$、$A_{\alpha(room(f))}$、$w_{room(f)}$及び$\Delta T_{room(f)}$は、それぞれ次の数値を表すものとする。

$e_{room(f)}$　火災部分に設けられた各限界煙層高さ有効開口部の排煙量（単位　㎥／分）
$\rho_{room(f)}$　火災部分の煙層密度（単位　kg/㎥）
$A_{s(room(f))}$　当該限界煙層高さ有効開口部の開口面積（単位　㎡）
$h_{s(room(f))}$　当該限界煙層高さ有効開口部の上端と下端の垂直距離（単位　m）
$H_{c(room(f))}$　火災部分の基準点から当該限界煙層高さ有効開口部の中心までの高さ（単位　m）
H_{lim}　限界煙層高さ（単位　m）
$A'_{s(room(f))}$　当該限界煙層高さ有効開口部及び他の限界煙層高さ有効開口部の開口面積の合計（単位　㎡）
$A_{\alpha(room(f))}$　火災部分に設けられた給気口（当該限界煙層高さ有効開口部の開放に伴い開放され又は常時開放状態にある給気口に限る。）の開口面積の合計（単位　㎡）
$w_{room(f)}$　当該限界煙層高さ有効開口部の排煙機の空気を排出することができる能力（単位　㎥／分）
$\Delta T_{room(f)}$　火災部分の煙層上昇温度（単位　度）

$C_{d(f,st)}$　火災部分の当該階段隣接室に面する壁に設けられた開口部の開口率
$A_{d(f,st)}$　火災部分の当該階段隣接室に面する壁に設けられた開口部の開口面積（単位　㎡）
$A_{a(room(st),f)}$　当該階段隣接室に設けられた給気口（火災部分に設けられた限界煙層高さ有効開口部の開放に伴い開放され又は常時開放状態にあるものに限る。）の開口面積の合計（単位　㎡）
$A_{a(room(f))}$　火災部分に設けられた給気口（火災部分に設けられた限界煙層高さ有効開口部の開放に伴い開放され又は常時開放状態にあるものに限る。）の開口面積の合計（単位　㎡）
$\Delta T_{room(f)}$　火災部分の煙層上昇温度（単位　度）
$Q_{room(m(st))}$　次の式によって計算した火災部分から階段隣接室中間部分（火災部分から当該階段隣接室に至る経路の部分をいう。以下同じ。）への噴出熱気流の運搬熱量（単位　kW）

$$Q_{room(\mathrm{m}(st))} = max\left\{m_{d(f,\mathrm{m}(st))} - \frac{0.005\rho_{room(f)}E_{room(f)} \times min(\Sigma C_{d(f,\mathrm{m}(st))}A_{d(f,\mathrm{m}(st))}, A_{\alpha(room(\mathrm{m}(st)),f)})}{min(\Sigma C_{d(f,\mathrm{m}(st))}A_{d(f,\mathrm{m}(st))}, A_{\alpha(room(\mathrm{m}(st)),f)}) + A_{\alpha(room(f))}}, 0\right\} \times \Delta T_{(room(f)}$$

この式において、$Q_{room(m(st))}$、$m_{d(f,m(st))}$、$\rho_{room(f)}$、$E_{room(f)}$、$C_{d(f,m(st))}$、$A_{d(f,m(st))}$、$A_{a(room(m(st)),f)}$、$A_{a(room(f))}$ 及び $\Delta T_{room(f)}$ は、それぞれ次の数値を表すものとする。

$Q_{room(m(st))}$　火災部分から階段隣接室中間部分への噴出熱気流の運搬熱量（単位　kw）
$m_{d(f,m(st))}$　次の式によって計算した火災部分から階段隣接室中間部分への噴出熱気流の質量流量（単位　kg/ 秒）

$$m_{d(f,m(st))} = 0.5H_{d(f,m(st))(max)}{}^{1/2}\sum C_{d(f,m(st))}A_{d(f,m(st))} + 0.5\sum C_{w(f,m(st))}B_{w(f,m(st))}H_{w(f,m(st))}{}^{3/2}$$

この式において、$m_{d(f,m(st))}$、$H_{d(f,m(st))(max)}$、$C_{d(f,m(st))}$、$A_{d(f,m(st))}$、$C_{w(f,m(st))}$、$B_{w(f,m(st))}$ 及び $H_{w(f,m(st))}$ は、それぞれ次の数値を表すものとする。

$m_{d(f,m(st))}$　火災部分から階段隣接室中間部分への噴出熱気流の質量流量（単位　kg/ 秒）
$H_{d(f,m(st))(max)}$　火災部分の階段隣接室中間部分に面する壁に設けられた各開口部の下端のうち最も低い位置から当該各開口部の上端のうち最も高い位置までの高さ（単位　m）
$C_{d(f,m(st))}$　避難完了時間及び火災部分の階段隣接室中間部分に面する壁に設けられた開口部の種類に応じ、それぞれ次の表に定める火災部分の階段隣接室中間部分に面する壁に設けられた開口部の開口率

避難完了時間	火災部分の階段隣接室中間部分に面する壁に設けられた開口部の種類	火災部分の階段隣接室中間部分に面する壁に設けられた開口部の開口率
$t_{escape} \leqq t_{fr(d)}$ である場合	令第 112 条第 19 項第一号に規定する構造である防火設備（同項第二号に規定する構造であるものを除く。）が設けられたもの	0.01
	令第 112 条第 19 項第二号に規定する構造である防火設備が設けられたもの	0.001
	その他のもの	1.0
$t_{escape} > t_{fr(d)}$ である場合	－	1.0
この表において、t_{escape} 及び $t_{fr(d)}$ は、それぞれ次の数値を表すものとする。 t_{escape} 前号に規定する避難完了時間（単位　分） $t_{fr(d)}$ 防火設備保有遮炎時間（単位　分）		

$A_{d(f,m(st))}$　火災部分の階段隣接室中間部分に面する壁に設けられた開口部の開口面積（単位　㎡）
$C_{w(f,m(st))}$　避難完了時間に応じ、それぞれ次の表に定める火災部分の階段隣接室中間部分に面する壁の開口率

避難 完了時間	火災部分の階段隣接室中間部分に面する壁の開口率
$t_{escape} \leqq t_{fr(w)}$ である場合	0
$t_{escape} > t_{fr(w)}$ である場合	1.0
この表において、t_{escape} 及び $t_{fr(w)}$ は、それぞれ次の数値を表すものとする。 t_{escape} 前号に規定する避難完了時間（単位　分） $t_{fr(w)}$ 壁保有遮炎時間（単位　分）	

$B_{w(f,m(st))}$　火災部分の階段隣接室中間部分に面する壁の幅（単位　m）
$H_{w(f,m(st))}$　火災部分の階段隣接室中間部分に面する壁の高さ（単位　m）

$\rho_{room(f)}$　火災部分の煙層密度（単位　kg/㎥）
$E_{room(f)}$　火災部分の排煙量（単位　㎥/分）
$C_{d(f,m(st)}$　火災部分の階段隣接室中間部分に面する壁に設けられた開口部の開口率
$A_{d(f,m(st))}$　火災部分の階段隣接室中間部分に面する壁に設けられた開口部の開口面積（単位　㎡）
$A_{a(room(m(st)),f)}$　階段隣接室中間部分に設けられた給気口（火災部分に設けられた限界煙層高さ有効開口部の開放に伴い開放され又は常時開放状態にあるものに限る。）の開口面積の合計（単位　㎡）
$A_{a(room(f))}$　火災部分に設けられた給気口（火災部分に設けられた限界煙層高さ有効開口部の開放に伴い開放され又は常時開放状態にあるものに限る。）の開口面積の合計（単位　㎡）
$\Delta T_{room(f)}$　火災部分の煙層上昇温度（単位　度）

$A_{w(room(m(st)))}$　階段隣接室中間部分の壁（基準点からの高さが天井の高さの $\frac{1}{2}$ 以下の部分を除く。）及び天井の室内に面する部分の表面積（単位　㎡）
$m_{d(m(st),st)}$　次の式によって計算した階段隣接室中間部分から当該階段隣接室への噴出熱気流の質量流量（単位　kg/秒）

$$m_{d(m(st),st)} = 0.5 H_{d(m(st),st)(max)}{}^{1/2} \sum C_{d(m(st),st)} A_{d(m(st),st)} + 0.5 \sum C_{w(m(st),st)} B_{w(m(st),st)} H_{w(m(st),st)}{}^{3/2}$$

この式において、$m_{d(m(st),st)}$、$H_{d(m(st),st)(max)}$、$C_{d(m(st),st)}$、$A_{d(m(st),st)}$、$C_{w(m(st),st)}$、$B_{w(m(st),st)}$ 及び $H_{w(m(st),st)}$ は、それぞれ次の数値を表すものとする。
$m_{d(m(st),st)}$　階段隣接室中間部分から当該階段隣接室への噴出熱気流の質量流量（単位　kg/秒）
$H_{d(m(st),st)(max)}$　階段隣接室中間部分の当該階段隣接室に面する壁に設けられた各開口部の下端のうち最も低い位置から当該各開口部の上端のうち最も高い位置までの高さ（単位　m）
$C_{d(m(st),st)}$　避難完了時間及び階段隣接室中間部分の当該階段隣接室に面する壁に設けられた開口部の種類に応じ、それぞれ次の表に定める階段隣接室中間部分の当該階段隣接室に面する壁に設けられた開口部の開口率

避難 完了時間	階段隣接室中間部分の当該階段隣接室に面する壁に設けられた開口部の種類	階段隣接室中間部分の当該階段隣接室に面する壁に設けられた開口部の開口率
$t_{escape} \leqq t_{fr(d)}$ である場合	令第112条第19項第一号に規定する構造である防火設備（同項第二号に規定する構造であるものを除く。）が設けられたもの	0.01

	令第 112 条第 19 項第二号に規定する構造である防火設備が設けられたもの	0.001
	その他のもの	1.0
$t_{escape} > t_{fr(d)}$ である場合	−	1.0
この表において、t_{escape} 及び $t_{fr(d)}$ は、それぞれ次の数値を表すものとする。 t_{escape} 前号に規定する避難完了時間（単位　分） $t_{fr(d)}$ 防火設備保有遮炎時間（単位　分）		

$A_{d(m(st),st}$　階段隣接室中間部分の当該階段隣接室に面する壁に設けられた開口部の開口面積（単位　㎡）

$C_{w(m(st),st)}$　避難完了時間に応じ、それぞれ次の表に定める階段隣接室中間部分の当該階段隣接室に面する壁の開口率

避難完了時間	階段隣接室中間部分の当該階段隣接室に面する壁の開口率
$t_{escape} \leqq t_{fr(w)}$ である場合	0
$t_{escape} > t_{fr(w)}$ である場合	1.0
この表において、t_{escape} 及び $t_{fr(w)}$ は、それぞれ次の数値を表すものとする。 t_{escape} 前号に規定する避難完了時間（単位　分） $t_{fr(w)}$ 壁保有遮炎時間（単位　分）	

$B_{w(m(st),st)}$　階段隣接室中間部分の当該階段隣接室に面する壁の幅（単位　m）

$H_{w(m(st),st)}$　階段隣接室中間部分の当該階段隣接室に面する壁の高さ（単位　m）

$\Delta T_{room(m(st))}$　次の式によって計算した避難完了時間が経過した時における階段隣接室中間部分の煙層上昇温度（以下単に「階段隣接室中間部分の煙層上昇温度」という。）（単位　度）

$$\Delta T_{room(m(st))} = min\left(\frac{Q_{room(m(st))}}{0.04Q_{room(m(st))}^{1/3}H_{room(m(st))}^{5/3} + 0.015A_{w(room(m(st)))}}, \Delta T_{room(f)}\right)$$

この式において、$\Delta T_{room(m(st))}$、$Q_{room(m(st))}$、$H_{room(m(st))}$、$A_{w(room(m(st)))}$ 及び $\Delta T_{room(f)}$ はそれぞれ次の数値を表すものとする。

$\Delta T_{room(m(st))}$　階段隣接室中間部分の煙層上昇温度（単位　度）

$Q_{room(m(st))}$　火災部分から階段隣接室中間部分への噴出熱気流の運搬熱量（単位　kW）

$H_{room(m(st))}$　階段隣接室中間部分の基準点から天井までの高さの平均（単位　m）

$A_{w(room(m(st)))}$　階段隣接室中間部分の壁（基準点からの高さが天井の高さの $\frac{1}{2}$ 以下の部分を除く。）及び天井の室内に面する部分の表面積（単位　㎡）

$\Delta T_{room(f)}$　火災部分の煙層上昇温度（単位　度）

H_{lim}　限界煙層高さ（単位　m）

$A_{w(room(st))}$　当該階段隣接室の壁（基準点からの高さが限界煙層高さ以下の部分を除く。）及び天井の室内に面する部分の表面積（単位　㎡）

$\Delta T_{room(f)}$　火災部分の煙層上昇温度（単位　度）

$\Delta T_{room(m(st))}$　階段隣接室中間部分の煙層上昇温度（単位　度）

t_{pass}　前号ロに規定する出口通過時間（単位　分）

$Q_{room(st)}$　火災部分から当該階段隣接室への噴出熱気流の運搬熱量（単位　kW）

$\rho_{room(st)}$　次の式によって計算した避難完了時間が経過した時における当該階段隣接室の煙層密度（以下単に「階段隣接室の煙層密度」という。）（単位　kg/㎥）

$$\rho_{room(st)} = \frac{353}{\Delta T_{room(st)} + 293}$$

（この式において、$\rho_{room(st)}$ 及び $\Delta T_{room(st)}$ は、それぞれ次の数値を表すものとする。
$\rho_{room(st)}$　階段隣接室の煙層密度（単位　kg/㎥）
$\Delta T_{room(st)}$　階段隣接室の煙層上昇温度（単位　度））

$E_{room(st)}$　当該階段隣接室に設けられた限界煙層高さ有効開口部の種類に応じ、それぞれ次の表に掲げる式によって計算した当該階段隣接室に設けられた各限界煙層高さ有効開口部及び他の限界煙層高さ有効開口部の排煙量の合計のうち最小のもの（当該階段隣接室に設けられた限界煙層高さ有効開口部の種類が同表(2)に掲げるものである場合にあっては、当該階段隣接室に設けられた各限界煙層高さ有効開口部及び他の限界煙層高さ有効開口部の排煙量の合計のうち最小のもの又は当該階段隣接室に設けられた給気口（当該階段隣接室に設けられた限界煙層高さ有効開口部の開放に伴い開放され又は常時開放状態にある給気口に限る。）の開口面積の合計に550を乗じたもののうち、いずれか小さい数値。以下「階段隣接室の排煙量」という。）（単位　㎥／分）

	当該階段隣接室に設けられた限界煙層高さ有効開口部の種類	当該階段隣接室に設けられた各限界煙層高さ有効開口部の排煙量
(1)	限界煙層高さ有効開口部を排煙口とした場合に、当該階段隣接室に設けられた排煙設備が自然排煙関係規定に適合し、かつ、当該階段隣接室の壁の床面からの高さが限界煙層高さ以下の部分に排煙口の開放に連動して自動的に開放され又は常時開放状態にある給気口が設けられたもの（当該階段隣接室に設けられた当該排煙設備以外の排煙設備が機械排煙関係規定に適合する場合を除く。）	$e_{room(st)}=186\left(\frac{1.205-\rho_{room(st)}}{\rho_{room(st)}}\right)^{1/2}\times max\left\{\frac{A_{s(room(st))}\sqrt{h_{s(room(st))}}}{4}, \frac{A_{s(room(st))}\sqrt{H_{c(room(st))}-H_{lim}}}{\sqrt{1+\left(\frac{A_{s}'_{(room(st))}}{A_{a(room(st))}'}\right)^2}}\right\}$
(2)	限界煙層高さ有効開口部を排煙口とした場合に、当該階段隣接室に設けられた排煙設備が機械排煙関係規定に適合し、かつ、当該階段隣接室の壁の床面からの高さが限界煙層高さ以下の部分に排煙口の開放に連動して自動的に開放され又は常時開放状態にある給気口が設けられたもの（当該階段隣接室に設けられた当該排煙設備以外の排煙設備が自然排煙関係規定に適合する場合を除く。）	$e_{room(st)}=min\left\{w_{room(st)}, 3.7\times 10^4 \frac{\Delta T_{room(st)}}{\rho_{room(st)}(\Delta T_{room(st)}+293)^2}(H_{c(room(st))}-H_{lim})w_{room(st)}^{3/5}\right\}$
(3)	その他の限界煙層高さ有効開口部	$e_{room(st)}=0$

この表において、$e_{room(st)}$、$\rho_{room(st)}$、$A_{s(room(st))}$、$h_{s(room(st))}$、$H_{c(room(st))}$、H_{lim}、$A'_{s(room(st))}$、$A_{\alpha(room(st))}'$、$w_{room(st)}$ 及び $\Delta T_{room(st)}$ は、それぞれ次の数値を表すものとする。
$e_{room(st)}$　当該階段隣接室に設けられた各限界煙層高さ有効開口部の排煙量（単位　㎥／分）
$\rho_{room(st)}$　階段隣接室の煙層密度（単位　kg/㎥）
$A_{s(room(st))}$　当該限界煙層高さ有効開口部の開口面積（単位　㎡）
$h_{s(room(st))}$　当該限界煙層高さ有効開口部の上端と下端の垂直距離（単位　m）
$H_{c(room(st))}$　当該階段隣接室の基準点から当該限界煙層高さ有効開口部の中心までの高さ（単位　m）
H_{lim}　限界煙層高さ（単位　m）
$A'_{s(room(st))}$　当該限界煙層高さ有効開口部及び他の限界煙層高さ有効開口部の開口面積の合計（単位　㎡）
$A_{\alpha(room(st))}'$　当該階段隣接室に設けられた給気口（当該限界煙層高さ有効開口部の開放に伴い開放され又は常時開放状態にある給気口に限る。）の開口面積の合計（単位　㎡）
$w_{room(st)}$　当該限界煙層高さ有効開口部の排煙機の空気を排出することができる能力（単位　㎥／分）
$\Delta T_{room(st)}$　階段隣接室の煙層上昇温度（単位　度）

$H_{room(st)}$　当該階段隣接室の基準点から天井までの高さの平均（単位　m）
$V_{s(room(st))}$　次の式によって計算した当該階段隣接室の煙等発生量（単位　㎥／分）

$$V_{s(room(st))}=\frac{4.2Q_{room(st)}^{1/3}\ \{(H_{room(st)}+h_{room(st)})^{5/3}+(H_{lim}+h_{room(st)})^{5/3}\}}{\rho_{room(st)}}$$

この式において、$V_{s(room(st))}$、$Q_{room(st)}$、$H_{room(st)}$、$h_{room(st)}$、H_{lim}及び$\rho_{room(st)}$は、それぞれ次の数値を表すものとする。

$V_{s(room(st))}$	当該階段隣接室の煙等発生量（単位　㎥／分）
$Q_{room(st)}$	火災部分から当該階段隣接室への噴出熱気流の運搬熱量（単位　kW）
$H_{room(st)}$	当該階段隣接室の基準点から天井までの高さの平均（単位　m）
$h_{room(st)}$	当該階段隣接室の床面の最も低い位置から基準点までの高さ（単位　m）
H_{lim}	限界煙層高さ（単位　m）
$\rho_{room(st)}$	階段隣接室の煙層密度（単位　kg/㎥）

$V_{e(room(st))}$　次の式によって計算した当該階段隣接室の有効排煙量（単位　㎥／分）

$$V_{e(room(st))} = min(1.5A_{room(st)}^{-0.15}, 0.8) \times \left(\frac{\overline{H}_{st(room(st))} - H_{lim}}{H_{top(room(st))} - H_{lim}} \right) E_{room(st)}$$

この式において、$V_{e(room(st))}$、$A_{room(st)}$、$\overline{H}_{st(room(st))}$、$H_{lim}$、$H_{top(room(st))}$及び$E_{room(st)}$は、それぞれ次の数値を表すものとする。

$V_{e(room(st))}$	当該階段隣接室の有効排煙量（単位　㎥／分）
$A_{room(st)}$	当該階段隣接室の床面積（単位　㎡）
$\overline{H}_{st(room(st))}$	当該階段隣接室の基準点から当該階段隣接室に設けられた各限界煙層高さ有効開口部の上端までの高さの平均（単位　m）
H_{lim}	限界煙層高さ（単位　m）
$H_{top(room(st))}$	当該階段隣接室の基準点から天井までの高さのうち最大のもの（単位　m）
$E_{room(st)}$	階段隣接室の排煙量（単位　㎥／分）

$A_{room(st)}$　当該階段隣接室の床面積（単位　㎡）

H_{lim}　限界煙層高さ（単位　m）

$Z_{room(ev)}$　避難完了時間、当該階段避難経路の部分の種類、避難完了時間が経過した時における当該階段避難経路の部分の煙層上昇温度（以下単に「階段避難経路の部分の煙層上昇温度」という。）及び火災部分から当該階段避難経路の部分への噴出熱気流の運搬熱量に応じ、それぞれ次の表に掲げる式によって計算した階段避難経路の部分の煙層下端高さのうち最小のもの（単位　m）

避難完了時間	当該階段避難経路の部分の種類	階段避難経路の部分の煙層上昇温度		火災部分から当該階段避難経路の部分への噴出熱気流の運搬熱量	階段避難経路の部分の煙層下端高さ
$t_{escape} > t_{fr(room)}$である場合	−	−		−	$Z_{room(ev),i} = 0$
$t_{escape} \leqq t_{fr(room)}$である場合	直通階段の付室	−		−	$Z_{room(ev),i} = 1.8$
	その他のもの	$\Delta T_{room(ev)} > 180$である場合	−	−	$Z_{room(ev),i} = 0$
		$\Delta T_{room(ev)} \leqq 180$である場合	$\Delta T_{room(ev)} \leqq \sqrt{\frac{500}{3t_{pass}}}$である場合	−	$Z_{room(ev),i} = 1.8$
			$\Delta T_{room(ev)} > \sqrt{\frac{500}{3t_{pass}}}$である場合	$Q_{room(ev)} \leqq \left(\frac{\rho_{room(ev)}E_{room(ev)}}{22.4}\right)^3$である場合	$Z_{room(ev),i} = 1.8$

				$Q_{room(ev)} > \left(\frac{\rho_{room(ev)}E_{room(ev)}}{22.4}\right)^3$ である場合	$Z_{room(ev),i}=max\left[H_{room(ev)}-\frac{max(V_{s(room(ev))}-V_{e(room(ev))},0.01)\times\left(t_{escape}-\frac{5}{3}\right)}{A_{room(ev)}},0\right]$

この表において、t_{escape}、$t_{fr(room)}$、$Z_{room(ev),i}$、$\Delta T_{room(ev)}$、t_{pass}、$Q_{room(ev)}$、$\rho_{room(ev)}$、$E_{room(ev)}$、$H_{room(ev)}$、$V_{s(room(ev))}$、$V_{e(room(ev))}$ 及び $A_{room(ev)}$ は、それぞれ次の数値を表すものとする。

t_{escape}　前号に規定する避難完了時間（単位　分）

$t_{fr(room)}$　火災部分保有遮炎時間（単位　分）

$Z_{room(ev),i}$　階段避難経路の部分の煙層下端高さ（単位　m）

$\Delta T_{room(ev)}$　当該階段避難経路の部分の種類に応じ、それぞれ次の表に掲げる式によって計算した階段避難経路の部分の煙層上昇温度（単位　度）

当該階段避難経路の部分の種類	階段避難経路の部分の煙層上昇温度
火災部分に隣接する部分	$\Delta T_{room(ev)}=min\left(\frac{Q_{room(ev)}}{0.37Q_{room(ev)}^{1/3}+0.015A_{w(room(ev))}},\Delta T_{room(f)}\right)$
その他のもの（火災部分又は火災部分の一部であるものを除く。）	$\Delta T_{room(ev)}=min\left(\frac{Q_{room(ev)}}{0.37Q_{room(ev)}^{1/3}+0.015A_{w(room(ev))}},\Delta T_{room(m(ev))}\right)$

この表において、$\Delta T_{room(ev)}$、$Q_{room(ev)}$、$A_{w(room(ev))}$、$\Delta T_{room(f)}$ 及び $\Delta T_{room(m(ev))}$ は、それぞれ次の数値を表すものとする。

$\Delta T_{room(ev)}$　階段避難経路の部分の煙層上昇温度（単位　度）

$Q_{room(ev)}$　当該階段避難経路の部分の種類に応じ、それぞれ次の表に掲げる式によって計算した火災部分から当該階段避難経路の部分への噴出熱気流の運搬熱量（単位　kW）

当該階段避難経路の部分の種類	火災部分から当該階段避難経路の部分への噴出熱気流の運搬熱量
火災部分に隣接する部分	$Q_{room(ev)}=max\left\{m_{d(f,w)}-\frac{0.005\rho_{room(f)}E_{room(f)}\times min(\sum C_{d(f,ev)}A_{d(f,ev)},A_{\alpha(room(ev),f)})}{min(\sum C_{d(f,ev)}A_{d(f,ev)},A_{\alpha(room(ev),f)})+A_{\alpha(room(f))}}\times\Delta T_{(room(f)},0\right\}$
その他のもの（火災部分又は火災部分の一部であるものを除く。）	$Q_{room(ev)}=min\ \{max\ (Q_{room(m(ev))}-0.015A_{w(room(m(ev)))},0),m_{d(m(ev),ev)}\Delta T_{room(m(ev))}\}$

この表において、$Q_{room(ev)}$、$m_{d(f,ev)}$、$\rho_{room(f)}$、$E_{room(f)}$、$C_{d(f,ev)}$、$A_{d(f,ev)}$、$A_{\alpha(room(ev),f)}$、$A_{\alpha(room(f))}$、$\Delta T_{room(f)}$、$Q_{room(m(ev))}$、$A_{w(room(m(ev)))}$、$m_{d(m(ev),ev)}$ 及び $\Delta T_{room(m(ev))}$ は、それぞれ次の数値を表すものとする。

$Q_{room(ev)}$　火災部分から当該階段避難経路の部分への噴出熱気流の運搬熱量（単位　kW）

$m_{d(f,ev)}$　次の式によって計算した火災部分から当該階段避難経路の部分への噴出熱気流の質量流量（単位　kg/秒）

$$m_{d(f,ev)}=0.5H_{d(f,ev)(max)}^{1/2}\sum C_{d(f,ev)}A_{d(f,ev)}+0.5\sum C_{w(f,ev)}B_{w(f,ev)}H_{w(f,ev)}^{3/2}$$

この式において、$m_{d(f,ev)}$、$H_{d(f,ev)(max)}$、$C_{d(f,ev)}$、$A_{d(f,ev)}$、$C_{w(f,ev)}$、$B_{w(f,ev)}$ 及び $H_{w(f,ev)}$ は、それぞれ次の数値を表すものとする。

$m_{d(f,ev)}$　火災部分から当該階段避難経路の部分への噴出熱気流の質量流量（単位　kg/秒）

$H_{d(f,ev)(max)}$　火災部分の当該階段避難経路の部分に面する壁に設けられた各開口部の下端のうち最も低い位置から当該各開口部の上端のうち最も高い位置までの高さ（単位　m）

$C_{d(f,ev)}$　避難完了時間及び火災部分の当該階段避難経路の部分に面する壁に設けられた開口部の種類に応じ、それぞれ次の表に定める火災部分の当該階段避難経路の部分に面する壁に設けられた開口部の開口率

避難完了時間	火災部分の当該階段避難経路の部分に面する壁に設けられた開口部の種類	火災部分の当該階段避難経路の部分に面する壁に設けられた開口部の開口率
$t_{escape} \leqq t_{fr(d)}$ である場合	令第112条第19項第一号に規定する構造である防火設備（同項第二号に規定する構造であるものを除く。）が設けられたもの	0.01
	令第112条第19項第二号に規定する構造である防火設備が設けられたもの	0.001
	その他のもの	1.0
$t_{escape} > t_{fr(d)}$ である場合	−	1.0
この表において、t_{escape} 及び $t_{fr(d)}$ は、それぞれ次の数値を表すものとする。 t_{escape}　前号に規定する避難完了時間（単位　分） $t_{fr(d)}$　防火設備保有遮炎時間（単位　分）		

$A_{d(f,ev)}$　火災部分の当該階段避難経路の部分に面する壁に設けられた開口部の開口面積（単位　㎡）

$C_{w(f,ev)}$　避難完了時間に応じ、それぞれ次に定める火災部分の当該階段避難経路の部分に面する壁の開口率

避難完了時間	火災部分の当該階段避難経路の部分に面する壁の開口率
$t_{escape} \leqq t_{fr(w)}$ である場合	0
$t_{escape} > t_{fr(w)}$ である場合	1.0
この表において、t_{escape} 及び $t_{fr(w)}$ は、それぞれ次の数値を表すものとする。 t_{escape}　前号に規定する避難完了時間（単位　分） $t_{fr(w)}$　壁保有遮炎時間（単位　分）	

$B_{w(f,ev)}$　火災部分の当該階段避難経路の部分に面する壁の幅（単位　m）

$H_{w(f,ev)}$　火災部分の当該階段避難経路の部分に面する壁の高さ（単位　m）

$\rho_{room(f)}$　火災部分の煙層密度（単位　kg/㎥）

$E_{room(f)}$　火災部分の排煙量（単位　㎥／分）

$C_{d(f,ev)}$　火災部分の当該階段避難経路の部分に面する壁に設けられた開口部の開口率

$A_{d(f,ev)}$　火災部分の当該階段避難経路の部分に面する壁に設けられた開口部の開口面積（単位　㎡）

$A_{a(room(ev),f)}$　当該階段避難経路の部分に設けられた給気口（火災部分に設けられた限界煙層高さ有効開口部の開放に伴い開放され又は常時開放状態にあるものに限る。）の開口面積の合計（単位　㎡）

$A_{a(room(f))}$　火災部分に設けられた給気口（火災部分に設けられた限界煙層高さ有効開口部の開放に伴い開放され又は常時開放状態にあるものに限る。）の開口面積の合計（単位　㎡）

$\Delta T_{room(f)}$　火災部分の煙層上昇温度（単位　度）

$Q_{room(m(ev))}$　次の式によって計算した火災部分から階段避難経路中間部分（火災部分から当該階段避難経路の部分に至る経路の部分をいう。以下同じ。）への噴出熱気流の運搬熱量（単位　kW）

$$Q_{room(m(ev))} = max\left\{m_{d(f,m(ev))} - \frac{0.005\rho_{room(f)}E_{room(f)} \times min(\Sigma C_{d(f,m(ev))}A_{d(f,m(ev))}, A_{\alpha(room(m(ev)),f)})}{min(\Sigma C_{d(f,m(ev))}A_{d(f,m(ev))}, A_{\alpha(room(m(ev)),f)}) + A_{\alpha(room(f))}}, 0\right\} \times \Delta T_{(room(f))}$$

この式において、$Q_{room(m(ev))}$、$m_{d(f,m(ev))}$、$\rho_{room(f)}$、$E_{room(f)}$、$C_{d(f,m(ev))}$、$A_{d(f,m(ev))}$、$A_{a(room(m(ev)),f)}$、$A_{a(room(f))}$ 及び $\Delta T_{room(f)}$ は、それぞれ次の数値を表すものとする。

$Q_{room(m(ev))}$　火災部分から階段避難経路中間部分への噴出熱気流の運搬熱量（単位　kW）

$m_{d(f,m(ev))}$　次の式によって計算した火災部分から階段避難経路中間部分への噴出熱気流の質量流量（単位　kg/ 秒）

$$m_{d(f,m(ev))} = 0.5H_{d(f,m(ev))(max)}^{1/2}\sum C_{d(f,m(ev))}A_{d(f,m(ev))} + 0.5\sum C_{w(f,m(ev))}B_{w(f,m(ev))}H_{w(f,m(ev))}^{3/2}$$

この式において、$m_{d(f,m(ev))}$、$H_{d(f,m(ev))(max)}$、$C_{d(f,m(ev))}$、$A_{d(f,m(ev))}$、$C_{w(f,m(st))}$、$B_{w(f,m(ev))}$ 及び $H_{w(f,m(ev))}$ は、それぞれ次の数値を表すものとする。

$m_{d(f,m(ev))}$　火災部分から階段避難経路中間部分への噴出熱気流の質量流量（単位　kg/ 秒）

$H_{d(f,m(ev))(max)}$　火災部分の階段避難経路中間部分に面する壁に設けられた各開口部の下端のうち最も低い位置から当該各開口部の上端のうち最も高い位置までの高さ（単位　m）

$C_{d(f,m(ev))}$　避難完了時間及び火災部分の階段避難経路中間部分に面する壁に設けられた開口部の種類に応じ、それぞれ次の表に定める火災部分の階段避難経路中間部分に面する壁に設けられた開口部の開口率

避難完了時間	火災部分の階段避難経路中間部分に面する壁に設けられた開口部の種類	火災部分の階段避難経路中間部分に面する壁に設けられた開口部の開口率
$t_{escape} \leqq t_{fr(d)}$ である場合	令第112条第19項第一号に規定する構造である防火設備（同項第二号に規定する構造であるものを除く。）が設けられたもの	0.01
	令第112条第19項第二号に規定する構造である防火設備が設けられたもの	0.001
	その他のもの	1.0
$t_{escape} > t_{fr(d)}$ である場合	−	1.0

この表において、t_{escape} 及び $t_{fr(d)}$ は、それぞれ次の数値を表すものとする。

t_{escape}　前号に規定する避難完了時間（単位　分）

$t_{fr(d)}$　防火設備保有遮炎時間（単位　分）

$A_{d(f,m(ev))}$　火災部分の階段避難経路中間部分に面する壁に設けられた開口部の開口面積（単位　㎡）

$C_{w(f,m(ev))}$　避難完了時間に応じ、それぞれ次の表に定める火災部分の階段避難経路中間部分に面する壁の開口率

避難完了時間	火災部分の階段避難経路中間部分に面する壁の開口率
$t_{escape} \leqq t_{fr(w)}$ である場合	0
$t_{escape} > t_{fr(w)}$ である場合	1.0

この表において、t_{escape} 及び $t_{fr(w)}$ は、それぞれ次の数値を表すものとする。

t_{escape}　前号に規定する避難完了時間（単位　分）

$t_{fr(w)}$　壁保有遮炎時間（単位　分）

$B_{w(f,m(ev))}$　火災部分の階段避難経路中間部分に面する壁の幅（単位　m）

$H_{w(f,m(ev))}$　火災部分の階段避難経路中間部分に面する壁の高さ（単位　m）

$\rho_{room(f)}$　火災部分の煙層密度（単位　kg/㎥）

$E_{room(f)}$　火災部分の排煙量（単位　㎥／分）

$C_{d(f,m(ev))}$　火災部分の階段避難経路中間部分に面する壁に設けられた開口部の開口率

$A_{d(f,m(ev))}$　火災部分の階段避難経路中間部分に面する壁に設けられた開口部の開口面積（単位　㎡）

$A_{a(room(m(ev)),f)}$　階段避難経路中間部分に設けられた給気口（火災部分に設けられた限界煙層高さ有効開口部の開放に伴い開放され又は常時開放状態にあるものに限る。）の開口面積の合計（単位　㎡）

$A_{a(room(f))}$　火災部分に設けられた給気口（火災部分に設けられた限界煙層高さ有効開口部の開放に伴い開放され又は常時開放状態にあるものに限る。）の開口面積の合計（単位　㎡）

$\Delta T_{room(f)}$　火災部分の煙層上昇温度（単位　度）

$A_{w(room(m(ev)))}$　階段避難経路中間部分の壁（基準点からの高さが天井の高さの$\frac{1}{2}$以下の部分を除く。）及び天井の室内に面する部分の表面積（単位　㎡）

$m_{d(m(ev),ev)}$　次の式によって計算した階段避難経路中間部分から当該階段避難経路の部分への噴出熱気流の質量流量（単位　kg/秒）

$$m_{d(m(ev),ev)} = 0.5H_{d(m(ev),ev)(max)}{}^{1/2}\Sigma C_{d(m(ev),ev)}A_{d(m(ev),ev)} + 0.5\Sigma C_{w(m(ev),ev)}B_{w(m(ev),ev)}H_{w(m(ev),ev)}{}^{3/2}$$

この式において、$m_{d(m(ev),ev)}$、$H_{d(m(ev),ev)(max)}$、$C_{d(m(ev),ev)}$、$A_{d(m(ev),ev)}$、$C_{w(m(ev),ev)}$、$B_{w(m(ev),ev)}$ 及び $H_{w(m(ev),ev)}$ は、それぞれ次の数値を表すものとする。

$m_{d(m(ev),ev)}$　階段避難経路中間部分から当該階段避難経路の部分への噴出熱気流の質量流量（単位　kg/秒）

$H_{d(m(ev),ev)(max)}$　階段避難経路中間部分の当該階段避難経路の部分に面する壁に設けられた各開口部の下端のうち最も低い位置から当該各開口部の上端のうち最も高い位置までの高さ（単位　m）

$C_{d(m(ev),ev)}$　避難完了時間及び階段避難経路中間部分の当該階段避難経路の部分に面する壁に設けられた開口部の種類に応じ、それぞれ次の表に定める階段避難経路中間部分の当該階段避難経路の部分に面する壁に設けられた開口部の開口率

避難完了時間	階段避難経路中間部分の当該階段避難経路の部分に面する壁に設けられた開口部の種類	階段避難経路中間部分の当該階段避難経路の部分に面する壁に設けられた開口部の開口率
$t_{escape} \leqq t_{fr(d)}$ である場合	令第112条第19項第一号に規定する構造である防火設備（同項第二号に規定する構造であるものを除く。）が設けられたもの	0.01
	令第112条第19項第二号に規定する構造である防火設備が設けられたもの	0.001
	その他のもの	1.0

$t_{escape} > t_{fr(d)}$ である場合	−	1.0

この表において、t_{escape} 及び $t_{fr(d)}$ は、それぞれ次の数値を表すものとする。
t_{escape}　前号に規定する避難完了時間（単位　分）
$t_{fr(d)}$　防火設備保有遮炎時間（単位　分）

$A_{d(m(ev),ev)}$　階段避難経路中間部分の当該階段避難経路の部分に面する壁に設けられた開口部の開口面積（単位　㎡）
$C_{w(m(ev),ev)}$　避難完了時間に応じ、それぞれ次の表に定める階段避難経路中間部分の当該階段避難経路の部分に面する壁の開口率

避難完了時間	階段避難経路中間部分の当該階段避難経路の部分に面する壁の開口率
$t_{escape} \leqq t_{fr(w)}$ である場合	0
$t_{escape} > t_{fr(w)}$ である場合	1.0

この表において、t_{escape} 及び $t_{fr(w)}$ は、それぞれ次の数値を表すものとする。
t_{escape}　前号に規定する避難完了時間（単位　分）
$t_{fr(w)}$　壁保有遮炎時間（単位　分）

$B_{w(m(ev),ev)}$　階段避難経路中間部分の当該階段避難経路の部分に面する壁の幅（単位　m）
$H_{w(m(ev),ev)}$　階段避難経路中間部分の当該階段避難経路の部分に面する壁の高さ（単位　m）

$\Delta T_{room(m(ev))}$　次の式によって計算した避難完了時間が経過した時における階段避難経路中間部分の煙層上昇温度（以下単に「階段避難経路中間部分の煙層上昇温度」という。）（単位　度）

$$\Delta T_{room(m(ev))} = min\left(\frac{Q_{room(m(ev))}}{0.04Q_{room(m(ev))}{}^{1/3}H_{room(m(ev))}{}^{5/3} + 0.015A_{w(room(m(ev)))}}, \Delta T_{room(f)}\right)$$

この式において、$\Delta T_{room(m(ev))}$、$Q_{room(m(ev))}$、$H_{room(m(ev))}$、$A_{w(room(m(ev)))}$ 及び $\Delta T_{room(f)}$ はそれぞれ次の数値を表すものとする。
$\Delta T_{room(m(ev))}$　階段避難経路中間部分の煙層上昇温度（単位　度）
$Q_{room(m(ev))}$　火災部分から階段避難経路中間部分への噴出熱気流の運搬熱量（単位　kW）
$H_{room(m(ev))}$　階段避難経路中間部分の基準点から天井までの高さの平均（単位　m）
$A_{w(room(m(ev)))}$　階段避難経路中間部分の壁（基準点からの高さが天井の高さの $\frac{1}{2}$ 以下の部分を除く。）及び天井の室内に面する部分の表面積（単位　㎡）
$\Delta T_{room(f)}$　火災部分の煙層上昇温度（単位　度）

$A_{w(room(ev))}$　当該階段避難経路の部分の壁（基準点からの高さが1.8m以下の部分を除く。）及び天井の室内に面する部分の表面積（単位　㎡）
$\Delta T_{room(f)}$　火災部分の煙層上昇温度（単位　度）
$\Delta T_{room(m(ev))}$　階段避難経路中間部分の煙層上昇温度（単位　度）

t_{pass}　前号ロに規定する出口通過時間（単位　分）
$Q_{room(ev)}$　火災部分から当該階段避難経路の部分への噴出熱気流の運搬熱量（単位　kW）
$\rho_{room(ev)}$　次の式によって計算した避難完了時間が経過した時における当該階段避難経路の部分の煙層密度（以下単に「階段避難経路の部分の煙層密度」という。）（単位　kg/㎥）

$$\rho_{room(ev)} = \frac{353}{\Delta T_{room(ev)} + 293}$$

この式において、$\rho_{room(ev)}$ 及び $\Delta T_{room(ev)}$ は、それぞれ次の数値を表すものとする。
$\rho_{room(ev)}$　階段避難経路の部分の煙層密度（単位　kg/㎥）
$\Delta T_{room(ev)}$　階段避難経路の部分の煙層上昇温度（単位　度）

$E_{room(ev)}$　当該階段避難経路の部分に設けられた有効開口部（壁又は天井に設けられた開口部の床面からの高さが1.8m以上の部分をいう。以下同じ。）の種類に応じ、それぞれ次の表に掲げる式によって計算した当該階段避難経路の部分に設けられた各有効開口部及び当該有効開口部の

開放に伴い開放される当該階段避難経路の部分に設けられた他の有効開口部のうち当該有効開口部からの距離が30m以内であるもの（以下「他の有効開口部」という。）の排煙量の合計のうち最小のもの（当該階段避難経路の部分に設けられた有効開口部の種類が同表(2)に掲げるものである場合にあっては、当該階段避難経路の部分に設けられた各有効開口部及び他の有効開口部の排煙量の合計のうち最小のもの又は当該階段避難経路の部分に設けられた給気口（当該階段避難経路の部分に設けられた有効開口部の開放に伴い開放され又は常時開放状態にある給気口に限る。）の開口面積の合計に550を乗じたもののうち、いずれか小さい数値。以下「階段避難経路の部分の排煙量」という。）（単位　㎥／分）

	当該階段避難経路の部分に設けられた有効開口部の種類	当該階段避難経路の部分に設けられた各有効開口部の排煙量
(1)	有効開口部を排煙口とした場合に、当該階段避難経路の部分に設けられた排煙設備が自然排煙関係規定に適合し、かつ、当該階段避難経路の部分の壁の床面からの高さが1.8m以下の部分に排煙口の開放に連動して自動的に開放され又は常時開放状態にある給気口が設けられたもの（当該階段避難経路の部分に設けられた当該排煙設備以外の排煙設備が機械排煙関係規定に適合する場合を除く。）	$e_{room(ev)}=186\left(\frac{1.205-\rho_{room(ev)}}{\rho_{room(ev)}}\right)^{1/2}\times max\left\{\frac{A_{s(room(ev))}\sqrt{h_{s(room(ev))}}}{4}, \frac{A_{s(room(ev))}\sqrt{H_{c(room(ev))}-1.8}}{\sqrt{1+\left(\frac{A_s{}'_{(room(ev))}}{A_{a(room(ev))}{}'}\right)^2}}\right\}$
(2)	有効開口部を排煙口とした場合に、当該階段避難経路の部分に設けられた排煙設備が機械排煙関係規定に適合し、かつ、当該階段避難経路の部分の壁の床面からの高さが1.8m以下の部分に排煙口の開放に連動して自動的に開放され又は常時開放状態にある給気口が設けられたもの（当該階段避難経路の部分に設けられた当該排煙設備以外の排煙設備が自然排煙関係規定に適合する場合を除く。）	$e_{room(ev)}=min\left\{w_{room(ev)}, 3.7\times 10^4 \frac{\Delta T_{room(ev)}}{\rho_{room(ev)}(\Delta T_{room(ev)}+293)^2}(H_{c(room(ev))}-1.8)w_{room(ev)}{}^{3/5}\right\}$
(3)	その他の有効開口部	$e_{room(ev)}=0$

この表において、$e_{room(ev)}$、$\rho_{room(ev)}$、$A_{s(room(ev))}$、$h_{s(room(ev))}$、$H_{c(room(ev))}$、$A'_{s(room(ev))}$、$A_{\alpha(room(ev))}{}'$、$w_{room(ev)}$及び$\Delta T_{room(ev)}$は、それぞれ次の数値を表すものとする。

$e_{room(ev)}$　当該階段避難経路の部分に設けられた各有効開口部の排煙量（単位　㎥／分）
$\rho_{room(ev)}$　階段避難経路の部分の煙層密度（単位　kg/㎥）
$A_{s(room(ev))}$　当該有効開口部の開口面積（単位　㎡）
$h_{s(room(ev))}$　当該有効開口部の上端と下端の垂直距離（単位　m）
$H_{c(room(ev))}$　当該階段避難経路の部分の基準点から当該有効開口部の中心までの高さ（単位　m）
$A'_{s(room(ev))}$　当該有効開口部及び他の有効開口部の開口面積の合計（単位　㎡）
$A_{\alpha(room(ev))}{}'$　当該階段避難経路の部分に設けられた給気口（当該有効開口部の開放に伴い開放され又は常時開放状態にある給気口に限る。）の開口面積の合計（単位　㎡）
$w_{room(ev)}$　当該有効開口部の排煙機の空気を排出することができる能力（単位　㎥／分）
$\Delta T_{room(ev)}$　階段避難経路の部分の煙層上昇温度（単位　度）

$H_{room(ev)}$　当該階段避難経路の部分の基準点から天井までの高さの平均（単位　m）
$V_{s(room(ev))}$　次の式によって計算した当該階段避難経路の部分の煙等発生量（単位　㎥／分）

$$V_{s(room(ev))}=\frac{4.2Q_{room(ev)}{}^{1/3}\{(H_{room(ev)}+h_{room(ev)})^{5/3}+(1.8+h_{room(ev)})^{5/3}\}}{\rho_{room(ev)}}$$

この式において、$V_{s(room(ev))}$、$Q_{room(ev)}$、$H_{room(ev)}$、$h_{room(ev)}$及び$\rho_{room(ev)}$は、それぞれ次の数値を表すものとする。

$V_{s(room(ev))}$　当該階段避難経路の部分の煙等発生量（単位　㎥／分）
$Q_{room(ev)}$　火災部分から当該階段避難経路の部分への噴出熱気流の運搬熱量（単位　kW）
$H_{room(ev)}$　当該階段避難経路の部分の基準点から天井までの高さの平均（単位　m）
$h_{room(ev)}$　当該階段避難経路の部分の床面の最も低い位置から基準点までの高さ（単位　m）
$\rho_{room(ev)}$　階段避難経路の部分の煙層密度（単位　kg/㎥）

$V_{e(room(ev))}$　次の式によって計算した当該階段避難経路の部分の有効排煙量（単位　㎥／分）

$$V_{e(room(ev))} = min(1.5A_{room(ev)}{}^{-0.15}, 0.8) \times \left(\frac{\overline{H}_{st(room(ev))} - 1.8}{H_{top(room(ev))} - 1.8}\right) E_{room(ev)}$$

この式において、$V_{e(room(ev))}$、$A_{room(ev)}$、$\overline{H}_{st(room(ev))}$、$H_{top(room(ev))}$及び$E_{room(ev)}$は、それぞれ次の数値を表すものとする。

$V_{e(room(ev))}$　当該階段避難経路の部分の有効排煙量（単位　㎥／分）
$A_{room(ev)}$　当該階段避難経路の部分の床面積（単位　㎡）
$\overline{H}_{st(room(ev))}$　当該階段避難経路の部分の基準点から当該階段避難経路の部分に設けられた各有効開口部の上端までの高さの平均（単位　m）
$H_{top(room(ev))}$　当該階段避難経路の部分の基準点から天井までの高さのうち最大のもの（単位　m）
$E_{room(ev)}$　階段避難経路の部分の排煙量（単位　㎥／分）

$A_{room(ev)}$　当該階段避難経路の部分の床面積（単位　㎡）

Z_{dst}　直通階段の部分の煙層下端高さ（単位　m）
H_{dst}　直通階段の部分の基準点から天井までの高さの平均（単位　m）

ロ　階段の部分（直通階段の部分を除く。）及び出火階の直上階以上の各階の各部分　出火階の直上階以上の各階における竪穴部分（出火階の一部を含むものに限る。以下このロにおいて同じ。）に隣接する各室（以下「竪穴隣接室」という。）における煙等の高さ（当該各室の基準点から煙等の下端の位置までの高さとする。以下「竪穴隣接室の煙層下端高さ」という。）のうち最小のものに応じ、それぞれ次の表に定める高さ（以下「階段の部分及び出火階の直上階以上の各階の各部分の煙層下端高さ」という。）（単位　m）

竪穴隣接室の煙層下端高さのうち最小のもの	階段の部分及び出火階の直上階以上の各階の各部分の煙層下端高さ
$Z_{room(up(s))} \geqq 1.8$ である場合	1.8
$Z_{room(up(s))} < 1.8$ である場合	0

この表において、$Z_{room(up(s))}$は、避難完了時間及び避難完了時間が経過した時における当該竪穴隣接室の煙層上昇温度（以下単に「竪穴隣接室の煙層上昇温度」という。）に応じ、それぞれ次の表に掲げる式によって計算した竪穴隣接室の煙層下端高さのうち最小のもの（単位　m）

避難完了時間	竪穴隣接室の煙層上昇温度		竪穴隣接室の煙層下端高さ
$t_{escape} > t_{fr(room)}$ である場合	－		$Z_{room(up(s)),i} = 0$
$t_{escape} \leqq t_{fr(room)}$ である場合	$\Delta T_{room(up(s))} > 180$ である場合	－	$Z_{room(up(s)),i} = 0$
	$\Delta T_{room(up(s))} \leqq 180$ である場合	$\Delta T_{room(up(s))} \leqq \sqrt{\frac{500}{3t_{pass}}}$ である場合	$Z_{room(up(s)),i} = 1.8$
		$\Delta T_{room(up(s))} > \sqrt{\frac{500}{3t_{pass}}}$ である場合	$Z_{room(up(s)),i} = max\left[H_{room(up(s))} - \frac{max(V_{s(room(up(s)))}, 0.01) \times \left(t_{escape} - \frac{5}{3}\right)}{A_{room(up(s))}}, 0\right]$

この表において、t_{escape}、$t_{fr(room)}$、$Z_{room(up(s)),i}$、$\Delta T_{room(up(s))}$、t_{pass}、$H_{room(up(s))}$、$V_{s(room(up(s)))}$及び$A_{room(up(s))}$は、それぞれ次の数値を表すものとする。

t_{escape}　前号に規定する避難完了時間（単位　分）
$t_{fr(room)}$　イに規定する火災部分保有遮炎時間（単位　分）
$Z_{room(up(s)),i}$　竪穴隣接室の煙層下端高さ（単位　m）
$\Delta T_{room(up(s))}$　次の式によって計算した竪穴隣接室の煙層上昇温度（単位　度）

$$\Delta T_{room(up(s))} = min\left(\frac{Q_{room(up(s))}}{0.37Q_{room(up(s))}{}^{1/3} + 0.015A_{w(room(up(s)))}}, \Delta T_{room(sft)}\right)$$

この式において、$\Delta T_{room(up(s))}$、$Q_{room(up(s))}$、$A_{w(room(up(s)))}$ 及び $\Delta T_{room(sft)}$ は、それぞれ次の数値を表すものとする。

$\Delta T_{room(up(s))}$　竪穴隣接室の煙層上昇温度（単位　度）

$Q_{room(up(s))}$　当該竪穴隣接室が隣接する竪穴部分（以下このロにおいて単に「竪穴部分」という。）の種類に応じ、それぞれ次の表に掲げる式によって計算した火災部分から当該竪穴隣接室への噴出熱気流の運搬熱量（単位　kW）

竪穴部分の種類	火災部分から当該竪穴隣接室への噴出熱気流の運搬熱量
火災部分又は火災部分の一部	$Q_{room(up(s))} = m_{d(s,up(s))} \Delta T_{room(sft)}$
その他の部分	$Q_{room(up(s))} = min\{max(Q_{room(sft)} - 0.015A_{w(room(sft))}, 0), m_{d(s,up(s))} \Delta T_{room(sft)}\}$

この表において、$Q_{room(up(s))}$、$m_{d(s,up(s))}$、$\Delta T_{room(sft)}$、$Q_{room(sft)}$ 及び $A_{w(room(sft))}$ は、それぞれ次の数値を表すものとする。

$Q_{room(up(s))}$　火災部分から当該竪穴隣接室への噴出熱気流の運搬熱量（単位　kW）

$m_{d(s,up(s))}$　次の式によって計算した竪穴部分から当該竪穴隣接室への噴出熱気流の質量流量（単位　kg/秒）

$$m_{d(s,up(s))} = (0.5\Sigma C_{d(s,up(s))}A_{d(s,up(s))} + 0.5\Sigma C_{w(s,up(s))}B_{w(s,up(s))}H_{w(s,up(s))})\sqrt{h_{sft}}$$

この式において、$m_{d(s,up(s))}$、$C_{d(s,up(s))}$、$A_{d(s,up(s))}$、$C_{w(s,up(s))}$、$B_{w(s,up(s))}$、$H_{w(s,up(s))}$ 及び h_{sft} は、それぞれ次の数値を表すものとする。

$m_{d(s,up(s))}$　竪穴部分から当該竪穴隣接室への噴出熱気流の質量流量（単位　kg/秒）

$C_{d(s,up(s))}$　避難完了時間及び竪穴部分の当該竪穴隣接室に面する壁に設けられた開口部の種類に応じ、それぞれ次の表に定める竪穴部分の当該竪穴隣接室に面する壁に設けられた開口部の開口率

避難完了時間	竪穴部分の当該竪穴隣接室に面する壁に設けられた開口部の種類	竪穴部分の当該竪穴隣接室に面する壁に設けられた開口部の開口率
$t_{escape} \leqq t_{fr(d)}$ である場合	令第112条第19項第一号に規定する構造である防火設備（同項第二号に規定する構造であるものを除く。）が設けられたもの	0.01
	令第112条第19項第二号に規定する構造である防火設備が設けられたもの	0.001
	その他のもの	1.0
$t_{escape} > t_{fr(d)}$ である場合	－	1.0

この表において、t_{escape} 及び $t_{fr(d)}$ は、それぞれ次の数値を表すものとする。

t_{escape}　前号に規定する避難完了時間（単位　分）

$t_{fr(d)}$　イに規定する防火設備保有遮炎時間（単位　分）

$A_{d(s,up(s))}$　竪穴部分の当該竪穴隣接室に面する壁に設けられた開口部の開口面積（単位　㎡）

$C_{w(s,up(s))}$　避難完了時間に応じ、それぞれ次の表に定める竪穴部分の当該竪穴隣接室に面する壁の開口率

避難完了時間	竪穴部分の当該竪穴隣接室に面する壁の開口率
$t_{escape} \leqq t_{fr(w)}$ である場合	0
$t_{escape} > t_{fr(w)}$ である場合	1.0

この表において、t_{escape} 及び $t_{fr(w)}$ は、それぞれ次の数値を表すものとする。

t_{escape}　前号に規定する避難完了時間（単位　分）

$t_{fr(w)}$　イに規定する壁保有遮炎時間（単位　分）

$B_{w(s,up(s))}$　竪穴部分の当該竪穴隣接室に面する壁の幅（単位　m）

$H_{w(s,up(s))}$　竪穴部分の当該竪穴隣接室に面する壁の高さ（単位　m）

h_{sft}　火災部分又は竪穴中間部分（火災部分から竪穴部分に至る経路の部分をいう。以下同じ。）の竪穴部分に面する壁に設けられた各開口部の下端のうち最も低い位置（竪穴部分が火災部分又は火災部分の一部である場合にあっては、竪穴部分の床面の最も低い位置）から竪穴部分の当該竪穴隣接室に面する壁に設けられた各開口部の上端のうち最も高い位置までの高さ（単位　m）

$\Delta T_{room(sft)}$　竪穴部分の種類に応じ、それぞれ次の表に掲げる式によって計算した避難完了時間が経過した時における竪穴部分の煙層上昇温度（以下単に「竪穴部分の煙層上昇温度」という。）（単位　度）

竪穴部分の種類	竪穴部分の煙層上昇温度
火災部分又は火災部分の一部	$\Delta T_{room(sft)} = min\left(\dfrac{Q_{sft}}{0.04Q_{sft}^{1/3}H_{room(sft)}^{5/3}+0.015A_{w(room(sft))}}, \Delta T_{room(f)}\right)$
その他の部分	$\Delta T_{room(sft)} = min\left(\dfrac{Q_{room(sft)}}{0.04Q_{room(sft)}^{1/3}H_{room(sft)}^{5/3}+0.015A_{w(room(sft))}}, \Delta T_{room(f)}\right)$

この表において、$\Delta T_{room(sft)}$、Q_{sft}、$H_{room(sft)}$、$A_{w(room(sft))}$、$\Delta T_{room(f)}$ 及び $Q_{room(sft)}$ は、それぞれ次の数値を表すものとする。

$\Delta T_{room(sft)}$　竪穴部分の煙層上昇温度（単位　度）

Q_{sft}　火災部分の種類に応じ、それぞれ次の表に掲げる式によって計算した竪穴部分における1秒間当たりの発熱量（単位　kW）

火災部分の種類	竪穴部分における1秒間当たりの発熱量
ロビーその他これに類するもの	$Q_{sft} = min\ (68A_{sft}, 3{,}000)$
その他のもの	$Q_{sft} = 12.5\Sigma q_l^{1/3}A_{sft,i}$

この表において、Q_{sft}、A_{sft}、q_l 及び $A_{sft,i}$ は、それぞれ次の数値を表すものとする。

Q_{sft}　竪穴部分における1秒間当たりの発熱量（単位　kW）

A_{sft}　火災部分の床面積（単位　㎡）

q_l　積載可燃物の1㎡当たりの発熱量（単位　MJ/㎡）

$A_{sft,i}$　火災部分の各室の床面積（単位　㎡）

$H_{room(sft)}$　竪穴部分の基準点から天井までの高さの平均（単位　m）

$A_{w(room(sft))}$　竪穴部分及び竪穴中間部分の壁（基準点からの高さが天井の高さの$\frac{1}{2}$以下の部分を除く。）及び天井の室内に面する部分の表面積（単位　㎡）

$\Delta T_{room(f)}$　火災部分の煙層上昇温度（単位　度）

$Q_{room(sft)}$　次の式によって計算した火災部分から竪穴部分への噴出熱気流の運搬熱量（単位　kW）

$$Q_{room(sft)} = m_{d(f,s)}\Delta T_{room(f)}$$

この式において、$Q_{room(sft)}$、$m_{d(f,s)}$ 及び $\Delta T_{room(f)}$ は、それぞれ次の数値を表すものとする。

$Q_{room(sft)}$ 火災部分から竪穴部分への噴出熱気流の運搬熱量（単位　kW）

$m_{d(f,s)}$ 次の式によって計算した火災部分から竪穴部分への噴出熱気流の質量流量（単位　kg/秒）

$$m_{d(f,s)} = (0.5\Sigma C_{d(f,s)}A_{d(f,s)} + 0.5\Sigma C_{w(f,s)}B_{w(f,s)}H_{w(f,s)})\sqrt{h_{sft}}$$

この式において、$m_{d(f,s)}$、$C_{d(f,s)}$、$A_{d(f,s)}$、$C_{w(f,s)}$、$B_{w(f,s)}$、$H_{w(f,s)}$ 及び h_{sft} は、それぞれ次の数値を表すものとする。

$m_{d(f,s)}$ 火災部分から竪穴部分への噴出熱気流の質量流量（単位　kg/秒）

$C_{d(f,s)}$ 避難完了時間及び火災部分又は竪穴中間部分の竪穴部分に面する壁に設けられた開口部の種類に応じ、それぞれ次の表に定める火災部分又は竪穴中間部分の竪穴部分に面する壁に設けられた開口部の開口率

避難完了時間	火災部分又は竪穴中間部分の竪穴部分に面する壁に設けられた開口部の種類	火災部分又は竪穴中間部分の竪穴部分に面する壁に設けられた開口部の開口率
$t_{escape} \leqq t_{fr(d)}$ である場合	令第112条第19項第一号に規定する構造である防火設備（同項第二号に規定する構造であるものを除く。）が設けられたもの	0.01
	令第112条第19項第二号に規定する構造である防火設備が設けられたもの	0.001
	その他のもの	1.0
$t_{escape} > t_{fr(d)}$ である場合	－	1.0

この表において、t_{escape} 及び $t_{fr(d)}$ は、それぞれ次の数値を表すものとする。

t_{escape} 前号に規定する避難完了時間（単位　分）

$t_{fr(d)}$ イに規定する防火設備保有遮炎時間（単位　分）

$A_{d(f,s)}$ 火災部分又は竪穴中間部分の竪穴部分に面する壁に設けられた開口部の開口面積（単位　㎡）

$C_{w(f,s)}$ 避難完了時間に応じ、それぞれ次の表に定める火災部分又は竪穴中間部分の竪穴部分に面する壁の開口率

避難完了時間	火災部分又は竪穴中間部分の竪穴部分に面する壁の開口率
$t_{escape} \leqq t_{fr(w)}$ である場合	0
$t_{escape} > t_{fr(w)}$ である場合	1.0
この表において、t_{escape} 及び $t_{fr(w)}$ は、それぞれ次の数値を表すものとする。 t_{escape}　前号に規定する避難完了時間（単位　分） $t_{fr(w)}$　イに規定する壁保有遮炎時間（単位　分）	

$B_{w(f,s)}$　火災部分又は竪穴中間部分の竪穴部分に面する壁の幅（単位　m）
$H_{w(f,s)}$　火災部分又は竪穴中間部分の竪穴部分に面する壁の高さ（単位　m）
h_{sft}　火災部分又は竪穴中間部分の竪穴部分に面する壁に設けられた各開口部の下端のうち最も低い位置（竪穴部分が火災部分又は火災部分の一部である場合にあっては、竪穴部分の床面の最も低い位置）から竪穴部分の当該竪穴隣接室に面する壁に設けられた各開口部の上端のうち最も高い位置までの高さ（単位　m）

$\Delta T_{room(f)}$　火災部分の煙層上昇温度（単位　度）

$Q_{room(sft)}$　火災部分から竪穴部分への噴出熱気流の運搬熱量（単位　kW）
$A_{w(room(sft))}$　竪穴部分及び竪穴中間部分の壁(基準点からの高さが天井の高さの$\frac{1}{2}$以下の部分を除く。）及び天井の室内に面する部分の表面積（単位　㎡）

$A_{w(room(up(s)))}$　当該竪穴隣接室の壁（基準点からの高さが1.8m以下の部分を除く。）及び天井の室内に面する部分の表面積（単位　㎡）
$\Delta T_{room(sft)}$　竪穴部分の煙層上昇温度（単位　度）

t_{pass}　前号ロに規定する出口通過時間（単位　分）
$H_{room(up(s))}$　当該竪穴隣接室の基準点から天井までの高さの平均（単位　m）
$V_{s(room(up(s)))}$　次の式によって計算した当該竪穴隣接室の煙等発生量（単位　㎥／分）

$$V_{s(room(up(s)))}=\frac{4.2Q_{room(up(s))}^{1/3}\{(H_{room(up(s))}+h_{room(up(s))})^{5/3}+(1.8+h_{room(up(s))})^{5/3}\}}{\rho_{room(up(s))}}$$

この式において、$V_{s(room(up(s)))}$、$Q_{room(up(s))}$、$H_{room(up(s))}$、$h_{room(up(s))}$及び$\rho_{room(up(s))}$は、それぞれ次の数値を表すものとする。
$V_{s(room(up(s)))}$　当該竪穴隣接室の煙等発生量（単位　㎥／分）
$Q_{room(up(s))}$　火災部分から当該竪穴隣接室への噴出熱気流の運搬熱量（単位　kW）
$H_{room(up(s))}$　当該竪穴隣接室の基準点から天井までの高さの平均（単位　m）
$h_{room(up(s))}$　当該竪穴隣接室の床面の最も低い位置から基準点までの高さ（単位　m）
$\rho_{room(up(s))}$　次の式によって計算した避難完了時間が経過した時における当該竪穴隣接室の煙層密度（以下単に「竪穴隣接室の煙層密度」という。）（単位　kg/㎥）

$$\rho_{room(up(s))}=\frac{353}{\Delta T_{room(up(s))}+293}$$

この式において、$\rho_{room(up(s))}$及び$\Delta T_{room(up(s))}$は、それぞれ次の数値を表すものとする。
$\rho_{room(up(s))}$　竪穴隣接室の煙層密度（単位　kg/㎥）
$\Delta T_{room(up(s))}$　竪穴隣接室の煙層上昇温度（単位　度）

$A_{room(up(s))}$　当該竪穴隣接室の床面積（単位　㎡）

四　令第129条の2第4項第二号ハに規定する避難上支障のある高さは、1.8mとする。

建築物からの避難に要する時間に基づく全館避難安全検証法に関する算出方法等を定める件

制定：令和2年4月 1日　国土交通省告示第511号（全文改正）
改正：令和3年5月28日　国土交通省告示第476号

建築基準法施行令（昭和25年政令第338号）第129条の2第4項第一号ロ及びハの規定に基づき、全館避難安全検証法に関する算出方法等を定める件（平成12年建設省告示第1442号）の全部を改正する告示を次のように定める。

建築基準法施行令（昭和25年政令第338号。以下「令」という。）第129条の2第4項第一号ロ及びハの規定に基づき、建築物からの避難に要する時間に基づく全館避難安全検証法に関する算出方法等を次のように定める。

一　令第129条の2第4項第一号に規定する方法を用いる場合における同号ロに規定する当該建築物に存する者（以下「在館者」という。）の全てが、当該火災室で火災が発生してから当該建築物からの避難を終了するまでに要する時間は、次に掲げる時間を合計して計算するものとする。

イ　当該建築物の用途に応じ、それぞれ次の表に掲げる式によって計算した火災が発生してから在館者が避難を開始するまでに要する時間（以下「避難開始時間」という。）（単位　分）

当該建築物の用途	避難開始時間
共同住宅、ホテルその他これらに類する用途（病院、診療所及び児童福祉施設等（令第115条の3第一号に規定する児童福祉施設等をいう。以下同じ。）を除く。）	$t_{start}=\dfrac{2\sqrt{\Sigma A_{floor}}}{15}+5$
その他の用途（病院、診療所及び児童福祉施設等を除く。）	$t_{start}=\dfrac{2\sqrt{\Sigma A_{floor}}}{15}+3$
この表において、t_{start} 及び A_{floor} は、それぞれ次の数値を表すものとする。 t_{start}　避難開始時間（単位　分） A_{floor}　当該火災室の存する階（以下「出火階」という。）の各室及び出火階を通らなければ避難することができない建築物の部分の各部分の床面積（単位　㎡）	

ロ　次の式によって計算した在館者が当該建築物の各室の各部分から地上への出口の一に達するまでに要する歩行時間のうち最大のもの（単位　分）

$$t_{travel,i}=\sum\frac{l_l}{v}$$

この式において、$t_{travel,i}$、l_l 及び v は、それぞれ次の数値を表すものとする。

$t_{travel,i}$　在館者が当該建築物の各室の各部分から地上への出口の一に達するまでに要する歩行時間（単位　分）

l_l　当該建築物の各室の各部分から地上への出口（当該火災室が地上への出口を有する場合においては、当該火災室の地上への出口のうち、その幅が最大のものを除く。）の一に至る歩行距離（単位　m）

v　令和2年国土交通省告示第510号第一号ロに規定する歩行速度（単位　m/分）

ハ　次の式によって計算した在館者が当該建築物から地上への出口を通過するために要する時間（単位　分）

$$t_{queue}=\frac{\Sigma pA_{room}}{\Sigma N_{eff}B_d}$$

この式において、t_{queue}、p、A_{room}、N_{eff} 及び B_d は、それぞれ次の数値を表すものとする。

t_{queue}　在館者が当該建築物から地上への出口を通過するために要する時間（単位　分）

p　在館者密度（令和2年国土交通省告示第510号第一号ハに規定するものをいう。以下同じ。）（単位　人/㎡）

A_{room}　避難階以外の階からの主たる避難経路である地上への各出口（当該火災室が避難階以外の階からの主たる避難経路である地上への出口を有する場合においては、当該火災室の避難階以外の階からの主たる避難経路である地上への出口のうち、その幅が最大のものを除く。以下このハにおいて単に「地上への各出口」という。）を通らなければ避難することができない建築物の各部分の床面積（単位　㎡）

N_{eff}　地上への各出口の幅及び地上への各出口に通ずる直通階段（当該直通階段が令第123条第3項に規定する特別避難階段である場合にあっては、当該直通階段に通ずる室を同項第四号、第六号及び第九号の規定（これらの規定中バルコニー又は付室に係る部分に限る。）に定める構造としたものに限る。以下同じ。）の階段室の床面積に応じ、次の表に掲げる式によって計算した地上への各出口の有効流動係数（単位　人/分・m）

地上への各出口の幅	地上への各出口に通ずる階段室の床面積	地上への各出口の有効流動係数
60cm未満である場合	−	$N_{eff} = 0$
その他の場合	$\Sigma A_{st} \geqq 0.25 \Sigma pA_{room}$ の場合	$N_{eff} = 80$
	$\Sigma A_{st} < 0.25 \Sigma pA_{room}$ の場合	$N_{eff} = \frac{320 B_{neck} \Sigma A_{st}}{B_{st} \Sigma pA_{room}}$

この表において、N_{eff}、A_{st}、p、A_{room}、B_{neck} 及び B_{st} は、それぞれ次の数値を表すものとする。

N_{eff}　地上への各出口の有効流動係数（単位　人/分・m）
A_{st}　地上への各出口に通ずる直通階段の階段室の床面積（単位　㎡）
p　在館者密度（単位　人/㎡）
A_{room}　地上への各出口を通らなければ避難することができない建築物の各部分の床面積（単位　㎡）
B_{neck}　当該地上への出口に通ずる直通階段の幅又は当該直通階段から地上若しくは避難階への出口の幅のうち最小のもの（単位　m）
B_{st}　当該地上への出口に通ずる直通階段の幅（単位　m）

B_d　当該地上への出口の幅（単位　m）

二　令第129条の2第4項第一号ハに規定する当該火災室において発生した火災により生じた煙又はガス（以下「煙等」という。）が、階段の部分又は当該階の直上階以上の階の一に流入するために要する時間は、当該火災室から出火階の直通階段への出口を有する室又は竪穴部分（令第112条第11項に規定する竪穴部分をいう。）に面する室に通ずる各経路上にある各室について次の式によって計算した時間（以下「室煙降下時間」という。）の合計のうち最小のものとする。

$$t_s = \frac{A_{room}\ (H_{room} - H_{lim})}{max\ (V_s - V_e,\ 0.01)}$$

この式において、t_s、A_{room}、H_{room}、H_{lim}、V_s 及び V_e は、それぞれ次の数値を表すものとする。

t_s　室煙降下時間（単位　分）
A_{room}　当該室の床面積（単位　㎡）
H_{room}　当該室の床面の最も高い位置（以下「基準点」という。）からの天井（天井がない場合にあっては屋根。以下同じ。）までの高さの平均（単位　m）
H_{lim}　当該室の開口部に設けられた防火設備の構造に応じ、それぞれ次の表に定める数値（以下「限界煙層高さ」という。）（単位　m）

当該室の開口部に設けられた防火設備の構造	限界煙層高さ
常時閉鎖式の防火設備（建築基準法（昭和25年法律第201号）第2条第九号の二ロに規定する防火設備に限る。以下同じ。）	当該室の床面から各開口部の上端までの高さのうち最大のものの$\frac{1}{2}$の高さ

又は随時閉鎖することができ、かつ、煙感知器と連動する自動閉鎖装置を設けた防火設備	
その他の構造	当該室の床面から各開口部の上端までの高さのうち最大のもの

V_s　次のイ又はロに掲げる当該室の区分に応じ、それぞれ当該イ又はロに定める当該室の煙等発生量（単位　㎥／分）

イ　火災室　次の式によって計算した当該室の煙等発生量（単位　㎥／分）

$$V_s = 9\ \{(\alpha_f + \alpha_m)A_{room}\}^{1/3}\ \{H_{low}^{5/3} + (H_{low} - H_{room} + H_{lim})^{5/3}\}$$

（この式において、V_s、α_f、α_m、A_{room}、H_{low}、H_{room} 及び H_{lim} は、それぞれ次の数値を表すものとする。

V_s　当該室の煙等発生量（単位　㎥／分）

α_f　令和２年国土交通省告示第510号第一号ハに規定する積載可燃物の火災成長率

α_m　令和２年国土交通省告示第510号第一号ハに規定する内装材料の火災成長率

A_{room}　当該室の床面積（単位　㎡）

H_{low}　当該室の床面の最も低い位置から天井までの高さの平均（単位　m）

H_{room}　当該室の基準点から天井までの高さの平均（単位　m）

H_{lim}　限界煙層高さ（単位　m））

ロ　火災室以外の室　当該火災室と当該室とを区画する壁（当該室が当該火災室に隣接していない場合にあっては、当該経路（当該火災室から当該室に至る部分に限る。以下このロにおいて同じ。）上にある室の壁（当該経路上にある他の室に面するものであって、開口部が設けられたものに限る。）のうちいずれかの壁。以下このロにおいて同じ。）及び当該壁の開口部の構造に応じ、次の表に掲げる式によって計算した当該室の煙等発生量（単位　㎥／分）

当該火災室と当該室とを区画する壁及び当該壁の開口部の構造	当該室の煙等発生量
準耐火構造の壁又は不燃材料で覆われた壁の開口部に令第112条第19項第二号に規定する構造である防火設備が設けられている場合	$V_s = 0.2A_{op}$
準耐火構造の壁又は不燃材料で覆われた壁の開口部に令第112条第19項第一号に規定する構造である防火設備が設けられている場合	$V_s = 2A_{op}$
その他の場合	$V_s = max\ (V_{s0} - V_{e,f}, 0)$

この表において、V_s、A_{op}、V_{s0} 及び $V_{e,f}$ は、それぞれ次の数値を表すものとする。

V_s　当該室の煙等発生量（単位　㎥／分）

A_{op}　当該火災室と当該室とを区画する壁の開口部の面積の合計（単位　㎡）

V_{s0}　イに掲げる式によって計算した当該火災室の煙等発生量（単位　㎥／分）

$V_{e,f}$　次の⑴又は⑵に掲げる当該火災室の区分に応じ、それぞれ当該⑴又は⑵に定める当該火災室の有効排煙量（令第126条の３第１項第二号、第三号（排煙口の壁における位置に係る部分を除く。）、第四号から第六号まで及び第十号から第十二号までの規定（以下「自然排煙関係規定」という。）に適合した排煙設備を設け、かつ、当該火災室の壁の床面からの高さが1.8m以下の部分に排煙口の開放に連動して自動的に開放され又は常時開放状態にある給気口を設けた場合以外の場合には、0とする。）（単位　㎥／分）

⑴　床面積1,500㎡以内ごとに、天井から30㎝以上下方に突出した垂れ壁その他これと同等以上に煙の流動を妨げる効力のあるもので、不燃材料で造り、又

は覆われたもの（以下「防煙垂れ壁」という。）によって区画された火災室（床面から防煙垂れ壁の下端までの高さが限界煙層高さ以上である場合に限る。）

次の式によって計算した各防煙区画（防煙垂れ壁で区画された部分をいう。以下この号において同じ。）の有効排煙量のうち最小のもの（以下「防煙区画有効排煙量」という。）（単位　㎥／分）

$V_{e,i} = A^* E_{(sc)}$

この式において、$V_{e,i}$、A^* 及び $E_{(sc)}$ は、それぞれ次の数値を表すものとする。

$V_{e,i}$　各防煙区画の有効排煙量（単位　㎥／分）

A^*　当該防煙区画の壁又は天井に設けられた開口部の床面からの高さが限界煙層高さ以上の部分（以下「有効開口部」という。）の有無及びその上端の位置に応じ、それぞれ次の表に掲げる式によって計算した当該防煙区画の排煙効果係数

有効開口部の有無	有効開口部の上端の位置	当該防煙区画の排煙効果係数
有効開口部がない場合	－	$A^* = 0$
有効開口部がある場合	$\overline{H_{st}} < H_w$ の場合	$A^* = 0.4\left(\frac{\overline{H_{st}} - H_{lim}}{H_{top} - H_{lim}}\right)$
	$\overline{H_{st}} \geqq H_w$ の場合	$A^* = 0.4\left(\frac{\overline{H_{st}} - H_{lim}}{H_{top} - H_{lim}}\right) + 0.6\left(1 - \frac{A_{sc}}{A_{room}}\right)\left(\frac{\overline{H_{st}} - H_w}{\overline{H_{st}} - H_{lim}}\right)^2$

この表において、A^*、$\overline{H_{st}}$、H_w、H_{lim}、H_{top}、A_{sc} 及び A_{room} は、それぞれ次の数値を表すものとする。

A^*　当該防煙区画の排煙効果係数

$\overline{H_{st}}$　当該室の基準点から当該防煙区画に設けられた各有効開口部の上端までの高さの平均（単位　m）

H_w　当該室の基準点から当該防煙区画における防煙垂れ壁の下端までの高さのうち最大のもの（単位　m）

H_{lim}　限界煙層高さ（単位　m）

H_{top}　当該室の基準点から当該防煙区画の天井までの高さのうち最大のもの（単位　m）

A_{sc}　当該防煙区画の床面積（単位　㎡）

A_{room}　当該室の床面積（単位　㎡）

$E_{(sc)}$　当該防煙区画に設けられた有効開口部の種類に応じ、それぞれ次の表に掲げる式によって計算した当該防煙区画に設けられた各有効開口部の排煙量（当該防煙区画に設けられた有効開口部の種類が同表㈠又は㈡に掲げるものである場合にあっては、当該防煙区画に設けられた各有効開口部及び当該有効開口部の開放に伴い開放される当該防煙区画に設けられた他の有効開口部のうち当該有効開口部からの距離が30m以内であるもの（以下この⑴において「他の有効開口部」という。）の排煙量の合計）のうち最小のもの（単位　㎥／分）

	当該防煙区画に設けられた有効開口部の種類	当該防煙区画に設けられた各有効開口部の排煙量

			(一)	有効開口部を排煙口とした場合に、当該防煙区画に設けられた排煙設備が自然排煙関係規定に適合し、かつ、当該居室の壁の床面からの高さが1.8m以下の部分に排煙口の開放に連動して自動的に開放され又は常時開放状態にある給気口が設けられたもの（当該居室に設けられた当該排煙設備以外の排煙設備が令第126条の3第一項第二号、第三号（排煙口の壁における位置に係る部分を除く。）、第四号から第七号まで、第八号（排煙口の開口面積に係る部分を除く。）、第九号（空気を排出する能力に係る部分を除く。）及び第十号から第十二号までの規定（以下「機械排煙関係規定」という。）に適合する場合を除く。）	$e_{(sc)} = max\left\{19A_{s(sc)}\sqrt{h_{s(sc)}},\ \dfrac{76A_{s(sc)}\sqrt{H_{c(sc)} - H_{lim}}}{\sqrt{1 + \left(\dfrac{A'_{s(sc)}}{A_a}\right)^2}}\right\}$
			(二)	有効開口部を排煙口とした場合に、当該防煙区画に設けられた排煙設備が機械排煙関係規定に適合し、かつ、当該居室の壁の床面からの高さが1.8m以下の部分に排煙口の開放に連動して自動的に開放され又は常時開放状態にある給気口が設けられたもの（当該居室に設けられた当該排煙設備以外の排煙設備が自然排煙関係規定に適合する場合を除く。）	$e_{(sc)} = min\ \{w_{(sc)},\ 3.9\ (H_{c(sc)} - H_{lim})\ w_{(sc)}^{2/3}\}$
			(三)	有効開口部を排煙口とした場合に、当該防煙区画に設けられた排煙設備が平成12年建設省告示第1437号第一号イ、ロ(1)及び(3)、ハ(1)、(2)及び(3)(i)並びにニ又は第二号イ、ロ(1)、(3)及び(5)、ハ(1)(i)、(ii)(イ)及び(2)並びにニの規定に適合するもの	$e_{(sc)} = min(s_{(sc)}, 550A_{s(sc)})$
			(四)	その他の有効開口部	$e_{(sc)} = 0$
			この表において、$e_{(sc)}$、$A_{s(sc)}$、$h_{s(sc)}$、$H_{c(sc)}$、H_{lim}、$A'_{s(sc)}$、A_a、$w_{(sc)}$ 及び $s_{(sc)}$ は、それぞれ次の数値を表すものとする。 $e_{(sc)}$ 当該防煙区画に設けられた各有効開口部の排煙量（単位　㎥／分） $A_{s(sc)}$ 当該有効開口部の開口面積（単位　㎡） $h_{s(sc)}$ 当該有効開口部の上端と下端の垂直距離（単位　m） $H_{c(sc)}$ 当該室の基準点から当該有効開口部の中心までの高さ（単位　m） H_{lim} 限界煙層高さ（単位　m） $A'_{s(sc)}$ 当該有効開口部及び他の有効開口部の開口面積の合計（単位　㎡）		

A_a　当該室に設けられた給気口（当該有効開口部の開放に伴い開放され又は常時開放状態にある給気口に限る。）の開口面積の合計（単位　㎡）
$w_{(sc)}$　当該有効開口部の排煙機の空気を排出することができる能力（単位　㎥／分）
$s_{(sc)}$　当該防煙区画に係る送風機の当該防煙区画に設けられた有効開口部から空気を排出することができる能力（単位　㎥／分）

(2)　(1)に掲げる火災室以外の火災室で床面積が1,500㎡以下のもの　次の式によって計算した当該室の有効排煙量（以下「室有効排煙量」という。）（単位　㎥／分）

$$V_e = 0.4\left(\frac{\overline{H_{st}} - H_{lim}}{H_{top} - H_{lim}}\right)E$$

この式において、V_e、$\overline{H_{st}}$、H_{lim}、H_{top}及びEは、それぞれ次の数値を表すものとする。
V_e　当該室の有効排煙量（単位　㎥／分）
$\overline{H_{st}}$　当該室の基準点から当該室に設けられた各有効開口部の上端までの高さの平均（単位　m）
H_{lim}　限界煙層高さ（単位　m）
H_{top}　当該室の基準点から天井までの高さのうち最大のもの（単位　m）
E　当該室に設けられた有効開口部の種類に応じ、それぞれ次の表に掲げる式によって計算した当該室に設けられた各有効開口部の排煙量（当該室に設けられた有効開口部の種類が同表㈠又は㈡に掲げるものである場合にあっては、当該室に設けられた各有効開口部及び当該有効開口部の開放に伴い開放される当該室に設けられた他の有効開口部のうち当該有効開口部からの距離が30m以内であるもの（以下この(2)において「他の有効開口部」という。）の排煙量の合計）のうち最小のもの（単位　㎥／分）

	当該室に設けられた有効開口部の種類	当該室に設けられた各有効開口部の排煙量
㈠	有効開口部を排煙口とした場合に、当該室に設けられた排煙設備が自然排煙関係規定に適合し、かつ、当該室の壁の床面からの高さが1.8m以下の部分に排煙口の開放に連動して自動的に開放され又は常時開放状態にある給気口が設けられたもの（当該室に設けられた当該排煙設備以外の排煙設備が機械排煙関係規定に適合する場合を除く。）	$e = max\left\{19A_s\sqrt{h_s},\ \dfrac{76A_s\sqrt{H_c - H_{lim}}}{\sqrt{1+\left(\dfrac{A'_s}{A_a}\right)^2}}\right\}$
㈡	有効開口部を排煙口とした場合に、当該室に設けられた排煙設備が機械排煙関係規定に適合し、かつ、当該室の壁の床面からの高さが1.8m以下の部分に排煙口の開放に連動して自動的に開放され又は常時開放状態にある給気口が設けられたもの（当該室に設けられた当該排煙設備以外の排煙	$e = min\ \{w,\ 3.9\ (H_c - H_{lim})\ w^{2/3}\}$

	設備が自然排煙関係規定に適合する場合を除く。）	
(三)	有効開口部を排煙口とした場合に、当該室に設けられた排煙設備が平成12年建設省告示第1437号第一号イ、ロ(1)及び(3)、ハ(1)、(2)及び(3)(i)並びにニ又は第二号イ、ロ(1)、(3)及び(5)、ハ(1)(i)、(ii)(イ)及び(2)並びにニの規定に適合するもの	$e = min(s,550A_s)$
(四)	その他の有効開口部	$e = 0$

この表において、e、A_s、h_s、H_c、H_{lim}、A'_s、A_a、w 及び s は、それぞれ次の数値を表すものとする。

e　当該室に設けられた各有効開口部の排煙量（単位　㎥／分）

A_s　当該有効開口部の開口面積（単位　㎡）

h_s　当該有効開口部の上端と下端の垂直距離（単位　m）

H_c　当該室の基準点から当該有効開口部の中心までの高さ（単位　m）

H_{lim}　限界煙層高さ（単位　m）

A'_s　当該有効開口部及び他の有効開口部の開口面積の合計（単位　㎡）

A_a　当該室に設けられた給気口（当該有効開口部の開放に伴い開放され又は常時開放状態にある給気口に限る。）の開口面積の合計（単位　㎡）

w　当該有効開口部の排煙機の空気を排出することができる能力（単位　㎥／分）

s　当該室に係る送風機の当該室に設けられた有効開口部から空気を排出することができる能力（単位　㎥／分）

V_e　次のイ又はロに掲げる当該室の区分に応じ、それぞれ当該イ又はロに定める当該室の有効排煙量（単位　㎥／分）

イ　床面積1,500㎡以内ごとに、防煙垂れ壁によって区画された室（床面から防煙垂れ壁の下端までの高さが限界煙層高さ以上である場合に限る。）　防煙区画有効排煙量（単位　㎥／分）

ロ　イに掲げる室以外の室で床面積が1,500㎡以下のもの　室有効排煙量（単位　㎥／分）

建築設備の構造耐力上安全な構造方法を定める件

制定：平成 12 年　5 月 29 日　建設省告示第 1388 号
改正：平成 24 年 12 月 12 日　国土交通省告示第 1447 号

建築基準法施行令（昭和 25 年政令第 338 号）第 129 条の 2 の 4 第二号〔現行＝第 129 条の 2 の 3 第二号＝令和元年 6 月政令第 30 号により改正〕の規定に基づき、建築設備の構造耐力上安全な構造方法を次のように定める。

第 1

建築設備（昇降機を除く。以下同じ。）、建築設備の支持構造部及び緊結金物で腐食又は腐朽のおそれがあるものには、有効なさび止め又は防腐のための措置を講ずること。

第 2

屋上から突出する水槽、煙突、冷却塔その他これらに類するもの（以下「屋上水槽等」という。）は、支持構造部又は建築物の構造耐力上主要な部分に、支持構造部は、建築物の構造耐力上主要な部分に、緊結すること。

第 3

煙突は、第 1 及び第 2 の規定によるほか、次に定める構造とすること。

一　煙突の屋上突出部の高さは、れんが造、石造、コンクリートブロック造又は無筋コンクリート造の場合は鉄製の支枠を設けたものを除き、90cm以下とすること。

二　煙突で屋内にある部分は、鉄筋に対するコンクリートのかぶり厚さを 5cm以上とした鉄筋コンクリート造又は厚さが 25cm以上の無筋コンクリート造、れんが造、石造若しくはコンクリートブロック造とすること。

第 4

建築物に設ける給水、排水その他の配管設備（建築物に設ける電気給湯器その他の給湯設備（屋上水槽等のうち給湯設備に該当するものを除く。以下単に「給湯設備」という。）を除く。）は、第 1 の規定によるほか、次に定める構造とすること。

一　風圧、土圧及び水圧並びに地震その他の震動及び衝撃に対して安全上支障のない構造とすること。

二　建築物の部分を貫通して配管する場合においては、当該貫通部分に配管スリーブを設ける等有効な管の損傷防止のための措置を講ずること。

三　管の伸縮その他の変形により当該管に損傷が生ずるおそれがある場合において、伸縮継手又は可撓（とう）継手を設ける等有効な損傷防止のための措置を講ずること。

四　管を支持し、又は固定する場合においては、つり金物又は防振ゴムを用いる等有効な地震その他の震動及び衝撃の緩和のための措置を講ずること。

第 5

給湯設備は、第 1 の規定によるほか、風圧、土圧及び水圧並びに地震その他の震動及び衝撃に対して安全上支障のない構造とすること。この場合において、給湯設備の質量、支持構造部の質量及び給湯設備を満水した場合における水の質量の総和（以下単に「質量」という。）が 15kg を超える給湯設備に係る地震に対して安全上支障のない構造は、給湯設備の周囲に当該給湯設備の転倒、移動等により想定される衝撃が作用した場合においても著しい破壊が生じない丈夫な壁又は囲いを設ける場合その他給湯設備の転倒、移動等により人が危害を受けるおそれのない場合を除き、次の各号のいずれかに定めるところによらなければならない。

一　次の表の給湯設備を設ける場所の欄、質量の欄及びアスペクト比（給湯設備の幅又は奥行き（支持構造部を設置する場合にあっては、支持構造部を含めた幅又は奥行き）の小さい方に対する給湯設備の高さ（支持構造部を設置する場合にあっては、支持構造部の高さを含めた高さ）の比をいう。以下同じ。）の欄の区分に応じ、給湯設備の底部又は支持構造部の底部を、同表のアンカーボルトの種類の欄及びアンカーボルトの本数の欄に掲げるアンカーボルトを釣合い良く配置して、当該給湯設備を充分に支持するに足りる建築物又は敷地の部分等（以下単に「建築物の部分等」という。）に緊結すること。ただし、給湯設備の底部又は支持構造部の底部を緊結するアンカーボルトの一本当たりの引張耐力が、同表の給湯設備を設ける場所の欄、質量の欄、アスペクト比の欄及びアンカーボルトの本数の欄の区分に応じ、同表の引張耐力の欄に掲げる数値以上であることが確かめられた場合においては、当該引張耐力を有するアンカーボルトとすることができる。

給湯設備を設ける場所	質量（単位 kg）	アスペクト比	アンカーボルトの種類	アンカーボルトの本数	引張耐力（単位 kN）
地階及び1階並びに敷地の部分	15を超え200以下	4.5以下	径が8mm以上であり、かつ、埋込長さが35mm以上であるおねじ形のあと施工アンカー	3本以上	2.8
		6以下	径が6mm以上であり、かつ、埋込長さが30mm以上であるおねじ形のあと施工アンカー	4本以上	2.2
	200を超え350以下	4以下	径が10mm以上であり、埋込長さが40mm以上であるおねじ形のあと施工アンカー	3本以上	3.6
		5以下	径が6mm以上であり、かつ、埋込長さが30mm以上であるおねじ形のあと施工アンカー	4本以上	2.2
	350を超え600以下	4以下	径が12mm以上であり、かつ、埋込長さが50mm以上であるおねじ形のあと施工アンカー	3本以上	5.8
		5以下	径が10mm以上であり、かつ、埋込長さが40mm以上であるおねじ形のあと施工アンカー	4本以上	3.6
中間階	15を超え200以下	4以下	径が10mm以上であり、かつ、埋込長さが40mm以上であるおねじ形のあと施工アンカー	3本以上	3.6
		6以下	径が8mm以上であり、かつ、埋込長さが35mm以上であるおねじ形のあと施工アンカー	4本以上	2.8
	200を超え350以下	4以下	径が12mm以上であり、かつ、埋込長さが50mm以上であるおねじ形のあと施工アンカー	3本以上	5.8
		5以下	径が10mm以上であり、かつ、埋込長さが40mm以上であるおねじ形のあと施工アンカー	4本以上	3.6
	350を超え600以下	3.5以下	径が16mm以上であり、かつ、埋込長さが60mm以上であるおねじ形のあと施工アンカー	3本以上	8.0
		5以下	径が12mm以上であり、かつ、埋込長さが50mm以上であるおねじ形のあと施工アンカー	4本以上	5.8
上層階及び屋上	15を超え200以下	6以下	径が12mm以上であり、かつ、埋込長さが50mm以上であるおねじ形のあと施工アンカー	4本以上	5.8
	200を超え350以下	5以下	径が12mm以上であり、かつ、埋込長さが50mm以上であるおねじ形のあと施工アンカー	4本以上	5.8
	350を超え600以下	5以下	径が10mm以上であり、かつ、埋込長さが100mm以上であるJ形の埋込アンカー	4本以上	9.0
この表において、上層階とは、地階を除く階数が2以上6以下の建築物にあっては最上階、地階を除く階数が7以上9以下の建築物にあっては最上階及びその直下階、地階を除く階数が10以上12以下の建築物にあっては最上階及び最上階から数えた階数が3以内の階、地階を除く階数が13以上の建築物にあっては最上階及び最上階から数えた階数が4以内の階をいい、中間階とは、地階、1階及び上層階を除く階をいうものとする。次号から第四号までの表において同じ。					

二　次の表の給湯設備を設ける場所の欄及び質量の欄の区分に応じ、給湯設備の上部を、同表の上部の緊結方法の欄に掲げる方法により建築物の部分等に緊結し、かつ、質量が15kgを超え60kg以下である給湯設備にあっては、自立する構造とし、質量が60kgを超え600kg以下である給湯設備に

あっては、その底部又は支持構造部の底部を、同表のアンカーボルト等（アンカーボルト、木ねじその他これらに類するものをいう。以下同じ。）の種類の欄及びアンカーボルト等の本数の欄に掲げるアンカーボルト等を釣合い良く配置して、建築物の部分等に緊結すること。ただし、質量が60kg を超え 600kg 以下である給湯設備にあっては、給湯設備の底部又は支持構造部の底部を緊結するアンカーボルト等の１本当たりのせん断耐力が、同表の給湯設備を設ける場所の欄、質量の欄、上部の緊結方法の欄及びアンカーボルト等の本数の欄の区分に応じ、同表のせん断耐力の欄に掲げる数値以上であることが確かめられた場合においては、当該せん断耐力を有するアンカーボルト等とすることができる。

給湯設備を設ける場所	質量（単位 kg）	上部の緊結方法	アンカーボルト等の種類	アンカーボルト等の本数	せん断耐力（単位 kN）
地階及び１階並びに敷地の部分	15 を超え 60 以下	径が 5mm 以上であり、かつ、埋込長さが 20mm 以上であるおねじ形のあと施工アンカー１本以上による緊結	−	−	−
		径が 4.8mm 以上であり、かつ、有効打ち込み長さが 15mm 以上である木ねじ１本以上による緊結			
		引張耐力の合計が 0.3kN 以上のアンカーボルト等による緊結			
	60 を超え 350 以下	径が 5mm 以上であり、かつ、埋込長さが 20mm 以上であるおねじ形のあと施工アンカー１本以上による緊結	径が 8mm 以上であり、かつ、埋込長さが 35mm 以上であるおねじ形のあと施工アンカー	３本以上	0.3
		径が 4.8mm 以上であり、かつ、有効打ち込み長さが 12mm 以上である木ねじ４本以上による緊結			
		引張耐力の合計が 0.8kN 以上のアンカーボルト等による緊結			
	350 を超え 600 以下	径が 6mm 以上であり、かつ、埋込長さが 30mm 以上であるおねじ形のあと施工アンカー２本以上による緊結	径が 10mm 以上であり、かつ、埋込長さが 40mm 以上であるおねじ形のあと施工アンカー	３本以上	0.5
		径が 5.5mm 以上であり、かつ、有効打ち込み長さが 15mm 以上である木ねじ４本以上による緊結			
		引張耐力の合計が 1.4kN 以上のアンカーボルト等による緊結			
中間階、上層階及び屋上	15 を超え 60 以下	径が 5mm 以上であり、かつ、埋込長さが 20mm 以上であるおねじ形のあと施工アンカー１本以上による緊結	−	−	−
		径が 4.8mm 以上であり、かつ、有効打ち込み長さが 15mm 以上である木ねじ２本以上による緊結			
		引張耐力の合計が 0.6kN 以上のアンカーボルト等による緊結			
	60 を超え 350 以下	径が 6mm 以上であり、かつ、埋込長さが 30mm 以上であるおねじ形のあと施工アンカー１本以上による緊結	径が 8mm 以上であり、かつ、埋込長さが 35mm 以上であるおねじ形の	３本以上	0.7
		径が 4.8mm 以上であり、かつ、有効			

		打ち込み長さが25mm以上である木ねじ4本以上による緊結	あと施工アンカー		
		引張耐力の合計が2.0kN以上のアンカーボルト等による緊結			
	350を超え600以下	径が8mm以上であり、かつ、埋込長さが35mm以上であるおねじ形のあと施工アンカー2本以上による緊結	径が10mm以上であり、かつ、埋込長さが40mm以上であるおねじ形のあと施工アンカー	3本以上	1.2
		径が5.5mm以上であり、かつ、有効打ち込み長さが25mm以上である木ねじ6本以上による緊結			
		引張耐力の合計が3.6kN以上のアンカーボルト等による緊結			
この表において、木ねじとは、JIS B1112（十字穴付き木ねじ）－1995又はJIS B1135（すりわり付き木ねじ）－1995に適合する木ねじをいうものとする。次号の表において同じ。					

三　次の表の給湯設備を設ける場所の欄及び質量の欄の区分に応じ、給湯設備の側部を同表のアンカーボルト等の種類の欄及びアンカーボルト等の本数の欄に掲げるアンカーボルト等を釣合い良く配置して、建築物の部分等に緊結すること。ただし、給湯設備の側部を緊結するアンカーボルト等の1本当たりの引張耐力が、給湯設備を設ける場所の欄、質量の欄及びアンカーボルト等の本数の欄の区分に応じ、同表の引張耐力の欄に掲げる数値以上であることが確かめられた場合においては、当該引張耐力を有するアンカーボルト等とすることができる。

給湯設備を設ける場所	質量（単位 kg）	アンカーボルト等の種類	アンカーボルト等の本数	引張耐力（単位 kN）
地階及び1階並びに敷地の部分	15を超え60以下	径が6mm以上であり、かつ、埋込長さが30mm以上であるあと施工アンカー	2本以上	0.3
		径が4.8mm以上であり、かつ、有効打ち込み長さが12mm以上である木ねじ	4本以上	0.2
	60を超え100以下	径が6mm以上であり、かつ、埋込長さが30mm以上であるあと施工アンカー	2本以上	0.5
		径が4.8mm以上であり、かつ、有効打ち込み長さが15mm以上である木ねじ	4本以上	0.3
中間階、上層階及び屋上	15を超え60以下	径が6mm以上であり、かつ、埋込長さが30mm以上であるあと施工アンカー	2本以上	0.5
		径が4.8mm以上であり、かつ、有効打ち込み長さが15mm以上である木ねじ	4本以上	0.3
	60を超え100以下	径が6mm以上であり、かつ、埋込長さが30mm以上であるあと施工アンカー	4本以上	0.5
		径が5.5mm以上であり、かつ、有効打ち込み長さが15mm以上である木ねじ	8本以上	0.4

四　給湯設備又は支持構造部の建築物の部分等への取付け部分が荷重及び外力によって当該部分に生ずる力（次の表に掲げる力の組合せによる各力の合計をいう。）に対して安全上支障のないことを確認すること。ただし、特別な調査又は研究の結果に基づき地震に対して安全上支障のないことを確認することができる場合においては、この限りでない。

力の種類	力の組合せ
長期に生ずる力	$G+P$
短期に生ずる力	$G+P+K$

この表において、G、P 及び K は、それぞれ次の力（軸方向力、曲げモーメント、せん断力等をいう。）を表すものとする。

G　給湯設備及び支持構造部の固定荷重によって生ずる力

P　給湯設備の積載荷重によって生ずる力

K　地震力によって生ずる力

この場合において、地震力は、特別な調査又は研究の結果に基づき定める場合のほか、次の式によって計算した数値とするものとする。

$P = kw$

この式において、P、k 及び w は、それぞれ次の数値を表すものとする。

P 地震力（単位　N）

k 水平震度（建築基準法施行令第88条第1項に規定するZの数値に次の表の給湯設備を設ける場所の欄の区分に応じ、同表の設計用標準震度の欄に掲げる数値以上の数値を乗じて得た数値とする。）

給湯設備を設ける場所	設計用標準震度
地階及び1階並びに敷地の部分	0.4
中間階	0.6
上層階及び屋上	1.0

w 給湯設備及び支持構造部の固定荷重と給湯設備の積載荷重との和（単位　N）

屋上から突出する水槽、煙突等の構造計算の基準を定める件

制定：平成12年5月29日　建設省告示第1389号

改正：平成27年1月29日　国土交通省告示第184号

建築基準法施行令（昭和25年政令第338号）第129条の2の4第三号〔現行＝第129条の2の3第三号＝令和元年6月政令第30号により改正〕の規定に基づき、法第20条第1項第二号イ又はロに規定する建築物に設ける屋上から突出する水槽、煙突等の構造計算の基準を次のように定める。

建築基準法（昭和25年法律第201号）第20条第1項第二号イ又はロに規定する建築物に設ける屋上から突出する水槽、冷却塔、煙突その他これらに類するもの（以下「屋上水槽等」という。）の構造計算の基準は、次のとおりとする。

一　屋上水槽等、支持構造部、屋上水槽等の支持構造部への取付け部分及び屋上水槽等又は支持構造部の建築物の構造耐力上主要な部分への取付け部分は、荷重及び外力によって当該部分に生ずる力（次の表に掲げる組合せによる各力の合計をいう。）に対して安全上支障のないことを確認すること。

力の種類	荷重及び外力について想定する状態	一般の場合	建築基準法施行令（以下「令」という。）第86条第2項ただし書の規定によって特定行政庁が指定する多雪区域における場合	備考
長期に生ずる力	常　時	G + P	G + P	
	積雪時		G + P + 0.7S	
短期に生ずる力	積雪時	G + P + S	G + P + S	
	暴風時	G + P + W	G + P + W	水又はこれに類するものを貯蔵する屋上水槽等にあっては、これの重量を積載荷重から除くものとする。
			G + P + 0.35S + W	
	地震時	G + P + K	G + P + 0.35S + K	

この表において、G、P、S、W 及び K は、それぞれ次の力（軸方向力、曲げモーメント、せん断力等をいう。）を表すものとする。

G　屋上水槽等及び支持構造部の固定荷重によって生ずる力

P　屋上水槽等の積載荷重によって生ずる力

S　令第 86 条に規定する積雪荷重によって生ずる力

W　風圧力によって生ずる力

この場合において、風圧力は、次のイによる速度圧に次のロに定める風力係数を乗じて計算した数値とするものとする。ただし、屋上水槽等又は支持構造部の前面にルーバー等の有効な遮へい物がある場合においては、当該数値から当該数値の $\frac{1}{4}$ を超えない数値を減じた数値とすることができる。

イ　速度圧は、令第 87 条第 2 項の規定に準じて定めること。この場合において、「建築物の高さ」とあるのは、「屋上水槽等又は支持構造部の地盤面からの高さ」と読み替えるものとする。

ロ　風力係数は、令第 87 条第 4 項の規定に準じて定めること。

K　地震力によって生ずる力

この場合において、地震力は、特別な調査又は研究の結果に基づき定める場合のほか、次の式によって計算した数値とするものとする。ただし、屋上水槽等又は屋上水槽等の部分の転倒、移動等による危害を防止するための有効な措置が講じられている場合にあっては、当該数値から当該数値の $\frac{1}{2}$ を超えない数値を減じた数値とすることができる。

$$P = kw$$

この式において、P、k 及び w は、それぞれ次の数値を表すものとする。

P　地震力（単位　N）

k　水平震度（令第 88 条第 1 項に規定する Z の数値に 1.0 以上の数値を乗じて得た数値とする。）

w　屋上水槽等及び支持構造部の固定荷重と屋上水槽等の積載荷重との和（令第 86 条第 2 項ただし書の規定によって特定行政庁が指定する多雪区域においては、更に積雪荷重を加えるものとする。）（単位　N）

二　屋上水槽等又は支持構造部が緊結される建築物の構造上主要な部分は、屋上水槽等又は支持構造部から伝達される力に対して安全上支障のないことを確認すること。

附則

昭和 56 年建設省告示第 1101 号は、廃止する。

昇降機の昇降路内に設けることができる配管設備の構造方法を定める件

制定：平成 17 年 6 月　1 日　国土交通省告示第 570 号
改正：令和元年　6 月 21 日　国土交通省告示第 200 号

建築基準法施行令（昭和 25 年政令第 338 号）第 129 条の 2 の 5 第 1 項第三号ただし書〔現行＝第 129 条の 2 の 4 第 1 項第三号ただし書＝令和元年 6 月政令第 30 号により改正〕の規定に基づき、昇降機の昇降路内に設けることができる配管設備で、地震時においても昇降機のかごの昇降、かご及び出入口の戸の開閉その他の昇降機の機能並びに配管設備の機能に支障がないものの構造方法を次のように定める。

建築基準法施行令第 129 条の 2 の 4 第 1 項第三号ただし書に規定する昇降機の昇降路内に設けることができる配管設備で、地震時においても昇降機の籠の昇降、籠及び出入口の戸の開閉その他の昇降機の機能並びに配管設備の機能に支障がないものの構造方法は、次の各号に適合するものでなければならない。

一　次のいずれかに該当するものであること。

イ　昇降機に必要な配管設備

ロ　光ファイバー又は光ファイバーケーブル（電気導体を組み込んだものを除く。）でイに掲げるもの以外のもの

ハ　ロに掲げる配管設備のみを通すための配管設備
二　地震時においても昇降機のかご又はつり合おもりに触れるおそれのないものであること。
三　第一号ロ又はハに掲げるものにあっては、次に適合するものであること。
イ　地震時においても鋼索、電線その他のものの機能に支障が生じない構造のものであること。
ロ　昇降機の点検を行う者の見やすい場所に当該配管設備の種類が表示されているものであること。
四　第一号ハに掲げるものにあっては、前号に規定するほか、難燃材料で造り、又は覆ったものであること。

建築物に設ける換気、暖房又は冷房の設備の風道及びダストシュート、メールシュート、リネンシュートその他これらに類するものの設置に関して防火上支障がない部分を定める件

制定：平成12年5月31日　建設省告示第1412号
改正：令和 2年4月 1日　国土交通省告示第508号

建築基準法施行令（昭和25年政令第338号）第129条の2の5第1項第六号〔現行＝第129条の2の4第1項第六号＝令和元年6月政令第30号により改正〕の規定に基づき、建築物に設ける換気、暖房又は冷房の設備の風道及びダストシュート、メールシュート、リネンシュートその他これらに類するものの設置に関して防火上支障がない部分を次のように定める。

建築基準法施行令（以下「令」という）第129条の2の4第1項第六号に規定する防火上支障がない部分は、次のとおりとする。
一　接合部におけるガスケット及びたわみ継手部分その他構造上軽微な部分
二　下宿の各宿泊室、住宅の各住戸又は寄宿舎の各寝室（以下「各宿泊室等」という。）又は各居室（建築基準法（昭和25年法律第201号。以下「法」という。）別表第1(い)欄(2)項に掲げる用途の特殊建築物以外の特殊建築物の居室を除き、附属して設けられる便所、浴室、洗面所その他これらに類するものを含む。）及び便所、浴室、洗面所その他これらに類するもの（以下「各居室等」という。）に設ける換気、暖房又は冷房の設備（以下「換気設備等」という。）で、各宿泊室等（各居室等が2以上の階を有する場合にあっては、当該各宿泊室等の各階）又は各居室等の当該部分ごとに設ける換気設備等（令第20条の3第2項に規定する換気設備を除く。以下同じ。）の風道（各宿泊室等又は各居室等以外の居室を経由することなく外気に開放されるものに限る。）で次のイ又はロのいずれかに該当するもの
イ　延焼のおそれのある外壁の当該風道の開口部から1m以内の距離にある部分を不燃材料又は硬質塩化ビニルで造られた内管と繊維モルタルで造られた外管の二層構造としたもので、別表に掲げる寸法に適合するもの
ロ　延焼のおそれのある外壁の当該風道の開口部に令第109条に規定する防火設備又は令第112条第21項に規定する特定防火設備（法第2条第九号の二ロに規定する防火設備によって区画すべき準耐火構造の防火区画を貫通する場合にあっては、法第2条第九号の二ロに規定する防火設備）を設けたもの

別表

呼称寸法	内管		外管	
	外径（単位　mm）	肉厚（単位　mm）	外径（単位　mm）	肉厚（単位　mm）
50mm	60以下	1.8以上	73以上	6.0以上
65mm	76以下	2.2以上	89以上	6.0以上
75mm	89以下	2.7以上	102以上	6.0以上
100mm	114以下	3.1以上	129以上	6.5以上

125㎜	140 以下	4.1（管の内部を均等に分割する隔壁を設けたものにあっては 3.2）以上	156 以上	7.0 以上

準耐火構造の防火区画等を貫通する給水管、配電管その他の管の外径を定める件

制定：平成 12 年　5 月 31 日　建設省告示第 1422 号
改正：令和　2 年　4 月　1 日　国土交通省告示第 508 号

建築基準法施行令（昭和 25 年政令第 338 号）第 129 条の 2 の 5 第 1 項第七号ロ〔現行＝第 129 条の 2 の 4 第 1 項第七号ロ＝令和元年 6 月政令第 30 号により改正〕の規定に基づき、準耐火構造の防火区画等を貫通する給水管、配電管その他の管の外径を次のように定める。

建築基準法施行令（以下「令」という。）第 129 条の 2 の 4 第 1 項第七号ロの規定に基づき国土交通大臣が定める準耐火構造の防火区画等を貫通する給水管、配電管その他の管（以下「給水管等」という。）の外径は、給水管等の用途、覆いの有無、材質、肉厚及び当該給水管等が貫通する床、壁、柱又ははり等の構造区分に応じ、それぞれ次の表に掲げる数値とする。

給水管等の用途	覆いの有無	材質	肉厚	給水管等の外径 給水管等が貫通する床、壁、柱又ははり等の構造区分			
				防火構造	30 分耐火構造	1 時間耐火構造	2 時間耐火構造
給水管		難燃材料又は硬質塩化ビニル	5.5㎜以上	90㎜	90㎜	90㎜	90㎜
			6.6㎜以上	115㎜	115㎜	115㎜	90㎜
配電管		難燃材料又は硬質塩化ビニル	5.5㎜以上	90㎜	90㎜	90㎜	90㎜
排水管及び排水管に附属する通気管	覆いのない場合	難燃材料又は硬質塩化ビニル	4.1㎜以上	61㎜	61㎜	61㎜	61㎜
			5.5㎜以上	90㎜	90㎜	90㎜	61㎜
			6.6㎜以上	115㎜	115㎜	90㎜	61㎜
	厚さ 0.5㎜以上の鉄板で覆われている場合	難燃材料又は硬質塩化ビニル	5.5㎜以上	90㎜	90㎜	90㎜	90㎜
			6.6㎜以上	115㎜	115㎜	115㎜	90㎜
			7.0㎜以上	141㎜	141㎜	115㎜	90㎜

1　この表において、30 分耐火構造、1 時間耐火構造及び 2 時間耐火構造とは、通常の火災時の加熱にそれぞれ 30 分、1 時間及び 2 時間耐える性能を有する構造をいう。
2　給水管等が貫通する令第 112 条第 16 項ただし書の場合における同項ただし書のひさし、床、袖壁その他これらに類するものは、30 分耐火構造とみなす。
3　内部に電線等を挿入していない予備配管にあっては、当該管の先端を密閉してあること。

附則

昭和 44 年建設省告示第 3183 号は、廃止する。

3階以上の階を共同住宅の用途に供する建築物の住戸に設けるガスの配管設備の基準

制定：昭和56年　6月　1日　建設省告示第1099号
改正：昭和62年11月14日　建設省告示第1925号

建築基準法施行令（昭和25年政令第338号）第129条の2の2第1項第九号〔現行＝第129条の2の4第1項第八号＝令和元年6月政令第30号により改正〕の規定に基づき、3階以上の階を共同住宅の用途に供する建築物の住戸に設けるガスの配管設備の基準を次のように定める。

第1　ガスせんの構造

3階以上の階を共同住宅の用途に供する建築物の住戸に設けるガスせん（バルコニーその他漏れたガスが滞留しない場所に設けるものを除く。以下同じ。）の構造は、次の第一号又は第二号に定めるところによらなければならない。

一　ガスを使用する設備又は器具に接続する金属管、金属可とう管又は強化ガスホース（金属線入りのものに限る。）とねじ接合することができるものであること。

二　過流出安全弁その他のガスが過流出した場合に自動的にガスの流出を停止することができる機構を有するものであること。

第2　適用の除外

ガス漏れを検知し、警報する設備（以下「ガス漏れ警報設備」という。）をガスの種類に応じて次の第一号又は第二号に定める設置の基準に適合するように設けた場合においては、第1は適用しない。

一　空気に対する比重が1より小さいガスのガス漏れ警報設備の設置の基準は、次のとおりとする。

(1)　検知部は、次に定めるところにより設けられていること。

イ　ガスの濃度が爆発下限界の$\frac{1}{4}$以上のとき確実に作動し、低濃度のガス、調理等の際に発生する湯気等に対して容易に作動せず、防爆性能その他ガス漏れ検知上有効な性能を有するものであること。

ロ　一般の者が容易に取り外すことができないように取り付けるものとすること。ただし、(2)ニの(イ)又は(ロ)に掲げる場所に設けられた警報部から発する音により検知部の取外しが行われた住戸を確知することができる場合においては、この限りでない。

ハ　次に掲げる場所に設けるものであること。

(イ)ガスせんからの水平距離が8m以内で、かつ、ガスせんと検知部との間に間仕切壁、天井から60cm以上下方に突出したたれ壁等又は戸がない場所

(ロ)天井面から30cm以内の場所

(ハ)次に掲げる場所以外の場所

(i)ガスを使用する設備又は器具の直上の場所

(ii)換気口等の空気吹出口に近接する場所

(iii)水蒸気、煙等が直接当たるおそれのある場所

(iv)家具のかげ等漏れたガスが流通しにくい場所

(v)周囲温度又は輻射温度が50度以上になるおそれのある場所

(2)　警報部は、次に定めるところにより設けられていること。

イ　検知部に有効に連動すること。

ロ　通電している旨の表示灯が、設けられていること。

ハ　ガス漏れを検知した場合に発する警報音が、警報部から1m離れた場所において70 dB以上となること。

ニ　住戸内の場所及び次の(イ)又は(ロ)に掲げる場所に設けること。

(イ)当該住戸に係る共用の廊下又は階段その他これらに類する場所

(ロ)管理事務所、守衛所その他常時建築物を管理する者が勤務する場所

ホ　ニ(イ)又は(ロ)に掲げる場所に設けるものにあつては、ガス漏れが発生した住戸を確知することができること。

(3) ガス漏れ警報設備に係る電気配線は、次に定めるところによること。ただし、(2)ニの(イ)又は(ロ)に掲げる場所に設けられた警報部から発する音により断線等が発生した住戸を確知することができる場合においては、この限りでない。

イ 住戸内の全ての電気回路を同時に電源から遮断することができる開閉器に接続すること。

ロ イに定める開閉器の負荷側において、次に定めるところによること。

(イ)電線管を用いること、天井の裏面に配線すること等により一般の者が容易に電流を遮断することのできない構造とすること。

(ロ)一般の者が容易に電流を遮断することのできる開閉器等を設けていないこと。

(ハ)専らガス漏れ警報設備に用いられること。

二 空気に対する比重が1より大きいガスのガス漏れ警報設備の設置の基準は、次のとおりとする。

(1) 液化石油ガスのガス漏れを検知するものにあつては、次に定める基準により設けられていること。

イ 液化石油ガスの保安の確保及び取引きの適正化に関する法律（昭和42年法律第149号）第80条の4第1項の規定に基づく液化石油ガス器具等の検定等に関する省令（昭和43年通商産業省令第23号）第44条の規定による液化石油ガス用ガス漏れ警報器の技術上の基準に適合するガス漏れ警報器が設けられていること。

ロ 検知部は、次に定めるところにより設けられていること。

(イ)前号(1)ロに定めるところによるものであること。

(ロ)次に掲げる場所に設けられていること。

(i)ガスせんからの水平距離が4m以内で、かつ、ガスせんと検知部との間に間仕切壁又は戸がない場所

(ii)床面からの高さが30cm以内の場所

(iii)前号(1)ハ(ハ)の(i)から(iv)までに掲げる場所以外の場所

(iv)周囲温度又は輻射温度が40度以上になるおそれのない場所

ハ 警報部及び電気配線は、前号(2)及び(3)に定めるところによるものであること。

(2) 液化石油ガス以外のガス漏れを検知するものにあつては、次に定める基準により設けられていること。

イ 前号(1)イに定める検知部が設けられていること。

ロ 検知部は、(1)ロに定めるところにより設けられていること。

ハ 警報部及び電気配線は、前号(2)及び(3)に定めるところによるものであること。

建築物に設ける飲料水の配管設備の構造方法を定める件

制定：平成12年5月29日　建設省告示第1390号
改正：令和元年　6月21日　国土交通省告示第200号

建築基準法施行令（昭和25年政令第338号）第129条の2の5第2項第三号〔現行＝第129条の2の4第2項第三号＝令和元年6月政令第30号により改正〕の規定に基づき、建築物に設ける飲料水の配管設備の構造方法を次のように定める。

建築基準法施行令第129条の2の4第2項第三号に掲げる基準に適合する飲料水の配管設備（これと給水系統を同じくする配管設備を含む。以下同じ。）の構造方法は、次の各号のいずれかに定めるものとする。

一 配管設備の材質は、不浸透質の耐水材料その他水が汚染されるおそれのないものとすること。

二 配管設備のうち当該設備とその外部を区画する部分の材質を前号に掲げる材質とし、かつ、配管設備の内部に次に掲げる基準に適合する活性炭等の濾材その他これに類するもの（以下「濾材等」という。）を内蔵した装置を設けること。

イ 容易に清掃、点検又は交換できる構造とすること。

ロ 逆止弁を設ける等逆流を防止できる構造とすること。

ハ　濾材等が飲料水に流出しないこと。
ニ　濾材等により飲料水中の残留塩素が除去される構造の装置にあっては、配管設備に有効に塩素消毒設備を設けること。ただし、1の住戸又は一団として設けられた水栓にのみ給水する配管設備に設ける装置にあっては、この限りでない。

建築物に設ける飲料水の配管設備及び排水のための配管設備の構造方法を定める件

制定：昭和50年12月20日　建設省告示第1597号
改正：平成22年　3月29日　国土交通省告示第243号

建築基準法施行令（昭和25年政令第338号）第129条の2の5第2項第六号及び第3項第五号〔現行＝第129条の2の4第2項第六号及び第3項第五号＝令和元年6月政令第30号により改正〕の規定に基づき、建築物に設ける飲料水の配管設備及び排水のための配管設備を安全上及び衛生上支障のない構造とするための構造方法を次のように定める。

第1
飲料水の配管設備の構造は、次に定めるところによらなければならない。
一　給水管
イ　ウォーターハンマーが生ずるおそれがある場合においては、エアチャンバーを設ける等有効なウォーターハンマー防止のための措置を講ずること。
ロ　給水立て主管からの各階への分岐管等主要な分岐管には、分岐点に近接した部分で、かつ、操作を容易に行うことができる部分に止水弁を設けること。
二　給水タンク及び貯水タンク
イ　建築物の内部、屋上又は最下階の床下に設ける場合においては、次に定めるところによること。
(1)　外部から給水タンク又は貯水タンク（以下「給水タンク等」という。）の天井、底又は周壁の保守点検を容易かつ安全に行うことができるように設けること。
(2)　給水タンク等の天井、底又は周壁は、建築物の他の部分と兼用しないこと。
(3)　内部には、飲料水の配管設備以外の配管設備を設けないこと。
(4)　内部の保守点検を容易かつ安全に行うことができる位置に、次に定める構造としたマンホールを設けること。ただし、給水タンク等の天井がふたを兼ねる場合においては、この限りでない。
(い)内部が常時加圧される構造の給水タンク等（以下「圧力タンク等」という。）に設ける場合を除き、ほこりその他衛生上有害なものが入らないように有効に立ち上げること。
(ろ)直径60cm以上の円が内接することができるものとすること。ただし、外部から内部の保守点検を容易かつ安全に行うことができる小規模な給水タンク等にあつては、この限りでない。
(5)　(4)のほか、水抜管を設ける等内部の保守点検を容易に行うことができる構造とすること。
(6)　圧力タンク等を除き、ほこりその他衛生上有害なものが入らない構造のオーバーフロー管を有効に設けること。
(7)　最下階の床下その他浸水によりオーバーフロー管から水が逆流するおそれのある場所に給水タンク等を設置する場合にあつては、浸水を容易に覚知することができるよう浸水を検知し警報する装置の設置その他の措置を講ずること。
(8)　圧力タンク等を除き、ほこりその他衛生上有害なものが入らない構造の通気のための装置を有効に設けること。ただし、有効容量が2㎥未満の給水タンク等については、この限りでない。
(9)　給水タンク等の上にポンプ、ボイラー、空気調和機等の機器を設ける場合においては、飲料水を汚染することのないように衛生上必要な措置を講ずること。
ロ　イの場所以外の場所に設ける場合においては、次に定めるところによること。

(1) 給水タンク等の底が地盤面下にあり、かつ、当該給水タンク等からくみ取便所の便槽、し尿浄化槽、排水管（給水タンク等の水抜管又はオーバーフロー管に接続する排水管を除く。）、ガソリンタンクその他衛生上有害な物の貯溜又は処理に供する施設までの水平距離が5m未満である場合においては、イの(1)及び(3)から(8)までに定めるところによること。

(2) (1)の場合以外の場合においては、イの(3)から(8)までに定めるところによること。

第2

排水のための配管設備の構造は、次に定めるところによらなければならない。

一 排水管

イ 掃除口を設ける等保守点検を容易に行うことができる構造とすること。

ロ 次に掲げる管に直接連結しないこと。

(1) 冷蔵庫、水飲器その他これらに類する機器の排水管

(2) 滅菌器、消毒器その他これらに類する機器の排水管

(3) 給水ポンプ、空気調和機その他これらに類する機器の排水管

(4) 給水タンク等の水抜管及びオーバーフロー管

ハ 雨水排水立て管は、汚水排水管若しくは通気管と兼用し、又はこれらの管に連結しないこと。

二 排水槽（排水を一時的に滞留させるための槽をいう。以下この号において同じ。）

イ 通気のための装置以外の部分から臭気が洩れない構造とすること。

ロ 内部の保守点検を容易かつ安全に行うことができる位置にマンホール（直径60cm以上の円が内接することができるものに限る。）を設けること。ただし、外部から内部の保守点検を容易かつ安全に行うことができる小規模な排水槽にあつては、この限りでない。

ハ 排水槽の底に吸い込みピットを設ける等保守点検がしやすい構造とすること。

ニ 排水槽の底の勾配は吸い込みピットに向かつて$\frac{1}{15}$以上$\frac{1}{10}$以下とする等内部の保守点検を容易かつ安全に行うことができる構造とすること。

ホ 通気のための装置を設け、かつ、当該装置は、直接外気に衛生上有効に開放すること。

三 排水トラップ（排水管内の臭気、衛生害虫等の移動を有効に防止するための配管設備をいう。以下同じ。）

イ 雨水排水管（雨水排水立て管を除く。）を汚水排水のための配管設備に連結する場合においては、当該雨水排水管に排水トラップを設けること。

ロ 二重トラップとならないように設けること。

ハ 汚水に含まれる汚物等が付着し、又は沈殿しない措置を講ずること。ただし、阻集器を兼ねる排水トラップについては、この限りでない。

ニ 排水トラップの深さ（排水管内の臭気、衛生害虫等の移動を防止するための有効な深さをいう。）は、5cm以上10cm以下（阻集器を兼ねる排水トラップにあつては、5cm以上）とすること。

ホ 容易に掃除ができる措置を講ずること。

四 阻集器

イ 汚水が油脂、ガソリン、土砂その他排水のための配管設備の機能を著しく妨げ、又は排水のための配管設備を損傷するおそれがある物を含む場合においては、有効な位置に阻集器を設けること。

ロ 汚水から油脂、ガソリン、土砂等を有効に分離することができる構造とすること。

ハ 容易に掃除ができる構造とすること。

五 通気管

イ 排水トラップの封水部に加わる排水管内の圧力と大気圧との差によつて排水トラップが破封しないように有効に設けること。

ロ 汚水の流入により通気が妨げられないようにすること。

ハ 直接外気に衛生上有効に開放すること。ただし、配管内の空気が屋内に漏れることを防止する装置が設けられている場合にあつては、この限りでない。

六 排水再利用配管設備（公共下水道、都市下水路その他の排水施設に排水する前に排水を再利用するために用いる排水のための配管設備をいう。以下この号において同じ。）

イ 他の配管設備（排水再利用設備その他これに類する配管設備を除く。）と兼用しないこと。

ロ　排水再利用水の配管設備であることを示す表示を見やすい方法で水栓及び配管にするか、又は他の配管設備と容易に判別できる色とすること。
ハ　洗面器、手洗器その他誤飲、誤用のおそれのある衛生器具に連結しないこと。
ニ　水栓に排水再利用水であることを示す表示をすること。
ホ　塩素消毒その他これに類する措置を講ずること。

第3　適用の特例

建築基準法（昭和25年法律第201号）別表第1(い)欄に掲げる用途以外の用途に供する建築物で、階数が2以下で、かつ、延べ面積が500㎡以下のものに設ける飲料水の配管設備及び排水のための配管設備については、第1（第一号ロを除く。）並びに第2第三号イ及び第四号の規定は、適用しない。ただし、2以上の建築物（延べ面積の合計が500㎡以下である場合を除く。）に対して飲料水を供給するための給水タンク等又は有効容量が5㎥を超える給水タンク等については、第1第二号の規定の適用があるものとする。

中央管理方式の空気調和設備の構造方法を定める件

制定：昭和45年12月28日　建設省告示第1832号
改正：令和 5年 3月20日　国土交通省告示第207号

建築基準法施行令（昭和25年政令第338号）第129条の2の6第3項〔現行＝第129条の2の5第3項＝令和元年6月政令第30号により改正〕の規定に基づき、中央管理方式の空気調和設備の構造方法を次のように定める。

一　中央管理方式の空気調和設備は、建築基準法施行令第20条の2第一号ロ(1)及び(2)に規定する必要有効換気量（同号ロ(1)中「Af　居室の床面積（特殊建築物の居室以外の居室が換気上有効な窓その他の開口部を有する場合においては、当該開口部の換気上有効な面積に20を乗じて得た面積を当該居室の床面積から減じた面積）」は、「Af　居室の床面積」と読み替えて計算するものとする。）以上の有効換気量を換気する能力を有するものとすること。
二　給気機又は排気機は、換気経路の全圧力損失（直管部損失、局部損失、諸機器その他における圧力損失の合計をいう。）を考慮して計算により確かめられた必要な給気又は排気能力を有するものとすること。ただし、居室の規模、構造又は換気経路その他空気調和設備の構造により、衛生上有効な換気を確保できることが明らかな場合においては、この限りでない。
三　風道は、断熱材を用いて内部結露が発生しないようにする場合等衛生上支障がない場合を除き、吸湿しない材料で造ること。
四　中央管理方式の空気調和設備の空気浄化装置に設ける濾過材、フイルターその他これらに類するものは、容易に取り替えられる構造とすること。
五　空気調和設備の風道は、火を使用する設備又は器具を設けた室の換気設備の風道その他これに類するものに連結しないこと。
六　居室における温度を外気の温度より低くする場合においては、その差を著しくしないよう制御できる構造とすること。
七　前各号に掲げるもののほか、空気調和設備は、次のイからホまでに掲げる空気調和負荷に基づいた構造とすること。
イ　壁、床又は天井（天井のない場合においては、屋根）よりの負荷
ロ　開口部よりの負荷
ハ　換気及びすき間風による負荷
ニ　室内で発生する負荷
ホ　その他建築物の実況に応じて生ずる負荷

地階を除く階数が 11 以上である建築物の屋上に設ける冷却塔設備の防火上支障のない構造方法、建築物の他の部分までの距離及び建築物の他の部分の温度を定める件

制定：昭和 40 年 12 月 18 日　建設省告示第 3411 号
改正：令和元年　6 月 25 日　国土交通省告示第 203 号

建築基準法施行令（昭和 25 年政令第 338 号）第 129 条の 2 の 7〔現行＝第 129 条の 2 の 6 ＝令和元年 6 月政令第 30 号により改正〕の規定に基づき、地階を除く階数が 11 以上である建築物の屋上に設ける冷却塔設備の防火上支障のない構造方法、建築物の他の部分までの距離及び建築物の他の部分の温度を次のように定める。

第 1

建築基準法施行令（以下「令」という。）第 129 条の 2 の 6 第一号に規定する冷却塔設備の防火上支障がない構造方法は、次の各号のいずれかに該当する構造としなければならない。

一　充てん材を硬質塩化ビニル、難燃処理した木材その他これらと同等以上の難燃性を有する材料（以下「難燃性の材料」という。）とし、ケーシング（下部水槽を含む。以下同じ。）を難燃材料又は強化ポリエステル板、硬質塩化ビニル板（日本産業規格 A1321（建築物の内装材料及び工法の難燃性試験方法）-1994 に規定する難燃 3 級のものに限る。）若しくは加熱による変形性、燃焼性及び排気温度特性についてこれらと同等以上の防火性能を有する材料（以下「難燃材料に準ずる材料」という。）であるもので造り、その他の主要な部分を準不燃材料で造つたもの

二　充てん材を難燃性の材料以外の材料とし、その他の主要な部分を準不燃材料で造つたもの（難燃材料に準ずる材料で造つたケーシングの表面を準不燃材料で覆つたものを含む。）で次のイ及びロに該当するもの

　イ　冷却塔の容量が 3,400 kW 以下（冷却塔の容量が 3,400 kW をこえる場合において、その内部が、容量 3,400 kW につき 1 以上に防火上有効に区画されているときを含む。）であるもの

　ロ　ケーシングの開口部に網目又は呼称網目の大きさが 26㎜以下の金網を張つたもの

三　ケーシングを難燃性の材料で造つたもので、冷却塔の容量が 450 kW 以下であるもの

第 2

令第 129 条の 2 の 6 第二号に規定する建築物の他の部分までの距離は、次に定める構造の冷却塔から他の冷却塔（当該冷却塔の間に防火上有効な隔壁が設けられている場合を除く。）までにあつては 2 m とし、建築物の開口部（建築基準法（昭和 25 年法律第 201 号）第 2 条第九号の二ロに規定する防火設備が設けられている場合を除く。）までにあつては 3m とする。

一　充てん材を難燃性の材料以外の材料とし、ケーシングを難燃材料に準ずる材料で造り、その他の主要な部分を準不燃材料で造ること。

二　冷却塔の容量を 2,200 kW 以下（冷却塔の容量が 2,200 kW を超える場合において、その内部が容量 2,200 kW につき 1 以上に防火上有効に区画されている場合を含む。）とすること。

三　ケーシングの開口部に網目又は呼称網目の大きさが 26㎜以下の金網を張ること。

第 3

令第 129 条の 2 の 6 第三号に規定する国土交通大臣が定める温度は、260 度とする。

特殊な構造又は使用形態のエレベーター及びエスカレーターの構造方法を定める件

制定：平成12年5月31日　建設省告示第1413号
改正：令和元年　6月25日　国土交通省告示第203号

建築基準法施行令（昭和25年政令第338号）第129条の3第2項第一号及び第二号の規定に基づき、特殊な構造又は使用形態のエレベーター及びエスカレーターの構造方法を次のように定める。

第1

建築基準法施行令（以下「令」という。）第129条の3第2項第一号に掲げる規定を適用しない特殊な構造又は使用形態のエレベーターは、次の各号に掲げるエレベーターの種類に応じ、それぞれ当該各号に定める構造方法を用いるものとする。ただし、第七号から第十号までに掲げるエレベーターにあっては第一号から第六号までの規定、非常用エレベーターにあっては第一号、第二号及び第四号から第十号までの規定は、それぞれ適用しない。

一　籠の天井部に救出用の開口部を設けないエレベーター　令第129条の6第二号、第三号及び第五号、第129条の7、第129条の8第2項第二号、第129条の9並びに第129条の10第3項及び第4項の規定によるほか、次に定める構造とすること。ただし、第二号に適合するものにあっては令第129条の7第一号の規定、第三号に適合するものにあっては令第129条の7第一号及び第129条の9の規定、第四号又は第五号に適合するものにあっては令第129条の10第3項第二号の規定、第六号に適合するもの（籠の床面積が1.1㎡以下のものに限る。第三号及び第四号において同じ。）にあっては令第129条の10第3項第四号イの規定は、それぞれ適用しない。

イ　籠は、平成20年国土交通省告示第1455号第1に定める構造方法を用いるものとすること。この場合において、同告示第1第一号中「令第129条の6第四号に規定する開口部」とあるのは「非常の場合において籠内の人を安全に籠外に救出することができる籠の壁又は囲いに設ける開口部」と、第二号中「　、かご内」とあるのは「　、鍵を用いなければ籠内」と読み替えるものとする。

ロ　次のいずれかに適合するものとすること。

(1)　常用の電源が絶たれた場合においても、制御器を操作することによって籠を昇降させることができるものであること。

(2)　手動で籠を昇降させることができるものであること。

二　昇降路の壁又は囲いの一部を有しないエレベーター　令第129条の6、第129条の7第二号から第五号まで、第129条の8第2項第二号、第129条の9並びに第129条の10第3項及び第4項の規定によるほか、次に定める構造とすること。ただし、第一号に適合するものにあっては令第129条の6第一号及び第四号の規定、第三号に適合するものにあっては令第129条の9の規定、第四号に適合するものにあっては令第129条の10第3項第二号の規定は、それぞれ適用しない。

イ　昇降路の壁又は囲いの一部を有しない部分の構造が次に掲げる基準に適合するものとすること。

(1)　吹抜きに面した部分又は建築物の外に面する部分であること。

(2)　建築物の床（その上部が吹抜きとなっている部分の床（以下「吹抜き部分の床」という。）を除く。）から水平距離で1.5 m以上離れた部分であること。

(3)　吹抜き部分の床若しくは昇降路に面する地面（人が立ち入らない構造となっているからぼりの底部の地面を除く。以下この号において同じ。）と昇降路が接している部分又は昇降路とこれに面する吹抜き部分の床先若しくは地面との水平距離が1.5 m以下の部分にあっては、次の(i)又は(ii)のいずれかに適合しているものであること。

(i)昇降路の周囲に柵、水面等を設け昇降路から水平距離で1.5 m以下の部分に人が立ち入らない構造とし、かつ、昇降路に吹抜き部分の床又は地面から1.8 m以上の高さの壁又は囲いを設けていること。

(ii)昇降路に吹抜き部分の床又は地面から2.4 m以上の高さの壁を設けていること。

ロ　昇降路は、平成20年国土交通省告示第1454号第二号から第十一号までに定める基準に適合する壁又は囲い及び出入口の戸を設けたものとすること。

三　機械室を有しないエレベーター　令第129条の6、第129条の7第二号から第五号まで、第129条の8第2項第二号、第129条の10第3項及び第4項並びに第129条の13の3第2項、第3項及び第5項から第13項までの規定によるほか、次に定める構造とすること。ただし、第一号に適合するものにあっては令第129条の6第一号及び第四号の規定、第二号に適合するものにあっては令第129条の7第一号の規定、第四号又は第五号に適合するものにあっては令第129条の10第3項第二号の規定、第六号に適合するものにあっては令第129条の10第3項第四号イの規定、非常用エレベーター以外のエレベーターにあっては令第129条の13の3の規定は、それぞれ適用しない。

イ　昇降路は、平成20年国土交通省告示第1454号（第六号に適合するものにあっては、同告示第六号を除く。）に定める基準に適合する壁又は囲い及び出入口の戸を設けたものとすること。この場合において、同告示第一号中「機械室に通ずる主索、電線その他のものの周囲」とあるのは「換気上有効な開口部」と読み替えるものとする。

ロ　非常用エレベーターの昇降路は、非常用エレベーター2基以内ごとに、乗降ロビーに通ずる出入口及び換気上有効な開口部を除き、耐火構造の床及び壁で囲まれたものとすること。

ハ　非常用エレベーターにあっては、駆動装置及び制御器（以下この号において「駆動装置等」という。）は、昇降路内（籠が停止する最下階の床面より上方に限る。）に設けること。この場合において、当該駆動装置等を籠が停止する最上階の床面より下方に設ける場合にあっては、当該駆動装置等は、日本産業規格C0920（電気機械器具の外郭による保護等級（IPコード））-2003に規定するIPX2に適合するもの又はこれと同等以上の防水の措置を講じたものとすること。

ニ　駆動装置等を設ける場所には、換気上有効な開口部、換気設備又は空気調和設備を設けること。ただし、機器の発熱により駆動装置等を設けた場所の温度が摂氏7度以上上昇しないことが計算により確かめられた場合においては、この限りでない。

ホ　駆動装置等は、その設置する部分を除き、籠、釣合おもりその他の昇降する部分が触れるおそれのないように設けること。

ヘ　駆動装置等から昇降路の壁又は囲いまでの水平距離は、保守点検に必要な範囲において50cm以上とすること。

ト　制御器を昇降路内に設けるものにあっては、非常の場合に昇降路外において、籠を制御することができる装置を設けること。この場合において、当該装置がワイヤロープを用いた構造のものにあっては、非常の場合及び保守点検を行う場合を除き、ワイヤロープの変位が生じないようワイヤロープを壁、床その他の建築物の部分に固定することその他の必要な措置を講ずること。

チ　駆動装置等を昇降路の底部に設けるものにあっては、トに掲げる装置のほか、保守点検を安全に行うことができるよう次に掲げる装置を設け、かつ、籠又は釣合おもりが緩衝器に衝突した場合においても駆動装置等に触れるおそれのないものとすること。ただし、高さが1m以上の退避上有効な空間が確保されたものにあっては、(3)に掲げる装置を設けないこととすることができる。

(1)　昇降路外において、籠の降下を停止することができる装置

(2)　昇降路内において、機械的に籠の降下を停止することができる装置

(3)　非常の場合に昇降路内において、動力を切ることにより、籠の降下を停止することができる装置

四　昇降行程が7m以下の乗用エレベーター及び寝台用エレベーター　令第129条の6、第129条の7、第129条の8第2項第二号、第129条の9、第129条の10第3項第一号、第三号及び第四号並びに同条第4項の規定によること。ただし、第一号に適合するものにあっては令第129条の6第一号及び第四号の規定、第二号に適合するものにあっては令第129条の7第一号の規定、第三号に適合するものにあっては令第129条の7第一号及び第129条の9の規定、第六号に適合するものにあっては令第129条の10第3項第四号イの規定は、それぞれ適用しない。

五　かごの定格速度が240m以上の乗用エレベーター及び寝台用エレベーター　令第129条の6、第129条の7、第129条の8第2項第二号、第129条の9、第129条の10第3項第一号、第三号及び第四号並びに同条第4項の規定によるほか、平成20年国土交通省告示第1536号に規定する地震時

等管制運転装置を設けること。この場合において、次の表の左欄に掲げるかごの定格速度の区分に応じて、同告示第2第三号ロの規定中同表の中欄に掲げる字句は、それぞれ同表の右欄に掲げる字句に読み替えるものとする。ただし、第一号に適合するものにあっては令第129条の6第一号及び第四号の規定、第三号に適合するものにあっては令第129条の7第一号及び第129条の9の規定は、それぞれ適用しない。

240m以上280m未満の場合	検知後10秒	検知後15秒
	かごを10秒以内	かごを15秒以内
280m以上、600m未満の場合	検知後10秒	検知後15秒
	かごを10秒以内	かごを15秒以内
	42m	50m
600m以上の場合	検知後10秒	検知後20秒
	かごを10秒以内	かごを20秒以内
	42m	50m

六　籠が住戸内のみを昇降するエレベーターで、籠の床面積が1.3㎡以下のもの　令第129条の6第一号、第二号、第四号及び第五号、第129条の7第二号から第五号まで、第129条の8第2項第二号、第129条の9並びに第129条の10第3項及び第4項の規定によるほか、次に定める構造とすること。ただし、第一号に適合するものにあっては令第129条の6第一号及び第四号の規定、第三号に適合するものにあっては令第129条の9の規定、第四号に適合するものにあっては令第129条の10第3項第二号の規定、籠の床面積が1.1㎡以下のものにあっては同項第四号イの規定は、それぞれ適用しない。

イ　籠は、次に定める構造とすること。

(1)　平成20年国土交通省告示第1455号第2第一号及び第三号から第八号までに定める基準に適合するものとすること。

(2)　籠の出入口の戸は、開き戸、折りたたみ戸又は引き戸とすること。ただし、乗用エレベーター及び寝台用エレベーター以外のエレベーターにあっては、上げ戸、下げ戸又は上下戸とすることができる。

(3)　開き戸又は折りたたみ戸である籠の出入口の戸は、閉じたときに、次の(i)から(iii)までに掲げるものを除き、隙間が生じないものであること。

(i)籠の出入口の戸と出入口枠の隙間で、8㎜以下のもの

(ii)籠の出入口の戸と床の隙間で、8㎜以下のもの

(iii)籠の出入口の戸の突合せ部分の隙間で、8㎜以下のもの

(4)　開き戸又は折りたたみ戸である籠の出入口の戸は、籠の昇降中に、籠外に向かって開くことができない構造とすること。

(5)　自動的に開閉する構造の開き戸又は折りたたみ戸である籠の出入口の戸は、次に掲げる基準に適合するものとすること。

(i)戸の質量（単位　kg）に戸の開閉時の速度（単位　m/s）の2乗を乗じて得た値が20以下となるものであること。

(ii)戸は、150N以下の力により開閉するものであること。

ロ　昇降路は、次に定める構造とすること。ただし、第三号に適合するものにあっては、(1)の規定は適用しない。

(1)　平成20年国土交通省告示第1454号第一号から第五号まで及び第七号から第十一号までに定める基準に適合するものとすること。

(2)　昇降路の出入口の戸は、開き戸、折りたたみ戸又は引き戸とすること。ただし、乗用エレベーター及び寝台用エレベーター以外のエレベーターにあっては、上げ戸、下げ戸又は上下戸とすることができる。

(3)　開き戸又は折りたたみ戸である昇降路の出入口の戸は、閉じたときに、次の(i)から(iii)までに掲げるものを除き、隙間が生じないものであること。

(i)昇降路の出入口の戸と出入口枠の隙間で、6㎜以下のもの

(ii)昇降路の出入口の戸と床の隙間で、6㎜以下のもの
(iii)昇降路の出入口の戸の突合せ部分の隙間で、6㎜以下のもの
(4) 自動的に開閉する構造の開き戸又は折りたたみ戸である昇降路の出入口の戸は、次に掲げる基準に適合するものとすること。
(i)戸の質量（単位　kg）に戸の開閉時の速度（単位　m/s）の2乗を乗じて得た値が20以下となるものであること。
(ii)戸は、150N以下の力により開閉するものであること。
ハ　籠外に向かって開く開き戸若しくは折りたたみ戸である籠の出入口の戸又は昇降路外に向かって開く開き戸若しくは折りたたみ戸である昇降路の出入口の戸を設ける場合には、地震時の転倒等により当該戸の開閉に支障を生じさせるおそれのある物を置かない旨を明示した標識を当該戸の近くの見やすい場所に掲示すること。

七　自動車運搬用エレベーターで、かごの壁又は囲い、天井及び出入口の戸の全部又は一部を有しないもの　令第129条の6第二号及び第五号、第129条の7第一号から第三号まで及び第五号、第129条の8第2項第二号、第129条の9、第129条の10第3項第一号から第三号まで並びに同条第4項の規定によるほか、次に定める構造とすること。
イ　かごは、次に定める構造とすること。
(1) 出入口の部分を除き、高さ1.4m以上の壁又は囲いを設けること。
(2) 車止めを設けること。
(3) かご内に操作盤（動力を切る装置を除く。）を設ける場合にあっては、当該操作盤は自動車の運転席から自動車の外に出ることなく操作ができる場所に設けること。
(4) 平成20年国土交通省告示第1455号第1第七号及び第八号に定める構造方法を用いるものであって、同告示第2第二号及び第五号から第七号までに定める基準に適合するものとすること。
ロ　昇降路は、かご内の人又は物が挟まれ、又は障害物に衝突しないものとすること。
ハ　自動車がかご内の通常の停止位置以外の場所にある場合にかごを昇降させることができない装置を設けること。

八　ヘリコプターの発着の用に供される屋上に突出して停止するエレベーターで、屋上部分の昇降路の囲いの全部又は一部を有しないもの　令第129条の6第二号、第四号及び第五号、第129条の7第一号（屋上部分の昇降路に係るものを除く。）、第二号、第四号及び第五号、第129条の9、第129条の10第3項第一号、第三号及び第四号並びに同条第4項の規定によるほか、次に定める構造とすること。
イ　かごは、次に定める構造とすること。
(1) かご内の人又は物が釣合おもり、昇降路の壁その他のかご外の物に容易に触れることができない構造とした丈夫な壁又は囲い及び出入口の戸を設けること。
(2) 平成20年国土交通省告示第1455号第1第六号から第九号までに定める構造方法を用いるものであって、同告示第2第二号及び第五号から第八号までに定める基準に適合するものとすること。
ロ　屋上部分の昇降路は、次に定める構造とすること。
(1) 屋上部分の昇降路は、周囲を柵で囲まれたものとすること。
(2) 屋上と他の出入口及びかご内とを連絡することができる装置を設けること。
(3) かごが屋上に突出して昇降する場合において、警報を発する装置を設けること。
ハ　昇降路の出入口の戸（屋上の昇降路の開口部の戸を除く。）には、平成20年国土交通省告示第1447号に定める基準に適合する施錠装置を設けること。この場合において、同告示第一号中「出入口の戸」とあるのは「出入口の戸（屋上の昇降路の開口部の戸を除く。以下同じ。）」と読み替えるものとする。
ニ　制御器は、平成12年建設省告示第1429号第1第二号から第四号までに定める基準に適合するものとすること。この場合において、同告示第1第二号中「戸」とあるのは「戸（屋上の昇降路の開口部の戸を除く。以下同じ。）」と、同第三号中「建築基準法施行令第129条の7第三号」とあるのは「平成12年国土交通省告示第1413号第八号ハ」と読み替えるものとする。
ホ　鍵を用いなければかごの昇降ができない装置を設けること。

へ　屋上と最上階との間を昇降するものとすること。

九　車いすに座ったまま使用するエレベーターで、かごの定格速度が15m以下で、かつ、その床面積が2.25㎡以下のものであって、昇降行程が4m以下のもの又は階段及び傾斜路に沿って昇降するもの　令第129条の7第五号の規定によるほか、次に定める構造とすること。

イ　かごは、次に定める構造とすること。

(1)　次に掲げるエレベーターの種類に応じ、それぞれ次に定めるものとすること。

(i)かごの昇降の操作をかご内の人が行うことができない1人乗りのエレベーター　出入口の部分を除き、高さ65cm以上の丈夫な壁又は囲いを設けていること。ただし、昇降路の側壁その他のものに挟まれるおそれのない部分に面するかごの部分で、かごの床から7cm（出入口の幅が80cm以下の場合にあっては、6cm）以上の立ち上がりを設け、かつ、高さ65cm以上の丈夫な手すりを設けた部分にあっては、この限りでない。

(ii)(i)以外のエレベーター　出入口の部分を除き、高さ1m以上の丈夫な壁又は囲いを設けていること。ただし、昇降路の側壁その他のものに挟まれるおそれのない部分に面するかごの部分で、かごの床から高さ15cm以上の立ち上がりを設け、かつ、高さ1m以上の丈夫な手すりを設けた部分にあっては、この限りでない。

(2)　出入口には、戸又は可動式の手すりを設けること。

(3)　用途、積載量（kgで表した重量とする。）及び最大定員（積載荷重を平成12年建設省告示第1415号第五号に定める数値とし、重力加速度を9.8m／秒^{2}とし、1人当たりの体重を65kg、車いすの重さを110kgとして計算した定員をいう。）並びに1人乗りのエレベーターにあっては車いすに座ったまま使用する1人乗りのものであることを明示した標識をかご内の見やすい場所に掲示すること。

ロ　昇降路は、次に定める構造とすること。

(1)　高さ1.8m以上の丈夫な壁又は囲い及び出入口の戸又は可動式の手すりを設けること。ただし、かごの底と当該壁若しくは囲い又は床との間に人又は物が挟まれるおそれがある場合において、かごの下にスカートガードその他これに類するものを設けるか、又は強く挟まれた場合にかごの昇降を停止する装置を設けた場合にあっては、この限りでない。

(2)　出入口の床先とかごの床先との水平距離は、4cm以下とすること。

(3)　釣合おもりを設ける場合にあっては、人又は物が釣合おもりに触れないよう壁又は囲いを設けること。

(4)　かご内の人又は物が挟まれ、又は障害物に衝突しないものとすること。

ハ　制御器は、かご及び昇降路の全ての戸又は可動式の手すりが閉じていなければかごを昇降させることができないものとすること。

ニ　次に掲げる安全装置を設けること。

(1)　かごが折りたたみ式のもので動力を使用してかごを開閉するものにあっては、次に掲げる装置

(i)鍵を用いなければかごの開閉ができない装置

(ii)開閉中のかごに人又は物が挟まれた場合にかごの開閉を制止する装置

(iii)かごの上に人がいる場合又は物がある場合にかごを折りたたむことができない装置

(2)　かごが着脱式のものにあっては、かごとレールが確実に取りつけられていなければかごを昇降させることができない装置

(3)　住戸内のみを昇降するもの以外のものにあっては、積載荷重を著しく超えた場合において警報を発し、かつ、かごを昇降させることができない装置又は鍵を用いなければ、かごの昇降ができない装置

十　階段及び傾斜路に沿って1人の者がいすに座った状態で昇降するエレベーターで、定格速度が9m以下のもの　令第129条の6第五号及び第129条の7第五号の規定によるほか、次に定める構造とすること。

イ　昇降はボタン等の操作によって行い、ボタン等を操作し続けている間だけ昇降する構造とすること。

ロ　人又は物がかごと階段又は床との間に強く挟まれた場合にかごの昇降を停止する装置を設けること。

ハ　転落を防止するためのベルトを、背もたれ、ひじ置き、座席及び足を載せる台を有するいすに設けること。

第 2

令第 129 条の 3 第 2 項第二号に掲げる規定を適用しない特殊な構造又は使用形態のエスカレーターは、次の各号に掲げるエスカレーターの種類に応じ、それぞれ当該各号に定める構造方法を用いるものとする。

一　勾配が 30 度を超えるエスカレーター　令第 129 条の 12 第 1 項第一号、第三号、第四号及び第六号の規定によるほか、次に定める構造であること。

イ　勾配は、35 度以下としていること。

ロ　踏段の定格速度は、30m 以下としていること。

ハ　揚程は、6m 以下としていること。

ニ　踏段の奥行きは、35㎝以上としていること。

ホ　昇降口においては、2 段以上の踏段のそれぞれの踏段と踏段の段差（踏段の勾配を 15 度以下としたすりつけ部分を除く。以下同じ。）を 4㎜以下としていること。

ヘ　平成 12 年建設省告示第 1417 号第 1 ただし書に規定する車いす使用者用エスカレーターでないこと。

二　踏段の幅が 1.1m を超えるエスカレーター　令第 129 条の 12 第 1 項第一号、第三号、第五号及び第六号の規定によるほか、次に定める構造であること。

イ　勾配は、4 度以下としていること。

ロ　踏段と踏段の段差は、4㎜以下としていること。

ハ　踏段の幅は、1.6m 以下とし、踏段の端から当該踏段の端の側にある手すりの上端部の中心までの水平距離は、25㎝以下としていること。

三　速度が途中で変化するエスカレーター　令第 129 条の 12 第 1 項第六号の規定によるほか、次に定める構造であること。

イ　毎分の速度が 50m 以上となる部分にあっては、手すりの上端部の外側から壁その他の障害物（毎分の速度が 50m 以上となる部分において連続している壁で踏段の上の人が挟まれるおそれのないものを除く。）までの距離は、50㎝以上としていること。

ロ　踏段側部とスカートガードのすき間は、5㎜以下としていること。

ハ　踏段と踏段のすき間は、5㎜以下としていること。

ニ　踏段と踏段の段差は、4㎜以下としていること。

ホ　勾配は、踏段の速度が変化する部分にあっては 4 度以下とし、それ以外の部分にあっては 8 度以下としていること。

ヘ　踏段の幅は、1.6m 以下とし、踏段の端から当該踏段の端の側にある手すりの上端部の中心までの水平距離は、25㎝以下としていること。

ト　踏段の両側に手すりを設け、その手すりが次の⑴又は⑵のいずれかの基準に適合するものであること。

⑴　手すりの上端部が、通常の場合において当該手すりの上端部をつかむ人が乗る踏段と同一方向に同一速度で連動するようにしたものとしていること。

⑵　複数の速度が異なる手すりを、これらの間に固定部分を設ける等により挟まれにくい構造として組み合せたもので、次の手すりを持ち替えるまでの間隔が 2 秒以上（おおむね手すりと同一の高さとした手すりの間の固定部分の長さを 15㎝以下としたものを除く。）で、かつ、それぞれの手すりの始点から終点に至るまでの手すりと踏段との進む距離の差が 40㎝以下であること。

チ　踏段の毎分の速度は、昇降口において、50m 以下としていること。

リ　踏段の速度の変化により踏段の上の人に加わる加速度は、速度が変わる部分の踏段の勾配が 3 度以下の部分にあっては 0.5m / 秒^2 以下、3 度を超え 4 度以下の部分にあっては 0.3m / 秒^2 以下としていること。

エレベーター強度検証法の対象となるエレベーター、エレベーター強度検証法及び屋外に設けるエレベーターに関する構造計算の基準を定める件

制定：平成12年　5月31日　建設省告示第1414号
改正：平成25年10月29日　国土交通省告示第1054号

建築基準法施行令（昭和25年政令第338号）第129条の4第1項第二号、第2項及び第3項第七号の規定に基づき、エレベーター強度検証法の対象となるエレベーター、エレベーター強度検証法及び屋外に設けるエレベーターに関する構造計算の基準を次のように定める。

第1

建築基準法施行令（以下「令」という。）第129条の4第1項第二号のエレベーター強度検証法の対象となるエレベーターは、かごを鎖でつるエレベーターとする。

第2

かごを主索でつるエレベーターに係る強度検証法については、次の各号に定めるところによる。

一　令第129条の4第2項第二号に規定するα_1及びα_2（以下単にそれぞれ「α_1」及び「α_2」という。）の数値は、次に掲げる数値とすること。

イ　α_1は、次に掲げる場合に応じ、それぞれ(1)又は(2)に掲げる数値とする。

(1)　(2)以外の場合　2.0

(2)　エレベーターが次に掲げるものである場合　1.6

(i)かごの定格速度が45m以下であること。

(ii)かごの積載荷重が3,100 N以下であること。

(iii)昇降行程が13m以下であること。

ロ　α_2は、レールにあっては次に掲げる場合に応じて、それぞれ(1)又は(2)に掲げる数値とし、レール以外の部分にあっては2.0とする。

(1)　非常止め装置が次第ぎき非常止め装置の場合　3.0

(2)　非常止め装置が早ぎき非常止め装置の場合　6.0

二　かごを主索でつるエレベーターのかごの床版及び枠、支持ばり並びにレールに係る令第129条の4第2項第三号に基づき規定する安全率（以下単に「安全率」という。）は、次の表に定める数値とする。ただし、レールの安全率については、強度試験に基づき許容応力度を定めた場合においては、材料の破壊強度をその許容応力度で除した数値とすることができる。

イ　かごの床版及び枠

常時の安全率	安全装置作動時の安全率
3.0	2.0

ロ　支持ばり

種類		常時の安全率	安全装置作動時の安全率
(1)	鉄骨造又は鉄骨鉄筋コンクリート造の鋼材の部分	3.0	2.0
(2)	鉄筋コンクリート造又は鉄骨鉄筋コンクリート造のコンクリートの部分	7.0	1.5

ハ　レール

種類		常時の安全率（レールにかごの固定荷重又は積載荷重が常時作用する構造のものに限る。）	安全装置の作動時の安全率

(1)	(2)項以外のもので鋼製とし、鋼製の支持金物で昇降路に取りつけられたもの	3.0	2.0
(2)	令第3章第8節第3款の規定に基づき短期に生ずる力に対する許容応力度が定められた鋼材その他の金属を用いたもの	材料の破壊強度を令第3章第8節第3款の規定に基づき定められた短期に生ずる力に対する許容応力度で除した数値に1.5を乗じた数値	材料の破壊強度を令第3章第8節第3款の規定に基づき定められた短期に生ずる力に対する許容応力度で除した数値

三　かごを主索でつるエレベーターのイに掲げるエレベーターの主索及びその端部に係る安全率は、ロに定める数値とし、第129条の4第2項第四号に規定する限界安全率（以下単に「限界安全率」という。）はハに定める数値とする。

イ　主索及びその端部並びに綱車又は巻胴の直径が次に掲げるものであること。

(1)　主索をワイヤーロープとし、直径は、10㎜以上であること。ただし、次の(i)又は(ii)のいずれかのエレベーターに用いるものにあっては、直径は、8㎜以上とすることができる。

(i)かごの定格速度が30m以下、かごの積載荷重が2,000 N以下で、かつ、昇降行程が10m以下であるもの

(ii)かごの定格速度が15m以下で、かつ、かごの積載荷重が2,400 N以下であるもの

(2)　端部（クランプ止めとした巻胴式エレベーターの巻胴側の端部を除く。）は、次に掲げるエレベーターにあっては、それぞれ(i)又は(ii)に掲げるものであること。

(i)(ii)以外のエレベーター　鋼製ソケットにバビット詰又は鋼製の楔式ソケット

(ii)(1)(i)又は(ii)に掲げるエレベーター　鋼製ソケットにバビット詰、鋼製の楔式ソケット、据え込み式止め金具、鉄製クリップ止め又はケミカル固定のロープソケット

(3)　綱車又は巻胴の直径は、主索の直径の40倍以上であること。ただし、次に掲げるものにあっては、それぞれ(i)から(iv)までに掲げる倍率以上とすることができる。

(i)綱車で、主索に接する部分の長さがその周の長さの$\frac{1}{4}$以下であるもの　36倍

(ii)第一号イ(2)の基準に適合するエレベーターの綱車又は巻胴　36倍

(iii)(1)(i)又は(ii)に掲げるエレベーターの綱車又は巻胴　30倍

(iv)(1)(ii)に掲げるエレベーターの綱車又は巻胴で、主索に接する部分の長さがその周の長さの$\frac{1}{4}$以下であるもの　20倍

ロ　主索及びその端部に係る安全率は、次の表に定める数値とする。

(1)　主索

エレベーターの種類		常時の安全率		安全装置作動時の安全率	
		設置時	使用時	設置時	使用時
(1)	(2)項以外のエレベーター	5.0	4.0	3.2	2.5
(2)	巻胴式エレベーターその他の主索に対し摩擦力による動力の伝達がないエレベーター（以下「巻胴式エレベーター等」という。）	5.0	4.0	2.5	2.5

(2)　主索の端部

常時の安全率		安全装置作動時の安全率	
設置時	使用時	設置時	使用時
4.0	3.0	2.0	2.0

ハ　エレベーターの主索及びその端部に係る限界安全率は、次の表に定める数値とする。

(1)　主索

エレベーターの種類		設置時の限界安全率	使用時の限界安全率
(1)	(2)項以外のエレベーター	3.2	2.5
(2)	巻胴式エレベーター等	2.5	2.5

(2) 主索の端部

設置時の限界安全率	使用時の限界安全率
2.0	2.0

第3

油圧エレベーターに係る強度検証法については、次の各号に定めるところによる。

一　α_1は、プランジャー（有効細長比を安全上支障がない場合を除き、250以下としたものに限り、これのシリンダーからの離脱を防止する装置を含む。以下同じ。）、シリンダーその他のかごを支える部分、これらに直接支えられるかご並びに圧力配管及び油圧ゴムホースにあっては1.3、その他の部分にあっては第2第一号イに掲げる数値とし、α_2は、第2第一号ロに掲げる数値とする。

二　かごを鎖でつるエレベーターの鎖以外の部分に係る安全率は、第2第二号及び第三号に定めるほか、次の表に定める数値とし、限界安全率は、第2第三号に定める数値とする。

イ　プランジャー、シリンダーその他のかごを支える部分及び圧力配管

常時の安全率	安全装置作動時の安全率
3.0（脆性金属にあっては、5.0とする。）	2.0（脆性金属にあっては、3.3とする。）

ロ　油圧ゴムホース

常時の安全率	安全装置作動時の安全率
6.0	4.0

三　かごを鎖でつるエレベーターのイに掲げる鎖に係る安全率は、ロに定める数値とし、限界安全率は、ハに定める数値とする。

イ　鎖及びその端部は、次に掲げるものであること。

(1) ローラーチェーンであること。

(2) 端部は、1本ごとに鋼製留金具により緊結すること。

ロ　鎖及びその端部に係る安全率は、次の表に定める数値とする。

常時の安全率		安全装置作動時の安全率	
設置時	使用時	設置時	使用時
5.0	4.0	2.5	2.5

ハ　鎖及びその端部に係る限界安全率は、次の表に定める数値とする。

設置時の限界安全率	使用時の限界安全率
2.5	2.5

第4

かごを鎖でつるエレベーターに係る強度検証法については、次の各号に定めるところによる。

一　α_1及びα_2は、それぞれ第2第一号に定める数値とする。

二　安全率は、第2第二号及び第3第三号に定める数値とする。

三　限界安全率は、第3第三号に定める数値とする。

第5

令第129条の4第3項第七号に規定する屋外に設けるエレベーターの風圧に対する構造耐力上の安全性を確かめるための構造計算の基準は、次のとおりとする。

一　屋外に設けるエレベーターで昇降路の壁の全部又は一部を有しないものにあっては、固定荷重、積

載荷重及び風圧力によって、主要な支持部分（令第 129 条の 4 第 1 項に規定する主要な支持部分をいう。以下同じ。）に生ずる力を計算すること。

二　主要な支持部分の断面に生ずる短期の応力度を次の式によって計算すること。

$$G_1 + \alpha_1 (G_2 + P) + W$$

（この式において、W は、令第 87 条に規定する風圧力によって生ずる力を、G_1、α_1、G_2 及び P は、令第 129 条の 4 第 2 項の表に規定するものとする。）

三　前号の規定によって計算した各応力度が、令第 3 章第 8 節第 3 款の規定による短期に生ずる力に対する各許容応力度を超えないことを確かめること。この場合において、主要な支持部分に規格が定められた鋼材等を用いる場合にあっては、当該材料の引張強さを第 1 から第 4 までに規定する安全装置作動時の安全率で除して求めた数値を基準強度とすることができる。

エスカレーター強度検証法の対象となるエスカレーター及びエスカレーターの強度検証法を定める件

制定：平成 12 年 5 月 31 日　建設省告示第 1418 号

建築基準法施行令（昭和 25 年政令第 338 号）第 129 条の 12 第 2 項において準用する第 129 条の 4 第 1 項第二号及び第 2 項の規定に基づき、エスカレーター強度検証法の対象となるエスカレーター及びエスカレーター強度検証法について次のように定める。

第 1

建築基準法施行令（以下「令」という。）第 129 条の 12 第 2 項において準用する第 129 条の 4 第 1 項第二号のエスカレーター強度検証法の対象となるエスカレーターは、踏段を鎖に類するものでつるエスカレーター及び踏段をベルトでつくり、当該ベルトをつるエスカレーターとする。

第 2

エスカレーター強度検証法については、次の各号に定めるところによる。

一　令第 129 条の 12 第 2 項において準用する第 129 条の 4 第 2 項第二号に規定する α_1 の数値は、1.0 と、同号に規定する α_2 の数値は、1.5 とする。

二　エスカレーターの踏段の床板及び枠並びにトラス又ははりに係る令第 129 条の 12 第 2 項において準用する第 129 条の 4 第 2 項第三号に規定する安全率（以下単に「安全率」という。）は、次の表に定める数値とする。

イ　踏段の床板及び枠

	常時の安全率	安全装置作動時の安全率
鋼製その他の金属製の踏段	3.0	2.0

ロ　トラス又ははり

	常時の安全率	安全装置作動時の安全率
鉄骨造の鋼材の部分	3.0	2.0

三　エスカレーターの鎖その他これに類するもの及びその端部又はベルトに係る安全率は、次の表に定める数値とする。

	常時の安全率		安全装置作動時の安全率	
	設置時	使用時	設置時	使用時
踏段をつる鎖その他これに類するもの及びその端部	7.0	4.0	2.5	2.5
ベルト	7.0	4.0	4.0	2.5

四　エスカレーターの鎖その他これに類するもの及びその端部又はベルト（踏段が他の摩損又は疲労破壊を生ずるおそれのないもので支えられていないものに限る。）について令第129条の12第2項において準用する第129条の4第2項第四号に規定する限界安全率は、次の表に定める数値とする。

	設置時の限界安全率	使用時の限界安全率
踏段をつる鎖その他これに類するもの及びその端部	2.5	2.5
ベルト	4.0	2.5

滑節構造とした接合部が地震その他の震動によって外れるおそれがない構造方法を定める件

制定：平成20年12月19日　国土交通省告示第1494号

建築基準法施行令（昭和25年政令第338号）第129条の4第3項第三号の規定に基づき、滑節構造とした接合部が地震その他の震動によって外れるおそれがない構造方法を次のように定める。

滑節構造とした接合部が地震その他の震動によって外れるおそれがない構造方法は、次に定めるものとする。

一　接合部は、かご及び釣合おもり（釣合おもりを設けないエレベーターにあっては、かご）に設けるガイドシュー、ガイドローラーその他これに類するもの（以下「ガイドシュー等」という。）と昇降路（昇降路を設けないエレベーターにあっては、壁又は床）に設けるガイドレールが接合し、かつ、ガイドシュー等が可動するものとすること。

二　かごを主索で吊るエレベーター及び油圧エレベーターにあっては、接合部は、次のイ又はロのいずれかに適合するものとすること。

　イ　ガイドシュー等とガイドレールが嵌合するものであること。

　ロ　ガイドレールは、その設置面に対して垂直方向にガイドシュー等と接する部分が、地震力によって生じると想定されるガイドレールのたわみよりも10㎜以上長いものであること。

三　かごを主索で吊るエレベーター及び油圧エレベーター以外のエレベーターにあっては、接合部は、地震その他の震動による衝撃により外れるおそれがないよう必要な措置を講じたものであること。

滑節構造とした接合部が地震その他の震動によって外れるおそれがない構造方法を定める件

制定：平成21年5月14日　国土交通省告示第541号

建築基準法施行令（昭和25年政令第338号）第129条の12第2項において準用する同令第129条の4第3項第三号の規定に基づき、滑節構造とした接合部が地震その他の震動によって外れるおそれがない構造方法を次のように定める。

滑節構造とした接合部が地震その他の震動によって外れるおそれがない構造方法は、次に定めるものとする。

一　踏段をくさりその他これに類するもので吊るエスカレーターにあっては、次に掲げるものとすること。

　イ　接合部は、ローラーとトラス又ははりに設ける踏段レールが接合し、かつ、ローラーが可動するものであること。

　ロ　地震その他の震動によりローラーが踏段レールから脱落するおそれのない構造であること。

二　踏段をベルトでつくり、当該ベルトを吊るエスカレーターにあっては、次に掲げるものとすること。

イ　接合部は、ベルトをローラーで支持し、かつ、ベルトが可動するものであること。
ロ　地震その他の震動によりベルトがローラーから脱落するおそれのないよう必要な措置を講じたものであること。

滑節構造とした接合部が地震その他の震動によって外れるおそれがない構造方法を定める件

制定：平成 21 年 6 月 8 日　国土交通省告示第 621 号

建築基準法施行令（昭和 25 年政令第 338 号）第 144 条第 2 項において準用する同令第 129 条の 4 第 3 項第三号の規定に基づき、滑節構造とした接合部が地震その他の震動によって外れるおそれがない構造方法を次のように定める。

滑節構造とした接合部が地震その他の震動によって外れるおそれがない構造方法は、次に定めるものとする。
一　接合部は、次に掲げるもののいずれかとすること。
イ　客席部分及び釣合おもり（釣合おもりを設けない遊戯施設にあっては、客席部分）に設けるガイドシュー、ガイドローラーその他これに類するもの（以下「ガイドシュー等」という。）と、主要な支持部分（建築基準法施行令第 144 条第 1 項第一号に規定する主要な支持部分をいう。以下この号において同じ。）に設けるガイドレールが接合し、かつ、ガイドシュー等が可動するもの
ロ　ガイドロープがガイドシュー等を貫通し、かつ、ガイドシュー等が鉛直方向に可動するもの
ハ　客席部分と主要な支持部分又は主要な支持部分を相互に地震その他の震動により外れるおそれのないよう必要な措置を講じたピンにより接合し、かつ、客席部分又は主要な支持部分が可動するもの
二　前号イに掲げる接合部は、次のイからハまでのいずれかに適合するものとすること。
イ　ガイドシュー等とガイドレールが嵌合するものであること。
ロ　ガイドレールは、その設置面に対して垂直方向にガイドシュー等と接する部分が、地震力によって生じると想定されるガイドレールのたわみよりも 10㎜以上長いものであること。
ハ　イ及びロに掲げるもののほか、地震その他の震動により外れるおそれのないよう必要な措置を講じたものであること。

滑車を使用してかごを吊（つ）るエレベーターが地震その他の震動によって索が滑車から外れるおそれがない構造方法を定める件

制定：平成 20 年 12 月 22 日　国土交通省告示第 1498 号

建築基準法施行令（昭和 25 年政令第 338 号）第 129 条の 4 第 3 項第四号の規定に基づき、滑車を使用してかごを吊（つ）るエレベーターが地震その他の震動によって索が滑車から外れるおそれがない構造方法を次のように定める。

滑車を使用してかごを吊（つ）るエレベーターが地震その他の震動によって索が滑車から外れるおそれがない構造方法は、次に定めるものとする。
一　滑車は、索を滑車の溝にかけることにより円滑に回転するものとすること。
二　滑車の溝は、索の形状に応じたものとし、滑車の索に面する部分の端部からの溝の深さ（滑車の溝がその最深部に索が接しない形状である場合にあっては、当該溝に索が接した状態における索から溝の最深部までの最短距離を除いたもの。以下同じ。）は、3㎜以上で、かつ、索の直径（平形の索にあっては、その短幅。以下同じ。）の$\frac{1}{3}$以上とすること。

三　索が滑車から外れないよう鉄製又は鋼製の枠その他これに類するもの（以下「ロープガード」という。）を設けること。
四　ロープガードは、次に掲げる基準に適合するものとすること。
　イ　滑車の索に面する部分の端部のうち、最も外側にあるものとの最短距離が索の直径の$\frac{3}{4}$以下であること。
　ロ　滑車の索に面する部分の端部のうち、イに掲げるもの以外のものとの最短距離が索の直径の$\frac{17}{20}$以下であること。
五　滑車の索に面する部分の端部のうち、最も外側にあるものからの溝の深さが索の直径以上である巻胴式エレベーターにあっては、前２号の規定は適用しない。

滑車を使用して客席部分を吊る遊戯施設が地震その他の震動によって索が滑車から外れるおそれがない構造方法を定める件

制定：平成21年6月8日　国土交通省告示第622号

建築基準法施行令（昭和25年政令第338号）第144条第2項において準用する同令第129条の4第3項第四号の規定に基づき、滑車を使用して客席部分を吊る遊戯施設が地震その他の震動によって索が滑車から外れるおそれがない構造方法を次のように定める。

滑車を使用して客席部分を吊る遊戯施設が地震その他の震動によって索が滑車から外れるおそれがない構造方法は、次に定めるものとする。
一　滑車は、索を滑車の溝にかけることにより円滑に回転するものとすること。
二　滑車の溝は、索の形状に応じたものとし、滑車の索に面する部分の端部からの溝の深さ（滑車の溝がその最深部に索が接しない形状である場合にあっては、当該溝に索が接した状態における索から溝の最深部までの最短距離を除いたもの。以下同じ。）は、3㎜以上で、かつ、索の直径の$\frac{1}{3}$以上とすること。
三　索が滑車から外れないよう鉄製又は鋼製の枠その他これに類するもの（以下「ロープガード」という。）を設けること。
四　ロープガードは、次に掲げる基準に適合するものとすること。
　イ　滑車の索に面する部分の端部のうち、最も外側にあるものとの最短距離が索の直径の$\frac{3}{4}$以下であること。
　ロ　滑車の索に面する部分の端部のうち、イに掲げるもの以外のものとの最短距離が索の直径の$\frac{17}{20}$以下であること。
五　滑車の索に面する部分の端部のうち、最も外側にあるものからの溝の深さが索の直径以上である巻胴式の駆動装置による遊戯施設にあっては、前２号の規定は適用しない。
六　主要な支持部分（建築基準法施行令第144条第1項第一号に規定する主要な支持部分をいう。）に走行又は回転時の衝撃及び非常止め装置の作動時の衝撃が加えられた場合に索が滑車から外れるおそれのないよう、客席部分の走行速度、円周速度及び傾斜角度を保つことができるものとすること。

地震その他の震動によってエレベーターの釣合おもりが脱落するおそれがない構造方法を定める件

制定：平成25年10月29日　国土交通省告示第1048号

建築基準法施行令（昭和25年政令第338号）第129条の4第3項第五号の規定に基づき、地震その他の震動によってエレベーターの釣合おもりが脱落するおそれがない構造方法を次のように定める。

建築基準法施行令（昭和25年政令第338号。以下「令」という。）第129条の4第3項第五号の規定に基づき、地震その他の震動によってエレベーターの釣合おもりが脱落するおそれがない構造方法は、次に定めるものとする。ただし、実験により釣合おもりが第二号に規定する地震力によって脱落しないことが確かめられた場合においては、この限りでない。

一　釣合おもりは、釣合おもりの枠（たて枠、上下の枠その他の釣合おもり片の脱落を防止する部材をいい、これらの接合部を含む。以下同じ。）及び釣合おもり片により構成されること。

二　次に定めるところにより構造計算を行うこと。

　イ　固定荷重及びロに規定する地震力によって、釣合おもりの枠に生ずる力を計算すること。

　ロ　釣合おもりの枠の断面に生ずる短期の応力度を次の式によって計算すること。

$$G + K$$

（この式において、Gは釣合おもりの固定荷重に1.3（特別な調査又は研究の結果に基づき、地震時に釣合おもりに生ずる加速度を考慮した数値を定めた場合は、その数値）を乗じたものによって生ずる力を、Kは地震力によって生ずる力を表すものとする。
この場合において、地震力は、特別な調査又は研究の結果に基づき定める場合のほか、水平方向及び鉛直方向について次の式によって計算した数値とするものとする。

$$P = kw$$

（この式において、P、k 及び w は、それぞれ次の数値を表すものとする。
P　地震力（単位　N）
k　令第 88 条第 1 項に規定するZの数値に、次に掲げる設計用水平標準震度又は設計用鉛直標準震度の数値以上の数値を乗じて得た数値とする。
　設計用水平標準震度　0.6
　設計用鉛直標準震度　0.3
w　釣合おもりの固定荷重（単位　N）））

　ハ　釣合おもりの枠の部分ごとにロの規定によって計算した各短期の応力度が、令第 3 章第 8 節第 3 款の規定による短期に生ずる力に対する各許容応力度を超えないことを確かめること。この場合において、釣合おもりの枠に規格が定められた鋼材等を用いる場合にあっては、当該材料の引張強さを 2.0 で除して求めた数値を基準強度とすることができる。

三　釣合おもりのたて枠は、釣合おもり片及び釣合おもりの上下の枠を全て貫通するボルトによるボルト接合その他のたわみ（前号に規定する地震力によって釣合おもりのたて枠に生ずると想定されるたわみをいう。以下同じ。）によって釣合おもり片が脱落するおそれがない措置を講ずる場合を除き、釣合おもり片と接する部分のたわみの方向の長さが、たわみよりも 10㎜以上長いものとすること。この場合において、特別な調査又は研究の結果に基づき接合部の剛性及び耐力に関する性能を確かめた場合を除き、たて枠及び上下の枠の接合部をピンによる接合とみなして構造計算を行うこと。

地震その他の震動によって遊戯施設の釣合おもりが脱落するおそれがない構造方法を定める件

制定：平成 25 年 10 月 29 日　国土交通省告示第 1049 号

建築基準法施行令（昭和 25 年政令第 338 号）第 144 条第 2 項において準用する同令第 129 条の 4 第 3 項第五号の規定に基づき、地震その他の震動によって遊戯施設の釣合おもりが脱落するおそれがない構造方法を次のように定める。

建築基準法施行令（昭和 25 年政令第 338 号。以下「令」という。）第 144 条第 2 項において準用する令第 129 条の 4 第 3 項第五号の規定に基づき、地震その他の震動によって遊戯施設の釣合おもりが脱落するおそれがない構造方法は、次に定めるものとする。ただし、実験により釣合おもりが第二号に規定する地震力によって脱落しないことが確かめられた場合においては、この限りでない。

一　釣合おもりは、釣合おもりの枠（たて枠、上下の枠その他の釣合おもり片の脱落を防止する部材をいい、これらの接合部を含む。以下同じ。）及び釣合おもり片により構成されること。

二　次に定めるところにより構造計算を行うこと。

イ　固定荷重及びロに規定する地震力によって、釣合おもりの枠に生ずる力を計算すること。

ロ　釣合おもりの枠の断面に生ずる短期の応力度を次の式によって計算すること。

G + K

（この式において、Gは釣合おもりの固定荷重に1.3（特別な調査又は研究の結果に基づき、地震時に釣合おもりに生ずる加速度を考慮した数値を定めた場合は、その数値）を乗じたものによって生ずる力を、Kは地震力によって生ずる力を表すものとする。
この場合において、地震力は、特別な調査又は研究の結果に基づき定める場合のほか、水平方向及び鉛直方向について次の式によって計算した数値とするものとする。

$P = kw$

（この式において、P、k 及び w は、それぞれ次の数値を表すものとする。
P　地震力（単位　N）
k　令第88条第1項に規定するZの数値に、次に掲げる設計用水平標準震度又は設計用鉛直標準震度の数値以上の数値を乗じて得た数値とする。
設計用水平標準震度　0.6
設計用鉛直標準震度　0.3
w　釣合おもりの固定荷重（単位　N）））

ハ　釣合おもりの枠の部分ごとにロの規定によって計算した各短期の応力度が、令第3章第8節第3款の規定による短期に生ずる力に対する各許容応力度を超えないことを確かめること。この場合において、釣合おもりの枠に規格が定められた鋼材等を用いる場合にあっては、当該材料の引張強さを2.0で除して求めた数値を基準強度とすることができる。

三　釣合おもりのたて枠は、釣合おもり片及び釣合おもりの上下の枠を全て貫通するボルトによるボルト接合その他のたわみ（前号に規定する地震力によって、釣合おもりのたて枠に生ずると想定されるたわみをいう。以下同じ。）によって釣合おもり片が脱落するおそれがない措置を講ずる場合を除き、釣合おもり片と接する部分のたわみの方向の長さが、たわみよりも10㎜以上長いものとすること。この場合において、特別な調査又は研究の結果に基づき接合部の剛性及び耐力に関する性能を確かめた場合を除き、たて枠及び上下の枠の接合部をピンによる接合とみなして構造計算を行うこと。

エレベーターの地震その他の震動に対する構造耐力上の安全性を確かめるための構造計算の基準を定める件

制定：平成25年10月29日　国土交通省告示第1047号

建築基準法施行令（昭和25年政令第338号）第129条の4第3項第六号の規定に基づき、エレベーターの地震その他の震動に対する構造耐力上の安全性を確かめるための構造計算の基準を次のように定める。

建築基準法施行令（昭和25年政令第338号。以下「令」という。）第129条の4第3項第六号に規定するエレベーターの地震その他の震動に対する構造耐力上の安全性を確かめるための構造計算の基準は、次のとおりとする。

一　令第129条の5第1項に規定する固定荷重及び同条第2項に規定する積載荷重並びに次号に規定する地震力によって、主要な支持部分（令第129条の4第1項に規定する主要な支持部分をいう。以下同じ。）に生ずる力を計算すること。

二　前号の主要な支持部分の断面に生ずる短期の応力度を次の式によって計算すること。

G + P + K

この式において、G及びPは、それぞれ令第129条の5第1項に規定する固定荷重及び同条第2項に規定する積載荷重によって生ずる力を、Kは、次の力を表すものとする。この場合において、固定荷重及び積載荷重のうち昇降する部分の荷重にあっては、当該荷重に1.3を乗じたものとすること。ただし、特別な調査又は研究の結果に基づき、地震時に昇降する部分に生ずる加速度を考慮した数値を定める場合にあっては、この限りでない。

K　地震力によって生ずる力

この場合において、地震力は、特別な調査又は研究の結果に基づき定める場合のほか、水平方向及び鉛直方向について次の式によって計算した数値とするものとする。

$$P = kw$$

この式において、 P、 k 及び w は、それぞれ次の数値を表すものとする。

P　地震力（単位　N）

k　令第88条第1項に規定するZの数値に、次の表の階又は屋上の欄の区分に応じて、それぞれ同表の設計用水平標準震度又は設計用鉛直標準震度の欄に掲げる数値以上の数値を乗じて得た数値とする。

階又は屋上	設計用水平標準震度	設計用鉛直標準震度
地階及び1階	0.4	0.2
その他の階及び屋上	0.6	0.3

w　エレベーターの固定荷重と積載荷重との和（積載荷重にあっては、地震その他の震動によって人又は物からかごに作用する力の影響に基づいた数値を算出した場合は、その数値）（単位　N）

三　第一号の主要な支持部分ごとに前号の規定によって計算した各短期の応力度が、令第3章第8節第3款の規定による短期に生ずる力に対する各許容応力度を超えないことを確かめること。この場合において、主要な支持部分に規格が定められた鋼材等を用いる場合にあっては、当該材料の引張強さを平成12年建設省告示第1414号に規定する安全装置作動時の安全率で除して求めた数値を基準強度とすることができる。

用途が特殊なエレベーター及び当該エレベーターのかごの積載荷重を定める件

制定：平成12年　5月31日　建設省告示第1415号
改正：平成27年12月28日　国土交通省告示第1274号

建築基準法施行令(昭和25年政令第338号)第129条の5第2項の規定に基づき、用途が特殊なエレベーター及び当該エレベーターのかごの積載荷重を次のように定める。

建築基準法施行令（以下「令」という。）第129条の5第2項に規定する用途が特殊なエレベーターは、次の各号に掲げるエレベーターとし、同項に規定する当該用途に応じたかごの積載荷重（単位　N）は、それぞれ当該各号に定める数値とする。

一　次に掲げる基準に適合するトランクを設けたエレベーター　エレベーターのかごの面積をトランクの面積を除いた面積として、令第129条の5第2項の表に基づき算定した数値

イ　床面から天井までの高さが1.2m以下であること。

ロ　かごの他の部分とトランクの床面の段差が10㎝以下であること。

ハ　施錠装置を有する扉を設けること。

ニ　かごの奥行き（トランク部分の奥行きを含む。以下同じ。）が2.2m以下であり、かつ、トランク部分の奥行きがかごの奥行きの $\frac{1}{2}$ 以下であること。

二　フォークリフトその他のかごに荷物を積み込む機械（以下「フォークリフト等」という。）がかごへの荷物の積込み時にかごに荷重をかける乗用及び寝台用エレベーター以外のエレベーター　次に掲げる数値のうち大きいもの

イ　実況に応じ算定した昇降させる人又は物の荷重に、フォークリフト等の荷重（荷物の積み込み時にかごにかかる荷重に限る。）を加えたものを1.5で除した数値

ロ　令第129条の5第2項の表に基づき算定した数値

三　昇降行程が10 m以下で、かつ、かごの床面積が1.1㎡以下のエレベーター　床面積1㎡につき1,800として計算した数値で、かつ、1,300以上の数値

四　昇降行程が20 m以下で、かつ、かごの床面積が1.3㎡以下の住宅、下宿又は寄宿舎に設けるエレベーター　床面積1㎡につき2,500として計算した数値で、かつ、1,300以上の数値

五　平成12年建設省告示第1413号第1第六号に掲げるエレベーター　床面積1㎡につき1,800として計算した数値で、かつ、1,300以上の数値（計算した数値が1,980を超える場合にあっては、1,980）

六　平成12年建設省告示第1413号第1第九号に掲げるエレベーター　次に定める床面積及び種類に応じた次に定める数値

イ　籠の床面積が1㎡以下で住戸内に設置されるもの　床面積1㎡につき1,800として計算した数値で、かつ、1,300以上の数値

ロ　籠の床面積が2㎡以下のもの（イに掲げるものを除く。）　1,800

ハ　籠の床面積が2㎡を超え2.25㎡以下のもの　2,400

七　平成12年建設省告示第1413号第1第十号に掲げるエレベーター　900

かご内の人又は物による衝撃に対して安全なかごの各部の構造方法及びかご内の人又は物がかご外の物に触れるおそれのないかごの壁又は囲い及び出入口の戸の基準を定める件

制定：平成20年12月10日　国土交通省告示第1455号
改正：令和元年　6月25日　国土交通省告示第203号

建築基準法施行令（昭和25年政令第338号）第129条の6第1項第一号及び第三号の規定に基づき、かご内の人又は物による衝撃に対して安全なかごの各部の構造方法及びかご内の人又は物がかご外の物に触れるおそれのないかごの壁又は囲い及び出入口の戸の基準を次のように定める。

第1

建築基準法施行令（以下「令」という。）第129条の6第1項第一号に規定するかご内の人又は物による衝撃に対して安全なかごの各部の構造方法は、次に定めるものとする。

一　かごは、次のイからハまでに掲げる部分を除き、壁又は囲い、床及び天井で囲むこと。

イ　かごの出入口

ロ　令第129条の6第四号に規定する開口部

ハ　かごの壁又は囲い（床面からの高さが180cm以上又は30cm以下の部分に限る。）及び天井部に設ける換気上有効な開口部

二　前号のロに掲げる開口部には、かご内から開くことができない構造の戸を設けること。

三　第一号のハに掲げる開口部には、ガラリその他これに類するものを設けること。

四　かごの壁又は囲い及び出入口の戸は、任意の5㎠の面にこれと直角な方向の300 Nの力がかご内から作用した場合において、次のイ及びロに適合するものとすること。

イ　15㎜を超える変形が生じないものであること。

ロ　塑性変形が生じないものであること。

五　かごの壁又は囲い、床、天井及び出入口の戸の全部又は一部（構造上軽微な部分を除く。）に使用するガラスは、次のイ及びロに適合するものとすること。

イ　合わせガラス（日本産業規格R3205に適合するものに限る。）又はこれと同等以上の飛散防止性能を有するものであること。ただし、かごの出入口の戸（床面からの高さが1.1mを超える部分に限る。）に使用するガラスにあっては、厚さ6㎜以上で幅20㎝以下の網入ガラス（日本産業規格R3204に適合する網入板ガラスに限る。）とすることができる。

ロ　かごの壁又は囲い（床面からの高さが1.1m以下の部分に限る。）に使用するガラスにあっては、

手すり（ガラスが用いられる部分以外の部分に堅固に取り付けられるものに限る。）を床面から 0.8m以上 1.1m以下の高さの位置に設けることその他安全上必要な措置が講じられたものであること。

六 かごの壁又は囲いは、その脚部を床版に、頂部を天井板に緊結すること。

七 かごの出入口の戸は、かご内の人又は物による衝撃により容易に外れないものとすること。

八 かごの床面で 50 lx（乗用エレベーター及び寝台用エレベーター以外のエレベーターにあっては 25 lx）以上の照度を確保することができる照明装置を設けること。

九 乗用エレベーター及び寝台用エレベーターにあっては、かごの天井の高さは 2m以上とすること。

第 2

令第 129 条の 6 第 1 項第三号に規定するかご内の人又は物がかご外の物に触れるおそれのないかごの壁又は囲い及び出入口の戸の基準は、次のとおりとする。

一 かごの出入口の戸は、空隙のないものであること。

二 かごの出入口の戸は、引き戸とすること。ただし、乗用エレベーター及び寝台用エレベーター以外のエレベーターにあっては、上げ戸、下げ戸又は上下戸とすることができる。

三 引き戸であるかごの出入口の戸は、閉じたときに、次のイからニまでに掲げるものを除き、すき間が生じないものであること。

イ　かごの出入口の戸と出入口枠のすき間で、8㎜以下のもの

ロ　かごの出入口の戸と敷居のすき間で、8㎜以下のもの

ハ　かごの出入口の戸の突合せ部分のすき間で、8㎜以下のもの

ニ　2 枚以上の戸が重なり合って開閉する構造のかごの出入口の戸にあっては、重なり合う戸のすき間で、8㎜以下のもの

四 上げ戸、下げ戸又は上下戸であるかごの出入口の戸は、閉じたときに、次のイからニまでに掲げるものを除き、すき間が生じないものであること。

イ　かごの出入口の戸と出入口枠のすき間で、9.5㎜以下のもの

ロ　上げ戸にあっては、かごの出入口の戸と敷居のすき間で、9.5㎜以下のもの

ハ　上下戸にあっては、かごの出入口の戸の突合せ部分のすき間で、9.5㎜以下のもの

ニ　2 枚以上の戸が重なり合って開閉する構造のかごの出入口の戸にあっては、重なり合う戸のすき間で、9.5㎜以下のもの

五 かごの出入口の戸は、安全かつ円滑に開閉するものであること。

六 かごの出入口の戸は、かごの昇降中に、かご内の人又は物による衝撃により容易に開かないものであること。

七 自動的に閉鎖する構造のかごの出入口の戸は、反転作動（人又は物が戸に挟まれ、又は挟まれるおそれがある場合において、戸の閉鎖を自動的に停止し、当該戸を開くことをいう。）ができるものであること。

八 自動的に閉鎖する構造の引き戸であるかごの出入口の戸は、150 N 以下の力により閉じるものであること。ただし、出入口の$\frac{1}{3}$が閉じられるまでの間は、この限りでない。

防火上支障のないエレベーターのかご及び昇降路並びに小荷物専用昇降機の昇降路を定める件

制定：平成 12 年 5 月 31 日　建設省告示第 1416 号

建築基準法施行令（昭和 25 年政令第 338 号）第 129 条の 6 第二号、第 129 条の 7 第二号及び第 129 条の 13 第二号の規定に基づき、防火上支障のないエレベーターのかご及び昇降路並びに小荷物専用昇降機の昇降路を次のように定める。

第 1

建築基準法施行令（以下「令」という。）第 129 条の 6 第二号に規定する防火上支障のないエレベーター

のかごは、次の各号のいずれかに該当するエレベーターのかごとする。
一　主要構造部を準耐火構造以外の構造とした建築物に設けるもの
二　住宅に設ける昇降機で昇降路のすべての出入口が1の住戸内のみにあるもの
三　昇降路のすべての出入口が1の階のみにあるもの
四　昇降路のすべての出入口が1の吹抜き（当該部分と壁又は戸で区画されていない部分を含む。）のみにあるもの

第2
令第129条の7第二号に規定する防火上支障のないエレベーターの昇降路は、第1各号（第二号を除く。）のいずれかに該当するエレベーターの昇降路及び階数が3以下で延べ面積が200㎡以内の一戸建ての住宅又は長屋若しくは共同住宅の住戸に設けるエレベーターの昇降路とする。

第3
令第129条の13第二号に規定する防火上支障のない小荷物専用昇降機の昇降路は、第1各号（第二号を除く。）のいずれかに該当する小荷物専用昇降機の昇降路及び階数が3以下で延べ面積が200㎡以内の一戸建ての住宅又は長屋若しくは共同住宅の住戸に設ける小荷物専用昇降機の昇降路とする。

昇降路外の人又は物がかご又は釣合おもりに触れるおそれのない壁又は囲い及び出入口の戸の基準を定める件

制定：平成20年12月10日　国土交通省告示第1454号
改正：令和元年　6月25日　国土交通省告示第203号

建築基準法施行令（昭和25年政令第338号）第129条の7第一号の規定に基づき、昇降路外の人又は物がかご又は釣合おもりに触れるおそれのない壁又は囲い及び出入口の戸の基準を次のように定める。

建築基準法施行令第129条の7第一号に規定する昇降路外の人又は物がかご又は釣合おもりに触れるおそれのない壁又は囲い及び出入口の戸の基準は、次のとおりとする。
一　昇降路は、次のイからニまでに掲げる部分を除き、壁又は囲いで囲むものであること。
　イ　昇降路の出入口（非常口を含む。次号から第五号まで及び第十号において同じ。）
　ロ　機械室に通ずる主索、電線その他のものの周囲
　ハ　昇降路の頂部及び底部
　ニ　保守点検に必要な開口部（かぎを用いなければ昇降路外から開くことができない施錠装置を設けた戸を設けるものに限る。）であって、次の(1)又は(2)のいずれかに該当するもの
　　(1)　出入口の床面から開口部の下端までの高さが1.8m以上であるもの
　　(2)　自動的に閉鎖する戸（当該戸を自動的に施錠する機能を有する施錠装置を設けたものに限る。）を設けるもの
二　昇降路の壁又は囲い及び出入口の戸は、任意の5㎠の面にこれと直角な方向の300 Nの力が昇降路外から作用した場合において、次のイ及びロに適合するものであること。
　イ　15㎜を超える変形が生じないものであること。
　ロ　塑性変形が生じないものであること。
三　昇降路の壁又は囲い及び出入口の戸の全部又は一部（構造上軽微な部分を除く。）に使用するガラスは、合わせガラス（日本産業規格R3205に適合するものに限る。）又はこれと同等以上の飛散防止性能を有するものであること。ただし、昇降路の出入口の戸（床面からの高さが1.1mを超える部分に限る。）に使用するガラスにあっては、厚さ6㎜以上で幅20㎝以下の網入ガラス（日本産業規格R3204に適合する網入板ガラスに限る。）又はこれと同等以上の遮炎性能を有するものとすることができる。
四　昇降路の出入口の戸は、昇降路外の人又は物による衝撃により容易に外れないものであること。
五　昇降路の出入口の戸は、空隙のないものであること。

六　昇降路の出入口の戸は、引き戸とすること。ただし、乗用エレベーター及び寝台エレベーター以外のエレベーターにあっては、上げ戸、下げ戸又は上下戸とすることができる。
七　引き戸である昇降路の出入口の戸は、閉じたときに、次のイからニまでに掲げるものを除き、すき間が生じないものであること。
　イ　昇降路の出入口の戸と出入口枠のすき間で、6㎜以下のもの
　ロ　昇降路の出入口の戸と敷居のすき間で、6㎜以下のもの
　ハ　昇降路の出入口の戸の突合せ部分のすき間で、6㎜以下のもの
　ニ　2 枚以上の戸が重なり合って開閉する構造の昇降路の出入口の戸にあっては、重なり合う戸のすき間で、6㎜以下のもの
八　上げ戸、下げ戸又は上下戸である昇降路の出入口の戸は、閉じたときに、次のイからニまでに掲げるものを除き、すき間が生じないものであること。
　イ　昇降路の出入口の戸と出入口枠のすき間で、9.5㎜以下のもの
　ロ　上げ戸にあっては、昇降路の出入口の戸と敷居のすき間で、9.5㎜以下のもの
　ハ　上下戸にあっては、昇降路の出入口の戸の突合せ部分のすき間で、9.5㎜以下のもの
　ニ　2 枚以上の戸が重なり合って開閉する構造の昇降路の出入口の戸にあっては、重なり合う戸のすき間で、9.5㎜以下のもの
九　昇降路の非常口の戸は、開き戸又は引き戸とすること。ただし、開き戸にあっては、昇降路内に向かって開くことができない構造とすること。
十　昇降路の出入口の戸は、安全かつ円滑に開閉するものであること。
十一　自動的に閉鎖する構造の引き戸である昇降路の出入口の戸は、150 N 以下の力により閉じるものであること。ただし、出入口の$\frac{1}{3}$が閉じられるまでの間は、この限りでない。

昇降路外の人又は物が昇降路内に落下するおそれのない昇降路の出入口の戸の施錠装置の基準を定める件

制定：平成 20 年 12 月 9 日　国土交通省告示第 1447 号
改正：平成 24 年　6 月 7 日　国土交通省告示第　680 号

建築基準法施行令（昭和 25 年政令第 338 号）第 129 条の 7 第三号の規定に基づき、昇降路外の人又は物が昇降路内に落下するおそれのない昇降路の出入口の戸の施錠装置の基準を次のように定める。

建築基準法施行令第 129 条の 7 第三号に規定する昇降路外の人又は物が昇降路内に落下するおそれのない昇降路の出入口の戸の施錠装置の基準は、次のとおりとする。
一　施錠装置は､昇降路の出入口の戸の昇降路内に面する部分に堅固に取り付けられたものであること。
二　施錠装置は、昇降路の出入口の戸が閉じた場合に、当該戸を自動的かつ機械的に施錠するものであること。
三　施錠装置は、かごが昇降路の出入口の戸の位置に停止していない場合においては、かぎを用いずに当該戸を開こうとした場合においても施錠された状態を保持する力が減少しないものであること。
四　施錠装置は、施錠された昇降路の出入口の戸に昇降路外の人又は物による衝撃が作用した場合において、当該戸が容易に開かないよう、施錠された状態を保持することができるものであること。
五　施錠装置は、腐食若しくは腐朽しにくい材料を用いたもの、又は有効なさび止め若しくは防腐のための措置が講じられたものであること。
六　施錠装置の係合部分は、7㎜以上であること。

建築基準法施行令第129条の7第五号イ(2)の国土交通大臣が定める措置を定める件

制定：平成20年12月19日　国土交通省告示第1495号

建築基準法施行令（昭和25年政令第338号）第129条の7第五号イ(2)の規定に基づき、国土交通大臣が定める措置を次のように定める。

建築基準法施行令第129条の7第五号イ(2)に規定する国土交通大臣が定める措置は、次に掲げるものとする。

一　かごと接合するガイドレールを取り付けるために昇降路内に設けるレールブラケットで、地震時にその回りに昇降路内の主索その他の索が掛かった場合において、エレベーターの機能に支障が生じるおそれのあるものにあっては、索が回り込まないように当該レールブラケットの端部間に鉄線、鋼線又は鋼索を設けること。

二　釣合おもりと接合するガイドレールを取り付けるために昇降路内に設けるレールブラケットにあっては、索が回り込まないようにその端部間に鉄線、鋼線又は鋼索を設けること。

三　昇降路内に設ける横架材で、地震時にその回りに昇降路内の主索その他の索が掛かった場合において、エレベーターの機能に支障が生じるおそれのあるものにあっては、索が回り込まないように当該横架材の端部を昇降路の立柱に緊結すること。

エレベーターの駆動装置及び制御器が地震その他の震動によって転倒し又は移動するおそれがない方法を定める件

制定：平成21年7月　6日　国土交通省告示第703号
改正：令和元年　6月25日　国土交通省告示第203号

建築基準法施行令（昭和25年政令第338号）第129条の8第1項の規定に基づき、エレベーターの駆動装置及び制御器が地震その他の震動によって転倒し又は移動するおそれがない方法を次のように定める。

建築基準法施行令（以下「令」という。）第129条の8第1項に規定するエレベーターの駆動装置及び制御器（以下「駆動装置等」という。）が地震その他の震動によって転倒し又は移動するおそれがない方法は、次に定めるものとする。

一　駆動装置等は、機械室の部分（機械室以外の部分に設置することが構造上やむを得ないものにあっては昇降路等の部分。以下同じ。）又は駆動装置等を支持する台（以下「支持台」という。）にボルトで緊結すること。ただし、防振ゴムを用いる場合にあっては、ボルト又はボルト及び形鋼、鋼板その他これらに類するもの（以下「形鋼等」という。）で固定すること。

二　支持台は、機械室の部分にボルトで緊結されたものであること。ただし、防振ゴムを用いる場合にあっては、ボルト又はボルト及び形鋼等で固定されたものであること。

三　駆動装置等及び支持台を設置する機械室の部分並びに支持台は、地震その他の震動に対して安全上の支障となる変形又はひび割れその他の損傷が生じないものであること。

四　支持台及び形鋼等は、次のイ又はロのいずれかに適合する材料を用いたものであること。

イ　日本産業規格G3101に規定するSS330、SS400、SS490若しくはSS540に適合する鋼材又はこれと同等以上の強度を有するものであること。

ロ　日本産業規格G5501に規定するFC250、FC300若しくはFC350に適合する鋳鉄又はこれと同等以上の強度を有するものであること。

五　ボルトは、次のイ及びロに適合するものであること。

イ　座金の使用、ナットの二重使用その他これらと同等以上の効力を有する戻り止めの措置を講じたものであること。

ロ　ボルトの軸断面に生ずる長期の引張り及びせん断の応力度並びに短期の引張り及びせん断の応

力度が次の表に掲げる式に適合することが確かめられたものであること。

力の種類	式
長期に生ずる力	$\left(\frac{R_1}{Ra_1}\right)^2+\left(\frac{S_1}{Sa_1}\right)^2 \leqq 1$
短期に生ずる力	$\left(\frac{R_2}{Ra_2}\right)^2+\left(\frac{S_2}{Sa_2}\right)^2 \leqq 1$
この表において、R_1、Ra_1、S_1、Sa_1、R_2、Ra_2、S_2 及び Sa_2 は、それぞれ次の数値を表すものとする。 R_1　ボルトの軸断面に生ずる長期の引張りの応力度（単位　N/㎟） Ra_1　令第 90 条に規定するボルトの長期に生ずる力に対する引張りの許容応力度（単位　N/㎟） S_1　ボルトの軸断面に生ずる長期のせん断の応力度（単位　N/㎟） Sa_1　令第 90 条に規定するボルトの長期に生ずる力に対するせん断の許容応力度（単位　N/㎟） R_2　ボルトの軸断面に生ずる短期の引張りの応力度（単位　N/㎟） Ra_2　令第 90 条に規定するボルトの短期に生ずる力に対する引張りの許容応力度（単位　N/㎟） S_2　ボルトの軸断面に生ずる短期のせん断の応力度（単位　N/㎟） Sa_2　令第 90 条に規定するボルトの短期に生ずる力に対するせん断の許容応力度（単位　N/㎟）	

エレベーターの制御器の構造方法を定める件

制定：平成 12 年　5 月 31 日　建設省告示第 1429 号
改正：平成 20 年 12 月 15 日　国土交通省告示第 1469 号

建築基準法施行令（昭和 25 年政令第 338 号）第 129 条の 8 第 2 項の規定に基づき、エレベーターの制御器の構造方法を次のように定める。

第 1

かごを主索で吊るエレベーター又はかごを鎖で吊るエレベーター（油圧エレベーターを除く。）の制御器の構造方法は、次に定めるものとする。

一　かごを主索で吊るエレベーターにあっては、かごに積載荷重の 1.25 倍（平成 12 年建設省告示第 1415 号第 2 に規定するフォークリフト等がかごの停止時にのみ乗り込む乗用及び寝台用エレベーター以外のエレベーターにあっては、1.5 倍）の荷重が加わった場合においてもかごの位置が著しく変動しないものとすること。ただし、かごの停止位置が着床面を基準として 75㎜以上下降するおそれがある場合において、これを調整するための床合せ補正装置（着床面を基準として 75㎜以内の位置において補正することができるものに限る。以下同じ。）を設けた場合にあっては、この限りでない。

二　かご又は昇降路の出入口の戸の開閉に応じて駆動装置の動力を調節する装置（次号において「調節装置」という。）を設けること。

三　調節装置の構造は、次のイ及びロに掲げる基準に適合するものとすること。

イ　かご又は昇降路の出入口の戸が開く場合に、自動的に作動し、かごを昇降させないものであること。

ロ　建築基準法施行令第 129 条の 7 第三号に規定する施錠装置が施錠された後に自動的に作動し、かごを昇降させるものであること。

四　かご内及びかごの上で駆動装置の動力を切ることができる装置を設けること。ただし、次に掲げるエレベーターにあっては、かごの上で駆動装置の動力を切ることができる装置を設けないものとすることができる。

イ　昇降行程が10m以下であるエレベーター
ロ　かごに天井がないエレベーター

第2

油圧エレベーターの制御器の構造方法は、次に定めるものとする。

一　かごの停止時における自然降下を調整するための床合せ補正装置を設けること。

二　圧力配管には、有効な圧力計を設けること。

三　第1第二号から第四号までに定める構造とすること。

エレベーターの制動装置の構造方法を定める件

制定：平成12年5月31日　建設省告示第1423号
改正：平成21年8月 4日　国土交通省告示第859号

建築基準法施行令（昭和25年政令第338号）第129条の10第2項の規定に基づき、エレベーターの制動装置の構造方法を次のように定める。

エレベーターの制動装置の構造方法は、次に定めるものとする。

第1

かごを主索でつり、その主索を綱車又は巻胴で動かすエレベーターの制動装置の構造方法は、次の各号に掲げるエレベーターの区分に応じ、それぞれ当該各号に定めるものとする。

一　かごが停止する最上階にこれが停止したときのかごの枠の上端から昇降路の頂部にある床又ははりの下端までの垂直距離（以下「頂部すき間」という。）が次に掲げる基準のいずれかに該当し、かつ、かごが停止する最下階の床面から昇降路の底部の床面までの垂直距離（以下「ピットの深さ」という。）がイに掲げる基準に該当するエレベーター（第二号に掲げる基準に該当するエレベーターを除く。）　第2に定める構造方法

イ　頂部すき間及びピットの深さが、かごの定格速度に応じて、次の表に定める数値以上であること。ただし、ピットの深さを第2第六号に定める緩衝器を設置することができる数値以上とする場合にあっては、当該数値以上とすることができる。

かごの定格速度	頂部すき間（単位　m）	ピットの深さ（単位　m）
45 m以下の場合	1.2	1.2
45 mを超え、60 m以下の場合	1.4	1.5
60 mを超え、90 m以下の場合	1.6	1.8
90 mを超え、120 m以下の場合	1.8	2.1
120 mを超え、150 m以下の場合	2.0	2.4
150 mを超え、180 m以下の場合	2.3	2.7
180 mを超え、210 m以下の場合	2.7	3.2
210 mを超え、240 m以下の場合	3.3	3.8
240 mを超える場合	4.0	4.0

ロ　イにかかわらず、主索のかごをつる側の反対側につり合おもりをつる構造のエレベーターの頂部すき間の基準にあっては(1)又は(2)に掲げる場合に応じ、それぞれ(1)又は(2)の式によって計算した数値以上と、巻胴式エレベーターの頂部すき間の基準にあってはかごが停止する最上階を超えて上昇した場合においてもかごが昇降路の頂部に衝突しない数値以上とすることができる。

(1)　緩衝器を(2)以外のものとした場合及び緩衝器を設けずに緩衝材を設けた場合

$$H = S + R + \frac{V^2}{720} + C$$

(2) 緩衝器を第2第六号ロに定めるものとした場合

$$H = S + R + \frac{V^2}{1068} + C$$

(1)及び(2)の式において、H、S、R、V及びCの値は、それぞれ次の数値を表すものとする。
H　頂部すき間（単位　cm）
S　つり合おもり側の緩衝器のストローク又は緩衝材の厚さ（単位　cm）
R　かごが最上階に停止した場合におけるつり合おもりとつり合おもり側の緩衝器又は緩衝材のすき間の垂直距離（単位　cm）
V　かごの定格速度（単位　m／分）
C　かご上で運転をする場合で頂部安全距離1.2m以上を確保し、かつ、頂部安全距離以上のかごの上昇を自動的に停止するリミットスイッチを設けた場合又はかご上で運転をしない場合においては2.5、それ以外の場合においては60（単位　cm）

二　次に掲げる基準に該当するエレベーター　第3に定める構造方法
イ　昇降行程が5m以下であること。
ロ　かごの定格速度が15m以下であること。
ハ　かごの床面積が1.5㎡以下であること。
ニ　頂部すき間及びピット深さが前号に掲げる基準に該当すること。

第2

第1第一号に定めるエレベーターの制動装置の構造方法は、次に掲げる安全装置を設けた構造とすることとする。
一　かごを昇降路の出入口に自動的に停止させる装置又は操縦機の操作をする者が操作をやめた場合において操縦機がかごを停止させる状態に自動的に復する装置
二　かごの速度が異常に増大した場合において毎分の速度が定格速度に相当する速度の1.3倍（かごの定格速度が45m以下のエレベーターにあっては、63m）を超えないうちに動力を自動的に切る装置
三　動力が切れたときに惰性による原動機の回転を自動的に制止する装置
四　次のイ又はロに定める装置
イ　かごの降下する速度が第二号に掲げる装置が作動すべき速度を超えた場合（かごの定格速度が45m以下のエレベーターにあっては、かごの降下する速度が同号に掲げる装置が作動すべき速度に達し、又はこれを超えた場合）において毎分の速度が定格速度に相当する速度の1.4倍（かごの定格速度が45m以下のエレベーターにあっては、68m）を超えないうちにかごの降下を自動的に制止する装置（かごの定格速度が45mを超えるエレベーター又は斜行式エレベーターにあっては次第ぎき非常止め装置、その他のエレベーターにあっては早ぎき非常止め装置又は次第ぎき非常止め装置に限る。ロにおいて同じ。）
ロ　積載荷重が3,100N以下、かごの定格速度が45m以下で、かつ、昇降行程が13m以下のエレベーターにあっては、主索が切れた場合においてかごの降下を自動的に制止する装置
五　かご又はつり合おもりが昇降路の底部に衝突しそうになった場合においてこれに衝突しないうちにかごの昇降を自動的に制御し、及び制止する装置
六　次のイ又はロ（かごの定格速度が60mを超える場合にあっては、ロ）に掲げる装置。ただし、かごの定格速度が30m以下で、かごの降下する毎分の速度が定格速度に相当する速度の1.4倍を超えないうちにかごの降下を自動的に制止する装置を設けたエレベーターにあっては、適当な緩衝材又は緩衝器とすることができる。
イ　ストロークがかごの定格速度に応じて次の表に定める数値以上であるばね緩衝器

かごの定格速度	ストローク（単位　cm）
30 m以下の場合	3.8
30 mを超え、45 m以下の場合	6.6
45 mを超え、60 m以下の場合	10.0

ロ　ストロークが次の式によって計算した数値以上である油入緩衝器

$$L = \frac{V^2}{534}$$

（この式において、L及びVは、それぞれ次の数値を表すものとする。
L　ストローク（単位　cm）
V　かごの定格速度（単位　m／分））

七　巻胴式エレベーターにあっては、主索が緩んだ場合において動力を自動的に切る装置

第3

第1第二号に定めるエレベーターの制動装置の構造方法は、次のいずれかに掲げる構造とすることとする。

一　主索が切れた場合においてかごの降下を自動的に制止する安全装置を設けること。

二　第2第一号、第三号、第五号及び第七号に掲げる安全装置を設けること。

第4

かごを主索又は鎖を用いることなく油圧により直接動かすエレベーター（以下「直接式油圧エレベーター」という。）の制動装置の構造方法は、次の各号（かごの定格速度が30 m以下の直接式油圧エレベーターその他安全上支障がない直接式油圧エレベーターにあっては、第二号ハを除く。）に定めるものとする。

一　昇降路の頂部すき間を、プランジャーの余裕ストロークによるかごの走行距離に2.5cmを加えた数値以上とすること。

二　次に掲げる安全装置を設けること。

イ　かごの上昇時に油圧が異常に増大した場合において、作動圧力（ポンプからの吐出圧力をいう。以下同じ。）が常用圧力（積載荷重を作用させて定格速度で上昇中の作動圧力をいう。）の1.5倍を超えないようにする装置

ロ　動力が切れた場合に油圧ジャッキ内の油の逆流によるかごの降下を自動的に制止する装置

ハ　油温を摂氏5度以上摂氏60度以下に保つための装置

ニ　プランジャーのシリンダーからの離脱を防止するための装置

ホ　電動機の空転を防止するための装置

ヘ　かご上運転をする場合において、頂部安全距離1.2 m以上を確保し、頂部安全距離以上のかごの上昇を自動的に制御するための装置

ト　第2第六号に掲げる装置

第5

かごを主索又は鎖でつり、その主索又は鎖を油圧で動かすエレベーターの制動装置の構造方法は、次に定めるものとする。

一　昇降路の構造を次に定めるものとすること。

イ　頂部すき間が、次の式によって計算した数値以上であること。

$$H = S + \frac{V^2}{706} + 2.5$$

（この式において、H、S及びVは、それぞれ次の数値を表わすものとする。
H　頂部すき間（単位　cm）
S　プランジャーの余裕ストロークによるかごの走行距離（単位　cm）

｛V　　かごの定格速度（単位　m／分）｝

ロ　ピット深さが第1第一号（同号イの表中の「かごの定格速度」にあっては「かごの下降定格速度（積載荷重を作用させて下降する場合の毎分の最高速度をいう。）」と読み替える。）に規定するピット深さであること。

二　第2第五号及び第4第二号に掲げる安全装置及び次に掲げる安全装置を設けたものとすること。

イ　第2第四号イ又はかごの定格速度が45 m以下のエレベーターにあっては主索が切れた場合においてかごの降下を自動的に静止する装置

ロ　主索又は鎖が緩んだ場合において動力を自動的に切る装置

ハ　主索又は鎖が伸びた場合において、プランジャーの行過ぎを防止する装置。ただし、プランジャーの余裕ストロークにより安全上支障ないものにあっては、この限りでない。

第6

段差解消機（平成12年建設省告示第1413号第1第九号に定めるエレベーターをいう。）の制動装置の構造方法は、次に掲げる装置を設けた構造とすることとする。

一　動力が切れた場合にかごの降下を自動的に制止する装置

二　主索又は鎖が切れた場合に自動的に停止する構造の場合を除き、かごの降下を自動的に制止する装置

三　かごを油圧により動かす段差解消機にあっては、第4第二号イからへまでに掲げる装置

四　かごを主索又は鎖でつり、その主索又は鎖を油圧で動かすエレベーターにあっては、第5第二号ロ及びハに掲げる装置

五　かご又はつり合おもりが昇降路の底部に衝突しそうになった場合においてこれに衝突しないうちにかごの昇降を自動的に制御し、及び制止する装置

六　かごが昇降路の底部に衝突した場合においても、かご内の人が安全であるように衝撃を緩和する緩衝器又は緩衝材

七　乗降口及びかご内においてかごの昇降を停止させる装置

第7

いす式階段昇降機（平成12年建設省告示第1413号第1第十号に定めるエレベーターをいう。）の制動装置の構造方法は、次に掲げる装置を設けた構造とすることとする。

一　操縦機の操作をする者が操作をやめた場合において操縦機がかごを停止させる状態に自動的に復する装置

二　主索又は鎖が緩んだ場合において動力を自動的に切る装置

三　動力が切れたときに惰性による原動機の回転を自動的に制止する装置

四　かご又はつり合おもりが昇降路の底部に衝突しそうになった場合においてこれに衝突しないうちにかごの昇降を自動的に制御し、及び制止する装置

五　主索又は鎖が切れた場合においてかごの降下を自動的に制止する装置

地震その他の衝撃により生じた国土交通大臣が定める加速度並びに当該加速度を検知し、自動的に、かごを昇降路の出入口の戸の位置に停止させ、かつ、当該かごの出入口の戸及び昇降路の出入口の戸を開き、又はかご内の人がこれらの戸を開くことができることとする装置の構造方法を定める件

制定：平成20年12月26日　国土交通省告示第1536号

建築基準法施行令（昭和25年政令第338号）第129条の10第3項第二号及び同条第4項の規定に基づき、地震その他の衝撃により生じた国土交通大臣が定める加速度並びに同加速度を検知し、自動的に、かごを昇降路の出入口の戸の位置に停止させ、かつ、当該かごの出入口の戸及び昇降路の出入口の戸を開き、又はかごの内の人がこれらの戸を開くことができることとする装置の構造方法を次のように定める。

第 1

建築基準法施行令第 129 条の 10 第 3 項第二号に規定する地震その他の衝撃により生じた加速度（以下単に「加速度」という。）は、建築物の基礎に鉛直方向又は水平方向に生ずる 0.1m / 秒 ^{2} 以上 3.0m / 秒 ^{2} 以下の加速度に相当するものとする。

第 2

加速度を検知し、自動的に、かごを昇降路の出入口の戸の位置に停止させ、かつ、当該かごの出入口の戸及び昇降路の出入口の戸を開き、又はかご内の人がこれらの戸を開くことができることとする装置（以下「地震時等管制運転装置」という。）の構造方法は、次に定めるものとする。

一　地震時等管制運転装置は、建築物に加速度を検知することができるよう適切な方法で設置すること。

二　加速度を検知する部分は、機械室又は昇降路内（かごが停止する最下階の床面から昇降路の底部の床面までの部分に限る。）に固定すること。ただし、昇降路に震動が頻繁に生じることにより加速度を検知する上で支障がある場合にあっては、この限りでない。

三　地震時等管制運転装置は、次のイからハまでに適合するものとすること。

イ　かごが昇降路の出入口の戸の位置に停止している場合にあっては、加速度の検知後直ちに、自動的に、かごの出入口の戸及び昇降路の出入口の戸を開き、又はかご内の人がこれらの戸を開くことができるものであること。

ロ　かごが昇降している場合にあっては、加速度の検知後 10 秒（出入口のない昇降路の部分（その部分の昇降行程が、かごを 10 秒以内に安全に停止させることができる距離よりも長く、かつ、42m以下であるものに限る。）を昇降する場合にあっては、加速度の検知後 30 秒）以内に、自動的に、最も短い昇降距離で、かごを昇降路の出入口の戸の位置に安全に停止させ、かつ、当該かごの出入口の戸及び昇降路の出入口の戸を開き、又はかご内の人がこれらの戸を開くことができるものであること。ただし、かごを昇降路の出入口の戸の位置に安全に停止させる前に、建築物の基礎に 0.8m毎秒毎秒以上の加速度に相当するものが生じた場合その他建築物の構造耐力上主要な部分の変形又は震動によってエレベーターの通常の昇降に支障があるおそれがある場合にあっては、当該支障が起こるおそれがなくなった後 90 秒以内に、自動的に、最も短い昇降距離で、かごを昇降路の出入口の戸の位置に安全に停止させ、かつ、当該かごの出入口の戸及び昇降路の出入口の戸を開き、又はかご内の人がこれらの戸を開くことができるものであること。

ハ　加速度の検知後直ちに、その旨をかご内の見やすい場所に表示することができるものであること。

四　地震時等管制運転装置には、予備電源を設けること。

乗用エレベーター及び寝台用エレベーター以外のエレベーターの昇降路について安全上支障がない構造方法を定める件

制定：平成 25 年 10 月 29 日　国土交通省告示第 1050 号

建築基準法施行令（昭和 25 年政令第 338 号）第 129 条の 11 の規定に基づき、乗用エレベーター及び寝台用エレベーター以外のエレベーターの昇降路について安全上支障がない構造方法を次のように定める。

建築基準法施行令（昭和 25 年政令第 338 号）第 129 条の 11 の規定に基づき、同令第 129 条の 7 第四号の規定を適用しないことにつき昇降路について安全上支障がない乗用エレベーター及び寝台用エレベーター以外のエレベーターの構造方法は、次の各号のいずれかに該当するものであること。

一　昇降路又はかごの出入口の戸が下げ戸又は上下戸である場合であって、戸が開いた状態において、下げ戸の上端が出入口の床先又はかごの床先と同じ高さになる場合にあっては、出入口の床先とかごの床先との水平距離から当該下げ戸の上端の部分の厚さ及び当該下げ戸と出入口枠のすき間（2 枚以上の下げ戸が重なり合って開閉する構造の昇降路又はかごの出入口の戸である場合であって、戸が開いた状態において、すべての下げ戸の上端が出入口の床先又はかごの床先と同じ高さになる場合にあっては、当該重なり合う下げ戸のすき間を含む。）を除いた長さが 4cm 以下であること。
二　人又は物による衝撃により、安全上の支障となる損傷が生じない平板状の鋼板その他これに類するものを出入口の床先とかごの床先の間に設けるものであること。

乗用エレベーター及び寝台用エレベーター以外のエレベーターの制御器について安全上支障がない構造方法を定める件

制定：平成 25 年 10 月 29 日　国土交通省告示第 1051 号

建築基準法施行令（昭和 25 年政令第 338 号）第 129 条の 11 の規定に基づき、乗用エレベーター及び寝台用エレベーター以外のエレベーターの制御器について安全上支障がない構造方法を次のように定める。

建築基準法施行令（昭和 25 年政令第 338 号）第 129 条の 11 の規定に基づき、同令第 129 条の 8 第 2 項第二号の規定を適用しないことにつき制御器について安全上支障がない乗用エレベーター及び寝台用エレベーター以外のエレベーターの構造方法は、次の各号に掲げるものとする。
一　物を運搬する昇降機で、かご内から人が操作できない位置に操作盤（かごの昇降の操作を行う装置並びにかご及び昇降路の出入口の戸を閉じる装置に限る。以下同じ。）を設置するものであること。
二　かごが停止していない階においては、かごを操作できないものであること。
三　かごの戸及びかごが停止している階の昇降路の戸が閉じていなければ昇降の操作ができないものであること。
四　かご内に人が出入りすることのできないものであることを明示した標識をかご内の見やすい場所、昇降路の出入口の戸の近くの見やすい場所及び操作盤の近くの見やすい場所に掲示すること。

乗用エレベーター及び寝台用エレベーター以外のエレベーターの安全装置について安全上支障がない構造方法を定める件

制定：平成 25 年 10 月 29 日　国土交通省告示第 1052 号

建築基準法施行令（昭和 25 年政令第 338 号）第 129 条の 11 の規定に基づき、乗用エレベーター及び寝台用エレベーター以外のエレベーターの安全装置について安全上支障がない構造方法を次のように定める。

建築基準法施行令（昭和 25 年政令第 338 号。以下「令」という。）第 129 条の 11 の規定に基づき、乗用エレベーター及び寝台用エレベーター以外のエレベーターの安全装置について安全上支障がない構造方法を次のように定める。

第 1

令第 129 条の 10 第 3 項第一号の規定を適用しないことにつき安全装置について安全上支障がない乗用エレベーター及び寝台用エレベーター以外のエレベーターの構造方法は、次の各号に掲げるものとする。
一　物を運搬する昇降機で、かご内から人が操作できない位置に操作盤（かごの昇降の操作を行う装置並びにかご及び昇降路の出入口の戸を閉じる装置に限る。以下同じ。）を設置するものであること。
二　かご内に人が出入りすることのできないものであることを明示した標識をかご内の見やすい場所、昇降路の出入口の戸の近くの見やすい場所及び操作盤の近くの見やすい場所に掲示すること。

第 2

令第 129 条の 10 第 3 項第二号及び第三号の規定を適用しないことにつき安全装置について安全上支障がない乗用エレベーター及び寝台用エレベーター以外のエレベーターの構造方法は、次の各号に掲げるものとする。
一　物を運搬する昇降機で、かご内から人が操作できない位置に操作盤を設置するものであること。

二　かご内に人が乗り昇降できないものであることを明示した標識をかご内の見やすい場所、昇降路の出入口の戸の近くの見やすい場所及び操作盤の近くの見やすい場所に掲示すること。

通常の使用状態において人又は物が挟まれ、又は障害物に衝突することがないようにしたエスカレーターの構造及びエスカレーターの勾配に応じた踏段の定格速度を定める件

制定：平成12年5月31日　建設省告示第1417号

建築基準法施行令（昭和25年政令第338号）第129条の12第1項第一号及び第五号の規定に基づき、通常の使用状態において人又は物が挟まれ、又は障害物に衝突することがないようにしたエスカレーターの構造及びエスカレーターの勾配に応じた踏段の定格速度を次のように定める。

第1

建築基準法施行令（以下「令」という。）第129条の12第1項第一号に規定する人又は物が挟まれ、又は障害物に衝突することがないようにしたエスカレーターの構造は、次のとおりとする。ただし、車いすに座ったまま車いす使用者を昇降させる場合に2枚以上の踏段を同一の面に保ちながら昇降を行うエスカレーターで、当該運転時において、踏段の定格速度を30m以下とし、かつ、2枚以上の踏段を同一の面とした部分の先端に車止めを設けたものにあっては、第一号及び第二号の規定は適用しない。

一　踏段側部とスカートガードのすき間は、5mm以下とすること。

二　踏段と踏段のすき間は、5mm以下とすること。

三　エスカレーターの手すりの上端部の外側とこれに近接して交差する建築物の天井、はりその他これに類する部分又は他のエスカレーターの下面（以下「交差部」という。）の水平距離が50cm以下の部分にあっては、保護板を次のように設けること。

　イ　交差部の下面に設けること。

　ロ　端は厚さ6mm以上の角がないものとし、エスカレーターの手すりの上端部から鉛直に20cm以下の高さまで届く長さの構造とすること。

　ハ　交差部のエスカレーターに面した側と段差が生じないこと。

第2

令第129条の12第1項第五号に規定するエスカレーターの勾配に応じた踏段の定格速度は、次の各号に掲げる勾配の区分に応じ、それぞれ当該各号に定める速度とする。

一　勾配が8度以下のもの　50m

二　勾配が8度を超え30度（踏段が水平でないものにあっては15度）以下のもの　45m

地震その他の震動によってエスカレーターが脱落するおそれがない構造方法を定める件

制定：平成25年10月29日　国土交通省告示第1046号
改正：令和元年　6月25日　国土交通省告示第203号

建築基準法施行令（昭和25年政令第338号）第129条の12第1項第六号の規定に基づき、地震その他の震動によってエスカレーターが脱落するおそれがない構造方法を次のように定める。

建築基準法施行令（昭和25年政令第338号。以下「令」という。）第129条の12第1項第六号に規定する地震その他の震動によってエスカレーターが脱落するおそれがない構造方法は、エスカレーターが床又は地盤に自立する構造である場合その他地震その他の震動によって脱落するおそれがないことが明

らかである場合を除き、次のいずれかに定めるものとする。

第 1

次に定める構造方法とすること。

一　一の建築物に設けるものとすること。

二　エスカレーターのトラス又ははり（以下「トラス等」という。）を支持する構造は、トラス等の一端を支持部材を用いて建築物のはりその他の堅固な部分（以下「建築物のはり等」という。）に固定し、その他端の支持部材を建築物のはり等の上にトラス等がしゅう動する状態（以下「一端固定状態」という。）で設置したもの又はトラス等の両端の支持部材を建築物のはり等の上にトラス等がしゅう動する状態（以下「両端非固定状態」という。）で設置したものであること。

三　トラス等がしゅう動する状態で設置する部分(以下「非固定部分」という。)において、エスカレーターの水平投影の長辺方向（以下単に「長辺方向」という。）について、トラス等の一端の支持部材を設置した建築物のはり等とその他端の支持部材を設置した建築物のはり等との相互間の距離（以下単に「建築物のはり等の相互間の距離」という。）が地震その他の震動によって長くなる場合にトラス等の支持部材がしゅう動可能な水平距離（以下この号において「かかり代長さ」という。）が、次のイ又はロに掲げる場合に応じてそれぞれ次の表に掲げる式に適合するものであること。

イ　一端固定状態の場合

	隙間及び層間変位について想定する状態	かかり代長さ
(1)	Σ γ H − C ≦ 0 の場合	B ≧ Σ γ H + 20
(2)	0 < Σ γ H − C ≦ 20 の場合	B ≧ Σ γ H + 20
(3)	20 < Σ γ H − C の場合	B ≧ 2 Σ γ H − C

1　この表において、 C、 γ、 H 及び B は、それぞれ次の数値を表すものとする。
C　非固定部分における建築物のはり等の相互間の距離が地震その他の震動によって長辺方向に短くなる場合にトラス等の支持部材がしゅう動可能な水平距離（以下「隙間」という。）（単位　mm）
γ　エスカレーターの上端と下端の間の各階の長辺方向の設計用層間変形角
H　エスカレーターの上端と下端の間の各階の揚程（単位　mm）
B　かかり代長さ（単位　mm）
2　(2)項及び(3)項の適用は、長辺方向の設計用層間変形角における層間変位によって、エスカレーターが建築物のはり等と衝突することによりトラス等に安全上支障となる変形が生じないことをトラス等強度検証法(第 3 に規定するトラス等強度検証法をいう。)によって確かめた場合に限る。

ロ　両端非固定状態の場合

	隙間及び層間変位について想定する状態	かかり代長さ
(1)	Σ γ H − C − D ≦ 0 の場合	B ≧ Σ γ H + D + 20
(2)	0 < Σ γ H − C − D ≦ 20 の場合	B ≧ Σ γ H + D + 20
(3)	20 < Σ γ H − C − D の場合	B ≧ 2 Σ γ H − C

1　この表において、C、D、γ、H 及び B は、それぞれ次の数値を表すものとする。
C　計算しようとする一端の隙間（単位　mm）
D　他端の隙間（単位　mm）
γ　エスカレーターの上端と下端の間の各階の長辺方向の設計用層間変形角
H　エスカレーターの上端と下端の間の各階の揚程（単位　mm）
B　かかり代長さ（単位　mm）
2　(2)項及び(3)項の適用は、長辺方向の設計用層間変形角における層間変位によって、エスカレーターが建築物のはり等と衝突することによりトラス等に安全上支障となる変形が生じないことをトラス等強度検証法によって確かめた場合に限る。

四　非固定部分は、エスカレーターの水平投影の短辺方向の設計用層間変形角における層間変位によって、エスカレーターが建築物のはり等に衝突しないようにすること。

五　前二号、第 2 第四号及び第 3 の設計用層間変形角は次のいずれかによるものとする。

イ　令第 82 条の 2 の規定によって算出した層間変位の各階の高さに対する割合の 5 倍（その数値が $\frac{1}{100}$ に満たない場合にあっては、$\frac{1}{100}$）以上とすること。

ロ　地震力の大部分を筋かいで負担する鉄骨造の建築物であって、平成 19 年国土交通省告示第

593号第一号イ又はロで規定する建築物に該当するものに設けられたエスカレーターにあっては、$\frac{1}{100}$以上とすること。

ハ　鉄筋コンクリート造の建築物であって、平成19年国土交通省告示第593号第二号イで規定する建築物に該当するものに設けられたエスカレーターにあっては、$\frac{1}{100}$以上とすること。

ニ　特別な調査又は研究の結果に基づき地震時における設計用層間変形角を算出することができる場合においては、当該算出した値（その数値が$\frac{1}{100}$に満たない場合にあっては、$\frac{1}{100}$）以上とすること。

ホ　$\frac{1}{24}$以上とすること。

六　トラス等の一端を支持部材を用いて建築物のはり等に固定する部分（以下「固定部分」という。）は、次の式の地震力による水平荷重が加わった場合又は第三号イの表の(2)項及び(3)項の場合に、安全上支障となる変形を生じないものであること。

$$S = ZK_h (G + P) + \mu (1 + ZK_v) \cdot R$$

この式において、S、Z、K_h、G、P、μ、K_v及びRは、それぞれ次の数値を表すものとする。

S　地震力により固定部分にかかる水平荷重（単位　N）

Z　令第88条第1項に規定するZの数値

K_h　次の表の固定部分を設ける場所における設計用水平標準震度の欄に掲げる数値（特別な調査又は研究の結果に基づき定めた場合は、その数値）

G　エスカレーターの固定荷重（単位　N）

P　令第129条の12第3項に規定するエスカレーターの積載荷重（エスカレーターの積載荷重は地震その他の震動によって人又は物から踏段に作用する力の影響に基づいた数値を算出した場合は、その数値）（単位　N）

μ　非固定部分の支持部材と建築物のはり等との摩擦係数

K_v　次の表の非固定部分を設ける場所における設計用鉛直標準震度の欄に掲げる数値（特別な調査又は研究の結果に基づき定めた場合は、その数値）

R　エスカレーターの固定荷重及び積載荷重により、非固定部分の建築物のはり等に作用する鉛直荷重（単位　N）

固定部分又は非固定部分を設ける場所	固定部分を設ける場所における設計用水平標準震度	非固定部分を設ける場所における設計用鉛直標準震度
地階及び1階	0.4	0.2
中間階	0.6	0.3
上層階及び屋上	1.0	0.5
この表において、上層階とは、地階を除く階数が2以上6以下の建築物にあっては最上階、地階を除く階数が7以上9以下の建築物にあっては最上階及びその直下階、地階を除く階数が10以上12以下の建築物にあっては最上階及び最上階から数えた階数が3以内の階、地階を除く階数が13以上の建築物にあっては最上階及び最上階から数えた階数が4以内の階をいい、中間階とは、地階、1階及び上層階を除く階をいうものとする。		

2　2以上の部分がエキスパンションジョイントその他の相互に応力を伝えない構造方法のみで接している建築物の当該建築物の部分は、前項第一号の規定の適用については、それぞれ別の建築物とみなす。

第2

次に定める構造方法とすること。

一　第1第1項第一号、第二号、第四号及び第六号並びに第2項の規定に適合すること。

二　第1第1項第三号に適合すること。この場合において、同号に掲げる表のかかり代長さの欄に掲げる設計用層間変形角は、$\frac{1}{100}$以上とすること。

三　非固定部分の支持部材が建築物のはり等から外れた場合に、エスカレーターが落下しないよう支持する措置（以下「脱落防止措置」という。）を講ずること。

四　脱落防止措置に用いる支持部材（以下単に「脱落防止措置の支持部材」という。）は、次に定めるものとすること。
イ　釣合い良く配置すること。
ロ　エスカレーターの固定荷重及び積載荷重を支持する強度を有することが確かめられたものとすること。
ハ　長辺方向の設計用層間変形角における層間変位が生じた場合に支持できるものとすること。この場合において、トラス等が長辺方向にしゅう動する状態でトラス等の支持部材を脱落防止措置の支持部材の上に設置するときは、建築物のはり等の相互間の距離が地震その他の震動によって長くなる場合にトラス等の支持部材がしゅう動可能な水平距離（以下「脱落防止措置のかかり代長さ」という。）が、次の場合に応じてそれぞれ次の表に掲げる式に適合するものであること。

(1)　一端固定状態の場合

	隙間及び層間変位について想定する状態	脱落防止措置のかかり代長さ
(1)	$\Sigma\gamma H - C \leqq 0$ の場合	$B \geqq \Sigma\gamma_k H_k + 20$
(2)	$0 < \Sigma\gamma H - C \leqq 20$ の場合	$B \geqq \Sigma\gamma_k H_k + 20$
(3)	$20 < \Sigma\gamma H - C$ の場合	$B \geqq \Sigma\gamma_k H_k + \Sigma\gamma H - C$
1 この表において、C、γ、H、B、γ_k 及び H_k は、それぞれ次の数値を表すものとする。 C　エスカレーターの端部の隙間（単位　mm） γ　エスカレーターの上端と下端の間の各階の長辺方向の設計用層間変形角 H　エスカレーターの上端と下端の間の各階の揚程（単位　mm） B　脱落防止措置のかかり代長さ（単位　mm） γ_k　脱落防止措置が設けられた部分から固定部分までの間の各階の長辺方向の設計用層間変形角 H_k　脱落防止措置が設けられた部分から固定部分までの間の各階の揚程（単位　mm） 2 (2)項及び(3)項の適用は、長辺方向の設計用層間変形角における層間変位によって、エスカレーターが建築物のはり等と衝突することによりトラス等に安全上支障となる変形が生じないことをトラス等強度検証法によって確かめた場合に限る。		

(2)　両端非固定状態の場合

	隙間及び層間変位について想定する状態	脱落防止措置のかかり代長さ	
(1)	$\Sigma\gamma H - C - D \leqq 0$ の場合	上端側	$B \geqq \Sigma\gamma_{k1} H_{k1} + C + 20$
		下端側	$B \geqq \Sigma\gamma_{k2} H_{k2} + D + 20$
(2)	$0 < \Sigma\gamma H - C - D \leqq 20$ の場合	上端側	$B \geqq \Sigma\gamma_{k1} H_{k1} + C + 20$
		下端側	$B \geqq \Sigma\gamma_{k2} H_{k2} + D + 20$
(3)	$20 < \Sigma\gamma H - C - D$ の場合	上端側	$B \geqq \Sigma\gamma_{k1} H_{k1} + \Sigma\gamma H - D$
		下端側	$B \geqq \Sigma\gamma_{k2} H_{k2} + \Sigma\gamma H - C$
1 この表において、C、D、γ、H、B、γ_{k1}、H_{k1}、γ_{k2} 及び H_{k2} は、それぞれ次の数値を表すものとする。 C　エスカレーターの上端の隙間（単位　mm） D　エスカレーターの下端の隙間（単位　mm） γ　エスカレーターの上端と下端の間の各階の長辺方向の設計用層間変形角 H　エスカレーターの上端と下端の間の各階の揚程（単位　mm） B　脱落防止措置のかかり代長さ（単位　mm） γ_{k1}　脱落防止措置が設けられた部分からエスカレーターの上端までの間の各階の長辺方向の設計用層間変形角 H_{k1}　脱落防止措置が設けられた部分からエスカレーターの上端までの間の各階の揚程（単位　mm） γ_{k2}　脱落防止措置が設けられた部分からエスカレーターの下端までの間の各階の長辺方向の設計用層間変形角 H_{k2}　脱落防止措置が設けられた部分からエスカレーターの下端までの間の各階の揚程（単位　mm） 2 (2)項及び(3)項の適用は、長辺方向の設計用層間変形角における層間変位によって、エスカレーターが建築物のはり等と衝突することによりトラス等に安全上支障となる変形が生じないことをトラス等強度検証法によって確かめた場合に限る。			

第3

トラス等強度検証法は、衝突後のトラス等（次の各号に掲げる構造の種別の区分に応じ、それぞれ当該各号に定める基準に適合するものに限る。以下この号において同じ。）の残存応力度を次の表に掲げる式によって計算し、当該残存応力度がトラス等の常時の応力度（令第129条の12第2項において読み替えて準用する令第129条の4第2項第二号の規定によって計算した数値をいう。）を超えることを確かめることとする。

一　トラス　トラスに用いる鋼材は、日本産業規格G3101に規定するSS400に適合する鋼材又はこれと同等以上の強度を有するもの（上弦材及び下弦材に用いる鋼材にあっては、山形鋼で、かつ、有効細長比が100以下であるものに限る。）とすること。

二　はり　はりに用いる鋼材は、日本産業規格G3101に規定するSS400に適合する鋼材又はこれと同等以上の強度を有するもの（構造上主要な部分に用いる鋼材にあっては、H形鋼で、かつ、有効細長比が100以下であるものに限る。）とすること。

構造の種別	残存応力度（単位　N/㎟）
トラス	$\frac{420-(\Sigma\gamma H-C)}{1980}Fd$
はり	$\frac{420-(\Sigma\gamma H-C)}{1320}Fd$
この表において、C、γ、H及びFdは、それぞれ次の数値を表すものとする。 C　エスカレーターの端部の隙間の合計（単位　mm） γ　エスカレーターの上端と下端の間の各階の長辺方向の設計用層間変形角 H　エスカレーターの上端と下端の間の各階の揚程（単位　mm） Fd　材料の破壊強度（単位　N/㎟）	

2　前項のトラス等強度検証法を行うに当たっては、衝突により建築物のはり等に次の表に掲げる式によって計算した反力が作用する場合において、当該はり等にエスカレーターが脱落するおそれがある変形及び損傷が生じないことを確かめることとする。

	隙間及び層間変位について想定する状態	反力（単位　kN）
(1)	$0<\Sigma\gamma H-C\leqq 20$の場合	$25(\Sigma\gamma H-C)$
(2)	$20<\Sigma\gamma H-C$の場合	500
この表において、C、γ及びHは、それぞれ次の数値を表すものとする。 C　エスカレーターの端部の隙間の合計（単位　mm） γ　エスカレーターの上端と下端の間の各階の長辺方向の設計用層間変形角 H　エスカレーターの上端と下端の間の各階の揚程（単位　mm）		

エスカレーターの制動装置の構造方法を定める件

制定：平成12年5月31日　建設省告示第1424号

建築基準法施行令（昭和25年政令第338号）第129条の12第5項の規定に基づき、エスカレーターの制動装置の構造方法を次のように定める。

エスカレーターの制動装置の構造方法は、次に定めるものとする。

一　建築基準法施行令第129条の12第三号から第五号までの基準に適合するエスカレーターの制動装置であること。

二　次のイからホまで（勾(こう)配が15度以下で、かつ、踏段と踏段の段差（踏段の勾(こう)配を15度以下としたすりつけ部分を除く。以下同じ。）が4mm以下のエスカレーターにあっては、ニを除く。）に掲げる状態を検知する装置を設けること。

　イ　踏段くさりが異常に伸びた状態

ロ　動力が切断された状態

ハ　昇降口において床の開口部を覆う戸を設けた場合においては、その戸が閉じようとしている状態

ニ　昇降口に近い位置において人又は物が踏段側面とスカートガードとの間に強く挟まれた状態

ホ　人又は物がハンドレールの入込口に入り込んだ状態

三　前号イからホまでに掲げる状態が検知された場合において、上昇している踏段の何も乗せない状態での停止距離を次の式によって計算した数値以上で、かつ、勾（こう）配が 15 度を超えるエスカレーター又は踏段と踏段の段差が 4㎜を超えるエスカレーターにあっては、0.6 m以下とすること。

$$S=\frac{V^2}{9000}$$

この式において、S 及び V は、それぞれ次の数値を表すものとする。
S　　踏段の停止距離（単位　m）
V　　定格速度（単位　m／分）

小荷物専用昇降機の昇降路外の人又は物がかご又は釣合おもりに触れるおそれのない壁又は囲い及び出し入れ口の戸の基準を定める件

制定：平成 20 年 12 月 9 日　国土交通省告示第 1446 号
改正：令和元年　6 月 25 日　国土交通省告示第 203 号

建築基準法施行令（昭和 25 年政令第 338 号）第 129 条の 13 第一号の規定に基づき、小荷物専用昇降機の昇降路外の人又は物がかご又は釣合おもりに触れるおそれのない壁又は囲い及び出し入れ口の戸の基準を次のように定める。

建築基準法施行令第 129 条の 13 第一号に規定する小荷物専用昇降機の昇降路外の人又は物がかご又は釣合おもりに触れるおそれのない壁又は囲い及び出し入れ口の戸の基準は、次のとおりとする。

一　昇降路は、次のイからニまでに掲げる部分を除き、壁又は囲いで囲むものであること。

イ　昇降路の出し入れ口

ロ　機械室に通ずる主索、電線その他のものの周囲

ハ　昇降路の頂部及び底部

ニ　保守点検に必要な開口部（かぎを用いなければ昇降路外から開くことができない施錠装置を設けた戸を設けるものに限る。）であって、次の⑴又は⑵のいずれかに該当するもの

⑴　出し入れ口の床面から開口部の下端までの高さが 1.8m 以上であるもの

⑵　自動的に閉鎖する戸（当該戸を自動的に施錠する機能を有する施錠装置を設けたものに限る。）を設けるもの

二　昇降路の壁又は囲い及び出し入れ口の戸は、任意の 5㎠の面にこれと直角な方向の 300 N の力が昇降路外から作用した場合において、次のイ及びロに適合するものであること。

イ　15㎜を超える変形が生じないものであること。

ロ　塑性変形が生じないものであること。

三　昇降路の壁又は囲い及び出し入れ口の戸の全部又は一部（構造上軽微な部分を除く。）に使用するガラスは、合わせガラス（日本産業規格 R3205 に適合するものに限る。）又はこれと同等以上の飛散防止性能を有するものであること。

四　昇降路の出し入れ口の戸は、昇降路外の人又は物による衝撃により容易に外れないものであること。

五　昇降路の出し入れ口の戸は、空隙のないものであること。

六　昇降路の出し入れ口の戸は、上げ戸又は上下戸とすること。

七　上げ戸又は上下戸である昇降路の出し入れ口の戸は、閉じたときに、次のイからニまでに掲げるものを除き、すき間が生じないものであること。

イ　昇降路の出し入れ口の戸と出し入れ口枠のすき間で、6㎜以下のもの

ロ　上げ戸にあっては、昇降路の出し入れ口の戸と敷居のすき間で、2㎜（戸の敷居に面する部分に難燃性ゴムを使用するものにあっては、4㎜）以下のもの

ハ　上下戸にあっては、昇降路の出し入れ口の戸の突合せ部分のすき間で、2㎜（戸の突合せ部分に難燃性ゴムを使用するものにあっては、4㎜）以下のもの

ニ　2枚の戸が重なり合って開閉する構造の上げ戸である昇降路の出し入れ口の戸にあっては、重なり合う戸のすき間で、6㎜以下のもの

八　昇降路の出し入れ口の戸は、安全かつ円滑に開閉するものであること。

非常用エレベーターのかご及びその出入口の寸法並びにかごの積載荷重の数値を定める日本工業規格を指定する件

制定：昭和46年1月29日　建設省告示第112号
改正：令和元年　6月25日　国土交通省告示第203号

建築基準法施行令（昭和25年政令第338号）第129条の13の3第6項の規定に基づき、非常用エレベーターの籠及びその出入口の寸法並びに籠の積載荷重の数値を定める日本産業規格を次のように指定する。

日本産業規格A4301（エレベーターのかご及び昇降路の寸法）（昭和45年改正）のうちE-17-COに関する部分

非常用エレベーターの機能を確保するために必要な構造方法を定める件

制定：平成12年5月31日　建設省告示第1428号

建築基準法施行令（昭和25年政令第338号）第129条の13の3第12項に基づき、非常用エレベーターの機能を確保するために必要な構造方法を次のように定める。

第1

非常用エレベーターのかご（構造上軽微な部分を除く。）は、不燃材料で造り、又は覆うこと。

第2

非常用エレベーターの昇降路の出入口の戸（構造上軽微な部分を除く。）は、不燃材料で造り、又は覆うこと。

非常用エレベーターの昇降路又は乗降ロビーの構造方法を定める件

制定：平成28年4月22日　国土交通省告示第697号

建築基準法施行令（昭和25年政令第338号）第129条の13の3第13項の規定に基づき、非常用エレベーターの昇降路又は乗降ロビーの構造方法を次のように定める。

建築基準法施行令（以下「令」という。）第129条の13の3第13項に規定する非常用エレベーターの乗降ロビーの構造方法は、平成28年国土交通省告示第696号各号に定めるものとする。この場合において、同告示（第一号ハを除く。）中「付室」とあるのは「乗降ロビー」と、同告示第一号ハ中「付室を令第129条の13の3第3項に規定する非常用エレベーターの乗降ロビーの用に供する場合」とあるのは「乗降ロビーを令第123条第3項に規定する特別避難階段の付室の用に供する場合」と、同告示第五号ロ中「と連絡する室のうち階段室以外の室」とあるのは「と連絡する室」と読み替えるものとする。

雷撃によって生ずる電流を建築物に被害を及ぼすことなく安全に地中に流すことができる避雷設備の構造方法を定める件

制定：平成 12 年 5 月 31 日　建設省告示第 1425 号
改正：令和元年　6 月 25 日　国土交通省告示第 203 号

建築基準法施行令（昭和 25 年政令第 338 号）第 129 条の 15 第一号の規定に基づき、雷撃によって生ずる電流を建築物に被害を及ぼすことなく安全に地中に流すことができる避雷設備の構造方法を次のように定める。

雷撃によって生ずる電流を建築物に被害を及ぼすことなく安全に地中に流すことができる避雷設備の構造方法は、日本産業規格 A4201（建築物等の雷保護）-2003 に規定する外部雷保護システムに適合する構造とすることとする。

附則（平成 17 年 7 月 4 日国土交通省告示第 650 号）（抄）

1　（略）

2　改正後の平成 12 年建設省告示第 1425 号の規定の適用については、日本産業規格 A4201（建築物等の避雷設備（避雷針））-1992 に適合する構造の避雷設備は、日本産業規格 A4201（建築物等の雷保護）-2003 に規定する外部雷保護システムに適合するものとみなす。

【日本産業規格 JIS A4201】

建築物等の雷保護（抄）

制定：1952
改正：2003

序文

この規格は、1990年に第1版として発行されたIEC 61024-1：1990, Protection of structures against lightning-Part 1：General principlesを翻訳し、技術的内容を変更して作成した日本工業規格である。
なお、この規格で側線又は点線の下線を施してある箇所は、原国際規格を変更している事項である。変更の一覧表をその説明を付けて、**附属書2（参考）**（略）に示す。

はじめに

雷保護システムは、雷そのものの発生を防止できないことに留意する必要がある。
この規格に従って設計及び施工した雷保護システムは、建築物等、人間又はその他対象物を完全に保護することを保証はできないが、この規格を適用することによって、被保護建築物等への落雷によって生じる損傷の危険を確実に減少することができる。
（中略）
効果的な接地システムを構成するための土壌の調査及び基礎の鋼製部分を適切に利用することは、現場の建設が始められてからではほとんど不可能である。したがって、計画のできるだけ早い段階で、大地抵抗率及び土質について検討しなければならない。基礎の建築設計作業に影響を及ぼすであろう接地システムの設計にとって、これは基本的資料となる。
不必要な作業を行わないようにするため、雷保護システムの設計者、建築設計者及び建築主間で十分な協議を行うことが重要である。
この規格は、建築物等の雷保護システムを構築するための事項を規定する。
雷保護システムの設計、施工及び材料については、この規格の条項にすべて適合しなければならない。

❶ 一般事項

1.1 適用範囲及び目的

1.1.1 適用範囲 この規格は、建築物又は煙突、塔、油槽などの工作物その他のもの（以下、建築物等という。）に適用する雷保護システムの設計及び施工について規定する。
次の場合は、この規格の適用範囲外である。
a）～ d）（略）
備考 （略）
1.1.2 目的 この規格は、**1.1.1**に示す建築物等並びにその内部又は上部の人間、設備及び収容物に対する効果的な雷保護システムの設計、施工、検査及び保守に関する情報を提供する。
1.2 定義 この規格で用いる主な用語の定義は、次による。
1.2.1 落雷（Lightning flash to earth） 雲と大地間の大気に発生する放電で、1回以上の雷撃を含む。
1.2.2 雷撃（Lightning stroke） 落雷における1回の放電。
1.2.3 雷撃点（Point of strike） 雷撃が大地、建築物等又は雷保護システムと接触する点。
備考 落雷は、2つ以上の雷撃点をもつことがある。
1.2.4 被保護物（Space to be protected） この規格に従って雷の影響に対して保護しようとする建築物等の部分又は範囲。
1.2.5 雷保護システム［Lightning protection system（LPS）］ 雷の影響に対して被保護物を保護するために使用するシステムの全体。これには、外部及び内部雷保護システムの両方を含む。
備考（略）
1.2.6 外部雷保護システム（External lightning protection system） 受雷部システム、引下げ導線システム及び接地システムからなるシステム。
1.2.7 内部雷保護システム（Internal lightning protection system） 被保護物内において雷の電磁的影響を低減させるため、**1.2.6**のシステムに追加するすべての措置で、等電位ボンディング及び安全離隔距離の確保を含む。

1.2.8　等電位ボンディング（Equipotential bonding）　内部雷保護システムのうち、雷電流によって離れた導電性部分間に発生する電位差を低減させるため、その部分間を直接導体によって又はサージ保護装置によって行う接続。

1.2.9　受雷部システム（Air-termination system）　外部雷保護システムのうち、雷撃を受けるための部分。

1.2.10　引下げ導線（Down-conductor）　外部雷保護システムのうち、雷電流を受雷部システムから接地システムへ流すための部分。

1.2.11　接地システム（Earth-termination system）　外部雷保護システムのうち、雷電流を大地へ流し拡散させるための部分。

備考　抵抗率の大きい土壌において、接地システムは付近の大地への落雷によって土壌に流れる雷電流を捕そくすることがある。

1.2.12　接地極（Earth electrode）　大地と直接電気的に接触し、雷電流を大地へ放流させるための接地システムの部分又はその集合。

1.2.13　環状接地極（Ring earth electrode）　大地面又は大地面下に建築物等を取り巻き閉ループを構成する接地極。

1.2.14　基礎接地極（Foundation earth electrode）　建築物等の鉄骨又は鉄筋コンクリート基礎によって構成する接地極。

1.2.15　等価接地抵抗（Equivalent earth resistance）　接地電圧と接地電流のピーク値の比。一般に、このピーク値は同時に発生しないが、接地システムの効率を表すため、この比を慣例的に使用する。

1.2.16　接地電圧（Earth-termination voltage）　接地システムと無限遠大地間との電位差。

1.2.17　雷保護システムの"構造体利用"構成部材（"Natural" component of an LPS）　その目的のため特別に設置したものではないが、雷保護機能を果たす構成部材。

備考　（略）

1.2.18　金属製工作物（Metal installations）　被保護物内において広い範囲にわたっている金属製部分で、配管構造物、階段、エレベータのガイドレール、換気用、暖房用及び空調用のダクト並びに相互接続した鉄筋などのように雷電流の経路を構成することができるもの。

1.2.19　ボンディング用バー（Bonding bar）　金属製工作物、系統外導電性部分、電力線、通信線、その他のケーブルを雷保護システムに接続することができるバー。

1.2.20　ボンディング用導体（Bonding conductor）　離れた設備部分間を等電位化するために用いる接続用導体。

1.2.21　相互接続した鉄筋（Interconnected reinforcing steel）　電気的に連続性があるとみなされる建築物等内の鉄筋組み。

1.2.22　危険な火花放電（Dangerous sparking）　雷電流によって被保護物内に発生する好ましくない放電。

1.2.23　安全離隔距離（Safety distance）　危険な火花放電を発生しない被保護物内の2導電性部分間の最小距離。

1.2.24　サージ保護装置（Surge suppressor）　火花ギャップ、サージ抑制器、半導体装置など、被保護物内の2点間におけるサージ電圧を制限するための装置。

1.2.25　試験用接続部（Test joint）　雷保護システム構成部分の電気的試験及び測定を容易にするために設置した接続部。

1.2.26　被保護物から独立した外部雷保護システム（External LPS isolated from the space to be protected）　雷電流の経路が被保護物に接触しないように受雷部システム及び引下げ導線システムを配置した雷保護システム。

1.2.27　被保護物から独立しない外部雷保護システム（External LPS not isolated from the space to be protected）　雷電流の経路が被保護物に接触して受雷部システム及び引下げ導線システムを配置した雷保護システム。

1.2.28　一般建築物等（Common structures）　商業用、工業用、農業用、公共用、住宅用など普通の用途に使用する建築物等。

1.2.29　保護レベル（Protection level）　雷保護システムを効率に応じて分類する用語。

備考　保護レベルは、雷保護システムが雷の影響から被保護物を保護する確率を表す。

1.3　鉄筋コンクリート造建築物等　鉄筋コンクリート造建築物等内の鉄筋組みは、次のすべての条件に適合する場合には、電気的連続性があるとみなす。

a) 垂直バーと水平バーとの相互接続部の約50%が溶接又は結束などによって電気的連続性が確保されている。
b) 垂直バーは、溶接又はその直径の20倍以上の長さで重ね合わせ堅固に結束されている。
c) 個々のプレキャストコンクリートユニット及び隣接プレキャストコンクリートユニット間の鉄筋の電気的連続性が確保されている。

❷ 外部雷保護システム

2.1 受雷部システム

2.1.1 一般事項 雷撃が被保護物に侵入する確率は、受雷部システムを適切に設計することによって大幅に減少する。
受雷部システムは、次の各要素又はその組合せによって構成する。
a) 突針
b) 水平導体
c) メッシュ導体

2.1.2 配置 受雷部システムの配置は、**表1**の要求事項に適合しなければならない。受雷部システムの設計に当たっては、次の方法を個別に又は組み合わせて使用することができる。
a) 保護角法
b) 回転球体法
c) メッシュ法

表1 保護レベルに応じた受雷部の配置

保護レベル	回転球体法 R（m）	保護角法 h（m）					メッシュ法幅（m）
		20	30	45	60	60超過	
		α（°）	α（°）	α（°）	α（°）	α（°）	
Ⅰ	20	25	*	*	*	*	5
Ⅱ	30	35	25	*	*	*	10
Ⅲ	45	45	35	25	*	*	15
Ⅳ	60	55	45	35	25	*	20
* 回転球体法及びメッシュ法だけを適用する。							

備考1. Rは、回転球体法の球体半径。
2. hは、地表面から受電部の上端までの高さとする。ただし、陸屋根の部分においては、hを陸屋根から受電部の上端までの高さとすることができる。

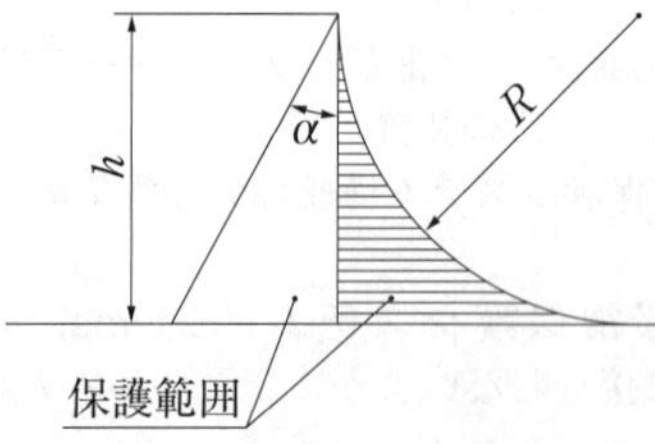

2.1.3 構造 独立した雷保護システムの場合には、受雷部システムと被保護物内の金属製工作物との距離は、**3.2**による安全離隔距離より大きくなければならない。
被保護物から独立しない雷保護システムの場合には、雷電流の影響によって損傷を受けるおそれがない限り、受雷部システムを屋根上に直接又は若干の間隔をあけて施設することができる。
雷撃に対する保護範囲の決定に当たっては、金属製受雷部システムの実寸法だけによらなければならない。

2.1.4 “構造体利用”構成部材 建築物等の次の部分は、“構造体利用”受雷部構成部材であるとみることができる。
a) 次に適合する被保護物を覆う金属板。
— 各部分の接続は、電気的に確実である。

— 金属板が雷電流によって穴があいてはならない構造のもの又は高温にさらされてはならないものである場合、その厚さは**表 2** に示す t の値以上である。
— 金属板が雷電流によって穴があいても差し支えない構造のもの又は金属板の下部に着火する可燃物がない場合、その厚さは**表 2** に示す t' の値以上である。
— 絶縁材料で被覆されていない。

b) 屋根構造材の金属製部分（トラス、相互接続した鉄筋など）。
c) とい、飾り材、レールなどの金属製部分で、断面積が受雷部部材に規定された値以上のもの。
d) 厚さが 2.5㎜以上の材料で作られた金属製の管及び槽で、穴があいても危険な状況、その他好ましくない状況を引き起こさないもの。
e) 厚さが表 2 に示す t の値以上の材料で作られた金属製の管及び槽で、雷撃点の内表面の温度上昇が危険を引き起こさないもの。

備考 1. 薄い塗装、1㎜以下のアスファルト又は 0.5㎜以下の塩化ビニルは、絶縁材料とはみなさない。
2. 接続部のパッキンが非金属製である可燃性又は爆発性液体を通す配管は、これを構造体利用構成部材の受雷部として使用してはならない。

表 2　受雷部システムにおける金属板又は金属管の最小厚さ

保護レベル	材料	厚さ　t（㎜）	厚さ　t'（㎜）
Ⅰ～Ⅳ	鉄	4	0.5
	銅	5	0.5
	アルミニウム	7	1

2.2　引下げ導線システム

2.2.1　一般事項　危険な火花放電が発生する可能性を低減するため、雷撃点から大地までの雷電流の経路として引下げ導線を通常次のように施設しなければならない。

a) 複数の電流経路を並列に形成する。
b) 電流経路の長さを最小に保つ。

2.2.2　独立した雷保護システムにおける配置　受雷部が独立した複数の柱（又は 1 本の柱）上に取り付けた突針からなる場合には、各柱には 1 条以上の引下げ導線が必要である。柱が金属又は相互接続した鉄筋からなる場合には、新たに引下げ導線を施設する必要はない。
受雷部が独立した複数の水平導体（又は 1 条の導体）である場合には、導体の各端末に 1 条以上の引下げ導線が必要である。
受雷部がメッシュ導体からなっている場合には、各支持構造物に 1 条以上の引下げ導線が必要である。

2.2.3　独立しない雷保護システムにおける配置　引下げ導線は、被保護物の外周に沿って、相互間の平均間隔が表 3 に示す値以下となるように引き下げる。いずれも 2 条以上の引下げ導線が必要である。ただし、一般建築物等の被保護物の水平投影面積が 25㎡以下のものは、1 条でよい。

備考 1. 引下げ導線間の平均間隔は、**3.2** の安全離隔距離と相関関係にある。この値が**表 3** に規定する値より大きい場合には、安全離隔距離を相当に増加することが望ましい。
2. 引下げ導線は、外周に沿って等間隔に配置することが望ましい。引下げ導線は、できるだけ建築物等の各突角部の近くに配置することが望ましい。

引下げ導線は、地表面近く及び垂直方向最大 20 m 間隔ごとに、水平環状導体などで相互接続しなければならない。

表 3　保護レベルに応じた引下げ導線の平均間隔

保護レベル	平均間隔　m
Ⅰ	10
Ⅱ	15
Ⅲ	20
Ⅳ	25

2.2.4　構造　独立した雷保護システムの場合には、引下げ導線システムと被保護物内の金属製工作物との

距離は、3.2 による安全離隔距離より大きくなければならない。

被保護物から独立しない雷保護システムの場合には、引下げ導線は、次によって施設することができる。

— 壁が不燃性材料からなる場合には、引下げ導線は、壁の表面又は内部に施設してもよい。

— 壁が可燃性材料からなり、雷電流の通過による温度上昇が壁材料に危険を及ぼさない場合には、引下げ導線を壁の表面に取り付けることができる。

— 壁が可燃性材料からなり、引下げ導線の温度上昇が危険を及ぼす場合には、引下げ導線は、被保護物との距離が常に0.1 mを超えるように取り付けなければならない。この場合、金属製の取付用腕木は、壁に接触させてもよい。

備考 とい内の水分によって引下げ導線に著しい腐食を生じるため、引下げ導線が絶縁材料で被覆されていても、それを軒とい又は縦とい管の中に施設してはならない。引下げ導線は、扉又は窓とは間隔をとって配置することを推奨する。

引下げ導線は、大地に対して最短で最も直接的な経路を構成するように、真っすぐに、かつ、鉛直に施設しなければならない。ループを構成することは避けなければならない。ただし、やむを得ない場合はコの字形としてもよいが、導線の開口２点間の距離 s 及び開口点間の導線長 l は、3.2 に適合しなければならない（**図 1** 参照）。

図 1　引下げ導線のループ

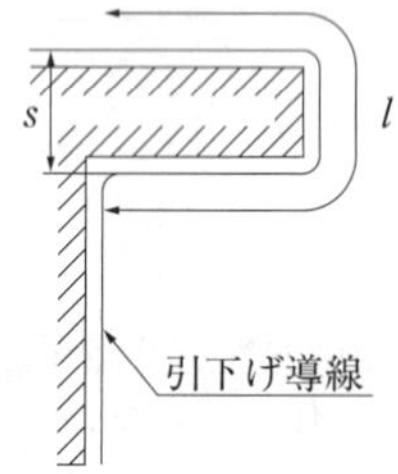

2.2.5 “構造体利用”構成部材 建築物等の次の部分は、“構造体利用”引下げ導線であるとみることができる。

a) 次に適合する金属製工作物。

— 各部分の接続は、2.4.2 の要求事項に従って電気的に確実である。

— 寸法が引下げ導線に規定する値以上である。

備考 1. 金属製工作物は、絶縁材料で被覆されていてもよい。

2. 接続部のパッキンが非金属製である可燃性又は爆発性液体を通す配管は、これを構造体利用構成部材の引下げ導線として使用してはならない。

b) 建築物等の金属製構造体。

c) 建築物等の相互接続した鋼。

d) 次に適合する飾り壁材、縁どりレール及び金属製飾り壁の補助構造材。

— 寸法が引下げ導線に対する要求事項に適合し、さらに、厚さが0.5㎜以上のもの。

— 垂直方向の電気的連続性が 2.4.2 の要求事項に適合するもの、又は金属部分間の間隔が1㎜以下で、かつ、2つの部材の重なり面が100㎠以上のもの。

鉄骨構造の金属構造体又は建築物等の相互接続した鉄筋を引下げ導線として利用する場合には、2.2.3 の水平環状導体は必要ない。

2.2.6 試験用接続部 “構造体利用”引下げ導線の場合を除き、各引下げ導線には接地システムとの接続点において試験用接続部を設けなければならない。

試験用接続部は、測定のため工具などでだけ開路できるようにし、通常は閉路しておくことが望ましい。

2.3 接地システム

2.3.1 一般事項 危険な過電圧を生じることなく雷電流を大地へ放流させるためには、接地極の抵抗値より接地システムの形状及び寸法が重要な要素である。ただし、一般的には、低い接地抵抗値を推奨する。

構造体を使用した統合単一の接地システムとするのが雷保護の観点から望ましく、また、各種の接地目的（すなわち、雷保護、低圧電力系統及び通信系統）にとっても適切である。

やむを得ず接地システムを分離しなければならない場合には、3.1 に適合する等電位ボンディングによって統合した1点へ接続しなければならない。

備考　材質の異なるものを使用した接地システム相互を接続する場合には、特に腐食に注意する。

2.3.2　接地極　接地極には、次の種類のものを使用しなければならない。1つ又は複数の環状接地極、垂直（又は傾斜）接地極、放射状接地極又は基礎接地極。

単独の長い接地導体を施設するよりも、数条の導体を適切に配置するほうが望ましい。

保護レベルに応じた接地極（板状のものを除く。）の最小長さと大地抵抗率との関係を、図2に示す。ただし、深さが深くなるに従い大地抵抗率が減少する場所及び通常接地棒を打ち込む深さより深い地層で低い大地抵抗率が現れる場所では、深打ち接地極が効果的である。

図2　保護レベルに応じた接地極の最小長さ l_1

レベルⅢ～Ⅳは、大地抵抗率 ρ と無関係である。

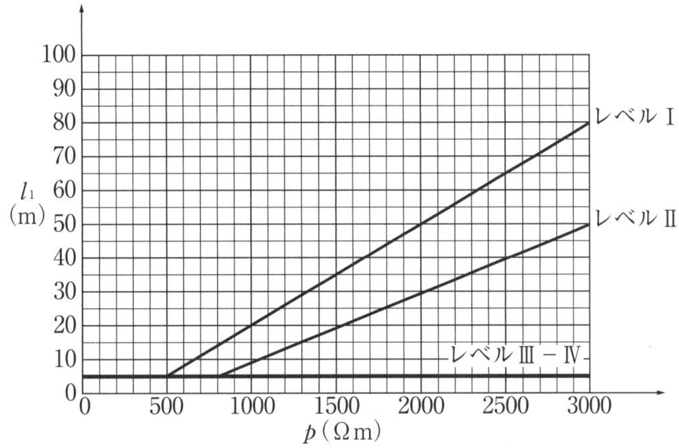

2.3.3　接地施設　接地システムにおいて、接地極を基本的に2つの形態に分ける。

2.3.3.1　A型接地極　A型接地極は、放射状接地極、垂直接地極又は板状接地極から構成し、各引下げ導線に接続しなければならない。

接地極の数は、2以上としなければならない。

接地極の最小長さは、次による。

図2に示す放射状接地極の最小長さを l_1 とすると、放射状水平接地極は l_1 以上、垂直（又は傾斜）接地極は $0.5l_1$ 以上とする。板状接地極は表面積が片面0.35㎡以上とする。

この型の接地極の場合、人又は動物に危険を及ぼす区域では特別な措置を講じなければならない。

大地抵抗率が低く、10オーム未満の接地抵抗が得られる場合は、**図2**に示す最小長さによらなくてもよい。

備考 1.　組合せ接地極の場合には、合計長さで計算する（板状接地極を除く。）。

2.　A型接地極は、大地抵抗率が低い場合及び小規模建築物等に適している。

2.3.3.2　B型接地極　B型接地極は、環状接地極、基礎接地極又は網状接地極から構成し、各引下げ導線に接続しなければならない。

環状接地極（又は基礎接地極）の場合には、環状接地極（又は基礎接地極）によって囲われる面積の平均半径 r は、l_1 の値以上でなければならない。

$$r \geqq l_1$$

l_1 の保護レベルⅠ、Ⅱ及びⅢ－Ⅳに応じた値を、図2に示す。

要求値 l_1 が算定値 r より大きい場合には、放射状又は垂直（又は傾斜）接地極を追加施設し、それぞれの長さ l_r（水平）及び l_v（垂直）は次によらなければならない。

$$l_r = l_1 - r$$

及び

$$l_v = (l_1 - r)/2$$

2.3.4　接地極の施工　外周環状接地極は、0.5 m以上の深さで壁から1 m以上離して埋設するのが望ましい。接地極は、被保護物の外側に0.5 m以上の深さに施設し、地中において相互の電気的結合の影響が最小となるように、できるだけ均等に配置しなければならない。

埋設接地極は、施工中に検査が可能なように施設しなければならない。
埋設接地極の種類及び埋設深さは、腐食、土壌の乾燥及び凍結の影響を最小限に抑え、また、それによって安定した等価接地抵抗が得られるようなものでなければならない。土壌が凍結状態にあるときは、垂直接地極の最初の１ｍはその効果を無視することを推奨する。固い岩盤が露出した場所では、Ｂ型接地極を推奨する。

2.3.5　構造体利用接地極　コンクリート内の相互接続した鉄筋又は**2.5**の要求事項に適合するその他金属製地下構造物は、これを接地極として利用することができる。

2.4　取付け及び接続部

2.4.1　取付け　電気的応力又は不測の外力（例　振動、雪塊の滑落など）によって、導体の断線又は緩みが生じないように、受雷部及び引下げ導線を堅固に取り付けなければならない。

2.4.2　接続部　導体の接続部の箇所数は、最小限にとどめなければならない。接続は、黄銅ろう付け、溶接、圧着、ねじ締め、ボルト締めなどの方法によって確実に行わなければならない。

2.5　材料及び寸法

2.5.1　材料　使用材料は、雷電流による電気的及び電磁気的影響並びに予想される機械的ストレスに対し、損傷を受けないものでなければならない。
使用する材料及び寸法は、被保護建築物等又は雷保護システムに腐食が発生するおそれのあることを考慮して選定しなければならない。
雷保護システムの部材は、導電性及び耐食性が十分であれば、**表4**に示す材料で製作することができる。これ以外の金属材料は、これらと同等の機械的、電気的及び化学的（腐食）特性をもつ場合に使用することができる。

表4　雷保護システムの材料及び使用条件

材料	使用条件			腐食条件		
	気　中	地　中	コンクリート内	耐　性	進行性	電解対象
銅	単線 より線 棒、管、板 被覆用	単線 より線 棒、管、板 被覆用	—	多くの物質に耐える	・高濃度塩化物 ・硫黄化合物 ・有機物	—
溶融亜鉛めっき鋼	単線 より線 棒、管、板	単線 棒、管、板	単線 棒、管、板	酸性土壌中でも良好	—	銅
ステンレス鋼	単線 より線 棒、管、板	単線 棒、管、板	—	多くの物質に耐える	塩化物の水溶液	—
アルミニウム	単線 より線 棒、管、板	—	—	—	塩基性物質	銅
鉛	管、板 被覆用	管、板 被覆用	—	高濃度硫化物	酸性土壌	銅

2.5.2　寸法　最小寸法を、**表5**に示す。
備考　機械的ストレス及び腐食に対処するため、この値を増すことができる。

表5　雷保護システムの材料の最小寸法

保護レベル	材料	受雷部　㎟	引下げ導線　㎟	接地極　㎟
Ⅰ～Ⅳ	銅	35	16	50
	アルミニウム	70	25	—
	鉄	50	50	80

❸　内部雷保護システム

3.1　等電位ボンディング

3.1.1　一般事項　被保護物内において火災及び爆発危険並びに人命危険のおそれを減少させるために、等電位化は非常に重要な方法である。
雷保護システム、金属構造体、金属製工作物、系統外導電性部分並びに被保護物内の電力及び通信用設備をボンディング用導体又はサージ保護装置で接続することによって等電位化を行う。
雷保護システムを施設する場合には、被保護物の外側の金属体が影響を及ぼすことがある。このことは、システムの設計の際に考慮すべきである。外側の金属体には、等電位ボンディングが必要なこともある。

3.1.2　金属製工作物の等電位ボンディング　等電位ボンディングは、次の箇所で施さなければならない。

a)　地下部分又は地表面付近の箇所。ボンディング用導体は、検査が容易にできるように設計されまた施設されたボンディング用バーに接続しなければならない。このボンディング用バーは、接地システムに接続しなければならない。大規模建築物等では、2つ以上のボンディング用バーを施設することができ、この場合、それらを相互接続する。
b)　高さが20 mを超える建築物等では、垂直間隔20 m以下ごとの地表上の箇所。引下げ導線に接続した水平環状導体をボンディング用バーに接続しなければならない（**2.2.3** 参照）。
c)　次の構造体で、絶縁の要求事項（**3.2** 参照）に適合しない箇所。
—　相互接続した鉄筋コンクリート構造体
—　鉄骨構造体
—　これらと同等の遮へい特性をもつ構造体

建築物等内の金属製工作物では、通常上記b）及びc）の箇所における等電位ボンディングは必要ない。
独立した雷保護システムでは、等電位ボンディングは地表面だけで行わなければならない。
ガス管又は水管の途中に絶縁部品が挿入されている場合には、適切な動作条件をもつサージ保護装置（**1.2.24**）でその部分を橋絡しなければならない。
等電位ボンディングは、次によって行うことができる。
—　自然的ボンディングでは電気的連続性が保証できないときは、ボンディング用導体。
　雷電流の全部又はその大部分がボンディング接続部を流れるとした場合の、ボンディング用導体の最小断面積を**表6**に示す。これ以外の場合の断面積を、**表7**に示す。
—　ボンディング用導体を施設できないときは、サージ保護装置。
　サージ保護装置は、検査が可能なように施設することが望ましい。

表6　雷電流の大部分を流すボンディング用導体の最小寸法

保護レベル	材料	断面積　mm²
I～IV	銅 アルミニウム 鉄	16 25 50

表7　雷電流のごく一部分を流すボンディング用導体の最小寸法

保護レベル	材料	断面積　mm²
I～IV	銅 アルミニウム 鉄	6 10 16

3.1.3　系統外導電性部分の等電位ボンディング　系統外導電性部分に施す等電位ボンディングは、できるだけ建築物等への引込口の付近で行わなければならない。このボンディング用接続部には、雷電流の大部分が流れると想定しなければならない。したがって、**3.1.2** の要求事項を適用しなければならない。

3.1.4　電力及び通信設備の等電位ボンディング　電力及び通信設備に対する等電位ボンディングを **3.1.2** に従って行わなければならない。等電位ボンディングは、できるだけ建築物等への引込口の付近で行わなければならない。
電線が遮へいされているか又は金属電線管内に収められているときは、通常その遮へい体だけをボンディングすれば十分であるが、この場合、遮へい体の抵抗は、それによる電位差でケーブル及び接続機器に危険を及ぼさないような値とする。
電路の電線は、すべて直接又は間接にボンディングすることが望ましい。充電用電線は、必ずサージ保護装置を通して雷保護システムへボンディングすることが望ましい。TN系統において、PE又はPEN導体は直接雷保護システムへボンディングすることが望ましい。

3.2　外部雷保護システムの絶縁　受雷部又は引下げ導線と、被保護建築物等内の金属製工作物並びに電力、信号及び通信設備との間の絶縁は、それらの部分間の離隔距離 d を安全離隔距離 s 以上としなければならない。

$$d \geqq s$$

$$s = k_i \frac{k_e}{k_m} l \ (\mathrm{m})$$

ここに、k_i：雷保護システムの保護レベルにかかわる係数（**表 8**）

k_e：引下げ導線に流れる雷電流にかかわる係数（**附属書 1** 参照）

k_m：絶縁材料にかかわる係数（**表 9** 参照）

l　：離隔距離を適用する点から直近の等電位ボンディング点までの受雷部又は引下げ導線に沿った長さ

備考 1.　4 本の引下げ導線が等間隔に引き下げられた簡単な例では、kc の概算値として 0.4 と推定することができる。その他の場合の kc の値は、**附属書 1** によって計算する。

2.　建築物等に引き込まれた電線又は系統外導電性部分については、引込口において等電位ボンディング（直接接続又はサージ保護装置による接続）を必ず施す必要がある。

表 8　係数 k_i の値

保護レベル	k_i
I	0.1
II	0.075
III及びIV	0.05

表 9　係数 k_m の値

材料	k_m
空気	1
コンクリート、れんが	0.5
塩化ビニル	20
ポリエチレン	60

3.3　人命危険に対する安全対策　被保護物内における人命危険に対する最も重要な保護対策は、等電位ボンディングである。

❹　雷保護システムの設計、保守及び検査

4.1　設計　雷保護システムの効率は、保護レベル I から保護レベルIVへと減少する。

雷保護システムの設計の段階、被保護建築物等の設計及び施工の段階とを関連させることによって、技術的及び経済的に最適な雷保護システムの設計を行うことができる。特に、建築物等の金属製部分を雷保護システムの部品として利用する可能性を、建築物等そのものの設計の際に見越しておくことが望ましい。

4.2　検査及び保守

4.2.1　検査の範囲　検査の目的は、次の事項を確認することである。

a)　雷保護システムが設計どおりに適合している。

b)　雷保護システムの構成部材がすべて良好な状態にあり、設計どおりの機能を果たすことができ、また、腐食がない。

c)　増設された引込み又は構造物が、雷保護システムへの接続又は雷保護システムの拡張によって被保護物内に組み込まれている。

4.2.2　検査の種類　検査は、**4.2.1** に従い、次によって行わなければならない。

—　建築物等の建設中において、埋設接地極をチェックするための検査

—　雷保護システムの施工完了後の a）及び b）についての検査

—　被保護物の種類及び腐食問題に関して決定する周期によって、定期的に行う a)、b）及び c）についての検査

—　改修若しくは修理後、又は建築物等に雷撃があったことが確認されたときに、a)、b）及び c）についての臨時検査

4.2.3　保守　雷保護システムの信頼性を保つためには、定期的な検査を行うことが基本的条件である。不備が確認された場合には、遅滞なく修理を行わなければならない。

附属書（略）

建築基準法施行令の規定により国土交通大臣が指定する建築物

制定：昭和 45 年 12 月 28 日　建設省告示第 1836 号
改正：平成 16 年　3 月 31 日　国土交通省告示第 396 号

建築基準法施行令（昭和 25 年政令第 338 号）第 130 条の 4 第五号の規定により国土交通大臣が指定する建築物は、次に掲げるものとする。

一　認定電気通信事業者が認定電気通信事業の用に供する次のイ及びロに掲げる施設である建築物で執務の用に供する部分の床面積の合計が 700㎡以内のもの
　イ　電気通信交換所
　ロ　電報業務取扱所
二　電気事業の用に供する次のイ及びロに掲げる施設である建築物
　イ　開閉所
　ロ　変電所（電圧 17 万 V 未満で、かつ、容量 90 万 kVA 未満のものに限る。）
三　ガス事業の用に供する次のイからハまでに掲げる施設である建築物
　イ　バルブステーション
　ロ　ガバナーステーション
　ハ　特定ガス発生設備（液化ガスの貯蔵量又は処理量が 3.5 トン以下のものに限る。）
四　液化石油ガス販売事業の用に供する供給設備である建築物（液化石油ガスの貯蔵量又は処理量が 3.5 トン以下のものに限る。）
五　水道事業の用に供するポンプ施設（給水能力が毎分 6㎥以下のものに限る。）である建築物
六　公共下水道の用に供する次のイ及びロに掲げる施設である建築物
　イ　合流式のポンプ施設（排水能力が毎秒 2.5㎥以下のものに限る。）
　ロ　分流式のポンプ施設（排水能力が毎秒 1㎥以下のものに限る。）
七　都市高速鉄道の用に供する次のイからハまでに掲げる施設である建築物（イに掲げる施設である建築物にあつては、執務の用に供する部分の床面積の合計が 200㎡以内のものに限る。）
　イ　停車場又は停留場
　ロ　開閉所
　ハ　変電所（電圧 12 万 V 未満で、かつ、容量 4 万 kVA 未満のものに限る。）

建築基準法施行令第 130 条の 5 の 4 第二号の規定に基づき建築物を指定

制定：平成　5 年 6 月 25 日　建設省告示第 1451 号（全文改正）
改正：平成 16 年 3 月 31 日　国土交通省告示第 396 号

建築基準法施行令（昭和 25 年政令第 338 号）第 130 条の 5 の 4 第二号の規定により国土交通大臣が指定する建築物は、次に掲げるものとする。

一　認定電気通信事業者が認定電気通信事業の用に供する次のイからハまでに掲げる施設である建築物
　イ　電気通信交換所
　ロ　電報業務取扱所
　ハ　イ及びロに掲げる施設以外の施設の用途に供するものでその用途に供する部分の床面積の合計が 1,500㎡以下のもの（3 階以上の部分をその用途に供するものを除く。）
二　電気事業の用に供する変電所である建築物（電圧 30 万 V 未満で、かつ、容量 110 万 kVA 未満のものに限る。）
三　ガス事業の用に供するガス工作物の工事、維持及び運用に関する業務の用に供する建築物で執務の用に供する部分の床面積の合計が 1,500㎡以内のもの

建築基準法施行令第130条の7の2第二号の規定により国土交通大臣が指定する建築物

制定：平成 5年6月24日　建設省告示第1436号
改正：平成16年3月31日　国土交通省告示第396号

建築基準法施行令（昭和25年政令第338号）第130条の7の2第二号の規定により国土交通大臣が指定する建築物は、次に掲げるものとする。

認定電気通信事業者が認定電気通信事業の用に供する施設である建築物

建築基準法施行令の規定により国土交通大臣が指定する特殊の方法

制定：平成 5年 6月24日　建設省告示第1438号
改正：平成21年11月27日　国土交通省告示第1250号

建築基準法施行令（昭和25年政令第338号）第130条の8の3の規定により国土交通大臣が防音上有効な構造と認めて指定する空気圧縮機は、次に掲げるものとする。

一　ロータリー式の空気圧縮機
二　パッケージ式の空気圧縮機

建築基準法施行令の規定により屋内貯蔵所のうち位置、構造及び設備について国土交通大臣が定める基準

制定：平成 5年 6月24日　建設省告示第1439号
改正：平成12年12月26日　建設省告示第2465号

建築基準法施行令（昭和25年政令第338号）第130条の9第1項の規定により、屋内貯蔵所のうち位置、構造及び設備について国土交通大臣が定める基準に適合するものは、次に掲げるものとする。

一　屋内貯蔵所のうちその貯蔵倉庫（軒高（危険物の規制に関する政令（昭和34年政令第306号）第10条第1項第四号に規定する軒高をいう。次号において同じ。）が6m未満のものに限る。）が危険物の規制に関する規則（昭和34年総理府令第55号）第16条の2の3第2項各号に掲げる基準に適合するもの
二　屋内貯蔵所のうちその貯蔵倉庫（軒高が6m以上20m未満のものに限る。）が危険物の規制に関する規則第16条の2の3第2項第二号から第五号までに掲げる基準に適合するもの

圧縮ガス又は液化ガスを燃料電池又は内燃機関の燃料として用いる自動車にこれらのガスを充填するための設備の基準を定める件

制定：平成26年12月26日　国土交通省告示第1203号
改正：令和 3年 2月26日　国土交通省告示第 134号

建築基準法施行令（昭和25年政令第338号）第130条の9第1項の規定に基づき、圧縮ガス又は液化ガスを燃料電池又は内燃機関の燃料として用いる自動車にこれらのガスを充填するための設備の基準を次のよう

に定める。

建築基準法施行令第130条の9第1項に規定する圧縮ガス又は液化ガスを燃料電池又は内燃機関の燃料として用いる自動車にこれらのガスを充填するための設備の基準は、次の各号のいずれかに該当することとする。

一　一般高圧ガス保安規則（昭和41年通商産業省令第53号。以下「一般則」という。）第2条第1項第二十三号に規定する圧縮天然ガススタンドであって、一般則第7条の3第2項各号又は第7条の4第2項各号に掲げる基準に適合するものとして、高圧ガス保安法（昭和26年法律第204号）第5条第1項の許可を受けて設置されるものであること。

二　一般則第2条第1項第二十五号に規定する圧縮水素スタンドであって、一般則第7条の3第2項各号に掲げる基準に適合するものとして、高圧ガス保安法第5条第1項の許可を受けて設置されるもの（製造設備の冷却の用に供する冷凍設備（一般則第7条の3第2項第二号の二ただし書に規定するものを除く。）を用いるものを除く。）であること。

農産物の処理に供する建築物を指定する件

制定：平成30年2月26日　国土交通省告示第236号

建築基準法施行令（昭和25年政令第338号）第130条の9の3の規定に基づき、国土交通大臣が指定する農産物の処理に供する建築物を次のように定める。

建築基準法施行令第130条の9の3の規定により国土交通大臣が指定する農産物の処理に供する建築物は、次の各号のいずれかに該当するものとする。

一　米、小麦、大麦その他これらに類する農産物の乾燥又はもみすりに供する建築物であって、次のイ又はロのいずれかに該当する事業を営むもの

　イ　当該農産物の乾燥で出力の合計が2kWを超える原動機を使用するもの

　ロ　当該農産物のもみすりで出力の合計が4kWを超える原動機を使用するもの

二　大豆、小豆その他これらに類する農産物の乾燥に供する建築物であって、当該農産物の乾燥で出力の合計が2kWを超える原動機を使用するものを営むもの

三　茶の精揉に供する建築物であって、当該茶の精揉で出力の合計が2kWを超える原動機を使用するものを営むもの

建築基準法施行令第130条の9の7第二号ロの規定により国土交通大臣が定める基準

制定：平成17年3月29日　国土交通省告示第359号
改正：令和　3年2月26日　国土交通省告示第134号

建築基準法施行令（昭和25年政令第338号）第130条の9の7第二号ロの規定により国土交通大臣が定める基準は、次に掲げるものとする。

一　水素の製造は、次のいずれかの方法により行われるものであること。

　イ　電気により水を分解する方法

　ロ　水蒸気により炭化水素を改質する方法

二　一般高圧ガス保安規則（昭和41年通商産業省令第53号。以下「一般則」という。）第2条第1項第二十五号に規定する圧縮水素スタンドであって、次のいずれかに該当するものであること。

　イ　一般則第7条の3第2項各号又は第7条の4第2項各号に掲げる基準に適合するものとして、高圧ガス保安法（昭和26年法律第204号）第5条第1項の許可を受けて設置されるもの（製

造設備の冷却の用に供する冷凍設備（一般則第7条の3第2項第二号の二ただし書に規定するものを除く。）を用いるものを除く。）

ロ　一般則第7条の3第2項各号に掲げる基準に適合するものとして、高圧ガス保安法第5条第2項の届出がされたもの（製造設備の冷却の用に供する冷凍設備（一般則第7条の3第2項第二号の二ただし書に規定するものを除く。）を用いるものを除く。）

ハ　一般則第12条の2第2項各号に掲げる基準に適合するものとして、高圧ガス保安法第5条第2項の届出がされたもの

建築基準法施行令の規定により国土交通大臣が定める合成繊維の製造

制定：平成 5年6月24日　建設省告示第1440号
改正：平成30年2月26日　国土交通省告示第237号

建築基準法施行令（昭和25年政令第338号）第130条の9の7第三号の規定により、合成繊維の製造のうち、国土交通大臣が安全上及び防火上支障がないと認めて定める物質を原料とするもの及び国土交通大臣が安全上及び防火上支障がないと認めて定める工程によるものは、次に掲げるものとする。

合成繊維の製造のうち、次の各号に掲げる物質を原料とするそれぞれ当該各号に掲げる合成繊維の製造であって重合反応を伴う工程によるもの以外のもの

一　アクリル繊維　アクリロニトリル
二　ポリエチレン繊維　エチレン
三　ポリエステル繊維　エチレングリコール
四　ポリ塩化ビニル繊維又はポリ塩化ビニリデン繊維　塩化ビニル
五　ビニロン　酢酸ビニル
六　ポリプロピレン繊維　プロピレン

建築基準法施行令の規定により国土交通大臣が石綿の粉じんの飛散の防止上有効であると認めて定める方法

制定：平成 5年6月24日　建設省告示第1441号
改正：平成30年2月26日　国土交通省告示第237号

建築基準法施行令（昭和25年政令第338号）第130条の9の7第五号の規定により、国土交通大臣が石綿の粉じんの飛散の防止上有効であると認めて定める方法は、次に掲げるものとする。

随時閉鎖することができる構造の戸を有する開口部を除き、屋根及び壁で区画された作業場において、ろ過集じん機又は電気集じん機を使用して行われる作業

防火地域又は準防火地域内の建築物の部分及び防火設備の構造方法を定める件

制定：令和元年6月21日　国土交通省告示第194号
改正：令和2年4月 1日　国土交通省告示第508号

建築基準法（昭和25年法律第201号）第61条の規定に基づき、防火地域又は準防火地域内の建築物の部分及び防火設備の構造方法を定める件を次のように定める。

第１

建築基準法施行令（昭和25年政令第338号。以下「令」という。）第136条の２第一号イに掲げる基準に適合する建築物の部分及び外壁開口部設備（同号イに定める外壁開口部設備をいう。以下同じ。）の構造方法は、次に定めるものとする。

一　主要構造部は、耐火構造又は令第108条の３第１項第一号若しくは第二号に該当する構造とすること。

二　外壁開口部設備は、建築基準法（以下「法」という。）第２条第九号の二ロに規定する防火設備とすること。

第２

令第136条の２第一号ロに掲げる基準に適合する建築物の部分及び外壁開口部設備の構造方法は、次の各号に掲げる建築物の区分に応じ、それぞれ当該各号に定めるものとする。

一　次に掲げる基準に適合する建築物　次の表２に掲げる建築物の区分に応じ、それぞれ同表に定める構造方法

イ　地階を除く階数が３以下であること。

ロ　延べ面積が3,000㎡（一戸建ての住宅にあっては、200㎡）以下であること。

ハ　各階における外壁の開口部の面積の合計の当該外壁の面積に対する割合が、次の表１に掲げる場合の区分に応じ、それぞれ同表に定める数値以下であること。

1

s≦１の場合	0.05
１＜s≦３の場合	sを10で除して得た数値から0.05を減じて得た数値
３＜sの場合	0.25
この表において、sは、当該外壁の開口部から隣地境界線、当該建築物と同一敷地内の他の建築物（同一敷地内の建築物の延べ面積の合計が500㎡以内である場合における当該他の建築物を除く。第４第一号イ⑴(ii)㈢において同じ。）との外壁間の中心線（第４第一号において「隣地境界線等」という。）又は道路中心線までの水平距離（単位　m）を表すものとする。	

ニ　次の表２の⑴から⑶までに掲げる建築物のうち延べ面積が500㎡（同表の⑵に掲げる建築物にあっては、100㎡）を超えるものにあっては、床面積の合計500㎡（同表の⑵に掲げる建築物にあっては、100㎡）以内ごとに１時間準耐火基準に適合する準耐火構造の床若しくは壁又は特定防火設備で区画され、かつ、当該区画された部分ごとにスプリンクラー設備（水源として、水道の用に供する水管を連結したものを除く。）、水噴霧消火設備、泡消火設備その他これらに類するもので自動式のものが設けられていること。

ホ　次の表２の⑷に掲げる建築物にあっては、令第112条第11項に規定する竪（たて）穴部分と当該竪（たて）穴部分以外の部分とが準耐火構造の床若しくは壁又は令第112条第12項ただし書に規定する10分間防火設備で区画されていること。

2

	建築物	主要構造部（外壁、屋根及び階段を除く。）の構造方法	外壁及び屋根の軒裏の構造方法	屋根（軒裏を除く。）及び階段の構造方法	外壁開口部設備の構造方法
⑴	別表第１(い)欄⑴項、⑶項若しくは⑷項に掲げる用途（物品販売業を営む店舗を除く。）又は事務所の用途に供する建築物	１時間準耐火基準に適合する準耐火構造とすること。	75分間準耐火構造とすること。	準耐火構造とすること。	法第２条第九号の二ロに規定する防火設備とすること。
⑵	法別表第１(い)欄⑵項に掲げる用途に供する建築物	１時間準耐火基準に適合する準耐火構造とすること。	90分間準耐火構造とすること。	準耐火構造とすること。	法第２条第九号の二ロに規定する防火設備とすること。

(3)	物品販売業を営む店舗の用途に供する建築物	1時間準耐火基準に適合する準耐火構造とすること。	90分間準耐火構造とすること。	準耐火構造とすること。	30分間防火設備とすること。
(4)	一戸建ての住宅	準耐火構造とすること。	75分間準耐火構造とすること。	準耐火構造とすること。	法第2条第九号の二ロに規定する防火設備とすること。

二　卸売市場の上家、機械製作工場その他これらと同等以上に火災の発生のおそれが少ない用途に供する建築物　次のイ及びロに掲げる構造方法

イ　主要構造部は、不燃材料で造られたものその他これに類する構造とすること。

ロ　外壁開口部設備は、20分間防火設備（令第137条の10第四号に規定する20分間防火設備をいう。以下同じ。）とすること。

2　前項第一号の「75分間準耐火構造」とは、令和元年国土交通省告示第193号第1第8項に規定する75分間準耐火構造をいう。

3　第1項第一号の「90分間準耐火構造」とは、次の各号に掲げる建築物の部分の区分に応じ、それぞれ当該各号に定める構造をいう。

一　壁　次のイ又はロのいずれかに該当する構造

イ　平成27年国土交通省告示第250号第2第一号イ(1)から(5)までのいずれかに該当する構造

ロ　法第21条第1項の規定により令第109条の5第一号に掲げる基準に適合する建築物とした建築物（通常火災終了時間が90分間以上であるものに限る。次号ロにおいて同じ。）又は法第27条第1項の規定により令第110条第一号に掲げる基準に適合する建築物とした建築物（特定避難時間が90分間以上であるものに限る。次号ロにおいて同じ。）の壁（非耐力壁である外壁にあっては、延焼のおそれのある部分に限る。）の構造方法を用いる構造

二　軒裏　次のイ又はロのいずれかに該当する構造

イ　平成27年国土交通省告示第250号第2第一号イ(1)から(3)まで又は(5)のいずれかに該当する構造

ロ　法第21条第1項の規定により令第109条の5第一号に掲げる基準に適合する建築物とした建築物又は法第27条第1項の規定により令第110条第一号に掲げる基準に適合する建築物とした建築物の軒裏（延焼のおそれのある部分に限る。）の構造方法を用いる構造

4　第1項第一号の「30分間防火設備」とは、次に掲げる防火設備（第二号又は第三号に掲げる防火設備にあっては、周囲の部分（当該防火設備から屋内側に15cm以内の間に設けられた建具がある場合には、当該建具を含む。）が不燃材料で造られた開口部に取り付けられたものであって、枠又は他の防火設備と接する部分を相じゃくりとし、又は定規縁若しくは戸当りが設けられていることその他の閉鎖した際に隙間が生じない構造とし、かつ、取付金物を当該防火設備が閉鎖した際に露出しないように取り付けたものに限る。）をいう。

一　令第114条第5項において読み替えて準用する令第112条第21項に規定する構造方法を用いる防火設備又は同項の規定による認定を受けた防火設備

二　鉄材又は鋼材で造られた防火設備で、鉄板又は鋼板の厚さが1.0mm以上のもの（耐熱結晶化ガラス（主たる構成物質が二酸化けい素、酸化アルミニウム及び酸化リチウムであるガラスをいい、厚さが5mm以上であり、かつ、線膨張係数が摂氏30度から摂氏750度までの範囲において、1度につき0±0.0000005であるものに限る。次号イにおいて同じ。）を用いたものを含む。）

三　枠を鉄材又は鋼材で造り、かつ、次のイからホまでに掲げる基準に適合する構造とした防火設備

イ　耐熱結晶化ガラスを用いたものであること。

ロ　はめごろし戸であること。

ハ　幅が1,000mm以上1,200mm以下で高さが1,600mm以上2,400mm以下の開口部に取り付けられたものであること。

ニ　火災時においてガラスが脱落しないよう、次に掲げる方法によりガラスが枠に取り付けられたものであること。

(i)　ガラスを鉄材又は鋼材で造られた厚さが3mm以上の取付部材（ガラスを枠に取り付けるた

めに設置される部材をいう。(ii)において同じ。）により枠に堅固に取り付けること。
(ii) 取付部材を鋼材で造られたねじにより枠に250㎜以下の間隔で固定すること。
(iii) ガラスの下にセッティングブロック（鋼材又はけい酸カルシウム板で造られたものに限る。）を設置すること。
(iv) ガラスの取付部分に含まれる部分の長さを7㎜以上とすること。
ホ 火災時においてガラスの取付部分に隙間が生じないよう、取付部分に次に掲げる部材をガラスの全周にわたって設置すること。
(i) シーリング材又はグレイジングガスケットで、難燃性を有するもの（シリコーン製であるものに限る。）
(ii) 加熱により膨張する部材（黒鉛を含有するエポキシ樹脂で造られたものに限る。）

第3

令第136条の2第二号イに掲げる基準に適合する建築物の部分及び外壁開口部設備の構造方法は、次に定めるものとする。
一 主要構造部は、準耐火構造又は令第109条の3第一号若しくは第二号に掲げる基準に適合する構造とすること。
二 外壁開口部設備は、法第2条第九号の二ロに規定する防火設備とすること。

第4

令第136条の2第二号ロに掲げる基準に適合する建築物の部分及び外壁開口部設備の構造方法は、次の各号に掲げる建築物の区分に応じ、それぞれ当該各号に定めるものとする。
一 準防火地域内にある建築物のうち地階を除く階数が3で延べ面積が500㎡以下のもの（第三号に掲げる建築物で同号に定める構造方法を用いるものを除く。） 次のイ又はロのいずれかに掲げる構造方法
イ 次に掲げる構造とすること。
(1) 外壁は、次に掲げる基準に適合する構造とすること。
(i)準耐火構造又は次に掲げる基準に適合する構造であること。
㈠防火構造であること。
㈡当該外壁（天井裏（直下の天井が(5)に定める構造であるものに限る。(3)において同じ。）又は床下にある部分を除く。）の屋内側の部分に次の(イ)から(ハ)までのいずれかに該当する防火被覆を設けた構造であること。
(イ)厚さが12㎜以上のせっこうボード
(ロ)厚さが5.5㎜以上の難燃合板又は厚さが9㎜以上のせっこうボードの上に厚さが9㎜以上のせっこうボードを張ったもの
(ハ)厚さが7㎜以上のせっこうラスボードの上に厚さが8㎜以上のせっこうプラスターを塗ったもの
㈢防火被覆の取合いの部分、目地の部分その他これらに類する部分（以下第4において「取合い等の部分」という。）が、当該取合い等の部分の裏面に当て木が設けられていることその他の外壁の内部への炎の侵入を有効に防止することができる構造であること。
(ii)隣地境界線等又は道路中心線に面する外壁にあっては、その開口部（防火上有効な公園、広場、川その他の空地又は水面、耐火構造の壁その他これらに類するものに面するものを除く。以下同じ。）で、当該隣地境界線等又は道路中心線からの水平距離が5m 以下のものについて、当該開口部の面積が、当該隣地境界線等又は道路中心線からの水平距離に応じて次に定める基準に適合するものであること。
㈠張り間方向又は桁行方向と直交し、かつ、当該建築物に面する平面（以下この㈠及び㈡において「基準面」という。）のそれぞれについて、各開口部の当該基準面への張り間方向又は桁行方向の投影面積（単位 ㎡）（以下この㈠において「投影面積」という。）を当該開口部に面する隣地境界線等又は道路中心線から当該開口部までの水平距離の区分に応じて次の表に掲げる数値で除して得た数値を合計したものが1を超

えないものであること。この場合において、法第2条第九号の二ロに規定する防火設備で、令第112条第19項第一号イ及びニに掲げる要件を満たすもの又ははめごろし戸であるものを設けた開口部以外の開口部の投影面積は、当該投影面積の1.5倍であるものとみなす。

隣地境界線等又は道路中心線からの水平距離（単位　m）	投影面積を除する数値
1以下	9
1を超え、2以下	16
2を超え、3以下	25
3を超え、4以下	36
4を超え、5以下	49

㈡外壁面の基準面への張り間方向又は桁行方向の投影長さが10mを超える場合においては、㈠の数値の合計は当該基準面の長さ10m以内ごとに区分された部分について算定する。この場合において、㈠の表の数値に当該区分された部分の長さのmの数値を10で除した数値を乗じて得た数値を同表の数値とする。

㈢道路の幅員又は当該建築物と同一敷地内の他の建築物の外壁との水平距離（以下この㈢において「道路の幅員等」という。）が6mを超える場合においては、㈠の適用に当たっては、道路中心線又は当該建築物と同一敷地内の他の建築物との外壁間の中心線（以下この㈢において「道路中心線等」という。）からの水平距離に道路の幅員等の$\frac{1}{2}$を加えたもののmの数値から3を減じたものを道路中心線等からの水平距離のmの数値とみなす。

(2) 構造耐力上主要な部分に枠組壁工法を用いた建築物（平成13年国土交通省告示第1540号第1から第12までに規定する技術的基準に適合する建築物をいう。(5)において同じ。）の耐力壁は、準耐火構造又は(3)(ii)㈠(イ)及び(ロ)に掲げる基準に適合する構造とすること。

(3) 主要構造部である柱及びはりは、準耐火構造又は次に掲げる基準に適合する構造とすること。

(i)全部又は一部に木材を用いたものであること。

(ii)次の㈠から㈣までのいずれかに該当するものを除き、その小径が12cm以上であること。

㈠次に掲げる基準に適合する壁の内部にあるもの

(イ)壁（準耐火構造であるもの及び天井裏又は床下にある部分を除く。）の屋内側の部分に(1)(i)㈡(イ)から(ハ)までのいずれかに該当する防火被覆が設けられた構造であること。

(ロ)防火被覆の取合い等の部分が、当該取合い等の部分の裏面に当て木が設けられていることその他の壁の内部への炎の侵入を有効に防止することができる構造であること。

㈡(4)に規定する構造の床、準耐火構造の床又は令第109条の3第二号ハ若しくは第115条の2第1項第四号に規定する構造の床の内部にあるもの

㈢(6)に規定する構造の屋根の内部にあるもの

㈣天井裏にあるもの

(4) 床（最下階の床を除く。）は、次の(i)に掲げる基準に適合する構造とすること。ただし、当該床の直下の天井を次の(ii)に掲げる基準に適合する構造とする場合においては、この限りでない。

(i)令第109条の3第二号ハに規定する構造又は次に掲げる基準に適合する構造であること。

㈠床の裏側の部分に次の(イ)又は(ロ)のいずれかに該当する防火被覆が設けられた構造であること。

(イ)厚さが12mm以上のせっこうボード

(ロ)厚さが5.5mm以上の難燃合板又は厚さが9mm以上のせっこうボードの上に厚さが9mm以上のせっこうボード又は厚さが9mm以上のロックウール吸音板を張ったもの

㈡防火被覆の取合い等の部分が、当該取合い等の部分の裏面に当て木が設けられている

ことその他の床の内部への炎の侵入を有効に防止することができる構造であること。
(ii)令第109条の3第二号ハに規定する構造又は次に掲げる基準に適合する構造であること。
(一)(i)(一)(イ)又は(ロ)のいずれかに該当する防火被覆が設けられた構造であること。
(二)防火被覆の取合い等の部分が、当該取合い等の部分の裏面に当て木が設けられていることその他の天井裏の内部への炎の侵入を有効に防止することができる構造であること。
(5) 構造耐力上主要な部分に枠組壁工法を用いた建築物のトラス（小屋組に用いる場合に限る。）の直下の天井は、(4)(ii)に掲げる基準に適合する構造とすること。
(6) 屋根は、次の(i)に掲げる基準に適合する構造とすること。ただし、当該屋根の直下の天井を次の(ii)に掲げる基準に適合する構造とする場合は、この限りでない。
(i)令第109条の3第一号に規定する構造又は次に掲げる基準に適合する構造であること。
(一)屋根の屋内側の部分に次の(イ)又は(ロ)のいずれかに該当する防火被覆が設けられた構造であること。
(イ)厚さが12㎜以上のせっこうボードの上に厚さが9㎜以上のせっこうボード又は厚さが9㎜以上のロックウール吸音板を張ったもの
(ロ)厚さが9㎜以上のせっこうボードの上に厚さが12㎜以上のせっこうボードを張ったもの
(二)防火被覆の取合い等の部分が、当該取合い等の部分の裏面に当て木が設けられていることその他の屋根の内部への炎の侵入を有効に防止することができる構造であること。
(ii)次に掲げる基準に適合する構造であること。
(一)(i)(一)(イ)又は(ロ)のいずれかに該当する防火被覆が設けられた構造であること。
(二)(4)(ii)(二)に規定する構造であること。
(7) 軒裏は、防火構造とすること。
(8) 3階の室の部分は、それ以外の部分と間仕切壁又は戸（ふすま、障子その他これらに類するものを除く。）で区画すること。
(9) 外壁開口部設備は、20分間防火設備とすること。ただし、隣地境界線等に面する外壁の開口部で、当該隣地境界線等からの水平距離が1m以下のもの（換気孔又は居室以外の室（かまど、こんろその他火を使用する設備又は器具を設けたものを除く。）に設ける換気のための窓で、開口面積が各々0.2㎡以内のものを除く。）に設ける外壁開口部設備にあっては、法第2条第九号の二ロに規定する防火設備で、昭和48年建設省告示第2563号第3若しくは第4に規定する構造方法を用いるもの又ははめごろし戸であるものとすることとする。
ロ 次に掲げる基準に適合する構造とすること。
(1) 主要構造部は、令第108条の3第1項第一号又は第二号に該当する構造であること。
(2) 外壁開口部設備は、法第2条第九号の二ロに規定する防火設備であること。
二 延べ面積が50㎡以内の平家建ての附属建築物　次のイ又はロのいずれかに掲げる構造方法
イ 次に掲げる基準に適合する構造とすること。
(1) 外壁及び軒裏は、防火構造であること。
(2) 外壁開口部設備は、20分間防火設備であること。
ロ 次に掲げる基準に適合する構造とすること。
(1) 主要構造部は、令第108条の3第1項第一号又は第二号に該当する構造であること。
(2) 外壁開口部設備は、法第2条第九号の二ロに規定する防火設備であること。
三 卸売市場の上家、機械製作工場その他これらと同等以上に火災の発生のおそれが少ない用途に供する建築物　次のイ又はロに掲げる構造方法
イ 第2第1項第二号イ及びロに掲げる構造方法
ロ 次に掲げる基準に適合する構造とすること。
(1) 主要構造部は、令第108条の3第1項第一号又は第二号に該当する構造であること。
(2) 外壁開口部設備は、法第2条第九号の二ロに規定する防火設備であること。
四 前3号に掲げる建築物以外の建築物　次に掲げる基準に適合する構造とすること。

イ　主要構造部は、令第108条の3第1項第一号又は第二号に該当する構造であること。
ロ　外壁開口部設備は、法第2条第九号の二ロに規定する防火設備であること。

第5

令第136条の2第三号イに掲げる基準に適合する建築物の部分及び外壁開口部設備の構造方法は、次の各号のいずれかに定めるものとする。

一　次に掲げる基準に適合する構造とすること。
イ　外壁及び軒裏で延焼のおそれのある部分は、防火構造であること。
ロ　外壁開口部設備は、20分間防火設備であること。

二　次に掲げる基準に適合する構造とすること。
イ　主要構造部は、令第108条の3第1項第一号又は第二号に該当する構造であること。
ロ　外壁開口部設備は、法第2条第九号の二ロに規定する防火設備であること。

第6

令第136条の2第四号イに掲げる基準に適合する外壁開口部設備の構造方法は、20分間防火設備とすることとする。

第7

令第136条の2第五号に掲げる基準に適合する門又は塀（準防火地域内にある木造建築物等に附属するものにあっては、当該門又は塀が建築物の1階であるとした場合に延焼のおそれのある部分に限る。）の構造方法は、門にあっては第一号、塀にあっては第二号に定めるものとする。

一　次に掲げる構造方法
イ　不燃材料で造り、又は覆うこと。
ロ　道に面する部分を厚さ24㎜以上の木材で造ること。

二　次に掲げる構造方法
イ　不燃材料で造り、又は覆うこと。
ロ　厚さ24㎜以上の木材で造ること。
ハ　土塗真壁造で塗厚さが30㎜以上のもの（表面に木材を張ったものを含む。）とすること。

第8

第1第二号、第3第二号及び第4第四号ロの規定は、準防火地域内にある建築物で法第86条の4各号のいずれかに該当するものの外壁開口部設備には適用しない。

2　第2第1項第二号ロ、第4第一号イ⑽及びロ⑵、第二号イ⑵及びロ⑵並びに第三号ロ⑵、第5第一号ロ及び第二号ロ並びに第6の規定は、法第86条の4各号のいずれかに該当する建築物の外壁開口部設備には適用しない。

附則（抄）

1　（略）

2　外壁の開口部の面積に関する基準を定める件（昭和62年建設省告示第1903号）、建築物の部分を指定する件（昭和62年建設省告示第1904号）及び外壁、主要構造部である柱及びはり、床、床の直下の天井、屋根、屋根の直下の天井並びに国土交通大臣が指定する建築物の部分の構造方法を定める件（昭和62年建設省告示第1905号）は、廃止する。

建築基準法施行令第136条の2の11第一号イ(2)等の国土交通大臣の指定する構造方法を定める件

制定：平成12年5月31日　建設省告示第1467号
改正：令和元年　6月21日　国土交通省告示第200号

建築基準法施行令（昭和25年政令第338号）第136条の2の11第一号イ(2)及びロ(2)並びに第二号の表(2)の項及び(4)の項から(6)の項まで並びに同令第144条の2の表(3)の項の国土交通大臣の指定する構造方法を次のように定める。

第1

建築基準法施行令（以下「令」という。）第136条の2の11第一号ロ(2)並びに第二号の表(3)の項、(4)の項及び(6)の項から(8)の項までの国土交通大臣の指定する構造方法は、次の各号に掲げる規定の区分に応じ、それぞれ当該各号に掲げる構造方法とする。

一　令第129条の2の3第1項　平成12年建設省告示第1388号に定める構造方法

二　令第129条の2の4第2項第六号　昭和50年建設省告示第1597号に定める構造方法

三　令第129条の13の3第12項　平成12年建設省告示第1428号に定める構造方法

第2

令第144条の2の表(3)の項の国土交通大臣が指定する構造方法は、次の各号に掲げる規定の区分に応じ、それぞれ当該各号に掲げる構造方法とする。

一　令第144条第1項第一号イ　平成12年建設省告示第1419号第1に定める構造方法

二　令第144条第1項第六号　平成12年建設省告示第1419号第5に定める構造方法

腹起しに用いる木材の許容応力度

制定：昭和56年6月　1日　建設省告示第1105号
改正：平成12年5月31日　建設省告示第1448号

建築基準法施行令（昭和25年政令第338号）第136条の3第5項第三号イただし書（第139条第1項、第140条、第141条第2項、第142条、第143条及び第144条において準用する場合を含む。）の規定に基づき、腹起しに用いる木材の許容応力度を次のように定める。

腹起しに用いる木材の許容応力度は、次に掲げるとおりとする。

一　せん断の許容応力度
せん断の許容応力度は、建築基準法施行令（以下「令」という。）第89条第1項に規定する短期に生ずる力に対するせん断の許容応力度の数値とする。

二　めりこみの許容応力度
めりこみの許容応力度は、めりこみ試験の結果に基づき定める場合のほか、その繊維方向と加力方向とのなす角度に応じて次に掲げる数値とする。

イ　10度以下の場合　令第89条第1項の表に掲げる短期に生ずる力に対する圧縮の許容応力度の数値

ロ　10度を超え、70度未満の場合　イとハとに掲げる数値を直線的に補間した数値

ハ　70度以上90度以下の場合　次の表に掲げる数値

	木材の種類	許容応力度（単位　N/㎟）
針葉樹	あかまつ、くろまつ及びべいまつ	6
	からまつ、ひば、ひのき及びべいひ	5

	つが、べいつが、もみ、えぞまつ、とどまつ、べにまつ、すぎ、べいすぎ及びスプルース	4
広葉樹	かし	8
	くり、なら、ぶな及びけやき	7

建築工事現場における落下物による危害を防止するための措置の基準

制定：昭和 39 年 1 月 27 日　建設省告示第 91 号
改正：平成　5 年 6 月 25 日　建設省告示第 1443 号

建築基準法施行令（昭和 25 年政令第 338 号）第 136 条の 5 第 2 項の規定に基づき、建築工事現場における落下物による危害を防止するための措置の基準を次のように定める。

第 1

工事現場の周囲その他危害防止上必要な部分は、落下物による危害を防止するため鉄網若しくは帆布でおおうか又はこれらと同等以上の効力を有する防護方法を講じなければならない。

第 2

第 1 に規定する鉄網は、次の各号に該当するものでなければならない。

一　鉄網は、落下物に対し十分な強度を有すること。
二　鉄網を支持する骨組は、構造耐力上安全なものとし、鉄網は、骨組に緊結すること。
三　鉄網は間隙のできないように重ね合わせること。

第 3

第 1 に規定する帆布は、次の各号に該当するものでなければならない。

一　帆布は、難燃処理したものであり、かつ、落下物に対して十分な強度を有すること。
二　帆布を支持する骨組は、構造耐力上安全なものとし、帆布は骨組に緊結すること。

準耐火構造の壁を貫通する給水管、配電管その他の管の部分及びその周囲の部分の構造方法を定める件

制定：平成 5 年 6 月 22 日　建設省告示第 1426 号
改正：令和 2 年 4 月　1 日　国土交通省告示第 508 号

建築基準法施行令（昭和 25 年政令第 338 号）第 136 条の 9 の規定に基づき、準耐火構造の壁を貫通する給水管、配電管その他の管の部分及びその周囲の部分の構造方法を次のように定める。

準耐火構造の壁を貫通する給水管、配電管その他の管の部分及びその周囲の部分の構造方法は、次に定めるものとする。

一　給水管、配電管その他の管と準耐火構造の壁との隙間がモルタルその他の不燃材料で埋められていること。
二　給水管、配電管その他の管の構造を建築基準法施行令（以下「令」という。）第 129 条の 2 の 4 第 1 項第七号イからハまでのいずれかに適合するものとすること。ただし、1 時間準耐火基準に適合する準耐火構造の壁又は特定防火設備で建築物の他の部分と区画されたパイプシャフト、パイプダクトその他これらに類するものの中にある部分については、この限りでない。
三　換気、暖房又は冷房の設備の風道の準耐火構造の壁を貫通する部分又はこれに近接する部分に令第 112 条第 21 項に規定する構造の防火設備（令第 114 条第 5 項の規定において読み替えて準用する令第 112 条第 21 項に規定する構造の防火設備に限る。）が同項に規定する防火設備を設ける方法に

より設けられていること。

高い開放性を有する構造の建築物又は建築物の部分

制定：平成5年6月22日　建設省告示第1427号

建築基準法施行令（昭和25年政令第338号）第136条の9第一号の規定に基づき、高い開放性を有する構造の建築物又は建築物の部分を次のように定める。

一　壁を有しない建築物
二　次に掲げる基準に適合する建築物又は建築物の部分
　イ　建築物又は建築物の部分の常時開放されている開口部の面積の合計が、その建築物又は建築物の部分の外壁又はこれに代わる柱の中心線（軒、ひさし、はね出し縁その他これらに類するものがある場合においては、その端。以下同じ。）で囲まれた部分の水平投影面積の$\frac{1}{6}$以上であること。
　ロ　高さが2.1m（天井面又ははりの下端が床面から2.1m未満の高さにある場合は、その高さ）以上の常時開放された開口部の幅の総和が外壁又はこれに代わる柱の中心線の長さの合計の$\frac{1}{4}$以上であること。
　ハ　建築物又は建築物の部分の各部分から外壁の避難上有効な開口部に至る距離が20m以内であること。

防火上支障のない外壁及び屋根の構造を定める件

制定：平成12年5月31日　建設省告示第1443号
改正：令和元年　6月25日　国土交通省告示第203号

建築基準法施行令（昭和25年政令第338号）第136条の10第二号及び同条第三号イの規定に基づき、防火上支障のない外壁及び屋根の構造を次のように定める。

防火上支障のない外壁及び屋根の構造は、次に掲げるものとする。

第1

外壁にあっては、次の各号に掲げる建築物又は建築物の部分の外壁の区分に応じ、それぞれ当該各号に掲げる材料で造られ、又は覆われているもの
一　建築基準法施行令（以下「令」という。）第136条の9第一号イに該当する開放的簡易建築物（以下「特定開放的簡易建築物」という。）で床面積が150㎡以上のものの外壁　次に定める材料
　イ　準不燃材料
　ロ　ガラス繊維織物（繊維の径が3.3ミクロン以上で4.05ミクロン以下のものに限る。）に四ふっ化エチレン樹脂の含有率が90%以上である樹脂を表面処理したもので、かつ、次に掲げる基準に適合するもの
　　(1)　厚さが0.5㎜以上であること。
　　(2)　ガラス繊維織物の重量が1㎡につき150 g以上であること。
　　(3)　表面処理に係る樹脂の重量が1㎡につき400 g以上1,100 g以下であること。
　　(4)　通常の使用により容易に材料の劣化が生じないものであること。
二　床面積が150㎡未満の特定開放的簡易建築物の外壁の延焼のおそれのある部分　前号に定める材料
三　床面積が150㎡未満の特定開放的簡易建築物の外壁の延焼のおそれのある部分以外の部分　次に定める材料
　イ　難燃材料

ロ　第一号ロに定める材料
ハ　ガラス繊維織物又はポリアミド系、ポリアラミド系、ポリエステル系若しくはポリビニルアルコール系の繊維織物に塩化ビニル樹脂、クロロプレンゴム、クロロスルフォン化エチレンゴム、ふっ素樹脂（ガラス繊維織物を用いるものにあっては四ふっ化エチレン樹脂を除く。）その他これらに類するものを表面処理したもので、次に掲げる基準に適合するもの
(1)　日本産業規格（以下「JIS」という。）A1322（建築物薄物材料の難燃性試験方法）に規定する防炎二級試験に合格するものであること。
(2)　通常の使用により容易に材料の劣化が生じないものであること。
ニ　エチレン‐四ふっ化エチレン共重合樹脂フィルム（厚さが1.5㎜以下のものに限る。）で、ハ(1)及び(2)に掲げる基準に適合するもの
ホ　ポリカーボネート板（JIS K6719（ポリカーボネート成形材料）及びJIS K6735（ポリカーボネート板）に適合するものに限る。）で、厚さが8㎜以下のもの

四　令第136条の9第一号ロからニまで及び第二号のいずれかに該当する簡易な構造の建築物又は建築物の部分の外壁で延焼のおそれのある部分　第一号に定める材料

五　令第136条の9第一号ロからニまでのいずれかに該当する建築物若しくは建築物の部分で床面積が1,500㎡を超えるもの又は同条第二号に該当する建築物若しくは建築物の部分で床面積が1,000㎡を超えるものの外壁で延焼のおそれのある部分以外の部分　次に定める材料
イ　難燃材料
ロ　第一号ロに定める材料
ハ　ガラス繊維織物又はポリアミド系、ポリアラミド系、ポリエステル系若しくはポリビニルアルコール系の繊維織物に塩化ビニル樹脂、クロロプレンゴム、クロロスルフォン化エチレンゴム、ふっ素樹脂（ガラス繊維織物を用いるものにあっては四ふっ化エチレン樹脂を除く。）その他これらに類するものを表面処理したもので、次に掲げる基準に適合するもの
(1)　厚さが0.5㎜以上であること。
(2)　繊維織物の重量が1㎡につき100 g（ガラス繊維織物にあっては150 g）以上であること。
(3)　表面処理に係る樹脂の重量が1㎡につき400 g以上1,100 g以下であること。
(4)　JIS A1322（建築物薄物材料の難燃性試験方法）に規定する防炎二級試験に合格するものであること。
(5)　通常の使用により容易に材料の劣化が生じないものであること。
ニ　第三号ニ又はホに定める材料

六　令第136条の9第一号ロからニまでのいずれかに該当する建築物若しくは建築物の部分で床面積が1,500㎡以下のもの又は同条第二号に該当する建築物若しくは建築物の部分で床面積が1,000㎡以下のものの外壁で延焼のおそれのある部分以外の部分　第三号に定める材料

第2

屋根にあっては、次の各号に掲げる建築物又は建築物の部分の屋根の区分に応じ、それぞれ当該各号に定める構造又は建築基準法（昭和25年法律第201号）第22条第1項に規定する構造

一　床面積が150㎡以上の特定開放的簡易建築物の屋根　第1第一号に掲げる材料で造るか、又はふいたもの

二　床面積が150㎡未満の特定開放的簡易建築物の屋根で延焼のおそれのある部分　前号に定めるもの

三　床面積が150㎡未満の特定開放的簡易建築物の屋根で延焼のおそれのある部分以外の部分　第1第三号に掲げる材料で造るか、又はふいたもの

四　令第136条の9第一号ロからニまで及び第二号のいずれかに該当する簡易な構造の建築物又は建築物の部分の屋根で延焼のおそれのある部分　第一号に定めるもの

五　令第136条の9第一号ロからニまでのいずれかに該当する建築物若しくは建築物の部分で床面積が1,500㎡を超えるもの又は同条第二号に該当する建築物若しくは建築物の部分で床面積が1,000㎡を超えるものの屋根で延焼のおそれのある部分以外の部分　第1第五号に掲げる材料で造るか、又はふいたもの

六　令第136条の9第一号ロからニまでのいずれかに該当する建築物若しくは建築物の部分で床面積が1,500㎡以下のもの又は同条第二号に該当する建築物若しくは建築物の部分で床面積が1,000㎡以下

のものの屋根で延焼のおそれのある部分以外の部分　第１第三号に掲げる材料で造るか、又はふいたもの

附則

平成５年建設省告示第 1428 号は、廃止する。

通常の火災時における炎及び火熱を遮る上で有効と認める塀その他これに類するものの基準

制定：平成５年６月 24 日　建設省告示第 1434 号

建築基準法施行令（昭和 25 年政令第 338 号）第 136 条の 10 第三号ロの規定に基づき、通常の火災時における炎及び火熱を遮る上で有効と認める塀その他これに類するものの基準を次のように定める。

一　高さが 2m（開放的簡易建築物の屋上の周囲で隣地境界線等からの水平距離が 50cm以上の部分にあるものにあっては、1.5m）以上であること。
二　開放的簡易建築物の床面又は床版面からの高さ 50cm以上の部分を覆うものであること。
三　不燃材料又は準不燃材料で造られ、又は覆われていること。

屋内側からの通常の火災時における炎及び火熱を遮る上で有効と認める屋根の基準

制定：平成５年６月 24 日　建設省告示第 1435 号

建築基準法施行令（昭和 25 年政令第 338 号）第 136 条の 10 第三号ハの規定に基づき、その屋内側からの通常の火災時における炎及び火熱を遮る上で有効と認める屋根の基準を次のように定める。

水平投影面積 1㎡の屋根の部分（1 階部分の誘導車路の上部にある部分を除く。以下「当該部分」という。）ごとに、当該部分に設けられた孔の面積の合計（以下「孔面積」という。）が、次の式に適合すること。

$S \leqq 0.4H - 0.6$

（この式において、S 及び H はそれぞれ、次の数値を表すものとする。
S　　孔面積（単位　㎡）
H　　1 階の天井の高さ（単位　m））

建築物の倒壊及び崩落、屋根ふき材、特定天井、外装材及び屋外に面する帳壁の脱落並びにエレベーターの籠の落下及びエスカレーターの脱落のおそれがない建築物の構造方法に関する基準並びに建築物の基礎の補強に関する基準を定める件

制定：平成 17 年　６月１日　国土交通省告示第　566 号
改正：令和　２年 12 月７日　国土交通省告示第 1436 号

建築基準法施行令（昭和 25 年政令第 338 号）第 137 条の２第一号イ⑶及びロ⑶並びに第二号イの規定に基づき、建築物の倒壊及び崩落、屋根ふき材、特定天井、外装材及び屋外に面する帳壁の脱落並びにエレベーターの籠の落下及びエスカレーターの脱落のおそれがない建築物の構造方法に関する基準を第１から第３までに、並びに同号ロの規定に基づき、建築物の基礎の補強に関する基準を第４に定める。ただし、国土交通

大臣がこの基準の一部又は全部と同等以上の効力を有すると認める基準によって建築物の増築又は改築を行う場合においては、当該基準によることができる。

第1

建築基準法施行令（以下「令」という。）第137条の2第一号イ(3)に規定する建築物の倒壊及び崩落、屋根ふき材、特定天井、外装材及び屋外に面する帳壁の脱落並びにエレベーターの籠の落下及びエスカレーターの脱落のおそれがない建築物の構造方法に関する基準は、次の各号（建築基準法（昭和25年法律第201号。以下「法」という。）第20条第1項第一号後段に規定する構造計算又は令第81条第2項第一号ロに掲げる構造計算によって安全性を確かめる場合にあっては、第一号）に定めるところによる。

一　建築設備については、次のイからハまでに定めるところによる。

イ　法第20条第1項第一号から第三号までに掲げる建築物に設ける屋上から突出する水槽、煙突その他これらに類するものは、令第129条の2の3第三号の規定に適合すること。

ロ　建築物に設ける給水、排水その他の配管設備は、令第129条の2の4第1項第二号及び第三号の規定に適合すること。

ハ　建築物に設ける令第129条の3第1項第一号及び第二号に掲げる昇降機は、令第129条の4、令第129条の5（これらの規定を令第129条の12第2項において準用する場合を含む。）、令第129条の8第1項並びに令第129条の12第1項第六号の規定に適合するほか、当該昇降機の籠が、籠内の人又は物による衝撃を受けた場合において、籠内の人又は物が昇降路内に落下し、又は籠外の物に触れるおそれのない構造であること。この場合において、既存のエスカレーター（エスカレーターの上端と下端の間の揚程が、次の式によって計算した数値以下であるものに限る。）に対する同号の規定の適用については、同号中「国土交通大臣が定めた構造方法を用いるもの」とあるのは、「平成25年国土交通省告示第1046号（第3第2項を除く。）に適合する構造」と読み替えるものとする。

$H = 100(C + 10)$

この式において、H及びCは、それぞれ次の数値を表すものとする。

H　エスカレーターの上端と下端の間の揚程（単位　mm）

C　エスカレーターの端部の隙間（平成25年国土交通省告示第1046号第1第1項第三号イの表備考1の号に規定する隙間をいう。）の合計（単位　mm）

二　屋根ふき材、特定天井、外装材及び屋外に面する帳壁については、次のイ及びロに定めるところによる。

イ　屋根ふき材、外装材及び屋外に面する帳壁は、昭和46年建設省告示第109号に定める基準（増築又は改築に係る部分以外の部分の屋根瓦（増築又は改築に係る部分の屋根ふき材と構造上分離しているものに限る。）であって、軒及びけらばから2枚通りまでが1枚ごとに、その他の部分のうちむねにあっては1枚おきごとに、銅線、鉄線、くぎ等で下地に緊結され、又はこれと同等以上の効力を有する方法ではがれ落ちないようにふかれているものにあっては、同告示第1第三号に定める基準を除く。）に適合すること。

ロ　特定天井については平成25年国土交通省告示第771号第3に定める基準に適合すること又は令第39条第3項に基づく国土交通大臣の認定を受けたものであること。ただし、増築又は改築に係る部分以外の部分の天井（新たに設置するものを除く。）であって、増築又は改築に係る部分の天井と構造上分離しているもので当該天井の落下防止措置（ネット、ワイヤ又はロープその他の天井材（当該落下防止措置に用いる材料を除く。）の落下による衝撃が作用した場合においても脱落及び破断を生じないことが確かめられた部材の設置により、天井の落下を防止する措置をいう。）が講じられているものにあっては、この限りでない。

第2

令第137条の2第一号ロ(3)に規定する建築物の倒壊及び崩落、屋根ふき材、特定天井、外装材及び屋外に面する帳壁の脱落並びにエレベーターの籠の落下及びエスカレーターの脱落のおそれがない建築物の構造方法に関する基準は、次の各号に定めるところによる。

一　増築又は改築に係る部分以外の部分の構造耐力上主要な部分については、次のいずれかに定めるところによる。
イ　令第 3 章第 8 節の規定に適合すること。
ロ　令第 3 章第 8 節の規定（地震に係る部分に限る。）に適合し、かつ、地震時を除き、令第 82 条第一号から第三号まで（地震に係る部分を除く。）に定めるところによる構造計算によって構造耐力上安全であることを確かめること（法第 20 条第 1 項第二号から第四号までに掲げる建築物である場合に限る。）。
ハ　平成 18 年国土交通省告示第 185 号に定める基準によって地震に対して安全な構造であることを確かめ、かつ、地震時を除き、令第 82 条第一号から第三号まで（地震に係る部分を除く。）に定めるところによる構造計算によって構造耐力上安全であることを確かめること。
二　建築設備については、第 1 第一号に定めるところによる。
三　屋根ふき材、特定天井、外装材及び屋外に面する帳壁については、第 1 第二号に定めるところによる（法第 20 条第 1 項第一号後段に規定する構造計算又は令第 81 条第 2 項第一号ロに掲げる構造計算によって安全性を確かめる場合を除く。）。

第 3

令第 137 条の 2 第二号イに規定する建築物の倒壊及び崩落、屋根ふき材、特定天井、外装材及び屋外に面する帳壁の脱落並びにエレベーターの籠の落下及びエスカレーターの脱落のおそれがない建築物の構造方法に関する基準は、次の各号に定めるところによる。
一　建築物の構造耐力上主要な部分については、次のイからホまでに定めるところによる。
イ　増築又は改築に係る部分が令第 3 章（第 8 節を除く。）の規定及び法第 40 条の規定に基づく条例の構造耐力に関する制限を定めた規定に適合すること。
ロ　地震に対して、次のいずれかに定めるところによる。
(1)　令第 3 章第 8 節の規定（地震に係る部分に限る。）に適合すること。
(2)　令第 42 条、令第 43 条並びに令第 46 条第 1 項から第 3 項まで及び第 4 項（表 3 に係る部分を除く。）の規定（平成 13 年国土交通省告示第 1540 号に規定する枠組壁工法又は木質プレハブ工法（以下単に「枠組壁工法又は木質プレハブ工法」という。）を用いた建築物の場合にあっては同告示第 1 から第 10 までの規定）に適合することを確かめること（法第 20 条第 1 項第四号に掲げる建築物のうち木造のものである場合に限る。）。
ハ　地震時を除いては、次のいずれかに定めるところによる。
(1)　令第 3 章第 8 節の規定（地震に係る部分を除く。）に適合すること。
(2)　令第 46 条第 4 項（表 2 に係る部分を除く。）の規定（枠組壁工法又は木質プレハブ工法を用いた建築物の場合にあっては平成 13 年国土交通省告示第 1540 号第 1 から第 10 までの規定）に適合すること（法第 20 条第 1 項第四号に掲げる建築物のうち木造のものである場合に限る。）。
ニ　ロの規定にかかわらず、増築又は改築後の建築物（新たにエキスパンションジョイントその他の相互に応力を伝えない構造方法を設けることにより建築物を 2 以上の独立部分（令第 36 条の 4 に規定する部分をいう。以下同じ。）に分ける場合（以下「分離増改築を行う場合」という。）にあっては、既存の独立部分。以下ニにおいて同じ。）の架構を構成する部材（間柱、小ばりその他これらに類するものを除く。以下ニにおいて同じ。）が増築又は改築前の建築物の架構を構成する部材から追加及び変更（当該部材の強度及び耐力が上昇する変更を除く。）がない場合にあっては、平成 18 年国土交通省告示第 185 号に定める基準によって地震に対して安全な構造であることを確かめることができる。
ホ　ロ及びハの規定にかかわらず、分離増改築を行う場合にあっては、既存の独立部分については、第 2 第一号ハに定めるところによることができる。
二　建築設備については、第 1 第一号に定めるところによる。
三　屋根ふき材、特定天井、外装材及び屋外に面する帳壁については、第 1 第二号に定めるところによる（法第 20 条第 1 項第一号後段に規定する構造計算又は令第 81 条第 2 項第一号ロに掲げる構造計算によって安全性を確かめる場合を除く。）。

第４

建築物の基礎の補強に関する基準は、次の各号に定めるところによる。

一　既存の基礎がべた基礎又は布基礎であること。

二　地盤の長期に生ずる力に対する許容応力度（改良された地盤にあっては、改良後の許容応力度とする。）が、既存の基礎がべた基礎である場合にあっては20 kN/㎡以上であり、既存の基礎が布基礎である場合にあっては30 kN/㎡以上であること。

三　建築物の基礎の補強の方法は、次のイからニまでのいずれにも適合するものとする。

イ　次に掲げる基準に適合する鉄筋コンクリートを打設することにより補強すること。

⑴　打設する鉄筋コンクリート（以下この号において「打設部分」という。）の立上り部分の高さは、地上部分で30㎝以上とすること。

⑵　打設部分の立上り部分の厚さは、12㎝以上とすること。

⑶　打設部分の底盤の厚さは、べた基礎の補強の場合にあっては12㎝以上とし、布基礎の補強の場合にあっては15㎝以上とすること。

ロ　打設部分は、立上り部分の主筋として径12㎜以上の異形鉄筋を、立上り部分の上端及び立上り部分の下部の底盤にそれぞれ１本以上配置し、かつ、補強筋と緊結したものとすること。

ハ　打設部分は、立上り部分の補強筋として径9㎜以上の鉄筋を30㎝以下の間隔で縦に配置したものとすること。

ニ　打設部分は、その立上り部分の上部及び下部にそれぞれ60㎝以下の間隔でアンカーを設け、かつ、当該アンカーの打設部分及び既存の基礎に対する定着長さをそれぞれ6㎝以上としたもの又はこれと同等以上の効力を有する措置を講じたものとすること。

四　構造耐力上主要な部分である柱で最下階の部分に使用するものの下部、土台及び基礎を地盤の沈下又は変形に対して構造耐力上安全なものとすること。

2　前項に規定する打設する鉄筋コンクリートについては、令第72条から令第76条までの規定を準用する。

建築材料から石綿を飛散させるおそれがないものとして石綿が添加された建築材料を被覆し又は添加された石綿を建築材料に固着する措置について国土交通大臣が定める基準を定める件

制定：平成18年9月29日　国土交通省告示第1173号

建築基準法施行令（昭和25年政令第338号）第137条の4の3第三号の規定に基づき、建築材料から石綿を飛散させるおそれがないものとして石綿が添加された建築材料を被覆し又は添加された石綿を建築材料に固着する措置について国土交通大臣が定める基準は、建築基準法（昭和25年法律第201号）第28条の2第一号及び第二号に適合しない建築材料であつて、人が活動することが想定される空間に露出しているもの(以下「対象建築材料」という。）に対して、次の各号のいずれかに掲げる措置を講じるものとする。

一　次のイからヘに適合する方法により対象建築材料を囲い込む措置

イ　対象建築材料を板等の材料であって次のいずれにも該当するもので囲い込むこと。

⑴　石綿を透過させないものであること。

⑵　通常の使用状態における衝撃及び劣化に耐えられるものであること。

ロ　イの囲い込みに用いる材料相互又は当該材料と建築物の部分が接する部分から対象建築材料に添加された石綿が飛散しないよう密着されていること。

ハ　維持保全のための点検口を設けること。

ニ　対象建築材料に劣化又は損傷の程度が著しい部分がある場合にあつては、当該部分から石綿が飛散しないよう必要な補修を行うこと。

ホ　対象建築材料と下地との付着が不十分な部分がある場合にあつては、当該部分に十分な付着が確保されるよう必要な補修を行うこと。

ヘ　結露水、腐食、振動、衝撃等により、対象建築材料の劣化が進行しないよう必要な措置を講じること。

二　次のイからニに適合する方法により対象建築材料に添加された石綿を封じ込める措置
　イ　対象建築材料に建築基準法第 37 条第 2 項に基づく認定を受けた石綿飛散防止剤（以下単に「石綿飛散防止剤」という。）を均等に吹き付け又は含浸させること。
　ロ　石綿飛散防止剤を吹き付け又は含浸させた対象建築材料は、通常の使用状態における衝撃及び劣化に耐えられるものであること。
　ハ　対象建築材料に石綿飛散防止剤を吹き付け又は含浸させることによつて当該対象建築材料の撤去を困難にしないものであること。
　ニ　第一号ニからヘまでに適合すること。

20 分間防火設備の構造方法を定める件

制定：令和元年 6 月 21 日　国土交通省告示第 196 号

建築基準法施行令（昭和 25 年政令第 338 号）第 137 条の 10 第四号の規定に基づき、20 分間防火設備の構造方法を次のように定める。

建築基準法施行令（以下「令」という。）第 137 条の 10 第四号に規定する 20 分間防火設備の構造方法は、次に定めるものとする。
一　建築基準法（昭和 25 年法律第 201 号。以下「法」という。）第 2 条第九号の二ロに規定する防火設備とすること。
二　法第 27 条第 1 項の規定による国土交通大臣の認定を受けた防火設備とすること。
三　建築物の周囲において発生する通常の火災による火熱が加えられた場合に、加熱開始後 20 分間加熱面以外の面（屋内に面するものに限る。）に火炎を出さないものとして、法第 61 条の規定による国土交通大臣の認定を受けた防火設備とすること。

附則（抄）
1　（略）
2　防火地域又は準防火地域内にある建築物の外壁の開口部の延焼のおそれのある部分に設ける防火設備の構造方法を定める件（平成 27 年国土交通省告示第 257 号）は、廃止する。

建築基準法及びこれに基づく命令の規定による規制と同等の規制を受けるものとして国土交通大臣が指定する工作物を定める件

制定：平成 23 年 9 月 30 日　国土交通省告示第 1002 号
改正：平成 28 年 3 月 25 日　国土交通省告示第 520 号

建築基準法施行令（昭和 25 年政令第 338 号）第 138 条第 1 項の規定に基づき、この告示を制定する。

建築基準法施行令（昭和 25 年政令第 338 号）第 138 条第 1 項の規定に基づき、建築基準法（昭和 25 年法律第 201 号）及びこれに基づく命令の規定による規制と同等の規制を受けるものとして国土交通大臣が指定する工作物を次のように定める。
建築基準法施行令第 138 条第 1 項の規定に基づき、建築基準法及びこれに基づく命令の規定による規制と同等の規制を受けるものとして国土交通大臣が指定する工作物は、次に掲げる工作物とする。
一　鉄筋コンクリート造の柱、鉄柱、木柱その他これらに類するもの（架空電線路用並びに電気事業法（昭和 39 年法律第 170 号）第 2 条第 1 項第十七号に規定する電気事業者の保安通信設備用のものに限る。）
二　太陽電池発電設備（電気事業法第 2 条第 1 項第十八号に規定する電気工作物であるものに限る。）
三　風力発電設備（船舶安全法（昭和 8 年法律第 11 号）第 2 条第 1 項の規定の適用を受けるもの又は

電気事業法第２条第１項第十八号に規定する電気工作物であるものに限る。）

煙突、鉄筋コンクリート造の柱等、広告塔又は高架水槽等及び擁壁並びに乗用エレベーター又はエスカレーターの構造計算の基準を定める件

制定：平成 12 年 5 月 31 日　建設省告示第 1449 号
改正：令和　5 年 5 月 26 日　国土交通省告示第 550 号

建築基準法施行令（昭和 25 年政令第 338 号）第 139 条第 1 項第四号イ（同令第 140 条第 2 項、第 141 条第 2 項及び第 143 条第 2 項において準用する場合を含む。）及び第 142 条第 1 項第五号の規定に基づき、煙突、鉄筋コンクリート造の柱等、広告塔又は高架水槽等及び擁壁並びに乗用エレベーター又はエスカレーターの安全性を確かめるための構造計算の基準を第 1 から第 3 までに定め、同令第 139 条第 1 項第三号（同令第 140 条第 2 項、第 141 条第 2 項及び第 143 条第 2 項において準用する場合を含む。）の規定に基づき、高さが 60m を超える煙突、鉄筋コンクリート造の柱等、広告塔又は高架水槽等及び乗用エレベーター又はエスカレーターの構造計算の基準を第 4 に定める。

第 1

建築基準法施行令（以下「令」という。）第 138 条第 1 項に規定する工作物のうち同項第一号及び第二号に掲げる煙突及び鉄筋コンクリート造の柱等（以下「煙突等」という。）の構造計算の基準は、次のとおりとする。

一　煙突等の風圧力に関する構造計算は、次に定めるところによること。

イ　令第 87 条第 2 項の規定により計算した速度圧に、同条第 4 項に規定する風力係数を乗じて得た風圧力に対して構造耐力上安全であることを確かめること。この場合において、令第 87 条第 2 項中「建築物の屋根の高さ」とあるのは、「煙突等の地盤面からの高さ」と読み替えるものとする。

ロ　必要に応じ、風向と直角方向に作用する風圧力に対して構造耐力上安全であることを確かめること。

二　煙突等の地震力に関する構造計算は、次に定めるところによること。ただし、煙突等の規模又は構造形式に基づき振動特性を考慮し、実況に応じた地震力を計算して構造耐力上安全であることが確かめられた場合にあっては、この限りでない。

イ　煙突等の地上部分の各部分の高さに応じ、それぞれ次の表に掲げる式によって計算した地震力により生ずる曲げモーメント及びせん断力に対して構造耐力上安全であることを確かめること。

曲げモーメント（単位　N・m）	0.4hCsiW
せん断力（単位　N）	CsiW

この表において、h、Csi 及び W は、それぞれ次の数値を表すものとする。
h　煙突等の地盤面からの高さ（単位　m）
Csi　煙突等の地上部分の高さ方向の力の分布を表す係数で計算しようとする当該煙突等の部分の高さに応じて次の式に適合する数値

$$Csi \geqq 0.3Z\left(1-\frac{hi}{h}\right)$$

（この式において、Z 及び hi は、それぞれ次の数値を表すものとする。
Z　令第 88 条第 1 項に規定する Z の数値
hi　煙突等の地上部分の各部分の地盤面からの高さ（単位　m））

W　煙突等の地上部分の固定荷重と積載荷重との和（単位　N）

ロ　煙突等の地下部分は、地下部分に作用する地震力により生ずる力及び地上部分から伝えられる地震力により生ずる力に対して構造耐力上安全であることを確かめること。この場合において、地下部分に作用する地震力は、煙突等の地下部分の固定荷重と積載荷重との和に次の式に適合

する水平震度を乗じて計算するものとする。

$$k \geqq 0.1\left(1-\frac{H}{40}\right)Z$$

この式において、k、H及びZは、それぞれ次の数値を表すものとする。
k　水平震度
H　煙突等の地下部分の各部分の地盤面からの深さ（20を超えるときは20とする。）（単位　m）
Z　令第88条第1項に規定するZの数値

第2

令第138条第1項に規定する工作物のうち同項第三号及び第四号に掲げる広告塔又は高架水槽等並びに同条第2項第一号に掲げる乗用エレベーター又はエスカレーター（以下「広告塔等」という。）の構造計算の基準は、次のとおりとする。

一　広告塔等の構造上主要な部分の各部分に生ずる力を、次の表に掲げる式によって計算すること。

力の種類	荷重及び外力について想定する状態	一般の場合	令第86条第2項ただし書の規定により特定行政庁が指定する多雪区域における場合
長期に生ずる力	常時	G + P	G + P
	積雪時		G + P + 0.7S
短期に生ずる力	積雪時	G + P + S	G + P + S
	暴風時	G + P + W	G + P + W
			G + P + 0.35S + W
	地震時	G + P + K	G + P + 0.35S + K

この表において、G、P、S、W及びKは、それぞれ次の力（軸方向力、曲げモーメント、せん断力等をいう。）を表すものとする。

G　広告塔等の固定荷重によって生ずる力
P　広告塔等の積載荷重によって生ずる力
S　令第86条に規定する積雪荷重によって生ずる力
W　令第87条に規定する風圧力によって生ずる力（この場合において、「建築物の屋根の高さ」とあるのは、「広告塔等の地盤面からの高さ」と読み替えるものとする。）
K　地震力によって生ずる力
この場合において、地震力は、次の式によって計算した数値とするものとする。ただし、広告塔等の規模や構造形式に基づき振動特性を考慮し、実況に応じた地震力を計算できる場合においては、当該荷重とすることができる。

$$P = kw$$

この式において、P、k及びwは、それぞれ次の数値を表すものとする。
P　地震力（単位　N）
k　水平震度（令第88条第1項に規定するZの数値に0.5以上の数値を乗じて得た数値とする。）
w　広告塔等の固定荷重と積載荷重との和（令第86条第2項ただし書の規定による多雪区域においては、更に積雪荷重を加えたものとする。）（単位　N）

二　前号の規定により計算した構造上主要な部分の各部分に生ずる力に対し、構造耐力上安全であることを確かめること。

三　広告塔等の地下部分については、第1第二号ロの基準を準用する。

第3

令第138条第1項に規定する工作物のうち同項第五号に掲げる擁壁の構造計算の基準は、宅地造成及び特定盛土等規制法施行令（昭和37年政令第16号）第9条に定めるとおりとする。ただし、次の各号のいずれかに該当する場合又は実験その他の特別な研究による場合にあっては、この限りでない。

一　宅地造成及び特定盛土等規制法施行令第8条第1項第一号イ又はロのいずれかに該当する崖面に設ける擁壁

二　宅地造成及び特定盛土等規制法施行令第10条に定める練積み造の擁壁の構造方法に適合する擁壁
三　宅地造成及び特定盛土等規制法施行令第17条の規定に基づき、同令第8条第1項第二号及び第9条から第12条までの規定による擁壁と同等以上の効力があると国土交通大臣が認める擁壁

第4

煙突等及び広告塔等のうち高さが60mを超えるものの構造計算の基準は、平成12年建設省告示第1461号（第二号ハ、第三号ロ及び第八号を除く。）に掲げる基準によることとする。この場合において、当該各号中「建築物」とあるのは、「工作物」と読み替えるものとする。

附則

昭和56年建設省告示第1104号は、廃止する。

遊戯施設の構造耐力上安全な構造方法及び構造計算、遊戯施設強度検証法の対象となる遊戯施設、遊戯施設強度検証法並びに遊戯施設の周囲の人の安全を確保することができる構造方法を定める件

制定：平成12年5月31日　建設省告示第1419号
改正：令和元年　6月25日　国土交通省告示第203号

建築基準法施行令（昭和25年政令第338号）第144条第1項第一号イからハまで、同条第2項において準用する同令第129条の4第1項第二号及び第2項並びに同令第144条第1項第六号の規定に基づき、遊戯施設の構造耐力上安全な構造方法及び構造計算、遊戯施設強度検証法の対象となる遊戯施設、遊戯施設強度検証法並びに遊戯施設の周囲の人の安全を確保することができる構造方法を次のように定める。

第1

建築基準法施行令（以下「令」という。）第144条第一号イに規定する構造耐力上安全な構造方法は、同号ロ又はハ(2)の規定により国土交通大臣の認定を受けた構造方法を用いる遊戯施設にあっては、組積造、補強コンクリートブロック造又は無筋コンクリート造以外の構造で、令第36条の3、令第37条、令第38条第1項、第5項及び第6項並びに令第39条第1項の規定によるほか、次に掲げる基準に適合したものとする。

一　主要な支持部分のうち木造の部分にあっては、令第41条に規定する基準
二　主要な支持部分のうち鉄骨造の部分にあっては、令第70条に規定する基準
三　主要な支持部分のうち鉄筋コンクリート造の部分にあっては、令第72条、令第74条から令第76条まで及び令第79条に規定する基準
四　主要な支持部分のうち鉄骨鉄筋コンクリート造の部分にあっては、令第79条の3並びに令第79条の4において準用する令第72条、令第74条から令第76条まで及び令第79条に規定する基準
五　主要な支持部分のうち令第80条の2の規定に基づき国土交通大臣が安全上必要な技術的基準を定めたものにあっては、その技術的基準（国土交通大臣が耐久性等関係規定として指定するものに限る。）
六　主要な支持部分のうち繊維強化プラスチックその他これに類する材料は、軌道（軌道を支える部分を除く。）で摩損又は疲労破壊が生じにくい部分に限り用いるものとし、厚さがおおむね5㎜以上のものを用いること。

第2

令第144条第1項第一号イに規定する構造耐力上安全な構造方法は第1に規定する遊戯施設以外の遊戯施設にあっては、組積造、補強コンクリートブロック造又は無筋コンクリート造以外の構造で、令第36条の3、令第37条から令第39条までの規定によるほか、次に掲げる基準に適合したものとする。

一　主要な支持部分のうち木造の部分にあっては、令第40条から令第42条まで、令第44条、令第46条第1項及び第2項並びに令第47条に規定する基準

二　主要な支持部分のうち鉄骨造の部分にあっては、令第３章第５節に規定する基準
三　主要な支持部分のうち鉄筋コンクリート造の部分にあっては、令第３章第６節に規定する基準
四　主要な支持部分のうち鉄骨鉄筋コンクリート造の部分にあっては、令第３章第６節の２に規定する基準
五　主要な支持部分のうち令第 80 条の２の規定に基づき国土交通大臣が安全上必要な技術的基準を定めたものにあっては、その技術的基準
六　主要な支持部分のうち繊維強化プラスチックその他これに類する材料は、軌道（軌道を支える部分を除く。）で摩損又は疲労破壊が生じにくい部分に限り用いるものとし、厚さがおおむね 5㎜以上のものを用いること。

第３

令第 144 条第１項第一号ロの国土交通大臣が定める基準は、平成 12 年建設省告示第 1461 号（第二号ハ、第三号ロ及び第八号を除く。）に掲げる基準によることとする。この場合において、当該各号中「建築物」とあるのは、「工作物」と読み替えるものとする。

第４

令第 144 条第１項第一号ハ(1)の国土交通大臣が定める基準は、次のとおりとする。
一　次項に規定する荷重及び外力によって遊戯施設の主要な支持部分に生ずる力を計算すること。
二　前号の主要な支持部分の断面に生ずる長期及び短期の各応力度を次の表に掲げる式によって計算すること。

力の種類	荷重及び外力について想定する状態	一般の場合	令第 86 条第２項ただし書の規定によって特定行政庁が指定する多雪区域における場合	備考
長期に生ずる力	常時	G+P+W	G ＋ P ＋ W	高さが 15 m以下の遊戯施設にあっては、W を省略することができる。
	積雪時		G ＋ P ＋ W ＋ 0.7S	高さが15m以下の遊戯施設にあっては、Wを省略し、積雪時に運行をしない遊戯施設にあっては、Pを省略することができる。
短期に生ずる力	積雪時	G+P+S	G ＋ P ＋ S	積雪時に運行をしない遊戯施設にあっては、P を省略することができる。
	暴風時	G+P+W	G ＋ P ＋ W	遊戯施設の転倒、柱の引抜き等を検討する場合においては、P については、遊戯施設の実況に応じて積載荷重を減らした数値によるものとし、暴風時に利用をしない遊戯施設にあっては、暴風時における P を省略することができる。
			G ＋ P ＋ 0.35S ＋ W	
	地震時	G+P+K	G ＋ P ＋ 0.35S ＋ K	

この表において、G、P、S、W 及び K は、それぞれ次の力（軸方向力、曲げモーメント、せん断力等をいう。）を表すものとする。
G　次項第一号に規定する固定荷重によって生ずる力
P　次項第二号に規定する積載荷重によって生ずる力
S　次項第三号に規定する積雪荷重によって生ずる力
W　次項第四号に規定する風圧力によって生ずる力
K　次項第五号に規定する地震力によって生ずる力

三　第一号の主要な支持部分ごとに、前号の規定によって計算した長期及び短期の各応力度が、それぞれ第３項の規定による長期に生ずる力又は短期に生ずる力に対する各許容応力度を超えないことを確かめること。
2　遊戯施設の構造計算をする場合においては、次に掲げる荷重及び外力を採用しなければならない。
一　遊戯施設の固定荷重は、当該遊戯施設の実況に応じて定めたものにしなければならない。この場合

において、可動部の荷重にあっては当該遊戯施設の走行又は回転により生ずる衝撃による荷重を割り増して定めなければならない。ただし、別表第1の遊戯施設の種類に応じて定常走行速度（積載荷重を作用させて運転する場合の最高走行速度をいう。以下同じ。）及び勾配がそれぞれの欄に掲げる数値以下の遊戯施設及び別表第2の遊戯施設の種類に応じて定常円周速度（積載荷重を作用させて運転する場合の最高円周速度をいう。以下同じ。）及び傾斜角度がそれぞれの欄に掲げる数値以下の遊戯施設（以下「別表に掲げる遊戯施設」という。）にあっては、当該遊戯施設の実況に応じて定めた固定荷重に、それぞれの割増係数の欄に掲げる係数を乗じたものとすることができる。

二　遊戯施設の客席部分の積載荷重は、客席部分の種類に応じて、次に定める数値以上で当該遊戯施設の実況に応じて定めたものに、当該遊戯施設の走行又は回転により生ずる衝撃による荷重を割り増して定めなければならない。ただし、別表に掲げる遊戯施設にあっては、当該遊戯施設の実況に応じて定めた積載荷重に、それぞれの割増係数の欄に掲げる係数を乗じたものとすることができる。

イ　座席を有する客席部分にあっては、1座席につき640 Nとして計算した数値（小児専用のものにあっては、使用条件により当該荷重を$\frac{1}{2}$まで低減した数値）

ロ　イ以外の客席部分にあっては、床面積1㎡につき3,600 Nとして計算した数値

三　積雪荷重は、令第86条に基づき算定した数値を用いなければならない。

四　風圧力は、令第87条に基づき算定した数値を用いなければならない。ただし、長期に生じる力を算定する場合にあっては、同条第2項のV_0の値を15とすることができる。

五　地震力は、令第88条第1項、第2項及び第4項に基づき算定した数値を用いなければならない。

3　遊戯施設の次の表の左欄に掲げる部分に使用する材料の許容応力度は、当該材料の破壊強度をそれぞれ同表の中欄及び右欄に掲げる数値で除した数値に、これ以外の部分に使用する材料の許容応力度は、令第3章第8節第3款に定める許容応力度によらなければならない。ただし、国土交通大臣がその材料の種類に応じて指定したものにあっては、国土交通大臣が指定した数値によることができる。

		長期に生ずる力に対する許容応力度の算定に用いる数値	短期に生ずる力に対する許容応力度の算定に用いる数値
客席部分		6.0	2.0
動荷重を直接支持する柱又ははり	木材の部分	4.0	2.0
	鋼材の部分	4.0	2.0
	コンクリートの部分	7.0	2.0
	繊維強化プラスチックその他これに類するものの部分	5.0	3.0
プランジャー、シリンダーその他の可動部分、機械部分及び圧力配管		4.0（脆性金属にあっては、10）	2.0（脆性金属にあっては、3.3）
油圧ゴムホース		6.0	4.0

第5

令第144条第2項において準用する第129条の4第1項第二号の遊戯施設強度検証法の対象となる遊戯施設は、客席部分を鎖で吊る遊戯施設及び客席部分を支える主要な支持部分を主索又は鎖で吊る遊戯施設とする。

第6

遊戯施設強度検証法については、次の各号に定めるところによる。

一　令第144条第2項において準用する第129条の4第2項第二号に規定するα_1の数値は、別表に掲げる遊戯施設について、その種類に応じて、それぞれ割増係数の欄に掲げる数値に2を乗じた数値とする。

二　令第144条第2項において準用する第129条の4第2項第二号に規定するα_2の数値は、非常止め装置が設けられたもので、かつ、その非常止め装置の作動による衝撃が主索又は鎖にかかる力を増す方向に働くものにあっては固定荷重と積載荷重による力にその衝撃を加えた数値を固定荷重と積載荷重の和で除した値とし、その他のものにあっては1.0とする。

三　イに掲げる主索及びその端部についての令第144条第2項において準用する第129条の4第2項第三号に規定する常時及び安全装置作動時の設置時及び使用時の安全率（以下「安全率」という。）は、ロに定める数値とし、第144条第2項において準用する第129条の4第2項第四号に規定する設置時及び使用時の限界安全率（以下「限界安全率」という。）は、ハに定める数値とする。

イ　主索及びその端部並びに綱車又は巻胴の直径は、次に掲げるものであること。

(1)　主索は、建築基準法（昭和25年法律第201号）第37条第一号の規定に基づき指定された日本産業規格に適合するもの又は同条第二号に基づき国土交通大臣の認定を受けたものとすること。

(2)　主索の直径は、10㎜（巻胴式の駆動装置に用いる主索にあっては、8㎜）以上とすること。

(3)　端部は、シンプルを使用したクリップ止め（3箇所以上止める方法に限る。）その他これに類する方法により緊結すること。

(4)　綱車又は巻胴の直径は、主索の直径の40倍以上とすること。ただし、巻胴式の駆動装置に用いる案内用の綱車にあっては、主索の直径の20倍以上とすることができる。

ロ　主索及びその端部に係る安全率は、次の表に定める数値とする。

(1)　主索

常時の安全率		安全装置作動時の安全率	
設置時	使用時	設置時	使用時
5.0	4.0	2.5	2.0

(2)　主索の端部

常時の安全率		安全装置作動時の安全率	
設置時	使用時	設置時	使用時
4.0	3.0	2.0	2.0

ハ　主索及びその端部に係る限界安全率は、次の表に定める数値とする。

(1)　主索

設置時の限界安全率	使用時の限界安全率
2.5	2.0

(2)　主索の端部

設置時の限界安全率	使用時の限界安全率
2.0	2.0

四　イに掲げる鎖及びその端部に係る安全率は、ロに定める数値とし、限界安全率は、ハに定める数値とする。

イ　鎖及びその端部は、次に掲げるものであること。

(1)　鎖は、ローラーチェーンその他これに類するものであること。

(2)　端部は、鋼製留金具により緊結すること。

ロ　鎖及びその端部に係る安全率は、次の表に定める数値とする。

常時の安全率		安全装置作動時の安全率	
設置時	使用時	設置時	使用時
5.0	4.0	2.5	2.5

ハ　鎖及びその端部に係る限界安全率は、次の表に定める数値とする。

設置時の限界安全率	使用時の限界安全率
2.5	2.5

第7

令第144条第1項第六号に規定する当該遊戯施設の周囲の人の安全を確保することができる構造方法は、

次のとおりとする。

一　運転開始及び運転終了を知らせる装置を設けること。

二　遊戯施設への人の乗降は、客席部分を停止させて行う構造とすること。ただし、乗降部分において客席部分の乗降部分の床に対する毎分の速度が20m以下で安全上支障がない場合にあっては、この限りでない。

三　非常止め装置が作動した場合に、客席にいる人を安全に救出することができる位置へ客席部分を移動するための手動運転装置又は客席にいる人を安全に救出することができる通路その他の施設を設けること。ただし、構造上客席にいる人が安全に避難することができる遊戯施設にあっては、この限りでない。

四　遊戯施設には、次に定めるところにより、安全柵を設けること。

　イ　安全柵は、客席にいる人以外の人が遊戯施設の可動部分に触れるおそれのない位置及び地盤面からの高さが2m以上のプラットホームを設ける場合にあっては、その外周に設け、かつ、その高さを110cm以上とすること。

　ロ　安全柵は縦柵で人が容易にくぐり抜けることのできない構造のものその他の人が容易に乗り越え、かつ、くぐり抜けることのできないものとすること。

　ハ　安全柵の出入口は戸その他これに類するものを設け、次号の運転室から十分見通しのよい位置に設けるか、又は管理者以外の者が容易に開放することのできない構造とすること。

五　遊戯施設の運転室は、運転を行うために十分見通しのよい位置に設け、かつ、人の乗降を監視できる構造とすること。

六　駆動装置は、次のように設けること。

　イ　油圧パワーユニット（ポンプ、流量制御弁、逆止弁、安全弁及び主モーターを主たる構成要素とするユニットをいう。）を遊戯施設ごとに設ける等1の駆動装置の異常が他の遊戯施設に及ばないように設けること。

　ロ　油圧式の駆動装置の圧力配管に有効な圧力計を設けるほか、保守点検に必要な装置を設けること。

　ハ　駆動装置のうち地震その他の震動及び衝撃により異常な作動をするおそれのあるものにあっては、地震その他の震動及び衝撃を緩和するための措置を講ずること。

別表第1

遊戯施設の種類		定常走行速度（単位　毎時km）	勾配（(4)項以外にあっては最大勾配とし、(4)項にあっては平均勾配とする。以下同じ。）（単位　度）	割増係数
(1)	勾配が5度未満の軌道を走行するもの	40	—	1.5（ゴムタイヤの使用等振動を減少させる構造とした場合は、1.2）
(2)	軌条を走行するもので(1)項以外のもの	100	50	2.0（ゴムタイヤの使用等振動を減少させる構造とした場合は、1.5）
(3)	軌条を有さない軌道を走行するもので(1)項以外のもの	60	40	2.0（ゴムタイヤの使用等振動を減少させる構造とした場合は1.5、水路部分は1.3）
(4)	水を流した水路を人が直接滑走するもの	—	曲線部分を有しないものにあっては30、その他のものにあっては15	1.3
(5)	客席部分をつり昇降させるもの	18	90	1.5

別表第2

遊戯施設の種類		定常円周速度（単位　m/分）	傾斜角度（単位　度）	割増係数

(1)	客席部分が主索によりつるされ、かつ、垂直軸又は傾斜した回転軸の周りを一定の速度で回転するもの	600	15	1.3
(2)	客席部分が垂直軸又は傾斜した回転軸の周りを一定の速度で回転するもの（客席部分をゆるやかに上下動させるものを含む。）	270	15	1.3（客席部分が上下動しないものにあっては1.2）
(3)	客席部分が、垂直軸又は傾斜した回転軸の周りを回転するもので(1)順又は(2)項に掲げるもの以外のもの	500	15	1.5
(4)	客席部分が固定された水平軸の周りを一定の速度で回転するもの	40	—	1.3
(5)	客席部分が可変軸の周りを一定の速度で回転するもの（客席部分をゆるやかに上下動させるものを含む。）	680	90	1.5
(6)	客席部分が可変軸の周りを回転するもので(5)項以外のもの	550	30	2.0
(7)	客席部分が垂直平面内のうち当該円の中心点より低い部分において回転運動の一部を反復して行うもの	800	—	1.3

走行又は回転時の衝撃及び非常止め装置の作動時の衝撃が加えられた場合に客席にいる人を落下させない遊戯施設の客席部分の構造方法を定める件

制定：平成 29 年 3 月 29 日　国土交通省告示第 247 号（全文改正）
改正：令和　2 年 3 月　6 日　国土交通省告示第 252 号

建築基準法施行令（昭和 25 年政令第 338 号）第 144 条第 1 項第三号イの規定に基づき、遊戯施設の客席部分の構造方法を定める件（平成 12 年建設省告示第 1426 号）の全部を改正する告示を次のように定める。

建築基準法施行令（昭和 25 年政令第 338 号）第 144 条第 1 項第三号イの規定に基づき、遊戯施設の客席部分の構造方法を次のように定める。

第 1

平成 12 年建設省告示第 1419 号の別表第 1（以下「別表第 1」という。）の遊戯施設の種類の欄(1)項から(3)項まで及び(5)項に掲げる遊戯施設並びに同告示の別表第 2（以下「別表第 2」という。）の遊戯施設の種類の欄(1)項から(3)項まで及び(5)項から(7)項までに掲げる遊戯施設の客席部分の構造方法は、別図に定める加速度領域 1 から加速度領域 3 までの範囲内にある加速度（単位は m/s^2 とし、継続時間が 0.2 秒以上であるものに限る。以下同じ。）及び 12 未満の横方向の加速度が客席部分に生ずるものについて、次項から第 7 項までに定めるところによらなければならない。

2　次の各号に掲げる客席部分に生ずる前後方向及び上下方向の加速度の区分に応じ、それぞれ当該各号に定める身体保持装置（シートベルトその他の客席部分にいる人が客席部分から落下することを防止する装置をいう。以下同じ。）を設けなければならない。

一　別図に定める加速度領域 1 及び加速度領域 2 の範囲内にある加速度　次に定める基準に適合するものであること。

イ　解除し、又は緩めるために、乗客、運転者又は運転補助者による意図的な操作を必要とする構造であること。

ロ　運転者又は運転補助者による装着確認を容易に行うことができる構造であること。

ハ　座席に背もたれを設け、かつ、装着している間に乗客が容易にくぐり抜けることができない構造であること。

二　別図に定める加速度領域 3 の範囲内にある加速度　次に定める基準に適合するものであること。

イ　前号に定める基準に適合するものであること。

ロ　客席部分にいる人の体格に応じて位置を調整することができる構造であること。ただし、客席部分にいる人が客席部分から落下するおそれがない構造である場合は、この限りでない。

3　前項の身体保持装置は、次の各号に掲げる客席部分に生ずる横方向の加速度の区分に応じ、それぞれ当該各号に定める基準に適合しなければならない。

一　3以上5未満の加速度　客席部分にいる人に対し個別に設けた構造であること。ただし、横方向の加速度による横滑りを防止できるよう、座席に突起を設けることその他の措置を講じた場合は、この限りでない。

二　5以上12未満の加速度　次に掲げる客席部分に生ずる前後方向及び上下方向の加速度の区分に応じ、それぞれ次に定める基準に適合するものであること。

イ　前項第一号に掲げる加速度　次に掲げる基準に適合するものであること。

(1)　前項第二号ロに掲げる基準に適合するものであること。

(2)　前号に定める基準に適合するものであること。

(3)　客席部分に生ずる横方向の加速度により客席部分にいる人が危害を受けるおそれがないよう、緩衝材その他の上体を保護する部材を設けた構造であること。

ロ　前項第二号に掲げる加速度　イ（(1)を除く。）に掲げる基準に適合するものであること。

4　前2項に定めるもののほか、身体保持装置は、客席部分に別図に定める加速度領域1から加速度領域3までの範囲内にある加速度が生ずる場合であって、次の各号のいずれかに該当する場合にあっては、それぞれ当該各号に定めるところによらなければならない。

一　客席部分の床（床がない場合にあっては、座席面。第7項第一号において同じ。）の最高部の高さが地盤面（客席部分の外側に十分な広さの床がある場合にあっては、当該床。以下同じ。）から2m以上である場合（第7項第二号に該当する場合を除く。）　第2項第二号ロに掲げる基準に適合するものであること。

二　客席部分が45度以上傾斜する場合（事故等で停止した場合に客席部分にいる人が客席部分から落下することなく速やかに客席部分が水平に戻るもの又は客席部分を壁若しくは囲いで囲う等客席部分にいる人が客席部分の外へ落下することを防止する措置を講じたものを除く。）　第2項第一号イの規定は適用せず、次のイからハまでに掲げる基準に適合するものであること。

イ　第2項第二号ロに掲げる基準に適合するものであること。

ロ　客席部分にいる人に対し個別に設けた構造であること。

ハ　解除し、又は緩めるために、運転者又は運転補助者による意図的な操作を必要とする構造であること。

5　手すりその他の客席部分にいる人が自らの身体を支えることができる設備を設けなければならない。

6　乗降口の扉を設ける場合は、次の各号に掲げる基準に適合しなければならない。

一　施錠する装置を設けた構造であること。ただし、運転中に扉を開くことができない構造である場合は、この限りでない。

二　開閉するために、乗客、運転者又は運転補助者による意図的な操作を必要とする構造であること。

三　動力を用いて開閉する扉にあっては、扉の開閉により身体の一部が挟まれることのないように必要な措置を講ずるか、又はその閉まる力が150N以下となるようにすること。

7　客席部分に別図に定める加速度領域一の範囲内にある加速度が生ずる場合（客席部分に生ずる横方向の加速度が3未満である場合に限る。）であって、次の各号のいずれかに該当する場合（第4項第二号に該当する場合を除く。）にあっては、それぞれ当該各号に定める規定は、適用しない。

一　客席部分の床の最高部の高さが地盤面から2m未満である場合　第2項

二　次に掲げる客席部分の区分に応じてそれぞれ次に定める構造の側壁その他これに類するもの（以下「側壁等」という。）を客席部分に設け、かつ、乗降口に前項に定める構造の扉を設けた場合（客席部分に床がない場合を除く。）　第2項及び第5項

イ　客席部分にいる人が座席に座って利用するもので、客席部分の床の最高部の高さが地盤面から5m未満である客席部分　床面からの高さが55cm以上で、かつ、座席面からの高さが30cm以上の側壁等

ロ　客席部分にいる人が座席に座って利用するもので、客席部分の床の最高部の高さが地盤面から5m以上である客席部分　床面からの高さが80cm以上で、かつ、座席面からの高さが40cm以上の側壁等

ハ　客席部分にいる人が立って利用する客席部分　床面からの高さが1.1m以上の側壁等

第 2

別表第１の遊戯施設の種類の欄(4)項に掲げる遊戯施設の客席部分の構造方法は、次に定めるところによらなければならない。

一　勾配が、別表第１の勾配の欄(4)項に掲げる数値以下であること。

二　高さを 50cm（水を流した水路（以下「滑走路」という。）を滑走する人に走行方向に直交する方向に遠心力が作用する部分においては、さらに当該遠心力により滑走する人が外に飛び出さないために必要な高さを加えるものとする。）以上とした側壁を設けること。ただし、次に掲げる部分においては、この限りでない。

　イ　滑走路への乗入口

　ロ　滑走路からの出口（当該出口の直前 1.5m 以上の部分を直線とし、かつ、当該出口に深さを 85cm、当該出口の先端からの長さを 6m（安全上支障ない場合においては、3m）以上としたプールを設けた場合に限る。）

　ハ　滑走路の両側に落下防止用の張り出し部分が設けられている部分（曲線部分を有しないものに限る。）

第 3

別表第２の遊戯施設の種類の欄(4)項に掲げる遊戯施設の客席部分の構造方法は、次に定めるところによらなければならない。

一　定常円周速度が、別表第２の定常円周速度の欄(4)項に掲げる数値以下であること。

二　客席部分を壁、床、天井その他これらに類するもので囲い、かつ、乗降口に第１第６項に定める構造の扉を設けること。ただし、地盤面から客席部分までの高さが 10m 以下のもので第１第７項第二号に該当する構造としたものにあっては、この限りでない。

第 4

客席部分には、遊戯施設の使用の制限に関する事項を掲示しなければならない。ただし、当該遊戯施設の乗り場において当該事項を掲示した場合は、この限りでない。

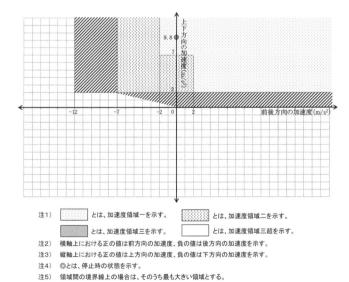

別図

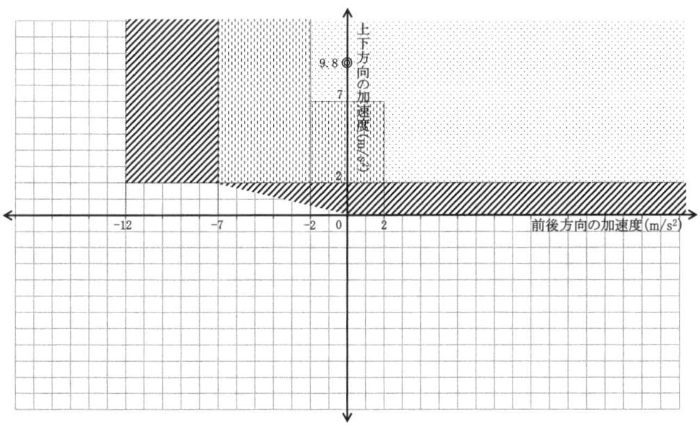

注1）　[図柄]とは、加速度領域一を示す。　[図柄]とは、加速度領域二を示す。

　　　[図柄]とは、加速度領域三を示す。　[図柄]とは、加速度領域三超を示す。

注2）　横軸上における正の値は前方向の加速度、負の値は後方向の加速度を示す。

注3）　縦軸上における正の値は上方向の加速度、負の値は下方向の加速度を示す。

注4）　◎とは、停止時の状態を示す。

注5）　領域間の境界線上の場合は、そのうち最も大きい領域とする。

客席にいる人が他の構造部分に触れることにより危害を受けるおそれのない遊戯施設の客席部分の構造方法を定める件

制定：令和２年３月６日　国土交通省告示第252号

建築基準法施行令（昭和25年政令第338号）第144条第１項第三号ロの規定に基づき、客席にいる人が他の構造部分に触れることにより危害を受けるおそれのない遊戯施設の客席部分の構造方法を次のように定める。

第１

建築基準法施行令第144条第１項第三号ロに規定する客席にいる人が他の構造部分に触れることにより危害を受けるおそれのない遊戯施設の客席部分の構造方法は、別表に定める体格の人（遊戯施設を利用する人の体格の上限を定め、かつ、別表に定める体格が当該上限を超える場合にあっては、当該上限の体格の人）が、次の各号に掲げる場合の区分に応じて、それぞれ当該各号に定める範囲内において、他の構造部分（第２に規定する客席にいる人が触れることにより危害を受けるおそれのない他の構造部分を除く。）に触れることがないものとする。

一　客席部分（座席に背もたれを設けたものに限る。以下この号から第三号までにおいて同じ。）に身体保持装置（シートベルトその他の客席部分にいる人が客席部分から落下することを防止する装置をいう。以下同じ。）のうち、座席の背もたれに上半身を固定し、客席にいる人が身体を前方向又は横方向に容易に傾斜させることができないようにするもの（以下「ハーネス等」という。）を設ける場合　客席部分に座った状態で身体を前方向又は横方向に傾斜させないで手足を伸ばした際に手足その他身体の一部が届く範囲に10cmを加えた範囲

二　客席部分にハーネス等以外の身体保持装置及び座席面からの高さが50cm以上の側壁その他これに類するもの（以下「側壁等」という。）を設ける場合　客席部分に座った状態で身体を横方向に傾斜させないで前方向に０度から70度まで傾斜させて手足を伸ばした際に手足その他身体の一部が届く範囲に10cmを加えた範囲

三　客席部分にハーネス等以外の身体保持装置及び座席面からの高さが50cm未満の側壁等を設ける場合　客席部分に座った状態で身体を前方向に０度から70度まで傾斜させ、かつ、横方向に０度から45度まで傾斜させて手足を伸ばした際に手足その他身体の一部が届く範囲に10cmを加えた範囲

四　前各号に掲げる場合以外の場合　実況に応じた範囲

第２

客席にいる人が触れることにより危害を受けるおそれのない他の構造部分は、次の各号のいずれかに該当し、かつ、客席部分との隙間に身体の一部が挟まれることを防止するための措置を講じたものとする。

一　客席部分の走行速度が5km／時以下である区間に存する他の構造部分

二　客席部分の走行速度が10km／時以下である区間に存する他の構造部分で、緩衝材を設けることその他の客席にいる人が当該部分に触れることによる衝撃を緩和するための措置を講じたもの

別表（略）

遊戯施設の非常止め装置の構造方法を定める件

制定：平成12年５月31日　建設省告示第1427号
改正：平成29年３月29日　国土交通省告示第247号

建築基準法施行令（昭和25年政令第338号）第144条第六号〔現行＝第１項第五号＝平成19年６月政令第49号により改正〕の規定に基づき、遊戯施設の非常止め装置の構造方法を次のように定める。

遊戯施設の非常止め装置の構造方法は、平成12年建設省告示第1419号の別表第１（以下「別表第１」と

いう。）の遊戯施設の種類の欄各項に掲げる区分に応じ、定常走行速度及び勾配がそれぞれ同表の定常走行速度の欄及び勾配の欄各項に掲げる数値以下の遊戯施設及び同告示の別表第2（以下「別表第2」という。）の遊戯施設の種類の欄各項に掲げる区分に応じ、定常円周速度及び傾斜角度がそれぞれ同表の定常円周速度の欄及び傾斜角度の欄各項に掲げる数値以下の遊戯施設（別表第1(4)項に掲げる遊戯施設その他動力の切断、駆動装置の故障等により客席にいる人が危害を受けるおそれのある事故が発生し、又は発生するおそれのない遊戯施設を除き、別表第2(4)項に掲げる遊戯施設並びに平成29年国土交通省告示第247号の別図に定める加速度領域1から加速度領域3までの範囲内にある加速度（単位は m/s^2 とし、継続時間が0.2秒以上であるものに限る。以下同じ。）及び12未満の横方向の加速度が客席部分に生ずる遊戯施設（別表第2(4)項に掲げる遊戯施設を除く。）に限る。）について、次に定めるものとする。

一　客席部分の走行速度、円周速度及び傾斜角度が、それぞれ通常の走行又は回転における速度又は角度を超えた場合に客席部分を制止する装置を設けること。ただし、動力を切った場合において客席部分が加速せず、かつ、安全に停止する構造のものにあっては、動力を切る装置とすることができる。

二　動力が切れた場合又は駆動装置に故障が生じた場合に、加速するか、又は通常の走行又は回転の方向と逆の方向に走行又は回転するおそれがあるものにあっては、加速又は逆の方向への走行又は回転を防止する装置を設けること。

三　油圧式の駆動装置による遊戯施設にあっては、次に掲げる装置を設けること。

イ　遊戯施設の運転中に油圧が異常に増大した場合に、自動的に作動し、かつ、作動圧力（ポンプからの吐出圧力をいう。）を定格圧力（積載荷重を作用させて連続して使用できる最高圧力をいう。）の1.25倍を超えないようにする装置

ロ　パワーシリンダーで客席部分を支持して昇降させる構造のものにあっては、圧力配管、油圧ゴムホース、ポンプ等が破損した場合に客席部分の急激な降下を防止する装置

ハ　油温を摂氏5度以上摂氏60度以下に保つための装置

ニ　プランジャー及びパワーシリンダーにあっては、ストロークの離脱を防止する装置

四　1の軌道上に2以上の客席部分（複数の客席部分が連結されて走行するものにあっては、これを1の客席部分とみなす。）が同時に走行する遊戯施設にあっては、追突を防止する装置を設けること。

安全上又は防火上重要である建築物の部分等を定める件

制定：平成12年5月31日　建設省告示第1444号
改正：令和　2年4月　1日　国土交通省告示第508号

建築基準法施行令（昭和25年政令第338号）第144条の3第四号から第六号までの規定に基づき、安全上又は防火上重要である建築物の部分等を次のように定める。

第1

建築基準法施行令（以下「令」という。）第144条の3第四号の安全上又は防火上重要である建築物の内装又は外装の部分は、次に掲げるものとする。

一　令第112条第9項若しくは第11項第一号、令第123条第1項第二号若しくは第3項第四号又は令第129条の13の3第3項第五号の規定により、当該部分の仕上げを不燃材料でした壁及び天井（天井のない場合にあっては屋根。以下同じ。）の室内に面する部分

二　令第112条第6項、第8項若しくは第11項本文、令第120条第2項又は令第128条の5第1項から第6項までの規定により、当該部分の仕上げを準不燃材料でした壁及び天井の室内に面する部分

三　令第115条の2第1項第七号又は令第128条の5第1項若しくは第4項の規定により、当該部分の仕上げを難燃材料でした壁及び天井の室内に面する部分

第2

令第144条の3第五号の主要構造部以外の防火上重要な部分は、次に掲げるものとする。

一　令第112条第16項ただし書又は平成27年国土交通省告示第255号第1第三号ロ(3)若しくは令和元年国土交通省告示第193号第1第1項第三号ロ(2)の規定により設けられるひさし、袖壁その他これ

らに類するもの
二　令第120条又は令第121条の規定により設けられる屋外階段
三　令第121条第1項第三号若しくは第六号若しくは第3項、令第123条第3項、令第126条の7第五号若しくは令第129条の13の3第3項又は平成27年国土交通省告示第255号第1第三号イ若しくはロ(1)の規定により設けられるバルコニーその他これに類するもの

第3
令第144条の3第六号の安全上、防火上又は衛生上支障がない建築設備又はその部分は、主索で籠を吊るエレベーターの主索以外の建築設備又はその部分とする。

建築基準法施行令の規定により国土交通大臣が定める自動車の転回広場に関する基準

制定：昭和45年12月28日　建設省告示第1837号
改正：平成12年12月26日　建設省告示第2465号

建築基準法施行令（昭和25年政令第338号）第144条の4第1項第一号ハの規定により国土交通大臣が定める自動車の転回広場に関する基準は、次の各号に掲げるものとする。

一　道の中心線からの水平距離が2mをこえる区域内において小型四輪自動車（道路運送車両法施行規則（昭和26年運輸省令第74号）別表第1に規定する小型自動車で四輪のものをいう。次号において同じ。）のうち最大なものが2台以上停車することができるものであること。
二　小型四輪自動車のうち最大なものが転回できる形状のものであること。

確認等を要しない人が危害を受けるおそれのある事故が発生するおそれの少ない小荷物専用昇降機を定める件

制定：平成28年1月21日　国土交通省告示第239号

建築基準法施行令（昭和25年政令第338号）第146条第1項第二号の規定に基づき、確認等を要しない人が危害を受けるおそれのある事故が発生するおそれの少ない小荷物専用昇降機を次のように定める。

建築基準法施行令第146条第1項第二号に規定する人が危害を受けるおそれのある事故が発生するおそれの少ない小荷物専用昇降機は、昇降路の全ての出し入れ口の下端が当該出し入れ口が設けられる室の床面よりも50cm以上高いものとする。

構造及び周囲の状況に関し安全上支障がない鉄筋コンクリート造の柱等の基準を定める件

制定：令和4年9月30日　国土交通省告示第1024号

建築基準法施行令（昭和25年政令第338号）第147条第4項の規定に基づき、国土交通大臣が定める基準を次のように定める。

第1　構造
建築基準法施行令第138条第1項に規定する工作物のうち同項第二号に掲げる工作物（以下「鉄筋コンクリート造の柱等」という。）の構造が、次に掲げる基準に適合するものであること。

一　鉄柱であって、これを支えることができる支線を設けた構造であること。
二　高さが 90m 以下であるものであること。
三　平成 12 年建設省告示第 1449 号第 1 第二号ロに定めるところによる構造計算並びに同告示第 2 第一号及び第二号に定めるところによる構造計算に準じた構造計算によって構造耐力上安全であることが確かめられたものであること。この場合において、同告示第 2 第一号中「広告塔等」とあるのは、「鉄筋コンクリート造の柱等」と読み替えるものとする。

第 2　周囲の状況

鉄筋コンクリート造の柱等の周囲の状況が、次に掲げる基準に適合するものであること。
一　山地、原野その他の人が容易に立ち入るおそれがない場所に設けられるものであること。
二　鉄筋コンクリート造の柱等の基礎の部分から周囲の建築物、建築基準法（昭和 25 年法律第 201 号）第 88 条第 1 項若しくは第 2 項に規定する工作物（平成 23 年国土交通省告示第 1002 号に規定するものを含む。以下この号において「工作物」という。）、同法第 42 条第 1 項各号に掲げる道路又は農道その他これに類する公共の用に供する道までの距離が、当該鉄筋コンクリート造の柱等の高さの 2 倍に相当する距離以上であること。ただし、周囲の工作物の配置その他の状況によって安全上支障がない場合においては、この限りでない。

建築基準法施行令第 81 条第 2 項第一号イ若しくはロ、同項第二号イ又は同条第 3 項に規定する国土交通大臣が定める基準に従った構造計算によりプレストレストコンクリート造の建築物等の安全性を確かめた場合の構造計算書を定める件

制定：平成 19 年 6 月 19 日　国土交通省告示第 823 号
改正：平成 27 年 1 月 29 日　国土交通省告示第 184 号

建築基準法施行規則（昭和 25 年建設省令第 40 号。以下「施行規則」という。）第 1 条の 3 第 1 項第一号ロ(2)(ii)の規定に基づき、プレストレストコンクリート造の建築物等の構造計算書を次のように定める。

一　建築基準法施行令（昭和 25 年政令第 338 号。以下「令」という。）第 81 条第 2 項第一号イに規定する保有水平耐力計算と同等以上に安全性を確かめることができる構造計算によりプレストレストコンクリート造の建築物等の安全性を確かめた場合　別表第 1 とする。

二　令第 81 条第 2 項第一号ロに規定する限界耐力計算と同等以上に安全性を確かめることができる構造計算によりプレストレストコンクリート造の建築物等の安全性を確かめた場合　別表第 2 とする。

三　令第 81 条第 2 項第二号イに規定する許容応力度等計算と同等以上に安全性を確かめることができる構造計算によりプレストレストコンクリート造の建築物等の安全性を確かめた場合　別表第 3 とする。

四　令第 81 条第 3 項に規定する令第 82 条各号及び令第 82 条の 4 に定めるところによる構造計算と同等以上に安全性を確かめることができる構造計算によりプレストレストコンクリート造の建築物等の安全性を確かめた場合　別表第 4 とする。

別表第 1

	構造計算書の種類	明示すべき事項
(1)	構造計算チェックリスト	プログラムによる構造計算を行う場合において、申請に係る建築物が、当該プログラムによる構造計算によって安全性を確かめることのできる建築物の構造の種別、規模その他のプログラムの使用条件に適合するかどうかを照合するための事項
	使用構造材料一覧表	構造耐力上主要な部分である部材（接合部を含む。）に使用されるすべての材料の種別（規格がある場合にあっては、当該規格）及び使用部位
		使用する材料の許容応力度、許容耐力及び材料強度の数値及びそれらの算出方法
		使用する指定建築材料が建築基準法(昭和 25 年法律第 201 号。以下「法」という。) 第 37 条の規定に基づく国土交通大臣の認定を受けたものである場合にあっては、その使用位置、形状及び寸法、当該構造計算において用いた許容応力度及び材料強度の数値並びに認定番号
	特別な調査又は研究の結果等説明書	法第 68 条の 25 の規定に基づく国土交通大臣の認定を受けた構造方法等その他特殊な構造方法等が使用されている場合にあっては、その認定番号、使用条件及び内容
		特別な調査又は研究の結果に基づき構造計算が行われている場合にあっては、その検討内容
		構造計算の仮定及び計算結果の適切性に関する検討内容
(2)	基礎・地盤説明書（施行規則第 1 条の 3 第 1 項の表 3 中の規定に基づき国土交通大臣があらかじめ適切であると認定した算出方法により基礎ぐいの許容支持力を算出する場合	地盤調査方法及びその結果
		地層構成、支持地盤及び建築物（地下部分を含む。）の位置
		地下水位（地階を有しない建築物に直接基礎を用いた場合を除く。）
		基礎の工法（地盤改良を含む。）の種別、位置、形状、寸法及び材料の種別

	で当該認定に係る認定書の写しを添えた場合にあっては、当該算出方法に係る図書のうち国土交通大臣の指定したものを除く。)	構造計算において用いた支持層の位置、層の構成及び地盤調査の結果により設定した地盤の特性値
		地盤の許容応力度並びに基礎及び基礎ぐいの許容支持力の数値及びそれらの算出方法
	略伏図	各階の構造耐力上主要な部分である部材の種別、配置及び寸法並びに開口部の位置
	略軸組図	すべての通りの構造耐力上主要な部分である部材の種別、配置及び寸法並びに開口部の位置
	部材断面表	各階及びすべての通りの構造耐力上主要な部分である部材の断面の形状、寸法及び仕様
	荷重・外力計算書	固定荷重の数値及びその算出方法
		各階又は各部分の用途ごとに積載荷重の数値及びその算出方法
		各階又は各部分の用途ごとに大規模な設備、塔屋その他の特殊な荷重(以下「特殊な荷重」という。)の数値及びその算出方法
		積雪荷重の数値及びその算出方法
		風圧力の数値及びその算出方法
		地震力の数値及びその算出方法
		プレストレスの数値及びその算出方法
		土圧、水圧その他考慮すべき荷重及び外力の数値及びそれらの算出方法
		略伏図上に記載した特殊な荷重の分布
	応力計算書(応力図及び基礎反力図を含む。)	構造耐力上主要な部分である部材に生ずる力の数値及びその算出方法
		地震時(風圧力によって生ずる力が地震力によって生ずる力を上回る場合にあっては暴風時)における柱が負担するせん断力及びその分担率並びに耐力壁又は筋かいが負担するせん断力及びその分担率
		平成 19 年国土交通省告示第 817 号別記第 3 号様式に定める応力図及び同告示別記第 4 号様式に定める基礎反力図に記載すべき事項
	断面計算書(断面検定比図を含む。)	構造耐力上主要な部分である部材(接合部を含む。)の位置、部材に付す記号、部材断面の仕様、部材に生じる荷重の種別及び当該荷重が作用する方向
		構造耐力上主要な部分である部材(接合部を含む。)の軸方向、曲げ及びせん断の応力度
		構造耐力上主要な部分である部材(接合部を含む。)の軸方向、曲げ及びせん断の許容応力度
		構造耐力上主要な部分である部材(接合部を含む。)の応力度と許容応力度の比率
		昭和 58 年建設省告示第 1320 号(以下「告示」という。)第 13 第二号ロに規定する構造計算の計算書
		告示第 13 第二号ハに規定する構造計算の計算書
		告示第 15 第二号に規定する構造計算の計算書(告示第 16 に規定する構造計算を行った場合にあっては、省略することができるものとする。)
		平成 19 年国土交通省告示第 817 号別記第 5 号様式に定める断面検定比図に記載すべき事項
	基礎ぐい等計算書	基礎ぐい、床版、小ばりその他の構造耐力上主要な部分である部材に関する構造計算の計算書
	使用上の支障に関する計算書	告示第 13 第二号ニに規定する構造計算の計算書
(3)	層間変形角計算書	層間変位の計算に用いる地震力

		地震力によって各階に生ずる水平方向の層間変位の算出方法
		各階及び各方向の地震力による層間変形角の算出方法
	層間変形角計算結果一覧表	各階及び各方向の地震力による層間変形角
		損傷が生ずるおそれのないことについての検証内容（層間変形角が$\frac{1}{200}$を超え$\frac{1}{120}$以内である場合に限る。）
(4)	保有水平耐力計算書	保有水平耐力計算に用いる地震力
		各階及び各方向の保有水平耐力の算出方法
		令第82条の3第二号に規定する各階の構造特性を表すDs（以下この表において「Ds」という。）の算出方法
		令第82条の3第二号に規定する各階の形状特性を表すFes（以下この表において「Fes」という。）の算出方法
		各階及び各方向の必要保有水平耐力の算出方法
		構造耐力上主要な部分である柱、はり若しくは壁又はこれらの接合部について、局部座屈、せん断破壊等による構造耐力上支障のある急激な耐力の低下が生ずるおそれのないことについての検証内容
	保有水平耐力計算結果一覧表	各階の保有水平耐力を増分解析により計算する場合における外力分布
		架構の崩壊形
		保有水平耐力、Ds、Fes及び必要保有水平耐力の数値
		各階及び各方向のDsの算定時における構造耐力上主要な部分である部材に生ずる力の分布及び塑性ヒンジの発生状況
		各階及び各方向の構造耐力上主要な部分である部材の部材群としての部材種別
		各階及び各方向の保有水平耐力時における構造耐力上主要な部分である部材に生ずる力の分布及び塑性ヒンジの発生状況
		各階の保有水平耐力を増分解析により計算する場合において、建築物の各方向におけるせん断力と層間変形角の関係
(5)	使用構造材料一覧表	屋根ふき材、外装材及び屋外に面する帳壁に使用されるすべての材料の種別（規格がある場合にあっては当該規格）及び使用部位
		使用する材料の許容応力度、許容耐力及び材料強度の数値及びそれらの算出方法
		使用する指定建築材料が法第37条の規定に基づく国土交通大臣の認定を受けたものである場合にあっては、その使用位置、形状及び寸法、当該構造計算において用いた許容応力度及び材料強度の数値並びに認定番号
	荷重・外力計算書	風圧力の数値及びその算出方法
	応力計算書	屋根ふき材及び屋外に面する帳壁に生ずる力の数値及びその算出方法
	屋根ふき材等計算書	告示第17に規定する構造計算の計算書

構造計算書の作成に当たっては、次に掲げる事項について留意するものとする。

一　確認申請時に提出する構造計算書には通し頁を付すことその他の構造計算書の構成を識別できる措置を講じること。

二　建築物の構造等の実況に応じて、当該建築物の安全性を確かめるために必要な図書の追加、変更等を行うこと。

三　他の構造を併用する建築物にあっては、それぞれの構造種別に応じて構造計算書を作成すること。

四　この表の略伏図及び略軸組図は、構造計算における架構の様相を示した図に代えることができるものとするほか、プログラムによる構造計算を行わない場合にあっては省略することができるものとする。

別表第2

	構造計算書の種類	明示すべき事項
(1)	構造計算チェックリスト	プログラムによる構造計算を行う場合において、申請に係る建築物が、当該プログラムによる構造計算によって安全性を確かめることのできる建築物の構造の種別、規模その他のプログラムの使用条件に適合するかどうかを照合するための事項
	使用構造材料一覧表	構造耐力上主要な部分である部材（接合部を含む。）に使用されるすべての材料の種別（規格がある場合にあっては、当該規格）及び使用部位
		使用する材料の許容応力度、許容耐力及び材料強度の数値及びそれらの算出方法
		使用する指定建築材料が法第37条の規定に基づく国土交通大臣の認定を受けたものである場合にあっては、その使用位置、形状及び寸法、当該構造計算において用いた許容応力度及び材料強度の数値並びに認定番号
	特別な調査又は研究の結果等説明書	法第68条の25の規定に基づく国土交通大臣の認定を受けた構造方法等その他特殊な構造方法等が使用されている場合にあっては、その認定番号、使用条件及び内容
		特別な調査又は研究の結果に基づき構造計算が行われている場合にあっては、その検討内容
		構造計算の仮定及び計算結果の適切性に関する検討内容
(2)	基礎・地盤説明書（施行規則第1条の3第1項の表3中の規定に基づき国土交通大臣があらかじめ適切であると認定した算出方法により基礎ぐいの許容支持力を算出する場合で当該認定に係る認定書の写しを添えた場合にあっては、当該算出方法に係る図書のうち国土交通大臣の指定したものを除く。）	地盤調査方法及びその結果
		地層構成、支持地盤及び建築物（地下部分を含む。）の位置
		地下水位（地階を有しない建築物に直接基礎を用いた場合を除く。）
		基礎の工法（地盤改良を含む。）の種別、位置、形状、寸法及び材料の種別
		構造計算において用いた支持層の位置、層の構成及び地盤調査の結果により設定した地盤の特性値
		地盤の許容応力度並びに基礎及び基礎ぐいの許容支持力の数値及びそれらの算出方法
	略伏図	各階の構造耐力上主要な部分である部材の種別、配置及び寸法並びに開口部の位置
	略軸組図	すべての通りの構造耐力上主要な部分である部材の種別、配置及び寸法並びに開口部の位置
	部材断面表	各階及びすべての通りの構造耐力上主要な部分である部材の断面の形状、寸法及び仕様
	荷重・外力計算書	固定荷重の数値及びその算出方法
		各階又は各部分の用途ごとに積載荷重の数値及びその算出方法
		各階又は各部分の用途ごとに特殊荷重の数値及びその算出方法
		積雪荷重の数値及びその算出方法
		風圧力の数値及びその算出方法
		地震力の数値及びその算出方法
		プレストレスの数値及びその算出方法
		土圧、水圧その他考慮すべき荷重及び外力の数値及びそれらの算出方法
		略伏図上に記載した特殊な荷重の分布
	応力計算書（応力図及び基礎	構造耐力上主要な部分である部材に生ずる力の数値及びその算出方法

	反力図を含む。）（地下部分の計算を含む。）	地震時（風圧力によって生ずる力が地震力によって生ずる力を上回る場合にあっては暴風時）における柱が負担するせん断力及びその分担率並びに耐力壁又は筋かいが負担するせん断力及びその分担率
		平成19年国土交通省告示第817号別記第3号様式に定める応力図及び同告示別記第4号様式に定める基礎反力図に記載すべき事項
	断面計算書（断面検定比図を含む。）（地下部分の計算を含む。）	構造耐力上主要な部分である部材（接合部を含む。）の位置、部材に付す記号、部材断面の仕様、部材に生じる荷重の種別及び当該荷重が作用する方向
		構造耐力上主要な部分である部材（接合部を含む。）の軸方向、曲げ及びせん断の応力度
		構造耐力上主要な部分である部材（接合部を含む。）の軸方向、曲げ及びせん断の許容応力度
		構造耐力上主要な部分である部材（接合部を含む。）の応力度と許容応力度の比率
		告示第13第二号ロに規定する構造計算の計算書
		平成19年国土交通省告示第817号別記第5号様式に定める断面検定比図に記載すべき事項
	積雪・暴風時耐力計算書	構造耐力上主要な部分である部材（接合部を含む。）に生ずる力の数値及びその算出方法
		構造耐力上主要な部分である部材（接合部を含む。）の耐力の数値及びその算出方法
	積雪・暴風時耐力計算結果一覧表	構造耐力上主要な部分である部材（接合部を含む。）に生ずる力及び耐力並びにその比率
(3)	損傷限界に関する計算書	各階及び各方向の損傷限界変位の数値及びその算出方法
		建築物の損傷限界固有周期の数値及びその算出方法
		建築物の損傷限界固有周期に応じて求めた地震時に作用する地震力の数値及びその算出方法
		表層地盤による加速度の増幅率Gsの数値及びその算出方法
		各階及び各方向の損傷限界耐力の数値及びその算出方法
	損傷限界に関する計算結果一覧表	令第82条の5第三号ハに規定する地震力及び損傷限界耐力
		損傷限界変位の当該各階の高さに対する割合
		損傷が生ずるおそれのないことについての検証内容（損傷限界変位の当該各階の高さに対する割合が$\frac{1}{200}$を超え$\frac{1}{120}$以内である場合に限る。）
(4)	安全限界に関する計算書	各階及び各方向の安全限界変位の数値及びその算出方法
		建築物の安全限界固有周期の数値及びその算出方法
		建築物の安全限界固有周期に応じて求めた地震時に作用する地震力の数値及びその算出方法
		各階の安全限界変位の当該各階の高さに対する割合及びその算出方法
		表層地盤による加速度の増幅率Gsの数値及びその算出方法
		各階及び各方向の保有水平耐力の数値及びその算出方法
		構造耐力上主要な部分である柱、はり若しくは壁又はこれらの接合部について、局部座屈、せん断破壊等による構造耐力上支障のある急激な耐力の低下が生ずるおそれのないことについての検証内容
	安全限界に関する計算結果一覧表	各階の保有水平耐力を増分解析により計算する場合における外力分布
		各階の安全限界変位の当該各階の高さに対する割合

		各階の安全限界変位の当該各階の高さに対する割合が$\frac{1}{75}$（木造である階にあっては$\frac{1}{30}$）を超える場合にあっては、建築物の各階が荷重及び外力に耐えることができることについての検証内容
		表層地盤による加速度の増幅率 Gs の数値を精算法で算出する場合にあっては、工学的基盤の条件
		令第 82 条の 5 第五号ハに規定する地震力及び保有水平耐力
		各階及び各方向の安全限界変形時における構造耐力上主要な部分である部材に生ずる力の分布
		各階及び各方向の安全限界変形時における構造耐力上主要な部分である部材に生ずる塑性ヒンジ及び変形の発生状況
		各階及び各方向の保有水平耐力時における構造耐力上主要な部分である部材に生ずる塑性ヒンジ及び変形の発生状況
		各階の保有水平耐力を増分解析により計算する場合において、建築物の各方向それぞれにおけるせん断力と層間変形角の関係
(5)	基礎ぐい等計算書	基礎ぐい、床版、小ばりその他の構造耐力上主要な部分である部材に関する構造計算の計算書
(6)	屋根ふき材等計算書	告示第 18 第 6 に規定する構造計算の計算書
構造計算書の作成に当たっては、次に掲げる事項について留意するものとする。 一　確認申請時に提出する構造計算書には通し頁を付すことその他の構造計算書の構成を識別できる措置を講じること。 二　建築物の構造等の実況に応じて、当該建築物の安全性を確かめるために必要な図書の追加、変更等を行うこと。 三　他の構造を併用する建築物にあっては、それぞれの構造種別に応じて構造計算書を作成すること。 四　この表の略伏図及び略軸組図は、構造計算における架構の様相を示した図に代えることができるものとするほか、プログラムによる構造計算を行わない場合にあっては省略することができるものとする。		

別表第 3

	構造計算書の種類	明示すべき事項
(1)	構造計算チェックリスト	プログラムによる構造計算を行う場合において、申請に係る建築物が、当該プログラムによる構造計算によって安全性を確かめることのできる建築物の構造の種別、規模その他のプログラムの使用条件に適合するかどうかを照合するための事項
	使用構造材料一覧表	構造耐力上主要な部分である部材（接合部を含む。）に使用されるすべての材料の種別（規格がある場合にあっては、当該規格）及び使用部位
		使用する材料の許容応力度、許容耐力及び材料強度の数値及びそれらの算出方法
		使用する指定建築材料が法第 37 条の規定に基づく国土交通大臣の認定を受けたものである場合にあっては、その使用位置、形状及び寸法、当該構造計算において用いた許容応力度及び材料強度の数値並びに認定番号
	特別な調査又は研究の結果等説明書	法第 68 条の 25 の規定に基づく国土交通大臣の認定を受けた構造方法等その他特殊な構造方法等が使用されている場合にあっては、その認定番号、使用条件及び内容
		特別な調査又は研究の結果に基づき構造計算が行われている場合にあっては、その検討内容
		構造計算の仮定及び計算結果の適切性に関する検討内容
(2)	基礎・地盤説明書（施行規則第 1 条の 3 第 1 項の表 3 中の	地盤調査方法及びその結果
		地層構成、支持地盤及び建築物（地下部分を含む。）の位置

	規定に基づき国土交通大臣があらかじめ適切であると認定した算出方法により基礎ぐいの許容支持力を算出する場合で当該認定に係る認定書の写しを添えた場合にあっては、当該算出方法に係る図書のうち国土交通大臣の指定したものを除く。)	地下水位（地階を有しない建築物に直接基礎を用いた場合を除く。）
		基礎の工法（地盤改良を含む。）の種別、位置、形状、寸法及び材料の種別
		構造計算において用いた支持層の位置、層の構成及び地盤調査の結果により設定した地盤の特性値
		地盤の許容応力度並びに基礎及び基礎ぐいの許容支持力の数値及びそれらの算出方法
	略伏図	各階の構造耐力上主要な部分である部材の種別、配置及び寸法並びに開口部の位置
	略軸組図	すべての通りの構造耐力上主要な部分である部材の種別、配置及び寸法並びに開口部の位置
	部材断面表	各階及びすべての通りの構造耐力上主要な部分である部材の断面の形状、寸法及び仕様
	荷重・外力計算書	固定荷重の数値及びその算出方法
		各階又は各部分の用途ごとに積載荷重の数値及びその算出方法
		各階又は各部分の用途ごとに特殊荷重の数値及びその算出方法
		積雪荷重の数値及びその算出方法
		風圧力の数値及びその算出方法
		地震力の数値及びその算出方法
		プレストレスの数値及びその算出方法
		土圧、水圧その他考慮すべき荷重及び外力の数値及びそれらの算出方法
		略伏図上に記載した特殊な荷重の分布
	応力計算書（応力図及び基礎反力図を含む。）	構造耐力上主要な部分である部材に生ずる力の数値及びその算出方法
		地震時（風圧力によって生ずる力が地震力によって生ずる力を上回る場合にあっては暴風時）における柱が負担するせん断力及びその分担率並びに耐力壁又は筋かいが負担するせん断力及びその分担率
		平成19年国土交通省告示第817号別記第3号様式に定める応力図及び同告示別記第4号様式に定める基礎反力図に記載すべき事項
	断面計算書（断面検定比図を含む。）	構造耐力上主要な部分である部材（接合部を含む。）の位置、部材に付す記号、部材断面の仕様、部材に生じる荷重の種別及び当該荷重が作用する方向
		構造耐力上主要な部分である部材（接合部を含む。）の軸方向、曲げ及びせん断の応力度
		構造耐力上主要な部分である部材（接合部を含む。）の軸方向、曲げ及びせん断の許容応力度
		構造耐力上主要な部分である部材（接合部を含む。）の応力度と許容応力度の比率
		告示第13第二号ロに規定する構造計算の計算書
		告示第13第二号ハに規定する構造計算の計算書
		平成19年国土交通省告示第817号別記第5号様式に定める断面検定比図に記載すべき事項
	基礎ぐい等計算書	基礎ぐい、床版、小ばりその他の構造耐力上主要な部分である部材に関する構造計算の計算書
	使用上の支障に関する計算書	告示第13第二号ニに規定する構造計算の計算書
(3)	層間変形角計算書	層間変位の計算に用いる地震力

		地震力によって各階に生ずる水平方向の層間変位の算出方法
		各階及び各方向の地震力による層間変形角の算出方法
	層間変形角計算結果一覧表	各階及び各方向の地震力による層間変形角
		損傷が生ずるおそれのないことについての検証内容（層間変形角が$\frac{1}{200}$を超え$\frac{1}{120}$以内である場合に限る。）
(4)	使用構造材料一覧表	屋根ふき材、外装材及び屋外に面する帳壁に使用されるすべての材料の種別（規格がある場合にあっては当該規格）及び使用部位
		使用する材料の許容応力度、許容耐力及び材料強度の数値及びそれらの算出方法
		使用する指定建築材料が法第 37 条の規定に基づく国土交通大臣の認定を受けたものである場合にあっては、その使用位置、形状及び寸法、当該構造計算において用いた許容応力度及び材料強度の数値並びに認定番号
	荷重・外力計算書	風圧力の数値及びその算出方法
	応力計算書	屋根ふき材及び屋外に面する帳壁に生ずる力の数値及びその算出方法
	屋根ふき材等計算書	告示第 17 に規定する構造計算の計算書
(5)	剛性率・偏心率計算書	各階及び各方向の剛性率を計算する場合における層間変形角の算定に用いる層間変位の算出方法
		各階及び各方向の剛性率の算出方法
		各階の剛心周りのねじり剛性の算出方法
		各階及び各方向の偏心率の算出方法
		告示第 15 第一号ロに規定する構造計算の計算書
	剛性率・偏心率計算結果一覧表	各階の剛性率及び偏心率
		告示第 15 第一号ロに規定する構造計算の結果が適切であること
構造計算書の作成に当たっては、次に掲げる事項について留意するものとする。 一　確認申請時に提出する構造計算書には通し頁を付すことその他の構造計算書の構成を識別できる措置を講じること。 二　建築物の構造等の実況に応じて、当該建築物の安全性を確かめるために必要な図書の追加、変更等を行うこと。 三　他の構造を併用する建築物にあっては、それぞれの構造種別に応じて構造計算書を作成すること。 四　この表の略伏図及び略軸組図は、構造計算における架構の様相を示した図に代えることができるものとするほか、プログラムによる構造計算を行わない場合にあっては省略することができるものとする。		

別表第 4

	構造計算書の種類	明示すべき事項
(1)	構造計算チェックリスト	プログラムによる構造計算を行う場合において、申請に係る建築物が、当該プログラムによる構造計算によって安全性を確かめることのできる建築物の構造の種別、規模その他のプログラムの使用条件に適合するかどうかを照合するための事項
	使用構造材料一覧表	構造耐力上主要な部分である部材（接合部を含む。）に使用されるすべての材料の種別（規格がある場合にあっては、当該規格）及び使用部位
		使用する材料の許容応力度、許容耐力及び材料強度の数値及びそれらの算出方法
		使用する指定建築材料が法第 37 条の規定に基づく国土交通大臣の認定を受けたものである場合にあっては、その使用位置、形状及び寸法、当該構造計算において用いた許容応力度及び材料強度の数値並びに認定番号

	特別な調査又は研究の結果等説明書	法第68条の25の規定に基づく国土交通大臣の認定を受けた構造方法等その他特殊な構造方法等が使用されている場合にあっては、その認定番号、使用条件及び内容
		特別な調査又は研究の結果に基づき構造計算が行われている場合にあっては、その検討内容
		構造計算の仮定及び計算結果の適切性に関する検討内容
(2)	告示第13及び第17に規定する構造計算の適用	告示第14各号に適合していることの検証内容
	基礎・地盤説明書（施行規則第1条の3第1項の表3中の規定に基づき国土交通大臣があらかじめ適切であると認定した算出方法により基礎ぐいの許容支持力を算出する場合で当該認定に係る認定書の写しを添えた場合にあっては、当該算出方法に係る図書のうち国土交通大臣の指定したものを除く。）	地盤調査方法及びその結果
		地層構成、支持地盤及び建築物（地下部分を含む。）の位置
		地下水位（地階を有しない建築物に直接基礎を用いた場合を除く。）
		基礎の工法（地盤改良を含む。）の種別、位置、形状、寸法及び材料の種別
		構造計算において用いた支持層の位置、層の構成及び地盤調査の結果により設定した地盤の特性値
		地盤の許容応力度並びに基礎及び基礎ぐいの許容支持力の数値及びそれらの算出方法
	略伏図	各階の構造耐力上主要な部分である部材の種別、配置及び寸法並びに開口部の位置
	略軸組図	すべての通りの構造耐力上主要な部分である部材の種別、配置及び寸法並びに開口部の位置
	部材断面表	各階及びすべての通りの構造耐力上主要な部分である部材の断面の形状、寸法及び仕様
	荷重・外力計算書	固定荷重の数値及びその算出方法
		各階又は各部分の用途ごとに積載荷重の数値及びその算出方法
		各階又は各部分の用途ごとに特殊荷重の数値及びその算出方法
		積雪荷重の数値及びその算出方法
		風圧力の数値及びその算出方法
		地震力の数値及びその算出方法
		プレストレスの数値及びその算出方法
		土圧、水圧その他考慮すべき荷重及び外力の数値及びそれらの算出方法
		略伏図上に記載した特殊な荷重の分布
	応力計算書（応力図及び基礎反力図を含む。）	構造耐力上主要な部分である部材に生ずる力の数値及びその算出方法
		地震時（風圧力によって生ずる力が地震力によって生ずる力を上回る場合にあっては暴風時）における柱が負担するせん断力及びその分担率並びに耐力壁又は筋かいが負担するせん断力及びその分担率
		平成19年国土交通省告示第817号別記第3号様式に定める応力図及び同告示別記第4号様式に定める基礎反力図に記載すべき事項
	断面計算書（断面検定比図を含む。）	構造耐力上主要な部分である部材（接合部を含む。）の位置、部材に付す記号、部材断面の仕様、部材に生じる荷重の種別及び当該荷重が作用する方向
		構造耐力上主要な部分である部材（接合部を含む。）の軸方向、曲げ及びせん断の応力度
		構造耐力上主要な部分である部材（接合部を含む。）の軸方向、曲げ及びせん断の許容応力度
		構造耐力上主要な部分である部材（接合部を含む。）の応力度と許容応

		力度の比率
		告示第13第二号ロに規定する構造計算の計算書
		告示第13第二号ハに規定する構造計算の計算書
		平成19年国土交通省告示第817号別記第5号様式に定める断面検定比図に記載すべき事項
	基礎ぐい等計算書	基礎ぐい、床版、小ばりその他の構造耐力上主要な部分である部材に関する構造計算の計算書
	使用上の支障に関する計算書	告示第13第二号ニに規定する構造計算の計算書
(3)	使用構造材料一覧表	屋根ふき材、外装材及び屋外に面する帳壁に使用されるすべての材料の種別（規格がある場合にあっては当該規格）及び使用部位
		使用する材料の許容応力度、許容耐力及び材料強度の数値及びそれらの算出方法
		使用する指定建築材料が法第37条の規定に基づく国土交通大臣の認定を受けたものである場合にあっては、その使用位置、形状及び寸法、当該構造計算において用いた許容応力度及び材料強度の数値並びに認定番号
	荷重・外力計算書	風圧力の数値及びその算出方法
	応力計算書	屋根ふき材及び屋外に面する帳壁に生ずる力の数値及びその算出方法
	屋根ふき材等計算書	告示第17に規定する構造計算の計算書
構造計算書の作成に当たっては、次に掲げる事項について留意するものとする。 一　確認申請時に提出する構造計算書には通し頁を付すことその他の構造計算書の構成を識別できる措置を講じること。 二　建築物の構造等の実況に応じて、当該建築物の安全性を確かめるために必要な図書の追加、変更等を行うこと。 三　他の構造を併用する建築物にあっては、それぞれの構造種別に応じて構造計算書を作成すること。 四　この表の略伏図及び略軸組図は、構造計算における架構の様相を示した図に代えることができるものとするほか、プログラムによる構造計算を行わない場合にあっては省略することができるものとする。		

建築基準法施行令第81条第2項第一号ロに規定する国土交通大臣が定める基準に従った構造計算により免震建築物の安全性を確かめた場合の構造計算書を定める件

制定：平成19年6月19日　国土交通省告示第824号
改正：平成27年1月29日　国土交通省告示第184号

建築基準法施行規則（昭和25年建設省令第40号）第1条の3第1項第一号ロ(2)(ii)の規定に基づき、建築基準法施行令（昭和25年政令第338号）第81条第2項第一号ロに規定する限界耐力計算と同等以上に安全性を確かめることができる構造計算により免震建築物の安全性を確かめた場合における免震建築物の構造計算書を別表に定める。

別表

	構造計算書の種類	明示すべき事項
(1)	構造計算チェックリスト	プログラムによる構造計算を行う場合において、申請に係る建築物が、当該プログラムによる構造計算によって安全性を確かめることのできる建築物の構造の種別、規模その他のプログラムの使用条件に適合するかどうかを照合するための事項
	使用構造材料一覧表	構造耐力上主要な部分である部材（接合部を含む。）に使用されるすべ

		ての材料の種別（規格がある場合にあっては、当該規格）及び使用部位
		使用する材料の許容応力度、許容耐力及び材料強度の数値及びそれらの算出方法
		使用する指定建築材料が建築基準法(昭和25年法律第201号。以下「法」という。）第37条の規定に基づく国土交通大臣の認定を受けたものである場合にあっては、その使用位置、形状及び寸法、当該構造計算において用いた許容応力度及び材料強度の数値並びに認定番号
	特別な調査又は研究の結果等説明書	法第68条の25の規定に基づく国土交通大臣の認定を受けた構造方法等その他特殊な構造方法等が使用されている場合にあっては、その認定番号、使用条件及び内容
		特別な調査又は研究の結果に基づき構造計算が行われている場合にあっては、その検討内容
		構造計算の仮定及び計算結果の適切性に関する検討内容
(2)	基礎・地盤説明書（施行規則第1条の3第1項の表3中の規定に基づき国土交通大臣があらかじめ適切であると認定した算出方法により基礎ぐいの許容支持力を算出する場合で当該認定に係る認定書の写しを添えた場合にあっては、当該算出方法に係る図書のうち国土交通大臣の指定したものを除く。）	地盤調査方法及びその結果
		地層構成、支持地盤及び建築物（地下部分を含む。）の位置
		地下水位（地階を有しない建築物に直接基礎を用いた場合を除く。）
		基礎の工法（地盤改良を含む。）の種別、位置、形状、寸法及び材料の種別
		構造計算において用いた支持層の位置、層の構成及び地盤調査の結果により設定した地盤の特性値
		地盤の許容応力度並びに基礎及び基礎ぐいの許容支持力の数値及びそれらの算出方法
	略伏図	各階の構造耐力上主要な部分である部材の種別、配置及び寸法並びに開口部の位置
	略軸組図	すべての通りの構造耐力上主要な部分である部材の種別、配置及び寸法並びに開口部の位置
	部材断面表	各階及びすべての通りの構造耐力上主要な部分である部材の断面の形状、寸法及び仕様
	荷重・外力計算書	固定荷重の数値及びその算出方法
		各階又は各部分の用途ごとに積載荷重の数値及びその算出方法
		各階又は各部分の用途ごとに大規模な設備、塔屋その他の特殊な荷重の数値及びその算出方法
		積雪荷重の数値及びその算出方法
		風圧力の数値及びその算出方法（免震層を除く。）
		地震力の数値及びその算出方法（免震層を除く。）
		土圧、水圧その他考慮すべき荷重及び外力の数値及びそれらの算出方法
		略伏図上に記載した特殊な荷重の分布
	応力計算書（応力図及び基礎反力図を含む。）	構造耐力上主要な部分である部材に生ずる力の数値及びその算出方法
		地震時（風圧力によって生ずる力が地震力によって生ずる力を上回る場合にあっては暴風時）における柱が負担するせん断力及びその分担率並びに耐力壁又は筋かいが負担するせん断力及びその分担率
		平成19年国土交通省告示第817号別記第3号様式に定める応力図及び同告示別記第4号様式に定める基礎反力図に記載すべき事項
	断面計算書（断面検定比図を含む。）	構造耐力上主要な部分である部材（接合部を含む。）の位置、部材に付す記号、部材断面の仕様、部材に生じる荷重の種別及び当該荷重が作用する方向

			構造耐力上主要な部分である部材（接合部を含む。）の軸方向、曲げ及びせん断の応力度
			構造耐力上主要な部分である部材（接合部を含む。）の軸方向、曲げ及びせん断の許容応力度
			構造耐力上主要な部分である部材（接合部を含む。）の応力度と許容応力度の比率
			平成 19 年国土交通省告示第 817 号別記第 5 号様式に定める断面検定比図に記載すべき事項
	積雪・暴風時耐力計算書		構造耐力上主要な部分である部材（接合部を含む。）に生ずる力の数値及びその算出方法（免震層を除く。）
			構造耐力上主要な部分である部材（接合部を含む。）の耐力の数値及びその算出方法（免震層を除く。）
	積雪・暴風時耐力計算結果一覧表		構造耐力上主要な部分である部材（接合部を含む。）に生ずる力及び耐力並びにその比率（免震層を除く。）
(3)	免震層の構造計算に関する計算書	免震層の構造計算の過程に係る部分	平成 12 年建設省告示第 2009 号（以下「告示」という。）第 6 第 2 項第二号の積雪時に免震層に作用する積雪荷重の数値及び算出方法
			免震層の偏心率の算出方法
			免震層の設計限界変位の算出方法
			設計限界固有周期の数値及びその算出方法
			履歴免震材料による免震層の等価粘性減衰定数の数値及びその算出方法
			流体系の減衰材による免震層の等価粘性減衰定数の数値及びその算出方法
			設計限界固有周期における免震層の振動の減衰による加速度の低減率の数値及びその算出方法
			表層地盤による加速度の増幅率 Gs の数値及びその算出方法
			免震層に作用する地震力の数値及びその算出方法
			免震層の地震応答変位の算出方法
			暴風により免震層に作用する風圧力の数値及びその算出方法
			免震層の風応答変位の算出方法
			免震層の応答速度の算出方法
			流体系減衰材の負担せん断力係数の算出方法
			免震建築物の接線周期の算出方法
			免震材料のばらつき、環境及び経年変化に関する検討内容
		免震層の構造計算の結果に係る部分	免震層の偏心率の数値
			免震層の地震応答変位及び設計限界変位の数値
			免震層の風応答変位及び設計限界変位の数値
			免震層の応答速度及び平成 12 年建設省告示第 1446 号別表第 2 第 1 第九号に掲げる建築材料の項(ろ)欄第三号に規定する限界速度の数値
			流体系減衰材の負担せん断力係数の数値
			免震建築物の接線周期の数値
			免震材料が告示第 6 第 2 項第十号イ及びロの規定に適合することの検証内容
		免震層の応答の確保に関する部分	上部構造の各階の層間変形角の数値
			上部構造と建築物の下部構造及び周囲の構造物その他の物件との水平距離の数値

			下部構造が告示第6第4項第三号の規定に適合することの検証内容
(4)	基礎ぐい等計算書		基礎ぐい、床版、小ばりその他の構造耐力上主要な部分である部材に関する構造計算の計算書
(5)	使用上の支障に関する計算書		建築基準法施行令第82条第四号に規定する構造計算の計算書
(6)	土砂災害特別警戒区域内破壊防止計算書		告示第6第5項に規定する構造計算の計算書

構造計算書の作成に当たっては、次に掲げる事項について留意するものとする。
一 確認申請時に提出する構造計算書には通し頁を付すことその他の構造計算書の構成を識別できる措置を講じること。
二 建築物の構造等の実況に応じて、当該建築物の安全性を確かめるために必要な図書の追加、変更等を行うこと。
三 他の構造を併用する建築物にあっては、それぞれの構造種別に応じて構造計算書を作成すること。
四 この表の略伏図及び略軸組図は、構造計算における架構の様相を示した図に代えることができるものとするほか、プログラムによる構造計算を行わない場合にあっては省略することができるものとする。

建築基準法施行令第81条第2項第一号イに規定する国土交通大臣が定める基準に従った構造計算により壁式ラーメン鉄筋コンクリート造の建築物又は建築物の構造部分の安全性を確かめた場合の構造計算書を定める件

制定：平成19年6月19日　国土交通省告示第825号
改正：平成27年1月29日　国土交通省告示第184号

建築基準法施行規則（昭和25年建設省令第40号）第1条の3第1項第一号ロ(2)(ii)の規定に基づき、建築基準法施行令（昭和25年政令第338号。以下「令」という。）第81条第2項第一号イに規定する保有水平耐力計算と同等以上に安全性を確かめることができる構造計算により壁式ラーメン鉄筋コンクリート造の建築物又は建築物の構造部分の安全性を確かめた場合における壁式ラーメン鉄筋コンクリート造の建築物又は建築物の構造部分の構造計算書を別表に定める。

別表

	構造計算書の種類	明示すべき事項
(1)	構造計算チェックリスト	プログラムによる構造計算を行う場合において、申請に係る建築物が、当該プログラムによる構造計算によって安全性を確かめることのできる建築物の構造の種別、規模その他のプログラムの使用条件に適合するかどうかを照合するための事項
	使用構造材料一覧表	構造耐力上主要な部分である部材（接合部を含む。）に使用されるすべての材料の種別（規格がある場合にあっては、当該規格）及び使用部位
		使用する材料の許容応力度、許容耐力及び材料強度の数値及びそれらの算出方法
		使用する指定建築材料が建築基準法(昭和25年法律第201号。以下「法」という。）第37条の規定に基づく国土交通大臣の認定を受けたものである場合にあっては、その使用位置、形状及び寸法、当該構造計算において用いた許容応力度及び材料強度の数値並びに認定番号
	特別な調査又は研究の結果等説明書	法第68条の25の規定に基づく国土交通大臣の認定を受けた構造方法等その他特殊な構造方法等が使用されている場合にあっては、その認定番号、使用条件及び内容
		特別な調査又は研究の結果に基づき構造計算が行われている場合にあっ

		ては、その検討内容
		構造計算の仮定及び計算結果の適切性に関する検討内容
(2)	基礎・地盤説明書（施行規則第1条の3第1項の表3中の規定に基づき国土交通大臣があらかじめ適切であると認定した算出方法により基礎ぐいの許容支持力を算出する場合で当該認定に係る認定書の写しを添えた場合にあっては、当該算出方法に係る図書のうち国土交通大臣の指定したものを除く。）	地盤調査方法及びその結果
		地層構成、支持地盤及び建築物（地下部分を含む。）の位置
		地下水位（地階を有しない建築物に直接基礎を用いた場合を除く。）
		基礎の工法（地盤改良を含む。）の種別、位置、形状、寸法及び材料の種別
		構造計算において用いた支持層の位置、層の構成及び地盤調査の結果により設定した地盤の特性値
		地盤の許容応力度並びに基礎及び基礎ぐいの許容支持力の数値及びそれらの算出方法
	略伏図	各階の構造耐力上主要な部分である部材の種別、配置及び寸法並びに開口部の位置
	略軸組図	すべての通りの構造耐力上主要な部分である部材の種別、配置及び寸法並びに開口部の位置
	部材断面表	各階及びすべての通りの構造耐力上主要な部分である部材の断面の形状、寸法及び仕様
	荷重・外力計算書	固定荷重の数値及びその算出方法
		各階又は各部分の用途ごとに積載荷重の数値及びその算出方法
		各階又は各部分の用途ごとに大規模な設備、塔屋その他の特殊な荷重の数値及びその算出方法
		積雪荷重の数値及びその算出方法
		風圧力の数値及びその算出方法
		地震力の数値及びその算出方法
		土圧、水圧その他考慮すべき荷重及び外力の数値及びそれらの算出方法
		略伏図上に記載した特殊な荷重の分布
	応力計算書（応力図及び基礎反力図を含む。）	構造耐力上主要な部分である部材に生ずる力の数値及びその算出方法
		地震時（風圧力によって生ずる力が地震力によって生ずる力を上回る場合にあっては暴風時）における柱が負担するせん断力及びその分担率並びに耐力壁又は筋かいが負担するせん断力及びその分担率
		平成 19 年国土交通省告示第 817 号別記第 3 号様式に定める応力図及び同告示別記第 4 号様式に定める基礎反力図に記載すべき事項
	断面計算書（断面検定比図を含む。）	構造耐力上主要な部分である部材（接合部を含む。）の位置、部材に付す記号、部材断面の仕様、部材に生じる荷重の種別及び当該荷重が作用する方向
		構造耐力上主要な部分である部材（接合部を含む。）の軸方向、曲げ及びせん断の応力度
		構造耐力上主要な部 分である部材（接合部を含む。）の軸方向、曲げ及びせん断の許容応力度
		構造耐力上主要な部分である部材（接合部を含む。）の応力度と許容応力度の比率
		平成 19 年国土交通省告示第 817 号別記第 5 号様式に定める断面検定比図に記載すべき事項
	基礎ぐい等計算書	基礎ぐい、床版、小ばりその他の構造耐力上主要な部分である部材に関する構造計算の計算書
	使用上の支障に関する計算書	令第 82 条第四号に規定する構造計算の計算書

(3)	層間変形角計算書	層間変位の計算に用いる地震力
		地震力によって各階に生ずる水平方向の層間変位の算出方法
		各階及び各方向の地震力による層間変形角の算出方法
	層間変形角計算結果一覧表	各階及び各方向の地震力による層間変形角
		損傷が生ずるおそれのないことについての検証内容（層間変形角が$\frac{1}{200}$を超え$\frac{1}{120}$以内である場合に限る。）
(4)	剛性率・偏心率等計算書	各階及び各方向の剛性率を計算する場合における層間変形角の算定に用いる層間変位の算出方法
		各階及び各方向の剛性率の算出方法
		各階の剛心周りのねじり剛性の算出方法
		各階及び各方向の偏心率の算出方法
	剛性率・偏心率等計算結果一覧表	各階の剛性率及び偏心率
(5)	保有水平耐力計算書	保有水平耐力計算に用いる地震力
		各階及び各方向の保有水平耐力の算出方法
		平成13年国土交通省告示第1025号（以下「告示」という。）第10ニに規定する各階の構造特性を表すDs（以下この表において「Ds」という。）の算出方法
		告示第10ホに規定する各階の形状特性を表すFe（以下この表において「Fe」という。）の算出方法
		各階及び各方向の必要保有水平耐力の算出方法
		けた行方向の架構について、保有水平耐力を計算するに当たっての各部に生ずる力に対して、特定の階の層間変位が急激に増大するおそれのないことについての検証内容
	保有水平耐力計算結果一覧表	各階の保有水平耐力を増分解析により計算する場合における外力分布
		架構の崩壊形
		保有水平耐力、Ds、Fe及び必要保有水平耐力の数値
		各階及び各方向のDsの算定時における構造耐力上主要な部分である部材に生ずる力の分布及び塑性ヒンジの発生状況
		各階及び各方向の構造耐力上主要な部分である部材の部材群としての部材種別
		各階及び各方向の保有水平耐力時における構造耐力上主要な部分である部材に生ずる力の分布及び塑性ヒンジの発生状況
		各階の保有水平耐力を増分解析により計算する場合において、建築物の各方向におけるせん断力と層間変形角の関係
(6)	使用構造材料一覧表	屋根ふき材、外装材及び屋外に面する帳壁に使用されるすべての材料の種別（規格がある場合にあっては当該規格）及び使用部位
		使用する材料の許容応力度、許容耐力及び材料強度の数値及びそれらの算出方法
		使用する指定建築材料が法第37条の規定に基づく国土交通大臣の認定を受けたものである場合にあっては、その使用位置、形状及び寸法、当該構造計算において用いた許容応力度及び材料強度の数値並びに認定番号
	荷重・外力計算書	風圧力の数値及びその算出方法
	応力計算書	屋根ふき材及び屋外に面する帳壁に生ずる力の数値及びその算出方法
	屋根ふき材等計算書	令第82条の4に規定する構造計算の計算書

構造計算書の作成に当たっては、次に掲げる事項について留意するものとする。
一　確認申請時に提出する構造計算書には通し頁を付すことその他の構造計算書の構成を識別できる措置を講じること。
二　建築物の構造等の実況に応じて、当該建築物の安全性を確かめるために必要な図書の追加、変更等を行うこと。
三　他の構造を併用する建築物にあっては、それぞれの構造種別に応じて構造計算書を作成すること。
四　この表の略伏図及び略軸組図は、構造計算における架構の様相を示した図に代えることができるものとするほか、プログラムによる構造計算を行わない場合にあっては省略することができるものとする。

建築基準法施行令第 81 条第 2 項第一号イに規定する国土交通大臣が定める基準に従った構造計算により枠組壁工法又は木質プレハブ工法を用いた建築物又は建築物の構造部分の安全性を確かめた場合の構造計算書を定める件

制定：平成 19 年 6 月 19 日　国土交通省告示第 826 号
改正：平成 27 年 1 月 29 日　国土交通省告示第 184 号

建築基準法施行規則（昭和 25 年建設省令第 40 号）第 1 条の 3 第 1 項第一号ロ(2)(ii)の規定に基づき、建築基準法施行令（昭和 25 年政令第 338 号。以下「令」という。）第 81 条第 2 項第一号イに規定する保有水平耐力計算と同等以上に安全性を確かめることができる構造計算により枠組壁工法又は木質プレハブ工法を用いた建築物又は建築物の構造部分の安全性を確かめた場合における枠組壁工法又は木質プレハブ工法を用いた建築物又は建築物の構造部分の構造計算書を別表に定める。

別表

	構造計算書の種類	明示すべき事項
(1)	構造計算チェックリスト	プログラムによる構造計算を行う場合において、申請に係る建築物が、当該プログラムによる構造計算によって安全性を確かめることのできる建築物の構造の種別、規模その他のプログラムの使用条件に適合するかどうかを照合するための事項
	使用構造材料一覧表	構造耐力上主要な部分である部材（接合部を含む。）に使用されるすべての材料の種別（規格がある場合にあっては、当該規格）及び使用部位
		使用する材料の許容応力度、許容耐力及び材料強度の数値及びそれらの算出方法
		使用する指定建築材料が建築基準法（昭和 25 年法律第 201 号。以下「法」という。）第 37 条の規定に基づく国土交通大臣の認定を受けたものである場合にあっては、その使用位置、形状及び寸法、当該構造計算において用いた許容応力度及び材料強度の数値並びに認定番号
	特別な調査又は研究の結果等説明書	法第 68 条の 25 の規定に基づく国土交通大臣の認定を受けた構造方法等その他特殊な構造方法等が使用されている場合にあっては、その認定番号、使用条件及び内容
		特別な調査又は研究の結果に基づき構造計算が行われている場合にあっては、その検討内容
		構造計算の仮定及び計算結果の適切性に関する検討内容
(2)	基礎・地盤説明書（施行規則第 1 条の 3 第 1 項の表 3 中の規定に基づき国土交通大臣があらかじめ適切であると認定した算出方法により基礎ぐいの許容支持力を算出する場合	地盤調査方法及びその結果
		地層構成、支持地盤及び建築物（地下部分を含む。）の位置
		地下水位（地階を有しない建築物に直接基礎を用いた場合を除く。）
		基礎の工法（地盤改良を含む。）の種別、位置、形状、寸法及び材料の種別

	で当該認定に係る認定書の写しを添えた場合にあっては、当該算出方法に係る図書のうち国土交通大臣の指定したものを除く。）	構造計算において用いた支持層の位置、層の構成及び地盤調査の結果により設定した地盤の特性値
		地盤の許容応力度並びに基礎及び基礎ぐいの許容支持力の数値及びそれらの算出方法
	略伏図	各階の構造耐力上主要な部分である部材の種別、配置及び寸法並びに開口部の位置
	略軸組図	すべての通りの構造耐力上主要な部分である部材の種別、配置及び寸法並びに開口部の位置
	部材断面表	各階及びすべての通りの構造耐力上主要な部分である部材の断面の形状、寸法及び仕様
	荷重・外力計算書	固定荷重の数値及びその算出方法
		各階又は各部分の用途ごとに積載荷重の数値及びその算出方法
		各階又は各部分の用途ごとに大規模な設備、塔屋その他の特殊な荷重の数値及びその算出方法
		積雪荷重の数値及びその算出方法
		風圧力の数値及びその算出方法
		地震力の数値及びその算出方法
		土圧、水圧その他考慮すべき荷重及び外力の数値及びそれらの算出方法
		略伏図上に記載した特殊な荷重の分布
	応力計算書（応力図及び基礎反力図を含む。）	構造耐力上主要な部分である部材に生ずる力の数値及びその算出方法
		地震時（風圧力によって生ずる力が地震力によって生ずる力を上回る場合にあっては暴風時）における柱が負担するせん断力及びその分担率並びに耐力壁又は筋かいが負担するせん断力及びその分担率
		平成19年国土交通省告示第817号別記第3号様式に定める応力図及び同告示別記第4号様式に定める基礎反力図に記載すべき事項
	断面計算書（断面検定比図を含む。）	構造耐力上主要な部分である部材（接合部を含む。）の位置、部材に付す記号、部材断面の仕様、部材に生じる荷重の種別及び当該荷重が作用する方向
		構造耐力上主要な部分である部材（接合部を含む。）の軸方向、曲げ及びせん断の応力度
		構造耐力上主要な部分である部材（接合部を含む。）の軸方向、曲げ及びせん断の許容応力度
		構造耐力上主要な部分である部材（接合部を含む。）の応力度と許容応力度の比率
		平成19年国土交通省告示第817号別記第5号様式に定める断面検定比図に記載すべき事項
	基礎ぐい等計算書	基礎ぐい、床版、小ばりその他の構造耐力上主要な部分である部材に関する構造計算の計算書
	使用上の支障に関する計算書	令第82条第四号に規定する構造計算の計算書
(3)	層間変形角計算書	層間変位の計算に用いる風圧力及び地震力
		風圧力及び地震力によって各階に生ずる水平方向の層間変位の算出方法
		各階及び各方向の風圧力及び地震力による層間変形角の算出方法
	層間変形角計算結果一覧表	各階及び各方向の風圧力及び地震力による層間変形角
		損傷が生ずるおそれのないことについての検証内容（層間変形角が$\frac{1}{200}$を超え$\frac{1}{120}$以内である場合に限る。）

(4)	保有水平耐力計算書	保有水平耐力計算に用いる地震力
		各階及び各方向の保有水平耐力の算出方法
		令第 82 条の 3 第二号に規定する各階の構造特性を表す Ds（以下この表において「Ds」という。）の算出方法
		令第 82 条の 3 第二号に規定する各階の形状特性を表す Fes（以下この表において「Fes」という。）の算出方法
		各階及び各方向の必要保有水平耐力の算出方法
		構造耐力上主要な部分である柱、はり若しくは壁又はこれらの接合部について、局部座屈、せん断破壊等による構造耐力上支障のある急激な耐力の低下が生ずるおそれのないことについての検証内容
	保有水平耐力計算結果一覧表	各階の保有水平耐力を増分解析により計算する場合における外力分布
		耐力壁のせん断破壊による崩壊
		保有水平耐力、Ds、Fes 及び必要保有水平耐力の数値
		各階及び各方向の Ds の算定時における構造耐力上主要な部分である部材に生ずる力の分布
		各階及び各方向の構造耐力上主要な部分である部材の部材群としての部材種別
		各階及び各方向の保有水平耐力時における構造耐力上主要な部分である部材に生ずる力の分布
		各階の保有水平耐力を増分解析により計算する場合において、建築物の各方向におけるせん断力と層間変形角の関係

構造計算書の作成に当たっては、次に掲げる事項について留意するものとする。

一　確認申請時に提出する構造計算書には通し頁を付すことその他の構造計算書の構成を識別できる措置を講じること。

二　建築物の構造等の実況に応じて、当該建築物の安全性を確かめるために必要な図書の追加、変更等を行うこと。

三　他の構造を併用する建築物にあっては、それぞれの構造種別に応じて構造計算書を作成すること。

四　この表の略伏図及び略軸組図は、構造計算における架構の様相を示した図に代えることができるものとするほか、プログラムによる構造計算を行わない場合にあっては省略することができるものとする。

建築基準法施行令第 81 条第 3 項に規定する国土交通大臣が定める基準に従った構造計算により特定畜舎等建築物の安全性を確かめた場合の構造計算書を定める件

制定：平成 19 年 6 月 19 日　国土交通省告示第 827 号
改正：平成 27 年 1 月 29 日　国土交通省告示第 184 号

建築基準法施行規則（昭和 25 年建設省令第 40 号）第 1 条の 3 第 1 項第一号ロ(2)(ii)の規定に基づき、建築基準法施行令（昭和 25 年政令第 338 号）第 81 条第 3 項に規定する令第 82 条各号及び令第 82 条の 4 に定めるところによる構造計算と同等以上に安全性を確かめることができる構造計算により特定畜舎等建築物の安全性を確かめた場合における特定畜舎等建築物の構造計算書を別表に定める。

別表

	構造計算書の種類	明示すべき事項
(1)	構造計算チェックリスト	プログラムによる構造計算を行う場合において、申請に係る建築物が、当該プログラムによる構造計算によって安全性を確かめることのできる

		建築物の構造の種別、規模その他のプログラムの使用条件に適合するかどうかを照合するための事項
	使用構造材料一覧表	構造耐力上主要な部分である部材（接合部を含む。）に使用されるすべての材料の種別（規格がある場合にあっては、当該規格）及び使用部位
		使用する材料の許容応力度、許容耐力及び材料強度の数値及びそれらの算出方法
		使用する指定建築材料が建築基準法(昭和25年法律第201号。以下「法」という。）第37条の規定に基づく国土交通大臣の認定を受けたものである場合にあっては、その使用位置、形状及び寸法、当該構造計算において用いた許容応力度及び材料強度の数値並びに認定番号
	特別な調査又は研究の結果等説明書	法第68条の25の規定に基づく国土交通大臣の認定を受けた構造方法等その他特殊な構造方法等が使用されている場合にあっては、その認定番号、使用条件及び内容
		特別な調査又は研究の結果に基づき構造計算が行われている場合にあっては、その検討内容
		構造計算の仮定及び計算結果の適切性に関する検討内容
(2)	基礎・地盤説明書（施行規則第1条の3第1項の表3中の規定に基づき国土交通大臣があらかじめ適切であると認定した算出方法により基礎ぐいの許容支持力を算出する場合で当該認定に係る認定書の写しを添えた場合にあっては、当該算出方法に係る図書のうち国土交通大臣の指定したものを除く。）	地盤調査方法及びその結果
		地層構成、支持地盤及び建築物（地下部分を含む。）の位置
		地下水位（地階を有しない建築物に直接基礎を用いた場合を除く。）
		基礎の工法（地盤改良を含む。）の種別、位置、形状、寸法及び材料の種別
		構造計算において用いた支持層の位置、層の構成及び地盤調査の結果により設定した地盤の特性値
		地盤の許容応力度並びに基礎及び基礎ぐいの許容支持力の数値及びそれらの算出方法
		平成14年国土交通省告示第474号第2に規定する特定畜舎等建築物の基礎について定める構造計算の計算書
	略伏図	各階の構造耐力上主要な部分である部材の種別、配置及び寸法並びに開口部の位置
	略軸組図	すべての通りの構造耐力上主要な部分である部材の種別、配置及び寸法並びに開口部の位置
	部材断面表	各階及びすべての通りの構造耐力上主要な部分である部材の断面の形状、寸法及び仕様
	荷重・外力計算書	固定荷重の数値及びその算出方法
		各階又は各部分の用途ごとに積載荷重の数値及びその算出方法
		各階又は各部分の用途ごとに大規模な設備、塔屋その他の特殊な荷重の数値及びその算出方法
		積雪荷重の数値及びその算出方法
		風圧力の数値及びその算出方法
		地震力の数値及びその算出方法
		土圧、水圧その他考慮すべき荷重及び外力の数値及びそれらの算出方法
		略伏図上に記載した特殊な荷重の分布
	応力計算書（応力図及び基礎反力図を含む。）	構造耐力上主要な部分である部材に生ずる力の数値及びその算出方法
		地震時（風圧力によって生ずる力が地震力によって生ずる力を上回る場合にあっては暴風時）における柱が負担するせん断力及びその分担率並びに耐力壁又は筋かいが負担するせん断力及びその分担率
		平成19年国土交通省告示第817号別記第3号様式に定める応力図及び

		同告示別記第4号様式に定める基礎反力図に記載すべき事項
	断面計算書（断面検定比図を含む。）	構造耐力上主要な部分である部材（接合部を含む。）の位置、部材に付す記号、部材断面の仕様、部材に生じる荷重の種別及び当該荷重が作用する方向
		構造耐力上主要な部分である部材（接合部を含む。）の軸方向、曲げ及びせん断の応力度
		構造耐力上主要な部分である部材（接合部を含む。）の軸方向、曲げ及びせん断の許容応力度
		構造耐力上主要な部分である部材（接合部を含む。）の応力度と許容応力度の比率
		平成19年国土交通省告示第817号別記第5号様式に定める断面検定比図に記載すべき事項
	基礎ぐい等計算書	基礎ぐい、床版、小ばりその他の構造耐力上主要な部分である部材に関する構造計算の計算書
	使用上の支障に関する計算書	平成12年建設省告示第1459号に規定する構造計算の計算書
構造計算書の作成に当たっては、次に掲げる事項について留意するものとする。 一　確認申請時に提出する構造計算書には通し頁を付すことその他の構造計算書の構成を識別できる措置を講じること。 二　建築物の構造等の実況に応じて、当該建築物の安全性を確かめるために必要な図書の追加、変更等を行うこと。 三　他の構造を併用する建築物にあっては、それぞれの構造種別に応じて構造計算書を作成すること。 四　この表の略伏図及び略軸組図は、構造計算における架構の様相を示した図に代えることができるものとするほか、プログラムによる構造計算を行わない場合にあっては省略することができるものとする。		

建築基準法施行令第81条第2項第一号イ又は同条第2項第二号イに規定する国土交通大臣が定める基準に従った構造計算により膜構造の建築物又は建築物の構造部分の安全性を確かめた場合の構造計算書を定める件

制定：平成19年6月19日　国土交通省告示第828号
改正：平成27年1月29日　国土交通省告示第184号

建築基準法施行規則（昭和25年建設省令第40号。以下「施行規則」という。）第1条の3第1項第一号ロ(2)(ii)の規定に基づき、膜構造の建築物又は建築物の構造部分の構造計算書を次のように定める。

一　建築基準法施行令（昭和25年政令第338号。以下「令」という。）第81条第2項第一号イに規定する保有水平耐力計算と同等以上に安全性を確かめることができる構造計算により膜構造の建築物又は建築物の構造部分の安全性を確かめた場合　別表第1とする。
二　令第81条第2項第二号イに規定する許容応力度等計算と同等以上に安全性を確かめることができる構造計算により膜構造の建築物又は建築物の構造部分の安全性を確かめた場合　別表第2とする。

別表第1

	構造計算書の種類	明示すべき事項
(1)	構造計算チェックリスト	プログラムによる構造計算を行う場合において、申請に係る建築物が、当該プログラムによる構造計算によって安全性を確かめることのできる建築物の構造の種別、規模その他のプログラムの使用条件に適合するか

		どうかを照合するための事項
	使用構造材料一覧表	構造耐力上主要な部分である部材（接合部を含む。）に使用されるすべての材料の種別（規格がある場合にあっては、当該規格）及び使用部位
		使用する材料の許容応力度、許容耐力及び材料強度の数値及びそれらの算出方法
		使用する指定建築材料が建築基準法(昭和25年法律第201号。以下「法」という。）第37条の規定に基づく国土交通大臣の認定を受けたものである場合にあっては、その使用位置、形状及び寸法、当該構造計算において用いた許容応力度及び材料強度の数値並びに認定番号
	特別な調査又は研究の結果等説明書	法第68条の25の規定に基づく国土交通大臣の認定を受けた構造方法等その他特殊な構造方法等が使用されている場合にあっては、その認定番号、使用条件及び内容
		特別な調査又は研究の結果に基づき構造計算が行われている場合にあっては、その検討内容
		構造計算の仮定及び計算結果の適切性に関する検討内容
(2)	基礎・地盤説明書（施行規則第1条の3第1項の表3中の規定に基づき国土交通大臣があらかじめ適切であると認定した算出方法により基礎ぐいの許容支持力を算出する場合で当該認定に係る認定書の写しを添えた場合にあっては、当該算出方法に係る図書のうち国土交通大臣の指定したものを除く。）	地盤調査方法及びその結果
		地層構成、支持地盤及び建築物（地下部分を含む。）の位置
		地下水位（地階を有しない建築物に直接基礎を用いた場合を除く。）
		基礎の工法（地盤改良を含む。）の種別、位置、形状、寸法及び材料の種別
		構造計算において用いた支持層の位置、層の構成及び地盤調査の結果により設定した地盤の特性値
		地盤の許容応力度並びに基礎及び基礎ぐいの許容支持力の数値及びそれらの算出方法
	略伏図	各階の構造耐力上主要な部分である部材の種別、配置及び寸法並びに開口部の位置
	略軸組図	すべての通りの構造耐力上主要な部分である部材の種別、配置及び寸法並びに開口部の位置
	部材断面表	各階及びすべての通りの構造耐力上主要な部分である部材の断面の形状、寸法及び仕様
	荷重・外力計算書	固定荷重の数値及びその算出方法
		各階又は各部分の用途ごとに積載荷重の数値及びその算出方法
		各階又は各部分の用途ごとに大規模な設備、塔屋その他の特殊な荷重(以下「特殊な荷重」という。）の数値及びその算出方法
		積雪荷重の数値及びその算出方法
		風圧力の数値及びその算出方法
		地震力の数値及びその算出方法
		膜面の張力の数値及びその算出方法
		土圧、水圧その他考慮すべき荷重及び外力の数値及びそれらの算出方法
		略伏図上に記載した特殊な荷重及び膜面の張力の分布
	応力計算書（応力図及び基礎反力図を含む。）	構造耐力上主要な部分である部材に生ずる力の数値及びその算出方法
		地震時（風圧力によって生ずる力が地震力によって生ずる力を上回る場合にあっては暴風時）における柱が負担するせん断力及びその分担率並びに耐力壁又は筋かいが負担するせん断力及びその分担率
		平成19年国土交通省告示第817号別記第3号様式に定める応力図及び同告示別記第4号様式に定める基礎反力図に記載すべき事項

	断面計算書（断面検定比図を含む。）	構造耐力上主要な部分である部材（接合部を含む。）の位置、部材に付す記号、部材断面の仕様、部材に生じる荷重の種別及び当該荷重が作用する方向
		構造耐力上主要な部分である部材（接合部を含む。）の軸方向、曲げ及びせん断の応力度
		構造耐力上主要な部分である部材（接合部を含む。）の軸方向、曲げ及びせん断の許容応力度
		構造耐力上主要な部分である部材（接合部を含む。）の応力度と許容応力度の比率
		平成 14 年国土交通省告示第 666 号（以下「告示」という。）第 5 第 2 項に規定する構造計算の計算書
		平成 19 年国土交通省告示第 817 号別記第 5 号様式に定める断面検定比図に記載すべき事項
	基礎ぐい等計算書	基礎ぐい、床版、小ばりその他の構造耐力上主要な部分である部材に関する構造計算の計算書
	使用上の支障に関する計算書	告示第 5 第 1 項第四号に規定する構造計算の計算書
(3)	相対変形量に関する計算書	告示第 5 第 3 項に規定する構造計算の計算書
(4)	層間変形角計算書	層間変位の計算に用いる地震力
		地震力によって各階に生ずる水平方向の層間変位の算出方法
		各階及び各方向の地震力による層間変形角の算出方法
	層間変形角計算結果一覧表	各階及び各方向の地震力による層間変形角
		損傷が生ずるおそれのないことについての検証内容（層間変形角が$\frac{1}{200}$を超え$\frac{1}{120}$以内である場合に限る。）
(5)	保有水平耐力計算書	保有水平耐力計算に用いる地震力
		各階及び各方向の保有水平耐力の算出方法
		令第 82 条の 3 第二号に規定する各階の構造特性を表す Ds（以下この表において「Ds」という。）の算出方法
		令第 82 条の 3 第二号に規定する各階の形状特性を表す Fes（以下この表において「Fes」という。）の算出方法
		各階及び各方向の必要保有水平耐力の算出方法
		構造耐力上主要な部分である柱、はり若しくは壁又はこれらの接合部について、局部座屈、せん断破壊等による構造耐力上支障のある急激な耐力の低下が生ずるおそれのないことについての検証内容
	保有水平耐力計算結果一覧表	各階の保有水平耐力を増分解析により計算する場合における外力分布
		架構の崩壊形
		保有水平耐力、Ds、Fes 及び必要保有水平耐力の数値
		各階及び各方向の Ds の算定時における構造耐力上主要な部分である部材に生ずる力の分布及び塑性ヒンジの発生状況
		各階及び各方向の構造耐力上主要な部分である部材の部材群としての部材種別
		各階及び各方向の保有水平耐力時における構造耐力上主要な部分である部材に生ずる力の分布及び塑性ヒンジの発生状況
		各階の保有水平耐力を増分解析により計算する場合において、建築物の各方向におけるせん断力と層間変形角の関係
(6)	使用構造材料一覧表	屋根ふき材、外装材及び屋外に面する帳壁に使用されるすべての材料の種別（規格がある場合にあっては当該規格）及び使用部位

		使用する材料の許容応力度、許容耐力及び材料強度の数値及びそれらの算出方法
		使用する指定建築材料が法第37条の規定に基づく国土交通大臣の認定を受けたものである場合にあっては、その使用位置、形状及び寸法、当該構造計算において用いた許容応力度及び材料強度の数値並びに認定番号
	荷重・外力計算書	風圧力の数値及びその算出方法
	応力計算書	屋根ふき材及び屋外に面する帳壁に生ずる力の数値及びその算出方法
	屋根ふき材等計算書	告示第5第5項に規定する構造計算の計算書

構造計算書の作成に当たっては、次に掲げる事項について留意するものとする。
一　確認申請時に提出する構造計算書には通し頁を付すことその他の構造計算書の構成を識別できる措置を講じること。
二　建築物の構造等の実況に応じて、当該建築物の安全性を確かめるために必要な図書の追加、変更等を行うこと。
三　他の構造を併用する建築物にあっては、それぞれの構造種別に応じて構造計算書を作成すること。
四　この表の略伏図及び略軸組図は、構造計算における架構の様相を示した図に代えることができるものとするほか、プログラムによる構造計算を行わない場合にあっては省略することができるものとする。

別表第2

	構造計算書の種類	明示すべき事項
(1)	構造計算チェックリスト	プログラムによる構造計算を行う場合において、申請に係る建築物が、当該プログラムによる構造計算によって安全性を確かめることのできる建築物の構造の種別、規模その他のプログラムの使用条件に適合するかどうかを照合するための事項
	使用構造材料一覧表	構造耐力上主要な部分である部材（接合部を含む。）に使用されるすべての材料の種別（規格がある場合にあっては、当該規格）及び使用部位
		使用する材料の許容応力度、許容耐力及び材料強度の数値及びそれらの算出方法
		使用する指定建築材料が法第37条の規定に基づく国土交通大臣の認定を受けたものである場合にあっては、その使用位置、形状及び寸法、当該構造計算において用いた許容応力度及び材料強度の数値並びに認定番号
	特別な調査又は研究の結果等説明書	法第68条の25の規定に基づく国土交通大臣の認定を受けた構造方法等その他特殊な構造方法等が使用されている場合にあっては、その認定番号、使用条件及び内容
		特別な調査又は研究の結果に基づき構造計算が行われている場合にあっては、その検討内容
		構造計算の仮定及び計算結果の適切性に関する検討内容
(2)	基礎・地盤説明書（施行規則第1条の3第1項の表3中の規定に基づき国土交通大臣があらかじめ適切であると認定した算出方法により基礎ぐいの許容支持力を算出する場合で当該認定に係る認定書の写しを添えた場合にあっては、当該算出方法に係る図書のうち国土交通大臣の指定したものを除く。）	地盤調査方法及びその結果
		地層構成、支持地盤及び建築物（地下部分を含む。）の位置
		地下水位（地階を有しない建築物に直接基礎を用いた場合を除く。）
		基礎の工法（地盤改良を含む。）の種別、位置、形状、寸法及び材料の種別
		構造計算において用いた支持層の位置、層の構成及び地盤調査の結果により設定した地盤の特性値
		地盤の許容応力度並びに基礎及び基礎ぐいの許容支持力の数値及びそれらの算出方法
	略伏図	各階の構造耐力上主要な部分である部材の種別、配置及び寸法並びに開

		口部の位置
	略軸組図	すべての通りの構造耐力上主要な部分である部材の種別、配置及び寸法並びに開口部の位置
	部材断面表	各階及びすべての通りの構造耐力上主要な部分である部材の断面の形状、寸法及び仕様
	荷重・外力計算書	固定荷重の数値及びその算出方法
		各階又は各部分の用途ごとに積載荷重の数値及びその算出方法
		各階又は各部分の用途ごとに特殊な荷重の数値及びその算出方法
		積雪荷重の数値及びその算出方法
		風圧力の数値及びその算出方法
		地震力の数値及びその算出方法
		膜面の張力の数値及びその算出方法
		土圧、水圧その他考慮すべき荷重及び外力の数値及びそれらの算出方法
		略伏図上に記載した特殊な荷重及び膜面の張力の分布
	応力計算書（応力図及び基礎反力図を含む。）	構造耐力上主要な部分である部材に生ずる力の数値及びその算出方法
		地震時（風圧力によって生ずる力が地震力によって生ずる力を上回る場合にあっては暴風時）における柱が負担するせん断力及びその分担率並びに耐力壁又は筋かいが負担するせん断力及びその分担率
		平成 19 年国土交通省告示第 817 号別記第 3 号様式に定める応力図及び同告示別記第 4 号様式に定める基礎反力図に記載すべき事項
	断面計算書（断面検定比図を含む。）	構造耐力上主要な部分である部材（接合部を含む。）の位置、部材に付す記号、部材断面の仕様、部材に生じる荷重の種別及び当該荷重が作用する方向
		構造耐力上主要な部分である部材（接合部を含む。）の軸方向、曲げ及びせん断の応力度
		構造耐力上主要な部分である部材（接合部を含む。）の軸方向、曲げ及びせん断の許容応力度
		構造耐力上主要な部分である部材（接合部を含む。）の応力度と許容応力度の比率
		告示第 5 第 2 項に規定する構造計算の計算書
		平成 19 年国土交通省告示第 817 号別記第 5 号様式に定める断面検定比図に記載すべき事項
	基礎ぐい等計算書	基礎ぐい、床版、小ばりその他の構造耐力上主要な部分である部材に関する構造計算の計算書
	使用上の支障に関する計算書	告示第 5 第 1 項第四号に規定する構造計算の計算書
(3)	相対変形量に関する計算書	告示第 5 第 3 項に規定する構造計算の計算書
(4)	層間変形角計算書	層間変位の計算に用いる地震力
		地震力によって各階に生ずる水平方向の層間変位の算出方法
		各階及び各方向の地震力による層間変形角の算出方法
	層間変形角計算結果一覧表	各階及び各方向の地震力による層間変形角
		損傷が生ずるおそれのないことについての検証内容（層間変形角が $\frac{1}{200}$ を超え $\frac{1}{120}$ 以内である場合に限る。）
(5)	使用構造材料一覧表	屋根ふき材、外装材及び屋外に面する帳壁に使用されるすべての材料の種別（規格がある場合にあっては当該規格）及び使用部位
		使用する材料の許容応力度、許容耐力及び材料強度の数値及びそれらの

		算出方法
		使用する指定建築材料が法第37条の規定に基づく国土交通大臣の認定を受けたものである場合にあっては、その使用位置、形状及び寸法、当該構造計算において用いた許容応力度及び材料強度の数値並びに認定番号
	荷重・外力計算書	風圧力の数値及びその算出方法
	応力計算書	屋根ふき材及び屋外に面する帳壁に生ずる力の数値及びその算出方法
	屋根ふき材等計算書	告示第5第5項に規定する構造計算の計算書
(6)	剛性率・偏心率計算書	各階及び各方向の剛性率を計算する場合における層間変形角の算定に用いる層間変位の算出方法
		各階及び各方向の剛性率の算出方法
		各階の剛心周りのねじり剛性の算出方法
		各階及び各方向の偏心率の算出方法
		令第82条の6第三号の規定に基づき国土交通大臣が定める基準による計算の根拠
	剛性率・偏心率計算結果一覧表	各階の剛性率及び偏心率
		令第82条の6第三号の規定に基づき国土交通大臣が定める基準に適合していること

構造計算書の作成に当たっては、次に掲げる事項について留意するものとする。

一　確認申請時に提出する構造計算書には通し頁を付すことその他の構造計算書の構成を識別できる措置を講じること。

二　建築物の構造等の実況に応じて、当該建築物の安全性を確かめるために必要な図書の追加、変更等を行うこと。

三　他の構造を併用する建築物にあっては、それぞれの構造種別に応じて構造計算書を作成すること。

四　この表の略伏図及び略軸組図は、構造計算における架構の様相を示した図に代えることができるものとするほか、プログラムによる構造計算を行わない場合にあっては省略することができるものとする。

建築基準法施行令第81条第3項に規定する国土交通大臣が定める基準に従った構造計算によりテント倉庫建築物の安全性を確かめた場合の構造計算書を定める件

制定：平成19年6月19日　国土交通省告示第829号
改正：平成27年1月29日　国土交通省告示第184号

建築基準法施行規則（昭和25年建設省令第40号）第1条の3第1項第一号ロ(2)(ii)の規定に基づき、建築基準法施行令（昭和25年政令第338号）第81条第3項に規定する令第82条各号及び令第82条の4に定めるところによる構造計算と同等以上に安全性を確かめることができる構造計算によりテント倉庫建築物の安全性を確かめた場合におけるテント倉庫建築物の構造計算書を別表に定める。

別表

	構造計算書の種類	明示すべき事項
(1)	構造計算チェックリスト	プログラムによる構造計算を行う場合において、申請に係る建築物が、当該プログラムによる構造計算によって安全性を確かめることのできる建築物の構造の種別、規模その他のプログラムの使用条件に適合するかどうかを照合するための事項

	使用構造材料一覧表	構造耐力上主要な部分である部材（接合部を含む。）に使用されるすべての材料の種別（規格がある場合にあっては、当該規格）及び使用部位
		使用する材料の許容応力度、許容耐力及び材料強度の数値及びそれらの算出方法
		使用する指定建築材料が建築基準法（昭和 25 年法律第 201 号。以下「法」という。）第 37 条の規定に基づく国土交通大臣の認定を受けたものである場合にあっては、その使用位置、形状及び寸法、当該構造計算において用いた許容応力度及び材料強度の数値並びに認定番号
	特別な調査又は研究の結果等説明書	法第 68 条の 25 の規定に基づく国土交通大臣の認定を受けた構造方法等その他特殊な構造方法等が使用されている場合にあっては、その認定番号、使用条件及び内容
		特別な調査又は研究の結果に基づき構造計算が行われている場合にあっては、その検討内容
		構造計算の仮定及び計算結果の適切性に関する検討内容
(2)	基礎・地盤説明書（施行規則第 1 条の 3 第 1 項の表 3 中の規定に基づき国土交通大臣があらかじめ適切であると認定した算出方法により基礎ぐいの許容支持力を算出する場合で当該認定に係る認定書の写しを添えた場合にあっては、当該算出方法に係る図書のうち国土交通大臣の指定したものを除く。）	地盤調査方法及びその結果
		地層構成、支持地盤及び建築物（地下部分を含む。）の位置
		地下水位（地階を有しない建築物に直接基礎を用いた場合を除く。）
		基礎の工法（地盤改良を含む。）の種別、位置、形状、寸法及び材料の種別
		構造計算において用いた支持層の位置、層の構成及び地盤調査の結果により設定した地盤の特性値
		地盤の許容応力度並びに基礎及び基礎ぐいの許容支持力の数値及びそれらの算出方法
		平成 14 年国土交通省告示第 667 号第 5 に規定するテント倉庫建築物の基礎について定める構造計算の計算書
	略伏図	各階の構造耐力上主要な部分である部材の種別、配置及び寸法並びに開口部の位置
	略軸組図	すべての通りの構造耐力上主要な部分である部材の種別、配置及び寸法並びに開口部の位置
	部材断面表	各階及びすべての通りの構造耐力上主要な部分である部材の断面の形状、寸法及び仕様
	荷重・外力計算書	固定荷重の数値及びその算出方法
		各階又は各部分の用途ごとに積載荷重の数値及びその算出方法
		各階又は各部分の用途ごとに大規模な設備、塔屋その他の特殊な荷重の数値及びその算出方法
		積雪荷重の数値及びその算出方法
		風圧力の数値及びその算出方法
		地震力の数値及びその算出方法
		土圧、水圧その他考慮すべき荷重及び外力の数値及びそれらの算出方法
		略伏図上に記載した特殊な荷重の分布
	応力計算書（応力図及び基礎反力図を含む。）	構造耐力上主要な部分である部材に生ずる力の数値及びその算出方法
		地震時（風圧力によって生ずる力が地震力によって生ずる力を上回る場合にあっては暴風時）における柱が負担するせん断力及びその分担率並びに耐力壁又は筋かいが負担するせん断力及びその分担率
		平成 19 年国土交通省告示第 817 号別記第 3 号様式に定める応力図及び同告示別記第 4 号様式に定める基礎反力図に記載すべき事項

	断面計算書（断面検定比図を含む。）	構造耐力上主要な部分である部材（接合部を含む。）の位置、部材に付す記号、部材断面の仕様、部材に生じる荷重の種別及び当該荷重が作用する方向
		構造耐力上主要な部分である部材（接合部を含む。）の軸方向、曲げ及びせん断の応力度
		構造耐力上主要な部分である部材（接合部を含む。）の軸方向、曲げ及びせん断の許容応力度
		構造耐力上主要な部分である部材（接合部を含む。）の応力度と許容応力度の比率
		平成19年国土交通省告示第817号別記第5号様式に定める断面検定比図に記載すべき事項
	基礎ぐい等計算書	基礎ぐい、床版、小ばりその他の構造耐力上主要な部分である部材に関する構造計算の計算書
	使用上の支障に関する計算書	平成12年建設省告示第1459号に規定する構造計算の計算書

構造計算書の作成に当たっては、次に掲げる事項について留意するものとする。

一　確認申請時に提出する構造計算書には通し頁を付すことその他の構造計算書の構成を識別できる措置を講じること。

二　建築物の構造等の実況に応じて、当該建築物の安全性を確かめるために必要な図書の追加、変更等を行うこと。

三　他の構造を併用する建築物にあっては、それぞれの構造種別に応じて構造計算書を作成すること。

四　この表の略伏図及び略軸組図は、構造計算における架構の様相を示した図に代えることができるものとするほか、プログラムによる構造計算を行わない場合にあっては省略することができるものとする。

建築基準法施行令第81条第2項第一号イ又は同条第2項第二号イに規定する国土交通大臣が定める基準に従った構造計算により鉄筋コンクリート組積造の建築物又は建築物の構造部分の安全性を確かめた場合の構造計算書を定める件

制定：平成19年6月19日　国土交通省告示第830号
改正：平成27年1月29日　国土交通省告示第184号

建築基準法施行規則（昭和25年建設省令第40号。以下「施行規則」という。）第1条の3第1項第一号ロ(2)(ii)の規定に基づき、鉄筋コンクリート組積造の建築物又は建築物の構造部分の構造計算書を次のように定める。

一　建築基準法施行令（昭和25年政令第338号。以下「令」という。）第81条第2項第一号イに規定する保有水平耐力計算と同等以上に安全性を確かめることができる構造計算により鉄筋コンクリート組積造の建築物又は建築物の構造部分の安全性を確かめた場合　別表第1とする。

二　令第81条第2項第二号イに規定する許容応力度等計算と同等以上に安全性を確かめることができる構造計算により鉄筋コンクリート組積造の建築物又は建築物の構造部分の安全性を確かめた場合　別表第2とする。

別表第1

	構造計算書の種類	明示すべき事項
(1)	構造計算チェックリスト	プログラムによる構造計算を行う場合において、申請に係る建築物が、当該プログラムによる構造計算によって安全性を確かめることのできる建築物の構造の種別、規模その他のプログラムの使用条件に適合するか

		どうかを照合するための事項
	使用構造材料一覧表	構造耐力上主要な部分である部材（接合部を含む。）に使用されるすべての材料の種別（規格がある場合にあっては、当該規格）及び使用部位
		使用する材料の許容応力度、許容耐力及び材料強度の数値及びそれらの算出方法
		使用する指定建築材料が建築基準法（昭和 25 年法律第 201 号。以下「法」という。）第 37 条の規定に基づく国土交通大臣の認定を受けたものである場合にあっては、その使用位置、形状及び寸法、当該構造計算において用いた許容応力度及び材料強度の数値並びに認定番号
	特別な調査又は研究の結果等説明書	法第 68 条の 25 の規定に基づく国土交通大臣の認定を受けた構造方法等その他特殊な構造方法等が使用されている場合にあっては、その認定番号、使用条件及び内容
		特別な調査又は研究の結果に基づき構造計算が行われている場合にあっては、その検討内容
		構造計算の仮定及び計算結果の適切性に関する検討内容
(2)	基礎・地盤説明書（施行規則第 1 条の 3 第 1 項の表 3 中の規定に基づき国土交通大臣があらかじめ適切であると認定した算出方法により基礎ぐいの許容支持力を算出する場合で当該認定に係る認定書の写しを添えた場合にあっては、当該算出方法に係る図書のうち国土交通大臣の指定したものを除く。）	地盤調査方法及びその結果
		地層構成、支持地盤及び建築物（地下部分を含む。）の位置
		地下水位（地階を有しない建築物に直接基礎を用いた場合を除く。）
		基礎の工法（地盤改良を含む。）の種別、位置、形状、寸法及び材料の種別
		構造計算において用いた支持層の位置、層の構成及び地盤調査の結果により設定した地盤の特性値
		地盤の許容応力度並びに基礎及び基礎ぐいの許容支持力の数値及びそれらの算出方法
	略伏図	各階の構造耐力上主要な部分である部材の種別、配置及び寸法並びに開口部の位置
	略軸組図	すべての通りの構造耐力上主要な部分である部材の種別、配置及び寸法並びに開口部の位置
	部材断面表	各階及びすべての通りの構造耐力上主要な部分である部材の断面の形状、寸法及び仕様
	荷重・外力計算書	固定荷重の数値及びその算出方法
		各階又は各部分の用途ごとに積載荷重の数値及びその算出方法
		各階又は各部分の用途ごとに大規模な設備、塔屋その他の特殊な荷重（以下「特殊な荷重」という。）の数値及びその算出方法
		積雪荷重の数値及びその算出方法
		風圧力の数値及びその算出方法
		地震力の数値及びその算出方法倒壊
		土圧、水圧その他考慮すべき荷重及び外力の数値及びそれらの算出方法
		略伏図上に記載した特殊な荷重の分布
	応力計算書（応力図及び基礎反力図を含む。）	構造耐力上主要な部分である部材に生ずる力の数値及びその算出方法
		地震時（風圧力によって生ずる力が地震力によって生ずる力を上回る場合にあっては暴風時）における柱が負担するせん断力及びその分担率並びに耐力壁又は筋かいが負担するせん断力及びその分担率
		平成 19 年国土交通省告示第 817 号別記第 3 号様式に定める応力図及び同告示別記第 4 号様式に定める基礎反力図に記載すべき事項
	断面計算書（断面検定比図を	構造耐力上主要な部分である部材（接合部を含む。）の位置、部材に付

	含む。)	す記号、部材断面の仕様、部材に生じる荷重の種別及び当該荷重が作用する方向
		構造耐力上主要な部分である部材（接合部を含む。）の軸方向、曲げ及びせん断の応力度
		構造耐力上主要な部分である部材（接合部を含む。）の軸方向、曲げ及びせん断の許容応力度
		構造耐力上主要な部分である部材（接合部を含む。）の応力度と許容応力度の比率
		平成 19 年国土交通省告示第 817 号別記第 5 号様式に定める断面検定比図に記載すべき事項
		平成 15 年国土交通省告示第 463 号（以下「告示」という。）第 9 第一号に規定する構造計算の計算書
	基礎ぐい等計算書	基礎ぐい、床版、小ばりその他の構造耐力上主要な部分である部材に関する構造計算の計算書
	使用上の支障に関する計算書	令第 82 条第四号に規定する構造計算の計算書
(3)	層間変形角計算書	層間変位の計算に用いる地震力
		地震力によって各階に生ずる水平方向の層間変位の算出方法
		各階及び各方向の地震力による層間変形角の算出方法
	層間変形角計算結果一覧表	各階及び各方向の地震力による層間変形角
		損傷が生ずるおそれのないことについての検証内容（鉄筋コンクリート組積造の構造部分を有する階以外の階であって、層間変形角が$\frac{1}{200}$を超え$\frac{1}{120}$以内である場合に限る。）
(4)	保有水平耐力計算書	保有水平耐力計算に用いる地震力
		各階及び各方向の保有水平耐力の算出方法
		令第 82 条の 3 第二号に規定する各階の構造特性を表す Ds（以下この表において「Ds」という。）の算出方法
		令第 82 条の 3 第二号に規定する各階の形状特性を表す Fes（以下この表において「Fes」という。）の算出方法
		各階及び各方向の必要保有水平耐力の算出方法
		構造耐力上主要な部分である柱、はり若しくは壁又はこれらの接合部について、局部座屈、せん断破壊等による構造耐力上支障のある急激な耐力の低下が生ずるおそれのないことについての検証内容
	保有水平耐力計算結果一覧表	各階の保有水平耐力を増分解析により計算する場合における外力分布
		架構の崩壊形
		保有水平耐力、Ds、Fes 及び必要保有水平耐力の数値
		各階及び各方向の Ds の算定時における構造耐力上主要な部分である部材に生ずる力の分布及び塑性ヒンジの発生状況
		各階及び各方向の構造耐力上主要な部分である部材の部材群としての部材種別
		各階及び各方向の保有水平耐力時における構造耐力上主要な部分である部材に生ずる力の分布及び塑性ヒンジの発生状況
		各階の保有水平耐力を増分解析により計算する場合において、建築物の各方向におけるせん断力と層間変形角の関係
(5)	使用構造材料一覧表	屋根ふき材、外装材及び屋外に面する帳壁に使用されるすべての材料の種別（規格がある場合にあっては当該規格）及び使用部位
		使用する材料の許容応力度、許容耐力及び材料強度の数値及びそれらの

		算出方法
		使用する指定建築材料が法第 37 条の規定に基づく国土交通大臣の認定を受けたものである場合にあっては、その使用位置、形状及び寸法、当該構造計算において用いた許容応力度及び材料強度の数値並びに認定番号
	荷重・外力計算書	風圧力の数値及びその算出方法
	応力計算書	屋根ふき材及び屋外に面する帳壁に生ずる力の数値及びその算出方法
	屋根ふき材等計算書	令第 82 条の 4 に規定する構造計算の計算書

構造計算書の作成に当たっては、次に掲げる事項について留意するものとする。
一　確認申請時に提出する構造計算書には通し頁を付すことその他の構造計算書の構成を識別できる措置を講じること。
二　建築物の構造等の実況に応じて、当該建築物の安全性を確かめるために必要な図書の追加、変更等を行うこと。
三　他の構造を併用する建築物にあっては、それぞれの構造種別に応じて構造計算書を作成すること。
四　この表の略伏図及び略軸組図は、構造計算における架構の様相を示した図に代えることができるものとするほか、プログラムによる構造計算を行わない場合にあっては省略することができるものとする。

別表第 2

	構造計算書の種類	明示すべき事項
(1)	構造計算チェックリスト	プログラムによる構造計算を行う場合において、申請に係る建築物が、当該プログラムによる構造計算によって安全性を確かめることのできる建築物の構造の種別、規模その他のプログラムの使用条件に適合するかどうかを照合するための事項
	使用構造材料一覧表	構造耐力上主要な部分である部材（接合部を含む。）に使用されるすべての材料の種別（規格がある場合にあっては、当該規格）及び使用部位
		使用する材料の許容応力度、許容耐力及び材料強度の数値及びそれらの算出方法
		使用する指定建築材料が法第 37 条の規定に基づく国土交通大臣の認定を受けたものである場合にあっては、その使用位置、形状及び寸法、当該構造計算において用いた許容応力度及び材料強度の数値並びに認定番号
	特別な調査又は研究の結果等説明書	法第 68 条の 25 の規定に基づく国土交通大臣の認定を受けた構造方法等その他特殊な構造方法等が使用されている場合にあっては、その認定番号、使用条件及び内容
		特別な調査又は研究の結果に基づき構造計算が行われている場合にあっては、その検討内容
		構造計算の仮定及び計算結果の適切性に関する検討内容
(2)	基礎・地盤説明書（施行規則第 1 条の 3 第 1 項の表 3 中の規定に基づき国土交通大臣があらかじめ適切であると認定した算出方法により基礎ぐいの許容支持力を算出する場合で当該認定に係る認定書の写しを添えた場合にあっては、当該算出方法に係る図書のうち国土交通大臣の指定したものを除く。）	地盤調査方法及びその結果
		地層構成、支持地盤及び建築物（地下部分を含む。）の位置
		地下水位（地階を有しない建築物に直接基礎を用いた場合を除く。）
		基礎の工法（地盤改良を含む。）の種別、位置、形状、寸法及び材料の種別
		構造計算において用いた支持層の位置、層の構成及び地盤調査の結果により設定した地盤の特性値
		地盤の許容応力度並びに基礎及び基礎ぐいの許容支持力の数値及びそれらの算出方法
	略伏図	各階の構造耐力上主要な部分である部材の種別、配置及び寸法並びに開口部の位置
	略軸組図	すべての通りの構造耐力上主要な部分である部材の種別、配置及び寸法

		並びに開口部の位置
	部材断面表	各階及びすべての通りの構造耐力上主要な部分である部材の断面の形状、寸法及び仕様
	荷重・外力計算書	固定荷重の数値及びその算出方法
		各階又は各部分の用途ごとに積載荷重の数値及びその算出方法
		各階又は各部分の用途ごとに大規模な設備、塔屋その他の特殊な荷重(以下「特殊な荷重」という。)の数値及びその算出方法
		積雪荷重の数値及びその算出方法
		風圧力の数値及びその算出方法
		地震力の数値及びその算出方法
		土圧、水圧その他考慮すべき荷重及び外力の数値及びそれらの算出方法
		略伏図上に記載した特殊な荷重の分布
	応力計算書(応力図及び基礎反力図を含む。)	構造耐力上主要な部分である部材に生ずる力の数値及びその算出方法
		地震時(風圧力によって生ずる力が地震力によって生ずる力を上回る場合にあっては暴風時)における柱が負担するせん断力及びその分担率並びに耐力壁又は筋かいが負担するせん断力及びその分担率
		平成19年国土交通省告示第817号別記第3号様式に定める応力図及び同告示別記第4号様式に定める基礎反力図に記載すべき事項
	断面計算書(断面検定比図を含む。)	構造耐力上主要な部分である部材(接合部を含む。)の位置、部材に付す記号、部材断面の仕様、部材に生じる荷重の種別及び当該荷重が作用する方向
		構造耐力上主要な部分である部材(接合部を含む。)の軸方向、曲げ及びせん断の応力度
		構造耐力上主要な部分である部材(接合部を含む。)の軸方向、曲げ及びせん断の許容応力度
		構造耐力上主要な部分である部材(接合部を含む。)の応力度と許容応力度の比率
		平成19年国土交通省告示第817号別記第5号様式に定める断面検定比図に記載すべき事項
		告示第11第一号ニに規定する構造計算の計算書
	基礎ぐい等計算書	基礎ぐい、床版、小ばりその他の構造耐力上主要な部分である部材に関する構造計算の計算書
	使用上の支障に関する計算書	令第82条第四号に規定する構造計算の計算書
(3)	層間変形角計算書	層間変位の計算に用いる地震力
		地震力によって各階に生ずる水平方向の層間変位の算出方法
		各階及び各方向の地震力による層間変形角の算出方法
	層間変形角計算結果一覧表	各階及び各方向の地震力による層間変形角
		損傷が生ずるおそれのないことについての検証内容(鉄筋コンクリート組積造の構造部分を有する階以外の階であって、層間変形角が$\frac{1}{200}$を超え$\frac{1}{120}$以内である場合に限る。)
(4)	使用構造材料一覧表	屋根ふき材、外装材及び屋外に面する帳壁に使用されるすべての材料の種別(規格がある場合にあっては当該規格)及び使用部位
		使用する材料の許容応力度、許容耐力及び材料強度の数値及びそれらの算出方法
		使用する指定建築材料が法第37条の規定に基づく国土交通大臣の認定を受けたものである場合にあっては、その使用位置、形状及び寸法、当該

		構造計算において用いた許容応力度及び材料強度の数値並びに認定番号
	荷重・外力計算書	風圧力の数値及びその算出方法
	応力計算書	屋根ふき材及び屋外に面する帳壁に生ずる力の数値及びその算出方法
	屋根ふき材等計算書	令第 82 条の 4 に規定する構造計算の計算書
(5)	剛性率・偏心率計算書	各階及び各方向の剛性率を計算する場合における層間変形角の算定に用いる層間変位の算出方法
		各階及び各方向の剛性率の算出方法
		各階の剛心周りのねじり剛性の算出方法
		各階及び各方向の偏心率の算出方法
		令第 82 条の 6 第三号の規定に基づき国土交通大臣が定める基準による計算の根拠
	剛性率・偏心率計算結果一覧表	各階の剛性率及び偏心率
		令第 82 条の 6 第三号の規定に基づき国土交通大臣が定める基準に適合していること
構造計算書の作成に当たっては、次に掲げる事項について留意するものとする。 一　確認申請時に提出する構造計算書には通し頁を付すことその他の構造計算書の構成を識別できる措置を講じること。 二　建築物の構造等の実況に応じて、当該建築物の安全性を確かめるために必要な図書の追加、変更等を行うこと。 三　他の構造を併用する建築物にあっては、それぞれの構造種別に応じて構造計算書を作成すること。 四　この表の略伏図及び略軸組図は、構造計算における架構の様相を示した図に代えることができるものとするほか、プログラムによる構造計算を行わない場合にあっては省略することができるものとする。		

建築基準法施行令第 81 条第 2 項第一号ロの規定に基づきエネルギーの釣合いに基づく耐震計算等の構造計算によって建築物の安全性を確かめた場合の構造計算書を定める件

制定：平成 19 年 6 月 19 日　国土交通省告示第 831 号
改正：平成 27 年 1 月 29 日　国土交通省告示第 184 号

建築基準法施行規則（昭和 25 年建設省令第 40 号）第 1 条の 3 第 1 項第一号ロ(2)(ii)の規定に基づき、建築基準法施行令（昭和 25 年政令第 338 号。以下「令」という。）第 81 条第 2 項第一号ロに規定する限界耐力計算と同等以上に安全性を確かめることができる構造計算であるエネルギーの釣合いに基づく耐震計算等の構造計算によって建築物の安全性を確かめた場合の構造計算書を別表に定める。

別表

	構造計算書の種類	明示すべき事項
(1)	構造計算チェックリスト	プログラムによる構造計算を行う場合において、申請に係る建築物が、当該プログラムによる構造計算によって安全性を確かめることのできる建築物の構造の種別、規模その他のプログラムの使用条件に適合するかどうかを照合するための事項
	使用構造材料一覧表	構造耐力上主要な部分である部材（接合部を含む。）に使用されるすべての材料の種別（規格がある場合にあっては、当該規格）及び使用部位
		使用する材料の許容応力度、許容耐力及び材料強度の数値及びそれらの算出方法
		使用する指定建築材料が建築基準法(昭和 25 年法律第 201 号。以下「法」という。）第 37 条の規定に基づく国土交通大臣の認定を受けたものであ

		る場合にあっては、その使用位置、形状及び寸法、当該構造計算において用いた許容応力度及び材料強度の数値並びに認定番号
	特別な調査又は研究の結果等説明書	法第68条の25の規定に基づく国土交通大臣の認定を受けた構造方法等その他特殊な構造方法等が使用されている場合にあっては、その認定番号、使用条件及び内容
		特別な調査又は研究の結果に基づき構造計算が行われている場合にあっては、その検討内容
		構造計算の仮定及び計算結果の適切性に関する検討内容
(2)	基礎・地盤説明書（施行規則第1条の3第1項の表3中の規定に基づき国土交通大臣があらかじめ適切であると認定した算出方法により基礎ぐいの許容支持力を算出する場合で当該認定に係る認定書の写しを添えた場合にあっては、当該算出方法に係る図書のうち国土交通大臣の指定したものを除く。）	地盤調査方法及びその結果
		地層構成、支持地盤及び建築物（地下部分を含む。）の位置
		地下水位（地階を有しない建築物に直接基礎を用いた場合を除く。）
		基礎の工法（地盤改良を含む。）の種別、位置、形状、寸法及び材料の種別
		構造計算において用いた支持層の位置、層の構成及び地盤調査の結果により設定した地盤の特性値
		地盤の許容応力度並びに基礎及び基礎ぐいの許容支持力の数値及びそれらの算出方法
	略伏図	各階の構造耐力上主要な部分である部材の種別、配置及び寸法並びに開口部の位置
	略軸組図	すべての通りの構造耐力上主要な部分である部材の種別、配置及び寸法並びに開口部の位置
	部材断面表	各階及びすべての通りの構造耐力上主要な部分である部材の断面の形状、寸法及び仕様
	荷重・外力計算書	固定荷重の数値及びその算出方法
		各階又は各部分の用途ごとに積載荷重の数値及びその算出方法
		各階又は各部分の用途ごとに大規模な設備、塔屋その他の特殊な荷重の数値及びその算出方法
		積雪荷重の数値及びその算出方法
		風圧力の数値及びその算出方法
		地震により建築物に作用するエネルギー量の数値及びその算出方法
		土圧、水圧その他考慮すべき荷重及び外力の数値及びそれらの算出方法
		略伏図上に記載した特殊な荷重の分布
	応力計算書（応力図及び基礎反力図を含む。）（地下部分の計算を含む。）	構造耐力上主要な部分である部材に生ずる力の数値及びその算出方法
		地震時（風圧力によって生ずる力が地震力によって生ずる力を上回る場合にあっては暴風時）における柱が負担するせん断力及びその分担率並びに耐力壁又は筋かいが負担するせん断力及びその分担率
		平成19年国土交通省告示第817号別記第2号様式に定める応力図及び同告示別記第3号様式に定める基礎反力図に記載すべき事項
	断面計算書（断面検定比図を含む。）	構造耐力上主要な部分である部材（接合部を含む。）の位置、部材に付す記号、部材断面の仕様、部材に生じる荷重の種別及び当該荷重が作用する方向
		構造耐力上主要な部分である部材（接合部を含む。）の軸方向、曲げ及びせん断の応力度
		構造耐力上主要な部分である部材（接合部を含む。）の軸方向、曲げ及びせん断の許容応力度
		構造耐力上主要な部分である部材（接合部を含む。）の応力度と許容応

		力度の比率
		平成 19 年国土交通省告示第 817 号別記第 5 号様式に定める断面検定比図に記載すべき事項
	積雪・暴風時耐力計算書	構造耐力上主要な部分である部材（接合部を含む。）に生ずる力の数値及びその算出方法
		構造耐力上主要な部分である部材（接合部を含む。）の耐力の数値及びその算出方法
	積雪・暴風時耐力計算結果一覧表	構造耐力上主要な部分である部材（接合部を含む。）に生ずる力及び耐力並びにその比率
(3)	平成 17 年国土交通省告示第 631 号（以下「告示」という。）第 4 の構造計算に関する計算書	建築物の損傷限界時の各階の主架構に生ずる層せん断力の数値及びその算出方法
		各階の損傷限界時層間変位の数値及びその算出方法
		各階の主架構に弾性ひずみエネルギーとして吸収されるエネルギー量の数値及びその算出方法
		告示第 4 第一号に規定する Wdei の算出時に用いる各階のダンパー部分の層せん断力の数値及びその算出方法
		告示第 4 第一号に規定する Wdei の算出時に用いる各階のダンパー部分の層せん断力を各階のダンパー部分の水平方向の剛性で除して得た各階のダンパー部分の層間変位の数値及びその算出方法
		各階のダンパー部分に弾性ひずみエネルギーとして吸収されるエネルギー量の数値及びその算出方法
		告示第 4 第一号に規定する Wdpi の算出時に用いる各階のダンパー部分の層せん断力の数値及びその算出方法
		告示第 4 第一号に規定する Wdpi の算出時に用いる各階のダンパー部分の層せん断力を各階のダンパー部分の水平方向の剛性で除して得た各階のダンパー部分の層間変位の数値及びその算出方法
		各階のダンパー部分の塑性変形の累積の程度を表す数値（ni）及びその算出方法
		各階のダンパー部分に塑性ひずみエネルギーとして吸収されるエネルギー量の数値及びその算出方法
		建築物が損傷限界に達する時までに吸収することができるエネルギー量の数値及びその算出方法
		建築物が損傷限界に達する時の建築物の固有周期の数値及びその算出方法
		表層地盤による加速度の増幅率 Gs の数値及びその算出方法
		地震により建築物に作用するエネルギー量の速度換算値の数値及びその算出方法
		地震により建築物に作用するエネルギー量の数値及びその算出方法
		告示第 4 第四号に規定する建築物の各階に作用する層せん断力の数値及びその算出方法
	告示第 4 の構造計算に関する計算結果一覧表	建築物が損傷限界に達する時までに吸収することができるエネルギー量及び地震により建築物に作用するエネルギー量の数値
		各階に作用する層せん断力その他の各階に作用する力による層間変位の当該各階の高さに対する割合
		損傷が生ずるおそれのないことについての検証内容（建築物の各階に作用する層せん断力その他の各階に作用する力による層間変位の当該各階の高さに対する割合が $\frac{1}{200}$ を超え $\frac{1}{120}$ 以内である場合に限る。）

		地震により建築物に作用するエネルギーが作用した後に生ずる残留層間変位その他の残留変形によって、当該建築物に構造耐力上の支障が生じないものであることの検証内容
(4)	告示第6の構造計算に関する計算書	各階の主架構及びダンパー部分の保有エネルギー吸収量の数値及びその算出方法
		地震により建築物に作用するエネルギー量の速度換算値の数値及びその算出方法
		告示第6第一号ロ(1)に規定するTsの数値及びその算出方法
		表層地盤による加速度の増幅率Gsの数値及びその算出方法
		告示第4第一号の規定を準用して計算した建築物が損傷限界に達する時までに吸収することができるエネルギー量の数値及びその算出方法
		建築物の必要エネルギー吸収量の数値及びその算出方法
		各階の保有水平耐力の数値及びその算出方法
		各階の主架構及びダンパー部分の保有水平耐力の数値及びその算出方法
		各階の必要エネルギー吸収量に各階の保有水平耐力に対するダンパー部分の保有水平耐力の比を乗じた数値及びその算出方法
		各階の主架構の保有水平耐力を当該主架構の水平方向の剛性で除して得た各階の層間変位の数値及びその算出方法
		各階のダンパー部分の保有水平耐力を各階のダンパー部分の水平方向の剛性で除した得た各階のダンパー部分の層間変位の数値及びその算出方法
		建築物の1階の必要エネルギー吸収量に対する各階の必要エネルギー吸収量の比を表す基準値及びその算出方法
		建築物の1階の保有水平層せん断力係数に対する各階の保有水平層せん断力係数の比とAi（昭和55年建設省告示第1793号第3に規定するAiをいう。）の数値との比及びその算出方法
		各階の必要エネルギー吸収量に係る当該階の偏心による割増に等価な保有水平層せん断力係数の低減係数の数値及びその算出方法
		建築物の必要エネルギー吸収量を各階の剛性及び耐力に応じて各階に分配する程度を表す数値及びその算出方法
		各階の必要エネルギー吸収量の数値及びその算出方法
		各階の主架構の必要エネルギー吸収量の数値及びその算出方法
		告示第6第一号ロ(1)に規定するWeが作用する時の各階の層間変位（δi）の数値及びその算出方法
		各階のダンパー部分の塑性変形の累積の程度を表す数値（ns_i）及びその算出方法
		告示第6第一号ロ(1)に規定する地震に対してダンパー部分のみが塑性している時に当該ダンパー部分に塑性ひずみエネルギーとして吸収されるエネルギー量の数値及びその算出方法
		告示第4第二号に規定する地震によるエネルギー吸収量の割増係数の数値及びその算出方法
		各階のダンパー部分の塑性変形の累積の程度を表す数値（nd_i）及びその算出方法
		告示第4第二号に規定する地震によって作用するエネルギーのうちダンパー部分に塑性ひずみエネルギーとして吸収されるエネルギー量の数値及びその算出方法
	告示第6の構造計算に関する	各階の主架構の保有エネルギー吸収量及び必要エネルギー吸収量の数値

	計算結果一覧表	各階のダンパー部分の保有エネルギー吸収量及び必要エネルギー吸収量の数値
(5)	基礎ぐい等計算書	基礎ぐい、床版、小ばりその他の構造耐力上主要な部分である部材に関する構造計算の計算書
(6)	使用上の支障に関する計算書	令第 82 条第四号に規定する構造計算の計算書
(7)	屋根ふき材等計算書	告示第 8 に規定する構造計算の計算書
(8)	土砂災害特別警戒区域内破壊防止計算書	告示第 9 に規定する構造計算の計算書
構造計算書の作成に当たっては、次に掲げる事項について留意するものとする。 一　確認申請時に提出する構造計算書には通し頁を付すことその他の構造計算書の構成を識別できる措置を講じること。 二　建築物の構造等の実況に応じて、当該建築物の安全性を確かめるために必要な図書の追加、変更等を行うこと。 三　この表の略伏図及び略軸組図は、構造計算における架構の様相を示した図に代えることができるものとするほか、プログラムによる構造計算を行わない場合にあっては省略することができるものとする。		

建築基準法施行令第 81 条第 2 項第一号イ、同項第二号イ又は同条第 3 項に規定する国土交通大臣が定める基準に従った構造計算によりＣＬＴパネル工法を用いた建築物又は建築物の構造部分の安全性を確かめた場合の構造計算書を定める件

制定：平成 28 年 4 月 1 日　国土交通省告示第 612 号

建築基準法施行規則（昭和 25 年建設省令第 40 号）第 1 条の 3 第 1 項第一号ロ(2)(ii)の規定に基づき、この告示を制定する。

建築基準法施行規則（以下「施行規則」という。）第 1 条の 3 第 1 項第一号ロ(2)(ii)の規定に基づき、CLT パネル工法を用いた建築物又は建築物の構造部分（以下「建築物等」という。）の構造計算書を次のように定める。

一　建築基準法施行令（昭和 25 年政令第 338 号。以下「令」という。）第 81 条第 2 項第一号イに規定する保有水平耐力計算と同等以上に安全性を確かめることができる構造計算により CLT パネル工法を用いた建築物等の安全性を確かめた場合　別表第 1 とする。

二　令第 81 条第 2 項第二号イに規定する許容応力度等計算と同等以上に安全性を確かめることができる構造計算により CLT パネル工法を用いた建築物等の安全性を確かめた場合　別表第 2 とする。

三　令第 81 条第 3 項に規定する令第 82 条各号及び令第 82 条の 4 に定めるところによる構造計算と同等以上に安全性を確かめることができる構造計算により CLT パネル工法を用いた建築物等の安全性を確かめた場合　別表第 3 とする。

別表第 1

	構造計算書の種類	明示すべき事項
(1)	構造計算チェックリスト	プログラムによる構造計算を行う場合において、申請に係る建築物が、当該プログラムによる構造計算によって安全性を確かめることのできる建築物の構造の種別、規模その他のプログラムの使用条件に適合するかどうかを照合するための事項
	使用構造材料一覧表	構造耐力上主要な部分である部材（接合部を含む。）に使用される全ての材料の種別（規格がある場合にあっては、当該規格）及び使用部位
		使用する材料の許容応力度、許容耐力及び材料強度の数値及びそれらの算出方法

		使用する指定建築材料が建築基準法（昭和25年法律第201号。以下「法」という。）第37条の規定に基づく国土交通大臣の認定を受けたものである場合にあっては、その使用位置、形状及び寸法、当該構造計算において用いた許容応力度及び材料強度の数値並びに認定番号
	特別な調査又は研究の結果等説明書	法第68条の25の規定に基づく国土交通大臣の認定を受けた構造方法等その他特殊な構造方法等が使用されている場合にあっては、その認定番号、使用条件及び内容
		特別な調査又は研究の結果に基づき構造計算が行われている場合にあっては、その検討内容
		構造計算の仮定及び計算結果の適切性に関する検討内容
(2)	基礎・地盤説明書（施行規則第1条の3第1項の表3中の規定に基づき国土交通大臣があらかじめ適切であると認定した算出方法により基礎ぐいの許容支持力を算出する場合で当該認定に係る認定書の写しを添えた場合にあっては、当該算出方法に係る図書のうち国土交通大臣の指定したものを除く。）	地盤調査方法及びその結果
		地層構成、支持地盤及び建築物（地下部分を含む。）の位置
		地下水位（地階を有しない建築物に直接基礎を用いた場合を除く。）
		基礎の工法（地盤改良を含む。）の種別、位置、形状、寸法及び材料の種別
		構造計算において用いた支持層の位置、層の構成及び地盤調査の結果により設定した地盤の特性値
		地盤の許容応力度並びに基礎及び基礎ぐいの許容支持力の数値及びそれらの算出方法
	略伏図	各階の構造耐力上主要な部分である部材の種別、配置及び寸法並びに開口部の位置
	略軸組図	全ての通りの構造耐力上主要な部分である部材の種別、配置及び寸法並びに開口部の位置
	部材断面表	各階及び全ての通りの構造耐力上主要な部分である部材の断面の形状、寸法及び仕様
	荷重・外力計算書	固定荷重の数値及びその算出方法
		各階又は各部分の用途ごとに積載荷重の数値及びその算出方法
		各階又は各部分の用途ごとに大規模な設備、塔屋その他の特殊な荷重（以下「特殊な荷重」という。）の数値及びその算出方法
		積雪荷重の数値及びその算出方法
		風圧力の数値及びその算出方法
		地震力の数値及びその算出方法
		土圧、水圧その他考慮すべき荷重及び外力の数値及びそれらの算出方法
		略伏図上に記載した特殊な荷重の分布
	応力計算書（応力図及び基礎反力図を含む。）	構造耐力上主要な部分である部材に生ずる力の数値及びその算出方法
		地震時（風圧力によって生ずる力が地震力によって生ずる力を上回る場合にあっては、暴風時）における柱が負担するせん断力及びその分担率並びに耐力壁又は筋かいが負担するせん断力及びその分担率
		平成19年国土交通省告示第817号別記第3号様式に定める応力図及び同告示別記第4号様式に定める基礎反力図に記載すべき事項
	断面計算書（断面検定比図を含む。）	構造耐力上主要な部分である部材（接合部を含む。）の位置、部材に付す記号、部材断面の仕様、部材に生じる荷重の種別及び当該荷重が作用する方向
		構造耐力上主要な部分である部材（接合部を含む。）の軸方向、曲げ及びせん断の応力度
		構造耐力上主要な部分である部材（接合部を含む。）の軸方向、曲げ及

		びせん断の許容応力度
		構造耐力上主要な部分である部材（接合部を含む。）の応力度と許容応力度の比率
		平成 19 年国土交通省告示第 817 号別記第 5 号様式に定める断面検定比図に記載すべき事項
	基礎ぐい等計算書	基礎ぐい、床版、小ばりその他の構造耐力上主要な部分である部材に関する構造計算の計算書
	使用上の支障に関する計算書	令第 82 条第四号に規定する構造計算の計算書
(3)	層間変形角計算書	層間変位の計算に用いる地震力
		地震力によって各階に生ずる水平方向の層間変位の算出方法
		各階及び各方向の層間変形角の算出方法
	層間変形角計算結果一覧表	各階及び各方向の層間変形角
		損傷が生ずるおそれのないことについての検証内容（層間変形角が$\frac{1}{200}$を超え$\frac{1}{120}$以内である場合に限る。）
(4)	保有水平耐力計算書	保有水平耐力計算に用いる地震力
		各階及び各方向の保有水平耐力の算出方法
		平成 28 年国土交通省告示第 611 号（以下単に「告示」という。）第 8 第二号に規定する各階の構造特性を表す Ds（以下この表において「Ds」という。）の算出方法
		令第 82 条の 3 第二号に規定する各階の形状特性を表す Fes（以下この表において「Fes」という。）の算出方法
		各階及び各方向の必要保有水平耐力の算出方法
		構造耐力上主要な部分である柱、はり若しくは壁又はこれらの接合部について、局部座屈、せん断破壊等による構造耐力上支障のある急激な耐力の低下が生ずるおそれのないことについての検証内容
	保有水平耐力計算結果一覧表	各階の保有水平耐力を増分解析により計算する場合における外力分布
		架構の崩壊形
		保有水平耐力、Ds、Fes 及び必要保有水平耐力の数値
		各階及び各方向の Ds の算定時における構造耐力上主要な部分である部材に生ずる力の分布及び塑性ヒンジの発生状況
		各階及び各方向の構造耐力上主要な部分である部材の部材群としての部材種別
		各階及び各方向の保有水平耐力時における構造耐力上主要な部分である部材に生ずる力の分布及び塑性ヒンジの発生状況
		各階の保有水平耐力を増分解析により計算する場合において、建築物の各方向におけるせん断力と層間変形角の関係
(5)	使用構造材料一覧表	屋根ふき材、外装材及び屋外に面する帳壁に使用される全ての材料の種別（規格がある場合にあっては、当該規格）及び使用部位
		使用する材料の許容応力度、許容耐力及び材料強度の数値及びそれらの算出方法
		使用する指定建築材料が法第 37 条の規定に基づく国土交通大臣の認定を受けたものである場合にあっては、その使用位置、形状及び寸法、当該構造計算において用いた許容応力度及び材料強度の数値並びに認定番号
	荷重・外力計算書	風圧力の数値及びその算出方法
	応力計算書	屋根ふき材及び屋外に面する帳壁に生ずる力の数値及びその算出方法

	屋根ふき材等計算書	令第82条の4に規定する構造計算の計算書

構造計算書の作成に当たっては、次に掲げる事項について留意するものとする。

一　確認申請時に提出する構造計算書には通し頁を付すことその他の構造計算書の構成を識別できる措置を講じること。

二　建築物の構造等の実況に応じて、当該建築物の安全性を確かめるために必要な図書の追加、変更等を行うこと。

三　他の構造を併用する建築物にあっては、それぞれの構造種別に応じて構造計算書を作成すること。

四　この表の略伏図及び略軸組図は、構造計算における架構の様相を示した図に代えることができるものとするほか、プログラムによる構造計算を行わない場合にあっては、省略することができる。

別表第2

	構造計算書の種類	明示すべき事項
(1)	構造計算チェックリスト	プログラムによる構造計算を行う場合において、申請に係る建築物が、当該プログラムによる構造計算によって安全性を確かめることのできる建築物の構造の種別、規模その他のプログラムの使用条件に適合するかどうかを照合するための事項
	使用構造材料一覧表	構造耐力上主要な部分である部材（接合部を含む。）に使用される全ての材料の種別（規格がある場合にあっては、当該規格）及び使用部位
		使用する材料の許容応力度、許容耐力及び材料強度の数値及びそれらの算出方法
		使用する指定建築材料が法第37条の規定に基づく国土交通大臣の認定を受けたものである場合にあっては、その使用位置、形状及び寸法、当該構造計算において用いた許容応力度及び材料強度の数値並びに認定番号
	特別な調査又は研究の結果等説明書	法第68条の25の規定に基づく国土交通大臣の認定を受けた構造方法等その他特殊な構造方法等が使用されている場合にあっては、その認定番号、使用条件及び内容
		特別な調査又は研究の結果に基づき構造計算が行われている場合にあっては、その検討内容
		構造計算の仮定及び計算結果の適切性に関する検討内容
(2)	基礎・地盤説明書（施行規則第1条の3第1項の表3中の規定に基づき国土交通大臣があらかじめ適切であると認定した算出方法により基礎ぐいの許容支持力を算出する場合で当該認定に係る認定書の写しを添えた場合にあっては、当該算出方法に係る図書のうち国土交通大臣の指定したものを除く。）	地盤調査方法及びその結果
		地層構成、支持地盤及び建築物（地下部分を含む。）の位置
		地下水位（地階を有しない建築物に直接基礎を用いた場合を除く。）
		基礎の工法（地盤改良を含む。）の種別、位置、形状、寸法及び材料の種別
		構造計算において用いた支持層の位置、層の構成及び地盤調査の結果により設定した地盤の特性値
		地盤の許容応力度並びに基礎及び基礎ぐいの許容支持力の数値及びそれらの算出方法
	略伏図	各階の構造耐力上主要な部分である部材の種別、配置及び寸法並びに開口部の位置
	略軸組図	全ての通りの構造耐力上主要な部分である部材の種別、配置及び寸法並びに開口部の位置
	部材断面表	各階及び全ての通りの構造耐力上主要な部分である部材の断面の形状、寸法及び仕様
	荷重・外力計算書	固定荷重の数値及びその算出方法
		各階又は各部分の用途ごとに積載荷重の数値及びその算出方法

		各階又は各部分の用途ごとに特殊な荷重の数値及びその算出方法
		積雪荷重の数値及びその算出方法
		風圧力の数値及びその算出方法
		地震力の数値及びその算出方法
		土圧、水圧その他考慮すべき荷重及び外力の数値及びそれらの算出方法
		略伏図上に記載した特殊な荷重の分布
	応力計算書（応力図及び基礎反力図を含む。）	構造耐力上主要な部分である部材に生ずる力の数値及びその算出方法
		地震時（風圧力によって生ずる力が地震力によって生ずる力を上回る場合にあっては、暴風時）における柱が負担するせん断力及びその分担率並びに耐力壁又は筋かいが負担するせん断力及びその分担率
		平成 19 年国土交通省告示第 817 号別記第 3 号様式に定める応力図及び同告示別記第 4 号様式に定める基礎反力図に記載すべき事項
	断面計算書（断面検定比図を含む。）	構造耐力上主要な部分である部材（接合部を含む。）の位置、部材に付す記号、部材断面の仕様、部材に生じる荷重の種別及び当該荷重が作用する方向
		構造耐力上主要な部分である部材（接合部を含む。）の軸方向、曲げ及びせん断の応力度
		構造耐力上主要な部分である部材（接合部を含む。）の軸方向、曲げ及びせん断の許容応力度
		構造耐力上主要な部分である部材（接合部を含む。）の応力度と許容応力度の比率
		平成 19 年国土交通省告示第 817 号別記第 5 号様式に定める断面検定比図に記載すべき事項
	基礎ぐい等計算書	基礎ぐい、床版、小ばりその他の構造耐力上主要な部分である部材に関する構造計算の計算書
	使用上の支障に関する計算書	令第 82 条第四号に規定する構造計算の計算書
(3)	層間変形角計算書	層間変位の計算に用いる地震力
		地震力によって各階に生ずる水平方向の層間変位の算出方法
		各階及び各方向の層間変形角の算出方法
	層間変形角計算結果一覧表	各階及び各方向の層間変形角
		損傷が生ずるおそれのないことについての検証内容（層間変形角が$\frac{1}{200}$を超え$\frac{1}{120}$以内である場合に限る。）
(4)	使用構造材料一覧表	屋根ふき材、外装材及び屋外に面する帳壁に使用される全ての材料の種別（規格がある場合にあっては、当該規格）及び使用部位
		使用する材料の許容応力度、許容耐力及び材料強度の数値及びそれらの算出方法
		使用する指定建築材料が法第 37 条の規定に基づく国土交通大臣の認定を受けたものである場合にあっては、その使用位置、形状及び寸法、当該構造計算において用いた許容応力度及び材料強度の数値並びに認定番号
	荷重・外力計算書	風圧力の数値及びその算出方法
	応力計算書	屋根ふき材及び屋外に面する帳壁に生ずる力の数値及びその算出方法
	屋根ふき材等計算書	令第 82 条の 4 に規定する構造計算の計算書
(5)	剛性率・偏心率等計算書	各階及び各方向の剛性率を計算する場合における層間変形角の算定に用いる層間変位の算出方法
		各階及び各方向の剛性率の算出方法

		各階の剛心周りのねじり剛性の算出方法
		各階及び各方向の偏心率の算出方法
		令第82条の6第三号の規定に基づき国土交通大臣が定める基準及び告示第9第二号による計算の根拠
	剛性率・偏心率等計算結果一覧表	各階の剛性率及び偏心率
		令第82条の6第三号の規定に基づき国土交通大臣が定める基準及び告示第9第二号に適合していること

構造計算書の作成に当たっては、次に掲げる事項について留意するものとする。

一　確認申請時に提出する構造計算書には通し頁を付すことその他の構造計算書の構成を識別できる措置を講じること。

二　建築物の構造等の実況に応じて、当該建築物の安全性を確かめるために必要な図書の追加、変更等を行うこと。

三　他の構造を併用する建築物にあっては、それぞれの構造種別に応じて構造計算書を作成すること。

四　この表の略伏図及び略軸組図は、構造計算における架構の様相を示した図に代えることができるものとするほか、プログラムによる構造計算を行わない場合にあっては、省略することができる。

別表第3

	構造計算書の種類	明示すべき事項
(1)	構造計算チェックリスト	プログラムによる構造計算を行う場合において、申請に係る建築物が、当該プログラムによる構造計算によって安全性を確かめることのできる建築物の構造の種別、規模その他のプログラムの使用条件に適合するかどうかを照合するための事項
	使用構造材料一覧表	構造耐力上主要な部分である部材（接合部を含む。）に使用される全ての材料の種別（規格がある場合にあっては、当該規格）及び使用部位
		使用する材料の許容応力度、許容耐力及び材料強度の数値及びそれらの算出方法
		使用する指定建築材料が法第37条の規定に基づく国土交通大臣の認定を受けたものである場合にあっては、その使用位置、形状及び寸法、当該構造計算において用いた許容応力度及び材料強度の数値並びに認定番号
	特別な調査又は研究の結果等説明書	法第68条の25の規定に基づく国土交通大臣の認定を受けた構造方法等その他特殊な構造方法等が使用されている場合にあっては、その認定番号、使用条件及び内容
		特別な調査又は研究の結果に基づき構造計算が行われている場合にあっては、その検討内容
		構造計算の仮定及び計算結果の適切性に関する検討内容
(2)	基礎・地盤説明書（施行規則第1条の3第1項の表3中の規定に基づき国土交通大臣があらかじめ適切であると認定した算出方法により基礎ぐいの許容支持力を算出する場合で当該認定に係る認定書の写しを添えた場合にあっては、当該算出方法に係る図書のうち国土交通大臣の指定したものを除く。）	地盤調査方法及びその結果
		地層構成、支持地盤及び建築物（地下部分を含む。）の位置
		地下水位（地階を有しない建築物に直接基礎を用いた場合を除く。）
		基礎の工法（地盤改良を含む。）の種別、位置、形状、寸法及び材料の種別
		構造計算において用いた支持層の位置、層の構成及び地盤調査の結果により設定した地盤の特性値
		地盤の許容応力度並びに基礎及び基礎ぐいの許容支持力の数値及びそれらの算出方法
	略伏図	各階の構造耐力上主要な部分である部材の種別、配置及び寸法並びに開口部の位置
	略軸組図	全ての通りの構造耐力上主要な部分である部材の種別、配置及び寸法並

		びに開口部の位置
	部材断面表	各階及び全ての通りの構造耐力上主要な部分である部材の断面の形状、寸法及び仕様
	荷重・外力計算書	固定荷重の数値及びその算出方法
		各階又は各部分の用途ごとに積載荷重の数値及びその算出方法
		各階又は各部分の用途ごとに特殊な荷重の数値及びその算出方法
		積雪荷重の数値及びその算出方法
		風圧力の数値及びその算出方法
		地震力の数値及びその算出方法
		土圧、水圧その他考慮すべき荷重及び外力の数値及びそれらの算出方法
		略伏図上に記載した特殊な荷重の分布
	応力計算書（応力図及び基礎反力図を含む。）	構造耐力上主要な部分である部材に生ずる力の数値及びその算出方法
		地震時（風圧力によって生ずる力が地震力によって生ずる力を上回る場合にあっては、暴風時）における柱が負担するせん断力及びその分担率並びに耐力壁又は筋かいが負担するせん断力及びその分担率
		平成 19 年国土交通省告示第 817 号別記第 3 号様式に定める応力図及び同告示別記第 4 号様式に定める基礎反力図に記載すべき事項
	断面計算書（断面検定比図を含む。）	構造耐力上主要な部分である部材（接合部を含む。）の位置、部材に付す記号、部材断面の仕様、部材に生じる荷重の種別及び当該荷重が作用する方向
		構造耐力上主要な部分である部材（接合部を含む。）の軸方向、曲げ及びせん断の応力度
		構造耐力上主要な部分である部材（接合部を含む。）の軸方向、曲げ及びせん断の許容応力度
		構造耐力上主要な部分である部材（接合部を含む。）の応力度と許容応力度の比率
		平成 19 年国土交通省告示第 817 号別記第 5 号様式に定める断面検定比図に記載すべき事項
	基礎ぐい等計算書	基礎ぐい、床版、小ばりその他の構造耐力上主要な部分である部材に関する構造計算の計算書
	使用上の支障に関する計算書	令第 82 条第四号に規定する構造計算の計算書
(3)	使用構造材料一覧表	屋根ふき材、外装材及び屋外に面する帳壁に使用される全ての材料の種別（規格がある場合にあっては、当該規格）及び使用部位
		使用する材料の許容応力度、許容耐力及び材料強度の数値及びそれらの算出方法
		使用する指定建築材料が法第 37 条の規定に基づく国土交通大臣の認定を受けたものである場合にあっては、その使用位置、形状及び寸法、当該構造計算において用いた許容応力度及び材料強度の数値並びに認定番号
	荷重・外力計算書	風圧力の数値及びその算出方法
	応力計算書	屋根ふき材及び屋外に面する帳壁に生ずる力の数値及びその算出方法
	屋根ふき材等計算書	令第 82 条の 4 に規定する構造計算の計算書
(4)	偏心率等計算書	各階の剛心周りのねじり剛性の算出方法
		各階及び各方向の偏心率の算出方法
		告示第 10（第 1 項第一号イ及びハを除く。）による計算の根拠
	偏心率等計算結果一覧表	各階の偏心率

		告示第10（第1項第一号イ及びハを除く。）に適合していること

構造計算書の作成に当たっては、次に掲げる事項について留意するものとする。
一　確認申請時に提出する構造計算書には通し頁を付すことその他の構造計算書の構成を識別できる措置を講じること。
二　建築物の構造等の実況に応じて、当該建築物の安全性を確かめるために必要な図書の追加、変更等を行うこと。
三　他の構造を併用する建築物にあっては、それぞれの構造種別に応じて構造計算書を作成すること。
四　この表の略伏図及び略軸組図は、構造計算における架構の様相を示した図に代えることができるものとするほか、プログラムによる構造計算を行わない場合にあっては、省略することができる。

応力図、基礎反力図及び断面検定比図の様式を定める件

制定：平成19年6月14日　国土交通省告示第817号
改正：平成22年3月29日　国土交通省告示第246号

建築基準法施行規則（昭和25年建設省令第40号）第1条の3第1項の表3の規定に基づき、応力図の様式を第1に、基礎反力図の様式を第2に、断面検定比図の様式を第3にそれぞれ定める。

第1　応力図
別記第1号様式による。

第2　基礎反力図
別記第2号様式による。

第3　断面検定比図
別記第3号様式による。

別記様式（略）

申請に係る建築物が認定型式に適合する建築物の部分を有するものであることを確認するために必要な図書及び書類を定める件

制定：平成28年4月22日　国土交通省告示第698号

建築基準法施行規則（昭和25年建設省令第40号）第1条の3第5項第一号の規定に基づき、申請に係る建築物が認定型式に適合する建築物の部分を有するものであることを確認するために必要な図書及び書類を次のように定める。

建築基準法施行規則第1条の3第5項第一号に規定する申請に係る建築物が認定型式に適合する建築物の部分を有するものであることを確認するために必要な図書及び書類は、次に掲げる事項を明示した図書とする。
一　昇降機、貯水タンクその他大規模な建築設備に関する荷重
二　防火区画を形成する昇降機の昇降路の部分（当該昇降路の乗降のための乗降ロビーを含む。）の防火設備の構造

構造計算基準に適合する部分の計画を定める件

制定：平成27年1月29日　国土交通省告示第180号

建築基準法施行規則（昭和25年建設省令第40号）第1条の3第10項の規定に基づき、この告示を制定する。

建築基準法施行規則（昭和25年建設省令第40号）第1条の3第10項の規定に基づき、構造計算基準に適合する部分の計画を次のように定める。

建築基準法施行規則第1条の3第10項に規定する構造計算基準に適合する部分の計画は、増築又は改築後において、増築又は改築に係る部分とそれ以外の部分とがエキスパンションジョイントその他の相互に応力を伝えない構造方法のみで接するものとなる建築物の計画（以下「分離増改築計画」という。）のうち、増築又は改築に係る部分以外の部分（増築又は改築前において独立部分（建築物の2以上の部分がエキスパンションジョイントその他の相互に応力を伝えない構造方法のみで接している場合における当該建築物の部分をいう。）が2以上ある建築物にあっては、当該独立部分それぞれ。以下「既存部分」という。）の計画（次の各号のいずれかに該当するものに限る。）であって、直前の確認において既存部分の構造方法が構造計算（建築基準法施行令（昭和25年政令第338号）第81条第2項第一号イ若しくはロ又は第二号イ又は第3項に定める構造計算に限る。以下同じ。）により確かめられる安全性を有することが確認されたことにより、分離増改築計画のうち当該既存部分の構造方法が、その安全性を確かめる場合に用いることが認められる構造計算によって確かめられる安全性を有することが確認できるものとする。

一　直前の確認を受けた計画から変更がないもの

二　直前の確認を受けた計画から行われた変更が建築基準法施行規則第3条の2第八号から第十一号までに掲げるものその他の変更であって、直前の確認において構造方法の安全性を確かめた構造計算による既存部分の構造方法の安全性の確認に影響を及ぼさないことが明らかなもののみであるもの

安全上、防火上及び避難上の危険の度並びに衛生上及び市街地の環境の保全上の有害の度に著しい変更を及ぼさない変更を定める件

制定：平成28年12月26日　国土交通省告示第1438号

建築基準法施行規則（昭和25年建設省令第40号）第3条の2第1項第十六号の規定に基づき、この告示を制定する。

建築基準法施行規則（昭和25年建設省令第40号）第3条の2第1項第十六号の規定に基づき、安全上、防火上及び避難上の危険の度並びに衛生上及び市街地の環境の保全上の有害の度に著しい変更を及ぼさない変更を次のように定める。

建築基準法施行規則第3条の2第1項第十六号に規定する安全上、防火上及び避難上の危険の度並びに衛生上及び市街地の環境の保全上の有害の度に著しい変更を及ぼさない変更は、次に掲げる規定に係るものであって、建築基準法令の規定に係る変更を伴わないものとする。

一　建築基準法施行令（昭和25年政令第338号）第9条各号に掲げる法律の規定又はこれらの規定に基づく命令若しくは条例の規定（建築物の敷地、構造又は建築設備に係るものに限る。）

二　高齢者、障害者等の移動等の円滑化の促進に関する法律（平成18年法律第91号）第14条第1項、第2項又は第3項の規定

三　都市緑地法（昭和48年法律第72号）第35条、第36条又は第39条第1項の規定

四　建築物のエネルギー消費性能の向上に関する法律（平成27年法律第53号）第11条第1項の規定

確認審査等に関する指針に従って確認審査等を行ったことを証する書類の様式を定める件

制定：平成 19 年 7 月　5 日　国土交通省告示第 885 号
改正：令和　5 年 5 月 26 日　国土交通省告示第 550 号

建築基準法施行規則（昭和 25 年建設省令第 40 号）第 3 条の 5 第 3 項第二号、第 4 条の 7 第 3 項第二号及び第 4 条の 14 第 3 項第二号の規定に基づき、これらの規定に規定する書類の様式を次のように定める。

第 1

建築基準法施行規則（以下「施行規則」という。）第 3 条の 5 第 3 項第二号に規定する書類の様式は、次の各号に掲げる規定による確認のための審査の区分に応じ、それぞれ当該各号に定める様式とする。

一　建築基準法（昭和 25 年法律第 201 号。以下「法」という。）第 6 条の 2 第 1 項（法第 87 条第 1 項において準用する場合を含む。）　別記第 1 号様式
二　法第 87 条の 4 において準用する法第 6 条の 2 第 1 項　別記第 2 号様式
三　法第 88 条第 1 項又は第 2 項において準用する法第 6 条の 2 第 1 項　別記第 3 号様式

第 2

施行規則第 4 条の 7 第 3 項第二号に規定する書類の様式は、次の各号に掲げる規定による完了検査の区分に応じ、それぞれ当該各号に定める様式とする。

一　法第 7 条の 2 第 1 項　別記第 4 号様式
二　法第 87 条の 4 において準用する法第 7 条の 2 第 1 項　別記第 5 号様式
三　法第 88 条第 1 項又は第 2 項において準用する法第 7 条の 2 第 1 項　別記第 6 号様式

第 3

施行規則第 4 条の 14 第 3 項第二号に規定する書類の様式は、別記第 7 号様式とする。

別記様式（略）

建築基準法施行規則第 3 条の 13 第 1 項第四号の規定に基づき国土交通大臣が定める者を定める件

制定：平成 27 年 1 月 29 日　国土交通省告示第 178 号

建築基準法施行規則（昭和 25 年建設省令第 40 号）第 3 条の 13 第 1 項第四号の規定に基づき、この告示を制定する。

建築基準法施行規則（昭和25年建設省令第40号）第3条の13第1項第四号の国土交通大臣が定める者は、次の各号のいずれかに該当する者とする。

一　建築基準法施行規則第 3 条の 13 第 1 項第三号に規定する登録特定建築基準適合判定資格者講習と同等以上の内容を有すると国土交通大臣が認める講習（建築基準法の一部を改正する法律（平成 26 年法律第 54 号）の施行の日（平成 27 年 6 月 1 日）前に行ったものに限る。）を修了した者
二　学校教育法（昭和 22 年法律第 26 号）による大学若しくはこれに相当する外国の学校において建築物の構造に関する科目を担当する教授若しくは准教授の職にあり、若しくはこれらの職にあった者又は建築物の構造に関する科目の研究により博士の学位を授与された者
三　前各号と同等以上の知識及び経験を有すると国土交通大臣が認める者

登録特定建築基準適合判定資格者講習に用いる教材の内容として国土交通大臣が定める事項を定める件

制定：平成 27 年 9 月 24 日　国土交通省告示第 1009 号

建築基準法施行規則（昭和 25 年建設省令第 40 号）第 3 条の 18 第四号の規定に基づき、登録特定建築基準適合判定資格者講習に用いる教材の内容として国土交通大臣が定める事項を定める件を次のように定める。

登録特定建築基準適合判定資格者講習に用いる教材の内容は次の表の左覧に掲げる科目に応じ、それぞれ同表の右覧に掲げる内容を含むものとすること。

科目	内容
木造の建築物の構造計算に係る審査方法	木造の建築物の構造計算及びその審査方法についての知識に関する事項
鉄骨造の建築物の構造計算に係る審査方法	鉄骨造の建築物の構造計算及びその審査方法についての知識に関する事項
鉄筋コンクリート造の建築物の構造計算に係る審査方法	鉄筋コンクリート造の建築物の構造計算及びその審査方法についての知識に関する事項

建築物の定期調査報告における調査及び定期点検における点検の項目、方法及び結果の判定基準並びに調査結果表を定める件

制定：平成 20 年 3 月 10 日　国土交通省告示第 282 号
改正：令和　5 年 3 月 20 日　国土交通省告示第 207 号

建築基準法施行規則（昭和 25 年建設省令第 40 号。以下「施行規則」という。）第 5 条第 2 項及び第 3 項並びに第 5 条の 2 第 1 項の規定に基づき、建築基準法（昭和 25 年法律第 201 号。以下「法」という。）第 12 条第 1 項に規定する調査及び同条第 2 項に規定する点検（以下「定期調査等」という。）の項目、方法及び結果の判定基準並びに調査結果表を次のように定める。

第 1

定期調査等は、施行規則第 5 条第 2 項及び第 5 条の 2 第 1 項の規定に基づき、次の各号に掲げる別表第 1 又は別表第 2 の(い)欄に掲げる項目（ただし、法第 12 条第 2 項に規定する点検においては損傷、腐食、その他の劣化状況に係るものに限る。）に応じ、同表(ろ)欄に掲げる方法により実施し、その結果が同表(は)欄に掲げる基準に該当しているかどうかを判定することとする。

一　法第 12 条第 1 項又は第 2 項に規定する建築物（建築基準法施行令（昭和 25 年政令第 338 号。以下「令」という。）第 14 条の 2 第二号に規定する建築物のうち階数が 4 以下又は延べ面積が 1,000㎡以下の国家機関の建築物以外のもの（以下「小規模民間事務所等」という。）を除く。）　別表第 1
二　小規模民間事務所等　別表第 2

第 2

特定行政庁は、第 1 に規定する定期調査等の項目、方法及び結果の判定基準について、規則で、必要な項目、方法又は結果の判定基準を付加することができる。

第 3

第 1 の規定にかかわらず、特定行政庁は、安全上、防火上又は衛生上支障がないと認める場合においては、法第 12 条第 1 項の規定により特定行政庁が指定する特定建築物（同項に規定する国等の建築物を除く。）又は同条第 2 項に規定する特定建築物（法第 6 条第 1 項第一号に掲げる建築物で安全上、防火上又は衛生上特に重要であるものとして法第 12 条第 1 項の政令で定めるものを除く。以下「国等の特定建築物」

という。）について、規則で、第1に規定する定期調査等の項目の一部を適用しないことができる。この場合において、国等の特定建築物について規則を定めようとするときは、あらかじめ、建築審査会の同意を得なければならない。

第4

調査結果表は、施行規則第5条第3項の規定に基づき、次の各号に掲げる建築物の種類に応じ当該各号に定めるとおりとする。

一　法第12条第1項又は第2項に規定する建築物（小規模民間事務所等を除く。）　別記第一号

二　小規模民間事務所等　別記第二号

別表第1

		(い)調査項目		(ろ)調査方法	(は)判定基準
1 敷地及び地盤	(1)	地盤	地盤沈下等による不陸、傾斜等の状況	目視により確認する。	建築物周辺に陥没があり、安全性を著しく損ねていること。
	(2)	敷地	敷地内の排水の状況	目視により確認する。	排水管の詰まりによる汚水の溢れ等により衛生上問題があること。
	(3)	令第128条に規定する通路（以下「敷地内の通路」という。）	敷地内の通路の確保の状況	目視により確認する。	敷地内の通路が確保されていないこと。
	(4)		有効幅員の確保の状況	設計図書等により確認し又は鋼製巻尺等により測定する。	敷地内の通路の有効幅員が不足していること。
	(5)		敷地内の通路の支障物の状況	目視により確認する。	敷地内の通路に支障物があること。
	(6)	塀	組積造の塀又は補強コンクリートブロック造の塀等の耐震対策の状況	設計図書等により確認し又は鋼製巻尺等により測定する。	令第61条又は令第62条の8の規定に適合しないこと。
	(7)		組積造の塀又は補強コンクリートブロック造の塀等の劣化及び損傷の状況	目視、下げ振り等により確認する。	著しいひび割れ、破損又は傾斜が生じていること。
	(8)	擁壁	擁壁の劣化及び損傷の状況	必要に応じて双眼鏡等を使用し目視により確認する。	著しい傾斜若しくはひび割れがあること又は目地部より土砂が流出していること。
	(9)		擁壁の水抜きパイプの維持保全の状況	必要に応じて双眼鏡等を使用し目視により確認するとともに、手の届く範囲は必要に応じて鉄筋棒等を挿入し確認する。	水抜きパイプに詰まりがあること。
2 建築物の外部	(1)	基礎	基礎の沈下等の状況	目視及び建具の開閉具合等により確認する。	地盤沈下に伴う著しいひび割れがあること又は建具開閉等に支障があること。
	(2)		基礎の劣化及び損傷の状況	目視により確認する。	礎石にずれがあること又はコンクリート面に鉄筋露出若しくは著しいひび割れ、欠損等があること。
	(3)	土台（木造に限る。）	土台の沈下等の状況	目視及び建具の開閉具合等により確認する。	土台にたわみ、傾斜等があること又は建具開閉に支障がある

					こと。
(4)			土台の劣化及び損傷の状況	目視及び手の届く範囲をテストハンマーによる打診等により確認する。	木材に著しい腐朽、損傷若しくは虫害があること又は緊結金物に著しい錆、腐食等があること。
(5)	外壁	躯体等	外壁、軒裏及び外壁の開口部で延焼のおそれのある部分の防火対策の状況	設計図書等により確認する。	法第 23 条、法第 25 条又は法第 61 条の規定に適合しないこと。
(6)			木造の外壁躯体の劣化及び損傷の状況	必要に応じて双眼鏡等を使用し目視により確認する。	木材に著しい腐朽、損傷若しくは虫害があること又は緊結金物に著しい錆、腐食等があること。
(7)			組積造の外壁躯体の劣化及び損傷の状況	必要に応じて双眼鏡等を使用し目視により確認する。	れんが、石等に割れ、ずれ等があること。
(8)			補強コンクリートブロック造の外壁躯体の劣化及び損傷の状況	必要に応じて双眼鏡等を使用し目視により確認する。	目地モルタルに著しい欠落があること又はブロック積みに変位等があること。
(9)			鉄骨造の外壁躯体の劣化及び損傷の状況	必要に応じて双眼鏡等を使用し目視により確認する。	鋼材に著しい錆、腐食等があること。
(10)			鉄筋コンクリート造及び鉄骨鉄筋コンクリート造の外壁躯体の劣化及び損傷の状況	必要に応じて双眼鏡等を使用し目視により確認する。	コンクリート面に鉄筋露出又は著しい白華、ひび割れ、欠損等があること。
(11)		外装仕上げ材等	タイル、石貼り等（乾式工法によるものを除く。）、モルタル等の劣化及び損傷の状況	開口隅部、水平打継部、斜壁部等のうち手の届く範囲をテストハンマーによる打診等（無人航空機による赤外線調査であって、テストハンマーによる打診と同等以上の精度を有するものを含む。以下この項において同じ。）により確認し、その他の部分は必要に応じて双眼鏡等を使用し目視により確認し、異常が認められた場合にあっては、全面打診等（落下により歩行者等に危害を加えるおそれのある部分の全面的な打診等をいう。以下この項において同じ。）により確認する。ただし、竣工後、外壁改修後又は全面打診等を実施した後 10 年を超え、最初に実施する定期調査等にあっては、全面打診等により確認する（3 年以内に実施された全面打診等の結果を確認する場合、3 年以内に外壁改修等が行われることが確実である場合又は別途歩行者等の安全を確保するための対策を講	外壁タイル等に剥落等があること又は著しい白華、ひび割れ、浮き等があること。

					じている場合を除く。)。	
	⑿			乾式工法によるタイル、石貼り等の劣化及び損傷の状況	必要に応じて双眼鏡等を使用し目視により確認する。	ひび割れ、欠損等があること。
	⒀			金属系パネル(帳壁を含む。)の劣化及び損傷の状況	必要に応じて双眼鏡等を使用し目視により確認する。	パネル面又は取合い部が著しい錆等により変形していること。
	⒁			コンクリート系パネル(帳壁を含む。)の劣化及び損傷の状況	必要に応じて双眼鏡等を使用し目視により確認する。	錆汁を伴ったひび割れ、欠損等があること。
	⒂		窓サッシ等	サッシ等の劣化及び損傷の状況	必要に応じて双眼鏡等を使用し目視により確認し又は開閉により確認する。	サッシ等の腐食又はネジ等の緩みにより変形していること。
	⒃			はめ殺し窓のガラスの固定の状況	触診により確認する。	昭和46年建設省告示第109号第3第四号の規定に適合していないこと。
	⒄		外壁に緊結された広告板、空調室外機等	機器本体の劣化及び損傷の状況	必要に応じて双眼鏡等を使用し目視により確認する。	機器本体に著しい錆又は腐食があること。
	⒅			支持部分等の劣化及び損傷の状況	必要に応じて双眼鏡等を使用し目視により確認し又は手の届く範囲をテストハンマーによる打診等により確認する。	支持部分に緊結不良があること又は緊結金物に著しい錆、腐食等があること。
3 屋上及び屋根	(1)	屋上面		屋上面の劣化及び損傷の状況	目視により確認する。	歩行上危険なひび割れ若しくは反りがあること又は伸縮目地材が欠落し植物が繁茂していること。
	(2)	屋上回り(屋上面を除く。)		パラペットの立ち上り面の劣化及び損傷の状況	目視及びテストハンマーによる打診等により確認する。	モルタル等の仕上げ材に著しい白華、ひび割れ等があること又はパネルが破損していること。
	(3)			笠木モルタル等の劣化及び損傷の状況	目視及びテストハンマーによる打診等により確認する。	モルタル面に著しいひび割れ、欠損等があること。
	(4)			金属笠木の劣化及び損傷の状況	目視及びテストハンマーによる打診等により確認する。	笠木に著しい錆若しくは腐食があること又は笠木接合部に緩みがあり部分的に変形していること。
	(5)			排水溝(ドレーンを含む。)の劣化及び損傷の状況	目視及びテストハンマーによる打診等により確認する。	排水溝のモルタルに著しいひび割れ、浮き等があること。
	(6)	屋根		屋根の防火対策の状況	設計図書等により確認する。	防火地域又は準防火地域内の建築物の屋根にあっては法第62条の規定に適合しないこと又は法第22条の規定に基づき特定行政庁が防火地域及び準防火地域以外の市街地について指定する区域内の建築物の

						屋根にあっては同条の規定に適合しないこと。
	(7)			屋根の劣化及び損傷の状況	必要に応じて双眼鏡等を使用し目視により確認し又はテストハンマーによる打診等により確認する。	屋根ふき材に割れがあること又は緊結金物に著しい腐食等があること。
	(8)	機器及び工作物（冷却塔設備、広告塔等）		機器、工作物本体及び接合部の劣化及び損傷の状況	目視及びテストハンマーによる打診等により確認する。	機器若しくは工作物本体又はこれらと屋上及び屋根との接合部に著しい錆、腐食等があること。
	(9)			支持部分等の劣化及び損傷の状況	目視及びテストハンマーによる打診等により確認する。	支持部分に緊結不良若しくは緊結金物に著しい腐食等又はコンクリート基礎等に著しいひび割れ、欠損等があること。
4 建築物の内部	(1)	防火区画	令第112条第11項から第13項までに規定する区画の状況		設計図書等により確認する。	令第112条第11項から第13項までの規定に適合しないこと。ただし、令第129条の2第1項の規定が適用され、かつ全館避難安全性能に影響を及ぼす修繕や模様替え等（以下「修繕等」という。）が行われていない場合を除く。
	(2)		令第112条第1項、第4項、第5項又は第7項から第10項までの各項に規定する区画の状況		設計図書等により確認する。	令第112条第1項、第4項、第5項又は第7項から第10項まで（令第129条の2第1項の規定が適用され、かつ全館避難安全性能に影響を及ぼす修繕等が行われていない場合にあっては、第7項を除く。）の規定に適合しないこと。
	(3)		令第112条第18項に規定する区画の状況		設計図書等により確認する。	令第112条第18項の規定に適合しないこと。ただし、令第129条の2第1項の規定が適用され、かつ全館避難安全性能に影響を及ぼす修繕等が行われていない場合を除く。
	(4)		防火区画の外周部	令第112条第16項に規定する外壁等及び同条第17項に規定する防火設備の処置の状況	設計図書等により確認する。	令第112条第16項又は第17項の規定に適合しないこと。
	(5)			令第112条第16項に規定する外壁等及び同条第17項に規定する防火設備の劣化及び損傷の状況	目視により確認する。	令第112条第16項に規定する外壁等、同条第17項に規定する防火設備に損傷があること。
	(6)	壁の室内に面する部分	躯体等	木造の壁の室内に面する部分の躯体の劣化及び損傷の状況	必要に応じて双眼鏡等を使用し目視により確認する。	木材に著しい腐朽、損傷若しくは虫害があること又は緊結金物に著しい錆、腐食等があること。

(7)			組積造の壁の室内に面する部分の躯体の劣化及び損傷の状況	必要に応じて双眼鏡等を使用し目視により確認する。	れんが、石等に割れ、ずれ等があること。
(8)			補強コンクリートブロック造の壁の室内に面する部分の躯体の劣化及び損傷の状況	必要に応じて双眼鏡等を使用し目視により確認する。	目地モルタルに著しい欠落があること又はブロック積みに変位があること。
(9)			鉄骨造の壁の室内に面する部分の躯体の劣化及び損傷の状況	必要に応じて双眼鏡等を使用し目視により確認する。	鋼材に著しい錆、腐食等があること。
(10)			鉄筋コンクリート造及び鉄骨鉄筋コンクリート造の壁の室内に面する部分の躯体の劣化及び損傷の状況	必要に応じて双眼鏡等を使用し目視により確認する。	コンクリート面に鉄筋露出又は著しい白華、ひび割れ、欠損等があること。
(11)		耐火構造の壁又は準耐火構造の壁（防火区画を構成する壁に限る。）	準耐火性能等の確保の状況	設計図書等により確認する。	次の各号のいずれかに該当すること。 (一) 令第112条第1項、第4項から第6項まで又は第18項（令第129条の2第1項の規定が適用され、かつ、全館避難安全性能に影響を及ぼす修繕等が行われていない場合にあっては、第18項を除く。）の規定による防火区画　1時間準耐火基準に適合しないこと。 (二) 令第112条第7項又は第10項（令第129条の2第1項の規定が適用され、かつ、全館避難安全性能に影響を及ぼす修繕等が行われていない場合にあっては、第7項を除く。）の規定による防火区画　令第107条の規定に適合しないこと。 (三) 令第112条第11項から第13項まで又は第16項（令第129条の2第1項の規定が適用され、かつ、全館避難安全性能に影響を及ぼす修繕等が行われていない場合にあっては、第11項から第13項までを除く。）の規定による防火区画　令第107条の2の規定に適合しないこと。
(12)			部材の劣化及び	目視により確認する。	各部材及び接合部に穴又は破

			損傷の状況		損があること。
⒀			鉄骨の耐火被覆の劣化及び損傷の状況	設計図書等により確認し、修繕等が行われ、かつ、点検口等がある場合にあっては、点検口等から目視により確認する。	耐火被覆の剥がれ等により鉄骨が露出していること。
⒁			給水管、配電管その他の管又は風道の区画貫通部の充填等の処理の状況	設計図書等により確認し、修繕等が行われ、かつ、点検口等がある場合にあっては、点検口等から目視により確認する。	令第112条第20項若しくは第21項又は令第129条の2の4の規定に適合しないこと。
⒂		令第114条に規定する界壁、間仕切壁及び隔壁	令第114条に規定する界壁、間仕切壁及び隔壁の状況	設計図書等により確認し、法第12条第1項の規定に基づく調査以後に法第6条第1項の規定に基づく確認を要しない規模の修繕等が行われ、かつ、点検口等がある場合にあっては、点検口等から目視により確認する。	令第114条の規定に適合しないこと。
⒃		令第128条の5各項に規定する建築物の壁の室内に面する部分	室内に面する部分の仕上げの維持保全の状況	設計図書等により確認する。	令第128条の5（令第128条の6第1項の規定が適用され、かつ区画避難安全性能に影響を及ぼす修繕等が行われていない場合、令第129条第1項の規定が適用され、かつ階避難安全性能に影響を及ぼす修繕等が行われていない場合又は令第129条の2第1項の規定が適用され、かつ全館避難安全性能に影響を及ぼす修繕等が行われていない場合にあっては、第2項、第6項、第7項及び階段に係る部分以外の規定を除く。）の規定に適合しないこと。
⒄	床	躯体等	木造の床躯体の劣化及び損傷の状況	目視により確認する。	木材に著しい腐朽、損傷若しくは虫害があること又は緊結金物に著しい錆、腐食等があること。
⒅			鉄骨造の床躯体の劣化及び損傷の状況	目視により確認する。	鋼材に著しい錆、腐食等があること。
⒆			鉄筋コンクリート造及び鉄骨鉄筋コンクリート造の床躯体の劣化及び損傷の状況	目視により確認する。	コンクリート面に鉄筋露出又は著しい白華、ひび割れ、欠損等があること。
⒇		耐火構造の床又は準耐火構造の床（防火区画を構成す	準耐火性能等の確保の状況	設計図書等により確認する。	次の㈠から㈢までのいずれかに該当すること。 ㈠　令第112条第1項、第4項から第6項まで又は第18項（令第129条の2第1項の規定が適用され、かつ、全館避難安全性能に影響を及ぼす修繕等が行われて

		る床に限る。)			いない場合にあっては、第18項を除く。)の規定による防火区画　1時間準耐火基準に適合しないこと。 (二)　令第112条第7項又は第10項（令第129条の2第1項の規定が適用され、かつ、全館避難安全性能に影響を及ぼす修繕等が行われていない場合にあっては、第7項を除く。）の規定による防火区画　令第107条の規定に適合しないこと。 (三)　令第112条第11項から第13項まで又は第16項（令第129条の2第1項の規定が適用され、かつ、全館避難安全性能に影響を及ぼす修繕等が行われていない場合にあっては、第11項から第13項までを除く。)の規定による防火区画　令第107条の2の規定に適合しないこと。
(21)			部材の劣化及び損傷の状況	目視により確認する。	各部材又は接合部に穴又は破損があること。
(22)			給水管、配電管その他の管又は風道の区画貫通部の充填等の処理の状況	設計図書等により確認し、修繕等が行われ、かつ、点検口等がある場合にあっては点検口等から目視により確認する。	令第112条第20項若しくは第21項又は第129条の2の4の規定に適合しないこと。
(23)	天井	令第128条の5各項に規定する建築物の天井の室内に面する部分	室内に面する部分の仕上げの維持保全の状況	設計図書等により確認する。	令第128条の5（令第128条の6第1項の規定が適用され、かつ区画避難安全性能に影響を及ぼす修繕等が行われていない場合、令第129条第1項の規定が適用され、かつ階避難安全性能に影響を及ぼす修繕等が行われていない場合又は令第129条の2第1項の規定が適用され、かつ全館避難安全性能に影響を及ぼす修繕等が行われていない場合にあっては、第2項、第6項、第7項及び階段に係る部分以外の規定を除く。）の規定に適合しないこと。
(24)			室内に面する部分の仕上げの劣化及び損傷の状況	必要に応じて双眼鏡等を使用し目視により確認し又はテストハンマーによる打診等により確認する。	室内に面する部分の仕上げに浮き、たわみ等の劣化若しくは損傷があること又は剥落等があること。
(25)		特定天井	特定天井の天井材の劣化及び損傷の状況	必要に応じて双眼鏡等を使用し目視により確認する。	天井材に腐食、緩み、外れ、欠損、たわみ等があること。

(26)	防火設備（防火扉、防火シャッターその他これらに類するものに限る。以下同じ。）又は戸	区画に対応した防火設備又は戸の設置の状況	目視及び設計図書等により確認する。	令第 112 条第 19 項の規定に適合しないこと。
(27)		居室から地上へ通じる主たる廊下、階段その他の通路に設置された防火設備又は戸におけるくぐり戸の設置の状況	目視及び設計図書等により確認する。	令第 112 条第 19 項の規定に適合しないこと。
(28)		昭和 48 年建設省告示第 2563 号第 1 第一号ロに規定する基準についての適合の状況	常時閉鎖した状態にある防火扉又は戸（以下「常閉防火扉等」という。）にあっては、各階の主要な常閉防火扉等の閉鎖時間をストップウォッチ等により測定し、扉の重量により運動エネルギーを確認するとともに、必要に応じて閉鎖する力をテンションゲージ等により測定する。ただし、3 年以内に実施した点検の記録がある場合にあっては、当該記録により確認することで足りる。	昭和 48 年建設省告示第 2563 号第 1 第一号ロの規定に適合しないこと。
(29)		防火扉又は戸の開放方向	目視により確認する。	令第 123 条第 1 項第六号、第 2 項第二号又は第 3 項第十号（令第 129 条第 1 項の規定が適用され、かつ階避難安全性能に影響を及ぼす修繕等が行われていない場合にあっては、第 3 項第十号（屋内からバルコニー又は付室に通ずる出入口に係る部分に限る。）を除き、令第 129 条の 2 第 1 項の規定が適用され、かつ全館避難安全性能に影響を及ぼす修繕等が行われていない場合にあっては、第 1 項第六号、第 2 項第二号及び第 3 項第十号を除く。）の規定に適合しないこと。
(30)		常時閉鎖又は作動した状態にある防火設備又は戸（以下「常閉防火設備等」という。）の本体と枠の劣化及び損傷の状況	目視により確認する。	常閉防火設備等の変形又は損傷により遮炎性能又は遮煙性能(令第 112 条第 19 項第二号に規定する特定防火設備又は常閉防火設備等に限る。）に支障があること。
(31)		常閉防火設備等の閉鎖又は作動の状況	各階の主要な常閉防火設備等の閉鎖又は作動を確認する。ただし、3 年以内に実施した点検の記録がある場合にあっては、当該記録により確認することで足りる。	常閉防火設備等が閉鎖又は作動しないこと。

(32)		常閉防火設備等の閉鎖又は作動の障害となる物品の放置の状況	目視により確認する。	物品が放置されていることにより常閉防火設備等の閉鎖又は作動に支障があること。
(33)		常閉防火扉等の固定の状況	目視により確認する。	常閉防火扉等が開放状態に固定されていること。
(34)	照明器具、懸垂物等	照明器具、懸垂物等の落下防止対策の状況	必要に応じて双眼鏡等を使用し目視により確認し又は触診により確認する。	照明器具又は懸垂物に著しい錆、腐食、緩み、変形等があること。
(35)		防火設備又は戸の閉鎖の障害となる照明器具、懸垂物等の状況	目視により確認する。	防火設備又は戸の閉鎖に支障があること。
(36)	警報設備	警報設備の設置の状況	目視及び設計図書等により確認する。ただし、6月以内に実施した消防法（昭和23年法律第186号）第17条の3の3の規定に基づく点検（以下「消防法に基づく点検」という。）の記録がある場合にあっては、当該記録により確認することで足りる。	令第110条の5の規定に適合しないこと。
(37)		警報設備の劣化及び損傷の状況	目視により確認する。ただし、6月以内に実施した消防法に基づく点検の記録がある場合にあっては、当該記録により確認することで足りる。	警報設備に著しい腐食、変形、損傷等があること。
(38)	居室の採光及び換気	採光のための開口部の面積の確保の状況	設計図書等により確認し又は鋼製巻尺等により測定する。	法第28条第1項又は令第19条の規定に適合しないこと。
(39)		採光の妨げとなる物品の放置の状況	目視により確認する。	採光の妨げとなる物品が放置されていること。
(40)		換気のための開口部の面積の確保の状況	設計図書等により確認し又は鋼製巻尺等により測定する。	法第28条第2項、令第20条の2又は令第20条の3の規定に適合しないこと。
(41)		換気設備の設置の状況	設計図書等により確認する。	法第28条第2項若しくは第3項、令第20条の2又は令第20条の3の規定に適合しないこと。
(42)		換気設備の作動の状況	各階の主要な換気設備の作動を確認する。ただし、3年以内に実施した法第12条第3項の規定に基づく検査（以下「定期検査」という。）の記録がある場合にあっては、当該記録により確認することで足りる。	換気設備が作動しないこと。
(43)		換気の妨げとなる物品の放置の状況	目視により確認する。	換気の妨げとなる物品が放置されていること。
(44)	石綿等を添加した建築材料	吹付け石綿及び吹付けロックウールでその含	設計図書、分析機関による分析結果、目視等により確認する。	平成18年国土交通省告示第1172号各号に定める石綿をあらかじめ添加した建築材料を

			有する石綿の重量が当該建築材料の重量の0.1%を超えるもの（以下「吹付け石綿等」という。）の使用の状況		使用していること。
	(45)		吹付け石綿等の劣化の状況	3年以内に実施した劣化状況調査の結果を確認する。	表面の毛羽立ち、繊維のくずれ、たれ下がり、下地からの浮き、剥離等があること又は3年以内に劣化状況調査が行われていないこと。
	(46)		除去又は囲い込み若しくは封じ込めによる飛散防止措置の実施の状況	必要に応じて双眼鏡等を使用し目視により確認する。	次に掲げる各号の何れかに該当すること。 (一) 増築若しくは改築を行った場合の当該部分、増築若しくは改築に係る部分の床面積の合計が令第137条に定める基準時（以下「基準時」という。）における延べ面積の$\frac{1}{2}$を越える増築若しくは改築を行った場合の当該部分以外の部分又は大規模の修繕若しくは大規模の模様替えを行った場合の当該部分において、吹付け石綿等の除去をしていないこと。 (二) 増築若しくは改築に係る部分の床面積の合計が基準時における延べ面積の$\frac{1}{2}$を越えない増築若しくは改築を行った場合の当該部分以外の部分又は大規模の修繕若しくは大規模の模様替えを行った場合の当該部分以外の部分において、吹付け石綿等の除去、封じ込め又は囲い込みをしていないこと。
	(47)		囲い込み又は封じ込めによる飛散防止措置の劣化及び損傷の状況	必要に応じて双眼鏡等を使用し目視により確認する。	石綿飛散防止剤又は囲い込み材に亀裂、剥落等の劣化又は損傷があること。
5 避難施設等	(1)	令第120条第2項に規定する通路	令第120条第2項に規定する通路の確保の状況	設計図書等により確認する。	令第120条又は第121条（令第129条第1項の規定が適用され、かつ階避難安全性能に影響を及ぼす修繕等が行われていない場合又は令第129条の2第1項の規定が適用され、かつ全館避難安全性能に影響を及ぼす修繕等が行われていない場合にあっては、令第120条を除く。）の規定に適合しないこと。

(2)	廊下		幅の確保の状況	設計図書等により確認し又は鋼製巻尺等により測定する。	幅が令第119条の規定に適合しないこと。ただし、令第129条第1項の規定が適用され、かつ階避難安全性能に影響を及ぼす修繕等が行われていない場合又は令第129条の2第1項の規定が適用され、かつ全館避難安全性能に影響を及ぼす修繕等が行われていない場合を除く。
(3)			物品の放置の状況	目視により確認する。	避難の支障となる物品が放置されていること。
(4)	出入口		出入口の確保の状況	目視及び設計図書等により確認する。	令第118条、第124条、第125条又は第125条の2（令第129条第1項の規定が適用され、かつ階避難安全性能に影響を及ぼす修繕等が行われていない場合にあっては令第124条第1項第二号を除き、令第129条の2第1項の規定が適用され、かつ全館避難安全性能に影響を及ぼす修繕等が行われていない場合にあっては令第124条第1項並びに第125条第1項及び第3項を除く。）の規定に適合しないこと。
(5)			物品の放置の状況	目視により確認する。	物品が放置されていることにより扉等の開閉に支障があること。
(6)	屋上広場		屋上広場の確保の状況	目視により確認する。	令第126条の規定に適合しないこと。
(7)	避難上有効なバルコニー		避難上有効なバルコニーの確保の状況	目視及び設計図書等により確認する。	令第121条の規定に適合しないこと。
(8)			手すり等の劣化及び損傷の状況	目視及びテストハンマーによる打診等により確認する。	著しい錆又は腐食があること。
(9)			物品の放置の状況	目視により確認する。	避難に支障となる物品が放置されていること。
(10)			避難器具の操作性の確保の状況	目視及び作動により確認する。	避難ハッチが開閉できないこと又は避難器具が使用できないこと。
(11)	階段	階段	直通階段の設置の状況	目視及び設計図書等により確認する。	令第120条、第121条又は第122条（令第129条第1項の規定が適用され、かつ階避難安全性能に影響を及ぼす修繕等が行われていない場合又は令第129条の2第1項の規定が適用され、かつ、全館避難安全性能に影響を及ぼす修繕等が行われていない場合にあっては、令第120条を除く。）の規定に適合しないこと。
(12)			幅の確保の状況	設計図書等により確認し又は鋼製巻尺等により測定する。	令第23条、第24条又は第124条（令第129条第1項の規定が

					適用され、かつ階避難安全性能に影響を及ぼす修繕等が行われていない場合にあっては令第124条第1項第二号を除き、令第129条の2第1項の規定が適用され、かつ全館避難安全性能に影響を及ぼす修繕等が行われていない場合にあっては令第124条第1項を除く。)の規定に適合しないこと。
⒀			手すりの設置の状況	目視により確認する。	令第25条の規定に適合しないこと。
⒁			物品の放置の状況	目視により確認する。	通行に支障となる物品が放置されていること。
⒂			階段各部の劣化及び損傷の状況	目視、触診、設計図書等により確認する。	モルタル等の仕上げ材にひび割れがあること、鋼材に錆又は腐食があること、木材に腐朽、損傷又は虫害があること、防水層に損傷があること等により安全上支障が生ずるおそれがあること又は安全上支障が生じていること。
⒃		屋内に設けられた避難階段	階段室の構造の状況	目視及び設計図書等により確認する。	令第123条第1項（令第129条の2第1項の規定が適用され、かつ全館避難安全性能に影響を及ぼす修繕等が行われていない場合にあっては第一号及び第六号を除く。）の規定に適合しないこと。
⒄		屋外に設けられた避難階段	屋内と階段との間の防火区画の確保の状況	目視及び設計図書等により確認する。	令第123条第2項（第129条の2第1項の規定が適用され、かつ全館避難安全性能に影響を及ぼす修繕等が行われていない場合にあっては第2項第二号を除く。）の規定に適合しないこと。
⒅			開放性の確保の状況	目視及び設計図書等により確認する。	開放性が阻害されていること。
⒆		特別避難階段	令第123条第3項第一号に規定するバルコニー（以下単に「バルコニー」という。）又は付室（以下単に「付室」という。）の構造及び面積の確保の状況	設計図書等により特別避難階段の位置及びバルコニー又は付室の構造を確認する。	令第123条第3項（令第129条第1項の規定が適用され、かつ階避難安全性能に影響を及ぼす修繕等が行われていない場合にあっては第一号、第二号、第十号（屋内からバルコニー又は付室に通ずる出入口に係る部分に限る。）及び第十二号を除き、令第129条の2第1項の規定が適用され、かつ全館避難安全性能に影響を及ぼす修繕等が行われていない場合にあっては第一号から第三号まで、第十号及び第十二号を除く。）の規定に適合しないこと。

⒇			階段室又は付室（以下「付室等」という。）の排煙設備の設置の状況	目視及び設計図書等により確認する。	排煙設備が設置されていないこと。
⑴			付室等の排煙設備の作動の状況	各階の主要な排煙設備の作動を確認する。ただし、3年以内に実施した定期検査の記録がある場合にあっては、当該記録により確認することで足りる。	排煙設備が作動しないこと。
⑵			付室等の外気に向かつて開くことができる窓の状況	目視及び作動により確認する。	外気に向かつて開くことができる窓が開閉しないこと又は物品により排煙に支障があること。
⑶			物品の放置の状況	目視により確認する。	バルコニー又は付室に物品が放置されていること。
⑷	排煙設備等	防煙壁	防煙区画の設置の状況	設計図書等により確認する。	令第126条の3の規定に適合しないこと。ただし、令第128条の6第1項の規定が適用され、かつ区画避難安全性能に影響を及ぼす修繕等が行われていない場合、令第129条第1項の規定が適用され、かつ階避難安全性能に影響を及ぼす修繕等が行われていない場合又は令第129条の2第1項の規定が適用され、かつ全館避難安全性能に影響を及ぼす修繕等が行われていない場合を除く。
⑸			防煙壁の劣化及び損傷の状況	目視により確認する。	防煙壁にき裂、破損、変形等があること。
⑹			可動式防煙壁の作動の状況	各階の主要な可動式防煙壁の作動を確認する。ただし、3年以内に実施した定期検査の記録がある場合にあっては、当該記録により確認することで足りる。	可動式防煙壁が作動しないこと。
⑺		排煙設備	排煙設備の設置の状況	目視及び設計図書等により確認する。	令第126条の2の規定に適合しないこと。ただし、令第128条の6第1項の規定が適用され、かつ区画避難安全性能に影響を及ぼす修繕等が行われていない場合、令第129条第1項の規定が適用され、かつ階避難安全性能に影響を及ぼす修繕等が行われていない場合又は令第129条の2第1項の規定が適用され、かつ全館避難安全性能に影響を及ぼす修繕等が行われていない場合を除く。
⑻			排煙設備の作動の状況	各階の主要な排煙設備の作動を確認する。ただし、3年以内に実施した定期検査の記録がある場合にあっては、当該記録により確認することで足りる。	排煙設備が作動しないこと。

	(29)			排煙口の維持保全の状況	目視により確認するとともに、開閉を確認する。	排煙口が開閉しないこと又は物品により排煙に支障があること。
	(30)	その他の設備等	非常用の進入口等	非常用の進入口等の設置の状況	目視及び設計図書等により確認する。	令第126条の6又は第126条の7の規定に適合しないこと。
	(31)			非常用の進入口等の維持保全の状況	目視により確認する。	物品が放置され進入に支障があること。
	(32)		非常用エレベーター	令第129条の13の3第3項に規定する乗降ロビー（以下単に「乗降ロビー」という。）の構造及び面積の確保の状況	目視及び設計図書等により確認する。	令第129条の13の3第3項の規定に適合しないこと。
	(33)			昇降路又は乗降ロビー（以下「乗降ロビー等」という。）の排煙設備の設置の状況	目視及び設計図書等により確認する。	排煙設備が設置されていないこと。
	(34)			乗降ロビー等の排煙設備の作動の状況	各階の主要な排煙設備の作動を確認する。ただし、3年以内に実施した定期検査の記録がある場合にあっては、当該記録により確認することで足りる。	排煙設備が作動しないこと。
	(35)			乗降ロビー等の外気に向かつて開くことができる窓の状況	目視により確認するとともに、開閉を確認する。	外気に向かつて開くことができる窓が開閉しないこと又は物品により排煙に支障があること。
	(36)			物品の放置の状況	目視により確認する。	乗降ロビーに物品が放置されていること。
	(37)			非常用エレベーターの作動の状況	非常用エレベーターの作動を確認する。ただし、3年以内に実施した定期検査の記録がある場合にあっては、当該記録により確認することで足りる。	非常用エレベーターが作動しないこと。
	(38)		非常用の照明装置	非常用の照明装置の設置の状況	目視及び設計図書等により確認する。	令第126条の4の規定に適合しないこと。
	(39)			非常用の照明装置の作動の状況	各階の主要な非常用の照明装置の作動を確認する。ただし、3年以内に実施した定期検査の記録がある場合にあっては、当該記録により確認することで足りる。	非常用の照明装置が作動しないこと。
	(40)			照明の妨げとなる物品の放置の状況	目視により確認する。	照明の妨げとなる物品が放置されていること。
6 その他	(1)	特殊な構造等	膜構造建築物の膜体、取付部材等	膜体及び取付部材の劣化及び損傷の状況	必要に応じて双眼鏡等を使用し目視により確認する。ただし、3年以内に実施した点検の記録がある場合にあっては、当該記録により確認することで足りる。	膜体に破れ、雨水貯留、接合部の剥がれ等があること。

	(2)			膜張力及びケーブル張力の状況	必要に応じて双眼鏡等を使用し目視により確認する。ただし、3年以内に実施した点検の記録がある場合にあっては、当該記録により確認することで足りる。	膜張力又はケーブル張力が低下していること。
	(3)		免震構造建築物の免震層及び免震装置	免震装置の劣化及び損傷の状況（免震装置が可視状態にある場合に限る。）	目視により確認するとともに、3年以内に実施した点検の記録がある場合にあっては、当該記録により確認する。	鋼材部分に著しい錆、腐食等があること。
	(4)			上部構造の可動の状況	目視により確認する。ただし、3年以内に実施した点検の記録がある場合にあっては、当該記録により確認することで足りる。	上部構造の水平移動に支障がある状態となっていること又は障害物があること。
	(5)	避雷設備		避雷針、避雷導線等の劣化及び損傷の状況	必要に応じて双眼鏡等を使用し目視により確認する。	避雷針又は避雷導線が腐食、破損又は破断していること。
	(6)	煙突	建築物に設ける煙突	煙突本体及び建築物との接合部の劣化及び損傷の状況	必要に応じて双眼鏡等を使用し目視により確認する。	煙突本体及び建築物との接合部に著しいひび割れ、肌分かれ等があること。
	(7)			付帯金物の劣化及び損傷の状況	必要に応じて双眼鏡等を使用し目視により確認する。	付帯金物に著しい錆、腐食等があること。
	(8)		令第138条第1項第一号に掲げる煙突	煙突本体の劣化及び損傷の状況	必要に応じて双眼鏡等を使用し目視により確認する。	煙突本体に鉄筋露出若しくは腐食又は著しい錆、錆汁、ひび割れ、欠損等があること。
	(9)			付帯金物の劣化及び損傷の状況	必要に応じて双眼鏡等を使用し目視により確認する。	アンカーボルト等に著しい錆、腐食、緊結不良等があること。

別表第2

		(い)調査項目			(ろ)調査方法	(は)判定基準
1 建築物の内部	(1)	令第112条第11項に規定する区画（以下「竪穴区画」という。）	竪穴区画の状況		設計図書等により確認する。	令第112条第11項の規定に適合しないこと。ただし、令第129条の2第1項の規定が適用され、かつ全館避難安全性能に影響を及ぼす修繕等が行われていない場合を除く。
	(2)		竪穴区画の外周部	令第112条第16項に規定する外壁等及び同条第17項に規定する防火設備の処置の状況	設計図書等により確認する。	令第112条第16項又は第17項の規定に適合しないこと。
	(3)			令第112条第16項に規定する外壁等及び同条第17項に規定する防火設備の劣化及び損傷の状況	目視により確認する。	令第112条第16項に規定する外壁等、同条第17項に規定する防火設備に損傷があること。

(4)	準耐火構造の壁（竪穴区画を構成する壁に限る。）	準耐火性能の確保の状況	設計図書等により確認する。	令第107条の2の規定に適合しないこと。
(5)		部材の劣化及び損傷の状況	目視により確認する。	各部材及び接合部に穴又は破損があること。
(6)		鉄骨の耐火被覆の劣化及び損傷の状況	設計図書等により確認し、修繕等が行われ、かつ、点検口等がある場合にあっては、点検口等から目視により確認する。	耐火被覆の剥がれ等により鉄骨が露出していること。
(7)		給水管、配電管その他の管又は風道の区画貫通部の充填等の処理の状況	設計図書等により確認し、修繕等が行われ、かつ、点検口等がある場合にあっては、点検口等から目視により確認する。	令第112条第20項若しくは第21項又は第129条の2の4の規定に適合しないこと。
(8)	準耐火構造の床（竪穴区画を構成する床に限る。）	準耐火性能の確保の状況	設計図書等により確認する。	令第107条の2の規定に適合しないこと。
(9)		部材の劣化及び損傷の状況	目視により確認する。	各部材及び接合部に穴又は破損があること。
(10)		給水管、配電管その他の管又は風道の区画貫通部の充填等の処理の状況	設計図書等により確認し、修繕等が行われ、かつ、点検口等がある場合にあっては、点検口等から目視により確認する。	令第112条第20項若しくは第21項又は第129条の2の4の規定に適合しないこと。
(11)	防火設備（竪穴区画を構成する防火設備に限る。以下同じ。）	区画に対応した防火設備の設置の状況	目視及び設計図書等により確認する。	令第112条第19項の規定に適合しないこと。
(12)		居室から地上へ通じる主たる廊下、階段その他の通路に設置された防火設備におけるくぐり戸の設置の状況	目視及び設計図書等により確認する。	令第112条第19項の規定に適合しないこと。
(13)		昭和48年建設省告示第2563号第1第一号ロに規定する基準についての適合の状況	常時閉鎖した状態にある防火扉（以下「常閉防火扉」という。）にあっては、各階の主要な常閉防火扉の閉鎖時間をストップウォッチ等により測定し、扉の重量により運動エネルギーを確認するとともに、必要に応じて閉鎖する力をテンションゲージ等により測定する。ただし、3年以内に実施した点検の記録がある場合にあっては、当該記録により確認することで足りる。	昭和48年建設省告示第2563号第1第一号ロの規定に適合しないこと。
(14)		常時閉鎖又は作動した状態にある防火設備（以下「常閉防火設備」とい	目視により確認する。	常閉防火設備の変形又は損傷により遮炎性能又は遮煙性能に支障があること。

			う。）の本体と枠の劣化及び損傷の状況		
	(15)		常閉防火設備の閉鎖又は作動の状況	各階の主要な常閉防火設備の閉鎖又は作動を確認する。ただし、3年以内に実施した点検の記録がある場合にあっては、当該記録により確認することで足りる。	常閉防火設備が閉鎖又は作動しないこと。
	(16)		常閉防火設備の閉鎖又は作動の障害となる物品の放置の状況	目視により確認する。	物品が放置されていることにより常閉防火設備の閉鎖又は作動に支障があること。
	(17)		常閉防火扉の固定の状況	目視により確認する。	常閉防火扉が開放状態に固定されていること。
	(18)	照明器具、懸垂物等	防火設備の閉鎖の障害となる照明器具、懸垂物等の状況	目視により確認する。	防火設備の閉鎖に支障があること。
2 避難施設	(1)	令第120条第2項に規定する通路	令第120条第2項に規定する通路の確保の状況	設計図書等により確認する。	令第120条又は第121条（令第129条第1項の規定が適用され、かつ階避難安全性能に影響を及ぼす修繕等が行われていない場合又は令第129条の2第1項の規定が適用され、かつ全館避難安全性能に影響を及ぼす修繕等が行われていない場合にあっては、令第120条を除く。）の規定に適合しないこと。
	(2)	避難上有効なバルコニー	避難上有効なバルコニーの確保の状況	目視及び設計図書等により確認する。	令第121条の規定に適合しないこと。
	(3)		手すり等の劣化及び損傷の状況	目視及びテストハンマーによる打診等により確認する。	著しい錆又は腐食があること。
	(4)		物品の放置の状況	目視により確認する。	避難に支障となる物品が放置されていること。
	(5)		避難器具の操作性の確保の状況	目視及び作動により確認する。	避難ハッチが開閉できないこと又は避難器具が使用できないこと。
	(6)	直通階段	直通階段の設置の状況	目視及び設計図書等により確認する。	令第120条又は第121条（令第129条第1項の規定が適用され、かつ階避難安全性能に影響を及ぼす修繕等が行われていない場合又は令第129条の2第1項の規定が適用され、かつ、全館避難安全性能に影響を及ぼす修繕等が行われていない場合にあっては、令第120条を除く。）の規定に適合しないこと。
	(7)		幅の確保の状	設計図書等により確認し又は鋼	令第23条又は第24条の規定に

			況	製巻尺等により測定する。	適合しないこと。
	⑻		手すりの設置の状況	目視により確認する。	令第25条の規定に適合しないこと。
	⑼		物品の放置の状況	目視により確認する。	通行に支障となる物品が放置されていること。
	⑽		階段各部の劣化及び損傷の状況	目視、触診、設計図書等により確認する。	モルタル等の仕上げ材にひび割れがあること、鋼材に錆又は腐食があること、木材に腐朽、損傷又は虫害があること、防水層に損傷があること等により安全上支障が生ずるおそれがあること又は安全上支障が生じていること。

別記（略）
別添様式（略）

建築設備（昇降機を除く。）の定期検査報告における検査及び定期点検における点検の項目、事項、方法及び結果の判定基準並びに検査結果表を定める件

制定：平成 20 年 3 月 10 日　国土交通省告示第 285 号
改正：令和　5 年 3 月 20 日　国土交通省告示第 207 号

建築基準法施行規則（昭和 25 年建設省令第 40 号。以下「施行規則」という。）第 6 条第 1 項から第 3 項まで並びに第 6 条の 2 第 1 項及び第 2 項の規定に基づき、第 6 条第 3 項に規定する建築設備（昇降機を除く。）について建築基準法（昭和 25 年法律第 201 号。以下「法」という。）第 12 条第 3 項に規定する検査及び同条第 4 項に規定する点検（以下「定期検査等」という。）の項目、事項、方法及び結果の判定基準並びに検査結果表を次のように定める。

第 1

施行規則第 6 条第 1 項並びに第 6 条の 2 第 1 項及び第 2 項の規定に基づき、換気設備、排煙設備並びに給水設備及び排水設備について国土交通大臣が定める検査の項目は、別表第 1 (い)欄に掲げる項目のうち 1 項(9)、(10)及び(16)から(21)まで、別表第 2 (い)欄に掲げる項目のうち 1 項(18)、(19)、(37)及び(38)並びに 2 項(24)並びに別表第 4 (い)欄に掲げる項目のうち 3 項(7)とする。

第 2

定期検査等は、施行規則第 6 条第 2 項及び第 6 条の 2 第 1 項の規定に基づき、換気設備、排煙設備、非常用の照明装置並びに給水設備及び排水設備（平成 20 年国土交通省告示第 282 号第 1 第一号に規定する小規模民間事務所等に設けるものを除く。以下「換気設備等」という。）について、次の各号に掲げる別表第 1 から別表第 4 までの(い)欄に掲げる項目に応じ、同表(ろ)欄に掲げる事項（ただし、法第 12 条第 4 項に規定する点検においては損傷、腐食、その他の劣化状況に係るものに限る。）ごとに定める同表(は)欄に掲げる方法により実施し、その結果が同表(に)欄に掲げる基準に該当しているかどうかを判定することとする。ただし、特定行政庁が規則により定期検査等の項目、事項、方法又は結果の判定基準について定める場合（定期検査等の項目若しくは事項について削除し又は定期検査等の方法若しくは結果の判定基準について、より緩やかな条件を定める場合を除く。）にあっては、当該規則の定めるところによるものとする。

一　換気設備　別表第 1
二　排煙設備　別表第 2
三　非常用の照明装置　別表第 3
四　給水設備及び排水設備　別表第 4

2　前項の規定にかかわらず、法第 68 条の 25 第 1 項又は法第 68 条の 26 第 1 項に規定する認定を受けた構造方法を用いた換気設備等に係る定期検査等については、当該認定に係る申請の際に提出された施行規則第 10 条の 5 の 21 第 1 項第三号に規定する図書若しくは同条第 3 項に規定する評価書又は施行規則第 10 条の 5 の 23 第 1 項第三号に規定する図書に検査の方法が記載されている場合にあっては、当該方法によるものとする。

第 3

換気設備等の検査結果表は、施行規則第 6 条第 3 項の規定に基づき、次の各号に掲げる建築設備の種類に応じ当該各号に定めるとおりとする。

一　換気設備　別記第 1 号
二　排煙設備　別記第 2 号
三　非常用の照明装置　別記第 3 号
四　給水設備及び排水設備　別記第 4 号

別表第 1

		(い)検査項目		(ろ)検査事項	(は)検査方法	(に)判定基準
1 法第28条第2項又は第3項の規定に基づき換気設備が設けられた居室（換気設備を設けるべき調理室等を除く。）	(1)	機械換気設備	機械換気設備（中央管理方式の空気調和設備を含む。）の外観	給気機の外気取入口並びに直接外気に開放された給気口及び排気口への雨水の浸入等の防止措置の状況	目視により確認する。	建築基準法施行令（昭和 25 年政令第 338 号。以下「令」という。）第 129 条の 2 の 5 第 2 項第三号の規定に適合しないこと。
	(2)			給気機の外気取入口及び排気機の排気口の取付けの状況	目視又は触診により確認する。	取付けが堅固でないこと又は著しい腐食、損傷等があること。
	(3)			各居室の給気口及び排気口の設置位置	給気口及び排気口の位置関係を目視及び設計図書等により確認するとともに、必要に応じて気流方向を気流検知器等を用いて確認する。	著しく局部的な空気の流れが生じていること。
	(4)			各居室の給気口及び排気口の取付けの状況	目視又は触診により確認する。	取付けが堅固でないこと又は著しい腐食、損傷等があること。
	(5)			風道の取付けの状況	目視又は触診により確認する。	風道の接続部に損傷があり空気が漏れていること又は取付けが堅固でないこと。
	(6)			風道の材質	目視又は触診により確認する。	令第 129 条の 2 の 5 第 2 項第五号の規定に適合しないこと。
	(7)			給気機又は排気機の設置の状況	目視又は触診により確認する。	機器に損傷があること、取付けが堅固でないこと又は著しい腐食、損傷等があること。
	(8)			換気扇による換気の状況	目視により確認する。	外気の流れにより著しく換気能力が低下する構造となっていること。
	(9)		機械換気設備（中央管理方式の空気調和設備を含む。）の性能	各居室の換気量	給気口の同一断面内から 5 箇所を偏りなく抽出し、風速計を用いて風速を測定し、次の式により換気量を算出する。ただし、風速の測定が困難な場合にあっては、在室者がほぼ設計定員の状態において、還気の二酸化炭素含有率又は還気と外気の二酸化炭素含有率の差を検知管法又はこれと同等以上の測定方法により確認する。 $V = 3600 \nu AC$ （この式において、V、ν、A 及び C は、それぞれ次の数値を表すものとする。 V　換気量（単位　㎥／時間） ν　平均風速（単位　m／秒） A　給気口断面積（単位　㎡） C　次の式により計算した給	令第 20 条の 2 第一号ロ若しくはハの規定に適合しないこと又は風速の測定が困難な場合にあっては、次のイ若しくはロのいずれかに該当すること。 イ　還気の二酸化炭素含有率を確認した場合にあっては、還気の二酸化炭素含有率が $\frac{1000}{100\text{万}}$ を超えていること。 ロ　還気と外気の二酸化炭素含有率の差を確認した場合にあっては、還気と外気の二酸化炭素含有率の差が $\frac{650}{100\text{万}}$ を超えていること。

					気量に対する外気の混合比 $C = \frac{V_2}{V_1}$ （この式において V_1 及び V_2 は、それぞれ次の数値を表すものとする。 V_1　空気調和設備の送風空気量（単位　㎥／時間） V_2　空気調和設備への取り入れ外気量（単位　㎥／時間））	
	⑽			中央管理室における制御及び作動状態の監視の状況	中央管理室において制御及び作動の状況を確認する。	中央管理室において制御又は作動の状況を確認できないこと。
	⑾	中央管理方式の空気調和設備	空気調和設備の主要機器及び配管の外観	空気調和設備の設置の状況	目視又は触診により確認する。	取付けが堅固でないこと又は著しい腐食、損傷等があること。
	⑿			空気調和設備及び配管の劣化及び損傷の状況	目視により確認する。	空気調和機器又は配管に変形、破損又は著しい腐食があること。
	⒀			空気調和設備の運転の状況	目視又は触診により確認する。	運転時に異常な音、異常な振動又は異常な発熱があること。
	⒁			空気ろ過器の点検口	目視により確認する。	昭和45年建設省告示第1832号第四号の規定に適合しないこと又は点検用の十分な空間が確保されていないこと。
	⒂			冷却塔と建築物の他の部分との離隔距離	目視により確認するとともに、必要に応じ鋼製巻尺等により測定する。	令第129条の2の6第二号の規定に適合しないこと。
	⒃		空気調和設備の性能	各居室の温度	居室の中央付近において温度計により測定する。	令第129条の2の5第3項の表⑷項の規定に適合しないこと。
	⒄			各居室の相対湿度	居室の中央付近において湿度計により測定する。	令第129条の2の5第3項の表⑸項の規定に適合しないこと。
	⒅			各居室の浮遊粉じん量	居室の中央付近において粉じん計により測定する。	令第129条の2の5第3項の表⑴項の規定に適合しないこと。
	⒆			各居室の一酸化炭素含有率	居室の中央付近においてガス検知管等により測定する。	令第129条の2の5第3項の表⑵項の規定に適合しないこと。
	⒇			各居室の二酸化炭素含有率	居室の中央付近においてガス検知管等により測定する。	令第129条の2の5第3項の表⑶項の規定に適合しないこと。
	㉑			各居室の気流	居室の中央付近において風速計により測定する。	令第129条の2の5第3項の表⑹項の規定に適合しないこと。
2 換気設備を	⑴	自然換気設備及び機械換気設備		排気筒、排気フード及び煙突の材質	目視又は触診により確認する。	不燃材でないこと。
	⑵			排気筒、排気フード及び煙突の取付けの状況	目視又は触診により確認する。	取付けが堅固でないこと又は著しい腐食、損傷等があること。

設けるべき調理室等	(3)		給気口、給気筒、排気口、排気筒、排気フード及び煙突の大きさ	目視により確認するとともに、必要に応じて鋼製巻尺等により測定する。	令第 20 条の 3 第 2 項第一号イ(3)、(4)、(6)又は(7)の規定に適合しないこと。
	(4)		給気口、排気口及び排気フードの位置	目視により確認するとともに、必要に応じて鋼製巻尺等により測定する。	令第 20 条の 3 第 2 項第一号イ(1)又は(2)の規定に適合しないこと。
	(5)		給気口、給気筒、排気口、排気筒、排気フード及び煙突の設置の状況	目視又は触診により確認する。	鳥の巣等により給排気が妨げられていること。
	(6)		排気筒及び煙突の断熱の状況	目視又は触診により確認する。	断熱材に脱落又は損傷があること。
	(7)		排気筒及び煙突と可燃物、電線等との離隔距離	目視により確認するとともに、必要に応じて鋼製巻尺等により測定する。	令第 115 条第 1 項第三号イ(2)又は第 2 項の規定に適合しないこと。
	(8)		煙突等への防火ダンパー、風道等の設置の状況	目視又は触診により確認する。	昭和 45 年建設省告示第 1826 号第 4 第二号又は第三号の規定に適合しないこと。
	(9)	自然換気設備	煙突の先端の立ち上がりの状況（密閉型燃焼器具の煙突を除く。）	目視により確認するとともに、必要に応じて鋼製巻尺等により測定する。	令第 115 条第 1 項第一号又は第二号の規定に適合しないこと。
	(10)	機械換気設備	煙突に連結した排気筒及び半密閉式瞬間湯沸器等の設置の状況	目視により確認する。	昭和 45 年建設省告示第 1826 号第 4 第四号の規定に適合しないこと。
	(11)		換気扇による換気の状況	目視により確認する。	外気の流れにより著しく換気能力が低下する構造となっていること。
	(12)		給気機又は排気機の設置の状況	目視又は触診により確認する。	機器に損傷があること、取付けが堅固でないこと又は著しい腐食、損傷等があること。
	(13)		機械換気設備の換気量	排気口の同一断面内から 5 箇所を偏りなく抽出し、風速計を用いて風速を測定し、次の式により換気量を算出する。 $V = 3600 \nu A$ （この式において、V、ν 及び A は、それぞれ次の数値を表すものとする。 V　換気量（単位　㎥／時間） ν　平均風速（単位　m／秒） A　開口断面積（単位　㎡））	令第 20 条の 3 第 2 項第一号イ又は昭和 45 年建設省告示第 1826 号第 3 の規定に適合しないこと。

3 法第28条第2項又は第3項の規定に基づき換気設備が設けられた居室等	(1)	防火ダンパー等（外壁の開口部で延焼のおそれのある部分に設けるものを除く。）	防火ダンパーの設置の状況	設計図書等により確認するとともに、目視により確認する。	令第112条第21項の規定に適合しないこと。
	(2)		防火ダンパーの取付けの状況	目視又は触診により確認する。	平成12年建設省告示第1376号第1の規定に適合しないこと又は著しい腐食があること。
	(3)		防火ダンパーの作動の状況	作動の状況を確認する。	ダンパーが円滑に作動しないこと。
	(4)		防火ダンパーの劣化及び損傷の状況	目視又は触診により確認する。	防火ダンパー本体に破損又は著しい腐食があること。
	(5)		防火ダンパーの点検口の有無及び大きさ並びに検査口の有無	目視により確認する。	平成12年建設省告示第1376号第3の規定に適合しないこと。
	(6)		防火ダンパーの温度ヒューズ	目視により確認する。	適正な溶解温度の温度ヒューズを使用していないこと。
	(7)		壁及び床の防火区画貫通部の措置の状況	目視により確認する。	平成12年建設省告示第1376号第2の規定に適合しないこと。
	(8)		連動型防火ダンパーの煙感知器、熱煙複合式感知器及び熱感知器の位置	目視により確認するとともに、必要に応じて鋼製巻尺等により測定する。	煙感知器又は熱煙複合式感知器にあっては昭和48年建設省告示第2563号第1第二号ニ(2)に適合しないこと。熱感知器にあっては昭和48年建設省告示第2563号第2第二号ロ(2)の規定に適合しないこと。
	(9)		連動型防火ダンパーの煙感知器、熱煙複合式感知器及び熱感知器との連動の状況	発煙試験器、加熱試験器等により作動の状況を確認する。	感知器と連動して作動しないこと。

次の表の左欄に掲げる項目については、それぞれ同表の右欄に掲げる記録がある場合には、(は)欄に掲げる検査方法にかかわらず、当該記録により確認することで足りる。

1項(3)、(9)及び(16)から(21)まで、2項(13)並びに3項(9)	前回の検査後にそれぞれ(は)欄に掲げる検査方法と同等の方法で実施した検査等の記録
1項(1)、(2)、(5)から(8)まで、(10)から(12)まで、(14)及び(15)	前回の検査後にそれぞれ(は)欄に掲げる検査方法と同等の方法で一級建築士、二級建築士又は建築設備検査員（以下「一級建築士等」という。）が実施した検査の記録
1項(4)及び(13)	前回の検査後にそれぞれ(は)欄に掲げる検査方法と同等の方法で一級建築士等が実施した検査の記録又は前回の検査後に建築基準法令以外の法令の規定に基づき実施した点検等の記録

別表第 2

		(い)検査項目		(ろ)検査事項	(は)検査方法	(に)判定基準
1 令第123条第3項第二号に規定する階段室又は付室、令第129条の13の3第13項に規定する昇降路又は乗降ロビー、令第126条の2第1項に規定する	(1)	排煙機	排煙機の外観	排煙機の設置の状況	目視又は触診により確認する。	基礎架台の取付けが堅固でないこと又は著しい腐食があること。
	(2)			排煙風道との接続の状況	目視により確認する。	接続部に破損又は変形があること。
	(3)			煙排出口の設置の状況	目視により確認する。	排出された煙により他への影響のおそれがあること。
	(4)			煙排出口の周囲の状況	目視により確認する。	煙の排出を妨げる障害物があること。
	(5)			屋外に設置された煙排出口への雨水等の防止措置の状況	目視により確認する。	浸入した雨水等を排出できないこと。
	(6)		排煙機の性能	排煙口の開放との連動起動の状況	作動の状況を確認する。	排煙口と連動して排煙機が作動しないこと。
	(7)			作動の状況	聴診又は触診により確認する。	排煙機の運転時の電動機又は送風機に異常な音又は異常な振動があること。
	(8)			電源を必要とする排煙機の予備電源による作動の状況	予備電源により作動の状況を確認する。	予備電源により作動しないこと。
	(9)			排煙機の排煙風量	煙排出口の同一断面内から5箇所を偏りなく抽出し、風速計を用いて1点につき30秒以上継続して風速を測定し、次の式により排煙風量を算出する。 $Q = 60 AV_m$ （この式において、Q、A 及び V_m は、それぞれ次の数値を表すものとする。 Q　排煙風量（単位　㎥／分） A　煙排出口面積（単位　㎡） V_m　平均風速（単位　m／秒））	令第123条第3項第二号若しくは令第129条の13の3第13項（これらの規定中国土交通大臣が定めた構造方法のうち排煙機に係る部分に限る。）又は令第126条の3第1項第九号（令第128条の6第1項の規定が適用され、かつ、区画避難安全性能に影響を及ぼす修繕等が行われていない場合にあっては、令第126条の3第1項第九号を、令第129条第1項又は令第129条の2第1項の規定が適用され、かつ、階避難安全性能又は全館避難安全性能に影響を及ぼす修繕等が行われていない場合にあっては、令第123条第3項第二号及び令第126条の3第1項第九号を除く。）の規定に適合しないこと。
	(10)			中央管理室における制御及び作動状態の監視の状況	中央管理室において制御及び作動の状況を確認する。	中央管理室において制御又は作動の状況を確認できないこと。
	(11)	排煙口	機械排煙設備の排煙	排煙口の位置	目視により確認する。	平成12年建設省告示第1436号第三号又は令第126条の3第1項第三号の規定に適合しないこ

居室等			口の外観			と。ただし、令第128条の6第1項、令第129条第1項又は令第129条の2第1項の規定が適用され、かつ、区画避難安全性能、階避難安全性能又は全館避難安全性能に影響を及ぼす修繕等が行われていない場合を除く。
	(12)			排煙口の周囲の状況	目視により確認する。	排煙口の周囲に開放を妨げる障害物があること。
	(13)			排煙口の取付けの状況	目視により確認する。	取付けが堅固でないこと又は著しい腐食、損傷等があること。
	(14)			手動開放装置の周囲の状況	目視により確認する。	周囲に障害物があり操作できないこと。
	(15)			手動開放装置の操作方法の表示の状況	目視により確認する。	令第126条の3第1項第五号の規定に適合しないこと。ただし、令第128条の6第1項、令第129条第1項又は令第129条の2第1項の規定が適用され、かつ、区画避難安全性能、階避難安全性能又は全館避難安全性能に影響を及ぼす修繕等が行われていない場合を除く。
	(16)		機械排煙設備の排煙口の性能	手動開放装置による開放の状況	作動の状況を確認する。	排煙口の開放が手動開放装置と連動していないこと。
	(17)			排煙口の開放の状況	目視又は聴診により確認する。	常時閉鎖状態を保持し開放時気流により閉鎖すること又は著しい振動があること。
	(18)			排煙口の排煙風量	排煙口の同一断面内から5箇所を偏りなく抽出し、風速計を用いて1点につき30秒以上継続して風速を測定し、次の式により排煙風量を算出する。 $Q = 60\,AV_m$ （この式において、Q、A及びV_mは、それぞれ次の数値を表すものとする。 Q　排煙風量（単位　㎥／分） A　排煙口面積（単位　㎡） V_m　平均風速（単位　m／秒））	令第126条の3第1項第九号の規定に適合しないこと。ただし、令第128条の6第1項、令第129条第1項又は令第129条の2第1項の規定が適用され、かつ、区画避難安全性能、階避難安全性能又は全館避難安全性能に影響を及ぼす修繕等が行われていない場合を除く。
	(19)			中央管理室における制御及び作動状態の監視の状況	中央管理室において制御及び作動の状況を確認する。	中央管理室において制御又は作動の状況を確認できないこと。
	(20)			煙感知器による作動の状況	発煙試験器等により作動の状況を確認する。	排煙口が連動して開放しないこと。
	(21)	排煙風道	機械排煙設備の排煙風道（隠蔽部	排煙風道の劣化及び損傷の状況	目視により確認する。	排煙風道に変形、破損又は著しい腐食があること。
	(22)			排煙風道の取付けの状況	目視又は触診により確認する。	接続部及び吊りボルトの取付けが堅固でないこと又は変形若しくは破損があること。

⑵③		分及び埋設部分を除く。)	排煙風道の材質	目視により確認する。	令第126条の3第1項第二号の規定に適合しないこと。ただし、令第128条の6第1項、令第129条第1項又は令第129条の2第1項の規定が適用され、かつ、区画避難安全性能、階避難安全性能又は全館避難安全性能に影響を及ぼす修繕等が行われていない場合を除く。
⑵④			防煙壁の貫通措置の状況	目視により確認する。	令第126条の3第1項第七号の規定に適合しないこと。ただし、令第128条の6第1項、令第129条第1項又は令第129条の2第1項の規定が適用され、かつ、区画避難安全性能、階避難安全性能又は全館避難安全性能に影響を及ぼす修繕等が行われていない場合を除く。
⑵⑤			排煙風道と可燃物、電線等との離隔距離及び断熱の状況	目視により確認するとともに、必要に応じて鋼製巻尺等により測定する。	断熱材に脱落又は損傷があること又は令第126条の3第1項第七号で準用する令第115条第1項第三号イ⑵の規定に適合しないこと。ただし、令第128条の6第1項、令第129条第1項又は令第129条の2第1項の規定が適用され、かつ、区画避難安全性能、階避難安全性能又は全館避難安全性能に影響を及ぼす修繕等が行われていない場合を除く。
⑵⑥		防火ダンパー(外壁の開口部で延焼のおそれのある部分に設けるものを除く。)	防火ダンパーの取付けの状況	目視又は触診により確認する。	取付けが堅固でないこと。
⑵⑦			防火ダンパーの作動の状況	作動の状況を確認する。	ダンパーが円滑に作動しないこと。
⑵⑧			防火ダンパーの劣化及び損傷の状況	目視又は触診により確認する。	防火ダンパー本体に破損又は著しい腐食があること
⑵⑨			防火ダンパーの点検口の有無及び大きさ並びに検査口の有無	目視により確認する。	天井、壁等に一辺の長さが45cm以上の保守点検が容易に行える点検口並びに防火設備の開閉及び作動状態を確認できる検査口が設けられていないこと。
⑶⓪			防火ダンパーの温度ヒューズ	目視により確認する。	適正な溶解温度の温度ヒューズを使用していないこと。
⑶①			壁及び床の防火区画貫通部の措置の状況(防火ダンパーが令第112条第20項に規定する準耐火構造の防火区画を貫通する部分に近接する部分	目視により確認する。	防火ダンパーと防火区画との間の風道が厚さ1.5㎜以上の鉄板で造られていないこと又は鉄網モルタル塗その他の不燃材料で被覆されていないこと。

			に設けられている場合に限る。)		
⑶2	特殊な構造の排煙設備	特殊な構造の排煙設備の排煙口及び給気口の外観	排煙口及び給気口の大きさ及び位置	目視により確認する。	平成12年建設省告示第1437号第一号ロ又はハ及び第二号ロ又はハの規定に適合しないこと。ただし、令第128条の6第1項、令第129条第1項又は令第129条の2第1項の規定が適用され、かつ、区画避難安全性能、階避難安全性能又は全館避難安全性能に影響を及ぼす修繕等が行われていない場合を除く。
⑶3			排煙口及び給気口の周囲の状況	目視により確認する。	周囲に排煙又は給気を妨げる障害物があること。
⑶4			排煙口及び給気口の取付けの状況	目視により確認する。	取付けが堅固でないこと又は著しい腐食、損傷等があること。
⑶5			手動開放装置の周囲の状況	目視により確認する。	周囲に障害物があり操作できないこと。
⑶6			手動開放装置の操作方法の表示の状況	目視により確認する。	令第126条の3第1項第五号の規定に適合しないこと。ただし、令第128条の6第1項、令第129条第1項又は令第129条の2第1項の規定が適用され、かつ、区画避難安全性能、階避難安全性能又は全館避難安全性能に影響を及ぼす修繕等が行われていない場合を除く。
⑶7		特殊な構造の排煙設備の排煙口の性能	排煙口の排煙風量	排煙口の同一断面内から5箇所を偏りなく抽出し、風速計を用いて1点につき30秒以上継続して風速を測定し、次の式により排煙風量を算出する。 $Q = 60 AV_m$ この式において、Q、A及びV_mは、それぞれ次の数値を表すものとする。 Q　排煙風量(単位　㎥/分) A　排煙口面積(単位　㎡) V_m　平均風速(単位　m/秒)	令第126条の3第2項の規定に適合しないこと。ただし、令第128条の6第1項、令第129条第1項又は令第129条の2第1項の規定が適用され、かつ、区画避難安全性能、階避難安全性能又は全館避難安全性能に影響を及ぼす修繕等が行われていない場合を除く。
⑶8			中央管理室における制御及び作動状態の監視の状況	中央管理室において制御及び作動の状況を確認する。	中央管理室において制御又は作動の状況を確認できないこと。
⑶9			煙感知器による作動の状況	発煙試験器等により作動の状況を確認する。	排煙口が連動して開放しないこと。
⑷0		特殊な構造の排煙設備の給気風道	給気風道の劣化及び損傷の状況	目視により確認する。	給気風道に変形、破損又は著しい腐食があること。
⑷1			給気風道の材質	目視により確認する。	令第126条の3第1項第二号の規定に適合しないこと。ただし、令第128条の6第1項、令第129

			（隠蔽部分及び埋設部分を除く。）			条第1項又は令第129条の2第1項の規定が適用され、かつ、区画避難安全性能、階避難安全性能又は全館避難安全性能に影響を及ぼす修繕等が行われていない場合を除く。
	⑷2			給気風道の取付けの状況	目視又は触診により確認する。	接続部及び吊りボルトの取付けが堅固でないこと又は変形若しくは破損があること。
	⑷3			防煙壁の貫通措置の状況	目視により確認する。	令第126条の3第1項第七号の規定に適合しないこと。ただし、令第128条の6第1項、令第129条第1項又は令第129条の2第1項の規定が適用され、かつ、区画避難安全性能、階避難安全性能又は全館避難安全性能に影響を及ぼす修繕等が行われていない場合を除く。
	⑷4		特殊な構造の排煙設備の給気送風機の外観	給気送風機の設置の状況	目視又は触診により確認する。	基礎架台の取付けが堅固でないこと又は著しい腐食、損傷等があること。
	⑷5			給気風道との接続の状況	目視により確認する。	接続部に空気漏れ、破損又は変形があること。
	⑷6		特殊な構造の排煙設備の給気送風機の性能	排煙口の開放と連動起動の状況	作動の状況を確認する。	令第126条の3第2項の規定に適合しないこと。ただし、令第128条の6第1項、令第129条第1項又は令第129条の2第1項の規定が適用され、かつ、区画避難安全性能、階避難安全性能又は全館避難安全性能に影響を及ぼす修繕等が行われていない場合を除く。
	⑷7			作動の状況	聴診又は触診により確認する。	送風機の運転時の電動機又は送風機に異常な音又は異常な振動があること。
	⑷8			電源を必要とする給気送風機の予備電源による作動の状況	予備電源により作動の状況を確認する。	予備電源により作動しないこと。
	⑷9			給気送風機の給気風量	吸込口の同一断面内から5箇所を偏りなく抽出し、風速計を用いて1点につき30秒以上継続して風速を測定し、次の式により給気風量を算出する。 $Q = 60 AV_m$ （この式において、Q、A及びV_mは、それぞれ次の数値を表すものとする。 Q　給気風量（単位　㎥／分） A　吸込口面積（単位　㎡） V_m　平均風速（単位　m／秒））	令第126条の3第2項の規定に適合しないこと。ただし、令第128条の6第1項、令第129条第1項又は令第129条の2第1項の規定が適用され、かつ、区画避難安全性能、階避難安全性能又は全館避難安全性能に影響を及ぼす修繕等が行われていない場合を除く。

	(50)			中央管理室における制御及び作動状態の監視の状況	中央管理室において制御及び作動の状況を確認する。	中央管理室において制御又は作動の状況を確認できないこと。
	(51)		特殊な構造の排煙設備の給気送風機の吸込口	吸込口の設置位置	目視により確認する。	排煙設備の煙排出口等の開口部に近接していること又は吸込口が延焼のおそれのある位置に設置されていること。
	(52)			吸込口の周囲の状況	目視により確認する。	周囲に給気を妨げる障害物があること。
	(53)			屋外に設置された吸込口への雨水等の防止措置の状況	目視により確認する。	浸入した雨水等を排出できないこと。
2 令第123条第3項第二号に規定する階段室又は付室、令第129条の13の3第13項に規定する昇降路又は乗降ロ	(1)	特別避難階段の階段室又は付室及び非常用エレベーターの昇降路又は乗降ロビーに設ける排煙口及び給気口		排煙機、排煙口及び給気口の作動の状況	作動の状況を確認する。	連動して作動しないこと。
	(2)			給気口の周囲の状況	目視により確認する。	周囲に給気を妨げる障害物があること。
	(3)	加圧防排煙設備	排煙風道（隠蔽部分及び埋設部分を除く。）	排煙風道の劣化及び損傷の状況	目視により確認する。	排煙風道に変形、破損又は著しい腐食があること。
	(4)			排煙風道の取付けの状況	目視又は触診により確認する。	接続部及び吊りボルトの取付けが堅固でないこと又は変形若しくは破損があること。
	(5)			排煙風道の材質	目視により確認する。	不燃材料で造られていないこと。ただし、令第129条第1項又は第129条の2第1項の規定が適用され、かつ、階避難安全性能又は全館避難安全性能に影響を及ぼす修繕等が行われていない場合を除く。
	(6)		給気口の外観	給気口の周囲の状況	目視により確認する。	周囲に給気を妨げる障害物があること。
	(7)			給気口の取付けの状況	目視により確認する。	取付けが堅固でないこと又は著しい腐食、損傷等があること。
	(8)			給気口の手動開放装置の周囲の状況	目視により確認する。	周囲に障害物があり操作できないこと。
	(9)			給気口の手動開放装置の操作方法の表示の状況	目視により確認する。	平成28年国土交通省告示第696号第五号イ(2)(i)の規定に適合しないこと。ただし、令第129条第1項又は第129条の2第1項の規定が適用され、かつ、階避難安全性能又は全館避難安全性能に影響を及ぼす修繕等が行われていない場合を除く。
	(10)		給気口の性能	給気口の手動開放装置による開放の状況	作動の状況を確認する。	手動開放装置と連動して給気口が開放していないこと。

ビー	⑾			給気口の開放の状況	目視又は聴診により確認する。	開放時に気流により閉鎖すること又は著しい振動があること。
	⑿		給気風道（隠蔽部分及び埋設部分を除く。）	給気風道の劣化及び損傷の状況	目視により確認する。	給気風道に変形、破損又は著しい腐食があること。
	⒀			給気風道の取付けの状況	目視又は触診により確認する。	接続部及び吊りボルトの取付けが堅固でないこと又は変形若しくは破損があること。
	⒁			給気風道の材質	目視により確認する。	不燃材料で造られていないこと。ただし、令第 129 条第 1 項又は第 129 条の 2 第 1 項の規定が適用され、かつ、階避難安全性能又は全館避難安全性能に影響を及ぼす修繕等が行われていない場合を除く。
	⒂		給気送風機の外観	給気送風機の設置の状況	目視又は触診により確認する。	基礎架台の取付けが堅固でないこと又は著しい腐食、損傷等があること。
	⒃			給気風道との接続の状況	目視により確認する。	接続部に空気漏れ、破損又は変形があること。
	⒄		給気送風機の性能	給気口の開放と連動起動の状況	作動の状況を確認する。	平成 28 年国土交通省告示第 696 号第五号イ⑸の規定に適合しないこと。ただし、令第 129 条第 1 項又は第 129 条の 2 第 1 項の規定が適用され、かつ、階避難安全性能又は全館避難安全性能に影響を及ぼす修繕等が行われていない場合を除く。
	⒅			給気送風機の作動の状況	聴診又は触診により確認する。	送風機の運転時の電動機又は送風機に異常な音又は異常な振動があること。
	⒆			電源を必要とする給気送風機の予備電源による作動の状況	予備電源により作動の状況を確認する。	予備電源により作動しないこと。
	⒇			中央管理室における制御及び作動状態の監視の状況	中央管理室において制御及び作動の状況を確認する。	中央管理室において制御又は作動の状況を確認できないこと。
	(21)		給気送風機の吸込口	吸込口の設置位置	目視により確認する。	排煙設備の煙排出口等の開口部に近接していること又は吸込口が延焼のおそれのある位置に設置されていること。
	(22)			吸込口の周囲の状況	目視により確認する。	周囲に給気を妨げる障害物があること。
	(23)			屋外に設置された吸込口への雨水等の防止措置の状況	目視により確認する。	浸入した雨水等を排出できないこと。
	(24)		遮煙開口部の性能	遮煙開口部の排出風速	加圧防排煙設備を作動させた状態で遮煙開口部の開口幅を 40cm 開放し、同一断面内から 9	平成 28 年国土交通省告示第 696 号第五号ハの規定に適合しないこと。ただし、令第 129 条第 1

					箇所を偏りなく抽出し、風速計を用いて1点につき30秒以上継続して風速を測定する。	項又は第129条の2第1項の規定が適用され、かつ、階避難安全性能又は全館避難安全性能に影響を及ぼす修繕等が行われていない場合を除く。
	⑵⑸		空気逃し口の外観	空気逃し口の大きさ及び位置	目視により確認する。	平成28年国土交通省告示第696号第五号ロの規定に適合しないこと。ただし、令第129条第1項又は第129条の2第1項の規定が適用され、かつ、階避難安全性能又は全館避難安全性能に影響を及ぼす修繕等が行われていない場合を除く。
	⑵⑹			空気逃し口の周囲の状況	目視により確認する。	周囲に空気の流れを妨げる障害物があること。
	⑵⑺			空気逃し口の取付けの状況	目視により確認する。	取付けが堅固でないこと又は著しい腐食、損傷等があること。
	⑵⑻		空気逃し口の性能	空気逃し口の作動の状況	目視により確認する。	給気口と連動して空気逃し口が開放しないこと。
	⑵⑼		圧力調整装置の外観	圧力調整装置の大きさ及び位置	目視により確認する。	平成28年国土交通省告示第696号第五号ハの規定に適合しないこと。ただし、令第129条第1項又は第129条の2第1項の規定が適用され、かつ、階避難安全性能又は全館避難安全性能に影響を及ぼす修繕等が行われていない場合を除く。
	⑶⑽			圧力調整装置の周囲の状況	目視により確認する。	周囲に空気の流れを妨げる障害物があること。
	⑶⑴			圧力調整装置の取付けの状況	目視により確認する。	取付けが堅固でないこと又は著しい腐食、損傷等があること。
	⑶⑵		圧力調整装置の性能	圧力調整装置の作動の状況	目視により確認する。	扉の閉鎖と連動して開放しないこと。
3 令第126条の2第1項に規定する居室等	(1)	可動防煙壁		手動降下装置の作動の状況	作動の状況を確認する。	片手で容易に操作できないこと。
	(2)			手動降下装置による連動の状況	作動の状況を確認する。	連動して作動しないこと。
	(3)			煙感知器による連動の状況	作動の状況を確認する。	連動して作動しないこと。
	(4)			可動防煙壁の材質	目視により確認する。	不燃材料でないこと。
	(5)			可動防煙壁の防煙区画	目視により確認する。	脱落又は欠損があり煙の流動を妨げる効果がないこと。
	(6)			中央管理室における制御及び作動状態の監視の状況	中央管理室において制御及び作動の状況を確認する。	中央管理室において制御又は作動の状況を確認できないこと。
4	(1)	自家用	自家用	自家用発電機室	目視により確認する。	令第112条第20項若しくは第

予備電源		発電装置	発電装置等の状況	の防火区画等の貫通措置の状況		21 項又は令第 129 条の 2 の 4 第 1 項第七号の規定に適合しないこと。
	(2)			発電機の発電容量	予備電源の容量を確認する。	自家用発電装置の出力容量が少なく、防災設備を 30 分以上運転できないこと。
	(3)			発電機及び原動機の状況	目視又は触診により確認する。	端子部の締め付けが堅固でないこと、計器若しくは制御盤の表示ランプ等に破損があること又は原動機若しくは燃料タンクの周囲に油漏れ等があること。
	(4)			燃料油、潤滑油及び冷却水の状況	目視により確認する。	燃料タンク若しくは冷却水槽の貯蔵量が少なく 30 分以上運転できないこと又は潤滑油が機器に表示された適正な範囲内にないこと。
	(5)			始動用の空気槽の圧力	圧力計を目視により確認するとともに、聴診により確認する。	空気槽の自動充気圧力が、高圧側で 2.2 から 2.9MPa、低圧側で 0.7 から 1.0MPa に維持されていないこと又は圧力が低下しても警報を発しないこと。
	(6)			セル始動用蓄電池及び電気ケーブルの接続の状況	目視により確認するとともに、蓄電池電圧を電圧計により測定する。	電圧が定格電圧以下であること、電解液量が機器に表示された適正量より少ないこと又は電気ケーブルとの接続部に緩み、液漏れ等があること。
	(7)			燃料及び冷却水の漏洩の状況	目視により確認する。	配管の接続部等に漏洩等があること。
	(8)			計器類及びランプ類の指示及び点灯の状況	目視により確認する。	発電機盤、自動制御盤等の計器類、スイッチ等に指示不良若しくは損傷があること又は運転表示ランプ類が点灯しないこと。
	(9)			自家用発電装置の取付けの状況	目視又は触診により確認する。	基礎架台の取付けが堅固でないこと又は著しい腐食、損傷等があること。
	(10)			自家用発電機室の給排気の状況（屋内に設置されている場合に限る。）	室内の温度を温度計により測定するとともに、作動の状況を確認する。	給排気が十分でなく室内温度が摂氏 40 度を超えていること又は給排気ファンが単独で若しくは発電機と連動して運転できないこと。
	(11)			接地線の接続の状況	目視により確認する。	接続端子部に緩み又は著しい腐食があること。
	(12)			絶縁抵抗	絶縁抵抗計により測定する。	測定結果が電気設備に関する技術基準を定める省令（平成 9 年通商産業省令第 52 号）第 58 条の規定値を下回っていること。
	(13)		自家用発電装置の性能	電源の切替えの状況	作動の状況を確認する。	予備電源への切替えができないこと。
	(14)			始動の状況	作動の状況を確認する。	空気始動及びセル始動により作動しないこと又は電圧が始動から 40 秒以内に確立しないこと。

⒂			運転の状況	目視、聴診又は触診により確認する。	運転中に異常な音、異常な振動等があること。
⒃			排気の状況	目視により確認する。	排気管、消音器等の変形、損傷、き裂等による排気漏れがあること。
⒄			コンプレッサー、燃料ポンプ、冷却水ポンプ等の補機類の作動の状況	作動の状況を確認する。	運転中に異常な音又は異常な振動があること。
⒅	直結エンジン	直結エンジンの外観	直結エンジンの設置の状況	目視又は触診により確認する。	据付けが堅固でないこと、アンカーボルト等に著しい腐食があること又は換気が十分でないこと。
⒆			燃料油、潤滑油及び冷却水の状況	目視により確認する。	燃料タンク若しくは冷却水槽の貯蔵量が足りず30分間以上運転できないこと又は潤滑油が機器に表示された適正な範囲内にないこと。
⒇			セル始動用蓄電池及び電気ケーブルの接続の状況	目視により確認するとともに、蓄電池電圧を電圧計により測定する。	電圧が定格電圧以下であること、電解液量が機器に表示された適正量より少ないこと又は電気ケーブルとの接続部に緩み、液漏れ等があること。
㉑			計器類及びランプ類の指示及び点灯の状況	目視により確認する。	制御盤等の計器類、スイッチ類等に指示不良若しくは損傷があること又は運転表示ランプ類が点灯しないこと。
㉒			給気部及び排気管の取付けの状況	目視により確認する。	変形、損傷、き裂等があること。
㉓			Vベルト	目視又は触診により確認する。	ベルトに損傷若しくはき裂があること又はたわみが大きいこと。
㉔			接地線の接続の状況	目視により確認する。	接続端子部に緩み又は著しい腐食があること。
㉕			絶縁抵抗	絶縁抵抗計により測定する。	測定結果が電気設備に関する技術基準を定める省令第58条の規定値を下回っていること。
㉖		直結エンジンの性能	始動及び停止並びに運転の状況	目視、聴診又は触診により確認する。	正常に作動若しくは停止できないこと、排煙口の開放と連動して直結エンジンが作動しないこと又は運転中に異常な音、異常な振動等があること。

次の表の左欄に掲げる項目については、それぞれ同表の右欄に掲げる記録がある場合には、(は)欄に掲げる検査方法にかかわらず、当該記録により確認することで足りる。

1項⑼、⒅、⒇、㊲、㊴及び㊾並びに2項㉔	前回の検査後にそれぞれ(は)欄に掲げる検査方法と同等の方法で実施した検査等の記録
1項⑵、⑷、⑹から⑻まで、⑽、⑿から⒁まで、⒃、⒆、㉑、㉒及び㉗、2項⑴から⑷まで、⑹から⑻まで、⑽、⑿、⒀、⒃から⒇まで及び㉖から㉘まで、3項⑵、⑶、⑸及び⑹並びに4項⑶から⑻まで及び⑽から⒄まで	前回の検査後に建築基準法令以外の法令の規定に基づき実施した点検等の記録

別表第 3

		(い)検査項目	(ろ)検査事項	(は)検査方法	(に)判定基準
1 照明器具	(1)	非常用の照明器具	使用電球、ランプ等	目視により確認する。	昭和 45 年建設省告示第 1830 号第 1 第一号の規定に適合しないこと。
	(2)		照明器具の取付けの状況	目視及び触診により確認する。	天井その他の取付け部に正しく固定されていないこと又は予備電源内蔵コンセント型照明器具である場合は、差込みプラグが壁等に固定されたコンセントに直接接続されていないこと若しくはコンセントから容易に抜ける状態であること。
2 電池内蔵形の蓄電池、電源別置形の蓄電池及び自家用発電装置	(1)	予備電源	予備電源への切替え及び器具の点灯の状況並びに予備電源の性能	作動の状況及び点灯時間を確認する。	昭和 45 年建設省告示第 1830 号第 3 第二号又は第三号の規定に適合しないこと。
	(2)	照度	照度の状況	避難上必要となる部分のうち最も暗い部分の水平床面において低照度測定用照度計により測定する。	昭和 45 年建設省告示第 1830 号第 4 の規定に適合しないこと。
	(3)	分電盤	非常用電源分岐回路の表示の状況	目視により確認する。	非常用の照明装置である旨の表示がないこと。
	(4)	配線	配電管等の防火区画の貫通措置の状況（隠蔽部分及び埋設部分を除く。）	目視又は触診により確認するとともに、必要に応じて鋼製巻尺等により測定する。	令第 112 条第 20 項又は令第 129 条の 2 の 4 第 1 項第七号の規定に適合しないこと。
3 電源別置形の蓄電池及び自家用発電装置	(1)	配線	照明器具の取付けの状況及び配線の接続の状況（隠蔽部分及び埋設部分を除く。）	目視により確認する。	昭和 45 年建設省告示第 1830 号第 2 の規定に適合しないこと。
	(2)		電気回路の接続の状況	目視により確認するとともに、必要に応じて回路計により測定する。	昭和 45 年建設省第 1830 号第 2 の規定に適合しないこと。
	(3)		接続部（幹線分岐及びボックス内に限る。）の耐熱処理の状況	目視により確認する。	昭和 45 年建設省告示第 1830 号第 2 の規定に適合しないこと。
	(4)		予備電源から非常用の照明器具間の配線の耐熱処理の状況（隠	目視により確認する。	昭和 45 年建設省告示第 1830 号第 2 第三号の規定に適合しないこと。

				蔽部分及び埋設部分を除く。)		
	(5)	切替回路		常用の電源から蓄電池設備への切替えの状況	作動の状況を確認する。	昭和45年建設省告示第1830号第3の規定に適合しないこと。
	(6)			蓄電池設備と自家用発電装置併用の場合の切替えの状況	作動までの時間を確認する。	昭和45年建設省告示第1830号第3の規定に適合しないこと。
4 電池内蔵形の蓄電池	(1)	配線及び充電ランプ		充電ランプの点灯の状況	目視により確認する。	点滅スイッチを切断しても充電ランプが点灯しないこと。
	(2)			誘導灯及び非常用照明兼用器具の専用回路の確保の状況	目視により確認する。	昭和45年建設省告示第1830号第2の規定に適合しないこと。
5 電源別置形の蓄電池	(1)	蓄電池	蓄電池等の状況	蓄電池室の防火区画等の貫通措置の状況	目視により確認する。	令第112条第20項若しくは第21項又は令第129条の2の4第1項第七号の規定に適合しないこと。
	(2)			蓄電池室の換気の状況	室内の温度を温度計により測定する。	室温が摂氏40度を超えていること。
	(3)			蓄電池の設置の状況	目視又は触診により確認する。	変形、損傷、腐食、液漏れ等があること。
	(4)		蓄電池の性能	電圧	電圧計により測定する。	電圧が正常でないこと。
	(5)			電解液比重	比重計により測定する。	電解液比重が適正でないこと。
	(6)			電解液の温度	温度計により測定する。	電解液の温度が摂氏45度を超えていること。
	(7)		充電器	充電器室の防火区画等の貫通措置の状況	目視により確認する。	令第112条第20項若しくは第21項又は令第129条の2の4第1項第七号の規定に適合しないこと。
	(8)			キュービクルの取付けの状況	目視又は触診により確認する。	取付けが堅固でないこと。
6 自家用発電装置	(1)	自家用発電装置	自家用発電装置等の状況	自家用発電機室の防火区画等の貫通措置の状況	目視により確認する。	令第112条第20項若しくは第21項又は令第129条の2の4第1項第七号の規定に適合しないこと。
	(2)			発電機の発電容量	予備電源の容量を確認する。	自家用発電装置の出力容量が少なく、防災設備を30分以上運転できないこと。
	(3)			発電機及び原動機の状況	目視又は触診により確認する。	端子部の締め付けが堅固でないこと、計器若しくは制御盤の表示ランプ等に破損があること又は原動機若しくは燃料タンクの周囲に油漏れ等があること。
	(4)			燃料油、潤滑油及び冷却水の状	目視により確認する。	燃料タンク若しくは冷却水槽の貯蔵量が少なく30分以上運転

				況		できないこと又は潤滑油が機器に表示された適正な範囲内にないこと。
	(5)			始動用の空気槽の圧力	圧力計を目視により確認するとともに、聴診により確認する。	空気槽の自動充気圧力が、高圧側で2.2から2.9 MPa、低圧側で0.7から1.0 MPaに維持されていないこと又は圧力が低下しても警報を発しないこと。
	(6)			セル始動用蓄電池及び電気ケーブルの接続の状況	目視により確認するとともに、及び蓄電池電圧を電圧計により測定する。	電圧が定格電圧以下であること、電解液量が機器に表示された適正量より少ないこと又は電気ケーブルとの接続部に緩み、液漏れ等があること。
	(7)			燃料及び冷却水の漏洩の状況	目視により確認する。	配管の接続部等に漏洩等があること。
	(8)			計器類及びランプ類の指示及び点灯の状況	目視により確認する。	発電機盤、自動制御盤等の計器類、スイッチ等に指示不良若しくは損傷があること又は運転表示ランプが点灯しないこと。
	(9)			自家用発電装置の取付けの状況	目視又は触診により確認する。	基礎架台の取付けが堅固でないこと又は著しい腐食、損傷等があること。
	(10)			自家用発電機室の給排気の状況（屋内に設置されている場合に限る。）	室内の温度を温度計により測定するとともに、作動の状況を確認する。	給排気状態が十分でなく室内温度が摂氏40度を超えていること又は給排気ファンが単独で若しくは発電機と連動して運転できないこと。
	(11)			接地線の接続の状況	目視により確認する。	接続端子部に緩み又は著しい腐食があること。
	(12)			絶縁抵抗	絶縁抵抗計により測定する。	測定結果が電気設備に関する技術基準を定める省令第58条の規定値を下回っていること。
	(13)		自家用発電装置の性能	電源の切替えの状況	作動の状況を確認する。	予備電源への切替えができないこと。
	(14)			始動の状況	作動の状況を確認する。	空気始動及びセル始動により作動しないこと又は電圧が始動から40秒以内に確立しないこと。
	(15)			運転の状況	目視、聴診又は触診により確認する。	運転中に異常な音、異常な振動等があること。
	(16)			排気の状況	目視により確認する。	排気管、消音器等の変形、損傷、き裂等による排気漏れがあること。
	(17)			コンプレッサー、燃料ポンプ、冷却水ポンプ等の補機類の作動の状況	作動の状況を確認する。	運転中に異常な音、異常な振動等があること。

5項(2)から(6)まで並びに6項(3)から(8)まで及び(10)から(17)までについては、前回の検査後に建築基準法令以外の法令の規定に基づき実施した点検等の記録がある場合には、(は)欄に掲げる検査方法にかかわらず、当該記録により確認することで足りる。

別表第4

		(い)検査項目	(ろ)検査事項	(は)検査方法	(に)判定基準
1 飲料用の配管設備及び排水設備	(1)	飲料用配管及び排水配管（隠蔽部分及び埋設部分を除く。）	配管の取付けの状況	目視により確認する。	平成12年建設省告示第1388号第4第一号の規定に適合しないこと。
	(2)		配管の腐食及び漏水の状況	目視により確認する。	配管に腐食又は漏水があること。
	(3)		配管が貫通する箇所の損傷防止措置の状況	目視により確認する。	平成12年建設省告示第1388号第4第二号の規定に適合しないこと。
	(4)		継手類の取付けの状況	目視により確認する。	平成12年建設省告示第1388号第4第三号の規定に適合しないこと。
	(5)		保温措置の状況	目視により確認する。	令第129条の2の4第1項第五号又は第2項第四号の規定に適合しないこと。
	(6)		防火区画等の貫通措置の状況	目視により確認する。	令第129条の2の4第1項第二号又は第七号の規定に適合しないこと。
	(7)		配管の支持金物	目視により確認する。	平成12年建設省告示第1388号第4第一号又は第四号の規定に適合しないこと。
	(8)		飲料水系統配管の汚染防止措置の状況	目視により確認する。	令第129条の2の4第2項第一号又は第二号の規定に適合しないこと。
	(9)		止水弁の設置の状況	目視により確認する。	昭和50年建設省告示第1597号第1第一号ロの規定に適合しないこと。
	(10)		ウォーターハンマーの防止措置の状況	目視により確認する。	昭和50年建設省告示第1597号第1第一号イの規定に適合しないこと。
	(11)		給湯管及び膨張管の設置の状況	目視により確認する。	平成12年建設省告示第1388号第4第四号の規定に適合しないこと。
2 飲料水の配管設備	(1)	飲料用の給水タンク及び貯水タンク（以下「給水タンク等」という。）並びに給水ポンプ	給水タンク等の設置の状況	目視により確認するとともに、必要に応じて鋼製巻尺等により測定する。	昭和50年建設省告示第1597号第1第二号イ又はロの規定に適合しないこと。
	(2)		給水タンク等の通気管、水抜き管、オーバーフロー管等の設置の状況	目視により確認する。	昭和50年建設省告示第1597号第1第一号又は第二号の規定に適合しないこと。
	(3)		給水タンク等の腐食及び漏水の状況	目視により確認する。	令第129条の2の4第2項第五号の規定に適合しないこと。
	(4)		給水用圧力タンクの安全装置の状況	作動の状況を確認する。	令第129条の2の4第1項第四号の規定に適合しないこと。
	(5)		給水ポンプの運転の状況	水圧計により測定するとともに、作動の状況を確認する。	運転中に異常な音、異常な振動等があること又は定格水圧がな

					いこと。
	(6)		給水タンク及びポンプ等の取付けの状況	目視又は触診により確認する。	平成 12 年建設省告示第 1388 号第 1 又は第 2 の規定に適合しないこと。
	(7)		給水タンク等の内部の状況	目視により確認する。	藻等の異物があること。
	(8)	給湯設備（循環ポンプを含む。）	給湯設備（ガス湯沸器を除く。）の取付けの状況	目視又は触診により確認する。	平成 12 年建設省告示第 1388 号第 2 又は第 5 の規定に適合しないこと。
	(9)		ガス湯沸器の取付けの状況	目視又は触診により確認する。	平成 12 年建設省告示第 1388 号第 2 若しくは第 5 の規定に適合しないこと又は引火性危険物のある場所及び燃焼廃ガスの上昇する位置に取り付けていること。
	(10)		給湯設備の腐食及び漏水の状況	目視により確認する。	本体に腐食、又は漏水があること。
3 排水設備	(1)	排水槽	排水槽のマンホールの大きさ	目視により確認するとともに、必要に応じて鋼製巻尺等により測定する。	昭和 50 年建設省告示第 1597 号第 2 第二号ロの規定に適合しないこと。
	(2)		排水槽の通気の状況	目視により確認する。	昭和 50 年建設省告示第 1597 号第 2 第二号ホの規定に適合しないこと。
	(3)		排水漏れの状況	目視により確認する。	漏れがあること。
	(4)		排水ポンプの設置の状況	目視により確認する。	取付けが堅固でないこと又は著しい腐食、損傷等があること。
	(5)		排水ポンプの運転の状況	水圧計により測定するとともに、作動の状況を確認する。	運転中に異常な音、異常な振動等があること又は定格水圧がないこと。
	(6)		地下街の非常用の排水設備の処理能力及び予備電源の状況	作動の状況を確認する。	昭和 44 年建設省告示第 1730 号第 3 第三号又は第四号の規定に適合しないこと。
	(7)	排水再利用配管設備（中水道を含む。）	雑用水の用途	雑用水に着色等を行い、目視等により確認する。	令第 129 条の 2 の 4 第 2 項第一号又は昭和 50 年建設省告示第 1597 号第 2 第六号ハの規定に適合しないこと。
	(8)		雑用水給水栓の表示の状況	目視により確認する。	昭和 50 年建設省告示第 1597 号第 2 第六号ニの規定に適合しないこと。
	(9)		配管の標識等	目視により確認する。	昭和 50 年建設省告示第 1597 号第 2 第六号ロの規定に適合しないこと。
	(10)		雑用水タンク、ポンプ等の設置の状況	目視により確認する。	取付けが堅固でないこと又は著しい腐食、損傷等があること。
	(11)		消毒装置	目視により確認する。	消毒液がなくなり、装置が機能しないこと。

(12)	その他	衛生器具	衛生器具の取付けの状況	目視により確認する。	令第129条の2の4第2項第二号の規定に適合しないこと、取付けが堅固でないこと又は損傷があること。
(13)		排水トラップ	排水トラップの取付けの状況	目視により確認するとともに、必要に応じて鋼製巻尺等により測定する。	昭和50年建設省告示第1597号第2第三号イ、ロ、ハ又はニの規定に適合しないこと。
(14)		阻集器	阻集器の構造、機能及び設置の状況	目視により確認するとともに、必要に応じて鋼製巻尺等により測定する。	昭和50年建設省告示第1597号第2第四号イ、ロ又はハの規定に適合しないこと。
(15)		排水管	公共下水道等への接続の状況	目視により確認する。	令第129条の2の4第3項第三号の規定に適合しないこと。
(16)			雨水排水立て管の接続の状況	目視により確認する。	昭和50年建設省告示第1597号第2第一号ハの規定に適合しないこと。
(17)			排水の状況	目視により確認する。	排水勾配がないこと又は流れていないこと。
(18)			掃除口の取付けの状況	目視により確認する。	昭和50年建設省告示第1597号第2第一号イの規定に適合しないこと。
(19)			雨水系統との接続の状況	目視により確認する。	昭和50年建設省告示第1597号第2第三号イの規定に適合しないこと。
(20)			間接排水の状況	目視により確認する。	昭和50年建設省告示第1597号第2第一号ロの規定に適合しないこと又は損傷があること。
(21)		通気管	通気開口部の状況	目視により確認する。	昭和50年建設省告示第1597号第2第五号ハの規定に適合しないこと。
(22)			通気管の状況	目視又は嗅診により確認する。	昭和50年建設省告示第1597号第2第二号イ又は第五号の規定に適合しないこと又は損傷があること。

次の表の上欄に掲げる項目については、それぞれ同表の下欄に掲げる記録がある場合には、(は)欄に掲げる検査方法にかかわらず、当該記録により確認することで足りる。

1項（(2)を除く。）、2項（(2)、(3)及び(7)を除く。）並びに3項（(2)、(3)、(5)、(11)、(14)及び(22)を除く。）	前回の検査後にそれぞれ(は)欄に掲げる検査方法と同等の方法で一級建築士等が実施した検査の記録
1項(2)、2項(2)、(3)及び(7)並びに3項(2)、(3)、(5)、(11)、(14)及び(22)	前回の検査後にそれぞれ(は)欄に掲げる検査方法と同等の方法で一級建築士等が実施した検査の記録又は前回の検査後に建築基準法令以外の法令の規定に基づき実施した点検等の記録

別記（略）

昇降機の定期検査報告における検査及び定期点検における点検の項目、事項、方法及び結果の判定基準並びに検査結果表を定める件

制定：平成 20 年 3 月 10 日　国土交通省告示第 283 号
改正：令和　2 年 4 月　1 日　国土交通省告示第 508 号

建築基準法施行規則（昭和 25 年建設省令第 40 号。以下「施行規則」という。）第 6 条第 2 項及び第 3 項、第 6 条の 2 第 1 項、第 6 条の 2 の 2 第 2 項及び第 3 項並びに第 6 条の 2 の 3 第 1 項の規定に基づき、第 6 条第 3 項に規定する昇降機及び第 6 条の 2 の 2 第 3 項に規定する観光用エレベーター等（以下単に「昇降機」という。）について建築基準法（昭和 25 年法律第 201 号。以下「法」という。）第 12 条第 3 項（法第 88 条第 1 項において準用する場合を含む。）に規定する検査及び法第 12 条第 4 項（法第 88 条第 1 項において準用する場合を含む。以下同じ。）に規定する点検（以下「定期検査等」という。）の項目、事項、方法及び結果の判定基準並びに検査結果表を次のように定める。

第 1

定期検査等は、施行規則第 6 条第 2 項、第 6 条の 2 第 1 項、第 6 条の 2 の 2 第 2 項及び第 6 条の 2 の 3 第 1 項の規定に基づき、次の各号に掲げる別表第 1 から第 6 までの(い)欄に掲げる項目に応じ、同表(ろ)欄に掲げる事項（ただし、法第 12 条第 4 項に規定する点検においては損傷、腐食、その他の劣化状況に係るものに限る。）について、同表(は)欄に掲げる方法により実施し、その結果が同表(に)欄に掲げる基準に該当しているかどうかを判定することとし、併せて、前回の定期検査等以降に不具合が生じている場合にあっては、当該不具合に係る同表(い)欄に掲げる項目に応じ、不具合の改善の状況等について、適切な方法により実施し、改善措置が講じられていないかどうかを判定することとする。ただし、特定行政庁が規則により定期検査等の項目、事項、方法又は結果の判定基準について定める場合（定期検査等の項目若しくは事項について削除し又は定期検査等の方法若しくは結果の判定基準について、より緩やかな条件を定める場合を除く。）にあっては、当該規則の定めるところによるものとする。

一　かごを主索又は鎖で吊るエレベーター（次号から第四号までに掲げるものを除く。）　別表第 1
二　油圧エレベーター（次号及び第四号に掲げるものを除く。）　別表第 2
三　車いすに座ったまま使用するエレベーターで、かごの定格速度が 15m 以下で、かつ、その床面積が 2.25㎡以下のものであって、昇降行程が 4m 以下のもの又は階段及び傾斜路に沿って昇降するもの　別表第 3
四　階段及び傾斜路に沿って 1 人の者がいすに座った状態で昇降するエレベーターで、定格速度が 9m 以下のもの　別表第 4
五　エスカレーター　別表第 5
六　小荷物専用昇降機　別表第 6

2　前項の規定にかかわらず、法第 68 条の 25 第 1 項又は法第 68 条の 26 第 1 項に規定する認定を受けた構造方法を用いた昇降機に係る定期検査等については、当該認定に係る申請の際に提出された施行規則第 10 条の 5 の 21 第 1 項第三号に規定する図書若しくは同条第 3 項に規定する評価書又は施行規則第 10 条の 5 の 23 第 1 項第三号に規定する図書に検査の方法が記載されている場合にあっては、当該方法によるものとする。

第 2

昇降機の検査結果表は、施行規則第 6 条第 3 項及び第 6 条の 2 の 2 第 3 項の規定に基づき、次の各号に掲げる昇降機の種類に応じ、当該各号に定めるとおりとする。

一　第 1 第 1 項第一号に規定する昇降機　別記第 1 号
二　第 1 第 1 項第二号に規定する昇降機　別記第 2 号
三　第 1 第 1 項第三号に規定する昇降機　別記第 3 号
四　第 1 第 1 項第四号に規定する昇降機　別記第 4 号
五　第 1 第 1 項第五号に規定する昇降機　別記第 5 号
六　第 1 第 1 項第六号に規定する昇降機　別記第 6 号

別表第1

		(い)検査項目	(ろ)検査事項	(は)検査方法	(に)判定基準
1 機械室（機械室を有しないエレベーターにあっては、共通）	(1)	機械室への通路及び出入口の戸	機械室の戸の設置及び施錠の状況	設置の状況を目視により確認し、施錠の状況を戸を解錠及び施錠して確認する。	建築基準法施行令（昭和25年政令第338号。以下「令」という。）第129条の9第四号の規定に適合しないこと又は解錠若しくは施錠ができないこと。
			手すりの位置及び取付けの状況	目視及び触診により確認する。	令第129条の9第五号の規定に適合しないこと又は取付けが確実でないこと。
			機械室への通路の状況	機械室までの通路において、高さ又は幅員が最小となる箇所及び障害物がある箇所を目視により確認し又は測定する。	通行経路の寸法が高さ1.8m未満又は幅0.7 m未満であること。
			階段の状況	最も大きいけあげ及び最も小さい踏面を測定する。	令第129条の9第五号の規定に適合しないこと。
	(2)	機械室内の状況並びに照明装置及び換気設備等	昇降機以外の設備等の状況	目視により確認する。	定期検査又は定期点検に支障が生じていること。
			壁面及び天井からの漏水並びに窓の破損の状況	目視により確認する。	漏水が機器に達していること又は窓が破損していること。
			機械室の床及び機器の汚損の状況	目視により確認する。	機器の作動に影響を与えるおそれのある汚損があること。
			照明装置の状況	照明の点灯の状況を確認する。	照明装置が正常に作動しないこと。
			開口部又は換気設備の設置及び換気の状況	設置及び作動の状況を確認し、起動設定温度があるものにあっては、その設定を確認する。	令第129条の9第三号の規定に適合しないこと又は起動設定温度が不適切に設定されていること。
	(3)	機械室の床の貫通部	貫通部の状況	機械室又はかご上において目視により確認する。	主索、調速機ロープ等が機械室の床の貫通部分と接触していること。
	(4)	救出装置	手巻きハンドル等又は充電池回路等の設置の状況	目視により確認する。	平成12年建設省告示第1413号(以下「特殊告示」という。）第1第一号ロ又は第三号トの規定に適合しないこと。
			制動装置等の開放の状況	制動装置等の作動の状況を確認する。	制動装置等を操作できず、かごが移動しないこと。
	(5)	制御器 開閉器及び遮断器	作動の状況	手動により遮断操作及び投入操作を行い、電気的に開閉することを確認する。	電気的に開閉しないこと。
	(6)	制御器 接触器、継電器及び運転制御用基板	作動の状況	昇降機を運転し、作動の状況を確認する。	昇降機が正常に作動しないこと。
			電動機主回路用接触器の主接点の状況	目視により確認し、交換基準に従って交換されているか確認する。	イ　著しい摩耗があること又は交換基準に従って交換されていないこと。
					ロ　変形があること。
			ブレーキ用接	目視により確認し、交換基準に	イ　著しい摩耗があること又は交

			触器の接点の状況	従って交換されているか確認する。	換基準に従って交換されていないこと。
					ロ　変形があること。
(7)		ヒューズ	設置の状況	目視により確認する。	ヒューズの溶断電流が制御器等で指定されたものと異なること。
(8)		絶縁	電動発電機、電動機、制御器等の回路の絶縁の状況（一次側と二次側が電気的に分離され、二次側の一方が接地され、他方にヒューズが設けられており、電圧が直流60V又は交流25V以下である回路を除く。）	絶縁抵抗計等により測定する。	回路の電圧が300Vを超えるものにあっては0.4MΩ、150Vを超え300V以下のものにあっては0.2MΩ、150V以下のものにあっては0.1MΩ以上の絶縁抵抗がないこと。
(9)		接地	接地の状況	触診により確認する。	接地線が接地端子に緊結されていないこと。
(10)	階床選択機		表示灯の点灯の状況	目視により確認する。	表示灯が点灯すべき時に点灯しないこと。
			呼びの応答の状況	昇降機を運転し、呼びの応答を確認する。	呼びの応答がないこと又は呼びを保持若しくは消去しないこと。
(11)	巻上機	減速歯車	潤滑油の油量の状況	オイルゲージ等を目視により確認する。	油量が適量でないこと。
			潤滑油の劣化の状況	色及び不純物を目視により確認する。	著しい変色又は摩耗粉があること。
			歯の状況（ウォーム・ホイール式のものに限る。）	異常音及び異常な振動がないか確認し、異常音又は異常な振動が認められる場合にあっては、歯の段差及び欠損について目視により確認し又は測定する。	イ　歯厚が設置時の$\frac{7}{8}$未満であること又は運行に支障が生ずるおそれがある歯の欠損があること。
					ロ　異常音又は異常な振動があること。
(12)		綱車又は巻胴	綱車と主索のかかりの状況（巻胴式のものを除く。）	主索及び溝の摩耗の状況を目視により確認し又は溝と主索のすき間若しくは綱車外周からの主索の出張りを測定し、主索と綱車が滑らないことを確認する。	溝と主索のすき間若しくは綱車外周からの主索の出張りが十分でなく運行に支障が生ずるおそれがあること、無積載のかごを低速で上昇させて最上階付近において停止させたときに主索と綱車に著しい滑りが生じていること若しくはU溝を除く溝で主索が底当たりしていること又は複数ある溝間に著しい摩耗差があること。
			回転の状況	振動を触診及び聴診により確認する。	回転時に異常音又は異常な振動があること。
			欠損及びき裂の状況	目視により確認する。	欠損又はき裂があること。

⒀	軸受	発熱の状況	触診により確認する。	異常な発熱があること。
		音の状況	聴診により確認する。	異常音があること。
		振動の状況	触診及び聴診により確認する。	異常な振動があること。
⒁	ブレーキ	油の付着の状況	目視により確認する。	ドラム又はディスクのパッドのしゅう動面に制動力又は保持力に影響を与えるおそれがある油の付着があること。
		取付けの状況	目視及び触診により確認する。	取付けが確実でないこと又は可動部の給油が不十分であること。
		制動力の状況	かごの無積載上昇時(巻胴式にあってはかごの無積載下降時)のブレーキの制動を確認する。	ブレーキが作動しないこと又はかごが停止しないこと。
		保持力の状況	次に掲げる方法のいずれかによる。 イ　ブレーキをかけた状態において、トルクレンチにより確認する。 ロ　ブレーキをかけた状態において、電動機にトルクをかけ確認する。 ハ　かごに荷重を加え、かごの位置を確認する。	平成12年建設省告示第1429号(以下「制御器告示」という。)第1第一号の規定に適合しないこと。
		パッドの厚さの状況	パッドの厚さを測定し、前回の定期検査時又は定期点検時からのパッドの摩耗量を確認する。	イ　運行に支障が生じている又は次回の定期検査時若しくは定期点検時までにパッドが運行に支障が生ずる厚さとなるおそれがあるため、是正が必要な状態にあること。
				ロ　パッドの厚さが運行に支障が生ずるおそれがない最小の厚さの1.2倍（電気制動式のものにあっては、1.1倍）以下であって、重点的な点検が必要な状態にあること。
		パッドとドラム及びディスクとの接触の状況（同心軸上にて回転するパッドにより制動するものを除く。）	目視及び聴診により確認する。	走行中にパッドとドラム又はディスクが接触していること。
		ブレーキ制動時のプランジャーの状況	かごを保持している状態において目視により確認し、ストロークを測定する。	イ　プランジャーが他の機器等と干渉していること又はプランジャーのストロークが要是正となる基準値から外れていること。
				ロ　プランジャーのストロークが要重点点検となる基準値から外れていること。
		ブレーキコイ	触診により確認する。	ブレーキコイルに異常な発熱があ

			ルの発熱の状況		ること。
			構成機器の作動の状況	作動の状況を確認する。	作動時に異常音若しくは異常な振動があること又は作動が円滑でないこと。
			摩耗粉の状況（電気制動式のものに限る。）	ブレーキ周囲の摩耗粉を目視により確認する。	パッド等の摩耗粉があること。
			作動時の状況（電気制動式のものに限る。）	ブレーキ制動時の状態を目視及び聴診により確認する。	電気制動により停止速度に達する前にパッドとドラムがしゅう動していること。
	⒂	そらせ車	外観の状況	目視により確認する。	欠損又はき裂があること。
			取付けの状況	テストハンマーによる打検又は緩み確認マークの位置等の点検（以下「テストハンマーによる打検等」という。）により確認する。	ナットに緩みがあること。
			音の状況	聴診により確認する。	異常音があること。
	⒃	電動機	音の状況	聴診により確認する。	異常音があること。
			発熱の状況	触診により確認する。	異常な発熱があること。
			振動の状況	触診及び聴診により確認する。	異常な振動があること。
			整流子の状況	無負荷運転し、目視により火花を確認する。	著しい火花があること。
			ブラシの摩耗の状況	目視により残存長さを確認し又は測定する。	ピグテールの金具から5㎜以内であること。
	⒄	電動発電機	音の状況	聴診により確認する。	異常音があること。
			発熱の状況	触診により確認する。	異常な発熱があること。
			振動の状況	触診及び聴診により確認する。	異常な振動があること。
			整流子の状況	無負荷運転し、目視により火花を確認する。	著しい火花があること。
			ブラシの摩耗の状況	目視により残存長さを確認し又は測定する。	ピグテールの金具から5㎜以内であること。
	⒅	駆動装置等の耐震対策	転倒及び移動を防止するための措置の状況	駆動装置及び制御器の取付けの状況を目視又は触診により確認する。	巻上機等の駆動装置又は制御器をはり等へ堅固に取り付けていないこと。
			ロープガード等の状況	目視及び触診により確認し又は測定する。	令第129条の4第3項第四号の規定に適合しないこと。
	⒆	速度	かごの上昇時及び下降時の速度の状況	無負荷運転時のかごの速度を瞬間式回転速度計又は電子式速度表示装置（以下単に「瞬間式回転速度計」という。）により測定する。	定格速度の125%を超えていること。
2 共通	⑴	かご側調速機	滑車の状況	目視により確認する。	欠損又はき裂があること。
			取付けの状況	目視及び触診により確認する。	取付けが堅固でないこと。
			支点部の状況	目視及び触診により確認する。	イ　可動部の動きが円滑でないこと。

					ロ　給油が不十分であること。
			過速スイッチの作動の状況	作動の状況を確認する。	過速スイッチを作動したときに安全回路が遮断されないこと又は安全回路の遮断を保持できないこと。
			過速スイッチの作動速度の状況	瞬間式回転速度計により作動速度を測定する。	平成12年建設省告示第1423号(以下「制動装置告示」という。)第2第二号の規定に適合しないこと。
			キャッチの作動速度の状況	瞬間式回転速度計により作動速度を測定する。	制動装置告示第2第四号の規定に適合しないこと。
			キャッチと過速スイッチとの整合性の状況	目視により作動の順位を確認する。	キャッチの作動速度が過速スイッチの作動速度を下回ること。
			キャッチの作動の状況	作動の状況を確認する。	キャッチが作動しないこと又は調速機用ロープが滑ること。
	(2)	釣合おもり側調速機	滑車の状況	目視により確認する。	欠損又はき裂があること。
			取付けの状況	目視及び触診により確認する。	取付けが堅固でないこと。
			支点部の状況	目視及び触診により確認する。	イ　可動部の動きが円滑でないこと。
					ロ　給油が不十分であること。
			かご側調速機との整合性の状況	瞬間式回転速度計により釣合おもり側のキャッチの作動速度を測定し、かご側のキャッチの作動速度と比較する。	釣合おもり側のキャッチの作動速度がかご側のキャッチの作動速度以下であること又は釣合おもり側のキャッチの作動速度がかご側のキャッチの作動速度の1.1倍を超えていること。
			キャッチの作動の状況	作動の状況を確認する。	キャッチが作動しないこと又は調速機用ロープが滑ること。
	(3)	主索又は鎖	主索の径の状況	乗降する頻度の最も高い階(以下「基準階」という。)から加速終了位置又は減速開始位置から基準階の間にかごがある場合に主索が綱車にかかる箇所、綱車による曲げ回数が多い箇所等における最も摩耗の進んだ部分の直径及び綱車にかからない部分の直径を測定する。	イ　最も摩耗の進んだ部分の直径が綱車にかからない部分の直径と比較して90%未満であること。
					ロ　最も摩耗の進んだ部分の直径が綱車にかからない部分の直径と比較して92%未満であること。
			主索の素線切れの状況	基準階から加速終了位置又は減速開始位置から基準階の間にかごがある場合に主索が綱車にかかる箇所、綱車による曲げ回数が多い箇所、傷のある箇所等を目視により確認し、最も摩損の進んだ部分については重点的に目視により確認する。	イ　次に掲げる基準(以下「素線切れ要是正判定基準」という。)のいずれかに該当すること。 (1)　素線切れが平均的に分布する場合は、1よりピッチ内の素線切れ総数が6より鋼索にあっては24本、8より鋼索にあっては32本を超えていること又は1構成より1ピッチ内の素線切れが4本を超えていること。 (2)　素線切れが特定の部分に集中している場合は、1よりピッチ内の素線切れ総

					数が6より鋼索にあっては12本、8より鋼索にあっては16本を超えていること又は1構成より1ピッチ内の素線切れが9本を超えていること。 (3) 素線切れが生じた部分の断面積の摩損がない部分の断面積に対する割合が70%以下である場合は、1構成より1ピッチ内の素線切れが2本を超えていること。 (4) 谷部で素線切れが生じていること。
					ロ 次に掲げる基準（以下「素線切れ要重点点検判定基準」という。）のいずれかに該当すること。 (1) 素線切れが平均的に分布する場合は、1よりピッチ内の素線切れ総数が6より鋼索にあっては18本、8より鋼索にあっては24本を超えていること又は1構成より1ピッチ内の素線切れが3本を超えていること。 (2) 素線切れが特定の部分に集中している場合は、1よりピッチ内の素線切れ総数が6より鋼索にあっては9本、8より鋼索にあっては12本を超えていること又は1構成より1ピッチ内の素線切れが7本を超えていること。 (3) 素線切れが生じた部分の断面積の摩損がない部分の断面積に対する割合が70%以下であること。
			主索の錆及び錆びた摩耗粉の状況	全長の錆及び錆びた摩耗粉の固着の状況を目視により確認し、錆びた摩耗粉により谷部が赤錆色に見える箇所がある場合にあっては、錆びた摩耗粉により谷部が赤錆色に見える部分の直径及び綱車にかからない部分の直径を測定するとともに、当該箇所を重点的に目視により確認する。	イ 次に掲げる基準（以下「錆及び錆びた摩耗粉要是正判定基準」という。）のいずれかに該当すること。 (1) 錆びた摩耗粉が多量に付着し、素線の状況が確認できないこと。 (2) 表面に点状の腐食が多数生じていること。 (3) 錆びた摩耗粉により谷部が赤錆色に見える部分の直径が綱車にかからない部分の直径と比較して94%未満であること。

					(4) 錆びた摩耗粉により谷部が赤錆色に見える部分の1構成より1ピッチ内の素線切れが2本を超えていること。 ロ 錆びた摩耗粉により谷部が赤錆色に見える箇所があること（以下「錆及び錆びた摩耗粉要重点点検判定基準」という。）。
			主索の損傷及び変形の状況	全長を目視により確認する。	著しい損傷又は変形があること。
			鎖の給油及び外観の状況	全長を目視により確認する。	イ 著しい損傷、変形、ねじれ、腐食等があること。
					ロ 給油が不十分であること。
			鎖の摩耗の状況	基準階から加速終了位置又は減速開始位置から基準階の間にかごがある場合に、鎖が鎖車にかかる箇所等における最も摩耗の進んだ部分の鎖の長さ及び鎖車にかからない部分の長さを測定する。	最も摩耗の進んだ部分の長さが鎖車にかからない部分の長さと比較してその伸びが1.5%以上であること。
	(4)	主索又は鎖の張り	張りの状況	次に掲げる方法のいずれかによる。 イ 各主索又は鎖の端末部のスプリングの高さを目視により確認する。 ロ かご上において主索又は鎖を揺らし、その振幅を確認する。 ハ かご上において触診により主索又は鎖の張りが均等であることを確認する。	著しい不均等があること。
	(5)	主索又は鎖及び調速機ロープの取付部	昇降路の横架材並びにかご及び釣合おもりにおける止め金具の取付けの状況	目視及び触診により確認する。	ダブルナットにあってはナット間に緩みがあり、割ピンにあってはピンに欠損、曲げ不足等があり、その他の方法にあっては取付けが確実でないこと。
			主索又は鎖及び調速機ロープの端部における止め金具の取付けの状況	目視及び触診により確認する。	取付けが確実でないこと。
			止め金具及びその取付部の損傷の状況	目視により確認する。	止め金具又はその取付部に損傷があること。
	(6)	主索又は鎖の緩み検出装置	取付けの状況	目視及び触診により確認する。	取付けが堅固でないこと。
			作動の状況	作動の状況を確認する。	作動しないこと。
	(7)	主索又は鎖の巻過ぎ検出装	取付けの状況	目視及び触診により確認する。	取付けが堅固でないこと。
			作動の状況	作動の状況を確認する。	作動しないこと。

		置	作動の位置	作動したときのかごと緩衝器等とのすき間及びロープの巻き溝の状況を確認する。	かごが緩衝器等に接する前に作動しないこと又はロープの巻き溝がなくなる前に作動しないこと。
	(8)	はかり装置(乗用エレベーター又は寝台用エレベーターであって、特殊告示第1第六号に掲げるもの(籠の床面積が1.1㎡以下のものに限る。以下同じ。)以外のものに限る。)	警報並びにかご及び乗り場の戸の状況	検出装置を作動させ確認する。	令第129条の10第3項第四号イの規定に適合しないこと。
			取付けの状況	目視及び触診により確認する。	取付けが堅固でないこと。
	(9)	戸開走行保護装置	設置及び作動の状況	設置及び作動の状況を確認する。	令第129条の10第3項第一号の規定に適合しないこと。
	(10)	地震時等管制運転装置(特殊告示第1第四号に掲げるエレベーターを除く。)	加速度を検知する部分の取付けの状況	目視及び触診により確認する。	平成20年国土交通省告示第1536号第2第一号又は第二号の規定に適合しないこと。
			作動の状況	作動の状況を確認する。	平成20年国土交通省告示第1536号第2第三号(かごの定格速度が240m以上の乗用エレベーター及び寝台用エレベーターにあっては、特殊告示第1第五号)の規定に適合しないこと。
			予備電源の作動の状況	予備電源回路に切り替え、作動の状況を確認する。	作動が確実でないこと。
	(11)	降下防止装置	設置及び作動の状況	設置及び作動の状況を確認する。	特殊告示第1第三号チの規定に適合しないこと又は機械的にかごの降下を停止することができないこと。
	(12)	換気設備等(機械室を有しないエレベーターに限る。)	開口部又は換気設備の設置及び換気の状況	設置及び作動の状況を確認し、起動設定温度があるものにあってはその設定を確認する。	特殊告示第1第三号ニの規定に適合しないこと又は起動設定温度が不適切に設定されていること。
	(13)	制御盤扉(かご及び釣合おもりと干渉しないものを除く。)	設置又は開放スイッチの作動の状況	開放スイッチがあるものにあってはその作動の状況を確認し、開放スイッチがないものにあってはねじ等により固定されている等容易に制御盤扉が開かない措置が講じられているかを確認する。	開放スイッチがあるものにあっては制御盤扉を引き出したときに開放スイッチが作動しないこと、開放スイッチがないものにあっては容易に制御盤扉が開く又は開くおそれがあること。
3 かご室	(1)	かごの壁又は囲い、天井及び床	かごの構造及び設置の状況	目視により確認する。	変形、摩耗、腐食等により運行に支障が生じていること、ガラスの欠損若しくはひび割れがあること又は使用できない部材があること。
			可燃物の状況	目視により確認する。	令第129条の6第二号の規定に適合しないこと。
	(2)	かごの戸及び敷居	戸及び敷居の構造及び設置	目視により確認する。	変形、摩耗、腐食等により運行に支障が生じていること、ガラスの欠

			の状況		損若しくはひび割れがあること又は使用できない部材があること。
			戸相互及び戸と出入口枠とのすき間の状況（特殊告示第1第七号に掲げるエレベーターを除く。）	目視により確認し又は測定する。	平成20年国土交通省告示第1455号第2第三号又は第四号の規定に適合しないこと。
			敷居とドアシューの摩耗の状況	目視により確認する。	敷居又はドアシューに著しい摩耗があること。
			ドアシューのかかりの状況	目視により確認し又は測定する。	引き戸にあっては無負荷時において敷居溝とドアシューのかかりが6㎜未満であること、上げ戸、下げ戸又は上下戸にあってはこれらを片側に寄せたときにおいて容易にドアシューが外れること。
			戸の可燃物の状況	目視により確認する。	令第129条の6第二号の規定に適合しないこと。
			戸の開閉の状況	目視及び触診により確認する。	戸の開閉が円滑でないこと。
			戸の反転作動の状況（動力により自閉するものに限る。）	目視及び触診により確認する。	反転作動をしないこと。
			連結ロープの状況	目視及び触診により確認する。	変形、摩耗、錆、腐食、素線切れ等により運行に支障が生じていること。
	(3)	かごの戸のスイッチ	取付けの状況	目視及び触診により確認する。	取付けが堅固でないこと。
			スイッチの作動の状況	次に掲げる方法のいずれかによる。 イ　途中階においてかごを停止させ、かごの戸を開いた後、徐々に戸を閉め、作動の位置を目視により確認し又は測定する。 ロ　かごの戸が開いた状態において動かないことを確認した後、スイッチの作動の位置を目視により確認し又は測定する。	制御器告示第1第二号若しくは第三号の規定に適合しないこと又は作動の位置が両引き戸若しくは上下戸にあっては75㎜、片引き戸、上げ戸若しくは下げ戸にあっては50㎜を超えていること。
	(4)	床合わせ補正装置及び着床装置	床合わせ補正装置の状況	着床面からかごをおおむね50㎜の位置及び75㎜を超え200㎜の間に移動させ、戸を開いた状態で運転し、作動の状況を確認する。	制御器告示第1第一号の規定に適合しないこと。
			着床装置の状況	作動の状況を確認する。	乗り場の床を基準として着床位置が上下75㎜を超えること。

(5)	車止め、光電装置等(自動車運搬用エレベーターに限る。)	光電装置の状況	作動の状況を確認する。	特殊告示第1第七号ハの規定に適合しないこと。
		車止めの設置の状況	目視及び触診により確認する。	イ　車止めがない又はその機能が確実でないこと。
				ロ　車止めが変形又は摩損していること。
(6)	かご操作盤及び表示器	かご操作盤及び押しボタン等の取付けの状況	目視及び触診により確認する。	取付けが堅固でないこと。
		押しボタン等の作動の状況	作動の状況を確認する。	押しボタン等が機能しないこと又は操作が円滑に行えないこと。自動車運搬用エレベーターで、かごの壁又は囲い、天井及び出入口の戸の全部又は一部を有しないものにあっては、特殊告示第1第七号イの規定に適合しないこと。
		操作箱の施錠の状況	触診により確認する。	施錠できないこと。
		表示器の状況	目視により確認する。	表示しないこと又は表示が不鮮明であること。
		破損の状況	目視及び触診により確認する。	表示部又は押しボタン等が著しく破損していること。
(7)	操縦機	操作後の自動復帰の状況	作動の状況を確認する。	イ　制動装置告示第2第一号の規定に適合しないこと。
				ロ　動きが円滑でないこと。
		作動の状況	作動の状況を確認する。	昇降機が正常に作動しないこと。
(8)	外部への連絡装置(令第129条の11の規定の適用のあるエレベーターを除く。)	設置及び作動の状況	通電時及び電源遮断時において外部との連絡ができるか確認する。	イ　令第129条の10第3項第三号の規定に適合しないこと又は連絡装置が作動しない若しくは容易に操作できないこと。
				ロ　通話装置の音量又は警報ベル等の鳴動音が小さいこと。
(9)	かご内の停止スイッチ	設置及び作動の状況	設置及び作動の状況を確認する。	制御器告示第1第四号の規定に適合しないこと又は作動時に昇降機が運転できること。
(10)	用途、積載量及び最大定員の標識	設置及び表示の状況	設置及び表示の状況を確認する。	令第129条の6第五号の規定に適合しないこと又は表示に誤りがあること。
(11)	かごの照明装置	設置、作動及び照度の状況	目視により確認し又は照度計により測定する。	平成20年国土交通省告示第1455号第1第八号の規定に適合しないこと。
(12)	停電灯装置(乗用エレベーター及び寝台用エレベーターに限る。)	設置、作動及び照度の状況	設置の状況を目視により確認するとともに、照明電源を遮断し、作動の状況をおおむね1分間確認し、操作注意銘板が容易に認識できることを確認する。	令第129条の10第3項第四号の規定に適合しないこと又は操作注意銘板が容易に認識できないこと。
(13)	かごの床先(令第129条の	かごの床先と昇降路壁及び	目視により確認し又はかごの床先と昇降路壁及び出入口の	令第129条の7第四号の規定に適合しないこと。

		11の規定の適用のあるエレベーター及び特殊告示第1第七号に掲げるものを除く。)	出入口の床先とのすき間の状況	床先との水平距離を測定する。	
			フェッシアプレートの取付けの状況	目視及び触診により確認する。	取付けが堅固でないこと。
4 かご上	(1)	かご上の停止スイッチ	設置及び作動の状況	設置及び作動の状況を確認する。	制御器告示第1第四号の規定に適合しないこと又は作動時に昇降機が運転できること。
	(2)	頂部安全距離確保スイッチ	設置及び作動の状況	設置及び作動の状況を確認する。	制動装置告示第1の規定に適合しないこと又は作動時に昇降機が上昇運転できること。
			取付けの状況	目視及び触診により確認する。	取付けが堅固でないこと。
	(3)	上部ファイナルリミットスイッチ及びリミット(強制停止)スイッチ	設置及び作動の状況	設置及び作動の状況を確認する。	制動装置告示第2第五号の規定に適合しないこと又は作動時にファイナルリミットスイッチにあっては昇降機が運転できること、リミットスイッチにあっては昇降機が上昇運転できること。
			ファイナルリミットスイッチの作動の位置	スイッチの作動の位置及び作動したときのかご又は釣合おもりと緩衝器とのすき間を確認する。	ばね緩衝器又は緩衝材を使用している場合にあっては釣合おもりが緩衝器又は緩衝材に接するまでに、油入緩衝器を使用している場合にあってはストロークの$\frac{1}{2}$を超えるまでに、巻胴式の場合にあってはかごが上部緩衝器又は上部緩衝材に接するまでに作動しないこと。
			リミットスイッチの作動の位置	スイッチの作動の位置がドアゾーン内であることを確認する。	ドアゾーン内で作動しないこと。
			取付けの状況	目視及び触診により確認する。	取付けが堅固でないこと。
	(4)	上部緩衝器又は上部緩衝材	設置及び取付けの状況	目視及び触診により確認する。	制動装置告示第1の規定に適合しないこと又は取付けが堅固でないこと。
			劣化の状況	目視により確認する。	著しい損傷又は腐食があること。
	(5)	頂部綱車	外観の状況	目視により確認する。	欠損又はき裂があること。
			取付けの状況	テストハンマーによる打検等により確認する。	ナットに緩みがあること。
			音の状況	聴診により確認する。	異常音があること。
	(6)	調速機ロープ	径の状況	基準階から加速終了位置又は減速開始位置から基準階の間にかごがある場合にロープが綱車にかかる箇所、綱車による曲げ回数が多い箇所等における最も摩耗の進んだ部分の直径及び綱車にかからない部分の直径を測定する。	イ　最も摩耗の進んだ部分の直径が綱車にかからない部分の直径と比較して90%未満であること。 ロ　最も摩耗の進んだ部分の直径が綱車にかからない部分の直径と比較して92%未満であること。
			素線切れの状況	基準階から加速終了位又は減速開始位置から基準階の間に	イ　素線切れ要是正判定基準のいずれかに該当すること。

			かごがある場合にロープが綱車にかかる箇所、綱車による曲げ回数が多い箇所、傷のある箇所等を目視により確認し、最も摩損の進んだ部分については重点的に目視により確認する。	ロ　素線切れ要重点点検判定基準のいずれかに該当すること。
		錆及び錆びた摩耗粉の状況	全長の錆及び錆びた摩耗粉の固着の状況を目視により確認し、錆びた摩耗粉により谷部が赤錆色に見える箇所がある場合にあっては、錆びた摩耗粉により谷部が赤錆色に見える部分の直径及び綱車にかからない部分の直径を測定するとともに、当該箇所を重点的に目視により確認する。	イ　錆及び錆びた摩耗粉要是正判定基準のいずれかに該当すること。 ロ　錆及び錆びた摩耗粉要重点点検判定基準に該当すること。
		損傷及び変形の状況	全長を目視により確認する。	著しい損傷又は変形があること。
(7)	かごの非常救出口（特殊告示第1第七号に掲げるエレベーターを除く。）	構造及び設置の状況	ふたの構造及びスイッチの作動の状況を確認する。	令第129条の6第一号又は第四号（かごの天井部に救出用の開口部を設けないエレベーターにあっては、特殊告示第1第一号）の規定に適合しないこと。
(8)	かごのガイドシュー及びガイドローラーその他これに類するもの（以下「ガイドシュー等」という。）	取付けの状況	テストハンマーによる打検等により確認する。	ナットに緩みがあること。
		摩耗の状況	目視、聴診及び触診により確認する。	しゅう動部又は回転部の摩耗により運行に支障が生じていること。
(9)	かご吊り車	外観の状況	目視により確認する。	欠損又はき裂があること。
		取付けの状況	テストハンマーによる打検等により確認する。	ナットに緩みがあること。
		音の状況	聴診により確認する。	異常音があること。
(10)	ガイドレール及びレールブラケット	取付けの状況	テストハンマーによる打検等により確認する。	ナットに緩みがあること。
		劣化の状況	目視により確認する。	著しい損傷又は腐食があること。
(11)	施錠装置	取付けの状況	目視及び触診により確認する。	取付けが堅固でないこと。
		ロック機構の状況	作動の状況を確認する。	令第129条の7第三号の規定に適合しないこと。
		スイッチの作動の状況	作動の状況を確認する。	令第129条の8第2項の規定に適合しないこと。
		スイッチの作動の位置	スイッチの作動の位置を確認する。	昇降機の検査標準（JIS A4302）における乗り場の戸のロック及びスイッチに係る規定に適合しないこと。
		劣化の状況	目視により確認する。	イ　著しい損傷又は腐食があること。

				ロ　ロック機構に変形があること。
⑿	昇降路における壁又は囲い	昇降路の構造及び設置の状況	目視により確認する。	き裂若しくは漏水により運行に支障が生じていること、ガラスの欠損若しくはひび割れがあること又は使用できない部材があること。
		可燃物の状況	目視により確認する。	令第129条の7第二号の規定に適合しないこと。
⒀	乗り場の戸及び敷居	戸及び敷居の構造及び設置の状況	目視により確認する。	変形、摩耗、腐食等により運行に支障が生じていること、ガラスの欠損若しくはひび割れがあること又は使用できない部材があること。
		戸相互及び戸と出入口枠とのすき間の状況	目視により確認し又は測定する。	平成20年国土交通省告示第1454号第七号又は第八号の規定に適合しないこと。
		敷居とドアシューの摩耗の状況	目視により確認する。	敷居又はドアシューに著しい摩耗があること。
		ドアシューのかかりの状況	目視により確認し又は測定する。	引き戸にあっては敷居溝とドアシューのかかりが6㎜未満であること、上げ戸、下げ戸又は上下戸にあってはこれらを片側に寄せたときにおいて容易にドアシューが外れること。
		戸の可燃物の状況	目視により確認する。	令第129条の7第二号の規定に適合しないこと。
		戸の開閉の状況	目視及び触診により確認する。	戸の開閉が円滑でないこと。
		戸の自閉の状況	目視及び触診により確認する。	ドアクローザーの作動領域で自閉しないこと。
		連結ロープ及びドアクローザーロープの状況	目視及び触診により確認する。	変形、摩耗、錆、腐食、素線切れ等により運行に支障が生じていること。
⒁	昇降路内の耐震対策	ロープガード等の状況	目視及び触診により確認し又は測定する。	令第129条の4第3項第四号の規定に適合しないこと。
		ガイドレールとのかかりの状況	目視により確認し又は測定する。	令第129条の4第3項第三号の規定に適合しないこと。
		突出物の状況	目視により確認する。	令第129条の7第五号の規定に適合しないこと又は保護措置に係る部品等に変形、損傷等があること。
⒂	移動ケーブル及び取付部	移動ケーブルの損傷の状況	目視により確認する。	損傷があること。
		取付けの状況	目視及び触診により確認する。	移動ケーブルの端部又は引止め部の取付けが確実でなく、運行に支障が生ずるおそれがあること。
⒃	釣合おもりの各部	枠の状況	目視及び触診により確認する。	枠の組立てが堅固でないこと又は変形があること。
		ガイドシュー	テストハンマーによる打検等	ナットに緩みがあること。

		等の取付けの状況	により確認する。	
		ガイドシュー等の摩耗の状況	目視、聴診及び触診により確認する。	しゅう動部又は回転部の摩耗により運行に支障が生じていること。
		釣合おもり片の脱落防止措置の状況	目視及び触診により確認する。	釣合おもり片の脱落防止措置が確実でないこと。
⒄	釣合おもり非常止め装置	機構部の状況	目視により確認する。	著しい損傷又は腐食があること。
		取付けの状況	目視及び触診により確認する。	取付けが堅固でないこと。
		作動の状況	次に掲げる方法のいずれかによる。 イ　無積載の状態において非常止め作動時にブレーキを開放してもかごが動かないことを確認する。 ロ　非常止め作動時に綱車が空転することを確認し又は空転検知を示す発光ダイオード、信号等により確認する。 ハ　非常止め作動時にかごを持ち上げ、主索の緩みを確認する。 ニ　スラック式のものにあっては、主索を緩めた後に釣合おもりが動かず、主索が緩んだままであることを確認する。	非常止め装置が作動しないこと。
		作動時及び復帰時の構成機器の状況	目視、聴診及び触診により確認する。	イ　非常止め作動時に機械装置、調速機、ロープ若しくはスラックロープに損傷があること又は正常に復帰しないこと。
				ロ　可動部の動きが円滑でないこと又は変形があること。
⒅	釣合おもりの吊り車	外観の状況	目視により確認する。	欠損又はき裂があること。
		取付けの状況	テストハンマーによる打検等により確認する。	ナットに緩みがあること。
		音の状況	聴診により確認する。	異常音があること。
⒆	かごの戸の開閉機構	開閉の状況	目視及び聴診により確認する。	戸の開閉時の異常音又は異常な振動により、戸の開閉に支障が生じていること。
		摩耗の状況	目視により確認する。	開閉機構が摩耗していることにより、戸の開閉に支障が生じていること。
		構成部材の取付けの状況	目視及び触診により確認する。	取付けが堅固でないこと。
		停電時等の手動開放の状況	かごの戸と乗り場の戸のロック機構の係合が外れた位置に停止させ、手動によりかごの戸	停電時等にかごの戸が手動により開放できないこと。

				が開くことを確認する。	
	⒇	かごの枠	かごの枠材相互の取付けの状況	テストハンマーによる打検等により確認する。	ナットに緩みがあること。
5 乗り場	(1)	押しボタン等及び表示器	押しボタン等の取付けの状況	目視及び触診により確認する。	取付けが堅固でないこと。
			押しボタン等の作動の状況	作動の状況を確認する。	押しボタン等が機能しないこと又は操作が円滑に行えないこと。
			表示器の状況	目視により確認する。	表示しないこと又は表示が不鮮明であること。
			破損の状況	目視及び触診により確認する。	表示部又は押しボタン等が著しく破損していること。
	(2)	非常解錠装置	設置及び作動の状況	最上階及び最下階にあっては専用の鍵により乗り場から解錠でき、途中階にあってはかご上から装置を操作し、解錠できることを確認する。	イ　平成20年国土交通省告示第1447号第三号の規定に適合しないこと又は解錠できないこと。
					ロ　可動部の動きが円滑でないこと又は変形があること。
			取付けの状況	目視及び触診により確認する。	取付けが堅固でないこと。
	(3)	乗り場の戸の遮煙構造	気密材の状況	目視により確認する。	劣化、破損等があること。
			気密材の取付けの状況	目視及び触診により確認する。	取付けが確実でないこと。
			停電時の戸閉機能の状況	戸開状態において主電源以外による作動の状況を確認する。	戸が閉じないこと。
			火災時の戸閉機能の状況	制御器に火災信号を入力し、作動の状況を確認する。	戸が閉じないこと。
			戸閉時間の状況（戸の面積が3㎡以内のものに限る。）	戸の閉鎖時間を確認する。	昭和48年建設省告示第2563号第1第一号イの規定に適合しないこと。
	(4)	昇降路の壁又は囲いの一部を有しない部分の構造	構造及び設置の状況	目視により確認する。	特殊告示第1第二号の規定に適合しないこと。
	(5)	制御盤扉（三方枠の一部に収納されたものに限る。）	構造及び設置の状況	目視及び触診により確認する。	制御盤扉がないこと、破損していること又は施錠若しくは解錠ができないこと。
6 ピット	(1)	保守用停止スイッチ	作動の状況	作動の状況を確認する。	特殊告示第1第三号チの規定に適合しないこと、作動時にかごが動く又は自己保持しないこと。
	(2)	底部安全距離確保スイッチ	設置及び作動の状況	設置及び作動の状況を確認する。	特殊告示第1第三号チの規定に適合しないこと又は作動時に昇降機が下降運転できること。
			取付けの状況	目視及び触診により確認する。	取付けが堅固でないこと。
	(3)	下部ファイナルリミットスイッチ及びリミット（強制停止）スイッチ	設置及び作動の状況	設置及び作動の状況を確認する。	制動装置告示第2第五号の規定に適合しないこと又は作動時にファイナルリミットスイッチにあっては昇降機が運転できること、リミットスイッチにあっては昇降機

				が下降運転できること。
		ファイナルリミットスイッチの作動の位置	スイッチの作動の位置及び作動したときのかごと緩衝器とのすき間を確認する。	ばね緩衝器又は緩衝材を使用している場合及び巻胴式の場合にあっては、かごが緩衝器又は緩衝材に接するまでに、油入緩衝器を使用している場合にあっては、ストロークの$\frac{1}{2}$を超えるまでに作動しないこと。
		リミットスイッチの作動の位置	スイッチの作動の位置を確認する。	ドアゾーン内で作動しないこと。
		取付けの状況	目視及び触診により確認する。	取付けが堅固でないこと。
(4)	緩衝器及び緩衝材	設置及び取付けの状況	目視及び触診により確認する。	制動装置告示第2第六号の規定に適合しないこと又は取付けが堅固でないこと。
		劣化の状況	目視により確認する。	著しい損傷又は腐食があること。
		作動の状況（油入式のものに限る。）	圧縮した後、復帰することを確認する。	復帰しないこと。
		油量の状況（油入式のものに限る。）	目視によりオイルゲージ等を確認する。	イ　油量が適量でないこと。
				ロ　ドレン部から油漏れがあること。
(5)	張り車	張り車の作動の状況	目視及び聴診により確認する。	かごの走行中の異常音、異常な振動等があり運行に支障が生じていること。
		張り車の取付け及びピット床等とのすき間の状況	目視及び触診により確認する。	張り車の取付けが確実でないこと又はピット床若しくはピット機器に干渉していること。
		タイダウンスイッチの作動の状況	作動の状況を確認する。	作動しないこと。
		タイダウンの取付けの状況	目視及び触診により確認する。	取付けが堅固でないこと。
(6)	ピット床	汚損及び防水の状況	目視により確認する。	汚損又は防水不良があり運行に支障が生じていること。
		冠水の状況	目視により確認する。	機器に影響を及ぼす冠水があること。
		ピット内機器の状況	目視及び触診により確認する。	著しい損傷又は腐食があること。
(7)	かご非常止め装置	機構部の状況	目視により確認する。	著しい損傷又は腐食があること。
		取付けの状況	目視及び触診により確認する。	取付けが堅固でないこと。
		作動の状況	次に掲げる方法のいずれかによる。 イ　釣合おもりよりかごが重い状態において非常止め作動時にブレーキを開放してもかごが動かないことを確認する。	非常止め装置が作動しないこと。

			ロ　非常止め作動時に綱車が空転することを確認し又は空転検知を示す発光ダイオード、信号等により確認する。 ハ　非常止め作動時に釣合おもりを持ち上げ、主索又は鎖が緩んだことを確認する。 ニ　スラック式のものにあっては、主索又は鎖を緩めた後にかごが動かず、主索又は鎖が緩んだままであることを確認する。	
		非常止め作動時のかごの水平度	かごの床若しくはかごの枠を目視により確認し又はかごの床の傾きを精密水準器により測定する。	非常止め装置が作動した状態においてかごの床の水平度が$\frac{1}{30}$を超えていること。
		作動時及び復帰時の構成機器の状況	目視、聴診及び触診により確認する。	イ　非常止め作動時に機械装置、調速機、ロープ若しくはスラックロープに損傷があること又は正常に復帰しないこと。
				ロ　可動部の動きが円滑でないこと又は変形があること。
		非常止めロープの状況	目視により確認する。	巻き取り、ロープ抜け出し、形崩れ、より戻り、錆等があり非常止め装置の作動に支障が生じていること。
(8)	かご下綱車	外観の状況	目視により確認する。	欠損又はき裂があること。
		取付けの状況	テストハンマーによる打検等により確認する。	ナットに緩みがあること。
		音の状況	聴診により確認する。	異常音があること。
(9)	釣合ロープ又は釣合鎖の取付部	摩耗の状況	目視により確認する。	著しい摩耗、変形、伸び又は錆があること。
		釣合ロープの張りの状況	次に掲げる方法のいずれかによる。 イ　釣合ロープを揺らし、その振幅を確認する。 ロ　触診により釣合ロープの張りが均等であることを確認する。	著しい不均等があること。
		釣合鎖とピット床のすき間の状況	目視により確認する。	釣合鎖がピット床に接触していること。
		かご及び釣合おもりにおける止め金具の取付けの状況	目視及び触診により確認する。	ダブルナットにあってはナット間に緩みがあり、割ピンにあってはピンに欠損、曲げ不足等があり、その他の方法にあっては取付けが確実でないこと。
		釣合ロープ又は釣合鎖の端	目視及び触診により確認する。	取付けが確実でないこと。

			部における止め金具の取付けの状況		
			止め金具及びその取付部の損傷の状況	目視により確認する。	止め金具又はその取付部に損傷があること。
	⑽	釣合おもり底部すき間	すき間の状況	すき間を測定する。	イ　最小値が昇降機の検査標準（JIS A4302）における「かご，釣合おもりと緩衝器の距離」の規定値を満たしていないこと又は最大値が当該検査標準における「定格速度と頂部すき間」の頂部すき間の規定値を確保できないこと。
					ロ　次回の定期検査時又は定期点検時までにイの基準に該当するおそれがあること。
	⑾	移動ケーブル及び取付部	移動ケーブルの軌跡の状況	かごの昇降時の移動ケーブルの振れを目視により確認する。	移動ケーブルが他の機器若しくは突出物と接触し、損傷を受けるおそれがある又は損傷があること。
			取付けの状況	目視及び触診により確認する。	移動ケーブルの端部又は引止め部の取付けが確実ではなく、運行に支障が生ずるおそれがあること。
			移動ケーブルとピット床のすき間の状況	かごを最下階に停止させ、移動ケーブルとピット床とのすき間を確認し又はかごの停止位置と最下階床面までの距離及び移動ケーブルとピット床面までの距離を確認する。	移動ケーブルがピット床と接触していること又はかごの停止位置と最下階床面までの距離の$\frac{1}{2}$より移動ケーブルとピット床面までの距離が長くないこと。
	⑿	ピット内の耐震対策	ロープガード等の状況	目視及び触診により確認し又は測定する。	令第 129 条の 4 第 3 項第四号の規定に適合しないこと。
			ガイドレールとのかかりの状況	目視により確認し又は測定する。	令第 129 条の 4 第 3 項第三号の規定に適合しないこと。
			突出物の状況	目視により確認する。	令第 129 条の 7 第五号の規定に適合しないこと又は保護措置に係る部品等に変形、損傷等があること。
	⒀	駆動装置の主索保護カバー（機械室を有しないエレベーターに限る。）	取付けの状況	目視及び触診により確認する。	取付けが堅固でないこと。
	⒁	かごの枠	かごの枠材相互の取付けの状況	テストハンマーによる打検等により確認する。	ナットに緩みがあること。
7 非常用エレ	⑴	かご呼び戻し装置	作動の状況	乗り場及び中央管理室のかご呼び戻し装置を操作し、かご及び乗り場の呼びが取り消され、かご内に設けられた非常停止スイッチの機能が停止することを確認する。	令第 129 条の 13 の 3 第 7 項の規定に適合しないこと。

ベーター			取付け及び操作の状況	目視及び触診により確認する。	取付けが堅固でないこと又は操作が円滑に行えないこと。
	(2)	一次消防運転	作動の状況	作動の状況を確認する。	一次消防運転をしないこと又は乗り場の呼びに応答すること。
			取付け及び操作の状況	目視及び触診により確認する。	スイッチの取付けが堅固でないこと又は操作が円滑に行えないこと。
			最下階床面以下のスイッチの切り離し又は防滴処理の状況	スイッチ等に防滴処理がされていない場合は一次消防運転モード時の信号入力が制御器で正しく処理されているか確認し、スイッチ等に防滴処理がされている場合はその外観を目視により確認する。	信号が入力されても作動しないこと。ただし、防滴処理がされている場合は、防滴処理が適切に施されていないこと。
	(3)	二次消防運転	作動の状況	作動の状況を確認する。	令第129条の13の3第9項の規定に適合しないこと、通常時の戸閉時間と同程度の間ブザーが鳴動しないこと、通常時の戸閉時間内で起動すること又はかごの戸若しくは乗り場の戸を開いた状態で運転をしないこと。
			取付け及び操作の状況	目視及び触診により確認する。	取付けが堅固でないこと又は操作が円滑に行えないこと。
			最下階床面以下のスイッチの切り離し又は防滴処理の状況	スイッチ等に防滴処理がされていない場合は二次消防運転モード時の信号入力が制御器で正しく処理されているか確認し、スイッチ等に防滴処理がされている場合はその外観を目視により確認する。	信号が入力されても作動しないこと。ただし、防滴処理がされている場合は、防滴処理が適切に施されていないこと。
			速度の状況	瞬間式回転速度計により測定する。	令第129条の13の3第11項の規定に適合しないこと。
	(4)	予備電源切替え回路	作動の状況	予備電源回路に切り替え、作動の状況を確認する。	作動が確実でないこと。
	(5)	その他	中央管理室とかごの連絡装置の設置及び作動の状況	通話状態が良好か確認する。	令第129条の13の3第8項の規定に適合しないこと又は通話が確実でないこと。
			かご及び昇降路の可燃物の状況	目視により確認する。	令第129条の13の3第4項の規定に適合しないこと、特殊告示第1第三号ロの規定に適合しないこと又は平成12年建設省告示第1428号第1若しくは第2の規定に適合しないこと。
			ピット内の水に浮く物の状況	目視により確認する。	ピット内の水に浮く物があること。
			防滴処理の状況	目視により確認する。	機器の防滴処理が適切に施されていないこと。

別表第 2

		(い)検査項目	(ろ)検査事項	(は)検査方法	(に)判定基準
1 機械室（機械室を有しないエレベーターにあっては共通）	(1)	機械室への通路及び出入口の戸	機械室の戸の設置及び施錠の状況	設置の状況を目視により確認し、施錠の状況を戸を解錠及び施錠して確認する。	令第 129 条の 9 第四号の規定に適合しないこと又は解錠若しくは施錠ができないこと。
			手すりの位置及び取付けの状況	目視及び触診により確認する。	令第 129 条の 9 第五号の規定に適合しないこと又は取付けが確実でないこと。
			機械室への通路の状況	機械室までの通路において、高さ又は幅員が最小となる箇所及び障害物がある箇所を目視により確認し又は測定する。	通行経路の寸法が高さ 1.8m 未満又は幅 0.7 m 未満であること。
			階段の状況	最も大きいけあげ及び最も小さい踏面を測定する。	令第 129 条の 9 第五号の規定に適合しないこと。
			機械室の戸の自閉機能の状況	戸の自閉の状況を確認する。	自閉できないこと。
	(2)	機械室内の状況並びに照明装置及び換気設備等	昇降機以外の設備等の状況	目視により確認する。	定期検査又は定期点検に支障が生じていること。
			壁面及び天井からの漏水並びに窓の破損の状況	目視により確認する。	漏水が機器に達していること又は窓が破損していること。
			機械室の床及び機器の汚損の状況	目視により確認する。	機器の作動に影響を与えるおそれのある汚損があること。
			照明装置の状況	照明の点灯の状況を確認する。	照明装置が正常に作動しないこと。
			開口部又は換気設備の設置及び換気の状況	設置及び作動の状況を確認し、起動設定温度があるものにあっては、その設定を確認する。	令第 129 条の 9 第三号の規定に適合しないこと又は起動設定温度が不適切に設定されていること。
			防油堤の状況	目視により確認する。	欠損又はき裂があり、外部に油が流出するおそれがあること。
			標識の状況	目視により確認する。	火気厳禁の標識が掲示されていないこと又は容易に認識できないこと。
			消火設備の状況	目視により確認する。	機械室又は機械室付近に消火器又は消火砂が設置されていないこと。
	(3)	救出装置	手巻きハンドル等又は充電池回路等の設置の状況	目視により確認する。	特殊告示第 1 第一号ロ又は第三号トの規定に適合しないこと。
			下降弁等の開放の状況	下降弁等の作動の状況を確認する。	下降弁等を操作できず、かごが移動しないこと。
	(4)	制御器 開閉器及び遮断器	作動の状況	手動により遮断操作及び投入操作を行い、電気的に開閉することを確認する。	電気的に開閉しないこと。

(5)		接触器、継電器及び運転制御用基板	作動の状況	昇降機を運転し、作動の状況を確認する。	昇降機が正常に作動しないこと。
			電動機主回路用接触器の主接点の状況	目視により確認し、交換基準に従って交換されているか確認する。	イ　著しい摩耗があること又は交換基準に従って交換されていないこと。
					ロ　変形があること。
(6)		ヒューズ	設置の状況	目視により確認する。	ヒューズの溶断電流が制御器等で指定されるものと異なること。
(7)		絶縁	電動機、制御器等の回路の絶縁の状況（一次側と二次側が電気的に分離され、二次側の一方が接地され、他方にヒューズが設けられており、電圧が直流60V又は交流25V以下である回路を除く。）	絶縁抵抗計等により測定する。	回路の電圧が300Vを超えるものにあっては0.4MΩ、150Vを超え300V以下のものにあっては0.2MΩ、150V以下のものにあっては0.1MΩ以上の絶縁抵抗がないこと。
(8)		接地	接地の状況	触診により確認する。	接地線が接地端子に緊結されていないこと。
(9)	空転防止装置		設置及び作動の状況	ストップバルブを閉じ、かごを上昇させ、作動の状況を確認する。	制動装置告示第4第二号又は第5第二号の規定に適合しないこと。
(10)	階床選択機		表示灯の点灯の状況	目視により確認する。	表示灯が点灯すべき時に点灯しないこと。
			呼びの応答の状況	昇降機を運転し、呼びの応答を確認する。	呼びの応答がないこと又は呼びを保持若しくは消去しないこと。
(11)	油圧パワーユニット	電動機及びポンプ	音の状況	聴診により確認する。	異常音があること。
			発熱の状況（油浸式のものを除く。）	触診により確認する。	異常な発熱があること。
			振動の状況	触診及び聴診により確認する。	異常な振動があること。
			電動機とポンプの連結部の状況（油浸式のものを除く。）	目視、聴診又は触診により確認する。	欠損、き裂又は滑りの異常があること。
			ポンプのパッキン部の状況（油浸式のものを除く。）	目視により確認する。	著しい油漏れがあること。
(12)		圧力計	設置の状況	目視により確認する。	制御器告示第2第二号の規定に適合しないこと。
			作動の状況	作動の状況を確認する。	作動が確実でないこと。

			損傷の状況	目視により確認する。	圧力表示に影響があるような損傷があること。
⒀		安全弁	設置及び作動の状況	ストップバルブを閉じ、かごを上昇させること又はプランジャーストッパーの作動の位置でかごを上昇させることにより安全弁作動時の圧力計の指示値を確認する。	制動装置告示第4第二号又は第5第二号の規定に適合しないこと。
⒁		逆止弁	設置及び作動の状況	かごが下降中に動力用電源を遮断して作動の状況を確認する。	制動装置告示第4第二号又は第5第二号の規定に適合しないこと、かごが停止しないこと又は作動が緩慢であること。
⒂		流量制御弁	作動の状況	加速時、減速時及び走行時のかごの振動を確認する。	かごの加速時若しくは減速時に異常な衝撃があること、加速若しくは減速が緩慢であること又は走行中に異常な振動があること。
⒃		油タンク及び圧力配管	油漏れの状況	目視により確認する。	油タンク、圧力配管、圧力計、ふた、エアーブリーザー、油面計等に著しい油漏れがあること。
			作動油の状況	目視又は触診により確認する。	運行に支障が生ずるおそれがある異物の混入があること。
			作動油の油量の状況	かごを最上階若しくは最下階に停止させ、油面計を確認し又はかごを最上階に停止させ、作動油の油面の高さを目視により確認する。	油面計の下限値未満であること又は作動油の油面の高さが吸込口より低いこと。
⒄		作動油温度抑制装置	設置及び作動の状況	起動設定温度の操作又は起動信号の入力を行い確認する。	制動装置告示第4第二号若しくは第5第二号の規定に適合しないこと又は作動しないこと。
			起動設定温度の状況	目視により確認する。	設定値が低温にあっては5℃未満、高温にあっては60℃を超えないよう設定されていないこと。
⒅	ストップバルブ		作動の状況	ストップバルブを閉じ、かごを上昇させ、かごの位置又は作動油量を目視により確認する。	かごが動くこと又は作動油量が変動すること。
			油漏れの状況	目視により確認する。	油漏れがあること。
⒆	高圧ゴムホース		変形の状況	ストップバルブが閉じている状態又はプランジャーストッパーが作動した状態においてかごを上昇させ、目視により確認する。	異常な変形があること。
			油漏れ及び損傷の状況	目視により確認する。	イ　油漏れ、き裂等の損傷があること。
					ロ　油のにじみがあること。
			曲げの状況	目視により確認し又は測定する。	ゴムホースの曲げが液圧用鋼線補強ゴムホースアセンブリの規格（JIS B8360）の最小曲げ半径又は液圧用繊維補強ゴムホースアセンブリの規格（JIS B8364）の最小曲げ半径未満であること。

			可動部との接触の状況	目視により確認する。	可動部と接触していること。
	⒇	駆動装置等の耐震対策	転倒及び移動を防止するための措置の状況	駆動装置及び制御器の取付けの状況を目視又は触診により確認する。	巻上機等の駆動装置又は制御器をはり等へ堅固に取り付けていないこと。
2 共通	(1)	圧力配管	取付けの状況	目視及び触診により確認する。	取付けが堅固でないこと又は可動部と接触していること。
			劣化の状況	目視により確認する。	著しい損傷又は腐食があること。
			油漏れの状況	目視により確認する。	油漏れがあること。
			浸水の状況	目視により確認する。	圧力配管又はブラケットが水に浸かること。
	(2)	調速機（間接式のエレベーターに限る。）	滑車の状況	目視により確認する。	欠損又はき裂があること。
			取付けの状況	目視及び触診により確認する。	取付けが堅固でないこと。
			支点部の状況	目視及び触診により確認する。	イ　可動部の動きが円滑でないこと。
					ロ　給油が不十分であること。
			過速スイッチの作動の状況	作動の状況を確認する。	過速スイッチを作動したときに安全回路が遮断されないこと又は安全回路の遮断を保持できないこと。
			過速スイッチの作動速度の状況	瞬間式回転速度計により作動速度を測定する。	制動装置告示第5第二号の規定に適合しないこと。
			キャッチの作動速度の状況	瞬間式回転速度計により作動速度を測定する。	制動装置告示第5第二号の規定に適合しないこと。
			キャッチと過速スイッチとの整合性の状況	目視により作動の順位を確認する。	キャッチの作動速度が過速スイッチの作動速度を下回ること。
			キャッチの作動の状況	作動の状況を確認する。	キャッチが作動しないこと又は調速機用ロープが滑ること。
	(3)	主索又は鎖（間接式のエレベーターに限る。）	主索の径の状況	基準階から加速終了位置又は減速開始位置から基準階の間にかごがある場合に主索が綱車にかかる箇所、綱車による曲げ回数が多い箇所等における最も摩耗の進んだ部分の直径及び綱車にかからない部分の直径を測定する。	イ　最も摩耗の進んだ部分の直径が綱車にかからない部分の直径と比較して90%未満であること。
					ロ　最も摩耗の進んだ部分の直径が綱車にかからない部分の直径と比較して92%未満であること。
			主索の素線切れの状況	基準階から加速終了位置又は減速開始位置から基準階の間にかごがある場合に主索が綱車にかかる箇所、綱車による曲げ回数が多い箇所、傷のある箇所等を目視により確認し、最も摩損の進んだ部分については重点的に目視により確認する。	イ　素線切れ要是正判定基準のいずれかに該当すること。
					ロ　素線切れ要重点点検判定基準のいずれかに該当すること。
			主索の錆及び	全長の錆及び錆びた摩耗粉の	イ　錆及び錆びた摩耗粉要是正判

		錆びた摩耗粉の状況	固着の状況を目視により確認し、錆びた摩耗粉により谷部が赤錆色に見える箇所がある場合にあっては、錆びた摩耗粉により谷部が赤錆色に見える部分の直径及び綱車にかからない部分の直径を測定するとともに、当該箇所を重点的に目視により確認する。	定基準のいずれかに該当すること。 ロ　錆及び錆びた摩耗粉要重点点検判定基準に該当すること。
		主索の損傷及び変形の状況	全長を目視により確認する。	著しい損傷又は変形があること。
		主索又は鎖の伸びの状況	かごを最上階に移動させてプランジャーリミットスイッチの作動の状況を確認する。	かごが最上階の着床位置より低い状態でプランジャーリミットスイッチが作動すること。
		鎖の給油及び外観の状況	全長を目視により確認する。	イ　著しい損傷、変形、ねじれ、腐食等があること。 ロ　給油が不十分であること。
		鎖の摩耗の状況	基準階から加速終了位置又は減速開始位置から基準階の間にかごがある場合に、鎖が鎖車にかかる箇所等における最も摩耗の進んだ部分の鎖の長さ及び鎖車にかからない部分の長さを測定する。	最も摩耗の進んだ部分の長さが鎖車にかからない部分の長さと比較してその伸びが1.5%以上であること。
(4)	主索又は鎖の張り（間接式のエレベーターに限る。）	張りの状況	次に掲げる方法のいずれかによる。 イ　各主索又は鎖の端末部のスプリングの高さを目視により確認する。 ロ　かご上において主索又は鎖を揺らし、その振幅を確認する。 ハ　かご上において触診により主索又は鎖の張りが均等であることを確認する。	著しい不均等があること。
(5)	主索又は鎖及び調速機ロープの取付部（間接式のエレベーターに限る。）	かご及びシリンダーにおける止め金具の取付けの状況	目視及び触診により確認する。	ダブルナットにあってはナット間に緩みがあり、割ピンにあってはピンに欠損、曲げ不足等があり、その他の方法にあっては取付けが確実でないこと。
		主索又は鎖及び調速機ロープの端部における止め金具の取付けの状況	目視及び触診により確認する。	取付けが確実でないこと。
		止め金具及びその取付部の損傷の状況	目視により確認する。	止め金具又はその取付部に損傷があること。
(6)	主索又は鎖の緩み検出装置	取付けの状況	目視及び触診により確認する。	取付けが堅固でないこと。
		作動の状況	作動の状況を確認する。	作動しないこと。

	（間接式のエレベーターに限る。）			
(7)	はかり装置（乗用エレベーター又は寝台用エレベーターであって、特殊告示第1第六号に掲げるもの以外のものに限る。）	警報並びにかご及び乗り場の戸の状況	検出装置を作動させ確認する。	令第129条の10第3項第四号イの規定に適合しないこと。
		取付けの状況	目視及び触診により確認する。	取付けが堅固でないこと。
(8)	プランジャー	取付けの状況	目視及び触診により確認する。	構成部材の取付けが堅固でないこと。
		劣化の状況	かご上又はピットにおいて目視又は触診により確認し、シリンダーパッキンからの著しい油漏れがある場合にあっては、全長を詳細に確認する。	著しい損傷又は腐食があること。
(9)	プランジャーストッパー	設置及び作動の状況	リミットスイッチを無効とした上でかごを上昇させ、作動の状況を確認する。	制動装置告示第4第二号又は第5第二号の規定に適合しないこと又はかごが停止しないこと。
(10)	シリンダー	劣化の状況	目視により確認する。	著しい損傷又は腐食があること。
		パッキン及びエア抜き部からの油漏れの状況	目視により確認する。	著しい油漏れがあること。
		取付けの状況	テストハンマーによる打検等により確認する。	ナットに緩みがあること。
(11)	防火区画貫通部	油圧配管、電線及び作動油戻し配管の防火区画貫通部の状況	防火区画貫通部の措置の状況を目視により確認する。	令第112条第20項又は令第129条の2の4第1項第七号の規定に適合しないこと。
(12)	速度	かごの上昇時及び下降時の速度の状況	無負荷運転時のかごの速度を瞬間式回転速度計により測定する。	定格速度の125%を超えていること。
(13)	戸開走行保護装置	設置及び作動の状況	設置及び作動の状況を確認する。	令第129条の10第3項第一号の規定に適合しないこと。
(14)	地震時等管制運転装置（特殊告示第1第四号及び第八号に掲げるエレベーターを除く。）	加速度を検知する部分の取付けの状況	目視及び触診により確認する。	平成20年国土交通省告示第1536号第2第一号又は第二号の規定に適合しないこと。
		作動の状況	作動の状況を確認する。	平成20年国土交通省告示第1536号第2第三号の規定に適合しないこと。
		予備電源の作動の状況	予備電源回路に切り替え、作動の状況を確認する。	作動が確実でないこと。
(15)	降下防止装置	設置及び作動の状況	設置及び作動の状況を確認する。	特殊告示第1第三号チの規定に適合しないこと又は機械的にかごの降下を停止することができないこ

					と。
	⒃	換気設備等（機械室を有しないエレベーターに限る。）	開口部又は換気設備の設置及び換気の状況	設置及び作動の状況を確認し、起動設定温度があるものにあってはその設定を確認する。	特殊告示第1第三号ニの規定に適合しないこと又は起動設定温度が不適切に設定されていること。
	⒄	制御盤扉（かごと干渉しないものを除く。）	設置又は開放スイッチの作動の状況	開放スイッチがあるものにあってはその作動の状況を確認し、開放スイッチがないものにあってはねじ等により固定されている等容易に制御盤扉が開かない措置が講じられているかを確認する。	開放スイッチがあるものにあっては制御盤扉を引き出したときに開放スイッチが作動しないこと、開放スイッチがないものにあっては容易に制御盤扉が開く又は開くおそれがあること。
3 かご室	(1)	かごの壁又は囲い、天井及び床	かごの構造及び設置の状況	目視により確認する。	変形、摩耗、腐食等により運行に支障が生じていること、ガラスの欠損若しくはひび割れがあること又は使用できない部材があること。
			可燃物の状況	目視により確認する。	令第129条の6第二号の規定に適合しないこと。
	(2)	かごの戸及び敷居	戸及び敷居の構造及び設置の状況	目視により確認する。	変形、摩耗、腐食等により運行に支障が生じていること、ガラスの欠損若しくはひび割れがあること又は使用できない部材があること。
			戸相互及び戸と出入口枠とのすき間の状況（特殊告示第1第七号及び第八号に掲げるエレベーターを除く。）	目視により確認し又は測定する。	平成20年国土交通省告示第1455号第2第三号又は第四号の規定に適合しないこと。
			敷居とドアシューの摩耗の状況	目視により確認する。	敷居又はドアシューに著しい摩耗があること。
			ドアシューのかかりの状況	目視により確認し又は測定する。	引き戸にあっては無負荷時において敷居溝とドアシューのかかりが6㎜未満であること、上げ戸、下げ戸又は上下戸にあってはこれらを片側に寄せたときにおいて容易にドアシューが外れること。
			戸の可燃物の状況	目視により確認する。	令第129条の6第二号の規定に適合しないこと。
			戸の開閉の状況	目視及び触診により確認する。	戸の開閉が円滑でないこと。
			戸の反転作動の状況（動力により自閉するものに限る。）	目視及び触診により確認する。	反転作動をしないこと。
			連結ロープの状況	目視及び触診により確認する。	変形、摩耗、錆、腐食、素線切れ等により運行に支障が生じていること。
	(3)	かごの戸のス	取付けの状況	目視及び触診により確認する。	取付けが堅固でないこと。

	イッチ	スイッチの作動の状況	次に掲げる方法のいずれかによる。 イ　途中階においてかごを停止させ、かごの戸を開いた後、徐々に戸を閉め、作動の位置を目視により確認し又は測定する。 ロ　かごの戸が開いた状態において動かないことを確認した後、スイッチの作動の位置を目視により確認し又は測定する。	制御器告示第2第三号の規定に適合しないこと又は作動の位置が両引き戸若しくは上下戸にあっては75㎜、片引き戸、上げ戸若しくは下げ戸にあっては50㎜を超えていること。
(4)	戸開き状態において作動する予圧装置	作動の状況	予圧時にかごが動かないことを確認する。	かごが動くこと。
(5)	床合わせ補正装置及び着床装置	床合わせ補正装置の状況	着床面からかごをおおむね50㎜の位置及び75㎜を超え200㎜の間に移動させ、戸を開いた状態で運転し、作動の状況を確認する。	制御器告示第2第一号の規定に適合しないこと。
		着床装置の状況	作動の状況を確認する。	乗り場の床を基準として着床位置が上下75㎜を超えること。
(6)	ドアゾーン行き過ぎ制限装置	作動の状況	かごを着床面からおおむね300㎜の位置に停止させてかごの戸を開き作動を確認する。	かごが動くこと。
(7)	車止め、光電装置等(自動車運搬用エレベーターに限る。)	光電装置の状況	作動の状況を確認する。	特殊告示第1第七号ハの規定に適合しないこと。
		車止めの設置の状況	目視及び触診により確認する。	イ　車止めがない又はその機能が確実でないこと。
				ロ　車止めが変形又は摩損していること。
(8)	かご操作盤及び表示器	かご操作盤及び押しボタン等の取付けの状況	目視及び触診により確認する。	取付けが堅固でないこと。
		押しボタン等の作動の状況	作動の状況を確認する。	押しボタン等が機能しないこと又は操作が円滑に行えないこと。自動車運搬用エレベーターで、かごの壁又は囲い、天井及び出入口の戸の全部又は一部を有しないものにあっては、特殊告示第1第七号イの規定に適合しないこと。
		操作箱の施錠の状況	触診により確認する。	施錠できないこと。
		表示器の状況	目視により確認する。	表示しないこと又は表示が不鮮明であること。
		破損の状況	目視及び触診により確認する。	表示部又は押しボタン等が著しく破損していること。
(9)	外部への連絡装置（令第129条の11の規定	設置及び作動の状況	通電時及び電源遮断時に外部との連絡ができるか確認する。ヘリコプターの発着の用に供	イ　令第129条の10第3項第三号の規定に適合しないこと、連絡装置が作動しない若しくは

		の適用のあるエレベーターを除く。)		される屋上に突出して停止するエレベーターで、屋上部分の昇降路の囲いの全部又は一部を有しないもの（以下「ヘリポート用エレベーター」という。）にあっては、屋上と他の出入口との連絡ができるかを併せて確認する。	容易に操作できないこと又はヘリポート用エレベーターにあっては特殊告示第1第八号ロの規定に適合しないこと。 ロ　通話装置の音量又は警報ベル等の鳴動音が小さいこと。
	⑽	かご内の停止スイッチ	設置及び作動の状況	設置及び作動の状況を確認する。	制御器告示第2第三号の規定に適合しないこと又は作動時に昇降機が運転できること。
	⑾	用途、積載量及び最大定員の標識	設置及び表示の状況	設置及び表示の状況を確認する。	令第129条の6第五号の規定に適合しないこと又は表示に誤りがあること。
	⑿	かごの照明装置	設置及び照度の状況	目視により確認し又は照度計により測定する。	平成20年国土交通省告示第1455号第1第八号の規定に適合しないこと。
	⒀	停電灯装置（乗用エレベーター及び寝台用エレベーターに限る。）	設置、作動及び照度の状況	設置の状況を目視により確認するとともに、照明電源を遮断し、作動の状況をおおむね1分間確認し、操作注意銘板が容易に認識できることを確認する。	令第129条の10第3項第四号の規定に適合しないこと又は操作注意銘板が容易に認識できないこと。
	⒁	かごの床先（令第129条の11の規定の適用のあるエレベーター及び特殊告示第1第七号に掲げるものを除く。）	かごの床先と昇降路壁及び出入口の床先とのすき間の状況	目視により確認し又はかごの床先と昇降路壁及び出入口の床先との水平距離を測定する。	令第129条の7第四号の規定に適合しないこと。
			フェッシアプレートの取付けの状況	目視及び触診により確認する。	取付けが堅固でないこと。
4 かご上	⑴	かご上の停止スイッチ	設置及び作動の状況	設置及び作動の状況を確認する。	制御器告示第2第三号の規定に適合しないこと又は作動時に昇降機が運転できること。
	⑵	頂部安全距離確保スイッチ	設置及び作動の状況	設置及び作動の状況を確認する。	制動装置告示第4第二号又は第5第二号の規定に適合しないこと又は作動時に昇降機が上昇運転できること。
			取付けの状況	目視及び触診により確認する。	取付けが堅固でないこと。
	⑶	上部リミット（強制停止）スイッチ（間接式のエレベーターに限る。）	設置及び作動の状況	設置及び作動の状況を確認する。	昇降機が上昇運転できること。
			作動の位置	スイッチの作動の位置がドアゾーン内であることを確認する。	ドアゾーン内で作動しないこと。
			取付けの状況	目視及び触診により確認する。	取付けが堅固でないこと。
	⑷	プランジャーリミットスイッチ（間接式のエレベーターに限る。）	設置及び作動の状況	設置及び作動の状況を確認する。	制動装置告示第5第二号の規定に適合しないこと又は作動時に昇降機が上昇運転できること。
			作動の位置	スイッチによりかごを停止させ、その停止位置を確認する。	スイッチより先にプランジャーストッパーが作動すること。
			取付けの状況	目視及び触診により確認する。	取付けが堅固でないこと。

(5)	プランジャーストッパーで停止したときのかごの頂部すき間（間接式のエレベーターに限る。）	すき間の状況	プランジャーストッパーによりかごを停止させ、かごの頂部すき間を測定する。	昇降機の検査標準（JIS A4302）の「かご最上部の機器との頂部すき間」の規定値を満たしていないこと。
(6)	頂部綱車（間接式のエレベーターに限る。）	外観の状況	目視により確認する。	欠損又はき裂があること。
		取付けの状況	テストハンマーによる打検等により確認する。	ナットに緩みがあること。
		音の状況	聴診により確認する。	異常音があること。
(7)	プランジャー頂部綱車又は鎖車（間接式のエレベーターに限る。）	外観の状況	目視により確認する。	欠損又はき裂があること。
		取付けの状況	テストハンマーによる打検等により確認する。	ナットに緩みがあること。
		音の状況	聴診により確認する。	異常音があること。
		鎖車と鎖のかみ合いの状況	目視及び聴診により確認する。	かみ合いに異常があること。
(8)	プランジャーのガイドシュー等	取付けの状況	テストハンマーによる打検等により確認する。	ナットに緩みがあること。
		摩耗の状況	目視、聴診及び触診により確認する。	しゅう動部又は回転部の摩耗により運行に支障をきたしていること。
(9)	調速機ロープ	径の状況	基準階から加速終了位置又は減速開始位置から基準階の間にかごがある場合にロープが綱車にかかる箇所、綱車による曲げ回数が多い箇所等における最も摩耗の進んだ部分の直径及び綱車にかからない部分の直径を測定する。	イ　最も摩耗の進んだ部分の直径が綱車にかからない部分の直径と比較して90%未満であること。 ロ　最も摩耗の進んだ部分の直径が綱車にかからない部分の直径と比較して92%未満であること。
		素線切れの状況	基準階から加速終了位置又は減速開始位置から基準階の間にかごがある場合にロープが綱車にかかる箇所、綱車による曲げ回数が多い箇所、傷のある箇所等を目視により確認し、最も摩損の進んだ部分については重点的に目視により確認する。	イ　素線切れ要是正判定基準のいずれかに該当すること。 ロ　素線切れ要重点点検判定基準のいずれかに該当すること。
		錆及び錆びた摩耗粉の状況	全長の錆及び錆びた摩耗粉の固着の状況を目視により確認し、錆びた摩耗粉により谷部が赤錆色に見える箇所がある場合にあっては、錆びた摩耗粉により谷部が赤錆色に見える部分の直径及び綱車にかからない部分の直径を測定するとともに、当該箇所を重点的に目視により確認する。	イ　錆及び錆びた摩耗粉要是正判定基準のいずれかに該当すること。 ロ　錆及び錆びた摩耗粉要重点点検判定基準に該当すること。
		損傷及び変形の状況	全長を目視により確認する。	著しい損傷又は変形があること。

⑽	かごの非常救出口（特殊告示第１第七号に掲げるエレベーターを除く。）	構造及び設置の状況	ふたの構造及びスイッチの作動の状況を確認する。	令第 129 条の 6 第一号又は第四号（かごの天井部に救出用の開口部を設けないエレベーターにあっては、特殊告示第１第一号）の規定に適合しないこと。
⑾	かごのガイドシュー等	取付けの状況	テストハンマーによる打検等により確認する。	ナットに緩みがあること。
		摩耗の状況	目視、聴診及び触診により確認する。	しゅう動部又は回転部の摩耗により運行に支障が生じていること。
⑿	ガイドレール及びレールブラケット	取付けの状況	テストハンマーによる打検等により確認する。	ナットに緩みがあること。
		劣化の状況	目視により確認する。	著しい損傷又は腐食があること。
⒀	施錠装置（特殊告示第１第八号に掲げるエレベーターの屋上の昇降路の開口部の戸を除く。）	取付けの状況	目視及び触診により確認する。	取付けが堅固でないこと。
		ロック機構の状況	作動の状況を確認する。	令第 129 条の 7 第三号の規定に適合しないこと。
		スイッチの作動の状況	作動の状況を確認する。	令第 129 条の 8 第 2 項の規定に適合しないこと。
		スイッチの作動の位置	スイッチの作動の位置を確認する。	昇降機の検査標準（JIS A4302）における乗り場の戸のロック及びスイッチに係る規定に適合しないこと。
		劣化の状況	目視により確認する。	イ　著しい損傷又は腐食があること。
				ロ　ロック機構に変形があること。
⒁	昇降路における壁又は囲い	昇降路の構造及び設置の状況	目視により確認する。	き裂若しくは漏水により運行に支障が生じていること、ガラスの欠損若しくはひび割れがあること又は使用できない部材があること。
		可燃物の状況	目視により確認する。	令第 129 条の 7 第二号の規定に適合しないこと。
⒂	乗り場の戸及び敷居（特殊告示第１第八号に掲げるエレベーターの屋上の昇降路の開口部の戸を除く。）	戸及び敷居の構造及び設置の状況	目視により確認する。	変形、摩耗、腐食等により運行に支障が生じていること、ガラスの欠損若しくはひび割れがあること又は使用できない部材があること。
		戸相互及び戸と出入口枠とのすき間の状況	目視により確認し又は測定する。	平成 20 年国土交通省告示第 1454 号第七号又は第八号の規定に適合しないこと。
		敷居とドアシューの摩耗の状況	目視により確認する。	敷居又はドアシューに著しい摩耗があること。
		ドアシューのかかりの状況	目視により確認し又は測定する。	引き戸にあっては敷居溝とドアシューのかかりが 6㎜未満であること、上げ戸、下げ戸又は上下戸にあってはこれらを片側に寄せたときにおいて容易にドアシューが外れること。
		戸の可燃物の	目視により確認する。	令第 129 条の 7 第二号の規定に適

			状況		合しないこと。
			戸の開閉の状況	目視及び触診により確認する。	戸の開閉が円滑でないこと。
			戸の自閉の状況	目視及び触診により確認する。	ドアクローザーの作動領域で自閉しないこと。
			連結ロープ及びドアクローザーロープの状況	目視及び触診により確認する。	変形、摩耗、錆、腐食、素線切れ等により運行に支障が生じていること。
	(16)	昇降路内の耐震対策	ロープガード等の状況	目視及び触診により確認し又は測定する。	令第129条の4第3項第四号の規定に適合しないこと。
			ガイドレールとのかかりの状況	目視により確認し又は測定する。	令第129条の4第3項第三号の規定に適合しないこと。
			突出物の状況	目視により確認する。	令第129条の7第五号の規定に適合しないこと又は保護措置に係る部品等に変形、損傷等があること。
	(17)	移動ケーブル及び取付部	移動ケーブルの損傷の状況	目視により確認する。	損傷があること。
			取付けの状況	目視及び触診により確認する。	移動ケーブルの端部又は引止め部の取付けが確実でなく、運行に支障が生ずるおそれがあること。
	(18)	かごの戸の開閉機構	開閉の状況	目視及び聴診により確認する。	戸の開閉時の異常音又は異常な振動により、戸の開閉に支障が生じていること。
			摩耗の状況	目視により確認する。	開閉機構が摩耗していることにより、戸の開閉に支障が生じていること。
			構成部材の取付けの状況	目視及び触診により確認する。	取付けが堅固でないこと。
			停電時等の手動開放の状況	かごの戸と乗り場の戸のロック機構の係合が外れた位置に停止させ、手動によりかごの戸が開くことを確認する。	停電時等にかごの戸が手動により開放できないこと。
	(19)	かごの枠	かごの枠材相互の取付けの状況	テストハンマーによる打検等により確認する。	ナットに緩みがあること。
5 乗り場	(1)	押しボタン等及び表示器	押しボタン等の取付けの状況	目視及び触診により確認する。	取付けが堅固でないこと。
			押しボタン等の作動の状況	作動の状況を確認する。ヘリポート用エレベーターにあっては、鍵を用いなければ操作できないことを併せて確認する。	押しボタン等が機能しない若しくは操作が円滑に行えないこと又はヘリポート用エレベーターにあっては、特殊告示第1第八号ホの規定に適合しないこと。
			表示器の状況	目視により確認する。	表示しないこと又は表示が不鮮明であること。
			破損の状況	目視及び触診により確認する。	表示部又は押しボタン等が著しく破損していること。
	(2)	非常解錠装置	設置及び作動	最上階及び最下階にあっては	イ　平成20年国土交通省告示第

			の状況	専用の鍵により乗り場から解錠でき、途中階にあってはかご上から装置を操作し、解錠できることを確認する。	1447 号第三号の規定に適合しないこと又は解錠できないこと。 ロ　可動部の動きが円滑でないこと又は変形があること。
			取付けの状況	目視及び触診により確認する。	取付けが堅固でないこと。
	(3)	乗り場の戸の遮煙構造	気密材の状況	目視により確認する。	劣化、破損等があること。
			気密材の取付けの状況	目視及び触診により確認する。	取付けが確実でないこと。
			停電時の戸閉機能の状況	戸開状態において主電源以外による作動の状況を確認する。	戸が閉じないこと。
			火災時の戸閉機能の状況	制御器に火災信号を入力し、作動の状況を確認する。	戸が閉じないこと。
			戸閉時間の状況（戸の面積が 3㎡以内のものに限る。）	戸の閉鎖時間を確認する。	昭和 48 年建設省告示第 2563 号第 1 第一号イの規定に適合しないこと。
	(4)	昇降路の壁又は囲いの一部を有しない部分の構造	構造及び設置の状況	目視により確認する。	特殊告示第 1 第二号の規定に適合しないこと。
	(5)	屋上の昇降路の開口部の戸（ヘリポート用エレベーターに限る。）	可燃物の状況	目視により確認する。	令第 129 条の 7 第二号の規定に適合しないこと。
	(6)	屋上の柵及び警報装置（ヘリポート用エレベーターに限る。）	柵の設置及び警報装置の作動の状況	設置及び作動の状況を確認する。	特殊告示第 1 第八号ロの規定に適合しないこと。
	(7)	制御盤扉（三方枠の一部に収納されたものに限る。）	構造及び設置の状況	目視及び触診により確認する。	制御盤扉がないこと、破損していること又は施錠若しくは解錠ができないこと。
6 ピット	(1)	保守用停止スイッチ	作動の状況	作動の状況を確認する。	特殊告示第 1 第三号チの規定に適合しないこと、作動時にかごが動く又は自己保持しないこと。
	(2)	底部安全距離確保スイッチ	設置及び作動の状況	設置及び作動の状況を確認する。	特殊告示第 1 第三号チの規定に適合しないこと又は作動時に昇降機が下降運転できること。
			取付けの状況	目視及び触診により確認する。	取付けが堅固でないこと。
	(3)	下部ファイナルリミットスイッチ及びリミット（強制停止）スイッチ（間接式のエレベーターに限る。）	設置及び作動の状況	設置及び作動の状況を確認する。	制動装置告示第 5 第二号の規定に適合しないこと又は作動時にファイナルリミットスイッチにあっては昇降機が運転できること、リミットスイッチにあっては昇降機が下降運転できること。
			ファイナルリミットスイッ	スイッチの作動の位置及び作動したときのかごと緩衝器と	ばね緩衝器又は緩衝材を使用している場合にあってはかごが緩衝器

		チの作動の位置	のすき間を確認する。	又は緩衝材に接するまでに、油入緩衝器を使用している場合にあってはストロークの$\frac{1}{2}$を超えるまでに作動しないこと。
		リミットスイッチの作動の位置	スイッチの作動の位置を確認する。	ドアゾーン内で作動しないこと。
		取付けの状況	目視及び触診により確認する。	取付けが堅固でないこと。
(4)	緩衝器及び緩衝材	設置及び取付けの状況	目視及び触診により確認する。	制動装置告示第4第二号又は第5第二号の規定に適合しないこと又は取付けが堅固でないこと。
		劣化の状況	目視により確認する。	著しい損傷又は腐食があること。
		作動の状況（油入式のものに限る。）	圧縮した後、復帰することを確認する。	復帰しないこと。
		油量の状況（油入式のものに限る。）	目視によりオイルゲージ等を確認する。	イ　油量が適量でないこと。
				ロ　ドレン部から油漏れがあること。
(5)	張り車（間接式のエレベーターに限る。）	作動の状況	目視及び聴診により確認する。	かごの走行中の異常音、異常な振動等により運行に支障が生じていること。
		取付け及びピット床等とのすき間の状況	目視及び触診により確認する。	取付けが確実でないこと又はピット床若しくはピット機器に干渉していること。
(6)	ピット床	汚損及び防水の状況	目視により確認する。	汚損又は防水不良があり運行に支障が生じていること。
		冠水の状況	目視により確認する。	機器に影響を及ぼす冠水があること。
		ピット内機器の状況	目視及び触診により確認する。	著しい損傷又は腐食があること。
(7)	かご非常止め装置（間接式のエレベーターに限る。）	機構部の状況	目視により確認する。	著しい損傷又は腐食があること。
		取付けの状況	目視及び触診により確認する。	取付けが堅固でないこと。
		作動の状況	主索又は鎖が緩んだことを目視又は緩み検出装置の作動により確認する。	非常止め装置が作動しないこと。
		非常止め作動時のかごの水平度	かごの床若しくはかごの枠を目視により確認し又はかごの床の傾きを精密水準器により測定する。	非常止め装置が作動した状態においてかごの床の水平度が$\frac{1}{30}$を超えていること。
		作動時及び復帰時の構成部材の状況	目視、聴診及び触診により確認する。	イ　非常止め作動時に機械装置、調速機、ロープ若しくはスラックロープに損傷があること又は正常に復帰しないこと。
				ロ　可動部の動きが円滑でないこと又は変形があること。
(8)	かご下綱車	外観の状況	目視により確認する。	欠損又はき裂があること。

		（間接式のエレベーターに限る。）	取付けの状況	テストハンマーによる打検等により確認する。	ナットに緩みがあること。
			音の状況	聴診により確認する。	異常音があること。
	(9)	シリンダー下の綱車（間接式のエレベーターに限る。）	外観の状況	目視により確認する。	欠損又はき裂があること。
			取付けの状況	テストハンマーによる打検等により確認する。	ナットに緩みがあること。
			音の状況	聴診により確認する。	異常音があること。
	(10)	移動ケーブル及び取付部	移動ケーブルの軌跡の状況	かごの昇降時の移動ケーブルの振れを目視により確認する。	移動ケーブルが他の機器若しくは突出物と接触し、損傷を受けるおそれがあること又は損傷があること。
			取付けの状況	目視及び触診により確認する。	移動ケーブルの端部又は引止め部の取付けが確実ではなく、運行に支障が生ずるおそれがあること。
			移動ケーブルとピット床のすき間の状況	かごを最下階に停止させ、移動ケーブルとピット床とのすき間を確認し又はかごの停止位置と最下階床面までの距離及び移動ケーブルとピット床面までの距離を確認する。	移動ケーブルがピット床と接触していること又はかごの停止位置と最下階床面までの距離の$\frac{1}{2}$より移動ケーブルとピット床面までの距離が長くないこと。
	(11)	ピット内の耐震対策	ロープガード等の状況（間接式のエレベーターに限る。）	目視及び触診により確認し又は測定する。	令第 129 条の 4 第 3 項第四号の規定に適合しないこと。
			ガイドレールとのかかりの状況	目視により確認し又は測定する。	令第 129 条の 4 第 3 項第三号の規定に適合しないこと。
			突出物の状況	目視により確認する。	令第 129 条の 7 第五号の規定に適合しないこと又は保護措置に係る部品等に変形、損傷等があること。
	(12)	かごの枠	かごの枠材相互の取付けの状況	テストハンマーによる打検等により確認する。	ナットに緩みがあること。

別表第３

		(い)検査項目	(ろ)検査事項	(は)検査方法	(に)判定基準
1 駆動装置（油圧式以外）	(1)	電動機	音の状況	聴診により確認する。	異常音があること。
			発熱の状況	触診により確認する。	異常な発熱があること。
			振動の状況	触診及び聴診により確認する。	異常な振動があること。
	(2)	減速機	音の状況	聴診により確認する。	異常音があること。
			振動の状況	聴診及び触診により確認する。	異常な振動があること。
			潤滑油の油量の状況	オイルゲージ等を目視により確認する。	油量が適量でないこと。
			潤滑油の劣化の状況	色及び不純物を目視により確認する。	著しい変色又は摩耗粉があること。
			油漏れの状況	目視により確認する。	オイルシールから著しい油漏れがあること。

			発熱の状況	触診により確認する。	異常な発熱があること。
			非常止め装置のキャッチの作動の状況（間接駆動があるものに限る。）	作動の状況を確認する。	キャッチが作動しないこと。
(3)	ブレーキ		油の付着の状況	目視により確認する。	ドラム又はディスクのパッドのしゅう動面に制動力又は保持力に影響を与えるおそれのある油の付着があること。
			パッドとドラム及びディスクとの接触の状況（同心軸上にて回転するパッドにより制動するものを除く。）	目視及び聴診により確認する。	走行中にパッドとドラム又はディスクが接触していること。
			ブレーキコイルの発熱の状況	触診により確認する。	ブレーキコイルに異常な発熱があること。
			制動力の状況	次に掲げる方法のいずれかにより確認する。 イ　かごに積載荷重の1.25倍の荷重を加え、定格速度で下降中に動力を遮断し、制動距離を確認する。 ロ　かごが無負荷の状態において定格速度で下降中に動力を遮断し、制動距離を確認する。	イの検査方法により検査した場合にあっては、制動距離が100㎜を超えていること、ロの検査方法により検査した場合にあっては制動距離が次の式によって算出されるLを超えていること。 $L = \frac{100G}{G+1.25P}$ （この式において、L、G及びPは、それぞれ次の数値を表すものとする。 L　制動距離の基準値（単位　㎜） G　かご等の昇降する部分の固定荷重（単位　kg） P　定格積載量（単位　kg））
(4)	駆動方式（該当するものを選択する。）	ロープ式・巻胴式	主索の径の状況	基準階から加速終了位置又は減速開始位置から基準階の間にかごがある場合に主索が綱車にかかる箇所、綱車による曲げ回数が多い箇所等における最も摩耗の進んだ部分の直径及び綱車にかからない部分の直径を測定する。	イ　最も摩耗の進んだ部分の直径が綱車にかからない部分の直径と比較して90%未満であること。 ロ　最も摩耗の進んだ部分の直径が綱車にかからない部分の直径と比較して92%未満であること。
			主索の素線切れの状況	基準階から加速終了位置又は減速開始位置から基準階の間にかごがある場合に主索が綱車にかかる箇所、綱車による曲げ回数が多い箇所、傷のあ	イ　素線切れ要是正判定基準のいずれかに該当すること。 ロ　素線切れ要重点点検判定基準のいずれかに該当すること。

					る箇所等を目視により確認し、最も摩損の進んだ部分については重点的に目視により確認する。	
				主索の錆及び錆びた摩耗粉の状況	全長の錆及び錆びた摩耗粉の固着の状況を目視により確認し、錆びた摩耗粉により谷部が赤錆色に見える箇所がある場合にあっては、錆びた摩耗粉により谷部が赤錆色に見える部分の直径及び綱車にかからない部分の直径を測定するとともに、当該箇所を重点的に目視により確認する。	イ　錆及び錆びた摩耗粉要是正判定基準のいずれかに該当すること。 ロ　錆及び錆びた摩耗粉要重点点検判定基準に該当すること。
				主索の損傷及び変形の状況	全長を目視により確認する。	著しい損傷又は変形があること。
				主索の張りの状況	触診により主索の張りが均等であることを確認する。	著しい不均等があること。
				主索と昇降路の横架材並びにかご及び釣合おもりにおける止め金具の取付けの状況	目視及び触診により確認する。	ダブルナットにあってはナット間に緩みがあり、割ピンにあってはピンに欠損、曲げ不足等があり、その他の方法にあっては取付けが確実でないこと。
				主索の端部における止め金具の取付けの状況	目視及び触診により確認する。	取付けが確実でないこと。
				止め金具及びその取付部の損傷の状況	目視により確認する。	止め金具又はその取付部に損傷があること。
				ロープ式におけるスプロケット型綱車の歯の欠損及びき裂の状況	目視により確認する。	欠損又はき裂があること。
				巻胴式における主索の緩み検出装置の作動の状況	作動の状況を確認する。	作動しないこと。
				綱車又は巻胴の欠損及びき裂の状況	目視により確認する。	欠損又はき裂があること。
			ラックピニオン式	音の状況	聴診により確認する。	異常音があること。
				振動の状況	聴診及び触診により確認する。	異常な振動があること。
				取付けの状況	目視及び触診により確認する。	取付けが堅固でないこと。
				歯の欠損及びき裂の状況	目視により確認する。	歯に欠損又はき裂があること。
			チェーンスプロ	滑車の作動の状況	作動の状況を確認する。	動力の伝達に支障が生ずるおそれがあること。

			ケット式	鎖の張りの状況	触診により鎖の張りが均等であることを確認する。	著しい不均等があること。
				鎖の摩耗の状況	基準階から加速終了位置又は減速開始位置から基準階の間にかごがある場合に、鎖が鎖車にかかる箇所等における最も摩耗の進んだ部分の鎖の長さ及び鎖車にかからない部分の長さを測定する。	最も摩耗の進んだ部分の長さが鎖車にかからない部分の長さと比較してその伸びが1.5%以上であること。
			チェーンラックピニオン式	滑節構造部材の作動の状況	作動の状況を確認する。	動力の伝達に支障が生ずるおそれがあること。
				鎖の摩耗の状況	基準階から加速終了位置又は減速開始位置から基準階の間にかごがある場合に、鎖が鎖車にかかる箇所等における最も摩耗の進んだ部分の鎖の長さ及び鎖車にかからない部分の長さを測定する。	最も摩耗の進んだ部分の長さが鎖車にかからない部分の長さと比較してその伸びが1.5%以上であること。
2 駆動装置（油圧式）	(1)	空転防止装置		設置及び作動の状況	ストップバルブが設置されているものにあってはストップバルブを閉じ、かごを上昇させ、作動の状況を確認し、ストップバルブが設置されていないものにあっては機械的にロックする位置において作動の状況を確認する。	制動装置告示第6第三号の規定に適合しないこと。
	(2)	油圧パワーユニット	油圧パワーユニットの取付けの状況	パワーユニットの状況	目視により確認する。	転倒防止又は移動防止ストッパーの取付けが確実でないこと。
				油圧配管の状況	目視により確認する。	圧力配管の固定、振動又は衝撃緩和措置が確実でないこと。
				油圧配管貫通部の状況	目視により確認する。	圧力配管の壁、床等の貫通部への措置が適切に行われていないこと。
	(3)		電動機及びポンプ	音の状況	聴診により確認する。	異常音があること。
				発熱の状況（油浸式のものを除く。）	触診により確認する。	異常な発熱があること。
				振動の状況	触診又は聴診により確認する。	異常な振動があること。
				電動機とポンプの連結部の状況（油浸式のものを除く。）	目視、聴診又は触診により確認する。	欠損、き裂又は滑りの異常があること。
				ポンプのパッキン部の状況（油浸式のものを除く。）	目視により確認する。	著しい油漏れがあること。
	(4)		圧力計	設置の状況	目視により確認する。	制御器告示第2第二号の規定に適合しないこと。
				作動の状況	作動の状況を確認する。	作動が確実でないこと。
				損傷の状況	目視により確認する。	圧力表示に影響があるような損傷

					があること。
(5)		安全弁	設置及び作動の状況	ストップバルブを閉じ、かごを上昇させること又はプランジャーストッパーの作動の位置でかごを上昇させることにより安全弁作動時の圧力計の指示値を確認する。	制動装置告示第6第三号の規定に適合しないこと又は安全弁作動圧力の銘板値があるときはその値を超えていること。
(6)		逆止弁	設置及び作動の状況	かごが下降中に動力用電源を遮断して作動の状況を確認する。	制動装置告示第6第三号の規定に適合しないこと、かごが停止しないこと又は作動が緩慢であること。
(7)		流量制御弁	作動の状況	加速時、減速時及び走行時のかごの振動を確認する。	かごの加速時若しくは減速時に異常な衝撃があること、加速若しくは減速が緩慢であること又は走行中に異常な振動があること。
(8)		油タンク及び圧力配管	油漏れの状況	目視により確認する。	油タンク、圧力配管、圧力計、ふた、エアーブリーザー、油面計等に著しい油漏れがあること。
			作動油の状況	目視又は触診により確認する。	運行に支障を生ずるおそれがある異物の混入があること。
			作動油の油量の状況	かごを最上階若しくは最下階に停止させ、油面計を確認し又はかごを最上階に停止させ、作動油の油面の高さを目視により確認する。	油面計の下限値未満であること又は作動油の油面の高さが吸込口より低いこと。
(9)		作動油温度抑制装置	設置及び作動の状況	起動設定温度の操作又は起動信号の入力を行い確認する。	制動装置告示第6第三号の規定に適合しないこと又は作動しないこと。
			起動設定温度の状況	目視により確認する。	設定値が低温にあっては5℃未満、高温にあっては60℃を超えないよう設定されていないこと。
(10)	ストップバルブ		作動の状況	ストップバルブを閉じ、かごを上昇させ、かごの位置又は作業油量を目視により確認する。	かごが動くこと又は作動油量が変動すること。
			油漏れの状況	目視により確認する。	油漏れがあること。
(11)	高圧ゴムホース		変形の状況	ストップバルブが閉じている状態又はプランジャーストッパーが作動した状態においてかごを上昇させ、目視により確認する。	異常な変形があること。
			油漏れ及び損傷の状況	目視により確認する。	イ　油漏れ、き裂等の損傷があること。
					ロ　油のにじみがあること。
			曲げの状況	目視により確認し又は測定する。	ゴムホースの曲げが液圧用鋼線補強ゴムホースアセンブリの規格（JIS B8360）の最小曲げ半径又は液圧用繊維補強ゴムホースアセンブリの規格（JIS B8364）の最小曲げ半径未満であること。

		可動部との接触の状況	目視により確認する。	可動部と接触していること。
⑿	圧力配管	取付けの状況	目視又は触診により確認する。	取付けが堅固でないこと又は可動部と接触していること。
		劣化の状況	目視により確認する。	著しい損傷又は腐食があること。
		油漏れの状況	目視により確認する。	油漏れがあること。
		浸水の状況	目視により確認する。	圧力配管又はブラケットが水に浸かること。
⒀	パンタグラフ式（下枠及びアーム）	かごの保持の状況	上部乗り場において、かごの前後又は左右に概ね65kgの偏荷重をかけ、かご床の傾きを目視により確認し又はかご床の傾きを精密水準器により測定する。	かご床の水平度が$\frac{1}{30}$を超えていること。
		下枠及びアーム部の状況	テストハンマーによる打検等により確認する。	ナットに緩みがあること。
⒁	プランジャー	取付けの状況	目視及び触診により確認する。	構成部材の取付けが堅固でないこと。
		劣化の状況	かご上又はピットにおいて目視又は触診により確認し、シリンダーパッキンからの著しい油漏れがある場合にあっては、全長を詳細に確認する。	著しい損傷又は腐食があること。
⒂	プランジャーストッパー	設置及び作動の状況	リミットスイッチを無効とした上でかごを上昇させ、作動の状況を確認する。	制動装置告示第6第三号の規定に適合しないこと又はかごが停止しないこと。
⒃	シリンダー	劣化の状況	目視により確認する。	著しい損傷又は腐食があること。
		パッキン及びエア抜き部からの油漏れの状況	目視により確認する。	著しい油漏れがあること。
		取付けの状況	テストハンマーによる打検等により確認する。	ナットに緩みがあること。
⒄	主索又は鎖（間接式のエレベーターに限る。）	主索の径の状況	基準階から加速終了位置又は減速開始位置から基準階の間にかごがある場合に主索が綱車にかかる箇所、綱車による曲げ回数が多い箇所等における最も摩耗の進んだ部分の直径及び綱車にかからない部分の直径を測定する。	イ　最も摩耗の進んだ部分の直径が綱車にかからない部分の直径と比較して90%未満であること。
				ロ　最も摩耗の進んだ部分の直径が綱車にかからない部分の直径と比較して92%未満であること。
		主索の素線切れの状況	基準階から加速終了位置又は減速開始位置から基準階の間にかごがある場合に主索が綱車にかかる箇所、綱車による曲げ回数が多い箇所、傷のある箇所等を目視により確認し、最も摩損の進んだ部分については重点的に目視により確認する。	イ　素線切れ要是正判定基準のいずれかに該当すること。
				ロ　素線切れ要重点点検判定基準のいずれかに該当すること。

			主索の錆及び錆びた摩耗粉の状況	全長の錆及び錆びた摩耗粉の固着の状況を目視により確認し、錆びた摩耗粉により谷部が赤錆色に見える箇所がある場合にあっては、錆びた摩耗粉により谷部が赤錆色に見える部分の直径及び綱車にかからない部分の直径を測定するとともに、当該箇所を重点的に目視により確認する。	イ　錆及び錆びた摩耗粉要是正判定基準のいずれかに該当すること。 ロ　錆及び錆びた摩耗粉要重点点検判定基準に該当すること。
			主索の損傷及び変形の状況	全長を目視により確認する。	著しい損傷又は変形があること。
			鎖の給油及び外観の状況	全長を目視により確認する。	イ　著しい損傷、変形、ねじれ、腐食等があること。 ロ　給油が不十分であること。
			鎖の摩耗の状況	基準階から加速終了位置又は減速開始位置から基準階の間にかごがある場合に、鎖が鎖車にかかる箇所等における最も摩耗の進んだ部分の鎖の長さ及び鎖車にかからない部分の長さを測定する。	最も摩耗の進んだ部分の直径が鎖車にかからない部分の直径と比較してその伸びが 1.5% 以上であること。
	⒅	主索又は鎖の伸び	主索又は鎖の伸びの状況	かごを最上階の着床位置に移動させてプランジャーリミットスイッチの作動の状況を確認する。	かごが最上階の着床位置より低い状態でプランジャーリミットスイッチが作動すること。
	⒆	主索又は鎖の張り（間接式のエレベーターに限る。）	張りの状況	触診により主索の張りが均等であることを確認する。	著しい不均等があること。
	⒇	主索又は鎖の取付部（間接式のエレベーターに限る。）	昇降路の横架材並びにかご及び釣合おもりにおける止め金具の取付けの状況	目視及び触診により確認する。	ダブルナットにあってはナット間に緩みがあり、割ピンにあってはピンに欠損、曲げ不足等があり、その他の方法にあっては取付けが確実でないこと。
			主索又は鎖の端部における止め金具の取付けの状況	目視及び触診により確認する。	取付けが確実でないこと。
			止め金具及びその取付部の損傷の状況	目視により確認する。	止め金具又はその取付部に損傷があること。
	㉑	主索又は鎖の緩み検出装置（間接式のエレベーターに限る。）	取付けの状況	目視及び触診により確認する。	取付けが堅固でないこと。
			作動の状況	作動の状況を確認する。	作動しないこと。
3 共通	⑴	救出装置	手巻きハンドル等又は充電池回路等の設置の状況	目視により確認する。	手巻きハンドル等又は充電池回路等が設置されていないこと。

			制動装置等の開放の状況（油圧式のエレベーター以外のものに限る。）	制動装置等の作動の状況を確認する。	制動装置等を操作できず、かごが移動しないこと。
			下降弁等の開放の状況（油圧式のエレベーターに限る。）	下降弁等の作動の状況を確認する。	下降弁等を操作できず、かごが移動しないこと。
			専用救出用具の設置の状況	目視により確認する。	渡し板等の専用救出用具が装備されていないこと。
(2)	制御器	開閉器及び遮断器	作動の状況	手動により遮断操作及び投入操作を行い、電気的に開閉することを確認する。	電気的に開閉しないこと。
(3)		接触器、継電器及び運転制御用基板	作動の状況	昇降機を運転し、作動の状況を確認する。	昇降機が正常に作動しないこと。
			電動機主回路用接触器の主接点の状況	目視により確認する。	イ　著しい摩耗があること。
					ロ　変形があること。
(4)		ヒューズ	設置の状況	目視により確認する。	ヒューズの溶断電流が制御盤等で指定するものと異なること。
(5)		絶縁	電動機、制御回路等の絶縁の状況（一次側と二次側が電気的に分離され、二次側の一方が接地され、他方にヒューズが設られており、電圧が直流60V、又は交流25V以下の回路を除く。）	絶縁抵抗計等により測定する。	回路の電圧が300Vを超えるものにあっては0.4MΩ、150Vを超え300V以下のものにあっては0.2MΩ、150V以下のものにあっては0.1MΩ以上の絶縁抵抗がないこと。
(6)		接地	接地の状況	触診により確認する。	接地線が接地端子に緊結されていないこと。
(7)	耐震対策		ロープガード等の状況	目視及び触診により確認し又は測定する。	令第129条の4第3項第四号の規定に適合しないこと。
			ガイドレールとのかかりの状況	目視により確認し又は測定する。	令第129条の4第3項第三号の規定に適合しないこと。
			突出物の状況	目視により確認する。	令第129条の7第五号の規定に適合しないこと又は保護措置に係る部品等に変形、損傷等があること。
			転倒及び移動を防止するための措置の状況	駆動装置及び制御器の取付けの状況を目視又は触診により確認する。	令第129条の8第1項の規定に適合しないこと。

	(8)	速度	かごの上昇時及び下降時の速度の状況	無負荷運転時のかごの速度を瞬間式回転速度計により測定する。	定格速度の 125% を超えていること。
4 かご室	(1)	かごの壁又は囲い、天井及び床	かごの構造及び設置の状況	目視により確認する。	変形、摩耗、腐食等により運行に支障が生じていること。
	(2)	かごの戸又は可動式の手すり	戸又は可動式の手すりの構造及び設置の状況	目視により確認する。	特殊告示第1第九号ロの規定に適合しないこと又は変形、摩耗、腐食等により運行に支障が生じていること。
			戸又は可動式の手すりの開閉の状況	目視及び触診により確認する。	戸又は可動式の手すりの開閉が円滑でないこと。
	(3)	かごの戸又は可動式の手すりのスイッチ（かごの戸又は可動式の手すりのスイッチが必要なものに限る。）	スイッチの設置及び作動の状況	乗降位置において戸又は可動式の手すりを徐々に閉じ、作動の状況を確認する。	特殊告示第1第九号ハの規定に適合しないこと又は戸若しくは可動式の手すりが閉じていない状態においてかごが昇降すること。
			取付けの状況	目視及び触診により確認する。	取付けが堅固でないこと。
	(4)	かご操作盤及び表示器	かごの操作盤及び押しボタン等の取付けの状況	目視及び触診により確認する。	取付けが堅固でないこと。
			押しボタン等の作動の状況	作動の状況を確認する。	押しボタン等が機能しないこと又は操作が円滑に行えないこと。
			表示器の状況	目視により確認する。	表示しないこと又は表示が不鮮明であること。
			破損の状況	目視及び触診により確認する。	表示部又は押しボタン等が著しく破損していること。
	(5)	リモートコントロールスイッチ	押しボタン等の取付けの状況	目視及び触診により確認する。	取付けが堅固でないこと。
			押しボタン等の作動の状況	作動の状況を確認する。	押しボタン等が機能しないこと又はかご操作ボタン等の停止機能が優先されないこと。
	(6)	外部への連絡装置	作動の状況	作動の状況を確認する。	イ　通話装置、警報ベル等の連絡装置が作動しないこと又は容易に操作できないこと。
					ロ　通話装置の音量又は警報ベル等の鳴動音が小さいこと。
	(7)	非常停止スイッチ	作動の状況	作動の状況を確認する。	制動装置告示第6第七号の規定に適合しないこと又は作動しないこと。
			取付けの状況	目視及び触診により確認する。	取付けが堅固でないこと。
	(8)	用途、積載量及び最大定員の標識	設置及び表示の状況	設置及び表示の状況を目視により確認する。	特殊告示第1第九号イの規定に適合しないこと又は表示に誤りがあること。
	(9)	車止め	取付けの状況	目視及び触診により確認する。	車止めの機能が適切でないこと。

	(10)	かごの床先と出入口の床先との水平距離	かごの床先と出入口の床先とのすき間の状況	目視により確認し又はかごの床先と昇降路壁及び出入口の床先との水平距離を測定する。	特殊告示第1第九号ロの規定に適合しないこと。
			渡し板の劣化の状況及び作動の状況	目視により確認し及び作動の状況を確認する。	著しい損傷若しくは腐食があること又は渡し板若しくはその跳ね上げ機構が作動しないこと。
	(11)	かご非常止め装置（かご非常止め装置が必要なものに限る。）	作動の状況	非常止め装置を作動させ、ブレーキを開放し、かごが動かないことを確認する。	かごが動くこと。
			劣化の状況	目視により確認する。	著しい損傷又は腐食があること。
			取付けの状況	目視及び触診により確認する。	取付けが堅固でないこと。
			非常止め作動時のかごの水平度	かご床の傾きを精密水準器により測定する。	非常止め装置が作動した状態においてかごの床の水平度が$\frac{1}{30}$を超えていること。
	(12)	かごのガイドシュー等	取付けの状況	テストハンマーによる打検等より確認する。	ナットに緩みがあること。
			摩耗の状況	目視、聴診及び触診により確認する。	しゅう動部又は回転部の摩耗により運行に支障が生じていること。
	(13)	かごの折りたたみ機構	作動の状況（手動でかごを開閉するものに限る。）	作動の状況を確認する。	かごが昇降中に、かごの折りたたみ機構が開いてもかごが停止しないこと又はかごの折りたたみ機構を折りたたんでもかごが停止しないこと。
			作動の状況（動力を使用してかごを開閉するものに限る。）	作動の状況を確認する。	特殊告示第1第九号ニの規定に適合しないこと。
	(14)	かごの着脱機構（かごが着脱するものに限る。）	ロックの状況	作動の状況を確認する。	作動しないこと。
			インターロックの状況	作動の状況を確認する。	機械的ロックがかかる前に、電気スイッチが入ること。
			機構部の状況	目視により確認する。	著しい損傷又は腐食があること。
	(15)	運転キー（運転キーが必要なものに限る。）	作動の状況	作動の状況を確認する。	特殊告示第1第九号ニの規定に適合しないこと又は作動しないこと。
5 乗り場及び昇降路	(1)	乗り場の操作盤	押しボタン等の取付けの状況	目視及び触診により確認する。	取付けが堅固でないこと。
			押しボタン等の作動の状況	作動の状況を確認する。	押しボタン等が機能しないこと又は操作が円滑に行えないこと。
			表示器の状況	目視により確認する。	表示しないこと又は表示が不鮮明であること。
			破損の状況	目視及び触診により確認する。	表示部又は押しボタン等が著しく破損していること。
	(2)	乗り場の戸又は可動式の手すりのスイッチ（乗り場の戸又は可動式の	スイッチの作動の状況	乗降位置において、徐々に戸又は可動式の手すりを閉じ、作動の位置を確認する。	特殊告示第1第九号ハの規定に適合しないこと又は戸若しくは可動式の手すりが閉じていない状態においてかごが昇降すること。

	手すりのスイッチが必要なものに限る。)	取付けの状況	目視及び触診により確認する。	取付けが堅固でないこと。
(3)	ドアロック	取付けの状況	目視及び触診により確認する。	取付けが堅固でないこと。
		インターロックの状況	作動の状況を確認する。	機械的ロックがかかる前に、電気スイッチが入ること。
		ドアロックの解錠状況（電気式解錠タイプのものに限る。）	かごを乗り場停止位置以外で停止させ、解錠の状況を確認する。	解錠すること。
		ドアロックの解錠状況（機械式解錠タイプのものに限る。）	かごを乗り場停止位置から50㎜から100㎜までの位置に停止させ、解錠の状況を確認する。	解錠すること。
(4)	非常停止スイッチ	作動の状況	作動の状況を確認する。	制動装置告示第6第七号の規定に適合しないこと又は作動しないこと。
		取付けの状況	目視及び触診により確認する。	取付けが堅固でないこと。
(5)	乗り場の戸又は可動式の手すり	戸又は可動式の手すりの構造及び設置の状況	目視により確認する。	変形、摩耗、腐食等により運行に支障が生じていること。
		戸又は可動式の手すりの開閉の状況	目視及び触診により確認する。	戸又は可動式の手すりの開閉が円滑でないこと。
(6)	ファイナルリミットスイッチ及びリミット（強制停止）スイッチ	設置の状況	設置の状況を確認する。	制動装置告示第6第五号の規定に適合しないこと。
		作動の状況	作動の状況を確認する。	ファイナルリミットスイッチにあっては緩衝器若しくは緩衝材に当たる前に作動しないこと又はファイナルスイッチの代替スイッチ（障害物検出装置等を含む。）が床面等に当たっても作動しないこと、リミットスイッチにあっては着床位置の75㎜以内において作動しないこと又はリミットスイッチが作動している状態において昇降機が運転できること（上部リミットスイッチ作動時における昇降機の下降運転の場合又は下部リミットスイッチ作動時における昇降機の上昇運転の場合を除く。）。
		取付けの状況	目視及び触診により確認する。	取付けが堅固でないこと。
(7)	移動ケーブル及びトロリー	移動ケーブルの軌跡の状況	目視により確認する。	移動ケーブルが他の機器若しくは突出物と接触し、損傷を受けるおそれがあること又は損傷があること。
		取付けの状況	目視及び触診により確認する。	移動ケーブル及びトロリーの端部

					及び引止め部の取付けが確実でなく、運行に支障が生ずるおそれがあること。
	(8)	昇降路側壁等の囲い	囲いの構造及び設置の状況	目視により確認する。	き裂又は漏水により運行に支障が生じていること。
	(9)	ガイドレール及びレールブラケット	取付けの状況	テストハンマーによる打検等により確認する。	ナットに緩みがあること。
			劣化の状況	目視により確認する。	著しい損傷又は腐食があること。
	(10)	ガイドレール、駆動装置等のカバー	取付けの状況	目視及び触診により確認する。	取付けが堅固でないこと。
	(11)	障害物検出装置	作動の状況	作動の状況を確認する。	接触式にあっては障害物に接触しても作動しないこと、非接触式にあっては障害物を感知しても作動しないこと。
			障害物除去後の作動の状況	作動の状況を確認する。	操作ボタンを押し直さなくとも作動すること。
	(12)	折りたたみレール	ジョイント部の状況	かごを昇降して確認する。	ジョイント部のすき間、段差又は芯ずれにより、走行中に著しいかごの振動があること。
			進入防止用安全スイッチの作動の状況	レールを折りたたんだ状態でかごを昇降し、進入防止用安全スイッチの作動の状況を確認する。	進入防止用安全スイッチが作動しないこと。
			進入防止用ストッパーの状況（機械式のものに限る。）	目視及び触診により確認する。	進入防止用ストッパーの取付けが堅固でないこと。

別表第4

		(い)検査項目		(ろ)検査事項	(は)検査方法	(に)判定基準
1 駆動装置	(1)	制御器	開閉器及び遮断器	作動の状況	手動により遮断操作及び投入操作を行い、電気的に開閉することを確認する。	電気的に開閉しないこと
	(2)		接触器、継電器及び運転制御用基板	作動の状況	昇降機を運転し、作動の状況を確認する。	昇降機が正常に作動しないこと。
				電動機主回路用接触器の主接点の状況	目視により確認する。	イ　著しい摩耗があること。
						ロ　変形があること。
	(3)		ヒューズ	設置の状況	目視により確認する。	ヒューズの溶断電流が制御器等で指定されたものと異なること。
	(4)		絶縁	電動機、制御器等の回路の絶縁の状況（一次側と二次側が電気的に分離され、二次側の一方が接地され、	絶縁抵抗計等により測定する。	回路の電圧が300Vを超えるものにあっては0.4MΩ、150Vを超え300V以下のものにあっては0.2MΩ、150V以下のものにあっては0.1MΩ以上の絶縁抵抗がないこと。

			他方にヒューズが設けられており、電圧が直流60V又は交流25V以下である回路を除く。）		
(5)		接地	接地の状況	触診により確認する。	接地線が接地端子に緊結されていないこと。
(6)	電動機		音の状況	聴診により確認する。	異常音があること。
			発熱の状況	触診により確認する。	異常な発熱があること。
			振動の状況	触診及び聴診により確認する。	異常な振動があること。
(7)	減速機		音の状況	聴診により確認する。	異常音があること。
			振動の状況	聴診及び触診により確認する。	異常な振動があること。
			潤滑油の油量の状況	オイルゲージ等を目視により確認する。	油量が適量でないこと。
			潤滑油の劣化の状況	色及び不純物を目視により確認する。	著しい変色又は摩耗粉があること。
			油漏れの状況	目視により確認する。	オイルシールから著しい油漏れがあること。
			発熱の状況	触診により確認する。	異常な発熱があること。
			非常止め装置のキャッチの作動の状況（間接駆動があるものに限る。）	作動の状況を確認する。	キャッチが作動しないこと。
(8)	ブレーキ		油の付着の状況	目視により確認する。	ドラム又はディスクのパッドしゅう動面に制動力又は保持力に影響を与えるおそれのある油の付着があること。
			パッドとドラム及びディスクとの接触の状況（同心軸上にて回転するパッドにより制動するものを除く。）	目視及び聴診により確認する。	走行中にパッドとドラム又はディスクが接触していること。
			ブレーキコイルの発熱の状況（開封点検できる場合に限る。）	触診により確認する。	ブレーキコイルに異常な発熱があること。
			制動力の状況	次に掲げる方法のいずれかにより確認する。 イ　いすに積載荷重の1.25倍の荷重を加え、定格速度で下降中に動力を遮断し、制動距離を確認する。	イの検査方法により検査した場合にあっては制動距離が100㎜を超えていること、ロの検査方法により検査した場合にあっては、制動距離が次の式によって算出されるLを超えていること。

				ロ　いすが無負荷の状態において定格速度で下降中に動力を遮断し、制動距離を確認する。	$L = \frac{100G}{G+1.25P}$ （この式において、L、G及びPは、それぞれ次の数値を表すものとする。 L　制動距離の基準値（単位　mm） G　かご等の昇降する部分の固定荷重（単位　kg） P　定格積載量（単位　kg））
(9)	駆動方式（該当するものを選択する。）	摩擦式（駆動ローラー）	駆動ローラーの状況	かごを昇降して確認する。	ローラの摩耗又は損傷により走行できないこと。
		ラックピニオン式	音の状況	聴診により確認する。	異常音があること。
			振動の状況	聴診及び触診により確認する。	異常な振動があること。
			取付けの状況	目視及び触診により確認する。	取付けが堅固でないこと。
			歯の欠損及びき裂の状況	目視により確認する。	歯に欠損又はき裂があること。
		チェーンスプロケット式	滑車の作動の状況	作動の状況を確認する。	動力の伝達に支障が生ずるおそれがあること。
			鎖の張りの状況	触診により鎖の張りが均等であることを確認する。	著しい不均等があること。
			鎖の摩耗の状況	基準階から加速終了位置又は減速開始位置から基準階の間にかごがある場合に、鎖が鎖車にかかる箇所等における最も摩耗の進んだ部分の鎖の長さ及び鎖車にかからない部分の長さを測定する。	最も摩耗の進んだ部分の長さが鎖車にかからない部分の長さと比較してその伸びが1.5%以上であること。
		チェーンラックピニオン式	滑節構造部材の作動の状況	作動の状況を確認する。	動力の伝達に支障が生ずるおそれがあること。
			鎖の摩耗の状況	基準階から加速終了位置又は減速開始位置から基準階の間にかごがある場合に、鎖が鎖車にかかる箇所等における最も摩耗の進んだ部分の鎖の長さ及び鎖車にかからない部分の長さを測定する。	最も摩耗の進んだ部分の長さが鎖車にかからない部分の長さと比較してその伸びが1.5%以上であること。
(10)	鎖の緩み検出装置		作動の状況	作動の状況を確認する。	作動しないこと。
(11)	駆動装置等のカバー		取付けの状況	目視及び触診により確認する。	取付けが堅固でないこと。
(12)	かご非常止め装置（かご非常止め装置が必要なものに限る。）		作動の状況	非常止め装置を作動させ、ブレーキを開放し、かごが動かないことを確認する。	かごが動くこと。
			劣化の状況	目視により確認する。	著しい損傷又は腐食があること。
			取付けの状況	目視及び触診により確認する。	取付けが堅固でないこと。
			非常止め作動時のかごの水	かごの床の傾きを精密水準器により測定する。	非常止め装置が作動した状態においてかごの床の水平度が$\frac{1}{30}$を超え

			平度		ていること。
	⒀	かごのガイドシュー等	取付けの状況	テストハンマーによる打検等により確認する。	ナットに緩みがあること。
			摩耗の状況	目視、聴診及び触診により確認する。	しゅう動部又は回転部の摩耗により運行に支障が生じていること。
	⒁	ファイナルリミットスイッチ及びリミット（強制停止）スイッチ	設置の状況	設置の状況を確認する。	制動装置告示第7第四号の規定に適合しないこと。
			作動の状況	作動の状況を確認する。	ファイナルリミットスイッチにあっては緩衝器若しくは緩衝材に当たる前に作動しないこと又はファイナルリミットスイッチの代替スイッチ（障害物検出装置等を含む。）が床面等に当たっても作動しないこと、リミットスイッチにあっては着床位置の75㎜以内において作動しないこと又はリミットスイッチが作動している状態において昇降機が運転できること（上部リミットスイッチ作動時における昇降機の下降運転の場合又は下部リミットスイッチ作動時における昇降機の上昇運転の場合を除く。）。
			取付けの状況	目視及び触診により確認する。	取付けが堅固でないこと。
	⒂	充電池	作動電圧の状況	電圧を電圧計等により測定する。	定格電圧が得られないこと。
			外観の状況	目視により確認する。	電解液漏れがあること。
			端子部の状況	触診により確認する。	端子部に緩みがあること。
			給電部の絶縁処置の状況	目視により確認する。	通常の使用状態において給電部に容易に触れられること。
	⒃	駆動装置等の耐震対策	転倒及び移動を防止するための措置の状況	駆動装置及び制御器の取付けの状況を目視又は触診により確認する。	令第129の8第1項の規定に適合しないこと。
	⒄	速度	かごの上昇時及び下降時の速度の状況	無負荷運転時のかごの速度を瞬間式回転速度計により測定する。	定格速度の125%を超えていること。
2 いす関係	⑴	いす部	いす部の構造及び設置の状況	目視により確認する。	変形、摩耗、腐食等により運行に支障が生じていること。
	⑵	いす操作盤のボタン等及び操作レバー	押しボタン又は操作レバーの作動の状況	作動の状況を確認する。	押しボタン又は操作レバーから手を離しても停止しないこと。
	⑶	いすの回転装置	回転装置の作動の状況	作動の状況を確認する。	回転装置のロックがかからないこと。
			インターロックの状況	作動の状況を確認する。	機械的ロックがかかる前に、電気スイッチが入ること。
	⑷	用途、積載量及び最大定員の標識	設置及び表示の状況	設置及び表示の状況を確認する。	令第129条の6第五号の規定に適合しないこと又は表示に誤りがあること。

	(5)	障害物検出装置	作動の状況	作動の状況を確認する。	接触式にあっては、障害物に接触しても作動しないこと、非接触式にあっては、障害物を感知しても作動しないこと。
			障害物除去後の作動の状況	作動の状況を確認する。	操作ボタンを押し直さなくとも作動すること。
	(6)	運転キー	作動の状況	作動の状況を確認する。	作動しないこと。
	(7)	安全ベルト	安全ベルトの状況	目視により確認する。	変形若しくは破損により切断するおそれがあること又は切断していること。
			装着の状況	装着することにより確認する。	バックルを装着できないこと又は装着した状態を保持できないこと。
			取付けの状況	目視及び触診により確認する。	装置の取付ビス又はボルトに緩みがあること。
	(8)	いすの折りたたみ機構	作動の状況	作動の状況を確認する。	いすの折りたたみ機構が折りたたまれた状態又は開いた状態を保持しないこと。
			損傷の状況	目視により確認する。	機構部品の損傷、摩耗等によりいすが水平な状態を保持できないこと。
3 乗り場及び階段	(1)	乗り場の押しボタン等	押しボタン等の作動の状況	作動の状況を確認する。	押しボタン等から手を離しても停止しないこと。
	(2)	リモートコントロールスイッチ	押しボタン等の取付けの状況	目視及び触診により確認する。	取付けが堅固でないこと。
			押しボタン等の作動の状況	作動の状況を確認する。	押しボタン等が機能しないこと又はかご操作ボタンの停止機能が優先されないこと。
	(3)	ガイドレール及びレールブラケット	取付けの状況	テストハンマーによる打検等により確認する。	ナットに緩みがあること。
			劣化の状況	目視により確認する。	著しい損傷又は腐食があること。
	(4)	折りたたみレール	ジョイント部の状況	かごを昇降して確認する。	ジョイント部のすき間、段差又は芯ずれにより、走行中に著しいかごの振動があること。
			進入防止用安全スイッチの作動の状況	レールを折りたたんだ状態でかごを昇降し､侵入防止用安全スイッチの作動の状況を確認する。	進入防止用安全スイッチが作動しないこと。
			進入防止用ストッパーの状況（機械式のものに限る。）	目視及び触診により確認する。	進入防止用ストッパーの取付けが堅固でないこと。
	(5)	移動ケーブル及びトロリー	移動ケーブルの軌跡の状況	目視により確認する。	移動ケーブルが他の機器若しくは突出物と接触し、損傷を受けるおそれがあること又は損傷があること。
			取付けの状況	目視及び触診により確認する。	移動ケーブル及びトロリーの端部及び引止め部の取付けが確実でなく、運行に支障が生ずるおそれがあること。

	(6)	充電装置	充電の状況	充電されることを確認する。	充電されないこと。
			端子部の状況	触診により確認する。	端子部に緩みがあること。
			接触子の状況	目視により確認する。	接触子に変形、摩耗、錆又は腐食があること。
	(7)	耐震対策	ロープガード等の状況	目視及び触診により確認し又は測定する。	令第 129 条の 4 第 3 項第四号の規定に適合しないこと。
			ガイドレールとのかかりの状況	目視により確認し又は測定する。	令第 129 条の 4 第 3 項第三号の規定に適合しないこと。
			突出物の状況	目視により確認する。	令第 129 条の 7 第五号の規定に適合しないこと又は保護措置に係る部品等に変形、損傷等があること。

別表第5

		(い)検査項目		(ろ)検査事項	(は)検査方法	(に)判定基準
1 機械室	(1)	機械室内の状況		昇降機以外の設備等の状況	目視により確認する。	機械室内に昇降機と関係のない設備等があること又は定期検査若しくは定期点検に支障が生じていること。
				汚損の状況	目視により確認する。	機器の作動に影響を及ぼすおそれのある汚損があること。
	(2)	制御器	開閉器及び遮断器	作動の状況	手動により遮断操作及び投入操作を行い、電気的に開閉することを確認する。	電気的に開閉しないこと。
	(3)		接触器、継電器及び運転制御用基板	作動の状況	昇降機を運転し、作動の状況を確認する。	昇降機が正常に作動しないこと。
				電動機主回路用接触器の主接点の状況	目視により確認し、交換基準に従って交換されているか確認する。	イ　著しい摩耗があること又は交換基準に従って交換されていないこと。
						ロ　変形があること。
				ブレーキ用接触器の接点の状況	目視により確認し、交換基準に従って交換されているか確認する。	イ　著しい摩耗があること又は交換基準に従って交換されていないこと。
						ロ　変形があること。
	(4)		ヒューズ	設置の状況	目視により確認する。	ヒューズの溶断電流が制御器等で指定されたものと異なること。
	(5)		絶縁	電動機、制御器等の回路の絶縁の状況（一次側と二次側が電気的に分離され、二次側の一方が接地され、他方にヒューズが設けられており、電圧が直流 60V 又は交流 25V 以	絶縁抵抗計等により測定する。	回路の電圧が 300V を超えるものにあっては 0.4MΩ、150V を超え 300V 以下のものにあっては 0.2MΩ、150V 以下のものにあっては 0.1MΩ 以上の絶縁抵抗がないこと。

			下である回路を除く。）		
(6)		接地	接地の状況	触診により確認する。	接地線が接地端子に緊結されていないこと。
(7)	電動機		音の状況	聴診により確認する。	異常音があること。
			発熱の状況	触診により確認する。	異常な発熱があること。
			振動の状況	触診及び聴診により確認する。	異常な振動があること。
			整流子の状況	無負荷運転し、目視により火花を確認する。	著しい火花があること。
			ブラシの摩耗状況	目視により残存長さを確認し又は測定する。	ピグテールの金具から5㎜以内であること。
(8)	ブレーキ		油の付着の状況	目視により確認する。	ドラム又はディスクのパッドのしゅう動面に制動力又は保持力に影響を与えるおそれのある油の付着が付着があること。
			パッドの厚さの状況	パッドの厚さを測定し、前回の定期検査時からのパッドの摩耗量を確認する。	イ　次回の定期検査時又は定期点検時までにパッドが運行に支障が生ずる厚さとなるおそれがあるため、是正が必要な状態にあること。
					ロ　パッドの厚さが運行に支障が生ずるおそれがない最小の厚さの1.2倍（電気制動式のものにあっては、1.1倍）以下であって、重点的に点検が必要な状態にあること。
			パッドとドラム及びディスクとの接触の状況（同心軸上にて回転するパッドにより制動するものを除く。）	目視および聴診により確認する。	走行中にパッドとドラム又はディスクが接触していること。
			ブレーキ制動時のプランジャーの状況	踏段を保持している状態において目視により確認し、ストロークを測定する。	イ　プランジャーが他の機器等と干渉していること又はプランジャーのストロークが要是正となる基準値から外れていること。
					ロ　プランジャーのストロークが要重点点検となる基準値から外れていること。
			ブレーキコイルの発熱の状況	触診により確認する。	ブレーキコイルに異常な発熱があること。
			構成機器の作動の状況	作動の状況を確認する。	作動時に異常音若しくは異常な振動があること又は作動が円滑でないこと。
			停止距離の状況	踏段の無積載上昇時に非常停止ボタンを押し、停止距離を測定する。	平成12年建設省告示第1424号第三号の規定に適合しないこと。

	(9)	減速機	潤滑油の油量の状況	オイルゲージ等を目視により確認する。	油量が適量でないこと。
			潤滑油の劣化の状況	色及び不純物を目視により確認する。	著しい変色又は摩耗粉があること。
			油漏れの状況	目視により確認する。	オイルシールから著しい油漏れがあること。
			発熱の状況	触診により確認する。	異常な発熱があること。
			音の状況	聴診により確認する。	異常音があること。
			振動の状況	聴診及び触診により確認する。	異常な振動があること。
	(10)	駆動鎖(駆動鎖を設けたものに限る。)	駆動鎖の張りの状況	鎖を揺らし、その振幅を測定する。	振幅が基準値から外れていること。
			スプロケットと駆動鎖とのかみ合いの状況	目視及び聴診により確認する。	スプロケットと駆動鎖とのかみ合いに異常があること。
			駆動鎖の伸びの状況	駆動鎖の伸びを測定する。	イ　駆動鎖の伸びが要是正となる基準値を超えていること。
					ロ　駆動鎖の伸びが要重点点検となる基準値を超えていること。
			駆動スプロケットと従動スプロケットの芯ずれ	駆動スプロケットと従動スプロケットの芯ずれを測定し、又はスプロケットの歯面を目視により確認する。	イ　駆動スプロケットと従動スプロケットの芯ずれが要是正となる基準値を超えていること又はスプロケットの歯面に傷若しくは欠損があること。
					ロ　駆動スプロケットと従動スプロケットの芯ずれが要重点点検となる基準値を超えていること。
			給油の状況	目視により確認する。	給油が適切でないこと。
	(11)	踏段反転装置	反転歯車と踏段鎖とのかみ合いの状況(ベルトのものを覗く。)	目視及び聴診により確認する。	反転歯車と踏段鎖とのかみ合いに異常があること。
			反転装置の作動状況	目視及び聴診により確認する。	踏段の反転が円滑でないこと。
			踏段鎖の張りの状況(ベルトのものを覗く。)	目視により確認する。	従動輪に著しい揺動があること。
2 昇降口	(1)	ランディングプレート	劣化の状況	目視により確認する。	著しい損傷又は腐食があること。
	(2)	くし板	欠損の状況	目視により確認する。	くし歯が欠損していること。
	(3)	くし板及び踏段のかみ合い	かみ合いの状況	目視により確認する。	くし板と踏段のかみ合いに異常があること。
	(4)	インレットガード	取付けの状況	目視及び触診により確認する。	取付けが堅固でないこと。

	(5)	昇降起動スイッチ	作動の状況	作動の状況を確認する。	作動しないこと。
	(6)	警報及び運転休止スイッチ	作動の状況	作動の状況を確認する。	警報音が鳴動しないこと又は運転休止ができないこと。
	(7)	速度	踏段の上昇時及び下降時の速度の状況	無負荷運転時の踏段の速度を瞬間式回転速度計により測定する。	定格速度の110%を超えていること。
3 中間部	(1)	ハンドレール駆動装置	スプロケットと駆動鎖とのかみ合いの状況	目視及び聴診により確認する。	スプロケットの歯と駆動鎖とのかみ合いに異常があること。
			ハンドレールの駆動力の状況	踏段の下降中に上部乗り場においてハンドレールを手で水平に引っ張ることにより確認し、必要に応じばね秤等を使用しハンドレールが停止する力を測定するとともに、駆動装置の劣化の状況を目視及び聴診により確認する。	イ　ハンドレールが150N未満の力により停止すること。 ロ　駆動輪、ローラー若しくはベルトにき裂、摩耗等があること又は異常音があること。
			ハンドレールと踏段の同期の状況	踏段の上昇及び下降中に踏段上でハンドレールをつかみ、踏段とハンドレールの同期を確認する。	令第129条の12第1項第三号（速度が途中で変化するエスカレーターにあっては、特殊告示第2第三号ト）の規定に適合しないこと。
	(2)	ハンドレール	劣化の状況	目視により確認する。	著しい損傷又は腐食があること。
	(3)	内側板	劣化の状況	目視により確認する。	著しい損傷又は腐食があること。
	(4)	踏段	踏面とライザー面の劣化の状況	目視により確認する。	著しい損傷又は腐食があること。
			ローラーゴムの劣化の状況	目視により確認する。	著しい損傷又は腐食があること。
	(5)	踏段レール又はローラー	劣化及び損傷の状況	目視により確認し、踏段上での振動の有無を確認する。	著しい損傷又は腐食があること又は踏段上で異常な振動があること。ただし、ローラーにあっては剥離、損傷、ローラー締結部の緩み等によりベルトの運行に支障が生ずるおそれがあること。
			取付けの状況	目視及び触診により確認する。	取付けが堅固でないこと。
	(6)	踏段鎖、ベルト又は踏段相互のすき間	踏段鎖の給油の状況	目視により確認する。	給油が適切でないこと。
			ベルトの劣化の状況	目視により確認する。	剥離、摩耗、亀裂又はたるみがあること。
			踏段相互のすき間	上水平部において最も大きい踏段相互のすき間を測定する。	イ　平成12年建設省告示第1417号第1第二号（速度が途中で変化するエスカレーターにあっては、特殊告示第2第三号ハ）の規定に適合しないこと。 ロ　平成12年建設省告示第1417号第1第二号（速度が途中で変化するエスカレーターにあっては、特殊告示第2第三号ハ）に定める基準の0.95倍を超え

					ていること。
	(7)	スカートガード	劣化の状況	目視により確認する。	著しい損傷又は腐食があること。
			踏段とスカートガードのすき間	全長にわたり目視により確認し又は測定する。	平成12年建設省告示第1417号第1第一号（速度が途中で変化するエスカレーターにあっては、特殊告示第2第三号ロ）の規定に適合しないこと。
4 安全装置	(1)	インレットスイッチ	設置及び作動の状況	設置及び作動の状況を確認する。	平成12年建設省告示第1424号第二号ホの規定に適合しないこと又は作動しないこと。
	(2)	非常停止ボタン	作動の状況	作動の状況を確認する。	作動しないこと。
	(3)	スカートガードスイッチ	設置及び作動の状況	設置の状況を目視により確認し及びスイッチを作動させ、昇降機が停止すること又はスイッチを作動させた状態で昇降機が起動しないことを確認する。	平成12年建設省告示第1424号第二号ニの規定に適合しないこと又は作動しないこと。
	(4)	踏段鎖安全スイッチ又はベルト安全スイッチ	設置及び作動の状況	設置の状況を目視により確認し及びスイッチを作動させ、昇降機が停止すること又はスイッチを作動させた状態で昇降機が起動しないことを確認する。	平成12年建設省告示第1424号第二号イの規定に適合しないこと又は作動しないこと。
			可動部の状況	目視及び触診により確認する。	イ　可動部の動きが円滑でないこと。
					ロ　給油すべき箇所の給油が不十分であること。
	(5)	踏段浮上り検出装置	作動の状況	スイッチを作動させ、昇降機が停止すること又はスイッチを作動させた状態で昇降機が起動しないことを確認する。	昇降機が停止することを確認する場合にあっては昇降機が停止しないこと、昇降機が起動しないことを確認する場合にあっては昇降機が起動すること。
			可動部の状況	目視及び触診により確認する。	イ　可動部の動きが円滑でないこと。
					ロ　給油すべき箇所の給油が不十分であること。
	(6)	駆動鎖切断時停止装置	作動の状況	スイッチを作動させ、昇降機が停止すること又はスイッチを作動させた状態で昇降機が起動しないことを確認する。	昇降機が停止することを確認する場合にあっては昇降機が停止しないこと、昇降機が起動しないことを確認する場合にあっては昇降機が起動すること。
			可動部の状況	目視及び触診により確認する。	イ　可動部の動きが円滑でないこと。
					ロ　給油すべき箇所の給油が不十分であること。
			設定の状況	駆動鎖切断を検出したときに停止機構が作動する設定がなされていることを確認する。	設定されていないこと。
	(7)	ハンドレール停止検出装置	作動の状況	ハンドレール停止を検出する信号を入力し、作動の状況を確認する。	作動しないこと。
5	(1)	交差部固定保	取付けの状況	目視及び触診により確認し又	平成12年建設省告示第1417号第1

安全対策		護板		は設置寸法を測定する。	第三号の規定に適合しないこと又は取付けが堅固でないこと。
			破損の状況	目視により確認する。	破損していること。
	(2)	転落防止柵、進入防止用仕切板及び誘導柵	ハンドレールと転落防止柵及び誘導柵とのすき間	ハンドレールの外縁又は先端から周囲500mm以内の範囲を目視により確認し又は測定する。	ハンドレールの外縁と転落防止柵若しくは誘導柵とのすき間が140mm未満であること又は200mmを超えていること。
			外側板及び建物壁と進入防止用仕切板とのすき間	ハンドレールの外縁若しくは先端から周囲500mm以内の範囲を目視により確認し又は測定する。	外側板又は建物壁と進入防止用仕切板とのすき間が100mmを超えていること。
			ハンドレールから仕切板までの距離	ハンドレールの外縁若しくは先端から周囲500mm以内の範囲を目視により確認し又は距離を測定する。	ハンドレールから仕切板までの距離が50mm未満であること又は150mmを超えていること。
			取付けの状況	ハンドレールの外縁又は先端から周囲500mm以内の範囲を目視及び触診により確認する。	取付けが堅固でないこと。
			破損の状況	ハンドレールの外縁又は先端から周囲500mm以内の範囲を目視により確認する。	破損していること。
	(3)	落下物防止網	破損の状況	ハンドレールの外縁あるいは先端から周囲500mm以内の範囲を目視により確認する。	破損していること。
	(4)	踏段上直部の障害物	障害物の状況	目視により確認し又は測定する。	踏段の尖端から鉛直距離で2,100mm以内に障害物があること。
	(5)	交差部可動警告板	設置の状況	目視により確認し又は測定する。	可動警告板が厚さ3mm未満、前縁の円筒部が直径50mm未満又は円筒部がハンドレールを乗り越えること。
			取付けの状況	目視及び触診により確認する。	取付けが堅固でないこと。
			破損の状況	目視により確認する。	破損していること。
	(6)	踏段面注意標識	標識の状況	目視により確認する。	標識が鮮明でないこと。
	(7)	登り防止用仕切板	設置の状況	目視により確認し又は測定する。	ハンドレールから仕切板までの距離が50mm未満であること。
			取付けの状況	目視及び触診により確認する。	取付けが堅固でないこと。
			破損の状況	目視により確認する。	破損していること。
	(8)	防火区画を形成するシャッター又は戸との連動停止装置(連動停止装置が必要なものに限る。)	設置及び連動停止の作動の状況	設置の状況を目視により確認し並びにシャッター及び戸の閉鎖を検出する信号を入力し、作動の状況を確認する。	平成12年建設省告示第1424号第二号ハの規定に適合しないこと又は作動しないこと。
6 その他	(1)	車いす搬送用踏段(車いす搬送用踏段が必要なものに限る。)	車いすを搬送する運転の状況	目視により確認する。	踏面が同一水平でないこと又は車止めに異常があること。

別表第6

		(い)検査項目		(ろ)検査事項	(は)検査方法	(に)判定基準
1 機械室	(1)	機械室への経路及び点検口の戸		機械室への経路の状況	目視により確認する。	機械室への経路が確保されていないこと。
				点検口の戸の設置及び施錠の状況	設置の状況を目視により確認し、施錠の状況を戸を解錠及び施錠して確認する。	戸がないこと、戸が破損していること又は解錠若しくは施錠ができないこと。
	(2)	点検用コンセント		設置の状況	目視により確認する。	コンセントが設置されていないこと。
				破損の状況	目視により確認する。	破損していること。
				通電の状況	点検灯、作業灯、テスター等により通電の状況を確認する。	通電していないこと。
	(3)	制御器	開閉器及び遮断器	作動の状況	手動により遮断操作及び投入操作を行い、電気的に開閉することを確認する。	電気的に開閉しないこと。
	(4)		接触器、継電器及び運転制御用基板	作動の状況	昇降機を運転し、作動の状況を確認する。	昇降機が正常に作動しないこと。
				電動機主回路用接触器の主接点の状況	目視により確認し、交換基準に従って交換されているか確認する。	イ　著しい摩耗があること又は交換基準に従って交換されていないこと。
						ロ　変形があること
				ブレーキ用接触器の接点の状況	目視により確認し、交換基準に従って交換されているか確認する。	イ　著しい摩耗があること又は交換基準に従って交換されていないこと。
						ロ　変形があること。
	(5)		ヒューズ	設置の状況	目視により確認する。	ヒューズの溶断電流が制御器等で指定されたものと異なること。
	(6)		絶縁	電動機、制御器等の回路の絶縁の状況(一次側と二次側が電気的に分離され、二次側の一方が接地され、他方にヒューズが設けられており、電圧が直流60V又は交流25V以下である回路を除く。)	絶縁抵抗計等により測定する。	回路の電圧が300Vを超えるものにあっては0.4MΩ、150Vを超え300V以下のものにあっては0.2MΩ、150V以下のものにあっては0.1MΩ以上の絶縁抵抗がないこと。
	(7)		接地	接地の状況	触診により確認する。	接地線が接地端子に緊結されていないこと。
	(8)	巻上機	減速歯車	音の状況	聴診により確認する。	異常音があること。
				振動の状況	聴診及び触診により確認する。	異常な振動があること。
				潤滑油の油量の状況	オイルゲージ等を目視により確認する。	油量が適量でないこと。
				潤滑油の劣化	色及び不純物を目視により確	著しい変色又は摩耗粉があること。

				の状況	認する。	
				油漏れの状況	目視により確認する。	オイルシールから著しい油漏れがあること。
				発熱の状況	触診により確認する。	異常な発熱があること。
	(9)		綱車及び巻胴	綱車と主索のかかりの状況（巻胴式のものを除く。）	主索及び溝の摩耗の状況を目視により確認し又は溝と主索のすき間若しくは綱車外周からの主索の出張りを測定し、主索と綱車が滑らないことを確認する。	溝と主索のすき間若しくは綱車外周からの主索の出張りが十分でなく運行に支障が生ずるおそれがあること、無積載のかごを低速で上昇させて最上階付近において停止させたときに主索と綱車に著しい滑りが生じていること若しくはU溝を除く溝で主索が底当たりしていること又は複数ある溝間に著しい摩耗差があること。
				回転の状況	振動を触診及び聴診により確認する。	回転時に異常音又は異常な振動があること。
				欠損及びき裂の状況	目視により確認する。	欠損又はき裂があること。
	(10)		軸受	発熱の状況	触診により確認する。	異常な発熱があること。
				音の状況	聴診により確認する。	異常音があること。
				振動の状況	触診及び聴診により確認する。	異常な振動があること。
	(11)		ブレーキ	油の付着の状況	目視により確認する。	ドラム又はディスクのパッドのしゅう動面に制動力又は保持力に影響を与えるおそれがある油の付着があること。
				取付けの状況	目視及び触診により確認する。	取付けが確実でないこと又は可動部の給油が不十分であること。
				パッドの厚さの状況	パッドの厚さを測定し、前回の定期検査時又は定期点検時からのパッドの摩耗量を確認する。	イ　次回の定期検査時又は定期点検時までにパッドが運行に支障が生ずる厚さとなるおそれがあるため、是正が必要な状態にあること。
						ロ　パッドの厚さが運行に支障が生ずるおそれがない最小の厚さの1.2倍（電気制動式のものにあっては、1.1倍）以下であって、重点的な点検が必要な状態にあること。
				パッドとドラム及びディスクとの接触の状況（同心軸上にて回転するパッドにより制動するものを除く。）	目視及び聴診により確認する。	走行中にパッドとドラム又はディスクが接触していること。
				ブレーキ制動時のプランジャーの状況	かごを保持している状態において目視又は触診により確認する。	プランジャーが他の機器等と干渉していること又はプランジャーの余裕ストロークがないこと。
				ブレーキコイルの発熱の状	触診により確認する。	ブレーキコイルに異常な発熱があること。

		況		
		構成機器の作動の状況	作動の状況を確認する。	作動時に異常音若しくは異常な振動があること又は作動が円滑でないこと。
		作動時の状況（電気制動式のものに限る。）	ブレーキ制動時の状態を目視及び聴診により確認する。	電気制動により停止速度に達する前にパッドとドラムがしゅう動していること。
		制動力の状況	かごの無積載上昇時(巻胴式にあってはかごの無積載下降時)にブレーキの制動を確認する。	ブレーキが作動しないこと又はかごが停止しないこと。
	⑿ そらせ車	外観の状況	目視により確認する。	欠損又はき裂があること。
		取付けの状況	テストハンマーによる打検等により確認する。	ナットに緩みがあること。
		音の状況	聴診により確認する。	異常音があること。
	⒀ 電動機	音の状況	聴診により確認する。	異常音があること。
		発熱の状況	触診により確認する。	異常な発熱があること。
		振動の状況	触診及び聴診により確認する。	異常な振動があること。
	⒁ 主索の緩み検出装置	取付けの状況	目視及び触診により確認する。	取付けが堅固でないこと。
		作動の状況	作動の状況を確認する。	作動しないこと。
	⒂ 主索の巻過ぎ検出装置	取付けの状況	目視及び触診により確認する。	取付けが堅固でないこと。
		作動の状況	作動の状況を確認する。	作動しないこと。
		作動の位置	作動したときのかごと緩衝器等とのすき間及びロープの巻き溝の状況を確認する。	かごが緩衝器等に接する前に作動しないこと又はロープの巻き溝がなくなる前に作動しないこと。
	⒃ 速度	かごの上昇時及び下降時の速度の状況	無負荷運転時のかごの速度を瞬間式回転速度計により測定する。	定格速度の 125% を超えていること。
2 かご室	(1) かごの壁又は囲い、天井及び床	かごの構造及び設置の状況	目視により確認する。	変形、摩耗、腐食等により運行に支障が生じていること。
		可燃物の状況	目視により確認する。	難燃材料を使用していないこと。
	(2) 積載量の標識	設置及び表示の状況	設置及び表示の状況を確認する。	設置されていないこと又は表示に誤りがあること。
	(3) 搭乗禁止の標識	設置の状況	目視により確認する。	設置されていないこと。
	(4) かごの戸	戸の開閉の状況	目視及び触診により確認する。	戸の開閉が円滑でないこと。
3 最上階出し入れ口	(1) 主索	径の状況	出し入れする頻度の最も高い階から加速終了位置又は減速開始位置から当該階の間にかごがある場合に主索が綱車にかかる箇所、綱車による曲げ回数が多い箇所等における最も摩耗の進んだ部分の直径及び綱車にかからない分の直径を測定する。	イ　最も摩耗の進んだ部分の直径が綱車にかからない部分の直径と比較して 90% 未満であること。 ロ　最も摩耗の進んだ部分の直径が綱車にかからない部分の直径と比較して 92% 未満であること。
		素線切れの状況	出し入れする頻度の最も高い階から加速終了位置又は減速	イ　素線切れ要是正判定基準のいずれかに該当すること。

				開始位置から当該階の間にかごがある場合に主索が綱車にかかる箇所、綱車による曲げ回数が多い箇所、傷のある箇所等を目視により確認し、最も摩損の進んだ部分については重点的に目視により確認する。	ロ　素線切れ要重点点検判定基準のいずれかに該当すること。
			錆及び錆びた摩耗粉の状況	全長の錆及び錆びた摩耗粉の固着の状況を目視により確認し、錆びた摩耗粉により谷部が赤錆色に見える箇所がある場合にあっては、錆びた摩耗粉により谷部が赤錆色に見える部分の直径及び綱車にかからない部分の直径を測定するとともに、当該箇所を重点的に目視により確認する。	イ　錆及び錆びた摩耗粉要是正判定基準のいずれかに該当すること。
					ロ　錆及び錆びた摩耗粉要重点点検判定基準に該当すること。
			損傷及び変形の状況	全長を目視により確認する。	著しい損傷又は変形があること。
	(2)	主索の張り	張りの状況	触診により主索の張りが均等であることを確認する。	著しい不均等があること。
	(3)	主索の取付部	昇降路の横架材並びにかご及び釣合おもりにおける止め金具の取付けの状況	目視及び触診により確認する。	ダブルナットにあってはナット間に緩みがあり、割ピンにあってはピンに欠損、曲げ不足等があり、その他の方法にあっては取付けが確実でないこと。
			主索の端部における止め金具の取付けの状況	目視及び触診により確認する。	取付けが確実でないこと。
			止め金具及びその取付部の損傷の状況	目視により確認する。	止め金具又はその取付部に損傷があること。
	(4)	上部リミット(強制停止)スイッチ	作動の状況	作動の状況を確認する。	作動時にかごが上昇すること。
			作動の位置	作動の位置を確認する。	かごが最上階を行き過ぎても停止せず、昇降路の頂部に衝突すること又は衝突するおそれがあること。
			取付けの状況	目視及び触診により確認する。	取付けが堅固でないこと。
	(5)	かごのガイドシュー等	取付けの状況	テストハンマーによる打検等により確認する。	ナットに緩みがあること。
			摩損の状況	目視、聴診及び触診により確認する。	しゅう動部又は回転部の摩耗により運行に支障をきたしていること。
	(6)	かご吊り車	外観の状況	目視により確認する。	欠損又はき裂があること。
			取付けの状況	テストハンマーによる打検等により確認する。	ナットに緩みがあること。
			音の状況	聴診により確認する。	異常音があること。
4	(1)	昇降路における壁又は囲い	昇降路の構造及び設置の状	目視により確認する。	き裂若しくは漏水により運行に支障が生じていること、ガラスの欠

各階出し入れ口			況		損若しくはひび割れがあること又は使用できない部材があること。
			可燃物の状況	目視により確認する。	令第129条の13第二号の規定に適合しないこと。
	(2)	出し入れ口の戸及び出し入れ口枠	戸及び出し入れ口枠の構造及び設置の状況	目視により確認する。	変形、摩耗、腐食等により運行に支障が生じていること、ガラスの欠損若しくはひび割れがあること又は使用できない部材があること。
			戸相互及び戸と出し入れ口枠とのすき間の状況	目視により確認し又は測定する。	平成20年国土交通省告示第1446号第七号の規定に適合しないこと。
			敷居とドアシューの摩耗の状況	目視により確認する。	敷居又はドアシューに著しい摩耗があること。
			ドアシューのかかりの状況	目視により確認し又は測定する。	引き戸にあっては敷居溝とドアシューのかかりが6㎜未満であること、上げ戸、下げ戸又は上下戸にあってはこれらを片側に寄せたときにおいて、容易にドアシューが外れること。
			戸の可燃物の状況	目視により確認する。	令第129条の13第二号の規定に適合しないこと。
			戸の開閉の状況	目視及び触診により確認する。	戸の開閉が円滑でないこと。
			連結ロープ及びドアクローザーロープの状況	目視及び触診により確認する。	変形、摩耗、錆、腐食、素線切れ等により、運行に支障が生じていること。
	(3)	操作ボタン及び信号装置	作動の状況	作動の状況を確認する。	操作ボタン又は信号装置が機能しないこと又は操作が円滑に行えないこと。
	(4)	走行停止ボタン又はスイッチ	設置及び作動の状況	かごの走行中にボタン等を押して確認する。	設置されていないこと又は作動せずかごが停止しないこと。
	(5)	ドアスイッチ	取付けの状況	目視及び触診により確認する。	取付けが堅固でないこと。
			作動の状況	作動の状況を確認する。	令第129条の13第三号の規定に適合しないこと又は全閉位置から30㎜を超えるすき間があり、戸が開いた状態においてかごが走行すること。
	(6)	ドアロック	取付けの状況	目視及び触診により確認する。	取付けが堅固でないこと。
			作動の状況	作動の状況を確認する。	令第129条の13第四号の規定に適合しないこと。
			劣化の状況	目視により確認する。	イ　著しい損傷又は腐食があること。
					ロ　変形があること。
	(7)	戸開放防止警報装置	作動の状況	作動の状況を確認する。	戸を開放した後、3分以上経過しても作動しないこと。
	(8)	2方向同時開放警告装置	作動の状況	作動の状況を確認する。	2方向の戸が同時開放されたときに作動しないこと。

	(9)	積載量の標識	設置及び表示の状況	設置及び表示の状況を確認する。	設置されていないこと又は表示に誤りがあること。
	(10)	搭乗禁止の標識	設置の状況	目視により確認する。	設置されていないこと。
	(11)	ガイドレール及びレールブラケット	取付けの状況	テストハンマーによる打検等により確認する。	ナットに緩みがあること。
			劣化の状況	目視により確認する。	著しい損傷又は腐食があること。
5 最下階出し入れ口	(1)	下部リミット（強制停止）スイッチ	作動の状況	作動の状況を確認する。	作動時にかごが下降すること。
			作動の位置	作動の位置を確認する。	かごが最下階を行き過ぎても停止せず、ピット床に衝突すること又は衝突するおそれがあること。
			取付けの状況	目視及び触診により確認する。	取付けが堅固でないこと。
	(2)	ピット床	汚損及び防水の状況	目視により確認する。	汚損又は防水不良があり運行に支障が生じていること。
			冠水の状況	目視により確認する。	機器に影響を及ぼす冠水があること。
			ピット内機器の状況	目視及び触診により確認する。	著しい損傷又は腐食があること。
	(3)	釣合おもり底部すき間	すき間の状況	ピット床又は緩衝器と釣合おもり底部のすき間を目視により確認する。	かごが最上階に停止させたときにすき間がないこと。
	(4)	釣合おもり各部	取付けの状況	目視及び触診により確認する。	おもり片の落下等のおそれがあること又は取付けが確実でなく運行に支障が生じていること。
			ガイドシュー等の摩耗の状況	目視、聴診及び触診により確認する。	しゅう動部又は回転部の摩耗により運行に支障が生じていること。
	(5)	釣合おもりの吊り車	外観の状況	目視により確認する。	欠損又はき裂があること。
			取付けの状況	テストハンマーによる打検等により確認する。	ナットに緩みがあること。
			音の状況	聴診により確認する。	異常音があること。
	(6)	移動ケーブル及び取付部	移動ケーブルの損傷の状況	目視により確認する。	損傷していること。
			取付けの状況	目視及び触診により確認する。	移動ケーブルの端部及び引止め部の取付けが確実でなく、運行に支障が生じるおそれがあること。
	(7)	かご非常止め装置	機構部の状況	目視により確認する。	著しい損傷又は腐食があること。
			取付けの状況	目視及び触診により確認する。	取付けが堅固でないこと。
			作動の状況	作動の状況を確認する。	非常止め装置が作動しないこと。
			復帰時の状況	目視により確認する。	非常止め装置とガイドレールが接触していること。
	(8)	釣合おもり非常止め装置	機構部の状況	目視により確認する。	著しい損傷又は腐食があること。
			取付けの状況	目視及び触診により確認する。	取付けが堅固でないこと。
			作動の状況	作動の状況を確認する。	非常止め装置が作動しないこと。
			復帰時の状況	目視により確認する。	非常止め装置とガイドレールが接触していること。

別記（略）

遊戯施設の定期検査報告における検査及び定期点検における点検の項目、事項、方法及び結果の判定基準並びに検査結果表を定める件

制定：平成 20 年 3 月 10 日　国土交通省告示第 284 号
改正：平成 29 年 3 月 29 日　国土交通省告示第 247 号

建築基準法施行規則（昭和 25 年建設省令第 40 号。以下「施行規則」という。）第 6 条の 2 の 2 第 2 項及び第 3 項並びに第 6 条の 2 の 3 第 1 項の規定に基づき、第 6 条の 2 の 2 第 3 項に規定する遊戯施設（以下単に「遊戯施設」という。）について建築基準法（昭和 25 年法律第 201 号。以下「法」という。）第 88 条第 1 項において準用する法第 12 条第 1 項に規定する調査及び法第 88 条第 1 項において準用する法第 12 条第 3 項に規定する検査並びに法第 88 条第 1 項において準用する法第 12 条第 2 項及び第 4 項に規定する点検（以下「定期検査等」という。）の項目、事項、方法及び結果の判定基準並びに検査結果表を次のように定める。

第 1

定期検査等は、施行規則第 6 条の 2 の 2 第 2 項及び第 6 条の 2 の 3 第 1 項の規定に基づき、遊戯施設について、別表(い)欄に掲げる項目に応じ、同表(ろ)欄に掲げる事項（ただし、法第 88 条第 1 項において準用する法第 12 条第 2 項及び第 4 項に規定する点検においては損傷、腐食、その他の劣化状況に係るものに限る。）ごとに定める同表(は)欄に掲げる方法により実施し、その結果が同表(に)欄に掲げる基準に該当しているかどうかを判定することとする。ただし、特定行政庁が規則により定期検査等の項目、事項、方法又は結果の判定基準について定める場合（定期検査等の項目若しくは事項について削除し又は定期検査等の方法若しくは結果の判定基準について、より緩やかな条件を定める場合を除く。）にあっては、当該規則の定めるところによるものとする。

2　前項の規定にかかわらず、法第 68 条の 25 第 1 項又は法第 68 条の 26 第 1 項に規定する認定を受けた構造方法を用いた遊戯施設に係る定期検査等については、当該認定に係る申請の際に提出された施行規則第 10 条の 5 の 21 第 1 項第三号に規定する図書若しくは同条第 3 項に規定する評価書又は施行規則第 10 条の 5 の 23 第 1 項第三号に規定する図書に検査の方法が記載されている場合にあっては、当該方法によるものとする。

第 2

遊戯施設の検査結果表は、施行規則第 6 条の 2 の 2 第 3 項の規定に基づき、別記に示すとおりとする。

別表

		(い)検査項目	(ろ)検査事項	(は)検査方法	(に)判定基準
1 構造部分	(1)	地盤	遊戯施設付近の地盤の陥没、土砂流出及び地割れ等の状況	目視により確認する。	イ　遊戯施設の周辺地盤に陥没があること。
					ロ　遊戯施設の周辺地盤に土砂流出、地割れ等があること。
	(2)	基礎	基礎コンクリートのき裂の状況	き裂の幅が最も大きい箇所を測定する。	イ　おおむね幅 0.5㎜を超えるき裂などにより、コンクリート面に著しいひび割れ、欠損等があること。
					ロ　おおむね幅 0.3㎜を超えるき裂などにより、コンクリート面にひび割れ、欠損等が進行するおそれがあること。
			基礎の不同沈下及び移動の状況	目視により確認する。	不同沈下又は移動があること。
	(3)	道床	道床付近の地盤の陥没、土砂流出及	目視により確認する。	イ　道床の周辺地盤に陥没があること又は道床に不同沈下、傾

		び地割れ等並びに道床の不同沈下、傾斜及び移動等の状況		斜、移動等があること。 ロ　道床の周辺地盤に土砂流出、地割れ等があること。
(4)	基礎と構造物を定着させる部分	アンカーボルト及びベースプレートのき裂、破損及び変形の状況	目視により確認する。	き裂、破損又は変形があること。
		ベースプレートの錆及び腐食の状況	目視により確認し、腐食が認められた場合にあっては、腐食を除去して部材厚さが最も薄い箇所を測定する。	イ　腐食により部材の残存厚みが設置時の厚みの90%未満であること。 ロ　著しい錆又は腐食があること。
		アンカーボルト及びナットの錆及び腐食の状況	目視により確認する。	イ　腐食があること。 ロ　著しい錆があること。
		アンカーボルト及びナットの緩みの状況	テストハンマーによる打検又は目視による緩み確認マークの位置の確認その他ナットの緩みを確認できる方法により確認する。	ボルト又はナットに緩みがあること。
		ナットの緩み止めの状況	目視により確認する。	ナットの緩み止めが施されてないこと。
		根巻きコンクリートのき裂及び剥離の状況	き裂の幅が最も大きい箇所を目視により確認し、測定する。	イ　おおむね幅0.5㎜を超えるき裂などにより、コンクリート面に著しいひび割れ、欠損等があること。 ロ　おおむね幅0.3㎜を超えるき裂などにより、コンクリート面にひび割れ、欠損等が進行するおそれがあること。
(5)	構造物	構造部材及び補助部材の取付けの状況	テストハンマーによる打検又は目視による緩み確認マークの位置の確認その他ナットの緩みを確認できる方法により確認する。	構造部材又は補助部材の取付けが堅固でないこと。
		構造部材の腐食の状況	目視により確認し、腐食が認められた場合にあっては、腐食を除去して部材厚さが最も薄い箇所を測定する。	イ　腐食により部材の残存厚みが設置時の厚みの90%未満であること。 ロ　著しい錆又は腐食があること。
		補助部材の腐食の状況	目視により確認し、腐食が認められた場合にあっては、腐食を除去して部材厚さが最も薄い箇所を測定する。	イ　腐食により部材の残存厚みが設置時の厚みの90%未満であること。 ロ　著しい錆又は腐食があること。
		構造部材の変形、偏位、き裂及び破損の状況	目視により確認する。	構造部材に変形、偏位、き裂又は破損があること。
		構造部材の接合部分の緩み及びき裂の状況	き裂を目視により確認するとともに、テストハンマーによる打検又は目視による緩み確認マークの位置の確認	接合部に緩みがあること又は溶接部にき裂があること。

				その他ナットの緩みを確認できる方法により確認する。	
			設置時の荷重を超える荷重の有無	設計図書との照合等により確認する。	設計図書と異なる構造物又は装飾物等が設置されていること。
	(6)	舞台及び床	舞台の構造部材及び床の破損、腐食及び変形の状況	目視により確認する。	構造耐力上又は運転上支障をきたすおそれがある破損、腐食又は変形があること。
			舞台及び床の接合部の緩みの状況	テストハンマーによる打検又は目視による緩み確認マークの位置の確認その他ナットの緩みを確認できる方法により確認する。	接合部に緩みがあること。
			安全柵及び手すりの破損の状況	目視及び触診により確認する。	安全柵又は手すりに破損があること。
			回転舞台と接する床との隙間及び段差の状況	回転舞台と接する床面との隙間及び段差を測定する。	回転舞台と床が接触すること又は隙間及び段差が是正が必要な状態として製造者が定める基準値（製造者が指定していない場合にあっては、すき間にあっては 30㎜、段差にあっては± 10㎜）を超えていること。
	(7)	屋根及び天井	屋根の構造部材及び天井の破損、腐食及び変形の状況	目視により確認する。	構造耐力上又は運転上支障をきたすおそれがある破損、腐食又は変形があること。
			屋根及び天井の接合部の緩みの状況	テストハンマーによる打検又は目視による緩み確認マークの位置の確認その他ナットの緩みを確認できる方法により確認する。	接合部に緩みがあること。
2 軌道部分	(1)	軌条、軌道、水路及び滑走路	軌条、軌道及び水路のき裂及び変形の状況	目視により確認する。	き裂又は変形があること。
			軌条、軌道及び水路の錆及び腐食の状況	目視により確認し、腐食が認められた場合にあっては、腐食を除去して部材の厚さが最も薄い箇所を測定する。	イ　腐食により部材の残存厚みが設置時の厚みの90% 未満であること。
					ロ　著しい錆又は腐食があること。
			軌条、軌道及び水路の摩耗の状況	部材の厚さが最も薄い箇所を測定する。	イ　摩耗量が製造者が定める基準値（基準値がない場合にあっては遊戯施設の検査標準（JIS A1701）表 1 に規定する値）を超えていること。
					ロ　摩耗量が製造者が定める基準値（基準値がない場合にあっては遊戯施設の検査標準（JIS A1701）表 1 に規定する値）の 90% を超えていること。
			軌条、軌道及び水路の接合部の緩み及びき裂の状況	き裂を目視により確認するとともに、テストハンマーによる打検又は目視による緩み確認マークの位置の確認	接合部に緩みがあること又は溶接部にき裂があること。

				その他ナットの緩みを確認できる方法により確認する。	
			軌条、軌道及び水路の接合部の緩衝用ゴム材の破損及び劣化の状況	目視により確認する。	運転上支障をきたすおそれがある破損又は劣化があること。
			軌条の軌間寸法及びカント（高架を走行する子供汽車その他これに類するものに限る。）の状況	軌条の軌間寸法及びカントを目視により確認し、異常が認められた場合には測定する。	製造者が定める軌間寸法又はカントの許容値（製造者が指定していない場合にあっては、軌間寸法は0㎜から＋15㎜、カントは0度から＋3度）から外れていること。
			ソフトマット製滑走路その他これに類する滑走路の劣化及び損傷の状況	目視及び触診により確認する。	イ　滑走路表面にき裂又は剥離があること。
					ロ　滑走路表面に変色又はざらつきがあること。
			繊維強化プラスチック製滑走路の劣化及び損傷の状況	目視及び触診により確認する。	イ　クモの巣状のき裂若しくは微細なき裂が集中していること又は繊維が露出していること。
					ロ　クモの巣状のき裂又は微細なき裂があること。
			金属製滑走路の劣化及び損傷の状況	目視及び触診により確認するとともに、必要に応じて残存厚みを測定する。	イ　残存厚みが設置時の厚みの90% 未満であること又は滑走路表面の塗膜にき裂若しくは剥離があること。
					ロ　滑走路表面の塗膜厚が摩耗により著しく薄くなっていること。
			コンクリート製滑走路の劣化及び損傷の状況	目視及び触診により確認するとともに、必要に応じてき裂を測定する。	イ　コンクリートに幅0.5㎜程度を超えるき裂があること又は滑走路表面の塗膜にき裂若しくは剥離があること。
					ロ　滑走路表面の塗膜厚が摩耗により著しく薄くなっていること。
			滑走路の接合部の取付け及び漏水の状況	漏水を目視により確認するとともに、テストハンマーによる打検又は目視による緩み確認マークの位置の確認その他ナットの緩みを確認できる方法により確認する。	滑走路の接合部に緩みがあること又は接合部より著しい漏水があること。
			滑走路張出し部分、飛出防止壁の取付けの状況並びにき裂、破損及び変形の状況	き裂等を目視により確認するとともに、テストハンマーによる打検又は目視による緩み確認マークの位置の確認その他ナットの緩みを確認できる方法により確認する。	滑走路張出し部分又は滑走路飛出防止壁にき裂、破損若しくは変形があること又は接合部に緩みがあること。
			水路及びその接合部の漏水の状況	目視により確認する。	水路のき裂、水路の接合部のパッキンの破損等により著しい漏水があること。
	(2)	支持部材	支持部材のき裂及	目視により確認する。	き裂又は変形があること。

			び変形の状況		
			支持部材の腐食の状況	目視により確認し、腐食が認められた場合にあっては、腐食を除去して部材厚さが最も薄い箇所を測定する。	イ　腐食により部材の残存厚みが設置時の厚みの 90% 未満であること。 ロ　著しい錆又は腐食があること。
			支持部材の取付部の緩みの状況	テストハンマーによる打検又は目視による緩み確認マークの位置の確認その他ナットの緩みを確認できる方法により確認する。	支持部材の取付部に緩みがあること。
			軌条、軌道、水路及び滑走路と支持部材及び支柱との取付けの状況	テストハンマーによる打検又は目視による緩み確認マークの位置の確認その他ナットの緩みを確認できる方法により確認する。	支持部材若しくは支柱との接合部に緩みがあること又は溶接部にき裂があること。
3 駆動装置及び伝動装置	(1)	電動機及び制動機	電動機の取付けの状況	テストハンマーによる打検又は目視による緩み確認マークの位置の確認その他ナットの緩みを確認できる方法により確認する。	取付部に緩みがあること。
			電動機の作動の状況	目視、触診及び聴診により確認する。	異常音、異常な発熱又は異常な振動があること。
			制動片の残存厚みの状況	製造者が指定する方法により確認する。ただし、製造者が検査方法を指定していない場合にあっては、制動片の残存厚みを測定し、前回の定期検査又は定期点検時からの制動片の摩耗量を確認する。	イ　摩耗が是正が必要な状態として製造者が定める基準を超えていること。ただし、製造者が検査方法を指定していない場合にあっては、パッド以外の部分がドラム又はディスクに接触していること。 ロ　摩耗が重点的な点検が必要な状態として製造者が定める基準を超えていること（製造者がパッドの厚みについて是正が必要な状態の基準を定めており、かつ重点的な点検が必要な状態の基準を定めていない場合においては、電気制動タイプのものにあっては是正が必要な状態として製造者が定める基準値の 1.1 倍以下、ブレーキ制動タイプのものにあっては是正が必要な状態として製造者が定める基準値の 1.2 倍以下であること。）。ただし、製造者が検査方法を指定していない場合は、パッド以外の部分がドラム又はディスクに接触するまでの残存厚みが前回の定期検査時からの摩耗量の 1.2 倍以下であること。

		制動機の機能の状況	作動の状況を確認する。	制動が確実でなく、制動力の調整が不十分であること。
(2)	軸継手	軸継手の取付けの状況	目視及び聴診により確認するとともに、作動の状況を確認する。	取付部に心ずれ若しくは偏心があること又は運転時に異常音若しくは異常な振動があること。
		軸継手の結合の状況	目視及び聴診により確認するとともに、作動の状況を確認する。	結合が円滑でないこと。
		油及び粉体の量及び劣化の状況	目視及び触診により確認する。	継手の媒体となる油又は粉体に過不足、異物の混入又は著しい変色があること。
		ローラーチェーン、ゴム等の継手媒体の摩耗、変形及び劣化の状況	運転状態において目視により確認し、異常が認められた場合にあっては分解して確認する。	運転上支障をきたすおそれがある摩耗、変形又は劣化があること。
		クラッチの作動の状況	運転状態において目視により確認し、滑り等がある場合にあっては摩擦板の摩耗、表面の傷及び破損の状況を目視により確認する。	クラッチによる動力の伝達又は遮断が確実でないこと。
(3)	減速機	減速機の取付けの状況	取付部を目視により確認するとともに、テストハンマーによる打検又は目視による緩み確認マークの位置の確認その他ナットの緩みを確認できる方法により確認する。	取付けが堅固でないこと。
		開放型減速機の歯車の歯面の摩耗の状況	片当たり及び偏摩耗を目視、触診及び聴診により確認するとともに、歯の厚さを測定する。	歯車の歯面に片当たり又は偏摩耗があること又は歯の摩耗が遊戯施設の検査標準（JIS A1701）5.3.3bに規定する値を超えていること。
		減速機の軸受部の給油の状況及び軸受の破損の状況	運転状態において目視、触診及び聴診により確認する。	異常音、異常な発熱又は異常な振動があること又は回転が円滑でないこと。
		密閉型減速機の潤滑油の量及び劣化の状況	油量を油面計等により確認するとともに、油を少量抜き取り、目視及び触診により確認する。	油量が適量でないこと又は著しい変色若しくは摩耗粉があること。
		減速機の作動の状況	運転状態において目視、触診及び聴診により確認する。	異常音、異常な発熱又は異常な振動があること。
(4)	伝動装置	伝動装置の取付け及び給油の状況	取付部及び給油の状況を目視により確認するとともに、テストハンマーによる打検又は目視による緩み確認マークの位置の確認その他ナットの緩みを確認できる方法により確認する。	取付けが堅固でないこと又は給油が適切でないこと。
		ローラーチェーン及びVベルトの設置及び摩耗の状況	目視及び運転状態において聴診により確認する。	ローラーチェーンに著しい伸びがあること、Vベルトがプーリ溝に底当たりすること又はスリップ、異常音若しくは異常な振動がある

				こと。
(5)	軸及び軸受装置	軸受装置の取付部の取付け並びに劣化及び損傷の状況	損傷等を目視により確認するとともに、テストハンマーによる打検又は目視による緩み確認マークの位置の確認その他ナットの緩みを確認できる方法により確認する。	取付けが堅固でないこと又は取付部に著しい錆、腐食若しくは損傷があること。
		軸受装置の給油の状況	目視により確認する。	給油が適切でないこと。
		軸及び軸受装置の劣化及び損傷の状況	運転状態において目視、触診及び聴診により確認する。	回転時に異常音、異常な発熱若しくは異常な振動があること、著しい劣化があること又は損傷があること。
(6)	駆動用歯車装置	駆動用歯車装置の設置の状況	軸及び歯車を目視及び触診により確認するとともに、テストハンマーによる打検又は目視による緩み確認マークの位置の確認その他ナットの緩みを確認できる方法により確認する。	取付けが堅固でないこと又は歯車装置に心ずれ若しくは過度な余裕があること。
		駆動用歯車装置の劣化及び損傷の状況	目視により確認する。	著しい錆又は腐食があること。
		歯車の歯面の摩耗の状況	片当たり及び偏摩耗を目視、触診及び聴診により確認するとともに、歯の厚さを測定する。	歯車の歯面に片当たり若しくは偏摩耗があること又は歯の摩耗が遊戯施設の検査標準（JIS A1701）5.3.6b に規定する値を超えていること。
		歯車の給油の状況	運転状態において目視、触診及び聴診により確認する。	回転時に異常音、異常な発熱若しくは異常な振動があること又は給油が適切でないこと。
		歯車の劣化及び損傷の状況	目視により確認する。	運転上支障をきたすおそれがあるき裂又は部分的な欠損があること。
(7)	駆動車輪装置	車輪の取付け及び給油の状況	運転状態において心ずれを目視により確認するとともに、軸受部の給油状況を聴診により確認する。	回転時に異常音、異常な発熱、異常な振動若しくはすべりがあること又は給油が適切でないこと。
		軸受の劣化及び損傷の状況	運転状態において目視、触診及び聴診により確認する。	回転時に異常音、異常な発熱若しくは異常な振動があること。
		車輪（溝付きタイヤを除く。）の摩耗の状況	車輪（溝付きタイヤを除く。）の径を測定する。	イ　摩耗が是正が必要な状態として製造者が定める基準値（製造者が指定していない場合にあっては、鋼製車輪及び溝無しソリッドタイヤにおいては設置時の直径の 2.5% 又は 6㎜のうちいずれか小さい値、ウレタン等によりライニングされた車輪においては設置時の厚みの 25% 又は 5㎜のうちいずれか小さい値）を超えていること。

						ロ　摩耗が是正が必要な状態として製造者が定める基準値（製造者が指定していない場合にあっては、鋼製車輪及び溝無しソリッドタイヤにおいては設置時の直径の2.5%又は6㎜のうちいずれか小さい値、ウレタン等によりライニングされた車輪においては設置時の厚みの25%又は5㎜のうちいずれか小さい値）の90%を超えていること。
				車輪表面の劣化及び損傷の状況	目視により確認する。	運転上支障をきたすおそれがある傷、剥離又は偏摩耗があること。
				溝付きタイヤの溝深さの状況	目視により確認し、又は溝深さを測定する。	溝深さが製造者が定める基準に適合していないこと。ただし、製造者が基準を定めていない場合にあっては、溝深さが設置時の25%未満であること。
				空気入りタイヤの空気圧の状況	運転状態で目視及び聴診により確認するとともに、空気圧を測定する。	スリップ等の運転上支障をきたすおそれがあること又は空気圧が適正な状態として製造者が定める基準値の90%未満であること。
				車輪の取付金具及び取付ボルトの劣化及び損傷の状況	目視により確認する。	き裂又は破損があること。
				車軸の劣化及び損傷の状況	目視により確認する。	き裂又は著しい摩耗があること。
4 巻上装置	(1)	チェーンコンベア巻上装置	巻上用チェーン	巻上用チェーンの劣化及び損傷並びに給油の状況	目視により確認する。	チェーンのリンク板若しくは軸にき裂若しくは著しい錆若しくは腐食があること又は給油が適切でないこと。
				巻上用チェーンの軸、リンク孔及びリンク板の摩耗の状況	目視により確認し、異常が認められた場合にあっては、2リンク以上抜き取り、摩耗量を測定する。また、目視により異常が確認されない場合にあっては、1年以内に行った測定の結果により確認する。	イ　摩耗が是正が必要な状態として製造者が定める基準値（製造者が指定していない場合にあっては、設置時の直径の10%）を超えていること。
						ロ　摩耗が是正が必要な状態として製造者が定める基準値（製造者が指定していない場合にあっては、設置時の直径の10%）の90%を超えていること。
				巻上用チェーンの伸びの状況	4リンク以上の長さを測定する。	イ　伸び率が是正が必要な状態として製造者が定める基準値（製造者が指定していない場合にあっては、設置時の長さの1.5%）を超えていること。
						ロ　伸び率が是正が必要な状態として製造者が定める基準値（製造者が指定していない場合にあっては、設置時の長さの1.5%）の90%を超えている

					こと。
		スプロケット	スプロケットの歯の摩耗の状況	歯の幅を測定する。	イ　摩耗が是正が必要な状態として製造者が定める基準値（製造者が指定していない場合にあっては、設置時の幅の 15%）を超えていること。
					ロ　摩耗が是正が必要な状態として製造者が定める基準値（製造者が指定していない場合にあっては、設置時の幅の 15%）の 90% を超えていること。
		軸及び軸受装置	スプロケット軸受装置の取付部の取付け並びに劣化及び損傷の状況	損傷等を目視により確認するとともに、テストハンマーによる打検又は目視による緩み確認マークの位置の確認その他ナットの緩みを確認できる方法により確認する。	取付けが堅固でないこと又は取付部に著しい錆若しくは腐食若しくは異常な振動があること。
			スプロケット軸受装置の給油の状況	目視により確認する。	給油が適切でないこと。
			スプロケット軸及びスプロケット軸受装置の劣化及び損傷の状況	運転状態において目視、触診及び聴診により確認する。	回転時に異常音、異常な発熱若しくは異常な振動があること、著しい劣化があること又は損傷があること。
		チェーンガイド	チェーンガイドの取付け及び変形の状況	目視により確認する。	チェーンガイドの取付けに緩みがあること又は変形があること。
			しゅう動材の取付け並びに摩耗及び変形の状況	目視により確認する。	しゅう動材の取付けに緩みがあること、著しい摩耗があること又は変形があること。
(2)	ベルトコンベア巻上装置	巻上用ベルト	巻上用ベルトの滑りの状況	滑りの有無を目視及び聴診により確認する。	運転状態において、駆動用プーリー又は乗物との間に滑りがあること。
			巻上用ベルトの劣化及び損傷の状況	目視により確認する。	運転上支障をきたすおそれがある破損、摩耗又は劣化があること。
			巻上用ベルト接合部の劣化及び損傷の状況	目視により確認する。	き裂又は剥離があること。
		駆動用プーリ及びローラー	駆動用プーリのき裂、腐食及びライニングの摩耗の状況	目視により確認する。	運転上支障をきたすおそれがあるき裂若しくは腐食があること又はライニングに摩耗があること。
			駆動用プーリの取付けの状況	取付部を目視により確認するとともに、テストハンマーによる打検又は目視による緩み確認マークの位置の確認その他ナットの緩みを確認できる方法により確認する。	取付けが堅固でないこと又は取付部に心ずれ、偏心若しくはベルトの緩みがあること。
			ローラーの回転の状況	運転状態において目視により確認する。	ローラーの回転が円滑でないこと。
		軸及び軸	軸受装置の取付部	損傷等を目視により確認す	取付けが堅固でないこと又は取付

		受装置	の取付け並びに劣化及び損傷の状況	るとともに、テストハンマーによる打検又は目視による緩み確認マークの位置の確認その他ナットの緩みを確認できる方法により確認する。	部に著しい錆若しくは腐食若しくは損傷があること。
			軸受装置の給油の状況	目視により確認する。	給油が適切でないこと。
			軸及び軸受装置の劣化及び損傷の状況	運転状態において目視、触診及び聴診により確認する。	回転時に異常音、異常な発熱若しくは異常な振動があること、著しい劣化があること又は損傷があること。
(3)	ワイヤロープ巻上装置	主索	径の状況	乗降位置から加速終了位置又は減速開始位置から乗降位置の間に客席部分がある場合に主索が綱車にかかる箇所、綱車による曲げ回数が多い箇所等における最も摩耗の進んだ部分の直径及び綱車にかからない部分の直径を測定する。	イ　最も摩耗の進んだ部分の直径が綱車にかからない部分の直径と比較して90%未満であること。
					ロ　最も摩耗の進んだ部分の直径が綱車にかからない部分の直径と比較して92%未満であること。
			素線切れの状況	乗降位置から加速終了位置又は減速開始位置から乗降位置の間に客席部分がある場合に主索が綱車にかかる箇所、綱車による曲げ回数が多い箇所、傷のある箇所等を目視により確認し、最も摩損の進んだ部分については重点的に目視により確認する。	イ　次に掲げる基準（以下「遊戯施設素線切れ要是正判定基準」という。）のいずれかに該当すること。 (1)　素線切れが平均的に分布する場合は、1よりピッチ内の素線切れ総数が6より鋼索にあっては18本、8より鋼索にあっては24本を超えていること又は1構成より1ピッチ内の素線切れが3本を超えていること。 (2)　素線切れが特定の部分に集中している場合は、1よりピッチ内の素線切れ総数が6より鋼索にあっては10本、8より鋼索にあっては12本を超えていること又は1構成より1ピッチ内の素線切れが7本を超えていること。 (3)　素線切れが生じた部分の断面積の摩損がない部分の断面積に対する割合が80%以下である場合は、1構成より1ピッチ内の素線切れが2本を超えていること。 (4)　谷部で素線切れが生じていること。
					ロ　次に掲げる基準（以下「遊戯施設素線切れ要重点点検判定

						基準」という。）のいずれかに該当すること。 (1)　素線切れが平均的に分布する場合は、1よりピッチ内の素線切れ総数が6より鋼索にあっては12本、8より鋼索にあっては16本を超えていること又は1構成より1ピッチ内の素線切れが2本を超えていること。 (2)　素線切れが特定の部分に集中している場合は、1よりピッチ内の素線切れ総数が6より鋼索にあっては9本、8より鋼索にあっては10本を超えていること又は1構成より1ピッチ内の素線切れが6本を超えていること。 (3)　素線切れが生じた部分の断面積の摩損がない部分の断面積に対する割合が80%以下であること。
				錆及び錆びた摩耗粉の状況	全長の錆及び錆びた摩耗粉の固着の状況を目視により確認し、錆びた摩耗粉により谷部が赤錆色に見える箇所がある場合にあっては、錆びた摩耗粉により谷部が赤錆色に見える部分の直径及び綱車にかからない部分の直径を測定するとともに、当該箇所を重点的に目視により確認する。	イ　次に掲げる基準（以下「遊戯施設錆及び錆びた摩耗粉要是正判定基準」という。）のいずれかに該当すること。 (1)　錆びた摩耗粉が多量に付着し、素線の状況が確認できないこと。 (2)　表面に点状の腐食が多数生じていること。 (3)　錆びた摩耗粉により谷部が赤錆色に見える部分の直径が綱車にかからない部分の直径と比較して94%未満であること。 (4)　錆びた摩耗粉により谷部が赤錆色に見える部分の1構成より1ピッチ内の素線切れが2本を超えていること。
						ロ　錆びた摩耗粉により谷部が赤錆色に見える箇所があること（以下「遊戯施設錆及び錆びた摩耗粉要重点点検判定基準」という。）。
				損傷及び変形の状況	全長を目視により確認する。	著しい損傷又は変形があること。
			主索の張り	張りの状況	次に掲げる方法のいずれかによる。 イ　各主索端末部のスプリングの高さを目視により確認する。	著しい不均等があること。

				ロ　主索を揺らし、その振幅を確認する。 ハ　触診により主索の張りが均等であることを確認する。	
		主索及び取付部（止め金具があるものに限る。）	止め金具の取付けの状況	目視、触診等により確認する。	ダブルナットにあってはナット間に緩みがあること、割ピンにあってはピンに欠損、曲げ不足等があること又はその他の方法にあっては取付けが確実でないこと。
			主索の端部における止め金具の取付けの状況	目視及び触診により確認する。	取付けが確実でないこと。
			止め金具及びその取付部の損傷の状況	目視により確認する。	止め金具及びその取付部に損傷があること。
		綱車	綱車の配列の状況	目視により確認する。	ワイヤロープが外れないよう綱車が配列されていないこと。
			綱車の劣化及び損傷の状況	綱車のき裂及び摩耗を目視により確認するとともに運転時に滑りの有無を確認する。	耳部に欠損、き裂又は溝部に著しい摩耗があること又はワイヤロープとの間で滑りがあること。
			綱車の軸受の劣化及び損傷並びに給油の状況	運転状態において目視、触診及び聴診により確認する。	回転時に異常音、異常な発熱若しくは異常な振動があること又は給油が適切でないこと。
			綱車の取付けの状況	取付部を目視により確認するとともに、テストハンマーによる打検又は目視による緩み確認マークの位置の確認その他ナットの緩みを確認できる方法により確認する。	取付けが堅固でないこと。
		巻上機	巻上機の取付けの状況	取付部を目視により確認するとともに、テストハンマーによる打検又は目視による緩み確認マークの位置の確認その他ナットの緩みを確認できる方法により確認する。	取付けが堅固でないこと。
			駆動ドラムの劣化及び損傷の状況	目視により確認する。	駆動ドラムに腐食若しくはき裂があること又はロープ溝に著しい摩耗があること若しくは摩耗が不均一であること。
		ロープガード	ロープガードの状況	目視及び触診により確認するとともに、滑車の索に面する部分の端部との距離を測定する。	次のいずれかに該当すること。 (1)　滑車の索に面する部分の端部のうち、最も外側にあるものとの最短距離が索の直径の$\frac{3}{4}$以下でないこと。 (2)　滑車の索に面する部分の端部のうち、(1)に掲げるもの以外のものとの最短距離が索の直径の$\frac{17}{20}$以下でないこと。
(4)	緊張装置		緊張装置の劣化及	目視により確認する。	運転上支障をきたすおそれのある

			び損傷の状況		腐食、変形、偏位、き裂又は破損があること。
			緊張装置の取付けの状況	取付部を目視により確認するとともに、テストハンマーによる打検又は目視による緩み確認マークの位置の確認その他ナットの緩みを確認できる方法により確認する。	取付けが堅固でないこと。
			緊張装置の機能の状況	目視及び触診で確認する。	作動が円滑でないこと又は張力の調整ができないこと。
	(5)	釣合おもり	釣合おもりの枠の状況	目視及び触診により確認する。	枠の組立てが堅固でないこと又は変形があること。
			釣合おもりのガイドシュー及びガイドローラーその他これに類するもの（以下「ガイドシュー等」という。）の取付けの状況	テストハンマーによる打検等により確認する。	ナットに緩みがあること。
			釣合おもりのガイドシュー等の摩耗の状況	目視、聴診及び触診により確認する。	しゅう動部又は回転部の摩耗により運行に支障が生じていること。
			釣合おもり片の脱落防止措置の状況	目視及び触診により確認する。	釣合おもり片の脱落防止措置が確実でないこと。
5 安全装置	(1)	非常止め装置	非常止め装置の作動の状況	作動の状況を確認する。	非常止め装置の作動が確実でないこと。
			非常止め装置の劣化及び損傷の状況	目視により確認する。	著しい錆又は腐食があること。
			非常止め装置の取付けの状況	取付部を目視により確認するとともに、テストハンマーによる打検又は目視による緩み確認マークの位置の確認その他ナットの緩みを確認できる方法により確認する。	取付けが堅固でないこと。
			過速スイッチの作動の状況	作動の状況を確認する。	過速スイッチを作動したときに安全回路が遮断されないこと又は安全回路の遮断を保持できないこと。
			キャッチと過速スイッチの整合性の状況	目視により作動の順位を確認する。	キャッチの作動速度が過速スイッチの作動速度を下回ること。
			キャッチの作動の状況	作動の状況を確認する。	キャッチが作動しないこと又は調速機ロープが滑ること。
	(2)	緩衝装置	緩衝装置の取付けの状況	取付部を目視により確認するとともに、テストハンマーによる打検又は目視による緩み確認マークの位置の確認その他ナットの緩み	取付けが堅固でないこと。

				を確認できる方法により確認する。	
			緩衝装置の作動の状況（油入式を除く。）	作動させて機能を確認する。作動させることが困難な場合は、低速で圧縮してストロークを確認する。	減速度が急激であること。
			緩衝装置の作動の状況（油入式に限る。）	全圧縮した後、復帰するまでの時間を確認する。	90秒以内に復帰しないこと。
			油量（油入式に限る。）	目視により確認する。	油量が適切でないこと。
			緩衝装置の腐食の状況	目視により確認する。	緩衝器本体又は取付部に著しい腐食があること。
	(3)	乗物逆行防止装置	乗物逆行防止装置の乗物側の取付並びに劣化及び損傷の状況	損傷等を目視により確認するとともに、テストハンマーによる打検又は目視による緩み確認マークの位置の確認その他ナットの緩みを確認できる方法により確認する。	逆行防止装置の乗物側の取付けが堅固でないこと又は著しい錆、腐食若しくは損傷があること。
			乗物逆行防止装置の固定側の取付並びに劣化及び損傷の状況	損傷等を目視により確認するとともに、テストハンマーによる打検又は目視による緩み確認マークの位置の確認その他ナットの緩みを確認できる方法により確認する。	逆行防止装置の固定側の取付けが堅固でないこと又は著しい摩耗、腐食若しくは損傷があること。
			乗物逆行防止装置の作動の状況	乗物を巻上げ部の途中で停止させ、作動の状況を確認する。	作動が確実でないこと。
	(4)	乗物急激降下防止装置	乗物急激降下防止装置の取付け並びに劣化及び損傷の状況	損傷等を目視により確認するとともに、テストハンマーによる打検又は目視による緩み確認マークの位置の確認その他ナットの緩みを確認できる方法により確認する。	急激降下防止装置の取付けが堅固でないこと又は損傷若しくは著しい腐食があること。
			乗物急激降下防止装置の作動の状況	絞り弁を全閉から除々に開放し作動の状況を確認する。	作動が確実でないこと。
	(5)	制動装置	制動装置の取付けの状況	取付部を目視により確認するとともに、テストハンマーによる打検又は目視による緩み確認マークの位置の確認その他ナットの緩みを確認できる方法により確認する。	制動装置の固定側の取付けが堅固でないこと。
			制動装置本体、ブレーキライニング及び乗物の制動板の劣化及び損傷の状況	目視により確認する。	著しい錆、腐食又は変形があること。

			制動装置の機能の状況	作動の状況を確認する。	制動作用が確実でなく、制動力の調整が不十分であること。
			ブレーキライニング及び乗物の制動板の残存厚みの状況	制動板の残存厚みを測定する。	イ　残存厚みが是正が必要な状態として製造者が定める基準値（製造者が指定していない場合にあっては、ブレーキライニングは設置時の厚みの50%、制動板は設置時の厚みの 75%）以下であること又は取付ビス、リベット等の頭が車両を傷つけていること。
					ロ　残存厚みが是正が必要な状態として製造者が定める基準値（製造者が指定していない場合にあっては、ブレーキライニングは設置時の厚みの50%、制動板は設置時の厚みの 75%）の 1.2 倍以下であること。
			ブレーキライニングの取付けの状況及び表面の傷の状況	表面の傷を目視により確認するとともに、テストハンマーによる打検又は目視による緩み確認マークの位置の確認その他ナットの緩みを確認できる方法により確認する。	ブレーキライニングの取付けが確実でないこと又は表面に著しい傷があること。
			制動装置の作動の状況	手動操作で開閉し、作動の状況を確認する。	作動が円滑でないこと。
			制動用ばねの取付の状況及び緩み止めの状況	目視により確認するとともに、テストハンマーによる打検又は目視による緩み確認マークの位置の確認その他ナットの緩みを確認できる方法により確認する。	制動用ばねを固定するボルト及びナットの締付けが堅固でないこと又は緩み止めが施されてないこと。
			制動装置のセンサーの取付けの状況	目視及び触診により確認する。	センサーの取付けが堅固でないこと。
			制動装置のセンサーの作動の状況	手動で制動装置を解放させ作動の状況を確認する。	センサーの作動が確実でないこと。
			リンク装置の取付けの状況及び給油の状況	取付部を目視により確認するとともに、テストハンマーによる打検又は目視による緩み確認マークの位置の確認その他ナットの緩みを確認できる方法により確認する。	取付けが堅固でないこと、変形、破損若しくは著しい摩耗、錆若しくは腐食があること又は給油が適切でないこと。
			空圧シリンダーその他のアクチュエーターの取付けの状況	目視により確認する。	取付けが堅固でないこと又は著しい錆若しくは腐食があること。
	(6)	追突防止装置	追突防止装置の作動の状況	先行する乗物が停止している状態において作動の状況を確認する。	追突防止装置の作動が確実でないこと。

				追突防止装置のセンサーの取付けの状況	目視及び触診により確認する。	取付けが堅固でないこと。
				追突防止装置のセンサーの作動の状況	作動の状況を確認する。	作動が確実でないこと。
	(7)	水位検出装置		水位検出装置の作動の状況	作動の状況を確認する。	作動が確実でないこと。
				水位検出装置の取付け並びに劣化及び損傷の状況	目視により確認する。	取付けが堅固でないこと又は破損若しくは腐食があること。
6 乗物関係	(1)	乗物	外装及び床	乗物の外装及び床の劣化及び損傷の状況	目視により確認する。	き裂、破損、著しい錆若しくは腐食又は浸水があること。
			構造部材	乗物の構造部材及び接合部の劣化及び損傷の状況	目視により確認する。	き裂、破損、変形、緩み又は著しい錆若しくは腐食があること。
			座席、手すり等	乗物の座席、手すり、握り棒、安全棒等の取付け並びに劣化及び損傷の状況	目視により確認する。	取付けが堅固でないこと又は破損があること。
			扉、窓及び掛金	乗物の扉、窓、掛金等の劣化及び損傷の状況	目視により確認する。	破損があること。
			身体保持装置	身体保持装置の作動の状況	目視及び触診により確認する。	作動又はロックが確実でないこと。
				身体保持装置の取付け並びに劣化及び損傷の状況	損傷等を目視により確認するとともに、テストハンマーによる打検又は目視による緩み確認マークの位置の確認その他ナットの緩みを確認できる方法により確認する。	取付けが堅固でないこと又はき裂、破損、変形若しくは著しい錆があること。
	(2)	客席部取付装置		客席部取付装置の取付台の劣化及び損傷の状況	損傷を目視により確認するとともに、テストハンマーによる打検又は目視による緩み確認マークの位置の確認その他ナットの緩みを確認できる方法により確認する。	取付けが堅固でないこと又は破損があること。
				客席部取付装置の回転軸部の給油の状況	目視、触診及び聴診により確認する。	回転時に異常音、異常な発熱若しくは異常な振動があること又は給油が適切でないこと。
				客席部分を吊る丸鋼、リンクチェーン等の取付けの状況	テストハンマーによる打検又は目視による緩み確認マークの位置の確認その他ナットの緩みを確認できる方法により確認する。	取付部に緩みがあること。
				客席部分を吊る丸鋼、リンクチェーン等の径の状況	最も摩耗の進んだ部分の直径及び摩耗していない部分の直径を測定する。	イ　最も摩耗の進んだ部分の直径が摩耗していない部分の直径と比較して90%未満であるこ

					と。
					ロ　最も摩耗の進んだ部分の直径が摩耗していない部分の直径と比較して92％未満であること。
			客席部分を吊る丸鋼、リンクチェーン等の劣化の状況	目視により確認する。	き裂、破損、変形又は著しい錆若しくは腐食があること。
			客席部分を吊るワイヤロープの径の状況	乗降位置から加速終了位置又は減速開始位置から乗降位置の間に客席部分がある場合にワイヤロープが綱車にかかる箇所、綱車による曲げ回数が多い箇所等における最も摩耗の進んだ部分の直径及び綱車にかからない部分の直径を測定する。	イ　最も摩耗の進んだ部分の直径が綱車にかからない部分の直径と比較して90％未満であること。
					ロ　最も摩耗の進んだ部分の直径が綱車にかからない部分の直径と比較して92％未満であること。
			客席部分を吊るワイヤロープの素線切れの状況	乗降位置から加速終了位置又は減速開始位置から乗降位置の間に客席部分がある場合にワイヤロープが綱車にかかる箇所、綱車による曲げ回数が多い箇所、傷のある箇所等を目視により確認し、最も摩損の進んだ部分については重点的に目視により確認する。	イ　遊戯施設素線切れ要是正判定基準のいずれかに該当すること。
					ロ　遊戯施設素線切れ要重点点検判定基準のいずれかに該当すること。
			客席部分を吊るワイヤロープの錆及び錆びた摩耗粉の状況	全長の錆及び錆びた摩耗粉の固着の状況を目視により確認し、錆びた摩耗粉により谷部が赤錆色に見える箇所がある場合にあっては、錆びた摩耗粉により谷部が赤錆色に見える部分の直径及び綱車にかからない部分の直径を測定するとともに、当該箇所を重点的に目視により確認する。	イ　遊戯施設錆及び錆びた摩耗粉要是正判定基準のいずれかに該当すること。
					ロ　遊戯施設錆及び錆びた摩耗粉要重点点検判定基準に該当すること。
			客席部分を吊るワイヤロープの損傷及び変形の状況	全長を目視により確認する。	著しい損傷又は変形があること。
			客席部分を吊るワイヤロープの張りの状況	次に掲げる方法のいずれかによる。 イ　各ワイヤロープ端末部のスプリングの高さを目視により確認する。 ロ　ワイヤロープを揺らし、その振幅を確認する。 ハ　触診によりワイヤロープの張りが均等であることを確認する。	著しい不均等があること。
			客席部分を吊るワイヤロープ端部の	目視により確認する。	止め金具及びその取付部に損傷があること。

			止め金具及びその取付部の損傷の状況		
			綱車の配列の状況	目視により確認する。	ワイヤロープが外れないよう綱車が配列されていないこと。
			綱車の劣化及び損傷の状況	綱車のき裂及び摩耗を目視により確認するとともに運転時に滑りの有無を確認する。	欠損、き裂又は溝部に著しい摩耗があること又はワイヤロープとの間で滑りがあること。
			綱車の軸受の劣化及び損傷並びに給油の状況	運転状態において目視、触診及び聴診により確認する。	回転時に異常音、異常な発熱若しくは異常な振動があること又は給油が適切でないこと。
			綱車の取付けの状況	取付部を目視により確認するとともに、テストハンマーによる打検又は目視による緩み確認マークの位置の確認その他ナットの緩みを確認できる方法により確認する。	取付けが堅固でないこと。
(3)	走行台車	台車枠	走行台車枠の劣化及び損傷の状況	目視により確認し、異常が認められた場合にあっては、探傷試験（超音波探傷、磁粉探傷又は浸透液探傷のいずれか適した方法による。以下同じ。）により確認する。また、目視により異常が認められない場合にあっては、分解検査等において実施した探傷試験の結果（人力で走行するものは5年以内、それ以外で定常走行速度が40km/時間以下のものは3年以内、それら以外のものは1年以内に行ったもの）により確認する。	著しい錆若しくは腐食、き裂、破損又は著しい摩耗があること。
		台車先端軸	走行台車先端軸の摩耗の状況	台車先端軸に振動を加え、台車先端軸が振動する状況を確認し、異常が認められた場合にあっては、台車先端軸と軸受け間の隙間を測定する。また、異常が認められない場合にあっては、分解検査等において実施した測定結果（人力で走行するものは5年以内、それ以外で定常走行速度が40km/時間以下のものは3年以内、それら以外のものは1年以内に行ったもの）により確認する。	イ　摩耗が是正が必要な状態として製造者が定める基準値（製造者が指定していない場合のうち、ころがり軸受で軸が回転する場合にあっては隙間が0.03㎜、ころがり軸受で軸が回転しない場合にあっては隙間が軸の直径の$\frac{1}{200}$又は0.2㎜のうちいずれか小さい値、すべり軸受の場合にあっては隙間が軸の直径の$\frac{1}{200}$）を超えていること。 ロ　摩耗が是正が必要な状態として製造者が定める基準値（製造者が指定していない場合のうち、ころがり軸受で軸が回転する場合にあっては隙間が

						0.03㎜、ころがり軸受で軸が回転しない場合にあっては隙間が軸の直径の$\frac{1}{200}$又は0.2㎜のうちいずれか小さい値、すべり軸受の場合にあっては隙間が軸の直径の$\frac{1}{200}$）の90%を超えていること。
				走行台車先端軸のき裂の状況	目視により確認し、異常が認められた場合にあっては、探傷試験により確認する。また、目視により異常が認められない場合にあっては、分解検査等において実施した探傷試験の結果（人力で走行するものは5年以内、それ以外で定常走行速度が40km/時間以下のものは3年以内、それら以外のものは1年以内に行ったもの）により確認する。	き裂又は損傷があること。
			台車中心軸	走行台車中心軸の摩耗の状況	台車中心軸に振動を加え、台車中心軸が振動する状況を確認し、異常が認められた場合にあっては、台車中心軸と軸受け間の隙間を測定する。また、異常が認められない場合にあっては、分解検査等において実施した測定結果（人力で走行するものは5年以内、それ以外で定常走行速度が40km/時間以下のものは3年以内、それら以外のものは1年以内に行ったもの）により確認する。	イ　摩耗が是正が必要な状態として製造者が定める基準値（製造者が指定していない場合のうち、ころがり軸受で軸が回転する場合にあっては隙間が0.03㎜、ころがり軸受で軸が回転しない場合にあっては隙間が軸の直径の$\frac{1}{200}$又は0.2㎜のうちいずれか小さい値、すべり軸受の場合にあっては隙間が軸の直径の$\frac{1}{200}$）を超えていること。
						ロ　摩耗が是正が必要な状態として製造者が定める基準値（製造者が指定していない場合のうち、ころがり軸受で軸が回転する場合にあっては隙間が0.03㎜、ころがり軸受で軸が回転しない場合にあっては隙間が軸の直径の$\frac{1}{200}$又は0.2㎜のうちいずれか小さい値、すべり軸受の場合にあっては、隙間が軸の直径の$\frac{1}{200}$）の90%を超えていること。
				走行台車中心軸のき裂の状況	目視により確認し、異常が認められた場合にあっては、探傷試験により確認する。また、目視により異常が認められない場合にあっては、分解検査等において実施した探傷試験の結果（人力で走行するものは5年以内、それ以外で定常走行速度が40km/時間以下	き裂又は損傷があること。

				のものは３年以内、それら以外のものは１年以内に行ったもの）により確認する。	
(4)	車輪装置	車輪	車輪の回転及び軸受の給油の状況	目視、触診及び聴診により確認する。	回転時に異常音、異常な発熱若しくは異常な振動があること又は給油が適切でないこと。
			車輪（溝付きタイヤを除く。）の摩耗並びに劣化及び損傷の状況	目視により確認するとともに、車輪（溝付きタイヤを除く。）の径を測定する。	イ　摩耗が是正が必要な状態として製造者が定める基準値（製造者が指定していない場合にあっては、鋼製車輪及び溝無しソリッドタイヤにおいては設置時の直径の2.5%又は6㎜のうちいずれか小さい値、ウレタン等によりライニングされた車輪においては設置時の厚みの25%又は5㎜のうちいずれか小さい値）を超えていること。
					ロ　摩耗が是正が必要な状態として製造者が定める基準値（製造者が指定していない場合にあっては、鋼製車輪及び溝無しソリッドタイヤにおいては設置時の直径の2.5%又は6㎜のうちいずれか小さい値、ウレタン等によりライニングされた車輪においては設置時の厚みの25%又は5㎜のうちいずれか小さい値）の90%を超えていること。
			溝付きタイヤの溝深さの状況	目視により確認し、又は溝深さを測定する。	溝深さが製造者が定める基準に適合していないこと。ただし、製造者が基準を定めていない場合にあっては、溝深さが設置時の25%未満であること。
			空気入りタイヤの空気圧の状況	運転状態で目視及び聴診により確認するとともに、空気圧を測定する。	スリップ等の運転上支障をきたすおそれがあること又は空気圧が適正な状態として製造者が定める基準値の90%未満であること。
			車輪の取付けの状況	取付部を目視により確認するとともに、テストハンマーによる打検又は目視による緩み確認マークの位置の確認その他ナットの緩みを確認できる方法により確認する。	取付ピン、ボルト、ナット等の締付けが適正でないこと又は緩み止めが必要なものについて緩み止めが施されてないこと。
		車輪軸（主輪軸、側輪軸及び受輪軸）	車輪軸の摩耗の状況	車輪軸に振動を加え、車輪軸が振動する状況を確認し、異常が認められた場合にあっては、車輪軸と軸受け間の隙間を測定する。ま	イ　摩耗が是正が必要な状態として製造者が定める基準値（製造者が指定していない場合のうち、ころがり軸受で軸が回転する場合にあっては隙間が

					た、異常が認められない場合にあっては、分解検査等において実施した測定結果（人力で走行するものは5年以内、それ以外で定常走行速度が40km/時間以下のものは3年以内、それら以外のものは1年以内に行ったもの）により確認する。	0.03㎜、ころがり軸受で軸が回転しない場合にあっては、隙間が軸の直径の$\frac{1}{200}$又は0.2㎜のうちいずれか小さい値、すべり軸受の場合にあっては、隙間が軸の直径の$\frac{1}{200}$）を超えていること。 ロ　摩耗が是正が必要な状態として製造者が定める基準値（製造者が指定していない場合のうち、ころがり軸受で軸が回転する場合にあっては隙間が0.03㎜、ころがり軸受で軸が回転しない場合にあっては、隙間が軸の直径の$\frac{1}{200}$又は0.2㎜のうちいずれか小さい値、すべり軸受けの場合にあっては、隙間が軸の直径の$\frac{1}{200}$）の90%を超えていること。
				車輪軸のき裂の状況	目視により確認し、異常が認められた場合にあっては、探傷試験により確認する。また､目視により異常が確認されない場合にあっては、分解検査等において実施した探傷試験の結果（人力で走行するものは5年以内、それ以外で定常走行速度が40km/時間以下のものは3年以内、それら以外のものは1年以内に行ったもの）により確認する。	き裂又は損傷があること。
			車輪取付枠	車輪取付枠の取付の状況	目視により確認するとともに、テストハンマーによる打検又は目視による緩み確認マークの位置の確認その他ナットの緩みを確認できる方法により確認する。	取付ピン、ボルト、ナット等の締付けが適正でないこと又は緩み止めが必要なものについて緩み止めが施されてないこと。
				車輪取付枠の劣化及び損傷の状況	目視により確認し、異常が認められた場合にあっては、探傷試験により確認する。また、目視により異常が確認されない場合にあっては、分解検査等において実施した探傷試験の結果（人力で走行するものは5年以内、それ以外で定常走行速度が40km/時間以下のものは3年以内、それら以外のものは1年以内に行ったもの）により確認する。	著しい錆若しくは腐食、き裂、破損又は著しい摩耗があること。
	⑸	乗物引上げ金具		引上げ金具の取付けの状況	テストハンマーによる打検又は目視による緩み確認	取付けが堅固でないこと。

				マークの位置の確認その他ナットの緩みを確認できる方法により確認する。	
			引上げ金具の作動の状況	作動の状況を確認する。	作動が確実でないこと。
	(6)	車両連結器	車両連結器の劣化及び損傷の状況	目視により確認する。	腐食又は破損があること。
			連結軸の摩耗の状況	連結軸に振動を加え、連結軸が振動する状況を確認し、異常が認められた場合にあっては、連結軸と軸受け間の隙間を測定する。また、異常が認められない場合にあっては、分解検査等において実施した測定結果（人力で走行するものは5年以内、それ以外で定常走行速度が40km/時間以下のものは3年以内、それら以外のものは1年以内に行ったもの）により確認する。	イ　摩耗が是正が必要な状態として製造者が定める基準値（製造者が指定していない場合のうち、ころがり軸受で軸が回転する場合にあっては隙間が0.03㎜、ころがり軸受で軸が回転しない場合にあっては、隙間が軸の直径の$\frac{1}{200}$又は0.2㎜のうちいずれか小さい値、すべり軸受けの場合にあっては、隙間が軸の直径の$\frac{1}{200}$）を超えていること。
					ロ　摩耗が是正が必要な状態として製造者が定める基準値（製造者が指定していない場合のうち、ころがり軸受で軸が回転する場合にあっては隙間が0.03㎜、ころがり軸受で軸が回転しない場合にあっては、隙間が軸の直径の$\frac{1}{200}$又は0.2㎜のうちいずれか小さい値、すべり軸受の場合にあっては隙間が軸の直径の$\frac{1}{200}$）の90%を超えていること。
			車両連結器の取付の状況	取付部を目視により確認するとともに、テストハンマーによる打検又は目視による緩み確認マークの位置の確認その他ナットの緩みを確認できる方法により確認する。	取付ピン、ボルト、ナット等の締付けが適正でないこと又は緩み止めが必要なものについて緩み止めが施されてないこと。
7 ガイドシュー等	(1)	ガイドシュー等（ガイドローラーを除く。）	取付けの状況	テストハンマーによる打検又は目視による緩み確認マークの位置の確認その他ナットの緩みを確認できる方法により確認する。	ナットに緩みがあること。
			摩耗の状況	目視、聴診及び触診により確認する。	しゅう動部の摩耗により運転上支障をきたすおそれがあること。
	(2)	ガイドローラー	ガイドローラーの取付け及び給油の状況	運転状態において心ずれを目視により確認するとともに、軸受部の給油状況を聴診により確認する。	回転時に異常音、異常な発熱若しくは異常な振動があること又は給油が適切でないこと。
			軸受の劣化及び損傷の状況	運転状態において目視、触診及び聴診により確認する。	回転時に異常音、異常な発熱又は異常な振動があること。
			ガイドローラー	車輪（溝付きタイヤを除	イ　摩耗が是正が必要な状態とし

		（溝付きタイヤを除く。）の摩耗の状況	く。）の径を測定する。	て製造者が定める基準値（製造者が指定していない場合にあっては、鋼製車輪及び溝無しソリッドタイヤにおいては設置時の直径の 2.5% 又は 6㎜のうちいずれか小さい値、ウレタン等によりライニングされた車輪においては設置時の厚みの 25% 又は 5㎜のうちいずれか小さい値）を超えていること。
				ロ　摩耗が是正が必要な状態として製造者が定める基準値（製造者が指定していない場合にあっては、鋼製車輪及び溝無しソリッドタイヤにおいては設置時の直径の 2.5% 又は 6㎜のうちいずれか小さい値、ウレタン等によりライニングされた車輪においては設置時の厚みの 25% 又は 5㎜のうちいずれか小さい値）の 90% を超えていること。
		ガイドローラーの表面の劣化及び損傷の状況	目視により確認する。	運転上支障をきたすおそれがある傷、剥離又は偏摩耗があること。
		溝付きタイヤの溝深さの状況	目視により確認し、又は溝深さを測定する。	溝深さが製造者が定める基準に適合していないこと。ただし、製造者が基準を定めていない場合にあっては、溝深さが設置時の 25% 未満であること。
		空気入りタイヤの空気圧の状況	運転状態で目視及び聴診により確認するとともに、空気圧を測定する。	スリップ等の運転上支障をきたすおそれがあること又は空気圧が適正な状態として製造者が定める基準値の 90% 未満であること。
		ガイドローラーの取付金具及び取付ボルトの劣化及び損傷の状況	目視により確認する。	き裂又は破損があること。
		車軸の劣化及び損傷の状況	目視により確認する。	き裂又は著しい摩耗があること。
(3)	ガイドレール及びレールブラケット	取付けの状況	テストハンマーによる打検又は目視による緩み確認マークの位置の確認その他ナットの緩みを確認できる方法により確認する。	ナットに緩みがあること。
		劣化の状況	目視により確認する。	著しい損傷又は腐食があること。
(4)	ガイドシュー等とガイドレールの接合部	ガイドシュー等とガイドレールの接合部の状況	目視により確認するとともに、ガイドシュー等とガイドレールのかかり代長さを測定する。	次のいずれかに該当すること。 (1)　ガイドシュー等とガイドレールが嵌合しないものであること。 (2)　ガイドレールは、その設置面

				に対して垂直方向にガイドシュー等と接する部分が、地震力によって生じると想定されるガイドレールのたわみよりも10㎜以上長いものでないこと。 (3) (1)及び(2)に掲げるもののほか、地震その他の震動により外れるおそれのないよう必要な措置が講じられていないこと。
(5)	ガイドロープ	径の状況	ガイドシュー等がガイドロープを移動する範囲内で最も摩耗が進んだ部分の直径及びガイドシュー等が移動する範囲以外の部分の直径を測定する。	イ 最も摩耗の進んだ部分の直径が移動する範囲以外の部分の直径と比較して90%未満であること。
				ロ 最も摩耗の進んだ部分の直径が移動する範囲以外の部分の直径と比較して92%未満であること。
		素線切れの状況	ガイドシュー等がガイドロープを移動する範囲内で傷のある箇所等を目視により確認し、最も摩損の進んだ部分については重点的に目視により確認する	イ 遊戯施設素線切れ要是正判定基準のいずれかに該当すること。
				ロ 遊戯施設素線切れ要重点点検判定基準のいずれかに該当すること。
		錆及び錆びた摩耗粉の状況	全長の錆及び錆びた摩耗粉の固着の状況を目視により確認し、錆びた摩耗粉により谷部が赤錆色に見える箇所がある場合にあっては、錆びた摩耗粉により谷部が赤錆色に見える部分の直径及び綱車にかからない部分の直径を測定するとともに、当該箇所を重点的に目視により確認する。	イ 遊戯施設錆及び錆びた摩耗粉要是正判定基準のいずれかに該当すること。
				ロ 遊戯施設錆及び錆びた摩耗粉要重点点検判定基準に該当すること。
		損傷及び変形の状況	全長を目視により確認する。	著しい損傷又は変形があること。
		張りの状況	次に掲げる方法のいずれかによる。 イ ガイドロープ端末部のスプリングの高さを目視により確認する。 ロ ガイドロープを揺らし、その振幅を確認する。 ハ 触診によりガイドロープの張りが均等であることを確認する。	著しい不均等があること。
		止め金具の取付けの状況	目視及び触診により確認する。	ダブルナットにあってはナット間に緩みがあること、割ピンにあってはピンに欠損、曲げ不足等があること又はその他の方法にあって

						は取付けが確実でないこと。
				ガイドロープの端部における止め金具の取付けの状況	目視及び触診により確認する。	取付けが確実でないこと。
				止め金具及びその取付部の損傷の状況	目視により確認する。	止め金具及びその取付部に損傷があること。
8 油圧装置、空圧装置及び揚水装置	(1)	油圧装置	油圧パワーユニット	油圧パワーユニットの取付け及び作動の状況	目視、触診及び聴診により確認する。	取付けが堅固でないこと、油漏れがあること又は異常音があること。
			安全弁	安全弁の作動の状況	安全弁の設定値を目視で確認するとともに、作動の状況を確認する。	常用圧力の1.25倍を超える設定値であること又は安全弁が正常に作動しないこと。
			圧力計	圧力計の取付けの状況	設計図書との照合等により確認する。	圧力計が設計図書のとおりに取り付けられていないこと。
				圧力計の破損及び作動の状況	目視により確認する。	破損していること若しくは指示が読み取れないこと又は作動が確実でないこと。
			制御弁	制御弁の取付けの状況	目視及び触診により確認する。	制御弁の取付けが堅固でないこと又は作動が確実でないこと。
				制御弁の作動の状況	油漏れを目視により確認するとともに、作動の状況を確認する。	油漏れがあること又は作動が確実でないこと。
			油タンク	作動油の劣化及び油量の状況	油量を油面計で確認するとともに、油の状況を目視及び触診により確認する。	運転上支障をきたすおそれのある油の汚れ、劣化又は油量不足があること。
				油圧タンクの劣化及び損傷の状況	目視により確認する。	著しい腐食があること。
			油温等	油温	油温を制御する装置の設定値を目視で確認するとともに、作動の状況を確認する。	油温が5℃から60℃の範囲を超える設定値であること又は油温を制御する装置が正常に作動しないこと。
				冷却水の配管系統の設置の状況	目視により確認する。	冷却水の配管が飲料水系統に直結していること。
	(2)	空圧装置	コンプレッサー	コンプレッサーの取付け及び作動の状況	目視、触診及び聴診により確認する。	取付けが堅固でないこと又は異常音若しくは異常な振動があること。
				コンプレッサーの潤滑油の量及び劣化の状況	目視により確認する。	運転上支障をきたすおそれのある汚れ、劣化又は油量不足があること。
			安全弁	安全弁の機能の状況	安全弁の設定値を目視で確認するとともに、作動の状況を確認する。	常用圧力の1.25倍を超える設定値であること又は安全弁が正常に作動しないこと。
			圧力計	圧力計の取付けの状況	設計図書との照合等により確認する。	圧力計が設計図書のとおりに取り付けられていないこと。
				圧力計の破損及び作動の状況	目視により確認する。	破損していること若しくは指示が読み取れないこと又は作動が確実でないこと。
			制御弁	制御弁の取付けの	目視及び触診により確認す	制御弁の取付けが堅固でないこと

				状況	る。	又は作動が確実でないこと。
				制御弁の作動の状況	空気漏れを目視により確認するとともに、作動の状況を確認する。	空気漏れがあること又は作動が確実でないこと。
			エアタンク	エアタンクの劣化及び損傷の状況	目視により確認する。	著しい腐食があること。
	(3)	揚水装置	揚水ポンプ	揚水ポンプの取付及び作動の状況	触診及び聴診により確認する。	取付けが堅固でないこと又は異常音若しくは異常な振動があること。
				揚水ポンプの軸受部の給油の状況	触診及び聴診により確認する。	異常な発熱があること。
				グランドパッキンの摩耗の状況	目視により確認する。	摩耗により著しい漏水があること。
			電動機	揚水ポンプ電動機の電流	電流値を測定する。	運転時の電流が定格電流値を超えていること。
			弁類	弁類の取付け及び破損の状況	目視により確認するとともに、作動の状況を確認する。	取付けが堅固でないこと又は破損していること。
			集毛器	集毛器の損傷の状況	目視により確認する。	集毛器若しくは集毛かごに腐食若しく変形があること又は集毛器若しくは集毛かごが破損していること。
			圧力計	圧力計の取付けの状況	設計図書との照合等により確認する。	圧力計が設計図書のとおりに取り付けられていないこと。
				圧力計の破損及び作動の状況	目視により確認する。	破損していること若しくは指示が読み取れないこと又は作動が確実でないこと。
	(4)	アクチュエーター		アクチュエーターの取付けの状況	目視により確認する。	取付けが堅固でないこと又は運転継続に支障をきたしていること。
				アクチュエーターの劣化及び損傷の状況	目視により確認する。	ロッド表面に運転上支障をきたすおそれのあるあばた状の錆又は傷があること。
				アクチュエーターの作動の状況	目視により確認する。	作動が円滑でないこと又は異常音、異常な振動、著しい油漏れ若しくは空気漏れがあること。
	(5)	離脱防止装置		プランジャーの離脱防止装置の状況	目視により確認する。	プランジャーの離脱防止装置の作動が確実でないこと。
	(6)	配管及び耐震対策		配管の固定の状況	目視により確認する。	固定が不十分で、運転上支障をきたしていること。
				配管の油、空気、水等の漏れの状況	目視、触診及び聴診により確認する。	継手の接続部より著しい油、空気、水等の漏れがあること。
				配管の劣化及び損傷の状況	目視により確認する。	著しい錆又は腐食があること。
				配管の耐震措置の状況	目視及び触診により確認する。	地震その他の震動又は衝撃を緩和するための措置が講じられていないこと。
	(7)	油圧ゴムホース		油圧ゴムホースの劣化及び損傷の状況	目視により確認する。	異常な変形若しくは油漏れがあること又は表層部に著しい傷若しくは摩損があること。
9	(1)	受電盤、制御盤及び操作盤		受電盤の設置位置の状況	目視により確認する。	受電盤主開閉器が安全かつ容易に操作できないこと。

電気設備			盤の取付け並びに劣化及び損傷の状況	目視により確認する。	取付けが堅固でないこと又は腐食があること。
			盤内環境の状況	目視により確認する。	盤内に著しいほこりの堆積等があること又は過度の湿気の滞留があること。
			盤内の各機器の取付けの状況	目視により確認する。	取付けが堅固でないこと又は緩みがあること。
			盤内の各機器の作動の状況	作動の状況を確認する。	開閉器、接触器、継電器、抵抗器、スイッチ等の作動が確実でないこと。
			回路の絶縁の状況	絶縁抵抗値を測定する。	絶縁抵抗値が遊戯施設の検査標準（JIS A1701）表 6 に規定する値に適合していないこと。
			盤の接地の状況	接地抵抗値を測定する。	接地抵抗値が遊戯施設の検査標準（JIS A1701）表 7 に規定する値に適合していないこと。
	(2)	電圧計、電流計及び表示灯	盤内の計器及び表示灯の作動の状況	目視により確認する。	電圧計、電流計又は表示灯の指示、作動又は点灯が確実でないこと。
			盤内の計器及び表示灯の破損の状況	目視により確認する。	電圧計、電流計又は表示灯が破損していること。
	(3)	配電線及び配管	電線の劣化及び損傷の状況	目視により確認する。	傷又は接続部の緩みにより短絡のおそれがあること。
			接地線の接地抵抗	接地抵抗値を測定する。	接地抵抗値が遊戯施設の検査標準（JIS A1701）表 7 に規定する値に適合していないこと。
	(4)	避雷設備	避雷設備の総合接地抵抗	総合接地抵抗値を測定する。	総合接地抵抗値が 10Ω を超えていること。
			突針、支持金物、引下げ導線等の取付けの状況	目視により確認する。	突針、支持金物、引下げ導線等の取付けが堅固でないこと。
	(5)	照明電飾	照明器具の取付け及び破損の状況	目視により確認する。	取付けが堅固でないこと又は灯管球が破損していること。
			変圧器の取付けの状況	目視により確認する。	取付けが堅固でないこと。
			照明電飾回路の絶縁抵抗	絶縁抵抗値を測定する。	絶縁抵抗値が遊戯施設の検査標準（JIS A1701）表 6 に規定する値に適合していないこと。
			照明電飾器具の取付けの状況	目視により確認する。	取付けが堅固でないこと。
	(6)	給電線及び集電装置	給電線の取付けの状況	目視により確認する。	取付けが堅固でないこと又は断線していること。
			集電装置の取付け及び接触の状況	目視により確認するとともに、集電装置側の電圧を測定する。	取付けが堅固でないこと、破損していること又は接触不良があること。
			給電線及び集電子の摩耗の状況	給電線及び集電子の摩耗を測定する。	摩耗が是正が必要な状態として製造者が定める基準値（製造者が指定していない場合にあっては、

					給電線においては設置時の30%、集電子においては設置時の厚みの50%）を超えていること又は取付ビスが給電線を傷つけていること。
			給電線及び集電装置の破損の状況	目視により確認する。	破損していること。
	(7)	リミットスイッチ及びセンサー	リミットスイッチ及びセンサーの取付けの状況	目視及び触診により確認する。	取付けが堅固でないこと。
			リミットスイッチ及びセンサーの錆及び腐食並びに破損の状況	目視により確認する。	著しい錆若しくは腐食又は破損があること。
			リミットスイッチ及びセンサーの作動の状況	作動の状況を確認する。	作動が確実でないこと。
	(8)	非常停止ボタン	非常停止ボタンの作動の状況	作動の状況を確認する。	作動が確実でないこと。
			非常停止ボタンの設置位置の状況	目視により確認する。	速やかに作動させることができる位置に設置されていないこと。
10 その他の設備	(1)	乗降場及びスタート台	乗降場の劣化及び損傷の状況	目視により確認する。	構造部材に運行上支障をきたすおそれのある腐食があること又は破損していること。
			点検用はしご、踊場の取付け並びに劣化及び損傷の状況	取付部を目視により確認するとともに、テストハンマーによる打検又は目視による緩み確認マークの位置の確認その他ナットの緩みを確認できる方法により確認する。	取付けが堅固でないこと、運行上支障をきたすおそれのある腐食があること又は破損していること。
			スタート台及び階段の構造部材の劣化及び損傷の状況	目視により確認する。	構造部材に運行上支障をきたすおそれのある腐食があること又は破損していること。
			スタート台及び階段の床の劣化及び損傷の状況	目視により確認する。	腐食があること又は破損していること。
	(2)	着水部 着水部及び水深	着水部の寸法及び水深（平成29年国土交通省告示第247号第2第二号に掲げる側壁を設けていないものに限る。）	着水部の寸法及び水深を測定する。	客席部分からの出口の直前1.5m以上の部分を直線とし、かつ、当該出口に深さを85cm、当該出口の先端からの長さを6m（安全上支障ない場合においては、3m）以上としたプールを設けていないこと。
			着水部の劣化及び損傷の状況	目視により確認する。	き裂があること若しくは破損していること又は滑走者の安全上支障をきたす床若しくは側壁表面の傷又は又は塗装の剥離があること。
			着水部の漏水の状況	24時間漏水試験により確認する。	漏水により水深が規定の95%以上確保できないこと。
			二重吸い込み防止	目視及び触診により確認す	二重吸い込み防止柵が設置されて

		柵の取付けの状況	る。	いないこと、緩み、変形若しくは腐食があること又は破損していること。
(3)	点検用歩廊	点検用歩廊の取付け並びに劣化及び損傷の状況	取付部を目視により確認するとともに、テストハンマーによる打検又は目視による緩み確認マークの位置の確認その他ナットの緩みを確認できる方法により確認する。	取付けが堅固でないこと、運行上支障をきたすおそれのある腐食若しくは変形があること又は破損していること。
(4)	安全柵	安全柵の構造及び寸法の状況	目視及び採寸により確認する。	構造及び寸法が平成 12 年建設省告示第1419号第7第四号の規定に適合しないこと。
		安全柵の取付け及び劣化及び損傷の状況	目視及び触診により取付部を確認するとともに、テストハンマーによる打検又は目視による緩み確認マークの位置の確認その他ナットの緩みを確認できる方法により確認する。	取付けが堅固でないこと、運行上支障をきたすおそれのある腐食若しくは変形があること又は破損していること。
(5)	運転室	運転室の劣化及び損傷並びに窓及び扉の施錠の状況	目視により確認する。	錆若しくは腐食があること、部分的に破損していること又は窓若しくは扉の施錠が確実でないこと。
		運転室の設置の状況	目視により確認する。	運転室から人の乗降が監視できないこと。
		カーブミラー、モニターテレビ等の破損及び作動の状況	目視により確認するとともに、作動の状況を確認する。	破損していること又は作動が正常でないこと。
(6)	機械室	機械室の劣化及び損傷並びに窓及び扉の機能の状況	目視により確認する。	錆若しくは腐食があること、部分的に破損していること又は窓若しくは扉の施錠が確実でないこと。
(7)	放送設備及び信号装置	警報ベル、ブザー等の作動の状況	作動の状況を確認する。	警報ベル又はブザーが鳴動しないこと。
		放送設備の作動の状況	作動の状況を確認する。	放送できないこと。
(8)	定員及び使用制限等の表示	定員の表示の状況	目視により確認する。	客席部分の見やすい位置に定員を明示した標識が掲示されていないこと。
		使用制限の表示の状況	目視により確認する。	客席部分又は乗り場に施設の使用の制限に関する事項が掲示されていないこと。
		運転室の運行管理者、運転者、定期検査報告済証等の表示の状況	目視により確認する。	運行管理者、運転者、定期検査報告済証その他必要な事項が掲示されていないこと。
(9)	風速計	発信器の取付け及び作動の状況	目視により確認する。	取付けが堅固でないこと又は回転が円滑でないこと若しくは感知しないこと。
		風速計の機能の状況	作動の状況を確認する。	警報設定値が製造者等が定める基準値と異なること。ただし、製造者等が指定していない場合にあっ

					ては、警報設定値が15m/秒を超えていること。
	⑽	非常救出装置	予備動力装置の作動の状況	作動の状況を確認する。	作動しないこと。
			手動装置の作動の状況	作動の状況を確認する。	作動が確実でないこと。
			バッテリーの機能の状況	目視により確認する。	電解液の量又は充電量が適切でないこと。
			移動式の救出用具の設置及び破損の状況	目視により確認する。	破損しており使用できないこと又は保管されていないこと。
	⑾	装飾物	装飾物の取付けの状況	取付部を目視により確認するとともに、テストハンマーによる打検又は目視による緩み確認マークの位置の確認その他ナットの緩みを確認できる方法により確認する。	取付けが堅固でないこと。
			装飾物の取付部の劣化及び損傷の状況	目視により確認する。	取付部に腐食があること又は破損していること。

別記（略）

防火設備の定期検査報告における検査及び定期点検における点検の項目、事項、方法及び結果の判定基準並びに検査結果表を定める件

制定：平成28年5月 2日　国土交通省告示第723号
改正：令和 5年3月20日　国土交通省告示第207号

建築基準法施行規則（昭和25年建設省令第40号）第6条第2項及び第3項並びに第6条の2第1項の規定に基づき、この告示を制定する。

建築基準法施行規則（昭和25年建設省令第40号。以下「施行規則」という。）第6条第2項及び第3項並びに第6条の2第1項の規定に基づき、防火設備について建築基準法（昭和25年法律第201号。以下「法」という。）第12条第3項に規定する検査及び同条第4項に規定する点検（以下「定期検査等」という。）の項目、事項、方法及び結果の判定基準並びに検査結果表を次のように定める。

第1

定期検査等は、施行規則第6条第2項及び第6条の2第1項の規定に基づき、防火扉、防火シャッター、耐火クロススクリーン及びドレンチャーその他の水幕を形成する防火設備（平成20年国土交通省告示第282号第1第一号に規定する小規模民間事務所等にあっては、建築基準法施行令（昭和25年政令第338号。以下「令」という。）第112条第11項に規定する防火区画を構成するものに限る。）について、次の各号に掲げる別表第1から別表第4までの㈠欄に掲げる項目に応じ、同表㈡欄に掲げる事項（ただし、法第12条第4項に規定する点検においては損傷、腐食、その他の劣化状況に係るものに限る。）について、同表㈢欄に掲げる方法により実施し、その結果が同表㈣欄に掲げる基準に該当しているかどうかを判定することとする。ただし、特定行政庁が規則により定期検査等の項目、事項、方法又は結果の判定基準について定める場合（定期検査等の項目若しくは事項について削除し又は定期検査等の方法若しくは結果の判定基準について、より緩やかな条件を定める場合を除く。）にあっては、当該規則の定めるところによるものとする。

一　防火扉　別表第 1
二　防火シャッター　別表第 2
三　耐火クロススクリーン　別表第 3
四　ドレンチャーその他の水幕を形成する防火設備（以下「ドレンチャー等」という。）　別表第 4

2　前項の規定にかかわらず、法第 68 条の 25 第 1 項又は法第 68 条の 26 第 1 項に規定する認定を受けた構造方法を用いた防火設備に係る定期検査等については、当該認定に係る申請の際に提出された施行規則第 10 条の 5 の 21 第 1 項第三号に規定する図書若しくは同条第 3 項に規定する評価書又は施行規則第 10 条の 5 の 23 第 1 項第三号に規定する図書に検査の方法が記載されている場合にあっては、当該方法によるものとする。

第 2

防火設備の検査結果表は、施行規則第 6 条第 3 項の規定に基づき、次の各号に掲げる防火設備の種類に応じ当該各号に定めるとおりとする。
一　防火扉　別記第 1 号
二　防火シャッター　別記第 2 号
三　耐火クロススクリーン　別記第 3 号
四　ドレンチャー等　別記第 4 号

別表第 1

	(い)検査項目		(ろ)検査事項	(は)検査方法	(に)判定基準
(1)	防火扉	設置場所の周囲状況	閉鎖の障害となる物品の放置の状況	目視により確認する。	物品が放置されていることにより防火扉の閉鎖に支障があること。
(2)		扉、枠及び金物	扉の取付けの状況	目視又は触診により確認する。	取付けが堅固でないこと。
(3)			扉、枠及び金物の劣化及び損傷の状況	目視により確認する。	変形、損傷又は著しい腐食があること。
(4)		危害防止装置	作動の状況	扉の閉鎖時間をストップウォッチ等により測定し、扉の質量により運動エネルギーを確認するとともに、プッシュプルゲージ等により閉鎖力を測定する。	運動エネルギーが 10J を超えること又は閉鎖力が 150N を超えること。
(5)	連動機構	煙感知器、熱煙複合式感知器及び熱感知器	設置位置	目視により確認するとともに、必要に応じて鋼製巻尺等により測定する。	煙感知器又は熱煙複合式感知器にあっては昭和 48 年建設省告示第 2563 号第 1 第二号ニ(2)に掲げる場所に設けていないこと。熱感知器にあっては昭和 48 年建設省告示第 2563 号第 1 第二号ニ(2)(i)及び(ii)に掲げる場所に設けていないこと。
(6)			感知の状況	(16)の項又は(17)の項の点検が行われるもの以外のものを対象として、加煙試験器、加熱試験器等により感知の状況を確認する。ただし、前回の検査以降に同等の方法で実施した検査の記録がある場合にあっては、当該記録により確認することで足りる。	適正な時間内に感知しないこと。

⑺		温度ヒューズ装置	設置の状況	目視により確認する。	温度ヒューズの代わりに針金等で固定されていること、変形、損傷若しくは著しい腐食があること又は油脂、埃、塗料等の付着があること。
⑻		連動制御器	スイッチ類及び表示灯の状況	目視により確認する。	スイッチ類に破損があること又は表示灯が点灯しないこと。
⑼			結線接続の状況	目視又は触診により確認する。	断線、端子の緩み、脱落又は損傷等があること。
⑽			接地の状況	回路計、ドライバー等により確認する。	接地線が接地端子に緊結されていないこと。
⑾			予備電源への切り替えの状況	常用電源を遮断し、作動の状況を確認する。	自動的に予備電源に切り替わらないこと。
⑿		連動機構用予備電源	劣化及び損傷の状況	目視により確認する。	変形、損傷又は著しい腐食があること。
⒀			容量の状況	予備電源試験スイッチ等を操作し、目視により確認する。	容量が不足していること。
⒁		自動閉鎖装置	設置の状況	目視又は触診により確認する。	取付けが堅固でないこと又は変形、損傷若しくは著しい腐食があること。
⒂			再ロック防止機構の作動の状況	閉鎖した防火扉を、連動制御器による復旧操作をしない状態で閉鎖前の位置に戻すことにより、作動の状況を確認する。	防火扉が自動的に再閉鎖しないこと。
⒃	総合的な作動の状況		防火扉の閉鎖の状況	煙感知器、熱煙複合式感知器若しくは熱感知器を作動させ、又は温度ヒューズを外し、全ての防火扉（⒄の項の点検が行われるものを除く。）の作動の状況を確認する。ただし、連動機構用予備電源ごとに、少なくとも1以上の防火扉について、予備電源に切り替えた状態で作動の状況を確認する。	防火扉が正常に閉鎖しないこと又は連動制御器の表示灯が点灯しないこと若しくは音響装置が鳴動しないこと。
⒄			防火区画（建築基準法施行令（昭和25年政令第338号。以下「令」という。）第112条第11項から第13項までの規定による区画に限る。）の形成の状況	当該区画のうち1以上を対象として、煙感知器又は熱煙複合式感知器を作動させ、複数の防火扉の作動の状況及びその作動による防火区画の形成の状況を確認する。	防火扉が正常に閉鎖しないこと、連動制御器の表示灯が正常に点灯しないこと若しくは音響装置が鳴動しないこと又は防火区画が適切に形成されないこと。

別表第 2

	(い)検査項目		(ろ)検査事項	(は)検査方法	(に)判定基準
(1)	防火シャッター	設置場所の周囲状況	閉鎖の障害となる物品の放置の状況	目視により確認する。	物品が放置されていることにより防火シャッターの閉鎖に支障があること。
(2)		駆動装置（(2)の項から(4)の項までの点検については、日常的に開閉するものに限る。）	軸受け部のブラケット、巻取りシャフト及び開閉機の取付けの状況	目視、聴診又は触診により確認する。	取付けが堅固でないこと。
(3)			スプロケットの設置の状況	目視により確認する。	巻取りシャフトと開閉機のスプロケットに心ずれがあること。
(4)			軸受け部のブラケット、ベアリング及びスプロケット又はロープ車の劣化及び損傷の状況	目視、聴診又は触診により確認する。	変形、損傷、著しい腐食、異常音又は異常な振動があること。
(5)			ローラチェーン又はワイヤロープの劣化及び損傷の状況	目視、聴診又は触診により確認する。	腐食があること、異常音があること若しくは歯飛びしていること、又はたるみ若しくは固着があること。
(6)		カーテン部	スラット及び座板の劣化等の状況	防火シャッターを閉鎖し、目視により確認する。	スラット若しくは座板に変形、損傷若しくは著しい腐食があること又はスラットに片流れ若しくは固着があること。
(7)			吊り元の劣化及び損傷並びに固定の状況	目視又は触診により確認する。	変形、損傷若しくは著しい腐食があること又は固定ボルトの締め付けが堅固でないこと。
(8)		ケース	劣化及び損傷の状況	目視により確認する。	ケースに外れがあること。
(9)		まぐさ及びガイドレール	劣化及び損傷の状況	目視により確認する。	まぐさ若しくはガイドレールの本体に変形、損傷若しくは著しい腐食があること又は遮煙材に著しい損傷若しくは脱落があること。
(10)		危害防止装置	危害防止用連動中継器の配線の状況	目視により確認する。	劣化、損傷又は脱落があること。
(11)			危害防止装置用予備電源の劣化及び損傷の状況	目視により確認する。	変形、損傷又は著しい腐食があること。
(12)			危害防止装置用予備電源の容量の状況	予備電源試験スイッチ等を操作し、目視により確認する。	容量が不足していること。
(13)			座板感知部の劣化及び損傷並びに作動の状況	目視により確認するとともに、座板感知部を作動させ、防火シャッターの降下が停止することを確認する。	変形、損傷若しくは著しい腐食があること又は防火シャッターの降下が停止しないこと。
(14)			作動の状況	防火シャッターの閉鎖時間をストップウォッチ等により測定し、シャッターカーテンの質量により運動エネルギーを確認するととも	運動エネルギーが 10J を超えること、座板感知部が作動してからの停止距離が 5cm を超えること又は防火シャッターが再降下しないこと。

				に、座板感知部の作動により防火シャッターの降下を停止させ、その停止距離を鋼製巻尺等により測定する。また、その作動を解除し、防火シャッターが再降下することを確認する。	
(15)	連動機構	煙感知器、熱煙複合式感知器及び熱感知器	設置位置	目視により確認するとともに、必要に応じて鋼製巻尺等により測定する。	煙感知器又は熱煙複合式感知器にあっては昭和48年建設省告示第2563号第1第二号ニ(2)に掲げる場所に設けていないこと。熱感知器にあっては昭和48年建設省告示第2563号第1第二号ニ(2)(i)及び(ii)に掲げる場所に設けていないこと。
(16)			感知の状況	(26)の項又は(27)の項の点検が行われるもの以外のものを対象として、加煙試験器、加熱試験器等により感知の状況を確認する。ただし、前回の検査以降に同等の方法で実施した検査の記録がある場合にあっては、当該記録により確認することで足りる。	適正な時間内に感知しないこと。
(17)		温度ヒューズ装置	設置の状況	目視により確認する。	温度ヒューズの代わりに針金等で固定されていること、変形、損傷若しくは著しい腐食があること又は油脂、埃、塗料等の付着があること。
(18)		連動制御器	スイッチ類及び表示灯の状況	目視により確認する。	スイッチ類に破損があること又は表示灯が点灯しないこと。
(19)			結線接続の状況	目視又は触診により確認する。	断線、端子の緩み、脱落又は損傷等があること。
(20)			接地の状況	回路計、ドライバー等により確認する。	接地線が接地端子に緊結されていないこと。
(21)			予備電源への切り替えの状況	常用電源を遮断し、作動の状況を確認する。	自動的に予備電源に切り替わらないこと。
(22)		連動機構用予備電源	劣化及び損傷の状況	目視により確認する。	変形、損傷又は著しい腐食があること。
(23)			容量の状況	予備電源試験スイッチ等を操作し、目視により確認する。	容量が不足していること。
(24)		自動閉鎖装置	設置の状況	目視又は触診により確認する。	取付けが堅固でないこと又は変形、損傷若しくは著しい腐食があること。
(25)		手動閉鎖装置	設置の状況	目視により確認するとともに、必要に応じて鋼製巻尺等により測定する。	速やかに作動させることができる位置に設置されていないこと、周囲に障害物があり操作ができないこと、変形、損傷若しくは著しい腐食があること又は打ち破り窓のプレートが脱落していること。
(26)	総合的な作動の		防火シャッターの	煙感知器、熱煙複合式感知	防火シャッターが正常に閉鎖しな

	状況	閉鎖の状況	器若しくは熱感知器を作動させ、又は温度ヒューズを外し、全ての防火シャッター（(27)の項の点検が行われるものを除く。）の作動の状況を確認する。ただし、連動機構用予備電源ごとに、少なくとも１以上の防火シャッターについて、予備電源に切り替えた状態で作動の状況を確認する。	いこと又は連動制御器の表示灯が点灯しないこと若しくは音響装置が鳴動しないこと。
(27)		防火区画（令第112条第11項から第13項までの規定による区画に限る。）の形成の状況	当該区画のうち１以上を対象として、煙感知器又は熱煙複合式感知器を作動させ、複数の防火シャッターの作動の状況及びその作動による防火区画の形成の状況を確認する。	防火シャッターが正常に閉鎖しないこと、連動制御器の表示灯が点灯しないこと若しくは音響装置が鳴動しないこと又は防火区画が適切に形成されないこと。

別表第３

	(い)検査項目		(ろ)検査事項	(は)検査方法	(に)判定基準
(1)	耐火クロススクリーン	設置場所の周囲状況	閉鎖の障害となる物品の放置の状況	目視により確認する。	物品が放置されていることにより耐火クロススクリーンの閉鎖に支障があること。
(2)		駆動装置	ローラチェーンの劣化及び損傷の状況	目視、聴診又は触診により確認する。	腐食があること、異常音があること若しくは歯飛びしていること、又はたるみ若しくは固着があること。
(3)		カーテン部	耐火クロス及び座板の劣化及び損傷の状況	耐火クロススクリーンを閉鎖し、目視により確認する。	変形、損傷又は著しい腐食があること。
(4)			吊り元の劣化及び損傷並びに固定の状況	目視又は触診により確認する。	変形、損傷若しくは著しい腐食があること又は固定ボルトの締め付けが堅固でないこと。
(5)		ケース	劣化及び損傷の状況	目視により確認する。	ケースに外れがあること。
(6)		まぐさ及びガイドレール	劣化及び損傷の状況	目視により確認する。	まぐさ若しくはガイドレールの本体に変形、損傷若しくは著しい腐食があること又は遮煙材に著しい損傷若しくは脱落があること。
(7)		危害防止装置	危害防止用連動中継器の配線の状況	目視により確認する。	劣化、損傷又は脱落があること。
(8)			危害防止装置用予備電源の劣化及び損傷の状況	目視により確認する。	変形、損傷又は著しい腐食があること。
(9)			危害防止装置用予備電源の容量の状況	予備電源試験スイッチ等を操作し、目視により確認する。	容量が不足していること。
(10)			座板感知部の劣化及び損傷並びに作動の状況	目視により確認するとともに、座板感知部を作動させ、耐火クロススクリーンの降	変形、損傷若しくは著しい腐食があること又は耐火クロススクリーンの降下が停止しないこと。

				下が停止することを確認する。	
⑾			作動の状況	イ　巻取り式 耐火クロススクリーンの閉鎖時間をストップウォッチ等により測定し、カーテン部の質量により運動エネルギーを確認するとともに、座板感知部の作動により耐火クロススクリーンの降下を停止させ、その停止距離を鋼製巻尺等により測定する。また、その作動を解除し、耐火クロススクリーンが再降下することを確認する。	運動エネルギーが10Jを超えること、座板感知部が作動してからの停止距離が5cmを超えること又は耐火クロススクリーンが再降下しないこと。
				ロ　バランス式 耐火クロススクリーンの閉鎖時間をストップウォッチ等により測定し、カーテン部の質量により運動エネルギーを確認するとともに、プッシュプルゲージ等により閉鎖力を測定する。	運動エネルギーが10Jを超えること又は閉鎖力が150Nを超えること。
⑿	連動機構	煙感知器、熱煙複合式感知器及び熱感知器	設置位置	目視により確認するとともに、必要に応じて鋼製巻尺等により測定する。	煙感知器又は熱煙複合式感知器にあっては昭和48年建設省告示第2563号第1第二号ニ⑵に掲げる場所に設けていないこと。熱感知器にあっては昭和48年建設省告示第2563号第1第二号ニ⑵(i)及び(ii)に掲げる場所に設けていないこと。
⒀			感知の状況	㉒の項又は㉓の項の点検が行われるもの以外のものを対象として、加煙試験器、加熱試験器等により感知の状況を確認する。ただし、前回の検査以降に同等の方法で実施した検査の記録がある場合にあっては、当該記録により確認することで足りる。	適正な時間内に感知しないこと。
⒁		連動制御器	スイッチ類及び表示灯の状況	目視により確認する。	スイッチ類に破損があること又は表示灯が点灯しないこと。
⒂			結線接続の状況	目視又は触診により確認する。	断線、端子の緩み、脱落又は損傷等があること。
⒃			接地の状況	回路計、ドライバー等により確認する。	接地線が接地端子に緊結されていないこと。
⒄			予備電源への切り替えの状況	常用電源を遮断し、作動の状況を確認する。	自動的に予備電源に切り替わらないこと。

(18)		連動機構用予備電源	劣化及び損傷の状況	目視により確認する。	変形、損傷又は著しい腐食があること。
(19)			容量の状況	予備電源試験スイッチ等を操作し、目視により確認する。	容量が不足していること。
(20)		自動閉鎖装置	設置の状況	目視又は触診により確認する。	取付けが堅固でないこと又は変形、損傷若しくは著しい腐食があること。
(21)		手動閉鎖装置	設置の状況	目視により確認するとともに、必要に応じて鋼製巻尺等により測定する。	速やかに作動させることができる位置に設置されていないこと、周囲に障害物があり操作ができないこと、変形、損傷若しくは著しい腐食があること又は打ち破り窓のプレートが脱落していること。
(22)	総合的な作動の状況		耐火クロススクリーンの閉鎖の状況	煙感知器、熱煙複合式感知器又は熱感知器を作動させ、全ての耐火クロススクリーン（(23)の項の点検が行われるものを除く。）の作動の状況を確認する。ただし、連動機構用予備電源ごとに、少なくとも１以上の耐火クロススクリーンについて、予備電源に切り替えた状態で作動の状況を確認する。	耐火クロススクリーンが正常に閉鎖しないこと又は連動制御器の表示灯が点灯しないこと若しくは音響装置が鳴動しないこと。
(23)			防火区画（令第112条第11項から第13項までの規定による区画に限る。）の形成の状況	当該区画のうち１以上を対象として、煙感知器又は熱煙複合式感知器を作動させ、複数の耐火クロススクリーンの作動の状況及びその作動による防火区画の形成の状況を確認する。	耐火クロススクリーンが正常に閉鎖しないこと、連動制御器の表示灯が正常に点灯しないこと又は音響装置が鳴動しないこと及び防火区画が適切に形成されないこと。

別表第４

	(い)検査項目		(ろ)検査事項	(は)検査方法	(に)判定基準
(1)	ドレンチャー等	設置場所の周囲状況	作動の障害となる物品の放置の状況	目視により確認する。	物品が放置されていることによりドレンチャー等の作動に支障があること。
(2)		散水ヘッド	散水ヘッドの設置の状況	目視により確認する。	水幕を正常に形成できない位置に設置されていること又は塗装若しくは異物の付着等があること。
(3)		開閉弁	開閉弁の状況	目視により確認する。	変形、損傷又は著しい腐食があること。
(4)		排水設備	排水の状況	次に掲げる方法のいずれかによる。 イ　放水区域に放水することができる場合にあっては、放水し、排水の状況を目視により確認する。 ロ　放水区域に放水するこ	排水が正常に行われないこと。

				とができない場合にあっては、放水せず、排水口のつまり等を目視により確認する。	
(5)		水源	貯水槽の劣化及び損傷、水質並びに水量の状況	目視により確認する。	変形、損傷若しくは著しい腐食があること、水質に著しい腐敗、浮遊物、沈殿物等があること又は規定の水量が確保されていないこと。
(6)			給水装置の状況	目視により確認する。	変形、損傷又は著しい腐食があること。
(7)		加圧送水装置	ポンプ制御盤のスイッチ類及び表示灯の状況	目視又は作動の状況により確認する。	スイッチ類に破損があること、表示灯が点灯しないこと又はスイッチ類が機能しないこと。
(8)			結線接続の状況	目視又は触診により確認する。	断線、端子の緩み、脱落又は損傷等があること。
(9)			接地の状況	回路計、ドライバー等により確認する。	接地線が接地端子に緊結されていないこと。
(10)			ポンプ及び電動機の状況	目視又は触診により確認する。	回転が円滑でないこと、潤滑油等が必要量ないこと、装置若しくは配管への接続に緩みがあること又は基礎への取付けが堅固でないこと。
(11)			加圧送水装置用予備電源への切り替えの状況	常用電源を遮断し、作動の状況を確認する。	自動的に予備電源に切り替わらないこと。
(12)			加圧送水装置用予備電源の劣化及び損傷の状況	目視により確認する。	変形、損傷又は著しい腐食があること。
(13)			加圧送水装置用予備電源の容量の状況	予備電源試験スイッチ等を操作し、目視により確認する。	容量が不足していること。
(14)			圧力計、呼水槽、起動用圧力スイッチ等の付属装置の状況	目視又は作動の状況により確認する。	変形、損傷若しくは著しい腐食があること又は正常に作動しないこと。
(15)	連動機構	煙感知器、熱煙複合式感知器及び熱感知器（火災感知用ヘッド等の感知装置を含む。）	設置位置	目視により確認するとともに、必要に応じて鋼製巻尺等により測定する。	煙感知器又は熱煙複合式感知器にあっては昭和48年建設省告示第2563号第1第二号ニ(2)に掲げる場所に設けていないこと。熱感知器にあっては昭和48年建設省告示第2563号第1第二号ニ(2)(i)及び(ii)に掲げる場所に設けていないこと。
(16)			感知の状況	(25)の項又は(26)の項の点検が行われるもの以外のものを対象として、加煙試験器、加熱試験器等により感知の状況を確認する。ただし、前回の検査以降に同等の方法で実施した検査の記録がある場合にあっては、当該	適正な時間内に感知しないこと。

				記録により確認することで足りる。	
⒄		制御器	スイッチ類及び表示灯の状況	目視により確認する。	スイッチ類に破損があること又は表示灯が点灯しないこと。
⒅			結線接続の状況	目視又は触診により確認する。	断線、端子の緩み、脱落又は損傷等があること。
⒆			接地の状況	回路計、ドライバー等により確認する。	接地線が接地端子に緊結されていないこと。
⒇			予備電源への切り替えの状況	常用電源を遮断し、作動の状況を確認する。	自動的に予備電源に切り替わらないこと。
(21)		連動機構用予備電源	劣化及び損傷の状況	目視により確認する。	変形、損傷又は著しい腐食があること。
(22)			容量の状況	予備電源試験スイッチ等を操作し、目視により確認する。	容量が不足していること。
(23)		自動作動装置	設置の状況	目視又は触診により確認する。	取付けが堅固でないこと又は変形、損傷若しくは著しい腐食があること。
(24)		手動作動装置	設置の状況	目視により確認するとともに、必要に応じて鋼製巻尺等により測定する。	速やかに作動させることができる位置に設置されていないこと、周囲に障害物があり操作ができないこと、変形、損傷若しくは著しい腐食があること又は打ち破り窓のプレートが脱落していること。
(25)	総合的な作動の状況		ドレンチャー等の作動の状況	次のいずれかの方法により全てのドレンチャー等（(26)の項の点検が行われるものを除く。）の作動の状況を確認する。ただし、連動機構用予備電源ごとに、少なくとも1以上のドレンチャー等について、予備電源に切り替えた状態で作動の状況を確認する。 イ　放水区域に放水することができる場合にあっては、煙感知器、熱煙複合式感知器又は熱感知器を作動させて行う方法 ロ　放水区域に放水することができない場合にあっては、放水試験による方法	ドレンチャー等が正常に作動しないこと又は制御盤の表示灯が点灯しないこと。
(26)			防火区画（令第112条第11項から第13項までの規定による区画に限る。）の形成の状況	当該区画のうち1以上を対象として、(25)の項(は)欄イ又はロに掲げる方法により複数のドレンチャー等の作動の状況及びその作動による防火区画の形成の状況を確認する。	ドレンチャー等が正常に作動しないこと、制御盤の表示灯が点灯しないこと又は防火区画が適切に形成されないこと。

別記（略）

建築設備についての検査等と併せて検査等を一体的に行うことが合理的である防火設備を定める件

制定：平成28年4月22日　国土交通省告示第699号

建築基準法施行規則（昭和25年建設省令第40号）第6条の6の表(2)の項に基づき、建築設備についての検査等と併せて検査等を一体的に行うことが合理的である防火設備を次のように定める。

建築基準法施行規則第6条の6の表(2)の項に規定する建築設備についての検査等と併せて検査等を一体的に行うことが合理的である防火設備は、防火ダンパーとする。

建築基準法施行規則の規定により建築に関する知識及び経験を有する者として国土交通大臣が定める者を指定する件

制定：平成28年4月22日　国土交通省告示第700号
改正：平成29年9月29日　国土交通省告示第888号

建築基準法施行規則（昭和25年建設省令第40号）第6条の9第一号（同規則第6条の12、第6条の14及び第6条の16において準用する場合を含む。）の規定に基づき、建築に関する知識及び経験を有する者として国土交通大臣が定める者を次のように定める。

第1

登録特定建築物調査員講習を受講することができる者は、次の各号のいずれかに該当する者とする。

一　学校教育法（昭和22年法律第26号）による大学（短期大学を除く。以下単に「大学」という。）において、正規の建築学、土木工学、機械工学若しくは電気工学又はこれらに相当する課程を修めて卒業した後、建築に関して2年以上の実務の経験を有する者

二　学校教育法による短期大学（修業年限が3年であるものに限り、同法による専門職大学の3年の前期課程を含む。第2第二号、第3第二号及び第4第二号において「3年短期大学等」という。）において、正規の建築学、土木工学、機械工学若しくは電気工学又はこれらに相当する課程（夜間において授業を行うものを除く。）を修めて卒業した後（同法による専門職大学の前期課程にあっては、修了した後。次号、第2第二号及び第三号、第3第二号及び第三号並びに第4第二号及び第三号において同じ。）、建築に関して3年以上の実務の経験を有する者

三　学校教育法による短期大学（同法による専門職大学の前期課程を含む。第2第三号、第3第三号及び第4第三号において単に「短期大学」という。）又は高等専門学校（以下単に「高等専門学校」という。）において、正規の建築学、土木工学、機械工学若しくは電気工学又はこれらに相当する課程を修めて卒業した後、建築に関して4年以上の実務の経験を有する者（前号に掲げる者を除く。）

四　学校教育法による高等学校又は中等教育学校（以下単に「高等学校等」という。）において、正規の建築学、土木工学、機械工学若しくは電気工学又はこれらに相当する課程を修めて卒業した後、建築に関して7年以上の実務の経験を有する者

五　建築に関して11年以上の実務の経験を有する者

六　建築行政に関して2年以上の実務の経験を有する者

七　火災予防業務に関して5年以上の消防吏員としての実務の経験を有する者

八　消防法（昭和23年法律第186号）第8条の2の2第1項に規定する防火対象物点検資格者として5年以上の実務の経験を有する者

九　消防法第17条の6第2項に規定する甲種消防設備士として5年以上の実務の経験を有する者

十　前各号と同等以上の知識及び経験を有する者

第2

登録建築設備検査員講習を受講することができる者は、次の各号のいずれかに該当する者とする。

一　大学において、正規の建築学、機械工学若しくは電気工学又はこれらに相当する課程を修めて卒業した後、建築設備に関して2年以上の実務の経験を有する者
二　3年短期大学等において、正規の建築学、機械工学若しくは電気工学又はこれらに相当する課程（夜間において授業を行うものを除く。）を修めて卒業した後、建築設備に関して3年以上の実務の経験を有する者
三　短期大学又は高等専門学校において、正規の建築学、機械工学若しくは電気工学又はこれらに相当する課程を修めて卒業した後、建築設備に関して4年以上の実務の経験を有する者（前号に掲げる者を除く。）
四　高等学校等において、正規の建築学、機械工学若しくは電気工学又はこれらに相当する課程を修めて卒業した後、建築設備に関して7年以上の実務の経験を有する者
五　建築設備に関して11年以上の実務の経験を有する者
六　建築行政（建築設備に関するものに限る。）に関して2年以上の実務の経験を有する者
七　建築士法（昭和25年法律第202号）第2条第5項に規定する建築設備士の資格を有する者
八　前各号と同等以上の知識及び経験を有する者

第3

登録防火設備検査員講習を受講することができる者は、次の各号のいずれかに該当する者とする。
一　大学において、正規の建築学、機械工学若しくは電気工学又はこれらに相当する課程を修めて卒業した後、防火設備に関して2年以上の実務の経験を有する者
二　3年短期大学等において、正規の建築学、機械工学若しくは電気工学又はこれらに相当する課程（夜間において授業を行うものを除く。）を修めて卒業した後、防火設備に関して3年以上の実務の経験を有する者
三　短期大学又は高等専門学校において、正規の建築学、機械工学若しくは電気工学又はこれらに相当する課程を修めて卒業した後、防火設備に関して4年以上の実務の経験を有する者（前号に掲げる者を除く。）
四　高等学校等において、正規の建築学、機械工学若しくは電気工学又はこれらに相当する課程を修めて卒業した後、防火設備に関して7年以上の実務の経験を有する者
五　防火設備に関して11年以上の実務の経験を有する者
六　建築行政（防火設備に関するものに限る。）に関して2年以上の実務の経験を有する者
七　火災予防業務に関して消防吏員として5年以上の実務経験を有する者
八　感知器に関して消防法施行規則（昭和36年自治省令第6号）第31条の6第6項に規定する消防設備点検資格者として5年以上の実務経験を有する者
九　感知器に関して消防法第17条の6第2項に規定する甲種消防設備士又は乙種消防設備士として5年以上の実務経験
十　前各号と同等以上の知識及び経験を有する者

第4

登録昇降機等検査員講習を受講することができる者は、次の各号のいずれかに該当する者とする。
一　大学において、正規の機械工学若しくは電気工学又はこれらに相当する課程を修めて卒業した後、昇降機又は遊戯施設に関して2年以上の実務の経験を有する者
二　3年短期大学等において、正規の機械工学若しくは電気工学又はこれらに相当する課程（夜間において授業を行うものを除く。）を修めて卒業した後、昇降機又は遊戯施設に関して3年以上の実務の経験を有する者
三　短期大学又は高等専門学校において、正規の機械工学若しくは電気工学又はこれらに相当する課程を修めて卒業した後、昇降機又は遊戯施設に関して4年以上の実務の経験を有する者（前号に掲げる者を除く。）
四　高等学校等において、正規の機械工学若しくは電気工学又はこれらに相当する課程を修めて卒業した後、昇降機又は遊戯施設に関して7年以上の実務の経験を有する者
五　昇降機又は遊戯施設に関して11年以上の実務の経験を有する者
六　建築行政（昇降機又は遊戯施設に関するものに限る。）に関して2年以上の実務の経験を有する者

七　昇降機又は遊戯施設に関する法令の施行に関して５年以上の実務の経験（前号に掲げるものを除く。）を有する者

八　前各号と同等以上の知識及び経験を有する者

登録特定建築物調査員講習、登録建築設備検査員講習、登録防火設備検査員講習及び登録昇降機等検査員講習に用いる教材の内容として国土交通大臣が定める事項を定める件

制定：平成 28 年 4 月 22 日　国土交通省告示第 701 号
改正：令和元年　6 月 25 日　国土交通省告示第 203 号

建築基準法施行規則（昭和 25 年建設省令第 40 号）第 6 条の 9 第五号（同規則第 6 条の 12、第 6 条の 14 及び第 6 条の 16 において準用する場合を含む。）の規定に基づき、登録特定建築物調査員講習、登録建築設備検査員講習、登録防火設備検査員講習及び登録昇降機等検査員講習に用いる教材の内容として国土交通大臣が定める事項を次のように定める。

第 1

登録特定建築物調査員講習に用いる教材の内容は次の表の左欄に掲げる科目に応じ、それぞれ同表の右欄に掲げる内容を含むものとすること。

科目	内容
特定建築物定期調査制度総論	建築物の維持保全、定期報告その他の定期調査制度全般にわたる知識に関する事項
建築学概論	建築計画、建築構造、建築材料、建築設備、防火設備、建築施工その他の建築学全般にわたる知識に関する事項
建築基準法令の構成と概要	建築基準法（昭和 25 年法律第 201 号）及び消防法（昭和 23 年法律第 186 号）の知識に関する事項
特殊建築物等の維持保全	特殊建築物等の維持保全についての知識に関する事項
建築構造	建築物の各種構造及びその調査・診断についての知識に関する事項
防火・避難	建築物火災現象、防火・避難計画、防火材料、防火構造、防火設備その他の建築物の防火・避難についての知識に関する事項
その他の事故防止	日常的に発生する事故の防止及び地震災害対策、水害対策その他の災害対策についての知識に関する事項
特定建築物調査業務基準	特定建築物の定期調査の趣旨、業務内容、実施要領、判定基準、報告書作成方法その他の特定建築物調査実務全般にわたる知識に関する事項

第 2

登録建築設備検査員講習に用いる教材の内容は次の表の左欄に掲げる科目に応じ、それぞれ同表の右欄に掲げる内容を含むものとすること。

科目	内容
建築設備定期検査制度総論	建築設備の維持保全、定期報告その他の定期検査制度全般にわたる知識に関する事項
建築学概論	建築計画、建築構造、建築材料、建築設備、防火設備その他の建築学全般にわたる知識に関する事項
建築設備に関する建築基準法令	建築基準法令中の建築設備に関する部分並びに消防法及びこれに基づく命令中の消防用設備等に関する部分についての知識に関する事項

建築設備に関する維持保全	建築設備の維持保全についての知識に関する事項
建築設備の耐震規制、設計指針	建築設備についての耐震関係規定及び設計指針についての知識に関する事項
換気、空気調和設備	換気設備及び空気調和設備の基本的事項並びにその技術的基準についての知識に関する事項
排煙設備	建築基準法令並びに消防法及びこれに基づく命令中の排煙設備に関する部分についての知識に関する事項
電気設備	電気設備（屋内配線、照明設備、動力設備、受変電設備、発電設備、蓄電池設備、避雷設備及び通信設備を含む。）に関係する法令並びにその監視・制御及び試験・検査についての知識に関する事項
給排水衛生設備	給排水衛生設備（給水設備、給湯設備、排水設備、通気設備、衛生設備、排水再利用設備及び消火設備を含む。）に関係する法令並びにその監視・制御及び試験・検査についての知識に関する事項
建築設備定期検査業務基準	建築設備の定期検査の趣旨、業務内容、実施要領、判定基準、報告書作成方法その他の建築設備定期検査実務全般にわたる知識に関する事項

第 3

登録防火設備検査員講習に用いる教材の内容は次の表の左欄に掲げる講習区分及び同表の中欄に掲げる科目に応じ、それぞれ同表の右欄に掲げる内容を含むものとすること。

講習区分	科目	内容
学科講習	防火設備定期検査制度総論	防火設備の維持保全、定期報告その他の定期検査制度全般にわたる知識に関する事項
	建築学概論	建築計画、建築構造、建築材料、建築設備、防火設備その他の建築学全般にわたる知識に関する事項
	防火設備に関する建築基準法令	建築基準法令中の防火設備に関する部分についての知識に関する事項
	防火設備概論	防火設備についての知識に関する事項
	防火設備に関する維持保全	防火設備の維持保全についての知識に関する事項
	防火設備定期検査業務基準	防火設備の定期検査の趣旨、業務内容、実施要領、判定基準、報告書作成方法その他の防火設備定期検査実務全般にわたる知識に関する事項
実技講習	防火設備検査方法	防火設備定期検査業務基準による検査の実技に関する事項

第 4

登録昇降機等検査員講習に用いる教材の内容は次の表の左欄に掲げる科目に応じ、それぞれ同表の右欄に掲げる内容を含むものとすること。

科目	内容
昇降機・遊戯施設定期検査制度総論	昇降機及び遊戯施設の維持保全、定期報告その他の定期検査制度全般にわたる知識に関する事項
建築学概論	建築計画、建築構造、建築材料、建築設備、防火設備その他の建築学全般にわたる知識に関する事項
昇降機・遊戯施設に関する電気工学	電気理論、電気機械、制御器具、電気材料、自家用変電設備その他の電気工学についての知識に関する事項

昇降機・遊戯施設に関する機械工学	機械材料、材料力学、機械要素その他の機械工学についての知識に関する事項
昇降機・遊戯施設に関する建築基準法令	建築基準法令中の昇降機及び遊戯施設に関する部分についての知識に関する事項
昇降機・遊戯施設に関する維持保全	昇降機及び遊戯施設の維持保全についての知識に関する事項
昇降機概論	昇降機の沿革、分類並びに構造、機能及び安全装置その他の昇降機全般にわたる知識に関する事項
遊戯施設概論	遊戯施設についての知識に関する事項
昇降機・遊戯施設の検査標準	昇降機及び遊戯施設の定期検査の趣旨、業務内容、報告書作成方法、日本産業規格に定める昇降機及び遊戯施設の検査標準（実施要領及び判定基準を含む。）その他の昇降機定期検査実務全般にわたる知識に関する事項

建築基準法施行規則の規定により講義を受講した者と同等以上の知識を有する者として国土交通大臣が定める者及び国土交通大臣が定める科目を定める件

制定：平成 28 年 4 月 22 日　国土交通省告示第 702 号

建築基準法施行規則（昭和 25 年建設省令第 40 号）第 6 条の 12、第 6 条の 14 及び第 6 条の 16 において読み替えて準用する第 6 条の 9 第九号の規定に基づき、講義を受講した者と同等以上の知識を有する者として国土交通大臣が定める者及び国土交通大臣が定める科目を次のように定める。

第 1

登録建築設備検査員講習の講義を受講した者と同等以上の知識を有する者は、次の表の左欄に掲げる者（建築基準法施行規則（以下「規則」という。）第 6 条の 18（規則第 6 条の 25 及び第 6 条の 27 において読み替えて準用する場合を含む。）の規定の適用を受けた資格者証の交付を受けた者を除く。）とし、国土交通大臣が定める科目は、同表の左欄に掲げる者の区分に応じ、それぞれ同表の右欄に掲げる科目とする。

同等以上の知識を有する者	科目
特定建築物調査員である者	建築学概論
防火設備検査員である者	建築学概論
昇降機等検査員である者	建築学概論
建築設備士である者	建築設備定期検査制度総論
	建築学概論
	建築設備に関する建築基準法令
	建築設備の耐震規制、設計指針
	換気、空気調和設備
	排煙設備
	電気設備
	給排水衛生設備

第 2

登録防火設備検査員講習の講義を受講した者と同等以上の知識を有する者は、次の表の左欄に掲げる者（規則第 6 条の 18（規則第 6 条の 23 及び第 6 条の 27 において読み替えて準用する場合を含む。）の規定の適用を受けた資格者証の交付を受けた者を除く。）とし、国土交通大臣が定める科目は、同表の左欄に掲げる者の区分に応じ、それぞれ同表の右欄に掲げる科目とする。

同等以上の知識を有する者	科目
特定建築物調査員である者	建築学概論
建築設備検査員である者	建築学概論
昇降機等検査員である者	建築学概論
建築設備士である者	建築学概論
防火設備に関し専門的知識及び能力を有するものとして国土交通大臣が認める者	国土交通大臣が指定する科目

第3

登録昇降機等検査員講習の講義を受講した者と同等以上の知識を有する者は、次の表の左欄に掲げる者（規則第6条の18（規則第6条の23及び第6条の25において読み替えて準用する場合を含む。）の規定の適用を受けた資格者証の交付を受けた者を除く。）とし、国土交通大臣が定める科目は、同表の左欄に掲げる者の区分に応じ、それぞれ同表の右欄に掲げる科目とする。

同等以上の知識を有する者	科目
特定建築物調査員である者	建築学概論
防火設備検査員である者	建築学概論
建築設備検査員である者	建築学概論
建築設備士である者	建築学概論

構造耐力上主要な部分である壁及び床版に、枠組壁工法により設けられるものを用いる場合における技術的基準に適合する当該壁及び床版の構造方法を定める件

制定：平成13年10月15日　国土交通省告示第1541号
改正：令和　2年　8月28日　国土交通省告示第　821号

建築基準法施行規則（昭和25年建設省令第40号）第8条の3の規定に基づき、構造耐力上主要な部分である壁及び床版に、枠組壁工法（木材を使用した枠組に構造用合板その他これに類するものを打ち付けることにより、壁及び床版を設ける工法をいう。）により設けられるものを用いる場合における国土交通大臣が定める技術的基準に適合する当該壁及び床版の構造方法を次のように定める。

第1

構造耐力上主要な部分である壁に、枠組壁工法により設けられるものを用いる場合における技術的基準に適合する当該壁の構造方法は、次の各号に定めるところによる。

一　耐力壁は、外壁又は間仕切壁のそれぞれについて、木質接着複合パネル（平成12年建設省告示第1446号第1第十三号に規定する木質接着複合パネルをいう。以下同じ。）を使用するものとこれ以外の工法によるものとを併用してはならない。

二　耐力壁は、建築物に作用する水平力及び鉛直力に対して安全であるように、釣合い良く配置しなければならない。この場合において、耐力壁の負担する鉛直力を負担する柱又は耐力壁以外の壁（常時作用している荷重（固定荷重と積載荷重との和（建築基準法施行令（昭和25年政令第338号。以下「令」という。）第86条第2項ただし書の規定によって特定行政庁が指定する多雪区域においては、更に積雪荷重を加えたものとする。））によって生ずる応力度が、当該柱又は耐力壁以外の壁の各断面の長期に生ずる力に対する許容応力度を超えないことが確かめられたものに限る。）を設ける場合においては、当該耐力壁にかえて当該柱又は耐力壁以外の壁を配置することができる。

三　2階部分又は3階部分に耐力壁を設けず当該部分を小屋裏とする場合においては、直下階の構造耐力上主要な部分が当該小屋裏の荷重を直接負担する構造としなければならない。

四　耐力壁の下枠、たて枠及び上枠の寸法は、枠組壁工法構造用製材及び枠組壁工法構造用たて継ぎ材

の日本農林規格（昭和 49 年農林省告示第 600 号。以下「枠組壁工法構造用製材等規格」という。）に規定する寸法型式 204、205、206、208、304、306、404、405、406、408 若しくは 204W に適合するもの又は厚さ 38㎜以上で幅 89㎜以上のものであって、かつ、下枠、たて枠若しくは上枠と床版の枠組材（床根太、端根太又は側根太をいう。以下同じ。）、頭つなぎ、まぐさ受け若しくは筋かいの両端部との緊結及び下枠若しくは上枠とたて枠との緊結に支障がないものとしなければならない。

五 各階の張り間方向及び桁行方向に配置する耐力壁は、それぞれの方向につき、耐力壁のたて枠相互の間隔が 50㎝を超える場合においては次の表 1 の、当該間隔が 50㎝以下の場合においては次の表 1 － 2 の耐力壁の種類の欄に掲げる区分に応じて当該耐力壁の長さに同表の倍率の欄に掲げる数値を乗じて得た長さの合計を、その階の床面積（その階又は上の階の小屋裏、天井裏その他これらに類する部分に物置等を設ける場合にあっては、平成 12 年建設省告示第 1351 号に規定する面積をその階の床面積に加えた面積）に次の表 2 に掲げる数値（特定行政庁が令第 88 条第 2 項の規定によって指定した区域内における場合においては、次の表 2 に掲げる数値のそれぞれ 1.5 倍とした数値）を乗じて得た数値以上で、かつ、その階（その階より上の階がある場合においては、当該上の階を含む。）の見付面積（張り間方向又はけた行方向の鉛直投影面積をいう。以下同じ。）からその階の床面からの高さが 1.35m以下の部分の見付面積を減じたものに次の表 3 に掲げる数値を乗じて得た数値以上としなければならない。

表 1

	耐力壁の種類				倍率
		緊結の方法			
		くぎ又はねじの種類	くぎ又はねじの本数	くぎ又はねじの間隔	
(1)	構造用合板若しくは化粧ばり構造用合板（合板の日本農林規格（平成 15 年農林水産省告示第 233 号。以下「合板規格」という。）に規定する特類又は一類（屋外に面する部分（防水紙その他これに類するもので有効に防水されている部分を除く。）又は湿潤状態となるおそれのある部分（常時湿潤状態となるおそれのある部分を除く。）に用いる場合は特類に限る。）をいう。以下「構造用合板等」という。）のうち厚さ 7.5㎜以上の一級若しくは厚さ 9㎜以上の二級、構造用パネル（構造用パネルの日本農林規格（昭和 62 年農林水産省告示第 360 号。以下「構造用パネル規格」という。）に規定する一級、二級、三級又は四級をいう。表 1-2 (4)及び(7)において同じ。）、ハードボード（日本産業規格（以下「JIS」という。）A5905（繊維板）-1994 に規定するハードファイバーボードの 35 タイプ又は 45 タイプをいう。以下同じ。）のうち厚さ 7㎜以上のもの又はパーティクルボード（JIS A5908（パーティクルボード）-1994 に規定する 18 タイプ、13 タイプ、24-10 タイプ、17.5-10.5 タイプ又は 30-15 タイプをいう。以下同じ。）のうち厚さ 12㎜以上のものを片側全面に打ち付けた耐力壁	CN50 CNZ50 BN50	－	壁材の外周部分は 10㎝以下、その他の部分は 20㎝以下	3
(2)	構造用合板等のうち厚さ 7.5㎜以上 9㎜未満の二級又はハードボードのうち厚さ 5㎜以上 7㎜未満のものを片側全面に打ち付けた耐力壁	CN50 CNZ50 BN50	－	壁材の外周部分は 10㎝以下、その他の部分は 20㎝以下	2.5

(3)	構造用せっこうボードA種(JIS A6901(せっこうボード製品)-2005に規定する構造用せっこうボードA種をいう。以下同じ。)のうち厚さ12mm以上のものを片側全面に打ち付けた耐力壁	GNF40 SF45 WSN DTSN	−	壁材の外周部分は10cm以下、その他の部分は20cm以下	1.7
(4)	構造用せっこうボードB種(JIS A6901(せっこうボード製品)-2005に規定する構造用せっこうボードB種をいう。以下同じ。)のうち厚さ12mm以上のものを片側全面に打ち付けた耐力壁	GNF40 SF45 WSN DTSN	−	壁材の外周部分は10cm以下、その他の部分は20cm以下	1.5
(5)	フレキシブル板(JIS A5430(繊維強化セメント板)-2001に規定するフレキシブル板をいう。以下同じ。)のうち厚さ6mm以上のものを片側全面に打ち付けた耐力壁	GNF40 SF45	−	壁材の外周部分は15cm以下、その他の部分は30cm以下	1.5
(6)	強化せっこうボード(JIS A6901(せっこうボード製品)-2005に規定する強化せっこうボードをいう。以下同じ。)のうち厚さ12mm以上のものを片側全面に打ち付けた耐力壁	GNF40 SF45 WSN DTSN	−	壁材の外周部分は10cm以下、その他の部分は20cm以下	1.3
(7)	せっこうボード(JIS A6901(せっこうボード製品)-2005に規定するせっこうボードをいう。以下同じ。)のうち厚さ12mm以上のものを片側全面に打ち付けた耐力壁	GNF40 SF45 WSN DTSN	−	壁材の外周部分は10cm以下、その他の部分は20cm以下	1
(8)	シージングボード(JIS A5905(繊維板)-1994に規定するシージングボードをいう。以下同じ。)のうち厚さ12mm以上のものを片側全面に打ち付けた耐力壁	SN40	−	壁材の外周部分は10cm以下、その他の部分は20cm以下	1
(9)	(1)から(8)までに掲げる壁材を両側全面に打ち付けた耐力壁	(1)から(8)までのそれぞれの種類	(1)から(8)までのそれぞれの本数	(1)から(8)までのそれぞれの間隔	(1)から(8)までのそれぞれの数値と(1)から(8)までのそれぞれの数値との和(5を超えるときは、5)
(10)	厚さ18mm以上、幅89mm以上の筋かいを入れた耐力壁	CN65 CNZ65	下枠、たて枠及び上枠2本	−	0.5
		BN65	下枠、たて枠及び上枠3本		
(11)	(1)から(9)までに掲げる耐力壁と(10)に掲げる筋かいとを併用した耐力壁	(1)から(10)までのそれぞれの種類	(1)から(10)までのそれぞれの本数	(1)から(10)までのそれぞれの間隔	(1)から(9)までのそれぞれの数値と(10)の数値との

					和（5を超えるときは、5）
1	この表において、SF45、CN50、CN65、CNZ50、CNZ65、BN50、BN65、GNF40及びSN40は、それぞれJIS A5508（くぎ）-2005に規定するSF45、CN50、CN65、CNZ50、CNZ65、BN50、BN65、GNF40及びSN40を、WSNは、JIS B1112（十字穴付き木ねじ）-1995に適合する十字穴付き木ねじであって、呼び径及び長さが、それぞれ3.8㎜及び32㎜以上のものを、DTSNは、JIS B1125（ドリリングタッピンねじ）-2003に適合するドリリングタッピンねじであって、頭部の形状による種類、呼び径及び長さが、それぞれトランペット、4.2㎜及び30㎜以上のものを表すものとする。以下表1－2において同じ。				
2	⑽に掲げる耐力壁であって、壁の枠組材と筋かいの両端部の短期に生ずる力に対する許容せん断力が1,100N/箇所以上であることが確かめられた場合においては、緊結の方法の欄に掲げる方法によらないことができる。				

表1－2

	耐力壁の種類				倍率
		緊結の方法			
		くぎ又はねじの種類	くぎ又はねじの本数	くぎ又はねじの間隔	
⑴	構造用合板等のうち厚さ12㎜以上の一級若しくは二級又は構造用パネル（構造用パネル規格に規定する一級、二級又は三級のものに限る。⑸において同じ。）のうち厚さが12㎜以上のものを片側全面に打ち付けた耐力壁	CN65 CNZ65	－	壁材の外周部分は5cm以下、その他の部分は20cm以下	4.8
⑵	構造用パーティクルボード（JIS A5908（パーティクルボード）-2015に規定する構造用パーティクルボードに限る。以下同じ。）又は構造用MDF（JIS A5905（繊維板）-2014に規定する構造用MDFに限る。以下同じ。）を片側全面に打ち付けた耐力壁	CN50 CNZ50	－	壁材の外周部分は5cm以下、その他の部分は20cm以下	4.8
⑶	構造用合板等のうち厚さ12㎜以上の一級又は二級を片側全面に打ち付けた耐力壁	CN65 CNZ65	－	壁材の外周部分は7.5cm以下、その他の部分は20cm以下	4.5
⑷	構造用合板等のうち厚さ9㎜以上の一級若しくは二級又は構造用パネルのうち厚さが9㎜以上のものを片側全面に打ち付けた耐力壁	CN50 CNZ50	－	壁材の外周部分は5cm以下、その他の部分は20cm以下	3.7
⑸	構造用合板等のうち厚さ12㎜以上の一級若しくは二級又は構造用パネルのうち厚さが12㎜以上のものを片側全面に打ち付けた耐力壁	CN65 CNZ65	－	壁材の外周部分は10cm以下、その他の部分は20cm以下	3.6
⑹	構造用合板等のうち厚さ9㎜以上の一級を片側全面に打ち付けた耐力壁	CN50 CNZ50 BN50	－	壁材の外周部分は10cm以下、それ以外の部分は20cm以下	3.5
⑺	構造用合板等のうち厚さ7.5㎜以上9㎜未満の一級若しくは厚さ9㎜以上の二級、ハードボードのうち厚さ7㎜以上のもの、パーティクルボードのうち厚さ12㎜以上のもの、構造	CN50 CNZ50 BN50	－	壁材の外周部分は10cm以下、その他の部分は20cm以下	3

	用パーティクルボード、構造用 MDF 又は構造用パネルを片側全面に打ち付けた耐力壁				
(8)	構造用合板等で厚さ 7.5mm以上 9mm未満の二級、ハードボードで厚さ 5mm以上 7mm未満のもの又は硬質木片セメント板で厚さ 12mm以上のものを片側全面に打ち付けた耐力壁	CN50 CNZ50 BN50	−	壁材の外周部分は 10cm以下、その他の部分は 20cm以下	2.5
(9)	フレキシブル板のうち厚さ 6mm以上のものを片側全面に打ち付けた耐力壁	GNF40 SF45	−	壁材の外周部分は 15cm以下、その他の部分は 30cm以下	2
(10)	パルプセメント板（JIS A5414（パルプセメント板）-1993 に規定する 1.0 板をいう。）のうち厚さ 8mm以上のものを片側全面に打ち付けた耐力壁	GNF40 SF45	−	壁材の外周部分は 10cm以下、その他の部分は 20cm以下	2
(11)	構造用せっこうボード A 種のうち厚さ 12mm以上のものを片側全面に打ち付けた耐力壁	GNF40 SF45 WSN DTSN	−	壁材の外周部分は 10cm以下、その他の部分は 20cm以下	1.7
(12)	構造用せっこうボード B 種のうち厚さ 12mm以上のものを片側全面に打ち付けた耐力壁	GNF40 SF45 WSN DTSN	−	壁材の外周部分は 10cm以下、その他の部分は 20cm以下	1.5
(13)	厚さ 13mm以上、幅 21cm以上の製材を片側全面に斜めに打ち付けた耐力壁	CN50 CNZ50	下枠、たて枠及び上枠 2 本	−	1.5
		BN50	下枠、たて枠及び上枠 3 本		
(14)	強化せっこうボードのうち厚さ 12mm以上のものを片側全面に打ち付けた耐力壁	GNF40 SF45 WSN DTSN	−	壁材の外周部分は 10cm以下、その他の部分は 20cm以下	1.3
(15)	せっこうボードのうち厚さ 12mm以上のものを片側全面に打ち付けた耐力壁	GNF40 SF45 WSN DTSN	−	壁材の外周部分は 10cm以下、その他の部分は 20cm以下	1
(16)	ラスシート（角波亜鉛鉄板は厚さ 0.4mm以上、メタルラスは厚さ 0.6mm以上のものに限る。）を片側全面に打ち付けた耐力壁	CN50 CNZ50 BN50	−	壁材の外周部分は 10cm以下、その他の部分は 20cm以下	1
(17)	シージングボードのうち厚さ 12mm以上のものを片側全面に打ち付けた耐力壁	SN40	−	壁材の外周部分は 10cm以下、その他の部分は 20cm以下	1
(18)	厚さ 13mm以上、幅 21cm以上の製材を片側全面に横に打ち付けた耐力壁	CN50 CNZ50	下枠、たて枠及び上枠 2 本	−	0.5
		BN50	下枠、たて枠及び上枠 3 本		
(19)	(1)から(18)までに掲げる壁材を両側全面に打	(1)から(18)	(1)から(18)	(1)から(18)までの	(1)から

	ち付けた耐力壁	までのそれぞれの種類	までのそれぞれの本数	それぞれの間隔	⒅までのそれぞれの数値と⑴から⒅までのそれぞれの数値との和（5を超えるときは、5）
⒇	厚さ18㎜以上、幅89㎜以上の筋かいを入れた耐力壁	CN65 CNZ65	下枠、たて枠及び上枠2本	－	0.5
		BN65	下枠、たて枠及び上枠3本		
㉑	⑴から⒆までに掲げる耐力壁と⒇に掲げる筋かいとを併用した耐力壁	⑴から⒇までのそれぞれの種類	⑴から⒇までのそれぞれの本数	⑴から⒇までのそれぞれの間隔	⑴から⒆までのそれぞれの数値と⒇との和（5を超えるときは、5）
1	⒇に掲げる耐力壁であって、壁の枠組材と筋かいの両端部の短期に生ずる力に対する許容せん断力が1,100N/箇所以上であることが確かめられた場合においては、緊結の方法の欄に掲げる方法によらないことができる。				
2	2以上の項に該当する場合は、これらのうち倍率の欄に掲げる数値が最も大きいものである項に該当するものとする。				

表2

	建築物		階の床面積に乗ずる数値（単位　㎝/㎡）							
			地階を除く階数が1の建築物（以下「平屋建ての建築物」という。）	地階を除く階数が2の建築物（以下「2階建ての建築物」という。）		地階を除く階数が3の建築物で、3階部分に耐力壁を設けず当該部分を小屋裏とし、かつ、3階の床面積が2階の床面積の$\frac{1}{2}$以下の建築物（以下「3階建ての小屋裏利用建築物」という。）		地階を除く階数が3の建築物で、左欄に掲げる建築物以外のもの（以下「3階建ての建築物」という。）		
				1階	2階	1階	2階	1階	2階	3階
⑴	令第86条第	屋根を金属	11	29	15	38	25	46	34	18

	2項ただし書の規定によって特定行政庁が指定する多雪区域（以下単に「多雪区域」という。）以外の区域における建築物	板、石板、木板その他これらに類する軽い材料でふいたもの								
		屋根をその他の材料でふいたもの	15	33	21	42	30	50	39	24
(2)	多雪区域における建築物	令第86条第1項に規定する垂直積雪量（以下単に「垂直積雪量」という。）が1mの区域におけるもの	25	43	33	52	42	60	51	35
		垂直積雪量が1mを超え2m未満の区域におけるもの	25と39とを直線的に補間した数値	43と57とを直線的に補間した数値	33と51とを直線的に補間した数値	52と66とを直線的に補間した数値	42と60とを直線的に補間した数値	60と74とを直線的に補間した数値	51と68とを直線的に補間した数値	35と55とを直線的に補間した数値
		垂直積雪量が2mの区域におけるもの	39	57	51	66	60	74	68	55
この表において、屋根に雪止めがなく、かつ、その勾配が30度を超える建築物又は雪下ろしを行う慣習のある地方における建築物については、垂直積雪量をそれぞれ次のイ又はロに定める数値とみなして(2)を適用した場合における数値とすることができる。この場合において、垂直積雪量が1m未満の区域における建築物とみなされるものについては、平屋建て建築物にあっては25と39とを、2階建ての建築物の1階にあっては43と57とを、2階建ての建築物の2階にあっては33と51とを、3階建ての小屋裏利用建築物の1階にあっては52と66とを、3階建ての小屋裏利用建築物の2階にあっては42と60とを、3階建ての建築物の1階にあっては60と74とを、3階建ての建築物の2階にあっては51と68とを、3階建ての建築物の3階にあっては35と55とをそれぞれ直線的に延長した数値とする。 イ　令第86条第4項に規定する屋根形状係数を垂直積雪量に乗じた数値（屋根の勾配が60度を超える場合は、0） ロ　令第86条第6項の規定により積雪荷重の計算に用いられる垂直積雪量の数値										

表3

	区域	見付面積に乗ずる数値（単位　cm／㎡）
(1)	特定行政庁がその地方における過去の風の記録を考慮してしばしば強い風が吹くと認めて規則で指定した区域	50を超え、75以下の範囲において特定行政庁がその地方における風の状況に応じて規則で定めた数値
(2)	(1)に掲げる区域以外の区域	50

六　耐力壁相互の距離は12m以下とし、かつ、耐力壁線により囲まれた部分の水平投影面積は40㎡以下としなければならない。ただし、床版の枠組材と床材とを緊結する部分を構造耐力上有効に補強した場合にあっては、当該水平投影面積を60㎡以下（耐力壁線により囲まれた部分の長辺の長さに対する短辺の長さの比が$\frac{1}{2}$を超える場合にあっては72㎡）とすることができることとする。

七　外壁の耐力壁線相互の交さする部分（以下この号及び第3第二号において「交さ部」という。）には、長さ90cm以上の耐力壁を1以上設けなければならない。ただし、交さ部を構造耐力上有効に補強した場合において、交さ部に接する開口部又は交さ部からの距離が90cm未満の開口部で、幅（交さ部から開口部までの距離を含み、外壁の双方に開口部を設ける場合は、それらの幅の合計とする。）

が4m以下のものを設けるときは、この限りでない。

八　耐力壁のたて枠相互の間隔は、次の表に掲げる数値以下（たて枠に枠組壁工法構造用製材等規格に規定する寸法型式206、306若しくは406に適合する製材又は厚さ38㎜以上で幅140㎜以上の製材を使用する耐力壁については、50㎝（当該耐力壁を3階建ての建築物の3階、2階建ての建築物の2階又は平屋建ての建築物に用いる場合については、65㎝）以下、たて枠に枠組壁工法構造用製材等規格に規定する寸法型式208若しくは408に適合する製材又は厚さ38㎜以上で幅184㎜以上の製材を使用する耐力壁については、65㎝以下）としなければならない。ただし令第82条第一号から第三号までに定める構造計算によって構造耐力上安全であることが確かめられた場合においては、たて枠相互の間隔は、当該計算に用いた数値（当該耐力壁に木質断熱複合パネルを用いる場合を除き、当該数値が65㎝を超えるときは、65㎝）とすることができる。この場合において、同条各号中「構造耐力上主要な部分」とあるのは、「耐力壁」と読み替えて計算を行うものとする。

<table>
<tr><th colspan="3">建築物</th><th>3階建ての建築物の3階、2階建ての建築物の2階又は平屋建ての建築物（単位　㎝）</th><th>3階建ての建築物の2階、3階建ての小屋裏利用建築物の2階又は2階建ての建築物の1階（単位　㎝）</th><th>3階建ての小屋裏利用建築物の1階（単位　㎝）</th></tr>
<tr><td>(1)</td><td colspan="2">多雪区域以外の区域における建築物</td><td>65</td><td>50</td><td>45</td></tr>
<tr><td rowspan="3">(2)</td><td rowspan="3">多雪区域における建築物</td><td>垂直積雪量が1mの区域におけるもの</td><td>50</td><td>45</td><td>35</td></tr>
<tr><td>垂直積雪量が1mを超え1.5m以下の区域におけるもの</td><td>50</td><td>35</td><td>31</td></tr>
<tr><td>垂直積雪量が1.5mを超え2m以下の区域におけるもの</td><td>45</td><td>35</td><td>31</td></tr>
<tr><td colspan="6">この表において屋根に雪止めがなく、かつ、その勾配が30度を超える建築物又は雪下ろしを行う慣習のある地方における建築物については、垂直積雪量がそれぞれ第五号の表2のイ又はロに定める数値の区域における建築物とみなして、この表の(2)を適用した場合における数値とすることができる。この場合において、垂直積雪量が1m未満の区域における建築物とみなされるものについては、次の表のとおりとする。</td></tr>
</table>

建築物	3階建ての建築物の3階、2階建ての建築物の2階又は平屋建ての建築物（単位　㎝）	3階建ての建築物の2階、3階建ての小屋裏利用建築物の2階又は2階建ての建築物の1階（単位　㎝）	3階建ての小屋裏利用建築物の1階（単位　㎝）
垂直積雪量が50㎝以下の区域における建築物とみなされるもの	50	50	45
垂直積雪量が50㎝を超え1m未満の区域における建築物とみなされるもの	50	45	41

九　各耐力壁の隅角部及び交さ部には次に定めるところによりたて枠を用いるものとし、当該たて枠は相互に構造耐力上有効に緊結しなければならない。

イ　耐力壁のたて枠に枠組壁工法構造用製材等規格に規定する寸法型式204、205、304、405又は204Wに適合する製材のみを使用し、かつ、当該たて枠相互の間隔を前号の表に掲げる数値以下とする場合にあっては、当該耐力壁により構成される隅角部及び交さ部に同規格に規定する寸法型式 204、205 又は 304 に適合する製材を 3 本以上使用すること。ただし、同規格に規定する寸法型式 204W に適合する製材を 1 本使用したときは、同規格に規定する寸法型式 204 に適合する製材を 2 本使用したものとみなし、同規格に規定する寸法型式 405 に適合する製材を 1 本使用したときは、同規格に規定する寸法型式 204 に適合する製材を 3 本使用したものとみなす。

ロ　耐力壁のたて枠に枠組壁工法構造用製材等規格に規定する寸法型式 206、208、306、404、406 又は 408 に適合する製材を使用し、かつ、当該たて枠相互の間隔を前号の表に掲げる数値以下とする場合にあっては、当該耐力壁により構成される隅角部及び交さ部に同規格に規定する寸法型式 206、208、306、404、406 又は 408 に適合する製材を 2 本以上使用すること。

ハ　イ及びロ以外の場合にあっては、次に定めるところによる。

(1)　耐力壁のたて枠に枠組壁工法構造用製材等規格に規定する寸法型式 206 に適合する製材又は厚さが 38㎜を超え、幅が 140㎜を超える製材を使用し、かつ、当該たて枠相互の間隔を 50㎝以下（3 階建ての建築物の 3 階、2 階建ての建築物の 2 階又は平屋建ての建築物の耐力壁のたて枠にあっては 65㎝以下）とする場合にあっては、当該耐力壁により構成される隅角部及び交さ部に同規格に規定する寸法型式 206 に適合する製材を 3 本以上又は厚さが 38㎜を超え、幅が 140㎜を超える製材を 2 本以上使用すること。

(2)　耐力壁のたて枠に枠組壁工法構造用製材等規格に規定する寸法型式 208 に適合する製材又は厚さが 38㎜を超え、幅が 184㎜を超える製材を使用し、かつ、当該たて枠相互の間隔を 65㎝以下とする場合にあっては、当該耐力壁により構成される隅角部及び交さ部に同規格に規定する寸法型式 208 に適合する製材を 3 本以上（3 階建ての建築物の 3 階、2 階建ての建築物の 2 階又は平屋建ての建築物にあっては 2 本以上）又は厚さが 38㎜を超え、幅が 184㎜を超える製材を 2 本以上使用すること。

十　屋外に面する部分で、かつ、隅角部又は開口部の両端の部分にある耐力壁のたて枠は、直下の床の枠組に金物（くぎを除く。以下同じ。）又は壁材で構造耐力上有効に緊結しなければならない。

十一　耐力壁の上部には、当該耐力壁の上枠と同寸法の断面を有する頭つなぎを設け、耐力壁相互を構造耐力上有効に緊結しなければならない。ただし、当該耐力壁の上枠と同寸法以上の断面を有する床版の枠組材を当該上枠に緊結し、耐力壁相互を構造耐力上有効に緊結する場合においては、この限りでない。

十二　耐力壁線に設ける開口部の幅は 4m以下とし、かつ、その幅の合計は当該耐力壁線の長さの $\frac{3}{4}$ 以下としなければならない。

十三　幅 90㎝以上の開口部の上部には、開口部を構成するたて枠と同寸法以上の断面を有するまぐさ受けによってささえられたまぐさを構造耐力上有効に設けなければならない。ただし、構造耐力上有効な補強を行った場合においては、この限りでない。

十四　筋かいには、欠込みをしてはならない。

十五　壁の各部材相互及び壁の各部材と床版、頭つなぎ（第十一号ただし書の規定により耐力壁の上枠と床版の枠組材とを緊結する場合にあっては、当該床版の枠組材。以下この号において同じ。）又はまぐさ受けとは、次の表の緊結する部分の欄に掲げる区分に応じ、それぞれ同表の緊結の方法の欄に掲げるとおり緊結しなければならない。ただし、接合部の短期に生ずる力に対する許容せん断耐力が、同表の緊結する部分の欄に掲げる区分に応じ、それぞれ同表の許容せん断耐力の欄に掲げる数値以上であることが確かめられた場合においては、この限りでない。

	緊結する部分	緊結の方法			許容せん断耐力
		くぎの種類	くぎの本数	くぎの間隔	
(1)	たて枠と上枠又は下枠	CN90 CNZ90	2 本	—	1 箇所当たり 1,000 N
		CN75 CNZ75 BN90 CN65	3 本		

			CNZ65 BN75			
			BN65	4本		
(2)	下枠と床版の枠組材	3階建ての建築物の1階	CN90 CNZ90	—	25cm以下	3,200 N/m
			BN90	—	17cm以下	
		その他の階	CN90 CNZ90	—	50cm以下	1,600 N/m
			BN90	—	34cm以下	
(3)	上枠と頭つなぎ		CN90 CNZ90	—	50cm以下	1,600 N/m
			BN90	—	34cm以下	
(4)	たて枠とたて枠又はまぐさ受け		CN75 CNZ75	—	30cm以下	2,200 N/m
			BN75	—	20cm以下	
この表において、くぎの種類の欄に掲げる記号は、JIS A5508(くぎ)-2005に規定する規格を表すものとする。以下第2第七号の表において同様とする。						

十一　地階の壁は、一体の鉄筋コンクリート造（2以上の部材を組み合わせたもので、部材相互を緊結したものを含む。）としなければならない。ただし、直接土に接する部分及び地面から30cm以内の外周の部分以外の壁は、これに作用する荷重及び外力に対して、第二号及び第四号から前号までの規定に準じ、構造耐力上安全なものとした枠組壁工法による壁とすることができる。

第2

構造耐力上主要な部分である床版に、枠組壁工法により設けられるものを用いる場合における技術的基準に適合する当該床版の構造方法は、次の各号に定めるところによる。

一　床根太、端根太及び側根太の寸法は、枠組壁工法構造用製材等規格に規定する寸法型式206、208、210、212若しくは306に適合するもの又は厚さ38mm以上で幅140mm以上のものであって、かつ、床根太、端根太若しくは側根太と土台、頭つなぎ若しくは床材との緊結に支障がないものとしなければならない。

二　床根太の支点間の距離は、8m以下としなければならない。この場合において、床根太に枠組壁工法構造用製材等規格に規定する寸法型式212に適合するもの又は辺長比（当該床根太に使用する製材の厚さに対する幅の比をいう。）が286を38で除した数値より大きい数値の製材を使用する場合（当該床根太を2以上緊結して用いる場合又は床根太の支点間の距離を4.5m未満とする場合を除く。）にあっては、3m以下ごとに転び止を設けなければならない。

三　床根太相互及び床根太と側根太との間隔（以下「床根太間隔」という。）は、65cm以下としなければならない。

四　床版に設ける開口部は、これを構成する床根太と同寸法以上の断面を有する床根太で補強しなければならない。

五　2階又は3階の耐力壁の直下に耐力壁を設けない場合においては、当該耐力壁の直下の床根太は、構造耐力上有効に補強しなければならない。

六　床材は、厚さ15mm以上の構造用合板等、厚さ18mm以上のパーティクルボード又は構造用パネル（構造用パネル規格に規定する一級のものに限る。）としなければならない。ただし、床根太間隔を50cm以下とする場合においては、厚さ12mm以上の構造用合板等、厚さ15mm以上のパーティクルボード又は構造用パネル（構造用パネル規格に規定する一級、二級又は三級（床根太相互又は床根太と側根太との間隔が31cmを超える場合においては、同規格に規定する一級又は二級）のものに限る。）と、床根太間隔を31cm以下とする場合においては、厚さ18mm以上の硬質木片セメント板と、それぞれすることができる。

七　床版の各部材相互及び床版の枠組材と土台又は頭つなぎ（第1第十一号ただし書の規定により耐力

壁の上枠と床版の枠組材とを緊結する場合にあっては、当該上枠。）とは、次の表の緊結する部分の欄に掲げる区分に応じ、それぞれ同表の緊結の方法の欄に掲げるとおり緊結しなければならない。ただし、接合部の短期に生ずる力に対する許容せん断耐力が、同表の緊結する部分の欄に掲げる区分に応じ、それぞれ同表の許容せん断耐力の欄に掲げる数値以上であることが確かめられた場合においては、この限りでない。

	緊結する部分		緊結の方法			許容せん断耐力
			くぎの種類	くぎの本数	くぎの間隔	
(1)	床根太と土台又は頭つなぎ		CN75 CNZ75	2 本	—	1 箇所当たり 1,100 N
			CN65 CNZ65 BN75	3 本		
			BN65	4 本		
(2)	端根太又は側根太と土台又は頭つなぎ	地階を除く階数が 3 の建築物の 1 階	CN75 CNZ75	—	25cm以下	2,200 N/m
			BN75	—	18cm以下	
		その他の階	CN75 CNZ75	—	50cm以下	1,100 N/m
			BN75	—	36cm以下	
(3)	床版の枠組材と床材	床材の外周部分	CN50 CNZ50	—	15cm以下	2,800 N/m
			BN50	—	10cm以下	
		その他の部分	CN50 CNZ50	—	20cm以下	2,100 N/m
			BN50	—	15cm以下	

八 次に掲げる場合において、令第 82 条第一号から第三号までに定める構造計算及び建築物等の地上部分について行う令第 82 条の 6 第二号及び第三号に定める構造計算により、構造耐力上安全であることを確かめられたものについては、前各号の規定は、適用しない。

イ 2 階以上の階の床版を鉄筋コンクリート造とする場合

ロ 2 階以上の階の床版に直交集成板（平成 12 年建設省告示第 1446 号第 1 第二十三号に規定する直交集成板をいう。次号において同じ。）を使用する場合

ハ 2 階以上の階の床根太に軽量 H 形鋼（平成 13 年国土交通省告示第 1540 号第 4 第八号ロに規定する軽量 H 形鋼をいう。以下同じ。）を使用する場合

九 前号に掲げるもののほか、次に掲げる場合において、令第 82 条第一号から第三号までに定める構造計算により、構造耐力上安全であることを確かめられたものについては、第一号から第七号までの規定は、適用しない。この場合において、同条各号中「構造耐力上主要な部分」とあるのは、「床版」と読み替えて計算を行うものとする。

イ 1 階の床版を鉄筋コンクリート造とする場合

ロ 床ばり又はトラスを用いる場合

ハ 床版に木質断熱複合パネル（平成 12 年建設省告示第 1446 号第十二号に規定する木質断熱複合パネルをいう。）を使用する場合

ニ 床版に木質接着複合パネルを使用する場合

ホ 1 階の床版に直交集成板を使用する場合

ヘ 床根太、端根太又は側根太に木質接着成形軸材料（平成 12 年建設省告示第 1446 号第 1 第十号に規定する木質接着成形軸材料をいう。）又は木質複合軸材料（平成 12 年建設省告示第 1446 号第 1 第十一号に規定する木質複合軸材料をいう。）を使用する場合

ト　床根太に薄板軽量形鋼（平成13年国土交通省告示第1540号第2第四号に規定する薄板軽量形鋼をいう。）を使用する場合

チ　1階の床根太に軽量H形鋼を使用する場合

十　前2号に掲げるもののほか、大引き又は床つかを用いる場合において、当該大引き又は床つか及びそれらの支持する床版に常時作用している荷重（固定荷重と積載荷重との和（令第86条第2項ただし書の規定によって特定行政庁が指定する多雪区域においては、更に積雪荷重を加えたものとする。））によって生ずる応力度が、当該大引き又は床つか及びそれらの支持する床版の各断面の長期に生ずる力に対する許容応力度を超えないことを確かめられたものについては、第一号から第七号までの規定は適用しない。

第3

第1及び第2で定めるもののほか、次に定める構造計算によって構造耐力上安全であることが確かめられた構造耐力上主要な部分である壁及び床版に枠組壁工法により設けられるものを用いた建築物又は建築物の構造部分（以下「建築物等」という。）については、次の各号に掲げるところによる。

一　次のイ及びロに該当する建築物等については、第1及び第2の規定（第2第一号の規定を除く。）は適用しない。

イ　次の⑴から⑸までに定めるところにより行う構造計算によって構造耐力上安全であることが確かめられたもの

⑴　令第82条各号に定めるところによること。

⑵　構造耐力上主要な部分に使用する構造部材相互の接合部がその部分の存在応力を伝えることができるものであることを確かめること。

⑶　建築物等の地上部分について、令第87条第1項に規定する風圧力（以下「風圧力」という。）によって各階に生じる水平方向の層間変位の当該各階の高さに対する割合が$\frac{1}{200}$（風圧力による構造耐力上主要な部分の変形によって建築物等の部分に著しい損傷が生ずるおそれのない場合にあっては、$\frac{1}{120}$）以内であることを確かめること。

⑷　建築物等の地上部分について、令第88条第1項に規定する地震力（以下「地震力」という。）によって各階に生ずる水平方向の層間変位の当該各階の高さに対する割合が$\frac{1}{200}$（地震力による構造耐力上主要な部分の変形によって建築物等の部分に著しい損傷が生ずるおそれのない場合にあっては、$\frac{1}{120}$）以内であることを確かめること。

⑸　建築物等の地上部分について、令第82条の3各号に定めるところによること。この場合において、耐力壁に木質接着複合パネルを用いる場合にあっては、同条第二号中「各階の構造特性を表すものとして、建築物の構造耐力上主要な部分の構造方法に応じた減衰性及び各階の靱性を考慮して国土交通大臣が定める数値」とあるのは、「0.55以上の数値。ただし、当該建築物の振動に関する減衰性及び当該階の靱性を適切に評価して算出することができる場合においては、当該算出した数値によることができる。」と読み替えるものとする。

ロ　構造耐力上主要な部分のうち、直接土に接する部分及び地面から30㎝以内の外周の部分が、鉄筋コンクリート造、鉄骨造その他腐朽及びしろありその他の虫による害で構造耐力上支障のあるものを生ずるおそれのない構造であること。

二　次のイ及びロに定めるところにより行う構造計算によって構造耐力上安全であることが確かめられた建築物等については、第1第五号、第六号、第七号（交さ部に設けた外壁の耐力壁の長さの合計が90cm以上である場合に限る。）、第十二号及び第十五号並びに第2第二号（床根太の支点間の距離に係る部分に限る。）及び第七号の規定は適用しない。

イ　前号イ⑴及び⑵に定めるところによること。

ロ　建築物等の地上部分について、令第82条の6第二号ロに定めるところによること。

三　第一号イ⑴及び⑵に定めるところにより行う構造計算によって構造耐力上安全であることが確かめられた建築物等については、第1第五号、第九号、第十一号、第十五及び第十六号並びに第2第三号（床根太の間隔を1m以下とした場合に限る。）及び第七号の規定は適用しない。

建築基準法施行規則第 10 条の 4 の 3 第 1 項第一号ヌの国土交通大臣が定める方法を定める件

制定：令和元年 6 月 21 日　国土交通省告示第 189 号

建築基準法施行規則（昭和 25 年建設省令第 40 号）第 10 条の 4 の 3 第 1 項第一号ヌの規定に基づき、国土交通大臣が定める方法を次のように定める。

建築基準法施行規則第 10 条の 4 の 3 第 1 項第一号ヌの国土交通大臣が定める方法は、次の式により計算する方法とする。

$$L_{\gamma} + (\Delta L_1 + \Delta L_2 + \Delta L_3)$$

（この式において、L_{γ}、ΔL_1、ΔL_2及びΔL_3は、それぞれ次の数値を表すものとする。
L_{γ}　敷地境界線上における騒音の大きさの基準値（単位　dB）
ΔL_1　距離による騒音の減衰量（単位　dB）
ΔL_2　消音装置を設けることその他の室外機に講じる措置による騒音の減衰量（単位　dB）
ΔL_3　遮音上有効な機能を有する壁その他これに類するものを設置することによる騒音の減衰量（単位　dB））

2　前項の敷地境界線上における騒音の大きさの基準値は、次の表の左欄に掲げる時間の区分に応じ、それぞれ同表の右欄に掲げる数値とする。

時間	騒音の大きさの基準値（単位　dB）
午前 6 時から午後 10 時	55
午後 10 時から午前 6 時	45

3　第 1 項の距離による騒音の減衰量は、次の式によって算出するものとする。

$$\Delta L_1 = 20\log_{10}\frac{\gamma}{\gamma_0}$$

（この式において、γ及びγ_0は、それぞれ次の数値を表すものとする。
γ　室外機から敷地境界線までの距離（単位　m）
γ_0　室外機から公称騒音値（当該室外機に付属する取扱説明書に記載された値その他の当該室外機の製造者が任意の地点で測定した値として表示された値をいう。）の測定地点までの距離（単位　m））

建築基準法施行規則第 10 条の 4 の 3 第 1 項第二号リ及び第三号カの国土交通大臣が定める措置を定める件

制定：令和元年 6 月 21 日　国土交通省告示 第 190 号

建築基準法施行規則（昭和 25 年建設省令第 40 号）第 10 条の 4 の 3 第 1 項第二号リ及び第三号カの規定に基づき、国土交通大臣が定める措置を次のように定める。

建築基準法施行規則第 10 条の 4 の 3 第 1 項第二号リ及び第三号カの国土交通大臣が定める措置は、次に掲げるものとする。

一　室外機には、消音装置を設けることその他の騒音の防止のために必要な措置を講じること。
二　室外機の周囲には、遮音壁を設けること。

建築基準法施行規則第10条の4の3第1項第三号ヨの国土交通大臣が定める措置を定める件

制定：令和元年6月21日　国土交通省告示 第191号

建築基準法施行規則（昭和25年建設省令第40号）第10条の4の3第1項第三号ヨの規定に基づき、国土交通大臣が定める措置を次のように定める。

建築基準法施行規則第10条の4の3第1項第三号ヨの国土交通大臣が定める措置は、次に掲げるものとする。

一　空気圧縮機は、原動機の出力の合計が7.5kW以下で、かつ、ロータリー式又はパッケージ式のものとすること。

二　空気圧縮機の周囲には、遮音壁を設けること。

建築基準法施行規則第10条の4の4の国土交通大臣が定める給湯設備を定める件

制定：令和5年3月22日　国土交通省告示 第209号

建築基準法施行規則（昭和25年建設省令第40号）第10条の4の4の規定に基づき、国土交通大臣が定める給湯設備を次のように定める。

建築基準法施行規則第10条の4の4に規定する国土交通大臣が定める給湯設備は、次に掲げるものとする。

一　電気ヒートポンプ給湯機

二　潜熱回収型給湯機

三　ハイブリッド給湯機

四　給湯の機能を有する燃料電池設備

五　給湯の機能を有するコージェネレーション設備

その他の建築関係法に基づく主要告示

高齢者、障害者等の移動等の円滑化の促進に関する法律（バリアフリー法）に基づく主要な告示

建築物の耐震改修の促進に関する法律（耐震改修促進法）に基づく主要な告示

建築物のエネルギー消費性能の向上に関する法律（建築物省エネ法）に基づく主要な告示

都市の低炭素化の促進に関する法律に基づく主要な告示

住宅の品質確保の促進等に関する法律（住宅品質確保法）に基づく主要な告示

長期優良住宅の普及の促進に関する法律に基づく主要な告示

特定住宅瑕疵担保責任の履行の確保に関する法律（特定住宅瑕疵担保履行法）に基づく主要な告示

建築士法に基づく主要な告示

建設業法に基づく主要な告示

津波防災地域づくりに関する法律に基づく主要な告示

宅地建物取引業法に基づく主要な告示

移動等円滑化の促進に関する基本方針（抄）

制定：令和２年　６月18日　国家公安委員会・総務省・文部科学省・国土交通省告示第１号（全文改正）
改正：令和２年12月25日　国家公安委員会・総務省・文部科学省・国土交通省告示第２号

高齢者、障害者等の移動等の円滑化の促進に関する法律（平成18年法律第91号。以下「法」という。）第３条第１項の規定に基づき、高齢者、障害者等の移動又は施設の利用に係る身体の負担を軽減することにより、その移動上又は施設の利用上の利便性及び安全性を向上すること（以下「移動等円滑化」という。）の促進に関する基本方針について、国、地方公共団体、高齢者、障害者等、施設設置管理者その他の関係者が互いに連携協力しつつ移動等円滑化を総合的かつ計画的に推進していくため、以下のとおり定める。

一　移動等円滑化の意義及び目標に関する事項

１　移動等円滑化の意義

我が国においては、世界のどの国もこれまで経験したことのない本格的な高齢社会を迎え、今後更なる高齢化が進展すると見込まれており、高齢者の自立と社会参加による、健全で活力ある社会の実現が求められている。また、今日、障害者が障害のない者と同等に生活し活動する社会を目指す、ノーマライゼーションの理念の社会への浸透が進み、自立と共生の理念の下、障害の有無にかかわらず国民誰もが相互に人格と個性を尊重し支え合う「共生社会」の実現が求められている。さらに、近年、障害者の権利に関する条約（平成26年条約第１号）の締結及び障害者基本法（昭和45年法律第84号）等の関連法制の整備に加え、ユニバーサル社会の実現に向けた諸施策の総合的かつ一体的な推進に関する法律（平成30年法律第100号）が公布・施行されたこと、東京オリンピック競技大会及び東京パラリンピック競技大会が開催されること等を契機として、共生社会の実現を目指し、全国において更にバリアフリー化を推進するとともに、高齢者、障害者等も含めて誰もが包摂され活躍できる社会の実現に向けた取組を進めることが必要となっている。

このような社会の実現のためには、高齢者、障害者等が自立した日常生活及び社会生活を営むことができる社会を構築することが重要であり、そのための環境の整備を一刻も早く推進していくことが求められている。移動及び施設の利用は、高齢者、障害者等が社会参加をするための重要な手段であることから、移動等円滑化を促進することは、このような社会の実現のために大きな意義を持つものである。

また、移動等円滑化の促進は、高齢者、障害者等の社会参加を促進するのみでなく、「どこでも、誰でも、自由に、使いやすく」というユニバーサルデザインの考え方に基づき、全ての利用者に利用しやすい施設及び車両等の整備を通じて、国民が生き生きと安全に暮らせる活力ある社会の維持に寄与するものである。

さらに、法第１条の２の基本理念の規定に定めるように、この法律に基づく措置は、高齢者、障害者等にとって日常生活又は社会生活を営む上で障壁となるような社会における事物、制度、慣行、観念その他一切のもの（いわゆる「社会的障壁」）の除去や、共生社会の実現に資するものであり、移動等円滑化の促進の意義はますます大きくなっている。

なお、法にいう「高齢者、障害者等」には、高齢者、全ての障害者（身体障害者のみならず知的障害者、精神障害者及び発達障害者を含む。）及び妊産婦等、日常生活又は社会生活において身体の機能上の制限を受ける者は全て含まれる。

また、障害特性は様々であり、例えば視覚障害についても、障害の程度によって期待される移動等円滑化の内容が異なることもあり得ること並びに身体の機能上の制限には、知的障害者、精神障害者及び発達障害者等の知覚面又は心理面の働きが原因で発現する疲れやすさ、喉の渇き、照明への反応、表示の分かりにくさ等の負担の原因となる様々な制約が含まれることから、法が促進することとしている移動等円滑化には、このような負担を軽減することによる移動上又は施設の利用上の利便性及び安全性を向上することも含まれることに留意する必要がある。

また、移動等円滑化を進めるに当たっては、高齢者、障害者等の意見を十分に聴き、それを反映させることが重要である。

２　移動等円滑化の目標

移動等円滑化を実現するためには、高齢者、障害者等が日常生活又は社会生活において利用する施設についてハード･ソフト両面の移動等円滑化のための措置が講じられ、移動等円滑化に携わる様々な者が連携することにより、移動の連続性を確保することが重要である。
したがって、法では、これらの施設を設置し、又は管理する者に対して移動等円滑化のために必要な措置を講ずるよう努める一般的な責務を課すとともに、これらの施設の中で、特に日常生活及び社会生活において通常移動手段として用いられ、又は通常利用される旅客施設及び車両等、一定の道路及び旅客特定車両停留施設、路外駐車場、公園施設並びに建築物の各々について、新設等に際し各々に対応した移動等円滑化基準への適合を義務付けることとしている。さらに、公共交通事業者等については、既存施設を含む更なるハード対策及び旅客支援等のソフト対策の一体的な取組を推進するための計画制度が設けられている。
また、市町村が定める移動等円滑化促進地区において、法第24条の２第１項の移動等円滑化の促進に関する方針（以下「移動等円滑化促進方針」という。）に則して、届出制度等により交通結節点における移動の連続性を確保することとしている。
さらに、市町村が定める重点整備地区において、移動等円滑化に係る特定事業その他の事業が法第25条第１項の移動等円滑化に係る事業の重点的かつ一体的な推進に関する基本的な構想（以下「基本構想」という。）に即して重点的かつ一体的に実施されることとしている。
移動等円滑化の促進に当たっては、国、地方公共団体、施設設置管理者、都道府県公安委員会等の関係者が必要に応じて緊密に連携しながら、法に基づく枠組みの活用等により、次に掲げる事項を達成することを目標とする。

(1)　旅客施設

個々の旅客施設における１日当たりの平均的な利用者数については、新型コロナウイルス感染症のような特殊な外的要因により、年度によっては前年度に比べ著しく増減する可能性があることから、例えば、過去３年度における１日当たりの平均的な利用者数の平均値を用いるなど、適切に補正した結果も考慮することとする。

①　鉄道駅及び軌道停留場

１日当たりの平均的な利用者数が3,000人以上である鉄道駅及び軌道停留場（以下「鉄軌道駅」という。）並びに１日当たりの平均的な利用者数が2,000人以上3,000人未満であって重点整備地区内の生活関連施設である鉄軌道駅については、令和７年度までに、原則として全てについて、エレベーター又はスロープを設置することを始めとした段差の解消、ホームドア、可動式ホーム柵、点状ブロックその他の視覚障害者の転落を防止するための設備の整備、視覚障害者誘導用ブロックの整備、運行情報提供設備その他の案内設備の設置､便所がある場合には障害者対応型便所の設置等の移動等円滑化を実施する。この場合、地域の要請及び支援の下、鉄軌道駅の構造等の制約条件を踏まえ、可能な限りの整備を行うこととする。また、これ以外の鉄軌道駅についても、利用者数のみならず、高齢者、障害者等の利用の実態等に鑑み、基本構想及び移動等円滑化促進方針（以下「基本構想等」という。）の作成状況その他の地域の実情を踏まえて､移動等円滑化を可能な限り実施する。
ホームドア又は可動式ホーム柵については、転落及び接触事故の発生状況、プラットホームをはじめとする鉄軌道駅の構造及び利用実態、地域の実情等を勘案し、優先度が高いプラットホームでの整備の加速化を目指し、地域の支援の下、令和７年度までに3,000番線を整備する。そのうち､１日当たりの平均的な利用者数が10万人以上の鉄軌道駅において、800番線を整備する。
また、高齢者、障害者等に迂回による過度な負担が生じないよう、大規模な鉄軌道駅については、当該鉄軌道駅及び周辺施設の状況、当該鉄軌道駅の利用状況等を踏まえ、可能な限り移動等円滑化された経路を２以上設ける。
さらに、車椅子使用者が単独で列車に乗降しやすい鉄軌道駅の整備を進めるため、駅施設及び車両の構造等に応じて、十分に列車の走行の安全確保が図れることを確認しつつ、可能な限りプラットホームと車両乗降口の段差及び隙間の縮小を進める。

②　バスターミナル

（略）

③　旅客船ターミナル

（略）

④　航空旅客ターミナル施設

（略）

(2)　車両等

（略）

①～⑥（略）

(3)　道路

重点整備地区内の主要な生活関連経路を構成する道路等で国土交通大臣が指定する特定道路の約70%について、令和７年度までに、移動等円滑化を実施する。

(4)　都市公園

①　園路及び広場

（略）

②　駐車場

（略）

③　便所

便所の設置された規模の大きい概ね2ha以上の都市公園の約70%について、令和７年度までに、便所の移動等円滑化を実施する。また、これ以外の都市公園についても、高齢者、障害者等の利用の実態等に鑑み、基本構想等の作成状況その他の地域の実情を踏まえて、便所の移動等円滑化を可能な限り実施する。

(5)　路外駐車場

（略）

(6)　建築物

床面積の合計が2,000㎡以上の特別特定建築物（小学校、中学校、義務教育学校又は中等教育学校（前期課程に係るものに限る。）で公立のもの（以下「公立小学校等」という。）を除く。）の総ストックの約67%について、令和７年度までに、移動等円滑化を実施する。また、床面積の合計が2,000㎡未満の特別特定建築物等についても、地方公共団体における条例制定の促進並びにガイドラインの作成及び周知により、移動等円滑化を実施する。

公立小学校等については、別に定めるところにより、障害者対応型便所、スロープ、エレベーター等の設置等の移動等円滑化を実施する。

(7)　信号機等

（略）

(8)　基本構想等

（略）

(9)　移動等円滑化に関する国民の理解と協力（心のバリアフリー）

（略）

二　移動等円滑化のために施設設置管理者が講ずべき措置に関する基本的な事項

施設設置管理者は、利用者の利便性及び安全性の向上を図る観点から、施設及び車両等の整備、適切な役務の提供、利用者支援、適切な情報の提供、職員等関係者に対する適切な教育訓練並びに高齢者障害者等用施設等の適正な利用の推進について関係者と連携しながら、１から６までに掲げる各々の措置を適切に講ずることにより、移動等円滑化を進めることが必要である。特に、法第９条の４の計画の作成が求められる公共交通事業者等においては、法第９条の２第１項の公共交通事業者等の判断の基準となるべき事項（以下「判断基準」という。）を踏まえ、当該計画を作成し、着実にこれらの措置を講ずることが必要である。また、それ以外の公共交通事業者等においても、判断基準を踏まえ、計画的に、これらの措置を進めていくことが望ましい。

（後段略）

1　施設及び車両等の整備

移動等円滑化を図るためには、まず、施設及び車両等についてのハード面の整備が必要である。したがって、法では、施設設置管理者が、自らが設置し、又は管理する旅客施設及び車両等、一定の道路及び旅客特定車両停留施設、路外駐車場、公園施設並びに建築物を新設等するときは、当該施設及び車両等の移動等円滑化基準への適合及びその維持が義務付けられており、また、既存の施設及び車両等については、施設設置管理者は、当該施設及び車両等を移動等円滑化基準に適合させるために必要な措置を講ずるよう努めることとされている。

施設設置管理者が、施設及び車両等について移動等円滑化のために必要な措置を講ずる際には、次に掲げる観点が重要である。

イ　高齢者、障害者等が施設内外の移動及び施設の利用を円滑に行うために必要な施設及び設備を整備し、連続した移動経路を１以上確保すること。また、経路確保に当たっては、高齢者、障害者等の移動上の利便性及び安全性の確保に配慮すること。

ロ　便所等附属する設備を設置する場合は、１以上は障害者対応型にするなど、高齢者、障害者等の利用に配慮したものにすること。また、障害者対応型の設備についてはその旨を示す案内用図記号を表示し、一般の利用者による高齢者、障害者等への配慮を促すこと。

ハ　新設等した施設及び車両等はもとより、既存の施設及び車両等を移動等円滑化基準に適合させた場合についても、その機能を適切に維持すること。

ニ～ヘ（略）

なお、移動等円滑化基準に定められていない内容であっても、上記の観点等から移動等円滑化に資すると考えられる措置については、施設設置管理者はこれを積極的に実施していくよう努力することが望ましい。

特に、旅客施設及び旅客特定車両施設の移動等円滑化に関しては、当該施設のみでは構造上その他の理由により移動等円滑化基準への適合が困難な場合であっても、協定の締結により当該施設に必要な高齢者、障害者等の利用に配慮した便所等を隣接又は近接する建築物に設置すること及び当該建築物について容積率特例を措置している認定制度を活用すること等により、積極的に移動等円滑化を図ることが望ましい。

また、建築物の移動等円滑化に関しては、移動等円滑化が義務化されていない特定建築物の移動等円滑化にも積極的に取り組むことが望ましい。特定建築物の新築時等における移動等円滑化に当たっては、ユニバーサルデザインの考え方に配慮した整備が求められているとともに、建築物ストックの長寿命化等その有効活用が求められていることから、誘導的な建築物移動等円滑化基準に適合する特定建築物について容積率の特例及び表示制度等を措置している認定特定建築物制度を積極的に活用することが望ましい。

２　適切な役務の提供

（略）

３　利用者支援

（略）

４　適切な情報の提供

（略）

５　職員等関係者に対する適切な教育訓練

（略）

６　高齢者障害者等用施設等の適正な利用の推進

（略）

三　移動等円滑化促進方針の指針となるべき事項

市町村は、移動等円滑化促進方針を作成する場合には、次に掲げる事項に基づいて作成する必要があり、施設設置管理者、都道府県公安委員会等の関係者は、これらの事項に留意する必要がある。

１　移動等円滑化促進地区における移動等円滑化の促進の意義に関する事項

⑴　移動等円滑化促進地区における移動等円滑化の促進の意義

（略）

⑵　移動等円滑化促進方針作成に当たっての留意事項

（略）

①　目標の明確化

（略）

②　都市計画との調和

（略）

③　地域公共交通計画との調和

（略）

④　地方公共団体の移動等円滑化に関する条例、計画、構想等との調和

（略）

⑤　関係者の意見の反映及び移動等円滑化促進方針の作成等の提案

（略）

⑥　都道府県による市町村に対する援助

（略）

⑦　段階的かつ継続的な発展（スパイラルアップ）

（略）

⑧　施設間の連携

（略）

⑨　バリアフリーマップ等の作成

移動等円滑化を図るためには、高齢者、障害者等が利用可能な施設や経路を選択できるよう、これらの施設や経路が所在する場所を示したバリアフリーマップ等を作成することが効果的である。このため、市町村は積極的に施設等のバリアフリー情報を収集の上、バリアフリーマップ等を作成し、一元的に提供することが重要である。

（後段略）

⑩　移動等円滑化に関する住民その他の関係者の理解の増進及び協力の確保

移動等円滑化を図るためには、単に施設や経路のハード整備のみならず、五に詳述する「心のバリアフリー」などのソフト対策についても一体的に実施することが効果的であることから、移動等円滑化促進方針を定める上では、移動等円滑化に関する住民その他の関係者の理解の増進及び協力の確保を図ることが重要である。

2　移動等円滑化促進地区の位置及び区域に関する基本的な事項

(1)　移動等円滑化促進地区の要件

（略）

①～③（略）

(2)　留意事項

市町村は、移動等円滑化促進地区を定めるに当たっては、次に掲げる事項に留意するものとする。

①　移動等円滑化促進地区の数

（略）

②　複数の市町村及び都道府県の協力

（略）

③　移動等円滑化促進地区の境界

（略）

3　生活関連施設及び生活関連経路並びにこれらにおける移動等円滑化の促進に関する事項

（略）

(1)　生活関連施設

（略）

(2)　生活関連経路

（略）

(3)　移動等円滑化の促進に関する事項

（略）

4　移動等円滑化の促進に関する住民その他の関係者の理解の増進及び移動等円滑化の実施に関するこれらの者の協力の確保に関する基本的な事項

（略）

(1)　移動等円滑化促進地区における移動等円滑化に住民その他の関係者の理解の増進及び協力の確保が果たす役割

（略）

⑵　住民その他の関係者の理解の増進及び協力の確保に関する関係者の取組

（略）

5　1から4までに掲げるもののほか、移動等円滑化促進地区における移動等円滑化の促進のために必要な事項

⑴　記載事項

①　地域特性等の尊重及び創意工夫

（略）

②　積雪及び凍結に対する配慮

（略）

③　高齢者、障害者等への適切な情報提供

（略）

⑵　その他移動等円滑化促進方針の作成に当たっての留意事項

（略）

四　基本構想の指針となるべき事項

市町村は、基本構想を作成する場合には、次に掲げる事項に基づいて作成する必要があり、施設設置管理者、都道府県公安委員会等の関係者は、これらの事項に留意する必要がある。

1　重点整備地区における移動等円滑化の意義に関する事項

⑴　重点整備地区における移動等円滑化の意義

（略）

⑵　基本構想に即した各種事業の重点的かつ一体的な推進のための基本的視点

（略）

①～③（略）

⑶　基本構想作成に当たっての留意事項

市町村は、効果的に移動等円滑化を推進するため、次に掲げる事項に留意して基本構想を作成する必要がある。

①　目標の明確化

（略）

②　都市計画との調和

（略）

③　地域公共交通計画との調和

基本構想の作成に当たっては、地域公共交通の活性化及び再生に関する法律第5条第1項に規定する地域公共交通計画との調和が保たれている必要がある。

④　地方公共団体の移動等円滑化に関する条例、計画、構想等との調和

地方公共団体において、移動等円滑化に関する条例、計画、構想等を有している場合は、基本構想はこれらとの調和が保たれている必要がある。特に、障害者基本法第11条第3項に規定する市町村障害者計画、障害者の日常生活及び社会生活を総合的に支援するための法律第88条第1項に規定する市町村障害福祉計画、老人福祉法第20条の8第1項に規定する市町村老人福祉計画等の市町村が定める高齢者、障害者等の福祉に関する計画及び中心市街地の活性化に関する法律第9条に規定する基本計画等都市機能の増進に関する計画との調和が保たれていることに留意する必要がある。

⑤　各種事業の連携と集中実施

（略）

⑥　高齢者、障害者等の意見の反映及び基本構想の作成等の提案

生活関連施設を利用する高齢者、障害者等を始め関係者の参画により、関係者の意見が基本構想に十分に反映されるよう努める。このため、基本構想の作成に当たっては、法第26条に規定する協議会（以下「基本構想協議会」という。）を積極的に活用し、高齢者、障害者等の参画を得ることが求められる。この際、既に同条第2項各号に掲げる構成員からなる協議体制度を運用している場合、又は、他の法令に基づいて同項各号に掲げる構成

員からなる協議体制度を運用しようとする場合は、当該協議体制度を基本構想協議会と位置付けることも可能である。なお、意見を求めるべき障害者には、視覚障害、聴覚障害、内部障害等の身体障害者のみならず、知的障害者、精神障害者及び発達障害者も含まれることに留意する必要がある。

また、法第27条に規定する基本構想の作成等に係る提案制度が積極的に活用されるよう環境の整備に努めるとともに、当該提案を受けた際には、基本構想の作成等の必要性を判断する機会と捉え、基本構想の作成等について積極的な検討を行うことが求められる。なお、提案を受け検討した結果、基本構想の作成等を行わない場合でも、地域のニーズに対して必要な説明責任を果たすため、同条第2項に基づきその理由を公表する必要がある。

⑦ 都道府県による市町村に対する援助

（略）

⑧ 段階的かつ継続的な発展（スパイラルアップ）

（略）

⑨ バリアフリーマップ等の作成

移動等円滑化を図るためには、高齢者、障害者等が利用可能な施設や経路を選択できるよう、これらの施設や経路が所在する場所を示したバリアフリーマップ等を作成することが効果的である。このため、市町村は積極的に施設等のバリアフリー情報を収集の上、バリアフリーマップ等を作成し、一元的に提供することが重要である。

また、公共交通事業者等及び道路管理者は、市町村の求めに応じて必要な情報を当該市町村に提供しなければならないこととされており、路外駐車場管理者等、公園管理者等及び建築主等は、市町村の求めに応じて必要な情報を当該市町村に提供するよう努めなければならないとされているところである。なお、市町村は、施設設置管理者に求める情報提供の内容を定めるに当たっては、基本構想協議会を活用するなどにより障害者、高齢者等及び施設設置管理者等の意見を十分に反映するよう努めるとともに、施設設置管理者に過度な負担が生じないよう配慮しつつ、高齢者、障害者等にとって必要な情報が得られるよう留意することが必要である。

⑩ 移動等円滑化に関する住民その他の関係者の理解の増進及び協力の確保

（略）

2 重点整備地区の位置及び区域に関する基本的な事項

(1) 重点整備地区の要件

法では、市町村は、法第2条第二十四号イからハまでに掲げる要件に該当するものを、移動等円滑化に係る事業を重点的かつ一体的に推進すべき重点整備地区として設定するよう努めることとされている。また、重点整備地区の区域を定めるに当たっては、次に掲げる要件に照らし、市町村がそれぞれの地域の実情に応じて行うことが必要である。

①～③（略）

(2) 留意事項

市町村は、重点整備地区を定めるに当たっては、次に掲げる事項に留意するものとする。

① 重点整備地区の数

（略）

② 複数の市町村及び都道府県の協力

（略）

③ 重点整備地区の境界

（略）

3 生活関連施設及び生活関連経路並びにこれらにおける移動等円滑化に関する事項

重点整備地区において長期的に実現されるべき移動等円滑化の姿を明らかとする観点から、生活関連施設、生活関連経路等については次に掲げるとおり記載することが望ましい。

(1) 生活関連施設

（略）

(2) 生活関連経路

（略）

⑶　移動等円滑化に関する事項
（略）

4　生活関連施設、特定車両及び生活関連経路を構成する一般交通用施設について移動等円滑化のために実施すべき特定事業その他の事業に関する基本的な事項

⑴　特定事業
特定事業としては、公共交通特定事業、道路特定事業、路外駐車場特定事業、都市公園特定事業、建築物特定事業、交通安全特定事業及び教育啓発特定事業があり、各々の事業の特性を踏まえ、必要となる事業について基本構想に記載するものとする。
（中、後段略）

⑵　その他の事業
その他の事業としては、特定旅客施設以外の旅客施設、生活関連経路を構成する駅前広場、通路等（河川施設、港湾施設、下水道施設等が生活関連経路を構成する場合にあっては、これらの施設を含む。）の整備があり、おおむねの事業内容を基本構想に記載するものとする。

⑶　留意事項
市町村は、基本構想を作成しようとするときは、これに定めようとする特定事業その他の事業に関する事項について、関係する施設設置管理者、都道府県公安委員会及び学校（学校については、教育啓発特定事業のうち法第２条第三十二号イに掲げる事業を定めようとする場合に限る。）等と十分に事前に協議することが必要であり、事業の記載に当たっては、高齢者、障害者等の移動又は施設の利用の状況、都市計画及び市町村マスタープランの位置付け、事業を実施することとなる者の意向等を踏まえることが重要である。
（中、後段略）

5　４に規定する事業と併せて実施する土地区画整理事業、市街地再開発事業その他の市街地開発事業に関し移動等円滑化のために考慮すべき基本的な事項、自転車その他の車両の駐車のための施設の整備に関する事項その他の重点整備地区における移動等円滑化に資する市街地の整備改善に関する基本的な事項その他重点整備地区における移動等円滑化のために必要な事項

⑴　土地区画整理事業、市街地再開発事業その他の市街地開発事業に関する基本的な事項
重点整備地区における重点的かつ一体的な移動等円滑化を図るために実施される４に規定する事業を実施する場合、重点整備地区における市街地の状況並びに生活関連施設及び生活関連経路の配置の状況によっては、これらの事業を単独で行うのではなく、土地区画整理事業、市街地再開発事業その他の市街地開発事業と併せて行うことが効果的な場合がある。

①　具体的事業の内容
（略）

②　記載事項
基本構想には、事業の種類、おおむねの位置又は区域等をそれぞれ記載するものとする。
（後段略）

⑵　自転車その他の車両の駐車のための施設の整備に関する事項その他の重点整備地区における移動等円滑化に資する市街地の整備改善に関する基本的な事項
移動等円滑化の妨げとなっている自転車その他の車両の放置及び違法駐車を防止するための抜本的な施策として、駐輪場等自転車その他の車両の駐車のための施設を特定事業その他の事業と一体的に整備することは極めて有効であることから、具体的な位置等これらの整備に関するおおむねの内容を記載するほか、その他の重点整備地区における移動等円滑化に資する市街地の整備改善に関する事項について記載することとする。

⑶　その他重点整備地区における移動等円滑化のために必要な事項

①　推進体制の整備
（略）

②　事業推進上の留意点

イ　地域特性等の尊重及び創意工夫
（略）

ロ　積雪及び凍結に対する配慮
（略）

ハ　特定事業に関する公的な支援措置の内容
(略)
ニ　基本構想に即した特定事業計画の作成上の留意事項
施設設置管理者及び都道府県公安委員会が基本構想に即して特定事業計画を作成するに当たっては、早期作成の重要性を十分認識するとともに、協議会を活用することによって当事者である高齢者、障害者等を始め関係者の参画を図ること等により、関係者の意見が特定事業計画に十分に反映されるよう努めることが重要である。特に、教育啓発特定事業のうち第2条第三十二号イに掲げる事業に係る特定事業計画を作成する際は、計画作成段階で学校の意見を十分に聴くことが円滑かつ確実な事業の実施のために重要である。
ホ　基本構想作成後の特定事業その他の事業の実施状況の把握等
(略)
ヘ　高齢者、障害者等への適切な情報提供
施設設置管理者及び都道府県公安委員会は、高齢者、障害者等に対して、重点整備地区における移動等円滑化のために必要な情報を適切に提供するよう努めることが重要である。
③　その他基本構想の作成及び事業の実施に当たっての留意事項
基本構想は、市町村の発意及び主体性に基づき自由な発想で作成されるものであるので、この基本方針の四に定めのない事項についても基本構想に記載することが望ましい。

五　移動等円滑化の促進に関する国民の理解の増進及び移動等円滑化の実施に関する国民の協力の確保に関する基本的な事項

1　「心のバリアフリー」の定義及び取組に当たっての留意事項
移動等円滑化を実現するためには、施設及び車両等の整備のみならず、国民の高齢者、障害者等の移動等円滑化に関する理解及び協力、いわゆる「心のバリアフリー」が不可欠である。「心のバリアフリー」とは、ユニバーサルデザイン2020行動計画（平成29年2月ユニバーサルデザイン2020関係閣僚会議決定）に記載のとおり、様々な心身の特性や考え方を持つすべての人々が、相互に理解を深めようとコミュニケーションをとり、支え合うことを意味し、当該行動計画においては次に掲げる3点が「心のバリアフリー」を体現するためのポイントとして示されている。
①　障害のある人への社会的障壁を取り除くのは社会の責務であるという「障害の社会モデル」を理解すること。
②　障害のある人（及びその家族）への差別（不当な差別的取扱い及び合理的配慮の不提供）を行わないよう徹底すること。
③　自分とは異なる条件を持つ多様な他者とコミュニケーションを取る力を養い、すべての人が抱える困難や痛みを想像し共感する力を培うこと。
移動等円滑化に関する「心のバリアフリー」の取組についても、これらのポイントを踏まえて推進することが必要である。
2　移動等円滑化に関する「心のバリアフリー」の取組の推進に当たっての関係者の基本的な役割
(1)　国の役割
(略)
(2)　地方公共団体の役割
(略)
(3)　施設設置管理者その他高齢者、障害者等が日常生活及び社会生活において利用する施設を設置又は管理する者の役割
(略)
(4)　国民の役割
(略)

六　移動等円滑化に関する情報提供に関する基本的な事項

1　移動等円滑化に関する情報提供の重要性

（略）

2　観光施設に係る移動等円滑化に関する情報提供

（略）

七　**移動等円滑化の促進のための施策に関する基本的な事項その他移動等円滑化の促進に関する事項**

1　国の責務及び講ずべき措置

⑴　国の責務（スパイラルアップ）

国は、高齢者、障害者等、地方公共団体、施設設置管理者その他の者と協力して、基本方針及びこれに基づく施設設置管理者の講ずべき措置の内容その他の移動等円滑化の促進のための施策の内容について、移動等円滑化の進展の状況等を勘案しつつ、関係行政機関及びこれらの者で構成する会議における定期的な評価その他これらの者の意見を反映させるために必要な措置を講じた上で、適時に、かつ、適切な方法により検討を加え、その結果に基づいて必要な措置を講ずるよう努めることにより、スパイラルアップを図るものとする。

⑵　国の講ずべき措置（地方公共団体に対する助言・指導、設備投資等に対する支援及び研究開発等）

国は、全国の地方公共団体における移動等円滑化に係る取組の知見や、バリアフリー教室の開催等の経験を活用し、移動等円滑化促進方針や基本構想について障害当事者や施設設置管理者等と調整しながら作成を進める手法や、法第５条に基づき国の施策に準じて移動等円滑化を促進するために必要な措置を講ずるためのノウハウ等について、地方公共団体に対して助言・指導を行うなど必要な援助を行う。

（中、後段略）

2　地方公共団体の責務及び講ずべき措置

地方公共団体は、地域住民の福祉の増進を図る観点から、国の施策に準じ、１に掲げる責務を果たすとともに、措置を講ずることが必要である。特に、地域の実情に即して、移動等円滑化のための事業に対する支援措置、移動等円滑化に関する地域住民の理解を深めるための広報活動等移動等円滑化を促進するために必要な措置を総合的かつ計画的に講ずるよう努めるとともに、移動等円滑化促進方針協議会を活用すること等により移動等円滑化の進展の状況等の定期的な評価を行うよう努めることが必要である。

なお、建築物の移動等円滑化に関しては、地方公共団体が所要の事項を条例に定めることにより、対象区域を設定して義務付け対象となる用途の追加及び規模の引き下げ並びに基準の強化をすることで地域の実情に応じた建築物の移動等円滑化を図ることが可能な仕組みとなっているので、積極的な活用に努めることが必要である。また、建築物の部分のうち駅等に設けられる一定の要件を満たす通路等については、建築基準法（昭和 25 年法律第 201 号）第 52 条第 14 項第一号の規定による容積率制限の特例を受けることが可能であるので、同法に規定する特定行政庁は、当該規定の適切な運用に努めることが重要である。

3　施設設置管理者以外の高齢者、障害者等が日常生活又は社会生活において利用する施設を設置又は管理する者の責務

高齢者、障害者等の円滑な移動及び施設の利用を実現するために、地下街、自由通路、駅前広場その他の高齢者、障害者等が日常生活及び社会生活において移動手段として利用し得る施設を設置し、又は管理する者においても、移動等円滑化のために必要な措置を講ずるよう努めることが必要である。

高齢者、障害者等の移動等の円滑化の促進に関する法律第 24 条の規定に基づく国土交通大臣が高齢者、障害者等の円滑な利用を確保する上で有効と認めて定める基準

制定：平成 18 年 12 月 15 日　国土交通省告示第 1481 号

高齢者、障害者等の移動等の円滑化の促進に関する法律（平成 18 年法律第 91 号）第 24 条の規定に基づき、建築物特定施設（建築基準法（昭和 25 年法律第 201 号）第 52 条第５項に規定する共同住宅の共用の廊下及

び階段を除く。）の床面積が高齢者、障害者等の円滑な利用を確保するための通常の床面積よりも著しく大きい建築物に関し国土交通大臣が高齢者、障害者等の円滑な利用を確保する上で有効と認めて定める基準を次のように定める。

第1

特定建築物にあっては、高齢者、障害者等が円滑に利用できるようにするために誘導すべき建築物特定施設の構造及び配置に関する基準を定める省令（平成18年国土交通省令第114号）（以下「建築物移動等円滑化誘導基準」という。）に適合すること。

第2

特定建築物以外の建築物にあっては、建築物特定施設（高齢者、障害者等の利用上支障がない部分を除く。）が次に掲げる基準に適合すること。

一　出入口は、次に掲げるものであること。
　イ　幅は、80cm以上とすること。
　ロ　戸を設ける場合には、自動的に開閉する構造その他車いすを使用している者（以下「車いす使用者」という。）が容易に開閉して通過できる構造とすること。
　ハ　車いす使用者が通過する際に支障となる段を設けないこと。

二　廊下その他これに類するものは、次に掲げるものであること。
　イ　表面は、粗面とし、又は滑りにくい材料で仕上げること。
　ロ　幅は、住宅の用途に供する部分に設けるものにあっては85cm（柱等の箇所にあっては80cm）以上、住宅の用途に供する部分以外の部分に設けるものにあっては90cm以上とすること。
　ハ　段を設ける場合においては、当該段は、次号に定める構造に準じたものとすること。
　ニ　第一号に定める構造の出入口に接する部分は、水平とすること。

三　階段は、次に掲げるものであること。
　イ　手すりを設けること。
　ロ　表面は、粗面とし、又は滑りにくい材料で仕上げること。

四　便所を設ける場合においては、次に定める基準に適合する便所を1以上設けること。
　イ　腰掛便座及び手すりの設けられた便房があること。
　ロ　イに掲げる便房の出入口又は当該便房のある便所の出入口の幅は、80cm以上とすること。
　ハ　イに掲げる便房の出入口又は当該便房のある便所の出入口に戸を設ける場合には、自動的に開閉する構造その他車いす使用者が容易に開閉して通過できる構造とすること。

五　敷地内の通路は、次に掲げるものであること。
　イ　表面は、粗面とし、又は滑りにくい材料で仕上げること。
　ロ　直接地上へ通ずる第一号に定める構造の出入口から道又は公園、広場その他の空地に至る敷地内の通路のうち、1以上の敷地内の通路は、次に定める構造とすること。
　　(1)　幅員は、90cm以上とすること。
　　(2)　段を設ける場合においては、当該段は、第三号に定める構造に準じたものとすること。

附則（抄）

1　（略）

2　平成15年国土交通省告示第275号は、廃止する。

高齢者、障害者等の移動等の円滑化の促進に関する法律施行令の規定により視覚障害者の利用上支障がない廊下等の部分等を定める件

制定：平成18年12月15日　国土交通省告示第1497号

高齢者、障害者等の移動等の円滑化の促進に関する法律施行令（平成18年政令第379号）第11条第二号ただし書、第12条第五号ただし書、第13条第四号ただし書、第21条第1項ただし書及び同条第2項第二号

ロの規定に基づき、視覚障害者の利用上支障がない廊下等の部分等を次のように定める。

第 1

高齢者、障害者等の移動等の円滑化の促進に関する法律施行令（以下「令」という。）第 11 条第二号ただし書に規定する視覚障害者の利用上支障がないものとして国土交通大臣が定める場合は、階段又は傾斜路の上端に近接する廊下等の部分が次の各号のいずれかに該当するものである場合とする。

一　勾（こう）配が $\frac{1}{20}$ を超えない傾斜がある部分の上端に近接するもの
二　高さが 16cmを超えず、かつ、勾配が $\frac{1}{12}$ を超えない傾斜がある部分の上端に近接するもの
三　主として自動車の駐車の用に供する施設に設けるもの

第 2

令第 12 条第五号ただし書に規定する視覚障害者の利用上支障がないものとして国土交通大臣が定める場合は、段がある部分の上端に近接する踊場の部分が第 1 第三号に定めるもの又は段がある部分と連続して手すりを設けるものである場合とする。

第 3

令第 13 条第四号ただし書に規定する視覚障害者の利用上支障がないものとして国土交通大臣が定める場合は、傾斜がある部分の上端に近接する踊場の部分が第 1 各号のいずれかに該当するもの又は傾斜がある部分と連続して手すりを設けるものである場合とする。

第 4

令第 21 条第 1 項ただし書に規定する視覚障害者の利用上支障がないものとして国土交通大臣が定める場合は、道等から案内設備までの経路が第 1 第三号に定めるもの又は建築物の内にある当該建築物を管理する者等が常時勤務する案内所から直接地上へ通ずる出入口を容易に視認でき、かつ、道等から当該出入口までの経路が令第 21 条第 2 項に定める基準に適合するものである場合とする。

第 5

令第 21 条第 2 項第二号ロに規定する視覚障害者の利用上支障がないものとして国土交通大臣が定める部分は、第 1 第一号若しくは第二号に定めるもの又は段がある部分若しくは傾斜がある部分と連続して手すりを設ける踊場等とする。

附則（抄）

1　（略）
2　平成 15 年国土交通省告示第 175 号は、廃止する。

高齢者、障害者等の移動等の円滑化の促進に関する法律施行令の規定により車いす使用者用便房の構造を定める件

制定：平成 18 年 12 月 15 日　国土交通省告示第 1496 号

高齢者、障害者等の移動等の円滑化の促進に関する法律施行令（平成 18 年政令第 379 号）第 14 条第 1 項第一号の規定に基づき、車いす使用者用便房の構造を次のように定める。

高齢者、障害者等の移動等の円滑化の促進に関する法律施行令第 14 条第 1 項第一号に規定する車いす使用者が円滑に利用できるものとして国土交通大臣が定める構造は、次に掲げるものとする。

一　腰掛便座、手すり等が適切に配置されていること。
二　車いす使用者が円滑に利用することができるよう十分な空間が確保されていること。

附則（抄）
1　（略）
2　平成15年国土交通省告示第176号は、廃止する。

高齢者、障害者等の移動等の円滑化の促進に関する法律施行令の規定により車いす使用者用浴室等の構造を定める件

制定：平成18年12月15日　国土交通省告示第1495号

高齢者、障害者等の移動等の円滑化の促進に関する法律施行令（平成18年政令第379号）第15条第2項第二号イの規定に基づき、車いす使用者用浴室等の構造を次のように定める。

高齢者、障害者等の移動等の円滑化の促進に関する法律施行令第15条第2項第二号イに規定する車いす使用者が円滑に利用することができるものとして国土交通大臣が定める構造は、次に掲げるものとする。
一　浴槽、シャワー、手すり等が適切に配置されていること。
二　車いす使用者が円滑に利用することができるよう十分な空間が確保されていること。

高齢者、障害者等の移動等の円滑化の促進に関する法律施行令の規定により視覚障害者の利用上支障がないエレベーター及び乗降ロビーを定める件

制定：平成18年12月15日　国土交通省告示第1494号

高齢者、障害者等の移動等の円滑化の促進に関する法律施行令（平成18年法律第379号）第18条第2項第五号リただし書の規定に基づき、視覚障害者の利用上支障がないエレベーター及び乗降ロビーを次のように定める。

高齢者、障害者等の移動等の円滑化の促進に関する法律施行令第18条第2項第五号リただし書に規定する視覚障害者の利用上支障がないものとして国土交通大臣が定める場合は、エレベーター及び乗降ロビーが主として自動車の駐車の用に供する施設に設けるものである場合とする。

附則（抄）
1　（略）
2　平成15年国土交通省告示第177号は、廃止する。

高齢者、障害者等の移動等の円滑化の促進に関する法律施行令の規定によりエレベーターのかご内及び乗降ロビーに設ける制御装置を視覚障害者が円滑に操作することができる構造とする方法を定める件

制定：平成18年12月15日　国土交通省告示第1493号

高齢者、障害者等の移動等の円滑化の促進に関する法律施行令（平成18年政令第379号）第18条第2項第五号リ(2)の規定に基づき、エレベーターのかご内及び乗降ロビーに設ける制御装置を視覚障害者が円滑に操作することができる構造とする方法を次のように定める。

高齢者、障害者等の移動等の円滑化の促進に関する法律施行令第18条第2項第五号リ(2)に規定する国土交通大臣が定める方法は、次に掲げるものとする。

一　文字等の浮き彫り
二　音による案内
三　点字及び前２号に類するもの

高齢者、障害者等の移動等の円滑化の促進に関する法律施行令の規定により特殊な構造又は使用形態のエレベーターその他の昇降機等を定める件

制定：平成18年12月15日　国土交通省告示第1492号
改正：平成21年 8月 4日　国土交通省告示第859号

高齢者、障害者等の移動等の円滑化の促進に関する法律施行令（平成18年政令第379号）第18条第２項第六号の規定に基づき、特殊な構造又は使用形態のエレベーターその他の昇降機等を次のように定める。

第１

高齢者、障害者等の移動等の円滑化の促進に関する法律施行令（以下「令」という。）第18条第２項第六号に規定する国土交通大臣が定める特殊な構造又は使用形態のエレベーターその他の昇降機は、次に掲げるものとする。

一　車いすに座ったまま使用するエレベーターで、かごの定格速度が15 m / 分以下で、かつ、その床面積が2.25㎡以下のものであって、昇降行程が4m以下のもの又は階段及び傾斜路に沿って昇降するもの

二　車いすに座ったまま車いす使用者を昇降させる場合に２枚以上の踏段を同一の面に保ちながら昇降を行うエスカレーターで、当該運転時において、踏段の定格速度を30 m / 分以下とし、かつ、２枚以上の踏段を同一の面とした部分の先端に車止めを設けたもの

第２

令第18条第２項第六号に規定する車いす使用者が円滑に利用することができるものとして国土交通大臣が定める構造は、次に掲げるものとする。

一　第１第一号に掲げるエレベーターにあっては、次に掲げるものであること。

イ　平成12年建設省告示第1413号第１第九号に規定するものとすること。

ロ　かごの幅は70㎝以上とし、かつ、奥行きは120㎝以上とすること。

ハ　車いす使用者がかご内で方向を変更する必要がある場合にあっては、かごの幅及び奥行きが十分に確保されていること。

二　第１第二号に掲げるエスカレーターにあっては、平成12年建設省告示第1417号第１ただし書に規定するものであること。

附則（抄）

1　（略）

2　平成15年国土交通省告示第178号は、廃止する。

高齢者、障害者等の移動等の円滑化の促進に関する法律施行令の規定により移動等円滑化の措置がとられたエレベーターその他の昇降機又は便所の配置を視覚障害者に示す方法を定める件

制定：平成18年12月15日　国土交通省告示第1491号

高齢者、障害者等の移動等の円滑化の促進に関する法律施行令（平成18年政令第379号）第20条第２項の規定に基づき、移動等円滑化の措置がとられたエレベーターその他の昇降機又は便所の配置を視覚障害者に示す方法を次のように定める。

高齢者、障害者等の移動等の円滑化の促進に関する法律施行令第20条第2項に規定する国土交通大臣が定める方法は、次に掲げるものとする。
一　文字等の浮き彫り
二　音による案内
三　点字及び前2号に類するもの

高齢者、障害者等の移動等の円滑化の促進に関する法律施行令の規定により、認定特定建築物等の建築物特定施設の床面積のうち、通常の建築物の建築物特定施設の床面積を超えることとなるものを定める件

制定：平成18年12月15日　国土交通省告示第1490号
改正：令和 4年 3月31日　国土交通省告示第 403号

高齢者、障害者等の移動等の円滑化の促進に関する法律施行令（平成18年政令第379号）第24条〔現行＝第26条＝令和2年12月9日政令第345号により改正〕の規定に基づき、認定特定建築物の建築物特定施設の床面積のうち、通常の建築物の建築物特定施設の床面積を超えることとなるものを次のように定める。

高齢者、障害者等の移動等の円滑化の促進に関する法律施行令（以下「令」という。）第26条に規定する認定特定建築物の建築物特定施設又は認定協定建築物の協定建築物特定施設の床面積のうち、通常の建築物の建築物特定施設の床面積を超えることとなるものとして国土交通大臣が定める床面積は、次の各号に掲げる建築物特定施設（高齢者、障害者等の移動等の円滑化の促進に関する法律（平成18年法律第91号。以下「法」という 。）第17条第1項の申請に係る特定建築物（特別特定建築物（令第5条第一号に規定する公立小学校等を除く。以下同じ。）を除く 。）にあっては多数の者が利用するもの（当該申請に係る特別特定建築物にあっては不特定かつ多数の者が利用し、又は主として高齢者、障害者等が利用するもの）、法第22条の2第1項の申請に係る協定建築物にあっては協定建築物特定施設であるものに限る。）ごとに、それぞれ当該各号に定める数値を超える床面積の合計とする。
一　廊下等

廊下の部分 ＼ 廊下の用途		両側に居室がある廊下（単位　㎡）	その他の廊下（単位　㎡）
(1)	小学校、中学校、義務教育学校、高等学校又は中等教育学校における児童用又は生徒用のもの	2.30L	1.80L
(2)	病院における患者用のもの又は3室以下の専用のものを除き居室の床面積の合計が200㎡（地階にあっては、100㎡）を超える階におけるもの	1.60L	1.20L
(3)	(1)及び(2)に掲げる廊下以外のもの	1.20L	
この表において、Lは、廊下等の長さ（単位　m）を表すものとする。			

二　階段

階段の部分 ＼ 階段の用途		段がある部分（単位　㎡）	踊　場（単位　㎡）
(1)	小学校（義務教育学校の前期課程を含む。）における児童用のもの	2.28H	1.68
(2)	中学校（義務教育学校の後期課程を含む。）、高等学校若しくは中等教育学校における生徒用のもの又は物品販売業（物品加工修理業を含む。以下同じ。）を営む店	2.03H	1.68

	舗で床面積の合計が 1,500㎡を超えるもの若しくは劇場、観覧場、映画館、演芸場、集会場若しくは公会堂（次号及び第六号において「劇場等」という。）における客用のもの		
(3)	直上階の居室の床面積の合計が 200㎡を超える地上階又は居室の床面積の合計が 100㎡を超える地階若しくは地下工作物内におけるもの	1.44H	1.44
(4)	(1)から(3)までに掲げる階段以外のもの	0.72H	0.90
この表において、H は、階段の高さ（単位　m）を表すものとする。			

三　傾斜路

傾斜路の用途 ＼ 傾斜路の部分		傾斜がある部分（単位　㎡）	踊　場(単位　㎡)
(1)	小学校、中学校、義務教育学校、高等学校若しくは中等教育学校における児童用若しくは生徒用のもの又は物品販売業を営む店舗で床面積の合計が 1,500㎡を超えるもの若しくは劇場等における客用のもの	11.20H	1.68
(2)	直上階の居室の床面積の合計が 200㎡を超える地上階又は居室の床面積の合計が 100㎡を超える地階若しくは地下工作物内におけるもの	9.60H	1.44
(3)	(1)及び(2)に掲げる傾斜路以外のもの	6.00H	0.90
この表において、H は、傾斜路の高さ（単位　m）を表すものとする。			

四　便所（車椅子使用者用便房に係る部分に限る。）　1.00（単位　㎡）
五　駐車場（車椅子使用者用駐車施設に係る部分に限る。）　15.00（単位　㎡）
六　劇場等の客席（車椅子使用者用客席であるものに限る。）　0.50（単位　㎡）

附則（抄）
1　（略）
2　平成 15 年国土交通省告示第 262 号は、廃止する

高齢者、障害者等の移動等の円滑化の促進に関する法律施行規則の規定により認定特定建築物が特定建築物の建築等及び維持保全の計画の認定を受けている旨の表示を付することができるものを定める件

制定：平成 18 年 12 月 15 日　国土交通省告示第 1482 号

高齢者、障害者等の移動等の円滑化の促進に関する法律施行規則（平成 18 年国土交通省令第 110 号）第 12 条第 1 項第三号の規定に基づき、国土交通大臣が定めるものを次のように定める。

高齢者、障害者等の移動等の円滑化の促進に関する法律施行規則第 12 条第 1 項第三号に規定する国土交通大臣が定めるものは、次に掲げるものとする。
一　宣伝用物品
二　情報を提供するために作成する電磁的記録

附則（抄）
1　（略）
2　平成 15 年国土交通省告示第 268 号は、廃止する。

高齢者、障害者等が円滑に利用できるようにするために誘導すべき建築物特定施設の構造及び配置に関する基準を定める省令の規定により視覚障害者の利用上支障がない廊下等の部分等を定める件

制定：平成 18 年 12 月 15 日　国土交通省告示第 1489 号

高齢者、障害者等が円滑に利用できるようにするために誘導すべき建築物特定施設の構造及び配置に関する基準を定める省令（平成 18 年国土交通省令第 114 号）第 3 条第 1 項第三号ただし書、第 4 条第八号ただし書、第 6 条第 1 項第七号ただし書、第 16 条ただし書の規定に基づき、視覚障害者の利用上支障がない廊下等の部分等を次のように定める。

第 1

高齢者、障害者等が円滑に利用できるようにするために誘導すべき建築物特定施設の構造及び配置に関する基準を定める省令（以下「建築物移動等円滑化誘導基準」という。）第 3 条第 1 項第三号ただし書に規定する視覚障害者の利用上支障がないものとして国土交通大臣が定める場合は、階段又は傾斜路の上端に近接する廊下等の部分が次の各号のいずれかに該当するものである場合とする。

一　勾(こう)配が$\frac{1}{20}$を超えない傾斜がある部分の上端に近接するもの

二　高さが 16cmを超えず、かつ、勾配が$\frac{1}{12}$を超えない傾斜がある部分の上端に近接するもの

三　主として自動車の駐車の用に供する施設に設けるもの

第 2

建築物移動等円滑化誘導基準第 4 条第八号ただし書に規定する視覚障害者の利用上支障がないものとして国土交通大臣が定める場合は、段がある部分の上端に近接する踊場の部分が第 1 第三号に定めるもの又は段がある部分と連続して手すりを設けるものである場合とする。

第 3

建築物移動等円滑化誘導基準第 6 条第 1 項第七号ただし書に規定する視覚障害者の利用上支障がないものとして国土交通大臣が定める場合は、傾斜がある部分の上端に近接する踊場の部分が第 1 各号のいずれかに該当するもの又は傾斜がある部分と連続して手すりを設けるものである場合とする。

第 4

建築物移動等円滑化誘導基準第 16 条ただし書に規定する視覚障害者の利用上支障がないものとして国土交通大臣が定める場合は、道等から案内設備までの経路が第 1 第三号に定めるもの又は建築物の内にある当該建築物を管理する者等が常時勤務する案内所から直接地上へ通ずる出入口を容易に視認でき、かつ、道等から当該出入口までの経路が高齢者、障害者等の移動等の円滑化の促進に関する法律施行令第 21 条第 2 項に定める基準に適合するものである場合とする。

附則（抄）

1　（略）

2　平成 15 年国土交通省告示第 263 号は、廃止する。

高齢者、障害者等が円滑に利用できるようにするために誘導すべき建築物特定施設の構造及び配置に関する基準を定める省令の規定により車いす使用者の利用上支障がない廊下等の部分等を定める件

制定：平成 18 年 12 月 15 日　国土交通省告示第 1488 号

高齢者、障害者等が円滑に利用できるようにするために誘導すべき建築物特定施設の構造及び配置に関する基準を定める省令（平成 18 年国土交通省令第 114 号）第 3 条第 2 項、第 5 条ただし書、第 6 条第 2 項及び

第 11 条第 3 項の規定に基づき、車いす使用者の利用上支障がない廊下等の部分等を次のように定める。

第 1

高齢者、障害者等が円滑に利用できるようにするために誘導すべき建築物特定施設の構造及び配置に関する基準を定める省令（以下「建築物移動等円滑化誘導基準」という。）第 3 条第 2 項に規定する車いす使用者の利用上支障がないものとして国土交通大臣が定める部分は、車いす使用者用駐車施設が設けられていない駐車場、階段等のみに通ずる廊下等の部分とする。

第 2

建築物移動等円滑化誘導基準第 5 条ただし書に規定する車いす使用者の利用上支障がないものとして国土交通大臣が定める場合は、階段が車いす使用者用駐車施設が設けられていない駐車場等のみに通ずるものである場合とする。

第 3

建築物移動等円滑化誘導基準第 6 条第 2 項に規定する車いす使用者の利用上支障がないものとして国土交通大臣が定める部分は、車いす使用者用駐車施設が設けられていない駐車場、階段等のみに通ずる傾斜路の部分とする。

第 4

建築物移動等円滑化誘導基準第 11 条第 3 項に規定する車いす使用者の利用上支障がないものとして国土交通大臣が定める部分は、車いす使用者用駐車施設が設けられていない駐車場、段等のみに通ずる敷地内の通路の部分とする。

附則（抄）

1　（略）
2　平成 15 年国土交通省告示第 264 号は、廃止する。

高齢者、障害者等が円滑に利用できるようにするために誘導すべき建築物特定施設の構造及び配置に関する基準を定める省令の規定により視覚障害者の利用上支障がないエレベーター及び乗降ロビーを定める件

制定：平成 18 年 12 月 15 日　国土交通省告示第 1486 号

高齢者、障害者等が円滑に利用できるようにするために誘導すべき建築物特定施設の構造及び配置に関する基準を定める省令（平成 18 年国土交通省令第 114 号）第 7 条第 6 項ただし書の規定に基づき、視覚障害者の利用上支障がないエレベーター及び乗降ロビーを次のように定める。

高齢者、障害者等が円滑に利用できるようにするために誘導すべき建築物特定施設の構造及び配置に関する基準を定める省令第 7 条第 6 項ただし書に規定する視覚障害者の利用上支障がないものとして国土交通大臣が定める場合は、エレベーター及び乗降ロビーが主として自動車の駐車の用に供する施設に設けるものである場合とする。

附則（抄）

1　（略）
2　平成 15 年国土交通省告示第 265 号は、廃止する。

高齢者、障害者等が円滑に利用できるようにするために誘導すべき建築物特定施設の構造及び配置に関する基準を定める省令の規定によりエレベーターのかご内及び乗降ロビーに設ける制御装置を視覚障害者が円滑に操作することができる構造とする方法を定める件

制定：平成 18 年 12 月 15 日　国土交通省告示第 1487 号

高齢者、障害者等が円滑に利用できるようにするために誘導すべき建築物特定施設の構造及び配置に関する基準を定める省令（平成 18 年国土交通省令第 114 号）第 7 条第 6 項第二号に規定する国土交通大臣が定める方法は、次に掲げるものとする。

一　文字等の浮き彫り
二　音による案内
三　点字及び前 2 号に類するもの

高齢者、障害者等が円滑に利用できるようにするために誘導すべき建築物特定施設の構造及び配置に関する基準を定める省令の規定により特殊な構造又は使用形態のエレベーターその他の昇降機等を定める件

制定：平成 18 年 12 月 15 日　国土交通省告示第 1485 号
改正：平成 21 年　8 月　4 日　国土交通省告示第 859 号

高齢者、障害者等が円滑に利用できるようにするために誘導すべき建築物特定施設の構造及び配置に関する基準を定める省令（平成 18 年国土交通省令第 114 号）第 8 条の規定に基づき、特殊な構造又は使用形態のエレベーターその他の昇降機等を次のように定める。

第 1

高齢者、障害者等が円滑に利用できるようにするために誘導すべき建築物特定施設の構造及び配置に関する基準を定める省令（以下「建築物移動等円滑化誘導基準」という。）第 8 条に規定する国土交通大臣が定める特殊な構造又は使用形態のエレベーターその他の昇降機は、次に掲げるものとする。

一　車いすに座ったまま使用するエレベーターで、かごの定格速度が 15 m / 分以下で、かつ、その床面積が 2.25㎡以下のものであって、昇降行程が 4m 以下のもの又は階段及び傾斜路に沿って昇降するもの
二　車いすに座ったまま車いす使用者を昇降させる場合に 2 枚以上の踏段を同一の面に保ちながら昇降を行うエスカレーターで、当該運転時において、踏段の定格速度を 30 m / 分以下とし、かつ、2 枚以上の踏段を同一の面とした部分の先端に車止めを設けたもの

第 2

建築物移動等円滑化誘導基準第 8 条に規定する車いす使用者が円滑に利用することができるものとして国土交通大臣が定める構造は、次に掲げるものとする。

一　第 1 第一号に掲げるエレベーターにあっては、次に掲げるものであること。
　イ　平成 12 年建設省告示第 1413 号第 1 第九号に規定するものとすること。
　ロ　かごの幅は 70㎝以上とし、かつ、奥行きは 120㎝以上とすること。
　ハ　車いす使用者がかご内で方向を変更する必要がある場合にあっては、かごの幅及び奥行きが十分に確保されていること。
二　第 1 第二号に掲げるエスカレーターにあっては、平成 12 年建設省告示第 1417 号第 1 ただし書に規定するものであること。

附則（抄）

1　（略）

2　平成 15 年国土交通省告示第 266 号は、廃止する。

高齢者、障害者等が円滑に利用できるようにするために誘導すべき建築物特定施設の構造及び配置に関する基準を定める省令の規定により車いす使用者用浴室等の構造を定める件

制定：平成 18 年 12 月 15 日　国土交通省告示第 1484 号

高齢者、障害者等が円滑に利用できるようにするために誘導すべき建築物特定施設の構造及び配置に関する基準を定める省令（平成 18 年国土交通省令第 114 号）第 10 条第 2 項第三号イの規定に基づき、車いす使用者用浴室等の構造を次のように定める。

高齢者、障害者等が円滑に利用できるようにするために誘導すべき建築物特定施設の構造及び配置に関する基準を定める省令第 10 条第 2 項第三号イに規定する車いす使用者が円滑に利用することができるものとして国土交通大臣が定める構造は、次に掲げるものとする。

一　浴槽、シャワー、手すり等が適切に配置されていること。

二　車いす使用者が円滑に利用することができるよう十分な空間が確保されていること。

附則（抄）

1　（略）

2　平成 15 年国土交通省告示第 267 号は、廃止する。

高齢者、障害者等が円滑に利用できるようにするために誘導すべき建築物特定施設の構造及び配置に関する基準を定める省令の規定により移動等円滑化の措置がとられたエレベーターその他の昇降機又は便所の配置を視覚障害者に示す方法を定める件

制定：平成 18 年 12 月 15 日　国土交通省告示第 1483 号

高齢者、障害者等が円滑に利用できるようにするために誘導すべき建築物特定施設の構造及び配置に関する基準を定める省令（平成 18 年国土交通省令第 114 号）第 15 条第 2 項の規定に基づき、移動等円滑化の措置がとられたエレベーターその他の昇降機又は便所の配置を視覚障害者に示す方法を次のように定める。

高齢者、障害者等が円滑に利用できるようにするために誘導すべき建築物特定施設の構造及び配置に関する基準を定める省令第 15 条第 2 項に規定する国土交通大臣が定める方法は、次に掲げるものとする。

一　文字等の浮き彫り

二　音による案内

三　点字及び前 2 号に類するもの

建築物の耐震診断及び耐震改修の促進を図るための基本的な方針

制定：平成 18 年　1 月 25 日　国土交通省告示第　184 号
改正：令和　3 年 12 月 21 日　国土交通省告示第 1537 号

建築物の耐震改修の促進に関する法律（平成 7 年法律第 123 号）第 4 条第 1 項の規定に基づき、建築物の耐震診断及び耐震改修の促進を図るための基本的な方針を次のように策定したので、同条第 3 項の規定により告示する。

平成 7 年 1 月の阪神・淡路大震災では、地震により 6,434 人の尊い命が奪われた。このうち地震による直接的な死者数は 5,502 人であり、さらにこの約 9 割の 4,831 人が住宅・建築物の倒壊等によるものであった。この教訓を踏まえて、建築物の耐震改修の促進に関する法律（以下「法」という。）が制定された。しかし近年、平成 16 年 10 月の新潟県中越地震、平成 17 年 3 月の福岡県西方沖地震、平成 20 年 6 月の岩手・宮城県内陸地震、平成 28 年 4 月の熊本地震、平成 30 年 9 月の北海道胆振東部地震など大地震が頻発しており、特に平成 23 年 3 月に発生した東日本大震災は、これまでの想定をはるかに超える巨大な地震・津波により、一度の災害で戦後最大の人命が失われるなど、甚大な被害をもたらした。また、東日本大震災においては、津波による沿岸部の建築物の被害が圧倒的であったが、内陸市町村においても建築物に大きな被害が発生した。さらに、平成 30 年 6 月の大阪府北部を震源とする地震においては塀に被害が発生した。このように、我が国において、大地震はいつどこで発生してもおかしくない状況にあるとの認識が広がっている。また、南海トラフ地震、日本海溝・千島海溝周辺海溝型地震及び首都直下地震については、発生の切迫性が指摘され、ひとたび地震が発生すると被害は甚大なものと想定されており、特に、南海トラフ巨大地震については、東日本大震災を上回る被害が想定されている。
建築物の耐震改修については、建築物の耐震化緊急対策方針（平成17年9月中央防災会議決定）において、全国的に取り組むべき「社会全体の国家的な緊急課題」とされるとともに、南海トラフ地震防災対策推進基本計画（令和 3 年 5 月中央防災会議決定）において、10 年後に死者数をおおむね 8 割、建築物の全壊棟数をおおむね 5 割、被害想定から減少させるという目標の達成のため、重点的に取り組むべきものとして位置づけられているところである。また、首都直下地震緊急対策推進基本計画（平成 27 年 3 月閣議決定）においては、10 年後に死者数及び建築物の全壊棟数を被害想定から半減させるという目標の達成のため、あらゆる対策の大前提として強力に推進すべきものとして位置づけられているところである。特に切迫性の高い地震については発生までの時間が限られていることから、効果的かつ効率的に建築物の耐震改修等を実施することが求められている。
この告示は、このような認識の下に、建築物の耐震診断及び耐震改修の促進を図るため、基本的な方針を定めるものである。

一　建築物の耐震診断及び耐震改修の促進に関する基本的な事項

1　国、地方公共団体、所有者等の役割分担

住宅・建築物の耐震化の促進のためには、まず、住宅・建築物の所有者等が、地域防災対策を自らの問題、地域の問題として意識して取り組むことが不可欠である。国及び地方公共団体は、こうした所有者等の取組をできる限り支援するという観点から、所有者等にとって耐震診断及び耐震改修を行いやすい環境の整備や負担軽減のための制度の構築など必要な施策を講じ、耐震改修の実施の阻害要因となっている課題を解決していくべきである。

2　公共建築物の耐震化の促進

公共建築物については、災害時には学校は避難場所等として活用され、病院では災害による負傷者の治療が、国及び地方公共団体の庁舎では被害情報収集や災害対策指示が行われるなど、多くの公共建築物が応急活動の拠点として活用される。このため、平常時の利用者の安全確保だけでなく、災害時の拠点施設としての機能確保の観点からも公共建築物の耐震性確保が求められるとの認識のもと、強力に公共建築物の耐震化の促進に取り組むべきである。具体的には、国及び地方公共団体は、各施設の耐震診断を速やかに行い、耐震性に係るリストを作成及び公表するとともに、構造耐力上主要な部分に加え、非構造部材及び建築設備に係るより高い耐震性の確保に配慮しつつ、整備目標及び整備プログラムの策定等を行い、計画的かつ重点的な耐震化の促進に積極的に取り組むべ

きである。

また、公共建築物について、法第 22 条第 3 項の規定に基づく表示を積極的に活用すべきである。

3　法に基づく指導等の実施

所管行政庁は、法に基づく指導等を次のイからハまでに掲げる建築物の区分に応じ、それぞれ当該イからハまでに定める措置を適切に実施すべきである。

イ　耐震診断義務付け対象建築物

法第 7 条に規定する要安全確認計画記載建築物については、所管行政庁は、その所有者に対して、所有する建築物が耐震診断の実施及び耐震診断の結果の報告義務の対象建築物となっている旨の十分な周知を行い、その確実な実施を図るべきである。また、期限までに耐震診断の結果を報告しない所有者に対しては、個別の通知等を行うことにより、耐震診断結果の報告をするように促し、それでもなお報告しない場合にあっては、法第 8 条第 1 項の規定に基づき、当該所有者に対し、相当の期限を定めて、耐震診断の結果の報告を行うべきことを命ずるとともに、その旨を公報、ホームページ等で公表すべきである。

法第 9 条（法附則第 3 条第 3 項において準用する場合を含む。）の規定に基づく報告の内容の公表については、建築物の耐震改修の促進に関する法律施行規則（平成 7 年建設省令第 28 号。以下「規則」という。）第 22 条（規則附則第 3 条において準用する場合を含む。）の規定により、所管行政庁は、当該報告の内容をとりまとめた上で公表しなければならないが、当該公表後に耐震改修等により耐震性が確保された建築物については、公表内容にその旨を付記するなど、迅速に耐震改修等に取り組んだ建築物所有者が不利になることのないよう、営業上の競争環境等にも十分に配慮し、丁寧な運用を行うべきである。

また、所管行政庁は、報告された耐震診断の結果を踏まえ、耐震診断義務付け対象建築物（法第 7 条に規定する要安全確認計画記載建築物及び法附則第 3 条第 1 項に規定する要緊急安全確認大規模建築物をいう。以下同じ。）の所有者に対して、法第 12 条第 1 項（法附則第 3 条第 3 項において準用する場合を含む。）の規定に基づく指導及び助言を実施すべきである。また、指導に従わない者に対しては同条第 2 項の規定に基づき必要な指示を行い、正当な理由がなく、その指示に従わなかったときは、その旨を公報、ホームページ等を通じて公表すべきである。

さらに、指導・助言、指示等を行ったにもかかわらず、当該耐震診断義務付け対象建築物の所有者が必要な対策をとらなかった場合には、所管行政庁は、構造耐力上主要な部分の地震に対する安全性について著しく保安上危険であると認められる建築物（別添の建築物の耐震診断及び耐震改修の実施について技術上の指針となるべき事項（以下「技術指針事項」という。）第 1 第一号又は第二号の規定により構造耐力上主要な部分の地震に対する安全性を評価した結果、地震の震動及び衝撃に対して倒壊し、又は崩壊する危険性が高いと判断された建築物をいう。以下同じ。）については速やかに建築基準法（昭和 25 年法律第 201 号）第 10 条第 3 項の規定に基づく命令を、損傷、腐食その他の劣化が進み、そのまま放置すれば著しく保安上危険となるおそれがあると認められる建築物については、同条第 1 項の規定に基づく勧告や同条第 2 項の規定に基づく命令を行うべきである。

ロ　指示対象建築物

法第 15 条第 2 項に規定する特定既存耐震不適格建築物（以下「指示対象建築物」という。）については、所管行政庁は、その所有者に対して、所有する建築物が指示対象建築物である旨の周知を図るとともに、同条第 1 項の規定に基づく指導及び助言を実施するよう努め、指導に従わない者に対しては同条第 2 項の規定に基づき必要な指示を行い、正当な理由がなく、その指示に従わなかったときは、その旨を公報、ホームページ等を通じて公表すべきである。

また、指導・助言、指示等を行ったにもかかわらず、当該指示対象建築物の所有者が必要な対策をとらなかった場合には、所管行政庁は、構造耐力上主要な部分の地震に対する安全性について著しく保安上危険であると認められる建築物については速やかに建築基準法第 10 条第 3 項の規定に基づく命令を、損傷、腐食その他の劣化が進み、そのまま放置すれば著しく保安上危険となるおそれがあると認められる建築物については、同条第 1 項の規定に基づく勧告や同条第 2 項の規定に基づく命令を行うべきである。

ハ　指導・助言対象建築物

法第 14 条に規定する特定既存耐震不適格建築物（指示対象建築物を除く。）については、所管行政庁は、その所有者に対して、法第15条第1項の規定に基づく指導及び助言を実施するよう努めるべきである。また、法第16条第1項に規定する既存耐震不適格建築物についても、所管行政庁は、その所有者に対して、同条第2項の規定に基づく指導及び助言を実施するよう努めるべきである。

4　計画の認定等による耐震改修の促進

所管行政庁は、法第17条第3項の計画の認定、法第22条第2項の認定、法第25条第2項の認定について、適切かつ速やかな認定が行われるよう努めるべきである。

国は、これらの認定について、所管行政庁による適切かつ速やかな認定が行われるよう、必要な助言、情報提供等を行うこととする。

5　所有者等の費用負担の軽減等

耐震診断及び耐震改修に要する費用は、建築物の状況や工事の内容により様々であるが、相当の費用を要することから、所有者等の費用負担の軽減を図ることが課題となっている。このため、地方公共団体は、所有者等に対する耐震診断及び耐震改修に係る助成制度等の整備や耐震改修促進税制の普及に努め、密集市街地や緊急輸送道路・避難路沿いの建築物の耐震化を促進するなど、重点的な取組を行うことが望ましい。特に、耐震診断義務付け対象建築物については早急な耐震診断の実施及び耐震改修の促進が求められることから、特に重点的な予算措置が講じられることが望ましい。

国は、地方公共団体に対し、必要な助言、補助・交付金、税の優遇措置等の制度に係る情報提供等を行うこととする。

また、法第32条の規定に基づき指定された耐震改修支援センター（以下「センター」という。）が債務保証業務、情報提供業務等を行うこととしているが、国は、センターを指定した場合においては、センターの業務が適切に運用されるよう、センターに対して必要な指導等を行うとともに、地方公共団体に対し、必要な情報提供等を行うこととする。

さらに、所有者等が耐震改修工事を行う際に仮住居の確保が必要となる場合については、地方公共団体が、公共賃貸住宅の空室の紹介等に努めることが望ましい。

6　相談体制の整備及び情報提供の充実

近年、悪質なリフォーム工事詐欺による被害が社会問題となっており、住宅・建築物の所有者等が安心して耐震診断及び耐震改修を実施できる環境整備が重要な課題となっている。特に、「どの事業者に頼めばよいか」、「工事費用は適正か」、「工事内容は適切か」、「改修の効果はあるのか」等の不安に対応する必要がある。このため、国は、センター等と連携し、耐震診断及び耐震改修に関する相談窓口を設置するとともに、耐震診断及び耐震改修の実施が可能な建築士及び事業者の一覧や、耐震改修工法の選択や耐震診断・耐震改修費用の判断の参考となる事例集を作成し、ホームページ等で公表を行い、併せて、地方公共団体に対し、必要な助言、情報提供等を行うこととする。また、地方公共団体は、耐震診断及び耐震改修に関する窓口を設置し、所有者等の個別の事情に応じた助言を行うよう努めるべきであるとともに、関係部局、センター等と連携し、先進的な取組事例、耐震改修事例、一般的な工事費用、専門家・事業者情報、助成制度概要等について、情報提供の充実を図ることが望ましい。

7　専門家・事業者の育成及び技術開発

適切な耐震診断及び耐震改修が行われるためには、専門家・事業者が耐震診断及び耐震改修について必要な知識、技術等の更なる習得に努め、資質の向上を図ることが望ましい。国及び地方公共団体は、センター等の協力を得て、講習会や研修会の開催、受講者の登録・紹介制度の整備等に努めるものとする。特に、耐震診断義務付け対象建築物の耐震診断が円滑に行われるよう、国は、登録資格者講習（規則第5条に規定する登録資格者講習をいう。以下同じ。）の十分な頻度による実施、建築士による登録資格者講習の受講の促進のための情報提供の充実を図るものとする。

また、簡易な耐震改修工法の開発やコストダウン等が促進されるよう、国及び地方公共団体は、関係団体と連携を図り、耐震診断及び耐震改修に関する調査及び研究を実施することとする。

8　地域における取組の推進

地方公共団体は、地域に根ざした専門家・事業者の育成、町内会や学校等を単位とした地震防災対策への取組の推進、NPOとの連携や地域における取組に対する支援、地域ごとに関係団体等からなる協議会の設置等を行うことが考えられる。国は、地方公共団体に対し、必要な助言、情報提供等を行うこととする。

9　その他の地震時の安全対策

地方公共団体及び関係団体は、ブロック塀等の倒壊防止、屋根瓦、窓ガラス、天井、外壁等の非構造部材の脱落防止、地震時のエレベーター内の閉じ込め防止、エスカレーターの脱落防止、給湯設備の転倒防止、配管等の設備の落下防止等の対策を所有者等に促すとともに、自らが所有する建築物についてはこれらの対策の実施に努めるべきである。さらに、これらの対策に係る建築基準法令の規定に適合しない建築物で同法第 3 条第 2 項の適用を受けているものについては、改修の実施及びその促進を図るべきである。また、南海トラフ沿いの巨大地震による長周期地震動に関する報告（平成 27 年 12 月）を踏まえて、長周期地震動対策を推進すべきである。国は、地方公共団体及び関係団体に対し、必要な助言、情報提供等を行うこととする。

二　建築物の耐震診断及び耐震改修の実施に関する目標の設定に関する事項

1　建築物の耐震化の現状

平成 30 年の統計調査に基づき、我が国の住宅については総数約 5,360 万戸のうち、約 700 万戸（約 13%）が耐震性が不十分であり、耐震化率は約 87% と推計されている。この推計では、耐震性が不十分な住宅は、平成 15 年の約 1,150 万戸から 15 年間で約 450 万戸減少し、そのうち耐震改修によるものは 15 年間で約 75 万戸と推計されている。

また、耐震診断義務付け対象建築物のうち、要緊急安全確認大規模建築物については、令和 3 年 4 月 1 日時点で耐震診断結果が公表されている約 11,000 棟のうち、約 1,100 棟（約 10%）が耐震性が不十分であり、耐震化率は約 90% である。なお、要安全確認計画記載建築物を含めた場合の耐震化率は、約 73% となっている。

2　建築物の耐震診断及び耐震改修の目標の設定

南海トラフ地震防災対策推進基本計画、首都直下地震緊急対策推進基本計画及び住生活基本計画（令和 3 年 3 月閣議決定）における目標を踏まえ、令和 12 年までに耐震性が不十分な住宅を、令和 7 年までに耐震性が不十分な耐震診断義務付け対象建築物を、それぞれおおむね解消することを目標とする。

三　建築物の耐震診断及び耐震改修の実施について技術上の指針となるべき事項

建築物の耐震診断及び耐震改修は、既存の建築物について、現行の耐震関係規定に適合しているかどうかを調査し、これに適合しない場合には、適合させるために必要な改修を行うことが基本である。しかしながら、既存の建築物については、耐震関係規定に適合していることを詳細に調査することや、適合しない部分を完全に適合させることが困難な場合がある。このような場合には、建築物の所有者等は、技術指針事項に基づいて耐震診断を行い、その結果に基づいて必要な耐震改修を行うべきである。

四　建築物の地震に対する安全性の向上に関する啓発及び知識の普及に関する基本的な事項

建築物の所有者等が、地震防災対策を自らの問題、地域の問題として意識することができるよう、地方公共団体は、過去に発生した地震の被害と対策、発生のおそれがある地震の概要と地震による危険性の程度等を記載した地図（以下「地震防災マップ」という。）、建築物の耐震性能や免震等の技術情報、地域での取組の重要性等について、関係部局と連携しつつ、町内会等や各種メディアを活用して啓発及び知識の普及を図ることが考えられる。国は、地方公共団体に対し、必要な助言及び情報提供等を行うこととする。

また、地方公共団体が適切な情報提供を行うことができるよう、地方公共団体とセンターとの間で必要な情報の共有及び連携が図られることが望ましい。

五　都道府県耐震改修促進計画の策定に関する基本的な事項その他建築物の耐震診断及び耐震改修の促進に関する重要事項

1　都道府県耐震改修促進計画の策定に関する基本的な事項

イ　都道府県耐震改修促進計画の基本的な考え方

都道府県は、法第 5 条第 1 項の規定に基づく都道府県耐震改修促進計画（以下単に「都道府県耐震改修促進計画」という。）の改定に当たっては、道路部局、防災部局、衛生部局、観光部局、商工部局、福祉部局、教育委員会等とも連携するとともに、都道府県内の市町村の耐震化の目標や施策との整合を図るため、市町村と協議会を設置する等の取組を行いながら、市町村の区域を超える広域的な見地からの調整を図る必要がある施策等を中心に見直すことが考えられ、建築物の耐震改修の促進に関する法律施行令の一部を改正する政令（平成 30 年政令第 323 号。以下「改正令」という。）の施行に伴う改定を行っていない都道府県にあっては、改正令の趣旨を踏まえ、できるだけ速やかに改定すべきである。

また、都道府県耐震改修促進計画に基づく施策が効果的に実現できるよう、その改定に当たっては、法に基づく指導・助言、指示等を行う所管行政庁と十分な調整を行うべきである。

なお、都道府県は、耐震化の進捗状況や新たな施策の実施等にあわせて、適宜、都道府県耐震改修促進計画の見直しを行うことが望ましい。

ロ　建築物の耐震診断及び耐震改修の実施に関する目標

都道府県耐震改修促進計画においては、二２の目標を踏まえ、各都道府県において想定される地震の規模、被害の状況、建築物の耐震化の現状等を勘案し、目標を定めることとする。なお、都道府県は、定めた目標について、一定期間ごとに検証すべきである。

特に耐震診断義務付け対象建築物については、早急に耐震化を促進すべき建築物である。このため、都道府県耐震改修促進計画に法第５条第３項第一号及び第二号に定める事項を記載する場合においては早期に記載するとともに、二２の目標を踏まえ、耐震診断義務付け対象建築物の耐震化の目標を設定すべきである。また、耐震診断結果の報告を踏まえ、耐震化の状況を検証すべきである。

さらに、庁舎、病院、学校等の公共建築物については、関係部局と協力し、可能な限り用途ごとに目標を設定すべきである。このため、国土交通省は関係省庁と連携を図り、都道府県に対し、必要な助言及び情報提供を行うこととする。

ハ　建築物の耐震診断及び耐震改修の促進を図るための施策

都道府県耐震改修促進計画においては、都道府県、市町村、建築物の所有者等との役割分担の考え方、実施する事業の方針等基本的な取組方針について定めるとともに、具体的な支援策の概要、安心して耐震改修等を行うことができるようにするための環境整備、地震時の総合的な安全対策に関する事業の概要等を定めることが望ましい。

また、庁舎、病院、学校等の公共建築物については、関係部局と協力し、耐震診断を行い、その結果の公表に取り組むとともに、重点化を図りながら着実な耐震化を推進するため、具体的な整備プログラム等を作成することが望ましい。

法第５条第３項第一号の規定に基づき定めるべき公益上必要な建築物は、地震時における災害応急対策の拠点となる施設や避難所となる施設等であるが、例えば庁舎、病院、学校の体育館等の公共建築物のほか、病院、ホテル・旅館、福祉施設等の民間建築物のうち、災害対策基本法（昭和 36 年法律第 223 号）第２条第十号に規定する地域防災計画や防災に関する計画等において、大規模な地震が発生した場合においてその利用を確保することが公益上必要な建築物として定められたものについても、積極的に定めることが考えられる。なお、公益上必要な建築物を定めようとするときは、法第５条第４項の規定に基づき、あらかじめ、当該建築物の所有者等の意見を勘案し、例えば特別積合せ貨物運送以外の一般貨物自動車運送事業の用に供する施設である建築物等であって、大規模な地震が発生した場合に公益上必要な建築物として実際に利用される見込みがないものまで定めることがないよう留意すべきである。

法第5条第3項第二号又は第三号の規定に基づき定めるべき道路は、沿道の建築物の倒壊によって緊急車両の通行や住民の避難の妨げになるおそれがある道路であるが、例えば緊急輸送道路、避難路、通学路等避難場所と連絡する道路その他密集市街地内の道路等を定めることが考えられる。特に緊急輸送道路のうち、市町村の区域を越えて、災害時の拠点施設を連絡する道路であり、災害時における多数の者の円滑な避難、救急・消防活動の実施、避難者への緊急物資の輸送等の観点から重要な道路については、沿道の建築物の耐震化を図ることが必要な道路として定めるべきである。

このうち、現に相当数の建築物が集合し、又は集合することが確実と見込まれる地域を通過する道路、公園や学校等の重要な避難場所と連絡する道路その他の地域の防災上の観点から重要な道路については、同項第二号の規定に基づき早期に通行障害建築物の耐震診断を行わせ、耐震化を図ることが必要な道路として定めることが考えられる。

また、通学路等の沿道のブロック塀等の実態把握を進め、住民の避難等の妨げとなるおそれの高い道路についても、沿道のブロック塀等の耐震化を図ることが必要な道路として定めるべきである。

改正令の施行の際、現に同号の規定に基づき通行障害既存耐震不適格建築物（耐震不明建築物であるものに限る。以下同じ。）に係る耐震診断の結果の報告の期限に関する事項が都道府県耐震改修促進計画に記載されている場合においては、必要に応じて、当該都道府県耐震改修促進計画を速やかに改定し、建築物の耐震改修の促進に関する法律施行令（平成7年政令第429号）第4条第二号に規定する組積造の塀に係る耐震診断の結果の報告の期限に関する事項を別に記載すべきである。ただし、やむを得ない事情により当該都道府県耐震改修促進計画を速やかに改定することが困難な場合においては、改正令の施行の際現に法第5条第3項第二号の規定に基づき当該都道府県耐震改修促進計画に記載されている通行障害既存耐震不適格建築物に係る耐震診断の結果の報告の期限に関する事項は、建築物の耐震改修の促進に関する法律施行令第4条第一号に規定する建築物に係るものであるとみなす。また、同条第二号に規定する組積造の塀については、規則第4条の2の規定により、地域の実情に応じて、都道府県知事が耐震診断義務付け対象建築物となる塀の長さ等を規則で定めることができることに留意すべきである。

さらに、同項第四号の規定に基づく特定優良賃貸住宅に関する事項は、法第28条の特例の適用の考え方等について定めることが望ましい。

加えて、同項第五号の規定に基づく独立行政法人都市再生機構又は地方住宅供給公社（以下「機構等」という。）による建築物の耐震診断及び耐震改修の実施に関する事項は、機構等が耐震診断及び耐震改修を行う地域、建築物の種類等について定めることが考えられる。なお、独立行政法人都市再生機構による耐震診断及び耐震改修の業務及び地域は、原則として都市再生に資するものに限定するとともに、地域における民間事業者による業務を補完して行うよう留意する。

ニ　建築物の地震に対する安全性の向上に関する啓発及び知識の普及

都道府県耐震改修促進計画においては、四を踏まえ、個々の建築物の所在地を識別可能とする程度に詳細な地震防災マップの作成について盛り込むとともに、相談窓口の設置、パンフレットの作成・配布、セミナー・講習会の開催、耐震診断及び耐震改修に係る情報提供等、啓発及び知識の普及に係る事業について定めることが望ましい。特に、地震防災マップの作成及び相談窓口の設置は、都道府県内の全ての市町村において措置されるよう努めるべきである。

また、地域における地震時の危険箇所の点検等を通じて、住宅・建築物の耐震化のための啓発活動や危険なブロック塀の改修・撤去等の取組を行うことが効果的であり、必要に応じ、市町村との役割分担のもと、町内会や学校等との連携策についても定めるべきである。

ホ　建築基準法による勧告又は命令等の実施

法に基づく指導・助言、指示等について、所管行政庁は、優先的に実施すべき建築物の選定及び対応方針、公表の方法等について定めることが望ましい。

また、所管行政庁は、法第12条第3項（法附則第3条第3項において準用する場合を含む。）又は法第15条第3項の規定による公表を行ったにもかかわらず、建築物の所有者が耐震改修を行わない場合には、建築基準法第10条第1項の規定による勧告、同条第2項又は第3項の規定による命令等を実施すべきであり、その実施の考え方、方法等について定めることが望ましい。

2　市町村耐震改修促進計画の策定に関する基本的な事項

イ　市町村耐震改修促進計画の基本的な考え方

平成17年3月に中央防災会議において決定された地震防災戦略において、東海地震及び東南海・南海地震の被害を受けるおそれのある地方公共団体については地域目標を定めることが要請され、その他の地域においても減災目標を策定することが必要とされている。こうしたことを踏まえ、法第6条第1項において、基礎自治体である市町村においても、都道府県耐震改修促進計画に基づき、市町村耐震改修促進計画を定めるよう努めるものとされたところであり、可能な限り全ての市町村において市町村耐震改修促進計画が策定されることが望ましい。

市町村耐震改修促進計画の策定及び改定に当たっては、道路部局、防災部局、衛生部局、観光部局、商工部局、福祉部局、教育委員会等とも連携するとともに、都道府県の耐震化の目標や施策との整合を図るため、都道府県と協議会を設置する等の取組を行いながら、より地域固有の状況に配慮して作成することが考えられ、改正令の施行前に市町村耐震改修促進計画を策定しているが、改正令の施行に伴う改定を行っていない市町村は、改正令の趣旨を踏まえ、できるだけ速やかに改定すべきである。

また、市町村耐震改修促進計画に基づく施策が効果的に実現できるよう、法に基づく指導、助言、指示等を行う所管行政庁と十分な調整を行うべきである。

なお、市町村は、耐震化の進捗状況や新たな施策の実施等にあわせて、適宜、市町村耐震改修促進計画の見直しを行うことが望ましい。

ロ　建築物の耐震診断及び耐震改修の実施に関する目標

市町村耐震改修促進計画においては、都道府県耐震改修促進計画の目標を踏まえ、各市町村において想定される地震の規模、被害の状況、建築物の耐震化の現状等を勘案し、目標を定めることを原則とする。なお、市町村は、定めた目標について、一定期間ごとに検証すべきである。

特に耐震診断義務付け対象建築物については、早急に耐震化を促進すべき建築物である。このため、市町村耐震改修促進計画に法第6条第3項第一号に定める事項を記載する場合においては早期に記載するとともに、二2の目標を踏まえ、耐震診断義務付け対象建築物の耐震化の目標を設定すべきである。また、耐震診断の結果の報告を踏まえ、耐震化の状況を検証すべきである。

さらに、庁舎、病院、学校等の公共建築物については、関係部局と協力し、可能な限り用途ごとに目標を設定すべきである。このため、国土交通省は関係省庁と連携を図り、市町村に対し、必要な助言及び情報提供を行うこととする。

ハ　建築物の耐震診断及び耐震改修の促進を図るための施策

市町村耐震改修促進計画においては、都道府県、市町村、建築物の所有者等との役割分担の考え方、実施する事業の方針等基本的な取組方針について定めるとともに、具体的な支援策の概要、安心して耐震改修等を行うことができるようにするための環境整備、地震時の総合的な安全対策に関する事業の概要等を定めることが望ましい。

また、庁舎、病院、学校等の公共建築物については、関係部局と協力し、耐震診断を行い、その結果の公表に取り組むとともに、重点化を図りながら着実な耐震化を推進するため、具体的な整備プログラム等を作成することが望ましい。

法第6条第3項第一号又は第二号の規定に基づき定めるべき道路は、沿道の建築物の倒壊によって緊急車両の通行や住民の避難の妨げになるおそれがある道路であるが、例えば緊急輸送道路、避難路、通学路等避難場所と連絡する道路その他密集市街地内の道路等を定めることが考えられる。特に緊急輸送道路のうち、市町村の区域内において、災害時の拠点施設を連絡する道路であり、災害時における多数の者の円滑な避難、救急・消防活動の実施、避難者への緊急物資の輸送等の観点から重要な道路については、沿道の建築物の耐震化を図ることが必要な道路として定めるべきである。

このうち、現に相当数の建築物が集合し、又は集合することが確実と見込まれる地域を通過する道路、公園や学校等の重要な避難場所と連絡する道路その他の地域の防災上の観点から重要な道路については、同項第一号の規定に基づき早期に通行障害建築物の耐震診断を行わせ、耐震化を図ることが必要な道路として定めることが考えられる。

また、通学路等の沿道のブロック塀等の実態把握を進め、住民の避難等の妨げとなるおそれの高い道路についても、沿道のブロック塀等の耐震化を図ることが必要な道路として定めるべきである。

改正令の施行の際、現に同号の規定に基づき通行障害既存耐震不適格建築物に係る耐震診断の結果の報告の期限に関する事項が市町村耐震改修促進計画に記載されている場合においては、必要に応じて、当該市町村耐震改修促進計画を速やかに改定し、建築物の耐震改修の促進に関する法律施行令第4条第二号に規定する組積造の塀に係る耐震診断の結果の報告の期限に関する事項を別に記載すべきである。ただし、やむを得ない事情により当該市町村耐震改修促進計画を速やかに改定することが困難な場合においては、改正令の施行の際現に法第6条第3項第一号の規定に基づき当該市町村耐震改修促進計画に記載されている通行障害既存耐震不適格建築物に係る耐震診断の結果の報告の期限に関する事項は、建築物の耐震改修の促進に関する法律施行令第 4 条第一号に規定する建築物に係るものであるとみなす。また、同条第二号に規定する組積造の塀については、地域の実情に応じて、市町村長が耐震診断義務付け対象建築物となる塀の長さ等を規則で定めることができることに留意すべきである。

ニ　建築物の地震に対する安全性の向上に関する啓発及び知識の普及

市町村耐震改修促進計画においては、四を踏まえ、個々の建築物の所在地を識別可能とする程度に詳細な地震防災マップの作成について盛り込むとともに、相談窓口の設置、パンフレットの作成・配布、セミナー・講習会の開催、耐震診断及び耐震改修に係る情報提供等、啓発及び知識の普及に係る事業について定めることが望ましい。特に、地震防災マップの作成及び相談窓口の設置は、全ての市町村において措置されるよう努めるべきである。

また、地域における地震時の危険箇所の点検等を通じて、住宅・建築物の耐震化のための啓発活動や危険なブロック塀の改修・撤去等の取組を行うことが効果的であり、必要に応じ、町内会や学校等との連携策についても定めるべきである。

ホ　建築基準法による勧告又は命令等の実施

法に基づく指導・助言、指示等について、所管行政庁である市町村は、優先的に実施すべき建築物の選定及び対応方針、公表の方法等について定めることが望ましい。

また、所管行政庁である市町村は、法第 12 条第 3 項（法附則第 3 条第 3 項において準用する場合を含む。）又は法第 15 条第 3 項の規定による公表を行ったにもかかわらず、建築物の所有者が耐震改修を行わない場合には、建築基準法第 10 条第 1 項の規定による勧告、同条第 2 項又は第 3 項の規定による命令等を実施すべきであり、その実施の考え方、方法等について定めることが望ましい。

3　計画の認定等の周知

所管行政庁は、法第 17 条第 3 項の計画の認定、法第 22 条第 2 項の認定及び法第 25 条第 2 項の認定について、建築物の所有者へ周知し、活用を促進することが望ましい。なお、法第 22 条第 2 項の認定制度の周知に当たっては、本制度の活用は任意であり、表示が付されていないことをもって、建築物が耐震性を有さないこととはならないことについて、建築物の利用者等の十分な理解が得られるよう留意すべきである。

附則（抄）

1　（略）

2　平成 7 年建設省告示第 2089 号は、廃止する。

3　この告示の施行前に平成 7 年建設省告示第 2089 号第 1 ただし書の規定により、国土交通大臣が同告示第 1 の指針の一部又は全部と同等以上の効力を有すると認めた方法については、この告示の別添第 1 ただし書の規定により、国土交通大臣が同告示第 1 の指針の一部又は全部と同等以上の効力を有すると認めた方法とみなす。

（別添）
建築物の耐震診断及び耐震改修の実施について技術上の指針となるべき事項

第 1　建築物の耐震診断の指針

建築物の耐震診断は、当該建築物の構造耐力上主要な部分（建築基準法施行令（昭和 25 年政令第 338 号。以下「令」という。）第 1 条第三号に規定するものをいう。以下同じ。）及び建物（建築物の耐震改修の促進に関する法律施行令第 4 条第二号に規定する建物をいう。以下同じ。）に附属する組積造の塀の配置、形状、寸法、接合の緊結の度、腐食、腐朽又は摩損の度、材料強度等に関する実地調査、当該建築物の敷地の状況に関する実地調査等の結果に基づき、次の各号によりそれぞれ地震に対する安全性を評価するものとする。この場合において、木造の建築物又は木造と鉄骨造その他の構造とを併用する建築物の木造の構造部分（以下「木造の建築物等」という。）にあっては、第一号の規定による評価の結果、地震の震動及び衝撃に対して倒壊し、又は崩壊する危険性が低いと判断され、かつ、当該木造の建築物等の敷地が第四号に掲げる基準に適合することが確かめられた場合に、木造の構造部分を有しない建築物又は木造と鉄骨造その他の構造とを併用する建築物（いずれも建物に附属する組積造の塀を除く。）の木造以外の構造部分（第二号において「鉄骨造、鉄筋コンクリート造、鉄骨鉄筋コンクリート造等の建築物等」という。）にあっては、第二号の規定による評価の結果、地震の震動及び衝撃に対して倒壊し、又は崩壊する危険性が低いと判断され、かつ、当該鉄骨造、鉄筋コンクリート造、鉄骨鉄筋コンクリート造等の建築物等の敷地が第四号に掲げる基準に適合することが確かめられた場合に、建物に附属する組積造の塀にあっては、第三号の規定による評価の結果、地震の震動及び衝撃に対して倒壊し、又は崩壊する危険性が低いと判断された場合に、当該建築物は地震に対して安全な構造であると判断できるものとする。ただし、国土交通大臣がこの指針の一部又は全部と同等以上の効力を有すると認める方法によって耐震診断を行う場合においては、当該方法によることができる。

一　木造の建築物等については、各階の張り間方向及びけた行方向の構造耐震指標を次のイからハまでに定めるところによりそれぞれ求め、別表第１により構造耐力上主要な部分の地震に対する安全性を評価すること。ただし、この安全性を評価する際には、実地調査等により建築物の部材等の劣化状況を適切に考慮するものとする。

イ　建築物の各階の張り間方向又はけた行方向の構造耐震指標は、次の式により計算すること。

$$I_w = \frac{P_d}{Q_r}$$

この式において、I_w、P_{d} 及び Q_r は、それぞれ次の数値を表すものとする。
I_w　各階の張り間方向又はけた行方向の構造耐震指標
P_d　各階の張り間方向又はけた行方向の耐力（以下「保有耐力」という。）を表すものとして、各階の当該方向の壁を設け又は筋かいを入れた軸組（以下「壁等」という。）の強さ及び配置を考慮してロに定めるところにより算出した数値（単位　kN）
Q_r　各階の必要保有耐力を表すものとして、各階の床面積、積雪荷重、建築物の形状、地盤の種類等を考慮してハに定めるところにより算出した数値（単位　kN）

ロ　イに定める建築物の各階の張り間方向又はけた行方向のPdは、次の式によって得られる数値とする。ただし、建築物の各階の保有水平耐力（令第82条の３に規定する各階の水平力に対する耐力をいう。以下同じ。）及び靱（じん）性を適切に評価して算出することができる場合においては、当該算出によることができるものとする。

$$P_d = (P_w + P_e)\ E$$

この式において、P_d、P_w、P_e 及び E は、それぞれ次の数値を表すものとする。
P_d　イに定める P_d の数値（単位　kN）
P_w　各階の張り間方向又はけた行方向につき、壁等の強さに基礎の仕様並びに壁等の両側の柱の頂部及び脚部の接合方法による低減係数を乗じた数値（単位　kN）。ただし、壁等の強さは、各階の張り間方向又はけた行方向につき、令第46条第４項の表１の軸組の種類の欄に掲げる区分に応じて倍率の欄に掲げる数値に1.96を乗じた数値（別表第２の軸組の種類の欄に掲げる軸組にあっては、それぞれ同表の倍率の欄に掲げる数値とする。）（以下「壁強さ倍率」という。）に当該軸組の長さ（単位　m）を乗じた数値とし、基礎の仕様並びに壁等の両側の柱の頂部及び脚部の接合方法による低減係数は、最上階及び地階を除く階数が１の建築物にあっては別表第３－１、地階を除く階数が２の建築物の１階並びに地階を除く階数が３の建築物の１階及び２階にあっては別表第３－２の壁強さ倍率、基礎の仕様並びに壁等の両側の柱の頂部及び脚部の接合方法に応じて、これらの表の低減係数の欄に掲げる数値とする。
P_e　壁等の強さ以外の耐力を表す数値として、ハに定める Q_r の数値に0.25を乗じた数値とする（単位　kN）。ただし、建築物の壁等の部分以外の部分の耐力として、建築物の保有水平耐力及び靱（じん）性に及ぼす影響を適切に評価して算出することができる場合においては、当該算出によることができるものとする。
E　壁等の配置による保有耐力の低減を表す数値として、別表第４の側端部分の壁量充足率、反対側の側端部分の壁量充足率及び直上階の床の仕様に応じて、同表の低減

（　　　係数の欄に掲げる数値　　　）

ハ　イに定める建築物の各階の Q_r は、次の式によって得られる数値（1 階が鉄骨造又は鉄筋コンクリートで 2 階又は 3 階が木造である建築物の木造部分の階の Q_r にあっては、同式によって得られる数値を 1.2 倍した数値）とする。ただし、令第 88 条第 1 項及び第 2 項の規定により各階の地震力を算出する場合においては、当該算出によることができるものとする。

$$Q_r = (C_r + W_s) A_f Z C_d C_g$$

この式において、Q_r、A_f、C_r、W_s、Z、C_d 及び C_g は、それぞれ次の数値を表すものとする。

Q_r　イに定める Q_r の数値（単位　kN）

C_r　単位床面積当たりの必要保有耐力として、別表第 5 の建築物の種類及び階数に応じて、同表の単位床面積当たりの必要保有耐力の欄に掲げる数値（単位　kN/m²）

W_s　令第 86 条第 2 項ただし書の規定により、特定行政庁が指定する多雪区域内の建築物にあっては、同条第 3 項に規定する垂直積雪量（単位　m）に 0.26 を乗じた数値、それ以外の建築物にあっては 0（単位　kN/m²）

A_f　当該階の床面積（単位　m²）

Z　令第 88 条第 1 項に規定する Z の数値

C_d　張り間方向又はけた行方向のいずれか短い方の長さが 4 m 未満の建築物であって、地階を除く階数が 2 の建築物の 1 階又は地階を除く階数が 3 の建築物の 1 階若しくは 2 階の場合には 1.13、その他の場合には 1

C_g　令第 88 条第 2 項ただし書の規定により、地盤が著しく軟弱な区域として特定行政庁が指定する区域内における建築物にあっては 1.5、それ以外の建築物にあっては 1

二　鉄骨造、鉄筋コンクリート造、鉄骨鉄筋コンクリート造等の建築物等については、各階の構造耐震指標を次のイからハまでに、各階の保有水平耐力に係る指標をニに定めるところによりそれぞれ求め、これらの指標に応じ別表第 6 により構造耐力上主要な部分の地震に対する安全性を評価すること。ただし、この安全性を評価する際には、実地調査等により建築物の部材等の劣化状況を適切に考慮するものとする。

イ　建築物の各階の構造耐震指標は、次の式により計算すること。

$$I_s = \frac{E_o}{F_{es} Z R_t}$$

この式において、I_s、E_o、F_{es}、Z 及び R_t は、それぞれ次の数値を表すものとする。ただし、Fes については、地震時における建築物の形状が当該建築物の振動の性状に与える影響を適切に評価して算出することができる場合においては、当該算出によることができる。

I_s　各階の構造耐震指標

E_o　各階の耐震性能を表すものとして、各階の保有水平耐力及び各階の靱（じん）性を考慮してロに定めるところにより算出した数値

F_{es}　令第 82 条の 3 第二号に規定する F_{es} の数値

Z　令第 88 条第 1 項に規定する Z の数値

R_t　令第 88 条第 1 項に規定する R_t の数値

ロ　イに定める建築物の各階の E_o は、次の(1)の式によって得られる数値又は次の(2)の式によって得られる数値（当該建築物の構造耐力上主要な部分である柱、壁若しくははり又はこれらの接合部が、せん断破壊等によって構造耐力上支障のある急激な耐力の低下を生ずるおそれがなく、かつ、当該建築物の特定の部分に生ずる塑性変形が過度に増大しないことが確かめられる場合には、これらの式の右辺に次の(3)の式により得られる割増係数を乗じることができるものとする。）のいずれか大きなものとする。ただし、各階の E_o は、塑性変形の度が著しく低い柱が存在する場合又は地震力の大部分を負担する柱、筋かい又は壁以外の一部の柱のみの耐力の低下によって建築物が容易に倒壊し、又は崩壊するおそれがある場合においては次の(1)の式によっ

て計算するものとするほか、建築物の保有水平耐力及び靱性を適切に評価して算出することができる場合においては、当該算出によることができるものとする。

(1) $E_o = \frac{Q_u F}{W A_i}$

(2) $E_o = \frac{\sqrt{(Q_1 F_1)^2 + (Q_2 F_2)^2 + (Q_3 F_3)^2}}{W A_i}$

(3) $\alpha = \frac{2(2n+1)}{3(n+1)}$

(1)から(3)までの式において、E_o、Q_u、F、W、A_i、Q_1、Q_2、Q_3、F_1、F_2、F_3、α及びnは、それぞれ次の数値を表すものとする。

E_o　イに定めるE_oの数値

Q_u　各階の保有水平耐力

F　各階の靱性を表す数値で、柱及びはりの大部分が鉄骨造である階にあっては、当該階に作用する地震力の多くを負担する架構の種類に応じた別表第7に掲げるF_iと、その他の階にあっては、当該階に作用する地震力の多くを負担する柱又は壁の種類に応じた別表第8に掲げるF_iとする。ただし、当該階の地震力の大部分を負担する柱、筋かい又は壁以外の一部の柱の耐力の低下によって建築物が容易に倒壊し、又は崩壊するおそれがある場合においては、柱及びはりの大部分が鉄骨造である階にあっては、当該柱を含む架構の種類に、その他の階にあっては、当該柱の種類に応じた数値としなければならない。

W　令第88条第1項の規定により地震力を計算する場合における当該階が支える部分の固定荷重と積載荷重との和（多雪区域においては、更に積雪荷重を加えるものとする。）

A_i　令第88条第1項に規定する当該階に係るA_iの数値

Q_1　ハに定める第1グループに属する架構又はこれを構成する柱若しくは壁（以下「第1グループの架構等」という。）の水平力に対する耐力の合計

Q_2　ハに定める第2グループに属する架構又はこれを構成する柱若しくは壁（以下「第2グループの架構等」という。）の水平力に対する耐力の合計

Q_3　ハに定める第3グループに属する架構又はこれを構成する柱若しくは壁（以下「第3グループの架構等」という。）の水平力に対する耐力の合計

F_1　第1グループの架構等の種類に応じた別表第7及び別表第8に掲げる当該架構等のF_iの最小値

F_2　第2グループの架構等の種類に応じた別表第7及び別表第8に掲げる当該架構等のF_iの最小値

F_3　第3グループの架構等の種類に応じた別表第7及び別表第8に掲げる当該架構等のF_iの最小値

α　割増係数

n　建築物の地階を除く階数

ハ　別表第7及び別表第8に掲げるF_iの大きさに応じ、架構又はこれを構成する柱若しくは壁（以下「架構等」という。）を3組に区分する場合において、F_iの最も小さな架構等を含む組を第1グループ、F_iの最も大きな架構等を含む組を第3グループ、その他の組を第2グループとする。

ニ　建築物の各階の保有水平耐力に係る指標は、次の式により計算すること。

$$q = \frac{Q_u}{F_{es} W Z R_t A_i S_t}$$

この式において、q、Q_u、F_{es}、W、Z、R_t、A_i及びS_tは、それぞれ次の数値を表すものとする。

q　各階の保有水平耐力に係る指標

Q_u　ロに定めるQ_uの数値

F_{es}　イに定めるF_{es}の数値

W　ロに定める W の数値
Z　イに定める Z の数値
R_t　イに定める R_t の数値
A_i　ロに定める A_i の数値
S_t　建築物の構造方法に応じて定まる数値で、鉄骨造及び鉄骨鉄筋コンクリート造にあっては0.25、その他の構造方法にあっては0.3とする。

三　建物に附属する組積造の塀については、その前面道路に面する部分が次に掲げる基準に適合するかどうかを確かめ、別表第9により地震に対する安全性を評価すること。ただし、この安全性を評価する際には、実地調査等により塀の部材等の劣化状況を適切に考慮するものとする。
　イ　材料の腐食、腐朽等により、構造耐力上支障となる損傷、変形等が生じていないこと。
　ロ　次に掲げる基準に適合すること。
　　(1)　地震時に生じる力に対して、鉄筋等により壁の一体性が確保されていること。
　　(2)　地震時に生じる力に対して、鉄筋等により壁と控壁等の一体性が確保されていること。
　　(3)　壁及び控壁等の重量による復元モーメントと縦筋等による降伏モーメントの和が、地震時に生じる力により壁の基礎より上の部分において当該塀の面外方向に作用するモーメントを上回ること。
　ハ　壁、控壁等及び基礎部の重量による復元モーメントと基礎根入れ部の周辺地盤等による抵抗モーメントの和が、地震時に生じる力により壁の面外方向に作用するモーメントを上回ること。

四　建築物の敷地については、次に掲げる基準に適合するかどうかを確かめること。
　イ　高さが2ｍを超える擁壁を設けた建築物の敷地にあっては、当該擁壁が次の基準に適合すること。ただし、当該擁壁の崩壊が、周囲の建築物に被害を与えるおそれがなく、かつ、当該擁壁が崩壊する場合においても当該敷地内の建築物の基礎が地震時に生じる力を地盤に安全に伝えることができることを確かめられる場合は、この限りでない。
　　(1)　材料の腐食、腐朽等により、構造耐力上支障となる損傷、変形等が生じていないこと。
　　(2)　石造の擁壁にあっては、裏込めにコンクリートを用いること等により、石と石とを充分に結合したものであること。
　　(3)　擁壁の裏面の排水をよくするために水抜穴を設け、擁壁の裏面で水抜穴の周辺に砂利等を詰めること等の措置が講じられていること。
　　(4)　擁壁が垂直方向に増設されている場合にあっては、当該擁壁全体が地震時に生じる土圧等により崩壊しないことが構造計算等により確かめられたものであること。
　ロ　がけ崩れ等による被害を受けるおそれのある建築物の敷地にあっては、次のいずれかの基準に適合すること。
　　(1)　イ(1)から(4)までに掲げる基準に適合する擁壁の設置その他安全上適当な措置が講じられていること。
　　(2)　当該敷地内の建築物について、がけから安全上支障のない距離が確保されていること等により、被害を受けるおそれのないことが確かめられること。
　ハ　地震時に液状化するおそれのある地盤の土地である建築物の敷地にあっては、当該地盤の液状化により建築物に構造耐力上著しい支障が生じることがないよう適当な地盤の改良等が行われていること。

第2　建築物の耐震改修の指針

建築物の耐震改修は、耐震診断の結果に基づき、当該建築物及びその敷地が第1に定める地震に対して安全な構造となるように、当該建築物の構造耐力上主要な部分、建物に附属する組積造の塀及び当該建築物の敷地について、次に掲げる基準に適合する方法によって行うものとする。

一　建築物を使用しつつ耐震改修を行う場合にあっては、構造耐力上主要な部分を釣合いよく配置し、地震の震動及び衝撃に対して一様に当該建築物の構造耐力が確保されるものとすること。
二　耐震改修による地盤の沈下又は変形に対して、建築物の基礎を構造耐力上安全なものとすること。
三　木造の建築物等にあっては、前2号に適合するほか、次の方法によること。
　イ　建築物に作用する地震の震動及び衝撃に耐えるように、軸組を構成する柱及び間柱並びにはり、けた、土台その他の横架材に合板をくぎで打ち付けること等によって軸組を補強すること。

ロ　筋かいは、その端部を、柱とはりその他の横架材との仕口に接近して、ボルト、かすがい、くぎその他の金物で緊結し、構造耐力上主要な部分である継手又は仕口は、ボルト締、かすがい打、込み栓打その他の構造方法によりその部分の存在応力を伝えるように緊結すること。

ハ　地盤の沈下又は変形に対して、構造耐力上主要な部分である柱で最下階の部分に使用するものの下部、土台及び基礎が構造耐力上安全なものとなるように、当該柱の下部若しくは土台を基礎に緊結し、足固めを使用し、又は基礎を鉄筋コンクリートで補強すること。

ニ　外壁のうち、鉄網モルタル塗その他軸組が腐りやすい構造である部分又は柱、筋かい及び土台のうち、地面から１m以内の部分には、有効な防腐措置を講ずるとともに、必要に応じて、白蟻（あり）その他の虫による害を防ぐための措置を講ずること。

四　鉄骨造の建築物又は鉄骨造とその他の構造とを併用する建築物の鉄骨造の部分については、第一号及び第二号に適合するほか、次の方法によること。

イ　建築物に作用する地震の震動及び衝撃に耐えるように、筋かいを補強し、又は増設すること。この場合において、当該筋かいの端部及び接合部が破断しないものとすること。

ロ　柱若しくははり又はこれらの接合部が、局部座屈、破断等を生ずるおそれのある場合においては、これらの部分を添板等によって補強すること。

ハ　柱の脚部の基礎との接合部において、アンカーボルトの破断、基礎の破壊等の生ずるおそれのある場合においては、当該柱の脚部を鉄筋コンクリート造の基礎に埋め込むこと等によって当該接合部を補強すること。

ニ　腐食のおそれのある部分に使用する鋼材には、有効な錆（さび）止めを講ずること。

五　鉄筋コンクリート造等（組積造、鉄筋コンクリート造、鉄骨鉄筋コンクリート造及び無筋コンクリート造をいう。以下この号において同じ。）の建築物又は鉄筋コンクリート造等とその他の構造とを併用する建築物（いずれも建物に附属する組積造の塀を除く。）の鉄筋コンクリート造等の部分にあっては、第一号及び第二号に適合するほか、次の方法によること。

イ　建築物に作用する地震の震動及び衝撃に耐えるように、壁を厚くすること等により補強し、又は壁若しくは鉄骨造の筋かいを増設すること。

ロ　柱がせん断破壊等によって急激な耐力の低下を生ずるおそれのある場合には、当該柱に鋼板を巻き付けることその他の靱（じん）性をもたせるための措置を講ずること。

六　建物に附属する組積造の塀にあっては、第一号及び第二号に適合するほか、塀に作用する地震の震動及び衝撃に耐えるように、一体性の確保及び転倒防止のための補強又は高さの低減等を行うことその他安全上必要な措置を講ずること。

七　建築物の敷地にあっては、次の方法によること。

イ　高さが２mを超える擁壁を設けた建築物の敷地であって、当該擁壁の崩壊により建築物が被害を受けるおそれのある場合においては、当該擁壁について、地盤アンカー体、格子状に組み合わせた鉄筋コンクリート造の枠等を用いて補強すること。

ロ　がけ崩れ等による被害を受けるおそれのある建築物の敷地であって、がけ崩れ等により建築物が被害を受けるおそれのある場合においては、新たに擁壁を設置すること、イに定める方法により擁壁を補強すること、がけの下の建築物にあっては土砂の流入を防止するための防護塀を設けることその他安全上必要な措置を講ずること。

ハ　地震時に液状化するおそれのある地盤の土地である建築物の敷地であって、当該地盤の液状化により建築物に構造耐力上著しい支障が生じるおそれのある場合においては、締固め等により地盤の改良を行うこと、当該建築物の基礎の構造を鉄筋コンクリート造のべた基礎とすることその他安全上必要な措置を講ずること。

八　前各号に定めるもののほか、建築物が地震に対して安全な構造となるように有効な措置を講ずること。

別表第 1

構造耐震指標		構造耐力上主要な部分の地震に対する安全性
(1)	I_w が 0.7 未満の場合	地震の震動及び衝撃に対して倒壊し、又は崩壊する危険性が高い。
(2)	I_w が 0.7 以上 1.0 未満の場合	地震の震動及び衝撃に対して倒壊し、又は崩壊する危険性がある。
(3)	I_w が 1.0 以上の場合	地震の震動及び衝撃に対して倒壊し、又は崩壊する危険性が低い。
この表において、I_w は、構造耐震指標を表す数値とする。		

別表第 2

軸組の種類		倍率
(1)	塗り厚が 9cm以上の土塗壁（中塗り土の塗り方が両面塗りのものに限る。）	3.9
(2)	厚さ 1.5cm以上で幅 9cm以上の木材又は径 9mm以上の鉄筋の筋かいを入れた軸組（筋かいの端部の接合が平成 12 年建設省告示第 1460 号（以下「告示第 1460 号」という。）第一号の規定に適合しないものに限る。）	1.6
(3)	厚さ 3cm以上で幅 9cm以上の木材の筋かいを入れた軸組（筋かいの端部の接合が告示第 1460 号第一号の規定に適合しないものに限る。）	1.9
(4)	厚さ 4.5cm以上で幅 9cm以上の木材の筋かいを入れた軸組（筋かいの端部の接合が告示第 1460 号第一号の規定に適合しないものに限る。）	2.6
(5)	9cm角以上の木材の筋かいを入れた軸組（筋かいの端部の接合が告示第 1460 号第一号の規定に適合しないものに限る。）	2.9
(6)	木ずりその他これに類するものを柱及び間柱の片面に打ち付け、これにラスシート、ワイヤラス又はメタルラスを止め付けたモルタル塗りの壁を設けた軸組	1.6
(7)	柱及び間柱並びにはり、けた、土台その他の横架材の片面に窯業系サイディングをくぎ又はねじ（JIS A5508（くぎ）-1992 に適合する GNF40、GNC40 その他これらと同等以上の品質を有するものに限る。）で打ち付けた壁（くぎの間隔が 20cm以下のものに限る。）を設けた軸組	1.7
(8)	厚さ 1.5cm以上で幅 4.5cm以上の木材を 50cm以下の間隔で柱及び間柱並びにはり、けた、土台その他の横架材にくぎ（JIS A5508（くぎ）-1992 に適合する N50 又はこれと同等以上の品質を有するものに限る。）で打ち付けた胴縁に、窯業系サイディングをくぎ又はねじ（JIS A5508（くぎ）-1992 に適合する GNF40、GNC40 その他これらと同等以上の品質を有するものに限る。）で打ち付けた壁（くぎの間隔が 20cm以下のものに限る。）を設けた軸組	1.7
(9)	柱及び間柱の片面にせっこうボード（JIS A6901（せっこうボード製品）-1994 に適合するせっこうボードで厚さが 12mm以上のものに限る。以下この表において同じ。）をくぎ又はねじ（JIS A5508（くぎ）-1992 に適合する GNF40、GNC40 その他これらと同等以上の品質を有するものに限る。）で打ち付けた壁（垂れ壁及び腰壁を除き、くぎの間隔が 20cm以下のものに限る。）を設けた軸組	1.2
(10)	厚さ 1.5cm以上で幅 4.5cmの木材を 31cm以下の間隔で柱及び間柱にくぎ（JIS A5508（くぎ）-1992 に適合する N50 又はこれと同等以上の品質を有するものに限る。）で打ち付けた胴縁に、せっこうボードをくぎ又はねじ（JIS A5508（くぎ）-1992 に適合する GNF40、GNC40 その他これらと同等以上の品質を有するものに限る。）で打ち付けた壁（垂れ壁及び腰壁を除き、くぎの間隔が 20cm以下のものに限る。）を設けた軸組	1.2
(11)	厚さ 3cm以上で幅 4cm以上の木材を用いて柱及び間柱にくぎ（JIS A5508（くぎ）-1992 に適合する N75 又はこれと同等以上の品質を有するものに限る。）で打ち付けた受材（くぎの間隔が 30cm以下のものに限る。）及び間柱、胴つなぎその他これらに類するものに、せっこうボードをくぎ又はねじ（JIS A5508（くぎ）-1992 に適合する GNF40、GNC40 その他これらと同等以上の品質を有するものに限る。）で打ち付けた壁（垂れ壁及び腰壁を除き、くぎの間隔が 20cm以下のものに限る。）を設けた軸組	1.3

⑿	構造用合板（構造用合板の日本農林規格（昭和51年農林水産省告示第894号）に規定するもの（屋外に面する壁又は常時湿潤の状態となるおそれのある壁に用いる場合は特類に限る。）で厚さが7.5mm以上のものに限る。）を柱及び間柱にくぎ（JIS A5508（くぎ）-1992に適合するN50又はこれと同等以上の品質を有するものに限る。）で打ち付けた壁（垂れ壁及び腰壁を除き、くぎの間隔が20cm以下のものに限る。）を設けた軸組	2.5
⒀	化粧合板で厚さが5.5mm以上のものを柱及び間柱にくぎ（JIS A5508（くぎ）-1992に適合するN38又はこれと同等以上の品質を有するものに限る。）で打ち付けた壁（垂れ壁及び腰壁を除き、くぎの間隔が20cm以下のものに限る。）を設けた軸組	1.4
⒁	厚さ3cm以上で幅4cm以上の木材を用いて柱及び間柱にくぎ（JIS A5508（くぎ）-1992に適合するN75又はこれと同等以上の品質を有するものに限る。）で打ち付けた受材（くぎの間隔が30cm以下のものに限る。）及び間柱、胴つなぎその他これらに類するものに、化粧合板で厚さが5.5mm以上のものをくぎ（JIS A5508（くぎ）-1992に適合するN38又はこれと同等以上の品質を有するものに限る。）で打ち付けた壁（垂れ壁及び腰壁を除き、くぎの間隔が20cm以下のものに限る。）を設けた軸組	1.0
⒂	令第46条第4項の表1の⑴から⑻まで又は⑴から⒁までに掲げる壁又は筋かいを併用した軸組	併用する軸組の令第46条第4項の表1の⑴から⑻までの倍率の欄に掲げる数値に1.96を乗じた数値又は⑴から⒁までの倍率の欄に掲げる数値の和（当該数値の和が9.8を超える場合は9.8）

別表第３－１

壁強さ倍率	基礎の仕様	壁等の両側の柱の頂部及び脚部の接合方法	低減係数
2.5未満	鉄筋コンクリート造のべた基礎又は布基礎	告示第1460号第二号に適合する接合方法としたもの	1.0
		告示第1460号第二号に適合しない場合であって、告示第1460号表3㈹から㈸までに掲げる接合方法としたもの	1.0
		告示第1460号第二号に適合しない場合であって、告示第1460号表3㈵に掲げる接合方法としたもの（当該軸組を含む面内にある軸組のうち、端部の柱が通し柱の場合に限る。）	0.7
		その他の接合方法としたもの	0.7
	著しいひび割れのある鉄筋コンクリート造のべた基礎若しくは布基礎、無筋コンクリート造の布基礎又は玉石基礎（柱脚に足固めを設けたものに限る。）	告示第1460号第二号に適合する接合方法としたもの	0.85
		告示第1460号第二号に適合しない場合であって、告示第1460号表3㈹から㈸までに掲げる接合方法としたもの	0.85
		告示第1460号第二号に適合しない場合であって、告示第1460号表3㈵に掲げる接合方法としたもの（当該軸組を含む面内にある軸組のうち、端部の柱が通し柱の場合に限る。）	0.7
		その他の接合方法としたもの	0.7
	その他の基礎	—	0.7

2.5以上4.0未満	鉄筋コンクリート造のべた基礎又は布基礎	告示第1460号第二号に適合する接合方法としたもの	1.0
		告示第1460号第二号に適合しない場合であって、告示第1460号表3(ろ)から(ぬ)までに掲げる接合方法としたもの	0.8
		告示第1460号第二号に適合しない場合であって、告示第1460号表3(い)に掲げる接合方法としたもの（当該軸組を含む面内にある軸組のうち、端部の柱が通し柱の場合に限る。）	0.6
		その他の接合方法としたもの	0.35
	著しいひび割れのある鉄筋コンクリート造のべた基礎若しくは布基礎、無筋コンクリート造の布基礎又は玉石基礎（柱脚に足固めを設けたものに限る。）	告示第1460号第二号に適合する接合方法としたもの	0.7
		告示第1460号第二号に適合しない場合であって、告示第1460号表3(ろ)から(ぬ)までに掲げる接合方法としたもの	0.6
		告示第1460号第二号に適合しない場合であって、告示第1460号表3(い)に掲げる接合方法としたもの（当該軸組を含む面内にある軸組のうち、端部の柱が通し柱の場合に限る。）	0.5
		その他の接合方法としたもの	0.35
	その他の基礎	—	0.35
4.0以上6.0未満	鉄筋コンクリート造のべた基礎又は布基礎	告示第1460号第二号に適合する接合方法としたもの	1.0
		告示第1460号第二号に適合しない場合であって、告示第1460号表3(ろ)から(ぬ)までに掲げる接合方法としたもの	0.65
		告示第1460号第二号に適合しない場合であって、告示第1460号表3(い)に掲げる接合方法としたもの（当該軸組を含む面内にある軸組のうち、端部の柱が通し柱の場合に限る。）	0.45
		その他の接合方法としたもの	0.25
	著しいひび割れのある鉄筋コンクリート造のべた基礎若しくは布基礎、無筋コンクリート造の布基礎又は玉石基礎（柱脚に足固めを設けたものに限る。）	告示第1460号第二号に適合する接合方法としたもの	0.6
		告示第1460号第二号に適合しない場合であって、告示第1460号表3(ろ)から(ぬ)までに掲げる接合方法としたもの	0.45
		告示第1460号第二号に適合しない場合であって、告示第1460号表3(い)に掲げる接合方法としたもの（当該軸組を含む面内にある軸組のうち、端部の柱が通し柱の場合に限る。）	0.35
		その他の接合方法としたもの	0.25
	その他の基礎	—	0.25
6.0以上	鉄筋コンクリート造のべた基礎若しくは布基礎	告示第1460号第二号に適合する接合方法としたもの	1.0
		告示第1460号第二号に適合しない場合であって、告示第1460号表3(ろ)から(ぬ)までに掲げる接合方法としたもの	0.5
		告示第1460号第二号に適合しない場合であって、告示第1460号表3(い)に掲げる接合方法としたもの（当該軸組を含む面内にある軸組のうち、端部の柱が通し柱の場合に限る。）	0.35
		その他の接合方法としたもの	0.2

	著しいひび割れのある鉄筋コンクリート造のべた基礎若しくは布基礎、無筋コンクリート造の布基礎又は玉石基礎（柱脚に足固めを設けたものに限る。）	告示第1460号第二号に適合する接合方法としたもの	0.6
		告示第1460号第二号に適合しない場合であって、告示第1460号表3(ろ)から(ぬ)までに掲げる接合方法としたもの	0.35
		告示第1460号第二号に適合しない場合であって、告示第1460号表3(い)に掲げる接合方法としたもの（当該軸組を含む面内にある軸組のうち、端部の柱が通し柱の場合に限る。）	0.3
		その他の接合方法としたもの	0.2
	その他の基礎	—	0.2
この表において、最上階の壁については、基礎の仕様の欄に掲げる鉄筋コンクリート造のべた基礎又は布基礎の項の数値を用いるものとする。			

別表第3－2

壁強さ倍率	基礎の仕様	壁等の両側の柱の頂部及び脚部の接合方法	低減係数
2.5未満	—	—	1.0
2.5以上4.0未満	鉄筋コンクリート造のべた基礎又は布基礎	告示第1460号第二号に適合する接合方法としたもの	1.0
		告示第1460号第二号に適合しない場合であって、告示第1460号表3(ろ)から(ぬ)までに掲げる接合方法としたもの	1.0
		告示第1460号第二号に適合しない場合であって、告示第1460号表3(い)に掲げる接合方法としたもの（当該軸組を含む面内にある軸組のうち、端部の柱が通し柱の場合に限る。）	0.8
		その他の接合方法としたもの	0.8
	著しいひび割れのある鉄筋コンクリート造のべた基礎若しくは布基礎、無筋コンクリート造の布基礎又は玉石基礎（柱脚に足固めを設けたものに限る。）	告示第1460号第二号に適合する接合方法としたもの	0.9
		告示第1460号第二号に適合しない場合であって、告示第1460号表3(ろ)から(ぬ)までに掲げる接合方法としたもの	0.9
		告示第1460号第二号に適合しない場合であって、告示第1460号表3(い)に掲げる接合方法としたもの（当該軸組を含む面内にある軸組のうち、端部の柱が通し柱の場合に限る。）	0.8
		その他の接合方法としたもの	0.8
	その他の基礎	—	0.8
4.0以上6.0未満	鉄筋コンクリート造のべた基礎又は布基礎	告示第1460号第二号に適合する接合方法としたもの	1.0
		告示第1460号第二号に適合しない場合であって、告示第1460号表3(ろ)から(ぬ)までに掲げる接合方法としたもの	0.9
		告示第1460号第二号に適合しない場合であって、告示第1460号表3(い)に掲げる接合方法としたもの（当該軸組を含む面内にある軸組のうち、端部の柱が通し柱の場合に限る。）	0.7
		その他の接合方法としたもの	0.7
	著しいひび割れのある鉄筋コンクリート造のべた基礎若しくは布基礎、無筋コン	告示第1460号第二号に適合する接合方法としたもの	0.85
		告示第1460号第二号に適合しない場合であって、告示第1460号表3(ろ)から(ぬ)までに掲げる接合方法とし	0.8

	クリート造の布基礎又は玉石基礎（柱脚に足固めを設けたものに限る。）	たもの	
		告示第 1460 号第二号に適合しない場合であって、告示第 1460 号表 3(い)に掲げる接合方法としたもの（当該軸組を含む面内にある軸組のうち、端部の柱が通し柱の場合に限る。）	0.7
		その他の接合方法としたもの	0.7
	その他の基礎	—	0.7
6.0 以上	鉄筋コンクリート造のべた基礎又は布基礎	告示第 1460 号第二号に適合する接合方法としたもの	1.0
		告示第 1460 号第二号に適合しない場合であって、告示第 1460 号表 3(ろ)から(ぬ)までに掲げる接合方法としたもの	0.8
		告示第 1460 号第二号に適合しない場合であって、告示第 1460 号表 3(い)に掲げる接合方法としたもの（当該軸組を含む面内にある軸組のうち、端部の柱が通し柱の場合に限る。）	0.6
		その他の接合方法としたもの	0.6
	著しいひび割れのある鉄筋コンクリート造のべた基礎若しくは布基礎、無筋コンクリート造の布基礎又は玉石基礎（柱脚に足固めを設けたものに限る。）	告示第 1460 号第二号に適合する接合方法としたもの	0.8
		告示第 1460 号第二号に適合しない場合であって、告示第 1460 号表 3(ろ)から(ぬ)までに掲げる接合方法としたもの	0.7
		告示第 1460 号第二号に適合しない場合であって、告示第 1460 号表 3(い)に掲げる接合方法としたもの（当該軸組を含む面内にある軸組のうち、端部の柱が通し柱の場合に限る。）	0.6
		その他の接合方法としたもの	0.6
	その他の基礎	—	0.6
この表において、地階を除く階数が 3 の建築物の 2 階部分の壁については、基礎の仕様の欄に掲げる鉄筋コンクリート造のべた基礎又は布基礎の項の数値を用いるものとする。			

別表第 4

側端部分の壁量充足率	左欄の側端部分の反対側の側端部分の壁量充足率	直上階の床の仕様	低減係数
0.33 未満	0.33 未満	—	1.0
	0.33 以上 0.66 未満	横架材に合板を釘打ちしたもの又はこれと同等以上の性能を有するもの	0.7
		火打ち材を設けたもの又はこれと同等以上の性能を有するもの	0.5
		その他の仕様	0.3
	0.66 以上 1.0 未満	横架材に合板を釘打ちしたもの又はこれと同等以上の性能を有するもの	0.6
		火打ち材を設けたもの又はこれと同等以上の性能を有するもの	0.45
		その他の仕様	0.3
	1.0 以上	横架材に合板を釘打ちしたもの又はこれと同等以上の性能を有するもの	0.6
		火打ち材を設けたもの又はこれと同等以上の性能を有するもの	0.45

		その他の仕様	0.3
0.33 以上 0.66 未満	0.33 以上 0.66 未満	—	1.0
	0.66 以上 1.0 未満	横架材に合板を釘打ちしたもの又はこれと同等以上の性能を有するもの	0.8
		火打ち材を設けたもの又はこれと同等以上の性能を有するもの	0.8
		その他の仕様	0.75
	1.0 以上	—	0.75
0.66 以上	0.66 以上	—	1.0
この表における壁量充足率の算定方法については、平成 12 年建設省告示第 1352 号第一号及び第二号の規定を準用する。この場合においては、同告示第一号中「令第 46 条第 4 項の規定の表 1 の数値」とあるのは「令第 46 条第 4 項の規定の表 1 の数値に 1.96 を乗じたもの又は別表第 2 の数値」と、「同項の表 2 の数値」とあるのは「別表第 5 の数値」と、それぞれ読み替えるものとする。			

別表第 5

建築物の種類		単位床面積当たりの必要保有耐力（kN/㎡）					
		階数が 1 の建築物	階数が 2 の建築物の 1 階	階数が 2 の建築物の 2 階	階数が 3 の建築物の 1 階	階数が 3 の建築物の 2 階	階数が 3 の建築物の 3 階
(1)	土蔵造の建築物その他これに類する壁の重量が特に大きい建築物	0.64	1.41	0.78	2.07	1.59	0.91
(2)	(1)に掲げる建築物以外の建築物で屋根を金属板、石板、木板その他これらに類する軽い材料でふいたもの	0.28	0.83	0.37	1.34	0.98	0.43
(3)	(1)及び(2)に掲げる建築物以外の建築物	0.4	1.06	0.53	1.66	1.25	0.62
この表における階数の算定については、地階の部分の階数は、算入しないものとする。							

別表第 6

構造耐震指標及び保有水平耐力に係る指標		構造耐力上主要な部分の地震に対する安全性
(1)	I_s が 0.3 未満の場合又は q が 0.5 未満の場合	地震の震動及び衝撃に対して倒壊し、又は崩壊する危険性が高い。
(2)	(1)及び(3)以外の場合	地震の震動及び衝撃に対して倒壊し、又は崩壊する危険性がある。
(3)	I_s が 0.6 以上の場合で、かつ、q が 1.0 以上の場合	地震の震動及び衝撃に対して倒壊し、又は崩壊する危険性が低い。
この表において、I_s 及び q は、それぞれ次の数値を表すものとする。 I_s　各階の構造耐震指標 q　各階の保有水平耐力に係る指標		

別表第 7

架構の種類		鉄骨造の架構の F_i の数値
(1)	柱及びはりの座屈が著しく生じ難く、かつ、これらの接合部、筋かいの接合部及び柱の脚部の基礎との接合部（以下この表において「接合部」という。）の破断が著しく生じ難いこと等のため、塑性変形の度が特に高いもの	4.0

(2)	柱及びはりの座屈が生じ難く、かつ、接合部の破断が著しく生じ難いこと等のため、塑性変形の度が高いもの	3.0
(3)	柱及びはりの座屈が生じ難く、かつ、接合部の破断が生じ難いこと等のため、耐力が急激に低下しないもの	2.5
(4)	接合部の破断が生じ難いが、柱及びはりの座屈が生じ易いこと等のため、耐力が低下するもの	2.0
(5)	柱及びはりの座屈が生じ易く、かつ、接合部に塑性変形が著しく生じ易いこと等のため、耐力が急激に低下するもの	1.5
(6)	接合部又は筋かいの破断が生じ易いもの又は(1)から(5)までに掲げるもの以外のもの	1.0
この表において、F_i は、架構の靱性を表す数値とする。		

別表第 8

柱又は壁の種類		鉄骨鉄筋コンクリート造の柱又は壁の F_i の数値	鉄骨造及び鉄骨鉄筋コンクリート造の柱又は壁以外の柱又は壁の F_i の数値
(1)	せん断破壊が著しく生じ難いため、塑性変形の度が特に高い柱	3.5	3.2
(2)	せん断破壊が著しく生じ難いはりに専ら塑性変形が生ずる架構の柱	3.5	3.0
(3)	せん断破壊が生じ難いため、塑性変形の度が高い柱	2.4	2.2
(4)	せん断破壊が生じ易いはりに専ら塑性変形が生ずる架構の柱	2.0	1.5
(5)	塑性変形の度は高くないが、せん断破壊が生じ難い柱	1.3	1.3
(6)	せん断破壊が生じ易いため、塑性変形の度が低い柱	1.3	1.0
(7)	せん断破壊が著しく生じ易いため、耐力が急激に低下する柱	1.0	0.8
(8)	基礎の浮き上がり等により回転変形を生ずる壁	3.5	3.0
(9)	せん断破壊が著しく生じ難いため、塑性変形の度が特に高い壁	2.5	2.0
(10)	せん断破壊が生じ易いため、塑性変形の度が低い壁	1.3	1.0
この表において、F_i は、柱又は壁の靱性を表す数値とする。			

別表第 9

	別添第 1 第三号に掲げる基準への適合性	塀の地震に対する安全性
(1)	別添第一第三号に掲げる基準のいずれかに適合しない場合	地震の震動及び衝撃に対して倒壊し、又は崩壊する危険性がある。
(2)	別添第一第三号に掲げる基準のいずれにも適合する場合	地震の震動及び衝撃に対して倒壊し、又は崩壊する危険性が低い。

建築物の耐震改修の促進に関する法律第 17 条第 3 項第一号の規定に基づき地震に対する安全上耐震関係規定に準ずるものとして定める基準

制定：平成 18 年　1 月 25 日　国土交通省告示第　185 号
改正：平成 25 年 10 月 29 日　国土交通省告示第 1061 号

建築物の耐震改修の促進に関する法律（平成 7 年法律第 123 号）第 8 条第 3 項第一号〔現行＝第 17 条第 3 項一号＝平成 25 年 5 月法律第 20 号により改正〕の規定に基づき、地震に対する安全上耐震関係規定に準ずるものとして国土交通大臣が定める基準を次のように定める。

建築物の耐震改修の促進に関する法律第4条第2項第三号に掲げる建築物の耐震診断及び耐震改修の実施について技術上の指針となるべき事項に定めるところにより耐震診断を行った結果、地震に対して安全な構造であることが確かめられること。

附則（抄）

1　（略）

2　平成7年建設省告示第2090号は、廃止する。

建築物の耐震改修の促進に関する法律第22条第2項及び第25条第2項の規定に基づき地震に対する安全上耐震関係規定に準ずるものとして定める基準

制定：平成25年10月29日　国土交通省告示第1062号

建築物の耐震改修の促進に関する法律（平成7年法律第123号）第22条第2項及び第25条第2項の規定に基づき、地震に対する安全上耐震関係規定に準ずるものとして定める基準を次のように定める。

建築物の耐震改修の促進に関する法律施行規則（平成7年建設省令第28号）第5条第1項各号のいずれかに掲げる者が建築物の耐震改修の促進に関する法律第4条第2項第三号に掲げる建築物の耐震診断及び耐震改修の実施について技術上の指針となるべき事項に定めるところにより耐震診断を行った結果、地震に対して安全な構造であることが確かめられること。ただし、国土交通大臣が認める場合には、同規則第5条第1項各号のいずれかに掲げる者が耐震診断を行うことを要しない。

建築物の耐震改修の促進に関する法律施行令附則第2条第1項第一号の規定に基づき国土交通大臣が定める危険物及び国土交通大臣が定める距離を定める件

制定：平成25年10月29日　国土交通省告示第1066号

建築物の耐震改修の促進に関する法律施行令（平成7年政令第429号）附則第2条第1項第一号の規定に基づき、国土交通大臣が定める危険物及び国土交通大臣が定める距離を定める件を次のように定める。

建築物の耐震改修の促進に関する法律施行令第8条第1項第十九号に掲げる建築物の倒壊により当該建築物の敷地外に被害を及ぼすおそれが大きいものとして国土交通大臣が定める危険物は、次の表の左欄に掲げるものとし、国土交通大臣が定める当該建築物の外壁又はこれに代わる柱の面から敷地境界線までの距離は、同表の左欄に掲げる危険物の区分に応じ、それぞれ同表の右欄に掲げるもの（同表の左欄に掲げる危険物の2種類以上を貯蔵し、又は処理しようとする建築物にあっては、当該2種類以上の危険物の区分に応じ、それぞれ同表の右欄に掲げるもののうち最大のもの）とする。ただし、令第7条第2項第二号から第五号までに掲げる危険物を貯蔵し、又は処理しようとする建築物であって、川、海その他これらに類するものに敷地が接するものについては、当該建築物の外壁又はこれに代わる柱の面から当該川、海その他これらに類するものの反対側の境界線までの距離を当該建築物の外壁又はこれに代わる柱の面から敷地境界線までの距離とみなす。

危険物	建築物の外壁又はこれに代わる柱の面から敷地境界線までの距離
令第7条第2項第一号に掲げる危険物	火薬類取締法施行規則（昭和25年通商産業省令第88号）第4条第1項第四号に規定する危険工室等を有する建築物にあっては同号に規定する第一種保安物件（同規則第1条第十一号に規定する第一種保安物件をいう。）に対する保安距離（以下「第一種保安距離」という。）、同規則第4条第2項に規定する不発弾等解撤工室等を有する建築物にあっては同項に規定する第一種保安距離、火薬庫を有する建築物にあっては同規則第23条に規定する第一種保安距離、同規則第67条第4

	項に規定する不発弾等廃薬処理場を有する建築物にあっては同項第一号に規定する第一種保安距離
令第7条第2項第二号から第五号までに掲げる危険物	50m
令第7条第2項第六号に掲げる危険物	13 ($\frac{1}{3}$) m
令第7条第2項第七号に掲げる危険物	一般高圧ガス保安規則（昭和 41 年通商産業省令第 53 号）第 6 条第 1 項に規定する製造施設である建築物又は同規則第 22 条若しくは第 23 条に規定する第一種貯蔵所である建築物にあっては同規則第 2 条第 2 項第十九号に規定する第一種設備距離、コンビナート等保安規則（昭和 61 年通商産業省令第 88 号）第 5 条第 1 項に規定する製造施設であって同項第二号に規定する製造施設である建築物にあっては同号に規定する保安距離、同項に規定する製造施設であって同項第三号の表の第一欄に掲げる製造施設である建築物にあっては同項第二号及び第三号の規定による保安距離、同項に規定する製造施設であって同項第四号に規定する製造施設である建築物にあっては同号ロに規定する距離、同項に規定する製造施設であって同項第五号に規定する製造施設である建築物にあっては 50m
令第7条第2項第八号に掲げる危険物	一般高圧ガス保安規則第 6 条第 1 項若しくは第 6 条の 2 第 1 項に規定する製造施設である建築物又は同規則第 22 条若しくは第 23 条に規定する第一種貯蔵所である建築物にあっては同規則第 2 条第 2 項第十九号に規定する第一種設備距離、液化石油ガス保安規則（昭和 41 年通商産業省令第 52 号）第 6 条第 1 項若しくは第 7 条第 1 項に規定する製造施設である建築物又は同規則第 23 条第 1 項若しくは第 24 条に規定する第一種貯蔵所である建築物にあっては同規則第 2 条第 1 項第十六号に規定する第一種設備距離、コンビナート等保安規則第 5 条第 1 項に規定する製造施設であって同項第二号に規定する製造施設である建築物にあっては同号に規定する保安距離、同項に規定する製造施設であって同項第三号の表の第 1 欄に掲げる製造施設である建築物にあっては同項第二号及び第三号の規定による保安距離、同項に規定する製造施設であって同項第四号に規定する製造施設である建築物にあっては同号ロに規定する距離、同項に規定する製造施設であって同項第五号に規定する製造施設である建築物にあっては 50m

建築物の耐震改修の促進に関する法律施行規則第５条第１項第一号（同規則附則第３条において準用する場合を含む。）の規定に基づき国土交通大臣が定める要件

制定：平成 25 年 10 月 29 日　国土交通省告示第 1056 号

建築物の耐震改修の促進に関する法律施行規則（平成 7 年建設省令第 28 号）第 5 条第 1 項第一号（同規則附則第 3 条において準用する場合を含む。）の規定に基づき、国土交通大臣が定める要件を次のように定める。

建築物の耐震改修の促進に関する法律施行規則第 5 条第 1 項第一号（同規則附則第 3 条において準用する場合を含む。）に規定する国土交通大臣が定める要件は、耐震診断に関し罪を犯して罰金以上の刑に処せられた者及び耐震診断に関し建築士法（昭和 25 年法律第 202 号）第 10 条第 1 項各号に該当し、同項の規定により一級建築士若しくは二級建築士又は木造建築士の業務の停止を命ぜられ、又は免許を取り消された者以外の者であることとする。

建築物の耐震改修の促進に関する法律施行規則第５条第１項第二号（同規則附則第３条において準用する場合を含む。）の規定に基づき国土交通大臣が定める者を定める件

制定：平成25年10月29日　国土交通省告示第1057号

建築物の耐震改修の促進に関する法律施行規則（平成７年建設省令第28号）第５条第１項第二号（同規則附則第３条において準用する場合を含む。）の規定に基づき、国土交通大臣が定める者を次のように定める。

建築物の耐震改修の促進に関する法律施行規則（以下「規則」という。）第５条第１項第二号（規則附則第３条において準用する場合を含む。）の国土交通大臣が定める者は、次の各号のいずれかに該当する者とする。

一　規則第５条第１項第一号に規定する一級建築士、二級建築士又は木造建築士であって、同号に規定する登録資格者講習と同等以上の内容を有すると国土交通大臣が認める講習を修了した者（建築士法（昭和25年法律第202号）第３条第１項、第３条の２第１項若しくは第３条の３第１項に規定する建築物又は同法第３条の２第３項（同法第３条の３第２項において準用する場合を含む。）の規定に基づく条例に規定する建築物について耐震診断を行わせる場合にあっては、それぞれ当該各条に規定する建築士に限る。）

二　学校教育法（昭和22年法律第26号）による大学若しくはこれに相当する外国の学校において建築物の構造に関する科目その他の講習事務（規則第６条第１項に規定する講習事務をいう。以下この号において同じ。）に関する科目を担当する教授若しくは准教授の職にあり、若しくはこれらの職にあった者又は建築物の構造に関する科目その他の講習事務に関する科目の研究により博士の学位を授与された者

三　前各号と同等以上の知識及び経験を有すると国土交通大臣が認める者

建築物の耐震改修の促進に関する法律施行規則第10条第四号の規定に基づき登録資格者講習に用いる教材の内容として国土交通大臣が定める事項を定める件

制定：平成25年10月29日　国土交通省告示第1058号

建築物の耐震改修の促進に関する法律施行規則（平成７年建設省令第28号）第10条第四号の規定に基づき、登録資格者講習に用いる教材の内容として国土交通大臣が定める事項を定める件を次のように定める。

第１

木造耐震診断資格者講習に用いる教材の内容は次の表の左欄に掲げる科目に応じ、それぞれ同表の右欄に掲げる内容を含むものとすること。

科目	内容
建築物の耐震診断総論	地震による建築物の倒壊等の被害事例、耐震診断の方法の種類、耐震診断の手順その他の建築物の耐震診断の基礎知識に関する事項
木造の建築物の耐震診断の方法	木造の建築物の構造耐震指標の求め方、建築物の敷地の状況に関する実地調査の方法その他の建築物の耐震改修の促進に関する法律（平成７年法律第123号）第４条第２項第三号に掲げる建築物の耐震診断及び耐震改修の実施について技術上の指針となるべき事項（以下「技術指針事項」という。）に定めるところによる木造の建築物の耐震診断の方法に関する事項
例題演習	耐震診断の方法の選択、木造の建築物の構造耐震指標の算出、建築物の敷地の状況に関する実地調査その他の木造の建築物の耐震診断を行う者として必要な知識及び技能の修得のための演習に関する事項

第 2

鉄骨造耐震診断資格者講習に用いる教材の内容は次の表の左欄に掲げる科目に応じ、それぞれ同表の右欄に掲げる内容を含むものとすること。

科目	内容
建築物の耐震診断総論	地震による建築物の倒壊等の被害事例、耐震診断の方法の種類、耐震診断の手順その他の建築物の耐震診断の基礎知識に関する事項
鉄骨造の建築物の耐震診断の方法	鉄骨造の建築物の構造耐震指標の求め方、建築物の敷地の状況に関する実地調査の方法その他の技術指針事項に定めるところによる鉄骨造の建築物の耐震診断の方法に関する事項
例題演習	耐震診断の方法の選択、鉄骨造の建築物の構造耐震指標の算出、建築物の敷地の状況に関する実地調査その他の鉄骨造の建築物の耐震診断を行う者として必要な知識及び技能の修得のための演習に関する事項

第 3

鉄筋コンクリート造耐震診断資格者講習に用いる教材の内容は次の表の左欄に掲げる科目に応じ、それぞれ同表の右欄に掲げる内容を含むものとすること。

科目	内容
建築物の耐震診断総論	地震による建築物の倒壊等の被害事例、耐震診断の方法の種類、耐震診断の手順その他の建築物の耐震診断の基礎知識に関する事項
鉄筋コンクリート造の建築物の耐震診断の方法	鉄筋コンクリート造の建築物の構造耐震指標の求め方、建築物の敷地の状況に関する実地調査の方法その他の技術指針事項に定めるところによる鉄筋コンクリート造の建築物の耐震診断の方法に関する事項
例題演習	耐震診断の方法の選択、鉄筋コンクリート造の建築物の構造耐震指標の算出、建築物の敷地の状況に関する実地調査その他の鉄筋コンクリート造の建築物の耐震診断を行う者として必要な知識及び技能の修得のための演習に関する事項

第 4

鉄骨鉄筋コンクリート造耐震診断資格者講習に用いる教材の内容は次の表の左欄に掲げる科目に応じ、それぞれ同表の右欄に掲げる内容を含むものとすること。

科目	内容
建築物の耐震診断総論	地震による建築物の倒壊等の被害事例、耐震診断の方法の種類、耐震診断の手順その他の建築物の耐震診断の基礎知識に関する事項
鉄骨鉄筋コンクリート造の建築物の耐震診断の方法	鉄骨鉄筋コンクリート造の建築物の構造耐震指標の求め方、建築物の敷地の状況に関する実地調査の方法その他の技術指針事項に定めるところによる鉄骨鉄筋コンクリート造の建築物の耐震診断の方法に関する事項
例題演習	耐震診断の方法の選択、鉄骨鉄筋コンクリート造の建築物の構造耐震指標の算出、建築物の敷地の状況に関する実地調査その他の鉄骨鉄筋コンクリート造の建築物の耐震診断を行う者として必要な知識及び技能の修得のための演習に関する事項

建築物の耐震改修の促進に関する法律施行規則第10条第七号の国土交通大臣が定める者及び国土交通大臣が定める科目を定める件

制定：平成25年11月21日　国土交通省告示第1130号
改正：平成27年 1月29日　国土交通省告示第188号

建築物の耐震改修の促進に関する法律施行規則（平成7年建設省令第28号）第10条第七号の規定に基づき、国土交通大臣が定める者及び国土交通大臣が定める科目を次のように定める。

登録資格者講習の講義を受講した者と同等以上の知識を有する者は、建築士法(昭和25年法律第202号)第10条の2の2第1項に規定する構造設計一級建築士とし、国土交通大臣が定める科目は、建築物の耐震改修の促進に関する法律施行規則第10条第三号の表の左欄に掲げる講習の種類の区分に応じ、それぞれ建築物の耐震診断の総論及び例題演習とする。

建築物の耐震改修の促進に関する法律施行規則第22条第二号（附則第3条において準用する場合を含む。）の規定に基づき国土交通大臣が定める事項を定める件

制定：平成25年10月29日　国土交通省告示第1059号
改正：平成30年12月21日　国土交通省告示第1381号

建築物の耐震改修の促進に関する法律施行規則（平成7年建設省令第28号）第22条第二号（同規則附則第3条において準用する場合を含む。）の規定に基づき、国土交通大臣が定める事項を次のように定める。

建築物の耐震改修の促進に関する法律施行規則（以下「規則」という。）第22条第二号（附則第3条において準用する場合を含む。）の規定に基づき、国土交通大臣が定める事項を次のように定める。
規則第22条第二号の国土交通大臣が定める事項は、次の各号に掲げる事項とする。

一　次の表の左欄に掲げる耐震診断の区分に応じてそれぞれ同表の右欄に掲げる耐震診断の結果に関する事項

耐震診断の区分	耐震診断の結果に関する事項
平成18年国土交通省告示第184号（以下「基本方針」という。）別添第1第一号の規定により、同第1に規定する木造の建築物等について行う耐震診断	基本方針別添第1第一号イに規定するI_w及び当該I_wに応じて基本方針別表第1の右欄に定める構造耐力上主要な部分の地震に対する安全性に関する事項
基本方針別添第1第二号の規定により、同第1に規定する鉄骨造、鉄筋コンクリート造、鉄骨鉄筋コンクリート造等の建築物等について行う耐震診断	基本方針別添第1第二号イに規定するI_s及びq並びに当該I_s及びqに応じて基本方針別表第6の右欄に定める構造耐力上主要な部分の地震に対する安全性に関する事項
基本方針別添第1第三号の規定により、同第1に規定する建物に附属する組積造の塀について行う耐震診断	基本方針別添第1第三号に掲げる基準への適合性に関する事項及び基本方針別表第9の右欄に定める塀の地震に対する安全性に関する事項
基本方針別添第1ただし書に規定する方法によって行う耐震診断	耐震診断の方法の名称及び当該耐震診断による構造耐力上主要な部分又は塀の地震に対する安全性の評価結果に関する事項

二　規則第5条第3項に規定する報告書に耐震改修、建替え又は除却の予定が記載された場合にあっては、その内容及び実施時期

建築物の耐震改修の促進に関する法律施行規則第 23 条第 1 項及び第 2 項の規定に基づき国土交通大臣が定める額を定める件

制定：平成 25 年 10 月 29 日　国土交通省告示第 1060 号
改正：令和 元年 10 月　1 日　国土交通省告示第　578 号

建築物の耐震改修の促進に関する法律施行規則（平成 7 年建設省令第 28 号）第 23 条第 1 項及び第 2 項の規定に基づき、国土交通大臣が定める額を次のように定める。

建築物の耐震改修の促進に関する法律施行規則第 23 条第 1 項及び第 2 項の国土交通大臣が定める額は、次の各号に掲げる場合の区分に応じ、それぞれ当該各号に定める額及び同条第 1 項の国土交通大臣が定める額にあっては都道府県知事が、同条第 2 項の国土交通大臣が定める額にあっては市町村長が特別の事情があると認める耐震診断の実施に要する費用の額を合算した額とする。

一　建築物（建物（建築物の耐震改修の促進に関する法律施行令（平成 7 年政令第 429 号）第 4 条第二号に規定する建物をいう。以下同じ。）に附属する組積造の塀を除く。以下同じ。）及び建物に附属する組積造の塀について耐震診断を行った場合　建築物の延べ面積に応じてそれぞれ次の表 1 に定める額及び塀の長さに応じてそれぞれ次の表 2 に定める額を合算した額

二　建築物についてのみ耐震診断を行った場合　建築物の延べ面積に応じてそれぞれ次の表 1 に定める額

三　建物に附属する組積造の塀についてのみ耐震診断を行った場合　塀の長さに応じてそれぞれ次の表 2 に定める額

1

建築物の延べ面積	額（単位　円）
1,000㎡未満	3,570 A
1,000㎡以上	2,550,000 + 1,020 A
この表において、Aは、建築物の延べ面積（単位　㎡）を表すものとする。	

2

塀の長さ	額（単位　円）
10m 未満	5,100 L
10m 以上	48,960 + 204 L
この表において、Lは、塀の長さ（単位　m）を表すものとする。	

建築物の耐震改修の促進に関する法律施行規則第 33 条第 1 項第二号及び第 2 項第二号の規定に基づき国土交通大臣が定める書類を定める件

制定：平成 25 年 10 月 29 日　国土交通省告示第 1064 号
改正：平成 27 年　1 月 29 日　国土交通省告示第 184 号

建築物の耐震改修の促進に関する法律施行規則（平成 7 年建設省令第 28 号）第 33 条第 1 項第二号及び第 2 項第二号の規定に基づき、国土交通大臣が定める書類を次のように定める。

建築物の耐震改修の促進に関する法律施行規則第 33 条第 1 項第二号の国土交通大臣が定める書類は、耐震関係規定の施行又は適用の日以後に新築、増築、改築、大規模の修繕又は大規模の模様替の工事（建築物の耐震改修の促進に関する法律施行令（平成 7 年政令第 429 号）第 3 条各号に掲げるものを除く。）に着手し、建築基準法（昭和 25 年法律第 201 号）第 7 条第 5 項、第 7 条の 2 第 5 項又は第 18 条第 18 項の規定（以下「建築基準法の規定」という。）により交付を受けた検査済証（建築基準法施行令（昭和 25 年政令第 338 号）第 137 条の 14 第一号に定める建築物の部分（以下「独立部分」という。）が

2以上ある建築物にあっては、当該2以上の独立部分の全部について同日以後にこれらの工事に着手し、建築基準法の規定により交付を受けたものに限る。)(以下「新築等の工事に着手し、交付を受けた検査済証」という。)とし、同規則第33条第2項第二号の国土交通大臣が定める書類は、昭和56年6月1日以後耐震関係規定の施行又は適用の日の前日までに新築等の工事に着手し、交付を受けた検査済証とする。

建築物の耐震改修の促進に関する法律施行規則第35条第1項第三号の規定に基づき国土交通大臣が定めるものを定める件

制定：平成25年10月29日　国土交通省告示第1063号

建築物の耐震改修の促進に関する施行規則（平成7年建設省令第28号）第35条第1項第三号の規定に基づき、国土交通大臣が定めるものを次のように定める。

建築物の耐震改修の促進に関する法律施行規則第35条第1項第三号に規定する国土交通大臣が定めるものは、次に掲げるものとする。

一　宣伝用物品

二　情報を提供するために作成する電磁的記録

建築物のエネルギー消費性能の向上に関する基本的な方針

制定：令和元年11月18日　国土交通省告示第793号（全文改正）

建築物のエネルギー消費性能の向上に関する法律（平成27年法律第53号）第3条第1項の規定に基づき、建築物のエネルギー消費性能の向上に関する基本的な方針（平成28年国土交通省告示第609号）の全部を次のように改正したので、同条第6項において準用する同条第5項の規定により公表する。

第1　建築物のエネルギー消費性能の向上の意義及び目標に関する事項

1. 意義

我が国はエネルギー源の中心となっている化石燃料に乏しく、その大宗を海外からの輸入に頼る根本的脆弱性を抱えており、国民生活及び産業活動の基盤となるエネルギーの安定的確保は常に大きな課題であり、エネルギーの需給構造の早期安定化が不可欠である。また、エネルギーの安定的供給構造の確立とともに、徹底した省エネルギー社会の実現、再生可能エネルギーの導入加速化等を推進することが強く求められている。

こうした中、平成27年（2015年）7月、令和12年度（2030年度）におけるエネルギー需給構造のあるべき姿を示した長期エネルギー需給見通しが策定され、さらに、平成30年（2018年）7月に閣議決定された第5次エネルギー基本計画の中で、その実現を目指すこととされている。長期エネルギー需給見通しにおいては、省エネルギー対策の見通しとして、令和12年度（2030年度）のエネルギー消費量を省エネルギー対策前と比較して約13%削減することが掲げられている。

エネルギー消費量については、産業部門・運輸部門が減少・微増する中、業務・家庭部門において著しく増加し、現在ではエネルギー消費量全体の約3割を占めるに至っており、省エネルギー社会を確立していく上では、業務・家庭部門のエネルギー消費量の削減が喫緊の課題となっている。業務・家庭部門において高い省エネルギー効果が期待されるのは、建築物の省エネルギー化であることから、建築物の新築や増改築等の建築行為の機会を捉えて、外壁、窓等の断熱性能等の確保や高効率設備の導入等の省エネルギー化のための措置を講じ、建築物のエネルギー消費性能の向上を図ることが必要である。

また、平成27年（2015年）12月に、温室効果ガス排出削減のための国際的な枠組みである「パリ協定」が採択（平成28年（2016年）11月発効）され、同協定を踏まえ、平成28年（2016年）5月に閣議決定された地球温暖化対策計画において、長期エネルギー需給見通しと整合的なものとして、令和12年度（2030年度）の温室効果ガス排出量を平成25年度（2013年度）と比較して26.0%削減する目標が掲げられている。その内訳として、業務その他部門及び家庭部門の温室効果ガス排出削減目標は、それぞれ令和12年度（2030年度）に平成25年度（2013年度）比で約40%削減することとされており、その削減に当たっては、新築建築物における建築物エネルギー消費性能基準（建築物の備えるべきエネルギー消費性能の確保のために必要な建築物の構造及び設備に関する基準をいう。以下同じ。）への適合の推進や既存建築物の省エネルギー改修等により建築物のエネルギー消費性能の向上を図ることが、今後一層重要となる。さらには、建築物の外壁、窓等の断熱化等は、省エネルギーの観点のみならず、室内の温熱環境の改善にもつながることから、居住者等の健康の維持及び増進や執務環境の向上等に寄与することが考えられる。

建築物のエネルギー消費性能の向上に関する法律（以下「本法」という。）は、こうした建築物のエネルギー消費性能の向上を図るための措置を定めたものであり、エネルギーの使用の合理化等に関する法律（昭和54年法律第49号）と相まって、建築物のエネルギー消費性能の向上を図り、もって国民経済の健全な発展と国民生活の安定向上に寄与することを目的としている。

2. 目標

建築物のエネルギー消費性能の向上は、我が国の業務・家庭部門のエネルギー消費量を削減していくための取組の一環を成すものであり、次に掲げる事項を目標とするものである。

(1) 新築時の建築物エネルギー消費性能基準への適合の確保

建築物の新築時は、外壁、窓等の断熱性能等の確保や高効率設備の導入等を比較的行いやすく、また、建築物は一旦新築されればストックとして長期にわたり使用されることから、建築ストックのエネルギー消費性能の向上を図るためには、新築時に一定のエネルギー消費性能を確実に確保することが重要である。そこで、新築の建築物については、建築物エネルギー消費性能基準への適合の確保に向けて、建築物の規模・用途ごとの特性に応じた実効性の高い対策を講じることとする。
このため、本法では、住宅以外の一定規模以上の建築物について、新築時に建築物エネルギー消費性能基準への適合を義務付ける制度（以下「基準適合義務制度」という。）の対象とするとともに、基準適合義務制度の対象となっていない建築物についても、中規模以上のものの新築については届出を義務付ける制度（以下「届出義務制度」という。）の対象とすることとする。
また、これら基準適合義務制度及び届出義務制度に係る建築物以外の建築物（以下「小規模建築物」という。）についても、設計を行う建築士による建築物エネルギー消費性能基準への適合性の評価及び当該評価の結果等についての建築主への説明を義務付ける制度（以下「評価・説明義務制度」という。）の対象とすることとする。

⑵ 既存ストックの省エネルギー改修の促進
膨大な建築ストックのエネルギー消費性能を向上させるためには、建築物の新築時のエネルギー消費性能の確保に加えて、既存建築物のエネルギー消費性能の向上も重要である。一方で、増改築以外の改修による建築物のエネルギー消費性能の向上については、新築や増改築に比べてコストや構造上の制約が大きい。そこで、本法では、増改築の場合については、基準適合義務制度、届出義務制度及び評価・説明義務制度によって、その他の改修の場合については、建築物のエネルギー消費性能に係る認定や表示の制度等によってエネルギー消費性能の向上を推進し、支援措置と相まって、建築ストック全体のエネルギー消費性能の底上げを図ることとする。

⑶ エネルギー消費性能に優れた建築物の整備及び普及促進
国全体のエネルギー消費量を削減するに当たっては、エネルギー消費性能が建築物エネルギー消費性能基準を超える優れた建築物の普及を図ることが不可欠である。このため、以下の取組を行う。

① ZEH、ZEB、LCCM 住宅
新築建築物について、外壁、窓等の断熱性能等の確保及び設備の大幅な効率化を図るとともに、再生可能エネルギーの利用を推進し、年間の一次エネルギー消費量が正味（ネット）でゼロ又は概ねゼロとなる ZEH（ネット・ゼロ・エネルギー・ハウス）や ZEB（ネット・ゼロ・エネルギー・ビル）の更なる普及を図る。
これら ZEH・ZEB とあわせて、資材製造や建設段階から運用段階までの二酸化炭素排出量の削減、住宅の長寿命化によりライフサイクル全体を通じた二酸化炭素排出量をマイナスにする LCCM 住宅（ライフ・サイクル・カーボン・マイナス住宅）の普及を目指す。

② 住宅トップランナー制度
特定建築主（自らが定めた一戸建ての住宅の構造及び設備に関する規格（屋根、壁又は床その他の構造の寸法等及び空気調和設備その他の設備の種類等に関する規格をいう。以下②及び第2の2. ⑷において同じ。）に基づき一戸建ての住宅を一定戸数以上新築し、これを分譲することを業として行う建築主をいう。以下同じ。）の新築する当該規格に基づく一戸建ての住宅（第3の4. において「分譲型一戸建て規格住宅」という。）及び特定建設工事業者（自らが定めた住宅の構造及び設備に関する規格に基づく住宅を新たに一定戸数以上建設する工事を業として請け負う者をいう。以下同じ。）の新たに建設する当該規格に基づく住宅（第3の4. において「請負型規格住宅」という。）について、それぞれ目標年度においてこれらの住宅のエネルギー消費性能の一層の向上のために必要な住宅の構造及び設備に関する基準を設定し、建築物のエネルギー消費性能の向上を図る。

③ 建築物エネルギー消費性能向上計画の認定及び容積率の特例制度
建築物のエネルギー消費性能が建築物エネルギー消費性能基準を超え、かつ、建築物のエネルギー消費性能の向上の一層の促進のために誘導すべき基準（以下「建築物エネルギー消費性能誘導基準」という。）に適合すること等の基準を満たす場合には、建築物エネルギー消費性能向上計画の認定及び容積率の特例を受けることができることとし、エネルギー消費性能の優れた建築物の普及を図ることとする。

④ 建築物のエネルギー消費性能の表示制度
建築物の建築主や買主及び借主等の消費者が建築物の購入や賃借に当たり、建築物のエネルギー消費性能に関する情報を容易に取得できるよう、建築物のエネルギー消費性能の表示制度の充実及び定着により環境性能の見える化を図ることで、エネルギー消費性能の優れた建築物が市場で適切に評価され、消費者に選択される環境の整備を進める。

第２　建築物のエネルギー消費性能の向上のための施策に関する基本的な事項

１．国、地方公共団体等の各主体の役割

建築ストックのエネルギー消費性能の向上を図るためには、建築主等が、その意義及び目標を十分認識して自発的に取り組むことが重要である。

このため、国及び地方公共団体は、建築物のエネルギー消費性能の向上の意義及び目標に関し、建築主等に対する啓発に努めるとともに、建築主等の取組をできる限り支援する観点から、エネルギー消費性能に優れた建築物の建築等（建築物の新築、増築若しくは改築（以下「建築」という。）、建築物の修繕若しくは模様替又は建築物への空気調和設備等の設置若しくは建築物に設けた空気調和設備等の改修をいう。）を行いやすい環境の整備や負担軽減のための制度の構築等、必要な施策を講ずるよう努めることとする。

具体的には、国は、地方公共団体及び関係する団体・機関等と協力して、建築主等、設計者、施工者、建築物の販売又は賃貸を行う事業者（以下「販売・賃貸事業者」という。）等に対して、本法の基準及び手続並びに支援制度の周知に取り組むとともに、建築物の設計及び施工、建築物エネルギー消費性能適合性判定等を担う技術者の育成を含め、当該判定等に係る執行体制の充実及び強化に努めるものとする。

また、エネルギー消費性能に優れた建築物の普及及び啓発の観点からも、国や地方公共団体の公共建築物については、積極的にエネルギー消費性能の向上を図る必要がある。特に、不特定多数の者が利用する公共建築物については、当該建築物のエネルギー消費性能を積極的に表示することにより、建築物のエネルギー消費性能に係る表示の普及に努めるものとする。

建築物のエネルギー消費量を削減するためには、本法に定める建築物のエネルギー消費性能の向上に関する措置とあわせて、建築物の使用者による自主的な省エネルギーのための行動を促すことが重要である。そこで、国は、地方公共団体や設計者、施工者、販売･賃貸事業者等と連携し、建築物のエネルギー消費性能の向上による温室効果ガス排出量の削減の必要性や光熱費の削減の効果などについて、建築物の建築主や買主及び借主等の消費者に対して情報発信を行うよう努めるものとする。この際、建築物のエネルギー消費性能の向上は、光熱費等の削減だけでなく、断熱化による室内の温熱環境の改善、ヒートショックの防止及び壁の表面結露・カビ発生による室内空気質の汚染防止等につながり、ひいては居住者の健康維持や快適性の向上等に資することについて、理解を促すことが必要である。こうした情報発信を進めるため、住宅の断熱性能向上に伴う多様な効果についての検証を進める。あわせて、消費者が物件選択の際に住宅の省エネ性能を容易に把握できるようにするため、住宅情報提供サイト等において、消費者にとってわかりやすい想定光熱費情報を含めた省エネ性能の表示を促す方策の検討を進める。

また、既存建築物のエネルギー消費性能の向上を着実に進めていくためにはエネルギー消費性能を向上させるための改修の実施にあたって、既存建築物のエネルギー消費性能を診断・評価する必要があることから、当該診断・評価を簡易に実施する手法の開発等を進めるとともに、長時間利用する室のエネルギー消費性能を向上させるための改修など部分的・効率的な改修の有効性等について検証しつつ、当該改修を促す方策についても検討を進める。

国及び地方公共団体は、こうした取組を着実に進めることで、業務その他部門及び家庭部門に係る建築物のエネルギー消費量及び温室効果ガス排出量の削減についての令和12年度（2030年度）の中期目標等の達成を確実なものとする。また、国は、令和32年（2050年）までに80％の温室効果ガスの削減を目指すといった長期的目標の達成も見据え、建築物のエネルギー消費性能に関する実態や設計・施工に係る実態等について継続的に最新の状況を把握し、その状況を踏まえ、制度の不断の見直し等を図ることとする。

2.　本法に定める建築物のエネルギー消費性能の向上のための措置に関する基本的な考え方

建築物のエネルギー消費性能の向上を図るためには、建築物の特性を踏まえつつ、規制的措置と誘導的措置とを一体的に講ずることが有効である。

そこで、本法では、建築物の新築時等において、一定のエネルギー消費性能の確保を図るための規制的措置として、⑴基準適合義務制度、⑵届出義務制度及び⑶評価・説明義務制度を設けるとともに、高いエネルギー消費性能を有する住宅の供給促進を図るため、⑷特定建築主の新築する住宅及び特定建設工事業者の新たに建設する住宅について、エネルギー消費性能の一層の向上のために必要な住宅の構造及び設備に関する基準に適合させるよう求める制度（以下「住宅トップランナー制度」という。）を設けている。

また、誘導的措置としては、エネルギー消費性能に優れた建築物が市場で適切に評価される環境を整備するための⑸基準適合認定建築物（建築物エネルギー消費性能基準に適合している旨の所管行政庁の認定を受けた建築物をいう。以下⑸②において同じ。）に係る表示制度とともに、エネルギー消費性能に優れた建築物の建築等を誘導するための⑹建築物エネルギー消費性能誘導基準に適合すること等の基準を満たす場合の容積率の特例を設けている。

⑴　基準適合義務制度

建築物の建築の機会を捉えて、省エネルギー化のための措置を講ずることが効果的であることから、本法では、住宅以外の一定規模以上の建築物の建築をしようとする場合に、建築主に対して基準適合義務を課している。

所管行政庁は、登録建築物エネルギー消費性能判定機関、建築基準法（昭和25年法律第201号）第2条第三十五号に規定する特定行政庁及び同法第77条の21に規定する指定確認検査機関とともに、建築をしようとする建築主に対して、建築確認と併せて建築物エネルギー消費性能適合性判定等の手続が必要となる旨を十分に周知し、確実な実施と建築物エネルギー消費性能基準への適合の確保に努めるものとする。

⑵　届出義務制度

基準適合義務制度の対象となっていない建築物のエネルギー消費量についても、新築建築物全体のエネルギー消費量に占める割合は少なくないことから、本法では、一定規模以上の建築物の建築の際には、建築主による所管行政庁への届出を義務付けている。

その際、建築主が建築物エネルギー消費性能基準に適合していることを証明する登録住宅性能評価機関（住宅の品質確保の促進等に関する法律（平成11年法律第81号）第5条第1項に規定するものをいう。）等による評価の結果（以下⑵において「評価書」という。）を提出する場合には、届出期限を短縮するとともに、届出に係る手続の簡素化を図ることとする。

所管行政庁は、届出に係る建築物の計画が、建築物エネルギー消費性能基準に適合せず、必要と認めるときは、建築主に対して計画の変更の指示等をすることができるが、届出に際して評価書が提出される場合は所管行政庁の審査業務の負担が軽減されることから、所管行政庁による建築物エネルギー消費性能基準に適合しない建築物への対応を強化することとする。具体的には、建築物エネルギー消費性能基準に適合しない全ての建築物の建築主を対象に、当該基準の適合に向けた計画の再検討の指導・助言等を行うとともに、著しく建築物エネルギー消費性能が低い建築物（原則として、建築物エネルギー消費性能基準に適合しない建築物であって、地域ごとに、当該地域における新築の建築物（届出義務制度の対象となるものに限る。）の約9割が満たす建築物エネルギー消費性能の水準に達していないものとすることが考えられる。）の建築主を対象に、計画の変更の指示等を行うことを通じて、建築物エネルギー消費性能基準の適合率の向上を図るよう努めることとする。

⑶　評価・説明義務制度

小規模建築物は、一棟あたりのエネルギー消費量は小さいものの、着工棟数は建築物全体の9割以上を、エネルギー消費量は建築物全体の4割近くを占めることから、そのエネルギー消費性能の向上が不可欠である。

小規模建築物の建築主の多くは建築物エネルギー消費性能を高めることについて潜在的な関心を有するものの、十分な専門的知見がない個人であり、その関心は専門的な知見を有する者からの具体的な説明や提案を受けて初めて顕在化・具体化するという性質を有する。

こうした小規模建築物の特性を踏まえ、本法では、評価・説明義務制度を通じて建築士が関与しながら小規模建築物の建築主の行動変容を促し、建築物エネルギー消費性能基準への適合を推進することとする。

具体的には、建築主が、建築しようとする小規模建築物について建築物エネルギー消費性能基準に適合させるための措置を適切に検討できるよう、建築主から評価・説明を要しない旨の意思の表明があった場合を除き、建築士が、設計した小規模建築物の建築物エネルギー消費性能基準への適合性について評価を行うとともに、当該設計の委託をした建築主に対し、当該小規模建築物が建築物エネルギー消費性能基準に適合するか否か及び適合していない場合には建築物エネルギー消費性能の確保のためにとるべき措置について、説明することとする。

⑷　特定建築主の新築する住宅及び特定建設工事業者の新たに建設する住宅に係る措置

特定建築主及び特定建設工事業者（以下⑷において「特定建築主等」という。）においては、エネルギー消費性能に係る標準仕様の整備、建築材料の一括発注等の生産体制が主流となってきており、その供給する住宅の大部分は、自らが定めた住宅の構造及び設備に関する規格に基づく住宅である。特定建築主等は、市場全体の建材の品質・価格形成や施工技術の水準等に与える影響が大きく、エネルギー消費性能の高い建築物の開発・供給を促すことにより、新築住宅全体のエネルギー消費性能の向上を効率的に進めることができる。

こうした点に着目し、住宅トップランナー制度において、特定建築主等を対象として、これらの事業者が供給する住宅のエネルギー消費性能の実態等を踏まえた適切な水準の基準を設定し、エネルギー消費性能の向上を図る。

また、国土交通大臣は、目標年度において当該基準への適合状況が不十分であるなど、エネルギー消費性能の向上を相当程度行う必要があると認めるときは、特定建築主等に対して勧告・命令を行うことができることから、特定建設工事業者の供給する住宅の最終的なエネルギー消費性能は建築主が決定することに留意しつつ、勧告の実施等を通じて、制度の効果的な運用に努めるものとする。

(5) 表示制度

建築物のエネルギー消費性能の向上を図るためには、建築物のエネルギー消費性能の見える化を通じて、エネルギー消費性能に優れた建築物が市場で適切に評価され、消費者に選択されるような環境整備を図ることが重要である。具体的には、信頼性の高い評価指標や第三者の評価による建築物のエネルギー消費性能の表示制度の充実及び普及が有効である。

こうした表示制度の普及により、建築主等に対してインセンティブが付与され、建築物のエネルギー消費性能の向上につながることが期待される。

① 販売・賃貸事業者の建築物のエネルギー消費性能の表示に関する努力義務

本法において、販売・賃貸事業者は、その販売又は賃貸を行う建築物について、エネルギー消費性能を表示するよう努めなければならない旨規定されている。国は、販売・賃貸事業者が、建築物のエネルギー消費性能の表示を行うに当たり、表示することが望ましい項目や表示方法等について、建築物のエネルギー消費性能の表示に関する指針（以下「建築物エネルギー消費性能表示指針」という。）に基づき、消費者が建築物の購入や賃借を検討する際に、エネルギー消費性能を踏まえて適切に判断することができるよう、建築物エネルギー消費性能表示指針に則ったエネルギー消費性能の分かりやすい表示の実施を促進する。

② 基準適合認定表示制度

本法では、建築物エネルギー消費性能基準に適合している旨の認定を受けた場合には、その旨の表示を付することができる制度（基準適合認定表示制度）が設けられている。特に既存建築物については、そのエネルギー消費性能は千差万別であるが、当該表示を付することで当該既存建築物が基準適合認定建築物であることを購入者や賃借人等が一目で認識できることとなる。

建築物の所有者は、既存建築物の省エネルギー改修等を行い、基準適合認定建築物とした場合に、本表示制度を活用することが考えられる。

(6) 誘導基準適合認定及び容積率の特例

国全体のエネルギー消費量を削減するに当たっては、エネルギー消費性能が建築物エネルギー消費性能基準を超える優れた建築物の普及を図ることが不可欠である。このため、本法では、複数の建築物の連携により高いエネルギー消費性能を実現しようとする取組を含め建築物エネルギー消費性能が建築物エネルギー消費性能誘導基準に適合すること等を認定基準とする建築物エネルギー消費性能向上計画の認定（以下(6)において「誘導基準適合認定」という。）及び容積率の特例を設けている。

所管行政庁は、誘導基準適合認定を受けた建築主（以下(6)において「認定建築主」という。）に対し、認定を受けた建築物エネルギー消費性能向上計画（以下(6)において「認定建築物エネルギー消費性能向上計画」という。）に基づくエネルギー消費性能向上のための建築物の新築等の状況について報告を求めることができることから、認定建築物エネルギー消費性能向上計画に従って建築物のエネルギー消費性能向上のための建築物の新築等がされることを確保するため、建築等に係る工事が終了した旨の報告を求める等、適切な措置を講ずることが必要である。具体的には、認定建築物エネルギー消費性能向上計画に従ってエネルギー消費性能向上のための建築物の新築等に係る工事が行われた旨を建築士等が確認した書類により報告を行うことを認定建築主に対し求めることとする。

また、国及び地方公共団体は、建築物のエネルギー消費性能の表示制度や支援措置等を通じて、認定建築物エネルギー消費性能向上計画に係る建築物のより一層の普及に努めることとする。

なお、建築物エネルギー消費性能誘導基準については、エネルギー需給の実態や目標、建築物のエネルギー消費性能の実態等を踏まえ、定期的にその水準の見直しを図ることとする。

(7) 地方公共団体の条例による建築物エネルギー消費性能基準の付加

地方公共団体は、その地方の自然的社会的条件の特殊性により、建築物エネルギー消費性能基準のみによってはエネルギー消費性能を確保することが困難であると認める場合においては、条例で、建築物エネルギー消費性能基準に必要な事項を付加することができることとする。

3. エネルギー消費性能に優れた建築物の建築等及び取得時の負担の軽減

エネルギー消費性能に優れた建築物は、一般的な建築物と比較して新築、取得等に係る費用が一定程度高くなることが見込まれる。エネルギー消費性能に優れた建築物の新築、取得等に対するインセンティブを付与するため、建築物の省エネルギー化に要する費用に係る支援措置の充実に努めることとする。この場合において、既存建築物の断熱化等の躯体の改修は技術的にも容易でないこと、賃貸住宅については省エネルギー化による光熱費低減のメリットが所有者ではなく入居者に帰属すること、地域の気候風土によって省エネルギー化の達成のしやすさが異なること等、建築物の特性や地域特性に応じた支援措置が求められていることに留意する

4. 設計、施工等を担う技術者の育成、中小工務店等の技術力向上等への配慮

エネルギー消費性能に優れた建築物の建築等を行うに当たっては専門的な知識が必要になることから、実際に設計・施工等を行う事業者や技術者等が、エネルギー消費性能に優れた建築物の設計や断熱施工に関する技術等を十分に修得できるよう努めることとする。特に、住宅・建設産業は、技術水準等に差のある大工・中小工務店等の占める割合が大きいことから、大工・中小工務店等に対する技術講習の実施等により、エネルギー消費性能に優れた建築物の建築等に関する技術の普及並びに人材の養成及び資質の向上に努めることとする。

また、本法に定める住宅トップランナー制度とあわせて、住宅事業者の自発的な取組を更に促すため、国は、住宅事業者から自発的に提供された住宅のエネルギー消費性能の向上に係る目標やその達成状況等の情報を集約し、消費者等に分かり易く公表する仕組みを整備するよう努めることとする。

5. 技術開発等

国は、建築物のエネルギー消費性能の向上に資する技術の開発及びエネルギー消費性能の評価のための手法の整備を支援するため、財政上の措置等の必要な措置を講ずるよう努めるとともに、それらの措置に係る十分な情報の提供を行うものとする。

また、本法に基づく国土交通大臣による特殊の構造又は設備を用いる建築物の認定制度について、適確な運用を図り、エネルギー消費性能の向上に資する新技術の普及・促進を図ることとする。

加えて、建築物のエネルギー消費性能の向上を進める上で、エネルギー消費性能の向上に資する科学技術の振興を図ることは、大きな意義を有するものであることを踏まえ、国は、現行の建築物エネルギー消費性能基準ではその効果が十分に評価できていない技術について、そのエネルギー消費性能等に係る調査研究及びデータの収集・蓄積の推進やその成果の普及等に努めるものとする。

国及び関係機関は、各技術におけるエネルギー消費性能の向上の効果や住宅の断熱化等による健康維持・増進効果等の検証について、協力して取り組むとともに、その検証結果等の情報発信等に努めるものとする。

6. 気候風土適応住宅への配慮

伝統的構法の住宅については、断熱が困難な構法を採用していることや比較的大きな開口部を有していること等により、一般的に、建築物エネルギー消費性能基準への適合が困難な場合がある。

このため、本法では、通風の確保など地域の気候・風土・文化を踏まえた工夫の活用により優れた居住環境の確保を図る伝統的構法による住まいづくりの重要性に配慮し、地域の気候及び風土に応じた住宅については、届出義務制度及び評価・説明義務制度の適用にあたり、建築物エネルギー消費性能基準を一部合理化する措置を講じる。

第 3　建築物のエネルギー消費性能の向上のために建築主等が講ずべき措置に関する基本的な事項

1．建築物の建築主が講ずべき措置

(1) 本法においては、規制的措置として、特定建築行為を行う建築主に対しては、基準適合義務が定め

られているほか、一定規模以上の建築物の建築を行う建築主については届出が義務付けられている。その他の建築主についても、建築をしようとする建築物について、エネルギー消費性能基準に適合させるために必要な措置を講ずる努力義務が本法において定められている。具体的には、建築をしようとする建築物が建築物エネルギー消費性能基準に適合したものとなるよう、外壁、窓等を通しての熱の損失の防止、エネルギー消費効率に優れた空気調和設備等の採用、再生可能エネルギーの利用の推進等を図り、建築物エネルギー消費性能基準に適合するよう措置を講ずるよう努めるものとする。また、外壁、窓等を通しての熱の損失の防止を図るための措置については、次の措置を講ずるよう努めるものとする。

① 外壁の方位、室の配置等に配慮して建築物の配置計画及び平面計画を策定すること。

② 外壁、屋根、天井、床、窓等の開口部を断熱性の高いものとすること。

③ 窓からの日射の適切な制御が可能な方式の採用等により日射による熱負荷の低減を図ること。

④ 気密性の確保、防露性能の確保、室内空気汚染の防止等に十分配慮すること。

⑤ 非住宅建築物については、屋内周囲空間の熱負荷の低減を図るものとし、誘導基準における外皮基準（PAL ＊）を満たすよう措置を講ずること。

⑥ 住宅については、建築物エネルギー消費性能基準等を定める省令（平成28年経済産業省・国土交通省令第1号）第1条第1項第二号イの外皮平均熱貫流率及び平均日射熱取得率の基準並びに別表1の気密性の確保及び結露の防止等の措置の基準等を満たす措置を講ずるよう努めること。

(2) 建築物の建築をしようとする者、建築物の直接外気に接する屋根、壁又は床の修繕又は模様替をしようとする者及び建築物への空気調和設備等の設置又は建築物に設けた空気調和設備等の改修をしようとする者は、当該建築物の外壁、窓等を通しての熱の損失の防止及び当該建築物に設ける空気調和設備等に係るエネルギーの効率的利用を図るため、適確な建築等を行うとともに、エネルギー消費効率が優れ、かつ、効率的な使用が可能となる空気調和設備等の設置又は適切な改修に努めるものとする。建築物に設けた設備等の性能を適確に発揮できるよう必要に応じ当該設備等の性能の検証（コミッショニング）を実施するよう努めるものとする。

2. 建築物の所有者等が講ずべき措置

(1) 建築物の所有者は、当該建築物の状況、投資効果等を総合的に勘案しつつ、次の事項を実施するよう努めるものとする。

① エネルギー消費効率の向上及び効率的な使用の観点から、エネルギーを消費する既設の設備の更新及び改善並びに当該既設設備に係るエネルギーの使用の制御等の用に供する付加設備を導入すること。

② 建築物の外壁、窓等を通しての熱の損失の防止及び当該建築物に設ける空気調和設備等に係るエネルギーの効率的利用の観点から、当該建築物の適正な維持保全を行うとともに、当該建築物のエネルギー消費性能の向上を図るため、改修その他の所要の措置についても検討すること。

(2) 建築物の所有者、管理者又は占有者（以下(2)及び別表2において「所有者等」という。）は、当該建築物の外壁、窓等を通しての熱の損失の防止のため、別表2の建築物の所有者等の維持保全に関する措置の基準を満たすよう努めるとともに、空気調和設備等に係るエネルギーの効率的利用に努めるものとする。

特に、特定建築物の所有者は、建築物エネルギー消費性能基準に適合する状態が維持されるよう特定建築物の維持保全を実施するよう努めるものとする。

(3) 建築物の所有者は、建築物エネルギー消費性能表示指針に則って表示するように努めるものとする。

3. 建築物の設計者等が講ずべき措置

建築物の設計又は施工を行う者は、適確な設計又は施工を行うことを通じて、建築物のエネルギー消費性能の向上に努めるものとする。

建築物の設計又は施工に当たっては、外壁、窓等を通しての熱の損失の防止措置に関して適切に設計又は施工を行うとともに、より高効率な空気調和設備等や太陽光発電等の再生可能エネルギーを利用する設備の利用、更新等が図られるよう努め、省エネルギーの観点からより適切な運転を実現できるよう、設備等の性能の検証や最適化等を適確に実施し、適切な施工を行うよう努めるものとする。特に、住宅の断熱材の施工に当たっては、別表3の住宅の断熱材の施工に係る留意事項に配慮することとする。

また、小規模建築物は、建築物のエネルギー消費性能に関して十分な知識を有していない個人が建築主である場合が多く、建築物のエネルギー消費性能に関する建築主の理解の不足が建築物のエネルギー消費性能向上の課題となっている。一方で、建築主自身が当該建築物の居住者や利用者になることが多く、設計時点における建築主に対する建築物のエネルギー消費性能に関する情報の提供が、建築物のエネルギー消費性能の向上のきっかけとなると考えられることから、評価・説明義務制度の適切な実施を通じて建築主の行動変容を促すよう努めるものとする。この際、あわせて、建築物の使用及び維持保全に係る留意点等について説明することが望ましい。

4. 特定建築主等が講ずべき措置
特定建築主は、分譲型一戸建て規格住宅につき、また、特定建設工事業者は、請負型規格住宅につき、そのエネルギー消費性能の一層の向上のために必要な住宅の構造及び設備に関する基準を満たすよう努めることとする。具体的には、当該住宅の外壁、窓等を通しての熱の損失の防止及び住宅に設ける空気調和設備等に係るエネルギーの効率的利用等によるエネルギー消費性能の向上を図るため、適確な建築等を行い、エネルギー消費効率が優れた空気調和設備等の設置及び再生可能エネルギーの利用の推進等を図り、エネルギー消費性能の向上に資する住宅に関する技術の開発及び導入に努めるものとする。

5. 建築物の販売・賃貸事業者が講ずべき措置
建築物の販売・賃貸事業者は、消費者がエネルギー消費性能に優れた建築物の選択をより行いやすくする観点から、建築物エネルギー消費性能表示指針に則った表示を行い、自らが販売又は賃貸する建築物のエネルギー消費性能の情報の提供等に努めるものとする。

6. 熱損失防止建築材料の製造事業者等が講ずべき措置
熱損失防止建築材料（建築物の直接外気に接する屋根、壁又は床（これらに設ける窓その他の開口部を含む。）を通しての熱の損失の防止の用に供される建築材料をいう。以下6. において同じ。）の製造を行う者は、その製造に係る熱損失防止建築材料につき、製品開発、設計、試作及び量産の各段階において熱の損失の防止に関する性能の向上に力点を置いた事業活動を展開するよう努めるものとする。
熱損失防止建築材料の製造、加工、輸入又は販売の事業を行う者は、熱の損失の防止に関する性能の優れた建築材料が普及するよう、当該性能に関する規格の設定、施工の容易性の向上に努めるとともに、建築主、設計事務所、ハウスメーカー、工務店、建築材料製造事業者等に対する熱損失防止建築材料の適正な選択に資する情報の提供その他所要の措置を講ずるよう努めるものとする。

別表１　気密性の確保及び結露の防止等の措置の基準

1　気密性の確保
室内に直接侵入する隙間風の防止による暖冷房負荷の削減、壁体内気流の防止措置による断熱材の断熱効果の補完及び適確な計画換気の実現のため、気密性を確保するための措置を講ずるものとする。

2　防露性能の確保
次の事項に留意し、単位住戸の断熱性能及び耐久性能を損なうおそれのある結露の発生を防止するための措置を講ずるものとする。

(1)　表面結露の防止
単位住戸の断熱性能が外皮平均熱貫流率の基準に適合する場合であっても、断熱構造化すべき部位において、表面結露が発生するおそれのある著しく断熱構造を欠く部分（開口部を除く。）を設けないこと。

(2)　内部結露の防止
断熱材の内部又は断熱材よりも屋外にあって外気に開放されていない部分においては、内部結露の発生を防止するため、水蒸気の侵入及び排出について考慮し、当該部分に多量の水蒸気が滞留しないよう適切な措置を講ずること。

3　暖房機器等による室内空気汚染の防止
単位住戸に開放燃焼式の暖房機器又は給湯機器を設置する場合にあっては、室内空気汚染を可能な限り防止するための措置を講ずるものとする。

4　防暑のための通気経路の確保
夏期の防暑のために通風が有効な地域における単位住戸について、防犯及び騒音防止の観点から日常生活に支障のない範囲で通風経路の確保に努めるものとする。

別表２　建築物の所有者等の維持保全に関する措置の基準

建築物の所有者等は、次に掲げる事項を適確に講ずるよう努めるものとする。

1　建築物の外壁、窓等を通しての熱の損失の防止

次に掲げる事項に配慮し、建築物の外壁、窓等を通しての熱の損失の防止を図るものとする。

(1)　熱の損失が増大しないよう採用した室の配置等の維持保全をすること。

(2)　外壁、屋根、床、窓等の開口部の清掃、補修等により、これらの断熱性の維持保全をすること。

(3)　窓からの日射の制御の状態の点検、緑化施設の保全等により、日射による熱負荷の低減措置の維持保全をすること。

なお、住宅の維持保全については、躯体（屋根（小屋裏又は天井裏が外気に通じているものを除く。以下同じ。）又はその直下の天井、外気等（外気又は外気に通じる床裏、小屋裏若しくは天井裏をいう。以下(3)において同じ。）に接する天井、壁、床（地盤面をコンクリートその他これに類する材料で覆ったもの又は床裏が外気に通じないもの（以下(3)において「土間床等」という。）を除く。以下同じ。）及び外周が外気等に接する土間床等をいう。）及び開口部の断熱性能等に係る維持保全については、その断熱性能等の低下を抑制するため、次に掲げる事項について定期的に点検し、必要に応じて適切に補修すること。

①　屋根及び外壁の表面のひび割れ、剥がれ等の有無

②　開口部の建具の破損、隙間等の有無

③　ひさし、軒その他日射の侵入を防止する部分の破損の有無

2　空気調和設備に係るエネルギーの効率的利用

次に掲げる事項に配慮し、空気調和設備に係るエネルギーの効率的利用を図るものとする。

(1)　室等の空気調和負荷の特性等に配慮して採用した空気調和設備のシステムの維持保全をすること。

(2)　風道、配管等の点検、補修等により、エネルギーの損失を抑制するために採用した熱搬送設備の維持保全をすること。

(3)　熱源機器、ポンプ、空気調和機等の作動状況の点検等により、採用した空気調和設備の制御方法の維持保全をすること。

(4)　熱源システムの点検等により、採用した熱源システムのエネルギーの利用効率を維持すること。

3　空気調和設備以外の機械換気設備に係るエネルギーの効率的利用

次に掲げる事項に配慮し、空気調和設備以外の機械換気設備に係るエネルギーの効率的利用を図るものとする。

(1)　風道等の点検、補修等により、エネルギーの損失を抑制するために採用した空気搬送設備の維持保全をすること。

(2)　送風機等の作動状況の点検等により、採用した機械換気設備の制御方法の維持保全をすること。

(3)　機器の点検、清掃等により、採用した機器の換気能力及びエネルギーの利用効率を維持すること。

4　照明設備に係るエネルギーの効率的利用

次に掲げる事項に配慮し、照明設備に係るエネルギーの効率的利用を図るものとする。

(1)　照明設備の点検、清掃等により、採用した照明設備の効率を維持すること。

(2)　照明設備の作動状況の点検等により、採用した照明設備の制御方法の維持保全をすること。

(3)　保守管理に配慮して採用した設置方法の維持保全をすること。

(4)　照明設備の配置、照度、室等の形状、内装仕上げ等の維持保全をすること。

5　給湯設備に係るエネルギーの効率的利用

次に掲げる事項に配慮し、給湯設備に係るエネルギーの効率的利用を図るものとする。

(1)　配管の点検、補修等により、エネルギーの損失を抑制するために採用した配管設備の維持保全をすること。

(2)　熱源機器、ポンプ等の作動状態の点検等により、採用した給湯設備の制御方法の維持保全をすること。

(3)　熱源システムの点検等により、採用した熱源システムのエネルギーの利用効率を維持すること。

6　昇降機に係るエネルギーの効率的利用

次に掲げる事項に配慮し、昇降機に係るエネルギーの効率的利用を図るものとする。

(1)　昇降機の作動状況の点検等により、採用した昇降機の制御方法の維持保全をすること。

(2)　駆動装置の点検等により、採用した駆動装置のエネルギーの利用効率を維持すること。

7　エネルギー利用効率化設備に係るエネルギーの効率的利用
次に掲げる事項に配慮し、エネルギー利用効率化設備に係るエネルギーの効率的利用を図るものとする。
(1)　エネルギー利用効率化設備の点検、清掃等により、採用したエネルギー利用効率化設備の効率を維持すること。
(2)　エネルギー利用効率化設備の作動状況の点検等により、採用したエネルギー利用効率化設備の制御方法の維持保全をすること。
(3)　保守管理に配慮して採用した設置方法の維持保全をすること。

別表 3　住宅の断熱材の施工に係る留意事項
断熱材の施工に当たっては、次に掲げる事項に配慮すること。
(1)　断熱材は、必要な部分に隙間が生じないよう施工すること。
(2)　外壁の内部の空間が外気に通じる天井裏又は外気に通じる床裏に対し開放されている住宅の当該外壁に充填断熱工法によって断熱施工する場合にあっては、当該外壁の上下端部、床、天井又は屋根との取合部に気流止めを設けること。
(3)　間仕切壁と天井又は床との取合部において、間仕切壁の内部の空間が外気に通じる天井裏又は外気に通じる床裏に対し開放されている場合にあっては、当該取合部に気流止めを設けること。
(4)　グラスウール、ロックウール、セルローズファイバー等の繊維系断熱材、プラスチック系断熱材（産業標準化法（昭和 24 年法律第 185 号）に基づく日本産業規格（以下「日本産業規格」という。）A9521（建築用断熱材）に規定するもの、日本産業規格 A9526（建築物断熱用吹付け硬質ウレタンフォーム）に規定する吹付け硬質ウレタンフォーム A 種 1、A 種 1H、A 種 2 又は A 種 2H に適合するもの及びこれらと同等以上の透湿抵抗を有するものを除く。）その他これらに類するものであって透湿抵抗の小さい断熱材を使用する場合にあっては、防湿層（断熱層（断熱材で構成される層をいう。以下(4)において同じ。）の室内側に設けられ、防湿性が高い材料で構成される層であって、断熱層への漏気及び水蒸気の侵入を防止するものをいう。）を設けること。ただし、結露の発生の防止に有効な措置が講じられていることが確かめられた場合にあっては、この限りでない。

建築物のエネルギー消費性能の表示に関する指針

制定：平成 28 年　3 月 11 日　国土交通省告示第 489 号
改正：令和　4 年 12 月　7 日　国土交通省告示第 1253 号

建築物のエネルギー消費性能の向上に関する法律（平成 27 年法律第 53 号）第 7 条の規定を実施するため、建築物のエネルギー消費性能の表示に関する指針を次のように定めたので、告示する。

建築物の販売又は賃貸を行う事業者（以下「販売・賃貸事業者」という。）は、建築物のエネルギー消費性能の向上に関する法律（以下「法」という。）第 7 条の規定に基づき、次に定めるところにより、その販売又は賃貸を行う建築物について、エネルギー消費性能を表示するよう努めるものとする。
1．遵守事項
販売・賃貸事業者は、その販売又は賃貸を行う建築物について、エネルギー消費性能を表示する場合においては、(1)の表示事項について、(2)の表示方法により、(3)に留意して、表示するよう努めるものとする。ただし、法第 41 条第 3 項の規定に基づき表示を付する場合にあっては、本指針で定めるところにより表示をしたものとする。
(1)　表示事項
表示を行う事項は次のとおりとする。ただし、⑤から⑦までの設計一次エネルギー消費量及び基準一次エネルギー消費量は、非住宅建築物（建築物エネルギー消費性能基準等を定める省令（平成 28 年経済産業省・国土交通省令第 1 号。以下「基準省令」という。）第 1 条第 1 項第一号に規定する非住宅建築物をいう。以下同じ。）にあっては同号イの設計一次エネルギー消費量及び基準一次エネルギー消費量の算出方法、同号ロの設計一次エネルギー消費量及び基準一次エネルギー消費量の算出方法又は同号ただし書の国土交通大臣がエネルギー消費性能を適切に評価できる方法と認める方法により算出された数値から、同令第2条第1項及び第3条第1項のその他一次エネルギー消費量を減じた数値とし、住宅（同令第1条第1項第二号に規定する住宅をいう。以下同じ。）にあっては同号ロ⑴及び⑵の設計一次エネルギー消費量及び基準一次エネルギー消費量の算出方法又は同号ただし書の国土交通大臣がエネルギー消費性能を適切に評価できる方法と認める方法により算出された数値から、同令第4条第1項及び第5条第1項のその他一次エネルギー消費量を減じた数値とし、複合建築物（同令第1条第1項第一号に規定する複合建築物をいう。以下同じ。）にあっては同項第三号ロ⑴の設計一次エネルギー消費量及び基準一次エネルギー消費量の算出方法により算出された数値から、同令第2条第1項、第3条第1項、第4条第1項及び第5条第1項のその他一次エネルギー消費量を減じた数値とする。

① 建築物の名称。ただし、建築物が一戸建ての住宅である場合にあっては、当該建築物の名称の表示を省略することができる。

② 評価年月日

③ 第三者認証（法第2条第1項第五号に規定する所管行政庁又は法第15条第1項に規定する登録建築物エネルギー消費性能判定機関若しくは建築物のエネルギー消費性能の評価についてこれと同等以上の能力を有する機関が行った建築物のエネルギー消費性能に関する認証をいう。以下同じ。）又は自己評価（第三者認証以外の建築物のエネルギー消費性能に関する評価をいう。以下同じ。）の別

④ 第三者認証の場合にあっては、認証を行った機関の名称

⑤ 設計一次エネルギー消費量の基準一次エネルギー消費量からの削減率。削減率は次の式により算出する数値（1未満の端数があるときは、これを切り捨てる。）とする。

（基準一次エネルギー消費量－設計一次エネルギー消費量）/（基準一次エネルギー消費量）×100

⑥ 基準一次エネルギー消費量、誘導基準一次エネルギー消費量（非住宅建築物にあっては基準省令第10条第一号ロの誘導基準一次エネルギー消費量の算出方法により、住宅にあっては同条第二号ロ⑴の誘導基準一次エネルギー消費量の算出方法により、複合建築物にあっては同条第三号ロ⑵の誘導基準一次エネルギー消費量の算出方法によりそれぞれ算出された数値から、基準省令第12条及び第14条第1項のその他一次エネルギー消費量を減じた数値をいう。）及び設計一次エネルギー消費量の関係を明らかにした図

⑦ 設計一次エネルギー消費量が基準一次エネルギー消費量を超えないとき（住宅にあっては、基準省令第1条第1項第二号ロ⑶の基準に適合している場合を、複合建築物にあっては、非住宅部分が同項第1号に適合し、かつ、住宅部分が同項第二号ロに適合している場合を含む。）は、その旨

⑧ 非住宅建築物にあっては基準省令第10条第一号イに適合しているとき又は同号ただし書の国土交通大臣がエネルギー消費性能を適切に評価できる方法と認める方法によって当該非住宅建築物が備えるべき外皮性能を有することが確かめられたとき、住宅にあっては基準省令第1条第1項第二号イに適合しているとき又は同号ただし書の国土交通大臣がエネルギー消費性能を適切に評価できる方法と認める方法によって当該住宅が備えるべき外皮性能を有することが確かめられたとき、複合建築物にあっては非住宅部分が基準省令第10条第一号イに、住宅部分が基準省令第1条第1項第二号イにそれぞれ適合しているときは、その旨

⑨ 建築物の一部について建築物のエネルギー消費性能の評価を実施した場合にあっては、建築物の一部の評価である旨

⑩ 第三者認証の場合にあっては、第三者認証を表すマーク（以下「第三者認証マーク」という。）

⑵ 表示方法

⑴の表示事項を表示するに当たっては、次の方法によることとする。

① ⑴の表示事項は、別表の⑴に定めるラベルにより表示すること。ただし、ラベルを付する部分の地の色やデザインに応じて当該ラベルの色（別表のラベルの欄中イの部分は除く。）、文字の配置及び大きさ等を変更することができる。

② ⑴の表示事項は、建築物本体に貼付し若しくは刻印し又は広告、宣伝用物品、売買契約若

しくは賃貸借契約に関する書類、電磁的記録その他の建築物と表示事項との対応関係が明らかな印刷物等に表示し、及び見やすい箇所に表示すること。

③　ラベルを付することができる範囲が著しく制約されるときは、⑴の表示事項（②、③及び⑤を除く。）の一部を省略することができる。

⑶　その他の事項

外皮性能を表す数値を表示する場合にあっては、非住宅建築物にあっては年間熱負荷係数（基準省令第10条第一号イの屋内周囲空間の年間熱負荷を屋内周囲空間の床面積の合計で除した数値をいう。以下同じ。）を、用途及び同令第1条第1項第二号イ⑴の地域の区分（以下「地域の区分」という。）に応じて基準省令別表に掲げる数値で除した数値（非住宅建築物を2以上の用途に供する場合にあっては、同令第10条第一号イの各用途の屋内周囲空間の年間熱負荷の合計を各用途の屋内周囲空間の床面積の合計で除した数値を、用途及び地域の区分に応じた同令別表に掲げる数値を各用途の屋内周囲空間の床面積により加重平均した数値で除した数値とする。）又は国土交通大臣がエネルギー消費性能を適切に評価できる方法と認める方法により算出された数値を、住宅にあっては同令第1条第1項第二号イの外皮平均熱貫流率及び冷房期の平均日射熱取得率又は国土交通大臣がエネルギー消費性能を適切に評価できる方法と認める方法により算出された数値を、複合建築物の非住宅部分にあっては年間熱負荷係数を用途及び地域の区分に応じて同令別表に掲げる数値で除した数値（複合建築物の非住宅部分を2以上の用途に供する場合にあっては、同令第10条第一号イの各用途の屋内周囲空間の年間熱負荷の合計を各用途の屋内周囲空間の床面積の合計で除した数値を、用途及び地域の区分に応じた同令別表に掲げる数値を各用途の屋内周囲空間の床面積により加重平均した数値で除した数値とする。）を、複合建築物の住宅部分にあっては同令第1条第1項第二号イの外皮平均熱貫流率及び冷房期の平均日射熱取得率を、それぞれ表示すること。

2.　推奨事項

販売・賃貸事業者は、その販売又は賃貸を行う建築物について、エネルギー消費性能を表示する場合においては、次の事項に配慮するものとする。

⑴　表示事項

表示を行う事項については、1の⑴の表示事項に加え、一次エネルギー消費量を算出した場合にあっては、基準一次エネルギー消費量及び設計一次エネルギー消費量を表示することが望ましい。この場合において、非住宅建築物にあっては基準省令第1条第1項第一号イの設計一次エネルギー消費量及び基準一次エネルギー消費量の算出方法又は同号ただし書の国土交通大臣がエネルギー消費性能を適切に評価できる方法と認める方法により算出された数値から、同令第2条第1項及び第3条第1項のその他一次エネルギー消費量を減じた数値を、住宅にあっては同令第1条第1項第二号ロ⑴の設計一次エネルギー消費量及び基準一次エネルギー消費量の算出方法又は同号ただし書の国土交通大臣がエネルギー消費性能を適切に評価できる方法と認める方法により算出された数値から、同令第4条第1項及び第5条第1項のその他一次エネルギー消費量を減じた数値を、複合建築物にあっては同令第1条第1項第三号ロ⑴の設計一次エネルギー消費量及び基準一次エネルギー消費量の算出方法により算出された数値から、同令第2条第1項、第3条第1項、第4条第1項及び第5条第1項のその他一次エネルギー消費量を減じた数値を延べ床面積で除した数値を表示することとする。

⑵　その他の事項

1の⑴の表示事項及び⑴の表示事項を表示するに当たっては、次の方法によることとする。

①　⑴の表示事項は、別表の⑵に定めるラベルにより表示すること。ただし、ラベルを付する部分の地の色やデザインに応じて当該ラベルの色、文字の配置及び大きさ等を変更することができる。

②　1の⑴⑤から⑧まで、1の⑶及び2の⑴において採用した建築物のエネルギー消費性能の評価の方法について、解説が記載された資料の配布その他の適切な手段により明らかにすること。

③　建築物のエネルギー消費性能の程度を示す段階的な指標を表示する場合にあっては、当該指標の考え方等について、解説が記載された資料の配布その他の適切な手段により明らかにすること。

④　販売・賃貸事業者は、建築物の販売又は賃貸をしようとするときは、当該建築物の購入又は賃借をしようとする者に対し、当該建築物のエネルギー消費性能に関する表示の内容を説明すること。

別表（略）

建築物のエネルギー消費性能の向上に関する法律施行令第３条第三号の規定に基づき、居住者以外の者が主として利用していると認められるものを定める件

制定：平成 28 年 11 月 30 日　国土交通省告示第 1376 号

建築物のエネルギー消費性能の向上に関する法律施行令（平成 28 年政令第 8 号）第 3 条第三号の規定に基づき、居住者以外の者が主として利用していると認められるものを次のように定める。

1　建築物のエネルギー消費性能の向上に関する法律施行令第 3 条第三号の居住者以外の者が主として利用していると認められるものとして国土交通大臣が定める建築物の部分（次項において「特定共用部分」という。）は、次に掲げる要件を満たす部分とする。

一　居住者以外の者が当該部分を利用すること。

二　当該部分の存する建築物における、居住者以外の者のみが利用する部分の床面積の合計が、居住者のみが利用する部分の床面積の合計より大きいこと。

2　建築物の計画から想定される当該部分の利用状況に照らして、前項第二号の要件により難い事情がある場合は、前項の規定にかかわらず、当該状況に応じて適当と認められる部分を特定共用部分とする。

建築物のエネルギー消費性能の向上に関する法律施行令第７条第１項第二号の規定に基づき、壁を有しないことその他の高い開放性を有するものを定める件

制定：平成 28 年 11 月 30 日　国土交通省告示第 1377 号

建築物のエネルギー消費性能の向上に関する法律施行令（平成 28 年政令第 8 号）第 7 条第 1 項第二号［現行＝第 6 条第 1 項二号＝令和 4 年 11 月政令第 351 号により改正］の規定に基づき、壁を有しないことその他の高い開放性を有するものを次のように定める。

建築物のエネルギー消費性能の向上に関する法律施行令第 7 条第 1 項第二号の壁を有しないことその他の高い開放性を有するものとして国土交通大臣が定める用途は、当該用途に供する建築物の構造が次のいずれかの要件を満たす用途とする。

一　壁を有しないこと。

二　内部に間仕切壁又は戸（ふすま、障子その他これらに類するものを除く。）を有しない階又はその一部であって、その床面積に対する常時外気に開放された開口部の面積の割合が$\frac{1}{20}$以上である部分のみで構成されていること。

建築物のエネルギー消費性能の向上に関する法律施行令の規定により、認定建築物エネルギー消費性能向上計画に係る建築物の床面積のうち通常の建築物の床面積を超えることとなるものを定める件

制定：平成 28 年 2 月　1 日　国土交通省告示第 272 号
改正：令和　3 年 3 月 12 日　国土交通省告示第 173 号

建築物のエネルギー消費性能の向上に関する法律施行令（平成 28 年政令第 8 号）第 13 条［現行＝第 11 条

第1項＝令和4年11月政令第351号により改正］の規定に基づき、認定建築物エネルギー消費性能向上計画に係る建築物の床面積のうち通常の建築物の床面積を超えることとなるものを次のように定める。

建築物のエネルギー消費性能の向上に関する法律施行令第15条第1項（同条第2項の規定により読み替えて適用される場合を含む。）の国土交通大臣が定める床面積は、次の各号に掲げる設備を設ける部分の床面積の合計とする。

一　太陽熱集熱設備、太陽光発電設備その他再生可能エネルギー源を利用する設備であってエネルギー消費性能の向上に資するもの
二　燃料電池設備
三　コージェネレーション設備
四　地域熱供給設備
五　蓄熱設備
六　蓄電池（床に据え付けるものであって、再生可能エネルギー発電設備と連系するものに限る。）
七　全熱交換器

建築物のエネルギー消費性能の向上に関する法律施行規則第32条第1項第三号の規定に基づき国土交通大臣が定めるものを定める件

制定：平成28年　1月29日　国土交通省告示第267号
改正：平成28年12月21日　国土交通省告示第1433号

建築物のエネルギー消費性能の向上に関する法律施行規則（平成28年国土交通省令第5号）第32条第1項第三号の規定に基づき、国土交通大臣が定めるものを次のように定める。

建築物のエネルギー消費性能の向上に関する法律施行規則第32条第1項第三号に規定する国土交通大臣が定めるものは、次に掲げるものとする。

一　宣伝用物品
二　情報を提供するために作成する電磁的記録

建築物のエネルギー消費性能の向上に関する法律施行規則第40条第二号の規定に基づき、国土交通大臣が定める者を定める件

制定：平成28年　2月29日　国土交通省告示第431号
改正：平成28年12月21日　国土交通省告示第1433号

建築物のエネルギー消費性能の向上に関する法律施行規則（平成28年国土交通省令第5号）第40条第二号の規定に基づき、国土交通大臣が定める者を次のように定める。

建築物のエネルギー消費性能の向上に関する法律施行規則第40条第二号の国土交通大臣が定める者は、同条第一号イからニまでのいずれかに該当する者であり、かつ、同号に規定する登録適合性判定員講習と同等以上の内容を有すると国土交通大臣が認める講習（建築物のエネルギー消費性能の向上に関する法律（平成27年法律第53号）附則第1条第二号に掲げる規定の施行の日前に行われたものに限る。）を修了した者とする。

建築物のエネルギー消費性能の向上に関する法律施行規則の規定に基づき、登録適合性判定員講習の講義に用いる教材の内容として国土交通大臣が定める事項を定める件

制定：平成28年　2月29日　国土交通省告示第432号
改正：平成28年12月21日　国土交通省告示第1433号

建築物のエネルギー消費性能の向上に関する法律施行規則（平成28年国土交通省令第5号）第45条第四号の規定に基づき、登録適合性判定員講習の講義に用いる教材の内容として国土交通大臣が定める事項を次のように定める。

建築物のエネルギー消費性能の向上に関する法律施行規則（以下「規則」という。）第45条第四号の国土交通大臣が定める事項は、次の表の左欄に掲げる科目ごとに同表の右欄に掲げる事項とする。

科目	事項
規則第45条第三号イの科目	建築物のエネルギー消費性能の向上に関する法律（平成27年法律第53号）の概要の解説
規則第45条第三号ロの科目	建築物エネルギー消費性能適合性判定の手続及び建築物エネルギー消費性能基準の解説
規則第45条第三号ハの科目	建築物エネルギー消費性能基準等を定める省令（平成28年経済産業省・国土交通省令第1号）第1条第1項第一号イに規定する非住宅部分の設計一次エネルギー消費量及び基準一次エネルギー消費量並びに同号ロに規定する一次エネルギー消費量モデル建築物の設計一次エネルギー消費量及び基準一次エネルギー消費量の算出方法その他の建築物エネルギー消費性能適合性判定を行う者として必要な知識及び技術の習得のための演習に関する事項

建築物のエネルギー消費性能の向上に関する法律施行規則の規定に基づき、判定の業務の公正な実施に支障を及ぼすおそれがあるものとして国土交通大臣が定める場合を定める件

制定：平成28年　2月29日　国土交通省告示第433号
改正：平成28年12月21日　国土交通省告示第1433号

建築物のエネルギー消費性能の向上に関する法律施行規則（平成28年国土交通省令第5号）第56条第二号の規定に基づき、判定の業務の公正な実施に支障を及ぼすおそれがあるものとして国土交通大臣が定める場合を次のように定める。

建築物のエネルギー消費性能の向上に関する法律施行規則第56条第二号の国土交通大臣が定める場合は、次のとおりとする。

一　登録建築物エネルギー消費性能判定機関（その者が法人である場合にあっては、その役員）又はその職員（適合性判定員を含む。）が、当該登録建築物エネルギー消費性能判定機関に対して、建築物エネルギー消費性能確保計画の提出を自ら行った場合又は代理人として建築物エネルギー消費性能確保計画の提出を行った場合

二　登録建築物エネルギー消費性能判定機関（その者が法人である場合にあっては、その役員）又はその職員（適合性判定員を含む。）が、当該登録建築物エネルギー消費性能判定機関に提出された建築物エネルギー消費性能確保計画に係る建築物について次のいずれかに掲げる業務を行った場合

イ　設計に関する業務

ロ　販売又は販売の代理若しくは媒介に関する業務

ハ　建設工事に関する業務

ニ　工事監理に関する業務

三　その役員又は職員（過去2年間に役員又は職員であった者を含む。）のいずれかが登録建築物エネルギー消費性能判定機関（その者が法人である場合にあっては、その役員）又はその職員（適合性判定員を含む。）である者の行為が、次のいずれかに該当する場合（当該登録建築物エネルギー消費性能判定機関（その者が法人である場合にあっては、その役員）又はその職員（適合性判定員を含む。）が当該建築物エネルギー消費性能確保計画に係る判定の業務を行う場合に限る。）

イ　当該登録建築物エネルギー消費性能判定機関に対する建築物エネルギー消費性能確保計画の提出を自ら行った場合又は代理人として建築物エネルギー消費性能確保計画の提出を行った場合

ロ　当該登録建築物エネルギー消費性能判定機関に提出された建築物エネルギー消費性能確保計画に係る建築物について第二号のイからニまでのいずれかに掲げる業務を行った場合

四　第一号から前号までに掲げる場合に準ずる場合であって、判定の業務の公正な実施に支障を及ぼすおそれがあるものと認められる場合

建築物のエネルギー消費性能の向上に関する法律施行規則の規定に基づき、評価の業務の公正な実施に支障を及ぼすおそれがあるものとして国土交通大臣が定める場合を定める件

制定：平成28年　2月29日　国土交通省告示第434号
改正：平成28年12月21日　国土交通省告示第1433号

建築物のエネルギー消費性能の向上に関する法律施行規則（平成28年国土交通省令第5号）第71条第二号の規定に基づき、評価の業務の公正な実施に支障を及ぼすおそれがあるものとして国土交通大臣が定める場合を次のように定める。

建築物のエネルギー消費性能の向上に関する法律施行規則第71条第二号の国土交通大臣が定める場合は、次のとおりとする。

一　登録建築物エネルギー消費性能評価機関（その者が法人である場合にあっては、その役員）又はその職員（評価員を含む。）が、当該登録建築物エネルギー消費性能評価機関に対して、建築物のエネルギー消費性能の向上に関する法律（平成27年法律第53号）第24条第1項に規定する評価（以下単に「評価」という。）の申請を自ら行った場合又は代理人として評価の申請を行った場合

二　登録建築物エネルギー消費性能評価機関（その者が法人である場合にあっては、その役員）又はその職員（評価員を含む。）が、当該登録建築物エネルギー消費性能評価機関に対する評価の申請に係る建築物について次のいずれかに掲げる業務を行った場合

イ　設計に関する業務

ロ　販売又は販売の代理若しくは媒介に関する業務

ハ　建設工事に関する業務

ニ　工事監理に関する業務

三　その役員又は職員（過去2年間に役員又は職員であった者を含む。）のいずれかが登録建築物エネルギー消費性能評価機関（その者が法人である場合にあっては、その役員）又はその職員（評価員を含む。）である者の行為が、次のいずれかに該当する場合（当該登録建築物エネルギー消費性能評価機関（その者が法人である場合にあっては、その役員）又はその職員（評価員を含む。）が当該申請に係る評価の業務を行う場合に限る。）

イ　当該登録建築物エネルギー消費性能評価機関に対する評価の申請を自ら行った場合又は代理人として評価の申請を行った場合

ロ　当該登録建築物エネルギー消費性能評価機関に対する評価の申請に係る建築物について第二号のイからニまでのいずれかに掲げる業務を行った場合

四　第一号から前号までに掲げる場合に準ずる場合であって、評価の業務の公正な実施に支障を及ぼすおそれがあるものと認められる場合

建築物エネルギー消費性能基準等を定める省令における算出方法等に係る事項

制定：平成 28 年 1 月 29 日　国土交通省告示第 265 号
改正：令和 4 年 11 月 7 日　国土交通省告示第 1104 号

建築物エネルギー消費性能基準等を定める省令（平成 28 年経済産業省・国土交通省令第 1 号）第 1 条第 1 項第二号イ(1)、第 2 条第 2 項（同令第 4 条第 4 項において準用する場合を含む。）、第 3 条第 2 項（同令第 5 条第 4 項において準用する場合を含む。）、第 4 条第 2 項、第 5 条第 2 項並びに第 8 条第一号［現行＝第 10 条第一号＝平成 28 年経産・国交省令 5 号により改正］イ(1)及び(2)の規定に基づき、建築物エネルギー消費性能基準等を定める省令における算出方法等に係る事項を次のように定める。

第 1　非住宅部分に係る事項

1　設計一次エネルギー消費量の算出に関する事項

建築物エネルギー消費性能基準等を定める省令（平成 28 年経済産業省・国土交通省令第 1 号）第 2 条第 2 項の国土交通大臣が定める方法は、次のとおりとする。

(1)　空気調和設備の設計一次エネルギー消費量は、次のイからホまでに定める方法により算出するものとする。

イ　空気調和設備の設計一次エネルギー消費量は、次の式により算出するものとする。

$$E_{AC} = \sum_{i}^{n_{AHU}} \sum_{d}^{D_{AHU,i}} E_{AC,AHU,d,i} + \sum_{i}^{n_{PUMP}} \sum_{d}^{D_{PUMP,i}} E_{AC,PUMP,d,i} + \sum_{i}^{n_{REF}} \sum_{d}^{D_{REF,i}} E_{AC,REF,d,i}$$

この式において、E_{AC}、$E_{AC,AHU,d,i}$、$D_{AHU,i}$、n_{AHU}、$E_{AC,PUMP,d,i}$、$D_{PUMP,i}$、n_{PUMP}、$E_{AC,REF,d,i}$、$D_{REF,i}$ 及び n_{REF} は、それぞれ次の数値を表すものとする。

E_{AC}　：空気調和設備の設計一次エネルギー消費量（単位　MJ/ 年）
$E_{AC,AHU,d,i}$：日付 d における空気調和機等 i の 1 日当たりの設計一次エネルギー消費量（単位　MJ/ 日）
$D_{AHU,i}$　：空気調和機等 i の年間稼働日数（単位　日）
n_{AHU}　：空気調和設備内の空気調和機等の数（単位　台）
$E_{AC,PUMP,d,i}$：日付 d におけるポンプ等 i の 1 日当たりの設計一次エネルギー消費量（単位　MJ/ 日）
$D_{PUMP,i}$　：ポンプ等 i の年間稼働日数（単位　日）
n_{PUMP}　：空気調和設備内のポンプ等の数（単位　台）
$E_{AC,REF,d,i}$：日付 d における熱源機器等 i の 1 日当たりの設計一次エネルギー消費量（単位　MJ/ 日）
$D_{REF,i}$　：熱源機器等 i の年間稼働日数（単位　日）
n_{REF}　：空気調和設備内の熱源機器等の数（単位　台）

ロ　$E_{AC,AHU,d,i}$ 及び $E_{AC,PUMP,d,i}$ については、各機器が処理する暖冷房負荷（暖房負荷及び冷房負荷をいう。以下(1)において同じ。）を算出し、この負荷の大きさに応じて機器のエネルギー消費特性が変化することを考慮した上で、設計一次エネルギー消費量を求めるものとする。

ハ　$E_{AC,REF,d,i}$ については、各機器が処理する暖冷房負荷を算出し、この負荷の大きさ及び気象条件に応じて機器の能力及びエネルギー消費特性が変化することを考慮した上で、設計一次エネルギー消費量を求めるものとする。

ニ　暖冷房負荷の算出については、次のとおりとする。

(イ)　次に掲げる事項については、室用途ごとに定められる標準的な室の使用条件を用いること。
(i)空気調和設備の運転時間及び温度設定
(ii)居住者の在室時間、在室人数、発熱量及び発湿量
(iii)照明設備、ＯＡ機器等の使用時間及び発熱量
(iv)外気の取入時間及び取入量

(ロ)　気象条件については、地域の区分（建築物エネルギー消費性能基準等を定める省令第 1 条第 1 項第二号イ(1)の地域の区分をいう。以下同じ。）ごとに定められる気象情報を用いる

こと。

(ハ) 暖冷房負荷の算出においては、次に掲げる熱を勘案すること。

(i)室温と外気温との温度差によって外壁、窓等を貫流する熱

(ii)日射の吸収又は夜間放射によって発生する熱

(iii)照明設備、ＯＡ機器、人体その他室内に存する物体から発生する熱

(iv)取入外気の熱

ホ　エネルギーの量を熱量に換算する係数は、別表第１に掲げる数値を用いるものとする。

(2) 空気調和設備以外の機械換気設備の設計一次エネルギー消費量は、次のイからニまでに定める方法により算出するものとする。

イ　空気調和設備以外の機械換気設備の設計一次エネルギー消費量は、次の式により算出するものとする。

$$E_V = \sum_{i}^{n} \sum_{d}^{D_i} (E_{V,i} \times T_{V,d,i} \times F_{V,i}) \times f_{prim} \times 10^{-6}$$

この式において、E_V、$E_{V,i}$、$T_{V,d,i}$、$F_{V,i}$、D_i、n 及び f_{prim} は、それぞれ次の数値を表すものとする。

E_V　：空気調和設備以外の機械換気設備の設計一次エネルギー消費量（単位　MJ/ 年）

$E_{V,i}$　：空気調和設備以外の機械換気設備ｉの消費電力（単位　W）

$T_{V,d,i}$　：日付ｄにおける空気調和設備以外の機械換気設備ｉの１日当たりの運転時間（単位　時間）

$F_{V,i}$　：空気調和設備以外の機械換気設備ｉの制御方法に応じて定められる係数（単位　無次元）

D_i　：空気調和設備以外の機械換気設備ｉの年間稼働日数（単位　日）

n　：非住宅部分における空気調和設備以外の機械換気設備の数（単位　台）

f_{prim}　：別表第１に掲げる電気の量 1kW・h を熱量に換算する係数（単位　kJ/kW・h）

ロ　空気調和設備以外の機械換気設備は、次の(イ)から(ハ)までに掲げる機器とする。

(イ)　給気機

(ロ)　排気機

(ハ)　その他空気調和設備以外の機械換気設備の種類に応じて必要となる機器

ハ　$T_{V,d,i}$ は、室用途ごとに定められる標準的な室の使用時間を用いるものとする。

ニ　$F_{V,i}$ は、高効率電動機、インバータ、送風量制御等の採用の有無を勘案して算出するものとする。

(3) 照明設備の設計一次エネルギー消費量は、次のイからハまでに定める方法により算出するものとする。

イ　照明設備の設計一次エネルギー消費量は、次の式により算出するものとする。

$$E_L = \sum_{i}^{n} \sum_{d}^{D_i} (E_{L,i} \times T_{L,d,i} \times F_{L,i} \times C_{L,i}) \times f_{prim} \times 10^{-6}$$

この式において、E_L、$E_{L,i}$、$T_{L,d,i}$、$F_{L,i}$、$C_{L,i}$、D_i、n 及び f_{prim} は、それぞれ次の数値を表すものとする。

E_L　：照明設備の設計一次エネルギー消費量（単位　MJ/ 年）

$E_{L,i}$　：照明設備ｉの消費電力（単位　W）

$T_{L,d,i}$　：日付ｄにおける照明設備ｉの１日当たりの運転時間（単位　時間）

$F_{L,i}$　：照明設備ｉの制御方法に応じて定められる係数（単位　無次元）

$C_{L,i}$　：照明設備ｉを設置する室の形状に応じて定められる係数（単位　無次元）

D_i　：照明設備ｉの年間稼働日数（単位　日）

n　：非住宅部分における照明設備の数（単位　台）

f_{prim}　：別表第１に掲げる電気の量 1kW・h を熱量に換算する係数（単位　kJ/kW・h）

ロ　$T_{L,d,i}$ は、室用途ごとに定められる標準的な室の使用時間を用いるものとする。

ハ　$F_{L,i}$ は、在室検知制御、明るさ検知制御、タイムスケジュール制御等の採用の有無を勘案して算出するものとする。

(4) 給湯設備の設計一次エネルギー消費量は、次のイからハまでに定める方法により算出するものとす

る。

イ　給湯設備の設計一次エネルギー消費量は、次の式により算出するものとする。

$$E_W = \sum_{i}^{n} \sum_{d}^{D_i} \left(\frac{Q_{W,d,i}}{\eta_{W,d,i}} \right) \times 10^{-3}$$

この式において、E_W、$Q_{W,d,i}$、$\eta_{W,d,i}$、D_i及びnは、それぞれ次の数値を表すものとする。

E_W　：給湯設備の設計一次エネルギー消費量（単位　MJ/年）

$Q_{W,d,i}$：日付dにおける給湯設備iの1日当たりの給湯負荷（単位　kJ/日）

$\eta_{W,d,i}$：日付dにおける給湯設備iのシステム効率（単位　無次元）

D_i　：給湯設備iの年間稼働日数（単位　日）

n　：非住宅部分における給湯設備の数（単位　台）

ロ　$Q_{W,d,i}$は、次に掲げる事項を勘案して算出するものとする。

(イ)　地域の区分ごとに定められる外気温度及び給水温度

(ロ)　給湯配管からの熱損失量

(ハ)　室用途ごとに定められる標準的な1日当たりの使用湯量

(ニ)　節湯器具の使用

(ホ)　太陽熱利用等の予熱設備の有無

ハ　エネルギーの量を熱量に換算する係数は、別表第1に掲げる数値を用いるものとする。

(5)　昇降機の設計一次エネルギー消費量は、次のイ及びロに定める方法により算出するものとする。

イ　昇降機の設計一次エネルギー消費量は、次の式により算出するものとする。

$$E_{EV} = \sum_{i}^{n} \sum_{d}^{D_i} \left(\frac{L_{EV,i} \times V_{EV,i} \times C_{EV,i} \times T_{EV,d,i}}{860} \times N_{EV,i} \right) \times f_{prim} \times 10^{-3}$$

この式において、E_{EV}、$L_{EV,i}$、$V_{EV,i}$、$C_{EV,i}$、$T_{EV,d,i}$、$N_{EV,i}$、D_i、n及びf_{prim}は、それぞれ次の数値を表すものとする。

E_{EV}　：昇降機の設計一次エネルギー消費量（単位　MJ/年）

$L_{EV,i}$　：昇降機系統iの積載質量（単位　kg）

$V_{EV,i}$　：昇降機系統iの定格速度（単位　m/分）

$C_{EV,i}$　：昇降機系統iの制御方法に応じて定められる係数

$T_{EV,d,i}$：日付dにおける昇降機系統iの1日当たりの運転時間（単位　時間）

$N_{EV,i}$　：昇降機系統iに属する昇降機の台数（単位　台）

D_i　：昇降機系統iの年間稼働日数（単位　日）

n　：非住宅部分における昇降機の対象系統数

f_{prim}　：別表第1に掲げる電気の量1kW・hを熱量に換算する係数（単位　kJ/kw・h）

ロ　$C_{EV,i}$は、昇降機の速度制御方法の種類を勘案して算出するものとする。

(6)　エネルギー利用効率化設備による設計一次エネルギー消費量の削減量は、次のイからハまでに定める方法により算出するものとする。

イ　エネルギー利用効率化設備による設計一次エネルギー消費量の削減量は、次の式により算出するものとする。

$$E_S = \sum_{i}^{n} \sum_{d}^{D_i} E_{S,d,i}$$

この式において、E_S、$E_{S,d,i}$、D_i及びnは、それぞれ次の数値を表すものとする。

E_S　：エネルギー利用効率化設備による設計一次エネルギー消費量の削減量（単位　MJ/年）

$E_{S,d,i}$：日付dにおけるエネルギー利用効率化設備iによる1日当たりの設計一次エネルギー消費量の削減量（単位　MJ・h/日）

D_i　：エネルギー利用効率化設備iの年間稼働日数（単位　日）

n　：非住宅部分における算出対象エネルギー利用効率化設備の数

ロ　$E_{S,d,i}$は、気象条件並びに設備の性能及び設置状況を勘案して算出するものとする。

ハ　エネルギーの量を熱量に換算する係数は、別表第1に掲げる数値を用いるものとする。

(7)　その他一次エネルギー消費量は、次の式により算出するものとする。

$$E_M = \sum_{i}^{n} (\alpha_{SM,i} \times A_i)$$

この式において、E_M、$\alpha_{SM,i}$、A_i及びnは、それぞれ次の数値を表すものとする。

E_M　：その他一次エネルギー消費量（単位　MJ/年）

$\alpha_{SM,i}$：室iの室用途ごとに別表第2に掲げるその他設備等に係る係数（単位　MJ/㎡・年）

A_i　：室iの床面積の合計（単位　㎡）

n　：非住宅部分における対象となる室の数

2　基準一次エネルギー消費量の算出に関する事項

建築物エネルギー消費性能基準等を定める省令第3条第2項の国土交通大臣が定める方法は、次のとおりとする。

(1)　空気調和設備の基準一次エネルギー消費量は、次の式により算出するものとする。

$$E_{SAC} = \sum_{i}^{n} (\alpha_{SAC,i} \times A_i)$$

この式において、E_{SAC}、$\alpha_{SAC,i}$、A_i及びnは、それぞれ次の数値を表すものとする。

E_{SAC}　：空気調和設備の基準一次エネルギー消費量（単位　MJ/年）

$\alpha_{SAC,i}$：室iの室用途及び地域の区分ごとに別表第2に掲げる空気調和設備に係る係数（単位　MJ/㎡・年）

A_i　：室iの床面積の合計（単位　㎡）

n　：非住宅部分における空気調和対象室の数

(2)　空気調和設備以外の機械換気設備の基準一次エネルギー消費量は、次の式により算出するものとする。

$$E_{SV} = \sum_{i}^{n} (\alpha_{SV,i} \times A_i)$$

この式において、E_{SV}、$\alpha_{SV,i}$、A_i及びnは、それぞれ次の数値を表すものとする。

E_{SV}　：空気調和設備以外の機械換気設備の基準一次エネルギー消費量（単位　MJ/年）

$\alpha_{SV,i}$：室iの室用途ごとに別表第2に掲げる空気調和設備以外の機械換気設備に係る係数（単位　MJ/㎡・年）

A_i　：室iの床面積の合計（単位　㎡）

n　：非住宅部分における機械換気対象室の数

(3)　照明設備の基準一次エネルギー消費量は、次の式により算出するものとする。

$$E_{SL} = \sum_{i}^{n} (\alpha_{SL,i} \times A_i)$$

この式において、E_{SL}、$\alpha_{SL,i}$、A_i及びnは、それぞれ次の数値を表すものとする。

E_{SL}　：照明設備の基準一次エネルギー消費量（単位　MJ/年）

$\alpha_{SL,i}$：室iの室用途ごとに別表第2に掲げる照明設備に係る係数（単位　MJ/㎡・年）

A_i　：室iの床面積の合計（単位　㎡）

n　：非住宅部分における照明対象室の数

(4)　給湯設備の基準一次エネルギー消費量は、次の式により算出するものとする。

$$E_{SW} = \sum_{i}^{n} (\alpha_{SW,i} \times A_i)$$

この式において、E_{SW}、$\alpha_{SW,i}$、A_i及びnは、それぞれ次の数値を表すものとする。

E_{SW}　：給湯設備の基準一次エネルギー消費量（単位　MJ/年）

$\alpha_{SW,i}$：室iの室用途及び地域の区分ごとに別表第2に掲げる給湯設備に係る係数（単位　MJ/㎡・年）

A_i　：室iの床面積の合計（単位　㎡）

n　：非住宅部分における給湯対象室の数

(5)　昇降機の基準一次エネルギー消費量は、次の式により算出するものとする。

$$E_{SEV} = \sum_{i}^{n} \left(\frac{L_{SEV,i} \times V_{SEV,i} \times C_{SEV} \times T_{SEV,i} \times M_{SEV,i}}{860} \times N_{SEV,i} \right) \times 9760 \times 10^{-3}$$

この式において、E_{SEV}、$L_{SEV,i}$、$V_{SEV,i}$、C_{SEV}、$T_{SEV,i}$、$M_{SEV,i}$、$N_{SEV,i}$及びnは、それぞれ次の数値を

表すものとする。

E_{SEV}　：昇降機の基準一次エネルギー消費量（単位　MJ/年）
$L_{SEV,i}$　：昇降機系統 i の積載質量（単位　kg）
$V_{SEV,i}$　：昇降機系統 i の定格速度（単位　m/分）
C_{SEV}　：基準設定速度制御係数（$\frac{1}{40}$）
$T_{SEV,i}$　：昇降機系統 i の年間運転時間（単位　時間）
$M_{SEV,i}$　：昇降機系統 i の輸送能力係数（単位　無次元）
$N_{SEV,i}$　：昇降機系統 i に属する昇降機の台数（単位　台）
n　：非住宅部分における昇降機の対象系統数

(6)　その他一次エネルギー消費量は、1の(7)に定める方法により算出するものとする。

3　屋内周囲空間の年間熱負荷の算出方法

建築物エネルギー消費性能基準等を定める省令第10条第一号イ(1)及び(2)に規定する屋内周囲空間の年間熱負荷は、1年間（室用途ごとに使用時間が設定されている場合には、その時間に限る。以下同じ。）における次のイからニまでに掲げる熱による暖房負荷及び冷房負荷を合計したもの（単位　MJ）とする。

イ　外気と屋内周囲空間との温度差
ロ　外壁、窓等からの日射熱
ハ　屋内周囲空間で発生する熱
ニ　取入外気と屋内周囲空間との温湿度の差及び取入外気量に基づく取入外気の熱

4　誘導設計一次エネルギー消費量の算出に関する事項

建築物エネルギー消費性能基準等を定める省令第11条第2項の国土交通大臣が定める方法は、次のとおりとする。

エネルギー利用効率化設備による誘導設計一次エネルギー消費量の削減量は、1の(6)に定める方法により算出するものとする。この場合において、1の(6)中「設計一次エネルギー消費量」とあるのは、「誘導設計一次エネルギー消費量」と読み替えるものとする。

第2　住宅部分に係る事項

1　外皮平均熱貫流率及び冷房期の平均日射熱取得率の算出方法

(1)　外皮平均熱貫流率

外皮平均熱貫流率に係る建築物エネルギー消費性能基準等を定める省令第1条第1項第二号イ(1)の国土交通大臣が定める方法は、次のとおりとする。

イ　外皮平均熱貫流率は、次の式により算出するものとする。

$$U_A = \left(\sum_{i}^{n} A_i U_i H_i + \sum_{j}^{m} L_j \Psi_j H_j \right) / A$$

この式において、U_A、A_i、U_i、H_i、n、L_j、Ψ_j、H_j、m及びAは、それぞれ次の数値を表すものとする。

U_A　：外皮平均熱貫流率（単位　W/㎡・度）
A_i　：外皮の第 i 部位の面積（単位　㎡）
U_i　：外皮の第 i 部位の熱貫流率（単位　W/㎡・度）
H_i　：外皮の第 i 部位の隣接空間との温度差による貫流熱量の低減等を勘案した係数（以下イにおいて「温度差係数」という。）
n　：外皮の部位数
L_j　：第 j 熱橋等（熱橋（構造部材、下地材、窓枠下材その他断熱構造を貫通する部分であって、断熱性能が周囲の部分より劣るものをいう。別表第3において同じ。）及び土間床等（地盤面をコンクリートその他これに類する材料で覆ったもの又は床裏が外気に通じないものをいう。以下(1)及び別表第3において同じ。）の外周部をいう。以下(1)において同じ。）の長さ（単位　m）
Ψ_j　：第 j 熱橋等の線熱貫流率（単位　W/m・度）
H_j　：第 j 熱橋等の温度差係数
m　：熱橋等の数
A　：外皮の部位の面積の合計（単位　㎡）

ロ　U_i は、当該部位を熱の貫流する方向に構成している材料の種類及び厚さ等を勘案して算出した数値とする。ただし、U_i については、別表第３から別表第８までに掲げる仕様の熱貫流率を用いた計算又はこれらの数値を求めた計算と同等以上の性能を有することを確かめることができる計算により求めた数値を用いることができるものとする。

ハ　Ψ_j は、当該熱橋等を熱の貫流する方向に構成している材料の種類及び厚さ等を勘案して算出した数値とする。ただし、土間床等の外周部の線熱貫流率については、別表第３から別表第８までに掲げる仕様の線熱貫流率を用いた計算又はこれらの数値を求めた計算と同等以上の性能を有することを確かめることができる計算により求めた数値を用いることができるものとする。

(2)　冷房期の平均日射熱取得率

冷房期の平均日射熱取得率に係る建築物エネルギー消費性能基準等を定める省令第１条第１項第二号イ(1)の国土交通大臣が定める方法は、次のとおりとする。

イ　冷房期の平均日射熱取得率は、次の式により算出するものとする。

$$\eta_{AC} = \left(\sum_{i}^{n} A_i \eta_i \nu_i ／ A\right) \times 100$$

この式において、η_{AC}、A_i、η_i、ν_i、n及びAは、それぞれ次の数値を表すものとする。

η_{AC}　：冷房期の平均日射熱取得率

A_i　：外皮の第 i 部位の面積（単位　㎡）

η_i　：外皮の第 i 部位の日射熱取得率

ν_i　：外皮の第 i 部位の方位及び地域の区分ごとに次の表に掲げる係数

n　：外皮の部位数

A　：外皮の部位の面積の合計（単位　㎡）

方位	地域の区分							
	1	2	3	4	5	6	7	8
上面	1.0							
北	0.329	0.341	0.335	0.322	0.373	0.341	0.307	0.325
北東	0.430	0.412	0.390	0.426	0.437	0.431	0.415	0.414
東	0.545	0.503	0.468	0.518	0.500	0.512	0.509	0.515
南東	0.560	0.527	0.487	0.508	0.500	0.498	0.490	0.528
南	0.502	0.507	0.476	0.437	0.472	0.434	0.412	0.480
南西	0.526	0.548	0.550	0.481	0.520	0.491	0.479	0.517
西	0.508	0.529	0.553	0.481	0.518	0.504	0.495	0.505
北西	0.411	0.428	0.447	0.401	0.442	0.427	0.406	0.411
下面	0							

ロ　η_i については、別表第３から別表第８までに掲げる仕様の日射熱取得率を用いた計算又はこれらの数値を求めた計算と同等以上の性能を有することを確かめることができる方法により求めた数値を用いることができるものとする。

2　設計一次エネルギー消費量の算出に関する事項

(1)　建築物エネルギー消費性能基準等を定める省令第４条第２項の国土交通大臣が定める方法は、次のとおりとする。

イ　暖房設備の設計一次エネルギー消費量は、次の(イ)から(ト)までに定める方法により算出するものとする。

(イ)　暖房設備の設計一次エネルギー消費量は、単位住戸又は単位住戸の各室の単位時間当たりの暖房設備の設計一次エネルギー消費量の暖房期（１年間のうち日平均外気温が15度以下となる全ての期間をいう。以下同じ。）における合計とし、次の式により算出するものとする。

$$E_H = \sum_{t}^{n} \sum_{i}^{m} E_{H,t,i} + \sum_{t}^{n} \sum_{r}^{R} Q_{UT,H,t,r} \times \alpha_{UT,H,r}$$

この式において、E_H、$E_{H,t,i}$、m、n、$Q_{UT,H,t,r}$、R及び$\alpha_{UT,H,r}$は、それぞれ次の数値を表すものとする。

E_H　：暖房設備の設計一次エネルギー消費量（単位　MJ/年）

$E_{H,t,i}$　：時刻tにおける1時間当たりの暖房設備iの設計一次エネルギー消費量（単位　MJ/h）

m　：単位住戸における暖房設備の数

n　：1年間に暖房する時間（単位　時間）

$Q_{UT,H,t,r}$：室rの時刻tにおける1時間当たりの暖房設備により処理されない暖房負荷（単位　MJ/h）

R　：室の数

$\alpha_{UT,H,r}$：室rにおける暖房設備により処理されない暖房負荷を一次エネルギー消費量に換算する係数であって地域の区分及び暖房方式ごとに別表第9に掲げる係数

(ロ)　$E_{H,t,i}$は、暖房設備の種類及び仕様、単位住戸の床面積、外気の温湿度、暖房設備により処理される暖房負荷並びに太陽熱利用設備又は排熱利用設備により供給される熱を勘案して算出するものとし、$E_{H,t,i}$を時刻tにおける1時間当たりの暖房設備の設計一次エネルギー消費係数を用いて算出する場合においては、次の式により算出するものとする。

$$E_{H,t,i} = C_{H,t,i} \times Q_{T,H,t,i}$$

この式において、$C_{H,t,i}$及び$Q_{T,H,t,i}$は、それぞれ次の数値を表すものとする。

$C_{H,t,i}$　：時刻tにおける1時間当たりの暖房設備iの設計一次エネルギー消費係数

$Q_{T,H,t,i}$　：時刻tにおける1時間当たりの暖房設備iにより処理される暖房負荷（単位　MJ/h）

(ハ)　$C_{H,t,i}$は、暖房設備の種類及び仕様、単位住戸の床面積、外気の温湿度並びに暖房設備により処理される暖房負荷を勘案して算出するものとする。

(ニ)　$Q_{T,H,t,i}$は、太陽熱利用設備又は排熱利用設備により供給される熱等を減じた数値とすることができるものとする。

(ホ)　暖房設備により処理されない暖房負荷は、暖房負荷が暖房設備による最大出力以上となる場合は暖房負荷から最大出力を減じた数値とし、暖房負荷が暖房設備による最大出力未満となる場合は0とする。

(ヘ)　暖房負荷の算出については、次のとおりとする。

(i)暖房負荷の算出においては、次に掲げる事項を勘案すること。

①暖房設備の運転時間及び温度設定

②居住者の在室時間、在室人数及び発熱量

③局所機械換気及び全般機械換気の運転時間並びに換気量及び換気経路

④家電製品の運転時間及び発熱量

⑤調理の時間及び発熱量

(ii)外気温（日平均外気温を含む。）については、地域の区分ごとの気象情報を用いること。

(iii)暖房負荷の算出においては、次に掲げる熱を勘案すること。

①室温と外気温又は地温との温度差によって外壁、窓等を貫流する熱

②換気又は漏気によって輸送される熱

③日射の吸収又は夜間放射によって発生する熱

④家電製品、人体その他室内に存する物体から発生する熱

⑤床、壁その他熱容量の大きな部位に蓄えられる熱

⑥調理により発生する熱のうち、暖房負荷削減に寄与する熱

⑦太陽熱利用設備又は排熱利用設備により供給される熱

(ト)　エネルギーの量を熱量に換算する係数は、別表第1に掲げる数値を用いるものとする。

ロ　冷房設備の設計一次エネルギー消費量は、次の(イ)から(ヘ)までに定める方法により算出するものとする。

(イ) 冷房設備の設計一次エネルギー消費量は、単位住戸又は単位住戸の各室の単位時間当たりの冷房設備の設計一次エネルギー消費量の冷房期における合計とし、次の式により算出するものとする。

$$E_C = \sum_{t}^{n} \sum_{i}^{m} E_{C,t,i}$$

この式において、E_C、$E_{C,t,i}$、m及びnは、それぞれ次の数値を表すものとする。

E_C　：冷房設備の設計一次エネルギー消費量（単位　MJ/年）

$E_{C,t,i}$　：時刻tにおける1時間当たりの冷房設備iの設計一次エネルギー消費量（単位　MJ/h）

m　：単位住戸における冷房設備の数

n　：1年間に冷房する時間（単位　時間）

(ロ) $E_{C,t,i}$は、冷房設備の種類及び仕様、単位住戸の床面積、外気の温湿度並びに冷房設備により処理される冷房負荷を勘案して算出するものとし、$E_{C,t,i}$を時刻tにおける1時間当たりの冷房設備の設計一次エネルギー消費係数を用いて算出する場合においては、次の式により算出するものとする。

$$E_{C,t,i} = C_{C,t,i} \times Q_{T,C,t,i}$$

この式において、$C_{C,t,i}$及び$Q_{T,C,t,i}$は、それぞれ次の数値を表すものとする。

$C_{C,t,i}$　：時刻tにおける1時間当たりの冷房設備iの設計一次エネルギー消費係数

$Q_{T,C,t,i}$　：時刻tにおける1時間当たりの冷房設備iにより処理される冷房負荷（単位　MJ/h）

(ハ) $C_{C,t,i}$は、冷房設備の種類及び仕様、単位住戸の床面積、外気の温湿度並びに冷房設備により処理される冷房負荷を勘案して算出するものとする。

(ニ) 冷房設備により処理される冷房負荷は、次に掲げる処理顕熱負荷及び処理潜熱負荷の合計とする。

(i)冷房設備による処理顕熱負荷は、冷房顕熱負荷が冷房設備による最大顕熱出力未満となる場合は冷房顕熱負荷とし、冷房顕熱負荷が冷房設備による最大顕熱出力以上となる場合は当該冷房設備による最大顕熱出力とする。

(ii)冷房設備による処理潜熱負荷は、冷房潜熱負荷が冷房設備による最大潜熱出力未満となる場合は冷房潜熱負荷とし、冷房潜熱負荷が冷房設備による最大潜熱出力以上となる場合は当該冷房設備による最大潜熱出力とする。

(ホ) 冷房負荷の算出については、次のとおりとする。

(i)冷房負荷の算出においては、次に掲げる事項を勘案すること。

①冷房設備の運転時間及び温湿度設定

②居住者の在室時間、在室人数、発熱量及び発湿量

③局所機械換気及び全般機械換気の運転時間並びに換気量及び換気経路

④家電製品の運転時間及び発熱量

⑤調理の時間並びに発熱量及び発湿量

(ii)外気温（日平均外気温を含む。）については、地域の区分ごとに定められる気象情報を用いること。

(iii)冷房負荷の算出においては、次の①及び②に掲げる熱をそれぞれ勘案すること。

①顕熱

a 室温と外気温又は地温との温度差によって外壁、窓等を貫流する熱

b 換気（通風のための措置を含む。②において同じ。）又は漏気によって輸送される熱

c 日射の吸収又は夜間放射によって発生する熱

d 家電製品、人体その他室内に存する物体から発生する熱

e 床、壁その他熱容量の大きな部位に蓄えられる熱

f 調理により発生する熱のうち、冷房負荷増加に寄与する熱

②潜熱

a 換気又は漏気によって輸送される水蒸気が保有する熱
b 厨房器具、人体その他室内に存する物体から発生する水蒸気が保有する熱
c 床、壁その他湿気容量の大きな部位に蓄えられる水蒸気が保有する熱
d 調理により発生する水蒸気が保有する熱のうち、冷房負荷増加に寄与する水蒸気が保有する熱

(ヘ) エネルギーの量を熱量に換算する係数は、別表第1に掲げる数値を用いるものとする。

ハ 機械換気設備の設計一次エネルギー消費量は、次の(イ)から(ニ)までに定める方法により算出するものとする。

(イ) 機械換気設備の設計一次エネルギー消費量は、次の式により算出するものとする。

$$E_V = \sum_{t}^{n_1} \sum_{i}^{m_1} E_{VG,t,i} + \sum_{t}^{n_2} \sum_{i}^{m_2} E_{VL,t,i}$$

この式において、E_V、$E_{VG,t,i}$、m_1、n_1、$E_{VL,t,i}$、m_2 及び n_2 は、それぞれ次の数値を表すものとする。

E_V ：機械換気設備の設計一次エネルギー消費量（単位　MJ/年）
$E_{VG,t,i}$ ：時刻tにおける1時間当たりの全般機械換気設備iの設計一次エネルギー消費量（単位　MJ/h）
m_1 ：単位住戸における全般機械換気設備の数
n_1 ：全般機械換気設備iの年間稼働時間（通年稼働のものにあっては8760）（単位　時間）
$E_{VL,t,i}$ ：時刻tにおける1時間当たりの局所機械換気設備iの設計一次エネルギー消費量（単位　MJ/h）
m_2 ：単位住戸における局所機械換気設備の数
n_2 ：局所機械換気設備iの年間稼働時間（単位　時間）

(ロ) $E_{VG,t,i}$ 及び $E_{VL,t,i}$ は、次の式により算出するものとする。

$$E_{VG,t,i} = f_{SFP,i} \times V_{R,i} \times f_{prim} \times 10^{-6}$$

$$E_{VL,t,i} = p_{v,i} \times f_{prim} \times 10^{-6}$$

これらの式において、$f_{SFP,i}$、$V_{R,i}$、f_{prim} 及び $p_{v,i}$ は、それぞれ次の数値を表すものとする。

$f_{SFP,i}$ ：全般機械換気設備iの比消費電力（単位　W/㎥・h）
$V_{R,i}$ ：全般機械換気設備iの参照機械換気量（単位　㎥/h）
f_{prim} ：別表第1に掲げる電気の量1kW・hを熱量に換算する係数（単位　kJ/kW・h）
$p_{v,i}$ ：局所機械換気設備iの消費電力（単位　W）

(ハ) $f_{SFP,i}$ は、機械換気設備の種類及び仕様並びに全般機械換気設備の設計風量を勘案して算出するものとする。

(ニ) $V_{R,i}$ は、単位住戸の床面積の合計に、天井高及び全般機械換気設備に求められる換気回数を乗じた数値に余裕率を勘案し、機械換気設備の有効換気量率で除して求められる換気量とする。

ニ 照明設備の設計一次エネルギー消費量は、次の(イ)から(ニ)までに定める方法により算出するものとする。

(イ) 照明設備の設計一次エネルギー消費量は、次の式により算出するものとする。

$$E_L = \sum_{t}^{n} \sum_{i}^{m} E_{L,t,i}$$

この式において、E_L、$E_{L,t,i}$、m及びnは、それぞれ次の数値を表すものとする。

E_L ：照明設備の設計一次エネルギー消費量（単位　MJ/年）
$E_{L,t,i}$ ：時刻tにおける1時間当たりの照明区画（照明器具の種類、照明設備の制御方法及び配置、照度の設定、室等の形状並びに内装仕上げが同一の部分をいう。以下同じ。）iに設置される照明設備の設計一次エネルギー消費量（単位　MJ/h）
m ：単位住戸における照明区画の数
n ：照明区画iにおける年間点灯時間（単位　時間）

(ロ) $E_{L,t,i}$ は、次の式により算出するものとする。

$$E_{L,t,i} = P_i \times C_i \times f_{prim} \times 10^{-6} \times r_{i,d,t}$$

この式において、P_i、C_i、f_{prim} 及び $r_{i,d,t}$ は、それぞれ次の数値を表すものとする。

P_i ：照明区画 i に設置される照明設備の消費電力の合計値（単位　W）

C_i ：照明区画 i に設置される照明設備の消費電力の補正値

f_{prim} ：別表第1に掲げる電気の量1キロワット時を熱量に換算する係数（単位　kJ/kW・h）

$r_{i,d,t}$ ：時刻 t における照明区画 i に設置される照明設備の使用時間率

(ハ) P_i は、照明設備の種類及び仕様並びに照明区画 i の床面積を勘案して算出するものとする。

(ニ) C_i は、照明設備の設置状況及び用途、調光、人感センサー並びに多灯分散照明方式の採用の有無を勘案して算出するものとする。

ホ　給湯設備の設計一次エネルギー消費量は、次の(イ)から(ホ)までに定める方法により算出するものとする。

(イ) 給湯設備の設計一次エネルギー消費量は、次の式により算出するものとする。

$$E_W = \sum_{d}^{D} E_{W,d}$$

この式において、E_W、$E_{W,d}$ 及びDは、それぞれ次の数値を表すものとする。

E_W ：給湯設備（排熱利用設備を含む。）の設計一次エネルギー消費量（単位　MJ/年）

$E_{W,d}$ ：日付 d における1日当たりの給湯設備の設計一次エネルギー消費量（単位　MJ/日）

D ：給湯設備の年間稼働日数（単位　日）

(ロ) $E_{W,d}$ は、給湯設備の種類及び仕様、外気温湿度、給水温度並びに給湯負荷を勘案して算出するものとし、日付 d における1日当たりの給湯設備の設計一次エネルギー消費係数を用いて算出する場合においては、次の式により算出するものとする。

$$E_{W,d} = C_{W,d} \times L_{W,d}$$

この式において、$C_{W,d}$ 及び $L_{W,d}$ は、それぞれ次の数値を表すものとする。

$C_{W,d}$ ：日付 d における1日当たりの給湯設備の設計一次エネルギー消費係数

$L_{W,d}$ ：日付 d における1日当たりの給湯負荷（単位　MJ/日）

(ハ) $C_{W,d}$ は、給湯設備の種類及び仕様、外気温湿度、給水温度並びに給湯負荷を勘案して算出するものとする。

(ニ) $L_{W,d}$ は、単位住戸の床面積、給湯対象室の有無、外気温湿度、給水温度、節湯器具の仕様及び給湯配管の仕様を勘案して算出するものとし、太陽熱利用設備を利用する場合においては太陽熱利用設備の種類、仕様、直達日射量及び天空放射量を勘案して算出するものとする。

(ホ) エネルギーの量を熱量に換算する係数は、別表第1に掲げる数値を用いるものとする。

ヘ　エネルギー利用効率化設備による設計一次エネルギー消費量の削減量は、次の(イ)及び(ロ)に定める方法により算出するものとする。

(イ) エネルギー利用効率化設備による設計一次エネルギー消費量の削減量は、次の式により算出するものとする。

$$E_S = \sum_{t}^{n} \sum_{i}^{m} E_{E,s,t,i} \times f_{prim} \times 10^{-3}$$

この式において、E_S、$E_{E,s,t,i}$、m、n 及び f_{prim} は、それぞれ次の数値を表すものとする。

E_S ：エネルギー利用効率化設備による設計一次エネルギー消費量の削減量（単位　MJ/年）

$E_{E,s,t,i}$ ：時刻 t における1時間当たりのエネルギー利用効率化設備 i による消費電力量の削減量（単位　kW・h/h）

m ：単位住戸におけるエネルギー利用効率化設備の数

n　　：エネルギー利用効率化設備 i の年間稼働時間（単位　時間）

f_{prim}　：別表第1に掲げる電気の量 1kW・h を熱量に換算する係数（単位　kJ/kW・h）

(ロ)　$E_{E,s,t,i}$ は、気象条件並びに設備の性能及び設置状況を勘案して算出するものとする。

ト　その他一次エネルギー消費量は、次の式により算出するものとする。

$$E_M = \alpha_M \times A_{total} + \beta_M$$

この式において、E_M、α_M、A_{total} 及び β_M は、それぞれ次の数値を表すものとする。

E_M　：その他一次エネルギー消費量（単位　MJ/年）

α_M　：単位住戸の床面積の合計の区分ごとに次の表に掲げる係数（単位　MJ/㎡・年）

A_{total}　：単位住戸の床面積の合計（単位　㎡）

β_M　：単位住戸の床面積の合計の区分ごとに次の表に掲げる係数（単位　MJ/年）

係数	床面積の合計の区分				
	(い)	(ろ)	(は)	(に)	(ほ)
	床面積の合計が30㎡未満	床面積の合計が30㎡以上60㎡未満	床面積の合計が60㎡以上90㎡未満	床面積の合計が90㎡以上120㎡未満	床面積の合計が120㎡以上
α_M	0	87.63	166.71	47.64	0
β_M	12,181.13	9,552.23	4,807.43	15,523.73	21,240.53

(2)　第1の1は、建築物エネルギー消費性能基準等を定める省令第4条第4項において準用する同令第2条第2項の国土交通大臣が定める方法について準用する。この場合において、第1の1中「非住宅部分」とあるのは、「共用部分」と読み替えるものとする。

3　基準一次エネルギー消費量の算出に関する事項

(1)　建築物エネルギー消費性能基準等を定める省令第5条第2項の国土交通大臣が定める方法は、次のとおりとする。

イ　暖房設備の基準一次エネルギー消費量は、次の(イ)から(ヘ)までに定める方法により算出するものとする。

(イ)　暖房設備の基準一次エネルギー消費量は、単位住戸又は単位住戸の各室の単位時間当たりの標準的な暖房設備の基準一次エネルギー消費量の暖房期における合計とし、次の式により算出するものとする。

$$E_{SH} = \sum_{t}^{n} \sum_{i}^{m} E_{SH,t,i} + \sum_{t}^{n} \sum_{r}^{R} Q_{UT,SH,t,r} \times \alpha_{UT,SH,r}$$

この式において、E_{SH}、$E_{SH,t,i}$、m、n、$Q_{UT,SH,t,r}$、R 及び $\alpha_{UT,SH,r}$、は、それぞれ次の数値を表すものとする。

E_{SH}　：暖房設備の基準一次エネルギー消費量（単位　MJ/年）

$E_{SH,t,i}$　：時刻 t における1時間当たりの標準的な暖房設備 i の基準一次エネルギー消費量（単位　MJ/h）

m　：単位住戸における標準的な暖房設備の数

n　：1年間に暖房する時間（単位　時間）

$Q_{UT,SH,t,r}$　：室 r の時刻 t における1時間当たりの標準的な暖房設備により処理されない暖房負荷（単位　MJ/h）

R　：室の数

$\alpha_{UT,SH,r}$　：室 r における標準的な暖房設備により処理されない暖房負荷を一次エネルギー消費量に換算する係数として地域の区分及び暖房方式ごとに別表第9に掲げる係数

(ロ)　$E_{SH,t,i}$ は、標準的な暖房設備 i の種類及び仕様、単位住戸の床面積、外気の温湿度並びに標準的な暖房設備により処理される暖房負荷を勘案して算出するものとし、$E_{SH,t,i}$ を時刻 t における1時間当たりの標準的な暖房設備 i の基準一次エネルギー消費係数を用いて算出する場合においては、次の式により算出するものとする。

$$E_{SH,t,i} = C_{SH,t,i} \times Q_{T,SH,t,i}$$

この式において、$C_{SH,t,i}$ 及び $Q_{T,SH,t,i}$ は、それぞれ次の数値を表すものとする。

$C_{SH,t,i}$　：時刻 t における 1 時間当たりの標準的な暖房設備 i の基準一次エネルギー消費係数

$Q_{T,SH,t,i}$　：時刻 t における 1 時間当たりの標準的な暖房設備 i により処理される暖房負荷（単位　MJ/h）

(ハ)　$C_{SH,t,i}$ は、標準的な暖房設備の種類及び仕様、単位住戸の床面積、外気の温湿度並びに標準的な暖房設備 i により処理される暖房負荷を勘案して算出するものとする。

(ニ)　標準的な暖房設備により処理されない暖房負荷は、暖房負荷が標準的な暖房設備による最大出力以上となる場合は暖房負荷から最大出力を減じた数値とし、暖房負荷が標準的な暖房設備による最大出力未満となる場合は 0 とする。

(ホ)　暖房負荷の算出については、次のとおりとする。

(i)暖房負荷の算出においては、建築物の種類及び地域の区分に応じ、外皮平均熱貫流率及び暖房期の平均日射熱取得率に次の表に掲げる数値を用いることとする。

	建築物の種類	地域の区分							
		1	2	3	4	5	6	7	8
外皮平均熱貫流率（単位 W/㎡・度）	一戸建ての住宅	0.46	0.46	0.56	0.75	0.87	0.87	0.87	−
	共同住宅等又は複合建築物の住宅部分	0.39	0.39	0.46	0.62	0.72	0.72	0.72	−
暖房期の平均日射熱取得率	一戸建ての住宅	2.5	2.3	2.7	3.7	4.5	4.3	4.6	−
	共同住宅等又は複合建築物の住宅部分	1.4	1.3	1.5	1.6	2.2	2.1	2.2	−

(ii)暖房負荷の算出においては、次に掲げる事項を勘案すること。

①暖房設備の運転時間及び温度設定
②居住者の在室時間、在室人数及び発熱量
③局所機械換気及び全般機械換気の運転時間並びに換気量及び換気経路
④家電製品の運転時間及び発熱量
⑤調理の時間及び発熱量

(iii)外気温（日平均外気温を含む。）については、地域の区分ごとの気象情報を用いること。

(iv)暖房負荷の算出においては、次に掲げる熱を勘案すること。

①室温と外気温又は地温との温度差によって外壁、窓等を貫流する熱
②換気又は漏気によって輸送される熱
③日射の吸収又は夜間放射によって発生する熱
④家電製品、人体その他室内に存する物体から発生する熱
⑤床、壁その他熱容量の大きな部位に蓄えられる熱
⑥調理により発生する熱のうち、暖房負荷削減に寄与する熱

(ヘ)　エネルギーの量を熱量に換算する係数は、別表第 1 に掲げる数値を用いるものとする。

ロ　冷房設備の基準一次エネルギー消費量は、次の(イ)から(ヘ)までに定める方法により算出するものとする。

(イ)　冷房設備の基準一次エネルギー消費量は、単位住戸又は単位住戸の各室の単位時間当たりの標準的な冷房設備の基準一次エネルギー消費量の冷房期における合計とし、次の式により算出するものとする。

$$E_{SC} = \sum_{t}^{n} \sum_{i}^{m} E_{SC,t,i}$$

この式において、E_{SC}、$E_{SC,t,i}$、m 及び n は、それぞれ次の数値を表すものとする。

E_{SC}　：冷房設備の基準一次エネルギー消費量（単位　MJ/ 年）

$E_{SC,t,i}$　：時刻 t における 1 時間当たりの標準的な冷房設備 i の基準一次エネルギー消費量（単位　MJ/h）

m　：単位住戸における冷房設備の数

n　：1 年間に冷房する時間（単位　時間）

(ロ)　$E_{SC,t,i}$ は、標準的な冷房設備の種類及び仕様、単位住戸の床面積、外気の温湿度並びに標準的な冷房設備により処理される冷房負荷を勘案して算出するものとし、$E_{SC,t,i}$ を時刻 t における 1 時間当たりの標準的な冷房設備の基準一次エネルギー消費係数を用いて算出する場合においては、次の式により算出するものとする。

$$E_{SC,t,i} = C_{SC,t,i} \times Q_{T,SC,t,i}$$

この式において、$C_{SC,t,i}$ 及び $Q_{T,SC,t,i}$ は、それぞれ次の数値を表すものとする。

$C_{SC,t,i}$　：時刻 t における 1 時間当たりの標準的な冷房設備 i の基準一次エネルギー消費係数

$Q_{T,SC,t,i}$：時刻 t における 1 時間当たりの標準的な冷房設備 i により処理される冷房負荷（単位　MJ/h）

(ハ)　$C_{SC,t,i}$ は、標準的な冷房設備の種類及び仕様、単位住戸の床面積、外気の温湿度並びに標準的な冷房設備により処理される冷房負荷を勘案して算出するものとする。

(ニ)　標準的な冷房設備により処理される冷房負荷は、次に掲げる処理顕熱負荷及び処理潜熱負荷の合計とする。

(i)標準的な冷房設備による処理顕熱負荷は、冷房顕熱負荷が標準的な冷房設備による最大顕熱出力未満となる場合は冷房顕熱負荷とし、冷房顕熱負荷が標準的な冷房設備による最大顕熱出力以上となる場合は当該冷房設備による最大顕熱出力とする。

(ii)標準的な冷房設備による処理潜熱負荷は、冷房潜熱負荷が標準的な冷房設備による最大潜熱出力未満となる場合は冷房潜熱負荷とし、冷房潜熱負荷が標準的な冷房設備による最大潜熱出力以上となる場合は当該冷房設備による最大潜熱出力とする。

(ホ)　冷房負荷の算出については、次のとおりとする。

(i)冷房負荷の算出においては、建築物の種類及び地域の区分に応じ、外皮平均熱貫流率及び冷房期の平均日射熱取得率に次の表に掲げる数値を用いることとする。

	建築物の種類	地域の区分							
		1	2	3	4	5	6	7	8
外皮平均熱貫流率（単位　W/㎡・度）	一戸建ての住宅	0.46	0.46	0.56	0.75	0.87	0.87	0.87	3.32
	共同住宅等又は複合建築物の住宅部分	0.39	0.39	0.46	0.62	0.72	0.72	0.72	1.60
冷房期の平均日射熱取得率	一戸建ての住宅	1.9	1.9	2.0	2.7	3.0	2.8	2.7	6.7
	共同住宅等又は複合建築物の住宅部分	0.9	1.0	1.1	1.2	1.5	1.4	1.4	2.5

(ii)冷房負荷の算出においては、次に掲げる事項を勘案すること。

①冷房設備の運転時間及び温湿度設定

②居住者の在室時間、在室人数、発熱量及び発湿量

③局所機械換気及び全般機械換気の運転時間並びに換気量及び換気経路

④家電製品の運転時間及び発熱量

⑤調理の時間並びに発熱量及び発湿量

(iii)外気温（日平均外気温を含む。）については、地域の区分ごとに定められる気象情報を用いること。

(iv)冷房負荷の算出においては、次の①及び②に掲げる熱をそれぞれ勘案すること。

①顕熱

a 室温と外気温又は地温との温度差によって外壁、窓等を貫流する熱

b 換気（通風のための措置を含む。②において同じ。）又は漏気によって輸送される熱
c 日射の吸収又は夜間放射によって発生する熱
d 家電製品、人体その他室内に存する物体から発生する熱
e 床、壁その他熱容量の大きな部位に蓄えられる熱
f 調理により発生する熱のうち、冷房負荷増加に寄与する熱

②潜熱
a 換気又は漏気によって輸送される水蒸気が保有する熱
b 厨房器具、人体その他室内に存する物体から発生する水蒸気が保有する熱
c 床、壁その他湿気容量の大きな部位に蓄えられる水蒸気が保有する熱
d 調理により発生する水蒸気が保有する熱のうち、冷房負荷増加に寄与する水蒸気が保有する熱

(へ) エネルギーの量を熱量に換算する係数は、別表第１に掲げる数値を用いるものとする。

ハ 機械換気設備の基準一次エネルギー消費量は、次の式により算出するものとする。

$$E_{SV} = \alpha_{SV} \times A_{total} + \beta_{SV}$$

この式において、E_{SV}、α_{SV}、A_{total} 及び β_{SV} は、それぞれ次の数値を表すものとする。
E_{SV} ：機械換気設備の基準一次エネルギー消費量（単位　MJ/ 年）
α_{SV} ：単位住戸の床面積の合計の区分ごとに次の表に掲げる係数（単位　MJ/㎡・年）
A_{total} ：単位住戸の床面積の合計（単位　㎡）
β_{SV} ：単位住戸の床面積の合計の区分ごとに次の表に掲げる係数（単位　MJ/ 年）

係数	床面積の合計の区分		
	(い)	(ろ)	(は)
	床面積の合計が30㎡未満	床面積の合計が30㎡以上 120㎡未満	床面積の合計が120㎡以上
α_{SV}	33	38	33
β_{SV}	129	－ 21	579

ニ 照明設備の基準一次エネルギー消費量は、次の式により算出するものとする。

$$E_{SL} = 31 \times A_{total} + 169 \times A_{MR} + 39 \times A_{OR}$$

この式において、E_{SL}、A_{total}、A_{MR} 及び A_{OR} は、それぞれ次の数値を表すものとする。
E_{SL} ：照明設備の基準一次エネルギー消費量（単位　MJ/ 年）
A_{total} ：単位住戸の床面積の合計（単位　㎡）
A_{MR} ：単位住戸の主たる居室の床面積の合計（単位　㎡）
A_{OR} ：単位住戸の主たる居室以外の居室の床面積の合計（単位　㎡）

ホ 給湯設備の基準一次エネルギー消費量は、次の式により算出するものとする。ただし、浴室その他浴槽又は身体の清浄を目的とした設備を有する室（以下「浴室等」という。）、台所及び洗面所が無い場合は０とする。

$$E_{SW} = \alpha_{SW} \times A_{total} + \beta_{SW}$$

この式において、E_{SW}、α_{SW}、A_{total} 及び β_{SW} は、それぞれ次の数値を表すものとする。
E_{SW} ：給湯設備の基準一次エネルギー消費量（単位　MJ/ 年）
α_{SW} ：単位住戸の床面積の合計の区分ごとに次の表に掲げる係数（単位　MJ/㎡・年）
A_{total} ：単位住戸の床面積の合計（単位　㎡）
β_{SW} ：単位住戸の床面積の合計の区分ごとに次の表に掲げる係数（単位　MJ/ 年）

地域の区分	給湯対象室	係数	床面積の合計の区分				
			(い)	(ろ)	(は)	(に)	(ほ)
			床面積の合計が30㎡未満	床面積の合計が30㎡以上60㎡未満	床面積の合計が60㎡以上90㎡未満	床面積の合計が90㎡以上120㎡未満	床面積の合計が120㎡以上
1	浴室等が有る場合	α_{sw}	−	234	307	109	−
		β_{sw}	11,946	4,926	546	18,366	31,446
	浴室等が無く、台所又は洗面所が有る場合	α_{sw}	−	32	78	15	−
		β_{sw}	4,835	3,875	1,115	6,785	8,585
2	浴室等が有る場合	α_{sw}	−	228	300	107	−
		β_{sw}	11,696	4,856	536	17,906	30,746
	浴室等が無く、台所又は洗面所が有る場合	α_{sw}	−	32	77	15	−
		β_{sw}	4,742	3,782	1,082	6,662	8,462
3	浴室等が有る場合	α_{sw}	−	212	280	100	−
		β_{sw}	10,892	4,532	452	16,652	28,652
	浴室等が無く、台所又は洗面所が有る場合	α_{sw}	−	30	72	14	−
		β_{sw}	4,442	3,542	1,022	6,242	7,922
4	浴室等が有る場合	α_{sw}	−	205	272	97	−
		β_{sw}	10,575	4,425	405	16,155	27,795
	浴室等が無く、台所又は洗面所が有る場合	α_{sw}	−	29	70	13	−
		β_{sw}	4,321	3,451	991	6,121	7,681
5	浴室等が有る場合	α_{sw}	−	200	276	103	−
		β_{sw}	10,440	4,440	− 120	15,450	27,810
	浴室等が無く、台所又は洗面所が有る場合	α_{sw}	−	29	71	14	−
		β_{sw}	4,165	3,295	775	5,905	7,585
6	浴室等が有る場合	α_{sw}	−	181	249	93	−
		β_{sw}	9,401	3,971	− 109	13,931	25,091
	浴室等が無く、台所又は洗面所が有る場合	α_{sw}	−	26	64	12	−
		β_{sw}	3,755	2,975	695	5,375	6,815
7	浴室等が有る場合	α_{sw}	−	165	227	85	−
		β_{sw}	8,499	3,549	− 171	12,609	22,809
	浴室等が無く、台所又は洗面所が有る場合	α_{sw}	−	23	57	11	−
		β_{sw}	3,402	2,712	672	4,812	6,132
8	浴室等が有る場合	α_{sw}	−	130	178	67	−
		β_{sw}	6,672	2,772	− 108	9,882	17,922
	浴室等が無く、台所又は洗面所が有る場合	α_{sw}	−	18	45	9	−
		β_{sw}	2,679	2,139	519	3,759	4,839

ヘ　その他一次エネルギー消費量は、２の (1) トに定める方法により算出するものとする。

(2)　建築物エネルギー消費性能基準等を定める省令第５条第４項において準用する同令第３条第２項の国土交通大臣が定める方法は、次のとおりとする。

イ　空気調和設備の基準一次エネルギー消費量は、次の式により算出するものとする。

$$E_{SAC} = \sum_{i}^{n} (\alpha_{sac,i} \times A_i)$$

この式において、E_{SAC}、$\alpha_{sac,i}$、A_i 及び n は、それぞれ次の数値を表すものとする。

E_{SAC}　：空気調和設備の基準一次エネルギー消費量（単位　MJ/ 年）

$\alpha_{sac,i}$　：空気調和対象室 i の室用途及び地域の区分ごとに次の表に掲げる係数（次の表に該当する用途がない場合にあっては、別表第２に掲げる係数）（単位　MJ/㎡・年）

A_i　：空気調和対象室 i の床面積の合計（単位　㎡）

n　：共用部分における空気調和対象室の数

室用途	$\alpha_{sac,i}$							
	地域の区分							
	1	2	3	4	5	6	7	8
ロビー	1,198	1,215	1,064	1,093	1,142	1,166	1,114	1,223
管理人室	431	428	366	386	394	440	418	520
集会室	576	549	452	453	451	478	472	538
屋内廊下	937	973	705	745	801	829	858	799

ロ　空気調和設備以外の機械換気設備の基準一次エネルギー消費量は、次の式により算出するものとする。

$$E_{SV} = \sum_{i}^{n} (\alpha_{sv,i} \times A_{t,i})$$

この式において、E_{SV}、$\alpha_{sv,i}$、$A_{t,i}$ 及び n は、それぞれ次の数値を表すものとする。

E_{SV}　：空気調和設備以外の機械換気設備の基準一次エネルギー消費量（単位　MJ/ 年）

$\alpha_{sv,i}$　：空気調和対象室を除く機械換気対象室 i の室用途ごとに次の表に掲げる係数（次の表に該当する用途がない場合にあっては、別表第２に掲げる係数）（単位　MJ/㎡・年）

$A_{t,i}$　：空気調和対象室を除く機械換気対象室 i の床面積の合計（単位　㎡）

n　：共用部分における次の表の室用途の室のうち空気調和対象室以外の室数

室用途	$\alpha_{sv,i}$
機械室	712
電気室	1,425
屋内駐車場	997
廃棄物保管場所等	2,137

ハ　照明設備の基準一次エネルギー消費量は、次の式により算出するものとする。

$$E_{SL} = \sum_{i}^{n} (\alpha_{sl,i} \times A_{t,i})$$

この式において、E_{SL}、$\alpha_{sl,i}$、$A_{t,i}$ 及び n は、それぞれ次の数値を表すものとする。

E_{SL}　：照明設備の基準一次エネルギー消費量（単位　MJ/ 年）

$\alpha_{sl,i}$　：照明対象室 i の室用途ごとに次の表に掲げる係数（次の表に該当する用途がない場合にあっては、別表第２に掲げる係数）（単位　MJ/㎡・年）

$A_{t,i}$　：照明対象室 i の床面積の合計（単位　㎡）

n　：共用部分における照明対象室の数

室用途	$\alpha_{sl,i}$
ロビー	1,026

管理人室	369
集会室	113
屋内廊下	513
屋外廊下	256
機械室	10
電気室	10
屋内駐車場	308
廃棄物保管場所等	308

ニ　給湯設備の基準一次エネルギー消費量は、次の式により算出するものとする。

$$E_{SW} = \sum_{i}^{n} (\alpha_{sw,i} \times A_{t,i})$$

この式において、E_{SW}、$\alpha_{sw,i}$、$A_{t,i}$及びnは、それぞれ次の数値を表すものとする。

E_{SW}　：給湯設備の基準一次エネルギー消費量（単位　MJ/年）

$\alpha_{sw,i}$　：給湯対象室iの室用途及び地域の区分ごとに次の表に掲げる係数（次の表に該当する用途がない場合にあっては、別表第2に掲げる係数）（単位　MJ/㎡・年）

$A_{t,i}$　：給湯対象室iの床面積の合計（単位　㎡）

n　：共用部分における給湯対象室の数

室用途	$\alpha_{sw,i}$							
	地域の区分							
	1	2	3	4	5	6	7	8
管理人室	25	24	23	22	21	19	17	14
集会室	97	95	89	87	83	75	69	56

ホ　昇降機の基準一次エネルギー消費量は、次の式により算出するものとする。

$$E_{SEV} = \sum_{i}^{n} \left(\frac{L_{ev,i} \times V_{ev,i} \times F_{st} \times T_{ev,i} \times M_{ev,i}}{860} \times N_{ev,i} \right) \times 9760 \times 10^{-3}$$

この式において、E_{SEV}、$L_{ev,i}$、$V_{ev,i}$、F_{st}、$T_{ev,i}$、$M_{ev,i}$、$N_{ev,i}$及びnは、それぞれ次の数値を表すものとする。

E_{SEV}　：昇降機の基準一次エネルギー消費量（単位　MJ/年）

$L_{ev,i}$　：昇降機系統iに属する昇降機の積載質量（単位　kg）

$V_{ev,i}$　：昇降機系統iに属する昇降機の定格速度（単位　m/分）

F_{st}　：基準設定速度制御係数（$\frac{1}{40}$）

$T_{ev,i}$　：昇降機系統iの昇降機年間運転時間（単位　時間）

$M_{ev,i}$　：昇降機系統iの輸送能力係数（単位　無次元）

$N_{ev,i}$　：昇降機系統iに属する昇降機の台数（単位　台）

n　：共用部分における昇降機の対象系統数

4　誘導設計一次エネルギー消費量の算出に関する事項

(1)　建築物エネルギー消費性能基準等を定める省令第13条第2項の国土交通大臣が定める方法は、次のとおりとする。

エネルギー利用効率化設備による誘導設計一次エネルギー消費量の削減量は、2の(1)ヘに定める方法により算出するものとする。この場合において、2の(1)ヘ中「設計一次エネルギー消費量」とあるのは、「誘導設計一次エネルギー消費量」と読み替えるものとする。

(2)　第1の1は、建築物エネルギー消費性能基準等を定める省令第13条第4項において準用する同令第11条第2項の国土交通大臣が定める方法について準用する。この場合において、第1の1中「非住宅部分」とあるのは、「共用部分」と読み替えるものとする。

第 3　地域の区分

地域の区分は、別表第 10 のとおりとする。

別表第 1

重油	41,000kJ/ℓ
灯油	37,000kJ/ℓ
液化石油ガス	50,000kJ/kg
都市ガス	45,000kJ/㎥
他人から供給された熱（蒸気、温水、冷水）（建築物のエネルギー消費性能の向上に関する法律（平成 27 年法律第 53 号）第 32 条に規定する認定建築物エネルギー消費性能向上計画に記載された建築物にあっては、当該建築物以外の当該認定建築物エネルギー消費性能向上計画に記載された建築物から供給されたものを除く。）	1.36kJ/kJ （他人から供給された熱を発生するために使用された燃料の発熱量を算出する上で適切と認められる係数を求めることができる場合においては、当該係数を用いることができる。）
電気	9,760kJ/kW・h （夜間買電（電気事業法（昭和 39 年法律第 170 号）第 2 条第 1 項第九号に規定する一般送配電事業者が維持し、及び運用する電線路を介して 22 時から翌日 8 時までの間に電気の供給を受けることをいう。）を行う場合においては、昼間買電（同号に規定する一般送配電事業者が維持し、及び運用する電線路を介して 8 時から 22 時までの間に電気の供給を受けることをいう。）の間の消費電力量については 9,970kJ/kW・h と、夜間買電の消費電力量については 9,280kJ/kW・h とすることができる。）

別表第 2（略）

別表第３

木造の単位住戸　充填断熱工法の仕様例			
部位	熱貫流率 （単位 W/（㎡・K））	仕様の詳細	断面構成図
屋根	0.17	たるきの間にRが7.5以上の断熱材（厚さ265㎜以上）を充填し、かつ、Rが0.043以上の内装下地材を用いた断熱構造とする場合	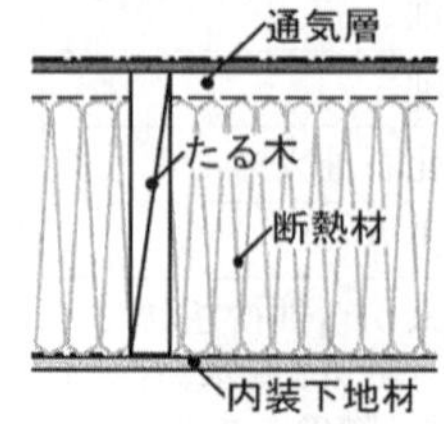
	0.24	たるきの間にRが5.2以上の断熱材（厚さ185㎜以上）を充填し、かつ、Rが0.043以上の内装下地材を用いた断熱構造とする場合	
天井	0.17	内装下地材の上面にRが5.7以上の断熱材を敷き込み、かつ、Rが0.043以上の内装下地材を用いた断熱構造とする場合	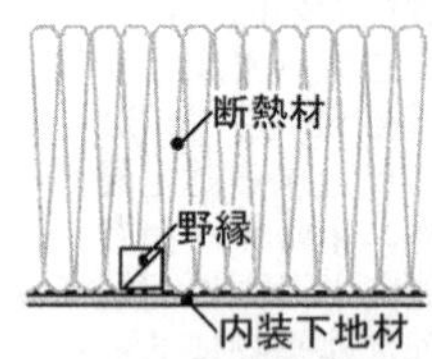
	0.24	内装下地材の上面にRが4.0以上の断熱材を敷き込み、かつ、Rが0.043以上の内装下地材を用いた断熱構造とする場合	
外壁	0.35	軸組の外側にRが1.3以上の断熱材（厚さ25㎜以上）を張り付け、かつ、軸組の間にRが2.2以上の断熱材（厚さ100㎜以上）を充填した断熱構造とする場合	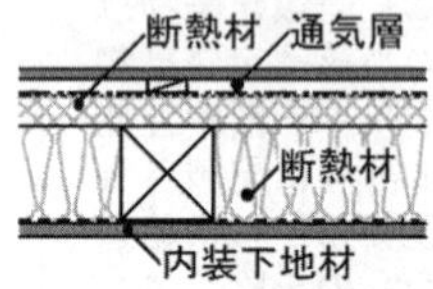
	0.53	軸組の間にRが2.2以上の断熱材（厚さ85㎜以上）を充填した断熱構造とする場合	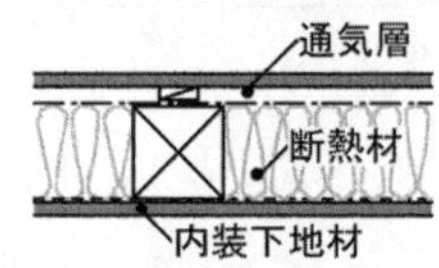
	0.92	土壁（厚さ50㎜以上）の外側で軸組の間にRが0.9以上の断熱材（厚さ20㎜以上）を充填した断熱構造とする場合	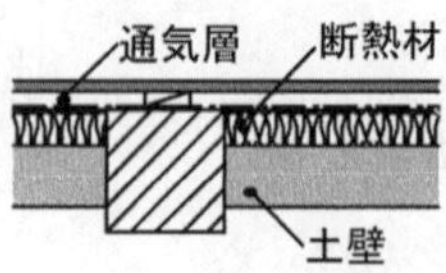
床	0.24	床裏が外気に接する場合であって、根太の間及び大引又は床梁の間に合計してRが5.2以上の断熱材を充填し、かつ、Rが0.075以上の床下地材を用いた断熱構造とする場合	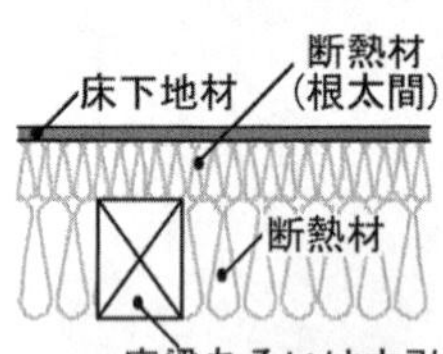
	0.34	次のイ又はロのいずれかに該当する場合 イ　床裏が外気に接する場合であって、根太の間にRが3.9以上の断熱材（厚さ135㎜以上）を充填し、かつ、Rが0.075以上の床下地材を用いた断熱構造とする場合 ロ　床裏が外気に接しない場合であって、根太の間にRが3.7以上の断熱材（厚さ130㎜以上）を充填し、かつ、Rが0.075以上の床下地材を用いた断熱構造とする場合	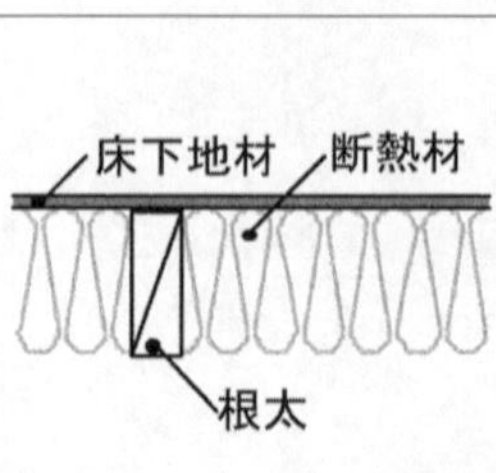

		次のイ又はロのいずれかに該当する場合 イ　床裏が外気に接する場合であって、大引又は床梁の間にRが3.4以上の断熱材（厚さ120㎜以上）を充填し、かつ、Rが0.15以上の床下地材を用いた断熱構造とする場合 ロ　床裏が外気に接しない場合であって、大引又は床梁の間にRが3.3以上の断熱材（厚さ120㎜以上）を充填し、かつ、Rが0.15以上の床下地材を用いた断熱構造とする場合	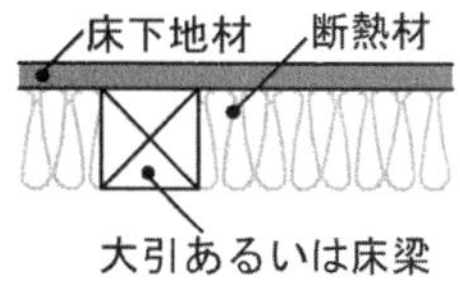 床 裏
		次のイ又はロのいずれかに該当する場合 イ　床裏が外気に接する場合であって、大引又は床梁の間にRが4.0以上の断熱材（厚さ90㎜以上）を充填し、かつ、Rが0.15以上の床下地材を用いた断熱構造とする場合 ロ　床裏が外気に接しない場合であって、大引又は床梁の間にRが3.7以上の断熱材(厚さ85㎜以上）を充填し、かつ、Rが0.15以上の床下地材を用いた断熱構造とする場合	
	0.48	床裏が外気に接しない場合であって、根太の間にRが2.4以上の断熱材（厚さ85㎜以上）を充填し、かつ、Rが0.075以上の床下地材を用いた断熱構造とする場合	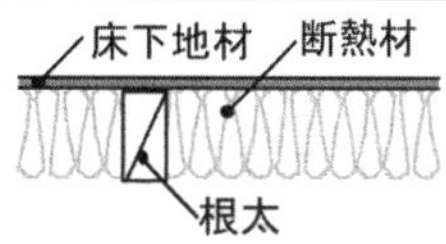 床 裏
		床裏が外気に接しない場合であって、大引又は床梁の間にRが2.2以上の断熱材（厚さ75㎜以上）を充填し、かつ、Rが0.15以上の床下地材を用いた断熱構造とする場合	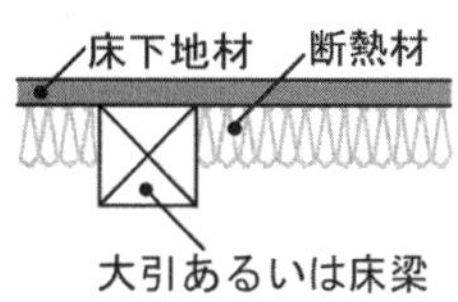 床 裏
		床裏が外気に接しない場合であって、大引又は床梁の間にRが2.4以上の断熱材（厚さ55㎜以上）を充填し、かつ、Rが0.15以上の床下地材を用いた断熱構造とする場合	
基礎	0.27	鉄筋コンクリート造の基礎の外側又は内側にRが3.5以上の断熱材を張り付けた断熱構造の場合	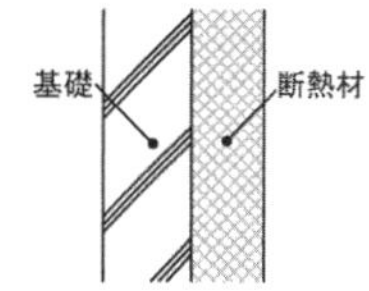
		鉄筋コンクリート造の基礎の両側に、合計してRが3.5以上の断熱材を張り付けた断熱構造の場合	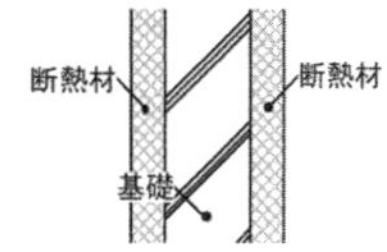
	0.52	鉄筋コンクリート造の基礎の外側又は内側にRが1.7以上の断熱材を張り付けた断熱構造の場合	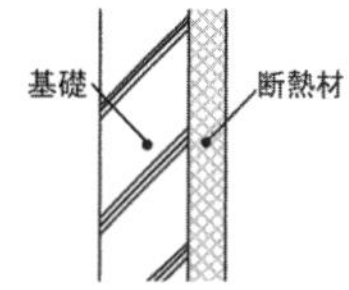
	1.38	鉄筋コンクリート造の基礎の外側又は内側にRが0.5以上の断熱材を張り付けた断熱構造の場合	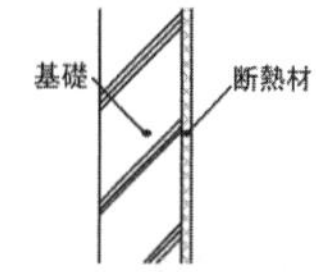

<table>
<tr><td></td><td>4.45</td><td>無断熱の鉄筋コンクリート構造の場合</td><td>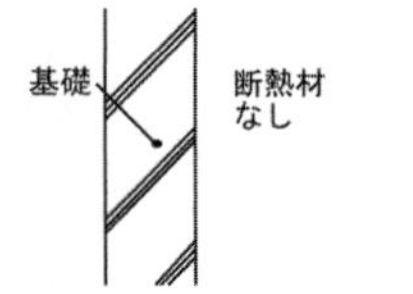
</td></tr>
<tr><td colspan="4">備考
1　各部位の日射熱取得率は、それぞれの熱貫流率の数値に0.034を乗じ、かつ、熱橋の影響を考慮することにより求められる。別表第4から別表第8までにおいて同じ。
2　表中のRは熱抵抗値を示し、「単位は㎡・度/W」とする。別表第4から別表第8までにおいて同じ。
3　単位住戸において複数の単位住戸の種類又は断熱材の施工法を採用している場合にあっては、それぞれの部位の構造又は断熱材の施工法に応じた各部位の熱貫流率の数値を用いることができるものとする。以下同じ。
4　土間床等の外周部の線熱貫流率は1.8（単位　m・度/W）とする。</td></tr>
</table>

別表第4

<table>
<tr><td colspan="4">木造の単位住戸　外張断熱工法の仕様例</td></tr>
<tr><td>部位</td><td>熱貫流率
［W/（㎡・K）］</td><td>仕様の詳細</td><td>断面構成図</td></tr>
<tr><td rowspan="2">屋根</td><td>0.17</td><td>Rが0.075以上の屋根下地材等の上に、Rが6.3以上の断熱材を外張りした断熱構造とする場合</td><td rowspan="2">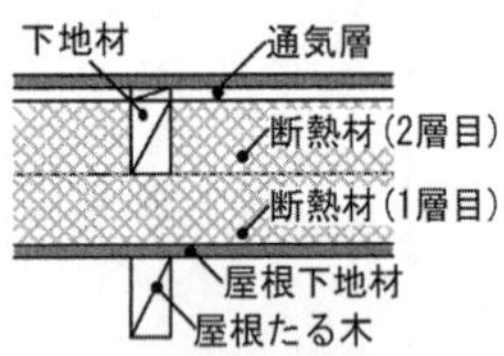
</td></tr>
<tr><td>0.24</td><td>Rが0.075以上の屋根下地材等の上に、Rが4.4以上の断熱材を外張りした断熱構造とする場合</td></tr>
<tr><td rowspan="3">外壁</td><td>0.35</td><td>軸組の外側にRが3.0以上の断熱材を張り付けた断熱構造とする場合</td><td>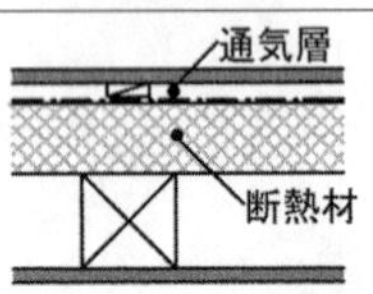
</td></tr>
<tr><td rowspan="2">0.53</td><td>軸組の外側にRが1.9以上の断熱材を張り付けた断熱構造とする場合</td><td>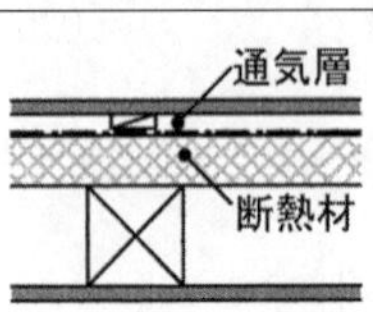
</td></tr>
<tr><td>軸組の外側にRが1.7以上の断熱材を張り付け、かつ、軸組の間に土壁（厚さ60㎜以上）を設けた断熱構造とする場合</td><td>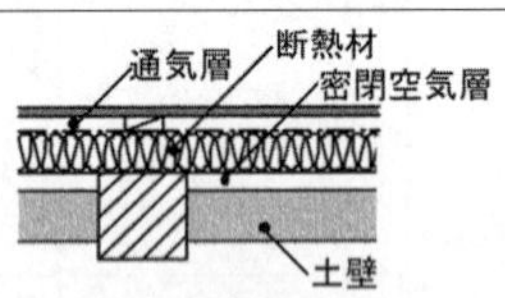
</td></tr>
<tr><td rowspan="2">床</td><td>0.24</td><td>床裏が外気に接する場合であって、床梁の下側にRが4.5以上の断熱材を張り付けた断熱構造とする場合</td><td rowspan="2">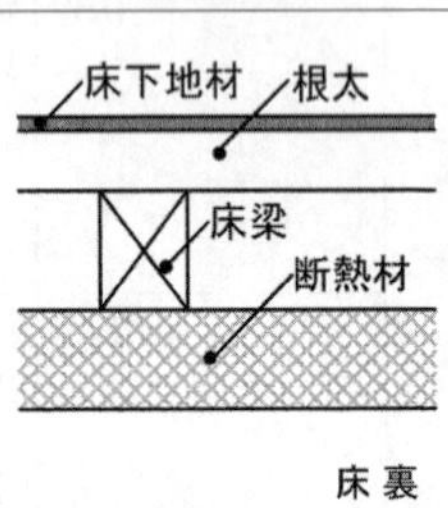
</td></tr>
<tr><td>0.34</td><td>床裏が外気に接する場合であって、床梁の下側にRが3.1以上の断熱材を張り付けた断熱構造とする場合</td></tr>
<tr><td>基礎</td><td colspan="3">木造の単位住戸　充填断熱工法の仕様例と同様</td></tr>
</table>

別表第 5

枠組壁工法の単位住戸　充填断熱工法の仕様例			
部位	熱貫流率 ［W／（㎡・K）］	仕様の詳細	断面構成図
屋根	0.17	たるきの間にRが7.5以上の断熱材（厚さ265㎜以上）を充填し、かつ、Rが0.043以上の内装下地材を用いた断熱構造とする場合	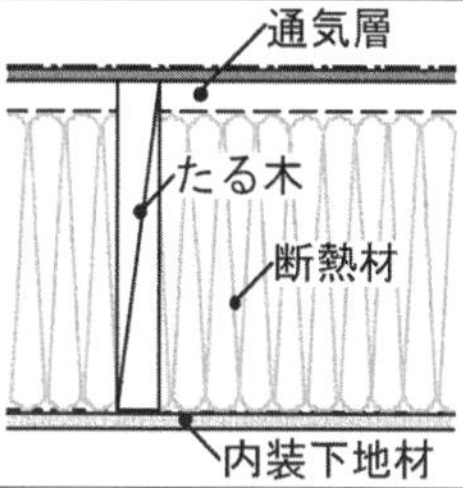
	0.24	たるきの間にRが5.2以上の断熱材（厚さ185㎜以上）を充填し、かつ、Rが0.043以上の内装下地材を用いた断熱構造とする場合	
天井	0.17	天井根太の間にRが7.5以上の断熱材（厚さ265㎜以上）を敷き込み、かつ、Rが0.043以上の内装下地材を用いた断熱構造とする場合	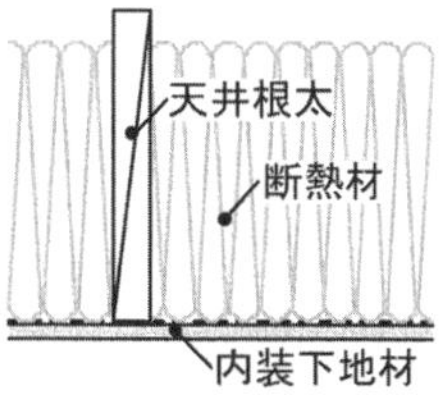
	0.24	天井根太の間にRが5.2以上の断熱材（厚さ185㎜以上）を敷き込み、かつ、Rが0.043以上の内装下地材を用いた断熱構造とする場合	
外壁	0.35	壁枠組材の間にRが3.7以上の断熱材を充填し、かつ、Rが0.046以上の面材及びRが0.043以上の内装下地材を用いた断熱構造とする場合	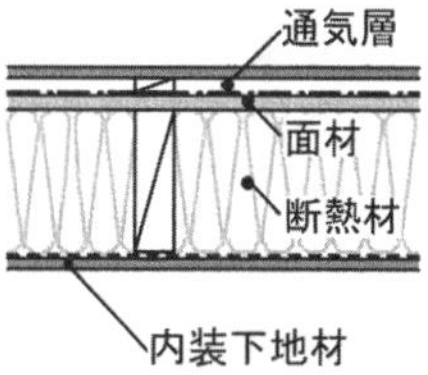
		壁枠組材の外側にRが0.9以上の断熱材を張り付け、壁枠組材の間にRが2.7以上の断熱材を充填し、かつ、Rが0.046以上の面材及びRが0.043以上の内装下地材を用いた断熱構造とする場合	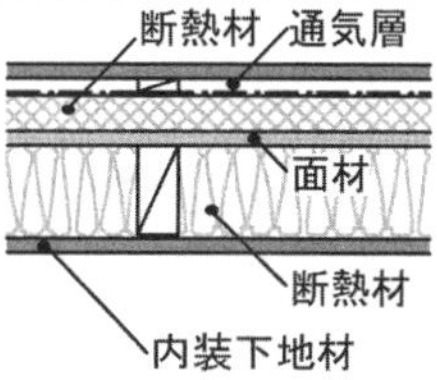
	0.53	壁枠組材の間にRが2.3以上の断熱材を充填し、かつ、Rが0.047以上の面材及びRが0.043以上の内装下地材を用いた断熱構造とする場合	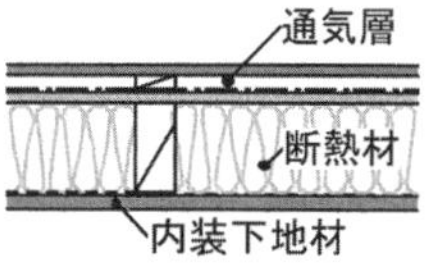
床	0.24	床裏が外気に接する場合であって、根太の間にRが5.1以上の断熱材（厚さ180㎜以上）を充填し、かつ、Rが0.075以上の床下地材を用いた断熱構造とする場合	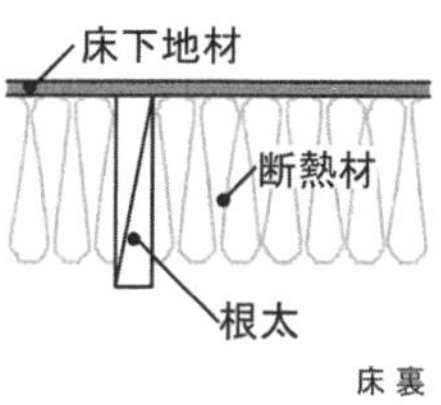
	0.34	次のイ又はロのいずれかに該当する場合 イ　床裏が外気に接する場合であって、根太の間にRが3.5以上の断熱材（厚さ125㎜以上）を充填し、かつ、Rが0.075以上の床下地材を用いた断熱構造とする場合 ロ　床裏が外気に接しない場合であって、根太の間にRが3.3以上の断熱材（厚さ120㎜以上）を充填し、かつ、Rが0.075以上の床下地材を用いた断熱構造とする場合	

	0.48	床裏が外気に接しない場合であって、根太の間にRが2.2以上の断熱材（厚さ80㎜以上）を充填し、かつ、Rが0.075以上の床下地材を用いた断熱構造とする場合	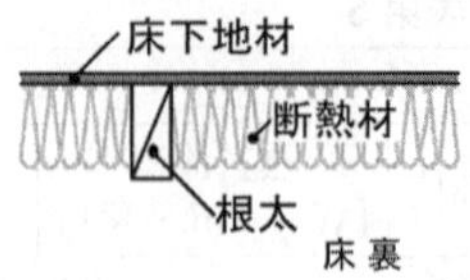
基礎	木造の単位住戸　充填断熱工法の仕様例と同様		

別表第6

鉄筋コンクリート造等の単位住戸　内断熱工法の仕様例			
部位	熱貫流率［W／（㎡・K）］	仕様の詳細	断面構成図
屋根	0.27	屋根コンクリートスラブの下側（室内側）に、Rが3.6以上の断熱材を打込み、又は吹付けた断熱構造とする場合	
	0.35	屋根コンクリートスラブの下側（室内側）に、Rが2.7以上の断熱材を打込み、又は吹付けた断熱構造とする場合	
	0.37	屋根コンクリートスラブの下側（室内側）に、Rが2.5以上の断熱材を打込み、又は吹付けた断熱構造とする場合	
外壁	0.39	コンクリートの内側（室内側）に、Rが2.4以上の断熱材を貼付け、打込み、又は吹付けた断熱構造とする場合	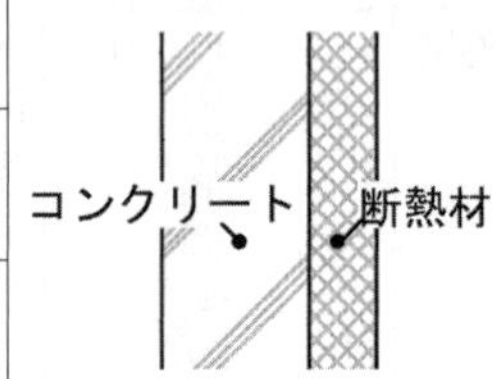
	0.49	コンクリートの内側（室内側）に、Rが1.9以上の断熱材を貼付け、打込み、又は吹付けた断熱構造とする場合	
	0.75	コンクリートの内側（室内側）に、Rが1.1以上の断熱材を貼付け、打込み、又は吹付けた断熱構造とする場合	
床	0.27	床裏が外気に接する場合であって、コンクリートスラブの下側（外気側）に、Rが3.5以上の断熱材を打込み、貼付け、又は吹付けた断熱構造とする場合	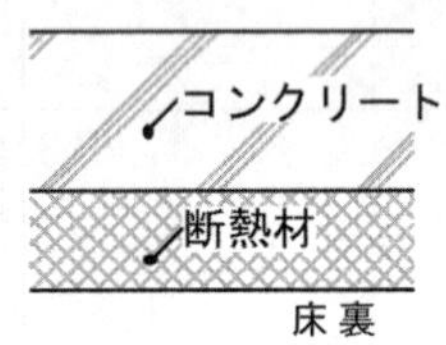
	0.32	床裏が外気に接する場合であって、コンクリートスラブの下側（外気側）に、Rが2.9以上の断熱材を打込み、貼付け、又は吹付けた断熱構造とする場合	
	0.37	床裏が外気に接する場合であって、コンクリートスラブの下側（外気側）に、Rが2.5以上の断熱材を打込み、貼付け、又は吹付けた断熱構造とする場合	
	0.38	床裏が外気に接しない場合であって、コンクリートスラブの下側（外気側）に、Rが2.3以上の断熱材を打込み、貼付け、又は吹付けた断熱構造とする場合	
	0.46	床裏が外気に接しない場合であって、コンクリートスラブの下側（外気側）に、Rが1.8以上の断熱材を打込み、貼付け、又は吹付けた断熱構造とする場合	
	0.53	床裏が外気に接しない場合であって、コンクリートスラブの下側（外気側）に、Rが1.5以上の断熱材を打込み、貼付け、又は吹付けた断熱構造とする場合	
基礎	木造の単位住戸　充填断熱工法の仕様例と同様		
備考　表中の熱貫流率は、構造熱橋部により貫流する熱量を除いた数値とする。以下同じ。			

別表第 7

鉄筋コンクリート造等の単位住戸　外断熱工法の仕様例			
部位	熱貫流率 ［W／（㎡・K）］	仕様の詳細	断面構成図
屋根	0.32	屋根コンクリートスラブの上側（外気側）に、R が 3.0 以上の断熱材を貼付けた断熱構造とする場合	
	0.41	屋根コンクリートスラブの上側（外気側）に、R が 2.3 以上の断熱材を貼付けた断熱構造とする場合	
	0.43	屋根コンクリートスラブの上側（外気側）に、R が 2.2 以上の断熱材を貼付けた断熱構造とする場合	
外壁	0.49	コンクリートの外側（外気側）に、R が 1.9 以上の断熱材を貼付け、打込み、又は吹付けた断熱構造とする場合	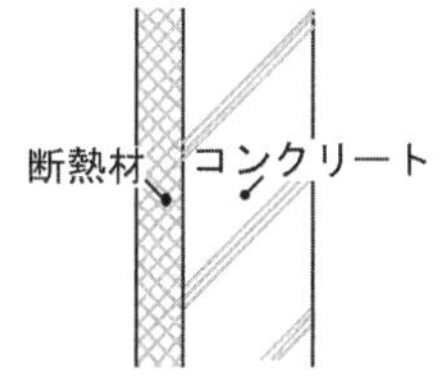
	0.58	コンクリートの外側（外気側）に、R が 1.5 以上の断熱材を貼付け、打込み、又は吹付けた断熱構造とする場合	
	0.86	コンクリートの外側（外気側）に、R が 1.0 以上の断熱材を貼付け、打込み、又は吹付けた断熱構造とする場合	
床	鉄筋コンクリート造等の単位住戸　内断熱工法の仕様例と同様		
基礎	木造の単位住戸　充填断熱工法の仕様例と同様		

別表第 8

鉄骨造の単位住戸の仕様例			
部位	熱貫流率 ［W／（㎡・K）］	仕様の詳細	断面構成図
天井	木造の単位住戸　充填断熱工法の仕様例と同様（金属熱橋が存在しない場合に限る。）		
外壁	0.35	R が 0.53 以上の外装材で、断熱層を貫通する金属部材間に R が 4.1 以上の断熱材を充填し、R が 0.72 以上の金属部材の断熱補強材を設けた断熱構造とする場合	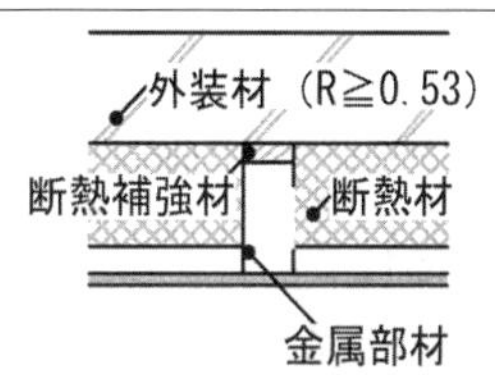
		R が 0.53 以上の外装材の内側に、R が 2.2 以上の断熱材を貼付け、又は吹付けた断熱構造とする場合（ただし、断熱材を貫通する金属熱橋が存在しない場合に限る。）	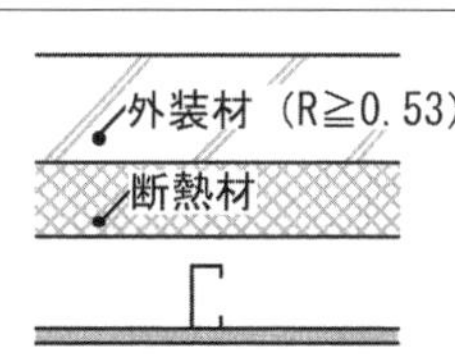
	0.53	R が 0.53 以上の外装材で、断熱層を貫通する金属部材間に R が 2.6 以上の断熱材を充填し、R が 0.33 以上の金属部材の断熱補強材を設けた断熱構造とする場合	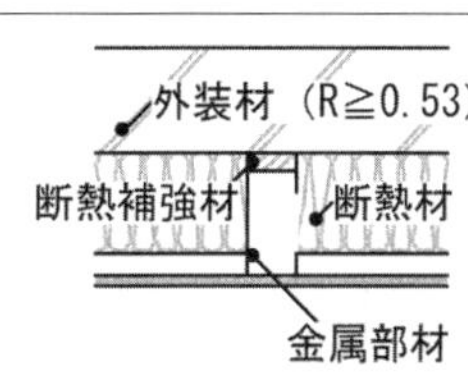
		R が 0.53 以上の外装材の内側に、R が 1.3 以上の断熱材を貼付け、又は吹付けた断熱構造とする場合（ただし、断熱材を貫通する金属熱橋が存在しない場合に限る。）	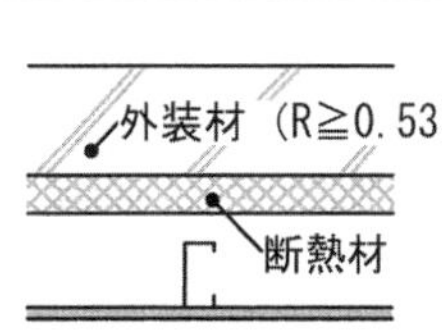

床	0.24	床裏が外気に接する場合であって、床梁の下側にRが4.5以上の断熱材を張り付けた断熱構造とする場合
	0.34	床裏が外気に接する場合であって、床梁の下側にRが3.2以上の断熱材を張り付けた断熱構造とする場合 床裏が外気に接しない場合であって、床梁の下側にRが3.0以上の断熱材を張り付けた断熱構造とする場合
	0.48	床裏が外気に接しない場合であって、床梁の下側にRが2.0以上の断熱材を張り付けた断熱構造とする場合
基礎	木造の単位住戸　充填断熱工法の仕様例と同様	

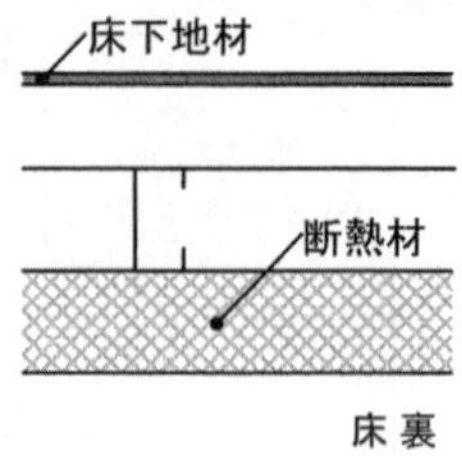

別表第9

地域の区分	暖房方式				
	単位住戸全体を連続的に暖房する方式	居室のみを暖房する方式			
		主たる居室		主たる居室以外の居室	
		連続運転	間歇運転	連続運転	間歇運転
1	1.61	1.59	1.21	1.59	1.22
2	1.46	1.66	1.22	1.66	1.24
3	1.32	1.63	1.22	1.63	1.23
4	1.30	1.60	1.21	1.60	1.23
5	1.20	1.53	1.05	1.53	1.04
6	1.09	1.57	0.96	1.57	1.00
7	1.12	1.63	1.01	1.63	1.34
8					

別表第10

地域の区分	都道府県名	市町村
1	北海道	夕張市、士別市、名寄市、伊達市（旧大滝村に限る。）、留寿都村、喜茂別町、愛別町、上川町、美瑛町、南富良野町、占冠村、下川町、美深町、音威子府村、中川町、幌加内町、猿払村、浜頓別町、中頓別町、枝幸町（旧歌登町に限る。）、津別町、訓子府町、置戸町、佐呂間町、遠軽町、滝上町、興部町、西興部村、雄武町、上士幌町、中札内村、更別村、幕別町（旧忠類村に限る。）、大樹町、豊頃町、足寄町、陸別町、標茶町、弟子屈町、鶴居村、別海町、中標津町
2	北海道	札幌市、小樽市、旭川市、釧路市、帯広市、北見市、岩見沢市、網走市、留萌市、苫小牧市、稚内市、美唄市、芦別市、江別市、赤平市、紋別市、三笠市、根室市、千歳市、滝川市、砂川市、歌志内市、深川市、富良野市、登別市、恵庭市、伊達市（旧伊達市に限る。）、北広島市、石狩市、北斗市、当別町、新篠津村、木古内町、七飯町、鹿部町、森町、八雲町（旧八雲町に限る。）、長万部町、今金町、せたな町、島牧村、寿都町、黒松内町、蘭越町、ニセコ町、真狩村、京極町、倶知安町、共和町、岩内町、泊村、神恵内村、積丹町、古平町、仁木町、余市町、赤井川村、南幌町、奈井江町、上砂川町、由仁町、長沼町、栗山町、月形町、浦臼町、新十津川町、妹背牛町、秩父別町、雨竜町、北竜町、沼田町、鷹栖町、東神楽町、当麻町、比布町、東川町、上富良野町、中富良野町、和寒町、剣淵町、増毛町、小平町、苫前町、羽幌町、初山別村、遠別町、天塩町、枝幸町（旧枝幸町に限る。）、豊富町、礼文町、利尻町、利尻富士町、幌延町、美幌町、斜里町、清里町、小清水町、湧別町、大空町、豊浦町、壮瞥町、白老町、厚真町、洞爺湖町、安平町、むかわ町、日高町、平取町、新冠町、浦河町、様似町、えりも町、新ひだか町、音更町、

		士幌町、鹿追町、新得町、清水町、芽室町、広尾町、幕別町（旧幕別町に限る。）、池田町、本別町、浦幌町、釧路町、厚岸町、浜中町、白糠町、標津町、羅臼町
	青森県	平川市（旧碇ヶ関村に限る。）
	岩手県	八幡平市（旧安代町に限る。）、葛巻町、岩手町、西和賀町、九戸村
	秋田県	小坂町
	福島県	檜枝岐村、南会津町（旧舘岩村、旧伊南村、旧南郷村に限る。）
	栃木県	日光市（旧栗山村に限る。）
	群馬県	嬬恋村、草津町、片品村
	長野県	塩尻市（旧楢川村に限る。）、川上村、南牧村、南相木村、北相木村、軽井沢町、木祖村、木曽町（旧開田村に限る。）
3	北海道	函館市、室蘭市、松前町、福島町、知内町、八雲町（旧熊石町に限る。）、江差町、上ノ国町、厚沢部町、乙部町、奥尻町
	青森県	青森市、弘前市、八戸市、黒石市、五所川原市、十和田市、三沢市、むつ市、つがる市、平川市（旧尾上町、旧平賀町に限る。）、平内町、今別町、蓬田村、外ヶ浜町、西目屋村、藤崎町、大鰐町、田舎館村、板柳町、鶴田町、中泊町、野辺地町、七戸町、六戸町、横浜町、東北町、六ヶ所村、おいらせ町、大間町、東通村、風間浦村、佐井村、三戸町、五戸町、田子町、南部町、階上町、新郷村
	岩手県	盛岡市、花巻市、久慈市、遠野市、二戸市、八幡平市（旧西根町、旧松尾村に限る。）、一関市（旧大東町、旧藤沢町、旧千厩町、旧東山町、旧室根村に限る。）、滝沢市、雫石町、紫波町、矢巾町、住田町、岩泉町、田野畑村、普代村、軽米町、野田村、洋野町、一戸町
	宮城県	七ヶ宿町
	秋田県	能代市（旧二ツ井町に限る。）、横手市、大館市、湯沢市、鹿角市、大仙市、北秋田市、仙北市、上小阿仁村、藤里町、美郷町、羽後町、東成瀬村
	山形県	新庄市、長井市、尾花沢市、南陽市、西川町、朝日町、大江町、大石田町、金山町、最上町、舟形町、真室川町、鮭川村、戸沢村、高畠町、川西町、小国町、飯豊町
	福島県	二本松市（旧東和町に限る。）、下郷町、只見町、南会津町（旧田島町に限る。）、北塩原村、磐梯町、猪苗代町、柳津町、三島町、金山町、昭和村、鮫川村、平田村、小野町、川内村、葛尾村、飯舘村
	栃木県	日光市（旧足尾町に限る。）
	群馬県	上野村、長野原町、高山村、川場村
	石川県	白山市（旧白峰村に限る。）
	山梨県	北杜市（旧小淵沢町に限る。）、笛吹市（旧芦川村に限る。）、忍野村、山中湖村、鳴沢村、小菅村、丹波山村
	長野県	上田市（旧真田町、旧武石村に限る。）、岡谷市、小諸市、大町市、茅野市、佐久市、小海町、佐久穂町、御代田町、立科町、長和町、富士見町、原村、辰野町、平谷村、売木村、上松町、王滝村、木曽町（旧木曽福島町、旧日義村、旧三岳村に限る。）、麻績村、生坂村、朝日村、筑北村、白馬村、小谷村、高山村、山ノ内町、野沢温泉村、信濃町、小川村、飯綱町
	岐阜県	飛騨市、郡上市（旧高鷲村に限る。）、下呂市（旧小坂町、旧馬瀬村に限る。）、白川村
	奈良県	野迫川村
	広島県	廿日市市（旧吉和村に限る。）
4	青森県	鰺ヶ沢町、深浦町
	岩手県	宮古市、大船渡市、北上市、一関市（旧一関市、旧花泉町、旧川崎村に限る。）、陸前高田市、釜石市、奥州市、金ケ崎町、平泉町、大槌町、山田町
	宮城県	石巻市、塩竈市、気仙沼市、白石市、名取市、角田市、岩沼市、登米市、栗原市、東松島市、大崎市、蔵王町、大河原町、村田町、柴田町、川崎町、丸森町、亘理町、松島町、七ヶ浜町、利府町、大和町、大郷町、富谷市、大衡村、色麻町、加美町、涌谷町、美里町、女川町、

		南三陸町
	秋田県	秋田市、能代市（旧能代市に限る。）、男鹿市、由利本荘市、潟上市、三種町、八峰町、五城目町、八郎潟町、井川町、大潟村
	山形県	山形市、米沢市、鶴岡市、酒田市（旧八幡町、旧松山町、旧平田町に限る。）、寒河江市、上山市、村山市、天童市、東根市、山辺町、中山町、河北町、大蔵村、白鷹町、三川町、庄内町、遊佐町
	福島県	会津若松市、白河市、須賀川市、喜多方市、二本松市（旧二本松市、旧安達町、旧岩代町に限る。）、田村市、伊達市、本宮市、桑折町、国見町、川俣町、大玉村、鏡石町、天栄村、西会津町、会津坂下町、湯川村、会津美里町、西郷村、泉崎村、中島村、矢吹町、棚倉町、矢祭町、塙町、石川町、玉川村、浅川町、古殿町、三春町
	茨城県	城里町（旧七会村に限る。）、大子町
	栃木県	日光市（旧日光市、旧今市市、旧藤原町に限る。）、那須塩原市、塩谷町、那須町
	群馬県	高崎市（旧倉渕村に限る。）、桐生市（旧黒保根村に限る。）、沼田市、神流町、南牧村、中之条町、東吾妻町、昭和村、みなかみ町
	埼玉県	秩父市（旧大滝村に限る。）
	東京都	檜原村、奥多摩町
	新潟県	小千谷市、十日町市、村上市、魚沼市、南魚沼市、阿賀町、湯沢町、津南町、関川村
	石川県	白山市（旧河内村、旧吉野谷村、旧鳥越村、旧尾口村に限る。）
	福井県	池田町
	山梨県	甲府市（旧上九一色村に限る。）、富士吉田市、北杜市（旧明野村、旧須玉町、旧高根町、旧長坂町、旧大泉村、旧白州町に限る。）、甲州市（旧大和村に限る。）、道志村、西桂町、富士河口湖町
	長野県	長野市、松本市、上田市（旧上田市、旧丸子町に限る。）、諏訪市、須坂市、伊那市、駒ヶ根市、中野市、飯山市、塩尻市（旧塩尻市に限る。）、千曲市、東御市、安曇野市、青木村、下諏訪町、箕輪町、飯島町、南箕輪村、中川村、宮田村、松川町、高森町、阿南町、阿智村、根羽村、下條村、天龍村、泰阜村、豊丘村、大鹿村、南木曽町、大桑村、山形村、池田町、松川村、坂城町、小布施町、木島平村、栄村
	岐阜県	高山市、中津川市（旧長野県木曽郡山口村、旧坂下町、旧川上村、旧加子母村、旧付知町、旧福岡町、旧蛭川村に限る。）、本巣市（旧根尾村に限る。）、郡上市（旧八幡町、旧大和町、旧白鳥町、旧明宝村、旧和良村に限る。）、下呂市（旧萩原町、旧下呂町、旧金山町に限る。）、東白川村
	愛知県	豊田市（旧稲武町に限る。）、設楽町（旧津具村に限る。）、豊根村
	兵庫県	香美町（旧村岡町、旧美方町に限る。）
	奈良県	奈良市（旧都祁村に限る。）、五條市（旧大塔村に限る。）、曽爾村、御杖村、黒滝村、天川村、川上村
	和歌山県	高野町
	鳥取県	若桜町、日南町、日野町
	島根県	飯南町、吉賀町
	岡山県	津山市（旧阿波村に限る。）、真庭市（旧湯原町、旧美甘村、旧川上村、旧八束村、旧中和村に限る。）、新庄村、西粟倉村、吉備中央町
	広島県	庄原市（旧総領町、旧西城町、旧東城町、旧口和町、旧高野町、旧比和町に限る。）、安芸太田町、世羅町、神石高原町
	愛媛県	新居浜市（旧別子山村に限る。）、久万高原町
	高知県	いの町（旧本川村に限る。）、梼原町
5	宮城県	仙台市、多賀城市、山元町
	秋田県	にかほ市

山形県	酒田市（旧酒田市に限る。）
福島県	福島市、郡山市、いわき市、相馬市、南相馬市、広野町、楢葉町、富岡町、大熊町、双葉町、浪江町、新地町
茨城県	水戸市、土浦市（旧新治村に限る。）、石岡市、結城市、下妻市、常総市、常陸太田市、高萩市、北茨城市、笠間市、取手市、牛久市、つくば市、ひたちなか市、常陸大宮市、那珂市、筑西市、坂東市、稲敷市、かすみがうら市、桜川市、行方市、鉾田市、つくばみらい市、小美玉市、茨城町、大洗町、城里町（旧常北町、旧桂村に限る。）、東海村、美浦村、阿見町、河内町、八千代町、五霞町、境町、利根町
栃木県	宇都宮市、栃木市、鹿沼市、小山市、真岡市、大田原市、矢板市、さくら市、那須烏山市、下野市、上三川町、益子町、茂木町、市貝町、芳賀町、壬生町、野木町、高根沢町、那珂川町
群馬県	桐生市（旧新里村に限る。）、渋川市、富岡市、安中市、みどり市、榛東村、吉岡町、下仁田町、甘楽町、板倉町
埼玉県	秩父市（旧秩父市、旧吉田町、旧荒川村に限る。）、飯能市、日高市、毛呂山町、越生町、滑川町、嵐山町、小川町、川島町、吉見町、鳩山町、ときがわ町、横瀬町、皆野町、長瀞町、小鹿野町、東秩父村、美里町、神川町、寄居町
千葉県	印西市、富里市、栄町、神崎町
東京都	青梅市、羽村市、あきる野市、瑞穂町、日の出町
神奈川県	山北町、愛川町、清川村
新潟県	新潟市、長岡市、三条市、柏崎市、新発田市、加茂市、見附市、燕市、糸魚川市、妙高市、五泉市、上越市、阿賀野市、佐渡市、胎内市、聖籠町、弥彦村、田上町、出雲崎町、刈羽村、粟島浦村
富山県	富山市、高岡市、魚津市、氷見市、滑川市、黒部市、砺波市、小矢部市、南砺市、射水市、舟橋村、上市町、立山町、入善町、朝日町
石川県	七尾市、輪島市、珠洲市、加賀市、羽咋市、かほく市、白山市（旧美川町、旧鶴来町に限る。）、能美市、川北町、津幡町、内灘町、志賀町、宝達志水町、中能登町、穴水町、能登町
福井県	大野市、勝山市、あわら市、坂井市、永平寺町、南越前町、若狭町
山梨県	甲府市（旧中道町に限る。）、都留市、山梨市、大月市、韮崎市、南アルプス市、北杜市（旧武川村に限る。）、甲斐市、笛吹市（旧春日居町、旧石和町、旧御坂町、旧一宮町、旧八代町、旧境川村に限る。）、上野原市、甲州市（旧塩山市、旧勝沼町に限る。）、中央市、市川三郷町、早川町、身延町、富士川町
長野県	飯田市、喬木村
岐阜県	大垣市（旧上石津町に限る。）、中津川市（旧中津川市に限る。）、美濃市、瑞浪市、恵那市、郡上市（旧美並村に限る。）、土岐市、関ケ原町、坂祝町、富加町、川辺町、七宗町、八百津町、白川町、御嵩町
静岡県	御殿場市、小山町、川根本町
愛知県	設楽町（旧設楽町に限る。）、東栄町
三重県	津市（旧美杉村に限る。）、名張市、いなべ市（旧北勢町、旧藤原町に限る。）、伊賀市
滋賀県	大津市、彦根市、長浜市、栗東市、甲賀市、野洲市、湖南市、高島市、東近江市、米原市、日野町、竜王町、愛荘町、豊郷町、甲良町、多賀町
京都府	福知山市、綾部市、宮津市、亀岡市、京丹後市、南丹市、宇治田原町、笠置町、和束町、南山城村、京丹波町、与謝野町
大阪府	豊能町、能勢町
兵庫県	豊岡市、西脇市、三田市、加西市、丹波篠山市、養父市、丹波市、朝来市、宍粟市、加東市、猪名川町、多可町、市川町、神河町、上郡町、佐用町、新温泉町（旧温泉町に限る。）
奈良県	生駒市、宇陀市、山添村、平群町、吉野町、大淀町、下市町、十津川村、下北山村、上北山村、東吉野村

	和歌山県	田辺市（旧龍神村に限る。）、かつらぎ町（旧花園村に限る。）、日高川町（旧美山村に限る。）
	鳥取県	倉吉市、智頭町、八頭町、三朝町、南部町、江府町
	島根県	益田市（旧美都町、旧匹見町に限る。）、雲南市、奥出雲町、川本町、美郷町、邑南町、津和野町
	岡山県	津山市（旧津山市、旧加茂町、旧勝北町、旧久米町に限る。）、高梁市、新見市、備前市、真庭市（旧北房町、旧勝山町、旧落合町、旧久世町に限る。）、美作市、和気町、鏡野町、勝央町、奈義町、久米南町、美咲町
	広島県	府中市、三次市、庄原市（旧庄原市に限る。）、東広島市、廿日市市（旧佐伯町に限る。）、安芸高田市、熊野町、北広島町
	山口県	下関市（旧豊田町に限る。）、萩市（旧むつみ村、旧福栄村に限る。）、美祢市
	徳島県	三好市、上勝町
	愛媛県	大洲市（旧肱川町、旧河辺村に限る。）、内子町（旧小田町に限る。）
	高知県	本山町、大豊町、土佐町、大川村、いの町（旧吾北村に限る。）、仁淀川町
	福岡県	東峰村
	熊本県	八代市（旧泉村に限る。）、阿蘇市、南小国町、小国町、産山村、高森町、南阿蘇村、山都町、水上村、五木村
	大分県	佐伯市（旧宇目町に限る。）、由布市（旧湯布院町に限る。）、九重町、玖珠町
	宮崎県	椎葉村、五ヶ瀬町
6	茨城県	日立市、土浦市（旧新治村を除く。）、古河市、龍ケ崎市、鹿嶋市、潮来市、守谷市、神栖市
	栃木県	足利市、佐野市
	群馬県	前橋市、高崎市（旧倉渕村を除く。）、桐生市（旧桐生市に限る。）、伊勢崎市、太田市、館林市、藤岡市、玉村町、明和町、千代田町、大泉町、邑楽町
	埼玉県	さいたま市、川越市、熊谷市、川口市、行田市、所沢市、加須市、本庄市、東松山市、春日部市、狭山市、羽生市、鴻巣市、深谷市、上尾市、草加市、越谷市、蕨市、戸田市、入間市、朝霞市、志木市、和光市、新座市、桶川市、久喜市、北本市、八潮市、富士見市、三郷市、蓮田市、坂戸市、幸手市、鶴ヶ島市、吉川市、ふじみ野市、白岡市、伊奈町、三芳町、上里町、宮代町、杉戸町、松伏町
	千葉県	千葉市、銚子市、市川市、船橋市、木更津市、松戸市、野田市、茂原市、成田市、佐倉市、東金市、旭市、習志野市、柏市、市原市、流山市、八千代市、我孫子市、鴨川市、鎌ケ谷市、君津市、富津市、浦安市、四街道市、袖ケ浦市、八街市、白井市、南房総市、匝瑳市、香取市、山武市、いすみ市、大網白里市、酒々井町、多古町、東庄町、九十九里町、芝山町、横芝光町、一宮町、睦沢町、長生村、白子町、長柄町、長南町、大多喜町、御宿町、鋸南町
	東京都	東京23区、八王子市、立川市、武蔵野市、三鷹市、府中市、昭島市、調布市、町田市、小金井市、小平市、日野市、東村山市、国分寺市、国立市、福生市、狛江市、東大和市、清瀬市、東久留米市、武蔵村山市、多摩市、稲城市、西東京市
	神奈川県	横浜市、川崎市、相模原市、平塚市、鎌倉市、小田原市、茅ヶ崎市、逗子市、秦野市、厚木市、大和市、伊勢原市、海老名市、座間市、南足柄市、綾瀬市、葉山町、寒川町、大磯町、二宮町、中井町、大井町、松田町、開成町、箱根町、真鶴町、湯河原町
	石川県	金沢市、白山市（旧松任市に限る。）、小松市、野々市市
	福井県	福井市、敦賀市、小浜市、鯖江市、越前市、越前町、美浜町、高浜町、おおい町
	山梨県	甲府市（旧甲府市に限る。）、南部町、昭和町
	岐阜県	岐阜市、大垣市（旧大垣市、旧墨俣町に限る。）、多治見市、関市、羽島市、美濃加茂市、各務原市、可児市、山県市、瑞穂市、本巣市（旧本巣町、旧真正町、旧糸貫町に限る。）、海津市、岐南町、笠松町、養老町、垂井町、神戸町、輪之内町、安八町、揖斐川町、大野町、池田町、北方町

静岡県	浜松市、熱海市、三島市、富士宮市、島田市、掛川市、袋井市、裾野市、湖西市、伊豆市、菊川市、伊豆の国市、西伊豆町、函南町、長泉町、森町
愛知県	名古屋市、岡崎市、一宮市、瀬戸市、半田市、春日井市、豊川市、津島市、碧南市、刈谷市、豊田市（旧稲武町を除く。）、安城市、西尾市、蒲郡市、犬山市、常滑市、江南市、小牧市、稲沢市、新城市、東海市、大府市、知多市、知立市、尾張旭市、高浜市、岩倉市、豊明市、日進市、田原市、愛西市、清須市、北名古屋市、弥富市、みよし市、あま市、長久手市、東郷町、豊山町、大口町、扶桑町、大治町、蟹江町、飛島村、阿久比町、東浦町、南知多町、美浜町、武豊町、幸田町
三重県	津市（旧津市、旧久居市、旧河芸町、旧芸濃町、旧美里村、旧安濃町、旧香良洲町、旧一志町、旧白山町に限る。）、四日市市、伊勢市、松阪市、桑名市、鈴鹿市、尾鷲市、亀山市、鳥羽市、いなべ市（旧員弁町、旧大安町に限る。）、志摩市、木曽岬町、東員町、菰野町、朝日町、川越町、多気町、明和町、大台町、玉城町、度会町、大紀町、南伊勢町、紀北町
滋賀県	近江八幡市、草津市、守山市
京都府	京都市、舞鶴市、宇治市、城陽市、向日市、長岡京市、八幡市、京田辺市、木津川市、大山崎町、久御山町、井手町、精華町、伊根町
大阪府	大阪市、堺市、岸和田市、豊中市、池田市、吹田市、泉大津市、高槻市、貝塚市、守口市、枚方市、茨木市、八尾市、泉佐野市、富田林市、寝屋川市、河内長野市、松原市、大東市、和泉市、箕面市、柏原市、羽曳野市、門真市、摂津市、高石市、藤井寺市、東大阪市、泉南市、四條畷市、交野市、大阪狭山市、阪南市、島本町、忠岡町、熊取町、田尻町、太子町、河南町、千早赤阪村
兵庫県	神戸市、姫路市、尼崎市、明石市、西宮市、洲本市、芦屋市、伊丹市、相生市、加古川市、赤穂市、宝塚市、三木市、高砂市、川西市、小野市、南あわじ市、淡路市、たつの市、稲美町、播磨町、福崎町、太子町、香美町（旧村岡町、旧美方町を除く。）、新温泉町（旧浜坂町に限る。）
奈良県	奈良市（旧都祁村を除く。）、大和高田市、大和郡山市、天理市、橿原市、桜井市、五條市（旧大塔村を除く。）、御所市、香芝市、葛城市、三郷町、斑鳩町、安堵町、川西町、三宅町、田原本町、高取町、明日香村、上牧町、王寺町、広陵町、河合町
和歌山県	海南市、橋本市、有田市、田辺市（旧本宮町に限る。）、紀の川市、岩出市、紀美野町、かつらぎ町（旧花園村を除く。）、九度山町、湯浅町、広川町、有田川町、日高町、由良町、日高川町（旧川辺町、旧中津村に限る。）、上富田町、北山村
鳥取県	鳥取市、米子市、境港市、岩美町、湯梨浜町、琴浦町、北栄町、日吉津村、大山町、伯耆町
島根県	松江市、浜田市、出雲市、益田市（旧益田市に限る。）、大田市、安来市、江津市、海士町、西ノ島町、知夫村、隠岐の島町
岡山県	岡山市、倉敷市、玉野市、笠岡市、井原市、総社市、瀬戸内市、赤磐市、浅口市、早島町、里庄町、矢掛町
広島県	広島市、呉市、竹原市、三原市、尾道市、福山市、大竹市、廿日市市（旧佐伯町、旧吉和村を除く。）、江田島市、府中町、海田町、坂町、大崎上島町
山口県	宇部市、山口市、萩市（旧萩市、旧川上村、旧田万川町、旧須佐町、旧旭村に限る。）、防府市、下松市、岩国市、光市、長門市、柳井市、周南市、山陽小野田市、周防大島町、和木町、上関町、田布施町、平生町、阿武町
徳島県	徳島市、鳴門市、吉野川市、阿波市、美馬市、勝浦町、佐那河内村、石井町、神山町、那賀町、牟岐町、松茂町、北島町、藍住町、板野町、上板町、つるぎ町、東みよし町
香川県	全ての市町
愛媛県	今治市、八幡浜市、西条市、大洲市（旧大洲市、旧長浜町に限る。）、伊予市、四国中央市、西予市、東温市、上島町、砥部町、内子町（旧内子町、旧五十崎町に限る。）、伊方町、松野町、鬼北町
高知県	香美市、馬路村、いの町（旧伊野町に限る。）、佐川町、越知町、日高村、津野町、四万十町、三原村、黒潮町

	福岡県	北九州市、大牟田市、久留米市、直方市、飯塚市、田川市、柳川市、八女市、筑後市、大川市、行橋市、豊前市、中間市、小郡市、筑紫野市、春日市、大野城市、宗像市、太宰府市、古賀市、福津市、うきは市、宮若市、嘉麻市、朝倉市、みやま市、糸島市、那珂川市、宇美町、篠栗町、須恵町、久山町、水巻町、岡垣町、遠賀町、小竹町、鞍手町、桂川町、筑前町、大刀洗町、大木町、広川町、香春町、添田町、糸田町、川崎町、大任町、赤村、福智町、苅田町、みやこ町、吉富町、上毛町、築上町
	佐賀県	全ての市町
	長崎県	佐世保市、松浦市、対馬市、雲仙市（旧小浜町に限る。）、東彼杵町、川棚町、波佐見町、佐々町
	熊本県	八代市（旧坂本村、旧東陽村に限る。）、人吉市、荒尾市、玉名市、山鹿市、菊池市、合志市、美里町、玉東町、南関町、和水町、大津町、菊陽町、西原村、御船町、益城町、甲佐町、錦町、多良木町、湯前町、相良村、山江村、球磨村、あさぎり町
	大分県	大分市（旧野津原町に限る。）、別府市、中津市、日田市、臼杵市、津久見市、竹田市、豊後高田市、杵築市、宇佐市、豊後大野市、由布市（旧挾間町、旧庄内町に限る。）、国東市、姫島村、日出町
	宮崎県	小林市、えびの市、高原町、西米良村、諸塚村、美郷町、高千穂町、日之影町
	鹿児島県	伊佐市、湧水町
7	千葉県	館山市、勝浦市
	東京都	大島町、利島村、新島村、神津島村、三宅村、御蔵島村、八丈町、青ヶ島村
	神奈川県	横須賀市、藤沢市、三浦市
	静岡県	静岡市、沼津市、伊東市、富士市、磐田市、焼津市、藤枝市、下田市、御前崎市、牧之原市、東伊豆町、河津町、南伊豆町、松崎町、清水町、吉田町
	愛知県	豊橋市
	三重県	熊野市、御浜町、紀宝町
	大阪府	岬町
	和歌山県	和歌山市、御坊市、田辺市（旧龍神村、旧本宮町を除く。）、新宮市、美浜町、印南町、みなべ町、白浜町、すさみ町、那智勝浦町、太地町、古座川町、串本町
	山口県	下関市（旧豊田町を除く。）
	徳島県	小松島市、阿南市、美波町、海陽町
	愛媛県	松山市、宇和島市、新居浜市（旧新居浜市に限る。）、松前町、愛南町
	高知県	高知市、室戸市、安芸市、南国市、土佐市、須崎市、宿毛市、土佐清水市、四万十市、香南市、東洋町、奈半利町、田野町、安田町、北川村、芸西村、中土佐町、大月町
	福岡県	福岡市、志免町、新宮町、粕屋町、芦屋町
	長崎県	長崎市、島原市、諫早市、大村市、平戸市、壱岐市、五島市、西海市、雲仙市（旧小浜町を除く。）、南島原市、長与町、時津町、小値賀町、新上五島町
	熊本県	熊本市、八代市（旧八代市、旧千丁町、旧鏡町に限る。）、水俣市、宇土市、上天草市、宇城市、天草市、長洲町、嘉島町、氷川町、芦北町、津奈木町、苓北町
	大分県	大分市（旧野津原町を除く。）、佐伯市（旧宇目町を除く。）
	宮崎県	宮崎市、都城市、延岡市、日南市、日向市、串間市、西都市、三股町、国富町、綾町、高鍋町、新富町、木城町、川南町、都農町、門川町
	鹿児島県	鹿児島市、鹿屋市、枕崎市、阿久根市、出水市、指宿市、西之表市、垂水市、薩摩川内市、日置市、曽於市、霧島市、いちき串木野市、南さつま市、志布志市、南九州市、姶良市、三島村、十島村、さつま町、長島町、大崎町、東串良町、錦江町、南大隅町、肝付町、中種子町、南種子町、屋久島町
8	東京都	小笠原村

	鹿児島県	奄美市、大和村、宇検村、瀬戸内町、龍郷町、喜界町、徳之島町、天城町、伊仙町、和泊町、知名町、与論町
	沖縄県	全ての市町村
備考　この表に掲げる区域は、令和元年5月1日における行政区画によって表示されたものとする。ただし、括弧内に記載する区域は、平成13年8月1日における旧行政区画によって表示されたものとする。		

住宅部分の外壁、窓等を通しての熱の損失の防止に関する基準及び一次エネルギー消費量に関する基準

制定：平成 28 年 1 月 29 日　国土交通省告示第 266 号
改正：令和 4 年 11 月　7 日　国土交通省告示第 1105 号

建築物エネルギー消費性能基準等を定める省令（平成 28 年経済産業省・国土交通省令第 1 号）第 1 条第 1 項第二号イ⑵及び同号ロ⑵［現行＝第 1 条第 1 項第二号イ⑶及び同号ロ⑶＝令和元年 11 月経産・国交省令第 3 号により改正］の規定に基づき、住宅部分の外壁、窓等を通しての熱の損失の防止に関する基準及び一次エネルギー消費量に関する基準を次のように定める。

1　外壁、窓等を通しての熱の損失の防止に関する基準

建築物エネルギー消費性能基準等を定める省令（平成 28 年経済産業省・国土交通省令第 1 号。以下「基準省令」という。）第 1 条第 1 項第二号イ⑶の外壁、窓等を通しての熱の損失の防止に関する国土交通大臣が定める基準は、次のとおりとする。

⑴　断熱構造とする部分

外皮については、地域の区分（基準省令第 1 条第 1 項第二号イ⑴の地域の区分をいう。以下同じ。）に応じ、断熱及び日射遮蔽のための措置を講じた構造（以下「断熱構造」という。）とすること。ただし、次のイからヘまでのいずれかに該当するもの又はこれらに類するものについては、この限りでない。

イ　居室に面する部位が断熱構造となっている物置、車庫又はこれらと同様の空間の居室に面する部位以外の部位

ロ　外気に通じる床裏、小屋裏又は天井裏に接する外壁

ハ　断熱構造となっている外壁から突き出した軒、袖壁又はベランダ

ニ　玄関、勝手口その他これらに類する部分における土間床部分

ホ　断熱措置がとられている浴室下部における土間床部分

ヘ　単位住戸（基準省令第 1 条第 1 項第二号イ⑴に規定する単位住戸をいう。以下同じ。）の外皮が当該単位住戸と同様の熱的環境の空間に接している場合における当該外皮

⑵　外皮の断熱性能等に関する基準

外皮（開口部を除く。）を⑴に定めるところにより断熱構造とする場合にあっては、次のイ又はロに定める基準及びハに定める基準によること。

イ　外皮の熱貫流率の基準

鉄筋コンクリート造、組積造その他これらに類する構造（以下「鉄筋コンクリート造等」という。）にあっては熱橋（構造部材、下地材その他断熱構造を貫通する部分であって、断熱性能が周囲の部分より劣るものをいう。以下イにおいて同じ。）となる部分を除いた外皮の熱貫流率（内外の温度差 1 度の場合において 1㎡当たり貫流する熱量を W で表した数値であって、当該部位を熱の貫流する方向に構成している材料の種類及び厚さ、熱橋により貫流する熱量等を勘案して算出したものをいう。以下同じ。）が、その他の構造、構法又は工法にあっては熱橋となる部分（壁に設けられる横架材を除く。）による低減を勘案した外皮の熱貫流率が、それぞれ建築物の種類、部位、断熱材の施工法及び地域の区分に応じ、次の表に掲げる基準値以下であること。

建築物の種類	構造、構法又は工法	部位		断熱材の施工法	熱貫流率の基準値（単位　W/㎡・度）地域の区分 1及び2	3	4	5、6及び7	8
一戸建ての住宅	鉄筋コンクリート造等	屋根又は天井		内断熱	0.11	0.18	0.18	0.18	1.18
				外断熱	0.09	0.16	0.16	0.16	1.26
				両面断熱	0.17	0.24	0.24	0.24	1.26
		壁		内断熱	0.18	0.35	0.35	0.35	
				外断熱又は両面断熱	0.33	0.51	0.51	0.51	
		床	外気に接する部分	内断熱又は両面断熱	0.18	0.18	0.39	0.39	
				外断熱	0.08	0.08	0.29	0.29	
			その他の部分	内断熱又は両面断熱	0.31	0.31	0.61	0.61	
				外断熱	0.16	0.16	0.46	0.46	
		土間床等の外周部分の基礎壁	外気に接する部分	内断熱、外断熱又は両面断熱	0.27	0.27	0.52	0.52	
			その他の部分		0.71	0.71	1.38	1.38	
	その他の構造、構法又は工法	屋根又は天井			0.17	0.24	0.24	0.24	0.99
		壁			0.35	0.53	0.53	0.53	
		床	外気に接する部分		0.24	0.24	0.34	0.34	
			その他の部分		0.34	0.34	0.48	0.48	
		土間床等の外周部分の基礎壁	外気に接する部分	内断熱、外断熱又は両面断熱	0.27	0.27	0.52	0.52	
			その他の部分		0.71	0.71	1.38	1.38	
共同住宅等又は複合建築物の住宅部分	鉄筋コンクリート造等	屋根又は天井		内断熱	0.38	0.55	0.75	0.92	1.18
				外断熱又は両面断熱	0.40	0.57	0.77	0.94	1.26
		壁		内断熱	0.47	0.70	0.97	0.97	
				外断熱又は両面断熱	0.63	0.86	1.13	1.13	
		床	外気に接する部分	内断熱又は両面断熱	0.44	0.61	0.81	0.98	
				外断熱	0.27	0.44	0.64	0.81	
			その他の部分	内断熱又は両面断熱	0.64	0.88	1.17	1.41	

				外断熱	0.40	0.64	0.93	1.17	
		土間床等の外周部分の基礎壁	外気に接する部分	内断熱、外断熱又は両面断熱	0.52	1.22	1.22	1.22	
			その他の部分		1.38	3.08	3.08	3.08	
	その他の構造、構法又は工法	屋根又は天井			0.41	0.58	0.76	0.93	0.99
		壁			0.47	0.62	0.92	0.92	
		床	外気に接する部分		0.34	0.40	0.40	0.40	
			その他の部分		0.49	0.57	0.57	0.57	
		土間床等の外周部分の基礎壁	外気に接する部分	内断熱、外断熱又は両面断熱	0.71	1.22	1.22	1.22	
			その他の部分		1.60	3.08	3.08	3.08	

備考

1 「一戸建ての住宅」とは、1棟の建築物からなる1戸の住宅をいい、「共同住宅等」とは、共同住宅、長屋その他の一戸建ての住宅以外の住宅をいい、「複合建築物」とは、基準省令第1条第1項第一号に規定する複合建築物をいい、「住宅部分」とは、建築物のエネルギー消費性能の向上に関する法律（平成 27 年法律第 53 号）第 11 条第1項に規定する住宅部分をいう。以下同じ。

2 「内断熱」とは、鉄筋コンクリートその他これに類する構造体（以下備考の2において「鉄筋コンクリート等の構造体」という。）の室内側に断熱施工する方法をいい、「外断熱」とは、鉄筋コンクリート等の構造体の室外側に断熱施工する方法をいい、「両面断熱」とは、鉄筋コンクリート等の構造体の室内側及び室外側の両方に断熱施工する方法をいう。以下同じ。

3 単位住戸において複数の構造、構法若しくは工法又は断熱材の施工法を採用している場合にあっては、それぞれの構造、構法若しくは工法又は断熱材の施工法に応じた各部位の熱貫流率の基準値を適用するものとする。

4 「土間床等」とは、地盤面をコンクリートその他これに類する材料で覆ったもの又は床裏が外気に通じないものをいう。以下同じ。

5 土間床等の外周部分の基礎壁は、当該基礎壁の室外側若しくは室内側又はその両方において、断熱材が地盤面に対して垂直であり、かつ、基礎底盤上端から基礎天端まで連続して施工されたもの又はこれと同等以上の断熱性能を確保できるものとしなければならない。

6 表において、床の外気に接する部分のうち単位住戸の床面積の合計に 0.05 を乗じた面積以下の部分については、その他の部分とみなすことができる。

ロ　断熱材の熱抵抗の基準

(イ)　各部位（鉄骨造における壁であって断熱材の施工法が充填断熱（木造軸組構法、木造枠組壁工法又は鉄骨造において、屋根にあっては屋根組材の間、天井にあっては天井面、壁にあっては柱、間柱、たて枠の間及び外壁と内壁との間、床にあっては床組材の間に断熱施工する方法をいう。以下同じ。）であるものを除く。）の断熱材の熱抵抗が、建築物の種類、構造、構法又は工法、断熱材の施工法及び地域の区分に応じ、次の表に掲げる基準値以上であること。

建築物の種類	構造、構法又は工法	部位		断熱材の施工法	断熱材の熱抵抗の基準値（単位　㎡・度／W）				
					地域の区分				
					1及び2	3	4	5、6及び7	8
一戸建ての住宅	鉄筋コンクリート造等	屋根又は天井		内断熱	8.9	5.4	5.4	5.4	0.7
				外断熱	10.9	6.1	6.1	6.1	0.6
				両面断熱	5.7	4.0	4.0	4.0	0.6
		壁		内断熱	5.4	2.7	2.7	2.7	
				外断熱又は両面断熱	2.8	1.8	1.8	1.8	
		床	外気に接する部分	内断熱又は両面断熱	5.3	5.3	2.3	2.3	
				外断熱	12.3	12.3	3.2	3.2	
			その他の部分	内断熱又は両面断熱	2.9	2.9	1.3	1.3	
				外断熱	5.9	5.9	1.8	1.8	
		土間床等の外周部分の基礎壁	外気に接する部分	内断熱、外断熱又は両面断熱	3.5	3.5	1.7	1.7	
			その他の部分		1.2	1.2	0.5	0.5	
	木造軸組構法	屋根又は天井	屋根	充填断熱	6.6	4.6	4.6	4.6	0.96
			天井		5.7	4.0	4.0	4.0	0.78
		壁			3.3	2.2	2.2	2.2	
		床	外気に接する部分		5.2	5.2	3.3	3.3	
			その他の部分		3.3	3.3	2.2	2.2	
		土間床等の外周部分の基礎壁	外気に接する部分	内断熱、外断熱又は両面断熱	3.5	3.5	1.7	1.7	
			その他の部分		1.2	1.2	0.5	0.5	
	木造枠組壁工法	屋根又は天井	屋根	充填断熱	6.6	4.6	4.6	4.6	0.96
			天井		5.7	4.0	4.0	4.0	0.89
		壁			3.6	2.3	2.3	2.3	
		床	外気に接する部分		4.2	4.2	3.1	3.1	
			その他の部分		3.1	3.1	2.0	2.0	
		土間床等の外周部分の基礎	外気に接する部分	内断熱、外断熱又は両面断熱	3.5	3.5	1.7	1.7	

		壁	その他の部分		1.2	1.2	0.5	0.5	
	木造軸組構法、木造枠組壁工法又は鉄骨造	屋根又は天井		外張断熱又は内張断熱	5.7	4.0	4.0	4.0	0.78
		壁			2.9	1.7	1.7	1.7	
		床	外気に接する部分		3.8	3.8	2.5	2.5	
			その他の部分						
		土間床等の外周部分の基礎壁	外気に接する部分	内断熱、外断熱又は両面断熱	3.5	3.5	1.7	1.7	
			その他の部分		1.2	1.2	0.5	0.5	
共同住宅等又は複合建築物の住宅部分	鉄筋コンクリート造等	屋根又は天井		内断熱	2.5	1.6	1.2	0.9	0.7
				外断熱又は両面断熱	2.3	1.6	1.1	0.9	0.6
		壁		内断熱	1.9	1.2	0.8	0.8	
				外断熱又は両面断熱	1.4	1.0	0.7	0.7	
		床	外気に接する部分	内断熱又は両面断熱	2.0	1.4	1.0	0.8	
				外断熱	3.5	2.0	1.3	1.0	
			その他の部分	内断熱又は両面断熱	1.2	0.8	0.5	0.4	
				外断熱	2.2	1.2	0.7	0.5	
		土間床等の外周部分の基礎壁	外気に接する部分	内断熱、外断熱又は両面断熱	1.7	0.6	0.6	0.6	
			その他の部分		0.5	0.1	0.1	0.1	
	木造軸組構法又は木造枠組壁工法	屋根又は天井	屋根	充填断熱	2.9	2.0	1.4	1.1	1.0
			天井		2.3	1.6	1.1	0.9	0.8
		壁			2.5	1.8	1.1	1.1	
		床	外気に接する部分		3.4	2.9	2.9	2.9	
			その他の部分		2.1	1.7	1.7	1.7	
		土間床等の外周部分の基礎壁	外気に接する部分	内断熱、外断熱又は両面断熱	1.2	0.6	0.6	0.6	
			その他の部分		0.4	0.1	0.1	0.1	
	木造軸組構	屋根又は天井		外張断熱又は内張断熱	2.5	1.7	1.2	1.0	0.9
		壁			2.2	1.6	1.0	1.0	

	法、木造枠組壁工法又は鉄骨造	床	外気に接する部分		3.1	2.6	2.6	2.6	
			その他の部分						
		土間床等の外周部分の基礎壁	外気に接する部分	内断熱、外断熱又は両面断熱	1.2	0.6	0.6	0.6	
			その他の部分		0.4	0.1	0.1	0.1	

備考
1　木造軸組構法、木造枠組壁工法又は鉄骨造において、「外張断熱」とは、屋根及び天井にあっては屋根たる木、小屋梁及び軒桁の室外側、壁にあっては柱、間柱及びたて枠の室外側、外気に接する床にあっては床組材の室外側に断熱施工する方法をいい、「内張断熱」とは、壁において柱及び間柱の室内側に断熱施工する方法をいう。以下(イ)において同じ。
2　単位住戸において複数の構造、構法若しくは工法又は断熱材の施工法を採用している場合にあっては、それぞれの構造、構法若しくは工法又は断熱材の施工法に応じた各部位の断熱材の熱抵抗の基準値を適用するものとする。
3　鉄筋コンクリート造等において、両面断熱を採用している場合にあっては、室外側の断熱材の熱抵抗と室内側の断熱材の熱抵抗の合計値について、表に掲げる両面断熱の基準値により判定する。
4　木造軸組構法又は木造枠組壁工法において、一の部位に充填断熱と外張断熱を併用している場合にあっては、外張部分の断熱材の熱抵抗と充填部分の断熱材の熱抵抗の合計値について、表に掲げる充填断熱の基準値により判定する。
5　土間床等の外周部分の基礎壁は、当該基礎壁の室外側若しくは室内側又はその両方において、断熱材が地盤面に対して垂直であり、かつ、基礎底盤上端から基礎天端まで連続して施工されたもの又はこれと同等以上の断熱性能を確保できるものとしなければならない。
6　表において、床の外気に接する部分のうち単位住戸の床面積の合計に0.05を乗じた面積以下の部分については、その他の部分とみなすことができる。

(ロ)　鉄骨造における壁であって断熱材の施工法が充填断熱であるものの当該断熱材の熱抵抗が、建築物の種類、外装材（鉄骨柱及び梁の外気側において鉄骨柱又は梁に直接接続する面状の材料をいう。以下(ロ)において同じ。）の熱抵抗、断熱材を施工する箇所の区分、鉄骨柱が存する部分以外の壁（以下(ロ)において「一般部」という。）の断熱層を貫通する金属製下地部材（以下(ロ)において「金属部材」という。）の有無及び地域の区分に応じ、次の表に掲げる基準値以上であること。

建築物の種類	外装材の熱抵抗	断熱材を施工する箇所の区分	一般部の断熱層を貫通する金属部材の有無	断熱材の熱抵抗の基準値（単位　㎡・度/W）				
				地域の区分				
				1及び2	3	4	5、6及び7	8
一戸建ての住宅	0.56以上	鉄骨柱、鉄骨梁部分		1.91	0.63	0.08	0.08	
		一般部	なし	2.12	1.08	1.08	1.08	
			あり	3.57	2.22	2.22	2.22	
		金属部材	あり	0.72	0.33	0.33	0.33	

	0.15 以上 0.56 未満	鉄骨柱、 鉄骨梁 部分		1.91	0.85	0.31	0.31	
		一般部	なし	2.43	1.47	1.47	1.47	
			あり	3.57	2.22	2.22	2.22	
		金属部材	あり	1.08	0.50	0.50	0.50	
	0.15 未満	鉄骨柱、 鉄骨梁 部分		1.91	1.27	0.63	0.63	
		一般部	なし	3.00	1.72	1.72	1.72	
			あり	3.57	2.22	2.22	2.22	
		金属部材	あり	1.43	0.72	0.72	0.72	
共同住宅等又は複合建築物の住宅部分	0.5 以上	鉄骨柱、 鉄骨梁 部分		1.2	1.2	0.4	0.4	
		一般部	なし	1.5	1.0	1.0	1.0	
			あり	2.5	2.0	1.9	1.9	
		金属部材	あり	0.7	0.3	0.3	0.3	
	0.1 以上 0.5 未満	鉄骨柱、 鉄骨梁 部分		1.6	1.6	0.8	0.8	
		一般部	なし	1.9	1.4	1.4	1.4	
			あり	3.0	2.4	2.3	2.3	
		金属部材	あり	1.2	0.7	0.7	0.7	
	0.1 未満	鉄骨柱、 鉄骨梁 部分		1.7	1.7	0.9	0.9	
		一般部	なし	2.0	1.5	1.5	1.5	
			あり	3.1	2.5	2.4	2.4	
		金属部材	あり	1.3	0.8	0.8	0.8	

ハ　構造熱橋部の基準

鉄筋コンクリート造等において、床、間仕切壁等が断熱層を貫通する部分(乾式構造による界壁、間仕切壁等の部分及び玄関床部分を除く。以下ハにおいて「構造熱橋部」という。)においては、内断熱又は外断熱を採用している場合にあっては、断熱材の施工法及び地域の区分に応じ次の表に掲げる基準値以上、両面断熱を採用している場合にあっては、室内側の断熱材の熱抵抗値が室外側の断熱材の熱抵抗値以上となる場合には次の表に掲げる内断熱に係る基準値以上、室内側の断熱材の熱抵抗値が室外側の断熱材の熱抵抗値未満となる場合には次の表に掲げる外断熱に係る基準値以上となる熱抵抗の断熱補強（構造熱橋部に断熱材等を補うことにより断熱性能を強化することをいう。以下ハにおいて同じ。)を、床、間仕切壁等の両面に行うこと。ただし、柱、梁等が壁又は床の断熱層を貫通し、かつ、壁又は床から柱、梁等の突出先端部までの長さが 900㎜未満であるときは、当該柱、梁等がないものとして扱うこととする。

断熱材の施工法		地域の区分			
		1 及び 2	3 及び 4	5、6 及び 7	8
内断熱	断熱補強の範囲（単位　㎜）	900	600	450	
	断熱補強の熱抵抗の基準値（単位　㎡・度 /W）	0.6	0.6	0.6	

外断熱	断熱補強の範囲（単位　mm）	450	300	200	
	断熱補強の熱抵抗の基準値（単位　㎡・度/W）	0.6	0.6	0.6	

(3) 開口部の断熱性能等に関する基準

開口部を(1)に定めるところにより断熱構造とする場合にあっては、次のイ及びロに定める基準によること。

イ　開口部（窓の面積（当該窓が２以上の場合においては、その合計の面積）が単位住戸の床面積に0.02を乗じた数値以下となるものを除くことができる。）の熱貫流率が、地域の区分に応じ、次の表に掲げる基準値以下であること。

熱貫流率の基準値（単位　W/㎡・度）			
地域の区分			
1、2及び3	4	5、6及び7	8
2.3	3.5	4.7	

ロ　開口部（当該開口部の面積の大部分が透明材料であるものに限る。以下ロにおいて同じ。）（天窓以外の開口部で、当該開口部の面積（当該開口部が２以上の場合においては、その合計の面積）が単位住戸の床面積に0.04を乗じた数値以下となるものを除くことができる。）の建具、付属部材（紙障子、外付けブラインド（開口部の直近室外側に設置され、金属製スラット等の可変により日射調整機能を有するブラインドをいう。以下ロにおいて同じ。）及びその他これらと同等以上の日射遮蔽性能を有し、開口部に建築的に取り付けられるものをいう。以下ロにおいて同じ。）及びひさし、軒等（オーバーハング型の日除けで、外壁からの出寸法がその下端から開口部下端までの高さの0.3倍以上のものをいう。以下ロにおいて同じ。）が、建築物の種類及び地域の区分に応じ、次の表に掲げる事項に該当するもの又はこれと同等以上の性能を有するものであること。

建築物の種類	地域の区分	建具の種類若しくはその組合せ又は付属部材若しくはひさし、軒等の設置に関する事項
一戸建ての住宅	1、2、3及び4	
	5、6及び7	次のイからニまでのいずれかに該当するもの イ　開口部の日射熱取得率が0.59以下であるもの ロ　ガラスの日射熱取得率が0.73以下であるもの ハ　付属部材を設けるもの ニ　ひさし、軒等を設けるもの
	8	次のイからニまでのいずれかに該当するもの イ　開口部の日射熱取得率が0.53以下であるもの ロ　ガラスの日射熱取得率が0.66以下であるもの ハ　付属部材を設けるもの ニ　ひさし、軒等を設けるもの
共同住宅等又は複合建築物の住宅部分	1、2、3、4、5、6及び7	
	8	北±22.5度以外の方位に設置された開口部が次のイからニまでのいずれかに該当するもの イ　開口部の日射熱取得率が0.52以下であるもの ロ　ガラスの日射熱取得率が0.65以下であるもの ハ　付属部材を設けるもの ニ　ひさし、軒等を設けるもの
備考 1　「開口部の日射熱取得率」は、日本産業規格A2103に定める計算方法又は日本産業規格A1493に定める測定方法によるものとする。 2　「ガラスの日射熱取得率」は、日本産業規格R3106に定める測定方法によるものとする。		

2　一次エネルギー消費量に関する基準

基準省令第１条第１項第二号ロ(3)の一次エネルギー消費量に関する国土交通大臣が定める基準は、暖房設備、冷房設備、全般換気設備（建築基準法施行令（昭和 25 年政令第 338 号）第 20 条の８第１項に規定する基準に適合する換気設備をいう。以下同じ。）、照明設備及び給湯設備のそれぞれについて、次のとおりとする。ただし、浴室等（浴室その他浴槽又は身体の清浄を目的とした設備を有する室をいう。）、台所及び洗面所がない場合は、(5)の規定は適用しない。

(1)　単位住戸（地域の区分のうち８の地域に存するものを除く。）に採用する暖房設備が、暖房方式及び地域の区分に応じ、次の表に掲げる事項に該当するもの又は建築物エネルギー消費性能基準等を定める省令における算出方法等に係る事項（平成 28 年国土交通省告示第 265 号。以下「算出方法等に係る事項」という。）に定める算出方法を用いる方法においてこれと同等以上の評価となるものであること。

暖房方式	暖房設備及びその効率に関する事項	
	地域の区分	
	1、2、3及び4	5、6及び7
単位住戸全体を暖房する方式	ダクト式セントラル空調機であって、ヒートポンプを熱源とするもの	
居室のみを暖房する方式	次のイからハまでのいずれかに該当するもの イ　温水暖房用パネルラジエーターであって、次の(イ)から(ハ)までのいずれかの熱源機を用い、かつ、配管に断熱被覆があるもの (イ)　石油熱源機であって、日本産業規格 S3031 に規定する熱効率が 83.0％以上であるもの (ロ)　ガス熱源機であって、日本産業規格 S2112 に規定する熱効率が 78.9％以上であるもの (ハ)　フロン類が冷媒として使用された電気ヒートポンプ熱源機 ロ　強制対流式の密閉式石油ストーブであって、日本産業規格 S3031 に規定する熱効率が 86.0％以上であるもの ハ　ルームエアコンディショナーであって、日本産業規格 B8615-1 に規定する暖房能力を消費電力で除した数値が、以下の算出式により求められる基準値以上であるもの － 0.321 ×暖房能力（単位　kW）＋ 6.16	次のイ又はロのいずれかに該当するもの イ　温水暖房用パネルラジエーターであって、次の(イ)から(ハ)までのいずれかの熱源機を用い、かつ、配管に断熱被覆があるもの (イ)　石油熱源機であって、日本産業規格 S3031 に規定する熱効率が 87.8％以上であるもの (ロ)　ガス熱源機であって、日本産業規格 S2112 に規定する熱効率が 82.5％以上であるもの (ハ)　フロン類が冷媒として使用された電気ヒートポンプ熱源機 ロ　ルームエアコンディショナーであって、日本産業規格 B8615-1 に規定する暖房能力を消費電力で除した数値が、以下の算出式により求められる基準値以上であるもの － 0.321 ×暖房能力（単位　kW）＋ 6.16

(2)　単位住戸に採用する冷房設備が、冷房方式に応じ、次の表に掲げる事項に該当するもの又は算出方法等に係る事項に定める算出方法を用いる方法においてこれと同等以上の評価となるものであること。

冷房方式	冷房設備及びその効率に関する事項
単位住戸全体を冷房する方式	ダクト式セントラル空調機であって、ヒートポンプを熱源とするもの
居室のみを冷房する方式	ルームエアコンディショナーであって、日本産業規格 B8615-1 に規定する冷房能力を消費電力で除した数値が、以下の算出式により求められる基準値以上であるもの

	− 0.504 ×冷房能力（単位　kW）＋ 5.88

⑶　単位住戸に採用する全般換気設備が、次のイからニまでのいずれかに該当するもの又は算出方法等に係る事項に定める算出方法を用いる方法においてこれと同等以上の評価となるものであること。

イ　比消費電力（熱交換換気設備を採用する場合にあっては、比消費電力を有効換気量率で除した値）が0.3（単位　W/㎥·h）以下の換気設備

ロ　内径75mm以上のダクト及び直流電動機を用いるダクト式第一種換気設備（熱交換換気設備を採用しない場合に限る。）

ハ　内径75mm以上のダクトを用いるダクト式第二種換気設備又はダクト式第三種換気設備

ニ　壁付式第二種換気設備又は壁付式第三種換気設備

⑷　単位住戸に採用する照明設備について、非居室に白熱灯又はこれと同等以下の性能の照明設備を採用しないこと。

⑸　単位住戸に採用する給湯設備（排熱利用設備を含む。）が、地域の区分に応じ、次の表に掲げる事項に該当するもの又は算出方法等に係る事項に定める算出方法を用いる方法においてこれと同等以上の評価となるものであること。

地域の区分	
1、2、3及び4	5、6、7及び8
次のイからハまでのいずれかに該当するもの イ　石油給湯機であって、日本産業規格S2075に規定するモード熱効率が81.3％以上であるもの ロ　ガス給湯機であって、日本産業規格S2075に規定するモード熱効率が83.7％以上であるもの ハ　二酸化炭素（CO_2）が冷媒として使用された電気ヒートポンプ給湯機であって、日本産業規格C9220に規定するふろ熱回収機能を使用しない場合の年間給湯保温効率又は年間給湯効率が、地域の区分に応じ、次に掲げる基準値以上であるもの (イ)　1の地域　3.5 (ロ)　2の地域　3.2 (ハ)　3の地域　3.0 (ニ)　4の地域　2.9	次のイからハまでのいずれかに該当するもの イ　石油給湯機であって、日本産業規格S2075に規定するモード熱効率が77.8％以上であるもの ロ　ガス給湯機であって、日本産業規格S2075に規定するモード熱効率が78.2％以上であるもの ハ　二酸化炭素（CO_2）が冷媒として使用された電気ヒートポンプ給湯機

地域の気候及び風土に応じた住宅であることにより建築物エネルギー消費性能基準等を定める省令第1条第1項第二号イに適合させることが困難であるものとして国土交通大臣が定める基準

制定：令和元年11月15日　国土交通省告示第786号

建築物エネルギー消費性能基準等を定める省令（平成28年経済産業省・国土交通省令第1号）附則第2条の規定に基づき、地域の気候及び風土に応じた住宅であることにより同令第1条第1項第二号イに適合させることが困難であるものとして国土交通大臣が定める基準を次のように定める。

1　建築物エネルギー消費性能基準等を定める省令附則第2条に規定する地域の気候及び風土に応じた住宅であることにより同令第1条第1項第二号イに適合させることが困難であるものとして国土交通大臣が定める基準は、次の各号に掲げる要件に適合するものであることとする。

一　次のイからハまでのいずれかに該当するものであること

イ　外壁の過半が両面を真壁造とした土塗壁であること

ロ　外壁が両面を真壁造とした落とし込み板壁であること
ハ　次の⑴及び⑵に該当すること
⑴　外壁について、次の(ⅰ)から(ⅲ)までのいずれかに該当すること
(ⅰ)片面を真壁造とした土塗壁であること
(ⅱ)片面を真壁造とした落とし込み板壁であること
(ⅲ)過半が両面を真壁造とした落とし込み板壁であること
⑵　屋根、床及び窓について、次の(ⅰ)から(ⅲ)までのいずれかに該当すること
(ⅰ)屋根が化粧野地天井であること
(ⅱ)床が板張りであること
(ⅲ)窓の過半が地場製作の木製建具であること

二　所管行政庁が、その地方の自然的社会的条件の特殊性により、前号に掲げる要件のみでは、地域の気候及び風土に応じた住宅であると認められない場合において、当該要件に必要な要件を付加したものを別に定めている場合には、これに適合していること

2　所管行政庁は、その地方の自然的社会的条件の特殊性により、前項各号に掲げる要件では、地域の気候及び風土に応じた住宅であると認められない場合においては、当該要件と同等であると認められるものを別に定めることができる。

住宅部分の外壁、窓等を通しての熱の損失の防止に関する誘導基準及び一次エネルギー消費量に関する誘導基準

制定：令和 4 年 11 月 7 日　国土交通省告示第 1106 号

建築物エネルギー消費性能基準等を定める省令（平成 28 年経済産業省・国土交通省令第 1 号）第 10 条第二号イ⑵及び同号ロ⑵の規定に基づき、住宅部分の外壁、窓等を通しての熱の損失の防止に関する誘導基準及び一次エネルギー消費量に関する誘導基準を次のように定める。

1　外壁、窓等を通しての熱の損失の防止に関する誘導基準
建築物エネルギー消費性能基準等を定める省令（平成 28 年経済産業省·国土交通省令第 1 号。以下「基準省令」という。）第 10 条第二号イ⑵の外壁、窓等を通しての熱の損失の防止に関する国土交通大臣が定める基準は、次のとおりとする。
⑴　断熱構造とする部分
外皮については、地域の区分（基準省令第 1 条第 1 項第二号イ⑴の地域の区分をいう。以下同じ。）に応じ、断熱及び日射遮蔽のための措置を講じた構造（以下「断熱構造」という。）とすること。ただし、次のイからヘまでのいずれかに該当するもの又はこれらに類するものについては、この限りでない。
イ　居室に面する部位が断熱構造となっている物置、車庫又はこれらと同様の空間の居室に面する部位以外の部位
ロ　外気に通じる床裏、小屋裏又は天井裏に接する外壁
ハ　断熱構造となっている外壁から突き出した軒、袖壁又はベランダ
ニ　玄関、勝手口その他これらに類する部分における土間床部分
ホ　断熱措置がとられている浴室下部における土間床部分
ヘ　単位住戸（基準省令第 1 条第 1 項第二号イ⑴に規定する単位住戸をいう。以下同じ。）の外皮が当該単位住戸と同様の熱的環境の空間に接している場合における当該外皮
⑵　外皮の断熱性能等に関する基準
外皮（開口部を除く。）を⑴に定めるところにより断熱構造とする場合にあっては、次のイ又はロに定める基準及びハに定める基準によること。
イ　外皮の熱貫流率の基準
鉄筋コンクリート造、組積造その他これらに類する構造(以下「鉄筋コンクリート造等」という。)にあっては熱橋（構造部材、下地材その他断熱構造を貫通する部分であって、断熱性能が周囲

の部分より劣るものをいう。以下イにおいて同じ。）となる部分を除いた外皮の熱貫流率（内外の温度差１度の場合において１㎡当たり貫流する熱量をＷで表した数値であって、当該部位を熱の貫流する方向に構成している材料の種類及び厚さ、熱橋により貫流する熱量等を勘案して算出したものをいう。以下同じ。）が、その他の構造、構法又は工法にあっては熱橋となる部分による低減を勘案した外皮の熱貫流率が、それぞれ建築物の種類、部位、断熱材の施工法及び地域の区分に応じ、次の表に掲げる基準値以下であること。

建築物の種類	構造、構法又は工法	部位		断熱材の施工法	熱貫流率の基準値（単位　W/㎡・度）			
					地域の区分			
					1及び2	3	4、5、6及び7	8
一戸建ての住宅	鉄筋コンクリート造等	屋根又は天井		内断熱	0.11	0.16	0.16	1.18
				外断熱	0.09	0.14	0.14	1.26
				両面断熱	0.17	0.22	0.22	1.26
		壁		内断熱	0.11	0.26	0.26	
				外断熱又は両面断熱	0.26	0.42	0.42	
		床	外気に接する部分	内断熱又は両面断熱	0.18	0.18	0.39	
				外断熱	0.08	0.08	0.29	
			その他の部分	内断熱又は両面断熱	0.31	0.31	0.61	
				外断熱	0.16	0.16	0.46	
		土間床等の外周部分の基礎壁	外気に接する部分	内断熱、外断熱又は両面断熱	0.27	0.27	0.52	
			その他の部分		0.67	0.67	1.01	
	その他の構造、構法又は工法	屋根又は天井			0.17	0.22	0.22	0.99
		壁			0.28	0.44	0.44	
		床	外気に接する部分		0.24	0.24	0.34	
			その他の部分		0.34	0.34	0.48	
		土間床等の外周部分の基礎壁	外気に接する部分	内断熱、外断熱又は両面断熱	0.27	0.27	0.52	
			その他の部分		0.67	0.67	1.01	
共同住宅等又は複合建築物の住宅部分	鉄筋コンクリート造等	屋根又は天井		内断熱	0.29	0.40	0.56	1.18
				外断熱又は両面断熱	0.31	0.42	0.58	1.26
		壁		内断熱	0.43	0.62	0.70	
				外断熱又は両面断熱	0.59	0.78	0.86	

		床	外気に接する部分	内断熱又は両面断熱	0.35	0.46	0.62	
				外断熱	0.18	0.29	0.45	
			その他の部分	内断熱又は両面断熱	0.50	0.67	0.90	
				外断熱	0.26	0.43	0.66	
		土間床等の外周部分の基礎壁	外気に接する部分	内断熱、外断熱又は両面断熱	0.52	0.52	1.22	
			その他の部分		1.26	1.26	2.54	
	その他の構造、構法又は工法	屋根又は天井			0.28	0.47	0.58	0.99
		壁			0.47	0.57	0.62	
		床	外気に接する部分		0.34	0.34	0.40	
			その他の部分		0.49	0.49	0.57	
		土間床等の外周部分の基礎壁	外気に接する部分	内断熱、外断熱又は両面断熱	0.71	0.82	1.22	
			その他の部分		1.44	1.69	2.54	

備考

1　「一戸建ての住宅」とは、１棟の建築物からなる１戸の住宅をいい、「共同住宅等」とは、共同住宅、長屋その他の一戸建ての住宅以外の住宅をいい、「複合建築物」とは、基準省令第１条第１項第一号に規定する複合建築物をいい、「住宅部分」とは、建築物のエネルギー消費性能の向上に関する法律（平成27年法律第53号）第11条第１項に規定する住宅部分をいう。以下同じ。

2　「内断熱」とは、鉄筋コンクリートその他これに類する構造体（以下備考の２において「鉄筋コンクリート等の構造体」という。）の室内側に断熱施工する方法をいい、「外断熱」とは、鉄筋コンクリート等の構造体の室外側に断熱施工する方法をいい、「両面断熱」とは、鉄筋コンクリート等の構造体の室内側及び室外側の両方に断熱施工する方法をいう。以下同じ。

3　単位住戸において複数の構造、構法若しくは工法又は断熱材の施工法を採用している場合にあっては、それぞれの構造、構法若しくは工法又は断熱材の施工法に応じた各部位の熱貫流率の基準値を適用するものとする。

4　「土間床等」とは、地盤面をコンクリートその他これに類する材料で覆ったもの又は床裏が外気に通じないものをいう。以下同じ。

5　土間床等の外周部分の基礎壁は、当該基礎壁の室外側若しくは室内側又はその両方において、断熱材が地盤面に対して垂直であり、かつ、基礎底盤上端から基礎天端まで連続して施工されたもの又はこれと同等以上の断熱性能を確保できるものとしなければならない。

6　表において、床の外気に接する部分のうち単位住戸の床面積の合計に0.05を乗じた面積以下の部分については、その他の部分とみなすことができる。

ロ　断熱材の熱抵抗の基準

(イ)　各部位（鉄骨造における壁であって断熱材の施工法が充填断熱（木造軸組構法、木造枠組壁工法又は鉄骨造において、屋根にあっては屋根組材の間、天井にあっては天井面、壁にあっては柱、間柱、たて枠の間及び外壁と内壁との間、床にあっては床組材の間に断熱施工する方法をいう。以下同じ。）であるものを除く。）の断熱材の熱抵抗が、建築物の種類、構造、構法又は工法、断熱材の施工法及び地域の区分に応じ、次の表に掲げる基準値以上であること。

建築物の種類	構造、構法又は工法	部位		断熱材の施工法	断熱材の熱抵抗の基準値（単位　㎡・度/W）			
					地域の区分			
					1及び2	3	4、5、6及び7	8
一戸建ての住宅	鉄筋コンクリート造等	屋根又は天井		内断熱	8.9	6.1	6.1	0.7
				外断熱	10.9	7.0	7.0	0.6
				両面断熱	5.7	4.4	4.4	0.6
		壁		内断熱	8.9	3.7	3.7	
				外断熱又は両面断熱	3.7	2.2	2.2	
		床	外気に接する部分	内断熱又は両面断熱	5.3	5.3	2.3	
				外断熱	12.3	12.3	3.2	
			その他の部分	内断熱又は両面断熱	2.9	2.9	1.3	
				外断熱	5.9	5.9	1.8	
		土間床等の外周部分の基礎壁	外気に接する部分	内断熱、外断熱又は両面断熱	3.5	3.5	1.7	
			その他の部分		1.2	1.2	0.7	
	木造軸組構法又は木造枠組壁工法	屋根又は天井	屋根	充填断熱	6.9	5.7	5.7	1.0
			天井		5.7	4.4	4.4	0.8
		壁			4.0	2.7	2.7	
		床	外気に接する部分		5.0	5.0	3.4	
			その他の部分		3.3	3.3	2.2	
		土間床等の外周部分の基礎壁	外気に接する部分	内断熱、外断熱又は両面断熱	3.5	3.5	1.7	
			その他の部分		1.2	1.2	0.7	
	木造軸組構法、木造枠組壁工法又は鉄骨造	屋根又は天井		外張断熱又は内張断熱	6.3	4.8	4.8	0.9
		壁			3.8	2.3	2.3	
		床	外気に接する部分		4.5	4.5	3.1	
			その他の部分					
		土間床等の外周部分の基礎壁	外気に接する部分	内断熱、外断熱又は両面断熱	3.5	3.5	1.7	
			その他の部分		1.2	1.2	0.7	
共同住宅等又は複合建築物の住宅部分	鉄筋コンクリート造等	屋根又は天井		内断熱	3.3	2.3	1.6	0.7
				外断熱又は両面断熱	3.1	2.2	1.6	0.6
		壁		内断熱	2.1	1.4	1.2	
				外断熱又は両面断熱	1.5	1.1	1.0	

		床	外気に接する部分	内断熱又は両面断熱	2.6	1.9	1.4	
				外断熱	5.3	3.2	2.0	
			その他の部分	内断熱又は両面断熱	1.7	1.1	0.8	
				外断熱	3.5	2.0	1.2	
		土間床等の外周部分の基礎壁	外気に接する部分	内断熱、外断熱又は両面断熱	1.7	1.7	0.6	
			その他の部分		0.5	0.5	0.1	
	木造軸組構法又は木造枠組壁工法	屋根又は天井	屋根	充填断熱	4.4	2.5	2.0	1.0
			天井		3.4	2.0	1.6	0.8
		壁			2.5	2.1	1.8	
		床	外気に接する部分		3.4	3.4	2.9	
			その他の部分		2.1	2.1	1.7	
		土間床等の外周部分の基礎壁	外気に接する部分	内断熱、外断熱又は両面断熱	1.2	1.0	0.6	
			その他の部分		0.4	0.3	0.1	
	木造軸組構法、木造枠組壁工法又は鉄骨造	屋根又は天井		外張断熱又は内張断熱	3.7	2.1	1.7	0.9
		壁			2.2	1.8	1.6	
		床	外気に接する部分		3.1	3.1	2.6	
			その他の部分					
		土間床等の外周部分の基礎壁	外気に接する部分	内断熱、外断熱又は両面断熱	1.2	1.0	0.6	
			その他の部分		0.4	0.3	0.1	

備考

1　木造軸組構法、木造枠組壁工法又は鉄骨造において、「外張断熱」とは、屋根及び天井にあっては屋根たる木、小屋梁及び軒桁の室外側、壁にあっては柱、間柱及びたて枠の室外側、外気に接する床にあっては床組材の室外側に断熱施工する方法をいい、「内張断熱」とは、壁において柱及び間柱の室内側に断熱施工する方法をいう。以下(イ)において同じ。

2　単位住戸において複数の構造、構法若しくは工法又は断熱材の施工法を採用している場合にあっては、それぞれの構造、構法若しくは工法又は断熱材の施工法に応じた各部位の断熱材の熱抵抗の基準値を適用するものとする。

3　鉄筋コンクリート造等において、両面断熱を採用している場合にあっては、室外側の断熱材の熱抵抗と室内側の断熱材の熱抵抗の合計値について、表に掲げる両面断熱の基準値により判定する。

4　木造軸組構法又は木造枠組壁工法において、一の部位に充填断熱と外張断熱を併用している場合にあっては、外張部分の断熱材の熱抵抗と充填部分の断熱材の熱抵抗の合計値について、表に掲げる充填断熱の基準値により判定する。

5　土間床等の外周部分の基礎壁は、当該基礎壁の室外側若しくは室内側又はその両方において、断熱材が地盤面に対して垂直であり、かつ、基礎底盤上端から基礎天端まで連続して施工されたもの又はこれと同等以上の断熱性能を確保できるものとしなければならない。

6	表において、床の外気に接する部分のうち単位住戸の床面積の合計に0.05を乗じた面積以下の部分については、その他の部分とみなすことができる。

(ロ) 鉄骨造における壁であって断熱材の施工法が充填断熱であるものの当該断熱材の熱抵抗が、建築物の種類、外装材（鉄骨柱及び梁の外気側において鉄骨柱又は梁に直接接続する面状の材料をいう。以下(ロ)において同じ。）の熱抵抗、断熱材を施工する箇所の区分、鉄骨柱が存する部分以外の壁（以下(ロ)において「一般部」という。）の断熱層を貫通する金属製下地部材（以下(ロ)において「金属部材」という。）の有無及び地域の区分に応じ、次の表に掲げる基準値以上であること。

建築物の種類	外装材の熱抵抗	断熱材を施工する箇所の区分	一般部の断熱層を貫通する金属部材の有無	断熱材の熱抵抗の基準値（単位　㎡・度/W）			
				地域の区分			
				1及び2	3	4、5、6及び7	8
一戸建ての住宅	0.5以上	鉄骨柱、鉄骨梁部分		1.2	1.2	1.2	
		一般部	なし	3.0	1.7	1.7	
			あり	3.2	2.7	2.7	
		金属部材	あり	1.4	0.9	0.9	
	0.1以上0.5未満	鉄骨柱、鉄骨梁部分		1.6	1.6	1.6	
		一般部	なし	3.4	2.1	2.1	
			あり	3.6	3.2	3.2	
		金属部材	あり	1.8	1.4	1.4	
	0.1未満	鉄骨柱、鉄骨梁部分		1.7	1.7	1.7	
		一般部	なし	3.5	2.2	2.2	
			あり	3.7	3.3	3.3	
		金属部材	あり	1.9	1.5	1.5	
共同住宅等又は複合建築物の住宅部分	0.5以上	鉄骨柱、鉄骨梁部分		1.2	1.2	1.2	
		一般部	なし	1.5	1.2	1.0	
			あり	2.5	2.1	2.0	
		金属部材	あり	0.7	0.5	0.3	
	0.1以上0.5未満	鉄骨柱、鉄骨梁部分		1.6	1.6	1.6	
		一般部	なし	1.9	1.6	1.4	
			あり	3.0	2.5	2.4	
		金属部材	あり	1.2	0.9	0.7	

	0.1 未満	鉄骨柱、鉄骨梁部分		1.7	1.7	1.7	
		一般部	なし	2.0	1.7	1.5	
			あり	3.1	2.6	2.5	
		金属部材	あり	1.3	1.0	0.8	

ハ　構造熱橋部の基準

鉄筋コンクリート造等において、床、間仕切壁等が断熱層を貫通する部分(乾式構造による界壁、間仕切壁等の部分及び玄関床部分を除く。以下ハにおいて「構造熱橋部」という。)においては、内断熱又は外断熱を採用している場合にあっては、断熱材の施工法及び地域の区分に応じ次の表に掲げる基準値以上、両面断熱を採用している場合にあっては、室内側の断熱材の熱抵抗値が室外側の断熱材の熱抵抗値以上となる場合には次の表に掲げる内断熱に係る基準値以上、室内側の断熱材の熱抵抗値が室外側の断熱材の熱抵抗値未満となる場合には次の表に掲げる外断熱に係る基準値以上となる熱抵抗の断熱補強（構造熱橋部に断熱材等を補うことにより断熱性能を強化することをいう。以下ハにおいて同じ。)を、床、間仕切壁等の両面に行うこと。ただし、柱、梁等が壁又は床の断熱層を貫通し、かつ、壁又は床から柱、梁等の突出先端部までの長さが 900mm 未満であるときは、当該柱、梁等がないものとして扱うこととする。

断熱材の施工法		地域の区分			
		1 及び２	3 及び４	5、6 及び７	8
内断熱	断熱補強の範囲（単位　mm）	900	600	450	
	断熱補強の熱抵抗の基準値（単位　㎡・度／W）	0.6	0.6	0.6	
外断熱	断熱補強の範囲（単位　mm）	450	300	200	
	断熱補強の熱抵抗の基準値（単位　㎡・度／W）	0.6	0.6	0.6	

(3)　開口部の断熱性能等に関する基準

開口部を(1)に定めるところにより断熱構造とする場合にあっては、次のイ及びロに定める基準によること。

イ　開口部（窓の面積（当該窓が２以上の場合においては、その合計の面積）が単位住戸の床面積に 0.02 を乗じた数値以下となるものを除くことができる。）の熱貫流率が、建築物の種類及び地域の区分に応じ、次の表に掲げる基準値以下であること。

建築物の種類	熱貫流率の基準値（単位　W/㎡・度）			
	地域の区分			
	１及び２	3	4、5、６及び７	8
一戸建ての住宅	1.9	1.9	2.3	
共同住宅等又は複合建築物の住宅部分	1.9	2.3	2.9	

ロ　開口部（当該開口部の面積の大部分が透明材料であるものに限る。以下ロにおいて同じ。）(天窓以外の開口部で、当該開口部の面積(当該開口部が２以上の場合においては、その合計の面積）が単位住戸の床面積に 0.04 を乗じた数値以下となるものを除くことができる。）の建具、付属部材（紙障子、外付けブラインド（開口部の直近室外側に設置され、金属製スラット等の可変により日射調整機能を有するブラインドをいう。以下ロにおいて同じ。）及びその他これらと同等以上の日射遮蔽性能を有し、開口部に建築的に取り付けられるものをいう。以下ロにおいて同じ。）及びひさし、軒等（オーバーハング型の日除けで、外壁からの出寸法がその下端から開口部下端までの高さの 0.3 倍以上のものをいう。以下ロにおいて同じ。）が、建築物の種類及び地域の区分に応じ、次の表に掲げる事項に該当するもの又はこれと同等以上の性能を有するものであること。

建築物の種類	地域の区分	建具の種類若しくはその組合せ又は付属部材若しくはひさし、軒等の設置に関する事項
一戸建ての住宅	1、2、3及び4	
	5、6及び7	次のイからニまでのいずれかに該当するもの イ　開口部の日射熱取得率が0.59以下であるもの ロ　ガラスの日射熱取得率が0.73以下であるもの ハ　付属部材を設けるもの ニ　ひさし、軒等を設けるもの
	8	次のイからニまでのいずれかに該当するもの イ　開口部の日射熱取得率が0.53以下であるもの ロ　ガラスの日射熱取得率が0.66以下であるもの ハ　付属部材を設けるもの ニ　ひさし、軒等を設けるもの
共同住宅等又は複合建築物の住宅部分	1、2、3、4、5、6及び7	
	8	北±22.5度以外の方位に設置された開口部が次のイからニまでのいずれかに該当するもの イ　開口部の日射熱取得率が0.52以下であるもの ロ　ガラスの日射熱取得率が0.65以下であるもの ハ　付属部材を設けるもの ニ　ひさし、軒等を設けるもの
備考 1「開口部の日射熱取得率」は、日本産業規格A2103に定める計算方法又は日本産業規格A1493に定める測定方法によるものとする。 2「ガラスの日射熱取得率」は、日本産業規格R3106に定める測定方法によるものとする。		

2　一次エネルギー消費量に関する誘導基準

基準省令第10条第二号ロ⑵の一次エネルギー消費量に関する国土交通大臣が定める基準は、暖房設備、冷房設備、全般換気設備（建築基準法施行令（昭和25年政令第338号）第20条の8第1項に規定する基準に適合する換気設備をいう。以下同じ。）、照明設備及び給湯設備のそれぞれについて、次のとおりとする。ただし、浴室等（浴室その他浴槽又は身体の清浄を目的とした設備を有する室をいう。）、台所及び洗面所がない場合は、⑸の規定は適用しない。

⑴　単位住戸（地域の区分のうち8の地域に存するものを除く。）に採用する暖房設備が、暖房方式に応じ、次の表に掲げる事項に該当するもの又は建築物エネルギー消費性能基準等を定める省令における算出方法等に係る事項（平成28年国土交通省告示第265号。以下「算出方法等に係る事項」という。）に定める算出方法を用いる方法においてこれと同等以上の評価となるものであること。

暖房方式	暖房設備及びその効率に関する事項
単位住戸全体を暖房する方式	ダクト式セントラル空調機であって、次のイからハまでのいずれにも該当するもの（単位住戸に熱交換換気設備を採用する場合に限る。） イ　ヒートポンプを熱源とするもの ロ　可変風量制御方式であるもの ハ　外皮の室内側に全てのダクトを設置するもの
居室のみを暖房する方式	次のイ又はロのいずれかに該当するもの イ　温水暖房用パネルラジエーターであって、次の(イ)から(ハ)までのいずれかの熱源機を用い、かつ、配管に断熱被覆があるもの (イ)　潜熱回収型の石油熱源機 (ロ)　潜熱回収型のガス熱源機 (ハ)　フロン類が冷媒として使用された電気ヒートポンプ熱源機 ロ　ルームエアコンディショナーであって、日本産業規格B8615-1に規定する暖房能力を消費電力で除した数値が、以下の算出式により求められる基準値以上であるもの（地域の区分のうち1の地域又は2の地域に存する単位

	住戸にあっては、当該単位住戸に熱交換換気設備を採用する場合に限る。） － 0.352 ×暖房能力（単位　kW）＋ 6.51

⑵　単位住戸に採用する冷房設備が、冷房方式に応じ、次の表に掲げる事項に該当するもの又は算出方法等に係る事項に定める算出方法を用いる方法においてこれと同等以上の評価となるものであること。

冷房方式	冷房設備及びその効率に関する事項
単位住戸全体を冷房する方式	ダクト式セントラル空調機であって、次のイからハまでのいずれにも該当するもの イ　ヒートポンプを熱源とするもの ロ　可変風量制御方式であるもの ハ　外皮の室内側に全てのダクトを設置するもの
居室のみを冷房する方式	ルームエアコンディショナーであって、日本産業規格 B8615-1 に規定する冷房能力を消費電力で除した数値が、以下の算出式により求められる基準値以上であるもの － 0.553 ×冷房能力（単位　kW）＋ 6.34

⑶　単位住戸に採用する全般換気設備が、熱交換換気設備の有無に応じ、次の表に掲げる事項に該当するもの又は算出方法等に係る事項に定める算出方法を用いる方法においてこれと同等以上の評価となるものであること。

熱交換換気設備の有無	
なし	あり
次のイからニまでのいずれかに該当するもの イ　比消費電力が 0.3（単位　W/㎥･h）以下の換気設備 ロ　内径 75mm 以上のダクト及び直流電動機を用いるダクト式第一種換気設備 ハ　内径 75mm 以上のダクトを用いるダクト式第二種換気設備又はダクト式第三種換気設備 ニ　壁付式第二種換気設備又は壁付式第三種換気設備	次のイ及びロのいずれにも該当するもの イ　内径 75mm 以上のダクト及び直流電動機を用いるダクト式第一種換気設備であって、有効換気量率が 0.8 以上であるもの ロ　熱交換換気設備が、日本産業規格 B8628 に規定する温度交換効率が 70％以上のものであるもの

⑷　単位住戸に採用する全ての照明設備について、LED 又はこれと同等以上の性能のものを採用すること。

⑸　単位住戸に採用する給湯設備（排熱利用設備及び浴槽を含む。）が、次のイ及びロのいずれにも該当するもの又は算出方法等に係る事項に定める算出方法を用いる方法においてこれと同等以上の評価となるものであること。

イ　次の(イ)から(ハ)までのいずれかに該当するもの

(イ)　石油給湯機であって、日本産業規格 S2075 に規定するモード熱効率が 84.9％以上であるもの（地域の区分のうち８の地域に存する単位住戸に採用されるものを除く。）

(ロ)　ガス給湯機であって、日本産業規格 S2075 に規定するモード熱効率が 86.6％以上であるもの（地域の区分のうち８の地域に存する単位住戸に採用されるものを除く。）

(ハ)　二酸化炭素（CO_2）が冷媒として使用された電気ヒートポンプ給湯機であって、日本産業規格 C9220 に規定するふろ熱回収機能を使用しない場合の年間給湯保温効率又は年間給湯効率が 3.3 以上であるもの

ロ　次の(イ)から(ハ)までのいずれにも該当するもの

(イ)　給湯機の配管がヘッダー方式であって、ヘッダーから分岐する全ての配管の呼び径が 13A 以下であるもの

(ロ)　浴室シャワー水栓として手元止水機構及び小流量吐水機構が設けられた節湯水栓を用いるもの

(ハ)　高断熱浴槽を採用するもの

施行日以後認定申請建築物の非住宅部分のうち増築、改築又は修繕等をする部分の一次エネルギー消費量並びに住宅部分のうち増築、改築又は修繕等をする部分の外壁、窓等を通じての熱の損失の防止及び一次エネルギー消費量に関する基準

制定：令和４年11月７日　国土交通省告示第1107号

建築物エネルギー消費性能基準等を定める省令の一部を改正する省令（令和４年経済産業省・国土交通省令第１号）附則第３項及び第４項の規定に基づき、施行日以後認定申請建築物の非住宅部分のうち増築、改築又は修繕等をする部分の一次エネルギー消費量並びに住宅部分のうち増築、改築又は修繕等をする部分の外壁、窓等を通じての熱の損失の防止及び一次エネルギー消費量に関する基準を次のように定める。

第1　施行日以後認定申請建築物の非住宅部分のうち増築、改築又は修繕等をする部分の一次エネルギー消費量に関する基準

1　建築物エネルギー消費性能基準等を定める省令の一部を改正する省令（令和４年経済産業省・国土交通省令第１号。以下「改正基準省令」という。）附則第３項の一次エネルギー消費量に関する国土交通大臣が定める基準（以下「附則第３項基準」という。）は、次の各号のいずれかに適合することとする。

一　施行日以後認定申請建築物（改正基準省令附則第２項に規定する施行日以後認定申請建築物をいう。以下同じ。）の非住宅部分のうち増築､改築又は修繕等をする部分（以下「対象部分」という。）の特例増改築等誘導設計一次エネルギー消費量（実際の設計仕様の条件を基に算定した一次エネルギー消費量（建築物エネルギー消費性能基準等を定める省令（平成28年経済産業省・国土交通省令第１号。以下「基準省令」という。）第１条第１項第一号イに規定する一次エネルギー消費量をいう。以下同じ。）であって、対象部分のエネルギー消費性能が附則第３項基準に適合するかどうかの審査に用いるものをいう。以下同じ。）が、当該対象部分の特例増改築等誘導基準一次エネルギー消費量（床面積、設備等の条件により定まる附則第３項基準となる一次エネルギー消費量をいう。以下同じ。）を超えないこと。ただし、対象部分が２以上である場合にあっては、当該対象部分ごとに算出した特例増改築等誘導設計一次エネルギー消費量を合計した数値が、当該対象部分ごとに算出した特例増改築等誘導基準一次エネルギー消費量を合計した数値を超えないこと。

二　施行日以後認定申請建築物の非住宅部分の用途と同一の用途の一次エネルギー消費量モデル建築物（基準省令第１条第１項第一号ロに規定する一次エネルギー消費量モデル建築物をいう。以下同じ。）のうち対象部分の用途と同一の用途の部分の特例増改築等誘導設計一次エネルギー消費量が、当該一次エネルギー消費量モデル建築物のうち当該部分の特例増改築等誘導基準一次エネルギー消費量を超えないこと。ただし、対象部分が２以上である場合にあっては、当該一次エネルギー消費量モデル建築物のうち当該対象部分の各用途と同一の用途の部分ごとに算出した特例増改築等誘導設計一次エネルギー消費量を合計した数値が、当該一次エネルギー消費量モデル建築物のうち当該部分ごとに算出した特例増改築等誘導基準一次エネルギー消費量を合計した数値を超えないこと。

2　前項第一号の対象部分の特例増改築等誘導設計一次エネルギー消費量及び同項第二号の一次エネルギー消費量モデル建築物の部分の特例増改築等誘導設計一次エネルギー消費量は、次の式により算出した数値（その数値に小数点以下一位未満の端数があるときは、これを切り上げる。次項において同じ。）とする。

$$E_T = (E_{AC} + E_V + E_L + E_W + E_{EV} - E_S + E_M) \times 10^{-3}$$

この式において、E_T、E_{AC}、E_V、E_L、E_W、E_{EV}、E_S及びE_Mは、それぞれ次の数値を表すものとする。

E_T　特例増改築等誘導設計一次エネルギー消費量（単位　GJ/年）
E_{AC}　基準省令第２条第１項の空気調和設備の設計一次エネルギー消費量（単位　MJ/年）
E_V　基準省令第２条第１項の空気調和設備以外の機械換気設備の設計一次エネルギー消費量（単位　MJ/年）
E_L　基準省令第２条第１項の照明設備の設計一次エネルギー消費量（単位　MJ/年）
E_W　基準省令第２条第１項の給湯設備の設計一次エネルギー消費量（単位　MJ/年）
E_{EV}　基準省令第２条第１項の昇降機の設計一次エネルギー消費量（単位　MJ/年）
E_S　基準省令第11条第１項のエネルギー利用効率化設備による誘導設計一次エネルギー消費量

の削減量（単位　MJ/ 年）
E_M　基準省令第 2 条第 1 項のその他一次エネルギー消費量（単位　MJ/ 年）

3　第 1 項第一号の対象部分の特例増改築等誘導基準一次エネルギー消費量及び同項第二号の一次エネルギー消費量モデル建築物の部分の特例増改築等誘導基準一次エネルギー消費量は、次の式により算出した数値とする。

$$E_{ST} = \{(E_{SAC} + E_{SV} + E_{SL} + E_{SW} + E_{SEV}) \times B + E_M\} \times 10^{-3}$$

この式において、E_{ST}、E_{SAC}、E_{SV}、E_{SL}、E_{SW}、E_{SEV}、B 及び E_M は、それぞれ次の数値を表すものとする。
E_{ST}　特例増改築等誘導基準一次エネルギー消費量（単位　GJ/ 年）
E_{SAC}　基準省令第 3 条第 1 項の空気調和設備の基準一次エネルギー消費量（単位　MJ/ 年）
E_{SV}　基準省令第 3 条第 1 項の空気調和設備以外の機械換気設備の基準一次エネルギー消費量（単位　MJ/ 年）
E_{SL}　基準省令第 3 条第 1 項の照明設備の基準一次エネルギー消費量（単位　MJ/ 年）
E_{SW}　基準省令第 3 条第 1 項の給湯設備の基準一次エネルギー消費量（単位　MJ/ 年）
E_{SEV}　基準省令第 3 条第 1 項の昇降機の基準一次エネルギー消費量（単位　MJ/ 年）
B　基準省令別表第 2 に掲げる第 1 条第 1 項第一号イの非住宅部分の基準一次エネルギー消費量に対する誘導基準一次エネルギー消費量の割合
E_M　基準省令第 3 条第 1 項のその他一次エネルギー消費量（単位　MJ/ 年）

第2　施行日以後認定申請建築物の住宅部分のうち増築、改築又は修繕等をする部分の外壁、窓等を通じての熱の損失の防止及び一次エネルギー消費量に関する基準

改正基準省令附則第 4 項の外壁、窓等を通じての熱の損失の防止及び一次エネルギー消費量に関する国土交通大臣が定める基準は、施行日以後認定申請建築物の住宅部分のうち増築、改築又は修繕等をする部分が、住宅部分の外壁、窓等を通しての熱の損失の防止に関する誘導基準及び一次エネルギー消費量に関する誘導基準（令和 4 年国土交通省告示第 1106 号）に適合することとする。

建築物のエネルギー消費性能の向上の一層の促進その他の建築物の低炭素化の促進のために誘導すべき基準

制定：平成 24 年 12 月 4 日　経済産業省・国土交通省・環境省告示第 119 号
改正：令和　4 年 11 月 7 日　経済産業省・国土交通省・環境省告示第　2 号

都市の低炭素化の促進に関する法律（平成 24 年法律第 84 号）第 54 条第 1 項第一号の規定に基づき、建築物のエネルギーの使用の効率性その他の性能に関する建築物に係るエネルギーの使用の合理化の一層の促進その他の建築物の低炭素化の促進のために誘導すべき基準を次のように定める。

I. 建築物のエネルギー消費性能の向上の一層の促進のために誘導すべき基準

次の第 1 から第 4 までに掲げる建築物の区分に応じ、それぞれ当該第 1 から第 4 までに定める基準に適合すること。

第 1

非住宅部分（建築物のエネルギー消費性能の向上に関する法律（平成 27 年法律第 53 号）第 11 条第 1 項に規定する非住宅部分をいう。以下同じ。）を有する建築物（以下「非住宅建築物」という。）　建築物エネルギー消費性能基準等を定める省令（平成 28 年経済産業省・国土交通省令第 1 号。以下「基準省令」という。）第 10 条第一号に規定する基準に適合するものとし、同号ロ(1)の非住宅部分の誘導設計一次エネルギー消費量及び同号ロ(2)の一次エネルギー消費量モデル建築物の誘導設計一次エネルギー消費量並びに同号ロ(1)の非住宅部分の誘導基準一次エネルギー消費量及び同号ロ(2)の一次エネルギー消費量モデル建築物の誘導基準一次エネルギー消費量の算出については、基準省令第 11 条及び第 12 条の規定によること。

第 2

一戸建ての住宅（単位住戸（住宅部分（建築物のエネルギー消費性能の向上に関する法律第 11 条第 1 項に規定する住宅部分をいう。以下同じ。）の一の住戸をいう。）の数が 1 である住宅をいう。以下同じ。）　基準省令第 10 条第二号に規定する基準に適合するものとし、同号ロ(1)の住宅部分の誘導設計一次エネルギー消費量及び誘導基準一次エネルギー消費量の算出については、基準省令第 13 条及び第 14 条の規定によること。

第 3

共同住宅等（一戸建ての住宅以外の住宅をいう。以下同じ。）　基準省令第 10 条第二号に規定する基準に適合するものとし、同号ロ(1)の住宅部分の誘導設計一次エネルギー消費量及び誘導基準一次エネルギー消費量の算出については、基準省令第 13 条及び第 14 条の規定によること。この場合において、同号ロ(1)の住宅部分の誘導設計一次エネルギー消費量は基準省令第 13 条第 3 項第一号の数値とし、基準省令第 10 条第二号ロ(1)の住宅部分の誘導基準一次エネルギー消費量は基準省令第 14 条第 2 項第一号の数値とする。また、共同住宅等に共用部分（基準省令第 4 条第 3 項第一号に規定する共用部分をいう。第 4 において同じ。）がある場合において、基準省令第 10 条第二号ロ(2)の規定を適用するときは、同号ロ(2)に規定する基準に適合し、かつ、基準省令第13条第3項第一号の共用部分の誘導設計一次エネルギー消費量が基準省令第 14 条第 2 項第一号の共用部分の誘導基準一次エネルギー消費量を超えないこととする。

第 4

非住宅部分及び住宅部分を有する建築物（以下「複合建築物」という。）　基準省令第 10 条第三号に規定する基準に適合するものとし、同号ロ(2)の複合建築物の誘導設計一次エネルギー消費量及び誘導基準一次エネルギー消費量の算出については、基準省令第 15 条及び第 16 条の規定によること。この場合において、基準省令第 10 条第二号ロ(1)の住宅部分の誘導設計一次エネルギー消費量は基準省令第 13 条第 3 項第一号の数値とし、基準省令第 10 条第二号ロ(1)の住宅部分の誘導基準一次エネルギー消費量は基準省令第 14 条第 2 項第一号の数値とする。また、複合建築物に共用部分がある場合において、基準省令第10条第二号ロ(2)の規定を適用するときは、同号ロ(2)に規定する基準に適合し、かつ、基準省令第13条第3項第一号の共用部分の誘導設計一次エネルギー消費量が基準省令第14条第2項第一号の共用部分の誘導基準一次エネルギー消費量を超えないこととする。

II. 建築物の低炭素化の促進のために誘導すべきその他の基準

次の第1又は第2に定める基準のいずれかに適合すること。ただし、都市の低炭素化の促進に関する法律（以下「法」という。）第53条第1項の規定による認定の申請をしようとする建築物が複合建築物である場合は、非住宅部分及び住宅部分について、それぞれ第1又は第2に定める基準のいずれかに適合すること。

第1

次の1又は2に掲げる建築物の区分に応じ、それぞれ当該1又は2に定める基準に適合すること。

1　非住宅建築物及び共同住宅等　次の(1)及び(2)に適合するものであること。

(1)　再生可能エネルギー源（太陽光、風力その他非化石エネルギー源のうち、エネルギー源として永続的に利用することができると認められるものをいう。）の利用に資する設備（以下第1において「再生可能エネルギー利用設備」という。）が設けられていること。

(2)　次のイからリまでに掲げる項目のうち、いずれかの項目に適合すること。

イ　節水に関する取組について、次のいずれかに該当すること。

(イ)設置する便器の半数以上に節水に資する便器が採用されていること。

(ロ)設置する水栓の半数以上に節水に資する水栓が採用されていること。

(ハ)定置型の電気食器洗い機が設けられていること。ただし、共同住宅等及び複合建築物については、住戸の半数以上に設けられていること。

ロ　雨水、井戸水又は雑排水の利用のための設備が設けられていること。

ハ　エネルギー管理に関する取組について、次のいずれかに該当すること。

(イ) HEMS（住宅の所有者が使用する空気調和設備、照明設備等の電力使用量等の住宅のエネルギー消費量に関する情報について、個別に計測、蓄積及び表示をすることが可能で、その電力使用を調整するための制御機能を有するホームエネルギー管理システムをいう。）が設けられていること。ただし、共同住宅等及び複合建築物については、住戸の半数以上に設けられていること。

(ロ) BEMS（空気調和設備、照明設備等の電力使用量等の建築物のエネルギー消費量に関する情報について、個別に計測、蓄積及び表示をすることが可能で、その電力使用を調整するための制御機能を有するビルエネルギー管理システムをいう。）が設けられていること。

ニ　太陽光発電設備等の再生可能エネルギー発電設備と連系した蓄電池（床に据え付けるものに限る。）が設けられていること。ただし、共同住宅等及び複合建築物については、住戸の半数以上に設けられていること。

ホ　ヒートアイランド対策に関する取組について、次のいずれかに該当すること。

(イ)敷地面積に対する緑地、水面等の面積割合が10%以上であること。

(ロ)日射反射率の高い舗装材により被覆した面積の敷地面積に対する割合が10%以上であること。

(ハ)緑化等の対策をした面積の屋根面に対する割合が20%以上であること。

(ニ)緑化の対策をした面積の外壁面積に対する割合が10%以上であること。

(ホ)(イ)の割合、(ロ)の割合、(ハ)の割合の$\frac{1}{2}$及び(ニ)の割合の合計が10%以上であること。

ヘ　日本住宅性能表示基準（平成13年国土交通省告示第1346号）に定める劣化対策等級に係る評価が等級3に該当すること。

ト　木造住宅又は木造建築物であること。

チ　高炉セメント又はフライアッシュセメントが構造耐力上主要な部分に使用されていること。

リ　V2H充放電設備（建築物から電気自動車若しくはプラグインハイブリッド自動車（以下第1において「電気自動車等」という。）に電気を供給するための設備又は電気自動車等から建築物に電気を供給するための設備をいう。）が設けられていること。

2　一戸建ての住宅　次の(1)及び(2)に適合するものであること。

(1)　1(1)及び(2)に掲げる基準に適合すること。

(2)　低炭素化促進設計一次エネルギー消費量（イに定める方法により算出した数値をいう。）が、低炭素化促進基準一次エネルギー消費量（ロに定める方法により算出した数値をいう。）を超えないこと。

イ　低炭素化促進設計一次エネルギー消費量の算出方法

法第53条第1項の規定による認定の申請をしようとする住宅（以下第1において「認定申請住宅」という。）の低炭素化促進設計一次エネルギー消費量は、次の式により算出するものとし、小数点第2位を切り上げた数値とする。

$$E_T = (E_H + E_C + E_V + E_L + E_W - E_S - E_R + E_M) \times 10^{-3}$$

この式において、E_T、E_H、E_C、E_V、E_L、E_W、E_S、E_R 及び E_M は、それぞれ次の数値を表すものとする。

E_T：　低炭素化促進設計一次エネルギー消費量（単位　GJ/年）

E_H：　基準省令第4条第1項の暖房設備の設計一次エネルギー消費量（単位　MJ/年）

E_C：　基準省令第4条第1項の冷房設備の設計一次エネルギー消費量（単位　MJ/年）

E_V：　基準省令第4条第1項の機械換気設備の設計一次エネルギー消費量（単位　MJ/年）

E_L：　基準省令第4条第1項の照明設備の設計一次エネルギー消費量（単位　MJ/年）

E_W：　基準省令第4条第1項の給湯設備の設計一次エネルギー消費量（単位　MJ/年）

E_S：　基準省令第13条第1項のエネルギー利用効率化設備による誘導設計一次エネルギー消費量の削減量（単位　MJ/年）

E_R：　再生可能エネルギー利用設備を用いて得られるエネルギー量（建築物エネルギー消費性能基準等を定める省令における算出方法等に係る事項（平成28年国土交通省告示第265号）の規定により基準省令第4条第1項の設計一次エネルギー消費量の算出で勘案したものを除く。）（単位　MJ/年）

E_M：　基準省令第4条第1項のその他一次エネルギー消費量（単位　MJ/年）

ロ　低炭素化促進基準一次エネルギー消費量の算出方法

認定申請住宅の低炭素化促進基準一次エネルギー消費量は、次の式により算出するものとし、小数点第2位を切り上げた数値とする。

$$E_{ST} = \{(E_{SH} + E_{SC} + E_{SV} + E_{SL} + E_{SW}) \times 0.5 + E_M\} \times 10^{-3}$$

この式において、E_{ST}、E_{SH}、E_{SC}、E_{SV}、E_{SL}、E_{SW} 及び E_M は、それぞれ次の数値を表すものとする。

E_{ST}：　低炭素化促進基準一次エネルギー消費量（単位　GJ/年）

E_{SH}：　基準省令第5条第1項の暖房設備の基準一次エネルギー消費量（単位　MJ/年）

E_{SC}：　基準省令第5条第1項の冷房設備の基準一次エネルギー消費量（単位　MJ/年）

E_{SV}：　基準省令第5条第1項の機械換気設備の基準一次エネルギー消費量（単位　MJ/年）

E_{SL}：　基準省令第5条第1項の照明設備の基準一次エネルギー消費量（単位　MJ/年）

E_{SW}：　基準省令第5条第1項の給湯設備の基準一次エネルギー消費量（単位　MJ/年）

E_M：　基準省令第5条第1項のその他一次エネルギー消費量（単位　MJ/年）

第2

建築物の総合的な環境性能評価に基づき、標準的な建築物と比べて低炭素化に資する建築物として、法第53条第1項に規定する所管行政庁が認めるものであること。

都市の低炭素化の促進に関する法律施行令の規定により、低炭素建築物の床面積のうち通常の建築物の床面積を超えることとなるものを定める件

制定：平成 24 年 12 月 4 日　国土交通省告示第 1393 号
改正：平成 28 年　2 月 1 日　国土交通省告示第　273 号

都市の低炭素化の促進に関する法律施行令（平成 24 年政令第 286 号）第 13 条の規定に基づき、低炭素建築物の床面積のうち通常の建築物の床面積を超えることとなるものを次のように定める。

都市の低炭素化の促進に関する法律施行令第 13 条に規定する低炭素建築物の床面積のうち通常の建築物の床面積を超えることとなるものとして国土交通大臣が定める床面積は、次の各号に掲げる設備を設ける部分の床面積の合計とする。

一　太陽熱集熱設備、太陽光発電設備その他再生可能エネルギー源を利用する設備であって低炭素化に資するもの
二　燃料電池設備
三　コージェネレーション設備
四　地域熱供給設備
五　蓄熱設備
六　蓄電池（床に据え付けるものであって、再生可能エネルギー発電設備と連系するものに限る。）
七　全熱交換器
八　雨水、井戸水又は雑排水の利用設備

日本住宅性能表示基準

制定：平成13年8月14日　国土交通省告示第1346号
改正：令和4年11月7日　消費者庁・国土交通省告示第2号

住宅の品質確保の促進等に関する法律（平成11年法律第81号）第3条第1項の規定に基づき、日本住宅性能表示基準を定める。

第1　趣旨

この基準は、住宅の品質確保の促進等に関する法律（平成11年法律第81号。以下「法」という。）第3条第1項の規定に基づき、住宅の性能に関し表示すべき事項及びその表示の方法を定めるものとする。

第2　適用範囲

この基準は、法第2条第1項に規定する住宅について適用する。

第3　用語の定義

この告示における用語の定義は、評価方法基準（平成13年国土交通省告示第1347号）に定めるもののほか、次に定めるところによる。

1　この基準において「構造躯体」とは、建築基準法施行令（昭和25年政令第338号）第1条第三号に規定する構造耐力上主要な部分をいう。
2　この基準において「構造躯体等」とは、鉄筋コンクリート造又は鉄骨鉄筋コンクリート造の建築物にあっては構造躯体及びそれと一体としてつくられた鉄筋コンクリート造又は鉄骨鉄筋コンクリート造の部分をいい、それら以外の建築物にあっては構造躯体をいう。
3　この基準において「評価対象住戸」とは、住宅性能評価の対象となる一戸建ての住宅又は共同住宅等のうち住宅性能評価の対象となる一の住戸をいう。
4　この基準において「他住戸等」とは、評価対象住戸以外の住戸その他の室（評価対象住戸と一体となって使用される室を除く。）をいう。
5　この基準において「多雪区域」とは、建築基準法施行令第86条第2項に規定する多雪区域をいう。
6　この基準において「避難階」とは、建築基準法施行令第13条の3第一号に規定する避難階をいう。
7　この基準において「特定測定物質」とは、ホルムアルデヒド、トルエン、キシレン、エチルベンゼン及びスチレンをいう。
8　この基準において「同一階等」とは、評価対象住戸が存する階及びその直下の階をいう。
9　この基準において「評価対象建築物」とは、評価対象住戸を含む建築物をいう。
10　この基準において「特定建材」とは、評価方法基準（平成13年国土交通省告示第1347号）第5の6－1⑵イ②に規定する特定建材をいう。
11　この基準において「内装」とは、建築基準法施行令第20条の7第1項第一号に規定する内装をいう。
12　この基準において「天井裏等」とは、天井裏、小屋裏、床裏、壁、物置その他これらに類する住宅の部分をいう。

第4　表示すべき事項及び表示の方法

1　表示すべき事項は、別表（新築住宅にあっては別表1をいい、既存住宅（新築住宅以外の住宅をいう。以下同じ。）にあっては別表2－1をいう。以下第4及び第5において同じ。）の㈠項に掲げるものとする。ただし、性能を表示しようとする住宅（以下「性能表示住宅」という。）が㈡項に掲げる適用範囲に該当しない場合においては、この限りでない。
2　表示の方法は、別表の㈠項に掲げる表示すべき事項に応じ、㈢項に掲げるものとする。ただし、評価方法基準に従った評価の対象となるものが当該性能表示住宅に存しない場合にあっては、その旨を表示することとする。
3　住宅の性能に関し、別表の㈠項に掲げる事項について、㈢項に掲げる方法により表示をする場合において、その説明を付するときは、㈣項に掲げる事項に応じ、㈤項に掲げる文字を用いて表示することとする。

第 5　遵守事項

日本住宅性能表示基準に従って住宅の性能を表示している旨を表示する場合にあっては、次の事項を遵守しなければならない。

1　登録住宅性能評価機関が行う住宅性能評価の結果に基づかずに表示する場合においては、その旨を明示すること。

2　設計住宅性能評価又は建設住宅性能評価の別（性能表示住宅が新築住宅である場合に限る。）、新築住宅又は既存住宅の別（住宅性能評価が建設住宅性能評価である場合に限る。）及び住宅性能評価において従った評価方法基準を特定できる情報を明示すること。

3　住宅の性能に関し、別表の(い)項に掲げる事項以外の事項を併せて表示し、又は(い)項に掲げる事項について(は)項に掲げる方法以外の方法により併せて表示する場合においては、その旨を明示すること等により、当該表示が日本住宅性能表示基準に従ったものであるとの誤解を招くことがないようにすること。

4　表示する内容が評価方法基準に従って評価を行った結果であること、表示する内容が評価した時点におけるものに過ぎないこと等を明記することにより、表示する内容について誤解を招くことがないよう配慮すること。

別表 1（新築住宅に係る表示すべき事項等）

	(い)	(ろ)	(は)	(に)	(ほ)
	表示すべき事項	適用範囲	表示の方法	説明する事項	説明に用いる文字
1 構造の安定に関すること	1 − 1 耐震等級（構造躯体の倒壊等防止）	一戸建ての住宅又は共同住宅等（1 − 3において、免震建築物であるとされたものを除く。）	等級（1、2 又は 3）による。	耐震等級（構造躯体の倒壊等防止）	地震に対する構造躯体の倒壊、崩壊等のしにくさ
				等級 3	極めて稀に（数百年に 1 度程度）発生する地震による力（建築基準法施行令第 88 条第 3 項に定めるもの）の 1.5 倍の力に対して倒壊、崩壊等しない程度
				等級 2	極めて稀に（数百年に 1 度程度）発生する地震による力（建築基準法施行令第 88 条第 3 項に定めるもの）の 1.25 倍の力に対して倒壊、崩壊等しない程度
				等級 1	極めて稀に（数百年に 1 度程度）発生する地震による力（建築基準法施行令第 88 条第 3 項に定めるもの）に対して倒壊、崩壊等しない程度
	1 − 2 耐震等級（構造躯体の損傷防止）	一戸建ての住宅又は共同住宅等（1 − 3において、免震建築物であるとされたものを除く	等級（1、2 又は 3）による。	耐震等級（構造躯体の損傷防止）	地震に対する構造躯体の損傷（大規模な修復工事を要する程度の著しい損傷）の生じにくさ
				等級 3	稀に（数十年に 1 度程度）発生する地震による力（建築基準法施行令第 88 条第 2 項に定めるもの）の 1.5 倍の力に対して損傷を生じない程度

		。)		等級２	稀に（数十年に１度程度）発生する地震による力（建築基準法施行令第88条第２項に定めるもの）の1.25倍の力に対して損傷を生じない程度
				等級１	稀に（数十年に１度程度）発生する地震による力（建築基準法施行令第88条第２項に定めるもの）に対して損傷を生じない程度
	１－３ その他（地震に対する構造躯体の倒壊等防止及び損傷防止）	一戸建ての住宅又は共同住宅等	評価対象建築物が免震建築物であるか否かを明示する。	その他（地震に対する構造躯体の倒壊等防止及び損傷防止）	評価対象建築物が免震建築物であるか否か
	１－４ 耐風等級（構造躯体の倒壊等防止及び損傷防止）	一戸建ての住宅又は共同住宅等	等級（１又は２）による。	耐風等級（構造躯体の倒壊等防止及び損傷防止）	暴風に対する構造躯体の倒壊、崩壊等のしにくさ及び構造躯体の損傷（大規模な修復工事を要する程度の著しい損傷）の生じにくさ
				等級２	極めて稀に（500年に１度程度）発生する暴風による力（建築基準法施行令第87条に定めるものの1.6倍）の1.2倍の力に対して倒壊、崩壊等せず、稀に（50年に１度程度）発生する暴風による力（同条に定めるもの）の1.2倍の力に対して損傷を生じない程度
				等級１	極めて稀に（500年に１度程度）発生する暴風による力（建築基準法施行令第87条に定めるものの1.6倍）に対して倒壊、崩壊等せず、稀に（50年に１度程度）発生する暴風による力（同条に定めるもの）に対して損傷を生じない程度
	１－５ 耐積雪等級（構造躯体の倒壊等防止及び損傷防止）	多雪区域に存する一戸建ての住宅又は共同住宅等	等級（１又は２）による。	耐積雪等級（構造躯体の倒壊等防止及び損傷防止）	屋根の積雪に対する構造躯体の倒壊、崩壊等のしにくさ及び構造躯体の損傷（大規模な修復工事を要する程度の著しい損傷）の生じにくさ
				等級２	極めて稀に（500年に１度程度）発生する積雪による力（建築基準法施行令第86

					条に定めるものの 1.4 倍）の 1.2 倍の力に対して倒壊、崩壊等せず、稀に（50 年に 1 度程度）発生する積雪による力（同条に定めるもの）の 1.2 倍の力に対して損傷を生じない程度
				等級 1	極めて稀に（500 年に 1 度程度）発生する積雪による力（建築基準法施行令第 86 条に定めるものの 1.4 倍）に対して倒壊、崩壊等せず、稀に（50 年に 1 度程度）発生する積雪による力（同条に定めるもの）に対して損傷を生じない程度
	1 － 6 地盤又は杭の許容支持力等及びその設定方法	一戸建ての住宅又は共同住宅等	地盤の許容応力度（単位を kN/㎡とし、整数未満の端数を切り捨てる。地盤改良を行った場合、又は行う場合は、改良後の数値を記入する。）、杭の許容支持力（単位を kN/ 本とし、整数未満の端数を切り捨てる。）又は杭状改良地盤の改良後の許容支持力度（単位を kN/㎡とし、整数未満の端数を切り捨てる。）若しくは許容支持力（単位を kN/ 本とし、整数未満の端数を切り捨てる。）及び地盤調査の方法その他それらの設定の根拠となった方法（地盤改良を行った場合、又は行う場合は、その方法を含む。）を明示する。	地盤又は杭の許容支持力等及びその設定方法	地盤又は杭に見込んでいる常時作用する荷重に対し抵抗し得る力の大きさ及び地盤に見込んでいる抵抗し得る力の設定の根拠となった方法（地盤改良を行った場合、又は行う場合は、その方法を含む。）
	1 － 7 基礎の構造方法及び形式等	一戸建ての住宅又は共同住宅等	直接基礎にあっては基礎の構造方法及び形式を、杭基礎にあっては杭種、杭径（単位を㎝とし、整数未満の端数を切り捨てる。）及び杭長（単位を m とし、整数未満の端数を切り捨てる。）を明示する。	基礎の構造方法及び形式等	直接基礎の構造及び形式又は杭基礎の杭種、杭径及び杭長
2 火災時の安全に関すること	2 － 1 感知警報装置設置等級（自住戸火災時）	一戸建ての住宅又は共同住宅等	等級（1、2、3 又は 4）による。	感知警報装置設置等級（自住戸火災時）	評価対象住戸において発生した火災の早期の覚知のしやすさ
				等級 4	評価対象住戸において発生した火災のうち、すべての台所及び居室で発生した火災を早期に感知し、住戸全域にわたり警報を発するための装置が設置されている
				等級 3	評価対象住戸において発生した火災のうち、すべての台所及び居室で発生した火災を早期に感知し、当該室付近に警報を発するための

					装置が設置されている
				等級２	評価対象住戸において発生した火災のうち、すべての台所及び寝室等で発生した火災を感知し、当該室付近に警報を発するための装置が設置されている
				等級１	評価対象住戸において発生した火災のうち、すべての寝室等で発生した火災を感知し、当該室付近に警報を発するための装置が設置されている
	２－２ 感知警報装置設置等級（他住戸等火災時）	共同住宅等（避難階に存する住戸及び他住戸等を同一階等に有しない住戸を除く。）	等級（1、2、3又は4）による。	感知警報装置設置等級（他住戸等火災時）	評価対象住戸の同一階又は直下の階にある他住戸等において発生した火災の早期の覚知のしやすさ
				等級４	他住戸等において発生した火災について、当該他住戸等に火災を自動で感知するための装置が設置され、かつ、評価対象住戸に自動で警報を発するための装置が設置されている
				等級３	他住戸等において発生した火災について、当該他住戸等に火災を自動で感知するための装置が設置され、かつ、評価対象住戸に手動で警報を発するための装置が設置されている
				等級２	他住戸等において発生した火災について、評価対象住戸に手動で警報を発するための装置が設置されている
				等級１	その他
	２－３ 避難安全対策（他住戸等火災時・共用廊下）	共同住宅等（避難階に存する住戸及び他住戸等を同一階等に有しない住戸を除く。）	次のイのａからｅまでのうち、該当する１の排煙形式及び次のロのａからｃまでのうち、該当する１の平面形状を明示する。この場合において、ロのｃを明示するときは、耐火等級（避難経路の隔壁の開口部）を等級(1､2又は3)により併せて明示する。 イ．排煙形式 a.　開放型廊下 b.　自然排煙 c.　機械排煙（一般） d.　機械排煙（加圧式） e.　その他 ロ．平面形状 a.　通常の歩行経路による２以上の方向への避難が可能	避難安全対策（他住戸等火災時・共用廊下）	評価対象住戸の同一階又は直下の階にある他住戸等における火災発生時の避難を容易とするために共用廊下に講じられた対策
				排煙形式	共用廊下の排煙の形式
				平面形状	避難に有効な共用廊下の平面形状
				耐火等級（避難経路の隔壁の開口部）	避難経路の隔壁の開口部に係る火災による火炎を遮る時間の長さ
				等級３	火炎を遮る時間が60分相当以上

			b. 直通階段との間に他住戸等がない c. その他	等級 2	火炎を遮る時間が 20 分相当以上
				等級 1	その他
	2 − 4 脱出対策（火災時）	地上階数 3 以上の一戸建ての住宅又は共同住宅等（避難階に存する住戸を除く。）	次のイからニまでのうち、該当する脱出対策を明示する。この場合において、ハ又はニを明示するときは、具体的な脱出手段を併せて明示する。 イ．直通階段に直接通ずるバルコニー ロ．隣戸に通ずるバルコニー ハ．避難器具 ニ．その他	脱出対策（火災時）	通常の歩行経路が使用できない場合の緊急的な脱出のための対策
	2 − 5 耐火等級（延焼のおそれのある部分（開口部））	一戸建ての住宅又は共同住宅等	等級（1、2 又は 3）による。	耐火等級（延焼のおそれのある部分（開口部））	延焼のおそれのある部分の開口部に係る火災による火炎を遮る時間の長さ
				等級 3	火炎を遮る時間が 60 分相当以上
				等級 2	火炎を遮る時間が 20 分相当以上
				等級 1	その他
	2 − 6 耐火等級（延焼のおそれのある部分（開口部以外））	一戸建ての住宅又は共同住宅等	等級（1、2、3 又は 4）による。	耐火等級（延焼のおそれのある部分（開口部以外））	延焼のおそれのある部分の外壁等（開口部以外）に係る火災による火熱を遮る時間の長さ
				等級 4	火熱を遮る時間が 60 分相当以上
				等級 3	火熱を遮る時間が 45 分相当以上
				等級 2	火熱を遮る時間が 20 分相当以上
				等級 1	その他
	2 − 7 耐火等級（界壁及び界床）	共同住宅等	等級（1、2、3 又は 4）による。	耐火等級（界壁及び界床）	住戸間の界壁及び界床に係る火災による火熱を遮る時間の長さ
				等級 4	火熱を遮る時間が 60 分相当以上
				等級 3	火熱を遮る時間が 45 分相当以上
				等級 2	火熱を遮る時間が 20 分相当以上
				等級 1	その他
3 劣化の軽減に関する	3 − 1 劣化対策等級（構造躯体	一戸建ての住宅又は共同住宅等	等級（1、2 又は 3）による。	劣化対策等級（構造躯体等）	構造躯体等に使用する材料の交換等大規模な改修工事を必要とするまでの期間を伸長するため必要な対策の

こと	等)				程度
				等級3	通常想定される自然条件及び維持管理の条件の下で3世代（おおむね75～90年）まで、大規模な改修工事を必要とするまでの期間を伸長するため必要な対策が講じられている
				等級2	通常想定される自然条件及び維持管理の条件の下で2世代（おおむね50～60年）まで、大規模な改修工事を必要とするまでの期間を伸長するため必要な対策が講じられている
				等級1	建築基準法に定める対策が講じられている
4 維持管理・更新への配慮に関すること	4－1 維持管理対策等級（専用配管）	一戸建ての住宅又は共同住宅等	等級（1、2又は3）による。	維持管理対策等級（専用配管）	専用の給排水管、給湯管及びガス管の維持管理（清掃、点検及び補修）を容易とするため必要な対策の程度
				等級3	掃除口及び点検口が設けられている等、維持管理を容易にすることに特に配慮した措置が講じられている
				等級2	配管をコンクリートに埋め込まない等、維持管理を行うための基本的な措置が講じられている
				等級1	その他
	4－2 維持管理対策等級（共用配管）	共同住宅等	等級（1、2又は3）による。	維持管理対策等級（共用配管）	共用の給排水管、給湯管及びガス管の維持管理（清掃、点検及び補修）を容易とするため必要な対策の程度
				等級3	清掃、点検及び補修ができる開口が住戸外に設けられている等、維持管理を容易にすることに特に配慮した措置が講じられている
				等級2	配管をコンクリートに埋め込まない等、維持管理を行うための基本的な措置が講じられている
				等級1	その他
	4－3 更新対策（共用排水管）	共同住宅等	等級（1、2又は3）及び次のイからホまでのうち、該当する共用排水立管の位置を明示する。 イ．共用廊下に面する共用部分 ロ．外壁面、吹き抜け等の住戸外周部 ハ．バルコニー	更新対策（共用排水管）	共用排水管の更新を容易とするため必要な対策
				更新対策等級（共用排水	共用排水管の更新を容易とするため必要な対策の程度

			ニ．住戸専用部 ホ．その他	管）	
				等級 3	配管が共用部分に設置されており、かつ、更新を容易にすることに特に配慮した措置が講じられている
				等級 2	配管が共用部分に設置されている等、更新を行うための基本的な措置が講じられている
				等級 1	その他
				共用排水立管の位置	共用排水立管が設置されている位置
	4－4 更新対策（住戸専用部）	共同住宅及び長屋	次のイ及びロに掲げるものを明示する。 イ．躯体天井高（「○mm以上」と記載する。）を明示する。この場合において、異なる躯体天井高が存するときは、最も低い部分の空間の内法高さ及び次の a から c までのうち、当該最も低い部分が該当する部位を併せて明示する。 a.　はり b.　傾斜屋根 c.　その他 ロ．住戸専用部の構造躯体の壁又は柱の有無を明示する。この場合において、構造躯体の壁又は柱があるときは、壁又は柱の別を併せて明示する。	更新対策（住戸専用部）	住戸専用部の間取りの変更を容易とするため必要な対策
				躯体天井高	住戸専用部の構造躯体等の床版等に挟まれた空間の高さ
				住戸専用部の構造躯体の壁又は柱の有無	住戸専用部の構造躯体の壁又は柱で間取りの変更の障害となりうるものの有無
5 温熱環境・エネルギー消費量に関すること	5－1 断熱等性能等級	一戸建ての住宅又は共同住宅等	等級（1、2、3、4、5、6 又は 7（7 は建築物エネルギー消費性能基準等を定める省令における算出方法等に係る事項（平成 28 年国土交通省告示第 265 号。以下「非住宅・住宅計算方法」という。）別表第 10 に掲げる地域の区分（1、2、3、4、5、6、7 又は 8。以下「地域の区分」という。）が 8 地域以外の地域である場合に限る。））による。この場合においては、地域の区分を併せて明示する。また、等級 7（地域の区分が 8 地域である場合にあっては等級 6）の場合に、外皮平均熱貫流率（単位を W/（㎡・K）とし、地域の区分の 8 地域を除く。）及び冷房期の平均日射熱取得率（地域の区分の 1、2、3 及び 4 地域を除く。）を併せて明示することができる。	断熱等性能等級	外壁、窓等を通しての熱の損失の防止を図るための断熱化等による対策の程度
				等級 7	熱損失等のより著しい削減のための対策が講じられている
				等級 6	熱損失等の著しい削減のための対策が講じられている
				等級 5	熱損失等のより大きな削減のための対策（建築物エネルギー消費性能基準等を定める省令（平成 28 年経済産業省令・国土交通省令第 1 号。以下「基準省令」という。）に定める建築物エネルギー消費性能誘導基準に相当する程度）が講じられている
				等級 4	熱損失等の大きな削減のための対策（基準省令に定め

					る建築物エネルギー消費性能基準に相当する程度）が講じられている
				等級３	熱損失等の一定程度の削減のための対策が講じられている
				等級２	熱損失の小さな削減のための対策が講じられている
				等級１	その他
	５－２ 一次エネルギー消費量等級	一戸建ての住宅又は共同住宅等	等級（1、4、5又は6）による。この場合においては、地域の区分を併せて明示する。また、等級6にあっては、床面積当たりの一次エネルギー消費量（単位をMJ/(m^2・年）とする。）を併せて明示することができる。	一次エネルギー消費量等級	一次エネルギー消費量の削減のための対策の程度
				等級６	一次エネルギー消費量の著しい削減のための対策（基準省令に定める建築物エネルギー消費性能誘導基準（その設定の基礎となる基準一次エネルギー消費量が、基準省令第14条第1項の規定により求められたものであるものに限る。）に相当する程度）が講じられている
				等級５	一次エネルギー消費量のより大きな削減のための対策が講じられている
				等級４	一次エネルギー消費量の大きな削減のための対策（基準省令に定める建築物エネルギー消費性能基準（その設定の基礎となる基準一次エネルギー消費量が、基準省令第5条第1項の規定により求められたものであるものに限る。）に相当する程度）が講じられている
				等級１	その他
6 空気環境に関すること	６－１ ホルムアルデヒド対策（内装及び天井裏等）	一戸建ての住宅又は共同住宅等	次のイからハまでのうち、該当するものを明示する。この場合において、ロを明示するときは、居室の内装の仕上げ及び居室に係る天井裏等（平成15年国土交通省告示第274号第1第三号に適合しない場合（同号ロに該当する場合を除く。）のものに限る。）の下地材等のそれぞれについて、ホルムアルデヒド発散等級（居室の内装の仕上げにあっては1、2又は3、居室に係る天井裏等の下地材等にあっては2又は3）を併せて明示する。 イ．製材等（丸太及び単層フローリングを含む。）を使用する ロ．特定建材を使用する ハ．その他の建材を使用する	ホルムアルデヒド対策（内装及び天井裏等）	居室の内装の仕上げ及び換気等の措置のない天井裏等の下地材等からのホルムアルデヒドの発散量を少なくする対策
				ホルムアルデヒド発散等級	居室の内装の仕上げ及び換気等の措置のない天井裏等の下地材等に使用される特定建材からのホルムアルデヒドの発散量の少なさ
				等級３	ホルムアルデヒドの発散量が極めて少ない（日本産業規格又は日本農林規格のF☆☆☆☆等級相当以上）
				等級２	ホルムアルデヒドの発散量

				が少ない（日本産業規格又は日本農林規格のＦ☆☆☆等級相当以上）
			等級１	その他
6 − 2 換気対策	一戸建ての住宅又は共同住宅等	次のイのａ又はｂのうち、該当する居室の換気対策を明示し、かつ、次のロのａからｃまでのうち、便所、浴室及び台所のそれぞれについて、該当する局所換気対策を明示する。 この場合において、イのｂを明示するときは、具体的な換気対策を併せて明示する。 イ．居室の換気対策 a.　機械換気設備 b.　その他 ロ．局所換気対策 a.　機械換気設備 b.　換気のできる窓 c.　なし	換気対策	室内空気中の汚染物質及び湿気を屋外に除去するために必要な換気対策
			居室の換気対策	住宅の居室に必要な換気量が確保できる対策
			局所換気対策	換気上重要な便所、浴室及び台所の換気のための対策
6 − 3 室内空気中の化学物質の濃度等	一戸建ての住宅又は共同住宅等	特定測定物質（測定の対象となるものに限る。以下同じ。）ごとに、次のイからヘまでに掲げるものを明示する。 イ．特定測定物質の名称 ロ．特定測定物質の濃度（単位をppm、ppb、mg/㎥、μg/㎥その他一般的に使用されるものとし、平均の値（測定値が１の場合にあっては、その値）又は最高及び最低の値とする。） ハ．特定測定物質の濃度を測定（空気の採取及び分析を含む。）するために必要とする器具の名称（空気の採取及び分析を行う器具が異なる場合にあっては、それぞれの名称） ニ．採取を行った年月日、採取を行った時刻又は採取を開始した時刻及び終了した時刻並びに内装仕上げ工事（造付け家具の取付けその他これに類する工事を含む。）の完了した年月日 ホ．採取条件（空気を採取した居室の名称、採取中の室温又は平均の室温、採取中の相対湿度又は平均の相対湿度、採取中の天候及び日照の状況、採取前及び採取中の換気及び冷暖房の実施状況その他特定測定物質の濃度に著しい影響を及ぼすものに限る。） ヘ．特定測定物質の濃度を分析した者の氏名又は名称（空気の採取及び分析を行った者が異なる場合に限る。）	室内空気中の化学物質の濃度等	評価対象住戸の空気中の化学物質の濃度及び測定方法

7 光・視環境に関すること	7－1 単純開口率	一戸建ての住宅又は共同住宅等	単純開口率（○％以上と記載する。）を明示する。	単純開口率	居室の外壁又は屋根に設けられた開口部の面積の床面積に対する割合の大きさ
	7－2 方位別開口比	一戸建ての住宅又は共同住宅等	東面、南面、西面、北面及び真上の各方位について、方位別開口比（○％以上と記載し、当該方位の開口部の面積が0の場合にあっては0%とする。）を明示する。	方位別開口比	居室の外壁又は屋根に設けられた開口部の面積の各方位毎の比率の大きさ
8 音環境に関すること	8－1 重量床衝撃音対策	共同住宅等	上階の住戸及び下階の住戸との間の界床のそれぞれについて、次のいずれかの方法により明示する。 イ．重量床衝撃音対策等級　重量床衝撃音対策等級が最も低い居室の界床及び最も高い居室の界床について、その等級（1、2、3、4又は5）を明示する。 ロ．相当スラブ厚（重量床衝撃音）次に掲げる相当スラブ厚（重量床衝撃音）の数値が最も低い居室の界床及び最も高い居室の界床について、その相当スラブ厚（重量床衝撃音）を明示する。 a.　27cm以上 b.　20cm以上 c.　15cm以上 d.　11cm以上 e.　その他	重量床衝撃音対策	居室に係る上下階との界床の重量床衝撃音（重量のあるものの落下や足音の衝撃音）を遮断する対策
				重量床衝撃音対策等級	居室に係る上下階との界床の重量床衝撃音（重量のあるものの落下や足音の衝撃音）を遮断するため必要な対策の程度
				等級5	特に優れた重量床衝撃音の遮断性能（特定の条件下でおおむね日本産業規格の $L_{i,r,H}$－50等級相当以上）を確保するため必要な対策が講じられている
				等級4	優れた重量床衝撃音の遮断性能（特定の条件下でおおむね日本産業規格の $L_{i,r,H}$－55等級相当以上）を確保するため必要な対策が講じられている
				等級3	基本的な重量床衝撃音の遮断性能（特定の条件下でおおむね日本産業規格の $L_{i,r,H}$－60等級相当以上）を確保するため必要な対策が講じられている
				等級2	やや低い重量床衝撃音の遮断性能（特定の条件下でおおむね日本産業規格の $L_{i,r,H}$－65等級相当以上）を確保するため必要な対策が講じられている
				等級1	その他
				相当スラブ厚（重量床衝撃音）	居室に係る上下階との界床の重量床衝撃音（重量のあるものの落下や足音の衝撃音）の遮断の程度をコンクリート単板スラブの厚さに換算した場合のその厚さ
	8－2 軽量床衝撃音対策	共同住宅等	上階の住戸及び下階の住戸との間の界床のそれぞれについて、次のいずれかの方法により明示する。	軽量床衝撃音対策	居室に係る上下階との界床の軽量床衝撃音（軽量のものの落下の衝撃音）を遮断

			イ．軽量床衝撃音対策等級　軽量床衝撃音対策等級が最も低い居室の界床及び最も高い居室の界床について、その等級（1、2、3、4 又は 5）を明示する。 ロ．軽量床衝撃音レベル低減量（床仕上げ構造）　次に掲げる軽量床衝撃音レベル低減量（床仕上げ構造）の数値が最も低い居室の界床及び最も高い居室の界床について、その軽量床衝撃音レベル低減量（床仕上げ構造）を明示する。 a.　30 dB以上 b.　25 dB以上 c.　20 dB以上 d.　15 dB以上 e.　その他		する対策
				軽量床衝撃音対策等級	居室に係る上下階との界床の軽量床衝撃音（軽量のものの落下の衝撃音）を遮断するため必要な対策の程度
				等級 5	特に優れた軽量床衝撃音の遮断性能（特定の条件下でおおむね日本産業規格の $L_{i,r,L}$－45 等級相当以上）を確保するため必要な対策が講じられている
				等級 4	優れた軽量床衝撃音の遮断性能（特定の条件下でおおむね日本産業規格の $L_{i,r,L}$－50 等級相当以上）を確保するため必要な対策が講じられている
				等級 3	基本的な軽量床衝撃音の遮断性能（特定の条件下でおおむね日本産業規格の $L_{i,r,L}$－55 等級相当以上）を確保するため必要な対策が講じられている
				等級 2	やや低い軽量床衝撃音の遮断性能（特定の条件下でおおむね日本産業規格の $L_{i,r,L}$－60 等級相当以上）を確保するため必要な対策が講じられている
				等級 1	その他
				軽量床衝撃音レベル低減量（床仕上げ構造）	居室に係る上下階との界床の仕上げ構造に関する軽量床衝撃音（軽量のものの落下の衝撃音）の低減の程度
	8－3 透過損失等級（界壁）	共同住宅等	等級（1、2、3 又は 4）による。	透過損失等級（界壁）	居室の界壁の構造による空気伝搬音の遮断の程度
				等級 4	特に優れた空気伝搬音の遮断性能（特定の条件下で日本産業規格の R_r－55 等級相当以上）が確保されている程度
				等級 3	優れた空気伝搬音の遮断性能（特定の条件下で日本産業規格の R_r－50 等級相当以上）が確保されている程度
				等級 2	基本的な空気伝搬音の遮断性能（特定の条件下で日本産業規格の R_r－45 等級相当以上）が確保されている程度

				等級１	建築基準法に定める空気伝搬音の遮断の程度が確保されている程度
	8－4 透過損失等級（外壁開口部）	一戸建ての住宅又は共同住宅等	東面、南面、西面及び北面の各方位について、等級（1、2又は3）による。	透過損失等級（外壁開口部）	居室の外壁に設けられた開口部に方位別に使用するサッシによる空気伝搬音の遮断の程度
				等級３	特に優れた空気伝搬音の遮断性能（日本産業規格の$R_{m(1/3)}$－25相当以上）が確保されている程度
				等級２	優れた空気伝搬音の遮断性能（日本産業規格の$R_{m(1/3)}$－20相当以上）が確保されている程度
				等級１	その他
9 高齢者等への配慮に関すること	9－1 高齢者等配慮対策等級（専用部分）	一戸建ての住宅又は共同住宅等	等級（1、2、3、4又は5）による。	高齢者等配慮対策等級（専用部分）	住戸内における高齢者等への配慮のために必要な対策の程度
				等級５	高齢者等が安全に移動することに特に配慮した措置が講じられており、介助用車いす使用者が基本的な生活行為を行うことを容易にすることに特に配慮した措置が講じられている
				等級４	高齢者等が安全に移動することに配慮した措置が講じられており、介助用車いす使用者が基本的な生活行為を行うことを容易にすることに配慮した措置が講じられている
				等級３	高齢者等が安全に移動するための基本的な措置が講じられており、介助用車いす使用者が基本的な生活行為を行うための基本的な措置が講じられている
				等級２	高齢者等が安全に移動するための基本的な措置が講じられている
				等級１	住戸内において、建築基準法に定める移動時の安全性を確保する措置が講じられている
	9－2 高齢者等配慮対策等級（共	共同住宅等	等級（1、2、3、4又は5）による。	高齢者等配慮対策等級（共用部分）	共同住宅等の主に建物出入口から住戸の玄関までの間における高齢者等への配慮のために必要な対策の程度

<table>
<tr><td></td><td>用部分)</td><td></td><td></td><td>等級 5</td><td>高齢者等が安全に移動することに特に配慮した措置が講じられており、自走式車いす使用者と介助者が住戸の玄関まで容易に到達することに特に配慮した措置が講じられている</td></tr>
<tr><td></td><td></td><td></td><td></td><td>等級 4</td><td>高齢者等が安全に移動することに配慮した措置が講じられており、自走式車いす使用者と介助者が住戸の玄関まで容易に到達することに配慮した措置が講じられている</td></tr>
<tr><td></td><td></td><td></td><td></td><td>等級 3</td><td>高齢者等が安全に移動するための基本的な措置が講じられており、自走式車いす使用者と介助者が住戸の玄関まで到達するための基本的な措置が講じられている</td></tr>
<tr><td></td><td></td><td></td><td></td><td>等級 2</td><td>高齢者等が安全に移動するための基本的な措置が講じられている</td></tr>
<tr><td></td><td></td><td></td><td></td><td>等級 1</td><td>建築基準法に定める移動時の安全性を確保する措置が講じられている</td></tr>
<tr><td>10
防犯に関すること</td><td>10 − 1
開口部の侵入防止対策</td><td>一戸建ての住宅又は共同住宅等</td><td>住戸の階ごとに、次の表の左欄に掲げる住戸及び同表の中欄に掲げる開口部の区分に応じ、それぞれ外部からの侵入を防止するための対策として同表の右欄に掲げるものから該当するものを明示するとともに、雨戸又はシャッターによってのみ対策が講じられている開口部が含まれる場合は、その旨を明示する。
<table>
<tr><td>イ．一戸建ての住宅</td><td>a. 住戸の出入口
b. 地面から開口部の下端までの高さが 2 m 以下、又は、バルコニー等から開口部の下端までの高さが 2 m 以下であって、かつ、バルコニー等から当該開口部までの水平距離が 0.9m 以下であるもの(a に該当するものを除く。)
c. a 及び b に掲げるもの以外のもの</td><td>(i) すべての開口部が侵入防止対策上有効な措置の講じられた開口部である
(ii)その他
(iii)該当する開口部なし</td></tr>
<tr><td>ロ．共同住宅等(建築物出入口の存する階の住戸)</td><td>a. 住戸の出入口
b. 地面から開口部の下端までの高さが 2m 以下、又は、共用廊下、共用階段若しくは</td><td>(i)すべての開口部が侵入防止対策上有効な措置の講じられた開口部である</td></tr>
</table></td><td>開口部の侵入防止対策</td><td>通常想定される侵入行為による外部からの侵入を防止するための対策</td></tr>
</table>

				バルコニー等から開口部の下端までの高さが2m以下であって、かつ、共用廊下、共用階段若しくはバルコニー等から当該開口部までの水平距離が0.9m以下であるもの（aに該当するものを除く。） c. a及びbに掲げるもの以外のもの	(ii)その他 (iii)該当する開口部なし		
			ハ．共同住宅等（建物出入口の存する階以外の階の住戸）	a. 住戸の出入口 b. 地面から開口部の下端までの高さが2m以下、又は、次の(i)若しくは(ii)から開口部の下端までの高さが2m以下であって、かつ、(i)若しくは(ii)から開口部までの水平距離が0.9m以下であるもの（aに該当するものを除く。） (i)共用廊下又は共用階段 (ii)バルコニー等（(i)に該当するものを除く。） c. a及びbに掲げるもの以外のもの	(i)すべての開口部が侵入防止対策上有効な措置の講じられた開口部である (ii)その他 (iii)該当する開口部なし		

別表２－１（既存住宅に係る表示すべき事項等）

	(い)	(ろ)	(は)	(に)	(ほ)
	表示すべき事項	適用範囲	表示の方法	説明する事項	説明に用いる文字
現況検査により認められる劣化等の状況に関すること	現況検査により認められる劣化等の状況	一戸建ての住宅又は共同住宅等	次のイ及びロについて、それぞれ次に掲げる方法により明示する。 イ．部位等・事象別の判定 別表２－２の(い)項に掲げる部位又は設備（以下「部位等」という。）のそれぞれについて、同表の(ろ)項に掲げる劣化事象等その他これに類するものが認められたか否か、認められた劣化事象等の名称及び次のａからｅまでに掲げるものを明示する。ただし、それぞれの部位等が全く確認できず、又は検査における確認の程度がｄの④に該当し、かつ、劣化事象等が認められない場合にあっては、当該劣化事象等が認められるか否かを明示しないこととする。 a.　部位等の仕上げの種別 b.　認められた劣化事象等のうち主たるものの内容及び箇所 c.　検査に用いた器具の名称その他検査の方法 d.　同表の(い)項の(1)から(16)までに掲げる部位等ごとの検査における確認の程度で次の①から⑤までに掲げるもののうち該当するもの ①すべて又はほとんど確認できた ②過半の部分が確認できた ③過半の部分が確認できなかった ④ほとんど確認できなかった ⑤全く確認できなかった e.　同表の(い)項の(1)から(3)まで及び(17)から(24)までに掲げる部位等ごとの検査における確認できた範囲 ロ．総合判定 「特定劣化事象等のすべてが認められない」又は「特定劣化事象等のいずれかが認められる」のいずれかを明示する。	現況検査により認められる劣化等の状況	評価対象建築物に認められる詳細な調査又は補修を要する程度の劣化事象等の有無等
				部位等・事象別の判定	評価対象建築物の部位等ごとに認められる詳細な調査又は補修を要する程度の劣化事象等の有無による判定
				総合判定	評価対象建築物に認められる詳細な調査又は補修を要する程度の特定の劣化事象等の有無による現況の総合的な判定
	特定現況検査により認められる劣化等の状況（腐朽等・蟻害）	一戸建ての住宅又は共同住宅等（木造の構造部分を有する住宅に限る。）	次のイのａ又はｂのうち該当する腐朽等の現況及び次のロのａ又はｂのうち該当する蟻害の現況並びにこれらの検査を補助した者の氏名又は名称を明示する。この場合において、イのｂ又はロのｂを明示するときは、腐朽等又は蟻害の内容及びこれが認められる部位を併せて明示する。 イ　腐朽等の現況 ａ 腐朽、菌糸及び子実体が認められない ｂ 腐朽、菌糸又は子実体が認められる ロ　蟻害の現況 ａ しろありの蟻道及び被害（複数のしろありが認められることを含む。）が認	特定現況検査により認められる劣化等の状況（腐朽等・蟻害）	評価対象建築物に認められる腐朽等及び蟻害の有無

				められない b　しろありの蟻道又は被害（複数のしろありが認められることを含む。）が認められる		
個別性能に関すること	1　構造の安定に関すること	1－1 耐震等級（構造躯体の倒壊等防止）	一戸建ての住宅又は共同住宅等（1－3において、免震建築物であるとされたものを除く。）	等級（0、1、2又は3）による。この場合において、等級0によるときは、その理由を併せて明示する。また、耐震診断を行った場合にあっては、その方法を明示する。	耐震等級（構造躯体の倒壊等防止）	地震に対する構造躯体の倒壊、崩壊等のしにくさ
					等級3	構造耐力に大きく影響すると見込まれる劣化事象等が認められず、かつ、極めて稀に（数百年に1度程度）発生する地震による力（建築基準法施行令第88条第3項に定めるもの）の1.5倍の力に対して倒壊、崩壊等しない程度
					等級2	構造耐力に大きく影響すると見込まれる劣化事象等が認められず、かつ、極めて稀に（数百年に1度程度）発生する地震による力（建築基準法施行令第88条第3項に定めるもの）の1.25倍の力に対して倒壊、崩壊等しない程度
					等級1	構造耐力に大きく影響すると見込まれる劣化事象等が認められず、かつ、極めて稀に（数百年に1度程度）発生する地震による力（建築基準法施行令第88条第3項に定めるもの）に対して倒壊、崩壊等しない程度
					等級0	その他
		1－2 耐震等級（構造躯体の損傷防止）	一戸建ての住宅又は共同住宅等（1－3において、免震建築物であるとされたものを除く。）	等級（0、1、2又は3）による。この場合において、等級0によるときは、その理由を併せて明示する。	耐震等級（構造躯体の損傷防止）	地震に対する構造躯体の損傷（大規模な修復工事を要する程度の著しい損傷）の生じにくさ
					等級3	構造耐力に大きく影響すると見込まれる劣化事象等が認められず、かつ、稀に（数十年に1度程度）発生する地震による力（建築基準法施行令第88条第2項に定めるもの）の1.5倍の力に対して損傷を生じない程度

					等級2	構造耐力に大きく影響すると見込まれる劣化事象等が認められず、かつ、稀に（数十年に1度程度）発生する地震による力（建築基準法施行令第88条第2項に定めるもの）の1.25倍の力に対して損傷を生じない程度
					等級1	構造耐力に大きく影響すると見込まれる劣化事象等が認められず、かつ、稀に（数十年に一度程度）発生する地震による力（建築基準法施行令第88条第2項に定めるもの）に対して損傷を生じない程度
					等級0	その他
		1－3 その他（地震に対する構造躯体の倒壊等防止及び損傷防止）	一戸建ての住宅又は共同住宅等	評価対象建築物が免震建築物であるか否かを明示する。	その他（地震に対する構造躯体の倒壊等防止及び損傷防止）	評価対象建築物が免震建築物であるか否か
		1－4 耐風等級（構造躯体の倒壊等防止及び損傷防止）	一戸建ての住宅又は共同住宅等	等級（0、1又は2）による。この場合において、等級0によるときは、その理由を併せて明示する。	耐風等級（構造躯体の倒壊等防止及び損傷防止）	暴風に対する構造躯体の倒壊、崩壊等のしにくさ及び構造躯体の損傷（大規模な修復工事を要する程度の著しい損傷）の生じにくさ
					等級2	構造耐力に大きく影響すると見込まれる劣化事象等が認められず、かつ、極めて稀に（500年に1度程度）発生する暴風による力（建築基準法施行令第87条に定めるものの1.6倍）の1.2倍の力に対して倒壊、崩壊等せず、稀に（50年に1度程度）発生する暴風による力（同条に定めるもの）の1.2倍の力に対して損傷を生じない程度
					等級1	構造耐力に大きく影響すると見込まれる劣化事象等が

				認められず、かつ、極めて稀に（500年に1度程度）発生する暴風による力（建築基準法施行令第87条に定めるものの1.6倍）に対して倒壊、崩壊等せず、稀に（50年に1度程度）発生する暴風による力（同条に定めるもの）に対して損傷を生じない程度
			等級0	その他
1－5 耐積雪等級（構造躯体の倒壊等防止及び損傷防止）	多雪区域に存する一戸建ての住宅又は共同住宅等	等級（0、1又は2）による。この場合において、等級0によるときは、その理由を併せて明示する。	耐積雪等級（構造躯体の倒壊等防止及び損傷防止）	屋根の積雪に対する構造躯体の倒壊、崩壊等のしにくさ及び構造躯体の損傷（大規模な修復工事を要する程度の著しい損傷）の生じにくさ
			等級2	構造耐力に大きく影響すると見込まれる劣化事象等が認められず、かつ、極めて稀に（500年に1度程度）発生する積雪による力（建築基準法施行令第86条に定めるものの1.4倍）の1.2倍の力に対して倒壊、崩壊等せず、稀に（50年に1度程度）発生する積雪による力（同条に定めるもの）の1.2倍の力に対して損傷を生じない程度
			等級1	構造耐力に大きく影響すると見込まれる劣化事象等が認められず、かつ、極めて稀に（500年に1度程度）発生する積雪による力（建築基準法施行令第86条に定めるものの1.4倍）に対して倒壊、崩壊等せず、稀に（50年に1度程度）発生する積雪による力（同条に定めるもの）に対して損傷を生じない程度
			等級0	その他
1－6 地盤又は杭の許容支持力等及びその設定方法	一戸建ての住宅又は共同住宅等	地盤の許容応力度（単位をkN/㎡とし、整数未満の端数を切り捨てる。地盤改良を行った場合、又は行う場合は、改良後の数値を記入する。）、杭の許容支持力（単位をkN/本とし、整数未満の端数を切り捨てる。）又は杭状改良地盤の改良後の許容支持力度（単位をkN/㎡とし、整数未満の端数を切り捨てる。）若しくは許容支持力（単位をkN/本と	地盤又は杭の許容支持力等及びその設定方法	地盤又は杭に見込んでいる常時作用する荷重に対し抵抗し得る力の大きさ及び地盤に見込んでいる抵抗し得る力の設定の根拠となった方法（地盤改良を行った場合、又は行う場合は、その方法を含む。）

			し、整数未満の端数を切り捨てる。）及び地盤調査の方法その他それらの設定の根拠となった方法（地盤改良を行った場合、又は行う場合は、その方法を含む。）を明示する。		
	1－7 基礎の構造方法及び形式等	一戸建ての住宅又は共同住宅等	直接基礎にあっては基礎の構造方法及び形式を、杭基礎にあっては杭種、杭径（単位を㎝とし、整数未満の端数を切り捨てる。）及び杭長（単位をｍとし、整数未満の端数を切り捨てる。）を明示する。	基礎の構造方法及び形式等	直接基礎の構造及び形式又は杭基礎の杭種、杭径及び杭長
2 火災時の安全に関すること	2－1 感知警報装置設置等級（自住戸火災時）	一戸建ての住宅又は共同住宅等	等級（0、1、2、3又は4）による。	感知警報装置設置等級（自住戸火災時）	評価対象住戸において発生した火災の早期の覚知のしやすさ
				等級 4	評価対象住戸において発生した火災のうち、すべての台所及び居室で発生した火災を早期に感知し、住戸全域にわたり警報を発するための装置が設置されている
				等級 3	評価対象住戸において発生した火災のうち、すべての台所及び居室で発生した火災を早期に感知し、当該室付近に警報を発するための装置が設置されている
				等級 2	評価対象住戸において発生した火災のうち、すべての台所及び寝室等で発生した火災を感知し、当該室付近に警報を発するための装置が設置されている
				等級 1	評価対象住戸において発生した火災のうち、すべての寝室等で発生した火災を感知し、当該室付近に警報を発するための装置が設置されている
				等級 0	その他
	2－2 感知警報装置設置等級（他住戸等火災時）	共同住宅等（避難階に存する住戸及び他住戸等を同一階等に有しない住	等級（1、2、3又は4）による。	感知警報装置設置等級（他住戸等火災時）	評価対象住戸の同一階又は直下の階にある他住戸等において発生した火災の早期の覚知のしやすさ
				等級 4	他住戸等において発生した火災について、当該他住戸等に火災を自動で感知するための装置が設置され、か

			戸を除く。）			つ、評価対象住戸に自動で警報を発するための装置が設置されている
					等級３	他住戸等において発生した火災について、当該他住戸等に火災を自動で感知するための装置が設置され、かつ、評価対象住戸に手動で警報を発するための装置が設置されている
					等級２	他住戸等において発生した火災について、評価対象住戸に手動で警報を発するための装置が設置されている
					等級１	その他
		２－３ 避難安全対策（他住戸等火災時・共用廊下）	共同住宅等（避難階に存する住戸及び他住戸等を同一階等に有しない住戸を除く。）	次のイのａからｅまでのうち、該当する１の排煙形式及び次のロのａからｃまでのうち、該当する１の平面形状を明示する。この場合において、ロのｃを明示するときは、耐火等級（避難経路の隔壁の開口部）を等級（1、2又は3）により併せて明示する。 イ．排煙形式 a.　開放型廊下 b.　自然排煙 c.　機械排煙（一般） d.　機械排煙（加圧式） e.　その他 ロ．平面形状 a.　通常の歩行経路による２以上の方向への避難が可能 b.　直通階段との間に他住戸等がない c.　その他	避難安全対策（他住戸等火災時・共用廊下）	評価対象住戸の同一階又は直下の階にある他住戸等における火災発生時の避難を容易とするために共用廊下に講じられた対策
					排煙形式	共用廊下の排煙の形式
					平面形状	避難に有効な共用廊下の平面形状
					耐火等級（避難経路の隔壁の開口部）	避難経路の隔壁の開口部に係る火災による火炎を遮る時間の長さ
					等級３	火炎を遮る時間が60分相当以上
					等級２	火炎を遮る時間が20分相当以上
					等級１	その他
		２－４ 脱出対策（火災時）	地上階数３以上の一戸建ての住宅又は共同住宅等（避難階に存する住戸を除く。）	次のイからニまでのうち、該当する脱出対策を明示する。この場合において、ハ又はニを明示するときは、具体的な脱出手段を併せて明示する。 イ．直通階段に直接通ずるバルコニー ロ．隣戸に通ずるバルコニー ハ．避難器具 ニ．その他	脱出対策（火災時）	通常の歩行経路が使用できない場合の緊急的な脱出のための対策

	2－5 耐火等級（延焼のおそれのある部分（開口部））	一戸建ての住宅又は共同住宅等	等級（1、2又は3）による。	耐火等級（延焼のおそれのある部分（開口部））	延焼のおそれのある部分の開口部に係る火災による火炎を遮る時間の長さ
				等級3	火炎を遮る時間が60分相当以上
				等級2	火炎を遮る時間が20分相当以上
				等級1	その他
	2－6 耐火等級（延焼のおそれのある部分（開口部以外））	一戸建ての住宅又は共同住宅等	等級（1、2、3又は4）による。	耐火等級（延焼のおそれのある部分（開口部以外））	延焼のおそれのある部分の外壁等（開口部以外）に係る火災による火熱を遮る時間の長さ
				等級4	火熱を遮る時間が60分相当以上
				等級3	火熱を遮る時間が45分相当以上
				等級2	火熱を遮る時間が20分相当以上
				等級1	その他
	2－7 耐火等級（界壁及び界床）	共同住宅等	等級（1、2、3又は4）による。	耐火等級（界壁及び界床）	住戸間の界壁及び界床に係る火災による火熱を遮る時間の長さ
				等級4	火熱を遮る時間が60分相当以上
				等級3	火熱を遮る時間が45分相当以上
				等級2	火熱を遮る時間が20分相当以上
				等級1	その他
3 劣化の軽減に関すること	3－1 劣化対策等級（構造躯体等）	一戸建ての住宅又は共同住宅等	等級（0、1、2又は3）による。この場合において、等級0によるときは、その理由を併せて明示する。また、中性化深さの測定を行った場合にあっては、その旨を明示する。	劣化対策等級（構造躯体等）	構造躯体等に使用する材料の交換等大規模な改修工事を必要とするまでの期間を伸長するため必要な対策の程度
				等級3	劣化対策に大きく影響すると見込まれる劣化事象等が認められず、かつ、通常想定される自然条件及び維持管理の条件の下で、3世代（おおむね75～90年）まで、

						大規模な改修工事を必要とするまでの期間を伸長するため必要な対策が講じられている
					等級2	劣化対策に大きく影響すると見込まれる劣化事象等が認められず、かつ、通常想定される自然条件及び維持管理の条件の下で、2世代（おおむね50～60年）まで、大規模な改修工事を必要とするまでの期間を伸長するため必要な対策が講じられている
					等級1	劣化対策に大きく影響すると見込まれる劣化事象等が認められず、かつ、建築基準法に定める対策が講じられている
					等級0	その他
	4 維持管理・更新への配慮に関すること	4－1 維持管理対策等級（専用配管）	一戸建ての住宅又は共同住宅等	等級（1、2又は3）による。	維持管理対策等級（専用配管）	専用の給排水管、給湯管及びガス管の維持管理（清掃、点検及び補修）を容易とするため必要な対策の程度
					等級3	掃除口及び点検口が設けられている等、維持管理を容易にすることに特に配慮した措置が講じられている
					等級2	配管をコンクリートに埋め込まない等、維持管理を行うための基本的な措置が講じられている
					等級1	その他
		4－2 維持管理対策等級（共用配管）	共同住宅等	等級（1、2又は3）による。	維持管理対策等級（共用配管）	共用の給排水管、給湯管及びガス管の維持管理（清掃、点検及び補修）を容易とするため必要な対策の程度
					等級3	清掃、点検及び補修ができる開口が住戸外に設けられている等、維持管理を容易にすることに特に配慮した措置が講じられている
					等級2	配管をコンクリートに埋め込まない等、維持管理を行うための基本的な措置が講じられている
					等級1	その他

	4－3 更新対策（共用排水管）	共同住宅等	等級（1、2又は3）及び次のイからホまでのうち、該当する共用排水立管の位置を明示する。 イ．共用廊下に面する共用部分 ロ．外壁面、吹き抜け等の住戸外周部 ハ．バルコニー ニ．住戸専用部 ホ．その他	更新対策（共用排水管）	共用排水管の更新を容易とするため必要な対策
				更新対策等級（共用排水管）	共用排水管の更新を容易とするため必要な対策の程度
				等級3	配管が共用部分に設置されており、かつ、更新を容易にすることに特に配慮した措置が講じられている
				等級2	配管が共用部分に設置されている等、更新を行うための基本的な措置が講じられている
				等級1	その他
				共用排水立管の位置	共用排水立管が設置されている位置
	4－4 更新対策（住戸専用部）	共同住宅及び長屋	次のイ及びロに掲げるものを明示する。 イ．躯体天井高（「○㎜以上」と記載する。）を明示する。この場合において、異なる躯体天井高が存するときは、最も低い部分の空間の内法高さ及び次のaからcまでのうち、当該最も低い部分が該当する部位を併せて明示する。 a. はり b. 傾斜屋根 c. その他 ロ．住戸専用部の構造躯体の壁又は柱の有無を明示する。この場合において、構造躯体の壁又は柱があるときは、壁又は柱の別を併せて明示する。	更新対策（住戸専用部）	住戸専用部の間取りの変更を容易とするため必要な対策
				躯体天井高	住戸専用部の構造躯体等の床版等に挟まれた空間の高さ
				住戸専用部の構造躯体の壁又は柱の有無	住戸専用部の構造躯体の壁又は柱で間取りの変更の障害となりうるものの有無
5 温熱環境・エネルギー消費量に関すること	5－1 断熱等性能等級	一戸建ての住宅又は共同住宅等	等級（1、2、3、4、5、6又は7（7は地域の区分が8地域以外の地域である場合に限る。））による。この場合においては、地域の区分を併せて明示する。等級1によるときはその理由を併せて明示する。また、等級7（地域の区分が8地域である場合にあっては等級6）の場合に、外皮平均熱貫流率（単位をW/（㎡・K）とし、地域の区分の8地域を除く。）及び冷房期の平均日射熱取得率（地域の区分の1、2、3及び4地域を除く。）を併せて明示することができる。	断熱等性能等級	外壁、窓等を通しての熱の損失の防止を図るための断熱化等による対策の程度
				等級7	断熱等性能に大きく影響すると見込まれる劣化事象等が認められず、かつ、熱損失等のより著しい削減のための対策が講じられている
				等級6	断熱等性能に大きく影響すると見込まれる劣化事象等が認められず、かつ、熱損失等の著しい削減のための対策が講じられている
				等級5	断熱等性能に大きく影響すると見込まれる劣化事象等が認められず、かつ、熱損失等のより大きな削減のた

						めの対策（基準省令に定める建築物エネルギー消費性能誘導基準に相当する程度）が講じられている
					等級４	断熱等性能に大きく影響すると見込まれる劣化事象等が認められず、かつ、熱損失等の大きな削減のための対策（基準省令に定める建築物エネルギー消費性能基準に相当する程度）が講じられている
					等級３	断熱等性能に大きく影響すると見込まれる劣化事象等が認められず、かつ、熱損失等の一定程度の削減のための対策が講じられている
					等級２	断熱等性能に大きく影響すると見込まれる劣化事象等が認められず、かつ、熱損失の小さな削減のための対策が講じられている
					等級１	その他
		５－２ 一次エネルギー消費量等級	一戸建ての住宅又は共同住宅等	等級（1、3、4、5又は6）による。この場合においては、地域の区分を併せて明示する。等級１によるときはその理由を併せて明示する。また、等級６にあっては、床面積当たりの一次エネルギー消費量（単位をMJ/（㎡・年）とする。）を併せて明示することができる。	一次エネルギー消費量等級	一次エネルギー消費量の削減のための対策の程度
					等級６	一次エネルギー消費量に大きく影響すると見込まれる劣化事象等が認められず、かつ、一次エネルギー消費量の著しい削減のための対策（基準省令に定める建築物エネルギー消費性能誘導基準（その設定の基礎となる基準一次エネルギー消費量が、基準省令第14条第１項の規定により求められたものであるものに限る。）に相当する程度）が講じられている
					等級５	一次エネルギー消費量に大きく影響すると見込まれる劣化事象等が認められず、かつ、一次エネルギー消費量のより大きな削減のための対策が講じられている
					等級４	一次エネルギー消費量に大きく影響すると見込まれる劣化事象等が認められず、かつ、一次エネルギー消費量の大きな削減のための対

					策（基準省令に定める建築物エネルギー消費性能基準（その設定の基礎となる基準一次エネルギー消費量が、基準省令第５条第１項の規定により求められたものであるものに限る。）に相当する程度）が講じられている
				等級３	一次エネルギー消費量に大きく影響すると見込まれる劣化事象等が認められず、かつ、一次エネルギー消費量の一定程度の削減のための対策（基準省令に定める建築物エネルギー消費性能基準（その設定の基礎となる基準一次エネルギー消費量が、基準省令附則第４条第２項の規定により読み替えて適用する基準省令第５条第１項の規定により求められたものであるものに限る。）に相当する程度）が講じられている
				等級１	その他
6 空気環境に関すること	6－2 換気対策（局所換気対策）	一戸建ての住宅又は共同住宅等	便所、浴室及び台所のそれぞれについて、次のイからハまでのうち、該当する局所換気対策を明示する。 イ．機械換気設備 ロ．換気のできる窓 ハ．なし	局所換気設備	換気上重要な便所、浴室及び台所の換気のための設備
	6－3 室内空気中の化学物質の濃度等	一戸建ての住宅又は共同住宅等	特定測定物質（測定の対象となるものに限る。以下同じ。）ごとに、次のイからヘまでに掲げるものを明示する。 イ．特定測定物質の名称 ロ．特定測定物質の濃度（単位を ppm、ppb、mg／㎥、μg／㎥その他一般的に使用されるものとし、平均の値（測定値が１の場合にあっては、その値）又は最高及び最低の値とする。） ハ．特定測定物質の濃度を測定（空気の採取及び分析を含む。）するために必要とする器具の名称（空気の採取及び分析を行う器具が異なる場合にあっては、それぞれの名称） ニ．採取を行った年月日並びに採取を行った時刻又は採取を開始した時刻及び終了した時刻 ホ．採取条件（空気を採取した居室の名称、当該居室に存する家具（造付け家具を除く。）、カーテンその他これらに類するものの名称、採取中の室温又は平均の室温、採取中の相対湿度又は平均の相対湿度、	室内空気中の化学物質の濃度等	評価対象住戸の空気中の化学物質の濃度及び測定方法

				採取中の天候及び日照の状況、採取前及び採取中の換気及び冷暖房の実施状況その他特定測定物質の濃度に著しい影響を及ぼすものに限る。） ヘ．特定測定物質の濃度を分析した者の氏名又は名称（空気の採取及び分析を行った者が異なる場合に限る。）		
		6－4 石綿含有建材の有無等	一戸建ての住宅又は共同住宅等	次のイ及びロに掲げる建材の有無並びに次のイからハまでに掲げる建材ごとの次のａからｆまでに掲げるものを明示する。 イ．吹き付け石綿（囲い込み又は封じ込めの飛散防止のための措置が施されているものを除く。ロにおいて同じ。） ロ．吹き付けロックウール ハ．イ及びロ以外の建材のうち測定を行うもの a.　建材の名称 b.　建材における石綿含有率（単位を％とする。） c.　建材の使用部位 d.　採取条件（試料を採取した建築物の名称及び施工年（石綿含有建材の施工時期が分かる場合はその施工年）、試料の採取部位及び場所、試料の大きさ、採取方法、採取を行った年月日その他測定の対象となる石綿含有建材における石綿含有率等に著しい影響を及ぼすものに限る。） e.　分析条件（試料粉砕方法、使用した分析機器、分析方法、残さ率、検出下限、定量下限、分析年月日その他測定の対象となる石綿含有建材における石綿含有率等に著しい影響を及ぼすものに限る。） f.　石綿含有建材における石綿含有率を分析した者の氏名又は名称（建材の採取及び測定を行った者が異なる場合に限る。）	石綿含有建材の有無等	評価対象住戸における飛散のおそれのある吹き付け石綿及び吹き付けロックウールの有無並びに測定する建材ごとの石綿含有率等
		6－5 室内空気中の石綿の粉じんの濃度等	一戸建ての住宅又は共同住宅等	居室等ごとに次のイからホまでに掲げるものを明示する。 イ．空気中の石綿の粉じん濃度（単位をf/l とし、測定した濃度の平均値又は最高及び最低の値とする。） ロ．採取を行った年月日並びに採取を開始した時刻及び終了した時 ハ．採取条件（空気を採取した居室等の名称、採取を行った居室内の位置又はその近傍における採取中の平均の室温及び平均の相対湿度、採取中の天候及び日照の状況、採取前及び採取中の換気及び冷暖房の実施状況その他石綿の粉じんの濃度に著しい影響を及ぼすものに限る。） ニ．分析条件（空気中の石綿の粉じんの濃度を測定（空気の採取及び分析を含む。）するために使用した顕微鏡等の器具の種	室内空気中の石綿の粉じんの濃度等	評価対象建築物の居室等における空気中の石綿の粉じんの濃度及び測定方法

			類、計測視野数、定量下限その他石綿の粉じんの濃度に著しい影響を及ぼすものに限る。） ホ．石綿の粉じんの濃度を分析した者の氏名又は名称（空気の採取及び分析を行った者が異なる場合に限る。）		
7 光・視環境に関すること	7－1 単純開口率	一戸建ての住宅又は共同住宅等	単純開口率（○%と記載する。）を明示する。	単純開口率	居室の外壁又は屋根に設けられた開口部の面積の床面積に対する割合の大きさ
	7－2 方位別開口比	一戸建ての住宅又は共同住宅等	東面、南面、西面、北面及び真上の各方位について、方位別開口比（○%と記載する。）を明示する。	方位別開口比	居室の外壁又は屋根に設けられた開口部の面積の各方位毎の比率の大きさ
9 高齢者等への配慮に関すること	9－1 高齢者等配慮対策等級（専用部分）	一戸建ての住宅又は共同住宅等	等級（0、1、2⁻、2、3、4又は5）による。	高齢者等配慮対策等級（専用部分）	住戸内における高齢者等への配慮のために必要な対策の程度
				等級5	高齢者等が安全に移動することに特に配慮した措置が講じられており、介助用車いす使用者が基本的な生活行為を行うことを容易にすることに特に配慮した措置が講じられている
				等級4	高齢者等が安全に移動することに配慮した措置が講じられており、介助用車いす使用者が基本的な生活行為を行うことを容易にすることに配慮した措置が講じられている
				等級3	高齢者等が安全に移動するための基本的な措置が講じられており、介助用車いす使用者が基本的な生活行為を行うための基本的な措置が講じられている
				等級2	高齢者等が安全に移動するための基本的な措置が講じられている
				等級2⁻	高齢者等が安全に移動するための基本的な措置の一部が講じられている
				等級1	建築基準法に定める移動時の安全性を確保する措置が講じられている
				等級0	その他

	9－2 高齢者等配慮対策等級（共用部分）	共同住宅等	等級（0、1、2^{-}、2、3、4又は5）による。	高齢者等配慮対策等級（共用部分）	共同住宅等の主に建物出入口から住戸の玄関までの間における高齢者等への配慮のために必要な対策の程度
				等級5	高齢者等が安全に移動することに特に配慮した措置が講じられており、自走式車いす使用者と介助者が住戸の玄関まで容易に到達することに特に配慮した措置が講じられている
				等級4	高齢者等が安全に移動することに配慮した措置が講じられており、自走式車いす使用者と介助者が住戸の玄関まで容易に到達することに配慮した措置が講じられている
				等級3	高齢者等が安全に移動するための基本的な措置が講じられており、自走式車いす使用者と介助者が住戸の玄関まで到達するための基本的な措置が講じられている
				等級2	高齢者等が安全に移動するための基本的な措置が講じられている
				等級2^{-}	高齢者等が安全に移動するための基本的な措置の一部が講じられている
				等級1	建築基準法に定める移動時の安全性を確保する措置が講じられている
				等級0	その他
10 防犯に関すること	10－1 開口部の侵入防止対策	一戸建ての住宅又は共同住宅等	住戸の階ごとに、次の表の左欄に掲げる住戸及び同表の中欄に掲げる開口部の区分に応じ、それぞれ外部からの侵入を防止するための対策として同表の右欄に掲げるものから該当するものを明示するとともに、雨戸又はシャッターによってのみ対策が講じられている開口部が含まれる場合は、その旨を明示する。	開口部の侵入防止対策	通常想定される侵入行為による外部からの侵入を防止するための対策

イ．一戸建ての住宅	a. 住戸の出入口 b. 地面から開口部の下端までの高さが2m以下、又は、バルコニー等から開口部の下端までの高さが2m以下であって、かつ、バルコニー等から当該開口部までの水平距離が0.9m以下であるもの（aに該当するものを除く。）	(i) すべての開口部が侵入防止対策上有効な措置の講じられた開口部である (ii) その他 (iii) 該当する開口部なし

	c. a及びbに掲げるもの以外のもの	
ロ.共同住宅等（建物出入口の存する階の住戸）	a. 住戸の出入口 b. 地面から開口部の下端までの高さが2m以下、又は、共用廊下、共用階段若しくはバルコニー等から開口部の下端までの高さが2m以下であって、かつ、共用廊下、共用階段若しくはバルコニー等から当該開口部までの水平距離が0.9m以下であるもの（aに該当するものを除く。） c. a及びbに掲げるもの以外のもの	(i) すべての開口部が侵入防止対策上有効な措置の講じられた開口部である (ii) その他 (iii) 該当する開口部なし
ハ.共同住宅等（建物出入口の存する階以外の階の住戸）	a. 住戸の出入口 b. 地面から開口部の下端までの高さが2m以下、又は、次の(i)若しくは(ii)から開口部の下端までの高さが2m以下であって、かつ、(i)若しくは(ii)から開口部までの水平距離が0.9m以下であるもの（aに該当するものを除く。） (i)共用廊下又は共用階段 (ii)バルコニー等（(i)に該当するものを除く。） c. a及びbに掲げるもの以外のもの	(i) すべての開口部が侵入防止対策上有効な措置の講じられた開口部である (ii) その他 (iii) 該当する開口部なし

この表において「特定劣化事象等」とは、評価方法基準（平成13年国土交通省告示第1347号）第5の11－1(2)イ②に規定する特定劣化事象等をいう。

別表2－2（部位等ごとの劣化事象等）

(い)	(ろ)	
部位等	劣化事象等	
(1) 基礎のうち屋外に面する部分（壁又は柱と異なる仕上げとなっている場合に限る。）	(a) コンクリート直仕上げによる仕上げの場合	幅が0.5㎜以上のものその他の著しいひび割れ又は深さが20㎜以上のものその他の著しい欠損
	(b) モルタル仕上げその他の塗り仕上げの場合	著しいひび割れ、著しい欠損又は仕上げ部分の著しい剥がれ
	(c) その他の仕上げの場合	(a)又は(b)の場合における劣化事象等に準じるもの
(2) 壁、柱、基礎（屋外に面する部分が壁又は柱と同一の仕上げとなっている場合に限る。）及び梁のうち屋外に面する部分	(a) コンクリート直仕上げによる仕上げの場合	幅が0.5㎜以上のものその他の著しいひび割れ、深さが20㎜以上のものその他の著しい欠損、シーリング材の破断若しくは接着破壊（片側が屋内である部分に限る。以下同じ。）、手すり（転落防止のためのものに限る。以下同じ。）の著しいぐらつき又は手すり若しくはこれを支持する部分の著しい腐食等（当該部分が金属である場合にあっては腐食、木材である場合にあっては腐朽等、コンクリートその他これに類するものである場合にあってはひび割れをいう。以下同じ。）
	(b) モルタル仕上げその他の塗り仕上げの場合	著しいひび割れ、著しい欠損、仕上げ部分の著しい浮き若しくは剥がれ、シーリング材の破断若しくは接着破壊、手すりの著しいぐらつき又は手すり若しくはこれを支持する部分の著しい腐食等
	(c) サイディングボードその	仕上げ材の著しい割れ、欠損若しくは剥がれ、仕上げ材

	他の板状の仕上げ材による仕上げの場合	（金属であるものに限る。）の著しい腐食、シーリング材の破断若しくは接着破壊、手すりの著しいぐらつき又は手すり若しくはこれを支持する部分の著しい腐食等
	(d) タイルによる仕上げの場合	著しいひび割れ、著しい欠損、仕上げ材の著しい浮き若しくは剥がれ、シーリング材の破断若しくは接着破壊、手すりの著しいぐらつき又は手すり若しくはこれを支持する部分の著しい腐食等
	(e) その他の仕上げの場合	(a)から(d)までの場合における劣化事象等に準じるもの
(3) 屋根	(a) 粘土瓦、厚形スレート又は住宅屋根用化粧スレートによる仕上げの場合	仕上げ材の著しい割れ、欠損、ずれ又は剥がれ
	(b) 金属系の屋根ふき材（基材が鋼板であるものに限る。）による仕上げの場合	仕上げ材の著しい腐食
	(c) アスファルト防水（保護層を有するものに限る。）による場合	保護層（コンクリートであるものに限る。）の著しいせり上がり
	(d) アスファルト防水（保護層を有するものを除く。）又は改質アスファルト防水による場合	防水層の破断又はルーフィングの接合部の剥離（防水層が単層である改質アスファルト防水による場合に限る。）
	(e) シート防水による場合	防水層の破断又はシートの接合部の剥離
	(f) 塗膜防水による場合	防水層の破断
	(g) その他の防水方法の場合	(a)から(f)までの場合における劣化事象等に準じるもの
(4) 壁、柱及び梁のうち屋内に面する部分（専用部分）	(a) モルタル仕上げその他の塗り仕上げの場合	著しいひび割れ、著しい欠損、漏水等の跡又は壁若しくは柱における$\frac{6}{1000}$以上の傾斜（鉄筋コンクリート造その他これに類する構造の部分を除く。以下同じ。）
	(b) 化粧石こうボードその他の板状の仕上げ材による仕上げの場合	漏水等の跡、仕上げ材の著しい割れ、欠損若しくは剥がれ、仕上げ材（金属であるものに限る。）の著しい腐食又は壁若しくは柱における$\frac{6}{1000}$以上の傾斜
	(c) タイルによる仕上げの場合	著しいひび割れ、著しい欠損、漏水等の跡又は壁若しくは柱における$\frac{6}{1000}$以上の傾斜
	(d) 壁紙その他のシート状の仕上げ材による仕上げの場合	著しいひび割れ、著しい欠損、漏水等の跡又は壁若しくは柱における$\frac{6}{1000}$以上の傾斜
	(e) その他の仕上げの場合	(a)から(d)までの場合における劣化事象等に準じるもの
(5) 壁、柱及び梁のうち屋内に面する部分（共用部分）	(a) コンクリート直仕上げによる仕上げの場合	幅が0.5㎜以上のものその他の著しいひび割れ、深さが20㎜以上のものその他の著しい欠損又は漏水等の跡
	(b) モルタル仕上げその他の塗り仕上げの場合	著しいひび割れ、著しい欠損、漏水等の跡又は仕上げ部分の著しい浮き若しくは剥がれ
	(c) サイディングボードその他の板状の仕上げ材による仕上げの場合	漏水等の跡、仕上げ材の著しい割れ、欠損若しくは剥がれ又は仕上げ材（金属であるものに限る。）の著しい腐食
	(d) タイルによる仕上げの場合	著しいひび割れ、著しい欠損、漏水等の跡又は仕上げ材の著しい浮き若しくは剥がれ
	(e) 壁紙その他のシート状の仕上げ材による仕上げの場合	著しいひび割れ、著しい欠損又は漏水等の跡

	(f)	その他の仕上げの場合	(a)から(e)までの場合における劣化事象等に準じるもの
(6) 屋内の床（専用部分）	(a)	フローリングその他の板状の仕上げ材による仕上げの場合	著しい沈み、$\frac{6}{1000}$以上の傾斜（居室に存するものに限る。以下同じ。）又は仕上げ材の著しい割れ、欠損若しくは剥がれ
	(b)	タイルによる仕上げの場合	著しいひび割れ、著しい欠損、著しい沈み、$\frac{6}{1000}$以上の傾斜又は仕上げ材の著しい剥がれ
	(c)	その他の仕上げの場合	(a)又は(b)の場合における劣化事象等に準じるもの
(7) 床(共用部分)	(a)	コンクリート直仕上げによる仕上げの場合	幅が0.5㎜以上のものその他の著しいひび割れ又は深さが20㎜以上のものその他著しい欠損
	(b)	モルタル仕上げその他の塗り仕上げの場合	著しいひび割れ、著しい欠損又は仕上げ部分の著しい剥がれ
	(c)	タイルによる仕上げの場合	著しいひび割れ、著しい欠損又は仕上げ材の著しい剥がれ
	(d)	板状の仕上げ材による仕上げの場合	仕上げ材の著しい割れ、欠損又は剥がれ
	(e)	その他の仕上げの場合	(a)から(d)までの場合における劣化事象等に準じるもの
(8) 天井（専用部分）	(a)	石こうボードその他の板状の仕上げ材による仕上げの場合	漏水等の跡、仕上げ材の著しい割れ、欠損若しくは剥がれ又は仕上げ材（金属であるものに限る。）の著しい腐食
	(b)	壁紙その他のシート状の仕上げ材による仕上げの場合	著しいひび割れ、著しい欠損又は漏水等の跡
	(c)	その他の仕上げの場合	(a)又は(b)の場合における劣化事象等に準じるもの
(9) 天井（共用部分）及び軒裏	(a)	コンクリート直仕上げによる仕上げの場合	著しいひび割れ、著しい欠損又は漏水等の跡
	(b)	モルタル仕上げその他の塗り仕上げの場合	著しいひび割れ、著しい欠損、漏水等の跡又は仕上げ部分の著しい浮き若しくは剥がれ
	(c)	サイディングボードその他の板状の仕上げ材による仕上げの場合	漏水等の跡、仕上げ材の著しい割れ、欠損若しくは剥がれ又は仕上げ材（金属であるものに限る。）の著しい腐食
	(d)	壁紙その他のシート状の仕上げ材による仕上げの場合	著しいひび割れ、著しい欠損又は漏水等の跡
	(e)	その他の仕上げの場合	(a)から(d)までの場合における劣化事象等に準じるもの
⑽ 階段（専用部分）	構造体の著しい欠損若しくは腐食等、踏面の著しい沈み、欠損若しくは腐食等、手すりの著しいぐらつき又は手すり若しくはこれを支持する部分の著しい腐食等		
⑾ 階段（共用部分）	構造体の著しい欠損若しくは腐食等、踏面の著しい沈み、欠損若しくは腐食等、手すりの著しいぐらつき又は手すり若しくはこれを支持する部分の著しい腐食等		
⑿ バルコニー	床の著しい沈み、欠損、腐食等若しくは防水層の破断（直下が屋内である場合に限る。）、支持部分の欠損若しくは腐食等（直下が屋内でない場合に限る。）、手すりの著しいぐらつき又は手すり若しくはこれを支持する部分の著しい腐食等		
⒀ 屋外に面する開口部(雨戸、網戸及び天窓を除く。)	建具の周囲の隙間、建具の著しい開閉不良、手すりの著しいぐらつき又は手すり若しくはこれを支持する部分の著しい腐食等		
⒁ 雨樋	破損		
⒂ 土台及び床組	土台若しくは床組（木造のものに限る。）の接合部の著しい割れ又は床組（鉄骨造のものに限る。）の著しい腐食		

⒃	小屋組	雨漏り等の跡、小屋組（木造のものに限る。）の接合部の著しい割れ又は小屋組（鉄骨造のものに限る。）の著しい腐食
⒄	給水設備（専用部分）	漏水、赤水又は給水流量の不足
⒅	給水設備（共用部分）	漏水、給水管の著しい腐食、受水槽若しくは給水ポンプの著しい損傷若しくは腐食又は受水槽若しくは給水ポンプを支持する部分の著しい損傷若しくは腐食
⒆	排水設備（専用部分）	漏水、排水の滞留、浄化槽（地上に存する部分に限る。）の著しい損傷若しくは腐食（一戸建ての住宅に限る。）又は浄化槽のばっ気装置（地上に存する部分に限る。）の著しい作動不良（一戸建ての住宅に限る。）
⒇	排水設備（共用部分）	漏水、排水管の著しい腐食、浄化槽（地上に存する部分に限る。）の著しい損傷若しくは腐食又は浄化槽のばっ気装置（地上に存する部分に限る。）の著しい作動不良
㉑	給湯設備（専用部分）	漏水又は赤水
㉒	給湯設備（共用部分）	漏水、給湯管の著しい腐食、給湯管の保温材の脱落又は熱源装置の著しい損傷若しくは腐食
㉓	機械換気設備（専用部分）	作動不良又は当該換気設備に係るダクトの脱落
㉔	換気設備（共用部分）	換気ファンの作動不良又は排気ガラリの閉鎖若しくは著しい腐食
㉕	⑴から㉔までに掲げる部位等	腐朽等（木造の構造部分を有する住宅に認められるものに限る。）、蟻害（木造の構造部分を有する住宅に認められるものに限る。）又は鉄筋の露出（鉄筋コンクリート造その他これに類する構造の住宅に認められるものに限る。）

附則（抄）

1　（略）

2　この告示の施行に伴い、日本住宅性能表示基準（平成12年建設省告示第1652号）は、廃止する。

3　（略）

附則（令和4年11月7日　消費者庁・国土交通省告示第2号）

1　（略）

2　この告示の施行前の申請に係る設計住宅性能評価については、なお従前の例による。

3　この告示の施行前に設計住宅性能評価が行われた住宅及び前項の規定によりなお従前の例によることとされた設計住宅性能評価が行われた住宅に係る変更設計住宅性能評価又は建設住宅性能評価については、なお従前の例による。

評価方法基準（抄）

制定：平成13年　8月14日　国土交通省告示第1347号
改正：令和　4年11月　7日　国土交通省告示第1108号

住宅の品質確保の促進等に関する法律（平成11年法律第81号）第3条第1項〔現行＝第3条の2第1項＝平成21年6月法律第49号により改正〕の規定に基づき、評価方法基準を次のように定める。

第1　趣旨

この基準は、住宅の品質確保の促進等に関する法律（平成11年法律第81号。以下「法」という。）第3条の2第1項に規定する評価方法基準として、日本住宅性能表示基準（平成13年国土交通省告示第

1346 号）に従って表示すべき住宅の性能に関する評価の方法の基準について定めるものとする。

第２　適用範囲

この基準は、法第２条第１項に規定する住宅について適用する。

第３　用語の定義

次の１から８までに掲げるもののほか、この基準において使用する用語は、法及びこれに基づく命令において使用する用語の例によるものとする。

1　この基準において「施工関連図書」とは、材料等の納品書、工事写真、施工図、品質管理記録その他当該住宅の建設工事が設計住宅性能評価書に表示された性能を有する住宅のものであることを証する図書をいう。

2　この基準において「評価対象住戸」とは、住宅性能評価の対象となる一戸建ての住宅又は共同住宅等のうち住宅性能評価の対象となる一の住戸をいう。

3　この基準において「評価対象建築物」とは、評価対象住戸を含む建築物をいう。

4　この基準において「評価事項」とは、各性能表示事項において評価されるべき住宅の性能その他の事項及びその水準をいう。

5　この基準において「評価基準（新築住宅）」とは、新築住宅について、各性能表示事項において評価事項を満たすか否かの判断を行うための基準をいう。

6　この基準において「評価基準（既存住宅）」とは、既存住宅（新築住宅以外の住宅をいう。以下同じ。）について、各性能表示事項において評価事項を満たすか否かの判断を行うための基準をいう。

7　この基準において「他住戸等」とは、評価対象住戸以外の住戸その他の室（評価対象住戸と一体となって使用される室を除く。）をいう。

8　この基準において「劣化事象等」とは、劣化事象その他不具合である事象をいう。

第４　評価の方法の基準（総則）

1　設計住宅性能評価

設計住宅性能評価は、その対象となる住宅の設計図書等（別記第１号様式の設計内容説明書及び設計者が作成する諸計算書（計算を要する場合に限る。）並びにそれらの内容の信頼性を確認するために必要な図書をいう。）を評価基準（新築住宅）と照合することにより行う。ただし、日本住宅性能表示基準別表１の(い)項に掲げる事項のうち「6 − 3　室内空気中の化学物質の濃度等」（第４において「6 − 3」という。）及び別表２ − １の(い)項に掲げる事項については、設計住宅性能評価を行わないものとする。

2　新築住宅に係る建設住宅性能評価

新築住宅に係る建設住宅性能評価は、次に定めるところにより行う。ただし、6 − 3については、次の(6)は適用しない。

(1)　建設住宅性能評価は、建設住宅性能評価の対象となる住宅の施工について、設計住宅性能評価を受けた当該住宅の設計図書等（住宅性能評価に係るものに限る。）に従っていることを確認することにより行う。ただし、6 − 3については、評価対象住戸において測定（空気の採取及び分析を含む。以下同じ。）することにより行う。

(2)　建設住宅性能評価における検査を行うべき時期は、次に掲げる住宅の規模に応じ、それぞれ次に掲げる時期とする。ただし、6 − 3については、居室の内装仕上げ工事（造付け家具の取付けその他これに類する工事を含む。）の完了後（造付け家具以外の家具その他の物品が室内に搬入される前に限る。）とする。

イ　階数が３以下（地階を含む。）の建築物である住宅　基礎配筋工事の完了時（プレキャストコンクリート造の基礎にあってはその設置時。ロにおいて同じ。）、躯体工事の完了時、下地張りの直前の工事の完了時及び竣工時とする。

ロ　階数が４以上（地階を含む。）の建築物である住宅　基礎配筋工事の完了時、最下階から数えて２階及び３に７の自然数倍を加えた階の床の躯体工事の完了時、屋根工事の完了時、下地張りの直前の工事の完了時及び竣工時とする。ただし、建築基準法（昭和 25 年法律第 201 号）第７条の３第１項又は第７条の４第１項の規定により同法第７条の３第１項各号に規定する特定工程に係る検査（床の躯体工事の完了時に行われるものに限る。以下このロにおいて同じ。）が行われる場合にあっては、床の躯体工事の完了時に行う検査は、直近の特定工程に係る検査と同じ時期とすることができる。

(3) 建設住宅性能評価における検査は、建築士が作成する工事監理報告書及び工事施工者が作成する別記第2号様式の施工状況報告書を確認するとともに、建設住宅性能評価の対象となる住宅の目視又は計測（目視又は計測が困難な場合にあっては、施工関連図書の審査）によりそれらの内容の信頼性を確認することにより行う。ただし、6－3については、評価基準（新築住宅）に定めるところにより測定を行う。

(4) 建設住宅性能評価の対象となる住宅の目視又は計測に当たって、対象となる部位を抽出して確認する方法による場合においては、検査を行う者は、当該部位について工事施工者に対してあらかじめ通知をせずに当該目視又は計測を行う。ただし、6－3については、空気の採取を行う居室を抽出する場合において、検査を行う者は、当該居室について工事施工者に対してあらかじめ通知をせずに当該測定を行う。

(5) 共同住宅又は長屋においては、住戸ごとに定まる性能についての検査に際し、少なくとも、評価対象住戸の総数の$\frac{1}{10}$（1未満の端数は切り上げる。）以上の住戸について目視又は計測を行う。この場合において、検査を行う者は、目視又は計測を行う住戸について工事施工者に対してあらかじめ通知をせずに当該目視又は計測を行う。ただし、6－3については、すべての評価対象住戸について測定を行う。

(6) 設計住宅性能評価の対象となった設計図書等に従って工事が行われたことが確認できない場合において、工事の修正により当該設計図書等に従って工事が行われたことが確認できないとき又は変更後の設計図書等について変更設計住宅性能評価（設計住宅性能評価が完了した住宅でその計画の変更をしようとするものに係る設計住宅性能評価をいう。）が行われないときは、当該工事に関係する性能表示事項については、最低水準の評価を行う。ただし、部分的な工事の変更で容易に評価基準（新築住宅）との照合を行うことができる場合においては、この限りでない。

(7) 検査の記録は、施工状況報告書に設ける施工状況確認欄及び測定記録欄に行う。

3 既存住宅に係る建設住宅性能評価

既存住宅に係る建設住宅性能評価は、次に定めるところにより行う。

(1) 建設住宅性能評価は、次に掲げる方法により行う。ただし、ロに掲げる方法による場合にあっては、劣化事象等、作動等の確認に限り、評価対象建築物の現況を評価基準（既存住宅）と照合することにより行う。

イ 日本住宅性能表示基準別表2－1の(い)項に掲げる「現況検査により認められる劣化等の状況」及び「特定現況検査により認められる劣化等の状況（腐朽等・蟻害）」については、評価対象建築物の現況を評価基準（既存住宅）と照合することにより行う。なお、共同住宅又は長屋の共用部分について現況検査により認められる劣化等の状況の評価の結果が存する場合にあっては、評価対象建築物の現況と当該評価の結果に相異が認められないことを確認することにより行うことができる。

ロ 日本住宅性能表示基準別表2－1の「個別性能に関すること」のうち、(い)項に掲げる表示すべき事項（「6－3室内空気中の化学物質の濃度等」、「6－4石綿含有建材の有無等」及び「6－5室内空気中の石綿の粉じんの濃度等」を除く。）については、評価対象建築物の現況又は評価対象建築物の図書等（平面図その他の図面、諸計算書（計算を要する場合に限る。）、施工状況報告書その他の図書及びそれらの内容の信頼性を確認するために必要な図書をいい、新築住宅を対象とする建設住宅性能評価（日本住宅性能表示基準別表2－1の（い）項に掲げる「1－1耐震等級（構造躯体の倒壊等防止）」、「1－2耐震等級（構造躯体の損傷防止）」、「1－3その他（地震に対する構造躯体の倒壊等防止及び損傷防止）」、「1－4耐風等級（構造躯体の倒壊等防止及び損傷防止）」、「1－5耐積雪等級（構造躯体の倒壊等防止及び損傷防止）」、「1－6地盤又は杭の許容支持力等及びその設定方法」、「1－7基礎の構造方法及び形式等」、「2－5耐火等級（延焼のおそれのある部分（開口部））」、「2－6耐火等級（延焼のおそれのある部分（開口部以外））」、「3－1劣化対策等級（構造躯体等）」、「4－2維持管理対策等級（共用配管）」及び「4－3更新対策等級（共用排水管）」

にあっては、既存住宅（共同住宅及び長屋に限る。）を対象とするものを含む。）又はこれと同等の信頼性を有する検査の完了時に用いられたと認められるものに限る。以下同じ。）に記載された内容を評価基準（既存住宅）と照合することにより行う。なお、評価対象建築物の図書等に記載された内容を評価基準（既存住宅）と照合する場合にあっては、当該内容と評価対象建築物の現況に相異が認められないことを併せて確認する。ただし、評価対象建築物の図書等（建設住宅性能評価の完了時に用いられたものに限る。）をもって評価を行う場合であって、かつ、対象となる性能表示事項に係る評価基準に変更がない場合にあっては、劣化事象等、作動等の確認を除き、評価基準（既存住宅）と照合することを要しない。

ハ　6 − 3、6 − 4 及び 6 − 5 については、評価対象住戸において測定することにより行う。

(2) 建設住宅性能評価における検査は、評価基準（既存住宅）にそれぞれ定めるところにより行う。ただし、評価対象建築物の現況と現況検査により認められる劣化等の状況の評価の結果に相異が認められないことの確認及び評価対象建築物の図書等に記載された内容と評価対象建築物の現況に相異が認められないことの確認にあっては、当該評価対象建築物の改修等の記録を確認するとともに、評価対象建築物の外観の著しい変更がないことを目視により確認することにより行い、6 − 3、6 − 4 及び 6 − 5 にあっては、評価基準（既存住宅）に定めるところにより測定を行う。

(3) 現況検査により認められる劣化等の状況に係る検査の際に、評価対象建築物の現況と当該性能表示事項の評価の結果の相異（現況検査により認められる劣化等の状況に係る評価基準（既存住宅）と明らかに関連のないものを除く。）が認められる場合においては、評価対象建築物を評価基準（既存住宅）と照合することにより行う。

(4) 現況検査により認められる劣化等の状況及び特定現況検査により認められる劣化等の状況（腐朽等・蟻害）以外の性能表示事項に係る検査の際に、(1)ロに掲げる性能表示事項にあっては評価対象建築物と評価基準（既存住宅）との照合ができず、かつ、評価対象建築物の図書等に記載された内容と評価対象建築物の現況とに相異（対象とする性能表示事項に係る評価基準（既存住宅）と明らかに関連のないもの及び仕上げ材等により隠蔽（ぺい）された部分に明らかに改変等がないと認められるものを除く。）が認められる場合（当該図書等がない場合を含む。）においては、対象とする性能表示事項について、最低水準の評価を行う。

(5) 評価を行った結果、該当すると認められる等級が複数存する場合にあっては、等級は、該当すると認められる等級のうち、最も高いものとする。

(6) 検査の記録は、性能表示事項ごとに、検査に用いた器具等の名称その他の検査の方法及び評価基準への適否、測定結果その他の検査の結果を書面に記載することにより行う。

第 5　評価の方法の基準（性能表示事項別）（略）

附則（抄）

1　（略）

2　この告示の施行に伴い、評価方法基準（平成 12 年建設省告示第 1654 号）は、廃止する。

3 〜 6　（略）

附則（令和 4 年 11 月 7 日　国土交通省告示第 1108 号）

1　（略）

2　この告示の施行前の申請に係る設計住宅性能評価については、なお従前の例による。

3　この告示の施行前に設計住宅性能評価が行われた住宅及び前項の規定によりなお従前の例によることとされた設計住宅性能評価が行われた住宅に係る変更設計住宅性能評価又は建設住宅性能評価については、なお従前の例による。

4　この告示の施行前にされた住宅の品質確保の促進等に関する法律第 6 条の 2 第 1 項の規定による求め（同条第 2 項の規定により住宅性能評価の申請と併せてするものを含む。）であって、この告示の施行の際、まだ長期使用構造等であるかどうかの確認がされていないものについての確認については、なお従前の例による。

5　この告示の施行前にされた長期優良住宅の普及の促進に関する法律（平成20年法律第87号）第5条第1項から第5項までの規定による認定の申請（同法第8条第1項の変更の認定の申請を含む。）であって、この告示の施行の際、まだその認定をするかどうかの処分がされていないものについての認定の処分については、なお従前の例による。

別記（略）

住宅の品質確保の促進等に関する法律第6条の2第3項の規定による確認のために必要な図書を定める件

制定：令和3年10月20日　国土交通省告示第1366号
改正：令和4年　8月16日　国土交通省告示第 834号

住宅の品質確保の促進等に関する法律施行規則（平成12年建設省令第20号）第7条の2第1項の規定に基づき、住宅の品質確保の促進等に関する法律（平成11年法律第81号）第6条の2第3項の規定による確認のために必要な図書を次のように定める。

第1

住宅の品質確保の促進等に関する法律施行規則（以下「規則」という。）第7条の2第1項の住宅の品質確保の促進等に関する法律（以下「法」という。）第6条の2第3項の規定による確認のために必要な図書は、長期優良住宅の普及の促進に関する法律（平成20年法律第87号）第5条第1項から第5項までの規定による認定の申請をする者にあっては次の表1の左欄に掲げるもの（長期使用構造等とするための措置及び維持保全の方法の基準（平成21年国土交通省告示第209号）第3の6⑵及び⑶②の基準に適合しようとすることとして当該確認を行うことを求める場合は、次の表1及び表2の左欄に掲げるもの）とし、同条第6項又は第7項の規定による認定の申請をする者にあっては次の表1及び表3の左欄に掲げるもの（長期使用構造等とするための措置及び維持保全の方法の基準第3の6⑷において適用する第3の6⑵及び⑶②の基準に適合しようとすることとして当該確認を行うことを求める場合は、次の表1から表3までの左欄に掲げるもの）とし、当該図書においてはそれらの表の右欄に掲げる内容を明示するものとする。

1

図書の種類	明示すべき事項
設計内容説明書	住宅の構造及び設備が長期使用構造等であることの説明
付近見取図	方位、道路及び目標となる地物
配置図	縮尺、方位、敷地境界線、敷地内における建築物の位置、申請に係る建築物と他の建築物との別及び配管に係る外部の排水ますの位置
仕様書（仕上げ表を含む。）	部材の種別、寸法及び取付方法
各階平面図	縮尺、方位、間取り、居室の寸法、階段の寸法及び構造、廊下及び出入口の寸法、段差の位置及び寸法、壁の種類及び位置、通し柱の位置、筋かいの種類及び位置、開口部の位置及び構造、換気孔の位置、設備の種別、点検口及び掃除口の位置並びに配管取出口及び縦管の位置
床面積求積図	床面積の求積に必要な建築物の各部分の寸法及び算式
2面以上の立面図	縮尺並びに小屋裏換気孔の種別、寸法及び位置
断面図又は矩計図	縮尺、建築物の高さ、外壁及び屋根の構造、軒の高さ、軒及びひ

	さしの出、小屋裏の構造、各階の天井の高さ、天井の構造、床の高さ及び構造並びに床下及び基礎の構造
基礎伏図	縮尺、構造躯体の材料の種別及び寸法並びに床下換気孔の寸法
各階床伏図	縮尺並びに構造躯体の材料の種別及び寸法
小屋伏図	縮尺並びに構造躯体の材料の種別及び寸法
各部詳細図	縮尺並びに断熱部その他の部分の材料の種別及び寸法
各種計算書	構造計算その他の計算を要する場合における当該計算の内容
状況調査書（増築若しくは改築しようとする住宅について法第６条の２第３項の規定による確認を行うことを求めようとする場合又は長期優良住宅の普及の促進に関する法律第５条第６項若しくは第７項の規定による認定の申請に係る住宅について法第６条の２第３項の規定による確認を行うことを求めようとする場合）	建築物の劣化事象等の状況の調査の結果

2

図書の種類	明示すべき事項
配置図	空気調和設備等（建築物のエネルギー消費性能の向上に関する法律（平成 27 年法律第 53 号）第２条第１項第二号に規定する空気調和設備等をいう。）及び当該空気調和設備等以外のエネルギー消費性能（同号に規定するエネルギー消費性能をいう。）の向上に資する建築設備（以下この表において「エネルギー消費性能向上設備」という。）の位置
仕様書（仕上げ表を含む。）	エネルギー消費性能向上設備の種別
各階平面図	各室の名称、用途及び寸法並びに設備の位置
用途別床面積表	用途別の床面積
２面以上の立面図	外壁、開口部及びエネルギー消費性能向上設備の位置
機器表	エネルギー消費性能向上設備の種別、位置、仕様、数及び制御方法

3

図書の種類	明示すべき事項
工事履歴書	新築、増築又は改築の時期及び増築又は改築に係る工事の内容

第２

第１の表１から表３までの左欄に掲げる図書に明示すべき事項を当該図書以外の図書に明示する場合においては、第１の規定にかかわらず、当該図書に当該事項を明示することを要しない。

第３

第２の場合において、当該図書に明示すべき事項のすべてについて明示することを要しないときは、第１の規定にかかわらず、当該図書は、法第６条の２第３項の規定による確認のために必要なものではないものとする。

第４

規則第７条の２第１項に規定する変更確認（以下この第４において「変更確認」という。）をしようとする場合にあっては、法第６条の２第３項の規定による確認のために必要な図書は、第１の表１から表

3までの左欄に掲げるもののほか、当該申請に係る同条第5項の確認書若しくは同項の住宅性能評価書又はこれらの写しとする。ただし、変更確認の求めを当該求めに係る住宅の法第6条の2第3項の規定による確認を行った登録住宅性能評価機関と同一の登録住宅性能評価機関にしようとする場合にあっては、当該確認書若しくは当該住宅性能評価書又はこれらの写しは、変更確認のために必要なものではないものとする。

住宅の品質確保の促進等に関する法律第6条の2第4項の規定による確認のために必要な図書を定める件

制定：令和3年10月20日　国土交通省告示第1367号
制定：令和4年　8月16日　国土交通省告示第　835号

住宅の品質確保の促進等に関する法律施行規則（平成12年建設省令第20号）第7条の3の規定に基づき、住宅の品質確保の促進等に関する法律（平成11年法律第81号）第6条の2第4項の規定による確認のために必要な図書を次のように定める。

第1

住宅の品質確保の促進等に関する法律施行規則（以下「規則」という。）第7条の3の住宅の品質確保の促進等に関する法律（以下「法」という。）第6条の2第4項の規定による確認のために必要な図書は、長期優良住宅の普及の促進に関する法律（平成20年法律第87号）第5条第1項から第5項までの規定による認定の申請をする者にあっては次の表1の左欄に掲げるものとし、同条第6項又は第7項の規定による認定の申請をする者にあっては次の表2の左欄に掲げるもの（長期使用構造等とするための措置及び維持保全の方法の基準（平成21年国土交通省告示第209号）第3の6⑷において適用する第3の6⑵及び⑶②の基準に適合しようとすることとして当該確認を行うことを求める場合は、次の表2及び表3の左欄に掲げるもの）とし、当該図書においてはそれらの表の右欄に掲げる内容を明示するものとする。

1

図書の種類	明示すべき事項
仕様書（仕上げ表を含む。）	部材の種別、寸法及び取付方法
各階平面図	点検口の位置
断面図又は矩計図	縮尺、小屋裏の構造、各階の天井の高さ、天井の構造、床の高さ及び構造並びに床下及び基礎の構造
基礎伏図	縮尺、構造躯体の材料の種別及び寸法
小屋伏図	縮尺並びに構造躯体の材料の種別及び寸法
各種計算書	構造計算その他の計算を要する場合における当該計算の内容

2

図書の種類	明示すべき事項
設計内容説明書	住宅の構造及び設備が長期使用構造等であることの説明
配置図	縮尺、方位、敷地境界線、敷地内における建築物の位置、申請に係る建築物と他の建築物との別及び配管に係る外部の排水ますの位置
仕様書（仕上げ表を含む。）	部材の種別、寸法及び取付方法
各階平面図	縮尺、方位、間取り、居室の寸法、階段の寸法及び構造、廊下及び出入口の寸法、段差の位置及び寸法、壁の種類及び位置、通し柱の位置、筋かいの種類及び位置、開口部の位置及び構造、換気孔の位置、設備の種別、点検口及び掃除口の位置並びに配管取出口及び縦管の位置
床面積求積図	床面積の求積に必要な建築物の各部分の寸法及び算式

２面以上の立面図	縮尺並びに小屋裏換気孔の種別、寸法及び位置
断面図又は矩計図	縮尺、建築物の高さ、外壁及び屋根の構造、軒の高さ、軒及びひさしの出、小屋裏の構造、各階の天井の高さ、天井の構造、床の高さ及び構造並びに床下及び基礎の構造
基礎伏図	縮尺、構造躯体の材料の種別及び寸法並びに床下換気孔の寸法
各階床伏図	縮尺並びに構造躯体の材料の種別及び寸法
小屋伏図	縮尺並びに構造躯体の材料の種別及び寸法
各部詳細図	縮尺並びに断熱部その他の部分の材料の種別及び寸法
各種計算書	構造計算その他の計算を要する場合における当該計算の内容
状況調査書	建築物の劣化事象等の状況の調査の結果
工事履歴書	新築、増築又は改築の時期及び増築又は改築に係る工事の内容

3

図書の種類	明示すべき事項
配置図	空気調和設備等（建築物のエネルギー消費性能の向上に関する法律（平成 27 年法律第 53 号）第２条第１項第二号に規定する空気調和設備等をいう。）及び当該空気調和設備等以外のエネルギー消費性能（同号に規定するエネルギー消費性能をいう。）の向上に資する建築設備（以下この表において「エネルギー消費性能向上設備」という。）の位置
仕様書（仕上げ表を含む。）	エネルギー消費性能向上設備の種別
各階平面図	各室の名称、用途及び寸法並びに設備の位置
用途別床面積表	用途別の床面積
２面以上の立面図	外壁、開口部及びエネルギー消費性能向上設備の位置
機器表	エネルギー消費性能向上設備の種別、位置、仕様、数及び制御方法

第２

第１の表１から表３までの左欄に掲げる図書に明示すべき事項を当該図書以外の図書に明示する場合においては、第１の規定にかかわらず、当該図書に当該事項を明示することを要しない。

第３

第２の場合において、当該図書に明示すべき事項のすべてについて明示することを要しないときは、第１の規定にかかわらず、当該図書は、法第６条の２第４項の規定による確認のために必要なものではないものとする。

住宅型式性能認定の対象となる住宅又はその部分を定める件

制定：平成 12 年７月 19 日　建設省告示第 1655 号
改正：平成 18 年２月 23 日　国土交通省告示第 308 号

住宅の品質確保の促進等に関する法律（平成 11 年法律第 81 号）第 31 条第１項の規定に基づき、住宅型式性能認定の対象となる住宅又はその部分を次のように定める。

住宅の品質確保の促進等に関する法律第 31 条第１項の住宅型式性能認定の対象となる住宅又はその部分は、新築住宅又はその部分のうち、それぞれ次に掲げるものとする。

一　住宅　日本住宅性能表示基準（平成 13 年国土交通省告示第 1346 号）の別表１の㈠項に掲げる表示すべき事項の一について、同表の㈡項に掲げる表示の方法による性能の表示ができるもの

二　住宅の部分　日本住宅性能表示基準の別表１の㈠項に掲げる表示すべき事項の一について、同表の

(は)項に掲げる表示の方法による性能の表示ができないもの

規格化された型式の住宅の部分又は住宅を定める件

制定：平成12年7月19日　建設省告示第1656号
改正：平成18年2月23日　国土交通省告示第308号

住宅の品質確保の促進等に関する法律（平成11年法律第81号）第33条第1項の規定に基づき、規格化された型式の住宅の部分又は住宅を次のように定める。

住宅の品質確保の促進等に関する法律第33条第1項の規格化された型式の住宅の部分又は住宅は、それぞれ次に掲げるものとする。

一　規格化された型式の住宅の部分　平成12年建設省告示第1655号第二号に定める住宅の部分で、当該住宅の部分に用いられる材料の種類、形状、寸法及び品質並びに構造方法が標準化されており、かつ、据付工事に係る工程以外の工程が工場において行われるもの

二　規格化された型式の住宅　平成12年建設省告示第1655号第一号に定める住宅で、当該住宅に用いられる材料の種類、形状、寸法及び品質並びに構造方法が標準化されており、かつ、当該住宅の工場において製造される部分の工程の合計がすべての製造及び施工の工程の$\frac{2}{3}$以上であるもの

住宅紛争処理の参考となるべき技術的基準

制定：平成12年7月19日　建設省告示第1653号
改正：平成18年2月23日　国土交通省告示第308号

住宅の品質確保の促進等に関する法律（平成11年法律第81号）第74条の規定に基づき、住宅紛争処理の参考となるべき技術的基準を次のように定める。

第1　趣旨

この基準は、住宅の品質確保の促進等に関する法律（平成11年法律第81号）第74条に規定する指定住宅紛争処理機関による住宅紛争処理の参考となるべき技術的基準として、不具合事象の発生と構造耐力上主要な部分に瑕疵が存する可能性との相関関係について定めるものとする。

第2　適用範囲

この基準は、住宅に発生した不具合である事象で、次に掲げる要件に該当するもの（以下「不具合事象」という。）について適用する。

1　新築時に建設住宅性能評価書が交付された住宅で、指定住宅紛争処理機関に対してあっせん、調停又は仲裁の申請が行われた紛争に係るものにおいて発見された事象であること。

2　当該住宅を新築する建設工事の完了の日から起算して10年以内に発生した事象であること。

3　通常予測できない自然現象の発生、居住者の不適切な使用その他特別な事由の存しない通常の状態において発生した事象であること。

第3　各不具合事象ごとの基準

1　傾斜

次に掲げる部位の区分に応じ、それぞれ次に掲げる表の(ろ)項の住宅の種類ごとに掲げる不具合事象が発生している場合における構造耐力上主要な部分に瑕疵が存する可能性は、同表の(は)項に掲げるとおりとする。

(1)　壁又は柱

(い)	(ろ)	(は)
レベル	住宅の種類	構造耐力上主要な部分に瑕疵が存する可能性
	木造住宅、鉄骨造住宅、鉄筋コンクリート造住宅又は鉄骨鉄筋コンクリート造住宅	
1	$\frac{3}{1000}$未満の勾配（凹凸の少ない仕上げによる壁又は柱の表面と、その面と垂直な鉛直面との交差する線（2m程度以上の長さのものに限る。）の鉛直線に対する角度をいう。以下この表において同じ。）の傾斜	低い。
2	$\frac{3}{1000}$以上$\frac{6}{1000}$未満の勾配の傾斜	一定程度存する。
3	$\frac{6}{1000}$以上の勾配の傾斜	高い。

(2) 床（排水等の目的で勾配が付されているものを除く。）

(い)	(ろ)	(は)
レベル	住宅の種類	構造耐力上主要な部分に瑕疵が存する可能性
	木造住宅、鉄骨造住宅、鉄筋コンクリート造住宅又は鉄骨鉄筋コンクリート造住宅	
1	$\frac{3}{1000}$未満の勾配（凹凸の少ない仕上げによる床の表面における2点（3m程度以上離れているものに限る。）の間を結ぶ直線の水平面に対する角度をいう。以下この表において同じ。）の傾斜	低い。
2	$\frac{3}{1000}$以上$\frac{6}{1000}$未満の勾配の傾斜	一定程度存する。
3	$\frac{6}{1000}$以上の勾配の傾斜	高い。

2 ひび割れ

次に掲げる部位及びその仕上げの区分に応じ、それぞれ次に掲げる表の(ろ)項の住宅の種類ごとに掲げる不具合事象が発生している場合における構造耐力上主要な部分に瑕疵が存する可能性は、同表の(は)項に掲げるとおりとする。

(1) 壁、柱、床、天井、はり又は屋根（パラペット及び庇の部分を除く。）

イ 乾式の仕上材（布その他これに類する材料を除く。以下同じ。）による仕上げ

(い)	(ろ)			(は)
レベル	住宅の種類			構造耐力上主要な部分に瑕疵が存する可能性
	木造住宅	鉄骨造住宅	鉄筋コンクリート造住宅又は鉄骨鉄筋コンクリート造住宅	
1	レベル2及びレベル3に該当しないひび割れ	レベル2及びレベル3に該当しないひび割れ	レベル2及びレベル3に該当しないひび割れ	低い。
2	複数の仕上材にまたがったひび割れ（レベル3に該当するものを除く。）	複数の仕上材にまたがったひび割れ（レベル3に該当するものを除く。）	① 複数の仕上材にまたがった幅0.3㎜以上のひび割れ（レベル3に該当するものを除く。） ② 仕上材と構造材にまたがった幅0.3㎜以上0.5㎜未満のひび割れ（レベル3に該当するものを除く。）	一定程度存する。
3	① 複数の仕上材（直下の部材が乾式であるものに限る。）	① 複数の仕上材（直下の部材が乾式であるものに限る。）	① 複数の仕上材（直下の部材が乾式であるものに限る。）	高い。

	にまたがったひび割れ ② 仕上材と乾式の下地材又は構造材にまたがったひび割れ	にまたがったひび割れ ② 仕上材と乾式の下地材又は構造材にまたがったひび割れ ③ さび汁を伴うひび割れ（構造耐力上主要な部分でない壁、柱又ははりに発生したものを除く。）	にまたがったひび割れ ② 仕上材と乾式の下地材にまたがったひび割れ ③ 仕上材と構造材にまたがった幅0.5㎜以上のひび割れ ④ さび汁を伴うひび割れ（構造耐力上主要な部分でない壁、柱又ははりに発生したものを除く。）	

ロ　湿式の仕上材による仕上げ

(い)	(ろ)			(は)
レベル	住宅の種類			構造耐力上主要な部分に瑕疵が存する可能性
	木造住宅	鉄骨造住宅	鉄筋コンクリート造住宅又は鉄骨鉄筋コンクリート造住宅	
1	レベル2及びレベル3に該当しないひび割れ	レベル2及びレベル3に該当しないひび割れ	レベル2及びレベル3に該当しないひび割れ	低い。
2	乾式の下地材又は構造材の表面まで貫通したひび割れ（レベル3に該当するものを除く。）	乾式の下地材又は構造材の表面まで貫通したひび割れ（レベル3に該当するものを除く。）	仕上材と構造材にまたがった幅0.3㎜以上0.5㎜未満のひび割れ（レベル3に該当するものを除く。）	一定程度存する。
3	仕上材と乾式の下地材又は構造材にまたがったひび割れ	① 仕上材と乾式の下地材又は構造材にまたがったひび割れ ② さび汁を伴うひび割れ（構造耐力上主要な部分でない壁、柱又ははりに発生したものを除く。）	① 仕上材と乾式の下地材にまたがったひび割れ ② 仕上材と構造材にまたがった幅0.5㎜以上のひび割れ ③ さび汁を伴うひび割れ（構造耐力上主要な部分でない壁、柱又ははりに発生したものを除く。）	高い。

ハ　構造材による仕上げ

(い)	(ろ)			(は)
レベル	住宅の種類			構造耐力上主要な部分に瑕疵が存する可能性
	木造住宅	鉄骨造住宅	鉄筋コンクリート造住宅又は鉄骨鉄筋コンクリート造住宅	
1			レベル2及びレベル3に該当しないひび割れ	低い。
2			幅0.3㎜以上0.5㎜未満のひび割れ(レベル3に該当するものを除く。)	一定程度存する。

3			① 幅 0.5㎜以上のひび割れ ② さび汁を伴うひび割れ	高い。

(2) 基礎

イ 乾式の仕上材による仕上げ

(い)	(ろ)	(は)
レベル	住宅の種類	構造耐力上主要な部分に瑕疵が存する可能性
	木造住宅、鉄骨造住宅、鉄筋コンクリート造住宅又は鉄骨鉄筋コンクリート造住宅	
1	レベル 2 及びレベル 3 に該当しないひび割れ	低い。
2	① 複数の仕上材にまたがった幅 0.3㎜以上のひび割れ（レベル 3 に該当するものを除く。） ② 仕上材と構造材にまたがった幅 0.3㎜以上 0.5㎜未満のひび割れ（レベル 3 に該当するものを除く。）	一定程度存する。
3	① 複数の仕上材（直下の部材が乾式であるものに限る。）にまたがったひび割れ ② 仕上材と乾式の下地材にまたがったひび割れ ③ 仕上材と構造材にまたがった幅 0.5㎜以上のひび割れ ④ さび汁を伴うひび割れ	高い。

ロ 湿式の仕上材による仕上げ

(い)	(ろ)	(は)
レベル	住宅の種類	構造耐力上主要な部分に瑕疵が存する可能性
	木造住宅、鉄骨造住宅、鉄筋コンクリート造住宅又は鉄骨鉄筋コンクリート造住宅	
1	レベル 2 及びレベル 3 に該当しないひび割れ	低い。
2	仕上材と構造材にまたがった幅 0.3㎜以上 0.5㎜未満のひび割れ（レベル 3 に該当するものを除く。）	一定程度存する。
3	① 仕上材と乾式の下地材にまたがったひび割れ ② 仕上材と構造材にまたがった幅 0.5㎜以上のひび割れ ③ さび汁を伴うひび割れ	高い。

ハ 構造材による仕上げ

(い)	(ろ)	(は)
レベル	住宅の種類	構造耐力上主要な部分に瑕疵が存する可能性
	木造住宅、鉄骨造住宅、鉄筋コンクリート造住宅又は鉄骨鉄筋コンクリート造住宅	
1	レベル 2 及びレベル 3 に該当しないひび割れ	低い。
2	幅 0.3㎜以上 0.5㎜未満のひび割れ（レベル 3 に該当するものを除く。）	一定程度存する。
3	① 幅 0.5㎜以上のひび割れ ② さび汁を伴うひび割れ	高い。

3 欠損

次に掲げる部位及びその仕上げの区分に応じ、それぞれ次に掲げる表の(ろ)項の住宅の種類ごとに掲げる不具合事象が発生している場合における構造耐力上主要な部分に瑕疵が存する可能性は、同表の(は)項に掲げるとおりとする。

(1) 壁、柱、床、天井、はり又は屋根（パラペット及び庇の部分を除く。）

イ 乾式の仕上材による仕上げ

(い)	(ろ)			(は)
レベル	住宅の種類			構造耐力上主要な部分に瑕疵が存する可能性
	木造住宅	鉄骨造住宅	鉄筋コンクリート造住宅又は鉄骨鉄筋コンクリート造住宅	
1	レベル２及びレベル３に該当しない欠損	レベル２及びレベル３に該当しない欠損	レベル２及びレベル３に該当しない欠損	低い。
2	複数の仕上材にまたがった欠損（レベル３に該当するものを除く。）	複数の仕上材にまたがった欠損（レベル３に該当するものを除く。）	① 複数の仕上材にまたがった欠損（レベル３に該当するものを除く。） ② 構造材における深さ５㎜以上20㎜未満の欠損（レベル３に該当するものを除く。）	一定程度存する。
3	① 複数の仕上材（直下の部材が乾式であるものに限る。）にまたがった欠損 ② 仕上材と乾式の下地材又は構造材にまたがった欠損	① 複数の仕上材（直下の部材が乾式であるものに限る。）にまたがった欠損 ② 仕上材と乾式の下地材にまたがった欠損 ③ さび汁を伴う欠損（構造耐力上主要な部分でない壁、柱又ははりに発生したものを除く。）	① 複数の仕上材（直下の部材が乾式であるものに限る。）にまたがった欠損 ② 仕上材と乾式の下地材にまたがった欠損 ③ 構造材における深さ20㎜以上の欠損 ④ さび汁を伴う欠損（構造耐力上主要な部分でない壁、柱又ははりに発生したものを除く。） ⑤ 鉄筋又は鉄骨が露出する欠損（構造耐力上主要な部分でない壁、柱又ははりに発生したものを除く。）	高い。

ロ 湿式の仕上材による仕上げ

(い)	(ろ)			(は)
レベル	住宅の種類			構造耐力上主要な部分に瑕疵が存する可能性
	木造住宅	鉄骨造住宅	鉄筋コンクリート造住宅又は鉄骨鉄筋コンクリート造住宅	
1	レベル２及びレベル３に該当しない欠損	レベル２及びレベル３に該当しない欠損	レベル２及びレベル３に該当しない欠損	低い。
2	乾式の下地材又は構造材の表面まで貫通した欠損（レベル３に該当するものを除く。）	乾式の下地材又は構造材の表面まで貫通した欠損（レベル３に該当するものを除く。）	構造材における深さ５㎜以上20㎜未満の欠損（レベル３に該当するものを除く。）	一定程度存する。

3	仕上材と乾式の下地材又は構造材にまたがった欠損	① 仕上材と乾式の下地材にまたがった欠損 ② さび汁を伴う欠損（構造耐力上主要な部分でない壁、柱又ははりに発生したものを除く。）	① 仕上材と乾式の下地材にまたがった欠損 ② 構造材における深さ 20㎜以上の欠損 ③ さび汁を伴う欠損（構造耐力上主要な部分でない壁、柱又ははりに発生したものを除く。） ④ 鉄筋又は鉄骨が露出する欠損（構造耐力上主要な部分でない壁、柱又ははりに発生したものを除く。）	高い。

ハ　構造材による仕上げ

(い)	(ろ)			(は)
レベル	住宅の種類			構造耐力上主要な部分に瑕疵が存する可能性
	木造住宅	鉄骨造住宅	鉄筋コンクリート造住宅又は鉄骨鉄筋コンクリート造住宅	
1			レベル 2 及びレベル 3 に該当しない欠損	低い。
2			深さ 5㎜以上 20㎜未満の欠損（レベル 3 に該当するものを除く。）	一定程度存する。
3			① 深さ 20㎜以上の欠損 ② さび汁を伴う欠損 ③ 鉄筋又は鉄骨が露出する欠損	高い。

(2)　基礎

イ　乾式の仕上材による仕上げ

(い)	(ろ)		(は)
レベル	住宅の種類		構造耐力上主要な部分に瑕疵が存する可能性
	木造住宅	鉄骨造住宅、鉄筋コンクリート造住宅又は鉄骨鉄筋コンクリート造住宅	
1	レベル 2 及びレベル 3 に該当しない欠損	レベル 2 及びレベル 3 に該当しない欠損	低い。
2	① 複数の仕上材にまたがった欠損（レベル 3 に該当するものを除く。） ② 構造材における深さ 5㎜以上 20㎜未満の欠損（レベル 3 に該当するものを除く。）	① 複数の仕上材にまたがった欠損（レベル 3 に該当するものを除く。） ② 構造材における深さ 5㎜以上 20㎜未満の欠損（レベル 3 に該当するものを除く。）	一定程度存する。

3	① 複数の仕上材（直下の部材が乾式であるものに限る。）にまたがった欠損 ② 仕上材と乾式の下地材にまたがった欠損 ③ 構造材における深さ20㎜以上の欠損 ④ さび汁を伴う欠損 ⑤ 鉄筋が露出する欠損	① 複数の仕上材（直下の部材が乾式であるものに限る。）にまたがった欠損 ② 仕上材と乾式の下地材にまたがった欠損 ③ 構造材における深さ20㎜以上の欠損 ④ さび汁を伴う欠損 ⑤ 鉄筋又は鉄骨が露出する欠損	高い。

ロ　湿式の仕上材による仕上げ

(い)	(ろ)		(は)
レベル	住宅の種類		構造耐力上主要な部分に瑕疵が存する可能性
	木造住宅	鉄骨造住宅、鉄筋コンクリート造住宅又は鉄骨鉄筋コンクリート造住宅	
1	レベル2及びレベル3に該当しない欠損	レベル2及びレベル3に該当しない欠損	低い。
2	構造材における深さ5㎜以上20㎜未満の欠損（レベル3に該当するものを除く。）	構造材における深さ5㎜以上20㎜未満の欠損（レベル3に該当するものを除く。）	一定程度存する。
3	① 仕上材と乾式の下地材にまたがった欠損 ② 構造材における深さ20㎜以上の欠損 ③ さび汁を伴う欠損 ④ 鉄筋が露出する欠損	① 仕上材と乾式の下地材にまたがった欠損 ② 構造材における深さ20㎜以上の欠損 ③ さび汁を伴う欠損 ④ 鉄筋又は鉄骨が露出する欠損	高い。

ハ　構造材による仕上げ

(い)	(ろ)		(は)
レベル	住宅の種類		構造耐力上主要な部分に瑕疵が存する可能性
	木造住宅	鉄骨造住宅、鉄筋コンクリート造住宅又は鉄骨鉄筋コンクリート造住宅	
1	レベル2及びレベル3に該当しない欠損	レベル2及びレベル3に該当しない欠損	低い。
2	深さ5㎜以上20㎜未満の欠損（レベル3に該当するものを除く。）	深さ5㎜以上20㎜未満の欠損（レベル3に該当するものを除く。）	一定程度存する。
3	① 深さ20㎜以上の欠損 ② さび汁を伴う欠損 ③ 鉄筋が露出する欠損	① 深さ20㎜以上の欠損 ② さび汁を伴う欠損 ③ 鉄筋又は鉄骨が露出する欠損	高い。

4　破断又は変形

布その他これに類する材料により仕上げられた、壁、柱、床、天井、はり又は屋根（パラペット及び庇の部分を除く。）において、次に掲げる表の(ろ)項の住宅の種類ごとに掲げる不具合事象が発生している場合における構造耐力上主要な部分に瑕疵が存する可能性は、同表の(は)項に掲げるとおりとする。

(い)	(ろ)	(は)

レベル	住宅の種類			構造耐力上主要な部分に瑕疵が存する可能性
	木造住宅	鉄骨造住宅	鉄筋コンクリート造住宅又は鉄骨鉄筋コンクリート造住宅	
1	レベル3に該当しない破断又は変形	レベル3に該当しない破断又は変形	レベル2及びレベル3に該当しない破断又は変形	低い。
2			① 構造材における幅0.3mm以上0.5mm未満のひび割れと連続した破断又は変形（レベル3に該当するものを除く。） ② 構造材における深さ5mm以上20mm未満の欠損と連続した破断又は変形（レベル3に該当するものを除く。）	一定程度存する。
3	① 乾式の下地材又は構造材のひび割れと連続した破断又は変形 ② 乾式の下地材又は構造材の欠損と連続した破断又は変形	① 乾式の下地材又は構造材のひび割れと連続した破断又は変形 ② 乾式の下地材の欠損と連続した破断又は変形 ③ さび汁を伴う破断又は変形（構造耐力上主要な部分でない壁、柱又ははりに発生したものを除く。）	① 乾式の下地材のひび割れと連続した破断又は変形 ② 構造材における幅0.5mm以上のひび割れと連続した破断又は変形 ③ 乾式の下地材の欠損と連続した破断又は変形 ④ 構造材における深さ20mm以上の欠損と連続した破断又は変形 ⑤ 鉄筋又は鉄骨が露出する欠損と連続した破断又は変形（構造耐力上主要な部分でない壁、柱又ははりに発生したものを除く。） ⑥ さび汁を伴う破断又は変形（構造耐力上主要な部分でない壁、柱又ははりに発生したものを除く。）	高い。

第4　留意事項

この基準を住宅紛争処理の参考とするに当たっては、次に掲げる事項に留意するものとする。

1　次の(1)又は(2)に掲げる不具合事象については、この基準を参考としないこと。

(1)　材料特性の異なる下地材及び構造材又は下地材同士若しくは構造材同士が接合された部分に発生したひび割れ又は欠損

(2)　鉄筋コンクリート造又は鉄骨鉄筋コンクリート造の住宅における次に掲げる事象

イ　乾式の仕上材による仕上げが施された屋根に発生した複数の乾式の仕上材にまたがったひび割れ又は欠損（構造材との間にまたがった幅0.3mm以上のひび割れ、構造材における深さ5mm以上の欠損及び鉄筋又は鉄骨が露出する欠損を除く。）

ロ　ひび割れ誘発目地に発生したひび割れ若しくは欠損又はひび割れ誘発目地から連続したひび割れ若しくは欠損
ハ　土に接する壁、柱、床、天井又ははりに発生したさび汁が伴うひび割れ、欠損又は破断若しくは変形
ニ　はね出し縁（バルコニー、片廊下その他これに類するものをいう。）の床の先端部分に発生したひび割れ又は欠損

2　特殊な建築材料又は構造方法を用いた住宅については、その建築材料又は構造方法の特性に配慮した上で、この基準を参考とすること。

3　この基準における「構造耐力上主要な部分における瑕疵」は、大規模な修補が必要となる比較的重要なものから局部的な修補のみが必要となる比較的軽微なものまでを含むものであること。

4　紛争処理委員は、この基準を参考とする場合であっても、個別の住宅における不具合事象の発生状況その他の状況を総合的に勘案して、住宅紛争処理を迅速かつ適正に進めること。

5　この基準は、構造耐力上主要な部分における瑕疵の有無を特定するためのものではないため、レベル1に該当しても構造耐力上主要な部分に瑕疵が存する場合があり、また、レベル3に該当しても構造耐力上主要な部分に瑕疵が存しない場合もあること。

住宅性能評価を受けなければならない性能表示事項を定める件

制定：平成12年　7月19日　建設省告示第1661号
改正：令和　3年12月　1日　消費者庁·国交省告示第2号

住宅の品質確保の促進等に関する法律施行規則（平成12年建設省令第20号）第3条第2項の規定に基づき、住宅性能評価を受けなければならない性能表示事項を次のように定める。

住宅の品質確保の促進等に関する法律施行規則第3条第2項の住宅性能評価を受けなければならない性能表示事項は、次の各号に掲げる住宅性能評価に応じ、それぞれ当該各号に定めるものとする。

一　設計住宅性能評価及び新築住宅に係る建設住宅性能評価　日本住宅性能表示基準（平成13年国土交通省告示第1346号）の別表1の(い)項に掲げる表示すべき事項のうち、次に掲げるものとする。
イ　耐震等級（構造躯体の倒壊等防止）
ロ　その他（地震に対する構造躯体の倒壊等防止及び損傷防止）
ハ　地盤又は杭の許容支持力等及びその設定方法
ニ　基礎の構造方法及び形式等
ホ　劣化対策等級（構造躯体等）
ヘ　維持管理対策等級（専用配管）
ト　維持管理対策等級（共用配管）
チ　更新対策（共用排水管）
リ　断熱等性能等級及び一次エネルギー消費量等級

二　既存住宅に係る建設住宅性能評価　日本住宅性能表示基準の別表2－1の(い)項に掲げる表示すべき事項のうち、次に掲げるものとする。
イ　現況検査により認められる劣化等の状況
ロ　高齢者等配慮対策等級（共用部分）の住宅性能評価の申請を行う場合にあっては、高齢者等配慮対策等級（専用部分）
ハ　共同住宅等について高齢者等配慮対策等級（専用部分）の住宅性能評価の申請を行う場合にあっては、高齢者等配慮対策等級（共用部分）

長期使用構造等とするための措置及び維持保全の方法の基準

制定：平成 21 年 2 月 24 日　国土交通省告示第 209 号
改正：令和　4 年 8 月 16 日　国土交通省告示第 833 号

長期優良住宅の普及の促進に関する法律施行規則（平成 21 年国土交通省令第 3 号）第 1 条各項及び第 5 条の規定に基づき、長期使用構造等とするための措置及び維持保全の方法の基準を次のように定める。

第 1　趣旨

この告示は、長期優良住宅の普及の促進に関する法律施行規則（以下「規則」という。）第 1 条各項に規定する国土交通大臣が定める措置及び規則第 5 条に規定する国土交通大臣が定める維持保全の方法の基準について定めるものとする。

第 2　定義

この告示における用語の定義は、評価方法基準（平成 13 年国土交通省告示第 1347 号）に定めるもののほか、次に定めるところによる。

1. この告示において「住宅」とは、長期優良住宅の普及の促進に関する法律（平成 20 年法律第 87 号。以下「法」という。）第 2 条第 1 項に規定する住宅をいう。
2. この告示において「一戸建ての住宅」とは、規則第 4 条第一号に規定する一戸建ての住宅をいう。
3. この告示において「共同住宅等」とは、規則第 4 条第二号に規定する共同住宅等をいう。
4. この告示において「認定対象住戸」とは、一戸建ての住宅又は共同住宅等に含まれる 1 の住戸であって、法第 6 条第 1 項の認定（以下単に「認定」という。）の対象となるものをいう。
5. この告示において「認定対象建築物」とは、認定対象住戸を含む建築物をいう。

第 3　長期使用構造等とするための措置

規則第 1 条各項に規定する国土交通大臣が定める措置については、次に掲げる基準を満たすこととなる措置又はこれと同等以上の措置とする。

1.　構造躯体等の劣化対策

⑴　適用範囲

全ての住宅に適用する。

⑵　住宅を新築しようとする場合の基準（以下「新築基準」という。）

評価方法基準第 5 の 3 の 3 − 1⑶の等級 3 の基準に適合し、かつ、次の①から③までに掲げる認定対象建築物の構造の種類に応じ、それぞれ次に掲げる基準に適合すること。

①　木造

次に掲げる基準に適合すること。

イ　区分された床下空間（人通孔等により接続されている場合は、接続されている床下空間を 1 の部分とみなす。）ごとに点検口を設けること。

ロ　区分された小屋裏空間（人通孔等により接続されている場合は、接続されている小屋裏空間を 1 の小屋裏空間とみなす。）ごとに点検口を設けること。

ハ　床下空間の有効高さを 330㎜以上とすること。ただし、浴室の床下等当該床下空間の有効高さを 330㎜未満とすることがやむ得ないと認められる部分で、当該部分の点検を行うことができ、かつ、当該部分以外の床下空間の点検に支障をきたさない場合にあっては、この限りでない。

②　鉄骨造

柱（ベースプレートを含む。以下②において同じ。）、はり又は筋かいに使用されている鋼材にあっては、次の表 1 の㈠項に掲げる鋼材の厚さの区分に応じ、それぞれ同表の㈹項に掲げるイ又はロ（鋼材の厚さが 6㎜以上の区分における最下階（地階を除く。）の柱脚部にあっては、イからハまで）のいずれかの防錆措置が講じられていること又は①に掲げる基準に適合すること。

表1

(い)	(ろ)	
鋼材の厚さ	防錆措置	
	一般部	最下階（地階を除く。）の柱脚部
15mm以上		イ　表2における区分3から区分5までのいずれかの塗膜 ロ　表3における区分3から区分6までのいずれかのめっき処理
12mm以上	イ　表2における区分2から区分5までのいずれかの塗膜 ロ　表3における区分1から区分6までのいずれかのめっき処理	イ　表2における区分4から区分5までのいずれかの塗膜 ロ　表3における区分4から区分6までのいずれかのめっき処理
9mm以上	イ　表2における区分3から区分5までのいずれかの塗膜 ロ　表3における区分3から区分6までのいずれかのめっき処理	イ　表2における区分5の塗膜 ロ　表3における区分5又は区分6のいずれかのめっき処理
6mm以上	イ　表2における区分4又は区分5のいずれかの塗膜 ロ　表3における区分4から区分6までのいずれかのめっき処理	イ　表2における区分5の塗膜 ロ　表3における区分5又は区分6のいずれかのめっき処理 ハ　表3における区分4のめっき処理及び表2におけるf、g又はhのいずれかの塗膜
2.3mm以上	イ　表2における区分5の塗膜 ロ　表3における区分5又は区分6のいずれかのめっき処理	イ　表3における区分6のめっき処理 ロ　表3における区分5又は区分6のいずれかのめっき処理及び表2におけるf、g又はhのいずれかの塗膜

1　この表において「柱脚部」とは、柱の脚部をコンクリートに埋め込む場合にあっては当該鋼材のうちコンクリート上端の下方10cmから上方1mまでの範囲の全面をいい、柱の脚部をコンクリートに埋め込む場合以外の場合にあっては当該鋼材下端から1mまでの範囲の全面をいう。
2　この表において「一般部」とは、最下階（地階を除く。）の柱脚部以外の部分をいう。

表2

		下塗り1	塗り回数	下塗り2	塗り回数	中塗り・上塗り	塗り回数
区分1	a	鉛・クロムフリーさび止めペイント	1回	—	—	鉛・クロムフリーさび止めペイント	1回
	b	ジンクリッチプライマー	1回	—	—	—	—
	c	2液形エポキシ樹脂プライマー	1回	—	—	—	—
区分2	d	厚膜形ジンクリッチペイント	1回	—	—	—	—
	e	鉛・クロムフリーさび止めペイント	2回	—	—	合成樹脂調合ペイント	2回

	f	2液形エポキシ樹脂プライマー	1回	—	—	合成樹脂調合ペイント	2回
	g	2液形エポキシ樹脂プライマー	1回	—	—	2液形エポキシ樹脂エナメル	1回
区分3	h	2液形エポキシ樹脂プライマー	1回	—	—	2液形エポキシ樹脂エナメル	2回
	i	ジンクリッチプライマー	1回	—	—	2液形厚膜エポキシ樹脂エナメル	1回
区分4	j	ジンクリッチプライマー	1回	2液形エポキシ樹脂プライマー	1回	2液形エポキシ樹脂エナメル	1回
区分5	k	ジンクリッチプライマー	1回	2液形エポキシ樹脂プライマー	1回	2液形エポキシ樹脂エナメル	2回
	l	ジンクリッチプライマー	1回	2液形厚膜エポキシ樹脂プライマー	1回	2液形厚膜エポキシ樹脂エナメル	2回

1 この表においてa、c、e、f、g及びhの塗膜は、コンクリートに埋め込む部分には使用しないものとする。
2 この表においてc、f、g及びh以外の塗膜は、めっき処理を施した鋼材には使用しないものとする。
3 この表においてc、g及びhの塗膜をめっき処理を施した鋼材に使用する場合は、1にかかわらずコンクリートに埋め込む部分に使用できるものとする。
4 この表において下塗り1及び下塗り2は工場内にて行うものとする。
5 この表において「鉛・クロムフリーさび止めペイント」とは、日本産業規格K 5674に規定する鉛・クロムフリーさび止めペイント1種をいう。
6 この表において「ジンクリッチプライマー」とは、日本産業規格K 5552に規定するジンクリッチプライマーをいう。
7 この表において「2液形エポキシ樹脂プライマー」とは、日本産業規格K 5551に規定する構造物さび止めペイントA種をいう。
8 この表において「厚膜形ジンクリッチペイント」とは、日本産業規格K 5553に規定する厚膜形ジンクリッチペイントをいう。
9 この表において「2液形エポキシ樹脂エナメル」とは、日本産業規格K 5659に規定する鋼構造物用耐候性塗料の中塗り塗料の規格に適合する膜厚が約30 μm以上のものをいう。
10 この表において「合成樹脂調合ペイント」とは、日本産業規格K 5516に規定する合成樹脂調合ペイントをいう。
11 この表において「2液形厚膜エポキシ樹脂プライマー」とは、日本産業規格K 5551に規定する構造物用さび止めペイントB種をいう。
12 この表において「2液形厚膜エポキシ樹脂エナメル」とは、日本産業規格K 5659に規定する鋼構造物用耐候性塗料の中塗り塗料の規格に適合する膜厚が約60 μmから120 μmまでのものをいう。

表3

めっき処理	
区分1	片面付着量が30 g/㎡以上60 g/㎡未満の溶融亜鉛めっき
	両面付着量が60 g/㎡以上120 g/㎡未満の溶融亜鉛めっき又は両面付着量表示記号Z06、Z08、Z10、F06、F08若しくはF10に該当する溶融亜鉛めっき鋼材
区分2	片面付着量が60 g/㎡以上90 g/㎡未満の溶融亜鉛めっき
	両面付着量が120 g/㎡以上180 g/㎡未満の溶融亜鉛めっき又は両面付着量表示記号Z12、Z14若しくはF12に該当する溶融亜鉛めっき鋼材
区	片面付着量が90 g/㎡以上120 g/㎡未満の溶融亜鉛めっき

分3	両面付着量が 180 g/㎡以上 240 g/㎡未満の溶融亜鉛めっき又は 両面付着量表示記号 Z18、Z20、Z22 若しくは F18 に該当する溶融亜鉛めっき鋼材
区分4	片面付着量が 120 g/㎡以上 180 g/㎡未満の溶融亜鉛めっき
	両面付着量が 240 g/㎡以上 360 g/㎡未満の溶融亜鉛めっき、両面付着量表示記号 Z25、Z27、Z35 若しくは Z37 に該当する溶融亜鉛めっき鋼材又は Y18 に該当する溶融亜鉛－5%アルミニウム合金めっき鋼材
区分5	片面付着量が 180 g/㎡以上 225 g/㎡未満の溶融亜鉛めっき
	両面付着量が 360 g/㎡以上 450 g/㎡未満の溶融亜鉛めっき、両面付着量表示記号 Z45 若しくは Z60 に該当する溶融亜鉛めっき鋼材、AZ70、AZ90 若しくは AZ120 に該当する溶融 55%アルミニウム－亜鉛合金めっき鋼材又は Y20 若しくは Y22 に該当する溶融亜鉛－5%アルミニウム合金めっき鋼材
区分6	片面付着量が 225 g/㎡以上の溶融亜鉛めっき
	両面付着量が 450 g/㎡以上の溶融亜鉛めっき、両面付着量表示記号が Z45 若しくは Z60 に該当する溶融亜鉛めっき鋼材、AZ150、AZ170、AZ185 若しくは AZ200 に該当する溶融 55%アルミニウム－亜鉛合金めっき鋼材又は Y25、Y27、Y35、Y45 若しくは Y60 に該当する溶融亜鉛－5%アルミニウム合金めっき鋼材
1 この表において「溶融亜鉛めっき」とは、日本産業規格 H8641 に規定する溶融亜鉛めっきをいう。 2 この表において「溶融亜鉛めっき鋼材」とは、日本産業規格 G3302 に規定する溶融亜鉛めっき鋼板及び鋼帯をいう。 3 この表において「溶融 55%アルミニウム－亜鉛合金めっき鋼材」とは日本産業規格 G3321 に規定する溶融 55%アルミニウム－亜鉛合金めっき鋼板及び鋼帯をいう。 4 この表において「溶融亜鉛－5%アルミニウム合金めっき鋼材」とは日本産業規格 G3317 に規定する溶融亜鉛－5%アルミニウム合金めっき鋼板及び鋼帯をいう。 5 この表において「両面付着量」とは、3点平均最小付着量をいう。	

③ 鉄筋コンクリート造

コンクリート（軽量コンクリートを除く。）の水セメント比が、次のイ又はロのいずれか（中庸熱ポルトランドセメント又は低熱ポルトランドセメントを使用する場合にあってはイ）に適合していること。ただし、フライアッシュセメントを使用する場合にあっては混合物を除いた部分を、高炉セメントを使用する場合にあっては混合物の$\frac{3}{10}$を除いた部分をその質量として用いるものとする。

イ 最小かぶり厚さが次の表の(い)項に掲げる部位の区分に応じ、それぞれ同表の(ろ)項(イ)項に掲げるものである場合においては、水セメント比が 45%以下であること。

表

(い)			(ろ)	
部位			最小かぶり厚さ	
			(イ)	(ロ)
直接土に接しない部分	耐力壁以外の壁又は床	屋内	2cm	3cm
		屋外	3cm	4cm
	耐力壁、柱又ははり	屋内	3cm	4cm
		屋外	4cm	5cm
直接土に接する部分	壁、柱、床、はり又は基礎の立上り部分		4cm	5cm
	基礎（立上り部分及び捨てコンクリートの部分を除く。）		6cm	7cm
注 外壁の屋外に面する部位にタイル貼り、モルタル塗り、外断熱工法による仕上げその他これらと同等以上の性能を有する処理が施されている場合にあっては、屋外側の部分に限り、(ろ)項に掲げる最小かぶり厚さを 1cm減ずることがで				

きる。

ロ　最小かぶり厚さがイの表の(い)項に掲げる部位の区分に応じ、それぞれ同表の(ろ)項(ロ)項に掲げるものである場合においては、水セメント比が50%以下であること。

(3)　住宅を増築し、又は改築しようとする場合の基準（以下「増改築基準」という。）
評価方法基準第５の３の３－１(4)の等級３の基準に適合し、かつ、次の①から③までに掲げる認定対象建築物の構造の種類に応じ、それぞれ次に掲げる基準に適合すること。ただし、仕様に応じた維持管理のために必要な点検間隔を置く場合における評価方法基準第５の３の３－1(4)の等級３の基準の適用については、評価方法基準第５の３の３－１(3)イ①ａ中「地面からの高さ１ｍ以内の部分」とあるのは「地面からの高さ１ｍ以内の部分で床下空間に露出している部分及び増築又は改築の工事において露出する部分」と、評価方法基準第５の３の３－１(3)イ①ｂ中「土台」とあるのは「土台のうち床下空間に露出している部分及び増築又は改築の工事において露出する部分」と、評価方法基準第５の３の３－１(3)イ①ｆ(ii)中「４ｍ以下ごとに」とあるのは「５ｍ以下ごとに」とすることができる。また、評価方法基準第５の３の３－１(4)ハ①ｂの基準を適用した場合にあっては、評価方法基準第５の３の３－１(4)ハ①ｂ(i)の基準を適用しない。

①　木造
次に掲げる基準に適合すること。
イ　(2)①に掲げる基準（点検口から目視等により床下空間の各部分の点検を行うことができる場合にあっては、当該基準のうち(2)①ハに掲げる基準を除く。）に適合すること。
ロ　評価方法基準第５の３の３－１(4)イ①ａ(iv)(b)、(v)(b)、(vi)(b)又は(vii)(b)の基準のいずれかを適用した場合にあっては、仕様に応じた維持管理のために必要な点検間隔を置くものとすること。

②　鉄骨造
次に掲げる基準に適合すること。
イ　(2)②に掲げる基準又は①イに掲げる基準に適合すること。
ロ　評価方法基準第５の３の３－１(4)ロ①ａ(ii)（(4)イ①ａ(vi)(b)に係る部分に限る。）又は(iii)（(4)イ①ａ(vii)(b)に係る部分に限る。）の基準のいずれかを適用した場合にあっては、仕様に応じた維持管理のために必要な点検間隔を置くものとすること。

③　鉄筋コンクリート造
評価方法基準第５の３の３－１(4)ハ①ａの基準を適用する場合にあってはイに掲げる基準に適合し、評価方法基準第５の３の３－１(4)ハ①ｂの基準を適用する場合にあってはロに掲げる基準に適合すること。
イ　(2)③に掲げる基準に適合すること。
ロ　次の(a)から(c)までの方法により確かめられたコンクリートの中性化深さ（以下「中性化深さ」という。）が、次の表の(い)項に掲げる築年数に応じ、耐力壁、柱又ははりの最小かぶり厚さのうち最も小さいものの数値が30mm以上40mm未満である場合は同表の(ろ)項(イ)項に掲げる数値を、40mm以上である場合は同表の(ろ)項(ハ)項に掲げる数値を超えないこと。ただし、建築時に一定の品質管理がなされていると認められるときは、同表の(ろ)項(イ)項に代えて同表の(ろ)項(ロ)項を、同表の(ろ)項(ハ)項に代えて同表の(ろ)項(ニ)項を用いることができる。
(a)採取条件
供試体又は削孔粉（以下「供試体等」という。）は、共用部分で仕上げ材のない箇所からの採取とし、地上階数が３以下である場合は１以上の階において、地上階数が４以上６以下である場合は最上階と最下階（地上に限る。）を含む２以上の階において、地上階数が７以上である場合は最上階・中間階・最下階（地上に限る。）を含む３以上の階において、当該階ごとに３箇所以上採取すること。ただし、評価方法基準第５の３の３－１(3)ハ①ｂ(i)又は(ii)の基準に適合する場合にあっては、地上階数が５以下である場合は各階のうち少なくとも１の階において１箇所以上、地上階数が６以上である場合は最上階において１箇所以上採取することで足りるものとする。

(b)採取方法

供試体等の採取の方法は、日本産業規格 A1107 に規定する方法又はこれと同等と認められる方法によること。

(c)測定方法

中性化深さの測定方法は、日本産業規格 A1152 に規定する方法又はこれと同等と認められる方法によること。なお、測定結果のうち、中性化が最も進行している箇所の中性化深さの数値を用いて評価することとする。

表

(い)	(ろ)			
築年数	最小かぶり厚さ 30mm 以上 40mm 未満		最小かぶり厚さ 40mm 以上	
	(イ)	(ロ)	(ハ)	(ニ)
10 年未満	4mm	5mm	7mm	8mm
10 年以上 20 年未満	6mm	8mm	10mm	11mm
20 年以上 30 年未満	7mm	9mm	12mm	14mm
30 年以上 40 年未満	8mm	11mm	14mm	16mm
40 年以上 50 年未満	9mm	12mm	16mm	18mm
50 年以上 60 年未満	10mm	14mm	17mm	20mm
60 年以上 70 年未満	11mm	15mm	19mm	22mm
70 年以上 80 年未満	12mm	16mm	20mm	23mm
80 年以上 90 年未満	13mm	17mm	21mm	25mm
90 年以上 100 年未満	13mm	18mm	22mm	26mm

(4) 長期優良住宅維持保全計画の認定を受けて住宅の維持保全を行おうとする場合の基準(以下「既存基準」という。)

次の①から③までに掲げる住宅の区分に応じ、それぞれ次に掲げる基準に適合すること。

① 平成 21 年 6 月 3 日以前に新築し、又は平成 28 年 3 月 31 日以前に増築し、若しくは改築した住宅（③に該当するものを除く。） 増築又は改築に係る長期優良住宅建築等計画の認定の申請が平成 28 年 4 月 1 日にされていたならば適用された(3)に掲げる基準に適合すること。

② 平成 21 年 6 月 4 日以後に新築した住宅（当該新築した日以後、増築し、又は改築していないものに限る。以下同じ。） 当該新築に係る長期優良住宅建築等計画の認定の申請がされていたならば適用された(2)に掲げる基準に適合し、かつ、次のイからハまでに掲げる認定対象建築物の構造の種類に応じ、それぞれ次に掲げる基準に適合すること。

イ 木造

評価方法基準第 5 の 3 の 3 − 1(4)イ①ｂに掲げる基準に適合していること。

ロ 鉄骨造

評価方法基準第 5 の 3 の 3 − 1(4)ロ①ｂに掲げる基準に適合していること。

ハ 鉄筋コンクリート造

評価方法基準第 5 の 3 の 3 − 1(4)ハ①ｃに掲げる基準に適合していること。

③ 平成 28 年 4 月 1 日以後に増築し、又は改築した住宅 当該増築又は改築に係る長期優良住宅建築等計画の認定の申請がされていたならば適用された(3)に掲げる基準に適合すること。

2. 耐震性

(1) 適用範囲

全ての住宅に適用する。

(2) 新築基準

次の①から⑤までのいずれかに定めるところにより、基準に適合すること。

① 評価方法基準第 5 の 1 の 1 － 1(3)イによる場合

認定対象建築物のうち、建築基準法（昭和 25 年法律第 201 号）第 20 条第 1 項第一号に規定する建築物以外の認定対象建築物について、次のイからハまでのいずれかの基準に適合すること。

イ 評価方法基準第 5 の 1 の 1 － 1(3)イの基準に適合すること。ただし、地上部分の各階の安全限界変形（建築基準法施行令（昭和 25 年政令第 338 号）第 82 条の 5 第五号イに規定する安全限界変形をいう。以下同じ。）の当該階の高さに対する割合がそれぞれ $\frac{1}{100}$（木造である階にあっては、$\frac{1}{40}$）以下であること。

ロ 木造の建築物にあっては、各階の変形（平成 12 年建設省告示第 1457 号第 9 の建築物に生ずる水平力と当該水平力により建築物に生ずる変位の関係を満たすものとする。）について、各階の安全限界変形をそれぞれ 75％以下とした変形を当該各階の安全限界変形と読み替えて、評価方法基準第 5 の 1 の 1 － 1(3)イの基準に適合すること。

ハ 評価方法基準第 5 の 1 の 1 － 1(3)の等級 2 又は等級 3 の基準に適合すること。ただし、建築基準法施行令第 82 条の 5 第五号ハの表に規定する Gs の数値は平成 12 年建設省告示第 1457 号第 10 第 1 項の規定に従って計算するものとし、地上部分の各階の安全限界変形の当該階の高さに対する割合がそれぞれ $\frac{1}{75}$（木造である階にあっては、$\frac{1}{30}$）以下であること。

② 評価方法基準第 5 の 1 の 1 － 1(3)ロによる場合

認定対象建築物のうち、建築基準法第 20 条第 1 項第一号に規定する建築物以外の認定対象建築物について、次のイ又はロのいずれかの基準に適合すること。

イ 評価方法基準第 5 の 1 の 1 － 1(3)の等級 2 又は等級 3 の基準に適合すること。

ロ 建築基準法施行令第 82 条に規定する保有水平耐力計算により評価方法基準第 5 の 1 の 1 － 1(3)の等級 1 の基準に適合することが確認された鉄筋コンクリート造又は鉄骨鉄筋コンクリート造の建築物であり、当該建築物の各階の張り間方向及びけた行方向について、それぞれ次の(a)又は(b)のいずれかに適合するものであること。

(a)次に掲げる基準に適合すること。

(i)各階の D_S の数値（建築基準法施行令第 82 条の 3 第二号に規定する D_S の数値をいう。(b)において同じ。）が、当該階が鉄筋コンクリート造の場合にあっては 0.3、鉄骨鉄筋コンクリート造の場合にあっては 0.25 であること。

(ii)極めて稀に（数百年に一度程度）発生する地震による力（建築基準法施行令第 88 条第 3 項に定めるもの）によって地上部分の各階に生ずる応答変位の当該階の高さに対する割合（構造躯体の損傷抑制性能を適切に評価できる方法と認められる方法により確かめられたものに限る。）が $\frac{1}{75}$ 以下であること。

(b)各階の D_S の数値が、当該階が鉄筋コンクリート造の場合にあっては 0.55、鉄骨鉄筋コンクリート造の場合にあっては 0.5 であること。

③ 評価方法基準第 5 の 1 の 1 － 1(3)ハからチまで（ホ及びへ① b を除く。）による場合

認定対象建築物のうち、建築基準法第 20 条第 1 項第一号に規定する建築物以外の認定対象建築物について、評価方法基準第 5 の 1 の 1 － 1(3)の等級 2 又は等級 3 の基準に適合すること。

④ 評価方法基準第 5 の 1 の 1 － 1(3)ホ又はへ① b による場合

認定対象建築物のうち、建築基準法第 20 条第 1 項第一号に規定する建築物以外の認定対象建築物について、評価方法基準第 5 の 1 の 1 － 1(3)の等級 3 の基準に適合すること。この場合において、当該認定対象建築物が評価方法基準第 5 の 1 の 1 － 1(3)ホ①の表 3 の令第 43 条第 1 項の表の(2)に掲げる建築物の項に掲げるものであって、当該認定対象建築物の屋根に再生可能エネルギー源（太陽光、風力その他非化石エネルギー源のうち、エネルギー源として永続的に利用することができるものと認められるものをいう。）の利用に資する設備を設ける場合にあっては、評価方法基準第 5 の 1 の 1 － 1(3)ホ①の表 3 において、令第 43 条第 1 項の表の(1)又は(3)に掲げる建築物の項に掲げるものとみなすこととする。

⑤ 評価方法基準第 5 の 1 の 1 － 3 による場合

評価方法基準第５の１の１－３(3)の免震建築物の基準に適合すること。

(3)　増改築基準

評価方法基準第５の１の１－１(4)の等級１の基準又は評価方法基準第５の１の１－３(4)の基準に適合すること。

(4)　既存基準

次の①から③までに掲げる住宅の区分に応じ、それぞれ次に掲げる基準に適合すること。

① 平成21年６月３日以前に新築し、又は平成28年３月31日以前に増築し、若しくは改築した住宅（③に該当するものを除く。）　増築又は改築に係る長期優良住宅建築等計画の認定の申請が平成28年４月１日にされていたならば適用された(3)に掲げる基準に適合すること。

② 平成21年６月４日以後に新築した住宅　当該新築に係る長期優良住宅建築等計画の認定の申請がされていたならば適用された(2)に掲げる基準に適合し、かつ、評価方法基準第５の１の１－１(4)ロ又は１－３(4)ロ及びハに掲げる基準に適合すること。

③ 平成28年４月１日以後に増築し、又は改築した住宅　当該増築又は改築に係る長期優良住宅建築等計画の認定の申請がされていたならば適用された(3)に掲げる基準に適合すること。

3.　可変性

(1)　適用範囲

住宅のうち、共同住宅及び長屋に適用する。

(2)　新築基準

認定対象住戸について、評価方法基準第５の４の４－４(3)イ①及び②に定められた躯体天井高が2,650㎜以上であること。ただし、認定対象住戸が区分所有住宅（法第５条第１項に規定する区分所有住宅をいう。以下同じ。）以外の共同住宅又は長屋である場合は、躯体天井高及び専用配管の設置が可能な床下空間その他の当該認定対象住戸の可変性の確保に有効な空間の高さの合計が2,650㎜以上であること。

(3)　増改築基準

次の①又は②のいずれかに適合すること。

① (2)に掲げる基準に適合すること。

② 認定対象住戸の居室（建築基準法第２条第四号に規定する居室をいう。）の床の上面から天井の下面までの空間の内法高さ（当該内法高さが２以上ある場合にあっては、当該居室の床面積の$\frac{1}{2}$以上が該当する空間の内法高さ）が2,400mm以上であること。

(4)　既存基準

次の①から③までに掲げる住宅の区分に応じ、それぞれ次に掲げる基準に適合すること。

① 平成21年６月３日以前に新築し、又は平成28年３月31日以前に増築し、若しくは改築した住宅（③に該当するものを除く。）　増築又は改築に係る長期優良住宅建築等計画の認定の申請が平成28年４月１日にされていたならば適用された(3)に掲げる基準に適合すること。

② 平成21年６月４日以後に新築した住宅　当該新築に係る長期優良住宅建築等計画の認定の申請がされていたならば適用された(2)に掲げる基準に適合すること。

③ 平成28年４月１日以後に増築し、又は改築した住宅　当該増築又は改築に係る長期優良住宅建築等計画の認定の申請がされていたならば適用された(3)に掲げる基準に適合すること。

4.　維持管理・更新の容易性

(1)　適用範囲

全ての住宅に適用する。ただし、(2)②及び③並びに(3)②及び③（(4)において適用する場合を含む。）については、一戸建ての住宅には適用しない。

(2)　新築基準

次に掲げる基準に適合すること。ただし、共用配管について、維持管理の円滑な実施のために必要な措置が講じられている場合にあっては、当該共用配管に評価方法基準第５の４の４－２(3)イ⑦及び４－３(3)イ①ｄの基準を適用せず、区分所有住宅以外の共同住宅等であって、維持管理の円滑な実施のために必要な措置が講じられている場合にあっては、評価方法基準第5の4の4－1⑶イ③の基準を適用せず、かつ、4－2⑶イ⑥中「人通孔その他当該配管に人が到達できる経路（専用部分に立ち入らないで到達できるものに限る。）」とあるのは「人通孔その他当該配管に人が到達できる経路」と、4－3⑶イ①c中「人通孔その他当該配管に人が到達できる経路（専用部分に立ち入らないで到達できるものに限り、共用部分の仕上げ材等の軽微な除去を伴い到達できるものを含む。）」とあるのは「人通孔その他当該配管に人が到達できる経路（共用部分の仕上げ材等の軽微な除去を伴い到達できるものを含む。）」とする。

① 評価方法基準第5の4の4－1⑶の等級3の基準に適合すること。ただし、専用配管のうち、ガス管に係るものを除く。

② 評価方法基準第5の4の4－2⑶の等級3の基準に適合すること。ただし、共用配管のうち、ガス管に係るものを除く。

③ 評価方法基準第5の4の4－3⑶イの等級3の基準に適合すること。

⑶ 増改築基準

次に掲げる基準に適合すること。ただし、専用配管及び共用配管について、現状支障なく使用できている場合で、長期優良住宅建築等計画に評価方法基準第5の4の4－1⑶イ①及び②、4－2⑶イ①及び②並びに4－3⑶イ①a及びbの基準に適合するよう将来更新することを記載する場合にあっては、当該専用配管及び共用配管に当該基準は適用せず、共用配管について、維持管理の円滑な実施のために必要な措置が講じられている場合にあっては、当該共用配管に評価方法基準第5の4の4－2⑶イ⑦及び4－3⑶イ①dの基準は、適用せず、区分所有住宅以外の共同住宅等であって、維持管理の円滑な実施のために必要な措置が講じられている場合にあっては、評価方法基準第5の4の4－1⑶イ③の基準を適用せず、かつ、4－2⑶イ⑥中「人通孔その他当該配管に人が到達できる経路（専用部分に立ち入らないで到達できるものに限る。）」とあるのは「人通孔その他当該配管に人が到達できる経路」と、4－3⑶イ①c中「人通孔その他当該配管に人が到達できる経路（専用部分に立ち入らないで到達できるものに限り、共用部分の仕上げ材等の軽微な除去を伴い到達できるものを含む。）」とあるのは「人通孔その他当該配管に人が到達できる経路（共用部分の仕上げ材等の軽微な除去を伴い到達できるものを含む。）」とする。

① 専用配管のうちガス管に係るものを除き、評価方法基準第5の4の4－1⑷の等級3の基準に適合すること。ただし、現状支障なく使用できている場合で、共同住宅等の専用配管でパイプスペースから認定対象住戸内への引き込み部分がシンダーコンクリート等へ埋め込まれている場合にあっては、当該専用配管については評価方法基準第5の4の4－1⑶イ①の基準は適用せず、現状支障なく使用できている場合で、一戸建ての住宅の専用配管で床下から屋外へ接続する部分が基礎下に配管されている場合にあっては、当該専用配管については評価方法基準第5の4の4－1⑶イ②の基準は、適用しない。

② 評価方法基準第5の4の4－2⑷の等級3の基準に適合すること。ただし、共用配管のうちガス管に係るものを除く。

③ 評価方法基準第5の4の4－3⑷イの等級3の基準に適合すること。

⑷ 既存基準

次の①から③までに掲げる住宅の区分に応じ、それぞれ次に掲げる基準に適合すること。

① 平成21年6月3日以前に新築し、又は平成28年3月31日以前に増築し、若しくは改築した住宅（③に該当するものを除く。） 増築又は改築に係る長期優良住宅建築等計画の認定の申請が平成28年4月1日にされていたならば適用された⑶に掲げる基準に適合すること。この場合において、⑶中「長期優良住宅建築等計画に」とあるのは「長期優良住宅維持保全計画に」とする。

② 平成21年6月4日以後に新築した住宅　当該新築に係る長期優良住宅建築等計画の認定の申請がされていたならば適用された⑵に掲げる基準に適合し、かつ、次のイからハまでに掲げる基準に適合すること。

イ 評価方法基準第5の4の4－1⑷イ②の基準に適合すること。ただし、専用配管のうちガス管に係るものを除く。

ロ 評価方法基準第5の4の4－2⑷イ②の基準に適合すること。ただし、専用配管のうちガス管に係るものを除く。

ハ　評価方法基準第５の４の４－３⑷イ①ｂの基準に適合すること。

③　平成28年４月１日以後に増築し、又は改築した住宅　当該増築又は改築に係る長期優良住宅建築等計画の認定の申請がされていたならば適用された⑶に掲げる基準に適合すること。この場合において、⑶中「長期優良住宅建築等計画に」とあるのは「長期優良住宅維持保全計画に」とする。

5.　高齢者等対策

⑴　適用範囲

住宅のうち、共同住宅等に適用する。

⑵　新築基準

評価方法基準第５の９の９－２⑶の等級３の基準（ハ①ａ及びｂ、ハ①ｃのうちイ①ｃ及びｄに係る部分、ハ②ａⅲのうちロ②ａⅳに係る部分、ハ②ｂのうちイ②ｂに係る部分並びにハ③ｂ及びｃを除く。）に適合すること。

⑶　増改築基準

評価方法基準第５の９の９－２⑷の等級３の基準（⑶ハ①ａ及びｂ、⑶ハ①ｃのうち⑶イ①ｃ及びｄに係る部分、⑶ハ②ａ (iii) のうち⑶ロ②ａⅳに係る部分、⑶ハ②ｂのうち⑶イ②ｂに係る部分並びに⑶ハ③ｂ及びｃを除く。）に適合すること。ただし、各階を連絡する共用階段のうち少なくとも１つについて、その両側に手すりが設置されている場合にあっては、評価方法基準第５の９の９－２⑶ハ③の基準は、適用しない。

⑷　既存基準

次の①から③までに掲げる住宅の区分に応じ、それぞれ次に掲げる基準に適合すること。

①　平成21年６月３日以前に新築し、又は平成28年３月31日以前に増築し、若しくは改築した住宅（③に該当するものを除く。）増築又は改築に係る長期優良住宅建築等計画の認定の申請が平成28年４月１日にされていたならば適用された⑶に掲げる基準に適合すること。

②　平成21年６月４日以後に新築した住宅　当該新築に係る長期優良住宅建築等計画の認定の申請がされていたならば適用された⑵に掲げる基準に適合し、かつ、評価方法基準第５の９の９－２⑷イ②に掲げる基準に適合すること。この場合において、評価方法基準第５の９の９－２⑷イ①中「⑶イ」とあるのは「⑶ハ」とする。

③　平成28年４月１日以後に増築し、又は改築した住宅　当該増築又は改築に係る長期優良住宅建築等計画の認定の申請がされていたならば適用された⑶に掲げる基準に適合すること。

6.　省エネルギー対策

⑴　適用範囲

全ての住宅に適用する。

⑵　新築基準

評価方法基準第５の５の５－１⑶の等級５の基準に適合し、かつ、次の①又は②のいずれかに適合すること。

①　評価方法基準第５の５の５－２⑶の等級６の基準に適合すること。

②　共同住宅等であって、次のイ又はロに掲げる基準に適合するものであること。

イ　当該共同住宅等の各住戸の設計一次エネルギー消費量（実際の設計仕様の条件を基に算定した一次エネルギー消費量をいう。以下同じ。）の合計（⒜に定める方法により算出した数値をいう。）が、当該各住戸の基準一次エネルギー消費量（床面積、設備等の条件により定まる基準となる一次エネルギー消費量をいう。以下同じ。）の合計（⒝に定める方法により算出した数値をいう。）を超えないこと。

⒜当該共同住宅等の各住戸の設計一次エネルギー消費量の合計は、評価方法基準第５の５の５－２⑵イ①に定める方法により算出した各住戸の設計一次エネルギー消費量（建築物エネルギー消費性能基準等を定める省令（平成28年経済産業省・国土交通省令第１号。以下「基準省令」という。）第４条第１項に規定するエネルギー利用効率化設備による設計一次エネルギー消費量の削減量のうち、太陽光発電設備

による設計一次エネルギー消費量の削減量を除いて求めるものとする。）を合計した数値とする。

(b)当該共同住宅等の各住戸の基準一次エネルギー消費量の合計は、評価方法基準第５の５の５－２(2)イ②に定める方法により算出した各住戸の基準一次エネルギー消費量を合計した数値とする。この場合において、R_E（評価方法基準第５の５の５－２(2)イ②に定める数値をいう。以下同じ。）は 0.8 とする。

ロ　当該共同住宅等の各住戸及び共用部分（このロにおいて「住宅用途部分」という。）の設計一次エネルギー消費量の合計（(a)に定める方法により算出した数値をいう。）が、住宅用途部分の基準一次エネルギー消費量の合計（(b)に定める方法により算出した数値をいう。）を超えないこと。

(a)住宅用途部分の設計一次エネルギー消費量の合計は、イ(a)により算出した数値と基準省令第４条第４項に定める方法により算出した共用部分の設計一次エネルギー消費量（同令第２条第１項に規定するエネルギー利用効率化設備による設計一次エネルギー消費量の削減量のうち、太陽光発電設備による設計一次エネルギー消費量の削減量を除いて求めるものとする。）とを合計した数値とする。

(b)住宅用途部分の基準一次エネルギー消費量の合計は、イ(b)に定める方法により算出した数値と基準省令第５条第４項に定める方法により算出した共用部分の基準一次エネルギー消費量とを合計した数値とする。この場合において、基準省令第５条第４項において準用する同令第３条中「$E_{ST} = (E_{SAC} + E_{SV} + E_{SL} + E_{SW} + E_{SEV} + E_M) \times 10^{-3}$」とあるのは「$E_{ST} = \{(E_{SAC} + E_{SV} + E_{SL} + E_{SW} + E_{SEV}) \times 0.8 + E_M\} \times 10^{-3}$」とする。

(3)　増改築基準

次の①又は②のいずれかに適合すること。

①　評価方法基準第５の５の５－１(4)の等級４の基準に適合すること。ただし、増築又は改築をしない部分については、評価方法基準第５の５の５－１(4)ハ④の基準は、適用しない。

②　評価方法基準第５の５の５－１(4)の等級３の基準に適合し、かつ、次のイ又はロのいずれかに適合すること。ただし、増築又は改築をしない部分については、評価方法基準第５の５の５－１(4)ハ⑤の基準は、適用しない。

イ　評価方法基準第５の５の５－２(4)の等級４の基準に適合すること。

ロ　共同住宅等であって、次の(a)又は(b)に掲げる基準に適合し、かつ、評価方法基準第５の５の５－２(4)ハ⑤に掲げる基準に適合すること。

(a)(2)②イに掲げる基準に適合すること。この場合において、R_E は 1.0 とする。

(b)(2)②ロに掲げる基準に適合すること。この場合において、(2)②ロ(a)中「設計一次エネルギー消費量（同令第２条第１項に規定するエネルギー利用効率化設備による設計一次エネルギー消費量の削減量のうち、太陽光発電設備による設計一次エネルギー消費量の削減量を除いて求めるものとする。）」とあるのは「設計一次エネルギー消費量」と、(2)②ロ(b)中「合計した数値とする。この場合において、基準省令第５条第４項において準用する同令第３条中「$E_{ST} = (E_{SAC} + E_{SV} + E_{SL} + E_{SW} + E_{SEV} + E_M) \times 10^{-3}$」とあるのは「$E_{ST} = \{(E_{SAC} + E_{SV} + E_{SL} + E_{SW} + E_{SEV}) \times 0.8 + E_M\} \times 10^{-3}$」とする。」とあるのは「合計した数値とする。」とする。

(4)　既存基準

次の①から④までに掲げる住宅の区分に応じ、それぞれ次に掲げる基準に適合すること。

①　平成 21 年６月３日以前に新築し、又は平成 28 年３月 31 日以前に増築し、若しくは改築した住宅（④に該当するものを除く。）　増築又は改築に係る長期優良住宅建築等計画の認定の申請が平成 28 年４月１日にされていたならば適用された(3)に掲げる基準に適合すること。

②　平成 21 年６月４日から令和４年９月 30 日までに新築した住宅（当該新築した日以後、増築し、又は改築していないものに限る。）　当該新築に係る長期優良住宅建築等計画の認定の申請がされていたならば適用された(2)に掲げる基準に適合し、かつ、評価方法基準第５の５の５－１(4)ニに掲げる基準に適合すること。

③　令和４年10月１日以後に新築した住宅（当該新築した日以後、増築し、又は改築していないものに限る。）　当該新築に係る長期優良住宅建築等計画の認定の申請がされていたならば適用された⑵に掲げる基準に適合し、かつ、評価方法基準第５の５の５－１⑷ニ及び５－２⑷イ②に掲げる基準に適合すること。

④　平成28年４月１日以後に増築し、又は改築した住宅　当該増築又は改築に係る長期優良住宅建築等計画の認定の申請がされていたならば適用された⑶に掲げる基準に適合すること。

第４　維持保全の方法の基準

規則第５条に規定する認定対象建築物の維持保全の方法の基準は、次に掲げるところにより、点検の時期及び内容が長期優良住宅建築等計画等に定められていることとする。

1. 法第２条第３項各号に掲げる住宅の部分について、点検の対象となる部分の仕様に応じた点検の項目及び時期が定められたものであること。
2. 1. の点検の時期が、それぞれ認定対象建築物の建築の完了又は直近の点検、修繕若しくは改良から10年を超えないものであること。
3. 点検の結果を踏まえ、必要に応じて、調査、修繕又は改良を行うこととされていること。
4. 地震時及び台風時に臨時点検を実施することとされていること。
5. 住宅の劣化状況に応じて、維持保全の方法について見直しを行うこととされていること。
6. 長期優良住宅建築等計画等の変更があった場合に、必要に応じて維持保全の方法を変更することとされていること。

附則（令和４年８月16日　国土交通省告示第833号）

1　（略）

2　施行日前にされた長期優良住宅の普及の促進に関する法律（平成20年法律第87号。以下「長期優良住宅法」という。）第５条第１項から第５項までの規定による認定の申請であって、この告示の施行の際、まだその認定をするかどうかの処分がされていないものについての認定の処分については、なお従前の例による。

3　令和５年３月31日以前にされた長期優良住宅法第５条第１項から第５項までの規定による認定の申請（前項に規定するものを除く。）であって、住宅の品質確保の促進等に関する法律（平成11年法律第81号。以下「住宅品質確保法」という。）第６条の２第５項の確認書若しくは住宅性能評価書（同条第１項の規定による求め（同条第２項の規定による住宅性能評価の申請と併せてするものを含む。）を施行日前にしたものに限る。）又はこれらの写しを添えてされたものについての認定の処分については、なお従前の例による。

4　この告示の施行の際現に長期優良住宅法第６条第１項の認定を受けている又は施行日以後に前２項の規定によりなお従前の例によることとされる同条第１項の認定を受ける長期優良住宅建築等計画の変更については、なお従前の例による。

5　施行日前にされた住宅品質確保法第６条の２第１項の規定による求め（同条第２項の規定により住宅性能評価の申請と併せてするものを含む。）であって、この告示の施行の際、まだ長期使用構造等であるかどうかの確認がされていないものについての確認については、なお従前の例による。

長期優良住宅の普及の促進に関する法律第６条第８項の国土交通省令で定める基準としてマンションの管理の適正化の推進に関する法律第５条の８に規定する認定管理計画に定めるべき点検の時期及び内容

制定：令和４年８月16日　国土交通省告示第836号

長期優良住宅の普及の促進に関する法律施行規則（平成21年国土交通省令第3号）第５条の２の規定に基づき、長期優良住宅の普及の促進に関する法律第６条第８項の国土交通省令で定める基準としてマンションの管理の適正化の推進に関する法律第５条の８に規定する認定管理計画に定めるべき点検の時期及び内容を次のように定める。

長期優良住宅の普及の促進に関する法律施行規則第５条の２に規定する認定対象建築物（認定対象住戸（共同住宅等に含まれる一の住戸であって、長期優良住宅の普及の促進に関する法律（平成20年法律第87号。以下「法」という。）第６条第１項の認定の対象となるものをいう。）を含む建築物をいう。）の法第６条第８項の国土交通省令で定める基準は、次に掲げるところにより、点検の時期及び内容がマンションの管理の適正化の推進に関する法律（平成12年法律第149号）第５条の８に規定する認定管理計画に定められていることとする。

一　法第２条第３項各号に掲げる住宅の部分について、点検の対象となる部分の仕様に応じた点検の項目及び時期が定められたものであること。

二　一の点検の時期が、それぞれ認定対象建築物の建築の完了又は直近の点検、修繕若しくは改良から10年を超えないものであること。

三　点検の結果を踏まえ、必要に応じて、改良を行うこととされていること。

四　地震時及び台風時に臨時点検を実施することとされていること。

特定住宅瑕疵担保責任の履行の確保等に関する法律施行規則の規定に基づき、支払備金として積み立てるべき金額を定める件

制定：平成22年5月26日　国土交通省告示第558号

特定住宅瑕疵担保責任の履行の確保等に関する法律施行規則（平成20年国土交通省令第10号）第35条第1項第二号の規定に基づき、まだ支払事由の発生の報告を受けていないが保険契約に規定する支払事由が既に発生したと認める保険金について、その支払のために必要なものとして支払備金として積み立てるべき金額を次のように定める。

特定住宅瑕疵担保責任の履行の確保等に関する法律施行規則第35条第1項第二号に規定する国土交通大臣が定める金額は、対象事業年度の前事業年度までの直近3事業年度における保険の種類ごとに次の算式により計算した金額の合計額の平均額とする。

A × B ÷ C

備考　この算式中次に掲げる記号の意義は、それぞれ次に定めるとおりとする。

A　当該事業年度の前事業年度末において既に発生した保険金の支払事由に係る当該事業年度の支払保険金（再保険契約に基づく他の保険者からの受取保険金に相当する金額を除く。以下同じ。）＋当該事業年度の前事業年度末において既に発生した保険金の支払事由に係る当該事業年度の普通支払備金（特定住宅瑕疵担保責任の履行の確保等に関する法律施行規則第35条第1項第一号に規定する金額をいい、再保険契約に基づく他の保険者からの受取保険金に相当する金額を除く。以下同じ。）－当該事業年度の前事業年度の普通支払備金

B　当該事業年度の支払保険金＋当該事業年度の普通支払備金－当該事業年度の前事業年度の普通支払備金

C　当該事業年度の前事業年度の支払保険金＋当該事業年度の前事業年度の普通支払備金－当該事業年度の前々事業年度の普通支払備金

建築士法第４条第２項第一号の国土交通大臣の指定する建築に関する科目を定める件

制定：令和元年11月1日　国土交通省告示第745号

建築士法（昭和25年法律第202号）第4条第2項第一号の規定に基づき、建築士法第4条第2項第一号の国土交通大臣の指定する建築に関する科目を定める件を次のように定める。

第1

建築士法第4条第2項第一号の国土交通大臣の指定する建築に関する科目は、次の各号のいずれかに定めるものとする。

一　次のイからリまでに定める講義又は演習（次号において「必修講義等」という。）の全てを履修することにより修得する総単位数が60単位以上であるもの

イ　7単位以上の建築設計製図に関する講義又は演習（建物（土地に定着する工作物のうち屋根及び柱又は壁を有するもの（これに類する構造のものを含む。）をいう。以下この号において同じ。）の建築工事の実施のために必要な図面を作成することができるようにするための講義又は演習であって、建物の形態、建築材料及び構造を決め、これらを図面に表示することを標準的な内容とするものをいう。）

ロ　7単位以上の建築計画に関する講義又は演習（空間における建物の配置に係る計画を作成する際に考慮することが必要な人間の行動及び意識並びに建物及びその周辺の空間のあり方が人間の行動及び意識に与える作用に関することを標準的な内容とするものをいう。）

ハ　2単位以上の建築環境工学に関する講義又は演習（建物の室内における光、音、空気、温度その他これらに類する環境が人の健康に与える影響に関することを標準的な内容とするものをいう。）

ニ　2単位以上の建築設備に関する講義又は演習（建物の快適な室内環境の形成及び維持のために必要な換気、暖房及び冷房の設備、建物の安全性を確保するために必要な消火及び排煙の設備、これらの設備を運転するために必要な電気及びガスの設備その他これらに類する設備に関することを標準的な内容とするものをいう。）

ホ　4単位以上の構造力学に関する講義又は演習（建築物の応力又は変形を求める構造計算の基礎理論に関することを標準的な内容とするものをいう。）

ヘ　3単位以上の建築一般構造に関する講義又は演習（建築物の一般的な構造に関することを標準的な内容とするものをいう。）

ト　2単位以上の建築材料に関する講義又は演習（建築物に使用される木材、鋼材、コンクリートその他これらに類する材料に関することを標準的な内容とするものをいう。）

チ　2単位以上の建築生産に関する講義又は演習（建物の企画、設計、工事施工その他これらに類する建築物が生産される過程に関することを標準的な内容とするものをいう。）

リ　1単位以上の建築法規に関する講義又は演習（建築物に関する基準を定めた法令及び建築行政に関することを標準的な内容とするものをいう。）

二　必修講義等の全てを履修することにより修得する総単位数が60単位未満である場合において、当該必修講義等の履修により修得する総単位数と当該必修講義等以外の建築に関する1又は複数の講義又は演習の履修により修得する総単位数の合計が60単位以上となるもの

第2

第1に規定する科目の単位の計算方法は、学校教育法（昭和22年法律第26号）による大学を卒業した者については大学設置基準（昭和31年文部省令第28号）又は専門職大学設置基準（平成29年文部科学省令第33号）の規定の例によるものとし、旧大学令（大正7年勅令第388号）による大学を卒業した者については国土交通大臣が別に定めるものとする。

建築士法第４条第２項第二号の国土交通大臣の指定する建築に関する科目を定める件

制定：令和元年 11 月 1 日　国土交通省告示第 746 号

建築士法（昭和 25 年法律第 202 号）第 4 条第 2 項第二号の規定に基づき、建築士法第 4 条第 2 項第二号の国土交通大臣の指定する建築に関する科目を定める件を次のように定める。

第１

建築士法第 4 条第 2 項第二号の国土交通大臣の指定する建築に関する科目は、次の各号のいずれかに定めるものとする。

一　次のイからリまでに定める講義又は演習（次号において「必修講義等」という。）の全てを履修することにより修得する総単位数が 50 単位以上であるもの

イ　7 単位以上の建築設計製図に関する講義又は演習（建物（土地に定着する工作物のうち屋根及び柱又は壁を有するもの（これに類する構造のものを含む。）をいう。以下この号において同じ。）の建築工事の実施のために必要な図面を作成することができるようにするための講義又は演習であって、建物の形態、建築材料及び構造を決め、これらを図面に表示することを標準的な内容とするものをいう。）

ロ　7 単位以上の建築計画に関する講義又は演習（空間における建物の配置に係る計画を作成する際に考慮することが必要な人間の行動及び意識並びに建物及びその周辺の空間のあり方が人間の行動及び意識に与える作用に関することを標準的な内容とするものをいう。）

ハ　2 単位以上の建築環境工学に関する講義又は演習（建物の室内における光、音、空気、温度その他これらに類する環境が人の健康に与える影響に関することを標準的な内容とするものをいう。）

ニ　2 単位以上の建築設備に関する講義又は演習（建物の快適な室内環境の形成及び維持のために必要な換気、暖房及び冷房の設備、建物の安全性を確保するために必要な消火及び排煙の設備、これらの設備を運転するために必要な電気及びガスの設備その他これらに類する設備に関することを標準的な内容とするものをいう。）

ホ　4 単位以上の構造力学に関する講義又は演習（建築物の応力又は変形を求める構造計算の基礎理論に関することを標準的な内容とするものをいう。）

ヘ　3 単位以上の建築一般構造に関する講義又は演習（建築物の一般的な構造に関することを標準的な内容とするものをいう。）

ト　2 単位以上の建築材料に関する講義又は演習（建築物に使用される木材、鋼材、コンクリートその他これらに類する材料に関することを標準的な内容とするものをいう。）

チ　2 単位以上の建築生産に関する講義又は演習（建物の企画、設計、工事施工その他これらに類する建築物が生産される過程に関することを標準的な内容とするものをいう。）

リ　1 単位以上の建築法規に関する講義又は演習（建築物に関する基準を定めた法令及び建築行政に関することを標準的な内容とするものをいう。）

二　必修講義等の全てを履修することにより修得する総単位数が 50 単位未満である場合において、当該必修講義等の履修により修得する総単位数と当該必修講義等以外の建築に関する 1 又は複数の講義又は演習の履修により修得する総単位数の合計が 50 単位以上となるもの

第２

第 1 に規定する科目の単位の計算方法は、学校教育法（昭和 22 年法律第 26 号）による短期大学を卒業した者については短期大学設置基準（昭和 50 年文部省令第 21 号）又は専門職短期大学設置基準（平成 29 年文部科学省令第 34 号）の規定の例に、同法による専門職大学の前期課程を修了した者については専門職大学設置基準（平成 29 年文部科学省令第 33 号）の規定の例によるものとする。

建築士法第4条第2項第三号の国土交通大臣の指定する建築に関する科目を定める件

制定：令和元年11月1日　国土交通省告示第747号

建築士法（昭和25年法律第202号）第4条第2項第三号の規定に基づき、建築士法第4条第2項第三号の国土交通大臣の指定する建築に関する科目を定める件を次のように定める。

第1

建築士法第4条第2項第三号の国土交通大臣の指定する建築に関する科目は、次の各号のいずれかに定めるものとする。

一　次のイからリまでに定める講義又は演習（次号において「必修講義等」という。）の全てを履修することにより修得する総単位数が40単位以上であるもの

イ　7単位以上の建築設計製図に関する講義又は演習（建物（土地に定着する工作物のうち屋根及び柱又は壁を有するもの（これに類する構造のものを含む。）をいう。以下この号において同じ。）の建築工事の実施のために必要な図面を作成することができるようにするための講義又は演習であって、建物の形態、建築材料及び構造を決め、これらを図面に表示することを標準的な内容とするものをいう。）

ロ　7単位以上の建築計画に関する講義又は演習（空間における建物の配置に係る計画を作成する際に考慮することが必要な人間の行動及び意識並びに建物及びその周辺の空間のあり方が人間の行動及び意識に与える作用に関することを標準的な内容とするものをいう。）

ハ　2単位以上の建築環境工学に関する講義又は演習（建物の室内における光、音、空気、温度その他これらに類する環境が人の健康に与える影響に関することを標準的な内容とするものをいう。）

ニ　2単位以上の建築設備に関する講義又は演習（建物の快適な室内環境の形成及び維持のために必要な換気、暖房及び冷房の設備、建物の安全性を確保するために必要な消火及び排煙の設備、これらの設備を運転するために必要な電気及びガスの設備その他これらに類する設備に関することを標準的な内容とするものをいう。）

ホ　4単位以上の構造力学に関する講義又は演習（建築物の応力又は変形を求める構造計算の基礎理論に関することを標準的な内容とするものをいう。）

ヘ　3単位以上の建築一般構造に関する講義又は演習（建築物の一般的な構造に関することを標準的な内容とするものをいう。）

ト　2単位以上の建築材料に関する講義又は演習（建築物に使用される木材、鋼材、コンクリートその他これらに類する材料に関することを標準的な内容とするものをいう。）

チ　2単位以上の建築生産に関する講義又は演習（建物の企画、設計、工事施工その他これらに類する建築物が生産される過程に関することを標準的な内容とするものをいう。）

リ　1単位以上の建築法規に関する講義又は演習（建築物に関する基準を定めた法令及び建築行政に関することを標準的な内容とするものをいう。）

二　必修講義等の全てを履修することにより修得する総単位数が40単位未満である場合において、当該必修講義等の履修により修得する総単位数と当該必修講義等以外の建築に関する1又は複数の講義又は演習の履修により修得する総単位数の合計が40単位以上となるもの

第2

第1に規定する科目の単位の計算方法は、学校教育法（昭和22年法律第26号）による短期大学を卒業した者については短期大学設置基準（昭和50年文部省令第21号）又は専門職短期大学設置基準（平成29年文部科学省令第34号）の規定の例に、同法による専門職大学の前期課程を修了した者については専門職大学設置基準（平成29年文部科学省令第33号）の規定の例に、同法による高等専門学校を卒業した者については高等専門学校設置基準（昭和36年文部省令第23号）の規定の例によるものとし、旧専門学校令（明治36年勅令第61号）による専門学校を卒業した者については国土交通大臣が別に定めるものとする。

建築士法第４条第２項第一号から第四号までに掲げる者と同等以上の知識及び技能を有する者を定める件

制定：令和元年 11 月 1 日　国土交通省告示第 748 号

建築士法（昭和 25 年法律第 202 号）第 4 条第 2 項第五号の規定に基づき、同項第一号から第四号までに掲げる者と同等以上の知識及び技能を有する者を、次のとおり定める。

一　学校教育法（昭和 22 年法律第 26 号）による大学（短期大学を除く。）において、令和元年国土交通省告示第 746 号の第 1 第一号又は第二号に規定する科目（単位の計算方法は大学設置基準（昭和 31 年文部省令第 28 号）又は専門職大学設置基準（平成 29 年文部科学省令第 33 号）の規定の例によるものとする。次号において同じ。）を修めて卒業した者であって、その卒業後建築実務（建築士法第 4 条第 2 項第一号に規定する建築実務をいう。以下同じ。）の経験を 3 年以上有する者

二　学校教育法による大学（短期大学を除く。）において、令和元年国土交通省告示第 747 号の第 1 第一号又は第二号に規定する科目を修めて卒業した者であって、その卒業後建築実務の経験を 4 年以上有する者

三　学校教育法による短期大学（修業年限が 3 年であるものに限り、同法による専門職大学の 3 年の前期課程を含む。）において、令和元年国土交通省告示第 747 号の第 1 第一号又は第二号に規定する科目（単位の計算方法は、同法による短期大学を卒業した者については短期大学設置基準（昭和 50 年文部省令第 21 号）又は専門職短期大学設置基準（平成 29 年文部科学省令第 34 号）の規定の例に、同法による専門職大学の前期課程を修了した者については専門職大学設置基準の規定の例によるものとする。）を修めて卒業した者（同法による専門職大学の前期課程にあっては、修了した者）であって、その卒業後（同法による専門職大学の前期課程にあっては、修了後）建築実務の経験を 4 年以上有する者

四　学校教育法による専修学校の専門課程（修業年限が 4 年以上であるものに限る。）において令和元年国土交通省告示第 745 号の第 1 第一号又は第二号に規定する科目（単位の計算方法は専修学校設置基準（昭和 51 年文部省令第二号）の規定の例によるものとする。次号及び第六号において同じ。）を修めて卒業した者であって、その卒業後建築実務の経験を 2 年以上有する者

五　学校教育法による専修学校の専門課程（修業年限が 3 年以上であるものに限る。）において令和元年国土交通省告示第 746 号の第 1 第一号又は第二号に規定する科目を修めて卒業した者であって、その卒業後建築実務の経験を 3 年以上有する者

六　学校教育法による専修学校の専門課程（修業年限が 2 年以上であるものに限る。）において令和元年国土交通省告示第 747 号の第 1 第一号又は第二号に規定する科目を修めて卒業した者であって、その卒業後建築実務の経験を 4 年以上有する者

七　学校教育法による各種学校（同法による高等学校若しくは中等教育学校、旧中等学校令（昭和 18 年勅令第 36 号）による中等学校又はこれらに準ずる学校を卒業した者を入学資格とする修業年限 2 年以上のものに限る。）において、令和元年国土交通省告示第 747 号の第 1 第一号又は第二号に規定する科目（単位の計算は専修学校設置基準の規定の趣旨に準じて行うものとする。）を修めて卒業した者であって、その卒業後建築実務の経験を 4 年以上有する者

八　防衛省設置法（昭和 29 年法律第 164 号）による防衛大学校（以下「防衛大学校」という。）又は職業能力開発促進法（昭和 44 年法律第 64 号）による職業能力開発総合大学校（以下「職業能力開発総合大学校」という。）の総合課程若しくは同法による職業能力開発大学校（以下「職業能力開発大学校」という。）の応用課程において、令和元年国土交通省告示第 745 号の第 1 第一号又は第二号に規定する科目（単位の計算は大学設置基準の規定の趣旨に準じて行うものとする。次号において同じ。）を修めて卒業した者であって、その卒業後建築実務の経験を 2 年以上有する者

九　防衛大学校又は職業能力開発総合大学校の総合課程若しくは職業能力開発大学校の応用課程において、令和元年国土交通省告示第746号の第1第一号又は第二号に規定する科目を修めて卒業した者であって、その卒業後建築実務の経験を 3 年以上有する者

十　防衛大学校、職業能力開発総合大学校、職業能力開発大学校又は職業能力開発促進法による職業能力開発短期大学校（以下「職業能力開発短期大学校」という。）において、令和元年国土交通省告示第 747 号の第 1 第一号又は第二号に規定する科目（単位の計算は、防衛大学校、職業能力開発総合大学校又は

職業能力開発大学校にあっては大学設置基準の規定の趣旨に準じて行うものとし、職業能力開発短期大学校にあっては短期大学設置基準の規定の趣旨に準じて行うものとする。）を修めて卒業した者であって、その卒業後建築実務の経験を４年以上有する者

十一　建築設備士として建築実務の経験を４年以上有する者

十二　平成24年国土交通省告示第1187号による改正前の平成20年国土交通省告示第745号第八号又は第九号（以下この号において「旧平成20年告示第八号等」という。）に掲げる課程（職業能力開発総合大学校の長期課程又は応用課程に限る。）を修めて卒業し、これらの課程の種類に応じてそれぞれ旧平成20年告示第八号等に定める年数以上の建築実務の経験を有する者

十三　建築士法等の一部を改正する法律（平成18年法律第114号）の施行の日（以下「平成18年改正法施行日」という。）前に昭和56年建設省告示第990号（以下「昭和56年告示」という。）第一号から第十七号に掲げる課程を修めて卒業し又は同告示第十八号若しくは第十九号に掲げる検定に合格し、建築実務の経験をこれらの課程又は検定の種類に応じてそれぞれ昭和56年告示第一号から第十七号又は第十八号若しくは第十九号（以下この号において「昭和56年告示第一号等」という。）に定める年数に満たない年数しか有しない者で、平成18年改正法施行日以後に平成18年改正法施行日前の建築に関する実務の経験年数と平成18年改正法施行日以後の建築実務の経験年数を合わせてこれらの課程又は検定の種類に応じてそれぞれ昭和56年告示第一号等に定める年数以上有することとなる者

十四　平成18年改正法施行日前から引き続き昭和56年告示第一号、第二号、第三号、第四号、第五号、第六号、第七号、第八号、第十号又は第十一号（以下この号において「昭和56年告示第一号等」という。）に掲げる課程に在学する者で、平成18年改正法施行日以後にこれらの課程を修めて卒業した後、これらの課程の種類に応じてそれぞれ昭和56年告示第一号等に定める年数以上の建築実務の経験を有することとなる者

十五　平成18年改正法施行日前に４年に満たない年数の建築実務の経験を有する建築設備士である者で、平成18年改正法施行日以後に平成18年改正法施行日前の建築に関する実務の経験年数と平成18年改正法施行日以後の建築実務の経験年数を合わせて４年以上有することとなる者

十六　前各号に掲げる者のほか国土交通大臣が建築士法第４条第２項第一号から第四号までに掲げる者と同等以上の知識及び技能を有すると認める者

建築士法第４条第４項第一号の国土交通大臣の指定する建築に関する科目を定める件

制定：令和元年11月１日　国土交通省告示第749号

建築士法（昭和25年法律第202号）第４条第４項第一号の規定に基づき、建築士法第４条第４項第一号の国土交通大臣の指定する建築に関する科目を定める件を次のように定める。

第１

建築士法第４条第４項第一号の国土交通大臣の指定する建築に関する科目は、次の各号のいずれかに定めるものとする。

一　次のイからホまでに定める講義又は演習（次号において「必修講義等」という。）の全てを履修することにより修得する総単位数が40単位以上であるもの

イ　３単位以上の建築設計製図に関する講義又は演習（建物（土地に定着する工作物のうち屋根及び柱又は壁を有するもの（これに類する構造のものを含む。）をいう。以下この号において同じ。）の建築工事の実施のために必要な図面を作成することができるようにするための講義又は演習であって、建物の形態、建築材料及び構造を決め、これらを図面に表示することを標準的な内容とするものをいう。）

ロ　２単位以上の建築計画に関する講義若しくは演習（空間における建物の配置に係る計画を作成する際に考慮することが必要な人間の行動及び意識並びに建物及びその周辺の空間のあり方が人間の行動及び意識に与える作用に関することを標準的な内容とするものをいう。）、建築環境工学に関する講義若しくは演習（建物の室内における光、音、空気、温度その他これらに類す

る環境が人の健康に与える影響に関することを標準的な内容とするものをいう。）又は建築設備に関する講義若しくは演習（建物の快適な室内環境の形成及び維持のために必要な換気、暖房及び冷房の設備、建物の安全性を確保するために必要な消火及び排煙の設備、これらの設備を運転するために必要な電気及びガスの設備その他これらに類する設備に関することを標準的な内容とするものをいう。）

ハ　3 単位以上の構造力学に関する講義若しくは演習（建築物の応力又は変形を求める構造計算の基礎理論に関することを標準的な内容とするものをいう。）、建築一般構造に関する講義若しくは演習（建築物の一般的な構造に関することを標準的な内容とするものをいう。）又は建築材料に関する講義若しくは演習（建築物に使用される木材、鋼材、コンクリートその他これらに類する材料に関することを標準的な内容とするものをいう。）

ニ　1 単位以上の建築生産に関する講義又は演習（建物の企画、設計、工事施工その他これらに類する建築物が生産される過程に関することを標準的な内容とするものをいう。）

ホ　1 単位以上の建築法規に関する講義又は演習（建築物に関する基準を定めた法令及び建築行政に関することを標準的な内容とするものをいう。）

二　必修講義等の全てを履修することにより修得する総単位数が 40 単位未満である場合において、当該必修講義等の履修により修得する総単位数と当該必修講義等以外の建築に関する 1 又は複数の講義又は演習の履修により修得する総単位数の合計が 40 単位以上となるもの

第 2

第 1 に規定する科目の単位の計算方法は、学校教育法（昭和 22 年法律第 26 号）による大学を卒業した者については大学設置基準（昭和 31 年文部省令第 28 号）、専門職大学設置基準（平成 29 年文部科学省令第 33 号）、短期大学設置基準（昭和 50 年文部省令第 21 号）又は専門職短期大学設置基準（平成 29 年文部科学省令第 34 号）の規定の例に、同法による専門職大学の前期課程を修了した者については専門職大学設置基準の規定の例に、同法による高等専門学校を卒業した者については高等専門学校設置基準（昭和 36 年文部省令第 23 号）の規定の例によるものとし、旧大学令（大正 7 年勅令第 388 号）による大学又は旧専門学校令（明治 36 年勅令第 61 号）による専門学校を卒業した者については国土交通大臣が別に定めるものとする。

建築士法第 4 条第 4 項第二号の国土交通大臣の指定する建築に関する科目を定める件

制定：令和元年 11 月 1 日　国土交通省告示第 750 号

建築士法（昭和 25 年法律第 202 号）第 4 条第 4 項第二号の規定に基づき、建築士法第 4 条第 4 項第二号の国土交通大臣の指定する建築に関する科目を定める件を次のように定める。

第 1

建築士法第 4 条第 4 項第二号の国土交通大臣の指定する建築に関する科目は、次の各号のいずれかに定めるものとする。

一　次のイからホまでに定める講義又は演習（次号において「必修講義等」という。）の全てを履修することにより修得する総単位数が 20 単位以上であるもの

イ　3 単位以上の建築設計製図に関する講義又は演習（建物（土地に定着する工作物のうち屋根及び柱又は壁を有するもの（これに類する構造のものを含む。）をいう。以下この号において同じ。）の建築工事の実施のために必要な図面を作成することができるようにするための講義又は演習であって、建物の形態、建築材料及び構造を決め、これらを図面に表示することを標準的な内容とするものをいう。）

ロ　2 単位以上の建築計画に関する講義若しくは演習（空間における建物の配置に係る計画を作成する際に考慮することが必要な人間の行動及び意識並びに建物及びその周辺の空間のあり方が人間の行動及び意識に与える作用に関することを標準的な内容とするものをいう。）、建築環境

工学に関する講義若しくは演習（建物の室内における光、音、空気、温度その他これらに類する環境が人の健康に与える影響に関することを標準的な内容とするものをいう。）又は建築設備に関する講義若しくは演習（建物の快適な室内環境の形成及び維持のために必要な換気、暖房及び冷房の設備、建物の安全性を確保するために必要な消火及び排煙の設備、これらの設備を運転するために必要な電気及びガスの設備その他これらに類する設備に関することを標準的な内容とするものをいう。）

ハ　3単位以上の構造力学に関する講義若しくは演習（建築物の応力又は変形を求める構造計算の基礎理論に関することを標準的な内容とするものをいう。）、建築一般構造に関する講義若しくは演習（建築物の一般的な構造に関することを標準的な内容とするものをいう。）又は建築材料に関する講義若しくは演習（建築物に使用される木材、鋼材、コンクリートその他これらに類する材料に関することを標準的な内容とするものをいう。）

ニ　1単位以上の建築生産に関する講義又は演習（建物の企画、設計、工事施工その他これらに類する建築物が生産される過程に関することを標準的な内容とするものをいう。）

ホ　1単位以上の建築法規に関する講義又は演習（建築物に関する基準を定めた法令及び建築行政に関することを標準的な内容とするものをいう。）

二　必修講義等の全てを履修することにより修得する総単位数が20単位未満である場合において、当該必修講義等の履修により修得する総単位数と当該必修講義等以外の建築に関する1又は複数の講義又は演習の履修により修得する総単位数の合計が20単位以上となるもの

第2

第1に規定する科目の単位の計算方法は、学校教育法（昭和22年法律第26号）による高等学校又は中等教育学校を卒業した者については高等学校学習指導要領（平成30年文部科学省告示第68号）の規定の例によるものとし、旧中等学校令（昭和18年勅令第36号）による中等学校を卒業した者については国土交通大臣が別に定めるものとする。

改正後の建築士法第10条の2第1項第一号若しくは第2項第一号又は第24条第2項の講習に相当する講習を定める件

制定：平成20年12月5日　国土交通省告示第1435号

建築士法等の一部を改正する法律（平成18年法律第114号）附則第3条第1項の規定に基づき、同法第1条の規定による改正後の建築士法（昭和25年法律第202号）第10条の2〔現行＝第10条の3＝令和3年5月法律44号より改正〕第1項第一号若しくは第2項第一号又は第24条第2項の講習に相当する講習を次のとおり定める。

講習の名称	実施機関	講習実施時期
構造設計一級建築士資格取得講習	財団法人建築技術教育普及センター	平成20年6月6日から平成20年7月20日までの間に実施されたもの
設備設計一級建築士資格取得講習	財団法人建築技術教育普及センター	平成20年6月9日から平成20年7月13日までの間に実施されたもの
管理建築士資格取得講習	財団法人建築技術教育普及センター	平成20年8月20日から平成20年11月27日までの間に実施されたもの

構造設計に関し建築士法第 10 条の 2 の 2 第 1 項第一号に掲げる一級建築士と同等以上の知識及び技能を有する一級建築士及び設備設計に関し同条第 2 項第一号に掲げる一級建築士と同等以上の知識及び技能を有する一級建築士を定める件

制定：平成 25 年 7 月 22 日　国土交通省告示第 732 号
改正：平成 27 年 1 月 29 日　国土交通省告示第 188 号

建築士法（昭和 25 年法律第 202 号）第 10 条の 2〔現行 = 第 10 条の 3= 令和 3 年 5 月法律 44 号より改正〕第 1 項第一号〔現行 = 第二号〕及び第 2 項第二号の規定に基づき、構造設計に関し建築士法第 10 条の 2〔現行 = 第 10 条の 3〕第 1 項第一号に掲げる一級建築士と同等以上の知識及び技能を有する一級建築士及び設備設計に関し同条第 2 項第一号に掲げる一級建築士と同等以上の知識及び技能を有する一級建築士を次のように定める。

第 1

構造設計に関し建築士法第 10 条の 2 の 2 第 1 項第一号に掲げる一級建築士と同等以上の知識及び技能を有する一級建築士は、次の各号のいずれかに該当する一級建築士とする。

一　5 年以上次に掲げるいずれかの業務に従事した後、建築士法第 10 条の 2 の 2 第 1 項第一号に規定する講習の課程を構造設計一級建築士証の交付の申請前 1 年以内に修了した一級建築士

イ　一級建築士として従事する建築基準法（昭和 25 年法律第 201 号）第 18 条の 3 第 1 項に規定する確認審査等の業務（建築物の構造に関するものに限る。）

ロ　その他国土交通大臣が構造設計の業務と同等以上の知識及び技能を要すると認める業務

二　前号に掲げる一級建築士のほか国土交通大臣が構造設計に関し建築士法第 10 条の 2 の 2 第 1 項第一号に掲げる一級建築士と同等以上の知識及び技能を有すると認める一級建築士

2　構造設計の業務並びに前項第一号イ及びロに掲げる業務に従事したそれぞれの期間は通算することができる。

第 2

設備設計に関し建築士法第 10 条の 2 の 2 第 2 項第一号に掲げる一級建築士と同等以上の知識及び技能を有する一級建築士は、次の各号のいずれかに該当する一級建築士とする。

一　5 年以上次に掲げるいずれかの業務に従事した後、建築士法第 10 条の 2 の 2 第 2 項第一号に規定する講習の課程を設備設計一級建築士証の交付の申請前 1 年以内に修了した一級建築士

イ　一級建築士として従事する建築基準法第 18 条の 3 第 1 項に規定する確認審査等の業務（建築設備に関するものに限る。）

ロ　建築設備士として従事する建築設備に関する業務

ハ　その他国土交通大臣が設備設計の業務と同等以上の知識及び技能を要すると認める業務

二　前号に掲げる一級建築士のほか国土交通大臣が設備設計に関し建築士法第 10 条の 2 の 2 第 2 項第一号に掲げる一級建築士と同等以上の知識及び技能を有すると認める一級建築士

2　設備設計の業務及び前項第一号イからハまでに掲げる業務に従事したそれぞれの期間は通算することができる。

建築士法第 14 条第一号の国土交通大臣の指定する建築に関する科目を定める件

制定：令和元年 11 月 1 日　国土交通省告示第 751 号

建築士法（昭和 25 年法律第 202 号）第 14 条第一号の規定に基づき、建築士法第 14 条第一号の国土交通大臣の指定する建築に関する科目を定める件を次のように定める。

第 1

建築士法第 14 条第一号の国土交通大臣の指定する建築に関する科目は、次の各号のいずれかに定める

ものとする。
一　次のイからリまでに定める講義又は演習（次号において「必修講義等」という。）の全てを履修することにより修得する総単位数が40単位以上であるもの
　イ　7単位以上の建築設計製図に関する講義又は演習（建物（土地に定着する工作物のうち屋根及び柱又は壁を有するもの（これに類する構造のものを含む。）をいう。以下この号において同じ。）の建築工事の実施のために必要な図面を作成することができるようにするための講義又は演習であって、建物の形態、建築材料及び構造を決め、これらを図面に表示することを標準的な内容とするものをいう。）
　ロ　7単位以上の建築計画に関する講義又は演習（空間における建物の配置に係る計画を作成する際に考慮することが必要な人間の行動及び意識並びに建物及びその周辺の空間のあり方が人間の行動及び意識に与える作用に関することを標準的な内容とするものをいう。）
　ハ　2単位以上の建築環境工学に関する講義又は演習（建物の室内における光、音、空気、温度その他これらに類する環境が人の健康に与える影響に関することを標準的な内容とするものをいう。）
　ニ　2単位以上の建築設備に関する講義又は演習（建物の快適な室内環境の形成及び維持のために必要な換気、暖房及び冷房の設備、建物の安全性を確保するために必要な消火及び排煙の設備、これらの設備を運転するために必要な電気及びガスの設備その他これらに類する設備に関することを標準的な内容とするものをいう。）
　ホ　4単位以上の構造力学に関する講義又は演習（建築物の応力又は変形を求める構造計算の基礎理論に関することを標準的な内容とするものをいう。）
　ヘ　3単位以上の建築一般構造に関する講義又は演習（建築物の一般的な構造に関することを標準的な内容とするものをいう。）
　ト　2単位以上の建築材料に関する講義又は演習（建築物に使用される木材、鋼材、コンクリートその他これらに類する材料に関することを標準的な内容とするものをいう。）
　チ　2単位以上の建築生産に関する講義又は演習（建物の企画、設計、工事施工その他これらに類する建築物が生産される過程に関することを標準的な内容とするものをいう。）
　リ　1単位以上の建築法規に関する講義又は演習（建築物に関する基準を定めた法令及び建築行政に関することを標準的な内容とするものをいう。）
二　必修講義等の全てを履修することにより修得する総単位数が40単位未満である場合において、当該必修講義等の履修により修得する総単位数と当該必修講義等以外の建築に関する1又は複数の講義又は演習の履修により修得する総単位数の合計が40単位以上となるもの

第2

第1に規定する科目の単位の計算方法は、学校教育法（昭和22年法律第26号）による大学を卒業した者については大学設置基準（昭和31年文部省令第28号）、専門職大学設置基準（平成29年文部科学省令第33号）、短期大学設置基準（昭和50年文部省令第21号）又は専門職短期大学設置基準（平成29年文部科学省令第34号）の規定の例に、同法による専門職大学の前期課程を修了した者については専門職大学設置基準の規定の例に、同法による高等専門学校を卒業した者については高等専門学校設置基準（昭和36年文部省令第23号）の規定の例によるものとし、旧大学令（大正7年勅令第388号）による大学又は旧専門学校令（明治36年勅令第61号）による専門学校を卒業した者については国土交通大臣が別に定めるものとする。

附則（抄）

1　（略）

2　建築士法第14条第一号の国土交通大臣の指定する建築に関する科目を定める件（平成20年国土交通省告示第740号）、建築士法第14条第二号の国土交通大臣の指定する建築に関する科目を定める件（平成20年国土交通省告示第741号）及び建築士法第14条第三号の国土交通大臣の指定する建築に関する科目を定める件（平成20年国土交通省告示第742号）は、廃止する。

建築士法第 14 条第一号又は第二号に掲げる者と同等以上の知識及び技能を有する者を定める件

制定：令和元年 11 月 1 日　国土交通省告示第 752 号

建築士法（昭和 25 年法律第 202 号）第 14 条第三号の規定に基づき、同条第一号又は第二号に掲げる者と同等以上の知識及び技能を有する者を、次のとおり定める。

一　学校教育法（昭和 22 年法律第 26 号）による専修学校の専門課程（修業年限が 2 年以上であるものに限る。）において、令和元年国土交通省告示第 751 号の第 1 第一号又は第二号に規定する科目（単位の計算方法は専修学校設置基準（昭和 51 年文部省令第 2 号）の規定の例によるものとする。）を修めて卒業した者
二　学校教育法による各種学校（同法による高等学校若しくは中等教育学校、旧中等学校令（昭和 18 年勅令第 36 号）による中等学校又はこれらに準ずる学校を卒業した者を入学資格とする修業年限 2 年以上のものに限る。）において、令和元年国土交通省告示第 751 号の第 1 第一号又は第二号に規定する科目（単位の計算は専修学校設置基準の規定の趣旨に準じて行うものとする。）を修めて卒業した者
三　防衛省設置法（昭和 29 年法律第 164 号）による防衛大学校（以下「防衛大学校」という。）、職業能力開発促進法（昭和 44 年法律第 64 号）による職業能力開発総合大学校（以下「職業能力開発総合大学校」という。）、同法による職業能力開発大学校（以下「職業能力開発大学校」という。）又は同法による職業能力開発短期大学校（以下「職業能力開発短期大学校」という。）において、令和元年国土交通省告示第 751 号の第 1 第一号又は第二号に規定する科目（単位の計算は、防衛大学校、職業能力開発総合大学校又は職業能力開発大学校にあっては大学設置基準（昭和 31 年文部省令第 28 号）の規定の趣旨に準じて行うものとし、職業能力開発短期大学校にあっては短期大学設置基準（昭和 50 年文部省令第 21 号）の規定の趣旨に準じて行うものとする。）を修めて卒業した者
四　建築設備士
五　建築士法等の一部を改正する法律（平成 18 年法律第 114 号）の施行の日（以下「平成 18 年改正法施行日」という。）前に昭和 56 年建設省告示第 990 号第一号から第十七号までに掲げる課程に在学した者であって、当該課程を修めて卒業した者
六　平成 18 年改正法施行日前に昭和 56 年建設省告示第 990 号第十八号又は第十九号に掲げる検定に合格した者
七　前各号に掲げる者のほか国土交通大臣が建築士法第 14 条第一号又は第二号に掲げる者と同等以上の知識及び技能を有すると認める者

附則（抄）

1　（略）
2　建築士法第 14 条第一号から第四号までと同等以上の知識及び技能を有する者を定める件（平成 20 年国土交通省告示第 745 号）は、廃止する。

建築士法第 15 条第一号の国土交通大臣の指定する建築に関する科目を定める件

制定：令和元年 11 月 1 日　国土交通省告示第 753 号

建築士法（昭和 25 年法律第 202 号）第 15 条第一号の規定に基づき、建築士法第 15 条第一号の国土交通大臣の指定する建築に関する科目を定める件を次のように定める。

第 1

建築士法第 15 条第一号の国土交通大臣の指定する建築に関する科目は、次の各号のいずれかに定めるものとする。

一　次のイからホまでに定める講義又は演習（次号において「必修講義等」という。）の全てを履修することにより修得する総単位数が 20 単位以上であるもの

イ　3単位以上の建築設計製図に関する講義又は演習（建物（土地に定着する工作物のうち屋根及び柱又は壁を有するもの(これに類する構造のものを含む。)をいう。以下この号において同じ。)の建築工事の実施のために必要な図面を作成することができるようにするための講義又は演習であって、建物の形態、建築材料及び構造を決め、これらを図面に表示することを標準的な内容とするものをいう。)

ロ　2単位以上の建築計画に関する講義若しくは演習（空間における建物の配置に係る計画を作成する際に考慮することが必要な人間の行動及び意識並びに建物及びその周辺の空間のあり方が人間の行動及び意識に与える作用に関することを標準的な内容とするものをいう。)、建築環境工学に関する講義若しくは演習（建物の室内における光、音、空気、温度その他これらに類する環境が人の健康に与える影響に関することを標準的な内容とするものをいう。）又は建築設備に関する講義若しくは演習（建物の快適な室内環境の形成及び維持のために必要な換気、暖房及び冷房の設備、建物の安全性を確保するために必要な消火及び排煙の設備、これらの設備を運転するために必要な電気及びガスの設備その他これらに類する設備に関することを標準的な内容とするものをいう。)

ハ　3単位以上の構造力学に関する講義若しくは演習（建築物の応力又は変形を求める構造計算の基礎理論に関することを標準的な内容とするものをいう。)、建築一般構造に関する講義若しくは演習（建築物の一般的な構造に関することを標準的な内容とするものをいう。）又は建築材料に関する講義若しくは演習（建築物に使用される木材、鋼材、コンクリートその他これらに類する材料に関することを標準的な内容とするものをいう。）

ニ　1単位以上の建築生産に関する講義又は演習（建物の企画、設計、工事施工その他これらに類する建築物が生産される過程に関することを標準的な内容とするものをいう。)

ホ　1単位以上の建築法規に関する講義又は演習（建築物に関する基準を定めた法令及び建築行政に関することを標準的な内容とするものをいう。)

二　必修講義等の全てを履修することにより修得する総単位数が20単位未満である場合において、当該必修講義等の履修により修得する総単位数と当該必修講義等以外の建築に関する1又は複数の講義又は演習の履修により修得する総単位数の合計が20単位以上となるもの

第2

第1に規定する科目の単位の計算方法は、学校教育法（昭和22年法律第26号）による大学を卒業した者については大学設置基準（昭和31年文部省令第28号)、専門職大学設置基準（平成29年文部科学省令第33号)、短期大学設置基準（昭和50年文部省令第21号）又は専門職短期大学設置基準（平成29年文部科学省令第34号）の規定の例に、同法による専門職大学の前期課程を修了した者については専門職大学設置基準の規定の例に、同法による高等専門学校を卒業した者については高等専門学校設置基準（昭和36年文部省令第23号）の規定の例に、同法による高等学校又は中等教育学校を卒業した者については高等学校学習指導要領（平成30年文部科学省告示第68号）の規定の例によるものとし、旧大学令（大正7年勅令第388号）による大学、旧専門学校令（明治36年勅令第61号）による専門学校又は旧中等学校令（昭和18年勅令第36号）による中等学校を卒業した者については国土交通大臣が別に定めるものとする。

附則（抄）

1　（略）

2　建築士法第15条第一号の国土交通大臣の指定する建築に関する科目を定める件（平成20年国土交通省告示第743号）及び建築士法第15条第二号の国土交通大臣の指定する建築に関する科目を定める件（平成20年国土交通省告示第744号）は、廃止する。

建築士事務所の開設者がその業務に関して請求することのできる報酬の基準

制定：平成 31 年 1 月 21 日 国土交通省告示第 98 号
改正：令和 2 年 12 月 23 日 国土交通省告示第 1565 号

建築士法（昭和 25 年法律第 202 号）第 25 条の規定に基づき、建築士事務所の開設者がその業務に関して請求することのできる報酬の基準を次のように定める。

第 1 業務報酬の算定方法

建築士事務所の開設者が建築物の設計、工事監理、建築工事契約に関する事務又は建築工事の指導監督の業務（以下「設計等の業務」という。）に関して請求することのできる報酬は、複数の建築物について同一の設計図書を用いる場合その他の特別の場合を除き、第 2 の業務経費、第 3 の技術料等経費及び消費税に相当する額を合算する方法により算定することを標準とする。

第 2 業務経費

業務経費は、次のイからニまでに定めるところによりそれぞれ算定される直接人件費、特別経費、直接経費及び間接経費の合計額とする。この場合において、これらの経費には、課税仕入れの対価に含まれる消費税に相当する額は含まないものとする。

イ 直接人件費
直接人件費は、設計等の業務に直接従事する者のそれぞれについての当該業務に関して必要となる給与、諸手当、賞与、退職給与、法定保険料等の人件費の 1 日当たりの額に当該業務に従事する延べ日数を乗じて得た額の合計とする。

ロ 特別経費
特別経費は、出張旅費、特許使用料その他の建築主の特別の依頼に基づいて必要となる費用の合計額とする。

ハ 直接経費
直接経費は、印刷製本費、複写費、交通費等設計等の業務に関して直接必要となる費用（ロに定める経費を除く。）の合計額とする。

ニ 間接経費
間接経費は、設計等の業務を行う建築士事務所を管理運営していくために必要な人件費、研究調査費、研修費、減価償却費、通信費、消耗品費等の費用（イからハまでに定める経費を除く。）のうち、当該業務に関して必要となる費用の合計額とする。

第 3 技術料等経費

技術料等経費は、設計等の業務において発揮される技術力、創造力等の対価として支払われる費用とする。

第 4 直接人件費等に関する略算方法による算定

業務経費のうち直接人件費並びに直接経費及び間接経費の合計額の算定については、第 2 のイ、ハ又はニの規定にかかわらず、次のイ又はロに定める算定方法を標準とした略算方法によることができるものとする。ただし、建築物の床面積の合計が、別添二に掲げる建築物の類型ごとに別添三に掲げる床面積の合計の欄に掲げる値のうちの最も小さい値を下回る建築物又は最も大きい値を上回る建築物にあっては、その略算方法によることができないものとする。

イ 直接人件費
設計等の業務でその内容が別添一に掲げる標準業務内容であるものに係る直接人件費の算定については、別添二に掲げる建築物の類型に応じて、通常当該業務に従事する者 1 人について 1 時間当たりに要する人件費に別添三に掲げる標準業務人・時間数を乗じて算定する方法

ロ 直接経費及び間接経費の合計額
直接経費及び間接経費の合計額の算定については、直接人件費の額に 1.1 を標準とする倍数を乗じて算定する方法

2　異なる２以上の用途に供する建築物で、別添二に掲げる建築物の類型のうち複数に該当するものに係る直接人件費については、前項イに定める算定方法に準ずる方法により、各用途ごとの当該用途に供する部分の床面積の合計その他の事情を考慮して算定することができるものとする。

3　第１項イに定める算定方法において、標準業務内容のうち一部の業務のみ行う場合は、別添三に掲げる標準業務人・時間数から行われない業務に対応した業務人・時間数を削減することにより算定するものとする。

4　第１項イに定める算定方法において、別添四に掲げる業務内容など標準業務内容に含まれない追加的な業務を行う場合は、別添三に掲げる標準業務人・時間数に当該業務に対応した業務人・時間数を付加することにより算定するものとする。

5　第１項ロに定める算定方法において、直接経費及び間接経費が通常の場合に比べ著しく異なる場合は、乗ずる倍数を調整することにより算定するものとする。

附則（抄）

1　（略）

2　建築士事務所の開設者がその業務に関して請求することのできる報酬の基準（平成21年国土交通省告示第15号）は、廃止する。

別添１

標準業務は、設計又は工事監理に必要な情報が提示されている場合に、一般的な設計受託契約又は工事監理受託契約に基づいて、その債務を履行するために行う業務とし、その内容を以下に掲げる。

1　設計に関する標準業務

一　基本設計に関する標準業務

建築主から提示された要求その他の諸条件を設計条件として整理した上で、建築物の配置計画、平面と空間の構成、各部の寸法や面積、建築物として備えるべき機能、性能、主な使用材料や設備機器の種別と品質、建築物の内外の意匠等を検討し、それらを総合して、別添二第一号から第十二号までに掲げる建築物並びに第十三号及び第十四号に掲げる建築物（木造のものを除く。）にあってはロ(1)に、別添二第十三号及び第十四号に掲げる建築物（木造のものに限る。）並びに第十五号に掲げる建築物にあってはロ(2)に掲げる成果図書を作成するために必要なイに掲げる業務をいう。

イ　業務内容

項目		業務内容
(1)設計条件等の整理	(i)条件整理	耐震性能や設備機能の水準など建築主から提示されるさまざまな要求その他の諸条件を設計条件として整理する。
	(ii)設計条件の変更等の場合の協議	建築主から提示される要求の内容が不明確若しくは不適切な場合若しくは内容に相互矛盾がある場合又は整理した設計条件に変更がある場合においては、建築主に説明を求め又は建築主と協議する。
(2)法令上の諸条件の調査及び関係機関との打合せ	(i)法令上の諸条件の調査	基本設計に必要な範囲で、建築物の建築に関する法令及び条例上の制約条件を調査する。
	(ii)建築確認申請に係る関係機関との打合せ	基本設計に必要な範囲で、建築確認申請を行うために必要な事項について関係機関と事前に打合せを行う。
(3)上下水道、ガス、電力、通信等の供給状況の調査及び関係機関との打合せ		基本設計に必要な範囲で、敷地に対する上下水道、ガス、電力、通信等の供給状況等を調査し、必要に応じて関係機関との打合せを行う。
(4)基本設計方針の策定	(i)総合検討	設計条件に基づき、様々な基本設計方針案の検証を通じて、基本設計をまとめていく考え方を総合的に検討し、その上で業務体制、業務工程等を立案する。

	(ii)基本設計方針の策定及び建築主への説明	総合検討の結果を踏まえ、基本設計方針を策定し、建築主に対して説明する。
(5)基本設計図書の作成		基本設計方針に基づき、建築主と協議の上、基本設計図書を作成する。
(6)概算工事費の検討		基本設計図書の作成が完了した時点において、当該基本設計図書に基づく建築工事に通常要する費用を概算し、工事費概算書（工事費内訳明細書、数量調書等を除く。以下同じ。）を作成する。
(7)基本設計内容の建築主への説明等		基本設計を行っている間、建築主に対して、作業内容や進捗状況を報告し、必要な事項について建築主の意向を確認する。また、基本設計図書の作成が完了した時点において、基本設計図書を建築主に提出し、建築主に対して設計意図（当該設計に係る設計者の考えをいう。以下同じ。）及び基本設計内容の総合的な説明を行う。

ロ　成果図書

(1)　戸建木造住宅以外の建築物に係る成果図書

設計の種類		成果図書
(1)総合		①計画説明書 ②仕様概要書 ③仕上概要表 ④面積表及び求積図 ⑤敷地案内図 ⑥配置図 ⑦平面図（各階） ⑧断面図 ⑨立面図 ⑩工事費概算書
(2)構造		①構造計画説明書 ②構造設計概要書 ③工事費概算書
(3)設備	(i)電気設備	①電気設備計画説明書 ②電気設備設計概要書 ③工事費概算書 ④各種技術資料
	(ii)給排水衛生設備	①給排水衛生設備計画説明書 ②給排水衛生設備設計概要書 ③工事費概算書 ④各種技術資料
	(iii)空調換気設備	①空調換気設備計画説明書 ②空調換気設備設計概要書 ③工事費概算書 ④各種技術資料
	(iv)昇降機等	①昇降機等計画説明書 ②昇降機等設計概要書 ③工事費概算書 ④各種技術資料

(注)1　建築物の計画に応じ、作成されない図書がある場合がある。
2　(1)から(3)までに掲げる成果図書に記載すべき事項をこれらの成果図書のうち他の成果図書に記載する場合がある。

3「総合」とは、建築物の意匠に関する設計並びに意匠、構造及び設備に関する設計をとりまとめる設計を、「構造」とは、建築物の構造に関する設計を、「設備」とは建築物の設備に関する設計をいう。
4 (2)及び(3)に掲げる成果図書は、(1)に掲げる成果図書に含まれる場合がある。
5「昇降機等」には、機械式駐車場を含む。
6「計画説明書」には、設計主旨及び計画概要に関する記載を含む。
7「設計概要書」には、仕様概要及び計画図に関する記載を含む。

(2) 戸建木造住宅に係る成果図書

設計の種類	成果図書
(1)総合	①仕様概要書 ②仕上概要表 ③配置図 ④平面図（各階） ⑤断面図 ⑥立面図 ⑦工事費概算書
(2)構造	①仕様概要書 ②工事費概算書
(3)設備	①仕様概要書 ②設備位置図（電気、給排水衛生及び空調換気） ③工事費概算書

(注)1 建築物の計画に応じ、作成されない図書がある場合がある。
2 (1)から(3)までに掲げる成果図書に記載すべき事項をこれらの成果図書のうち他の成果図書に記載する場合がある。
3「総合」とは、建築物の意匠に関する設計並びに意匠、構造及び設備に関する設計をとりまとめる設計を、「構造」とは、建築物の構造に関する設計を、「設備」とは建築物の設備に関する設計をいう。
4 (2)及び(3)に掲げる成果図書は、(1)に掲げる成果図書の中に含まれる場合がある。

二 実施設計に関する標準業務

工事施工者が設計図書の内容を正確に読み取り、設計意図に合致した建築物の工事を的確に行うことができるように、また、工事費の適正な見積りができるように、基本設計に基づいて、設計意図をより詳細に具体化し、その結果として、別添二第一号から第十二号までに掲げる建築物並びに第十三号及び第十四号に掲げる建築物（木造のものを除く。）にあってはロ(1)に、別添二第十三号及び第十四号に掲げる建築物（木造のものに限る。）並びに第十五号に掲げる建築物にあってはロ(2)に掲げる成果図書を作成するために必要なイに掲げる業務をいう。

イ 業務内容

項目		業務内容
(1)要求等の確認	(i)建築主の要求等の確認	実施設計に先立ち又は実施設計期間中、建築主の要求等を再確認し、必要に応じ、設計条件の修正を行う。
	(ii)設計条件の変更等の場合の協議	基本設計の段階以降の状況の変化によって、建築主の要求等に変化がある場合、施設の機能、規模、予算等基本的条件に変更が生じる場合又はすでに設定した設計条件を変更する必要がある場合においては、建築主と協議する。
(2)法令上の諸条件の調査及び関係機関との打合せ	(i)法令上の諸条件の調査	建築物の建築に関する法令及び条例上の制約条件について、基本設計の内容に即した詳細な調査を行う。

	(ii)建築確認申請に係る関係機関との打合せ	実施設計に必要な範囲で、建築確認申請を行うために必要な事項について関係機関と事前に打合せを行う。
(3)実施設計方針の策定	(i)総合検討	基本設計に基づき、意匠、構造及び設備の各要素について検討し、必要に応じて業務体制、業務工程等を変更する。
	(ii)実施設計のための基本事項の確定	基本設計の段階以降に検討された事項のうち、建築主と協議して合意に達しておく必要のあるもの及び検討作業の結果、基本設計の内容に修正を加える必要があるものを整理し、実施設計のための基本事項を確定する。
	(iii)実施設計方針の策定及び建築主への説明	総合検討の結果及び確定された基本事項を踏まえ、実施設計方針を策定し、建築主に説明する。
(4)実施設計図書の作成	(i)実施設計図書の作成	実施設計方針に基づき、建築主と協議の上、技術的な検討、予算との整合の検討等を行い、実施設計図書を作成する。なお､実施設計図書においては､工事施工者が施工すべき建築物及びその細部の形状、寸法、仕様並びに工事材料、設備機器等の種別及び品質並びに特に指定する必要のある施工に関する情報（工法、工事監理の方法、施工管理の方法等）を具体的に表現する。
	(ii)建築確認申請図書の作成	関係機関との事前の打合せ等を踏まえ、実施設計に基づき、必要な建築確認申請図書を作成する。
(5)概算工事費の検討		実施設計図書の作成が完了した時点において、当該実施設計図書に基づく建築工事に通常要する費用を概算し、工事費概算書を作成する。
(6)実施設計内容の建築主への説明等		実施設計を行っている間、建築主に対して、作業内容や進捗状況を報告し、必要な事項について建築主の意向を確認する。また、実施設計図書の作成が完了した時点において、実施設計図書を建築主に提出し、建築主に対して設計意図及び実施設計内容の総合的な説明を行う。

ロ　成果図書

(1)　戸建木造住宅以外の建築物に係る成果図書

設計の種類	成果図書
(1)総合	①建築物概要書 ②仕様書 ③仕上表 ④面積表及び求積図 ⑤敷地案内図 ⑥配置図 ⑦平面図（各階） ⑧断面図 ⑨立面図（各面） ⑩矩計図 ⑪展開図 ⑫天井伏図（各階） ⑬平面詳細図 ⑭部分詳細図 ⑮建具表 ⑯工事費概算書

		⑰各種計算書 ⑱その他確認申請に必要な図書
⑵構造		①仕様書 ②構造基準図 ③伏図（各階） ④軸組図 ⑤部材断面表 ⑥部分詳細図 ⑦構造計算書 ⑧工事費概算書 ⑨その他確認申請に必要な図書
⑶設備	(i)電気設備	①仕様書 ②敷地案内図 ③配置図 ④受変電設備図 ⑤非常電源設備図 ⑥幹線系統図 ⑦電灯、コンセント設備平面図（各階） ⑧動力設備平面図（各階） ⑨通信・情報設備系統図 ⑩通信・情報設備平面図（各階） ⑪火災報知等設備系統図 ⑫火災報知等設備平面図（各階） ⑬その他設置設備設計図 ⑭屋外設備図 ⑮工事費概算書 ⑯各種計算書 ⑰その他確認申請に必要な図書
	(ii)給排水衛生設備	①仕様書 ②敷地案内図 ③配置図 ④給排水衛生設備配管系統図 ⑤給排水衛生設備配管平面図（各階） ⑥消火設備系統図 ⑦消火設備平面図（各階） ⑧排水処理設備図 ⑨その他設置設備設計図 ⑩部分詳細図 ⑪屋外設備図 ⑫工事費概算書 ⑬各種計算書 ⑭その他確認申請に必要な図書
	(iii)空調換気設備	①仕様書 ②敷地案内図 ③配置図 ④空調設備系統図 ⑤空調設備平面図（各階） ⑥換気設備系統図 ⑦換気設備平面図（各階） ⑧その他設置設備設計図 ⑨部分詳細図 ⑩屋外設備図 ⑪工事費概算書 ⑫各種計算書

		⑬その他確認申請に必要な図書
	(iv)昇降機等	①仕様書 ②敷地案内図 ③配置図 ④昇降機等平面図 ⑤昇降機等断面図 ⑥部分詳細図 ⑦工事費概算書 ⑧各種計算書 ⑨その他確認申請に必要な図書

(注)1 建築物の計画に応じ、作成されない図書がある場合がある。
2 (1)から(3)までに掲げる成果図書に記載すべき事項をこれらの成果図書のうち他の成果図書に記載する場合がある。
3「総合」とは、建築物の意匠に関する設計並びに意匠、構造及び設備に関する設計をとりまとめる設計を、「構造」とは、建築物の構造に関する設計を、「設備」とは建築物の設備に関する設計をいう。
4「昇降機等」には、機械式駐車場を含む。

(2) 戸建木造住宅に係る成果図書

設計の種類	成果図書
(1)総合	①建築物概要書 ②仕様書 ③仕上表 ④面積表 ⑤敷地案内図 ⑥配置図 ⑦平面図（各階） ⑧断面図 ⑨立面図（各面） ⑩矩計図 ⑪展開図 ⑫天井伏図 ⑬建具表 ⑭工事費概算書 ⑮その他確認申請に必要な図書
(2)構造	①仕様書 ②基礎伏図 ③床伏図 ④はり伏図 ⑤小屋伏図 ⑥軸組図 ⑦構造計算書 ⑧工事費概算書 ⑨その他確認申請に必要な図書
(3)設備	①仕様書 ②設備位置図（電気、給排水衛生及び空調換気） ③工事費概算書 ④その他確認申請に必要な図書

(注)1 建築物の計画に応じ、作成されない図書がある場合がある。
2 (1)から(3)までに掲げる成果図書に記載すべき事項をこれらの成果図書のうち他の成果図書に記載する場合がある。
3「総合」とは、建築物の意匠に関する設計並びに意匠、構造及び設備に関する設計をとりまとめる設計を、「構造」とは、建築物の構造に関する設計を、「設備」とは建築物の設備に関する設計をいう。

4 別添二第十五号に該当する建築物については、確認申請に必要な図書のみとする。

三　工事施工段階で設計者が行うことに合理性がある実施設計に関する標準業務

工事施工段階において、設計者が、設計意図を正確に伝えるため、前号ロに掲げる成果図書に基づき、質疑応答、説明、工事材料、設備機器等の選定に関する検討、助言等を行う次に掲げる業務をいう。

項目	業務内容
(1)設計意図を正確に伝えるための質疑応答、説明等	工事施工段階において、設計意図を正確に伝えるための質疑応答、説明等を建築主を通じて工事監理者及び工事施工者に対して行う。また、設計図書等の定めにより、設計意図が正確に反映されていることを確認する必要がある部材、部位等に係る施工図等の確認を行う。
(2)工事材料、設備機器等の選定に関する設計意図の観点からの検討、助言等	設計図書等の定めにより、工事施工段階において行うことに合理性がある工事材料、設備機器等及びそれらの色、柄、形状等の選定に関して、設計意図の観点からの検討を行い、必要な助言等を建築主に対して行う。

2　工事監理に関する標準業務及びその他の標準業務

一　工事監理に関する標準業務

前項第二号ロに定める成果図書に基づき、工事を設計図書と照合し、それが設計図書のとおりに実施されているかいないかを確認するために行う次に掲げる業務をいう。

項目		業務内容
(1)工事監理方針の説明等	(i)工事監理方針の説明	工事監理の着手に先立って、工事監理体制その他工事監理方針について建築主に説明する。
	(ii)工事監理方法変更の場合の協議	工事監理の方法に変更の必要が生じた場合、建築主と協議する。
(2)設計図書の内容の把握等	(i)設計図書の内容の把握	設計図書の内容を把握し、設計図書に明らかな矛盾、誤謬、脱漏、不適切な納まり等を発見した場合には、建築主に報告し、必要に応じて建築主を通じて設計者に確認する。
	(ii)質疑書の検討	工事施工者から工事に関する質疑書が提出された場合、設計図書に定められた品質（形状、寸法、仕上がり、機能、性能等を含む。）確保の観点から技術的に検討し、必要に応じて建築主を通じて設計者に確認の上、回答を工事施工者に通知する。
(3)設計図書に照らした施工図等の検討及び報告	(i)施工図等の検討及び報告	設計図書の定めにより、工事施工者が作成し、提出する施工図（躯体図、工作図、製作図等をいう。）、製作見本、見本施工等が設計図書の内容に適合しているかについて検討し、建築主に報告する。
	(ii)工事材料、設備機器等の検討及び報告	設計図書の定めにより、工事施工者が提案又は提出する工事材料、設備機器等（当該工事材料、設備機器等に係る製造者及び専門工事業者を含む。）及びそれらの見本が設計図書の内容に適合しているかについて検討し、建築主に報告する。
(4)工事と設計図書との照合及び確認		工事施工者の行う工事が設計図書の内容に適合しているかについて、設計図書に定めのある方法による確認のほか、目視による確認、抽出による確認、工事施工者から提出される品質管理記録の確認等、確認対象工事に応じた合理的方法により確

	認を行う。
(5)工事と設計図書との照合及び確認の結果報告等	工事と設計図書との照合及び確認の結果、工事が設計図書のとおりに実施されていないと認めるときは、直ちに、工事施工者に対して、その旨を指摘し、当該工事を設計図書のとおりに実施するよう求め、工事施工者がこれに従わないときは、その旨を建築主に報告する。なお、工事施工者が設計図書のとおりに施工しない理由について建築主に報告した場合においては、建築主及び工事施工者と協議する。
(6)工事監理報告書等の提出	工事と設計図書との照合及び確認を全て終えた後、工事監理報告書等を建築主に提出する。

二　その他の標準業務

前号に定める業務と一体となって行われる次に掲げる業務をいう。

項目		業務内容
(1)請負代金内訳書の検討及び報告		工事施工者から提出される請負代金内訳書の適否を合理的な方法により検討し、建築主に報告する。
(2)工程表の検討及び報告		工事請負契約の定めにより工事施工者が作成し、提出する工程表について、工事請負契約に定められた工期及び設計図書に定められた品質が確保できないおそれがあるかについて検討し、確保できないおそれがあると判断するときは、その旨を建築主に報告する。
(3)設計図書に定めのある施工計画の検討及び報告		設計図書の定めにより、工事施工者が作成し、提出する施工計画（工事施工体制に関する記載を含む。）について、工事請負契約に定められた工期及び設計図書に定められた品質が確保できないおそれがあるかについて検討し、確保できないおそれがあると判断するときは、その旨を建築主に報告する。
(4)工事と工事請負契約との照合、確認、報告等	(i)工事と工事請負契約との照合、確認、報告	工事施工者の行う工事が工事請負契約の内容（設計図書に関する内容を除く。）に適合しているかについて、目視による確認、抽出による確認、工事施工者から提出される品質管理記録の確認等、確認対象工事に応じた合理的な方法により確認を行う。なお、確認の結果、適合していない箇所がある場合、工事施工者に対して是正の指示を与え、工事施工者がこれに従わないときは、その旨を建築主に報告する。
	(ii)工事請負契約に定められた指示、検査等	工事請負契約に定められた指示、検査、試験、立会い、確認、審査、承認、助言、協議等（設計図書に定めるものを除く。）を行い、また工事施工者がこれを求めたときは、速やかにこれに応じる。
	(iii)工事が設計図書の内容に適合しない疑いがある場合の破壊検査	工事施工者の行う工事が設計図書の内容に適合しない疑いがあり、かつ、破壊検査が必要と認められる相当の理由がある場合にあっては、工事請負契約の定めにより、その理由を工事施工者に通知の上、必要な範囲で破壊して検査する。
(5)工事請負契約の目的物の引渡しの立会い		工事施工者から建築主への工事請負契約の目的物の引渡しに立会う。
(6)関係機関の検査の立会い等		建築基準法等の法令に基づく関係機関の検査に必

		要な書類を工事施工者の協力を得てとりまとめるとともに、当該検査に立会い、その指摘事項等について、工事施工者等が作成し、提出する検査記録等に基づき建築主に報告する。
(7)工事費支払いの審査	(i)工事期間中の工事費支払い請求の審査	工事施工者から提出される工事期間中の工事費支払いの請求について、工事請負契約に適合しているかどうかを技術的に審査し、建築主に報告する。
	(ii)最終支払い請求の審査	工事施工者から提出される最終支払いの請求について、工事請負契約に適合しているかどうかを技術的に審査し、建築主に報告する。

別添 2

建築物の類型	建築物の用途等	
	第１類（標準的なもの）	第２類（複雑な設計等を必要とするもの）
一　物流施設	車庫、倉庫、立体駐車場等	立体倉庫、物流ターミナル等
二　生産施設	組立工場等	化学工場、薬品工場、食品工場、特殊設備を付帯する工場等
三　運動施設	体育館、武道館、スポーツジム等	屋内プール、スタジアム等
四　業務施設	事務所等	銀行、本社ビル、庁舎等
五　商業施設	店舗、料理店、スーパーマーケット等	百貨店、ショッピングセンター、ショールーム等
六　共同住宅	公営住宅、社宅、共同住宅、寄宿舎等	—
七　教育施設	幼稚園、小学校、中学校、高等学校等	—
八　専門的教育・研究施設	大学、専門学校等	大学（実験施設等を有するもの）、専門学校（実験施設等を有するもの）、研究所等
九　宿泊施設	ホテル、旅館等	ホテル（宴会場等を有するもの）、保養所等
十　医療施設	病院、診療所等	総合病院等
十一　福祉・厚生施設	保育園、老人ホーム、老人保健施設、リハビリセンター、多機能福祉施設等	—
十二　文化・交流・公益施設	公民館、集会場、コミュニティセンター等	映画館、劇場、美術館、博物館、図書館、研修所、警察署、消防署等
十三　戸建住宅（詳細設計及び構造計算を必要とするもの）	戸建住宅	—
十四　戸建住宅（詳細設計を必要とするもの）	戸建住宅	—
十五　その他の戸建住宅	戸建住宅	—

(注)1　社寺、教会堂、茶室等の特殊な建築物及び複数の類型の混在する建築物は、本表には含まれない。
　2　第１類は、標準的な設計等の建築物が通常想定される用途を、第２類は、複雑な設計等が必要とされる建築物が通常想定される用途を記載しているものであり、略算方法による算定にあたっては、設計等の内容に応じて適切な区分を適用すること。

別添 3

1　別添一第１項に掲げる業務内容に係る標準業務人・時間数は、別添二に掲げる建築物の類型ごとに、別表第１の１から別表第 15 までの表の㈠設計の欄に掲げるものとする。
2　別添一第２項に掲げる業務内容に係る標準業務人・時間数は、別添二に掲げる建築物の類型ごとに、別表第１の１から別表第 15 までの表の㈡工事監理等の欄に掲げるものとする。
3　別表第１の１から別表第 14 までの表において、総合の欄に掲げる標準業務人・時間数は、㈠設計の欄においては別添一第１項第一号ロ及び第二号ロの各表の⑴総合の欄に掲げる成果図書に係る標準業務人・時間数と、㈡工事監理等の欄においては別添一第１項第二号ロの各表の⑴総合の欄に掲げる成果図書に係る標準業務人・時間数とする。ただし、建築物が次の表の(い)建築物の欄に掲げる建築物のいずれかに該当する場合においては、㈠設計については同表(ろ)設計の欄に掲げる倍数を、該当する業務人・時間数に乗じたものを標準業務人・時間数とする。

(い)建築物	(ろ)設計
特殊な敷地上の建築物	1.05
木造の建築物（小規模なものを除く。）	1.35

4　別表第１の１から別表第 14 までの表において、構造の欄に掲げる標準業務人・時間数は、㈠設計の欄においては別添一第１項第一号ロ及び第二号ロの各表の⑵構造の欄に掲げる成果図書に係る標準業務人・時間数と、㈡工事監理等の欄においては別添一第１項第二号ロの各表の⑵構造の欄に掲げる成果図書に係る標準業務人・時間数とする。ただし、建築物が次の表の(い)建築物の欄に掲げる建築物のいずれかに該当する場合においては、㈠設計にあっては同表(ろ)設計の欄に掲げる倍数を、㈡工事監理等にあっては同表(は)工事監理等の欄に掲げる倍数をそれぞれ、該当する業務人・時間数に乗じたものを標準業務人・時間数とする。

(い)建築物	(ろ)設計	(は)工事監理等
特殊な形状の建築物	1.15	1.25
特殊な敷地上の建築物	1.15	1.20
特殊な解析、性能検証等を要する建築物	1.15	1.10
特殊な構造の建築物（国土交通大臣の認定を要するものを除く。）	1.50	－
免震建築物（国土交通大臣の認定を要するものを除く。）	1.30	1.05
木造の建築物（小規模なものを除く。）	1.65	1.40

5　別表第１の１から別表第 14 までの表において、設備の欄に掲げる標準業務人・時間数は、㈠設計の欄においては別添一第１項第一号ロ及び第二号ロの各表の⑶設備の欄に掲げる成果図書に係る標準業務人・時間数と、㈡工事監理等の欄においては別添一第１項第二号ロの各表の⑶設備の欄に掲げる成果図書に係る標準業務人・時間数とする。ただし、建築物が次の表の(い)建築物の欄に掲げる建築物のいずれかに該当する場合においては、㈠設計にあっては同表(ろ)設計の欄に掲げる倍数を、㈡工事監理等にあっては同表(は)工事監理等の欄に掲げる倍数をそれぞれ、該当する業務人・時間数に乗じたものを標準業務人・時間数とする。

(い)建築物	(ろ)設計	(は)工事監理等
特殊な形状の建築物	－	1.35
特殊な敷地上の建築物	1.55	1.50
特別な性能を有する設備が設けられる建築物	1.25	1.45

6　別表第１の１から別表第 15 までの表において、標準業務人・時間数は、一級建築士として２年又は二級建築士として７年の建築に関する業務経験を有する者が設計又は工事監理等を行うために必要な業務人・時間数の標準を示したものである。
7　別表第１の１から別表第 15 までの表において、床面積の算定は、建築物の各階又はその一部で壁その他の区画の中心線で囲まれた部分の水平投影面積によるものとする。

別表第１の１　物流施設（別添二第一号（第１類）関係）　（単位　人・時間）

床面積の合計		130㎡	150㎡	200㎡	300㎡	500㎡	750㎡	1,000㎡	1,500㎡	2,000㎡	3,000㎡	3,200㎡	5,000㎡	7,500㎡	10,000㎡	15,000㎡	20,000㎡	30,000㎡	50,000㎡	67,000㎡
(一)設計	総合	170	180	210	260	340	410	480	590	690	850	870	1,100	1,300	1,500	1,900	2,200	2,700	3,500	4,100
	構造	50	55	66	86	120	150	180	240	290	380	400	530	700	840	1,100	1,300	1,700	2,400	2,900
	設備	32	35	43	56	78	100	120	160	190	250	260	350	460	550	720	880	1,100	1,600	1,900
(二)工事監理等	総合	45	49	59	76	100	130	160	210	250	320	330	440	570	690	890	1,000	1,300	1,900	2,200
	構造	5	5	7	9	14	20	26	37	48	68	71	100	140	190	270	340	490	760	980
	設備	13	14	17	22	30	38	46	58	69	89	92	120	150	180	230	280	350	480	580

別表第１の２　物流施設（別添二第一号（第２類）関係）　（単位　人・時間）

床面積の合計		3,200㎡	5,000㎡	7,500㎡	10,000㎡	15,000㎡	20,000㎡	30,000㎡	50,000㎡	67,000㎡	75,000㎡	100,000㎡
(一) 設計	総合	1,700	2,400	3,300	4100	5,600	7,000	9,600	14,100	17,600	19,200	23,800
	構造	500	720	1,000	1,200	1,700	2,200	3,100	4,700	6,000	6,600	8,400
	設備	380	550	780	1,000	1,400	1,700	2,500	3,800	4,900	5,400	6,900
(二) 工事監理等	総合	720	1,000	1,300	1,600	2,200	2,700	3,700	5,400	6,800	7,400	9,100
	構造	81	120	190	260	400	540	830	1,400	1,900	2,100	2,900
	設備	130	200	290	370	540	690	990	1,500	2,000	2,200	2,800

別表第２の１　生産施設（別添二第二号（第１類）関係）　（単位　人・時間）

床面積の合計		100㎡	150㎡	200㎡	300㎡	430㎡	500㎡	750㎡	1,000㎡	1,500㎡	2,000㎡	3,000㎡	5,000㎡	7,500㎡	10,000㎡	15,000㎡	20,000㎡	30,000㎡	39,000㎡	50,000㎡	75,000㎡	100,000㎡
(一)設計	総合	79	110	130	190	260	290	410	520	720	920	1,200	1,900	2,700	3,400	4,800	6,000	8,500	10,500	12,900	18,000	22,800
	構造	47	63	78	100	130	150	200	250	340	430	580	850	1,100	1,400	1,900	2,300	3,200	3,900	4,600	6,300	7,800
	設備	28	40	52	74	100	110	160	210	310	400	570	900	1,200	1,600	2,300	3,000	4,400	5,500	6,900	9,900	12,800
(二)工事監理等	総合	49	66	81	110	140	160	210	260	360	450	600	890	1,200	1,400	2,000	2,400	3,300	4,000	4,900	6,600	8,200
	構造	7	10	12	17	22	24	33	41	56	70	96	140	190	230	320	400	550	670	810	1,100	1,300
	設備	10	14	18	25	34	38	52	66	91	110	150	230	320	410	570	720	990	1,200	1,400	2,000	2,600

別表第２の２　生産施設（別添二第二号（第２類）関係）　（単位　人・時間）

床面積の合計		430㎡	500㎡	750㎡	1,000㎡	1,500㎡	2,000㎡	3,000㎡	5,000㎡	7,500㎡	10,000㎡	15,000㎡	20,000㎡	30,000㎡	39,000㎡
(一)設計	総合	680	750	1,000	1,200	1,600	2,000	2,600	3,800	5,000	6,200	8,200	10,100	13,400	16,100
	構造	210	240	320	400	530	660	890	1,200	1,700	2,100	2,800	3,500	4,700	5,700
	設備	220	250	350	450	630	800	1,100	1,700	2,400	3,000	4,300	5,400	7,600	9,500
(二)工事監理等	総合	140	160	210	260	360	450	600	890	1,200	1,400	2,000	2,400	3,300	4,000
	構造	63	69	88	100	130	150	200	270	350	420	530	640	810	950
	設備	96	100	130	160	220	260	340	490	640	770	1,000	1,200	1,600	1,900

別表第３の１　運動施設（別添二第三号（第１類）関係）　（単位　人・時間）

床面積の合計		340㎡	500㎡	750㎡	1,000㎡	1,500㎡	2,000㎡	3,000㎡	3,500㎡	5,000㎡	7,500㎡	10,000㎡
(一) 設計	総合	450	640	940	1,200	1,700	2,300	3,400	3,900	5,400	7,900	10,400
	構造	220	290	400	490	670	830	1,100	1,200	1,600	2,200	2,700
	設備	230	310	430	540	750	940	1,300	1,400	1,900	2,700	3,400
(二) 工事監理等	総合	190	270	400	520	750	980	1,400	1,600	2,200	3,200	4,200
	構造	59	76	100	120	160	190	250	280	350	470	560
	設備	99	130	190	240	340	440	630	710	970	1,300	1,700

別表第３の２　運動施設（別添二第三号（第２類）関係）　（単位　人・時間）

床面積の合計		3,500㎡	5,000㎡	7,500㎡	10,000㎡	15,000㎡	20,000㎡	30,000㎡	49,000㎡
(一) 設計	総合	6,800	8,800	11,800	14,600	19,600	24,100	32,400	46,300
	構造	1,300	1,800	2,500	3,300	4,800	6,200	9,000	14,000
	設備	2,400	3,000	4,000	4,900	6,600	8,000	10,600	14,900
(二) 工事監理等	総合	1,600	2,200	3,200	4,200	6,100	8,000	11,500	18,100
	構造	280	350	470	560	740	900	1,100	1,600
	設備	710	970	1,300	1,700	2,400	3,100	4,400	6,700

別表第４の１　業務施設（別添二第四号（第１類）関係）　（単位　人・時間）

床面積の合計		100㎡	150㎡	200㎡	300㎡	390㎡	500㎡	750㎡	1,000㎡	1,500㎡	2,000㎡	3,000㎡	5,000㎡	7,500㎡	10,000㎡	15,000㎡	20,000㎡	30,000㎡	48,000㎡
(一)設計	総合	110	160	220	320	410	520	780	1,000	1,500	1,900	2,900	4,700	7,000	9,200	13,600	17,900	26,500	41,500
	構造	51	71	90	120	150	190	270	340	480	610	850	1,300	1,800	2,300	3,200	4,100	5,700	8,500
	設備	54	78	100	140	180	230	340	440	640	840	1,200	1,900	2,800	3,600	5,300	6,900	10,000	15,500
(二)工事監理等	総合	45	64	82	110	140	180	260	330	470	600	860	13,00	1,900	2,400	3,400	4,400	6,300	9,500
	構造	12	17	21	30	37	44	61	77	100	130	180	270	380	470	650	820	1,100	1,600
	設備	14	21	27	39	50	63	91	110	170	220	320	520	750	980	1,400	1,800	2,700	4,100

別表第４の２　業務施設（別添二第四号（第２類）関係）　（単位　人・時間）

床面積の合計		390㎡	500㎡	750㎡	1,000㎡	1,500㎡	2,000㎡	3,000㎡	5,000㎡	7,500㎡	10,000㎡	15,000㎡	20,000㎡	30,000㎡	48,000㎡	50,000㎡	75,000㎡	100,000㎡
(一)設計	総合	1,000	1,300	1,700	2,200	3,000	3,700	5,100	7,600	10,400	13,000	17,800	22,200	30,300	43,600	45,000	61,400	76,700
	構造	280	330	450	550	740	910	1,200	1,700	2,300	2,800	3,800	4,700	6,300	8,800	9,000	12,100	14,900
	設備	180	230	340	440	640	840	1,200	1,900	2,800	3,600	5,300	6,900	10,000	15,500	16,100	23,300	30,400
(二)工事監理等	総合	340	400	550	680	910	1,100	1,500	2,200	3,000	3,700	5,000	6,100	8,300	11,800	12,100	16,300	20,200
	構造	77	91	120	140	190	230	300	420	560	680	890	1,000	1,400	1,900	2,000	2,600	3,200
	設備	50	63	91	110	170	220	320	520	750	980	1,400	1,800	2,700	4,100	4,300	6,300	8,200

別表第５の１　商業施設（別添二第五号（第１類）関係）　（単位　人・時間）

床面積の合計		100㎡	150㎡	200㎡	300㎡	500㎡	750㎡	1,000㎡	1,500㎡	2,000㎡	3,000㎡	5,000㎡	7,500㎡	10,000㎡	15,000㎡	20,000㎡	23,000㎡
(一)設計	総合	150	210	250	340	490	660	810	1,000	1,300	1,700	2,500	3,400	4,200	5,600	6,900	7,600
	構造	35	49	61	85	120	170	220	300	380	530	800	1,100	1,400	1,900	2,400	2,700
	設備	32	46	61	88	140	200	260	390	510	740	1,100	1,700	2,200	3,300	4,300	4,900
(二)工事監理等	総合	37	54	70	100	160	230	300	430	570	820	1,300	1,900	2,400	3,500	4,600	5,200
	構造	9	12	15	20	30	42	52	72	90	120	180	250	320	440	550	620
	設備	7	11	14	20	32	47	62	89	110	160	270	390	510	740	970	1,100

別表第５の２　商業施設（別添二第五号（第２類）関係）　（単位　人・時間）

床面積の合計		1,500㎡	2,000㎡	3,000㎡	5,000㎡	7,500㎡	10,000㎡	15,000㎡	20,000㎡	23,000㎡	30,000㎡	50,000㎡	75,000㎡	80,000㎡
(一) 設計	総合	2,100	2,600	3,400	4,800	6,400	7,700	10,200	12,300	13,500	16,200	22,800	29,900	31,200
	構造	550	670	880	1,200	1,600	1,900	2,600	3,100	3,400	4,100	5,800	7,600	7,900
	設備	390	510	740	1,100	1,700	2,200	3,300	4,300	4,900	6,200	10,000	14,700	15,600
(二) 工事監理等	総合	430	570	820	1,300	1,900	2,400	3,500	4,600	5,200	6,700	10,700	15,500	16,500
	構造	72	90	120	180	250	320	440	550	620	760	1,100	1,500	1,600
	設備	190	230	300	420	540	650	850	1,000	1,100	1,300	1,800	2,300	2,400

別表第６　共同住宅（別添二第六号関係）　　（単位　人・時間）

床面積の合計		190㎡	200㎡	300㎡	500㎡	750㎡	1,000㎡	1,500㎡	2,000㎡	3,000㎡	5,000㎡	7,500㎡	10,000㎡	15,000㎡	20,000㎡	30,000㎡	50,000㎡	75,000㎡	93,000㎡
(一)設計	総合	210	220	310	500	730	950	1,300	1,700	2,500	4,100	5,900	7,700	11,200	14,600	21,500	33,600	48,700	59,200
	構造	61	65	95	150	230	300	450	590	870	1,400	2,100	2,700	4,100	5,400	8,000	13,100	19,400	23,900
	設備	60	63	95	150	230	310	460	610	920	1,500	2,200	3,000	4,500	6,000	9,000	14,900	22,300	27,600
(二)工事監理等	総合	56	59	86	130	200	260	380	510	740	1,200	1,700	2,300	3,300	4,400	6,400	10,400	15,200	18,600
	構造	16	16	24	40	60	79	110	150	230	380	560	750	1,100	1,400	2,100	3,600	5,300	6,600
	設備	16	17	25	41	61	81	120	160	230	390	580	770	1,100	1,500	2,200	3,700	5,600	6,900

別表第７　教育施設（別添二第七号関係）　　（単位　人・時間）

床面積の合計		100㎡	150㎡	200㎡	300㎡	500㎡	750㎡	1,000㎡	1,500㎡	2,000㎡	3,000㎡	5,000㎡	7,500㎡	10,000㎡	15,000㎡	20,000㎡	30,000㎡	35,000㎡
(一)設計	総合	210	300	390	570	900	1,300	1,600	2,400	3,100	4,500	7,100	10,200	13,200	19,100	24,700	35,500	40,800
	構造	59	84	100	150	230	330	430	610	790	1,100	1,700	2,400	3,200	4,500	5,800	8,300	9,400
	設備	77	110	140	200	320	460	590	850	1,000	1,500	2,400	3,500	4,500	6,500	8,400	12,100	13,900
(二)工事監理等	総合	66	95	120	170	280	400	520	750	970	1,300	2,200	3,100	4,100	5,900	7,600	11,000	12,600
	構造	13	19	25	36	57	83	100	150	200	290	470	690	900	1,300	1,700	2,400	2,800
	設備	23	33	43	61	97	140	180	260	340	490	770	1,100	1,400	2,100	2,700	3,900	4,500

別表第８の１　専門的教育・研究施設（別添二第八号（第１類）関係）　　（単位　人・時間）

床面積の合計		1,400㎡	1,500㎡	2,000㎡	3,000㎡	5,000㎡	7,500㎡	10,000㎡	15,000㎡	20,000㎡	30,000㎡	33,000㎡	50,000㎡	62,000㎡
(一) 設計	総合	2,400	2,600	3,200	4,500	6,700	9,200	11,500	15,800	19,800	27,200	29,300	40,500	47,900
	構造	680	710	850	1,100	1,500	1,900	2,300	3,000	3,600	4,700	5,000	6,500	7,400
	設備	810	850	1,000	1,400	2,100	2,900	3,600	4,900	6,200	8,400	9,000	12,400	14,600
(二) 工事監理等	総合	600	630	790	1,000	1,600	2,200	2,700	3,800	4,800	6,500	7,100	9,800	11,600
	構造	150	160	190	250	360	480	590	780	960	1,200	1,300	1,800	2,100
	設備	220	230	280	370	530	700	850	1,100	1,300	1,700	1,900	2,500	2,900

別表第８の２　専門的教育・研究施設（別添二第八号（第２類）関係）　　（単位　人・時間）

床面積の合計		910㎡	1,000㎡	1,400㎡	1,500㎡	2,000㎡	3,000㎡	5,000㎡	7,500㎡	10,000㎡	15,000㎡	20,000㎡	30,000㎡	33,000㎡
(一) 設計	総合	2,700	2,800	3,600	3,700	4,500	6,000	8,400	11,100	13,500	17,700	21,500	28,200	30,100
	構造	580	620	780	820	1,000	1,300	1,800	2,400	3,000	3,900	4,800	6,300	6,800
	設備	1,000	1,000	1,300	1,400	1,700	2,200	3,200	4,200	5,100	6,700	8,100	10,700	11,400
(二) 工事監理等	総合	650	690	870	910	1,100	1,400	2,000	2,700	3,300	4,400	5,300	7,000	7,500
	構造	110	120	150	160	200	270	400	540	670	910	1,100	1,500	1,600
	設備	240	260	330	340	420	550	780	1,000	1,200	1,600	1,900	2,600	2,700

別表第９の１　宿泊施設（別添二第九号（第１類）関係）　　（単位　人・時間）

床面積の合計		790㎡	1,000㎡	1,500㎡	2,000㎡	3,000㎡	4,400㎡	5,000㎡	7,500㎡	9,500㎡
(一) 設計	総合	1,100	1,300	1,900	2,500	3,600	5,200	5,800	8,300	10,300
	構造	270	330	460	590	830	1,100	1,200	1,700	2,100
	設備	390	490	730	970	1,400	2,000	2,300	3,500	4,400
(二) 工事監理等	総合	320	410	600	780	1,100	1,600	1,800	2,700	3,400
	構造	68	84	110	150	220	300	340	490	600
	設備	100	120	180	240	360	530	600	890	1,100

別表第 9 の 2　宿泊施設（別添二第九号（第 2 類）関係）

（単位　人・時間）

床面積の合計		4,400㎡	5,000㎡	7,500㎡	9,500㎡	10,000㎡	15,000㎡	20,000㎡	30,000㎡	46,000㎡
(一) 設計	総合	8,000	9,100	14,000	18,000	19,000	29,200	39,600	60,700	95,200
	構造	1,100	1,200	1,700	2,100	2,200	3,200	4,000	5,700	8,200
	設備	2,000	2,300	3,500	4,400	4,600	6,800	9,100	13,500	20,400
(二) 工事監理等	総合	2,100	2,500	4,000	5,200	5,600	8,900	12,400	19,800	32,400
	構造	410	450	600	710	740	980	1,200	1,500	2,100
	設備	530	600	890	1,100	1,100	1,700	2,300	3,400	5,100

別表第 10 の 1　医療施設（別添二第十号（第 1 類）関係）

（単位　人・時間）

床面積の合計		260㎡	300㎡	500㎡	750㎡	1,000㎡	1,500㎡	2,000㎡	3,000㎡	4,200㎡	5,000㎡	7,500㎡	10,000㎡	13,000㎡
(一) 設計	総合	620	690	1,000	1,400	1,700	2,400	3,000	4,100	5,300	6,100	8,300	10,400	12,700
	構造	140	150	220	300	370	500	610	820	1,000	1,100	1,500	1,900	2,300
	設備	180	200	310	440	560	780	990	1300	1,800	2,100	2,900	3,700	4,600
(二) 工事監理等	総合	140	160	250	350	440	630	800	1,100	1,500	1,700	2,400	3,100	3,900
	構造	20	22	35	51	66	96	120	170	240	280	410	530	670
	設備	36	41	65	94	120	170	230	330	450	530	760	990	1,200

別表第 10 の 2　医療施設（別添二第十号（第 2 類）関係）

（単位　人・時間）

床面積の合計		4,200㎡	5,000㎡	7,500㎡	10,000㎡	13,000㎡	15,000㎡	20,000㎡	30,000㎡	50,000㎡	75,000㎡	100,000㎡
(一) 設計	総合	5,900	6,800	9,200	11,500	14,000	15,600	19,400	26,400	38,900	52,900	65,800
	構造	1,500	1,600	2,100	2,500	2,900	3,100	3,700	4,700	6,300	8,000	9,500
	設備	1,800	2,100	2,900	3,700	4,600	5,200	6,600	9,300	14,200	19,900	25,200
(二) 工事監理等	総合	1,500	1,700	2,400	3,100	3,900	4,400	5,600	7,900	12,200	17,100	21,900
	構造	340	380	500	600	710	780	940	1,200	1,600	2,100	2,600
	設備	450	530	760	990	1,200	1,400	1,800	2,700	4,300	6,200	8,100

別表第 11　福祉・厚生施設（別添二第十一号関係）

（単位　人・時間）

床面積の合計		140㎡	150㎡	200㎡	300㎡	500㎡	750㎡	1,000㎡	1,500㎡	2,000㎡	3,000㎡	5,000㎡	7,500㎡	10,000㎡	15,000㎡	17,000㎡
(一) 設計	総合	190	200	270	390	640	950	1,200	1,800	2,400	3,600	5,900	8,700	11,400	16,900	19,100
	構造	49	52	69	100	160	250	330	490	660	980	1,600	2,400	3,200	4,700	5,300
	設備	55	59	80	120	200	310	420	640	860	1,300	2,200	3,400	4,500	6,900	7,900
(二) 工事監理等	総合	110	110	140	190	290	400	510	700	880	1,200	1,800	2,400	3,100	4,200	4,700
	構造	14	15	20	28	45	64	82	110	150	210	340	490	640	910	1,000
	設備	18	19	25	37	62	94	120	180	240	370	620	930	1,200	1,800	2,100

別表第 12 の 1　文化・交流・公益施設（別添二第十二号（第 1 類）関係）

（単位　人・時間）

床面積の合計		100㎡	150㎡	200㎡	300㎡	410㎡	500㎡	750㎡	1,000㎡	1,500㎡	2,000㎡	3,000㎡	5,000㎡	6,400㎡
(一) 設計	総合	320	460	590	830	1,000	1,300	1,800	2,300	3,300	4,300	6,100	9,500	11,700
	構造	110	150	190	260	340	390	540	680	930	1,100	1,600	2,300	2,900
	設備	90	130	170	240	330	390	570	750	1,000	1,400	2,000	3,300	4,100
(二) 工事監理等	総合	160	220	260	350	440	500	660	810	1,000	1,300	1,700	2,400	2,900
	構造	35	46	56	74	91	100	130	160	220	260	350	500	590
	設備	33	47	61	88	110	130	190	250	360	460	660	1,000	1,300

別表第12の2　文化・交流・公益施設（別添二第十二号（第2類）関係）　（単位　人・時間）

床面積の合計		410㎡	500㎡	750㎡	1,000㎡	1,500㎡	2,000㎡	3,000㎡	5,000㎡	6,400㎡	7,500㎡	10,000㎡	15,000㎡	20,000㎡	27,000㎡
(一) 設計	総合	1,300	1,600	2,300	3,000	4,300	5,600	8,100	12,800	15,900	18,400	23,700	34,100	44,000	57,500
	構造	430	500	680	850	1,100	1,400	1,900	2,900	3,500	4,000	5,000	6,800	8,500	10,800
	設備	570	680	940	1,100	1,600	2,000	2,800	4,300	5,200	5,900	7,500	10,400	13,100	16,700
(二) 工事監理等	総合	580	670	890	1,100	1,400	1,800	2,400	3,500	4,100	4,600	5,700	7,700	9,400	11,700
	構造	100	120	160	190	260	320	420	610	730	810	1,000	1,300	1,600	2,000
	設備	160	190	260	330	450	570	780	1,100	1,400	1,600	2,000	2,700	3,400	4,300

別表第13　戸建住宅（詳細設計及び構造計算を必要とするもの）（別添二第十三号関係）（単位　人・時間）

床面積の合計		100㎡	150㎡	200㎡	300㎡
(一) 設計	総合	710	760	800	860
	構造	140	180	220	290
	設備	110	130	140	150
(二) 工事監理等	総合	180	240	290	390
	構造	30	48	66	100
	設備	38	49	59	77

別表第14　戸建住宅（詳細設計を必要とするもの）（別添二第十四号関係）　（単位　人・時間）

床面積の合計		100㎡	150㎡	200㎡	300㎡
(一) 設計	総合	350	490	610	850
	構造	81	97	110	130
	設備	110	130	140	150
(二) 工事監理等	総合	180	240	290	390
	構造	30	48	66	100
	設備	38	49	59	77

別表第15　その他の戸建住宅（別添二第十五号関係）　（単位　人・時間）

床面積の合計	100㎡	150㎡	200㎡	300㎡
(一) 設計	270	360	430	570
(二) 工事監理等	120	170	210	290

別添4

設計受託契約に基づく別添一第1項に掲げる設計に関する標準業務に付随して実施される業務並びに工事監理受託契約に基づく別添一第2項に掲げる工事監理に関する標準業務及びその他の標準業務に付随して実施される業務は、次に掲げる業務その他の業務とする。

1. 建築物の設計のための企画及び立案並びに事業計画に係る調査及び検討並びに報告書の作成等の業務
2. 建築基準関係規定その他の法令又は条例に基づく許認可等に関する業務
3. 建築物の立地、規模又は事業の特性により必要となる許認可等に関する業務
4. 評価、調整、調査、分析、検討、技術開発又は協議等に関する業務で次に掲げるもの

一　建築物の防災又は減災に関する業務
二　環境の保全に関する業務
三　建築物による電波の伝搬障害の防止に関する業務（標準業務に該当しないものに限る。）
四　建築物の維持管理又は運営等に係る収益又は費用の算定等に関する業務
五　建築物の地震に対する安全性等の評価等に関する業務
六　法令等に基づく認定若しくは評価等又は補助制度の活用に関する業務
七　特別な成果物の作成に関する業務
八　建築主以外の第三者に対する説明に関する業務
九　建築物の維持管理又は運営等の支援に関する業務

十　施工費用の検討及び算定等に関する業務
土　施工又は発注の支援に関する業務
圭　設計の変更に伴い発生する業務
圭　その他建築物の計画に付随する業務

建築士事務所の開設者が耐震診断及び耐震改修に係る業務に関して請求することのできる報酬の基準

制定：平成 27 年　5 月 25 日　国土交通省告示第　670 号
改正：令和　2 年 12 月 23 日　国土交通省告示第 1565 号

建築士法（昭和 25 年法律第 202 号）第 25 条の規定に基づき、建築士事務所の開設者が耐震診断（建築物の耐震改修の促進に関する法律(平成 7 年法律第 123 号)第 2 条第 1 項に規定する耐震診断をいう。以下同じ。）及び耐震改修（同条第 2 項に規定する耐震改修をいう。以下同じ。）に係る業務に関して請求することのできる報酬の基準を次のように定める。

第 1　業務報酬の算定方法

建築士事務所の開設者が耐震診断又は耐震改修に係る建築物の設計、工事監理、建築工事契約に関する事務、建築工事の指導監督又は建築物に関する調査若しくは鑑定（以下「設計等」という。）の業務に関して請求することのできる報酬は、特殊な構造方法の建築物に係る設計等の業務を行う場合その他の特別の場合を除き、第 2 の業務経費、第 3 の技術料等経費及び消費税に相当する額を合算する方法により算定することを標準とする。

第 2　業務経費

業務経費は、次のイからホまでに定めるところによりそれぞれ算定される直接人件費、検査費、特別経費、直接経費及び間接経費の合計額とする。この場合において、これらの経費には、課税仕入れの対価に含まれる消費税に相当する額は含まないものとする。

イ　直接人件費
直接人件費は、設計等の業務に直接従事する者のそれぞれについての当該業務に関して必要となる給与、諸手当、賞与、退職給与、法定保険料等の人件費の 1 日当たりの額に当該業務に従事する延べ日数を乗じて得た額の合計とする。

ロ　検査費
検査費は、溶接部の超音波探傷検査、コンクリート供試体の圧縮強度検査その他の設計等の業務に附随して行う検査を第三者に委託する場合における当該検査に係る費用の合計額とする。

ハ　特別経費
特別経費は、出張旅費、特許使用料その他の設計等の委託者（以下「委託者」という。）の特別の依頼に基づいて必要となる費用（ロに定める経費を除く。）の合計額とする。

ニ　直接経費
直接経費は、印刷製本費、複写費、交通費等設計等の業務に関して直接必要となる費用（ロ及びハに定める経費を除く。）の合計額とする。

ホ　間接経費
間接経費は、設計等の業務を行う建築士事務所を管理運営していくために必要な人件費、研究調査費、研修費、減価償却費、通信費、消耗品費等の費用（イからニまでに定める経費を除く。）のうち、当該業務に関して必要となる費用の合計額とする。

第 3　技術料等経費

技術料等経費は、設計等の業務において発揮される技術力、創造力等の対価として支払われる費用とする。

第4　直接人件費等に関する略算方法による算定

鉄骨造、鉄筋コンクリート造若しくは鉄骨鉄筋コンクリート造の建築物又は戸建木造住宅に係る設計等の業務を行う場合にあっては、業務経費のうち直接人件費並びに直接経費及び間接経費の合計額の算定については、第2のイ、ニ又はホにかかわらず、次のイ又はロに定める算定方法を標準とした略算方法によることができるものとする。ただし、建築物の床面積の合計が、鉄骨造、鉄筋コンクリート造又は鉄骨鉄筋コンクリート造の建築物にあっては別添二別表第1、戸建木造住宅にあっては別添二別表第2の床面積の合計の欄に掲げる値のうちの最も小さい値を下回る建築物又は最も大きい値を上回る建築物にあっては、その略算方法によることができないものとする。

イ　直接人件費

設計等の業務でその内容が別添一に掲げる標準業務内容であるものに係る直接人件費の算定は、通常当該標準業務に従事する者1人について1時間当たりに要する人件費に、別添二に掲げる標準業務人・時間数（別添二に掲げる標準業務人・時間数によることができない場合にあっては、別添一に掲げる標準業務内容について一級建築士として2年又は二級建築士として7年の建築に関する業務経験を有する者が当該標準業務を行うために必要な業務人・時間数を建築士事務所ごとに算定した場合における当該業務人・時間数。以下「標準業務内容に応じた業務人・時間数」という。）を乗じて算定する方法

ロ　直接経費及び間接経費の合計額

直接経費及び間接経費の合計額の算定は、直接人件費の額に1.0を標準とする倍数を乗じて算定する方法

2　前項イに定める算定方法において、標準業務内容のうち一部の業務のみ行う場合は、標準業務内容に応じた業務人・時間数から行われない業務に対応した業務人・時間数を削減することにより算定するものとする。

3　第1項イに定める算定方法において、別添三に掲げる業務など標準業務内容に含まれない追加的な業務を行う場合は、当該業務に対応した業務人・時間数を標準業務内容に応じた業務人・時間数に付加することにより算定するものとする。

4　第1項イに定める算定方法において、平面及び立面が不整形であるなど特殊な形状の建築物又は軟弱な地盤であるなど特殊な敷地上の建築物に係る設計等の業務を行うために必要な業務人・時間数が標準業務内容に応じた業務人・時間数を超過した場合は、当該超過した業務人・時間数を加算することにより算定するものとする。

5　第1項ロに定める算定方法において、直接経費及び間接経費が通常の場合に比べ著しく異なる場合は、乗ずる倍数を調整することにより算定するものとする。

別添1

標準業務は、既存の建築物の設計図書等耐震診断又は耐震改修に必要な情報が提示されている場合に、耐震診断に係る一般的な受託契約又は耐震改修に係る一般的な設計受託契約若しくは工事監理受託契約に基づいて、その債務を履行するために行う業務（他の建築士事務所が行った耐震診断の結果を用いて行う耐震改修の業務を除く。）とし、その内容を以下に掲げる。

1　耐震診断に関する標準業務

建築物の構造耐力上主要な部分（建築基準法施行令（昭和25年政令第338号）第1条第三号に規定するものをいう。以下同じ。）の配置、形状、寸法、接合の緊結の度、劣化状況（腐食、腐朽又は摩損の度をいう。以下同じ。）、材料強度等に関する実地調査を行った上で、当該実地調査の結果及び設計図書等に基づき、耐震診断結果報告書を作成するために必要な戸建木造住宅以外の建築物にあっては次のイに、戸建木造住宅にあっては次のロに掲げる業務をいう。

イ　戸建木造住宅以外の建築物に係る業務内容

項目		業務内容
(1)予備調査	(i)予備調査	建築物の概要について、設計図書、建築物の建築に関する法令及び条例（以下「建築関係法令」という。）に基づく過去の申請書等により確認する。
		建築物の過去の増築、改築、修繕又は模様替の有無、使用状況、

		被災状況、劣化状況等について、委託者からの聞き取り等により確認する。
		実地調査を行う部分にある被覆材等の建築材料に石綿が添加されていないかどうかについて、設計図書等により確認する。
		鉄骨造又は鉄骨鉄筋コンクリート造の建築物にあっては、溶接部に用いられる建築材料の受入検査の内容について、設計図書等により確認する。
	(ii)実地調査及び耐震診断の方針の策定並びに委託者への説明	予備調査の結果を踏まえ、実地調査の方針及び使用する耐震診断方法（平成 18 年国土交通省告示第 184 号別添第 1 の規定による耐震診断の方法をいう。以下同じ。）等を明らかにした耐震診断の方針を策定し、委託者に説明する。
(2)実地調査	実地調査の方針に基づき、目視又は計測により、構造耐力上主要な部分の配置、形状、寸法、接合の緊結の度、劣化状況及び材料強度、建築物の階数、平面及び立面の形状並びに用途、建築物に作用する荷重の数値等に関する実地調査を行う。	
	当該実地調査の結果が、設計図書等と整合していることを確認する。	
	当該実地調査の結果を踏まえ、追加の調査を行う必要があるかどうかを、必要に応じて委託者と協議する。	
(3)耐震性能の評価等	(i)耐震診断用図面の作成	設計図書等の内容及び実地調査の結果を踏まえ、耐震診断に用いる図面（以下「耐震診断用図面」という。）を作成する。
	(ii)材料強度及び各種指標の設定	実地調査の結果及び耐震診断用図面の内容を踏まえ、耐震診断に必要な材料強度及び各種指標を設定する。
	(iii)構造耐震指標等の算出等	耐震診断の方針に基づき、耐震診断方法に定められた計算方法により、耐震性能の評価に必要な構造耐震指標等を算出するとともに、必要に応じて塔屋、エキスパンションジョイント、片持ちの部材その他耐震性能の評価に影響を与えない建築物の部分について、地震に対する安全性の検討を行う。
	(iv)耐震性能の評価等	実地調査の結果及び算出した構造耐震指標等を踏まえ、耐震性能を評価する。
		耐震性能の評価の結果を踏まえ、耐震性能が確保されていない場合においては、耐震補強の方針を作成する。
(4)耐震診断結果の委託者への報告等	(i)耐震診断結果報告書の作成	耐震性能の評価の結果等を踏まえ、耐震診断結果報告書を作成する。
	(ii)耐震診断結果報告書の委託者への説明	耐震診断結果報告書を委託者に提出し、委託者に対して、当該耐震診断結果報告書の内容（耐震診断の方針及び実地調査の結果と耐震性能の評価との関係を含む。）の説明を行う。

ロ　戸建木造住宅に係る業務内容

項目		業務内容
(1)予備調査	(i)予備調査	建築物の概要について、設計図書、建築基準法令の規定に基づく過去の申請書等により確認する。
		建築物の過去の増築、改築、修繕又は模様替の有無、使用状況、被災状況、劣化状況等について、委託者からの聞き取り等により確認する。
		建築物の内装材及び外装材の仕様、周囲の地形、敷地の地盤等

		について調査を行う。
	(ii)実地調査及び耐震診断の方針の策定並びに委託者への説明	予備調査の結果を踏まえ、実地調査の方針及び使用する耐震診断方法等を明らかにした耐震診断の方針を策定し、委託者に説明する。
(2)実地調査		実地調査の方針に基づき、目視又は計測により、構造耐力上主要な部分の配置、形状、寸法、接合部の緊結の度、劣化状況及び材料強度、建築物の基礎の形状、鉄筋の有無、ひび割れ等の劣化状況、建築物の床、壁及び小屋組（これらの接合部を含む。）の構造方法、階数、平面及び立面の形状並びに用途、建築物の敷地の地盤及び周囲の地形の状況等に関する実地調査を行う。
		当該実地調査の結果が、設計図書等と整合していることを確認する。
		当該実地調査の結果を踏まえ、追加の調査を行う必要があるかどうかを、必要に応じて委託者と協議する。
(3)耐震性能の評価等	(i)耐震診断用図面の作成	設計図書等の内容及び実地調査の結果を踏まえ、耐震診断用図面を作成する。
	(ii)各種指標の設定等	実地調査の結果及び耐震診断用図面の内容を踏まえ、建築物の壁及び柱の位置を確認するとともに、耐震診断に必要な各種指標を設定する。
	(iii)構造耐震指標等の算出等	耐震診断の方針に基づき、耐震診断方法に定められた計算方法により、耐震性能の評価に必要な構造耐震指標等を算出する。
	(iv)地盤及び基礎の安全性の評価	実地調査の結果及び算出した構造耐震指標等を踏まえ、建築物の敷地の地盤及び基礎の安全性を評価する。
	(v)耐震性能の評価等	実地調査の結果、算出した構造耐震指標等並びに建築物の敷地の地盤及び基礎の安全性の評価の結果を踏まえ、耐震性能を評価する。
		耐震性能の評価の結果を踏まえ、耐震性能が確保されていない場合においては、耐震補強の方針を作成する。
(4)耐震診断結果の委託者への報告等	(i)耐震診断結果報告書の作成	耐震性能の評価の結果等を踏まえ、耐震診断結果報告書を作成する。
	(ii)耐震診断結果報告書の委託者への説明	耐震診断結果報告書を委託者に提出し、委託者に対して、当該耐震診断結果報告書の内容（耐震診断の方針及び実地調査の結果と耐震性能の評価との関係を含む。）の説明を行う。

2　耐震改修に係る設計に関する標準業務

一　耐震改修に係る設計に関する標準業務

建築物の構造耐力上主要な部分に係る耐震性能の向上のために必要な範囲で、委託者から提示された要求その他の諸条件を耐震改修に係る設計条件として整理した上で、建築物が備えるべき機能及び耐震性能、耐震補強工法、主な使用材料の種別及び品質等を検討し、それらを総合して耐震改修に係る設計方針を策定し、工事施工者が耐震改修に係る設計図書の内容を正確に読み取り、設計意図（当該耐震改修に係る設計に係る設計者の考えをいう。以下同じ。）に合致した建築物の耐震改修の工事を的確に行うことができるように、また、工事費の適正な見積りができるように、耐震改修に係る設計方針に基づいて、設計意図をより詳細に具体化し、その結果として、戸建木造住宅以外の建築物にあってはロ(1)、戸建木造住宅にあってはロ(2)に掲げる成果図書を作成するために必要なイに掲げる業務をいう。

イ　業務内容

項目		業務内容
(1)耐震改修に係る設計条件等の整理	(i)条件整理等	耐震診断の結果、耐震性能の水準など委託者から提示されるさまざまな要求、耐震改修の工事の施工中における建築物の使用に伴う施工上の制約その他の諸条件を耐震改修に係る設計条件として整理する。
		耐震診断時に算出した構造耐震指標等を踏まえ、委託者と耐震改修が行われた建築物が備えるべき機能及び耐震性能の水準について協議し、確定する。
	(ii)設計条件の変更等の場合の協議	委託者から提示される要求の内容が不明確若しくは不適切な場合若しくは内容に相互矛盾がある場合又は整理した設計条件に変更がある場合においては、委託者に説明を求め又は委託者と協議する。
(2)法令上の諸条件の調査及び関係機関との打合せ		耐震改修に係る設計に必要な範囲で、建築関係法令の規定に基づく過去の申請書の内容の確認、建築関係法令の規定上の制約条件の調査等を行い、必要に応じて関係機関との打合せを行う。
(3)建築物の現況の調査、上下水道、ガス、電力、通信等の調査及び関係機関との打合せ		耐震改修に係る設計に必要な範囲で、建築物の現況、敷地に対する上下水道、ガス、電力、通信等の供給状況、建築物及びその敷地への耐震改修による影響等を調査し、必要に応じて関係機関との打合せを行う。
(4)耐震改修に係る設計方針の策定	(i)総合検討	耐震改修に係る設計条件に基づき、意匠、構造及び設備の各要素について考慮した上で、耐震改修に係る設計をまとめていく考え方を総合的に検討し、その上で業務体制、業務工程等を立案する。
		耐震改修に係るこれまで検討された事項のうち、委託者と協議して合意に達しておく必要のあるものを整理し、耐震改修に係る設計のための基本事項を確定する。
	(ii)耐震補強方法の検討	耐震診断の結果、耐震診断時に作成した耐震補強の方針、耐震改修に係る設計条件及び総合検討に基づき、耐震補強工法等の耐震補強方法を選定した上で、耐震補強の箇所数及び位置を検討し、必要に応じて、想定した耐震補強工法を施工することができるかどうかの確認等を現地において行う。
	(iii)耐震補強による効果の確認	耐震診断方法に定められた計算方法により想定した耐震補強工法が建築物の耐震性能の向上に効果があることを確認する。
	(iv)耐震改修に係る設計方針の策定及び委託者への説明	総合検討、耐震補強による効果の確認の結果及び予算を踏まえ、耐震改修に係る設計方針の策定及び耐震改修計画説明書の作成を行い、委託者に説明を行う。
(5)設計図書の作成		耐震改修に係る設計方針に基づき、委託者と協議の上、技術的な検討、予算との整合の検討等を行い、設計図書を作成する。なお、設計図書においては、構造耐力上主要な部分、仕上げ材等の撤去及び復旧の方法、工事施工者が施工すべき補強箇所及びその細部の形状、寸法、仕様、工事材料、品質並びに特に指定する必要のある施工に関する情報（工法、工事監理の方法、施工管理の方法等）を可能な限り具体的に表現する。
(6)概算工事費の検討		設計図書の作成が完了した時点において、当該設計図書に基づく耐震改修の工事に通常要する費用を概算し、工事費概算書（工事費内訳明細書、数量調書等を除く。以下同じ。）を作成する。

(7)設計内容の委託者への説明等	耐震改修に係る設計を行っている間、委託者に対して、作業内容や進捗状況を報告し、必要な事項について委託者の意向を確認する。
	設計図書の作成が完了した時点において、当該設計図書を委託者に提出し、委託者に対して設計意図及び設計内容の総合的な説明を行う。

ロ　成果図書

(1)戸建木造住宅以外の建築物に係る成果図書

設計の種類		成果図書
(1)統括		①既存建築物概要書 ②各種耐震改修方法の比較検討書 ③耐震改修計画説明書 ④全体工事費概算書
(2)意匠		①仕様書 ②仕上表 ③敷地案内図 ④配置図 ⑤平面図（改修階） ⑥断面図（改修面） ⑦立面図（改修面） ⑧矩計図 ⑨展開図 ⑩天井伏図（改修階） ⑪部分詳細図 ⑫建具表 ⑬工事費概算書
(3)構造		①仕様書 ②構造基準図 ③伏図（改修階） ④軸組図（改修面） ⑤補強部材リスト ⑥耐震補強工法、使用建築材料等詳細図 ⑦その他部分詳細図 ⑧耐震診断方法に定められた計算方法に基づく計算書 ⑨工事費概算書
(4)設備	(i)電気設備	①仕様書 ②受変電設備図 ③非常電源設備図 ④幹線系統図 ⑤電灯、コンセント設備平面図（改修階） ⑥動力設備平面図（改修階） ⑦通信・情報設備系統図 ⑧通信・情報設備平面図（改修階） ⑨火災報知等設備系統図 ⑩火災報知等設備平面図（改修階） ⑪その他改修設備設計図 ⑫部分詳細図 ⑬屋外設備図 ⑭工事費概算書 ⑮各種計算書
	(ii)給排水衛生設備	①仕様書 ②給排水衛生設備配管系統図

		③給排水衛生設備配管平面図（改修階） ④消火設備系統図 ⑤消火設備平面図（改修階） ⑥その他改修設備設計図 ⑦部分詳細図 ⑧屋外設備図 ⑨工事費概算書 ⑩各種計算書
	(iii)空調換気設備	①仕様書 ②空調設備系統図 ③空調設備平面図（改修階） ④換気設備系統図 ⑤換気設備平面図（改修階） ⑥その他改修設備設計図 ⑦部分詳細図 ⑧屋外設備図 ⑨工事費概算書 ⑩各種計算書
	(iv)昇降機等	①仕様書 ②昇降機等平面図（改修階） ③昇降機等断面図（改修面） ④部分詳細図 ⑤工事費概算書 ⑥各種計算書

（注） 1 建築物の耐震改修の計画に応じ、作成されない図書がある場合がある。

2 (1)から(4)までに掲げる成果図書に記載すべき事項をこれらの成果図書のうち他の成果図書に記載する場合がある。

3「統括」とは建築物の意匠、構造及び設備に関する設計をとりまとめる設計を、「意匠」とは建築物の意匠に関する設計を、「構造」とは建築物の構造に関する設計を、「設備」とは建築物の設備に関する設計をいう。

4「昇降機等」には、機械式駐車場を含む。

5 平面図、断面図、立面図、伏図、軸組図、各種設備系統図及び各種設備平面図には、改修前後の内容に関する記載を含む。

6 仕上表、平面図、断面図、立面図、伏図等には、仕上げ材等の撤去及び復旧の内容に関する記載を含む。

7「耐震診断方法に定められた計算方法に基づく計算書」には、目標とする構造耐震指標等及び耐震補強後の構造耐震指標等の数値に関する記載を含む。

(2)戸建木造住宅に係る成果図書

業務の種類	成果図書
(1)統括	①既存建築物概要書 ②耐震改修計画説明書 ③全体工事費概算書
(2)意匠	①仕様書 ②仕上表 ③敷地案内図 ④配置図 ⑤平面図（改修階） ⑥断面図（改修面） ⑦立面図（改修面） ⑧矩計図 ⑨展開図

	⑩天井伏図 ⑪建具表 ⑫工事費概算書
(3)構造	①仕様書 ②構造基準図 ③基礎伏図 ④床伏図（改修階） ⑤はり伏図（改修階） ⑥小屋伏図 ⑦耐震診断方法に定められた計算方法に基づく計算書 ⑧耐震補強工法、使用建築材料等詳細図 ⑨工事費概算書
(4)設備	①仕様書 ②設備位置図（電気、給排水衛生及び空調換気）（改修階） ③工事費概算書

（注）1 建築物の耐震改修の計画に応じ、作成されない図書がある場合がある。
2 (1)から(4)までに掲げる成果図書に記載すべき事項をこれらの成果図書のうち他の成果図書に記載する場合がある。
3「統括」とは建築物の意匠、構造及び設備に関する設計をとりまとめる設計を、「意匠」とは建築物の意匠に関する設計を、「構造」とは建築物の構造に関する設計を、「設備」とは建築物の設備に関する設計をいう。
4 平面図、断面図、立面図、各種伏図、軸組図及び設備位置図には、改修前後の内容に関する記載を含む。
5 仕上表、平面図、断面図、立面図、各種伏図等には、仕上げ材等の撤去及び復旧の内容に関する記載を含む。
6「耐震診断方法に定められた計算方法に基づく計算書」には、目標とする構造耐震指標等及び耐震補強後の構造耐震指標等の数値に関する記載を含む。

二　工事施工段階で設計者が行うことに合理性がある耐震改修に係る設計に関する標準業務
工事施工段階において、設計者が、設計意図を正確に伝えるため、前号ロに掲げる成果図書に基づき、質疑応答、説明、耐震補強工法、工事材料等の選定に関する検討、助言等を行う次に掲げる業務をいう。

項目	業務内容
(1)設計意図を正確に伝えるための質疑応答、説明等	工事施工段階において、設計意図を正確に伝えるための質疑応答、説明等を委託者を通じて工事監理者及び工事施工者に対して行う。
	設計図書等の定めにより、設計意図が正確に反映されていることを確認する必要がある部材、部位等に係る施工図等の確認を行う。
(2)耐震補強工法、工事材料等の選定に関する設計意図の観点からの検討、助言等	設計図書等の定めにより、工事施工段階において行うことに合理性がある耐震補強工法、工事材料等の選定に関して、設計意図の観点からの検討を行い、必要な助言等を委託者に対して行う。
(3)設計条件の変更に係る協議	設計段階において建築物の現況の調査が行われたにもかかわらず、工事施工段階において建築物の現況が委託者から提示された設計図書等と整合していないこと等が判明し、耐震改修に係る設計条件を変更する必要がある場合においては、委託者と協議する。

3　耐震改修に係る工事監理に関する標準業務及びその他の標準業務

一　耐震改修に係る工事監理に関する標準業務

前項第一号ロに掲げる成果図書に基づき、工事を設計図書と照合し、それが設計図書のとおりに実施されているかいないかを確認するために行う次に掲げる業務をいう。

<table>
<tr><th colspan="2">項目</th><th>業務内容</th></tr>
<tr><td rowspan="2">(1)工事監理方針の説明等</td><td>(i)工事監理方針の説明</td><td>工事監理の着手に先立って、工事監理体制その他工事監理方針について委託者に説明する。</td></tr>
<tr><td>(ii)工事監理方法変更の場合の協議</td><td>工事監理の方法に変更の必要が生じた場合、委託者と協議する。</td></tr>
<tr><td rowspan="2">(2)設計図書の内容の把握等</td><td>(i)設計図書の内容の把握</td><td>設計図書の内容を把握し、設計図書に明らかな、矛盾、誤謬、脱漏、不適切な納まり等を発見した場合には、委託者に報告し、必要に応じて委託者を通じて設計者に確認する。</td></tr>
<tr><td>(ii)質疑書の検討</td><td>工事施工者から工事に関する質疑書が提出された場合、設計図書に定められた品質（形状、寸法、仕上がり、機能、性能等を含む。）確保の観点から技術的に検討し、必要に応じて委託者を通じて設計者に確認の上、回答を工事施工者に通知する。</td></tr>
<tr><td rowspan="2">(3)設計図書に照らした施工図等の検討及び報告</td><td>(i)施工図等の検討及び報告</td><td>設計図書の定めにより、工事施工者が作成し、提出する施工図（補強部詳細図、工作図、製作図等をいう。）、製作見本、見本施工等が設計図書の内容に適合しているかについて検討し、委託者に報告する。</td></tr>
<tr><td>(ii)耐震補強工法、工事材料等の検討及び報告</td><td>設計図書の定めにより、工事施工者が提案又は提出する耐震補強工法、工事材料及びそれらの見本が設計図書の内容に適合しているかについて検討し、委託者に報告する。</td></tr>
<tr><td colspan="2">(4)工事と設計図書との照合及び確認</td><td>工事施工者の行う工事が設計図書の内容に適合しているかについて、設計図書の定めのある方法による確認のほか、目視による確認、抽出による確認、工事施工者から提出される品質管理記録の確認等、確認対象工事に応じた合理的方法により行う。</td></tr>
<tr><td colspan="2">(5)工事と設計図書との照合及び確認の結果報告等</td><td>工事と設計図書との照合及び確認の結果、工事が設計図書のとおりに実施されていないと認めるときは、直ちに、工事施工者に対して、その旨を指摘し、当該工事を設計図書のとおりに実施するよう求め、工事施工者がこれに従わないときは、その旨を委託者に報告する。なお、工事施工者が設計図書のとおりに施工しない理由については委託者に報告した場合においては、委託者及び工事施工者と協議する。</td></tr>
<tr><td colspan="2">(6)工事監理報告書等の提出</td><td>工事と設計図書との照合及び確認を全て終えた後、工事監理報告書等を委託者に提出する。</td></tr>
</table>

二　その他の標準業務

前号に定める業務と一体となって行われる次に掲げる業務をいう。

項目	業務内容
(1)請負代金内訳書の検討及び報告	工事施工者から提出される請負代金内訳書の適否を合理的な方法により検討し、委託者に報告する。
(2)工程表の検討及び報告	工事請負契約の定めにより工事施工者が作成し、提出する工程表について、工事請負契約に定められた工期及び設計図書に定められた品質が確保できないおそれがあるかについて検討し、確保できないおそれがあると判断するときは、その旨を委託者に報告する。
(3)設計図書に定めのある施工計画の検討及び報告等	設計図書の定めにより、工事施工者が作成し、提出する施工計画（工事施工体制に関する記載を含む。）について、工事請負

		契約に定められた工期及び設計図書に定められた品質が確保できないおそれがあるかについて検討し、確保できないおそれがあると判断するときは、その旨を委託者に報告する。
		工事施工段階において建築物の現況が設計図書等と整合していないことが判明し、耐震改修に係る設計条件を変更する必要がある場合においては、委託者に報告する。
(4)工事と工事請負契約との照合、確認、報告等	(i)工事と工事請負契約との照合、確認、報告	工事施工者の行う工事が工事請負契約の内容（設計図書に関する内容を除く。）に適合しているかについて、目視による確認、抽出による確認、工事施工者から提出される品質管理記録の確認等、確認対象工事に応じた合理的な方法による確認を行う。なお、確認の結果、適合していない箇所がある場合、工事施工者に対して是正の指示を与え、工事施工者がこれに従わないときは、その旨を委託者に報告する。
	(ii)工事請負契約に定められた指示、検査等	工事請負契約に定められた指示、検査、試験、立会い、確認、審査、承認、助言、協議等（設計図書に定めるものを除く。）を行い、また工事施工者がこれを求めたときは、速やかにこれに応じる。
	(iii)工事が設計図書の内容に適合しない疑いがある場合の破壊検査	工事施工者の行う工事が設計図書の内容に適合しない疑いがあり、かつ、破壊検査が必要と認められる相当の理由がある場合にあっては、工事請負契約の定めにより、その理由を工事施工者に通知の上、必要な範囲で破壊して検査する。
(5)工事請負契約の目的物の引渡しの立会い		工事施工者から委託者への工事請負契約の目的物の引渡しに立会う。
(6)工事費支払いの審査	(i)工事期間中の工事費支払い請求の審査	工事施工者から提出される工事期間中の工事費支払いの請求について、工事請負契約に適合しているかどうかを技術的に審査し、委託者に報告する。
	(ii)最終支払い請求の審査	工事施工者から提出される最終支払いの請求について、工事請負契約に適合しているかどうかを技術的に審査し、委託者に報告する。

別添２

1　別添１第１項イに掲げる業務内容（鉄骨造、鉄筋コンクリート造又は鉄骨鉄筋コンクリート造の建築物に係るものに限る。第３項において同じ。）に係る標準業務人・時間数は、別表第１の(1)耐震診断の欄に掲げるものとする。

2　別添１第１項ロに掲げる業務内容に係る標準業務人・時間数は、別表第２の(1)耐震診断の欄に掲げるものとする。

3　別添１第２項第一号イに掲げる業務内容に係る標準業務人・時間数（同号ロ(1)の表の(3)構造の欄に掲げる成果図書に係るものに限る。）は、別表第１の(2)耐震改修に係る設計の欄に掲げるものとする。

4　別添１第２項第一号イに掲げる業務内容に係る標準業務人・時間数（同号ロ(2)に掲げる成果図書に係るものに限る。）は、別表第２の(2)耐震改修に係る設計の欄に掲げるものとする。

5　次に掲げる表において、標準業務人・時間数は、一級建築士として２年又は二級建築士として７年の建築に関する業務経験を有する者が設計等の業務を行うために必要な業務人・時間数の標準を示したものである。

6　次に掲げる表において、床面積の算定は、建築物の各階又はその一部で壁その他の区画の中心線で囲まれた部分の水平投影面積によるものとする。

別表第 1　鉄骨造、鉄筋コンクリート造又は鉄骨鉄筋コンクリート造の建築物　（単位　人・時間）

床面積の合計	500㎡	750㎡	1,000㎡	1,500㎡	2,000㎡	3,000㎡	5,000㎡	7,500㎡
(1)耐震診断	290	340	380	450	510	600	740	800
(2)耐震改修に係る設計（構造に係るものに限る。）	150	190	230	290	340	430	590	750

別表第 2　戸建木造住宅　（単位　人・時間）

床面積の合計	75㎡から250㎡まで
(1)耐震診断	45
(2)耐震改修に係る設計	60

別添 3

1. 耐震診断に関する標準業務に附随する標準外の業務

耐震診断に係る受託契約に基づき、別添一第 1 項に掲げる耐震診断に関する標準業務に附随して実施される業務は、次に掲げるものとする。

一　既存の建築物の設計図書が現存しない場合における耐震診断に必要な設計図書の復元に係る業務

二　非構造部材及び設備機器の耐震診断に係る業務

三　実地調査において建築物の現況が設計図書等と整合していないこと、石綿を含有する被覆材が使用されていること、建築材料の劣化状況が著しいこと等が判明した場合における当該実地調査に追加的に行う調査に係る業務

四　木造の建築物における白蟻（あり）による被害に関する調査に係る業務

五　補助金等の交付の申請に必要な図書の作成に係る業務

六　耐震診断の結果に関する専門機関による評価の取得に係る業務

七　建築関係法令への適合性の確認に係る業務（別添一第 1 項イ又はロに掲げる業務内容を除く。）

2. 耐震改修に係る設計に関する標準業務に附随する標準外の業務

耐震改修に係る設計受託契約に基づき、別添一第 2 項に掲げる耐震改修に係る設計に関する標準業務に附随して実施される業務は、次に掲げるものとする。

一　既存の建築物の設計図書が現存しない場合における耐震改修に係る設計に必要な設計図書の復元に係る業務

二　非構造部材及び設備機器の耐震改修に係る設計に関する業務

三　耐震改修に係る設計に関する成果図書に基づく詳細工事費の算定に係る業務

四　補助金等の交付の申請に必要な図書の作成に係る業務

五　耐震改修に係る設計に関する成果図書に関する専門機関による評価の取得に係る業務

六　確認申請に必要な図書の作成に係る業務

七　建築物の耐震改修の促進に関する法律第 17 条第 1 項に規定する建築物の耐震改修の計画の作成に係る業務

八　建築物のエネルギー消費性能の向上に関する法律第 12 条第 1 項に規定する建築物エネルギー消費性能適合性判定に係る業務、同法第 19 条第 1 項に規定する建築物の建築に関する届出に係る業務及び同法第 29 条第 1 項に規定する建築物エネルギー消費性能向上計画の認定に係る業務

九　都市の低炭素化の促進に関する法律第 53 条第 1 項に規定する低炭素建築物新築等計画の認定に係る業務

十　建築物の断熱性や快適性など建築物の環境性能の総合的な評価手法（建築物総合環境性能評価システム）等による評価に係る業務

十一　建築物の防災に関する計画の作成に係る業務

3. 耐震改修に係る工事監理に関する標準業務及びその他の標準業務に附随する標準外の業務

耐震改修に係る工事監理受託契約に基づき、別添一第 3 項に掲げる耐震改修に係る工事監理に関する標準業務及びその他の標準業務に附随して実施される業務は、次に掲げるものとする。

一　建築物のエネルギー消費性能の向上に関する法律第 12 条第 1 項に規定する建築物エネルギー消費性能適合性判定に係る業務及び同法第 29 条第 1 項に規定する建築物エネルギー消費性能向上計画の認定に係る業務

二　都市の低炭素化の促進に関する法律第53条第1項に規定する低炭素建築物新築等計画の認定に係る業務
三　委託者と工事施工者の工事請負契約の締結に関する協力に係る業務

建築士法施行規則第1条の2第1項第七号の国土交通大臣が定める実務を定める件

制定：平成20年　9月2日　国土交通省告示第1033号
改正：令和 元年11月1日　国土交通省告示第　754号

建築士法施行規則第10条第1項第六号［現行＝第1条の2第1項第七号＝令和元年11月国交省令第42号により改正］の国土交通大臣が定める実務を次のように定める。

第1

建築士法施行規則（昭和25年建設省令第38号。以下「規則」という。）第1条の2第1項第七号に規定する国土交通大臣が定める実務は、次に掲げるものとする。
一　次に掲げる業務の補助の実務（単なる記録の作成に関するものを除く。）
イ　住宅の品質確保の促進等に関する法律（平成11年法律第81号）第5条第1項の登録住宅性能評価機関が同法第13条の評価員に実施させる同法第7条第1項の評価の業務
ロ　建築物のエネルギー消費性能の向上に関する法律（平成27年法律第53号）第15条第1項の規定により同項に規定する登録建築物エネルギー消費性能判定機関が行う同法第12条第1項及び第2項並びに同法第13条第2項及び第3項の建築物エネルギー消費性能適合性判定の業務
ハ　建築物のエネルギー消費性能の向上に関する法律第24条第1項の規定により同項に規定する登録建築物エネルギー消費性能評価機関が行う特殊の構造又は設備を用いる建築物のエネルギー消費性能に関する評価の業務
ニ　独立行政法人住宅金融支援機構法施行令（平成19年政令第30号）第7条第1項第三号イに掲げる業務（貸付金に係る建築物又は建築物の部分の工事の審査に係るものに限る。）及び同号ロに掲げる業務
ホ　平成20年国土交通省告示第383号第1条第三号の現場検査員として行う同告示第1条第二号の現場検査の業務
二　次に掲げる工事（建築物に係るものに限る。）の施工の技術上の管理に関する実務
イ　とび・土工・コンクリート工事（建設業法（昭和24年法律第100号）別表第1に掲げるとび・土工・コンクリート工事をいい、鉄骨の組立てを行うもの又はコンクリート造の建築物の柱若しくははりを設置するものに限る。）
ロ　タイル・れんが・ブロック工事（建設業法別表第1に掲げるタイル・れんが・ブロック工事をいう。）
ハ　鋼構造物工事（建設業法別表第1に掲げる鋼構造物工事をいう。）
ニ　鉄筋工事（建設業法別表第1に掲げる鉄筋工事をいう。）
ホ　内装仕上工事（建設業法別表第1に掲げる内装仕上工事をいい、建築物の修繕又は改修に係るものに限る。）
ヘ　建具工事（建設業法別表第1に掲げる建具工事をいい、カーテンウォールに係るものに限る。）
ト　解体工事（建設業法別表第1に掲げる解体工事をいい、建築基準法（昭和25年法律第201号）第6条第1項第四号に規定する建築物に係るものを除く。）
三　消防長又は消防署長が建築基準法第93条第1項の規定によって同意を求められた場合に行う審査に関する実務
四　建築行政に関する実務（国の職員としての職務に係るものを除く。）
五　地方公共団体が行う住宅に関する技術上の調査、審査、評価その他これらに類する業務に関する実務

六　地方公共団体が行う都市計画法（昭和 43 年法律第 100 号）第 4 条第 15 項に規定する都市計画事業（建築物の整備に関するものに限る。）の施行に関する実務（第四号に掲げるものを除く。）
七　学校教育法（昭和 22 年法律第 26 号）第 1 条に規定する学校において令和元年国土交通省告示第 753 号第 1 第一号イからホまでに定める講義又は演習の講師として従事する実務
八　建築物に係る研究開発に関する実務（公正な第三者が関与して公表されるものに限る。）
九　前各号に掲げるもののほか、国土交通大臣が規則第 1 条の 2 第 1 項第一号から第六号までに掲げる実務と同等以上の知識及び能力を要すると認める実務

2　学校教育法による大学院（第 4 項において単に「大学院」という。）の課程（建築に関するものに限る。）において、建築物の設計又は工事監理に係る実践的な能力を培うことを目的として建築士事務所その他の施設で行う実習（次項において「実務実習」という。）に係る単位を次の表の左欄に掲げる単位数修得した者にあっては、当該課程の在学期間のうち同表右欄に掲げる年数を規則第 1 条の 2 第 1 項の建築に関する実務の経験とする。

単位数	年数
30 単位以上	2 年
15 単位以上 30 単位未満	1 年

3　実務実習に関連して必要となる科目の単位を修得したときは、その修得した単位の単位数を前項の単位数のうちに加えることができる。

4　建築士法等の一部を改正する法律（平成 18 年法律第 114 号）の施行の日（以下「施行日」という。）前から引き続き大学院、学校教育法による大学の専攻科又は同法による高等専門学校の専攻科（いずれも建築に関するものに限る。以下「大学院等」という。）に在学している者（当該大学院等に入学する以前に正規の建築に関する課程又は正規の土木の課程を修めて卒業した者及びこれに準ずる者に限る。）が施行日以後に当該大学院等を修了又は卒業し、かつ当該大学院等における研究が建築に関するものであると認められる場合にあっては、その者の当該大学院等における在学期間は、2 年を限度として規則第 1 条の 2 第 1 項に規定する建築に関する実務の経験とする。

建築士法施行規則第 17 条の 18 の規定に基づき国土交通大臣が定める要件

制定：平成 13 年　3 月 30 日　国土交通省告示第 420 号
改正：令和　元年 11 月 27 日　国土交通省告示第 841 号

建築士法施行規則（昭和 25 年建設省令第 38 号）第 17 条の 18 に規定する国土交通大臣が定める要件は、次のいずれにも該当しない者であることとする。

一　未成年者
二　禁錮以上の刑に処せられ、その執行を終わり、又は執行を受けることがなくなった日から起算して 2 年を経過しない者
三　建築物の建築に関し罪を犯して罰金以上の刑に処せられ、その執行を終わり、又は執行を受けることがなくなった日から起算して 2 年を経過しない者
四　精神の機能の障害により建築設備士の業務を適正に行うに当たって必要な認知、判断及び意思疎通を適切に行うことができない者

建築士法施行規則第 21 条第 4 項第一号ハの国土交通大臣が定める技術的基準を定める件

制定：令和元年 11 月 1 日　国土交通省告示第 755 号

建築士法施行規則（昭和 25 年建設省令第 38 号）第 21 条第 4 項第一号ハの規定に基づき、国土交通大臣が

定める技術的基準を次のように定める。

建築士法施行規則第21条第4項第一号ハの建築基準法施行令（昭和25年政令第338号）第80条の2又は建築基準法施行規則（昭和25年建設省令第40号）第8条の3の技術的基準のうち国土交通大臣が定めるものは、次の各号に掲げる規定の区分に応じ、それぞれ当該各号に定める技術的基準とする。

一　建築基準法施行令第80条の2　平成13年国土交通省告示第1540号第5第五号

二　建築基準法施行規則第8条の3　平成13年国土交通省告示第1541号第1第五号に定める構造方法を用いること

建築士法に基づく中央指定登録機関等に関する省令第28条第二号の規定に基づき国土交通大臣が定める講義内容及び講義時間を定める件

制定：平成20年7月15日　国土交通省告示第881号

建築士法に基づく中央指定登録機関等に関する省令（平成20年国土交通省令第37号）第28条第二号の規定に基づき、国土交通大臣が定める講義内容及び講義時間を次のように定める。

建築士法に基づく中央指定登録機関等に関する省令第28条第二号の講習科目（以下「科目」という。）ごとの講義内容は、次の表の第1欄に掲げる講習の区分に応じ、それぞれ同表の第2欄に掲げる科目ごとに同表の第3欄に掲げる内容とし、同号の講義時間は、同表の第1欄に掲げる講習の区分に応じ、それぞれ同表の第2欄に掲げる科目ごとに同表の第4欄に掲げる時間とする。

講習	科目	内容	時間
構造設計一級建築士講習	一　構造関係規定に関する科目	イ　構造関係規定に関し、目的、規制内容その他留意すべき事項 ロ　法適合性の確認に関する事項	4時間以上
	二　建築物の構造に関する科目	イ　構造設計一級建築士の役割、義務及び責任 ロ　荷重・外力、構造力学・解析、構造材料、構造計画及び構造計算に関する総論 ハ　木造、鉄筋コンクリート造、鉄骨造、鉄骨鉄筋コンクリート造その他の構造の特性に関する事項 ニ　その他建築物の構造に関し必要な事項	8時間以上
設備設計一級建築士講習	一　設備関係規定に関する科目	イ　設備関係規定に関し、目的、規制内容その他留意すべき事項 ロ　法適合性の確認に関する事項	6時間以上
	二　建築設備に関する科目	イ　設備設計一級建築士の役割、義務及び責任 ロ　空調・換気設備、給排水衛生設備、電気設備、昇降機その他の建築設備の計画に関する事項 ハ　容量計算及び負荷計算に関する事項 ニ　設備機器の種類に関する事項 ホ　その他建築設備に関し必要な事項	12時間以上

建築士法に基づく中央指定登録機関等に関する省令第28条第九号の規定に基づき、講義を受講した者又は修了考査に合格した者と同等以上の知識を有する者として国土交通大臣が定める者及び講義又は修了考査のうち国土交通大臣が定める科目を定める件

制定：平成20年11月28日　国土交通省告示第1428号

建築士法に基づく中央指定登録機関等に関する省令（平成20年国土交通省令第37号）第28条第九号の規

定に基づき、講義を受講した者又は修了考査に合格した者と同等以上の知識を有する者として国土交通大臣が定める者及び講義又は修了考査のうち国土交通大臣が定める科目を、次のように定める。

建築士法に基づく中央指定登録機関等に関する省令第28条第九号に規定する講義を受講した者又は修了考査に合格した者と同等以上の知識を有する者は、次の表の左欄に掲げる講習の区分に応じ、それぞれ同表の中欄に掲げる者とし、同号に規定する科目は、同表の中欄に掲げる者の区分に応じ、それぞれ同表の右欄に掲げる科目とする。

講習	同等以上の知識を有する者	科目
構造設計一級建築士講習	一　構造設計一級建築士講習の一部の科目の修了考査に合格し、その合格した構造設計一級建築士講習の行われた年度の初めから3年以内に構造設計一級建築士講習を受講する者	当該科目の講義及び修了考査
設備設計一級建築士講習	一　一級建築士であって、かつ、建築設備士である者	建築設備に関する科目の講義（設備設計一級建築士の役割、義務及び責任に係る部分の講義を除く。）及び修了考査
	二　設備設計一級建築士講習の一部の科目の修了考査に合格し、その合格した設備設計一級建築士講習の行われた年度の初めから3年以内に設備設計一級建築士講習を受講する者	当該科目の講義及び修了考査

建築士法に基づく中央指定登録機関等に関する省令第 39 条第二号の規定に基づき国土交通大臣が定める講義内容及び講義時間を定める件

制定：平成 20 年 7 月 15 日　国土交通省告示第 882 号
改正：平成 23 年 7 月 21 日　国土交通省告示第 766 号

建築士法に基づく中央指定登録機関等に関する省令（平成 20 年国土交通省令第 37 号）第 39 条第二号の規定に基づき、国土交通大臣が定める講義内容及び講義時間を次のように定める。

建築士法に基づく中央指定登録機関等に関する省令第 39 条第二号の講習科目（以下「科目」という。）ごとの講義内容は、次の表の第 1 欄に掲げる講習の区分に応じ、それぞれ同表の第 2 欄に掲げる科目ごとに同表の第 3 欄に掲げる内容とし、同号の講義時間は、同表の第 1 欄に掲げる講習の区分に応じ、それぞれ同表の第 2 欄に掲げる科目ごとにおおむね同表の第 4 欄に掲げる時間とする。

講習	科目	内容	時間
一級建築士定期講習	一　建築物の建築に関する法令に関する科目	イ　建築基準法（昭和 25 年法律第 201 号）、建築士法（昭和 25 年法律第 202 号）その他関係法令の最近の改正内容等	3 時間30 分
	二　設計及び工事監理に関する科目	イ　最新の建築技術 ロ　設計及び工事監理の実務の動向 ハ　建築物の事故事例及び処分事例並びにこれらを踏まえた職業倫理 ニ　その他設計及び工事監理に関し必要な事項	1 時間30 分
二級建築士定期講習	一　建築物の建築に関する法令に関する科目	イ　建築基準法、建築士法その他関係法令の最近の改正内容等	3 時間
	二　建築物（建築士法第 3 条に規定する建築物を除く。）の設計及び工事監理に関する科目	イ　最新の建築技術 ロ　設計及び工事監理の実務の動向 ハ　建築物の事故事例及び処分事例並びにこれらを踏まえた職業倫理 ニ　その他設計及び工事監理に関し必要な事項	1 時間

木造建築士定期講習	一　木造の建築物の建築に関する法令に関する科目	イ　建築基準法、建築士法その他関係法令の最近の改正内容等	3時間
	二　木造の建築物（建築士法第3条及び第3条の2に規定する建築物を除く。）の設計及び工事監理に関する科目	イ　最新の建築技術 ロ　設計及び工事監理の実務の動向 ハ　建築物の事故事例及び処分事例並びにこれらを踏まえた職業倫理 ニ　その他設計及び工事監理に関し必要な事項	1時間
構造設計一級建築士定期講習	一　構造関係規定に関する科目	イ　構造関係規定その他構造設計一級建築士の業務に関係する法令の規定の最近の改正内容等 ロ　最近の構造関係規定への不適合事例及び当該事例を構造関係規定に適合させるための方法等	3時間
	二　構造設計に関する科目	イ　最近の研究成果、技術開発の動向、事故事例、災害事例等を踏まえた構造設計方法等 ロ　その他構造設計に関し必要な事項	2時間
設備設計一級建築士定期講習	一　設備関係規定に関する科目	イ　設備関係規定その他設備設計一級建築士の業務に関係する法令の規定の最近の改正内容等 ロ　最近の設備関係規定への不適合事例及び当該事例を設備関係規定に適合させるための方法等	3時間
	二　設備設計に関する科目	イ　最近の研究成果、技術開発の動向、事故事例、災害事例等を踏まえた設備設計方法等 ロ　その他設備設計に関し必要な事項	2時間

建築士法に基づく中央指定登録機関等に関する省令第42条第二号の規定に基づき国土交通大臣が定める講義内容及び講義時間を定める件

制定：平成20年7月15日　国土交通省告示第883号

建築士法に基づく中央指定登録機関等に関する省令（平成20年国土交通省令第37号）第42条第二号の規定に基づき、国土交通大臣が定める講義内容及び講義時間を次のように定める。

建築士法に基づく中央指定登録機関等に関する省令第42条第二号の講習科目（以下「科目」という。）ごとの講義内容は、次の表の左欄に掲げる科目ごとに同表の中欄に掲げる内容とし、同号の講義時間は、同表の左欄に掲げる科目ごとにおおむね同表の右欄に掲げる時間とする。

科目	内容	時間
一　建築士法その他関係法令に関する科目	イ　建築士法（昭和25年法律第202号）その他関係法令のうち建築士事務所に関する事項	1時間30分
二　建築物の品質確保に関する科目	イ　建築士事務所における業務の進め方に関する事項 ロ　建築士事務所の経営管理に関する事項 ハ　技術者の管理に関する事項 ニ　契約の締結及び履行に関する事項 ホ　紛争の防止に関する事項 ヘ　その他建築物の品質確保に関し必要な事項	3時間30分

基礎ぐい工事の適正な施工を確保するために講ずべき措置

制定：平成 28 年 3 月 4 日　国土交通省告示第 468 号

建設業法（昭和 24 年法律第 100 号）第 25 条の 27 第 2 項の規定に基づき、建築物の基礎ぐい工事の適正な施工を確保するために講ずべき一般的な事項を次のとおり定め、平成 28 年 3 月 4 日から適用する。

一　施工体制に係る一般的事項について

㈠　発注者から直接建設工事を請け負った建設業者は、基礎ぐい工事（くい先端の支持力を主として考慮し掘削孔内に既製コンクリートぐいを沈設する工法を採用した基礎ぐい工事をいう。以下同じ。）の施工前に、あらかじめ、当該基礎ぐい工事の施工体制を確認する。特に、当該施工体制に係る全ての下請負人の主任技術者の配置状況、資格等が建設業法の規定に違反していないかを確認するとともに、違反している場合には下請負人に対し是正を求める。

㈡　発注者から直接建設工事を請け負った建設業者は、基礎ぐい工事の施工前に、あらかじめ、当該基礎ぐい工事に関する設計図書等に記載された地盤条件、施工方法、工期等基礎ぐい工事の施工に関する事項について確認し、下請負人と共有する。

㈢　監理技術者又は主任技術者であって発注者から直接建設工事を請け負った建設業者が置いたもの（以下「監理技術者等」という。）は、施工の技術上の管理をつかさどる者として適正な施工を確保するため、現場条件に即した施工計画を作成するとともに、工事監理者に対し、作成した施工計画を提出し、計画の内容について説明する。

㈣　発注者から直接建設工事を請け負った建設業者の下請負人は、基礎ぐい工事の施工前又は施工中に、設計図書等に基づく施工が困難であること、設計図書等に示された地盤条件と現場条件とが異なること等を発見したときは、書面をもってその旨を当該建設業者に通知する。当該建設業者は、当該下請負人から通知がなされた場合には、遅滞なく協議を行い対応策を定める。

㈤　発注者から直接建設工事を請け負った建設業者は、工事監理者に対し、基礎ぐい工事の進捗に応じ、施工記録を提出するとともに施工状況を説明する。

㈥　㈡の規定は、その請け負った建設工事を他の建設業者に請け負わせた下請負人について準用する。

㈦　㈣の規定は、発注者から直接建設工事を請け負った建設業者以外の建設業者の下請負人について準用する。この場合において、「協議を行い対応策を定める」とあるのは、「協議を行うよう、下請工事の注文者に通知する」と読み替えるものとする。

二　くいの支持層への到達に係る一般的事項について

㈠　監理技術者等は、基礎ぐい工事におけるくいの支持層への到達に責務を有する。

㈡　発注者から直接建設工事を請け負った建設業者は、下請負人によるくいの支持層への到達に係る技術的判断に対し、その適否を確認する。

㈢　発注者から直接建設工事を請け負った建設業者による支持層への到達の確認に当たっては、監理技術者等は、基礎ぐい工事の施工前に、くいのうち当該建設業者が立ち会って支持層への到達を確認するくい及びその他の方法により確認するくいを定める。

㈣　発注者から直接建設工事を請け負った建設業者は、設計図書等に沿った施工が可能か判断するため実施する試験ぐいについて自ら立会い、原則として工事監理者に立会いを求めるとともに、基礎ぐい工事の施工体制に係る全ての下請負人の主任技術者の立会いのもとで支持層の位置等を確認する。

三　施工記録に係る一般的事項について

㈠　発注者から直接建設工事を請け負った建設業者の下請負人は、基礎ぐい工事の施工を把握するために、オーガ掘削時に地中から受ける抵抗に係る電気的な計測値、根固め液及びくい周固定液の注入量等施工記録を確認し、当該建設業者に報告する。当該建設業者は、当該下請負人から報告がなされた場合には、その施工記録のくいの支持層到達等を証明する記録としての適正性を確認する。

㈡　発注者から直接建設工事を請け負った建設業者は、取得すべき施工記録が取得できない場合に、当該施工記録に代替する記録を確保するための手法について、基礎ぐい工事の施工前に定め、施工時に当該施工記録が取得できない場合には当該手法に基づき記録を作成しなければならない。

㈢　発注者から直接建設工事を請け負った建設業者は、あらかじめ施工の適正性を確認する施工記録を保存する期間を定め、当該期間保存しなければならない。

㈣　発注者から直接建設工事を請け負った建設業者は、情報技術を活用した施工記録の確認方法及び報告方法を導入することにより、施工の合理化を図るよう努めるものとする。

㈤　㈠の規定は、発注者から直接建設工事を請け負った建設業者以外の建設業者の下請負人について準用する。この場合において、「その施工の適正性を確認する」とあるのは、「その施工の適正性を確認し、下請工事の注文者に報告する」と読み替えるものとする。

建設業法第27条の23第3項の経営事項審査の項目及び基準を定める件

制定：平成20年1月31日　国土交通省告示第 85号
改正：令和 3年3月26日　国土交通省告示第246号

建設業法（昭和24年法律第100号）第27条の23第3項の規定により、経営事項審査の項目及び基準を次のとおり定め、平成20年4月1日から適用する。
なお、平成6年建設省告示第1461号は、平成20年3月31日限り廃止する。

第1　審査の項目は、次の各号に定めるものとする。

一　経営規模

1　建設業法第27条の23第1項の規定により経営事項審査の申請をする日の属する事業年度の開始の日（以下「当期事業年度開始日」という。）の直前2年又は直前3年の各事業年度における完成工事高について算定した許可を受けた建設業に係る建設工事（「土木一式工事」についてはその内訳として「プレストレストコンクリート構造物工事」、「とび・土工・コンクリート工事」についてはその内訳として「法面処理工事」、「鋼構造物工事」についてはその内訳として「鋼橋上部工事」を含む。以下同じ。）の種類別年間平均完成工事高

2　審査基準日（経営事項審査の申請をする日の直前の事業年度の終了の日。以下同じ。）の決算（以下「基準決算」という。）における自己資本の額（貸借対照表における純資産合計の額をいう。以下同じ。）又は基準決算及び基準決算の前期決算における自己資本の額の平均の額（以下「平均自己資本額」という。）

3　当期事業年度開始日の直前1年（以下「審査対象年」という。）における利払前税引前償却前利益（審査対象年の各事業年度（以下「審査対象事業年度」という。）における営業利益の額に審査対象事業年度における減価償却実施額（審査対象事業年度における未成工事支出金に係る減価償却費、販売費及び一般管理費に係る減価償却費、完成工事原価に係る減価償却費、兼業事業売上原価に係る減価償却費その他減価償却費として費用を計上した額をいう。以下同じ。）を加えた額）及び審査対象年開始日の直前1年（以下「前審査対象年」という。）の利払前税引前償却前利益の平均の額（以下「平均利益額」という。）

二　経営状況

1　審査対象年における純支払利息比率（審査対象事業年度における支払利息から受取利息配当金を控除した額を審査対象事業年度における売上高（完成工事高及び兼業事業売上高の合計の額をいう。以下同じ。）で除して得た数値を百分比で表したものをいう。）

2　審査対象年における負債回転期間（基準決算における流動負債と固定負債の合計の額を審査対象事業年度における1月当たり売上高（売上高の額を12で除した額をいう。）で除して得た数値をいう。）

3　審査対象年における総資本売上総利益率（審査対象事業年度における売上総利益の額を基準決算及び基準決算の前期決算における総資本の額（貸借対照表における負債純資産合計の額をいう。以下同じ。）の平均の額で除して得た数値を百分比で表したものをいう。）

4　審査対象年における売上高経常利益率（審査対象事業年度における経常利益（個人である場合においては事業主利益の額とする。）の額を審査対象事業年度における売上高で除して得た数値を百分比で表したものをいう。）

5　基準決算における自己資本対固定資産比率（基準決算における自己資本の額を固定資産の額で除して得た数値を百分比で表したものをいう。）

6　基準決算における自己資本比率（基準決算における自己資本の額を総資本の額で除して得た数値を百分比で表したものをいう。）

7　審査対象年における営業キャッシュ・フローの額（審査対象事業年度における経常利益の額に減価償却実施額を加え、法人税、住民税及び事業税を控除し、基準決算の前期決算から基準決算にかけての引当金増減額、売掛債権増減額、仕入債務増減額、棚卸資産増減額及び受入金増減額を加減したものを１億で除して得た数値をいう。）及び前審査対象年における営業キャッシュ・フローの額の平均の額

8　基準決算における利益剰余金の額（基準決算における利益剰余金の額を１億で除して得た数値をいう。）

三　技術力

1　審査基準日における許可を受けた建設業に従事する職員のうち建設業の種類別の次に掲げる者（以下「技術職員」という。）の数（ただし、１人の職員につき技術職員として申請できる建設業の種類の数は２までとする。）

㈠　建設業法第15条第二号イに該当する者（同法第27条の18第１項の規定による監理技術者資格者証の交付を受けている者であって、同法第26条の４から第26条の６までの規定により国土交通大臣の登録を受けた講習を当期事業年度開始日の直前５年以内に受講したものに限る。）

㈡　建設業法第15条第二号イに該当する者であって、㈠に掲げる者以外の者

㈢　建設業法施行令（昭和31年政令第273号）第28条第一号又は第二号に掲げる者であって、㈠及び㈡に掲げる者以外の者

㈣　登録基幹技能者講習（建設業法施行規則（昭和24年建設省令第14号）第18条の３第２項第二号の登録を受けた講習をいう。）を修了した者及び建設技能者の能力評価制度に関する告示（平成31年国土交通省告示第460号）第３条第２項の規定により同項の認定を受けた能力評価基準（以下単に「能力評価基準」という。）により評価が最上位の区分に該当する者であって㈠、㈡及び㈢に掲げる者以外の者

㈤　建設業法第27条第１項の規定による技術検定その他の法令の規定による試験で、当該試験に合格することによって直ちに同法第７条第二号ハに該当することとなるものに合格した者、他の法令の規定による免許若しくは免状の交付（以下「免許等」という。）で当該免許等を受けることによって直ちに同号ハに該当することとなるものを受けた者又は登録基礎ぐい工事試験（建設業法施行規則第７条の３第二号の表とび・土工工事業の項第五号の登録を受けた試験をいう。）若しくは登録解体工事試験（同条第二号の表解体工事業の項第四号の登録を受けた試験をいう。）に合格した者及び能力評価基準により評価が最上位に次ぐ区分に該当する者であって㈠、㈡、㈢及び㈣に掲げる者以外の者

㈥　建設業法第７条第二号イ、ロ又はハに該当する者で㈠、㈡、㈢、㈣及び㈤に掲げる者以外の者

2　当期事業年度開始日の直前２年又は直前３年の各事業年度における発注者から直接請け負った建設工事に係る完成工事高（以下「元請完成工事高」という。）について算定した許可を受けた建設業に係る建設工事の種類別年間平均元請完成工事高

四　その他の審査項目（社会性等）

1　次に掲げる労働福祉の状況

㈠　審査基準日における雇用保険加入の有無（雇用保険法（昭和49年法律第116号）第７条の規定による届出を行っているか否かをいう。）

㈡　審査基準日における健康保険加入の有無（健康保険法施行規則（大正15年内務省令第36号）第24条の規定による届出を行っているか否かをいう。）

㈢　審査基準日における厚生年金保険加入の有無（厚生年金保険法（昭和29年法律第115号）第27条に規定する届出を行っているか否かをいう。）

㈣　審査基準日における建設業退職金共済制度加入の有無（中小企業退職金共済法（昭和34年法律第160号）第６章の独立行政法人勤労者退職金共済機構との間で同法第２条第５項に規定する特定業種退職金共済契約又はこれに準ずる契約の締結を行っているか否かをいう。）

㈤　審査基準日における退職一時金制度導入の有無（労働協約において退職手当に関する定めがあるか否か、労働基準法第89条第１項第三号の二の定めるところにより就業規則に退職手当の定めがあるか否か、同条第２項の退職手当に関する事項についての規則が定められているか否

か、中小企業退職金共済法第 2 条第 3 項に規定する退職金共済契約を締結しているか否か、又は所得税法施行令（昭和 40 年政令第 96 号）第 73 条第 1 項に規定する特定退職金共済団体との間でその行う退職金共済に関する事業について共済契約を締結しているか否かをいう。）又は審査基準日における企業年金制度導入の有無（厚生年金保険法第 9 章第 1 節の規定に基づき厚生年金基金を設立しているか否か、法人税法（昭和 40 年法律第 34 号）附則第 20 条に規定する適格退職年金契約を締結しているか否か、確定給付企業年金法（平成 13 年法律第 50 号）第 2 条第 1 項に規定する確定給付企業年金の導入を行っているか否か、又は確定拠出年金法（平成 13 年法律第 88 号）第 2 条第 2 項に規定する企業型年金の導入を行っているか否かをいう。）

㈥ 審査基準日における法定外労働災害補償制度加入の有無（公益財団法人建設業福祉共済団、一般社団法人全国建設業労災互助会、一般社団法人全国労働保険事務組合連合会、中小企業等協同組合法（昭和 24 年法律第 181 号）第 27 条の 2 第 1 項の規定により設立の認可を受けた者であって、同法第 9 条の 6 の 2 第 1 項又は同法第 9 条の 9 第 5 項において準用する第 9 条の 6 の 2 第 1 項の規定による認可を受けた共済規程に基づき共済事業を行うもの又は保険会社との間で、労働者災害補償保険法（昭和 22 年法律第 50 号）第 3 章の規定に基づく保険給付の基因となった業務災害及び通勤災害（下請負人に係るものを含む。）に関する給付についての契約を締結しているか否かをいう。）

2 次に掲げる建設業の営業継続の状況

㈠ 審査基準日までの建設業の営業年数（建設業の許可又は登録を受けて営業を行っていた年数をいう。ただし、平成 23 年 4 月 1 日以降の申立てに係る再生手続開始の決定又は更生手続開始の決定を受け、かつ、再生手続終結の決定又は更生手続終結の決定を受けた建設業者は、当該再生手続終結の決定又は更生手続終結の決定を受けてから営業を行つていた年数をいう。）

㈡ 審査基準日における民事再生法又は会社更生法の適用の有無（平成 23 年 4 月 1 日以降の申立てに係る再生手続開始の決定又は更生手続開始の決定を受け、かつ、再生手続終結の決定又は更生手続終結の決定を受けていない建設業者であるか否かをいう。）

3 審査基準日における防災協定締結の有無（国、特殊法人等（公共工事の入札及び契約の適正化の促進に関する法律（平成 12 年法律第 127 号）第 2 条第 1 項に規定する特殊法人等をいう。）又は地方公共団体との間における防災活動に関する協定を締結しているか否かをいう。）

4 審査対象年における法令遵守の状況（建設業法第 28 条の規定により指示をされ、又は営業の全部若しくは一部の停止を命ぜられたことがあるか否かをいう。）

5 次に掲げる審査基準日における建設業の経理に関する状況

㈠ 監査の受審状況（会計監査人若しくは会計参与の設置の有無又は建設業の経理実務の責任者のうち㈡のイに該当する者が経理処理の適正を確認した旨の書類に自らの署名を付したものの提出の有無をいう。）

㈡ 審査基準日における建設業に従事する職員のうち次に掲げるものの数

イ 建設業法施行規則第 18 条の 3 第 3 項第二号イに該当する者、登録経理試験（建設業法施行規則第 18 条の 3 第 3 項第二号ロに規定する試験をいう。ロにおいて同じ。）の一級試験に合格した者であって、合格した日の属する年度の翌年度の開始の日から起算して 5 年を経過しないもの、登録経理講習（建設業法施行規則第 18 条の 3 第 3 項第二号ハに規定する講習をいう。ロにおいて同じ。）の一級講習を受講した者であって、受講した日の属する年度の翌年度の開始の日から起算して 5 年を経過しないもの及び建設業法施行規則第 18 条の 3 第 3 項第二号イからハまでに掲げる者と同等以上の建設業の経理に関する知識を有すると認める者を定める告示（令和 2 年国土交通省告示第 1060 号）第一号、第三号又は第五号に掲げる者

ロ 登録経理試験の二級試験に合格した者であって、合格した日の属する年度の翌年度の日から起算して 5 年を経過しないもの、登録経理講習の二級講習を受講した者であって、受講した日の属する年度の翌年度の開始の日から起算して 5 年を経過しないもの及び建設業法施行規則第 18 条の 3 第 3 項第二号イからハまでに掲げる者と同等以上の建設業の経理に関する知識を有すると認める者を定める告示（令和 2 年国土交通省告示第 1060 号）第二号又は第四号に掲げる者であって、イに掲げる者以外の者

6 審査対象年及び前審査対象年における研究開発費の額の平均の額（以下「平均研究開発費の額」と

いう。ただし、会計監査人設置会社において、一般に公正妥当と認められる企業会計の基準に従って処理されたものに限る。）

7　審査基準日における建設機械の保有状況（自ら所有し、又はリース契約（審査基準日から1年7か月以上の使用期間が定められているものに限る。）により使用する建設機械抵当法施行令（昭和29年政令第294号）別表に規定するショベル系掘削機、ブルドーザー及び、トラクターショベル及びモーターグレーダー、土砂等を運搬する大型自動車による交通事故の防止等に関する特別措置法（昭和42年法律第131号）第2条第2項に規定する大型自動車（以下この7において単に「大型自動車」という。）のうち、同法第3条第1項第二号に規定する経営する事業の種類として建設業を届け出、かつ、同項又は同条第3項の規定による表示番号の指定を受けているもの、大型自動車のうち、土砂等を運搬する大型自動車による交通事故の防止等に関する特別措置法施行規則（昭和42年運輸省令第86号）第5条第1項に規定する表示番号指定申請書（記載事項に変更があった場合においては、同条第2項に規定する申請事項変更届出書）に主として経営する事業の種類が建設業である旨を記載し、かつ、同法第3条第2項の規定による表示番号の指定を受けているもの並びに労働安全衛生法施行令（昭和47年政令第318号）第12条第1項第四号に規定するつり上げ荷重が3トン以上の移動式クレーンの合計台数（以下「建設機械の所有及びリース台数」という。）をいう。）

8　審査基準日における国際標準化機構が定めた規格による登録の状況（国際標準化機構第9001号又は第14001号の規格により登録されているか否かをいう（認証範囲に建設業が含まれていないもの及び認証範囲が一部の支店等に限られているものは除く。）。）

9　次に掲げる審査基準日又は審査対象年における若年の技術者及び技能労働者の育成及び確保の状況

㈠　若年技術職員（満35歳未満の技術職員をいう。以下同じ。）の継続的な育成及び確保の状況（審査基準日において、若年技術職員の人数が技術職員の人数の合計の15%以上であるか否かをいう。）

㈡　新規若年技術職員の育成及び確保の状況（審査基準日において、若年技術職員のうち、審査対象年において新規に技術職員となった人数が技術職員の人数の合計の1%以上であるか否かをいう。）

10　次に掲げる審査対象年又は審査基準日以前3年間の知識及び技術又は技能の向上に関する建設工事に従事する者の取組の状況

㈠　審査基準日における許可を受けた建設業に従事する職員のうち、審査基準日以前1年間に、建設業法第7条第二号イ、ロ若しくはハ又は同法第15条第二号イ、ロ若しくはハに該当する者又は一級若しくは二級の第一次検定に合格した者（以下「技術者」という。）が取得したCPD単位（公益社団法人空気調和・衛生工学会、一般財団法人建設業振興基金、一般社団法人建設コンサルタンツ協会、一般社団法人交通工学研究会、公益社団法人地盤工学会、公益社団法人森林・自然環境技術教育研究センター、公益社団法人全国上下水道コンサルタント協会、一般社団法人全国測量設計業協会連合会、一般社団法人全国土木施工管理技士会連合会、一般社団法人全日本建設技術協会、土質・地質技術者生涯学習協議会、公益社団法人土木学会、一般社団法人日本環境アセスメント協会、公益社団法人日本技術士会、公益社団法人日本建築士会連合会、公益社団法人日本造園学会、公益社団法人日本都市計画学会、公益社団法人農業農村工学会、一般社団法人日本建築士事務所協会連合会、公益社団法人建築家協会、一般社団法人日本建設業連合会、一般社団法人日本建築学会、一般社団法人建築設備技術者協会、一般社団法人電気設備学会、一般社団法人日本設備設計事務所協会、公益財団法人建築技術教育普及センター又は一般社団法人日本建築構造技術者協会（別表第18において「CPD認定団体」という。）によって修得を認定された単位数を、別表18の左欄に掲げるCPD認定団体ごとに右欄に掲げる数値で除し、30を乗じた数値をいう。）の合計数を、技術者の数（付録第3において「技術者数」という。）で除した数値

㈡　審査基準日における許可を受けた建設業に従事する職員のうち、審査基準日以前3年間に、能力評価基準により受けた評価の区分が、審査基準日の3年前の日以前に受けた最新の評価の区分より1以上上位であった者の数を、審査基準日における許可を受けた建設業に従事する職員のうち、審査基準日以前3年間に、建設工事の施工に従事した者であって、建設業法施行規則第14条の2第二号チ又は同条第四号チに規定する建設工事に従事する者に該当する者の数から建設工事の施工の管理のみに従事した者の数を減じて得た数（付録第3において「技能者数」

という。）で除した数値

第２　審査の基準は、次の各号に定めるとおりとする。

一　経営規模に係る審査の基準

1　第１の一の１に掲げる当期事業年度開始日の直前２年又は直前３年の各事業年度における完成工事高について算定した許可を受けた建設業に係る建設工事の種類別年間平均完成工事高については、そのいずれかの額が、別表第１の区分の欄のいずれに該当するかを、許可を受けた建設業に係る建設工事の種類ごとに審査すること。

2　第１の一の２に掲げる基準決算における自己資本の額又は平均自己資本額については、そのいずれかの額が別表第２の区分の欄のいずれに該当するかを審査すること。

3　第１の一の３に掲げる平均利益額については、その額が別表第３の区分の欄のいずれに該当するかを審査すること。

二　経営状況に係る審査の基準

第1の二に掲げる比率等については、付録第1に定める算式によって算出した点数を求めること。ただし、国土交通大臣が次に掲げる要件のいずれにも適合するものとして認定した企業集団に属する会社のうち子会社（財務諸表等の用語、様式及び作成方法に関する規則（昭和 38 年大蔵省令第 59 号。以下この号において「財務諸表等規則」という。）第８条第３項に規定する子会社をいう。以下この号において同じ。）については、親会社（財務諸表等規則第８条第３項に規定する親会社をいう。以下この号において同じ。）の提出する連結財務諸表（一般に公正妥当と認められる企業会計の基準に準拠して作成された連結貸借対照表、連結損益計算書、連結株主資本等変動計算書及び連結キャッシュ・フロー計算書をいう。以下この号において同じ。）に基づき審査するものとする。

㈠　親会社が会計監査人設置会社であり、かつ、次に掲げる要件のいずれかに該当するものであること。

イ　有価証券報告書提出会社である場合においては、子会社との関係において、財務諸表等規則第８条第４項各号に掲げる要件のいずれかを満たすものであること。

ロ　有価証券報告書提出会社以外の場合においては、子会社の議決権の過半数を自己の計算において所有しているものであること。

㈡　子会社が次に掲げる要件のいずれにも該当する建設業者であること。

イ　売上高が企業集団の売上高の$\frac{5}{100}$以上を占めているものであること。

ロ　単独で審査した場合の経営状況の評点が、親会社の提出する連結財務諸表を用いて審査した場合の経営状況の評点の$\frac{2}{3}$以上であるものであること。

三　技術力に係る審査の基準

1　第１の三の１に掲げる審査基準日における技術職員の数については、審査基準日における許可を受けた建設業の種類別の同号の１の㈠から㈥に掲げる者の数に、同号の１の㈠に掲げる者の数にあっては6を、同号の１の㈡に掲げる者の数にあっては５を、同号の１の㈢に掲げる者の数にあっては４を、同号の１の㈣に掲げる者の数にあっては３を、同号の１の㈤に掲げる者の数にあっては２を、同号の１の㈥に掲げる者の数にあっては１をそれぞれ乗じて得た数値の合計数値（別表第４において「技術職員数値」という。）を許可を受けた建設業の種類ごとにそれぞれ求め、これらが、別表第４の区分の欄のいずれに該当するかを審査すること。

2　第１の三の２に掲げる当期事業年度開始日の直前２年又は直前３年の各事業年度における元請完成工事高について算定した許可を受けた建設業に係る建設工事の種類別年間平均元請完成工事高については、そのいずれかの額が、別表第５の区分の欄のいずれに該当するかを、許可を受けた建設業に係る建設工事の種類ごとに審査すること。ただし、第１の一の１において当期事業年度開始日の直前２年又は直前３年の各事業年度における完成工事高について選択した基準と同一の基準とすること。

四　その他の審査項目（社会性等）に係る審査の基準

1　第１の四の１に掲げる労働福祉の状況については、付録第２に定める算式によって算出した点数を求めること。

2　次に掲げる建設業の営業継続の状況

㈠　第１の四の２の㈠に掲げる営業年数については、当該年数が、別表第６の区分の欄のいずれに該当するかを審査すること。

㈡　第1の四の2の㈡に掲げる民事再生法又は会社更生法の適用の有無については、民事再生法又は会社更生法の適用の有無が、別表第7の区分の欄のいずれに該当するかを審査すること。

3　第1の四の3に掲げる防災協定締結の有無については、防災協定締結の有無が、別表第8の区分の欄のいずれに該当するかを審査すること。

4　第1の四の4に掲げる法令遵守の状況については、建設業法第28条の規定により指示をされ、又は営業の全部若しくは一部の停止を命ぜられたことの有無が、別表第9の区分の欄のいずれに該当するかを審査すること。

5　次に掲げる建設業の経理に関する状況

㈠　第1の四の5の㈠に掲げる監査の受審状況については、会計監査人若しくは会計参与の設置の有無又は建設業の経理実務の責任者のうち第1の四の5の㈡のイに該当する者が経理処理の適正を確認した旨の書類に自らの署名を付したものの提出の有無が、別表第10の区分の欄のいずれに該当するかを審査すること。

㈡　第1の四の5の㈡に掲げる職員の数については、同号の5の㈡のイに掲げる者の数に、同号の5の㈡のロに掲げる者の数に$\frac{4}{10}$を乗じて得た数を加えた合計数値（別表第11において「公認会計士等数値」という。）が、年間平均完成工事高に応じて、別表第11の区分の欄のいずれに該当するかを審査すること。

6　第1の四の6に掲げる平均研究開発費の額については、当該金額が、別表第12の区分のいずれに該当するかを審査すること。

7　第1の四の7に掲げる建設機械の保有状況については、建設機械の所有及びリース台数が、別表第13の区分の欄のいずれに該当するかを審査すること。

8　第1の四の8に掲げる国際標準化機構が定めた規格による登録の状況については、国際標準化機構第9001号又は第14001号の規格による登録の有無が、別表第14の区分の欄のいずれに該当するかを審査すること。

9　次に掲げる若年の技術者及び技能労働者の育成及び確保の状況

㈠　第1の四の9の㈠に掲げる若年技術職員の継続的な育成及び確保の状況については、別表第15の区分の欄のいずれに該当するかを審査すること。

㈡　第1の四の9の㈡に掲げる新規若年技術職員の育成及び確保の状況については、別表第16の区分の欄のいずれに該当するかを審査すること。

10　第1の四の10に掲げる知識及び技術又は技能の向上に関する建設工事に従事する者の取組の状況については、付録第3に定める算式によって算出した数値が、別表第17の区分の欄のいずれに該当するかを審査すること。

附則

1　建設業法第15条第二号イに該当する者のうち、当期事業年度開始日の直前5年以内であって平成16年2月29日以前に交付された資格者証を所持しているもの、及び当期事業年度開始日の直前5年以内かつ平成16年2月29日以前に指定講習（平成15年6月18日改正前の建設業法第27条の18第4項の規定により国土交通大臣が指定する講習をいう。）を受講した者であって平成16年3月1日以降に交付された資格者証を所持しているものについては、第1の三の1の㈠に掲げる者に該当するものとみなす。

2　審査の対象とする建設業者が、効力を有する政府調達に関する協定を適用している国又は地域その他我が国に対して建設市場が開放的であると認められる国又は地域（以下「協定適用国等」という。）に主たる営業所を有する建設業者又は我が国に主たる営業所を有する建設業者のうち協定適用国等に主たる営業所を有する者が当該建設業者の資本金の額の$\frac{1}{2}$以上を出資しているもの（以下「外国建設業者」という。）である場合における第2の三の1並びに第2の四の1、2、5及び6の規定の適用については、当分の間、当該各規定にかかわらず、それぞれ次に定めるところによる。

1　第2の三の1の規定の適用については、同号中「1の㈠に掲げる者の数」とあるのは「1の㈠に掲げる者の数及び当該者と同等以上の潜在的能力があると国土交通大臣が認定した者の数の合計数」と、「1の㈡に掲げる者の数」とあるのは「1の㈡に掲げる者の数及び当該者と同等以上の潜在的能力があると国土交通大臣が認定した者の数の合計数」と、「1の㈢に掲げる者の数」とあるのは「1の㈢に掲げる者の数及び当該者と同等以上の潜在的能力があると国土交通大臣が認定した者の数の合計数」と、「1の㈣に掲げる者の数」とあるのは「1の㈣に掲げる者の数及び当該者と同等以上の潜在的能力があると国土交通大臣が認定した者の数の合計数」と、「1の㈤に掲げる者の数」とあるのは「1の㈤に掲げる者の数及び当該者と同等以上の潜在的能力があると国土交通大臣が認定した者の数の合計数」とする。

2　第2の四の1の規定の適用については、付録第2中「しているとされたものの数」とあるのは「しているとされたもの（これらの各項目について加入又は導入をしている場合と同等の場合であると国土交通大臣が認定した場合における当該認定した項目を含む。）の数」とする。

3　第2の四の2の規定の適用については、同号の2中「当該年数」とあるのは「当該年数及び外国において建設業を営んでいた年数で国土交通大臣が認定したものの合計年数」とする。

4　第2の四の5の㈠の適用については、第2の四の5の㈠中「会計参与の設置の有無又は」とあるのは「会計参与の設置の有無若しくは」とし、「提出の有無」とあるのは「提出の有無又はこれと同等以上の措置として国土交通大臣が認定した措置の有無」とする。

5　第2の四の5の㈡の適用については、第2の四の5の㈡中「同号の5の㈡のイに掲げる者の数」とあるのは「同号の5の㈡のイに掲げる者の数及び当該者と同等以上の潜在的能力があると国土交通大臣が認定した者の数の合計数」と、「同号の5の㈡のロに掲げる者の数」とあるのは「、同号の5の㈡のロに掲げる者の数及び当該者と同等以上の潜在的能力があると国土交通大臣が認定した者の数の合計数」とする。

6　第2の四の6の適用については、同号中「当該金額」とあるのは「当該金額及びこれと同等のものとして国土交通大臣が認定した額の合計額」とする。

3　国土交通大臣が外国建設業者の属する企業集団について、次に掲げる要件に適合するものとして一体として建設業を営んでいると認定した場合においては、当分の間、第1に掲げる各項目（第1の四の1の㈠から㈢まで、3及び4に掲げる項目を除く。）については、国土交通大臣が当該企業集団について認定した数値をもって当該各項目の数値として審査するものとする。

㈠　当該外国建設業者の属する企業集団が一体として建設業を営んでいることについて、当該企業集団の中心となる者であって協定適用国等に主たる営業所を有するものによる証明があること。

㈡　当該外国建設業者の属する企業集団に財務諸表の連結その他の密接な関係があること。

4　企業結合により経営基盤の強化を行おうとする建設業者であって、国土交通大臣が次に掲げる要件のいずれにも適合するものとして認定した企業集団に属するものについては、国土交通大臣が当該企業集団について認定した数値等をもって、第1に掲げる各項目の数値等として審査するものとする。

㈠　財務諸表等の用語、様式及び作成方法に関する規則第8条第3項に規定する親会社（以下単に「親会社」という。）とその子会社（同項に規定する子会社をいう。以下同じ。）からなる企業集団であること。

㈡　親会社が金融商品取引法（昭和23年法律第25号）第24条第1項の規定により有価証券報告書を内閣総理大臣に提出しなければならない者であること。

㈢　企業集団を構成する建設業者が主として営む建設業の種類がそれぞれ異なる等相互の機能分化が相当程度なされていると認められること。

5　1の建設業者の経営事項審査において4の規定により認定した数値等をもって審査が行われた場合にあっては、当該建設業者の属する企業集団に属する他の建設業者は、当該数値等をもって経営事項審査の申請を行うことはできないものとする。

6　企業結合により経営基盤の強化を行おうとする建設業者であって、国土交通大臣が次に掲げる要件のいずれにも適合するものとして認定した企業集団に属するものについては、国土交通大臣が当該企業集団に属する建設業者について認定した数値をもって、第1の三の1に掲げる技術職員数及び第1の四の5の㈡に掲げる職員の数として審査するものとする。

㈠　親会社とその子会社からなる企業集団であること。

㈡　親会社が次のいずれにも該当するものであること。

イ　親会社が子会社の発行済株式の総数を有する者であること。

ロ　金融商品取引法第24条の規定により有価証券報告書を内閣総理大臣に提出しなければならない者であること。

ハ　経営事項審査を受けていない者であること。

ニ　主として企業集団全体の経営管理を行うものであること。

㈢ 子会社が建設業者であること。

7 我が国に主たる営業所を有する建設業者であって、国土交通大臣が次に掲げる要件のいずれにも適合するものとして認定した子会社を外国に有するものについては、国土交通大臣が当該子会社について認定した数値を当該建設業者の種類別年間平均完成工事高に加えた数値をもって第1の一の1に掲げる項目の数値として審査し、かつ、国土交通大臣が当該建設業者及び当該子会社について認定した数値をもって同号の2及び同号の3に掲げる項目の数値として審査するものとする。

㈠ 経営事項審査を受けていない者であること。

㈡ 主たる事業として建設業を営む者であること。

別表第 1（第 2 の一の 1 関係）

許可を受けた建設業に係る建設工事の種類別年間平均完成工事高		区分
	1,000 億円以上	(1)
800 億円以上	1,000 億円未満	(2)
600 億円以上	800 億円未満	(3)
500 億円以上	600 億円未満	(4)
400 億円以上	500 億円未満	(5)
300 億円以上	400 億円未満	(6)
250 億円以上	300 億円未満	(7)
200 億円以上	250 億円未満	(8)
150 億円以上	200 億円未満	(9)
120 億円以上	150 億円未満	(10)
100 億円以上	120 億円未満	(11)
80 億円以上	100 億円未満	(12)
60 億円以上	80 億円未満	(13)
50 億円以上	60 億円未満	(14)
40 億円以上	50 億円未満	(15)
30 億円以上	40 億円未満	(16)
25 億円以上	30 億円未満	(17)
20 億円以上	25 億円未満	(18)
15 億円以上	20 億円未満	(19)
12 億円以上	15 億円未満	(20)
10 億円以上	12 億円未満	(21)
8 億円以上	10 億円未満	(22)
6 億円以上	8 億円未満	(23)
5 億円以上	6 億円未満	(24)
4 億円以上	5 億円未満	(25)
3 億円以上	4 億円未満	(26)
2 億 5,000 万円以上	3 億円未満	(27)
2 億円以上	2 億 5,000 万円未満	(28)
1 億 5,000 万円以上	2 億円未満	(29)
1 億 2,000 万円以上	1 億 5,000 万円未満	(30)
1 億円以上	1 億 2,000 万円未満	(31)
8,000 万円以上	1 億円未満	(32)
6,000 万円以上	8,000 万円未満	(33)
5,000 万円以上	6,000 万円未満	(34)
4,000 万円以上	5,000 万円未満	(35)
3,000 万円以上	4,000 万円未満	(36)
2,500 万円以上	3,000 万円未満	(37)
2,000 万円以上	2,500 万円未満	(38)
1,500 万円以上	2,000 万円未満	(39)
1,200 万円以上	1,500 万円未満	(40)
1,000 万円以上	1,200 万円未満	(41)
	1,000 万円未満	(42)

備考
各区分の評点については、別途通知により定めるところによる。

別表第 2（第 2 の一の 2 関係）

自己資本の額又は平均自己資本額		区分
	3,000 億円以上	(1)
2,500 億円以上	3,000 億円未満	(2)
2,000 億円以上	2,500 億円未満	(3)
1,500 億円以上	2,000 億円未満	(4)
1,200 億円以上	1,500 億円未満	(5)
1,000 億円以上	1,200 億円未満	(6)
800 億円以上	1,000 億円未満	(7)
600 億円以上	800 億円未満	(8)
500 億円以上	600 億円未満	(9)
400 億円以上	500 億円未満	(10)
300 億円以上	400 億円未満	(11)
250 億円以上	300 億円未満	(12)
200 億円以上	250 億円未満	(13)
150 億円以上	200 億円未満	(14)
120 億円以上	150 億円未満	(15)
100 億円以上	120 億円未満	(16)
80 億円以上	100 億円未満	(17)
60 億円以上	80 億円未満	(18)
50 億円以上	60 億円未満	(19)
40 億円以上	50 億円未満	(20)
30 億円以上	40 億円未満	(21)
25 億円以上	30 億円未満	(22)
20 億円以上	25 億円未満	(23)
15 億円以上	20 億円未満	(24)
12 億円以上	15 億円未満	(25)
10 億円以上	12 億円未満	(26)
8 億円以上	10 億円未満	(27)
6 億円以上	8 億円未満	(28)
5 億円以上	6 億円未満	(29)
4 億円以上	5 億円未満	(30)
3 億円以上	4 億円未満	(31)
2 億 5,000 万円以上	3 億円未満	(32)
2 億円以上	2 億 5,000 万円未満	(33)
1 億 5,000 万円以上	2 億円未満	(34)

1億2,000万円以上	1億5,000万円未満	(35)
1億円以上	1億2,000万円未満	(36)
8,000万円以上	1億円未満	(37)
6,000万円以上	8,000万円未満	(38)
5,000万円以上	6,000万円未満	(39)
4,000万円以上	5,000万円未満	(40)
3,000万円以上	4,000万円未満	(41)
2,500万円以上	3,000万円未満	(42)
2,000万円以上	2,500万円未満	(43)
1,500万円以上	2,000万円未満	(44)
1,200万円以上	1,500万円未満	(45)
1,000万円以上	1,200万円未満	(46)
	1,000万円未満	(47)

備考
各区分の評点については、別途通知により定めるところによる。

別表第3（第2の一の3関係）

平均利益額		区分
	300億円以上	(1)
250億円以上	300億円未満	(2)
200億円以上	250億円未満	(3)
150億円以上	200億円未満	(4)
120億円以上	150億円未満	(5)
100億円以上	120億円未満	(6)
80億円以上	100億円未満	(7)
60億円以上	80億円未満	(8)
50億円以上	60億円未満	(9)
40億円以上	50億円未満	(10)
30億円以上	40億円未満	(11)
25億円以上	30億円未満	(12)
20億円以上	25億円未満	(13)
15億円以上	20億円未満	(14)
12億円以上	15億円未満	(15)
10億円以上	12億円未満	(16)
8億円以上	10億円未満	(17)
6億円以上	8億円未満	(18)
5億円以上	6億円未満	(19)
4億円以上	5億円未満	(20)
3億円以上	4億円未満	(21)
2億5,000万円以上	3億円未満	(22)
2億円以上	2億5,000万円未満	(23)
1億5,000万円以上	2億円未満	(24)

1億2,000万円以上	1億5,000万円未満	(25)
1億円以上	1億2,000万円未満	(26)
8,000万円以上	1億円未満	(27)
6,000万円以上	8,000万円未満	(28)
5,000万円以上	6,000万円未満	(29)
4,000万円以上	5,000万円未満	(30)
3,000万円以上	4,000万円未満	(31)
2,500万円以上	3,000万円未満	(32)
2,000万円以上	2,500万円未満	(33)
1,500万円以上	2,000万円未満	(34)
1,200万円以上	1,500万円未満	(35)
1,000万円以上	1,200万円未満	(36)
	1,000万円未満	(37)

備考
各区分の評点については、別途通知により定めるところによる。

別表第4（第2の三の1関係）

技術職員数値		区分
	15,500以上	(1)
11,930以上	15,500未満	(2)
9,180以上	11,930未満	(3)
7,060以上	9,180未満	(4)
5,430以上	7,060未満	(5)
4,180以上	5,430未満	(6)
3,210以上	4,180未満	(7)
2,470以上	3,210未満	(8)
1,900以上	2,470未満	(9)
1,460以上	1,900未満	(10)
1,130以上	1,460未満	(11)
870以上	1,130未満	(12)
670以上	870未満	(13)
510以上	670未満	(14)
390以上	510未満	(15)
300以上	390未満	(16)
230以上	300未満	(17)
180以上	230未満	(18)
140以上	180未満	(19)
110以上	140未満	(20)
85以上	110未満	(21)
65以上	85未満	(22)
50以上	65未満	(23)
40以上	50未満	(24)

30 以上	40 未満	⑵⑸
20 以上	30 未満	⑵⑹
15 以上	20 未満	⑵⑺
10 以上	15 未満	⑵⑻
5 以上	10 未満	⑵⑼
	5 未満	⑶⑽

備考
各区分の評点については、別途通知により定めるところによる。

別表第 5（第 2 の三の 2 関係）

許可を受けた建設業に係る建設工事の種類別年間平均元請完成工事高		区分
	1,000 億円以上	(1)
800 億円以上	1,000 億円未満	(2)
600 億円以上	800 億円未満	(3)
500 億円以上	600 億円未満	(4)
400 億円以上	500 億円未満	(5)
300 億円以上	400 億円未満	(6)
250 億円以上	300 億円未満	(7)
200 億円以上	250 億円未満	(8)
150 億円以上	200 億円未満	(9)
120 億円以上	150 億円未満	(10)
100 億円以上	120 億円未満	(11)
80 億円以上	100 億円未満	(12)
60 億円以上	80 億円未満	(13)
50 億円以上	60 億円未満	(14)
40 億円以上	50 億円未満	(15)
30 億円以上	40 億円未満	(16)
25 億円以上	30 億円未満	(17)
20 億円以上	25 億円未満	(18)
15 億円以上	20 億円未満	(19)
12 億円以上	15 億円未満	(20)
10 億円以上	12 億円未満	(21)
8 億円以上	10 億円未満	(22)
6 億円以上	8 億円未満	(23)
5 億円以上	6 億円未満	(24)
4 億円以上	5 億円未満	(25)
3 億円以上	4 億円未満	(26)
2 億 5,000 万円以上	3 億円未満	(27)
2 億円以上	2 億 5,000 万円未満	(28)
1 億 5,000 万円以上	2 億円未満	(29)
1 億 2,000 万円以上	1 億 5,000 万円未満	(30)
1 億円以上	1 億 2,000 万円未満	(31)
8,000 万円以上	1 億円未満	(32)
6,000 万円以上	8,000 万円未満	(33)
5,000 万円以上	6,000 万円未満	(34)
4,000 万円以上	5,000 万円未満	(35)
3,000 万円以上	4,000 万円未満	(36)
2,500 万円以上	3,000 万円未満	(37)
2,000 万円以上	2,500 万円未満	(38)
1,500 万円以上	2,000 万円未満	(39)
1,200 万円以上	1,500 万円未満	(40)
1,000 万円以上	1,200 万円未満	(41)
	1,000 万円未満	(42)

備考
各区分の評点については、別途通知により定めるところによる。

別表第 6（第 2 の四の 2 関係）

営業年数	区分
35 年以上	(1)
34 年	(2)
33 年	(3)
32 年	(4)
31 年	(5)
30 年	(6)
29 年	(7)
28 年	(8)
27 年	(9)
26 年	(10)
25 年	(11)
24 年	(12)
23 年	(13)
22 年	(14)
21 年	(15)
20 年	(16)
19 年	(17)
18 年	(18)
17 年	(19)
16 年	(20)
15 年	(21)
14 年	(22)
13 年	(23)
12 年	(24)
11 年	(25)

10年	(26)
9年	(27)
8年	(28)
7年	(29)
6年	(30)
5年以下	(31)

備考
各区分の評点については、別途通知により定めるところによる。

別表第7（第2の四の2関係）

民事再生法又は会社更生法の適用の有無	区分
無	(1)
有	(2)

備考
各区分の評点については、別途通知により定めるところによる。

別表第8（第2の四の3関係）

防災協定締結の有無	区分
有	(1)
無	(2)

備考
各区分の評点については、別途通知により定めるところによる。

別表第9（第2の四の4関係）

法令遵守の状況	区分
無	(1)
指示をされた場合	(2)
営業の全部若しくは一部の停止を命ぜられた場合	(3)

備考
各区分の評点については、別途通知により定めるところによる。

別表第10（第2の四の5の(1)関係）

監査の受審状況	区分
会計監査人の設置	(1)
会計参与の設置	(2)
経理処理の適正を確認した旨の書類の提出	(3)
無	(4)

備考
各区分の評点については、別途通知により定めるところによる。

別表第11（第2の四の5の(2)関係）

項目 平均区分 ／ 年間完成工事高	公認会計士等数値					
	(1)	(2)	(3)	(4)	(5)	(6)
600億円以上	13.6以上	10.8以上 13.6未満	7.2以上 10.8未満	5.2以上 7.2未満	2.8以上 5.2未満	2.8未満
150億円以上 600億円未満	8.8以上	6.8以上 8.8未満	4.8以上 6.8未満	2.8以上 4.8未満	1.6以上 2.8未満	1.6未満
40億円以上 150億円未満	4.4以上	3.2以上 4.4未満	2.4以上 3.2未満	1.2以上 2.4未満	0.8以上 1.2未満	0.8未満
10億円以上 40億円未満	2.4以上	1.6以上 2.4未満	1.2以上 1.6未満	0.8以上 1.2未満	0.4以上 0.8未満	0.4未満
1億円以上 10億円未満	1.2以上	0.8以上 1.2未満	0.4以上 0.8未満	−	−	0
1億円未満	0.4以上	−	−	−	−	0

別表第12（第2の四の6関係）

平均研究開発費の額		区分
	100億円以上	(1)
75億円以上	100億円未満	(2)
50億円以上	75億円未満	(3)
30億円以上	50億円未満	(4)
20億円以上	30億円未満	(5)
19億円以上	20億円未満	(6)
18億円以上	19億円未満	(7)
17億円以上	18億円未満	(8)
16億円以上	17億円未満	(9)
15億円以上	16億円未満	(10)
14億円以上	15億円未満	(11)
13億円以上	14億円未満	(12)
12億円以上	13億円未満	(13)
11億円以上	12億円未満	(14)
10億円以上	11億円未満	(15)
9億円以上	10億円未満	(16)
8億円以上	9億円未満	(17)
7億円以上	8億円未満	(18)
6億円以上	7億円未満	(19)
5億円以上	6億円未満	(20)
4億円以上	5億円未満	(21)
3億円以上	4億円未満	(22)
2億円以上	3億円未満	(23)
1億円以上	2億円未満	(24)
5,000万円以上	1億円未満	(25)
	5,000万円未満	(26)

備考
各区分の評点については、別途通知により定めるところによる。

別表第13（第2の四の7関係）

建設機械の所有及びリース台数	区分
15台以上	(1)
14台	(2)
13台	(3)
12台	(4)
11台	(5)
10台	(6)
9台	(7)
8台	(8)
7台	(9)
6台	(10)
5台	(11)
4台	(12)
3台	(13)
2台	(14)
1台	(15)
0台	(16)

備考
各区分の評点については、別途通知により定めるところによる。

別表第14（第2の四の8関係）

国際標準化機構が定めた規格による登録状況	区分
第9001号及び第14001号の登録	(1)
第9001号の登録	(2)
第14001号の登録	(3)
無	(4)

備考
各区分の評点については、別途通知により定めるところによる。

別表第15（第2の四の9の(一)関係）

若年技術職員の継続的な育成及び確保の状況	区分
15%以上	(1)
15%未満	(2)

備考
各区分の評点については、別途通知により定めるところによる。

別表第16（第2の四の9の(二)関係）

新規若年技術職員の育成及び確保の状況	区分
1%以上	(1)
1%未満	(2)

備考
各区分の評点については、別途通知により定めるところによる。

別表第17（第2の四の10関係）

知識及び技術又は技能の向上に関する取組の状況		区分
	10	(1)
9以上	10未満	(2)
8以上	9未満	(3)

7以上	8未満	(4)
6以上	7未満	(5)
5以上	6未満	(6)
4以上	5未満	(7)
3以上	4未満	(8)
2以上	3未満	(9)
1以上	2未満	(10)
	1未満	(11)

備考
各区分の評点については、別途通知により定めるところによる。

別表第18（第2の四の10関係）

公益社団法人空気調和・衛生工学会	50
一般財団法人建設業振興基金	12
一般社団法人建設コンサルタンツ協会	50
一般社団法人交通工学研究会	50
公益社団法人地盤工学会	50
公益社団法人森林・自然環境技術教育研究センター	20
公益社団法人全国上下水道コンサルタント協会	50
一般社団法人全国測量設計業協会連合会	20
一般社団法人全国土木施工管理技士会連合会	20
一般社団法人全日本建設技術協会	25
土質・地質技術者生涯学習協議会	50
公益社団法人土木学会	50
一般社団法人日本環境アセスメント協会	50
公益社団法人日本技術士会	50
公益社団法人日本建築士会連合会	12
公益社団法人日本造園学会	50
公益社団法人日本都市計画学会	50
公益社団法人農業農村工学会	50
一般社団法人日本建築士事務所協会連合会	12
公益社団法人建築家協会	12
一般社団法人日本建設業連合会	12
一般社団法人日本建築学会	12
一般社団法人建築設備技術者協会	12
一般社団法人電気設備学会	12
一般社団法人日本設備設計事務所協会	12
公益財団法人建築技術教育普及センター	12
一般社団法人日本建築構造技術者協会	12

付録第 1
算式
経営状況点数(A) = − 0.4650 × X_1 − 0.0508 × X_2 + 0.0264 × X_3 + 0.0277 × X_4
+ 0.0011 × X_5 + 0.0089 × X_6 + 0.0818 × X_7 + 0.0172 × X_8 + 0.1906
X_1 は、純支払利息比率
X_2 は、負債回転期間
X_3 は、総資本売上総利益率
X_4 は、売上高経常利益率
X_5 は、自己資本対固定資産比率
X_6 は、自己資本比率
X_7 は、営業キャッシュ・フロー
X_8 は、利益剰余金
備考
経営状況の評点の算出については、別途通知により定めるところによる。

付録第 2
算式
Y_1 × 15 − Y_2 × 40
Y_1 は、第 1 の四の 1 の㈣から㈥までの各項目のうち加入又は導入をしているとされたものの数
Y_2 は、第 1 の四の 1 の㈠及び㈢までの各項目のうち加入をしていないとされたものの数

付録第 3
算式
$$\frac{Z_1}{Z_1 + Z_2} \times Z_3 + \frac{Z_2}{Z_1 + Z_2} \times Z_4$$

Z_1 の数値は、技術者数。
Z_2 の数値は、技能者数。
Z_3 の数値は、審査基準日における許可を受けた建設業に従事する職員のうち、審査基準日以前 1 年間に技術者が取得した CPD 単位数の合計値を技術者数で除した数値が 3 未満の場合は 0、3 以上 6 未満の場合は 1、6 以上 9 未満の場合は 2、9 以上 12 未満の場合は 3、12 以上 15 未満の場合は 4、15 以上 18 未満の場合は 5、18 以上 21 未満の場合は 6、21 以上 24 未満の場合は 7、24 以上 27 未満の場合は 8、27 以上 30 未満の場合は 9、30 の場合は 10 とする。
Z_4 の数値は、審査基準日における許可を受けた建設業に従事する職員のうち、審査基準日以前 3 年間に能力評価基準により受けた評価の区分が審査基準日の 3 年前の日以前に受けた最新の評価の区分より 1 以上上位であった者の数を、技能者数から審査基準日の 3 年前の日以前に能力評価基準により評価が最上位の区分に該当するとされた者の数（以下「控除対象者数」という。）を除いた数で除した数値を百分率で表した数値が 1.5%未満の場合は 0、1.5%以上 3 %未満の場合は 1、3%以上 4.5%未満の場合は 2、4.5%以上 6%未満の場合は 3、6%以上 7.5%未満の場合は 4、7.5%以上 9%の場合は 5、9%以上 10.5%未満の場合は 6、10.5%以上 12%未満の場合は 7、12%以上 13.5%未満の場合は 8、13.5%以上 15%未満の場合は 9、15%以上の場合は 10 とする。なお、能力評価基準により評価を受けていない者については、最も低位の区分に評価されているものとして審査する。また、技能者数から控除対象者を除いた数値が 0 である場合、Z_4 の数値は 0 として審査する。

津波浸水想定を設定する際に想定した津波に対して安全な構造方法等を定める件

制定：平成 23 年 12 月 27 日 国土交通省告示第 1318 号
改正：平成 24 年 6 月 12 日 国土交通省告示第 707 号

津波防災地域づくりに関する法律施行規則（平成 23 年国土交通省令第 99 号）第 31 条第一号及び第二号並びに第 55 条第一号及び第二号の規定に基づき、津波浸水想定を設定する際に想定した津波の作用に対して安全な構造方法並びに地震に対する安全上地震に対する安全性に係る建築基準法（昭和 25 年法律第 201 号）並びにこれに基づく命令及び条例の規定に準ずる基準を次のように定める。

第 1

津波防災地域づくりに関する法律施行規則（以下「施行規則」という。）第 31 条第一号に規定する津波浸水想定（津波防災地域づくりに関する法律（平成 23 年法律第 123 号）第 8 条第 1 項に規定する津波浸水想定をいう。以下同じ。）を設定する際に想定した津波（以下単に「津波」という。）の作用に対して安全な構造方法は、次の第一号及び第二号に該当するものとしなければならない。ただし、特別な調査又は研究の結果に基づき津波の作用に対して安全であることが確かめられた場合にあっては、これによらないことができる。

一　次のイからニまでに定めるところにより建築物その他の工作物（以下「建築物等」という。）の構造耐力上主要な部分（基礎、基礎ぐい、壁、柱、小屋組、土台、斜材（筋かい、方づえ、火打材その他これらに類するものをいう。）、床版、屋根版又は横架材（はり、けたその他これらに類するものをいう。）で、建築物等の自重若しくは積載荷重、積雪荷重、風圧、土圧若しくは水圧又は地震その他の震動若しくは衝撃を支えるものをいう。以下同じ。）が津波の作用に対して安全であることが確かめられた構造方法

イ　津波の作用時に、建築物等の構造耐力上主要な部分に生ずる力を次の表に掲げる式によって計算し、当該構造耐力上主要な部分に生ずる力が、それぞれ建築基準法施行令（昭和 25 年政令第 338 号）第 3 章第 8 節第 4 款の規定による材料強度によって計算した当該構造耐力上主要な部分の耐力を超えないことを確かめること。ただし、これと同等以上に安全性を確かめることができるときは、この限りでない。

荷重及び外力について想定する状態	一般の場合	建築基準法施行令第 86 条第 2 項ただし書の規定により特定行政庁（建築基準法第 2 条第三十五号に規定する特定行政庁をいう。）が指定する多雪区域における場合	備考
津波の作用時	G+P+T	G+P+0.35S+T	建築物等の転倒、滑動等を検討する場合においては、津波による浮力の影響その他の事情を勘案することとする。
		G+P+T	
この表において、G、P、S 及び T は、それぞれ次の力（軸方向力、曲げモーメント、せん断力等をいう。）を表すものとする。 G　建築基準法施行令第 84 条に規定する固定荷重によって生ずる力 P　建築基準法施行令第 85 条に規定する積載荷重によって生ずる力 S　建築基準法施行令第 86 条に規定する積雪荷重によって生ずる力 T　ロに規定する津波による波圧によって生ずる力			

ロ　津波による波圧は、津波浸水想定に定める水深に次の式に掲げる水深係数を乗じた高さ以下の部分に作用し、次の式により計算するものとしなければならない。

$$qz = \rho g\ (ah - z)$$

この式において、qz、ρ、g、h、z 及び a は、それぞれ次の数値を表すものとする。

qz　津波による波圧（単位　kN/㎡）

ρ　水の単位体積質量（単位　t/㎥）

g　重力加速度（単位　m/s^2）

h　津波浸水想定に定める水深（単位　m）

z　建築物等の各部分の高さ（単位　m）

a　水深係数（3 とする。ただし、他の施設等により津波による波圧の軽減が見込まれる場合にあっては、海岸及び河川から 500m 以上離れているものについては 1.5 と、これ以外のものについては 2 とする。）

ハ　ピロティその他の高い開放性を有する構造（津波が通り抜けることにより建築物等の部分に津波が作用しない構造のものに限る。）の部分（以下この号において「開放部分」という。）を有する建築物等については、当該開放部分に津波による波圧は作用しないものとすることができる。

ニ　開口部（常時開放されたもの又は津波による波圧により破壊され、当該破壊により建築物等の構造耐力上主要な部分に構造耐力上支障のある変形、破壊その他の損傷を生じないものに限り、開放部分を除く。以下この号において同じ。）を有する建築物等について、建築物等の各部分の高さにおける津波による波圧が作用する建築物等の部分の幅（以下この号において「津波作用幅」という。）にロの式により計算した津波による波圧を乗じた数値の総和（以下この号において「津波による波力」という。）を用いてイの表の津波による波圧によって生ずる力を計算する場合における当該津波による波力を計算するに当たっては、次の⑴又は⑵に定めるところによることができる。この場合において、これらにより計算した当該津波による波力を用いてイの表の津波による波圧によって生ずる力を計算するに当たっては、建築物等の実況を考慮することとする。

⑴　津波作用幅から開口部の幅の総和を除いて計算すること。ただし、津波作用幅から開口部の幅の総和を除いて計算した津波による波力を、津波作用幅により計算した津波による波力で除して得た数値が 0.7 を下回るときは、当該数値が 0.7 となるように津波作用幅から除く開口部の幅の総和に当該数値に応じた割合を乗じて計算することとする。

⑵　津波による波圧が作用する建築物等の部分の面積（以下この号において「津波作用面積」という。）から開口部の面積の総和を除いた面積を津波作用面積で除して得た数値を乗じて計算すること。ただし、当該数値が 0.7 を下回るときは、当該数値を 0.7 として計算することとする。

二　次のイからハまでに該当する構造方法

イ　前号に定めるところによるほか、津波の作用時に、津波による浮力の影響その他の事情を勘案し、建築物等が転倒し、又は滑動しないことが確かめられた構造方法を用いるものとすること。ただし、地盤の改良その他の安全上必要な措置を講じた場合において、建築物等が転倒し、又は滑動しないことが確かめられたときは、この限りでない。

ロ　津波により洗掘のおそれがある場合にあっては、基礎ぐいを使用するものとすること。ただし、地盤の改良その他の安全上必要な措置を講じた場合において、建築物等が転倒し、滑動し、又は著しく沈下しないことが確かめられたときは、この限りでない。

ハ　漂流物の衝突により想定される衝撃が作用した場合においても建築物等が容易に倒壊、崩壊等するおそれのないことが確かめられた構造方法を用いるものとすること。

第 2

施行規則第 31 条第二号に規定する地震に対する安全上地震に対する安全性に係る建築基準法並びにこれに基づく命令及び条例の規定に準ずる基準は、建築物の耐震改修の促進に関する法律（平成 7 年法律第 123 号）第 4 条第 2 項第三号に掲げる建築物の耐震診断及び耐震改修の実施について技術上の指針となるべき事項に定めるところにより耐震診断を行った結果、地震に対して安全な構造であることが確かめられることとする。

第3

施行規則第55条第一号に規定する津波の作用に対して安全な構造方法は、第1第一号及び第二号（この場合において、第1第一号中「建築物その他の工作物（以下「建築物等」という。）」とあるのは「特定建築行為に係る建築物」と、第1第一号及び第二号中「建築物等」とあるのは「特定建築行為に係る建築物」と読み替えるものとする。）に該当するものとしなければならない。ただし、特別な調査又は研究の成果に基づき津波の作用に対して安全であることが確かめられた場合にあっては、これによらないことができる。

第4

施行規則第55条第二号に規定する地震に対する安全上地震に対する安全性に係る建築基準法並びにこれに基づく命令及び条例の規定に準ずる基準は、第二に定めるところによる。

宅地建物取引業法施行規則第15条の8第1項第二号の国土交通大臣が定める講習を定める件

制定:平成29年3月28日 国土交通省告示第244号

宅地建物取引業法施行規則(昭和32年建設省令第12号)第15条の8第1項第二号の規定に基づき、国土交通大臣が定める講習を次のように定める。

宅地建物取引業法施行規則第15条の8第1項第二号の国土交通大臣が定める講習は、平成29年国土交通省告示第81号第2条第5項に規定する既存住宅状況調査技術者講習とする。

既存住宅状況調査技術者講習登録規程

制定:平成29年2月3日 国土交通省告示第81号

既存住宅状況調査技術者講習登録規程を次のように定める。

第1条(目的)

この規程は、既存住宅状況調査技術者講習の登録に関し必要な事項を定めることにより、公正かつ適確に既存住宅状況調査を行うことができる既存住宅状況調査技術者の育成を図ることを目的とする。

第2条(定義)

この規程において「住宅」とは、住宅の品質確保の促進等に関する法律(平成11年法律第81号)第2条第1項に規定する住宅をいう。

2 この規程において「新築住宅」とは、住宅の品質確保の促進等に関する法律第2条第2項に規定する新築住宅をいう。

3 この規程において「既存住宅」とは、新築住宅以外の住宅をいう。

4 この規程において「既存住宅状況調査」とは、既存住宅に係る住宅の品質確保の促進等に関する法律第94条第1項に規定する住宅の構造耐力上主要な部分等の状況の調査をいう。

5 この規程において「既存住宅状況調査技術者」とは、既存住宅状況調査を行う技術者で、この規程により国土交通大臣の登録を受けた講習(以下「既存住宅状況調査技術者講習」という。)の修了証明書を有する者をいう。

6 この規程において「住宅居住者等」とは、既存住宅状況調査が行われた住宅に居住し、若しくは居住しようとする者又は既存住宅状況調査を依頼し、若しくは依頼しようとする者をいう。

第3条(既存住宅状況調査技術者講習の登録の申請)

前条第5項の登録は、既存住宅状況調査技術者講習の実施に関する事務(以下「既存住宅状況調査技術者講習事務」という。)を行おうとする者の申請により行う。

2 前条第5項の登録を受けようとする者は、次に掲げる事項を記載した申請書を国土交通大臣に提出するものとする。

一 前条第5項の登録を受けようとする者の氏名又は名称及び住所並びに法人にあっては、その代表者の氏名

二 既存住宅状況調査技術者講習事務を行おうとする事務所の名称及び所在地

三 既存住宅状況調査技術者講習事務を開始しようとする年月日

四 既存住宅状況調査技術者講習委員(第5条第1項第三号に規定する合議制の機関を構成する者をいう。以下同じ。)となるべき者の氏名及び略歴並びに同号イからハまでに該当する者にあっては、その旨

3 前項の申請書には、次に掲げる書類を添付するものとする。

一 個人である場合においては、次に掲げる書類

イ　住民票の抄本又はこれに代わる書面
ロ　登録申請者の略歴を記載した書類
二　法人である場合においては、次に掲げる書類
イ　定款又は寄附行為及び登記事項証明書
ロ　株主名簿又は社員名簿の写し
ハ　申請に係る意思の決定を証する書類
ニ　役員（持分会社（会社法（平成 17 年法律第 86 号）第 575 条第 1 項に規定する持分会社をいう。）にあっては、業務を執行する社員をいう。以下同じ。）の氏名及び略歴を記載した書類
三　別記様式第 1 による既存住宅状況調査技術者講習事務の概要を記載した書類
四　既存住宅状況調査技術者講習委員のうち、第 5 条第 1 項第三号イからハまでに該当する者にあっては、その旨を証する書類
五　講師が第 5 条第 1 項第四号イからハまでのいずれかに該当する者であることを証する書類
六　既存住宅状況調査技術者講習事務以外の業務を行おうとするときは、その業務の種類及び概要を記載した書類
七　前条第 5 項の登録を受けようとする者が次条各号のいずれにも該当しない者であることを誓約する書面
八　その他参考となる事項を記載した書類

第 4 条（欠格条項）
次の各号のいずれかに該当する者が行う講習は、第 2 条第 5 項の登録を受けることができない。
一　建設業法（昭和 24 年法律第 100 号）、建築基準法（昭和 25 年法律第 201 号）、建築士法（昭和 25 年法律第 202 号）、宅地建物取引業法（昭和 27 年法律第 176 号）、住宅の品質確保の促進等に関する法律若しくは特定住宅瑕疵担保責任の履行の確保等に関する法律（平成 19 年法律第 66 号）又はこれらの法律に基づく命令若しくは条例の規定に違反し、罰金以上の刑に処せられ、その執行を終わり、又は執行を受けることがなくなった日から起算して 2 年を経過しない者
二　第 15 条の規定により第 2 条第 5 項の登録を取り消され、その取消しの日から起算して 2 年を経過しない者
三　法人であって、既存住宅状況調査技術者講習事務を行う役員のうちに前 2 号のいずれかに該当する者があるもの

第 5 条（登録の要件等）
国土交通大臣は、第 3 条の規定による登録の申請が次に掲げる要件のすべてに適合しているときは、その登録をするものとする。
一　第 7 条第四号の表の上欄に掲げる科目について講義が行われるものであること。
二　第 3 条第 3 項第三号の概要について、第 7 条（第四号を除く。）の規定に反しないものであること。
三　次に掲げる者（既存住宅状況調査技術者講習事務を行う者（法人にあっては、その役職員）を除く。）をそれぞれ 1 名以上含む 7 名以上の者によって構成される合議制の機関により修了考査の問題の作成及び合否判定が行われるものであること。
イ　学校教育法（昭和 22 年法律第 26 号）による大学若しくはこれに相当する外国の学校において建築学その他の既存住宅状況調査技術者講習に関する科目を担当する教授若しくは准教授の職にあり、若しくはこれらの職にあった者又は建築学その他の既存住宅状況調査技術者講習に関する科目の研究により博士の学位を授与された者
ロ　建築士法第 2 条第 2 項に規定する一級建築士
ハ　既存住宅状況調査について十分な知識を有する者
四　次のいずれかに該当する者が講師として既存住宅状況調査技術者講習事務に従事するものであること。
イ　前号イからハまでに掲げる者
ロ　既存住宅状況調査技術者
ハ　イ又はロに掲げる者と同等以上の知識及び経験を有する者
2　第 2 条第 5 項の登録は、既存住宅状況調査技術者講習登録簿に次に掲げる事項を記載してするものとす

る。

一　登録年月日及び登録番号

二　既存住宅状況調査技術者講習事務を行う者（以下「既存住宅状況調査技術者講習実施機関」という。）の氏名又は名称及び住所並びに法人にあっては、その代表者の氏名

三　既存住宅状況調査技術者講習事務を行う事務所の名称及び所在地

四　既存住宅状況調査技術者講習事務を開始する年月日

五　既存住宅状況調査技術者講習委員の氏名

第６条（登録の更新）

第２条第５項の登録は、５年ごとにその更新を受けなければ、その期間の経過によって、その効力を失う。

2　前３条の規定は、前項の登録の更新について準用する。

第７条（既存住宅状況調査技術者講習事務の実施に係る義務）

既存住宅状況調査技術者講習実施機関は、公正に、かつ、第５条第１項第一号、第三号及び第四号に掲げる要件並びに次に掲げる基準に適合する方法により既存住宅状況調査技術者講習事務を行わなければならない。

一　建築士法第２条第１項に規定する建築士であることを受講資格とすること。

二　既存住宅状況調査技術者講習は、毎年度全国的に行うこと。

三　既存住宅状況調査技術者講習は、講義及び修了考査により行うこと。

四　講義は、次の表の左欄に掲げる科目に応じ、それぞれ同表の中欄に掲げる内容について、同表の右欄に掲げる時間以上行うこと。

科目	内容	時間
既存住宅状況調査の概要等	不動産流通市場の現状と国の取組状況、既存住宅状況調査技術者の役割、既存住宅状況調査の概要、公正な業務実施のための遵守事項、情報の開示、既存住宅状況調査の手順、既存住宅売買時における調査結果の活用	2時間
既存住宅状況調査の技術的基準等	既存住宅状況調査方法基準とその詳細、既存住宅状況調査に付随する非破壊検査その他の調査、調査報告書の記入、住宅の瑕疵の事例、検査機器	3時間

五　既存住宅状況調査技術者については、申請により、前号の表の中欄に掲げる内容の一部の受講を免除すること。

六　既存住宅状況調査技術者講習の全部又は一部と同等の内容を有すると国土交通大臣が認める講習を修了した者については、申請により、第四号の表の中欄に掲げる内容のうち当該同等の内容に相当するものの全部又は一部の受講を免除すること。

七　講義は、第四号の表の左欄に掲げる科目に応じ、それぞれ同表の中欄に掲げる内容を含む適切な内容の教材を用いて行うこと。

八　講師は、講義の内容に関する受講者の質問に対し、講義中に適切に応答すること。

九　修了考査は、講義の終了後に行い、既存住宅状況調査技術者講習として必要な知識及び技能を修得したかどうかを判定できるものとすること。

十　既存住宅状況調査技術者講習を実施する日時、場所その他の既存住宅状況調査技術者講習の実施に関し必要な事項を公示すること。

土　不正な受講を防止するための措置を講じること。

圭　終了した修了考査の合格基準を公表すること。

圭　講習の課程を修了した者に対し、別記様式第２による修了証明書（以下単に「修了証明書」という。）を交付すること。

圭　修了証明書の有効期間を当該修了証明書に係る既存住宅状況調査技術者講習を修了した日の属する年度の翌年度の開始の日から起算して３年を経過する日までとすること。

圭　既存住宅状況調査技術者及び既存住宅状況調査技術者であった者のうち修了証明書がその効力を失った日から起算して１年を経過しないもの（以下「既存住宅状況調査技術者等」という。）に関

する次に掲げる事項を、本人の同意を得て、インターネットの利用その他適切な方法により公表すること。
イ　氏名
ロ　勤務先の名称、所在地及び電話番号
ハ　修了証明書の証明書番号及び有効期間
十六　既存住宅状況調査技術者等に対し、前号の規定により公表される事項に変更があったときは、遅滞なく、その旨を既存住宅状況調査技術者講習実施機関に届け出させること。
十七　既存住宅状況調査技術者の処分基準を公正なものとして定めるとともに、これをインターネットの利用その他適切な方法により公表すること。
十八　既存住宅状況調査技術者の処分を行うときは、あらかじめ、その旨を国土交通大臣に通知すること。
十九　既存住宅状況調査技術者が行う既存住宅状況調査に関する住宅居住者等からの相談等の窓口を設置すること。

第 8 条（登録事項の変更の届出）
既存住宅状況調査技術者講習実施機関は、第 5 条第 2 項第二号から第五号までに掲げる事項を変更しようとするときは、変更しようとする日の 2 週間前までに、その旨を国土交通大臣に届け出るものとする。

第 9 条　（既存住宅状況調査技術者講習事務規程）
既存住宅状況調査技術者講習実施機関は、次に掲げる事項を記載した既存住宅状況調査技術者講習事務（以下この条において単に「講習事務」という。）に関する規程を定め、講習事務の開始前に、国土交通大臣に届け出るものとする。これを変更しようとするときも、同様とする。
一　講習事務を行う時間及び休日に関する事項
二　講習事務を行う事務所及び既存住宅状況調査技術者講習（以下この条において単に「講習」という。）の実施場所に関する事項
三　講習の日程、公示方法その他の講習の実施の方法に関する事項
四　講習の受講の申込みに関する事項
五　講習の受講手数料の額及び収納の方法に関する事項
六　既存住宅状況調査技術者講習委員の選任及び解任に関する事項
七　修了考査の問題の作成及び修了考査の合否判定の方法に関する事項
八　終了した講習の修了考査の合格基準の公表に関する事項
九　修了証明書の交付及び再交付に関する事項
十　修了証明書の有効期間に関する事項
十一　既存住宅状況調査技術者等に関する情報の公表及び当該情報の変更に係る届出に関する事項
十二　講習事務に関する秘密の保持に関する事項
十三　講習事務に関する公正の確保に関する事項
十四　不正受講者の処分に関する事項
十五　既存住宅状況調査技術者の処分に関する事項
十六　住宅居住者等からの相談等の窓口に関する事項
十七　第 17 条第 3 項の帳簿その他の講習事務に関する書類の管理に関する事項
十八　その他講習事務に関し必要な事項

第 10 条（業務の報告）
既存住宅状況調査技術者講習実施機関は、事業年度ごとに、その事業年度の財務状況、既存住宅状況調査技術者講習事務の実施状況及び住宅居住者等からの相談等への対応状況に関する報告書を作成し、毎事業年度経過後 3 月以内に国土交通大臣に提出しなければならない。

第 11 条（既存住宅状況調査技術者講習事務の休廃止）
既存住宅状況調査技術者講習実施機関は、既存住宅状況調査技術者講習事務の全部若しくは一部を休止し、又は廃止しようとするときは、あらかじめ、次に掲げる事項を記載した届出書を国土交通大臣に届け出るものとする。

一　休止し、又は廃止しようとする既存住宅状況調査技術者講習の範囲
二　休止し、又は廃止しようとする年月日及び休止しようとする場合にあっては、その期間
三　休止又は廃止の理由

第12条（財務諸表等の備付け及び閲覧等）

既存住宅状況調査技術者講習実施機関は、毎事業年度経過後3月以内に、その事業年度の財産目録、貸借対照表及び損益計算書又は収支計算書並びに事業報告書（その作成に代えて電磁的記録（電子的方式、磁気的方式その他の人の知覚によっては認識することができない方式で作られる記録であって、電子計算機による情報処理の用に供されるものをいう。以下この条において同じ。）の作成がされている場合における当該電磁的記録を含む。次項において「財務諸表等」という。）を作成し、5年間事務所に備えて置かなければならない。

2　既存住宅状況調査技術者講習を受講しようとする者その他の利害関係人は、既存住宅状況調査技術者講習実施機関の業務時間内は、いつでも、次に掲げる請求をすることができる。ただし、第二号又は第四号の請求をするには、既存住宅状況調査技術者講習実施機関の定めた費用を支払わなければならない。
一　財務諸表等が書面をもって作成されているときは、当該書面の閲覧又は謄写の請求
二　前号の書面の謄本又は抄本の請求
三　財務諸表等が電磁的記録をもって作成されているときは、当該電磁的記録に記録された事項を紙面又は出力装置の映像面に表示したものの閲覧又は謄写の請求
四　前号の電磁的記録に記録された事項を電磁的方法であって、次に掲げるもののうち既存住宅状況調査技術者講習実施機関が定めるものにより提供することの請求又は当該事項を記載した書面の交付の請求
　イ　送信者の使用に係る電子計算機と受信者の使用に係る電子計算機とを電気通信回線で接続した電子情報処理組織を使用する方法であって、当該電気通信回線を通じて情報が送信され、受信者の使用に係る電子計算機に備えられたファイルに当該情報が記録されるもの
　ロ　磁気ディスク等をもって調製するファイルに情報を記録したものを交付する方法

3　前項第四号イ又はロに掲げる方法は、受信者がファイルへの記録を出力することによる書面を作成することができるものでなければならない。

第13条（適合勧告）

国土交通大臣は、既存住宅状況調査技術者講習実施機関が第5条第1項の規定に適合しなくなったと認めるときは、その既存住宅状況調査技術者講習実施機関に対し、同項の規定に適合するため必要な措置をとるべきことを勧告することができる。

第14条（改善勧告）

国土交通大臣は、既存住宅状況調査技術者講習実施機関が第7条の規定に違反していると認めるときは、その既存住宅状況調査技術者講習実施機関に対し、同条の規定による既存住宅状況調査技術者講習事務を行うべきこと又は既存住宅状況調査技術者講習事務の方法その他の業務の方法の改善に関し必要な措置をとるべきことを勧告することができる。

第15条（登録の取消し等）

国土交通大臣は、既存住宅状況調査技術者講習実施機関が次の各号のいずれかに該当するときは、当該既存住宅状況調査技術者講習実施機関が行う講習の登録を取り消し、又は期間を定めて既存住宅状況調査技術者講習事務の全部又は一部の停止を指示することができる。
一　第4条第一号又は第三号に該当するに至ったとき。
二　第8条、第9条、第11条、第12条第1項又は第17条の規定に違反したとき。
三　正当な理由がないのに第10条の規定による報告をせず、又は虚偽の報告をしたとき。
四　正当な理由がないのに第12条第2項各号の規定による請求を拒んだとき。
五　前2条の規定による勧告に従わなかったとき。
六　第18条の規定による報告を求められて、報告をせず、又は虚偽の報告をしたとき。
七　不正の手段により第2条第5項の登録を受けたとき。

第 16 条（登録の取消しに伴う措置）

既存住宅状況調査技術者講習実施機関は、前条の規定により登録を取り消されたときは、その既存住宅状況調査技術者講習事務の全部を、当該既存住宅状況調査技術者講習事務の全部を承継するものとして国土交通大臣が指定する既存住宅状況調査技術者講習実施機関に引き継ぐことができる。

第 17 条（帳簿の記載等）

既存住宅状況調査技術者講習実施機関は、次に掲げる事項を記載した帳簿を備えなければならない。

一　既存住宅状況調査技術者講習の実施年月日

二　既存住宅状況調査技術者講習の実施場所

三　講義を行った講師の氏名並びに講義において担当した科目並びにその時間

四　受講者の氏名、生年月日及び住所

五　既存住宅状況調査技術者講習を修了した者にあっては、前号に掲げる事項のほか、修了証明書の交付の年月日及び証明書番号

2　前項各号に掲げる事項が、電子計算機に備えられたファイル又は磁気ディスク等に記録され、必要に応じ既存住宅状況調査技術者講習実施機関において電子計算機その他の機器を用いて明確に紙面に表示されるときは、当該記録をもって同項に規定する帳簿への記載に代えることができる。

3　既存住宅状況調査技術者講習実施機関は、第 1 項に規定する帳簿（前項の規定による記録が行われた同項のファイル又は磁気ディスク等を含む。）を、既存住宅状況調査技術者講習事務の全部を廃止するまで保存しなければならない。

4　既存住宅状況調査技術者講習実施機関は、次に掲げる書類を備えなければならない。

一　既存住宅状況調査技術者講習の受講申込書及び添付書類

二　講義に用いた教材

三　終了した修了考査の問題、答案用紙及び採点に関する資料

5　前項各号に掲げる書類が、電子計算機に備えられたファイル又は磁気ディスク等に記録され、必要に応じ既存住宅状況調査技術者講習実施機関において電子計算機その他の機器を用いて明確に紙面に表示されるときは、当該記録をもって同項に規定する書類の備付けに代えることができる。

6　既存住宅状況調査技術者講習実施機関は、第 4 項に規定する書類（前項の規定による記録が行われた同項のファイル又は磁気ディスク等を含む。）を、既存住宅状況調査技術者講習を実施した日から 5 年間保存しなければならない。

第 18 条（報告の徴収）

国土交通大臣は、既存住宅状況調査技術者講習事務の適切な実施を確保するため必要があると認めるときは、既存住宅状況調査技術者講習実施機関に対し、既存住宅状況調査技術者講習事務の状況に関し必要な報告を求めることができる。

第 19 条　（公示）

国土交通大臣は、次に掲げる場合には、その旨を官報に公示するものとする。

一　第 2 条第 5 項の登録をしたとき。

二　第 8 条の規定による届出があったとき。

三　第 11 条の規定による届出があったとき。

四　第 15 条の規定により第 2 条第 5 項の登録を取り消し、又は既存住宅状況調査技術者講習事務の停止を指示したとき。

様式（略）

既存住宅状況調査方法基準

制定：平成 29 年 2 月　3 日 国土交通省告示第 82 号
改正：令和　5 年 1 月 27 日 国土交通省告示第 49 号

既存住宅状況調査方法基準を次のように定める。

第 1 条（趣旨）

この基準は、既存住宅状況調査の適正な実施を図るため、既存住宅状況調査の方法の基準について定めるものとする。

第 2 条（定義）

この基準において「既存住宅」、「既存住宅状況調査」又は「既存住宅状況調査技術者」とは、それぞれ既存住宅状況調査技術者講習登録規程（平成 29 年国土交通省告示第 81 号）第 2 条第 3 項から第 5 項までに規定する既存住宅、既存住宅状況調査又は既存住宅状況調査技術者をいう。

2　この基準において「一戸建ての住宅」とは、住宅の品質確保の促進等に関する法律施行規則（平成 12 年建設省令第 20 号）第 1 条第四号に規定する一戸建ての住宅をいう。

3　この基準において「共同住宅等」とは、住宅の品質確保の促進等に関する法律施行規則第 1 条第四号に規定する共同住宅等をいう。

4　この基準において「小規模住宅」とは、階数（地階を含む。以下同じ。）が 3 以下で延べ面積が 500㎡未満の既存住宅をいい、「大規模住宅」とは、小規模住宅以外の既存住宅をいう。

5　この基準において「構造耐力上主要な部分」とは、既存住宅に係る住宅の品質確保の促進等に関する法律施行令（平成 12 年政令第 64 号）第 5 条第 1 項に定める住宅のうち構造耐力上主要な部分をいう。

6　この基準において「雨水の浸入を防止する部分」とは、既存住宅に係る住宅の品質確保の促進等に関する法律施行令第 5 条第 2 項に定める住宅のうち雨水の浸入を防止する部分をいう。

7　この基準において「確認済証」とは、建築基準法（昭和 25 年法律第 201 号）第 6 条第 1 項又は第 18 条第 3 項の確認済証をいう。

8　この基準において「検査済証」とは、建築基準法第 7 条第 5 項又は第 18 条第 18 項の検査済証をいう。

9　この基準において「設計住宅性能評価書」とは、住宅の品質確保の促進等に関する法律（平成 11 年法律第 81 号）第 6 条第 1 項の設計住宅性能評価書をいう。

10　この基準において「建設住宅性能評価書」とは、住宅の品質確保の促進等に関する法律第 6 条第 3 項の建設住宅性能評価書をいう。

11　この基準において「認定長期優良住宅建築等計画」とは、長期優良住宅の普及の促進に関する法律（平成 20 年法律第 87 号）第 9 条第 1 項の認定長期優良住宅建築等計画をいう。

12　この基準において「認定長期優良住宅維持保全計画」とは、長期優良住宅の普及の促進に関する法律第 10 条第 1 項第二号ロの認定長期優良住宅維持保全計画をいう。

13　この基準において「劣化事象等」とは、劣化事象その他不具合である事象をいう。

14　この基準において「蟻害」とは、しろありの蟻道及び被害（複数のしろありが認められることを含む。）をいう。

15　この基準において「腐朽等」とは、腐朽、菌糸及び子実体をいう。

第 3 条（既存住宅状況調査を行う者）

既存住宅状況調査技術者（以下単に「調査者」という。）が行う既存住宅状況調査は、次の各号に掲げる対象住宅（既存住宅状況調査の対象となる既存住宅をいう。以下同じ。）の区分に応じ、それぞれ既存住宅状況調査技術者のうち当該各号に定める者が行うものとする。

一　建築士法（昭和 25 年法律第 202 号）第 3 条第 1 項第二号から第四号までに掲げる建築物である既存住宅　同法第 2 条第 2 項に規定する一級建築士

二　建築士法第 3 条の 2 第 1 項各号に掲げる建築物である既存住宅（前号に掲げる既存住宅を除く。）　前号に定める者又は同法第 2 条第 3 項に規定する二級建築士

三　前二号に掲げる既存住宅以外の既存住宅　前号に定める者又は建築士法第 2 条第 4 項に規定する木

造建築士

2　調査者は、公正に、かつ、この基準に定めるところにより、既存住宅状況調査を行うものとする。

第 4 条（既存住宅状況調査の方法）

調査者は、既存住宅状況調査として、第 11 条の規定による確認及び次の各号に掲げる対象住宅の構造の区分に応じ、それぞれ当該各号に定める調査を行うものとする。

一　木造　次条及び第 6 条の規定による調査

二　鉄骨造　第 7 条及び第 8 条の規定による調査

三　鉄筋コンクリート造又は鉄骨鉄筋コンクリート造（以下「鉄筋コンクリート造等」という。）　第 9 条及び第 10 条の規定による調査

四　前三号に掲げる構造以外の構造　その構造に応じて前三号に定める調査に準じる調査

2　前項に規定する調査（以下単に「調査」という。）の対象となる部位（以下「対象部位」という。）には、対象住宅（次項に規定する住戸型調査にあっては、調査の対象となる部分に限る。）に存在しない部位を含まないものとする。

3　対象住宅が共同住宅等である場合には、対象部位のうち共用部分に係るものの調査は、対象住戸（調査の対象となる住戸をいう。以下同じ。）の位置により共用部分の調査箇所が決定される調査（対象住戸が共同住宅等の住戸の一部である場合に限る。以下「住戸型調査」という。）にあっては第一号に掲げる部分、住戸型調査以外の調査（以下「住棟型調査」という。）にあっては第二号に掲げる部分について行うものとする。

一　外壁、屋根（対象住宅が長期修繕計画を有するものである場合を除く。）並びに当該共同住宅等の主要な出入口から当該対象住戸に至る経路上及び当該対象住戸から確認できる部分

二　外壁、屋根及び次に掲げる共同住宅等の区分に応じ、それぞれ次に定める階にある部分

イ　木造の共同住宅等及び木造以外の小規模住宅である共同住宅等　全ての階

ロ　木造以外の大規模住宅である共同住宅等　原則として、最下階、最上階並びに最下階から数えて 2 の階及び最下階から数えて 3 に 7 の自然数倍を加えた数の階（最上階を除く。）

4　調査は、少なくとも歩行その他の通常の手段により移動できる位置において、対象部位のうち少なくとも移動が困難な家具等により隠蔽されている部分以外の部分について行うものとする。

5　前項の規定により、対象部位について調査することができる部分がない場合には、当該対象部位は、調査できないものとして取り扱うものとする。

6　調査者は、既存住宅状況調査を行ったときは、既存住宅状況調査の結果の報告書及び次に掲げる事項を記載した既存住宅状況調査の結果の概要を作成し、既存住宅状況調査の依頼者に交付するとともに、既存住宅状況調査の結果を依頼者に報告するものとする。

一　対象住宅の名称、所在地、構造、階数及び延べ面積（共同住宅等の住戸型調査にあっては対象住戸の専有面積をいい、住棟型調査にあっては対象住宅の延べ面積をいう。）

二　既存住宅状況調査の実施日

三　対象住宅の一戸建ての住宅又は共同住宅等の別（共同住宅等にあっては、住戸型調査又は住棟型調査の別を含む。）

四　対象部位ごとの劣化事象等の有無（前項の規定により調査できないものとして取り扱う対象部位にあっては、その旨）

五　調査者が前条第 1 項各号に定める者及び既存住宅状況調査技術者である旨

第 5 条（木造の対象住宅のうち構造耐力上主要な部分に係る調査）

調査者は、木造の対象住宅のうち構造耐力上主要な部分に係る調査として、次の表の(い)欄に掲げる部位における(ろ)欄に掲げる劣化事象等の有無について、(は)欄に掲げる方法（デジタル技術を活用した方法を含む。）により調査するものとする。

(い)	(ろ)	(は)
部位	劣化事象等	方法

一	基礎（立ち上がり部分を含む。）		幅0.5㎜以上のひび割れ	計測又は目視
			深さ20㎜以上の欠損	計測又は目視
			コンクリートの著しい劣化	打診又は目視
			さび汁を伴うひび割れ又は欠損（白華を含む。）	目視
			鉄筋の露出	計測又は目視
二	土台及び床組		著しいひび割れ、劣化又は欠損	計測又は目視
三	床		著しいひび割れ、劣化又は欠損	計測又は目視
			著しい沈み	計測又は目視
			$\frac{6}{1000}$以上の勾配の傾斜（凹凸の少ない仕上げによる床の表面における２点（3m 程度離れているものに限る。）の間を結ぶ直線の水平面に対する角度をいう。）	計測
四	柱及び梁		著しいひび割れ、劣化又は欠損	計測又は目視
			梁の著しいたわみ	目視
			柱の$\frac{6}{1000}$以上の勾配の傾斜（凹凸の少ない仕上げによる柱の表面と、その面と垂直な鉛直面との交差する線（2m程度以上の長さのものに限る。）の鉛直線に対する角度をいう。）	計測
五	外壁及び軒裏	イ　乾式仕上げの場合	合板、ラス網、ボード、防水紙、構造材その他の下地材（以下「外壁等下地材」という。）まで到達するひび割れ、欠損、浮き、はらみ又は剥落	計測又は目視
			複数の仕上材にまたがったひび割れ又は欠損	計測又は目視
			金属の著しいさび又は化学的侵食	計測又は目視
		ロ　タイル仕上げ（湿式工法）の場合	外壁等下地材まで到達するひび割れ、欠損、浮き、はらみ又は剥落	計測又は目視
			複数の仕上材にまたがったひび割れ又は欠損	計測又は目視
			仕上材の著しい浮き	打診又は目視
		ハ　塗壁仕上げの場合	外壁等下地材まで到達するひび割れ、欠損、浮き、はらみ又は剥落	計測又は目視
			仕上材の著しい浮き	打診又は目視
		ニ　その他の仕上げの場合	イからハまでの場合における劣化事象等に準じるもの	イからハまでの場合における方法に準じるもの
六	バルコニー（対象住宅が共同住宅等である場合にあっては、バルコニー及び共用廊下）		支持部材又は床の著しいぐらつき、ひび割れ又は劣化	計測又は目視
七	内壁		合板、ボード、構造材その他の下地材（以下「内壁下地材」という。）まで到達するひび割れ、欠損、浮き、はらみ又は剥落	計測又は目視
			$\frac{6}{1000}$以上の勾配の傾斜（凹凸の少ない仕上げによる壁の表面と、その面と垂直な鉛直面との交差する線（2m 程度以上の長さのものに限る。）の鉛直線に対する角度をいう。）	計測
八	天井		合板、ボード、構造材その他の下地材（以下「天井下地材」という。）まで達するひび割れ、欠損、浮き、はらみ又は剥落	目視

九　小屋組（下屋部分を含む。）	著しいひび割れ、劣化又は欠損	計測又は目視

2　調査者は、前項のほか、同項の表中各号の部位（床下の部分を含む。）について、目視（デジタル技術を活用した方法を含む。）により、著しい蟻害が認められるかどうかを調査するものとする。
3　調査者は、前２項のほか、第１項の表中各号の部位（床下の部分を含む。）について、計測又は目視及び打診又は触診（これらの方法のうち、デジタル技術を活用した方法を含む。）により、著しい腐朽等が認められるかどうかを調査するものとする。
4　調査者は、前３項のほか、基礎（立ち上がり部分を含む。以下この項において同じ。）における鉄筋の本数及び間隔について、次に掲げる方法により、構造耐力上問題のある不足が認められるかどうかを調査するものとする。ただし、対象住宅が小規模住宅である場合には、基礎に係る劣化事象等があったときに限り、調査するものとする。
一　電磁波レーダ法又は電磁誘導法により調査すること。
二　基礎について、張り間方向及びけた行方向の立ち上がり部分の各１箇所及び底盤部分の１箇所を調査すること。
三　第一号の調査の結果と新築時の設計図書等との照合その他の方法により、鉄筋の本数が明らかに少ない状態と認められるかどうかを調査すること。
5　前項の規定にかかわらず、検査済証（平成 11 年５月１日以降に確認済証の交付を受けた新築住宅に係るものに限る。）又は建設住宅性能評価書（既存住宅に係るものを除く。）の交付を受けた対象住宅で、基礎（立ち上がり部分を含む。）に係る劣化事象等がなかったものについては、前項の調査を要しない。

第６条（木造の対象住宅のうち雨水の浸入を防止する部分に係る調査）
調査者は、木造の対象住宅のうち雨水の浸入を防止する部分に係る調査として、次の表の(い)欄に掲げる部位における(ろ)欄に掲げる劣化事象等の有無について、(は)欄に掲げる方法（デジタル技術を活用した方法を含む。）により調査するものとする。

(い)		(ろ)	(は)
部位		劣化事象等	方法
一　外壁（開口部を含む。）		シーリング材の破断又は欠損	目視
		建具の周囲の隙間又は建具の著しい開閉不良	目視又は操作
二　軒裏		シーリング材の破断又は欠損	目視
		軒裏天井の雨漏りの跡	目視
三　バルコニー（対象住宅が共同住宅等である場合にあっては、バルコニー及び共用廊下）		防水層の著しいひび割れ、劣化若しくは欠損又は水切り金物等の不具合	目視
四　内壁		雨漏りの跡	目視
五　天井		雨漏りの跡	目視
六　小屋組		雨漏りの跡	目視
七　屋根	イ　屋根葺材による仕上げの場合	屋根葺材の著しい破損、ずれ、ひび割れ、劣化、欠損、浮き又ははがれ	目視
	ロ　その他の仕上げの場合	防水層の著しいひび割れ、劣化若しくは欠損又は水切り金物等の不具合	目視

第７条（鉄骨造の対象住宅のうち構造耐力上主要な部分に係る調査）
調査者は、鉄骨造の対象住宅のうち構造耐力上主要な部分に係る調査として、次の表の(い)欄に掲げる部位における(ろ)欄に掲げる劣化事象等の有無について、(は)欄に掲げる方法（デジタル技術を活用した方法を含む。）により調査するものとする。

(い)	(ろ)	(は)

部位	劣化事象等	方法
一　基礎（立ち上がり部分を含む。）	幅0.5㎜以上のひび割れ	計測又は目視
	深さ20㎜以上の欠損	計測又は目視
	コンクリートの著しい劣化	打診又は目視
	さび汁を伴うひび割れ又は欠損（白華を含む。）	目視
	鉄筋の露出	計測又は目視
二　土台及び床組	著しいひび割れ、劣化又は欠損	計測又は目視
三　床	著しいひび割れ、劣化又は欠損	計測又は目視
	著しい沈み	計測又は目視
	$\frac{6}{1000}$以上の勾配の傾斜（凹凸の少ない仕上げによる床の表面における２点（3m程度離れているものに限る。）の間を結ぶ直線の水平面に対する角度をいう。）	計測
四　柱及び梁	著しいひび割れ、劣化又は欠損	計測又は目視
	梁の著しいたわみ	目視
	柱の$\frac{6}{1000}$以上の勾配の傾斜（凹凸の少ない仕上げによる柱の表面と、その面と垂直な鉛直面との交差する線（2m程度以上の長さのものに限る。）の鉛直線に対する角度をいう。）	計測
五　外壁及び軒裏　イ　乾式仕上げの場合	外壁等下地材まで到達するひび割れ、欠損、浮き、はらみ又は剥落	計測又は目視
	複数の仕上材にまたがったひび割れ又は欠損	計測又は目視
	金属の著しいさび又は化学的侵食	計測又は目視
ロ　タイル仕上げ（湿式工法）の場合	外壁等下地材まで到達するひび割れ、欠損、浮き、はらみ又は剥落	計測又は目視
	複数の仕上材にまたがったひび割れ又は欠損	計測又は目視
	仕上材の著しい浮き	打診又は目視
ハ　塗壁仕上げの場合	外壁等下地材まで到達するひび割れ、欠損、浮き、はらみ又は剥落	計測又は目視
	仕上材の著しい浮き	打診又は目視
ニ　その他の仕上げの場合	イからハまでの場合における劣化事象等に準じるもの	イからハまでの場合における方法に準じるもの
六　バルコニー（対象住宅が共同住宅等である場合にあっては、バルコニー及び共用廊下）	支持部材又は床の著しいぐらつき、ひび割れ又は劣化	計測又は目視
七　内壁	内壁下地材まで到達するひび割れ、欠損、浮き、はらみ又は剥落	計測又は目視
	$\frac{6}{1000}$以上の勾配の傾斜（凹凸の少ない仕上げによる壁の表面と、その面と垂直な鉛直面との交差する線（2m程度以上の長さのものに限る。）の鉛直線に対する角度をいう。）	計測
八　天井	天井下地材まで達するひび割れ、欠損、浮き、はらみ又は剥落	目視
九　小屋組（下屋部分を含む。）	著しいひび割れ、劣化又は欠損	計測又は目視

2　調査者は、前項のほか、同項の表中各号の部位（床下の部分を含む。）について、計測又は目視及び打診又は触診（これらの方法のうち、デジタル技術を活用した方法を含む。）により、著しい腐食が認められるかどうかを調査するものとする。

3　調査者は、前2項のほか、基礎（立ち上がり部分を含む。以下この項において同じ。）における鉄筋の本数及び間隔について、次に掲げる方法により、構造耐力上問題のある不足が認められるかどうかを調査するものとする。ただし、対象住宅が小規模住宅である場合には、基礎に係る劣化事象等があったときに限り、調査するものとする。

一　電磁波レーダ法又は電磁誘導法による調査を行うこと。

二　基礎について、張り間方向及びけた行方向の立ち上がり部分の各1箇所並びに底盤部分の1箇所を調査すること。

三　第一号の調査の結果と新築時の設計図書等との照合その他の方法により、鉄筋の本数が明らかに少ない状態と認められるかどうかを調査すること。

4　前項の規定にかかわらず、検査済証（平成11年5月1日以降に確認済証の交付を受けた新築住宅に係るものに限る。）又は建設住宅性能評価書（既存住宅に係るものを除く。）の交付を受けた対象住宅で、基礎（立ち上がり部分を含む。）に係る劣化事象等がなかったものについては、前項の調査を要しない。

5　調査者は、対象住宅が大規模住宅である場合には、第1項から第3項までに規定する調査のほか、コンクリートの圧縮強度について、次に掲げる方法により、構造耐力上問題のある不足が認められるかどうかを調査するものとする。

一　日本工業規格A1155による反発度の測定結果に基づく推定又は日本工業規格A1107による試験を行うこと。

二　基礎（立ち上がり部分を含む。）について、南面及び北面の各1箇所を調査すること。

三　日本工業規格A1107による試験を過去に実施している場合において、調査結果が信頼できるものと認められるときは、その調査結果を活用することができるものとすること。

6　前項の規定にかかわらず、対象住宅が次の各号のいずれにも該当する場合であって、基礎（立ち上がり部分を含む。）に係る劣化事象等がなかったときは、前項の調査を要しない。

一　確認済証（平成11年5月1日以降に交付を受けたものに限る。）若しくは設計住宅性能評価書の交付又は認定長期優良住宅建築等計画若しくは認定長期優良住宅維持保全計画に係る住宅であって、コンクリートの圧縮強度に係る試験の方法を確認できるものであるとき。

二　検査済証（平成11年5月1日以降に確認済証の交付を受けた新築住宅に係るものに限る。）又は建設住宅性能評価書（既存住宅に係るものを除く。）の交付を受けた住宅であるとき。

第8条（鉄骨造の対象住宅のうち雨水の浸入を防止する部分に係る調査）

調査者は、鉄骨造の対象住宅のうち雨水の浸入を防止する部分に係る調査として、次の表の(い)欄に掲げる部位における(ろ)欄に掲げる劣化事象等の有無について、(は)欄に掲げる方法（デジタル技術を活用した方法を含む。）により調査するものとする。

(い)	(ろ)	(は)
部位	劣化事象等	方法
一　外壁（開口部を含む。）	シーリング材の破断又は欠損	目視
	建具の周囲の隙間又は建具の著しい開閉不良	目視又は操作
二　軒裏	シーリング材の破断又は欠損	目視
	軒裏天井の雨漏りの跡	目視
三　バルコニー（対象住宅が共同住宅等である場合にあっては、バルコニー及び共用廊下）	防水層の著しいひび割れ、劣化若しくは欠損又は水切り金物等の不具合	目視
四　内壁	雨漏りの跡	目視
五　天井	雨漏りの跡	目視
六　小屋組	雨漏りの跡	目視

七　屋根	イ　屋根葺材による仕上げの場合	屋根葺材の著しい破損、ずれ、ひび割れ、劣化、欠損、浮き又ははがれ	目視
	ロ　その他の仕上げの場合	防水層の著しいひび割れ、劣化若しくは欠損又は水切り金物等の不具合	目視

第９条（鉄筋コンクリート造等の対象住宅のうち構造耐力上主要な部分に係る調査）

調査者は、鉄筋コンクリート造等の対象住宅のうち構造耐力上主要な部分に係る調査として、次の表の(い)欄に掲げる部位における(ろ)欄に掲げる劣化事象等の有無について、(は)欄に掲げる方法（デジタル技術を活用した方法を含む。）により調査するものとする。

(い)		(ろ)	(は)
部位		劣化事象等	方法
一　基礎（立ち上がり部分を含む。）		幅0.5㎜以上のひび割れ	計測又は目視
		深さ20㎜以上の欠損	計測又は目視
		コンクリートの著しい劣化	打診又は目視
		さび汁を伴うひび割れ又は欠損（白華を含む。）	目視
		鉄筋の露出	計測又は目視
二　床		著しいひび割れ、劣化又は欠損（さび汁、白華又は鉄筋の露出を含む。）	計測又は目視
		$\frac{6}{1000}$以上の勾配の傾斜（凹凸の少ない仕上げによる床の表面における２点（3m程度離れているものに限る。）の間を結ぶ直線の水平面に対する角度をいう。）	計測
三　柱及び梁		著しいひび割れ、劣化又は欠損（さび汁、白華又は鉄筋の露出を含む。）	計測又は目視
		柱の著しい傾斜	計測又は目視
四　外壁	イ　コンクリート打放し又は塗装仕上げの場合	幅0.5㎜以上のひび割れ	計測又は目視
		深さ20㎜以上の欠損	計測又は目視
		コンクリートの著しい劣化	打診又は目視
		さび汁を伴うひび割れ又は欠損（白華を含む。）	目視
		鉄筋の露出	計測又は目視
	ロ　タイル仕上げ（湿式工法）の場合	下地材まで到達するひび割れ、欠損、浮き、はらみ又は剥落	計測又は目視
		複数のタイルにまたがったひび割れ又は欠損	計測又は目視
		仕上材の著しい浮き	打診又は目視
	ハ　塗壁仕上げの場合	下地材まで到達するひび割れ、欠損、浮き、はらみ又は剥落	計測又は目視
		仕上材の著しい浮き	打診又は目視
	ニ　その他の仕上げの場合	イからハまでの場合における劣化事象等に準じるもの	イからハまでの場合における方法に準じるもの
五　バルコニー（対象住宅が共同住宅等である場合にあっては、バルコニー及び共用廊下）		支持部材又は床の著しいぐらつき、ひび割れ又は劣化（さび汁、白華又は鉄筋の露出を含む。）	計測又は目視
六　内壁		幅0.5㎜以上のひび割れ	計測又は目視

	深さ20㎜以上の欠損	計測又は目視
	コンクリートの著しい劣化	打診又は目視
	さび汁を伴うひび割れ又は欠損（白華を含む。）	目視
	鉄筋の露出	計測又は目視
七　天井	コンクリートの著しい劣化	目視
	さび汁を伴うひび割れ又は欠損（白華を含む。）	目視
	鉄筋の露出	目視

2　調査者は、対象住宅が大規模住宅である場合には、前項のほか、鉄筋の本数及び間隔について、次に掲げる方法により、構造耐力上問題のある不足が認められるかどうかを調査するものとする。ただし、住戸型調査又は検査済証（平成 11 年 5 月 1 日以降に確認済証の交付を受けた新築住宅に係るものに限る。）若しくは建設住宅性能評価書（既存住宅に係るものを除く。）の交付を受けた対象住宅で、第二号に掲げる調査箇所に係る劣化事象等がなかったと認められるものの住棟型調査にあっては、調査することを要しない。

一　電磁波レーダ法又は電磁誘導法による調査を行うこと。

二　前項の表中第二号から第四号までの部位について、第 4 条第 3 項第二号ロに定める階の各 2 箇所を調査すること。

三　第一号の調査の結果と新築時の設計図書等との照合その他の方法により、鉄筋の本数が明らかに少ない状態と認められるかどうかを調査すること。

3　調査者は、対象住宅が大規模住宅である場合には、前 2 項のほか、コンクリートの圧縮強度について、次に掲げる方法により、構造耐力上問題のある不足が認められるかどうかを調査するものとする。ただし、平成 11 年 5 月 1 日以降に確認済証の交付を受けた対象住宅の住戸型調査にあっては、調査することを要しない。

一　日本工業規格 A1155 による反発度の測定結果に基づく推定又は日本工業規格 A1107 による試験を行うこと。

二　住戸型調査にあっては、外壁について、最下階及び最下階から数えて 2 の階の各 1 箇所を調査すること。

三　住棟型調査にあっては、第 1 項の表中第一号、第四号及び第六号の部位について、第 4 条第 3 項第二号ロに定める階のそれぞれ南面及び北面の各 1 箇所を調査すること。

四　日本工業規格 A1107 による試験を過去に実施している場合において、調査結果が信頼できるものと認められるときは、その調査結果を活用することができるものとすること。

4　前項の規定にかかわらず、対象住宅が次の各号のいずれにも該当する場合の住棟型調査であって、同項第三号に掲げる調査箇所に係る劣化事象等がなかったときは、前項の調査を要しない。

一　確認済証（平成 11 年 5 月 1 日以降に交付を受けたものに限る。）若しくは設計住宅性能評価書の交付又は認定長期優良住宅建築等計画若しくは認定長期優良住宅維持保全計画に係る住宅であって、コンクリートの圧縮強度に係る試験の方法を確認できるものであるとき。

二　検査済証（平成 11 年 5 月 1 日以降に確認済証の交付を受けた新築住宅に係るものに限る。）又は建設住宅性能評価書（既存住宅に係るものを除く。）の交付を受けた住宅であるとき。

5　調査者は、対象住宅が小規模住宅である場合には、第 1 項のほか、基礎（立ち上がり部分を含む。）に係る劣化事象等があった場合に限り、第 2 項の規定による調査を行うものとする。

第 10 条（鉄筋コンクリート造等の対象住宅のうち雨水の浸入を防止する部分に係る調査）

調査者は、鉄筋コンクリート造等の対象住宅のうち雨水の浸入を防止する部分に係る調査として、次の表の(い)欄に掲げる部位における(ろ)欄に掲げる劣化事象等の有無について、(は)欄に掲げる方法（デジタル技術を活用した方法を含む。）により調査するものとする。

(い)	(ろ)	(は)
部位	劣化事象等	方法

一　外壁（開口部、笠木、バルコニーその他の部位との取り合い部分を含む。）	シーリング材の破断又は欠損	目視
	建具の周囲の隙間又は建具の著しい開閉不良	目視又は操作
二　内壁	雨漏りの跡	目視
三　天井	雨漏りの跡	目視
四　屋根	著しい防水層のひび割れ、劣化若しくは欠損又は水切り金物等の不具合	目視

第11条（対象住宅の耐震性に関する書類の確認）

調査者は、対象住宅が次の各号のいずれかに該当するかどうかを確認するものとする。

一　昭和56年6月1日以降に確認済証の交付を受けた既存住宅（建設工事の完了後に構造耐力上主要な部分に影響を及ぼす工事その他の行為が行われたと認められるものにあっては、建築物の構造耐力に関する基準及び制限に適合することが確認できるものに限る。）

二　前号以外の既存住宅であって、建築物の耐震改修の促進に関する法律第17条第3項第一号の規定に基づき地震に対する安全上耐震関係規定に準ずるものとして定める基準（平成18年国土交通省告示第185号）に適合することが確認できるもの（その適合後に構造耐力上主要な部分に影響を及ぼす工事その他の行為が行われたと認められるものにあっては、建築物の構造耐力に関する基準及び制限に適合することが確認できるものに限る。）

2　前項の規定による確認は、同項第一号に係る確認にあっては第一号から第五号までに掲げる者、同項第二号に係る確認にあっては第三号から第六号までに掲げる者が発行した書類の確認をもって行うものとする。

一　建築基準法第2条第三十五号に規定する特定行政庁

二　建築基準法第7条第4項に規定する建築主事等

三　建築基準法第77条の21第1項に規定する指定確認検査機関

四　住宅の品質確保の促進等に関する法律第5条第1項に規定する登録住宅性能評価機関

五　特定住宅瑕疵担保責任の履行の確保等に関する法律（平成19年法律第66号）第17条第1項に規定する住宅瑕疵担保責任保険法人

六　建築士法第2条第1項に規定する建築士

建築関係法主要廃止告示一覧

【平成 12 年】

昭和26年建告第26号	平成12年7月5日建告第1597号により廃止
昭和27年建告第1074号＊	平成12年5月31日建告第1455号により廃止（P.437）
昭和34年建告第2545号＊	平成12年5月24日建告第1359号により廃止（P.38）
昭和39年建告第1675号＊	平成12年5月30日建告第1399号により廃止（P.27）
昭和44年建告第2999号	平成12年5月31日建告第1445号により廃止
昭和44年建告第3183号＊	平成12年5月31日建告第1422号により廃止（P.711）
昭和45年建告第1828号＊	平成12年5月30日建告第1400号により廃止（P.40）
昭和46年建告第108号	平成12年7月5日建告第1597号により廃止
昭和46年建告第1687号	平成12年7月5日建告第1597号により廃止
昭和47年建告第30号＊	平成12年5月31日建告第1436号により廃止（P.576）
昭和47年建告第31号＊	平成12年5月31日建告第1436号により廃止（P.576）
昭和47年建告第32号＊	平成12年5月31日建告第1436号により廃止（P.576）
昭和47年建告第33号＊	平成12年5月31日建告第1436号により廃止（P.576）
昭和47年建告第34号＊	平成12年5月31日建告第1411号により廃止（P.582）
昭和50年建告第558号	平成12年7月5日建告第1597号により廃止
昭和51年建告第1231号＊	平成12年5月30日建告第1401号により廃止（P.212）
昭和55年建告第1794号＊	平成12年12月26日建告第2464号により廃止（P.460）
昭和55年建告第1795号＊	平成12年12月26日建告第2466号により廃止（P.468）
昭和56年建告第1097号	平成12年5月25日建告第1372号により廃止
昭和56年建告第1101号＊	平成12年5月29日建告第1389号により廃止（P.708）
昭和56年建告第1103号	平成12年5月31日建告第1447号により廃止
昭和56年建告第1104号＊	平成12年5月31日建告第1449号により廃止（P.782）
昭和56年建告第1108号＊	平成12年5月31日建告第1453号により廃止（P.268）
昭和56年建告第1110号	平成12年7月5日建告第1597号により廃止
平成2年建告第1125号＊	平成12年5月25日建告第1369号により廃止（P.543）
平成4年建告第548号＊	平成12年5月31日建告第1439号により廃止（P.588）
平成5年建告第1428号＊	平成12年5月31日建告第1443号により廃止（P.775）
平成5年建告第1453号＊	平成12年5月24日建告第1358号により廃止（P.32）
平成5年建告第1454号	平成12年5月31日建告第1445号により廃止
平成6年建告第2246号	平成12年7月5日建告第1597号により廃止

【平成 13 年】

昭和45年建告第1825号	平成13年3月29日国交告第357号により廃止
昭和46年建告第111号＊	平成13年7月2日国交告第1113号により廃止（P.469）
昭和46年建告第797号	平成13年3月29日国交告第358号により廃止
昭和46年建告第798号	平成13年3月29日国交告第359号により廃止
昭和46年建告第799号	平成13年3月29日国交告第360号により廃止
昭和46年建告第1016号＊	平成13年3月29日国交告第361号により廃止（P.215）
昭和47年建告第1295号＊	平成13年3月29日国交告第361号により廃止（P.215）
昭和55年建告第1799号＊	平成13年6月12日国交告第1024号により廃止（P.476）
昭和57年建告第56号＊	平成13年10月15日国交告第1540号により全文改正（P.282）
昭和58年建告第1319号＊	平成13年6月12日国交告第1026号により廃止（P.324）
昭和59年建告第106号	平成13年3月30日国交告第415号により廃止
昭和61年建告第1423号	平成13年3月30日国交告第419号により廃止
昭和62年建告第1598号＊	平成13年6月12日国交告第1025号により廃止（P.320）
平成12年建告第1652号＊	平成13年8月14日国交告第1346号により廃止（P.1122）
平成12年建告第1654号＊	平成13年8月14日国交告第1347号により廃止（P.1154）

【平成 14 年】

昭和45年建告第101号	平成14年5月31日旧法第38条の経過措置終了により失効
昭和49年建告第1580号	平成14年5月31日旧法第38条の経過措置終了により失効
昭和56年建告第1111号	平成14年5月31日旧法第38条の経過措置終了により失効
昭和61年建告第859号＊	平成14年5月15日国交告第411号により廃止（P.302）
平成6年建告第1059号	平成14年5月31日旧法第38条の経過措置終了により失効

【平成 15 年】

平成6年建告第1987号	平成15年3月13日国交告第203号により廃止
平成7年建告第814号	平成15年3月27日国交告第275号により廃止

【平成 18 年】

平成7年建告第2089号＊	平成18年1月25日国交告第184号により廃止（P.1022）
平成7年建告第2090号＊	平成18年1月25日国交告第185号により廃止（P.1041）
平成15年国交告第175号＊	平成18年12月15日国交告第1497号により廃止（P.1012）
平成15年国交告第176号＊	平成18年12月15日国交告第1496号により廃止（P.1013）
平成15年国交告第177号＊	平成18年12月15日国交告第1494号により廃止（P.1014）
平成15年国交告第178号＊	平成18年12月15日国交告第1492号により廃止（P.1015）
平成15年国交告第262号＊	平成18年12月15日国交告第1490号により廃止（P.1016）
平成15年国交告第263号＊	平成18年12月15日国交告第1489号により廃止（P.1018）
平成15年国交告第264号＊	平成18年12月15日国交告第1488号により廃止（P.1018）
平成15年国交告第265号＊	平成18年12月15日国交告第1486号により廃止（P.1019）
平成15年国交告第266号＊	平成18年12月15日国交告第1485号により廃止（P.1020）
平成15年国交告第267号＊	平成18年12月15日国交告第1484号により廃止（P.1021）
平成15年国交告第268号＊	平成18年12月15日国交告第1482号により廃止（P.1017）
平成15年国交告第275号＊	平成18年12月15日国交告第1481号により廃止（P.1011）

【平成 19 年】

昭和55年建告第1790号＊	平成19年5月18日国交告第593号により全文改正（P.240）
昭和59年建告第834号	平成19年5月18日国交告第616号により廃止
平成13年国交告第1371号＊	平成19年5月18日国交告第594号により廃止（P.399）
平成15年国交告第995号＊	平成19年5月18日国交告第594号により廃止（P.399）

【平成 20 年】

昭和56年建告第990号＊	平成20年6月16日国交告第745号により廃止
平成6年建告第1461号＊	平成20年1月31日国交告第85号により廃止（P.1231）

【平成 21 年】

昭和54年建告第1206号＊	平成21年1月7日国交告第15号により廃止

【平成 23 年】

平成18年公安・総務・国交告第１号＊	平成23年3月31日公安・総務・国交告第１号により全文改正

【平成 25 年】

平成11年通産・建告第1号＊	平成25年1月31日経産・国交告第１号により廃止
平成18年経産・国交告第3号＊	平成25年1月31日経産・国交告第１号により廃止
平成18年国交告第378号＊	平成25年9月30日国交告第907号により廃止

【平成 27 年】

平成12年建告第1380号	平成27年2月23日国交告第252号により廃止

平成12年建告第1381号	平成27年2月23日国交告第252号により廃止
平成12年建告第1366号＊	平成27年2月23日国交告第257号により全文改正
平成20年建告第37号	平成27年1月29日国交告第191号により廃止
平成20年建告第38号	平成27年1月29日国交告第191号により廃止

【平成 28 年】

昭和44年建告1728号	平成28年4月22日国交告第689号により廃止
昭和45年建告1833号	平成28年4月22日国交告第689号により廃止
平成12年建告1434号＊	平成28年4月22日国交告第693号により廃止（P.540）
平成13年国交告356号	平成28年4月22日国交告第689号により廃止
平成16年国交告1165号	平成28年4月22日国交告第689号により廃止
平成16年国交告1166号	平成28年4月22日国交告第689号により廃止
平成17年国交告572号	平成28年4月22日国交告第689号により廃止
平成21年経産・国交告2号	平成28年12月21日経産・国交告第8号により廃止
平成25年経産・国交告1号	平成28年12月21日経産・国交告第8号により廃止
平成25年国交告907号	平成28年12月21日経産・国交告第8号により廃止

【平成 29 年】

平成12年建告1426号＊	平成29年3月29日国交告第247号により全文改正（P.789）

【平成 30 年】

平成元年建告1941号	平成30年7月13日国交告第931号により廃止

【平成 31 年】

平成21年国交告15号＊	平成31年1月21日国交告第98号により廃止（P.1197）

【令和元年】

昭和62年建告1903号＊	令和元年6月21日国交告第194号により廃止（P.766）
昭和62年建告1904号＊	令和元年6月21日国交告第194号により廃止（P.766）
昭和62年建告1905号＊	令和元年6月21日国交告第194号により廃止（P.766）
平成27年国交告253号＊	令和元年6月21日国交告第195号により廃止（P.544）
平成27年国交告254号＊	令和元年6月21日国交告第193号により廃止（P.80）
平成27年国交告257号＊	令和元年6月21日国交告第196号により廃止（P.781）
平成20年国交告740号＊	令和元年11月1日国交告第751号により廃止（P.1193）
平成20年国交告741号＊	令和元年11月1日国交告第751号により廃止（P.1193）
平成20年国交告742号＊	令和元年11月1日国交告第751号により廃止（P.1193）
平成20年国交告743号＊	令和元年11月1日国交告第753号により廃止（P.1195）
平成20年国交告744号＊	令和元年11月1日国交告第753号により廃止（P.1195）
平成20年国交告745号＊	令和元年11月1日国交告第752号により廃止（P.1195）
平成28年国交告609号＊	令和元年11月18日国交告第793号により全文改正（P.1050）

【令和 2 年】

平成12年建告1441号＊	令和2年4月1日国交告第510号により全文改正（P.656）
平成12年建告1442号＊	令和2年4月1日国交告第511号により全文改正（P.697）
平23公安・総務・国交告1号＊	令和2年6月18日公安・総務・文科・国交第1号により全文改正（P.1002）

＊の告示は新告示の公布により廃止されたもので、（　）内は新告示の収録頁を示す。

建築関係法主要告示年次順索引

【平成11年】

【平成 12 年】

【平成 28 年】

平28国交告239　確認等を要しない人が危害を受けるおそれのある事故が発生するおそれの少ない小荷物専用昇降機を定める件 …… 794
平28国交告240　定期報告を要しない通常の火災時において避難上著しい支障が生ずるおそれの少ない建築物等を定める件 …… 216
平28国交告265　建築物エネルギー消費性能基準等を定める省令における算出方法等に係る事項 …… 1066
平28国交告266　住宅部分の外壁、窓等を通しての熱の損失の防止に関する基準及び一次エネルギー消費量に関する基準 …… 1097
平28国交告267　建築物のエネルギー消費性能の向上に関する法律施行規則第32条第1項第三号の規定に基づき国土交通大臣が定めるものを定める件 …… 1063
平28国交告272　建築物のエネルギー消費性能の向上に関する法律施行令の規定により、認定建築物エネルギー消費性能向上計画に係る建築物の床面積のうち通常の建築物の床面積を超えることとなるものを定める件 …… 1062
平28国交告431　建築物のエネルギー消費性能の向上に関する法律施行規則第40条第二号の規定に基づき、国土交通大臣が定める者を定める件 …… 1063
平28国交告432　建築物のエネルギー消費性能の向上に関する法律施行規則の規定に基づき、登録適合性判定員講習の講義に用いる教材の内容として国土交通大臣が定める事項を定める件 …… 1064
平28国交告433　建築物のエネルギー消費性能の向上に関する法律施行規則の規定に基づき、判定の業務の公正な実施に支障を及ぼすおそれがあるものとして国土交通大臣が定める場合を定める件 …… 1064
平28国交告434　建築物のエネルギー消費性能の向上に関する法律施行規則の規定に基づき、評価の業務の公正な実施に支障を及ぼすおそれがあるものとして国土交通大臣が定める場合を定める件 …… 1065
平28国交告468　基礎ぐい工事の適正な施工を確保するために講ずべき措置 …… 1230
平28国交告483　建築基準法第12条の2第1項第一号に掲げる者と同等以上の専門的知識及び能力を有する者等を定める件 …… 50
平28国交告489　建築物のエネルギー消費性能の表示に関する指針 …… 1059
平28国交告611　CLT パネル工法を用いた建築物又は建築物の構造部分の構造方法に関する安全上必要な技術的基準を定める等の件 …… 294
平28国交告612　建築基準法施行令第81条第2項第一号イ、同項第二号イ又は同条第3項に規定する国土交通大臣が定める基準に従った構造計算により CLT パネル工法を用いた建築物又は建築物の構造部分の安全性を確かめた場合の構造計算書を定める件 …… 831
平28国交告690　柱と基礎とを接合する構造方法等を定める件 …… 251
平28国交告691　床組及び小屋ばり組に木板その他これに類するものを打ち付ける基準を定める件 …… 253
平28国交告692　内装の仕上げを不燃材料ですることその他これに準ずる措置の基準等を定める件 …… 514
平28国交告693　不燃性の物品を保管する倉庫に類する用途等を定める件 …… 540
平28国交告694　強化天井の構造方法を定める件 …… 555
平28国交告695　通常の火災時において相互に火熱又は煙若しくはガスによる防火上有害な影響を及ぼさない構造方法を定める件 …… 570
平28国交告696　特別避難階段の階段室又は付室の構造方法を定める件 …… 573
平28国交告697　非常用エレベーターの昇降路又は乗降ロビーの構造方法を定める件 …… 752
平28国交告698　申請に係る建築物が認定型式に適合する建築物の部分を有するものであることを確認するために必要な図書及び書類を定める件 …… 838
平28国交告699　建築設備についての検査等と併せて検査等を一体的に行うことが合理的である防火設備を定める件 …… 982
平28国交告700　建築基準法施行規則の規定により建築に関する知識及び経験を有する者として国土交通大臣が定める者を指定する件 …… 982
平28国交告701　登録特定建築物調査員講習、登録建築設備検査員講習、登録防火設備検査員講習及び登録昇降機等検査員講習に用いる教材の内容として国土交通大臣が定める事項を定める件 …… 984
平28国交告702　建築基準法施行規則の規定により講義を受講した者と同等以上の知識を有する者として国土交通大臣が定める者及び国土交通大臣が定める科目を定める件 …… 986

【令和２年】

【令和３年】

【令和４年】

【令和５年】

令和６年版
建築関係法令集 告示編

定価は表紙に表示してあります

令和５年11月１日発行　ISBN978-4-86417-504-3　C3052

編集　総合資格学院〔編集責任者：福田年則　／　中川和之〕

発行　株式会社　総合資格
発行人　岸　和子
〒163-0557　東京都新宿区西新宿 1-26-2
電話　(03) 3340-6714（販売に関する問い合わせ先）
(03) 3340-3082（プレゼントに関する問い合わせ先）
(03) 3340-6711（内容に関する問い合わせ先）

総合資格学院 URL　https://www.shikaku.co.jp/
総合資格学院出版サイト URL　https://www.shikaku-books.jp/

Printed in Japan